中国科学技术协会
年　鉴
2015

中国科学技术出版社
·北　京·

图书在版编目（CIP）数据

中国科学技术协会年鉴．2015 / 中国科学技术协会组织编写．—北京：中国科学技术出版社，2016.12

ISBN 978-7-5046-7377-0

Ⅰ.①中… Ⅱ.①中… Ⅲ.①中国科学技术协会—2015—年鉴 Ⅳ.①G322.25-54

中国版本图书馆 CIP 数据核字（2016）第 321462 号

责任编辑 韩 颖 许 慧
责任校对 刘洪岩
责任印制 张建农
装帧设计 中文天地

出　　版 中国科学技术出版社
发　　行 科学普及出版社发行部
地　　址 北京市海淀区中关村南大街16号
邮　　编 100081
发行电话 010-62103130
传　　真 010-62179148
网　　址 http://www.cspbooks.com.cn

开　　本 889mm×1194mm 1/16
字　　数 2185千字
印　　张 67.75
印　　数 1-1600册
版　　次 2017年7月第1版
印　　次 2017年7月第1次印刷
印　　刷 北京华联印刷有限公司
书　　号 ISBN 978-7-5046-7377-0/G·744
定　　价 150.00元

编辑说明

一、《中国科学技术协会年鉴》是一部综合性资料性工具书，由中国科学技术协会主办，2001年创刊，每年出版一卷，旨在全面、系统地反映中国科协事业发展变化的基本情况和发生的大事、要事、新事及有影响的事，力求为各方面了解中国科协提供详实的信息和图片资料。

二、《中国科学技术协会年鉴》采用分类编辑法，主体内容设类目、分目、条目三个结构层次，以条目为表现内容的基本形式，全书条目的标题统一用黑体加【 】表示。

三、《中国科学技术协会年鉴》（2015）着重反映2014年中国科协系统的基本情况。全书设领导同志的讲话、重要文件、主要活动和重要事件、人物、表彰奖励、统计公报、全国学会（协会、研究会）简况、省（自治区、直辖市）科协简况、大事记、附录等11个类目。

四、本年鉴配备双重检索系统，书前刊有目录，书后配有索引。索引采用主题分析法，款目按汉语拼音字母顺序排列。

五、本年鉴的编辑出版工作得到中国科协领导的大力支持和各撰稿单位的通力合作，谨此致谢。本卷疏漏之处，敬请批评指正。

《中国科学技术协会年鉴（2015）》编辑委员会

《中国科学技术协会年鉴（2015）》编辑部

目　　录

领导同志的讲话

重要文件

中国科协2014年主要活动和重要事件

人　物

表彰奖励

中国科协 2014 年度事业发展统计公报

全国学会、协会、研究会（含受委托管理的学会）简况

省、自治区、直辖市科协，新疆生产建设兵团科协简况

大事记

附　录

索　引

中国科学技术协会章程

（2011 年 5 月 29 日中国科学技术协会第八次全国代表大会通过）

第一章　总　则

第一条　中国科学技术协会是中国科学技术工作者的群众组织，是中国共产党领导下的人民团体，是党和政府联系科学技术工作者的桥梁和纽带，是国家推动科学技术事业发展的重要力量。

第二条　中国科学技术协会的宗旨是：坚持以马克思列宁主义、毛泽东思想、邓小平理论和“三个代表”重要思想为指导，深入贯彻落实科学发展观，团结和动员科学技术工作者以经济建设为中心，坚持科学技术是第一生产力和人才资源是第一资源的思想，推动实施科教兴国战略、人才强国战略和可持续发展战略，建设创新型国家。促进科学技术的繁荣和发展，促进科学技术的普及和推广，促进科学技术人才的成长和提高，促进科学技术与经济的结合。反映科学技术工作者的意见，维护科学技术工作者的合法权益。为经济社会发展服务，为提高全民科学素质服务，为科学技术工作者服务，推动社会主义经济建设、政治建设、文化建设、社会建设以及生态文明建设，构建社会主义和谐社会，为实现中华民族伟大复兴而努力奋斗。

第三条　中国科学技术协会由全国学会、协会、研究会（以下学会、协会、研究会简称学会）和地方科学技术协会组成。

地方科学技术协会由同级学会和下一级科学技术协会及基层组织组成。

第四条　中国科学技术协会贯彻国家科学技术工作自主创新、重点跨越、支撑发展、引领未来的指导方针，弘扬尊重劳动、尊重知识、尊重人才、尊重创造的风尚，倡导献身、创新、求实、协作的精神，坚持独立自主、民主办会的原则和“百花齐放、百家争鸣”的方针。

第五条　中国科学技术协会高举爱国主义旗帜，加强与香港特别行政区、澳门特别行政区和台湾地区的科学技术交流，维护民族团结，促进祖国统一。

第二章　任　务

第六条　开展学术交流，活跃学术思想，促进学科发展，推动自主创新。

第七条　组织科学技术工作者为建立以企业为主体的技术创新体系、全面提升企业的自主创新能力作贡献。

第八条　依照《中华人民共和国科学技术普及法》，弘扬科学精神，普及科学知识，传播科学思想和科学方法。捍卫科学尊严，推广先进技术，开展青少年科学技术教育活动，提高全民科学素质。

第九条　反映科学技术工作者的建议、意见和诉求，维护科学技术工作者的合法权益。

第十条　推动建立和完善科学研究诚信监督机制，促进科学道德建设和学风建设。

第十一条　组织科学技术工作者参与国家科学技术政策、法规制定和国家事务的政治协商、科学决策、民主监督工作。

第十二条　表彰奖励优秀科学技术工作者，举荐科学技术人才。

第十三条　开展科学论证、咨询服务，提出政策建议，促进科学技术成果的转化；接受委托承担项目评估、成果鉴定，参与技术标准制定、专业技术资格评审和认证等任务。

第十四条　开展民间国际科学技术交流活动，促进国际科学技术合作，发展同国外的科学技术团体和科学技术工作者的友好交往。

第十五条　开展继续教育和培训工作。

第十六条　兴办符合中国科学技术协会宗旨的社会公益性事业。

第三章　会　员

第十七条　全国学会是中国科学技术协会的团体会员。各级地方学会是同级地方科学技术协会的团体会员。县级以上科学技术协会发展团体会员。基层组织发展个人会员。

第十八条　团体会员的义务和权利：

团体会员的义务：遵守本章程，执行科学技术协会的决议和决定，开展符合章程规定的各项活动。

团体会员的权利：推选代表参加科学技术协会代表大会，参加科学技术协会的活动，对科学技术协会的工作提出建议和批评并进行监督。

第十九条　基层组织规定个人会员的义务和权利。

第二十条　中国科学技术协会会员日定为每年 12 月 15 日。

第四章　全国领导机构

第二十一条　全国代表大会和它选举产生的全国委员会是中国科学技术协会全国领导机构。

第二十二条　全国代表大会每五年举行一次，由全国委员会召集。特殊情况下，可以提前或延期举行。

第二十三条　全国代表大会的代表名额和选举办法由常务委员会决定，其代表经全国学会和省、自治区、直辖市科学技术协会及有关方面民主协商，选举产生。

代表大会代表实行任期制。

第二十四条　全国代表大会行使下列职权：

一、决定中国科学技术协会的工作方针和任务；

二、审议和批准全国委员会的工作报告；

三、制定和修改中国科学技术协会章程；

四、选举产生全国委员会；

五、决定其他重大事项。

第二十五条　全国委员会会议每年举行一次，由常务委员会召集。

第二十六条　全国委员会行使下列职权：

一、执行全国代表大会的决议；

二、选举主席、副主席和常务委员；

三、审议中国科学技术协会年度工作报告；

四、决定授予荣誉职务；

五、决定其他重大事项。

第二十七条　全国委员会闭会期间，常务委员会领导中国科学技术协会的工作，实施全国委员会确定的任务，批准全国委员会委员的变更或增补、团体会员的接纳或退出。

常务委员会会议一般每半年举行一次，由主席召集，也可委托副主席召集。

第二十八条　常务委员会下设书记处。书记处由第一书记和书记若干人组成，人选由主席提名，经常务委员会通过。书记处在常务委员会领导下主持中国科学技术协会的日常工作。

第二十九条　常务委员会设置若干工作委员会和专门委员会，协助审议需经常务委员会审定的有关事项。

第三十条　常务委员会根据需要，聘请有关部门的负责人为中国科学技术协会顾问。

第五章　全国学会

第三十一条　本章程所称全国学会是按自然科学、技术科学、工程技术及其相关科学的学科组建或以促进科学技术发展和普及为宗旨的学术性、科普性社会团体。

第三十二条　加入中国科学技术协会的全国学会的基本条件：

一、承认中国科学技术协会章程；

二、按照国务院有关社会团体登记管理规定依法登记；

三、有学术带头人和相当数量的会员；

四、经常开展国内外学术交流活动及科普活动，编辑出版科学技术或科学普及刊物；

五、有健全的办事机构和经费来源。

第三十三条　符合本章程第三十二条规定的全国学会，向中国科学技术协会提出申请，经常务委员会批准，即为中国科学技术协会的团体会员。

第三十四条　全国学会接受中国科学技术协会的领导，执行中国科学技术协会的决议，承担并完成中国科学技术协会委托的任务，选举代表参加中国科学技术协会全国代表大会。

全国学会退出中国科学技术协会，须经中国科学技术协会常务委员会批准。

第三十五条　全国学会会员代表大会每三至五年举行一次，决定学会的工作方针和任务，审议和批准学会理事会的工作报告和财务报告，制定、修改会章，选举新的理事会。

第三十六条　全国学会办事机构在理事会领导下开展工作，接受学会支撑单位的管理。

第三十七条　全国学会凡严重违反中国科学技术协会章程，经中国科学技术协会常务委员会通过，给予警告、限期整顿、除名等处罚。

第六章　地方科学技术协会

第三十八条　省、自治区、直辖市科学技术协会是省、自治区、直辖市党委领导下的人民团体，是中国科学技术协会的地方组织。

第三十九条　省、自治区、直辖市科学技术协会接受中国科学技术协会的业务指导。

省级学会接受省级科学技术协会领导，业务上受相应的全国学会的指导。

第四十条　省、自治区、直辖市科学技术协会由省级学会和市（地）科学技术协会组成。

市（地）科学技术协会由同级学会和县（市）、区科学技术协会组成。

县（市）、区科学技术协会由同级学会和基层组织组成。

第四十一条　地方科学技术协会执行中国科学技术协会的章程和决议，推选代表参加上级科学技术协会代表大会。

第四十二条　地方科学技术协会代表大会每五年举行一次，决定本地区科学技术协会的工作方针和任务，审议地方科学技术协会委员会的工作报告，选举地方科学技术协会委员会。

第七章　基层组织

第四十三条　科学技术工作者集中的企业事业单位和有条件的乡镇、街道社区等建立的科学技术协会（科学技术普及协会）是中国科学技术协会的基层组织，接受地方科学技术协会的业务指导。

乡镇科学技术协会（科学技术普及协会）联系指导农村专业技术协会。

第四十四条　主要任务：

一、开展社会化科学技术普及活动，引导人民群众崇尚科学，抵制迷信，移风易俗，破除陋习，倡导科学健康的生活方式和文明节约的消费模式，促进资源节约型、环境友好型社会建设；

二、组织和动员科学技术工作者积极参加学术交流和科学技术普及活动，促进讲科学、爱科学、学科学、用科学社会风尚的形成与发展；

三、开展农村实用技术培训和推广，引导农民树立科学发展理念，培养有文化、懂技术、会经营的新型农民，提高农民科学文化素质，促进社会主义新农村建设；

四、开展技术咨询、技术服务等科学技术活动，促进技术开发、技术转让，增强企业自主创新能力，促进以企业为主体的技术创新体系的建立；

五、反映基层科学技术工作者的建议、意见和诉求，维护其合法权益，促进其生活和工作条件的改善。

第八章　工作人员

第四十五条　各级科学技术协会机关对其工作人员按照国家有关规定进行管理。

第四十六条　各级科学技术协会所属学会对其工作人员根据其编制性质和管理的需要，执行相应的干部人事管理制度。

第四十七条　各级科学技术协会所属事业单位的工作人员按国家对事业单位的管理规定进行管理。

第四十八条　各级科学技术协会工作人员应热爱科学技术协会的事业，树立为科学技术工作者服务的思想，具有较高的政策水平和较广的专业知识、较强的组织和社会活动能力。

第四十九条　各级科学技术协会要加强对工作人员的培养和教育，有计划有组织地开展培训工作，提高工作人员的政治和业务素质。

第九章　经费及资产管理

第五十条　经费来源：

一、财政拨款；

二、资助；

三、捐赠；

四、会费；

五、企事业收入；

六、其他收入。

第五十一条　建立学术交流、科学技术普及和奖励等专项基金。

第五十二条　建立常务委员会领导下的民主理财管理体制。

第五十三条　各级科学技术协会的经费、资产及国家和地方拨给科学技术协会的不动产受法律保护，任何单位和个人不得侵占、挪用和任意调拨；各级科学技术协会所属企业、事业的资产隶属关系不得随意改变。

第十章　会　徽

第五十四条　中国科学技术协会会徽由古天象仪、航天器、齿轮、麦穗、蛇杖以及中文和英文标出的中国科学技术协会名称组成。

第五十五条　中国科学技术协会会徽可在办公地点、活动场所、会议会场悬挂，在出版物上印制，也可制作成徽章佩戴。

第十一章　附　则

第五十六条

中国科学技术协会简称中国科协。

中国科学技术协会会址设在北京。

中国科学技术协会的英文全称是CHINA ASSOCIATION FOR SCIENCE AND TECHNOLOGY，缩写为CAST。

第五十七条　全国委员会依照本章程制定《全国学会组织通则》。

第五十八条　全国学会可根据国务院有关社会团体登记管理规定、本章程和民政部《社会团体章程示范文本》制定章程。

地方科学技术协会可根据本章程制定实施细则。

第五十九条　本章程解释权属中国科学技术协会。

第六十条　本章程经中国科学技术协会全国代表大会通过实施。

中国科学技术协会会徽

中国科学技术协会会徽由古天象仪、航天器、齿轮、麦穗、蛇杖以及中文和英文标出的中国科学技术协会名称组成。

中国科学技术协会会徽可在办公地点、活动场所、会议会场悬挂，在出版物上印制，也可作为徽章佩戴。

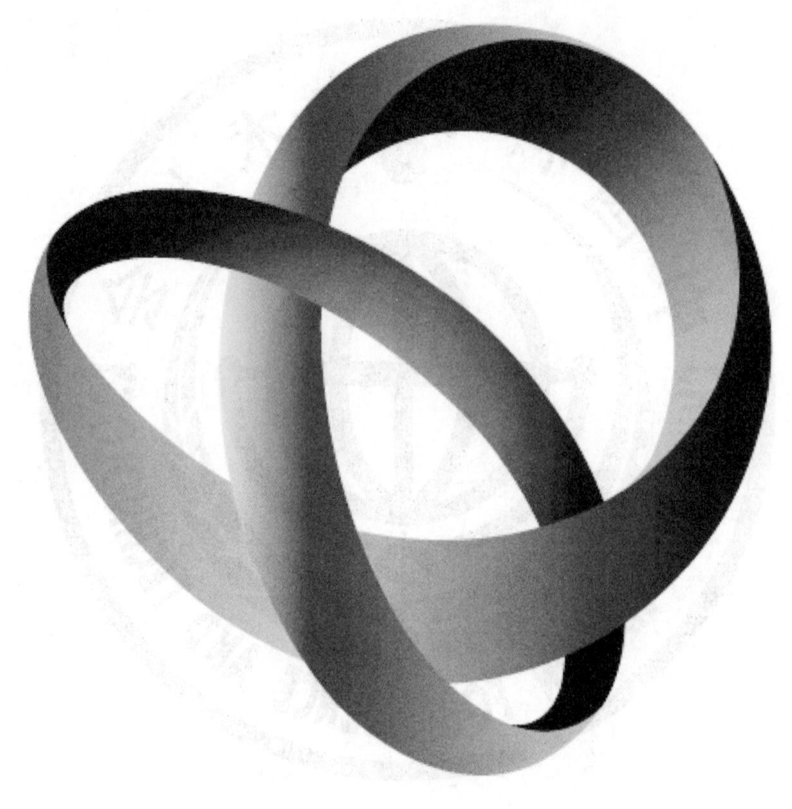

中国科学技术协会标识

中国科学技术协会标识图案为双面拓扑图形，造型富于变化，富有动感。舞动的丝带寓意中国科协是党和政府联系广大科技工作者的桥梁和纽带，象征科协组织具有蓬勃的生命力和创造力。

中国科学技术协会简介

中国科学技术协会是中国科技工作者的群众组织，是中国共产党领导下的人民团体，是党和政府联系科技工作者的桥梁和纽带，是国家推动科技事业发展的重要力量。中国科协成立于1958年9月，由中华全国自然科学专门学会联合会和中华全国科学技术普及协会合并成立，截至2016年，已经发展成为一个拥有207个代表国内自然科学、技术科学和工程技术类最高专业水平的全国学会、覆盖全国3100多个县及县以上地方科协、近20万个各类基层组织的团体。

50多年来，中国科协认真履行党和政府联系科技工作者的桥梁纽带职责，团结带领全国广大科技工作者，凝心聚力、开拓创新，在促进学术交流、普及科学知识、举荐科技人才、开展决策咨询、扩大对外民间科技合作等方面做了大量富有成效的工作，成为推动我国科技事业发展的重要力量，受到党和人民的高度评价，赢得社会的广泛赞誉。展望未来，我国现代化建设的两个百年目标令人振奋、催人奋发，对科技界提出了新的任务和要求，为广大科技工作者发挥作用提供了广阔舞台。中国科协将认真贯彻落实第八次全国代表大会部署，更加广泛、更加紧密地团结带领科技工作者，坚持为经济社会发展服务、为提高全民科学素质服务、为科技工作者服务，努力当好科技工作者之家，为加快建设创新型国家、夺取全面建设小康社会新胜利、实现两个百年的宏伟目标而努力奋斗。

中国科协的历届主席分别是李四光（地质学家，中国科协第一届全国委员会主席），周培源（物理学家、教育家，中国科协第二届全国委员会主席），钱学森（应用力学、工程控制论和系统工程学家，中国科协第三届全国委员会主席），朱光亚（核物理学家，中国科协第四届全国委员会主席），周光召（理论物理学家，中国科协第五、第六届全国委员会主席），韩启德（医学家，中国科协第七、第八届全国委员会主席）。

中国科协的宗旨是：坚持以马克思列宁主义、毛泽东思想、邓小平理论和“三个代表”重要思想为指导，深入贯彻落实科学发展观，团结和动员科学技术工作者以经济建设为中心，坚持科学技术是第一生产力和人才资源是第一资源的思想，推动实施科教兴国战略、人才强国战略和可持续发展战略，建设创新型国家。促进科学技术的繁荣和发展，促进科学技术的普及和推广，促进科学技术人才的成长和提高，促进科学技术与经济的结合。反映科学技术工作者的意见，维护科学技术工作者的合法权益。为经济社会发展服务，为提高全民科学素质服务，为科学技术工作者服务，推动社会主义经济建设、政治建设、文化建设、社会建设以及生态文明建设，构建社会主义和谐社会，为实现中华民族伟大复兴而努力奋斗。

中国科协的基本任务是：开展学术交流，活跃学术思想，促进学科发展，推动自主创新。组织科学技术工作者为建立以企业为主体的技术创新体系、全面提升企业的自主创新能力作贡献。依照《中华人民共和国科学技术普及法》，弘扬科学精神，普及科学知识，传播科学思想和科学方法。捍卫科学尊严，推广先进技术，开展青少年科学技术教育活动，提高全民科学素质。反映科学技术工作者的建议、意见和诉求，维护科学技术工作者的合法权益。推动建立和完善科学研究诚信监督机制，促进科学道德建设和学风建设。组织科学技术工作者参与国家科学技术政策、法规制定和国家事务的政治协商、科学决策、民主监督工作。表彰奖励优秀科学技术工作者，举荐科学技术人才。开展科学论证、咨询服务，提出政策建议，促进科学技术成果的转化；接受委托承担项目评估、成果鉴定，参与技术标准制定、专业技术资格评审和认证等任务。开展民间国际科学技术交流活动，促进国际科学技术合作，发展同国外的科学技术团体和科学技术工作者的友好交往。开展继续教育和培训工作。兴办符合中国科学技术协会宗旨的社会公益性事业。

中国科学技术协会由全国学会、协会、研究会和地方科学技术协会组成。地方科学技术协会由同级学会、协会、研究会和下一级科学技术协会及基层组织组成。截至2013年，中国科协所属全国学会共有200个，其中作为中国科协团体会员的全国学会181个，还有19个非团体会员全国学会为中国科协业务主管。全国学会拥有个人会员428万人。县级以上科学技术协会发展团体会员。基层组织发展个人会员。全国代表大会和它选举产生的全国委员会是中国科学技术协会全国领导机构。全国委员会闭会期间，常务委员会领导中国科学技术协会的工作。常务委员会下设书记处，设置若干专门委员会。书记处在常务委员会的领导下主持中国科学技术协会的日常工作。

中国科协的主要职能包括：

●为经济社会发展服务

一是促进学术繁荣发展。与地方政府联合举办中国科协年会，为科技工作者开展学术交流、服务经济社会发展搭建平台；组织学科进展研究和发布活动，举办中国科协论坛、青年科学家论坛、新观点新学说学术沙龙、博士生学术年会等小型高端前沿学术交流，帮助科技工作者及时准确了解把握学科前沿动态；培育精品科技期刊，推动科技期刊国际影响力提升，着力培育世界一流精品科技期刊。

二是推进企业技术创新。开展“讲理想、比贡献”活动，推动群众性技术创新活动不断深入；发展专家企业工作站和专家服务中心，引导专家深入企业一线进行合作，开展创新方法培训，引导创新要素向企业集聚。

三是助力社会主义新农村建设。实施“科普惠农兴村计划”，表彰奖励有突出贡献的农村专业技术协会、农村科普先进集体和先进个人，引导农民实现科技致富；推进农村专业技术协会发展和科普惠农服务站建设，实现科技服务农民生活、服务农业发展和服务农村文化建设的综合效果。

四是建设国家级科技思想库。组织科技工作者围绕经济社会发展中的重大问题以及关系人民群众切身利益的突出问题，深入调查研究，积极建言献策，把科技工作者个体智慧凝聚上升为有组织的集体智慧；推动地方科协和学会的决策咨询能力水平不断提高；完善决策咨询信息平台，为科协组织充分发挥服务党和国家事业发展的科技思想库作用提供支撑。

五是促进对外民间科技交流与合作，开展双边和多边民间科技交流，巩固和拓展与国外对口组织的双边合作关系，积极承办重要国际科技会议；参与联合国经济和社会理事会咨商工作，在重要国际科技组织中发挥国家会员作用，支持全国学会和中国科学家积极参与国际科技事务；推动工程教育和工程师资格国际互认；巩固和发展与港澳台地区的民间科技交流，不断提高层次和水平，为维护港澳地区的繁荣稳定和两岸关系和平发展作贡献。

●为提高全民科学素质服务

一是履行科学素质纲要办公室职责。牵头实施全民科学素质行动计划，做好《全民科学素质行动计划纲要》实施工作的综合协调服务和督导检查，推动形成“政府推动、多部门联合协作、社会和公众广泛参与”的全民科学素质工作格局。

二是广泛开展主题科普活动。以未成年人、农民、城镇劳动人口、领导干部和公务员、社区居民为重点，以“节约能源资源、保护生态环境、保障安全健康、促进创新创造”为主题，广泛开展群众性、社会性、经常性科普活动，深入实施“社区科普益民计划”，把优质科普资源更多地引向农村、社区和中小学校，引入基层，以重点人群科学素质行动带动全民科学素质整体提升；组织全国科普日系列活动，组织专家学者围绕社会热点焦点问题向公众解疑释惑，营造讲科学、爱科学、学科学、用科学的社会风尚。

三是推进科普资源共建共享。广泛动员社会力量参与科普资源开发，搭建科普资源共享信息平台。促进科研、教育与科普有机结合，有效集成优质科普资源，使人民群众获得更多的优质科普资源和科普服务。组织应急科普资源开发储备。推动科普出版、科普旅游馆园、科普影视与动漫、商业科普网络等发展，提高科普产品的服务效能。

四是加强科普基础设施建设。积极推动科技馆、专业和产业科技博物馆以及中国数字科技馆建设，为社会化科普活动提供支持；加强流动科技馆建设，共建科普示范县（市、区）和全国科普教育基地，推动基层科普活动站（室）、科普画廊（宣传栏）、科普员建设，构筑覆盖城乡的科普阵地。

●为科技工作者服务

一是表彰奖励举荐优秀科技工作者。开展全国优秀科技工作者、中国青年科技奖、中国青年女科学家奖和中国科协求是杰出青年奖评选表彰活动；发现和举荐各类优秀科技人才，组织两院院士初遴选工作，承担国家科技奖励项目推荐工作，推荐我国科学家担任民间国际科技组织领导职务；实施“海外智力为国服务行动计划”，发挥好“千人计划”窗口单位的作用，引进海外高层次科技人才为国服务。

二是宣传优秀科技工作者。宣传在科技创新和普及方面作出突出贡献的优秀科技工作者和创新团队，重点宣传基层一线科技工作者和青年科技工作者，推动形成有利于人才成长提高的良好社会氛围；实施“老科学家学术成长资料采集工程”，大力宣传老一辈科学家的光辉事迹和崇高精神。

三是开展科技工作者状况调查。以多种形式开展科技工作者状况调查，及时了解科技工作者的基本状况和变动趋势，反映科技工作者的意见和诉求；开展科技人力资源发展研究，为党和政府制定科技人才政策提供依据；建立科学规范的科技工作者状况调查站点体系，进一步密切与科技工作者的情感交流与联系。

四是开展科技人才教育培训。开展继续教育和专门培训，推动完善科技人才评价体系，推动形成不同层次的科技人才培养体系；大力培养急需紧缺的工程技术人才、实用技术人才、农业技术致富能手和科普人才；开展工程教育专业认证和专业技术资格认证，促进科技人才成长和提高。

五是加强科学道德与学风建设。深入开展科学道德和学风宣讲，按照全覆盖、制度化、重实效的要求，广泛宣讲科学精神、科学道德、科研伦理和学术规范，引导科技工作者严谨治学、诚实做人；推动制定预防和惩治学术不端行为的政策法规，推进科学道德规范的实施，在全社会营造严谨求实、诚信守责的良好氛围。

●加强自身建设

一是提升学会服务能力。引导和支持学会开展学术交流和科技成果转化，提高服务科技创新的能力；积极承接政府转移的社会化服务职能，广泛开展科学普及、科技奖励、科技评价和科技人才评价活动，提高服务政府和社会的能力；完善会员服务制度，促进人才成长提高，提升服务科技工作者能力；打造高素质学会专职工作人员队伍，完善内部治理，促进体制机制创新，增强自主发展能力，努力建设适应社会主义市场经济体制，符合科技社团发展规律的现代科技社团。

二是扩大科协组织覆盖面。加强科协组织建设，促进企业、高校、街道、社区、乡镇以及各类开发区的科协基层组织健康发展，大力发展农村专业技术协会，为进一步密切同广大科技工作者的思想沟通、情感交流和工作联系，建立稳固的组织基础。

三是开展建家交友工作。广泛开展“建科技工作者之家，交科技工作者之友”工作，努力实现“哪里有科技工作者，科协工作就做到哪里；哪里科技工作者密集，科协组织就建到哪里；哪里建立起科协组织，建家交友活动就开展到哪里”的目标；加强科协理论研究和文化建设，不断提高信息化水平，加强科协系统队伍建设。

A Brief Introduction to the China Association for Science and Technology

The China Association for Science and Technology (CAST) is a mass organization of Chinese scientific and technological workers, a bridge linking the government with the science and technology community, and an indispensible force in advancing the country's scientific and technological development.

CAST was officially founded in September 1958 by merging the two largest scientific organizations in China-All-China Federation of Scientific Societies and All-China Association for Science Popularization. By the end of 2016, CAST has grown into an organization with 207 national societies representing the top level activities of science and technology in China, a network of branches covering all parts of the country and nearly 200,000 grass-roots organizations.

Over the past 56 years, CAST has been faithfully fulfilling its duty as a bridge linking the government with the science and technology community and has made significant achievements by uniting the country-s science and technology community in promoting academic exchange, science popularization, citation of professional talents, providing policy-making consultancy, and strengthening international exchange and cooperation and has won a high reputation and respect from the public.

The present situation in China's modernization drive has set new tasks and requirement for the country-s science and technology community and at the same time has offered a wider stage for it to better play its role. CAST will conscientiously implement and put in effect the overall plan adopted at its 8th National Congress held in 2011, unite and lead all scientific and technological workers of the country in its endeavor to promote China's economic and social development, enhance science literacy of the whole nation, render a better service to scientific and technological workers and try to make new contributions to the building of an innovation-oriented nation and a well-off society in an all-round way.

Since the founding of CAST, six renowned scientists have successively served as the president of its National Committee, who are Li Siguang (a geologist, President of the first National Committee), Zhou Peiyuan (a physicist and educator, President of the second National Committee), Qian Xuesen (an expert in applied mechanics, engineering cybernetics and systems engineering, President of the third National Committee), Zhu Guangya (a nuclear physicist, President of the fourth National Committee), Zhou Guangzhao (a theoretical physicist, President of the fifth and sixth National Committee), and Han Qide (a medical scientist, President of the seventh and eighth National Committee).

The purposes of CAST

To promoting the prosperous development and popularization of science and technology, promote the upbringing of scientific and technological workers and promote the combination of science and technology with economy; reflect the opinions of scientific and technological workers and safeguard their lawful rights and interests; render service to the economic and social development of the country, to the enhancement of scientific literacy for the whole nation and to the needs of scientific and technological workers.

The basic tasks of CAST

—To develop academic exchange, enliven academic ideas, promote development of all scientific disciplines and encourage innovations;

— Organize the scientific and technological workers to make contributions to the establishment of a technologically innovative system with the enterprise as its principal part to raise overall capabilities of innovation of enterprises;

— Uphold scientific spirit, popularize scientific knowledge, and disseminate scientific ideas and methods. Defend the dignity of science, popularize the advanced technology, and develop scientific and educational activities for the young people, so as to improve the scientific literacy of the whole nation;

— Reflect the opinions and appeals of scientific and technological workers and safeguard their legitimate rights and interests;

— Work for the establishment and perfection of a mechanism for ensuring honesty and integrity in scientific research, and promote the ethical construction in science.

— Organize the scientific and technological workers to participate in the making of policies and laws concerning science and technology and in the political consultation and democratic supervision over the state affairs;

— Award outstanding scientific and technological workers and recommend to the appropriate departments or institutions the talented people in science and technology;

— Provide advisory and consulting services on science- and technology-related issues, and promote the transfer of scientific and technological achievements;

— Organize continued education and training programs;

— Organize international science and technology exchanges, promote international cooperation, and develop friendly relations with overseas scientific and technological organizations and scientists; and

— Develop undertakings in accordance with the objectives of CAST.

The China Association for Science and Technology is composed of national scientific and technological societies and the branch associations at the provincial level. Hierarchically, the local associations for science and technology are composed of societies at the same local level and associations for science and technology of a lower level, as well as various grass-roots organizations. At present, there are 200 national societies under the jurisdiction of CAST, of which 181 are its corporate members while the remaining 19 are under mandatory administration. The total number of individual members of the national societies under CAST has reached 4.28 million. Branches at the county level or above is composed of corporate members at the corresponding level while the grass-roots organizations are formed by individual members. The National Congress of CAST and the National Committee elected at the National Congress are the highest authority of CAST. When the National Committee is not in session, its Standing Committee oversees the operation of CAST. A Secretariat and a number of specific committees are set up under the Standing Committee. The Secretariat is in charge of the daily administration of CAST under the leadership of the Standing Committee.

Highlights of the current work of CAST:

In the area of academic exchange and serving economic and social development

One of the most important activities in the area of academic exchange is the Annual Meeting of CAST, which aims to boost academic exchange and provide assistance for the country's economic and social development. CAST also sponsors various kinds of conferences, symposia and forums to address issues important to science and economic and social development, and help its members with the publishing of scientific and technological journals to maintain high standards of science and technology of the country.

In industrial enterprises, CAST organizes mass innovation activities such as the campaign of making greater contributions to enterprises' innovation, regular meetings between outside experts and technical personnel of the enterprises, and innovation-related training courses.

To help improve farmers' living and promote the development in rural areas CAST has initialed and organizes the implementation of the project *Science for Farmers*, and helps villagers develop rural special technique associations and science service stations.

As one of China's top think-tanks in science and technology, CAST organizes science and technology professionals to conduct investigations on important issues concerning the country's economic and social development and people's livelihood, and providing advice for decision-making.

CAST develops bilateral and multilateral scientific cooperation and maintains friendly relations with science and technology bodies of various countries. It hosts international science and technology conferences, supports its member societies and scientists to actively engage themselves in international science and technology activities. CAST participates in the consultation the UN Economic and Social Council and facilitates the mutual and international recognition of engineering education accreditation. It also maintains friendly relations with scientific communities in Hong Kong, Macao and Taiwan.

In the area of enhancing science literacy of the whole nation

CAST has been appointed by the State Council the coordinating institution for the implementation of *The Outline of the National Scheme for Scientific Literacy* and is in charge of the coordination of the *The Outline*.

It sponsors and organizes science popularization activities with youth and children, farmers, urban workers, leading cadres and public servants and community residents as targeted people, such as National Science Day and the campaign Science Goes To Urban Communities.

It also emphasizes mobilizing and relying on various social sectors to develop science popularization resources. In the building of science popularization infrastructure, CAST is pushing for the sound development of science and technology museums, specialized and industrial museums throughout the country and is managing the China Digital Science Museum to support the socialized science popularization activities.

In the area of serving science and technological workers

CAST sponsors and organizes rewarding activities such as Outstanding Scientists of China, Chinese Young Scientists Award, Chinese Young Women Scientists Award, and the CAST Qiushi Outstanding Young Scholars Award. It cites outstanding scientific and technological talents as well as nominates candidates for CAS and CAE election. It also proposes to the related government authority projects for National Science and Technology Award. It has initialed and leads the implementation of HOME Program (Help Our Motherland through Elite Intellectual Resources from Overseas) to attract advanced Chinese scientific talents from abroad.

CAST conducts in various forms investigations on the present conditions of the country's science and technology workers so as to keep abreast their basic status and trend of change, and to voice their opinions and demands. It organizes research on the human resources development in the domain of science and technology so as to provide bases for the government in relevant decision-making.

CAST organizes continued education and professional training, implements project on knowledge updating and innovative talents cultivation. It promotes the improvement of the science and technology talent evaluation system and formulation of a talent cultivation system. CAST cultivates talents in urgent need, such as engineers, technicians, agricultural technicians and science popularization talents. It makes engineering education accreditation and specialized technology qualification identification.

CAST carries out science ethics education among science and technology professionals as well as students so as to foster among them a correct attitude towards their career. It promotes the formulation of policies and regulations to curb and punish academic misconduct and pushes for the practice of code of norms in science so as to create an academic environment of integrity.

In the area of its own capacity building

National scientific and technological societies are the basic constituents of CAST, so to strengthen the role of these societies in the advancement of science and technology and economic and social development is of utter importance to the capacity building of CAST itself.

CAST provides guidance and support to its member societies to facilitate the commercialization of scientists' research results and strengthen their ability to serve innovative activities. It encourages member societies to undertake some of the functions transferred from the government, such as organizing science and technology rewarding, evaluation of scientific research projects and achievements, and help them enhancing their ability to serve their members.

CAST encourages science and technology professionals working in industrial enterprises, institutions of higher education, neighborhood communities, rural areas to set up grassroots organizations under the framework of CAST.

As a mass organization of science and technology professionals, CAST has always maintained a close link with them and has defined a goal of building itself a “home for science and technology workers”, aiming at “wherever there are science and technology workers, the work of CAST will follow”, “wherever science and technology workers are concentrated, there is CAST organizations” and “wherever there is a CAST organization, a home for science and technology workers will be built”.

领导同志的讲话

抓住全面深化改革机遇　推进科协工作创新发展

——在中国科协八届五次全委会议上的讲话

2014 年 1 月 25 日

李源潮

新年伊始，中国科协召开八届五次全委会议，深入贯彻落实党的十八大、十八届三中全会精神和习近平总书记系列重要讲话精神，按照中央书记处要求，研究部署在全面深化改革中加快推进科协工作创新发展，很有必要。

过去一年，是科协工作取得重要进展的一年。党中央高度重视科协工作，习近平总书记和李克强同志、刘云山同志等中央领导对科协工作作出重要指示，充分体现了新一届中央领导集体对中国科协寄予厚望。在党中央、国务院正确领导下，中国科协贯彻落实中央决策部署深入扎实、富有成效，各方面工作取得新的进展。一是主题鲜明。紧密结合实际，认真学习贯彻党的十八大和十八届二中、三中全会精神，学习贯彻习近平总书记系列重要讲话精神，积极开展中国特色社会主义和中国梦宣传教育，在引导广大科技工作者坚定理想信念、促进改革发展、推动创新型国家建设方面，做了大量工作、发挥了重要作用。二是重点任务抓得有力。紧紧围绕服务创新驱动发展战略，着力深化学术交流，切实加强学会建设和人才队伍建设，努力推动国家级科技思想库建设，积极创新科普工作机制，特别是去年的科普日活动影响比较大、效果比较好。三是作风建设扎实推进。认真贯彻中央八项规定精神，积极开展群众路线教育实践活动，通过学习教育、查摆问题、整改落实，解决了一些突出问题，党的优良作风得到了弘扬。四是服务能力得到增强。广泛开展建家交友活动，加强地方和基层科协组织建设，拓展服务领域，创新服务方式，“三服务”的意识和能力进一步提升。去年 12 月 20 日，中央书记处会议听取中国科协工作汇报，对科协工作给予充分肯定。广大科技工作者对科协工作是满意的。

按照中央书记处要求，做好 2014 年科协工作，总的是：坚持以邓小平理论、“三个代表”重要思想、科学发展观为指导，深入学习贯彻党的十八大和十八届三中全会精神，学习贯彻习近平总书记系列重要讲话特别是关于科技和科协工作的讲话精神，牢牢把握服务创新驱动发展战略这条主线，以提高全民科学素质为目标，切实增强大局意识、机遇意识、创新意识、服务意识，着力推动各方面工作改革创新，不断提升工作水平，团结带领广大科技工作者为促进全面深化改革、实现经济社会发展目标任务作出积极贡献。

这里，我就落实中央书记处要求，抓住全面深化改革机遇、推进科协工作创新发展，讲几点意见。

一、服务全面深化改革大局，创新和拓展科协工作

群众团体是党领导的联系群众、服务群众、动员

群众的群众组织。习近平总书记要求群团组织，要紧紧围绕党和国家工作大局谋划和开展工作。中央书记处指出，科协作为党领导的科技工作者的群团组织，作用发挥得如何，很大程度上看把握大局的能力、服务大局的成效。现在，全党全国正致力于坚持和发展中国特色社会主义，为实现中华民族伟大复兴的中国梦而奋斗，这是党和国家工作的大局，也是科协工作的时代主题。科协干部要知大局、懂本行、干实事。中国科协全委会是科协组织的领导机关，尤其要有大局观，知大局、议大局，服从大局、服务大局。今年科协各项工作，就要紧紧围绕这一大局和主题来谋划、来推进。科协系统要认真学习中央精神，认清全局工作对科协工作提出的新任务新要求，进一步突出重点、把握好着力点，不断提高促进经济社会发展、服务党和国家大局的能力和水平。

第一，把习近平总书记系列重要讲话精神和中央对科协工作的最新指示精神作为科协工作的根本遵循。各级科协要抓好学习培训，把习近平总书记系列重要讲话精神和中央对科协工作的最新指示精神作为党员干部培训的重点内容，把科协系统党员干部的思想和行动统一到中央精神上来。抓好面向广大科技工作者的宣传教育，深化“弘扬科学道德 践行‘三个倡导’奋力实现中国梦”巡回报告活动，引导广大科技工作者增强中国特色社会主义道路自信、理论自信、制度自信，自觉培育和践行社会主义核心价值观，凝聚为中国梦奋斗的强大精神动力。抓好中央重大方针政策的学习贯彻，特别是经济、科技、人才、农业、城镇化等方面的最新政策和改革举措，把广大科技工作者的创新智慧凝聚到实施创新驱动发展战略、建设创新型国家、实现“新四化”的发展大局上来。

第二，抓住全面深化改革机遇，创新拓展科协工作领域和覆盖面。十八届三中全会吹响了新一轮改革的进军号，为创新和拓展科协工作提供了新机遇。十八届三中全会作出全面深化改革决定，提出了宏伟的改革目标，是全面改革的顶层设计。30多年的改革实践证明，改革能不能顺利推进，很重要的是能不能凝聚全体人民的改革共识，调动社会方方面面的改革积极性。科技工作者具有推动改革的进步性和积极性，是最容易凝聚共识、调动积极性的一个群体。中央书记处要求，各级科协组织要进一步明确推进和服务改革的职责、任务和要求，引导广大科技工作者支持改革、投身改革、参与改革，做改革的促进派，努力在推进全面深化改革中展现优势、发挥作用。改革开放以来，科协工作是在服务改革大局中不断拓展新领域、展现新作为的。科协组织要服从改革大局、服务改革大局，抓住新一轮改革发展机遇，创新和拓展科协工作。

要抓住实施创新驱动发展战略的新机遇，在促进科技创新与经济社会发展深度融合中发挥重要作用。中国正处于建设创新型国家的决定阶段，全靠要素驱动的老路已难以为继。实施创新驱动发展战略、培育全球竞争新优势，关键是大幅提高自主创新能力。习近平总书记2013年3月在全国两会上与政协科技、科协界委员座谈时指出，要坚定不移走中国特色自主创新道路，增强创新自信。目前，提高我国经济发展质量和效益，保障粮食、信息、国防安全，解决群众日常生活难题，促进环境保护、能源资源开发和高效清洁利用，是科技创新引领支撑经济社会发展的重点方向。中国科协正在推进国家级科技思想库建设，实施学会能力提升计划、科技期刊国际影响力提升计划和海智计划等，这些都是科协组织服务创新驱动发展的重要抓手。各级科协要组织动员广大科技工作者开展科研攻关，深入调查研究，积极建言献策，为科学谋划我国科技发展战略布局、找准科技创新跨越的机遇和方向提供高端决策咨询，为中国科技由“跟跑者”转为“领跑者”贡献智慧。

要抓住深化科技体制改革、创新完善人才发展体制机制的新机遇，在激发调动科技工作者创新创造活力上发挥重要作用。要抓好企业专家工作站、讲理想比贡献活动等，推动科技工作者深入基层、服务企业，到经济社会发展主战场创新创业，促进解决科研和经济“两张皮”问题，使科技创新的成果更多转化为现实生产力。要深入开展科技工作者状况调查，全面反映科技工作者对人才评价、人才流动、人才使用、资源配置、项目评审、权益保护、科研成果转化、收益分配等方面意见建议，推动科技和人才发展体制机制改革创新，用改革红利、人才红利、创新红利激发科技工作者创新力。

要抓住深化行政体制改革、加快转变政府职能的新机遇，拓展科协组织社会化服务职能。推进学会有序承接政府职能转移这项工作已经推开，要按照习近平总书记、李克强总理等中央领导同志要求，加强与政府部门的沟通协商，在先行试点基础上稳妥有序推

进。同时，要进一步明确科协自身改革发展的思路和举措，积极推动各类学会管理体制、运行机制和监管机制的改革创新，探索形成能负责、能问责的机制，为承接政府转移职能奠定坚实基础，为更好发挥学会作用提供体制机制保障。

要抓住培育和践行社会主义核心价值观的新机遇，在弘扬科学精神、树立社会新风中发挥重要作用。现在，社会上科学理性不足、道德失范、价值扭曲的现象时有发生。科协组织要推动实施全民科学素质行动，弘扬科学精神，反对愚昧迷信，积聚社会文明进步的正能量。要深化科学道德和学风建设宣讲教育，广泛宣传有突出贡献的科学家和基层科技工作者先进事迹，引导科技工作者在培育和践行社会主义核心价值观中作表率。

二、提高科普传播水平，加快推进科普信息化

创新驱动关键在科技，基础在全民科学素质。习近平总书记强调，科学普及的重要性不亚于科技创新，要把抓科普工作与抓科技创新放在同等重要的位置。中央书记处要求，要积极适应全社会对科技知识、科技创新和科技推广应用的新需求，加大科普力度。这些年来，全民科学素质纲要实施很有成效。但与发达国家相比，目前我国的公民科学素质还不够高。2005年公民具备基本科学素质的比例为1.6%，2010年为3.27%，到2015年要达到超过5%的目标，任务还很重。科协系统要加大科普力度，抓住信息化机遇推进科普现代化，为增强国家科普能力、提高全民科学素质作贡献。

要围绕人民群众需要和创新驱动发展需要做科普。科普的对象是人民群众，要以人民群众为本，和人民群众建立最密切的联系，特别要面向基层群众传播科学知识，普及科学方法，弘扬科学精神，激发科学兴趣，让科学更好地掌握群众、造福群众。科普重点是青少年，青少年时期是科普的春天，要加大面向青少年的科普力度。要以“创新发展、全民行动”为主题办好今年的全国科普日，办好夏季科学展，向公众展示最新科技成就。要大力推进科技传播体系建设，推动科普与科技创新、科技教育有机结合，使之成为国家创新体系建设的重要组成部分。

任何一场科技革命都将推动人类生产生活方式发生革命性变化。当今时代，信息革命突飞猛进，网络技术日新月异。仅10年前，手机上网看新闻在中国想都没想，现在已成为2亿多人的习惯。现在，我们的科普手段大大落后于信息革命的步伐，科普还没有将网络变成工作主渠道。科普可以看成是传播科学和培养人类文明的一种社会生产，也有个科普生产力问题。现代信息技术特别是互联网为科普提供了最便捷、最有效、最经济的手段。怎么应用最新网络技术做科普，实现科普现代化，是一个紧迫课题。中央书记处要求，要创新科技推广和科普活动方式方法。科协系统要增强危机感和机遇意识，努力在科普信息化上取得实质性突破。

要大力推进科普信息化，让科学知识在网上流行。要创新理念，树立开放、共享、协作、参与的互联网精神。百度百科的流行，是因为开放、共建，大家都能参与；淘宝的成功，是因为给创业者提供了低门槛的网络平台。要创新内容，有知有用。《十万个为什么》50年6次再版，销量1亿册，一是内容全，二是知识新，三是科学权威。霍金的《时间简史》虽不易读懂，但风靡全球，是因为回答了宇宙从哪来、到哪去这样一个人类共同关心的问题。现在，人们对嫦娥探月、蛟龙深潜、南极探险、航母制造都很感兴趣，对雾霾治理、转基因、安全用药都很关注。网上科普要坚持需求导向，紧盯科技前沿，紧跟社会热点，紧扣公众需求。要创新手段，激发兴趣。目前互联网发展的态势是视频化、移动化、社交化、游戏化。6亿网民中，65.8%看视频，58.5%玩游戏，78.5%用手机上网，手机已成为人们的“第六器官”；超过5亿人上微信，2013年下半年就增加了1亿多。科普要用好新手段，吸引“眼球”、提高“黏度”，满足现代社会便捷学习、碎片学习、泛在学习的新需求。要想办法把科普渗透到网游、视频、网络社区中，把网游族、低头族吸引到爱科学、学科学、用科学上来。可考虑成立网络科普游戏协会，加强与游戏、动漫企业和知名网站的合作，推动开发科普游戏产品。要创新机制，整合资源。习近平总书记曾提出，要探索建立公益性科普事业和经营性科普产业并举的体制机制。十八届三中全会强调，要使市场在资源配置中起决定性作用。搞科普，既需要政府支持，也要想办法更多地用好市场机制和社会力量。要健全政府推动机制，加大对科普事业特别是网络科普的投入和政策支持。要完善公益性机制，推动高校、科研机构、企业和社会组织履行好科普责任。尤其要重视培育和用好产业化机制。科普产业繁荣，科普事业就有生机。中国的科普产业刚刚起步，科普展览、科普出版、科普教育、科普玩具、科普旅游、科普网络、科普动漫市场潜力巨大。国家现在对发展教育、文化、信息、旅游等产业有不少支持政策，发展科普产业要借势借力、借桥借船。科协系统要同政府部门和地方合作，推动形成一批具有竞争力的科普产业集群。要完善激励机制，用好荣誉激励，强化利益引导，创新社会参与，调动参与者的科普积极性创造性。网络虚拟动员是网络科普很有效的手段，果壳网的“科学达人”评级、小米手机用户参与式开发，都激发了参与者的成就感，实现了满足感。

中央书记处提出，要加快中国数字科技馆建设。这是要建中国新一代数字科技馆，中国科协要把它作为一项重点任务来抓。要应用最新信息技术，突出参与、互动、体验理念，规划好、建设好、运营好新一代数字科技馆，使之在中国特色的现代科技馆体系中发挥龙头作用。《十万个为什么》要搬进来，游戏化、视频化，还要和中青网、未来网等网站链接、互动，吸引青少年在快乐中既学科学又受教育。

三、深入基层、改进作风，更好服务科技工作者

习近平总书记强调，群团组织要把联系和服务群众作为工作生命线。中央书记处指出，服务创新、服务社会和政府、服务科技工作者，是科协组织的根本宗旨。第二批群众路线教育实践活动已全面展开。各级科协尤其是领导机关要以此为动力，进一步深入基层、改进作风、竭诚服务，以服务增强科协组织的吸引力凝聚力，以服务激发科技工作者的创新力创造力。科协干部要主动与广大科技工作者交朋友，了解他们的科研工作环境、思想动态、生活状况，倾听他们的呼声，及时提供细致周到的服务，引导好、保护好、发挥好他们的积极性，真正把科协组织建设成为科技工作者之家。中国科协从党组书记处到每个局级单位都直接联系县级科协，这很好。要把这种做法制度化，指导好基层科协组织群众路线教育实践活动，推动各级科协形成直接联系基层、服务科技工作者的长效机制。要重视基层科协组织建设，资源向基层配置，力量向基层倾斜，政策在基层落实，工作在基层见效。

服务科技工作者是科协组织的天职和传统。你们说，科协是吃科学家积极性这碗饭的，很有道理。现在科技工作者工作生活、成长发展中还有不少实际困难，科协系统应该发挥更大作用。对老一辈科学家要悉心照顾，宣传他们献身科学、报效祖国的高尚品格，鼓励他们提携后学、培养人才；对中年科技工作者要排忧解难，帮助解除后顾之忧，使他们充分施展才华、多出成果；对青年科技工作者要倾力支持，搭建高水平学术交流平台，加大培养举荐力度，帮助他们在创新创造的黄金期脱颖而出、勇攀高峰；对留学归国科技人才，要针对他们的特殊需求，帮助解决特殊困难，吸引更多优秀海外人才回国创新创业；对基层一线科技工作者要倍加关爱，提供更多教育培训机会，帮助改善工作条件、解决生活困难，激励更多科技人才扎根基层建功立业。

科协组织服务科技工作者还要特别注意对科普工作者的服务。科普工作者是一类特殊的科技工作者，他们工作的效益不直接体现在市场上，也不体现在学术期刊上，而体现在社会进步上。让科普工作者的效益得到社会承认，是为科普工作者服务的重要方面。要大力表彰宣传科普工作先进典型，鼓励更多科学家和科技工作者做科普。搞好科普需要有懂科普、有热情、能奉献的科技工作者积极参与，特别需要科普大家、科普专家。年前，我专门见了获得联合国教科文组织卡林加奖的李象益同志，他30年如一日从事科普工作。科学家做科普最有优势，要大力表彰宣传李象益同志这样的优秀科普专家，使他们能像院士一样受到社会尊重，带动广大科技工作者投身科普事业。科技工作者讲自己的创新成果，能用最简单、最吸引人的方法把复杂深奥的科学道理讲明白。要推动科技计划增加科普任务，鼓励科技工作者把自己的成果科普化。要重视抓好科普人才队伍建设，加强现有科普人才的知识更新和业务培训，加快培养适应信息化需要的科普创意、科普研发、科普传播、科普经营人才。要鼓励中小学校和高校教师做科普，鼓励企业技术人员、传媒工作者和科普爱好者积极参与科普、贡献科普。

科协工作是党的群众工作和国家科技工作的重要组成部分。各级党委、政府要切实重视科协工作，加强对科协组织的领导和指导，加强科协干部队伍建设，帮助解决遇到的困难和问题，为科协开展工作、发挥作用创造更好条件，使科协组织为全面深化改革、建设创新型国家、推动经济社会持续健康发展作出更大贡献。

为实现中国梦打好全民科学素质基础

——会见卡林加奖获得者李象益的谈话

2013年12月20日，根据记录整理

李源潮

听了李象益同志先进事迹和获奖情况的介绍，很受鼓舞，很有感触。我们要向象益同志荣获卡林加科普奖表示祝贺！这是中国人第一次获得这一国际科普领域最高奖，是象益同志的骄傲，是中国科协和科普工作者的骄傲，是我们国家的骄傲。能够获得这个奖，首先是由于象益同志对科普工作的贡献。有成就的科学家、科技工作者转身做科普，很多人舍不得，您30年如一日奋斗在科普战线，这很了不起。这是非常可贵的奉献精神，既是对科学的奉献，也是对提高人民科学素质的奉献。科普的实质就是传播科学知识，推动科技应用。科学家、科技工作者离科学技术的核心最近，最能揭示科学技术的本质，最了解科学技术的应用，因此，应大力提倡科学家、科技工作者做科普，这同样是为创新驱动发展、为科学技术发展作贡献。其次，这个奖也是肯定中国科协在科普事业上的贡献。我国科技馆事业在世界上规模最大，发展最快，现在全国有350多个科技馆。我国有13亿多人口，还应该有更多的科技馆。但下一步应该朝哪个方向发展，怎么更有效、性价比更高，要研究。可能建设网上科技馆会更好用、更便宜、更普及。现在中国科技馆一年能接待300万人，同样的投入建设网上科技馆，一年至少可以服务3000万人甚至更多。其三，这个奖也是对我们国家科技进步和科普事业发展的肯定。

党和国家高度重视科普工作。习近平总书记强调，科学普及的重要性不亚于科技创新，要把抓科普工作与抓科技创新放在同等重要的位置。象益同志走的路，现在得到世界科技界、科普界和联合国教科文组织的肯定。这启示我们，在实现社会主义现代化的道路上，在建设创新型国家的道路上，在提高全民科学素质的道路上，需要大批如象益同志一样优秀的科普工作者。象益同志的路子对做好科普工作有很多启示。

第一，把更多科学知识普及到群众、普及到基层，面向人民群众做科普

科普的对象是人民群众，要以人民群众为本，和人民群众建立最密切的联系，特别要面向基层群众传播科学知识，普及科学方法，弘扬科学精神，让科学更好掌握群众、造福群众。现在网络是很好的科普渠道，要用好网络。科普实质上是全民教育的一部分，重点在青少年。青少年时期是科普的春天，从小播下科学理念、科学知识、科学方法的种子，将来就会生根发芽。创新创造的学习与被动接受学习是完全不一样的，科学理念是创造性教育的重要基础，从小种下科学的种子对学校教育有着重要影响。学校教育不能满足于传授科学知识，不注意培养科学理念、科学方法，出不了创造性人才。昨天看到一条消息，说剑桥大学的考题没有标准答案，考的是思路和应用，考你选择哪些方法来解决和回答所提的问题，而不是简单地考知识点。这对我们很有启示，例如考试也可以出几个题目，规定时间，让考生拿着 iPad 到百度、维基百科去查有关内容，分析整理后进行回答，这比背几本书管用多了。

第二，围绕经济社会发展需要做科普

建设创新型国家，一方面需要科学家不断创新，研究发现最新科技知识，另一方面需要提高人民科学素质。更好推广应用最新科技知识。小米手机发展很快，几年之间产值达到 100 亿元，公司成长性非常好，关键是创意好。它的有些创意或许就是在科技馆看到或受到启发的。十八大提出实施创新驱动发展战略，创新驱动关键在科技，基础在全民科学素质。希望科普工作紧紧围绕提高劳动者科学素质开展，为创新驱动、转型发展作贡献。

第三，运用最新科技、紧跟时代发展做科普

从某种意义上说，人类社会的发展经历了四大步创造，即史前新旧石器时期开始物质生产的创造，随着人类文明演进，古埃及、巴比伦、古希腊时期开始精神世界的创造，公元 1500 年左右人类开始进入科技文明时代，现在人类可以说是进入了信息文明时代。我认为信息时代目前还处于起步阶段，人类社会会因为信息文明出现许多不同以往的变化。在前两步人类文明的创造中，中华文明是走在前列的，进入科技时代时由于中国的封建制度我们落后了，迈向信息时代我们不能再落后。我国有世界上规模最大的信息网络应用空间。怎么应用最新的信息网络技术做科普，怎么通过科普让人们更好地认识和使用信息技术，都值得研究。现在国家高度重视互联网的建设和管理，科协要抓住机遇，大力加强网络科普创新，服务国家和社会需要，增加网上正能量。

第四，鼓励和吸引更多的科学家和科技工作者做科普

搞好科普关键要有一支高素质的科普工作队伍，特别需要象益同志这样的科普大家、科普专家。科学家搞科普最有优势，许多大科学家都热心做科普，而且影响非常大。如霍金的科普专著《时间简史》，影响全世界，影响几代人。科学家搞科普当然要付出大量的精力，但这对社会、对个人都非常值得。培根说“知识传播比知识本身更重要”。现在我国科技界对科普的重视不如科研，可能与我们激励不够也有关。刚才看了联合国教科文组织（UNESCO）颁发给象益同志的爱因斯坦奖章。中国有没有什么科普奖？我认为应该设科普奖，也可以不发钱发奖章，做起来容易。有成就的科学家在乎的不是钱，而是对国家的贡献和社会的认可。世界科学大会是国际科技界的大事，第六届世界科学大会专门为象益同志颁发卡林加奖，应该加大对这些重大科学消息的宣传。要大力表彰、宣传象益同志这样的优秀科普专家，使他们能像院士一样受到社会尊重，激励广大科技工作者投身科普事业。

实现中国梦最需要的，一是新技术的创造和应用，二是人的素质的提高。人的素质包括很多种，其中科学素质是最重要的素质之一。提高全民科学素质，科普工作责任重大。科普工作需要全社会重视，需要党和政府加强领导，需要动员社会各方面的力量。北京市设立政府科普工作顾问的做法很好，应该积极推广。目前与教育经费投入、科技创新投入相比，科普的投入显得还不够。中国科协是全民科学素质纲要实施工作的牵头部门，要积极争取政府支持，用好国家资源、社会资源和科技资源，动员广大科技工作者把国家需要、人民需要作为人生追求，积极投身科普事业，为全面建成小康社会、建设创新型国家，实现中华民族伟大复兴的中国梦打好全民科学素质基础。

发挥组织优势　体现群众性特点
为培育和践行社会主义核心价值观作出贡献

——在群团组织培育和践行社会主义核心价值观汇报交流会上的讲话

2014年6月12日

李源潮

党的十八大提出积极培育和践行社会主义核心价值观的战略任务，党中央对人民团体引导各自所联系群众培育和践行社会主义核心价值观高度重视。共青团中央、全国妇联、中国科协、中国侨联和全国少工委按照习近平总书记和中央书记处要求，积极开展培育和践行社会主义核心价值观工作。刚才，大家介绍了各自的情况，总的看，前一段做得很有成效，下一步打算也都很好。这里，我讲三点意见，供大家参考。

一、深入贯彻党中央和习近平总书记要求，把培育和践行社会主义核心价值观作为一项重大任务抓紧抓实抓好

培育和践行社会主义核心价值观，是我们党集中全党全国人民共同意愿作出的重大决策，是推进中国特色社会主义伟大事业、实现中华民族伟大复兴中国梦的战略任务。党的十八大提出，倡导富强、民主、文明、和谐，倡导自由、平等、公正、法治，倡导爱国、敬业、诚信、友善，积极培育和践行社会主义核心价值观。党的十八届三中全会强调，坚持中国特色社会主义文化发展道路，培育和践行社会主义核心价值观，巩固马克思主义在意识形态领域的指导地位，巩固全党全国各族人民团结奋斗的共同思想基础。2013年12月，中央下发《关于培育和践行社会主义核心价值观的意见》。今年2月，习近平总书记主持中央政治局集体学习，专门就培育和弘扬社会主义核心价值观进行讨论，强调培育和弘扬社会主义核心价值观是凝魂聚气、强基固本的基础工程。

培育和践行社会主义核心价值观，人民群众是主体。习近平总书记对在人民群众中培育和践行社会主义核心价值观高度重视，并对青年、妇女、少年儿童、科技工作者等群体提出了特别的要求。去年与全国妇联新一届领导班子谈话时，要求注重发挥妇女在弘扬中华民族家庭美德、树立良好家风方面的独特作用。2013年“五四”青年节与各界优秀青年代表座谈时，希望广大青年自觉树立和践行社会主义核心价值观，带头倡导良好社会风气。今年“五四”与北大师生座谈时，强调青年的价值取向决定未来整个社会的价值取向，而青年又处在价值观形成和确立的时期，抓好这一时期的价值观养成十分重要。要求广大青年要自觉践行社会主义核心价值观，在勤学、修德、明辨、笃实上下功夫。“六一”前夕参加北京市海淀区民族小学主题队日活动时，要求各方面共同努力，让社会主义核心价值观的种子在少年儿童心中生根发芽、真正培育起来。对少年儿童培育和践行社会主义核心价值观提出记住要求、心有榜样、从小做起、接受帮助4点希望。在刚刚召开的两院院士大会上，希望广大院士善养浩然之气，发扬我国科技界爱国奉献、淡泊名利的优良传统，以身作则、严格自律，在攻坚克难、崇德向善中做到学为人师、行为世范，带动科技界乃至全社会践行社会主义核心价值观。

党中央在中国工会“十六大”、共青团“十七大”、中国妇女“十一大”、中国侨联九代会上的祝词中，对广大职工、青少年、妇女、侨胞培育和践行社会主义核心价值观也有明确要求。在共青团十七大上的祝词中，号召青年一代勇开风气之先，树立和践行社会主义核心价值观，以实际行动促进社会文明进步。在中国妇女十一大上的祝词中，号召广大妇女传承美德，促和谐树新风，尊老爱幼、勤俭持家、自立自强、科学教子，树立家庭文明新风尚，践行社会主义核心价值观，为继承和弘扬中华民族优秀文化贡献力量。

党中央书记处对人民团体抓好培育和践行社会主义核心价值观工作作出了明确部署。中共中央书记处第六次办公会议要求，全国妇联要引导广大妇女自觉践行社会主义核心价值观，遵守社会公德、职业道德、家庭美德，弘扬真善美、贬斥假恶丑，自尊、自信、自立、自强，树立良好道德风尚，推动社会文明进步。中共中央书记处第十一次办公会议要求，共青团要切实抓好培育和践行社会主义核心价值观这一重要任务，不断提高广大青少年思想道德品质。

各级群团组织都要深刻领会党中央和习近平总书记的要求，深刻认识培育和践行社会主义核心价值观的重大意义，深刻认识自身肩负的重要责任，切实把培育和践行社会主义核心价值观作为一项重大任务抓紧抓实抓好。

二、发挥人民团体的组织优势，抓好重点群体的培育和践行社会主义核心价值观工作

人民团体是党联系群众的桥梁纽带，是推动培育和践行社会主义核心价值观的一支重要力量。要立足各自实际，发挥组织优势，在所联系群众中大力开展培育和践行社会主义核心价值观工作。比较而言，涉及4个方面的群众工作要更为重视。一是要带好青年。这是党中央和习近平总书记最关心、强调最多的。青年是价值观确立的关键时期，青年是领风气之先的生力军。抓好青年社会主义核心价值观的培育和践行，关系青年一代的价值取向。共青团是先进青年的组织，是党和政府联系青年的桥梁纽带，要切实肩负起引导青年培育和践行社会主义核心价值观的重任。要发挥教育引导优势，在青年中树立实现中华民族伟大复兴中国梦的理想信念，引导广大青年坚定不移跟党走中国特色社会主义道路；扎实开展中华优秀文化和传统美德教育，引导广大青年做民族精神和时代精神的传承者、弘扬者；加强民族团结教育，引导各民族青年树立正确的祖国观、民族观，做民族团结和祖国统一的坚定维护者。要发挥实践育人优势，深入开展青年志愿服务活动、科技创新活动、勤工俭学活动，引导广大青年身体力行社会主义核心价值观。二是要从娃娃抓起。3岁看大，7岁看老。十年树木，百年树人。一个民族的未来，取决于今天对娃娃的培养。让社会主义核心价值观的种子在少年儿童心中生根发芽，需要各方面共同努力。作为少年儿童自己的组织，少先队有责任有优势帮助队员们从小树立社会主义核心价值观。要坚持开展多种形式的组织教育、自主教育、实践活动，用形象化、榜样化、行动化的方式，帮助少年儿童记住社会主义核心价值观的基本内容，向先进模范学习，从小做起，一点一滴积累养成好思想好品格。三是要融入家庭。家庭是价值观交流的第一场所，是道德养成的第一学校，父母的言传身教，兄弟姊妹的耳濡目染，对一个人价值观的形成有着深刻影响。中国自古把齐家作为治国平天下的重要基础。培育和践行社会主义核心价值观，要融入家庭、深入家庭，以家庭文明进步推动社会文明进步。妇女是家庭文明的建设力量，母亲的思想品德对子女的影响更大、更久、更基本。妇联作为广大妇女的“娘家”，要按照党中央和习近平总书记要求，积极引导广大妇女主导文明家庭建设，在弘扬家庭美德、树立良好家风中发挥独特作用。四是要发挥科技工作者的示范作用。科技工作者是建设创新型国家的骨干力量，也是多数青少年尊崇的榜样，他们的道德品行不仅对学术风气，而且对社会风气尤其是对青少年的风尚有极大的示范影响。各级科协要大力倡导科学道德，引导科技工作者弘扬爱国奉献精神，坚定学术操守和道德理念，把学问和人格融合在一起，以德立身、以德立学、以德育人，引领示范社会风气。要组织科技工作者传播科

学知识，弘扬科学精神，推动形成爱科学、学科学、用科学的良好社会氛围。以上讲的4个方面，都是打基础、求长远的事，是日积月累、润物无声的工作，要抓细、抓小、抓实。此外，还要发挥广大归侨侨眷和海外侨胞在继承、传播、弘扬中华优秀文化和传统美德方面的独特作用，努力建设中华民族共有的精神家园，凝聚海内外中华儿女为实现中华民族伟大复兴的中国梦共同奋斗。

三、体现群众组织的群众性特点，激发广大群众自觉践行社会主义核心价值观的内在动力

培育和践行社会主义核心价值观，要充分体现群众性特点，激发广大群众积极参与，让社会主义核心价值观深入人心、深入家庭、深入社会，成为人们普遍的精神追求和行为习惯。一要知行合一，重在实践。群众是天然的实践派，日用而不觉的道德尺度，都是在生活实践中潜移默化形成的。群团组织在群众中培育和践行社会主义核心价值观，更要坚持知行合一，突出实践。对青少年来说，理论和知识的灌输是十分必要的，但“纸上得来终觉浅”，光靠口头教育不可能把社会主义核心价值观的根扎牢。华中农大本禹志愿服务队十几年接力服务西部，就是靠实实在在做事，聚集起越来越多的志愿者。对妇女群众来说，肩负工作家庭两副担子，每天忙里忙外，最讲务实，光给她们讲大道理很难入脑入心。要发挥群团组织优势，设计务实管用、群众欢迎的活动载体，把社会主义核心价值观的要求变成看得见、感得到、行得通的具体实践。二要组织动员，广泛参与。群众对自己所属的组织有天然的亲近感、认同感，能参加组织的活动感觉光荣受尊重，谁都不想当后进。青、妇、科、侨有完善的组织体系和基层阵地，要履行组织责任、发挥组织优势，广泛动员所联系群众参与到社会主义核心价值观的培育和践行中来。今年以来，全国妇联开展寻找“最美家庭”活动，利用遍布城乡的“妇女之家”和网上评选，吸引广大妇女和家庭踊跃参加，对全社会弘扬家庭美德、树立文明新风产生积极影响，刘云山同志给予充分肯定。希望大家立足各自实际，积极开展群众便于参与、乐于参与的精神文明创建活动，更好地吸引群众。要积极运用互联网发动群众、引导群众，使培育和践行社会主义核心价值观在网上网下有机融合、广泛覆盖。三要积极鼓励，导向鲜明。当今的社会是一个开放的社会，各种思想观点众说纷纭，社会现象斑驳复杂，特别是自身生活、学业、情感、就业等方面的困惑，都会影响群众的价值判断和价值取向。青、妇、科、侨是党领导的群众组织，要根据党的方针政策，联系群众的思想实际，加强正面引导，显化正面价值、放大正面能量，把明辨真假、是非、善恶、美丑、优劣作为培育和践行社会主义核心价值观的重中之重。前一段，网上炒作PX项目热点事件，清华大学化工系的青年师生主动在网上宣传科学知识，做得很好。群团组织要充分利用各自影响，对群众中弘扬社会主义核心价值观的模范事迹和新风正气，要大力表扬鼓励，树立正确导向；对群众中存在的糊涂认识和不良风气，要及时批评纠正、亮明态度，抑制歪风邪气，激励群众向上向善。四要典型引路，创优争先。榜样的力量是无穷的，选树先进典型是群众工作的重要法宝。全国五一劳动模范、青年五四奖章获得者、三八红旗手、求是科技奖获得者、侨界杰出人物等，都是群团组织选树的先进典型。要广泛宣传他们的事迹和精神，激励广大群众向先进看齐。这次全国高考前夕，江西宜春高三学生柳艳兵、易政勇见义勇为、夺刀救人，要在青少年乃至全社会大张旗鼓地宣传。要大力选树群众身边的先进典型，让群众推荐、群众评选，让群众在参与中受教育，在对比中找差距，激励群众学习先进、追赶先进、争当先进。一些地方开展美德大讲堂、家庭故事会，让群众讲评身边的好媳妇、好公婆、好邻居，经常座无虚席。要注意培养群众中的积极分子，发挥表率带动作用，一带十、十传百，把培育和践行社会主义核心价值观的好做法好经验普及到整个群体，推广到全社会。

培育和践行社会主义核心价值观关乎国家前途命运，关乎社会稳定和谐，关乎人民幸福安康。各级群团组织要以强烈的责任感和使命感，发挥组织优势，体现群众性特点，扎实做好各项工作，为推动培育和践行社会主义核心价值观作出贡献。

坚持对科学的追求　向中国梦扬帆起航

——在第29届全国青少年科技创新大赛上的讲话

2014年8月25日

李源潮

第29届全国青少年科技创新大赛即将胜利结束。在此，我向700多位来自祖国各地的青少年和辅导员老师表示诚挚的问候，向获奖的同学和老师表示热烈的祝贺！

青少年科技创新大赛自1979年创办以来，已经成为发现和培养科技创新后备人才的一个重要平台。昨天，我参观了所有参赛展品的现场，与来自各省市和多国的参赛选手进行了交流。我认为全国青少年科技创新大赛办得很好。这个科技创新比赛可以激发青少年的科学兴趣，可以充分发展青少年的想象能力，可以让中小学生知道他们学的知识应该怎样运用，可以让中小学生在追求发明的梦想中了解社会的真实进步和挑战。因此，我希望这个创新赛越办越好，越办越广，越办越有影响。看到参赛得奖小选手们的发明构思，一个个都是小智多星。我感到，当代青少年充满奇思妙想，富有创新创造激情，我们未来建设创新型国家大有希望！

在首届全国青少年科技创新大赛上，邓小平同志亲笔题词"青少年是祖国的未来，科学的希望"。最近习近平总书记指出，"知识就是力量，人才就是未来"。实现中华民族伟大复兴的中国梦，要靠一代又一代青少年创新创造。青少年时期是科学梦的萌芽期，是培养创新力的关键期。很多大科学家就是在青少年时期崭露头角的。牛顿16岁用实验和理论方法测量风速，高斯17岁提出最小二乘法，伽利略19岁发现单摆定律，华罗庚19岁发表数学学术论文。今天获奖的同学是当代青少年科技创新的优秀代表，希望大家不负中央领导对你们的期望，坚持对科学的追求，在创造中快乐成长，向中国梦扬帆起航。

第一，树立报效国家的科学志向

居里夫人有句名言，科学无国界，但科学家有自己的祖国。个人的科学梦只有融入国家富强梦和民族振兴梦，才能更好地实现。希望大家坚定报效国家的科学志向，把自己的理想追求与国家和民族的需要始终联系在一起，走出越来越宽广的人生路。

第二，保持探索未知的科学兴趣

爱因斯坦说过，兴趣是最好的老师。很多科学家小时候就是科学迷。诺贝尔化学奖得主杰尔姆·卡尔说，我对科学的迷恋开始于一次参观科学博物馆，那时我大约七八岁，是我妈妈领我去的。法国数学家彭加莱说，科学家研究自然不是因为它有用，而是因为喜爱它，因为它美。弗朗西斯·培根说，知识是一种快乐，好奇是知识的萌芽。青少年最富好奇心和想象力，这种好奇心和想象力要成为追求科学的持久动力，需要合适的土壤，包括社会土壤、学校土壤和家

庭土壤。现在中小学生要学的东西很多，但积极的、有兴趣的学习与消极的、被动的学习效果大不一样。希望家长和老师注意尊重青少年的科学好奇，保护好科学兴趣的种子。希望青少年保持探索未知的天性，在学习科学、发现科学中体会探索的快乐。

第三，培养追求真理的科学精神

科学研究是对真理的追求，需要“衣带渐宽终不悔，为伊消得人憔悴”的执着，甚至为之献出宝贵的生命。“两弹”元勋郭永怀在飞机失事的一刹那，首先想到的是保护科研数据，最后在他和警卫员紧紧抱在一起的遗体中找到了这批珍贵的资料。希望大家从小就要有为追求科学真理而献身的奋斗精神和恒心毅力，为攀登科学高峰不懈努力。

第四，学习服务社会的科学情怀

让人生活得更美好是科技创新的最大魅力。瓦特的蒸汽机、爱迪生的电灯、莱特兄弟的飞机，把人们从繁重的劳动、昏暗的烛光、漫长的旅程中解放出来；袁隆平的杂交水稻解决了数亿人的吃饭问题。服务社会的科学情怀，使科学家受到全社会的敬重。历届青少年科技创新大赛，都有很多解决生产生活实际需要的小发明小创造，像智能拐杖、节水龙头、脚用鼠标等。现在我们国家发展遇到很多新的问题，养老、网络、环保、能源等，解决新问题需要新创意。青少年最富创造力，希望大家做生活的有心人，做科学的有心人，用自己的创意和发明为人们的美好生活贡献一份力量。

最后，我还有几句话送给获奖的各位同学。你们今天是“小荷才露尖尖角”，未来的路还很长，父母和学校对你们寄予厚望，国家和人民盼着你们茁壮成长。希望大家保持热爱科学、追求进步的人生理想，保持勤奋学习、不懈探索的奋斗精神，保持谦虚谨慎、脚踏实地的良好作风，努力成为有益于国家、有益于社会、有益于人民的栋梁之材。

在中国科协机关调研时的讲话

2014年12月19日，根据记录整理

李源潮

今天到中国科协来，主要还是了解科协机关的工作情况，听取大家的意见建议，对明年工作，对机关建设包括班子建设、队伍建设、作风建设提出要求。

昨天，中央书记处听取科协党组工作汇报，充分肯定了中国科协2014年的工作。总的感到，一年来，按照党中央的要求，在启德主席、尚勇同志带领下，中国科协各项工作在保持稳定和连续的基础上取得了新成绩。一是坚决贯彻落实中央决策部署，行动迅速。组织读书班，专题学习习近平总书记系列重要讲话精神，特别是关于科技创新的重要论述。发布科技工作者践行社会主义核心价值观倡议书，开展科学大师名校汇演、老科学家学术成长资料采集巡展，宣传杨衍忠、赵忠贤、高福团队等科技工作者先进事迹。积极参与科技体制改革，参加院士遴选改革，推进学会承接政府转移职能，筹备开展第三方创新评估。对组织引导科技工作者积极参与依法治国作出部署。二是示范推动全系统服务中心创新发展，有特色、有亮点。中国机械工程学会等承接政府转移职能试点顺利展开，鼓舞各地积极探索。与新华网、百度、腾讯等互联网企业合作，科普信息化迈出新步伐。启动实施创新驱动助力工程，全国学会与10多个城市开展服务合作。建设离岸创业基地，拓展吸引海外人才渠道。科技思想库服务党委政府决策有成效。三是坚决拥护中央决定，从严加强班子建设。从张勤同志主持工作，到尚勇同志来科协任党组书记以后，坚决按照中央要求，从严抓班子，严格党内政治生活，健全各项制度，整个班子团结干事、廉洁干事。四是巩固教育实践活动成果，大力整治“庸、懒、散、浮、拖”，机关干部精神状态好、干事劲头足。

关于明年工作，中央书记处已经提出明确意见，科协要抓紧传达学习，抓好贯彻落实。总的是要在以习近平同志为总书记的党中央正确领导下，按照中央书记处要求，做好科协各项工作。下面，我就明年中国科协机关的工作和建设谈点意见，与大家交流。

第一，深入学习党中央决策部署和习近平总书记系列重要讲话精神，把握科协工作服务大局的新要求

党的十八大提出全面建成小康社会和基本实现社会主义现代化的“两个一百年”奋斗目标，习近平总书记把它形象地概括为实现中华民族伟大复兴的中国梦。党的十八届三中全会部署全面深化改革，四中全会部署全面推进依法治国，群众路线教育实践活动总结大会全面部署从严治党。服务大局是科协工作的根本任务，要服务大局必须了解大局发展变化，把握全面建成小康社会、全面深化改革、全面推进依法治国对科协工作提出的新要求。一是经济新常态对科技创新者的新要求。新常态下，我们的目标仍然是全面建成小康社会。新常态需要有新的先进生产力、新的活力、新的动力和新的增长力。科学技术是新常态下的第一增长力，科技工作者的积极性是新常态下经济发

展的主要活力。中国科协要按照习近平总书记要求，在认识新常态、适应新常态、引领新常态中明确自己的责任，更好引导动员科技工作者为创新发展作贡献。二是全面深化改革对科技工作者的新要求。全面深化改革各项举措陆续出台，科技体制改革的许多任务都与科协密切相关，怎么调动科技工作者积极性，一起为改革想招、共同为改革发力，中国科协有许多事情可以做。三是全面推进依法治国对科协组织的新要求。中国科协是联系服务科技工作者的人民团体，怎么按照四中全会的要求，在树立法治思维、共建法治社会、加强法治教育、依法开展活动方面，履行好职责，发挥科技工作者的作用。四是加强和改进党的群团工作对科协工作的新要求。中央即将下发加强和改进党的群团工作的意见，对加强党的领导、推进群团工作改革创新提出明确要求。这是加强科协工作的历史性机遇，希望你们认真学习领会中央文件精神，很好地谋划推进贯彻落实工作。

第二，加强研究谋划，扎实有效创新和推进科协工作

对科协这样一个有多年历史的人民团体来说，不断创新是适应新形势、解决新问题、实现新发展的生命线。只有创新才能适应新形势、新变化、新要求，不创新就不能适应，就会被社会边缘化、被取代。科协工作点多面广，战线很长。作为科协系统的龙头，中国科协要加强研究谋划，紧扣中心、抓好创新。目前来看，有4个方面要重点研究，扎实推进。一是有效地服务创新发展。创新是科技界服务发展的重点。习近平总书记指出，创新要实。你们组织学会联盟参与协同创新，启动实施创新助力工程，抓得很实，科技工作者积极，地方和企业也欢迎。国家的创新需要科技工作者的创新，科技工作者的创新需要科协工作的创新。二是积极地参与科技体制改革。科技体制改革是全面深化改革的重要内容，也是科技工作者的强烈要求。参与改革，科协有责任，也有优势。但改革是一项复杂的工程，需要大量艰苦细致的研究和准备工作，努力保证做一项成一项。比如，开展第三方创新评估，就要设计新机制新手段，做很多协调工作；承接政府职能转移，还要加强学会建设，保证能负责、能问责。学会是科协的金矿。学会建设，既要重视学术建设，又要重视思想政治建设、重视党的建设。学会思想政治建设，一方面是倡导良好学术风气，引导科技工作者把精力用在科研上，而不是用在围绕项目、奖励、经费等的非学术竞争上；另一方面是倡导科技工作者带头践行社会主义核心价值观，发挥对全社会的示范榜样作用。三是加快推进科协工作信息化。信息化是科技发展的大趋势，也是我国现代化建设的一个重要目标。习近平总书记指出，现在群众都在网上，群团组织要增强网上影响力。科技工作者是信息化的先锋，科协应该走在信息化的前列，否则就会脱离科技工作者。现在互联网正成为科学传播的重要渠道，尤其是科普工作更要加快信息化步伐。要总结重庆、安徽等地的探索创新，加强与互联网企业的合作，更好运用新技术、新媒体普及科学知识。四是加强前瞻性战略谋划。重视战略谋划是中国科协的优良传统。参与国家科技发展规划是你们的重要职责，做好科协工作规划更是你们的本职。明年国家要研究制定“十三五”发展规划，中国科协要提早研究，提出科协工作“十三五”发展目标任务，争取纳入国家总体规划。

第三，党组要带头落实从严治党要求，把科协领导班子建设好，把科协的干部队伍带好

习近平总书记在党的十八届四中全会和群众路线教育实践活动总结大会上，都对坚持从严治党提出明确要求，特别强调党组要带头落实、负起责任。中国科协班子建设得怎么样，中央很关心，科技界也很关注。申维辰腐败案件影响很坏，对科协声誉造成严重损失，所有科协的党员干部要引以为训。对待教训有两种态度，一种是亡羊补牢，另一种是重蹈覆辙。从全党全国来说，从严治党、依法治国是反腐败的大笼子，到一个地方、一个单位，反腐败还要有具体的小笼子，管住每个班子、每个干部。在科协从严治党、依法治会，尚勇同志是第一责任人，要带头做好样子；班子每位成员都要管好自己，承担相应责任。希望大家严格执行民主集中制，严格遵守党的纪律，严格党内政治生活，心往一处想、劲往一处使，增强班子的凝聚力战斗力，为各部门各单位作出表率。你们总结教育实践活动经验，制定了很多很好的制度，关键要落实，用制度管人管事管钱管权，任何个人都不能凌驾于制度之上。各部门和直属单位负责同志，都要负起责任，把从严治党、依法治会的要求落到实处。要认真落实党风廉政建设主体责任和监督责任，建设廉洁的科协机关。

第四，机关干部要持续改进作风，更好联系和服务科技工作者

群团组织作风建设应该有群团的特点，首先要有好的群众作风，还要有好的学习之风、研究之风、清廉之风。群众作风是群团工作的法宝，是群团干部吃饭的本事。科协是联系服务科技工作者的，你们可以估计一下，中国科协机关干部有多少时间是和科技工作者在一起，有多少时间在基层？科技工作者是最认真的，他不认识你，你就很难影响他。希望科协机关干部按照习近平总书记要求，持续改进作风，特别是养成良好的群众作风。多到科研一线和基层去。科协干部要努力站在科技创新的前沿，了解科技工作的最新进展，保证中国科协的工作不落后时代，不脱离实际。多到科技工作者中间去。科技工作者搞科研的本事很大，能够攻克纳米技术、集成电路、DNA 检测等科技难题，但在解决日常工作生活中的一些问题上本事很小，需要别人帮助。科协干部要多听取和反映他们的意见建议，协调推动解决他们的实际困难，努力做科技工作者信任的朋友。坚决防止和克服不良风气。习近平总书记强调，群团组织要防止机关化倾向。中国科协要体现出强烈的忧患意识和战斗精神，使机关成为高效的机关、朝气蓬勃的机关、热心为科技工作者服务的机关。你们整治“庸、懒、散、拖、浮”等不良习气初见成效，希望坚持不懈抓下去，这不仅有利于事业的发展，也有利于干部的成长进步。严格要求和关心爱护要相结合，组织培养和组织监督要相结合，让每一个干部都能健康成长。

总之，2014 年中国科协的机关工作取得了很好的成绩，希望你们再接再厉，按照党中央要求和中央书记处部署，更加努力工作，在 2015 年取得更突出的成绩。

在第十六届中国科协年会开幕式上的讲话

2014 年 5 月 24 日

赵乐际

今天，第十六届中国科协年会在美丽的春城昆明隆重召开，这是我国科技界的盛会！我代表党中央，向年会的召开表示热烈祝贺！向来自海内外的各位专家学者、广大科技工作者致以诚挚问候！

这次年会以“开放、创新与产业升级”为主题，交流学术新知，深化科学普及，开展决策咨询，对推进创新驱动发展战略很有意义。下面我谈几点认识，与大家交流。

第一，科技工作者创新创业正当其时、恰逢其势

乘天之时，因地之利，用人之力，乃可富强。当前，我们党团结带领全国各族人民，正在为全面建成小康社会、建设富强民主文明和谐的社会主义现代化国家、实现中华民族伟大复兴的中国梦而奋发努力，这是承载历史与未来的伟大进军，是广大科技工作者实现理想与追求的伟大时代。

以习近平同志为总书记的党中央对科技工作者十分尊重、寄予厚望。尊重劳动、尊重知识、尊重人才、尊重创造，是党和国家的一项长期方针。党的十八大以来，习近平总书记在这方面有许多重要论述，贯穿着放眼世界、把握全局、面向未来的深邃思考。总书记阐述了科技创新的重要地位，强调这是提高社会生产力和综合国力的战略支撑，必须摆在国家发展全局的核心位置。提出了科技创新的实践路径，强调要加快构建以企业为主体、市场为导向、产学研相结合的技术创新体系，加快科技成果向现实生产力转化，推动科技和经济紧密结合。指明了科技人才的关键作用，强调致天下之治者在人才，我们比历史上任何时期都更接近实现中华民族伟大复兴的宏伟目标，比历史上任何时期都更加渴求人才，要敞开大门，纳四方之才，择天下英才而用之。明确了集聚人才的目标要求，强调要坚持党管人才原则，遵循社会主义市场经济规律和人才成长规律，着力破除束缚人才发展的思想观念，推进体制机制改革和政策创新，充分激发各类人才的创造活力，在全社会大兴识才、爱才、敬才、用才之风，开创人人皆可成才、人人尽展其才的生动局面。寄予了科技人才沉甸甸的责任，强调要树立强烈的创新自信，不断在攻坚克难中追求卓越，不断认识科技世界新领地，立志报效祖国、服务人民。总书记的重要论述，为推动科技创新指明了正确方向、提供了基本遵循，为科技工作者施展聪明才智注入了强大动力。

中华民族伟大复兴迫切需要科技工作者创新创造。科技兴则民族兴，科技强则国家强。重视科技的历史作用，是马克思主义的一个基本观点。邓小平同志有一个著名论断，就是“科学技术是第一生产力”。近代历史上，旧中国积贫积弱，重要标志之一就是科技落后。新中国成立以来特别是改革开放以来，“两弹一星”、载人航天、载人深潜、超级计算、杂交水稻、高速铁路等一系列重大科技突破，极大地振奋了民族精神，带动了产业和经济发展，提升了我国的国际地位。去年，全社会研发支出达 1 万多亿元，科技人力资源总量近 6800 万，境内有效发明专利达 54.5 万件，全国技术合同成交额达7500亿元，为实现经济社会发展稳中有进作出了重要贡献。同时，我们也要清醒地看到，与发达国家相比，我国科技创新的基础还不牢固，创新水平还存在明显差距。当今世界，新一轮科技革命和产业革命正在兴起，主要依靠物质要素驱动的老路难以为继。没有强大的科技，难以实现“两个一百年”的奋斗目标，难以实现中华民族伟大复兴的中国梦。我们越是清醒地认识到科技的力量，就越能感受到科技对经济社会发展的重要作用，就越能体会到“科技梦”与“中国梦”的紧密相连、息息相关。

全面深化改革为科技工作者提供了广阔舞台。十八届三中全会吹响了全面深化改革的新号角，开辟了科技事业发展的新空间。《决定》将科技体制改革作为整个改革的重要方面，对建立产学研协同创新机制，加强知识产权运用和保护，建立主要由市场决定技术创新项目和经费分配、评价成果的机制，发展技术市场，健全技术转移机制等作出了具体部署。这些改革举措，根本点在于打破制约科技创新的体制机制障碍，解放和增强科研人员的创新活力，打通科技和经济转移转化的通道。可以说，科技工作者施展才能、建功立业，机遇前所未有、平台无比宽广、前景十分光明！

第二，科技工作者要勇于创新、兴业报国

人是科技创新最活跃、最关键的因素。广大科技工作者一定要牢固树立创新科技、服务国家、造福人民的思想，把爱国之情、强国之志、报国之行统一起来，把自己的名字写在中华民族伟大复兴的光辉史册上。

要在服务经济社会发展中建功立业。着眼提高经济发展质量和效益，大力推进产品创新、品牌创新、产业组织创新、商业模式创新；着眼增进民生福祉，努力破解人民群众衣食住行等日常生活中的难题；着眼推进生态文明建设，研究开发生态新技术，促进环境保护、能源资源开发和高效清洁利用，促进科技创新与经济社会发展深度融合，推动中国制造向中国创造转变、中国速度向中国质量转变、中国产品向中国品牌转变。

要在基础前沿、战略高技术、社会公益技术研究中勇攀高峰。瞄准物质科学、生命科学、信息科学、地球科学等可能出现革命性突破的前沿方向，力争在科学原理方面取得原创性突破；瞄准关系国家安全和核心利益的空天、海洋、网络等战略领域，力争在尖端技术层面取得先导性成果；瞄准关系社会公益和长远发展的信息技术、生物技术、能源技术和环保技术等关键领域，力争在应用研究层面取得重大变革性创新，创造出超越前人、启示来者的辉煌业绩。

要在交流融合中群体跃进。科协年会的一个鲜明特色，就是综合性、跨学科、高层次、开放性。科技创新走到今天，多学科专业交叉、多领域技术融合，这个特征日益凸显，必须紧紧依靠团队的力量集智攻关，依靠交流交融集成创新，依靠高校、科研院所、企业间的协作形成合力。在经济全球化深入发展的大背景下，创新资源在世界范围内加快流动，任何一个国家都不可能单靠自己的力量，解决所有创新难题。要深化国际交流合作，充分利用全球创新资源，与国际科技界携手努力，在更高起点上推进自主创新。

要在推进大科普事业中积极作为。科普事业，是滋养人的心灵、塑造人的心智、强健社会筋骨的神圣事业，同科技创新构成科技腾飞的两翼。科技工作者要积极参与群众性、基础性、社会性科普活动，把科技创新、先进实用技术推广、技术培训和科普示范结合起来，弘扬科学精神、普及科学知识、传播科学思想、倡导科学方法，推动全民科学素质不断提高。

第三，科协要充分发挥作用、服务国家战略

科协是党和政府联系科技工作者的桥梁纽带，是推动科技事业发展的重要力量。要紧紧围绕党和国家大局谋划开展工作，积极承接政府转移职能，努力打造高端、前沿、跨学科的学术交流平台，进一步加强决策咨询工作，有效推动科普工作改革创新，切实加强科研诚信和科学道德建设，大力宣传举荐优秀科技团队和科技人才，更好地为经济社会发展服务、为提高全民科学素质服务、为科技工作者服务。要进一步加强思想、组织、作风、能力建设，真正把科协建设成为科技工作者之家。

谋科技就是谋发展，抓人才就是抓未来。各级党委、政府要大力推进人才发展体制机制改革和政策创新，吸引和激励更多优秀人才创新创业，让全社会的创造潜能和创新活力竞相迸发。

各位专家，同志们，朋友们！伟大事业需要创新创造，伟大时代成就创新创业人才。我们要在以习近平同志为总书记的党中央坚强领导下，解放思想、锐意进取，脚踏实地、勇于超越，在实现中华民族伟大复兴的历史征程中，彰显科技创新的无穷魅力，展示科技人生的无限精彩！

祝第十六届中国科协年会圆满成功！

谢谢大家！

在中国科协第八届全国委员会第五次会议上的工作报告

2014年1月25日

韩启德

各位委员：

现在，我受常务委员会委托，向中国科协第八届全国委员会第五次会议报告工作，请予审议，并请与会同志提出意见。

关于2013年的主要工作

2013年是党和国家发展进程中很不寻常、很不平凡的一年。一年来，在党中央、国务院的正确领导下，按照中央书记处对科协工作的指示，在刘延东、李源潮同志的具体指导下，中国科协团结带领广大科技工作者，贯彻落实中央的重大决策部署，认真履行“三服务一加强”工作职能，突出重点、真抓实干，推动科协工作改革发展，取得了新的进展和成绩。

第一，准确把握时代主题，全面贯彻落实中央重大决策部署

一是深入学习十八大精神和习近平总书记系列重要讲话精神，全面贯彻落实中央重大决策部署。把深入学习十八大精神作为一项重要的政治任务，认真学习、深刻领会、全面把握精神实质，及时了解全国科技工作者的反响和建议，不断把科协系统的学习宣传活动引向深入。十八届三中全会召开之后，迅速传达学习会议精神，组织专题研究，提出服务深化改革大局的具体举措，切实把思想和行动统一到中央重大决策部署上来。及时传达学习习近平总书记在政协科技、科协界联组会议上的重要讲话精神，按照中央部署及时印发《决定》，要求全系统认真学习、坚决贯彻习近平总书记系列重要讲话精神，确保科协工作的正确政治方向。贯彻落实中央宣传思想工作会议精神，研究制定《中国科协关于加强学会宣传思想工作的若干意见》。及时传达学习中央有关文件精神，切实加强党员干部政治思想教育。一年来，中国科协召开贯彻落实中央决策部署的专题会议20次，举办4期处级以上领导干部学习贯彻党的十八大精神集中轮训班。全国学会和地方科协也积极行动起来，努力把中央精神贯彻落实到科协工作的各个环节各个方面。

二是积极开展中国特色社会主义和中国梦宣传教育。举办“弘扬科学道德 践行‘三个倡导’奋力实现中国梦”巡回报告会13场，15位报告人分别为天津、河北等13个省（市）科技工作者和高校师生1.4万余人作报告，展示我国优秀科学家为中华民族伟大复兴奋力拼搏的高尚品德和精神风范，激励广大科技工作者为实现中国梦而努力。实施“共和国的脊梁——科学大师名校宣传工程”，8所大学学生剧社编演《马兰花开》《钱学森》等剧目，近3万名观众观看汇演，273万余师生和社会公众参与网上讨论。举办2013年首都高校科学道德和学风建设宣讲教育报告会、全国科学道德学风建设电视电话会、高校研究生院负责同志研究班，指导各地做好宣讲教育工作。

地方科协也组织开展了一系列各具特色的宣讲教育活动。一年来，科协系统举办集中宣讲334场，同时注意推进科学道德和学风建设长效机制建设。

三是扎实开展党的群众路线教育实践活动。以“建好科技工作者之家、广交科技工作者之友”为载体，及时制定《中国科协党的群众路线教育实践活动实施方案》，先后6次召开专题会议学习中央领导有关讲话精神，采取“请进来、走出去”、“面对面、背靠背”方式，广泛听取基层科协和科研生产一线科技工作者的意见建议，征集意见建议862条，深刻查摆“四风”问题，严肃认真开好专题民主生活会。结合党的群众路线教育整改落实工作，重心下移、贴近基层，建立基层联系点制度，选择32个县（区）级科协建立中国科协机关联系点。目前，活动已逐步进入整改落实、建章立制阶段。坚决贯彻落实中央“八项规定”，研究制定《中国科协贯彻落实中央关于改进工作作风、密切联系群众〈八项规定〉和〈实施细则〉的实施意见》，明确提出9个方面18项具体措施。2013年，以中国科协名义举办的全国性会议数量比去年同期减少25%，发文数量减少29%，公务接待费用减少42%，因公出国（境）费用减少23%。全国学会和省级科协也都深入开展了党的群众路线教育实践活动，取得扎实成效。

第二，深化学术交流活动，服务创新驱动发展战略

一是全力推进学会有序承接政府转移职能。认真贯彻落实习近平总书记、李克强总理、刘云山同志和刘延东、李源潮等中央领导同志重要批示精神，积极稳妥推进学会有序承接政府转移职能。先后召开推进学会有序承接政府转移职能协调会和调研工作部署会，取得中央和国务院有关部门的共识和支持。扎实开展调研工作，已完成对47个政府部门和170个学会的面上调研，并重点走访了中央编办、民政部等12个政府部门和中国计算机学会等26个全国学会，目前已有一批政府部门明确表示拟将有关社会化服务职能转移或委托给学会承担。深入推进“学会能力提升计划”，与财政部联合印发《中国科协、财政部关于深入实施学会能力提升专项的通知》，推动首期支持的45家全国学会在服务创新、服务社会和政府、服务科技工作者方面取得明显成效，其中，中国农学会等9个学会开展科技成果评价，中国公路学会等17个学会开展科技人才评价，中华中医药学会等20个学会参与行业标准的制定，中国力学学会等32个学会开展科技奖励活动。根据民政部2013年9月公布的2012年度全国学术类社会团体等级评估结果，全国获得5A（最高等级）、4A级的学术社团均为中国科协所属学会，比例达100%。实施引领地方学会能力提升项目，北京市科协等9个省级科协和深圳市科协获得支持。江苏省出台《关于进一步加强省科协及所属科技社团科技服务职能的意见》，30个省级和副省级城市科协新设学会能力提升专项。

二是积极搭建高端学术交流平台。以“创新驱动与转型发展”为主题，联合贵州省人民政府成功举办第十五届中国科协年会，6位诺贝尔奖、图灵奖等国际大奖得主、163位两院院士在内的7700余名科技工作者参与盛会，李源潮同志发表讲话，着重阐述把握创新驱动发展战略机遇、开创科协工作新局面问题，得到广泛响应。成功举办第三届中国湖泊论坛、第二届山地城镇可持续发展专家论坛、第十一届全国博士生学术年会等学术会议，继续举办中国科技论坛、新观点新学说学术沙龙、青年科学家论坛等小型、高端、前沿学术活动，学术交流的质量和实效不断提升。中华医学会等全国学会和辽宁省科协等地方科协积极搭建不同层次平台，为科技工作者开展学术交流创造条件、提供机会。一年来，科协系统共举办学术会议26683场，参会人员410万余人次。

三是着力提升科技期刊国际影响力。联合财政部、教育部、中科院等部门共同实施“中国科技期刊国际影响力提升计划”，重点支持91个学术质量较高的现有英文科技期刊，办好新创办的10个英文科技期刊。大力推进“精品科技期刊工程”，提升中国科技期刊整体学术水平和国际影响力。在我国总被引频次本学科排名第一的科技期刊中，中国科协及所属学会主办期刊占74.3%，在影响因子本学科排名第一期刊中占62.0%，在综合评价总分排名学科第一期刊中占72.6%。

四是努力把创新要素引向企业和农村。积极深化同地方政府的合作，先后与云南、广西、西藏、陕西、甘肃等省（区）签署合作协议，为地方经济社会发展提供人才智力支持。创新企业专家工作站发展模式，全国已建立企业专家工作站2686个，进站工作院士专家2.7万人次。充分发挥企业科协作用，广泛深入开展“讲理想、比贡献”活动，截至10月底，总计212万余人次科技工作者参加，立项15.6万余项，采纳合理化建议25.8万条。深入开展科技信息服务企业技术创新活动，储备科技信息600余万项，遴选加工提取关键技术信息5.8万余项，持续服务企业超过8000家。实施科普惠农兴村计划，表彰奖励农技协1000个、示范基地386个、少数民族科普工作队5个、农村科普工作带头人406个，带动690余万农户依靠科技脱贫致富。山西省继续加强“农科110”服务体系和“健康365”平台建设，推进农业现代化建设。

五是深化对外民间科技交流与合作。支持全国学会积极申办高端国际学术会议，成功举办第64届国际宇航大会、第13届国际断裂大会、第27届国际内燃机大会等国际会议近2000场，与会外国科学家40万人次。积极举荐我国科学家担任国际民间科技组织领导职务，378位科学家在国际民间科技组织中担任各类职务，其中78人担任主席、副主席，90人任执委或相当职务。积极探索对外科技交流合作新渠道，先后同以色列国际发展合作机构、捷克科技联、希腊技术商会签署合作协议，中华护理学会恢复成为国际护士会会员。配合中央对港澳台工作大局，中国科协高层代表团成功访问港澳台，顺利举办两岸四地工程教育圆桌会议、2013海峡科技专家论坛等系列活动，进一步扩大了中国科协的影响，为促进两岸四地民间科技交流凝聚了更多的正能量。

第三，表彰宣传优秀科技工作者，加强科技人才队伍建设

一是大力表彰举荐优秀科技人才。认真开展中国青年科技奖、中国青年女科学家奖、中国科协求是杰出青年奖等品牌奖项评选工作，建立专家提名候选人制度，表彰奖励一批德才兼备、成就突出的青年科技英才。支持全国学会设立、办好科学技术奖项，表彰在学科领域做出杰出成就的科学家，截至目前102个全国学会主办或参与主办科技奖项142个，影响力不断提高。认真履行国家科技进步奖推荐职责，推荐9个项目和1个创新团队申报国家科技进步奖。上海市科协精心打造科技精英奖和青年科技英才奖，推动青年创新人才脱颖而出。一年来，科协系统表彰奖励科技工作者12.6万人次。按照李克强总理和刘延东副总理关于“海智计划”的批示精神，加大引进高层次科技人才力度。深圳市科协通过引进海外高层次人才推动成立了光启高等理工研究院、国创新能源研究院等民办非企业科研机构，帮助海外科技人才创新创业。

二是推动专业技术资格认证改革。联合教育部、人社部共同推动工程教育国际互认，由中国科协代表我国顺利加入《华盛顿协议》成为预备成员，实现我国工程教育认证国际互认重大突破。中国机械工程学会、中国计算机学会等25个全国学会积极参与工程教育认证工作，承担了今年75%的认证任务。引导支持部分地方科协和学会开展科技人员专业技术资格评价服务，中华医学会承担全国医用设备使用人员业务能力考评工作，中国消防协会承担消防行业职业技能鉴定工作，吉林省科协设立工程系列专业技术资格评审委员会开展职称社会化评审工作，获得政府部门和科技工作者的广泛好评。

三是广泛宣传优秀科技人物。联合中组部、中科院、工程院、教育部等11部委扎实推进老科学家学术成长资料采集工作，累计启动304位老科学家采集工作，收集各类手稿、书信等实物原件资料4.5万余件，数字化资料13.5万余件，视频资料17.8万多分钟，音频资料21.5万多分钟，为深化科技人物宣传、弘扬科学精神积累了宝贵资源。联合教育部等8部委在国家博物馆成功举办“科技梦·中国梦——中国现代科学家主题展”，刘延东副总理参观展览并给予高度评价，各类观众近3万人次，受到广泛热议和好评。与中科院等单位联合举办钱三强诞辰百年纪念活动，拍摄专题文献纪录片《李四光》和《钱三强》，反响良好。通过央视《大家》栏目、《中华英才》和《十月》杂志等主流媒体，大力宣传在科技创新和普及方面作出突出贡献的科技工作者和创新团队，科技工作者的良好社会形象更加鲜明。各全国学会和地方科协广泛开展形式多样、各具特色的宣传活动，中国建筑学会开展中国当代建筑名师推介活动，集中展示我国建筑领域优秀科技工作者的风采。

四是着力培养发现青少年后备人才。成功举办第28届全国青少年科技创新大赛、第十三届“明天小小科学家”奖励活动、第十三届青少年机器人竞赛等活动，参与青少年4200余万人次。启动实施青少年科技创新拔尖人才培养计划，选取19所重点高校对581名优秀中学生进行为期一年的培养，为他们提供进入名校与科学家共同开展科研实践的机会和条件。中国航空学会等全国学会通过举办青少年专业类创新大赛、专业性体验活动，激发青少年科学梦想；各省市也通过设立市长奖、省长奖和各类专项奖等各种方式，鼓励开展青少年科技教育和创新活动。

第四，创新科普工作机制，提高全民科学素质

一是推动健全全民科学素质共建机制。履行科学素质纲要实施工作办公室职责，对各地各部门纲要实施工作开展“十二五”中期评估。围绕到2015年年底实现我国公民具备基本科学素质的比例超过5%的目标，与21个省（区、市）和新疆生产建设兵团签署共建协议，明确纲要实施部门和地方政府的责任任务。贵州、江苏、湖北等地还分别与所辖市县签订目标责任书，初步形成一级带一级、层层抓落实的良好局面。与财政部共同实施基层科普行动计划，对全国2297个优秀农村、城镇社区基层科普组织和带头人进行奖补，完善动员全社会力量开展基层科普工作的长效机制。首次召开全国城镇社区科普工作会议，按照张高丽副总理批示精神，着眼促进人的城镇化，大力加强城镇社区科普工作。

二是广泛开展主题科普活动。围绕“保护生态环境，建设美丽中国”主题，广泛开展2013年全国科普日系列活动，刘云山等中央领导同志出席北京主场活动，进一步激发了广大科技工作者和社会公众关注科普、参与科普的热情。联合中国载人航天工程办公室、教育部组织开展“神舟十号”航天员太空授课活动，全国8万多所中小学校6000万名青少年收看电视直播。举办科学家与媒体面对面活动15期，围绕转基因技术、雾霾、食品安全等社会热点问题，及时向社会公众解疑释惑，回应社会关切。中国环境科学学会组织近万名大学生志愿者深入农村开展环保科普活动，青海、云南等省科协开展“医疗卫生健康进藏区，科普知识入寺院”活动，北京市科协举办第三届北京科学嘉年华活动，深受群众欢迎。一年来，科协系统举办各类科普活动逾31万次，受众超过2亿人次。

三是以网络科普建设为重点推动完善中国特色科技馆体系。加快建设基于网络的数字科技馆，中国数字科技馆资源总量6.538TB，日均页面访问量183万页，网站注册用户总数62万，中文网站国际排名上升到499位；推动建好用好各类综合性和专业性科技馆，积极推进地市级科技馆建设，全国科技馆总数达357座，年接待公众超过3000万人次；在县域组织开展流动科技馆巡展，配备流动科技馆73个，截至10月底巡展154个站点（县），服务群众590万人次；在乡镇及边远地区开展科普大篷车活动，科普大篷车年保有量733辆，年接待公众1000万人次。安徽省科协启动“科普云”研究，在互联网上打造全社会共建共享的科普交流平台。山东省科协全面实施“山东数字科普工程”，构建新型科普传播服务平台，储备各类科普节目时长12万分钟。山西科技馆新馆开馆，安徽、福建等地加快科技馆新馆建设，农村中学科技馆项目建设扎实推进，受到基层普遍欢迎。

四是积极推动科普资源开发开放。深入开展全国青少年高校科学营活动，并扩展到科研院所和中央企业，包括港、澳、台学生在内的1.2万名高中生赴51所全国重点高校参加活动。继续组织开展全国高校科普开放日活动，组织和动员社会公众特别是中小学生走进高校。推动国家科技计划项目中增加科普任务，启动化学化工等学科科普资源开发开放试点。与中组部共同邀请20名知名院士以国家重大科技专项为主题开展视频讲座，通过共产党员网、远程教育频道，面向广大党员干部开展科普教育。制作科普微视频644集，通过互联网和公交、地铁、楼宇视窗等移动终端广泛传播。《知识就是力量》成功改版。在40所高校开展科普创作与传播试点，联合团中央、教育部共同主办2012年全国大学生科普作品创作大赛和2013年全国青年科普创新实验大赛。四川省科协着力推进应急科普服务能力建设，在应对芦山地震等重大自然灾害，促进科技救灾方面发挥重要作用。上海市科协重点实施科普创作支撑和科普产业跃升计划，“科普产品e联盟”上线的科普产品已超过1000件，吸引了全国10余个省市的97家研发单位加盟。

五是推进科普人才队伍建设。以李源潮副主席接见中国科技馆原馆长、联合国教科文组织卡林加奖获得者李象益为契机，广泛动员科技工作者投身到科普事业之中。启动科学传播专家团队建设，完成第一批156名首席科学传播专家的聘任工作。与教育部深入推进高层次科普人才培养试点工作，6所试点高校面向全国共招收硕士研究生157人。

第五，积极推进国家级科技思想库建设，努力服务科学决策

一是组织科技工作者积极建言献策。着力办好报送党中央、国务院的《科技界情况》和《科技工作者建议》两份内刊，进一步提高调研成果报送质量。深入开展调查研究，“预防与控制生物灾害的报告”、“加快科技创新促进我国现代种业发展”、“关于科普化解江西九江PX项目建设困难的调研报告”等一批报告得到李克强总理和刘延东、汪洋副总理等领导同志的肯定和重视。中国科协年会期间，成功举办贵州省党政领导与院士专家座谈会，得到当地党政领导的肯定和好评。组织院士专家赴贵州、云南、河北、山东开展专题调研，围绕京津冀晋蒙环首都区域生态建设、贵州威宁草海生态治理、黄河三角洲新生土地开发利用等举办座谈会，积极建言献策，受到中央领导同志的重视和肯定。积极推进地方科协科技思想库建设试点工作，浙江、江西等地科协决策咨询工作成果丰硕。其中，湖北省科协实施“一元多层次”发展战略，2 篇专报由省委办公厅报送中央办公厅采用、11 篇获省委省政府主要领导批示；天津市科协提出《关于当前我市重点产业产业链缺失现状及对策建议》，得到孙春兰同志的重视和肯定。深入实施学会决策咨询资助计划，推动学术研讨成果及时转化为决策咨询建议，扎实开展 2049 中国科技与社会愿景展望研究和基于学科的科技预算体制机制研究；中国机械工程学会确立学科（技术）进展系列研究报告发布制度，中国汽车工程学会等也开展了各具特色的决策咨询活动。一年来，科协系统共提供决策咨询报告 1.27 万篇，4000 余篇次获得党政领导批示。

二是扎实开展科技工作者状况调查。精心组织第三次全国科技工作者状况调查，发放调查问卷 3.6 万余份，及时掌握科技工作者在就业方式、科研环境、生活状况、流动趋势、思想观念等方面出现的新情况新问题。组织开展科技工作者专项调查，“主流媒体科普状况调查”、“科技工作者获奖状况调查”等调查成果得到刘延东、刘奇葆等中央领导的肯定。推动山东、海南等地开展省级科技工作者状况调查，为地方党委、政府决策提供参考依据。加强科技工作者状况调查站点管理和培训，提高业务工作水平，进一步畅通党和政府与科技工作者之间双向沟通的联系渠道。出版《中国科技人力资源发展研究报告（2012）》，准确把握当前科技人力资源规模、分布和结构的变化，对外公布我国科技人力资源总量近 6800 万。

三是推动决策咨询资源开放共享。完善决策咨询网络工作平台，启动建设中国科协决策咨询数据库，分类整理中国现代科学家数据、科技工作者状况调查数据、科技人力资源地理信息、科技社团数据等，面向科协系统开放使用。引导地方科协和全国学会建立完善决策咨询数据库，建立健全决策咨询成果报送集成机制。中国农学会等全国学会建立了相关领域科研杰出人才信息库；北京市科协等地方科协初步建成思想库信息服务平台，定期向党政领导部门报送决策咨询成果，服务科学决策。

第六，广泛开展建家交友活动，推进科协组织建设

一是加强地方科协和基层科协组织建设。指导省级科协依照章程按期召开代表大会，甘肃、云南、福建、广东、广西、河南、安徽等省（区）科协顺利完成换届工作。编发《县级科协工作手册》《县级科协典型案例选编》，举办 2 期县级科协主席培训班以及全国学会理事长高级研修班、新任秘书长培训班、工作人员培训班，着力提高科协干部履职能力。

二是深入开展“党建强会计划”。坚持分类指导的原则，建立健全学会党建指导员制度，资助 56 个全国学会党组织开展“十百千”活动，继续探索学会党建新思路，不断扩大学会党的组织覆盖面和工作覆盖面，与 2012 年同比，全国学会党组织覆盖率提高 26%。中国生物医学工程学会、中国兵工学会等全国学会结合实际开展了特色鲜明的社会服务和会员服务活动，社会影响逐步扩大。

三是不断拓展服务基层科技工作者的渠道和方式。以“改进作风 服务基层”为主题，成功举办中国科协会员日活动，健全完善为会员、为基层科技工作者服务机制。认真落实中央书记处关于切实关心农村和企业基层科技工作者指示精神，组织优秀基层科技工作者赴山东休假，受到广大科技工作者的欢迎与肯定。创新中国科协八大代表服务工作，认真办理代表建议，通过开展代表履职培训、走访看望代表、专项资助代表开展调研等方式，推动代表任期制实施。地方科协也积极拓展服务科技工作者的渠道和方式，江西省科协制定出台加强联系和服务科技工作者工作的意见；广东省科协制定实施维护科技工作者合法权益的暂行办法，聘请法律顾问，开通法律服务热线，切实维护科技工作者合法权益。

在看到成绩的同时，我们也清醒地认识到，科协工作与中央的要求、社会的需求和科技工作者的期待还有差距，主要表现在：服务大局的战略谋划能力需要进一步提高，学会“能问责、能负责”的体制机制需要进一步完善，新形势下科普工作特别是网络科普方式仍需进一步创新，科技工作者参与科技决策咨询的积极性主动性需要进一步提高，联系服务科技工作者工作仍需进一步加强。这些问题需要认真加以解决。

关于2014年的工作安排

2014年是全面贯彻落实党的十八大和十八届二中、三中全会精神的重要一年，也是继续推进“十二五”规划顺利实施的关键一年，科协工作的总体思路是：高举中国特色社会主义伟大旗帜，以邓小平理论、“三个代表”重要思想、科学发展观为指导，深入学习、全面贯彻党的十八大和十八届二中、三中全会精神和习近平总书记系列重要讲话精神，抓住全面深化改革机遇，着力发挥学会的生力军作用，着力提高科普工作成效，着力拓宽人才服务领域，着力提高决策咨询水平，着力加强基层组织建设，不断巩固发挥党的群众路线教育实践活动成效，创新和拓展科协工作，服务创新驱动发展战略，进一步调动激发科技工作者的积极性创造性，团结带领广大科技工作者，为提高全民科学素质、加快建设“新四化”、实现中华民族伟大复兴的中国梦作出更大贡献。

第一，深入学习贯彻十八届三中全会精神和习近平总书记系列重要讲话精神，切实把思想和行动统一到中央决策部署上来

一是在科技人员中深入开展十八届三中全会精神的学习宣传和贯彻落实工作。积极运用各种手段，精心组织宣讲活动，面向科技工作者深入宣讲三中全会精神，广泛凝聚科技界积极支持、参与改革的共识。把学习贯彻全会精神和习近平总书记系列重要讲话精神纳入科协系统党员干部培训的重点内容，把深化对中央重大决策部署的学习认识与筑牢理想信念、科学谋划科协事业发展结合起来，着力在认真学习、全面领会、正确把握、凝聚共识上狠下工夫，切实把各级科协组织和广大党员干部的思想和行动统一到中央精神上来。二是围绕全面深化改革大局提出科协改革发展的基本思路和重大措施，组织开展科协事业发展“十三五”规划研究，抓住关键问题深入调查研究，以踏石留印、抓铁有痕的决心着力解决难点问题，以实际行动落实全面深化改革任务，使科协组织在建设国家创新体系和做好党的群众工作中发挥更加重要的作用。三是积极参与科技体制改革，牵头落实引导科技工作者自觉践行社会主义核心价值体系和加强科学普及、推进全民科学素质行动计划纲要实施两项重点任务，发挥科技社团在推动全社会创新中的作用，配合有关部委推进完善国家科技奖励制度、组织第三方机构开展科学评价试点、完善国家科技决策咨询制度、强化企业技术创新主体地位等改革任务，努力实现中央对科技体制改革提出的目标要求。四是贯彻落实中央书记处的指示精神，在深入调研、充分酝酿的基础上，研究制定《关于加强新形势下科协工作的意见》，力求突出重点、务实管用，指导各级科协组织及所属学会更加紧密地把广大科技工作者团结在党的周围，把智慧和力量汇聚到实施创新驱动发展战略中来，为实现中华民族伟大复兴的中国梦贡献力量。

第二，抓住全面深化改革的重大机遇，充分发挥学会作为服务创新驱动发展战略的生力军作用

一是全面落实习近平总书记的重要指示和李克强总理、刘云山同志和刘延东、李源潮等中央领导同志的批示精神，把推动学会承接政府转移职能摆在当前科协工作的优先地位加以推进。充分发挥统筹协调作用，注重与部门的沟通会商，加强对学会的指导和管理，做好试点和培育工作，全力以赴把这项工作抓紧、抓实、抓好。在联合相关部门和学会深入调研基础上，提出具体承接方案、工作模式和工作机制，报经中央批准后，选择一批具备条件的学会进行试点，稳妥有序推进，分步实施，取得经验后全面推开，成熟一批转移一批。同时，积极应对学会管理体制改革，健全完善学会运行机制、监督机制和约束机制，健全学会治理体制和管理制度，引导学会逐步成长为具有现代社会组织治理结构的科技社团，为充分发挥学会作用提供体制机制保障。继续抓好学会能力提升计划实施，开展考核评估工作，引导地方继续支持学会提升能力，上下联动打造一批高水平、能够服务社会管理创新和承接政府转移职能的现代科技社团。二是积极整合全国学会优质学术资源打造高端、前沿、跨学科的学术交流平台，支持全国学会积极申办在国际上享有盛誉的一流学术会议，以高质量的学术交流启迪创新思维、引领学科发展。与云南省人民政府合作办好第十六届中国科协年会。举办首届中国科协夏季科学展，向公众展示最新最高科技成就。联合有关部门深入实施“中国科技期刊国际影响力提升计划”，继续推动我国英文科技期刊进一步扩大规模，提高国际影响力，研究制定有关学术导向政策。实施好“精品科技期刊工程”，继续推动中文科技期刊提升学术质量，增强创新发展能力。三是支持学会面向经济转型和产业升级的紧迫需求开展专业化服务，通过多种形式促进产学研用结合，积极探索加快关键技术研发和成果转化的有效机制，促进科技与经济发展紧密结合。引导学会积极参与专家工作站建设，组织院士专家深入企业农村参与技术攻关，开展技术咨询、技术诊断、项目合作和创新方法培训，提供技术服务，支持企业深入开展“讲理想、比贡献”活动，通过广泛活跃的群众性技术创新等活动，为推动“新四化”作出更大贡献。

第三，大力推动科普工作改革创新，全面提高全民科学素质水平

一是深化全民科学素质共建机制，推进与各省（自治区、直辖市）共建协议的签署工作，推动各省（自治区、直辖市）与所辖地市签署落实目标责任书，把公民科学素质建设目标纳入政府目标责任体系，启动“十三五”科学素质纲要实施的预研工作。加强科普理论研究。二是着力提升科普信息化水平。开展科普信息化建设的顶层谋划和前瞻研究，做好科普信息化的战略研究和规划。大力推动建设基于互联网的科技传播体系，辐射带动一批特色科普网站发展。研究提出促进科普产业发展的举措，重点推动科普网络游戏产业发展，打造以《十万个为什么》为代表的经典科普作品和传统科普教育活动的游戏化产品。提高《知识就是力量》等精品科普期刊的发行量和社会影响，继续深化教育科普资源开发开放。三是推进科普基础设施和条件建设。加快建设国家科学传播中心。充分发挥科学传播专家团队作用，深入推动学科科普传播。加强科普教师队伍和课程教材建设，加快培养专门科普人才。四是深化基层科普工作实效，深入实施基层科普行动计划，围绕人的城镇化扎实推进城镇社区科普，围绕推进农业现代化深入开展农村科普，努力把更多优质科普资源引向农村社区，引向基层，缩小城乡科普信息化差距。广泛动员社会力量开展群众性科普活动，以“创新发展 全民行动”为主题，广泛组织开展2014年全国科普日系列活动。

第四，切实加强科学文化建设，着力促进科技人才成长提高

一是深化中国梦和中国特色社会主义宣传教育，面向科技工作者精心组织“弘扬科学道德 践行‘三个倡导’奋力实现中国梦”巡回报告会，丰富完善活动内涵，充实专家力量和题材内容，扩大活动覆盖面，充分展示老一辈科学家和优秀科技工作者在推动实现中国梦中的时代风采，引导广大青年学生和科技工作者进一步坚定道路自信、理论自信和制度自信。二是引导广大科技工作者自觉践行社会主义核心价值观。按照中央《关于培育和践行社会主义核心价值观的意见》要求，面向广大科技工作者宣传社会主义核心价值观的基本内容。研究制定科学文化建设纲要，研究总结新中国成立以来科技界在服务党和人民事业发展中形成的优良作风和学术传统，进一步凝练广大科技工作者普遍认同的价值观。发展科学文化载体，办好《科协论坛》等理论刊物，用科学文化凝聚精神力量、构建共有精神家园。三是大力宣传优秀科技工作者和团队，继续牵头做好老科学家学术成长资料采集工作，联合教育部、中科院、工程院、团中央共同举办“共和国的脊梁——科学大师名校宣传工程”汇演活动，举办“科技梦 · 中国梦——中国现代科学家主题展”全国巡展活动，大力弘扬老一辈科学家科技报国的高尚情操和无私奉献的爱国情怀，广泛宣传基层一线优秀科技工作者和创新团队的先进事迹，塑造科技工作者良好社会形象，在全社会弘扬科学精神，推动形成尊重劳动、尊重知识、尊重人才、尊重创造的良好氛围。四是加大表彰举荐人才力度，精心组织好“全国优秀科技工作者”评选活动，努力打造具有全国影响、在科技界享有盛誉的品牌奖项。深化“海智计划”工作内涵，既积极联络华人科学家，也积极联络愿意来华工作的外籍科学家。推动我国科学家参与国际科技组织并担任重要职务。广泛开展青少年科技创新大赛等竞赛活动，积极实施中学生科技创新后备人才培养计划，培养科技后备人才。五是深化科学道德和学风建设宣讲教育工作，加强宣讲专家队伍建设，推动建立长效机制，实现全覆盖、制度化、重实效目标要求。发挥学术团体的自律功能，引导广大科技工作者加强自我约束、自我管理，推动科研诚信和科学伦理社会监督机制的建立，扩大公众对科研活动的知情权和监督权，促进保障学术自由，营造宽松包容、奋发向上的学术氛围。

第五，加强战略研究，把科协组织作为国家级科技思想库的独特作用充分发挥出来

一是围绕全面深化改革中的重点、热点、难点问题，组织专家学者进行中长期战略研究，为党和政府科学决策提供服务；及时跟踪国际科技发展前沿动态，发挥专业优势遴选判别重大机遇和方向，为科学谋划我国科技战略布局提供高端咨询；扎实推进国家级科技思想库试点工作，聚焦环首都区域生态建设、丝绸之路经济带建设等区域发展重大战略问题、共性难题，组织院士专家开展跨地区多学科的专题调研，打造一批决策咨询品牌。二是完善科技工作者状况调查制度，深入开展专项调查，全面了解广大科技工作者发挥作用情况，为党和政府制定科学的人才政策和调动科技工作者积极性的举措提供科学依据。拓展全国科技工作者状况调查站点功能，切实把调查站点建设成为基层一线科技工作者的联系点和党的路线方针政策的宣传点，提高应急调查能力。三是加强决策咨询数据共享工作，努力打造包括中国近现代科学家数据、科技工作者状况调查数据、科技人力资源数据、科技人才政策信息、科技社团数据和科技人力资源地理信息系统等在内的决策咨询数据库，为科协发挥科技思想库作用、服务科学决策提供翔实可靠的数据支撑。

第六，巩固群众路线教育实践活动成果，努力建好科技工作者之家、广交科技工作者之友

一是抓紧做好建章立制，研究制定《中国科协党组关于进一步坚持民主集中制的若干意见》《中国科协关于加强调查研究工作的若干意见》《“科技工作者之家”建设标准》，提高各级领导班子民主科学决策水平，推动建家交友工作规范化、制度化。二是加强基层组织建设，建立党组书记处领导和机关、事业单位主要负责同志联系县级科协的工作制度，充分发挥中国科协机关32个县级科协联系点的引领示范作用，推动加强县级科协建设。研究建立科协系统专职干部业务培训制度。研究出台《关于进一步加强新时期县级科协工作的意见》和《关于进一步加强和改善高校科协工作的意见》。在科技工作者密集的科技型企业、高新技术开发区、大学科技园等建立科协基层组织，加大高校科协组织建设力度。三是继续办好中国科协会员日活动，认真做好中国科协八大代表服务工作，不断提高为科技工作者服务的意识和水平。四是抓紧出台中国科协机关工作人员行为规范，切实转变工作作风，树立为民务实清廉的新形象。建立学习考核制度，引导广大干部提升理论素质和业务能力。加强学会专职人员队伍建设，加强对地方科协群众路线教育实践活动的指导，形成科协系统良好作风。五是加强学会党建工作研究和交流，建立学会党建研究会，深入实施“党建强会计划”，不断扩大学会党的组织覆盖面和工作覆盖面。

各位委员、同志们！

伟大的时代、艰巨的任务，赋予广大科技工作者和各级科协组织光荣的使命。让我们高举中国特色社会主义伟大旗帜，更加紧密地团结在以习近平同志为总书记的党中央周围，同心同德、振奋精神，求真务实、锐意进取，为全面建成小康社会、不断夺取中国特色社会主义新胜利而努力奋斗！

在中国科协与最高人民法院第二批知识产权科技顾问聘任仪式上的讲话

2014年2月25日

韩启德

尊敬的周强院长，各位专家，各位同事：

刚才，2位特聘专家作了很好的发言，让我们很受启发，也很受鼓舞。3年多前，中国科协和最高人民法院签署《知识产权司法保护合作备忘录》，并首批推荐了11名院士作为最高人民法院特聘科技专家。3年多来，受聘专家在服务最高人民法院制定知识产权相关司法解释和司法政策、服务科技专业案件审理等方面，发挥了积极作用。今天，最高人民法院特聘第二批10位科技顾问，这是中国科协与最高人民法院合作的一个新起点，也是科技界与司法界密切合作，保护科技工作者权益、共同推动创新型国家建设的一个新亮点。在此，我代表中国科协，对首批特聘专家3年多来所做的工作表示由衷的敬意！向刚刚接受聘任的第二批特聘专家表示热烈的祝贺！

知识产权是科技工作者的核心权益。如果说，原始创新凝聚着科技工作者的智慧和心力的话，那么，对原始创新过程中科学发现优先权的确认和保护，则是科技工作者积极投身原始创新的重要原动力。无数的科学家，把自己在科学发现中的优先权视为崇高的学术荣誉，并甘愿为之奉献全部的智慧、才华乃至生命。在科学活动社会化、组织化程度日益提高的今天，科学发现优先权的法律表现形式就是知识产权。可以说，对知识产权的尊重，就是对科技工作者智慧劳动的尊重；对知识产权的保护，就是对科技工作者创新活力的保护；对知识产权的保护，也是我们努力促进我国科技创新发展的一项重要工作。

正确认定和依法保护知识产权，需要科技界和司法界的密切协作。现代科技活动首先是一种专业活动，是相同或相近学科领域的科技同行开展的创造性劳动，这就决定了对科学发现优先权的确认，首先是一种专业评价，离不开科技同行的积极参与。正所谓，同行认可是科学共同体内的硬通货。同时，知识产权也是一项法律权利。在现实生活中，知识产权涉及复杂的财产利益关系，与科技工作者的切身利益密切相关，唯有依法确认、依法保护，才更有力，才更有效。我想，这正是最高人民法院与中国科协签订《知识产权司法保护合作备忘录》，并特聘院士专家担任科技顾问的重要原因。最高人民法院与科协的合作是十分重要的，但同时也应注重与产业界、企业界的合作，特别是与中小企业的合作。当然，科协对于知识产权的保护有不可推卸的责任。今天，我们特聘科协的专家只是保护知识产权的一个重要环节。

科协是科技工作者的群众组织，尊重和维护科技工作者的合法权益是科协组织的职责所在、使命所系。2010年以来，中国科协与最高人民法院携手开展深入合作，推荐院士专家为相关知识产权司法保护提供科技咨询和服务，取得积极而有益的成果。今天，由中国科协推荐的第二批专家光荣受聘。大家肩负着科技同行的重托，肩负着推进法治国家建设的崇高荣誉，相信大家一定会尽心尽力、尽职尽责。中国科协将积极支持各位特聘专家开展工作，愿意为大家认真履职提供有力的支持和服务。我们也愿意与最高人民法院进一步深化合作，更加广泛地动员和组织科技社团、院士专家为全国法院系统的知识产权司法保护提供科技咨询，为知识产权案件审理、知识产权纠纷调解以及知识产权法官培训等提供专业支持，共同为实施国家“知识产权战略”和“创新驱动发展战略”，不断作出新贡献！

谢谢各位！

在中国科协所属学会有序承接政府转移职能试点工作座谈会上的讲话

2014年6月11日，录音整理稿

杨　晶

深化行政体制改革，加快转变政府职能，正确处理政府与市场、政府与社会的关系，激发社会组织活力，是党中央、国务院的重大决策部署。去年以来，习近平总书记、李克强总理和刘云山、刘延东、李源潮等同志，就中国科协所属学会承接政府转移职能的问题分别作出重要批示，要求在政府职能转变中，重视发挥学会组织的独特作用，稳妥有序地承接政府有关职能，相关工作要先行试点，条件成熟后再逐步推开。为此，中国科协和有关部门做了大量调研和沟通工作，提出了推进这项工作的总体安排和试点方案。刚才，沈爱民同志把整个工作过程为大家作了介绍，几个部门和学会的负责同志就有关工作也作了发言，讲的都非常好。一会儿，李源潮同志还将作重要讲话，各部门要认真学习贯彻。下面，我就贯彻落实总书记、总理等中央领导同志重要批示精神，做好相关工作，讲几点意见。

一、推进承接政府转移职能工作意义重大

党的十八届三中全会指出，要使市场在资源配置中起决定性作用和更好发挥政府作用。无论是市场在资源配置中起决定性作用，还是更好地发挥政府作用，都要求加快政府职能转变，进一步简政放权。新一届国务院组成后，明确把政府职能转变作为开局的第一件大事，把深化行政审批制度改革作为重要抓手和突破口。截至目前，共取消和下放行政审批等事项接近480项。同时，国务院对改善公共服务作出重大部署，明确要求在公共服务领域更多地利用社会力量，加大政府购买服务的力度。改革中取消的行政审批事项，有的要完全交由市场调节，比如投资、企业生产经营方面的审批事项；有些事项，需要社会组织或中介机构承接相关工作，或者通过购买服务的方式，将有关工作委托出去，比如项目评估、人才和成果评价、决策咨询、标准制定等。只有把这些适合社会组织承担的事项，交由社会组织来承担，实现政府、市场和社会组织各归其位、各负其责，才能让政府从具体和微观事务中脱身，把主要精力放在加强宏观调控、维护市场秩序、提供公共服务等主体职责上来。同时，鼓励和扶持社会组织承担相关社会服务职能，不断创新公共服务体制，改进公共服务提供方式，才能让市场在资源配置中真正发挥决定性作用，包括科技类学会在内的各类社会组织的活力，才能更好地释放出来。总的来看，推动学会承接政府相关转移职能，一方面，有利于正确处理政府和市场、政府和社会的关系，激发市场和社会组织的活力；另一方面，有利于加快政府职能转变、提高管理效率和服务水平，推进国家治理体系和治理能力现代化。所以说，我们今天会议讨论研究这个问题，意义非常重大。

中国科协所属学会大多是国家最高层次的科学共同体，囊括了本学科、本领域最优秀的人才，具备专业的权威性，在各自学科领域得到科技工作者的信赖和支持，同时这些学会也是独立的社团法人，地位相对超脱，因此在承接政府转移相关职能方面，具有很强的专业优势和组织优势。在简政放权、政

府职能转变的工作中，要高度重视、充分发挥这支力量的独特作用。此外，在推进国家创新体系建设中，科技社团是重要的方面军，也是科技资源中具有发展潜力的有生力量。把他们的积极性调动起来，有利于确立科技创新的市场导向机制，进一步释放社会创新创业的活力。

二、要结合简政放权统筹研究学会承接政府转移职能工作

各有关部门要按照党中央、国务院的部署和要求，进一步解放思想、转变观念，摆脱利益的羁绊，不断推进简政放权、加快政府职能转变，把向相关学会承接转移职能与本部门减少行政审批、加大政府购买服务等工作统筹起来研究，同步加以推进。要逐项梳理本部门行政审批事项和有关事务，把应该取消或转移，而相关学会有优势、有能力承接的职能，有序转移、委托出去。目前，大家对学会承接科研项目论证、成果评价、资质评价、技术鉴定、技术标准、科研规范制定，以及科技人才社会评价、科技社会奖励、科研政策咨询等政府相关科技职能，已经形成普遍共识。要以此为切入点，按照总书记“稳妥有序推进”、“先行试点，条件成熟后再逐步推进”的要求，推动相关工作有序开展。要坚持条件成熟的先做，条件不具备的不做。今天我们第一批是 7 个部门投入，开展的非常好。在试点过程中，要不断总结成功做法，为今后扩大试点推进这项工作积累经验。

三、要加强对学会有关工作的指导

取消行政审批事项，把有关职能转移交给有关学会，并不意味着政府部门可以“一转了之”。一方面，政府部门要“扶上马”、“送一程”，把长期实践中积累的丰富管理经验传授给学会，加强经常性的业务指导，帮助学会做好有关工作，实现职能转移平稳过渡和顺利交接。另一方面，政府对相关领域的监管责任并没有取消或减轻，要对学会承接相关职能的社会效果进行经常性评估，及时搜集社会对承接方的反映信息，建立科学合理的绩效评价机制，形成双向选择和动态调整机制，及时调整不符合要求的学会。大家一定要清楚，从发展方向来看，同一类的社会组织并不是一个、两个，可能是多个或者更多个；在承接或者是购买服务当中，也有一个竞争和选优的问题。这一点，在我们试点工作当中，要把它明确出来。

特别需要强调的是，这里使用的“转移”这个词，决不能理解为行政权力在不同性质单位之间的转移。包括中国科协所属学会在内的社会组织承接的政府有关职能，是从政府管理范畴转移到社会治理范畴，不再具有行政权力性质，而是属于行业自律管理或社会化服务性质。政府部门将有关职能交给哪个学会承担，不具有行政指令性质，而属于适度竞争的双向选择。哪个学会承担哪些事项，取决于学会自身实力、管理质量和服务水平，取决于是否具有行业或社会公信力。政府有关部门要指导相关学会正确履行承接的职能，推动建设自律型现代社团，防止学会演变为“二政府”。不然的话，就与政府简政放权、职能转变的目的背道而驰。尤其是我们科协的这些学会大多有“官方”背景，更要注意这一点。

四、要协同配合做好相关工作

党中央、国务院领导同志高度重视学会有序承接政府转移职能工作。国务院各部门要认真学习领会领导同志的重要批示精神，在转变政府职能工作中统筹好、落实好。本次试点的 7 个部门，要加强与科协和相关学会的沟通，对转移出去的职能密切跟踪，及时发现和解决出现的问题，认真总结试点经验，为下一步工作打好基础。其余没有参加试点、但已同意将有关职能或工作转移、委托给学会的 15 个部门，要抓紧研究论证，做好前期准备工作，根据试点情况稳妥有序推进，成熟一个、推出一个。中央编办在审核行政审批事项时，对于政府应该取消、相关学会有承接能力的事项，要积极推动转移给学会。民政、财政、价格等部门，要对相关的社团管理、财务管理、收费等政策进行研究，积极搞好政策衔接，支持学会搞好试点，推动承接政府转移职能工作进入常态化、规范化、制度化的轨道。同时，中编办也要研究有关政府部门职能取消、转移、下放之后，相关的机构和人员编制去向等问题。

同志们，做好政府有关职能的转移和承接工作，是转变政府职能的重要内容，也是一项创新性的工作，意义重大，影响深远。国务院有关部门要切实增强大局意识、责任意识，扎扎实实做好有关工作，不断激发社会组织活力，为促进政府职能转变、推进国家治理体系和治理能力现代化，作出积极贡献。

我就讲这么多，不对的地方，请李源潮副主席和同志们批评指正。

在中国科协党组理论学习中心组学习扩大会上的讲话

2014年7月14日

尚　勇

这次党组理论学习中心组学习会持续了近3天时间，先后有7位党组和书记处的领导同志、6个系统的部门代表做了精彩发言，我听了深受启迪，受益匪浅。在这里，我讲几点体会：

第一，这次学习认真深入。由于事前做了充分的准备，特别是调宣部准备了四本材料，使大家学习更加系统、更加集中；党组和书记处的领导同志、各个部门负责同志也都高度重视，大家联系工作实际系统学习、深入思考、认真组织讨论，充分交流，所以每个人的发言是集成了大家的智慧。

第二，学习收到了初步效果。总书记的系列讲话，特别是关于科技工作的系列讲话，大家学习之后拓展了视野，提高了认识，明确了方向，开阔了思路，增强了使命感，提振了精气神。

第三，工作建议紧密结合实际工作。大家提出的工作建议既体现了大局观，又紧密联系各部门各单位实际，特别是几位党组和书记处的领导同志联系科协整体和分管工作的具体实际，既有创新性又有很强的可行性和可操作性，值得深入研究和进一步深化。

总之，我们这次学习取得了初步的成果，但是也要清醒地看到，这次学习和领会仅仅是浅尝辄止，还需在系统、深刻、准确地把握总书记科技思想体系和实质上再下大工夫，真正用总书记的讲话统一思想、武装头脑、指导实践。我们觉得这次应该把总书记的讲话，特别是总书记讲话的摘编再加几篇重要讲话的全文，进一步整理精编，与中央文献研究室沟通，力争公开发行，让全国科技界和科技工作者来学习；再一个是打算准备以科协党组名义来发表学习体会文章，这个由春法同志牵头起草，较成熟时把这个草稿送每位党组和书记处的领导同志进行修改，然后在《人民日报》或者其他的媒体发表。

下面，我想再结合学习体会谈一谈怎样系统掌握总书记的科技思想体系。总书记关于科技工作的系列讲话，我们要学深学透、了然于胸，统一思想、指导实践，打牢思想理论的根基；要明白我们的崇高使命，明确前进的方向和重点任务；要找到破解难题的钥匙，提振精神和信心。我们要从以下几个方面努力：

第一，要从总书记系列讲话的思想精髓中来理解总书记的科技思想。总书记关于科技思想的论述是系列讲话的一个组成部分，总书记的系列讲话是一个完整的、系统的科学理论体系，涵盖了改革发展稳定、治党治国治军、内政外交国防等各个方面，博大精深且理论创新十分丰富。只有完整的掌握其整个现代化的国家治理体系的思想，我们才能对总书记的科技思想有更深刻、更完整的理解。贯穿在总书记系列讲话中的立场、观点和方法这条主线，是总书记的思想精髓，只有准确把握了这一思想精髓，才能更深刻、更准确地理解总书记科技思想的重要意义。关于总书记的思想精髓，刘云山同志在省部级班的讲话中总结了几点，我们要在学习中进一步领会。一是坚定的理想信念。科技界必须坚定中国特色社会主义信念，坚定实现“两个一百年”目标和中国梦的信心，坚定建成创新型国家的信念。二是历史担当精神。我们要担负起创新驱动发展的历史使命，努力使我国跻身于世界科技强国，这是科技界的崇高使命，我们要敢于担当。三是赤诚的为民情怀。我们要学习总书记讲话精神，从竭诚为科技工作者服务、竭诚为提高全民科学素质服务的高度增强我们的使命感和宗旨意识。四是求真务实的作风。科学的本质是求真务实，所以我们更要按照总书记“谋事要实、创业要实、做人要实的‘三实’要求”来保持优良的作风。五是清正廉洁的品格。作为科技工作者，科技战线更要严格要求，保持清正廉洁，在全社会率先垂范。六是科学思维方法。总书记讲话中体现了一系列的科学思维方式，这是对马克思主义的辩证唯物主义和历史唯物主义等重大成果的集成创新。特别是总书记的战略思维、系统思维、辩证思维、创新思维、底线思维和问题导向的思维等都值得我们认真学习。

第二，从总书记的科技思想体系来认清科协的重要使命。总书记关于科技工作的讲话是一个完整的系统，我们要从整体上把握。一是要从把握世界科技创新的大势中认清科协的使命。我们要善于抓住机遇迎头赶上，总书记论世界大势，用全球的视野，时代的高度，历史的纵深，科技的前沿来谈科技工作，只有从这些方面去学习才能真正开阔我们的视野。二是要从实施创新驱动发展战略的高度认清科协的使命。要组织激励广大科技人员在创新驱动发展上奋发有为、作出贡献，在提高全民科学素质、特别是领导干部科学素质方面有更大作为。三是要从提高自主创新能力这个根本要求中认清科协的使命。要更有效地激发科技人员的创新激情和活力，在有所为中获得新突破。四是要从深化科技体制改革和扩大开放的部署中认清科协的使命。要动员组织广大科技人员投身改革，推动学会、协会等科协组织的自身改革，转变职能，创新机制和方法。五是要从建设科技队伍的殷切期望中认清科协的使命。要在优化科技成才和创新环境，优化科技人才队伍结构，提高科技队伍能力和素质，加强科技人才道德修养和学风建设上奋发有为。

第三，全面落实总书记对科协工作的总要求。总书记在科协八大上的讲话，是具有里程碑意义的指导性文件，也是新时期科协工作的纲领。总书记在书记处上的系列讲话以及关于科技工作系列讲话中都对科协工作提出了殷切期望和明确要求，我们要全面贯彻落实到位。一是要牢记总书记对科协的战略定位，全面履行好中央赋予的职责。这里面定位有四项，两项是组织定位，两项是功能定位。第一个定位：科协是中国科技工作者的群众组织。群众性、服务性体现了群团组织的特色，要适应科技工作者的需求，维护和发展科技工作者的权益，营造好民主、团结的氛围，营造积极浓厚的学术气氛，增强组织的凝聚力、向心力。群团组织要坚决按照章程办事。科协作为群团组织，是科技工作者之家，但是我们绝不能当家长，而要当勤务员、当保姆。要坚决克服官本位观念，我们本来就不是官，更不能存在官僚主义。第二个定位：科协是党领导的人民团体。我们和西方非政府组织不一样，必须增强政治意识和党的意识，我们本来就是党的机构的一部分，要团结带领广大科技工作者，紧密团结在以习近平同志为总书记的党中央周围，保持高度一致，永远忠于党，永远坚定地拥护中国特色社会主义制度，坚决贯彻落实好中央一系列决策部署，为巩固党的执政基础尽职尽责，这是政治要求。第三个定位：科协是党和政府联系科技工作者的桥梁和纽带。这是一个功能定位，要巩固党的群众路线教育实践活动的成果，在践行党的群众路线方面，我们要率先垂范，要建立密切联系广大科技工作者的长效机制。首先，要明白和牢记“为了谁、依靠谁、我是谁”的问题，把科技工作者摆在我们心中的最高位置。坚持以科技人才为本，做到联系科技工作者的经常化、制度化，真正做科技工作者的知心人、娘家人。作为桥梁和纽带一方面体现在要不断提高服务科技工作者的水平，要知其所想，知其所难，主动为他们排忧解难。服务科技工作者的一个首要任务，就要维护好科技工作者的权益，这作为我们基本职责，要把改善科技工作者的工作生活条件，作为我们义不容辞的责任。作为桥梁和纽带的另一体现，就是如何依靠广大科技工作者。要善于深入他们之中，听取意见建议，集中他们的智慧，充分发挥利用好这一巨大的智库资源。第四个定位：科协要成为推动国家科技事业发展的重要力量。这也是一个功能定位，我认为在此方面我们的潜力还远远没有发挥出来。在这个方面科技部、科学院、工程院、基金会各有其责，物质资源和政策固然对推动科技事业发展有重要作用，但是如果科协利用好我们的人才优势和团队优势，发挥的作用会更大。这需要我们在学会、协会建设和改革创新方面激活其活力和能力，更需要注重加强服务企业这一短腿，如果这方面做好了，我们在整个推动科技事业发展和经济社会发展方面有更大作为。

二是要组织带领科技工作者实现“四个更加自觉”，在更加积极奋发有为方面发挥更大的作用。大家要学习总书记对科技工作者的四点希望，作为科协，我们要组织带领广大科技工作者来实现总书记提出的这四个希望。

三是要在履行好“三个致力于、三服务、一加强”方面提升我们的工作水平。大家老说是“三服务一加强”，这个要理解完整。总书记明确要求“科协组织要继续致力于促进科学技术繁荣和发展，更好地为经济社会发展服务”、“科协组织要继续致力于促进科学技术普及和推广，更好地为提高全民科学素质服务”、“科协组织要继续致力于促进科技人才成长和提高，更好地为科技工作者服务”。“三个致力于”是工作任务，“三个服务”是对我们的要求，这个不能脱离开来，要完整地理解“三个致力于”、“三个服务”，然后加强自身建设。

第四，怎样运用好总书记的系列讲话精神指导科协工作的实践。我们这些年的工作取得很大成绩，但是我们要仍然发扬“钉钉子”的精神，要有“功成不必在我”的境界，还要有创新进取的意识，我们下一步任务就是在落实中提升，在继承中发展。我们马上面临“十三五”规划编制工作，明年的预算也要编制。我提出一些问题供大家思考。

一是需要在落实中提升的七项工作

我把大家的建议集成提炼了一下，主要有以下七点：

第一，如何在改革创新中进一步提升学会、协会的组织能力，在组织带动、活跃、繁荣本学科领域发展中奋发有为？

第二，怎样加快推进科普信息化，利用现代科技加速其内容、形式、传播方式创新，在提高全民科学素质中发挥更大作用？

第三，怎样更有效地弘扬科学精神、科学道德和优良学风，弘扬创新文化，激发科技界的创新热情，培养青少年的创新精神和崇高品德？

第四，怎样提升优秀科学家走出去、引进来的水平，提高中国科学家在世界科学界的影响力和话语权，吸引更多海外创新资源，为我所用、为我服务？

第五，怎样与时俱进地在改革中加强基层组织建设，包括基层科协的建设和农村、企业、高校中的科协基层组织建设，提高科协组织的社会影响力？

第六，怎样提升作为中央国务院智库的水平，提供一批对中央有重要参考价值的战略报告和决策建议？

第七，怎样在改善科协工作条件、强化工作手段、增强工作能力方面争取更大的支持（包括经费、基础设施建设等）？

二是需要在发展中力争突破的三个方面

第一，怎样在科技人才队伍建设中增强科协的话语权和主导权，为中央重大决策提供更有效的支撑？这一点就要求我们在政治上、战略上要有定位，要有位置。

第二，怎样在科技评估中唱主角，以此提升科协在整个科技工作者中的地位和作用？包括在承接政府其他转移职能中有所作为。

第三，怎样在推进企业技术创新、服务经济和地方发展中发挥更重要的作用？这是在经济社会发展中定位、站位的问题。

当然还有很多要突破的，如何抓住改革开放和中央重视科技的机遇，怎样开拓科协工作更大的空间？这需要我们机关、事业单位进一步转变职能，解放思想、开拓思路，来加强我们内部的建设，加强内部的协调，从而更有战斗力。

我这些思考还不完整、也不系统，在此抛砖引玉，供大家思考。下一步的安排，要走向逐步务实，各位同志和各个部门要围绕各自的工作领域和特点，将总书记的讲话精神和中央的决策部署进一步落到实处，要针对提出的问题和建议进一步开展广泛深入的调研，形成各自在继承中有创新、在落实中有提升的工作思路和方案。准备 7 月 28 日再进行中心组学习，形成具体的工作方案和制度。在制订方案的时候我要提醒，科协和其他群团组织一样，往往招数多、点子多，活动多、形式多，抓落实，操作力和执行力方面比较弱，我们在制订方案时，必须找准切入点，定好抓手，确定好杠杆，特别是要攻坚克难，考虑如何激励督促落实的措施等。

在中国科协党组理论学习中心组学习扩大会上的讲话

2014年7月28日

尚　勇

在7月14日党组理论学习中心组学习扩大会上，要求大家深入学习总书记关于科技工作的系列讲话，要从总书记系列讲话的思想精髓中来理解总书记的科技思想，要从总书记的科技思想体系来认清科协的重要使命，就全面落实总书记对科协工作的总要求提出了三点要求，就怎样运用总书记的系列讲话精神指导科协工作实践提出了问题供大家思考，包括在落实中提升的七项工作和在发展中力争突破的三个方面。大家围绕这些问题，结合科协实际，更加深入系统学习总书记讲话，思考谋划科协下一步工作，提出了许多有价值的意见建议，质量很高，大局观强且联系工作实际，有创新思路又注重可操作性。我为大家这种精神状态而深受鼓舞，为大家发言中所体现出来的好思路、好观点而深受启迪，坚信我们同心聚力、坚持不懈地奋斗下去，就一定能在前几届领导班子打下的坚实基础上，开创科协工作新局面。在这里，我讲几点想法供大家参考。

一、坚持在落实中提升、继承中发展

经过长期不懈地努力奋斗，中国科协已经成为一个在国际上有知名度、在国内群团组织中有地位、在科技界有影响力，受到党和政府信任、科技工作者拥戴的人民团体。中国科协工作有今天的大好局面，是党中央、国务院正确领导、关怀支持的结果，是广大科技工作者积极参与、热心支持的结果，更是历届主席、党组团结带领科协广大干部职工奋力拼搏、开拓创新的结果。

我们不会忘记，李四光、周培源、钱学森、朱光亚、周光召、韩启德6位主席为中国科技事业，特别是科协事业发展所建立的功绩。他们作为科学泰斗，作为中国科技界的旗帜，为科协事业发展所作出的杰出贡献将永载史册。我们不会忘记，历届科协党组带领大家为各个时期科协事业的发展所作出的贡献。裴丽生、高镇宁、高潮等同志为书记的党组，为科协的建设发展奠定了坚实基础。张玉台同志为书记的党组，第一次明确了中国科协由中央书记处直接领导的领导体制，产生了中国科协书记处第一书记，创设了中国科协年会，使科协工作迈上了新的台阶。

在以邓楠同志为书记的党组领导下，中国科协明确了“三服务一加强”的工作定位，受到中央书记处的充分肯定；推动国务院发布实施《全民科学素质行动计划纲要》，推动全国科协系统共用一部章程；建设中国科技馆，改善办公条件，实施“科普惠农兴村计划”和“社区科普益民计划”，启动实施“老科学家学术成长资料采集工程”等一系列工作，实现了科协组织政治地位和社会地位的进一步提升。

在以陈希同志为书记的党组领导下，中国科协遵照总书记在科协八大上的祝词要求，坚持在继承中创新、在创新中发展，启动实施“学会能力提升计划”和“科技期刊国际影响力提升计划”，开展“科学道德和学风建设宣讲教育”，积极争取加入《华盛顿协议》，创立“共和国的脊梁——科学大师名校宣传工程”、“青少年高校科学营”等品牌活动，科协组织的工作范围进一步拓展，社会影响力进一步提高，工作条件进一步改善，开创了新时期科协工作的新局面。

科协的事业是继往开来的事业，是需要集成历史智慧和集体智慧的事业。我们必须继承先辈们及历届领导班子开创的事业，发扬他们的优良作风和宝贵经验，沿着他们开拓的道路，接过接力棒继续前进。新的历史时期，党中央、国务院对科协工作提出了新的要求，广大科技工作者对科协工作提出了新的期望，党的十八大、十八届三中全会对科技工作提出的要求，为科协大有作为开辟了广阔前景。我们要以强烈的使命感和紧迫的责任感，深入贯彻落实好总书记系列讲话，特别是关于科技创新的系列重要讲话精神，全面落实中央书记处对科协工作的总要求，承前启后、继往开来，坚持在落实中提升、继承中发展，开拓进取，不断提升科协工作的新境界，为实施创新驱动发展战略、实现“两个一百年”的奋斗目标作出新的更大的贡献。

二、明确职能定位，主战场奋发有为

新时期科协的工作，必须始终坚持以总书记系列讲话，十八大、十八届三中全会精神为指导，全面落实总书记在科协八大上的重要讲话和关于科技创新的系列讲话精神。总书记和党中央明确了科协的四项主要职能，即“科技工作者的群众组织”、“党领导下的人民团体”、“党和政府联系广大科技工作者的桥梁纽带”、“推动科技事业发展的重要力量”；对科协工作提出了明确的要求，即“三个致力于”、“三服务一加强”；对科技工作者提出了四点希望，即四个“更加自觉、更加积极地奋发有为”，这是科协工作的行动指南和基本遵循。

党的十八大特别是十八届三中全会后，科协工作面临新的机遇和挑战。一是总书记关于科技创新的系列讲话，把实施创新驱动发展战略作为国家主体战略，把科技创新摆在国家发展全局的核心地位，对加强自主创新、深化科技体制改革、加强科技人才队伍建设提出了很高很明确的要求，全社会对科技创新空前重视，这赋予了科协工作更加重大的使命。二是在全面深化改革、政府职能转移的新形势下，社会组织作用更加凸显，为科协发挥作用、大有作为开辟了新的空间。三是经济科技体制的深刻变革和科技工作格局新的变化，对科协转变职能、提升能力提出了迫切要求，广大科技工作者对科协的服务也提出了新的期待。

新的历史机遇十分难得、弥足珍贵，伴随的挑战亦相当严峻。“馅饼不会从天降。”能否抓住和用好机遇，在改革中自我变革、调整、提升，乘势而进，在主战场上奋发有为，是我们面临的最大挑战，我们仍然面临不进则退、不创新则衰的严峻考验。

抓住机遇、更有作为，首先要抓好战略谋篇布局，做好顶层设计，包括战略定位、战略切入点和突破口、战略布局、任务部署、路线图和时间表以及保障措施等。

我们的战略定位就是要在科技工作主战场上占有一席之地。政府部门、事业单位、社会团体、企业等都是科技工作主战场上的重要方面军，各自皆有优势。虽然在政策制定、科技规划、计划、项目、基地、经费等方面我们不占优势，但只要发挥好我们的优势，扬长避短，强化工作手段，善于与其他几个方面军协调联合，就一定能够成为推动科技创新的重要一极。

我们的最大优势在哪儿？毫无疑问是科技工作者队伍！总书记强调“致天下之治者在人才”、“人才是科技创新最关键的因素”、“人才资源是第一资源”。科技人才是科技工作之本，更是科协工作之本，是科协一切工作的核心。科协的四大职能都围绕着科技人才这个中心。科技人才是科协的生命之源，为科技工作者服务是科协工作的根本宗旨。维护科技工作者的权益，激发科技工作者的创新创业热情和活力，紧紧将科技工作者团结凝聚在以习近平同志为总书记的党中央周围，组织带领他们在实施创新驱动发展战略、实现中国梦之中建功立业，是科协义不容辞的历史使命。作为科技工作者的娘家人和代言人，我们必须增大在科技人才队伍建设中的话语权、主导权，建好科技工作者之家和尽好桥梁纽带职责，才能成为推动科技事业发展的更重要的力量。

发挥好科技人才队伍作用，必须全面深入了解科技人才队伍建设的现状、存在的问题，特别是关乎科技人员直接利益的突出问题，向党中央、国务院及时提出建议，争取在党和国家的科技人才政策决策方面有更大的话语权和主动权，增强科协在科技人才队伍中的影响力和凝聚力。

发挥好科技人才队伍的作用，主要抓手是学会（协会）的建设。科技人才队伍由各类各级学会来组

织和自我管理，学会强则科协强，学会组织管理水平高，科技人才队伍整体素质和水平就会高，学会作用发挥得好，科技人才队伍的作用和效能就大，科协的社会地位就会随之提升、工作作为就更大。因此，要把学会建设作为科协的主体工作，摆在重中之重的位置予以重视和加强。抓住了主要矛盾，各次要矛盾才会迎刃而解，抓纲举目，纲举才能目张。发挥好学会作用，科技人员多方面的积极性调动起来了，科技人才队伍的系统效能提升了，科普工作的质量水平才会有大的提升，自主创新能力才会有大的提升，对经济社会发展的支撑引领能力才能提升。

为科技工作者服务的工作定位，是中央赋予的，是近年来历届领导班子坚持的工作原则，也是绝大多数同志的共识。齐让同志曾对我说，“三服务实质是一体两翼，为科技工作者服务是主体，为提高全民科学素质服务和为经济社会发展服务是两翼”。陈希同志更是突出强调了学会能力提升和科技人才队伍建设。坚持科技人才队伍建设这个中心，坚持学会建设这个主体工作，与科协工作是一脉相承的。在全面深化改革、政府职能转移、强化社会组织作用的新形势下，突出这个主体工作显得尤为重要。这项工作是全科协的主体工作，学会部、计财部及相关部门要携手搭建好学会这个大舞台，各部门要利用这个舞台去创作好、表演好彰显各自业务特点的精彩节目，演奏好动人惊世的创新乐章，汇集成科协推动科技创新的波澜壮阔的时代交响曲！

加强学会建设的主要举措是在深化改革中提升其自身能力。当前，学会发展不平衡，存在行政化、功利化的倾向，出现一些功能弱化、工作手段弱、责权不一，对会员凝聚力、号召力下降等问题，与我们所期望的职能作用和应承担的任务很不适应。陈希同志主持实施的学会能力提升专项已收到了明显效果。下一步首先要加大学会自身改革力度，通过组织结构、管理运行机制、工作方法等方面的改革创新，激发其内在活力动力，回归其学术为本的社会群团特性，增强其吸引力；其二是强化其组织服务手段，如学术期刊质量提升和学术交流平台建设等；其三是通过承接政府转移职能，强化其社会功能和工作手段，增强其凝聚力；四是支持其发挥统筹协同科技创新平台的功能。

作为进入科技主战场的切入点，要抓好几件工作：一是推动建立国家科技评估制度，发挥好第三方作用，担当起组织好科技评估的重任，与有关部门和单位协同发挥好科技评估作为推动科技进步与创新的重要手段的作用。二是发挥好学会作用，组织好各学科、各领域的协同创新工作。国家各类科技计划、项目和基地等，如一根根纵向垂直的线，存在着总书记所批评的“分散封闭、交叉重复等碎片化现象”和“孤岛现象”等弊端。如果科协能够组织动员学会，把这些科技活动从横向上联结起来，形成覆盖整个学科、领域的科技创新网络，其集成的创新系统效能肯定会大于各部分之和，可以有效克服上述弊端，有利于攻克涉及行业发展升级的重大关键核心技术，加快科技成果转化，提升学科整体水平和科技创新能力。在这方面，投入较少的引导资金，就可“四两拨千斤”，放大整个科技投入的效益。这方面还有许多空间和机会，有待于大家开动脑筋，共同创意创新，形成我们进入科技创新主战场的战役和战术。

扩展服务经济建设的主渠道，重点是加强企业技术创新的服务工作。企业是技术创新的主体，70% 以上的研发人员在企业。我们要从体制机制、方法策略等方面采取措施加强这方面的工作。同时，我们要深入研究谋划如何发挥优势，在服务民生、社会建设、生态建设等各领域有所作为。总之，在经济建设的主战场，在创新驱动发展的具体实践中，科协工作要有一席之地，要争取有更大的作为。当然，对我们已部署的大量工作，其主要的任务是在落实中与时俱进地提升，如科普信息化要先行一步，探索经验，作出示范。

要强化与地方和基层科协的联系。地方和基层科协是中国科协的重要组成部分，指导、服务地方和基层科协工作是中国科协工作的重要内容。我们与地方和基层科协的关系不是上下级关系，而是指导关系、兄弟关系。客观上讲，与其他部门相比，我们对地方和基层科协的经费支持是杯水车薪。我们的主要支持方式是为他们发挥作用开辟更多的渠道、开拓更大的空间、开创更多的功能、开发更多的政策资源。政策资源比物质资源更有用、更有效。中国科协自身做好了、做强了，地方和基层科协就会上行下效；中国科协的影响力大了，地方和基层科协的地位也会相应的提升。我们要密切与地方和基层科协的联系，为他们向地方党委、政府争得更多的支持，要多了解他们的困难，多听他们的建议，多学习推广他们的经验，增强全国科协大家庭的亲密关系和紧密协作。要通过大家的共同不懈努力，增强对科技工作者的凝聚力，增强对科技创新的推动力，增强对科学发展的支撑力，增强科协的社会影响力。

三、突出工作重点，统筹推进落实

科协工作不仅要做好战略谋划、顶层设计，更要在战役上突出重点、协同攻坚，在战术上善借东风、集成资源、务实推进。针对事务工作多而散的问题，必须聚焦关键，突出重点，以点带面；针对工作方法“虚”而“浮”的问题，必须强调钉钉子精神，落实责任，锲而不舍地抓好落实。上次我提出十个问题，与之相对应，这次再强调几项要抓紧落实的重点工作：

第一，起草好关于激发科技人员创新活力的文件，争取报中央决策发布。总书记关于创新驱动发展的系列讲话，将加强自主创新能力和科技人才队伍建设提到了前所未有的战略高度，我们要积极响应。我们在调研中发现，科技人员对一些束缚其创新活力的体制机制问题反应强烈。科协有责任向中央建议推动解决这些问题。文件要包含以下方面内容：一是要明确科技人才在创新驱动发展中奋发有为的重点和要求；二是要突出问题导向，破除束缚创新活力的体制机制障碍；三是要提出促进创新人才成长和结构优化的政策；四是要提出发挥好科协作用的政策措施。改革开放至今，我国还未专门出台过关于加强科技人才队伍建设方面的政策意见，我们要将其作为增强科协在科技人才队伍建设中话语权的重要措施之一，做好该项政策文件的起草工作，广泛征集意见并做好协调，力争年底前报送中央审议后印发。

第二，抓好科技评估的启动工作。建立国家科技评估制度是实施创新驱动发展战略的紧迫需要，科协一定要积极发挥第三方优势，有所作为。一是要就建立健全国家科技评估制度尽快向党中央、国务院汇报，并争取获得开展此项工作的授权。二是要起草、完善工作方案，做好组织实施的准备工作。三是要加强与相关部门的沟通，做好协调工作。四是要为做好这项工作争取经费支持。五是充分发挥学会的智力优势，要把科技评估与战略咨询、调查报告等有机结合起来，提升科协作为国家科技智库的职能和作用，发挥好对中央、国务院重大决策的支撑作用。

第三，抓紧准备和启动院士推荐工作。要尽快形成方案，与“两院”及时沟通。要把申报与严格公正评审统筹考虑，体现推荐工作的科学性、公正性。要组织准备具体工作方案。这项工作既是提高科协公信力的敲门砖，也是一个“烫手山芋”。大家对科协能否做好这项工作还有疑虑，“人不自助天难助”，我们要以实际工作成绩来赢得大家的信任，要通过自身能力来获得公信力，并为下一步承接政府转移的职能打下更好的基础。

第四，筹备好学会改革提升工程。目前，学会的改革已进入深水区和攻坚期。不改革创新不行，有时候不动真格也不行。一是要在总结前期工作基础上，提出二期改革提升方案，特别要突出问题导向，制定出改革方案和提升的进一步措施。二是要落实并扩大学会承接政府转移职能工作。三是要推动学会在协同创新中发挥更大作用。学会有横向联系广泛的优势，在消除纵向项目“孤岛”、“碎片”方面有很大的潜力和能力，可以整合国家各项科技项目、基地等“资源孤岛”，瞄准二级以上学科建设的短板明确下一步应加强的重点和努力的方向，将原来是一条条纵向的线横向联结起来，构成创新大网络，实施重点学科的提升工程或者重点学科的赶超工程，真正实现达到国际水平和国际领先的提升目标，这对中国的科技事业发展事关重大。四是要围绕学会定位规范学会的章程和职能，争取更大的话语权和主动权，提出对学会的支持政策和举措。

第五，加快推进科普信息化工作。科普信息化是科普工作在受众内容、表达方式、传播方式、运营模式等方面的一次大创新。我们要在思想观念、工作机制等方面率先创新，坚持政府引导，运用市场机制，集成社会资源，推动科普工作信息化、现代化，为提升全民科学素质、实现《全民科学素质行动计划纲要》目标而强化传播手段；要组织好公民科学素质分类教材的编写工作，如小学、中学、高中以及干部读本等，分类施教；要加强实体馆、流动馆、网络和其他科技馆的体系建设；要运用现代的科技成果和现代的科技手段，加快中国科技馆升级和创新，特别是要探索与科技企业合作展示的新机制。

第六，做好企业创新服务工程的准备工作。加强企业技术创新服务，我们要有所作为，重点抓好以下几点：一是做好中国科技企业家协会筹建工作，在整个科协多一支精干的技术创新队伍，也将改善学会为企业创新服务的桥梁纽带。这个问题我们跟一些央企的企业家进行过初步沟通，他们积极性很高。现在国资委管的那些央企，我们选出三分之一来，像原来军

工的十大集团、几个电信运营商、一批由原来部委的科研院所转制的企业、一批科学家担任领导的企业，还有一批大的民营企业，像联想、华为、中兴，以及百度、新浪、腾讯、阿里巴巴等，他们的创新能力都很强，成长性也很好，把他们作为中国科技企业家协会的会员，都是金字招牌。中国科协在这方面先搞起来，省里、市里也都搞自己的，就形成了科协系统抓企业科技创新又一个有力抓手。二是推动科技企业家协会跟有关全国学会开展合作，这就能组成一个产学研创新联盟，成为产学研紧密结合的又一个很好的载体。三是认真研究发挥好企业科协的作用。扩大企业科协的覆盖面当然很重要，但更重要的是让现有企业科协充分发挥作用。我们抓学会、协会管理，包括科协基层组织的管理，都要从根本入手，赋予它职能，这个职能在哪儿？就是章程。如果企业科协在组织技术职称评定方面被赋予相关职能，能组织企业科技人员开展评奖，能组织发表科技成果，那企业科协工作就不得了，其影响力就会越来越大。关于工程师协会、企业科协联合会等，也都要把拓展工作职能作为抓手，认真研究、找准切入点。同样地，加强在国家经开区、高新区建设科协组织，也要遵循这样的工作思路。

第七，加强青年科技人才培育工作。青年科技人才培育是科技人才队伍建设的百年大计。育人先育魂。创新的精神、创新的思维、良好的科学道德对年轻人的成长至关重要。要进一步开展好“科学道德和学风建设宣讲教育”、“共和国的脊梁——科学大师名校宣传工程”，与践行社会主义核心价值观结合起来，抓好科学精神、科学道德的传播教育工作，把重点放在青年科学家群体特别是研究生、大学生群体上，不断提升工作水平，抓实抓好，发挥更大的作用。要抓好现有青少年科技创新平台，如“青少年创新大赛”要在提升质量的同时，重点整治弄虚作假问题，提高社会公信力；要深入组织农村特别是老少边穷地区的学生参加“青少年高校科学营”；还要组织一批针对性强的活动，发掘真正有兴趣、有潜力、有天赋的优秀学生参加，为他们牵线搭桥，组织他们到对口的实验室参加研究工作，就像在《知识就是力量》座谈会上发言的北京四中的同学，对我就很有启发，他从小就对生命科学很感兴趣，因此被推荐到清华的实验室里，成为研究团队的一员。要争取将青年科学家奖提升为国家级大奖，在国家科技大奖中设立优秀科技团队奖。

第八，加强基层组织建设工作。我们要重点关注地方，特别是县级科协建设问题。刚才大家说了，现在省级科协在经费上有保证，工作上有舞台，但市、县级科协很困难，而且问题症结就是跟科技局的职能很难分开，有一些地方至今仍合在一起。建议组人部就这个问题多搞些调研，抓一些试点。现在强调转移政府职能，科技局与科协合署办公未尝不是好事。比如，现在县级政府就只能保留二十几个部门，别的都撤并了，如果科技局并到教育局去，他肯定不愿意，但如果跟科协合并了，科协是党委管，这样科技局和科协的资源集成，地位和作用都会有提升。有发达地区已这样做了，也有一些落后地区也这样做了，我们要认真研究总结，与时俱进地加以推广。关于社区科协组织建设，很多地方的经验表明，离退休科技人员在这上面可以发挥很好的作用，我们也要深入探讨总结。关于农技协发展问题，现在农村专业合作社发展是大势所趋，农村土地确权登记后，接着就要流转，流转之后实现规模化、专业化经营。在服务规模化经营方面，科技组织能发挥很大作用，因为它能跨村、跨乡镇，甚至跨县技术服务。这个抓手要抓好用好。现在推广农业技术，不能再盯着一个一个农户了。比如现在农村的病虫害防治，基本靠专业技术协会，施肥、喷药，统一进行。机械化作业，从耕种、播种，到收获全是专业化技术合作组织。蔬菜协会、果业协会，都是跨区域的。我们发展农技协，不能再像过去那样只抓农户了，思想观念要与时俱进，不能守旧。包括高校科协，为什么大家觉得他们不愿意建，就是因为我们没有找到具体的工作切入点，只有赋予它具体可行的职能，科协基层组织发展才会有生命力。

第九，提升“走出去”、“请进来”的水平。要加大推动中国科学家在国际组织中担任领导职务，特别是主要领导职务的力度，尤其是要瞄准那些影响力大、地位高的国际组织，加大支持力度；要扩大国际相关组织认定中国工程师资格的领域范围；要加大中国科学家获得国际大奖的推荐力度；要与有关部门配合引进更多优秀华人和外国科学家，推动高层次国际学术会议特别是高技术大会在中国召开，加强两岸四地科技合作与交流。

第十，抓紧“十三五”规划编制等准备工作。要高度重视“十三五”规划的编制，这是未来几年工作的顶层设计。按照科协的定位和对下一步需重点支持的工作方向，做好“十三五”规划的编制准备和明年预算申报。特别强调一点，要抓紧国家科学传播中心的立项和建设筹备工作，国家科学传播中心传播的是世界科技前沿信息、战略新兴技术、国家科技成果，以及一些高水平科普制作中心，和科技馆是分开的。当然，还有很多日常工作如年会活动等，也要积极做好筹备。

今天不是工作部署，只是将想到的一些重点工作提出来供大家研究。其中尽管有创新性的工作，但多数是对已有工作的提升和集成，还有不少没有点到的日常性、经常性工作，仍然重要，仍要抓好，不可放松，均要在与时俱进中改进提升。会后，各相关领导、部门要补充完善，统一认识，形成部署，细化成路线图、责任分工、时间表，一步一个脚印地落实到位。

四、加强自身建设，提升工作水平

面临改革发展创新的繁重任务，必须持之以恒地加强科协自身建设，以优良的作风、过硬的本领、优秀的素质、进取的精神为完成各项工作提供可靠保障。

一是加强思想政治建设。要以党建为龙头，切实抓好科协机关和系统的思想政治建设。要切实增强党的意识，明白我们是党领导的人民团体，是党的系统的一个重要组成部分。要逐步使党内的健康生活正常化。各级领导同志要善于做好思想工作，凝聚大家的力量，要增强政治意识，发挥好桥梁纽带作用，团结凝聚6800万名科技工作者在党中央周围，增强对中国特色社会主义的信念，巩固党的执政基础。要建设学习型的机关和团队，强化理论武装，加强业务知识的拓展，努力使每一位同志成为科技工作的内行。

二是加强组织队伍建设。科协的整个组织结构还不能完全适应现在的工作职能，要结合工作实际调整、优化机构和功能设置，以适应新的职能任务要求；要加强部门间、机关部门和事业单位间的协作意识，推动力量集成，加强科协与其他部门的协作；要坚持正确的用人导向，营造风清气正的政治生态和用人机制；要加强人才交流，创造人尽其才的良好环境，努力调动广大干部特别是年轻人的积极性，使优秀人才脱颖而出。

三是加强作风建设。要巩固教育实践活动成果，形成反“四风”的长效机制；要增强服务意识，多深入基层，多与科技工作者交朋友，多与科学家建立密切关系，真正成为挚友；要强化务实的作风，摸实情、出实招、干实事、求实效，落实好总书记“三严三实”的要求，对于一些确实比较虚的工作，大家要虚功实做，用项目化来落实工作；要弘扬艰苦奋斗的作风，勤俭干事业，绝不能铺张浪费。

四是加强机关效能建设。要大幅度精简会议、文件和空泛性活动；要改变参加地方性、部门性、一般性活动过多、过滥、满天飞的状况；党组书记处交办的工作，绝不能推诿扯皮；要提高工作效率，改变拖拖拉拉的作风；要强化敬业精神，遵守工作纪律，特别是禁止上班玩游戏、炒股票、聊天等，抓一个处理一个。

五是加强工作能力建设。要提高战略谋划能力，增强全局观、增强战略判断力；要增强执行落实能力，“一分部署九分落实”，善于虚功实做，善抓要害，攻坚克难，特别是要增强应急管理能力；要增强组织动员能力，各级领导干部要身先士卒、做好表率，不单自己会做，作为一个创新管理者更要动员、激励大家出主意、想问题，提高团队协作能力，努力形成团队合力。

六是加强反腐倡廉建设。虽然科协是清水衙门，但是这些年作为清水衙门也蹦出“大鲤鱼”。对于这个问题，我们要绷紧廉洁这根弦，要严格执行政治纪律、工作纪律、经济纪律，严格执行“八项规定”和厉行节约的各项规定，要强化制度建设，增强制度的约束力，要强调法制意识，强化依法行政的意识。在这方面有一些人的科技知识挺丰富，但却是法盲。要增强廉洁自律意识，严格按照廉政准则办事，要把廉政准则即“8个禁止”、“52个不准”，作为一个高压线，使大家能够兢兢业业地干事业，清清白白地做人，要避免工作上去了、干部落马了悲剧的发生。

同志们，实现人生价值是每个人不懈的追求。科协为我们每个人提供了展示才华、实现人生价值的时代大舞台。尽管没有炙手可热的权力资源，却有着服务科技强国的崇高事业；尽管没有耀人炫目的名利光环，却有着广阔的创新发展空间。我们不能妄自菲薄而要自强不息，不能因循图安而要奋进不止。“思路决定出路、作为关联地位。”面临创新创业大展宏图的历史机遇和各种艰难险阻、风雨波澜的挑战，让我们在以习近平同志为总书记的党中央的坚强领导下，奋力开拓进取，在创新驱动发展的征程中携手并肩，努力收获披荆斩棘、拓荒耕耘的快乐，在实现中国梦的宏伟事业中再创科协工作新的辉煌。

在中国科协“八大”代表服务创新试点工作总结会上的讲话

2014 年 9 月 22 日，根据录音整理

尚　勇

同志们：

今天请大家到北京来开这个总结交流会，主要是研讨如何进一步发挥科协代表的作用，优化工作环境，使科技工作者在国家改革开放大局中发挥更大作用。刚才听了五省市自治区同志的发言，很受启发。借这个机会，就如何发挥好科协代表作用，同时也就科协的工作同大家谈谈心。主要讲三个方面的问题。

一、不断完善科协代表的任期制度

各级科协组织是广大科技工作者的群众组织，是党领导下的人民团体。党中央和习近平总书记对如何发挥好群众团体的作用高度重视，中央也正在起草进一步发挥好群众团体作用的有关文件。中国科协作为全国科技工作者的群众团体，我们的主体是科技工作者，他们是中华民族的精英。科协组织作为科技工作者之家，肩负的使命十分重大光荣。习总书记在中国科协八大上的重要讲话明确提出中国科协的四项工作职能：一是科技工作者的群众组织，二是党领导下的人民团体，三是党和政府联系广大科技工作者的桥梁和纽带，四是推动国家科技事业发展的重要力量。习总书记在讲话中就如何发挥好广大科技工作者的作用提出了四点希望，即“四个更加自觉，更加奋发有为”，同时对科协工作也提出了明确的要求，即“三个致力于”、“三服务一加强”。

贯彻落实好中央对科技工作，特别是对科协工作的重要指示，要发挥好科协群众组织的特点和优势，重要举措之一就是要贯彻落实好章程规定的代表任期制。中国科协七大开始试行，从八大正式推行代表任期制。中国科协八大 1300 名代表来自科技工作一线，来自各行各业，是广大科技工作者的优秀代表，是科技工作者中的精英。中国科协不只是组织结构中的书记处、常委会、全委会，而是全体科技工作者的组织。如何服务好代表，发挥好代表作用，对于提升科协工作水平，充分发挥广大科技工作者的作用具有重要意义。中国科协代表任期制的建立是对科协工作的一个重大创新。

八大以来，各地科协组织对如何做好科协代表服务工作，不断完善科协代表任期制做了大量探索和创新，主要有以下几点：一是各地科协对代表任期制工作高度重视，纳入党组书记处工作的重要工作内容。特别是主要领导和分管领导亲自抓，具体抓。二是逐步建立形成代表服务制度化，建立健全工作制度。各地根据各自工作实际，不断创新工作机制、丰富工作内容，量体裁衣、精准服务，围绕每个代表的特点来发挥好他们的作用，既有共性的，也有个性的，服务内容丰富多彩。三是注重通过与代表间的交流互动，不断征求他们的意见建议，改进科协工作。特别是不少地方科协把发挥中国科协代表和本省区市科协代表作用统筹考虑，使科协工作有了新的平台、新的抓手。各地科协组织的工作经验各有特色，这也是我们召开总结交流会的目的，让大家相互学习、互相借鉴。

同时，从各地刚才的发言中，我感到科协代表服务工作还在探索中，改进的空间仍然很大。进一步做好科协代表服务工作，不断完善代表任期制，发挥好代表作用，要求我们各级科协组织进一步转变工作作风，增强服务的自觉性、主动性和实效性。首先是要转变工作作风，真正深入到科技工作者之中，发挥好每位代表的特点和优势，提高服务工作实效，不搞形式主义，不给代表增加负担；二是要求我们创新工作机制，主动拓展代表发挥作用的渠道、搭建平台，调动代表积极性，促进代表发挥作用；三是要求我们提升服务水平，增强科协代表的主人感、使命感和责任感，通过我们的服务让每位科协代表意识到充分发挥自身作用是一种使命、是一种责任。

大家在工作中可从以下几个方面再进行探讨：

一是如何发挥好代表的科技智囊作用，为党委和政府决策科学化、民主化尽心尽力。这是科协的一大优势，特别是国家把创新驱动发展战略作为一个主体战略，总书记强调把科技创新摆在全局工作的核心位置，把人才开发培养放在科技创新的最优先位置，体现出科技工作在党委和政府全局工作中的位置越来越重要，党委和政府工作中的科技含量越来越高，需要各级科协组织广大科技工作者，为政府的决策提供更多的参考依据，通过调研，通过发挥科技工作者优势进行战略研究，提供决策建议，使更多科技工作者的智慧进入党委和政府的决策中。当前面临着发展方式转型升级、体制转型的新形势，希望科技工作者能更好地发挥作用，这些代表本就是其中的精英，要善于集成他们的智慧，为政府决策服务。

二是要发挥好桥梁纽带作用，团结凝聚广大科技工作者。科协一个非常重要的政治任务，就是把科技工作者紧密团结在党的周围，巩固党的执政基础，科协的人数虽然没有工青妇多，但是科技工作者的影响力大。科协要团结广大科技工作者和党同心同德，促进党的方针政策顺利推行、全面贯彻落实。如果说有些人受一些西方文化、包括西化分化的影响，与党离心离德，这就会对我们党的执政基础造成损害。我们党很多重大战略部署的落实，要靠广大科技工作者去发挥作用。科技工作者是主力军，又是生力军，在实现中国梦征程中，我国首先要成为创新型国家、乃至成为世界科技强国，这是一个非常光荣而艰巨的任务，只有把广大科技人员的积极性调动起来，团结起来，才能实现这个目标。

三是要发挥好科技创新骨干作用，为实施创新驱动发展战略奋发有为。科技创新关键是要调动科技工作者的积极性、能动性和创造性。为科技工作者营造一个良好的创新环境，使创新的激情和活力迸发，需要我们各级科协组织努力破除体制机制障碍。作为科协代表，很多人都是科技一线或科研一线上的骨干，充分发挥他们的作用，就能带领和影响广大科技工作者为实施创新驱动发展战略做出更大的贡献。

四是要发挥好科协组织网络的作用，在增强交流合作中取长补短，共同进步。虽然科协之间没有上下级垂直关系，但科协组织就像互联网一样，是一个平等的、互动的组织。中国科协和各省市自治区科协，各省市自治区科协和市县科协，是平等的协作关系，大家就像一家人，可以在各省市自治区之间组织全国的科协代表进行参观、学习、观摩、调研，学习各地好的经验，他们也可以到各地来传播自己的经验，取长补短，把我们的整个工作水平都提升上去。这方面要做的工作还很多，还有很大的工作空间，我在这里就谈以上几点，大家回去后可以充分发挥，让我们这1300名科协代表的作用发挥的更好，同时也欢迎大家就中国科协如何改进工作、搭建平台、提供条件、发挥好作用提出建议。

二、不断创新工作机制，开创科协工作新局面

科协最大的优势是人才优势。我们团结着全国6800多万名科技工作者，其中国家级学会（协会）会员有450万人。科协与其他党委和政府部门相比没太多实权，没有战略规划制定权，没有资源配置权等，但是我们的优势就是人才。科技工作者的积极性、能动性、创新性要充分发挥起来，这是一个巨大的优势和能量。政府主管部门可以用科技项目经费来调动科技工作者的积极性，科协可以通过不断创新工作机制、加强服务来调动科技工作者的积极性，更大的发挥我们的优势，在这个方面我们要开动脑筋。科协应该在科技工作和经济建设的主战场上奋发有为，发挥好我们群团组织的生力军作用，真正使科技群团组

织成为国家创新体系中的重要组成部分。国家创新体系，过去更多指的是企业、科研院所、大学、政府机关，这是不完善的。党的十八届三中全会后，强调要更多地发挥社会组织的职能，那么在科技进步和创新中，群团组织就大有作为，成为国家创新体系中的重要部分。习总书记在讲话中赋予科协的职能是成为推动科技事业发展的重要力量。各级科协要在全面深化改革的新形势下，在实施创新驱动发展战略中，通过改革创新不断强化职能，发挥作用，开拓新局面。

一是要在科技工作主战场上奋发有为。首先，要发挥好各级学会的作用，通过学会这个平台团结凝聚广大科技工作者，特别是国家级和省一级的学会，在这方面优势更明显。要在科技决策、科技活动、科技人才队伍建设、科技体制改革等各方面，都要奋发有为。特别是当前随着政府职能的转移，作为社会服务组织，面临很好的机遇。能否承接好这些职能，关键在于我们自己的主动有为。举个例子，最近中国科协向中央、国务院提交了一份报告，是关于如何进一步发挥好独立第三方评估的作用、推进国家科技评估制度建设的报告，得到了李克强总理、刘延东副总理、李源潮副主席、国务院杨晶秘书长等领导同志的重要批示，给予了充分肯定。下一步，我们就要进一步的研究，怎样做好科技评估工作，增强话语权。我们可以从战略评估、政策评估、项目评估、基地评估、人才评估等方面和政府部门做好配合，争取做好科技评估评价工作。中国科协要为各级科协发挥作用创造更多政策空间。其次，人才工作方面，习总书记指出科协职能上要致力于科技人才的培养和举荐。科技工作的主题是科技人才，我们科协的工作之本是科技人才，在这上面可以大做文章。各个层次的人才我们都可以做文章，大到院士推荐，小到青少年人才培养。在这里我顺便也讲一下，院士推荐相关征求意见稿下发后，大家提了不少意见。我认为这个工作十分艰巨，把社会的眼球都吸引到科协组织上来了，大家都在观望科协能否做好这项工作。不是说给了这个权力就可以滥用，要更加谨慎。所以各地应该务实，多做少说，严格按照标准，无论是谁在施压力，绝不能在这上面弄虚作假，更不能在那里把这个事做偏了、做歪了，绝不能掺杂不正之风。我们是在凭着自己声誉和公信力做事，不能在这上面莽撞，宁缺毋滥，保证声誉，这是为了我们整个科协的社会公信力。关于年轻人才队伍建设。如我们现在抓的青少年创新大赛、英才计划等，同教育部的同志交流了意见，他们都很赞成，要从娃娃抓起。下一步我们通过发挥学会的作用，研讨如何把更多的“小人物”、没有出名的那些青年优秀人才举荐出来，因为这些人往往申请不到课题，但真正创新的黄金时期是在“小人物”时期，很多世界上重大科学成就的取得都是在30岁左右，但在我们国家30多岁还拿不到课题呢，如何扶持这些人，科协组织、学会要有所作为。还包括工程师资格评定，科协要在这上面发挥好作用，很多地方政府部门不能搞职称评定了，群团组织一定要发挥好作用。在人才方面，在人才的成长环境、人才的创新环境，我们有很多话语权，可以鼓励这些科技人才来推动改革，解放他们的生产力，释放他们的创造力。比如，还有基层创新，总书记特别提出我们的体制，也就是说分散封闭重复浪费的这种碎片化和孤岛现象，使很多科技资源浪费了。学会本身就是交流合作的平台，往往通过学会的力量可以把政府的资源和项目集成起来，把整个学科水平提升上去，我们在这方面有很多工作可以做，应该奋发有为。

二是要在服务经济社会发展上奋发有为。原来我们很多科协的主要工作是做科普，科普是我们非常重要的工作，但不是我们工作的全部。这些年，我们通过科协的平台在服务经济建设，服务工业、农业、社会发展方面已经做了很有益的探索，下一步在这方面我们要加大力度集成力量，创新思维、创新机制，更有作为。在服务企业创新方面要重点加强，我们要利用好我们的成果资源，包括国外的一些好成果，在我们这里深加工后，就可以完全适应大量中小企业的需求，可以通过学会的人才优势建立一个桥梁，使他们为企业技术创新服务。为在实施创新驱动发展战略上发挥更好的作用，中国科协现在准备推出“创新驱动助力工程”，要选择一些省份，每个省选择一个地级市作为试点，主要通过我们国家级的学会来带领相关的会员单位为地方服务，也可以建立学会服务站，共同开发地方所需要的技术，转化这些科技成果。再一个，给他们提供各种咨询，实际上这些学会后面有很多大型企业，可以双赢。第一批选择几个地方开始试点，实际上要把这个地方建成省内创新驱动示范区，先行一步。在这方面主要跟省科协合作，共同来抓这个试点，集成优势资源。还有，我们原来组织开展的譬如“讲比”活动，下一步我建议再加上一个“比”，要“讲理想、比创新、比贡献”，激发企业科技人员自身的积极性，完善企业的科协组织建设，赋予他们在工程师任职资格认定、继续教育方面的职能，还有职务以外的发明创新，也要发挥好、保障好这些非职务发明人的合法权益，调动他们的积极性等等。此外，还有要继续完善院士工作站等各种制度。下一步就要通过国家级、省级的学会来建立各种项目库，把这些资源集成起来精准推送。企业方面特别是现在一大批科技企业脱颖而出，如雨后春笋在成长，我们也可以考虑在有条件的地方组建科技企业家协会或联合会，再同我们这些学会结合，成立产学研的创新联盟。

此外，譬如在科普惠农方面我们建立了农技协机制，现在为整个农民专业合作社等新型经营主体的建立起到了一个探路和促进的作用。但在规模化、专营化经营、新型经营主体快速成长的新形势下，我们工作机制不行了，我认为，原来的农技协叫1.0版本，现在我们要搞2.0版本的农技协，目前中国科协跟农业部联合在制定有关办法。什么叫2.0版本，其一是把涉农的全国十几个学会的服务一竿子插到底，全国学会到县、到乡、到镇、到户，现在葡萄协会就搞得很好。其二是如何在现有的新的经营主体（专业合作社、家庭农场、种植养殖大户、农业企业等）的基础上用我们技术服务体系把他们覆盖起来，再进一步拓展到千家万户。现在乡镇农技站能不能把他们作为乡镇科协的载体？通过农技站把农民乡土人才和专业大户技术服务体系建立起来？现在科技部门抓的科技特派员、还有农业部门抓的服务组织和供销社服务组织，都可以集成在新的农业技术推广服务体系中来。因此科协一定要有大胸怀、大思路，大格局，在新的社会主义市场经济条件下，特别是市场在资源配置中发挥决定性作用的新形势下，建立新型中国农业技术推广服务体系。在服务社会发展方面，科普进社区等也发挥了很大作用。

三是要在科技思想库建设上奋发有为。现在从党中央国务院到地方各级党委政府都非常重视科技思想库建设，科技思想库是服务决策的一个重要渠道。我们要充分发挥科技人才优势，包括联合一些社会科技工作者，对经济社会发展战略、体制改革、促进科技与经济结合、服务创新驱动发展战略等方面深入研究。在软科学方面我们也很有优势，要提出可行性、有价值的建议，为提升党委和政府决策的水平服务。

四是要在当好科普主力军上奋发有为。应该讲，这些年科普工作不断开创新局面，提升了工作水平。但是大家从科普日可以看出一个信号，就是我们已经进入一个科普信息化的新时代，这对我们科普工作是一次革命性的变革，这需要对整个科普工作的理念、受众、内容、制作方式、传播方式、经营机制等方面进行创新。目前，中国科协提出了国家科普信息化方案，得到源潮副主席原则上的同意，现在正在拓展，一个重大的思路就是充分利用现有信息化成果，使科普内容更加丰富，形成各取所需的“科普大超市”，可以“按单点菜”，无论领导干部、青少年、工人、农民、社区居民等等，大家需要什么都可以从上面得到，表现形式更加丰富多彩，不再是一张科普挂图、一份科普传单，而是可以通过声光电的技术，动漫、游戏、视频、虚拟现实、仿真等都可以利用，更加有趣。此外，通过各种互动，大家更感兴趣，目前我们有6.3亿名网民，5.3亿名智能手机终端使用者，这些人可以随时随地看到我们的科普内容。这样就可以将原来从上到下的这种科普灌输，转变成一个横向的交流；原来内容比较单一，现在更加丰富；原来都是政府事业单位推动，现在动用全社会的力量搞科普。譬如，中国科协和新华网、百度网签订的合作协议，他们组织上百人的研究开发力量，传送机制是整个国家受众层面的巨大的互联网平台。利用这个平台我们可以调动全社会力量，特别是民营公司搞动漫、搞游戏。可以采取各种后奖补机制、公私合营机制等，调动全民积极性搞科普。作为科协，第一要制定规划，第二要把好关，不要让伪科学上去。下一步，实施全民科学素质纲要也要提升水平，2010年的统计数据是全国平均3.27%，2015年要达到5%，到2020年要达到10%，这是创新型国家的基本门槛。这种形势下，需要我们在教材方面要提供精准式的服务，首先从中小学生抓起。信息化网络、特别是移动网络这些手段为我们开展好科普工作提供了难得机遇，我们就要更有作为。我们要做的工作很多，科协工作的创新没有终点，永远在路上。我们要不断创新工作机制，创新工作思路，在服务科技、经济、社会发展的主战场上奋发有为。

三、不断加强科协自身建设，提高科协的凝聚力和影响力

科协工作内容很广泛，但是缺少“实货”；涉及面很广，不好落地；大家有好点子，但支撑手段比较

弱，确实面临着很多困难。但是思路决定出路。我来到科协后，特别是从地方党委和政府部门工作后来到这里，开始也有一些不适应。但是我逐步认识到科协必须想事干，找事做，求人帮，多交友，这是我来了三个月的体会。我认为科协工作没有太大的风险，外部压力也不大，很多工作压力是我们自己给自己找的。科协的自身建设非常重要。我想在以下几个方面谈点意见同大家共勉。

一要增强使命感和荣誉感，自强不息，奋发有为。我拜会了科协的老领导，有的跟我说，做科协工作，不能觉得我们没有硬性工作指标、无所谓、混天聊日没人管，千万不能妄自菲薄。科协肩负的使命非常光荣和重要，我们在工作岗位上要有敬业感，更要有使命感，对我们的职业要感到自豪，对我们的事业要充满自信，对有所作为要充满信心。很多工作开始也许有好的思路，但实现起来经过许多曲折、甚至坎坷，但是我们要自强不息，锲而不舍，勇于开拓，勇于前进。还是刚才那句话——思路决定出路，只要我们努力了，我想我们的目标就一定能实现。同时，我们还要实事求是，不能想着把科协搞成一个权力机关，它的性质决定科协是一个群团组织。有权力行使可以干成事，发挥我们的优势也可以干成事，我们要主动作为。

二要增强开拓创新意识，提升科协在全局工作中的地位。如何主动作为，就是要不断开拓创新。开拓创新首先是观念的创新，思路上创新，拓展了思维才能想出了更多的金点子。科技创新本身就是一个思维的创新，观念的创新，想出来金点子。科协工作也是这样，有思路创新，然后才能工作机制创新，进而促进体制创新。科协工作的很大一个特点是它有非常大的空间，科协工作本身就是一个创新的工作，不能守旧，没多少老本可吃，在发展前景上有非常大的进取空间。我们也不需要跟谁争权夺利，开创工作空间就能建立一片片阵地。科协工作就是这样，只要我们勇于创新，开拓思路，更新观念，就可以创造更多的阵地，发挥出我们的优势，有新的作为。我们要不断进取，不断开拓，把工作成绩一个一个做出来，提高我们对科技工作者的凝聚力，提高在全局工作中的影响力。

三要增强落实操作能力，善于虚工实做，提高实效。有些人觉得我们的工作主要还是活动多、号召多，但是任何事情再加一把劲就能抓到实处。所以对科协组织整体来讲，虚工实做是对我们的要求。有了一个好的思路，一定要接地气、落到实处，这就是要在工作措施、配套政策方面，在工作落实督查方面下大功夫。怎么样落到实处？像“黑瞎子掰棒子，掰一个丢一个”是不行的。一定要脚踏实地，把工作部署落到实处，见到实效。把工作落实到底，难度很大。习总书记说过“一分部署九分落实”，我们只有创新思路不行，把好点子变成实效，这时就需要九分气力，要发扬钉钉子精神，锲而不舍、久久为功，把工作抓实、落实。

四要增强协作的艺术，在与各部门协作配合中发挥优势。我们科协有时单独做成一个事比较难，要做成事就在合作，合作我们就要找准我们的定位。最近我和几个部门谈，包括去下边谈，我就讲一个观点，大家也比较认同，即政府部门是“业主”，科协群团组织是“总包工头”，我们没法儿跟政府部门争权夺利。但在政府部门的指挥下，我们来帮你做事，最后收获了主要功劳是你的，我们能做一些工作就心满意足了，不争权不夺利。农业部愿意跟我们一起来推进农技协工作，在这方面各级科协还要跟农业厅、农业局加强协作。农业系统也清楚下一步农业技术发展不是原来传统意义上计划经济农业技术推广体系。现在新的体系农民是主体，其实就是社会组织，恰好我们科协可以发挥作用，组织起来帮农业主管部门进行技术服务。所以说我们是“包工头”，找准位置之后，发挥我们的优势——人才优势做好技术推广普及。比如，到一些地方大家就谈到，原来农技协都是我们搞的，现在农业部门搞了那么多合作社，二者类同。我们怎么办？高明的办法是你比它再高登一层，在现在的经营主体上再建立我们的技术服务体系，把它连起来，新经营主体一个个像“珍珠”，农技协是“项链的金线”，将其连接起来，提供科技服务支撑，引导和推动新经营主体的发展壮大，引领现代农业规模化专业化发展，这就是高明之处。所以说我们的思维应该超前一点，站位高一些，要善于借势，借梯上楼、借船出海，善于利用政府部门资源，与其协作配合一起做事。因此我们要转变作风，善于当配角，当好配角这是个大艺术，要有胸怀，更要有工作沟通协调艺术。

五要增强服务意识，提升对科技工作者的凝聚力。追根溯源，我们是为广大科技工作者服务的，服务是我们的看家本领，也是科协作为科技工作者之家的根本。我们要时刻强化服务意识，本来不是官僚机构，却增强了衙门意识，这就错了。对科技工作者我们要从内心尊重，从感情上贴近，真正给他们排忧解难，做实事、做好事。在我调研走访中，我感觉到科协曾经有一个时期在科技工作者心目中的地位非常崇高，这个时期并不是我们科技工作最辉煌的时期，恰恰是平反冤假错案时期，那个时候科技人员最切身的利益就是从精神枷锁中解放，科协作为“娘家”，给科技工作者平反昭雪做了大量工作。现在我们要坚决维护好科技工作者的利益，他们有什么难处，我们一定要通过组织的力量帮他们解决，帮他们呼吁，提出建议，有的时候就是要到党委和政府部门去呼吁，要求解决这些问题。譬如，现在科技体制及政策仍然阻碍着科技人员积极性发挥，我们就要呼吁。此外，科技人员的创新成果产业化，有的利益得不到保障，侵害了他们的利益，一旦侵害他们的利益，就没了积极性。我们为科技工作者做好服务，要真正找着科技人员核心利益所在，要维护和保障好科技人员自身利益，发挥好科技工作者的作用，这是我们服务的根本。要千方百计为科技工作者多办实事、好事，让他们感觉到我们真是他们的“娘家人”。我们是科技工作者之家，但任何人都不能把自己当成“家长”，而是当好家里的服务员。强化服务意识，才能增强我们的凝聚力，有了凝聚力才有社会影响力，才能增强对经济社会发展的推动力。

今天，我借为科协代表服务的问题，展开讲了一点意见，完全是谈心，没照稿子，讲得不对的地方请大家批评指正，谢谢大家。

在全国科协系统对口援藏工作会议上的讲话

2014年10月9日

尚　勇

各位代表、同志们：

今年是中央实施对口援藏工作20周年，也是中国科协对口支援西藏及其科协事业发展20周年。20年来，中国科协坚决贯彻落实中央的决策部署，始终把对口支援西藏作为一项重要政治任务，作为科协工作的重要组成部分来谋划和推动，组织省市科协对西藏对口地市科协从项目资金、人才培训、设施设备、科普资源等方面开展对口支援工作，为促进西藏经济发展、社会和谐、民族团结作出了积极贡献。现在，对口援藏工作已经站在了一个新的起点上，面临新的任务和要求。为深入贯彻落实习近平总书记系列重要讲话精神、对口支援西藏工作20周年电视电话会议和刚刚召开的中央民族工作会议暨国务院第六次全国民族团结进步表彰大会精神，整合资源和力量，研究、推动对口援藏工作，我们召开这次全国科协系统对口援藏工作会议。本次会议之前，章良同志在辽宁组织召开了中国科协对口援藏工作座谈会，研究部署全国科协系统对口援藏工作，各省市科协积极响应，分别与西藏进行了联系和衔接，17个省市科协都提出了明确具体的援藏措施，为这次会议的召开奠定了良好基础。下面，我就进一步做好科协系统援藏工作，讲几点意见。

一、高度重视，把对口援藏作为一项重要的政治责任

西藏是我国重要的边疆民族地区，在党和国家全局工作中具有十分重要的战略地位和特殊的政治意义。党中央时时刻刻都在关心着西藏的和谐稳定和发展进步，始终把西藏工作放到国家战略的高度，已先后召开五次西藏工作座谈会。在刚刚召开的中央民族工作会议暨国务院第六次全国民族团结进步表彰大会上，习近平总书记发表重要讲话，全面分析我国民族工作面临的国内外形势，深刻阐述当前和今后一个时期我国民族工作的大政方针，明确指出西藏和新疆是我国块头很大的两个自治区，维护这两个地方和谐稳定，对维护全国民族关系和谐稳定至关重要。这充分说明西藏工作在全国具有特殊重要的地位和作用。我们必须充分认识到，西藏的事情，不仅是西藏人民自己的事情，而是全党全国的事情；对口支援工作，不仅是经济和科技的问题，更是一个政治问题。

科协工作是党的群众工作的重要组成部分，也是科技工作的重要组成部分，做好新时期党的群众工作，促进民族团结进步，推动各民族共同繁荣发展，科协组织肩负着重要职责。“围绕中心、服务大局”是科协组织始终坚持的工作定位，围绕党和国家工作大局开展对口援藏工作，为西藏的发展提供有力的科技和智力支撑，是中央要求科协组织承担的一项政治任务。我们要深入学习贯彻习近平总书记系列重要讲话精神，准确把握中央精神，进一步用中央关于民族工作的重大方针统一思想、认识和行动，以高度的政治责任感，坚决贯彻落实中央重要决策部署，完成好

中央交给科协组织的对口援藏任务，突出工作重点，千方百计把对口援藏工作的决策部署落实到位，取得成效。

二、创新驱动，充分发挥援藏工作中科技增效助力作用

经过20年的对口支援和自我发展，西藏的经济社会、民生工程取得了巨大进步，西藏进入了一个新的跨越式的发展阶段。今后一段时期，西藏建设依然需要全国的鼎力支持，需要项目、资金的注入，需要水、电、交通、能源等各类基本建设的持续推进。但同时，援藏工作更需要向纵深发展，需要转变形式，需要提高援助效率，援藏工作不但要坚持长期性，更要有创新性。

创新驱动发展是全党全国的主题战略，科技是第一生产力，人才资源是第一资源，科技驱动和人才助力要成为促进西藏发展的主要发动机。中国科协是一个具有较大覆盖面的网络型组织体系，在科技、人才等方面有独特的资源和优势，在对口援藏工作中要与时俱进，围绕西藏各行各业建设与发展的科技需求、人才需求，把握科技对西藏发展的倍增效应和支撑引领作用，加大科技和人才方面的援助力度，在创新思路、支持方向、体现特色优势等方面积极探索新的援助形式和合作内容，聚焦重点，把科技、人才的作用与西藏当地的需求、优势和援助项目、资金紧密结合，使得援助项目因为有更高的科技含量和更高端的人才投入而发挥成倍增效的作用，形成依靠科技支撑和创新驱动加快实现科技倍增效应，拓宽全国科协系统对口援藏工作的新格局。

科技是今后推动西藏发展的一个关键因素，它是个倍增器，一分钱本来办一件事，通过科技的力量，可以让一分钱能够办一毛钱的事，办一块钱的事。援藏项目要充分发挥科技作用，要注重科技含量的提升，从生产、生活方面与先进技术相结合。科协下一步要打造国家2.0版本的农村专业技术协会，把农技协、农技推广站和龙头企业，包括致富带头人组织起来，从技术的联合，培训、推广、示范，到生产经营的联合体，这就是新的经营体，是技术创新和体制创新的成果。为做好这项工作，不光要从内地把技术、人才引来，最根本、最关键的是调动当地干部，特别是广大群众的积极性，要提高他们的科学文化素质，要让他们认识到科学技术对他们脱贫致富、走向文明的重要性。

人才是科技的载体，西藏亟需各类科技人才。国家相关学会、相关省（市）科协要组织科技专家到西藏传授先进技术、进行科技普及和服务，用先进科技帮助西藏人民脱贫致富。科技专家援藏时间上可采用灵活方式，可以去工作几个月、几天，一年也可以去几次，总之是根据任务不同时间随之变化，但必须干实事、求实效，决不能搞形式主义。要把培养西藏本地科技人才作为重要举措，既有在当地培养，也要请到内地以多种形式培训培养。

三、发挥优势，明确科协系统援藏工作的重点任务

科协系统要按照习近平总书记系列重要讲话精神和中央重要决策部署，发挥作为推动科学技术事业发展的重要力量、科普工作主要社会力量、科技工作者群众组织的自身职能特点和智力资源优势，积极推动实施科技增效工程，在提高西藏各族人民科学素质、帮助西藏地区少数民族科技工作者更好地创新创业创造等方面更加有所作为。

一是加强西藏少数民族地区科普基础设施建设。要进一步推动西藏少数民族地区科技馆建设，努力实现少数民族地区中心城市科技馆的全覆盖。要从展品、内容、活动等方面扶持和促进西藏自治区科技馆和地市级科普教育基地的建设发展。要争取流动科技馆、科普大篷车等项目“十三五”期间在西藏有能力的地市县实现全覆盖。要积极推进西藏农村中学科技馆建设工作。

二是加大西藏少数民族科普资源开发和共享力度。要在特色科普资源开发等各方面、各领域向西藏给予特殊支援和重点倾斜，编写藏文版的《公民科学素质应知应会》丛书，推动《知识就是力量》等科普读物藏文版的开发和免费赠送。要充分运用信息化手段，提升少数民族地区科普资源集成共享水平，在科技场馆、数字科技馆、科普教育基地等方面实施资源共享，大力开展远程科普教育和交流互动。

三是进一步加强人才交流培养。要加强西藏少数民族地区科技干部能力建设，推动少数民族地区科协干部和中国科协、内地科协干部的双向交流、挂职锻炼，提升少数民族地区科协干部业务素质。中国科协将按照中央制定的干部援藏计划，继续选派优秀干部到西藏科协工作。各省市科协要把援藏工作作为培养人才的重要途径，继续深化西藏与内地科协干部间的学习交流，有条件的省市科协可通过互派人员挂职的方式，对受援科协进行“传、帮、带”，把先进的工作思路、科学的工作理念和宝贵的经验传递给西藏对口地市科协。要积极组织内地专家学者进藏开展培训讲座，为对口支援地市培养培训优秀人才，支持少数民族科技工作者到内地学习培训，帮助少数民族科技工作者提升业务素质。要继续实施“234百”西藏科技人才培训计划，从2014年到2020年，培训西藏高层次科技人员200名、科协系统干部300名、基层科普专兼职人员400名。

四是切实帮助西藏少数民族地区科技工作者创新创业。要联合举办主题学术论坛、学术报告会、技术交流会，组织全国优秀科技工作者到西藏少数民族地区开展学术交流和技术转移。要指导支持西藏实施“学会能力提升专项”，为西藏科技工作者打造良好的学术交流平台、技术服务平台和知识更新平台，帮助西藏培养高层次创新创业人才。要支持在西藏重点企业导入创新方法理论，推进创新型企业建设，集中全国科技力量为西藏企业特别是中小企业提供技术创新服务。要深入开展少数民族地区科技工作者状况调查，及时了解掌握和推动解决他们在工作、学习、生活中遇到的实际困难和问题，为他们创新创业进一步创造良好条件和环境。

五是支持西藏少数民族地区引进智力资源。要在“海智计划”中向西藏倾斜，推荐引进海外人才和技术项目为西藏建设服务。要帮助西藏建设科技思想库和科技人才库，特别是乡土技术人才库。要在院士遴选推荐工作中宣传在藏工作的卓越科技工作者。要动员组织全国学会推荐两院院士或其他专家，在西藏特色优势产业、重要战略支撑产业领域的骨干企业、高新技术企业探索建立学会服务站和专家工作站，提升西藏地区和企业创新竞争能力，帮助解决技术难题。

六是支持民生科技工程，帮助提高人民生产、生活水平。要重点围绕西藏地域和民族特色优势产业，在蔬菜、水果、养羊、养牛等农牧业、冬虫夏草、藏红花等农产品生产加工、藏医药发展方面调动全国科协系统的力量，通过多种途径和渠道，从全国引进行业龙头企业，开展农业劳动力科技技能、农村实用技术培训，帮助培养农民技术员队伍，提高农技人员的学习能力、实践能力和传播辐射带动效果，帮助提高人民生产生活水平。

四、健全机制，努力推动对口援藏工作取得成效

推进科协援藏工作需要各方面共同努力，要建立健全对口援藏工作机制，坚持发挥好中央、发达地区、民族地区三个积极性，协调配合、形成合力，确保各项援藏工作有序有效开展、取得明显成效。

一是要建立援藏工作长效机制。按照中央关于“分片负责、对口支援、定期轮换”的援藏工作方式和各省市对口支援区域划分，中国科协机关部门及直属单位继续对口援助西藏自治区科协，17个省市科协对口援助西藏7个地市科协，建立科协系统对口援藏工作的长效机制，实现对口援藏工作常态化。中国科协成立全国科协系统援藏工作领导小组，各对口支援省市科协也要成立本单位援藏工作领导机构，明确具体责任人，抓紧建立并不断完善由中国科协统筹协调、各对口支援方参与、西藏科协系统具体组织实施的工作格局。同时，要研究建立全国学会、中央企业科协等援藏工作机制。

二是完善援藏资金投入机制。中央第五次西藏工作座谈会要求，承担对口支援任务的省份，在现行体制下，按上年度地方财政一般预算收入的1‰安排援藏投入。各省市科协要积极向当地党委、政府汇报，争取当地政府和财政部门的支持，努力将科协援藏工作纳入到本级政府对口援藏计划和经费预算的整体规划之中。各省市科协也要根据各自实际情况和支援地区需求，尽力而为、量力而行，在项目资金上对西藏各地市、县区科协给予支持，帮助受援地市、县科协改善发展条件，开展基础设施建设。

三是要发挥支援和受援双方作用，实现双方互动。对口援藏工作是西藏整体工作的组成部分，要切实加强与西藏有关方面的沟通协调，在西藏各级党委、政府的统一领导下顺利开展。西藏方面要充分发挥受援方的主体作用，积极主动加强与对口援助省市的联系沟通，密切与支援方配合与协作，共同确保援藏工作任务的落实。西藏科协要每年组织科技人员和科协干部到对口省市交流与调研，主动寻找适合西藏科技经济发展的技术与项目。各省市科协要发挥主力军作用，切实把援藏工作作为一项长期任务，把对口支援的地市作为本省市的一部分，列人工作计划和议事日程，不断创新工作方式，拓宽援助领域，确保科协援藏工作走上长效化、持续化、科学化的轨道。

四是要坚持互利共赢共建合作。坚持优势互补、共同发展的原则，加强各对口援助省市科协和西藏受援方人员的互动，组织双方科技专家，就科技、经济、社会等重点问题联合开展调研、联合确立项目、联合论证、联合咨询。要始终坚持提高西藏科协系统的自我发展能力，增强西藏科协系统的自我造血功能和自我发展功能，以支援促合作、促发展，积极拓展合作领域。

五是要确保援藏措施到位。目前，各支援省市科协已经陆续推出了一系列对口支援西藏科协工作的措施，拟定了援藏协议，会后各省市科协领导还要去各自对口地市进行衔接，使整个对口支援工作有坚实的起步、良好的发展。下一步工作中，要重点抓好各项支持措施的落实，特别是要抓好已签订援建协议项目和资金的落实。习总书记强调，一分部署，九分落实。在西藏，要下更大工夫抓落实。同时，要加强沟通联系，及时通报信息，注重援藏工作的经验总结和推广，及时宣传报道好的经验、好的做法，以及涌现出的先进事迹、先进典型。各地援助西藏的项目要做好示范，以点带面，示范点不能流于观赏、流于表面，要切实做好推广。希望在下一个5年，经过我们长期不懈的努力，全国科协系统援藏的成效要大于之前的20年。

同志们，对口支援西藏工作是党中央从党和国家工作全局出发作出的重要战略决策，做好对口支援西藏工作是科协组织的光荣使命。西藏地区要和全国同步实现全面小康，只有六年多的时间，很紧迫，需要加大力度，只争朝夕。我们要站在战略和全局高度，深刻认识对口援藏工作的重要性，切实把思想和行动统一到中央的决策部署和习近平总书记的要求上来，主动发挥作用，努力促进西藏科技和科协事业的发展，为提升西藏各族人民科学素质、助推“科技兴藏战略”，推进西藏跨越式发展和长治久安贡献力量。

谢谢大家！

在第十届中国科技期刊发展论坛上的讲话

2014年11月13日

尚 勇

尊敬的各位领导，各位来宾，同志们：

大家上午好！

首先请允许我代表中国科协向参加第十届中国科技期刊发展论坛的各位来宾表示热烈的欢迎！对给予本次论坛大力支持的广东省领导及各有关单位表示衷心的感谢！

中国科技期刊发展论坛2004年由中国科协发起，至今已成功举办十届，每届都得到了期刊出版界和科技界的广泛参与和支持，特别是自2008年与国家新闻出版广电总局联合主办以来，规模与影响逐年扩大，对推动科技期刊创新发展和相关政策制定发挥了重要作用。尤其是2012年由中国科协原党组书记陈希同志倡导并组织实施的中国科技期刊国际影响力提升计划，对提升科技期刊水平起到加速器的推进效果。今天，我们在此相聚，畅谈“全面深化改革中的科技期刊发展路径”。借此机会，我讲三点意见供大家参考。

一、充分发挥科技期刊在服务创新驱动发展战略中的重要作用，助力国家创新体系建设

党的十八大明确提出实施创新驱动发展战略，把科技创新摆在国家发展全局的核心位置。作为国家创新体系的有机组成部分，科技期刊要在引领自主创新、服务科技发展中进一步发挥作用。

一是发挥促进科技知识的生产传播重要渠道作用，推动科技创新。科技期刊是科技知识和信息生产传播的重要媒介，也是现阶段科技成果发布的主要载体。目前，我国科技期刊和国际科技论文数量均位居世界第二，但在科技成果和信息传播质量上与发达国家还有一定差距。我们要提高科技知识与信息的生产水平，提高科技成果与信息的传播质量，把最新科技成果、科学数据、科研信息以最先进的手段进行更快、更广泛地传播，引导科技创新方向，激励发明创造，从而更好地促进科技研发，推动科技创新。

二是发挥促进学术交流重要平台作用，引领科技进步。科技期刊不仅是科研信息的集散中心，还是学科交叉融合、学术讨论争鸣的重要平台，是科技发展的风向标，对于促进科技交流、探索科技前沿、推动自主创新起着重要的引领作用。我们要进一步发挥科技期刊在活跃学术思想、启迪创新思维、促进信息交流中的重要作用，为推动国家科技发展和进步作出更大贡献。

三是发挥促进学术生态建设的苗圃花坛作用，助力科技人才成长。科技期刊忠实地履行着记录科研过程和研究成果、展示科技人员创新能力和智慧结晶的职责，是启迪科学思想、提高科研效率、发挥科研潜力的重要源泉和培养科技人才的重要途径。科技期刊要努力倡导科学道德和优良学风，加强学术生态建设，成为优秀成果荟萃和优秀人才成长的净土沃土。以健康的学术氛围和学术环境促进科技人才特别是青年科技人才的成长，为我国建设创新型国家提供人才和智力支撑。

二、牢牢把握全面深化改革和新科技革命的重要机遇，加快推动科技期刊创新发展

党的十八届三中全会对全面深化改革作出了战略部署，世界也正处于新一轮科技革命和产业变革的前夜。新的形势，对我们推动科技期刊创新发展、促进自主创新能力提升提供了重要机遇，也提出了更高要求。

一是要强化科技期刊质量建设，发挥其提高学术水平的导向作用。质量是学术期刊的生命线，要严格审稿关，逐步提升高水平学术论文的比重，更多地反映该学科领域的科学前沿的创新成果，反映有突破性、创造性、建树性的学术新观点、新理论、新成就。这就需要期刊编辑与科学研究互动，高水平的研究才能出高质量论文，高质量论文和期刊，往往能引导和激励高水平的学术活动，高质量的论文离不开高水平的推荐人、审稿人和编审。要从严从实，力戒浮躁，切实从求数量的外延扩张向求质量的内涵发展转型，不要被SCI等引文数据误导，不做大杂烩的拼盘，不被蝇头小利驱使，静心、精心打造一批国际有影响力的学术精品期刊。

二是要强化科技期刊数字化建设，顺应信息化大趋势。当前，信息技术革命和新媒体的崛起正促使全球媒体业发展格局发生深刻变革，科技期刊在线和数字化出版已成为主流趋势。相比发达国家，我国在数字产品研究开发、学术出版资源整合、数字出版平台建设等方面都存在较大差距，必须充分运用各种新媒体和现代传播手段，迅速提升科技期刊整体数字化水平。

三是要强化科技期刊国际化建设，提升核心竞争力和国际影响力。我国每年产出数百万篇学术论文，出版近5000种科技期刊，2013年SCI收录我国科技论文20.41万篇，占11.9%，位居世界第二。但是，我国科技期刊的国际影响力还很小，90%以上的高水平论文投向国外期刊。必须加快建立与国际接轨的运营机制和管理制度，积极学习采纳国际先进的办刊理念，提高科技期刊特别是英文科技期刊的国际化水平，切实增强科技期刊对科技工作者的凝聚力，不断提高科技期刊的核心竞争力和国际竞争力。

四是要强化科技期刊集群化建设，加快推动战略转型。近年来，集群化已成为国际科技期刊发展的重要趋势。国际著名出版集团都以集约化经营、规模化出版的形式，运营着数百乃至数千种优秀科技期刊，以全球最优秀的论文、最好的出版平台、最新的服务理念和强势品牌保持着领先的优势。我国科技期刊绝大多数出版规模小、发行量少、经营能力低，要在激烈的国际竞争中求生存和发展，必须加快战略转型，走规模化发展道路，加强集群化建设，做大做强科技期刊。

三、扎实进取、开拓创新，努力实现中国科技期刊发展的新跨越

目前，中国科协科技期刊有1056种，是我国最具代表性的期刊集群。中国科协历来高度重视科技期刊发展，早在1997年，就设立专项支持全国学会主办科技期刊发展；2006年设立了精品科技期刊工程，成为我国对科技期刊特别是中文期刊支持范围最广、影响最大的支持项目；2012年启动了学会能力提升专项，设立优秀国际科技期刊奖项；2013年又联合6部门启动了中国科技期刊国际影响力提升计划，专门支持英文版科技期刊创新发展，全国40%的英文科技期刊已进入支持行列。下一步，我们将继续实施好各项科技期刊支持项目与发展计划。

一是努力促进我国科技期刊整体水平上新台阶。培育具有自主品牌和民族特色的优秀科技期刊，努力提升学术水平和出版质量，打造一批中文精品科技期刊集群。大力推进国际影响力提升计划，打造一批在专业学科领域具有较强核心竞争力和较强国际影响力的一流科技期刊。同时，每年创办一批代表我国前沿学科和优势学科，或能填补国内学科空白的高水平英文科技期刊，努力提高我国英文科技期刊的总体学术质量和国际影响力。

二是努力优化科技期刊发展环境。积极联合有关部门，不断改革、完善科技出版管理体系，争取多方面的政策支持和经费投入，优化科技期刊发展环境。积极开展基于学术评价导向的我国科技期刊支持政策研究，推动改革和完善我国现行学术评价体系和导向，逐步改变优秀稿源外流太多的现状。

三是努力加强科技期刊人才队伍建设。着力选拔、培养一批学术水平较高、专业基础扎实，具有广阔视野和较强管理运营能力的优秀人才，充实到科技期刊编辑和出版团队；努力引进、吸收一批在国际上有较高学术影响力的专家，特别是既懂专业知识，又精通科技期刊发展规律的科学家，进入期刊编委队伍和审稿队伍，切实提高我国科技期刊的办刊质量和学术水平。

同志们，在实施创新驱动发展战略、建设创新型国家的征程中，我国科技期刊创新发展面临新的历史机遇。让我们携手并肩，开拓进取，为推动我国科技期刊实现跨越发展，进一步提升我国科技竞争力和文化软实力，实现科技梦、中国梦伟大目标作出新的贡献。

预祝本次论坛取得圆满成功！

谢谢！

在中国科协海智基地工作会议上的讲话

2014年12月5日

尚　勇

各位朋友，同志们：

首先我代表中国科协对各位代表和海外专家表示热烈的欢迎。这些年来，以海智计划为重要平台，数以千计的海外专家以多种形式回国或者来华创新创业，充分发挥聪明才智，为国家的自主创新和经济社会发展做出了突出贡献。各地科协组织和海智办创新服务，牵线搭桥，工作成效明显。在此，我对广大海外人才为中国发展做出的贡献表示衷心感谢，也对海智办的同志们致以敬意。借此机会，我就海智计划工作同大家谈谈心，主要讲三个方面的问题。

一、立足国家经济社会发展大局，以全球视野谋划海智计划的新定位

经过多年发展，海智计划已成为我国引进海外高层次人才的重要平台。当前，世界经济发展正进入以科技和产业变革为引领的新阶段，国际竞争日趋激烈。面对新的形势，党中央国务院确立了实施创新驱动发展的国家战略，习近平总书记的系列重要讲话也多次专门就人才问题作出重大判断，能否拥有大批创新人才特别是高端人才，决定着自主创新的成效和国家发展的命运。海智计划要顺应新形势，调整工作定位，加快实施机制的创新。

一是全面把握实施创新驱动发展战略对海外智力的巨大需求，提高引智工作的紧迫感、责任感。改革开放30多年来，中国经济持续高速增长，创造了世界经济发展的奇迹。我们的经济GDP总量即将跨过10万亿美元大关，与美国的差距在逐步缩小，在进出总额、外汇储备等方面创造了许多世界第一。当前，世界经济发展正经历深刻转型，中国的转型发展恰与这一浪潮齐行并进，开启了双转型的重大进程。一是以十八届三中全会为新起点的体制机制转型，在经济政治社会各个领域进行全面深化改革，为未来发展提供强大动力。二是发展方式转型，经济发展进入新常态，不仅是发展速度换挡，更是发展动力的根本转换，从原来的要素驱动为主向创新驱动发展转换。创新驱动本质上是人才驱动。高新技术产业、战略新兴产业是经济转型升级的重要标志，要实现这些领域的超常规发展，必须聚集一大批能够站在世界创新前沿的高素质人才。破解经济社会可持续发展瓶颈，实现科学发展，也都对人才提出了迫切需求。

必须清醒地看到，我国虽然已经是科技人力资源大国，但人才结构性不足仍十分突出，高端人才缺乏成为创新能力提升的重大制约。适应新科技和产业变革的挑战，我们必须以更加广阔的视野和胸怀做好海外人才引进和使用工作。改革开放后留学海外的华人科学家，很多已经取得了较大成就，国内发展的动力转换和转型升级对他们有很大的需求。对大量的非华裔的海外科技工作者，也是我们工作的重点，要广开

人才之路，不拘一格引人才、用人才，搭建更多的平台和桥梁，使更多的海外智力资源回国或来华创业，为创新驱动发展提供持续的人才和智力支撑。

二是要充分利用国内经济社会健康发展对海外人才产生的巨大吸引力，紧抓机遇广揽人才。中国政治、经济、社会发展稳定，国际社会普遍看好中国的未来发展，这是我们加大力度吸引海外人才的有利条件。特别是经过多年的持续投入，我们的科研条件显著改善，科研经费大幅增长，科研装备水平也正在逐步改善，有的接近或超过国外水平。创新创业基地建设方面成效显著，深圳、上海、北京以及一些沿海地区，包括高新园区、自贸区等，形成了各类人才创新创业的服务体系和产业体系，一些地方的创新创业环境和基础设施已具备较强的国际竞争力。近年来风险投资快速发展，资本市场发育较快，通过主板、创业板、新三板上市融资越来越便利。更为重要的是，国家和地方对人才的重视程度是空前的，知识产权保护等也逐步得到加强。海外人才也感觉到了中国巨大的市场空间和稳定的社会环境对创新创业的宝贵机遇，华人专家以多种形式回国创业，一些外籍专家和专家团队也在多方准备，选择进入的时机。我们要及时把握这一机遇，以时不我待的精神做好充分准备，努力开辟吸引海外智力工作的新局面。

三是要进一步明确海智计划定位，不断创新完善机制。海智计划是我们党和政府吸引海外人才的重要渠道，与“长江学者计划”、“千人计划”等人才吸引工作互为支撑，也有自己的特点。一是海智计划采取了更加灵活的机制，无论是海外华人科学家还是非华裔专家，只要愿意来，我们都欢迎，引智的范围广泛；二是形式灵活，不求所在，不求所有，但求所用，没有来华时间和次数等方面的限制。只要有好点子、好专利、好技术，都可以以多种形式来华创新创业，既可以在国内创办企业，也可以向国内企业转让成果，为企业提供服务，还可以来开展咨询和学术交流活动，比如通过网络把思路和技术传来，或利用假期就像旅游一样把事做了，非常方便。同时，我们牵线搭桥为海外人才展示、发挥才能并取得回报提供机会，形式多种多样。今后的工作要进一步彰显这个特点，不断创新服务方式和工作机制，打造更加专业化、精细化的服务体系，为吸引更多人来华创业提供全方位服务。下一步，海智计划要在总结各地经验基础上进一步明确定位，更加凸显优势，提高其在吸引海外人才来华创新创业方面的吸引力和凝聚力。

二、以海外人才离岸创业工程为引领，带动海智计划跃上新平台

在现有工作基础上实现海智计划的创新升级，总体策略是做好点面结合，抓实抓好聚集点，快速实现面上的拓展。要做好人才供需规律的研究，积极拓展海外人才与国家创新驱动发展有效对接的途径和渠道。概括起来，就是点面结合、对接供需，拓宽途径、健全网络。

一是试点先行，着力推动海外人才离岸创业基地建设。离岸创业的核心是营造平台和环境，使国内创业和海外创业一样便利。在服务业外包、金融以及一些制造业领域，离岸工作比较多。目前，实施“海外人才离岸创业工程”的时机已经成熟，很多地方都提出了强烈需求。建立离岸创业基地，为海外人才离岸创业提供平台，是一项创新性较强的工作，涉及多方面力量的协同和政策配套，必须试点先行，积累经验，逐步推广。离岸创业需要一定的条件，我们将根据地方的需求，首先选择在改革开放和创新驱动发展的前沿地区试点，比如深圳、上海以及中部城市武汉等。之所以选择这些地方，一是这些地方已有很好的创新创业政策和机制，形成了浓厚的创新创业氛围。二是这些地方的创新创业配套服务体系比较完备，各类专业孵化器、加速器建设比较完善，产业化配套设施齐全，知识产权保护制度、金融体系也比较完善，选择这些地方先行先试，积累经验后再扩大范围。总之，要通过离岸创业基地建设，创造进出便利、来去自由的环境，让人才的创意和思想充分涌动和交流，快速转化为创新产品，形成具有竞争力的新产业。

二是重点布局，围绕创新驱动助力工程发挥海智计划作用。中国科协已发布关于实施创新驱动助力工程的意见，组织全国学会与地方省级政府合作，选择创新驱动助力示范市，致力解决创新难题，转化先进成果，为地方创新发展提供咨询服务和人才支持，促进知识向企业流动、技术向企业转移。目前，已有18个省（自治区、直辖市）与我们协商，中国科协明年计划开展10个左右的示范。同时，省科协和地方科协也在实施本地区的创新驱动助力工程。围绕这一工程的实施，海智计划要做好谋划布局，进一步聚焦工程实施的重点地区开展工作。

三是围绕企业走出去战略，搭建海外人才发挥才

能的平台。目前，中国从一个吸引外资的大国，逐步转化为向海外投资的大国。对外投资去年已超过1000亿美元。预计从2015年到2020年，中国对海外的投资将达到1.2万亿美元，即每年对外投资将超过2000亿美元，甚至更多。我们到海外投资、收购企业、实施工程，需要大量的人才，这是海智计划面临的一个新需求，要充分利用好这一平台，吸引华人专家到海外投资的企业中发挥才能。

四是把引进一批世界级科技专家来华交流、工作当作突破点，建立多样化合作关系。党中央、国务院正在推动拓宽科技人才交流平台，实施更加积极的创新人才引进政策，集聚更多优秀创新人才为我服务。我们现在面临世界级人才不多、顶尖人才比较少的问题，在各个领域前沿国际认可的世界级科学家和顶尖人才中，我国总数才一百多人。虽然我们人口占世界20%，但我们占世界级科学家的比例仅为4.2%，而美国占47%。从统计上看，海外华人中的世界知名科学家人数比在国内的数量还多。很多技术瓶颈、科技难题难以解决，世界级水平的成果数量少，缺乏一流人才是重要原因。破解这一难题，根本上是要进一步扩大开放创新的力度，全方位深化国际科技人才交流。中国科协要把引进海外高层人才作为一个重点工作来抓，做出计划，加大项目和经费支持，引进顶级科学家和专家，支持他们与我们的国家级科研机构、大学、国家实验室和企业的合作，在开放交流中提升我们的自主创新能力。同时，要推动我们的优秀人才特别是青年人才跻身世界科技舞台。我赞成把“科技使者”作为一项工作来推动。同样是中国人，为何在海外能够取得重大成就？不到世界一流的地方，不到世界科研前沿，培养不出世界级科学家。海智计划要创新的点很多，现在仅仅是开始。要针对各方面需求，群策群力提出创新举措，不断提升海智计划的实施效果。

三、全面优化人才创新创业生态环境，提升系统化服务水平

吸引人才要符合人才规律，创新创业环境是首要要素。只要创造适宜的气候和生态，森林的蘑菇会成片成长，如果水分温度适宜，雨后春笋会竞相涌出。人才成长有其自身规律，吸引人才也是如此。有心栽花花不开、无心插柳柳成荫，有时候专门花大力气请来人才却发挥不了作用，付出相当大的努力最后却留不住。有的地方，为了吸引人才导致“引来了女婿，气跑了儿子”的现象。吸引海外人才，关键是要营造良好的创新创业环境，要重点抓几个工作：

一是加强知识产权保护，切实维护海外人才在华的权益。创新创业环境中，知识产权保护最为重要。尽管我们在知识产权保护方面有了很大改善，但仍然存在一些问题。创新创业是高创造性的活动，一个点子、一个专利，往往能产生巨大的效益。但若对知识产权保护不力，往往会使创新者的巨大收益一夜间化为乌有，严重制约创新人才的积极性。保护知识产权，不但是向海外人才昭示对知识产权的高度重视，也是我们自主创新的需要。有海外知名人士曾告诉我，你们吸引这人才、那人才，我认为最重要的一点是知识产权保护。谁的知识产权受到侵害，政府就出面帮他打官司，给他补偿，这可能比其他的什么条件都有吸引力。我们科协一定要绷紧知识产权这根弦，只有把知识产权保护好，让人家真正感觉到在这里财富不会流失，劳动受到尊重，才能吸引更多的人才。我们要大胆扶持科技人才通过创新创业来创造财富，培养造就一批像比尔·盖茨和扎克伯格这样的人才。如果在这里创造财富比别的地方更容易、支持力度更大，人才来这里创新创业的吸引力就会更大。

二是加强创新创业配套服务体系。有些地方提出优惠的人才条件，但就是吸引不来人，因为配套不行。我在地方工作的时候，为了吸引“千人计划”中的人才，推动通过了一项政策，每个“千人计划”中央给300万元，到这里再给1000万元，做了两年也没有吸引到几个人。钱再多，但配套、协作不行，没有团队，也吸引不到人才。科研要配套，创新要配套，创业更要配套。把创新生态营造好了，人才自然就来了。建设创新生态首先要把配套做好，没有配套体系，科研和大工程搞不了，成果转化不了，产业化更难。

三是完善相关政策，为海外人才来华提供工作生活便利。全面深化改革以来，相关政策正在逐步完善。中央全面深化改革领导小组已多次召开会议，逐步推进解决一系列深层次的体制问题，取得的相关成果正在转化为现实的政策。除此之外，相关法律也在完善，比如成果转化法正在修订。中国科协正在向有关部门建议，在国家层面推动进出自由相关政策，包括签证、多次往返以及“绿卡”问题等。另外，如果海外人才对国内科技计划感兴趣，虽然是外国籍，也

可以参与，这方面的政策也需有所突破。同时，子女就学、就业和住房、生活政策等，也要统一考虑。要尊重地方的首创精神，因地制宜制定有利于人才吸引的政策。不要出现引进的时候很热情，来了之后有困难没人管的状况。通过优化政策环境，为海外人才工作生活提供最便利的条件，提供最热情的服务，为他们做实事、解决实际问题。

四是拓宽和畅通引进人才的渠道，形成群聚效应。通过海外科技团队进一步拓宽吸引人才的面，是一个很好的工作机制。以人才引人才，会达到倍增效果，形成“群聚效应”。一个国家，一个区域，创新环境好了，人才感觉到大有用武之地、有很高的智力回报，就会口口相传，不断传递正能量。海外科技团队对海外的情况比我们熟悉，他们可以作为桥梁和纽带吸引更多的人才。可能我们刚开始时吸引来的一批是比较优秀、但不是拔尖的人才，但他们可以把更优秀、更拔尖的人才吸引进来。创新创业需要有一个团队，我们可以创造便利条件，让他们在海外是一个研究团队，来这里也仍然可以是一个创业团队，让他们把相关联的、更多的人才吸引进来。

各级科协组织和海智办要真正做海外人才的“宜家良友”。要做到这一点，就要切实为海外人才做好服务，除了直接服务之外，更要研究需求、做好规划，不要盲目，关键是要研究如何发挥人才的作用。这就需要我们科协和有关党委政府部门加强沟通协调，解决海外人才遇到的困难和问题。我们要有国际思维和国际视野，要针对海外人才的需要来创造条件。

在开展离岸创业基地试点工作中，科协要充分发挥海外人才引进的平台功能，进一步密切与海外科技团体的联系，为地方引智提供渠道。有为才能有用，各级科协要认清使命、自强自立，以求真务实的工作态度和开拓精神、担当精神，切实把这项工作做好，以扎实工作业绩取信于广大海外人才，赢得地方党委政府的重视和支持。

谢谢大家！

重要文件

中国科协第八届全国委员会常务委员会会议纪要

（第8次）

2014年1月24日，中国科协八届常委会第八次会议在北京中国科技会堂举行。会议由全国政协副主席、中国科协主席韩启德主持。

一、传达中央关于科协工作的指示精神，审议中国科协第八届全委会第五次会议日程安排

会议传达了中央关于科协工作的指示精神。中央书记处对中国科协2013年的工作给予充分肯定，原则同意2014年工作总体安排，要求中国科协深入学习贯彻党的十八大以来的路线方针政策，学习贯彻习近平总书记系列讲话特别是关于科技和科协工作的讲话精神，把握服务创新驱动发展战略这条主线，以提高全民科学素质为目标，着力推动各项工作改革创新，不断提升工作水平，为促进全面深化改革、实现经济社会发展目标任务作出积极贡献。

会议同意中国科协第八届全委会第五次会议日程安排。

二、审议通过中国科协常委会工作报告（审议稿）

会议听取了关于中国科协常委会工作报告的起草说明。

会议原则通过中国科协常委会工作报告（审议稿），同意将工作报告提交中国科协第八届全委会第五次会议进行审议。

三、审议通过《中国科协常委会工作规则（审议稿）》

会议听取了关于修订《中国科协常委会工作规则》的说明。

会议原则通过《中国科协常委会工作规则（审议稿）》，要求对相关内容进行修改和完善后印发。

四、审议通过《关于提名张勤同志为中国科协第八届全国委员会副主席候选人的报告》

按照《中国科学技术协会章程》的规定，会议表决通过，提名张勤同志为中国科协第八届全国委员会副主席候选人，提交中国科协第八届全委会第五次会议选举。

五、审议通过《关于提名沈爱民同志为中国科协第八届全国委员会书记处书记人选的建议》

按照《中国科学技术协会章程》的规定，经韩启德主席提名，会议表决通过了沈爱民同志为中国科协第八届全国委员会书记处书记。

六、审议通过《关于提名沈爱民同志为中国科协第八届全国委员会常务委员会委员候选人的报告》

按照《中国科学技术协会章程》的规定，会议表决通过，提名沈爱民同志为中国科协第八届全国委员会常务委员会委员候选人，提交中国科协第八届全委会第五次会议选举。

七、审议通过《中国科协第八届全委会第五次会议选举总监票人、监票人建议名单》

八、审议通过《关于增补束为、杨建荣同志为中国科协第八届全国委员会委员的报告》

按照《中国科学技术协会章程》和《中国科学技术协会第八届全国委员会委员变更、增补和撤销办法》的规定，会议表决通过，增补束为、杨建荣同志为中国科协第八届全国委员会委员，同时为第八届全国代表大会代表。

九、审议通过《关于变更苗宏、霍金花、王洵、王红德同志为中国科协第八届全国委员会委员的报告》

根据贵州、河南、安徽和新疆生产建设兵团科协分别来函提出关于变更中国科协第八届全国委员会委员的申请，按照《中国科学技术协会第八届全国委员会委员变更、增补和撤销办法》的规定，会议表决通过了苗宏、霍金花、王洵、王红德同志为中国科协第八届全国委员会委员，同时为第八届全国代表大会代表；任湘生、李建中、周建强、田笑明同志不再担任中国科协第八届全国委员会委员职务，其全国代表大会代表资格同时终止。

十、审议通过《关于增选陈章良同志为中国科协第八届全国委员会常务委员会促进农村和少数民族地区发展专门委员会副主任的报告》

会议审议通过陈章良同志为中国科协第八届全国委员会常务委员会促进农村和少数民族地区发展专门委员会副主任。

十一、听取《关于第十六届中国科协年会工作筹备情况及第十七届中国科协年会初步安排》的汇报

会议同意第十六届中国科协年会于2014年5月24—26日在云南省昆明市举行，由中国科协和云南省人民政府共同主办。

会议要求，各项筹备工作要进一步落实总体要求、加强顶层设计，规范办会形式、提高会议实效，突出地域特征、强化开放元素，把握工作细节、注重活动落实。

会议特别强调，要合理设定会议规模，严格控制会议经费，认真执行有关规定，勤俭办会，杜绝铺张浪费。

会议原则同意第十七届中国科协年会于2015年上半年在澳门举行，由中国科协、澳门特区政府共同主办，澳门科技协进会承办，并要求按照举办地的特殊性，从活动内容、组织模式、运行机制等方面做出调整。

十二、书面审议《中国科协第八届常委会各专门委员会2013年工作总结和2014年工作计划》

会议书面审议了《中国科协第八届常委会各专门委员会2013年工作总结和2014年工作计划》，原则同意各专门委员会2013年工作总结和2014年工作计划。

中国科协第八届全国委员会常务委员会会议纪要

（第9次）

2014年4月18日，经中国科协书记处八届45次会议提议并报中国科协主席韩启德同意，中国科协八届九次常委会议以通讯方式召开，并于4月19日9时前通过电话或电子邮件对会议事项进行审议表决。除申维辰①外，全体常委均参加了审议。

一、表决全票通过了《关于免去申维辰中国科协书记处第一书记职务的建议》。

二、表决全票通过了《关于撤销申维辰中国科协第八届全国委员会委员职务、终止其第八次全国代表大会代表资格的报告》。

三、表决全票通过了《关于免去申维辰中国科协第八届全国委员会副主席、常务委员会委员职务的报告》，同意提交中国科协八届六次全委会议审议。

四、表决全票通过了《关于以通讯方式召开中国科协八届六次全委会议的建议》。

参加审议表决的委员（54名）：

韩启德　邓中翰　卢锡城　冯长根　刘　玠
李静海　沈　岩　张　勤　张桃林　陈章良
陈赛娟　赵沁平　秦大河　袁家军　唐启升
黄伯云　程东红　谢克昌　干　勇　马伟明
王　韧　王小兰　王诗宬　王春法　王恩哥
方　新　吕　植　刘仓理　许振超　孙家广
李　洪　杨　卫　杨　勍　杨玉良　吴　跃
吴明江　沈爱民　张玉卓　欧阳竹　易小刚
周建平　郑南宁　哈木拉提·吾甫尔　饶子和
姚建年　夏　强　徐延豪　高　福　曹振全
曹淑敏　龚　克　屠海令　谢和平　樊明武

中国科协第八届全国委员会常务委员会会议纪要

（第10次）

2014年5月23日，中国科协八届常委会第十次会议在云南昆明海埂会堂举行。会议由全国政协副主席、中国科协主席韩启德主持。

一、听取第十六届中国科协年会筹备情况和第十七届中国科协年会筹备方案的汇报

会议听取了学会学术部副部长宋军关于第十六届中国科协年会筹备情况和第十七届中国科协年会筹备方案的汇报，以及澳门特区运输工务司司长刘仕尧、驻澳门中联办副主任仇鸿就第十七届年会筹备工作有关情况所作的说明。

会议认为，本届年会内容丰富、亮点纷呈，各项筹备工作注重实效、精简节约，进展顺利。会议原则同意年会的各项议程和安排，要求各部门按照既定工作程序抓好落实。

会议原则同意第十七届中国科协年会于2015年5月下旬在澳门举办，并要求在筹备过程中认真结合澳门特区的实际情况和需求，按照中央有关领导的批示精神适当压缩规模、注重实际效果。

① 中央纪委2014年4月12日公布，申维辰因涉嫌严重违纪违法，正在接受组织调查。2014年4月19日，中国科协八届九次常委会议决定免去申维辰中国科协书记处第一书记职务，撤销中国科协第八届全国委员会委员职务。中国科协八届六次全委会决定，免去申维辰中国科协第八届全国委员会副主席、常务委员会委员职务。中央纪委2014年12月22日公布，经中共中央批准，决定给予申维辰开除党籍、开除公职处分；收缴其违纪所得；将其涉嫌犯罪问题及线索移送司法机关依法处理。2016年10月11日，江苏省常州市中级人民法院依法对被告人申维辰以受贿罪判处无期徒刑，剥夺政治权力终身，并处没收个人全部财产；对申维辰受贿所得财物予以追缴，上缴国库。

二、审议通过《关于免去申维辰[①]中国科协第八届常委会组织建设专门委员会主任职务的报告》

会议听取了组织人事部部长李森关于免去申维辰中国科协第八届常委会组织建设专门委员会主任职务的报告。

按照《中国科学技术协会章程》和《中国科学技术协会全国委员会常务委员会工作规则》的有关规定，会议表决通过，免去申维辰中国科协第八届常委会组织建设专门委员会主任职务。

三、审议通过《关于变更何真、毕华同志为中国科协第八届全国委员会委员的报告》

会议听取了组织人事部部长李森关于变更中国科协八届全委会委员的报告。

根据广东省、湖南省科协分别来函提出的关于变更中国科协第八届全国委员会委员的申请，根据《中国科学技术协会第八届全国委员会委员变更、增补和撤销办法》的规定，会议审议通过了何真、毕华同志为中国科协第八届全国委员会委员，同时为中国科协第八届全国代表大会代表；梁明同志不再担任中国科协第八届全国委员会委员，其中国科协第八届全国代表大会代表资格同时终止；邹志强同志因病逝世，不再担任中国科协第八届全国委员会委员，其中国科协第八届全国代表大会代表资格同时终止。

四、审议通过《中国科协事业发展“十二五”规划实施情况中期评估报告（简本）》

会议听取了计划财务部部长王延祐关于《中国科协事业发展“十二五”规划》（以下简称《规划》）实施情况中期评估报告。

会议认为，《规划》提出的各项重点任务和重点项目实施进展顺利，总体目标超过预期，主要发展目标实现程度良好，部分重点领域取得重大突破。各级科协组织及所属团体积极争取党委和政府支持，资金保障力度加大，同时积极推动出台有关文件政策，初步形成了规划实施的监督检查机制。

会议审议通过了《中国科协事业发展“十二五”规划实施情况中期评估报告（简本）》，要求按照报告中提出的在全面深化改革的新形势下继续推进《规划》实施的建议进一步抓好落实。对未按期完成的“十二五”规划项目进行深入分析，拟定解决措施，确保规划顺利完成，并适时启动中国科协“十三五”规划研究与编制工作。

五、听取《中国科协八届常委会青年工作专委会关于开展全国博士生学术年会情况的专项汇报》

会议听取了青年工作专委会办公室主任李森关于开展全国博士生学术年会情况的专项汇报。

会议认为，全国博士生学术年会已成功举办了十一届，对促进青年科技工作者成长、支持青年科技人才创新创业、加强与青年科技工作者的联系服务发挥了重要作用。

会议要求，进一步充实和改进博士生学术年会的内容和方式，提高年会的工作水平，不断提升学术交流实效。

六、听取《中国科协八届常委会促进国际合作专委会关于中国科协加入〈华盛顿协议〉情况的专项汇报》

会议听取了促进国际合作专委会办公室主任张建生关于中国科协加入《华盛顿协议》情况的专项汇报。

会议认为，加入《华盛顿协议》有利于提高我国工程教育质量、促进我国按照国际标准培养工程师、提高工程技术人才的培养质量，对推进我国工程师资格国际互认、应对工程技术领域国际竞争具有重要意义。

会议要求，中国科协按照成为《华盛顿协议》正式成员的目标和方案有序推进各项工作，并在此基础上，会同人力资源社会保障部、教育部深入研究国际工程师资格互认体系其它协议的进展，推动我国工程师资格的国际互认和地区互认，为我国工程师制度改革营造良好的外围环境。

七、听取《中国科协八届常委会促进企业技术创新专委会关于科技信息服务企业技术创新试点情况的专项汇报》

会议听取了促进企业技术创新专委会办公室副主任盛小列关于科技信息服务企业技术创新试点情况的专项汇报。

会议充分肯定了科技信息服务企业技术创新试点项目所取得的成果和社会效益，并对下一步将逐步摸索建立的一整套适合科协组织特点、有效服务企业的规范化项目管理体系用于持续、大规模开展创新项目的工作计划进行了讨论和交流。

① 中央纪委2014年4月12日公布，申维辰因涉嫌严重违纪违法，正在接受组织调查。2014年4月19日，中国科协八届九次常委会议决定免去申维辰中国科协书记处第一书记职务，撤销中国科协第八届全国委员会委员职务。中国科协八届六次全委会决定，免去申维辰中国科协第八届全国委员会副主席、常务委员会委员职务。中央纪委2014年12月22日公布，经中共中央批准，决定给予申维辰开除党籍、开除公职处分；收缴其违纪所得；将其涉嫌犯罪问题及线索移送司法机关依法处理。

中国科协第八届全国委员会常务委员会会议纪要

（第 11 次）

2014 年 9 月 26 日，中国科协八届十一次常委会议在北京中国科技会堂举行。会议由全国政协副主席、中国科协主席韩启德同志主持。

一、审议通过《关于第十七届中国科协年会框架方案的报告》

会议听取了学会学术部副部长宋军关于第十七届中国科协年会地点变更和年会框架方案的汇报，并就年会框架方案的报告进行了审议。

会议要求，鉴于举办地变更，在年会组织筹备组织过程中要注意处理好各方关系，在压缩规模、突出特色、注重实效方面多下功夫，充分体现层次高、内容精、效果实的特点。

会议原则同意第十七届中国科协年会于 2015 年 5 月 23—24 日在广东省广州市召开，由中国科协和广东省人民政府主办，会议主题请参照“科技创新推动转型升级”、“创新驱动先行”进一步研究确定。

二、听取《关于开展独立第三方科技评估工作的报告》

会议听取了调研宣传部部长任福君关于中国科协开展独立第三方科技评估工作的报告，并就相关内容进行了讨论。

会议认为，在党和国家实施创新驱动发展战略的过程中，迫切需要建立健全独立第三方评估机制，形成有利于科技创新、符合中国国情的国家科技评估制度。

会议指出，中国科协作为科技工作者的群众组织和党领导下的人民团体，在充分发挥独立第三方作用、在国家层面开展科技评估方面具有不可替代的独特优势。中国科协应当积极承担开展独立第三方科技评估工作，这既是中国科协应承担的社会责任，也是科协组织自身能力建设的重要抓手。

会议要求，中国科协在开展独立第三方科技评估工作中要量力而行，从试点着手，不断建立健全组织体系，制定完善规章制度，稳步推进各项工作开展。

三、听取《关于中国科协推荐两院院士候选人工作情况的汇报》

会议听取了组织人事部副部长朱雪芬关于中国科协推荐两院院士候选人工作情况的汇报，并就《中国科协推荐院士候选人工作实施办法（试行）》（以下简称《实施办法》）进行了讨论。

会议认为，中国科协作为推荐两院院士候选人的两大渠道之一，对于改进和完善院士制度工作方案，突出学术导向，避免和减少行政干预具有重要意义，责任重大。中国科协要认真做好相关工作，进一步提高质量、严格程序，并在与中国科学院、工程院进行充分沟通、征求意见的基础上，做好院士候选人的推荐工作。

会议要求，根据常委提出的严格推荐程序和渠道、加强规范与监督、健全组织机构、完善评审制度等方面的意见和建议，对《实施办法》做进一步的修改和完善。

四、听取《关于推进科普信息化建设的工作汇报》

会议听取了科学技术普及部部长杨文志关于推进科普信息化建设的工作汇报，并就相关内容进行了讨论。

会议认为，信息化是科普传播的重要媒介和途径。在新形势下，迫切需要用信息技术实现科普技术手段创新和科普跨越式发展。

会议要求，围绕科普信息化建设的任务和目标，不断开拓工作思路，有效动员社会力量和资源，推动各项重点工作的落实。

五、听取中国科协八届常委会青少年科学教育专委会 2014 年工作情况汇报

会议听取了青少年科学教育专委会办公室主任李晓亮关于中国科协八届常委会青少年科学教育专委会 2014 年的工作汇报。

会议认为，中国科协的各项工作在常委和专委会的指导下得到有效推进和组织实施。

会议要求，认真落实专委会定期向常委会汇报的工作制度，各位常委要继续积极参与专委会的工作，主动承担责任，充分发挥作用。

六、审议通过《关于提名尚勇同志为中国科协第八届全国委员会常务委员会书记处第一书记人选的建议》和《关于尚勇同志担任中国科协第八届全国委员会委员的报告》

按照《中国科学技术协会章程》的规定，经韩启德主席提名，会议表决通过尚勇同志担任中国科协第八届全国委员会常务委员会书记处第一书记。

按照《中国科学技术协会章程》和《中国科学技术协会第八届全国委员会委员变更、增补和撤销办法》

规定，会议表决通过尚勇同志担任中国科协第八届全国委员会委员，同时为第八届全国代表大会代表。

七、审议通过《关于张勤同志担任中国科协第八届常务委员会组织建设专门委员会主任的报告》

按照《中国科学技术协会章程》和《中国科学技术协会全国委员会常务委员会工作规则》规定，会议表决通过张勤同志担任中国科协第八届常务委员会组织建设专门委员会主任。

关于印发《中国科协党组关于深入学习贯彻党的十八届四中全会精神的若干意见》的通知

科协发调字〔2014〕83 号

各全国学会、协会、研究会，各省、自治区、直辖市、副省级城市科协，新疆生产建设兵团科协：

现将《中国科协党组关于深入学习贯彻党的十八届四中全会精神的若干意见》印发给你们，请结合实际，认真贯彻落实。

中国科学技术协会
2014 年 11 月 18 日

中国科协党组关于深入学习贯彻党的十八届四中全会精神的若干意见

为进一步推动科协系统深入学习贯彻党的十八届四中全会精神，切实把《中共中央关于全面推进依法治国若干重大问题的决定》（以下简称《决定》）落到实处，中国科协党组经过认真研究，结合科协实际，提出如下意见：

一、充分认识学习好党的十八届四中全会精神的重要意义

党的十八届四中全会是我们党在新时期新形势下全面推进依法治国的一次重要会议，具有里程碑意义。全会审议通过的《决定》是我们党历史上第一个加强法治建设的决定，是新形势下推进依法治国的纲领。《决定》明确了全面推进依法治国的指导思想、总体目标、基本原则和重大任务，作出了一系列关于全面推进依法治国的新论断、新部署，深刻回答了在当今中国建设什么样的法治国家、怎样建设社会主义法治国家等一系列重大理论和实践问题，强调全面推进依法治国是国家治理领域一场广泛而深刻的革命，为坚持走中国特色社会主义法治道路提供了根本遵循，指明了前进方向。认真学习、全面贯彻十八届四中全会精神，有助于科协系统广大党员干部进一步明确科协组织在全面推进依法治国、建设社会主义法治社会中担负的重要任务和历史使命，有助于科协工作人员牢固树立法治思维、增强法制意识，自觉运用法治思维和法治方式深化改革、推动发展，不断提高依法决策、依法行政、依法办事的能力和水平，有助于科协组织依法完善组织章程，依法依章程办事议事，切实提高社会公信力和对科技工作者的吸引力，依法维护和保障广大科技工作者的合法权益，更好地引导广大科技工作者认真学习法律、参与制定法律、严格遵守法律，坚决抵制违法行为，更加紧密地把广大科技工作者团结在党的周围，动员带领广大科技工作者在推进依法治国、全面建成小康社会、实现中华民族伟大复兴新征程中作出新的更大的贡献。

二、认真学习、深刻领会党的十八届四中全会精神实质，切实在思想上、政治上和行动上与以习近平同志为总书记的党中央保持高度一致

中国科协是科技工作者的群众组织，更是党领导下的人民团体，是党和政府联系科技工作者的桥梁和纽带。当前和今后一个时期，科协系统各级党组织和广大党员干部要自觉把认真学习、深刻领会、全面贯彻十八届四中全会精神作为最重要的政治任务，切实抓紧抓好，牢牢把握建设中国特色社会主义法治体系和建设社会主义法治国家这两个依法治国的总体目标，牢牢把握实现依法治国目标的五大原则，特别是坚持党的领导这条原则。各级科协组织要从改革发展工作大局的战略高度深刻认识全面推进依法治国的重要性和紧迫性，认真领会四中全会关于全面推进依法治国的新论断、新部署，带头守法用法、带头依法办事，真正树立法治思维，紧密联系本部门、本单位的工作实际，联系广大党员的思想实际，认真组织开展好十八届四中全会精神的学习贯彻工作，精心组织各种形式的学习宣传活动，把学习贯彻十八届四中全会精神纳入党员干部培训的重点内容，把宪法法律列入党委（党组）中心组学习内容，迅速掀起学习贯彻十八届四中全会精神的热潮。党员领导干部要带头自觉把学习领会十八届四中全会精神与贯彻落实十八届三中全会精神、与学习习近平总书记系列重要讲话精神特别是关于科技创新的战略部署有机结合起来，联系科技界和科协工作实际，深入学习原著，带头交流研讨，深刻认识、准确把握十八届四中全会的精神实质，真正使全会精神入脑入心，切实把十八届四中全会精神贯彻到科协工作的各个方面、各个环节。科协系统广大党员要带头用十八届四中全会精神武装头脑、指导实践，增强法律意识、严格依法办事，提高法治思维和依法办事能力，不断增强在思想上、政治上、行动上与以习近平同志为总书记的党中央保持高度一致的自觉性，用全会精神激发出更大的工作热情和活力。要通过学习，让科协系统党员干部发自内心地对法律怀有敬畏之心，始终牢记法律红线不可逾越、法律底线不可触碰，进一步增强领导干部带头学法、模范守法的自觉性，完善科协工作人员学法用法制度，带头依法依规依章程办事，提高运用法治思维和法治方式深化改革、推动发展、化解矛盾、维护稳定能力，自觉避免违法行使权力，从根本上杜绝以言代法、以权压法、徇私枉法，加快建设高效、廉洁、守法、诚信的组织机构，切实把人民团体和社会组织在依法治国中的积极作用充分发挥出来。

三、团结带领广大科技工作者在建设社会主义法治国家中率先垂范

科技工作者科学素养高、社会责任感强、社会影响力大，是全面推进依法治国、建设社会主义法治国家的重要力量。认真做好面向科技工作者的宣讲教育，引导广大科技工作者学习领会十八届四中全会提出的全面推进依法治国的指导思想、总体目标、基本原则和具体部署，深刻理解关于依法治国的一系列新观点新举措，使他们认同党的政策、坚定不移地跟党走，紧密团结在以习近平同志为总书记的党中央周围，积极做依法治国的拥护者、推动者和先锋楷模。有序参与民主立法，推动健全立法机关和科技工作者双向沟通机制，拓宽科技工作者有序参与立法途径，完善科技工作者参与政府立法机制，组织科技工作者积极参与立法评估，鼓励支持所属科技社团和专家学者参与立法论证咨询，特别是参与对涉及科技工作者利益调整的法律法规的立、改、废、释工作，推动社会组织立法，不断增强相关法律法规的及时性、系统性、针对性、有效性，充分发挥好科协组织在立法协商中的作用。自觉引导广大科技工作者增强法治观念，努力做依法办事的践行者、公正司法的维护者、法治社会建设的推动者，特别是立足本职岗位，自觉把科技活动纳入法治框架，依法依规使用科研经费、从事科研活动、应用科技成果、开展创新创业。依法监督科技界的违法行为，支持司法部门严肃查处科技领域的违法行为，组织科技专家运用专业知识参与司法鉴定、维护法律正义，推动建立合理有效、公正透明的查处程序及规则，引导科技界在社会主义法治国家建设中发挥表率作用。

四、依法推进创新环境建设，调动激发科技工作者的创新热情和创造活力

良好的创新环境有利于激发科技工作者的创新热情和创造活力，创新环境的培育有赖于法治保障。各级科协组织要以贯彻落实十八届四中全会精神为契机，依法推进创新环境建设，努力为科技工作者创新创业提供法律支持。发挥科技社团对会员的行为导引、规则约束作用，支持学会依据法律法规和科协章程加强科研诚信制度建设，健全完善科技工作者行为规范，重视并激活科技社团自律机制，明确学术不端行为的判定标准和处理程序，建设健康和谐、积极向上的良好学术环境。深入开展多层次多形式法治创建活动，引导科协基层组织依法治理、开展活动，支持各类学会（协会、研究会）等科技社团自我约束、自我管理，发挥好团体章程在社会治理中的积极作用。坚持依法治国与以德治国相结合，把加强法治教育与加强社会主义核心价值观教育有机结合起来，针对科技工作者的现实需求深入开展群众性法治文化活动，加大对守法行为的引导、宣传力度，引导广大科技工作者积极践行社会主义核心价值观，大力弘扬老一辈科学家科技报国的高尚情操和无私奉献的爱国情怀，广泛宣传基层一线优秀科技工作者和创新团队求真务实、崇尚真理、忠于祖国、服务人民的先进事迹，通过榜样力量和道德劝导规范科技工作者行为，推动形成有利于创新的良好社会氛围。面向科技工作者开展法律法规方面的针对性服务，帮助科技工作者了解相关的法律、法规和政策，熟悉相关的业务知识，推动科技工作者自觉遵法守法，在法律框架内开展科技活动。

五、依法维护科技工作者合法权益，为他们创新创业提供法治保障

依法维护科技工作者的合法权益，是科协组织建好科技工作者之家的基本要求，也是科协组织团结带领科技工作者参与法治国家建设的重要内容。发挥科协组织和科技社团等社会组织在社会主义法治社会建设中的积极作用，主动参与建立依法维护科技工作者权益的机制工作，推动健全社会矛盾预警机制、利益表达机制、协商沟通机制、救济救助机制，畅通科技工作者利益协调、权益保障法律渠道。抓紧制定《“科技工作者之家”建设标准》，把维护科技工作者的合法权益作为重要工作内容，不断完善科技工作者利益表达机制，保障广大科技工作者的各项权利得到落实、不受侵犯。引导广大科技工作者理性表达诉求、依法维护权益，通过法律程序、运用法律手段有效解决工作生活中遇到的政治权益、知识产权等各种问题，正确化解矛盾，依法解决问题，推动形成办事依法、遇事找法、解决问题用法的良好氛围。着力建立经常化、制度化、规范化的调研制度，及时了解和准确把握科技工作者的思想、工作状况，及时反映他们的共性合理诉求，推动解决科技工作者最关心最直接最现实的共性利益问题。大力推动科技社团立法工作，进一步明确人民团体的法律地位，规范和引导科技社团健康发展，为科协组织在法律框架内开展好新时期新形势下党的群众工作提供保障。

六、坚持把依法治国与从严治党有机结合起来，切实加强科协党建工作

党的领导是全面推进依法治国、加快建设社会主义法治国家最根本的保证。中国科协作为党领导下的人民团体，要始终牢记科协组织的政治属性，始终绷紧法治这根弦、绷紧政治这根弦，坚持把依法治国与从严治党有机结合起来，不断强化科协系统干部职工依法依规办事的意识。科协各级领导干部特别是党员领导干部要充分认识党内法规是管党治党的重要依据，党规党纪严于国家法律，自觉把学习党规党纪与学习国家法律法规有机结合起来，不仅要模范遵守好各项法律法规，更要贯彻执行好党内各项规章制度，不断提高法治思维和依法依纪办事能力，自觉按照党规党纪以更高标准严格要求自己，坚决同违法乱纪行为作斗争。严明政治纪律和政治规矩，严格落实党风廉政建设党委主体责任和纪委监督责任，加大对贯彻执行党内法规制度的监督检查力度，督促科协系统党员干部严格按照《党章》办事，严格遵守《中国共产党党员领导干部廉洁从政若干准则》《关于党内政治生活的若干准则》和《中国共产党纪律处分条例》等党的各项规定。加强作风建设，严格贯彻落实好《中国科协党组关于深入学习贯彻习近平总书记重要讲话精神、全面推进从严治党工作的意见》，加大对《中国科协机关工作人员行为规范》执行情况的监督检查力度，以事业单位为重点，针对“庸、懒、散、浮、拖”等作风顽疾开展专项整治工作，依纪依法反对和克服形式主义、官僚主义、享乐主义和奢靡之风，推进作风建设监督检查工作常态化、制度化。充分发挥基层党组织在全面推进依法治国中的战斗堡垒作用，增强法治观念、法治为民的意识，提高依法办事能力，切实把法治建设成效作为衡量各级领导班子和领导干部工作实绩重要内容、纳入政绩考核指标体系，把能不能遵守法律、依法依纪办事作为考察干部重要内容。

科协系统报刊网络等媒体，要牢牢把握正确政治导向，全方位宣传好党的十八届四中全会精神，宣传好科协系统学习贯彻的有效措施和成功经验，切实把广大科技工作者和科协系统党员干部的思想和行动引导统一到全会精神上来。各全国学会、地方科协要及时将认真学习贯彻党的十八届四中全会精神的情况报送中国科协调研宣传部。

关于印发《中国科协党组关于深入学习贯彻习近平总书记重要讲话精神、全面推进从严治党工作的意见》的通知

科协办发厅字〔2014〕41 号

各全国学会、协会、研究会，各省、自治区、直辖市科协，新疆生产建设兵团科协：

经中国科协党组会议审议通过，现将《中国科协党组关于深入学习贯彻习近平总书记重要讲话精神、全面推进从严治党工作的意见》印发给你们，请结合实际认真贯彻落实，将从严治党工作落到实处。

中国科协办公厅

2014 年 10 月 27 日

中国科协党组
关于深入学习贯彻习近平总书记重要讲话精神、全面推进从严治党工作的意见

习近平总书记在党的群众路线教育实践活动总结大会上的重要讲话，深刻总结了教育实践活动的丰硕成果和成功经验，对新形势下坚持从严治党作出全面部署、提出明确要求，充分表明了党中央坚持党要管党、从严治党的鲜明态度，体现了我们党适应时代发展要求、保持党的先进性和纯洁性的高度自觉，是在新的起点上把作风建设不断引向深入的再动员、再部署。为深入贯彻落实习近平总书记重要讲话精神、全面推进科协系统从严治党工作，提出意见如下：

一、坚定不移地贯彻落实好习近平总书记重要讲话精神

一要充分认识习近平总书记重要讲话的现实意义和历史意义。党要管党、从严治党，是党中央把握时代发展要求，联系全党工作实际，从着眼全局、打牢基础、放眼未来的角度做出的重大战略部署。习近平总书记的重要讲话，站在增强党的执政能力、巩固党的执政地位的高度，系统总结了新形势下有效应对党面临的执政考验、改革开放考验、市场经济考验、外部环境考验，切实防止“精神懈怠危险、能力不足危险、脱离群众危险、消极腐败危险”的基本经验，立意高远、思想深邃、内涵丰富，是新形势下加强作风建设、全面推进从严治党的基本遵循，是加强党的建设、巩固党的执政地位、实现执政兴国的纲领性文件，对于做好新形势下的科技工作、科协工作特别是科协系统党的工作具有很强的针对性和指导性。科协系统干部职工和广大科技工作者要结合科协工作实际，认真学习、深刻领会习近平总书记重要讲话精神，切实用讲话精神武装头脑、指导实践、推动工作。

二要充分认识巩固群众路线教育实践活动成果的重大意义。群众路线教育实践活动是党的十八大作出的一项战略决策，是党增强与广大人民群众的血肉联系、巩固党的执政地位、振奋全党全国人民精神的重大举措。根据中央统一部署，中国科协紧紧围绕为民、务实、清廉主题，按照“洗洗澡、治治病、照镜子、正衣冠”的总要求，坚持领导带头、以上率下，深入聚焦“四风”问题，取得明显成效：科协党员干部理想信念进一步坚定，与以习近平同志为总书记的党中央保持高度一致的自觉性明显提高；思想认识进一步提高，联系服务科技工作者的使命感责任感明显增强；“四风”问题进一步遏制，工作作风出现明显转变；制度体系进一步完善，贯彻群众路线的重要保障和长效机制初步形成。巩固教育实践活动成果，必须从科协实际出发，坚持以思想认识的提升推动整改落实工作的深入开展，坚持以整改工作的成效推动“桥梁”、“纽带”作用的发挥，坚持以党组率先垂范引领整改工作的深入开展，坚持以勇于担当的精神推动突出问题的有效解决，为推动改革发展提供强大正能量。

三要充分认识从严治党的极端重要性和现实紧迫性。我们党是一个拥有8600多万名党员的执政党，党的形象和威望、党的创造力凝聚力战斗力直接关系党的命运、国家的命运和人民的命运。站在新的历史起点上，面对更加光荣的历史使命、更加宏伟的奋斗目标、更加复杂的执政环境、更加严峻的考验和挑战，只有增强忧患意识，将从严治党作为一项需要长期坚持的重要任务来抓，做到“为之于未有，治之于未乱”，才能确保党的执政地位和领导地位不动摇，使我们党永远立于不败之地。中国科协作为科技工作者的群众组织、党领导下的人民团体，必须始终牢记科协组织的政治属性，不断增强政治意识和党的意识，坚持把从严治党落到实处，切实履行好“三服务一加强”的工作职能，把科协组织打造成为让党放心、让科技工作者满意的“科技工作者之家”，把科技工作者的聪明才智引导凝聚到党所领导的中国特色社会主义事业中来。

当前，科协系统各级党组织要将学习习近平总书记在教育实践活动总结大会上的重要讲话精神作为一项重要政治任务来抓，做到领导班子带头学，组织党员干部层层学、深入学，结合工作实际学深学透，掌握精神实质，掌握精神实质，做到入脑入心，外化于形，切实把党的建设融入科协各项工作之中，用党的工作指导业务工作，用业务工作巩固党的工作，扎实推动形成党建工作新局面。

二、把从严治党举措落到实处，着力营造科协风清气正的政治生态

一是严明党的纪律，严格按制度办事。进一步增强党的意识，自觉在政治上思想上行动上与以习近平同志为总书记的党中央保持高度一致，确保中央政令畅通、令行禁止，贯彻落实中央重大决策部署不走

样、不缩水、不拖延、不敷衍。进一步严明党的政治纪律、组织纪律、工作纪律、经济纪律和生活纪律，严格按照党内政治生活准则和党的各项规定办事，特别是要严格执行十八大以来颁布的党风廉政建设有关规定，严格按中央八项规定办事，按照《中国共产党党员领导干部廉洁从政若干准则》要求，将“八个禁止、52个不准”落到实处，做到纪律面前一律平等，对敢于闯红灯、碰高压线的，要从严处理，决不姑息。继续抓好建章立制工作，本着制度不在多而在精、关键要管用的原则，从实从严制定完善各项规章制度，强化对权力运行的制约和监督，扎牢制度的笼子，引导广大党员干部依法办事、按制度办事。创新党建责任考核办法，将抓党建工作的实效作为对党员干部特别是班子成员目标管理的重要内容，作为业绩评定、年度考核、奖励惩处和干部选拔任用的重要依据，加大考核权重，推行党建述职评议制度，实行党建工作“一票否决”制，坚决防止“一手硬、一手软”，推动形成一级抓一级、层层抓落实的党建工作格局。

二是专项整治作风顽疾，切实推动作风建设常态化长效化。坚持严以修身、严以用权、严于律己，谋事要实、创业要实、做人要实，深入贯彻落实中央八项规定精神，严格遵守中国科协发布的各项规章制度，防止“四风”问题反弹。努力改进学风、文风、会风，坚决纠正学习走过场、用会议贯彻会议、以文件落实文件、活动只求场面不注重效果的形式主义；牢固树立“为科技工作者服务”的理念，建立科技工作者联系制度，坚决纠正“门难进、脸难看、话难听、事难办”的官僚主义和衙门作风；建立工作考核和问责机制，坚决纠正安于现状、贪图安逸的享乐主义；加强对“节日病”的防范治理和公务接待管理，坚决纠正大手大脚、铺张浪费的奢靡之风。加大对《中国科协机关工作人员行为规范》执行情况的监督检查力度，针对“庸、懒、散、浮、拖”等作风顽疾开展专项整治工作，推进作风建设监督检查工作常态化、制度化。治“庸”要重点整治业务不精、能力不强、做一天和尚撞一天钟、身处领导岗位而能力不足的问题；治“懒”要重点整治对工作不上心不主动、对交办工作推三阻四、“为官不为”、怠政懒政的问题；治“散”要重点整治工作自由散漫、迟到早退、串岗空岗、玩心太重的问题；治“浮”要重点整治工作漂浮、不深入研究问题、既不了解面上情况也不了解具体情况、处理工作大而化之的问题；治“拖”要重点整治能拖则拖、不催不动、催一催挪一挪的问题。对重点工作和领导交办的重要事项要制定工作时间表，建立台账，由专人负责督查进展情况，对不能按期完成的要责令相关部门领导说明情况，明确责任，实在不能胜任的要调整岗位，造成延误后果严重的要加强问责。旗帜鲜明地肯定表彰一心为公、兢兢业业、锐意进取、敢于担当的干部，教育帮助“为官不为”的干部，严肃处理迟到早退、“慵懒散”、“不作为、乱作为、慢作为”的干部，通报曝光违反作风建设规定的典型案件，使科协系统党的作风全面清朗纯洁起来。

三是严肃党内政治生活，加强思想和道德建设。坚持和发扬实事求是、理论联系实际、密切联系群众、开展批评和自我批评、坚持民主集中制等优良传统，严格执行“三会一课”制度，定期拿出专门时间组织专题学习，保证学习质量和效果，使党内政治生活真正起到教育改造提高党员干部的作用。认真执行民主集中制，严格执行领导班子议事规则与决策程序，实施“三重一大”事项集体决策制度，严格落实领导干部双重组织生活会、民主评议党员等制度。党组分管领导要参加分管部门和单位的民主生活会和组织生活会，促进批评和自我批评常态化，保持火药味和辣味，引导党员干部开展积极健康的思想斗争，红红脸、出出汗，切实化解矛盾、解决问题。加强基层党组织主要负责同志与班子成员之间、班子成员与基层干部群众之间的谈心活动，以同志般的坦诚和热情，实事求是指出缺点和不足，虚心诚恳地听取批评意见；注重思想政治工作，引导广大党员干部分清是非、辨别真假，坚持真理、修正错误，统一意志、增进团结。结合年度考核，对各级领导班子和领导干部贯彻执行党内政治生活有关规定情况进行检查，各级领导班子要在自查的基础上向上级党组织专题报告。

四是强化干部管理，以身作则、率先垂范。把对一把手的监督、管理作为重中之重，坚持以严的标准要求干部、严的措施管理干部、严的纪律约束干部，使干部心有所畏、言有所戒、行有所止。认真贯彻落实《党政领导干部选拔任用工作条例》，完善配套制度和实施细则，规范选拔任用程序，在干部选拔任用考核中体现“党建导向”，增加党建权重，强化廉政审查把关，坚持正确用人导向，把党建工作由“软约束”变为“硬任务”。强化警示教育制度和干部监督工作，加强8小时之外的监督，对群众反映的问题认真核实，对党员干部作风、纪律上的问题早发现、早提醒、早纠正、早查处，对苗头性问题及时约谈、函询，加大诫勉谈话力度，防止小问题演变成大问题。严格执行党政领导干部选拔任用工作责任追究有关规定，强化党组（党委）、分管领导和组织人事部门在干部选拔任用中的权重和干部考察识别的责任，严肃查处违反组织人事纪律的问题。坚持“钱到哪里，审到哪里”，重点开展任中审计和离任审计，推动形成“莫伸手，伸手必被捉”的高压态势。增强制度执行力，做到用制度管权管事管人，坚持制度面前人人平等、执行制度没有例外，不留“暗门”、不开“天窗”，坚决维护制度的严肃性和权威性，纠正有令不行、有禁不止的行为。

三、狠抓从严治党责任制落实，以上率下，务求实效

一是明确党组责任，充分发挥政治领导核心作用。党组是科协系统的政治领导核心，对科协从严治党负有重大政治责任，每年要定期召开会议专题研究科协系统党建工作特别是党风廉政建设问题，针对苗头性倾向性问题及时研究提出整治措施，下工夫整顿转化软弱涣散基层党组织，把党建工作抓细抓实。党组书记对科协从严治党负有首要责任，要定期听取党组成员和有关部门主要负责人关于党建工作的情况汇报，定期与党组成员、机关部门和直属单位主要负责同志进行党建和党风廉政谈话，监督党组成员廉洁从政、认真执行党风廉政建设责任制和落实党内各项监督制度情况。坚持党建工作和中心工作一起谋划、一起部署、一起考核，切实做到重要工作亲自部署、重大问题亲自过问、重点环节亲自协调、重要案件亲自督办，从严管好机关各部门和直属单位“一把手”，管好班子、带好队伍、做好表率，用好的“一把手”带出一个好的班子、一支好的干部队伍、一个单位的好风气。党组成员对分管领域从严治党工作负重要责任，要定期与分管部门和联系单位领导班子主要负责同志进行党风廉政谈话，听取关于党建工作的情况汇报，监督落实科协党组从严治党工作部署，督促分管班子成员严格遵守有关规定，提醒纠正存在问题。分管领域出现违规违纪问题，分管党组领导也要承担相应领导责任。抓好《中国科协党组关于落实党风廉政建设党组主体责任和纪委监督责任的实施意见（试行）》贯彻落实，落实党建责任制，用责任传导压力、用压力推动落实，切实把党建作为必须抓好的硬任务，及时准确落实到位。

二是明确机关基层党组织责任，充分发挥政治引导和表率作用。机关各部门党支部要自觉把深入学习贯彻习近平总书记系列重要讲话精神作为首要政治任务，开展形式多样的学习教育活动，引导广大党员干部在深入学习贯彻习近平总书记系列重要讲话精神上作表率、在同以习近平同志为总书记的党中央保持高度一致上作表率、在贯彻落实党中央各项决策部署上作表率。严肃党内政治生活，增强角色意识和政治担当，在党言党、在党忧党、在党为党，讲政治、讲原则、讲规矩，自觉把爱党、忧党、兴党、护党落实到工作生活各个环节，下大气力解决好影响严肃认真开展党内政治生活的各种问题，提高党内政治生活的政治性、原则性、战斗性，敢于同形形色色违反党内政治生活原则和制度的现象作斗争。支部书记作为部门党建工作第一责任人，要强化党建主业意识，充分认识抓好党建是本职、不抓党建是失职、抓不好党建是不称职、失职要问责、不称职就要调整的要求，带头落实从严治党责任，主动担责、认真履责、扎实尽责，定期研究党建工作，真正把党中央和科协党组关于党建工作的指示要求落到实处。支部成员要严格执行“一岗双责”，支持配合支部书记开展党建工作，协助班子成员领导监督分管处室落实上级党建工作部署，在落实从严治党责任、严肃党内政治生活、严格遵守党的纪律等各方面做好表率。健全廉政风险防控机制，规范机关工作转移承接制度，制定相互对应、相互衔接、相互制约的工作程序，做到懂规矩、按程序办事。

三是明确直属单位党组织责任，充分发挥制度的监督约束作用。各直属单位是法人实体，党组织对于坚持正确政治方向、完成科协党组工作部署负有重要责任。直属单位党组织要进一步健全完善“三会一课”学习制度，抓好科学理论武装，充分发挥党委的政治核心作用和党支部的基层战斗堡垒作用；按照民主集中制原则严格执行领导班子议事规则与决策程序，实行“三重一大”事项集体决策制度，切实加强对一把手权力的制约；落实集体领导和分工负责、重要情况通报和报告、述职述廉、信访处理、谈话和诫勉、询问和质询、特定问题调查等党风廉政防控制度，加强和改进对领导班子成员行使权力的制约和监督。同时结合形势发展和工作需要，围绕重要岗位、关键环节和重要流程加强建章立制，着力建立和完善管权、管

钱、管人、管事的制度体系，加快建立新的学习制度、纪律制度、走访制度等，加强对财务预算执行情况和财政资金使用及重大项目执行情况的监督，加强对公务支出预算管理情况、特别是中央八项规定执行情况的监督，确保将权力关进制度的笼子，让从严治党有制度保障。直属单位党组织负责同志作为本单位党建工作第一责任人，要进一步增强“书记意识”，及时传达贯彻中央和科协党组有关文件精神，把基层党组织建设工作摆在重要位置，切实做到业务工作与党建工作同部署、同落实，着力解决主观上宗旨意识淡薄、革命意志衰退的问题，客观上制度欠缺、执行不力、监督不严、主体责任和监督责任落实不够的问题。直属单位党组织其他成员对职责范围内的党建工作负重要责任，负责领导并监督分管部门落实科协党组党建工作部署，既要积极配合协助党组织负责同志履行工作职责，按照党组统一部署开展党建工作，又要严于自律，想明白、算清账，看好自己的门、管好自己的人，抓早抓小，切实做到守土有责、守土尽责。

四是支持指导学会党组织发挥战斗堡垒作用，不断增强对科技工作者的吸引力凝聚力。深入开展“党建强会计划”，进一步扩大学会党组织覆盖面，以“抓组建、促规范”为重点，通过责任部门领导包建、党建工作指导员帮建、科协职能部门助建、支撑单位党组织协建等多种方式，积极扩大学会党组织的覆盖面。研究推动在理事会、常务理事会等学会领导机构层面建立党组织，探索在地方科协成立社会组织党工委（党委）的模式和经验，发挥学会党组织在推动承接政府转移职能、完善学会治理结构、把握政治方向、保障政治安全方面的重要作用。加强学会党组织党风廉政建设，探索对全国学会经费使用管理的体制机制，加强对办事机构挂靠在中国科协的全国学会、承担科协项目的全国学会及其他有关单位和组织的审计工作，推动学会党建工作科学化、制度化、规范化发展。不断深化对学会党建规律的探索和认识，认真贯彻落实中央关于加强和改进群团工作的意见，抓紧制定实施《“科技工作者之家”建设标准（试行）》，把学会党建工作融入“建家”标准之中，把软要求变成硬约束，通过广泛开展“建家交友”活动加强对科技工作者的人文关怀和情感联系，更好地发挥党组织的领导核心和政治核心作用。

从严治党是一个长期的过程，作风建设永远在路上。科协各级党组织要认真贯彻落实中央关于加强和改进群团工作的要求，自觉把从严治党与建设科技工作者之家结合起来，深入贯彻习近平总书记系列重要讲话特别是关于科技创新的讲话精神，大力宣传弘扬老一辈科学家科技报国的高尚情操和无私奉献的爱国情怀，广泛宣传基层一线优秀科技工作者和创新团队的先进事迹，加强对科技工作者的人文关怀和情感联系，把科技工作者紧密团结在党中央周围，为实现“两个一百年”奋斗目标、实现中华民族伟大复兴的中国梦作出新的更大贡献。

关于积极做好培育和践行社会主义核心价值观相关工作的通知

科协发厅字〔2014〕15号

各全国学会、协会、研究会，各省、自治区、直辖市、副省级城市科协，新疆生产建设兵团科协：

近日，中共中央宣传部和中央文明办联合印发了《〈关于培育和践行社会主义核心价值观的意见〉重点工作分工方案》（以下简称《分工方案》），中国科协作为责任单位之一，参与承担多项重点工作。为动员和组织科协系统各方面资源和力量完成好中国科协承担的任务，积极推动培育和践行社会主义核心价值观相关工作的开展，特将有关事项通知如下。

一、充分认识培育和践行社会主义核心价值观的重要意义

富强、民主、文明、和谐是国家层面的价值目标，自由、平等、公正、法治是社会层面的价值取向，爱国、敬业、诚信、友善是公民个人层面的价值准则。社会主义核心价值观与中国特色社会主义发展要求相契合，与中华优秀传统文化和人类文明优秀成果相承接，是我们国家文化软实力的灵魂，是我们党凝聚全党全社会全体公民价值共识的思想基础。

习近平总书记在主持中央政治局第13次集体学习时指出，核心价值观是决定文化性质和方向的最深层次要素，是文化软实力建设的重点。构建具有强大感召力的核心价值观，关系社会和谐稳定，关系国家长治久安。要把培育和弘扬社会主义核心价值观，作为凝魂聚气、强基固本的基础工程，不断夯实中国特色社会主义的思想道德基础。

各级科协及所属团体要深入学习、深刻领会习近平总书记关于培育和践行社会主义核心价值观的重要讲话精神，充分认识培育和践行社会主义核心价值观对巩固马克思主义在意识形态领域的指导地位、集聚实现中华民族伟大复兴中国梦强大正能量的重要现实意义和深远历史意义，把思想和行动统一到习近平总书记的重要讲话精神和中央的要求上来，广泛动员和组织广大科技工作者投身到培育和践行社会主义核心价值观的时代洪流中来，为实现中华民族伟大复兴中国梦作出新贡献。

二、发挥优势，扎实做好培育和践行社会主义核心价值观的各项工作

各级科协及所属团体要紧密结合工作实际，充分发挥科协组织网络健全、人才荟萃等优势，积极推动培育和践行社会主义核心价值观，按照《分工方案》的要求，着重做好中国科协作为责任单位所承担的以下工作。

（一）组织开展好“弘扬科学道德 践行‘三个倡导’奋力实现中国梦”巡回报告活动，充分发挥科技界在培育和践行社会主义核心价值观方面的表率、带动作用。巡回报告会宣讲科学大师报效祖国、无私奉献的科学人生和求真务实、开拓创新的科学精神，为全社会提供了模范践行社会主义核心价值观的学习典范。为进一步组织开展好巡回报告活动，中国科协在去年成功举办报告会基础上，积极联系院士专家，扩充报告团队伍，丰富报告题材，充实报告内容，完善报告形式，提高报告活动的组织水平，并组织“科技梦·中国梦——中国现代科学家主题展”全国巡展，配合好巡回报告活动的开展。2014年巡回报告举办地的省市科协要积极争取当地党委、政府的支持，精心策划、周密组织、认真举办好报告会，加大对报告会的宣传报道工作力度，使巡回报告产生更大更广泛的影响，发挥科技界在培育和践行社会主义核心价值观方面的表率、带动作用，为推动全社会培育和践行社会主义核心价值观作出新贡献。

（二）深化科学道德和学风建设宣讲教育工作，组织实施“科学大师名校宣传工程”，大力引导大学生、研究生、广大教师自觉践行社会主义核心价值观。中国科协将继续会同教育部、中国科学院、中国社会科学院、中国工程院，按照“全覆盖、制度化、重实效”的总体要求，全面、扎实、深入开展科学道德和学风建设宣讲教育工作，继续在人民大会堂举办首都高校科学道德和学风建设宣讲教育报告会。各地科协要会同当地教育行政管理部门和相关单位，举办好当地的科学道德和学风建设集中宣讲报告会，推动建立科学道德教育的长效机制。中国科协还将继续会同教育部等有关部门组织实施“科学大师名校宣传工程”，支持和推动有关高校创编和公演以科学大师为主题的剧目，2014年5月组织公演剧目到武汉汇演。通过不断加强科学道德和学风建设，组织实施好“科学大师名校宣传工程”，大力引导研究生、本科生、青年教师、研究生导师等广大师生向科学大师学习，提高科学道德修养，遵守科学道德规范，自觉践行社会主义核心价值观。

（三）组织开展好评选、表彰、宣传优秀科技人才工作，主动引导全国广大科技工作者践行社会主义核心价值观。各级科协及所属团体在举荐优秀人才、开展表彰奖励、宣传代表人物时，要把践行社会主义核心价值观作为重要标准和条件，激励优秀科技人才带头践行社会主义核心价值观，主动引导广大科技工作者不断增强培育和践行社会主义核心价值观的自觉性。各全国学会、协会、研究会和各地科协要加强对主管、主办期刊、报纸、网站等学术交流阵地和宣传阵地的管理，增强传播社会主义核心价值观的责任意识和能力，把广大科技工作者紧紧团结在党的周围，把他们的智慧和力量凝聚到党和人民的事业中来。

（四）进一步密切与科技工作者的联系，有效引导全国广大科技工作者用正确观点阐释和传播社会主义核心价值观。各级科协要大力加强科协基层组织建设，不断扩大科协组织的覆盖面，更广泛地联系科技工作者。要不断深化和巩固党的群众路线教育实践活动的成果，以科技工作者为本，深入持久地开展“建家交友”工作，转变工作作风，不断提高联系、服务科技工作者工作的质量、水平和成效。各级科协及所属团体要通过开展“中国科协会员日”活动和日常的业务活动，与科技工作者广交朋友，并建立稳固、畅通的联系渠道。要不断加强为科技工作者服务的能力建设，及时充实服务内容，主动创新服务方式，切实增强科协组织对广大科技工作者的凝聚力、吸引力、影响力，有效引导全国广大科技工作者以培育和践行社会主义核心价值观为己任，准确阐释和主动传播社会主义核心价值观。

（五）组织开展好青少年科技教育、竞赛和科普活动，把社会主义核心价值观教育贯穿青少年科技活动全过程和各个方面。各级科协要把培育和践行社会主义核心价值观融入青少年科技教育和创新实践中，紧密围绕“中国梦、科学梦、青春梦”主题和社会主义核心价值观基本内容设计活动内容和形式。组织开展好全国青少年科技创新大赛、“明天小小科学家”奖励活动和中国青少年机器人竞赛、中学生英才计划等青少年科技竞赛和科技创新后备人才选拔活动，营造文明、和谐、诚信、友善、公正、平等的活动氛围和环境，培养青少年的科学精神和社会责任感。组织开展好青少年科学调查体验、大手拉小手、航天科普、高校科学营等青少年科普活动，进一步丰富科普活动形式和内容，把广大青少年参加科普活动的过程转化为培养社会主义核心价值观的生动实践，增强青少年的爱国情怀、民族自豪感和自信心，从小树立崇高理想和雄心壮志。

（六）推进科协系统科技馆免费开放，为培育社会主义核心价值观提供设施和服务。按照中央关于公共文化设施免费开放的要求，中国科协正会同有关部门联合实施、共同推进全国科技馆免费开放工作，拟于2014年年底前对科协系统所属的具备基本常设展览和教育活动条件、能够正常开展科普工作、常设展厅面积在1000平方米以上的各级科技馆实行免费开放。各级科协及所属科技馆要认真做好免费开放的前期准备工作和组织实施工作，届时，取消常设展厅的门票收费，取消科普讲座、科普报告等活动的门票收费，取消辅助性服务如参观指南、卫生设施、物品寄存及休息查阅等服务收费，要在当地主流媒体公示免费开放内容，扩大免费开放知晓度，吸引广大公众参观，要创新科技馆管理体制、运行机制和服务方式，丰富展教内容，增强互动体验，提高服务效能，为公众涵养、培育社会主义核心价值观和提高科学素质发挥更大作用。

三、密切配合，形成共同推进社会主义核心价值观培育和践行的良好局面

各级科协及所属团体要按照本通知的要求，加强领导，精心组织，扎实做好培育和践行社会主义核心价值观的各项工作，共同完成好《分工方案》中分配给中国科协的各项任务。中国科协机关有关部门和直属单位要根据《分工方案》制定所负责工作的具体实施方案，明确人员、进度、措施，做到责任到人、落实到位，在具体实施过程中要主动与《分工方案》中指定的牵头单位相关部门联系沟通，密切配合，共同推进社会主义核心价值观的培育和践行，夯实全党全国人民团结奋斗的共同思想基础。

中国科学技术协会

2014年3月5日

关于印发《中国科协关于实施创新驱动助力工程的意见》的通知

科协发学字〔2014〕68号

各有关全国学会、协会、研究会，各省、自治区、直辖市科协，新疆生产建设兵团科协：

为充分发挥科协及其所属学会在创新驱动发展中的重要作用，进一步推进学会为地方经济社会发展提供科技和人才支撑，中国科协拟于近期组织实施创新驱动助力工程。经研究，现将《中国科协关于实施创新驱动助力工程的意见》印发给你们，请结合实际，认真贯彻落实。

中国科学技术协会

2014年10月10日

中国科协关于实施创新驱动助力工程的意见

党的十八大明确提出实施创新驱动发展战略，强调科技创新是提高社会生产力和综合国力的战略支撑，必须摆在国家发展全局的核心位置。为充分发挥科协的组织体系优势，进一步推进学会为地方经济社会发展提供科技服务和人才支撑，中国科协拟组织实施创新驱动助力工程。经研究，对实施创新驱动助力工程提出以下意见：

一、指导思想

认真贯彻党的十八大和十八届二中、三中全会精神，按照《中共中央关于全面深化改革若干重大问题的决定》、《中共中央、国务院关于深化科技体制改革加快国家创新体系建设的意见》、中国科协等七部门《关于动员广大科技人员服务企业的意见》等文件精神，发挥科协所属学会的组织和人才优势，围绕增强自主创新能力，通过创新驱动助力工程的示范带动，引导学会在企业创新发展转型升级中主动作为，在地方经济建设主战场发挥生力军作用。

二、基本原则

（一）示范引领，机制先导。按照党委和政府重视、学会工作有基础、地方企业主动积极的原则，在东、中、西部分别选择有代表性的地市级城市，实施创新驱动助力工程，设立创新驱动助力示范区（以下简称“示范区”），由学会为地方提供高水平智力支持和科技支撑，搭建协同创新平台，示范带动，服务地方加速经济转型升级。

（二）科协搭台，学会唱戏。中国科协与省政府合作签订协议，将示范区转型升级发展列入省市建设规划。学会组织科研院所、高等院校、国有企业的院士专家以及海外人才智力资源参与示范区经济转型发展，通过智力纽带、技术纽带逐步辐射到经济纽带，助力示范区创新驱动发展。

（三）地方主导，合作共赢。根据示范区确定的主导产业，按照重点和支柱企业技术需求，选择相关学会在开发区、骨干企业建立学会服务站、院士专家工作站、企会协作创新联盟、海智计划基地（以下统称“学会服务站”）等多种形式的服务载体。开展科技咨询、成果推广和产业化服务，促进产学研结合，达到地方和学会互利共赢。

（四）学会提能，集聚资源。促进学会提升自身工作能力，加快自身改革的步伐，尽快建立完善先进技术成果库、优秀科技人才库，积极研制重点产业升级技术路线图。大力整合科研院所、高等院校、企业（尤其是国有企业）的科技资源，加强宏观组织和系统集成，促进产学研有机结合，对示范区的技术支持从研发源头到应用推广实行全链条跟踪式、保姆化服务。

三、主要内容

创新驱动助力工程服务内容主要包括：

（一）为地方区域经济发展提供咨询建议。组织专家团队，在充分调研的基础上，根据国家政策导向，结合地方实际情况，发挥相关学会人才荟萃、智力密集、熟悉学科发展和技术前沿、获取最新信息快等优势，对地方区域发展战略、产业发展升级规划、重点产业升级技术路线图等提出专业意见建议。

（二）帮助地方解决重大战略中的关键技术问题。按照地方需求，帮助示范区解决优势资源科学开发和高效利用、生态修复和建设、环境保护、城市规划、传统产业升级改造等重大战略中的关键技术问题。

（三）建立产学研联合创新平台。依据示范区重点产业发展需求，组织高等院校、科研院所的科技成果、科技项目和专业人才进行对接，促进研究机构与示范区企业之间的知识流动与技术转移。联合开展科技攻关、共同建立研发平台、合作培养创新人才、促进校地合作、构建产业技术创新战略联盟。

（四）促进科技成果和专利技术推广应用。联合科研院所、高等院校、企业等创新资源，利用中国科协“科技信息服务企业创新”项目库的国外专利信息资源，帮助重点企业引进先进技术开展系统技术服务，在重点企业开展创新方法培训，指导先进技术的推广应用。

（五）承接示范区有关科技攻关项目。经双方协商，承接地方委托的产业转型升级所需共性关键技术研究协同创新攻关等项目，帮助推进整个行业特别是中小企业的技术升级，培育新兴产业，提升传统产业，发展低碳经济，保障和改善民生。

四、工作程序与分工

（一）地方政府提出需求。由省级人民政府推荐辖区内一个地市级城市作为创新驱动助力工程试点。试点市政府根据当地实际情况，就经济社会发展、产业结构调整等方面的战略发展问题提出需求，并组织当地企业就技术路线设计、关键共性技术问题等提出具体需求，联合中国科协和全国学会共同在示范区设立学会服务站，为学会服务站提供必要的场地和人员保障，协助其开展工作。

（二）中国科协宏观指导。中国科协根据学会和示范区实际情况确定实施创新驱动助力工程、建立示范区的方向原则、主要内容、组织模式、运行机制、保障措施，形成创新驱动助力工程服务方案。遴选有关全国学会与示范区的需求直接对接，组织专家实地调研，开展研讨，指导地方科协开展创新驱动助力工程，并对实施过程和实施成效进行监督和评估。

（三）全国学会具体实施。受中国科协委托，由学科专业领域具有优势、组织协同能力强的全国学会牵头，联合相关学会共同依托示范区的学会服务站开展工作，按照地方需求组织实施创新驱动助力工程。推荐有关院士专家组成具备解决需求能力和水平的专家团队，整合科研院所、高等院校、国有企业的各类创新要素，为示范区提供技术、人才、项目服务。

（四）重点企业牵头对接。试点城市选择当地有代表性的支柱产业或重点骨干企业牵头，联合当地其他同类企业，形成产业集群，就共性技术难题提出需求，选派优秀技术人员组成协同攻关团队，与全国学会推荐的专家直接对接。推动在重点企业和产业集群建立企业科协组织，参与技术交流和技术竞赛活动，推动技术创新、举荐优秀人才、激发企业创新活力。

（五）地方科协协调配合。省级科协做好与省政府和地市级政府的沟通协调，配合中国科协与省政府签订有关合作协议。地市级科协配合当地政府收集汇总需求信息，积极推动建立学会服务站或创新联盟，做好服务工作。地方科协要动员地方学会和相关组织积极与有关全国学会对接，参与创新驱动助力工程具体项目，提升地方学会服务经济社会发展能力。

到 2015 年 6 月底前，中国科协计划在全国选取 10 个城市作为创新驱动助力工程试点，建立创新驱动助力示范区，组织动员有关全国学会参与试点工作，探索全国学会服务地方经济社会发展的有效模式，为地方提供技术咨询、技术诊断和技术指导，促进科技资源有效汇集和利用，培养创新团队，在服务地方经济和社会发展中取得实效。2015 年下半年开始，中国科协将在总结经验的基础上，通过示范区的典型示范作用，进一步推广创新驱动助力工程，扩大覆盖面和影响力，促进全国学会在提升地方创新驱动发展能力方面更好地发挥作用。

五、保障措施

在实施创新驱动助力工程过程中，中国科协、各有关全国学会和地方科协可采取协同配合、规范发展、强化服务、宣传表彰等多种方式进一步推动工作有序进行。

（一）注重协同配合，做好规划。加强同地方党委、政府相关职能部门之间的沟通联系与协同配合，切实发挥各级学会联系机构和专家广泛的优势，有针对性地开展人才和项目对接，为地方引进人才、智力提供支撑，做好创新驱动助力工程服务方案以及示范区管理制度的制定与实施，共同推动创新驱动助力工程长效发展。

（二）力求合理布局，稳步推进。根据实际情况制定创新驱动助力工程管理办法或实施意见，明确责任、措施和流程，保护学会有关专家的知识产权，合理设置创新驱动助力工程阶段性目标，合理设置示范区建设标准和工作进度安排，有序推进，提高实效。

（三）增强服务意识，突出特色。中国科协发挥学科齐全、联系广泛的优势，将服务学会能力提升和服务地方经济社会发展有机结合，搭建好平台，做好服务。全国学会加强与院士专家和地方政府的双向沟通，发挥学会引领学科发展前沿的优势，及时了解最新科研动态和需求，提供科技特点突出、学会特色鲜明的服务，提高服务的时效性。

（四）多方共同推动，协作共赢。由中国科协，地方政府、企业三方共同推动，形成长效机制。采取以奖代补方式，引导设立创新驱动助力示范区；采取购买服务方式，鼓励所属全国学会承接地方政府关于产业升级、规划设计等重大、综合需求项目；联合设立转化基金，开展技术开发、标准研制、技术诊断、人员培训等项目。

（五）促进上下联动，形成合力。各地方科协可参照中国科协创新驱动助力工程实施原则、内容，结合本地经济社会发展实际，广泛实施创新驱动助力工程，探索新经验，总结新模式，丰富创新驱动助力工程的工作内涵，形成上下联动、合力推进的工作格局。

关于实施学会创新和服务能力提升工程的意见

科协发学字〔2014〕86 号

各全国学会、协会、研究会，各省、自治区、直辖市科协，新疆生产建设兵团科协：

自 2012 年中国科协、财政部联合实施学会能力提升专项以来，学会能力建设取得了显著成绩。党的十八大和十八届三中全会关于全面深化改革的战略部署，特别是服务创新驱动发展战略、服务创新型国家建设的重要需求，对学会的改革发展提出了更高要求。中国科协明确把学会建设作为科协主体工作，摆在重中之重的位置，启动实施学会创新和服务能力提升工程。现提出工作指导意见。

一、提升学会创新和服务能力是服务全面深化改革大局的迫切需要

党的十八届三中全会明确全面深化改革的总目标，提出实施创新驱动发展战略，把科技创新摆在国家发展全局的核心位置，把人才培养放在科技创新的首要位置。强调要激发社会组织活力，发挥社会组织在全社会创新中的重要作用。面对新的机遇和挑战，学会迫切需要主动适应科技经济社会发展新形势，进一步增强责任感、使命感和危机感，进一步强化职能、改进作风，进一步提升服务创新、服务社会与政府、服务科技工作者、服务自身发展的能力，以服务国家战略需求为导向，以改革创新为加速器，团结带领广大科技工作者发扬不懈创新的科学精神，聚焦国家战略需求，为提高我国自主创新能力，为推动科技进步、经济发展和优化国家决策作出更大贡献。

（一）深化协同创新作用，促进科技与经济融合

围绕行业共性问题和关键技术，结合地方实际需求，发挥学会跨部门、跨行业、跨学科、跨地域优势，联合科研院所、高校、企业等创新资源，广泛协同各方力量，积极建设开放包容的专业学会群和技术创新联盟，组织科技成果、科技项目和专业人才对接，促进研究机构与企业之间知识流动与技术转移，拓宽科技成果转化应用渠道，推动技术成果与产业发展深度融合，服务企业技术创新主体地位，助力企业提升自主创新能力。

（二）深化学术引领作用，推动未来科技发展

推动学会进一步发挥活跃学术思想、启迪创新思维、促进知识生产、推出原创成果的重要作用，成为科研信息的集散中心，学科交叉融合的重要平台，引领科技交流、探索科技前沿的风向标，为推动自主创新作出积极贡献。针对科技发展中的资源分散、重复、碎片化等问题和“孤岛”现象，推动学会发挥资源集成和信息共享作用以及横向联合优势，利用互联网、新媒体等现代信息技术手段，推动科技主体和科技资源互联互通，大幅提高科研效率和效果，加快科技进步和创新能力的提高。

（三）深化决策咨询作用，助力科技战略设计规划

大时代需要大格局，大格局需要大智慧。充分发挥人才荟萃、智力密集、资源整合优势，把学会建设成为专业化、具有较大影响力和国际知名度的高质量智库，为深化改革提供智力支持。紧紧围绕科技创新和经济发展中的战略性、前瞻性、基础性和行业共性问题开展调研咨询，把科技工作者个体智慧上升凝聚为集体智慧和组织智慧，在科技事业发展战略规划、国家重大项目设计以及科技资源分配等方面，实现学会由参与向融入和局部主导转变，成为第三方咨询与评价的重要力量，以科学咨询支撑科学决策，以科学决策引领科学发展。

（四）深化人才培养举荐作用，激发科技工作者创新活力

激发科技工作者创业创新的活力与热情，积极投身科技实践，推动科技工作者在实践中成长成才。发挥学会培养孵化作用，推动学会成为领军人才“传帮带”平台。发挥学会发现举荐作用，进一步提升人才评价的科学性、公正性，推动学会成为青年科技工作者的“伯乐”。建设良好科技人才成长生态，倡导科学道德和优良学风，使学会成为优秀成果荟萃和优秀人才成长的净土沃土。准确反映科技工作者的意愿和诉求，切实维护科技工作者权益。

二、提升学会创新和服务能力的总体要求

（一）指导思想

贯彻落实党的十八大和十八届三中、四中全会精神，坚持中国特色社会主义道路，围绕全面深化改革的战略部署，瞄准创新驱动发展、科技体制改革、政府职能转变、社会管理创新的重大需求，坚持以服务发展为目的，以改革创新为主线，以科技工作者为核心，以学会为载体，在落实中提升、在继承中创新，持续打造一流学会集群，引领带动科协组织整体发展，激发广大科技人才创新活力与激情，为加快建设创新型国家、奋力实现中华民族伟大复兴的中国梦贡献智慧和力量。

（二）基本原则

——明确定位，科学发展。学会要坚持把服务全面深化改革大局作为根本出发点和落脚点，把创新和服务能力提升作为主体工作和重要基础，把服务和依靠科技工作者作为事业之本，把党和政府认可、科技工作者满意、社会公众支持作为检验成效的标准，努力在科技创新和服务经济主战场上更加奋发有为。

——改革创新，完善机制。围绕科技经济发展的新常态、新亮点和时代特征，直面重点焦点难点问题，进一步解放思想，推动学会持续改革创新，以实现制度机制创新、形成可复制可推广的模式为重要目的，着力完善能负责的运行机制、能问责的约束机制、受监督的公开制度和有实效的服务机制，依法治会、照章办会，推动学会改革创新规范化、法制化。

——稳妥有序，统筹规划。与党和国家重大战略部署相衔接，广泛凝聚与政府部门和社会的共识，明确学会改革创新的总体设计和前瞻规划，强化对学会的分类指导，以志存高远、脚踏实地、蹄疾步稳的姿态，有序推进改革进程，确保程序严密、运行规范、责权分明、制约有效。

——联合协作，示范引领。坚持大联合、大协作的工作方针，发挥科协及其所属学会的组织优势，强化优秀学会的典型示范和引领带动作用，推动优势互补、资源整合与信息共享，促进形成上下协同、联动互动、特色鲜明、服务大局的工作体系。

（三）总体目标

围绕服务全面深化改革大局的总体要求，以学会

创新和服务能力提升工程为依托，协同全国学会、地方科协及其所属学会，着力提升学会服务创新、服务社会与政府、服务科技工作者、服务自身发展的能力，形成一流学会集群，推动好学会增多、强学会更强，学会服务大局的重要作用不断凸显，社会影响广泛，示范效应显著，特色鲜明，活力提升，为推动国家创新体系建设和社会治理创新作出积极贡献。

——到 2017 年，重点建设一批优秀学会，促进学会勇于和善于改革创新，增强学会综合发展实力；支持学会开展特色和品牌工作，让更多的学会在能力提升中受益，在工作实践中提升，探索发展路径，丰富改革经验，加快建设进程。

——到 2020 年，形成影响力、凝聚力、公信力和创造力强，国内领先、国际知名的示范性学会集群，成为服务创新驱动发展的重要引擎，激发科技创新的重要源头，助力经济发展的重要渠道，促进科技工作者成长成才的重要平台，团结科技工作者的会员之家，在科技创新与经济发展的重要领域和关键环节中发挥骨干作用。

三、提升学会创新和服务能力的重点任务

在学会能力提升专项成果基础上，进一步聚焦改革难点，深化学会能力与机制建设，拓展创新和服务职能，启动学会创新和服务能力提升工程实施工作。优化整合项目，稳步扩大规模，以奖代补、以奖促建，持续稳定支持。一是以学会综合能力建设为基础，发挥优秀学会群的“火车头”牵引带动作用；二是支持创新驱动助力、学术交流示范、学科发展引领与资源整合集成、承接政府转移职能、精品科技期刊、青年人才托举、学会发展基础培育等 7 项重点和品牌工作，形成“1+7”的工作格局，为国家科技创新和经济建设提供智力与技术支撑。

（一）加强学会综合能力建设，引领现代科技社团发展

支持开展优秀科技社团建设。坚持自我发展和政府支持相结合，强化学会人力资源、信息资源、组织资源和社团文化建设，着力提升学会服务创新、服务社会与政府、服务科技工作者、服务自身发展的能力，打造更多社会信誉好、发展能力强、学术水平高、服务成效显著、内部管理规范、市场竞争力强、国际知名的示范学会，切实把学会建设成为中国特色的现代科技社团，使学会逐步成为提供科技公共服务的重要主体，参与社会治理的协同力量，科技政策制定的决策咨询机构，重点项目评价的主要第三方，科学技术教育普及与传播的主渠道，科普创作的生力军。

（二）服务区域经济和行业企业需求，助力创新驱动发展

支持指导学会实施创新驱动助力工程。推动学会主动服务，创造条件自觉融入以企业为主体、市场为导向、产学研相结合的技术创新体系构建中，助力地方经济转型升级，助力行业企业创新驱动发展。针对地方对先进技术成果的需求，发挥学会人才和技术资源优势，按照示范引导、机制先导，科协搭台、学会唱戏，需求导向、合作共赢，学会提能、集聚资源的组织原则，由地方和企业提出需求，各级科协牵头对接，全国学会具体承接，以试点先行的方式，为地方区域经济发展提供咨询建议，帮助企业解决关键技术问题，建立产学研联合创新平台，促进科技成果和专利技术推广应用，转化为现实生产力。

（三）开展学术交流示范，激发科技创新活力

支持指导学会开展学术交流示范活动。围绕弘扬科学精神、营造学术争鸣氛围、激发创新思维和智慧碰撞，推进学科知识理论体系原始创新，搭建不同形式、不同层次的学术交流平台。进一步提高学术交流质量和实效，加大国际间交流合作力度，打造中国科协主办的品牌学术活动，重点支持中国科协年会、青年科学家论坛、新观点新学说学术沙龙、夏季科学展和世界机器人大会等。支持学会举办综合交叉、前沿高端、科技界关注的重点学术问题、区域性专题等示范性学术活动。

（四）优化整合科技资源，引导学科发展

支持指导学会开展学科发展引领与资源整合项目。发挥学会知识集成、项目组织、学术传播优势，推动科技资源的开放共享集成，建立和完善学科及跨学科的合作集成创新网络平台和共享数据库，建立起学科内或跨学科科研学术活动的横向联系合作机制，促进各类科技资源的集成利用效益和整体科研效率的提高。重点支持学会开展学科发展研究、技术路线图研制、学科国内外同行年度评价等。推进建设专业学会群，在机器人、清洁能源、新材料、生物、装备制造、信息化、现代农业、环境资源等战略、新兴、交叉领域建设以学会为核心的技术创新联盟。

（五）承接政府转移职能，拓展科技与人才公共服务领域

支持指导学会有序承接政府转移职能。配合政府

职能转变需要，积极稳妥推进学会有序承接政府转移职能，坚持政府主导、科协主动、规则公开、严格监督，探索形成转移的有效途径和成熟模式，前瞻性地建立完善职能转移后的长效运营机制和监管机制，学会做到能问责、能负责，接得住、接得好。重点支持学会开展决策咨询、科技评价、科技奖励、技术标准规范制定、专业技术人员职业水平评价和继续教育培训、技术鉴定、专业机构水平评价等方面工作。

（六）打造精品科技期刊，提升引领自主创新的能力

支持指导学会开展精品科技期刊建设。面向科技经济发展需要，大力发挥学会办刊的学术和专业优势特长，重点支持期刊开展学术质量提升、数字化建设、集群化建设、期刊出版人才培育等工作，打造一批在本学科和专业领域内有较强影响力和专业辐射力的精品科技期刊。搭建和完善推动科技期刊发展的基础建设平台和服务机制，全面提升办刊质量。发挥精品科技期刊工程的示范引导作用，把科技期刊建成促进科技知识生产传播的重要渠道、促进学术交流的重要平台和促进学术生态建设的苗圃、花坛。

（七）加大青年人才培养举荐，助力科技人才成长

支持指导学会创新青年人才托举工作。充分发挥学会“小同行”专业优势，强化对青年人才苗子的发现举荐作用，及早发现、重点扶持、加快培养年龄在30岁左右，有较大发展潜力的“小人物”。鼓励学会为高校、研究所、企业的青年科研人员自主选题、参与或主持科研项目及团队合作提供经费、政策、工作等方面的更多支持，营造更宽松的潜心研究环境，引导青年人才充分利用好“科研黄金期”。支持学会推荐青年人才参与国际组织工作、国际学术交流和国际重大科研活动。支持学会为青年人才成果转化鉴定提供帮助。

（八）夯实学会发展基础，加快职业化社会化进程

支持指导学会加大培育自我发展基础。支持学会在职业化运营、会员发展、分支机构管理等方面的基础管理机制建设。支持学会开展人员队伍职业化、专职化建设。提升对学会常态运行大数据的搜集、整理、分析、挖掘和使用能力，加强服务学会发展的基础数据平台建设与管理，实现学会精细化、专业化分类管理。研制发布全国学会科技评价专业资质认证标准，引导学会加强科技服务特别是科技评价能力建设。组织学会联合研制科技社团登记条件、章程范本、评估标准、年检规范建议案。修订中国科协组织通则，积极主动培育、发展、吸纳优秀学会，重点发展对国家创新驱动发展有重要意义的新兴学科、交叉学科、重点学科的相关学会。加强学会党的建设。

四、强化学会治理方式的改革创新和政策保障

（一）创新管理，推进学会机制改革和活力增强

强化学会作为群团组织的社会功能，开展学会联盟创新试点，扩大无挂靠、无业务主管单位试点范围，进一步减轻学会束缚，激发学会活力，推动学会去行政化进程，实行民主自治、独立运行、自主发展。学会要以章程为核心，坚持依法依规、照章办事，建立健全现代法人治理结构和运行机制。严格坚持学会会员代表大会、理事会、常务理事会对学会的领导，不断优化学会领导层的专业代表性和年龄结构。严格执行学会关键岗位履职要求，确保理事长、秘书长尽职尽责，把主要精力和时间投入到学会发展和管理上。进一步规范和完善学会的资金与财务管理，合理收取会费，合理筹措和使用社会资金。

（二）明确责任，加强对学会工作的领导和服务

各级科协要将学会建设作为科协主体工作，加强对学会改革发展的统筹规划。中国科协要重点扶持全国学会改革创新，树立学会典型。全国学会要因会制宜，突出重点，发挥特色，打造学会品牌。地方科协要积极争取同级党委和政府支持，指导扶持地方学会发展壮大，主动为地方创新驱动发展服务，促进形成覆盖全国、上下协同、联动互动、特色鲜明、服务大局的科协系统工作体系。各级科协要建立学会工作的评价体系，建立完善统一高效的学会管理服务信息共享平台和工作协调平台，建立学会信用系统及信用管理制度。

（三）完善政策，推动学会改革发展环境的不断优化

贯彻学会依法自治原则，坚持学会改革创新的法治化道路。积极配合修订完善社团管理的相关法律法规，进一步明确科技社团的法律地位、职能范围、管理方式，明晰权责边界。进一步明确学会作为政府转移职能重要承接者、自主开展社会公共服务的定位、作用和标准，理顺管理体制，与事业单位改革相衔接。积极争取给予科技社团与其他科技创新和成果转化主体同等待遇。

（四）加强党建，促进学会廉洁自律和道德建设

学会是党领导下的群众组织，加强和改进学会党建工作，要紧扣学会特点，以“抓组建、促规范”为重点，建立健全基层党建工作，提高学会中党的组织和工作覆盖。深入实施“党建强会计划”，树立学会党建活动品牌，进一步加强学会党建理论研究和调查研究。深入开展中国特色社会主义和中国梦教育、理想信念和宗旨教育、社会主义核心价值体系教育，学会党组织要推动党员干部严格执行廉洁自律规定，充分发挥党员干部的模范引导作用。

（五）协同合作，主动沟通政府部门促进学会健康可持续发展

建立健全以科协为平台，有关政府部门指导支持，社会力量广泛参与的学会指导、扶持和监督体系，在争取多方共识的基础上，力求与相关政府部门形成稳定的会商、沟通和协作机制，加强工作研究，形成工作合力，为学会提升创新和服务能力，服务全面深化改革、服务创新驱动发展提供更有力的政策支持。

中国科学技术协会
2014 年 12 月 5 日

关于印发《中国科协关于加强科普信息化建设的意见》的通知

科协发普字〔2014〕90 号

各全国学会、协会、研究会，各省、自治区、直辖市科协，新疆生产建设兵团科协，各有关科普机构：

为全面推进《全民科学素质行动计划纲要（2006—2010—2020 年）》实施，大力提升我国科学传播能力，切实提高国家科普公共服务水平，实现我国公民科学素质的跨越提升，服务于创新驱动发展、全面建成小康社会，制定了《中国科协关于加强科普信息化建设的意见》，现印发给你们，请结合实际，认真贯彻落实。

中国科学技术协会
2014 年 12 月 10 日

中国科协关于加强科普信息化建设的意见

为全面推进《全民科学素质行动计划纲要（2006—2010—2020 年）》实施，大力提升我国科学传播能力，切实提高国家科普公共服务水平，实现我国公民科学素质的跨越提升，服务于创新驱动发展、全面建成小康社会，现就加强科普信息化建设提出如下意见。

一、科普信息化是推动科普创新发展的深刻变革

（一）科普信息化是应用现代信息技术带动科普升级的必然趋势。当今世界，以数字化、网络化、智能化为标志的信息技术革命日新月异，互联网日益成为创新驱动发展的先导力量，深刻改变着人们的生产生活，有力推动着社会发展，对国际政治、经济、文化、社会等领域发展产生深刻影响。信息化和经济全球化相互促进，带来信息的爆炸式增长，以及传播表达方式的多样性，使科学传播变得无比高效、方便快捷和充满乐趣，云计算、大数据等现代信息技术的应用，使泛在、精准、交互式的科普服务成为现实。信息化日益成为科普创新驱动发展的先导力量，成为引领科普现代化的技术支撑，要做好科普信息化建设，必须弘扬“开放、共享、协作、参与”的互联网精神，充分运用先进信息技术，有效动员社会力量和资源，丰富科普内容，创新表达形式，通过多种网络便捷传播，利用市场机制，建立多元化运营模式，满足公众的个性化需求，提高科普的时效性和覆盖面，这是科普适应信息社会发展的必然要求。

（二）科普信息化是实现全民科学素质跨越提升的强力引擎。我国正处在实施创新驱动发展战略、全面建成小康社会的关键时期和攻坚阶段，正在由要素驱动、投资驱动转向创新驱动，正在经历一场深刻的体制机制和发展方式的变革。创新驱动发展的关键是科技创新，基础在全民科学素质。要支撑“两个一百年”、创新驱动发展战略、全面建成小康社会等目标的实现，到 2020 年我国公民具备基本科学素质的比例必须超过 10%。要实现我国公民科学素质建设的这个发展目标，任务十分艰巨，必须通过加强科普信息化建设，借助信息技术和手段大幅快速提升我国科普服务能力，才能有效满足信息时代公众日益增长和不断变化的科普服务需求，才能为实现全民科学素质的快速提升提供强劲动力。

（三）科普信息化是对传统科普的全面创新。科普信息化不仅体现在技术层面，更关键、更重要的是科普理念到行为方式的彻底转变，即从单向、灌输式

的科普行为模式，向平等互动、公众参与式的科普行为模式的彻底转变；从单纯依靠专业人员、长周期的科普创作模式，向专业人员与受众结合、实时性的科普创作模式的彻底转变；从方式单调、呆板的科普表达形态，向内容更加丰富、形式生动的科普表达形态的彻底转变；从科普受众泛化、内容同质化的科普服务模式，向受众细分、个性精准推送的科普服务模式的彻底转变；从政府推动、事业运作的科普工作模式，向政策引导、社会参与、市场运作的科普工作模式的彻底转变。由此，科普信息化建设必须强化互联网思维，坚持需求导向，着力科普信息内容和传播渠道建设、着力科普信息资源的传播应用、着力科普信息化建设社会动员和保障机制的建立完善，融合发展，精准发力。

二、借助信息化技术手段，丰富科普内容，创新传播方式

（四）聚焦科普需求丰富科普内容。运用现代信息化手段，可使科普内容更加丰富、形象、生动，满足不同受众的多样化、个性化的需求，使科普更具观赏性、趣味性和感染力。各级科协及所属学会要把满足公众的科普需求和创新驱动发展对科普的需求作为主要任务。要充分发挥科学传播专家团队等广大科技工作者、科普工作者的作用，借助先进信息技术手段，贴近实际、贴近生活、贴近群众，围绕公众关注的卫生健康、食品安全、低碳生活、心理关怀、应急避险、生态环境、反对愚昧迷信等热点和焦点问题，大力普及科学知识，及时解疑释惑。要把青少年作为科普服务的首要对象，科学传播要把握科技发展脉动，紧盯科技创新趋势，让青少年的目光看到人类进步的最前沿，展开想象的翅膀，树立追求科学、追求进步的志向，点燃中华民族的科学梦想。中国科协将借助大数据，建立公众科普需求报告发布制度。

（五）创新科普表达和传播形式。科普创作、科普创意是实现科普表达的基本方式，各级科协及所属学会要结合区域特点，充分发挥科普作家、科学传播专家团队、社会公众等各方面力量的作用，发挥在科普创作方面的优势，顺应信息社会科学传播视频化、移动化、社交化、游戏化等发展趋势，综合运用图文、动漫、音视频、游戏、虚拟现实等多种形式，实现科普从可读到可视、从静态到动态、从一维到多维、从一屏到多屏、从平面媒体到全媒体的融合转变。强化科普与艺术、人文融合，充分运用群众喜闻乐见的电影、动漫等形式，充分运用形象化、人格化、故事化、情感化等创作方法，增强科普作品的吸引力。充分动员科普专业机构、科技社团、科研机构、教育机构、企业、网络科学传播意见领袖等生产和上传科普信息资源，推出更多的有知有趣有用的科普精品。

（六）运用多元化手段拓宽科学传播渠道。各级科协及所属学会要牢固树立借助为主、自建为辅的科学传播渠道建设理念，充分利用和借助现有传播渠道开展科学传播。加强与互联网企业等专业机构的合作，充分发挥中国数字科技馆等科普网站的作用，拓宽网络特别是移动互联网科学传播渠道，运用微博、微信、社交网络等开展科学传播，让科学知识在网上流行。加强与电视台、广播电台等大众传媒机构的合作，充分发挥广播、电视等现有覆盖面广、影响力大的传统信息传播渠道作用，建设科普栏目，传播科普内容。积极推动与车站、地铁、机场、电影院线等公共服务场所以及移动服务运营商、移动设备制造商的合作，将科普游戏、科普移动客户端、科普视频等优质科普内容作为公益性的增值服务提供给公众。

（七）强化科普信息的精准推送服务。各级科协及所属学会要依托大数据、云计算等技术手段，采集和挖掘公众需求数据，做好科普需求跟踪分析，针对本地区、本渠道科普受众群体的需求，通过科普电子读本定向分发、手机推送、电视推送、广播推送、电影院线推送、多媒体视窗推送等定制性传播方式，定向、精准地将科普文章、科普视频、科普微电影、科普动漫等科普信息资源送达目标人群，满足公众对科普信息的个性化需求。

三、联合集成，协同推进，推动科普信息化建设机制创新

（八）充分运用市场机制，创新科普运营模式。有效利用市场机制和网络优势，充分利用社会力量和社会资源开展科普创作和传播，是科普运营模式的重大创新。各级科协及所属学会要积极争取将科普信息化建设纳入本地公共服务政府采购范畴，充分发挥市场配置资源的决定性作用，依托社会各方力量，创新和探索建立政府与社会资本合作、互利共赢、良性互动、持续发展的科普服务产品供给新模式。中国科协会同财政部等有关部门、社会各方面大力推动实施科普信息化建设工程，充分依托现有企业和社会机构，借助现有信息服务平台，统筹协调各方力量，融合配置社会资源，建立完善科普信息服务平台和服务机制，细分科普对象，提供精准的科普服务产品，泛在

满足公众多样性、个性化获取科普信息的要求，引导和牵动我国科普信息化建设水平的快速提升。

（九）集成创新，大力推动信息化与传统科普的深度融合。各级科协及所属学会要将信息化与传统科普活动紧密结合，大力推动信息技术和手段在科普中的广泛深入应用，积极探索融合创新模式。借助或打造科普活动在线平台，通过二维码等方式引导公众便捷参与，设置科普活动自媒体公众账号，开展微博、微信提问，微视直播，现场访谈线上互动等活动，促进科普活动线上线下结合。积极组织和动员科技类博物馆、科普大篷车、科普教育基地、科普服务站等，积极主动地利用现有科普信息平台获取适合的科普信息资源，加强线上科普信息资源的线下应用，丰富科普内容和形式；同时，推动和支持运用虚拟现实、全息仿真等信息技术手段，实现在线虚拟漫游和互动体验，把科普活动搬上网络。积极推动传统科普媒体与新兴媒体在内容、渠道、平台、经营、管理等方面的深度融合，实现包括纸质出版、互联网平台、手机平台、手持阅读器等终端在内的多渠道全媒体传播。

（十）建立完善审核把关机制，强化科普传播内容的科学性和权威性。科学性是科普的灵魂，各级科协及所属学会要充分发挥好自身优势，坚持“内容为王”，建立专家审核和公众纠错结合的科学传播内容审查机制，加强对上传和传播科普内容的审核。中国科协将协同社会各方面共同塑造我国科普信息化建设的品牌——“科普中国”，研究制定科普信息化标准规范，加大科普信息产品研发与推荐评介，建立完善科学传播舆情实时监测、快速反应、绩效评价等机制。

（十一）完善社会动员和激励机制，营造大联合大协作的科普局面。各级科协及所属学会要充分调动公众积极性，建立包括认证、考核、监督、评价、奖励为一体的激励机制，通过虚拟动员、荣誉评级等网络微动员等方式，吸引公众通过用户生成内容共同进行信息化科普传播内容创作，形成专家和公众共同参与的信息化科普内容共建机制，推进原创科普内容的产生，让广大公众成为科普内容的受益者、传播者和建设者。要广泛动员社会参与，激发社会机构、企业参与科普信息化建设的积极性，进一步建立完善大联合大协作的科普公共服务机制，最大限度地扩大科学传播的覆盖面，实现科普服务的良性循环和自我发展。

四、加强管理，强化应用，确保科普信息化建设落到实处

（十二）加强领导，统筹协调。各级科协要把科普信息化建设作为科普工作服务创新驱动发展、全面建成小康社会的重要任务，推动将其纳入本地区经济与社会发展长期规划，因地制宜制定本地区科普信息化建设规划。各级学会、科普机构要将科普信息化建设纳入自身科普能力建设的重要议事日程。中国科协建立科普信息化建设领导小组和专家指导委员会，领导和指导推动科普信息化建设，研究决定科普信息化建设的发展战略、宏观规划和重大政策，统筹协调科普信息化的重大问题。

（十三）因地制宜，深度应用。省级以上科协及所属学会在建设科普内容的同时，要充分发挥组织优势，通过自身的传播渠道和科普活动，主动传播和积极使用科普信息资源。省级以下科协及所属学会、各类科普机构要以科普信息资源应用为主，鼓励有条件的组织和单位生产科普信息资源，避免低水平的重复建设，通过信息化与传统科普相结合的方式，动员组织农技协、社区科普大学、社区科普协会、科普小组、科普服务站和科普志愿者组织等主动获取符合当地需求的科普信息资源，面向本地区、本渠道科普受众群体进行广泛传播，促进科普信息资源的广泛深度应用。

（十四）加大投入，强化基础。各级科协及所属学会要加大科普信息资源和传播渠道的统筹整合，积极争取政府和社会各方的支持，加大对科普信息化建设的投入。加强科普信息化专门人才队伍建设，特别是高层次专门人才和基层实用人才的培养，逐步完善人才队伍的培养、管理与保障制度。建立完善以公众关注度为科学传播绩效评价标准的评价体系。加强科普信息化建设理论与实践研究，总结推广经验，对在科普信息化建设工作中的优秀组织和个人进行激励表扬。

关于表彰全国“讲理想、比贡献”活动先进集体、创新团队、创新标兵和优秀组织者的决定

科协发计字〔2014〕91号

各省、自治区、直辖市科协、发展改革委、科技厅（局）、国资委、总工会，新疆生产建设兵团科协、科委、工会，各中央企业：

为深入贯彻党的十八大、十八届三中、四中全会精神和习近平总书记系列重要讲话精神，进一步推进“讲理想、比贡献”活动的深入开展，营造群众性技术创新活动的良好氛围，服务创新驱动发展战略，大力提高自主创新能力，加快推动经济发展方式转变，中国科协、发展改革委、科技部、国资委和全国总工会决定，对2013—2014年度在“讲理想、比贡献”活动中作出突出贡献、有较强示范作用的武汉钢铁集团有限公司等298个企业授予“全国‘讲理想、比贡献’活动先进集体”称号，对中国兵器工业集团公司西安近代化学研究所催化技术创新团队等188个团队（含院士专家工作站44个）授予“全国‘讲理想、比贡献’活动创新团队”称号，对马国栋等300名同志授予“全国‘讲理想、比贡献’活动创新标兵”称号，对王东等187名同志授予“全国‘讲理想、比贡献’活动优秀组织者”称号。

“讲理想、比贡献”活动是广大企业科技工作者开展群众性技术创新活动的有效形式和重要载体，在促进创新要素向企业集聚、提高企业技术创新能力、培养创新科技人才、提高企业员工科学素质、弘扬创新文化和建设创新型国家等方面发挥了重要作用。

这次受表彰的先进集体，共同特点是领导高度重视，组织体系健全，企业一线科技人员勇于创新和群众性技术创新活动成果突出。受表彰的创新团队组织结构合理，创新目标明确，创新氛围浓厚，创新成果突出，为企业带来较大经济效益；院士专家工作站在引进创新要素、促进产学研相结合、提升技术创新能力、解决关键技术难题、培养创新团队等方面取得突出创新业绩和实效。受表彰的创新标兵积极参加“讲理想、比贡献”活动，淡泊名利，甘于奉献，与技术团队共同攻克一批技术难题，充分展现了他们迎难而上、攻坚克难的创新激情，为企业作出了重大贡献。受表彰的优秀组织者积极组织广大企业科技工作者参与“讲理想、比贡献”活动，整合各类创新要素服务企业，开展活动有创新、有特色、有成效，为群众性技术创新活动的蓬勃开展营造了良好氛围。希望受到表彰的集体和个人珍惜荣誉，再创佳绩！

希望各级“讲理想、比贡献”活动领导机构、广大企业和企业科技工作者，深入学习贯彻宣传党的十八大精神，不懈探索、勇于实践、锐意进取，自觉肩负起时代赋予的光荣使命，坚定信心、振奋精神，奋勇攀登科技高峰，努力开创“讲理想、比贡献”活动的新局面，为实现中华民族伟大复兴作出更大贡献！

附件：全国“讲理想、比贡献”活动先进集体、创新团队、创新标兵和优秀组织者名单

中国科协　发展改革委　科技部
国资委　全国总工会
2014年12月10日

附件

全国“讲理想、比贡献”活动先进集体、创新团队、创新标兵和优秀组织者名单

国务院国资委

◆先进集体

武汉钢铁（集团）公司
中国航天科技集团公司第八研究院第八〇二研究所
中国航空工业集团公司沈阳飞机工业（集团）有限公司
中国船舶重工集团公司大连船舶重工集团有限公司
中国石油化工集团公司中国石油化工股份有限公司镇海炼化分公司
国家电网公司中国电力科学研究院
东风汽车公司东风汽车有限公司设备制造厂
哈尔滨电气集团公司哈尔滨电机厂有限责任公司
中国建筑工程总公司贵州中建建筑科研设计院有限公司
国家核电技术有限公司国核工程有限公司
中国中煤能源集团有限公司中煤平朔集团有限公司
中国化学工程集团公司中化二建集团有限公司
中国建筑材料集团有限公司中国建材国际工程集团有限公司
中国铁路工程总公司中铁工程设计咨询集团有限公司城市轨道交通设计研究院

中国铁道建筑总公司中国铁建重工集团有限公司

中国建筑设计研究院建筑设计总院建筑历史研究所

武汉邮电科学研究院武汉光迅科技股份有限公司

中国煤炭科工集团有限公司天地科技股份有限公司建井研究院

中国恒天集团有限公司恒天天鹅股份有限公司

◆创新团队

中国兵器工业集团公司西安近代化学研究所催化技术创新团队

中国海洋石油总公司中海石油（中国）有限公司深圳分公司南海采油工艺创新团队

中国南方电网有限责任公司南方电网科学研究院有限责任公司直流输电与电力电子创新团队

中国移动通信集团公司中国移动通信有限公司研究院TD-LTE 重大技术攻关及产业推进团队

中国电子信息产业集团有限公司长城信息产业股份有限公司长城信息远程金融服务平台研发团队

中粮集团有限公司中粮营养健康研究院有限公司加工应用技术中心油脂团队

中国石油天然气集团公司中国石油天然气股份有限公司华北油田分公司第四采油厂采油、集输技师创新团队

中国南车集团公司株洲南车时代电气股份有限公司列车网络控制与信息系统团队

中国东方电气集团有限公司东方电气能量转换技术研究开发创新团队

中国交通建设集团有限公司中交第一公路勘察设计研究院有限公司交通安全与数字技术研发中心交通安全与数字技术研发团队

中国普天信息产业集团公司东方通信股份有限公司 PS 平台项目团队

中国黄金集团公司长春黄金研究院环境保护研究所环境保护研究创新团队

◆创新标兵

马国栋　中国化学工程集团公司中国天辰工程有限公司

冯新永　中国石油化工集团公司中国石油化工股份有限公司胜利油田分公司

刘子龙　中国黄金集团公司中国黄金集团内蒙古矿业有限公司

刘东卫　中国建筑设计研究院中国建筑标准设计研究院有限公司

许　波　中国航天科工集团公司第四研究院

李昌宁　中国铁路工程总公司中铁一局集团有限公司

李瑞亢　中国化工集团公司中国蓝星（集团）股份有限公司

杨勤（女）　中国煤炭科工集团有限公司中国煤炭科工集团太原研究院有限公司

肖金武　中国航天科技集团公司第四研究院

沈　杰　宝钢集团有限公司宝钢工业技术服务有限公司

宋红（女）　中国国电集团公司国电科技环保集团股份有限公司

邬　雄　国家电网公司中国电力科学研究院

信珂（女）　国家核电技术有限公司山东电力工程咨询院有限公司电网设计研究院

赵光普　中国钢研科技集团公司北京钢研高纳科技股份有限公司

袁进平　中国石油天然气集团公司中国石油集团钻井工程技术研究院

唐际宇　中国建筑工程总公司中国建筑第八工程局有限公司广西分公司

彭大展　中国电子信息产业集团有限公司武汉中原电子集团有限公司

程志彬　中国中煤能源集团有限公司中煤第五建设有限公司

鲁　智　中国普天信息产业集团公司普天信息技术有限公司

◆优秀组织者

王　东　中国兵器工业集团公司第二〇三研究所

王争鸣　中国铁道建筑总公司中铁第一勘察设计院集团有限公司

王武勤　中国交通建设集团有限公司

李开生　中国船舶工业集团公司中国船舶工业系统工程研究院

张　亮　中国海洋石油总公司中海油能源发展股份有限公司工程技术分公司

张同须　中国移动通信集团公司中国移动通信集团设计院有限公司

袁　立　中国航空工业集团公司沈阳飞机工业（集团）有限公司

涂跃光　中国南车集团公司南车株洲电力机车有限公司

梁珊珊（女）　中国东方电气集团有限公司东方汽轮机有限公司

褚东宁　东风汽车公司东风商用车有限公司技术中心

魏　杰　中国南方电网有限责任公司云南电网公司

北京市

◆先进集体

北京铁路局

中石化北京燕山石化公司

国网冀北电力有限公司

紫光股份有限公司

中国石化润滑油有限公司

中国电力工程顾问集团华北电力设计院工程有限公司

国网新源控股有限公司北京十三陵蓄能电厂

北京市南口农场

◆创新团队

北京市交通信息中心

中国建筑工程总公司技术中心

中国石化催化剂有限公司

北京燕京啤酒集团公司

北京京蒙高科干细胞技术有限公司

北京大北农科技集团股份有限公司院士专家工作站

通达耐火技术股份有限公司院士专家工作站

◆创新标兵

马　泳　北京二七轨道交通装备有限责任公司

马四国　北京中捷四方生物科技股份有限公司

王一蓉（女）　北京国电通网络技术有限公司

付朝霞（女）　国网新源控股有限公司北京十三陵蓄能电厂

冯艳虹（女）　中国电力工程顾问集团华北电力设计院工程有限公司

江　浩　北京国能中电节能环保技术有限责任公司

宁成浩　神华科学技术研究院有限责任公司

祁　俊　中国石化北京燕山分公司

张卫东　中国建筑股份有限公司

孟　宏　南车二七车辆有限公司

高云鸽（女）　北京燕京啤酒股份有限公司

◆优秀组织者

王　炜　北京青云航空仪表有限公司

王丹玉（女）　北京大北农科技集团股份有限公司

冯运生　通达耐火技术股份有限公司

刘丽梅（女）　神华国华国际电力股份有限公司北京热电分公司

李宏（女）　北京经济技术开发区

李瑞清　北京市北郊农场

天津市

◆先进集体

天津港（集团）有限公司

国网天津市电力公司

天津钢铁集团有限公司

天津长芦汉沽盐场有限责任公司

中石化第四建设有限公司

天津一汽夏利汽车股份有限公司内燃机制造分公司

神华国能集团有限公司天津大港发电厂

天津宝成机械制造股份有限公司

天津力神电池股份有限公司

天津立林机械集团有限公司

◆创新团队

天津钢管集团股份有限公司张旦天创新团队

天津大沽化工股份有限公司刘建文创新团队

天津市特变电工变压器有限公司陈杰创新团队

天津经纬电材股份有限公司张德顺创新团队

天津泰达新水源科技开发有限公司石凤林创新团队

中环天仪股份有限公司院士专家工作站

天津红日药业股份有限公司院士专家工作站

◆创新标兵

王　雷　天津大沽化工股份有限公司

王海涛　天津澳宏环保材料有限公司

史立洲　天津港焦炭码头有限公司

乔柳（女）　天津市环欧半导体材料技术有限公司

刘　涛　国网天津市电力公司电力科学研究院

刘朝晖　天津长芦汉沽盐场有限责任公司

刘馨忆（女）　天津市绿源环境景观工程有限公司

齐振聪　天津新港船舶重工有限责任公司

孙海宁　天津钢铁集团有限公司

张道琦　天津力神电池股份有限公司

陆海英（女）　中国建筑第六工程局有限公司

蒋慧（女）　天津六〇九电缆有限公司

◆优秀组织者

王立惠（女）　天津长芦海晶集团有限公司

王惠斌　天津钢管集团股份有限公司

任阳飞（女）　神华国能集团有限公司天津大港发电厂

张小林（女）　天津经济技术开发区科学技术协会

邵洪军　天津渤天化工有限责任公司

高元鸿　中石化第四建设有限公司

河北省

◆先进集体

中国人民解放军第六四一一工厂
石家庄奥祥医药工程有限公司
河北铁园科技发展有限公司
张家口华诚能源科技有限公司
秦皇岛港股份有限公司
中铁山桥集团有限公司
保定标正机床有限责任公司
风帆股份有限公司
颈复康药业集团有限公司
河北根力多生物科技有限公司
邯郸金隅太行有限责任公司
邯郸钢铁集团有限责任公司

◆创新团队

国网冀北电力有限公司廊坊供电公司
河北绿洲机械制造有限公司“石膏建材装备”创新团队
石家庄煤矿机械有限责任公司“矿山掘进机械成套装备研究”创新团队
河北钢铁股份有限公司承德分公司钒钛研究所
河北鑫海水产生物技术有限公司
河北奥玻玻璃集团股份有限公司
冀州市恒通泰德电源材料有限公司

◆创新标兵

王静（女）　保定英利集团有限公司
王智森　石家庄藏诺生物股份有限公司
邓志成　石家庄数英仪器有限公司
付亚荣　中国石油天然气股份有限公司华北油田分公司第五采油厂
宋彦波　河北同成科技股份有限公司
张书田　邯郸丛台酒业股份有限公司
侯建明　石家庄纺织机械有限责任公司
耿建华　邢台纳科诺尔极片轧制设备有限公司
黄云祥　秦皇岛长胜营养健康科技有限公司
董海荣（女）　颈复康药业集团有限公司

◆优秀组织者

王伍泉　河北大唐国际唐山热电有限责任公司
王丽萍（女）　秦皇岛市科学技术协会
李国玲　际华三五零二职业装有限公司
吴冬梅（女）　河北省南堡盐场
张润强　黄骅市科学技术协会
袁　洋　南车石家庄车辆有限公司
徐春柳（女）　宣化钢铁集团有限责任公司

山西省

◆先进集体

西山煤电（集团）有限责任公司
中国重汽集团大同齿轮有限公司
淮海工业集团有限公司
太原钢铁（集团）有限公司
国网山西省电力公司太原供电公司
山西省朔州市怀仁县自来水公司
阳煤忻州通用机械有限责任公司
山西振东安特生物制药有限公司

◆创新团队

太原重型机械集团有限公司
山西华顿实业有限公司
国网山西省电力公司临汾供电公司技能大师（劳模）工作室
山西新景矿煤业有限责任公司
山西汾西重工有限责任公司

◆创新标兵

王金平　山西泰宝密封有限公司
刘东河　山西阳光焦化集团股份有限公司
郝尚丹　晋西工业集团有限责任公司
柳文安　淮海工业集团第二研究所
原海峰　阳城国际发电有限公司
高俊云　太原重工股份有限公司
梁　坤　同煤大唐塔山煤矿有限公司
樊红霞（女）　山西平阳重工机械有限责任公司
戴均平　晋西工业集团有限责任公司

◆优秀组织者

冯静（女）　阳泉市科学技术协会
张宏伟　太原高新技术产业开发区
张虹（女）　山西汾西重工有限责任公司
杜正义　太原重型机械集团有限公司
荆向禧　太原市科学技术协会
樊世耀　山西省平遥减速器有限责任公司

内蒙古自治区

◆先进集体

包钢（集团）公司
内蒙古电力（集团）有限责任公司
内蒙古第一机械集团有限公司
内蒙古蒙西高岭粉体股份有限公司
内蒙古北方重工业集团有限公司

内蒙古恒兴饲料科技有限公司
内蒙古富川饲料科技股份有限公司

◆创新团队

南开允公药业有限公司 范平剑
包钢钢联股份有限公司轨梁轧钢厂 邹彦春
内蒙古阿尔巴斯白绒山羊现代生物技术繁育院士专家工作站

◆创新标兵

王永相 呼和浩特众环集团有限责任公司
刘友山 海拉尔农牧场管理局谢尔塔拉牧场
刘翠萍（女） 包钢集团焦化厂
时迎迎 内蒙古瑞盛新能源有限公司
赵长青 巴彦诺尔电业局巴彦供电分局
高 峰 乌海市交通运输局
桑海洋 大唐新能源内蒙古分公司
韩照日格图 鄂尔多斯电力冶金股份有限公司

◆优秀组织者

杨树森 巴彦淖尔市科学技术协会
郝根生 鄂尔多斯市科学技术协会
姚毕华 康臣药业（内蒙古）有限责任公司
韩玲梅（女） 锡林郭勒盟科学技术协会
程子卫 内蒙古科学技术协会

辽宁省

◆先进集体

中航工业沈阳黎明航空发动机（集团）有限责任公司
东北制药集团股份有限公司
辽宁省大连海洋渔业集团公司
鞍山钢铁集团公司
抚顺矿务局总医院
本钢集团有限公司
锦州节能热电股份有限公司
营口港务集团有限公司
阜新环宇橡胶（集团）有限公司
中国石油天然气股份有限公司辽阳石化分公司
辽宁铁法能源有限责任公司
朝阳市重型机器有限公司
盘锦辽河油田天意石油装备有限公司
锦西石化分公司

◆创新团队

沈阳兴华航空电器有限责任公司
抚顺特殊钢股份有限公司技术中心
中信锦州金属股份有限公司
国家中成药工程技术研究中心
沈阳协合集团院士专家工作站
阜新高新区院士专家工作站

◆创新标兵

王越（女） 鞍钢股份有限公司冷轧厂
王志一 朝阳重型机器有限公司
成守勇 锦州锦开电器集团有限责任公司
李 伟 盘锦辽河油田天意石油装备有限公司
吴贵文 锦西天然气化工有限责任公司
张大勇 大连港集团有限公司科学技术协会
张洪林 辽宁庆阳特种化工有限公司
陈兴宇 沈阳航天新乐有限责任公司
周万起 阜新矿业集团恒大煤业有限责任公司
黄金红 辽宁北方华丰特种化工有限公司
韩 凌 本溪国家中成药工程技术研究中心有限公司
裴印昌 辽宁铁法能源有限责任公司

◆优秀组织者

吕 波 沈阳市科学技术协会
关悦（女） 大连市科学技术协会
许家彦 本钢集团有限公司
邹晨东 丹东市自来水总公司
张云海 国网辽宁电力有限公司锦州供电公司
张连义 阜新矿业（集团）有限责任公司
范志鸿 铁岭选矿药剂有限公司
姜大任（女） 沈阳鼓风机集团股份有限公司

吉林省

◆先进集体

长春轨道客车股份有限公司
吉林化纤集团有限责任公司
长白山森工集团有限公司
吉林省艾斯克机电集团有限公司
吉林中粮生化包装有限公司
通化钢铁集团股份有限公司
中国石油吉林油田公司

◆创新团队

吉林省纵横软件开发有限公司
中国石油天然气股份有限公司吉林石化分公司研究院
长春日辰光电技术有限公司院士专家工作站
抚松县院士专家工作站

◆创新标兵

王爱强 通钢集团板石矿业公司
吕福全 大唐辽源发电厂

庄秀丽（女） 长春圣博玛生物材料有限公司
李 庆 中国石油吉林油田公司科技与信息处
李克娟（女） 东北工业集团有限公司吉林江机公司
李金成 第一汽车股份有限公司技术中心
张 宇 吉林敖东延边药业股份有限公司
赵明花（女） 长春轨道客车股份有限公司
曹永忠 吉林森林工业集团有限责任公司
廉成哲 吉林烟草工业有限责任公司延吉卷烟厂

◆**优秀组织者**

卢金莲（女） 中国第一汽车集团公司
冯雅东 吉林省国有资产监督管理委员会
许颜青 长春博士联合会
隋秀华（女） 国电吉林热电厂

黑龙江省

◆**先进集体**

哈尔滨飞机工业集团有限责任公司
哈尔滨东安发动机集团有限公司
中国第一重型机械股份公司
齐齐哈尔轨道交通装备有限责任公司
齐齐哈尔建华机械有限责任公司
大庆油田有限责任公司第二采油厂
大庆油田电力集团

◆**创新团队**

哈尔滨建成集团有限公司
天合石油集团汇丰石油装备有限公司
大唐七台河发电有限责任公司

◆**创新标兵**

刘世民 黑龙江省大兴安岭图强林业局
李志刚 黑河铁路集团责任公司车辆段
邹永刚 北方华安工业集团有限公司
陈 奇 齐齐哈尔北方机器有限责任公司
赵兴江 伊春市带岭林业局营林生产机电科
段福海 大庆油田第四采油厂
徐智强 哈尔滨建成集团有限公司
高清飞 哈尔滨电机厂有限责任公司

◆**优秀组织者**

孙秀英（女） 齐齐哈尔市科学技术协会
张敬国 齐齐哈尔轨道交通装备有限责任公司科学技术协会
赵彦华 哈尔滨锅炉厂有限责任公司
韩龙跃 哈尔滨飞机工业集团有限责任公司

上海市

◆**先进集体**

宝钢集团有限公司
上海海洋油气分公司研究院
上海建科工程咨询有限公司
上海神开石油化工装备股份有限公司
沪东中华造船（集团）有限公司
中国移动上海公司崇明分公司
美钴能源科技（上海）有限公司
上海经纬建筑规划设计研究院有限公司
上海茂德企业集团有限公司
中国石化上海石油化工股份有限公司
中交上海航道勘察设计研究院有限公司
上海材料研究所
上海化工研究院
伟创力（上海）金属件有限公司
上海华艾软件股份有限公司
上海航盛实业有限公司
上海继顺磁性材料有限公司

◆**创新团队**

上海工业自动化仪表研究院系统总部工程部
国网上海市电力公司检修公司杨庆华输电技术创新工作室
上海印钞有限公司印钞自动化创新团队
东亚联合控股（集团）有限公司科技研发技术中心
亚士创能科技（上海）股份有限公司技术研发中心
上海石库门酿酒有限公司技术中心
扬子江药业集团上海海尼药业有限公司海尼创新团队
上海市隧道工程轨道交通设计研究院上海市轨道交通7号线
上海氯碱化工股份有限公司 Deacon 科研团队
上海船舶研究设计院张敏健劳模创新工作室
上海良相智能化工程有限公司院士专家工作站
上海信谊百路达药业有限公司院士专家工作站

◆**创新标兵**

卢玉金 上海施泉葡萄专业合作社
吴仕芳（女） 上海电气电站设备有限公司
李景广 上海市建筑科学院
张克春 上海牛奶（集团）有限公司
陈仁新 中建八局上海分公司
金惟伟 上海电机系统节能工程技术研究中心有限公司
胡 珊（女） 上海航天局第八设计部

赵玉静（女） 宝钢发展有限公司
袁鹏斌 海隆石油工业集团有限公司
夏　群 上海岩土工程勘察设计研究院有限公司
章俊杰 中国商飞上海飞机设计研究院
魏　杰 上海精智实业有限公司
魏海娟（女） 上海城投污水处理有限公司

◆优秀组织者

朱和平 上海市黄浦区科学技术协会
任中立 中冶宝钢技术服务有限公司
许秋亭 上海申怡机械设备有限公司
李丽（女） 上海市科学技术协会
李敏（女） 上海紫竹高新区（集团）有限公司
张　昊 中远集装箱运输有限公司
柯樱（女）上海医药集团股份有限公司
韩亚成 上海市虹口区科学技术协会
莫　臻 宝钢集团有限公司
雷艳芳（女） 光明食品（集团）有限公司

江苏省

◆先进集体

中石化扬子石油化工有限公司
南京晨光集团有限责任公司
南京中船绿洲机器有限公司
江苏法尔胜泓 集团有限公司
无锡威孚高科技集团股份有限公司
徐州重型机械有限公司
南车戚墅堰机车有限公司
创美工艺（常熟）有限公司
江苏省如高高压电器有限公司
江苏新海发电有限公司
淮安市热电公司
扬州北辰电气设备有限公司
仪征亚新科双环活塞环有限公司
镇江奇佩支吊架有限公司
江苏远东电机制造有限公司
江苏洋河酒厂股份有限公司

◆创新团队

南京华格电汽塑业有限公司徐国忠团队
江苏长电科技股份有限公司梁新夫团队
徐州绿之野生物食品有限公司张志年团队
苏州阿特斯阳光电力科技有限公司章灵军团队
南通中远船务工程有限公司徐秀龙团队
淮安远景德盛科技发展有限公司龙升团队
江苏一重数控机床有限公司王修山团队
镇江铁科橡塑制品有限公司吕珏团队
江苏星火特钢有限公司翟海平团队
南车南京浦镇车辆有限公司院士工作站
江苏华机集团院士工作站
扬州扬杰电子科技股份有限公司院士工作站
泰州三福船舶工程有限公司院士工作站

◆创新标兵

尤凤志 扬州龙川钢管有限公司
东　权 徐州重型机械有限公司
任　强 中船澄西船舶修造有限公司
许昌杭 江苏省淮阴发电有限公司
许晨杰 中航工业金城集团有限公司
李　刚 江苏鹏飞集团股份有限公司
沈　立 江苏森莱浦光电科技有限公司
陈　舟 苏州维艾普新材料有限公司
陈　钢 连云港港口集团有限公司
房国荣 金坛市金旺包装科技有限公司
骆胜军 江苏捷士通射频系统有限公司
曹宇中 昆山华辰重机有限公司
董自波 济川药业集团有限公司
董志平 南京港（集团）有限公司分公司

◆优秀组织者

卜鸿昌 江苏省常熟市科学技术协会
王子纯 江苏东强股份有限公司
吴　彪 江阴市科学技术协会
张赤宇 南通四建集团有限公司
张明龙 中国石化扬子石油化工有限公司
周舟（女） 江苏中能硅业科技发展有限公司
姚洪生 泰州市科学技术协会
姚恒昌 南车戚墅堰有限公司
郭　护 江苏扬建集团有限公司
董建峰 江苏省金象传动设备股份有限公司

浙江省

◆先进集体

杭州前进齿轮箱集团股份有限公司
杭州汽轮动力集团有限公司
杭叉集团股份有限公司
宁波天安（集团）股份有限公司
久盛地板有限公司
中达联合控股集团股份有限公司
中国绍兴黄酒集团有限公司

浙江四方集团公司
常山纺织有限责任公司
浙江海正集团有限公司
宁波港集团有限公司
杭州钢铁集团公司
巨化集团公司

◆**创新团队**

银江股份有限公司
浙江茶乾坤食品股份有限公司
加西贝拉压缩机有限公司
浙江亿利达风机股份有限公司
浙江永泰纸业集团股份有限公司院士专家工作站
宁波飞轮造漆有限责任公司院士专家工作站
安吉县科声磁性器材有限公司院士专家工作站
浙江金昌纸业有限公司院士专家工作站
浙江华兴水产科技有限公司院士专家工作站
浙江维康药业有限公司院士专家工作站

◆**创新标兵**

王佑愫（女） 浙江乔治白服饰股份有限公司
卢丽萍（女） 宝石新集团股份有限公司
史小娟（女） 浙江森宇实业有限公司
冯虎龙 嘉善县车辆综合性能检测有限公司
朱菊红 浙江众益制药股份有限公司
沈百方 浙江金洲管道科技股份有限公司
陈 军 宁波博一格数码科技有限公司
陈鑫（女） 宁波禾顺新材料有限公司
罗明生 红旗电缆电器仪表集团有限公司
周华萍（女） 杭州民生药业有限公司
郑洪波 浙江国自机器人技术有限公司
姚志海 舟山市海山密封材料有限公司
栾柏松 浙江四通轴承集团有限公司
黄志锋 上峰集团有限公司
蔡庆有 东方通信股份有限公司

◆**优秀组织者**

王颂兵 台州市科学技术协会
方向荣（女） 杭叉集团股份有限公司
宁 冰 宁波市科学技术协会
朱颖（女） 丽水市科学技术协会
岳家红（女） 杭州锅炉集团股份有限公司
金法生 永康市科学技术协会
周永清 巨化集团公司
姜凤祥 宁波港集团有限公司
韩亚玲（女） 舟山市定海区科学技术协会

安徽省

◆**先进集体**

马钢（集团）控股有限公司
黄山金马股份有限公司
安徽达尔智能控制系统有限公司
皖北煤电集团有限责任公司
安徽丰原集团有限公司
安徽迎驾集团股份有限公司
南车长江铜陵车辆有限公司
淮北矿业（集团）有限责任公司
安徽华东光电技术研究所

◆**创新团队**

蚌埠玻璃工业设计研究院
芜湖市诺康生物科技有限公司
铜陵化学工业集团有限公司技术中心
安徽绿雨种业股份有限公司院士专家工作站

◆**创新标兵**

王运敏 中钢集团马鞍山矿山研究院有限公司
杜存兵 安徽省滁州热电厂
杨家坤 安徽省宿州市龙华机械制造有限公司
杨景生 安徽济人药业有限公司
辛东京 皖北煤电集团有限责任公司
束龙胜 安徽鑫龙电器股份有限公司
汪海涛 安徽源牌实业（集团）有限责任公司
周福庚 安徽江淮汽车股份有限公司
凌云志 中国电子科技集团公司第四十一研究所

◆**优秀组织者**

王贵明 祁门水泥有限责任公司
李文清 中盐东兴盐化股份有限公司
李家宝 霍山县茧丝绸集团公司
张春梅（女） 马钢集团控股有限科技质量部科协办公室
周 峻 蚌埠液力机械有限公司
俞久宁 南车长江铜陵车辆有限公司

福建省

◆**先进集体**

福建森达电气股份有限公司
厦工（三明）重型机器有限公司
三祥新材股份有限公司
福建闽江源绿田实业投资发展有限公司
福建福安闽东亚南电机有限公司

福建新世纪电子材料有限公司
莆田市清华园电器发展有限公司
福建省闽南建筑工程有限公司
福建赛特新材股份有限公司
信和新材料股份有限公司
福建南平南孚电池有限公司
厦门市东林电子有限公司
福建省建阳武夷味精有限公司
紫金矿业集团股份有限公司
福州大通机电有限公司

◆创新团队

福建福光数码有限公司
立达信绿色照明股份有限公司
新万鑫（福建）精密薄板有限公司
厦门弘信电子科技股份有限公司
宁德新能源科技有限公司
福建安溪铁观音集团股份有限公司院士专家工作站
福建新大陆环保科技有限公司院士专家工作站
漳州科华技术有限责任公司院士专家工作站

◆创新标兵

王县贵　福建华橡自控技术股份有限公司
冯真泰　福建福维股份有限公司
何仲全　富顺光电科技股份有限公司
陈四雄　漳州科华技术有限责任公司
林天华　福建省华隆机械有限公司
林丽荣（女）　厦门柯依达工贸有限公司
林银河　厦门宏发电声股份有限公司
郑炜强　宁德市富发水产有限公司
徐敏华　福州海王福药制药有限公司
裘大洪　福建百宏聚纤科技实业有限公司

◆优秀组织者

马旭弘（女）　泉州市科技咨询服务中心
甘永刚　紫金矿业集团股份有限公司
杨　勇　福建省科技咨询服务中心
陈富香（女）　福建省三明市科协活动中心
林元金　莆田市科技咨询服务中心
赖芝华　南平市科技咨询服务中心
游红梅（女）　福州市科学技术协会

江西省

◆先进集体

中国石油化工股份有限公司九江分公司
江西洪都航空工业集团有限责任公司
江西铜业集团公司
新余钢铁集团有限公司
虔东稀土集团股份有限公司
江西朝阳机械厂
宜春钽铌矿
江西生物制品研究所

◆创新团队

江西仙客来生物科技有限公司
万年贡集团有限公司
普正药业股份有限公司
江西晶安高科技股份有限公司院士工作站

◆创新标兵

丁学科　同方电子科技有限公司
尹家军　江西稀有金属钨业控股集团有限公司
刘淑英（女）　江铃汽车股份有限公司
李尚儒　江西省地质工程（集团）公司
吴冬英（女）　江西特种电机股份有限公司
赵和明　新余钢铁集团有限公司
徐盛虎　中国石油化工股份有限公司九江分公司
徐德朋　昌河飞机工业（集团）有限责任公司
黄小荣　江西铜业集团公司
廖娟子（女）　江西大唐国际新余发电有限责任公司

◆优秀组织者

杨　力　昌河飞机工业（集团）有限责任公司
李　峻　江西洪都航空工业集团有限责任公司
吴贻美　江西仙客来生物科技有限公司
曹　晶　井冈山经济技术开发去管委会
曾平生　中国林业科学研究院亚热带林业实验中心
瞿晓花（女）　九江中船消防设备有限公司

山东省

◆先进集体

济南轨道交通装备有限责任公司
日照港集团有限公司
山东东阿阿胶股份有限公司
胜利油田地质科学研究院
山东力创科技有限公司
山东三箭建设工程股份有限公司
山东金岭铁矿
山东科瑞控股集团有限公司
山东华源莱动内燃机有限公司
山东华特磁电科技股份有限公司
山东中瑞电子股份有限公司

山钢股份济南分公司炼铁厂
中国石化齐鲁分公司研究院
山推工程机械股份有限公司
山东泉兴能源集团有限公司
日照金禾生化集团股份有限公司

◆创新团队

国网山东省电力公司青岛供电公司“基于高可靠性的全过程主动式配电指挥管理系统”项目创新小组
济南市供排水监测中心“城市饮用水水质监测预警及应急系统技术平台”项目创新小组
东营宝丰汽车配件有限公司“炭陶基刹车片”项目

◆创新小组

保龄宝生物股份有限公司“带式真空连续干燥节能技术应用示范项目”项目创新小组
莱钢技术中心“中低速磁浮列车轨道用 F 型钢及轨排研究开发”项目创新小组
寿光富康制药有限公司“埃索美拉唑镁制备新技术”项目创新小组
山东瑞福锂业有限公司“锂云母氟化学法提锂及资源综合利用技术开发”项目创新小组
山东宝纳新材料有限公司“高性能碳／碳化硅刹车复合材料制备”项目创新小组
山东卫康生物医药科技有限公司“高值化海洋生物功能糖肽产品的开发及产业化”项目创新小组
中科盛创（青岛）电气有限公司院士专家工作站
山东省绳网产业院士专家工作站
日照双港活塞院士专家工作站院士专家工作站

◆创新标兵

丁书兵　山东东明石化集团有限公司
王志锋　中国重型汽车集团有限公司
牛　林　国网技术学院
田昭波　山东省齐鲁新航集团有限责任公司
刘君（女）　新汶矿业集团公司协庄煤矿
杨维祥　山东省岱庄生建煤矿
李明华（女）　山东罗欣药业集团股份有限公司
吴观斌　国网山东省电力公司
张锋国　山东扳倒井股份有限公司
夏良强　烟台同化防水保温工程有限公司
徐海港　山东时风（集团）有限责任公司
黄建华　山东三箭资产投资管理有限公司
曹　炜　兖矿集团有限公司
蔡世峰　山东禹王实业（集团）有限公司

◆优秀组织者

丁霞（女）　聊城市东昌府区科学技术协会
朱孔赞　山东宏艺科技股份有限公司
曲彦芳　德州天衢工业园管理委员会
刘　洋　日照港集团有限公司
宋明春　省地质矿产勘查开发局
张小雨（女）　省“讲、比”活动领导小组办公室
郑林海　寿光市科学技术协会
封宗庆　省经信委

河南省

◆先进集体

郑州威科姆科技股份有限公司
河南新大新材料股份有限公司
新乡白鹭化纤集团有限责任公司
安阳钢铁集团有限责任公司技术中心
鹤壁农信物联科技有限公司
河南中原黄金冶炼厂有限责任公司
圣光医用制品有限公司
濮阳濮耐高温材料（集团）股份有限公司
麦斯克电子材料有限公司
郑州安图生物工程股份有限公司
河南华泰粮油机械工程有限公司
河南坤元农牧科技有限公司

◆创新团队

河南省伯马股份有限公司
舞阳钢铁有限责任公司
河南中烟工业有限责任公司漯河卷烟厂
河南信宇石油机械制造股份有限公司
河南滑丰种业科技有限公司
郑州光力科技股份有限公司院士专家工作站

◆创新标兵

王松波　昊华宇航化工有限责任公司
王维忠　中原特种车辆有限公司
付爱萍　开开援生制药股份有限公司
朱建新　河南中烟工业有限责任公司安阳卷烟厂
朱秋凤（女）　河南禾丰牧业有限公司
李维庆　河南丰博自动化有限公司
黄家瑶　河南神风锅炉有限公司

◆优秀组织者

任文生　河南中原黄金冶炼厂有限责任公司
齐枫楠　中国平煤神马集团开封兴化精细化工有限公司
刘　章　郑州市科技咨询服务中心

李海江　河南能源化工集团有限公司
张建国　中国平煤神马能源化工集团有限责任公司
臧明涛　河南省漯河市科学技术协会

湖北省

◆先进集体

中铁第四勘察设计院集团有限公司
武钢集团鄂城钢铁有限责任公司
武汉新天达美环境科技有限公司
武昌船舶重工集团有限公司
黄石东贝电器股份有限公司
大冶有色金属集团控股有限公司
万洲电气股份有限公司
中国船舶重工集团公司第七一〇研究所
宜昌市人福药业有限责任公司
湖北世纪中远车辆有限公司
湖北全力机械集团股份有限公司

◆创新团队

湖北省交通规划设计院岩石分院利奕年工作室
湖北泰晶电子科技股份有限公司
湖北益泰药业有限公司
湖北中一科技有限公司
中国特种飞行器研究所荆门航空科技有限公司
马应龙药业集团股份有限公司
湖北枫树线业有限公司
湖北嘉裕钎具股份有限公司
湖北三环车桥有限公司院士专家工作站
武汉回盛生物科技有限公司院士专家工作站
湖北荆楚种业股份有限责任公司院士专家工作站

◆创新标兵

王　涛　湖北世纪中远车辆有限公司
王胜勇　中冶南方（武汉）自动化有限公司
冯广胜　中铁大桥局集团有限公司
占卫国　华新水泥股份有限公司
刘银水　湖北炎帝农业科技股份有限公司
段宏柳　建始县永昌新型建材有限责任公司
陈亮亮　湖北艾威网络科技有限公司
陈晓林　湖北枫树线业有限公司
周锦平　湖北兴和电力新材料有限公司
黄胜勇　荆门市熊兴化工有限公司
盛　晖　中铁第四勘察设计院集团有限公司
韩孟岩　湖北交投四优钢科技有限公司

◆

◆优秀组织者

艾青（女）　武汉三新材料孵化器有限公司
邹桂怀　利川市多仁多实业有限公司
栾爱华（女）　随县科学技术协会
殷有赋　安陆市科技局
唐功杰　武昌船舶重工集团有限公司
黄晨光　中建三局集团有限公司
傅连春　武汉钢铁（集团）公司

湖南省

◆先进集体

中国航空动力机械研究所
湖南湘电长沙水泵有限公司
湖南华菱湘潭钢铁有限公司
湖南宝山有色金属矿业有限责任公司
湖南百宜饲料科技有限公司
南车长江车辆有限公司株洲分公司
江南工业集团有限公司
株洲齿轮有限责任公司
湖南边城生物科技有限公司
湖南天雁机械有限责任公司
平安电气股份有限公司

◆创新团队

中国石化长炼科学技术协会
湖南辰州矿业股份有限公司
山河智能装备股份有限公司
邵阳纺织机械有限责任公司

◆创新标兵

丁炳湘　湖南华菱线缆股份有限公司
朱政坚　威胜集团有限公司
李文东　湖南大自然制药有限公司
张国旺　长沙矿冶研究院有限责任公司矿冶装备研究所
张振华　湖南奥谱隆科技股份有限公司
周明伟　湖南华菱涟源钢铁有限公司
贺晓军　中国石油化工股份有限公司长岭分公司
高一平　中联重科股份有限公司
梅　庆　中国航空动力机械研究所

◆优秀组织者

于彩葵　国网湖南省电力公司永州供电分公司
刘若辉　湖南千金湘江药业股份有限公司
杨　华　湖南汉森制药股份有限公司
苗洪雷　华自科技股份有限公司
黄建平　长沙市望城区科学技术局

樊延安（女） 湖南华菱湘潭钢铁有限公司

广东省

◆先进集体

广东电网公司电力科学研究院

珠海格力电器股份有限公司

广东万和新电气股份有限公司

广州白云山医药集团股份有限公司

广东省建筑科学研究院

广东大华仁盛科技集团有限公司

广东鼎燊科技有限公司

深圳市卫光生物制品股份有限公司

东莞劲胜精密组件股份有限公司

广东四会互感器厂有限公司

广东名门锁业有限公司

深圳市中金岭南有色金属股份有限公司凡口铅锌矿

东莞石龙津威饮料食品有限公司

广东海鸿变压器有限公司

◆创新团队

广东邦固化学科技有限公司

化州市雄邦塑业有限公司

广东夏野日用电器有限公司

佛山市燃气集团股份有限公司

中山市华南现代中医药城发展有限公司

深圳市大百汇技术有限公司院士专家工作站

肇庆大华农生物药品有限公司院士专家工作站

东莞泽龙线缆有限公司院士专家工作站

◆创新标兵

王京平 广东风华高新科技股份有限公司

朱少璇（女） 广州白云山制药股份有限公司广州白云山制药总厂

李卫荣 东莞宜安科技股份有限公司

肖永祥 东莞市松庆智能自动化科技有限公司

吴文洲 深圳市通宝莱科技有限公司

吴晓琳 深圳市金证科技股份有限公司

张利萍（女） 广州立白企业集团有限公司

易洪斌 华帝股份有限公司

郑炳旭 广东宏大爆破股份有限公司

谢绍河 广东绍河珍珠有限公司

阚伟民 中国南方电网有限责任公司

◆优秀组织者

刘 萍（女） 广东万和新电气股份有限公司

刘小伟 广东省光电照明协会

李国亮 广东省科技工作者服务中心

陈 伟 肇庆市科学技术协会

陈惜英（女） 广东金刚玻璃科技股份有限公司

陈锋登 佛山市科学技术协会

黄善源 河源市龙川县枕头寨电厂

敬良才 东莞铭普光磁股份有限公司

赖 兵 珠海市科学技术协会

广西壮族自治区

◆先进集体

广西玉柴机器股份有限公司

广西柳州钢铁（集团）公司

广西柳工机械股份有限公司

南宁五菱桂花车辆有限公司

广西田园生化股份有限公司

广西梧州制药（集团）股份有限公司

广西扬翔股份有限公司

防城港务集团有限公司

◆创新团队

梧州神冠蛋白肠衣有限公司技术中心

广西鱼峰集团有限公司攻坚克难创新小组

广西博世科环保科技股份有限公司院士专家工作站

柳州欧维姆机械股份有限公司院士专家工作站

◆创新标兵

陈 明 广西梧州中恒集团股份有限公司

范然炜 柳州化工股份有限公司

苏怀林 广西玉柴机器股份有限公司工程研究院

罗金仁 广西田园生化股份有限公司

杨 义 广西鱼峰集团有限公司

李华成 中信大锰矿业有限责任公司崇左分公司

林明智 广西柳工机械股份有限公司

陈奇志 广西有色金属集团汇元锰业有限公司

李文献 柳州欧维姆机械股份有限公司

◆优秀组织者

孔德宁 广西桂冠电力股份有限公司大化水力发电总厂

吴舒沁（女） 中共广西梧州工业园区工作委员会

周盈新 防城港务集团有限公司

钟小清 桂林三金药业股份有限公司

梁 剑 广西壮族自治区生产力促进中心

海南省

◆先进集体

海南英利新能源有限公司

海南矿业股份有限公司

◆创新团队

中国石化海南炼油化工有限公司芳烃部创新团队

海南省建设集团有限公司企业技术中心

◆创新标兵

牛俊峰　中国石化海南炼油化工有限公司

曲均峰　海洋石油富岛有限公司

秦培成　海南建设工程股份有限公司

◆优秀组织者

王东升　海南汉地阳光石油化工有限公司

赵海香（女）　海南英利新能源有限公司

重庆市

◆先进集体

太极集团重庆涪陵制药厂有限公司

重钢（集团）有限责任公司

重庆长安工业（集团）有限责任公司

重庆长江电工工业集团有限公司

重庆山青机械制造有限公司

重庆民丰化工有限责任公司

重庆天阳吉能科技有限公司

重庆新泰机械有限责任公司

重庆远风机械有限公司

国网重庆城口县供电有限责任公司

◆创新团队

长安汽车 CS75 工艺团队

金山科技胶囊内镜研发团队

重庆市涪陵辣妹子集团有限公司创新团队

重庆望江工业有限公司风电齿轮箱设计团队

力帆集团院士专家工作站

◆创新标兵

马驿景　重庆烟草工业有限责任公司涪陵卷烟厂

刘太钟　重庆秋田齿轮有限责任公司

杨云波　重庆大顺电器有限公司

李　红　重庆帅能科技有限公司

陈　健　力帆实业（集团）股份有限公司

陈一进　重庆嘉陵特种装备有限公司

庞　剑　长安汽车股份有限公司

郭　茂　重庆再升科技股份有限公司

蒋先涛　重庆海尔制冷电器有限公司

敬世红（女）　重庆高速公路集团有限公司

蔡　航　重庆海通投资集团有限公司

◆优秀组织者

邓尚芸（女）　重庆市工商联科学技术协会

刘韶东　綦江齿轮传动有限公司科学技术协会

何其远　重庆市工商联巴中商会科协工作联络站

李　毅　重庆长安工业（集团）有限责任公司科学技术协会

段　勇　重庆市科学技术协会

姜学军　重庆市沙坪坝工业园区科学技术协会

贺新平（女）　重庆望江工业有限公司科学技术协会

秦郁文　太极集团重庆涪陵制药厂有限公司科学技术协会

四川省

◆先进集体

中航工业成都飞机工业（集团）有限责任公司

东方电气集团东方锅炉股份有限公司

四川德赛尔化工实业有限公司

四川泸天化股份有限公司

攀钢集团江油长城特殊钢有限公司

四川新中方医药集团股份有限公司

国网四川大英县供电有限责任公司

四川白马循环流化床示范电站有限责任公司

雅安市山雅茶业有限公司

国网四川阆中市供电有限责任公司

中核建中核燃料元件有限公司

南车眉山车辆有限公司

攀钢集团矿业有限公司

◆创新团队

德阳市技术创新方法（TRIZ 理论）推广应用专家组

东方电气集团东方汽轮机有限公司材料创新团队

泸州老窖股份有限公司技术中心讲比活动创新小组

四川美丰化工股份有限公司射洪分公司

四川新力光源股份有限公司院士工作团队

四川久大盐业（集团）公司长山盐矿科技咨询服务部岩盐矿山采输卤技术创新团队

中国电建集团成都勘测设计研究院有限公司院士专家工作站

德阳东佳港机电设备有限公司院士专家工作站

◆创新标兵

丁国江　峨嵋半导体材料研究所

李元廷　四川省达州钢铁集团有限责任公司

李积霞（女）　东方电气集团东方电机有限公司

何光太　通江县光泰科技发展有限责任公司

邹学奎　四川瀑布沟农业有限公司

张洁（女）　四川烟叶复烤有限责任公司会理复烤厂

张惠玲（女） 四川广安慧博玻璃工业有限公司
陈家国 简阳港华燃气有限公司、港华西南区域科技信息小组
梁　山 四川回春堂药业连锁有限公司
贾琳蔚 四川瑞能硅材料有限公司
熊利（女） 宜宾三江机械有限责任公司
魏　英 四川鑫电电缆有限公司

◆优秀组织者

马思美（女） 阿坝藏羌族自治州科学技术协会
任代祥 四川省科学技术咨询服务中心、四川省科学技术发展研究所
刘　钢 中航工业成都飞机工业（集团）有限责任公司
杨　炼 四川省科学技术协会
何　勇 德阳市科学技术协会
袁　伟 成都市科学技术协会

贵州省

◆先进集体

贵州黎阳航空动力公司
贵州开磷（集团）有限责任公司
贵州北盘江电力股份有限公司光照发电厂
贵州兴义汽车运输总公司

◆创新团队

贵州雅光电子科技有限公司
中航贵州飞机有限公司
贵州航天精工制造有限公司

◆创新标兵

朱国安 贵州柳江畜禽有限公司
李光钦 贵州黔源电力股份有限公司董箐发电厂
张　华 贵州黎阳航空动力有限公司
张瑞琪 贵州航空发动机研究所
欧国勇 贵州彩阳电暖科技有限公司
廖吉星 贵州贵阳中化开磷化肥有限公司

◆优秀组织者

申学乾 中航贵州飞机有限责任公司
潘仁惠 贵州省黔东南科学技术协会

云南省

◆先进集体

云南建工集团有限公司
曲靖市利民獭兔开发有限公司
云南金星化工有限公司

◆创新团队

昆明贵研催化剂有限责任公司
云南浩鑫铝箔有限公司
云南省农科院热经所邓秀新院士工作站

◆创新标兵

王春涛 云南昆钢重型装备制造集团有限公司
刘伟平 贵研铂业股份有限公司
扶孝红（女） 弥渡县甜咪咪婴幼儿用品制造有限公司
殷　浩 云南冶金昆明重工有限公司

◆优秀组织者

张发顺 姚安县科学技术协会
余永泰 云南北方光学电子集团有限公司科学技术协会
唐　炜 云南冶金昆明重工有限公司设计研究院
黄春凤（女） 云南省国资委规划发展和企业改革处

西藏自治区

◆先进集体

西藏甘露藏药股份有限公司

◆创新团队

西藏月王生物技术有限公司

◆创新标兵

巴桑次仁 西藏甘露藏药股份有限公司
刘敏（女） 西藏月王生物技术有限公司

陕西省

◆先进集体

陕西陕煤黄陵矿业有限公司
宝钛集团有限公司
陕西龙门钢铁（集团）有限责任公司
中国人民解放军第五七〇二工厂
中航工业庆安集团有限公司

◆创新团队

陕西黄河集团有限公司 22 制导雷达实验队
陕西烽火电子股份有限公司救生定向项目组
陕西飞机工业（集团）有限公司 19 号项目团队

◆创新标兵

王卫平 陕西汽车控股集团有限公司
王巧莉（女） 陕西建工集团总公司
刘　义 陕西法士特汽车传动集团有限责任公司
刘成林 陕西宝成航空仪表有限责任公司
何渊博 西安航空动力控制科技有限责任公司
武玉宏 西北工业集团有限公司

◆优秀组织者

吕建军 陕西省科学技术协会
刘　勇 陕西省科技咨询服务中心
李志明 咸阳市科学技术协会

冀邦杰　中船重工西安东仪科工集团有限公司

甘肃省

◆先进集体

中国石油天然气股份有限公司兰州石化分公司

西北永新集团有限公司

甘肃条山农工商（集团）有限责任公司

天水电气传动研究所有限责任公司

甘肃省敦煌种业股份有限公司

甘肃银河食品集团有限责任公司

◆创新团队

长庆油田分公司第二采油厂采油工艺研究所

甘肃省小陇山林业实验局林业科学研究所

金昌铁业（集团）有限责任公司

甘肃大禹节水集团股份有限公司院士专家工作站

◆创新标兵

马炳烈　天水长城开关厂有限公司

马海军　甘肃洮河拖拉机制造有限公司

闫晓涛　兰州威立雅水务（集团）有限责任公司

李　军　嘉峪关大友嘉镁钙业有限公司

李克华　甘肃条山农工商（集团）有限责任公司

李军生　甘肃虹光电子有限责任公司

徐冬梅（女）　天水华天电子集团

◆优秀组织者

冯家昌　金昌市科学技术协会

杜学琨　北车兰州机车有限公司

屈东明　天水市科学技术协会

贾　平　庆阳市科学技术协会

青海省

◆先进集体

中国水利水电第四工程局有限公司

◆创新团队

西宁中油燃气有限责任公司生产调度中心

西宁特殊钢股份有限公司技术中心

◆创新标兵

席　浩　中国水利水电第四工程局有限公司

高宝林　青藏铁路公司

◆优秀组织者

才让南杰　青海省科技咨询服务中心

星玉华　西宁中油燃气公司有限责任公司

宁夏回族自治区

◆先进集体

银川天佳能源科技股份有限公司

宁夏香山酒业（集团）有限公司

◆创新团队

宁夏共享集团有限责任公司

中卫市膨润土院士专家工作站

◆创新标兵

冯宝忠　宁夏天地西北煤机有限公司

李　军　银川艾尼散热器有限公司

张俊勇　宁夏共享集团有限责任公司技术中心

胡占东　宁夏英力特化工股份有限公司

◆优秀组织者

马建华　中卫市“讲、比”活动领导小组

马勇宁　银川市科学技术协会

张学军　贺兰县科学技术协会

新疆维吾尔自治区

◆先进集体

特变电工新疆变压器厂

新疆油田分公司采气一厂

新疆华春投资集团有限公司

新疆鲁泰丰收棉业有限责任公司

新疆德蓝股份有限公司

新疆庄子实业有限公司

◆创新团队

宝钢集团新疆八一钢铁有限公司

中国石油新疆油田分公司数据公司

新疆溢达纺织有限公司院士专家工作站

◆创新标兵

万代富　阜康市福康源禽业有限责任公司

石国伟　中国石油新疆油田分公司数据公司

俞海明　新疆八一钢铁股份有限公司炼钢厂

徐良涛　新疆协力纺织股份有限公司

戚晨晨（女）　新疆中亚食品研发中心（有限公司）

廖　伟　新疆油田公司采气一厂

吐地 · 艾力　新疆慧光创新科技开发有限公司

◆优秀组织者

吴启勇　中国石油西部钻探钻井工程技术研究院

李成功　新疆华春投资集团有限公司

李佩福　特变电工新疆变压器厂

谈继强　克拉玛依红有软件有限责任公司

曾凡付　新疆德蓝股份有限公司

新疆生产建设兵团

◆先进集体

新疆伊力特实业股份有限公司

新疆天富能源股份有限公司供热分公司

新疆库尔勒金川矿业

◆创新团队

新疆兵团现代绿色氯碱化工工程研究中心（有限公司）

新疆天诚农机具制造有限公司

◆创新标兵

刘中海　新疆天业（集团）有限公司

胡志林　新疆华世丹药业有限公司

姜　炜　新疆天富能源股份有限公司供热分公司

海　超　新疆伊力特实业股份有限公司技术中心

◆优秀组织者

陈美英（女）　新疆兵团第八师科学技术协会

关于组织实施
2014年“基层科普行动计划”的通知

科协发普字〔2014〕24号

各省（自治区、直辖市）科协、财政厅（局），新疆生产建设兵团科协、财务局：

为贯彻党的十八大和十八届三中全会精神，落实《全民科学素质行动计划纲要（2006—2010—2020年）》，充分调动全社会深入基层、贴近实际、贴近群众开展科普工作的积极性和主动性，引领激发广大群众学科学、用科学的积极性和创造性，助力社会主义新农村建设及新型城镇化建设，2014年，中国科协、财政部将继续联合实施“基层科普行动计划”。该计划由“科普惠农兴村计划”和“社区科普益民计划”两个子计划构成。现将有关事项通知如下：

一、评选名额

2014年，“基层科普行动计划”将在全国评选奖补962个农村专业技术协会，386个农村科普示范基地，558名农村科普带头人，5个少数民族科普工作队和500个科普示范社区。

中央财政安排专项资金，按照“以奖代补和奖补结合”的原则给予奖励支持。其中，农村专业技术协会、农村科普示范基地和科普示范社区的奖补资金标准为20万元，农村科普带头人的奖补资金标准为5万元，少数民族科普工作队的奖补资金标准为50万元。

二、有关要求

（一）各省（自治区、直辖市）及新疆生产建设兵团要严格按照《“基层科普行动计划”实施方案（试行）》规定的程序做好组织实施工作，加强监管，杜绝推荐程序和推荐条件不符合规定、申报材料弄虚作假等不正当行为。推荐过程中要突出重点，充分发挥推荐单位和个人的示范引导作用。

1. 要重点关注边境地区中为稳边、固边做出突出贡献的单位或个人，涉边省份及新疆生产建设兵团须在每个边境县（师）中至少推荐1名符合条件的农村科普带头人。

2. 要重点关注科普工作有效开展、弱势群体集中的老旧社区。

3. 要重点关注在农业科技创新、农业先进适用技术推广应用和发展新型农业经营主体等方面做出突出贡献的单位和个人。

4. 要重点关注发展粮食生产，为国家粮食安全做出积极贡献的单位和个人。

5. 要重点关注已建立党组织并积极帮扶群众、带领群众依靠科技致富的农村专业技术协会、农村科普示范基地以及农村党员科普带头人。

6. 要重点关注已建立科普惠农服务站、技术协作网，能发挥科普惠农长效机制的农村专业技术协会、农村科普示范基地和农村科普带头人。

（二）各省（自治区、直辖市）及新疆生产建设兵团要加大宣传力度，把评比筛选过程与普及科技知识、弘扬科学精神、传播科学思想、倡导科学方法有机结合起来，及时发现、广泛培育典型，为深入持久实施“科普惠农兴村计划”和“社区科普益民计划”打好基础。

（三）请各省（自治区、直辖市）及新疆生产建设兵团于2014年5月25日前将推荐申报材料报至中国科协。推荐申报材料以省（自治区、直辖市、生产建设兵团）科协、财政厅（财政局、财务局）联合签发的正式函的形式报送，材料内容及报送方式如下：

（1）推荐工作简要总结说明。

（2）推荐名单。对所推荐的单位和个人应根据专家评审委员会、科协和财政部门综合确定的分数，按照从高到低的顺序分类排列。

（3）各申报单位和个人的推荐表和相关资料。“科普惠农兴村计划”推荐单位和带头人的推荐表及有关证明材料（包括获得县级以上科普工作奖励的证明，农村专业技术协会的社团登记证明、年检证明和当地统计局出具的该县农民近三年的年均纯收入证明等），通过“科普惠农兴村计划网上申报系统”进行报送，登录网址为 http://kphn.cast.org.cn（“科普惠农兴村计划”专题网）。“社区科普益民计划”推荐单位的推荐表和有关证明材料（包括社区近三年科普工作受表彰证明、品牌科普活动简介、近三年科普工作总结、未来三年社区科普工作计划等），通过“社区科普益民申报系统”进行报送，登录网址为 http://kpym.cast.org.cn（社区科普益民工作平台）。推荐材料的纸质原件留省（自治区、直辖市、生产建设兵团）科协存档，中国科协和财政部组织抽查。纸质材料和电子材料应完全一致。

附件：2014 年“基层科普行动计划”推荐名额分配表

中国科协　财政部

2014 年 4 月 18 日

附件

2014 年“基层科普行动计划”推荐名额分配表

（人）

省（自治区、直辖市）	农村专业技术协会	农村科普示范基地	农村科普带头人	少数民族科普工作队	科普示范社区	合计
北　京	2	2	10	0	19	33
天　津	1	4	1	0	12	18
河　北	50	14	16	1	22	103
山　西	66	18	14	0	11	109
内蒙古	31	18	41	1	17	108
辽　宁	22	16	23	1	28	90
吉　林	16	5	35	1	16	73
黑龙江	14	6	32	0	19	71
上　海	1	1	1	0	25	28
江　苏	16	10	14	0	37	77
浙　江	12	4	8	0	27	51
安　徽	31	13	20	0	23	87
福　建	49	12	18	0	17	96
江　西	25	17	16	0	22	80
山　东	91	28	32	0	40	191
河　南	78	26	31	0	25	160
湖　北	66	18	16	1	26	127
湖　南	38	22	19	1	30	110
广　东	16	8	19	0	39	82
广　西	61	31	24	1	11	128
海　南	6	2	4	0	7	19
重　庆	22	13	13	1	18	67
四　川	106	44	23	1	36	210
贵　州	43	22	20	1	11	97
云　南	96	25	60	1	11	193
西　藏	5	10	36	1	2	54
陕　西	84	25	22	1	14	146
甘　肃	44	18	16	1	8	87
青　海	13	5	5	1	4	28
宁　夏	14	6	4	1	4	29
新　疆	31	18	55	1	15	120
新疆生产建设兵团	4	2	22	0	4	32
合　计	1154	463	670	17	600	2904

关于公布 2014 年“基层科普行动计划”奖补单位和个人的通知

科协发普字〔2014〕52 号

各省（自治区、直辖市）科协、财政厅（局），新疆生产建设兵团科协、财务局：

为贯彻党的十八大和十八届三中全会精神，落实《全民科学素质行动计划纲要（2006—2010—2020 年）》，充分调动全社会深入基层、贴近实际、贴近生活、贴近群众开展科普工作的积极性和创造性，引领激发广大群众学科学、用科学的积极性和创造性，提高广大农民和社区居民的科学文化素质，让科普公共服务持续惠及广大基层群众，助力社会主义新农村建设和社会主义和谐社区建设，中国科协、财政部联合实施了“基层科普行动计划”。该计划由“科普惠农兴村计划”和“社区科普益民计划”两个子计划构成，经过推荐、评审，中国科协、财政部决定，2014 年“基层科普行动计划”对北京市密云县太师屯镇养蜂协会等 962 个农村专业技术协

会、北京市平谷区北京绿都峪口兴合养殖有限公司等386个农村科普示范基地、孟祥平等558名农村科普带头人、河北省秦皇岛市青龙满族自治县少数民族科普工作队等5个少数民族科普工作队、北京市朝阳区小关街道惠新北里社区等500个科普示范社区进行奖补。

希望受奖补的单位和个人再接再厉，继续组织实施好基层科普工作，为广大农民和社区居民提供更及时、有效、周到的科普服务，进一步发挥辐射带动作用，引导和帮助更多的农民和社区居民建立起科学、文明、健康的生产和生活方式，提高广大农民和社区居民的科学文化素质，让科普公共服务持续惠及广大基层群众。

各地科协和财政部门要大力宣传受奖补单位和个人的事迹，做好对奖补对象的服务，引导，帮助基层科普组织和个人进一步提高科普工作水平，建立完善基层科普工作长效机制。广大基层科普组织要以实施“基层科普行动计划”为契机，将科技要素引入广大农村和社区，激发全社会科技创新的活力，积极发挥科普在助力人的城镇化中的重要作用，开创基层科普工作的新局面，为服务创新驱动发展战略、全面建成小康社会作出更大贡献。

附件：2014年“基层科普行动计划”奖补单位和个人名单

中国科协　财政部

2014年6月23日

附件

2014年“基层科普行动计划”奖补单位和个人名单

一、农村专业技术协会（962个）

1　北京市密云县太师屯镇养蜂协会
2　北京市怀柔区桥梓镇凤山大枣协会
3　天津市西青区曙光沙窝萝卜协会
4　河北省张家口市涿鹿县养鸡协会
5　河北省唐山市遵化市食用菌协会
6　河北省石家庄市行唐县上闫庄乡果品协会
7　河北省邯郸市涉县新桥蔬菜种植协会
8　河北省承德市隆化县韩家店乡养殖协会
9　河北省承德市兴隆县蓝兴板栗协会
10　河北省衡水市饶阳县尹村镇吾固村无公害蔬菜协会
11　河北省廊坊市固安县蔬菜管理实用新技术协会
12　河北省张家口市崇礼县石窑子乡种养业联合总会
13　河北省张家口市赤城县肉鸡养殖协会
14　河北省张家口市尚义县石井乡养羊协会
15　河北省张家口市怀来县富人果品协会
16　河北省秦皇岛市卢龙县特色种植协会
17　河北省秦皇岛市抚宁县蔬菜协会
18　河北省邢台市隆尧县泽畔绿色农业发展协会
19　河北省邯郸市大名县蔬菜协会
20　河北省唐山市开平区农村专业技术协会
21　河北省唐山市王店子镇食用菌协会
22　河北省唐山市迁西县大枣协会
23　河北省石家庄市平山县东李坡种植协会
24　河北省邢台市南宫市立新农作物协会
25　河北省保定市高阳县棉花技术服务协会
26　河北省邯郸市魏县院堡食用菌协会
27　河北省保定市定兴县大北农艺专业技术协会
28　河北省辛集市养猪协会
29　河北省保定市涿州市养羊协会
30　河北省石家庄市鹿泉市紫藤葡萄协会
31　河北省沧州市河间市新兴鸭业协会
32　河北省沧州市泊头市鸭梨同业协会
33　河北省定州市号头庄回族乡奶业协会
34　河北省廊坊市永清县蔬菜协会
35　河北省衡水市冀州市渔业协会
36　河北省邯郸市曲周县优质农业技术服务协会
37　河北省衡水市深州市黄桃种植产业科技协会
38　河北省廊坊市文安县西瓜协会
39　河北省邢台市任县供销蔬菜种植发展协会
40　河北省邢台市南和县农葭蔬菜协会
41　河北省沧州市盐山县玉米种植协会
42　河北省保定市望都县养鸡协会
43　河北省承德市围场满族蒙古族自治县育太和乡盛太蔬菜产业协会
44　河北省秦皇岛市昌黎县水稻种植协会
45　河北省唐山市滦南县胡各庄镇生猪养殖协会
46　山西省晋中市祁县高源农作物经济技术协会
47　山西省朔州市平鲁区肉羊养殖协会
48　山西省忻州市忻府区农盛辣椒协会
49　山西省吕梁市交城县天宁镇红枣行业协会
50　山西省晋中市榆次区乌金山镇养羊协会
51　山西省阳泉市盂县生猪养殖协会
52　山西省长治市长子县农机具开发协会
53　山西省晋城市城区养猪协会
54　山西省临汾市尧都区蓬兴农业养殖协会
55　山西省太原市尖草坪区沟南人畜饮水协会
56　山西省临汾市霍州市小杂粮协会
57　山西省太原市娄烦县汾科技种植协会
58　山西省朔州市山阴县兴顺林草苗木协会
59　山西省晋城市高平市现代农业技术科普协会
60　山西省长治市长治县有机蔬菜水果种植协会
61　山西省阳泉市平定县平定特产协会
62　山西省晋中市昔阳县黄安核桃协会
63　山西省吕梁市柳林县食用菌协会

64 山西省忻州市原平市养鸡协会
65 山西省朔州市右玉县剪纸刺绣协会
66 山西省太原市阳曲县农协会
67 山西省大同市广灵县大同广灵画眉驴养殖协会
68 山西省朔州市应县草业种植协会
69 山西省忻州市偏关县磁窑沟青畜旺养羊协会
70 山西省吕梁市兴县康宁镇养猪协会
71 山西省太原市娄烦县同福种养协会
72 山西省忻州市神池县玉米种植协会
73 山西省长治市壶关县旱地西红柿协会
74 山西省晋城市沁水县蜂业协会
75 山西省临汾市隰县蜂业协会
76 山西省运城市临猗县大巍山农民用水协会
77 山西省吕梁市岚县东阳涧绿洲苗木协会
78 山西省晋中市和顺县众泰猪业协会
79 山西省吕梁市交口县通达养殖协会
80 山西省忻州市繁峙县南关稀特优种植协会
81 山西省朔州市平鲁区绿色蔬菜种植协会
82 山西省大同市新荣区林木种苗专业技术协会
83 山西省阳泉市郊区旧街乡龙泉沟养鸡协会
84 山西省大同市灵丘县育鑫种养专业技术协会
85 山西省长治市潞城市大田蔬菜协会
86 山西省晋中市灵石县科普惠农服务协会
87 山西省长治市沁县核桃协会
88 山西省长治市郊区金口养殖技术协会
89 山西省临汾市洪洞县苏堡镇红枣协会
90 山西省运城市垣曲县果农协会
91 山西省临汾市浮山县强圣农业综合种养技术协会
92 山西省忻州市保德县俊丽养殖专业技术协会
93 山西省晋中市榆社县河峪酥梨小米经济协会
94 山西省长治市沁源县脱毒马铃薯产业协会
95 山西省临汾市大宁县树生果仁协会
96 山西省运城市万荣县科普惠农服务协会
97 山西省太原市阳曲县菜农协会
98 山西省大同市灵丘县上北泉林果技术协会
99 山西省忻州市河曲县海红果业协会
100 山西省吕梁市离石区吴城镇王营庄蔬菜协会
101 内蒙古自治区呼和浩特市土默特左旗昌德和种植养殖科技协会
102 内蒙古自治区鄂尔多斯市达拉特旗雨顺蔬菜种植协会
103 内蒙古自治区包头市固阳县启源种养殖专业技术协会
104 内蒙古自治区呼伦贝尔市阿荣旗鹅业农民科技协会
105 内蒙古自治区巴彦淖尔市五原县内蒙古力农集团养殖协会
106 内蒙古自治区通辽市科尔沁左翼后旗阿都沁苏木乌列斯台嘎查养牛协会
107 内蒙古自治区赤峰市喀喇沁旗西桥镇高营子村兴农种植养殖协会
108 内蒙古自治区乌兰察布市商都县水漩蔬菜专业技术协会
109 内蒙古自治区兴安盟突泉县学田谷子种植加工专业技术协会
110 内蒙古自治区赤峰市敖汉旗木头营乡青山村种养殖业协会
111 内蒙古自治区兴安盟科尔沁右翼前旗久祥葡萄种植专业技术协会
112 内蒙古自治区呼伦贝尔市新巴尔虎左旗嵯岗镇嘎拉布尔嘎查养牛协会
113 内蒙古自治区通辽市科尔沁左翼中旗舍伯吐镇养牛专业协会
114 内蒙古自治区通辽市开鲁县生猪繁育养殖产业协会
115 内蒙古自治区乌兰察布市卓资县富民专业技术协会
116 内蒙古自治区通辽市科尔沁区余粮堡镇苏家村育肥牛养殖专业技术协会
117 内蒙古自治区巴彦淖尔市乌拉特中旗盛农绿色蔬菜专业协会
118 内蒙古自治区赤峰市巴林右旗养殖业协会
119 内蒙古自治区锡林郭勒盟苏尼特右旗苏尼特双峰驼科普示范协会
120 内蒙古自治区呼伦贝尔市鄂伦春自治旗鑫吉天特色养殖协会
121 内蒙古自治区兴安盟科尔沁右翼中旗额木庭高勒杏辉养牛专业技术协会
122 内蒙古自治区乌兰察布市察哈尔右翼中旗巴音乡红萝卜种植及营销协会
123 内蒙古自治区乌兰察布市化德县白音特拉蔬菜种植专业技术协会
124 内蒙古自治区巴彦淖尔市杭锦后旗渔业协会
125 内蒙古自治区赤峰市宁城县百氏兴林果协会
126 内蒙古自治区鄂尔多斯市鄂托克旗奶产业协会
127 辽宁省铁岭市铁岭县蔡牛镇张庄玉米新品种推广专业技术协会
128 辽宁省丹东市凤城市红旗镇苗木协会
129 辽宁省沈阳市辽中县种鸡养殖协会
130 辽宁省铁岭市昌图县双庙子镇玉米芯经济开发专业技术协会
131 辽宁省抚顺市抚顺县特色山野菜生产技术协会
132 辽宁省葫芦岛市建昌县小德营子乡农村专业技术协会
133 辽宁省辽阳市辽阳县黄泥洼镇三道岗村养牛协会
134 辽宁省铁岭市开原市苗木花卉协会
135 辽宁省本溪市本溪满族自治县中药材种植协会
136 辽宁省大连市庄河市长岭大樱桃协会
137 辽宁省丹东市宽甸满族自治县玉竹协会
138 辽宁省锦州市北镇市大棚蔬菜协会
139 辽宁省沈阳市新民市梁山镇西瓜协会
140 辽宁省朝阳市建平县深井镇绿源生态农业产业协会
141 辽宁省盘锦市大洼县智农技术协会
142 辽宁省阜新市太平区水泉镇食药用菌专业技术协会
143 辽宁省锦州市黑山县畜牧业协会
144 吉林省长春市榆树市明辉蔬菜专业技术协会
145 吉林省长春市农安县靠山镇东排木瓜菜生产技术协会
146 吉林省吉林市桦甸市八道河子镇食用菌协会
147 吉林省白山市长白朝鲜族自治县老参地技术推广应用协会

148 吉林省四平市梨树县高家村蔬菜专业技术协会
149 吉林省白城市通榆县开通镇东郊村蔬菜协会
150 吉林省公主岭市石人粮蔬专业技术协会
151 吉林省四平市铁东区叶赫满族镇果树药材协会
152 吉林省延边朝鲜族自治州龙井市东盛涌镇太平村红星大畜协会
153 吉林省通化市通化县升林食用菌协会
154 吉林省辽源市东丰县鹏翔养鸡协会
155 吉林省吉林市舒兰市园艺特产协会
156 吉林省白山市抚松县露水河林区林蛙养殖协会
157 黑龙江省黑河市五大连池市双泉镇三合村矿泉稻种植协会
158 黑龙江省佳木斯市富锦市华宇水稻专业协会
159 黑龙江省大庆市林甸县先发玉米科技协会
160 黑龙江省绥化市青冈县福泰种业协会
161 黑龙江省哈尔滨市阿城区滨圣生猪养殖协会
162 黑龙江省绥化市北林区北星稻米协会
163 黑龙江省哈尔滨市依兰县迎兰朝鲜族乡水稻种植协会
164 黑龙江省牡丹江市林口县北方经济作物研究会
165 黑龙江省伊春市嘉荫县林下经济协会
166 黑龙江省绥化市望奎圣态养猪协会
167 黑龙江省哈尔滨市方正县隆丰畜禽养殖专业协会
168 黑龙江省牡丹江市穆棱市食用菌协会
169 上海市浦东新区养兔协会
170 江苏省淮安市淮阴区淮农薯业专业技术协会
171 江苏省扬州市邗江区特种水产养殖专业技术协会
172 江苏省无锡市宜兴市万石镇水芹协会
173 江苏省南通市海门市常乐镇果蔬专业技术协会
174 江苏省盐城市东台市畜牧业协会
175 江苏省泰州市兴化市兴泰线万亩果蔬种植业协会
176 江苏省徐州市丰县首羡绿源洋葱产销协会
177 江苏省南京市溧水区溧水县洪蓝草莓协会
178 江苏省连云港市灌南县周庄蔬菜协会
179 江苏省镇江市润州区蒋乔嶂山果品协会
180 江苏省宿迁市沭阳县新河镇花木协会
181 江苏省南通市通州区嘉安出口蔬菜专业技术协会
182 江苏省淮安市金湖县山水蔬菜专业技术协会
183 浙江省宁波市鄞州区雪菜协会
184 浙江省宁波市北仑新区花木协会
185 浙江省温州市永嘉县兰花协会
186 浙江省舟山市嵊泗县花鸟乡渔业技术协会
187 浙江省嘉兴市桐乡市杭白菊产业协会
188 浙江省湖州市南浔区建旺禽业专业技术协会
189 浙江省绍兴市嵊州市茶叶产业行业协会
190 浙江省嘉兴市桐乡市联丰养羊专业技术协会
191 浙江省丽水市景宁畲族自治县少数民族农村科普协会
192 浙江省宁波市象山县养鹅专业技术协会
193 安徽省蚌埠市蚌山区海上明珠农业技术协会
194 安徽省阜阳市太和县优质高效农业技术协会
195 安徽省宣城市郎溪县农机协会
196 安徽省蚌埠市固镇县科技养羊协会
197 安徽省安庆市枞阳县水产协会
198 安徽省芜湖市繁昌县新港畜牧业协会
199 安徽省芜湖市无为县养猪协会
200 安徽省宿州市埇桥区甜叶菊协会
201 安徽省滁州市定远县仓镇杨湖村粮食蔬菜种植协会
202 安徽省六安市金寨县大别山生态养殖协会
203 安徽省阜阳市颍州区程集镇专业养殖协会
204 安徽省合肥市长丰县下塘镇龙虾养殖协会
205 安徽省安庆市桐城市养蜂协会
206 安徽省马鞍山市当涂县徽农粮油技术协会
207 安徽省滁州市全椒县十字镇陈浅虾蟹养殖协会
208 安徽省淮南市大通区洛河蔬菜种植协会
209 安徽省池州市青阳县竹产业协会
210 安徽省宿州市砀山县惠农果业协会
211 安徽省池州市东至县瓜蒌协会
212 安徽省黄山市祁门县九天闻红红茶专业协会
213 安徽省铜陵市铜陵县董店生姜协会
214 安徽省六安市霍山县中药材产业协会
215 安徽省亳州市利辛县养鸡协会
216 安徽省合肥市肥西县严店乡植保专业协会
217 安徽省合肥市巢湖市红星畜禽良种专业协会
218 安徽省宿州市灵璧县虞姬养鸡协会
219 福建省福州市福清市农村专业技术协会
220 福建省福州市长乐市古槐镇青山村龙眼行业协会
221 福建省福州市晋安区柳杉王红薯协会
222 福建省福州市罗源县食用菌行业协会
223 福建省厦门市同安区莲花镇军营村茶叶协会
224 福建省漳州市诏安县食用菌协会
225 福建省漳州市南靖县茶叶协会
226 福建省漳州市平和县五寨乡养猪协会
227 福建省漳州市漳浦县旧镇镇农产品产业协会
228 福建省漳州市东山县陈城镇鲍鱼协会
229 福建省泉州市石狮市古浮紫菜协会
230 福建省泉州市鲤城区蔬菜学会
231 福建省泉州市安溪县山格淮山产业技术研究会
232 福建省莆田市仙游县淡水养殖业协会
233 福建省莆田市仙游县油茶产业协会
234 福建省三明市大田县华兴乡油茶协会
235 福建省三明市梅列区陈大农产品流通协会
236 福建省三明市明溪县红豆杉种植者协会
237 福建省三明市尤溪县竹业协会
238 福建省南平市政和县茶业协会
239 福建省南平市光泽县茶叶协会
240 福建省南平市武夷山市竹业协会
241 福建省南平市建阳市茶业协会
242 福建省南平市邵武市食用菌产业化协会
243 福建省南平市松溪县竹业协会
244 福建省龙岩市上杭县茶地乡水稻抗病育种研究协会
245 福建省三明市建宁县黄坊笋竹业协会
246 福建省龙岩市武平县中山渔业协会
247 福建省宁德市渔业协会（蕉城区）
248 福建省宁德市霞浦县花木盆景协会
249 福建省宁德市周宁县茶叶协会

250 福建省宁德市柘荣县木瓜协会
251 福建省宁德市福安市水蜜桃协会
252 福建省三明市宁化县渔业发展协会
253 福建省龙岩市永定县美蕉协会
254 福建省宁德市屏南县棠口乡仕洋村养猪协会
255 福建省宁德市寿宁县大安乡大熟村农产品生产流通协会
256 福建省福州市福清市山羊协会
257 福建省漳州市漳浦县盘陀镇茶叶协会
258 福建省泉州市南安市乐峰镇速生林种植协会
259 福建省龙岩市上杭县稔田镇龙湖红肉蜜柚协会
260 江西省宜春市袁州区食用菌协会
261 江西省南昌市安义县养猪协会
262 江西省赣州市定南县龙塘食用菌协会
263 江西省萍乡市湘东区东桥镇绿色油菜种植协会
264 江西省抚州市临川区昌盛生态综合农业专业技术协会
265 江西省上饶市余干县水产行业协会
266 江西省宜春市奉新县　柑技术协会
267 江西省吉安市吉水县芦笋种植协会
268 江西省九江市彭泽县黄花杨梅山花卉苗木专业技术协会
269 江西省上饶市鄱阳县金盘岭镇葡萄专业协会
270 江西省南昌市湾里区茶叶行业协会
271 江西省抚州市南城县农产品流通协会
272 江西省宜春市樟树市生猪行业协会
273 江西省赣州市瑞金市毛竹产业协会
274 江西省鹰潭市贵溪市满意雷竹专业技术协会
275 江西省吉安市安福县武功山大鲵产业协会
276 江西省萍乡市芦溪县杜仲猪养殖专业技术协会
277 江西省赣州市于都县金田青菜协会
278 江西省新余市渝水区政豪中华竹鼠协会
279 江西省上饶市德兴市温泉水产养殖协会
280 江西省赣州市信丰县脐橙协会
281 山东省青岛市平度市祝沟镇德兴果品协会
282 山东省济宁市曲阜市曲阜尼山果蔬协会
283 山东省淄博市沂源县食用菌协会
284 山东省淄博市博山区养蜂协会
285 山东省青岛市莱西市河头店镇东大寨村果业协会
286 山东省烟台市福山区福新街道办事处大樱桃协会
287 山东省济宁市汶上县白石镇林果协会
288 山东省济宁市泗水县赢升养蝎技术协会
289 山东省威海市乳山市花生协会
290 山东省德州市齐河县食用菌协会
291 山东省聊城市茌平县生态枣业协会
292 山东省济南市济阳县孙耿镇马铃薯种植协会
293 山东省淄博市桓台县荆家实秆芹菜种植协会
294 山东省枣庄市山亭区花生产业协会
295 山东省烟台市栖霞市渔业协会
296 山东省潍坊市昌乐县红河镇朱翰苹果协会
297 山东省泰安市肥城市汶阳镇姜杭村有机蔬菜协会
298 山东省威海市荣成市葡萄种植协会
299 山东省莱芜市莱城区明森林果协会
300 山东省日照市岚山区农业技术服务协会
301 山东省临沂市沂水县蓝莓协会
302 山东省德州市临邑县兴隆镇木业协会
303 山东省德州市庆云县锦绣千村植保专业技术协会
304 山东省聊城市阳谷县阿城镇蔬菜协会
305 山东省菏泽市单县优质小麦协会
306 山东省潍坊市临朐县佛手瓜协会
307 山东省临沂市沂南县大庄孔明蔬菜标准化生产协会
308 山东省临沂市平邑县禽业协会
309 山东省德州市夏津县生猪养殖协会
310 山东省滨州市沾化县畜牧养殖协会
311 山东省滨州市惠民县文安瓜菜协会
312 山东省菏泽市巨野县农业高新技术协会
313 山东省济南市商河县张坊乡核桃种植协会
314 山东省济南市长清区五峰纸坊大樱桃种植协会
315 山东省青岛市黄岛区胶南市王台镇特种动物养殖协会
316 山东省淄博市沂源县张家坡镇果品营销协会
317 山东省烟台市莱州市粮食产业化协会
318 山东省青岛市即墨市生猪产业协会
319 山东省菏泽市定陶县西瓜协会
320 山东省菏泽市曹县青菏街道办事处杞条协会
321 山东省聊城市高唐县供销社兴农棉花良种繁育协会
322 山东省临沂市沂南县有机苹果生产协会
323 山东省临沂市沂水县龙家圈镇下峪子村宏民果品协会
324 山东省泰安市宁阳县蒋集镇张龙村养鸡协会
325 山东省泰安市新泰市掌平洼杏梅协会
326 山东省济宁市金乡县农作物良种繁育协会
327 山东省潍坊市青州市果树技术研究会
328 山东省烟台市海阳市甜柿协会
329 山东省淄博市周村区彩叶白腊协会
330 山东省东营市广饶县大王绿色蔬菜种植研究协会
331 山东省东营市利津县食用菌产业发展协会
332 山东省临沂市费县朝阳核桃产业协会
333 山东省德州市武城县贝州蜜桃种植专业技术协会
334 山东省聊城市东昌府区堂邑镇葫芦协会
335 山东省菏泽市郓城县优质小麦高产技术服务协会
336 山东省烟台市招远市瓜菜协会
337 山东省济南市平阴县洪范池镇果树技术推广协会
338 山东省菏泽市鄄城县花生丰产技术协会
339 山东省临沂市河东区农产品产业协会
340 山东省济宁市梁山县马营乡葡萄种植技术协会
341 山东省菏泽市东明县优质专用小麦产销协会
342 山东省枣庄市峄城区种苗协会
343 山东省潍坊市寿光市山东洛城农发集团食品安全生产协会
344 山东省临沂市蒙阴县蜂业协会
345 山东省潍坊市昌邑市大姜协会
346 山东省潍坊市安丘市石埠子镇冢头村草莓生产协会
347 山东省临沂市罗庄区册山沙沟芋头协会
348 山东省滨州市阳信县阳光食用菌栽植协会
349 山东省潍坊市诸城市蛋鸡协会
350 山东省德州市乐陵市净雨仙养鹅协会
351 山东省滨州市邹平县土壤肥料协会
352 山东省聊城市临清市农资协会

353 山东省烟台市蓬莱市刘家沟镇海参养殖协会
354 山东省潍坊市寒亭区世清萝卜协会
355 山东省济宁市鱼台县张黄镇养猪协会
356 山东省枣庄市市中区永安食用菌协会
357 河南省郑州市登封市嵩源养殖协会
358 河南省开封市顺河回族区黄梨专业协会
359 河南省洛阳市嵩县远通核桃专业技术协会
360 河南省平顶山市宝丰县观音堂乡花椒协会
361 河南省安阳市林州市花椒协会
362 河南省鹤壁市鹤山区崔村沟昌盛养殖协会
363 河南省焦作市沁阳市养蜂协会
364 河南省濮阳市清丰县亿佳养殖技术协会
365 河南省许昌市许昌县茂源红叶石楠花木协会
366 河南省漯河市临颍县小辣椒技术研究协会
367 河南省三门峡市灵宝市养蜂协会
368 河南省南阳市社旗县何营养猪协会
369 河南省商丘市宁陵县猪业协会
370 河南省信阳市新县春发山核桃种植协会
371 河南省周口市郸城县培康特色种植协会
372 河南省驻马店市正阳县生态源高淀粉农业种植协会
373 河南省济源市花木产业协会
374 河南省郑州市巩义市食用菌协会
375 河南省信阳市固始县金地农业技术协会
376 河南省开封市兰考县渔业养殖协会
377 河南省平顶山市汝州市名优核桃产业协会
378 河南省安阳市滑县半坡店乡花生协会
379 河南省新乡市长垣县绿色未来环境保护协会
380 河南省南阳市邓州市刘集镇肉牛养殖协会
381 河南省商丘市永城市十八里镇农产品种植专业技术协会
382 河南省郑州市新郑市辛店镇银晟养殖技术协会
383 河南省开封市尉氏县兰宏肉牛养殖协会
384 河南省洛阳市吉利区长毛兔养殖协会
385 河南省平顶山市舞钢市肉鸽专业技术协会
386 河南省新乡市长垣县北星高效农业协会
387 河南省焦作市武陟县天雨林果种植协会
388 河南省濮阳市濮阳县柳屯镇养殖协会
389 河南省许昌市鄢陵县只乐乡养猪协会
390 河南省漯河市舞阳县文峰乡薛村土豆种植协会
391 河南省三门峡市渑池县仰韶大杏协会
392 河南省南阳市西峡县重阳镇绿康菌业协会
393 河南省商丘市虞城县富民特色蔬菜专业技术协会
394 河南省信阳市平桥区东方牧源养殖协会
395 河南省周口市沈丘县永丰药材种植协会
396 河南省驻马店市西平县东信金银花产业协会
397 河南省郑州市中牟县绿化树种植协会
398 河南省开封市开封县半坡店乡蔬菜种植技术协会
399 河南省平顶山市鲁山县琴台食用菌协会
400 河南省新乡市卫辉市李源屯镇玉田有机蔬菜技术推广协会
401 河南省焦作市修武县聚龙蔬菜协会
402 河南省濮阳市南乐县无公害蛋鸡养殖协会
403 河南省许昌市长葛市惠民种植专业技术协会
404 河南省南阳市唐河县源潭镇小辣椒协会
405 河南省商丘市柘城县商丘市科技富农协会
406 河南省信阳市光山县茶叶协会
407 河南省周口市项城市养猪行业协会
408 河南省驻马店市遂平县绿峰特色种植协会
409 河南省开封市杞县大蒜产业信息协会
410 河南省洛阳市新安县金田薯业协会
411 河南省南阳市南召县蚕业协会
412 河南省商丘市民权县双塔花生协会
413 河南省信阳市商城县有机水稻种植协会
414 河南省周口市郸城县城郊乡生态水产养殖协会
415 河南省开封市金明区杏花营镇水产协会
416 河南省洛阳市宜阳县油料作物种植协会
417 河南省商丘市夏邑县火店乡兴乐良种繁育协会
418 河南省洛阳市汝阳县小寺花生协会
419 河南省郑州市登封市小苍娃绿色农产品协会
420 河南省平顶山市石龙区人民路办事处养鸡协会
421 河南省濮阳市范县黄金鳅养殖协会
422 湖北省随州市随县水果专业技术协会
423 湖北省武汉市江夏区乌龙泉街生雷名优特产养殖协会
424 湖北省咸宁市赤壁市柳山湖镇惠群果蔬专业技术协会
425 湖北省黄冈市黄梅县食用菌协会
426 湖北省鄂州市鄂城区枣业协会
427 湖北省荆州市江陵县三湖黄桃协会
428 湖北省襄阳市樊城区鑫顺天蔬菜协会
429 湖北省孝感市孝昌县小悟乡茶叶协会
430 湖北省宜昌市枝江市土著鱼类产销协会
431 湖北省十堰市郧西县夹河镇桑蚕产业协会
432 湖北省荆门市东宝区甲鱼养殖协会
433 湖北省黄石市阳新县兴农种植业协会
434 湖北省荆州市松滋市沙道观镇车路口村葡萄产销协会
435 湖北省仙桃市干河办事处养猪协会
436 湖北省潜江市水产品产销协会
437 湖北省神农架林区松柏镇养猪协会
438 湖北省天门市龙尾山无雨葡萄种植协会
439 湖北省武汉市蔡甸区侏儒街金鸡瓜菜协会
440 湖北省荆州市洪湖市莲藕协会
441 湖北省随州市广水市吉阳大蒜协会
442 湖北省恩施土家族苗族自治州建始县业州镇宝山农村专业技术协会
443 湖北省鄂州市鄂城区团结顺发水产养殖协会
444 湖北省宜昌市远安县农作技术服务协会
445 湖北省襄阳市枣阳市油茶产业协会
446 湖北省咸宁市崇阳县花卉苗木协会
447 湖北省十堰市郧县胡家营镇桑蚕协会
448 湖北省荆门市掇刀区野鸭养殖技术推广协会
449 湖北省黄冈市麻城市蔬菜协会
450 湖北省孝感市大悟县新城镇花生专业技术协会
451 湖北省荆州市荆州区弥市镇绿色蔬菜产销协会
452 湖北省咸宁市咸安区油茶协会
453 湖北省襄阳市宜城市鸭业协会
454 湖北省孝感市孝南区朋兴乡金卉花木技术协会

455 湖北省黄冈市浠水县蔬菜协会
456 湖北省鄂州市梁子湖区蔬菜协会
457 湖北省恩施土家族苗族自治州鹤峰县中官红蔬菜专业技术协会
458 湖北省宜昌市夷陵区邓村绿茶协会
459 湖北省黄冈市蕲春县鄂东大别山中药材生产技术协会
460 湖北省襄阳市谷城县玉皇剑茶叶协会
461 湖北省咸宁市通城县水产科技协会
462 湖北省武汉市新洲区食用菌协会
463 湖北省十堰市房县食用菌产业协会
464 湖北省咸宁市嘉鱼县陆溪镇有机蔬菜协会
465 湖北省黄冈市武穴市向文村专业养殖协会
466 湖北省荆州市监利县黄鳝养殖运销协会
467 湖北省黄石市大冶市陈贵禽业协会
468 湖北省十堰市竹溪县蒋家堰镇中药材协会
469 湖北省宜昌市点军区濒危植物保护及花卉苗木产销协会
470 湖北省武汉市汉南区湘口保丰瓜果协会
471 湖北省十堰市竹山县秦古镇张家沟村核桃专业协会
472 湖北省荆门市京山县特产协会
473 湖北省黄冈市红安县觅儿寺镇水产养殖协会
474 湖北省孝感市汉川市城隍镇生态养殖协会
475 湖北省仙桃市张沟镇名特鱼类养殖协会
476 湖北省恩施土家族苗族自治州宣恩县玉露有机茶叶协会
477 湖南省株洲市石峰区申辉养殖牲猪集团协会
478 湖南省长沙市宁乡县食用菌协会
479 湖南省株洲市攸县葡萄协会
480 湖南省郴州市汝城县土桥镇清风岩优质稻谷种植协会
481 湖南省株洲市株洲县蔬菜协会
482 湖南省湘潭市湘潭县灰鹅（大雁）养殖技术协会
483 湖南省岳阳市华容县铭泰优质稻种植协会
484 湖南省衡阳市衡南县宝兴畜牧水产养殖专业技术协会
485 湖南省岳阳市汨罗市磊石蔬菜种植协会
486 湖南省娄底市涟源市包围山原生态养殖专业技术协会
487 湖南省常德市石门县药用动植物产销协会
488 湖南省常德市澧县城头山村特种水稻种植协会
489 湖南省益阳市安化县柘溪库区渔业协会
490 湖南省永州市江永县富硒香芋产销行业协会
491 湖南省衡阳市蒸湘区呆鹰岭草莓协会
492 湖南省湘西土家族苗族自治州龙山县土家织锦行业协会
493 湖南省长沙市浏阳市养猪协会
494 湖南省娄底市新化县草食动物协会
495 湖南省益阳市沅江市果业协会
496 湖南省衡阳市雁峰区富强果业农技协会
497 湖南省湘西土家族苗族自治州永顺县毛坝莓茶协会
498 湖南省益阳市桃江县美人窝优质水果种植科技协会
499 湖南省永州市东安县石瑞西瓜协会
500 湖南省郴州市临武县大冲云露辣椒专业技术协会
501 湖南省张家界市慈利县杨柳铺优质水果专业技术协会
502 湖南省衡阳市衡阳县永兴肉鸽养殖专业协会
503 湖南省邵阳市城步苗族自治县兰蓉乡苗山香梨种植专业技术协会
504 湖南省邵阳市绥宁县金银花专业技术协会
505 湖南省怀化市麻阳苗族自治县养鹅协会
506 湖南省湘西土家族苗族自治州吉首市排吼乡竹鼠养殖协会
507 湖南省郴州市桂阳县雷坪乡花园水果协会
508 湖南省邵阳市邵东县园林技术协会
509 广东省河源市东源县养蜂协会
510 广东省梅州市梅县养鸡协会
511 广东省潮州市饶平县茶叶行业协会
512 广东省韶关市南雄市养蜂协会
513 广东省阳江市阳春市养鱼协会
514 广东省肇庆市广宁县沙糖桔协会
515 广东省惠州市惠东县平海镇大顶苦瓜技术协会
516 广东省汕头市澄海区列高蔬菜种子研究会
517 广东省清远市连南瑶族自治县养猪协会
518 广东省广州市番禺区沙湾盆景协会
519 广东省茂名市信宜市茶山镇三华李协会
520 广东省阳江市江城区三洲海霞蔬菜技术协会
521 广东省汕头市潮南区雷岭镇荔枝协会
522 广西壮族自治区百色市西林县麻鸭养殖营销协会
523 广西壮族自治区河池市大化瑶族自治县岩滩库区生态拦网养鱼协会
524 广西壮族自治区防城港市东兴市水产种苗繁育技术协会
525 广西壮族自治区桂林市灌阳县洞井乡脐橙协会
526 广西壮族自治区桂林市龙胜各族自治县毛竹产业协会
527 广西壮族自治区贺州市昭平县油茶协会
528 广西壮族自治区柳州市鹿寨县寨沙镇六往村下寨屯种养协会
529 广西壮族自治区钦州市灵山县养猪协会
530 广西壮族自治区梧州市岑溪市坚果开发协会
531 广西壮族自治区崇左市宁明县八角协会
532 广西壮族自治区贵港市港北区庆丰镇都炉村六乌山养猪循环利用协会
533 广西壮族自治区南宁市武鸣县陆斡镇桥东村蔬菜协会
534 广西壮族自治区防城港市上思县农村专业技术协会
535 广西壮族自治区桂林市阳朔县蜂业协会
536 广西壮族自治区河池市环江毛南族自治县柑橘协会
537 广西壮族自治区崇左市江州区养蛇产销合作协会
538 广西壮族自治区百色市靖西县魁圩乡康和村特色养殖专业技术协会
539 广西壮族自治区河池市都安瑶族自治县加贵乡桑蚕协会
540 广西壮族自治区桂林市兴安县民富养猪行业协会
541 广西壮族自治区贺州市八步区贺街镇生猪流通协会
542 广西壮族自治区柳州市柳江县三都镇子姜技术协会
543 广西壮族自治区崇左市龙州县武德乡农干村西瓜协会
544 广西壮族自治区来宾市合山市河里乡洛满村甘蔗种植协会
545 广西壮族自治区贵港市桂平市下湾镇下湾村蔬菜协会
546 广西壮族自治区南宁市马山县里当鸡协会
547 广西壮族自治区百色市右江区龙川镇六能村油茶生产专业协会
548 广西壮族自治区北海市海城区高德农副产品流通协会
549 广西壮族自治区桂林市恭城瑶族自治县西岭乡杨溪村

生态桃李种植技术协会
550 广西壮族自治区桂林市雁山区砂糖桔产销协会
551 广西壮族自治区柳州市三江侗族自治县三江臻茶油协会
552 广西壮族自治区贵港市平南县水产流通协会
553 广西壮族自治区北海市合浦县石湾镇农副产品流通协会
554 广西壮族自治区百色市凌云县玉洪瑶族乡玉保村果蔬协会
555 广西壮族自治区河池市天峨县家禽生态养殖协会
556 广西壮族自治区桂林市平乐县二塘镇茶林无公害蔬菜产销协会
557 广西壮族自治区贺州市平桂管理区羊头镇土鸡养殖协会
558 广西壮族自治区玉林市陆川县乌石镇珍珠番石榴种植协会
559 广西壮族自治区百色市平果县太平镇九龙山果蔬菜协会
560 广西壮族自治区桂林市资源县车田苗族乡脚古冲村扶贫互助协会
561 广西壮族自治区柳州市柳南区明达鸽业养殖协会
562 广西壮族自治区桂林市全州县石塘镇生姜种植销售协会
563 广西壮族自治区桂林市叠彩区漓江桂花种植技术协会
564 广西壮族自治区河池市巴马瑶族自治县巴马壮瑶养生协会
565 广西壮族自治区河池市凤山县兰花协会
566 广西壮族自治区梧州市苍梧县沙头镇瘦肉型猪养殖协会
567 广西壮族自治区崇左市大新县全茗镇白皮果蔗种植协会
568 广西壮族自治区贵港市港南区湛江镇云柳村中药材协会
569 广西壮族自治区玉林市北流市凉亭养禽技术协会
570 广西壮族自治区河池市宜州市庆远镇桑杆食用菌协会
571 广西壮族自治区玉林市容县旺岗种养技术协会
572 海南省海口市琼山区云龙荔枝协会
573 海南省万宁市槟榔协会
574 海南省琼中黎族苗族自治县养猪协会
575 海南省昌江黎族自治县果树技术协会
576 海南省临高县临高猪保种繁殖协会
577 重庆市万州区茶叶协会
578 重庆市黔江区野鸡养殖专业协会
579 重庆市涪陵区珍溪镇水产养殖专业技术协会
580 重庆市江津区蔡家渔业协会
581 重庆市合川区双凤镇优质李子协会
582 重庆市永川区莲藕协会
583 重庆市南川区中心辣椒协会
584 重庆市潼南县生猪养殖专业技术协会
585 重庆市铜梁县青山中药材种植协会
586 重庆市璧山县广普镇养禽专业技术协会
587 重庆市城口县久益蔬菜种植专业技术协会
588 重庆市丰都县红心柚技术协会
589 重庆市开县五通乡黑山羊养殖协会
590 重庆市云阳县帮农枇杷专业协会
591 重庆市云阳县农坝镇富农山羊养殖协会
592 重庆市奉节县花云金银花协会
593 重庆市巫溪县生态猪养殖协会
594 重庆市彭水苗族土家族自治县蜂业协会
595 四川省广安市广安区白马乡柠檬产业协会
596 四川省巴中市南江县关路乡柏垭生态渔业养殖协会
597 四川省巴中市平昌县源丰养殖协会
598 四川省雅安市汉源县梨园乡水晶红富士苹果协会
599 四川省雅安市名山区廖场乡青草肉牛养殖协会
600 四川省资阳市安岳县鑫粮仓粮食科技协会
601 四川省资阳市安岳县普盛柠檬协会
602 四川省攀枝花市米易县优质枇杷协会
603 四川省泸州市叙永县生态果业协会
604 四川省宜宾市高县蚕业协会
605 四川省资阳市乐至县莲藕专业技术协会
606 四川省泸州市泸县蜀龙养鸡协会
607 四川省德阳市旌阳区双东镇花生协会
608 四川省宜宾市宜宾县王场乡渔业协会
609 四川省达州市开江县骑龙乡板栗协会
610 四川省达州市大竹县鹏程果业技术协会
611 四川省雅安市名山区联江乡茶业协会
612 四川省雅安市石棉县新民乡大马村黄果柑协会
613 四川省眉山市东坡区思蒙花池特种水产养殖协会
614 四川省广安市武胜县佳鑫养鸭协会
615 四川省自贡市富顺县飞龙镇养蚕协会
616 四川省广元市朝天区马铃薯产业协会
617 四川省广元市剑阁县生猪发展协会
618 四川省南充市西充县义兴镇有机果蔬协会
619 四川省南充市嘉陵区冬菜协会
620 四川省自贡市大安区三多寨镇花椒种植协会
621 四川省眉山市青神县猪业协会
622 四川省自贡市贡井区桥头土鸡养殖协会
623 四川省泸州市江阳区四峰山竹木专业技术协会
624 四川省德阳市中江县通济镇水果行业协会
625 四川省德阳市绵竹市新市镇蛋鸡养殖专业技术协会
626 四川省达州市宣汉县新华畜禽养殖协会
627 四川省达州市渠县黄花专业技术协会
628 四川省达州市通川区北山畜禽养殖协会
629 四川省阿坝藏族羌族自治州汶川县蔬菜协会
630 四川省成都市彭州市红岩木耳种植协会
631 四川省自贡市富顺县东湖镇水禽养殖协会
632 四川省绵阳市盐亭县富驿海椒协会
633 四川省遂宁市安居区五二四红苕专业技术协会
634 四川省内江市市中区绿滋源特种家禽养殖协会
635 四川省宜宾市兴文县鲵源珍稀食用菌专业技术协会
636 四川省宜宾市江安县果品协会
637 四川省广安市前锋区益农蔬菜协会
638 四川省巴中市巴州区红心猕猴桃发展协会
639 四川省雅安市天全县仁义乡果蔬发展协会
640 四川省成都市蒲江县成都市蒲柑果业联合会
641 四川省成都市崇州市白头镇天鹰种植业协会
642 四川省成都市郫县食用菌协会
643 四川省泸州市古蔺县蚕桑种植专业技术协会
644 四川省绵阳市三台县前锋镇生态农业产业技术协会
645 四川省广元市朝天区转斗乡核桃产业协会
646 四川省内江市威远县特种水产协会
647 四川省乐山市五通桥区花木协会

648 四川省南充市阆中市洪松果蔬协会
649 四川省巴中市恩阳区中药材种植产业协会
650 四川省巴中市恩阳区养兔产业协会
651 四川省成都市新都区军屯镇花木协会
652 四川省攀枝花市盐边县鸿鹄果品苗木协会
653 四川省遂宁市大英县通仙乡花椒业协会
654 四川省遂宁市射洪县宏宇油菜专业技术协会
655 四川省乐山市马边彝族自治县建设乡武友优质果苗协会
656 四川省宜宾市屏山县龙华镇稻田村猕猴桃协会
657 四川省成都市金堂县金堂明参协会
658 四川省德阳市广汉市连山镇农机服务协会
659 四川省绵阳市江油市羊肚菌产业技术协会
660 四川省绵阳市游仙区石板镇白家寨核桃协会
661 四川省遂宁市射洪县洋溪镇大棚蔬菜协会
662 四川省乐山市市中区现代科技花木协会
663 四川省广安市邻水县柚子协会
664 四川省达州市达川区永进乡葡萄产业协会
665 四川省眉山市仁寿县羊业股份合作协会
666 四川省南充市蓬安县正中渔业技术协会
667 四川省眉山市彭山县红阳猕猴桃协会
668 四川省广元市利州区工农镇千佛崖核桃种植协会
669 四川省广元市剑阁县剑门关土鸡养殖协会
670 四川省南充市高坪区江陵镇果业协会
671 四川省宜宾市筠连县龙镇乡兴胜村藤梨协会
672 四川省甘孜藏族自治州乡城县白坝村核桃销售协会
673 四川省凉山彝族自治州德昌县凉山州蜂业协会
674 四川省凉山彝族自治州美姑县埂则村养猪协会
675 四川省阿坝藏族羌族自治州金川县秦艽种植技术协会
676 四川省内江市东兴区高粱种植协会
677 四川省德阳市什邡市禾丰镇大棚蔬菜协会
678 四川省雅安市雨城区汇众养蜂协会
679 四川省自贡市贡井区章佳鹌鹑协会
680 四川省泸州市纳溪区护国柚协会
681 四川省宜宾市珙县巡场镇生猪养殖协会
682 四川省绵阳市涪城区蚕业科学技术协会
683 贵州省贵阳市息烽县永靖镇老厂村蔬菜种植协会
684 贵州省遵义市汇川区果蔬育苗协会
685 贵州省安顺市西秀区七眼桥镇孙家庄村养殖协会
686 贵州省六盘水市钟山区凤凰办事处禽蛋养殖协会
687 贵州省毕节市金沙县金源金银花专业技术协会
688 贵州省铜仁市玉屏侗族自治县大龙镇草坪村柑桔经济专业协会
689 贵州省黔东南苗族侗族自治州黄平县野洞河野生食品加工业协会
690 贵州省黔南布依族苗族自治州独山县尧梭乡店下花木种植业协会
691 贵州省黔西南布依族苗族自治州晴隆县茶叶产业协会
692 贵州省威宁彝族回族苗族自治县利民生态中药材专业技术协会
693 贵州省贵阳市修文县六广镇岩脚村果蔬种植协会
694 贵州省遵义市绥阳县佳鑫蔬菜专业技术协会
695 贵州省安顺市平坝县天龙镇天龙村种植协会
696 贵州省六盘水市盘县滑石乡核桃协会
697 贵州省毕节市纳雍县董地乡糯谷猪养殖协会
698 贵州省铜仁市印江土家族苗族自治县板溪镇食用菌种植协会
699 贵州省黔东南苗族侗族自治州凯里市森泰山鸡养殖协会
700 贵州省黔南布依族苗族自治州惠水县涟江花卉种植协会
701 贵州省黔西南布依族苗族自治州安龙县优质大米协会
702 贵州省贵阳市白云区都拉布依族乡黑石头村养殖协会
703 贵州省遵义市湄潭县核桃坝四品君茶叶加工协会
704 贵州省安顺市普定县城关镇科学科技种植养殖协会
705 贵州省六盘水市六枝特区岩脚镇顺达养殖协会
706 贵州省毕节市织金县果蔬协会
707 贵州省铜仁市碧江区滑石乡白水优质米生产专业协会
708 贵州省黔东南苗族侗族自治州黎平县水口镇控洞村农民家禽养殖协会
709 贵州省黔南布依族苗族自治州福泉市龙昌养殖协会
710 贵州省贵阳市开阳县南龙乡绿色茶叶协会
711 贵州省遵义市正安县养蜂专业技术协会
712 贵州省安顺市镇宁布依族苗族自治县镇宁王二河水库生态养鱼协会
713 贵州省遵义市务川仡佬族苗族自治县果树专业技术协会
714 贵州省铜仁市德江县坳田生态肉牛养殖协会
715 贵州省黔东南苗族侗族自治州剑河县满天星生态养殖协会
716 贵州省黔南布依族苗族自治州长顺县鼓扬镇绿壳蛋鸡养殖协会
717 贵州省黔南布依族苗族自治州荔波县拉岜蜜柚种植专业技术协会
718 贵州省黔东南苗族侗族自治州麻江县下司草莓专业技术协会
719 云南省昆明市东川区红土地镇水果萝卜协会
720 云南省昭通市鲁甸县蔬菜协会
721 云南省曲靖市宣威市得禄乡肥谷村中药材种植协会
722 云南省玉溪市红塔区北城镇蔬菜种植协会
723 云南省红河哈尼族彝族自治州开远市亚热带林果协会
724 云南省文山壮族苗族自治州丘北县辣椒种植加工产销专业协会
725 云南省普洱市澜沧拉祜族自治县惠民乡兰珍蔬菜种植专业技术协会
726 云南省西双版纳傣族自治州景洪市勐旺乡蔬菜协会
727 云南省大理白族自治州巍山彝族回族自治县马鞍山乡红雪梨协会
728 云南省楚雄彝族自治州禄丰县恐龙山镇田园蔬菜种植营销专业技术协会
729 云南省丽江市玉龙纳西族自治县大具乡福荣特色产业经济合作协会
730 云南省迪庆藏族自治州维西傈僳族自治县永春乡拖枝村中药材种植协会
731 云南省临沧市凤庆县营盘镇大山养猪专业协会
732 云南省昆明市禄劝彝族苗族自治县民族妇女刺绣工艺品专业技术协会
733 云南省昭通市盐津县盐津天昊中药材产业协会

734 云南省曲靖市麒麟区珠街乡葡萄种植协会
735 云南省楚雄彝族自治州楚雄市苍岭镇李家坝蔬菜种植专业技术协会
736 云南省玉溪市通海县甜瓜协会
737 云南省红河哈尼族彝族自治州弥勒县西三镇核桃种植协会
738 云南省文山壮族苗族自治州西畴县渔业产业协会
739 云南省普洱市景东彝族自治县景东龙街熊家坡思茅松种植协会
740 云南省西双版纳傣族自治州景洪市曼戈龙芒果协会
741 云南省大理白族自治州漾濞彝族自治县苍山西镇秀岭优质水果协会
742 云南省保山市龙陵县重楼协会
743 云南省德宏傣族景颇族自治州瑞丽市柠檬种植协会
744 云南省丽江市古城区药用植物技术经济合作协会
745 云南省怒江傈僳族自治州贡山独龙族怒族自治县捧当乡迪麻洛村畜牧养殖协会
746 云南省迪庆藏族自治州德钦县奔子栏蔬菜水果合作协会
747 云南省大理白族自治州云龙县宝丰乡石城优质生猪养殖协会
748 云南省丽江市玉龙纳西族自治县鸣音乡太和核桃产业技术经济合作协会
749 云南省保山市施甸县酒房乡生猪养殖协会
750 云南省保山市腾冲县明光镇明光小耳朵猪生态养殖协会
751 云南省临沧市永德县水果协会
752 云南省大理白族自治州宾川县平川镇山区经济林果协会
753 云南省普洱市孟连傣族拉祜族佤族自治县富岩乡三龙普洱茶园专业技术协会
754 云南省普洱市江城哈尼族彝族自治县国庆乡么等村蔬菜种植协会
755 云南省文山壮族苗族自治州富宁县剥隘镇百娥村驮娘江养鱼协会
756 云南省红河哈尼族彝族自治州泸西县午街铺镇凤舞村蔬菜协会
757 云南省红河哈尼族彝族自治州元阳县南沙农业生态协会
758 云南省玉溪市峨山彝族自治县化念镇蔬菜协会
759 云南省玉溪市江川县江川阳光辣椒产销专业技术协会
760 云南省楚雄彝族自治州双柏县法脿镇红栗阿达矣蔬菜产销协会
761 云南省楚雄彝族自治州南华县豆制品协会
762 云南省楚雄彝族自治州元谋县无公害名优菜果产业技术开发协会
763 云南省红河哈尼族彝族自治州建水县南庄镇畜牧业协会
764 云南省曲靖市会泽县迤车镇鱼腥草产销协会
765 云南省昭通市彝良县龙安乡天麻产业协会
766 云南省昭通市绥江县丰华核桃种植技术协会
767 云南省昆明市寻甸回族彝族自治县蚕桑协会
768 云南省临沧市镇康县南伞镇白岩村畜牧养殖协会
769 云南省丽江市永胜县仙人河优质梨生产技术经济合作协会
770 云南省丽江市宁蒗彝族自治县翠玉乡核桃产业专业协会
771 云南省昭通市威信县庙沟特种养殖协会
772 云南省曲靖市师宗县彩云镇植保协会
773 云南省曲靖市富源县大河镇蔬菜协会
774 云南省大理白族自治州弥渡县红岩镇中药材产销协会
775 云南省临沧市双江拉祜族佤族布朗族傣族自治县石斛协会
776 云南省玉溪市易门县十街乡金田番茄专业技术协会
777 云南省临沧市沧源佤族自治县班驮村甘蔗协会
778 云南省玉溪市华宁县宁州镇普茶寨花椰菜协会
779 云南省红河哈尼族彝族自治州蒙自市中药材种植推广协会
780 云南省大理白族自治州鹤庆县松桂镇奶水牛养殖协会
781 云南省曲靖市罗平县马街镇生猪养殖协会
782 云南省保山市昌宁县宏垚养殖协会
783 云南省文山壮族苗族自治州砚山县干河乡小青龙生猪养殖协会
784 云南省昭通市昭阳区凤凰葡萄专业技术协会
785 云南省临沧市云县爱华镇重楼产销协会
786 云南省大理白族自治州永平县特色苗木培育经营协会
787 云南省玉溪市江川县远川养鸡技术协会
788 云南省红河哈尼族彝族自治州绿春县牛孔乡牛巩村畜禽养殖协会
789 云南省文山壮族苗族自治州文山市红甸乡茂广养牛协会
790 云南省普洱市宁洱哈尼族彝族自治县同心镇优质农产品开发协会
791 云南省大理白族自治州大理市凤仪镇普和村种植协会
792 云南省楚雄彝族自治州姚安县左门乡核桃协会
793 云南省曲靖市麒麟区烤烟生产科技服务协会
794 云南省昭通市大关县吉利镇鱼田村种养殖协会
795 云南省保山市隆阳区甜柿产业协会
796 云南省楚雄彝族自治州大姚县云南恒元堂中药材种植协会
797 云南省楚雄彝族自治州永仁县膏桐产业协会
798 云南省丽江市古城区金山乡核桃产业技术经济合作协会
799 西藏自治区日喀则地区江孜县江孜镇拉则居委会采砂协会
800 西藏自治区拉萨市城关区蔡公堂乡兴农农机协会
801 西藏自治区日喀则地区拉孜县扎西岗乃琼村优质奶牛养殖协会
802 西藏自治区山南地区洛扎县边巴乡农畜产品加工协会
803 陕西省西安市户县草堂葡萄专业技术协会
804 陕西省西安市灞桥区马堡果业协会
805 陕西省西安市长安区马王街道黄桥村草莓协会
806 陕西省宝鸡市凤翔县范家寨兴农养猪业协会
807 陕西省宝鸡市岐山县苍颉庙蔬菜协会
808 陕西省宝鸡市千阳县南寨镇天山香瓜果蔬菜专业技术协会
809 陕西省咸阳市彬县新民镇王家庄村草畜协会
810 陕西省咸阳市泾阳县鸿丰生态农业协会
811 陕西省渭南市富平县庄里镇果农协会
812 陕西省渭南市蒲城县玉女手织布协会
813 陕西省渭南市澄城县交道镇问峻果业协会
814 陕西省延安市黄陵县寇家洼食用菌栽培协会

815 陕西省延安市黄龙县农林牧产品专业技术推广协会
816 陕西省榆林市定边县砖井镇农村专业技术协会
817 陕西省榆林市神木县中鸡镇壕赖村绿源养殖协会
818 陕西省榆林市绥德县薛家峁镇芝麻蜜小瓜协会
819 陕西省榆林市米脂县众鑫种植合作协会
820 陕西省汉中市城固县江南药材专业技术协会
821 陕西省汉中市宁强县巩家河镇核桃专业技术协会
822 陕西省汉中市镇巴县大黄产业协会
823 陕西省安康市汉滨区吉河镇板栗专业技术协会
824 陕西省安康市平利县西河镇梅花鹿养殖协会
825 陕西省商洛市柞水县红岩寺镇本地湾村颐和中药材协会
826 陕西省商洛市丹凤县绿色畜牧养殖协会
827 陕西省西安市周至县猕猴桃产业发展协会
828 陕西省西安市阎良区脆枣专业技术协会
829 陕西省宝鸡市眉县金渠镇范家寨村生猪养殖协会
830 陕西省咸阳市永寿县中药材科技开发协会
831 陕西省咸阳市武功县旭日现代农业技术协会
832 陕西省咸阳市秦都区平陵果业协会
833 陕西省铜川市宜君县党赐玉米专业合作协会
834 陕西省铜川市耀州区小丘镇利民果业协会
835 陕西省渭南市临渭区渭南秦浓果业科技专业协会
836 陕西省渭南市白水县大元核桃协会
837 陕西省渭南市华县华州林业生态种养协会
838 陕西省延安市吴起县吴起红利肉羊养殖协会
839 陕西省延安市延长县东伟养殖协会
840 陕西省延安市安塞县绿盛苗木专业技术协会
841 陕西省榆林市靖边县秀丽水产养殖专业协会
842 陕西省汉中市南郑县城关镇高庄棕制品加工销售协会
843 陕西省汉中市佛坪县大河坝镇宏鑫食用菌技术研发推广栽培协会
844 陕西省安康市宁陕县新场乡养蜂协会
845 陕西省商洛市镇安县惠民养鸡协会
846 陕西省商洛市洛南县寺坡中联村食用菌产业技术协会
847 陕西省宝鸡市太白县獭兔生态养殖专业技术协会
848 陕西省宝鸡市渭滨区高家村多种经营协会
849 陕西省咸阳市兴平市博轩养猪协会
850 陕西省咸阳市乾县冯市果业生产专业协会
851 陕西省咸阳市三原县大樱桃协会
852 陕西省渭南市合阳县苹果葡萄产业协会
853 陕西省渭南市华阴市孟塬镇核桃协会
854 陕西省延安市延川县大雄养殖协会
855 陕西省延安市志丹县保安镇贺咀果业专业技术协会
856 陕西省榆林市横山县高原水稻种植协会
857 陕西省汉中市汉台区绿澳花卉产业协会
858 陕西省安康市石泉县后柳镇永红村茶叶协会
859 陕西省榆林市吴堡县蚕桑专业技术协会
860 陕西省安康市镇坪县白家乡竹节溪村林下养鸡协会
861 陕西省渭南市潼关县绿壳土鸡蛋专业协会
862 陕西省咸阳市旬邑县盛丰果业协会
863 陕西省安康市汉阴县秦康畜牧养殖专业协会
864 陕西省宝鸡市陇县火烧寨镇特色养殖专业技术协会
865 陕西省宝鸡市金台区硖石镇大柳树村板栗种植协会
866 陕西省咸阳市渭城区北杜镇北里村果业协会
867 陕西省延安市富县油糕协会
868 陕西省榆林市府谷县糜子产业协会
869 陕西省安康市岚皋县堰门镇隆兴村肉牛羊养殖协会
870 陕西省榆林市清涧县畜禽养殖协会
871 陕西省榆林市佳县羊产业协会
872 陕西省汉中市西乡县堰口镇三岔村烤烟协会
873 甘肃省平凉市静宁县农业新技术推广协会
874 甘肃省天水市甘谷县大石草辫协会
875 甘肃省平凉市灵台县蒲窝乡新庙村养牛协会
876 甘肃省定西市临洮县林源苗木种植繁育协会
877 甘肃省临夏回族自治州临夏市绿星蔬菜协会
878 甘肃省武威市凉州区祥光生态养殖协会
879 甘肃省庆阳市西峰区恒发养殖协会
880 甘肃省张掖市肃南裕固族自治县祁连雪农牧民养殖加工销售协会
881 甘肃省武威市民勤县葡萄红枣枸杞加工协会
882 甘肃省酒泉市肃州区铧尖乡养殖专业协会
883 甘肃省定西市安定区马铃薯经销协会
884 甘肃省张掖市甘州区大满镇新新养殖农民协会
885 甘肃省金昌市永昌县嘉如养羊协会
886 甘肃省陇南市礼县秦苑绿航蔬菜协会
887 甘肃省临夏回族自治州和政县华丰养殖协会
888 甘肃省庆阳市华池县山庄乡玉米种植专业协会
889 甘肃省陇南市成县核桃协会
890 甘肃省陇南市两当县蜂产品协会
891 甘肃省兰州市皋兰县什川镇上车村桃梨协会
892 甘肃省天水市麦积区伯阳镇曹石村农协会
893 甘肃省酒泉市敦煌市肃州镇葡萄协会
894 甘肃省酒泉市瓜州县腰站子东乡族乡中药材购销协会
895 甘肃省定西市岷县方正草业种植加工协会
896 甘肃省兰州市永登县武胜驿农业科技协会
897 甘肃省兰州市红古区平安镇若连村菜花技术协会
898 甘肃省庆阳市正宁县老林果业专业技术协会
899 甘肃省陇南市宕昌县理川镇六合中药材协会
900 甘肃省天水市清水县蜜蜂产业协会
901 甘肃省张掖市民乐县南古镇左卫寨村富农种植专业技术协会
902 甘肃省临夏回族自治州临夏县养鸡协会
903 甘肃省定西市陇西县通安驿镇黑家岔忠义洋芋运销协会
904 甘肃省白银市会宁县盛元种植养殖协会
905 甘肃省白银市会宁县丁家沟乡菊梅养鸡协会
906 甘肃省白银市平川区白银市平川区三立种养殖协会
907 甘肃省庆阳市环县演武乡黄家山村养羊产业协会
908 甘肃省庆阳市庆城县桐川乡果业协会
909 甘肃省临夏回族自治州积石山保安族东乡族撒拉族自治县林木种苗行业协会
910 甘肃省庆阳市镇原县万兴养殖协会
911 青海省西宁市湟源县中藏药材种植营销协会
912 青海省海东市乐都县李家乡君乐种植协会
913 青海省海东市民和回族土族自治县民和高原魂畜产品营销协会

914 青海省海南藏族自治州共和县黑马河乡加隆牦牛繁育协会
915 青海省海南藏族自治州同德县唐谷镇高寒油菜种植营销协会
916 青海省海北藏族自治州祁连县峨堡镇生态雪牧养殖及土特产贩运协会
917 青海省海南藏族自治州贵南县茫曲镇达玉村奶肉牛养殖协会
918 青海省海南藏族自治州兴海县藏系羊养殖与繁殖协会
919 青海省海南藏族自治州贵德县华光牛羊养殖协会
920 青海省海东市循化撒拉族自治县循化撒拉族民族刺绣专业技术协会
921 青海省西宁市湟源县养禽协会
922 宁夏回族自治区银川市西夏区镇北堡镇芦花养殖协会
923 宁夏回族自治区银川市永宁县杨和镇东全村温棚葡萄种植协会
924 宁夏回族自治区银川市灵武市黑山羊养殖协会
925 宁夏回族自治区吴忠市利通区金积镇露田洼子村奶牛养殖协会
926 宁夏回族自治区吴忠市青铜峡市高酸苹果运销协会
927 宁夏回族自治区吴忠市盐池县小杂粮种植技术协会
928 宁夏回族自治区吴忠市同心县西甜瓜协会
929 宁夏回族自治区固原市原州区六盘新智果蔬种植协会
930 宁夏回族自治区固原市西吉县双全马铃薯种植销售协会
931 宁夏回族自治区固原市隆德县中药材运销协会
932 宁夏回族自治区固原市彭阳县红河乡红河村特色蔬菜专业技术协会
933 宁夏回族自治区中卫市沙坡头区绿色水稻产销协会
934 新疆维吾尔自治区塔城地区裕民县红花协会
935 新疆维吾尔自治区阿勒泰地区青河县塔克什肯镇沙棘协会
936 新疆维吾尔自治区阿勒泰地区布尔津县窝依莫克乡瓜果蔬菜销售协会
937 新疆维吾尔自治区昌吉回族自治州玛纳斯县兰州湾蔬菜协会
938 新疆维吾尔自治区吐鲁番地区吐鲁番市红柳河园艺场葡萄协会
939 新疆维吾尔自治区吐鲁番地区鄯善县双水磨葡萄协会
940 新疆维吾尔自治区巴音郭楞蒙古自治州且末县阿热勒乡蔬菜大棚种植协会
941 新疆维吾尔自治区巴音郭楞蒙古自治州库尔勒市上户镇忠诚果业专业技术协会
942 新疆维吾尔自治区乌鲁木齐市乌鲁木齐县马铃薯协会
943 新疆维吾尔自治区哈密地区哈密市回城乡养殖协会
944 新疆维吾尔自治区阿克苏地区新和县设施农业蔬菜专业协会
945 新疆维吾尔自治区阿克苏地区阿克苏市养猪协会
946 新疆维吾尔自治区克孜勒苏柯尔克孜自治州阿合奇县草业加工协会
947 新疆维吾尔自治区克孜勒苏柯尔克孜自治州阿克陶县城郊养殖协会
948 新疆维吾尔自治区喀什地区岳普湖县红枣协会
949 新疆维吾尔自治区喀什地区麦盖提县农产品加工销售协会
950 新疆维吾尔自治区和田地区于田县兰干博孜亚农场葡萄协会
951 新疆维吾尔自治区和田地区洛浦县恰尔巴格乡地毯协会
952 新疆维吾尔自治区伊犁哈萨克自治州新源县吐尔根乡哈拉苏甜菜农协会
953 新疆维吾尔自治区伊犁哈萨克自治州霍城县莫乎尔葡萄种植协会
954 新疆维吾尔自治区伊犁哈萨克自治州伊宁县维吾尔玉其温乡甜菜协会
955 新疆维吾尔自治区和田地区于田县喀尔克乡妇女地毯编织协会
956 新疆维吾尔自治区和田地区民丰县安迪尔牧场红枣协会
957 新疆维吾尔自治区塔城地区额敏县喀拉也木勒乡也木勒白羊协会
958 新疆维吾尔自治区阿勒泰地区哈巴河县加依勒玛乡豆类协会
959 新疆维吾尔自治区阿克苏地区阿瓦提县振兴无公害蔬菜协会
960 新疆生产建设兵团第三师 53 团林果业行业协会
961 新疆生产建设兵团第五师 91 团天山鸡养殖协会
962 新疆生产建设兵团第十师 187 团牛羊育肥协会

二、农村科普示范基地（386 个）

1 北京市平谷区北京绿都峪口兴合养殖有限公司
2 北京市延庆县四季花海科普示范基地
3 天津市宁河县玉祥牧业有限公司科普示范培训基地
4 天津市东丽区华泰现代农业开发有限公司
5 天津市蓟县官庄镇优质红果基地
6 河北省石家庄市行唐县神树湾生态农业开发科普示范基地
7 河北省保定市顺平县阳辛庄蓝莓科普试验示范基地
8 河北省承德市承德县特色蔬菜种植示范基地
9 河北省石家庄市新乐市绿龙种植园
10 河北省唐山市乐亭县乐亭万事达生态农业发展有限公司科普示范基地
11 河北省张家口市宣化县丰裕农业科技示范基地
12 河北省石家庄市无极县绿蔬种植中心科普基地
13 河北省沧州市黄骅市河北鑫海水产养殖科技示范基地
14 河北省石家庄市赞皇县华润农副产品开发有限公司科普基地
15 河北省廊坊市霸州市鸡枞菌种植基地
16 河北省衡水市阜城县德隆农业科技有限公司科普示范基地
17 河北省沧州市任丘市苟各庄镇荆美水果种植科普示范基地
18 山西省朔州市应县义利蔬菜加工专业合作社科普示范基地
19 山西省忻州市岢岚县珍宝蔬菜栽培示范基地
20 山西省吕梁市孝义市林颖核桃种植专业合作社科普示范基地

21 山西省晋中市寿阳县山西庆峰科技有限责任公司科普示范基地
22 山西省阳泉市平定县岔口乡甘泉井村大棚蔬菜生产科普示范基地
23 山西省长治市长治县振兴鑫源有机农产品科普示范基地
24 山西省临汾市吉县吉昌镇绿之源苹果科普示范基地
25 山西省运城市夏县晋星食品工业园科普示范基地
26 山西省大同市灵丘县林润种苗专业合作社科普示范基地
27 山西省朔州市山阴县恒生农牧有限责任公司科普示范基地
28 山西省晋城市高平市河西镇循环农业科普示范基地
29 山西省太原市晋源区农之乐养殖有限公司科普示范基地
30 山西省吕梁市离石区铭羽养殖专业合作社科普示范基地
31 山西省运城市闻喜县 底镇卫嫂花馍加工科普示范基地
32 山西省临汾市襄汾县陶寺乡崇实宝玉种羊繁育科普示范基地
33 内蒙古自治区呼和浩特市托克托县泽园农业种植科普示范基地
34 内蒙古自治区巴彦淖尔市临河区浩彤现代农业科普示范基地
35 内蒙古自治区呼伦贝尔市额尔古纳市绿源农民种植协会科普示范基地
36 内蒙古自治区呼和浩特市和林格尔县天泽水产养殖研发科普示范基地
37 内蒙古自治区乌兰察布市丰镇市天富达种养殖科普示范基地
38 内蒙古自治区呼伦贝尔市扎兰屯市民乐马铃薯种植科普示范基地
39 内蒙古自治区通辽市库伦旗大果沙棘科普示范基地
40 内蒙古自治区呼和浩特市武川县牧心轩种养殖科普示范基地
41 内蒙古自治区赤峰市克什克腾旗经棚镇联丰村水果种植科普示范基地
42 内蒙古自治区锡林郭勒盟阿巴嘎旗吉尔嘎朗图苏木巴雅尔图嘎查种公羊养殖科普示范基地
43 内蒙古自治区通辽市奈曼旗义隆永镇经济林科普示范基地
44 内蒙古自治区阿拉善盟阿拉善左旗沙生植物科普示范基地
45 内蒙古自治区赤峰市林西县大营子乡土庙子村果蔬种植基地
46 内蒙古自治区鄂尔多斯市杭锦旗陶赖高勒果蔬种植科普示范基地
47 内蒙古自治区呼和浩特市赛罕区百岁果蔬种植基地
48 辽宁省朝阳市凌源市晟昱菜业食品科普示范基地
49 辽宁省大连市庄河市田祖生态庄园新品种新技术科普示范基地
50 辽宁省铁岭市西丰县营厂满族乡烟叶生产科普示范基地
51 辽宁省丹东市东港市小浆果科普示范基地
52 辽宁省沈阳市法库县马鞍山树莓科普示范基地
53 辽宁省抚顺市新宾满族自治县中药材种植基地
54 辽宁省本溪市桓仁满族自治县七星牧业种禽繁育基地
55 辽宁省盘锦市盘山县松柏蔬菜基地
56 辽宁省鞍山市岫岩满族自治县朝阳乡蚕业生产经营协会基地
57 辽宁省阜新市阜新蒙古族自治县润农生态科普示范基地
58 辽宁省葫芦岛市连山区白马石冷棚青椒种植基地
59 辽宁省营口市大石桥市文甜大棚桃科普示范基地
60 辽宁省辽阳市灯塔市丰田农业科普示范基地
61 吉林省吉林市昌邑区东福米业绿色水稻种植科普基地
62 吉林省通化市二道江区马当沟人参种植科普示范基地
63 吉林省白城市通榆县向海雁繁育基地
64 吉林省辽源市龙山区明乾蛋鸡科普示范基地
65 黑龙江省黑河市北安市通北对俄蔬菜出口基地
66 黑龙江省牡丹江市东宁县天施恩水稻种植示范基地
67 黑龙江省鹤岗市萝北县东风村智能化水稻催芽育秧基地
68 黑龙江省齐齐哈尔市龙江县黑岗乡海军玉米科普示范基地
69 黑龙江省佳木斯市郊区良种试验示范推广基地
70 上海市青浦区上海沪香果业专业合作社（青浦枇杷园科普惠农示范基地）
71 江苏省盐城市大丰市大中镇早酥梨标准化生产基地
72 江苏省扬州市江都区扬州宏大猕猴桃科技开发有限公司科普示范基地
73 江苏省南京市高淳区南京花山现代园艺有限公司科普示范基地
74 江苏省无锡市宜兴市江苏道地药材规范化生产科普示范基地
75 江苏省泰州市高港区御庐园现代农业科技有限公司科普示范基地
76 江苏省连云港市赣榆县海头镇农技服务中心海水养殖示范基地
77 江苏省徐州市贾汪区徐薯薯业科技有限公司彩色农业科普示范基地
78 江苏省苏州市常熟市辛庄镇朱家桥村科普示范基地
79 浙江省温州市乐清市联宇葡萄研究所科普示范基地
80 浙江省杭州市余杭区杭州玉渚农业科技有限公司
81 浙江省衢州市江山市福赐德中蜂种蜂场
82 安徽省合肥市肥东县花生产业协会科普示范基地
83 安徽省安庆市潜山县有余瓜蒌科普示范基地
84 安徽省马鞍山市和县台湾农民创业园
85 安徽省阜阳市界首市界首绿源蔬菜科普示范基地
86 安徽省芜湖市南陵县家禽养殖科普示范基地
87 安徽省黄山市黄山区龙门乡千亩茶叶基地
88 安徽省六安市霍邱县安徽霍邱慈佛园艺科普示范基地
89 安徽省宣城市泾县双花生态土鸡林地散养科普示范基地
90 安徽省滁州市来安县罗庄葡萄科普示范基地
91 安徽省铜陵市郊区铜陵君德信生态工程有限公司
92 安徽省池州市贵池区池阳职业培训学校科普基地
93 福建省福州市仓山区闽榕茶业有限公司千亩生态茉莉花基地
94 福建省三明市永安市福建森美达生物科技有限公司互叶白千层种植科普示范基地
95 福建省南平市浦城县久龙桂园艺场桂花科普示范基地

96 福建省莆田市秀屿区莆田市胜德水产开发有限公司科普示范基地
97 福建省漳州市平和县福建向荣大芹山茶业发展有限公司科普示范基地
98 福建省泉州市德化县龙翰村无公害黑兔养殖科普示范基地
99 福建省龙岩市永定县兴华生态农业花木有限公司科普示范基地
100 福建省漳州市云霄县漳州市合纵农业开发有限公司科普示范基地
101 福建省福州市连江县玉华山自然生态农业试验场
102 福建省厦门市同安区厦门莹晴果蔬有限公司科普示范基地
103 江西省九江市湖口县富源肉鸽养殖科普示范基地
104 江西省三清山白茶科普示范基地（上饶市玉山县）
105 江西省吉安市永丰县佳源水产良种繁育科普示范基地
106 江西省抚州市金溪县芳樟科普示范基地
107 江西省吉安市泰和县吉泰红果业科普示范基地
108 江西省赣州市寻乌县长利果业科普示范基地
109 江西省鹰潭市余江县盛吉蔬菜科普示范基地
110 江西省上饶市弋阳县贡和源大禾谷种植科普示范基地
111 江西省九江市德安县杨坊蔬菜科普示范基地
112 江西省抚州市东乡县辉明蔬菜种植科普示范基地
113 江西省赣州市定南县客家酸菜王生产科普示范基地
114 江西省萍乡市上栗县生态黑山羊养殖科普示范基地
115 江西省上饶市广丰县丰益马家柚种植示范基地
116 江西省宜春市高安市龙潭镇金家村永兴生猪养殖科普示范基地
117 山东省烟台市蓬莱市村里集镇红军科普示范基地
118 山东省青岛市胶州市加工型辣椒品种选育推广科普示范基地
119 山东省济南市章丘市万新富硒大葱科普基地
120 山东省泰安市岱岳区泰山极顶茶基地
121 山东省德州市平原县旺源奶牛养殖科普示范基地
122 山东省淄博市文昌湖区七河生物科普示范基地
123 山东省德州市庆云县家宁金银花产业基地
124 山东省济南市历城区皮子峪养殖示范基地
125 山东省济南市商河县黄河蔬菜种植科普示范基地
126 山东省菏泽市开发区岳程生态种植科普示范基地
127 山东省潍坊市坊子区黄旗堡街道半截楼村葡萄示范基地
128 山东省德州市九龙湾生态农业科普示范基地（运河经济开发区）
129 山东省滨州市无棣县兴农生态养殖示范基地
130 山东省烟台市长岛县金星海珍品养殖科普示范基地
131 山东省日照市五莲县石场乡石亩旺黑猪繁育基地
132 山东省聊城市东阿县刘集镇优质梨科普示范基地
133 山东省临沂市郯城县泉源乡万亩无公害花生生产基地
134 山东省威海市经济技术开发区泊于无公害蔬菜生产示范基地
135 山东省临沂市莒南县蓝园蓝莓科普示范基地
136 山东省枣庄市台儿庄区泥沟镇绿色金银花科普示范基地
137 山东省东营市垦利县黄河口原生态水稻生物改碱示范基地
138 山东省枣庄市山亭区龙潭家庭农场
139 山东省烟台市海阳市招虎山生态茶园科普示范基地
140 河南省郑州市荥阳市汜水成皋农业综合开发科普示范基地
141 河南省开封市鼓楼区仙人庄无公害西瓜科普示范基地
142 河南省洛阳市偃师市旺民奶牛养殖有限公司
143 河南省平顶山市舞钢市农天薯业科普示范基地
144 河南省安阳市汤阴县万水肉羊养殖科普示范基地
145 河南省鹤壁市淇滨区龙岗蔬菜种植示范基地
146 河南省新乡市原阳县三江绿色蛋鸡养殖基地
147 河南省焦作市博爱县寨豁乡小底大樱桃基地
148 河南省濮阳市濮阳县绿源有机蔬菜种植科普示范基地
149 河南省许昌市魏都区许昌健宜园林苗木培育基地
150 河南省漯河市源汇区空冢郭镇顺丰生姜科普示范基地
151 河南省三门峡市陕县天顺生猪养殖示范基地
152 河南省南阳市方城县德云山金秋黄梨种植示范基地
153 河南省商丘市梁园区华慧种业新农村产业化科普示范基地
154 河南省信阳市罗山县莲花农业种植示范基地
155 河南省周口市太康县白云无公害蔬菜基地
156 河南省驻马店市确山县绿源牧业良种猪繁育基地
157 河南省周口市鹿邑县河南志元牧业有限公司良种猪繁育基地
158 河南省驻马店市新蔡县黄粉虫养殖示范基地
159 河南省驻马店市上蔡县宏伟养猪科普示范基地
160 河南省商丘市睢县小麦良种繁育及高产栽培示范基地
161 河南省信阳市息县天蓬乐园养殖基地
162 湖北省咸宁市咸安区湖北川玉有机茶基地
163 湖北省武汉市黄陂区武汉木兰波尔羊业养殖科普示范基地
164 湖北省黄冈市团风县瓦土库村生态农业科普示范基地
165 湖北省鄂州市华容区鑫林特禽养殖科普示范基地
166 湖北省荆州市洪湖市大沙湖科普示范基地
167 湖北省襄阳市保康县圭萃园核桃种植科普示范基地
168 湖北省天门市园艺珍稀苗木科普示范基地
169 湖北省宜昌市宜都市三川绿化发展有限公司黄冲花卉苗木种植科普示范基地
170 湖北省荆门市东宝区东宝荆半夏高效种植科普示范基地
171 湖北省黄冈市英山县黄泥岗村茶树良种繁育科普示范基地
172 湖北省十堰市茅箭区赛武当保护区管理局营子村武当金银花科普示范基地
173 湖北省鄂州市梁子湖区芦笋科普示范基地
174 湖北省恩施土家族苗族自治州咸丰县祥瑞畜禽产销科普示范基地
175 湖北省咸宁市崇阳县白霓芽旗香生态茶园科技示范基地
176 湖南省长沙市长沙县金井茶厂有机茶种植科普示范基地
177 湖南省常德市桃源县超级杂交稻科普示范基地
178 湖南省长沙市望城县湖南八曲河生态种养殖基地
179 湖南省郴州市嘉禾县生态农业观光旅游科普示范基地

180 湖南省湘潭市雨湖区湘潭大地珍贵树种示范基地
181 湖南省邵阳市隆回县康华灵金银花基地
182 湖南省湘潭市韶山市永红生态农业科普示范基地
183 湖南省岳阳市岳阳楼区金凤生态种养科普示范基地
184 湖南省邵阳市洞口县竹市家禽孵化养殖科普示范基地
185 湖南省岳阳市岳阳县嘉林农牧科普示范基地
186 湖南省永州市宁远县九疑香提子科普示范基地
187 湖南省张家界市永定区南山水果科普示范基地
188 湖南省衡阳市祁东县远风种养殖科普示范基地
189 湖南省怀化市溆浦县永华优质水果科普示范基地
190 湖南省邵阳市邵阳县小溪市杉树山良种油茶科普基地
191 湖南省怀化市中方县肉牛养殖科普示范基地
192 湖南省怀化市芷江侗族自治县雷竹笋科普示范基地
193 湖南省常德市安乡县宏益水产健康养殖科技示范基地
194 广东省潮州市潮安区水产无公害科普示范基地
195 广东省韶关市曲江区莲花池生态园农村科普示范基地
196 广东省梅州市平远县金穗创意生态农业科普示范基地
197 广东省揭阳市揭西县天堂山种植专业合作社科普示范基地
198 广东省汕尾市陆河县乌盾山茶叶产业科普示范基地
199 广东省湛江市坡头区湛江金宏海洋科技发展有限公司坡头区水产养殖科普示范基地
200 广东省茂名市化州市益利化橘红专业合作社科普示范基地
201 广西壮族自治区桂林市荔浦县盘瑶灵芝鸡生态养殖场
202 广西壮族自治区贵港市港北区仁乐穿心莲种植科普示范基地
203 广西壮族自治区北海市铁山港区庞全鱼虾混养科普示范基地
204 广西壮族自治区南宁市隆安县桂西牛生态养殖示范基地
205 广西壮族自治区桂林市临桂县会仙镇山尾村委宝山无公害蔬菜示范基地
206 广西壮族自治区百色市隆林各族自治县金银花种植科普示范基地
207 广西壮族自治区柳州市柳南区安顺养殖示范基地
208 广西壮族自治区来宾市象州县百丈乡有机水稻种植科普示范基地
209 广西壮族自治区防城港市防城区兴冠菜篮子有限责任公司种养示范基地
210 广西壮族自治区河池市罗城仫佬族自治县利达果场优质金玉柚科普示范基地
211 广西壮族自治区贺州市钟山县贡柑种植示范基地
212 广西壮族自治区崇左市大新县新力石斛繁育种植示范基地
213 广西壮族自治区南宁市横县横州镇飘香种养科普示范基地
214 广西壮族自治区钦州市钦南区远鸿特种养殖科普示范基地
215 广西壮族自治区梧州市苍梧县生态六堡茶科普示范基地
216 广西壮族自治区玉林市容县顺昌隆生物科技有限公司铁皮石斛基地
217 广西壮族自治区钦州市钦北区大寺镇南间村沙姜基地
218 广西壮族自治区百色市乐业县雅长铁皮石斛科普示范基地
219 广西壮族自治区桂林市象山区桂林市种畜场科普示范基地
220 广西壮族自治区来宾市武宣县竹鼠驯养繁育科普示范基地
221 广西壮族自治区柳州市柳江县里高镇哈密瓜科普示范基地
222 广西壮族自治区河池市金城江区远达珍禽养殖场科普示范基地
223 广西壮族自治区贵港市桂平市西山云台茶业科普示范基地
224 广西壮族自治区防城港市上思县阳春蛇类养殖有限公司科普基地
225 广西壮族自治区百色市西林县沙糖桔种植示范基地
226 广西壮族自治区钦州市灵山县金龙种蛇养殖科普示范基地
227 海南省陵水黎族自治县陵水县新村镇许氏水产品养殖科普示范基地
228 海南省儋州市海南建恒哈瓦那雪茄科普示范基地
229 重庆市綦江区篆塘镇特色养殖科普示范基地
230 重庆市大足区邮桥米业粳稻实验示范基地
231 重庆市长寿区榨菜科普示范基地
232 重庆市万盛经开区盛泉方竹笋科普示范基地
233 重庆市荣昌县白鹅养殖科普示范基地
234 重庆市垫江县无公害蔬菜科普示范基地
235 重庆市武隆县渝东黑山羊纯繁技术推广科普示范基地
236 重庆市巫山县中药材科普示范基地
237 重庆市秀山土家族苗族自治县弈博生态养猪科普示范基地
238 重庆市铜梁县土桥万亩莲藕种植基地
239 重庆市永川区葡萄公园科普示范基地
240 四川省资阳市简阳市石板凳镇食用菌科普示范基地
241 四川省乐山市井研县宝五乡万亩优质稻种植科普示范基地
242 四川省内江市隆昌县均益核桃种植科普示范基地
243 四川省巴中市通江县民生蔬菜种植科普基地
244 四川省攀枝花市仁和区总发乡立新科技培训示范基地
245 四川省德阳市什邡市师古镇食用菌科普示范基地
246 四川省雅安市雨城区碧峰峡名扬奶牛养殖科普示范基地
247 四川省雅安市汉源县金花梨科普示范基地
248 四川省阿坝藏族羌族自治州茂县南新镇罗山村脆红李种植科普示范基地
249 四川省甘孜藏族自治州泸定县烹坝乡黄草坪苹果科普示范基地
250 四川省德阳市中江县富兴镇瓜蒌种植科普示范基地
251 四川省绵阳市北川羌族自治县安福魔芋科普示范基地
252 四川省南充市仪陇县伏虞山金花梨科普示范基地
253 四川省泸州市叙永县糯稻种植科普示范基地
254 四川省广安市华蓥市竹河玉米制种科普示范基地
255 四川省达州市大竹县杂交水稻制种基地
256 四川省甘孜藏族自治州九龙县优质茶叶科普示范基地

257 四川省遂宁市蓬溪县华莲养兔科普示范基地
258 四川省宜宾市长宁县自然渔业科普示范基地
259 四川省广元市苍溪县柳池现代农业科普示范基地
260 四川省遂宁市大英县玉峰镇洪光渔业养殖科普示范基地
261 四川省达州市通川区明月江月湖生态农业示范基地
262 四川省成都市邛崃市嘉林种养业循环经济科普示范基地
263 四川省成都市大邑县成都大邑佳源大繁生态农业科普示范基地
264 四川省攀枝花市盐边县建新裂腹鱼繁育科普基地
265 四川省广元市旺苍县林农科技有限公司科普示范基地
266 四川省凉山彝族自治州昭觉县色底乡乌司洛村苦荞基地
267 四川省成都市蒲江县蒲江甘溪镇雷竹基地
268 四川省阿坝藏族羌族自治州红原县安曲镇哈拉玛村牦牛健康养殖科普示范基地
269 四川省成都市彭州市阳光生态核桃种植科普示范基地
270 四川省内江市资中县柚类科普示范基地
271 四川省乐山市沙湾区安吉白茶科普示范基地
272 四川省眉山市洪雅县中山乡茶叶示范基地
273 四川省凉山彝族自治州布拖县特木里镇民主村大棚蔬菜示范基地
274 四川省凉山彝族自治州冕宁县双桥村生猪养殖基地
275 四川省泸州市合江县大桥沙淤蔬菜科普示范基地
276 四川省南充市南部县荣城林下种养殖科普示范基地
277 贵州省贵阳市乌当区新场乡金茂绿化苗木科普示范基地
278 贵州省遵义市余庆县关兴镇狮山村绿茶科普示范基地
279 贵州省安顺市镇宁布依族苗族自治县贵州柳江畜禽有限公司生态牧养科普示范基地
280 贵州省六盘水市钟山区六盘水群发农业科技有限公司生猪养殖繁育基地
281 贵州省毕节市七星关区七星金银花科普示范基地
282 贵州省铜仁市松桃苗族自治县松桃苗族自治县鸿森种植养殖基地
283 贵州省黔东南苗族侗族自治州锦屏县新化乡无公害蔬菜生产科普示范基地
284 贵州省黔南布依族苗族自治州都匀市墨冲花卉种植科普示范基地
285 贵州省黔西南布依族苗族自治州兴仁县下山镇薏仁米种植示范基地
286 贵州省仁怀市三合镇青龙腾达养牛科普示范基地
287 贵州省贵阳市白云区商品兔科普示范基地
288 贵州省遵义市凤冈县野鹿盖有机茶科普示范基地
289 贵州省安顺市关岭布依族苗族自治县板贵乡火龙果种植基地
290 贵州省毕节市大方县迎庆桃科普示范基地
291 贵州省铜仁市万山区黑木耳种植科普示范基地
292 贵州省遵义市遵义县獭兔养殖科普示范基地
293 贵州省黔东南苗族侗族自治州三穗县富源油茶种植示范基地
294 贵州省黔南布依族苗族自治州瓮安县深溪蚕业科普示范基地
295 云南省红河哈尼族彝族自治州石屏县龙朋镇园丽蓝莓种植科普示范基地
296 云南省德宏傣族景颇族自治州盈江县儒林现代农业科普示范基地
297 云南省丽江市华坪县通达傈僳族乡腊姑河反季蔬菜科普示范基地
298 云南省楚雄彝族自治州牟定县海源特色蔬菜种植科普示范基地
299 云南省临沧市临翔区章驮乡户远村泡核桃种植示范基地
300 云南省保山市龙陵县小河名优茶种植科普示范基地
301 云南省昆明市东川区绿洲蔬菜良种培育示范基地
302 云南省德宏傣族景颇族自治州陇川县异志生猪养殖示范基地
303 云南省红河哈尼族彝族自治州屏边苗族自治县香料种植综合示范基地
304 云南省临沧市永德县大雪山乡澳洲坚果苗圃科普示范基地
305 云南省大理白族自治州祥云县龙之源循环农业科普示范基地
306 云南省迪庆藏族自治州维西傈僳族自治县攀天阁优质黑谷科普兴农示范园
307 云南省普洱市镇沅彝族哈尼族拉祜族自治县野生豪猪驯养繁殖科普示范基地
308 云南省大理白族自治州巍山彝族回族自治县青华乡茶叶科普示范基地
309 云南省昭通市昭阳区玛咖种植科普示范基地
310 云南省西双版纳傣族自治州勐腊县勐腊千松石斛科普示范园
311 云南省文山壮族苗族自治州广南县三丰生猪养殖科普示范基地
312 云南省楚雄彝族自治州武定县狮子山牡丹花培育科普示范基地
313 云南省保山市昌宁县高原特色农业科普示范基地
314 云南省迪庆藏族自治州香格里拉县尼西鸡生态养殖科普兴农示范园
315 云南省曲靖市会泽县娜姑镇盐水石榴种植示范基地
316 西藏自治区拉萨市达孜县德庆镇白纳村无公害蔬菜种植示范基地
317 西藏自治区日喀则地区康马县朗巴村嘎姆果日青稞种植示范基地
318 西藏自治区日喀则地区拉孜县热萨乡恰西村奶牛养殖示范基地
319 西藏自治区拉萨市墨竹工卡县扎西岗乡巴洛藏鸡养殖基地
320 西藏自治区日喀则地区仁布县仁布乡日龙布村瓜果蔬菜种植基地
321 西藏自治区日喀则地区聂拉木县聂拉木镇宗塔养猪基地
322 西藏自治区林芝地区林芝县林芝地区科技示范园基地
323 西藏自治区日喀则地区定结县琼孜乡姆村羊毛加工基地
324 陕西省西安市灞桥区西安市大为现代农业发展有限公司科普示范基地
325 陕西省宝鸡市陈仓区县功镇桃湾村核桃园科普示范基地
326 陕西省咸阳市长武县洪家镇王东村生态果园科普示范基地

327 陕西省渭南市澄城县苗木花卉科普示范基地
328 陕西省延安市延长县赵家塬有机苹果科普示范基地
329 陕西省榆林市榆阳区青少年农业科普示范基地
330 陕西省汉中市勉县美禾现代农业科普示范基地
331 陕西省安康市宁陕县秦南菌业科普示范基地
332 陕西省杨凌示范区管委会杨陵区陕西君度现代农业科普示范基地
333 陕西省西安市户县兴牧养鸡协会科普示范基地
334 陕西省宝鸡市麟游县崔木镇张家川果林科普示范基地
335 陕西省咸阳市礼泉县鲜食葡萄科普示范基地
336 陕西省渭南市蒲城县东王科普惠农示范基地
337 陕西省渭南市潼关县下汾井村大棚蔬菜种植基地
338 陕西省汉中市城固县仲玉实用菌科普示范基地
339 陕西省商洛市镇安县创盛万头养猪科普示范基地
340 陕西省铜川市宜君县南堡村玉米密植技术示范基地
341 陕西省咸阳市淳化县石桥镇咀头红提葡萄科普示范基地
342 陕西省延安市洛川县有机苹果生产科普示范基地
343 陕西省安康市旬阳县绿壳蛋鸡标准化养殖科普示范基地
344 陕西省安康市汉滨区三和牧业生态养殖科普示范基地
345 甘肃省酒泉市玉门市玉门生态农业科普示范基地
346 甘肃省庆阳市合水县固城乡蔬菜生产基地
347 甘肃省白银市景泰县东盛农业科普示范基地
348 甘肃省兰州市西固区东川镇千亩红枣科普示范基地
349 甘肃省临夏回族自治州永靖县亨源生态养殖基地
350 甘肃省定西市漳县三岔镇恒发奶牛养殖基地
351 甘肃省甘南藏族自治州夏河县科才乡牦牛藏羊产业化技术推广与示范基地
352 甘肃省定西市通渭县华家岭乡梁家曲村小杂粮科普示范基地
353 甘肃省白银市靖远县北湾镇寺儿坪科普示范基地
354 甘肃省平凉市泾川县城关镇生态肉牛养殖示范基地
355 甘肃省陇南市礼县金源中药材科普示范基地
356 甘肃省兰州市七里河区八里镇千亩桃园基地
357 甘肃省武威市天祝藏族自治县肉羊舍饲养殖科普示范基地
358 甘肃省张掖市临泽县兴科荒漠区现代设施农业科普示范基地
359 甘肃省张掖市山丹县现代农业试验示范中心
360 甘肃省张掖市高台县绿洋蔬菜育苗基地
361 青海省海东市化隆回族自治县日兰西瓜蔬菜种植专业技术基地
362 青海省海东市互助土族自治县树莓种植基地
363 青海省西宁市湟中县青稞酩馏养殖循环农业科普示范基地
364 青海省西宁市大通回族土族自治县草堂中藏药种植基地
365 宁夏回族自治区银川市贺兰县新平现代设施农业科普示范基地
366 宁夏回族自治区石嘴山市平罗县陶乐鑫宏种业有限公司蔬菜制种科普示范基地
367 宁夏回族自治区石嘴山市惠农区贺兰山东麓山地瓜种植示范基地
368 宁夏回族自治区吴忠市利通区金塬林果科普示范基地
369 宁夏回族自治区吴忠市红寺堡区城东现代农业科普示范基地
370 新疆维吾尔自治区阿勒泰地区福海县阿尔达乡科普惠农服务基地
371 新疆维吾尔自治区博尔塔拉蒙古自治州温泉县查干屯格乡博旺特色种养殖科普示范基地
372 新疆维吾尔自治区昌吉回族自治州玛纳斯县乐土驿镇周家庄节水灌溉示范基地
373 新疆维吾尔自治区乌鲁木齐市新市区新疆山川秀丽生物有限公司万亩有机农业示范园
374 新疆维吾尔自治区吐鲁番地区托克逊县绿之源农业有限公司万亩特色瓜菜科普示范基地
375 新疆维吾尔自治区巴音郭楞蒙古自治州轮台县杏树高标准管理示范基地
376 新疆维吾尔自治区克孜勒苏柯尔克孜自治州乌恰县戈壁产业园
377 新疆维吾尔自治区和田地区和田市吐沙拉乡加拉勒巴格村水产综合养殖示范基地
378 新疆维吾尔自治区和田地区墨玉县奎亚镇光明生态养殖基地
379 新疆维吾尔自治区和田地区民丰县安迪尔牧场拉伊亚提坎村红枣精品种植科普示范基地
380 新疆维吾尔自治区昌吉回族自治州阜康市上户沟乡黄山天野特种养殖农村科普示范基地
381 新疆维吾尔自治区伊犁哈萨克自治州察布查尔锡伯自治县绿色食品原料（小麦）标准化生产基地
382 新疆维吾尔自治区伊犁哈萨克自治州特克斯县托斯曼温室基地
383 新疆维吾尔自治区塔城地区塔城市喀拉哈巴克乡万亩现代农业示范基地
384 新疆维吾尔自治区阿克苏地区库车县玉奇吾斯塘乡核桃栽培示范基地
385 新疆生产建设兵团第四师73团金琪珊万亩有机设施葡萄科技示范园
386 新疆生产建设兵团第二师三十四团有机红枣科普示范基地

三、农村科普带头人（558名）

1 孟祥平 北京市房山区后石羊村
2 梁桂彬 北京市延庆县永宁镇孔化营村
3 周永香 北京市通州区西集镇大沙务村
4 张亚利（女） 北京市顺义区龙湾屯镇七连庄村
5 李连义 北京市平谷区刘家店镇前吉山村
6 肖春利 北京市密云县新南路甲52号农业服务中心
7 张希庆 北京市大兴区长子营镇留民营生态农场
8 董　伟（女，满族） 北京市怀柔区镜春园
9 陈光星 天津市宝坻区大钟庄镇袁罗葱蒜研究会
10 韩东晓（女） 河北省邢台市宁晋县凤凰镇孙村
11 韩志刚 河北省石家庄市平山县元坊村
12 杨国勤 河北省秦皇岛市抚宁县深河乡东桐叶村
13 张　勇 河北省张家口市万全县旧堡乡柳沟村
14 付吉海 河北省石家庄市鹿泉市大河乡中落凌村

15 王长贵 河北省唐山市丰润区丰润镇圪塔坨村
16 马步金 河北省唐山市丰南区大新庄镇甜瓜产销协会
17 白栓贵 河北省邯郸市武安市西寺庄乡东寺庄村
18 贺维亮 河北省廊坊市三河市赵河沟
19 化志强 河北省保定市雄县龙湾镇大步村
20 黄会敏（女） 河北省沧州市青县曹寺乡曹寺村
21 张子达（满族） 河北省承德市滦平县马营子乡大兴沟
22 牛文全 河北省沧州市东光县大单镇仉王村
23 陈瑞龙 山西省太原市小店区北格镇北格村
24 吴广义 山西省大同市阳高县东小村镇讲理村
25 胡占军 山西省朔州市朔城区红旗牧场乡
26 张明成 山西省忻州市岢岚县大涧乡大涧村
27 张建峰 山西省吕梁市石楼县龙交乡贵沟村
28 王玉梅（女） 山西省晋中市太谷县明星镇程家庄村
29 刘东明 山西省阳泉市郊区杨家庄乡黑土岩村
30 王树芳 山西省长治市郊区堠北庄镇崔漳村
31 余怀龙 山西省临汾市乡宁县关王庙乡梁坪村
32 郭顺牛 山西省运城市稷山县稷峰镇加庄村
33 刘万新 山西省阳泉市盂县西烟镇西邢村
34 武江鑫 山西省忻州市原平市京原北路 501 公里处
35 韩百新（蒙古族） 内蒙古自治区通辽市科尔沁左翼中旗巴彦塔拉镇塔格西村
36 米吉格道尔吉（蒙古族） 内蒙古自治区呼伦贝尔市新巴尔虎右旗克尔伦苏木芒来嘎查
37 张忠林 内蒙古自治区包头市达尔罕茂明安联合旗乌克镇大西滩村
38 李 明（蒙古族） 内蒙古自治区兴安盟科尔沁右翼前旗额尔格图镇好田嘎查
39 李春霞（女） 内蒙古自治区呼和浩特市新城区保合少镇甲兰板村
40 赵 宁 内蒙古自治区包头市土默特右旗将军尧乡上四卜素村金钱铺组团结渠北
41 戴树林（蒙古族） 内蒙古自治区赤峰市巴林左旗三山乡众兴养羊协会
42 敖其尔（蒙古族） 内蒙古自治区呼伦贝尔市陈巴尔虎旗巴彦哈达嘎查
43 张海峰 内蒙古自治区呼和浩特市回民区攸攸板镇东棚子村
44 刘小永（蒙古族） 内蒙古自治区兴安盟科尔沁右翼中旗乌兰中嘎查
45 刘俊平 内蒙古自治区呼和浩特市清水河县五良太乡康圣庄农场村
46 孙 喜 内蒙古自治区兴安盟突泉县突泉镇永保村
47 温占山（蒙古族） 内蒙古自治区通辽市科尔沁区大林镇小黄家村
48 张维琢 内蒙古自治区赤峰市红山区西城街道大三家村
49 达布希拉图（蒙古族） 内蒙古自治区赤峰市阿鲁科尔沁旗绍根镇
50 朝伦巴特尔（蒙古族） 内蒙古自治区锡林郭勒盟苏尼特左旗满都拉图镇乌兰格日勒嘎查
51 宋朋举 内蒙古自治区通辽市开鲁县麦新镇先锋村
52 王海凤（女，满族） 内蒙古自治区锡林郭勒盟正蓝旗宝绍岱苏木苏木图河嘎查
53 邵泽华 内蒙古自治区呼伦贝尔市鄂伦春自治旗克一镇
54 王振学 内蒙古自治区赤峰市元宝山区平庄镇大三家村
55 刘志丹 内蒙古自治区通辽市扎鲁特旗巴彦塔拉苏木大梁村
56 邵志平 内蒙古自治区锡林郭勒盟多伦县大北沟镇十五号村
57 任玉彪 内蒙古自治区乌兰察布市四子王旗乌兰花镇农技推广站
58 李泽文 内蒙古自治区乌海市乌达区乌兰淖尔镇
59 张效玲（女） 内蒙古自治区乌兰察布市察哈尔右翼前旗平地泉镇南村
60 特木热朝鲁（蒙古族） 内蒙古自治区巴彦淖尔市乌拉特后旗巴音前达门苏木乌力吉图嘎查
61 呼格吉乐图（蒙古族） 内蒙古自治区呼伦贝尔市新巴尔虎右旗达赉苏木阿尔山宝力格嘎查
62 王建国 内蒙古自治区巴彦淖尔市乌拉特中旗新忽热苏木毛其格嘎查
63 吴 俊 内蒙古自治区锡林郭勒盟镶黄旗亚日盖社区
64 马海梅（女） 内蒙古自治区乌兰察布市兴和县赛乌素镇五一村
65 陈志广 内蒙古自治区二连浩特市格日勒敖都乡赛乌苏科技园区村
66 满都拉（蒙古族） 内蒙古自治区阿拉善盟阿拉善左旗巴彦浩特镇
67 吴旭峰 内蒙古自治区乌兰察布市化德县长顺镇润康村
68 李菊兰（女） 内蒙古自治区阿拉善盟阿拉善右旗阿拉腾朝格苏木乡查干通格嘎查
69 李福田 辽宁省本溪市桓仁满族自治县桓仁镇
70 孙廷前 辽宁省阜新市阜新蒙古族自治县旧庙镇代海村
71 周凤仪 辽宁省锦州市黑山县八道壕镇红槽村
72 王相怡（女） 辽宁省丹东市振安区曙光路 58 号
73 杨国江（满族） 辽宁省抚顺市清原满族自治县大苏河乡长沙村
74 王心智 辽宁省沈阳市于洪区北陵街道小韩村
75 李方勇 辽宁省营口市老边区路南镇新立村
76 王洗清（满族） 辽宁省丹东市凤城市凤山乡凤山村
77 隋韶辉（满族） 辽宁省丹东市宽甸满族自治县宽甸镇西关街道 11 号
78 马 倩（女） 辽宁省鞍山市海城市温香镇达连村
79 李 俊（满族） 辽宁省大连市长海县大长山岛镇三官庙村
80 刘宝棉 辽宁省朝阳市凌源市大河北镇石洞沟村
81 黄喜台 辽宁省辽阳市弓长岭区安平乡高崖村
82 董家军 辽宁省营口市大石桥市高坎镇
83 陈连仲 辽宁省大连市甘井子区红旗街道岔鞍村
84 车向庆 辽宁省丹东市东港市椅圈镇
85 孙胜文 辽宁省朝阳市朝阳县古山子镇娘娘庙村
86 戴维东（满族） 辽宁省铁岭市经济开发区申家沟分场
87 金长顺 辽宁省沈阳市东陵区祝家乡上高士村
88 王桂波（女） 吉林省长春市榆树市先锋乡中安村
89 杨 涛 吉林省长春市九台市卡伦乡任家村

90　孔繁喜　吉林省吉林市磐石市驿马镇河北村
91　王志林　吉林省长春市双阳区丹江街588号
92　田广旭　吉林省吉林市船营区大绥河镇通气沟村
93　曹俊峰（满族）　吉林省吉林市龙潭区承德街道铁东村
94　万长江　吉林省吉林市船营区吉兴村
95　李金成　吉林省四平市伊通满族自治县二道镇石厂村
96　朴金榜（朝鲜族）　吉林省松原市前郭尔罗斯蒙古族自治县长山新庙村
97　张子军（满族）　吉林省辽源市龙山区工农乡苇塘村
98　李　辉　吉林省辽源市东辽县泉太镇马良村
99　李春娟（女）　吉林省通化市二道江区鸭园镇二道沟村
100　王庆生　吉林省白山市江源区城墙街道新华村
101　刘洪发　吉林省白山市临江市桦树镇西南岔村
102　林德辉　吉林省白山市长白朝鲜族自治县马鹿沟镇小农场村
103　赵向阳　吉林省白城市大安市舍力镇庆有村
104　杨有山　吉林省白城市洮北区东风乡青山村
105　刘兆先　吉林省松原市扶余市三岔河镇
106　孙相全　吉林省松原市前郭尔罗斯蒙古族自治县红旗农场一分场
107　陈凤涛　吉林省四平市双辽市新立乡新立村
108　金寅浩（朝鲜族）　吉林省通化市集安市太王镇上解放村
109　杨献洲　吉林省延边朝鲜族自治州安图县二道白河镇长胜村
110　刘海涛　吉林省延边朝鲜族自治州图们市石岘镇河北村
111　吴永根（朝鲜族）　吉林省延边朝鲜族自治州和龙市八家子镇上南村
112　李茂海　吉林省长白山保护开发区管理委员会池西区东参村
113　李洪民　吉林省延边朝鲜族自治州汪清县天桥岭镇
114　王玉才　吉林省延边朝鲜族自治州敦化市大桥乡西大桥村
115　刘志勇　吉林省延边朝鲜族自治州珲春市马川子乡五一村
116　刘先群　吉林省延边朝鲜族自治州龙井市老头沟镇奋斗村
117　薛锡民　黑龙江省牡丹江市穆棱市马桥河镇西河村
118　张建国　黑龙江省牡丹江市东宁县东宁镇中华北路万鹿沟村
119　刘东林　黑龙江省佳木斯市同江市农林大厦农业技术推广中心
120　陈　忠　黑龙江省鸡西市鸡东县下亮子乡综合村
121　麻占伟（回族）　黑龙江省鸡西市密山市密山镇牧富村
122　张　波　黑龙江省双鸭山市饶河县永胜村
123　李玉平（女）　黑龙江省伊春市嘉荫县保兴乡
124　刘春明　黑龙江省鹤岗市萝北县太平沟乡石虎沟村
125　袁新波　黑龙江省黑河市逊克县车陆乡宏疆村
126　何志刚（满族）　黑龙江省黑河市爱辉区张地营子乡张地营子村
127　张永吉　黑龙江省黑河市孙吴县正阳山乡莲山村
128　李洪学　黑龙江省大兴安岭地区塔河县秀峰林场
129　曲江义　黑龙江省绥芬河市绥东村
130　唐兆仁　黑龙江省哈尔滨市延寿县加信镇同德村
131　闫祥文　黑龙江省哈尔滨市尚志市长寿乡国庆村
132　赵玉坤　黑龙江省齐齐哈尔市依安县先锋乡四烈村
133　姜　伟　黑龙江省齐齐哈尔市泰来县和平镇英山村
134　陈玉昌　黑龙江省齐齐哈尔市拜泉县龙泉镇群富村
135　柴　斌　黑龙江省齐齐哈尔市克山县克山镇
136　于云君　黑龙江省绥化市庆安县欢胜乡永进村
137　霍桂英（女）　黑龙江省七台河市勃利县勃利镇吉祥村
138　丁慎刚　黑龙江省牡丹江市东安区兴隆镇
139　王成福　黑龙江省佳木斯市汤原县吉祥乡丰祥村
140　张立彬　黑龙江省大庆市肇源县和平乡工农村
141　李严广　黑龙江省大庆市林甸县四合乡联合村
142　赵福贵　黑龙江省双鸭山市宝清县宝清镇亨利村
143　刘清泉　黑龙江省哈尔滨市五常市二河乡新庄村
144　张晋盼（女）　上海市嘉定区马陆镇大治路29号
145　马定帮　江苏省南京市栖霞区龙潭街道大棚村
146　李罗华　江苏省连云港市新浦区浦南镇江浦村
147　郭万胜　江苏省扬州市高邮市文游中路173号
148　汤茶琴（女）　江苏省无锡市滨湖区荣巷乡郑家旦村
149　严清华　江苏省常州市金坛市朱林镇黄金村
150　钱飞跃　江苏省淮安市淮阴区王营乡左庄村
151　丁峰　江苏省南通市如皋市如城街道解放路动植物检测中心
152　朱毛根　江苏省苏州市吴江区太湖新城（松陵）西联村
153　郭延敏　江苏省徐州市沛县
154　吴体恩　江苏省宿迁市宿豫区华东农业大市场E区25号亲耕田农业专业合作社
155　戴晓凤（女）　江苏省泰州市泰兴市宣堡镇郭寨村
156　陈礼辉　江苏省镇江市京口区象山街道左湖村
157　杨红卫　浙江省衢州市衢江区莲花镇东湖畈村
158　虞如坤　浙江省宁波市奉化市溪口镇湖山村
159　童鸣初　浙江省湖州市长兴县泗安镇赵村
160　王林平　浙江省杭州市临安市清凉峰镇九都村
161　刘志云　浙江省丽水市松阳县三都乡里庄村
162　林高德　浙江省舟山市普陀区朱家尖街道三和村
163　石元锋　浙江省金华市浦江县浦阳街道江滨新村
164　吴志元　安徽省合肥市肥东县元疃镇元疃社区
165　丁伦保　安徽省合肥市肥西县丰乐镇大圩村
166　汪熙承　安徽省宣城市绩溪县瀛洲镇瀛洲村
167　方友宏　安徽省安庆市迎江区新洲乡天然村村委会
168　张凤鸣　安徽省亳州市谯城区汤陵办事处刘花园行政村火神庙自然村68号
169　马雪花（女）　安徽省铜陵市铜陵县五松镇湖畔人家A区6号
170　陈光辉　安徽省黄山市休宁县渭桥乡渭桥村
171　程华根　安徽省六安市舒城县城关镇桃溪路130号
172　段春香（女）　安徽省宿松县宿松县洲头乡金坝村
173　方孝琴（女）　安徽省广德县东亭乡高峰村
174　赵加发　安徽省蚌埠市龙子湖区李楼乡红塔村
175　刘超纲　安徽省宿州市砀山县园艺场砀园新村
176　胡才发　安徽省芜湖市弋江区白马街道塔影村
177　李先华　安徽省马鞍山市含山县陶厂镇卜李村

178 叶北朝 安徽省池州市贵池区秋江街道办事处梅里村
179 曾凡亮 安徽省六安市叶集试验区三元乡三元村
180 戴时春 安徽省滁州市天长市永丰镇双庙村
181 潘菀琴（女） 福建省泉州市惠安县紫山镇官溪村
182 叶清池 福建省厦门市同安区汀溪镇褒美村
183 刘家富 福建省宁德市蕉城区蕉城北路 21 号
184 傅木清 福建省龙岩市长汀县河田镇伯湖村
185 陈茂评 福建省南平市建瓯市川石乡友谊新村 1 弄 4 号
186 郑辉营 福建省平潭综合实验区平潭县芦洋乡西边寮村
187 江铭福 福建省福州市连江县筱埕镇逻 村
188 张鸿盛 福建省漳州市龙文区朝阳镇浦口村
189 温作金 福建省三明市宁化县体育中心一楼
190 兰秀繁 福建省南平市武夷山市岚谷乡横墩村
191 苏海山 福建省漳州市龙海市海澄镇下埭村
192 林赞煌 福建省龙岩市漳平市南洋镇南洋村
193 刘招铃 福建省宁德市福安市赛岐镇苏阳村
194 董柳青（女） 福建省三明市尤溪县西滨镇坂兜村
195 刘郑美 福建省福州市仓山区盖山镇阳岐路 63 号
196 徐振邦 江西省新余市渝水区市老科协
197 黄　勃 江西省抚州市崇仁县县府西路 7 号
198 左晓斌 江西省吉安市永新县禾川镇河东居委会东华岭村 18 号
199 胡俊林 江西省赣州市瑞金市果业局
200 余嫦玲（女） 江西省上饶市铅山县河口镇清湖村
201 魏盛禄 江西省赣州市安远县欣山镇石塘小区村
202 吕再成 江西省景德镇市浮梁县茶科所
203 邹智斌 江西省宜春市宜丰县潭山镇龙岗村
204 刘德财 江西省鹰潭市贵溪市耳口乡昌甫村
205 李冰池 江西省九江市修水县大椿乡大椿村 075 号
206 宋象贤 江西省萍乡市莲花县琴亭镇永安北路 288 号
207 郑　浩 江西省赣州市信丰县西牛镇虎岗村
208 彭伙明 江西省赣州市定南县水邦村
209 刘静盟 山东省泰安市宁阳县磁窑镇后海子村
210 马　红（女） 山东省淄博市沂源县鲁村镇草埠一村
211 于长青 山东省烟台市蓬莱市大辛店镇三村
212 孙建高 山东省青岛市崂山区北宅街道毕家村
213 马守波 山东省潍坊市寒亭区朱里街办马家村
214 聂宝平 山东省泰安市肥城市边院镇大王村
215 陈雨芹 山东省济宁市邹城市石墙镇南岳庄村
216 朱军良 山东省威海市文登市侯家镇侯家村
217 吴修军 山东省莱芜市莱城区牛泉镇茂盛堂村
218 尹永良 山东省临沂市沂南县界湖街道
219 李宝忠 山东省烟台市栖霞市庙后镇李博士夼村
220 孟祥合 山东省德州市临邑县孟寺镇孟寺村
221 王清云 山东省聊城市临清市魏湾镇薛王村
222 孙汉增 山东省聊城市冠县甘官屯乡邓官屯村
223 曾金娥（女） 山东省菏泽市郓城县黄集乡张宇村
224 赵洪生 山东省滨州市滨州经济开发区里则街道办事处南司家村
225 赵从来 山东省日照市五莲县叩官镇叩官村
226 刘明海 山东省济南市历城区柳埠镇黄巢村
227 巴兆功 山东省淄博市高青县花沟镇东刘村
228 陈玉玺 山东省枣庄市峄城区阴平镇斜屋村
229 董生华 山东省东营市垦利县垦利街道办事处七村
230 狄艳萍（女） 山东省潍坊市诸城市密州街道畜牧兽医管理站
231 鞠军海 山东省东营市广饶县南口村
232 马培臣 山东省济宁市鱼台县谷亭街道西段村
233 朱光宗 山东省威海市火炬高技术产业开发区初村镇小产村
234 管启栋 山东省临沂市河东区相公街道平墩湖村
235 杨爱友 山东省临沂市郯城县郯城街道官路东村
236 陈谟林 河南省郑州市新郑市新华路街道办事处金城路
237 王红兵 河南省开封市尉氏县邢庄乡七里头村
238 张全应 河南省洛阳市孟津县平乐镇金村
239 高士杰 河南省平顶山市石龙区高庄办事处山高村
240 张　旭 河南省安阳市殷都区西郊乡南流寺村
241 胡买岗（女） 河南省鹤壁市山城区石林镇西台村
242 田　峰 河南省新乡市卫辉市太公镇贾庄村
243 马　晶（女） 河南省焦作市温县南张羌镇马庄村
244 王宗芳 河南省濮阳市濮阳县子岸乡中子岸村
245 樊宏亮 河南省许昌市魏都区高桥营街道办事处
246 陈永辉（女） 河南省漯河市郾城区李集镇后李村
247 马群成 河南省三门峡市渑池县英豪镇东城南村
248 齐双奇 河南省南阳市内乡县赤眉镇齐营村
249 徐效新 河南省商丘市柘城县起台镇
250 晏宝虎 河南省信阳市潢川县桃林铺镇胡桥村
251 王　稳（女） 河南省周口市沈丘县石槽乡肖营村
252 冯建华 河南省驻马店市泌阳县花园街道办事处曹庄村委会
253 侯向阳 河南省济源市坡头镇店留村
254 刘　平（女） 河南省郑州市金水区纬五路河南合作大厦 A 座 909
255 童书年 河南省平顶山市卫东区申楼街道王斌庄村
256 杜学文 河南省新乡市封丘县王村乡杜庄村
257 范继林 河南省濮阳市范县高码头镇老范庄村
258 刘佳丽（女） 河南省许昌市禹州市顺店镇马楼村
259 陈贯才 河南省漯河市源汇区空冢郭镇空冢郭村
260 张进杰（女） 河南省南阳市卧龙区青华镇三李营村
261 王留标 河南省商丘市夏邑县城关镇永安街 34 号
262 张道刚 湖北省襄阳市南漳县巡检镇峡口村
263 刘　军 湖北省省直辖县潜江市杨市办事处翰林路 10 号
264 叶志忠 湖北省十堰市丹江口市蒿坪镇观音庙村
265 熊新翔 湖北省鄂州市华容区临江乡粑铺村粑铺社区
266 冯安锦 湖北省宜昌市夷陵区邓村乡秀水村
267 黄楚武 湖北省荆州市江陵县秦市乡拖船埠村
268 陈　三 湖北省随州市广水市武胜关镇南新街口
269 王信章 湖北省黄冈市黄州区占岗村
270 鲁志刚 湖北省荆门市沙洋县毛李镇江新村
271 焦国锋 湖北省神农架林区松柏镇清泉村
272 潘阳贵 湖北省天门市多宝镇双桥村
273 汪海斌 湖北省咸宁市崇阳县天城镇精武大道 12 号
274 杨爱军 湖北省仙桃市杨林尾镇鲫鱼湖渔场
275 殷水安 湖南省株洲市天元区群丰镇湘云村

276 段彩云（女） 湖南省永州市祁阳县茅竹镇大塘村
277 陈友平 湖南省株洲市醴陵市神福港镇汤家坪村
278 李华平 湖南省岳阳市临湘市江南镇江南村
279 杨 辉 湖南省岳阳市湘阴县文星镇望滨村
280 李小光 湖南省娄底市冷水江市铎山镇石柱村
281 李树村 湖南省常德市汉寿县周文庙乡先锋村
282 朱 仁 湖南省益阳市南县老科协
283 邝继财 湖南省永州市蓝山县塔峰镇水口村
284 廖攸军 湖南省郴州市嘉禾县坦坪乡石富冲村
285 张玉喜 湖南省郴州市安仁县灵官镇新垅村
286 王国英（女） 湖南省衡阳市衡东县杨林乡板石村
287 王建安 湖南省衡阳市南岳区龙凤乡红旗村
288 周清泉 湖南省邵阳市新宁县飞仙桥乡龙潭村
289 魏贤慧 湖南省怀化市沅陵县沅陵镇凤凰山居委会
290 吴进文（苗族） 湖南省湘西土家族苗族自治州花垣县麻栗场镇立新村
291 曾庆娟（女） 广东省肇庆市四会市龙甫镇水口村
292 林炎森 广东省湛江市麻章区湖光镇园坡村
293 梁华德 广东省珠海市斗门区白蕉镇新环村
294 黄成欢 广东省肇庆市怀集县冷坑镇红胜村
295 钟观水 广东省清远市英德市九龙乡金鸡村
296 肖志平 广东省韶关市乐昌市北乡镇茅坪村
297 李雪壮 广东省江门市恩平市米仓乡潭洞村
298 张月桂（女） 广东省湛江市吴川市海滨街道博茂坡
299 丘成国 广东省清远市阳山县杜步镇旱坑村
300 黄坡民 广东省揭阳市揭东区圩埔村工业区
301 黄智雄 广东省汕尾市海丰县公平镇笏雅村
302 邓善平 广东省梅州市兴宁市叶塘镇群星村
303 吴秀兰（女） 广东省韶关市始兴县太平镇北门路500号
304 李秀汉 广东省茂名市高州市长坡镇旧城村
305 李重生 广东省江门市开平市金鸡镇文乐街1号
306 袁云赵 广东省韶关市新丰县黄磜镇秋洞村
307 何秀源（女） 广西壮族自治区防城港市东兴市马路镇大旺村
308 李创德 广西壮族自治区桂林市全州县廖家村
309 韦汉康（壮族） 广西壮族自治区河池市宜州市屏南乡果立村
310 潘明伟（壮族） 广西壮族自治区百色市靖西县南坡乡逢鸡村
311 冯树成 广西壮族自治区防城港市防城区那良镇大河村
312 农海南（壮族） 广西壮族自治区崇左市凭祥市夏石镇丰乐村
313 农凯峰（壮族） 广西壮族自治区崇左市宁明县那楠乡那陶村
314 王胜东（壮族） 广西壮族自治区崇左市龙州县龙北农场龙北路058号
315 黄天青（壮族） 广西壮族自治区百色市那坡县百合乡清华村
316 农小石（壮族） 广西壮族自治区崇左市大新县恩城乡恩城社区岜隆村民小组
317 林桂艳（女） 广西壮族自治区钦州市钦北区白水塘镇宫保街
318 莫文珍（壮族） 广西壮族自治区百色市田阳县那坡镇尚兴村
319 许佳本 广西壮族自治区北海市银海区平阳镇孙东村
320 韦宝林（壮族） 广西壮族自治区百色市隆林各族自治县猪场乡岩圩村
321 韦有任（壮族） 广西壮族自治区南宁市横县云表镇旺庄村
322 黄富英（女） 广西壮族自治区玉林市兴业县城隍
323 唐启堪（壮族） 广西壮族自治区百色市德保县都安乡都安村窑庄屯
324 余树朋 广西壮族自治区柳州市鹿寨县中渡镇长盛村
325 李文照 广西壮族自治区贵港市桂平市西山镇福山村
326 邹维浩 广西壮族自治区贺州市平桂管理区沙田镇道石村19组
327 吴祖欢 海南省海口市龙华区龙桥镇永东村委会笔点村
328 刘运辉（苗族） 海南省万宁市北大镇六角岭村
329 王录理 海南省海口市琼山区三门坡镇新德路
330 何 琳（女） 重庆市北碚区静观镇万全村
331 陈秀强 重庆市江津区花椒产业协会
332 张正群（女） 重庆市永川区青峰镇牌坊坝村
333 黄兴全 重庆市潼南县崇龛镇玉佛路5号
334 李义芳（女） 重庆市铜梁县大庙镇石兴村
335 尹国刚 重庆市璧山县大兴镇山王村
336 姜仕琼（女） 重庆市所垫江县沙河乡安全村
337 胡承金 重庆市奉节县朱衣镇仙女村
338 李尚前 重庆市巫山县庙宇镇长梁村
339 杨万才 重庆市酉阳土家族苗族自治县涂市乡涂市村5组
340 刘正贵 重庆市彭水苗族土家族自治县太原镇区阳村2组
341 张 斌 四川省广元市苍溪县运山镇文庙村
342 胡 健（女，彝族） 四川省攀枝花市东区银江镇攀枝花村
343 吴明清 四川省泸州市泸县云龙镇先锋村
344 王建能 四川省资阳市安岳县岳阳镇海慧路345号
345 杨宗华 四川省凉山彝族自治州西昌市西乡乡群乐村
346 何 鹏 四川省绵阳市盐亭县冯河乡白猴堂村
347 舒福安 四川省乐山市峨边彝族自治县教场村
348 刘元辉 四川省宜宾市屏山县龙溪乡翻身村
349 凌云华（女） 四川省南充市阆中市河溪镇黑山岩村
350 巴龙阿郎（藏族） 四川省甘孜藏族自治州丹巴县巴底乡色足村
351 罗明均 四川省眉山市彭山县黄丰镇丰华村1组
352 邝冬云 四川省凉山彝族自治州德昌县德州镇
353 吴金容（女） 四川省内江市威远县向义镇大冲村
354 许朝贵 四川省凉山彝族自治州会理县白鸡乡白鸡村
355 马骋良（回族） 四川省阿坝藏族羌族自治州小金县美兴镇营盘村
356 李秀英（女，彝族） 四川省甘孜藏族自治州九龙县草坪子村

357 邓桂生（藏族） 四川省阿坝藏族羌族自治州若尔盖县阿西茸乡团结村
358 吉克阿宏（彝族） 四川省凉山彝族自治州喜德县两河口镇呷多村
359 田绪光 四川省巴中市南江县沙坝乡沙坝村一社
360 周 禹 贵州省贵阳市修文县久长镇永兴村
361 贺选正 贵州省遵义市余庆县龙溪镇平场村
362 叶本勇 贵州省安顺市西秀区轿子山镇徐家庄
363 刘宝江 贵州省六盘水市六枝特区龙场乡迎风村
364 刘 洪（穿青人） 贵州省毕节市纳雍县文昌街道闹地村
365 杨再炼（土家族） 贵州省铜仁市江口县闵孝镇鱼良溪村
366 潘仲萍（女） 贵州省黔东南苗族侗族自治州施秉县牛大场镇牛大场村
367 冯大权 贵州省黔南布依族苗族自治州龙里县醒狮镇顶水村
368 韦代斌（布依族） 贵州省黔西南布依族苗族自治州望谟县桑郎镇桑郎村
369 颜真波 贵州省仁怀市龙井乡福泉村
370 马 力（回族） 贵州省威宁彝族回族苗族自治县双龙乡大地村
371 陈廷明 贵州省遵义市湄潭县湄江镇核桃坝村
372 高 琪（彝族） 贵州省毕节市黔西县洪水镇龙营村
373 旷光兵 贵州省铜仁市思南县大河坝乡桃子椏村
374 吴 江（苗族） 贵州省黔东南苗族侗族自治州雷山县望丰乡望丰村
375 方开祥 贵州省黔南布依族苗族自治州贵定县云雾镇营上村
376 方美琴（女） 贵州省遵义市绥阳县郑场镇清源村
377 吴公顶（藏族） 云南省迪庆藏族自治州德钦县燕门乡茨中村
378 彭荣华（傈僳族） 云南省迪庆藏族自治州维西傈僳族自治县维登乡山加村
379 虞祖福（阿昌族） 云南省德宏傣族景颇族自治州陇川县户撒乡芒炳村
380 银建芬（女 傣族） 云南省德宏傣族景颇族自治州芒市轩岗乡芒棒村
381 武成勇（彝族） 云南省楚雄彝族自治州元谋县元马镇沙地村
382 邓金祥 云南省曲靖市会泽县纸厂乡罗别古村委会
383 李光明（傣族） 云南省红河哈尼族彝族自治州红河县迤萨镇勐甸村民委员会罕龙村
384 曹德林（拉祜族） 云南省普洱市西盟佤族自治县勐梭镇里拉村
385 李美琼（女，彝族） 云南省普洱市江城哈尼族彝族自治县整董镇漫滩村
386 则 罗（哈尼族） 云南省西双版纳傣族自治州勐海县西定乡曼佤村委会贺松村民小组
387 岩罕恩（傣族） 云南省西双版纳傣族自治州景洪市嘎洒镇
388 洪金元（白族） 云南省大理白族自治州鹤庆县辛屯镇如意村委会如意南自然村
389 秦斌丽（女，白族） 云南省大理白族自治州大理市上关镇沙坪村
390 段春芝（女） 云南省保山市龙陵县象达乡赧洒村
391 马文平（傈僳族） 云南省丽江市华坪县干箐村 9 组
392 和大林（怒族） 云南省怒江傈僳族自治州福贡县匹河乡老姆登村
393 李正明 云南省临沧市镇康县木场乡木场村
394 贺英团（傣族） 云南省临沧市沧源佤族自治县勐董镇白塔社区
395 岳太伟 云南省德宏傣族景颇族自治州梁河县曩宋乡瑞泉村
396 梁昌立 云南省德宏傣族景颇族自治州盈江县平原镇拱腊村
397 陶明林（傣族） 云南省普洱市景谷傣族彝族自治县威远镇新民村
398 次尔永忠（摩梭人） 云南省丽江市宁蒗彝族自治县永宁乡温泉村委会瓦拉壁村
399 周 坤 云南省普洱市思茅区云仙乡桃子树村委会
400 蒋春国（哈尼族） 云南省普洱市墨江哈尼族自治县联珠镇义勇村
401 王 海 云南省昭通市镇雄县李官营村
402 仝顺林 云南省玉溪市红塔区研和街道办事处中村社区居委会四组
403 陈顺亮 云南省玉溪市新平彝族傣族自治县古城街道古城社区
404 罗志军（藏族） 云南省迪庆藏族自治州香格里拉县洛吉乡洛吉村
405 董明贵 云南省临沧市双江拉祜族佤族布朗族傣族自治县勐库镇那赛村
406 周光顺（彝族） 云南省楚雄彝族自治州南华县沙桥镇于栖么村委会
407 张秀芬（女，白族） 云南省怒江傈僳族自治州兰坪白族普米族自治县金顶镇江头河社区
408 唐继英（女，傈僳族） 云南省怒江傈僳族自治州贡山独龙族怒族自治县捧当乡永拉嘎村
409 董有生 云南省临沧市耿马傣族佤族自治县耿马镇团结村红土坡组
410 黄加祥 云南省曲靖市沾益县菱角乡黎山村委会 2 组
411 张中美 云南省曲靖市宣威市东山镇法着村
412 蒋永春（彝族） 云南省红河哈尼族彝族自治州石屏县龙武镇宜其达村委会宜其达村
413 张发云 云南省文山壮族苗族自治州马关县篾厂乡桂皮山村
414 蒋立康 云南省文山壮族苗族自治州丘北县双龙营镇双龙营村
415 金毓刚（白族） 云南省大理白族自治州剑川县金华镇金龙村
416 尹培明 云南省大理白族自治州南涧彝族自治县碧溪乡杏子山村
417 高 林 云南省楚雄彝族自治州永仁县永定镇店子村委会新村组
418 岩 务（傣族） 云南省西双版纳傣族自治州勐腊县关累镇勐远村委会城子村小组

419 朱兴国 云南省曲靖市富源县竹园镇竹园村委会迤勒村
420 范正海 云南省丽江市古城区七河乡金龙村
421 段必清 云南省德宏傣族景颇族自治州瑞丽市勐秀乡户瓦村
422 康继昌 云南省保山市腾冲县北海乡双海村海口村民小组
423 唐 松 云南省昭通市水富县向家坝镇楼坝村
424 徐章华 云南省曲靖市麒麟区茨营镇大麦村委会上大麦村
425 杨朝芬（女，苗族） 云南省红河哈尼族彝族自治州河口瑶族自治县瑶山乡八角村委会
426 宋玉芹（女，苗族） 云南省保山市昌宁县勐统镇长山村火皮地村民小组
427 巴 桑（藏族） 西藏自治区林芝地区米林县米林镇帮仲村
428 扎 西（藏族） 西藏自治区日喀则地区拉孜县恰西村
429 洛松次仁（藏族） 西藏自治区昌都地区芒康县纳西乡上盐井村
430 扎西顿珠（藏族） 西藏自治区日喀则地区谢通门县达那答乡嘎如冲村
431 旦巴赤列（藏族） 西藏自治区拉萨市达孜县德庆镇德庆村
432 加 措（藏族） 西藏自治区日喀则地区定结县江嘎镇尺那村
433 扎西旺堆（藏族） 西藏自治区昌都地区芒康县纳西乡鲁仁村
434 拉 巴（藏族） 西藏自治区日喀则地区康马县萨马达乡拉定村
435 旺青罗布（藏族） 西藏自治区林芝地区波密县多吉乡德吉村
436 罗 加（藏族） 西藏自治区日喀则地区聂拉木县琐作乡查益村
437 格桑旺堆（藏族） 西藏自治区昌都地区芒康县曲孜卡乡达许村
438 巴特尔（藏族） 西藏自治区林芝地区察隅县拉丁村
439 旦增洛追（夏尔巴人） 西藏自治区日喀则地区定结县陈塘镇藏嘎村
440 白玛旺庆（藏族） 西藏自治区林芝地区林芝县仲沙村
441 洛松阿旺（藏族） 西藏自治区昌都地区昌都县城关镇小恩达村
442 布 林（藏族） 西藏自治区山南地区扎囊县扎唐镇扎唐村
443 格桑龙白（藏族） 西藏自治区阿里地区日土县多玛乡乌江村
444 扎 西（藏族） 西藏自治区山南地区乃东县索珠乡恰当村
445 康 卓（女，藏族） 西藏自治区拉萨市林周县甘曲镇居荣村
446 边 久（藏族） 西藏自治区山南地区扎囊县扎其乡罗堆村
447 洛堆顿珠（藏族） 西藏自治区山南地区隆子县隆子镇忙措村
448 格桑罗布（藏族） 西藏自治区拉萨市城关区纳金乡塔玛村
449 次仁江措（藏族） 西藏自治区山南地区洛扎县洛扎镇门塘居委会
450 达 瓦（藏族） 西藏自治区日喀则地区仁布县姆乡详巴村
451 吾 金（藏族） 西藏自治区山南地区乃东县昌珠镇白荣村
452 罗布占堆（藏族） 西藏自治区拉萨市达孜县德庆镇
453 边 次（藏族） 西藏自治区日喀则地区仁布县仁布村
454 拉 贡（藏族） 西藏自治区拉萨市当雄县宁中乡巴灵村
455 旺加布（藏族） 西藏自治区日喀则地区定结县江嘎镇圭洼村
456 曲 达（藏族） 西藏自治区阿里地区措勤县江让乡珠龙村
457 张永博 陕西省宝鸡市凤县平木镇刘家庄村
458 洪志锋 陕西省咸阳市长武县洪家镇关路村
459 段联军 陕西省铜川市印台区陈炉镇北沟村
460 张志友 陕西省渭南市华县柳枝镇北拾村
461 呼二红 陕西省延安市宜川县牛家佃乡上葫芦村
462 霍忠东 陕西省榆林市绥德县义合镇焉头村
463 张永学 陕西省汉中市洋县茅坪镇九池村
464 杨久平 陕西省安康市镇坪县城关镇文采村
465 程 军 陕西省西安市高陵县张家村
466 宇文联巧（女） 陕西省咸阳市秦都区双照乡崔张村
467 李战武 陕西省渭南市白水县北塬乡潘庄村
468 姚于培 陕西省汉中市镇巴县赤南镇长滩村
469 毛仪翔 陕西省商洛市山阳县户家塬镇桃园村
470 罗红柱 陕西省商洛市洛南县城关镇罗坡村
471 茹红军 陕西省宝鸡市渭滨区神农镇益门堡村
472 刘志勤 陕西省咸阳市淳化县官庄镇上坳村
473 吴 浩 陕西省榆林市吴堡县辛家沟镇贾家山村
474 丁永成 陕西省渭南市韩城市新城办河渎村
475 张占军 甘肃省庆阳市西峰区温泉乡陇东学院农林科技学院
476 韩延玉 甘肃省张掖市民乐县丰乐乡卧马村
477 张廷龙 甘肃省金昌市永昌县城关镇环城东路 1 号
478 张明祥 甘肃省白银市白银区水川镇桦皮川村
479 王海军 甘肃省酒泉市瓜州县南岔镇十工村
480 梁泽明 甘肃省武威市古浪县海子滩森茂养羊协会
481 许立红 甘肃省兰州市七里河区西果园镇西津村
482 张庆安 甘肃省庆阳市庆城县赤城乡周庄村
483 刘保生 甘肃省天水市秦安县云山乡霍李村
484 马卫国（东乡族） 甘肃省临夏回族自治州东乡族自治县东塬乡东塬村
485 铁海麦（回族） 甘肃省临夏回族自治州临夏市城郊镇瓦窑村
486 高丽萍（女） 甘肃省兰州市七里河区小西湖东街 95 号
487 蒲 勇 甘肃省定西市渭源县锹峪乡永丰村
488 唐 军 青海省海南藏族自治州兴海县唐乃亥乡中村
489 宋永魁 青海省海北藏族自治州刚察县沙柳河镇尕曲村二社

490 张晓枝　青海省海北藏族自治州门源回族自治县东川镇塔龙滩村

491 童学成　青海省海西蒙古族藏族自治州德令哈市河东街道办事处东山村

492 蔡永生　宁夏回族自治区银川市兴庆区五渡桥村

493 王志文　宁夏回族自治区吴忠市盐池县花马池镇柳杨堡村

494 马德科（回族）　宁夏回族自治区固原市西吉县偏城乡偏城村

495 辜晓林　新疆维吾尔自治区克孜勒苏柯尔克孜自治州阿合奇县农牧业科技示范园

496 玉买尔江·艾伊提（维吾尔族）　新疆维吾尔自治区克孜勒苏柯尔克孜自治州阿图什市阿湖乡尤喀克麦勒村

497 沙比尔江·阿巴克（维吾尔族）　新疆维吾尔自治区克孜勒苏柯尔克孜自治州阿克陶县林果业技术推广站

498 刘　勇　新疆维吾尔自治区克孜勒苏柯尔克孜自治州乌恰县

499 尹万新　新疆维吾尔自治区哈密地区哈密市陶家宫镇黄宫村

500 玉素甫·马依力坎（哈萨克族）　新疆维吾尔自治区哈密地区伊吾县盐池镇铁日勒尕村

501 王玲君（女）　新疆维吾尔自治区哈密地区巴里坤哈萨克自治县奎苏镇奎苏村

502 买卖江·阿不来孜（维吾尔族）　新疆维吾尔自治区伊犁哈萨克自治州昭苏县喀拉苏乡塔什尔那村

503 亚尔买买提·哈斯木（维吾尔族）　新疆维吾尔自治区伊犁哈萨克自治州霍城县霍城县林业局果树站

504 陆俊吉　新疆维吾尔自治区博尔塔拉蒙古自治州博乐市乌图布拉格镇红星三九队

505 付全华　新疆维吾尔自治区博尔塔拉蒙古自治州温泉县昆得仑牧场农业队

506 杨忠生　新疆维吾尔自治区塔城地区塔城市六升村

507 麦麦提·阿克依提（维吾尔族）　新疆维吾尔自治区喀什地区叶城县轻工业园区百英实业有限公司

508 万建周　新疆维吾尔自治区和田地区和田县吾宗肖乡汉族大队

509 艾白都拉·阿布拉（维吾尔族）　新疆维吾尔自治区和田地区皮山县林业局

510 王兴录　新疆维吾尔自治区昌吉回族自治州木垒哈萨克自治县新户乡新沟村

511 阿不力孜·阿不力米提（维吾尔族）　新疆维吾尔自治区吐鲁番地区吐鲁番市亚尔乡幸福队

512 哈丽丹·依布拉依木（女，维吾尔族）　新疆维吾尔自治区巴音郭楞蒙古自治州若羌县铁干里克乡果勒吾斯塘村

513 闵首军　新疆维吾尔自治区克拉玛依市胜利路 138 号

514 宋修江　新疆维吾尔自治区塔城地区沙湾县老沙湾镇黄家庄村

515 黄　梅（女）　新疆维吾尔自治区伊犁哈萨克自治州伊宁县青年农场北山坡林果业基地

516 张友苏　新疆维吾尔自治区伊犁哈萨克自治州特克斯县呼吉尔特蒙古乡

517 田坦克（土家族）　新疆维吾尔自治区阿克苏地区沙雅县新垦农场六队

518 麦麦提托合提·木沙（维吾尔族）　新疆维吾尔自治区喀什地区喀什市乃扎尔巴格乡

519 杨　琴（女　回族）　新疆维吾尔自治区昌吉回族自治州玛纳斯县包家店镇黑梁湾村

520 张　勇　新疆维吾尔自治区昌吉回族自治州呼图壁县乌伊东路

521 王文祥　新疆维吾尔自治区阿克苏地区库车县设施农业工作办公室

522 胡爱芝（女）　新疆维吾尔自治区喀什地区麦盖提县农技中心

523 史宝玉　新疆维吾尔自治区塔城地区乌苏市甘河子镇大树庄子村

524 艾树民　新疆维吾尔自治区乌鲁木齐市米东区古牧地镇锅底坑村

525 周　征（女）　新疆维吾尔自治区和田地区墨玉县农业技术推广中心

526 朱德荣　新疆维吾尔自治区和田地区和田市古江巴格乡托万古江村

527 阿不力克木·麦提萨力（维吾尔族）　新疆维吾尔自治区和田地区策勒县策勒镇恰哈玛村 1 小队

528 管建华　新疆维吾尔自治区阿勒泰地区青河县农业技术推广站

529 叶尔肯·沙宾（哈萨克族）　新疆维吾尔自治区阿勒泰地区福海县解特阿热勒乡

530 彭光才　新疆维吾尔自治区阿勒泰地区布尔津县杜来提乡

531 张童林　新疆维吾尔自治区阿勒泰地区富蕴县铁买克乡哈拉沙木森

532 阿布都哈尼·阿布列孜（维吾尔族）　新疆维吾尔自治区阿勒泰地区吉木乃县恰勒什海乡

533 塞旦·库克塞根（哈萨克族）　新疆维吾尔自治区阿勒泰地区阿勒泰市农业技术推广中心

534 金格斯·托合达森（哈萨克族）　新疆维吾尔自治区阿勒泰地区哈巴河县库勒拜乡萨尔塔克太四村 58 号

535 努尔兰·哈米提（哈萨克族）　新疆维吾尔自治区塔城地区托里县库甫乡杰特窝巴村

536 韩　玲（女，回族）　新疆维吾尔自治区塔城地区裕民县吉也克镇库木托别村

537 刘士军　新疆维吾尔自治区塔城地区额敏县上户乡直属三村

538 马玉瑶（回族）　新疆维吾尔自治区阿勒泰地区青河县阿热勒乡阔布村

539 阿依先木·依不拉音（女，维吾尔族）　新疆维吾尔自治区哈密地区哈密市兰新路 14 号院

540 崔凤英（女）　新疆维吾尔自治区哈密地区巴里坤哈萨克自治县石人子乡大泉湾村

541 孙崇峰　新疆生产建设兵团第一师二团 10 连

542 丁国影　新疆生产建设兵团第二师二十五团湖光社区

543 刘永庆　新疆生产建设兵团第三师 50 团农业科

544 韩成功（回族）　新疆生产建设兵团第四师 66 团四连

545 陈佰亿 新疆生产建设兵团第五师 90 团一连
546 黄江涛 新疆生产建设兵团第六师共青团农场农业技术推广站
547 高安丽（女） 新疆生产建设兵团第七师 123 团机关
548 尤立诚 新疆生产建设兵团第八师 121 团 13 连
549 李新胜 新疆生产建设兵团第九师 165 团
550 尹 刚 新疆生产建设兵团第十师 181 团 17 连
551 陈江青（女） 新疆生产建设兵团第十二师三坪农场农业技术推广站
552 张慎宝 新疆生产建设兵团第十三师黄田农场哈密市黄田农场农技推广站
553 刘多红 新疆生产建设兵团第十四师 224 团
554 刘 经 新疆生产建设兵团第三师 41 团
555 郭志亮 新疆生产建设兵团第四师 62 团农技推广站
556 赵文礼 新疆生产建设兵团第五师 81 团畜牧公司
557 张仁杰 新疆生产建设兵团第九师第九师 167 团麦海因镇
558 李 燕（女） 新疆生产建设兵团第十师 187 团

四、少数民族科普工作队（5 个）

1 河北省秦皇岛市青龙满族自治县少数民族科普工作队
2 辽宁省阜新市少数民族科普工作队
3 湖北省恩施土家族苗族自治州来凤县少数民族科普工作队
4 西藏自治区日喀则地区康马县少数民族科普工作队
5 新疆维吾尔自治区巴音郭楞蒙古自治州少数民族科普工作队

五、科普示范社区（500 个）

1 北京市朝阳区小关街道惠新北里社区
2 北京市密云县果园街道康居社区
3 北京市石景山区五里坨街道联勤部社区
4 北京市通州区中仓街道西上园社区
5 北京市怀柔区泉河街道于家园二区社区
6 北京市昌平区十三陵镇胡庄社区
7 北京市大兴区天宫院街道海子角南里社区
8 北京市房山区拱辰街道瑞雪春堂社区
9 北京市顺义区光明街道裕龙三区社区
10 北京市西城区月坛街道汽北社区
11 北京市门头沟区大峪街道滨河德露苑社区
12 北京市平谷区兴谷街道阳光社区
13 北京市东城区体育馆路街道法华南里社区
14 北京市丰台区马家堡街道星河苑社区
15 北京市海淀区东升镇前屯社区
16 北京市延庆县香水园街道新兴西社区
17 天津市北辰区佳荣里街佳荣里社区
18 天津市滨海新区古林街凯旋苑社区
19 天津市宝坻区宝平街宝平景苑社区
20 天津市红桥区西沽街河怡花园社区
21 天津市武清区下朱庄街碧溪园第一社区
22 天津市和平区小白楼街树德里社区
23 天津市河西区友谊路街谊景村社区
24 天津市津南区双港镇鑫港园社区
25 天津市河北区王串场街水明里社区
26 天津市东丽区华明示范镇第二居委会
27 河北省唐山市遵化市文化路街道办事处文茂社区居委会
28 河北省石家庄市桥东区栗新小区社区居民委员会
29 河北省沧州市运河区公园街道办事处幞园社区居委会
30 河北省承德市双桥区文庙社区
31 河北省承德市双滦区元宝山街道输送机社区
32 河北省张家口市宣化区大北街道钟楼东社区
33 河北省石家庄市裕华区石门社区居委会
34 河北省衡水市桃城区中华街道办事处区府社区
35 河北省秦皇岛市北戴河区西山街道办事处平安路社区
36 河北省唐山市路南区友谊街道定福里社区
37 河北省邢台市桥西区泉西街道鸿溪社区居民委员会
38 河北省邯郸市邯郸县明珠街道办事处春风社区
39 河北省廊坊市安次区亿合社区居民委员会
40 河北省保定市南市区裕华路街道办事处裕华园社区居民委员会
41 河北省唐山市路北区机场路街道团结里社区
42 河北省邯郸市磁县磁州镇务本社区居委会
43 河北省石家庄市长安区跃进街道书香尊园社区
44 河北省秦皇岛市海港区北环路街道文博城社区
45 山西省太原市杏花岭区涧河街道同煦苑社区
46 山西省长治市城区英雄中路县前巷社区
47 山西省阳泉市城区南山路街道办事处新华东街社区
48 山西省临汾市侯马市浍滨街北社区
49 山西省运城市垣曲县城市社区管理服务中心西城社区居委会
50 山西省朔州市朔城区南城古西北社区
51 山西省忻州市河曲县居民办事处惠通社区
52 山西省大同市城区西花园街道办事处柳园社区
53 山西省晋城市城区西街街道办事处北大街社区
54 内蒙古自治区兴安盟乌兰浩特市铁西街办事处钢花社区
55 内蒙古自治区呼和浩特市玉泉区大南街街道办事处小西街居民委员会
56 内蒙古自治区包头市昆都仑区友谊街道办事处钢 38 社区
57 内蒙古自治区呼和浩特市新城区东风路街道办事处兴安北路社区
58 内蒙古自治区呼伦贝尔市牙克石市永兴街道办事处永兴社区
59 内蒙古自治区赤峰市松山区玉龙街道王府社区居委会
60 内蒙古自治区满洲里市扎赉诺尔区清泉社区
61 内蒙古自治区通辽市扎鲁特旗鲁北街道东兴社区
62 内蒙古自治区乌海市海南区拉僧仲办事处新苑社区
63 内蒙古自治区乌兰察布市兴和县城关镇兴盛社区
64 内蒙古自治区阿拉善盟阿拉善左旗阿左旗额鲁特街道办贺兰山社区
65 内蒙古自治区巴彦淖尔市乌拉特前旗乌拉特前旗乌拉山镇林海社区
66 内蒙古自治区满洲里市北区办事处海关社区
67 内蒙古自治区锡林郭勒盟锡林浩特市额尔敦社区

68　辽宁省大连市西岗区八一路街道新河社区
69　辽宁省营口市西市区得胜办事处新腾达社区
70　辽宁省铁岭市银州区铁西街居然社区
71　辽宁省鞍山市铁东区钢城街道办事处八卦社区
72　辽宁省沈阳市和平区新华街道丰泽社区
73　辽宁省丹东市振兴区锦绣社区
74　辽宁省本溪市平山区工人街道新麓社区
75　辽宁省抚顺市望花区新民街道油研社区
76　辽宁省朝阳市双塔区站南街道珠南社区
77　辽宁省沈阳市于洪区城东湖街道阳光 100 社区
78　辽宁省阜新市海州区五龙街道工电社区
79　辽宁省锦州市凌河区锦铁街道办事处杭州街社区
80　辽宁省盘锦市兴隆台区新生街道新华社区
81　辽宁省铁岭市昌图县昌图镇滨河社区
82　辽宁省沈阳市大东区上园街道康都社区
83　辽宁省鞍山市铁西区繁荣街道办事处虹桥社区
84　辽宁省辽阳市白塔区丰乐社区
85　辽宁省大连市沙河口区兴工街道恒苑社区
86　辽宁省抚顺市顺城区葛布街道新地社区
87　辽宁省沈阳市沈河区新北站街道山东堡社区
88　辽宁省葫芦岛市连山区石油街道长泰社区
89　辽宁省葫芦岛市南票区赵家屯街道铁东社区
90　辽宁省葫芦岛市绥中县内东社区
91　吉林省长春市二道区东站街道十委社区
92　吉林省长春市朝阳区红旗街道同德社区
93　吉林省吉林市船营区南京街道一分部社区
94　吉林省吉林市蛟河市长安街滨河社区
95　吉林省四平市伊通满族自治县福安社区
96　吉林省松原市宁江区民主街道富江苑社区
97　吉林省辽源市龙山区福阳社区
98　吉林省白城市洮南市通达街道办事处通畅社区
99　吉林省长白山保护开发区管理委员会池南区锦江社区
100　吉林省延边朝鲜族自治州敦化市胜利街民和社区
101　吉林省通化市集安市育才社区
102　吉林省白山市浑江区新建街道古兰社区
103　吉林省梅河口市翠园社区
104　黑龙江省哈尔滨市道里区抚顺街道抚顺社区
105　黑龙江省哈尔滨市南岗区花园街道办事处海城街社区
106　黑龙江省大兴安岭地区加格达奇区曙光社区
107　黑龙江省齐齐哈尔市富拉尔基区沿江街道园丁社区
108　黑龙江省双鸭山市宝山区宏意社区
109　黑龙江省大庆市萨尔图区奔二社区
110　黑龙江省七台河市勃利县铁西街道金叶社区
111　黑龙江省齐齐哈尔市龙沙区五龙街道红星社区
112　黑龙江省伊春市友好区前进社区
113　黑龙江省佳木斯市东风区晓云社区
114　黑龙江省双鸭山市友谊县友谊镇康乐社区居民委员会
115　黑龙江省黑河市逊克县育才社区
116　黑龙江省牡丹江市阳明区恒丰社区
117　黑龙江省绥化市肇东市西园区办事处地税社区居委会
118　黑龙江省绥芬河市北海社区
119　黑龙江省鸡西市鸡东县东风社区居委会
120　上海市杨浦区延吉新村街道控江路 645 弄居民委员会
121　上海市徐汇区徐家汇街道南丹居民委员会
122　上海市徐汇区湖南路街道武康居委会
123　上海市虹口区凉城新村街道秀苑居委会
124　上海市浦东新区花木街道联洋新社区第五居民委员会
125　上海市普陀区长风新村街道长风二村第二社区居委会
126　上海市闵行区颛桥镇招商雍华苑居民委员会
127　上海市静安区曹家渡街道三和花园社区居委会
128　上海市嘉定区嘉定镇街道梅园社区居民委员会
129　上海市青浦区夏阳街道新青浦社区居委会
130　上海市崇明县东平镇桂林新村居民委员会
131　上海市宝山区永清新村居委会
132　上海市松江区岳阳街道荣乐居民委员会
133　上海市闸北区共和新路街道洛善居委会
134　上海市嘉定工业区越华社区居民委员会
135　上海市闵行区梅陇镇锦梅馨苑居民委员会
136　上海市宝山区通河三村第一居委会
137　上海市金山工业区恒顺居民委员会
138　上海市黄浦区小东门街道西姚家弄居民委员会
139　上海市奉贤区金汇镇泰绿社区居民委员会
140　上海市浦东新区陆家嘴街道隧成居民委员会
141　江苏省南京市鼓楼区中央门街道工人新村社区
142　江苏省无锡市滨湖区蠡湖街道美湖社区居民委员会
143　江苏省苏州市太仓市双凤镇双凤社区
144　江苏省常州市溧阳市燕山南苑社区
145　江苏省南通市崇川区和平桥街道北濠东村社区居委会
146　江苏省徐州市泉山区和平街道民乐社区居民委员会
147　江苏省淮安市洪泽县高良涧镇临河社区
148　江苏省镇江市京口区宝塔山社区
149　江苏省连云港市新浦区贾圩社区
150　江苏省盐城市城南新区黄海街道北港社区
151　江苏省扬州市邗江区梅岭街道凤凰桥社区
152　江苏省泰州市海陵区城南街道莲花社区
153　江苏省宿迁市宿豫区顺河镇雨露社区居民委员会
154　江苏省南京市玄武区北门桥社区
155　江苏省苏州市昆山市娄江街道新江南社区
156　江苏省无锡市宜兴市宜城街道巷头社区
157　江苏省南通市港闸区天玺花园社区
158　江苏省南京市建邺区兴隆街道奥体社区
159　江苏省无锡市惠山区长安街道长乐社区
160　江苏省徐州市鼓楼区牌楼街道办事处水云间社区居民委员会
161　江苏省常州市国家高新区邱墅社区
162　江苏省苏州市吴中区长桥街道吴中苑社区
163　江苏省南通市海门市三厂街道新东街社区居民委员会
164　江苏省连云港市连云区墟沟街道办事处东园社区居民委员会
165　江苏省盐城市东台市东台镇启平街道金墩社区
166　江苏省南京市秦淮区五老村办事处淮海路社区居民委员会
167　江苏省淮安市清浦区清安街道南港社区
168　江苏省泰州市姜堰区姜堰镇西街社区

169 江苏省扬州市仪征市真州镇红叶社区
170 江苏省镇江市润州区蒋乔街道凤凰家园社区
171 江苏省苏州市张家港市小城市社区
172 浙江省杭州市上城区望江街道在水一方社区
173 浙江省宁波市慈溪市古塘街道旦苑社区
174 浙江省温州市鹿城区南汇街道春秋社区居民委员会
175 浙江省嘉兴市海盐县武原街道宜家社区
176 浙江省湖州市吴兴区朝阳街道碧浪湖社区
177 浙江省绍兴市越城区府山街道府山社区
178 浙江省金华市兰溪市兰江街道排岭社区
179 浙江省衢州市柯城区府山街道坊门街社区
180 浙江省舟山市岱山县高亭镇闸口社区
181 浙江省台州市椒江区白云街道云建社区
182 浙江省丽水市龙泉市剑池街道水南社区
183 浙江省杭州市下城区天水街道灯芯巷社区
184 浙江省宁波市海曙区望春街道天一家园
185 浙江省温州市瑞安市玉海街道西门河头社区
186 浙江省嘉兴市海宁市海洲街道海洲社区
187 浙江省湖州市安吉县昌硕街道凤凰社区
188 浙江省绍兴市上虞区百官街道高丰社区
189 浙江省金华市兰溪市云山街道枣树社区
190 浙江省衢州市江山市双塔街道周家青社区
191 浙江省台州市临海市大洋街道大洋社区
192 浙江省杭州市萧山区城厢街道拱秀社区
193 浙江省丽水市莲都区白云街道白云社区
194 浙江省杭州市余杭区临平街道邱山社区
195 安徽省蚌埠市龙子湖区施家洼社区
196 安徽省合肥市包河区芜湖路街道曙光社区居民委员会
197 安徽省合肥市庐阳区四里河街道桃花园社区
198 安徽省马鞍山市雨山区山南社区
199 安徽省芜湖市镜湖区大富社区
200 安徽省安庆市宜秀区大桥街道芭茅巷社区
201 安徽省宿松县长铺镇长铺社区
202 安徽省芜湖市鸠江区金湾社区
203 安徽省铜陵市铜官山区幸福社区
204 安徽省安庆市大观区滨江苑社区居民委员会
205 安徽省广德县桃州镇富家村社区
206 安徽省蚌埠市禹会区锦绣社区
207 安徽省阜阳市临泉县城关镇泉北社区
208 安徽省淮北市濉溪县濉溪镇城南居民委员会
209 安徽省黄山市歙县徽城镇新安社区
210 安徽省亳州市涡阳县城关街道道源社区
211 安徽省宣城市宣州区鳌峰街道锦城社区
212 安徽省滁州市明光市明光街道市府社区
213 安徽省马鞍山市花山区东苑社区
214 福建省福州市仓山区金山街道金环社区
215 福建省厦门市湖里区江头街道祥店社区
216 福建省福州市鼓楼区五凤街道白龙社区
217 福建省厦门市思明区鹭江街道双莲池社区
218 福建省厦门市湖里区金山街道金山社区
219 福建省福州市台江区后洲街道中亭街社区
220 福建省泉州市鲤城区鲤中街道和平社区
221 福建省泉州市丰泽区东湖街道少林社区
222 福建省漳州市芗城区新桥街道华港社区
223 福建省三明市梅列区列东街道高岩社区
224 福建省宁德市福安市阳头街道阳春社区
225 福建省龙岩市武平县平川镇河西社区
226 福建省南平市延平区水东街道南铝社区
227 福建省莆田市仙游县鲤城街道洪桥社区
228 江西省鹰潭市余江县邓埠镇中洲社区
229 江西省景德镇市珠山区太白园街道浙江路社区
230 江西省抚州市乐安县鳌溪镇上大街社区
231 江西省萍乡市安源区江西省萍乡市安源区凤凰街江湾社区
232 江西省南昌市青山湖区塘山镇上坊路社区
233 江西省鹰潭市月湖区江边街道公园社区
234 江西省九江市庐山区海会镇海会社区
235 江西省赣州市章贡区南外街道下壕塘社区居委会
236 江西省上饶市信州区吉阳山社区
237 江西省景德镇市昌江区西郊街道景航社区
238 江西省南昌市西湖区南浦街道象山社区
239 江西省新余市渝水区袁河街道办事处钢丝厂社区
240 江西省宜春市靖安县双溪镇清华社区居民委员会
241 江西省吉安市吉州区习溪桥街道长岗岭社区
242 江西省九江市浔阳区梅绽坡社区
243 江西省赣州市龙南县龙南镇金水社区
244 江西省宜春市袁州区秀江街道袁山社区居民委员会
245 江西省上饶市玉山县冰溪镇横路街社区
246 山东省济南市槐荫区振兴街街道阳光新城社区第一居民委员会
247 山东省青岛市市南区珠海路街道澳门路社区居民委员会
248 山东省济南市天桥区泺口街道办事处金牛社区居民委员会
249 山东省青岛市李沧区浮山路街道办事处东李社区居民委员会
250 山东省济南市市中区六里山街道玉函北区社区居民委员会
251 山东省青岛市市北区阜新路街道恩波社区居民委员会
252 山东省济南市历下区龙洞街道办事处转山西路社区居委会
253 山东省淄博市张店区人民政府科苑街道办事处黄金苑社区居民委员会
254 山东省济宁高新区黄屯金色嘉苑社区
255 山东省济南市历城区山大路街道利农社区居民委员会
256 山东省滨州市滨城区彭李街道为民社区
257 山东省青岛市黄岛区薛家岛街道办事处山里社区
258 山东省枣庄市滕州市龙泉街道龙泉苑社区居民委员会
259 山东省烟台市芝罘区黄务街道富甲社区居民委员会
260 山东省泰安市泰山区上高街道岔河社区
261 山东省威海市环翠区竹岛办事处海源社区居民委员会
262 山东省日照市东港区石臼街道望海社区居民委员会
263 山东省德州市德城区天衢街道于赵社区居民委员会
264 山东省潍坊市高密市夏庄镇管家苓芝社区
265 山东省淄博市淄川区将军路街道西关一社区居民委员会
266 山东省威海市文登市天福街道办事处海泰社区居民委员会

267 山东省临沂市沂水县沂城街道牛岭埠社区
268 山东省聊城市莘县莘州街道办事处兴州社区居民委员会
269 山东省滨州市博兴县博昌街道办事处乐安社区居民委员会
270 山东省东营市东营区文汇街道嵩山社区工作站
271 山东省枣庄市市中区垎塔埠街道光明社区居民委员会
272 山东省烟台市龙口市新嘉街道王格庄社区居民委员会
273 山东省烟台市莱阳市城厢街道富水社区居民委员会
274 山东省济宁市任城区济阳街道柳行社区
275 山东省莱芜市钢城区汶源街道洪沟社区
276 山东省临沂市临沭县临沭街道苍河社区
277 山东省潍坊市潍城区北关街道后姚家坊社区居民委员会
278 山东省菏泽市成武县文亭街道办事处贾河社区
279 河南省郑州市中原区桐柏路街道风和日丽社区居民委员会
280 河南省开封市鼓楼区五一办事处西苑社区居民委员会
281 河南省洛阳市西工区西工办事处 014 中心社区
282 河南省平顶山市卫东区东安路街道办事处东苑社区居民委员会
283 河南省安阳市龙安区太行小区街道办事处太行东社区居委会
284 河南省鹤壁市淇滨区九州路办事处牟山社区居民委员会
285 河南省新乡市凤泉区星湖花园社区居民委员会
286 河南省焦作市山阳区太行办事处阳光社区居民委员会
287 河南省濮阳市华龙区人民政府中原路街道办事处滨河社区居民委员会
288 河南省许昌市魏都区文峰街道办事处河西社区居民委员会
289 河南省三门峡市灵宝市涧东区火车站社区居委会
290 河南省南阳市卧龙区梅溪街道文化社区居民委员会
291 河南省商丘市睢阳区新城办事处北海社区居民委员会
292 河南省信阳市平桥区平西街道办事处平西路居民委员会
293 河南省周口市沈丘县北城街道办事处苏楼社区
294 河南省驻马店市泌阳县古城街道办事处新兴居民委员会
295 河南省济源市济水街道滨河社区居民委员会
296 河南省周口市商水县黄寨镇刘井和谐社区
297 河南省郑州市上街区中心路街道办事处鸿园社区居民委员会
298 河南省焦作市马村区马村街道办事处颐春社区居民委员会
299 河南省濮阳市清丰县城关镇清华苑社区
300 湖北省襄阳市襄城区檀溪湖社区居民委员会
301 湖北省襄阳市谷城县石花镇后畈社区居委会
302 湖北省武汉市武昌区水果湖街张家湾社区
303 湖北省武汉市江岸区台北街宝岛社区
304 湖北省恩施土家族苗族自治州利川市都亭街道办事处乳泉社区居民委员会
305 湖北省鄂州市鄂城区西山街道石山社区
306 湖北省随州市曾都区南郊办事处齿轮社区
307 湖北省荆州市荆州区东城街道办事处东门社区居委会
308 湖北省荆门市东宝区龙泉街道北门社区
309 湖北省黄冈市罗田县凤山镇金马社区居民委员会
310 湖北省十堰市张湾区花果街道办事处二堰铺社区
311 湖北省孝感市应城市城中街道办事处新河社区居委会
312 湖北省襄樊市樊城区军工社区居民委员会
313 湖北省武汉市硚口区宝丰街公路社区
314 湖北省潜江市泰丰办事处小南门社区
315 湖北省黄石市黄石港区黄印村社区居委会
316 湖北省仙桃市龙华山街道办事处黄荆小区社区
317 湖北省天门市竟陵办事处东湖科普示范社区
318 湖北省宜昌市当阳市坝陵桥社区居委会
319 湖北省武汉市洪山区梨园街东湖社区
320 湖北省荆州市沙市区解放路街道办事处荆襄河社区居委会
321 湖北省咸宁市崇阳县天城镇七星社区居民委员会
322 湖南省株洲市荷塘区月塘街道袁家湾社区
323 湖南省长沙市天心区青园街道青园社区
324 湖南省郴州市北湖区北湖街道桂门岭社区
325 湖南省益阳市赫山区赫山街道洪家村社区
326 湖南省永州市双牌县泷泊镇芙蓉社区
327 湖南省衡阳市石鼓区潇湘街道演武坪社区
328 湖南省张家界市武陵源区军地坪街道画卷路社区
329 湖南省岳阳市云溪区陆城镇陆城社区
330 湖南省怀化市鹤城区迎丰街道板桥铺社区
331 湖南省湘潭市韶山市清溪镇韶山冲社区
332 湖南省湘西土家族苗族自治州古丈县古阳镇古丈坪社区
333 湖南省益阳市资阳区汽车路街道乾元宫社区
334 湖南省长沙市芙蓉区荷花园街道荷花园社区
335 湖南省湘西土家族苗族自治州泸溪县白沙镇兴沙社区
336 湖南省衡阳市耒阳市蔡子池街道金南社区
337 湖南省永州市道县西洲街道大坪子社区
338 湖南省邵阳市双清区小江湖街道江湖社区
339 湖南省怀化市新晃侗族自治县新晃镇太阳坪社区
340 湖南省郴州市永兴县便江镇文昌社区
341 湖南省娄底市娄星区乐坪办事处街心社区
342 湖南省常德市鼎城区武陵镇迎宾社区
343 湖南省长沙市岳麓区望城坡街道长华社区
344 湖南省常德市武陵区城北街道丝瓜井社区
345 湖南省岳阳市君山区采桑湖镇分路口社区
346 湖南省长沙市雨花区东塘街道枫树山社区
347 广东省广州市荔湾区东漖街芳村花园社区居民委员会
348 广东省广州市越秀区梅花村街福今社区居民委员会
349 广东省深圳市罗湖区东晓街道办事处马山社区工作站
350 广东省惠州市惠城区河南岸街道金湖社区居民委员会
351 广东省汕头市龙湖区珠池街道天山社区居委会
352 广东省广州市越秀区东山街新河浦社区居民委员会
353 广东省汕头市潮阳区和平镇新和社区居民委员会
354 广东省东莞市长安镇涌头社区居民委员会
355 广东省汕头市濠江区达濠街道达埠社区居委会
356 广东省惠州市惠阳区桥东社区居民委员会
357 广东省清远市佛冈县石角镇振兴社区居民委员会
358 广东省茂名市茂南区河东街迎宾社区居民委员会
359 广东省肇庆市德庆县德城街道城南社区居民委员会
360 广东省江门市蓬江区堤东街侧贤社区居民委员会

361 广东省汕头市金平区鮀江街道安居社区居民委员会
362 广东省河源市和平县阳明镇福东社区居民委员会
363 广东省珠海市香洲区梅华街鸿运社区居民委员会
364 广东省韶关市浈江区车站街南韶村社区居民委员会
365 广东省佛山市高明区荷城街道中山社区居民委员会
366 广东省佛山市禅城区祖庙街培德社区居民委员会
367 广东省东莞市南城区蛤地社区居委会
368 广东省中山市东区办事处花苑社区居民委员会
369 广东省深圳市龙岗区南湾街道康乐社区工作站
370 广东省韶关市仁化县丹霞街道新城社区居民委员会
371 广东省梅州市五华县河东镇河东社区居民委员会
372 广东省河源市龙川县老隆镇附城社区居民委员会
373 广东省广州市萝岗区联和街金峰园社区居民委员会
374 广东省阳江市阳西县沙扒镇社区居民委员会
375 广东省深圳市罗湖区桂园街道办事处松园社区工作站
376 广东省汕尾市陆丰市东海镇南堤社区居民委员会
377 广东省潮州市湘桥区西新街道新桥社区居委会
378 广东省阳江市江城区南恩街北湖社区居民委员会
379 广东省深圳市龙华新区观澜办事处福民社区工作站
380 广西壮族自治区柳州市柳北区钢城街道运输社区
381 广西壮族自治区南宁市青秀区南湖街道金湖社区
382 广西壮族自治区防城港市港口区沙 社区
383 广西壮族自治区梧州市长洲区华洋社区
384 广西壮族自治区桂林市秀峰区九岗岭社区
385 广西壮族自治区崇左市凭祥市狮子山社区
386 广西壮族自治区北海市银海区侨南社区
387 广西壮族自治区贺州市平桂管理区西湾街道西湾社区
388 广西壮族自治区玉林市玉州区西就社区
389 海南省三亚市河东区港门村社区居民委员会
390 海南省乐东黎族自治县莺歌海镇新一社区居民委员会
391 海南省儋州市那大镇大同社区居民委员会
392 海南省琼中黎族苗族自治县营根镇营北社区居民委员会
393 海南省文昌市龙楼镇航天社区居民委员会
394 海南省海口市琼山区府城街道办事处文庄社区居民委员会
395 重庆市渝中区石油路街道民乐村社区
396 重庆市渝中区大坪街道袁家岗社区
397 重庆市大渡口区跃进村街道堰兴社区
398 重庆市江北区寸滩街道黑石子社区
399 重庆市沙坪坝区渝碚路街道杨公桥社区
400 重庆市九龙坡区西彭镇西竹路社区
401 重庆市九龙坡区石桥铺街道石杨第一社区
402 重庆市南岸区长生桥镇同景社区
403 重庆市北碚区蔡家岗镇两江名居南社区
404 重庆市渝北区双龙湖街道金玉路社区居民委员会
405 重庆市巴南区花溪街道红光社区
406 重庆市万州区龙都街道红溪沟社区
407 重庆市黔江区城东街道官坝社区
408 重庆市涪陵区崇义街道秋月门社区居民委员会
409 重庆市綦江区古南街道新山村社区居委会
410 四川省成都市武侯区玉林街道玉林东路社区居委会
411 四川省雅安市雨城区康藏路社区居委会
412 四川省眉山市彭山县谢家镇谢家场社区居委会
413 四川省攀枝花市仁和区大河中路街道办事处阳光社区居民委员会
414 四川省泸州市纳溪区永宁街道人民路社区居委会
415 四川省德阳市绵竹市剑南镇玉马社区居民委员会
416 四川省广元市利州区南河街道石马坝社区居民委员会
417 四川省乐山市夹江县漹城镇工农社区居民委员会
418 四川省眉山市青神县青城镇文林社区居委会
419 四川省宜宾市筠连县筠连镇城南社区居民委员会
420 四川省达州市宣汉县南坝镇书苑社区居民委员会
421 四川省巴中市南江县南江填南磷路社区居民委员会
422 四川省自贡市富顺县富世镇印花庄社区居委会
423 四川省资阳市雁江区人民政府资溪街道办事处雁南社区居民委员会
424 四川省宜宾市江安县江安镇七社区居民委员会
425 四川省成都市成华区龙潭街道办事处同乐社区居委会
426 四川省内江市市中区人民政府城西街道办事处大洲广场社区居民委员会
427 四川省广安市岳池县九龙镇安公桥社区
428 四川省成都市金牛区抚琴街道金沙路社区居民委员会
429 四川省南充市顺庆区舞凤街道镇江路社区居民委员会
430 四川省绵阳市涪城区城郊乡三里社区居民委员会
431 四川省南充市营山县朗池镇绥山社区居民委员会
432 四川省凉山彝族自治州会东县会东镇金叶街社区居民委员会
433 四川省成都市郫县红光镇合兴社区居民委员会
434 四川省遂宁市射洪县子昂街道办事处黄磉浩社区居民委员会
435 四川省达州市通川区西城永丰街社区居民委员会
436 四川省绵阳市盐亭县云溪镇城东路社区居民委员会
437 四川省达州市渠县清溪场镇社区居民委员会
438 四川省阿坝藏族羌族自治州黑水县芦花镇西布里社区居民委员会
439 四川省甘孜藏族自治州康定县炉城街道水井子社区居民委员会
440 贵州省贵阳市云岩区中天社区服务中心
441 贵州省遵义市余庆县白泥镇梓桐社区居民委员会
442 贵州省六盘水市钟山区人民政府德坞街道办事处德西社区居民委员会
443 贵州省安顺市西秀区东街办事处朝阳社区居民委员会
444 贵州省黔东南苗族侗族自治州镇远县舞阳镇共和社区委员会
445 贵州省铜仁市石阡县汤山镇大关社区居民委员会
446 贵州省黔西南布依族苗族自治州贞丰县珉谷镇老城社区居民委员会
447 贵州省毕节市黔西县杜鹃街道办事处乌骡坝社区居民委员会
448 贵州省黔南布依族苗族自治州荔波县人民政府玉屏街道办事处城西社区居民委员会
449 云南省昆明市盘龙区金江路社区
450 云南省普洱市景东彝族自治县御笔社区
451 云南省昆明市官渡区铁路新村社区

452 云南省红河哈尼族彝族自治州个旧市新冠社区
453 云南省保山市隆阳区黉学社区
454 云南省德宏傣族景颇族自治州瑞丽市和平街和国防街社区
455 云南省楚雄彝族自治州大姚县映塔社区
456 云南省曲靖市沾益县黑桥社区
457 云南省怒江傈僳族自治州泸水县重阳社区
458 西藏自治区日喀则地区日喀则市德勒社区
459 西藏自治区拉萨市城关区公德林街道办事处加措社区居委会
460 陕西省西安市雁塔区电子城街道办事处西京社区居民委员会
461 陕西省西安市莲湖区火西村社区居民委员会
462 陕西省宝鸡市金台区东风路街道陈仓园社区居民委员会
463 陕西省铜川市王益区红旗街街道办事处红旗社区居委会
464 陕西省渭南市大荔县城关镇东大社区居民委员会
465 陕西省延安市宝塔区南市街道七里铺社区居民委员会
466 陕西省榆林市榆阳区鼓楼街道办事处普惠泉社区居民委员会
467 陕西省汉中市略阳县城关镇街道办事处南街社区居民委员会
468 陕西省商洛市柞水县乾佑镇仁和社区居民委员会
469 陕西省杨凌示范区管委会杨陵区杨陵街道办事处公园路社区居委会
470 陕西省咸阳市渭城区文汇路街道办事处联盟一路社区居民委员会
471 陕西省安康市石泉县城关镇北街社区居民委员会
472 甘肃省嘉峪关市镜铁区德惠社区
473 甘肃省金昌市金川区金川路街道金芝里社区
474 甘肃省兰州市城关区酒泉路街道张家园社区
475 甘肃省庆阳市西峰区南街办事处南苑路社区
476 甘肃省武威市凉州区火车站街惠民社区
477 甘肃省平凉市灵台县城西大街社区
478 甘肃省张掖市山丹县清泉镇前窑社区
479 青海省西宁市城中区南川东路办事处二机社区
480 青海省黄南藏族自治州尖扎县马克唐镇申宝路社区居委会
481 青海省海东市乐都区碾伯镇古城西大街社区居民委员会
482 宁夏回族自治区银川市金凤区上海西路街道办事处清水湾社区
483 宁夏回族自治区石嘴山市惠农区中街街道中街社区
484 宁夏回族自治区吴忠市青铜峡市裕民街道东街社区
485 新疆维吾尔自治区乌鲁木齐市新市区迎宾路街道新明社区居民委员会
486 新疆维吾尔自治区乌鲁木齐市新市区南纬路街道青海路社区居民委员会
487 新疆维吾尔自治区乌鲁木齐市经济技术开发区（头屯河区）中亚南路街道办事处青水湾社区居民委员会
488 新疆维吾尔自治区克拉玛依市克拉玛依区银河街道通讯社区居委会
489 新疆维吾尔自治区塔城地区托里县城镇第三居民委员会（托里镇铁斯巴汗社区）
490 新疆维吾尔自治区哈密地区巴里坤哈萨克自治县巴里坤镇团结路社区居委会
491 新疆维吾尔自治区昌吉回族自治州昌吉市延安北路街道办事处金陵社区居民委员会
492 新疆维吾尔自治区和田地区策勒县色日克街道办事处加麦社区居民委员会
493 新疆维吾尔自治区伊犁哈萨克自治州奎屯市乌鲁木齐东路街道办东轩苑社区居民委员会
494 新疆维吾尔自治区巴音郭楞蒙古自治州库尔勒市天山街道电力社区居民委员会
495 新疆维吾尔自治区阿克苏地区阿克苏市新城街道办事处阿苏克社区居委会
496 新疆维吾尔自治区博尔塔拉蒙古自治州博乐市顾里木图街道向阳社区居民委员会
497 新疆维吾尔自治区阿勒泰地区阿勒泰市解放南路社区居民委员会
498 新疆生产建设兵团第十二师一〇四团西城北社区
499 新疆生产建设兵团第八师石河子总场北泉镇龙福泉社区
500 新疆生产建设兵团第一师阿拉尔市幸福路街道花园社区

关于印发《中国流动科技馆实施方案》的通知

科协发普字〔2014〕42 号

各省、自治区、直辖市科协、财政厅（局），新疆生产建设兵团科协、财务局：

为全面贯彻落实党的十八大和十八届二中、三中全会精神，坚持面向基层、服务群众，普及科学知识、弘扬科学精神、提高全民科学素养，增强科普基础设施整体服务能力，促进中国特色现代科技馆体系建设，从 2014 年开始，中国科协和财政部决定联合实施中国流动科技馆巡展。为保证项目顺利实施，特制定《中国流动科技馆实施方案》，现印发给你们。请结合本地区实际情况认真组织实施。

附件：中国流动科技馆实施方案

中国科协　财政部

2014 年 6 月 9 日

附件

中国流动科技馆实施方案

为深入贯彻党的十八大和十八届二中、三中全会精神，普及科学知识、弘扬科学精神、提高全民科学素养，增强科普基础设施整体服务能力，促进中国特色现代科技馆体系建设，中国科协和财政部决定联合实施中国流动科技馆巡展。为保证项目顺利实施，特制定本方案。

一、指导思想

高举中国特色社会主义伟大旗帜，以邓小平理论、“三个代表”重要思想、科学发展观为指导，落实党的十八大和全国科技创新大会精神，增加公众接触优质科普资源的机会，拓宽公众提高科学素养的途径，充分发挥流动科技馆的辐射和带动作用，建立广覆盖、系列化、可持续的流动科技馆公共服务机制。

二、目标任务

通过巡展的形式，2014—2016年对全国尚未建设科技馆的县（市）的公众特别是中小学生，实现流动科技馆的基本覆盖，促进科普公共服务的公平与普惠，推动全民科学素质的提高。

三、实施原则

（一）统筹协调，分工负责。中国科协和财政部联合实施中国流动科技馆巡展，中国科协主要负责流动科技馆巡展组织实施和业务指导，财政部主要负责中国科协组织的流动科技馆展览资源及展教活动开发经费安排，各省级科协和财政部门负责本地流动科技馆巡展的综合协调、经费保障。

（二）制订方案，有序安排。各省级科协和财政部门对流动科技馆在本地巡展进行规划，制订巡展方案。中国科协、财政部根据方案有序安排流动科技馆巡展，优先考虑老少边穷地区。

（三）分类实施，绩效管理。中西部地区和东部地区采取不同的展品配发方式，中国科协和财政部对各省级科协、财政部门的流动科技馆巡展组织实施情况统一进行绩效考核。

四、实施方式

项目针对中西部地区和东部地区采取不同的实施方式：

（一）中西部地区。中国科协通过政府采购方式为中西部地区研制配发巡展展品，展品产权属于中国科协，各省级科协自行组织巡展。

（二）东部地区。东部地区提交项目巡展计划，自行研制或购买巡展展品，按要求纳入统一的项目实施和管理。

五、实施内容

（一）安排巡展。中西部地区根据本地巡展规划制订巡展方案，东部地区提交巡展计划，中国科协综合考虑中央和地方经费安排情况、各地制订方案、项目覆盖面等因素，合理安排流动科技馆巡展。

（二）展览开发。中国科协统一开发和研制主题为“体验科学”的中西部地区巡展展览，展览由50件展品组成，与科学表演、科学实验、科普影视相结合。展览面积约为800平方米，采取模块化设计，可根据场地条件进行拆分和组合。东部地区可参照执行。

（三）巡展组织。巡展站点选择在尚未建设科技馆的县（市），每县设1站，每站展出时间原则上不低于2个月，每套展览每年至少巡展4站，可根据实际情况调整巡展时间和站数。巡展组织实施工作包括：巡展方案制订、站点选择、人员培训、场地落实、展览运输、布撤展、安装调试、日常管理和维护、教育活动开展、观众组织、媒体宣传等。

（四）绩效考核。中国科协和财政部根据每套展览巡展的站点数量、展品完好率、中小学生覆盖率、特色活动开展情况和社会影响力等因素，对各省级科协、财政部门的流动科技馆巡展组织实施情况进行绩效考核。

六、保障措施

（一）加强领导，精心组织。各级科协要加强项目实施工作的组织领导，将项目纳入重要议事日程，完善工作机制，精心组织，严格按照巡展要求推进项目实施，同时加强与教育等有关部门的沟通和协调，形成工作合力。

（二）明确职责，抓好落实。各级科协需制定巡展工作方案，明确目标任务和工作措施，采取大联合大协作的方式，保证项目有效推进和落实。

（三）注重实效，持续发展。各级科协和财政部门要根据地区实际情况，建立监督约束机制，加强项目实施过程的监督检查，建立完善的资产和资金管理制度。各级科协要加强对巡展的维护和管理，充分发挥流动科技馆的作用，确保项目可持续发展。

印发《关于支持农村专业技术协会开展农技社会化服务的意见》的通知

科协发普字〔2014〕102号

各省、自治区、直辖市科协、农业（农牧、农村经济、畜牧、渔业、农机、农垦）厅（局、委、办），新疆生产建设兵团科协、农业局，有关学会、协会：

为大力发展农技推广社会化服务，满足新型农业经营主体的科技需求，切实提高农业技术到位率，中国科协、农业部联合制定了《关于支持农村专业技术协会开展农技社会化服务的意见》，现印发给你们，请贯彻落实。

中国科协　农业部

2014年12月24日

关于支持农村专业技术协会开展农技社会化服务的意见

近年来，随着我国现代农业的不断发展，新型农业经营主体不断涌现，农业适度规模经营模式不断创新，各类经营主体对农业科技服务的需求呈现多元化特征，尤其是家庭农场、种养大户、合作社等新型经营主体对于科技的内在需求迥异于传统的小农生产主体，仅靠传统单一的推广服务手段、模式和机制已很难适应当前需要。因此，大力发展农技推广社会化服务，满足新型农业经营主体的科技需求，切实提高农业技术到位率，是摆在各级各类农技推广服务机构面前的紧迫任务。

农村专业技术协会是在中国科协领导下，由农村专业合作组织、农户及相关农业科研人员、技术推广人员自愿组成，以科技为纽带，自愿结合、自主经营、民主管理的社会组织，是一支重要的农技社会化推广服务队伍。农村专业技术协会参与基层农技推广工作是对国家公益性的农技推广服务体系的有益补充，符合《中华人民共和国农业技术推广法》的有关要求，对促进农业科技成果向新型农业经营主体快速转化应用具有深远意义。现就有关支持农村专业技术协会开展社会化服务提出如下意见。

一、各级农业部门和科协要积极推动乡镇农技站和当地农村专业技术协会的有效对接，要根据农村专业技术协会的具体组织形式、专业技术特点和规模发展现状，将农村专业技术协会纳入基层农技推广体系建设范畴，并在充分调研当地农技推广服务实际需求的基础上，建立健全乡镇农技站和农村专业技术协会分工明确、各有侧重、联合协作的农技推广新机制，推动公益性和经营性农技推广事业同步发展、互惠共利。

二、各级农业部门要将促进农村专业技术协会的新型经营主体发展作为基层农技推广体系建设的重要抓手，在示范基地建设、科技示范户认定、技术人员培训、信息化服务手段改善以及主导品种、主推技术遴选发布等方面给予必要的支持与政策倾斜。通过向新型经营主体开展有计划、有目的、不间断的公益性农技推广服务，促进规模经营组织自身发展水平的不断提升。

三、各级农业部门要充分利用现代农业产业技术体系地方创新团队的优势科技资源，建立创新团队与农村专业技术协会的紧密联系，在成果信息获取、科研基地建设、专家指导服务、现场技术培训等方面，引导创新团队给予农村专业技术协会大力支持，通过提升农村专业技术协会的科技应用率和人才队伍水平，促进农村专业技术协会健康可持续发展。

四、各级科协要继续搭建好科普惠农工作平台，扩大"科普惠农兴村计划"实施规模和奖补范围，奖补资金要重点向主动对接基层农技推广体系，积极承接农技社会化服务工作的基层农村专业技术协会倾斜，向从事规模经营的新型职业农民倾斜，加大支持农村专业技术协会开展新品种、新技术、新产品、新装备、新模式推广力度，推进农业技术普及应用于农业产前、产中、产后全过程。

五、各级科协要主动联合相关农业部门，组织农村专业技术协会定期开展农业技术推广应用经验总结工作，遴选适宜当地推广应用的先进实用技术，编印农村实用技术推广目录，并通过全国农业科技成果转化交易服务平台向社会公布，促进各地农村专业技术协会的经验交流与农业新技术的大面积推广应用。

六、各地农村专业技术协会要充分利用自身的专家资源、技术资源等智力优势，加强与当地农业部门的沟通协调，主动承接社会化农技推广服务工作。地方农业部门应采取订购服务、定向委托、公开招标等方式，优先支持农村专业技术协会开展农技社会化服务，不断创新符合各类规模经营组织发展需求的社会化农技推广方式方法，提高技术到位率。

七、各级农口学会、协会要充分利用人才、成果优势，强化农业科技专家库和农业科技成果资源数据库建设，积极为乡镇农技站和农村专业技术协会提供专家和技术支撑。要以现代农业和当地主导产业发展需求为导向，积极支持农村专业技术协会开展农业实用技术培训和农村实用人才的评选、表彰、宣传活动，努力培养造就一大批农村用得上、留得住的实用人才。

八、各级农业部门和科协要加强组织领导，把支持农村专业技术协会开展农技社会化服务，合力推动基层农技推广事业发展摆在更加突出的位置，明确目标任务，落实工作责任，强化协调合作，总结推广经验，为推动现代农业健康发展作出新贡献。

印发《关于组织实施“援藏科技增效工程”的意见》的通知

科协发计字〔2014〕93 号

各对口援藏省（直辖市）科协、党委统战部，西藏、四川、云南、甘肃、青海省（自治区）科协、党委统战部：

为认真贯彻落实中央关于对口援藏工作的重要战略决策和对口支援西藏工作20周年电视电话会议精神，发挥科技在援藏工作中的引领、示范和支撑作用，促进西藏及四省藏区经济社会跨越式发展和长治久安，现将《关于组织实施“援藏科技增效工程”的意见》印发给你们，请结合实际，认真组织实施。

中国科协　中央统战部
2014 年 12 月 16 日

关于组织实施“援藏科技增效工程”的意见

对口支援西藏是党中央作出的重要战略决策，20多年来，各级党委、政府以及社会各界从人力、物力、财力等多方面开展对口支援工作，西藏经济建设取得重大进展，社会发展基础进一步夯实，民生状况得到显著改善。西藏发展正处在转型升级的重要时期，加大实施创新驱动发展战略力度，是加快西藏现代化、缩小发展差距，实现繁荣稳定的关键举措。由于历史、自然条件等原因，科技水平落后、科技人才匮乏已成为制约西藏发展、阻碍与全国同步建成小康社会的主要瓶颈，加大科技投入、强化人才支持将是今后对口援藏工作的重点任务。因此，很有必要在对口援藏工作中全面推进实施“援藏科技增效工程”，促进西藏的跨越式发展和长治久安。实施“援藏科技增效工程”就是要在不断加大援藏力度的同时，着力大幅提升援藏项目的科技含量，着力强化科技创新对西藏发展的引领和支撑，着力增大先进技术、优秀科技人才、先进优势产业等对西藏的支援，使科技与资金和当地资源有机结合，发挥科技创新倍增器的作用，全面提升西藏工农业科技水平、提升西藏的“造血”能力、提升西藏人民的生活质量，为西藏创新驱动跨越发展作出贡献。特提出如下意见：

一、增大援藏项目的科技含量

在各类援助项目中增加科技的含量和水平，安排一批较高水平的工业、农业科技项目，充分发挥科技支撑西藏经济社会发展的倍增器作用。各地科协、统战部要协助援藏牵头部门做好与西藏技术需求的对接，组织专家遴选好项目，并向政府提出建议，纳入援藏项目规划。国家有关部门指导、参与审批对口援藏项目的立项，坚持做好科技、人才和资金、项目的衔接融合，充分发挥二者在援藏项目实施、资金投入的助力增效作用。可以在西藏选择有区位资源优势、科技创新条件相对成熟的地市，设立科技援藏示范区，探索科技、人才与项目、资金融合新模式，引领带动其他受援地区加速科技援藏体制创新，加快科技增效工程的推广实施。

二、支持西藏研究开发和转化先进适用技术

组织全国学会和对口援藏省市学会，广泛动员广大科技工作者积极参与援藏工作决策服务、帮助西藏制定科技发展规划，结合西藏客观条件和实际需求，在西藏设立一批较高水平的科研专项，支持西藏科学研究、科技创新与成果转移转化。鼓励科技企业、科研单位开发拓展西藏市场，组成跨区域、跨学科产学研联合体，共同承担国家和省部级科研项目。支持西藏围绕特色农牧业、生物产业、藏医药业、新能源、新材料、高原生态与环境、矿产资源开发等领域，引进和研发新技术、新设备，加快科技成果吸收和转化，支持创新要素向企业汇聚，进一步增加产品科技含量。推广适合西藏的农作物种植、特色畜禽养殖技术，发展西藏特色农牧产品精深加工关键技术，提高农牧业生产水平，增加产品附加值。加强藏药产业化

基地建设，改造传统藏药生产工艺，促进传统藏医藏药的现代化。开展太阳能、地热能等新能源的联合攻关研究和产业化，加大新能源在西藏广大农牧区的推广利用。发展高原特色生物资源加工业，加强高原特色生物资源的有效保护与科学利用。各对口支援省（市）要根据受援地区的特点，选择 2 ～ 5 个特色产业和民生工程进行长期支持，确保实效。

三、采取灵活的形式组织科技专家参与援藏工作

围绕西藏特色产业、民生工程实施需求，制定政府主导，全国学会、科研院所、高校配合执行人才输送机制，推荐引进海外人才和技术项目为西藏建设服务，支持鼓励以工作调转、参与项目、访问学者、短期工作、双向挂职、合作研究、驻站（专家工作站、学会服务站）工作等多种形式向西藏支援和输送科技专家、人才，科技专家可采用灵活方式，不定期在西藏传授、推广和转化先进技术，指导实用技术的普及应用和服务，帮助西藏开发并培育扶植适合当地生态、资源环境的技术和产业，用先进科技帮助西藏人民脱贫致富。帮助西藏建设科技思想库和科技人才库，特别是乡土技术人才库。动员组织全国学会推荐两院院士或其他专家，在西藏特色优势产业、重要战略支撑产业领域的骨干企业、高新技术企业探索建立学会服务站和专家工作站，提升西藏地区和企业创新竞争能力，帮助解决技术难题。

四、加强西藏科技人才队伍培训培养

要大力帮助培养当地科技人才，广泛激励在藏工作的卓越科技工作者。全国学会独立或配合对口援助单位组织优秀科技工作者赴藏开展学术交流、专题技术培训，或邀请组织西藏科技工作者到内地参加科技交流、挂职锻炼、技能培训。2016 年年底，争取实现不低于 80% 的西藏本地科技工作者加入相应专业学会，且每年度都要参加相关的培训和学术交流。对口援藏地区每年要为藏区科技干部、基层科技人员、农牧业科技带头人等，提供多类型、多形式的业务培训和学习进修机会，进一步帮助他们提升业务素质。要深入开展西藏科技工作者状况调查，及时了解掌握和推动解决他们在工作、学习、生活中遇到的实际困难和问题，为他们创新创业进一步创造良好条件和环境。

五、加强西藏科技基础设施建设

根据西藏经济发展、民生改善实际需求，建立西藏农牧业、藏药、生物资源、高原生态、新能源、矿产资源开发等重点实验室和工程技术中心，搭建科技创新平台；推动建成高科技产业园区、科技企业孵化中心、农牧区科技成果转化示范基地等，搭建科技成果转化平台建设；完善科技信息服务中心建设，促进科技信息共享、科技产权交易，实现西藏科技需求与内地科技优势对接，有效提高科技对西藏社会经济发展的支撑能力。采取多种方式，支持和完善西藏科普设施建设。要积极推动西藏地区科技场馆建设，“十三五”期间，努力实现西藏地市科技馆或青少年科学教育活动中心的全覆盖，争取流动科技馆、科普大篷车等项目在有条件的地市县全覆盖。

六、支持西藏提升科普工作水平和覆盖面

要努力开发一批西藏各族群众，特别是基层广大青少年喜闻乐见的科普产品，从形式到内容都更符合西藏各方面公众的需求。既注重提高公民素质的科学知识、科学思想的普及，又要加强造福人民群众的先进技术的普及推广。充分运用信息化手段，提升少数民族地区科普资源集成共享水平，在科技场馆、科普信息化、学校、科普教育基地等方面实施资源共享，大力开展远程科普教育和交流互动。要结合西藏地区生产、生活实际需求，广泛开展全国科普日、科技活动周、科普惠农兴村计划、科普进寺庙等具有影响的主题科普行动，面向西藏地区公众（特别是基层农牧民群众和广大青少年）大力普及科技创新、农牧养殖、新能源生产、健康生活等方面的科学知识，宣扬科学思想，促进西藏地区人民群众的科学文化素质提高。

“援藏科技增效工程”是助力西藏实施创新驱动发展战略的具体举措，是新时期援藏工作的升级版。各地、各有关部门要高度重视，采取务实措施扎实推进，务求实效。各地科协组织、统战部门要发挥自身优势，精心遴选推荐先进适用技术，积极引导、推进相关企业到西藏投资，组织好科技人才以多种形式到西藏从事科技服务，组织好对西藏技术人才的培训培养。西藏各级党委、政府及有关部门要加强与其他省（市）和有关中央部门的沟通协作，制定好先进技术及其产业、人才需求规划，优化发展环境，提供优质高效服务。组织好项目的实施，增强科技创新和进步的内生动力。要把“援藏科技增效工程”的实际效果作为考核援藏工作的主要内容。通过各方面努力，使科技在促进西藏科学发展、跨越发展中发挥主要驱动力作用，使现代科学技术造福惠及西藏各族人民。

关于继续开展2015年中学生英才计划试点工作的通知

科协办发青字〔2014〕49号

各有关省（直辖市）科协、教育厅（教委），各有关高校：

为贯彻全国科技创新大会精神，落实《国家中长期教育改革和发展规划纲要（2010—2020）》的有关要求，切实促进高校优质科技教育资源开发开放，进一步建立高校与中学联合发现和培养青少年科技创新人才的有效方式和机制，中国科协在教育部支持下于2013年5月在全国15个城市的19所试点高校开展了中学生科技创新后备人才培养计划（以下称为“中学生英才计划”）试点工作。经过一年的实践，学生和导师普遍反映良好，中学生英才计划试点工作基本达到预期效果。

经中国科协和教育部商定，2015年将继续组织开展中学生英才计划试点工作。请各地科协、教育行政管理部门和有关高校按照《2015年中学生英才计划试点工作实施方案》（见附件）的要求，在认真总结2013—2014年工作的基础上，精心策划组织，及时沟通协调，加强监督管理，确保2015年中学生英才计划试点工作取得成效。

附件：2015年中学生英才计划试点工作实施方案

中国科协办公厅　教育部办公厅
2014年11月17日

附件

2015年中学生英才计划试点工作实施方案

一、目的意义

在认真总结2013—2014年试点工作基础上，通过2015年中学生英才计划试点工作的实施，探索“中学生英才计划”培养学生与高校自主招生有效衔接的方式，探索“中学生英才计划”与“基础学科拔尖学生培养试验计划”有效衔接的机制，进一步探索建立高校与中学联合发现和培养青少年科技创新人才的有效模式，为青少年科技创新人才不断涌现和成长营造良好的社会氛围。

二、工作内容

（一）试点城市

与2013—2014年度试点城市保持一致，共15个：北京、上海、天津、哈尔滨、长春、南京、杭州、合肥、厦门、济南、武汉、广州、成都、兰州、西安。

（二）试点高校

在原有基础上增加1所，共20所：北京大学、清华大学、北京师范大学、北京航空航天大学、南开大学、哈尔滨工业大学、吉林大学、复旦大学、上海交通大学、南京大学、浙江大学、中国科学技术大学、厦门大学、山东大学、武汉大学、中山大学、四川大学、兰州大学、西安交通大学、中国科学院大学（新增）。

（三）导师确定

试点高校推荐数学、物理、化学、生物、计算机学科领域的著名科学家担任导师，原则上导师应以两院院士、“千人计划”国家特聘专家、长江学者特聘教授、国家级及省部级教学名师为主。导师应具有较高的专业造诣和科研水平，在本学科具有较高的知名度，同时具有较强的社会责任心，热心青少年培养事业。每位导师应同时申报3～5名优秀青年教师作为助教团队，协助做好日常培养工作。优秀青年教师原则上应具备博士学位、或副高以上职称。导师应依据所研究的领域提出培养方向、培养学生数量和学生基本要求。每位导师原则上培养1～5名中学生。

（四）学生遴选

试点高校与所在地省级科协、教育行政部门共同组织，通过学生个人报名、老师推荐、导师网上审核、面试等程序确定最终参与培养的学生人选。各试点地区中学根据导师的研究领域、培养学生数量和学生基本要求，推荐参与培养的学生。2015年计划培养中学生550名左右，以高中一年级学生为主。

（五）学生培养

培养对象确定后，试点高校导师应从中学生的兴趣爱好出发，遵循因材施教原则，尊重科技创新后备人才成长规律，百花齐放，推陈出新，不断探索优秀学生培养的方式方法。试点单位的国家重点实验室、开发实验室、国家实验教学示范中心等应向参与计划的学生开放，为学生与专家交流、共同开展科研实践活动提供更多的机会和条件。

培养的方式，可以是由导师指导学生参与现有的科研课题；也可以由学生提出感兴趣的课题，经导师审定认为确有研究意义和价值，在导师的指导下开展科学研究；还可以通过科学报告、科技社团活动、参与实验室科研实践等多种形式对学生进行综合、立体的培养。培养过程中，学生应主动与导师联系参加培养活动，并在

活动结束后在英才计划网站填写《成长日志》，与导师面谈后填写《面谈记录》。导师每月至少应与学生面谈一次。导师或培养团队成员每3个月填写一次《学生成长记录》，记录学生参加英才计划后的发展变化。

培养周期原则上为一年，从2015年1月至12月。时间以寒暑假和周末为主。也可以根据科研项目周期和培养学生的要求以及相关实际情况，适当延长培养周期。

三、组织保障

2015年中学生英才计划试点工作由中国科协、教育部共同组织实施，相关高校、省（市）科协、教育行政部门和中学共同参与实施。具体职责如下：

（一）中国科协和教育部

中国科协和教育部共同组成全国试点工作管理办公室，负责制定实施方案；确定试点高校，审核导师人选；提供试点经费资助；组织专家对项目实施提供咨询指导和监测评估；为项目实施提供相关资源支持。

中国科协成立由国内知名专家和学术带头人组成"英才计划专家咨询委员会"，负责对计划实施提供指导、咨询、建议、评估。专家咨询委员会下设五个学科工作委员会，负责具体指导学生培养、分学科交流和学科评估工作。

（二）试点高校

试点高校负责确定具体部门（如教务处、科研处等）协调和组织项目实施，推荐导师人选，结合学科特点和专业特长制订专门的具体培养计划，协调重点实验室、图书馆、博物馆等设施场所资源向学生开放，指导学生参与科技社团等与培养相关的学术活动。

（三）省（市）科协、教育行政管理部门

省（市）科协、教育行政管理部门与试点高校共同组成试点工作省级管理办公室，负责制订本地区中学生英才计划试点工作实施方案；分配中学生推荐名额，协调和参与本地中学生的推荐、选拔工作，参与组织本地培养工作的评估等。

（四）参与中学

参与中学负责推荐品学兼优、学有余力、对基础学科具有浓厚兴趣的中学生，指定专人负责学生日常联系工作，并保证学生培养时间，提供校内实验设施等相关支持。

四、工作安排

（一）推荐导师

2014年11月20日前：各省级管理办公室制定试点工作实施方案，推荐高校导师（每所高校5～10位），报中国科协备案。

（二）导师填报信息

2014年11月21～30日：导师登录中学生英才计划网络工作平台（www.ycjh.org），录入或更新个人及培养团队信息。

（三）学生网上报名

2014年12月1～10日：各相关中学推荐品学兼优、学有余力、有科学潜质、对基础学科研究有浓厚兴趣的优秀高一学生。学生根据个人兴趣爱好、学科特长在英才计划网络工作平台上选报相关导师。

（四）导师网上审核，高校确认

2014年12月11～20日：导师根据学生申报情况，结合本人及助教团队的工作量，确定拟培养学生的数量及人选名单进入面试环节。高校网上确认导师初审结果，发布面试信息。

（五）面试与师生互认

2014年12月21日～2015年1月20日：各省级管理办公室按学科组织开展学生与导师的面试工作，通过率为50%左右。每位导师培养学生1～5名。省级管理办公室组织相应仪式，正式入选的学生与导师结对。

（六）培养与评估

2015年1～12月：进行为期一年的培养工作，试点结束后对工作情况进行全面总结和评估。

五、工作要求

（一）高度重视，精心组织

中学生英才计划是探索建立高校与中学联合发现和培养青少年科技创新人才的工作机制的重要尝试，对于促进国家青少年科技创新人才培养，扩大高校优质科技教育资源开发开放具有重要意义。各省（直辖市）科协、教育行政管理部门、试点高校要认真制订实施方案，周密部署，组织实施好本地区学生选拔和培养工作。

（二）完善配套措施

试点省（直辖市）科协、教育行政管理部门要将"中学生英才计划"纳入本地区青少年科技创新人才培养整体规划，组织重点中学积极参与，并制定激励奖惩措施，营造鼓励青少年科技创新人才脱颖而出的良好氛围。试点高校要将"中学生英才计划"与"基础学科拔尖创新人才培养试验计划"一并纳入学校基础学科拔尖创新人才培养总体计划，选拔推荐优秀导师，提供相关资源保障，制定工作评价标准，对导师及助教团队工作量、工作成绩等方面给予评定。

（三）加强项目经费管理

试点省（直辖市）科协、教育行政管理部门、试点高校要加强中学生英才计划专项资助经费管理，本着实事求是的原则，确保专项经费及时足额用于导师及助教团队的培养活动，做到专款专用。

关于开展向杨衍忠同志学习活动的通知

科协发调字〔2014〕61号

各全国学会、协会、研究会，各省、自治区、直辖市、副省级城市科协，新疆生产建设兵团科协，机关各部门、各直属单位：

为深入学习贯彻习近平总书记科技创新系列重要讲话精神，积极引导广大科技工作者自觉践行社会主义核心价值观，大力弘扬求真务实、勇于创新、团结协作、无私奉献的崇高精神，切实把广大科技工作者的智慧和力量凝聚到党领导的中国特色社会主义事业上来，中国科协决定在全国科技工作者中间广泛深入开展向杨衍忠同志学习的活动。

杨衍忠同志生前系江西省地质矿产勘查开发局赣南队高级工程师，1956年参加工作，38年一直坚持在野外从事地质找矿工作，先后承担过多个国家级、省部级重大找矿项目，为发展祖国地矿事业作出重要贡献。1994年退休后，杨衍忠同志仍然长期带病坚持工作，精心编写了近600万字的地质资料信息卡片并无偿捐献给国家，直到2014年5月20日不幸因病逝世，为党和人民留下了宝贵的物质财富和精神财富。

学习杨衍忠同志，就是要学习他自觉保持共产党人的政治本色，时刻以共产党员的标准严格要求自己，模范践行社会主义核心价值观，即使身处逆境，仍然坚持以国家人民利益为最高利益，用信念与力量、热血与忠诚完成献身地质事业的生命绝唱，始终保持信念坚定、对党忠诚的政治品格。

学习杨衍忠同志，就是要学习他爱岗敬业、顽强拼搏，自觉把个人前途命运和价值追求同国家需要有机结合起来，淡泊名利、无私奉献，一生执着地矿事业，努力实现找矿突破、服务经济社会发展，把论文写在祖国的大地上，甘为后人做一块“铺路石”，用自己的热血创造无愧于祖国、无愧于人民、无愧于时代的辉煌业绩，始终坚守求真务实、无私奉献的高尚品德。

学习杨衍忠同志，就是要学习他严谨求实、躬身实践，自觉以推进我国科技事业发展为己任，扎根基层，长期在艰苦的自然条件和病弱的身体状况下不懈探索，向着科学高峰不断攀登，为祖国和人民留下了600万字的《江西南部地质、物化探找矿文稿》，填补了赣南地区多项物化探异常汇集编录空白，为我国地质找矿事业提供了科学翔实的地质信息资料，始终坚守生命不息、奋斗不止的拼搏精神。

各级科协及所属团体要以习近平总书记科技创新系列重要讲话精神为指导，联系科协工作和科技工作者思想实际，把学习杨衍忠同志先进事迹纳入党的群众路线教育实践活动和社会主义核心价值观教育活动中，采取专题会、报告会、座谈会、组织生活会等形式，迅速掀起学习热潮，引导广大科技工作者和科协干部职工以杨衍忠同志为榜样，坚定理想信念，更加自觉、更加积极地为实施创新驱动发展战略、实现中华民族伟大复兴的中国梦贡献智慧和力量。

各全国学会和省级科协要及时将学习情况报送中国科协调研宣传部。

中国科学技术协会

2014年9月3日

关于成立中国科协创新评估指导委员会的通知

科协发调字〔2014〕84号

各全国学会、协会、研究会，各省、自治区、直辖市、副省级城市科协，新疆生产建设兵团科协：

为切实加强对创新评估工作的组织领导，经研究，决定成立中国科协创新评估指导委员会（以下简称创新评估指导委员会），组成人员如下：

主　任：徐匡迪	第十届全国政协副主席，中国工程院院士，中国工程院主席团名誉主席，中国工程院原党组书记、院长
副主任：邓　楠	中国科协荣委，中国科协

原党组书记、书记处第一书记，全国政协教科文卫体委员会副主任

李静海　中国科协副主席，中国科学院院士，第三世界科学院院士，中国科学院副院长、党组成员

齐　让　中国科协荣委，中国科协决策咨询专委会主任，全国政协人口资源环境委员会副主任

干　勇　中国科协常委，中国稀土学会理事长，中国工程院院士，全国政协人口资源环境委员会副主任，中国工程院原副院长、党组成员，中国稀土行业协会会长

赵沁平　中国科协副主席，中国系统仿真学会理事长，中国工程院院士，教育部原副部长、党组成员，北京航空航天大学虚拟现实技术与系统国家重点实验室主任

委　员（按姓氏笔画排序）：

方　新　中国科协常委，中国科学学与科技政策研究会理事长，第三世界科学院院士，中国科学院党组副书记

王小兰　中国科协常委，北京市海淀区科协副主席，时代集团总裁，中关村协会联席会主席

王礼恒　中国宇航学会名誉理事长，中国工程院院士

孙鸿烈　中国自然资源学会名誉理事长，中国科学院院士，第三世界科学院院士，中国科学院原副院长，国际科学联合会原副主席

李培林　中国社会科学院副院长、党组成员

沈　岩　中国科协副主席，中国科学院院士，国家自然科学基金会副主任、党组成员

吴孔明　中国植物保护学会名誉理事长，中国工程院院士，中国农业科学院副院长

吴明江　中国科协常委，中华医学会副会长

周大地　中国能源研究会常务副理事长，国家发展改革委能源研究所研究员，中国地缘与能源战略研究会副会长

饶子和　中国科协常委，中国生物物理学会理事长，中国科学院院士，第三世界科学院院士，南开大学原校长，国际纯粹与应用生物物理联合会候任主席

姚建年　中国科协常委，中国化学会理事长，中国科学院院士，国家自然科学基金会副主任，农工党中央副主席

顾秉林　北京市科协主席，中国科学院院士，第三世界科学院院士，全国政协常委，清华大学原校长，清华大学高等研究院院长

秦大河　中国科协副主席，中国气象学会名誉理事长，中国科学院院士，第三世界科学院院士，全国政协人口资源环境委员会副主任，中国气象局原局长、党组书记

唐启升　中国科协副主席，中国农学会副会长，山东省科协主席，中国工程院院士，农业部科技委副主任，中国水产科学研究院黄海水产研究所名誉所长，中国海洋发展研究会副理事长

夏　强　中国科协常委，北京市科协党组书记、常务副主席

屠海令	中国科协常委，中国有色金属学会副理事长，中国工程院院士，北京有色金属研究院名誉院长，中国科技馆发展基金会副理事长

创新评估指导委员会主要负责：审议通过创新评估制度规范等规章制度，讨论决定创新评估相关重大事项，提出指导意见；研究决定中国科协创新评估组织体系，审定创新评估项目领衔科学家人选，并授权牵头组建非常设创新评估项目专家委员会；对创新评估报告审查委员会在审查过程中出现争议的重大判断或政策建议问题进行讨论，作出决定；研究决定其他有关重要事项。

创新评估指导委员会下设创新评估办公室，负责日常事务和联络协调工作，中国科协党组成员、书记处书记王春法同志任办公室主任。

中国科学技术协会
2014 年 11 月 20 日

关于聘任第二批首席科学传播专家的通知

科协发普字〔2014〕48 号

各全国学会、协会、研究会，各省、自治区、直辖市科协，新疆生产建设兵团科协：

为全面贯彻落实党的十八大和全国科技创新大会精神，加强科普人才队伍建设，提升科普公共服务能力，促进公民科学素质建设目标的实现，中国科协于2013 年启动组建科学传播专家团队。

继中国科协在全国学会中组建科学传播专家团队并聘任首批首席科学传播专家之后，经各全国学会组织推荐，中国科协认真研究，决定聘任肖佐等 84 名专家为第二批全国首席科学传播专家，聘期 3 年。首席科学传播专家开展公益性科普活动时，可以“全国××学科首席科学传播专家”名义进行宣传和介绍。各全国学会、各级科协要为科学传播专家引好路、搭好台、服好务，紧紧依托首席科学传播专家及科学传播专家团队，大力推进科学传播工作，不断提升学科科普服务水平和社会影响力。

希望首席科学传播专家及团队珍惜荣誉、承担责任，带领科学传播专家团队，按照《全民科学素质行动计划纲要实施方案（2011—2015 年）》的部署，围绕党和国家经济社会发展中心任务和人民群众生产生活实际需求，大力开展科普创作、科学传播，不断创新科技推广和科普活动方式方法，推动拓展学科科普工作，团结引领广大科技工作者，积极投身公民科学素质建设，为实施创新驱动发展战略、全面建成小康社会、实现两个百年奋斗目标、实现中华民族伟大复兴的中国梦作出新的更大贡献！

附件：全国首席科学传播专家名单（第二批）

中国科学技术协会
2014 年 6 月 23 日

附件

全国首席科学传播专家名单

（第二批）

中国空间科学学会

姓　名	专业领域	工作单位
肖　佐	空间物理科学	北京大学
陈善广	航天医学与空间生命科学	中国人民解放军总装备部
庞之浩	空间探测技术	北京空间科技信息研究所

中国地质学会

石建省	水文学及水资源学	中国地质科学院水文地质环境地质研究所
殷跃平	矿物学	中国地质环境监测院
郭　颖	地质资源与地质工程	中国地质大学（北京）
蒋忠诚	岩溶学	中国地质科学院岩溶地质研究所

中国地球物理学会

杨志根	天文地球动力学	中国科学院上海天文台

中国海洋湖沼学会：

李新正	海洋生物学	中国科学院海洋研究所

中国心理学会

杨丽珠 发展心理学 辽宁师范大学

苗丹民 军事心理学 第四军医大学

高文斌 心理学 中国科学院心理研究所

樊富珉 临床与咨询心理学 清华大学

中国生态学学会

王德华 动物生态学 中国科学院动物研究所

张元勋 环境科学与工程 中国科学院大学

唐建军 生态文明教育 浙江大学

中国环境科学学会

郝吉明 大气污染防治学科 清华大学

郭新彪 环境污染与人体健康学科 北京大学

中国自然资源学会

沈　镭 资源经济学 中国科学院地理科学与资源研究所

中国岩石力学与工程学会

朱本珍 滑坡灾害及其防治技术 中铁西北科学研究院有限公司

何满潮 煤矿软岩工程与深部灾害控制 深部岩土力学与地下工程国家重点实验室（北京）

张　维 地质环境 中国岩石力学与工程学会

陈志龙 地下空间 中国人民解放军理工大学

钟世航 岩土工程 中国铁道科学研究院

中国制冷学会

王如竹 制冷与低温工程学科 上海交通大学

李先庭 暖通空调学科 清华大学

中国仪器仪表学会

张开逊 测控与仪表 北京机械工业自动化研究所

中国通信学会

张新生 信息通信科学 中国通信学会

中国航海学会

刘功臣 航海学科 中国航海学会

中国宇航学会

田如森 航天科学普及 太空探索杂志社

戚发轫 空间科学技术 中国空间技术研究院

中国兵工学会

朵英贤 轻武器学科 北京理工大学

李　杰 军事战略学科 中国海军军事学术研究所

杜文龙 军事装备学科 军事科学院

杜志岐 坦克装甲车辆学科 中国北方车辆研究所

杨绍卿 弹药武器系统学科 中国兵器工业第二〇三研究所

陈　波 反恐装备学科 中国兵器工业第二〇八研究所

中国金属学会

李海平 轧制学科 宝钢集团有限公司

洪及鄙 金属材料学科 中国金属学会

傅连春 炼铁学科 武汉钢铁（集团）公司

中国稀土学会

张世荣 稀土农医 北京有色金属研究总院

张洪杰 稀土材料应用 中国科学院长春应化所

赵栋梁 稀土新材料 中国钢铁研究总院

龚　斌 稀土冶金工程技术 赣州虔东稀土集团股份有限公司

中国烟草学会

王彦亭 烟草农业学科 国家烟草专卖局

中国照明学会

戴德慈 照明学科 清华大学

中国惯性技术学会

付梦印 导航制导与控制学科 北京理工大学

中国消防学会

范维澄 安全科学技术 清华大学

中国林学会

王　康 植物分类学 北京市植物园

张　伟 野生动物保护学 东北林业大学

中国作物学会

李少昆 作物学 中国农业科学院作物科学研究所

中国生物医学工程学会

马长生 心脏电生理学 首都医科大学附属北京安贞医院

尹光福 生物医学材料学 四川大学

王广志 医疗仪器学 清华大学

王　平 生物医学测量学 浙江大学

王迎军 生物医学材料及其临床应用学 华南理工大学

王智彪 女性生殖健康学 重庆医科大学

刘　红 空间基地生命保障 北京航空航天大学

刘志成 力与人类健康 首都医科大学

张继武 数字医疗及医疗信息化学 上海米健信息技术有限公司

李兰娟 健康物联网与个体化医疗学科 传染病诊治国家重点实验室

李兰娟 人工肝脏学 传染病诊治国家重点实验室

李路明 脑起搏器学 清华大学

李德玉 生物医学电子学 北京航空航天大学

赵　钢 脑、肾疾病的防治 第四军医大学西京医院

骆清铭 生物医学光子学 华中科技大学

奚廷斐 介入医学工程学科 北京大学

徐　晓 医学物理学 天津医科大学总医院

郭继鸿 心律失常学科 北京大学人民医院

康　雁 生物医学影像学 东北大学

樊瑜波 生物力学 北京航空航天大学

中国病理生理学会

李　萍 中医药文化传播 北京市中医研究所

汪道文 心血管转化医学 华中科技大学同济医学院附属同济医院

高钰琪 高原医学学科 第三军医大学

中国针灸学会

刘炜宏 针灸医学 中国中医科学院针灸研究所

何金森 针灸传统养生 上海中医药大学

杨金生 针灸家庭保健 中国针灸学会

常小荣 针灸经络养生 湖南中医药大学

程　凯 针灸穴位保健 北京中医药大学

程海英 针灸脑病 首都医科大学附属北京中医医院

中国康复医学会

励建安 康复医学 南京医科大学第一附属医院

中国医学救援协会

李宗浩 急救灾害医学 中国医学救援协会

中国青少年科技辅导员协会

白武明 青少年科技教育 中国科学院地质与地球物理所

中国流行色协会

宋建明 色彩学 中国美术学院

关于聘任
第三批首席科学传播专家的通知

科协发普字〔2014〕89号

各全国学会、协会、研究会，各省、自治区、直辖市科协，新疆生产建设兵团科协：

为全面贯彻落实党的十八大和全国科技创新大会精神，加强科普人才队伍建设，提升科普公共服务能力，促进公民科学素质建设目标的实现，中国科协于2013年启动组建科学传播专家团队。

继中国科协在全国学会中组建科学传播专家团队并聘任首批首席科学传播专家之后，经各全国学会组织推荐，中国科协认真研究，决定聘任天津大学教授亢一澜等101名同志为第三批全国首席科学传播专家，聘期3年。首席科学传播专家开展公益性科普活动时，可以“全国××学科首席科学传播专家”名义进行宣传和介绍。各全国学会、各级科协要为科学传播专家引好路、搭好台、服好务，紧紧依托首席科学传播专家及科学传播专家团队，大力推进科学传播工作，不断提升学科科普服务水平和社会影响力。

希望首席科学传播专家及团队珍惜荣誉、承担责任，带领科学传播专家团队，按照《全民科学素质行

动计划纲要实施方案（2011—2015年）》的部署，围绕党和国家经济社会发展中心任务和人民群众生产生活实际需求，大力开展科普创作、科学传播，不断创新科技推广和科普活动方式方法，推动拓展学科科普工作，团结引领广大科技工作者，积极投身公民科学素质建设，为实施创新驱动发展战略、全面建成小康社会、实现两个百年奋斗目标、实现中华民族伟大复兴的中国梦作出新的更大贡献！

附件：全国首席科学传播专家名单（第三批）

中国科学技术协会
2014年12月9日

附件

全国首席科学传播专家名单

（第三批）

中国力学会

姓名	专业领域	工作单位
亢一澜	实验力学	天津大学
冯西桥	固体力学	清华大学
龙　勉	生物力学	中国科学院力学研究所
朱克勤	流体力学	清华大学
李俊峰	动力学与控制	清华大学
李家春	环境力学	中国科学院力学研究所
戴兰宏	爆炸力学	中国科学院力学研究所

中国天文学会

赵君亮	天文学	中国科学院上海天文台研究员

中国地质学会

王贵玲	应用地热学	中国地质科学院水文地质环境地质研究所研究员
包书景	页岩气勘查开发	中国地质调查局油气资源调查中心教授级高工
武　强	矿业工程	中国矿业大学（北京）教授
金利勇	地史学	吉林大学博物馆研究馆员

中国古生物学会

冯伟民	古生物学	中国科学院南京古生物所研究员

中国地震学会

何永年	地震地质和地震灾害管理	中国地震局研究员
李小军	土木工程学科	中国地震局地球物理研究所研究员

中国生物物理学会

陈润生	生物信息学	中国科学院生物物理研究所研究员、院士

中国感光学会

朱永法	光催化科学	清华大学教授
杨建文	辐射固化科学	中山大学副教授
顾金昌	立体影像技术科学	上海艺影数码科技有限公司高工

中国岩石力学与工程学会

杨志法	古地质工程岩石力学	中国科学院地质与地球物理研究所研究员
谢富仁	地壳应力与防震减灾	中国地震局地壳应力研究所研究员

中国青藏高原研究会

朱立平	自然地理学科	中科院青藏高原所研究员

中国运筹学会

袁亚湘	运筹学	中科院数学与系统科学研究院研究员、院士

中国电工技术学会

刘进军	电力电子与电力传动学科	西安交通大学教授
齐智平	储能技术领域	中国科学院电工研究所研究员
严　萍	高压放电及等离子体应用领域	中国科学院电工研究所研究员
李志刚	电器学科	河北工业大学教授
肖立业	超导电工技术领域	中国科学院电工研究所研究员
胡信国	蓄电池行业	哈尔滨工业大学电镀研究设计中心教授
赵　峰	变压器行业	保定天威集团特变电器有限公司高工
赵争鸣	电机学科	清华大学教授

康重庆 电力系统及其自动化学科 清华大学电机系教授
曹晓珑 电线电缆行业 西安交通大学教授
温旭辉 新能源汽车领域 中国科学院电工研究所研究员

中国自动化学会

王飞跃 智能自动化 中国科学院自动化研究所研究员
田 捷 多模态分子影像 中国科学院自动化研究所研究员
朱纪洪 导航制导与控制 清华大学教授
李少远 系统与控制 上海交通大学电子信息与电气工程学院自动化系教授
辛景民 模式识别与智能系统 西安交通大学教授
陈世和 发电过程自动化 广东电网公司电力科学研究院教授级高工

中国航空学会

甘晓华 航空动力与推进学科 空军装备研究院总工程师、院士
刘高倬 航空飞行技术学科 中国航空工业集团公司研究员级高工

中国核学会

王乃彦 核技术应用学科 中国核工业集团公司院士
叶奇蓁 核能发电学科 中国核工业集团公司院士
李冠兴 核燃料循环学科 中国核学会院士
胡思得 工程物理学科 中国工程物理研究院院士
徐 銤 快堆工程学科 中核集团院士
潘自强 核安全与辐射防护学科 中国核工业集团公司院士

中国石油学会

刘更民 石油科技装备 中国石油大学教授
孙福街 海洋石油 中国海洋石油总公司教授级高工
张金权 石油通信 中国石油天然气管道通信电力工程总公司高工
李 铭 石油腐蚀与防护 大庆油田工程有限公司高工
李大东 石油炼制 石油化工科学研究院教授级高工、院士
李培明 石油地球物理勘探 东方地球物理公司教授级高工
夏鸿辉 天然气勘探开发 中国石油学会天然气专业委员会教授级高工

中国可再生能源学会

王如竹 热利用学科 上海交通大学教授
仲继寿 太阳能建筑学科 国家住宅与居住环境工程技术研究中心教授级高工
肖明松 生物质能学科 中国农村能源行业协会生物物质专委会高工
施鹏飞 风能学科 风能专委会教授级高工
赵玉文 光伏学科 中国可再生能源学会研究员

中国纺织工程学会

施楣梧 纺织技术 总后勤部军需装备研究所教授级高工

中国粮油学会

王瑞元 粮油食品加工 中国粮油学会教授级高工

中国系统仿真学会

王精业 军事装备学 装甲兵工程学院教授
吴建平 交通运输工程学科 清华大学教授
张贝克 作战仿真学科 北京化工大学信息学院教授
邱晓刚 仿真与先进制造学科 国防科学技术大学教授

中国体视学学会

王德文 应急医学救援 军事医学科学院二所八室一级教授、研究员
卢虹冰 医学物理与成像 第四军医大学教授
刘国权 体视学 北京科技大学材料科学与工程学院教授
宋晓艳 计算材料 北京工业大学教授
张 朋 显微成像 首都师范大学检测成像工程中心教授
张 跃 纳米材料 北京科技大学教授
张艳宁 计算机视觉与多媒体技术 西北工业大学计算机学院教授
杨振国 金相与显微分析 复旦大学教授

陈　冷 晶体织构 北京科技大学教授

陈志强 公共安检与无损检测 清华大学工物系核技术及应用研究所教授

姜志国 医学图像分析与处理 北京航空航天大学教授

唐　勇 生物医学体视学 重庆医科大学基础医学院教授

龚光红 仿真与虚拟现实 北京航空航天大学教授

彭瑞云 放射与辐射医学及防护 军事医学科学院放射与辐射医学研究所研究员

中国水产学会

李家乐 淡水水产养殖 上海海洋大学教授

柳学周 海水水产养殖 中国水产科学研究院黄海水产研究所研究员

徐　跑 水产遗传育种 中国水产科学研究院淡水渔业研究中心研究员

中国植物保护学会

陈万权 植物保护 中国农业科学院麻类研究所、植物保护研究所研究员

中国作物学会

刁现民 谷子遗传育种 中国农业科学院作物科学研究所研究员

张　京 大麦青稞种质资源与遗传育种 中国农科院作物科学所研究员

肖世和 小麦育种与生物技术 中国农业科学院作物科学研究所研究员

程须珍 食用豆种质资源 中国农业科学院作物科学研究所研究员

韩天富 大豆遗传育种 中国农业科学院作物科学研究所研究员

中国茶叶学会

陈宗懋 茶叶质量安全 中国农业科学院茶叶研究所研究员、院士

中华医学会

白　波 行为医学 济宁医学院教授

刘新民 医学科学普及 北京大学第一医院教授、主任医师

翁建平 糖尿病学 中山大学附属第三医院教授、主任医师

中国解剖学会

刘树伟 断层影像解剖学 山东大学医学院教授

张绍祥 人体解剖学与数字医学 第三军医大学教授

李云庆 神经解剖学 第四军医大学教授

席焕久 人类学 辽宁医学院教授

隋鸿锦 比较解剖学 大连医科大学基础医学院教授

中国毒理学会

曹立亚 临床药物毒理 国家食品药品监督管理局职业药师资格认证中心主任药师

中国国土经济学会

肖金成 国土经济学科 国家发改委国土开发与地区经济研究所研究员

中国老科学技术工作者协会

刘嘉麒 火山地质学 中科院地质与地球物理研究所研究员、院士

关于印发《2014—2018年中国科协系统干部教育培训规划》的通知

科协发组字〔2014〕66号

各全国学会、协会、研究会，各省、自治区、直辖市科协：

为落实中共中央《2013—2017年全国干部教育培训规划》，进一步加强干部教育培训工作，现将《2014—2018年中国科协系统干部教育培训规划》印发给你们，请结合实际，认真贯彻执行。

附件：2014—2018年中国科协系统干部教育培训规划

中国科学技术协会

2014年9月28日

附件

2014—2018 年中国科协系统干部教育培训规划

为深入贯彻落实党的十八大、十八届三中全会精神，习近平总书记系列重要讲话精神和全国组织工作会议精神，培养造就高素质科协干部队伍，根据《2013—2017 年全国干部教育培训规划》，结合科协工作形势和科协干部队伍建设实际，制定本规划。

一、指导思想和总体要求

（一）指导思想

高举中国特色社会主义伟大旗帜，以马克思列宁主义、毛泽东思想、邓小平理论、“三个代表”重要思想和科学发展观为指导，深入贯彻落实党的十八大、十八届三中全会精神，习近平总书记系列重要讲话精神和全国组织工作会议精神，《关于在干部教育培训中加强理想信念和道德品行教育的通知》精神，紧紧围绕党和国家工作大局，紧密结合中国科协实际，坚持围绕中心、服务大局，坚持全员培训、突出重点，坚持学以致用、注重实效，坚持健全机制、统筹资源，持续推进大规模培训干部、大幅度提高干部素质的战略任务，全面深化科协系统干部教育培训改革，全面提升干部教育培训质量，服务科协工作科学发展，服务科协干部健康成长，为不断开创科协工作新局面提供坚强保证。

（二）基本原则

——坚持服务大局、按需施教，党和国家事业发展需要什么就培训什么，科协事业发展需要什么就培训什么，干部履职尽责和健康成长需要什么就培训什么。

——坚持分类分级、全员培训，把干部教育培训的普遍性要求与不同类别、不同层次、不同岗位干部的特殊需要结合起来，增强针对性，实现全覆盖。

——坚持联系实际、学以致用，以问题为导向、以正在做的事情为中心开展教育培训，提高干部运用所学理论和知识指导实践、解决问题、推动工作的能力。

——坚持质量第一、注重实效，把改革创新贯穿于干部教育培训各环节各方面，实现数量与质量、规模与效益相统一。

（三）目标任务

以深入学习中国特色社会主义理论体系为首要任务，全面推进理论武装、党性教育、能力培训和知识更新，使广大科协干部理想信念更加坚定、工作作风明显改进、德才素质和履职能力不断提高，为经济社会发展服务、为提高全民科学素质服务、为科技工作者服务的本领显著增强，使干部教育培训推动科协事业发展的作用更加明显。进一步推进干部教育培训改革创新，加强干部教育培训工作的科学化、制度化、规范化，健全管理体制和运行机制，努力形成与科协特点相适应的分层次、分类别、多渠道、大规模、重实效的干部教育培训机制。

（四）数量指标和质量要求

1．数量指标。加强脱产培训，保证不同类别干部每年达到一定的调训率、参训率和人均脱产培训学时数。具体指标为：

县处级及以上党政领导干部：每年每单位脱产培训调训率不低于 30%，每年每单位干部参训率不低于 50%，人均年脱产培训学时数不低于 110 学时。

科级及以下干部：每年每单位脱产培训调训率不低于 25%，每年每单位干部参训率不低于 40%，人均年脱产培训学时数不低于 90 学时。

2．质量要求。全面开展培训质量评估，从培训设计、实施、管理以及培训效果等方面入手，对每个培训项目进行考核测评，把评估结果作为推动教学改革、提高教学质量的重要指引。结合不同培训项目特点，合理设置评估标准，把培训需求适配度、课程设计科学性、师资选配合理性、教学内容满意度、教学方法有效性、教学组织有序性、学风校风良好度以及培训对干部能力素养提高的帮助程度等，作为质量评估的主要内容，努力探索科学的项目质量评估办法。

二、重点培训内容

（一）深入开展马克思主义基本原理学习培训

组织广大科协干部深入学习马克思列宁主义、毛泽东思想，原原本本研读马克思、恩格斯、列宁和毛泽东同志的经典著作，引导干部深入理解马克思列宁主义、毛泽东思想的精神实质和思想精髓，掌握基本原理和科学体系，深化对共产党执政规律、社会主义建设规律、人类社会发展规律的认识，坚定对马克思主义的信仰、对社会主义和共产主义的信念，增强运用马克思主义立场、观点、方法分析解决问题的能力。

（二）突出抓好中国特色社会主义理论体系学习培训

组织广大科协干部深入学习邓小平理论、“三个代表”重要思想、科学发展观，尤其要深入学习领会习近平总书记系列重要讲话精神，引导干部深刻领会中国特色社会主义的科学内涵，准确把握夺取中国特色社会主义新胜利的基本要求，增强中国特色社会主义道路自信、理论自信、制度自信，矢志不渝为中国特色社会主义共同理想而奋斗，防止在西方宪政民主、“普世价值”、“公民社会”等言论的鼓噪下迷失方向，防止在封建迷信和宗教的影响下失去自我。特别是要组织广大科协干部深入学习实践科学发展观，引导干部深刻领会科学发展观的精神实质，准确把握贯彻落实科学发展观的第一要义、核心立场、基本要求、根本方法，增强贯彻落实科学发展观的自觉性和坚定性，坚定不移走科学发展之路。把学习中国特色社会主义理论体系与研读马克思主义经典著作结合起来，与学习党的路线方针政策结合起来，与改革开放和现代化建设的生动实践结合起来，引导干部深刻理解中国特色社会主义理论体系与马克思列宁主义、毛泽东思想一脉相承又与时俱进的关系，牢固树立辩证唯物主义和历史唯物主义世界观和方法论，提高战略思维、创新思维、辩证思维、底线思维能力，增强辨别大是大非问题的本领。

（三）大力加强党性党风党纪和党史国史教育

加强党章学习培训，引导科协广大党员干部把党章作为加强党性修养的根本标准，自觉遵守党章、贯彻党章、维护党章。加强党的纪律特别是政治纪律教育，引导干部坚持党的基本理论、基本路线、基本纲领、基本经验、基本要求，在思想上政治上行动上始终同以习近平同志为总书记的党中央保持高度一致，坚决维护中央权威，确保中央政令畅通。突出马克思主义群众观点和党的群众路线教育，引导干部牢固树立正确的世界观、权力观、事业观，增强宗旨意识和公仆意识。加强作风教育，引导干部牢记“两个务必”，认真落实中央八项规定精神，坚决反对形式主义、官僚主义、享乐主义和奢靡之风，切实做到求真务实、艰苦奋斗、勤俭节约。加强反腐倡廉教育，引导干部保持廉洁操守，筑牢拒腐防变思想防线，提高抵御腐败风险的能力。加强党史国史特别是党领导人民的奋斗史、创业史、改革开放史教育，将其作为必修课，帮助干部了解党和国家事业发展的来龙去脉，深刻认识党的两个历史问题决议总结的经验教训，切实做到知史爱党、知史爱国。把党史国史教育与世情国情党情教育结合起来，引导干部增强忧患意识、使命意识，自觉为党分忧、为国尽责、为民奉献。

（四）深入开展社会主义核心价值体系教育

组织广大科协干部深入学习社会主义核心价值体系，引导他们把握其科学内涵和实践要求，自觉转化为精神信仰，自觉践行社会主义核心价值观，追求高尚情操，维护公平正义，忠实履行职责，坚守道德底线，远离低级趣味。加强中国特色社会主义共同理想教育，大力开展民族精神和时代精神教育，引导广大干部牢记责任、敢于担当，坚持与时俱进、改革创新，团结带领人民群众为实现中华民族伟大复兴的中国梦而奋斗。加强社会主义道德教育，通过先进典型和道德模范现身说法等方式，引导干部模范践行社会主义荣辱观，讲党性、重品行、作表率，自觉做社会主义道德的示范者、诚信风尚的引领者和公平正义的维护者。加强政治品质教育，引导广大干部对党和人民忠诚老实、言行一致，对上对下讲真话，面对大是大非能够挺身而出，面对歪风邪气敢于进行斗争。加强中华优秀传统文化教育，引导广大干部继承和弘扬传统美德，捍卫国家和民族的精神独立性，防止成为西方道德价值的“应声虫”。

（五）积极开展各种知识教育

结合实际工作需要，广泛开展经济、政治、文化、社会、生态等方面知识特别是各种新知识新技能的培训，帮助干部优化知识结构、拓宽眼界思路、树立全球视野、提高综合素质能力。积极开展科学文化素养培训，强化科学知识的学习，引导科协干部弘扬科学精神，提倡科学态度，讲究科学方法。加强社会主义法治精神、法治理念和法律法规教育，牢固树立学法、遵法、守法、用法观念，提高科协干部运用法治思维和法律手段开展工作的能力。

（六）以“三服务一加强”工作职能为导向，提高业务能力

着力开展业务知识培训和技能训练，切实提高科协干部履行岗位职责的能力。以学习《中华人民共和国科学技术普及法》《中国科学技术协会章程》《全民科学素质行动计划纲要》为重点，学习科协的工作理论、科协历史和科协业务知识，强化对“三服务一加强”工作职能的理解，提高科协干部业务能力；加强专门业务培训，开展办公自动化、信息网络技术、电子政务、外语、公文写作等与本职工作相关新知识的培训，加强创新思维、沟通交流、团队合作等方面的训练，切实提高干部履行岗位职责的本领。

三、培训对象及措施

（一）中国科协机关干部

1．领导干部。着眼于培养造就一支政治坚定、能力过硬、作风优良、奋发有为的执政骨干队伍，以理论武装为根本、党性教育为核心、能力提升为主线，加强县处级及以上领导干部特别是各部门、各单位主要负责同志的培训。每年安排20名左右县处级以上领导干部参加组织调训，20名左右厅局级干部参加局级干部自主选学，认真抓好处以上领导干部每五年累计参加3个月以上的脱产培训。进一步加强党组（党委）中心组学习制度，完善处以上领导干部集中轮训制度。

2．其他干部。着眼于培养造就一支政治坚定、业务精湛、作风过硬、人民满意的科协干部队伍，以加强思想政治建设和业务能力建设为重点，加强机关干部的培训。认真开展初任培训、任职培训、专门业务培训、在职培训以及中国科协干部教育系列讲座，进一步提高机关干部的政治业务素质和工作能力。机关干部参加教育培训的时间每人每年累计不得少于12天。

3．中青年干部。着眼于培养造就忠诚党和人民事业、堪当历史重任的优秀中青年干部队伍，以理想信念、优良传统教育和实践锻炼为重点，加强中青年干部培训。通过到党校、行政学院、干部学院参加脱产进修，到有关培训机构和高校学习培训，鼓励参加在职学历学位教育等措施，有计划地安排中青年干部接受系统的理论培训和严格的党性锻炼。开展优秀中青年干部个性化定制培训，健全培训与使用相结合的制度，把培训期间的表现作为选拔使用的重要依据。

（二）中国科协直属单位中层以上干部和副高以上专业技术人员

着眼于培养造就一支敬业精神强、专业水平高、创新能力突出的科协直属单位干部队伍，以提高思想政治素质，增强社会服务和经营管理能力，培养创新精神、创新创业能力为重点，加强科协直属单位中层以上干部的培训。

研究制定专业技术人员继续教育规定，建立有科协特色的专业技术人员继续教育制度体系。深入实施专业技术人员知识更新工程，根据科协特点和业务需要，开展专业技术人员培训，提高直属单位专业技术干部队伍的综合素质。

（三）中国科协直属全国学会办事机构干部

着眼于培养造就一支政治素质好、具有现代管理水平、工作能力强、善于推动学会发展的学会干部队伍，以提高思想政治素质和领导学会科学发展能力为重点，加强学会干部培训。广泛开展对学会干部的教育培训，办好直属全国学会秘书长、副秘书长专题培训班，加强理论知识和业务知识培训，切实提高学会干部工作水平和服务能力。以推动全国学会承接政府职能转移能力建设为重点，加强社团知识、科技组织运营方式及管理体制、社会管理、现代管理知识等方面的学习培训，全面提高学会干部教育培训工作的覆盖面。

（四）地方科协主席

着眼于培养守信念、讲奉献、有本领、重品行的地方科协干部队伍。以市县科协提高政策执行、推动发展、服务群众、促进和谐能力为重点，加强地方科协干部培训。进一步健全地方科协干部教育培训体系，按照分层次、广覆盖的原则，办好局级领导干部高级研修班、省区市新任科协主席（副主席）培训班、地市科协主席培训班、县级科协主席培训班、西部地区科协主席培训班等不同层次、各具特色的培训班，继续加大对西部地区等欠发达地区科协干部教育培训工作的支持力度。积极开展送教下基层、对口支援培训、结对帮扶培训，推动优质教育培训资源向基层延伸倾斜。推动利用网络在线学习平台等信息化手段开展教育培训，提高培训效率和效益，努力实现科协干部教育培训全覆盖。

四、培训能力建设

（一）运行机制改革

推行需求调研制度，建立健全以需求为导向的培训计划生成机制，切实提高干部教育培训的针对性、实效性和吸引力、感染力。严格执行组织调训制度，对主要领导干部、重点岗位干部和有培养前途的中青年干部有计划地安排参加调训，完善组织调训、干部选学和在职自学相结合的参训机制。改进干部培训情况考核、登记、跟踪管理等制度，形成规范有效的干部学习培训考核评价机制。完善培训班次中建立学员党支部制度，有针对性地开展支部活动，严格党内生活，强化教育管理，建立党性分析及撰写报告制度，灵活运用各种方式方法，增强理想信念和道德品行教育的说服力感染力。

（二）内容方式改革

根据中国科协事业发展需要，结合中国科协干部队伍实际，逐步制定干部分类培训大纲，建立以需求为导向的培训内容更新机制。大力加强精品课程和教材建设，积极开发体现新形势下中国科协特色的课程教材，组织编写适应不同层次科协干部需要的培训教材。及时向干部推荐学习书目，引导干部爱读书读好书善读书。改进培训班次设置，加大按干部类别开展培训力度。改进教学方式方法，加大案例教学和实地教学比重，逐步提高案例教学和实地教学比例。落实《中国科协机关干部在职学历学位教育管理办法》，鼓励中国科协机关干部利用业余时间参加学习，提高科学文化素质，改善知识结构。加快网络培训平台建设，逐步实现全国科协系统干部在线学习平台的互联互通，全国地市级及以上科协干部在线学习。充分发挥境外培训的作用，科学设置境外培训项目，择优选派培训对象，拓展培训渠道，有计划地开展干部出国（境）培训，不断提高境外培训的针对性和实效性。

（三）师资队伍建设

按照素质优良、兼职为主、相对稳定、动态管理的原则，进一步建设好科协干部教育培训的师资队伍，逐步建立有中国科协特色的干部教育培训师资库。完善兼职教师选聘和管理办法，推动领导干部、学术名家、先进典型、优秀基层干部等上讲台，建立健全领导干部上讲台制度。科协各级领导班子成员每年都要利用培训班、讲座等多种方式为科协干部授课。

（四）经费保障

严格执行《中央和国家机关培训费管理办法》和《中国科协办公厅关于贯彻落实〈中央和国家机关培训费管理办法〉有关事项的通知》，进一步规范干部教育培训经费的使用和管理。建立培训计划和备案管理制度，将干部教育培训经费列入年度财政预算，既要保证培训工作需要，又要节约培训费开支，提高培训效率和质量。建立干部教育培训专项经费，对重要培训项目给予重点保证，加大对西部地区、民族地区、革命老区和欠发达地区干部教育培训工作的支持力度。

（五）学风建设

大力弘扬理论联系实际的马克思主义学风。干部要带着问题参训，联系实际学习，努力做到学与用、知与行、说与做相统一。教师要把理论联系实际的要求贯穿于教学全过程，善于回答学员思想和工作上的实际问题。坚持从严治教、从严治学，努力营造实事求是、勤奋好学的学习风气。严格学员管理，要求学员严格按照《中共中央组织部关于在干部教育培训中进一步加强学员管理的规定》要求，端正学员态度，树立学员意识，专心学习，杜绝相互吃请、公款宴请、收送礼品礼金、搞“小圈子”等现象，对违反有关规定的行为严肃处理。严格教学管理，要求教师严守纪律，严谨治学，以德施教，真正做到学为人师、行为世范。严格培训组织工作，厉行节约，勤俭办学，反对铺张浪费、追求奢华。

（六）理论研究

加强科协干部教育培训理论研究，结合中国科协工作特点，不断深化对干部成长规律和干部教育培训规律的认识，推动科协系统干部教育培训理论研究交流合作。

五、组织领导

中国科协组织人事部在中国科协党组领导下组织开展中国科协机关和直属单位中层以上干部、副高级以上专业技术人员的有关培训工作，切实履行主管职能，抓好宏观指导、统筹协调和督促检查，抓好干部教育管理者队伍建设，努力建设一支高素质的干部教育培训管理者队伍。

中国科协机关各部门、各直属单位可参照本规划的要求，根据实际情况，制定具体的实施意见。

中国科协直属全国学会办事机构要高度重视干部教育培训工作，参照本规划的要求，具体组织实施好本单位干部的教育培训工作。

各省、自治区、直辖市科协要在同级党委领导下，做好干部教育培训工作。

关于进一步加强
全国代表大会代表服务工作的通知

科协办发厅字〔2014〕37号

各省、自治区、直辖市科协：

为深入实施中国科协章程规定的代表任期制，积极搭建代表履职平台、创新代表服务方式、丰富代表服务内容，进一步提升代表服务工作水平，经研究，现就进一步加强代表服务工作有关问题通知如下：

一、充分认识代表服务工作的重要意义

（一）中国科协全国代表大会代表（以下简称代表）是广大科技工作者中的优秀代表，他们在参与中国科协事务管理方面负有重要职责，在履行职责过程中享有相应的权力和保障。大力加强代表服务工作力度，为代表履行职责和发挥作用提供坚强保障，充分激发出代表们的聪明才智和创新活力，是科协组织履行桥梁纽带职责的重要内容，是促进科协组织事业健康发展的重要保障，对于动员和组织广大科技工作者服务创新驱动发展战略、投身全面深化改革进程施展才能、建功立业具有重要意义。

（二）加强中国科协代表服务工作，保障代表履职，发挥代表作用，是中国科协做好党的群众工作的必然要求。中国科协代表来自广大科技工作者之中，与广大科技工作者有着天然联系，在他们中享有较高威望，在他们中发挥着模范带头作用，是中国科协联系广大科技工作者的重要"枢纽"和"节点"。大力加强代表服务工作，密切与代表的思想沟通、情感交流和工作联系，及时充实服务内容，主动创新服务方式，不断提高联系、服务代表工作的质量、水平和成效，通过服务代表，让代表满意，以点带面，切实增强广大科技工作者对科协组织的认同感、满意感和归属感，对于有效引导广大科技工作者培育和践行社会主义核心价值观，奋力实现中华民族伟大复兴中国梦具有重要意义。

二、明确任务、突出重点，切实加大代表服务工作力度

（一）代表服务工作要坚持以服务代表履职为核心，发挥代表作用为根本。代表服务工作必须紧扣代表履职的需要，尊重代表主体地位，尊重代表权力，积极引导代表关注、关心和参与科协工作，充分发挥代表的积极性和主动性，不搞强迫命令、不增加代表负担；必须深化协作、上下联动，中国科协系统各级组织要上下一心、协同奋战，完善新型网格化的工作格局，共同做好各项代表服务工作，深入实施代表任期制；必须逐步推进、稳步拓展，坚持在代表服务实践中总结经验，逐步形成服务工作的常态化和长效化，逐步健全和完善服务工作的保障机制和工作制度。

（二）建立健全代表列席科协常委会、全委会会议以及专题工作会议制度，省级科协牵头或参与制定重要文件政策、论证重大项目时，要将征询代表的意见建议作为必要环节，充分听取他们的意见，及时反映他们的建议。

（三）鼓励和支持代表们自主围绕经济社会发展、保障和改善民生、科技创新、产业发展等方面开展调研、提供咨询、建言献策，在各个方面为代表发挥作用提供帮助，涉及科协工作领域和业务范围时，各级科协要协助安排、提供便利、积极支持。

（四）紧密结合省级科协工作计划，定期组织或邀请中国科协代表参与培训和研讨活动，定期邀请代表们参加科协主办的科普日、会员日、学术年会等重大会议和活动，定期组织代表们参加考察交流联谊活动；鼓励组织代表开展省与省的考察和交流，加强代表间横向交流和纵向交流，切实增进代表间互动、互补、互助交流，提升代表们的履职能力和意识。

（五）积极推进代表建议案征集制度，做好对建议案的办理、落实和答复，做到有案必复，一案一复。

（六）组织开展走访看望活动，建立和完善科协专职领导联系代表制度，定期到代表所在地或单位走访看望代表，召开代表座谈会，面对面进行交流，广泛听取代表对科协组织的意见和建议，切实打通联系服务代表的"最后一公里"。

（七）加大对优秀代表的宣传力度，在科协系统刊物和互联网平台上开设代表专栏，采取多种方式宣传代表爱岗敬业的先进事迹和勇攀科技高峰的拼搏精神，树立代表的鲜明形象。

（八）创新沟通方式，不断密切与代表的日常联络与服务，定期有针对性地向代表赠阅报刊、发送科协工作讯息资料，打造服务代表的多样化交流平台，开通完善网络信息服务平台和代表信息数据库，通过制作通讯录、开通微博微信等方式为代表间、代表与科协间搭建起方便快捷的双向交流互动渠道。

三、充实队伍、完善机制，切实加强对代表服务工作的领导

（一）完善组织保障。各省级科协要明确代表服务工作的领导分工和专门责任部门，配备专职工作人员，进一步加强代表服务工作人员的教育和培训，不断提高责任意识、服务意识和业务能力；要将代表服务工作列入各级领导机构的重要议事日程，纳入到各级机关年度重点工作部署中去。

（二）加强制度建设。要制订代表服务工作的实施方案，逐步建立起代表日常服务制度、代表建议办理制度、代表情况通报制度、代表履职档案、省级科协党组领导班子联系代表制度等；省级科协常委会要每年至少听取一次关于代表服务工作的专题汇报。

（三）保障经费预算。各省级科协要逐步建立起代表服务工作经费保障机制，将代表服务工作经费纳入本级年度预算安排，在中国科协下拨的代表服务经费基础上，地方科协要适当匹配相应经费，保障代表服务工作顺利开展。

四、开拓创新，不断提升代表服务水平、扩大服务范围

（一）坚持在及时总结代表服务工作实践的基础

上创造性地开展工作，进一步解放思想、开拓创新，进一步大胆实践、积极作为，不断探索和尝试代表服务工作的新方式新方法，不断创新和丰富代表服务工作的新渠道新内容，不断提升代表服务质量和水平。

（二）逐步拓展代表服务工作范围，各省级科协要在做好中国科协代表日常服务工作基础上，稳步拓展、逐步推进，进一步做好本级代表大会代表服务工作，扩大代表服务范围和层次，将代表服务工作推向深入，全面贯彻落实好代表任期制。

中国科协办公厅

2014 年 9 月 30 日

关于印发《中国科协关于进一步加强调查研究工作的若干意见》的通知

科协办发调字〔2014〕35 号

机关各部门、各直属单位：

《中国科协关于进一步加强调查研究工作的若干意见》已经中国科协党组会议审议通过。现印发给你们，请结合实际情况，认真贯彻执行。

中国科协办公厅

2014 年 9 月 28 日

中国科协关于进一步加强调查研究工作的若干意见

为巩固党的群众路线教育实践活动成果，切实转变工作作风，进一步规范中国科协机关和直属单位的调查研究行为，提高调查研究工作的质量和水平，推动决策科学化、民主化，现提出如下意见。

一、突出问题导向，为重大决策提供支撑

（一）选好调研题目

增强调研选题的前瞻性和针对性，紧紧围绕科协在党和国家工作大局中的定位、科协职能等事关发展全局的战略性问题，紧紧围绕学会承接政府转移职能、学会能力提升计划、国际科技期刊发展、开展专业化服务和科协组织自身建设等深化科技体制改革中面临的紧迫问题，紧紧围绕学术交流、科学普及、人才举荐、决策咨询、对外和对港澳台学术交流、组织建设等业务工作中的突出问题开展调查研究，广泛听取各方面意见和建议，察实情、办实事、务实效。

（二）明确调研目标

要把服务决策科学化民主化作为调研工作的立足点、着眼点和切入点，通过扎实深入的调查研究，及时了解和把握真实情况，认真总结在实践中创造的好经验，研究提出适应社会发展规律、体现科技工作者意愿、符合科协事业发展趋势的工作思路和具体部署，为科协相关重大决策提供坚实支撑。

（三）做好调研前准备工作

调研要做到有计划、有方案、有审批。每年年初，结合年度工作要点和经费预算情况，确定调研主题和时间。调研开始前，要制定详细的调研方案，明确调研主题、目的、对象和范围、具体行程安排、人员组成、预算经费、预期成果等，结合调研主题收集和整理相关背景资料，拟定调研提纲，带着问题去，掌握调研活动的主动权。完善调研审批制度，党组书记处领导同志的调研方案报党组书记审批，机关各部门、各直属单位班子成员的调研方案报分管书记审批，各业务处室同志的调研方案报本单位主要领导同志审批，原则上应在调研开始前完成审批工作。

二、规范调研行为，不断提高调查研究的质量和水平

（一）深入基层一线

要深入实际、深入基层、深入广大科技工作者，多层次、多方位、多渠道地调查了解情况。既要通过座谈会、资料收集等方式了解情况，也要通过问卷调查、访谈、蹲点调研等多种方式获取一手数据；既要调查全国学会和地方科协的工作人员，又要调查基层一线的科协工作人员和广大科技工作者；既要解剖典型，又要了解全局；既要到工作局面好和先进的地方去总结经验，又要到困难较多、情况复杂、矛盾尖锐的地方去研究问题。注重吸收相关科技工作者参与调研工作，认真做好记录，防止调查研究走过场。

（二）严格遵守中央八项规定

调研活动要坚决贯彻执行中央八项规定和《中国科协贯彻落实中央关于改进工作作风、密切联系群众〈八项规定〉和〈实施细则〉的实施意见》，党组书记处领导同志不得集中或轮番到一个省（自治区、直辖市）、一个地区调研；严格控制调研人数，只安排与工作紧密相关的同志随行，用好调研经费；严格执行领导干部出差审批制度，严格按照公务接待标准住宿、报销经费。

（三）及时形成高质量的调研报告

应在调研结束后30天之内提交调研报告，报分管领导审定。调研报告要用数据和事实说话，注重思想性和启发性，做到有情况、有分析、有见解，特别是要提出针对性强的对策建议，力争调研成果能够指导实践。

（四）加强成果共享

每年1月，党组书记处领导同志，机关各部门、各直属单位主要负责同志要根据全委会精神和当年工作要点确定调研主题，统一发送调宣部、分送办公厅备案；调研结束后，要及时将分管领导审定后的成果发送调宣部，汇编成册，一定范围一定程度交流共享。

三、进一步健全完善调查研究制度

（一）领导干部带头开展调查研究

党组书记处领导同志和机关各部门、各直属单位主要负责同志要带头深入基层了解情况、倾听广大科技工作者的意见建议、撰写调研报告。党组书记处领导同志每年牵头完成1项以上重大调研课题，对分管领域重大问题进行深入调研；机关各部门、各直属单位主要负责同志要结合各自业务实际，每年牵头完成1项以上重点调研课题；机关各部门、各直属单位业务处室负责同志每年要牵头或参与1项以上重大或重点调研课题。机关各部门、各直属单位主要负责同志履行调研工作第一责任人责任。

（二）完善科技工作者状况调查制度

建好用好全国科技工作者状况调查站点，认真开展全国科技工作者状况调查。及时准确掌握广大科技工作者在地区分布、就业结构、就业方式、生活状况、思想观念、流动趋势等方面的变化情况，每5年开展1次面上调查，每年开展10项以上专项调查，为党和政府制定人才政策提供科学依据。

（三）严格保证基层调研时间

党组书记处领导同志每年到基层调研累计时间不少于30天（含在参加相关业务活动期间开展的调研时间）；机关各部门、各直属单位主要负责同志不少于20天；未按要求完成的，应在下一年度的调查研究工作中及时补齐。

（四）建立调研工作激励机制

机关各部门、各直属单位调研工作完成情况要纳入年度考评范围。调宣部负责定期组织优秀调研报告的评选工作，每年1—2月由调宣部负责收集整理上一年度的优秀调研报告成果，汇编出版。

（五）本意见自发布之日起实施。

关于开展2016—2020年度全国科普示范县（市、区）创建工作的通知

科协办发普字〔2014〕28号

各省、自治区、直辖市科协，新疆生产建设兵团科协：

为深入贯彻党的十八大、十八届三中全会和习近平总书记系列讲话精神，进一步落实好《中华人民共和国科学技术普及法》（以下简称《科普法》）和《全民科学素质行动计划纲要（2006—2010—2020年）》（以下简称《科学素质纲要》），持续发挥全国科普示范县（市、区）的示范带动作用，提升基层科普公共服务能力，确保实现2020年公民科学素质建设目标，进而促进县域经济社会协调可持续发展，为实施创新驱动发展战略、全面建成小康社会奠定坚实基础，中国科协决定开展2016—2020年度全国科普示范县（市、区）创建工作，现将有关事项通知如下。

一、工作安排

全国科普示范县（市、区）创建工作采取“广泛发动、省级科协推荐、中国科协认定命名”的方式开展。在创建基础上，2016—2020年计划分两批认定命名全国科普示范县（市、区），每批400个。名额分配主要根据各省（自治区、直辖市）的县级行政区划单位数量、开展全国科普示范县（市、区）创建工作的基础和基层科普工作成效统筹考虑。

二、工作周期

2016—2020年度全国科普示范县（市、区）创建工作中，2014—2015年为组织发动期，2016—2020年为命名示范期，其中2016年进行第一批全国科普示范县（市、区）认定命名，2018年将组织对第一批全国科普示范县（市、区）开展示范评估并对第二批全国科普示范县（市、区）认定命名。

三、有关要求

1．各省级科协要高度重视，认真部署，要按照《全国科普示范县（市、区）创建办法（2016—2020年）》（附件1），在《全国科普示范县（市、区）标

准（2016—2020年）》（附件2）的基础上，根据地方实际自行制定本辖区的《全国科普示范县（市、区）测评指标》，并负责组织本省辖区内创建单位的申报、推荐和检查验收工作。

2．各省级科协要紧紧围绕《科普法》和《科学素质纲要》，根据本省的实际创建能力和总体发展需要，广泛开展示范街道（乡镇）、社区（村）、省级示范县（市、区）等示范体系建设，发挥科普示范引领作用，全面推动基层科普服务能力和水平提升。

3．各省级科协请按照分配名额数量（附件3），于2015年12月31日前，将审核后的第一批拟命名为全国科普示范县（市、区）的创建单位推荐材料报送至中国科协（申报材料接收单位为中国科协农技中心）。

附件：1.《全国科普示范县（市、区）创建办法（2016—2020年）》

2.《全国科普示范县（市、区）标准（2016—2020年）》

3．全国科普示范县（市、区）推荐名额分配表（2016—2020年第1批）

中国科协办公厅
2014年9月2日

附件1

全国科普示范县（市、区）创建办法（2016—2020年）

第一章　总　则

第一条　为贯彻落实十八大精神，推动和规范全国科普示范县（市、区）的创建和管理工作，深入开展创建活动，加强基层科普能力建设，提高公民科学素质，促进县域经济社会协调可持续发展，依照《科普法》和《科学素质纲要》，特制定本办法。

第二条　全国科普示范县（市、区）创建工作应坚持“政府推动，全民参与，提升素质，促进和谐”的方针，在当地党委和政府的领导下，积极开展党政机关各职能部门间的协调合作，统一部署，整合资源，形成大联合、大协作的科普工作格局；广泛动员社会力量，增强基层科普服务能力，提高公民科学素质，繁荣科学文化，创造文明社会环境。主要内容为：

（一）围绕当地党委、政府工作中心，从人民群众日益增长的物质和文化需要出发，结合本地实际情况制定科普工作规划或公民科学素质建设规划，出台地方区域性引导政策文件；健全科普工作或公民科学素质建设协调领导制度。

（二）围绕未成年人、农民、城镇劳动者、领导干部和公务员、社区居民等重点人群科学素质的提高，深入开展科普工作；围绕“节约能源资源、保护生态环境、保障安全健康、促进创新创造”工作主题，组织动员社会各方力量，广泛开展科普宣传教育，营造崇尚科学理性的社会环境。

（三）积极推进科普基础设施建设，加强科普资源的共建共享，积极推动科普工作的群众化、社会化、制度化，改善科普工作的环境和条件，营造良好的科普工作氛围，增强基层组织的科普公共服务能力。

（四）充分发挥区域内各科普示范单位的引领带动作用，推广在科学教育和普及工作中积累的典型经验，扩大优秀科普工作成果的受益面，搭建横向交流的平台，强化示范效应，促进经济社会又好又快地发展。

第三条　全国科普示范县（市、区）是由中国科协认定命名的县级行政区划科普示范单位。所指县（市、区）为国家现阶段划定的各行政县、县级市、市辖区和旗等。

第四条　全国科普示范县（市、区）的创建工作遵循“自愿申报、逐级创建、动态管理、常抓常新”的原则。在各地广泛开展创建科普示范街道（乡镇）、社区（村）和省级科普示范县（市、区）的基础上，各省、自治区和直辖市根据实际发展需要，制定本地的全国科普示范县（市、区）发展规划和计划，积极鼓励各县（市、区）通过创建全国科普示范县（市、区），不断提升科普工作能力，不断创新发展，推进《科学素质纲要》在县域的实施。

第五条　全国科普示范县（市、区）创建工作采取“广泛发动、省级科协推荐、中国科协认定命名”的方式开展，实施动态管理。程序包括申报、评审推荐、检查验收、认定、命名、示范和考核评估等。

第二章　申报与推荐

第六条　申报全国科普示范县（市、区）的单位须是第三条中所规定的县（市、区）。特殊行政区域参照国家有关规定执行。

第七条　申报单位须具备以下基本条件：

（一）党政主要领导重视科普工作，公民科学素质建设纳入当地经济社会发展总体规划。

（二）科普工作具有区域代表性和特色，对周边地区有示范和辐射作用。

（三）有财政科普专项经费或公民科学素质建设专项经费投入保障。

（四）有较完善的基础科普设施和较好的科普资源调配能力。

（五）有健全的科普机构和稳定的科普队伍。

（六）原则上申报单位应为省级科普示范县（市、区）。

第八条 创建全国科普示范县（市、区）的工作起止日期由中国科协发布，各省、自治区、直辖市科协依据本地的创建能力和全国科普示范县（市、区）的发展规划，根据中国科协推荐名额控制数，自行确定本地区创建单位名额，并在规定期限内部署安排具体工作。

第九条 创建全国科普示范县（市、区），由各县（市、区）党委或政府正式提出申请，按照申报要求向各省、自治区、直辖市科协报送材料。

第十条 各省、自治区、直辖市科协对申报材料进行审核，确定本地创建单位名单并备案。

第十一条 创建单位依照《全国科普示范县（市、区）标准（2016—2020年）》全面开展创建活动。

第十二条 各省、自治区、直辖市科协依据《全国科普示范县（市、区）标准（2016—2020年）》和本地区的《全国科普示范县（市、区）测评指标》，负责本地区全国科普示范县（市、区）创建单位的检查评审工作。

第十三条 各省、自治区、直辖市科协根据检查评审结果，按照分配的名额指标，向中国科协报送拟命名为全国科普示范县（市、区）的创建单位推荐名单。

第三章 认定、命名与示范

第十四条 中国科协委托各省、自治区、直辖市科协对本地区推荐的拟命名单位进行检查验收，中国科协对各地的检查验收材料进行复核、公示后，对符合条件的创建单位给予认定命名，授予与示范期相应的全国科普示范县（市、区）牌匾。

第十五条 在示范期内，各全国科普示范县（市、区）应按照《全国科普示范县（市、区）标准（2016—2020年）》深入开展科普工作，发挥示范带动作用。

第十六条 中国科协将在示范期间开展全国科普示范县（市、区）示范评估，对工作表现突出的单位和个人予以表扬。

第四章 组织与管理

第十七条 中国科协负责全国科普示范县（市、区）创建工作的总体规划和指导，包括制定和修订《全国科普示范县（市、区）标准（2016—2020年）》；确定各省级辖区全国科普示范县（市、区）名额指标，为全国科普示范县（市、区）创建工作营造良好的政策环境，并给予支持；组织对全国科普示范县（市、区）的监测评估；组织或支持经验交流和培训活动，扩大示范效应。

第十八条 各省、自治区、直辖市科协是全国科普示范县（市、区）创建工作的直接管理单位，负责制定本辖区全国科普示范县（市、区）创建工作的总体计划，做到统筹安排、积极推动、合理布局；负责辖区内全国科普示范县（市、区）的申报、检查评审和推荐工作；开展本省全国科普示范县（市、区）工作考核评估；通过各项支持为本地全国科普示范县（市、区）的发展创造有利条件，培育特色典型，推广示范经验；有计划地组织开展省级科普示范县（市、区）的创建，为全国科普示范县（市、区）的创建工作奠定基础。

第十九条 全国科普示范县（市、区）接受中国科协和省地级科协的业务指导和不定期的监测评估，在当地党委和政府的领导下，充分发挥县（市、区）科协的作用，加强与各职能部门的协作，联合社会力量，不断创新发展，强化示范效果。

第二十条 全国科普示范县（市、区）创建工作要务求实效，对出现弄虚作假情况的单位，将进行通报批评，情节严重的将取消县（市、区）的申报资格或全国科普示范县（市、区）称号。

第二十一条 全国科普示范县（市、区）在申请中国科协科普项目等方面给予优先考虑。

第五章 附 则

第二十二条 本办法由中国科协负责解释。

第二十三条 本办法自印发之日起实施。

附件2

全国科普示范县（市、区）标准（2016—2020年）

一、党委和政府重视公民科学素质建设，加强对科普工作的领导

1．党政领导重视公民科学素质建设。认真贯彻

《科普法》，积极实施《科学素质纲要》，将公民科学素质建设纳入当地经济社会发展总体规划，结合本地区实际，制定公民科学素质建设和科普工作规划、年度计划，纳入党政工作重要议事日程。党政领导积极参加科普活动，每年听取工作汇报，研究解决问题，营造良好的工作环境和条件。

2．健全协调领导制度。健全全民科学素质实施工作机制和机构，建立动员社会力量参与实施《科学素质纲要》和开展科普工作的有效机制。

3．建有考核管理与表彰奖励制度。将实施《科学素质纲要》工作纳入党政领导机关目标责任考核体系，并纳入年度工作目标考核、表彰、奖励范围。定期表彰和奖励作出突出贡献的组织和个人。

二、基层科普服务能力不断增强

4．组织机构健全。县（市、区）科协独立建制，依照章程民主办会；乡（镇、街道）、村（社区）两级科普组织健全，并有专人负责科普工作；80% 以上的乡镇建有农村专业技术协会。

5．基层科普队伍发展壮大。建立由专家组成的科技服务团（讲师团）；县（市、区）、乡（镇、街道）、村（社区）建有科普志愿者队伍，并经常开展各种科普活动；80% 以上的行政村有科技示范户、科技带头人、科普员，形成以科技致富能手为主体的农民科普队伍。

6．科普经费有保障。科普专项经费列入本级政府财政预算，并明显高于同等地区的平均水平，老少边贫地区最低不能低于人均 0.50 元，且年科普工作经费不得少于 10 万元；全国科普日、科技活动周等重大主题科普活动另有专项财政经费保障。

7．基层科普设施建设具有一定规模。县（市、区）建有综合性科普活动场所，活动经费列入财政预算，或科普场馆、设施建设已经纳入当地经济社会发展规划和基本建设计划，所需经费列入同级财政预算；积极实施全国科普活动站、科普宣传栏、科普员（简称“全国科普‘站栏员’”）建设，主要公众活动场所建有科普画廊。所有城市街道和 80% 的乡镇建有科普活动室（站）、科普画廊（宣传栏）等设施，配有科普宣传设备。60% 以上的社区、村有专用或合用科普活动站（室）、科普画廊（宣传栏）等。科普画廊和科普宣传栏的内容应定期更新；有地市级以上科普教育基地、青少年科技教育基地、农村科普示范基地或科普特色学校 2 处（所）以上；在县（市、区）属中、小学建有科技活动室。

8．开展科普工作的能力和手段得到加强。县（市、区）科协开展科普工作的办公、通讯、宣传、网络等设备和科普宣传车辆配置齐全完好；有计划地开展对科普专兼职工作人员的业务培训。

三、围绕重点人群的科学素质工作成效显著

9．主题突出，内容丰富。每年能够结合当地实际情况，围绕“节约能源资源、保护生态环境、保障安全健康、促进创新创造”工作主题，确定重点内容、开展形式多样的活动。当地公民科学素质水平高于本省份平均水平。

10．积极开展提高未成年人科学素质的工作，推动实施未成年人科学素质行动。青少年科技传播行动或科技竞赛等校外科技活动有成效、有特色，在校参与科普活动的学生不少于 90%；整合校外科普教育资源，利用科技类博物馆、科研院所、青少年科技活动中心和社区科普活动室等资源为提高青少年科学素质服务；加强中小学科学教育教师、科技辅导员队伍建设。

11．积极开展提高农民科学素质的工作，推动实施农民科学素质行动。开展多种形式的农民适用技术培训和科学文明生活等方面的科学素质教育，制订有培训规划、年度计划和教学大纲；90% 以上乡镇（含乡镇企业）干部，80% 以上村干部和农民党员劳动力每年接受科技培训；能够充分发挥好农广校、农函大等科技教育机构在农民科技培训中的作用。

12．积极开展提高城镇劳动者科学素质的工作，推动实施城镇劳动人口科学素质行动。每年 90% 以上的街道、社区干部接受各类科技培训和科普教育，城镇 80% 以上的各类从业人员接受在岗培训、继续教育；积极开展各种形式的劳动预备制培训、再就业培训、创业培训、进城务工人员培训等；城镇失业人员通过培训掌握适合再就业的生产技能，其中一批人走上工作岗位；能够充分发挥好社区科普学校等在科普教育中的作用。

13．积极开展提高领导干部和公务员科学素质的工作，推动实施领导干部和公务员科学素质行动。开展领导干部和公务员的科普教育，制订培训教育计划和方案，配发科普读本；积极组织公务员参与各项科普教育活动，提高领导干部和公务员科学决策和管理水平。

14．积极开展提高社区居民科学素质的工作，推动社区居民科学素质行动。开展形式多样的社区科学素质教育活动，重点面向老年人、妇女、少年儿童开展科学、安全、健康生活等科普宣传和教育活动；充分依托社区公共服务场所和设施，建立完善社区科普活动室、青少年科学工作室、科普图书室、科普画廊等基础设施；健全街道科协、社区科普协会或科普小组等科普组织；建立社区科普宣传员和科普志愿者队伍；实施社区科普益民计划，提升社区科普服务能力，提高社区居民科学素质，服务民生，促进社会和谐。

四、形成科普工作的良好社会环境

15．开展群众性、社会性和经常性科普活动。每年围绕“节约能源资源、保护生态环境、保障安全健康”工作主题开展科普周（月）、科普日、科普之冬（春）等活动，并覆盖所有乡镇、街道；每年开展科技下乡和“科教进社区”活动；在街道、社区围绕居民需求举办身边科学应用展示、科普讲座、培训、科学健身、科普游园等经常性的科普宣传活动。

16．充分利用大众传媒和现代信息技术手段开展科技传播。有效利用互联网、移动互联等新媒体以及电台、电视台和报刊等大众传媒开展科普宣传。

17．广泛动员社会资源开展科普活动。吸引社会各方面力量兴办科普事业或参与科普活动；利用学校等企事业单位、公共场所、科技园区、示范基地等公共资源，面向公众开展科普活动。

18．形成全社会共同参与科普工作的氛围，扩大科普宣传覆盖面。各党政部门、社会团体和企事业单位各方面力量积极结合各自特点开展科普活动，科普活动的覆盖面达到全县（市、区）常住人口的70%以上；科普工作与精神文明建设紧密结合，辖区内无影响恶劣的愚昧迷信、伪科学活动，公众科学素质逐年提高，形成科学、文明、健康的社会风尚，社会综合环境良好。

19．形成科普示范体系。开展科普示范乡（镇）、街道、村、社区创建活动；培育科普示范基地、农村科技示范户，评选城市社区科普示范家庭。

20．科普工作具有特色并形成活动品牌。科普工作具有创新性，在提高公民科学素质，促进科技与经济结合、产业结构调整、科技创新、经济社会发展和和谐社会建设等方面发挥积极作用；探索提高公民科学素质的有效手段和方式，形成可推广的、有示范作用的典型经验。

附件 3

全国科普示范县（市、区）推荐名额分配表（2016—2020 年第 1 批）

序号	省　份	推荐名额
1	北京市	2
2	天津市	3
3	河北省	26
4	山西省	15
5	内蒙古自治区	15
6	辽宁省	15(含大连市 2 名)
7	吉林省	8
8	黑龙江省	14
9	上海市	4
10	江苏省	20
11	浙江省	11(含宁波市 2 名)
12	安徽省	16
13	福建省	14（含厦门市 1 名)
14	江西省	14
15	山东省	19（含青岛市 2 名)
16	河南省	24
17	湖北省	16
18	湖南省	17
19	广东省	15（含深圳市 1 名)
20	广西壮族自治区	15
21	海南省	4
22	重庆市	7
23	四川省	25
24	贵州省	15
25	云南省	15
26	西藏自治区	7
27	陕西省	14
28	甘肃省	10
29	青海省	5
30	宁夏回族自治区	3
31	新疆维吾尔自治区	12
32	新疆生产建设兵团	2
	合计	402

关于印发《中国科协关于深入推进社区科普大学建设工作的实施方案》的通知

科协办发普字〔2014〕34 号

各省、自治区、直辖市科协，新疆生产建设兵团科协：

为深入贯彻党的十八大、十八届三中全会精神和习近平总书记系列重要讲话精神，进一步落实《中国科协关于加强城镇社区科普工作的意见》要求，充分发挥社区科普大学在推动社区科普工作、提高居民群众科学素质、助力人的城镇化的引领作用，我们制定了《中国科协关于深入推进社区科普大学建设工作的实施方案》(见附件)，现印发给你们，请结合实际，认真贯彻落实。并请你们于 2014 年 12 月 25 日将本辖区社区科普大学建设工作情况和本辖区社区科普大学建设发展的实施方案报送中国科协。

附件:《中国科协关于深入推进社区科普大学建设工作的实施方案》

中国科协办公厅

2014 年 9 月 18 日

附件

中国科协关于深入推进社区科普大学建设工作的实施方案

为深入贯彻《全民科学素质行动计划纲要（2006—2010—2020 年)》和《国家新型城镇化规划（2014—2020 年)》，进一步落实《中国科协关于加强城镇社区科普工作的意见》要求，充分发挥社区科普大学在推动社区科普工作、提高居民群众科学素质、助力人的城镇化的引领作用，中国科协决定深入推进社区科普大学建设。实施方案如下：

一、指导思想

社区科普大学是依托社区和社区居民自治组织兴办，面向社区居民、贴近生活、贴近实际，非学历、非正规、大众性的科普教育活动平台，是发挥社区科普资源优势，开展社区科普公共服务、公众喜闻乐见的有效方式。推进社区科普大学建设坚持以邓小平理论、“三个代表”重要思想和科学发展观为指导，深入贯彻党的十八大、十八届三中全会精神和习近平总书记系列重要讲话精神，以服务社区居民为根本，以满足社区居民科普需求为目标，突出社区科普大学作为社区科普工作的龙头和抓手作用，带动社区科普“组、会、员”和“站、网”的发展，优化配置社区科普资源，推进社区科普方式创新，提升社区科普服务能力，为推进人的城镇化建设、推动国家治理体系和治理能力提升、实施创新驱动发展战略和全面建成小康社会作出新的更大贡献。

二、目标任务

（一）实现社区科普大学的基本全覆盖。全面推动社区科普大学建设，巩固和提升已有社区科普大学工作水平，加大在尚未建设社区科普大学地区的工作力度，不断扩大社区科普大学的覆盖面和影响力。力争在 2016 年达到全国所有地级地区（地级市、地区、盟、自治州）都建有社区科普大学。

（二）以地市为重点建设社区科普大学。各省级科协要针对本地实际，统筹规划，明确本地区社区科普大学建设目标任务。按照市（地）建总校、区（县）建分校、街道或社区建立教学点的三级教学管理体系，明确工作任务职责，共同推动本地区社区科普大学建设发展。

（三）依托科技专家志愿者，加强教学师资队伍建设。师资是社区科普大学建设的关键，要大力培养社区科普讲师队伍，依托学会、科研机构、大专院校扩展科普讲师来源渠道，要与科普志愿者队伍建设紧密结合，建立完善社区科普大学的科普志愿服务和社会评价、激励机制，吸引发动更多优秀科普志愿者参与社区科普教育服务，注重在社区科普志愿者中发现和培养教师，搭建社区科普大学志愿服务平台。

（四）创新办学方式，提高教学质量和水平。加强社区科普资源整合，紧紧围绕社区居民的科普需求和社区实际情况，围绕卫生健康、科学生活、文化艺术、节能环保、安全避险等社区居民关心的问题多方面集成、开发、引进“有知、有趣、有用”的适合当地社区公众需要的科普教材（课程)、课件。要把离退休老年居民、城镇新居民、进城务工人员、社区待业人员以及青少年作为社区科普大学的对象，有针对性地开展科普教育。要拓展教学形式、创新办学方式，充分利用信息技术等现代化手段开展教学，结合科普活动及社区居民喜闻乐见的群众活动开展课外教育活动。

（五）以社区科普大学全面带动社区科普工作。社区科普大学作为居民学习和参与的重要平台，因有教师与学员的深度参与，有丰富的课程与活动，而成为最具吸引力和生命力的社区科普活动。要以社区科普大学为依托，有效整合和高效配置社区科技、教育资源。把社区科普大学建设作为社区科普工作领导小组、社区科普协会、社区科普员发挥作用的工作抓手和开展工作的载体，作为支撑和发挥社区科普益民服务站、社区科普网络作用的基础和阵地。通过推动社区科普大学的建设和带动，支撑社区科普益民服务站、科普网络的发展，带动社区科普工作领导小组、科普协会、科普员的建立完善，带动社区普遍开展多种形式、经常性的科普活动。

三、保障措施

（一）高度重视，加大投入。各级科协要充分认识社区科普大学对提高居民科学素质，助力人的城镇化，遏制邪教、伪科学，维护社会和谐稳定的重要意义，做好本地社区科普大学建设发展的计划和规划，积极主动争取当地党委和政府对社区科普工作的领导和支持，推动将社区科普大学建设纳入当地党委政府的工作部署，纳入当地民生工程、惠民服务工程、城镇化建设以及社会治理体系和治理能力现代化等中心工作中，把社区科普大学的教育活动纳入政府购买社会服务的范畴，争取政策和资金支持，加强社区科普大学建设发展的条件保障建设。要积极与老年大学、老干部活动中心、职工之家等机构合作，借助已有力量和资源开展工作。

（二）因地制宜，务求实效。各级科协要加强对社区居民科普的调查研究，根据本地实际推动社区建立以科普大学、科普讲堂、社区学院、青少年科技辅导学校等为主要形式的社区科普大学建设，制定完善社区科普学校管理和运行制度，建立长效和可持续的办学机制。注重发展和培养社区科普教师、讲师队伍，立足实际、贴近居民、以需求为导向，以居民满意不满意作为衡量社区科普大学的标准，采用灵活多样的办学方式，切实增强社区科普大学活动的时效性和实效性，不断提高教学质量和水平。

（三）统筹兼顾，做好服务。各省级科协要借鉴全国各地社区科普大学的先进经验，认真总结和大力推广本地社区科普大学的鲜活经验，加强社区科普大学工作的交流培训；突出地域特色，大力支持和推动社区科普大学的师资和教材建设。为帮助各级科协深入开展社区科普大学建设工作，中国科协在总结各地社区科普大学建设和办学的经验基础上，制定了《社区科普大学章程（示范文本）》（见附件），请各地参考该示范文本的基本框架制定好本地社区科普大学的章程。中国科协还将适时建立社区科普大学交流服务平台，推动社区科普大学资源共享和信息服务；开展社区科普大学的教材（或课程）的评估和推荐活动；对各地社区科普大学进行工作考核，对表现突出的地方予以表扬；组织开展社区科普大学的研讨交流和培训活动。

（四）狠抓落实，确保质量。各省级科协和地市级科协都要按照2016年地级地区社区科普大学全覆盖的目标要求，结合本地实际情况，于2014年底前制定完成本辖区社区科普大学建设发展的实施方案，并组织实施。各地市级科协要按照所在省（自治区、直辖市）科协的统一部署，制定和实施本辖区社区科普大学建设的具体实施方案，做好分校、教学点等的合理布局，组织制定和实施教学计划，组织好师资和教材（课程）建设以及教学活动评估，积极组织街道、社区做好办学工作。已经建立社区科普大学的地区，要认真总结和积极输出工作经验，同时进一步提高自身的办学质量和水平。中国科协将于2015年开始对社区科普大学建设进行工作考核，同时将社区科普大学工作纳入基层科普行动计划中奖补对象评选推荐的重要内容。

附件

社区科普大学章程（示范文本）

第一章　总　则

第一条　××市社区科普大学（以下简称“本校”）是由××市科学技术协会牵头，依托社区和社区居民自治组织兴办的，面向社区居民，非学历、非正规、大众性的科普教育活动平台。

第二条　本校以弘扬科学精神、传播科学思想、倡导科学方法、普及科学知识为宗旨，立足社区、面向居民，贴近生活、贴近实际、以完善社区科普教育体系，丰富社区科学文化生活，提高社区居民科学文化素质和道德情操修养为目标，倡导科学文明的生活方式和尊重科学的社会风尚。

第二章　主要任务

第三条　本校采取多种教学形式定期组织开展系统性的科普教育活动。主要任务包括：

（一）制定教学规划和年度教学计划；

（二）组织和建立教师队伍；

（三）组织编写授课讲义和教材；

（四）组织实施科普教学；

（五）组织社区居民参与开展形式多样的科普活动。

第三章　组织机构

第四条　本校总校设在××市科协，各区（县）设分校，各街道（或社区）设教学点。

第五条　本校应由市科协主席或分管副主席任校长，可邀请知名院士或大学校长担任名誉校长。本校总部由市科协负责组织管理，主要负责制定本市社区科普大学整体发展规划，建立管理考核机制，实施督学和评比表奖活动，指导区（县）分校建设，组编适用教材，并负责本校的对外宣传、联络协调工作。

第六条　分校设立采用申报审批制，由区（县）科协向总校提交办学申请，审批通过后安排半年试办期，期满验收合格后由总校正式命名。分校名称一般应为“××市社区科普大学＋区县名称＋分校”，简称为“区县名称＋分校”。

第七条　分校实行校长负责制，对总校负责，校长由所在区县科协主席或副主席兼任。分校由所在区（县）科协负责组织管理，主要负责制定并颁布本地区科普大学相关规章制度和教学计划，调配任课教师等教学资源，指导区、街道基层教学点建设。

第八条　教学点作为社区科普大学的基本教学管理单位，一般以街道或社区为单位设立。教学点的设立实行申报审批制，由街道、社区向所在地分校申请。分校核准后报总校备案，由总校授牌。教学点名称一般应为“××市社区科普大学＋区县名称＋分校＋街道社区名称＋教学点”，简称为“街道（或社区）名称＋教学点”。

第九条　教学点实行主任负责制，对分校负责，主任由街道或社区负责人担任。教学点设立教学办公室。负责按照统一要求进行场地建设、招生宣传、教学授课及日常教务管理工作，并负责贯彻执行分校的工作安排。

第四章　教学管理

第十条　凡有学习愿望，身体健康，能遵守学员守则和学习制度者均可填写提出入学申请，经教学点审核通过后准予入学。顺利完成教学课程的学员经审查合格后，由总校统一发放结业证书。

第十一条　分校、教学点自行负责组织实施教学工作，定期开展教学活动。各教学点需每周组织至少1次教学活动，每次教学活动授课时间不少于2课时（1课时为45分钟，后同）。教学活动形式以课堂教学为主，可辅助开辟“第二课堂”科普实践活动。

第十二条　学员入学免费，不向学员收取学费、教材费、讲义费、文本费。必要向学员收费时必须经本级社区科普大学管理机构批准，按财会制度设立专账，专款专用专人批报，如期公布账目。所收钱款必须用于全体学员的教学和科普活动，不得用于教师补贴及社区其他活动等。

第十三条　严禁各分校、教学点及教师以学员为对象从事营利性活动，教师不得在授课过程中进行推荐产品或推销商品等商业活动。

第十四条　各分校、教学点应向学员发放由总校统一制作的学员证书，对学员实行学籍管理，如实记录学员的学习情况，并按要求向总校报送学员名册及各项考核资料。

第五章　条件保障

第十五条　本校经常性开支应由各级科协在年度科普经费中保障，社区科普大学教学点的运行经费由所在地区县科协和街道社区合理分担负责。

第十六条　总校、分校与教学点之间不存在财务资产关系。各分校、教学点要建立严格的财务制度，保证经费的合法合理使用。

第十七条　本校总部、各分校、教学点接受驻社区机关、企业、事业的人、财、物等方面的资助。

第十八条　各教学点的办学场地一般应在60平方米以上，配备适应教学要求的桌椅、讲台、黑板、电教设备（电脑、投影仪）、图书等，以及其他科普宣传教育设施设备，并符合消防等相关安全要求。各教学点招生人数可根据教室容量及社区具体条件自行确定，一般每班人数不少于30人。

第十九条　本校教师由各行业专家学者、科技工作者、大中学校教师及志愿者等组成。教师应符合以下要求：

（一）热爱科普工作，具有志愿奉献精神；

（二）身心健康；

（三）具有良好的表达能力；

（四）具备从事教学工作的相应专业知识或业务水平；

（五）遵守社区科普大学的各项规章制度及教学安排。

第二十条　教师采取推荐、邀请、自愿报名等方式，由总校、分校和教学点共同组建。新聘任教师经过教学能力考核后，由市科协统一颁发教师聘书。总校和分校定期开展教学研究活动，举办公开课、示范培训等进修交流活动。

第六章　考核管理

第二十一条　每年度末，总校将对各分校的招生教学等工作情况进行考核，评选出年度优秀分校。

第二十二条　每年度末，各分校应根据累计授课时间、教学内容的合理性及实用性、受学员欢迎程度等对教师的授课情况进行考评，按分配名额向总校推荐年度优秀教师，经总校审核批准后，由市科协颁发荣誉证书。

第二十三条　各分校、教学点可根据自身实际情况制定优秀学员考评标准，开展年度优秀学员评选工作。

第七章　附　则

第二十四条　本章程自××××年×月×日起实施。

第二十五条　本章程的最终解释权归××市科协。

关于成立
中国科协科普信息化建设领导小组的通知

科协办发普字〔2014〕46号

机关各部门、各直属单位：

为贯彻落实中央领导对推动科普信息化建设作出的系列重要指示要求，更有力有效推进科普信息化建设，经中国科协党组、书记处研究，成立中国科协科普信息化建设领导小组。现将科普信息化建设领导小组职责及组成人员方案通知如下：

一、领导小组职责

领导和推动科普信息化建设；研究决定科普信息化建设的发展战略、宏观规划和重大政策；统筹协调科普信息化的重大问题。

二、领导小组名单

组　长

徐延豪　中国科协党组成员、书记处书记

副组长

束　为　中国科协党组成员、中国科技馆馆长

成　员

王康友　中国科协办公厅巡视员、副主任

王延祜　中国科协计财部部长

任福君　中国科协调宣部部长

杨文志　中国科协科普部部长

高　勘　中国科协信息中心主任

罗　晖　中国科普研究所所长

李晓亮　中国科协青少年科技中心主任

殷　皓　中国科技馆党委书记、副馆长

公坤后　中国科协农技服务中心常务副主任

苏　青　科学普及出版社社长

三、领导小组办公室

领导小组办公室设在中国科协科普部。主要职责是承担领导小组日常工作；组织开展科普信息化建设相关研究；组织制定科普信息化建设规划、计划；组织实施科普信息化建设项目等。

办公室主任：杨文志（兼）中国科协科普部部长

中国科协办公厅

2014年11月14日

关于成立中国科协
科普信息化建设专家指导委员会的通知

科协办发普字〔2014〕50号

机关各部门、各直属单位：

为加强对科普信息化建设工作的咨询和指导，深入推动我国科普信息化建设工作，经中国科协党组、书记处研究决定，成立中国科协科普信息化建设专家指导委员会。

一、专家指导委员会职责

对科普信息化建设的规划、实施方案、管理模式、资源建设、标准规范、技术路线等重大问题提供咨询和指导。

二、专家指导委员会名单

主　任

赵沁平　中国工程院院士、中国科协副主席、虚拟现实技术与系统国家重点实验室主任

副主任

邬贺铨　中国工程院院士、中国互联网协会理事长

刘嘉麒　中国科学院院士、中国科普作家协会理事长

曹淑敏　工业和信息化部电信研究院院长

委　员（按姓氏笔画排序）

朱　进　北京天文馆馆长

张新生　中国通信学会副理事长

李默芳　中国移动原总工程师、教授级高工

孟　群　卫生和计划生育委员会统计信息中心主任

赵　承　百度总编辑、公共事务部总经理

贾　康　财政部财政科学研究所原所长、中国财政学会公私合作（PPP）研究专业委员会会长

中国科协办公厅
2014 年 11 月 21 日

关于成立
中国科协信息化工作领导小组的通知

科协办发厅字〔2014〕47 号

机关各部门、各直属单位：

为贯彻落实中央关于信息化工作的方针政策，推动中国科协信息化工作科学发展，中国科协八届书记处第四十九次会议决定，成立中国科协信息化工作领导小组。现将有关事项通知如下：

一、领导小组职责

（一）贯彻执行国家信息化工作的方针政策，按照“统一规划、合理布局、优势集成、数据共享”的原则，推动中国科协信息化工作科学发展。

（二）开展中国科协信息化工作调研，制定《中国科协信息化工作发展规划》，检查督促《规划》执行。

（三）推进科协系统信息化工作，统筹协调中国科协机关、直属单位信息化工作发展。

（四）审定《中国科协网络和信息安全建设方案》，督查《方案》实施情况。

（五）制定颁布中国科协信息化工作管理办法和标准规范。

（六）审定中国科协信息化工作重点项目。

（七）指导中国科协系统信息化队伍建设，组织开展中国科协信息化工作绩效评估等相关工作。

二、领导小组组成人员

组　长：吴海鹰　中国科协党组成员、办公厅主任

副组长：王康友　中国科协办公厅巡视员、副主任

王延祜　中国科协计划财务部部长

高　勘　中国科协信息中心主任

成　员：刘　阳　中国科协办公厅副主任

王进展　中国科协组织人事部副部长

章　丰　中国科协调研宣传部副部长

王晓彬　中国科协学会学术部副巡视员

辛　兵　中国科协科学技术普及部副部长

陈　剑　中国科协国际联络部副部长

孙　铭　中国科协机关纪委副书记

白元平　中国科协机关服务局副局长

杨秀萍　中国科协信息中心副主任

于小晗　中国科协信息中心副主任

苏小军　中国科协学会服务中心副主任

郑浩峻　中国科技馆副馆长

吴海洋　中国科技会堂副总经理

吕建华　科学普及出版社总编辑

三、领导小组办公室

领导小组办公室设在中国科协信息中心，承担领导小组日常工作的联系和协调。中国科协信息中心主任高勘兼任领导小组办公室主任，办公厅副主任刘阳兼任领导小组办公室副主任，办公厅、计划财务部、信息中心相关同志担任领导小组办公室成员。

中国科协办公厅
2014 年 11 月 14 日

关于印发
《中国科协 2014 年工作要点》的通知

科协办发调字〔2014〕8 号

各全国学会、协会、研究会，各省、自治区、直辖市、副省级城市科协，新疆生产建设兵团科协：

现将《中国科协 2014 年工作要点》印发给你们，请按照中央书记处对科协工作的要求，结合贯彻中国科协八届五次全委会议精神，联系本地区本单位实际情况，认真贯彻落实。

中国科协办公厅
2014 年 2 月 10 日

中国科协 2014 年工作要点

2014 年，科协工作的总体思路是：高举中国特色社会主义伟大旗帜，以邓小平理论、“三个代表”重

要思想、科学发展观为指导，深入学习、全面贯彻党的十八大和十八届二中、三中全会精神和习近平总书记系列重要讲话精神，抓住全面深化改革机遇，着力发挥学会的生力军作用，着力提高科普工作成效，着力拓宽人才服务领域，着力提高决策咨询水平，着力加强基层组织建设，不断巩固发挥党的群众路线教育实践活动成效，创新和拓展科协工作，服务创新驱动发展战略，进一步调动激发科技工作者的积极性创造性，团结带领广大科技工作者，为提高全民科学素质、加快建设“新四化”、实现中华民族伟大复兴的中国梦作出更大贡献。

一、深入学习贯彻十八届三中全会精神和习近平总书记系列重要讲话精神，切实把思想和行动统一到中央决策部署上来

1．在科技人员中深入开展学习宣传和贯彻落实工作。积极运用各种手段，精心组织宣讲活动，面向科技工作者深入宣讲十八届三中全会精神和习近平总书记系列重要讲话精神，在各省组织开展中国科协八大代表“学习习近平总书记系列重要讲话读书班”，广泛凝聚科技界积极支持、参与改革的共识。把学习贯彻全会精神和习近平总书记系列重要讲话精神纳入科协系统党员干部培训的重点内容，把深化对中央重大决策部署的学习认识与筑牢理想信念、科学谋划科协事业发展结合起来，着力在认真学习、全面领会、正确把握、凝聚共识上狠下工夫，切实把各级科协组织和广大党员干部的思想和行动统一到中央精神上来。

2．科学谋划科协事业未来发展。围绕全面深化改革大局提出科协改革发展的基本思路和重大措施，组织开展科协事业发展“十三五”规划研究，抓住关键问题深入调查研究，以踏石留印、抓铁有痕的决心着力解决难点问题，以实际行动落实全面深化改革任务，使科协组织在建设国家创新体系和做好党的群众工作中发挥更加重要的作用。

3．积极参与科技体制改革。发挥科技社团在推动全社会创新中的作用，配合有关部委推进完善国家科技奖励制度、组织第三方机构开展科学评价试点、完善国家科技决策咨询制度、强化企业技术创新主体地位等改革任务，努力实现中央对科技体制改革提出的目标要求。

4．研究制定《关于加强新形势下科协工作的意见》。贯彻落实中央书记处的指示精神，在深入调研、充分酝酿的基础上，研究制定《关于加强新形势下科协工作的意见》，力求突出重点、务实管用，指导各级科协组织及所属学会更加紧密地把广大科技工作者团结在党的周围，把智慧和力量汇聚到实施创新驱动发展战略中来，为实现中华民族伟大复兴的中国梦贡献力量。

二、抓住全面深化改革的重大机遇，充分发挥学会作为服务创新驱动发展战略的生力军作用

5．积极稳妥推动学会有序承接政府转移职能。全面落实习近平总书记的重要指示和李克强总理、刘云山同志和刘延东、李源潮等中央领导同志的批示精神，把推动学会承接政府转移职能摆在当前科协工作的优先地位加以推进。充分发挥统筹协调作用，注重与部门的沟通会商，加强对学会的指导和管理，做好试点和培育工作，全力以赴把这项工作抓紧、抓实、抓好。在联合相关部门和学会深入调研基础上，提出具体承接方案、工作模式和工作机制，报经中央批准后，选择一批具备条件的学会进行试点，稳妥有序推进，分步实施，取得经验后全面推开，成熟一批转移一批。同时，积极应对学会管理体制改革，健全完善学会运行机制、监督机制和约束机制，健全学会治理体制和管理制度，引导学会逐步成长为具有现代社会组织治理结构的科技社团，为充分发挥学会作用提供体制机制保障。继续抓好学会能力提升计划实施，开展考核评估工作，引导地方继续支持学会提升能力，上下联动打造一批高水平、能够服务社会管理创新和承接政府转移职能的现代科技社团。

6．积极整合全国学会优质学术资源打造高端、前沿、跨学科的学术交流平台。支持全国学会积极申办在国际上享有盛誉的一流学术会议，加强国内学术交流活动，以高质量的学术交流启迪创新思维、引领学科发展。与云南省人民政府合作办好第十六届中国科协年会。举办首届中国科协夏季科学展，向公众展示最新最高科技成就。联合有关部门深入实施“中国科技期刊国际影响力提升计划”，继续推动我国英文科技期刊进一步扩大规模，提高国际影响力，研究制定有关学术导向政策。实施好“精品科技期刊工程”，继续推动中文科技期刊提升学术质量，增强创新发展能力。

7．支持学会面向经济转型和产业升级的紧迫需求开展专业化服务。通过多种形式促进产学研用结合，积极探索加快关键技术研发和成果转化的有效机制，促进科技与经济发展紧密结合。引导学会积极参

与专家工作站建设，组织院士专家深入企业农村参与技术攻关，开展技术咨询、技术诊断、项目合作和创新方法培训，提供技术服务，支持企业深入开展“讲理想、比贡献”活动，通过广泛活跃的群众性技术创新等活动，为推动“新四化”作出更大贡献。

三、大力推动科普工作改革创新，全面提高全民科学素质水平

8．深化全民科学素质共建机制。推进与各省（区、市）共建协议的签署工作，推动各省（区、市）与所辖地市签署落实目标责任书，把公民科学素质建设目标纳入政府目标责任体系，启动“十三五”科学素质纲要实施的预研工作。加强科普理论研究。

9．着力提升科普信息化水平。开展科普信息化建设的顶层谋划和前瞻研究，做好科普信息化的战略研究和规划。大力推动建设基于互联网的科技传播体系，辐射带动一批特色科普网站发展。研究提出促进科普产业发展的举措，重点推动科普网络游戏产业发展，打造以《十万个为什么》为代表的经典科普作品和传统科普教育活动的游戏化产品。提高《知识就是力量》等精品科普期刊的发行量和社会影响，继续深化教育科普资源开发开放。

10．推进科普基础设施和条件建设。加快建设国家科学传播中心。充分发挥科学传播专家团队作用，深入推动学科科普传播。加强科普教师队伍和课程教材建设，加快培养专门科普人才。

11．深化基层科普工作实效。深入实施基层科普行动计划，围绕人的城镇化扎实推进城镇社区科普，围绕推进农业现代化深入开展农村科普，努力把更多优质科普资源引向农村社区，引向基层，缩小城乡科普信息化差距。广泛动员社会力量开展群众性科普活动，以“创新发展 全民行动”为主题，广泛组织开展2014年全国科普日系列活动。

四、切实加强科学文化建设，着力促进科技人才成长提高

12．深化中国梦和中国特色社会主义宣传教育。面向科技工作者精心组织“弘扬科学道德 践行‘三个倡导’奋力实现中国梦”巡回报告会，丰富完善活动内涵，充实专家力量和题材内容，扩大活动覆盖面，充分展示老一辈科学家和优秀科技工作者在推动实现中国梦中的时代风采，引导广大科技工作者进一步坚定道路自信、理论自信和制度自信。

13．引导广大科技工作者自觉践行社会主义核心价值观。按照中央《关于培育和践行社会主义核心价值观的意见》要求，面向广大科技工作者宣传社会主义核心价值观的基本内容。研究制定科学文化建设纲要，研究总结新中国成立以来科技界在服务党和人民事业发展中形成的优良作风和学术传统，进一步凝练广大科技工作者普遍认同的价值观。发展科学文化载体，办好《科协论坛》等理论刊物，用科学文化凝聚精神力量、构建共有精神家园。

14．大力宣传优秀科技工作者和团队。继续牵头做好老科学家学术成长资料采集工作，联合教育部、中科院、工程院、团中央共同举办“共和国的脊梁——科学大师名校宣传工程”汇演活动，举办“科技梦·中国梦——中国现代科学家主题展”全国巡展活动，大力弘扬老一辈科学家科技报国的高尚情操和无私奉献的爱国情怀，广泛宣传基层一线优秀科技工作者和创新团队的先进事迹，塑造科技工作者良好社会形象，在全社会弘扬科学精神，推动形成尊重劳动、尊重知识、尊重人才、尊重创造的良好氛围。

15．加大表彰举荐人才力度。精心组织好“全国优秀科技工作者”评选活动，努力打造具有全国影响、在科技界享有盛誉的品牌奖项。深化“海智计划”工作内涵，既积极联络华人科学家，也积极联络愿意来华工作的外籍科学家。推动我国科学家参与国际科技组织并担任重要职务。广泛开展青少年科技创新大赛等竞赛活动，积极实施中学生科技创新后备人才培养计划，培养科技后备人才。

16．深化科学道德和学风建设宣讲教育工作。加强宣讲专家队伍建设，推动建立长效机制，实现全覆盖、制度化、重实效目标要求。发挥学术团体的自律功能，引导广大科技工作者加强自我约束、自我管理，推动科研诚信和科学伦理社会监督机制的建立，扩大公众对科研活动的知情权和监督权，促进保障学术自由，营造宽松包容、奋发向上的学术氛围。

五、加强战略研究，把科协组织作为国家级科技思想库的独特作用充分发挥出来

17．围绕全面深化改革和区域发展重大问题加强战略研究。围绕全面深化改革中的重点、热点、难点问题，组织专家学者进行中长期战略研究，为党和政府科学决策提供服务；及时跟踪国际科技发展前沿动态，发挥专业优势遴选判别重大机遇和方向，为科学谋划我国科技战略布局提供高端咨询；扎实推进国家级科技思想库试点工作，聚焦环首都区域生态建设、丝绸之路经济带建设等区域发展重大战略问题、共性难题，组织院士专家开展跨地区多学科的专题调研，打造一批决策咨询品牌。

18．完善科技工作者状况调查制度。深入开展专项调查，全面了解广大科技工作者发挥作用情况，为党和政府制定科学的人才政策和调动科技工作者积极性的举措提供科学依据。拓展全国科技工作者状况调查站点功能，切实把调查站点建设成为基层一线科技工作者的联系点和党的路线方针政策的宣传点，提高应急调查能力。

19．加强决策咨询数据共享工作。努力打造包括中国近现代科学家数据、科技工作者状况调查数据、科技人力资源数据、科技人才政策信息、科技社团数据和科技人力资源地理信息系统等在内的决策咨询数据库，为科协发挥科技思想库作用、服务科学决策提供翔实可靠的数据支撑。

六、巩固群众路线教育实践活动成果，努力建好科技工作者之家、广交科技工作者之友

20．抓紧做好建章立制。研究制定《中国科协党组关于进一步坚持民主集中制的若干意见》《中国科协关于加强调查研究工作的若干意见》《“科技工作者之家”建设标准》，提高各级领导班子民主科学决策水平，推动建家交友工作规范化、制度化。

21．加强基层组织建设。建立党组书记处领导班子成员和机关、事业单位主要负责同志联系县级科协的工作制度，充分发挥中国科协机关32个县级科协联系点的引领示范作用，推动加强县级科协建设。研究建立科协系统专职干部业务培训制度。研究出台《关于进一步加强新时期县级科协工作的意见》和《关于进一步加强和改进高校科协工作的意见》。在科技工作者密集的科技型企业、高新技术开发区、大学科技园等建立科协基层组织，加大高校科协组织建设力度。

22．继续办好中国科协会员日活动。认真做好中国科协八大代表服务工作，不断提高为科技工作者服务的意识和水平。

23．加强科协系统作风建设。抓紧出台中国科协机关工作人员行为规范，切实转变工作作风，树立为民务实清廉的新形象。建立学习考核制度，引导广大干部提升理论素质和业务能力。加强学会专职人员队伍建设，加强对地方科协群众路线教育实践活动的指导。

24．加强学会党建工作研究和交流。建立学会党建研究会，深入实施“党建强会计划”，不断扩大学会党的组织覆盖面和工作覆盖面。

2014 年 12 月 15 日，全国政协副主席、中国科协主席韩启德出席中国科协会员日暨表彰大会，看望获奖代表

2014 年 4 月 25 日，2014 年度“共和国的脊梁——科学大师名校宣传工程”汇演活动在湖北省武汉市启动。全国政协副主席、中国科协主席韩启德出席启动仪式，观看首演剧目《大地之光》

2014 年 12 月 2 日，中国科协创新评估专家座谈会在北京举行。
全国政协副主席、中国科协主席韩启德出席会议，并颁发聘书

2014 年 11 月 20 日，全国政协副主席、中国科协主席韩启德到中山大学调研
中学生英才计划实施工作情况，检查指导广东中学生科技创新工作

中国科协党组书记、书记处第一书记尚勇在四川省雅安碧峰峡名扬奶牛养殖专业技术协会调研

中国科协党组书记、书记处第一书记尚勇在湖北省武汉市就科协服务经济建设工作进行调研

中国科协党组书记、书记处第一书记尚勇在河北省保定市长城汽车集团考察

中国科协党组书记、书记处第一书记尚勇看望中国科学院院士、中国天文学会名誉理事长王绶琯

中国科协党组书记、书记处第一书记尚勇赴“老科学家学术成长资料采集工程”馆藏基地进行调研

中国科协党组书记、书记处第一书记尚勇，新华社副社长、党组成员于绍良共同为“科普中国研发与传播基地”揭牌

未来地球计划
中国委员会成立大会

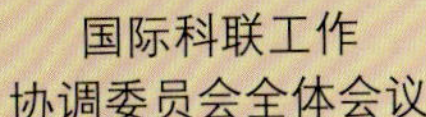

国际科联工作
协调委员会全体会议

2014 灾害风险
综合研究国际会议

中国科协党组书记、书记处第一书记尚勇会见澳门科技协进会理事长崔世平

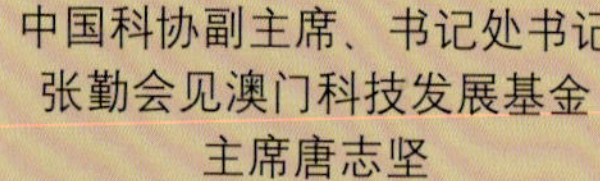

中国科协副主席、书记处书记张勤会见澳门科技发展基金主席唐志坚

第四届海峡两岸科学传播论坛合作洽谈

主要活动和重要事件

综　合

【刘云山等参加2014年全国科普日北京主场活动】 中共中央政治局常委、中央书记处书记刘云山和刘奇葆、李源潮、郭金龙、韩启德等领导同志，9月20日上午来到中国科技馆，参加全国科普日北京主场活动。刘云山指出，科技进步重在自主创新、贵在全民参与，要大力弘扬科学精神，广泛普及科技知识，充分激发全社会的创造潜能和创新活力，为实施创新驱动发展战略提供有力支撑。

北京主场活动的首日，中国科技馆里聚集了不少前来体验科技发明、探索科学奥秘的各界群众和青少年。上午9时30分许，刘云山来到“智能机器人”展台，饶有兴致地观看机器人现场演示，听取有关介绍，对近年来我国机器人研发取得的新成果给予肯定。在“创新引领未来、创新改变生活”区域，展示着无人机和大数据、云技术应用及新材料、个性化智能厨房等，刘云山驻足观看并同专家交流，指出科技改变生活、创新生活，要加快科研成果转化应用，更好服务社会发展、惠及千家万户。

当看到小学生们正在进行太空果实实验和魔幻绘画时，刘云山详细询问有关情况，同小朋友们围坐在实验桌前，探讨有关科学知识，并鼓励他们多学习、多动脑、多动手，积极参与到科技创新中来。在3D打印技术和水下通电、无线充电产品展台前，刘云山对青年科技人员说，创新并不遥远，创新人人可为，只要开动脑筋，就能创造神奇。刘云山来到全国科普日远程音视频互动区，与新疆乌鲁木齐、四川芦山、上海等地科普日活动现场的人员进行交流，称赞科普日活动主题好、内容好、效果好。

参观活动结束时，刘云山说，实现“两个一百年”奋斗目标和中华民族伟大复兴的中国梦，需要以科技实力为支撑，以自主创新为动力。创新成就梦想，创新引领未来。要大力实施创新驱动发展战略，推动我国科技创新不断迈出新步伐、取得新成绩。要支持群众性科技创新，营造鼓励创新的社会环境，形成全民创新、人人创新的生动局面。希望中国科协和各级科协组织加强科普宣传，突出大众性、贴近性，让科技走进百姓、走进生活，让人们在参与中感受科技魅力、焕发创新动力。希望广大科技工作者、教育工作者发挥自身优势，肩负起倡导科学思想、传播科学知识的责任，引导全社会特别是青少年爱科学、学科学、用科学。各级党委和政府要把科普工作摆在重要位置，支持开展科普宣传，引导人们提高科学素质，投身建设创新型国家的生动实践。

2014年全国科普日活动主题是“创新发展，全民行动”。围绕这一主题，各地将组织开展7700多项科普活动。北京的主场活动于9月20日至26日在中国科技馆举办。

【李源潮到《知识就是力量》杂志社调研】 7月25日，中共中央政治局委员、国家副主席李源潮到《知识就是力量》杂志社调研，他指出，要深刻领会习近平总书记“知识就是力量，人才就是未来”的重要思想，大力传播科学知识，点燃青少年的科学梦想。

李源潮说，科学的未来在青少年，希望《知识就是力量》把青少年作为第一服务对象，根据他们的成长特点和求知心理，增强杂志的针对性和吸引力，努力成为点燃青少年科学梦想的火炬，成为传播科学知识的窗口，成为弘扬科学精神的阵地，成为推进科普信息化的先锋，成为培养集聚科普人才的基地，为推动科普事业发展、加快建设创新型国家作出应有贡献。

李源潮在展示室仔细翻阅每一期刊物，了解刊物发展历程，并与编者、读者和作者代表一起座谈。他充分肯定《知识就是力量》为我国科普事业发展作出的贡献功不可没。他说，知识就是力量是人类社会的普遍真理。知识是追求人生价值的力量，是推动社会进步的力量，是振兴中华、造福人民的力量。要尊重知识、学习知识、发现知识、创造知识，在实践中运用和驾驭知识，让知识真正成为有益于人生、有益于人民、有益于社会、有益于国家的正能量。

《知识就是力量》创刊于1956年，已发行了500期。中国科协党组书记尚勇一同调研。中国科协党组成员、书记处书记徐延豪，中国科协党组成员、办公厅主任吴海鹰参加了调研活动。

【李源潮在北京与科普创作工作者代表座谈】 2014年是中国科普作家协会成立35周年。11月4日，中共中央政治局委员、国家副主席李源潮在北京与科普创作工作者代表座谈，希望科普创作工作者深刻领会习近平总书记在文艺工作座谈会上的讲话精神，为实现中华民族的科学梦，创作更多无愧于时代的优秀科普作品。

座谈会上，几代科普作家代表和学生创作者代表积极发言。大家表示，要把握大好机遇，围绕祖国需要、人民需求积极开展科普创作，为提升全民族科学文化素质贡献力量。

李源潮与大家一起讨论交流。他说，科普创作是播种科学的事业，要把青少年作为服务的第一对象，让孩子们的目光看到人类进步的最前沿，树立追求科学、追求进步的志向。展开想象的翅膀，赞赏创意、贴近生活、善于质疑，鼓励、触发、启迪青少年的想象力，点燃中华民族的科学梦想。运用形象化、人格化、故事化、情感化等创作方法，提高青少年对科学的兴趣，激发人们追求科学的源动力。

李源潮说，希望科普创作工作者把握科普传播信息化、网络化、声光化、互动式趋势，多到科学家中去、到科技一线去、到青少年中间去熟悉对象、寻找灵感，为实现中华民族的科学梦奋力创作，在中国科学文化宝库中留下这一代科普工作者的足迹。

本次座谈会是为落实习近平总书记在文艺工作座谈会上的讲话精神而召开的。中国科协党组书记、书记处第一书记尚勇主持会议。中国科协党组成员、书记处书记徐延豪汇报了全国科普创作工作情况，中国科普作家协会理事长刘嘉麒院士汇报了中国科普作协的有关工作情况，卞毓麟等6位老中青科普作家汇报了科普创作的感受和建议，探讨了新时期科普创作事业的方向、科普作家的职责使命。中国科协党组成员、书记处书记沈爱民，党组成员、办公厅主任吴海鹰出席会议。

参加此次座谈会的老中青科普作家有32位。其中老科普作家11人，中青年科普作家16人，学生科普创作者5人。

【李源潮会见杨衍忠先进事迹报告团】 11月3日，中共中央政治局委员、国家副主席李源潮在北京会见了中国科协组织的杨衍忠先进事迹报告团。他指出，杨衍忠同志的一生是科技报国的一生，是执著探索的一生，是无私奉献的一生，广大科技工作者要向杨衍忠同志学习。

杨衍忠同志是江西省地矿局赣南地质调查大队高级工程师，今年5月因病去世。他18岁进入地质调查队后，一直坚持在野外从事地质找矿工作，为发展祖国地矿事业作出积极贡献。杨衍忠同志退休后，20年如一日，整理了近600万字的地质勘探资料献给国家。

李源潮指出，杨衍忠同志胸中装着祖国、装着人民，为祖国和人民的需要，毕生攀登科技高峰。他是我们每个人学习的榜样。中国科协要大力宣传杨衍忠同志先进事迹，激励广大科技工作者特别是青年科技工作者，坚定报国理想，执著科学创新，弘扬奉献精神，带头践行社会主义核心价值观，为建设创新型国家、为实现中华民族伟大复兴的中国梦作出积极贡献。

中国科协党组书记、书记处第一书记尚勇陪同并主持了会见活动。国土资源部党组成员、副部长张少农，江西省委常委、统战部部长蔡晓明，中国科协党组成员、办公厅主任吴海鹰参加会见。

【张春贤与中国科协党组座谈全民科学素质共建工作】 3月11日，中共中央政治局委员、新疆维吾尔自治区党委书记张春贤与中国科协党组就全民科学素质共建工作等进行座谈。新疆维吾尔自治区党委副书记、政府主席努尔·白克力，新疆维吾尔自治区党委常委、常务副主席黄卫，自治区副主席田文等参加座谈。

张春贤听取中国科协和新疆维吾尔自治区科协有关工作汇报后讲话指出，提高全民科学素质行动计划是党中央、国务院的一项重要工作部署，具有深远意义，也是历届自治区党委、政府一直关心的大事，多年来，中国科协在项目、资金、人才方面给予新疆大力支持，全疆以现代文化为引领，科技教育为支撑，重视科技创新、科学普及及思想观念更新，采取了相应措施并取得一定成绩，获得自治区各族群众好评。当前，公民科学素质的提升，既是新疆科学发展的活力所在，又是新疆现代化建设必须解决的瓶颈，也是新疆长治久安的基础和现实问题。张春贤表示，新疆将在提高全民科学素质方面采取更多措施，希望中国科协在今后继续支持新疆工作，帮助新疆共同完成公民科学素质建设目标。

座谈会后，中国科协与新疆维吾尔自治区人民政府正式签订了《落实全民科学素质行动计划纲要共建协议》。根据协议，新疆自治区政府与中国科协将通过开展公民科学素质建设共建工作，落实公民科学素质建设的目标责任，建立完善监测评估和支持制度，充分调动各地各部门实现公民科学素质建设目标的积极性、主动性和责任感，使新疆到2015年实现本辖区公民具备基本科学素质的比例超过2.28%，为实现国务院《关于深化科技体制改革加快国家创新体系建设的意见》所提出的有关目标任务提供有力支撑。

【赵乐际出席第十六届中国科协年会开幕式并讲话】 第十六届中国科协年会于5月24日在云南省昆明市开幕。中共中央政治局委员、中央组织部部长赵

乐际出席开幕式并讲话。赵乐际在讲话中强调，要深入学习贯彻党的十八大、十八届三中全会精神和习近平总书记系列重要讲话精神，牢固树立创新科技、服务国家、造福人民的思想，脚踏实地、攻坚克难、勇于超越，在实现中华民族伟大复兴中国梦的征程中彰显科技创新的无穷魅力，展示科技人生的无限精彩。

赵乐际指出，十八届三中全会吹响了全面深化改革的新号角，开辟了科技事业发展的新空间，科技工作者施展才能、建功立业，机遇前所未有、舞台无比宽广。广大科技工作者要在实施创新驱动发展战略、服务经济社会发展中建功立业，在基础前沿、战略高技术、社会公益技术研究中勇攀高峰，在多学科、多领域交流融合中群体跃进，在推进大科普事业中积极作为。

赵乐际强调，科协要抓住改革机遇、服务国家战略，努力打造高端、前沿、跨学科的学术交流平台，切实加强科研诚信和科学道德建设，大力宣传举荐优秀科技团队和人才，进一步建设好科技工作者之家。

【韩启德看望政协科协界委员并参加科协界别会议】 3月7日上午，全国政协副主席、中国科协主席韩启德来到驻地看望出席全国政协十二届二次会议的政协科协界委员并参加科协界别会议。

会议由全国政协常委、人口资源环境委员会副主任、中国科协副主席秦大河主持。委员们联系科协界别实际讨论政府工作报告，发言踊跃。曹效业、宋家慧、冯守华、孙涛、李兰娟、潘复生、易建强、袁亚湘、林惠民、刘振宇、周伟江等委员就加强科学文化建设、利用行业力量加强对科技奖励的监督和管理、充分发挥社会组织在公共服务和社会治理中的积极作用、完善科技成果评价奖励机制、加强科技成果的应用和保护、加强学会科学化规范化管理、积极营造有利于青年科技人才成长的科研环境、协调主流媒体加强科普宣传、推动公民综合素质全面提高等方面提出意见和建议。

在听取委员们的发言后，韩启德指出，一年来，政协科协界委员围绕中心工作，深入开展调研，广泛参政议政，工作很有成效。他强调，创新驱动发展战略，关系到经济社会的可持续发展；科学文化建设，关系到现代文化强国能否建成。科协要认真履行“三服务一加强”职能，促进科学技术的繁荣和发展。要发挥好科协思想库智囊库作用，为经济社会发展顶层设计贡献智慧力量，推动发挥市场在科技资源配置中的决定作用，推动科技更好地服务经济社会发展；要围绕社会热点焦点问题，运用媒体、网络等现代化信息传播手段，大力开展科普，传播科学思想，组织科学活动，立足于中国传统文化，弘扬科学文化；要用好现代信息网络手段，紧密团结科技工作者，反映科技工作者呼声，发挥好科协的桥梁纽带作用。他希望政协科协界委员立足专业领域，发挥自身优势，积极议政建言，为中国经济社会可持续发展贡献智慧和力量。

全国政协提案委员会驻会副主任王秀峰，国家中医药管理局副局长王志勇，中华全国供销合作总社党组成员、理事会副主任邹天敬，中国科协书记处书记、党组成员沈爱民，中国科协党组成员、办公厅主任吴海鹰和中国科协学会学术部、中华全国供销合作总社有关同志列席会议。

【韩启德出席2014年度科学大师名校宣传工程汇演活动】 4月25日，2014年度“共和国的脊梁——科学大师名校宣传工程”汇演活动在湖北省武汉市中国地质大学弘毅堂拉开帷幕。“五四”期间，一场科学精神的盛宴将在荆楚大地上演。全国政协副主席、中国科协主席韩启德出席启动仪式，观看首演剧目《大地之光》。中国地质大学（武汉）党委书记郝翔介绍了《大地之光》的创作排演情况。启动仪式由中国科协党组成员、书记处书记王春法主持。

本次汇演由中国科协联合教育部、共青团中央、中国科学院、中国工程院共同主办。4月25日至5月10日期间，北京大学、清华大学、上海交通大学、浙江大学、中国地质大学（武汉）、中国科学技术大学、北京航空航天大学和北京交通大学将分别演出以王选、邓稼先、钱学森、竺可桢、李四光、郭永怀、罗阳和茅以升为主题的舞台剧。各剧目将在中国地质大学（武汉）、武汉大学、华中农业大学和湖北大学上演，每个剧目演出3场，分别面向高校师生、中学师生和社会公众演出。

演出结束后，韩启德走上舞台发表了即席讲话。他对《大地之光》的演出成功表示祝贺，评价同学们的演出不仅演出了水平，更演出了精神。他指出，话剧不仅演绎了科学家追求真理的精神，更彰显了科学家的爱国主义精神。中国人重视家国情怀，我们特别要讲集体讲国家，没有国强就没有民强，到今天还是这样。他强调，话剧《大地之光》的成功在于不仅演活了李四光这样的科学大师，更把他的学生对大师精神的继承和发扬演绎得淋漓尽致。这部话剧告诉我们，在党的领导下，只要李四光的精神能够薪火相传，有一代一代的“共和国的脊梁”的成长，中华民族伟大复兴的中国梦一定能够实现。

湖北省委常委、统战部长张岱梨，湖北省政府副省长、省科协主席郭生练，湖北省政协副主席、省科协副主席田玉科，中国科学院和中国工程院院士樊明武、张勇传、罗俊、茆智、殷鸿福等，主办单位、承办单位和协办单位有关部门领导，湖北省有关部门领导，武汉市领导，各参演高校和场地高校领导等出席启动仪式。

启动仪式后，中国地质大学（武汉）的同学演出了话剧《大地之光》，话剧以李四光先生“爱国、求是、担当、奉献”的价值追求为灵魂和主线，以先生的生平事迹为基本素材，充分展现了以李四光先生为代表的科技工作者为民族振兴、国家富强、社会进步和人民幸福鞠躬尽瘁的崇高品格。在鄂专家学者、优秀科技工作者代表，中国地质大学（武汉）等高校师生，以及新闻界的朋友共1400余人观看了演出。

【韩启德观看原创话剧《茅以升》，王志珍一同观看】 2014年3月27日晚，由北京交通大学师生精心排演的原创话剧《茅以升》在校园内上演。全国政协副主席、中国科协主席韩启德观看演出并看望了演职人员。十一届全国政协副主席王志珍一同观看演出。

韩启德在看望演职人员时表示，茅以升先生不仅留下了大桥，而且还培育了大批杰出工程人才，在共和国建立和发展过程中发挥了重要作用，充分说明了教育对一个国家发展的重要意义。韩启德说，综观历史从来没有任何时代能让像我们今天这样离中国梦如此接近，希望同学们努力接过老一辈手中的接力棒，成为国之栋梁，让伟大的中国梦在我们这一代变成现实。

出席观看的还有，教育部副部长刘利民，团中央书记处书记傅振邦，中国铁路总公司纪检组长安立敏，茅以升科技教育基金会副主任孙永福，中国科协党组成员、书记处书记王春法等。北京交通大学千余名师生和近百名校友参加首演活动。

话剧《茅以升》是中国科协和教育部等5部门共同主办的“共和国的脊梁——科学大师名校宣传工程”项目之一。该项目旨在通过师生演校友、师弟演学长的方式，广泛宣传把自身事业追求和人生价值追求同国家富强、社会进步、人民幸福紧密联系起来，以报效祖国为最高荣耀、在创造一流科技业绩中书写人生辉煌的科学大师，引导广大青少年和科技工作者自觉践行社会主义核心价值观，把智慧和力量凝聚到为实现中华民族伟大复兴的“中国梦”的宏伟事业中。

话剧《茅以升》以颂扬老一辈科学家实现“中国梦”为主题，立足于中华民族救亡图存及新中国民族振兴的宏大历史背景，弘扬了茅以升先生建造生命之桥、知识之桥、人生之桥的伟大精神。话剧向观众全景再现了茅以升先生少年时期立志建桥，青壮年时代满腔热血投身祖国建设成为著名桥梁专家，倾心培育工程技术人才桃李满天下的光辉一生。剧中讲述了茅以升先生攻克重重难关主持建成中国第一座现代铁路公路两用桥钱塘江大桥，却以国家和民族大义为重，亲手炸掉这座大桥的可歌可泣的感人事迹。从“倾情造桥”到“挥泪炸桥”的剧情转换带给现场观众极大的心灵震撼。多媒体元素的运用给观众带来强烈的视觉冲击。

【中国科协第八届全国委员会第五次会议】 1月25日，中国科协第八届全国委员会第五次会议在京召开。中共中央政治局委员、国家副主席李源潮出席会议并作重要讲话，全国政协副主席、中国科协主席韩启德主持会议并作工作报告。李源潮指出，要深入学习贯彻十八大、十八届三中全会精神和习近平总书记系列重要讲话精神，抓住全面深化改革机遇，推进科协工作创新发展，团结带领广大科技工作者为实施创新驱动发展战略、实现经济社会发展目标任务作出积极贡献。

李源潮在讲话中充分肯定了过去一年科协工作取得的成绩。他指出，科协工作要服务党和国家工作大局，抓住实施创新驱动发展战略新机遇，在促进科技创新与经济社会发展深度融合中发挥重要作用；抓住深化科技体制改革、创新完善人才发展体制机制新机遇，在激发科技工作者创新创造活力上发挥重要作用；抓住加快转变政府职能新机遇，拓展科协组织社会化服务职能；抓住培育和践行社会主义核心价值观新机遇，在弘扬科学精神、树立社会新风中发挥重要作用。要抓住信息化机遇，把握互联网在人们获取信息中作用越来越重要的趋势，建设好新一代数字科技馆，加快推进科普信息化，让科学知识在网上流行。

李源潮指出，各级科协组织要以深入开展群众路线教育实践活动为动力，深入基层、改进作风，以服务增强科协组织的吸引力凝聚力，以服务激发科技工作者的创新力创造力。

韩启德在工作报告中回顾总结了2013年工作，提出了2014年的重点任务，要求各级科协组织及所属团体深入学习、全面贯彻党的十八大和十八届二中、三中全会精神和习近平总书记系列重要讲话精神，抓住

全面深化改革机遇，着力发挥学会的生力军作用，着力提高科普工作成效，着力拓宽人才发展途径，着力提高决策咨询水平，着力加强基层组织建设，不断巩固发挥党的群众路线教育实践活动成效，创新和拓展科协工作，服务创新驱动发展战略，进一步调动激发科技工作者的积极性创造性，团结带领广大科技工作者，为提高全民科学素质、加快建设“新四化”、实现中华民族伟大复兴的中国梦作出更大贡献。

会议选举张勤同志为中国科协第八届全国委员会副主席，选举沈爱民同志为中国科协第八届全国委员会常务委员会委员。

中央有关部委负责同志出席会议。中国科协副主席邓中翰、卢锡城、冯长根、李静海、沈岩、张勤、张桃林、陈章良、陈赛娟、赵沁平、秦大河、黄伯云、程东红、谢克昌，中国科协书记处书记徐延豪、王春法、沈爱民，中国科协党组成员吴海鹰、束为，中国科协第八届全国委员会291名委员，以及部分在京中国科协荣誉委员、全国政协科协界委员、中国科协老领导等出席了会议。

【中国科协第八届全国委员会第六次会议】 4月19日，根据中国科协八届常委会第九次会议以通讯方式召开中国科协八届六次全委会议的决定，中国科协八届六次全委会议以通讯方式召开，共向380名全委会委员发出380张《中国科协第八届全国委员会第六次会议表决票》，回复表决票共342张，回复人数超过委员人数的三分之二；其中同意票342张，同意票数超过表决票半数。会议通过《关于免去申维辰[①]中国科协第八届全国委员会副主席、常务委员会委员职务的报告》，决定免去申维辰中国科协第八届全国委员会副主席、常务委员会委员职务。

【中共中央决定尚勇同志任中国科协党组书记】 7月2日，中国科协召开机关、直属单位干部大会。全国政协副主席、中国科协主席韩启德同志，中央组织部副部长王尔乘同志，中国科协党组书记尚勇同志出席会议并讲话。会议由中国科协副主席、书记处书记、党组副书记张勤同志主持。

王尔乘同志受中央领导同志的委派，宣布了中共中央关于中国科协党组主要负责同志任职的决定，尚勇同志任中国科学技术协会党组书记。王尔乘同志说，这次中国科协党组书记的任命，是中央根据中国科协工作需要和中国科协领导班子建设的实际，通盘考虑、慎重研究之后决定的。中央认为，尚勇同志政治素质好，经历多岗位工作，熟悉科技工作和科技界情况，党务工作经验丰富，工作思路清晰，组织领导能力强，为人正派，团结同志，要求自己比较严格，是中国科协党组、书记处主要领导同志的合适人选。相信中国科协领导班子成员和全体干部全力支持配合尚勇同志的工作，把思想统一到中央决定上来，讲政治，顾大局，守纪律，恪尽职守，做好各项工作。

王尔乘同志说，近年来，在党中央、国务院的正确领导下，科协工作蓬勃开展，得到广大科技工作者和社会各界的认可。当前科协工作面临新的机遇，具有广阔的舞台。下一步，希望中国科协认真学习贯彻习近平总书记系列重要讲话精神，认真落实党中央、国务院关于科协工作的系列指示精神，增强大局意识、创新意识、服务意识，切实增强做好科协工作的政治自觉，进一步加强领导班子和干部队伍建设，全力开创科协工作的新局面。

韩启德同志在讲话中表示，中央决定尚勇同志到中国科协工作，充分体现了党中央对中国科协领导班子建设和中国科协工作的高度重视和关心，中国科协坚决拥护中央的决定，热烈欢迎尚勇同志到科协工作，全力支持尚勇同志的工作。近些年来，在党中央、国务院的正确领导下，中国科协高举中国特色社会主义伟大旗帜，认真学习贯彻习近平总书记系列重要讲话，认真落实中央书记处对科协工作的一系列指示精神，做了大量卓有成效的工作。中国科协已经成为党的群众工作的重要组成部分和推动我国科技事业发展的重要力量，成为代表和维护广大科技工作者利益的“科技工作者之家”。

韩启德同志说，党的十八届三中全会对全面深化改革工作作出了重要部署，这对科协工作提出了新的更高的要求。中国科协要在以习近平同志为总书记的党中央的坚强领导下，深入学习贯彻党的十八大和十八届三中全会精神，团结和动员广大科技工作者，为取得科协事业发展的新成就，为全面建成小康社会、

① 中央纪委2014年4月12日公布，申维辰因涉嫌严重违纪违法，正在接受组织调查。2014年4月19日，中国科协八届九次常委会议决定免去申维辰中国科协书记处第一书记职务，撤销中国科协第八届全国委员会委员职务。中国科协八届六次全委会决定，免去申维辰中国科协第八届全国委员会副主席、常务委员会委员职务。中央纪委2014年12月22日公布，经中共中央批准，决定给予申维辰开除党籍、开除公职处分；收缴其违纪所得；将其涉嫌犯罪问题及线索移送司法机关依法处理。2016年10月11日，江苏省常州市中级人民法院依法对被告人申维辰以受贿罪判处无期徒刑，剥夺政治权力终身，并处没收个人全部财产；对申维辰受贿所得财物予以追缴，上缴国库。

实现中华民族伟大复兴中国梦不断作出新的贡献。

新任中国科协党组书记尚勇同志在会上表示，衷心拥护，坚决服从中央的决定。他说，近年来，在历届科协领导工作的基础上，科协工作领域进一步扩展，工作手段、力度进一步加大，在科技界社会地位进一步提高，组织网络覆盖面宽广，取得了令人钦佩的工作成就。尚勇同志表示，将虚心学习，不断提高履行职责的能力和水平，尽快进入工作角色。科协工作一是要坚持正确的政治方向，继续做好党和政府联系科技工作者的桥梁纽带，二是要坚持在继承中创新，不断提升履行"三服务一加强"职能的水平，三是要按照习近平总书记"三严三实"的要求，切实加强科协自身建设，严守各项纪律，始终保持优良作风。他表示，将按照民主集中制原则和中央关于加强领导班子建设的一系列指示精神，与党组同志一道，把中国科协党组建设成听党指挥、团结协作、作风过硬、清正廉洁的坚强领导集体，充分尊重同志们的创新精神，充分调动广大干部的积极性，大力加强科协组织自身建设，不断提高科协干部队伍素质和能力。

张勤同志表示，中央对中国科协党组主要负责同志的任命，充分体现了中央对中国科协事业发展的重视和关心，对中国科协干部队伍的关怀和信任。中国科协党组、书记处成员及科协全体干部职工坚决拥护中央的决定，对尚勇同志来中国科协工作表示热烈的欢迎，并将积极支持和配合尚勇同志的工作，把科协事业继续推向前进。张勤同志要求中国科协各级领导干部和全体职工把思想和行动统一到中央精神上来，讲政治、顾大局、守纪律，深入学习贯彻党的十八大，十八届二中、三中全会精神和习近平总书记系列重要讲话精神，坚决贯彻落实中央书记处关于中国科协工作的指示精神，恪尽职守，勤奋工作，团结协作，廉洁从政，圆满完成中国科协的各项工作任务，推动中国科协事业发展再上新的台阶。

中国科协党组领导同志徐延豪、王春法、沈爱民、吴海鹰、束为，近期退出科协领导班子的老同志齐让、程东红、高潮、冯长根、苑郑民，中组部干部四局局长李春良、副局长陈玉明，中国科协离退休干部代表，以及中国科协机关全体同志、各直属单位领导班子成员出席了会议。

【尚勇同志任中央人才工作协调小组成员】 2014年，根据中央人才工作协调小组的有关要求及中国科协党组主要领导调整情况，经上报中央人才工作协调小组同意，尚勇任中央人才工作协调小组成员。

中央人才工作协调小组成立于2004年1月，中国科协一直是中央人才工作协调小组的成员单位。

【中国科协八届八、九、十、十一次常委会议召开】 1月24日，中国科协八届八次常委会议在北京召开。全国政协副主席、中国科协主席韩启德主持会议。中国科协常委出席会议。中国科协党组成员，有关部门、直属单位负责同志，中组部有关部门同志，澳门科技协进会负责同志列席会议。

4月18日，经中国科协书记处八届45次会议提议并报韩启德主席同意，中国科协八届九次常委会议以通讯方式召开。通过短信和电子邮件方式，向中国科协常委发出《中国科协办公厅关于以通讯方式召开中国科协八届常委会第九次会议的通知》，除申维辰外，54名常委全部通过电话或电子邮件对常委会议事项进行审议并表决同意。根据中央有关申维辰①免职的决定，按照《中国科学技术协会章程》的有关规定，经中国科协第八届全国委员会常务委员会第九次会议审议通过，免去申维辰中国科协八届书记处第一书记职务、撤销申维辰中国科协八届全国委员会委员职务、终止申维辰中国科协第八次全国代表大会代表资格；以通讯方式召开中国科协八届六次全委会议；建议免去申维辰中国科协第八届全国委员会副主席、常务委员会委员职务，提交中国科协八届六次全委会议审议通过。

5月23日，中国科协八届十次常委会议在中国科协第十六届年会举办地云南省昆明市召开。会议由全国政协副主席、中国科协主席韩启德主持。中国科协副主席卢锡城、冯长根、刘玠、李静海、沈岩、张勤、陈章良、赵沁平、秦大河、唐启升、黄伯云、程东红、谢克昌，常委王小兰、王春法、方新、吕植、刘仓理、许振超、李洪、杨卫、吴明江、沈爱民、周建平、饶子和、夏强、徐延豪、高福、曹淑敏、龚克、谢和平、樊明武出席会议。中国科协党组成员、

① 中央纪委2014年4月12日公布，申维辰因涉嫌严重违纪违法，正在接受组织调查。2014年4月19日，中国科协八届九次常委会议决定免去申维辰中国科协书记处第一书记职务，撤销中国科协第八届全国委员会委员职务。中国科协八届六次全委会决定，免去申维辰中国科协第八届全国委员会副主席、常务委员会委员职务。中央纪委2014年12月22日公布，经中共中央批准，决定给予申维辰开除党籍、开除公职处分；收缴其违纪所得；将其涉嫌犯罪问题及线索移送司法机关依法处理。2016年10月11日，江苏省常州市中级人民法院依法对被告人申维辰以受贿罪判处无期徒刑，剥夺政治权力终身，并处没收个人全部财产；对申维辰受贿所得财物予以追缴，上缴国库。

办公厅主任吴海鹰，中国科协机关各部门和有关直属单位负责人列席会议。

9月26日，中国科协八届十一次常委会议在北京召开。会议由全国政协副主席、中国科协主席韩启德主持。中国科协副主席邓中翰、卢锡城、冯长根、刘玠、李静海、沈岩、张勤、张桃林、陈章良、陈赛娟、赵沁平、秦大河、唐启升、黄伯云、程东红，常委干勇、马伟明、王小兰、王诗宬、王春法、王恩哥、方新、刘仓理、许振超、李洪、杨劼、杨玉良、吴明江、张玉卓、欧阳竹、易小刚、周建平、哈木拉提·吾甫尔、饶子和、夏强、徐延豪、曹振全、曹淑敏、龚克、屠海令出席会议。中国科协党组书记尚勇，党组成员束为列席会议。中国科协机关有关部门和有关直属单位负责同志列席会议。

【中国科协第八届常委会科技工作者道德与权益专门委员会第四次会议】 1月26日，中国科协第八届常委会科技工作者道德与权益专门委员会第四次会议在中国科技会堂召开。中国科协副主席、专委会主任黄伯云出席并主持会议。专委会顾问王志珍、杨乐，专委会副主任李静海、杨卫、龚克、林蕙青，专委会委员王兴、王乃彦、田静、汪寿阳、吴常信、康克军、柯杨出席会议。

会议通报了2013年全国科学道德和学风建设宣讲教育工作情况，审议了专委会2013年工作总结和2014年工作要点，重点研究了第十六届中国科协年会科学道德建设论坛和第四届中美科学道德诚信建设论坛事宜。

教育部党组成员、部长助理林蕙青在通报2013年全国科学道德和学风建设宣讲教育工作情况时说，中国科协、教育部、中科院、社科院、工程院落实中央领导同志关于科学道德和学风建设宣讲教育工作的重要批示精神，在巩固前3年工作成果的基础上，按照全覆盖、制度化、重实效的总要求，统筹谋划周密部署，引领示范打造品牌，加强能力建设，着力推动建立长效机制，使宣讲教育工作再上新台阶。

在会议讨论中，委员们提到要继续推动全国科学道德和学风建设宣讲教育工作，建立长效机制，扩大影响力；要加大对学术不端行为的查处力度，像国家反腐败、体育界反兴奋剂一样反对学术不端；要注重舆论引导，对学术问题要是非分明；要深入研究科学道德与学术评价之间的关系。

【中国科协第八届常委会组织建设专门委员会第三次会议】 1月24日，中国科协第八届常务委员会组织建设专门委员会第三次会议在科技会堂召开。专委会顾问栾恩杰，组织建设专委会副主任姚建年，委员王晓民、王静康、李森、李新亚、宋南平、刘国胜、刘雁飞、呼燕、赵继、秦大河出席会议。

会议分别听取了中国科协有关部门负责人关于地方科协和科协基层组织建设工作、企业科协组织建设、建立县级科协联系点有关工作、全国农技协组织建设工作的情况汇报。审议通过了《中国科协第八届常务委员会组织建设专门委员会2013年工作总结和2014年工作要点》。各位委员就2014年工作提出了很多好的意见建议。在讨论中，委员们谈到，学会的组织建设很重要，专委会要将学会组织建设纳入工作范畴，研究如何进一步提升学会能力，有效承接政府转移职能；在调动科协会员积极性，增强科协会员意识，提升会员知名度等方面采取相应措施；2014年中国科协组织建设工作要进一步明确指导思想和具体目标，更好体现为创新驱动发展战略服务的工作思路；抓好乡镇、农村科普组织和农技协组织的发展；加强科协组织建设的理论研究；充分利用信息技术手段开展科协工作；积极推动地方科协和基层科协、基层科协之间的联动，扩大科协组织影响力的宣传；要加强与其他部门和组织的协同合作，共同推动基层科普工作开展。

【中国科协第八届常委会青年工作专门委员会第四次会议】 1月24日，中国科协第八届常委会青年工作专门委员会第四次会议在北京召开。会议审议了青年工作专门委员会2013年工作总结和2014年工作计划，研究筹备第十二届全国博士生学术年会工作。受中国科协副主席、青年工作专门委员会主任袁家军委托，全国人大常委、中国科协副主席、青年工作专门委员会副主任冯长根主持会议。青年工作专门委员会副主任王伟中、张勤、杨劼，委员吴跃、张广军、陈山枝、唐志敏、黄卫东、储富祥等出席会议。

2013年，中国科协第八届常委会青年工作专门委员会按照中国科协八届三次、四次全委会部署要求，结合青年工作的特点和实际，以打造全国博士生学术年会品牌活动为重点，活跃博士生学术思维，促进青年科技工作者成长，支持青年科技人才创新创业，努力为青年科技人才脱颖而出创造良好环境。

2014年，青年工作专门委员会重点做好五个方面的工作：一是办好第十二届全国博士生学术年会，二是召开中青年科学家座谈会，三是建立青年科学家网上交流平台，四是开展青年工作调研，五是配合中国扶贫开发协会实施“博士后扶贫工程”。

【中国科协第八届常委会促进企业自主创新专委会第四次会议】 5月24日，中国科协第八届常委会促进企业自主创新专门委员会第四次会议在云南省昆明市召开。中国科协副主席、专委会主任刘玠主持会议。中国科协党组副书记、副主席、书记处书记、专委会副主任张勤，国务院参事、专委会副主任石定环，专委会副主任宋南平，专委会委员许振超、李洪、穆荣平、王延祜出席会议。

会议通报了专委会办公室组成人员调整情况，听取了中国科协2014年服务企业创新工作的有关情况。一年多来，专委会办公室在“讲、比”活动和服务企业技术创新等方面开展了大量的工作，在“讲、比”活动、院士专家工作站建设、创新方法培训、科技信息服务和企业科协组织建设等方面，都取得了新的进展和成绩。2014年的工作思路十分明确，按照“打基础、建机制、促转变、求实效”的总体要求推进各项工作，体现了在继承中创新、创新中发展的理念，值得充分肯定。

会议听取了《企业如何成为技术创新主体调研报告》、举办“技术创新·企业发展”论坛筹备情况的汇报，并对专委会下一步工作进行了安排和部署。

【中国科协常委会专委会活动】 2014年，中国科协常委会专门委员会深入贯彻党的十八大、十八届三中、四中全会精神和习近平总书记系列重要讲话精神，围绕科技、科协重点工作，积极开展各项活动，取得了丰富工作成果。

促进企业自主创新专门委员会在中国科协常委会的领导下，围绕实施创新驱动发展战略、全面深化改革的重大部署，充分发挥专委会专家优势，举办“技术创新·企业发展”论坛，深入中小企业开展自主创新情况调研，积极参与全国“讲理想、比贡献”活动评选表彰工作，为服务企业技术创新作出了积极贡献。

科技工作者道德与权益专门委员会按照全委会和常委会的工作部署，认真履行专委会的工作职责，积极推动科学道德和学风建设宣讲教育，开展国际交流，协助开展科研不端行为调查处理，在科学道德建设工作中发挥了重要的作用。

组织建设专门委员会落实中国科协八届五次全委会会议精神，求真务实，突出重点，稳步推进科协组织建设。加强学会组织建设，完善学会内部治理，引导学会建设现代科技社团，加强指导、注重引领，地方科协组织建设取得新成效，发挥中国科协基层组织建设工作联系会各成员单位的作用，制定印发了《中国科协2014年基层组织建设工作要点》，推动各项工作有序开展。

决策咨询专门委员会按照中国科协八届五次全委会工作要求，围绕科协事业发展强化参谋助手作用，对国家级科技思想库建设提供专业化指导，研究、谋划推动创新评估工作，组织开展科技政策相关学术交流，围绕国家重点战略开展专项调研等，有效地促进了科协系统各项工作的开展。

科技与人文专委会认真履行工作职责，紧密结合中国科协整体工作部署，在促进科技工作者与社会科学工作者交流、推动创新文化建设等方面，扎实推进，勇于开拓，取得一定进展。深入贯彻落实党中央的重大决策部署，加强推进科学文化的制度建设，开展科学文化建设专题研究，起草制定《科学文化建设纲要》（初稿），赴采集工程馆藏基地调研。

学术与学会工作专门委员会围绕《中国科协2014年工作要点》明确的各项任务，深入调查研究，加强顶层指导，创新工作机制，培育活动精品，推动解决学会学术工作面临的突出问题，为学会学术工作创新发展积极发挥作用，较好地履行了职责，圆满完成工作任务，有效促进了学会学术工作的深入开展。主要工作包括：加强对学会学术工作的顶层筹划，围绕为自主创新服务开展专题调研，指导学会能力提升专项组织实施，指导实施科技期刊提升国际影响力计划，指导中国科协年会组织实施，指导学科发展研究项目实施，指导落实学会学术有关工作任务等。

继续教育专门委员会认真贯彻《国家中长期人才发展规划纲要（2010—2020年）》《国家中长期教育改革和发展规划纲要（2010—2020年）》等文件和中国科协第八届常委会继续教育专门委员会第三次会议的有关要求，切实落实《中国科协事业发展十二五规划》《中国科协关于加强继续教育工作的若干意见》，围绕科协工作大局，积极开展活动，密切联系人社部专技司，研究和指导继续教育工作，推动中国科协继续教育工作深入开展。

促进农村和少数民族地区发展专门委员会以及科学技术普及专门委员会健全制度，做好服务，满腔热情地做好专委会工作，服务大局，突出重点，有针对

性地开展调研工作。

促进国际合作专门委员会促进与港澳台交流专门委员会根据两办规定及中国科协书记处的指示精神，继续对出访项目进行整体控制，严格审核每一个团组，取消一般性考察。继续做好国际科技组织任职科学家赴西藏公开讲座，国际组织工作、双边交流工作港澳台交流工作、海智工作等。

女科技工作者专门委员会积极开展调查研究，以活动为抓手，指导和支持中国女科技工作者协会等女性科技社团发挥社会影响力，为女科技工作者提高学术、展示才华、建言献策、服务社会搭建平台，团结动员广大女科技工作者为实现中华民族伟大复兴的中国梦作贡献。

青少年科学教育专委会认真履行工作职责，按照年初制定的专委会工作计划，充分发挥各位委员的专业优势，积极参与青少年科学教育重点工作调研和相关青少年科普活动，指导和推动了科协系统的青少年科技教育工作。

【农村和少数民族专委会赴四川基层调研】 中国科协促进农村和少数民族地区发展专门委员会、科学技术普及专门委员会部分委员5月赴四川省开展科普惠农兴村工作调研。国家民族事务委员会教科司司长田联刚，西藏自治区科协主席、党组副书记仓珍，中国水产学会副理事长、秘书长司徒建通，中国青少年科技辅导员协会常务副理事长牛灵江等专委会委员参加了本次调研活动。中国科协科普部、农技中心和四川省科协有关人员陪同参加了调研活动。

调研期间，委员们先后考察了全国科普惠农兴村先进单位梓潼县中药材协会、文昌添宝水果科普示范基地、剑阁县汉阳现代循环农业科普示范基地、苍溪县红猕猴桃王猕猴桃协会、苍溪县云峰雪梨协会、阆中市三峰川明参协会、南部县兴盛乡蚕业技术协会和射洪县郑葛生态农庄等科普惠农获奖单位，这些先进集体在促进现代农业发展，提高农民科学素质方面成效显著。尤其是剑阁县汉阳现代循环农业科普示范基地的经验给委员们留下深刻印象，委员们与示范基地的水果协会、南瓜种植协会、畜禽养殖协会等会员进行了座谈，会员们普遍认为科普惠农兴村计划不仅增加了农民的收入，提高了农民的整体科学素质水平，主要表现在农民对国家的惠农政策的理解，自觉遵守农产品的质量标准，科普惠农兴村计划培育了一批有文化、懂技术、会经营的新型农民。

委员们还考察了阆中市鹤峰、东兴、峰占、三庙、柏垭等5个乡镇、近千名药农自发组织成立的阆中市三峰川明参协会建立的科普示范基地。调研中委员们了解到，农技协和农村科普基地在引导农业技术发展方面作用显著，而在农产品经营运作方面的力度有待加强，尤其值得一提的是由中国科协、财政部联合授予的“全国科普惠农先进单位”称号得到了获奖农技协和农村科普示范基地的高度认可。

委员们还对下一步科普惠农兴村工作提出了如下建议：

一是中国科协要继续实施“科普惠农兴村计划”项目，充分发挥其引领、辐射、示范和带动作用，扩大“科普惠农兴村计划”的影响力和持续性。“科普惠农兴村计划”是农村科普工作的重要抓手，有力地促进了基层农技协、农村科普示范基地、农村科普带头人、少数民族科普工作队等组织壮大和发展，起到至关重要的作用。项目实施以来涌现出许多好的经验和做法，要不断总结经验，适应新形势下现代农业的发展需要，赋予“科普惠农兴村计划”在现代农业发展中新的历史使命。

二是争取国家农村金融项目支持。结合基层开展的“银会合作”的经验及广大群众的实际需求，突出科普富民、科普强会的效果，切实帮助农技协、科普示范基地，通过国家金融服务扩大生产规模、提高综合科学素质，增收致富。

三是加大农村科普人才的培养。农村科普要有专门的人才，要针对农村开展科普培训，支持协会和科普示范基地开展的农业生产培训。充分发挥农村科普惠农服务站的作用，引导专家为基层农业生产服务。要借助现代传播方式，大力发展数字科普传播模式，利用手机、互联网、即时通讯技术等网络新媒体传播手段，面向基层的农民群众开展科普宣传，提高整体科学素质。

【促进企业自主创新专门委员会赴小米公司调研】 9月26日，中国科协促进企业自主创新专门委员会赴北京小米科技有限责任公司开展自主创新情况调研。中国科协副主席、专委会主任、中国工程院院士刘玠，中国科协党组副书记、副主席、书记处书记、专委会副主任张勤，中国科技新闻学会理事长、专委会副主任宋南平，以及全国人大常委、全国总工会副主席许振超，北京有色金属研究总院名誉院长、中国工程院院士屠海令，中国科学院创新发展研究中心主任穆荣平，中国科协计划财务部部长王延祜等部分专委会委员参加调研。北京小米科技有限责任公司副总裁洪峰等陪同调研并与专家座谈交流。

此次调研的目的，旨在了解和提炼小米公司自主创新的有关情况，以便向全国科技型中小企业推广，共同努力，为提升企业自主创新能力作出新贡献。

专委会调研组专家首先参观了小米之家产品展示、网络客服等工作场所。在座谈交流中，洪峰首先从小米手机的软件、硬件、电子商务和互联网思想等方面，详细介绍了公司成长历程、取得经验和在技术创新中遇到的困难等情况。调研组专家就小米公司迅速崛起的秘诀、人才培养引进、知识产权保护、专利申请和企业发展中遇到困难等情况与小米公司参会人员进行了交流探讨。

刘玠在讲话中说，小米公司用短短四年多的时间，已发展成为具有广泛影响的国内互联网企业，其发展速度、业绩显赫是一个很大的奇迹，一方面得益于党和国家的好政策，抓住了当前有利机遇，另一方面与公司经营战略和创新团队是分不开的。他强调，IT 产业是一个更新换代较快的产业，企业要想立于不败之地，必须要有战略眼光、市场预测、核心技术和关键技术，而技术创新是核心竞争力的核心，必须摆在更加突出位置。要不断进行自主创新，有自己的核心和关键技术，确保公司不断发展壮大；要加强创新人才培养，有一支过硬的创新团队；要妥善处理好市场商机与技术创新的关系，有时抓住市场商机更为重要；要加强知识产权、发明专利的申请和保护，既要尊重和维护其他互联网企业的知识产权，也要保护好自己的知识产权和专利。在产品开发方面，要结合企业的实力，精心打造自己的主打品牌。希望小米公司要继续努力，在自主创新方面有新的突破，真正成为我国互联网行业的领军企业，使自己的技术和产品走向全国、走向世界，为实施创新驱动发展战略、全面建成小康社会奋斗目标作出新的更大贡献。

刘玠表示，专委会愿继续与小米公司共同探讨科技型中小企业、民营企业的自主创新等工作，为其他企业创新提供有益借鉴。对于小米公司反映的民营企业与国有企业享受国家有关政策不公平、申报高新技术企业门槛过高、申请专利时间长和融资困难等问题，此次调研后会形成调研情况报告，积极向国家有关部门反映情况，为科技型中小企业和民营企业创新发展，营造良好创新环境。

【中国科协第八届常委会青年工作专门委员会开展 35 岁以下青年科技人才调研】 11 月 21 ～ 23 日，中国科协副主席、青年工作专委会副主任冯长根，中国科协副主席、党组副书记、书记处书记、青年工作专委会副主任张勤率青年工作专委会调研组赴青年科技人才汇聚、人才工作特色鲜明的江苏省苏州市开展了 35 岁以下青年科技人才状况专题调研。本次调研旨在为深入了解和掌握 35 岁以下青年科技人才的科研、生活状况，有针对性地提出政策性建议，努力为他们成长成才、脱颖而出创造条件。

11 月 21 日，调研组在苏州市召开了青年科技人才状况调研座谈会，座谈会由中国科协常委、青年工作专委会副主任杨劼主持，江苏省、苏州市有关部门负责人和青年科技工作者代表参加座谈。江苏省、苏州市人才办负责人分别介绍了江苏省、苏州市的科技人才特别是青年科技人才总体状况和省市支持青年科技人才创新创业所出台的支持政策和人才计划。12 位与会青年科技工作者代表围绕创新创业历程、科研政策环境、工作生活状况及面临的一些实际问题等话题畅所欲言。他们谈到，国家和江苏省、苏州市对青年科技人才很重视，出台了一系列支持青年科技人才发展的具体措施，很多人受益于这些措施，创新创业事业得以起步。在事业起步阶段，也会面临着这样或那样的问题，有人感到项目申请的成功率不高，感到生活的压力较大等。他们建议，能够针对青年科技人才的实际状况出台一些措施，例如对青年科技人才的项目支持应侧重于处于行业领先位置的企业项目，在项目申报中能够确保青年科技人才申报成功的项目占有一定的比例，适当提高人员经费在项目经费开支中的比例，创新政策支持重点应更加侧重于原始创新而不是围绕热点事物的创新等。

座谈中，张勤认真听取并不时回应与会代表发言，询问他们的科研、创业和工作、生活情况。他谈到，江苏省和苏州市经济社会发展较好，科技人才政策支持力度较大，青年科技人才聚集度高。他表示，中国科协以及青年工作专委会高度重视青年科技人才工作，开展 35 岁以下青年科技人才状况调研活动，就是要掌握他们在学术成果发布、科研项目申请、科研基金获取、职称职务晋升、生活待遇等方面的实际状况，了解影响青年科技人才成长发展的因素，听取各方面关于支持青年科技人才更好地成长并在服务创新发展中更好发挥作用的意见和建议，为青年科技工作者提供更好的服务。

12 月 22 ~ 23 日，冯长根带领调研组一行先后赴苏州大学、苏州工业园区生物纳米园、中国科学院苏州生物医学工程技术研究所、苏州高新区知识产权服务聚集区、苏州高新区医疗器械产业园等青年科技人才集中的高校、园区、院所、企业等开展实地调研，通过召开小型座谈会、参观走访等形式听取了各方面负责人和科技工作者的意见建议。

【全国政协科协界委员围绕四个方面专题开展调研工作】 2014 年，政协科协界委员专题调研工作是按照全国政协副主席、中国科协主席韩启德在两会期间出席全国政协科协界别讨论会上提出“政协科协界委员要立足专业领域、发挥自身优势、积极议政建言”的要求，在密切联系界别实际特别是中国科协的重点工作提出的。调研组分别由秦大河、齐让、沈文庆、陈赛娟四位科协界召集人牵头，围绕提高全民科学素质、编制“十三五”计划、更好发挥学术团体作用、发挥女科技工作者作用等方面内容开展专题调研。

由 32 名政协科协界委员参与的专题调研组先后在北京、辽宁、重庆、广东、上海、浙江、湖北等地开展调研活动，参观考察近 20 个部门单位，举办 17 次座谈会，与 300 多名科技工作者座谈讨论、听取意见建议，并认真总结形成调研报告。

11 月 28 日，政协科协界委员 2014 年专题调研工作座谈会在北京召开，会议由全国政协人口资源环境委员会副主任、中国科协决策咨询专委会主任齐让主持。全国政协常委、教科文卫体委员会副主任、中国科协原常务副主席、党组书记、书记处第一书记邓楠，全国政协委员、中国科协副主席、党组副书记、书记处书记张勤，沈保根、曹效业、易建强、张薇、李原园、杨文良等在京全国政协科协界委员出席座谈会。全国政协教科文卫体委员会副主任、科技部原副部长陈小娅应邀出席会议。

中国科协有关部门负责人分别汇报了专题调研工作总体开展情况，以及关于编制和实施“十三五”计划的建议、更好发挥女性科技工作者作用的提案、关于进一步推进科技社团有序承接政府转移职能的提案、提高全民科学素质筑牢创新驱动发展的基础的调研报告等的起草和修改情况。

【全国政协科协界委员“更好发挥女科技工作者作用”专题调研】 9 月 22 ~ 24 日，全国政协科协界委员“关于更好发挥女科技工作者作用”专题调研组赴上海市、杭州市和武汉市，结合科协工作为促进女科技工作者成长与发展建言献策进行调研。

调研组由全国政协人口资源环境委员会副主任、中国科协决策咨询专委会主任齐让带队，中国科协副主席、上海交通大学医学院教授、中国工程院院士陈赛娟，中国科学院副秘书长兼中科院学部主席团执行委员会秘书长曹效业，上海市科学技术委员会主任寿子琪，中华医学会副会长、浙江大学医学院教授、中国工程院院士李兰娟，清华大学原校长、中国科学院院士顾秉林，中国科学院武汉分院党组书记陈平平等全国政协科协界委员参加调研。

9 月 22 日，调研组在上海科学会堂召开座谈会，认真听取女科技工作者们反映的就业、起步、退休等职业发展不同阶段遇到的突出问题和提出的政策、环境等方面的建议。上海市科协党组成员、副主席李虹鸣介绍了上海市科协在促进女科技工作者成长成才以及围绕法律咨询、健康医疗、文化艺术等方面开展的特色服务工作情况。来自复旦大学、华东理工大学、东华大学、上海交大、中国科学院、上海市针灸经络研究所、上海航天局、上海汽轮机厂等单位的 12 位女科技工作者代表参加座谈，主要结合各自成长经历、事业发展中遇到的困难问题等提出了意见建议。会议由陈赛娟院士主持。

9 月 23 日，调研组在浙江省杭州市开展调研。来自浙江大学、浙江工业大学、温州医科大学、中国农业科学院、杭州市化工研究院等单位的 9 位女科技工作者代表参加座谈。浙江省科协党组书记、副主席李德忠介绍了浙江省科协在促进女科技工作者发挥作用方面所做的工作。女科技工作者们围绕科技女性在社会与经济建设中的作用、向高层次发展过程中遇到的瓶颈以及如何更好激发科技女性的创新潜能等话题进行了深入交流与讨论。

9 月 24 日，调研组在湖北省武汉市开展调研座谈。来自华中科技大学、中国科学院、中铁大桥局集团公司等单位的 7 位女科技工作者代表和湖北省妇联、省科协的有关同志参加座谈。湖北省科协党组书记、常务副主席夏航介绍了湖北省科协促进女科技工作者发挥作用方面的情况。女科技工作者们针对女性科技人才在成长发展中面临的实际问题，与委员们进行了交流讨论，并提出了建设性的意见建议。

调研结束后，调研组进行工作总结。齐让强调，实施创新驱动发展战略、建设创新型国家，离不开发挥女科技工作者的作用，要针对当前存在的问题积极提出建议，为她们创造更良好的外部发展环境。调研组对下一步工作作了安排部署，并就座谈会中反映的问题及意见建议进行梳理汇总，为高质量完成调研报告和政协提案提供参考。

【全国政协委员在辽宁调研全民科学素质工作】 7月23～25日，由全国政协常委、全国政协人口资源环境委员会副主任、中国科协副主席、中国科学院院士秦大河带队，全国政协人口资源环境委员会副主任、中国科协决策咨询委主任齐让，中国铁道科学研究院主任研究员李和平，中国科学院自动化研究所综合信息系统研究中心副主任易建强，中国航天科技集团公司第十一研究院研究员周伟江等政协委员一行就全民科学素质工作赴辽宁省进行专题调研。中国科协党组成员、书记处书记、全民科学素质纲要实施工作办公室主任徐延豪，以及教育部科技委、农业部科技司、卫生计生委宣传司、辽宁省科协等有关负责人参加了调研活动。

7月23日，调研组在辽宁省沈阳市召开了全国政协科协界《科学素质纲要》调研工作座谈会，与辽宁省全民科学素质工作领导小组组长、副省长刘强，辽宁省政府副秘书长上官炜星以及省纲要领导小组有关成员单位进行了座谈。调研组认真听取了辽宁省纲要领导小组办公室主任、省科协党组书记、副主席康捷，以及教育厅、科技厅、农委、卫生计生委、新闻出版广电局、社科联所作的工作汇报。

秦大河说，辽宁省全民科学素质工作领导小组把社科联吸收为成员单位，充分发挥社会科学和自然科学技术的融合作用，这一举措非常好。他强调，科学技术的发展与经济社会的发展越来越紧密，要进一步加强科学普及工作，全面提高公民的科学素质，充分发挥好科学技术服务经济社会发展的作用。他指出，全民科学素质工作是全国政协科协界别委员的提案和大会发言的重要题目。

齐让说，实施创新驱动发展战略，核心是科技经济社会发展紧密结合，关键是增强自主创新能力，基础是提高全民科学素质。辽宁省重视全民科学素质工作，成效很明显。就下一步辽宁省的全民科学素质工作，他提出了四点建议。一是进一步重视全民科学素质工作，把全民科学素质工作纳入政府的重要议事日程。二是进一步提高辽宁省的人均科普经费。三是进一步抓好辽宁省的科普电视栏目建设，提高科普电视栏目的科学性和趣味性。四是进一步抓好科普资源工作，提高科普内容的科学性。

徐延豪表示，辽宁省委省政府领导重视全民科学素质工作，辽宁省科学素质工作政策完善，科协工作扎实，各成员单位积极配合，工作深入，成效显著。对下一步辽宁省的全民科学素质工作，他提出了四点建议。一是把全民科学素质工作的共建协议往下延伸，推动辽宁省与各市县签署共建协议，把共建协议的内容落实到基层。二是进一步抓好科技教育，把科学教育和学校教育结合起来，抓好科学课程设计、科学教师培养等基础性工作。三是进一步抓好科普人才工作，推动在科技计划中增加科普任务，把科普任务纳入到科技评价的指标中去，让科研人员主动做科普。四是进一步充分调动高校、科研院所和企业的力量来做科普，特别是调动企业的力量来做科普，发挥企业创新主体和科学素质工作主体的作用。

调研期间，调研组先后实地考察了沈阳市文安路社区、辽宁省科技馆、沈阳市苏家屯区农业信息中心、大连市西岗区中小学综合素质教育中心、大连市沙河口区中小学科技中心，并多次与当地政府、科协、社区等基层代表进行座谈，认真听取各单位在开展全民科学素质相关工作的情况汇报，深入了解基层相关单位在开展全民科学素质工作的经验和做法，并就全民科学素质工作发展中遇到的困难和问题征求了意见。

【中国科协高层专家考察团赴青岛调研】 12月10日，由全国政协常委、教科文卫体委员会副主任，中国科协原常务副主席、党组书记，书记处第一书记邓楠率队的中国科协高层专家考察团赴山东省青岛市调研企业科协和院士工作站建设情况。

中国科协高层专家考察团成员由中国科学院原副院长、中国工程院院士胡启恒，国家自然科学基金委员会原主任、中国科学院院士陈佳洱，中国工程院原常务副院长、原邮电部副部长、中国工程院院士朱高峰，教育部原副部长、中国工程院院士韦钰，中国科学院数学与系统科学研究院研究员、学术委员会主任、中国科学院院士杨乐，中国科学院物理研究所研究员、国家超导实验室主任、中国科学院院士赵忠贤，中国自然科学博物馆协会名誉理事长、中国科协原党组副书记、副主席、书记处书记徐善衍，全国政协人口资源环境委员会副主任、中国科协决策咨询专委会主任齐让，山东省科协名誉主席、中国海洋大学原校长、中国工程院院士管华诗，中国科协副主席、中国水产科学研究院黄海水产研究所名誉所长、中国工程院院士唐启升，国务院参事室特约研究员、国家知识产权局原副局长鲍红等组成。

专家团一行先后到青岛明月海藻集团和青岛海西重机有限责任公司调研，参观了企业产品展示和生产现场，并进行座谈。专家们着重了解了企业产品与新技术结合、院士工作站为企业发挥作用等方面情况，并询问了企业科协工作和“海外智力”引进等人才工作情况。听取汇报后，专家团充分肯定了青岛市企业科协和院士工作站开展工作情况，对企业如何转结构、促发展特别是批量产品作业智能化和企业设计等方面的工作提出了多项建议，并勉励企业继续加大研发力度，提高自主创新能力，力居行业领先水平。邓楠指出，企业要发展，人才是关键。科协是党和政府联系科技工作者的桥梁纽带，在企业的发展中要注重发挥企业科协的作用，通过科协搭台、科技工作者唱戏，把企业做大做强，为实施创新驱动发展战略、促进经济社会全面发展多做贡献。

【最高人民法院聘任科技咨询专家】 2月25日，最高人民法院与中国科协联合召开加强知识产权司法保护促进科技发展创新座谈会，并举行最高人民法院特邀科学技术咨询专家聘任仪式。全国政协副主席、中国科协主席韩启德、最高人民法院院长周强出席会议并讲话。最高人民法院聘任丛斌、李未、李立浧、李树深、陈凯先、林忠钦、赵继宗、黄其励、曹湘洪、雒建斌等10位中国科学院、中国工程院院士为第二批特邀科学技术咨询专家。

韩启德在讲话中指出，知识产权是科技工作者的核心权益，原始创新凝聚着科技工作者的智慧，对原始创新过程中科学发现优先权的确认和保护，是科技工作者积极投身原始创新的重要原动力。对知识产权的尊重，就是对科技工作者智慧劳动的尊重；对知识产权的保护，就是对科技工作者创新活力的保护。正确认定和依法保护知识产权，需要科技界和司法界的密切协作。现代科技活动是相同或相近学科领域的科技同行开展的创造性劳动，对科学发现优先权的确认是一种专业评价，离不开科技同行的积极参与。同行认可是科学共同体内的硬通货。知识产权是一项法律权利，涉及复杂的财产利益关系，与科技工作者的切身利益密切相关，唯有依法确认、依法保护，才更有力，才更有效。

2010年以来，中国科协与最高人民法院携手开展深入合作，推荐院士专家为相关知识产权司法保护提供科技咨询和服务，取得了积极而有益的成果。中国科协与最高人民法院进一步深化合作，将更加广泛地动员和组织科技社团、院士专家为全国法院系统的知识产权司法保护提供科技咨询，为知识产权案件审理、知识产权纠纷调解以及知识产权法官培训等提供专业支持，共同为实施国家知识产权战略和创新驱动发展战略作出新贡献。

座谈会上，周强向新聘任的特邀科技专家颁发了聘书并讲话。他在讲话中指出，为将党的十八大作出的实施创新驱动发展战略和知识产权战略的重大部署落到实处，切实满足我国不断增长的知识产权司法保护需求，人民法院必须高度重视、全面加强知识产权审判工作，依法独立公正审理好各类知识产权案件；必须进一步加强知识产权审判队伍建设，努力提高知识产权法官的司法能力和水平；必须进一步深化改革创新，优化知识产权审判体制和工作机制，充分发挥司法保护知识产权的主导作用，为建设创新型国家作出积极贡献。

最高人民法院常务副院长沈德咏主持会议，副院长陶凯元宣读了聘任决定。首批聘任专家代表戴景瑞院士、新聘任专家代表李未院士作了会议发言。

【实施独立第三方创新评估工作试点】 按照国家用第三方评估促进政府管理方式改革创新的要求，中国科协积极参与科技评估体系建设，研究形成《中国科协关于开展独立第三方科技评估工作推动建立国家科技评估制度的报告》，得到中央领导同志充分肯定。

为落实中央指示精神，中国科协成立了以徐匡迪院士为主任委员的中国科协创新评估指导委员会，成立了中国科协创新评估专家遴选和报告审查委员会，研究制定试点工作实施方案，明确了创新评估工作的指导思想与基本原则、总体目标与主要任务、组织实施与工作机制以及条件保障等，做好评估试点的准备工作。开展了“社会组织参与第三方科技评价机制”研究，形成《全国学会科技评价专业资质认证标准》讨论稿和相关政策建议。组织开展中国科研环境评估、中国机器人技术和产业发展战略研究等评估工作，出版了《中国科研环境评估报告》，提出发展中国机器人技术和产业的建议。

【《中国科协创新评估组织体系建设方案》出台】 2014年，为落实《关于加强中国特色新型智库建设的意见》精神，建设高水平科技创新智库，充分发挥科技社团在国家科技战略、规划、布局、政策等方面的第三方评估功能，加快建设中国特色创新评估制度，按照公开透明、客观中立、责权一致、科学高效的原则，推进中国科协创新评估组织体系建设，中国科协出台了《中国科协创新评估组织体系建设方案》（以下简称《方案》）。

《方案》确定了中国科协创新评估组织体系的基本构成，该体系由创新评估指导委员会、创新评估专家委员会、创新评估专家遴选与报告审查专家委员会、创新评估办公室、创新战略研究院（筹）等部分组成。

《方案》明确了中国科协创新评估组织体系各组成部分的工作职责与人员组建情况。**中国科协创新评估指导委员会**的工作职责包括定期召开创新评估指导委员会会议，审议通过创新评估制度规范等规章制度，讨论决定创新评估相关重大事项，提出指导意见；研究决定中国科协创新评估组织体系，在创新评估专家遴选与报告审查委员会推荐的基础上，审定创新评估专家委员会成员和项目首席科学家人选，并授权首席科学家牵头组建领域专家委员会；对创新评估专家遴选与报告审查委员会在审查过程中出现争议的重大判断或政策问题进行讨论，作出决定；研究决定其他重要事项。徐匡迪受聘为中国科协创新评估指导委员会主任委员，邓楠、李静海、齐让、干勇、赵沁平等受聘为指导委员会副主任委员，16名院士专家受聘为指导委员会委员。**中国科协创新评估专家委员会**的工作职责包括负责组织实施由政府有关部门委托的创新评估任务。根据科技创新的需要，确定重大创新活动的评估任务；创新评估实行首席科学家负责制，由项目首席科学家牵头组建领域专家委员会，承担创新评估任务；督促领域专家委员会依照科学规范、客观准确、独立公正、及时有序的原则完成创新评估任务，并对提交的创新评估报告进行学术把关；及时准确向创新评估指导委员会报告本领域的科技创新发展趋势、科技创新评估动向、学术领军人物情况等，并组织相关研讨活动；办理创新评估指导委员会委托承担的其他事项。专家委员会将根据评估任务，组织跨学科、跨领域的专家学者成立非常设专家委员会，成员一般不超过7人，且为相关领域的杰出专家，并应有相关的战略和政策专家。根据评估需要，专家委员会下设领域专家委员会，实行首席科学家负责制。由首席科学家牵头具体实施创新评估工作。专家遴选坚持利益攸关回避原则，不得于被评估对象有直接利益关系。创新评估指导委员会委员原则上不担任首席科学家。**中国科协创新评估专家遴选与报告审查委员会**的工作职责包括遴选学术功底扎实、具有战略思维和丰富管理经验的杰出科学家担任创新评估专家委员会成员，并向创新评估指导委员会推荐其中的优秀人员担任首席科学家；受创新评估指导委员会委托，对创新评估专家委员会提交的创新评估报告进行内容审查；对创新评估报告有关结论和政策建议的合理性、准确性、科学性以及可行性等作出判断，提出完善建议；对创新评估报告的呈送和发布形式提出意见建议。齐让受聘为审查委员会主任委员，王春法、刘燕华受聘为审查委员会副主任委员，22名院士专家受聘为审查委员会委员。**中国科协创新评估办公室**是中国科协推进创新评估工作的办事机构，对创新评估指导委员会负责，主要职责包括综合协调：负责对内对外联系，为创新评估指导委员会的正常运转提供支撑和服务；项目管理：负责创新评估项目的管理，包括签订委托协议、拨付评估经费、督促检查进度、协调召开内部或公开研讨会，收集整理评估研究成果等；国际交流：负责对外国类似评估组织的联系，协调来访交流和考察学习，以及引进和翻译创新评估报告等；宣传发布：印发呈送创新评估报告，组织召开创新评估报告发布会或座谈会，定期出版创新评估通讯，积极与各方面及时沟通信息等；办理创新评估指导委员会交办的其他事宜。王春法任办公室主任，郭哲任办公室副主任，中国科协有关部门、直属单位6位负责人任办公室成员。**中国科协创新战略研究院（筹）**的主要职责包括协调组织科协所属学会（研究会、协会）以及社会力量为领域专家委员会完成好创新评估任务提供支撑，做好服务；建设国家创新评估数据采集和挖掘系统。研究制定科学合理的创新评估基础指标体系和数据规范，集成创新评估过程中产生的科技相关数据，建立创新评估数据平台，为创新评估专家委员会提供指标构建和数据分析服务；建设创新评估专家库，完善专家信息，推进智能化的专家支持系统建设；承担创新评估指导委员会、创新评估专家遴选与报告审查委员会交办的工作；承担创新评估办公室交办的其他评估工作。

《方案》对地方科协相关组织体系建设也提出了实施意见：地方科协根据当地创新评估需求，可适时

开展相关组织体系建设。中国科协应加强对地方的指导和支持，推进信息数据共享，为区域创新评估提供支撑。

【中国科协、新华网签订“科普中国研发与传播基地”共建协议】 11月16日，中国科协党组书记、书记处第一书记尚勇一行赴新华网调研科普信息化建设工作。新华社副社长、党组成员于绍良，新华网董事长、总裁田舒斌等出席。

中国科协党组成员、书记处书记徐延豪，新华网董事长、总裁田舒斌代表双方签订“科普中国研发与传播基地”共建协议。尚勇、于绍良共同为“科普中国研发与传播基地”揭牌。尚勇启动“科普中国”栏目。以“科普中国”标识、科普中国研发与传播基地以及新华网建设的“科技趋势大师谈”栏目的开通为标志，开启了我国科普信息化建设的新航程。

科普信息化建设是需要动员全社会力量共同参与的系统工程。“科普中国”是为深入推进科普信息化建设而塑造的全新品牌，旨在以科普内容建设为重点，充分依托现有的传播渠道和平台，使科普信息化建设与传统科普深度融合，以公众关注度作为项目精准评估的标准，提升国家科普公共服务水平。

新华社、新华网与中国科协合作共同推动科普信息化建设，成为实施“科普中国”品牌战略合作的开先河者。

“科普中国”品牌视觉形象由红、蓝色线条构成。形象上缘的S形状和整体构成的T形状，分别由科学和技术的英文第一个首字母S和T衍化而来。由线条构成电波形状，寓意运用信息化手段，传播科学。

于绍良在讲话中谈到，科普信息化建设是一项意义重大的战略任务，是建设创新型国家的重要组成部分。新华社将加强与中国科协的合作，调配全社会的丰富资源，在互联网上坚持正确的科普舆论导向，引导科技工作者通过互联网发出科学的声音，搭建国际一流的科普平台，共同携手开拓科普工作的新领域、新天地。

他对大力推进科普中国研发与传播基地的建设提出了四点要求：一是坚持开放性和创新性；二是将网络科普大超市作为科普信息化建设的重点，拓宽建设思路，丰富表现形式；三是聚焦社会热点，加强科学解疑释惑的产品研发；四是重视产学研结合，充分发掘社会资源。他强调指出，科普信息化建设是一个长期工程，希望继续与新华社、新华网及全社会切实合作，开拓合作领域，丰富合作成果，将科普信息化建设不断推向前进。

中国科协党组成员、书记处书记徐延豪，中国科协党组成员、办公厅主任吴海鹰，中国科协党组成员、中国科技馆馆长束为，中国科协科学技术普及部有关负责人参加了此次活动。

【中国科协与百度公司签署科普信息化建设合作协议】 9月20日，中国科协与百度公司在中国科技馆签署《科普信息化建设战略合作框架协议》。中国科协党组书记尚勇，中国科协党组成员、书记处书记徐延豪，中国科协党组成员、办公厅主任吴海鹰，中国科协党组成员、中国科技馆馆长束为，百度公司副总裁曾良等出席了签字仪式。中国科协党组成员、书记处书记徐延豪，百度总编辑、公共事务部总经理赵承分别代表双方在协议书上签字。

根据战略合作框架协议，中国科协和百度公司将全面深入开展合作，充分发挥中国科协权威科普资源优势和百度公司搭载信息多元化、表现形式立体化、传播方式互动化的互联网平台优势，大力推进科普信息化建设工作，促进全民科学素质的提升。合作内容包括科普资源共建与传播、科普场馆和科普教育基地等网络呈现、科普活动网络呈现、科普专家资源共享、共同推进科普信息化研究等。

尚勇表示，随着科技的发展，科普工作的理念、内容、渠道、形式、方式、机制都在发生巨大的变化。从今天的科普日活动可以看出，科技就在公众身边，影响深刻，渗透进生活的方方面面。百度公司是具有很强创新力的企业，拥有先进的理念、一流的人才和前沿的技术。中国科协与百度公司的合作，核心是创新，导向是需求。要充分发挥双方优势，结合中国科协的丰富科普资源和百度公司的强大技术力量，敏锐感知市场信息和公众需求，激发科普受众的需求和潜需求，创作精品科普资源，积极推进科普信息化建设。

曾良表示，百度以引领技术创新为目标，是中国6亿多网民最常接触的网络公司。百度的使命是让人们平等便捷地获取信息、找到所求。获取科普信息是人们需求的重要部分，也是百度关注的重要方向。百度将在战略合作框架协议的基础上，努力将合作打造成品牌，积极传播科学知识、树立科学思想、弘扬科学精神，服务于老百姓的需求。

【中国科协与地方政府开展战略合作】 2月26日，中国科协与天津市人民政府在天津签署了《中国科协与天津市人民政府合作协议》。

根据合作协议，天津市与中国科协在整合人才智力资源、加大全民科学素质工作力度、支持天津市科协工作三个方面展开合作。双方将共同推动建设院士专家工作站、科技信息服务推广应用平台、国家级科技思想库天津分库、中国科协“海智计划”天津工作基地等，进一步加大科普基础设施建设、科普项目实施和青少年科技教育实践活动力度，推动天津市科协在企业创新能力建设，基层科协组织建设，培养和举荐人才等方面开展工作。

5月28日，中国科协与内蒙古自治区人民政府在呼和浩特市签署《关于落实内蒙古“8337”发展思路合作协议》和《落实全民科学素质行动计划纲要共建协议》，旨在全面贯彻党的十八大、十八届三中全会精神，深入落实《全民科学素质行动计划纲要(2006—2010—2020年)》，支持内蒙古按照“8337”发展思路加快经济社会发展，促进内蒙古资源产业优势与中国科协人才智力优势有机结合，为加快建设创新型内蒙古作出贡献。

《关于落实内蒙古“8337”发展思路合作协议》明确双方将本着立足实际、强化合作，优势互补、共同发展，相互支持、注重实效的合作原则，重点围绕三方面展开合作。合作内容包括汇聚科技力量，通过大力实施“十百千万”工程、促进科技中介服务机构建设、举办院士专家草原行活动、支持开展国家级科技思想库试点工作等，为内蒙古经济社会发展提供科技支撑。加大全民科学素质工作力度，通过加强对《科学素质纲要》实施工作的组织领导、加快科普基础设施建设步伐、加大科普项目实施力度、开展青少年科技实践活动，为内蒙古经济文化建设奠定科学素质基础。支持内蒙古科协工作，通过支持指导学会能力建设、支持发展基层科协组织、支持科协人才培养和举荐，增强服务科学发展的能力。此外，双方将建立工作会商制度，明确各自职能职责，为保证协议有效实施奠定基础。

《落实全民科学素质行动计划纲要共建协议》旨在通过加强组织领导、加大经费投入、提升服务能力、建立长效机制等共建工作，完善监测评估和支持制度，落实公民科学素质建设分工责任，建立公民科学素质建设共建机制，使内蒙古自治区到2015年公民具备基本科学素质比例超过4.75%。

【中国科协与河北省政府签署合作协议共同实施创新驱动发展战略】 10月14日，中国科协、河北省政府《关于实施创新驱动发展战略建设创新型河北合作协议》签约仪式在河北省保定市举行。中国科协党组书记、书记处第一书记尚勇，河北省委副书记、河北省人民政府省长张庆伟分别代表双方签署协议。河北省委副书记赵勇主持签约仪式。

根据合作协议，双方将实施创新驱动发展战略，发挥中国科协组织独特优势，推进京津冀协同发展，促进河北经济结构调整、产业转型升级，实现绿色崛起，以保定市作为试点，重点在建立创新驱动发展示范市、建设环首都现代农业示范带、服务创新型河北建设决策、加强河北公民科学素质建设等方面加强合作。

尚勇在讲话时说，双方将本着优势互补、科技先导、务实高效、突出重点的原则，携手开展全方位的战略合作。一要认真落实中央决策部署，在实施创新驱动发展战略中奋发作为。着力激发科技社团和广大科技工作者的创新活力，在服务经济社会发展上更加奋发有为。财政部对学会建设给予了特别支持，设立了学会能力提升专项，支持学会改革创新，极大地提升了学会组织科技创新、服务经济社会发展的能力。要广泛搭建平台，引导学会积极参与企业技术创新；建立健全机制，探索创新模式，提高科技成果转化水平。二要实施创新驱动助力工程，在服务地方经济社会发展中取得实效。要紧跟地方需求，为区域经济社会发展提供咨询服务，组织专家团队，根据国家政策导向，结合地方实际需求发挥相关学会人才和智力优势，对地方区域发展提出专业意见建议。建立产学研联合创新平台，促进科技成果和专利技术推广应用及产业化。组织高等院校、科研院所的科技成果、科技项目和专业人才对接，促进研究机构与示范区企业之间的知识流动与技术转移。建立拓展服务载体，提高服务质量，根据主导产业和技术需求建立多种形式的服务载体，开展科技咨询、成果推广和产业化服务。三要联合协作建设创新型河北，在全国发挥示范带动作用。共同打造保定“创新驱动发展示范市”，重点围绕保定传统产业转型升级等领域提供科技服务和技术支持。要为建设环首都现代农业示范带服务。遴选国内外专家为河北开展技术指导、咨询、培训以及成果推介、引进、转化等服务。服务创新型河北建设决策，组织专家针对河北省经济建设和社会发展中的重

大问题开展科技咨询工作。

张庆伟在讲话时说，中国科协是全国科技工作者的群团组织，具有高端人才荟萃、科技资源富集、创新理念前沿等优势。河北将以此次合作协议签署为契机，不断扩大合作广度和深度，以扎实的成效把双方的交流合作不断推向深入。一要坚持创新引领，推动双方合作更加自觉主动。围绕京津冀协同发展重大国家战略的实施，拓展合作领域，提升合作水平，为河北经济社会发展注入新动力。二要坚持创新突破，推动双方合作更加务实高效。围绕合作协议实施，搞好对接沟通，完善实施方案，将合作项目打造成示范项目，助推河北经济转型升级。三要坚持创新机制，推动双方合作更加长效持久。完善信息沟通机制，尽快成立合作协调机构，促进合作向深层次、高水平方向发展。四要坚持创新服务，推动双方合作更加顺畅通达。河北将尽快完善扶持政策，鼓励开展多种形式合作，为首都科技人员来河北发展提供良好的环境。

签约仪式上，中国科协学会学术部与保定市政府签署了《中国科协学会学术部保定市实施创新驱动助力示范市合作协议》，中国化工学会、中华中医药学会、中国农业工程学会作为全国学会代表与保定市有关企业和市级学会签署了《中国科协创新驱动助力工程学会服务站合作协议》。

【中国科协与深圳市人民政府签署战略合作框架协议】 12 月 23 日，中国科协与深圳市人民政府在北京签署战略合作框架协议，深圳市成为中国科协创新驱动助力工程示范市。在签约仪式上，中国科协党组书记、书记处第一书记尚勇，深圳市委副书记、市长许勤签署了《中国科学技术协会深圳市人民政府战略合作框架协议》。中国科协党组成员、书记处书记沈爱民，深圳市人大常委会副主任、市科协主席蒋宇扬等出席签约仪式。签约仪式由中国科协党组成员、办公厅主任吴海鹰主持。

尚勇在致辞中指出，签署《中国科学技术协会深圳市人民政府战略合作框架协议》是中国科协和深圳市政府贯彻落实党的十八大和十八届三中、四中全会精神和中央经济工作会议精神的具体体现，也是有效实施创新驱动发展战略的一次探索。深圳是改革开放的排头兵，也是创新驱动的先锋，更是一片创新、创业的热土。人才优势是科协的最大优势、科学家资源是科协最大的资源。中国科协的人才优势与深圳市的创新传统相结合，将创造新的经济增长点、打造新的创新模式。

中国科协与深圳市政府的战略合作主要包括以下几方面：一是组织技术服务，共同建立国家级学会服务深圳创新驱动发展的平台，实现学会智力资源与深圳产业的有机结合。二是开展引智工作，共同设立首个“中国科协海外人才离岸创业基地”，为在海外的人才团队开展技术转移、技术融资及离岸创业等提供服务，更好地吸引海外科技人才智力资源。三是助力科学决策，围绕深圳现代化国际化城市建设、新型科研机构发展等重大问题，为深圳实施创新驱动发展战略提供决策支持。同时，双方还将在促进专业社团发展、加强公民科学素质建设等方面加强合作。

深圳市委副书记、市长许勤在致辞中表示，深圳市政府与中国科协签署战略合作框架协议，标志着双方合作迈入了更高层面和新的阶段，有利于把中国科协、学会组织中高端人才荟萃、科技资源丰富的独特优势与深圳经济特区的政策环境、创新环境、产业环境、市场环境优势结合起来，从而汇聚创新驱动发展的强大正能量。深圳将以此次协议签署为契机，全面加强与中国科协的战略合作，着力为学会组织、科技工作者来深圳发展营造更加市场化、法治化、国际化的环境，提供更加广阔的发展空间，携手深入实施创新驱动发展战略，共同努力在新常态下实现新作为，为创新型国家建设作出新贡献。

2014 年 9 月，中国科协启动实施“创新驱动助力工程”，在全国选择有代表性的城市或地区，设立创新驱动助力示范区，组织动员有关全国学会为地方政府和企业提供智力支持。各地党委政府、科协组织和全国学会广泛关注、踊跃参与。截至 2014 年 12 月 16 日，已有 21 个省推荐了 26 个市（区）申报创新驱动助力工程试点。

中国机械工程学会等 17 个全国学会的理事长或秘书长，深圳市科协和中国科协各有关部门和直属单位的负责人出席签约仪式。

【中国科协召开地方科协党组书记年度工作研讨会】 1 月 26 日，中国科协召开地方科协党组书记年度工作研讨会。中国科协党组书记处同志出席会议。各省、自治区、直辖市科协和新疆生产建设兵团科协，副省级城市科协党组书记出席会议，21 位省区市科协党组书记在大会上交流发言，介绍了当地科协 2013 年工作开展情况和 2014 年工作设想，中国科协机关各部门和各直属单位主要负责同志列席会议。程东红对会议进行了小结。

会议指出，这次座谈会是中国科协八届五次全委会议之后，科协系统召开的一次重要会议。会议的主要任务是学习习近平总书记系列重要讲话精神，贯彻落实中央书记处指示精神和李源潮同志在八届五次全委会议开幕式上的讲话精神，进一步深刻理解中央对科协工作的新要求新期待，准确把握科协组织面临的新形势新任务，总结成功经验，分析存在问题，研究重点工作，按照韩启德主席在全委会议上所作工作报告的部署，切实抓好2014年各项任务的落实。

会议提出，2014年科协重点工作主要有：

一、深入学习贯彻中央重要决策部署特别是习近平总书记系列重要讲话精神，坚持用中央精神武装头脑、指导实践。要切实抓好学习贯彻，中国科协党组书记处同志和机关部门、各直属单位主要负责同志要结合联系点，深入到全国各地组织好中国科协八大代表“学习习近平总书记系列重要讲话读书班”的学习研讨活动。要通过学习研讨认真谋划改革创新。要做好宣传解读，深入宣传习近平总书记系列重要讲话精神的重大意义、深刻内涵和实践要求。

二、加强社会主义核心价值观建设，不断巩固广大科技工作者为实现中国梦团结奋斗的思想基础。着力加强对科学精神的传播和弘扬，反对封建迷信，推动形成尊重劳动、尊重知识、尊重人才、尊重创造的良好社会氛围，引导科技界带头认真践行社会主义核心价值观。要继续深化中国梦和中国特色社会主义宣讲教育。加大科学大师和基层一线科技工作者的宣传力度。引导广大青少年用中国梦、科技梦点亮青春梦。

三、调动激发广大科技工作者的积极性主动性，更好地为实施创新驱动发展战略服务。紧紧围绕实施创新驱动发展战略加强学术交流，鼓励广大科技工作者围绕科技发展前沿问题、转型发展中的关键共性问题，争鸣质疑、研讨提高，激荡自主创新的源头活水，促进原始创新、集成创新和协同创新。稳妥有序推进地方科协所属学会承接政府转移职能，推动学会承担科技评价、科技人才评价和科技社会奖励等有关工作，激发科技社团活力，把科技社团在推动全社会创新活动中的作用充分发挥出来。积极为广大科技工作者成长提高创造条件，做好重要奖项的推选工作。

四、大力推动科普工作改革创新，提高全民科学素质水平，为创新驱动发展战略打下坚实基础。要推进全民科学素质工作长效机制建设，继续深化全民科学素质共建机制。组织好全国科普日、全国学会夏季科学展等主题科学教育和科普活动。做好面向农村、面向基层一线的科普工作，针对社会热点中的科技问题及时向公众解疑释惑，推动优质科普资源开发开放。创新科普工作理念和方式方法，深入研究互联网科普工作规律和特点，加快推进信息化条件下的科技传播体系建设。

五、鼓励促进人才智力资源更多流向基层一线，为推动“新四化”服务。要大力服务企业技术创新，推动企业科协组织建设，不断扩大企业科协的覆盖面。大力服务农村农业现代化，大力服务人的城镇化。积极争取党委、政府的大力支持，把社区科普工作纳入城镇发展的总体规划，确保社区科普工作政策有保障、经费有保障、机制有保障。

六、切实加强自身建设，努力建好科技工作者之家，广交科技工作者之友。加强科协系统作风建设，切实增强服务意识，继续巩固党的群众路线教育实践活动成果，切实抓好制度建设。加强党风廉政建设，强化反腐败体制机制创新和制度保障。坚持眼睛向下，面向基层。全面了解县级科协工作的第一手资料，掌握实际情况和面临的共性问题，为加强全国县级科协积累经验，推动县级科协工作上新水平。为科协事业发展争取更多的支持。

【尚勇在安徽调研时指出：企业科协要发挥七大功能，凝聚创新驱动发展合力】 11月18日，中国科协党组书记、书记处第一书记尚勇在安徽省调研企业科协工作。安徽省委书记张宝顺会见了尚勇一行。

在合锻机床股份有限公司、江淮汽车集团有限公司调研时，尚勇书记指出，安徽企业的发展实践表明，创新是企业的生存之本，是企业发展竞争的关键。创新的根本在人才，关键是要营造良好的环境和文化，激发科技人才创新的活力和激情。加强企业科协组织建设，具有十分重要的意义。企业科协的发展要服务于企业科技创新的大局，全面落实企业科技创新的部署，充分调动广大科技人员的积极性，凝聚创新合力，着力发挥七大功能：

一是要成为科技人员创新交流的平台。要通过广泛深入的学术交流，促进技术、信息等创新要素的无障碍流动，在研发、技术、工程、管理等各类人员间形成相互激励、互相启发的创新氛围，促进新思想、新创意的不断涌现。特别是要注重跨学科、领域的交叉融合，既要促进企业内部的信息共享，也要加强与

企业外部的交流合作，不断拓展科技人员的视野，提升整体创新能力。

二是要成为企业创新集成的纽带。要适应当前科技和产业变革的趋势，把集成创新能力作为企业创新能力的重要方面。企业科协要围绕企业产品创新、工艺创新和管理创新，以科技人员协同创新为纽带，把不同领域和方向的创新资源聚集、聚焦到企业核心竞争力提升这一目标上来。

三是要成为激励科技人员创新的助推器。要通过开展“讲、比”活动以及形式多样的措施，鼓励科技人员在投身创新发明中体现自身价值，形成创新为荣的价值导向和激励取向，为“小人物”脱颖而出创造条件。通过工程师资格认证、继续教育等渠道，加大对青年科技人员的激励，使他们跟上并引领创新潮流，使干中学、用中学、终身学习成为企业人才成长的有效机制。

四是要成为企业战略发展的参谋部。企业科协要善于汇集科技人员的智慧，服务于企业现代创新管理水平的提升。要采取多种方式，征集咨询建议，鼓励科技人员为企业确定创新战略、布局主攻方向，出谋划策，以更多的“软成果”服务于企业发展战略和标准制定等重大工作，促进科技人员的智慧转化为企业的专利、标准和创新产品。

五是要成为企业开放创新的桥梁。开放创新是企业自主创新能力提升的重要途径。企业科协要在促进企业开展产学研合作方面有更大作为，建立起与大学、科研机构的战略合作伙伴关系。加强企业需求与专业学会的对接，有针对性地提出合作创新的重点，提高协同创新的效率。

六是要成为科技人员创新活动的护航员。要为科技人员大胆创新创造良好的环境，使创新者的正当权益得到保护，使创新的价值得到充分体现。要加强科技诚信和科研自律，鼓励科技人员通过合作参与竞争，保护知识产权，对创新活动中的不当竞争进行抵制和防范。

七是要成为展示产业科技创新的普及平台。向全社会展示企业科技创新的成果，既是企业的社会责任，也是企业的主要软实力。要充分利用展示厅、新媒体等丰富多样的手段，向消费者和全社会普及企业所在行业领域的技术进展和对经济社会发展的影响，促进公众更好地了解企业发展、支持企业创新。

【尚勇赴武汉调研科协服务经济建设工作】 11月19～20日，中国科协党组书记、书记处第一书记尚勇在武汉就科协服务经济建设工作进行调研。湖北省委书记、省人大常委会主任李鸿忠会见尚勇一行。

尚勇先后在武汉光电国家实验室、武汉重型机床集团有限公司调研了光电科技创新的有关进展和企业院士专家工作站建设情况。在武汉光谷生物城，尚勇调研了湖北省生物工程学会在促进生物医药专业创新发展中发挥作用的情况。尚勇指出，科协要认真落实党的十八届三中、四中全会精神，加快转变职能，进入科技创新和经济建设主战场。要进一步强化改革意识和创新思维，提高抓工作落实的能力。要进一步发挥学会人才智力密集优势，大力推动集成创新，促进成果转化，在创新驱动发展战略实施中发挥更大作用。

【尚勇出席学会调研座谈会】 8月6日，中国科协学会学术部召开学会调研座谈会，中国科协党组书记尚勇，中国科协党组成员、书记处书记沈爱民出席会议。中国地质学会等9家全国学会负责人参会。

会议围绕三个议题展开交流和研讨。一是在国家创新体系建设和科技体制改革中，如何发掘学会学术引领和科技服务的潜力和优势；二是在重点学科集成提升中，如何发挥学会作用和找准工作着力点；三是在服务创新驱动发展和服务地方经济中，如何强化学会的功能。中国地质学会秘书长朱立新，中国生物物理学会理事长饶子和院士，中国环境科学学会副秘书长易斌，中国仪器仪表学会常务副理事长吴幼华，中国公路学会秘书长刘文杰，中国金属学会秘书长赵沛，中国农学会副秘书长胡义萍，中国生物医学工程学会理事长樊瑜波，中华口腔医学会会长王兴等分别围绕会议主题，结合本学会重点和特色工作，进行了交流发言。

尚勇表示，学会是中国科协的重要组成，是科协工作的支柱，中国科协要把全国学会的建设发展作为主体工作，摆在重中之重的位置。在集成科技工作者智慧和力量，引导推动学科发展，组织开展学术交流合作，致力学术繁荣和科技创新方面，学会发挥了不可替代的重要作用。这些年来，学会做了大量有益探索，创造了一些好的模式，积累了宝贵经验。尤其近两年实施学会能力提升专项和学术期刊国际影响力专项工作以来，参加试点的45个全国学会自身建设得到明显增强。

尚勇强调，国家实施全面深化改革以来，特别是政府职能转变和加强社会组织建设等一系列改革举措，为学会自身改革和建设发展提供了难得的机遇。学会如何在科技创新和经济建设主战场上奋发有为，是我们面临的新课题。国家治理体系的重构和创新驱动发展战略的实施，也为学会组织服务地方、企业发展提出了迫切需求。学会要适应新要求，抓住新机遇，面对新挑战。

一是要推动学会改革和治理体系创新。学会要在改革中加强自身建设，在创新中提升组织和服务能力，要通过改革去行政化、功利化，让学会回归学术本位。要优化机构调整，重视学会领导班子建设，吸引一批学科领域中德高望重的科学家参与到学会工作中，建立学会领导机构选拔机制。要改革学会管理和运行机制，包括会员制度、会费制度、学术交流制度、对外合作制度、学术刊物等，继续大力、深入实施学会能力提升专项，提高学会凝聚力、影响力和公信力。

二是要进一步提升学会社会服务和组织能力。学会承接政府职能转移工作对提升学会的凝聚力、影响力有重要的牵引作用。学会要提升自身服务和组织能力，做好承接工作，逐步确立学会品牌，赢得社会肯定。

三是要发挥好学会在学科集成创新上的作用。利用学术交流科研平台的优势，发挥院士等学科带头人指导作用，选择一批国家亟需、带动能力强、有基础、有优势的学科，组织各类国家科技计划项目和科研团队的协作及有效集成，建立完善学科内和跨学科合作集成创新的网络平台和数据库，建立横向联系和合作机制，促进各类科技资源集成和科研效率的整体提高。学会要做好学科发展的顶层设计，掌握学科在国内外的发展趋势，瞄准国际前沿，通过国际比较找出问题，为政府决策提供依据。要做好共享科研网络和数据库建设、运行的管理。

四是要面向地方、企业提供科技服务。组织学会专家对地方经济发展提供决策咨询服务工作，助力地方区域经济发展。推动先进技术成果转化、产业化，通过协同示范区搭建平台等方式，提升科技集成效应。

尚勇同时还指出，要高度关注科技社团财务和税收政策的研究，做好与有关部门沟通的准备。

会议由中国科协学会学术部副部长宋军主持，中国科协学会服务中心常务副主任李志刚，中国科协学会学术部副部长范唯，以及中国科协计划财务部、学会学术部有关同志参加会议。

【中国科协科普信息化建设领导小组成立】 为贯彻落实中央领导对推动科普信息化建设作出的系列重要指示要求，更有力有效推进科普信息化建设，经中国科协党组、书记处研究，成立中国科协科普信息化建设领导小组。领导小组职责为领导和推动科普信息化建设，研究决定科普信息化建设的发展战略、宏观规划和重大政策，统筹协调科普信息化的重大问题。

领导小组组长为中国科协党组成员、书记处书记徐延豪，副组长为中国科协党组成员、中国科技馆馆长束为，成员中国科协办公厅巡视员、副主任王康友，中国科协计财部部长王延祜，中国科协调宣部部长任福君，中国科协科普部部长杨文志，中国科协信息中心主任高勘，中国科普研究所所长罗晖，中国科协青少年科技中心主任李晓亮，中国科技馆党委书记、副馆长殷皓，中国科协农技服务中心常务副主任公坤后，科学普及出版社社长苏青。

领导小组办公室设在中国科协科普部。主要职责是承担领导小组日常工作，组织开展科普信息化建设相关研究，组织制定科普信息化建设规划、计划，组织实施科普信息化建设项目等。办公室主任为中国科协科普部部长杨文志。

【科普信息化建设领导小组第一次会议】 12月10日，中国科协科普信息化建设领导小组第一次会议暨专家指导委员会第一次会议召开。中国科协党组书记、书记处第一书记尚勇出席会议并讲话。中国工程院院士、中国科协副主席、虚拟现实技术与系统国家重点实验室主任赵沁平，中国科协党组成员、中国科技馆馆长束为，中国科协科普信息化建设领导小组成员和专家指导委员会委员参加了会议。会议由中国科协党组成员、书记处书记徐延豪主持。

会议宣布成立中国科协科普信息化建设领导小组及专家指导委员会。领导小组将领导和推动科普信息化建设，研究决定科普信息化建设的发展战略、宏观规划和重大政策，统筹协调科普信息化的重大问题。专家指导委员会对科普信息化建设的规划、实施方案、管理模式、资源建设、标准规范、技术路线等重大问题提供咨询和指导。尚勇为专家指导委员会成员颁发聘书。

尚勇对领导小组和专家指导委员会提出三点要求：一是做好谋篇布局、顶层设计。面对公众多元化、个性化的科普需求，把握轻重缓急，选择合适的科普内容、表达形式和传播方式。二是做好科学把关、热点

释疑。要建立完善审核把关机制，尤其针对公众迫切需要了解的热点问题，调动科技界发出权威声音，为公众解疑释惑。三是做好持续指导、迭代发展。听取多方面意见，汇集民智民意，在项目实施过程中贡献智慧、加强指导，使科普信息化建设不断完善、不断提升、不断发展、不断创新，沿着健康、科学的轨道发展。

中国科协科普部部长杨文志从科普信息化建设工程的背景情况、实施方案、2015年项目计划安排、目前的推进情况等四个方面作了汇报。会议传达了《中国科协关于加强科普信息化建设的意见》，审议了《科普信息化建设工程项目实施方案》和《2015年科普信息化建设工程项目指南》。

【中国科协信息化工作领导小组成立】 为贯彻落实中央关于信息化工作的方针政策，推动中国科协信息化工作科学发展，中国科协八届书记处第四十九次会议决定，成立中国科协信息化工作领导小组。

领导小组职责包括：一是贯彻执行国家信息化工作的方针政策，按照“统一规划、合理布局、优势集成、数据共享”的原则，推动中国科协信息化工作科学发展。二是开展中国科协信息化工作调研，制定《中国科协信息化工作发展规划》，检查督促《规划》执行。三是推进科协系统信息化工作，统筹协调中国科协机关、直属单位信息化工作发展。四是审定《中国科协网络和信息安全建设方案》，督查《方案》实施情况。五是制定颁布中国科协信息化工作管理办法和标准规范。六是审定中国科协信息化工作重点项目。七是指导中国科协系统信息化队伍建设，组织开展中国科协信息化工作绩效评估等相关工作。

领导小组组长为中国科协党组成员、办公厅主任吴海鹰，副组长为中国科协办公厅巡视员、副主任王康友，中国科协计划财务部部长王延祜，中国科协信息中心主任高勘。成员包括办公厅、组人部、调宣部、学术部、科普部、国际部、机关党委、机关服务局、信息中心、学会服务中心、科技馆、科技会堂、科普出版社等有关负责人。

领导小组办公室设在中国科协信息中心，承担领导小组日常工作的联系和协调。中国科协信息中心主任高勘兼任领导小组办公室主任，办公厅副主任刘阳兼任领导小组办公室副主任，办公厅、计划财务部、信息中心相关同志担任领导小组办公室成员。

12月4日，吴海鹰主持召开领导小组第一次会议，会议传达了中国科协八届书记处第四十九次会议有关精神和《中国科协办公厅关于成立中国科协信息化工作领导小组的通知》（科协办发厅字〔2014〕47号）精神，审议了《中国科协信息化工作领导小组工作规则》《中国科协信息化工作领导小组办公室工作规则》《2015年中国科协信息化工作计划》和《中国科协网信息管理办法》（征求意见稿），并就有关事项进行了研究。

【中国科协八大代表服务创新试点工作】 9月22日，中国科协八大代表服务创新试点工作总结会在北京举行。中国科协党组书记尚勇出席会议并作重要讲话，中国科协党组成员、办公厅主任吴海鹰主持会议并作总结讲话。

在听取代表服务工作创新试点单位汇报发言后，尚勇指出，党中央、国务院对如何发挥好群众团体的作用十分重视。中国科协全国代表大会代表是广大科技工作者的优秀代表，我们要不断完善代表任期制度，为代表履职做好充分保障，更好地发挥他们在科协组织建设和科协事业发展中的重要作用。他要求，各级科协组织要进一步转变工作作风，增强服务的自觉性、主动性和实效性，将代表服务工作做实做好；要进一步创新工作机制，搭建平台，拓展代表履职渠道；要进一步提升服务水平，增强代表的主人感、使命感和责任感。各级科协组织要发挥好代表的科技智囊作用，发挥好科协组织“桥梁纽带”职责，发挥好科协组织网络健全的优势，团结凝聚广大科技工作者，为服务经济社会发展，服务创新驱动发展战略贡献更大的力量。

尚勇强调，只有不断创新机制，才能开创工作新局面。党的十八届三中全会明确提出要发挥好社会组织的作用，各级科协组织要在改革创新中强化职能、创新机制、发挥作用。科协组织最大优势是人才优势，要开动脑筋，靠创新机制、靠提升服务来调动广大科技工作者的积极性、能动性、创新性，充分发挥他们的积极作用。一是要在科技工作主战场上奋发有为，团结凝聚广大科技工作者在科技决策、科技人才队伍建设、科技体制改革、第三方科技评估等方面积极作为。二是要在服务经济社会发展方面奋发有为，加大力度集成力量，通过不断创新思维、创新机制，发挥优势为创新驱动发展提供有效服务。三是要在科技思想库建设上奋发有为，发挥好科技人才智力优势，深入开展调查研究，提出对策建议，服务党委和政府的科学决策。四是要在当好科普主力军上奋发有为，加快对科普的理念、受众、内容、制作方式、传播方式、经营机制等方面创新，充分发挥全社会力量搞好全民科普。他强调，科协工作涉及面宽、工作领域广，工作创新没有终止，永远在路上，只有不断创新机制，创新思路，才能不断开创科协工作的新局面。

尚勇指出，只有不断加强自身建设，才能提高科协组织的凝聚力和影响力。要增强使命感和责任感，对工作敬业、对职业自豪、对事业自信，不断创新思路和观念，勇于开拓进取，积极主动作为。要增强落实操作的能力和协作配合的艺术，脚踏实地，久久为功，把工作部署落到实处，转变作风，善于借势，在协作配合中发挥优势。他强调，服务是建好科技工作者之家的根本，要切实增强服务意识，从内心尊重科技工作者，从感情上贴近科技工作者，做实事好事，真正为科技工作者排忧解难，维护和保障好科技工作者的权益。

【环首都现代农业园区建设专家座谈会】 2月24日，环首都现代农业园区建设专家座谈会在北京召开。河北省委副书记、省委省政府农村工作领导小组组长赵勇出席会议，并介绍了河北省农业发展情况、环首都现代农业园区设想及相关政策。北京市政府副市长林克庆出席会议并致辞。河北省政协副主席、省科协主席段惠军出席会议。会议邀请在京有关院士专家和企业负责人就河北省环首都现代农业园区建设进行咨询论证。

此次会议是为了深入学习贯彻习近平总书记系列重要指示和中央农村工作会议精神，中国科协联合河北省委、省政府为地方经济和社会发展服务，为“三农”工作和现代农业服务的一项重要举措。会议主要研究探讨如何进一步发挥首都的人才、智力、资本优势，结合环首都区域的土地、环境、劳动力优势，加快建设环首都现代农业园区，服务首都需求、带动周边经济，促进区域经济协同发展。

座谈会上，承德、张家口、唐山、廊坊、保定和定州6个市的负责人分别介绍了本地的农业发展情况、环首都现代农业园区建设设想及配套政策。来自农业部、科技部、中国农科院、北京大学、中国农业大学、北京农林科学院、北京农学院等单位的院士专家围绕环首都现代农业园区建设发表想法和建议。联想集团、首农集团、中粮集团、大北农集团、北京新发地批发市场等企业负责人介绍了可供合作的项目信息和投资意向。首都地区的专家和企业家还与河北省环首都市县的党政负责人进行了面对面项目洽谈咨询。

中国科协计划财务部、中国科协农技中心，北京市农业局、市农委、河北省委办公厅、省政府办公厅、省委农工部、省发改委、省财政厅、省农开办、省农业厅、省扶贫办、省科协有关负责同志，河北省环首都地区各设区市所辖的涿州、涿鹿、怀来、丰宁、滦平、固安、大厂、迁西、顺平等县（市）党政领导，河北农业大学、河北省农林科学院的有关专家和新奥集团、河北国富投资集团、河北建投农业开发有限公司有关负责人参加了座谈会。

【全国“讲理想、比贡献”活动】 2月27日，2014年全国“讲理想、比贡献”活动领导小组办公室工作会议在中国科技会堂召开，中国科协党组副书记、副主席、书记处书记、全国“讲理想、比贡献”活动领导小组副组长、办公室主任张勤出席并主持会议。办公室成员单位国家发展改革委高技术产业司、科技部科研条件与财务司、国务院国资委企业领导人员管理一局，以及中国科协计划财务部、中国科学技术咨询服务中心等有关负责同志参加了会议。会议通报了全国“讲理想、比贡献”活动领导小组及办公室成员拟调整事宜，讨论了《全国“讲理想、比贡献”活动2013年工作总结和2014年“讲理想、比贡献”工作要点》《全国“讲理想、比贡献”活动表彰奖励办法（修订稿）》《2014年全国“讲理想、比贡献”活动评选表彰工作实施方案》《开展“讲理想、比贡献、奋力实现中国梦”宣传教育活动实施方案》《全国“讲理想、比贡献”活动管理办法》和《全国“讲理想、比贡献”活动经费管理办法》等文件。

张勤指出，新时期的发展形势对“讲、比”活动赋予了新的时代内涵，通过开展“讲、比”活动，倡导把实现个人价值、企业发展同民族复兴、国家富强紧密结合起来，为实现“科技梦”、“中国梦”而奋斗。“讲、比”活动的开展要与院士专家工作站建设、企业创新方法培训、新经济组织科技人员职称评定和科技信息服务试点等现有服务企业技术创新活动载体结合起来，要把这些活动纳入“讲理想、比贡献”的旗帜之下，使“讲、比”活动的内容和覆盖面不断扩大。

3月21日，2014年全国“讲理想、比贡献”活动领导小组第一次会议在北京召开。会议旨在推动

"讲、比"活动科学化、规范化、制度化建设，为实施国家创新驱动发展战略、建设创新型国家作出新的更大贡献。会议通报了全国"讲、比"活动领导小组成员和办公室成员调整事宜，审议通过了《全国"讲、比"活动2013年工作总结和2014年工作要点》《2014年开展全国"讲、比"活动评选表彰工作实施方案》《全国"讲、比"活动表彰奖励办法（修订稿）》《全国"讲、比"活动管理办法》和《开展"讲理想、比贡献，奋力实现中国梦"宣传教育活动实施方案》等文件。

5月7～9日，全国"讲理想、比贡献"活动评选表彰工作培训班在广东省广州市举办。中国科协副主席、党组副书记、书记处书记、全国"讲、比"活动领导小组副组长兼办公室主任张勤出席开班式并作动员讲话。张勤表示，举办全国"讲、比"活动评选表彰工作培训班，既是培训任务，也是对全国"讲、比"活动和科协系统服务企业技术创新工作的部署，是贯彻落实党中央关于实施创新驱动发展战略、全面深化改革和"六个哪里"要求的具体举措。

10月15日，全国"讲理想、比贡献"活动领导小组办公室在北京召开全国"讲、比"活动评选表彰工作评审会，对31个省区市、新疆生产建设兵团"讲、比"活动领导机构（省科协）和国务院国资委共推荐了先进集体355个、创新团队239个（含56个院士专家工作站）、创新标兵356名、优秀组织者237名进行了审阅评议，评审通过了298个先进集体、188个创新团队（含专家工作站44个）、300名科技标兵和187名优秀组织者获得2013—2014年度全国"讲理想、比贡献"活动先进集体、创新团队、创新标兵、优秀组织者。

12月15日，在中国科协会员日暨2013—2014年度全国"讲、比"活动先进集体和个人表彰颁奖活动上，中国科协副主席、党组副书记、书记处书记、全国"讲、比"活动领导小组副组长张勤宣读了《获得2013—2014年度全国"讲理想、比贡献"活动先进集体、创新团队、创新标兵、优秀组织者表彰决定》，出席会员日活动主要领导为20名全国"讲、比"活动先进集体和个人代表颁发奖牌、奖章和证书。会前，参加中国科协会员日暨表彰大会的120名全国"讲、比"活动先进集体和个人代表与出席会员日活动领导合影留念。

12月15日，2013—2014年度全国"讲理想、比贡献"活动获奖代表座谈会在北京召开。中国科协副主席、党组副书记、书记处书记、全国"讲、比"活动领导小组副组长兼办公室主任张勤出席会议并讲话。获得2013—2014年度全国"讲、比"活动先进集体和个人获奖代表等120余人参加座谈会。辽宁省、山西省、福建省、上海市"讲、比"活动领导小组负责人和江苏省创美工艺常熟有限公司科协、中石化长炼分公司科协、通达耐火技术股份有限公司院士专家工作站等获奖单位代表，在会上交流了两年来开展"讲、比"活动的经验和做法。与会代表表示，要坚定信心、抓住机遇，不断探索丰富"讲、比"活动内涵的有效途径，充分激发广大企业科技工作者的创新活力和创造热情，为实施创新驱动发展战略贡献力量。

【深化科技工作者状况调查制度】 2014年，中国科协进一步凝练第三次全国科技工作者状况调查成果，及时反映科技工作者在就业方式、科研环境、生活状况、流动趋势、思想观念等方面出现的新情况新问题，形成1份主报告和11份专题报告，以《科技界情况》的形式上报中央。出版《第三次全国科技工作者状况调查报告（2013）》及其简本。组织开展科技工作者专项调查，做好调查类课题的立项、中评与成果凝练工作，《海外科技工作者状况调查》《新疆科技工作者状况调查》《科技工作者时间利用状况调查》等报告获得中央领导批示。

加强对全国504个科技工作者状况调查站点的管理和培训，引导推动地方科协建设省级科技工作者状况调查站点、开展区域科技工作者状况调查，及时准确了解广大科技工作者的思想动向，反映意见建议，为党和政府制定科学的人才政策提供科学依据。分别在山东省济南市、江苏省南京市两地举办了全国科技工作者状况调查站点培训班，参训人员达600余人次，提高站点业务工作水平，进一步畅通党和政府与科技工作者之间双向沟通的联系渠道。进一步做好站点管理工作，针对七个方面的问题提出25条改进措施，完善奖励和督导机制，刊发《站点信息》150期，及时反映基层科技工作者的意见建议。

为巩固党的群众路线教育实践活动成果，切实转变工作作风，制定印发《中国科协关于进一步加强调查研究工作的若干意见》，进一步规范中国科协机关和直属单位的调查研究行为，推动决策科学化、民主化。

为密切联系基层科技工作者，制定中国科协深入开展“密切联系科技工作者”基层调研工作计划，由党组书记处分管领导带领深入开展了10余次实地调研，通过座谈、走访、面对面交流等方式听取了300余名基层科技工作者的意见建议，形成《党建是增强学会凝聚力，强化学会与科技工作者联系的新尝试——全国学会“密切联系科技工作者”调研总结之一》等调研报告。

【推进国家级科技思想库建设】“十三五”是全面建成小康社会的决定性阶段，破解改革发展稳定难题的复杂性艰巨性前所未有，提高各级党委政府科学决策的能力和水平，亟需一批能够在战略、规划、政策等方面发挥咨询作用的高水平智库。突出特色和优势，建设中国特色科技创新智库，是中央对中国科协未来发展定位的重要方面，是“三服务一加强”职能在新时期的深化和延伸，也是科协在全面深化改革进程中谋篇布局的战略方向。

2014年，中国科协扎实推进国家级科技思想库建设试点工作。第一批15个试点单位全部合格，其中湖北省科协、北京市科协等5个试点单位被评为标兵单位；上海市科协等第二批试点单位也取得积极进展，为地方党政领导部门提供了一批有重要参考价值的战略报告和政策建议。同时，稳步推进学会决策咨询资助计划。启动全国学会专业科技思想库试点工作，第一批遴选10个左右，引导学会建立研究平台，定期出产品，配合开展重大调研。举办了第一期中国科协全国学会决策咨询高端沙龙，组织院士专家围绕“我国卫星遥感应用产业发展”主题建言献策。组织召开丝绸之路经济带建设论坛、长三角水污染防治论坛，开展关于云南加快建设面向西南开放桥头堡的调研，形成《加快中亚科技合作　服务丝绸之路经济带建设》、《打造西南开放门户　推进孟中印缅经济走廊建设的建议》等成果，并上报中央。

扎实开展“2049年的中国：科技与社会愿景展望”系列研究和基于学科的科技预算体制机制研究，安排部署学术交流成果提炼工作，学会参加国家级科技思想库建设的积极性进一步提高。认真做好立法咨询，先后组织学会服务中心和有关全国学会，对全国人大法工委、国务院法制办等发来的《中华人民共和国食品安全法（修订草案）》《中华人民共和国广告法（修订草案）》等3部法律法规草案提出修改建议，有效反映了广大科技工作者的意见和建议。

进一步提升了调研成果和决策咨询建议的报送质量。一年来，报送《科技工作者建议》15期、《科技界情况》50期、《调研动态》95期。“关于加强环首都区域大气污染综合防治的建议”、“海外留学生中博士和和博士后研究状况调查——海外理工科博士生和博士后块状分布态势明显为引才引智方式转型提供契机”等得到中央领导的充分肯定。

【扎实推进老科学家学术成长资料采集工程】 老科学家学术成长资料采集工程（以下简称“采集工程”）是国务院交办中国科协的一项重要工作。截至2014年底，累计获得反映老科学家学术成长过程的实物原件52093件、数字化资料137471件、视频资料183878分钟、音频资料224825分钟，形成了一套内容丰富、类型广泛的珍贵历史资料，圆满完成采集工程一期目标任务。

2014年，扎实做好采集资料整理研究工作。进一步完善资料存储，配置必要的装具和整理工具，针对不同资料的保存特点分别构建存储环境，实现采集资料的精细化保存。继续完善采集工程特藏室建设，分批次接收整理周培源、刘东生、韩济生等院士捐赠资料。启动部分地质学、农学、电子学、植物学家的资料整理和研究工作。制定完成馆藏基地的管理制度，梳理涉及馆藏基地的工作流程和人员、设备管理等相关方面共18个规范，并在实际工作中逐步推行完善。

有步骤地推动采集成果二次开发。如期完成20册老科学家学术成长传记丛书的编辑出版工作，汇编出版《感悟科学人生》。筹备组建中国最大的科技人物专题网站。老科学家学术成长资料数据库基本完成数据库系统的开发调试，准备启动采集数据的录入工作。

【开展“科技梦·中国梦——中国现代科学家主题展”和全国巡展】 2014年，中国科协联合有关部委在国家博物馆共同主办“科技梦·中国梦——中国现代科学家主题展”，3.2万余人次参观展览，现场留言300余条，受到社会各界的广泛关注和一致好评。刘云山、刘延东和李源潮等中央领导同志先后在《中国科协关于“科技梦·中国梦—中国现代科学家主题展”情况报告》上作出批示。刘延东特别强调，“中国科协联合有关部门举办‘科技梦·中国梦——中国现代科学家主题展’很有意义，效果很好，要组织好巡展和老科学家学术成长资料采集工作，扩大其影响，在全社会大力弘扬科学精神，激励科技工作者、广大青少年为建设科技强国实现中国梦而奋斗”。

4月10日，中国科协联合有关部委共同主办的主题展全国巡展启动仪式在陕西省西安市举行，此后陆续在济南、南京、苏州、重庆、乌鲁木齐、天津、成都、上海、绵阳、兰州、杭州、绍兴等15个城市巡展，参与协办单位74家，到场参观观众达29万余人次，社会反响强烈。

【持续推进“科学大师名校宣传工程”】 2014年，中国科协联合教育部、中国科学院、中国工程院、团中央等部门，举办“科学大师名校宣传工程”武汉汇演活动。组织北京大学、清华大学、北京交通大学、上海交通大学、浙江大学、中国地质大学（武汉）、中国科技大学和北京航空航天大学等八所高校分别演出了以王选、邓稼先、茅以升、钱学森、竺可桢、李四光、郭永怀和罗阳等科学家和科技界英雄人物为主题的舞台剧。活动期间，各参演剧目分别面向高校师生、中学师生和社会公众演出三场，合计演出24场，3万余人次观众观看演出，在江城武汉掀起了科学家宣传的高潮，赢得科技工作者和社会公众的普遍赞誉。

刘延东、李源潮等中央领导同志先后在《中国科协关于2014年度“共和国的脊梁——科学大师名校宣传工程”汇演活动情况报告》上作出批示。刘延东同志特别强调，“中国科协联合有关部门开展科学大师名校宣传工程，社会效果很好。请总结推广，用科学大师的崇高榜样激励青年学子努力成为国家栋梁之才”。

2014年，中国科协积极推动厦门大学、天津大学、南开大学的剧目创编工作，支持中国科学技术大学赴海军工程大学巡演2场，协调清华大学和中国科技大学赴绵阳中国工程物理研究演出。完成话剧《茅以升》、话剧《哥德巴赫猜想》首演活动，组织北京大学、清华大学、北京交通大学、北京航空航天大学、中国地质大学等5所高校师生创作人员观看经典话剧《立秋》，学习交流，开阔视野，提升科学大师名校宣传工程工作水平。

党　　建

【中国科协党组传达学习党的十八届四中全会精神】 10月27日，中国科协党组在北京召开理论学习中心组学习扩大会，传达学习党的十八届四中全会精神和习近平总书记重要讲话精神。中国科协党组书记、书记处第一书记尚勇主持会议。中国科协党组副书记、副主席、书记处书记张勤，中国科协党组成员、书记处书记王春法、沈爱民，中国科协党组成员吴海鹰、束为出席会议，机关各部门、各直属单位主要负责同志参加会议。

尚勇在会上传达了党的十八届四中全会精神，传达了习近平总书记受中央政治局委托作的工作报告、《中共中央关于全面推进依法治国若干重大问题的决定》的说明以及习近平总书记在第二次全体会议上的讲话，并就深入学习贯彻党的十八届四中全会精神，结合科协实际，抓好落实作出安排部署。

尚勇指出，党的十八届四中全会是我们党在新时期新形势下全面推进依法治国的一次重要会议，具有里程碑意义。全会明确了全面推进依法治国的总目标、重大任务，作出了一系列关于全面推进依法治国的新论断、新部署，深刻回答了在当今中国建设什么样的法治国家、怎样建设社会主义法治国家等一系列重大理论和实践问题，为坚持走中国特色社会主义法治道路提供了根本遵循，指明了前进方向。

尚勇强调，传达学习贯彻落实党的十八届四中全会精神，是当前和今后一个时期的首要政治任务。我们要认真学习、深刻领会十八届四中全会精神，切实在政治上、思想上和行动上同以习近平同志为总书记的党中央保持高度一致；要团结带领广大科技工作者，切实增强法治观念，立足本职岗位，从我做起，努力做依法办事的践行者、科学立法的参与者、公正司法的维护者、法治社会建设的推动者；依法加强创新环境建设，推进依法治国与以德治国相结合，大力弘扬老一辈科学家科技报国的高尚情操和无私奉献的爱国情怀，切实加强科学道德和学风建设，引导广大科技工作者自觉把科技活动纳入法治框架，遵纪守法，恪守诚信；依法维护科技工作者合法权益，把维护科技工作者合法权益作为科协工作的重要内容，完善科技工作者利益表达机制，保障广大科技工作者的各项权利得到落实、不受侵犯，加快推动科技社团立法工作，调动激发科技工作者的创新热情和创造活力；坚决贯彻从严治党要求，切实加强科协党建工作，调动激发更大的工作热情，在党的领导下更加奋发有为。

尚勇要求，各级科协组织和广大干部职工要抓住机遇，勇挑重担，转变工作作风，善于“虚”工实做，抓重点、抓落实，从根本上解决不同程度存在的“庸、懒、散、浮、拖”现象，以更大的工作热情、更加饱满的精神状态投入到科协事业发展中，贯彻落实好中央各项决策部署，为加快建设中国特色社会主义法治国家、实现中华民族伟大复兴中国梦作出更大的贡献。

【中国科协召开党组理论学习中心组学习扩大会，自觉与以习近平同志为总书记的党中央保持高度一致】 2014年，中国科协多次召开党组理论学习中心组学习扩大会，先后围绕习近平总书记关于加强和改进党的作风建设、实施创新驱动发展战略、加强意识形态工作、深入开展群众路线教育实践活动、抓好党风廉政建设、从严治党等多方面内容的重要讲话精神组织党组理论学习中心组学习，及时传达学习贯彻中央精神，自觉与以习近平同志为总书记的党中央保持高度一致。截至10月27日，已组织10次集中学习，并按照“一学一报”要求，及时将每次学习情况以书面形式报送中直工委。

7月13～14日，中国科协在京召开党组理论学习中心组学习扩大会，学习贯彻习近平总书记十八大以来关于科技工作的系列重要讲话精神。中国科协党组书记尚勇主持会议。尚勇在听了党组、书记处领导班子成员及机关有关部门主要负责同志谈了学习习近平总书记关于科技工作系列重要讲话精神的体会后，作了总结发言。他说，习近平总书记的系列重要讲话，特别是关于科技工作的系列重要讲话，我们必须学深学透、了然于胸，武装头脑、指导实践。我们要打牢思想理论的根基，牢记科协的使命，明确前进的方向和重点任务，找到破解难题的钥匙，提振开展工作的精神和信心。

7月28日，中国科协在京召开党组理论学习中心组学习扩大会，进一步深入学习习近平总书记关于科技工作的讲话精神，全面落实习近平总书记、中央书记处对科协工作的总要求。尚勇同志主持会议。尚勇说，新的历史时期，党中央、国务院对科协工作提出了新的要求，广大科技工作者对科协工作提出了新的期望，党的十八大、十八届三中全会对科技工作提出的要求为科协大有作为开辟了广阔前景。我们要以强烈的使命感和紧迫的责任感，深入贯彻落实好习近平总书记系列讲话精神，特别是关于科技工作的系列重要讲话精神，全面落实中央对科协工作的总要求，承前启后、继往开来，坚持在落实中提升，在继承中发展，开拓进取，不断提升科协工作的新境界，为实施创新驱动发展战略、实现“两个百年”的奋斗目标作出新的更大贡献。

10月13日，尚勇同志主持召开中国科协党组理论学习中心组会议，传达学习习近平总书记在党的群众路线教育实践活动总结大会上的重要讲话精神和其他会议、文件精神，研究部署科协从严治党工作。尚勇要求，要坚定不移地自觉贯彻落实好总书记讲话精神；把从严治党举措落到实处，营造科协风清气正的政治生态；要狠抓从严治党责任制落实，以上率下，抓实抓牢，取得成效。

【中国科协八大代表学习习近平总书记系列重要讲话读书班】 2014年3月至2014年10月，中国科协办公厅结合中国科协党的群众路线教育实践活动联系点安排和中国科协第八次全国代表大会代表服务工作实际，在全国各省（自治区、直辖市）组织开展“中国科协八大代表学习习近平总书记系列重要讲话读书班”。

2月25日，中国科协办公厅印发《中国科协八大代表学习习近平总书记系列重要讲话读书班方案》。读书班由中国科协主办，中国科协办公厅、调研宣传部负责读书班的统筹安排和协调，各省（自治区、直辖市）科协具体承办。中国科协党组书记处领导和机关各部门、各单位主要负责同志主持读书班。参加读书班人员主要包括各省（自治区、直辖市）中国科协八大代表，各省（自治区、直辖市）科协机关县处级及以上干部和省级学会负责同志，地级市科协领导班子成员，中国科协县级科协联系点有关同志。读书班主要采取集中读书、研讨和专家辅导相结合的形式进行。学习内容主要包括习近平总书记十八大以来系列重要讲话，十八大和十八届三中全会文件，党中央、国务院有关科技体制改革文件和关于科协工作指示以及交流研讨等。

2014年，读书班先后在全国31个省区市展开，获得了良好反响。通过组织“中国科协八大代表学习习近平总书记系列重要讲话读书班”，进一步促进了科协干部和广大科技工作者对中央重要决策部署特别是习近平总书记系列重要讲话精神的认识和把握，对于统一思想、凝聚共识，提升科协系统服务创新、服务社会和政府、服务科技工作者的水平，推动创新驱动迈上新的台阶发挥了积极作用。

【中国科协党组专题学习王岐山同志重要讲话精神】 4月29日上午，中国科协召开党组会议，专题学习研讨中共中央政治局常委、中央纪委书记王岐山同志在中央直属机关工委、中央国家机关工委调研时的重要

讲话精神。中国科协副主席、党组副书记、书记处书记张勤主持会议，中国科协党组成员、书记处书记徐延豪、王春法、沈爱民，中国科协党组成员吴海鹰、束为出席会议。

张勤指出，王岐山同志的重要讲话站在全局和战略高度深刻分析了当前党风廉政建设和反腐败斗争的形势，突出强调了落实党风廉政建设主体责任和监督责任的极端重要性，明确要求中央和国家机关要更加自觉肩负起党风廉政建设的政治责任，切实当好表率、作出示范。王岐山同志的重要讲话是对习近平总书记的党建思想、对党的十八大和中纪委三次会议精神的深刻阐述，思想深刻，内涵丰富，客观实在，语重心长，既谈思路又教方法，既帮助查找了工作中的差距和不足，又明确指出了改进工作的目标和方向，为科协系统进一步做好党的建设和反腐倡廉工作提供了重要遵循和有力指导。

张勤强调，要深入贯彻党的十八大、十八届二中、三中全会精神和习近平总书记系列重要讲话精神，按照中央纪委三次全会部署和王岐山同志重要讲话的要求，进一步明确中国科协党组在党风廉政建设中的主体责任和中国科协机关纪委的监督责任，坚持党要管党、从严治党，自觉把思想和行动统一到中央重大决策部署上来，深入推进党风廉政建设和反腐败斗争；科协党组一班人要切实抓好王岐山同志重要讲话的学习贯彻工作，按照职责定位和工作分工团结带领各级党员领导干部和广大职工认真贯彻落实王岐山同志重要讲话精神，严格执行中央“八项规定”，严格要求自己，确保不出现任何违规违纪的问题；中国科协机关纪委要切实转职能转方式转作风，自觉把党风廉政建设融入到机关党的建设各项工作中，抓好党员的日常教育管理，严肃党的纪律，履行好监督执纪问责的专职，及时向中纪委和中直工委汇报工作，执纪必严，违纪必究。

【中央第十巡视组专项巡视中国科协】 根据中央统一部署，中央第十巡视组2014年进驻中国科协开展专项巡视工作。11月26日，中央第十巡视组巡视中国科协工作动员会召开，全国政协副主席、中国科协主席韩启德出席会议并讲话，中国科协党组书记尚勇主持会议并作动员讲话，中央第十巡视组组长叶冬松就即将开展的专项巡视工作作了讲话，中央巡视工作领导小组办公室有关负责同志就配合做好巡视工作提出要求。

中央第十巡视组副组长胡新元及巡视组全体成员、中央巡视工作领导小组办公室有关同志、中国科协领导班子全体成员和近年退出领导班子的部分老领导出席会议，中国科协机关正处长及以上干部、近年退休的机关干部代表、直属单位领导班子成员参加会议。

叶冬松指出，新一届党中央坚持党要管党、从严治党，旗帜鲜明、立场坚定、意志品质顽强、领导坚强有力。党的十八大以来，党中央高度重视巡视工作，中央政治局常委会5次听取巡视情况汇报，习近平总书记均发表重要讲话，为巡视工作指明方向。中央巡视工作领导小组坚决贯彻中央巡视方针，王岐山同志多次主持会议进行研究部署，与时俱进改进巡视工作。通过四轮中央巡视发现一批领导干部问题线索和“四个着力”方面的突出问题，形成有力震慑。实践证明，新时期的巡视工作，是党风廉政建设和反腐败斗争的重要平台，是党内监督和群众监督结合的重要方式，是上级党组织对下级党组织监督的重要抓手，为党要管党、从严治党提供了有力支撑。

叶冬松指出，根据中央部署和要求，专项巡视的主要任务是聚焦党风廉政建设和反腐败工作这个中心，围绕“四个着力”方面的重点专项问题开展监督检查。巡视组将抓住专项特点，结合被巡视单位实际，围绕一件事、一个人、一个下属单位、一个工程项目、一笔专项经费开展巡视，精准发现、定点突破。将深入查找问题，盯住重点人、重点事和重点问题，重点人就是十八大后不收敛不收手，问题线索反映集中、群众反映强烈，现在重要岗位且可能还要提拔使用的领导干部；重点事就是部门、企事业单位在资金管理、资产处置、资本运作、工程项目等方面反映突出的具体事项；重点问题是指行政审批权、执法权、人事权以及国有企业“三重一大”等方面存在的权力腐败问题。巡视工作将着眼于管党治党、管权治吏，着力查找单位、行业、领域的腐败易发多发风险点，堵塞制度漏洞，扎牢制度篱笆，为中央推进全面深化改革和依法治国提供有力保证。

中央巡视工作领导小组办公室有关负责同志强调，专项巡视是中央加强和改进巡视工作、创新巡视方式的重大举措，是当前反腐败斗争形势的现实要求，是实现反腐战略目标的客观要求，是完成巡视全覆盖任务的必然要求。做好这次专项巡视，是中国科学技术协会党组与中央巡视组的共同政治责任，要充分信任、支持、配合、监督巡视组工作。各级领导干部要增强党的观念，坚持党性原则，自觉接受监督，如实反映问题，确保巡视工作顺利开展。

韩启德要求中国科协广大干部职工，特别是领导干部密切配合、全力支持中央巡视组开展专项巡视工作。他表示，广大科技工作者热切期待我们党通过深入推进党风廉政建设和反腐败斗争，不断在从严治党上取得新成效，进一步增强执政能力，带领全党全国各族人民为实现中华民族伟大复兴的中国梦迈出更加坚实、更加迅捷的步伐。中央第十巡视组进驻中国科协开展专项巡视工作，对推动科协工作再上新台阶是一个十分难得的契机。要紧紧抓住这个契机，通过发现问题，认真整改，进一步加强党风廉政建设、作风建设、领导班子建设、干部队伍建设，进一步树立以科技工作者为本的理念，竭诚为科技工作者服务，不断增强科协组织对科技工作者的凝聚力，把科技工作者紧紧团结在党的周围，组织科技工作者为实施创新驱动发展战略，建设创新型国家作出新的更大的贡献。

尚勇在发言中指出，这次专项巡视工作是中央巡视组对中国科协工作进行体检诊断、防病治病的一次良机，是指导和督促我们从严治党、转变作风、反腐倡廉的重要举措，是巩固、深化和提高群众路线教育实践活动、整治“四风”成果的接续行动。这次巡视充分体现了党中央、中央纪委对中国科协的重视和关心，中国科协各级领导班子和广大干部职工要充分认识这次专项巡视工作的重要意义，切实把思想统一到中央重大决策部署上来，自觉在思想上行动上与以习近平同志为总书记的党中央保持高度一致。

尚勇强调，要按照中央巡视组的工作要求和安排，做好配合工作，确保中央关于巡视工作的各项部署要求在科协不折不扣地落到实处，保证巡视工作顺利进行、达到预期效果。要大力支持和配合巡视工作，切实做到不遮掩，讲实情；不抵触，勇担责；不护短，敢亮剑；不敷衍，重整改；不走样，讲法治。要正确处理巡视工作和业务工作的关系，努力做到两手抓、两促进，把支持配合巡视工作与抓紧推进今年的工作安排结合起来，把巡视工作与落实从严治党的各项举措结合起来，把巡视工作与开好高质量的民主生活会结合起来。要主动热情地做好服务和配合工作，切实保障工作条件。科协各级领导干部要以身作则，率先垂范，努力使中国科协的巡视工作顺利推进，给中央交一份满意的答卷。

根据中央统一部署，2014 年 11 月 26 日至 12 月 27 日，中央第十巡视组对中国科协进行了专项巡视。巡视组认真贯彻落实习近平总书记关于巡视工作的重要指示精神，围绕党风廉政建设和反腐败工作这个中心，把发现问题、形成震慑作为主要任务，广泛开展个别谈话，受理群众来信来访，调阅有关文件资料，深入了解情况，顺利完成了巡视任务。中央巡视工作领导小组听取了巡视组的巡视情况汇报，并向中央政治局常委会报告了有关情况。

2015 年 2 月 6 日下午，中央第十巡视组组长叶冬松，副组长胡新元向中国科协党组书记、常务副主席、书记处第一书记尚勇传达了习近平总书记关于巡视工作的重要讲话精神，并反馈了巡视情况；叶冬松代表巡视组向中国科协领导班子作反馈，全国政协副主席、中国科协主席韩启德出席会议并讲话，尚勇主持会议并讲话。

叶冬松指出，中国科协党组重视党风廉政建设和反腐败工作，积极推进干部人事制度改革。专项巡视中干部群众反映的主要问题是：党风廉政建设责任制落实不够到位，党风廉政建设和反腐败工作重制度、轻监管，一些班子成员和局级干部在执行八项规定、廉洁自律、经费管理等方面问题突出。项目管理存在廉政风险，资金管理与项目管理脱节，经费使用监管不力；部分直属单位、学会领导财经法纪意识不强，内部监控存在漏洞，违规违纪问题比较突出；财务制度不健全，经费管理使用不规范，虚假发票报销、违规发放补贴等现象多发。违反中央八项规定精神问题突出，执行干部选拔任用程序和规定不严格。同时，巡视组还了解到一些领导干部的问题线索，已按规定转中央纪委、中央组织部、中直机关纪工委等有关部门处理。

叶冬松代表巡视组提出四点意见和建议。一是科协党组要认真落实党要管党、从严治党要求，深入贯彻落实十八届中央纪委五次全会精神，特别是习近平总书记重要讲话精神，切实担负起加强领导班子和干部队伍建设的政治责任，全面履行党风廉政建设主体责任，落实班子成员“一岗双责”，建立责任倒查机制，强化对各部门、直属单位一把手的监管。加强机关纪委建设，严肃查处各类违纪违法案件。二是严格执行中央八项规定，精简各类会议活动，严格出国

（境）管理，开展干部作风专项整治，对顶风违纪案件在全系统进行案情通报和警示教育。三是严格财经制度，加强项目监管，建立项目资金使用情况追踪机制，改进项目评审和验收制度，规范“专家库”管理。加强对直属事业单位和学会、协会财务工作的管理和监督，完善领导干部任中和离任审计制度。四是严格执行干部选拔任用条例，严格选人用人工作程序。

叶冬松强调，中国科协党组要严格按照中央要求，高度重视巡视反馈意见，对指出的问题，要认真研究分析，分门别类处理，抓好整改落实，做到件件有着落。主要负责人要抓早抓小，抓好班子，管好队伍，切实担负起党风廉政建设第一责任人的责任。对巡视整改落实情况，党组要以适当形式在内部进行通报，并向社会公开，接受干部群众的监督，中央巡视工作领导小组将适时组织开展监督检查。

韩启德表示，中央第十巡视组对中国科协专项巡视，充分体现了党中央对科协组织的信任、对科协工作的重视、对广大科技工作者的关心。中国科协领导班子和广大干部职工要深入学习、深刻领会习近平总书记关于巡视工作的系列重要讲话精神，把思想、行动统一到贯彻落实总书记的重要讲话精神和中央关于巡视工作的决策部署上来。他强调，要通过整改落实，进一步加强党风廉政建设，改进工作作风，进一步增强科协组织对广大科技工作者的吸引力、凝聚力、影响力，巩固党在科技界的群众基础，团结带领广大科技工作者为实施创新驱动发展战略、实现中华民族伟大复兴的中国梦作出更大的贡献。

尚勇表示，中央巡视组的反馈意见客观评价了中国科协党组和领导班子的工作，严肃指出了中国科协在党风廉政建设等方面存在的问题，明确提出了加强和改进科协工作的意见建议。这些意见全面客观、十分中肯，既有一针见血、切中要害的严肃批评，也有明确具体、切实可行的整改要求，针对性和指导性都很强。中国科协党组和领导班子成员虚心诚恳接受巡视反馈意见。

尚勇指出，坚持党要管党、从严治党，旗帜鲜明地推进党风廉政建设和反腐败斗争，是以习近平同志为总书记的党中央审时度势，站在党和国家前途命运的战略高度作出的重大决策部署。我们要深入学习、深刻领会、全面贯彻习近平总书记系列重要讲话精神，全面贯彻落实中央关于加强党风廉政建设和反腐败斗争的战略部署，坚决同以习近平同志为总书记的党中央保持高度一致，认真抓好巡视反馈意见的整改落实工作，推动中国科协党风廉政建设再上新台阶。

尚勇强调，抓好整改落实工作，一是坚决贯彻中央反腐败斗争的战略部署，坚定不移与以习近平同志为总书记的党中央保持高度一致。要深刻理解这次专项巡视对于中国科协加强从严治党、转变作风、反腐倡廉的重大意义，切实把思想和行动统一到中央关于加强和改进新时期党风廉政建设和反腐败工作的重要指示精神和部署要求上来，把巡视整改工作作为一项重要政治任务不折不扣地完成好。二是迅速行动、细化责任，抓紧制定符合科协实际、切实可行的整改落实方案。科协党组要尽快针对反馈意见进行专题研究，抓紧制定责任分工表，切实做到任务到人、责任到人，确保在规定时间内拿出整改方案，建立台账，一项一项地整改到位，按期完成整改落实工作。三是加强领导、强化问责，以钉钉子精神狠抓整改落实。科协党组要自觉将巡视整改作为落实党风廉政建设主体责任的重要体现，进一步健全制度、细化责任、以上率下。各级领导班子要敢于担当、动真碰硬，落实“一岗双责”，做到压力层层传递，责任层层落实。四是严明纪律、严守规矩，切实在党风廉政建设和反腐败方面健全制度、养成习惯。科协广大党员干部要牢固树立纪律意识和规矩意识，切实做到政治上讲忠诚、组织上讲服从、行动上讲纪律。科协各级党组织要把纪律建设作为治本之策，努力营造人人守纪律、个个讲规矩的良好氛围。五是围绕中心，服务大局，把整改落实工作转化为推动科协工作全面提升的强大动力。要借专项巡视的东风，自觉把整改落实工作与今年的重点业务工作有机结合起来，与从严治党的各项举措结合起来，做到同谋划、同部署、同实施、同考核，为科协整体工作全面提升注入新的强大动力。

【继续推动党的群众路线教育实践活动深入开展】 2014 年，中国科协机关党委按照中直工委和中国科协党组要求，认真贯彻党的十八大和十八届二中、三中、四中全会和习近平总书记系列重要讲话精神，继续推动党的群众路线教育实践活动深入开展。

第一批教育实践活动结束后，机关党委继续认真履行科协教育实践活动领导小组办公室职责，督促检查机关各部门、各直属单位承担的党组“两方案一计划”整改任务和本单位“两方案一计划”整改工作完成情况，及时向中央教育实践活动领导小组办公室报送有关情况报告。建立定期通报制度和整改落实工作约谈制度，定期在科协内网OA平台公布“两方案一计划”整改落实工作进展，要求整改工作进度滞后的各部门、各直属单位第一责任人对落后原因作出详细说明，提出加快落实的具体措施，形成了领导抓、抓领导，一级抓一级、层层抓落实的良好局面。

按照党组“两方案一计划”任务分工，机关党委研究制定了《中国科协机关工作人员行为规范（试行）》。《规范》从严守政治纪律、组织纪律、财经纪律、工作纪律、生活纪律等五个方面对科协机关工作人员从政履职、参加公务活动提出明确要求，做出明确规定，进一步强化科协机关党员干部纪律意识，深化党风廉政建设，加强科协机关作风建设，规范干部职工行为，提升工作能力和业务素质，巩固党的群众路线教育实践活动成果。《规范》发布后，中直纪工委《纪检情况》第12期专题转载。

【加强党风廉政建设，贯彻落实中央八项规定】为贯彻习近平总书记在党的群众路线教育实践活动总结大会上的重要讲话精神，按照党组要求，机关党委结合科协实际研究起草了《中国科协党组关于深入学习贯彻习近平总书记讲话精神、从严治党的意见》，从严明党的纪律、专项整治作风顽疾、严肃党内政治生活、强化干部管理、明确党组和机关直属单位责任、加强学会党组织建设等方面着手，狠抓从严治党责任制落实，推动作风建设常态化长效化。《意见》以党组文件形式报送中央，并印发全国学会、地方科协、机关和直属单位参照执行。

为贯彻习近平总书记在十八届中央纪委三次全会上的重要讲话精神，按照党组要求，机关党委结合科协实际研究制定了《中国科协党组关于落实党风廉政建设党组主体责任和纪委监督责任的实施意见（试行）》。《意见》准确理解把握“两个责任”的基本内涵与具体要求，结合科协实际，健全体制机制，细化分解责任，狠抓作风建设，把党风廉政建设融入到科协各项工作中，为巩固党的执政基础尽职尽责，通过抓党风促政风改作风，一级抓一级，层层抓落实，全面履行好中央赋予的重要职责，推动科协各项事业再上新台阶。《意见》发布后，中直纪工委《纪检情况》第11期专题转载。

中央“八项规定”公布后，按照科协党组意见，明确由机关纪委监督执行《中国科协贯彻落实中央关于改进工作作风、密切联系群众〈八项规定〉和〈实施细则〉的实施意见》，作为改进党风政风的一项经常性工作来抓。一是将公务用车、公务出访、公务接待、重大会议等列入重点审计内容，对多个部门、单位和所属全国学会开展廉政风险防控审计及管理审计，为严格落实八项规定提供有效监督保障。二是在中国科协网主页开通纪检监察举报信箱，在“党旗下的科协”二级栏目设置电子征求意见窗口，发挥了积极舆论监督作用。三是在元旦、春节、五一、中秋、国庆等重要时间节点开展廉洁教育，及时传达贯彻中央纪委有关文件精神，重申强调有关纪律，通过召开联席会、座谈会、发廉政短信、提醒卡、承诺书、倡议书、开展警示教育等形式，督促党员干部严守党纪政纪，并开通监督举报电话和邮箱，对执行情况进行监督检查，形成“莫伸手，伸手必被捉”的高压态势。四是与计财部成立联合检查组，对机关各部门和直属单位落实中央八项规定情况进行检查。

为贯彻落实中央八项规定，加强党风廉政建设，机关党委起草了《中国科协党组关于加强领导干部经济责任审计工作的意见》。《意见》进一步明确了审计范围、审计对象、审计主要内容、审计方式、审计评价、审计程序，以及加强对审计工作的领导保障，为规范经济责任审计行为，提高财政资金使用效率，保证财务资产安全提供了制度保障。2014年，机关党委审计室先后对6个直属单位的主要领导开展了任期经济责任审计。通过离任审计，对领导干部履行经济责任情况给予客观评价，使交任者交得清楚，接任者接得明白。同时，也为接任者继续完善内部控制制度、改进管理缺陷，更好履行经济责任提供了参考意见。

强化对选人用人工作和重大项目的监督检查。对科协公务员招录、科协公开遴选、选调面视工作、对科协局级领导岗位竞争上岗、公开竞聘副局级岗位进行监督；协助上级对2013年度科协领导干部个人有关事项报告进行抽查。参与对青少年科技中心领导岗位竞争上岗、公开招聘的监督工作，参与对科普所、科技馆公开招聘应届毕业生的监督工作。对部分直属单位项目开评标工作进行监督；对第29届青少年科技创新大赛终评及“明天小小科学家”评审工作进行监督；对学会能力提升专项奖补项目评审工作进行监督。

加强信访举报问题线索整理。根据中央纪委和中直纪工委有关要求，机关纪委结合科协实际，对长期以来反映领导干部的问题线索进行一次全面大起

底，并按照要求逐步完善信访举报线索受理分析，调查立案、处置程序，逐步实现规范化、标准化。机关纪委对现有群众来信进行了大起底排查分类，结合科协工作实际和纪委人员配备力量，提出了分阶段、分类处置的工作思路。机关纪委将第三阶段，即2013年（十八大后）至今作为工作重点，对现有反映领导干部问题线索进行全面梳理，按人建立台账，逐件进行核查，逐件履行手续，件件有结果。经多次集体研究，对反映领导干部问题的群众来信按照拟立案、初步核实、暂存、留存、了结进行分类管理、登记造册，并逐件提出处置意见，力争做到件件有反馈、有结果，确保线索核实和办案工作的有效开展。

机关党委和计财部成立联合检查组开展自查自纠行动，发现有个别单位存在违规违纪为职工购买发放购物卡行为。党组领导对此高度重视，责成有关部门立即严肃处理，并对违规违纪单位主要负责人进行严厉批评。有关单位迅速纠正违规违纪行为，主动退还全部购物卡，全部收回等额现金返回原账户，单位主要负责人已向科协党组书记处做出书面检查。机关纪委对涉事人员按有关条例进行了处理。

【深入实施党建强会计划，大力加强自身建设】 2014年，深入贯彻落实党中央关于加强社会组织党建工作的部署，以“加强基层服务型党组织建设”为主线，继续推动全国学会党的组织和党的工作双覆盖，进一步提升学会履职能力和为会员服务能力。以“业务相近、地域相邻”的原则，推动有积极性开展党的活动但暂不符合成立独立党支部条件的中国复合材料学会、中国图学学会、中国系统仿真学会成立联合党支部，指导中国免疫学会和中国生物医学工程学会成立联合党支部，帮助中国岩石力学与工程学会、中国制冷学会等学会组建学会党建活动小组。目前，全国学会共有党组织104个，覆盖了120个学会办事机构，占所属全国学会的60%，全国学会党组织覆盖率与三年前相比提高了26%。

深化“党建强会”特色活动品牌，逐步完善对“十百千”活动的支持，重点资助一批基础较好、组织健全、能力较强的学会党组织发挥示范引领作用，将党建活动继续做大做强，形成规模和品牌效应。择优扶植一批基础较为薄弱，党建工作积极性高的学会党组织，通过将党务工作融入到业务工作中，增加党组织凝聚力，发挥党员先锋模范作用，带动学会各项工作迈上新台阶。2014年，共资助58个全国学会党组织开展党建强会特色活动，相比2011年活动启动时，参与活动的党组织数量增加了两倍多，专项活动经费也由每年80万元逐步增加到每年近300万元。

经中国科协党组同意，2014年3月中国科协学会党建研究会正式成立，研究会由中国科协机关党委主管，秘书处设在学会服务中心党委。研究会现有团体会员及理事单位98个，并加入全国党建研究会和中直机关党建研究会。研究会已组织开展学会党建调研课题15个，并定期编印《学会党建通讯》。9月23～26日，中国科协机关党委和学会服务中心党委在云南保山杨善洲精神教育基地共同主办2014年学会党建论坛，来自全国学会和地方科协的党组织负责同志70余人参加论坛，共同交流学会党建工作经验、探索学会党建工作特点和规律。

人　才

【中国科协开展院士推荐（提名）候选人工作】 2014年，根据中央和国务院通过的关于改进和完善院士制度工作方案，为突出学术导向，避免和减少行政干预，将两院院士候选人的推荐渠道，由院士、中国科协、国务院各部门、各省区市、解放军总政治部等五个渠道，调整为院士提名和中国科协组织学术团体推荐两大渠道。

中国科协将其作为贯彻落实十八届三中全会改革要求的重要任务和实际举措，先后召开党组会议、书记处会议、书记办公会等进行专题研究。提出要在已开展20多年院士初（遴）选的良好工作基础上，进一步提高质量，严格程序，不负重托，确保取得良好成效。

中国科协成立了专门机构。明确党组、书记处两名同志牵头负责，成立了中国科协推荐院士候选人工作小组及办公室，制定工作方案，明确工作进度，集中力量做好工作。开展了文献研究，系统、全面地收集了中央、国务院有关文件精神，两院现行制度和有关规定，学会工作实践材料等，并汇编成册。实施分类调研，制定调研方案，采取点面结合、分类分层等方式，先后召开两院院士、全国学会和地方科协座谈会。面向全国学会发放问卷，收集已经开展相关工作的学会总结，选择若干重点学会进行走访，与两院相关职能部门进行沟通对接。加强制度设计，研究制定

《中国科协推荐院士候选人工作实施办法（试行）》。面向全国学会、省级科协广泛征求意见，共收到49个全国学会和20个省级科协共计69个单位的意见反馈。

《中国科协推荐院士候选人工作实施办法（试行）》要求，院士推荐原则要坚持学术导向、客观公正、专家主导和学科平衡。推荐组织机构在中国科协层面建立指导委员会、推荐委员会、监督委员会和推荐院士候选人工作办公室。在全国学会和地方科协层面，明确具有中国科学院院士候选人提名资格的单位仅为中国科协所属有提名条件的全国学会，而不包括省级科协；有中国工程院院士候选人提名资格的单位，包括中国科协所属有提名条件的全国学会和有提名条件的省级科协。推荐程序包含提名人选、初审核查、形式审查、评审和向两院推荐五项。

12月23日，中国科协推荐（提名）院士候选人工作部署会议在北京召开。中国科协党组书记、书记处第一书记尚勇，中国科协副主席、中国科学院副院长、中国科学院院士李静海，中国工程院副院长、中国工程院院士刘旭出席会议并讲话，中国科协副主席、党组副书记、书记处书记张勤，中国科协党组成员、办公厅主任吴海鹰出席会议。中国科协党组成员、书记处书记沈爱民主持会议并作总结讲话。

会议认真贯彻党的十八大和十八届三中全会精神、习近平总书记在两院院士大会上的重要讲话精神，深入落实中央关于改进和完善院士制度的工作部署和要求，研究部署2015年中国科协推荐（提名）院士推荐（提名）院士候选人工作。会上，中国科学院学部工作局局长李婷，中国工程院二局副局长阮宝君分别对中国科学院、中国工程院院士增选工作相关政策进行了解读。中国科协组织人事部副部长朱雪芬对《中国科协推荐（提名）院士候选人工作实施办法（试行）》进行了说明，并对2015年推荐（提名）院士候选人工作作了具体部署。

【2014年国家科学技术进步奖创新人才推进计划候选对象推荐】 2014年，科技部首次将中国科协纳入“创新人才推进计划”推荐渠道，共分配给中国科协“中青年科技创新领军人才”推荐名额10名，“重点领域创新团队”推荐名额2个。经全国学会、省区市科协和中国科协常委推荐、提名，中国科协共收到“中青年科技创新领军人才”候选对象76人，“重点领域创新团队”候选对象27个。5月11日，中国科协组织召开评审会议，邀请20位院士专家担任评委，采取审阅材料、分组评议、无记名投票的方式，评审产生了推荐对象。

【中国科协“弘扬科学道德　践行‘三个倡导’奋力实现中国梦”巡回报告会在全国展开】 为了贯彻落实习近平总书记系列重要讲话精神，加强科技工作者队伍社会主义核心价值体系建设，进一步扩大科学道德和学风建设工作成效，根据中央关于深入开展中国梦宣讲教育的要求，2014年中国科协继续开展“弘扬科学道德　践行‘三个倡导’奋力实现中国梦”巡回报告活动。

“奋力实现中国梦”巡回报告系列活动，从2014年5月5日开始，12月20日结束。在青海、云南、浙江、河南、重庆、吉林、宁夏、甘肃、安徽、黑龙江、西藏、新疆、广西、江苏、海南、湖南、内蒙古、江西等省、自治区、直辖市和新疆生产建设兵团举办了25场报告会。活动期间，共有21位科学家分别作报告，19个省、自治区、直辖市的省直机关领导干部、驻地部队武警官兵、科研院所和企业科技工作者、高校师生2.5万多人次参加了报告会。

巡回报告活动宣传了我国科技工作取得的重大成就，展示了我国科技进步对经济社会发展的引领、支撑作用。巡回报告会中，各位专家讲述了载人航天工程、两弹一星工程、载人深潜工程等国家重大科技领域以及青藏铁路、疾病防控、杂交水稻、生态保护、海洋科考等国计民生科技领域取得的重大成就，真实展现了我国科技工作取得的巨大成绩和对经济社会发展做出的巨大贡献。巡回报告活动广泛宣传了优秀科技工作者的先进事迹，展示了我国一代又一代科学家的高尚品德和精神风范，塑造了科技工作者的良好社会形象。活动展示的两弹一星精神、载人航天精神、青藏铁路精神、载人深潜精神以及广大科技工作者严谨求实、无私奉献的科学精神和爱国情怀是中国精神的重要组成部分。

巡回报告活动推动了广大科技工作者社会主义核心价值体系建设，进一步扩大了科学道德和学风建设成效。活动举办地党委、政府要求以活动为契机，进一步加大对“中国梦”的宣讲教育，认真学习和大力弘扬爱国精神、奉献精神、敬业精神和创新精神，增强对“中国梦”地方篇章的认知、认同和美好向往，把个人前途与国家的命运紧密联系起来，将个人梦融入国家梦，为奋力谱写“中国梦”地方篇章而不懈奋斗。

【中国科协会员日暨表彰大会】 12月15日，中国科协会员日暨表彰大会在北京人民大会堂召开。全国政协副主席、中国科协主席韩启德出席大会并致辞，大会由中国科协党组书记、书记处第一书记尚勇主持。全国政协教科文卫体委员会副主任、中国科协原常务副主席、中国科技馆发展基金会名誉理事长邓楠，中央组织部副部长兼人力资源和社会保障部副部长潘立刚，中国科学院副院长、中国科协副主席李静海，中国工程院副院长刘旭，中国科协副主席张勤、程东红、冯长根，中国科协副主席、中国科技馆发展基金会理事长谢克昌，全国政协人口资源环境委员会副主任、中国科技馆发展基金会顾问齐让，中国科协荣誉委员高潮、朱高峰、杨乐、赵忠贤，中国科学院原党组成员、中央纪委驻中国科学院纪检组原组长王庭大等出席大会。

韩启德在致辞中代表中国科协向全国广大科技工作者和会员朋友们致以节日的祝贺。他指出，表彰奖励优秀科技工作者一直是中国科协会员日的重要活动，受到表彰的同志在各自工作岗位上取得了突出成绩，是全国各条战线、各个领域科技工作者的杰出代表。他们的典型事迹充分展现了我国科技工作者顽强拼搏的奉献精神，锲而不舍的敬业精神，协作共赢的团队精神和奋力攀登的创新精神，是广大科技工作者学习的榜样。

大会颁发了第六届“全国优秀科技工作者”奖、“讲理想、比贡献”奖、“科技馆发展奖”。中国汽车工程学会副理事长、中国一汽集团副总工程师、技术中心主任、中国工程院院士李骏，中华护理学会副理事长、北京协和医院护理部主任吴欣娟，南京理工大学科协常务副主席、南京理工大学教授沈家聪，中国石化长岭炼化公司科协副主席、中国石化长岭炼化公司副总经理刘建平，甘肃省庄浪县马铃薯协会会长、庄浪县农业技术推广中心主任吴永斌作为科技工作者代表在大会上作了发言。

每年一次的中国科协会员日，是科协全体会员和广大科技工作者的节日，也是在全社会宣传展示科技工作者良好精神风貌，倡导科学精神和创新文化的盛会。2014年中国科协会员日的主题是“家的温馨　节日的问候”。会员日期间，中国科协及所属全国学会、各级地方科协和科协基层组织围绕这一主题，大力表彰、宣传优秀科技工作者，弘扬他们服务创新发展、践行社会主义核心价值观、奋力实现“中国梦”的报国情怀；深入基层一线看望慰问科技工作者，为科技工作者送温暖、办实事，让广大科技工作者感受到科协组织作为科技工作者之家的温暖；开展丰富多彩、节俭务实的文化活动，营造中国科协会员日作为科技工作者节日的氛围，让全社会更加关注科技工作者、了解科技工作者、支持科技工作者，激发科技工作者的创新激情和荣誉感、自豪感。

【中国科协会员日贺信】 12月15日是中国科协会员日，是科协会员和全国科技工作者的共同节日。值此2014年中国科协会员日来临之际，中国科协谨向全体会员和广大科技工作者致以崇高的敬意和节日的问候！

即将过去的一年里，在党中央、国务院的正确领导下，广大科技工作者积极投身创新驱动发展战略伟大实践，自觉在创新型国家建设中当先锋、作模范，在提高自主创新能力中求突破、攻难关，在全面深化改革中献才智、作贡献，取得了一大批关系经济社会发展全局、具有重大国际影响的科学技术成果，推动我国继续在科技创新道路上快速前进。在广大科技工作者的支持和参与下，中国科协紧紧抓住党的十八大特别是十八届三中、四中全会给科协工作带来的新机遇，认真贯彻落实中央的重大决策部署，扎实履行“三服务一加强”工作职能，积极服务创新驱动发展战略和全面深化改革大局，突出重点，真抓实干，在学术交流、科学普及、人才举荐、决策咨询、组织建设等方面取得了新的进展。

当前，全党和全国各族人民正在为全面建成小康社会、实现中华民族伟大复兴的中国梦而努力奋斗，国家比以往任何时候都更加需要强大的科技创新力量。实施创新驱动发展战略，建设创新型国家，为实现“两个一百年”奋斗目标提供强大科技支撑，是时代赋予广大科技工作者的历史使命。科技工作者作为国家科技创新体系中的中坚力量，应当牢记重托，不辱使命，勇担重任，在新的历史条件下施展才干、报效祖国正逢其时。

在新的一年里，中国科协将继续高举中国特色社会主义伟大旗帜，以邓小平理论、“三个代表”重要思想、科学发展观为指导，深入学习贯彻习近平总书记系列重要讲话精神，紧紧抓住全面深化改革和推进依法治国机遇，不断创新工作机制，创新工作思路，在服务科技、经济、社会发展的主战场上奋发有为。希望广大科技工作者在创新驱动发展的征程中携手并肩，切实担当起实施创新驱动发展战略、开拓先进生产力、传播先进文化的历史重任，争做践行社会主义核心价值观的时代先锋，在实现中华民族伟大复兴中国梦的壮丽征程中不断谱写新的华彩乐章。

【中国科协党组书记处领导会员日期间走访看望科学家和基层一线科技工作者】 12月15日中国科协会员日当天下午，中国科协党组书记、书记处第一书记尚勇登门看望了中国科学院院士、中国天文学会名誉理事长王绶琯，中国科协荣誉委员、中国工程院院士胡启恒，代表中国科协送去节日的问候和祝福。随后，尚勇来到中国科学院化学研究所，走访慰问宋延林研究团队并进行了座谈。

年逾九旬的王绶琯院士是中国现代天体物理学的奠基者之一。王绶琯院士十分关心青年科技工作者创业难的问题，尚勇对王绶琯院士多年来关心科协事业发展，关注青年科技工作者成长、创业，支持中国的科普教育事业表示感谢。尚勇说，目前，中国科协正在上海、深圳、苏州、武汉等地实施海外科技人才离岸创业工程，为海外科技人才的创业牵线拱桥。对青年科技工作者的创业，中国科协将提供力所能及的支持与帮助。他祝愿王绶琯院士健康长寿。

胡启恒院士是中国模式识别与人工智能领域最早的探索者之一，一直致力于中国互联网的发展以及在相应领域中的国际交流与合作。尚勇在交谈中表示，中国科协2004年获得联合国经社理事会咨商地位后，通过参加世界互联网治理论坛（IGF）等国际交流活动，在信息通讯技术领域开展了大量的咨商活动。近期，中国科协将就“如何发挥民间科技社团作用，展示我国在互联网领域取得的成就，树立中国学者和企业的良好形象，在国际互联网领域增加话语权，扩大影响力”等内容进行研讨，并向有关部门提出建议。他说，中国科协正在加紧推进科普信息化建设，科普信息化建设是系统工程，需要动员全社会力量共同参与。中国科协已与新华网、百度等大型网站开展了战略合作，新华网已开通了“科普中国”栏目。中国科协还将实施学会创新与服务能力提升工程。他希望胡启恒院士继续发挥余热，为科协事业发展建言献策。

在中国科学院化学研究所，尚勇听取了宋延林团队利用纳米材料研究成果开发非感光、无污染、低成本的绿色印刷制版技术的介绍。尚勇希望年轻的科学创新团队，以伟大的民族复兴中国梦为使命，发挥聪明才智，提升自主创新能力，通过使命感激发出对科技创新的兴趣，通过兴趣激发出科研的潜力与能力，通过打造世界一流的创新环境，在绿色印刷制版技术及相关科研领域及产业内继续领跑，取得世界一流的科研成果。

中国科协党组成员、书记处书记王春法到清华大学看望慰问了中国科学院院士、第三世界科学院院士陈佳洱，中国科学院院士、清华大学物理系教授、副校长薛其坤及其团队。

中国科协党组成员束为来到中国科学院物理研究所看望慰问中国科学院院士、第三世界科学院院士、国际陶瓷科学院院士、陈嘉庚国际学会会员赵忠贤，代表中国科协送去节日的祝福。

【第十一届“中国青年女科学家奖”颁奖典礼】 **2015年**1月16日，由中华全国妇女联合会、中国科学技术协会、中国联合国教科文组织全国委员会以及欧莱雅中国共同主办的第十一届“中国青年女科学家奖”颁奖典礼在京举行。全国人大常委会副委员长、全国妇联主席沈跃跃出席颁奖典礼并为获奖青年女科学家颁奖。全国妇联副主席、书记处第一书记宋秀岩出席颁奖典礼并代表4方主办单位讲话。中国科协党组书记、常务副主席、书记处第一书记尚勇，中国科协荣誉委员、教育部原副部长、中国工程院院士韦钰，中国科协副主席、国家自然科学基金委副主任、中国科学院院士沈岩，全国妇联书记处书记焦扬，清华大学化学工程系教授、中国科学院院士费维扬，中国联合国教科文组织全国委员会秘书长杜越，法国驻华使馆科技副参赞阿伯铎·马拉克，欧莱雅中国副总裁兰珍珍出席颁奖典礼。中国科协副主席、书记处书记张勤主持颁奖典礼。

本届评审委员会由41位院士、专家组成，从111个单位和22名专家推荐、提名的183名候选人中，评选产生了10位获奖者，她们是：国家纳米科学中心研究员陈春英、中国科学院上海生命科学院研究员于翔、北京大学信息科学技术学院教授黄如、中山大学肿瘤防治中心研究员贾卫华、华南农业大学亚热带农业生物资源保护与利用国家重点实验室教授廖红、北京大学工学院力学与工程科学系研究员段慧玲、华北电力大学资源与环境研究院教授李永平、中国科学院云南天文台研究员陈雪飞、中国航天员科研训练中心研究员李英贤、西北大学地质系教授刘建妮。

宋秀岩代表主办单位讲话时说，2000多万女科技工作者是我国科技大军中一支不可或缺的重要力量。

本次获奖的青年女科学家是广大女科技工作者的优秀代表，她们矢志伟大事业、发挥独特优势，胸怀大志、脚踏实地，攻坚克难、砥砺前行，取得了骄人的科技成就；她们弘扬女性自尊自信自立自强精神，勇于担当、奉献社会，充满爱心、乐助他人，在社会生活中彰显了独特作用；她们秉持中华民族家庭美德，以孝敬亲情和睦家庭，以明礼贤德教化子女，在家庭生活中撑起了顶梁柱。

她希望获奖青年女科学家再接再厉，在各个科技领域更好地发挥示范作用，引领女科技工作者自觉融入“巾帼建新功·共筑中国梦”的火热实践，让科研战线开遍女性之花。希望广大女科技工作者筑牢理想信念、尽展鸿鹄大志、引领时代潮流，科学认识新常态、积极适应新常态、奉献建功新常态，在大众创业、万众创新的大潮中当好领头雁。希望广大女科技工作者做社会主义核心价值观的模范践行者，自觉遵守社会公德，始终坚守职业道德，身体力行家庭美德，不断陶冶个人品德，崇德向善、尊法守法，展示新时代中国女性良好的精神风貌和知理贤达的人格魅力。希望“中国青年女科学家奖”评选表彰活动，拓展领域、丰富内涵，成为激励女科技工作者从一个成功走向更大成功的助推器和加油站。

在颁奖典礼后举办的中国青年女科学家论坛上，10位获奖青年女科学家与100多名女高中生进行了别开生面的对话和精彩互动。女科学家们围绕“爱上科学的理由”及“发现科学之美”两个话题讲述了她们如何走上科研道路、如何体会科学带来的无限乐趣，用打动人心的故事展现了科学的魅力，传递了鲜活的榜样力量。女科学家们还为正处于求学道路上的女生“答疑解惑”，以科学的正能量鼓励她们结缘科学、研习科学，感知宇宙中独特的科学之美。

“中国青年女科学家奖”由全国妇联、中国科协、中国联合国科教文组织全国委员会和欧莱雅中国于2004年联合设立，是欧莱雅－联合科教文组织“为投身于科学的女性”计划在中国的发展和延伸。“中国青年女科学家奖”每年评选10位在基础科学领域和生命科学领域取得重大科技成果的、45岁以下的优秀青年女科学家，11年来，共有来自全国21个省（自治区、直辖市）和香港特别行政区的96位女性获得此项殊荣。2014年，中国科协与全国妇联、联合国教科文组织全国委员会、欧莱雅（中国）有限公司协商决定继续实施“中国女科学家奖”第三期合作计划第三期5年合作协议。

【全国科学道德和学风建设宣讲教育领导小组2014年工作会议】 3月14日，全国科学道德和学风建设宣讲教育领导小组2014年第一次工作会议在中国科技会堂召开，中国科协副主席、党组副书记、书记处书记、全国宣讲教育领导小组组长张勤主持会议并讲话。全国宣讲教育领导小组副组长林蕙青、黄伯云，小组成员兼办公室副主任黄宝印、李定、张国春、王进展、罗晖、秦德继等出席会议。

会议审议了全国科学道德和学风建设宣讲教育2013年工作总结，研究并确定了全国宣讲教育2014年工作要点。

张勤在讲话中指出，全国科学道德和学风建设宣讲教育工作传递了正能量，取得了实实在在的效果。他要求，2014年宣讲教育工作要继续按照“全覆盖、制度化、重实效”的要求，深入调查研究，总结经验做法，形成成果报送中央领导。在“全覆盖”方面，全国领导小组成员要分头参加地方活动，做到心中有数，使985、211高校和具有博士授予权的科研院所做到宣讲教育全覆盖。在“制度化”方面，重点在抓落实，要督促985、211高校和具有博士授予权的科研院所要有具体措施来落实宣讲教育的长效化，健全并公开惩处机制，接受社会监督，让学生和教师都了解惩处机制的运行。在“重实效”方面，要加大对宣讲教育工作人员、管理人员的培训力度，扩大在科学道德诚信建设方面的中外交流。他还要求各省（区市）宣讲教育领导小组要认真研究部署2014年工作，使宣讲教育工作取得新进展。

2013年全国共举办各类宣讲教育活动1.8万场，538所高校和97所科研院所系统地开展了宣讲教育，接受宣讲教育的总人数达549万人次，其中研究生219万人次，本科生301万人次，新上岗研究生导师、新入职教师和其他科技工作者近26万人次，其他科技工作者3万人次。

2014年全国宣讲教育工作继续按照“全覆盖、制度化、重实效”的总体要求，坚持“两个拓展，两个结合”，着力构建长效机制。加强组织领导，统筹研究部署，使宣讲教育工作持续有效开展；抓好全国和省级集中宣讲，树立品牌，扩大影响；抓好长效机制建设，推动研究生培养单位将宣讲教育贯穿于研究生培养全过程，促进宣讲教育常态化；创新宣讲教育形式，推动建立网络宣讲教育平台和开发网络教育课程，深化教育效果；加强宣讲教育专家队伍、管理队伍、工作队伍建设，继续举办高校科学道德和学风建设研究班，提升宣讲教育工作能力。

【2014年首都高校科学道德和学风建设宣讲教育报告会】 9月16日，2014年首都高校科学道德和学风建设宣讲教育报告会在人民大会堂举行。报告会由中国科协、教育部、中国科学院、中国社会科学院、中国工程院、北京市人民政府共同主办。全国政协副主席、中国科协主席韩启德院士代表主办单位致辞，吴良镛院士、杨乐院士、杨卫院士作宣讲报告，首都高校和科研院所的6000多名研究生新生现场聆听了报告。

韩启德在讲话中指出，科研诚信和良好学风是科学事业繁荣发展的前提，是建设创新型国家的基石。开展科学道德和学风建设宣讲教育工作，对于培养造就大批德才兼备的一流人才，营造执著攀登科学新高峰的科研环境具有重要意义。近年来，在中国科协、教育部、中国科学院、中国社会科学院、中国工程院等有关部门的积极推动下，科学道德和学风建设宣讲教育工作在全国范围内各个层面广泛开展，为培育和践行社会主义核心价值观、弘扬创新文化发挥了重要的积极作用。他强调要按照“全覆盖、制度化、重实效”的总体要求，建立健全长效机制，努力形成各有关部门协调配合，社会各界广泛参与，科技人员自觉行动的良好局面，共同将宣讲教育工作不断推向深入。

92岁高龄的吴良镛院士作了《志存高远　身体力行》的报告，赢得了全场最热烈的掌声。吴先生结合自己在清华从教68年的亲身经历，与同学们分享了“立志、选择、坚持、榜样”的心得体会；他指出，为学的关键在身体立行，要将经典的哲理转化为行动指南、具体通则，在逐步“顿悟”中加深体会，加深信念，持续前进。吴先生是国家最高科技奖获得者，两院院士，清华大学建筑学院教授、建筑与城市研究所所长、人居环境研究中心主任。报告会上，他婉拒主持人和主办单位领导坐着讲的请求，坚持走上讲台，站着为同学们作完了报告。

杨乐院士作了《科学研究和学术道德》的报告。他在报告中分析了发达国家的科技人才培养方式和我国高端人才的培养现状，结合自身对学问积累的重要性的思考，勉励在座的同学们端正科学研究思想，坚持不懈的努力追求与奋斗，以做大学问、好学问为目标，在研究基点和原始思想上创新，不断探索，扩大战果，共同为科研事业的进步，为国家科技事业的建设贡献力量。

国家自然科学基金委员会主任杨卫院士作了《为学有道　为人有德》的报告。他结合自己的科研管理和研究实践，通过典型案例举案说法，告诫在座研究生要谨记“四个不要”：不要侵犯他人的知识产权，不要接受陌生人的“帮助”，不要在学术上投机取巧，不要在学术上游戏人生。勉励同学们以严谨求实的态度，用心做学问、搞科研，努力追求学术荣誉的高峰之巅。

三位科学家的报告承载了渊博的知识储备、突出的研究成果、独到的学术见解和丰富的人生阅历，语重心长，发人深省，受到了在座师生的热烈欢迎。同学们表示，在科学研究的起跑线上，在学术人格养成的起步阶段，一定要注意培养正确的道德观，以真理为师、以道德为友，在追究卓越中正道修身，在自我完善中服务社会。

报告结束后，研究生代表在报告会上发言，就加强科学道德和学风建设从我做起向广大研究生发出倡议。

中国科协党组书记尚勇，中国科协副主席、党组副书记、书记处书记，全国科学道德和学风建设宣讲教育领导小组组长张勤，中国科协党组成员、书记处书记徐延豪、王春法，中国科协党组成员、办公厅主任吴海鹰在会前亲切会见了报告专家。报告会由教育部副部长、党组成员杜占元主持。来自各主办单位的负责同志，中组部、中宣部、科技部、卫生计生委、农业部、国资委、国家自然科学基金委员会、中国人民解放军学位委员会、中央党校等有关方面代表及科学道德和学风建设宣讲专家代表等参加了报告会。

【2014年科学道德和学风建设宣讲教育专题研究班】 12月6～8日，2014年科学道德和学风建设宣讲教育专题研究班在中国科学院大学举办。中国科协副主席、党组副书记、书记处书记、全国科学道德和学风建设宣讲教育领导小组组长张勤，教育部部长助理、党组成员、全国宣讲教育领导小组副组长林蕙青，中国科协副主席、全国宣讲教育领导小组副组长黄伯云，中国工程院副秘书长吴国凯出席开班式，中国科学院副秘书长、中国科学院大学党委书记、全国宣讲教育领导小组副组长邓勇主持开班式。国家自然科学基金委员会党组书记、主任杨卫，台湾地区

“中央研究院”民族学研究所特聘研究员兼所长黄树民，北京理工大学校长胡海岩，美国杜克大学教授王小凡作专题报告。

林蕙青代表全国宣讲教育领导小组讲话。她指出，科学道德和学风建设关系到人才培养和科技创新，关系到高等教育强国的建设，关系到国家和民族的未来，各单位要切实增强做好宣讲教育的责任感和紧迫感，精心组织，扎实推进，把宣讲教育不断引向深入。她对下一步做好宣讲教育工作提出了五点要求：一是加强对科学道德和学风建设的领导，各地教育行政部门、各高校和研究生培养职能部门都要高度重视，把科学道德与学风建设作为一项硬任务，主要负责同志要主动抓，检查监督；二是进一步做好集中宣讲教育，各高校要把这一做法巩固下来，坚持开展下去；三是丰富科学道德和学风教育的内容和形式，学校要在研究生入学教育、课程学习、学术训练、实践教学、论文开题、论文撰写等每一个环节，都安排具有针对性的学风教育，采取必要的刚性措施，把学风教育做实，做硬，使学风教育真正贯穿于研究生培养的全过程；四是进一步加强宣讲专家队伍建设，各高校都要建立一支本单位的宣讲专家队伍，把德学双馨、治学严谨、乐于宣讲、善于宣讲的学术大师、知名学者或学科带头人吸引进来，发挥师德楷模作用，为宣讲教育提供保障；五是高度重视制度建设，形成长效机制，各高校要把宣讲教育纳入高校研究生教育体系，作为一项硬任务，全过程部署，真抓实干。

杨卫作了题为《科学道德教育——理念、实施、案例、对照》的报告，从我国目前的学术生态环境状况出发，以大量生动的案例讲授了科学道德教育的理念、实施，并就中美在科研诚信方面的主要做法进行比较。黄树民作了题为《如何建立学术研究伦理规范》的报告，从学术研究的多元化、学术研究伦理规范的起源和台湾推动人文社会科学研究伦理规范经历的过程三个方面与大家分享了台湾建立学术研究伦理规范的经验和做法。胡海岩作了题为《论研究型大学的学风建设》的报告，结合从事学术和教育管理的丰富经历，通过许多真实案例，与大家探讨了科学道德和学风建设中遇到的问题、处理方法，并提出了许多好的意见建议。王小凡作了题为《大学科研诚信的制度建设》的报告，通过自己在美国求学和科研的经历，以美国杜克大学为例，向大家介绍了美国科学诚信的理念、在科研诚信制度特别是大学科研诚信制度建设方面的具体做法和经验。

会前，各参会代表围绕“如何建立科学道德和学风建设宣讲教育的常态化工作机制”、“如何把科学道德和学风建设的有关要求转化为人才培养各个环节的管理措施”、“如何提高学生参与科学道德和学风建设活动的积极性和主动性”、“如何建立科研诚信和科学伦理学科体系”、“如何建立和培养科学道德和学风建设教育专业人才队伍”五个主题，结合本单位实际，提交了120份交流材料，汇集整理成《2014年科学道德和学风建设宣讲教育研究班高校交流材料选编》和《2014年科学道德和学风建设宣讲教育研究班省区市交流材料汇编》。

【全国科学道德和学风建设宣讲教育工作座谈会】 12月6日下午，全国科学道德和学风建设宣讲教育工作座谈会在中国科学院大学国际会议中心召开。中国科协副主席、党组副书记、书记处书记、全国科学道德和学风建设宣讲教育领导小组组长张勤出席并主持会议，中国科协副主席、常委会科技工作者道德与权益专门委员会主任、全国科学道德和学风建设宣讲教育领导小组副组长黄伯云，中国工程院副秘书长吴国凯，中国科学院科学传播局局长、全国宣讲教育领导小组办公室副主任周德进，中国科协组织人事部副部长、全国宣讲教育领导小组办公室副主任王进展等出席座谈会。中国科协、教育部、中国科学院、中国社会科学院有关负责同志以及各省（区、市）和新疆生产建设兵团宣讲教育领导小组成员单位的有关同志出席座谈会。

张勤在交流研讨中指出，科学道德和学风建设宣讲教育工作是一项长期而艰巨的任务，要常抓不懈，永远在路上，各省、自治区、直辖市宣讲教育领导小组要继续按照“全覆盖、制度化、重实效”九字目标要求，坚持不懈地努力，勇于开拓创新，不断总结经验，构建长效机制，推动全国科学道德和学风建设宣讲教育工作再上新台阶。

【第16届中国科协年会科学道德建设论坛】 5月23日，由中国科协、教育部、云南省人民政府共同主办的第16届中国科协年会科学道德建设论坛在云南省昆明市举行。中国科协副主席、党组副书记、书记处书记张勤，云南省政协副主席罗黎辉以及10余位两院院士出席论坛。中国科协副主席、常委会科技工作者道德与权益专门委员会主任、中国工程院院士黄伯云主持论坛开幕式。本届论坛以“科技评价与科研诚信”为题。

张勤在致辞中指出，科学道德和学风建设是当前科技界乃至全社会共同关注的一个重要话题。良好的科学道德和学术风气的形成，需要科学合理的科研环境、评价体系、评价制度。独立、客观、公正、科学、公开的科技评价对科学道德和学风建设的作用至关重要。当前，科技评价体制机制方面还存在许多有待完善的地方，已引起科技界的广泛关注。中国科协作为学术共同体，应该承担义不容辞的责任，应当仔细研究如何促进、完善学会开展科技评价的体制机制，加快政府职能转移，推动扶持全国学会开展科技评价工作，引导和促进学术正气，大力弘扬科学精神，凝聚广大科技工作者的智慧和力量，使我国的科技事业保持旺盛的生命力。

在论坛第一单元，同济大学校长裴钢院士、中国科学院监察审计局局长李定教授和中国科学院生物物理研究所张宏研究员分别作了题为《学术评价　回归学术——谈学术共同体对学术评价与诚信的作用》《大学评估及其对科研诚信的影响》和《科研评价标准：影响而不是影响因子》的报告。在论坛第二单元，国家自然科学基金委员会主任杨卫院士、清华大学学术委员会副主任康克军教授和云南民族大学校长彭金辉教授分别作了题为《学术评价与诚信建设的微妙平衡》《改进科技评价体系，推进科学道德建设》和《完善学术诚信体系建设的思考与实践》的报告。

在两个开放式讨论环节，与会代表围绕“科技评价与科研诚信”展开了广泛而深入的交流研讨，就如何更好地发挥科技评价作用调动科技工作者的工作积极性，更好地发挥科技工作者聪明才智推动创新，促进科技工作者坚守科学道德提出了许多宝贵的意见建议。

中国科协常委会科技工作者道德与权益专委会顾问、十一届全国政协副主席、中国科学院院士王志珍，中国科协常委、常委会科技工作者道德与权益专委会副主任、南开大学校长龚克，中国科协常委会科技工作者道德与权益专委会委员王乃彦、朱邦芬、吴常信、沈岩、龚旗煌、杨玉芳、刘人怀等专家学者以及中国科协、教育部、科技部、中国科学院、中国工程院、国家自然科学基金委员会、西安电子科技大学、云南省有关委办局、云南省科协，云南省有关高校相关部门负责同志，云南民族大学师生代表共计260人参加了活动。

【第12届全国博士生学术年会在云南开幕】 5月23日，第12届全国博士生学术年会在云南省昆明市开幕。中国科协荣誉委员、中国科协常委会青年工作专门委员会顾问、中国科学院数学与系统科学研究院学术委员会主任、中国科学院院士杨乐，中国科学院院士高松、张肇西、武向平、薛其坤、丁奎岭等出席了开幕式暨大会特邀报告会。中国科协常委会青年工作专门委员会部分委员，年会特邀的学科领域专家，以及来自全国高校和科研院所、云南省高校的近700名博士生参加了开幕式暨大会特邀报告会。全国人大常委、中国科协副主席、中国科协常委会青年工作专门委员会副主任、北京理工大学学术委员会副主任冯长根主持了开幕式暨大会特邀报告会。

在大会特邀报告会上，中国科协荣誉委员、中国科学院数学与系统科学研究院学术委员会主任、中国科学院院士杨乐作了题为《培育优良学风，做好博士论文》的报告，清华大学副校长、中国科学院院士薛其坤作了题为《从“纳米科学”到“量子反常霍尔效应”——从事物理学前沿研究的经历》的报告。报告之后，两位院士与博士生进行了互动交流。

本届全国博士生学术年会由中国科协常委会青年工作专门委员会、中国科协组织人事部主办，云南省科协、中国科协学会服务中心承办，中国物理学会、中国化学会、中国生物物理学会、中国计算机学会、云南大学协办，历时3天。期间，与会博士生围绕科技前沿问题和云南省主导产业发展需要，分物理学、化学与化工、现代生物技术、计算机科学与技术等4个专题开展学术交流。博士生学术年会还邀请诺贝尔奖获得者、斯坦福大学教授、美国科学与艺术学院院士、美国国家科学院院士道格拉斯·奥谢罗夫，诺贝尔奖获得者、德国生物物理学家、马克斯·普朗克学会生物物理化学研究所所长和哥廷根大学教授厄温·内尔，图灵奖获得者、清华大学教授、世界著名计算机学家、美国科学与艺术学院院士，美国科学院院士、中国科学院外籍院士姚期智等国际科学大师与博士生进行互动交流。

【中国科协召开中青年科学家座谈会】 5月5日，中国科协常委会青年工作专门委员会、中国科协组织人事部在北京召开2014年中国科协中青年科学家座谈会，重点围绕青年特别是35岁以下青年科技工作者科研状况、成长需求及政策建议进行研讨交流。中国科协副主席、党组副书记、书记处书记、青年工作

专门委员会副主任张勤，中组部人才工作局副巡视员李涛，国家自然科学基金委计划局局长孟宪平，中国科协常委会青年工作专委会委员张焱、陈山枝、唐志敏，中国科协学会服务中心常务副主任李志刚，以及40多位中国青年科技奖、中国青年女科学家奖获奖者代表出席座谈会。会议由中国科协组织人事部部长李森主持。

座谈中，与会中青年科学家谈到，党和国家对青年科技人才高度重视，先后采取一系列政策、措施，鼓励和支持青年科技人才潜心钻研、创新创业，推动一大批青年优秀拔尖人才脱颖而出。国家科技事业的快速发展，为广大科技工作者特别是青年科技工作者提供了难得发展机遇和创新创业平台。近年来，一些部门、单位还专门设立了一些针对35岁左右科技人才的项目，为青年科技人才提供了许多资助和支持，使得青年科技人才的工作条件、科研保障都有了显著改善。青年科技工作者能在35岁之前获得更多支持和认可，对于他们更好地成长发展非常重要，也十分难得。在肯定成绩的同时，大家也感到，当前35岁以下青年科技人员在科研和生活中也面临不少难题和困扰，影响和制约了他们在科研事业上取得更大成就。

张勤指出，广大青年科技工作者作为科技战线的生力军，对于实施创新驱动发展战略，对于国家创新体系建设意义都十分重大。他表示，中国科协是科技工作者之家，今后将进一步改进工作，特别是在青年博士生和青年科技人才的培养、举荐方面，进一步发挥好科技团体的优势和高校科协的作用，通过组织高水平、跨学科的学术交流、打造科技奖项品牌等活动，推动建立和完善青年科技人才评价发现机制，优化青年科技人才成长环境，拓宽优秀科技人才发展渠道，积极推荐和支持优秀青年学生走向世界，参与国际科技交流与合作。张勤谈到，中国青年科技奖、中国青年女科学家奖的获奖者是青年科技人才中的杰出代表，希望大家在自主创新的道路上继续勇挑重担，在创新人才培养方面发挥更大的作用，也希望大家在科协人才工作方面多提宝贵意见。

中央组织部人才工作局副巡视员李涛、国家自然科学基金委员会计划局局长孟宪平围绕与会中青年科学家关心的问题作了交流，分别介绍了国家人才工作、自然科学基金申报、科研经费管理等方面的一些新部署、新要求。他们表示，中央对青年科技人才非常重视，中组部、国家自然科学基金委将按照中央的有关部署要求，继续把扶持青年科技人才作为重要职责，努力为青年科技人才成长发展创造良好条件。

【中国科协在井冈山干部学院举行青年科技领军人才国情研修班】 6月10日，青年科技领军人才国情研修班开班式在井冈山干部学院举行。本次研修班是中央组织部为落实《高层次专家国情研修计划（2012—2020年）实施方案》，在浦东、井冈山、延安三所干部学院举办的8期高层次专家国情研修班中的一期，是深入学习和全面贯彻落实党的十八大和十八届三中全会精神，学习贯彻习近平总书记系列重要讲话精神特别是对人才工作重要批示精神的重要举措。中国科协党组成员、书记处书记徐延豪，中国井冈山干部学院副院长匡胜出席开班式并讲话。研修班学员、来自重点高校和科研院所的近50名青年科技领军人才参加开班式，内蒙古科技厅副厅长、第一届中国青年女科学家奖获奖者杨劼教授作为学员代表接受院旗。

徐延豪指出，专题举办青年科技人才国情研修班，充分说明党和政府对科技人才的关心和重视，体现了中央在全社会大兴识才、爱才、敬才、用才的崭新作风。在井冈山干部学院举办国情研修班，有利于发挥井冈山的丰富教学资源，帮助大家更好地学习理解党的光辉历史和优良传统，深入了解国内外形势，正确把握我国经济社会发展大局和基本国情，对于提高思想政治素质，增强为建设创新型国家服务的责任感和使命感，都具有特别重要的意义。

徐延豪强调，要把学习贯彻习近平总书记系列重要讲话精神，包括总书记刚刚在两院院士大会上所做的重要讲话精神作为研修班重要内容。他说，在实施创新驱动发展战略的伟大进程中，广大科技工作者肩负着重托和使命，党和国家对青年科技人才充满信任、寄予厚望。在我国加快从科技大国迈向科技强国、科技助力实现中国梦的宏大进程中，当代青年科技工作者赶上了创新发展、干事创业的好时代。讲话中，他向参训学员提出三点希望：一是弘扬井冈山精神，勇攀科技高峰，担当起时代赋予的责任；二是发扬优良传统，情系祖国和人民；三是发挥团队精神，形成创新合力。

本次研修班在中央组织部的指导下，由中国科协和井冈山干部学院共同组织。参训学员由中国科协组织人事部从历届中国青年科技奖、中国青年女科学家奖获奖者中选调。研修班举办期间，学员们参加专题教学、现场教学、访谈式教学、激情教学、体验式教学、音像教学、分组研讨、学员论坛等形式多样、内容丰富的研修活动。

【中国科协举办2014年科学家暑期考察休假活动】 8月，中国科协2014年科学家暑期考察休假活动在贵州省举行。活动期间，院士、专家在休养身心的同时，通过举办报告会、咨询座谈会等方式积极为贵州特色产业和经济社会发展建言献策，并就学术前沿问题开展交流、探讨，取得了良好的成效，受到了活动举办地和与会院士、专家的肯定。本次考察休假活动由中国科协荣誉委员、全国政协人口资源环境委员会副主任齐让担任团长。

8月6日上午，科学家考察休假团在贵阳医学院举办了院士报告会，国家食品安全风险评估中心研究员、中国工程院院士陈君石，中国医学科学院研究员、中国环境诱变剂学会名誉理事长、中国工程院院士程书钧院士分别以《营养与食品安全领域的热点问题》《肿瘤防治研究进展》为题作报告，贵阳市卫生机构负责同志、医务工作者，以及贵阳医学院领导、师生代表350余人参加了报告会。

8月6日下午，中国科协与贵州省人民政府联合举办院士专家与贵州省机关部门和企业座谈会，院士专家围绕贵州省正在大力发展的新医药与健康养生产业，为贵州省经济社会发展建言献策。座谈会由贵州省副省长何力主持，贵州省发改委、科技厅、经信委、卫计委等15家单位和部分企业负责人参加了会议。院士、专家为本次座谈会作了认真准备，提前了解了贵州省省情和相关产业发展情况，结合自己的专长提出了有针对性的意见和建议。

座谈会上，齐让提出，创新驱动发展对贵州尤为重要，创新人才是实现科技创新的根本，贵州省在保持良好生态环境的同时要着力构筑留住人才特别是中青年人才干事创业的环境并提供相应的待遇保障，要特别把中青年人才非常看重的基础教育办好；经济发展与公民科学素质两者相辅相成，要着力提高公民科学素质；要用科技创新的方法解决好生态环境与经济发展之间的矛盾，既要金山银山，更要绿水青山。

程书钧院士提出，健康养生产业要重视传统饮食，充分运用现代科技开发具有贵州特色的传统饮食；要发展集旅游、休闲、娱乐、疗养于一体的养生产业，建立养生基地，让客人来得了、住得下。

陈君石院士提出，贵州有很多其他省份所没有的独特的食品资源，要在食品加工工艺上多下功夫，通过现代化的加工技术，做出品质优、口感好、营养高、健康安全的食品。

中国科学院上海生命科学研究院生物化学与细胞生物学研究所研究员、中国科学院院士张永莲提出，贵州具有独特的生物物种、民族医药等优势资源，但是因为缺乏研究支撑和数据证明，有些得不到外界的认可特别是国际市场的认可，建议把资源优势和过去的经验通过科技手段进行挖掘和发展。

中国科学院生物物理研究所研究员、中国科学院院士郭爱克提出，贵州要珍视现有的生态环境，在工业发展和布局上要科学实施和规划，减少污染，提高资源利用效率。

中国医学科学院基础医学研究所研究员、中国科学院院士强伯勤提出，贵州省可以利用与中关村合作的优势，引进大型现代化企业来发展医疗器械和诊断试剂产业。

中国科学院上海生命科学研究院生物化学与细胞生物学研究所研究员、中国科学院院士林其谁提出，贵州有丰富的植物药和民族药资源，目前中药走向国际市场面临的主要问题是国外基于中药药理得不到实证研究支持而不认可中药，建议加强对药物本身和临床研究，同时要积极参与国家级项目，并由参与逐步发展到牵头。

中国科协2014年科学家暑期考察休假活动由中国科协组织人事部主办，负责筹备和组织工作，中国科协组织人事部部长李森、副部长朱雪芬参加了上述活动。中国国际会议中心和贵州省科协协助落实了相关工作。

【浙江中科领航汽车电子有限公司挂海智计划示范项目牌】 3月28日，由海智专家金星创建的中国科协海智计划示范项目——浙江中科领航汽车电子有限公司在杭州萧山临江高新区举行启动仪式。中国科协副主席程东红，浙江省科协党组书记、副主席李德忠，中科院上海分院党组书记、副院长王建宇，杭州市政府党组成员、大江东产业集聚区管委会主任杨军等领导在启动仪式上分别致辞，浙江大学张泽院士与中科领航签署《院士工作站协议》，中国科协向中科领航授予“中国科协海智计划示范项目”，杭州市科协向萧山临江高新区授予“中国科协海智计划浙江（杭州）工作基地临江工作站”；在启动仪式上还进行了哈尔滨理工大学“教育部卓越工程师教育培养计划

实施单位”揭牌仪式、中科领航与新时期经济发展研究院签署合作协议、与八家企业缔结友好合作战略联盟等活动。

启动仪式后，中科院上海微系统所所长王曦院士、中国人民大学国际货币研究所执行所长、摩根大通银行董事总经理赍圣林博士分别作了题为《中国集成电路产业发展机遇与展望》和《提升科技服务金融的能力，加强建设创新创业型中国》的主题演讲。中国科协海智办副主任方进，省科协党组成员、秘书长董克军，等相关领导出席活动。

中科领航公司是由浙江萧山临江高新区、中国科学院、海智专家金星博士团队等三家单位共同投资创建，是集研发、生产、销售、售后服务于一体，为汽车整车企业开发生产车身智能控制系统及相关芯片、车用传感器等产品的科技创新企业，填补了我国自主研发生产汽车芯片的空白。

【安徽大浦现代农业研究院挂海智计划示范项目牌】 6月15日，由海智专家高继明（比利时）主持领导的海智计划示范项目—安徽大浦现代农业研究院挂牌成立。中国科协荣誉委员、海智计划专家委员会主席、中科院院士赵忠贤，安徽省科协党组书记、常务副主席王洵，中国科协国际部部长、海智办主任张建生，海智办副主任方进和部分在华海智专家出席了挂牌仪式。

高继明与安徽鲁班集团合作组建的安徽大埔现代农业研究院，围绕中国现代农业发展目标，以市场为导向，以产学研战略联盟为依托，以“培育技术、培育人才、培育市场、培育企业核心竞争力和引领现代农业发展方向”为己任，致力于打造农业产业化领域科技成果转化的示范基地和中国现代农业产业化科技服务平台；探索、创建中国现代农业产业化发展模式和服务体系；引领现代农业公司、农业合作社；为政府现代农业政策和规划提供决策咨询。目前已经在云南、江苏、宁波等多地开展现代农业咨询服务，正在与北京市花木公司等单位探讨战略合作。

【安发（福建）生物科技有限公司挂海智计划示范项目牌】 6月19日，中国科协海智计划第四个示范项目授牌仪式在福建省宁德市举行。参加授牌仪式的有中国工程院院士、中国水科院水资源所所长王浩，中国科学院院士、福建省农业科学院原院长谢华安和部分海智专家。

安发（福建）生物科技有限公司是新西兰皇家科学院首席科学家、新西兰国立梅西大学高益槐教授在福建投资设立的高科技生物企业。公司自成立以来，在中国科协海智计划的平台下，充分发挥海智计划特聘专家及其研究机构的示范带头作用，吸引海外科技人员回国创业，取得了良好的经济效益，为当地经济社会发展做出了贡献。

【洪都先进智能产业技术创新中心挂海智计划示范项目牌】 8月16日，中国科协海智计划示范项目、江西“海智计划”工作站授牌仪式在南昌国际展览中心举行。中国科协副主席卢锡城为海智计划示范项目——洪都先进智能产业技术创新中心授牌，江西省科协党组书记、常务副主席龚绍林为江西“海智计划”先进智能服务机器人研究工作站授牌。中国科协国际部部长、海智办主任张建生，中航工业航空装备有限责任公司民品部部长安金耀，中国人工智能学会副理事长、日本工程会院士、洪都先进智能产业技术创新中心主任任福继，中国科协海智办副主任方进，江西省科协副主席彭玲华，中航工业洪都公司党委副书记钱昀，中航工业洪都公司副总经理徐新生出席授牌仪式。

洪都先进智能产业技术创新中心是中国科协批准设立的第5个海智计划示范项目，由海智专家任福继教授领衔。任福继教授在情感机器人研究领域处于国际领先，他带领研究团队研究制作的情感机器人在南昌国际展览中心的亮相吸引了众多科技爱好者。

【海智办组织生态环境能源专项调研】 海智办组织海内外专家一行7人于2014年6月18～24日赴福建永泰和江西鄱阳地区进行为期一周的考察，开展生态安全、新能源建设、生物制药等方面的调研考察和科技咨询服务，积极为永泰和鄱阳湖地方经济建设出谋划策。

参加考察的海内外专家有：中国工程院院士王浩，新西兰皇家科学院首席科学家、真菌学家和天然药物专家高益槐教授，瑞典皇家理工学院、能源专家严晋跃教授，东方园林生态城市规划院院长、生态学家伍业钢博士，美国加利福尼亚大学河滨分校终身教授、生态学家李百炼教授，国家“千人计划”入选者、浙江阿凡柯达公司董事长钟路华博士、中国检验检疫科学研究院植物检疫研究有害生物风险分析与防控系执行主任潘绪斌博士。

在永泰期间，考察团考察了福建省平潭及闽江口水资源配置工程、台口胭脂李科普示范基地、云顶生态旅游开发项目和界竹口水电站等生态项目，并召开了座谈会，对永泰县如何继续保持生态优势、调整和优化产业结构、大力发展特色经济提出了建设性的意见。

在鄱阳湖期间，考察团一行先后深入江西中大生态农业科技发展有限公司有机水稻示范区、新安食品集团生态农业示范基地和古县渡镇万亩油茶基地进行实地考察，现场听取了基地负责人有关生态农业发展与规划的情况汇报。

【海智办组织海归企业创新调研】 9月14～19日，海智办组织海内外专家一行8人赴重庆、武汉进行为期6天的海归企业创新调研。调研重点是中西部海归创新创业的现状，国家及地方政府支持海归创新创业的政策措施及落实情况，并就科技部对2013年考察报告5大问题的相关回复进行深入调研。

参加考察的海内外专家有：中国科协荣誉委员、中科院院士赵忠贤，美时医疗董事长兼CEO、国家“千人计划”人选者马启元，英国奥克斯国际有限公司总经理周克明，安凯微电子总裁及CEO胡胜发，中国上海Cos-mart总裁田千里，加拿大海外上市投资集团董事长郑延友，香港铁路有限公司中国业务首席执行官易珉，浙江中科领航汽车电子有限公司董事长金星等。

在重庆期间，考察团实地调研了重庆派森百橙汁有限公司忠县基地、重庆伟渡医疗股份有限公司、林同棪国际工程咨询（中国）有限公司、重庆杜克高压密封件有限公司、重庆戴普思科技有限公司5家海归创办企业，并与来自重庆的20余家海归创办企业负责人进行了座谈交流。重庆市科协党组书记、常务副主席黄明会，市科协副主席王勇、梅玉军等陪同调研。

在武汉期间，考察团一行先后赴中美华世通生物医药公司、武汉兰丁医学高科技有限公司、武汉锐科光纤激光器技术有限责任公司、武汉光庭信息技术有限公司4家企业进行调研，现场听取了各公司负责人有关企业创新创业的情况汇报，并在调研期间召开海智计划企业创新调研组座谈会，与8家有关企业的管理和技术人员进行座谈。

【海智办组织开展生物医药专项调研】 11月3～8日，海智办组织海外专家10人赴山东省济南市、江苏省连云港市进行生物医药调研。海智办组织海外专家，围绕了解国内药厂药物研发现状，了解国内药厂希望引进的国外产品和技术，针对企业具体技术难题和转型升级提出咨询建议和探索有效合作方式等四个方面对中国生物医药产业进行调研。

此次调研组由10名海智专家组成：邱东旭（加拿大）、陈邦华（美国）、陈萃英（比利时）、高惠（瑞士）、高益槐（新西兰）、刘江（加拿大，千人计划专家）、史琳（比利时）、童世庐（澳大利亚）、徐锋（美国）和徐景宏（美国，千人计划专家）。

调研组先后参观了齐鲁制药有限公司、山东福瑞达医药集团公司、江苏恒瑞医药股份有限公司、江苏康缘药业股份有限公司、正大天晴药业药业集团股份有限公司、江苏豪森医药集团有限公司等国内知名制药企业，与山东蓝金生物工程有限公司董事长孔庆忠深入座谈。在济南药谷召开座谈会，有济南市高新区管委会、济南高新技术创业服务中心的负责人、代表和8家企业的代表共计16人参与座谈，济南市委常委、副市长苏树伟会见调研团队。在连云港召开的座谈会中，连云港市副市长陈岩松，市政府副秘书长杨新忠，连云港科创城副主任赵厚峰、人事局等单位的负责人和4家企业的代表共计11人参加座谈。调研组针对济南药谷和连云港制药企业提出的具体问题分别给出可操作性建议，同时对中国生物医药行业的发展提出建议。

【海智办主办济南“国际智能交通论坛”】 9月16日，“城市发展与智慧交通”国际研讨会在山东省济南市举办。来自英国智能交通协会、美国纽约大学、清华大学等国内外知名高校、科研机构、智能交通企业的专家学者共聚泉城，纵论智慧交通的前沿动态与发展趋势，为济南智慧交通建设和产业发展建言献策。济南市副市长王新文、中国科协海智办副主任邱爱军，山东省科协、清华大学土木水利学院、山东交通学院等领导出席会议，济南市政府有关职能部门、高校、科研院所和企业代表180余人参加会议。会议分为开幕式、主题报告会和济南市智慧交通建设圆桌会议、智慧交通产业发展研讨会。

主题报告会上，来自英国、美国和清华大学、北京市的4位特邀专家，围绕研讨主题作了精彩的演讲。英国智能交通协会主席Sharon Kindleysides介绍了“智能交通在英国城市交通中的应用与实践”；美国国际转型咨询顾问公司总裁、纽约大学工学院兼任教授焦国安就“智慧城市与智能交通”进行演讲；清华大学教授、清华大学－剑桥大学－麻省理工学院低碳能源大学联盟未来交通研究中心主任吴建平就“智能交通与交通仿真技术”进行了演讲；北京市城市规划设计研究院交通规划所所长、教授级高级工程师王晓明，以北京为例介绍了“智慧交通与城市的融合发展”。

济南市科协发挥中国科协“海智计划”山东（济南）工作基地的作用，促成了山东交通学院与清华大学－剑桥大学－麻省理工学院低碳能源大学联盟未来交通研究中心的交流合作，双方在联合开展项目研究及成果推广应用、学术交流、教师和学生的访学培养等领域达成合作意向，并签订了合作协议。济南市科协在山东交通学院设立“中国科协海智计划山东（济南）工作基地山东交通学院工作站”，并在智慧交通建设圆桌会议上授牌。

举办此次“城市发展与智慧交通”国际研讨会，了解了国内外智慧交通建设的前沿动态与发展趋势，凝聚海内外科技工作者的共同智慧，积极为济南市智慧交通建设建言献策，将有效推进智能交通行业技术创新和产业发展。

【海智专家与国内专家联手获得 2014 年联合国全球人居环境奖】 2014 年联合国“全球人居环境奖”评选揭晓，由海智专家严晋跃，中国水科院水资源所所长、中国科学院院士王浩，中国水科院总工程师高占义总工共同完成的“中国太阳能光伏提水修复草场和农田技术”荣获“全球人居环境绿色技术奖”。该奖项授予 3 位专家代表的机构：国际应用能源技术创新研究院（AEII）、中国水科院、瑞典皇家理工学院（KTH）和玛拉达琳大学，已于 8 月 19 日在哥伦比亚颁奖。

2008 年，海智办组织国内外专家赴青海开展生态能源环境调研。2009 年，在调研的基础上由严晋跃、王浩、高占义三位专家联手，向亚洲银行申请在青海开展“太阳能提水改造天然草场示范项目”获得批准并给予资金支持。时任青海省委书记强卫在严晋跃和国内专家联名致函上批示“关注此项目进展情况，并支持项目推广工作”。2010—2013 年，示范项目得到瑞典国际合作发展署、瑞典国家发展局和中国政府经费支持，在内蒙古、青海、新疆和西藏等地扩大试点范围，取得明显效果。

2014 年全球人居环境奖评议委员会对该项技术评价为：“太阳能提水系统推动了可再生能源技术的创新和实践，实现了水资源的高效利用，修复了草原生态系统，增加了农牧民的收入，减少了温室气体排放，促进了边远地区的可持续发展。更为重要的是，该项目是由一批拥有不同技术专长和不同文化背景的娴熟专家领导，能够借鉴国际的先进理念和成功经验，体现了集体智慧”。

“全球人居环境奖”是由联合国环境规划署及联合国经济和社会事务部联袂评选颁发，是人居环境和绿色技术等领域的世界级大奖。其中绿色技术领域大奖长期以来尚没有国内专家和机构问津。本次绿色技术领域的获奖是海外华人专家与国内专家合作的成功范例，帮助中国实现在该奖项技术领域零的突破，同时也标志着我国绿色、可持续发展的水利技术已得到国际公认。

【2014 中国（江苏）国际科技交流与人才智力合作大会】 9 月 23 日，由中国科协海智办、江苏省科协和中国旅美科技协会共同主办，江苏省海门市委、海门市人民政府及中国旅美科技协会华盛顿分会承办的 2014 中国（江苏）国际科技交流与人才智力合作大会在海门市举办。江苏省科协党组书记、副主席陈惠娟，中国国际科技会议中心常务副主任纳翔出席会议并讲话。诺贝尔生理学奖获得者、美国国家科学院院士、中国科学院外籍院士弗里德·穆拉德，国务院发展研究中心产业经济研究部主任钱平凡作大会主题报告。英国驻沪总领事馆科技领事提姆·史丹布鲁克、中国旅美科协总会代表宋云明致辞。大会共集聚了 400 余个海外科技项目，参会洽谈对接项目 50 多个，签署合作协议项目 7 个，正式落户项目 4 个。

开幕式上，江苏省科协副主席阮仁良宣读《关于设立第三批省级海智工作基地的通知》，并举行了“海外智力为国服务行动计划工作基地”、“江苏省海智计划（海门）工作基地 5+1 工作站”授牌仪式。弗里德·穆拉德、钱平凡分别作了题为《一氧化氮和 Cyclic GMP 信号通路的发现及药物开发应用前景》和《搭建平台、集结人才、助推产业升级与转型》的大会主题报告。会议期间，与会专家学者还围绕生物医药、新能源新材料、海洋工程装备三大主题开展了专题演讲，热议产业前沿新成果，探讨技术创新新动向，共谋未来发展新蓝图。

会议期间还举行了海门科技、人才政策推介会，台海休闲创意农业座谈会，政产学研合作洽谈会以及“国家千人计划”及相关专家座谈会，开展了海门市创业载体考察。区实地考察投资创业环境，与园区企业进行深入交流。

【第三届中国（江苏）国际科技交流与人才智力合作大会】 10月28日～29日，第三届中国（江苏）国际科技交流与人才智力合作大会在江苏省盐城市召开，本次大会由盐城市委、市政府和中国科协海智办、江苏省科协、中国旅美科技协会联合主办，主题为“海汇英才·智聚盐城”，主要内容包括开幕式、主题报告、人才项目对接洽谈、专题国际科技交流、载体考察五大板块，集聚了620多个海外项目，400多位海内外知名专家学者、海外科技社团代表、欧洲科技园区代表以及科技界、工商界人士参加会议。

28日上午的开幕式上，中国旅美科技协会总会理事长盛晓明、欧洲商业与创新中心联盟主席阿尔瓦罗·西蒙·德布拉斯和西班牙马德里大区商业局局长安琪·路易斯等嘉宾代表分别演讲；6个中欧科技示范园结对共建项目、14个海智人才项目现场签约。开幕式结束后，诺贝尔化学奖得主达尼埃尔·谢赫特曼教授作了题为《科技创业——通往世界和平与繁荣的钥匙》的主题报告，详细介绍其在科技创新教育和科技创业等方面的做法与体会。

28日下午，举行人才项目对接洽谈和专题国际科技交流。人才项目对接洽谈板块按照“3+X”的模式组织实施。“3”是指中欧科技创新洽谈会、盐城·中国旅美科技协会人才项目洽谈会和盐城·马德里旅游项目推介会，“X”是指海外高层次人才与盐城市企业、园区面对面开展的“一对一”、“一对多”活动。专题国际科技交流板块包括新能源、节能环保、电子信息和航空装备四个专场，组织海内外高端人才与市企业技术人员开展交流。

【海智计划联席会议】 9月24日，中国科协2014年海外智力为国服务计划联席会议在浙江省宁波市举行。中国科协副主席、党组副书记、书记处书记张勤和中国科协荣誉委员、中国科学院院士、海智专家委员会主席赵忠贤，中共宁波市委常委、市委副书记余红艺等领导及来自16个国家46个海外科技社团的53位代表出席会议。

张勤代表中国科协在开幕式上致辞。此次会议正值海智计划实施十周年，他回顾海智计划十年来取得的成绩，提出中国科协对海智工作的新要求，并祝愿海智计划工作做得更好，上一个新的台阶，不辜负历史对科技工作者所提出的任务、赋予的使命。海智办副主任方进代表海智办汇报年度工作情况，播放海智十年回顾短片，马启元等代表汇报了海智计划系列专项调研情况，严晋跃等5个海智计划示范项目的专家介绍了项目实施进展。

23日晚，与会代表们在严晋跃教授领衔的海智示范项目——国际应用能源研究院举办首次海智创新创业论坛，邀请赵忠贤院士担任特邀嘉宾。

【2014年中国科协海智计划基地工作会议】 12月5日，2014年中国科协海智计划基地工作会议在北京召开。中国科协党组书记、书记处第一书记尚勇，中国科协副主席、党组副书记、书记处书记张勤出席会议并讲话。中国科协海智办负责人，有关省、市科协、海智计划工作基地负责人，部分海智计划特聘专家等100余位代表参加会议。中国科协国际联络部部长、海智办主任张建生主持会议。

尚勇表示，近年来，数以千计的海外人才以多种形式来华创新创业，为中国的自主创新和经济社会发展做出了突出贡献。各地科协组织和海智办牵线搭桥，努力做好服务，使海智基地建设取得了明显地进展。下一步，海智计划要重点从三方面着手，全面创新和升级海智工作。第一，面临新机遇，海智计划要正确定位，凸显优势，采取更加灵活的机制，不求所在、不求所有、但求所用，让海外人才来华工作和服务更具吸引力和凝聚力，使其大有作为。

第二，要以“海外人才离岸创业计划”为先导，带动海智计划的全面创新和升级。着力抓好离岸创业园区的先行试点工作，在深圳、上海、武汉等地率先开展试点工作；围绕“创新驱动助力工程”，因地制宜，发挥好海智的作用；围绕“企业走出去”战略，搭建海外人才就地发挥才能的平台；引进一批世界级科学家和技术专家来华交流，建立多样化合作关系。

第三，要优化创新创业环境，提升服务水平。知识产权是创新创业的重要组成部分，要注重加强知识产权保护，优化海外人才在华的创新环境；加强创新创业的配套服务体系建设，营造良好的创新生态链；完善优化相关政策环境，为海外人才来华工作生活提供更大的便利；拓宽和畅通引进人才的渠道，注重人才群聚效应。

尚勇要求，各级科协和海智办要切实为海外人才提供服务，要真正做海外人才的“益家良友”。不仅对他们提供直接服务，更关键的是要规划好海智工作，加强与各地党委政府部门的沟通协调，切实解决海外人才创业创新的难题。各级科协和海智办工作人员要有国际思维、国际视野，要认识到海智工作的使命，用开拓的精神、担当的精神把海智工作做好。

张勤对海智计划基地下一步的工作进行了具体部署。他表示，从明年开始，海智计划将在3个城市开展“离岸创业基地”试点建设，在10个城市开展“创新助力工程”试点建设。中国科协和海智办要从整体考虑，研究各种政策，规划海智工作思路，针对海外人才的特点，设计好试点建设的整体政策，打造出试点建设的特色。地方科协和海智办要扩大联系渠道，吸引海外人才到中国创新创业，创新海外人才来华创业的范式。希望海外科技团体多组织海外人才来华考察，了解中国的发展、创新创业的政策和总体发展环境，传播出去，吸引更多的海外人才来华创业和服务。

海智办常务副主任梁英南介绍了2014年中国科协海智办的工作情况。截至2014年底，海智计划联系的海外科技团体已从最初的35家增至91家，遍布世界15个主要发达国家和地区；在全国设立海智工作基地44个，海智示范项目5个；协助各地开展海智洽谈活动1022场，洽谈项目4334项，落地项目533项；推荐海外人才861人，其中千人计划106人，入选各地人才计划409人；海外人才库条目总数达1110条，收集海外咨询建议251项。

会上，福建省、江苏省科协、浙江省科协、广东省科协、安徽省科协等介绍了各省海智工作的开展情况。海智专家高益槐、张少先、高继明、吴建平、钟路华、严晋跃、伍业钢分别围绕生物医药产业、环保技术、现代农业、智能交通论坛、水环境治理、节能技术改造、流域生态治理技术等项目进行了推介。各省、市科协与会代表围绕海智工作进行了交流与讨论。

【第八届9＋X城市科协“海智计划”工作会议】 10月10～12日，第八届9+X城市科协“海智计划”工作会议在山东省青岛市召开。会议主题为“共商海智大计，助推经济发展”。福州、青岛等20个城市科协海智工作负责人参加会议。中国科协国际部部长、海智办主任张建生，海智办副主任方进，山东省科协副主席纪洪波，青岛市科协主席胡辛参加会议。

会议特邀青岛海尔集团开放合作平台（HOPE）和无锡中欧国际技术转移中心介绍网络引智平台。

学术交流与学会建设

【深化学会能力提升　引领学会创新发展】 2014年8月，中国科协启动优秀科技社团奖第一期项目全面总结工作。总结表明，圆满完成了三年既定目标，深化拓展多项重点工作，得到财政部等部门和广大科技工作者的充分肯定。一是服务大局的支撑作用显著。围绕科技体制改革、政府职能转变、社会治理创新等中心工作需求，专项起到富有预见性的强基和引领作用，新增、拓展或巩固10余项重点工作。二是形成一流学会集群。国际会议、学科发展、承接政府转移职能、科技评价、专职人才队伍等主要指标增幅明显，好学会增多，强学会更强。三是示范引领科协系统改革发展。45个获奖学会的改革实践，带动全国学会的改革创新和能力提升，近20个省级政府部门出台推动学会改革发展的专门文件，设立地方学会支持专项。四是得到高度认可。部分工作列入中央全面深化改革和科技体制改革重点工作，政府部门形成普遍共识，海内外科技工作者关注赞誉。五是孵化作用明显。在“率先探路”基础上“培土强基”，形成助推地市级城市创新驱动转型发展、促进重点学科资源集成共享、服务青年人才成长发展等诸多改革创新的聚焦点和生长点，形成了以学会为主体的全新科协工作格局。

2013—2014年度，在服务创新能力方面，45个获奖学会共举办学术交流活动2511场，平均每个学会举办56场。举办国际会议299场。学术交流人数638558人次，其中院士850人次，国外专家13868人次。在服务社会和政府能力方面，45个获奖学会开展了222个项目评估，开展了420个科技成果评价和技术鉴定项目，设立了721个科技奖励，为政府以及各机构组织进行了214次决策咨询，为政府提供了146个政策性建议，举办继续教育活动703场，回应社会热点问题119次。在服务科技工作者能力方面，45个获奖学会开展科技人才评价3994个，人才举荐总人数475人，其中推荐院士59人，女科技工作者280人，青年科技工作者112人，光华科技工作者24人。在服务自身发展能力方面，45个获奖学会参加国际组织181个，举办国际活动219次，317名学会专家在国际组织中任职，22个国际组织代表机构设在学会中。个人会员总数2478608人，新增个人会员61403人，单位会员18043个，年度新增单位会员932个。

8月12日，学会能力提升专项第一期项目总结工作部署会在北京召开。获得学会能力提升专项优秀科技社团奖的45个全国学会负责同志参会。会议要求各参会学会要围绕学会在服务创新、服务社会和政府、服务科技工作者以及服务自身发展等四个方面，全面总结能力提升项目的各项工作。通过总结报告、典型案例、创新点和数据统计表，认真梳理和量化各项工作，从增量、亮点、示范性、系统性、可持续性等几方面入手，概括学会具有可操作性及可借鉴性能力建设经验。

12月16日，学会创新和服务能力提升工作座谈会在中国科技会堂召开，中国科协党组书记、书记处第一书记尚勇出席会议并作总结讲话。中国力学学会等近70家全国学会的负责人参会。财政部教科文司，中国科协计划财务部、调研宣传部、学会学术部和学会服务中心等部门、单位有关负责人出席会议。会议由中国科协学会学术部副部长宋军（主持工作）主持。

尚勇在总结讲话中指出，在一期学会能力提升专项的基础上，进一步实施学会创新和服务能力提升工程，符合新时期党中央的部署和科技经济社会发展的要求，是实施创新驱动发展战略的迫切需求，学会要在推动科技创新、促进科研交流合作、制定行业标准规则、政府决策智库、培养举荐人才等方面发挥重大作用。学会能力提升专项对学会综合能力的提高已打下了良好基础，全面深化改革给学会的改革创新提供了动力，更提供了机遇。打铁还需自身硬，学会要加强自身建设，积极投身到科技创新和经济建设的主战场中，成为科技创新的一支重要生力军。

尚勇要求，学会要结合各自实际，组织实施好创新和服务能力提升工程。要继续提高学术交流的质量。要针对国家发展规划提出建议，把科技发展报告和学术发展报告做好，切实起到引领作用。要在推进协同创新中有效果，依靠学会优势，克服碎片化和孤岛现象。要认真做好有序承接政府转移职能工作，树立学会社会公信力。在青年人才举荐上，要重视30岁左右的“小人物”。在科普工作主战场上，要充分发挥学会的作用。在思想库的建设上，要发挥智力独特的优势。

尚勇强调，要采取切实措施加强作风建设。要加强学会会员代表大会、常务理事会、理事长办公会、秘书长工作会等领导机构的建设。要引导、组建重点领域的学会联盟建设，为大学科发展提供建议。要通过提供服务吸引更多会员加入学会、参与工作，提升在科技界的凝聚力、影响力。

会上，6家全国学会对学会能力提升专项实施成果进行了交流发言。农业部副部长、中国农学会会长张桃林交流题目是《抓住机遇　务实创新　全面提升学会“四个能力”》；国家自然基金委主任、中国力学学会理事长、中科院院士杨卫交流题目是《繁荣学术　促进交流　推动力学学科发展》；国家自然基金委副主任、中国化学会理事长、中科院院士姚建年交流题目是《引领学科发展　集成学术资源　推动化学创新》；中国汽车工程学会理事长付于武交流题目是《依托科技资源优势　提高创新能力　服务于地方经济建设》；中国机械工程学会副理事长兼秘书长张彦敏交流题目是《抓住政府转移职能新机遇　提升学会创新与服务能力》；中华医学会副会长兼秘书长刘雁飞交流题目是《关于开展青年人才培养举荐工作的情况汇报》。宋军对《中国科协关于实施学会创新和服务能力提升工程的意见》的起草背景、总体框架、内容要点等进行了简要说明和介绍。

【推进学会有序承接政府转移职能】 按照习近平总书记等中央领导批示精神，在中央编办、财政部、民政部以及人力资源社会保障部、科技部、教育部、工业信息化部、住房城乡建设部、国家标准委、国家中医药管理局等政府部门指导监督下，在39个学会的支持参与下，多方联动，中国科协统筹推进并完成首批10项试点工作。10项试点工作包括：高等学校本科工程教育专业认证、化学领域国家重点实验室评估、工程技术人员职业资格认定、国家科技奖励推荐、部分领域863计划和支撑计划推荐、电子行业节能减排专业服务平台、社会团体标准研制试点、国家科技报告分专业领域进行分析研判、中央部门预算中医医院项目预算专家论证评审、梁思成建筑奖评选。

（一）体现重要改革探索意义，得到各方面广泛认可。试点工作紧紧围绕社会组织服务全面深化改革大局的战略布局，按中央统一部署，为创新公共服务提供方式、推动国家创新体系发展积累了有益的改革经验，得到中央领导的高度肯定、政府部门的高度认可，也促进了有关政府部门进一步简政放权。在全面调研中，22个政府部门明确拟转移职能88项，按照典型、自愿、公开和竞争原则，选择出10个项目作为首批试点项目。6月11日，中国科协召开所属学会有序承接政府转移职能试点工作座谈会，正式启动试点工作。李源潮同志和杨晶同志出席会议并作重要讲话。中央编办主任张纪南等26个政府部门领导出席座谈会，科技部党组书记、副部长王志刚等4位代表交

流发言。8月27日，杨晶同志代表国务院在十二届全国人大常委会第十次会议上所作的《关于深化行政审批制度改革加快政府职能转变工作情况的报告》中，明确提出要“开展中国科协所属学会有序承接政府转移职能的试点”。中央编办、财政部、民政部以及各试点涉及部门均以不同方式对试点工作表示关注和肯定。在试点工作推进中，国家食品药品监督管理总局、国家测绘地理信息局、国家中医药管理局等部门又将多项职能任务委托给中国科协所属有关学会承担。

（二）初步建立能负责、能问责的工作机制，彰显学会独特优势。通过顶层设计、信息共享、任务书签署等指导督促学会开展试点工作。试点工作制修订61项制度、文件或规范，形成10项具有复制推广意义的典型案例，提出了10项政策建议和工作资质标准，建设了近40个专家库，主动开展公开公示30项，初步建立了工作的运行机制、约束机制、公开制度和服务机制，彰显了优秀学会的独特优势和活力，为学会拓展服务职能、提升服务能力、促进科技创新和服务经济发展提供了难得的实践锻炼机会。通过试点，巩固、拓展和深化了科技奖励、项目评价、决策咨询、机构评价、人才评价、标准研制、行业服务等职能，并向参与科技资源整合分配、科技事业规划设计、国际规则先行衔接等领域延伸。

（三）示范引领科技社团创新发展，形成协同开展公共服务热潮。扩大宣传交流，编印38期推进学会承接政府转移职能工作简报。全国工商联、中华全国供销合作总社、中国法学会等先后到中国科协“取经”。据不完全统计，200个全国学会在科技奖励、科技评价、决策咨询等领域开展了379项工作。近20个省、区、市100多个学会广泛开展了承接政府转移职能工作，涉及科技奖励、科技评价、人才评价、标准和技术规范制定、决策咨询等。江苏省委省政府会同省科协，专门召开学会有序承接政府转移职能工作会议，部署开展有关工作。吉林省科协受省人力资源和社会保障厅委托，承担全省轻工、化工、机械、电子、纺织、医药工程专业的专业技术人员职称评审工作，已评定1100人，并实现零投诉。浙江省科协所属40个省级学会承担84项政府转移职能，11个设区市科协所属114个学会承接188项政府转移职能，社会反响良好。

（四）试点和培育结合，推动工作常态化、规范化、制度化。启动试点培育工作，支持培育了30个左右有潜力、有典型意义、有工作基础的项目。根据中央领导同志指示要求，在进一步征求有关政府部门和学会意见基础上，形成了约100项工作的扩大试点项目清单，项目内容拓展到学科发展研究、产业发展规划、机构评估、学科集成创新、产学研合作等领域，涉及发展改革委、环境保护部、交通运输部、水利部等24个政府部门，新增中国稀土学会、中国水利学会、中国药学会等34个学会。

10月29日，中国科协党组成员、书记处书记沈爱民在学会有序承接政府转移职能试点工作交流会上表示，学会有序承接政府转移职能试点工作，中央领导关注、整个科协系统关注，需要进一步统一认识，聚焦重点，齐心协力，加大力度推进工作，力争在年底交出满意的答卷。

第一，把承接政府转移职能试点工作放到更加重要的位置，更加重视，集中力量把这项工作做好。要按照“能负责、能问责，接得住、接得好”的要求，主要负责人亲自抓，明确责任到人，进一步抽调精兵强将，进一步联合各种力量，进一步加强与政府部门的沟通，为党和国家中心工作提供支撑，为社会组织改革发展提供示范引导。

第二，充分发挥学会的特点，探索学会有序承接政府职能的成熟模式。要充分发挥学会具有法人地位、第三方独立客观、专业权威性以及人才荟萃的优势，体现与政府部门、事业单位、行业协会和中介结构的区别，在工作体制、机制、规律等方面认真挖掘思考，摸索出自己独特的工作模式，要可复制、可借鉴、可推广。同时，要推动学会承接政府转移职能走法制化的道路，着力总结凝炼能够上升到政策、法律层面的成果和经验。

第三，进一步明确分工，责任到人。要进一步聚焦试点的目标和任务，拿出实实在在的“干货”。要按照已确定的计划安排，以“啃硬骨头”的精神，在年底前保质保量地完成既定目标。针对工作推进中的问题，要认真梳理，及时解决。

第四，启动经验总结工作，着手研究下一步的推广方案。要总结规律，注重形成模式和体制机制创新，要收集政府和科技界的评价和反响，体现项目成效。要进一步拓展和推广，扩大试点领域和参与学会规模。要强化在科协系统特别是地方科协的辐射推广。

【加强中国科协学会组织建设，推动学会规范内部治理】 2014年，中国科协以支持学会加强基础能力建设，推动学会整体实力提升为主线，积极响应社会组织治理改革需求，强化改革创新意识，提升组织建设能力，引导学会建设现代科技社会团体。

1．明确中国科协全国学会组织发展目标和原则，推动中国科协学会组织建设。执行《中国科协全国学会组织通则（试行）》和《中国科协团体会员管理办法（试行）》的有关规定，明确“积极慎重，发展优秀社团；优化结构，确定发展重点；鼓励竞争，探索‘一业多会’。探索创新对学会的管理体制机制。加强对学会的分类管理；创新学会之间的合作方式”等发展原则。积极对申请加入中国科协团体会员的学会进行指导服务，审议了中国遥感应用协会等4个学会申请加入中国科协团体会员的有关事项；对27个申请成立的全国学会进行审查，原则同意筹备成立“中国科普志愿者协会”等6个学会。

2．以引导学会积极参与社会组织评估工作为切入点，推动学会加强自身建设。向全国学会下发《关于转发〈民政部关于开展2014年度社会组织评估工作的通知〉的通知》和《关于全国学会参加社会组织评估有关情况的调查问卷》，组织全国学会社会组织评估专题培训班，提高学会参评意识和工作水平。民政部于4月公布了2013年度全国性社会组织评估结果，中国科协所属全国学会中，共有8个学会参评。截至2014年底，中国科协所属全国学会已有74个参加了评估，其中5A级7个，4A级37个，3A级26个，2A级4个。学术类社团69个，其中5A级7个，占全部5A级学术社团的100%；4A级35个，占全部4A级学术社团的77.8%；3A级24个；2A级3个，在学术类社会组织中优势明显。

3．加强学会组织建设管理服务和监督，规范学会治理基础。一是实施学会管理制度改革基础培育工程，提升学会组织建设能力。增设了民主机制建设、会员服务管理、社会影响力等创新试点项目，促进了学会的改革创新发展。二是组织开展学会年检工作。补充、修订了10大项34小项年检补充数据。中国科协业务主管的188个全国学会中有180个获得了年检合格的结论。三是加强全国学会的组织机构审批工作。共指导44个学会完成理事会换届工作，完成负责人、法人、住所等届中变更审批39次。对长期不换届的学会进行了督促改进，指导10年未换届的中国微量元素科学研究会、中国科学技术期刊编辑学会的理事会换届工作。

【第十六届中国科协年会】 第十六届中国科协年会于5月24日在云南省昆明市开幕。中共中央政治局委员、中央组织部部长赵乐际出席开幕式并讲话，时任中共云南省委书记、省人大常委会主任秦光荣致欢迎词。全国政协副主席、中国科协主席韩启德，十一届全国政协副主席王志珍，中央和国务院有关部委领导同志，云南省领导，解放军有关领导同志，包括中国科学院院士、中国工程院院士在内的国内著名专家学者，来自科研、生产、教学第一线的科技工作者，包括诺贝尔奖获得者在内的国际知名科学家、海外专家学者，以及国际知名科技组织的代表共2000余人出席大会开幕式。开幕式由中国科协副主席、党组副书记、书记处书记张勤主持。开幕式前，赵乐际会见了出席年会国际科学大师论坛的4位世界科学大奖获奖者。

秦光荣在致词中表示，中国科协年会广聚科技资源，广纳真知灼见，广交科技英才，广搭合作平台，为云南与海内外科技界扩大交流、加强合作、共促创新、共谋发展提供了难得的机遇。党的十八大以来，云南牢固树立绿色发展、民本发展、开放发展、创新发展理念，着力推动一系列重点工作稳步开展，云南自然资源变经济资源、弱质产业变支柱产业，以及人民生产生活的每一点进步，都闪耀着科技的光芒。当前，云岭大地正海纳百川、蓄势待发，一个多姿多彩的云南一定能够给广大科技工作者、创业者带来更多的灵感、更多的希望、更多的收获；海内外科技英才和团队可以在这里施展才华，共谋发展，共创辉煌。希望以本次年会召开为契机，提升云南科技创新能力，提高云南各民族科学素质，展示云南新形象。

开幕式上颁发了第七届周光召基金会科技奖和第十七届中国科协求是杰出青年奖等。

开幕式结束后举行了大会特邀报告会，全国政协副主席、中国科协主席韩启德，中国科学院院长白春礼，中国工程院副院长谢克昌，国家新闻出版广电总局副局长邬书林，台湾珏创科技董事长、美国国家工程院院士卢超群分别作大会特邀报告。

本届年会由中国科学技术协会和云南省人民政府共同主办，以“开放、创新与产业升级”为主题，立足于“大科普、学科交叉、为举办地服务”的年会定位，聚焦云南实施创新驱动、推动经济转型和产业升

级的热点焦点问题，是凝聚全国科技工作者的智慧和力量，推进创新驱动发展战略，服务云南“两强一堡”战略和国家“一带一路”战略的重要举措。

年会期间举办了五大板块共397项活动，4000余位科技工作者参加各项活动。

【中国科协精品科技期刊工程】 2014年是精品科技期刊工程第三期项目实施的收官之年，精品期刊培育计划取得丰硕成果，发展基础进一步巩固，业务交流不断深化，推动期刊发展的整体效益凸显。本周期支持项目141项，整体学术质量稳步提高，在组织高质量稿件、加强编委会建设、提升出版快速反应能力、培育优秀出版人才、提高数字化传播水平、实施集约化发展等方面都取得了明显进展。据CJCR2014统计，入选期刊中36种学科影响因子排名第一，46种期刊学科被引频次排名第一，78种入选期刊影响因子稳步提升。刊均被引频次增幅达25.4%。

在12月24日召开的中国科协精品科技期刊工程第三期项目总结交流会上，中国科协党组书记、书记处第一书记尚勇出席会议并讲话，中国科协党组成员、书记处书记沈爱民作会议总结发言。会议由中国科协学会学术部副部长宋军（主持工作）主持。精品科技期刊主要负责人、中国科协主管的中国科技期刊国际影响力计划入选期刊主要负责人、中国科学院院士袁亚湘，中国煤炭工业协会副会长刘峰等，期刊主办单位负责人200余人参加了会议。

尚勇在讲话中指出，中国科协精品科技期刊工程第三期项目自2012年实施以来，取得了明显的进步和显著的成绩，但也必须清醒地认识到存在的差距及问题。进一步提高科技期刊的学术水平和质量，打造精品工程，提升在国内外学术界影响力是下一步中国科协实施学会创新和服务能力提升工程的重点任务。中国科协将进一步加大对精品期刊的支持力度，特别是对优秀的期刊要给予更多的支持和奖励。

尚勇对精品科技期刊工程提出三点意见。第一，精品科技期刊要突出四项功能。一是突出学术导向功能。包括学科发展趋势导向、问题导向、需求导向等。二是突出精品展示功能。在学术上、创新上要有新的突破，要有新理论、新观点、新方法、新成效。三是突出创新促进功能。期刊是创新的擂台，要起到引导创新、激励创新的作用，推动形成科技人才竞相创新、比学赶超的浓厚氛围。四是突出学术争论功能。科技期刊是学术思想交流碰撞的平台，建议增加对文章的评论内容，鼓励正常的学术争论、观点争鸣，促进学科繁荣发展。

第二，精品科技期刊工程实施中要强化四种意识。一是要有精品意识。精品期刊的核心是精品文章，建议杂志每年开展优秀论文的评选，通过各种措施激励精品文章的发表，提高文章质量。二是要有创新意识。编委、编辑部的工作人员要有创新思维，善于发现有学术创新成果的文章。要有求真求实的态度，运用信息技术促进期刊数字化，在期刊内容和形式、运行管理方式等方面有所创新，逐步组建期刊集群、联盟。三是强化责任意识。学会要树立起责任意识，把办好期刊作为学会的主要工作。期刊的主编要切实担起责任，期刊编辑部要选用有责任心、担当心、有能力、有水平的工作人员，要精心谋划选题，严格审核把关，认真确保编辑质量，作风公道正派。四是要有服务意识。要强化园丁精神、伯乐精神，特别是主编和编委，要善于发现好文章，善于发现人才，特别是青年人才。要加强和作者的沟通。

第三，精品科技期刊要注重四个力戒。一是力戒造假。不能出现论文抄袭、剽窃、夸大事实、弄虚作假等问题。二是力戒浮躁。不要一味追求数量，避免论文粗制滥造、胡编乱凑、一稿多投等现象。三是力戒庸俗。杜绝“掮客”现象，不利用版面搞特权。四是力戒懈怠。主编和编委不能空挂虚名，敷衍了事。

沈爱民在发言中表示，2015年中国科协将启动新一期精品科技期刊工程，继续深入推进国际期刊国际影响力计划，依托这两大专项，形成比较完善的科技期刊工作格局，构建覆盖面广、比较合理的期刊扶持体系。

沈爱民强调，一要注重提高期刊的学术质量。学术质量是学术期刊的生命线，也是期刊权威性和公信力的核心，要善于发现创新萌芽并加以扶持。二要加快期刊数字化、国际化、集团化建设步伐，它是科技期刊整体业态的一个根本性变化。三要加强人才队伍建设，注重人才培养和人才引进，倡导专家办刊。四要加大体制改革的力度。要大胆探索有效发展模式，学会要在办刊中发挥作用，真正负起领导责任，将学会资源与期刊资源密切结合，为期刊发展提供全方位支持。五要加强监管。从各个方面加强期刊建设和管理，防止买卖论文等不良现象出现，精品科技期刊作为学术期刊中的佼佼者要起到表率作用。

《石油学报》主编赵宗举，《煤炭学报》编辑部主任朱拴成，《化工学报》编辑部主任、全国新闻出版行业第四批领军人才赵颖力，中华医学会杂志社社长、总编辑姜永茂，中国科学院上海生命科学研究院生命科学期刊社社长毛邦河分别围绕受资助期刊学术质量提升、出版质量提升、出版人才建设、数字化建设、资源集约建设等方面作了典型发言。

中国科协计划财务部负责人、中国科协学会服务中心有关负责人参加了会议。

【中国科技期刊国际影响力提升计划】 2014 年，中国科协以“深入实施、确保实效”为目标扎实有效推进期刊影响力计划。2014 年底入选期刊已达 125 种，基本涵盖了我国国际化程度较高、具有较大发展潜力的英文科技期刊，新创办英文期刊 20 种，有效填补了国家相关学科领域空白。

1．入选期刊的国际影响力明显提升。根据 7 月底发布的 JCR2013，入选期刊中有 71 种被 SCI 收录并发布了引证指标，与上年度相比总量增加 1 种，进入 Q1 区增加 1 种，Q2 区增加 6 种。入选期刊发表第一作者为我国科技工作者的论文总量较上年增长 8%。

2．入选期刊多措并举稳步提升办刊能力。采取聘请海内外高水平主编、增加外籍审稿专家、完善审稿制度、缩短审稿周期、组织论文专辑、重点激励优秀论文作者和编委、与国际著名出版商合作、自建传播平台、举办学术活动和开展专题培训等方式增强办刊能力，吸引优质稿源，取得良好效果。

3．争取有利于科技期刊发展的政策环境。开展“基于学术评价导向的我国科技期刊支持政策”课题研究，起草“关于切实发挥科技期刊在学术评价中作用的若干意见”，征求相关部门意见，拟由中国科协、财政部、教育部、国家新闻出版广电总局、中国科学院、中国工程院联合印发。

4．做好 2014 年 A、B、C 类项目递补和 2014 年度 D 类新创办英文期刊项目的申报评审，新增《数学研究进展》等 14 种期刊入选。发布期刊影响力提升计划形象标识，完成网页设计。开展入选期刊专题交流，邀请国际科技期刊专家做学术报告。建成由 229 名院士、专家组成的评审专家库。完善项目管理体系，起草《中国科技期刊国际影响力提升计划项目管理办法》等。

【中国科技论坛】 2014 年，中国科协举办中国科技论坛 6 期。

8 月 16 日，中国科协第 32 次中国科技论坛在河北省崇礼县召开。本次论坛主题是“京津冀一体化发展”，来自从事生产、教学、科研及有关部委的代表和新闻媒体 80 余人参加了会议。

12 月 26 日，中国科协第 33 次中国科技论坛在海南省海口市举行。本次论坛的主题是“南海资源开发与保护”。中国工程院院院士张偲作主旨学术报告。来自全国各地的 100 多位海洋专家、学者、企业家和政府部门有关人员参加了论坛，30 多位专家、学者宣读了学术报告。

11 月 19 日，中国科协第 34 次中国科技论坛在广东省广州市召开。本次论坛主题是“轨道交通　绿色建设产业化”。论坛围绕我国轨道交通发展战略和绿色建设产业化措施，推动轨道交通绿色建设产业化相关政策法规、规划设计、标准规范、技术进步、建设营运和产业发展等方面进行了讨论。来自政府有关部门、学术界及企业界的 100 多位专家、学者参加论坛。

10 月 19 日，中国科协第 35 次中国科技论坛在江苏省南京市召开。本次论坛主题是“居家护理深耕社区，健康服务业创新发展”。来自医疗卫生界技术研发专家、学者 400 余人参加了会议。论坛期间，7 位专家围绕新形势下护理事业及护理产业发展的思考与展望、深耕社区护理－推动全民健康网、延续护理的相关问题思考、连续性一体化的对接照护模式、深耕社区－从督考制度看居家护理服务质量、健康服务理念引导下的地产发展方向、居家护理深耕社区——医院—社区无缝对接延伸服务的实践等主题做了相关报告。

11 月 30 日，中国科协第 36 次中国科技论坛在北京召开。本次论坛主题是“新型城镇化与产城融合发展”。论坛围绕新型城镇化的战略目标定位、产城融合和产业支撑发展、京津冀协同发展、生态建设与城镇环境品质的提升展开讨论。

12 月 6 ~ 7 日，中国科协第 37 次中国科技论坛在上海华东理工大学召开。本次论坛主题是“稀土资源开发与功能材料发展”。来自政府部门、稀土科研院所、高等院校和生产企业的 140 余名专家、学者参加了本次论坛。论坛邀请了 18 位业内知名专家、学者围绕中国稀土产业政策、稀土催化材料研究应用、稀土磁性材料研究应用以及中国稀土城市矿山的绿色开发四个主题做了相关专题报告。

【2014 中国科协热点学术问题报告会】 12 月 8 日，中国科协在中国科技会堂举办主题为“科学家的社会责任”的 2014 中国科协热点问题学术报告会。中

国科协党组成员、书记处书记、中国科协学术与学会专门工作委员会副主任沈爱民出席会议并讲话。中国科协八届常委会学术与学会工作专门委员会委员陈运泰院士主持报告会。驻京有关科研院所专家学者、部分高校师生，全国学会和相关社团负责人，有关新闻媒体记者，以及通过“科普中国”微信平台的热心观众共近500人出席了报告会。

沈爱民表示，当前科学技术对人类社会的影响前所未有，在生活中时刻能感受到科学技术的影响，公众和科学技术的关系如此紧密，但由于公众对科学知识的不了解，导致每当有跟科学技术有关的社会问题出现的时候，就会出现大量的似是而非，甚至完全错误的看法、言论，有的是伪科学，有的是反科学。因此，利用掌握的科学知识向公众汇报和介绍，让科学的理性之光引导公众生活，是我们科技界义不容辞的社会责任。科学家一方面要对科学研究本身的行为负责，要客观预测评估有关科学研究项目的正面或者负面的影响，主动接受社会的监督；另一方面要对科学研究的社会行为负责，要正确引导社会公众对相关科技问题的认识，答疑解惑，以此打破科学实验与公众之间的隔阂，实现公众与科学的双向互动，使科学活动具有更加深厚的社会基础。

中国科协学术与学会工作专门委员会委员、中国科学院院士、中国疾病预防控制中心副主任高福作了题为《动物源性传染病的发生与控制：埃博拉与流感》的学术报告。作为我国政府派出在西非开展埃博拉出血热检测工作负责人的高福院士向公众解读了埃博拉及动物源性传染病相关问题。他表示，非典型肺炎（SARS）、甲流HIN1、H7N9型禽流感等引起公众关注的新发突发传染病有共同特点，它们都是病毒的动物源性。人类生活习惯的改变与生态环境的变化在动物源性病原感染人的发病上起了重要作用。因此，防治传染病，要从改善生态环境、调整生活习惯上下功夫。

中华中医药学会常务理事，首都医科大学附属北京中医医院刘清泉院长做了题为《传统医学在重大传染病防控中的应用》的学术报告。他表示，近年来，SARS等重大传染病成为严重威胁我国人民健康和社会稳定的主要病因。传统中医药在应对这些传染病的临床救治中，传承外感热病学理论，早期介入、全程参与，明显提高了救治效果，降低了病死率，突显了中医药的独特优势和特色。

中国气象学会大气成分委员会主任委员，中国气象科学研究院研究员张小曳作题为《我国雾－霾形成的根本性原因及对策思考》的学术报告。他表示，以煤炭为主的不清洁能源过量消费是我国大气污染最根本的原因。烧秸秆、餐饮等确实对重污染形成有贡献，但它们不是污染形成决定性的因素。此外，气象条件对雾－霾形成、分布、维持与变化有显著影响。中国陆地六种气溶胶浓度总和在世界范围内均较高，仅次于南亚城市，远高于欧洲和美洲的城市与城郊区域，其形成与变化受气象条件影响大，导致了中国的霾呈区域性分布特点。

中国纺织工程学会理事、黑迈数码科技有限公司首席执行官忻国华做了题为《云设智造——互联网成就时尚平民化，平民时尚化》的报告。他表示，经济快速发展的时代，消费者追求更加个性张扬和色彩斑斓的人生，而电商的发展更是推动了快时尚业高速增长。基于移动互联网和云技术，新的DIY生活方式生态圈为快时尚粉丝和极客提供了互动平台。借助纳米和数码印刷等新技术，实现了即时、智能化和分布式柔性制造。“云设智造”这种新的商业模式改变了产品设计和制造流程及流通环节，为市场提供更高性价比的快时尚产品。

本次报告会由中国科协主办，中国气象学会承办，中华中医药学会、中国纺织工程学会和中国女医师协会协办。报告会安排了现场提问，并通过网络场内外互动。现场听众通过扫描宣传手册上的二维码进入手机短信平台，随时以发送短信或微信平台的方式，对自己感兴趣的问题进行提问。报告会期间，科普中国微平台的传播送达人数888126人次，微信实时参与提问215人次，提问专家回答问题25个。

【中国科协新观点新学说学术沙龙】 2014年中国科协共举办新观点新学说学术沙龙12期。

7月26～27日，中国科协第87期新观点新学说学术沙龙在浙江省杭州市举行。来自全国救援医学行业各领域，包括医学院校、医院、急救中心、军队武警、机场铁路、社区厂矿、红十字会等近22家单位，从事急救医学的老、中、青三代共四十余专家、学者围绕我国现行急救医疗服务体系常态下和灾害事件的救援，以及针对“第一目击者”即“志愿者”进行规范、权威的普及培训等问题，展开学术讨论。

8月5日，中国科协第88期新观点新学说学术沙龙在黑龙江省黑河市召开。主题为“科学与艺术的协同进化”。我国著名动物学家、中国工程院院士马建章教授出席活动。20余位从事哲学、数学、医学、电子、生命伦理、建筑、动物学、冶金、工业设计、饮食美学、微生物学、装饰艺术、材料学、天文学、影视文化、公共艺术等领域的科技界、艺术界专家参加沙龙活动。

8月22～23日，中国科协第89期新观点新学说学术沙龙在上海市举行，本期沙龙的主题是“基于创新理论的阿尔茨海默病早期诊治新靶标研究”，40余位长期工作在神经科学和阿尔茨海默病基础、临床和产业化研究一线海内外专家学者围绕主题展开研讨。

9月25～26日，中国科协第90期新观点新学说学术沙龙在贵州省贵阳市举行。主题为“结核病新型诊断技术的应用”。近30位长期工作在结核病现场防治、基础研究、一线临床诊疗、实验室检测、新型诊断技术研发领域的国内专家学者围绕主题展开研讨。

10月10～11日，中国科协第91期新观点新学说学术沙龙在上海市举行。主题为“克隆动物食品的未来”，来自相关领域的近40位专家学者参加本期沙龙活动。

10月19～20日，中国科协第92期新观点新学说学术沙龙在贵州省贵阳市召开。主题为“大数据时代隐私保护的挑战与思考”。来自全国各地的34位相关领域的科技工作者参与讨论。来自有关科研院所、大专院校、企业应用单位的专家学者、科研技术人员及在校博士等80余名非正式代表旁听了沙龙讨论。

10月25～26日，中国科协第93期新观点新学说学术沙龙在北京举行。主题为“观念与创新：非常规地质”。来自高校、科研院所、企事业单位，包括非常规油气、地热能及干热岩、非常规资源及行星地质多个学科的50余位专家、学者参加了沙龙讨论。

11月1～2日，中国科协第94期新观点新学说学术沙龙在北京举行，主题是“大气雾－霾研究中的科学问题和思考”。来自全国20多家科研院所和学术团体的30余位专家围绕大气雾－霾相关问题展开了讨论。

11月1～2日，中国科协第95期新观点新学说学术沙龙在北京举办，主题是“效度新理念与中国特色党政干部选拔的有效性”，沙龙邀请了来自全国从事心理测量学研究及党政干部选拔工作的高校、人事组织部门以及海外机构的28位专家学者和从事实际工作的一线人员参加。

11月6～7日，中国科协第96期新观点新学说学术沙龙在浙江省杭州市举行。主题是“可穿戴设备（技术）发展新潮流——主要特征、核心技术、发展趋势”。中国工程院院士俞梦孙出席沙龙活动。涉及可穿戴设备技术、产品发展趋势及产业融合面临的问题、可穿戴领域人才、投资及产品创新、可穿戴产品生态分析及市场营销多个学科的40余位专家、学者参加了沙龙。

11月8～9日，中国科协第97期新观点新学说学术沙龙在北京举行。主题是“基于大数据和专家知识的人工智能前沿基础理论”。中国工程院院士李德毅、倪光南、赵沁平，中国科学院院士李衍达、徐冠华，以及来自清华大学、北京大学、中国科学院、香港城市大学等29位专家和学者出席沙龙活动。沙龙围绕不确定性人工智能领域的前沿理论问题展开了探讨。

11月26～27日，中国科协第98期新观点新学说学术沙龙在广东省珠海市举行，主题是“海洋渔业的现在和未来”。21位专家做了主题发言，来自全国高校、科研院所及渔业生产管理一线岗位的23位长期工作在海洋渔业资源与环境、海洋捕捞、海洋渔业管理领域从事科学研究和生产及其管理的专家围绕主题展开研讨。

【青年科学家论坛】 2014年，中国科协举办青年科学家论坛14期。

5月30～31日，中国科协第277次青年科学家论坛在东南大学召开，本次论坛主题为“大数据与移动互联网”，论坛参会专家、学者80余人，参会列席70余人。论坛围绕加快发展大数据的关键技术，构建大数据典型应用，建立移动互联网的技术生态体系等提出了意见。

6月13～14日，中国科协第278次青年科学家论坛在中国医学科学院阜外心血管病医院召开。本次论坛主题为“甲状腺激素模拟剂对心肌缺血再灌注后血管新生的影响及机制”。论坛围绕甲状腺异常与心血管疾病领域中的热点问题，交流了心血管疾病、血脂代谢与甲状腺等领域的发展动态，研讨基础学科、应用学科、边缘交叉学科等前沿科学问题。

7月19～20日，中国科协第279次青年科学家论坛在哈尔滨工业大学召开。本次论坛主题为“石墨烯的最新研究进展及前景展望”，探讨了当前石墨烯研究领域中的热点问题。论坛执行主席由哈尔滨工业大学教授李宜彬，浙江大学教授高超、林时胜，中国科学技术大学教授朱彦武，中国科学院宁波材料所刘兆平教授担任。

9月4～6日，中国科协第280次青年科学家论坛在陕西省西安市中国科学院地球环境研究所召开。本次论坛的主题为“雾霾成因与PM2.5污染治理”。论坛邀请了中国科学院有关院所、环境保护部有关研究院所和监测站、中国气象科学院、北京大学、清华大学、复旦大学、西安交通大学、中山大学、南开大学等约80个单位的青年专家、学者约260余人参与本次论坛交流活动。

8月8～9日，中国科协第281次青年科学家论坛在陕西师范大学召开。本次论坛的主题为“面向低碳经济的金融创新”。来自45家国内有关高校和研究院所的80余位青年专家、学者参加了本次论坛。

8月23～25日，中国科协第282次青年科学家论坛在中国科学院兰州化学物理研究所召开。本次论坛的主题为“化学与生物和能源的交叉与融合”。论坛邀请了来自中国科学院、清华大学、北京大学等研究所和高校的化学、材料学、物理等领域的70余名国家杰出青年基金获得者、优秀青年基金获得者和在各自领域做出突出研究成果的青年化学家参会。

10月11～12日，中国科协第283次青年科学家论坛在新疆乌鲁木齐市召开。本次论坛主题为“干旱区生态学理论与实践”。与会专家、学者围绕干旱区生态学研究的前沿科学问题、受损生态环境的恢复与重建技术等展开研讨。来自新疆地区高校和科研院所的160余位从事干旱区生态学研究的中青年专家和研究生参加了本次论坛。

9月20日，中国科协第284次青年科学家论坛在北京空军总医院召开，本次论坛主题为“时间医学基础研究及临床实践方法探讨”。来自国内各大医院的70余位专家结合临床工作实际，对中医时间医学在临床实践中的方法学探讨及临床应用、时间医学在针灸实践中的应用及效果、激素分泌模式的昼夜节律性及潜在的治疗靶点、昼夜节律生物钟对睡眠障碍的治疗意义、时间药理学的应用前景等科学问题进行了探讨。

10月9～11日，中国科协第285次青年科学家论坛在中国科学技术大学召开。本次论坛主题为“光生物、光化学应用研究”。论坛邀请了50多所高等院校和科研机构光生物、光化学、农业照明领域的150余名青年专家参会，共同探讨当前光生物、光化学应用研究领域中的热点问题，交流和展示最新研究成果。

10月18～19日，中国科协第286次青年科学家论坛在北京交通大学召开。本次论坛的主题为“微纳制造技术研究与应用”，来自清华大学等58家单位的近200名青年学者和研究生参会。论坛以“创新驱动发展战略”为指引，围绕微纳制造技术的最新研究进展与应用、激光、微细电火花加工技术在微纳制造领域的应用等进行了交流和研讨。

12月19～21日，中国科协第287次青年科学家论坛在北京召开。本次论坛的主题为“工业重大爆炸灾害致因机理与防控前沿技术”。50多家高校、科研院所、企业的120余位优秀青年学者参加论坛，33名学者作学术报告。

11月29～30日，中国科协第288次青年科学家论坛在北京召开。本次论坛的主题为“植被对PM2.5的影响”。论坛邀请了来自46家高校和科研院所的100余名青年学者参加，34人在论坛上作主题报告。

11月15～16日，中国科协第289次青年科学家论坛在北京召开，本次论坛主题为“媒体计算与通信的协同技术”。来自40个单位的150余名多媒体与通信领域的青年专家学者参加论坛。与会专家学者总结了通信技术和多媒体技术的演进规律，分析了媒体大数据飞速增长与有限通信资源之间存在的矛盾，探讨了媒体计算与通信技术协同的必要性、可行性等问题。

12月27～28日，中国科协第290次青年科学家论坛在北京召开。本次论坛主题为“病毒性肝炎及原发性肝癌诊断治疗新思路、新策略”。论坛邀请了120余名青年学者，对病毒性肝炎及原发性肝癌的最新诊断治疗方法展开讨论。

【第十届中国科技期刊发展论坛】 11月13～14日，由中国科协、国家新闻出版广电总局联合主办，广东省科协、广东省新闻出版广电局、广东省科技厅、中山大学承办的第十届中国科技期刊发展论坛在广州市举行。本届论坛的主题为“全面深化改革中的科技期刊发展路径”。中国科协党组书记、书记处第一书记尚勇出席会议并讲话。中国科协副主席、中国科学院副院长、中国科学院院士李静海，广东省委常委、统战部部长林雄，国家新闻出版广电总局新闻报刊司司长艾立民，广东省科协主席黄达人，中国科学院院士陈运泰、王鼎盛等，来自卫生和计划生育委员会、中国工程院等有关单位的同志出席会议。中国科协党组成员、书记处书记沈爱民主持开幕式。来自全国各地科技期刊界专家学者与部分国际著名科技期刊组织的代表共600多人参加会议。

本届论坛分为开幕式及大会主报告、高峰论坛、专题分论坛、科技期刊展览、科技期刊主编与大学生／科技工作者面对面活动等五大版块。论坛首次聚集了香港、澳门、台湾的专家，专题讨论两岸四地科技期刊的合作与发展。论坛紧紧围绕国内外科技期刊发展格局的变化、中国科技期刊转型的道路、科技期刊为科技创新服务的理论、方法与实践中的重点和热点问题进行广泛的交流和探讨。

尚勇在开幕式致辞中指出，要充分发挥科技期刊在服务创新驱动发展战略中的重要作用，助力国家创新体系建设。发挥促进科技知识的生产传播重要渠道作用，推动科技创新；发挥促进学术交流重要平台作用，引领科技进步；发挥促进学术生态建设的苗圃花坛作用，助力科技人才成长，以健康的学术氛围和学术环境促进科技人才特别是青年科技人才的成长，为我国建设创新型国家提供人才和智力支撑。他强调，要牢牢把握全面深化改革和新科技革命的重要机遇，加快推动科技期刊创新发展。要强化科技期刊质量建设，发挥其提高学术水平的导向作用。严格审稿关，逐步提升高水平学术论文的比重，更多地反映该学科领域的科学前沿的创新成果，反映有突破性、创造性、建树性的学术新观点、新理论、新成就；要强化科技期刊数字化建设，顺应信息化大趋势。强化科技期刊国际化建设，提升核心竞争力和国际影响力，强化科技期刊集群化建设，加快推动战略转型。

尚勇强调，要扎实进取、开拓创新，努力实现中国科技期刊发展的新跨越。一是努力促进我国科技期刊整体水平上新台阶。培育具有自主品牌和民族特色的优秀科技期刊，努力提升学术水平和出版质量，打造一批中文精品科技期刊集群。大力推进国际影响力提升计划，打造一批在专业学科领域具有较强核心竞争力和较强国际影响力的一流科技期刊。二是努力优化科技期刊发展环境。积极联合有关部门，不断改革、完善科技出版管理体系，争取多方面的政策支持和经费投入，优化科技期刊发展环境。积极开展基于学术评价导向的我国科技期刊支持政策研究，推动改革和完善我国现行学术评价体系和导向，逐步改变优秀稿源外流太多的现状。三是努力加强科技期刊人才队伍建设。着力选拔、培养一批优秀人才充实到科技期刊编辑和出版团队。努力引进、吸收一批在国际上有较高学术影响力的专家进入期刊编委队伍和审稿队伍，切实提高我国科技期刊的办刊质量和学术水平。

林雄代表广东省对论坛的召开表示热烈欢迎。他说，科技期刊作为传播科技信息和对外交流的重要载体，在广东得到了较快发展，广东有期刊381种，科技期刊190多种，是我国科技期刊数量比较多的省份之一，广东部分专业期刊已发展成为所在学科最具有影响力的刊物，在近几年中国精品科技期刊遴选中，广东有较多的期刊入选，广东科技期刊的发展得到了广东科协、国家广电总局和社会各界的关心支持。他表示，第十届中国科技期刊发展论坛在广东召开，为广东科技出版界搭建了很好的平台，为了解、掌握国际科技期刊发展的动态提供了难得的机会。他希望广东省从事科技期刊工作的同志认真学习借鉴，吸取新理念、新成果、新经验，加快广东省科技期刊数字化、网络化的发展进程，不断提高科技期刊在广东干部群众的吸引力和扩大国际影响力，为推进广东乃至全国科技事业的发展贡献力量。

论坛邀请国家新闻出版广电总局新闻报刊司司长艾立民，*Nature* 执行主编兼出版集团中国部主任 Dr. Nick Campbell，国际能源期刊 *Applied Energy* 主编、瑞典皇家理工学院教授严晋跃，中科院国家科学图书馆馆长张晓林分别作了题为《深化改革 融合发展 打造提升国家文化软实力的创新平台》《〈自然〉，开放获取和中国》《科技创新之工具—— *Applied Energy* 期刊发展案例分析》、《开放获取：科技期刊的挑战与机遇》的大会主报告。陈运泰主持大会主报告。

论坛期间还举办了2014第十届中国科技期刊发展高峰论坛，共分科技期刊国际化发展路径、全媒体融合与科技创新、学术期刊与学术评价三个单元展开交流。针对当前科技期刊发展的态势，论坛还设了中国科技期刊国际化路径、学术期刊与学术评价、转企改制下科技期刊的机遇与挑战、两岸四地科技期刊合作的新机遇4个分论坛。

【第三届山地城镇可持续发展论坛】 12月11～12日，第三届山地城镇可持续发展专家论坛在四川省攀枝花市召开，本次论坛主题为“山地城镇开发建设与经济发展”。中国科协党组成员、书记处书记沈爱民出席大会并致辞。中国科协学会学术部副部长宋军（主持工作）主持开幕式，中国城市规划学会副理事长兼秘书长、国际城市与区域规划师学会副主

席石楠，中国岩石力学与工程学会秘书长刘大安，中国公路学会副秘书长乔云主持主题报告会。

沈爱民在致辞中谈到，山区经济发展既是山区百姓安身立命之本，也是高品质建设山地人居环境的基础。相比平原城市，山区城镇开发建设又面临更为复杂的前提条件，需要多个学科的专家学者共同探讨。希望通过举办这次论坛，展开充分的学术交流，集思广益，深入探讨，提出促进山地城镇可持续发展的政策意见，以此彰显科学家的社会责任，主动对社会经济全面深化改革与转型时期的重大科学问题做出回应，增强学术成果服务经济社会发展的能力，为我国城镇化进一步发展探寻新的空间，促进我国城镇化健康发展。

本届论坛为期两天，第一天为开幕式与主题报告会。主题报告会由与会专家在会议主题范围内发表各自的研究成果。中国科学院院士、中国科学院山地灾害与地表过程重点实验室主任崔鹏，中国城市规划学会副理事长、中国科学院可持续发展研究中心主任樊杰，中国林学会副理事长兼秘书长、中国林业科学研究院副院长陈幸良，国土资源部地质灾害应急技术指导中心副主任、总工程师殷跃平，国家发改委国土开发与地区经济研究所所长肖金成，北京林业大学水保学院土木工程学科系主任胡雨村，清华大学教授、中国低碳生态大学联盟专家毛其智，重庆大学建筑城规学院院长赵万民，辽宁工程技术大学公共管理与法学院院长王国辉，四川省住房和城乡建设厅总规划师邱建等专家分别从山区建设与风险防范、山区经济可持续发展、山区环境资源治理、人居环境科学、新型城镇化等方面作大会报告。第二天为专题报告会，专题报告会设“山地城镇化与产业发展”、“山地城镇绿色与特色发展”两个专题论坛，从论文作者中择优选取专家、学者进行学术报告。

来自城乡规划、经济学、生态环境、交通、区域城镇化等学术领域约250位专家学者围绕“山地城镇开发建设与经济发展”的主题，交流山地城镇产业发展、规划建设等一系列重大问题的基础理论与科学技术。本届论坛共征集到论文91篇，并录用论文60篇。由中国城市规划学会理事长、全国政协人口资源环境委员会副主任仇保兴作序，出版论文集《山地城镇可持续发展——山地城镇开发建设与经济发展》。此外，论坛专门举办了专家闭门会议，围绕主题起草了专家建议书，向有关部门报送。

此次论坛由中国科协主办，中国城市规划学会、四川省科协、攀枝花市人民政府共同承办，中国岩石力学与工程学会、中国林学会、中国公路学会、中国煤炭学会、中国水土保持学会、中国国土经济学会、中国环境科学学会、中国自然资源学会、重庆大学建筑城规学院、国际城市与区域规划师学会、香港规划师学会等十余家单位共同协办。

【第四届中国湖泊论坛】 10月23～24日，以“湖泊保护与生态文明建设”为主题的第四届中国湖泊论坛在安徽省合肥市举行。中国科协党组成员、书记处书记沈爱民，安徽省政协副主席夏涛出席开幕式并致辞。中国科协学会学术部副部长宋军主持开幕式。中国工程院院士孟伟、茆智，德国巴伐利亚州环保部水务司司长M. 格拉姆鲍夫博士，合肥市政府副秘书长高斌友等应邀为论坛作主题报告。主题报告会由安徽省科协党组书记、常务副主席王洵主持。中国科协有关部门、有关全国学会，有关省（市）科协和从事环境保护和湖泊研究的专家，在皖高等院校、科研院所等相关机构研究人员，安徽省有关省级学会代表200多人参加了开幕式和论坛主题报告会。

沈爱民在致辞中指出，本届论坛紧扣中央关于湖泊生态建设的最新精神，充分发挥科技团体跨学科、跨地域、跨行业、跨部门的独特优势，按照坚持问题导向、突出重点领域、倡导学术争鸣、注重论坛实效的原则，瞄准我国湖泊保护、开发与利用中存在的突出问题、共性问题和瓶颈问题，深入剖析研讨，充分交流碰撞，促进学术思想转化为决策建议，为党和国家科学决策提供重要参考。他希望出席论坛的各位专家、代表深入开展交流研讨，在宽松、自由、平等的民主学术氛围中，启迪灵感，启发原创能力，用前瞻的视角、专业的眼光、战略的高度，积极为合肥和巢湖的发展建言献策，为合肥与巢湖的生态文明建设提供智力支撑。

夏涛在致辞中说，安徽省科协、合肥市政府要以此次论坛为契机，继续加强与各方面的交流合作，充分吸收和运用好论坛成果，认真学习借鉴他人的成功经验，为安徽省湖泊保护与生态文明建设提供智力支撑，为建设美好安徽、打造生态强省建言献策。

在论坛主题报告会上，孟伟院士作了题为《流域水污染控制认识与实践》的主题报告，介绍了对流域水体污染控制的一些实践方法。格拉姆鲍夫博士作了题为《莱茵河流域管理（以康斯坦茨河为重点）——

数十年持久努力造就清洁、稳定、和谐的河湖水系之经验》的主题报告，介绍了莱茵河流域管理的成功经验以及对中国流域水体治理的借鉴作用。茆智院士作了题为《防控农业面源水污染、保护湖泊水质的农田水利技术及其降污效果》的主题报告。茆智院士在报告中强调指出，防控农业面源水污染，保护湖泊水质的农田水利要从源头抓起，结合水污染治理技术，实现水源保护的长效机制。高斌友作了题为《巢湖治理与保护总体策略和创新实践》的主题报告，介绍了合肥市在巢湖治理方面的成功经验和取得的成效。

与会专家和代表围绕湖泊综合治理与保护、湖泊治理的科技与产业支撑、巢湖生态文明建设研究3个专题，开展跨学科、跨行业、综合性的交流和研讨。论坛还邀请部分专家针对巢湖生态示范区建设座谈交流，积极为举办地服务。

本届论坛征集到学术论文158篇，经专家评审，精选辑录了92篇论文汇编成集，由安徽科技出版社出版发行。论坛形成了《关于加强湖泊生态保护和流域综合治理的建议》。

【第三届信息化创新新疆克拉玛依国际学术论坛】 9月3日，以“智慧城市、智能油田”为主题的第三届信息化创新新疆克拉玛依国际学术论坛在新疆维吾尔自治区克拉玛依市开幕。本届论坛由中国科协、中国工程院、新疆维吾尔自治区人民政府共同主办。中国科协党组成员、书记处书记沈爱民出席开幕式并致辞。

出席论坛的还有新疆维吾尔自治区副主席田文，国家工业和信息化部副部长杨学山以及来自中国科学院、中国工程院、部分国家部委所属研究机构和高校以及中外知名企业的近100名知名专家学者，美国、俄罗斯、土库曼斯坦、法国、新加坡、沙特阿拉伯等9个国家及国内17个省市（自治区）37家数字城市建设典型城市（区）的嘉宾，中石油、中海油等国内四大石油公司的企业家和研究人员，包括香港特别行政区在内的国内外近百家IT企业的1200余名代表。

本届论坛主要由主题报告、专题演讲、展览展示、交流研讨、现场发布、示范成果考察、“科学家与媒体面对面”等活动组成，设立了智慧城市、智能油田、智慧社区、智慧医疗、最安全城市、卫星应用、地理信息等7个专题分论坛。论坛积极实践创新驱动发展战略，努力推动信息化创新与经济社会发展相结合，围绕信息化建设与创新等问题，在政府宏观决策指导、政策法规配套、建设运作机制、科技创新攻关、行业应用实践、产业发展思路等方面开展协商、研讨和创新。论坛期间同步举办的IT技术设备展总面积5000平方米，53家企业参展，直观展示中外数字油田、数字城市建设现状与成果。

【2014中国科协夏季科学展】 7月12日，“2014中国科协夏季科学展——感触前沿科技魅力”在中国科技馆正式启动。本次活动共持续一周时间，集中向公众展示一批近年来的获奖科技成果和前沿科技进展，展现科技工作者勇于开拓、不断创新的精神风貌。

中国科协党组书记尚勇，中国科协党组成员、书记处书记徐延豪，中国科协党组成员兼办公厅主任吴海鹰，国家自然科学基金委员会党组成员、副主任高瑞平，航天专家戚发轫院士、快堆首席专家徐銤院士、脑科学专家陈霖院士、科普专家李象益研究员，以及来自中宣部、科技部、中国科学院、中国工程院、国家自然基金委等机构相关部门负责同志，参展科研团队代表、全国学会代表等百余人出席了启动仪式。中国科协党组成员、书记处书记沈爱民主持启动仪式。

尚勇在致辞中表示，在全社会实施创新驱动发展战略的大背景下，中国科协策划推出首次夏季科学展，搭建前沿科技成果科普平台、科学家与公众交流平台、学会科普能力提升平台，推动科研成果科普化，促进科学家参与科普，营造有利于科技创新的文化氛围。希望以本次夏季科学展为契机，进一步凝聚社会各方面力量来关心科技创新，支持科技创新，参与科技创新，启迪创新思维，增进创新氛围。希望广大科技工作者潜心科技创新，勇攀科技高峰，担负起科学传播的社会责任，积极开展社会性科普活动。

他希望全国学会充分发挥组织优势和智力优势，发动会员单位与个人会员参与科技创新实践，围绕人民群众需求和创新驱动发展需要，不断提升科普服务能力，加大科技知识在全社会传播速度和覆盖广度。希望广大社会公众积极感受科技创新、理解科技创新、实践科技创新，推动形成讲科学、爱科学、学科学、用科学的良好社会氛围。

本次夏季科学展呈现出三个特点：一是瞄准世界科技发展前沿，展示近年国内最新科技成果或重大进展，帮助社会公众了解我国科技发展水平，感受科技进步，增强民族自信心和自豪感。二是让科学家直接参与科普，现场演示实验、讲解科学原理、讲述科学故事，帮助社会公众感受科学家风采，体会科学精神，激发科学兴趣与创新热情。三是动员全国学会深度参与，参展项目和科普讲座专家由学会推荐，展品由学会制作，推动学会培育科普专家队伍，提升科普服务能力，发挥自身优势开展高端科普。

本次夏季科学展的主题展览、科学讲坛、科技摄影展等主要版块全部向公众免费开放。在一周时间里，主题展览展出全国学会推荐的“大脑的奥秘”等17个项目；科学讲坛以“航天技术和中国航天”等为主题，共安排8场高水平的科普报告；科技摄影展展出120幅代表年度科技事件、科技成果、科技人物及科技工作者拍科学的摄影作品。

【12部学术著作获中国科协三峡出版资助计划资助】 中国科协三峡科技出版资助计划（以下简称“出版资助计划”）2014年给与《科学的学派》等12部科技著作资助，资助金额共计94万元。

2012年、2013年，“出版资助计划”共资助出版科技著作82部，资助金额664万元。截至2014年10月，中国科学技术出版社已出版其中的36种，2014年12月底前再出版9种，其余著作将于2015年上半年出版。经过几年的探索和努力，“出版资助计划”产生了良好的社会反响，评审办法、管理办法较为完善，已经出版的科技著作，无论学术水平，还是印刷装帧都比较理想，具有较高质量，显现出出版资助计划的品牌特色。

参加“出版资助计划”终评的稿件有23部，涉及的学科领域包括生命科学、天文学及地球科学、数理科学、材料科学、管理科学等。获得资助的科技著作分别是：《科学的学派》《河流健康的法制化管理》《水资源系统决策分析方法及应用》《中国特色现代农业建设路径研究》《碳排放规律与经济发展路径研究》《武夷岩茶（大红袍）研究》《生态型地面停车场绿化》《英汉天文学名词》《SAR与光学影像融合的变化信息提取》《云设计——工业设计新模式》《光学分子影像外科学》《定向木塑复合刨花板热压成型机理》。

有关专家对“出版资助计划”下一步的发展方向和如何扩大社会影响提出了建议，“出版资助计划”要密切跟踪科学前沿，特别是重大科研项目成果，加强与重点科研单位和知名高校的联系；要注意与其他出版基金的错位竞争，选择重点资助方向，突出自身的特色；继续扩大社会宣传，增加宣传渠道，积极主动出击，让更多的科学技术工作者的高水平研究成果通过这个计划展示出来。

【中国科协2014年全国学会秘书长工作会议】 1月27日，中国科协2014年全国学会秘书长工作会议在中国科技会堂召开。中国科协党组成员、书记处书记沈爱民出席会议并讲话。来自中国科协所属全国学会的秘书长、副秘书长，以及中国科协机关各部门、有关事业单位相关同志200余人参加了会议。

沈爱民在讲话中强调，学会要认清当前发展所处的形势，做到知大局，懂本行，干实事。党的十八届三中全会将推进国家治理体系和治理能力现代化作为全面深化改革的总目标，其指导精神之一是实现政府、市场和社会组织各归其位、各司其职。学会在改革进程中要有时代责任感和历史使命感，要牢牢抓住有利形势，适应现代社会体制改革，主动应对政社分开、行政脱钩、直接登记、“一业多会”等改革举措带来的机遇和挑战，以自主、自治、自律为目标，推动学会工作快速发展。

沈爱民指出，学会承接政府转移职能工作将迎来天时地利人和。前段时间，中国科协按照中央指示积极开展学会承接政府转移职能有关工作的调研，取得初步成果。2014年中国科协将把这项工作作为重中之重，放在优先位置。希望学会也要站在全局高度看待这个问题，积极发挥自身优势，花大力气开展这项工作。同时学会还要继续加大能力提升力度，在创新驱动发展战略中发挥推动作用，扎扎实实的推动学会发展。

会上，中国科协学会学术部副部长宋军总结了2013年学会学术工作，安排部署了2014年重点工作。

国际学术交流

【第三届世界灾害护理大会】 6月21日，由世界灾害护理学会、中华护理学会共同主办，中国国际科技会议中心承办的第三届世界灾害护理大会在北京召开。本届大会的主题为“机遇、减灾、发展——为了一个目标”。全国政协副主席、中华护理学会名誉理事长、本次大会名誉主席张梅颖为大会发来贺信。中国科协书记处书记徐延豪、世界灾害护理学会主席山本爱子（Aiko Yamamoto）、中华护理学会理事长李秀华出席开幕式并致辞。

徐延豪在致辞中指出，中国政府一直高度重视灾害救援医学包括灾害护理工作的发展。中华护理学会是中国科协的会员单位，2013年成功加入了国际护士会，此次举办的第三届世界灾害护理大会是灾害护理届的一次国际盛会，与会代表交流经验、研究学术。希望中华护理学会以此次大会为契机，不断推进包括灾害护理在内的护理学科繁荣发展，加强国际交流和国际合作。以发展我国护理事业为己任，以具有学术性质的行业学会为定位，不断提高灾害护理事业标准化、规范化和系统化，为完善我国灾害救援医学护理体系发挥更大的作用。

本届大会共有来自美国、加拿大、澳大利亚、英国、德国、瑞士、印度尼西亚、日本、韩国、泰国、中国及香港特别行政区、澳门特别行政区等13个国家和地区的1389位代表围绕灾害护理救援、灾害护理能力建设、灾害护理管理、灾害护理心理等热点问题进行了专题讲座和交流。国家卫生和计划生育委员会应急办公室主任张国新、世界灾害护理学会主席Aiko Yamamoto、国际护士会董事会成员Marlene Smadu、泰国护士会主席JintanaYunibhand、中华护理学会理事长李秀华、国际护士会护理和卫生政策主任Lesley Bell、美国Tener 咨询集团主席兼执行官Tener Goodwin Veenema作了大会主旨演讲。

灾害的预防与应对目前已经成为各国政府所关注的重要议题。自2008年我国四川省汶川发生强烈地震后，中华护理学会于2009年成立了中华护理学会灾害护理专业委员会并于当年得到了世界卫生组织灾害护理培训项目。2011年，中华护理学会加入了世界灾害组织，为我国灾害护理发展搭建了平台。2013年中华护理学会重返国际护士会，旨在扩大中国护理的国际影响力，促进我国护理事业发展，不断提高护理专业水平。

【第三十一届国际无线电科学（联盟）大会】 8月17日下午，第31届国际无线电科学（联盟）大会（URSI GASS 2014）在北京开幕。中国科协党组书记尚勇、工业和信息化部部长苗圩、国际无线电科学联盟主席Phil Wilkinson、国际科学理事会执委Orhan Altan、国际无线电科学联盟秘书长 Paul Lagasse出席开幕式并致辞。开幕式由中国电子学会理事长、陕西省省长娄勤俭主持。

尚勇表示，此次大会在中国召开充分体现了世界无线电科技领域对中国无线电科技发展的高度关注。希望大会为中国无线电科技的发展带来新动力、新活力，同时加深国际无线电科技界对中国的了解和认识，促进中国对世界无线电科技发展作出贡献创造有利条件。中国科协将一如既往地支持包括中国电子学会在内的各类科技社团，加入国际科技组织，并在其中发挥积极作用；一如既往地支持中外科技工作者广泛交流研讨，密切合作，共同为丰富人类知识宝库、增进人类福祉，贡献智慧力量。

国际无线电科学（联盟）大会是国际无线电科学联盟（URSI）推动无线电技术与应用发展最重要的学术会议，每3年召开一届，被誉为无线电领域的“奥林匹克”盛会。本届大会由工业和信息化部、中国科学技术协会、北京市人民政府指导、支持，国际无线电科学联盟主办，中国电子学会承办，中国电子科技集团公司等单位协办。会议为期7天，来自全球各地的1200余名无线电相关领域的科学家、学者、专家围绕电磁计量、场与波、无线电通信系统与信号处理、电子学和光子学、电磁噪声与干扰、波传播与遥感、电离层无线电与传播、等离子体波、射电天文学、生物医学电磁学等10个专业领域进入深入交流和探讨。

国际无线电科学联盟（International Union of Radio Science，URSI）成立于1913年，秘书处常设在比利时。它是直属国际科联（International Council for Science，ICSU）的科学组织之一，拥有43个国家和地区会员，在国际无线电科学界具有很高的科学地位和社会影响。

【第18届国际解剖学工作者协会联合会】 8月8～10日，第18届国际解剖学工作者协会联盟（IFAA）大会暨第30届中国解剖学会学术会议在北京召开。本次大会由中国解剖学会主办，中国国际科技会议中心承办。共有来自55个国家和地区的900余名专家、学者参加了大会。大会开幕式由本届大会组委会主席、中国解剖学会秘书长周长满教授主持。

IFAA大会主席Bernard Moxham教授和中国解剖学会理事长李云庆教授致开幕辞。IFAA秘书长、德国纽伦堡大学Friedrich Paulsen教授简要介绍了IFAA的历史和历届代表大会的情况。IFAA大会主席、英国卡迪夫大学Bernard Moxham教授，中国解剖学会理事长、第四军医大学李云庆教授，美国解剖学会理事长、德克萨斯大学Lynne Opperman教授，新西兰奥特兰大学Gareth Jones作大会主旨学术报告。

本次大会的主题是“解剖，从宏观到分子和数字”。与会人员围绕人体解剖学、组织胚胎学、细胞生物学、人类学、形态学、神经解剖学、教育学和干

细胞等领域的热点问题进行了讨论。会议邀请了美国解剖学会现任理事长 Lynne Opperman 教授和前任理事长 Jeffrey Laitman 教授，欧洲实验形态学协会主席 John Fraher 教授、英国解剖学会主席 Colin Ockleford 教授，前 IFAA 主席 David Brynmor Thomas 教授、澳大利亚和新西兰解剖学会主席 Gareth Jones 教授、新西兰奥特兰大学医学院院长 Helen Nicholson 教授、尼日利亚解剖学家 Oladapo Ashiru 教授等出席会议。

来自英国剑桥大学的 Anne Ferguson Smith 教授，英国牛津大学的 Zoltan Molnar 教授，美国哈佛大学的 Sabine Hidebrandt 教授，美国南加州大学 Kimberly Topp 教授，德国著名解剖学家、波恩大学 Werner Götz 教授，德国干细胞专家、维尔茨堡大学 Martin Zenke 教授，德国细胞学家、慕尼黑大学 Jens Waschke 教授，德国脑网络专家、杜赛尔多夫大学 Katrin Amunts 教授，瑞典解剖学名词学家、佛里堡大学 Pierre Sprumont 教授，瑞士洛桑大学 Beat Riederer 教授，意大利著名解剖学、家马尔卡大学 Saverio Cinti 教授和利卡利亚里大学 Alessandro Rive 教授，西班牙格林纳达大学 Antonio Hernandez Jerez 教授，南非著名人类学家、威特沃特斯兰德大学 Lynne Shepartz 教授和比勒陀利亚大学 Maryna Steyn 教授等专家、学会参加了会议。

本次会议还举办了近 50 场的分组报告和 400 余篇墙报展示，分别举办了欧洲、美洲、非洲和亚太地区解剖学教育研讨会，对当前遗体捐献的热点话题安排了专题报告会和圆桌讨论会。中国解剖学会代表大连医科大学隋鸿锦教授和北京大学医学部本科学生 Hsu，Jeffrey 分别介绍了中国遗体捐献的现状。由 Vesalius 基金会资助的首次人体解剖学与艺术解剖学研讨会受到广大青年学者的关注。

大会期间，中国解剖学会会员 1 人作大会报告，17 人作专题报告（17/106），主持专题报告会 3 场次，共同主持自由投稿报告会 16 场，32 人作报告。大会报告的内容新颖，获得了与会代表的积极关注和极高的评价。参加会议交流的全部摘要已经在 *Annals of Anatomy* 杂志发表。与此同时，有 27 家国内外展商进行了科研成果、教学设备和书刊的展览展示，为广大与会者提供了解剖技术的交流平台。

会议期间还召开了第 18 届国际解剖学工作者协会联盟代表大会，中国解剖学会李云庆教授、周长满教授作为中华人民共和国的会员国代表参加了会议的各项活动及其投票选举。经过国际解剖学工作者协会联盟各会员国代表和执委的投票选举，李云庆教授当选第十九届国际解剖学工作者协会联盟副主席。

【第二十五届长城国际心脏病学会议】 10 月 17 日，由中国国际科技会议中心、长城国际心脏病学会议组委会、中国心脏联盟、亚太心脏联盟联合主办的第 25 届长城国际心脏病学会议（以下简称长城会）、亚太心脏大会、国际心血管病预防与康复会议在北京国家会议中心隆重开幕。大会主席胡大一教授为大会致开幕词并发表主旨演讲。中华预防医学会会长王陇德、北京大学人民医院院长王彬为大会致辞并寄语。中国科协副主席程东红出席了女性健康科普论坛。世界心脏联盟前主席 Sidney C. Smith、美国心脏协会主席 Elliott M. Antman、欧洲心脏病学会前主席 Panagiotis Vardas、美国心脏病学学会主席 Patrick O's Gara 等出席会议并作大会学术演讲。

本届长城会为期 4 天，以“电子健康服务：新起点心健康”为主题，设有 13 个会议领域，400 多个会节。来自国际顶级心脏专业学术组织通过 19 个联合论坛，从最新指南到进展荟萃，从实践病例到重大试验，多角度展现国际心血管领域的资讯和研究。国际介入领域和台湾地区外科专家将汇同大陆知名学者联合进行 TAVR、心外科手术及左心耳封堵等系统讲解或手术演示。以独立会议形式呈现的“心血管病预防与康复”则从概念、技术、进展配合实例操演、工坊等，系统且规范地交流学习最新知识。“全身疾病与心血管问题”将讨论罕见、少见、全身疾病的心血管病问题。“临床研究、指南与实践”则从国际到国内，从研究到共识，多角度阐述和解读适用于我国的临床指南。传统的基础研究、心血管病预防、冠脉疾病、心律失常、结构性心脏病、心力衰竭、急诊危重症、影像与诊断、交叉学科等通过 18 种会议类型呈现国内外研究、技术和学术进展。来自国内外知名学术组织的专家学者到场交流、演讲，与参会代表共同学习、交流。

本届大会学术委员会首次与 *JACC*、《中华心血管病杂志》等联合征文，共录用英文摘要 1082 篇，中文摘要 1110 篇，是历年收稿和录用最多的一届，录用的英文摘要将在 *JACC* 出版增刊。中文征文由《中华心血管病杂志》汇编成册，万方数据库收录。本届大会共有 22 位作者角逐长城青年医师奖暨 CNAHA 青年研究者奖，其中有11位青年医师荣获该奖项。首次举办的主持壁报是本届会议的亮点之一，共有192篇摘要现场交流，1094篇电子壁报在壁报区供浏览、学习。

女性健康科普论坛主题围绕女性健康展开交流，中国科协副主席程东红出席论坛并作总结发言。论坛执行主席刘梅林作了题为《心血管疾病防治的现代观念》的主旨演讲。

ACC（美国心脏病学学会）联合论坛作为长城会的分论坛迄今已10周年，该论坛涵盖心血管预防、心衰的团队合作管理策略及心血管医疗团队服务的内容。

ESC（欧洲心脏病学会）联合论坛重点展示了2014年8月30日至9月3日在西班牙巴塞罗那举行的ESC年度大会上的关键信息，内容包括急性肺栓塞，肥厚型心肌病，主动脉疾病和非心脏手术的新ESC指南。此外，一些ESC讲者还为大会带来在巴塞罗那ESC大会上公布重要研究，如PARADIGM-HF试验，CONFIRM-HF试验，ODYSSEY研究。

AHA @ GW-ICC联合论坛探讨房颤的全球性问题，并与众多科学家和研究人员交流最新研究成果。同时AHA（美国心脏病学会）在长城会会议期间与与会专家共同分享在心血管急救领域的知识和资源，再次举办基本生命支持和高级心血管生命支持等主题方面的众多培训活动。

WHF@GW-ICC联合论坛也是长城会分论坛之一。WHF（世界心脏联盟）前主席Sidney C. Smith教授会上与中方预防与流行病学界专家学者探讨了心血管病预防指南、疾病负担及运动训练等问题。

【国际科联工作协调委员会会议】 1月22日，中国科协国际科联工作协调委员会（ICSU-CHINA）全体会议在北京举行。中国科协书记处书记张勤出席会议。国际科联工作协调委员会主席、中国科学院院士吴国雄主持会议，ICSU-CHINA委员及相关学会近60人参加了会议。

张勤强调，国际科联第31届全体大会将要召开，中国科协国际科联工作协调委员会要做好组织科学家参会，以及吴国雄院士连任ICSU执委竞选的各项准备工作。委员会要进一步推进ICSU最新大型科学计划“未来地球”在中国的开展，要彰显多学科、跨专业的特色，邀请中外各个领域的科学家共同参与，协调国内相关部门和各方力量参与科学计划。同时，要对国际科联和联合会的研究计划和工作进行梳理，可考虑将国际组织的重要活动与中国科协的重点工作结合起来。

中国科协国际联络部部长、国际科联工作协调委员会副主席张建生作了ICSU-CHINA2013年工作总结和2014年工作计划的报告。国际科联科学计划与评估委员会委员吕永龙研究员介绍了国际科联的最新动态。中国科学院大气物理研究所研究院周天军汇报了未来地球计划进展及中国委员会筹备情况。国际地质科学联合会司库董树文对中国地质学会参与国际地质科学联合会工作及秘书处迁址北京的情况进行了汇报。国际材料研究会联合会第二副主席韩雅芳对中国材料研究会参会国际材料研究联合会工作并成功举办国际材联2013年国际先进材料大会相关情况进行了汇报。

委员们对中国科学家在国际组织任职的现实需求、后备人才培养、“未来地球计划”的开展情况、人才评价体系等议题进行了讨论，一致认为，目前国内科技界对中国科学家参与国际科组织的重要性已经形成共识，下一步应积极探索形成新的工作机制，提升在国际科学组织中的影响力。委员们同时建议，鉴于目前中国科学家参与国际组织及其活动还受到国内政策、规定等多方因素制约，中国科协应与有关政府部门进行协商，争取更多政策，支持中国科学家积极参与国际组织工作。

吴国雄表示，国际科联第31届全体大会即将召开，中国科技界应针对大会涉及的科学问题，在发表建议和意见环节发出自己的声音，进一步扩大中国科学家的国际影响。同时，2014年要进一步做好“未来地球计划”在中国的实施，做好“未来地球计划”中国委员会的筹备工作，建立开放、联合的机制，促进“未来地球计划”在中国的开展。

【“未来地球计划”中国委员会成立并开展相关工作】 3月21日，由中国科协发起并组建的“未来地球计划”中国委员会（Chinese National Committee for Future Earth，简称CNC-FE）在北京正式成立。中国科协副主席、书记处书记张勤出席会议。“未来地球计划”科学委员会委员、“未来地球计划”中国委员会主席、中国科学院院士秦大河主持会议。“未来地球计划”中国委员会副主席、中国科学院院士吴国雄介绍了“未来地球计划”的背景。中国委员会秘书处秘书长周天军汇报了“未来地球计划”中国委员会的前期筹备工作。中国委员会委员、中国科协国际联络部部长张建生介绍了中国委员会的工作办法和委员构成。

“未来地球计划”中国委员会由中国科协副主席、中国科学院院士秦大河担任主席，国家自然科学基金委员会副主任、中国科学院院士刘丛强，中国工程院院士杜祥琬，中国科学院大气物理研究所研究员、中国科学院院士吴国雄，中国科协副主席、书记处书记张勤，中国科学院生态环境研究中心研究员、中国科学院院士傅伯杰，中国社会科学院城市发展与环境研究所所长潘家华任副主席，来自科学、工程、社会科学各领域的40余名专家担任委员。中国委员会特邀请全国政协副主席、中国科协主席、中国科学院院士韩启德，以及中国科学院、中国工程院、中国社会科学院领导及专家担任指导委员会成员。

张勤代表中国科协向“未来地球计划”中国委员会的委员颁发了聘书。他表示，“未来地球计划”的研究对于我国可持续发展具有重要意义。参与该计划研究的中国科学家要在做好我国环境问题研究的基础上，广泛参与到“未来地球计划”国际环境问题的研究中去，在国际上积极发声，引导国际学术界和社会舆论导向。同时，“未来地球计划”将与此相关的自然科学领域与社会科学领域的学科联合在一起，体现了大联合、大交叉的理念，各领域的科学家要协同设计、共同产出、共享成果，更好的开展“未来地球计划”的工作。

秦大河表示，中国参与“未来地球计划”的目标是利用国际资源，协同国内各方面力量，为我国生态文明建设提供科学支持和政策咨询，同时也为世界范围内发展中出现的典型性问题的解决提供案例。CNC-FE应首先确认在国际“未来地球计划”框架下我国需要开展的重点研究领域，借鉴国际经验和国际项目运作方式，围绕重点领域，实现科学以知识的形式向包括政策制定者在内的用户端的转变。

经会议讨论，“未来地球计划”中国委员会将优先围绕“大气、水和土壤污染的归因、防治及公众环保意识的普及和提升”、“城镇化对环境、社会可持续发展的影响，建设健康城市、和谐社会，保障人类福祉”、“全球变暖背景下亚洲季风的变动与人类活动的相互关系及其对水资源安全的影响”、“食品安全、能源供给及自然生态系统保护”、“我国（海岸带、青藏高原、北方牧区等）易受气候变化影响的地区生态发展和产业转型”、“全球变化背景下亚洲的自然灾害预警、防御和应对策略”、“亚洲传统文化对全球变化适应对策的贡献”、“极区可持续性发展”等8大领域重点展开研究工作。

6月3日，国际“未来地球计划”（简称FE）与“未来地球计划”中国国家委员会（简称CNC-FE）联合研讨会在北京召开。来自国际科学理事会、FE科学委员会、FE过渡参与委员会、FE中国国家委员会、中国科协、中国科学院、中国工程院、中国社会科学院、中国气象局等单位的80余名中外专家出席了会议。

本次国际FE与CNC-FE联合研讨会分别由CNC-FE主席、中国科协副主席、中国科学院院士秦大河，FE过渡参与委员会主席Bob Watson教授，CNC-FE副主席、中国科学院院士吴国雄，FE科学委员会主席Mark Stafford Smith博士主持。

在国际动态概述单元，FE科学委员会主席Mark Stafford Smith博士与FE过渡参与委员会秘书处主任Frans Berkhout教授就FE最新进展及研究计划进行概述。CNC-FE主席秦大河介绍了CNC-FE的成立背景、人员结构和研讨制定的中国实施FE计划的12个重点研究领域。CNC-FE副主席吴国雄阐述了中国科学院国际合作局对外合作重点项目“未来地球计划”中国实施框架协同设计的立项背景、合作目标、研究内容等。FE过渡参与委员会主席Bob Watson教授就欧洲、美国及澳大利亚的协同设计开展状况进行阐述。

主题研讨单元分设大气污染、城镇化、向可持续发展转型3个主题。主题研讨由一名中国自然领域科学家、一名社会科学家以及一名利益相关者代表组成。国际FE委员会组织同领域外方专家分别参加各主题报告，并就与会报告及当今热点问题进行研讨。中国气象科学研究院研究员张小曳，清华大学教授陈文颖，大自然保护协会研究员喻捷，中国科学院院士、中国科学院生态环境研究中心研究员傅伯杰，FE科学委员会委员白雪梅，清华-INET新经济研究院院长兼北京大学汇丰商学院副院长孔英，中国科学院院士、厦门大学教授焦念志，中国社会科学院城市发展与环境研究所所长潘家华，中国科学院科技政策与管理科学研究所副所长王毅分别作主题报告。

“未来地球计划（Future Earth）”（2014—2023）是由国际科学理事会（ICSU）和国际社会科学理事会（ISSC）发起、联合国教科文组织（UNESCO）、联合国环境署（UNEP）、联合国大学（UNU）、Belmont 论坛和国际全球变化研究资助机构（IGFA）等组织共同牵头组建的为期十年的大型科学计划，目的是为应对全球环境变化给各区域、国家和社会带来的挑战，加强自然科学与社会科学的沟通与合作，为全球可持续发展提供必要的理论知识、研究手段和方法。该计划通过科学家、政府、企业、资助机构、用户等利益攸关者协同设计、共同实施、共享成果（co-design，co-produce and co-deliver）科研成果和解决方案，增强全球可持续性发展的能力，应对全球环境变化带来的挑战。

【第一届“国际气候与环境变化委员会”大会】 第一届“国际气候与环境变化委员会（CCEC）”大会于4月11～12日在北京召开。国际大地测量与地球物理学联合会（IUGG）下属八个协会的代表以及“未来地球计划”科学委员会成员等多位专家出席了会议。

CCEC主席Tom Beer教授、副主席李建平研究员担任本次大会的联席主席，Keith Alverson博士担任大会秘书长。本次会议的目的是：积极响应国际科联（ICSU）等新近发起的“未来地球：全球可持续性发展”计划，促进对气候和环境变化的科学认知；把全球变化、脆弱性及影响、潜在相应等科研成果向社会应用及地球可持续发展转化；促进和推动全球季风与气候变化的研究；商讨创办以CCEC研究为主题的国际期刊；为参与2015年国际IUGG大会确定分会主题，并商讨CCEC下一步工作计划。

大会首先由Tom Beer教授对CCEC的构成、宗旨、性质等做了介绍，接下来，国际科学理事会（ICSU）执行委员吴国雄院士、“未来地球计划”科学委员会委员Tetsuzo Yasunari教授、国际食品科技联盟（IUFoST）主席饶平凡教授、国际摄影测量与遥感学会（ISPRS）主席陈军教授、国际气象组织（WMO）气象学委员会副主席Serhat Sensoy博士等分别围绕“未来地球计划”在全球及各科学组织的推广与实施进行了介绍，“未来地球计划”临时秘书处主任Frans Berkhout教授通过视频就“未来地球计划”在2014年的工作计划及全球项目征集情况作了远程报告，并与与会代表进行了积极的互动。

国际IUGG下属八个协会代表Michael Mac Cracken、Dan Rosbjerg、Makoto Taniguchi、Eigil Friis-Christensen、Ian Allison、Tonie Van Dam以及Keith Alverson等博士分别针对各协会在近期参与CCEC与“未来地球”计划的最新活动进行报告，Michael MacCracken教授还就八个协会如何有效共同协作等议题在会上展开了认真讨论。

在会上，CCEC副主席、国际气候委员会（ICCL）执行秘书长李建平研究员组织研讨了ICCL与CCEC的相互联系与各自职能，并对创办以CCEC研究为主题的国际期刊展开深入细致地讨论，为两个委员会今后的长期合作打下基础。此外，IAMAS主席Athena Coustenis教授就各协会参与国际IUGG2015年大会联盟研讨会的事宜，与各协会代表进行商议并对下一步工作计划达成初步一致。

本次会议由CCEC主办，中国科学院大气物理研究所大气科学和地球流体力学数值模拟国家重点实验室（LASG）承办，丁瑞强研究员担任地方组委会主席。会议得到国家自然科学基金委、中国科协、中国科学院、IUGG中国委员会、国家973计划项目、中科院大气所LASG和国际大地测量学和地球物理学联合会（IUGG）、国际气象学与大气科学协会（IAMAS）等多个相关主管部门及项目的共同资助。会议科学议程紧凑，讨论深入，富于成效，会务工作细致周到，保障有力，得到与会者的赞赏和好评。本次会议对于促进CCEC的未来发展具有重要意义。

为促进国际IUGG目标的实现，即通过对气候与环境变化研究的协调，利用研究所获得的科学知识服务与社会，“气候与环境变化”联盟委员会（Union Commission on Climatic and Environmental Changes，CCEC）于2012年6月成立。根据气候与气候变化科学认知的进展，包括从基础的物理学、化学到脆弱性、影响、减缓和适应等各层面综合研究方面，CCEC将为IUGG在气候变化与气候动力学研究方面提供权威的解读。

【第一届中国大地测量和地球物理学学术大会】 第一届中国大地测量和地球物理学学术大会于10月25～26日在中国地质大学（北京）召开。本次会议吸引了来自国内高校、科研单位等2000余名专家学者和研究生参加。

本次学术大会旨在发展成为具有影响力的地球系统科学国际学术交流会议、促进国际大地测量和地球物理学联合会中国委员会的发展以及结合国际科学理事会（ICSU）发起的“未来地球”计划，促进四大计划中委会的科学家共同参与等方面有所贡献。会议主题为从全球变化到未来地球，会议议题涉及冰冻圈科学、大地测量学、地磁学与高空物理学、水文科学、气象学与大气科学、海洋物理科学、地震学与地球内

部物理学、火山学与地球内部化学。学术大会由 4 个特邀报告与 43 个分会场专题交流报告组成，同时设立 10 名优秀研究生论文奖以鼓励青年学者提高学术研究水平及参会积极性。

大会由国际大地测量和地球物理学联合会中国委员会秘书长李建平研究员宣布开始，开幕式与特邀报告环节由国际大地测量和地球物理学联合会中国委员会主席吴国雄院士与国际大地测量和地球物理学联合会中国委员会副主席张建云院士主持，中国科协副主席谢克昌院士、中国科学院地学部主任陈颙院士以及中国地质大学（北京）党委书记王鸿冰出席大会并致辞。开幕式后，国际大地测量和地球物理学联合会中国委员会副主席秦大河院士、国际大地测量和地球物理学联合会主席 Harsh Gupta 教授、国际大地测量和地球物理学联合会秘书长 Alik Ismail-Zadeh 博士与中国地质大学（北京）王成善院士为大会作特邀报告。四位专家分别从气候变化与冰冻圈科学、城镇化与自然灾害风险、国际大地测量和地球物理学联合会概述以及从地球深时对未来地球的启示等方面进行主旨报告。大地测量与导航专业委员会委员会议、IAG 综合学术论坛暨大地测量与导航专委会年会开幕式、国际水文科学协会中国国家委员会学术大会以及国际水文科学协会中国国家委员会工作会议也分别召开。

【亚太地区工程组织联合会全体会议】 5 月 30 ~ 31 日，由中国科协承办的第 22 届亚太地区工程组织联合会（FEIAP）全体会议在北京召开，来自中国、澳大利亚、日本、韩国、新加坡、马来西亚、菲律宾等国家和地区的近 30 位代表参加了此次大会。

FEIAP 是中国科协加入的重要区域性工程组织之一，由亚太地区 18 个经济体成员组成，旨在鼓励技术进步为经济社会发展服务，促进工程行业为人类利益谋福祉。中国科协积极参与该组织活动，推荐专家担任过执委、秘书长以及副主席等职务，目前上海交通大学刘西拉教授任该组织执委。

此次大会商讨表决了 FEIAP 年度工作计划，并研究确定 FEIAP 执行委员会成员组成。大会就 FEIAP 及各成员组织如何在工程教育认证、环境保护、信息技术、减灾防灾等领域发挥作用进行了探讨，各专业委员会负责人介绍了各委员会工作进展。FEIAP 全体会议作为 FEIAP 的最高权力机构，每年召开一次，FEIAP 各成员组织均派代表参加。

大会期间，举办了 FEIAP 工程奖颁奖晚会，特别邀请中国工程院院士杜祥琬作了题为《能源革命——为了可持续发展的未来》的报告。

【灾害风险综合研究国际会议】 6 月 7 ~ 9 日，第二届灾害风险综合研究国际会议（IRDR 2014）在北京举行。会议由灾害风险综合研究计划（IRDR）与中国科协主办，中国科学院遥感与数字地球研究所等单位合办。会议主题为“综合灾害风险科学：实现可持续发展目标的方法”。中国科协副主席、党组副书记、书记处书记张勤，中国科学院遥感与数字地球研究所所长郭华东，国际科学理事会（ICSU）执行主任 Steven Wilson，联合国国际减灾战略（UNISDR）亚太区办事处负责人 Fengmin Kan，中国社会科学院社会发展研究所所长李汉林等嘉宾出席开幕式并致辞。来自 40 多个国家和地区的 300 余名专家、学者参加会议。

张勤在致辞中指出，全球气候变化背景下应对全球频发的自然灾害，是世界各国面临的共同挑战。他表示，中国政府一向高度重视防灾减灾工作以及科学技术在防灾减灾领域中的应用，中国科协将进一步支持 IRDR 计划，在探索致灾机理、构建救灾系统、服务政府决策等方面做出有益探索，希望科学界进一步深化认识，加强合作，共同为 IRDR 计划的实施做出积极的贡献。

郭华东强调了科学技术在防灾减灾方面的重要价值。他认为，自然灾害伴随人类发展长期存在，人类共同的科学减灾努力任重道远。作为 IRDR 计划承办单位的中科院遥感与数字地球研究所将持续发挥其在空间监测和自然灾害评估方面的作用，共同推动计划的实施和开展。

Steven Wilson 表示，ICSU 一向重视自然灾害和人为灾害的科学研究，IRDR 提供了一种综合的、多学科的灾害研究方法，并通过本次会议进一步阐释了灾害综合研究与可持续发展之间的关系。他认为，研究灾害造成的生产生活损失是可持续发展研究的重要话题，也是 ICSU 未来地球（Future Earth）研究计划的主要研究对象之一。

本次会议为期 3 天，与会者围绕灾害风险综合研究方法、环境灾害和可持续发展、灾害风险研究国际合作和相关政策等议题展开讨论，探讨和解决全球和区域尺度灾害风险的科学问题。会议还重点讨论自 2005 年世界减灾大会（WCDRR）颁布的《兵库行动框架》（HFA2）后，科学技术在灾害评估、监测和减灾中发挥的重要作用，为2015年在日本仙台召开的世界减灾大会奠定基础。大会还召开了主题为“科学与媒体”的专题研讨。

【基于实证的创新政策论坛】 5月23日，基于实证的创新政策论坛在云南省昆明市举行。中国科协副主席、党组副书记、书记处书记张勤，美国科促会执行主任 Alan Leshner 博士，日本科学技术振兴机构理事 Michio Obara，巴西科学促进会秘书长 Aldo Malavasi，捷克科学技术联合会主席 Jaromír Volf 等外国嘉宾应邀出席论坛。

张勤在致辞中谈到，中国科协在为政府机构提供科学决策建议方面一直发挥着重要作用。基于实证的创新政策研究受到了许多国家和国际机构的重视，探讨、交流这一领域的研究成果得到了中国科协、美国科促会、巴西科促会、欧洲科学、印度科学联盟的共同支持和倡导。为实施创新驱动发展战略，构建创新型国家，中国尤为重视科学决策和智库的重要作用。

中国科学院科技政策与管理科学研究所所长穆荣平在报告《基于实证的评估：国家自然科学基金基金和管理效果的国际评估》中对国内政策决策者进行了分类，介绍了相关研究机构角色转变和决策方法的研究。他在报告中谈到，研究表明，政府部门的决策要更具前瞻性，出台重要政策时要加强战略性的研究。

欧洲科技论坛秘书长 Peter Tindemansd 在《水利能源创新：论基于实证政策的复杂性》中谈到，对于某项特定的技术来说，基于实证的政策制定，意味着要掌握足够充分的无风险有效信息。他通过水利能源创新对此进行了阐述。

中国科学院科技政策与管理科学研究所李晓轩的报告题目是《关于如何开展基于实证的决策方法的对比研究》，他着重介绍了在2013年与英国合作开展的“低碳经济——如何推进基于实证的政策制定比较研究”。这一项目对我国政策制定流程进行了分析，查找不足之处并提出了改进建议。

生物医学研究机构正快速扩张，其公开出版的研究成果也在快速增长。原创的、机理性的研究极有价值。重复前人的成果不会被重视，而相悖研究成果的发表又非常艰难。这导致了大量已发表研究成果重复性很差。在报告《生物医学领域基于实证的创新：潜力和困难》中，伊利诺伊大学芝加哥分校医学院 Mark M. Rasenick 教授对研究设计缺陷和隐藏的实验偏差进行了探讨，并提出相应的改进建议。

日本科学技术振兴机构战略研究开发中心副主任有本建男、国家自然科学基金委员会政策局副局长郑永和、英国皇家学会科技政策室主任 Tony McBride、中国科学技术发展战略研究院党委书记胡志坚、巴西科学促进会 Helena Nader 教授等5位专家，分别以《从日本视角分析基于实证的科技创新政策》《基于实证的评估：NSFC 基金和管理效果的国际评估》《皇家学会和科学建言》《中国和德国的“创新状态”》《巴西的创新研究战略模型作为发展驱动力：成就、问题和挑战》为题作报告。

本届论坛由中国科协和云南省政府共同主办。

【国际科学大师论坛】 5月24日，第十六届中国科协年会国际科学大师论坛在云南师范大学举办。1991年诺贝尔生理学奖获得者、德国哥廷根大学厄温·内尔教授，1982年菲尔兹奖获得者、美国哈佛大学丘成桐教授，1996年诺贝尔物理学奖获得者、美国斯坦福大学道格拉斯·奥谢罗夫教授作为主旨演讲嘉宾出席论坛。

2000年图灵奖获得者、清华大学理论计算机科学研究中心主任姚期智教授主持论坛。厄温·内尔教授、丘成桐教授、道格拉斯·奥谢罗夫教授分别以“脑研究与人类生活”、“现代数学和其他科学的交互影响”、“科学进步的历程”为题作主旨报告。

厄温·内尔教授在演讲中，针对脑研究的现状、脑研究给人类带来些什么、以及脑研究如何对人类生活产生影响等介绍了他对细胞内离子通道的研究。他认为，基础科学知识非常重要，任何年轻人如果想要成为科学家，最重要的一点，就是保有一颗好奇心。好奇心会让你去追求问题的答案，从而拥有不解决问题就不罢休的精神。只有觉得自己是这样一类人，被一个科学问题迷住，具有了这方面的素质，才能去追求科学研究事业。

邱成桐教授在演讲中谈到，纯数学的跳跃式前进，往往是由各学科交叉研究而得到。纯数学的理论虽然突飞猛进，但是它的发展却与其他自然科学逐渐拉开距离，纯数学家也慢慢的发现，其他自然科学也可以提供很有意义的想法。他认为，好的数学或好的应用数学，精义在于了解要研究事物的结构和运作，即使暂时没有应用，很快就会改变。他举例阐释，创立电磁理论的几个大物理学家和数学家都没有考虑到它们的应用能力，但是现在如果没有电磁，整个社会都不能运作。

道格拉斯·奥谢罗夫教授谈到了超导、液态氦-3的三种超流相、微波射线的接收器、核磁共振等内容，并与在座的青年学子分享了他在科研方法上的体会。就科研而言，第一是要用最新的技术，第二是遇到失败的时候不要泄气，第三是应该总是遵从自己的好奇心，你对什么东西最有兴趣的话，做这个东西就是最好的。他认为，人的精力总是有限的，不要一下子去做太多的事。在做研究时，应该时不时停下来，远观一下自己的研究，如果你靠得太近，可能就无法看清真相。而在科学领域没有一个人能独自发现任何重要的东西，必须是要依赖整个科学界，大家共同努力、互相分享想法，然后互相支持、互相讨论，看看其他领域的科学家在做些什么，这样才能够不断鼓舞自己的好奇心从事科学研究。

【第四届中美科学道德研讨会】 10月8～9日，第四届中美科学道德诚信建设论坛在美国华盛顿美国科学促进会总部大楼召开。美国科促会执行总裁、Science杂志发行总监Alan I. Leshner和四川大学常务副校长李光宪教授分别代表美中双方在开幕式上致辞。中美两国科学家就“科学道德诚信学科建设和专门人才培养”进行了深入交流研讨。

李光宪在开幕式上代表团长沈岩院士致辞，简要介绍了我国科学道德诚信建设工作的基本情况，包括工作机构建立、规章制度建设、宣讲教育活动、国际交流与合作以及协助调查科研不端案例等情况，并提出一些我国科学道德诚信建设中存在的问题。李光宪还以《四川大学对学术道德的思考和实践》为题作了专题报告，分析了在研究人员和科学研究两方面存在学术不端现象及发生的主要原因，介绍了近些年四川大学开展科学道德诚信建设工作的做法。

7位美国专家分别作了专题报告，从不同角度介绍了美国高校、科研机构和科研管理部门以及一线科技工作者对科学道德诚信教育、培训的做法、经验和研究思考。

近年来，中美双方在科学道德领域合作密切，共同举办了三届中美科学道德诚信建设研讨会，这对于开展科学道德和学风建设宣讲教育，制定规范，编写读本，探索建立调查处理机制影响深远，对于加强科学道德建设，推动科技创新、促进中美科技交流，具有重要的意义。

【2014中俄工程技术论坛】 7月1日，由中国科协、黑龙江省政府和俄罗斯科工联等单位共同主办的2014中俄工程技术论坛在黑龙江省哈尔滨市开幕。本次论坛是在哈尔滨市举行的第一届“中国－俄罗斯博览会”的重要活动之一。

中国科协副主席冯长根、黑龙江省人民政府副省长孙永波、俄罗斯代表团团长亚历山德罗夫·弗拉基米尔·列昂尼德维奇等出席会议并致辞。中国航空工业集团公司原党组书记、总经理朱育理，俄罗斯工程院院士、中国科协原副主席刘恕，中国驻俄使馆前科技参赞、中国国际科技合作协会原副会长孙万湖，国际科学与工程协会联合会学术秘书科坚科夫·亚历山大·米哈伊尔洛维奇，中国科协国际联络部副部长陈剑等出席会议。黑龙江省科协主席马淑洁主持会议。来自中国、俄罗斯的150余位专家、学者参加会议，重点围绕航空、船舶、智能装备3大领域进行交流。

冯长根在致辞中表示，中俄两国科技界有着半个多世纪的交往历史。自从1990年中国科协与俄罗斯科工联签署合作协议以来，中国科协与俄罗斯科技团体建立了良好的合作关系。5月，中国与俄罗斯共同签署了《中华人民共和国与俄罗斯联邦关于全面战略协作伙伴关系新阶段的联合声明》，在能源、电力、航空、通信等领域签署了多项合作文件。在此背景下，中俄工程技术的合作必然是中俄全面战略协作伙伴关系的重要组成部分。举办2014中俄工程技术论坛，就是希望两国工程技术界携起手来，拓展和深化合作，共同为夯实中俄全面战略协作伙伴关系贡献力量。

孙永波在致辞中说，黑龙江省是对俄合作的前沿省份，面临着更好的机遇，中俄大规模经济科技合作的时机和条件已经成熟，在对俄合作方面具有得天独厚的优势。在中俄加深科技合作的大好形势下，黑龙江省也将以更多的诚意，通过中俄高层工程技术合作这一广阔平台，为中俄两国的科学家们提供更多沟通交流的机会，使两国可以在未来有更大的合作发展空间。

亚历山德罗夫·弗拉基米尔·列昂尼德维奇表示，中俄双方目前在多领域进行交流合作，双方的合作有很大的发展空间和潜力。希望中俄科学家注重研发新产品、新技术，推动双方在航空、船舶、智能装备等领域更好的合作。他表示，到2030年，船舶制造业在全世界有着巨大的市场需求。中国是世界上的船舶制造大国，俄罗斯的专家在船舶结构的设计等方面具有独特优势，希望俄罗斯专家与中国专家进行深入交流，了解双方已取得的科研成果，推动在船舶制造等工程领域的深入合作。

孙万湖作题为《中俄科技合作的现状、特点、问题及建议》的专题报告。他认为，中俄科技合作是中俄面向21世纪全面战略合作伙伴关系的重要组成部分，具有很强的互补性和互需性。经过多年的交流与合作，目前，中俄科技合作正从传统合作方式向共同开发科研成果，实现高新技术成果产业化、商业化方向发展。中俄科技合作已经深入到技术与经济的合作，技术与贸易的合作。他说，中俄科技合作也存在制度层面与市场机制尚未理顺、双方战略性大项目偏少、双方二次开发的风险意识不够、知识产权机制尚未建立等问题，成为影响双方深入合作中的因素。他建议，中俄科技合作应加强顶层设计，不断完善双方合作项目筛选机制，加强中俄重点领域和重大项目的合作，促进中俄两国高新技术开发区的对口合作，丰富科技合作的方式，不断提高中俄科技合作的水平。

科坚科夫·亚历山大·米哈伊尔洛维奇作题为《中俄双方科技协会的交流与合作》的报告。他表示，俄罗斯科工联与中国科协进行了多年的合作，各领域的专家、学者经常进行互访，双方都取得了丰硕的成果。他认为，中俄双方专家持续对话非常重要，尤其是青年科学家之间的交流。2014—2015年，中俄两国将举办中俄青年友好交流年。俄罗斯科工联和中国科协可以组织中俄两国青年开展科技交流周，促进中俄青年之间的交流。俄罗斯科工联希望在与中国科协的交流合作中，进一步聚焦中国科技前沿领域、科技密集型产业和创新集群。

论坛还设航空技术组、智能装备技术组、海洋工程装备技术组进行分组交流座谈对接。中俄专家针对具体领域的相关问题进行交流。7月4～5日，论坛在浙江省杭州市继续举行。

【中法建交50周年科学教育专题报告会】 中法建交50周年之际，法国国家科学中心主席克洛迪.艾涅尔教授于4月15日上午在北京作了题为《科技知识与创新》的科学教育专题报告。中国科协副主席、书记处书记张勤，法国驻华大使白林，北京航空航天大学校长怀进鹏等参加了报告会。

艾涅尔在报告中指出，普及科学知识是国家公共政策制定中的关键问题之一。科技知识与创新具有两大使命：求知欲和信任，科技知识与创新必须用来激发青少年的使命感和好奇心，因为他们是未来社会的建设者，求知欲和信任还应有助于在科技工作者与整个社会之间建立起信任关系，而正是有了这种信任关系，社会才能接受创新以及科学技术的进步。

艾涅尔认为，科学中心与科技馆是为了传播知识及培养动手能力而建立的分享与联合创造的场所，是普及科技知识的重要阵地。科学中心与科技馆创建的初衷是结合文化教育政策，缩短科学和公民的距离，普及与共享知识，以便给人们提供理解我们周围世界并接受新挑战的钥匙。科学中心与科技馆通过培养青少年对科学技术的兴趣，及激发他们的好奇心与创造力，成为实践创新文化教育的良好试验场。

克洛迪·艾涅尔现任法国国家科学中心主席、欧洲航天局成员，曾于2002年至2004年担任法国科研与新技术部部长级代表，2004至2005年任欧洲事务部部长级代表。她是欧洲首位女航天员，曾在1996年和2001年两次进入太空。

【2014中日青年科学家跨学科学术沙龙】 由中国科协国际联络部和日本科学技术振兴机构北京代表处联合主办、中国国际科技会议中心承办的“2014中日青年科学家跨学科学术沙龙”于6月16～17日在北京举行。本次学术沙龙的主题是“为子孙后代生存，共同建设新型的社会环境与生态城市”。来自中国科学院生态环境研究中心、清华大学公共安全研究院、中央民族大学生命与环境科学学院、中国环境科学研究院及其生态与城市研究所、北京市环境保护科学研究院生态与城市研究所、中环联合认证中心、日本东北大学、东京大学、立命馆大学、日本国立环境研究所社会环境体系研究中心、东京环境局、公益财团法人公害地域再生中心、日立（中国）研究开发有限公司、丰田汽车技术中心（中国）有限公司等十余所科研院校及企业的17位中日青年科学家与会，中国科协国际联络部部长张建生到会致开幕辞，日本驻华使馆官员列席了会议。

会上，双方青年科学家围绕会议主题，从建设新型社会环境与生态城市的信息、健康基础设施以及环境、安全等多个方面互相分享了各自研究成果，并进行了深入研讨。

全民科学素质工作与科普活动

【全民科学素质纲要实施工作办公室2014年全体会议】 2月24日，全民科学素质纲要实施工作办公室2014年第一次全体会议在北京召开。

会议传达了国务院《听取全民科学素质行动计划纲要实施情况汇报的会议纪要》，并要求各成员单位一定要认真学习领会，并扎实做好贯彻落实：一是广泛开展科普宣传教育活动。要创新科普活动的内容和形式，进一步增强实效性和感染力，组织好科技活动周和全国科普日等主题科普活动，服务于稳增长、转方式、调结构、促改革、惠民生。二是大力提升重点人群科学素质。要坚持践行群众路线，把全民科学素质工作融入群众日常生活，满足不同重点人群对提高科学素质的需求。要找准薄弱环节，加大对农村、边远、贫困、民族地区群众的科普服务力度。要将提高公民科学素质作为城镇化建设的重要方面，以提高城镇新居民科学素质为重点，大力开展社区科普工作，帮助新居民提升自身素质、融入城镇生产生活。三是创新科普技术和手段。要充分运用现代技术手段提升科普传播能力，拓宽公众获取科学知识的渠道，提供更多的选择。要大力加强互联网科普，引导鼓励大型社会网站增加科普内容，注重运用短信、微信、微博、社交网络、移动多媒体等开展科普宣传。要加强科普与艺术的结合，运用群众喜闻乐见的电影、电视等艺术形式传播科学知识，增强科普工作的吸引力。四是继续加强科普公共服务能力建设。要进一步加强中国特色科技馆体系建设，发挥好已建成开放科技馆的作用，继续发展好流动科技馆和科普大篷车。要推动建立科技馆免费开放制度，丰富科技馆活动内容，吸引更多中小学生到科技馆开展科学实践活动。要进一步推动高校、科研机构和企业的优质科普资源向社会开放，组织实施好青少年高校科学营活动和科技创新拔尖人才培养计划等项目。要继续落实在国家科技计划项目中增加科普任务，引导支持项目承担单位和人员及时将科研成果向公众传播普及。五是构建全民科学素质工作长效机制。要继续推进与有关省份开展共建工作，推动省级政府与所辖市、县级政府签署目标责任书，更好发挥政府在公民科学素质建设中的主导作用。

全民科学素质纲要实施工作办公室2014年第二次全体会议6月27日在中国科技馆召开。中国科协党组成员、书记处书记、全民科学素质纲要实施工作办公室主任徐延豪，中国科协党组成员、中国科技馆馆长束为，全民科学素质纲要实施工作办公室成员和联络员、中国科协科普部和中国科普研究所有关负责同志共计70余人出席会议。

全民科学素质纲要实施工作办公室在认真总结2013年科学素质纲要实施工作的基础上，按照国办会议纪要的要求，认真落实党中央国务院的工作部署，起草和印发了《2014年全民科学素质行动工作要点》，加强沟通交流和联络协调，增强全民科学素质的组织协调力量；强化联合协作机制，有序推进重点行动；深入推动公民科学素质共建机制建设；启动“十三五”全民科学素质行动发展相关规划研究、2015年全民科学素质调查的相应准备工作和“十二五”全民科学素质工作总结表彰的准备工作，全面部署全民科学素质工作，推动2014年各项工作计划任务的落实。

徐延豪在会上指出，2014年上半年，各成员单位围绕《2014年全民科学素质行动工作要点》的总体安排，主动谋划，认真参与到全民科学素质的各项工作中去。抓好下半年的各项工作，要注重抓好联合协调，强化重点行动，各成员单位之间要共同发文件、出政策、出规定，把科普工作切实落实为各部门之间的联合行动。要创新科普手段，大力加强互联网科普工作，拓宽网络科普渠道、丰富网络科普内容、完善网络科普机制。要超前谋划，抓好规划研究工作。各单位要积极参与到“十三五”全民科学素质行动发展相关规划研究中去，共同把研究工作做扎实，并通过扎实的研究工作，为编制“十三五”全民科学素质行动规划提供重要的支撑。要科学合理开展“十三五”全民科学素质行动规划的编制工作，编制出高水平的规划，使之真正成为指导“十三五”全民科学素质工作的纲领性文件。要把“十三五”全民科学素质行动规划纳入到各部门的“十三五”规划编制工作中，实现全民科学素质工作和各部门本身工作的有机结合。

【中国科协2014年科普口工作会】 3月10日，中国科协2014年度科普口工作会在中国科技会堂召开。中国科协党组成员、书记处书记徐延豪，中国科协党组成员、中国科技馆馆长束为出席会议并讲话。中国科协科普部部长杨文志作大会报告。中国科协计划财务部部长王延祜、学会学术部有关同志应邀列席会议。会议由中国科协科普部副部长辛兵主持。

徐延豪在讲话中说，2014年的科普工作要贯彻党的十八大和十八届二中、三中全会精神和习近平总书记系列重要讲话精神，服务于国家的经济社会发展，特别是创新驱动发展战略实施，以及全面深化改革的总要求，以“创新科普技术和手段、加快科普信息化和现代化建设”为重点，抓好深入落实，特别是重点工作的落实。

束为对科普口干部提出了期望，希望科普工作者要倍加珍惜科普事业发展的大好机遇，积极适应科技事业发展变化，学会换位思考、提升工作成效，把科普工作扎扎实实往前推进。

杨文志作了大会报告，全面总结了中国科协2013年科普工作，对2014年中国科协科普重点任务进行了部署和安排。

中国科普研究所、中国科协青少年科技中心、中国科技馆、农技中心和科普出版社的负责人分别就本单位如何落实好中国科协2014年科普工作重点任务进行了大会交流。

【2014年度中国科协系统青少年科技教育工作研讨会】 3月6～7日，2014年度中国科协系统青少年科技教育工作研讨会在山东省济南市召开。中国科协党组成员、书记处书记徐延豪出席会议并讲话。部分省、区、市及副省级城市科协科普工作分管领导出席会议。中国科协青少年科技中心，各省、自治区、直辖市和新疆生产建设兵团以及副省级城市科协青少年科技工作机构负责人共70余人参加会议。山东省科协党组书记、副主席王春秋出席会议并代表山东省科协致辞。

徐延豪在讲话中指出，2014年科协系统的青少年科技教育工作，一是要围绕服务创新驱动发展战略这条主线，牢牢把握青少年科技教育发展的新机遇。二是要着力培养科技创新后备人才，为创新人才成长和脱颖而出营造良好的环境。三是要顺应科学技术发展的新趋势和广大公众的新需求、新期待，加快推进青少年科普现代化。四要改革创新，凝聚力量，在深化改革中开创青少年科技教育工作新局面。

开幕式上，徐延豪等为获得“2013年度青少年科技教育工作五星评比”获奖单位颁发了奖状。

会议还分别围绕青少年科技竞赛的改革调整、高校科学营和英才计划的有效实施、青少年科普活动的创新发展和如何利用网络开展青少年科技教育工作等重点议题展开了专题讨论。

【中学生英才计划2013—2014年度工作总结会】 为总结中学生英才计划2013—2014年度试点工作情况，展示学生培养成果，安排部署2015年试点工作，12月11日，中学生英才计划2013—2014年度工作总结会在中国科技会堂召开。全国政协副主席、中国科协主席、中学生英才计划专家咨询委员会主任韩启德，中国科协党组书记、书记处第一书记尚勇，教育部部长助理、党组成员林蕙青出席会议并讲话。中国科协党组成员、办公厅主任吴海鹰，中国科协、教育部有关司局和部门负责人，全国15个试点省市科协、教育主管部门以及20所试点高校的相关负责人出席会议。中国科协党组成员、书记处书记徐延豪主持会议。

韩启德在会上发表讲话。他表示，中学生英才计划自2013年5月启动以来，到现在第一年度试点工作已经基本结束。在这一年中，5个学科工作委员会、19所试点高校和导师、各省教育行政主管部门和科协做了大量工作。同学们在导师的指导下开展科学实践活动，参加科学报告、学术交流、科技社团、科学夏令营等活动，充分感受名师的魅力，激发了科学兴趣，提高了创新能力，同时树立了远大的科学志向。

韩启德强调，一要进一步明确中学生英才计划试点工作目的。科技创新最根本的要素是人才，而人才培养的关键还在于我们有没有适合人才成长的土壤。中学生英才计划要探索在现行教育体制下，如何发现优秀的、有才华的苗子，创造有利环境帮助他们成长。二要进一步明确中学生英才计划学生培养目标。中学生英才计划最重要的是培养他们对科学的兴趣，帮助他们树立更高远的科学志向。三要在实践中创新培养方式。应该鼓励培养方式多样性，鼓励导师根据学生的实际情况，采取多元的方式来培养。四要注重对中学生的全面培养。中学生英才计划学生培养不应仅限于科学范畴，更要培养他们宽广的视野和做人的境界，让学生个性充分发展。五要处理好大学和中学的关系。中学生英才计划的重点是促进中学教育改革，促进对更多中学生的培养。英才计划的主体是中学，应进一步调动中学生的积极性，鼓励更多的中学生参与进来。六要坚持中学生英才计划不与高考直接挂钩。参加英才计划的同学可能会被占用一些复习高考的时间，但提前接触科研，提前进入科研过程，对于那些真正对科研感兴趣的同学是没有损失的。是金子总会发光，是人才总会脱颖而出。

尚勇在讲话中说，优秀中学生是最富活力、最具有创造性的科技创新后备人才群体，是国家科技发展的未来和希望所在，无论科技界、教育界都要把培养青少年拔尖创新人才作为一个重大的使命。培养青少年拔尖创新人才，一要顺应人才成长的规律。古人云，“顺木之天，以致其性”。中学生英才计划试点工作要尊重和顺应人才成长规律，逐步探索学生培养的

有效方式，坚持兴趣至上，循序渐进。二要鼓励培养从小创新创造的氛围，特别是文化氛围。要尊重个性，张扬特长，包容缺点，宽容失败。要坚持个性化培养原则，做到因材施教。三要创造和培育良好的创新土壤，使培养青少年拔尖创新人才和提高全民族的科学文化素质相辅相成。

林蕙青对中学生拔尖创新人才培养提出几点意见：一要贯彻落实党的十八精神，充分认识拔尖创新人才培养的重要意义；二要深化教育体制改革，加强科技创新人才培养工作；三要贯彻落实《关于深化考试招生制度改革的实施意见》，加强中学生英才计划与国家教育制度改革的紧密衔接。探索中学生英才计划与中学教育改革、高校自主招生、“基础学科拔尖学生培养试验计划”的有效衔接。来自上海、广东以及清华大学、上海交通大学、中国科技大学、中山大学的试点单位代表在会上交流了一年来开展中学生英才计划试点工作的做法和经验。来自北京、上海、广州、安徽等地的5位中学生代表汇报了参与英才计划培养的收获、体会及学习成果，并与院士进行了面对面的交流座谈。会上，尚勇和林蕙青代表中国科协、教育部向参加2015年试点的20所重点高校授予了“中学生科技创新后备人才培养计划试点高校”的牌匾。

为贯彻全国科技创新大会精神，落实《国家中长期教育改革和发展规划纲要（2010—2020)》的要求，中国科协在教育部支持下于2013—2014年度在全国部分重点高校开展了中学生科技创新后备人才培养计划（简称“中学生英才计划”）试点工作。参与试点工作的19所高校共推荐导师183人，15个试点省市共组织动员99所重点中学推荐优秀高中学生831名。经过网络申报、网上初审、导师面试等三个环节，最终共有584名学生通过遴选列入首批培养计划。从一年来的培养情况看，中学生英才计划试点工作实施情况良好，基本达到预期效果。2015年，中国科协与教育部将共同继续开展中学生英才计划试点工作，组织20所重点高校培养600名左右中学生。

【中国科协首席科学传播专家2014年第一期研讨交流班】 6月4～5日，中国科协首席科学传播专家2014年第一期研讨交流班在中国科技会堂召开。来自各领域的首席科学传播专家汇聚一堂，共同研讨交流科学传播之道。中国科协党组成员、书记处书记徐延豪出席会议并讲话，中国科协科普部副部长刘亚东主持研讨交流。

徐延豪在讲话中表示，举办首席科学传播专家研讨交流班，非常必要，也非常及时。当前，信息化改变着全球，每个国家、每个团体、每个人的观念和行为都正在发生着或孕育着巨大的变化。科学传播，怎么样才能适应快速变革的时代，适应快速发展的社会，适应快速嬗变的公众需求，是摆在科技工作者和科学传播工作者面前的课题。

徐延豪希望各位首席专家在科学传播领域也能引领创新、积极探索、建功立业。一是志高存远，引领科学传播新风尚，二是勇于创新，开辟科学传播新天地，三是脚踏实地，带领团队做好科学传播各项工作。

研讨交流班上，中国科协科普部部长杨文志、联合国教科文组织卡林加科普奖获得者李象益分别作了题为《让科技知识在网络上流行——公众获取信息方式变化与科技传播创新》《以创新理念与方法推进科学教育深度创新》的主题报告。

中国科学院院士、遗传学首席科学传播专家杨焕明，果壳网CEO姬十三，武警总医院院长、中国工程院院士郑静晨，中国科学院老科学家科普报告团荣誉团长钟琪，中央电视台《走近科学》节目制片人、主持人冯其器，分别作了题为《科学家——科学传播主要力量》《新媒体——科学家科学传播新战场》《医学科普的艺术》《科普演讲有知有趣有用的经验分享》《电视科普节目需要科学家》的专题讲座。

【首席科学传播专家、全国学会高级研修班举办】 12月16～18日，由中国科协科普部主办、中国青少年科技辅导员协会承办的中国科协首席科学传播专家、全国学会高级研讨班在中央党校中直机关分校举办，期间举行了第三期首席科学传播专家聘任大会。中国科协党组成员、书记处书记徐延豪出席高级研修班并发表讲话，各科学传播专家团队首席科学传播专家、全国学会负责人近150人参加。科普部相关负责人分别主持研讨交流。

徐延豪讲话时指出，科学普及和科技创新是科技工作的一体两翼，加强科普信息化工作是时代要求，科技工作者应当做科普信息化工作的先导者，引领全社会崇尚创新、支持创新、参与创新，为创新驱动发展战略营造良好的社会氛围。

中国科协科普部部长杨文志、联合国卡林加科普奖获得者李象益、清华大学美术学院教授史习平、中央网信办新闻传播局副局长汪祥荣、北京斑马骑士有限公司CEO徐毅斐、中国科技大学传媒学院教授周荣庭、全球地球物理信息技术科学首席科学传播专家陈会忠分别作了题为《推动科普信息化建设》《全新思维与世界科普教育走向》《科普展览的设计》《网络时代科技传播回顾与前瞻》《科普游戏的制作》《科普新媒体的创新设计与运营》《新媒体开辟了科学传播随时面向公众的新路》的报告，新华网在线教育事业部技术总监王裕基、《知识就是力量》杂志社社长郭晶、部分学会专家分别作了题为《科普中国——科技前沿大师谈频道建设》《科普中国微平台建设》等科普信息化建设案例交流主题报告。

12月17日下午，第三期首席科学传播专家聘任大会举办。经全国学会推荐，中国科协决定聘任天津大学教授亢一澜等101名专家为第三批全国首席科学传播专家。中国科协党组成员、书记处书记徐延豪为首席科学传播专家颁发聘书。徐延豪指出，全国学会组建科学传播团队的机制，是在新时期下，壮大科普人才队伍，激励调动科技工作者积极开展科学传播，提升我国科学传播水平和科普服务能力，促进公民科学素质建设目标实现的重要举措。各级科协和学会要建立有效的沟通机制和服务平台，让科学传播专家了解新时期科普工作的主攻方向、重要任务和发力点，同时希望科学传播专家更加奋发有为，争做新时期科普工作的把关者、先导者。

【高层次科普专门人才培养研讨会】 5月9日，全国高层次科普专门人才指导委员会专题小组工作研讨会在中国科技馆召开。中国科协党组成员、书记处书记徐延豪，中国科协党组成员、中国科技馆馆长束为，中国科协科普部部长杨文志、副部长辛兵，中国科技馆副馆长黄体茂、郑浩峻和展览教育中心主任朱幼文等出席会议，全国高层次科普专门人才培养指导委员会的部分委员、6所试点高校和7家试点科技馆的专家、代表以及有关人员参加了研讨会。会议由指导委员会秘书长辛兵主持。

中国科协党组成员、书记处书记徐延豪指出，培养高层次人才从事科普事业，是建设创新型社会的需要。当前的工作形势较为严峻，这项事情最核心的问题是师资，因为科普原来没有学科，因此委员会担负着开拓一个新学科领域的责任，大家要增强责任感，更新观念、解放思想，围绕着质量第一、师资第一的工作思路开展工作。

本次会议是为落实2月13日召开的全国高层次科普专门人才培养指导委员会专题小组2014年工作研讨会的会议精神和要求，对各专题小组和秘书处在此后制订的相关管理办法、培养方案、教材和课程建设计划等进行深入研讨和听取意见，与会人员针对每组的汇报内容以及与科普专门人才培养相关的问题展开了讨论。

2014年，全国高层次科普专门人才培养指导委员会完成了科普硕士开展招生宣传工作，赴各试点高校进行招生宣讲，并基本完成2014年招生任务，共招收硕士研究生133人，其中全日制129人。制定印发了《全国高层次科普专门人才培养实践基地管理办法(试行)》，并以科普部名义印发《关于公布首批全国高层次科普专门人才培养实践基地名单的通知》，共有中国科技馆、上海科技馆、广东科学中心等10家单位被确定为首批全国高层次科普专门人才培养实践基地。组织高层次科普专门人才培养研究生在暑期赴相关科技场馆和企业参加实习实践活动，并资助高层次科普专门人才培养研究生参加芜湖科技馆论坛，并举办学生科普成果展示交流会。

【中国网络科普游戏协会筹备工作组第一次会议】 4月8日，中国网络科普游戏协会筹备工作组第一次会议在中国科技会堂召开。中国科协党组成员、书记处书记、筹备工作组组长徐延豪，中国科协党组成员、中国科技馆馆长、筹备工作组副组长束为出席会议。

徐延豪指出，发展网络科普游戏是游戏企业未来发展的一个突破点，也是企业践行社会责任的表现。网络科普游戏协会发起要遵循民主、协商、自愿的原则，发展有积极性的企业作为骨干，逐渐壮大。同时要动员科技专家、科普作家撰写优秀的游戏脚本，做国际领先的科学游戏。

【第三届中国科普作家协会优秀科普作品奖组委会工作会议】 4月15日，第三届中国科普作家协会优秀科普作品奖组委会工作会议在北京召开。会议由中国科普作家协会理事长刘嘉麒主持。中国科协党组成员、书记处书记、评奖活动组委会名誉主任徐延豪出席会议并讲话。

徐延豪在讲话中表示，“中国科普作家协会优秀科普作品奖”是科普领域为数不多的在国家奖励办备案的奖项，前两届的评审活动在社会上影响好、威信高，这对于繁荣科普创作、推动科普事业发展有着积极意义。他代表中国科协党组、书记处对组委会成员、评委会成员对于评奖工作的支持表示感谢。

徐延豪强调，组委会作为优秀科普作品奖的最高领导机构，一是要认真履职，珍惜荣誉，负好责任，在已有的规章制度基础上严格把关评审程序，把握科学性和严谨性；二是一定要认真对待评审出的优秀作品，给予表彰奖励，向社会，向科普业界传达国家重视、支持科普工作，鼓励科普创作的信号；三是要加强宣传工作，培养知名作家，扩大活动影响，吸引更多的人才从事科普创作工作，从而带动科普创作事业的发展。希望将中国科普作家协会优秀科普作品奖打造成业界的品牌活动。

刘嘉麒表示，中国科普作家协会优秀科普作品奖是中国科协委托协会承办的评奖活动，寄托了科协领导对协会的希望，是协会的荣誉。协会要继续努力将此项活动打造为高水平的奖项，提升声誉，推动事业的发展。

本次会议审议了评奖活动评审专家条件、评审纪律以及评委会名单，经过充分的酝酿和讨论，通过以上各项文件。

第三届中国科普作家协会优秀科普作品奖评奖活动于 2013 年 5 月正式启动，共收到符合申报条件的科普图书 264 种，704 册，影视动画作品 102 种。按照要求，所有参评作品按学科分类和读者对象分成 10 个评审类别，目前已正式进入初评阶段，初评工作要求在 2014 年 5 月底前完成。终评工作将在 7—9 月间完成。会上，刘嘉麒为组委会成员颁发了聘书。

【《知识就是力量》第二届编委会第一次会议】 2 月 19 日，《知识就是力量》第二届编委会第一次会议在中国科技会堂召开。中国科协党组成员、书记处书记、编委会主任徐延豪主持会议。中国科协副主席、中国科学院院士、第七届国家自然科学基金委员会副主任、编委会副主任沈岩，中国科学院院士、编委会副主任林群，中国科学院院士、中国月球探测工程首席科学家、编委会副主任欧阳自远，中国科学院院士、中国科普作家协会理事长、编委会副主任刘嘉麒，中国工程院院士、原国家卫星气象中心总工程师、编委会副主任许健民，中国工程院院士、武警总部后勤部副部长兼武警总医院院长、编委会副主任郑静晨，中国工程院院士、神舟号飞船总设计师、编委会副主任戚发轫等出席会议。

徐延豪在讲话中说，回顾《知识就是力量》所走过的近 58 年发展历程，我们看到，这份科普期刊承载着几代党和国家领导人的关怀和厚爱，饱含着广大科技工作者和科学爱好者的无限深情。科技界的许多知名专家，很多精英人士，当年就是在《知识就是力量》的陪伴下走进科学的殿堂，感悟科学的力量，编织科学的梦想，踏上科学的征程。

他强调，当前，科普工作面临的外部环境、社会条件和工作对象都发生了深刻变化，科普期刊也面临着全面提升内容品质、全面拓展传播手段，进一步接受市场检验的机遇与挑战。作为一份服务于青少年的学业、服务于青少年的兴趣、服务于青少年的生活、服务于青少年的成长的科普杂志，改版后的《知识就是力量》要能够更多地贴近青少年读者，增强他们对科学的兴趣，点燃他们的科学梦想，成为激励和推动我国科技人才不断涌现的重要力量；能够更好地传播科学理性，弘扬科学精神，帮助公众理解科学，引导公众欣赏科学，促进公众参与科学；能够更快地成长为具有时代风格、科普特色和广泛影响力的优秀期刊，更好地运用信息技术的手段，适应读者阅读习惯的改变，为提高公民科学素质作出新的贡献。

会上，《知识就是力量》杂志社社长、主编郭晶详细介绍了《知识就是力量》的改版情况，展示了《知识就是力量》多刊多媒的全媒体发展蓝图。

国家教育咨询委员会委员、中国科技馆原馆长、中国科学院自然科学史研究所研究员、编委会委员王渝生，中国科学院北京天文台教授、中国天文学会常务理事、编委会委员卞毓麟，中宣部出版局副局长、编委会委员刘建生，中国自然科学博物馆协会名誉理事长、中国科技馆原馆长、编委会委员李象益等以及来自中国科协科普部、中国科学院、中国人民解放军总医院、中央电视台、果壳网等相关单位的负责人出席会议。

【2014 年基层科普行动计划】 为贯彻党的十八大精神，继续深入推进《全民科学素质行动计划纲要（2006—2010—2020 年）》在基层的实施，充分调动全社会深入基层、贴近实际、贴近生活、贴近群众开展科普工作的积极性和创造性，中国科协、财政部于 4 月 18 日共同下发了《关于组织实施 2014 年“基层科普行动计划”的通知》，正式启动实施 2014 年“基层科普行动计划”。

2014 年，中央财政继续投入“基层科普行动计划”专项资金 4 亿元，在全国奖补 962 个农村专业技术协会，386 个农村科普示范基地，558 名农村科普带头人，5 个少数民族科普工作队和 500 个科普示范社区。

2014 年“基层科普行动计划”将重点落实中央农村工作精神、中央周边外交会议精神和中央城镇化工作会议精神，更加务实，充分发挥推荐单位和个人的示范引导作用。

一是重点关注边境地区中为稳边、固边做出突出贡献的单位或个人，涉边省份及新疆生产建设兵团每个边境县（师）中都将分配到 1 名农村科普带头人名额。

二是重点关注科普工作有效开展、弱势群体集中的老旧社区。

三是重点关注在农业科技创新、农业先进适用技术推广应用和发展新型农业经营主体等方面做出突出贡献的单位和个人。

四是重点关注发展粮食生产，为国家粮食安全做出积极贡献的单位和个人。

五是重点关注已建立党组织并积极帮扶群众、带领群众依靠科技致富的农村专业技术协会、农村科普示范基地以及农村党员科普带头人。

六是重点关注已建立科普惠农服务站、技术协作网，能发挥科普惠农长效机制的农村专业技术协会、农村科普示范基地和农村科普带头人。

2014 年“基层科普行动计划”继续由各级科协和财政部门共同完成。通过该“计划”的实施，进一步把科技要素引入农村和城镇社区，促进基层科普活动的广泛开展，提高基层科普服务能力，提高基层群众的科学文化素质，助力社会主义新农村建设及新型城镇化建设，推进创新驱动发展和生态文明建设，为全面建成小康社会做出贡献。

【第 29 届全国青少年科技创新大赛】 8 月 24 日晚，经过 4 天紧张、激烈的问辩、评审、交流和展示，由中国科协、教育部、科学技术部等 8 部委共同主办的第 29 届全国青少年科技创新大赛举行颁奖典礼，为本届大赛优秀学生项目二等奖、科技辅导员项目一等奖，以及各项专项奖得主颁奖。

中国科协副主席、中国青少年科技辅导员协会理事长、中国工程院院士陈赛娟，本届大赛评委会主任、中国科学院院士王乃彦，本届大赛监委会主任、中国科学院院士黎乐民，本届大赛评委会副主任、中国科学院院士匡廷云，本届大赛评委会副主任、中国科学院院士吴岳良，以及专项奖设置单位代表出席颁奖典礼，并为获奖者颁奖。大赛组委会负责人分别为十佳科技实践活动奖、省级优秀组织单位和优秀组织工作者奖、优秀志愿者奖以及十佳科技教育创新学校颁奖。

此次大赛共有 337 个学生项目、196 个科技辅导员项目进入终评决赛。本届大赛共评选出优秀科技辅导员创新项目一等奖 29 项、二等奖 74 项、三等奖 93 项以及 10 项十佳科技辅导员奖。青少年创新项目一等奖 59 项、二等奖 134 项、三等奖 144 项，另有 33 项小学三等奖已在初评阶段评选产生。在竞赛项目评审的同时，还评选出由组委会、高校、基金会等单位设立的 20 类专项奖。

颁奖典礼特别为获得英特尔基金会中国科学文化研修奖的 6 名国外选手颁发了荣誉证书，表彰他们在中外学生交流和公开展示环节的良好表现。

在 8 月 25 日的大赛总结会上，颁发了大赛优秀学生项目一等奖、十佳科技辅导员奖和中国科协主席奖等三项大奖。

【第 14 届中国青少年机器人竞赛】 7 月 15 ~ 19 日，第 14 届中国青少年机器人竞赛在新疆维吾尔自治区乌鲁木齐市举行，来自全国各地的青少年机器人爱好者在美丽的天山脚下体验“激情创造，快乐成长”主题。大赛共决出一、二、三等奖共 221 项，其中一等奖 77 项，二等奖 77 项，三等奖 67 项。

7 月 19 日，中国科协党组成员、书记处书记徐延豪，新疆自治区党委常委尔肯江·吐拉洪，新疆维吾尔自治区副主席田文，中国青少年机器人竞赛专家委员会主任、中国科学院院士吴岳良，新疆维吾尔自治区政协副主席毛肯·赛衣提哈木扎，新疆维吾尔自治区第十届、十一届人大常委会副主任、科协主席张国梁等出席第 14 届中国青少年机器人竞赛闭幕式并为获奖者颁奖。

中国青少年机器人中的 21 支代表队，分别来自 26 个省、自治区、直辖市和新疆生产建设兵团，总计 582 名选手，231 名随队教练员，52 名领队和总教练。

在本届竞赛中，选手们参加了 5 个项目的角逐，分别是：机器人综合技能比赛，主题为“少年当自强”；机器人创意比赛，主题为“助老助残机器人”；FLL 机器人工程挑战赛，主题为“天降之咎”；VEX 机器人工程挑战赛，主题为“梦想成真”；以及机器人足球比赛。各项赛事均分小学、初中、高中组，经过循环赛和淘汰赛决出一、二、三等奖。

本届竞赛在信息通信技术使用和信息化管理方面

有新突破，进一步实现了各项赛移动数字化管理，参赛学生、裁判员都可通过PAD、电视屏幕、电子身份证件完成现场比赛成绩实时录入、审核、确认和统计。同时，实现了赛事实时查询，可以通过专题网站、微信服务号、手机APP、现场查询机全方位多形式查询本届竞赛赛程、各项比赛信息以及个人参赛信息等。

【2014年高校科学营北京开营式】 7月21日，2014年青少年高校科学营北京航空航天大学分营开营式在北京航空航天大学举行。中国科协党组成员、书记处书记徐延豪出席开营式并宣布开营。中国工程院院士、北京航空航天大学副校长张军出席开营式并致欢迎词。台湾地区中华青年交流协会秘书长郑婷文、澳门科学技术协进会副理事长韩子天，以及香港新一代协会、香港青年协会、香港学生发展委员会的代表出席了开营式。来自北京、河北等10个内陆省份和香港、澳门、台湾的优秀高中生250人参加了开营式。

据了解，包括北京大学、清华大学、北京师范大学等10所高校和中国航天科技集团公司、中国兵器工业集团公司等央企共同承办的2014高校科学营北京分营活动集中于7月20～27日举行。来自31个省、自治区、直辖市、新疆生产建设兵团，以及香港特别行政区、澳门特别行政区、台湾地区的2460名优秀高中学生参加科学营活动。

【“明天小小科学家”奖励活动颁奖典礼】 10月29日，由中国科协、中国科学院、中国工程院、国家自然科学基金委员会和香港周凯旋基金会共同主办的第14届“明天小小科学家”奖励活动颁奖典礼在北京市十一学校举行。来自中国人民大学附属中学的李一锦，广州市第二中学黄厚钧，香港聖保禄学校胡仕琦获得“明天小小科学家”奖杯。

中国科协党组书记、书记处第一书记尚勇，中国科学院副院长、中国科学院院士詹文龙，中国工程院副院长、中国工程院院士陈左宁，国家自然科学基金委员会副主任何鸣鸿，中国科协党组成员、书记处书记徐延豪，中国科协党组成员、办公厅主任吴海鹰，香港周凯旋基金会董事张培薇，以及王乃彦、黎乐民、吴岳良院士出席颁奖典礼并为获奖学生颁奖。中国科协青少年中心主任李晓亮主持颁奖典礼。

“明天小小科学家”奖励活动至2014年已成功举办了14届，10多年来，活动在科技创新后备人才培养、评价和选拔机制上进行了有益的探索和尝试，为广大青少年科技爱好者搭建了展示创意、交流经验、学习知识和成长发展的平台，培养了青少年的创新精神和实践能力，培养了一大批具有社会责任感和科学潜质的优秀中学生，已经成为国家人才培养体系的重要组成部分。

在为期7天的终评活动中，来自26个省（自治区、直辖市）的100名学生晋级终评，经历了评委会44名专家的研究项目问辩、综合素质考察和知识水平测试等环节的评审，最终评选出一等奖12名，二等奖35名，三等奖41名。

从2014年开始，“明天小小科学家”奖励活动调整为由中国科协、中国科学院、中国工程院、国家自然科学基金委员会和香港周凯旋基金会共同主办。活动旨在透过学生个人的科学研究项目，重点考察学生的综合素质和能力，关注学生的创新意识和实践能力，发现一批具有科学潜质和发展后劲的学生，向著名高等院校推荐，并资助他们进入大学后，继续进行研究活动，鼓励他们投身于自然科学研究事业，并立志成为未来优秀的科学家。

【第六届中国（芜湖）科普产品博览交易会】 11月7日，由中国科协和安徽省政府共同主办，安徽省科协和芜湖市政府联合承办的第六届中国（芜湖）科普产品博览交易会（以下简称科博会）在安徽省芜湖市国际会展中心开幕。中国科协党组成员、书记处书记徐延豪出席开幕式并致辞，中国科协党组成员、中国科技馆馆长束为出席开幕式。安徽省委副书记李锦斌宣布交易会开幕，安徽省委常委、副省长陈树隆致辞。安徽省科协党组书记、常务副主席王洵主持开幕式。

徐延豪代表中国科协向出席科博会的海内外朋友表示欢迎。他说，举办科博会是安徽在全国科协系统率先提出并实践的创新举措，为引导全社会共同参与提高全民科学素质工作进行了有效探索。科博会已成功举办了5届，办会水平越来越高、办展规模越来大，相关配套活动精彩纷呈，已成为我国科普产业发展的重要品牌。

本届科博会以“共建创新平台、发展科普产业”为主题，凸显专业化精品化国际化，共有国内外270多家高等院校、科研单位、企业和科技团体携3600多件展品参展。国内著名高等院校、科研院所，知名科技馆、科普产品研发生产单位携最新科技成果和科普产品参展。既有“玉兔号”探月车模型、商用大飞机

C919模型，又有智能机器人、新能源汽车、3D打印、光伏发电等展品，还有与群众生活密切相关的智能手机、智能安防展品等。美国、英国、法国、德国、俄罗斯、澳大利亚等国家的厂商也纷纷亮相科博会。本届科博会吸引了包括全国各级科技馆在内的买方团和有关省（区、市）科协组团参会。

【科普传播之道——科技传播者在线学习平台上线】 12月17日，“科普中国：科普传播之道——科技传播者在线学习平台”开通仪式在北京举行，中国科协党组成员、书记处书记徐延豪出席。

开通仪式上，徐延豪与中国电子学会副理事长刘汝林在中国工程院院士黄其励、中国工程院院士甘晓华的共同见证下，一起用金钥匙启动学习平台（http://www.kpcb.org.cn/kpzg），标志着“科普中国：科普传播之道—科技传播者在线学习平台”正式上线并投入运行。

“科普传播之道——科技传播者在线学习平台”是“科普中国”品牌栏目（频道）之一，是专门面向科技传播者的在线学习平台。该平台由中国科协、中国电子学会与新华网共同举办，旨在充分运用互联网、移动互联网与多媒体技术，适应专兼职科普工作者、科普传播专业师生和科普志愿者提升科学传播能力的需求，建设科普工作者自学和培训的在线平台，推动科普人才队伍建设，提升国家科普公共服务能力。

该平台设置了科普理论、科普信息化、科普教育、科普传媒、科普创意、科普策划、科普展览、科普经典案例8个栏目。课程形式以视频为主，也收集了大量与科普工作有关的政策法规、理论教材等图文资料，汇聚了具有较深造诣科技传播者的理论研究与实践成果及典型案例。作为“科普中国”品牌网络科普互动空间栏目之一，该平台具备经典的视频课程及案例资源、全新的碎片化学习体验、强大的社交化功能、便捷的移动终端，适应新时期下信息化学习的需要，将为我国专兼职科普工作者和科普志愿者提供全新的科普学习途径。

【全国职业学校创新创效创业大赛举办】 7月26日，由共青团中央、教育部、中国科协、全国学联、浙江省人民政府共同主办的2014年“挑战杯——彩虹人生”全国职业学校创新创效创业大赛决赛在杭州开幕。共青团中央书记处书记傅振邦、中国科协副主席、中国工程院院士陈赛娟、浙江省人民政府党组副书记、顾问王建满，以及教育部、全国学联、浙江省有关厅局，杭州市政府的有关负责同志出席开幕式。中国科协副主席、中国工程院院士陈赛娟，团中央学校部部长、全国学联秘书长杜汇良，教育部职成司副巡视员谢俐共同为大赛吉祥物揭幕。来自全国各地的260余所职业学校的师生代表、社会各界代表近千人参加开幕式。

本届竞赛以“同圆中国梦想，共创多彩人生”为主题，自2014年3月启动以来，全国600余所职业学校组织40000余名学生参与到竞赛中来。复赛共收到来自31个省份的894件参赛作品，最终确定349件作品入围决赛。经过3天紧张激烈的角逐，泰州机电高等职业技术学校“广场口香糖残渣清除机”等25件作品获特等奖，北京电子科技职业学院“乳糖生物转化反应器的开发”等88件作品和苏州工业园区工业技术学校“智能声控家居控制系统”等230件作品分获一、二等奖。在公开答辩环节，杭州职业技术学院作品“便携式室内空气质量检测仪”获最佳创意奖，衢州市残疾人职业技术学校作品“绿之源园艺创业计划书”获最佳表现奖，常州信息职业技术学院作品“钛合金整体叶轮数控加工工艺改进”获最具投资潜力奖。

“挑战杯”竞赛已开展25年，累计吸引了数以千万计的青年学生投身校园科技创新创业活动，被誉为中国大学生科技创新领域的“奥林匹克”。此次大赛是“挑战杯”竞赛首次在职业学校中展开，旨在促进职业学校青年创新人才成长、深化素质教育、推动经济社会发展。

【全国食品安全宣传周中国科协主题日活动】 6月14日，全国食品安全宣传周中国科协主题日活动在中国科技馆举行。中国科协党组成员、中国科技馆馆长束为和国家食品药品监督管理总局党组成员、药品安全总监孙咸泽出席活动启动仪式并致辞。

中国科协主题日活动包括科学家与媒体面对面活动、食品安全科普现场展示与互动、食品安全在线科普宣传三方面内容。

科学家与媒体面对面活动邀请了食品安全领域专家、学者以及知名媒体人，包括中国工程院院士、北京工商大学副校长孙宝国、中国农业大学科研院常务副院长、教授胡小松、中国疾病预防控制中心营养与食品安全所研究员杨晓光、国家食品安全风险评估中心风险交流部副主任钟凯、中央电视台财经频道特约评论员王志安，围绕公众提出的关于食品安全的热点问题，进行释疑解惑，并通过腾讯微访谈与微信实现

线下与线上的互动。活动中，公众通过微博和微信提出问题近百条。

食品安全科普现场展示与互动在中国科技馆东大厅和西广场举行。科普出版社、轻工出版社、北京知力科学文化传播有限公司向公众赠送有关食品及食品安全科普的图书与杂志；食品科学技术学会展示首届全国食品安全科普作品创作大赛的作品，公众通过微信对展示作品进行投票评比；北京知力科学文化传播有限公司结合《知识就是力量》杂志关于“食品安全”的内容，设立“它有毒吗？”系列线上线下互动有奖答题；欣和公司开来酱油冰淇淋科普车与观众进行互动。现场参观、互动的观众达到5000余人次。

食品安全在线科普宣传是本次中国科协主题日的特色。在线食品安全科普教育基地启动当天访问人数超过10万人次；活动现场超过1000人次通过手机扫描二维码进入百度百科相关科学词条搜索，深度了解相关食品安全科普知识；京东网在线读书频道设立食品安全科普图书推介专页，吸引数万浏览人次。

全国食品安全宣传周由国务院食品安全办于2011年确定每年6月举办，搭建多种交流平台，以多种形式、多个角度、多条途径，贴近社会公众，有针对性地开展食品安全风险交流、普及科普知识。2014年全国食品安全宣传周由国务院食品安全办、中国科协等17部门联合举办，主题为“尚德守法，提升食品安全治理能力”。6月10日举办主场活动，12日至22日由各有关主办单位举办主题日活动。

【中国PX发展论坛——责任·战略·创新】 4月10日，由中国科协科普部、中国化工学会、中国化工信息中心联合主办的“中国PX发展论坛——责任·战略·创新”在北京中国科技会堂召开。中国科协党组成员、书记处书记徐延豪，中国化工学会理事长、中国石油和化学工业联合会会长李勇武，中国工程院院士曹湘洪等出席大会主论坛。来自环保部、中国工程院、中国科协、中国石化联合会、中国化学纤维工业协会、中国石化、中国石油、清华大学、IHS国际咨询公司等几十家单位的领导、行业权威专家及企业高管，以及《人民日报》、《经济日报》、中央电视台、《工人日报》等几十家主流媒体在内的300余位代表参加了主论坛。中国化工学会副理事长兼秘书长杨元一主持大会主论坛。

徐延豪指出，PX作为重要的化学基础原料，直接影响多个生产领域，关乎国民经济建设的正常运行。包括PX项目建设在内的诸多重大工程项目，是国家经济与社会整体发展的重要基础，也是国家综合实力的标志，世界上任何一个国家在发展国民经济进行现代化建设过程中，都必须通过若干个重大工程项目的建设来构成独立、完整的国民经济体系。在建设过程中，既需要企业发挥技术创新的主体作用，也需要政府推动以及科研机构的参与，更少不了广大社会公众的支持和帮助。最近，包括PX在内的一些重要工程项目在建设过程中遭遇到了来自公众的阻力，原因是综合的、多方面的，重要原因之一是许多公众对相关项目的认识不够全面准确，甚至产生了误解，科技工作者有责任、准确地向公众传播科学技术。他强调，中国科协作为实施全民科学素质行动计划纲要的牵头单位，以提高公民科学素质为己任，有责任、全面地、科学地、严谨地向公众介绍PX项目，发挥中国科协的科普助力作用，配合社会各界力量，支持国家的社会经济建设。

李勇武指出，化学工业是国民经济的重要产业，在国民经济产业链中占有举足轻重的地位。石油和化工行业的环保、安全、责任是社会和谐稳定发展的基石，PX的发展困境引发我们对整个社会工业发展的反思。当前PX事件不断引起全社会的关注和讨论，我们有必要积极组织科普组织、相关媒体、社会机构，与民众一起，普及PX科学、真实、客观的化学品属性，解惑公共安全疑虑中的种种问题。政府及地方各个层面，需要加大信息公开化的力度，提前做好解释和信息披露的工作。化工园区及相关企业需要全面开展PX的战略规划、技术创新、风险控制和技术普及，保障为国计民生提供必要的PX生产资料，推进石化产业的健康可持续发展。

在大会主论坛上，中国工程院院士曹湘洪作了题为《我国PX产业发展面临的机遇、挑战和对策》的主题报告。中国石化经济技术研究院副院长毛家祥作了题为《我国聚酯产业链供需现状及预测》的主题报告。中国科协科普部副部长辛兵作了题为《提升全民科学素质，助力国家重大工程项目建设》的主旨报告。中国石化九江分公司安全环保监督处副处长唐安中介绍了“九江石化成功化解PX项目困局”的做法与经验。

大会在主论坛外，从科普、产业、技术三个角度分别设立了“PX公众认知及社会责任科普”、“PX战略规划及产业市场”及“PX技术创新与应用发展”

三大分论坛，邀请到各个层面的权威专家对PX产业进行全方位解读。

【第21届全国科普理论研讨会】 8月2日，中国科普研究所主办的第21届全国科普理论研讨会在黑龙江省哈尔滨市召开。中国科协党组成员、书记处书记徐延豪出席会议并讲话，黑龙江省副省长孙尧致欢迎词，中国科普研究所常务副所长罗晖主持开幕式。

徐延豪在致辞中表示，“科普创新：新理念、新方法、新挑战”是一个审时度势、紧扣学术发展、社会发展和科普事业发展的主题。面对迅猛变化的世界，面对变化带来的诸多挑战，必须把握时代变化的脉搏，把握时代带来的机遇和风险，始终以创新思维统领工作全局，不断开拓新的道路。倘若没有创新的勇气、冲动和智慧，科普事业和实现公民科学素质的建设目标便注定不会一帆风顺。徐延豪指出，科普创新必须着力解决制约公民科学素质建设的深层次问题，包括公民科学素质的地域差距、科普资源发展不均衡、科普信息化和现代化滞后、公民科学素质建设动员机制不完善和保障条件不足。

徐延豪在致辞中提到了未来公民科学素质建设工作主要方向。他指出，今后一个时期的公民科学素质建设工作，以“创新科普技术和手段、加快科普信息化和现代化建设”为重点，突出科学素质工作的大众性、基层性、基础性，围绕目标，明确责任，重心下移，服务基层，贴近公众，惠及民生，完善机制，督导落实，推动公民科学素质工作再上新台阶。

【《公民科学素质读本》专项讨论会】 8月15日，《公民科学素质读本》专项工作讨论会在中国科技会堂召开。中国科协副主席程东红，中国科协党组成员、书记处书记徐延豪出席专项讨论会。中国科协科普部、中国科普研究所、中国科普作家协会领导和相关人员、科学普及出版社相关人员参与讨论。会议由中国科协科普部部长杨文志主持。

程东红在讲话中指出，《公民科学素质读本》专项是落实《全民科学素质行动计划纲要》的重要手段，是当下实施全民科学素质最重要的工作。就下一步落实好《公民科学素质读本》工作，她强调，一是要以需求为导向，从满足群众的需求入手研究、开展该项工作。二是要围绕创新驱动发展战略、全面深化改革和“两个百年奋斗目标”的新要求来开展新的读物编写工作，要对各地各部门现有科学素质读物的现状进行调研，加强研究，梳理总结现有工作情况。三是要实事求是，突出重点，从现有人力物力的实际情况入手，以未成年人科学素质读物为切入点，实现重点推进带动整体工作提升。四是要继承中发展，读本编写工作要和公民科学素质调查工作结合起来，以四科两能力为导向，练好内功提升能力。五是要加强联合协作，以全民科学素质纲要实施工作为契机，联合重点人群科学素质行动牵头单位的力量，共同把该项工作做好。

徐延豪在总结中说，《公民科学素质读本》是实施全民科学素质工作的一个重要抓手，是围绕“十三五”全民科学素质工作上新台阶、实现到2020年我国公民具备基本科学素质到达10%的奋斗目标来开展的重要的行动计划。近期该项工作的主要目标是完成好工作方案，尽快和财政部进行沟通，抓好项目立项工作。做好该项工作科普部要抓总，科普所要抓实，要成立专门的工作办公室。

他强调，一要与原来的工作有效衔接，与全民科学素质工作面临的新形势新任务衔接，与“十三五”全民科学素质工作目标紧密衔接，做到落实中提升，继承中发展。二要厘清工作目标和重点，从未成年人科学素质读本编撰工作入手，做到重点突出和全面推进结合，分步骤实现工作目标。三要加强研究工作，从国外对比和国内发展的情况分析入手，做有中国特色的全民科学素质读本工作。四要明确定位，把读本编撰工作要定位在落实全民科学素质工作的国家行动上去。五要明确与科普信息化的关系，读本编撰工作要争取线上线下相结合，网上阅读、手机推送等宣传推广活动要同期进行，提高读本的影响力和覆盖面。六要广泛动员，协同作战，该项工作需要大量的专家，需要成立各个读本的专家委员会，要充分动员全民科学素质纲要实施工作成员大内、全国学会、中国科协首席科学传播专家团队、科技馆体系、教育基地等专家团队的力量，共同来把该项工作做好。

【网络科普专题讨论会】 6月20日，网络科普专题讨论会在中国科技会堂召开。中国科协党组成员、书记处书记徐延豪和中国科协党组成员、中国科技馆馆长束为出席会议。中国科协调宣部、科普部、信息中心、发展研究中心、科普所、青少年中心、科技馆、农技中心、科普出版社有关负责人参加会议。会议由徐延豪主持。

会议传达了国家副主席李源潮关于网络科普工作的指示精神，并围绕网络科普的战略发展方向、网络

科普的工作体系、网络科普的运行机制三方面展开讨论，重点研讨落实中央领导同志关于加强网络科普工作的措施。

徐延豪在讲话中说，要进一步思考当前网络科普工作面临的形势和任务，思考网络科普与传统科普及公众科学素质之间的关系。网络科普工作既要有长远规划，也要有近期工作的具体办法。当前网络科普要开展的重要工作，一是要结合“十三五”规划，对网络科普进行明确定位，争取将网络科普纳入国家战略或是专项行动计划；二是网络科普工作的开展要坚持政府示范引导、市场动员投入相结合。要适时召开全国网络科普研讨会和全国网络科普会议，出台加强网络科普工作的意见。徐延豪要求，各有关单位要将当前工作与未来谋划结合好，扎扎实实做好网络科普工作。

2014 年，开展网络科普工作主要有以下一系列的举措，一是百度百科科学词条编写工作，首批遴选 14 家单位将承担 2 万条百度百科科学词条的编辑上传工作，提高网上科学知识的权威性和准确性。二是开展科普微视频制作工作，遴选 12 家单位将拍摄制作 18 类选题、总时长 780 分钟的微视频。开展科普游戏研发工作，将开发 5 款基于移动端的科普游戏，并通过多渠道进行传播。启动科普中国科技趋势大师谈栏目建设，首批将制作播出 30 期节目。三是开展 2014 年“公众喜爱的科普作品”推介活动，重点向公众推介 300 个优秀科普作品，其中科普微博账号 44 个，科普微信公众号 44 个，科普 APP37 个，科普微视频 64 个，科普期刊 43 种，科普图书 68 部，通过新浪科技专题页、中国数字科技馆专题页、龙源期刊网科普期刊专区、土豆网科普微视频专区、当当网科普图书专区、本次活动官方微博和活动官方微信公众账号以及线上线下活动等方式向全社会推广宣传，收获点赞超过 600 万，官方微博粉丝数突破 6 万，话题阅读人数超过 240 万，官方微信听众超过 5 千人；吸引 67 名科学传播领域的“大 V”以及 39 个相关机构参与，初步形成科学传播互动平台。四是与国家粮食局联合通过网络开展 2014 年“爱粮节粮优秀科普作品”推介活动。完成《高新科技知识院士讲堂》20 集系列片的制作、宣传和传播工作，并在中国数字科技馆上线展映。

【科普创作与产品研发培训交流会】 6 月 23 日，2014 年全国科普创作与产品研发示范团队培训交流会在北京举办。中国科协党组成员、书记处书记徐延豪出席并讲话。中国科协科普部部长杨文志，工业和信息化部电信研究院科技委委员、电信研究院标准所副所长何宝宏以及国家互联网应急中心主任黄澄清出席并作讲座。培训交流会由中国科协科普部副部长刘亚东主持。来自 29 家全国科普创作与产品研发示范团队及各示范团队的推荐单位共 70 多位代表参加了本次会议。本次会议由中国科协科普部主办，中国可再生能源学会承办。

徐延豪在讲话中指出，科普创作是提高全民科学素质的重要手段和方法。科普创作是一项高级劳动，要求创作团队兼具深厚的科学底蕴和高超的表现水平，一方面依据科学原理、科学思想，另一方面采用广大公众喜闻乐见、好玩互动的形式。

徐延豪希望参会团队提高信息化手段在科学传播中的应用，充分利用方便快捷先进的手段来丰富科普创作，提高传播能力和传播水平。

何宝宏作了题为《互联网的发展和应用》的报告。黄澄清作了题为《大力加强网络信息安全，促进信息现代化》的报告。中国科协科普部部长杨文志作了题为《架起科学理性与社会认知的桥梁》的报告，分析了科学理性与社会认知之间的距离，指出了网络是科技传播必争之地，提出了科普创作时代责任与担当。

会议进行了分组讨论，分别围绕“科普展品研发”、“科普创作”和“科学传播与新媒体应用”等方面的创作和传播经验进行了分享交流。各示范团队介绍了各自团队创建活动的主要做法，展示取得的初步成果，剖析了困惑和困难，提出了富有建设性的建议。

【中国科技馆新馆开馆 5 周年纪念活动】 为纪念新馆开馆 5 周年，中国科技馆于 9 月 16 日举行升旗仪式并启动馆史展，以隆重而简朴的方式，开展主题为“回顾五年创业路，心系发展谱新篇”的纪念活动。

上午 8 时 50 分，升旗仪式在中国科技馆西广场举行。中国科协党组书记尚勇，中国科协副主席、中国自然博协理事长程东红，中国科协党组成员、书记处书记徐延豪，党组成员、办公厅主任吴海鹰，党组成员、中国科技馆馆长束为，中国自然博协原理事长徐善衍，以及中国科协办公厅、科普部等部门负责同志出席，中国科技馆全体干部职工及部分老同志代表参加。

2009 年 9 月 16 日，中国科技馆新馆举行升旗仪式，正式对外开放，步入新的发展时期。升旗仪式后，尚勇启动“我们一起走过——中国科学技术馆馆史展”。馆史展主题为“传承　创新　发展”，分为“开篇”、“科普春风”、“从无到有”、“乘势而上”、“与时俱进”、“新的征程”、“尾声”等7个部分，集中展现中国科技馆56年的发展历程，激励科技馆人发扬优良传统，牢记使命责任，勇于开拓创新。

徐延豪号召中国科技馆大力推动科普信息化和中国特色现代科技馆体系建设，切实肩负起引领全国科技馆行业发展的重任。

【第一期地市级科技馆建设培训班】 10月15～17日，中国科协科普部、中国自然科学博物馆协会和中国科协－清华大学科技传播与普及研究中心联合主办的第一期地市级科技馆建设培训班在安徽省合肥市举办。中国科协副主席、中国自然科学博物馆协会理事长程东红，中国科协原副主席、现任中国科协－清华大学科技传播与普及研究中心理事长徐善衍，安徽省科协党组书记、常务副主席王洵，合肥市委副书记凌云，中国科协科普部部长杨文志、副部长辛兵，中国自然科学博物馆协会执行副理事长赵有利等出席培训班开幕式。来自31个省、自治区、直辖市和新疆生产建设兵团科协分管科普、科技馆工作的负责人，地市级科技馆馆长和地市科技馆建设的主要负责人100多名学员参加培训。

本次培训班包括主题报告、专题报告、实地考察合肥科技馆、分组研讨、培训总结等内容。中国科协－清华大学科技传播与普及研究中心理事长徐善衍教授作了《科技馆的时代特征与内容建设的若干问题思考》的主题报告，就科技馆的发展方向、特征与社会责任，当代科技馆展教内容和表现形式的探索与创新，科技馆内容建设过程的科学管理等内容与学员们分享多年来工作经验和心得体会。

中国科协科普部部长杨文志作《充分运用信息技术手段开启精准科普的新时代》的专题报告，就我国科普现状及面临的挑战、紧紧抓住科普信息化的机遇、开启我国精准科普的新时代等方面系统阐释了科普信息化的内涵和发展趋势。

中国自然科学博物馆协会原秘书长邵杰、中国科协－清华大学科技传播与普及研究中心主任刘兵、青海省科协副主席、青海省科技馆原馆长徐东向、合肥市科协副主席、合肥科技馆馆长柏劲松等10位熟悉科普工作的相关负责人、在科学传播方面有较高造诣的专家学者、部分工作开展较有特色的省市科技馆负责人分别就科学传播与普及的理论与方法、当代科技馆建设与全过程科学管理、当代科技馆的科学教育理念及模式、国内外科技馆建设案例等专题作报告。与会领导、专家和各位学员还围绕如何加强地市级科技馆建设这一主题，进行了交流探讨，提出了具有建设性的意见。

外事活动

【韩启德到澳门大学调研】 11月18日上午，全国政协副主席、中国科协主席韩启德率团访问澳门大学，并与澳门大学中药质量研究国家重点实验室的主要骨干教师进行了座谈。

澳门大学中药质量研究国家重点实验室是在韩启德主席的支持下，由澳门大学与北京大学于2007年建立的。澳门大学中药质量研究国家重点实验室主任王一涛介绍该重点实验室近年来发展情况和近年来取得的科研成果。韩启德对双方合作取得的成果表示赞赏，并表示支持双方进一步加强合作。韩主席指出，中药质量研究国家重点实验室需要结合中药研究的特性，把研究成果转化率放在判断学术研究水平的第一位，不要过多地强调发表论文的数量，不要以发表在SCI上的论文数量作为判断学术水平高低的标准。韩启德鼓励骨干教师积极主动并潜心开展研究，希望澳门大学在中医药品质研究工作上有所突破和创新。

澳门大学校长赵伟陪同韩启德及代表团一行参观了澳门大学横琴新校区的教学设施和学术交流设施。中国科协交流部负责人及中央人民政府驻澳门特别行政区联络办公室的有关人员陪同访问。

【尚勇会见世界科学中心峰会国际程序委员会主席毛利卫】 9月12日，中国科协党组书记尚勇在中国科技会堂会见世界科学中心峰会国际程序委员会主席、日本科学未来馆馆长毛利卫一行。中国科协副主席程东红，中国科协党组成员、中国科技馆馆长束为等一同会见。

毛利卫先生是日本第一位宇航员，对中国科技发展特别是航天科技发展非常关注。尚勇表示，科技交流是加强两国经济、贸易的先导，也是加强两国人民友谊的桥梁，希望中日两国科技界加强合作。中国科协一直致力于推动中日两国科学交流，与日本科技振兴机构的友好合作关系不断深入。2016年，中国科技馆将在北京举办亚太科学中心协会年会，希望得到日本科技振兴机构等方面的支持和协助。2017年世界科学中心峰会将在日本举办，这是亚洲科技馆界的一大盛事，中国科协及各科技馆愿意积极与日方合作，促进峰会成功举办。他表示，期待通过毛利卫先生的此次访问推进中国科协与日本科技振兴机构以及世界科学中心峰会的合作，扩展双方合作的渠道和范围，加强双方在青少年科技交流、网络科技馆建设、机器人领域等方面的实质性合作。

毛利卫表示，日本科学未来馆期待中国科协及各科学馆对2017年世界科学中心峰会的支持与协助。科学技术对青少年的影响非常大，各国青少年对科学技术也很感兴趣，希望通过此次高峰会议，亚洲科技界共同讨论如何开展青少年科学普及工作，也利用这一机会，将亚洲的科技成果介绍给全世界。

毛利卫夫人毛利彰子，日本科技振兴机构北京办事处所长川真田一穗、副所长青木一彦等参加会见。中国科协国际部部长张建生等参加会见。

【尚勇会见《华盛顿协议》考查小组成员】 10月13日，中国科协党组书记、书记处第一书记尚勇在中国科技会堂会见了由新加坡工程师学会Lock Kai Sang博士、爱尔兰工程师学会Cyril Burkley博士和美国工程与技术认证委员会Patricia Daniels博士组成的《华盛顿协议》考查小组一行。

尚勇表示，中国科协高度重视工程教育认证工作。中国工程师数量很大，提高工程师的质量是今后工作的重中之重。中国科协将按照《华盛顿协议》的要求，在工程教育认证方面加强国际间合作。同时，在工程师的培养、继续教育和认证资格等方面与国际社会加强合作。考查小组成员表示，通过此次考查，对中国科协和中国工程教育认证过程有了初步的了解。

中国科协副主席、党组副书记、书记处书记、中国工程教育认证协会副主席张勤与《华盛顿协议》考查小组成员举行了工作会议。中国工程教育认证协会副主席余寿文、副理事长兼秘书长吴岩、副秘书长周爱军及中国科协国际联络部相关人员等参加了会议。

考查小组还实地考查了大连理工大学化学工程与技术专业和电机工程与自动化专业，浙江工业大学计算机科学与技术专业和环境工程专业共计4个专业点的认证过程。

中国科协于2013年代表中国成为《华盛顿协议》预备会员，并于2014年正式提出转正申请。此次考查是根据《华盛顿协议》的要求，由《华盛顿协议》秘书处指派的正式成员代表对转正申请进行考核。

【尚勇会见澳门科技协进会理事长崔世平】 7月8日，中国科协党组书记尚勇在中国科技会堂会见澳门科技协进会理事长崔世平。中国科协党组成员、书记处书记沈爱民陪同会见。

尚勇首先代表中国科协对澳门科技协进会表示感谢。他表示，澳门科技协进会多年来一直致力于两地科技交流，大力支持中国科协年会和在澳门举办当代杰出华人科学家公开讲座等活动。中国科协和澳门科技协进会在推动澳门与内地科技合作中，可采取多种多样的形式。今年是澳门回归祖国15周年，中国科协与澳门科技协进会可以谋划在澳门举办小规模、高层次的“协同创新论坛”，邀请内地知名专家、学者参加，根据澳门的实际需求，有针对性地和富有成效地开展深层次交流与合作，更好地发挥内地科技资源优势以推动澳门的科技创新，在中医药、科技金融和科学普及等领域，推动两地的协同创新。

崔世平表示，澳门科技协进会近年来与中国科协紧密合作，希望今后进一步加强合作。澳门在科技创新方面需要解决的问题还有很多，邀请内地更多高层次专家、学者支持澳门的科技创新、为澳门多元化发展贡献才智是一件好事情。

中国科协交流部副部长陈剑陪同会见。

【尚勇勉励航天夏令营营员：热爱科学　成就科技梦想】 7月23日，中国科协党组书记尚勇在北京人民大会堂与参加“梦想航天　情系中华—航天科技夏令营”的代表座谈，并看望了参加夏令营的全体营员。中国科协党组成员、办公厅主任吴海鹰等陪同座谈。何鸿燊航天科技人才培训基金会理事长王礼恒院士、中国航天科技集团公司副总经理张建恒、台湾地区“中华青年交流协会”副秘书长郑婷文出席并讲话。中国宇航学会副理事长兼秘书长杨俊华主持座谈会。

尚勇首先代表韩启德主席、代表中国科协欢迎来自我国香港、澳门特别行政区，台湾地区，以及新加坡、马来西亚的老师和同学们。尚勇表示，50多年来，我国航天事业取得了令人瞩目的辉煌成就，充分显示了强大的科技创新能力和日益强盛的综合国力，这些成就不仅是中华民族的骄傲，也是海内外华人的自豪。

尚勇说，航天科技夏令营活动不仅向广大青少年普及了航天科学知识，让他们亲身体验、感受、探索航空和空间科学，而且传播了科学思想和科学精神，激发了广大青少年对航天科技的浓厚兴趣，激励他们树立未来从事科学事业的志向。

中国科协、国务院台办、中国航天技术集团公司、国务院港澳办有关部门负责人出席了座谈和接见活动。

【程东红出席21世纪宇航和信息技术国际科技大会】 应国际科学工程协会联合会（国际科工联）邀请，11月10～14日，中国科协副主席程东红率中国科协代表团赴俄罗斯克拉斯诺亚尔斯克市出席“21世纪宇航和信息技术”国际科技大会，并与国际科学工程协会联合会就两组织2015年的合作事宜进行了洽谈。

11月12日，程东红率中国科协代表团出席了“21世纪宇航和信息技术”国际科技大会，并参加了俄罗斯航天局加加林勋章、克拉斯诺雅尔斯克边疆区荣誉证书、俄罗斯科工联荣誉证书颁奖仪式。

会议期间，程东红代表中国科协与国际科工联就2015年双方合作事宜进行了洽谈，特别就2015年双方共同组织“中俄工程技术论坛”进行了探讨，并邀请国际科工联组团出席第十七届中国科协年会，及2015年拟在北京举办的世界机器人大会。

中国科协此次还专门组织了中国航天科技集团公司总工程师庄国京出席大会并在大会作为特邀嘉宾做了专题报告。

【程东红当选国际公众科学技术传播组织科学委员会委员】 5月8日，国际公众科学技术传播组织（Public Communication of Science and Technology，简称PCST）所有注册会员通过参加网上不记名投票的方式，选举出新一届科学委员会成员。中国科协副主席程东红当选新一届PCST国际组织科学委员会委员，任期4年。中国科普研究所助理研究员刘萱博士，同时当选科学委员会青年委员，任期4年。本次选举被提名的科学委员会候选人共有51人，从中产生PCST科学委员会委员28名，其中美洲及非洲委员8名，亚洲及大洋洲委员8名，欧洲委员8名，35岁以下青年委员4名。科学委员会委员来自各大洲的委员和年轻委员中，有一半任期为4年，另一半任期为2年，任期长短以得票数高低决定。

【张勤率团赴新西兰出席国际科联第31届全体大会并访问澳大利亚】 8月28日至9月4日，中国科协副主席、书记处书记张勤率团赴新西兰出席国际科联第31届全体大会，并对新西兰、澳大利亚进行工作访问。

在澳大利亚，代表团访问了澳大利亚工程师学会悉尼分部，与澳大利亚工程师学会职业标准和执业执行主任Rupert Grayston先生，工程教育认证委员会主任Elizabeth Taylor教授、工程教育认证委员会前主任Robin King教授、工程师注册负责人Glen Crawley先生和工程教育认证负责人Peter Hoffmann先生等专程从堪培拉、墨尔本等地赶到悉尼的官员和专家进行会谈。

张勤对澳大利亚工程师学会对中国科协多年支持，特别是推荐中国科协申请《华盛顿协议》表示衷心的感谢。张勤介绍了中国科协近期主要工作，重点介绍了中国科协所属的中国工程教育认证协会围绕申请转为《华盛顿协议》正式成员，按“国际实质等效”，完善我国工程教育认证体系，改进专家培训工作，提高认证质量等工作。

澳方介绍了学会目前围绕服务澳大利亚工程技术人员，为全球可持续发展做贡献的目标所开展的一些工作。澳方表示愿意与中国科协在原有良好的合作基础上，在为两国工程技术人员提供服务，代表工程界为政府献言建策，以及共同应对全球挑战等方面深化合作。澳大利亚工程师学会将一如既往地支持中国科协加入《华盛顿协议》，支持中国科协在转为《华盛顿协议》正式会员。同时表示愿与中国科协在工程师注册方面加强交流，促进中澳自贸区谈判，也希望中国科协在代表中国加入《华盛顿协议》基础上，能尽快代表中国参与工程师资格国际互认的体系。

在新西兰，张勤率中国科协代表团出席了国际科学理事会（简称国际科联，ICSU）第31届全体大会。本次大会总结讨论了罗马30届大会以来各项科学计划进展情况，包括就“未来地球”计划作了较为全面细致的阐述和介绍；通报了国际科联12～17战略计划实施情况；审议了主要委员会的工作及财务工作，并进行了领导机构的换届。此次大会由新西兰皇家学会（The Royal Society of New Zealand）具体承办。国际科联近70个国家会员及20多个联合会会员的300多名代表出席了此次会议。会前，组委会还举办了“科学与社会日”等的系列活动。

此次大会期间，经中国科协和英国皇家学会联合推荐，中国科协副主席、中科院副院长李静海院士当选新一届国际科联主管科学计划与评估的副主席。

【张勤出席美国科促会2014年年会】 应美国科

促会、中国旅美科技协会等机构的邀请，中国科协副主席、党组副书记、书记处书记张勤率代表团于2月13～19日赴美国芝加哥出席美国科促会2014年年会，并于会后赴纽约访问中国旅美科技协会、纽约城市大学和中国常驻联合国代表团等机构。

在芝加哥期间，张勤应邀参加了“基于实证的政策制定全球与区域机制新前沿”国际圆桌讨论会，代表中国科协介绍了中国在创新政策领域的实践以及中国科技界对于全球及地区机制的主张。会议期间，张勤进行了多场双边和多边会谈，与美国科促会、英国商业创新与技能部、英国皇家学会、欧洲科学开放论坛、丹麦科技、创新与高教部、日本科技振兴机构、印度科学大会协会等政府科技机构和民间科技组织的领导人进行了会晤和深入交谈，就科研诚信、科技政策、科技外交、人员交流、完善双边工作机制等与以上组织达成多项共识，同时进一步明确了2014年重要双边合作项目的实施方案。

在纽约，张勤应邀出席中国旅美科技协会组织的旅美学者座谈会，向与会华人学者介绍了国内经济科技发展的情况特别是中国科协在推动实施创新驱动发展战略、建设创新型国家的过程中的工作。他表示，希望以旅美科技协会为代表的广大海外华人科技组织能够更加广泛地联系海外学者，积极开展学术交流与技术合作，更多参与国内科技经济发展，在国际科技界更加活跃地发出自己的声音。

中国科协国际联络部副部长陈剑，科普部、学会学术部、国际联络部、青少年科技中心等部门有关人员参加出访活动。

【张勤会见日本科技振兴机构理事长】 2月27日，中国科协副主席、党组副书记、书记处书记张勤在北京会见日本科技振兴机构（JST）理事长中村道治。JST中国综合研究交流中心主任有马郎人，JST总括研究主监、美国普渡大学特别教授、诺贝尔化学奖获奖者根岸英一，JST特别顾问冲村宪树等参加会见。中国科协国际联络部副部长陈剑陪同会见。

张勤代表中国科协欢迎中村道治理事长一行的来访。他表示，中国科协对日方支持中国科协加入《华盛顿协议》表示感谢。中国科协愿与JST在学术交流、学会建设、期刊发展等方面继续加强合作。张勤邀请JST继续参加5月将在云南昆明举办的第16届中国科协年会，邀请诺贝尔化学奖获奖者根岸英一出席2015年中国科协年会国际科学大师论坛，并表示，希望JST进一步完善、细化“樱花科技计划”，使该计划更具可执行性，中国科协将积极组织选拔中国青少年参加。

中村道治表示对中日之间开展科技交流非常重视，他谈到，两国都非常重视科技，两国之间的科技交流应持续推进。

【张勤会见瑞士文理科学院院长库瓦济埃】 6月12日，中国科协副主席、党组副书记、书记处书记张勤在北京会见了瑞士文理科学院院长库瓦济埃一行。

张勤介绍了中国科协的组织结构，中国科协在学术交流、决策咨询、国际交流、国际会议、会员活动、科技工作者工作等方面开展的主要活动。他表示，希望中国科协同瑞士文理科学院在科学领域加强合作。

库瓦济埃向中方介绍了瑞士文理科学院的基本情况。他表示，希望与中国科协建立联系，促进双方的合作。

双方还就科技团体如何更有效地开展工作、如何发挥科技团体在政府与科学家之间的桥梁作用、自然科学与人文科学之间的联系等内容进行了交流。

中国科协国际联络部副部长陈剑、瑞士驻华使馆科技专员白尼克陪同会见。

【张勤会见匈牙利国家创新局主席】 11月13日，中国科协副主席、党组副书记、书记处书记张勤在中国科技会堂会见匈牙利国家创新局主席SPALLER Endre一行。

张勤表示，今年6月，中国科协代表团访问了匈牙利国家创新局，双方共同签署《谅解备忘录》，约定在学术和人才交流等方面进行合作。希望通过匈牙利国家创新局此次访问中国科协，进一步推动双方的合作与交流，共同促进两国的科技合作与创新。张勤邀请SPALLER Endre主席出席2015年第十七届中国科协年会。

SPALLER Endre表示，中国不仅在经济上发展迅猛，科技发展也取得了突出的进步，愿与中国科协建立良好的合作关系。希望匈牙利国家创新局能够促进中国科技创新企业在东欧地区的发展，推动两国企业间的交流与合作。

匈牙利国家创新局目前重点开展了空间工程技术领域的工作，SPALLER Endre希望能够通过中国科协建立与该领域学会的联系，并邀请中国科协派代表参加以空间技术为主题的2015年创新大会。

中国科协国际联络部副部长陈剑等参加会见。

【张勤会见澳门科技发展基金主席唐志坚】 5月16日，中国科协副主席、党组副书记、书记处书记张勤在中国科技会堂会见以澳门科学技术发展基金行政委员会主席唐志坚为团长的澳门科技委员代表团。中国科协交流部副部长陈剑、中科院港澳台办主任安建基，国家自然科学基金委国际合作局副局长、港澳台办主任邹立尧等一同会见。

张勤表示，中国科协高度重视与澳门科技社团的交流合作。近年来，澳门通过与内地开展广泛、深入的合作，取得了良好的成果。澳门科技发展基金与大陆科技界一直保持着良好的合作，希望通过这些合作，为澳门的科技发展做出贡献。

澳门科技发展基金、澳门科技委员会代表团与中国科协、中科院、国家自然科学基金委等相关部门进行工作会谈，主要围绕2014年澳门科技评审项目计划，听取相关单位的反馈意见。双方还就澳门科技项目的评价指标、评审意见的撰写规格、评审专家的遴选、评审表格的设计等问题进行了深入交流。

【张勤会见出席第16届中国科协年会的澳门代表团】 5月23日，中国科协副主席、党组副书记、书记处书记张勤，云南省副省长丁绍祥在云南省昆明市会见出席第十六届中国科协年会的澳门特区政府代表团，代表团团长为澳门运输工务司司长刘仕尧，顾问为中央人民政府驻澳门特区联络办公室副主任仇鸿。中国科协党组成员、书记处书记沈爱民，中国科协党组成员、办公厅主任吴海鹰，云南省政府副秘书长李石松，中国科协八届全委会委员、澳门科学技术协进会理事长崔世平等出席会见。

张勤代表中国科协对澳门特区政府派代表团专程来云南出席第十六届中国科协年会表示欢迎，对澳门特区政府、澳门中联办对中国科协年会工作的支持表示感谢。他表示，澳门具有得天独厚的优势，中国科协愿尽所能，助推澳门科技事业和科技产业的发展。

丁绍祥表示，云南和澳门同属泛珠三角区域，双方在很多领域保持着密切的合作。希望通过此次年会，使双方的合作与发展更加紧密。

刘仕尧表示，近年来，澳门的科技事业在中央的支持下得到了很大的发展，希望借此机会，吸引国内的科技力量，推动澳门科技事业的发展。

中国科协国际联络部部长张建生、学会学术部副部长宋军，云南省港澳办副主任李晖，澳门政府代表团成员参加会见。

【张勤、沈爱民会见出席第16届中国科协年会的港澳代表】 5月24日，中国科协副主席、党组副书记、书记处书记张勤，中国科协党组成员、书记处书记沈爱民在云南省昆明市会见了出席第十六届中国科协年会的港澳代表。

张勤代表中国科协对港澳科技界派出代表团出席中国科协年会表示欢迎，对澳门特别行政区政府派团专程出席中国科协年会表示感谢，对港澳科技界各有关团体对科协工作的支持和帮助表示感谢。

近年来，港澳科技界派代表出席中国科协年会的规模在不断扩大，中国科协事业的发展与港澳科技团体和高校的合作与支持密切相关。各位代表一直同中国科协保持着密切的联系，做了大量有益的工作。希望各位代表今后一如既往地关心支持我国科技事业的发展。

【张勤会见出席第16届中国科协年会的台湾代表】 5月25日，中国科协副主席、党组副书记、书记处书记张勤在云南省昆明市会见了出席第十六届中国科协年会的台湾代表。云南省科协副主席戴陆园、中国科协国际联络部副部长陈剑及有关人员出席活动。

张勤感谢台湾科技团体多年来对中国科协工作的支持和为推动两岸科技交流所付出的富有成效的努力。

他谈到，中国科协年会是我国科技领域高层次的年度盛会，台湾玉山科技协会的理事、台湾珏创科技集团董事长卢超群先生应邀在第十六届中国科协年会上作大会报告。中国科协年会专项活动两岸四地科技论坛将围绕“创新投资与产业升级”这一主题进行深入讨论，他希望以此为契机，使得台湾玉山科技协会和台湾的同仁们与中国科协在创新创业方面谋划出更加具有实质性的交流合作项目。

台湾代表团长黄河明先生提出，台湾玉山科技协会与中国科协一直保持着友好的交流与合作关系，特别是2013年双方签署友好合作协议后，希望在国民健康、医疗照顾和老龄化等领域加深合作，在生物和医疗的科技研发、产业创新等方面开展具有实质性的合作、沟通与交流。

出席中国科协年会的台湾代表团参加活动。

【徐延豪会见日本科技振兴机构代表】 2月27日，中国科协书记处书记徐延豪在中国科技会堂会见日本科技振兴机构（JST）顾问冲村宪树一行。双方就日本－亚洲青少年科技交流项目进行了磋商。中国科协国际联络部副部长陈剑、中国科协青少年科技中心副主任楼伟陪同会见。

徐延豪表示，中国科协与日本科技振兴机构开展了多年合作，有着良好的合作基础。中方支持中日青少年进行民间科技交流。希望进一步了解计划的具体方案，包括组织实施、学科范围、课题名称、交流机构等。

冲村宪树介绍了日本－亚洲青少年科学交流计划（樱花计划）的主要内容及组织情况。该计划旨在通过产业界、学术界与官方之间的紧密合作，以科技交流为核心，为亚洲的青少年提供短期访问日本的平台，加深亚洲青少年和日本青少年在科学技术领域的交流。他表示，该计划涉及亚洲11个国家，但主要面向中国。

【徐延豪会见瑞士太阳能飞机环球飞行计划人员】 9月12日，中国科协党组成员、书记处书记徐延豪在中国科技会堂会见瑞士阳光动力公司首席执行官安德烈·博尔施博格一行。双方就太阳能动力飞机环球飞越中国期间的科普活动及推广进行了商讨。

徐延豪表示，太阳能动力飞机环球飞行计划是一次向公众普及太阳能技术的好机会。中国科协愿意积极参与太阳能动力飞机环球飞行计划的科学普及工作。中国科协将按照具体飞行方案配合制定向公众传播的计划。

安德烈·博尔施博格表示，由瑞士阳光动力公司研发的太阳能动力飞机将首次执行昼夜环球飞行计划。该飞机在设计理念上注重新材料、设备、发电、储能、节能等多方面技术的综合应用，环球飞行主要是为了向公众推广普及太阳能应用、可再生能源、清洁技术等。希望在中国航段飞行期间，开展各类太阳能应用相关的科普活动，由此大力宣传太阳能可再生资源的持续稳定应用。

瑞士阳光动力公司设计研发的阳光动力二号飞机计划2015年3月开始首次太阳能环球昼夜飞行，中国为其重要目的地之一。阳光动力二号计划于2015年3月15日前后先后飞抵重庆、南京，停留2–3周后飞离中国。

中国科协科普部副部长辛兵，阳光动力公司营销董事总经理格里哥力·布拉特、瑞士驻华大使馆一秘裴雅珍等参加会见。

【沈爱民会见国际科技和医学出版商协会负责人】 10月30日，中国科协党组成员、书记处书记沈爱民会见国际科技和医学出版商协会（STM）首席执行官Michael A. Mabe一行。

沈爱民表示，中国科协注重加强与国际科技期刊出版机构、国际知名出版平台等进行交流与合作，重视科技期刊的研究和培训工作，中国科协希望与STM合作，对中国科协主管科技期刊负责人和编辑进行专业培训。

Michael A. Mabe表示，目前，中国科技论文数量位居全球第二位，STM希望通过与中国科协所属科技期刊的交流与合作，加强对中国科技期刊的了解。STM希望与中国科协开展期刊培训方面的合作。STM每3年出版一期《STM报告》，重点发布国际期刊的现状和未来发展趋势，STM愿与中国科协分享相关资源，提供给中国科协参考。他还邀请中国科协参加STM在新加坡举办的高级期刊编辑课程，深度了解STM的期刊培训课程。

中国科协学会学术部有关负责人，威立公司中国区总裁周爱兰、汤森路透中国区总裁刘煜、施普林格中国区董事总经理叶路、励德爱思唯尔中国区政府事务总监张玉国等参加会议。

【沈爱民会见IEEE2014当选主席】 7月10日，中国科协党组成员、书记处书记沈爱民在中国科技会堂会见美国电气和电子工程师协会（IEEE）2014年当选主席Howard Michel、IEEE 2012年主席Peter Staecker一行。

沈爱民表示，多年来，中国科协和IEEE保持着良好的合作关系。IEEE是美国规模最大的专业学会，有很多值得中国科协学习的经验，希望双方在技术标准制定、工程教育认证等方面进一步加强合作。

Howard Michel表示，IEEE对中国科协在各个领域取得的进展表示赞赏。IEEE在国际会议、刊物出版、IEEE ASPP全文电子期刊数据库、教育活动、标准制定等方面开展了大量工作，愿与中国科协分享好的作法和经验。IEEE希望与中国科协进一步加强交流，广泛开展多领域、多层次的合作。

双方还就学会如何在国际化背景下更好地服务不同国家和地区的会员、鼓励中国科学家到国际科技组织任职、鼓励科学家志愿者参与科技团体工作等问题进行了深入探讨。

中国科协学会学术部副部长宋军、IEEE技术活动副主席Jacek Zurada、IEEE教育活动副主席Saurabh Sinha、IEEE教育活动总监Doug GorhamI、IEEE

亚洲区高级总监华宁、IEEE 中国项目经理王岚等参加会见。

【沈爱民率团赴港澳进行工作访问】 应香港工程师学会、香港科技协进会和澳门科技协进会邀请，中国科协党组成员、书记处书记沈爱民于3月17～20日率团赴港澳进行工作访问，出席香港科技团体重要活动并拜访港澳相关单位。

在香港访问期间，沈爱民于3月17日出席了香港科技协进会第29届及粤港科技产业促进会第24届理事会就职典礼，担任内地主礼嘉宾并致辞。3月18日拜访了京港学术交流中心、香港工程师学会，出席第39届香港工程师学会周年晚宴。中央人民政府驻香港联络办公室副主任林武会见沈爱民等一行。沈爱民在港访问中重点介绍了5月将在云南省举办的第十六届中国科协年会，及其专项活动“两岸四地科技论坛”的相关情况，并就2014当代杰出华人科学家公开讲座等事宜与香港各有关团体进行了沟通。

在澳门访问期间，沈爱民于3月19日拜访中央人民政府驻澳门联络办公室。3月20日，澳门特区政府行政长官崔世安会见沈爱民一行，表达了希望通过中国科协推动澳门科技进步和经济社会多元发展的意愿。代表团与澳门科技协进会会长许敖敖、理事长崔世平、副理事长韩子天等项进行了会商，实地考察了澳门大学、澳门科技大学。

中国科协学会学术部副部长宋军、刘兴平等一同访问。

【吴海鹰率团参加联合国互联网治理论坛】 第九届联合国互联网治理论坛（Internet Governance Forum，IGF）于9月2～5日在土耳其伊斯坦布尔召开。中国科协党组成员、办公厅主任吴海鹰率领中国科协咨商代表团参加了此次论坛。

第九届互联网治理论坛主题为“连接五大洲，增强互联网多方治理”，着重关注新出现的多方互联网治理模式，并希望论坛为互联网治理的所有相关各方广泛而多样的观点提供全面对话的机会。会议代表集中讨论网络中立性、网络安全、网络监督、社交媒体、言论自由、数字不平等及其他互联网相关问题。此次论坛吸引了来自135个国家的近3400名代表参加。此次为期4天的论坛共设120个分会，其中专题研讨会为87个。

中国科协自从取得联合国经社理事会咨商地位后，一直以联合国互联网治理论坛为重要国际平台，组织中国科学家积极参会，代表我国科技界发表意见，在联合国舞台上有力配合国家总体外交。在第九届联合国互联网治理论坛期间，中国科协联合国咨商信息技术工作委员会举办了“大数据时代的数据开放与数据出版监管”和“云计算与移动互联网：造福发展中国家”两个研讨会。

“大数据时代的数据开放与数据出版监管”研讨会主要议题包括大数据和开放数据、数据共享政策、利益相关方参与及分析、国际合作与区域协作机制等。会议由中国互联网协会副理事长高新民主持，在90分钟的会议中，来自葡萄牙科学教育部的安娜·内维斯女士，中科院遥感所周翔博士，俄罗斯国家研究大学高等经济学院斯韦特兰娜教授和中科院地理所刘闯研究员分别作了报告，北京邮电大学陶小峰教授作为远程主持人主持了同步网络讨论。在专家报告的基础上与会代表还进行了现场讨论。来自多个国家和团体的约40名代表参加了会议。

“云计算与移动互联网：造福发展中国家”研讨会由中国电子学会副秘书长林润华主持，来自葡萄牙的“欧洲云”副主席保罗·卡卡达，肯尼亚电信服务商协会（TESPOK）首席执行官菲欧娜女士，北京邮电大学陶小峰教授和浪潮（北京）电子信息产业有限公司副总经理胡雷钧阐述了包括我国在内的发展中国家在城市化进程中，如何利用云计算与移动互联网来降低发展成本等问题。

中国科协代表团成员还分别参加了主会场报告，及小岛屿国家信息基础设施、联合国教科文组织数字化杂志安全论坛、手机互联网风险管理等研讨会，并就有关热点问题与相关专家和团队进行了交流和互动。

【中国科协与英法对口组织签署合作备忘】 7月1～10日，中国科协代表团访问英国、法国和瑞典，代表中国科协与有关对口组织领导人共同签署了合作谅解备忘录。

7月2日，中国科协与英国工程技术协会（IET）续签两会合作谅解备忘录，确定未来三年两会将在已有合作基础上着重加强在学术交流、会员服务、工程师注册、出版物等领域的合作。

7月4日，中国科协与法国国家科学中心（Universcience）签署合作谅解备忘录，双方将在人员培训、展览互换、科普活动等方面开展合作。

代表团在英国期间出席了英国皇家学会夏季科学

展相关活动并与皇家学会领导人就展览交换、合作举办《皇家学报》创刊350周年系列活动、科普视频共享等合作达成共识。代表团访问了伦敦丘园植物标本馆，与其负责人初步达成合作意向。

代表团在法国期间与国际科学理事会（ICSU）秘书处执行主任等负责人进行了座谈，就支持中国科学家任职、合作办好相关科学计划国际办公室、推动“未来地球”科学计划的国际合作等内容交换了意见。

代表团此行还访问了瑞典卡洛林斯卡科学院、法国智能农场等。访问对深化与以上各科技组织的互利合作与共同发展起到重要的推动作用。

【中国青少年科技爱好者赴俄罗斯参加科技文化交流】 7月15日，应俄罗斯中国友好协会邀请，由中国科协、中国对外友好协会、中国科协青少年中心组织26名青少年赴俄罗斯参加为期10天的第七届中俄青少年科技文化交流活动。 此次活动是中国科协在“中俄青少年友好交流年”之际开展的一项重要活动。旨在促进两国青少年在科技领域的交流，进一步加深两国青年人之间的相互了解和友谊。

7月17日，中国青少年抵达位于莫斯科郊外的加加林宇航员培训中心（星城），这里是苏联和俄罗斯宇航员的选拔和培训基地，中国的一些航天员也曾经在这里接受过系统的训练。代表团参观了太空行走水池、训练航天员抗过载能力的世界上最大的离心机、礼炮号空间站、联盟号空间站模型以及航天食品等展览，青少年团员亲身体验了模拟驾驶飞机，这是航天员必备的一项技能。曾经两次进入太空的俄罗斯著名宇航员谢尔盖伊·扎利奥汀向代表团介绍了俄罗斯的航天历史，与中国青少年分享了他自己如何成为一名宇航员的经历。

7月18日，代表团一行前往莫斯科天文馆和宇航博物馆继续科技之旅。莫斯科天文馆是世界上最大的天文馆之一，已经有85年的历史，在馆内同学们自己动手操作各种天文仪器，了解黑洞、等离子迷、宇宙射电、月球陨坑等现象的产生和过程，体验骑着“天空自行车”遨游太空。航天纪念博物馆丰富而翔实地展示了前苏联时期及俄罗斯取得的航天成就，从制造发射火箭卫星，到载人航天到月球探测，展品生动多样。

【中国科协科技期刊在法国里昂展出】 8月17～20日，第80届国际图书馆联合会（简称“国际图联”，IFLA）代表会议在法国里昂召开。中国科协科技期刊展在图联大会附设展会展出，累计接待来自法国、德国、美国、加拿大、韩国、俄罗斯、埃及、南非等50余个国家的观众1500余人次，“中国科协科技期刊”数字展示平台累计浏览访问次数达到了5200余次。中国科协党组成员、书记处书记沈爱民率团参展。

中国科协科技期刊展台以视频演示、数字展示平台体验、纸本资料发放、电子资料发放、样刊陈列等方式，多层次、多角度展示了中国科技期刊。本次中国科协期刊展全新推出的“中国科协科技期刊”数字展示平台，成为此次展览的亮点。该平台以分类导航的方式展示了中国科协所属全国学会主办的近1000种国内知名科技期刊，以数字出版产品模式向全球读者提供了全新的数字化体验。

展出期间，展台累计发放电子资料400份，纸质资料1800份，展示样刊及期刊样稿70余种，播放视频1440分钟，发放调查问卷400份，收回有效问卷212份。观众41.5%来自公共图书馆，38.2%来自高校图书馆，其余20.3%来自信息中心、教育、出版等相关机构。

【两岸四地科技论坛】 5月25日，第十六届中国科协年会专项活动——两岸四地科技论坛在云南省昆明市举行。中国科协副主席、书记处书记张勤，环保部副部长、中国产学研合作促进会顾问吴晓青，云南省副省长丁绍祥，云南省原副省长、中国产学研合作促进会副会长李新华，国务院参事、中国产学研合作促进会常务副会长石定环等出席论坛开幕式。中国科协交流部部长张建生主持开幕式。来自两岸四地的200余名科技界、工商界、金融界的精英汇聚一堂，围绕“创新投资与产业升级”这一主题，进行了深入的交流探讨，助力两岸四地科技合作。

张勤在致辞中表示，“两岸四地科技论坛”旨在促进两岸四地在政产学研全方面的交流与合作，加快协同创新进程，共创发展机遇，为创新驱动发展和产业升级服务。科技交流与合作是两岸四地关系的重要组成部分和较为活跃的领域，希望科技产业界能够积极参与，进一步巩固两岸科技交流与合作的平台，构建两岸四地常态化科技交流与协商机制，支持两岸四地的企业开展战略性新兴产业合作，携手共同推进产业转型升级。

云南省副省长丁绍祥在致辞中表示，本次论坛为深化两岸四地间的交流与合作提供了有效途径，搭建了一个优势互补、合作共赢、携手并进的发展平台，搭建了一个密切交往、增进友谊、加深认识的互动平台，云南省将充分学习借鉴港澳台在科技创新、投资创新方面的先进经验，以科技创新推动产业转型升级，同时，也希望两岸四地建立交流机制，进一步深化科技交流与合作，推动共同繁荣发展。

论坛分“搭建两岸四地协同创新平台，推进中华区域经济一体化”、“科技创业生态系统的重要因素”、“创新投资与创新人才培养”和“天使投资发展现况”四个方面进行讨论。交流部副部长陈剑主持了互动交流环节的活动。20位嘉宾以主旨演讲、开放式讨论模式进行了互动交流。

中国产学研促进会执行副会长、秘书长王建华阐述了在世界性产业结构变动与资源重整的背景下，两岸四地产业进行互补与协同创新的必要性。他认为，应推进两岸四地各领域产业的合作，推动协同创新平台的建设，建立两岸四地区域内要素流动的市场配置机制，加大科技金融对产业集群发展的支持力度。香港科技园副总裁杨德斌阐述了科技创新生态系统的重要因素。他认为，人才、创业文化、资金等是构建创科技创业生态系统的重要因素，健康的创业生态系统对推动科技产业健康发展非常重要。目前，两岸四地逐渐出现地区性的生态系统，应加强彼此的相互合作。澳门南通信托投资公司总经理杨颢分享了澳门中小企业的发展与创业投资状况，从产业发展的角度阐释了创新投资与创新人才培养的重要性。台湾台安杰生技公司总经理何小台从创业的角度阐释了天使投资对于初创企业早期成长的重要性，并介绍了台湾天使投资的运作模式。

本届两岸四地科技论坛由中国科协、云南省政府主办，中国产学研合作促进会、台湾玉山科技协会、香港科技协进会、澳门科技协进会、曲靖市人民政府承办。

【第四届海峡两岸科学传播论坛】 由中国科协和台湾李国鼎科技发展基金会共同主办的第四届海峡两岸科学传播论坛于4月22～23日在中国科技会堂举办。

4月22日，中国科协副主席程东红、中国科协书记处书记徐延豪与台湾代表团团长林一平教授和林福来、陈于高、裘正健、万启超等代表团成员，深圳华大基因研究院理事长杨焕明院士，澳门科技协会副理事长韩子天、秘书长杨志新等参会代表，围绕海峡两岸科学传播论坛的发展和进一步推进海峡两岸科学传播领域的交流合作进行了深入的座谈交流。

本届海峡两岸科学传播论坛主题聚焦于“公众获取信息方式改变与生命科学传播创新”，有200多位致力于科学传播的院士专家学者和专职科普工作者参加，主要参会单位超过50家。论坛形式包括大会主题演讲，分论坛研讨、合作洽谈、科普产品展示展播、现场参访交流等。42位科学传播领域的专家在大会和分论坛做主要发言。论坛活动还包括组织开展小组合作洽谈和现场参访活动。期间两岸参会单位提供了超过200种优秀科普图书、报纸、期刊、音像制品、电子出版物、网站等产品进行专场展示展映和展播。

【首次海峡两岸科技社团对接交流会】 6月16日，首次海峡两岸科技社团对接交流会在福建省厦门市举办。福建省科协党组书记、副主席梁晋阳，海峡两岸学术文化交流会名誉理事长丁一倪分别在开幕式上致辞。福建省科协党组成员、副主席吴瑞建主持开幕式。

海峡两岸科技社团对接会是中国科协主办的2014海峡科技专家论坛的分会场之一，由福建省科协、海峡两岸学术文化交流协会、台湾地区“中华公共事务管理学会”、台湾科技产业协会共同举办。140多家科技社团的250多位代表参加会议，其中台湾科技社团59家。此次交流会以“推进社团合作共谋科技发展”为主题，旨在搭建闽台对口社团“一对一”交流合作平台，密切两岸科技社团间联系，推动社团融合互动发展。

福州大学科技创新研究中心主任朱斌教授，台湾南方社会力联盟总召、台湾长荣大学卓春英博士分别作了题为《海峡两岸高科技产业集群协同创新与发展研究》《台湾非政府组织的角色与功能：兼论科技业从事社会慈善案例的分享》的主题报告。

福建省农村专业技术协会与台湾农村专业技术服务协会，福建省技术经济与管理现代化研究会与台湾地区“中华公共事务管理学会”，福建省食品科学技术学会与台湾食品科学技术学会等两岸15对科技社团签署了合作协议或意向。

中国科协交流部副部长陈剑、中国科协农技中心常务副主任公坤后，福建省科协副主席、中国科学院院士谢华安，福建省科协党组成员、副主席游建胜，山东省科协副主席纪洪波、甘肃省科协副主席陈炳东，厦门市科协党组书记、副主席徐爱聪，台湾科技产业协会副会长王春源、台湾地区“中华公共事务

管理学会”秘书长郑彦信等应邀参加开幕式和签约仪式。

【第六届海峡论坛及 2014 年海峡科技专家论坛】 6 月 15 日，由中国科协主办、福建省科协承办的“第六届海峡论坛 · 2014 年海峡科技专家论坛”在福建省厦门市举行。福建省政协副主席、科协主席郑兰荪院士主持开幕式。来自海峡两岸 300 多位科技专家参加论坛主会场活动。

中国抗癌协会鼻咽癌专业委员会与台湾放射肿瘤学会，厦门工业设计学会与台湾环境资源研究中心等 10 个两岸科技、经济合作项目在开幕式上进行了签约，梁晋阳主持签约仪式。

开幕式后，国务院原参事石定环、台湾大学前校长李嗣涔分别作了题为《大陆科技发展现状与两岸合作前景》和《台湾能源的过去与未来》的主题报告。

本届论坛的主题为“科技惠民与两岸互动发展”，下设 1 个主会场和 7 个分会场，分别在厦门、福州、福鼎举行，内容涉及两岸科技社团对接交流、食品安全危机管理、云计算产业发展、中西医结合急救、肿瘤防治、海洋渔业资源与生态养护、茶叶品牌发展等。来自海峡两岸的 1200 多位科技专家和业界人士参加论坛活动。

【2014 当代杰出华人科学家公开讲座在港澳举办】 2014 当代杰出华人科学家公开讲座于 11 月 27 日 ~ 12 月 1 日分别在香港科学馆和澳门大学举行。此次公开讲座主题涉及航空科技、卫星导航系统。中国科协国际联络部副部长陈剑，中国工程院院士、武汉大学测绘学院院长李建成，中国航空学会常务理事、中国航空工业集团公司科学技术委员会专职委员张聚恩出席公开讲座。

李建成作题为《全球卫星导航系统与精密高程确定》的讲座，他从介绍人类对大地测量的历史着手，逐步介绍世界卫星导航系统领域的发展，并重点介绍中国自主建设的北斗卫星导航定位系统的进展情况。张聚恩作题为《中国航空科技的发展与进步》的讲座，他回顾了世界航空发展的简史以及中华民族在航空领域的历史建树，介绍了近二十年来中国大陆航空科学技术的飞速发展，展望了世界航空和中国航空的未来，阐释了中国航空人的历史责任，希望更多的青少年献身航空事业，为全人类做出新的贡献。

受香港主办方邀请，在香港的公开讲座上，香港中文大学工程学院院长、中国工程院外籍院士汪正平作题为《纳米材料和技术的最新进展——电子、光电和微机电系统的应用》的报告。

公开讲座还安排内地讲座专家赴香港科技社团交流。11 月 27 日下午，讲座专家赴香港工程师学会，与该会前任会长陈健硕等学会领导座谈交流。讲座专家介绍了自己在学会的任职经历，提出对学会建设和发展的建议，认为应该在学会承接政府转移职能和学会组织能力建设方面与香港工程师学会加强交流和学习。

京港学术交流中心还邀请并组织了香港各大高校工程、计算机学系的院长、主任等，与李建成、张聚恩两位教授共聚一堂，交流专业问题和研究心得，探讨合作事宜。代表团还赴香港城市大学，与郭位校长等校领导座谈，并参观香港城市大学“毫米波国家重点实验室”。

自身建设

【中国科协“十二五”规划实施中期评估】 3 月 31 日，中国科协计划财务部组织召开了《中国科协事业发展“十二五”规划》实施中期评估咨询会。会议邀请了全国政协人口资源环境委员会副主任齐让、中国科协副主席程东红、中国科学院党组副书记方新、国家自然科学基金委副主任高瑞平、联合国卡林加奖获得者李象益、中国科学院大学人文学院院长任定成等 10 位专家出席。

专家们认真听取了中国科协“十二五”规划中期评估总报告和六个重点领域的专题评估报告。专家们认为：中国科协事业发展“十二五”规划制定的好。《规划》符合中国科协章程规定，体现了中央要求、公众和社会需求，规划确定的 34 项重点任务、121 项工作任务科学合理，十五个重大专项目标明确；“十二五”规划实施的好。各领域的重点工作任务基本上都完成了预期目标，在学会能力建设、科学道德和文化建设、现代科技馆体系建设等取得了诸多创新和突破，较好地推动了事业的发展；“十二五”规划中期评估组织的好。全国学会和地方科协的自评估与第三方评估相结合，在自评估的基础上进行专题和总评估，评估方法科学合理，评估报告客观实际。126 个全国学会和 27 个省级科协提交了自评估报告，充分反映出中国科协的认可度大幅提高。

通过开展中期评估可以看出，中国科协“十二五”

规划是科协历史上第一个全面的规划，得到了科协系统从上到下的积极响应，规划实施对事业发展起到了重要的引领作用。从中期评估的情况看，100多项重点任务和重点工作都能够按照规划执行，而且执行情况良好；个别工作进行的慢一点，也有其客观原因，属于正常情况。

中国科协“十二五”规划实施情况得到了专家的认可。专家对“十二五”规划后两年的实施工作和“十三五”规划的研究制定提出了很多建设性的宝贵意见和建议。

【中国科协“十三五”规划研究与编制】 为了做好中国科协“十三五”事业发展规划研究和编制工作，广泛凝聚科协系统的智慧，提高规划的战略性、科学性，根据中国科协党组的部署，中国科协计划财务部印发了《关于征集中国科协“十三五”规划前期研究重大课题的函》（科协计函计字〔2014〕32号），地方科协、全国学会、高校等相关单位积极响应，踊跃申报。经专家评审，初步确定同济大学、福建省永春县科协等34家单位承担49项课题的研究任务。

10月13日，中国科协计划财务部会同中国科普研究所召开中国科协“十三五”规划前期研究课题开题会。来自中国科协机关各部门及事业单位的领导分两个评审专家组，听取了“十三五”规划前期研究课题组的开题报告并进行了专家质询。中国科协计划财务部部长王延祜、中国科普研究所常务副所长罗晖分别主持两个评审组的评审任务。

开题会上，各课题承担单位的课题组负责人汇报了研究重点、研究思路、研究方法、研究团队组成和研究预期成果。专家们在认真听取汇报基础上，审读了开题报告，提出评审意见，并对各课题组进一步明确研究目标、调整研究思路、深化研究成果提出具体建议。评审组要求各课题组按照专家评审意见对课题研究思路等做进一步完善和修改，加快推进课题，12月底前完成课题研究工作，为开展中国科协“十三五”事业发展规划编制工作提供理论研究基础和数据支撑。

【全国“讲理想、比贡献，奋力实现中国梦”宣讲报告会暨启动仪式】 6月20日，全国“讲理想、比贡献，奋力实现中国梦”（以下简称“讲、比”活动）宣讲报告会暨启动仪式在中国科技会堂举行。全国“讲、比”活动领导小组成员单位——国家发展改革委员会、科学技术部、国资委和全国总工会等部门有关负责同志出席报告会。报告会由全国“讲、比”活动领导小组办公室副主任、国务院国资委企业领导人员管理一局副局长肖宗辉主持。

中国工程院院士刘人怀作了题为《创新的一点感想》的报告，全国人大常委、全国总工会副主席、中国科协常委会促进企业自主创新工作专门委员会委员许振超作了题为《做一个有所作为的技术工人》的报告，沈阳鼓风机集团股份有限公司教授级高级工程师姜妍作了题为《做产业报国的“追梦人”》的报告，紫光股份有限公司技术总监、教授级高级工程师高宏作了题为《技术创新托起中国梦》的报告，宝钢发展有限公司工程师赵玉静作了题为《走向组伦堡》的报告。他们来自不同的行业、拥有不同的经历，但他们身上却有着共同的特质——精心工作、止于至善、甘于奉献、勇于攀登，他们身上所演绎的无愧于时代楷模和民族先锋的崇高品格深深打动了在场的每一位听众。上海市科协副主席李虹鸣介绍了上海市2013年“讲、比”演讲展示活动的主要情况和经验做法。

来自全国“讲、比”活动领导小组成员单位和中国科协促进企业自主创新专委会的有关领导，省（区、市）、副省级城市、新疆生产建设兵团和省会城市科协“讲、比”活动领导机构有关负责人，北京地区有关企业、园区科协负责人和企业科技人员，以及中国科协机关及直属事业单位相关人员共计400余人参加报告会。

【中国科协对口援藏工作】 为深入学习贯彻党的十八大、十八届三中全会精神，学习贯彻中央援藏工作有关精神，为全国科协系统对口援藏工作会议做准备，4月10日，中国科协对口援藏工作座谈会在辽宁召开。来自西藏自治区科协和14个对口援藏省、市科协及中国科协计划财务部、科学技术普及部、中国科协农村专业技术服务中心等单位的负责同志30余人参加会议。

会议认为，援藏工作是党和国家建设发展的一项战略政治任务，中央始终把西藏工作放到国家战略的高度，先后召开五次西藏工作座谈会，逐步形成了由全国17个省市和17家中央企业对口支援西藏7个地市、全部县市区的格局。对口援藏是中央治藏方略的重要组成部分，是推动西藏跨越式发展和长治久安的重要举措，也是维护国家主权和国家安全的重要举措。

会议要求，各对口援藏省、市科协要进一步认真贯彻落实中央援藏精神，按照中央工作部署，做好对口援藏工作。一是尽快了解本省、市对口支援地区的基本情况，明确具体援藏工作任务，将科协的对口支援工作争取纳入本省、市对口援藏的整体工作中。二是结合科协职责特点、智力资源优势对口援藏。三是对即将召开的全国科协系统对口援藏工作会议，各对口援藏省、市科协要做好准备工作。

会上，西藏科协介绍了当地经济社会发展、科协工作、相关部门对口援藏和科协系统对口援助需求等情况，辽宁、北京、天津和山东省科协分别介绍了本地科协对口援藏的工作经验，会议就今年召开中国科协对口援藏工作会议及相关对口援藏工作进行了充分交流研讨，提出很多很好的意见和建议。

10月9～10日，全国科协系统对口援藏工作会议在拉萨召开。中国科协党组书记、书记处第一书记尚勇，西藏自治区党委副书记、自治区人大常委会主任白玛赤林出席会议。

中国科协党组成员、书记处书记徐延豪，党组成员、中国科技馆馆长束为和西藏自治区党委常务副书记吴英杰，党委副书记、自治区常务副主席、党委政法委书记邓小刚，党委常委、区直机关工委书记多托，党委常委、自治区常务副主席丁业现，自治区副主席曾万明等出席会议。

会议深入学习贯彻落实习近平总书记系列重要讲话精神和中央对口支援西藏工作20周年电视电话、中央民族工作会议精神，动员全国科协系统对口援助西藏，为西藏发展提供有力的科技和智力支撑。

尚勇在讲话中指出，2014年是中央实施对口援藏工作20周年，一直以来，中国科协坚决贯彻落实中央的决策部署，把对口支援西藏作为一项政治任务，作为科协工作的重要组成部分加以谋划，从科普、科技人才培训等方面开展对口支援工作，为促进西藏经济社会发展、维护民族团结作出了积极贡献。

尚勇强调，对口援藏工作是党中央从党和国家工作全局出发作出的重要战略决策，做好对口援藏工作，是科协组织的光荣使命，一定要深刻认识中央对口援藏工作的重大意义，切实把思想和行动统一到中央的决策部署和习近平总书记的要求上来，主动作为，充分发挥科技倍增效应，为促进西藏科协事业发展、助推科技兴藏发挥更大作用。

尚勇要求，全国科协系统要高度重视对口援藏工作，深入学习贯彻习近平总书记系列重要讲话精神和中央治藏重要部署，以高度的责任感，把对口援藏工作部署落到实处。要发挥科协优势，明确科协系统对口援藏工作任务，加强西藏少数民族地区科普基础设施建设，加大科普资源开发和共享力度，加强人才交流和培养，帮助西藏少数民族地区科技工作者创新创业，支持西藏少数民族地区引进智力资源，支持西藏民生科技工程，努力提高西藏各族人民的科学素质。要健全对口援藏工作机制，坚持发挥好中央、发达地区、民族地区三个积极性，建立科协系统对口援藏工作长效机制；完善对口援藏工作项目管理体系，发挥最大效益；充分发挥支援和受援双方作用，确保科协援藏工作走上长效化、持续化、群众化、科学化的路子；坚持互利共赢，加强沟通协作，增强西藏科协系统的造血功能和自我发展能力；注重援藏工作经验的总结和推广，确保各项援藏工作有序开展，取得实效。

白玛赤林代表西藏自治区党委、政府和全区各族人民，对全国科协系统给予西藏的大力支持和无私援助表示衷心感谢。他说，西藏自治区党委、政府始终对科协事业高度重视、加强领导、积极支持。近年来，先后出台《关于进一步加强和改善科协工作的意见》，制定《西藏自治区实施〈中华人民共和国科学技术普及法〉办法》，成立了《全民科学素质行动计划纲要》领导小组，落实全区县区科协机构、人员编制和人均科普经费，立项建设西藏科技馆、自然博物馆、文化馆，为科协事业发展创造了良好条件。自对口援藏工作开展以来，中国科协认真落实中央的一系列方针政策，把援藏工作作为一项重要政治任务，不断加大支援力度，形成了以干部、人才为龙头，以资金、物资为重点，以项目建设、合作共建为载体的援藏工作格局，有力促进了西藏科协事业的跨越式发展。

17个对口援藏省市科协主要负责人和西藏自治区全民科学素质纲要实施工作领导小组成员单位、各地（市）相关负责人参加会议。会议期间，北京、江苏、上海、辽宁、福建、广东等省市科协和西藏自治区科协、林芝科协进行了交流发言，并举办了江苏省科协援建拉萨市青少年科技馆开馆仪式暨科普大篷车捐赠仪式。会后，对口援藏省市科协与西藏各受援地市科协按照会议安排进行对口衔接和项目洽谈等工作。

12月16日，中国科协、中央统战部印发《关于组织实施“援藏科技增效工程”的意见》的通知。通知要求各对口援藏省（直辖市）科协、党委统战部，西藏、四川、云南、甘肃、青海省（自治区）科协、党委统战部要认真贯彻落实中央关于对口援藏工作的重要战略决策和对口支援西藏工作20周年电视电话会议精神，认真组织实施《关于组织实施“援藏科技增效工程”的意见》，发挥科技在援藏工作中的引领、示范和支撑作用，促进西藏及四省藏区经济社会跨越式发展和长治久安。

12月30日，中央西藏工作协调小组办公室印发《涉藏工作专报》第120期，专报专题报道了中国科协、中央统战部联合下发意见，部署实施“援藏科技增效工程”的六点意见：一、增大援藏项目的科技含量；二、支持西藏研究开发和转化先进适用技术；三、采取灵活的形式组织科技专家参与援藏工作；四、加强西藏科技人才队伍培训培养；五、加强西藏科技基础设施建设；六、支持西藏提升科普工作水平和覆盖面。

【第十六届中国科协年会举办“技术创新·企业发展”论坛】 5月25日，第十六届中国科协年会“技术创新·企业发展论坛”在云南省昆明市举行。中国科协副主席、中国科协促进企业自主创新专门委员会主任、中国工程院院士刘玠主持论坛开幕式，中国科协书记处原书记、中国科技新闻学会理事长、中国科协促进企业自主创新专门委员会副主任宋南平，全国人大常委、全国总工会副主席、中国科协促进企业自主创新专门委员会委员许振超等领导出席论坛。

论坛以“振兴战略新兴产业、促进和谐跨越发展”为主题，深入贯彻落实党的十八大、十八届三中全会精神和全国科技创新大会精神，围绕实施创新驱动发展战略、全面深化改革的重大部署，结合企业技术创新和年会举办地经济社会发展实际，邀请有关院士专家和企业家，围绕国家科技创新政策的解读、战略新兴及重点产业发展趋势、企业自主创新能力提升等内容开展交流研讨，促进传统产业转型升级，推动战略性新兴产业发展；搭建政府与企业、科学家与企业家交流互动平台，集思广益，凝聚共识，共商驱动发展、协同创新，促进行业之间、企业之间科技人员的交流与合作，为助力云南省加快建设绿色经济强省、民族文化强省和中国面向西南开放重要桥头堡做出贡献。

论坛邀请中国工程院院士、中国力学学会副理事长、暨南大学校董、原校长刘人怀，中国科学院院士、中科院上海技术物理研究所研究员褚君浩，中国工程院院士、国际欧亚科学院院士、国家信息化专家咨询委员会委员李德毅，全国人大常委、全国总工会副主席、中国科协常委许振超，中国科协促进企业自主创新专委会委员、中科院科技政策与管理科学研究所所长穆荣平，留美博士、中国软件与信息服务外包产业联盟高级顾问程建群，云南省科协副主席、云南省电子工业协会会长吴启明分别围绕“关注世界科技创新态势促进‘政产学研金’合作创新”、“从现代光电技术看第三次工业革命”、“开放、创新与产业转型 —— 从智能驾驶谈起”、“转变机制推动战略性产业发展”、“发展战略性新兴产业和创新能力建设的若干思考”、“展望生命科学与信息工程前景”、“抓住机遇铸就辉煌——云南省电子信息产业发展展望”等方面做报告。

在论坛开幕式上，举行了“云南院士工作站及科技专家服务站挂牌仪式”，为云南建工钢结构有限公司、云南安防科技有限公司等5家企业的院士工作站和云南昆华工贸总公司、云南微软创新科技有限公司等7家企业的科技专家服务站进行授牌。

中国科协促进企业自主创新专委会委员，有关院士专家，云南省工信委、省科技厅、省科协有关领导，及来自全国各地的企业、高新区、经开区等企业一线代表，共200人参加论坛。

【“企会协作创新计划”试点项目】 10月16日，2014年“企会协作创新计划”试点项目评审会在北京召开。中国科协党组副书记、副主席、书记处书记、中国科协促进企业自主创新专门委员会副主任张勤出席会议并讲话。中国科协促进企业自主创新专门委员会副主任宋南平，全国人大常委、中国科协常委、全国总工会副主席许振超出席会议。

张勤在讲话中指出，“企会协作创新计划”试点项目是新形势下中国科协引导和促进学会与企业结成实实在在的技术创新联盟的新尝试、新探索，通过实施“企会协作创新计划”充分发挥科协及其所属学会在企业技术创新和国家创新驱动发展战略中的重要作用，进一步推动学会为经济社会发展提供科技和人才支撑。

“企会协作创新计划”试点项目评委会由理科、工科、农学、医学等领域的15名专家组成，分别来自有关部委、高校、研究院所及全国学会等单位。

本次试点工作共收到250余项申报项目，评委们按照“坚持标准、公正公开，认真审阅、严格把关，优中选优、统筹安排”的原则，对其中已通过形式审查的121项进行评审，评出2014年“企会协作创新计划”试点项目30个（名单附后）。按A、B两类分别给予20万元、15万元的经费支持，共计投入资金500万元。此项工作实施以后，学会和企业积极踊跃加强协作，今后将与企业院士专家工作站建设有机结合，继续扩大试点工作，为企业有效获得学会支持帮助，搭建了广阔平台。

2014年中国科协“企会协作创新计划”试点项目资助名单

序号	经费类别	协作企业名称	协作学会名称	协作任务
1	A	北京北方专用车新技术发展有限公司	中国指挥与控制学会	无人车辆总体技术、整车技术研究
2	A	宁夏维尔铸造有限责任公司	宁夏机械工程学会	汽车液力缓速器
3	A	台州东新密封有限公司	中国硅酸盐学会	纳米复合碳化硅陶瓷密封件开发
4	A	天津经纬电材股份有限公司	天津市技术市场协会	共建高端绕组导线研发中心
5	A	山西寰烁电子科技有限公司	山西省科技咨询业协会、山西省人力资源研究会	建立智慧城市中的智慧教育项目，重点关注物联网、云计算、大数据分析在山西及全国大教育中的应用和运营
6	A	黑迈数码科技（嘉善）有限公司	中国纺织工程学会	通过“云端管理”的模式，实现消费者和生产企业的直接连通，解决传统纺织能源消耗、成本上升、库存压力等问题
7	A	北京华莘创业信息技术有限公司	中国兵工学会	反恐装备与技术大型系列视频动画知识片
8	A	北大世佳科技开发有限公司	中国药学会	解决中药新药研发过程中进行植化研究、分析方法研究、制备工艺研究、临床前药效学研究、毒理学研究等过程中存在的技术难题

续表

序号	经费类别	协作企业名称	协作学会名称	协作任务
9	A	商城县华宝茶油有限责任公司	河南省企业自主创新协会	野生油茶低产林技术改造
10	A	天津市傲绿农副产品集团股份有限公司	中国园艺学会	耐盐优质蔬果品种筛选及育苗技术研究
11	B	北京安通伟业铁路工务技术有限公司	北京铁道学会	快速整治高铁不均匀沉降的技术研究
12	B	青岛汉缆股份有限公司	中国电工技术学会	特种电缆“以铝代铜”技术研究
13	B	首都航天机械公司	中国宇航学会	钛合金内流道薄壁类构件激光选区熔化整体制造技术研究和钛合金尾舵超塑成形／扩散连接技术研究
14	B	威海市试验机制造有限公司	中国岩石力学与工程学会	软岩工程与深部灾害控制协作创新联盟
15	B	重庆长风机器有限责任公司	重庆市兵工学会	机械零部件表面精饰处理
16	B	黑龙江工大华工电机科技有限公司	黑龙江省机械工程学会	超大型力矩电机研制及大型数控机床上的应用
17	B	河南万杰食品机械有限公司	中国机械工程学会、河南省机械工程学会	小型化包子机、智能型仿手工包子机研发及圆馒头生产线、智能型自动制面条机的改进
18	B	扬州赛尔达尼龙制造有限公司	中国复合材料学会	高速重载电梯用尼龙基复合材料传动轮关键技术研发
19	B	克拉玛依红有软件有限责任公司	新疆石油学会	随钻专家知识库智能辅助决策系统
20	B	成都西辰科技有限公司	四川省高新技术国际交流促进会	西部区域电磁环境调研系统
21	B	山东省药用玻璃股份有限公司	山东省硅酸盐学会	中性硼硅药用玻璃管技术攻关
22	B	山东博通新能源有限公司	中国产学研合作促进会	城市餐厨垃圾制车用生物天然气研究
23	B	福州高意光学有限公司	福建省光学学会	光栅的研发与产业化

续表

序号	经费类别	协作企业名称	协作学会名称	协作任务
24	B	福建禾丰种业有限公司	福建省种子协会	选育优质高产杂交水稻新品种及配套高产制种技术等示范推广
25	B	浙江四方集团公司	浙江省农业机械学会	内燃机节能减排关键共性技术攻关研究和拖拉机智能化应用研究
26	B	广西梧州日成林产化工股份有限公司 广西梧州松脂股份有限公司	广西化学化工学会	解决林产化学品开发和应用过程中的基础问题和关键技术难题
27	B	广东侨微生物科技有限公司	广东省食用菌行业协会	富硒灵芝和孢子粉的菌种选育、仿野生赤灵芝菌株抗虫性研究分析和赤灵芝孢子油得油率与种植材料和环境与超临界萃取工艺研究
28	B	江苏一夫科技股份有限公司	中国环境科学学会	燃煤电厂脱硫石膏综合处置
29	B	南京小松医疗仪器研究所	中国针灸学会	定量电针治疗产品的研发
30	B	新疆慧光创新科技开发有限公司	新疆维吾尔自治区节能减排科学研究会	特色浓缩果汁民生发展

【通过学会服务站、专家工作站、专利信息推送等平台，架设学会科技资源与企业需求对接的桥梁】 2014年，中国科协以推动学会服务站、专家工作站、专利信息服务平台建设为抓手，认真组织实施“企业科协科技服务项目”，积极架设学会科技资源与企业需求对接的桥梁，服务企业技术创新工作取得良好效果。一是地方科协持续服务专利信息应用企业，继续扩大科技信息服务的覆盖面。全国30个省级、副省级城市科协和省会城市科协项目单位发展新增应用企业3000余家，按照专利应用工程师培训课程要求共培训企业科技人员1.2万余名。采集出现专利信息应用成果的企业237家，企业产生新技术或新产品189个，产生新专利162个，培育专利信息应用典型案例240个。企业应用专利信息产生直接经济效益的5.62亿元，间接经济效益5.61亿元，节约研发成本避免研发盲目投入1.68亿元。二是组织开展专题研究支持学会服务产业发展。组织开展了《钛合金及钛复合材料》《特种电缆及特种电缆材料》《高分子材料的高能射线辐照交联加工技术》3个新材料领域专题研究。通过对国外专利技术分析，对发达国家的技术布局，技术发展热点，世界前沿技术发展趋势，形成了专题研究报告3个，支持学会服务企业技术创新。三是组织开展企会协作创新计划试点工作。“企会协作创新计划”试点工作的对象是企业与学会共建的“企会协作创新联盟”，以探索动员组织学会服务企业技术创新机制为主要目的，为进一步深化科协组织服务企业技术创新工作积累经验。经专家评审共支持30个“企会协作创新联盟”，其中A类项目10个，给予每个项目20万元经费支持；B类项目20个，给予每个项目15万元经费支持。四是推动院士专家工作站建设持续规范发展。截至2014年底，各级科协指导组建专家工作站4200个。其中，本年新增877个；全年组织进站专家达29080人次，平均进站专家7人次／站；组建专家服务团队3635个，比2013年增加776个。参加服务团队专家58878人次，平均参加专家16人次／团队。2014年中国科协与中国工程院有关部门沟通全国院士专家工作站建设情况，形成共同推动院士专家工作站建设的共识；与中国科学学与科技政策研究会合作，完成了《统筹推进院士专家工作站课题研究报告》，总结了建站11年来所取得的成绩、存在的问题，对今后工作提出了意见和建议，为指导各地院士专家工作站建设提供有益参考。7月21日，北京市科协组织召开院士专家工作站工作会议，市科协联合市委组织部、市发展改革委等十个部门共同出台了《关于加强北京市院士专家工作站建设的意见》，为建站单位提供具体的政策支持。

【推动科技工作者密集的国企以及民营企业、高新技术园区科协组织建设】 2014年，企业（园区）科协组织建设得到加强，据不完全统计，截至2014年底，全国建立企业科协总数达21931个，比上年增加650个；个人会员350万人。比上年增加3万人。高新区、经开区等园区科协组织也得到加强。此外，通过实施科技信息服务项目，推动各级科协与214家高新区、经开区的8030家企业科技部门负责人建立了联系，为建立企业科协组织奠定了基础。各级科协组织切实把加强企业科协组织建设工作摆在突出位置，加

强研究部署，深入开展调研，采取有效措施，推进企业科协组织建设工作呈现出崭新局面。

出台实施方案，加大推动力度。2月初，中国科协组织召开企业科协工作协调会议，张勤书记出席会议并讲话指出：中国科协服务企业技术创新工作要按照三个层面去谋划布局、分类展开，即：中国科协号召指导开展的活动、地方科协自主开展的活动和中国科协主导的活动。2014年要突出抓好“讲理想、比贡献，奋力实现中国梦”宣传教育活动、全国“讲、比”活动评选表彰工作、推进企业科协组织建设和完善工作体制机制建设等重点工作，特别要在科技成果评价、项目评价、人才评价等方面作出突出成绩，营造良好创新氛围。

深入开展调研，加大培训力度。各地科协按照中国科协的部署，结合本地实际，加强研究部署，把加强企业科协组织建设提到突出位置，纷纷召开部署会议，举办企业科协干部和企业科协秘书长培训班，形成了推动企业科协组织建设的良好态势。如河北、山东、广东、九江等省市科协，召开企业科协组织建设专题会议，省区市科协一把手亲自到会动员讲话，对推进企业科协工作提出要求。各地结合实际，举办国有企业事业单位、非公有制企业科协秘书长培训班，交流经验和做法，探讨共性问题，提高工作水平和能力。据不完全统计，科协系统共举办企业科协干部和企业科协秘书长培训班110多场次，培训企业科协干部和秘书长在5000多人次，为做好企业科协工作和组织建设，奠定了坚实干部队伍基础。

发挥行业科协作用，探索创新活动方式。中国科学技术咨询服务中心与中国航空学会联合，推动西北工业大学、南京航空航天大学、辽宁省航空宇航学会、中航工业昌飞公司等单位，联合建立航空企业“会员工作站”试点工作。会员站成立以来，共举办学术交流和科普交流活动40余场，服务企业科技工作者5000余人，科普宣传受众达6000余人次。推动兵器行业产学研协作平台建设，以内蒙古一机集团为牵头，在晋西工业集团等11家企业、2所军校、2个地方兵工学会，初步建立了兵器行业技术创新联盟活动机制。由大连船舶集团公司牵头，广船集团、渤海船厂、武船集团参与，到中航工业成飞公司交流学习，推动船舶行业企业创新文化建设。

采取有效措施，加大经费投入。近年来，各级科协组织高度重视企业科协工作，认真协调有关方面，积极争取政府有关部门的支持，工作经费有了明显增长。据调查统计，2013年54个省区市、副省级城市和省会城市科协，全年共投入“讲、比”活动和服务企业技术创新工作经费6064.16万元，平均投入为110.3万元。其中，31个省区市科协投入经费3155.16万元，平均为101.8万元；12个副省级城市科协投入经费1864.7万元，平均为155.39万元，其中杭州市科协投入最多，约736万元；11个省会城市科协投入经费1056.3万元，平均为96.03万元。近两年，中央财政在“讲、比”活动、创新方法培训、科技信息服务和企会协作创新计划等方面，投入经费总计约6000多万元。此外，各地及企业、园区在院士专家工作站建设、科技信息服务、金桥工程等方面也有一定经费投入。为推动“讲、比”活动开展和服务企业技术创新工作提供了有力保证。

【2014年中国科协服务企业技术创新工作协调会】 2月12日，中国科协2014年服务企业技术创新工作协调会在中国科技会堂召开。中国科协党组副书记、副主席、书记处书记张勤出席会议并讲话，计划财务部部长王延祜以及机关有关部门、有关直属单位领导及相关处室负责人30余人出席会议。

张勤在讲话中指出，中国科协服务企业技术创新工作要按照三个层面去谋划布局、分类展开，即：中国科协号召指导开展的活动、地方科协自主开展的活动和中国科协主导的活动。他强调，2014年要突出抓好“讲理想、比贡献、中国梦”宣传教育活动、全国“讲、比”活动评选表彰活动、探索支持企业技术骨干参加学术交流、推进企业科协组织建设和完善工作体制机制建设等重点工作，特别要在科技成果评价、项目评价、人才评价等方面作出突出成绩，营造良好创新氛围。

【国家科技传播中心筹建工作】 1月6日，根据国家发改委投资司意见，中国科协正式报送《国家科技传播中心项目建议书》。

3月27日，国家科技传播中心建设项目领导小组第一次会议召开。会议传达了3月11日中国科协党组会议精神，宣布了国家科技传播中心建设工作领导小组职责和人员组成。会议听取了国家科技传播中心建设项目立项情况的汇报。

9月5日，国家科技传播中心筹建工作领导小组成立。

9月25日，国家科技传播中心筹建工作领导小组扩大会议召开，研究如何积极推动国家科技传播中心的整体筹建工作。

9月28日，中国科协党组书记、书记处第一书记尚勇与国家发展改革委副主任胡祖才就项目功能定位等相关问题进行沟通并取得共识。

10月16日，中国科协党组书记、书记处第一书记尚勇与国家发展改革委固定资产投资司副司长吴玉和就项目进行深入沟通，固定资产投资司表示全力支持项目建设。

12月12日，国家科技传播中心筹建工作领导小组召开会议，传达尚勇书记关于筹建工作的重要指示，通报国家发改委关于项目委托评审的最新进展，部署下一阶段重点工作。

会议要求，筹建办及时启动项目方案的初步设计和咨询工作，确保设计水平和质量。筹建办要扎实细致地做好《项目建议书》评审的各项准备工作。要与国家发展和改革委员会在工作层面进行深入沟通。待正式启动评审程序后，要积极配合评审机构做好评审工作，确保评审顺利通过。

【中国科协2014年县级科协主席培训班】 10月12～15日，中国科协2014年县级科协主席培训班在云南省昆明市举办。来自全国各省区市和新疆生产建设兵团的县级科协主席180人参加了培训班。云南省科协组织全省约120名县级科协主席参加了培训。

中国科协党组成员、书记处书记沈爱民出席开班式并讲话。中国科协组织人事部部长李森主持开班式并作开班动员。开班式后，沈爱民作了题为《服务全面深化改革，推动社会组织持续发展》的专题授课。他将学会工作放在国际和国内的政治经济大背景下进行考察，介绍了学会发展的历史和当前改革的现状，重点对学会组织承接政府转移职能的政策背景、发展趋势、现实意义、初步成绩等作了介绍，阐述了中国科协所属学会承接政府转移职能的独特优势，强调了中国科协及其所属学会作为党和政府联系科技工作者桥梁纽带的重要作用。

中国科协科学技术普及部部长杨文志、中国科协组织人事部部长李森、国家行政学院教授胡月星、科技部调研室副主任刘琦岩等分别围绕“开启精准科普新时代”、“中国科协组织建设”、“提升做好群众工作的执行力”、“我国科技发展现状及科技政策”等进行了专题授课。

10月14日下午，培训班安排了“如何当好县级科协主席，做好县级科协工作”专题，江苏省江阴市科协主席吴刚、内蒙古自治区鄂尔多斯市鄂托克旗科协主席张锡皆、辽宁省大连市庄河市科协主席刘淑堂、广西自治区科协组织人事部部长苏力、云南省曲靖市麒麟区科协主席陈琦、云南省楚雄州元谋县科协主席陈海君做了大会交流发言。

专题交流后，培训班分成5个小组，围绕如何认识新时期县级科协的职能、地位和作用；如何当好县级科协主席，适应新形势新要求，做好县级科协工作，推动县级科协工作创新发展；如何加强新时期县级科协组织建设、学会建设，做好农村、街道社区、企业科协工作和农技协工作；如何做好科普工作和《纲要》落实工作；如何在承接政府职能转移工作中加强县级科协工作等内容，进行了交流和讨论。

【加强财政经费的监督管理】 为进一步加强对财政经费的监督管理、严肃财经纪律，有效预防和治理腐败，中国科协针对经费管理中存在的突出问题，出台了《中国科协关于加强财政经费管理的意见》（科协发计字〔2014〕101号）（以下简称《意见》）。

《意见》以问题为导向，强化制度约束，全文共计十二条。《意见》对经费管理主体责任、内控制度建设、经费审批审核、项目预算管理、政府采购、财务监督检查、财会队伍建设等方面，提出了加强和改进中国科协经费管理的一系列具体措施。在《意见》研究制定过程中，中国科协党组、书记处高度重视，两次对《意见》文稿进行研究审议。《意见》还征求了财政部、审计署等有关部委的意见。

2014年，中国科协相继发布了《关于贯彻落实〈中央和国家机关差旅费管理办法〉有关事项的通知》《关于贯彻落实〈中央和国家机关会议费管理办法〉有关事项的通知》《关于贯彻落实〈中央和国家机关培训费管理办法〉有关事项的通知》，制定了《中国科协因公临时出国经费管理办法》《中国科协机关国内公务接待管理办法》等一系列管理办法，研究制定科协内部控制管理制度并组织实施。

人物

2014 年新当选的中国科协副主席

张勤，汉族，1956 年 3 月出生，重庆人。第十二届全国政协委员。1981 年 1 月入党，1976 年 12 月参加工作，清华大学核反应堆专业毕业，研究生学历，工学博士，教授。曾在美国田纳西大学、加州大学洛杉矶分校做访问学者，在清华大学做博士后。历任全国学联副主席，清华大学研究生会主席，厦门技术创新联合公司总经理，重庆市科委主任、党组书记，国家知识产权局副局长、党组成员。2009 年 6 月任中国科协党组成员，同年 9 月起任中国科协书记处书记，2010 年 1 月起任中国科协常委，2014 年 1 月任中国科协党组副书记并当选中国科协副主席。兼任清华大学、北京航空航天大学教授、博士生导师，中国知识产权研究会副理事长兼学术顾问委员会主任。

2014年新当选的全国学会、协会、研究会理事长

（按中国科协团体会员序列排序）

杨卫，中国力学学会理事长，中国科学院院士。

1954年2月出生，北京人。发展中国家科学院院士，俄罗斯宇航科学院院士。1976年西北工业大学毕业，1981年获清华大学工学硕士学位，1985年获美国布朗大学博士学位。1978年至2004年在清华大学任教，曾任工程力学系主任、校学术委员会主任等职。1999年至2004年任教育部长江学者特聘教授。2004年至2006年任国务院学位办主任。2006年至2013年任浙江大学校长。2013年2月起任国家自然科学基金委员会主任。

主要从事断裂力学、细观与纳米力学研究。在宏微观断裂方面，解出动态分层和跨音速分层的裂尖奇异场，提出电致断裂、电致疲劳裂纹控制和电致畴变增韧的模型，曾任亚太断裂学会主席。在细观与纳米力学方面，撰写英文专著《细观塑性及应用》，并在纳米晶体塑性理论和纳米结构的数值模拟等方面做出新工作，曾任国际理论与应用力学联盟（IUTAM）微纳米力学工作委员会主席。发表学术论著11部，国际期刊论文200余篇，被SCI引用超过2600次。曾获国家自然科学二等奖1次、三等奖1次，中国青年科学家奖，何梁何利基金科学与技术进步奖，周培源力学奖，国际工程科学学会Eric Reissner奖和美国机械工程师学会Calvin Rice奖。

郭光灿，中国光学学会理事长，中国科学院院士。

1942年12月出生，福建泉州人。中国科学技术大学教授，中国科学院量子信息重点实验室主任，中国物理学会常务理事。

长期从事量子光学、量子通信和量子计算的理论和实验研究。2001年获中国科学院自然科学二等奖，2003年获国家自然科学二等奖，2003年获何梁何利基金科学与技术进步奖，2006年获安徽省自然科学一等奖，2007年获安徽省重大科技进步奖，2009年当选为第三世界科学院院士，2013年当选“CCTV科技创新人物”。在包括*Nature*子刊（10篇）、*Physical Review Letters*（28篇）在内的国际学术期刊上发表论文700多篇，他引超过1万次。

王小民，中国声学学会理事长。

1960 年 11 月出生，陕西西安人。研究员、博士生导师。1982 年毕业于西安工程学院，获工学学士学位，1988 年在该校获理学硕士学，1998 年在中国科学院声学研究所获理学博士学位。1998 年 6 月至 2000 年 1 月在中国科学院自动化研究所做博士后研究。2002 年在美国杜克大学（Duke University）做访问学者。历任中国科学院声学研究所超声学科研究部主任兼超声物理与探测实验室主任、研究所学术委员会主任。现任中国科学院声学研究所所长、《声学学报》副主编、《中国医学影像技术》副主编。享受国务院政府特殊津贴专家。

主要从事超声无损检测、声波在复杂介质中的传播和散射研究。负责多项国家科技项目，在国内外学术期刊发表科研论文 80 余篇，获发明专利 3 项。2004 年获国防科技进步奖二等奖 1 项，2005 年获国家科技进步奖二等奖 1 项。

姚建年，中国化学会理事长，中国科学院院士。

1953 年 9 月出生，福建泉州人。农工党副主席。1982 年毕业于福建师范大学化学系，1990 年、1993 年分别获得日本东京大学工学部硕士和博士学位。1982 年至 1987 年在福建师范大学化学系任助教、讲师，1995 年至 1999 年先后任中国科学院感光化学研究所副研究员、研究员、博士生导师、室主任、所长助理。1999 年至今担任中国科学院化学研究所研究员，2000 年到 2008 年任中国科学院化学研究所副所长。2008 年 1 月起任国家自然科学基金委员会副主任。中国能源学会常务理事、英国皇家化学会会士、国际纳米制造学会会士等。

长期从事新型光功能材料的基础和应用探索研究，在利用纳米尺度效应调控有机分子的光物理光化学性能、无机、有机／无机杂化材料的光致变色以及有机纳米光子学等方面取得了一系列原创性研究成果。已在化学和材料领域的国际杂志上发表论文 360 余篇，他引 6000 余次。获国家授权专利 20 多项，出版合著 4 部，合作译著 1 部。2004 年和 2014 年两次荣获国家自然科学奖二等奖（第一获奖人）。

武向平，中国天文学会理事长，中国科学院院士。

1961 年 1 月出生，陕西黄龙人。1982 年毕业于西北电讯工程学院（现西安电子科技大学），1985 年在该校获得硕士学位，1989 年在中国科学院北京天文台获得博士学位。现任中国科学院国家天文台研究员。

从事宇宙学方面的研究，在理论天体物理和观测宇宙学等方面作出了特别的成绩：较早建立了星系团的强引力透镜统计理论，提出了在星系团中心存在致密暗物质核的思想；解释了利用微引力透镜效应寻找银河系晕暗物质实验所发现事例的成因，为认识银河系暗晕的物质构成起了积极作用；利用光学、X 射线和引力透镜三种方法联合测定了诸多引力透镜星系团的中心质量，发现传统方法之偏离；利用星系群和星系团的 X 射线和光学观测资料系统地研究了其动力学特性，所建立的统计相关关系被广为采用；领导了在新疆天山地区建设用于“宇宙第一缕曙光探测”的大型低频射电望远镜阵列 21CMA，成为国际上较早开启宇宙再电离探测的重大设备。曾获中国科学院自然科学奖一等奖、国家自然科学奖二等奖、中国青年科学家奖、2011 年度何梁何利基金科学与技术进步奖等。

王会军，中国气象学会理事长，中国科学院院士。

1964年1月出生，黑龙江桦川人。中国科学院大气物理研究所研究员。1986年毕业于北京大学地球物理系天气动力学专业，1991年在中国科学院大气物理研究所获博士学位。2001年8月至2014年5月任中国科学院大气物理研究所所长。挪威技术科学院院士。

长期从事古气候模拟、气候变化和气候预测理论等方面的研究。对东亚气候变化研究作出重要贡献，发现了东亚季风年代际变化的若干重要事实；揭示了南极涛动、Hadley环流、北大西洋涛动等对东亚气候的显著影响及其物理机制；完成了我国首个基于自己气候模式的全球变暖定量模拟结果；提出热带相似和年际增量气候预测思想和方法，显著提高了东亚气候和台风活动的气候预测水平。曾获国家杰出青年基金、何梁何利基金科学与技术进步奖。在国内外核心期刊发表学术论文230余篇，其中140余篇为SCI（网络版）收录论文。曾获国家自然科学奖二等奖（第2完成人）、中国科学院自然科学奖一等奖（第5完成人）、2010年度卢嘉锡优秀研究生导师奖（全国10名）、全国优秀科技工作者等。

傅伯杰，中国地理学会理事长，中国科学院院士。

1958年1月出生，陕西咸阳人。1977年12月至1984年陕西师范大学地理系本科生、硕士研究生，1989年获北京大学地理系和英国斯特灵大学环境科学系联合培养博士学位。1989年7月至今，中国科学院生态环境研究中心助理研究员、副研究员、研究员、副主任、学术委员会主任。其中1993—1994年在比利时鲁汶大学土地和水管理研究所做博士后研究，2001年2月至2008年11月任中国科学院资源环境科学与技术局局长。发展中国家科学院院士，国际生态学会副主席，国际长期生态系统研究网络副主席，联合国“生物多样性和生态系统服务政府间科学－政策平台”（IPBES）多学科专家组成员，国家环境咨询委员会委员。*Chinese Geographical Science*（《中国地理科学》）主编，*Landscape Ecology*（《景观生态学》）、*Landscape and Urban Planning*（《园林与城市规划》）等国际期刊编委。

主要从事景观生态学和生态系统服务研究，在土地利用结构与生态过程、景观生态学和生态系统服务等方面取得了系统性创新成果，推动了中国景观生态学的发展。发表论文300余篇，其中SCI收录论文140余篇，出版中英文著作10部。曾获国家自然科学奖二等奖、国际景观生态学会杰出贡献奖和国家科技进步奖二等奖、国家杰出青年基金、中国科学院青年科学家奖，以及多项省部级科技奖励。

孟安明，中国动物学会理事长，中国科学院院士。

1963 年 7 月出生，四川大竹人。1979 年 9 月至 1983 年 7 月西南农业大学农学系本科生。1983 年 8 月至 1987 年 5 月中国水稻研究所研究实习员。1987 年 5 月至 1990 年 11 月英国诺丁汉大学遗传系博士研究生。1990 年 12 月至 1992 年 11 月北京农业大学（现中国农业大学）生物学院博士后。1992 年 12 月至 1998 年 8 月北京农业大学（现中国农业大学）生物学院副教授，其中 1996 年 3 月至 1998 年 8 月美国佐治亚医学院分子医学遗传学研究所访问学者。1998 年 9 月至今清华大学生命科学学院副教授、教授、博士生导师，长江学者特聘教授，其中 2008 年 3 月至 2012 年 6 月任中国科学院动物研究所研究员、所长。曾获国家科技进步奖二等奖、北京市科技进步奖一等奖、农业部科技进步奖三等奖、香港求是科学技术基金会“杰出青年学者”奖。

主要从事脊椎动物胚胎的分子发育生物学研究。利用斑马鱼做模式动物，分离克隆 Nodal 和 FGF 等信号通路的新的介导因子和调节因子，结合分子生物学、细胞生物学、遗传学等技术，研究它们在胚胎发育中的作用及其作用机制。利用诱变技术，鉴定影响早期胚胎发育的母源因子。

李林，中国生物化学与分子生物学会理事长，中国科学院院士。

1961 年 5 月出生，山东荣成人。1983 年本科毕业于南京大学生物系，1989 年在中国科学院上海生物化学研究所研究生毕业，获博士学位，1990—1992 年在美国纽约州立大学石溪分校生理与生物物理系做博士后。1992 年 5 月到中国科学院上海生命科学研究院生物化学与细胞生物学研究所工作至今，历任副研究员、研究员、常务副所长、所长，中国科学院上海生命科学研究院副院长、院长。2000—2005 年担任生物化学与细胞生物学研究所学术委员会主任，2005—2009 年担任生物化学与细胞生物学研究所学位评定委员会主席，2006 年起担任分子生物学国家重点实验室主任，2011 年再次担任生物化学与细胞生物学研究所学术委员会主任。

长期从事酶的催化和调节的作用机制和细胞信号转导的分子机制等方面研究。1995 年获国家杰出青年科学基金资助，1996 年获香港求是基金会“杰出青年学者奖”。

陈晓亚，中国植物生理与植物分子生物学学会理事长，中国科学院院士。

1955年8月出生，江苏扬州人。1982年9月至1985年7月英国里丁大学植物学系研究生。1985年7月至1991年10月南京大学讲师、副教授。1991年10月至1992年9月德国图丙根大学植物学系访问学者。1992年10月至1994年10月美国普度大学博士后。1994年10月至今在中国科学院上海生命科学研究院植物生理生态研究院工作。曾获国家杰出青年基金、何梁何利基金科学与技术进步奖等。

主要从事植物次生代谢、棉花分子生物学（棉花功能基因组与纤维发育）及生物技术研究。在植物次生代谢研究领域，尤其是棉酚生物合成途径方面开展了系统深入的研究，先后克隆鉴定了棉花法呢基二磷酸合酶、杜松烯合酶和杜松烯-8-羟化酶以及两个P450还原酶基因。其中，杜松烯合酶和杜松烯-8-羟化酶是棉酚代谢途径的关键酶，对于基因工程调控棉酚代谢具有重要价值。分离鉴定了水稻、棉花及青蒿中多个单萜、倍半萜合成酶，对于研究植物挥发性物质代谢以及植物-环境互作具有重要意义。在棉纤维发育机制研究领域，分离鉴定了一系列关键转录调控因子和细胞壁蛋白，通过对这些基因功能进行深入研究，发现在棉纤维发育过程中，既存在着与拟南芥等模式植物表皮毛发育类似的调控机制，也有棉纤维特异的调控系统，这为基因工程改良棉花纤维品质和产量提供了候选基因和理论模型。通过分析植物的小RNA，发现一些microRNA对于植物表皮毛细胞和根冠细胞发育具有重要的调控作用。在植物抗虫研究领域，分析了植物次生代谢与昆虫防御体系的关系，发现昆虫可以利用植物次生代谢化合物提高对农药的耐受性，从而增强对环境的适应性。克隆了棉铃虫参与棉酚解毒的P450单加氧酶基因CYP6AE14，该基因与棉铃虫适应性密切相关。以棉铃虫为模式，发展了一种植物介导的RNA干扰抗虫技术，可以有效、特异地抑制昆虫基因的表达，作为新一代抗虫技术具有很大的应用潜力。

沈模卫，中国心理学会理事长。

1961年12月出生，浙江长兴人。长江特聘教授。1978年考入原杭州大学心理系，获学士、硕士、博士学位。毕业后就职于杭州大学心理系，任助教、讲师、副教授、教授。现任浙江大学心理与行为科学系系主任，工业心理学国家专业实验室主任、教授、博士生导师。兼任教育部高等学校心理学教学指导委员会副主任委员，中国人类工效学会副理事长，《应用心理学》杂志主编。曾担任国务院学位评定委员会化学评议组成员（2003—2014）。

长期从事认知心理学、认知工效学、物质与非物质成瘾等领域的研究，承担教育部哲学社会科学研究重大攻关项目、国家自然科学基金等国家级项目，以第一作者或通讯作者身份发表SCI/SSCI论文30余篇。曾获国家教学成果奖二等奖、中国高校人文社会科学研究优秀成果奖三等奖、浙江省哲学社会科学优秀成果奖一等奖等。入选浙江省“151”人才工程第一层次科技人员。享受政府特殊津贴。

成升魁，中国自然资源学会理事长。

1957 年 4 月出生，陕西合阳人。1987 年 9 月至 1990 年 7 月中国农业大学博士研究生，1990 年至 1999 年在中国科学院自然资源综合考察委员会（1995 年在以色列本古列安大学做访问学者）工作，为助理研究员、副研究员、研究员，历任主任助理、主任。2000 年至 2014 年在中国科学院地理科学与资源研究所工作，历任副所长、党委书记。

在资源科学研究领域，提出了我国资源综合开发和保护的总体战略和我国资源科学综合研究的理论框架；系统地提出了资源流动及其生态环境效应的科学问题，并率先研究了国际背景下我国主要自然资源的流动格局、模式及其环境生态效应；应用生态足迹法开展了资源价值和生态补偿的理论与应用研究。曾获西藏自治区科技进步奖二等奖 2 项，国家人口和计划生育委员会软科学特等奖，陕西省科技进步奖三等奖。

蒲嘉陵，中国感光学会理事长。

1959 年 12 月出生，四川雅安人。现任北京印刷学院副校长。1978—1982 年就读于北京印刷学院，获学士学位。1983—1989 年赴日本千叶大学和东京工业大学留学，获工学硕士和工学博士学位。1989—1990 年在日本东京工业大学从事博士后研究（准客员研究员）。1990 年 4 月起，历任北京印刷学院印刷技术系副主任、院长助理兼教务处长等职务，1997 年起担任副校长。

一直致力于光电成像材料、有机光电子材料的开发研究以及这些材料在信息记录和印刷领域的应用研究工作。先后主持了 10 多项国家自然科学基金、部委以及与海外企业合作的科研项目，在国内外学术期刊、行业期刊以及国际会议上发表论文 160 篇，参编著作 4 本，申请发明专利近 10 项。现任国际影像科学委员会（ICIS）秘书长、国际标准化组织 / 印刷技术委员会（ISO/TC 130）主席、印刷媒体专业人员协会（IPP）会士。2007 年荣获“毕昇印刷杰出成就奖”，2008 年入选北京市高校“高层次人才”，2009 年获国家新闻出版总署“百名有突出贡献的新闻出版专业技术人员”称号，2010 年获国家新闻出版总署“全国新闻出版行业第二批领军人才”称号。

池宏，中国优选法统筹法与经济数学研究会理事长。

1960 年 1 月出生，福建大田人。1982 年毕业于华侨大学应用数学系，1994 年获英国利物浦大学工业工程博士。现任中国科学院科技政策与管理科学研究所学术委员会主任、统筹与安全管理研究中心主任、研究员、博士生导师。中国科学院大学教授。曾获国家科技进步奖二等奖，中国科学院科技进步奖一等奖，中国科学院科技进步奖二等奖，全国工程设计计算机优秀软件二等奖。

具有 30 多年的管理科学研究和管理咨询经历，近年来主要从事突发事件应急管理中的应急系统、预案管理、资源优化配置、布局、调度等方面研究，民航安全管理理论、模型与方法研究。

汪寿阳，中国系统工程学会理事长。

1958 年 7 月出生，江苏东台人。1982 年毕业于中山大学，1986 年在中国科学院系统科学研究所获博士学位。1988 年至今先后在中国科学院数学与系统科学研究院任助理研究员、研究员。现任中国科学院数学与系统科学研究院党委书记、副院长，中国科学院预测科学中心主任，中国科学院大学管理学院执行院长，中国科学院管理、决策与信息系统重点实验室主任。国际知识与系统科学学会会长、第三世界科学院院士、国际系统与控制科学院院士。

主要从事决策分析、冲突分析和系统工程等领域研究，是 TEI@I 方法论的创始人。在经济预测、决策分析、金融管理、供应链管理等领域得到国际同行高度认可。出版学术专著 33 部（其中英文专著 9 部），在国际重要期刊上发表论文 190 余篇，其中被 SCI 和 SSCI 收录 150 余篇，SCI 和 SSCI 引用近 700 篇次。曾获全国优秀科技工作者、复旦管理学杰出贡献奖、中国国家杰出青年基金、国家自然科学基金委创新研究群体、中国青年科技奖、中国科学院自然科学奖一等奖、北京市科学技术奖一等奖等国内外奖项 30 余项，1996 年入选中国科学院“百人计划”，第一批入选“百千万人才计划”。

姚檀栋，中国青藏高原研究会理事长，中国科学院院士。

1954年7月出生，甘肃通渭人。中国科学院青藏高原研究所所长、研究员。1978 年毕业于兰州大学地质地理系自然地理学专业，1982 年获兰州大学自然地理学硕士学位，1986 年在中国科学院地理研究所获自然地理学博士学位。国际冰川学会理事、中国第四纪研究会常务理事。

主要从事冰川环境与全球变化研究。长期对青藏高原进行研究，获得了青藏高原大气降水氧同位素的变化规律，揭示了青藏高原冰芯中微生物与环境的关系，发现末次间冰期以来青藏高原同两极地区一样，经历了 5 次大的气候波动旋回，以年分辨率揭示了过去 2000 年来青藏高原气候变化的特征，通过大规模野外实地考察、连续定点观测和对航片、遥感、冰川编目等资料的室内分析，发现在现代全球变暖影响下，青藏高原的冰川正发生全面和加速退缩，并对这一地区的水资源产生重要影响。以第一和第二作者发表的主要论文有 300 余篇。获中国科学院自然科学一等奖 2 项、甘肃省自然科学一等奖、国家自然科学三等奖和四等奖，2014 年荣获国家自然科学奖二等奖。获国家自然科学基金委员会杰出青年基金、何梁何利基金科学与技术奖、“973”计划先进个人奖、竺可桢野外工作奖等。

王成树，中国菌物学会理事长。

1969 年 12 月出生，安徽六安人。中国科学院上海植物生理生态研究所党委书记，副所长，研究员，中国科学院昆虫发育与进化重点实验室主任。2001 年获得中国农业大学博士学位。2001—2006 年，先后在英国斯望西大学和美国马里兰大学从事博士后研究。2006 年 9 月被聘为中国科学院上海植物生理生态研究所"百人计划"课题组组长。2012 年获得国家杰出青年基金支持。2009 年获国家科技进步奖二等奖。

主要从事昆虫分子病理学及真菌分子生物学研究，包括昆虫病原真菌致病基因功能、虫生真菌基因工程改造以及虫草菌发育生物学及活性成分代谢途径，牵头组织完成了球孢白僵菌、金龟子绿僵菌、蝗绿僵菌及蛹虫草基因组工作。在 *Nature Biotechnology*（《自然 · 生物技术》）、PNAS（《美国科学院院报》）、JBC（《生物化学杂志》）等学术期刊发表研究论文 50 余篇。

罗锡文，中国农业机械学会理事长，中国工程院院士。

1945 年 12 月出生，湖南株洲人。1969 年 7 月本科毕业于华中科技大学无线电技术专业，1982 年 6 月硕士毕业于华南农业大学农机化专业并留校任教。1992 年晋升为教授，1993 年被聘为博士生导师。1987—1989 年在美国弗吉尼亚理工大学和州立大学、美国肯塔基大学进修。1996 年 5 月至 2006 年 5 月任华南农业大学副校长。现任南方农业机械与装备关键技术省部共建教育部重点实验室主任，兼任国务院学位委员会农业工程学科评议组召集人、广东省农业机械学会副理事长等职，《农业工程学报》副主编、《农业机械学报》编委，国际地面车辆系统协会（ISTVS）会员、国际土壤耕作研究组织（ISTRO）会员、亚洲农业工程协会（AAAE）会员、美国农业工程师协会（ASAE）会员。曾获广东省科学技术二等奖 2 项，农业部科技进步三等奖 1 项，广东省农业技术推广一等奖 2 项、三等奖 1 项，国家教学成果二等奖 1 项，广东省教学成果一等奖 3 项、二等奖 2 项。出版专著、教材 6 部，在国内外学术刊物和会议上发表论文 205 篇。

主要从事农业机械化发展战略与规划研究，南方农业机械与装备关键技术研究，重点研究水田激光平地机、水稻工厂化育秧、水稻精量穴直播机和蔗田深松耕作关键技术，精细农业关键技术研究，重点研究 3S 技术在农业上的应用、农情信息快速采集技术、机器视觉及计算机图像分析和精细农业作业平台。

郑宝森，中国电机工程学会理事长。

1954年6月出生，辽宁沈阳人。历任电力工业部东北电业管理局党组成员、副局长，国家电力公司东北公司党组副书记、副总经理，黑龙江省电力公司党组书记、总经理，国家电力公司电网建设部（电网建设分公司）主任（总经理），国家电网公司党组成员、副总经理。曾获辽宁省“五一”劳动奖章、全国“五一”劳动奖章、国家科技进步一等奖、国家科技进步奖特等奖。

长期从事电力企业经营管理工作，参与组织绥中电厂、铁岭电厂、营口电厂、伊敏电厂等多项重大电厂工程建设，负责组织建设三峡输变电工程、西北750千伏输电示范工程、青藏联网工程、1000千伏特高压交流试验示范工程、±800千伏特高压直流输电示范工程等国家重大工程。组织建设的晋东南－南阳－荆门1000千伏特高压交流输变电工程获得“国家重大工程标准化示范”、新中国成立60周年百项经典暨精品工程、国家优质工程金奖，向家坝－上海±800千伏特高压直流输电示范工程获国家优质工程金质奖。享受国务院政府特殊津贴。

金红光，中国工程热物理学会理事长，中国科学院院士。

1957年5月出生，黑龙江延寿人。中国科学院工程热物理研究所研究员、学术委员会主任。1998年入选中国科学院“百人计划”，1999年获得国家杰出青年基金，国家“973”项目首席科学家。发表期刊论文200余篇，SCI收录90余篇、EI收录180余篇，学术著作3部，他引3300余次，SCI他引1000余次。获ASME IGTI（美国机械工程师学会燃气轮机国际会议）最佳论文奖。获美国、日本专利2项，国家发明专利30余项。担任国际学术期刊 *Applied Energy*（《应用能源》）、*Energy*（《能源》）、*Energy Conversion and Management*（《能量转换与管理》）的专题编辑（Subject Editor）、特约编辑（Guest Editor）和编委，《工程热物理学报》副主编等。曾获国家自然科学二等奖，何梁何利基金科学与技术进步奖等。

长期从事热力学和能源动力系统理论与方法研究。建立了燃料化学能梯级利用和多能源互补的能质理论，提出了分布式冷热电联产系统、煤基化工动力多联产系统等。在温室气体控制方面，发现了燃烧中 CO_2 定向迁移的新现象，提出了捕集 CO_2 的化学链燃烧动力系统。在燃料化学能有序释放、聚光太阳能热化学发电、无火焰燃烧方面，为燃料源头节能和控制温室气体作出了重要创新性贡献。

许宁生，中国真空学会理事长，中国科学院院士。

1957年7月出生，广东澄海人。复旦大学校长，第三世界科学院院士。1982年在中山大学获学士学位，1986年在英国Aston大学获博士学位。现任光电材料与技术国家重点实验室主任，国家“973”计划项目首席科学家，国家纳米重大科学研究计划专家组成员，兼任国际信息显示学会北京分会主席，国际真空纳电子学大会理事会理事，《科学通报》副主编，广东省物理学会理事长。1995年获国家自然科学基金委杰出青年科学基金资助，1998年成为英国物理学会会士，1999年被聘为教育部“长江学者奖励计划”特聘教授，2001年获国家自然科学基金委创新研究群体科学基金项目资助。以第一完成人于2001年和2007年分别获国家自然科学二等奖。

长期从事真空微纳电子学研究工作，主要开展新型场发射冷阴极和真空微纳电子源阵列器件的基础研究，以及它们在功能器件上应用的探索性研究。研究了大面积金刚石及相关薄膜场发射特性和机制，发展了物理解释模型，并研究了类金刚石薄膜在真空微电子源阵列的应用。研究了纳米冷阴极场发射的应用基础问题，发展了纳米冷阴极材料可控生长及电子源阵列制作的技术，并研制出新型纳米冷阴极原理型器件。研究发展了“金属—绝缘体—金属”微结构电子发射模型和印刷型冷阴极电子源制备技术。

林左鸣，中国航空学会理事长。

1957年5月出生，福建诏安人。中国航空工业集团公司董事长。南京航空航天大学工学学士、长江商学院EMBA硕士、北京航空航天大学管理学博士。现任中国航空工业集团公司董事长、党组书记，中共第十八届中央委员。曾先后在中国西南和东北两个大型国有企业任总经理、董事长，历任中国航空工业第一集团公司副总经理、总经理，中国航空工业集团公司总经理。兼任北京航空航天大学、厦门大学等高校博士生导师。出版《广义虚拟经济》等著作多部。

曾获全国“五一”劳动奖章、全国国防科技工业系统劳动模范、国防科技工业有突出贡献中青年专家、国家级企业管理创新成果一等奖、中国首批高级职业经理人等。2010年获国家科技进步特等奖，2012年荣获“2012中国制造业10大创新人物”，2013年被授予巴基斯坦“卓越之星”国家荣誉奖章，荣获“首届人本中国领袖人物”，“第14届中国经济年度人物”。享受政府特殊津贴。

尹家绪，中国兵工学会理事长。

1956年4月出生，重庆人。中国兵器工业集团公司董事长、党组书记。1976年12月参加工作，重庆大学管理科学与工程专业毕业，博士研究生学历，研究员级高级工程师，高级经济师，全国劳动模范。曾任西南兵工局副局长，长安汽车（集团）公司董事长、总经理、党委书记，中国长安汽车集团股份有限公司副董事长、总裁，中国兵器装备集团公司副总经理，2010年7月担任中国兵器工业集团公司党组书记、副总经理，2013年5月任中国兵器工业集团公司董事长、党组书记。

1999年荣获振兴重庆杰出贡献奖章，2000年获全国劳动模范称号，2001年荣获振兴重庆争光贡献奖，2002年当选为党的十六大代表，2003年当选为第十届全国人大代表，2004年荣获全国“五一”劳动奖章，2006年被评为“中华十大经济英才”。

王福会，中国腐蚀与防护学会理事长。

1960年6月出生，辽宁北票人。1983年本科毕业于哈尔滨船舶工程学院（现哈尔滨工程大学），1992年在中国科学院金属腐蚀与防护研究所获得博士学位，1992—1999年任该所副研究员、研究员、副所长，2000—2013年任中国科学院金属研究所首席研究员、金属腐蚀与防护国家重点实验室主任，现任中国科学院金属研究所研究员、金属腐蚀与防护实验室主任。曾获中国科学院青年科学家奖、中国科学院有突出贡献中青年专家称号、全国优秀科技工作者称号、国际材料联合会青年科学家与工程师奖、国家杰出青年基金、辽宁省自然科学奖一等奖。

主要从事高温腐蚀与表面工程研究。首次提出高温合金通过纳米化实现自防护的概念。开辟了材料海洋环境高温腐蚀研究的新方向，发现随Cr含量增加Fe-Cr合金的耐蚀性反而恶化新现象，并提出了“动态水膜理论”揭示这一腐蚀规律。发展的梯度TiAlN涂层、CoNiCrAlYHfSi涂层、金属复合搪瓷涂层、铝和镁合金微弧氧化涂层等成功应用于国防重大型号工程上。

陈学忠，中国造纸学会理事长。

1947年8月出生，浙江黄岩人。教授级高工。1973年9月至1976年8月就读于黑龙江大学数学系，1976年9月至1977年4月担任黑龙江大学教师。1977年5月至1984年8月，历任黑龙江省佳木斯造纸厂技术员、车间主任、管理部主任。1984年9月至1987年1月，就读于大连工学院、美国纽约州立大学布法鲁管理学院，获研究生学历。1987年2月至1991年9月历任佳木斯造纸厂厂长助理、第一副厂长、厂长。1991年10月至1995年2月任轻工业部造纸司司长、外事司司长。1995年3月至2010年7月任轻工集团公司总裁、党委书记。2002年至今兼任中国食品发酵工业研究院院长。

赵洪顺，中国烟草学会理事长。

1964 年 4 月出生，河北泊头人。国家烟草专卖局党组成员、副局长。中国科学技术大学公共管理专业硕士研究生学历。1985 年 6 月至 1988 年 3 月中央财经领导小组办公室干部，1988 年 3 月至 1996 年 10 月国家烟草专卖局办公室科员、副主任科员、主任科员，1996 年 10 月至 1998 年 8 月国家烟草专卖局综合计划司物价处副处长、处长，1998 年 8 月至 1999 年 12 月国家烟草专卖局发展计划司多元化经营管理处处长，1999 年 12 月至 2003 年 10 月国家烟草专卖局经济运行司副司长，2003 年 10 月至 2006 年 7 月安徽省烟草专卖局（公司）副局长（副总经理）、党组副书记，2006 年 7 月至 2011 年 10 月国家烟草专卖局发展计划司司长，2011 年 10 月至今国家烟草专卖局党组成员、副局长。

赵沁平，中国科协副主席，中国系统仿真学会理事长，中国工程院院士。

1948 年 4 月出生，山西介休人。1970 年 4 月参加工作，1975 年 9 月太原理工大学电子系毕业，1986 年获南京大学计算机软件博士学位。曾在美国匹兹堡大学做访问学者。历任北京航空航天大学计算机系教研室主任、系主任，北京航空航天大学副校长，国务院学位委员会办公室副主任、主任。2001 年 4 月至 2009 年 2 月任教育部副部长、党组成员、国家语言文字工作委员会主任（自 2005年11月）。现任虚拟现实技术与系统国家重点实验室（北京航空航天大学）主任、解放军总装备部科学技术委员会委员。

长期从事虚拟现实技术、计算机软件等方向的科学技术研究和研究生培养工作。主持完成了国家自然科学基金、国家“863”、“973”、国防预研等 20 余项国家科技计划项目。以第一完成人获国家科技进步一等奖 1 项、二等奖 2 项、省部级科技奖 6 项。出版《分布式虚拟环境 DVENET》《分布式虚拟现实应用系统运行平台与开发工具》《实时三维图形技术》等专著 3 部。发表学术论文 160 余篇，获国家发明专利授权 33 项。2012 年获何梁何利基金科学与技术进步奖。

陈运法，中国颗粒学会理事长。

1965 年 2 月出生，河北临城人。中国科学院过程工程研究所党委书记、副所长，多相复杂系统国家重点实验室副主任。1984 年毕业于唐山理工学院冶金系，1987 年在中国科学院化工冶金研究所完成硕士学位后留所工作 2 年，1993 年获法国路易－巴斯德大学材料科学博士学位，1993 年至 1994 年 8 月在德国新材料研究所做博士后研究。中国科学院过程工程研究所学位委员会副主任、学术委员会委员，《过程工程学报》副主编、《中国颗粒学报》编辑、中国硅酸盐协会高技术陶瓷分会副理事长、中国颗粒协会理事、中国稀土学会理事等职。

主要从事纳、微粉体的制备与表面设计、无机－有机纳米复合材料的功能与界面优化、纳米材料组装技术以及环境净化材料的设计等研究工作。发表学术论文 140 余篇，其中 40 篇发表在 SCI 期刊上，获得专利 25 项。承担国家“863”、“973”、中国科学院知识创新重大科学研究、国家自然科学基金等项目多项。

黄迪南，中国动力工程学会理事长。

1966年12月出生，浙江余姚人。1987年8月至1989年12月清华大学工程物理系转子动力学硕士研究生。1989年起在上海电气集团股份有限公司工作。1997年至1999年任上海汽轮机有限公司副总裁，1999—2002年任上海汽轮机有限公司总裁，2002—2004年任上海电气集团副总裁，2004年至2014年4月任上海电气集团总裁，现任上海电气集团股份有限公司董事长。

拥有丰富的发电设备制造业经验，承担的吴泾600MW轴系振动优化设计的研究获上海市科技结合生产重点工业项目科技攻关振兴一等奖。组织实施的600MW亚临界、中间再热、单轴四缸四排汽汽轮机项目产品整体水平达到国际先进水平，产品获机械工业部机械工业科技进步一等奖。并撰有《汽轮发电机组中的蒸汽激振》《吴泾亚临界600MW汽轮机的开发研制和运行》等学术论文。

李德毅，中国人工智能学会理事长，中国工程院院士。

1944年11月出生，江苏泰州人。1967年毕业于南京工学院，1983年获英国爱丁堡海里奥特瓦特大学博士学位。现任解放军总参谋部第61研究所研究员。欧亚科学院院士。

参加了多项电子信息系统重大工程的研制和开发。最早提出“控制流—数据流”图对理论和一整套用逻辑语言实现的方法，证明了关系数据库模式和谓词逻辑的对等性，提出云模型、云变换、云推理、云控制等方法用于不确定性认知和云计算，在智能控制“三级倒立摆动平衡”实验和智能驾驶中取得显著成效。获国家和省部级二等奖以上奖励9项，获得10项发明专利，发表论文130多篇，出版中文著作5本、英文专著3本。

赵树丛，中国林学会理事长。

1955年3月出生，山东诸城人。1969年6月参加工作。1972年4月至1975年7月在山东医学院医学系医疗专业学习，毕业后历任山东医学院教师、辅导员、党支部书记、团委干事，1978年6月任山东医学院团委副书记，1985年2月任山东医学院团委书记，1985年8月任共青团山东省委常委、宣传部部长，1986年1月任共青团山东省委副书记、党组成员、山东省青联主席（其间：1987年7月至1988年7月挂职任山东省临邑县委副书记），1992年8月任共青团山东省委书记、党组书记，1993年2月任共青团山东省委书记、党组书记、省青年管理干部学院院长，1996年2月任山东省泰安市委副书记、市政府副市长、党组副书记（其间：1994年9月至1997年4月在大连理工大学工商管理专业在职研究生学习，1997年4月获工商管理硕士学位），1997年12月任泰安市委副书记、市政府代市长、党组书记，1998年3月任泰安市委副书记、市政府市长、党组书记，1998年12月任安徽省安庆市委副书记、代市长、党组书记，1999年4月任安庆市委副书记、市长、党组书记，2000年10月任安庆市委书记、市长、党组书记，2001年2月任安庆市委书记，2003年1月任安徽省副省长、党组成员，2006年10月任安徽省委常委、副省长、党组副书记，2011年4月任国家林业局党组副书记、副局长，2012年3月任国家林业局局长、党组书记。中国共产党十四大、十六大、十七大、十八大代表，十八届中央委员会候补委员。九届全国人大代表，八届全国政协委员，共青团十三届中央常委。

彭友良，中国植物病理学会理事长。

1961年10月出生，湖北武汉人。中国农业大学二级教授。1983至1991年受国家教委派遣到日本留学和工作，1989年获得日本京都大学博士学位。1989年4月至1991年12月，日本三井植物生物工程研究所研究员，1992年1月至1993年12月，北京农业大学副教授，1993年12月至今，中国农业大学教授。曾任国际植物病理学会副主席，第七届、第八届中国植物病理学会理事长。《植物病理学报》主编、作物遗传改良国家重点实验室学术委员会副主任、农业生物技术国家重点实验室、水稻生物学国家重点实验室、植物病虫害生物学国家重点实验室学术委员会委员。1993年获霍英东青年教师基金，1994年获国家教委“优秀跨世纪人才计划”基金，并享受政府特殊津贴，1995年获国家自然科学基金杰出青年科学基金、国家教委优秀年轻教师基金，并被评为部级有突出贡献的中青年专家，1996年获国家教委、人事部“优秀留学回国人员”称号，并被评为国家级有突出贡献的中青年专家，1997年入选“百千万人才工程”，1999年4月被聘为“长江学者奖励计划”植物病理学科特聘教授。自2000年以来，连续主持三期国家“973”计划项目。目前主持国家“973”计划项目“粮食作物重大病害控制的基础研究”，公益性行业（农业）专项“粮食作物基因对基因病害抗病品种布局技术研究示范”。

在水稻抗稻瘟病机理、水稻抗稻瘟病品种合理布局、稻瘟病菌的致病性与致病型变异的分子遗传研究等方面有深入研究。先后发表SCI研究论文50余篇，获得授权发明专利10余项。部分代表性研究成果在*Nature Communication*（《自然－通讯》）、*Nucleic Acids Research*（《核酸研究》）、*Plant Cell*（《植物细胞》）、*PLoS Pathogens*（《公共科学图书馆·病原体》）等杂志上发表。

翟虎渠，中国作物学会理事长。

1950年8月出生，江苏涟水人。1977年获江苏农学院农学学士学位，1981年获南京农业大学农学硕士学位，1987年获英国伯明翰大学遗传学博士学位。1987—1995年，历任南京农业大学农学系讲师、系副主任，南京农业大学成人教育学院院长，副校长。1995—2001年任南京农业大学校长，2001—2011年任中国农业科学院院长，现任全国人大农业与农村委员会委员、中国农业国际合作促进会会长、国际水稻研究所理事等职。曾被授予国务院"优秀回国人员"、农业部"有突出贡献的中青年专家"等荣誉称号，享受国务院政府特殊津贴。中共第十六、十七届中央候补委员。

长期从事作物遗传育种和农业科技管理工作，先后主持科技重大专项、"863"、自然科学基金等国家科技计划课题。提出并推动国家农业科技创新体系建设，推动转基因生物新品种培育重大专项立项和组织实施，组织农作物基因资源与基因改良国家重大科学工程建设与运行管理，取得重大进展和成效。发表学术论文200余篇，撰写出版《中国粮食与农业综合生产能力科技支撑研究》《科技创新与现代农业》《中国粮食安全国家战略研究》等专著，主编《应用数量遗传》《农业概论》等教育部指定的研究生、本科生教材。获国家科技进步一等奖1项，省部级一等奖3项、二等奖2项、三等奖2项。

王国强，全国政协委员，中华中医药学会会长。

1955年3月出生，安徽安庆人。1971年9月参加工作。1974年9月至1978年3月在北京中医学院中药系学习，1978年3月至1980年5月卫生部药政局干部、办公厅秘书，1980年5月至1983年11月国家医药管理总局办公室秘书，1983年11月至1988年9月任国家计划生育委员会办公厅副处级秘书、秘书处副处长、处长，1988年9月至1994年5月任国家计划生育委员会办公厅副主任（1990年3月至1991年3月在日本厚生省国立公共卫生学院做访问学者），1994年5月至1996年3月任国家计划生育委员会办公厅主任，1996年3月至1998年7月任国家计划生育委员会政策法规司司长，1998年7月至2000年12月任国家计划生育委员会计划财务司司长（1999年5月至2000年12月挂职任河南省焦作市委副书记），2000年12月至2003年3月任国家计划生育委员会党组成员、副主任（2002年6月至2007年6月兼任中国人口学会常务副会长），2003年3月至2003年9月任国家人口和计划生育委员会党组成员、副主任，2003年9月至2007年1月任国家人口和计划生育委员会党组成员、副主任兼直属机关党委书记、机关党校校长，2007年1月至2013年4月任卫生部党组成员、副部长，国家中医药管理局局长、党组书记，2013年4月任国家卫生和计划生育委员会党组成员、副主任，国家中医药管理局局长、党组书记。中共十六大、十七大、十八大代表，第十一届全国政协委员。

王晓民，中国生理学会理事长。

1956年3月出生，吉林梨树人。首都医科大学生理学／神经生物学系教授、博士生导师。现任首都医科大学副校长、首都医科大学神经生物学系（国家重点学科）主任、北京脑重大疾病研究院院长；北京重大疾病临床数据和样本资源库负责人、北京市“脑重大疾病”重点实验室—省部共建国家重点实验室培育基地主任、教育部“神经变性病”重点实验室主任，北京生物工程学会副理事长、北京中西医结合学会副理事长、北京针灸学会副理事长，国际生理科学联合会（IUPS）和亚大地区生理科学联合会（FOAPS）执委、国际生物和环境样本库协会（ISBER）执委，《转化医学研究》杂志总编、《中华神经医学杂志》和《基础医学与临床》副主编等职。曾任中国神经科学学会副理事长和北京神经科学学会理事长等职。

主要从事帕金森病和阿尔茨海默病防治等研究。曾任国家“973”、“863”、国家自然科学基金委员会及北京市自然科学基金委员会重点项目等有关“帕金森病和阿尔茨海默病的发病机制和防治基础研究”的项目负责人，先后任国家“973”计划《神经变性病的机制和防治的基础研究》和《帕金森病发病机制和干预策略的基础研究》项目首席科学家。

张绍祥，中国解剖学会理事长。

1957年10月出生，重庆綦江人。现任第三军医大学副校长、人体解剖学教授、博士生导师、重庆市数字医学研究所所长。自1985年起，从事人体解剖学、数字医学研究和教学工作至今。1999年获得“国家杰出人才基金”，为首批“新世纪百千万人才工程国家级人选”、重庆市学术技术带头人、第三军医大学学术领军人才，作为第一完成人获得国家科技进步二等奖2项（2001年、2007年）。获得国家级教学成果二等奖1项、省部级科技成果奖15项。以课题负责人申请获得包括国家自然科学基金重大课题、“973”项目子课题、国家自然科学基金面上课题、重庆市重大项目在内的科研课题15项，发表论文396篇，其中SCI收录期刊61篇；主编、副主编专著和全国统编教材20部，其中，主编15部；多次在国际学术会议作大会特邀报告。主编了数字医学基础理论专著《数字医学》，担任国际学术期刊*Digital Medicine*、国内期刊《局解手术学杂志》主编以及《解剖学报》等5个杂志副主编。现任中华医学会数字医学分会主任委员、中国生物医学工程学会常务理事、国务院学科评议组成员、重庆市人工智能学会理事长等职。

田志刚，中国免疫学会理事长。

1956年10月出生，山东莱州人。中国科技大学医学中心主任、免疫学研究所所长，中国科学院天然免疫与慢性疾病重点实验室主任，国务院学位办学科评议组专家、国家自然科学基金委医学科学部咨询委员会委员。历任山东省医学科学院基础医学所所长（1996—2001年），山东肿瘤生物治疗研究中心副主任、主任（1989—2001年），中国科技大学生命科学学院副院长、院长（2005—2014年）。1982年山西医科大学医学本科，1985年山东省医学科学院免疫学硕士，1989年白求恩医科大学免疫学博士毕业。1994年至2001年作为访问学者多次短期赴美国国立卫生研究院（NIH）国立癌症研究所工作，曾任日本金泽大学国立癌症研究所访问教授（2001—2002年）。2001年10月“百人计划”进入中国科技大学。2001年国家杰出青年科学基金获得者、2008年和2011年国家基金委创新群体负责人、2008年和2011年国家科技重大专项项目负责人、2012年国家重大研究计划项目首席科学家。2003年创办、承办并作为执行主编运行中国免疫学会英文会刊（*Cell Mol Immunol*），任《中国免疫学杂志》主编，*Cytokine*、《中国肿瘤生物治疗杂志》等刊物副主编。以通讯作者在Cell（《细胞》）、*Nat Immunol*（《自然－免疫学》）、*Immunity*（《免疫》）、*J Exp Med*（《实验医学杂志》）等发表SCI论文200余篇。2008年获国家自然科学二等奖（首位）、2011年获国家科技进步二等奖（第二位）。获国家发明专利授权20余项。

主要从事NK细胞生物学研究、肝脏免疫学研究、NK细胞为基础的新型生物治疗技术及产品研制。主持了国家自然科学基金重点项目、国家“863”课题、国家重大研究计划项目（首席科学家）、国家科技重大专项“重大传染病防治”项目等。

王陇德，全国人大常委，中华预防医学会会长，中国工程院院士。

1947年1月出生，甘肃兰州人。历任甘肃省卫生厅副处长、副厅长、厅长，原国家卫生部党组副部长、副书记等职。现任全国人大教科文卫委员会副主任委员，中国工程院工程管理学部副主任，国家卫生和计划生育委员会疾病预防控制专家委员会主任委员，脑卒中筛查与防治工程委员会副主任，国家食物与营养咨询委员会副主任，中国健康促进联盟主席等职。

长期在公共卫生领域从事行政管理、流行病学和公众健康促进专业研究工作。提出并领导组建了全国医疗机构传染病和突发公共卫生事件网络直报系统，研究提出了以控制传染源为主的血吸虫病控制新策略，提出并组织实施了全国“脑卒中筛查与防治工程”。在《新英格兰医学杂志》等国内外学术期刊发表论文100余篇，主编多部专著。曾获国家科技进步奖二等奖、联合国艾滋病规划署“应对艾滋病杰出领导和持续贡献”奖、世界卫生组织结核病控制“高川”奖和世界卫生组织“世界无烟日奖”等奖项。

韩永进，中国图书馆学会理事长。

1958年2月出生，河北顺平人。1982年2月毕业于南开大学历史系。1982年2月至1989年12月，先后在中央办公厅和国务院办公厅工作。1989年12月至1995年3月，在辽宁省绥中县工作，历任副县长、县委副书记。1995年3月至2003年11月，在中央办公厅调研室工作，历任中央宣传思想工作领导小组秘书组调研员、副组长、组长（正局级）。2003年11月至2014年1月，在国家文化部工作，历任教育科技司司长、全国艺术科学规划领导小组办公室主任，政策法规司司长、文化部文化体制改革领导小组办公室主任。2014年1月，任国家图书馆馆长、党委书记兼国家古籍保护中心主任、国家典籍博物馆馆长。曾任国家语言文字工作委员会委员，国家科学技术进步奖、国家技术发明奖、全国哲学社会科学基金、中宣部“五个一”工程奖等评委。国家行政学院、哈尔滨工程大学、华中师范大学、山东艺术学院、武汉音乐学院、浙江传媒学院等院校兼职教授。中央国家机关工委指定的文化宣讲专家。曾在《人民日报》《光明日报》《求是》《中国文化报》《中国艺术报》《文艺报》等报刊发表文化管理、文化政策、文化体制改革、文艺评论等文章多篇，出版了《新的文化发展观》《新的文化自觉》《中国特色社会主义文化理论体系概论》《中国文化体制改革35年的历史叙述与理论反思》等个人专著，主编了《邓小平文艺思想论集》《文化创新年度报告》《艺术学概论》等著作。

陶小年，中国工艺美术学会理事长。

1958年2月出生，江苏南通人。1983年毕业于中国人民大学。1977年参加工作，历任轻工业部办公厅秘书、办公室副主任，国家轻工业局人事司副司长，轻工业人才交流培训中心副主任，轻工业质量认证中心副主任，中国质量协会轻工分会副理事长兼秘书长。现任中国轻工业联合会副会长，中华全国手工业合作总社副主任。

梁勇，中国流行色协会会长。

1963年11月出生，安徽肥西人。1985年7月毕业于华东纺织工学院纺织系，分配到纺织工业部科技情报研究所，曾任中国纺织科技信息研究所产品室主任、中国纺织信息中心产品信息部主任兼流行趋势研究部主任，副总工程师、国家纺织产品开发中心总工程师，2001年11月起出任中国流行色协会秘书长、副会长兼秘书长、常务副会长。1996年创办了《国际纺织品流行趋势》，长期从事国际纺织品、服装和家居流行趋势、时尚生活方式和设计产业的研究工作以及“亚洲色彩论坛”、“色彩中国”等时尚活动的策划和组织，主持和参与了中国应用色彩体系等国家级项目和北京、上海、广东、浙江、福建、安徽等地的时尚项目规划。在国内外相关论坛和研讨会上作专题报告近百场，发表产品趋势、色彩以及时尚等专业文章100余篇，主编各类专业杂志和论文集愈300万字。

厉无畏，中国基本建设优化研究会理事长。

1942年11月出生，浙江东阳人。第十一届全国政协副主席、民革中央原第一副主席，上海市创意产业协会会长、东华大学旭日工商管理学院名誉院长。1959年参加工作。1982年毕业于上海社会科学院，获经济学硕士学位，毕业后进入上海社会科学院部门经济研究所工作，先后任研究室副主任、主任，所长助理、副所长、所长，研究员（其间：1988—1989年在美国密苏里圣路易斯大学做访问学者），上海社会科学院创意产业研究中心主任，兼任东华大学旭日工商管理学院院长、上海管理科学研究会理事长、上海市股份制与证券研究会会长，还先后担任民革上海市委副主委、主委，民革中央副主席、民革中央常务副主席、民革中央第一副主席，上海市政协副主席、上海市人大常委会副主任，第八届全国政协委员、九届全国政协常务委员、第十届全国人大常委会委员等。

曾获省部级优秀成果奖11项。1990年获国家教委和国务院学位委员会授予的“有突出贡献的中国硕士学位获得者”称号，1992年受聘为上海市政府决策咨询专家，2007年获得全国创意产业杰出贡献奖，2012年获得全国创意产业终身成就奖。多次赴美国、德国、日本、韩国等国家和台湾地区、香港特别行政区的大学和研究机构进行合作研究和讲学。编著、译著主要有《创意产业——城市发展的新引擎》《创意产业导论》《创意产业：转变经济发展方式的策动力》《创意产业新论》《创意改变中国》等20余本，其中《创意改变中国》一书获得“全球文化产业学院奖的思想驱动奖”，在国内外报纸杂志上发表论文、文章以及研究报告等300余篇。

欧阳自远，中国反邪教协会理事长，中国科学院院士。

1935年10月出生，江西吉安人。第三世界科学院院士、国际宇航科学院院士。现任中国科学院地球化学研究所研究员，中国矿物岩石地球化学学会名誉理事长。曾任中国科学院地球化学研究所研究室主任、副所长、所长，德国马普核物理研究所客座研究员，中国科学院资源环境科学局局长，贵州省人大常委会副主任、党组成员兼财政经济委员会主任委员，贵州省科协主席。中国天体化学学科的开创者。

主要从事中国月球探测与太阳系探测的近期目标与长远规划的制定，设计我国首次月球探测的科学目标与载荷配置和第二、三期月球探测的方案与科学目标，是中国绕月探测工程的首席科学家，现为我国月球探测领导小组高级顾问。近6年来，负责制定我国太阳系探测的科学目标与载荷配置方案。多次荣获国家和省部级奖励，在国内外学术刊物上发表论文470篇、专著9部，主编著作18部，发表科普文章80多篇。

2014 年新当选的省、自治区、直辖市科协主席

饶子和，天津市科协第八届委员会主席，中国科学院院士。

1950 年 9 月出生，江苏南京人。1977 年毕业于中国科技大学。获得澳大利亚墨尔本大学生化系生物物理专业博士学位。第三世界科学院院士。曾任中国科学院生物物理研究所所长，南开大学校长等职。现任天津国际生物医药联合研究院院长，中国科协常委，中国生物物理学会理事长，谈家桢生命科学奖奖励委员会主任，天津市第 12 届政协副主席、党组成员，天津市第 11 届人大代表。

长期从事与重大疾病或重要生理功能相关的蛋白质、蛋白质复合体以及蛋白质复杂体系的三维结构、功能以及蛋白质工程与创新药物研究。作为首席科学家或项目负责人承担并主持了包括国家“973”、“863”、“重大专项”、“自然科学基金”在内的多项重要科研项目。在线粒体膜蛋白复合体 II 晶体结构、菠菜主要捕光复合物 (LHC-II) 晶体结构、SARS 冠状病毒蛋白酶的晶体结构、果蝇的视觉模式识别具有视网膜位置不变性、果蝇面对竞争的视觉线索的抉择行为、拓扑性质初期知觉理论研究中都实现了自主创新和突破，取得了一系列重要的原创性成果。发表学术论文 280 余篇，申报国家发明专利 123 项。曾获“陈嘉庚科学奖”、第三世界科学院最高奖——“第里雅斯特科学奖”(Trieste Science Prize) 等科学奖项多项。2009 年、2010 年分别被香港浸会大学和英国格拉斯哥大学授予荣誉科学博士学位，2011 年 5 月当选为牛津大学 Hertford 学院院士（Senior Fellow），2011 年 11 月当选为国际纯粹与应用生物物理联盟（IUPAB）候任主席。

牛广明，全国政协委员，内蒙古自治区科协第七届委员会主席。

1955 年 2 月出生，内蒙古五原人。农工党党员。1971 年 2 月参加工作，1993 年 11 月日本医科大学博士毕业并从事博士后研究。内蒙古自治区政协副主席、农工党内蒙古区委主委、内蒙古医科大学副校长、内蒙古反邪教协会理事长。第八届自治区政协常委，第十届自治区人大常委，第十一届全国政协委员，第十四、十五届农工党中央常委。影像医学二级教授，主任医师，首都医科大学博士生导师。兼任中华医学会理事、中华医学会医疗事故鉴定专家、中华放射医师协会常委、内蒙古放射学分会主任委员，长期担任《中华放射学》等多个杂志的常务编委。在各类学术期刊发表论文百余篇，参加国际学术会议 5 次，主要著作 5 部，主要有《影像诊断学》《现代临床诊疗技术》《临床比较影像学》等。获内蒙古科技进步三等奖 2 项、内蒙古卫生科技进步二等奖 3 项、内蒙古医学会三等奖 3 项。被内蒙古自治区政府授予“优秀留学回国人员”称号，享受政府特殊津贴。

赵韩，全国政协委员，安徽省科协第九届委员会主席。

1957年5月出生，安徽宿州人。十一届安徽省政协副主席，九三学社中央常委、安徽省委主委。1990年2月，在丹麦奥尔堡大学获工学博士学位。现任合肥工业大学副校长、博士生导师、教育部科技委员会学部委员、教育部机械基础课程指导委员会委员、国际IFToMM教育委员会委员、中国汽车工程学会副理事长、安徽省汽车工程学会理事长、安徽省内燃机学会理事长、全国机械原理教学研究会副理事长、华东地区机械原理教学研究会理事长。

主要从事机构学、机械传动、数字化设计与制造、电动汽车、磁力机械学等方面的教学和研究工作。主持承担了科技部、教育部、国家自然科学基金委员会、安徽省科技厅等支持的项目及与企业合作的科研项目150多项，发表学术论文400多篇，出版著作16部，获得专利20多项，获省（部）级科学技术进步奖一等奖1项、二等奖2项、三等奖5项，安徽省教育厅科技进步二等奖1项。获国家政府特殊津贴，入选国家“百千万人才工程”，获机电部优秀科技青年奖、机电部教书育人奖、安徽青年科技奖、安徽省优秀留学回国人员称号、中国机械工业青年专家称号、全国模范教师称号、全国各民主党派工商联无党派人事为全面建设小康社会作贡献先进个人称号。

李华栋，全国政协常委，江西省科协第七届委员会主席。

1960年3月出生，江西遂川人。江西省政协副主席，九三学社中央常委，九三学社江西省委会主委。1982年毕业于江西工学院。1989年获无锡轻工业大学工程硕士学位。1991年至1998年在德国Hohenheim大学攻读博士学位及从事博士后工作，获该校工学博士学位。先后担任江西工学院助教、中德联合研究院讲师、德国Hohenheim大学博士后、中德联合研究院教授。2001年至2008年任江西省科学院副院长、省科协副主席（兼职）。2008年5月起任江西省科协主席。2002年6月任九三学社江西省委会副主委，2006年5月当选为九三学社江西省委会主委。2003年3月当选为第十届全国政协委员，2007年1月当选为省政协副主席，2008年3月当选为第十一届全国政协委员。

主要从事食品工程研究，在食品工程领域积累了丰富的研究和开发经验。完成国家和省部级研究课题8项，在国际学术刊物发表论文15篇，国内学术刊物发表论文9篇，其中14篇被SCI和EI收录，出版专著2部。

唐启升，中国科协副主席，山东省科协第八届委员会主席，中国工程院院士。

1943年12月出生，辽宁大连人。现任中国水产科学研究院黄海水产研究研究员、中国工程院主席团成员、农业部科学技术委员会副主任、中国水产学会理事长、中国水产科学研究院名誉院长、联合国海委会大海洋生态系咨询委会委员。

长期从事海洋生物资源开发与可持续利用研究，在海洋生态系统、资源增殖与管理、远洋渔业、养殖生态等方面有许多创新性研究，推动大海洋生态系概念的发展，是中国海洋生态系统研究的开拓者，取得一系列有重要学术意义和重大应用价值的科研成果，发表论文专著240余篇册。积极参与国家科技发展战略研究，提出“切实保护水生生物资源，有效遏制水域生态荒漠化”的建议，最终形成了我国第一个生物资源养护行动实施计划——《中国水生生物资源养护行动纲要》。主持完成的科研成果获国家科学技术进步二等奖3项、三等奖1项，另有6项成果获省部级科技奖励。先后获“全国杰出专业技术人才奖”、“山东省科学技术最高奖”等17项国家和省部级奖励。

康耀红，全国政协常委，海南省科协第五届委员会主席。

1963年5月生，陕西韩城人。1987年1月参加工作，1999年4月加入中国民主同盟。1987年毕业于西北电讯工程学院（现为西安电子科技大学）应用数学专业，获硕士学位，1987年1月至1998年8月历任西安电子科技大学讲师、副教授，其间在西安电子科技大学电路与系统专业学习，获博士学位。1998年8月至2008年4月历任海南大学信息科学技术学院副院长、院长，教授，海南大学副校长。现任海南省人大常委会副主任、民盟中央常委、民盟海南省委主委。

主要从事互联网信息检索、多传感器信息融合、计算机网络等领域的研究，是我国信息检索与数据融合领域的主要开拓者和奠基人。在信息检索领域，创造性地提出广义信息检索理论，解决了Internet信息检索系统中检索结果不能排序、不能控制输出量大小、不能对网上信息进行自动标引、缺乏柔性表达用户需求机制等重大难题；在信息融合领域，基本解决了K—N目标检测规则中K值的选取问题，并创造性地应用复式概率纸基于检测率和虚警率建立了传感器性能单一的评价指标，为信息融合理论在实际中的应用奠定了基础。出版《现代情报检索理论》《数据融合理论与技术》等专著、教材18部，发表论文80多篇。主持完成国防“八五”重点军事预研项目、教委博士点基金、教育部科学技术重点研究项目、国家外专局国际合作交流项目、海南省自然科学基金等多项重大科研项目，获国家实用新型发明专利1项、机电部科技进步奖2项。被评为机电部优秀科技青年、海南省有突出贡献的优秀专家、全国师德先进个人、全国各民主党派工商联无党派人士为全面建设小康社会作贡献先进个人、国务院特殊津贴专家。

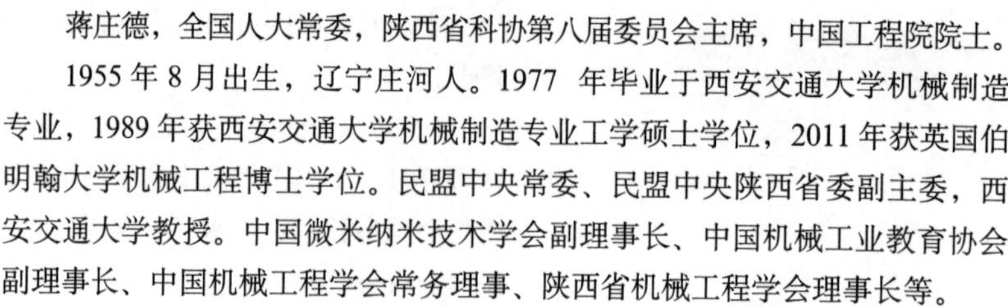

蒋庄德，全国人大常委，陕西省科协第八届委员会主席，中国工程院院士。

1955年8月出生，辽宁庄河人。1977 年毕业于西安交通大学机械制造专业，1989年获西安交通大学机械制造专业工学硕士学位，2011年获英国伯明翰大学机械工程博士学位。民盟中央常委、民盟中央陕西省委副主委，西安交通大学教授。中国微米纳米技术学会副理事长、中国机械工业教育协会副理事长、中国机械工程学会常务理事、陕西省机械工程学会理事长等。

长期从事微纳制造与MEMS传感器技术、精密加工装备、精密测试技术等方面的研究，在高端MEMS传感器与纳米器件、数字化精密测量技术与装备、超精密加工机床等方面成就突出。获得国家技术发明二等奖和国家科技进步二等奖各1项，省部级科技奖励7项，全国优秀博士学位论文指导教师和全国高等学校优秀骨干教师等。

王永明，新疆维吾尔自治区科协第八届委员会主席。

1958年2月出生，新疆呼图壁人。1976年9月参加工作，大连理工大学高级管理人员工商管理专业毕业，在职研究生学历，高级工商管理硕士，高级工程师。

1978年2月至1982年2月，新疆工学院化工系无机化工专业学习；1982年2月至1985年10月，中国石油化工总公司乌鲁木齐石化总厂化肥厂技术员；1985年10月至1992年1月，中国石油化工总公司乌鲁木齐石化总厂化肥厂合成车间技术员、副主任、主任；1992年1月至1993年8月，中国石油化工总公司乌鲁木齐石化总厂化肥厂副厂长；1993年8月至1994年9月，中国石油化工总公司乌鲁木齐石化总厂生产部主任（其间：1994年3月至1994年5月，中国石油化工集团公司干部管理学院中青班学习）；1994年9月至1995年4月，中国石油化工总公司乌鲁木齐石化总厂化纤厂厂长；1995年4月至1997年1月，中国石油化工总公司乌鲁木齐石化总厂副厂长；1997年1月至1999年9月，中国石油化工总公司乌鲁木齐石化总厂厂长（1996年12月至1998年11月，中国社会科学院研究生院企业管理专业学习）；1999年9月至2002年2月，中国石油天然气股份有限公司乌鲁木齐石化分公司党委书记、经理；2002年2月至2003年1月，新疆维吾尔自治区人民政府党组成员、主席助理（其间：2002年3月至2003年1月，中央党校中青班学习）；2003年1月至2008年1月，新疆维吾尔自治区人民政府党组成员、主席助理，自治区经济贸易委员会（自治区国防科工办）党组书记、主任；2008年1月至2009年4月，新疆维吾尔自治区政协副主席，自治区人民政府党组成员，自治区经济贸易委员会（自治区国防科工办）党组书记、主任（2006年9月至2009年1月，大连理工大学高级管理人员工商管理专业学习，获高级工商管理硕士学位）；2009年4月至2013年1月，新疆维吾尔自治区政协副主席，自治区人民政府党组成员，自治区经济和信息化委员会（自治区国防科工办）党组书记、主任。2013年1月至2014年1月新疆维吾尔自治区人大常委会党组副书记、副主任。2014年1月至2014年10月，新疆维吾尔自治区人大常委会党组副书记、副主任，人大财经委员会主任委员。2014年10月至今，新疆维吾尔自治区人大常委会党组副书记、副主任，人大财经委员会主任委员。

黄斌，新疆生产建设兵团科协第三届委员会主席。

1962年12月出生，山东荣成人。1983年7月石河子农学院（现石河子大学）毕业，获工学学士学位。2003年7月研究生毕业于中央党校研究生院经济管理专业。大学毕业后留校任教，1989年1月至1994年7月任农学院工会副主席，工会主席，学生处处长，1996年6月任石河子大学农学院党委委员、副院长，1999年3月任兵团科协副主席、科技局副局长，2013年7月任兵团科技局党组书记、局长，2014年2月任兵团科技局党组书记、局长，兵团科协主席。

表彰奖励

关于公布2013年度优秀全国科普教育基地的通知

科协办发普字〔2014〕3号

各有关全国学会、协会、研究会，各省、自治区、直辖市科协，新疆生产建设兵团科协：

根据《中国科协办公厅关于开展全国科普教育基地2013年度工作考核的通知》（科协办发普字〔2013〕48号）的有关要求，各省、自治区、直辖市科协、全国学会、协会、研究会及有关部门高度重视，积极组织相关全国科普教育基地参与年度考核工作。经专家评审，中国科协确定中国消防博物馆等103家全国科普教育基地为“2013年度优秀全国科普教育基地”（名单见附件）。

希望各优秀全国科普教育基地认真贯彻党的十八届三中全会精神，再接再厉，奋发进取，充分发挥优秀全国科普教育基地的示范作用，进一步为公众提供更多更好的科普公共服务。希望其他全国科普教育基地以优秀基地为榜样，逐步提升科普公共服务能力，为提高公民科学素质做出新的更大贡献。

附件：2013年度优秀全国科普教育基地名单

中国科协办公厅

2014年1月17日

附件

2013年度优秀全国科普教育基地名单

中国消防博物馆
中国测绘科技馆
中国古动物馆
中国儿童中心
中国地质大学博物馆
国家动物博物馆
中国航天员科研训练中心
中国煤炭博物馆
北京市气象台
北京市水生野生动物救治中心
中国铁道博物馆
北京通信电信博物馆
北京大学第一医院
北京天文馆
北京自然博物馆
中国电影博物馆
中国农业博物馆
中国科学技术馆
天津天士力集团有限公司
天津科学技术馆
天津市青少年科技中心
天津海昌极地海洋世界
中科院国家天文台兴隆观测基地
河北省邢台市郭守敬纪念馆
河北省正定县科技馆
太原动物园
包头市科技少年宫
沈阳理工大学兵器博物馆
沈阳盛京自然博物馆
集安市科技馆
黑龙江省科学技术馆
上海农业科普馆松江馆
上海航宇科普中心
上海市气象科普教育基地
上海市禁毒科普教育馆（上海市青少年活动中心）
上海城市规划展示馆
上海科技馆
上海海洋水族馆
上海集成电路科技馆
中国福利会少年宫
星期8小镇（上海童梦企业）
中国科学院上海昆虫博物馆
上海交通大学钱学森图书馆
上海市青少年校外活动营地（东方绿舟）
南京科技馆
盐城市科技馆
苏州市东吴国家森林公园
南京市红山森林动物园
无锡感知博览园投资开发有限公司
浙江省科学技术馆
嘉兴市科技馆
中国国电集团温岭江厦潮汐试验电站
安徽博物院
合肥市科技馆
安徽省科学技术馆

福建省龙岩市新罗区中小学生安全生产宣传教育基地

福建省图书馆

福建省科技馆

厦门科技馆

厦门市园林植物园

厦门海底世界

江西井冈山国家级自然保护区

江西省气象科普教育基地

山东省青少年活动中心

临沂市科技馆

青岛极地海洋世界有限公司

中国黄金实景博览苑

胜利油田科技展览中心

保龄宝生物股份有限公司营养科学传播中心

寿光市蔬菜高科技示范园

山东省青少年科普教育实践基地

嵩山地质博物馆

修武县云台山风景名胜区

郑州市动物园

新安县蜗牛产业协会

武钢博物馆

湖北省现代农业展示中心

中国地质大学（武汉）逸夫博物馆

湖南省森林植物园

新会（广东）桥梁博物馆

东莞科学馆

广西科学技术馆

云南省博物馆

中国石林喀斯特地质博物馆

中国科学院西双版纳热带植物园

贵州省龙里林场

贵州科技馆

自贡恐龙博物馆

四川科技馆

自贡市盐业历史博物馆

成都动物园

成都大熊猫繁育研究基地

重庆科技馆

重庆中国三峡博物馆

重庆市动物园

渭南市气象科普教育基地

兰州地震博物馆

青海湖国家级自然保护区

宁夏回乡文化实业有限公司（中华回乡文化园）

宁夏科技馆

新疆科技馆

中国科学院新疆天文台南山观测基地

中国科学院新疆生态与地理研究所标本馆

关于表彰李象益同志的决定

科协发组字〔2014〕9号

各全国学会、协会、研究会，各省、自治区、直辖市科协，新疆生产建设兵团科协：

2013年11月24日，中国科技馆原馆长、中国自然科学博物馆协会名誉理事长、著名科普专家李象益同志荣获联合国教科文组织卡林加科普奖。这是该奖设立以来，中国人首次获得这一国际科普领域最高奖，体现了国际社会对中国科普事业发展和公民科学素质建设取得成就的充分认可和赞誉。

李象益同志在科普领域取得的突出成就，为广大科技工作者和科普工作者树立了光辉榜样，为祖国和人民争得了崇高荣誉。他在30多年的科普生涯中，坚持把提高全民科学素质、促进科普事业繁荣发展作为奋斗目标，矢志不移地向广大民众倡导科学理念、传播科学知识、普及科学方法、弘扬科学精神。他注重前沿科技资源的科普化，积极把自己的科研成果推广给公众；他注重引进、吸收和创新，开创性地将国际科学中心建设理念运用于科普场馆建设；他注重将科普深度教育创新理念应用于科普实践，推动科普工作为国家经济社会发展服务；他注重研究全民科学素质的内涵与外延，开展我国首届公民科学素养调查，为我国制定相关政策法规奠定了基础；他注重国际合作，参与发起亚太地区科技馆联盟，把我国科普工作推向国际舞台。

为褒奖李象益同志为我国科普事业作出的突出贡献，发挥先进人物的模范表率作用，引领广大科技工作者积极投身科普事业，中国科协决定对李象益同志予以通报表彰。

广大科技工作者和科普工作者要向李象益同志学习。学习他30年如一日奉献科普事业的执着追求，学习他把自身追求与人民科技需求紧密结合的高贵品

质，学习他干一行、爱一行、钻一行的敬业精神，学习他面向基层、惠及大众、服务社会的公仆情怀。要像李象益同志那样，立足岗位、勤奋敬业、创先争优，努力争当科学知识的传播者、科学方法的实践者、科学思想的倡导者、科学精神的弘扬者。

各级科协组织要紧密结合贯彻落实党的十八大和十八届二中、三中全会精神，深化党的群众路线教育实践活动成果，广泛开展宣传学习李象益先进事迹活动，充分调动和激发广大科技工作者理解科普、支持科普、参与科普的积极性、能动性和创造性，团结和引领广大科技工作者、科普工作者和科协工作者为全面建成小康社会、实现中华民族伟大复兴的中国梦作出新的更大贡献。

中国科学技术协会
2014 年 1 月 24 日

关于授予王从敏等 10 位同志第十七届中国科协求是杰出青年成果转化奖的决定

科协发厅字〔2014〕34 号

为鼓励在科技成果转化工作中做出优异成绩的青年科技人员，根据《中国科协求是杰出青年奖条例》规定，经中国科协求是杰出青年奖评审委员会审议通过，决定授予王从敏等 10 位同志第十七届中国科协求是杰出青年成果转化奖。

荣获本届中国科协求是杰出青年成果转化奖的同志，热爱祖国，勇于创新，在科技成果向现实生产力转化等方面作出了突出贡献。希望获奖同志珍惜荣誉，认清使命，在科技创新的道路上不断创造新成就。希望广大青年科技工作者向获奖同志学习，牢固树立创新科技、服务国家、造福人民的思想，把科技成果应用在实现国家现代化的伟大事业中，把人生理想融入到为实现中华民族伟大复兴的中国梦的奋斗中。

获奖人员名单如下：

王从敏　王继华　刘　伟　刘雪松　张剑龙
周　翔　姜利军　黄铁军　蒙健宗　魏灵玲

中国科学技术协会
2014 年 5 月 19 日

关于授予马鑫等 15 位同志第十七届中国科协求是杰出青年实用工程奖的决定

科协发厅字〔2014〕35 号

为鼓励奋斗在工程技术科研和生产一线上的优秀青年科技人员，根据《中国科协求是杰出青年奖条例》规定，经中国科协求是杰出青年奖评审委员会审议通过，决定授予马鑫等 15 位同志第十七届中国科协求是杰出青年实用工程奖。

荣获本届中国科协求是杰出青年实用工程奖的同志，热爱祖国，甘于奉献，在工程技术相关领域作出了突出贡献。希望获奖同志珍惜荣誉，认清使命，在科技创新的道路上不断创造新成就。希望广大青年科技工作者向获奖同志学习，牢固树立创新科技、服务国家、造福人民的思想，把科技成果应用在实现国家现代化的伟大事业中，把人生理想融入到为实现中华民族伟大复兴的中国梦的奋斗中。

获奖人员名单如下：

马　鑫　王海斗　宁　辉　李玉阳　任向红
朱启华　刘爱军　李慧艳　肖　飞　肖立权
苏　航　赵剑衡　徐晓东　崔脩龙　温志津

中国科学技术协会
2014 年 5 月 19 日

关于追授杨衍忠同志“全国优秀科技工作者”称号的决定

科协发组字〔2014〕71 号

各全国学会、协会、研究会，各省、自治区、直辖市科协，新疆生产建设兵团科协：

杨衍忠同志生前系江西省地质矿产勘查开发局赣南地质调查大队高级工程师。1938 年 11 月出生，1956 年参加工作，1966 年加入中国共产党，1994 年退休，2014 年 5 月 20 日因病逝世。

杨衍忠同志是我国科技工作者的优秀代表，为我国地矿事业发展无私奉献了一生。退休前，他一心一意扑在工作上，38 年一直坚持在野外从事地质找矿工作，先后承担多个国家级、省部级重大找矿项目，他的足迹遍及赣南的山山水水，搜集了大量地质矿产、物探遥感资料，为发展祖国地矿事业作出重要贡献。退休后，他在病魔缠身的情况下，依旧执着坚守，继续发挥余热，20 年如一日，以每年 30 万字的编写速度与时间和生命“赛跑”，编写了近 600 万字的《江西南部地质、物化探找矿文稿》并无偿捐献给国家，为党和人民留下了宝贵的物质财富和精神财富。杨衍忠同志自觉把无私奉献当成了一种人生境界，把忘我工作当成了一种乐趣，把鞠躬尽瘁当成了一种崇高追求，他不懈奋斗的一生，为我国广大科技工作者树立了光辉的榜样。

为了表彰杨衍忠同志为我国地质事业发展作出的突出贡献，根据《全国优秀科技工作者评选表彰办法》，经中国科协书记处研究，决定追授杨衍忠同志“全国优秀科技工作者”称号。

中国科协号召全国广大科技工作者向杨衍忠同志学习，学习他坚定信念、对党忠诚的政治品格，学习他鞠躬尽瘁、无私奉献的崇高境界，学习他务实进取、争创一流的敬业精神，学习他大公无私、甘守清平的高尚情怀。各级科协组织要以习近平总书记系列重要讲话精神为指导，结合工作实际把学习杨衍忠同志的先进事迹纳入社会主义核心价值观教育活动中，引导广大科技工作者以杨衍忠同志为榜样，始终坚定共产主义理想和中国特色社会主义信念，始终保持昂扬向上、积极进取的精神状态，始终保持平常之心、淡泊之情、奉献之志，努力为实施创新驱动发展战略、实现中华民族伟大复兴的中国梦贡献智慧和力量！

中国科学技术协会
2014 年 10 月 13 日

关于表彰
第六届全国优秀科技工作者的决定

科协发组字〔2014〕92 号

各全国学会、协会、研究会，各省、自治区、直辖市科协，新疆生产建设兵团科协，解放军总政治部干部部：

为深入贯彻落实党的十八届三中、四中全会精神和习近平总书记系列重要讲话精神，大力弘扬尊重劳动、尊重知识、尊重人才、尊重创造的良好风尚，充分调动和激发广大科技工作者在实施创新驱动发展战略中的创新热情和创造活力，根据《全国优秀科技工作者评选表彰办法》规定，经推荐单位评选推荐、全国优秀科技工作者评审委员会评审、中国科协全国委员会常务委员会批准，决定授予包信和等 10 名同志“十佳全国优秀科技工作者”称号，授予丁长青等 37 名同志“十佳全国优秀科技工作者提名奖”，授予田野等 962 名同志“全国优秀科技工作者”称号。

获得“全国优秀科技工作者”称号的同志，是我国广大科技工作者的优秀代表。他们立足本职、敬业奉献，拼搏进取、争先创优，潜心钻研、勇攀高峰，自觉把个人的事业追求和人生价值同国家富强、社会进步、人民幸福紧密联系起来，培育和践行社会主义核心价值观，积极投身创新驱动发展战略伟大实践，为我国科技事业发展作出了重要贡献。“十佳全国优秀科技工作者”称号获得者是其中的杰出代表。希望受到表彰的科技工作者珍惜荣誉，谦虚谨慎，发扬成绩，再接再厉，为提升我国自主创新能力、加快建设创新型国家、推动经济社会发展再立新功。

广大科技工作者要以获奖者为榜样，学习他们心系祖国、服务人民的高尚情操，学习他们求真务实、勇于创新的科学精神，学习他们爱岗敬业、甘于奉献的职业操守，学习他们淡泊名利、敢于担当的优秀品质，努力在实施创新驱动发展战略中发挥引领作用，在深化科技体制改革中勇作先锋，在探索中国特色自主创新道路上奋发有为，以更加旺盛的创新热情和创造活力，积极投身于全面深化改革的伟大实践，努力创造出无愧于时代的工作业绩，为实现中华民族伟大复兴的中国梦贡献智慧和力量。

附件：1．“十佳全国优秀科技工作者”名单
2．“十佳全国优秀科技工作者提名奖”名单
3．“全国优秀科技工作者”名单

中国科学技术协会
2014 年 12 月 12 日

附件 1

“十佳全国优秀科技工作者”名单
（按姓氏笔画排序）

姓　名	工作单位
包信和	中国科学院大连化学物理研究所
江恩慧（女）	黄河水利科学研究院

李文昌（白族） 云南省地质调查局
吴永斌 甘肃省庄浪县农业技术推广中心
吴汉明 中芯国际集成电路制造（北京）有限公司
沈中阳 天津市第一中心医院
谢　毅（女） 中国科学技术大学化学与材料科学学院
强小林 西藏自治区农牧科学院农业研究所
褚君浩 中国科学院上海技术物理研究所
谭述森 解放军卫星导航定位总站总体技术部

附件 2

“十佳全国优秀科技工作者提名奖”名单

（按姓氏笔画排序）

姓　名　工作单位

丁长青（回族） 北京林业大学自然保护区学院
丁列明 贝达药业股份有限公司
丁奎岭 中国科学院上海有机化学研究所
卫三平 吕梁市水土保持技术推广服务站
王　利 宝钢中央研究院汽车用钢开发与应用技术国家重点实验室
王金华 中国煤炭科工集团有限公司
王香增 陕西延长石油（集团）有限责任公司
邓晓华 南昌大学
田维敏（土家族）中国热带农业科学院橡胶研究所
杜凤山 燕山大学研究生院
李立明 中国医学科学院、北京协和医学院
杨知行 清华大学电子工程系
吴世政 青海省人民医院
吴欣娟（女） 北京协和医院护理部
吴　彬（女） 新疆天业（集团）有限公司
沈肖雁（女） 中国科学院高能物理研究所实验物理中心
张齐生 南京林业大学竹材工程中心
张改平 河南农业大学
张学军 中国科学院长春光学精密机械与物理研究所
陈维江 国家电网公司交流建设部
罗孝贵 四川省甘孜藏族自治州农业科学研究所
周　青 华东师范大学数学系
周惠敏（女） 山东慧敏科技开发有限公司技术中心
周智广 中南大学湘雅二医院
贾金锋 上海交通大学物理系
顾政一 新疆维吾尔自治区药物研究所
戚育芳（女） 云南省药物研究所
梁恩维（壮族） 广西大学物理学院
蒋兴良 重庆大学电气工程学院
蒋　齐 宁夏农林科学院荒漠化治理研究所
韩家淮 厦门大学医学与生命科学学部
韩道均 招商局重庆交通科研设计院有限公司
程顺和 江苏里下河地区农业科学研究所
舒红兵 武汉大学
谢晓尧 贵州师范大学
路战远 内蒙古自治区农牧业科学院
谭清泉 第二炮兵五十五基地八一四旅

附件 3

“全国优秀科技工作者”名单

（按推荐单位、姓氏笔画排序）

中国数学会 田　野　吴宗敏　周　青
中国物理学会 贾金锋
中国力学学会 仲　政　姜宗林　詹世革（女）
中国光学学会 李　淼
中国声学学会 程建春
中国化学会 丁奎岭　帅志刚　刘正平
中国天文学会 韩占文
中国气象学会 刘健文　张　强　陆其峰
中国空间科学学会 李莹辉（女）
中国地质学会 石建省　张招崇　董连慧
中国地理学会 冷疏影（女）　葛全胜
中国地球物理学会 王　平　张青杉　黄清华
中国矿物岩石地球化学学会 吴丰昌　宋谢炎
中国古生物学会 孙　革
中国海洋湖沼学会 王斌贵　柯才焕
中国海洋学会 石学法　关道明
中国地震学会 温瑞智
中国动物学会 王德华　雷富民
中国植物学会 孔宏智　刘耀光　傅　缨（女）
中国昆虫学会 卜文俊（蒙古族）　李　胜　张雅林
中国微生物学会 邵一鸣　邵宗泽　林章凛

中国生物化学与分子生物学学会 蒋争凡　魏东芝
中国细胞生物学学会 张传茂　高　翔
中国植物生理与植物分子生物学学会 蒋跃明
中国生物物理学会 黄有国
中国遗传学会 马鸿翔　李加纳　傅向东
中国心理学会 杨玉芳（女）　杨治良
中国生态学学会 何兴元（满族）　闵庆文
中国环境科学学会 张庆竹（女）　张寅平　高　翔
中国自然资源学会 沈　镭　林振山
中国感光学会 邹应全
中国优选法统筹法与经济数学研究会 刘思峰
中国岩石力学与工程学会 冯夏庭　李　宁
中国野生动物保护协会 丁长青（回族）　徐艳春
中国系统工程学会 汪寿阳
中国实验动物学会 代解杰
中国青藏高原研究会 张镱锂（满族）
中国环境诱变剂学会 柯　杨（女）　浦跃朴
中国运筹学会 修乃华
中国菌物学会 车永胜
中国机械工程学会 陈建敏　赵　兵　焦宗夏
中国汽车工程学会 李理光
中国农业机械学会 杨学军　佟　金　赵剡水
中国农业工程学会 李道亮　赵立欣（女）
中国电机工程学会 汤广福　陈维江　金小明
中国电工技术学会 牛萍娟（女）　尹天文　贾利民
中国水力发电工程学会 艾永平　周建平　蔡跃波
中国水利学会 江恩慧（女）　周怀东　蔡正银
中国内燃机学会 李树生　杨俊杰（纳西族）　沈　捷
中国空气动力学会 叶友达
中国制冷学会 丁国良　史　敏（女）　李先庭
中国真空学会 潘　峰
中国自动化学会 吴启迪（女）　吴宏鑫　周东华
中国仪器仪表学会 张明远　房建成
中国计量测试学会 毛朔南　张金涛
中国标准化协会 王德言
中国图学学会 张建平（女）　洪建胜　赵　罡
中国电子学会 刘欣然　杨知行　林金朝
中国通信学会 马卫国　王晓云（女）　齐向东
中国中文信息学会 黄河燕（女）
中国测绘地理信息学会 张新长　唐新明　翟国君
中国造船工程学会 孙景芳　朱晓环（女）　虞　赉
中国航海学会 胡亚安
中国公路学会 陈济丁　俞文生　姜振亭
中国航空学会 齐贤德　吴光辉　高正红（女）
中国宇航学会 王忠贵　陈筠力　胡万海
中国兵工学会 苏　航　李春明　邹汝平
中国金属学会 王　利　白晨光　谢建新
中国有色金属学会 朱景和　黄小卫（女）蒋开喜
中国稀土学会 李春龙
中国腐蚀与防护学会 左　禹　李晓刚
中国化工学会 张立群　谢在库　魏　飞
中国核学会 沈肖雁（女）　姜宏民（蒙古族）
中国石油学会 刘玉章　罗东红　聂　红（女）
中国煤炭学会 王金华　田宏亮　朱真才
中国能源研究会 李景明
中国硅酸盐学会 李　青（女）　张幸红　罗豪甦
中国建筑学会 王　俊
中国生物工程学会 李校堃（满族）
中国纺织工程学会 刘　琳　孙玉山　程博闻
中国造纸学会 杨　旭　房桂干　姜丰伟
中国印刷技术协会 宋延林

中国材料研究学会	张增志
中国食品科学技术学会	刘东红（女） 李　宁（女） 陈　卫
中国粮油学会	郑学玲（女） 郭道林
中国职业安全健康协会	徐会军
中国烟草学会	杨硕媛（女）
中国系统仿真学会	张　霖
中国电影电视技术学会	路晓俐（女）
中国振动工程学会	陈建兵 林建辉
中国颗粒学会	陈运法
中国照明学会	华树明
中国动力工程学会	胡修奎
中国惯性技术学会	张崇猛
中国风景园林学会	于学斌 包志毅 朱祥明
中国电源学会	刘进军
中国复合材料学会	朱建勋
中国消防协会	李建林 闵永林 周广连
中国图象图形学学会	陈武凡
中国体视学学会	康克军
中国工程机械学会	何清华
中国农学会	万建民 宁宜宝 孙大江
中国林学会	张齐生 范少辉 唐　明（女）
中国土壤学会	邓良基 张旭东 蒋　新
中国水产学会	包振民 孙建明 郭　焱
中国畜牧兽医学会	白跃宇 宋维平 杨汉春
中国植物病理学会	周雪平 郭泽建
中国植物保护学会	陈万权 柏连阳 喻大昭
中国作物学会	王天宇
中国热带作物学会	李开绵 黄华孙
中国蚕学会	李喜升 时连根
中国水土保持学会	曹文洪（满族）
中国茶叶学会	刘仲华 江用文
中国植物营养与肥料学会	魏　丹（女）
中华医学会	王宁利 杨慧霞（女） 邱海波
中华中医药学会	田振国 孙增涛 张　冰（女）
中国中西医结合学会	王学美（女） 齐清会 梁晓春（女）
中国药学会	王军志
中华护理学会	王建荣（女） 吴欣娟（女） 赵生秀（女） 郭彩霞（女） 黄叶莉（女）
中国生理学会	王　宪（女）
中国解剖学会	顾晓松
中国生物医学工程学会	姜宗来 韩忠朝
中国病理生理学会	高钰琪
中国营养学会	马冠生 糜漫天
中国药理学会	李学军（女） 周文霞（女）
中国针灸学会	王　华 方剑乔 杨金生
中国防痨学会	许绍发
中国麻风防治协会	杨　军 宋顺鹏
中国心理卫生协会	王向群 杨凤池 戴家隽
中国抗癌协会	石汉平 姜文奇 程书钧
中国毒理学会	孙祖越 彭双清
中国康复医学会	王茂斌 侯树勋
中华预防医学会	祁建城 邬堂春 李立明
中国法医学会	李生斌
中华口腔医学会	胡　静 俞光岩 徐礼鲜
中国医学救援协会	郑静晨
中国自然辩证法研究会	刘大椿
中国技术经济学会	李　平 蔡　莉（女，满族）
中国现场统计研究会	纪　宏
中国未来研究会	阎耀军
中国科学技术史学会	胡化凯
中国科学技术情报学会	叶缘民 孙建军
中国图书馆学会	孙　坦 李东来（回族）
中国城市科学研究会	叶　青（女）
中国科学学与科技政策研究会	李健民 张碧晖

中国自然科学博物馆协会	王士莉（女）
中国可持续发展研究会	刘　勇
中国青少年科技辅导员协会	刘婷婷（女）　周建中
中国科教影视协会	谢九如
中国科学技术期刊编辑学会	王　强
中国流行色协会	李莉婷（女）
中国国土经济学会	高肇林
中国土地学会	王　静（女）
中国老科学技术工作者协会	朱旭初　赵亚夫　戚育芳（女）
中国科学探险协会	效存德
中国城市规划学会	彭震伟
中国产学研合作促进会	文寨军

北京市科协

王　军（女）　王　浩　甘忠如　田　伟　石晓冬
朱维耀　任定成　刘业兴　刘　波　杜小泽　杨晓毅
吴汉明　吴嗣亮　沈月雷　宋　刚　宋　畅
张景瑞（女）　陈硕晖　范瑞祥　罗远哲
庞星火（女）　郑文刚　段海滨　施章杰　高卫民
郭小华　黄宇光　曹　彬　程　京　温慧敏（女）
甄燕昌　燕　琴（女）

天津市科协

马广礼（回族）　王正祥　吕玉里　李鑫钢　肖志坚
沈中阳　张旦天　张军劳　张雪囡（女）　周其林
洪再生　徐为人　曹　景　常　津　崔怀旭　薄克明

河北省科协

王学义　王继贵　王智森　史占良　刘明华　杜凤山
李月彬　李东明（满族）　李玉贵　李劲遐（女）
李　剑　李　勇　杨印朝　杨志辉　杨春燕（女）
张桂寅　陈景堂　武宇明（女）　郑友刚
贾冬梅（女）　曹琴英（女）

山西省科协

卫三平　王咏梅（女）　王金浩　邢联大　吕春祥
刘生海　李小峰　李有华　李卓玉（女）　李慧峰
杨建立　宋美琴（女）　张克让　武怀庆
郝丽丽（女）　胡国胜　郭毅民　魏荣珠

内蒙古自治区科协

刘万林　刘景辉　李国婧（女）　张　军
纳贡毕力格（蒙古族）　陈中永（蒙古族）孟　德
赵兴胜　赵春旺　赵洪生　程素萍（女）　路战远

辽宁省科协

于海斌　王洪新　王德才　包信和　冯子明（女）
刘红晶（女）　刘丽颖（女）　刘　峰　齐凤林
孙思予　孙富余　孙新利　李宏男　李　凯　李树普
李殿中（满族）　杨建平　何　晶（女，蒙古族）
宋满堂　张义民　苗玉和（满族）　罗娅红（女）
周　凯　赵贵辛（满族）　姜华茂　黄柏洪

吉林省科协

马琰铭　王大为　付炳锋　刘　宝　李北伟　李海波
吴　铁　张学军　金哲虎（朝鲜族）周云龙　侯玉兵
姜会林　梁正伟　韩丽（女）　程世鹏

黑龙江省科协

尹新华（女）　卢祥国　田国彬　付宏刚
曲春艳（女）　向文胜（土家族）刘守新（蒙古族）
刘晓峰　李　垚　吴效科　吴雪弘（女）　张黎明
赵　岭　段广仁　段文洋　陶星明　董晓秋（女）
蔺绍勇　廖智博

上海市科协

毛军发　王卫东　王卫庆（女）　朱毅敏　江世亮
孙爱军（女）　李富友　李儒新　何　力　何积丰
张　华　张陈平　张忠铧　张崇峰　张　曦（女）
陈建兴　邵志敏　林忠钦　周怀阳　柳卫东
柳　红（女）　黄剑华　黄　薇（女）　褚君浩

江苏省科协

王文（女）　毛久庚　仓基俊　方继朝　尹佟明
孔祥清　卢光明　付梦印　朱照红　华子春　刘　圣
刘松玉　吴小翔　吴培服　汪联辉　沈增明　陈卫东
陈发棣　范玉金　赵善麒　袁训来　钱林波
徐旭娟（女）　高玉峰　黄银和　常建强　蒋军成
程顺和　裘进浩　路建美（女）　窦希萍（女，满族）
裴　军　谭国俊　缪协兴

浙江省科协

丁列明　王建安　王贤俊　王彦广　王春生　韦铁民
毛正荣　毛伟敏　计时鸣　叶立峰　冯志仙（女）
朱　力　朱　锦　刘文高　刘树生　李海学　李继承
吴振旺　何　勇　何　超　张国平　陈　舟　陈国金

范　渊　林　燚（女）　周宇松　周拯晔　赵　浩
郭　健　郭航远　黄金龙　褚玉明

安徽省科协

王　沛　王敬才　吕莉萍（女）　朱成标
朱国萍（女）　刘　正　刘劲松　许　强　孙宜亮
李　雷　杨春杰　陈世湘　陈再高　范志超　胡立群
胡彦华　夏加发　高智谋　章志强　梁朝朝　梁　超
谢　毅（女）

福建省科协

王绪绪　毛江高　叶　敏　刘家富　关　雄　孙世刚
李登峰　邹来昌　陈良万　陈金海　陈新华　林少俊
林俊明　郑少泉　徐国兴　黄六莲（女）　曾毓群
韩家淮

江西省科协

王海宁　邓晓华　吕农华（女）　伍　歆　李秋根
张　波　陈大洲　邵江华　钟八莲（女）　涂宗财
郭俊贤　郭晓敏（女）　黄欧平　黄淑娥（女）

山东省科协

丁元余　于俊生　马来平　王全杰　王学军　王晓华
王继跃　史本康　吕　华（女）　吕敬军　朱希强
刘　洋　刘素美（女）　刘培玉　孙忠周　李长松
李利昕　李建庆　李振香（女）　肖　林（女）
张　明　张宪省　张爱元　陈光磊　陈绍杰
周惠敏（女）　郝翠芳（女）　班　博（女）
钱　恒　徐军祥　殷　文　翟慎宝

河南省科协

王立东　毛凤梧　卢绍辉（回族）　冯德显　吕安相
乔国厚　刘玉兰（女）　刘国华　刘章锁　许为钢
孙　群　李亚萍（女）　李金铠　宋兆普　宋　锋
张志华　张改平　赵宗武　赵超峰　秦英奕　郭玉松
郭振荣（女）　崔书克　雷廷宙　廖大林　阚全程

湖北省科协

丁　汉　王家宁　孙四权　何婷婷（女）　余书平
余家国　李建林　李莉娥（女）　李培武　李　清
吴顺清　别之龙　张一敏　张　杰　胡小勇　胡强高
项明武　郝　芳　梅国强　梅　梅（女）　常剑波
彭文波　舒红兵　潘典进

湖南省科协

龙兴武　刘幼硕（女）　刘建勋　刘朝晖　李学军
李晓东　李高阳　杨年慈　杨远柱（土家族）肖海波
余志武　张大庆　陈　曦　周智广　周新华　赵正洪
胡辽平　袁海斌　彭英林　韩　旭　喻乐康　樊运新

广东省科协

马　骏　王小菁（女）　王　俊　王朝晖　王登良
卢继延　付振晓　朱红惠（女）　刘永宏　刘桂雄
闫俊华　杜炳旺　李来好　李宝军　李景镇　吴传海
何明川　张继超　陆永跃　陈达灿　陈　星　陈荣昌
陈　雯（女）　陈瑞爱（女）　罗颂平（女）
周春兰（女）　钟　清（女）　袁振宏　徐湘民
舒鼎铭　谢胜利　廖　明　裴端卿

广西壮族自治区科协

韦本辉　龙　跃　孙立贤　孙果宋　孙保燕　李卫国
何松青　陆顺忠（壮族）　陈乃明　陈晓汉　钟小宁
唐　农　梁恩维（壮族）　谭海涛

海南省科协

王　燕　田维敏（土家族）李灼日　李孟森　李浩勇
吴　敏　秦建柱　郭　敏

重庆市科协

王启贵　王志刚　王洪白　刘　云　刘庆宾（满族）
张劲松　张盛林　陈秀强　林　莉（女）　唐　开
高光勇　蒋兴良　曾春雨　潘复生

四川省科协

马弘舸　王建录　王　莉（女）　卢　伟　朱晓明
孙　嫘（女）　严月浩　李中举　李家民　李晓松
李登瑞（羌族）　杨战平　何国福　邹喜华　陈代文
罗子欣（女）　罗孝贵　郑林斌　练顺才（女）
胡秀英（女）　段俊国　姜大春　符宇航（女）
彭　倍　蒙大桥　潘晓勇

贵州省科协

王洪礼　邓朝勇　刘　耘　杜　娟（女）　郁建生
胡建山　洪名勇　湛正刚　谢晓尧　潘文杰

云南省科协

王　华　王昆华　李文昌（白族）　李华春　李成云
李学智（彝族）　李高峰　李　唯（女）
杨继刚（纳西族）陈淑云（女）　赵卫东（回族）
魏　杰

西藏自治区科协

边巴次旦（藏族）朱　霞（女）　旺　多（藏族）
顿珠（藏族）　黄晓清（女，藏族）
康龙丽（女）　强小林　普布次仁（藏族）

陕西省科协

马海晨　王刚云　王　荃　王香增　冯安荣
师娟子（女）　庆　群（女）　刘卫国　齐　勇
孙鸿声　李红梅（女）　李　英（女）　李海宁

赵永庆　袁卓亚（女）　常秀云（女）　董文祥
裴建明　潘　泉　魏　超

甘肃省科协

王　涛　李　平　李得天　杨志强　杨　勤　吴永斌
张永茂　张艳萍（女）　孟兴民　夏春谷
阎　萍（女）　谢小冬（回族）

青海省科协

王东方　多杰才让（藏族）杜德志　李军乔（女）
杨予海　吴世政　张阳勇　索有瑞

宁夏回族自治区科协

马绍国（回族）　王德臣　刘　娟（女）　余秋生
沈效东　郑爱国　蒋　齐　潘泰安

新疆维吾尔自治区科协

马依彤　王　艳（女）田长彦　吴丽莉（女，满族）
余　雄　张学鲁　玛依努尔·尼牙孜（女，维吾尔族）
徐　云　顾政一　塔世根·加帕尔（维吾尔族）

新疆生产建设兵团科协

邓福军　吴　彬（女）　坎　杂（蒙古族）郑新疆
高庆华　彭　延

解放军总政治部科协

卜先锦　马丰文　马少林　王安宝　王军良　王连平
王沙飞　王国宏　王振国　王辉山　叶雄兵　邢更彦
成　跃　朱石坚　刘永坚　刘　冰　刘铁军　孙　钢
杜富贵　李世望　李　炜　李曙光　肖华春　张永生
张红武　张明智　张　统　陈自谦　陈建明　陈晓工
林振国　金云平　胡德文　侯立安　药立波（女）
莫凤杰　高　月（女）　高晓唯　黄长强　黄安祥
黄　烽　程玉胜　程　华　韩　礼　靳　平　解国洪
谭述森　谭清泉　黎　湘

中国科协 2014 年度
事业发展统计公报

中国科协 2014 年度事业发展统计公报

2014 年，在党中央、国务院的正确领导下，中国科协认真学习贯彻党的十八大和十八届三中、四中全会精神，学习贯彻习近平总书记系列重要讲话精神，按照中央书记处关于科协工作的重要指示，坚持在继承中发展、在落实中提升的工作原则，自觉围绕中心、服务大局，认真履行“三服务一加强”工作职能，积极进军科技创新和经济建设主战场，主动谋划新思路，创新工作机制和手段，各方面工作取得新的成绩。

一、组织建设

截至 2014 年年底，各级科协组织 3222 个；中国科协所属全国学会和委托管理学会 200 个；各省级科协所属省级学会 3938 个。各级科协从业人员 38725 人；中国科协所属全国学会从业人员 3334 人，委托管理学会从业人员 162 人；各省级科协所属省级学会从业人员 20418 人。

全国学会个人会员 437 万人；省级学会个人会员 712 万人，比上年增加 82 万人。全国学会团体会员 56171 个，比上年增加 118 个；省级学会团体会员 184357 个，比上年增加 1480 个。

企业科协 21931 个，比上年增加 650 个，个人会员 350 万人，比去年增加 3 万人。

高校科协 703 个，比去年增加 119 个，个人会员 76 万人，比上年增加 31 万人。

街道科协（社区科协）11179 个，比上年增加 2112 个，个人会员 67 万人，增加 5 万人；乡镇科协 30236 个，比上年减少 668 个，个人会员 212 万人，与上年相比增加 1 万人。

农技协 110442 个，个人会员 1466 万人。其中，在民政部门注册的农技协 39593 个，占农技协总数的 36%。

在基层直接为公众提供科普服务的专兼职科普工作者 67 万人，比上年增加 11 万人。

二、学术交流活动

各级科协和两级学会举办学术会议共 26592 次。其中，高端前沿学术会议 7749 次，占 29%；综合交叉学术会议 9174 次，占 34.5%；学术服务会议 9669 次，占 36.4%；参加人数 438.7 万人次。其中，企业科技工作者 94.6 万人次，占 21.6%。交流论文 91 万篇。

举办国内学术会议 24353 次。其中，高端前沿学术会议 6506 次，占 26.7%；综合交叉学术会议 8559 次，占 35.1%；学术服务会议 9288 次，占 38.1%；参加人数 390 万人次。其中，企业科技工作者 80 万人次，占 21%，比上年增加 7.4 万人；交流论文 78.7 万篇。

举办境内国际学术会议 1852 次。其中，高端前沿学术会议 1061 次，占 57.3%；综合交叉学术会议 483 次，占 26%；学术服务会议 308 次，占 16.6%；参加人数 43.3 万人次。其中，企业科技工作者 13.4 万人次，占 31%，比上年增加 2.2 万人次；境外专家学者 4.3 万人次，占 9.9%。交流论文 11 万篇。

举办港澳台地区学术会议 387 次。其中，高端前沿学术会议 182 次，占 47%；综合交叉学术会议 132 次，占 34.1%；学术服务会议 73 次，占 18.9%；参加人数 5.4 万人次。其中，企业科技工作者 1.2 万人次，占 22%，比上年增加 1278 人次；交流论文 1.3 万篇。

中国科协机关、省级科协 2014 年共举办学术年会 37 次；全国学会举办学术年会 1242 次。

三、科技期刊

各级科协及两级学会主办科技期刊 2575 种。其中，各级科协主办科技期刊 448 种，占 17%；全国学会主办科技期刊 1047 种，占 41%；省级学会主办科技期刊 1080 种，占 42%。

2575 种科技期刊包括中文学术期刊 1486 种，占 58%；科普期刊 578 种，占 22%；技术期刊 395 种，占 15%；英文学术期刊 116 种，占 5%。

科技期刊总印数 13574 万册。其中，各级科协主办科技期刊总印数 4658 万册，占 34%；全国学会主办科技期刊总印数 5636 万册，占 42%；省级学会主办科技期刊总印数 3280 万册，占 24%。

科技期刊总印数中：中文学术期刊印数 4262 万册，占 31%；科普期刊印数 8164 万册，占 60%；技术期刊印数 1080 万册，占 8%；英文学术期刊印数 68 万册，占 0.5%。

发表论文总数 63.5 万篇，比上年增加 1.5 万篇。其中，英文期刊发表论文数 1.6 万篇，增加 0.2 万篇。

四、科普活动

各级科协及两级学会全年举办科普宣讲活动 31.8 万次，比上年增加 0.3 万次。科普宣讲活动受众人数 3.2 亿人次，比上年增加 1.2 亿人次；播放科技广播及影视节目 19.2 万小时；举办实用技术培训 26.1 万次，3303 万人次接受培训；推广新技术新品种 69328 项；参加各类科普活动的科技人员 391 万人次。

各类科普活动覆盖村近 50 万个，覆盖率 20%。其中，科普日进村近 12 万个，覆盖率 4.8%；科技周进村近 10 万个，覆盖率 4%；日常科普活动进村近 28 万个，覆盖率 11.2%。各级科协举办的各类科普活动覆盖村近 43 万个，覆盖率 17.2%；两级学会举办的各类科普活动覆盖村近 6 万个，覆盖率 2.4%。

各类科普活动覆盖社区近 15 万个。其中，科普日进社区 4.5 万个；科技周进社区 4.3 万个；日常科普活动进社区近 6 万个。各级科协举办的各类科普活动覆盖社区 9.6 万个；两级学会举办的各类科普活动覆盖社区 5.1 万个。

五、青少年科技教育

各级科协及两级学会全年举办青少年科普宣讲活动 4 万次，比上年增加 1 万次，参加活动青少年人数 2915 万人次，增加 240 万人次；播放青少年广播及影视节目 2.2 万小时；举办青少年科技竞赛 1.1 万项，参加竞赛活动的青少年 4362 万人次，获奖人数达 106 万人次；组织 2 万人次青少年参加 301 次国际及港澳台科技交流活动，平均每次活动 66 人次参加；组织 38.6 万青少年参加 2945 次青少年科学营活动，平均每次活动 131 人次参加；编印青少年科技教育资料 4072 种，总印数 1809 万册；举办青少年科技教育培训 2.1 万次，培训人数 546 万人次。

六、科普基础设施建设

截至 2014 年年底，各级科协拥有所有权或使用权的科技馆 410 个。其中，建筑面积 8000 平方米以上的 65 个，比上年增加 3 个；科技馆全年参观人数达 3331 万人次，比去年增加 131 万人次。其中，少年儿童参观人数 1891 万人次，占全年参观人数的 57%；科普活动站（中心、室）15.9 万个，全年参加活动（培训）人数达 4640 万人次；科普画廊建筑面积（宣传栏、宣传橱窗）259 万平方米。其中，本年新增 23 万平方米；全年展示面积 602 万平方米。

截至 2014 年年底，中国科协配发给地方科协用于科普活动的大篷车共 808 辆。其中，本年配发 75 辆；科普大篷车全年下乡行驶里程 568 万公里，比上年增加 59 万公里。

截止至 2014 年年底，中国科协命名的全国科普教育基地 1198 个；省级科协命名的省级科普教育基地 3484 个；各级科协命名的科普示范县（市、区）2262 个。其中，中国科协命名的 898 个，省级科协命名的 830 个，副省级、省会城市科协命名的 84 个，地级科协命名的 450 个。

七、科技传播

各级科协及两级学会编著科技图书 3485 种，比上年增加 296 种，总印数 2468 万册，增加 578 万册；主办科技报纸 220 种，比上年减少 23 种，总印数 13328 万份，减少 980 万份；制作科普挂图 9147 种，比上年增加 75 种，总印数 1777 万张，增加 198 万张。

制作科技广播影视节目 5953 套，总播放时间 10905 小时，平均 1.8 小时／套；制作科技光盘 2938 种，比上年减少 161 种，光盘总数 149 万张，减少 5 万张，平均 507 张／种；制作科普动漫作品 782 套，总播放时间 579 小时，平均 0.7 小时／套。

主办科技网站 2523 个，比上年增加 146 个，浏览人数 228545 万人次，增加 108924 万人次，平均 90.6 万人次／个。

八、科技开放与交流

各级科协及两级学会加入国际民间科技组织 677 个。其中，所属全国学会加入的组织 405 个，占 59.8%，省级学会加入的组织 252 个，占 37.2%；在国际民间科技组织中任职专家 899 人。其中，所属全国学会任职专家 527 人，占 58.6%，省级学会任职专家 351 人，占 39%。

各级科协和两级学会参加国际科学计划 335 项，比上年增加 116 项。其中，两级学会参加的国际科学计划 314 项，占 94%；促成科技合作项目 993 项，比上年增加 195 项。引进优质科技资源 434 项，占合作项目的 44%。其中，两级学会促进科技合作项目 669 项，占 67%；参加国外、港澳台地区科技活动 3.2 万人次；接待国外、港澳台地区

专家学者3.1万人次。

九、科技服务

各级科协和两级学会提供决策咨询报告12887篇，比上年增加152篇。其中，获上级领导批示3858篇，占报告总数30%；举办决策咨询活动6255次，参加活动专家5.2万人次，平均每次参加活动专家约8人次；开展科技评价9077项，比上年增加3741项。其中，所属全国学会开展科技评价3749项，占41.3%，比上年增加2833项；科技人才评价50006人。其中，所属全国学会开展科技人才评价10403人，占20.8%。

2014年，中央财政和地方财政投入科普惠农兴村奖补资金近5亿元，比上年减少1400万元。其中，中央财政投入3亿元，与上年持平。地方财政投入近2亿元；各级科协会同财政部门表彰奖励9557个（人）有突出贡献的农村专业技术协会、农村科普示范基地、农村科普带头人、少数民族科普工作队。其中，中国科协会同财政部表彰奖励1911个（人）。

全年有31721个企业开展“讲理想、比贡献”活动，组织213万人次科技人员参与。

截至2014年年底，各级科协指导组建专家工作站4200个。其中，本年新增877个；全年组织进站专家达29080人次，平均进站专家7人次/站；组建专家服务团队3635个，比上年增加776个。参加服务团队专家58878人次，平均参加专家16人次/团队。

十、为科技工作者服务

各级科协和两级学会引进海外高层次人才909人，比上年增加13人；反映科技工作者建议26995条。其中，获得上级领导批示的建议5919条，占22%；答复人大、政协代表（委员）提案2549件；走访看望（慰问）科技工作者75016人次。

中国科协机关、省级、副省级、省会城市科协和两级学会开展科学道德与学风建设宣讲活动共249场次，宣讲活动受众人数达15万人次，参加活动的专家达753人次；举办技术创新方法培训班343场次。其中，全国学会举办181场次。

中国科协机关、省级、副省级、地市科协和两级学会共举办继续教育培训班9467场次，比去年增加1548场次，培训结业人数160万人次，比上年增加39万人次；宣传科技工作者52050人，比上年增加9226人。

各级科协和两级学会表彰奖励科技工作者11.1万人次。其中，女性科技工作者3.5万人次，占31.5%，40岁以下科技工作者4.7万人次，占42.3%。

注：

1．各项统计数据均未包括香港特别行政区、澳门特别行政区和台湾省。

2．本公报中各种范围所表述的含义：

各级科协：指中国科协机关及直属单位、省级科协、副省级与省会城市科协、地级科协、县级科协。

地方科协：指省级科协、副省级与省会城市科协、地级科协、县级科协。

两级学会：指全国学会、省级学会。

全国学会：指中国科协所属全国学会、中国科协委托管理学会。

中国科协基层组织：指科学技术工作者集中的企业事业单位和有条件的乡镇街道社区等建立的科学技术协会（科学技术普及协会）。

3．学会、协会、研究会简称学会。

4．统计数据因四舍五入，存在着分项与合计不等的情况。

中国矿物岩石地球化学学会
第十一届月球・行星・科学与探测学术研讨会・欧阳自远星命名仪式

中国海洋湖沼学会
"全球变化下的海洋与湖沼生态安全"
学术交流会

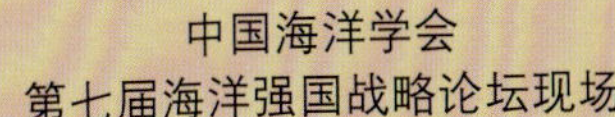

中国海洋学会
第七届海洋强国战略论坛现场

中国植物生理与植物分子生物学会
中国植物生理与植物分子生物学会第十一次全国会员代表大会暨全国学术年会

中国环境科学学会
中国环境科学学会 2014 年学术年会开幕式

中国制冷学会
中国制冷展期间国际合作签约仪式

中国农业工程学会
国际农业与生物系统工程学会第十八届世界大会开幕式

中国图学学会
中国图学学会理事长孙家广在
龙图杯大赛颁奖仪式上讲话

中国电子学会
中国电子学会同美国贸发署
签署项目合作协议

中国建筑学会
2014 中国建筑学会年会

中国印刷技术协会
第五届中国国际全印展

中国食品科学技术学会
2014 年国际食品安全大会开幕式

中国土壤学会
中国土壤学会第十二届三次理事扩大会议
暨"土壤科学与现代农业"学术研讨会

中国茶叶学会
2014 国际茶业学术研讨会

中华医学会
全国人大常委会副委员长、中华医学会会长陈竺在年会开幕式上致辞

中华护理学会第四届中加两国卫生政策对话，签署《中华护理学会与加拿大护士会合作备忘录》

中国病理生理学会第七届国际病理生理学会（ISP）世界大会

中国营养学会亚洲营养领导人高层论坛

中国麻风防治协会
中国麻风防治协会会长张国成
获颁 2013 年度国际甘地奖

中华口腔医学会
中华口腔医学会与香港牙医学会签署
设立“香港牙医学会·中华口腔医学会
学术交流基金”

中国图书馆学会
2014 年中国图书馆榜样人物颁奖仪式

第四届台皖科技论坛

第五届海峡两岸（青海）特色农业产业化论坛

2014 海峡两岸森林保育经营学术研讨会

全国学会、协会、研究会（含受委托管理的学会）简况

中国数学会

学会建设 2014年，学会共举办16次学术会议，其中国际会议10次，参加会议人数2100人次，交流论文1297篇。

2014年，学会召开了十一届四次理事会议，十一届七次、八次常务理事会议，学会正副理事长秘书长会议，学会学术交流工作委员会等会议，分别讨论了推荐国家自然科学奖人选、中国数学会2014年学术年会报告及筹备年会召开、中国数学家参加2014年国际数学家大会及国际数学联盟成员国代表大会执委会委员人选等事宜。

科普活动 2014年，学会普及工作委员会分别举办了第13届中国女子数学奥林匹克竞赛和第29届全国中学生冬令营。7月3—13日，学会参加了在南非开普敦举办的第55届国际数学奥林匹克竞赛。中国代表队获得5枚金牌、1枚银牌和团体总分第一名，上海市高继扬同学以满分的成绩获得本届比赛得分第一名。3月15日，由学会主办的第五届全国大学生数学竞赛决赛在中国科学技术大学举行。来自北京大学、清华大学、复旦大学、中国科学技术大学等150余所高校的278名学生参加决赛，其中数学类98名，非数学类180名。大会共颁发数学类一等奖22名、二等奖29名、三等奖37名；非数学类一等奖47名、二等奖61名、三等奖67名。陕西省数学会、浙江省数学会、山东省数学会、重庆市数学会、辽宁省数学会、安徽省数学会获得第五届全国大学生数学竞赛优秀组织奖。

【中国数学会2014学术年会】 9月19—22日，中国数学会2014学术年会在河南省新乡市召开。会议由学会主办，河南师范大学承办。学会理事、常务理事，来自各高校、科研单位及编辑出版单位的专家、学者共400余人参加会议。

学会理事长王诗宬，学会前任理事长马志明，中国科学院院士石钟慈、林群、刘应明、严加安、席南华，中国工程院院士崔俊芝出席开幕式。学会理事长王诗宬院士致开幕词，河南师范大学校长王健吉、新乡市副市长陶铁成、河南省数学会理事长耿献国分别致辞。

开幕式后，美国密执安大学教授阮勇斌、香港数学会理事长、香港中文大学教授辛周平、浙江大学教授包刚分别作了题为《寻找量子对称》《关于高维可压缩Navier-Stokes方程组含有大震荡和真空的古典解的整体通定性》《偏微分方程反问题的理论、计算及应用》的大会特邀报告。

在分组报告中，90余位专家、学者分别在几何、代数、计算和优化算法、应用数学、数学物理与偏微分方程等领域作了邀请报告。

会前，学会还组织召开了中国数学会正副理事长、秘书长第七次会议，中国数学会十一届八次常务理事会会议，中国数学会十一届四次理事会会议。会议期间，院士、专家分别走进河南高校作报告。

【第九届数值代数与优化国际会议】 9月12—15日，由学会参与的中国科学院数学与系统科学研究院（以下简称数学院）、吉林大学数学研究所共同举办的第九届数值代数与优化国际会议在吉林省长春市召开。美国加州大学戴维斯分校数学系主任Zhaojun Bai教授、德国洪堡大学数学系主任Andreas Griewank教授、意大利罗马大学G. Di Pillo教授、美国Rochester大学生物系主任Hulin Wu教授、美国劳伦斯伯克利国家实验室Chao Yang教授、美国加州大学洛杉矶分校Wotao Yin教授、日本国家政策研究所Takashi Tsuchiya教授等80余名专家、学者出席会议。

会议的主题是大数据时代，高性能并行算法设计。会议报告内容涉及数值优化和数值代数的各个前沿领域以及在工程、勘探、通讯、医学成像、计算生物学等领域内的应用。会议特别设立了座谈讨论环节，所有与会青年学者和专家就学科前沿问题展开讨论。

（撰稿人：李　冬）

中国物理学会

服务创新型国家和社会建设 2014年，学会继续开展高中物理新课程标准的调研工作、关于我国物理学科现状的调查问卷的统计工作，完成了《关于高中物理课程标准的调研和建议（初稿）》和《中国物理学会关于物理学科现状调查的总结报告》。

学会能力提升计划 2014年，学会获得中国科协学会能力提升专项三等奖。在项目奖补资金支持下，承办国际组织的重要系列学术会议——第八届国际生物物理学术会议，在内蒙古自治区的四所高校举办第二届中国物理学会女物理学家巡回报告会等。

学会建设 2014年，学会召开了3次常务理事会会议，发展个人会员近300人。学会所属凝聚态理论与统计物理专业委员会、光散射专业委员会、低温物理专业委员会、高能物理分会、量子光学专业委员会、半导体物理专业委员会、发光分会分别进行了换届改选。高能量密度物理专业委员会完成了组建工作。

科技期刊国际影响力提升计划 2014年，学会主办的英文期刊《中国物理B》获得中国科协优秀国际科技期刊一等奖，《中国物理快报》《理论物理通讯》分别获得二等奖。2014年，获奖期刊在项目奖补资金的支持下，积极探寻期刊发展的新途径，组织综述专题，深入挖掘优秀稿源，开展优秀论文评奖活动，邀请专家到全国重点高校，宣传期刊，扩大期刊的影响。

学术期刊 学会主办的科技期刊共11种。2014年，《中国物理快报》《中国物理B》《中国物理C》和《物理学报》分别组织了“年度最有影响力论文”评选活动。《物理学报》获得中国科协精品期刊资助项目。学会会刊——《物理》与美国物理学会网刊《物理》(*Physics*)签署了合作协议。

国际学术会议 2014年，学会及其分支机构共组织召开国际学术会议20次，包括第八届国际生物物理学术会议、第三届液晶光子学国际学术会议、第五届国际电子束离子阱和先进光源物理学会议、第十届大块金属玻璃国际会议、国际中低能重离子碰撞模拟研讨会议、第八届国际西湖研讨会——激光等离子体相互作用、第十三届国际凝聚态理论与计算材料学会议、第五届亚洲与大洋洲质谱研讨会暨第33届质谱分会年会、第五届中日等离子体中的原子分子过程国际研讨会议、国际软物质论坛、未来高能环形对撞机国际研讨会议、第十七届国际内耗与力学谱学术会议、首届强场物理与超快现象国际研讨会、第17届亚洲第一性原理电子结构计算研讨会议等。

6月18—22日，由国际纯粹与应用物理联合会(IUPAP)主办，学会和中国科学院物理研究所联合承办的第八届国际生物物理学术会议在北京召开。该会议是国际生物物理领域最有影响的学术会议，是国际纯粹与应用物理联合会（IUPAP）所属的系列会议，每三年召开一次。来自20多个国家的383名专家、学者出席会议。诺贝尔化学奖得主、以色列魏茨曼科学研究所Ada Yonath教授等5位国际著名学者应邀作大会报告，90余名学者作了邀请报告。会议期间，学会组织举办现代生物物理学前沿讲习班和青年科学家奖颁奖会。

国内主要学术会议 学会及分支机构共举办国内各类学术活动61次。

9月11—14日，中国物理学会2014年秋季学术会议在黑龙江省哈尔滨市召开。来自全国各地的2300余位专家、学者参加会议。会议由哈尔滨工业大学承办。美国科罗拉多大学教授叶军等5位知名学者作大会报告。诺贝尔物理奖得主、美国加州大学圣巴巴拉分校David Gross教授应邀作公众报告。会议设17个专题进行分组交流，共安排邀请报告288人次、口头报告626人次、张贴报告642篇，颁发了59个优秀海报奖。

国际组织任职 11月5—7日，第28届国际纯粹与应用物理联合会（IUPAP）全体大会在新加坡举行。学会理事长詹文龙竞选连任IUPAP副主席。学会常务理事金晓峰、林海青当选IUPAP所属专业委员会主任，柳卫平、学会常务理事龙桂鲁当选所属专业委员会副主任，学会常务理事龚旗煌当选专业委员会秘书，其余11人分别当选所属各专业委员会的委员。

国际交往 10月24日，第五届中韩物理学会联合论坛在韩国举行。论坛的主题为半导体物理。由学会推荐的中山大学教授金崇君作了题为《在槽的光子晶体微腔的折射率的气体传感》的报告，武汉大学教授付德君作了题为《低能团簇离子注入制备石墨烯》的报告，清华大学教授王立莉作了题为《在$SrTiO_3$衬底上的单细胞FeSe薄膜的高温超导》的报告。

11月13—16日，应美国物理学会（APS）的邀请，学会副理事长、清华大学教授朱邦芬，学会常务理事、复旦大学教授金晓峰，学会教学委员会副主任、同济大学教授顾牡，学会副秘书长谷冬梅赴美国参加了2014年美国新入行物理与天文教师研讨会(The Workshop for New Physics and Astronomy Faculty)。金晓峰作了大会报告，介绍我国高校物理教学的现状。会议期间，学会代表团应邀访问了APS、美国物理研究会（AIP）、美国物理教师协会(AAPT)总部等。

1月19—21日，第30次亚太物理学会协会(AAPPS)理事会会议在台湾地区召开。这是第八届AAPPS理事会自2013年7月成立之后召开的第一次会议。学会常务理事、AAPPS副主席龙桂鲁，学会常务理事、AAPPS理事朱星等出席会议。

科普活动 5月8日，学会常务理事、中国科学

院院士龚旗煌应邀在江苏省无锡市锡山高级中学为该校 700 名师生作了题为《光学发展对人类社会和文明的促进作用》的科普报告。报告不仅讲解了最基本的光学知识，也涉及国际前沿的光学研究成果。

10 月 11—12 日，学会女物理工作者委员会主任、北京工业大学教授隋曼龄，委员会副主任、南京大学教授彭茹雯，委员会委员、清华大学教授李群庆，上海交通大学教授严燕来，中国科学院物理所研究员吴令安，中国科学院物理所研究员厚美瑛分别在内蒙古自治区呼和浩特市、包头市的 4 所高校举办了 4 场报告会，作了 12 场科普报告。

2014 年，学会所属的全国中学生物理竞赛委员会组织开展了第 31 届全国中学生物理竞赛。共有 52 万余名学生参加预赛，3 万余人参加复赛理论考试，31 个省、自治区、直辖市选送的 360 名学生参加了 11 月 1—6 日在浙江省杭州市举行的决赛，决赛评出一等奖 61 人、二等奖 121 人、三等奖 178 人。

表彰举荐优秀科技工作者 学会向"第十一届中国青年女科学家奖""2014 年度国家自然科学奖""2014 年创新人才推进计划""2014 年度全国优秀科技工作者"等推荐科技工作者共计 7 人次。

经学会推荐，北京大学教授黄如荣获第十一届中国青年女科学家奖。清华大学教授段文晖牵头的项目"低维材料中新奇量子现象及其调控的机理研究"获得 2014 年度国家自然科学奖二等奖。清华大学教授王亚愚、中国科学院高能物理研究所研究员苑长征、北京大学教授刘运全入选 2014 年中青年科技创新领军人才。上海交通大学教授贾金锋荣获 2014 年度"十佳全国优秀科技工作者提名奖"。

会员服务 2014 年学会秋季会议首次尝试在会议网络管理系统中使用会员标识，并获得成功。计划自 2015 年起，会员参加秋季会议享受注册费折扣。

【中国物理学会 2014 年秋季学术会议】 9 月 11—14 日，中国物理学会 2014 年秋季学术会议在黑龙江省哈尔滨市召开。来自全国各高校及科研院所的专家、学者及学生 2300 余人出席会议。其中，院士 8 人、"长江学者" 30 人、"杰出青年基金"获得者 64 人、"千人计划"学者 10 人。黑龙江省副省长孙东生、哈尔滨工业大学校长周玉出席开幕式并致辞。

诺贝尔物理学奖得主、美国加州大学圣巴巴拉分校教授 David Gross 应邀作了题为《基本物理前沿》的报告。

美国科罗拉多大学教授叶军、中国科学院物理研究所研究员王玉鹏、美国佛罗里达中部大学教授常增虎、浙江大学教授陈骝、中国科学院高能物理研究所研究员苑长征应邀分别作了题为《制造世上最好的原子钟》《非对角 Bethe ansatz 和 U（1）对称破缺系统的严格解》《阿秒的瞬态吸收光谱》《Alfvén 聚变等离子体波的不稳定性》《发现 Zc（3900）》的大会报告。

会议共设 17 个专题进行了分组交流，分别是：粒子物理、场论与宇宙学，核物理与加速器物理，原子分子物理，光物理，等离子体物理，纳米与介观物理，表面与低维物理，半导体物理，强关联与超导物理，磁学，软凝聚态物理与生物物理，量子信息，计算物理，统计物理与复杂体系，电介质物理，液晶，极端条件物理。

会议通过大会报告、分会场交流以及张贴报告等形式交流和探讨一年来物理学各个领域的最新科研成果。会议期间，还举行了全国部分高校物理系主任/物理学院院长联谊会议、女物理学家圆桌会议、秋季会议组委会会议等专题会议，并开展了海报交流及优秀海报奖颁奖活动等。会议共安排大会报告 5 人次、邀请报告 288 人次、口头报告 626 人次、张贴报告 642 篇，颁发了 59 个优秀海报奖。

【第八届国际生物物理学术会议】 6 月 18—22 日，第八届国际生物物理学术会议（ICBP8）在北京召开。ICBP 是由国际纯粹与应用物理联合会（IUPAP）主办的物理学与生命科学交叉领域的重要国际会议，每三年召开一次。

十一届全国政协副主席、中国科学院院士王志珍担任大会主席，来自中国、美国、日本、韩国、印度、巴西等 20 余个国家的 383 名专家、学者出席会议，其中，国外专家、学者约 143 人，中方学者约 240 人。

会议期间，学会举办现代生物物理学前沿讲习班，邀请 16 名中外知名专家向青年学者讲授物理学与生命科学交叉前沿的重要进展和研究方法。来自国内外的 150 余名研究生参加了讲习班。

大会于 6 月 20 日正式召开。学会常务理事、IUPAP 生物物理专业委员会委员、中国科学院院士欧阳钟灿主持开幕式，王志珍致大会欢迎辞。会议邀请美国亚利桑那州立大学 Anna Barker 教授，新加坡国立大学 Michael Sheetz 教授，2009 年诺贝尔化学奖得主、以色列魏茨曼科学研究所 Ada Yonath 教授，清华大学教授施一公，哈佛大学教授谢晓亮等 5 位生物物理学领域的著名科学家作大会报告。

会议分 3 个分会场、12 个专题进行交流。90 余位国内外优秀学者，包括 7 位美国科学院院士、3 位欧洲国家的科学院院士和 3 位中国科学院院士作报告。国内外专家、学者近 500 人参加会议。

会议共张贴了 120 多张海报，展示生物物理领域各个研究方向的突出工作。会议还设立了颁奖环节，经过广泛征询意见，推选出 3 名在生物物理领域做出杰出贡献的 35 岁以下青年学者予以奖励，获奖者分别是：英国剑桥大学 Tuomas Knowles、英国伦敦帝国学院 Marina Kuimova 和南京大学曹毅。

会议共收到报告摘要 150 余篇，并出版了会议摘要集。与会专家就物理学与生命科学的交叉以及生命现象中的物理问题等展开深入的讨论和广泛的沟通。会议还促成国内科研机构、大学与国外一流大学的交流合作，所结成的研究联盟可为生物物理研究提供学术交流的平台，并通过切实的合作积极争取国内外各类基金的支持。

【第二届中国物理学会女物理学家巡回报告会】 10 月 11—12 日，第二届中国物理学会女物理学家巡回报告会在内蒙古自治区的 4 所高校举行。学会女物理工作者委员会主任、北京工业大学教授隋曼龄，中国科学院物理研究所研究员吴令安、厚美瑛，女物理工作者委员会副主任、南京大学教授彭茹雯，女物理工作者委员会委员、上海交通大学教授严燕来和清华大学教授李群庆参加了报告会。活动期间，专家分两组分别在呼和浩特市的内蒙古大学、内蒙古师范大学以及包头市的内蒙古科技大学、包头师范学院举行了 4 场报告会，共作了 12 个科普报告，并与各校师生座谈和交流。活动由学会女物理工作者委员会主办、内蒙古物理学会承办。

在内蒙古科技大学和包头师范大学，隋曼龄、彭茹雯、李群庆分别作了题为《原位透射电子显微镜下材料的新奇行为》《让金属实现宽带透明》和《神奇的纳米世界》的报告。

在内蒙古大学和内蒙古师范大学，吴令安、厚美瑛、严燕来分别作了题为《小小的单光子，大有作为》《物理学家的沙箱》《文理渗透与人格养成——从宇宙、自然与人谈起》的科普报告。

【第十二届全国博士生学术年会物理专题学术交流会】 5 月 23—25 日，在第十二届全国博士生学术年会期间，物理专题学术交流会在云南大学科学馆举行。学会副理事长、中国科学院院士朱邦芬，中国科学院院士张肇西、武向平，学会常务理事、中国科学院院士龚旗煌和清华大学教授龙桂鲁应邀担任博士生报告的点评专家。龚旗煌作了题为《超快非线性介观光学研究》的学科发展趋势报告。60 余名来自全国及云南省各高校的博士生围绕凝聚态物理、原子分子物理及光学、高能物理与核物理、天体物理等 4 个学科方向进行交流，17 位博士生就各自领域的最新研究成果作了口头报告。5 位博士生获得物理专题优秀论文奖。

【第 28 届国际纯粹与应用物理联合会全体大会】 11 月 5—7 日，第 28 届国际纯粹与应用物理联合会（IUPAP）全体大会在新加坡举行。来自全球各成员学会的专家、学者，IUPAP 执委会成员，各专业委员会主任等 100 余人参加会议。学会理事长、IUPAP 副主席、中国科学院副院长詹文龙，学会副理事长、北京应用物理与计算数学研究所研究员朱少平，学会常务理事、IUPAP 北京联系人、中国科学院物理研究所研究员吕力，学会国际交流委员会主任、北京大学教授龚旗煌，以及学会副秘书长谷冬梅出席会议。

会议通过决议，今后 3 年（2015—2017 年）IUPAP 会费份额将继续按每年 3% 的比例递增。会议决定，支持向联合国提议 2019 年为“国际声学年（International Year of Sound）”。

大会选举产生新一届执行委员会和各专业委员会。澳大利亚 Bruce McKellar 任第 28 届 IUPAP 执委会主席，瑞典 Cecilia Jarlskog 为前任主席，美国 Kennedy Reed 当选待上任主席，新加坡潘国驹（Kok Khoo Phua）当选秘书长。詹文龙连任 IUPAP 执委会副主席。学会推荐的 16 位专家入选各专业委员会。其中，复旦大学金晓峰、北京计算科学研究中心林海青分别当选为磁学、计算物理专业委员会主任；中国原子能科学研究院柳卫平、清华大学龙桂鲁分别当选为核物理、物理与发展专业委员会副主任；北京大学龚旗煌当选为激光物理与光子学专业委员会秘书；北京大学朱星、北京计算科学研究中心汤雷翰、中国科学院高能物理研究所曹臻、中国科学院物理研究所丁洪、中国科学院物理研究所李明、清华大学薛其坤、南京大学王牧、中国科学院高能物理研究所邢志忠、北京航空航天大学陈强、吉林大学丁大军、中国科学院高能物理研究所张双南等11人分别当选为符号、单位、名词、原子质量和基本常数，统计物理，天体粒子物理，低温物理，生物物理，半导体，凝聚态结构和动力学，粒子与场，物理教育，原子、分子和光物理，天体物理学专业委员会的委员。来自台湾地区的郭瑞年当选IUPAP执委会副主席，同时，台湾地区的物理学会推荐的5位专家人选各专业委员会，其中2人当选专业委员会主任。

会议期间，学会提出增加3个会费份额的申请，即由原来的12个份额增至15个，得到大会的一致通过。

（撰稿人：谷冬梅）

中国力学学会

服务创新型国家和社会建设 2014年，学会完成了石油工程中的关键力学问题调研项目，调研工作以石油工程为切入点，调查工业界与力学界的关系与合作现状，研究企业研究院所、行业院所与一般院所的合作关系以及在研究链中的地位和作用，建议通过政府各部门的项目把基础研究、应用基础研究和工程问题紧密结合起来，使国家重大需求可以在最广泛的范围里动员科技资源，促进科学事业和国民经济更快地发展。调研报告结合石油工程面临的问题及发展需要，建议设立“非常规油气开发中的重大科学问题研究和平台建设”重大项目。

学会开设讲习班和培训班7个，讲授内容包括车辆机构运动学与多体动力学技术、Hopkinson杆理论及应用、三维数字散斑相关技术及应用实验力学、非线性有限元、固体弹性波动力学、基础力学实验教学和汽车轻量化设计技术，培训人数1000余人次。

学会配合中国科协有序承接政府转移职能工作的开展，申请承担高等学校本科工程力学专业认证和国家科技奖励推荐试点项目。

学会能力提升计划 学会依托北京国际力学中心国际交流平台，在2014年举办多个面向亚太地区力学工作者的小型国际研讨会，筹备在境外举办第2届亚太青年联谊会。学会接待客座访问学者7人次。完成“学会能力提升专项——优秀科技社团奖”项目总结工作。

学会建设 2014年，学会发展会员707人，新增单位会员1个，会员总数达到24754人，单位会员总数46个。

学会和所属分支机构组织召开学术会议68次，其中，国际会议9次，共有9200余人次参加学术交流，收到论文及摘要5700余篇。

11月15日，学会召开2014年全国会员代表大会暨第九届、第十届理事会扩大会议，选举产生杨卫为理事长，完成理事会换届。会议期间分别召开了各省（市）力学学会工作交流座谈会和工程力学类专业认证委员会（筹）工作会议。

科技期刊国际影响力提升计划 学会主办期刊*Acta Mechanica Sinica*（《力学学报》）和*Theoretical and Applied Mechanics Letters*（《力学快报》）国际稿源超过70%。

学会从编委、审稿人、编辑三方面着手提升办刊队伍建设水平，逐步提高国际编委的比重。*Acta Mechanica Sinica*和*Theoretical and Applied Mechanics Letters*两刊国际编委人数均逾50%，并采取择优原则，筛选有效审稿人，每年评选优秀审稿人予以奖励。*Applied Mathematics and Mechanics*（《应用数学和力学》）聘请了多位国际知名学者担任国际编委，国外优秀稿件比例增加。学会外聘2名外籍英文编辑，并将期刊编辑参加学术会议和编辑业务培训作为一项考核内容。

学术期刊 学会主办期刊*Applied Mathematics and Mechanics* 2013年SCI影响因子为0.802，首次进入应用数学类分区Q2区。根据中国科学院最新发布的中国科学院科学出版基金科技期刊排行榜，*Acta Mechanica Sinica*、《力学进展》和《力学学报》获得择优支持。学会主办的《爆炸与冲击》《工程力学》《力学学报》《力学进展》获得“第三届中国精品科技期刊”称号，《工程力学》《力学学报》获得2013年度“百种中国杰出学术期刊”称号。

学会以“传播力学科技信息，打造一流集群化出版平台”为宗旨，在2014年完成中国力学学会期刊网平台建设，实现18种力学领域科技期刊集群化出版。

学会所属部分期刊采用责任主编审稿制、初审退稿制、为优秀稿件开辟绿色通道等多种严格、高效的审稿制度提高出版效率。70%的期刊出版周期在8个月以内，以确保文章时效性。学会主办的5种国际期刊均在国际知名出版平台Online First出版，优秀文章最快录用后7天即可实现在线出版。《力学学报》等期刊在文章录用后24小时内即在数字优先出版平台发表。

国际学术会议 2014年，学会主办和承办9个国际会议，参会人数达1490人次，交流论文1077篇。

7月13—18日，第29届国际稀薄气体动力学会议（RGD29）在陕西省西安市举办。此次会议是稀薄气体动力学领域内最为重要的学术会议，也是学会在1996年举办第20届会议之后再次申请承办的系列国际例会。来自俄罗斯、美国等20多个国家和地区的150名学者和国内的90位学者参会。会议设21个主题，共收到近300篇投稿，接受报告261个。会议安排3个大会报告，10个专题邀请报告，49场平行研讨会和2场墙报讨论会，内容涉及气体动力学、稀薄气体流动的数值方法和实验技术、态－态方法和化学反应动力学、微纳尺度流动、流动稳定性和湍流、等离子体流动与技术、分子束与颗粒流，以及空天飞行器气体动力学等领域的最新进展。

8月23—25日，第四届国际动力学、振动与控制学术会议（ICDVC2014）在上海市举办。该会议是学会发起并主办的重要系列国际会议之一。来自16个国家及地区的392名专家、学者参加会议。会议设立5个分会场和13个专题研讨会，收到412篇投稿，安排口头报告256个，墙报33篇。

10月20—22日，2014年国际实验力学秋季会议暨国际强动载及其效应研讨会在北京召开。会议由学会实验力学专业委员会、爆炸力学专业委员会与北京理工大学、美国实验力学学会、亚洲实验力学学会主办，北京理工大学爆炸科学与技术国家重点实验室、安全与防护协同创新中心、冲击环境材料技术国防重点实验室承办。来自15个国家和地区的150多名专家、学者参加会议。会议收到交流报告142篇，包括大会报告16篇、邀请报告28篇，内容涉及国际实验力学和强动载及其效应领域的发展前沿和最新研究成果。

国内主要学术会议 2014年，学会组织召开59个国内学术会议，参会人数7910人次，交流论文4612篇。学会固体力学专业委员会举办了2014年全国固体力学学术会议，1000余位专家、青年学者参会，较上届增加了3倍。

在国家自然科学基金委员会的支持下，学会动力学与控制专业委员会、实验力学专业委员会、生物力学专业委员会、青年工作委员会等多个分支机构陆续发起并主办以青年学者为主的系列学术研讨会，学会坚持定期组织每两个月1次的青年学术沙龙活动，2014年共计举办6期。

两岸交流 8月22—23日，由学会主办的中国科协海峡两岸青年科学家学术活动月——海峡两岸实验力学青年科学家研讨会在台湾地区中兴大学举办。两岸学者围绕光测技术和应用、无损检测技术和应用、微器件和纳米技术、实验分析中的混合方法和特征技术、生物力学的测试方法及应用、动态与特殊环境下的实验力学测量技术与工程结构的应用等议题进行了交流。此次活动是中国科协2014海峡两岸青年科学家学术活动月活动之一。

国际交往 2014年，学会通过中国科协“国际组织专项”等项目的支持，协助在国际断裂学会（ICF）担任主席的余寿文教授和在国际理论与应用力学联盟（IUTAM）担任大会委员会委员的卢天健教授等多位学者出席ICF和IUTAM年度工作会议，推动学会参与国际学术界重要事务的决策，提升了中国力学在国际力学界的话语权。

学会依托北京国际力学中心，主办和参与协办国际交流活动，提升学会在亚太地区的影响力。2014年，北京国际力学中心积极开展面向亚太地区的国际学术交流活动，主办的先进材料的力学行为与实验方法国际学术研讨会主要面向青年学者，该研讨会由天津商业大学、上海交通大学和清华大学共同承办。第七届南中国海海啸问题研讨会于11月在台湾地区举办，北京国际力学中心协办，学会面向亚太地区共计资助4名来自印度、印度尼西亚和新加坡的青年学生参加会议。

科普活动 2014年，学会组织开展了一系列特色科普活动，完成了科普专家团队的组建工作。学会被中国科协评为2014年度全国学会科普工作优秀单位。

5月17日，学会举办以“走进力学所，共圆科技梦”为主题的2014年科技周活动，来自30多所院校的师生和公众近1000人次参加了活动。活动中安排了科普讲座、参观新建成的趣味力学科普展室、力学科普主题展览、实验室参观以及趣味动手制作游戏等。

5月17—24日，学会在中国农业展览馆举行主题为“科学生活·创新圆梦”2014年全国科技活动周暨北京科技活动周主场活动。现场展示的漩涡演示仪和自然能水泵这两件力学科普展品受到参观者的欢迎。

11月，学会举办第六届全国空间轨道设计竞赛，13个单位组成代表队报名参加，竞赛的主题是以核动

力载人小行星探测为应用背景，设计从地球出发探测若干小行星再返回地球的深空轨道。

12月6日，学会举办第七届全国中学生趣味力学制作邀请赛，来自35所学校的200余名师生参加了比赛。赛程的设置以动手设计为主题，包括“泡沫板飞机弹射比赛”和制作“空气炮打气球”装置两个环节。北京科技视频网、新浪网、人民网等媒体对活动进行了报道。

2014年，学会响应中国科协关于加强科学传播专家团队建设的号召，通过科普专业委员会提名，理事会通过，最终选定了力学方面的7个领域组建科普传播团队。

表彰举荐优秀科技工作者 2014年，学会常务理事会议审议通过了《“中国力学奖”章程（试行）》和《“钱学森力学奖”奖励条例（试行）》等文件，并进行2014年度科学技术奖的推荐评选工作。7月，学会教育工作委员会公布了2014年中国力学学会“全国徐芝纶力学优秀学生奖”获奖名单。计算力学专业委员会在2014中国计算力学大会暨第三届钱令希计算力学奖颁奖大会期间，颁发了“第三届钱令希计算力学奖”，大连理工大学教授胡平、兰州大学教授王记增获奖。

学会在2014年参与完成了创新人才推进计划、“全国优秀科技工作者”候选人和第十一届“中国青年女科学家”奖候选人的推荐工作。经学会推荐，中国科学院力学研究所研究员姜宗林、国家自然科学基金委员会研究员詹世革、同济大学教授仲政获得第六届“全国优秀科技工作者”称号。北京大学研究员段慧玲获得第十一届中国青年女科学家奖。此外，学会向中国科协推荐的“耦合多场及非椭球Eshelby理论和应用”，通过资格审查和专家评审，入选2015年度中国科协拟推荐国家科技奖励项目。

会员服务 2014年，学会出版《会讯》6期，推送《会员专刊》12期，学会网站访问量总数为862327人次。学会还尝试新的网络传播手段，增设期刊移动数字阅读平台，搭建期刊微信公众服务平台和科普微信公众服务平台，提升学会信息传播的质量和时效。

【中国力学学会2014年全国会员代表大会暨第九届、第十届理事会扩大会议】 11月15日，中国力学学会2014年全国会员代表大会暨第九届、第十届理事会扩大会议在上海市举办，来自全国各地包括13位院士在内的第九届、第十届理事会理事，部分荣誉理事、特邀理事，各分支机构负责人，各省（直辖市）力学学会和香港特别行政区力学学会理事长、副理事长、秘书长，共计230余位代表出席会议。中国科协党组书记、书记处第一书记尚勇出席开幕式并致辞。学会理事长胡海岩代表第九届理事会作工作报告。学会专职副秘书长杨亚政代表第九届理事会作财务报告。代表大会审议通过了学会理事长胡海岩代表第九届理事会所作的工作报告和学会副秘书长杨亚政所作的财务报告。会员代表通过举手表决的形式审议通过了关于修改《中国力学学会章程》的决议。

大会投票选举产生了第十届理事会常务理事、理事长、副理事长和秘书长。新当选的第十届理事会理事长杨卫委托学会秘书长杨亚政代其宣读就职感言，表示将为中国力学进入世界前列，为中国力学学会成为中国科协最有活力和引领力的学会之一，成为全国力学工作者之家而努力奋斗。

会议邀请了7位来自不同学科领域的专家作了大会报告，报告内容涉及了我国力学工作者在面向重大工程应用和学科前沿、交叉领域所取得的研究进展。

会议期间分别召开了各省（市）力学学会工作交流座谈会和工程力学类专业认证委员会（筹）工作会议。

【卢天健和王建祥担任国际理论与应用力学联盟重要职务】 8月，国际理论与应用力学联盟（IUTAM）在丹麦科技大学召开全体理事大会。期间，IUTAM大会委员会召开工作会议，学会第九届理事会常务理事王建祥当选为IUTAM大会委员会委员，任期4年。现任IUTAM大会委员会委员、学会第九届理事会副理事长卢天健担任IUTAM固体力学

中国力学学会全国会员代表大会

奖评审委员和IUTAM专题研讨会固体组评审委员。

IUTAM大会委员会还确定了下一届世界力学家大会（ICTAM）的大会邀请报告人，学会第九届理事会理事长胡海岩院士和特邀理事方岱宁院士被推荐为第24届世界力学家大会（ICTAM2016）的大会报告人，在一届大会上同时有两位中国学者被推选担任ICTAM大会报告人尚属首次。

【第78次青年学术沙龙暨海峡两岸青年力学论坛】 5月5—7日，学会主办的海峡两岸青年力学论坛（第78次青年学术沙龙）在台湾成功大学举办。本次活动由台湾成功大学承办，来自北京大学、中国地质大学、北京航空航天大学、北京交通大学、清华大学、浙江大学、哈尔滨工业大学、复旦大学、上海大学、重庆大学、东北大学、中国科学院力学研究所、台湾成功大学等单位的60余名中青年学者参加沙龙活动。沙龙活动安排了5个学术报告，内容涵盖了流体力学、生物力学、固体力学以及力学在工程中的应用等多个方面。与会专家、学者还就大陆与台湾地区之间的力学交流与合作等方面问题进行了集中讨论。此次海峡两岸青年沙龙是第一次在台湾地区举行，也是继2013年12月新加坡沙龙联谊会之后，青年学术沙龙再一次走出我国大陆地区。

（撰稿人：陈　杰）

中国光学学会

服务创新型国家和社会建设　2014年，学会举办专业技术人才培训班和技术讲座3次，培训人数351人次。

9月，由中国科学院院士林尊琪牵头，学会理事长郭光灿院士等近40位院士和相关领域专家、企业家共同对激光科技、应用技术、产业等方面进行了深入调研和分析，形成了咨询报告《突破激光源头高科技瓶颈，开辟我国激光产业发展新局面》，通过中国科学院呈送国务院。

学会建设　2014年，学会发展个人会员240人，其中学生会员19人，其余221人中90%以上具有高级职称。学会个人会员总数达到2467人。新发展团体会员3个，单位会员总数达到68个。

2014年，学会调整理事长1人，副理事长1人，常务理事1人，增补理事1人。纤维光学与集成光学专业委员会和激光加工专业委员会完成换届，变更分支机构主任委员1人。

学会和各专业委员会共举办国际国内学术会议27次，参会人数6869人次，院士41人次参加学术交流，收录论文4563篇。

12月16日，学会副理事长兼秘书长龚旗煌院士就联合国确定2015年为国际光年有关事宜接受新华网访谈。

学术期刊　学会主办的期刊《光谱学与光谱分析》获得中国科协2014年精品科技期刊工程资助，《中国激光》获得中国科协科技期刊资源集约建设项目资助，《光学学报》获得中国科协科技期刊出版质量提升项目资助。

学科发展研究　受中国科协委托，由学会承担，学会副理事长刘旭牵头组织编写的《中国光学工程学科史》于2014年9月完成。

受国家科技名词委员会委托，由学会承担，学会副理事长郁道银牵头负责组织的《光学科学与技术名词》审定工作，已完成初稿编写和国家科技名词委员会查重，进入修改阶段。

国际学术会议　4月25—28日，由学会和国际光学工程学会共同主办的第七届国际先进光学制造与检测学术会议在黑龙江省哈尔滨市举行。来自美国、德国、日本等国家和地区的410多名专家、学者参加了会议，会议设立6个分会场，收录论文近400篇。

6月19日，第七届国际光子与光电子学会议（POEM 2014）在湖北省武汉市举行。来自中国、美国、加拿大、英国、法国、德国、瑞士、新加坡、韩国等国家的光电子器件与集成、光纤技术及应用领域的专家、学者、企业家、投资者，另有国内外高校、科研院所相关专业博士、硕士研究生、专业期刊编辑、企业研发人员200余名参加了会议。本次会议共安排报告234篇，其中邀请报告91篇、口头报告83篇、张贴报告44篇。

8月25—29日，由学会、中国工程物理研究院和国际光学工程学会（SPIE）共同主办的第20届国际高功率激光系统与应用学术会议在四川省成都市召开，这是该学术会议第一次在欧洲以外的国家主办。来自国内科研院所、高校的350多名专家、学者和来自10多个国家的40多位专家、学者分别在7个专题进行了交流。会议设特邀报告20篇，口头报告73篇，张贴布告182篇。

9月17—20日，第四届光电子学与微纳光学进

展国际会议在陕西省西安市召开。来自16个国家和地区的250余名国内外专家、学者和10家厂商参加了会议。大会共设5个主题，会议收到论文190篇，其中大会报告4篇、邀请报告84篇、口头报告31篇、张贴报告71篇。

10月20—24日，第三届光学薄膜前沿国际会议在上海市举行。来自欧洲、北美、澳洲和亚洲10多个国家和地区的光学薄膜领域的专家近60人，国内高校、研究院所和光学薄膜企业的院士、专家、学者和技术人员180余人参加会议。大会共收录论文150篇，其中邀请报告30篇、口头报告50篇、张贴墙报70篇，内容涵盖了光学薄膜的整个研究范畴。

国内主要学术会议 8月21—23日，第十一届全国激光加工学术会议在贵州省贵阳市举办，360多名来自40多所高校、50多所国内外科研机构和激光加工企业的院士、专家和企业家代表出席会议。会议共设6个分会场，收录论文174篇。会议期间，在贵州大学举行西南地区激光产业发展高峰论坛，论坛主要围绕我国激光领域的研究和产业化发展，促进西南地区激光技术在航空、汽车、重型机械等行业的应用与贵州省有关部门领导进行了研讨。

10月26—10月29日，第十五届全国光学测试学术交流会在江苏省南京市召开。来自18个省、直辖市的60多个科研单位、大专院校及光学期刊联合编辑部，共计200名专家、学者出席会议。会议收录论文192篇。

10月24—27日，2014全国光电技术与系统学术会议在江苏省南京市召开，500多位院士专家、学者出席会议。中国科学院院士郭光灿、中国工程院院士李天初、中国科学院院士吴培亨，以及国家“千人计划”特聘专家何祖源、张伟力应邀作大会报告。10多名国家“千人计划”学者及众多光学工程和光电信息工程的学科带头人到会并作专题邀请报告。会议共收录论文430篇，分9个专题展开学术交流与讨论。

国际交往 3月12日，学会副理事长兼秘书长龚旗煌在北京会见了国际光学工程学会（SPIE）首席执行官Eugene Arthurs，双方就如何深入合作，提升共同主办的学术会议水平等进行商讨，并就2014年亚洲光电子会议（Photonics Asia 2014）等有关事项签署合作协议。

10月9日，学会与国际光学工程学会（SPIE）在北京举行会谈。学会理事长郭光灿院士，副理事长兼秘书长龚旗煌院士，副理事长刘旭、李儒新，常务副秘书长李焱会见了国际光学工程学会（SPIE）主席Philip Stahl、首席执行官Eugene Arthurs、候任主席Toyohiko Yatagai、会议经理Brian Thomas、亚洲区联络官Jinxue Wang。双方就2014年亚洲光电子会议的情况进行了交流，肯定了提高会议质量的举措，同意进一步加强合作，扩大会议的影响。

科普活动 2014年，学会共举办科普活动34次，受众数万人次。学会举办了“院士讲科普”16场。学会举办全国大学生光电知识竞赛，全国63所高校，238支代表队参加比赛。学会组织大、中、小学生和社区居民参观高校、科研院所光学实验室15次，观众达3734人次。学会举办学生光学科普夏令营2次，190名学生参加。

表彰举荐优秀科技工作者 2013年度王大珩光学奖颁奖仪式10月举行，学会前理事长周炳琨院士为中青年奖获奖者刘运全、李小英颁发证书和奖金，学会理事长郭光灿院士、副理事长龚旗煌院士、副理事长李儒新为学生奖获奖者颁发证书和奖金。

学会向中国科协推荐清华大学罗毅教授等开展的“调控光线行为的三维自由光学曲面构建及其在半导体照明中的应用”项目获得国家技术发明奖二等奖。

党建强会 学会与中国科教电影电视协会、中国科学技术期刊编辑学会共同组建了联合党支部，学会副秘书长张建萍任党支部书记。7月，联合党支部的党员和入党积极分子到吉林省长春市开展了主题为“党建强会，服务科技工作者”的特色活动，走访了长春理工大学、吉林大学等单位。

会员服务 1月，学会开通学会会员管理系统在线缴费功能，完成学会地址在百度地图上的认证。2月，学会完成学会地址在谷歌地图上的认证。5月，学会网站在会员服务栏目中，增加了团体会员介绍等内容。

中国科协会员日 12月18日，学会参加了中国科协直属全国学会会员日活动。学会通过展板介绍了学会2014年工作概况、王大珩光学奖、2015国际光年、2014年诺贝尔物理学奖和化学奖中的光学，同时在现场发放了学会介绍材料和2015国际光年宣传材料。

【2014亚洲光电子会议】 10月9—11日，由学会和国际光学工程学会（SPIE）共同主办的2014亚洲光电子会议（Photonics Asia 2014）在北京举行，

来自世界各地的光学专家、学者1100余人参加会议，会议收录论文997篇。

10月9日，学会副理事长刘旭主持开幕式，学会前任理事长周炳琨院士和国际光学工程学会主席Philip Stahl分别代表主办单位致开幕词。学会常务理事、中国科学院安徽光机所所长、中国工程院院士刘文清，澳大利亚斯文本科技大学教授顾敏，美国纽约州立大学布法罗分校教授作大会邀请报告。

会议安排546个口头报告和451个张贴布告进行交流。参加会议的1100多位专家、学者，其中境外专家、学者200多名参加分会场交流，会议共设14个专题，包括高功率激光及应用、半导体激光器及应用、医疗和生物医学光学、量子与非线性光学、光电子器件与集成、全息与衍射光学及其应用、光学设计和测试、光电成像与多媒体技术、先进传感器系统及其应用、红外与毫米波及太赫兹技术、光学计量与检验的工业应用、纳米光子学和微纳光学、表面等离子体光子学、光电子实时测量、数据管理和处理。本届会议邀请到20多名“973”首席科学家及其团队骨干、2013年度王大珩光学奖获得者到会作邀请报告。会议新设立优秀学生论文奖项，会议组委会从150篇申报的学生论文中评选出6名获奖者，分别是中国科学院半导体研究所孙文惠、北京理工大学甄洁、南京大学杨刚、中国科学院上海光学精密机械研究所王津、重庆大学罗伟、中国科学院大学周康敏。

（撰稿人：张建萍）

中国声学学会

服务创新型国家和社会建设 学会举办4次实用技术培训班，第九届神经外科术中超声应用学习班、外周神经与骨骼肌腱超声诊断学习班、第十一届乳腺超声新技术新理论学习班、全国听力保护学习班。参加培训人数198人次。

国际学术会议 7月13—17日，第21届国际声与振动大会在北京召开。会议由学会和中国科学院声学研究所共同主办，国际声学和振动学会协办。会议的主题是：声与振动的深入研究。会议包括噪声、振动、言语声学、音乐声学、声学设备、有源控制等50多个议题，涵盖了声学和振动的传统和热点研究方向。

10月30日至11月2日，由国际电气电子工程师学会超声波、铁电质和频率控制协会（IEEE UFFC）分会、中国声学学会、中国力学学会联合主办，中国科学院声学研究所、北京交通大学、宁波大学承办的2014年国际压电和声波理论及器件应用研讨会在北京召开。会议邀请了9位国内外压电和声波领域专家作大会报告，并邀请了6位产业界及学术界的专家参加大会论坛。来自日本、法国、美国、伊朗等国家的200余名国内外专家与学生展开交流。

学会创新发展 学会继续与科学出版社合作，组织国内外专家、学者编写并出版《现代声学科学与技术丛书》。2014年出版《声学测量与方法》、《医学超声基础》、《铁路噪声与振动——机理、模型和控制方法》、《环境声的听觉感知与自动识别》、《磁声成像技术（上册）：超声检测式磁声成像》、《声空化物理》，总印数6900册。

学会建设 截至2014年底，学会个人会员总数为4850人，团体会员49个。学会组织召开了七届九次、十次、十一次常务理事会议，八届一次常务理事会议，七届五次、六次理事会议，八届一次理事会议。成立了声学媒体与信息分会，学会的分支机构增加至16个，超声电子学分会更名为微声学分会。11月29日，学会八届一次理事会议，选举产生了八届常务理事会。六个工作委员会负责人完成了改选，学会新一届领导班子组建完成。

国内主要学术会议 2014年，学会及所属分会共组织召开学术年会、研讨会和学术论坛等17次，征集交流学术论文556篇，参加人数1901人次，参加会议的企业科技工作者1028人次。学会高端前沿学术会议5次：2014年全国储层声学与测井技术前沿研讨会、第一届国际语音技术评测暨研讨会、2014年黑龙江、浙江、江苏、山东四省声学工程与技术学术研讨会、2014年水声与导航技术学术讲座、2014远东无损检测新技术论坛。学会举办交叉学科学术会议1次。学会召开学术服务会议有11次，2014年全国声学学术会议、2014年度全国检测声学会议、2014年中国西部声学学术交流会议、中国生物医学超声联合学术年会、2014年第十一届音响技术交流大会、2014年声频工程分会学术交流年会、2014年环境声学学术会议、第十三届全国噪声与振动控制工程学术会议、第七届海峡两岸声学学术交流研讨会议、环保企业家论坛、环境声学前沿讲座等。

表彰举荐优秀科技工作者 鉴于中国声学学会理事长田静在声学领域研究开发、学科建设和人才培养

方面的突出贡献，中国声学学会决定授予田静2014年度“马大猷声学奖”。

田静长期从事电声与噪声学研究，在有源噪声与振动控制、电子抗噪声通讯器件、声频特征信号控制、交通噪声传播与评价、有限振幅声波的应用等方面都有深入的研究和突出的建树。在基础研究方面，他对有源降噪的三种能量机制之间的关系、有源控制系统的普适传递函数、闭空间声场的简正方式有源控制等一系列问题有重要的理论创新。在有源抗噪声通信器件的研制和应用方面，取得了国际领先水平的研究成果，并已推广应用。在声波除灰、声学微机电器件与系统、声学特征信号控制等方面也有技术创新，取得了很好的社会效益和经济效益。

科普活动 2014年，学会举办科普宣讲活动15次，其中开展科技咨询13次，举办专题展览2次。学会邀请国内外知名专家对环境声学前沿、热点举行报告会，推动中国环境声学研究。举办中国环境声学教育论坛，邀请国内外从事环境声学教育的教师及从事环境噪声控制的企业家，就中国环境声学教育的现状与发展进行对话。

5月18日，学会与中国科学院声学研究所联合举办第十届公众科学日活动。学会设立了超声展区，开展了超声在工业中的应用、医学超声成像等科普讲座，参加科普活动受众1300余人次。

学会与山东声学学会及中央电视台10套“地理中国”栏目共同录制了60分钟的科教片《招鹤回鸣之谜》。

【中国声学学会第八次全国会员代表大会暨2014年全国声学学术会议】 11月29—30日，中国声学学会第八次全国会员代表大会暨2014年全国声学学术会议在江苏省南京市召开。来自学会15个分支机构、11个地方声学学会以及高等院校、科研院所、政府机关、公司企业等有关单位的专家、学者共计268人出席会议。

会议听取并审议了中国声学学会第七届理事会工作报告、财务工作报告等，通过了修改的《中国声学学会章程》以及团体单位会费标准修改草案，并选举产生了学会新一届理事会。第八届理事会由119名理事组成，其中常务理事38名，副理事长5人，理事长中国科学院声学研究所所长王小民担任。

会议还举行了颁奖仪式，学会理事长田静荣获“马大猷声学奖”，中国科学院声学研究所博士师芳芳荣获“《声学学报》2013年度优秀论文奖”。

2014年全国声学学术会议由南京大学声学所、江苏省声学学会联合承办。会议主题为“协同创新 融合发展”，200余名专家、学者参加会议。

大会开幕式由学会副理事长张春华主持。学会副理事长邱小军、谢菠荪分别致词。中国科学院声学研究所研究员王小民、哈尔滨工程大学教授李琪、南京大学教授邱小军、中国科学院声学研究所研究员杨军分别作了题为《固体中超声场的动态光弹成像研究》《声源声学特性表述及评价》《虚拟声屏障》《电声新技术的研究进展》的专题学术报告。报告内容反映了作者在超声学、水声学、噪声与振动控制、电声学等研究领域取得的最新研究成果和进展。

会议共收取论文130余篇，其中116篇作了大会分组学术交流，论文作者分别报告了各自近年来在声学各分支领域取得的研究成果。交流内容主要涉及物理声学、水声学、超声学、环境声学、噪声与振动控制、通信声学与音频信号处理、语言声学与语音信号处理、结构与建筑声学、音乐声学、声学测量与仪器等20余个声学研究分支。

【第21届国际声与振动大会】 7月13—17日，第21届国际声与振动大会（ICSV21）在北京召开。会议由学会主办，国际声学和振动学会协办。学会理事长田静担任大会主席，国际声学和振动学会执行主席Malcolm Crocker教授和中国科学院声学研究所研究员刘碧龙共同担任学术委员会主席。中国科学院声学研究所研究员杨军担任组织委员会主席。来自50个国家的841名专家、学者参加会议。

会议主题为“深入研究声与振动”。会议包括噪声、振动、言语声学、音乐声学、声学设备、有源控

中国声学学会第八次全国会员代表大会

制等50多个议题，涵盖了声学和振动的传统和热点研究方向。会议收到学术论文672篇，口头报告580篇。会议设有16个分会场，580个报告。

ICSV是由国际声学和振动学会发起组织的声学与振动研究方面的系列国际学术会议，从1994年开始，每年举行一次，迄今已举办了20届，每届会议的参加人数在400～800人，会议期间，展出声学与振动研究方面最新的仪器设备产品和技术。

（撰稿人：刘　臻）

中国化学会

服务创新性国家和社会建设　作为中国科协所属全国学会有序承接政府职能转移试点项目，学会作为科技部委托的第三方评估机构，首次承担了2014年化学领域26个国家重点实验室评估工作。学会按照中国科协《推进学会有序承接政府转移职能试点工作方案》精神和科技部《国家重点实验室评估规则》要求，对化学领域26个国家重点实验室自2009年1月1日—2013年12月31日运行和发展进行全面评估。

学会建设　1月，学会女化学工作者委员会和青年化学工作者委员会正式成立。2014年，女化学工作者委员会组织召开1次女化学家论坛。青年化学工作者委员会召开2次青年学术论坛。

学会提高对分支机构的管理，对分支机构民主建设、活动开展频次和质量、科普活动等提出更明确要求，并对各学科专业委员会工作质量进行跟踪管理，综合评估。在此基础上设立“优秀分支机构奖”。

12月，学会在云南省昆明市召开第十次全国会员代表大会，完成理事会换届，正式组建第29届理事会。姚建年任理事长，杨国强当选为秘书长。

学会网站上线学术会议栏目网页，推广使用统一学术会议管理平台，加强对学术会议的管理与质量跟踪，设立“优秀学术交流组织奖”。

学术期刊　学会与北京大学、中国科学院有机所和英国皇家化学会合作出版的《无机化学前沿》杂志、《有机化学前沿》杂志首期分别于2014年1月、2月正式出版。两本期刊在国际化学领域和学术期刊领域引起广泛关注。

学科发展研究　学会承担中国科协委托项目，组织各学科、专业委员会以及各领域专家，共同研讨学科发展进展状况和未来发展方向，组织撰写了《化学学科发展报告（2012—2013)》。2014年，学会开展《化学学科发展报告（2014—2015)》研究工作。9月，学会在北京召开开题会，来自学科专业委员会的30多位专家出席，就本次《学科发展报告》定位、整体框架、报告大纲、报告内容、工作进度等进行了研究。

国内主要学术会议　8月3—7日，中国化学会第29届学术年会在北京大学举行，参会专家、学者8000余人次，交流论文5180余篇。年会期间共安排896个分会邀请报告、1230个分会口头报告、3056幅墙报展，本届年会规模创历届年会之最。

国际交往　中国化学会第29届学术年会期间，学会举办了化学领导人论坛，邀请国际纯粹与应用化学联合会（IUPAC）主席，美国化学会、英国皇家化学会、法国化学会、日本化学会等5个化学会代表团以及赢创、陶氏化学企业，共同探讨学术团体在化学产学研领域应发挥的作用。学会副理事长周其凤主持会议。报告人从不同角度介绍了在促进成果转化中学会的桥梁作用，以及企业对转化过程的需求。

科普活动　2014年，学会举办了第29届化学奥林匹克竞赛，约14万名高中学生参加。在陶氏化学的赞助支持下，8月，学会组织竞赛获奖学会赴上海参加科普活动。

2014年，学会与美国化学会合作，开发出综合性科普活动“化学嘉年华”，包括趣味表演、互动小实验环节，通过10余个简单实验，向青少年展示化学的魅力。8月，在学术年会期间首次举办，参加者自由报名，达到700余人次。

表彰举荐优秀科技工作者　2014年，在中国化学会第29届学术年会开幕式上，举行学术颁奖仪式，47位化学科研和教育工作者获得第四届“中国化学会—英国皇家化学会青年化学奖”、第七届“中国化学会—巴斯夫青年知识创新奖”、2012/2013年度“中国化学会青年化学奖”、第一届“中国化学会化学基础教育奖”、第二届“中国化学会—赢创化学创新奖”、“中国化学会—阿克苏诺贝尔化学奖”、第四届“中国化学会—中国石油化工股份有限公司化学贡献奖”。本届年会首次设立“中国化学会化学基础教育奖”，表彰为化学基础教育和后备人才培养作出突出贡献的一线教师，10位来自全国各地的中学化学教师获奖。

学会与法国化学会合作设立的中法化学讲座奖本年度产生首位获奖人，法国雷恩大学的Pierre Dixneuf教授获奖。

会员服务 2014年，学会发展个人会员9600余人，超过历年发展数量。在团体会员发展方面，学会围绕“理科、基础”的定位，通过各种渠道与国内主要科研事业单位、高等院校化学及相关院系主动联系，2014年，学会新增团体会员单位40个。

【中国化学会第29届学术年会】 8月3—7日，以“美丽化学”为主题的中国化学会第29届学术年会在北京举行。年会设41个学术分会场，以及创新论坛、发展论坛、双边论坛、产学研论坛等4大类共13个专题论坛。来自全国8000多名专家、学者参加年会。

8月4日上午，年会开幕式在北京大学举行。中国科协党组书记尚勇，中国科学院院长白春礼，国际纯粹与应用化学联合会以及美国、英国、德国、法国、日本等化学会的主席和代表团应邀出席开幕式。大会主席、学会理事长姚建年院士致辞，对“美丽化学”的主题作了解读。国际纯粹与应用化学联合会（IUPAC）主席Mark C. Cesa博士在致辞中指出，中国在世界化学的发展中扮演越来越重要的角色。

年会特邀美国哈佛大学教授谢晓亮，中国科学院院士谢毅、韩布兴，美国杜克大学教授杨伟涛，北京大学教授席振峰，中国科学院大连化学物理研究所张涛院士作大会报告。

本届年会规模和参会人数均创历届年会之最，本届年会还新增了“化学嘉年华”以及“技能培训夜校”等活动。

【承担2014年度化学领域国家重点实验室评估工作】 作为科技部委托的第三方评估机构，在中国科协的领导和协调下，中国化学会承担了2014年化学领域国家重点实验室评估工作。评估包括初评、现场考察和综合评议三个阶段。自5月正式发出评估通知，至8月下旬完成综合评议，历时4个月。9月初，中国化学会向科技部正式提交了评估总结报告，评估工作完成并得到了科技部的高度评价。

此次评估是中国化学会承接政府职能转移的新探索，也是对学会“承能”能力的全面考验。学会多次召开前期筹备座谈会，听取专家对此次评估的建议，主动与科技部汇报沟通，保证了评估的高质量开展。

专门成立由学会理事长姚建年院士领衔的领导小组和学会秘书长杨国强领衔的工作小组，稳妥有序地开展评估工作。本次评估在评估专家选择上有所创新。初评专家均是国内一流的前沿化学家，按照二级学科平等组成，保证了科研领域的公平，同时吸纳产业界和管理专家代表，也包括来自香港特别行政区和海外的专家，既充分体现了评估组成的多样性和代表性，也为评估扩大了角度和视野。

【中国化学会第十次全国会员代表大会】 12月5—8日，中国化学会第十次全国会员代表大会在云南省昆明市召开。中国科协副主席冯长根出席大会并讲话，中国化学会第28届理事会理事长姚建年院士，副理事长包信和院士、董孝利教授、江桂斌院士、万立骏院士、张希院士、周其凤院士，来自全国各地的300余名专家、学者参加大会。

大会开幕式由中国化学会第28届理事会秘书长杨振忠主持。冯长根代表中国科协致辞，向中国化学会第十次全国会员代表大会的召开表示祝贺。他希望中国化学会抓住机遇，进一步创新体制机制，努力把学会建设成国内具有示范性，国际具有影响力的现代化学术团体。

姚建年院士代表中国化学会第28届理事会作工作报告，回顾并梳理了第九次全国会员代表大会以来学会各项工作进展。他对新一届理事会未来四年工作提出四点建议：一是要进一步创新体制机制，为学会各项工作的有序开展提供保障。二是抓住政府职能转移重要机遇，着力推动学会改革创新。三是要紧紧围绕科技创新搭建平台，提供高质量的服务。四是要大力加强学会资源建设和实力建设。

大会审议并通过了中国化学会第28届理事会工作报告和财务工作报告，审议并通过了关于修改《中国化学会章程》的报告。选举产生了中国化学会第29届理事会。第29届理事会第一次会议选举产生了常务理事、理事长、副理事长和秘书长。姚建年再次当选理事长，包信和、戴厚良、丁奎岭、董孝利、洪

中国化学会第十次全国会员代表大会

茂椿、侯建国、黄维、江桂斌、李彬、沈殿成、万立骏、张希、周其凤、周其林当选副理事长，杨国强当选秘书长。

由姚建年理事长提议，表决通过聘任刘忠范为中国化学会第29届理事会司库。

（撰稿人：郑素萍）

中国天文学会

学会建设 2014年，学会共组织召开2次常务理事会议，2次评审工作会议。学会发展会员88名，向国际天文学联合会（IAU）推荐新会员37名。

10月30日，中国天文学会第十三次全国会员代表大会在陕西省西安市召开，完成学会换届工作。学会支持成立重庆天文学会，支持上海市天文学会、陕西省天文学会召开会员代表大会。

国内主要学术会议 2014年，学会共组织7次国内学术活动，其中举办大型综合性学术会议1次，学术会议参加人数1140多人次，交流论文510多篇。举办了学会2014年"基本天文学的现状和未来"学术研讨会、中国天文学会中国南方天文集群研究和技术发展论坛（第十六届中国科协年会分会场）、中国天文学会2014年星系宇宙学前沿研讨会、中国天文学会2014年全国天文教育研讨会、中国天文学会2014年天文期刊与文献情报研讨会、中国天文学会2014年天文学名词研讨会暨第九届审定委员会第四次会议。

科普活动 学会举办天文科普首次进佤山主题活动，开展全国优秀科普教育基地的推荐工作，完成全国科普教育基地的年度考核工作，完成国际天文学联合会全球天文学促发展战略首批支持项目"诗意星空天文摄影大赛"。

表彰举荐优秀科技工作者 2014年，学会开展表彰奖励科技工作者活动，表彰先进工作者36人。学会组织了中国天文学会第十二届张钰哲奖、第十一届中国青年女科学家奖、第六届全国优秀科技工作者推荐工作，2013年度十大天文科技进展、首席科学传播专家、学会第十三次代表大会评选表彰奖项等评奖工作。

党建强会 中国天文学会十三届一次常务理事会议决定成立中国天文学会党支部，党支部由中国天文学会常务理事中的党员组成，支部书记由学会挂靠单位中国科学院紫金山天文台党委书记张丽萍兼任。

【中国天文学会2014年学术年会】 10月27日，由学会主办，中国科学院国家授时中心、中国西安卫星测控中心、西安测绘研究所、陕西省天文学会承办的中国天文学会2014年学术年会在陕西省西安市开幕。来自全国的800多名天文专家、学者和学生出席会议。本届年会是学会历次年会中参会人数最多的一届。

开幕式上，学会理事长崔向群院士为获得中国天文学会第十二届张钰哲奖的北京师范大学教授何香涛颁奖。

年会内容涉及天文学各分支学科和相关的交叉前沿学科，以大会特邀报告和专题分会报告、专题讲座的形式进行。8个分会场围绕射电天文、太阳、行星、天文仪器与技术、时间与频率、天体力学与卫星动力、天体测量、空间天文和高能天体物理、星系、宇宙学、天文学史、教育与科普等方向进行了348篇学术报告。编辑年会报告摘要集一册。

北京师范大学天文系教授何香涛作题为《类星体研究的世纪回顾与展望》的特邀报告，中国科学院云南天文台研究员韩占文作题为《大样本恒星演化和特殊恒星的形成》的特邀报告，中国科学院国家天文台研究员刘继峰作题为《河内致密天体研究的机遇》的特邀报告，北京大学科维理天文与天体物理研究所教授何子山作题为《超大质量黑洞及其对星系形成与演化的影响》的特邀报告，中国科学院国家天文台研究员毛淑德作题为"*The Thirty Meter Telescope-Golden opportunity and challenges*"的特邀报告，中国科学院国家天文台研究员南仁东作题为《FAST最新进展》的特邀报告，中国科学院国家天文台研究员赵永恒作题为《LAMOST观测进展》的特邀报告，北京师范大学教授仲佳勇作题为《实验室天体物理研究的机遇与挑战》的特邀报告，中国科学院国家天文台研究员魏建彦作题为《中法合作SVOM伽玛暴天文卫星》的特邀报告，中国科学院国家授时中心研究员张首刚作题为《时间频率测量的发展及应用》的特邀报告。

中国科学院高能所研究员张新民作《宇宙学研究进展》的专题报告，英国埃克塞特大学教授张可可作《月球磁场与月球发电机》的专题报告。

年会期间，展示了有关陕西关中古代天文遗存、2008年西安日全食回顾、我国标准时间的发播任务的重要单位国家授时中心介绍、时间的故事等近40块主题宣传展板。

【中国天文学会第十三次全国会员代表大会】 10月

30日，中国天文学会第十三次全国会员代表大会在陕西西安市召开，144名专家、学者出席会议。

代表大会通过了十二届理事会工作报告、中国天文学会章程修改报告，通报了大会收到的提案的处理情况，以无记名投票方式选举产生了出新一届理事会，召开了第一次理事会议，选举产生了新一届理事长、秘书长和常务理事、副理事长。武向平院士当选第十三届理事会理事长、杨戟当选第十三届理事会秘书长。

为表彰奖励先进，鼓励为中国天文事业做出贡献的科技工作者，会议举行了获奖人代表颁奖活动，8位科技工作者获中国天文学会基础服务先进工作者奖、8位科技工作者获学会先进工作者奖、8位科技工作者获天文科普先进工作者奖、8位科技工作者获从事天文工作四十年工作者奖。

（撰稿人：孟红宇）

中国气象学会

服务创新型国家和社会建设 2014年，学会积极承接中国气象局有关转移职能和委托事项，承担气象科技发展前沿动态调研、气候可行性论证报告评审等委托事项，在气象数值模式、城市环境等学科领域开展前沿动态调研工作。

6月13日，学会受浙江省丽水市政府委托，在北京组织专家评估通过《丽水·中国气候养生之乡论证报告》，并于11月授予浙江省丽水市“丽水·中国气候养生之乡”荣誉称号。

10月23日，学会受内蒙古自治区乌兰察布市政府委托，在北京组织专家评审通过了《中国乌兰察布草原避暑资源评估报告》，建议授予“乌兰察布·中国草原避暑之都”称号。

学会组织专家完成《干旱灾害防灾减灾体系的科学现状及其建议》专报编写，参与中国科协创新驱动发展示范工作，在河北省保定市建立学会服务站，初步完成企业与科研的对接。

学会建设 2014年，学会举办学术会议33个，参加人数4382人次，交流论文2915篇。学会发展注册会员288人，个人会员总数达19260人，单位会员总数150个。

11月5日，学会组织召开中国气象学会第28次全国会员代表大会，选举产生新一届理事会，中国科学院院士王会军当选为理事长，翟盘茂当选为秘书长。

学会完成中国科协“学会能力提升计划”专项一期总结工作，总结了学会近3年来在服务创新、服务社会和政府、服务科技工作者和服务自身发展等方面的主要工作亮点，汇编了典型案例和创新点。

在中国气象学会第28次全国会员代表大会期间，学会表彰了一批先进气象学会、先进学科委员会、先进气象学会秘书处及科普先进集体、先进个人、优秀作品和优秀辅导员。

学术期刊 2014年，学会完成《气象学报》中、英文版2014年编辑出版工作，中、英文版出刊量分别是2013年的1.6倍和1.5倍。

编辑出版了学会成立90周年纪念专刊等高水平专刊。《气象学报》（中文版）影响因子1.298，位居大气科学类17本核心期刊的第2名。

Journal of Meteorological Research 继续得到“中国科技期刊国际影响力提升计划”项目资助，2014年由C类上升至B类，影响因子1.111(首次突破1.0)，5年影响因子达1.301。

《气象学报》中文版和英文版连续第3年入选“中国最具国际影响力学术期刊”，中文版获2014年度“第三届中国精品科技期刊”。

国内主要学术会议 11月3—5日，第31届中国气象学会年会在北京举行，年会主题是“创新气象科技 面向未来地球”。9月9—11日，第八届全国优秀青年气象科技工作者学术研讨会在江苏省宜兴市举办。

7月10—12日，学会参与主办生态文明贵阳会议分论坛之一的气候变化论坛，论坛主题是“气候变化与未来地球”，学会第27届理事会理事长秦大河、国际地理联合会前主席Ronald Abler、IPCC（政府间气候变化专门委员会）第五次评估报告第一工作组联合主席、瑞士伯尔尼大学教授Thomas Stocker、国家自然科学基金委员会副主任、中国科学院院士刘丛强，中国科学院院士、国际气象和大气科学协会主席吴国雄、中国工程院院士、国家环境咨询委员会委员丁一汇等受邀作大会报告。

11月7日，首届全国农业与气象论坛在2014年第21届中国杨凌农业高新科技成果博览会期间召开，论坛以“气候变化与农业发展”为主题。此次论坛由学会主办，陕西省科协、陕西省气象学会、陕西省气象局等单位承办，来自陕西省各地气象业务工作者、学生230多人参会并进行现场交流。

11月1—2日，由学会承办的中国科协第94期新观点新学说学术沙龙在北京举行，沙龙的主题是“大气雾－霾研究中的科学问题和思考”。中国气象科学研究院研究员张小曳、中国科学院院士石广玉、清华大学环境学院教授贺克斌担任领衔科学家，来自20多家科研院所和学术团体的30余位专家、学者围绕大气雾－霾相关问题展开了讨论。

两岸交流 6月14日，由学会与台湾地区高校共同主办，福建省气象局承办的“第六届海峡论坛·2014两岸民生气象论坛”在福建省厦门市举行。专家、学者围绕“聚焦海峡气象，服务民生福祉”的主题，共商气象服务两岸民生大计，研讨共同提升两岸防灾减灾水平与趋利避害能力。

10月11—12日，2014年海峡两岸气象科学技术研讨会在山东省青岛市举行，17位专家学者围绕气象防灾减灾工作作学术报告。来自海峡两岸的60余位气象领域的专家学者和参加中国气象学会成立90周年活动的有关嘉宾参加了研讨会。

11月19日，2014年海峡两岸灾害性天气分析与预报研讨会在台湾地区台北市举办。中国气象局副局长许小峰率代表团参加会议。

国际交往 1月初，学会派员参加第94届美国气象学会年会。

学会派员参加了韩国、日本气象学会组织的学术交流活动和中韩日三国气象学会理事长工作会议。

科普活动 3月11—27日，学会组织气象日全国系列科普报告会，联合山西、上海、江苏、安徽、湖北、重庆、海南、甘肃8个省（市）气象学会，举办了24场气象科普报告会，8300多名大中小学生和社会各界人士参与，赠送了3000份科普读物，回收数千份有效问卷。在中国气象局园区开放现场，发放近2万件（册、本）气象科普宣传品。学会开发系列专题气象科普产品，提供全国63家单位15000余件（套、册、本）。

5月17—26日，全国科技活动周期间，学会联合11个省、自治区、直辖市气象学会开展了“气象科学使者”进校园、进社区、进农村、进企业活动，共计15000余名学生、居民和农民参加了各项活动，赠送10多种气象科普资料近2万份。

5月22日，学会协办并参与组织的“气象科技下乡青岛行”活动启动仪式在山东省青岛市莱西市举行。现场展出了人影火箭发射装置、移动风廓线雷达、移动气象站等设施，在活动现场设置资料台，向观众赠阅科普图书、科普折页、农业技术推广等科普宣传资料。

6月10日—7月10日，学会举办了以“奇妙的气象知识，你懂的”为主题的气象知识网络有奖竞答活动，共计7300人通过网络和微信参加，答题总次数近10万次，835人获奖。

6月，2014年气象防灾减灾宣传志愿者中国行活动在四川省成都市启动，来自北京大学、浙江大学、南京大学、成都信息工程学院等11所高校的气象及其相关专业2000余名师生志愿者，组成200个宣传分队，赴全国各地开展防灾减灾和气象科普知识宣传活动。

7月20日，第33届全国青少年气象夏令营在安徽省合肥市举办。本届气象夏令营的主题是“探江准风云，品徽风皖韵”。来自北京、天津、河北、山西等23个分营的183名营员和辅导员参加了为期一周的气象夏令营。安徽省气象局科技人员为营员作了气象科普知识讲座。

3月23日世界气象日，中国气象局园区迎来9000多名参观者。气象日的主题是“天气和气候：青年人的参与”，学会向参观公众发放了约1万份科普宣传资料及6000余份小礼品。

6月，中国气象局与学会联合印发《全国气象科普教育基地管理办法》，首次将校园气象站和基层防灾减灾社区（乡镇）纳入全国气象科普教育基地的认定范围。

学会向中国科协推荐优秀科普教育基地，气象部门有4家获得优秀称号。

9月，学会开展了“第九届全国气象科普先进集体（工作者）暨优秀气象科普作品奖”评奖活动，共有46个单位、44个人获“全国气象科普先进集体和先进工作者”称号，43名中小学教师获“校园气象站优秀辅导员”称号，9本气象科普图书、16部音视频和6部动画作品、13篇图文作品、3篇解说词被评选为“气象科普优秀作品”。

2014年，学会获得“全国学会科普工作优秀单位”。

表彰举荐优秀科技工作者 学会评审表彰第四届邹竞蒙气象科技人才奖6人，其中海外华人1位。表彰“第八届全国优秀青年气象科技工作者”112人并

选出全国“十佳”。经学会推荐，刘建文、陆其峰、张强获得中国科协“全国优秀科技工作者”称号。

党建强会 学会获得中国科协党建强会专项资助，组织开展党群活动2次，参加科协党建强会交流会2次，

会员服务 2014年，学会组织召开会员服务座谈会1次，编发会讯4期，并订阅《气象知识》等免费赠送会员。完成学会网站改版和会员系统升级。

【中国气象学会第28次全国会员代表大会】 11月5日，中国气象学会第28次全国会员代表大会在北京开幕。中国科协党组书记、书记处第一书记尚勇，中国气象局党组书记、局长郑国光出席开幕式并讲话。中国科协副主席、中国气象学会第27届理事会理事长秦大河院士，中国气象学会第27届理事会副理事长王会军院士等，共280余位专家、学者出席会议开幕式。大会开幕式由秦大河院士主持。

尚勇在讲话中表示，中国气象学会要在深化改革中进一步强化职能、转变作风，在气象领域、科技进步和创新工作中发挥更重要作用：要进一步激活学会的活力、激发广大气象科技工作者的创新能力，提高学会对广大气象科技工作者的凝聚力，增强气象学会在整个社会的影响力；进一步强化学会在学术交流平台中的重要作用，发挥协同创新方面的重要作用，在承接政府职能转移工作中发挥作用，在促进科技成果的转化和传播方面发挥作用，在培养和举荐人才方面奋发有为。依法治会，切实保障广大科技工作者的权益。

郑国光在讲话中表示，中国气象局党组一定会继续关心和支持中国气象学会的工作，充分发挥中国气象学会在服务国家、服务社会、服务创新、服务气象现代化、服务广大气象科技工作者等方面的作用。

秦大河代表中国气象学会第27届理事会作工作报告，回顾了第27次全国会员代表大会以来开展的主要工作，对新一届理事会未来四年工作提出五点建议，一是发挥学术交流平台集聚作用，二是进一步创新科普活动品牌，三是进一步完善科技评价制度，四是进一步加强期刊联盟建设，五是进一步创新学会管理方式。

中国气象学会第二十八次全国会员代表大会

代表大会审议并同意秦大河院士代表第27届理事会所作的《抓住机遇开拓创新全面提升学会支撑气象事业发展整体实力》工作报告，审议通过了第27届理事会财务工作报告、关于修改《中国气象学会章程》及会费标准的决议，选举产生了中国气象学会第28届理事会、常务理事会和领导班子。王会军院士当选为理事长，宇如聪、费建芳、钱泽宏、端义宏、杨修群、胡永云、李廉水等当选为副理事长，翟盘茂当选为秘书长。第28届理事会聘任曾庆存、伍荣生、秦大河为名誉理事长，聘任李福林、沈晓农等18位为名誉理事。

会后召开了中国气象学会第28届理事会常务理事会第一次全体会议，讨论通过了常务理事会议事规则和成员分工等。

【中国气象学会成立90周年座谈会】 10月11日，中国气象学会成立90周年座谈会在山东省青岛市举行。座谈会由学会理事长秦大河院士主持，中国科协副主席冯长根，中国气象局局长郑国光等出席会议并致辞。

秦大河简要回顾了学会90年发展历程，他表示，近30年以来，学会工作一直面向经济社会建设和事业发展大局，学会工作呈现出了新的局面，建立了一整套民主办会制度，打造了若干学术交流、科普活动品牌及高端学术期刊，形成了协商、民主、合作、互利、求实创新的良好氛围，整体提升了学会综合实力。对于今后学会的发展，他强调创新即发展，只有创新才是最好的传承。

冯长根在讲话中谈到，中国气象学会是我国最早成立、最早恢复工作的全国性自然科学学会之一，也是国内外具有重要影响的气象科技社团，近年来，在开展科技咨询和学术交流，落实全民科学素质行动计划纲要和推进科学普及等方面，取得了很大成绩。

郑国光代表中国气象局向中国气象学会90华诞表示衷心祝贺。他指出，自创建以来，气象学会的发展便始终伴随着近现代和当代气象事业的发展与进步。学会90年的发展，其史可鉴、其成可敬、其功可

嘉、其宗可光。

会议邀请前来参加2014年海峡两岸气象科技交流的20余位台湾地区气象界专家、学者参加座谈会。

学会名誉理事长曾庆存院士、前副理事长李崇银院士、学会现任副理事长王会军院士、高校代表和学会秘书处退休人员等出席座谈会。有关高校、省（直辖市、自治区）气象学会、理事单位的科技工作者等100余人参加了座谈。

【第31届中国气象学会年会】 11月3—5日，第31届中国气象学会年会在北京举办。中国气象学会第27届理事会理事长秦大河院士、中国气象局副局长许小峰在大会特邀报告会上致辞。

许小峰在致辞中表示，中国气象学会年会秉承“参与、共享、合作、创新”的宗旨，成为气象科技工作者学习、交流、进步的重要学术舞台，成为展示气象科技创新和气象业务技术发展最新成果的重要平台，在推进气象现代化建设过程中发挥了关键作用。他希望气象科技工作者在各自研究和工作的领域，进一步开拓创新，做好科研工作，积极促进气象科技成果转化，为提高我国气象科技创新能力、促进气象现代化建设、提高气象服务水平发挥更大作用。

年会围绕“创新气象科技，面向未来地球”主题，针对科技发展、天气、气候、气象探测技术和公共服务、大气环境、水资源开发利用、城市灾害、空间天气、灾害防御等多个热点问题，设立4个大会报告和16个分会场，并组织了叶笃正先生学术思想专题报告会。秦大河院士、王会军院士、中国科学院研究员何传启、中国气象科学研究院研究员端义宏等应邀作大会报告。来自中国气象局各直属单位，各省、区、市气象局，有关科研院所以及高等院校的1000余人参加会议，交流论文1400篇。

会上颁发了第四届邹竞蒙气象科技人才奖。6位获奖者分别是空军装备研究院气象所高级工程师白洁、中国气象科学研究院研究员刘黎平、中国气象局数值预报中心研究员沈学顺、南京信息工程大学教授陈海山、西藏自治区气象台正研级高级工程师假拉、浙江大学教授李小凡。会上还宣布了第31届中国气象学会年会优秀论文和优秀墙报名单。

【2014年海峡两岸气象科学技术研讨会】 10月11—12日，2014年海峡两岸气象科学技术研讨会在山东省青岛市举行。来自国家气象中心、中国气象局气象探测中心、中国气象科学研究院、中国科学院大气物理研究所、山东省气象台、北京大学、南京大学、南京信息工程大学，台湾地区气象业务服务部门的专家、学者出席会议，会议交流论文17篇。

学会秘书长翟盘茂主持研讨会开幕式，学会名誉理事宇如聪、台湾地区气象部门负责人辛在勤出席开幕式并致辞。中国科学院院士王会军、香港天文台台长岑智明以及台湾气象界知名人士陈泰然、周仲岛、刘广英等出席会议。

研讨会上，两岸气象领域专家、学者围绕气象防灾减灾工作，分别以“CMA国家级数值预报业务系统的新进展及应用”、“气象资讯在天然灾害防救作业之应用”、“高分辨率大气模式对东亚气候的模拟”、“大气环境变化：卫星观测与污染原因探析”、“近台台风结构及路径之特征”等为题进行研讨交流。

【2014年海峡两岸灾害性天气分析与预报研讨会】 11月19日，2014年海峡两岸灾害性天气分析与预报研讨会在台湾地区举办。台湾地区气象学会秘书长林博雄主持研讨会开幕式。

开幕式上，中国气象局副局长许小峰表示，两岸气象学会的先辈通过多年努力已打开了两岸气象界的交流大门，现在两岸气象学会间的交流渠道已经非常畅通，他希望今后两岸气象界同仁以更加丰富多彩的形式加强交流与合作，促进两岸气象业务交流，推动两岸气象事业发展，造福于两岸民众。台湾地区气象学会副理事长吴俊杰总结两岸气象学会近年来展开的交流活动，希望通过这次研讨与交流会，两岸气象工作者都有所收获。

开幕式后，来自两岸教育、科研与业务机构的24位专家分别围绕台风、季风与气候，资料同化与数值模拟，中尺度分析与暴雨，气象建设与服务四个专题展开研讨与交流，台湾地区气象部门及有关大学大气科学领域的老师、学生近百人参加了此次交流。

海峡两岸灾害性天气分析与预报研讨会是海峡两岸气象同仁每年开展正常化合作与交流的重要活动内容，从1988年至今已有20余年，每次研讨会中国气象学会均派团参加。

（撰稿人：刘文泉）

中国空间科学学会

服务创新型国家和社会建设 2014年学会与全国空间科学与应用标准化技术委员会配合完成了空间科

学与应用词条的编写工作。

经常务理事会审核决定，组建了空间物理科学、空间探测科学、航天医学与空间生命科学三支科学传播专家团队，并上报中国科协。中国科协为科学传播专家团队首席科学家颁发了聘书。

2014年，学会向中国科学院重大科技局申请在"实践十号"卫星上搭载微生物菌种得到批准，并于10月28日通过评审，各项试验已完成。

学会建设 12月8日，全国空间科学与应用标准化技术委员换届暨二届一次会议在北京召开。学会理事长顾逸东当选全国空间科学及其应用标准化技术委员会主任，学会秘书长邱理、常务理事王赤、理事高铭当选全国空间科学及其应用标准化技术委员会副主任。

学科发展研究 2014年，学会承担了《2014—2015年空间科学学科发展报告》的编撰工作，内容包括日地空间天气过程监测、研究与预报，日地空间环境中重要物理化学过程的探测和研究，空间环境效应与对策研究，"子午工程"探测链建成后取得的科学研究成果，空间天文，月球与深空探测的实现及相应的环境和资源研究，空间微重力基础物理和微重力流体物理研究，微重力燃烧等，空间生命科学、空间生命起源、航天医学等领域成果，探月工程一、二期取得的阶段性成果和三期取得的初步成果，微波遥感技术发展与应用，"国家空间科学先导"项目实施后的阶段性进展等。

《空间科学学科发展报告》的撰写工作由学会理事长作为首席科学家和编写组组长，学会副理事长吴季担任副组长。编写组由中国月球探测工程首席科学家、中国科学院院士欧阳自远，中国科学院院士李惕碚、万卫星、赵玉芬等专家组成。

学会建设 2014年，学会召开两次常务理事会议、一次理事会议，召开了2次学会专业委员会秘书工作会议。学会举办各类学术会议11次，参会人员达1334人次，收录论文1006篇。

空间遥感专业委员会主任变更，并增补了4位委员，空间材料专业委员会委员增补了2位委员。2014年，学会发展了1个单位会员，发展个人会员100人。

学术期刊 2014年度，《空间科学学报》共发表学术论文102篇，相比2013年，总发稿量有所增加，自由投稿的平均审稿周期缩短约10天，发稿周期缩短近50天，退稿率略有提高。2014年度报告的2013年期刊评价指标中，核心影响因子为0.294，核心总被引频次为336。

9月，中国科学技术信息所发布了《2014年版中国科技期刊引证报告（核心版）》，《空间科学学报》由地学类期刊调整为天文学类期刊，在学科排名中，《空间科学学报》核心影响因子排名第三名，总被引频次排名第二名。首次入选第三届中国精品科技期刊，向Scopus数据库的来源期刊评价部门进行推荐。2014年中国科学院有174种科技期刊符合中国科学院科学出版基金科技期刊测评条件，《空间科学学报》首次入围测评。

国际学术会议 9月，第27届太空探索者协会（ASE）——中国年会在北京举办。本届年会包括主题会议、技术分会和航天员社会活动日等，美国登月航天员奥尔德林、首位出舱活动航天员俄罗斯航天员莱昂诺夫等近百位参加过飞行任务的国际航天员出席会议。

10月13—18日，第十三届国际日地物理科学研讨会在陕西省西安市召开。会议由学会与中国科学院空间科学中心、国家空间天气重点实验室共同承办。来自中国、美国、俄罗斯、加拿大、法国、德国、捷克、日本、印度、巴西等20个国家的专家、学者共200余人参加了会议。

10月28—31日，第十届亚洲微重力科学会议在韩国首尔召开。会议由韩国微重力协会（KMS）、延世大学、高丽大学联合承办，中国空间科学学会微重力科学与应用专业委员会为共同主办方。

国内主要学术会议 9月3—6日，中国空间科学学会第九次学术年会在天津市召开。解放军总装备部载人航天办公室、科技部遥感中心、中国科学院重大任务局等单位相关负责人，空间科学各领域的专家、学者约200人出席会议。

6月22—24日，由学会空间物理专委会主办、中国科学院地质与地球所和国家空间天气科学中心（筹）联合承办的子午工程数据处理与科学分析专题研讨会在黑龙江省漠河县举行，来自15所高等院校和科研单位共计50余名科研人员围绕利用"子午工程"数据所获得的最新研究进展进行了探讨。

10月18—22日，学会空间遥感专业委员会在海南省文昌县召开第九届成像光谱技术与应用研讨会暨交叉学科论坛，19个科研机构及高校的100余名科技工作者出席了论坛。会议交流了随着我国成像光谱技术的不断发展与广泛应用，近年来在该领域取得的成果。会议交流学术报告60余篇。

11月2—5日，学会月球科学与比较行星学专业委员会、中国矿物岩石地球化学学会陨石学与天体化学专业委员会在贵州省贵阳市联合召开了第十一届月球·行星·科学与探测学术研讨会。研讨会围绕小行星、火星、月球等主要对象，从科学问题、深空探测以及实验室分析等三方面进行研讨，促进陨石学、天体化学、月球科学、比较行星学、地球化学实验分析技术以及空间探测技术等领域之间的学术交流。会议采用主题口头报告和展板讨论相结合的形式，共有口头报告23个，展板48块。

11月5—8日，中国空间科学学会空间生命专业委员会学术研讨会在广西壮族自治区南宁市举办。会议共收到稿件158篇。投稿单位达37个，参会单位40个，超过历次会议的规模。本届会议安排特邀报告5篇，口头报告66篇，墙报70余篇，会议评选出6篇青年优秀论文。

12月10—14日，空间光学与机电技术研讨会在吉林省长春市召开。会议设立了5个大会特邀报告和空间光学与空间机械、空间环境与电子学2个专题共计78个分会场报告。会议从97篇论文及现场78个分会场报告中评选出8个优秀论文奖。

两岸交流 7月24—26日，学会与中国科学院国家空间科学中心、台湾成功大学在台湾地区联合举办了第十一届海峡两岸太空／空间科学研讨会。来自中国科学院国家空间科学中心、大气物理研究所、地质与地球物理研究所，中国气象局国家气象卫星中心等科研单位与台湾地区研究机构的70余名专家、学者参加了会议。

国际组织任职 学会副理事长吴季连任第40届国际空间研究委员会（COSPAR）副主席。

科普活动 5月17日，学会举办了以“触摸空间科学，点亮创新梦想”为主题的走近空间科学系列科普活动。活动走进科研第一线，参观空间天气学国家重点实验室、中国科学院空间环境研究预报中心、中国科学院微波遥感技术重点实验室，与科研人员互动交流，听取空间科学科普报告《来自太空的宝石》。

7月12—18日，首届中国科协夏季科学展在中国科技馆举办。学会以东半球空间环境地基综合监测子午链（子午工程）参与展览。子午工程展台以图文、视频、沙盘、宣传资料、现场互动等形式进行科普，学会还组织了约40位青少年参加现场知识竞答活动。配合中国科协夏季科学展，子午工程科学运行中心陈志青博士应邀参加科学讲坛，为社会公众作题为《子午工程：感知空间天气的触手》的科普报告。

学会科普教育基地举办了3次体验航天员科研训练夏令营活动，组织全国各地的青少年参观了我国载人航天展览馆、航天员科研训练设施，模拟体验了训练仪器和设备，聆听了航天员训练和科研的科普讲座，并与航天员开展互动。

表彰举荐优秀科技工作者 经学会推荐，学会空间生命科学专业委员会副主任李莹辉获得中国科协“全国优秀科技工作者”称号。

经学会推荐，中国航天员科研训练中心李英贤研究员获得第十一届“中国青年女科学家”奖。

党建强会 学会以“弘扬社会主义核心价值观，奋力实现中国航天梦想”为活动主题，由学会党支部组织在中国空间科学学会全体会员及会员单位中，开展奋斗在航天事业中的先进共产党员的事迹征集活动，旨在记录他们为中国航天事业创造的功绩，宣传平凡工作岗位上甘于奉献的精神，展示航天领域共产党员的风貌。

学会申请承担了中国科协“新形势下学术团体中党组织建设现状及存在的问题”软课题，经过与其他学会座谈，询访，征求会员意见等形式，收集资料，完成了课题研究报告。

学会党支部荣获中国科协颁发的2014年度全国学会“党建强会”特色活动组织奖。

【中国空间科学学会第九次学术年会】 9月3—6日，中国空间科学学会第九次学术年会在天津召开，解放军总装备部载人航天办公室、科技部遥感中心、中国科学院重大任务局等来自各科研机构50多个单位的专家、学者约200人出席会议。

大会设特邀学术报告11个，分别是：《空间量子信息科学与应用——量子力学基础检验和广域量子通信》《探索黑洞的秘密——我国第一颗天文卫星HXMT的使命》《嫦娥三号的科学探测和最新进展》《揭开暗物质神秘的面纱——我国暗物质探测卫星DAMPE》《我国空间站重大科学项目——大规模多色成像与无缝光谱巡天》《我国空间科学跨越发展的突破口——空间天文发展战略研究》《天文大科学装置国际合作的一个范例——我国参与SKA计划介绍》《空间科学的新热点——空间基础物理实验》《我国空

间物理探测最新进展和展望》《实践十号科学实验卫星——科学使命和卫星进展》《航天人因工程研究与展望》。

会议组织了4个分会场，分别是第27次全国空间探测学术研讨会，空间生命、空间生命起源和月球科学学术研讨会，空间遥感、空间材料、微重力科学学术研讨会，空间物理高端学术论坛。

第27次全国空间探测学术研讨会经过一天半的学术交流后，经学术论文评选专家组评审，评选出5篇优秀论文奖，兰州近代物理研究所被评为学术交流优秀单位奖。

空间生命、空间起源、月球科学学术研讨会、空间遥感、空间材料、微重力科学学术研讨会分别由三个研究领域相近、交叉的专业委员会联合举办了分会场学术交流研讨会。

空间物理高端论坛是由学会空间物理专业委员会举办的分会场，学会机电专业委员会的专家、学者参加了论坛。专家、学者们围绕国际国内空间物理领域的发展趋势和动态，以及相邻学科、交叉学科之间相互合作的意愿进行了交流。

会议期间，安排参观了天津空客A320飞机的总装车间、航科集团一院大运载基地。

中国空间科学学会第九次学术年会

【第十三届国际日地物理科学研讨会】 10月13—18日，第十三届国际日地物理科学研讨会(SCOSTEP's 13th Quadrennial Solar-Terrestrial Physics Symposium）在陕西省西安市召开。会议由学会与中国科学院国家空间科学中心、国家空间天气重点实验室共同承办，来自中国、美国、俄罗斯、加拿大、法国、德国、捷克、日本、印度、巴西等20个国家的200余名专家、学者参加了会议。

国际日地空间物理委员会（SCOSTEP）主席、美国宇航局戈达德飞行中心 Nat Gopalswamy 教授主持了会议开幕式，并为获得2014年SCOSTEP 杰出科学家奖及杰出青年科学家奖的3名科学家颁奖。颁奖仪式后，获奖者分别作了学术报告。研讨会共进行了3篇主题报告、8篇概述报告、44篇口头报告以及70篇张贴报告。报告内容涉及了从太阳表面到地球中高层大气的日地连锁变化各关键区域的研究成果，以研究太阳对地球多时间尺度影响的途径为主线，着重讨论了日地系统的天气和气候变化以及太阳活动的对地效应的可变性，并将日地物理研究扩展到恒星－行星相互作用领域。本次研讨会设立了国际子午圈计划的专题，与会专家、学者介绍了利用子午工程数据取得的最新进展，共同商讨国际子午圈的联合观测、数据共享和合作研究计划，提高了子午工程的国际影响。

国际日地物理科学研讨会由国际日地物理科学委员会组织，每4年召开一次。

【第十一届海峡两岸太空／空间科学研讨会】 7月24—26日，第十一届海峡两岸太空／空间科学研讨会在台湾成功大学召开。来自中国科学院国家空间科学中心、大气物理研究所、地质与地球物理研究所，中国气象局国家气象卫星中心等多家大陆科研单位与台湾地区多家台湾研究机构的70余名专家、学者参加了会议。

会议由学会与中国科学院国家空间科学中心协办，台湾成功大学主办。会议主席由成功大学的教授苏汉宗和许瑞荣担任。来自海峡两岸的空间物理学者作了50余篇报告，内容涉及太阳与行星际空间物理、磁层物理、电离层物理、高层大气物理与大气分层间耦合及太空／空间科学之学术合作等。

中国科学院院士魏奉思在会上强调了空间天气的重要性，并提出了希望海峡两岸能发起联合科学卫星计划及共同开展空间科学科普活动，以造福两岸人民。

（撰稿人：邱　理）

中国地质学会

服务创新型国家和社会建设 2014年，学会开展了高校地质工程专业认证工作。学会工程专业认证专家组在完成中国地质大学（武汉）资源勘查工程专业的认证工作的基础上，制定了认证管理办法并补充完善了3个专业的认证标准，相继完成了成都理工大学地质工程专业、中国石油大学（北京）资源勘查工程专业、吉林大学勘查技术与工程专业的认证工作。

学会成立了8支地质科学传播专家团队，专家团队充分发挥自身领域优势，多次开展科普进社区、进校园活动，以展览、讲座、授课等多种形式向不同受众群体开展科普工作。

学会建设 2014年，学会共举办学术会议、论坛、研讨班48次，国际学术会议6次，提交论文或摘要4861篇，参加人数9532人次。

2014年，学会召开了4次常务理事会议、4次常务理事单位秘书长会议、1次省级地质学会与分支机构秘书长会议。学会组织召开了省级地质学会第二次会员管理系统培训班。截至2014年12月，共有26个省级地质学会完成了3.7万多名会员信息的入库工作。2014年，学会制定、补充完善了《中国地质学会财务管理办法》、《中国地质学会职工管理办法》、《关于转发〈中央和国家机关会议费管理办法〉的通知》办法和规定。

围绕落实找矿突破行动、"双十"评选、"世界地球日"、夏令营等学会重点工作，在《科技日报》、《中国国土资源报》、《中国矿业报》、《科学导报》、部（局、院）网站以及中国科协网站等10余种报刊、网络媒体及国土资源部《政务信息》上进行报道，发表文章10余篇。

学术期刊 中国知网2014年12月16日发布了"2014中国最具国际影响力学术期刊""2014中国国际影响力优秀学术期刊"，学会主办的*Acta Geologica Sinica*（*English Edition*）国际影响力指数CI为195.658，国际他引总被引频次达1933，国际他引影响因子为0.699，依国际影响力指数在所有参评期刊中排名第31名。《地质学报》国际影响力指数CI为194.323，国际他引总被引频次达1973，国际他引影响因子为0.634，依国际影响力指数在所有参评期刊中排名第32名。《地质论评》国际影响力指数CI为94.426，国际他引总被引频次达971，国际他引影响因子为0.267，依国际影响力指数在所有参评期刊中排名第96名。这3个刊物都是连续第3年入选。

学会共主办19个期刊，其中SCI刊物1个，EI刊物1个，中国核心期刊11个，年发表论文2600篇左右。《地质学报》（中文版）、《地质论评》荣获第三届中国精品科技期刊，《地质学报》（中文版）荣获"中国百种杰出学术期刊称号"。《地质学刊》被美国《化学文摘》（光盘版）收录、《西北地质》入选中国科技核心期刊，学会石油专业委员会主办的《石油与天然气地质》被美国EI检索系统收录。《中国地学期刊网》在线各期刊网站平均年度点击率达30万次左右，整个网站的点击率已达2150万次，浏览者来自30多个国家和地区。

国际学术会议 8月19—22日，第十四届国际矿床成因协会（IAGOD）大会在云南省昆明市召开。来自英国的矿产咨询专家Richard Sillitoe博士、美国的矿产咨询专家Jeff Hedenquist博士，美国地质调查局矿产主管Larry Meinent教授，经济地质学会（SEG）前主席Richard Goldfarb博士，国际矿床成因协会前主席、澳大利亚阿德莱德大学Nigel Cook教授，澳大利亚地质调查局资深专家、*Ore Geology Review*主编Franco Pirajno教授，中国工程院院士陈毓川、裴荣富，来自中国、美国、英国、德国、俄罗斯、日本、澳大利亚、南非等18个国家的专家、学者750余人参会，会议的主题是"矿产资源：发现与利用"。

国内主要学术会议 2014年，学会通过组织中国非常规油气勘探开发理论与实践——中国志留系非常规油气勘探开发研讨会、就矿找矿专题研讨会，围绕区域地质找矿领域的新成果、新进展开展学术交流，充分发挥地质科技在地质找矿工作中的支撑、引领作用，以满足国民经济建设对矿产资源的需求。学会组织全国地质灾害气象预警技术方法研讨会、地下地质空间利用地质环境调查与保护专题研讨会等。

学会围绕地质学科建设召开第七届构造地质与地球动力学学术研讨会、第七届工程地质高层论坛等学术会议，为国内广大专家、学者交流构造地质学及相关领域最新学术成果提供了相互交流和学习的平台，推动地质学科的发展。

学会围绕服务经济社会发展和民生问题组织召开全国地质灾害气象预警技术方法研讨会、地下地质空间利用地质环境调查与保护专题研讨会等学术会议，推动地质科技工作者主动服务国家创新驱动发展和社会发展。

国际交往 学会与德古意特出版社（Walter de Gruyter）开展合作，8月11日，有着260多年历史的德国德古意特出版社总裁一行赴学会参观交流，双方围绕中文期刊国际化、英文地学期刊的多媒体平台合作、图书出版及科技期刊的SCI、EI等国际数据库的收

录问题等，进行了交谈和讨论，达成了合作共识。

科普活动 4月22日，学会联合8家学会共同在北京举办了第45个“世界地球日”主题宣传活动，介绍我国资源概况、节约集约利用资源以及最新找矿成果等地球科学知识。4月20—22日，学会组织中国地质大学、中国石油大学、中国矿业大学、首都师范大学等在京地质类高校大学生开展以“珍惜地球资源，转变发展方式——节约集约利用国土资源、共同保护自然生态空间”为主题的第二届在京高校大学生演讲比赛。4月21日，学会组织来自北京市第166中学的师生近70人参加了“我的蓝天梦”植树活动。学会各分支机构及分会积极响应第45个“世界地球日”活动，在各地组织开展了多项地球日科普活动周、科普讲座等活动。

7月，2014年全国青少年地学夏令营在山东省举办，来自全国21个省、市的180多名师生参加了夏令营活动。夏令营期间，学会专家就地学基础知识、古生物等相关内容作了专题科普讲座。

学会地质灾害防治科学传播专家团队在北京举办了5·12“防灾减灾日”科普宣传活动，就地质灾害防治、地质灾害应急及避险自救等知识进行了科普宣传，向过往群众发放各类宣传资料3000余份，讲解传播了防灾减灾的相关知识。学会珠宝玉石专家团队首席专家郭颖、学会岩溶及洞穴专家团队首席专家蒋忠诚分别应中央电视台邀请，制作了专题科普节目。学会地质灾害传播专家团队首席专家殷跃平在防灾减灾日和全国科技活动周期间，为北京第166中学在校师生进行防灾减灾知识讲座，普及防灾减灾知识。

11月7—9日，学会参加了由中国科协和安徽省政府共同主办的第六届中国（芜湖）科普产品博览交易会，学会设立了宝玉石咨询与鉴定、家庭应急设备展示及中国的世界地质公园3个展台，邀请地学专家对参观群众进行现场讲解和科学知识普及。

表彰举荐优秀科技工作者 2014年，为鼓励青年人扎根基层，在野外一线建功立业，学会联合国土资源部共同发起并设立“中国地质学会野外青年地质贡献奖——金罗盘奖”。从2014年开始评选，两年评选一次，每届评选100人。“金罗盘奖”旨在鼓励野外一线青年地质工作者立足基层，扎根野外，求真务实，注重实效，尊重客观规律，恪守科学精神，促进更多野外优秀青年地质人才脱颖而出。“第一届中国地质学会野外青年地质贡献奖——金罗盘奖”的评审工作于12月份完成，100位野外青年地质工作者获奖。该奖项与中国地质学会已设立的“中国青年地质科技奖——金、银锤奖”“黄汲清青年地质科学技术奖”互为补充、完善了不同岗位上优秀科技工作者的奖励体系，使工作岗位、专业技能、工作业绩与表彰奖励更趋合理。

第七届“黄汲清青年地质科技奖”经过初评和公示，15人获奖。

学会完成了“国土资源奖”初评和推荐工作，在学会推荐的5个参评项目中，3项荣获二等奖。经学会推荐，董连慧、石建省、张招崇获得第六届“全国优秀科技工作者”称号，朱光有获得第十届光华工程科技奖“青年奖”。

【第十四届国际矿床成因协会（IAGOD）大会】 8月19—22日，第十四届国际矿床成因协会（IAGOD）大会在云南省昆明市召开。来自中国、美国、英国、德国、俄罗斯、日本、澳大利亚、南非等18个国家的专家、学者共750余人出席会议。大会开幕式由国际矿床成因协会秘书长孙晓明主持，中国地质调查局常务副局长王研、国际矿床成因协会主席毛景文、云南省地质调查局局长李文昌致欢迎辞。

著名的矿产咨询专家Richard Sillitoe博士，Jeff Hedenquist博士，美国地质调查局矿产主管Larry Meinent教授、经济地质学会（SEG）前主席Richard Goldfarb博士，国际矿床成因协会前主席、澳大利亚阿德莱德大学Nigel教授，澳大利亚地质调查局资深专家、*Ore Geology Review*主编Franco Pirajno教授，中国工程院院士陈毓川、裴荣富，中国地质科学院副院长王瑞江等国内外著名矿床学家出席会议。

会议的主题是“矿产资源：发现与利用”，大会组委会安排了《斑岩型铜矿床勘探的地质准则》《21世纪中国地质勘探进展》《区域成矿远景、成矿时空关系及矿床定义的变化》《硫化物矿物中微量元素的分布：进展、问题和展望》《何种因素造成板块汇聚带利于金属成矿？》《成矿系列：讨论三》6个大会专题报告。

大会期间，由IAGOD理事会决定，授予中国工程院院士陈毓川和美国专家Richard Grauch IAGOD终身荣誉会员称号。该奖项设立于1964年，是国际矿床学界最高荣誉奖，专门授予在矿床学界取得杰出成就并为国际矿床成因协会发展做出杰出贡献的科学家。

会议期间，经IAGOD理事会讨论通过新设立了

"Kutina-Smirnov"奖，以奖励年富力强，活跃在矿床学界一线的国际著名矿床学家。

【第12届全国矿床会议】 12月12—14日，第12届全国矿床会议在福建省厦门市召开，来自科研院所和大专院校的专家、学者、从事地质调查人员，地勘单位和矿业公司的从事找矿勘查的一线工作者等近千人参加了会议。会议主题为"转变经济增长方式，高效勘查集约开发"。

与会代表针对"新发现大型－超大型矿床典例介绍""重大成矿事件与成矿规律"等16个专题进行了研讨。本届大会通过16个专题负责人的推荐，评选出11个优秀学生论文奖。

会议期间，召开了矿床地质专业委员会工作会议，与会39位矿床地质专业委员会委员参加了会议，共商我国矿床学发展之大计，经过讨论，最后形成本届专委会的五项工作任务。

会议期间还召开了《矿床地质》第四届专业委员会第一次工作会议，共有19名编委参会。会议收到论文摘要605篇，已编辑成册，作为《矿床地质》增刊出版发行。

【中国地质学会境外地质矿产研究分会成立】 12月4日，中国地质学会境外地质矿产研究分会在北京召开成立大会暨"一带一路"研讨会，来自中国地质调查局、中国地质科学院、有色金属矿产地质调查中心、中央地质勘查基金管理中心等单位的40余名专家、学者、企业家参加了会议。

经中国地质学会核准，境外地质矿产研究分会业务范围和主要工作任务是：开展国内外合作与交流，发布境外地质矿产信息、勘查开发动态和政策资讯，向社会普及全球矿产资源和地质科学知识，组织承担境外地质矿产科学技术研究工作，开展境外地质矿产科技咨询服务，开展继续教育，组织承办境外地质矿产技术培训班或研讨班，培训、举荐国际地质科技人才，开展境外地质矿产科技项目论证、成果鉴定、奖励评审、标准编审及相关工作，承担学会交办工作，开展为会员服务的其他活动。

（撰稿人：唐　序）

中国地理学会

学会能力提升专项　2014年，学会全面执行学会能力提升专项"优秀科技社团奖"计划，以提升学会服务创新发展、服务政府和社会、服务会员和广大科技工作者以及自身发展能力为目标，全面构建国内外广泛学术交流新平台，打造精品学术交流活动。2014年，学会接纳《地理科学》等4种学术期刊，完善了学会学术期刊方阵建设，使学会学术期刊集群扩大为16种期刊。完善国际交往体系，扩大了多边和双边国际交流与合作，与俄罗斯地理学会签署了合作备忘录。积极开展全民科学普及活动，加强科普工作信息化建设，提高青少年学习地理科技知识的积极性，组织编写《美丽中国》地理丛书35本，建立4个科普创新团队。在承接政府转移职能方面有了显著突破，就承接2015年度地学领域国家重点实验室评估组织工作达成共识。

学会建设　12月，学会在北京召开了第11次全国会员代表大会，进行了理事会换届，中国科学院院士傅伯杰当选为学会第11届理事会理事长，陈发虎、崔鹏、葛全胜、宫辉力、冷疏影、刘宝元、刘毅、陶澍、薛德升、杨桂山、俞立中、张国友当选为副理事长，刘毅当选为秘书长（兼）。

学会开展2014中国地理学会工作先进集体和先进工作者评选工作，福建省地理学会等15个机构和曹广忠等22人分别被授予"2014中国地理学会工作先进集体和先进工作者"。

学会批准成立了文化地理专业委员会，完成了沙漠分会，《地理学报》（中英文版）、《地理研究》、《地理科学进展》、《地球信息科学学报》编委会的换届工作。

2014年，学会新发展会员465人，会员总数达10185人。

科技期刊国际影响力提升计划　2014年，*Journal of Geographical Science*（《地理学报》）继续获得中国科技期刊国际影响力提升计划资助，并获得了中国科学院出版基金资助。通过扩大国际宣传和网络化传播、优化审稿专家队伍、加强编辑队伍建设、期刊数字化建设和集群化建设、组织重大国际活动专刊、提高国际论文刊稿量等措施，该刊国际影响力不断提高。据美国科技信息研究所2014年发布的期刊引证报告（JCR）显示，该刊影响因子由2013年的0.9071提高到2014年1.123，提高了24.8%，在国际地理学领域46种期刊中排名第32位，其国际学术影响分区由Q4进入Q3；总被引频次由2013年的483次提高到2014年的789次，增长了63.4%，排名第32位。据中国知网2014年发布的数据显示，该刊在3722种

中国科技期刊中位居 TOP5%，入选 2014 中国最具国际影响力学术期刊。

学术期刊 根据《中国地理学会期刊管理办法（暂行）》，学会新接纳了《地理科学》《中国沙漠》*Chinese Geographical Science*（《中国地理科学》）和*Sciences in Cold and Arid Regions*（《寒旱区科学》）4 种学术期刊，学会学术期刊方阵增加到 16 种学术期刊。

《地理学报》（中文版）继续获得中国科协精品科技期刊和中国科学院出版基金资助，2014 年在全国自然科学期刊影响因子中排名第二名。另据 CNKI 发布的 2014 年中国学术期刊影响因子年报显示，《地理学报》（中文版）复合他引影响因子和总被引分别以 4.025 和 15580 次，在地学期刊中排名第一名。《地理学报》（中文版）《遥感学报》等期刊获得 2014 年度“中国百种杰出学术期刊”称号。《地理学报》（中文版）《遥感学报》《地理科学》《地理研究》等期刊获得“第 3 届中国精品科技期刊”奖。《地理学报》（中文版）、《地理学报》（英文版）、《中国地理科学》（英文版）、《冰川冻土》、《经济地理》和《人文地理》等期刊入选“2014 中国最具国际影响力学术期刊”（TOP5%）。《中国沙漠》《遥感学报》《地理研究》《地理科学》入选“2014 中国国际影响力优秀学术期刊”（TOP10%）。

学会召开了 2014 中国地理编辑出版年会，为全国地理期刊编辑搭建学术交流平台，并固化了每年举办中国地理编辑出版年会制度，推进中国地理资源期刊数字传媒网建设，形成了分析和发布能力，为科研提供了多方位的服务。中国地理资源期刊数字传媒网设有期刊导航、文献检索、期刊动态、工具列表、科研助手、科研基金、会议信息、前沿聚焦、媒体推广、SCI 特刊征稿、期刊论坛、地理新闻等多个模块。

学会开展了 2014 全国优秀地理编辑奖评选表彰活动，曹会聪等 32 人荣获“2014 全国优秀地理编辑奖”。

学科发展研究 学会推动学科和学术建设，完成《地理学学科发展报告》（地图学与地理信息系统）编写与出版工作，并于 4 月在北京举行了地理学与青藏高原研究学科进展发布会。学会组织出版了中国人文地理丛书之《中国民族地理》，中国自然地理系列专著之《中国水文地理》和《中国土壤地理》。历史地理专业委员会出版了《历史地理》第 29 辑、第 30 辑（上海人民出版社出版）。11 月，学会启动了《中国大百科全书》第三版地理科学卷的编写组织工作。

学会围绕未来社会需求大、发展趋势强、目前发展相对薄弱的学科开展学术交流和人才培养工作，组织召开了第三期中国地理学会社会文化地理国际高级研修班、首届中国创新地理学术研讨会、2014 年中国青年人文地理学者学术研讨会等。

决策咨询 3—5 月，学会组织专家赴云南省开展了云南旅游产业发展现状及存在的突出困难和问题、促进旅游与相关产业实现融合发展、加快云南旅游产业转型升级、推动强省建设所需要的配套政策及相关建议措施的专题调研，推荐专家参加 2014 中国科协年会党政领导与院士专家座谈会和专题论坛“云南旅游强省建设专题论坛”活动。6 月，学会应邀组织专家团队赴安徽省郎溪县进行考察，并与郎溪县政府领导就该县发展建设规划进行了座谈咨询。

学会联合北京师范大学和解放军总参谋部测绘导航局举办了两期为期 3 个月的地理学与地缘战略高级研修班，培养了 76 位地缘战略方面的高级研究人才。

以学会决策咨询工作委员会和有关地理科研机构为依托，组建了《国情与发展》战略研究组，服务决策咨询工作。

国际学术会议 学会联合有关单位共同主办国际学术会议。6 月，在陕西省西安市举办了第三期中国地理学会社会文化地理国际高级研修班，邀请来自澳大利亚、美国和新加坡的 4 位国际知名学者，以及多位国内知名学者进行了为期 5 天的英文讲座。7 月，在北京召开了第二届环境与健康国际学术研讨会。7 月，在云南省昆明市召开了“变动中的东南亚地缘政治：边界与边境地区国际研讨会”。

国内主要学术会议 学会举办国内学术交流活动 26 次，参会人数超过 6000 人次，共交流论文 2150 多篇。学会举办了中国地理学会 2014 年学术年会、2014 年自然地理学创新与区域可持续发展学术研讨会、2014 年中国人文地理学术年会、第十九届中国遥感大会暨第八届中国青年遥感辩论会、中国地理学会沙漠分会 2014 年学术研讨会、2014 年中国地理学会历史地理专业委员会学术研讨会、2014 年中国地理编辑出版年会、2014 年中国城市群发展高层论坛、中国首届文化地理学学术研讨会、地理学与青藏高原研究学科进展发布会、《中国大百科全书》三版（地理科学）启动研讨会，以及中国地理学会第十一次全国代表大会学术交流板块活动等。

两岸交流 8月，学会组团赴台湾地区参加了由学会和台湾中国文化大学联合主办的纪念赵松乔博士访台文化交流25周年纪念学术研讨会。学会分支机构分别在江苏省南京市、台湾省台北市、湖南省张家界市举办了第五届海峡两岸经济地理学术研讨会、第十二届海峡两岸休闲产业与乡村旅游学术研讨会、第十五届海峡两岸三地环境资源与生态保育学术研讨会。

国际组织任职 8月，在波兰召开的2014年国际地理联合会（IGU）区域会议上，学会推荐的中国科学院院士周成虎当选IGU副主席，王五一研究员、魏东英博士分别连任IGU健康与环境委员会主席和地质公园委员会主席。

国际交往 4月，学会组团参加了在美国举办的2014年美国地理学家协会（AAG）年会。7月，学会组团参加了在韩国举办的第九届中日韩地理学国际学术研讨会，学会副秘书长刘敏在闭幕式上作了2015年上海第十届中日韩地理学国际学术研讨会宣传演讲。8月，参加在波兰举办的2014年国际地理联合会克拉科夫区域会议，学会代表、中国科学院院士周成虎在闭幕式上作2016年（北京）第33届国际地理大会宣传演讲。8月，参加在波兰举办的第11届国际中学生地理奥林匹克竞赛。10月，参加在缅甸举办的第35届亚洲遥感会议。11月，参加在莫斯科举办的首届俄罗斯地理学会国际地理节，学会秘书长张国友与俄罗斯地理学会会长绍伊古在启动仪式上签署了两会合作备忘录。

4月，学会邀请国际地理联合会终身成就奖获得者、荷兰莱顿大学教授Ton Dietz来北京参加学术建设发布会。5月，学会邀请国际地理联合会第一副主席、德国科隆大学教授Dietrich Soyez来北京参加2016年北京第33届国际地理大会学术委员会第一次会议。7月，学会邀请并接待了英国Lancashire中心大学师生代表团40多人来学会交流、考察和访问。7月，接待国际地理联合会前主席、美国宾夕法尼亚大学教授Ronald R. Abler来北京访问并安排赴贵阳参加国际生态文明论坛。

科普活动 学会以加强科普信息化建设为突破口，形成了以《中国国家地理》杂志为品牌，集期刊、图书、网络、讲座与户外活动、微信平台等多种形式的科普体系。

学会由理事长牵头，组织中国地理科普图书创作团队并号召全国地理学界专家参与，组织策划编写了一套35卷本的《美丽中国》地理科普丛书，2014年出版了《美丽云南》、《美丽西藏》、《美丽海南》、《美丽台湾》、《美丽江苏》、《美丽山东》、《美丽天津》、《美丽河北》、《美丽四川》等25卷本。

学会主办的科普网站林超地理博物馆（网络版）和全球可持续发展城市信息网络进一步优化。11月，召开了林超地理博物馆（网络版）2014年会，就该馆建设工作及相关学术问题组织了学术报告、工作报告与研讨。全球可持续发展城市信息网络建设在质量和数量上都取得了成效，工作机制逐渐成熟，团队有所扩展，专题质量提高，技术逐步升级，网络稳定性、用户浏览和参与率、外部交流与学习都有改进与提高。两个网站被学会授予2014年全国地理科普工作先进集体。

学会开展的第八届“地球小博士”大赛、第七届“环保之星”全国地理科技大赛、第六届“全国中学生地理奥林匹克竞赛”活动、第十一届国际地理奥林匹克竞赛选拔赛附加赛等科普活动，吸引了全国1100多所学校、10多万人次参加。

8月，学会组织代表队参加在波兰克拉科夫举行的第十一届国际地理奥林匹克竞赛，中国代表队获得1枚铜牌。

学会开展了2014全国科普工作先进集体和先进工作者评选工作，《中国国家地理》杂志社等12个机构和董恒年等20人分别被授予“2014全国科普工作先进集体和先进工作者”。开展了“SuperMap杯”第十二届高校GIS大赛、第七届华南地区高校地理科学展示大赛，300多名青年学者、研究生和大学生受到表彰。

表彰举荐优秀科技工作者 经学会推荐，葛全胜、冷疏影获得中国科协“全国优秀科技工作者”称号。

学会开展了第五届中国地理学会成就奖、第二届全国优秀地理科技工作者等评选表彰活动，刘兴土、邬翊光、陈昱3人荣获第五届“中国地理学会成就奖”，邓伟等30人被授予第二届“全国优秀地理科技工作者”称号。

学会还开展了2014年全国优秀中学地理教研论文、2014年“探索杯”优秀地理教学成果及“开拓杯”优秀地理课件、中国地理学会学术年会青年优秀论文奖等评选活动，720多名会员、地理科技工作者受到表彰。

会员服务 学会组织开展国内外学术会议、培训班、出境考察、科普、人才举荐和表彰奖励等活动60

多项，形成了多种为广大会员和科技工作者服务的渠道。学会为会员提供《中国地理学会会讯》4 期，共 3 万多份。学会建立了会员 QQ 群、微信群，开通了学会官方微博，及时为会员提供信息服务。

【中国地理学会第 11 次全国会员代表大会】 12 月 27—28 日，中国地理学会第 11 次全国代表大会在北京召开，260 多位来自全国各地的会员代表出席会议。学会第十届理事会理事长刘燕华致开幕词，中国科学院地理科学与资源研究所所长葛全胜致欢迎词。中国科协党组成员、书记处书记沈爱民出席大会开幕式并讲话。学会名誉理事长、中国科学院院士陆大道，国际地理联合会副主席、中国科学院院士周成虎，学会副理事长、中国科学院院士傅伯杰，学会副理事长崔鹏研究员，第五届中国地理科学成就奖获得者刘兴土院士、邬翊光教授等应邀出席会议。

学会理事长刘燕华作《面向未来，走向世界，为开启中国地理科学事业的新篇章而努力》的工作报告，学会秘书长张国友作《中国地理学会第十届理事会财务报告》，学会副秘书长刘敏作《关于修改中国地理学会章程的说明》的报告，副秘书长孙樱作《关于中国地理学会会员会费标准的建议》的报告。与会代表通过了上述报告、意见和建议。

大会选举产生了中国地理学会第 11 届理事会。中国科学院院士傅伯杰当选为第 11 届理事会理事长，陈发虎、崔鹏、葛全胜、宫辉力、冷疏影、刘宝元、刘毅、陶澍、薛德升、杨桂山、俞立中、张国友当选为副理事长，刘毅当选为秘书长（兼）。

大会开幕式上，颁发了第五届中国地理科学成就奖、第六届全国优秀科技工作者、第二届全国优秀地理科技工作者、2014 全国优秀地理编辑奖、2014 中国地理学会－学会工作先进集体、2014 中国地理学会－学会工作先进工作者、2014 全国地理科普工作先进集体、2014 全国地理科普学会工作先进工作者、《地理学报》创刊 80 周年系列奖励项目等奖项。

中国地理学会第十一次全国会员代表大会

会议期间举行了 3 场学术报告会，共邀请 7 位学者作了学术报告。大会期间，与会代表还围绕 2016 年（北京）第 33 届国际地理大会的组织和筹备工作进行了认真研究和讨论。

【中国地理学会 2014 年学术年会】 10 月 24 日，中国地理学会 2014 年学术年会在四川省成都市召开。来自全国近 400 个单位的 1700 多名专家、学者参加会议。

本届年会交流学术论文近 1000 篇，其中 500 多人在 34 个专题分会场作了口头报告，近 200 篇学术论文参与了年会青年优秀论文评选。中国新型城市化与城市发展、景观变化与生态系统服务、经济地理与空间治理、气候变迁与可持续发展、城乡一体化发展、旅游、环境和大数据等前沿专题不仅映射了国际地理研究趋势，也反映了当前国内地理学科在社会经济发展和城市建设中的广泛应用。

年会期间，还举办了第八届全国地理学研究生学术年会、《地理学报》创刊 80 周年纪念学术活动、国家自然科学基金委员会（NSFC）《地理科学 30 年》编写工作研讨会、教育部地理科学教学指导委员会 2014 年秋季工作会议、《地理科学》编辑委员会工作会议，以及地震灾区地震次生灾害预警及防治技术高级研修班等专题活动。

【第九届中日韩地理学国际研讨会】 7 月 6—9 日，第九届中日韩地理学国际研讨会在韩国釜山召开，来自中国、日本、韩国的地理学家、青年地理学者及研究生近 150 名参加了本次会议。学会派出由副理事长杨桂山为团长、80 多位学者和研究生组成的中国代表团参加会议。

本届会议的主题是“地方桥接全球”。与会的专家、学者围绕城市地理，灾害与重建，经济地理，历史与文化，危险、灾害与风险管理，农业与乡村研究，自然地理，能源与政策，地理教育，性别问题，区域发展，旅游与食品，社会与政治地理，地理信息科学等专题，进行了近 100 场口头报告交流；30 多位与会学者作了墙报展示。

会议期间，中日韩三国组委会成员召开了工作会议，就会议成果出版、会议未来的组织方式进行了研讨，并期望经过共同努力，将下次会议办成东亚地理学家年会。

闭幕式上，下届会议承办单位代表、华东师范大学地理科学学院院长刘敏介绍了2015年第十届中日韩地理学国际研讨会的安排。下届会议计划于2015年10月在上海市举办。

（撰稿人：张国友）

中国地球物理学会

学会建设 2014年，学会开展个人会员的重新登记工作，截至2014年12月31日，学会会员总数为15418人，其中女会员2170人。全年新发展会员492人，其中女会员66人；新增普通单位会员13个，理事单位会员4个，常务理事单位会员2个，截至2014年12月底，学会单位会员总数62个。

学会增补常务理事2人，理事5人。成立了学会铁道分会、学会浅地表地球物理专业委员会。天灾预测专业委员会、工程地球物理专业委员会、国家安全地球物理专业委员会3个分支机构完成换届工作，变更分支机构主任委员3人。

2014年，学会举办学术会议31个，共有5254人次参加会议，收到论文2511篇。

学会召开常务理事会2次、秘书长工作会议2次、全国秘书长联席会议1次、理事扩大会议1次。

学术期刊 2014年，《地球物理学报》获得“中国出版政府奖”。《地球物理学报》执行并完成了中国科协资助的精品期刊工程项目2013—2014年度任务。对在线投稿审稿系统、移动出版平台、富媒体出版平台（RichHTML）进行了技术优化和改进。

Applied Geophysics 出版了4期刊物，共发表论文49篇，主要对应用地球物理领域热门研究进行重点报道。

国际学术会议 6月19—22日，由学会和国家自然科学基金委员会地球科学部等5家单位主办的第六届环境与工程地球物理国际会议（ICEEG 2014）——“浅地表地球物理与城镇化”在陕西省西安市召开，会议主题为“地球物理与环境保护”。

国际交往 6月中旬，学会组织4人代表团参加了在荷兰阿姆斯特丹举行的第76届欧洲地质学家与工程师学会年会（European Association of Geoscientists & Engineers，EAGE）。会议期间，学会秘书长郭建与EAGE亚太区经理Gerard Wieggerink博士进行了座谈，并就今后进一步加强双方合作达成共识。

科普活动 学会被中国科协评为“2014年度全国学会科普工作优秀单位”。

2014年，学会新组建科学传播专家团队1支，现共有科学传播专家团队6支，科学传播专家40余位。5月24—25日，地球物理信息技术科学传播专家团队在河北省石家庄市举办了“大数据、云计算与地球物理应用研讨活动”，58位专家、学者参加了研讨。8月3日，云南鲁甸发生了6.5级地震，地球物理信息技术科学传播专家团队首席专家陈会忠研究员应《人民日报》记者之邀，撰写了《如何进行地震预警》的文章，刊登在《人民日报》“环球人物”周刊上。地球与行星科学传播专家团队首席专家杨志根研究员在上海市多所学校以《人类探测地外智慧生命的历程》《地球空间研究内容》《深空探测、空间对地观测与全球变化——介绍五个地球空间内容的国际进展》《碳排放、全球增温与平均海平面升降趋势》《地球故事之二：从宇宙诞生到太阳系形成》《宇宙暗物质探测的最新进展》《学生创新研究的科学论文写作与要点》为题作了多场科普讲座。地球与行星科学传播专家团队专家李永平研究员在上海市多所小学和社区开展了气象科普宣传活动。地球与行星科学传播专家团队专家翁光明教授在上海市虹口区继光初级中学作了海洋与安全的科普教育讲座，并在海洋日期间为上海市大团高级中学发放《海洋日宣传手册》。

世界地球日期间，学会科学传播专家团队6名专家分别在北京市、江苏省、辽宁省等地举办科普讲座11场，内容涉及倡导低碳生活、建设绿色家园、海洋国土、海洋强国梦科普宣传、海洋地球物理、地震灾害与逃生等方面，科普讲座受众累计超过6000人次。

2014年全国科技周期间，学会海洋资源与环境科学传播专家团队专家向到学会科普基地青岛海洋地质研究所参观的山东省青岛市二中分校师生赠送了《海洋地学科普丛书》，为同学们作了题为《地球，人类的家园》的科普讲座。

6月4日，学会联合辽宁省环境保护厅、沈阳军区司令部工程科研设计院等单位，在学会科普基地抚顺市雷锋小学开展纪念世界环境日“从我做起，向污染宣战”系列教育活动。

全国科普日期间，学会科普专家团队多位专家在公园、广场、企业与事业单位举办多场科普宣传活动。活动受众人数约6000人次。

2014年，新设立了辽河油田勘探开发研究院计算所和辽河油田幸福小学科普基地，学会在学校和企事业单位设立的科普教育基地共有7个。

表彰举荐优秀科技工作者 2014年，经学会推荐、初选、终评、公示，有9个项目分别获“中国地球物理科学技术奖”一、二、三等奖。

经学会组织评选，北京大学教授臧绍先荣获2014年“顾功叙地球物理科技发展奖”。中国地震局地震预测研究所付广裕、中国科学院地质与地球物理研究所李娟、中国石油集团东方地球物理勘探有限责任公司刘雪军、中国地质大学（北京）谭茂金、吉林大学田有、中国科学院地质与地球物理研究所赵连锋荣获2014年“傅承义青年科技奖”。吉林大学马国庆、中国科学院测量与地球物理研究所郑伟、南京大学黄周传、中国石油大学（北京）刘国昌、成都理工大学邓继新荣获“2014年度（第五届）刘光鼎地球物理青年科技奖”。《中国重力异常的小波变换与多尺度分析》（作者：侯遵泽、杨文采）、《北京地区气温的年代际变化和热岛效应》（作者：林学椿、于淑秋）、《2013年4月20日四川芦山地震震源破裂过程反演初步结果》（作者：王卫民、郝金来、姚振兴）3篇论文荣获2014年“陈宗器地球物理优秀论文奖”。

经学会推荐，北京大学地空学院教授黄清华、中国国土资源航空物探遥感中心王平、中国冶金地质总局地球物理勘查院张青杉荣获中国科协“全国优秀科技工作者”称号。

会员服务 2014年，学会为会员单位评定正高级职称3人、副高级职称8人、中级职称17人。

12月19—20日，学会在河北省涿州市举办了2014年中国科协会员日活动暨中国地球物理学会2014年工作会议。

【中国地球科学联合学术年会】 10月19—22日，由中国地球物理学会、全国岩石学与地球动力学研讨会组委会、中国地质学会构造地质学与地球动力学专业委员会、中国地质学会区域地质与成矿专业委员会主办，中国科学院地质与地球物理研究所与中国地球物理学会承办的中国地球科学联合学术年会在北京举行。1500余位专家、学者参加会议，其中院士22人。1200余位专家、学者在大会上作了学术报告。会议共设立了69个专题、22个分会场，收到论文1828篇，收录1761篇。

开幕式上，中国科学院院士、中国科学院地质与地球物理研究所研究员刘光鼎，中国科学院院士贾承造，中国科学院地质与地球物理研究所研究员彭澎，中国地质科学院地质研究所研究员侯增谦，中国科学院生态环境研究中心研究员贺泓，中国科学院地质与地球物理研究所研究员肖文交分别作了题为《走向海洋强国》《中国能源供应与石油天然气勘探——进展与挑战》《华北元古宙基性岩墙群与古陆重建》《大陆碰撞成矿作用》《大气灰霾追因与控制》《中亚构造带及拼贴增生过程》的报告。

中国地球物理学会第30届学术年会作为本次年会的分会场同期举行。中国科学院院士、中国科学院地质与地球物理研究所研究员万卫星，中国工程院院士、武汉大学教授李建成，中国科学技术大学教授温联星，吉林大学教授殷长春，中国科学技术大学教授陈晓非，中国科学院空间科学中心研究员王赤，中国地震局地球物理研究所研究员高孟潭，中国石油集团东方地球物理公司徐礼贵分别作了题为《低纬电离层研究与中国非相干散射探测》《我国数字高程基准研究最新进展》《地球内核的系列发现》《电磁数据反演方法和技术》《基于地震过程情景模拟的震害预测》《子午工程建设成果》《城市群大震巨灾风险源监控、灾害情景构建与备灾》《非常规油气地震勘探技术及应用效果》的报告。

【第六届环境与工程地球物理国际会议】 6月20—22日，由中国地球物理学会、中国国家自然科学基金委员会地球科学部、中国地质大学（武汉）、中南大学、成都理工大学和长安大学主办，长安大学和陕西省地球物理学会承办的第六届环境与工程地球物理国际会议（ICEEG 2014）——“浅地表地球物理与城镇化”在陕西省西安市召开，会议主题为“地球物理与环境保护”。来自国内外的280名专家、学者参加会议，其中有20位来自美国、德国、瑞士、巴西、巴基斯坦、日本等国家和中国台湾地区。会议特邀15位国内外专家作了大会报告。与会专家就7个专题进行研讨，内容涉及环保、斜坡岩土地质灾害、地面变形地质灾害、矿井地质灾害、特殊岩土工程病害、土地荒漠化地质灾害、地下水资源、水土环境异常等领域的地球物理探测方法、技术和仪器设备与软件等方面的新进展。会议收录论文130篇，论文集*Near Surface Geophysics and Urbanization*（《浅地表与城镇化》）由科学出版社纽约分社出版。

（撰稿人：乔忠梅）

中国矿物岩石地球化学学会

学会建设 2014年，学会召开了第八届理事会第二次会议、第八届理事会第三次常务理事（扩大）会议、2014年秘书长工作会议、第八届理事会第四次常务理事（扩大）会议，对学会工作进行讨论部署。

学会获得中国科协学会改革发展基础工程等4个项目的资助，完成了《理事会工作条例》《专业委员会管理条例》《会员管理条例》和《侯德封奖实施办法》以及《院士候选人推选工作实施细则（试行）》，起草出台了《财务管理条例》和《学会公章使用管理条例》、《档案管理条例》和《证书保管和使用条例》。

截至2014年底，学会会员总数7385人，其中终身会员1043人，其余为年度会员和学生会员。全年共发展新会员21人。

学会新成立了海洋地球化学专业委员会，石学法担任专业委员会主任委员，孙晓明、曾志刚、杨守业、何高文担任副主任委员。

学术期刊 学会主办的《矿物岩石地球化学通报》获得中国科协精品期刊项目资助。

7月31日，学会在中国科学院地球化学研究所就学会相关期刊的运行和发展工作进行了座谈，对学会期刊的联合和发展进行了探讨。

学科发展研究 学会组织专家编写《21世纪初十年矿物学岩石学地球化学学科新进展》和《中国地球化学学科发展史》。《21世纪初十年矿物学岩石学地球化学学科新进展》已由科学出版社出版，合计120万字。

国际学术会议 由学会和中国科学院地球化学研究所环境地球化学国家重点实验室联合主办的第十七届环境中重金属国际会议于9月22—25日在贵州省贵阳市召开，来自26个国家的近300名专家参加会议。会议收录论文摘要约300份，设置了164个口头报告、110份展板报告。

国内主要学术会议 学会组织召开了第五届亚太地区激光剥蚀和微区分析研讨会、全国变质岩学术研讨会、实验岩石学与计算地球化学前沿研究专题学术讨论会、第五届全国应用地球化学学术会议、第十一届月球科学与比较行星学／陨石学与天体化学学术研讨会等14次全国性学术会议。

9月22—29日，学会沉积学专业委员会主办了第五届国际沉积地质学暑期学校。来自10所高校和科研机构的24名优秀博士研究生参加。

科普活动 5月17日，学会与中国科学院地球化学研究所举办了主题为“科技创新助力圆梦”的科普开放日活动，来自贵州省内高校、科研院所及重点中小学共1000余人参加活动。

学会名誉理事长、中国科学院院士欧阳自远先后在北京、天津、江苏、新疆、深圳等开展了主题为“中国人的探月梦”“揭开神秘面纱——真实的月球”“小天体撞击地球的祸与福”“第一次探月高潮”“重返月球的缘由”“中国月球探测的起步与嫦娥一号”“嫦娥二号的使命与拓展试验”“嫦娥三号与嫦娥工程的后续发展”“中国要飞得更远”等系列科普讲座，获得公众好评。

表彰举荐优秀科技工作者 4月20日，学会召开了第15届侯德封矿物岩石地球化学青年科学家奖评选会。经评选委员会预审和综合评议，16人获奖。

学会推荐的中国环境科学研究院研究员吴丰昌、中国科学院地球化学研究所研究员宋谢炎获得中国科协“全国优秀科技工作者”称号。

【第十一届月球·行星·科学与探测学术研讨会】 11月2—5日，第十一届月球·行星·科学与探测学术研讨会在贵州省贵阳市召开，研讨会由学会陨石学与天体化学专业委员会、中国空间科学学会月球科学与比较行星学专业委员会、中国科学院地球化学研究所联合主办。来自国家自然科学基金委员会、中国地质调查局、中国科技大学、南京大学、吉林大学、山东大学、中国地质大学（北京）、中国地质大学（武汉）等50多家单位的100余位专家、学者参加会议。研讨会设置了月球与深空探测、陨石学、行星地球3个专题，与会专家、学者围绕陨石学、天体化学、月球科学、比较行星学、地球化学实验分析技术以及空间探测技术等领域进行了学术交流。会议采用主题口头报告和展板讨论相结合的形式进行，共设置大会报告23个，展板48个。

11月4日，会议还举行了“欧阳自远星”命名仪式。中国科学院院士欧阳自远、安芷生、周卫健、彭平安等出席命名仪式。中国科学院月球与深空探测总体部主任刘晓群主持命名仪式。为表彰欧阳自远院士为我国天体化学和比较行星学的开拓与发展，为探月工程的立项和实施，以及深空探测工程的长远规划和科学目标制定等方面做出的卓越贡献，弘扬欧阳自远

院士的科学精神，国家天文台将一颗正式编号为8919的小行星命名为“欧阳自远星”，并经由国际天文学联合会小天体命名委员会讨论通过。

（撰稿人：刘　莹）

中国古生物学会

学会建设　2014年，学会召开了2次常务理事会议，1次理事会会议。发展会员12名，建立全国科普教育基地1个。

学术期刊　学会刊物《古生物学报》2014年共收到稿件52篇，出版4期，刊出论文46篇，印发4800册。《古生物学报》当选中国学术期刊（光盘版）电子杂志社、中国科学文献计量评价研究中心与清华大学图书馆发布的“2014中国最具国际影响力学术期刊”。

学科发展研究　学会组织编撰的《中国古生物学学科史》一书由中国科学技术出版社正式出版发行。全书328页，合计51万字。

决策咨询　4月下旬，学会副理事长孙革、秘书长王永栋以及理事会成员季强、王元青、徐星、任东、王丽霞等在辽宁省沈阳市参加了第二届辽宁古生物专家委员会成立会议，对辽宁的古生物化石科研和保护工作进行了研讨。学会部分理事参加了新疆鄯善古生物化石博物馆展示大纲等评审工作。

6月26日，学会副理事长邓涛、理事王元青、王原等参加在甘肃省和政县召开的“中国·和政化石保护与利用研讨会”，对化石保护与开发利用的现状、成功案例、存在的问题与对策等进行了研讨。

国际学术会议　9月28日至10月3日，学会组织约40名中国学者参加在阿根廷门多萨市召开的第四届国际古生物学大会（IPC4）。本次大会由国际古生物协会（IPA）和阿根廷门多萨科学与技术委员会联合主办。国际古生物学大会是国际古生物学领域最为权威的一项国际会议。本次大会的主题是“生命的历史：来自南半球的视角”。学会在本届大会上设立了中国古生物学的专题分会场。理事长杨群和国际古生物学会主席Mike Benton教授共同主持了“中国精美化石库的古生物学”专题分会场，共有来自美国、英国、德国、中国等国的30余位专家、学者做了口头和展板报告，报告展示了我国诸多古生物化石宝库在古生物系统学、埋藏学、古生态学和古环境学等领域取得的新进展。此外，学会荣誉理事沙金庚研究员主持了国际地球科学计划IGCP632项目“侏罗纪主要陆相绝灭事件和环境变化”分会场，并召开了项目第一次工作组会议。本次会议选举产生了国际古生物协会新一届委员会，学会荣誉理事周忠和当选为新一届国际古生物协会主席。

6月16—18日，第三届地球生物学国际会议在湖北省武汉市召开。学会为会议9个发起单位之一，并组织了相关学术分会场报告会。来自美国、德国、英国、法国、澳大利亚、日本等10余个国家的60余名专家、学者和250余名国内学者参加会议。本次会议主题为“地球生物学的现代过程与地质过程相结合”。此次会议分15个议题进行研讨，共设大会报告13个、特邀报告8个、主题报告28个、分会场口头报告100个，内容涉及前寒武纪地球生物学，显生宙地球生物学，地球微生物学，天体生物学与极端环境地球生物学以及地球－生命转折等。

8月15—18日，世界青年地质学家大会在坦桑尼亚首都达累斯萨拉姆召开。应大会组委会的邀请，学会参与并组织了以“地史时期的化石库和生物多样性”为主题的古生物学专题分会场，学会秘书长王永栋、中国科学院南京地质古生物所研究员林日白和中国科学院古脊椎动物与古人类研究所研究员刘俊担任专题分会场召集人。

国内主要学术会议　学会共组织高端前沿学术交流活动5次，664人次参加，会议共设置口头报告207个，收到论文及论文摘要213篇。

4月18—21日，古脊椎动物学分会第14次学术年会暨中国第四纪古人类——旧石器专业委员会第5次学术会议在贵州省黔西县召开。298位专家、学者参加会议，大会共安排74场学术报告，并出版论文集，收录37篇学术论文。会议从不同角度展示了古脊椎动物学、古人类学、旧石器考古学、生物地层学、分子生物学、第四纪测年、博物馆建设与科普传播等领域的最新研究成果和进展。

7月14—16日，由学会微体学分会和化石藻类专业委员会主办，吉林大学古生物学与地层学研究中心协办的中国古生物学会微体学分会第十五次学术年会－中国古生物学会化石藻类专业委员会第八届会员代表大会暨第十六次学术讨论会在吉林省长春市召开。126位专家、学者参加了会议。会议共设置了28个口头报告，收到论文摘要52篇。

11月29日至12月1日，古植物学分会第八届会员代表大会暨2014年学术年会在广东省广州市召开。来自全国各地高等院校、科研院所、科普教育、博物馆等30余个单位的133名专家、学者出席会议。大会收到了102篇论文摘要，设置了4个大会报告、62个口头报告、8个展板报告。

12月18—19日，古生态专业委员会2014年学术年会在江苏省无锡市召开，来自12个单位的37位学者参加了会议，17位学者做了口头报告。

科普活动 学会理事单位开展多种形式的科普教育活动。南京古生物博物馆开展了“寻找化石之旅”冬令营和夏令营活动，举办了“奥妙的地球与奇特的生命科普研讨会”暨绘画征文大赛、“生命进化史上的奇葩—埃迪卡拉生物群”特展，编辑出版了科普图书《远古的霸主——恐龙、翼龙、鱼龙》，制作了微视频《地球诞生与早期环境》。中国古动物馆组织了“小达尔文俱乐部活动”“阿凡达伊卡兰翼龙”特展和“甘肃和政古生物群特展”等系列科普活动。辽宁古生物博物馆结合世界地球日宣传活动，组织了“珍惜地球资源，2014马化石特展”。

表彰举荐优秀科技工作者 学会副理事长、沈阳师范大学教授孙革荣获中国科协“第六届全国优秀科技工作者”称号。

【第二届全国地质古生物科普工作研讨会】 10月9—11日，由学会科普工作委员会主办的第二届全国地质古生物科普工作研讨会在广东省深圳市举行。70余位专家、学者出席会议。

学会副理事长兼科普工作委员会主任孙革作题为《谈博物馆的专家队伍建设》的报告，报告以国内外博物馆建设的成功案例，强调了博物馆可持续发展必须要有地质古生物专家队伍的支撑。学会理事徐星研究员作题为《恐龙研究对地方文化的推动作用》的报告。加拿大洛德文化发展有限公司中国总裁关键博士作题为《世界展览设计的新理念与发展趋势——浅论“自然中心”的创意和实践》的报告。

本次会议还围绕地质古生物博物馆（自然类博物馆）科普活动经验交流、地质古生物科普产品创意开发与市场运作、地质古生物科普网络与传媒的新媒体运用与效果等3个专题进行研讨。南京市古生物博物馆馆长冯伟民、河南省地质博物馆馆长蒲含勇、中国古动物博物馆副馆长金海月等22位学者分别作了报告。

（撰稿人：唐玉刚）

中国海洋湖沼学会

学会建设 2014年，学会召开了常务理事会和分支机构秘书长会议。成立了湖泊分会和科技期刊分会两个新的分支机构。发展新会员415名。参与了《国家中长期科学和技术发展规划纲要》的编写。学会在学术交流项目、学会管理制度改革基础培育工程项目、科普传播项目、中国科技期刊国际影响力提升计划4个项目中获得中国科协项目资金支持。

学会开展了第三届学会先进分支机构和优秀学会工作者评选工作。学会针对学术交流活动，新设立了针对青年学者的“青年学术报告奖”。针对科普活动，与山东省青岛市第39中学建立了联合评选“海洋科学未来之星奖”的长期合作评奖机制。

学术期刊 学会主办了《中国海洋湖沼学报》（英文版）《海洋与湖沼》《水生生物学报》《湖泊科学》4种科技期刊。《中国海洋湖沼学报》（英文版）获得中国科技期刊国际影响力提升计划C类资助，影响因子从2012年的0.577上升到2013年的0.684。《水生生物学报》被评为湖北省第八届优秀期刊中国学术文献国际评价研究中心发布的“中国国际影响力优秀学术期刊”、中国科学技术信息研究所发布的2014年中国精品科技期刊。《湖泊科学》2013年论文累计被引用1981次，影响因子1.261，均位列海洋科学、水文科学类期刊第一名；《湖泊科学》荣获“中国百种杰出学术期刊”称号。《中国海洋湖沼学报》（英文版）、《海洋与湖沼》、《湖泊科学》完成了编委会换届工作。

国际学术会议 2014年，学会及分支机构举办了中－日“冰期尺度古季风和暖流演变的西太平洋沉积记录”学术交流会、中国海洋湖沼学会鱼类学分会第九届会员代表大会暨2014年学术研讨会、第23届国际硅藻大会、第7届亚太藻类论坛、第三届全球海洋生物多样性等5次国际学术会议，共有1208名专家、学者参加，376人作了报告。

国内主要学术会议 2014年，学会及分支机构召开了海洋与湖沼青年科学家论坛暨第六届海洋生物学研究生论坛、海洋科学大型仪器设备交流会议、壳聚糖／壳寡糖及其衍生物在农业上应用的学术论坛等11次国内学术会议，共有1148余人次参会，征集论文1109篇，交流论文815篇。

10月27—29日，由学会主办的“全球变化下

的海洋与湖沼生态安全”学术会议在江苏省南京市召开。400余名海洋与湖沼领域的专家、学者参加会议。大会设置了8个议题，共收到学术论文摘要196篇，专题报告152个。与会专家、学者围绕海洋湖沼学科发展和我国经济社会发展中的重大需求，结合海洋与湖沼科学领域的热点、难点问题进行研讨。

科普活动 5月17日，学会与中国科学院海洋研究所联合开展了主题为“海洋科技创新助力圆梦”公众科学日活动。免费向市民开放亚洲馆藏最大的海洋生物标本馆、海洋科普展厅等展馆，组织了“青岛市第七届中、小学生‘我心目中的海洋’主题绘画比赛”、海洋湖沼科普知识有奖问答、“我是小小海洋科学家”海洋科学小实验、“海洋生物的启示”科普讲座等主题活动。

5月21日，学会在全国科技活动周期间，组织科普专家赴山东省胶南市实验小学开展“科普进校园”活动，围绕海洋生物、深海探潜、海洋科学调查等方面为学生作科普讲座。

学会组建了科学传播团队，分别赴山东省青岛市石老人小学和第二中学、中国海洋大学、河北大学、河北农业大学、浙江海洋学院、国家动物博物馆进行科学传播，受众人数达9000余人次。

表彰举荐优秀科技工作者 学会组织开展了2014年度中国海洋与湖沼十大科技成果评选和第三届曾呈奎海洋科技奖评选。曾呈奎海洋科技奖设2名“突出成就奖”和5名“青年科技奖”。中国科学院海洋研究所研究员张国范获得“突出成就奖”，厦门大学教授王大志、中国科学院海洋研究所研究员王玲玲获得“青年科技奖”。

会员服务 学会每周向理事会员发送展示国外同行最新研究进展的情报资料《海洋科学快报》，以及潮汐与海平面专业委员会内部刊物《气候变化与海平面上升研究动态》月刊，定期向理事会员提供学会《中国海洋湖沼学报》（英文版）、《海洋与湖沼》、《水生生物学报》和《湖泊科学》4种科技期刊目录。学会面向会员提供贝类养殖、浮游生物监测、基准潮位核定、计量认证知识等方面的培训活动40余次，2000余人次参加。

中国科协会员日 学会分别组织了会员日科普报告会、专题讲座、走访慰问一线科技工作者等活动。11月21日，学会举行会员日科普报告会活动，学会副理事长杨红生研究员为会员作了题为《现代海洋农业产业科技发展现状与展望》的报告。12月11日，学会邀请青岛市委党校经济学部主任于慎澄为会员作题为《蓝色经济战略研究》的专题讲座。12月11日、22日，学会副理事长沈吉、副秘书长李万春分别来到河海大学和中国科学院南京地理与湖泊研究所，看望慰问长期从事海洋湖沼事业的杰出科技工作者代表张长宽教授和王苏民研究员。

【中国海洋湖沼学会鱼类学分会第九届会员代表大会暨2014年学术研讨会】 8月27—30日，学会鱼类学分会第九届会员代表大会暨2014年学术研讨会在天津市召开。来自全国各地56个单位的398名代表参加会议。会议还邀请了香港特别行政区、中国台湾，及韩国的著名专家、学者参加会议。

中国科学院院士陈宜瑜、桂建芳、台湾地区中研院生物多样性研究中心教授邵广昭、韩国仁荷大学教授郑忠勋等9位专家作了大会主题报告，33位学者作了专题报告。会议共收到论文摘要231篇，并汇编成《会议论文摘要》。本次会议还安排了6场研究生专场报告，设置了“研究生优秀学术报告奖”。

【2014年度中国海洋与湖沼十大科技成果】 学会组织评选2014年度中国海洋与湖沼十大科技成果，评选范围为2014年度在国际或国内产生重大影响的海洋湖沼领域的科技成果。经过海洋与湖沼领域相关单位、专家学者推荐，以投票方式，评选出“2014年度中国海洋与湖沼十大科技成果”：①海洋环流与全球变化研究领域取得重要进展。②研究发现光滑洋壳俯冲更易于引发灾难性大地震。③“科学号”海洋科学综合考察船正式首航，我国深远海调查和研究能力取得突破。④建立我国首套海岛海岸带遥感信息分类体系。⑤查明水母生活史，并揭示中国近海水母爆发重要原因。⑥首次实现内陆湖泊水体颗粒有机碳遥感估算。⑦东海区重要渔业资源可持续利用关键技术研究与示范取得重要成果。⑧海洋钢结构浪花飞溅区复层矿脂包覆防腐技术获突破。⑨国产“海马号”无人遥控潜水器（ROV）通过4500米海试验收。⑩国际上首次在热带西太平洋大规模布放深海潜标阵列。

（撰稿人：潘文静）

中国海洋学会

学会建设 2014年3月27日，学会七届五次常务理事会在广西壮族自治区南宁市召开。常务理事会在认真学习全国海洋工作会议精神的基础上，对2014年学会开展的重大活动进行安排。结合发展需要及时增补了常务理事、理事，批准成立新增科普教育基地。

4月18日，学会在江苏省南京市组织召开了2014年度学会工作会议，会议明确年度工作重点，聚焦提升学会服务创新能力。明确以学会科技同行评审为基础，积极争取科技评价、科技人员评价等政府转移的部分社会化服务职能。上半年，学会继续与励展博览集团深化合作，共同主办2014 OI中国水下机器人大赛，参与新概念水下机器人参赛办法的修改制定，扩大学会在社会公益、学术交流等领域的工作。同时，加强与新型网络媒体的合作，不断探索与中国网、凤凰网建立长期合作关系，努力扩大学会主动服务海洋事业发展大局的社会影响。

学会对原有海洋科普工作委员会进行了调整，吸收了更多热爱海洋科普人士加入，增选了新的委员，扩大了委员会的规模，人员组成实现跨领域、跨行业、跨学科。

学会成立了第一个海洋科普首席科学家传播团队。

经常务理事会审议，学会新批准青岛崂山区汉河小学校、新疆华山中学等4家学校成为全国海洋科普教育基地。

学会组织召开了2013年度海洋科学技术奖奖励委员会第二次会议及2014年度项目申报工作。5月26日，学会在北京召开了海洋科学技术奖奖励委员会第二次会议。

截至2014年年底，学会个人会员达到7000个，团体会员262个。

科技期刊 2014年，学会牵头打造“海洋学术期刊群”，加强学会精品期刊能力建设。上半年，学会组织召开了各期刊编辑部工作交流会，探索提高期刊质量，创建品牌期刊的新路，对主办的10个学术期刊开展了认定及清理工作，并联合申请创办*Journal of Applied Oceanography*（《应用海洋学学报》英文版）。

学科发展研究 获得中国科协“2014—2015年学科发展研究项目”支持，承担《2014—2015年海洋科学学科发展报告》的编写工作。

国际学术会议 2014年，学会积极开展国（境）内外交流合作，充分利用各方经验服务海洋事业发展。学会与中科院海洋研究所等单位共同主办主题为“变化的海洋与海洋中的生命”的第三届全球海洋生物多样性大会。来自全球55个国家的300余名科学家参与此次盛会，共同探讨海洋生物多样性及生态环境领域的重大科学问题。

国内主要学术会议 2014年，学会及所属分支机构共举办了中国海洋学会2014年学术年会等大型学术研讨会2次，大型学术论坛1次，专题报告65个，征集论文400篇。

4月11—13日，学会海洋经济分会承办了山东省青岛市与江苏省淮安市产业对接暨经济合作研究会。5月24—26日，学会海水淡化与水再利用分会联合中国膜工业协会海水及苦咸水淡化膜分会举办了2014年全国膜法水处理技术高级培训班。

10月31日至11月1日，由学会与中国太平洋学会、南京大学联合主办的第七届海洋强国战略论坛暨2013年海洋科学技术奖颁奖仪式在江苏省南京市举行。

科普活动 根据《中国海洋学会海洋科普教育工作重点工作任务（2014—2024年）》，提出了推进全民海洋科普教育“一”“十”“百”“千”“万”工程。“一”字工程主要包括培养1支专职从事海洋科普教育管理工作的团队，组建1个海洋科普专家库，每年承办1次“年度科技周”“年度防灾减灾日”“年度全国海洋宣传日”海洋科普宣传教育活动等任务。“十”字工程主要包括邀请10位知名海洋专家学者进校园、进社区，举办10场全国海洋科普教育能力培训等任务。“百”字工程主要包括建成100个海洋科普教育小屋，策划编创100种海洋科普出版物等任务。“千”字工程主要包括海洋科普走进全国1000个文明社区，发展1000家全国海洋科普教育基地等任务。“万”字工程主要包括招募1万名海洋科普教育志愿者等任务。

为充分发挥海洋学会科学传播专家团队的作用，学会动员分支机构、科普基地积极承担中国科协择优资助科学传播专家团队的科普项目。经过申请与审核，学会的专家团队成功获得了《美丽海岛》科普影视创作项目。

学会继续加强对分支机构和科普基地的指导和支持，在“海洋日”“防灾减灾日”等重大活动期间，统一组织、指导分支机构和科普基地开展科普工作，给予海洋科普资料、专项经费等支持，促进分支机构与科普基地之间的合作、交流，鼓励大家发挥优势，联合组织开展海洋科普活动，实现资源共享，形成互补合作机制。

组织“防灾减灾日”海洋科普活动。2014年全国防灾减灾日期间，根据“城镇化减灾”活动主题，指

导全国34家海洋科普基地开展海洋防灾减灾科普活动。发挥专家团队的专业优势，组织专家编写极地救援材料，进行极地防灾减灾知识的传播；联合国家海洋局减灾中心、国家海洋局信息中心开展“海洋灾害”科普宣传，通过科普基地向公众传播普及海洋防灾减灾相关知识，取得了很好的社会效果。

全国科普日期间，学会周密策划、认真组织了一系列海洋科普宣传活动。各分支机构和科普基地积极响应，结合自身特点，组织开展了形式多样的海洋科普活动。山东省青岛市同安路小学联合国家海洋局第一研究所组织的海岛课外实践活动，学会联合海水淡化与水再利用分会组织的海水淡化知识进社区活动。最具代表性的为“海洋科普进新疆”活动。为支援西部建设，提高西部边疆地区公众尤其是学生的海洋意识，学会组织了“支援西部建设，海洋科普进新疆”活动。学会向全国海洋科普教育基地——新疆华山中学捐赠了海洋生物、矿物标本、海洋科普读物、海水淡化和海洋能发电小型演示装置以及海洋装备微模型，并邀请专家就海洋热点问题进行海洋科普讲座，向公众传播普及海洋知识。该活动被评为中国科协2014年全国科普日活动优秀特色活动。

6月8日海洋日期间，学会响应团中央“走出宿舍、走下网络、走向操场”的号召，联合广东海洋大学等国内9所涉海高校，组织开展了“奔向大海，跑向未来——我跑我快乐”公益慢跑活动暨海洋科普志愿者招募活动。5000名师生分别在渤海、黄海、东海及南海四大区的沿海城市参加了活动，招募了数千名海洋科普志愿者。该活动不仅增强了强身健体的理念，而且树立了热爱海洋、保护海洋的意识，并坚定了投身建设海洋强国的信念。

海洋日期间，学会还联合两家科普基地——北京向东小学和北京海洋馆举办了“拥抱蓝色未来，描绘海洋梦想”主题绘画活动。60位小学生用五彩缤纷的画笔在百米长的画卷上描绘出自己对海洋的想象、热爱与梦想，同时向全国小学生发出倡议：爱护海洋环境，宣传海洋知识，让更多的人热爱海洋、关心海洋。

6月8日海洋日和7月22日海洋局建局50周年纪念活动期间，学会组织两家科普基地同安路小学师生和家长、北海海底世界员工以及浙江大学生暑期实践团队分别在山东省青岛市、广西壮族自治区北海市和浙江省舟山市开展了“关爱海洋、清洁沙滩”活动。通过图片、咨询及现场捡拾海边垃圾等方式向市民讲解、普及海洋环保知识，加强公众对海洋的了解和认知，提高公众的海洋意识。

4—6月，为积极推进海洋知识“进学校、进课堂、进教材”，学会联合天津市海洋局、新蕾出版社等单位共同举办的“渤海明珠，美丽家乡”主题征文暨系列公益讲座活动。活动共收到来自天津市数十所小学的数千份参赛作品。征文期间，还邀请海洋专家深入到天津市多所学校，为师生们带去“海味十足”的科普讲座。

表彰举荐优秀科技工作者　经学会推荐的石学法、关道明获中国科协第六届“全国优秀科技工作者”称号。

10月31日，学会举行了由学会联合中国太平洋学会、中国海洋湖沼学会共同设立的海洋科学技术奖2013年度获奖项目颁奖仪式。

【2013年度中国海洋十大科技进展项目评选】　1月，中国海洋学会首次联合中国太平洋学会和中国海洋湖沼学会，组织本学会的常务理事、理事和专业领域内的专家，对2013年度中国海洋十大科技进展项目进行了评选，最终评选出本年度的十大科技进展项目：①国产“海马”号无人遥控潜水器（ROV）通过4500米海试验收。②我国成功研发具有完全自主知识产权的“海燕”水下滑翔机。③全球及中国近海海底地震监测系统搭建完成，我国初步具备全球海底地震及其引发海啸的自动化监测预警能力。④我国实现自主卫星的大洋渔场信息获取、服务及集成应用。⑤我国南极科考取得重大进展。⑥我国首次进行300米饱和潜水作业。⑦我国科学家在全球气候变暖领域的研究取得重要进展。⑧我国科研人员提出颠覆性理论：“光滑洋壳的俯冲较粗糙洋壳的俯冲更易产生毁灭性的海底大地震”，引发国际关注。⑨我国科研人员在石油降解微生物方面研究取得重要进展。⑩“蛟龙”号首次下潜到西南印度洋海底热液区作业。

【第七届海洋强国战略论坛暨2013年海洋科学技术奖颁奖仪式】　10月31日，第七届海洋强国战略论坛暨2013年海洋科学技术奖颁奖仪式在江苏省南京市举行。中国科协党组成员、书记处书记沈爱民出席并讲话。国家海洋局党组成员、副局长陈连增，学会理事长王曙光，中国太平洋学会会长张登义，中国科学院院士苏纪兰、王颖，中国工程院院士袁业立、潘德炉等出席论坛开幕式。学会常务副理事长雷波主持开幕式。

本届论坛通过院士专家作大会主旨报告和4个分会场的形式举行。中国工程院院士潘德炉、中国科学院院士王颖、南京大学教授葛晨东、北京航空航天大学教授张文木、海军军事部门王校轩所长、江苏省沿海地方代表唐庆宁分别作了题为《近海水体环境的卫星遥感关键技术研究及应用》《论南海海疆国界线》《海权拓展的节点与国运兴衰》《海洋强国与海洋安全》《关于江苏海洋强省战略的思考》的主旨报告。

大会设置了4个分会场，与会专家作了65个专题报告，涵盖了海洋管理科学、海洋经济、军事海洋、海洋环境、海洋工程、海洋地质、海洋物理、海岸带开发与管理，海洋调查、海洋信息、海气相互作用、海水淡化与水再利用，海洋生物制药，海洋新能源等主题。吸引了来自近50个不同行业和不同学科的700余名科研人员参加。

【第三届全球海洋生物多样性大会】 10月13日，学会联合中国科学院海洋研究所主办的第三届全球海洋生物多样性大会在山东省青岛市召开。主题为“变化的海洋与海洋中的生命”。来自55个国家的300余名科学家共同探讨海洋生物多样性及生态环境领域的重大科学问题。在为期3天的会期内，与会专家围绕海洋生物多样性及全球变化、海洋生态系统结构与功能、海洋生态安全、海洋生物观测、海洋生物资源、深海生物多样性等科学问题展开深入交流和研讨。

全球海洋生物多样性大会起源于国际海洋生物普查计划，每3年召开一届，是国际海洋生物多样性领域学术水平最高、规模最大的学术会议。

【海洋科学技术奖】 12月2—4日，2014年度海洋科学技术奖评审委员会评审会在福建省平潭综合实验区召开。学会常务副理事长雷波主持了开幕式。由中国工程院院士潘德炉、高从堦、侯保荣、张偲等35名专家组成的评审委员会对71项科技成果和12部海洋科技图书进行了评审。海洋科学技术研究类共有15项成果获奖，其中一等奖3项、二等奖12项。海洋科技转化类共有13项成果获奖，其中一等奖3项、二等奖10项。海洋科技图书共有6项成果获优。2014年度海洋科学技术奖获一等奖项目为：①渤海海洋生态环境监测集成技术系统。②基于自主卫星的大洋渔场信息获取、服务及集成应用。③我国近岸海域生态系统健康评价体系的建立及应用。④干涉与极化合成孔径雷达海洋动力环境微波遥感技术。⑤东海虾蟹类资源调查研究及其在渔业管理中的应用。⑥甲壳素高附加值制品的技术创新与开发应用。2014年度海洋科技图书获优秀图书为：《中国海岸工程进展》《海洋资料浮标原理与工程》《中国福建南部海洋鱼类图鉴》《世界海洋政治边界》《海洋强国兴衰史略》（第二版）、《海洋与近代中国》。

海洋科学技术奖是由科技部和国家奖励办正式批准，在国家海洋局支持指导下，由学会、中国太平洋学会和中国海洋湖沼学会共同设立，是面向全国海洋各领域的综合性科学技术奖。该奖主要奖励在海洋环境保护、海洋综合管理、海洋公益服务、海洋安全保障与权益维护、海洋资源开发利用以及海洋经济与社会可持续发展等领域海洋科学技术研究与成果转化取得突出贡献的科技成果。

（撰稿人：王东亚）

中国地震学会

学会建设 2014年，学会共召开了3次常务理事会议、1次理事通讯会议、1次专业委员会工作会议。

学会推荐的中国地震局工程力学研究所研究员温瑞智被中国科协授予“第六届全国优秀科技工作者”称号。

2014年，学会新加入会员80人。截至2014年12月31日，学会个人会员为1596人，其中女性会员365人。

科技期刊国际影响力提升计划 在中国科技期刊国际影响力提升计划项目的支持下，《地震学报》（英文版）递交了SCI评估申请。编辑部经与施普林格出版集团（Springer）协商，达成了《地震学报》（英文版）2015—2017年度在Springerlink上进行OA出版的协议，期刊的OA出版将使科学家获取期刊的内容更为便捷，增加了期刊的引用次数，扩大期刊的影响力。为了进一步提高期刊的审稿质量，编辑部开通了汤森路透基于SCI数据库精准推荐审稿人的功能。

学术期刊 2014年度，《地震学报》（中文版）共出版6期，发表论文93篇。特别针对2013年芦山MS8.0地震和2014年于田MS7.3地震给予及时报道。据万方数据统计，2014年版中国期刊核心版引证报告显示，《地震学报》被引频次为1255，核心影响因子为0.602，在地球物理学类期刊中排名第五；综合评价总分43.3，排名第四。《地震学报》继续获得中国科

协精品科技期刊工程项目的基金资助。学会向国外重要数据库、文摘检索机构赠送期刊，将每期发表的文章英文题目、作者姓名和英文摘要的电子文档发送给美国地质文摘（GeoRef）数据库；将每期的PDF格式电子文章发给荷兰爱思唯尔公司的中国代理，从中摘录所需内容，供爱思唯尔公司Scopus、GeoBase数据库收录。

《国际地震动态》共出版12期，载文量达144篇，累计字数约98万字，累计发行量约2.22万册。

国内主要学术会议 学会在本年度共组织召开了23次学术会议，参加会议人数为1146人次，交流学术论文426篇。

7月23—24日，学会地震预报专业委员会与福建省地震局在福建省福州市举办了“中国地震预报论坛——2014年福州学术交流会议”。本次会议共有54名专家、学者参加，提交论文46篇。会议邀请了中国科学院院士马瑾、北京大学空间与地球科学学院副院长黄清华教授和国家地球动力学开放实验室主任倪四道教授等8位专家作了大会邀请报告，邓志辉等15位专家作了专题口头报告。会议交流口头报告23份。

8月28—29日，学会地震科技管理专业委员会在甘肃省兰州市召开了“防震减灾事业改革发展理论与实践政策研讨会”。来自地震系统的33名专家、学者参加了本次会议。会议对防震减灾融合式发展暨服务新型城镇化研究、防震减灾融合式发展暨政策环境研究、防震减灾社会管理和公共服务研究、防震减灾基础能力研究以及防震减灾深化改革路线图研究等5项政策研究重点任务的研究思路和前期准备工作进行了交流。

11月28—29日，学会地震电磁学专业委员会与甘肃省地震局在兰州市联合举办了地电场观测技术与观测质量研讨会。会议邀请了30多位老中青专家参加了会议。与会专家就我国地电场观测技术发展现状、地电场台网观测质量监控、地电场台网运行监控、地电场观测效能、以及影响地电场观测的主要因素等方面的内容展开分析和讨论。

国际学术会议 学会共召开了5次国际学术会议，参加会议人数为171人次，交流学术论文102篇。

8月20日，学会空间对地观测专业委员会与中国地震局地震预测研究所在北京举办了地震电离层扰动和地震遥感应用研讨会。研讨会邀请了来自美国、俄罗斯、意大利、日本和中国台湾的科学家开展学术交流，深入讨论地震电离层扰动和地震遥感应用进展。中国地震学会空间对地观测专业委员会申旭辉研究员召集并主持了本次国际学术交流会议。

国际交往 8月1—5日，学会强震动观测技术与应用专业委员会主任李小军研究员与专业委员会秘书王玉石副研究员出访日本野村综合研究所，与野村研究所科技人员就地震灾害速报系统进行学术交流。双方重点讨论了地震灾害速报系统的运行机制，包括强震动观测台网的所有者责任、台站维护经费来源、速报系统软件管理、信息发布权限及误报漏报的法律责任等问题。

科普活动 2014年，学会开展了一系列丰富多彩的科普活动。4月24日，为宣传防灾减灾知识，增强学生的防震减灾意识、生存能力和自救互救技能，学会与中国地震灾害防御中心在北京凤凰岭中国地震紧急搜救中心培训基地联合组织了北京市57中学的师生和部分军事科学院教官进行科普学习和体验活动。此次科普活动包括“防震减灾故事汇”科普讲座，观看地震灾害科普教育的4D科普电影，参观培训基地及救援技术装备库，走进地震废墟、学习逃生避险方法等内容。此次活动共有300余名学生参加，发放科普作品、挂图、光盘等资料共计200余份。

5月10日，受河北省廊坊市地震局委托，学会在廊坊市武警学院训练场参与并指导了廊坊市2014年地震应急救援演练。民兵应急分队、预备役后勤保障分队、地震灾害紧急救援大队、卫生局救援队等部门的1000余人参加演练。学会发放科普宣传资料200余份。

5月14日，学会派专家在北京市西城区金融街街道为本地区的科普宣传志愿者和部分居民作了题为《防震减灾应急避险》的科普讲座，围绕地震基本知识及地震的危害性、防震减灾避险知识、紧急救援与自救互救知识进行宣传。200余人参加讲座。

5月15日，学会派专家到北师大亚太实验学校参与“北京市中小学生生存教育”活动。启动仪式上，学会专家为同学们作了题为《校园安全与防震减灾》的地震科普讲座，围绕防震避险、自救互救、校园安全等知识进行宣传，并与学校师生和家长一起探讨如何避险求生存等问题。300余人参加此次科普活动。学会共发放图书、光盘等科普读物100余份。

5月20日，为增强学生的防震减灾和安全意识，提高学生的自救互救技能，学会与有关单位在北京市平谷区小香玉艺术学校举办了题为《听地球妈妈讲地震》的讲座。近300人参加讲座。学会共赠送科普图书、挂图及DVD光盘等各类科普资料200余份。

10月23—24日，学会与中国地震局宣教中心、中国老科协地震分会等多家单位在江苏省徐州市举办了“卢套文化园”开园仪式。“卢套文化园”作为地震科普教育基地，旨在增强全民防震减灾科学素养，逐步形成主动防灾、科学避灾、有效减灾的社会环境。卢套小学80多名小学生参加了科普讲座活动。学会发放了科普宣传光盘及书籍100余份。

学会组建了“地震科学传播团队”和“防御与减轻地震灾害的工程技术”科学传播专家团队。

【第九届全国地震工程学术会议】 8月19—22日，学会地震工程专业委员会在黑龙江省哈尔滨市主办了“第九届全国地震工程学术会议”，共有600余位专家、学者参加会议。会议共收到论文204篇。16位地震工程专家做大会主题报告；173名专家学者做分组报告。会议围绕国内外工程震害经验总结分析、工程抗震技术标准和规范、强震动观测和地面运动特征、地震危险性分析和抗震设防区划、场地地震效应和地基基础抗震、结构地震反应分析、结构抗震设计鉴定加固和改造、隔震与振动控制理论和应用、工程结构性态检测与健康诊断、生命线工程和重大工程（海洋工程、核电工程和高层建筑）抗震、抗震试验技术和结构试验研究、非结构构件和设备抗震、震后恢复重建技术、城镇化与抗震、结构地震破坏模拟、地震预警与工程紧急处置等领域进行研讨。

【构造变形与物理机制研究暨庆祝马瑾院士从事地球科学工作60年研讨会】 为庆祝中国科学院院士马瑾从事地球科学工作60年，学会构造物理专业委员会与地震动力学国家重点实验室等多家单位于11月25—27日在北京共同主办了构造变形与物理机制研究暨庆祝马瑾院士从事地球科学工作60年研讨会。马瑾院士开创和发展了中国的构造物理和高温高压岩石力学实验研究，为地震动力学国家重点实验室的建立奠定了坚实的基础。

研讨会对地震构造与地震活动性、断层摩擦－流变行为、断层带岩石物理学、断层岩变形机制与组构、断层力学模型与本构关系、地震触发滑坡与诱发地震、断层变形物理场演化与失稳前兆、震源物理实验、地壳形变观测与模拟等内容进行了讨论。70名地球科学研究人员等参加了研讨会，其中40位学者作了学术报告。

（撰稿人：顾　玲）

中国动物学会

学会建设 2014年，学会召开了第十七届中国动物学会全国会员代表大会，进行了理事会的换届改选，孟安明当选为理事长，王德华、冯江、孙青原、李保国、宋微波、张正旺、张希武、张知彬、桂建芳、魏辅文等当选为副理事长，王德华兼任秘书长。学会甲壳动物学分会、鱼类学分会、细胞与分子显微技术学分会3个分支机构完成了换届改选，变更了主任委员。

学会和各分会（专业委员会）共举办学术会议9次，其中国际学术会议1次，参加会议总人数2728人次。学会组织3个团组共48人（次）赴国外参加国际学术交流。

学术期刊 学会主办的*Current Zoology*（《动物学报》英文版）本年度获得SCI JCR影响因子1.814，在SCI收录的151种动物学领域期刊中位列第34位，进入Q1区期刊行列，成为全国13种Q1区科技期刊之一；入选第3届中国国际化精品科技期刊和2014年中国最具国际影响力学术期刊（TOP5%）。

由学会、中国昆虫学会与中国科学院动物研究所联合主办的《动物分类学报》1月改为英文出版，英文刊名为*Zoological Systematics*。网站主页改为英文界面。

由中国科学院动物研究所与学会联合主办的《动物学研究》3月起改为英文出版，刊名为*Zoological Research*。该刊完成了第九届编委会成员的换届，新编委共由45位不同领域的专家、学者组成，其中境外编委15位。

学科发展研究 以学会副理事长王德华为首席科学家，组织30多位专家开展了《中国动物学学科发展史研究》的编写。学会在第一版《动物学名词》学科框架的基础上，组织专家修订增补动物学名词。

国际学术会议 12月6—9日，第九届世界华人虾蟹养殖研讨会在广东省湛江市召开，600多名国内外从事虾蟹养殖研究的专家、学者等参加，其中国外专家200余人，共同探讨虾蟹养殖问题。大会共有109位专家、学者作学术报告，其中12个特邀报告、17个主题报告、80个分组报告。

学会组织30位专家赴日本参加于8月18—24日举办的第26届国际鸟类学大会。组织8位专家赴越南

河内参加于8月11—16日举办的第二十五届国际灵长类大会。组织10位专家赴英国参加9月1—8日举办的第三届世界生殖生物学大会。

国内主要学术会议 学会开展国内学术交流8次，共有2128人次参加，交流学术论文1187篇，平均每次会议参加人数为266人次、交流论文为148篇。与2013年相比，举办国内学术会议减少3次，平均每次会议增加16.5人次，交流论文数基本持平。

11月17—20日，学会第十七届全国会员代表大会暨学术讨论会及中国动物学会成立八十周年纪念会在广东省广州市召开，700余位专家、学者参会。8月14—16日，中国青年鸟类学家研讨会暨第十届翠鸟论坛在北京市召开，近100人参会。8月27—30日，学会鱼类学分会第九届会员代表大会暨2014年学术研讨会在天津市召开，共有398名专家、学者参加。10月16—18日，细胞与分子显微技术学分会第十七次学术研讨会在江苏省苏州市召开，103名专家、学者参会。韩国的Nam-Hyung Kim教授、我国的高绍荣教授、李劲松研究员分别作了题《韩国的动物生物技术》、《早期胚胎发育与体细胞重编程的表观遗传机制》和《细胞重编程与胚胎发育》的报告。10月16—19日，第二届全国发育生物学大会在甘肃省兰州市召开，300多位专家、学者参会。10月17—20日，学会两栖爬行动物学分会2014年新乡学术研讨会在河南省新乡市召开，250余位专家、学者参会。11月13—16日，第十届全国野生动物生态及资源保护研讨会在广西壮族自治区桂林市召开，410位专家、学者参加。

国际组织任职 学会正式加入国际动物学会、国际原生动物学家学会两个国际组织。学会常务副理事长张知彬研究员任国际动物学会主席，学会会员韩春旭任国际动物学会秘书长。学会副理事长宋微波教授任国际原生动物学家学会常务执委。学会副理事长孙青原研究员当选为世界生殖生物学会执委。学会常务理事雷富民研究员当选为国际鸟类学委员会副主席，屈延华、曹垒被增补为国际鸟类学委员会委员。

科普活动 2月13—15日，学会选拔代表我国参加国际生物学奥林赛克竞赛（IBO）选手冬令营在北京市举办，最终选出4名选手。7月5—13日，学会组织代表团一行9人，赴印度尼西亚巴厘岛参加了第25届国际生物学奥林匹克竞赛，来自61个国家和中国台湾地区的241名选手参加。经过细胞和分子生物学、动物解剖、生理及系统学、植物解剖和生理学、生态学和行为学4门实验和理论考试，最终决出金牌26枚、银牌48枚、铜牌74枚。我国4名选手取得了3金1银的优异成绩。

7月12—18日，由学会推荐，中国科学院动物研究所研究员周琪科研团队的“干细胞多能性调控机理与转化研究”参加了中国科协2014年夏季科学展。该研究团队将日常科研活动拍摄成宣传短片，自行设计制作了克隆科普动画游戏，以及小鼠胚胎发育过程模型等，展示给公众。周琪作了题为《拨动生命的时钟——体细胞重编程》的科普报告，对什么是克隆、克隆技术的应用、移植技术及这些科学研究如何为人类所用等进行了介绍。

9月17—20日，学会与中国科学院动物研究所、环球健康与教育基金会联合在广西壮族自治区崇左市举办了第四届全国自然科学类场馆科普培训班。全国科技场馆、保护区及教学一线的科普工作者40人参加培训。5位专家结合案例讲授了如何成功策划和组织户外科普活动。组织学员赴白头叶猴保护区实地考察不同时间段白头叶猴的觅食、行为等，并参观了罗白中学以白头叶猴生态保护为主题的宣传教室。

6月4日至8月31日，由中国科学院动物研究所、中国动物学会、国际动物学会及中国野生动物保护协会联合主办的第二届动物标本大赛及参赛作品展示在国家动物博物馆举行，近200件作品参赛展示。

5月17—18日，学会与国家动物博物馆联合海淀区东王庄社区居委会及北沙滩社区居委会在国家动物博物馆和东王庄社区内开展了主题为“亲近自然　我知动物心”的科技周活动，共有1300人次社区居民和群众参与，发送宣传书籍、单页等600件。

在中国科协、中国科学院的支持下，学会与中国科学院生态环境研究中心共建“东亚水鸟与湿地网络”国际网络科普平台。为关注水鸟和湿地的研究者、决策者和公众提供共享水鸟和湿地的数据资源，特别是卫星追踪的数据。

学会获得“2014年度全国学会科普工作优秀单位”荣誉。学会推荐的国家动物博物馆获得“2014年度优秀全国科普教育基地”称号。

表彰举荐优秀科技工作者 学会推荐的王德华、雷富民获得了中国科协第六届“全国优秀科技工作者”称号。学会表彰了5名中国动物学会第五届青年科技奖获得者王海滨、曹垒、朱立峰、张鹏、赵志军。学会表彰了王祖望、邱兆祉等32位为学会发展做出贡献的老科学家和专家。

党建强会 9月20—21日，学会组织8位党员及专家赴海丰鸟类自然保护区开展“动物保护知识科普宣传”，为护鸟员讲授了动物及其保护的相关知识，发挥党员专家及专业技术人员服务社会、服务群众作用。

会员服务 学会向会员发送《中国动物学会通讯》第44期700余份，并将《学会通讯》放在学会网站上供会员和科技工作者下载。学会鸟类学分会向鸟类学分会会员和鸟类学科技工作者发送了2期《鸟类学简讯》。学会开展的重要活动信息通过会员系统发给会员。学会为会员参加学会主办的学术会议、培训提供优先参加和注册费优惠政策，体现会员权益。

【中国动物学会第十七届全国会员代表大会暨学术讨论会、中国动物学会成立80周年纪念会】 11月17—20日，学会第十七届全国会员代表大会暨学术讨论会、学会成立80周年纪念会在广东省广州市举行，近700人参加会议。会议分为学会成立80周年纪念、会员代表大会和学术交流3部分。会议共收到论文摘要398篇。

大会开幕式由学会常务副理事长、中国科学院院士孟安明主持，中山大学副校长黎孟枫，广东省科协党组书记、副主席何真，广州动物园园长刘立军，学会第十六届理事会理事、中国科学院院士陈宜瑜等分别致辞。会员代表审议通过了学会秘书长魏辅文作的《第十六届理事会工作报告和财务报告》，审议通过了学会副理事长王小明作的《学会章程修改报告和会员会费标准报告》等。代表大会上，会员代表通过无记名投票方式选举产生了学会第十七届理事会123名理事。中国科学院院士陈宜瑜应邀担任新一届理事会名誉理事长，孟安明当选为理事长，王德华、冯江、孙青原、李保国、宋微波、张正旺、张希武、张知彬、桂建芳、魏辅文等当选为学会副理事长，王德华兼任秘书长。

中国动物学会《中国动物学会八十年》揭幕

在学术讨论会上，中国科学院院士金力、桂建芳，王祖望研究员、李蓬教授、魏辅文研究员、张国范研究员、何建国教授、李代芹教授等8位专家作大会特邀报告。会议设立了11个专题，共有204位学者和研究生在专题会上作学术报告。会议还评选出博士生学术论坛一等奖2名，二等奖3名，三等奖8名，优秀奖13名。

在学会80周年纪念会上，王祖望作了题为《中国动物学会成立80周年回顾》的大会报告，回顾了学会80年走过的历程，重温了老一代动物学家的家国情怀。陈宜瑜代表理事会为32名老一辈动物学家颁发了中国动物学会重要贡献奖。学会负责人为5名获得中国动物学会第五届青年科技奖的同志颁发了证书和奖牌。

【第十届全国野生动物生态及资源保护研讨会】 11月13—16日，第十届全国野生动物生态及资源保护研讨会在广西壮族自治区桂林市召开。本次会议由学会兽类学分会、中国生态学学会动物生态专业委员会和中国野生动物保护协会科技委员会主办，共有410位专家、学者等参会，收到论文摘要279篇。

大会邀请了王德华研究员、李明研究员、马志军教授、边疆晖研究员、周岐海教授等分别作了题为《长爪沙鼠适应环境的生理学策略》《金丝猴植食性适应机制及进化历史》《鸻鹬类在黄渤海滨海湿地的迁徙停歇生态学研究》《母体密度应激对根田鼠繁殖及免疫力的效应及其在种群波动中的调节作用》和《喀斯特石山灵长类的行为适应策略》大会报告。大会专门组织了5位优秀青年学者作了大会报告。大会还设置了14个专题，146位专家在专题会议上作了报告。

（撰稿人：张永文）

中国植物学会

学会建设 2014年，学会积极开展学术交流活动，共召开学术会议12次，其中国际会议4次，共有2880人次专家、学者参加了交流活动。

完成第十五届理事会分支机构换届改选工作。增补了1位理事。全体理事签订了《理事承诺书》，进一步明确理事的职责。

2014年新发展会员26人。学会网站及时更新，出版了4期《中国植物学会会讯》，全面、客观地反映学会活动，提供学术交流和沟通园地。

学会获中国科协2014年颁发的“2013年度全国学会财务决算工作选进单位”的称号。

科技期刊国际影响力提升计划 2014年*Journal of Integrative Plant Biology*（《植物学报》英文版，简称JIPB）、*Journal of Systematics and Evolution*（《植物分类学报》英文版，简称JSE）分别获得中国科协“优秀国际科技期刊”二等奖，*Journal of Plant Ecology*（《植物生态学报》英文版，简称JPE）获得中国科协“优秀国际科技期刊”三等奖。

Journal of Integrative Plant Biology（JIPB）2013年SCI影响因子为3.448，位居国际植物科学非综述类期刊第15名，进入该领域国际期刊的前12%，在SCI收录的163种中国科技期刊中位居第8位。荣获第三届中国出版政府奖期刊提名奖。2014年JIPB编委77人，其中，国外编委48人。出版特邀综述文章2篇，专刊组稿30篇，占全部发表文章30%。为了及时反映植物学领域研究热点，2014年出版的3期主题专刊包括：矿物质营养传感和信号、高通量表型育种、代谢组学和代谢生物学。

4月和6月，JIPB分别与清华大学以及武汉大学共同主办了两期科学论文写作规范培训班。主讲人包括*The Plant Cell*和*JIPB*副主编、美国加州大学戴维斯分校植物科学系主任William J. Lucas教授和美国康奈尔大学教授Leon V. Kochian以及*PLoS ONE*杂志副主编和*JIPB*编委、美国马萨诸塞大学阿默斯特分校Tobias I. Baskin教授。培训内容涵盖科学论文写作规范、国际顶级期刊运行规则等。

JIPB网页建设方面重点加强了数字化建设，增设了视频、音频栏目；开通了JIPB手机版，实现信息向读者的主动推送；开通了博客、编委微信群，搭建了编委会、编辑部与读者、作者的互动平台。

Journal of Systematics and Evolution（JSE）2014年完成了编委会重组工作，重组工作的核心是加强国际化，10位高级编辑加入编委会，国际编辑占比70%。2014年组织出版“青藏高原植物进化与适应”专辑和第七届小麦国际会议“小麦族的系统、进化及繁育”专辑。小麦国际会议专辑邀请了包括Eviatar Nevo、Mary E. Barkworth以及Roland von Bothmer等国际知名专家撰稿，该专辑的出版也将进一步扩大JSE的国际影响。9月召开的JSE国际编辑会议决定将期刊的出版范围拓展，调整为“致力于理解生物多样性和进化的国际学术期刊”，会议明确了期刊的近期发展目标，并制订了相应的发展措施，进一步提升期刊的国际影响力。

Journal of Plant Ecology（JPE）全力打造国际化的期刊运行机制，从国际化年轻化的编委会、国际化的审稿队伍和同行评审机制、网络化传播和数字出版平台的建设等方面入手，聚焦热点领域吸引优质稿源，使JPE的稿件质量和期刊影响力逐步提升。2014年JCR发布的JPE影响因子为2.284，在SCI收录的196种植物学期刊中位列第62位，在SCI收录的140种生态学期刊中位列第62位，在中国大陆被SCI收录的163种期刊中位列第15位。JPE以发表符合当前国际生态学研究前沿的原始创新性论文为主，同时发表有新观点的代表国际植物生态学研究前沿和动态的综述。

学术期刊 学会共主办*Journal of Integrative Plant Biology*（JIPB）、*Journal of Systematics and Evolution*（JSE）、*Journal of Plant Ecology*（JPE）《植物生态学报》《植物学报》《生物多样性》《植物分类与资源学报》《生命世界》和《生物学通报》等9种期刊。全年出版78期，发表1134篇论文，发行量127086册。

《植物生态学报》和《生物多样性》获得中国科协精品科技期刊培育计划“期刊学术质量提升项目”资助。

JIPB、JPE和JSE分别获中国科学院科学出版一等、二等基金择优支持和基金顺延支持；《植物生态学报》和《生物多样性》获得中国科学院科学出版三等基金择优支持，排名分别为第2位和第4位。

JIPB和JSE入选2014年“中国最具国际影响力学术期刊”，《生物多样性》和《植物分类与资源学报》入选2014年“中国国际影响力优秀学术期刊”。

根据美国科学信息研究所ISI 2014年公布的数据，学术期刊引证情况如下：JIPB、JPE和JSE的影响因子分别为3.448、2.284、1.648，学科排名分别位列第25位、第62位和第81位，被引用频次分别为2508、458、546，学科排名分别为第69位、第121位、第131位。根据中国科学技术信息研究所2014年发布的《2013年度中国科技期刊引证报告》，《植物生态学报》《生物多样性》《植物学报》《植物分类与资源学报》影响因子分别是1.881、1.481、0.970、

0.673，学科排名分别为第1位、第1位、第4位、第7位，被引用频次分别是4388、1793、1648、1184，学科排名分别为第1位、第3位、第5位、第6位。

学科发展研究 4月，学会发布《植物学学科发展报告（2012—2013）》，报告记录了我国植物学快速发展的历程，介绍了我国植物学研究的重大突破与进展，概括了学科关注的重点和新生长点，并提出了展望与建议。报告涉及系统与进化植物学、植物区系与地理学、古植物学、植物生态与环境生物学、植物生理学与分子生物学、植物结构与生殖生物学、植物化学与资源学、药用植物学与植物药、保护植物学等9个分支学科。

《报告》根据学科的发展现状和趋势以及国民经济和社会发展的需求，提出我国植物学学科的未来发展，一方面要继续支持我国在自然资源、基础性科研和具有较高国家关注度的领域，建立国际领先地位；另一方面也将在均衡发展各个领域的前提下，瞄准国际前沿，重视原创性和前瞻性研究，扶植富有潜力的新生长点，发展具有我国特色的植物科学。

国际学术会议 3月29—30日，第二届上海辰山国际兰花学术研讨会暨第十届亚洲兰花多样性与保育学术研讨会在上海市举行，17个国家和地区的120余名专家、学者参加会议，20位国内外兰花专家围绕兰科植物分类学和系统学、种群遗传学与传粉生物学、育种与生物技术3个议题进行了大会学术报告。

5月23—25日，东南亚生物多样性保护和利用国际论坛在云南省昆明市召开，论坛主题是“生物多样性保护和生物资源可持续利用”。论坛作为第十六届中国科协年会分会场，120多位专家、学者参会，其中国外专家25人。中国科学院院士洪德元、孙汉董、赵进东等23位专家作大会报告。

8月19—21日，植物文化与环境国际会议暨中国植物学会古植物分会第十八届年会在山东省济南市召开，190余位专家、学者参加会议，46位专家、学者作大会报告。大会共收到论文和摘要74篇，大会优秀论文收入《科学通报》专辑。英国皇家学会会员、林奈植物学会理事长戴安教授，京都大学终身教授伊东隆夫等参会。中日双方学者就中日两国古建筑中的木文化研究达成了初步合作意向，中印两国学者就中印双方在古植物学研究领域的合作研究达成了共识。

9月16—19日，第十一届国际种子科学大会在湖南省长沙市召开。会议主题是“种子科技、粮食安全与可持续发展”。来自30多个国家的350余名专家、学者及企业界人士参会。

10月20—22日，第七届中国民族植物学学术研讨会暨第六届亚太民族植物学论坛在广西壮族自治区桂林市召开，来自7个国家的270名专家、学者参加会议。会议论文集共收编论文摘要94篇。会议设置了10个大会报告和75个专题报告，会议交流了国内外民族植物学和种质资源研究的动态和新进展，并对《名古屋议定书》中有关遗传资源利用惠益分享，国家发展战略与民族植物资源、遗传资源等内容进行了研讨。

国内主要学术会议 7月14—17日，第十二届全国药用植物及植物药学术研讨会在浙江省义乌市召开，本次会议的主题是“植物与健康”，主要探讨如何开发和利用植物，更好地为人类健康服务。中国科学院院士孙汉董等260多名专家、学者作学术报告，109人提交了论文摘要。

7月21—26日，第十一届全国植物结构与生殖生物学学术研讨会在内蒙古自治区召开，180余人参加了研讨会。研讨会安排学术报告42个，大会特设研究生报告专场、设立了“新锐报告”奖。

8月1—5日，全国苔藓植物学学术研讨会在内蒙古自治区呼和浩特市召开，130余名专家、学者参加了会议。会议共收到论文摘要58篇，40位专家在大会上作报告，其中特邀报告17个，大会报告23个。

9月11—14日，2014全国植物生物学大会在河南省开封市召开，会议主题是“植物科学与可持续发展”，1100余名专家、学者参加了会议。

10月22—26日，2014年中国植物园学术年会在上海市召开。大会主题为“植物园的社会责任”。来自4个国家和地区的350余名专家、学者参会。会议共设14场大会报告和72场专题报告，收录论文44篇。

中国植物学会第七届中国民族植物学学术研讨会暨第六届亚太民族植物学论坛会场

10 月 29—30 日，第六届全国苏铁学术会议在四川省攀枝花市召开，共 93 人参加了本次会议。大会共收录学术论文或摘要 30 篇。30 余人作学术报告。国际著名苏铁专家、国际自然保护联盟苏铁专业委员会（IUCN）成员 Dennis Wm. Stevenson 博士介绍了世界苏铁植物的研究与保护动态。

11 月 7—10 日，全国系统与进化植物学研讨会暨第十一届青年研讨会在浙江省杭州市召开，475 名专家、学者参加会议。会议特别邀请中国科学院院士洪德元等 20 位专家作大会报告。58 位学者围绕“植物系统与分类”“生物地理、物种形成及群体遗传”和“功能基因进化及基因组进化”3 个专题作了报告。会议特邀复旦大学陈家宽教授代表 25 年前第一届青年系统进化会的代表在闭幕会上作特邀报告。

科普活动 1 月 23 日至 2 月 23 日，第十届北京兰花展在北京植物园举行，参观人数约 2 万人次。

7 月 12—18 日，2014 中国科协夏季科学展在北京举办，学会推荐的“果实采后绿色防病保鲜技术”参展。

5 月 11 日，2014 年全国中学生生物学联赛在全国 29 个省、自治区、直辖市同时举行，共有 59892 名中学生参加了此项活动。本届联赛共评出一等奖 791 名，二等奖 2867 名，三等奖 5735 名。

8 月 18—22 日，第 23 届全国中学生生物学竞赛在湖北省武汉市举行，来自全国 29 个省、自治区、直辖市的 30 支代表队共 240 名选手参加了竞赛。

表彰举荐优秀科技工作者 组织开展中国科协“第六届全国优秀科技工作者”和第十一届“中国青年女科学家”奖推荐评选工作。由学会推荐的中国农业大学傅缨教授、华南农业大学刘耀光教授、中国科学院植物研究所孔宏智研究员荣获“全国优秀科技工作者称号”。

【第 19 届国际植物学大会组织委员会成立】 10 月 21 日，第 19 届国际植物学大会组织委员会在广东省深圳市成立，2017 年第 19 届国际植物学大会筹备工作全面启动。深圳市市长许勤、副市长刘庆生、市政府副秘书长朱廷峰，中国科学院院士、学会理事长武维华，中国科学院院士、学会名誉理事长洪德元，学会副理事长兼秘书长葛颂，学会副理事长种康、黄宏文等出席了会议。

国际植物学大会由国际植物学和真菌学联合会主办，每 6 年举办一次，是植物学界最高水平的学术会议，主要聚焦当前植物科学面临的主要问题，并制定未来 6 年全球植物科学的行动计划和纲领。第 19 届国际植物学大会将于 2017 年在中国深圳举办，主题为“绿色创造未来”，大会组委会由学会和深圳市政府的有关领导以及国内外著名植物学专家组成，组委会下设顾问委员会、科学议程委员会和执行委员会。学会理事长、中国科学院院士武维华和深圳市市长许勤为大会主席。

【2014 全国植物生物学大会】 9 月 11—14 日，由学会与中国细胞生物学会、中国遗传学会、中国植物生理与分子生物学会、中国作物学会联合举办的 2014 全国植物生物学大会在河南省开封市召开，会议主题为“植物科学与可持续发展”。

学会理事长、中国科学院院士武维华，中国科学院院士赵进东、陈晓亚、孙大业、朱玉贤、林鸿宣、韩斌，中国工程院院士朱英国，国家自然科学基金委员会生命科学部副主任冯雪莲，河南大学校长娄源功、副校长宋纯鹏等出席会议。1100 余名专家、学者参加会议。

会议邀请了 9 名院士和近 100 名中青年学者作学术报告。朱玉贤、韩斌、林鸿宣、马红、左建儒分别作了题为《ROWI 通过不同机制调控拟南芥茎尖和根尖生长点发育与分化》《谷子和毛竹基因组研究》《水稻种间杂种劣势与生殖隔离的遗传调控机理》《减数分裂中关键基因的分子遗传与进化生物学分析》《拟南芥巯基亚硝基化的胁迫应答》的大会报告。

【第十一届国际种子科学大会】 9 月 16—19 日，第十一届国际种子科学大会在湖南省长沙市召开。会议由国际种子科学协会（ISSS）主办，学会种子科学与技术专业委员会等单位联合承办。会议主题为“种子科技、粮食安全与可持续发展”。来自 30 多个国家的 350 余名专家、学者及企业界人士围绕植物种子的发育与休眠、种子萌发与种子质量遗传改良、种子胁迫耐性与种质保存、种子生态、种子工程与生物技术及杂交种子等 6 个方面的问题进行研讨。

本次大会特邀对全球种子科学作出突出贡献的 12 位知名专家、学者作了大会报告。中国工程院院士、“杂交水稻之父”袁隆平作了题为《发展杂交水稻，保障世界粮食安全》的主题报告。中国工程院院士官春云的课题组作了题为《高低油酸含量甘蓝型油菜品系的差异基因表达微阵列分析技术》的报告。此外，来自海内外的 69 名专家、学者作了专题报告。

【第23届全国中学生生物学竞赛】 8月18—22日，第23届全国中学生生物学竞赛在武汉华中师范大学第一附属中学举行，来自全国29个省、自治区、直辖市的30支代表队共240名选手参加了竞赛。参赛选手是从2014年全国中学生生物学联赛各省一等奖获奖选手中选拔产生。中国科学院院士赵进东出席开幕式并致辞。竞赛分理论和实验考试两部分。最终共产生50枚金牌、72枚银牌和96枚铜牌。山东济南市历城第二中学孙楚、重庆市巴蜀中学王紫和天津市第一中学张思睿获得一等奖前三名。闭幕式上进行了会旗的交接仪式，下届竞赛由江西省鹰潭市第一中学承办。

（撰稿人：蔡瑞娜）

中国昆虫学会

服务创新型国家和社会建设 学会组织专家先后承担了国家公益性行业专项和陕西省“13115”项目，开展了苹果蠹蛾监测和防控技术研究，并协助陕西省植保总站和有关地市开展了苹果蠹蛾入侵的监测和防控技术的示范推广，在基层植保技术人员培训、标本鉴定、防治方案制定等方面做了大量工作。学会还开展了重大害虫—小麦吸浆虫、果树食心虫、钻蛀性害虫的发生规律、防治技术的研究，并深入田间和果区进行了监测和防治工作，有效保障了陕西省小麦和果品生产的安全。

学会建设 截至2014年12月，学会共有单位会员5个，个人会员10894名。学会新成立了昆虫基因组学专业委员会和甲虫专业委员会。专业委员会数量由14个增加到16个。

科技期刊国际影响力提升计划 2012—2014年，学会主办的学术期刊 *Insect Science*（《昆虫科学》英文版）获得中国科协科技期刊国际影响力提升计划的项目支持，项目周期3年。在该项目的支持下，*Insect Science* 加大了国际化发展，积极邀请国际昆虫学领域活跃研究者，组建国际化编委会，新一届编委共47人，其中外籍编委33位，占编委会总人数的70%，分别来自美国、加拿大、德国、法国、荷兰、澳大利亚、日本、巴西等14个国家；加强对国际稿源的约稿力度，参加国际、国内学术会议、参展，设计印制期刊宣传海报及宣传品，在会议上宣传，扩大期刊国际知名度，*Insect Science* 来稿量逐年增加，从最初100篇左右，到2014年的450篇，稿件来自50多个国家及地区，海外论文比超过50%；坚持以国际同行为主的审稿机制，每篇稿件至少有一名海外审稿专家。国际审稿人占90%以上，以北美地区学者为主，其次为欧洲学者。

策划出版学术专集与专栏，使期刊学术影响力大幅度提升。*Insect Science* 策划出版昆虫学研究前沿、热点学术专辑与学术专栏，得到国际上的广泛关注。2014年出版第9届国际蚜虫大会专辑1期，出版“搭建遗传和生态学知识与害虫治理之间的桥梁”学术专栏1个。据统计，每年专辑的全文下载量远远超过当年其他各期的下载量，同时专辑中发表的论文平均被引频次也高于其他各期。目前，该刊被引频次排名前10位的论文中，有6篇是专集论文。专集与专栏的出版为 *Insect Science* 在国际上树立了学术品牌。

Insect Science 国际影响力不断提升。影响因子由0.5上升到2013年的1.514，在90种SCI昆虫学期刊中排名26位，位于国际前28%，在JCR收录的亚太地区的昆虫学期刊中，*Insect Science* 的影响因子排名第一。

完善期刊数字化出版。使用在线投审稿系统 Scholar One Manuscripts，有效提高稿件处理效率，增强期刊核心竞争力。采用在线预出版（Early View）模式，不断缩短论文发表周期。网络出版实现PDF、HTML、XML、移动端等多种格式出版，并对文中内容进行数字化标引与链接，方便读者浏览使用。*Insect Science* 获中国科学院科学出版基金二等奖，项目周期一年。

学术期刊 学会主办《昆虫学报》、《应用昆虫学报》、*Insect Science* 等3种期刊，与中国动物学会合办《动物分类学报》《寄生虫与医学昆虫学报》两种期刊，共发行32000册，发表文章748篇，各刊采取了缩短出版周期、增加页码和加大稿件筛选力度等措施，增加论文刊载量，提高期刊学术质量。

国际学术会议 8月5—7日，由学会药剂毒理专业委员会主办、天然农药与化学生物学教育部重点实验室承办的第一届药剂毒理国际学术研讨会在广东省广州市召开。

国内主要学术会议 2014年，学会举办了中国昆虫学会2014年学术年会暨学会成立70周年纪念会、全国害虫生物防治学术研讨会、林业昆虫与资源昆虫会议等11个全国性会议，共有760名专家、学者出席了会议，交流论文428篇。

科普活动 学会2014年重点开展了科普讲座进校园（大学）、昆虫爱好者走进昆虫博物馆、社会关注相关热点“生物入侵预防”等活动，综合开展各类科普培训13次，直接受众1780人次。组织了第三届全国昆虫摄影比赛，收到来自全国各省、自治区、直辖市及台湾地区的优秀作品1409幅，经过科普工作委员会组织的评委会评审，共评出一等奖12幅、二等奖19幅、三等奖35幅、优秀组织奖和特殊贡献奖各6名。

表彰举荐优秀科技工作者 学会向中国科协推荐的西北农林科技大学教授张雅林、南开大学教授卜文俊和中国科学院上海生命科学研究院研究员李胜被评为第六届“全国优秀科技工作者”。

会员服务 学会通过网站为会员提供服务。学会于2014年编辑出版了《中国昆虫学会2014年学术年会论文集》和《中国昆虫学会通讯》，并将电子版发布在学会网站上，供广大会员了解学会动态和学术交流状况。

【中国昆虫学会2014年学术年会暨学会成立70周年纪念会】 10月22—25日，学会2014年学术年会暨学会成立70周年纪念会在河北省保定市召开。此次会议由学会主办，中国科学院北京生命科学研究院、河北省昆虫学会、河北师范大学生命科学学院及河北农业大学植物保护学院协办，河北大学承办。来自全国29个省、自治区、直辖市的650多名专家、学者等参加会议。会议交流论文371篇。

大会还进行了分组讨论，分昆虫分类与古昆虫，昆虫生态与农业昆虫，生物防治，药剂毒理，城市昆虫与医学昆虫，基因组学，蜱螨学，林业昆虫与资源昆虫等8个专业学组进行讨论。

【第一届药剂毒理国际学术研讨会】 8月5—7日，由学会药剂毒理专业委员会主办、天然农药与化学生物学教育部重点实验室承办的第一届药剂毒理国际学术研讨会在广东省广州市召开。会议主题为“后基因组时代的杀虫剂毒理学”。来自美国、英国、西班牙、加拿大、荷兰、俄罗斯、日本、阿根廷、韩国、尼日利亚10个国家的29位学者和国内53个单位（大学或科研院所）共325名专家、学者参加会议。会议收到会议摘要共145篇，其中境外报告35篇。会议安排了3个单元的大会报告和6场分组报告，美国亚利桑那大学昆虫系主任Bruce Tabashnik教授、美国奥本大学昆虫系主任Nannan Liu教授等18位国际著名昆虫毒理学家和4位国内专家围绕研究热点作了大会报告。53位国内外学者围绕抗药性机制与治理、细胞毒理、分子毒理、行为毒理、农药／昆虫生理生化、新靶标新农药等6个主题进行了分组报告。

中国昆虫学会理事长康乐院士在中国昆虫学会2014年学术年会开幕式上致开幕词

会议还邀请7位国内外著名专家对参加本次会议并做分组报告的青年昆虫毒理工作者的学术报告进行了评价，并对其中的18位青年学者进行了表彰，来自南京农业大学的吴顺凡博士等9人获得“优秀青年学术奖”，来自山东农业大学的张鹏等9人获得了“优秀论文奖”。

（撰稿人：孟晓星）

中国微生物学会

学会建设 2014年学会召开了2次常务理事会，发展个人会员300余名。学会各专业委员会利用学术研讨会举办之时召开专业委员会委员会议，调整委员组成结构，制定各阶段发展计划。

2014年，学会及所属专业委员会共组织各类学术会议23次，其中国内学术会议20次，国际会议3次，参加学术会议的总人数约7000人次。

学术期刊 中国微生物学会主办的期刊有《微生物学报》《病毒学报》*Virologica Sinica* [《中国病毒学》（英文版）] 等7种。*Virologica Sinica* 入选2014年度最具国际影响力学术期刊。《微生物学报》《生物工程学报》《微生物学通报》均入选300种由中国科学技术信息研究所发布的“中国精品科技期刊”。《中国人畜共患病学报》刊登的论文荣获福建省优秀作品银奖。

国际交往 国际微生物学会联合会（International Union of Microbiological Societies，IUMS）主席、

新加坡国立大学教授李元昆应邀于2014年5月12日访问了中国微生物学会，并与学会副理事长黄力、张先恩、杨瑞馥，秘书长东秀珠，常务副秘书长肖昌松，副秘书长杨海花等相关负责人进行了座谈。东秀珠代表学会介绍了中国微生物学会的历史、现状等情况，李元昆介绍了IUMS的组织构架、职能、学术活动等情况。双方就今后在学术领域的合作和交流、人才的推荐、会议的举办等情况交换了意见。

国际学术会议 6月27—30日，由中国微生物学会和海外华人微生物学会主办的组学时代微生物学国际研讨会在重庆市举行。开幕式由学会秘书长东秀珠和海外华人微生物学会秘书奚传武博士共同主持。中国科学院院士、学会理事长邓子新致开幕词。来自中国大陆和台湾地区、美国的近300名专家、学者参加了会议，会议共收到论文摘要103篇。大会汇聚了众多微生物学、组学、计算生物学、合成生物学及相关领域的专家和青年学者，共安排进行了43场报告，其中主旨报告7场，大会报告36场。会议报告反映了学科前沿发展的新观点、新思路、新成果和新技术。

8月24—26日，由中国微生物学会和亚洲生物技术联合会（Asian Federation of Biotechnology，AFOB）生物能源与生物炼制分会主办的亚洲生物技术联合会生物能源与生物炼制高端论坛在山东大学召开。学会副理事长、山东大学教授曲音波担任会议主席。来自瑞士、日本、韩国、泰国、马来西亚、印度尼西亚，中国大陆和台湾地区的约250名学者和研究生参加了会议。本次会议旨在寻找将木质纤维素转化为生物燃料和生物产品新的方法和策略，以解决人类未来所面对的能源、资源和环境问题。

国内主要学术会议 10月17—18日，由中国微生物学会生化过程模型化与控制专业委员会主办的2014年工业生物过程优化与控制研讨会在上海市召开，220多位来自国内外高等院校、中国科学院、地方研究所、生物工程基地以及企业的专家、学者聚焦生物过程前沿领域与工程学研究、建模与优化放大、装备仪表软硬件技术，以及相关技术的工业应用等开展研讨交流。

研讨会围绕“工业生物过程优化与控制”这一主题，共举行了44场报告，包含13场特邀报告、16场学术专场报告与特别设立的15场企业专场报告。报告内容覆盖了生物制造过程全产业链的研究领域，包括菌种构建与筛选、细胞大规模培养、产品分离纯化、生物制造业废弃物治理等，一方面总结了生物过程领域基础理论研究前沿和最新工业应用技术实践，另一方面立足我国工业生物技术发展的现实，关注工业生物过程设计、开发、优化中的焦点问题，进行全方位的技术交流。

会议期间，上海生物制造产业技术研究院携36项科研成果与会进行推广，寻求合作交流。

11月28日至12月1日，由学会微生物资源专业委员会主办的第六届全国微生物资源学术暨国家微生物资源平台运行服务研讨会在福建省厦门市召开。本次大会围绕“微生物资源”的主题，以微生物资源学、微生物基因资源挖掘、微生物资源与海洋、微生物资源与人类健康以及国家微生物资源平台的运行与服务等五大核心议题开展研讨，涉及海洋、工业、农业、医药、环保等多个领域。大会共收到论文摘要193篇，学术海报39张。来自27个省、自治区、直辖市的150多个单位及韩国、法国的专家、学者500余名参加了本次大会。为促进与提升中国学者在微生物资源分类和系统学研究方面的水平，本次大会特别开设了微生物学分类鉴定培训班。

科普活动 2014年度中国微生物学会科普进课堂活动主要面向北京市海淀区、顺义区、西城区、石景山区的高中生以系列讲座形式开展。为了有针对性的进行科普教育，学校把科普讲座的主题公布出来，同学们通过自愿报名选修的方式，选修该系列课程。该系列讲座邀请了7位微生物领域的专家，围绕病原微生物、抗生素、益生菌、环境微生物和极端环境微生物的前沿进展开讲，共进行了11场，听众约700人次。

【2014年中国微生物学会学术年会】 8月15—19日，由中国微生物学会主办的2014年中国微生物学会学术年会在黑龙江省哈尔滨市召开。学会秘书长东秀珠主持开幕式，中国科学院院士、学会理事长邓子新致大会开幕词。哈尔滨工业大学副校长安实、黑龙江省科协副主席杨铭铎、黑龙江省微生物学会理事长、哈尔滨工业大学教授杨谦出席开幕式并致辞。本次大会编录了《2014年中国微生物学会学术年会论文摘要集》，其中包括2篇纪念中国微生物学界前辈事迹报告，10篇大会报告，72篇分会场报告摘要及320篇论文摘要。本次年会的开场报告是中国微生物学界前辈事迹报告，会议邀请了10位专家做大会报告，70多位专家做分会场报告，共900多位专家、学者参加了本次大会。

（撰稿人：王　旭）

中国生物化学与分子生物学会

服务创新型国家和社会建设 2014年学会开展继续教育培训班4次：7月7—12日，学会与中国细胞生物学学会联合主办的第五届走向前沿：国际高级生化和分子细胞生物学暑期培训班在上海举行，主题是“RNA Biology”（核糖核酸生物学）。本期培训课程中，共有6位来自国外知名学者担任主讲人和6名来自国内知名学者担任辅讲人。64名学员参加了全程的培训，其中4名学员来自欧洲，其余学员来自国内科研院所和高校。培训班通过主讲人授课、辅讲人答疑、学员案例分析、小组讨论、实验室参观等方式进行。7月15—18日，蛋白质组学专业委员会与北京蛋白质组研究中心、蛋白质组学国家重点实验室联合在北京举办了“第八期蛋白质组学技术与应用高级培训班”。由蛋白质组学国家重点实验室、军事医学科学院等从事蛋白质组学研究的一线专家亲自授课，通过技术讲座结合实验操作，展示应用实例，现场解答科研疑问，帮助学员拓展研究思路，提升科研水平，增加职业竞争力。培训班吸引了全国各地相关领域的70余名学员参加。

5月20—23日和11月18—21日，蛋白质组学专业委员会在北京蛋白质组研究中心举办了第二期、第三期蛋白质组信息学培训班，讲师团队长期致力于蛋白质组数据分析及相关知识发现，为中国人类蛋白质组计划提供了全方位的生物信息支持。培训班旨在为生命科学研究人员介绍如何合理利用和开发蛋白质生物信息学资源，着眼于实际数据库搜索、工具使用、大型数据库分析、生物学网络构建、可视化和数据分析等。采取小班授课，专人指导；理论课与实践课相结合，讲师与学员研讨的方式进行；精心挑选相应的上机软件，提供充足的实际操作机会。培训内容包括：质谱数据深度分析、蛋白质注释及功能分析、蛋白质相互作用网络构建及分析、蛋白质组研究主题信息服务和专业数据库研发。培训课程分为两个部分，第一部分专题讲座，由中心生物信息学方面专家授课，第二部分进行蛋白质组学数据相关的上机操作。两次信息学培训班共吸引了70余名来自生命科学、农学、医学等领域科研工作者和高校教师及研究生参加。

学会建设 2014年教学专业委员会、脂质与脂蛋白专业委员会、农业生物化学与分子生物学分会、工业生物化学与分子生物学分会完成换届工作。

2014年，学会个人会员总人数达6550人，比2013年增加400余人，团体会员增加1个。

2014年学会“开发工作委员会”更名为“科技咨询工作委员会”，“教学工作委员会”更名为“教学专业委员会”。成立了“评选工作委员会”和“代谢专业委员会”。

5月16日，学会在浙江省温州市召开了第十届常务理事会五次全体会议。同时，学会召开了第十一届常务理事会二次全体会议。

8月21日，学会在福建省厦门市召开了第十一次会员代表大会，选举产生了120名理事组成的第十一届理事会。8月22日，第十一届一次理事会议选举产生了40名常务理事，中国科学院院士李林当选为学会理事长，昌增益、焦炳华、林圣彩、刘小龙、隋森芳、汤其群、许瑞明当选为副理事长，刘小龙当选为秘书长。学会换届后，组成了由副理事长担任主任委员的各工作委员会。

12月19日，学会在湖北省武汉市召开2014年分支机构负责人会议。

国内主要学术会议 2014年学会共组织召开了20次学术会议，参会人员6000多人次，主要会议如下：

8月21—23日，学会2014年全国学术会议在福建省厦门市召开；4月12—13日，第八届全国核糖核酸学术讨论会在安徽省合肥市召开；5月10—11日，第二届炎症与肿瘤蛋白质组学研讨会在广东省广州市召开；5月16—18日，临床分会年会暨临床生化与公共健康医学研讨会在北京市召开；6月18—20日，全国第二届生物化学与分子生物技术学术研讨会在天津市召开；7月16—19日，2014年全国糖生物学学术会议在陕西省西安市召开；7月20—22日，2014年全国中医药生物化学与分子生物学学术会议在吉林省长春市召开；7月25—28日，第四届全国生物化学与分子生物学教学研讨会在吉林省长春市召开；8月6—10日，第九届海洋生物技术与创新药物学术会议在内蒙古自治区赤峰市召开；10月17—20日，第十二届全国脂质与脂蛋白学术会议在浙江省杭州市召开；10月17—23日，全国农业生物化学与分子生物学第十三次学术研讨会在安徽省屯溪市召开；11月12—13日，第三届中国计算蛋白质组学研讨会在北京市召开。

国际组织任职 学会雷鸣研究员担任国际蛋白质学会执委，任期2014—2017年。

国际交往 8月21—23日，欧洲生化联盟推荐英国医学研究理事会理事、罗马托威尔伽塔大学医学院Gerry Melino教授为学会召开的2014年全国学术大会报告人之一。

10月20日，学会副理事长昌增益教授代表学会参加亚洲大洋洲生物化学家与分子生物学家联合会执委会会议。

蛋白质专业委员会成功获得国际蛋白质学会第31届学术会议承办权（2017年）。

8月6—8日，第七届亚太蛋白质组学大会在泰国曼谷召开，500多名来自世界各国的专家、学者参加会议。学会蛋白质组学专业委员会理事、中国科学院院士贺福初、杨芃原等一行30余人参加了此次会议。会上，贺福初院士应邀作了大会报告，讲述了中国蛋白质组学研究从起步到发展壮大的12年旅程。

科普活动 5月16日，学会常务理事会在浙江省温州市召开。中国科学院院士、学会理事长、清华大学王志新和中国科学院院士、学会常务理事、中国科学院上海生命科学研究院生物化学与细胞生物学研究所王恩多受邀分别作了题为《PAK家族蛋白激酶的自激活调控机制》和《我们的研究工作和几点机会》的报告。

7月16—19日，2014年全国糖生物学学术会议期间，学会糖复合物专业委员会首次启动了“科普行动计划”，由军事医学科学院孙志贤研究员和中国科学院生物化学与分子生物学研究所王克夷研究员在西北大学分别作了题为《绿我涓滴，会它千顷澄碧——与研究生谈实现中国梦伟大实践中的责任担当与成长》《中国的糖科学发展史》的科普报告。本次科普行动计划不仅从另一个侧面扩大了专委会的学术影响，也极大地促进了广大研究生和本科生对于生命科学和糖科学研究的兴趣。

7月4日，应南昌大学第二附属医院邀请，脂质与脂蛋白专业委员会在南昌大学第二附属医院学术报告厅召开了“‘脂’在赣鄱，促进心血管转化医学发展”的主题学术报告会。阮雄中教授作了题为《代谢性炎症与它汀药物抵抗现象：基础与临床》的报告；程晓曙教授作了题为《从指南到实践——2014ASCVD胆固醇管理新策略》的报告；王绿娅教授作了题为《冠心病高危患者强化降脂治疗的临床意义与困惑》的报告；黎健教授作了题为《国家自然科学基金课题申报成功的关键与策略》的报告，最后刘德培院士作了题为《脂质组学与疾病转化医学》的报告。150名南昌大学第二附属医院的医生、研究人员、研究生和其他医院的心血管医生参加了报告会。

12月15日，脂质与脂蛋白专业委员会与武汉大学中南医院联合举办“高脂血症防治科普宣传”专题讲座。活动的主题为“普及血脂知识，强化健康观念”。来自中南医院和脂质与脂蛋白专业委员会的多名教授参与了讲座。主要介绍了高脂血症及其所致的动脉粥样硬化相关的心脑血管疾病的防治知识，推动我国防治血脂异常与动脉粥样硬化发生的工作深入开展，为国民提供正确的血脂异常相关知识和信息。

表彰举荐优秀科技工作者 2014年，学会颁发“2012—2014年度叶慧兰资助青年学生参会奖”10人；颁发“2012—2014年度郑集基金，奖励青年优秀论文奖”8人；授予颜宁、邵峰“第一届普洛麦格生物化学奖”；授予颜宁、徐国良、俞立、许琛琦“2010—2013年度邹承鲁奖励基金杰出研究论文奖”。

由学会推荐的北京大学蒋争凡教授、华东理工大学魏东芝教授荣获中国科协第六届“全国优秀科技工作者”称号。

党建强会 2014年，由学会和中国植物生理与分子生物学学会、中国神经科学学会、中国细胞生物学学会组成的联合党支部开展主题为“建设服务型学会党组织奋力实现中国梦”的党建强会活动。组织了搭建社会服务平台、搭建惠民服务平台等一系列特色活动。

会员服务 2014年，学会举办30多项学术会议、培训班等学术活动，为广大会员和科技工作者搭建了学术交流平台。为了加强和学会会员的沟通，学会会刊《生命的化学》每期直接邮寄给会员，注意搜集学界各种信息，使得会刊信息量逐渐增大。学会体现会员权益，继续实行会员优先优惠政策，会员在学会主办期刊发表文章，同等条件下，会员享受优先、版面费优惠；会员参加学会主办的学术活动，会议费实行优惠政策，培训班名额紧张时，会员享受优先接收；人才举荐工作中，优先推荐学会会员等。

中国科协会员日 学会结合本职工作，充分发挥学会联合办公室的优势，按照总体部署、统一行动、分头实施的原则，深入开展形式多样、内容丰富、会员广泛参与的会员日活动。活动内容包括：

11 月 28 日，学会与中国神经科学学会、中国植物生理及分子生物学学会、上海市生物化学与分子生物学学会、上海市神经科学学会、上海市植物生理及分子生物学学会、上海市生物工程学会联合新华医院崇明分院对癌症晚期病人的救助活动提供志愿者服务。活动邀请肿瘤学、疼痛学专家、医院青年医生为 120 余名乳腺癌患者提供专家咨询、义诊、免费检测及赠药服务。同时组织青年会员参与此项工作，维持秩序、分发宣传材料及药品，参与会员约 50 人。

学会根据中国科协会员日的时间，提出 12 月份为学会“会员月”，凡 12 月入会的会员提供赠送学会资料（学科发展报告书籍、宣传片、会刊等）的优惠。当月吸纳会员 200 余人。

学会利用会员日活动期间前往老一代专职工作人员家中进行看望，听取以前的工作故事、吸取好的工作经验。

会员日期间，学会广泛宣传，鼓励各分支机构开展特色活动。学会医学生物化学与分子生物学分会刘德培理事长、蒋澄宇秘书长代表医学生物化学与分子生物学分会慰问北京大学医学院生物化学系的一线科研工作人员和学生，并和他们座谈，分享科研的经验和最新的科研进展。中医药生化分会积极响应号召，开展“健康的保镖，生命的天使”主题宣传活动，利用课堂、板报、墙报进行系列宣传。

【中国生物化学与分子生物学会第十一次全国会员代表大会暨 2014 年全国学术会议】 8 月 21—23 日，学会第十一次全国会员代表大会暨 2014 年全国学术会议在福建省厦门市召开。本次会议由学会主办，厦门市生物化学与分子生物学学会、厦门大学生命科学学院、细胞应激生物学国家重点实验室、厦门市科学技术协会、中国科学院上海生科院生化与细胞研究所共同承办。会议主题为“动态生物化学”。来自全国各地以及欧洲、美国等国家的 223 个科研院所、高等院校的 2000 余名代表参加了本次大会。

大会开幕式由学会副理事长兼秘书长景乃禾主持。中国科学院院士、学会第十届理事长王志新，中国科协党组成员束为，中国科学院院士、中国科学院上海生科院院长李林，厦门大学校长朱崇实，厦门市委常委郑云峰，福建省科协党组成员、副主席林学理，厦门市科协，中国科学院前沿科学与教育局，国家自然科学基金委生命科学部，学会有关负责人及专家、学者参加了会议。

束为代表中国科协向大会的召开表示热烈祝贺，对学会在改革创新、为国家构建创新体系更好地发挥作用提出明确的希望和要求。

王志新理事长、焦炳华副理事长、景乃禾副理事长兼秘书长分别向大会作了学会《第十届理事会工作报告》《章程修改说明》《第十一届理事会理事候选人产生说明》。与会的 1002 名会员代表认真审议并通过了第十届理事会工作报告等相关内容，并经过严格的民主程序，以无记名投票方式选举了第十一届理事会理事，中国科学院院士、中国科学院上海生物院院长李林当选新一届理事会理事长。

在第十一次全国会员代表大会期间，同时召开了 2014 年全国生物化学与分子生物学学术会议。本届大会以“动态生物化学”为主题，围绕蛋白质的动态复合物和结构功能、能量代谢的动态平衡、蛋白质翻译后的动态修饰与功能效应、功能蛋白质的亚细胞动态分布、核酸的动态修饰与基因表达调控、动态糖修饰与功能、靶分子药物筛选与作用机制、生物化学教育等当今生化领域最具有活力的研究内容进行广泛交流和讨论。经过 3 天的大会报告、分会报告、青年科学家论坛、博士生论坛、学术墙报等学术交流方式，会议取得圆满成功。会议参会人员 2000 余人，收到论文摘要 529 篇，大会报告 79 个，青年科学家论坛和博士生论坛 40 个。本届会议参会数量、学术内容和质量均体现了近年来我国生物化学与分子生物学方面研究工作的蓬勃发展和取得的优异成绩。

大会闭幕式分别颁发了“青年科学家论坛奖”“博士生论坛奖”“优秀墙报奖”“叶惠兰基金资助青年学生参会奖”“郑集 – 张昌颖奖励基金获奖优秀论文”等。李林理事长和普洛麦格（北京）生物技术有限公司（Promega 公司）范凡博士一起为颜宁、

中国生物化学与分子生物学会第十一次会员代表大会

邵峰两位获奖者颁发了第一届“Promega生物化学奖”。第十届、第十一届理事长王志新院士和李林院士分别为颜宁教授、徐国良研究员、俞立教授、许琛琦研究员颁发了邹承鲁基金奖励杰出研究论文奖、邹承鲁讲座奖。

【第八届全国核糖核酸学术讨论会】 4月12—13日，由学会主办、中国科学技术大学生命科学学院承办的第八届全国核糖核酸（RNA）学术讨论会在安徽省合肥市召开。来自中国、美国、新加坡等国家的60多个大学及科研院所的350多名专家、学者参加了此次学术会议。中国科大朱长飞副校长出席开幕式并致欢迎词。核糖核酸（RNA）专业委员会理事长屈良鹄教授介绍了国内RNA研究及此次会议相关背景。会议邀请付向东教授做主旨报告。会议安排近40场报告，涵盖了核糖核酸研究的几个主要研究方向，讨论了RNA研究对人类健康及农业发展的重要意义。大会还收到40余份学术墙报，设立了优秀学术墙报奖，共有24名同学分别获得一、二、三等奖。大会组委会为获奖者颁发了奖金。

【2014年全国糖生物学学术会议】 7月16—19日，2014年全国糖生物学学术会议在陕西省西安市召开。本次会议由学会糖复合物专业委员会与中国生物工程学会糖生物工程专业委员会联合主办，西北大学与陕西省生物化学与分子生物学会承办。来自中国、美国、新加坡和台湾地区的350余位从事糖生物学与糖化学领域研究的专家、学者出席会议。大会共收到会议论文摘要227余篇，安排了120个海报展示，并精心遴选了50名国内外从事糖生物学研究的杰出科学家做了大会报告和发言，涉及糖链以及糖复合物的合成与代谢、糖链与发育分化、糖天然药物、糖蛋白质组学、糖链与功能性蛋白相互作用、糖生物工程与技术等内容，展示了国内外糖生物学、糖化学以及糖生物技术等相关领域的最新进展和发展方向。

【第四届全国生物化学与分子生物学教学研讨会】 7月25—28日，由学会教学专业委员会主办，吉林大学、吉林省生物化学与分子生物学会承办的第四届全国生物化学与分子生物学教学研讨会在吉林大学多功能学术厅召开。来自全国各地综合大学、医科院校、农林、师范和工科院校、中医药院校，从事一线生物化学与分子生物学教学和教学管理工作的208位代表参加了本次研讨会。会议探讨了创新人才的培养、PBL教学改革、课堂教学中的哲学思想和人文渗透、实验教学和团队建设、课程考核、教材建设和课程建设等重要问题。

【第十二届全国脂质与脂蛋白学术会议】 10月17—20日，由学会脂质与脂蛋白专业委员会主办，浙江中医药大学、浙江大学生命科学学院、浙江伊利康生物公司承办的“第十二届全国脂质与脂蛋白学术会议”在浙江省杭州市召开。大会共收到论文226篇，来自全国各省市包括香港特别行政区的380余名专家、学者出席了大会。

此次会议的主题为“脂质组学与脂蛋白的新功能”。中国工程院院士、中国医学科学院教授刘德培，中国工程院院士、解放军301医院教授陈香美、中国工程院院士，沈阳军区总医院副院长韩雅玲，中国工程院院士、山东大学张运党委常委、副校长作了主题报告。来自脂质、脂蛋白的分子生物学、病理生理学、检验医学、临床医学和中医药研究方面的32位国内外著名专家作了专题报告。报告涉及脂质组学、脂蛋白新功能；脂质与脂蛋白代谢、运转及调控的最新进展；调节脂质与脂蛋白的药物，心血管疾病的危险因素及其临床应用，血脂检测与标准化；转化医学的进展等。

（撰稿人：孙晓丽）

中国细胞生物学学会

服务创新型国家和社会建设 2014年，学会进行了科技评价、人才评估和科技奖励工作，由学会奖励委员会专门负责各类奖项的评选和运营管理。通过科技工作者自愿申报、委员会评估、评选结果公示等程序，在学会举办的各类学术会议中共评选出优秀墙报奖43篇、优秀报告奖7名、青年优秀论文奖17篇、优秀教学论文奖4篇。此外，学会还举办了2014年细胞生物学教学研讨与青年教师讲课比赛活动，评选出一等奖1人、二等奖与三等奖各2人。

学会面向科技工作者共组织了9次继续教育培训班，总计培训结业人数213人。第二届高校细胞生物学前沿技术及基础实验示范骨干教师研修班，已被列入“人社部紧缺人才培训项目”，结业者获得由人力资源和社会保障部颁发的国家专业技术人才知识更新工程培训证书。

学会建设 根据《社会组织评估管理办法》和《全国性社会组织评估实施办法》的规定，经全国性

社会组织评估委员会审议，学会通过2011年度全国性学术类社会团体的评估，被评为3A级，期限5年。

截至2014年年底，学会个人会员总数达到8000余名，同比2013年增加了500名会员。2014年，学会网站共发布150条会议通知、新闻和招聘信息；学会开通了官方微信平台（微信号：cscbweixin），发布信息70余条，包括学会新闻资讯、活动通知、前沿进展、科普新闻等内容。学会通过微博发布250条消息，粉丝增至1600余人；制作了10期学会简讯，不定期发给所有会员和理事。

2014年，学会及下属各专业分会共举办国内、国际学术会议19次，参加学术交流人数共5091人次，收集论文1160篇。

为加强学会对下属12个专业分会的组织和管理，促进学会的健康发展，8月，学会召开专业分会的评估会议，对下属各专业分会进行评估考核。经评审委员会现场评审，干细胞生物学分会、细胞信号转导分会、神经细胞生物学分会分列前三名。会上还讨论通过了《中国细胞生物学学会下属分支机构管理制度》，进一步规范了下属分支机构的业务范围和组织运营管理。对分支机构的业务范围、设立、组织结构和负责人的产生、罢免、分支机构任期、财务管理、使用原则，进一步规范了下属分支机构的业务范围和组织运营管理。从2014年起，学会今后将每年组织专家对各专业分会的运转情况包括组织管理、会员服务、学术交流、科普培训等方面进行评估，对每年评选出的前3名优秀分会给予一定奖励，以激励和引导各分会的持续健康发展。

8月，学会召开了十届理事会第四次全体理事会议，向理事会通报学会过去一年的工作情况，介绍了2015年深圳大会前期筹备进展情况，着重讨论了第11届理事会推选原则。11月，学会召开了第十届理事会2014年下半年常务理事会议，筹备第11届理事会换届工作，拟在学会组织架构中设立监事会。

科技期刊国际影响力提升计划 学会主办的两本英文期刊*Cell Research*和*Journal of Molecular Cell Biology*（JMCB）分别于2012年和2013年荣获中国科协学会能力提升专项——优秀国际科技期刊一等奖和二等奖，学会中国细胞生物学学会学科发展专项基金（以下简称“学科发展专项基金”）出资支持期刊聘用人才，用于资助期刊的人才发展。在专项基金的资助下，期刊的人才队伍、数字化建设均有明显提升。

*Cell Research*科学编辑全部为博士学历，具有较强的相关专业知识背景，其中有2位海外留学的博士后。

CR自2010年12月起允许作者选择以OA方式发表文章，2014年（不统计提前出版文章）共有47篇文章以OA形式出版，占期刊发表论文总数40%。

*Journal of Molecular Cell Biology*上海编辑部现有2名专职编辑，英文界面期刊主页（jmcb.oxfordjournals.org）已成为期刊多元化信息服务的平台。与此同时，由JMCB编辑部在承办单位支持下独立建设的期刊门户网站（www.jmcb.info）投入运行，面向国内外用户提供文摘、全文链接、查询、留言、投稿等多项功能，以完善数字出版平台，扩大国际影响力。JMCB目前支持部分论文的开放获取（OA）模式，2013、2014年度各有4篇OA论文发表。

学术期刊 学会与中国科学院生命科学研究院生物化学与细胞生物学研究所共同主办3种科技期刊。

Cell Research（《细胞研究》）是一本全英文形式出版、编辑和发行的原创性研究论文、学科综述及快报的国际性学术月刊。2014年度共发文177篇，其中追踪学科热点组织约稿12篇。该期刊的2014年最新影响因子上升为11.981，在SCI收录的185种国际细胞生物学领域期刊中位居第13位。

Journal of Molecular Cell Biology（《分子细胞生物学学报》）2014年发表论文60篇，其中追踪学科热点组织约稿15篇。2014年最新影响因子达到8.432，5年影响因子8.953，在SCI收录的185种国际细胞生物学领域期刊中影响因子排名第27位，逐步成为国内外细胞生物学及其他生命科学核心领域的科学家相互交流与展示的优秀学术平台。

在由清华大学中国学术文献国际评价研究中心发布的“2014中国最具国际影响力学术期刊暨中国学术期刊国际、国内引证报告”中，*Cell Research*成为年度国际被引用次数最多的中国科技期刊，*Journal of Molecular Cell Biology*排名第六位。

学会主办的中文期刊《中国细胞生物学学报》，2014年共发稿件244篇。

11月18日，学会与中国科学院上海生命科学信息中心、中国科学院上海生命科学研究院生物化学与细胞生物学研究所新创办的OA网络期刊*Cell Discovery*（《细胞发现》）举行了创刊签约仪式。*Cell*

Discovery 是一本以英文发表生命科学研究领域高质量原创性研究成果的广谱学术 OA 网络期刊，计划与《自然》出版集团（NPG）进行国际出版合作。

国际学术会议 2014 年，学会举办了 7 次国际学术会议，共有 1353 人次参会，其中境外专家学者 138 人次，收到交流论文 270 篇。

10 月 16—19 日，第五届国际生物医学和环境科学技术大会暨第五届 DNA 损伤应答与人类疾病国际研讨会在北京召开。来自国内外的 65 名专家、学者就 DNA 损伤信号传递、DNA 复制、DNA 修复、DNA 损伤应答与基因组不稳定性及以 DNA 损伤应答通路作为治疗靶点的研究等问题开展交流。

12 月 18—19 日，第七届广州国际干细胞与再生医学论坛暨第三届中国再生细胞生物学年会在广东省广州市举行。论坛围绕多能干细胞等热点话题，探讨干细胞与再生医学领域最新的研究发展，2001 年诺贝尔生理或医学奖获得者 Tim Hunt 教授应邀作报告。

国内主要学术会议 2014 年，学会举办了 11 次国内学术会议，共有 3635 名专家、学者参会，交流论文 844 篇，出版了《第五届细胞结构与功能的信号基础研讨会》等 6 本论文摘要集。相比 2013 年，参会人数、交流论文总数均有所增加。

6 月 23—27 日，在黑龙江省哈尔滨市召开第六届国际农业蛋白质组研究前沿论坛、第一届亚太农业蛋白质组学研讨会暨第五届全国植物蛋白质组学研讨会。

7 月 26 日，在浙江省杭州市召开中国医学细胞生物学新技术学术大会暨浙江省细胞生物学学会和浙江省转化医学学会学术年会。

8 月 8—12 日，由学会细胞信号转导分会和学会细胞结构与细胞行为分会联合主办第五届细胞结构与功能的信号基础研讨会在四川省成都市召开。来自国内 19 个省市的科研机构和高等院校的 140 多位专家、学者参加会议。研讨会共有 44 个专家报告，收到墙报 14 篇、摘要 73 篇。本次会议是主要从细胞结构与功能、信号转导的分子基础、细胞信号与代谢、干细胞调控、膜运输的分子机制、细胞信号与发育、细胞信号与疾病等主题进行报告和研讨。本次论坛设置了 1 个小时的墙报交流时间，各专家和墙报作者充分利用这 1 个小时进行面对面的交流。经过现场代表投票，选出了优秀墙报一等奖 1 名、二等奖 2 名、三等奖 3 名。本次研讨会得到中国科协 2014 年度前沿高端学术交流活动项目的支持。

9 月 11—14 日，2014 年全国植物生物学大会在河南省开封市召开。

10 月 6—9 日，第六届全国生物信息学与系统生物学学术大会会议在江苏省南京市召开。

10 月 10—12 日，第五届中国医学细胞生物学学术大会暨教学改革与教研室（系）主任会议在广西壮族自治区桂林市召开。

10 月 13—15 日，架起连接生物医学界的桥梁系列专题讨论会的第一站：“化阻力为机遇——2014 干细胞临床转化国际研讨会”在北京举办。

10 月 16—19 日，第五届国际生物医学和环境科学技术大会暨第五届 DNA 损伤应答与人类疾病国际研讨会在北京召开。

10 月 16—19 日，第二届全国发育生物学大会在甘肃省兰州市召开。

10 月 29—30 日，功能肝细胞发展及应用研讨会在上海市召开。

10 月 31 日至 11 月 2 日，*Nature* 系列会议：细胞核重编程与癌症基因组学在广东省广州市召开。

11 月 5 日，T 细胞和 B 细胞生物学及其临床应用国际前沿研讨会在上海市召开。

11 月 8 日，中国工程院分子医学前沿论坛暨中国细胞生物学学会细胞工程与转基因生物分会／陕西省细胞生物学学会 2014 年年会，在陕西省西安市召开。

两岸交流 4 月 21—25 日，作为学会特色活动之一的第十届海峡两岸细胞生物学学术研讨会在台湾地区澎湖召开。来自大陆和台湾地区的 46 位专家、学者围绕感染症、海洋生物学、代谢、神经科学、核糖核酸学 5 个专题展开报告，增进了海峡两岸生物学科技教育的合作与发展。

国际组织任职 学会秘书长丁小燕连任第七届亚洲太平洋细胞生物学组织（Asian-Pacific Organization for CellBiology，APOCB）大会秘书长，任期 2014—2017 年。

国际交往 2 月 24—27 日，学会秘书长丁小燕代表学会出席在新加坡召开的第七届亚洲太平洋细胞生物学组织（Asian-Pacific Organization For Cell Biology，APOCB）大会，并连任该组织第七届秘书长。

12 月 6—10 日，学会派代表团出席在美国费城召开的 2014 年美国细胞生物学学会（ASCB）学术年会暨国际细胞生物学联盟（International Federation For Cell Biology，IFCB）大会，学会资助了16位国内科学家参会。学会在此次大会上设立中国专场介绍细胞生物学在中国的发展。

科普活动 2014年，在学会新成立的细胞生物学教学与普及工作委员会的倡导下，学会发挥自身学科优势，动员学会理事、分会委员参与，同时加强与各地方细胞生物学会的联系，开展了2次全国范围大规模的科普活动。

在全国科技活动周及全国科普日期间，学会首次开展了2014年全国“实验室开放日”活动，学会部分理事及上海、湖北、山东、陕西等多个地方细胞生物学学会所在的近34个生命科学实验室向公众开放，受众人数达800余人次。

6月，学会在青海省黄南洲泽库县恰科日乡开展高原藏区儿童佝偻病防治科普宣教活动。发放高原佝偻病防治科普健康教育宣传单（汉藏双语对照）1000份，白内障防治科普健康宣传单（汉藏双语对照）1000份，孕妇及哺乳期妇女宣教30余人次，走访牧区哺乳期妇女家庭健康宣教5家，免费义诊1500余人次。

为了积极推动各省市的细胞生物学科的发展，学会于8月组织召开了第三期全国各省、直辖市细胞生物学学会工作会议，为各地方学会联合组织开展科普活动、分享工作经验等搭建了交流平台。

9月19—29日，学会在新疆维吾尔自治区塔城地区开展2014年度新疆各兄弟民族高发疾病早期诊治科普活动。科普团队通过现场义诊和消化道肿瘤早期诊治等展板展示，共发放早期防治消化道肿瘤和糖尿病宣传单8460余份，就诊群众630余人次，并进行了入村、入户的义诊、送药（300盒）与科普宣传活动。活动期间共举办9场防治高血压、冠心病、糖尿病相关内容的科普讲座，并进行了现场健康解答及义诊，1085名中老年群众、机关干部和小学生参加了讲座和问答互动。

在学会细胞生物学教学与普及工作委员会的倡议和组织下，于12月诺贝尔奖颁奖前后，联合9个省、直辖市细胞生物学学会，在全国多个城市举办“2014年诺贝尔生理医学奖或化学奖解读讲座”，吸引了2000余名高校师生、科研人员和市民参加。

表彰举荐优秀科技工作者 经学会推荐，学会副理事长高翔、副秘书长张传茂获得中国科协“第六届全国优秀科技工作者”称号。

学会创新发展 学会积极筹办OA网络期刊*Cell Discovery*（《细胞发现》），已于11月18日举办创刊签约仪式。该刊将采取开放获取这种完全免费的在线发布形式，向每一位读者无偿提供浏览《细胞发现》上发表的任意一篇文章，促进科学成果的交流。

为鼓励参会代表积极参加学术交流，在学会举办的各类学术会议中增加了专门的墙报交流板块，并提高了优秀墙报奖项的获奖名额与奖金，为科技工作者搭建更加宽广的交流平台。

党建强会 2014年，学会与中国生物化学与分子生物学会、中国植物生理与分子生物学学会、中国神经科学学会组成的联合党支部以“建设服务型学会党组织，奋力实现中国梦”为主题，组织开展了一系列党建强会活动，为搭建惠民社会服务平台贡献一份力量。

10月14日，学会党支部联合复旦大学上海医学院举行了科研伦理学和神经科学前沿学习班，邀请美国匹兹堡大学的Zigmond教授、Fischer教授进行授课。培训班从国际研究伦理和生物伦理的基础知识、研究方法、管理技巧、教学技巧、交流技巧、申请基金的技巧等多方面进行培训，收到了良好效果。

会员服务 为了提高对会员的服务水平，学会在学会理事和各地方学会的支持和协助下，对所有在册会员进行了重新登记工作，核对补充会员信息，特别是对会员的联系信息，确保学会发出给会员的会议通知、学会简讯能够及时无误地送达，同时也为学会第十一届理事的换届工作奠定基础。

学会首次在上海地区试点建立会员联络员服务体系。作为学会的基层服务站点，会员联络员协助学会理事加强与所负责区域内会员的联系，包括及时传达学会通知、收集反馈会员意见与建议，组织管辖区内会员积极参加学会活动，对区域内会员信息进行跟踪维护。

中国科协会员日 学会紧紧围绕中国科协的会员日主题：“家”的温馨 节日的问候，改变以往形式单一的方式，针对不同人群、不同需求开展形式多样的活动。

12月5日，学会针对广大会员，尤其是工作在一线的科技工作者，在上海市开展了老中医问诊的活动。邀请了2位老中医，通过搭脉问诊，给予健康建议，服务了40多位科技工作者。

【美国细胞生物学学会2014年年会中国分会场】 美国细胞生物学会学术年会是目前国际上细胞生物学领域规模最大的学术会议，本次会议共设立了30余个分会场。学会在此次大会上设立了中国专场（Dynamic Cell Biology Society in China），以介绍细胞生物学在中国的发展，有近200人参会。美国细胞生物学学会现任理事长Jennifer Lippincott-Schwartz、常务理事长Stefano Bertuzzi到场致辞。报告会由中国科学技术大学姚雪彪教授主持，共有5位国内专家在会上介绍了各自研究机构和最新科研进展、期刊投稿、青年科学家回国就业发展情况等，浙江大学教授冯新华代表中国细胞生物学学会介绍了学会的历史、现状和前景。

【首次在上海地区试点建立会员联络员服务体系】 会员是学会的存在之本，完善会员服务体系一直以来都作为本学会工作重点，考虑到学会会员分散在全国各省、市、区高校的科研院所，以从事细胞生物学领域的教学、科研人员为主，提升会员服务，首先需要加强与会员的沟通联系。为此，2014年学会以上海地区会员为试点，首次设立会员联络员作为学会的基层服务站点。学会根据会员分布的特点，通过会员自荐与理事推荐相结合的方式，招募到首批19位联络员。会员联络员将协助学会理事加强与所负责区域内会员的联系，包括及时传达学会通知、收集反馈会员意见与建议，组织管辖区内会员积极参加学会活动，对区域内会员信息进行跟踪维护，从而搭建了学会与会员间沟通的桥梁，为学会的会员管理工作奠定了基础。

（撰稿人：林晓静）

中国植物生理与植物分子生物学学会

学会能力提升计划 2014年，学会根据中国科协《学会能力提升专项资金管理办法（试行）》和学会相关财务要求，将专项资金用于提升服务创新能力、服务社会和政府的能力、服务科技工作者能力及服务自身发展能力等4个方面。

提升服务科技创新能力方面。学会着眼于精品学术交流活动，通过搭建各具特色、不同功能的学术交流平台，服务科技创新。2014年举办各类学术会议6次，参会代表人数近3000人次，收录摘要900余篇。

提升服务社会和政府的能力方面。学会不断拓展服务社会能力，打造“国际植物日”品牌科普活动，建立松江蓝莓园、马陆葡萄公园等科普教育示范基地，开设官方微信普及植物科学知识，开展全国中小学生植物主题征文比赛，举办木薯生物技术研讨班。

提升服务科技工作者能力方面。学会借鉴国内外成熟会议平台经验，对会议的在线注册系统进行了优化设计，简化了注册流程。开发了会议手机软件系统，参会人员可通过手机实时查看会议信息与日程进度安排。该系统受到年轻参会代表的欢迎。学会开展了“优秀论文”“青年优秀论文”“学会先进工作者”和“荣誉会员”评选工作，评选范围覆盖不同年龄层的会员。经各地方学会、分支机构、专业组的推荐，评选出51名获奖科技工作者。

提升学会自身发展能力方面。学会加强制度建设，建立了《常务理事会承诺书制度》《分支机构管理制度》《会议管理制度》。面向社会招聘专职工作人员，学会专职工作人员呈现出年轻化、职业化、高学历化等特点。

学会建设 8月，学会召开第11次会员代表大会，审议通过了第十届理事会财务报告、工作报告以及章程修改意见，选举产生了第十一届理事会。第十一届理事会121名理事，28名常务理事。2014年，学会新增植物代谢专业委员会、水生生物学分会与孢子植物生理、分子生物学分会。目前学会共有分支机构17个，其中专业委员会10个，分会4个，工作委员会3个。2014年向会员发送电子版工作简报共6000余份。

科技期刊国际影响力提升计划 学会主办英文期刊*Molecular Plant*（《分子植物》）获得中国科协2012—2014年度优秀国际科技期刊二等奖。

2014年《分子植物》组织专刊三期，专题为氧化还原与光合作用（Redox and Photosynthesis），植物表遗传学（Plant Epigenetics），胞间通讯（Intracellular Communication）。专刊均约请该领域知名科学家担任组稿编委。

2014年，《分子植物》与海威出版社（*High Wire Press*）合作建立在线出版平台，与数千本期刊一起共享*High Wire*的领先技术。同时与牛津大学出版社（Oxford University Press，OUP）合作，共同深度开发和维护本刊网站，按期出版电子版并及时将已接受论文提前在线发表，供全球科学家浏览、下载。该刊采用及时出版政策，被接受的论文在3—7天内即

可上线为全球读者浏览、下载。

《分子植物》通过选派编辑部代表参加国内外植物科学重要学术会议，推荐期刊相关专辑，宣传和展示发表的优秀科研成果。2014 年参加了在美国召开的美国植物学家学会 2014 年年会（ASPB2014），在加拿大召开的第 25 届拟南芥研究国际会议（ICAR 2014）。该刊编辑部还通过组织研讨会、资助演讲人等方式，扩大本刊的国际影响。

2014 年发布的 2013 年度《期刊引用报告》，《分子植物》影响因子为 6.605，再创新高，在本领域研究类 SCI 期刊排名第 4 名（4/175），连续四年排名亚洲第一。据《中国科协科技期刊发展报告》（2012，第 73 页），《分子植物》是三个 SCI 影响因子进入 Q1 类的中国科协期刊之一。

学术期刊 《植物生理学报》2014 年来稿量 670 篇，发表文章 262 篇，出版了《重金属污染与土壤修复》和《植物衰老与生长发育调控》两期针对植物科学研究热点的专刊，以及“谷类作物细胞培养与种质创新”专栏。

国际学术会议 学会及下属各分支机构 2014 年共主办 3 个国际学术会议：第三届植物代谢国际会议、GPC 植物营养强化论坛、第十七届国际苔藓年会，共计参会人数 605 人次，交流论文 249 篇。其中国外参会学者 102 人次。

由学会主办的第三届植物代谢国际会议 7 月 2—5 日在福建省厦门市召开，来自 16 个国家和地区的近 500 名学者参加大会。大会以“植物代谢组让人类生活更美好”为主题，围绕植物代谢、代谢产物与人类健康以及相关新技术等研究方向展开交流。

会议共设 7 个大会报告主题、12 个分会专题以及墙报交流环节。报告主题包括天然产物与人类健康、基因组学与代谢组学、萜类化合物合成与调控、细胞壁合成、初生代谢与调控、植物合成生物学、植物营养感知与囊泡转运、代谢途径进化与蛋白结构、碳水化合物转运、植物代谢与抗逆等。来自美国、英国、德国、澳大利亚、加拿大、瑞士、法国、丹麦、荷兰、比利时、以色列、日本，以及中国内地和香港特别行政区的专家、学者作了 23 个大会报告和 60 个专题报告，反映和展示了植物代谢的最新研究成果。

学会理事长许智宏代表主办单位致开幕词。大会组委会主席中国科学院院士陈晓亚致闭幕词，宣布第四届植物代谢国际会议将于 2017 年召开。

第十七届国际苔藓年会由学会孢子植物生理和分子生物学分会主办，9 月 25—27 日在首都师范大学召开。来自 10 余个国家和地区的专家、学者 60 余人参加大会。学会从分子生物学、细胞生物学、发育进化生物学、生态学、植物学等多个方面，就苔藓相关研究进展举办了 30 余场精彩的报告，德国马堡大学（Philipps University of Marburg）Stefan Rensing 教授、德国弗赖堡大学（University of Freiburg）植物生物技术系主任 Ralf Reski 教授、英国利兹大学（University of Leeds）David Cove 教授、日本国家基础生物研究所（National Institute for Basic Biology）Mitsuyasu Hasebe 教授、首都师范大学的副校长何奕騉作大会报告，20 余位国内外专家、学者做了会议报告，反映和展示了近年来国际苔藓领域研究的最新成果和水平。

国内主要学术会议 学会及各分支机构 2014 年共主办年会、研讨会 3 个：中国植物生理与植物分子生物学学会第十一次会员代表大会暨全国学术年会、全国植物生物学大会，全国光合作用研讨会。参会人数 2000 余人，交流论文 656 篇。

4 月 16—19 日，2014 全国光合作用学术研讨会在山东省泰安市召开。在为期 3 天的学术研讨活动中，来自中国科学院各相关研究所、北京大学、复旦大学、浙江大学等院校的 36 位专家分别作学术报告，交流学术论文 58 篇。

两岸交流 学会组织科技工作者代表 6 人参加了 12 月 12—14 日在台湾地区台北市召开的创新植物及生物科技研讨会，在进行学术交流的同时，也就两学会之间的进一步的互惠合作进行了探讨。

国际组织任职 学会名誉理事长许智宏继续担任世界植物科学理事会（Global Plant Council，GPC）执委。

国际交往 10 月 1—6 日，应 GPC 邀请，中国科学院院士、学会名誉理事长许智宏，学会副理事长何祖华代表学会赴英国参加了 2014 年 GPC 年会，与来自世界各国的植物科学组织进行了交流。

科普活动 学会组织了“2014 年植物日全国主题科普活动”，24 个单位参与。活动期间举办科普讲座 13 场，科普展览 25 场，科普进社区 7 次，科普竞赛 2 场，受众 1 万余人次，发放宣传材料 5000 份，共有数百名位科普志愿者参与活动。学会被中国科协评为 2014 年度全国学会科普工作优秀单位。

表彰举荐优秀科技工作者 学会在全国学术年会期间开展了表彰奖励工作，经各省、直辖市、自治区植物生理学会（专业委员会、专业组）推荐及学会常务理事会审定，共有15篇论文获“优秀论文奖”、12篇论文获“青年优秀论文奖”、14名会员获“荣誉会员”称号、10人获“先进学会工作者”称号。

学会推荐的蒋跃明教授获得“全国优秀科技工作者”称号。

学会创新发展 学会以理事会换届为契机，在加强制度建设，坚持民主办会方面取得突破。建立了《(常务）理事会承诺书制度》，进一步规范了学会理事的责任和义务以及相应的奖惩措施，防止“理事不理事”“理事理不了事”的现象发生。建立《分支机构管理制度》，明确了分支机构每年开展业务活动的最低次数，以及相应的奖惩机制，规范分支机构的成立、变更及注销事宜，调动分支机构工作热情。建立《会议管理制度》，明确了会员代表大会、(常务）理事会议、学术会议、秘书处工作会议等多项具体管理规定。

2014年学会适应自媒体时代微科普的要求，开设了官方微信，由专职工作人员进行维护，面向大众普及植物科学常识，不到一年的时间听众已接近2000人。

会员服务 11月26日至12月19日，学会与上海生科院植物生理生态研究所研究生会联合举办了2014年实验摄影比赛，号召会员用镜头记录下实验中精彩美妙的瞬间，交流分享实验心得以及拍照技巧。本次活动得到了会员们的积极参与，有60余幅作品参加最终评选。这些作品使用了免疫组织化学染色、GUS染色、石蜡切片、冷冻切片等实验技术，拍摄采用了激光共聚焦显微镜、电子显微镜、普通光学显微镜、相机、手机等多种工具。活动参与人数235人，最终评选出一等奖3名、二等奖6名、三等奖9名及优胜奖。

【中国植物生理与植物分子生物学学会第十一次会员代表大会暨全国学术年会】 8月5—8日，中国植物生理与植物分子生物学学会第十一次会员代表大会暨全国学术年会在贵州省贵阳市召开，来自29个省、自治区、直辖市的近800位代表参加会议。大会主题为“植物科学的大趋势与大发展”。

8月6日上午，中国植物生理与植物分子生物学会第十一次会员代表大会开幕。开幕式由学会常务副理事长陈晓亚院士主持，学会理事长许智宏致开幕词，贵州省人民政府副省长陈鸣明代表贵州省政府致辞。贵州大学党委书记姚小泉代表承办单位致辞。

学会秘书长何祖华代表第十届理事会作工作报告。

全体会员代表采用无记名投票的方式，等额选举产生了由121名理事组成的第十一届理事会，通过了第十届理事会工作报告、财务报告和章程修改说明。第十一届理事会理事平均年龄为50岁，新当选理事74名，占理事总数61.16%，并首次增加了西藏自治区理事。

在第十一届一次理事会议上，经与会97名理事无记名投票，选举产生了28名常务理事，包括理事长、副理事长和秘书长。

全国学术年会共收录了330篇论文摘要。特邀李家洋、张启发、朱健康、邓兴旺、韩斌、朱玉贤、陈晓亚、马红、万建民等9位院士、专家作大会主题报告，内容涉及植物生物学近年快速发展的多个领域；由学会14个分支机构（专业委员会、工作委员会、分会）共召集了9个分会场，119位学者作分会报告，举办“基金申请”与“科技论文写作与发表”专题报告5个。

本次会员代表大会参会人数创历史新高，青年代表人数明显增多。

由各省、直辖市、自治区植物生理学会（专业委员会、专业组）推荐，经学会常务理事会议复审审定，本次大会上有15篇论文获“优秀论文奖”，12篇论文获“青年优秀论文奖”，14名会员获“中国植物生理与植物分子生物学学会荣誉会员”称号，10人获“中国植物生理与植物分子生物学学会先进学会工作者”称号。

【2014年植物日主题科普活动】 “国际植物日”是由欧洲植物科学组织（European Plant Science Organization，EPSO）倡议，学会作为发起者之一和中国协调方，从2012年开始连续3年利用5月的全国科技活动周在中国组织大型主题科普活动。

2014年，学会以“亲近植物 走近健康”为主题，结合学科特点，联合中国科学院下属植物园共创“国际植物日”大型科普品牌活动，并带动大学共同参与；扩大品牌科普活动的影响力。在华南植物园举办了“2014年植物日”大型科普活动启动仪式，来自全国各地近30余所大专院校、科研院所的专家学者、中小学生、家长及各界媒体人士共计700余人参加了此次活动。中国科学院武汉植物园、中国科学院西双版

纳热带植物园、中山植物园等多家植物园及高校同步开展了植物日主题科普活动。

为鼓励青少年亲近自然、主动学习科学知识，学会拓展科普思路，结合“国际植物日”，与《语文报》报社合作发起全国中小学生《植物科学与人类生活》征文活动，受到了全国不同地区的广泛响应。2014 年收到征文数目超过 4000 篇，从中评选出 110 篇优秀征文。学会已将优秀作品集结成科普文集进行推广。

（撰稿人：周　丽）

中国生物物理学会

服务创新型国家和社会建设　学会名词审定工作委员会组织了 90 多位专家学者，参考了《不列颠百科全书》《维基百科》、大量原著和原始论文，对 14 个分支领域的近 3000 条词条逐一进行审议、删改和修订，前后三易文稿，完成了包含 2469 条名词术语的《生物物理学名词》征求意见稿。

举办高端专业技术培训班 2 个。3 月 5—7 日，在北京举办生物电镜冷冻制样技术培训及高峰论坛。组委会邀请到 8 位国内外知名专家主讲，进行了为期 3 天的冷冻制样技术培训，并促成了中国科学院生物物理研究所－徕卡仪器有限公司联合实验室的成立。共有来自 37 个单位的 120 人参加培训。5 月 2—6 日，在北京举办线粒体超氧炫研讨实习班。来自中国和美国的 21 名学者，以及全国高校、科研院所和临床科研机构的 60 余名学员。5 月 23—25 日，第十二届全国博士生学术年会在云南省昆明市召开。学会承办了其中现代生物技术专题的活动。活动围绕“现代生物技术”这一主题，以“分子表观遗传、干细胞与再生医学”“认知与神经回路”“生物分子构造与成像”“生物信息、基因组学与合成生物学”等 4 个生物技术研究领域的前沿热点作为交流重点。中国科学院院士、中国科学院生物物理研究所陈润生受邀作题为《非编码序列、非编码基因和非编码 RNA》的学科发展趋势报告。在 5 月 24 日举行的“与科学大师面对面——现代生物技术专题”活动中，诺贝尔生理学或医学奖获得者、德国哥廷根大学厄温·内尔教授应邀作特约嘉宾。

学会建设　4 月 18—20 日，学会生物磁共振专业委员会在云南省昆明市召开了成立大会暨第一届全国生物磁共振学术研讨会。100 余位该领域的专家、学者参加了会议。会议推选中国科学院院士、中国科学技术大学生命科学学院教授施蕴渝任生物磁共振专业委员会主任。

2014 年，学会与西部地区数十名专家、学者取得联系，筹建陕西省生物物理学会。

借鉴企业管理模式，在学会内部设立总干事一职（CEO）；设立集体会员类别，以实验室为单位，统一加入学会，享有个人会员权利与待遇。设立女科学家工作委员会，加强与女科技工作者的联系与服务。试点有条件的专业委员会变更为专业分会，每个分会会员人数一般不得低于 300 人的规模，并促进新兴学科分会成立。

科技期刊国际影响力提升计划　学会参与主办的英文期刊 *Protein & Cell*（《蛋白质与细胞》）入选“中国科技期刊国际影响力提升计划项目”，获得 D 类资助。2014 年，*Protein & Cell* 编委会派人员参加了第十八届国际生物物理大会、中俄生物物理学术研讨会、2014 表观遗传学国际研讨会等国际重要会议，与各国学者直接进行了深入沟通，为约请国内国际研究热点的优秀稿件创造条件。该刊加入了高等教育出版社“中国学术前沿期刊网”（http：//journal.hep.com.cn）平台，同时采用美国 ISI 开发的 ScholarOne 在线投稿和审稿系统，与 Springer 出版社合作搭建网络发布主页（http：//link.springer.com/journal/），推动了期刊数字化建设。

学术期刊　*Protein & Cell* 被评为“2014 中国最具国际影响力学术期刊”（简称 TOP 5% 期刊），在参评选的 3489 种科技期刊中排名第 21 位，国际影响力指数 CI 为 244.067。

《生物物理学报》第八届编委会于 2014 年 1 月正式换届，新一届编委会中海外编委比例达到了 50%，主编由中国科学院生物物理研究所所长徐涛担任，并获新闻出版总署批复，于 2015 年 7 月由中文期刊变更为英文期刊，英文刊名变更为 *Biophysics Reports*，双月出版。

2014 年，《生物化学与生物物理进展》先后出版《非可控性炎症与肿瘤专刊》《衰老研究专刊》《创刊 40 周年专刊》等专刊，在 2014 年公布的 SCI 引证数据中，总被引频次 346 次，影响因子 0.290。自 2012 年起，连续 3 次入选由中国科学技术信息研究所评选的中国精品科技期刊。

学科发展研究　8 月 12—16 日，学会纳米生物物理专业委员会在西藏自治区拉萨市举办了第二届纳米生物物理学发展战略研讨会。会议围绕“纳米材料的智能化及其生物物理特性”的主题展开研讨，与会专家就纳米材料的智能化生物学和物理化学机制，纳米材料的独特生物物理响应特性，以及利用纳米尺度的新特性在生物学和医学领域的潜在应用等领域的研究方向初步达成共识。

国际学术会议 学会及其下属专业委员会共举办国际会议 11 个，参会人数 1671 人次，交流论文 357 篇，邀请到美国科学院院士、美国艺术院院士、欧洲 EMBO 会士等国外知名专家、学者 134 人次参会，交流国外学术论文 134 篇。

7 月 25—28 日，第 17 届卡波西肉瘤疱疹病毒及相关病毒国际年会在北京召开。此次会议由国际卡波西肉瘤疱疹病毒委员会与中国科学院生物物理研究所联合主办，中国生物物理学会承办，并获得了国家自然科学基金委的支持。来自美国、德国、芬兰、意大利、韩国以及中国台湾地区的 50 余名海外专家，中国科学院生物物理研究所、中国科学院巴斯德研究所、中国科学院武汉病毒研究所、南开大学、天津大学、复旦大学、浙江大学、杭州师范大学、南京医科大学、中山大学、新疆石河子大学和湖南师范大学等国内相关科研单位的 40 余名学者参加本次会议。

为纪念卡波西肉瘤疱疹病毒发现 20 周年，会议还特别邀请了卡波西肉瘤疱疹病毒的发现者、美国科学院院士、匹兹堡大学癌症研究所教授 Patrick S. Moore 作了题为《庆祝卡波西肉瘤疱疹病毒发现 20 周年》的报告。

国内主要学术会议 学会举办国内学术会议 11 个，参会人数 873 人次，交流学术论文 177 篇，会议次数较 2013 年增长 175%，参会人数增加 125%。

7 月 3—10 日，由学会神经生物物理与神经信息学专业委员会联合南昌大学共同主办的第十届全国钙信号和细胞功能研讨会（CSCS）在江西省宜春市召开。本次会议围绕“钙离子与疾病、钙库与 CRAC、离子通道和受体、第二信使、钙结合蛋白结构与功能、兴奋收缩偶联、细胞分泌与内吞、发育与生殖、最新检测技术、钙离子信号中的前沿热点”等 10 个专题，邀请 55 位国内外相关领域的知名科学家，其中国外 17 位作邀请报告，共有 180 余位来自中国内地和香港特别行政区，美国、英国、以色列、新加坡的，高校及科研院所的学者参加了学术讨论。会议共安排学术报告 72 场，学术墙报展讲 2 场。

10 月 10—13 日，第四次国际暨第十三次全国膜生物学学术研讨会在云南省大理市召开。来自中国内地和香港特别行政区，美国、德国、英国、荷兰等国家的 163 位学者参加了会议。会议以“膜运输与相关疾病”为主题，围绕内膜系统的动态变化和功能；跨膜运输；膜运输异常相关疾病；膜与细胞生物物理研究的新技术、新方法等专题，采取特邀报告、邀请报告、一般报告、研究生工作交流和评比、科学墙报展讲等方式开展学术交流活动。组委会邀请到美国艺术院院士 Susan Ferro-Novick 教授和美国霍华德休斯敦医学研究所 David Chan 教授分别作题为《内质网 - 高尔基体转运与细胞自噬的相关性》和《线粒体动力学与代谢调控》的大会特邀报告，英国医学研究会 Harvey T. McMahon 教授作了长达 50 分钟的视频报告，与参会学者分享他的最新研究进展。

国际组织任职 8 月 5 日召开的国际纯粹与应用生物物理联合会（International Union for Pure and Applied Biophysics，IUPAB）第 19 次代表大会上，学会理事长饶子和接任 IUPAB 主席，任期为 2014 年至 2017 年，成为该组织自 1961 年成立以来的首位华人主席。作为新任主席，饶子和主持了第 19 届 IUPAB 理事会第一次会议，对 IUPAB 改革发展进行了战略部署，具体讨论了 IUPAB 理事会成员分工、下一届 IUPAB 大会筹备，以及本届理事会的重点任务等。

国际交往 学会理事长饶子和率领中国生物物理学会专家代表团于 3 月 31 日至 4 月 4 日对俄罗斯莫斯科大学和圣彼得堡大学进行了访问，并在此期间组织召开了中 - 俄生物物理学术讨论会。4 位中国科学院院士、6 位俄罗斯科学院院士，以及莫斯科大学、圣彼得堡大学、中国科学院、清华大学、北京大学等高校和研究所的专家参加了研讨会，并与青年科学家进行了座谈。6 月 21 日，莫斯科大学教授、IUPAB 理事 Galina Riznichenko 来华访问，学会理事长饶子和、副理事长兼秘书长阎锡蕴和总干事刘平生在北京与其会面。经过与俄方相关学术团体的多次接触与沟通，中俄双方就定期举办双边研讨会、中俄科研合作、联合培养人才、促进人才交流等达成初步意向，并计划于 2015 年在华召开中 - 俄双边学术研讨会。

4 月 25 日和 7 月 22 日，学会理事长饶子和、副理事长兼秘书长阎锡蕴、总干事刘平生在北京分别会见了来访的 IUPAB 主席 Gordon Roberts、秘书长

Cristobal G. dos Remedios，讨论了IUPAB主席工作交接、第十八届IUPAB大会筹备以及IUPAB今后的发展方向等事宜。

7月16日和11月15日，学会理事长饶子和、副理事长兼秘书长阎锡蕴、总干事刘平生、膜与细胞生物物理专业委员会副主任陈佺、副主任张宏等分别接待了美国细胞生物学会执行董事Stefano Bertuzzi的来访，就互设学会年会分会场、招募Lab Membership（实验室会员）、学会网站互相宣传、每年定期进行学会工作经验交流等事项与美国细胞学会达成初步合作意向。

科普活动 学会组织主题科普宣讲活动23场，高端科技培训班2个，受众人数54860人次。其中，专门针对中小学生举办科普讲座10场。成立了由陈润生院士牵头的生物信息学科学传播专家团队。

学会分别在《中国科学报》《新民晚报》等发表科普文章3篇，配合北京新闻广播电台新闻照亮深处节目制作了“甜蜜的爱情的生理物质基础”广播节目，在北京新闻广播电台播出，组织撰写出版科普读物《城市居民核化生突发事件防护常识》。

针对甘肃发生鼠疫疫情，学会组织专家在北京新闻广播电台向广大听众详细解读了鼠疫的发生、传播以及国家针对鼠疫烈性传染病的防治等一系列科普知识。针对西非埃博拉出血热的蔓延，学会科普专家应《中国少年科学画报》特约撰稿，详细描述了埃博拉出血热的病毒来源种类，介绍了国内外最新领域防治措施以及研究进展。

7月12—17日，2014中国科协夏季科学展“探索大脑的奥秘”科学展在北京中国科技馆展出。“探索大脑的奥秘”科学展由中国生物物理学会组织承办，邀请中国科学院生物物理研究所陈霖院士担任首席科学家，中国科学院生物物理研究所、上海神经所郭爱克院士、中国科学院上海生命科学院研究员张旭、中国科学院生物物理研究所研究员刘力、何生、中国科学院心理研究所研究员傅小兰参与了展项设计。

展项以“探索大脑的奥秘”为主题，采用科学展板、现场实验及模型展示等方式，揭示了多物体追踪、双眼竞争、决策机制，及以果蝇为模式生物的神经生物学机制。40名该学科领域的博士、硕士研究生作为志愿者参与了现场的科普讲解。

展览以游戏为切入点，逐步加入科学研究内容及原理，将严谨的科学实验以游戏的方式展示，使得展览内容兼具娱乐性和通俗性。

表彰举荐优秀科技工作者 学会膜与细胞生物物理专业委员会设立了“膜生物学研究杰出学者奖”“膜生物学研究优秀青年奖”，并首次在第四次国际暨第十三次全国膜生物学学术研讨会上颁发。“膜生物学研究杰出学者奖”的奖励对象为从事膜生物学相关研究的杰出学者；“膜生物学研究优秀青年奖”的奖励对象为年龄在35岁（含）以下的从事膜生物学相关研究的青年学者。

首届“膜生物学研究杰出学者奖”授予中国科学院生物物理所研究员徐涛。徐涛研究员主要从事膜囊泡分泌分子机制研究，特别是胰腺Beta细胞胰岛素分泌的调控机制，发展新的荧光探测技术，在生物膜研究领域有着广泛的影响。在国际核心期刊上发表有影响的研究论文多篇，担任科技部“973”项目“生物膜和膜蛋白的结构与功能”的首席科学家，主持国家自然基金委重点项目、国家杰出青年基金以及国家自然基金委重大仪器研制项目等。获科技部“万人计划”——中青年科技创新领军人才项目、何梁何利科学与技术进步奖、国家自然科学二等奖、第十届中国青年五四奖章、新世纪百千万人才工程国家级人选教育部“长江学者奖励计划”特聘教授、国务院特殊津贴、突出贡献中青年专家等荣誉。

首届“膜生物学研究优秀青年奖”授予清华大学博士易聪。他主要的研究目标是揭示营养匮乏引发细胞自噬的分子机制，通过利用酿酒酵母作为研究材料，确认乙酰转移酶Esa1和去乙酰化酶Rpd3是细胞自噬水平的重要调控元件，并确认细胞自噬信号的核心组件Atg3是Esa1/Rpd3的作用底物。Atg3通过其第19和第48位的赖氨酸乙酰化来控制Atg3和Atg8的相互作用以及Atg8的脂化，从而调控细胞自噬的发生。在饥饿诱导下，Esa1和Rpd3通过在自噬体前体结构（PASs）上的定位以及与Atg3的相互作用，调控Atg3蛋白的乙酰化水平，进而影响细胞自噬的发生。这些研究结果揭示了乙酰化如何通过修饰细胞自噬的核心元件从而调控细胞自噬发生这一重要生物学现象的分子机制。该研究获选2012年度“中国科学十大进展”。

会员服务 学会编撰出版了《中国生物物理学会2014年工作年报》，纸质版发行500余册，电子发寄送4000余份。编制《学会简报（*Newsletter*）》，每季度以电子版形式向全体会员发送。2014年共发送4期近12000份。学会开通了公众微信平台，及时发布学会动态、学科进展、传播科普知识。开通意见反馈邮箱，方便会员向学会反映意见或建议。学会青年工作委员会创办国际生物物理前沿青年研讨会，首届会议9月6日在北京召开，110余位青年学者交流科研成果，共商团队合作事宜。

【参与组织第十八届国际生物物理大会】 8月3—7日，第十八届国际生物物理大会在澳大利亚召开。学会理事长饶子和作为新任国际纯粹与应用生物物理联合会（International Union for Pure and Applied Biophysics，IUPAB）主席，宣布了2014 IUPAB大会开幕。近900位来自世界各地的学者参加了此次学术盛会。中国生物物理学会作为IUPAB主席国代表，参与会议前期筹备、邀请报告人遴选、会议专题设置等工作，并组织来自全国各高校及科研院所的200多名中国学者参会，中国科学院院士、北京大学教授程和平、中国科学院生物物理研究所研究员徐涛等70余位中国专家受邀在会上展示了自己的科研工作。

大会组委会响应中国生物物理学会呼吁，继续在第十八届国际生物物理大会上设立以“贝时璋”冠名的大会报告。受大会组委会特别邀请，在第十八届国际生物物理大会上，学会理事长饶子和作报告，介绍了他的研究团队在手足口病毒入侵人体细胞方面的最新科研进展，包括受体SCARB2介导的病毒结合和脱衣壳新机制。

【“高等植物主要捕光复合物的结构与功能研究”项目获2014年度国家自然科学奖二等奖】 由中国科学院院士、中国科学院生物物理研究所教授常文瑞及柳振峰博士、严汉池博士和中国科学院院士、中国科学院植物研究所教授匡廷云及王可玢博士等人完成的“高等植物主要捕光复合物的结构与功能研究”项目获得2014年度国家自然科学奖二等奖。

项目的研究成果在分子水平上清晰地阐述了植物“能源工厂”中能量吸收和传递的过程，为人们深入理解植物光合作用捕光过程的机理提供了高精度的三维结构数据，为揭示这种可控的天然“能源工厂”发挥能量耗散作用及其在捕光和光保护之间切换的可能机制提供了新的结构信息。研究成果所发现的膜蛋白组装和结晶的新颖方式将设计高效的模拟捕光复合物的人造“能源工厂”提供样板，从而有助于太阳能这一可再生能源的开发和应用。

（撰稿人：王　悦　马　丽）

中国遗传学会

学会建设 2014年，学会个人会员总数1.2万名。全年召开学会九届二次、三次常务理事会，九届二次理事会，审议和研究学会工作。

2014年，学会和各专业（工作）委员会在国内共主办10次学术交流会议，其中1次国际学术交流会议，会议交流论文1041篇，参加会议人数为2660人次。

科技期刊国际影响力提升计划 2014年9月，《遗传学报》（*Journal of Genetics and Genomics*，JGG）被中国科学技术研究所评为中国国际化精品科技期刊，国际影响力明显上升，2013年度JCR影响因子达到2.924，在164种遗传学领域的SCI期刊中排名第67名，进入Q2区。2014年11月，《遗传学报》在中国科学院科学出版基金科技期刊排行榜中由2013年的第7位上升到第4名，在生命科学期刊中排名第一，再次荣获一等基金择优支持。

《基因组蛋白质组与生物信息学报》（*Genomics, Proteomics & Bioinformatics*，GPB）2013年年底获得“中国科技期刊国际影响力提升计划”项目B类资助。该刊入选由中国学术期刊（光盘版）电子杂志社、清华大学图书馆、中国科学文献计量评价研究中心共同研究评选出的“2013中国最具国际影响力学术期刊”名单，由2012年的TOP 5%～10%期刊上升为TOP5%期刊。

学术期刊 学会主办的期刊《遗传学报》印数1100册，发行量约1000册。2014年9月，《遗传学报》被中国科学技术信息研究所评选为第三届中国精品科技期刊。

《激光生物学报》全年出版期刊6期，共收到来稿187篇，刊出95篇，其中基金论文占89.4%。根据中国科学院文献情报中心的统计，该刊2013年影响因子由2012年的0.0712上升到0.1264。

国际学术会议 10月29日至11月1日，2014全球华人遗传学大会暨全国第十三次医学遗传学学术会议在湖南省长沙市举行。参会学者500余人，提交摘要300余篇，会议报告74个，墙报13张。

国内主要学术会议 4月11—13日，遗传学与表观遗传学前沿暨第三届中国青年遗传学家论坛在江苏省举办。来自全国23个省、直辖市的260余名学者出席了会议。48人汇报了自己最新的科研成果。

7月17—19日，第三届“模式生物与人类健康”发育遗传学全国学术研讨会在福建省厦门市召开，会议期间还召开了中国遗传学会第九届发育遗传学专业委员会会议。来自全国各地的200多名专家、学者参会。共有45位报告人作了研究工作报告。会议收到论文摘要69篇，出版了《第三届“模式生物与人类健康”发育遗传学全国学术研讨会论文集》。

8月19—22日，第十五届全国植物基因组学大会在安徽省合肥市召开。来自89所大专院校和科研院所共计580余人参加会议。

9月12日，2014年全国植物生物学大会在河南大学召开，会议由中国植物学会、中国细胞生物学会、中国遗传学会、中国植物生理与分子生物学会、中国作物学会联合主办。来自全国的专家学者围绕“植物发育生物学”、“植物细胞结构与功能”、“蛋白质组学和代谢组学”等9个专题开展了90余场报告会。

9月19—22日，第六届全国微生物遗传学学术研讨会在浙江省温州市召开，来自全国各地科研院所及高校的200余位专家、学者参加了本次研讨会。本次会议期间，还召开了第九届中国遗传学会微生物遗传专业委员会第二次会议。

9月26—30日，中国遗传学会基因组专业委员会召开了2014年工作及学术交流会。专业委员会主任及副主任、委员及相关专家代表50余人参加了本次会议。

10月8—11日，第六届全国动植物数量遗传学学术研讨会在福建省福州市召开。约120名来自海内外的专家、学者和研究生参加，集中展示了近3年来我国动植物数量遗传学研究的主要进展。

10月16—19日，第二届全国发育生物学大会在兰州大学召开。本次会议由中国遗传学会、中国细胞生物学会和中国动物学会主办。来自全国50余所科研院校的300多位专家学者及研究生参加了本次大会，共收到论文摘要120余篇。

10月24—26日，2014全国遗传学理论与实验教学研讨会在南开大学召开。来自全国30余所高校的150多名师生参加了这次会议。

12月4—7日，第三届灵长类动物模型学术论坛在云南省昆明市举行。来自国内外40多个高等院校、科研院所及企业的150余名专家、学者参加了此次会议。

12月7—8日，中国西南地区农业动物种质资源挖掘与创新利用学术研讨会在重庆市举行。来自四川、重庆、贵州、云南、山东和北京地区高校和科研院所的专家、学者及研究生170余人参会。

科普活动 学会积极推进北京166中学科普教育基地建设，并与中国人民大学附属中学共建了“中国遗传学会科普教育基地”。

2014年，学会副理事长、首席科学传播专家杨焕明参加3次中国科协举办的海峡两岸科技合作交流会、科普报告会，在会上作大会发言。

学会基因组和科学道德与伦理委员会举办系列培训活动，举办重大疾病生物样本库伦理管理指南培训、医学与遗传研究伦理学培训班、“基因组科学与信息”培训研习班、基因组学与NGS数据分析培训班和二代测序（NGS）数据分析精品培训班。

12月6日，中国遗传学会科普委员会和华大基因公共传播部和生命伦理、安全委员会联合在广东省深圳市召开了2014中国遗传学会科普工作恳谈会。中国科协科普部杨文志部长、中国科普研究所罗晖所长、中国科学技术馆原馆长王渝生，全国60多个单位的100多位专家、学者、媒体代表和兄弟学会分管科普工作的负责人出席会议。学会的科普委员和科学传播专家团队部分成员参加了恳谈会。会议由学会副理事长、中国科协遗传学首席科学传播专家、华大基因研究院理事长杨焕明主持。

会议就新形势下科普的传播方式进行了阐述和探讨，强调新媒体时代科学传播的核心是精准传播，科学的精准性是科普的关键。

表彰举荐优秀科技工作者 学会进行了“第二届谈家桢遗传教育奖”评选工作，在2014全国遗传学理论与实验教学研讨会上颁发了奖牌和奖金。北京大学教授戴灼华获得第二届谈家桢遗传教育杰出贡献奖，首都师范大学教授张飞雄获得第二届谈家桢遗传教育奖。

【2014全球华人遗传学大会暨全国第十三次医学遗传学学术会议】 10月29日至11月1日，2014全球华人遗传学大会暨全国第十三次医学遗传学学术会议在湖南省长沙市举行。参会学者500余人，提交摘要300余篇，会议报告74个，墙报13张。大会由中国遗传学会国际交流委员会、中国科学院遗传与发育生物学研究所、中南大学、浙江大学和美洲华人遗传学会主办，主题是“遗传—解码生命”。会议内容涉及人类遗传学、医学遗传学、转化医学、植物遗传

学、动物遗传学、微生物学、线粒体遗传学、表观遗传学等领域，其中医学遗传学主要围绕“临床遗传学服务网络及规范化”，就单基因病、复杂疾病、基因组病、染色体病、临床遗传学、分子诊断和遗传咨询、生物基因治疗等领域开展学术交流，以期加强全球华人遗传学研究人员和从事临床遗传学服务的相关人员之间的学术交流与合作。

（撰稿人：肖明杰）

中国心理学会

学会能力提升计划 学会自2012年获得“学会能力提升专项”优秀科技社团二等奖以来，依托已有资源，结合自身特色，围绕提升学会服务创新能力、服务社会和政府能力、服务科技工作者能力以及自我发展能力四个方面，稳步推动各项工作的开展。

统筹规划全国心理学科技工作者参与建立健全社会预警机制和应急管理体系工作，推动学会参与科技、经济和社会发展规划的制定，参与行业技术标准的咨询论证，不断提高学会建言献策的质量和水平。

推进学术交流形式的创新，吸引更多的科技人员参加学会的活动。发挥学会作为国家创新体系重要组成部分的作用，开展高端培训班，培养后继人才。

探索学术交流与科普活动结合的途径。鼓励和引导科学家参加科普活动，支持会员开展科普创作，扩大科普志愿者队伍，为会员参与科普活动提供更多的机会和途径。

加强学会办事机构能力建设。制定学会发展规划，完善规章制度，积极探索建立有利于学会自律、自立、自主发展的组织体制、运行机制和活动方式。

学会建设 10月10日，中国心理学会第十一届二次会员代表大会在北京市召开。出席会议的代表共229人，大会依照学会章程履行民主选举程序，通过全体与会代表无记名投票，差额选举陕西师范大学教授游旭群为中国心理学会新一任候任理事长。中国科学院心理研究所信息中心主任陈晶、科研处处长陈雪峰分别作了题为《中国心理学研究概况》和《“十三五”心理学科发展战略及优先发展领域调研》的报告。

10月10日，第十一届理事会第二次全体会议在北京召开。3位理事长分别讲话，学会CEO梅建汇报了学会能力提升专项第一期总结报告，有关负责人分别汇报了学会能力提升专项典型案例。

2月，“中国心理学会个人会员管理系统”正式上线运行，同时发布了《中国心理学会第十一届理事会申请入会指南》。2014年发展新会员792人。累计有1560名个人、13个心理学教学和研究机构（学生集体）缴纳了第十一届理事会会费。截至2014年年底，学会共有会员约1．07万人。

经常务理事会讨论，新成立工程心理学专业委员会、临床心理学注册工作委员会、决策心理学专业委员会、老年心理学专业委员会、员工心理促进工作委员会等5个分支机构。至此，学会共有18个专业委员会、10个工作委员会。

学术期刊 2014年，学会与中国科学院联合主办的《心理学报》发表论文159篇，学会主办的《心理科学》发表论文238篇。两刊均荣获“2014中国最具国际影响力学术期刊”称号，成为全国符合遴选条件的1238种人文社科期刊中排名前5%的期刊，《心理学报》排名第3名，《心理科学》排名第21名。

学科发展研究 8月25日，“2014—2015年度心理学学科发展报告”项目启动会暨专家研讨会在北京召开，这是中国心理学会连续第5次申请并承担学科发展研究项目。此次会议总结了最近2—5年心理学学科取得的研究进展和重大突破，以心理学领域关注的基本问题为主线，系统梳理心理学研究领域的前沿，分析心理学研究现状，全面把握国际心理学研究前沿动向，为制定我国心理学学科中长期发展规划与战略，建立学术纲领和学术制度提供科学依据。

10月13—14日，学科发展报告编委会组织30余名专家学者召开了“脑科学时代的心理学”研讨会，对国内近两年在认知神经科学领域的最新研究进展进行了梳理，为《2014—2015年心理学科进展研究报告》综合报告的撰写奠定基础。

国际学术会议 举办国际学术会议3次，参加人数290人次，交流论文134篇。其中境外专家学者43人次。

7月21—23日，第二届决策与脑北京国际研讨会暨第一届全国决策心理学学术年会在北京市召开，会议主题是“绿色与决策”，由学会决策心理学专业委员会承办。共有160名专家、学者参会，提交论文59篇，其中境外专家7人。

8月20—22日，老年心理研究与促进国际研讨会在北京市召开，会议由中国科学院心理研究所、美国老年学学会共同主办，中国心理学会老年心理专业委员会协办，共有100名专家学者参会，提交学术论文50篇，其中境外专家6名。

12月8—11日，由国际科学理事会支持、国际心理科学联合会主办、中国心理学会和ICSU亚太地区办公室协办的第三届亚太地区灾后心理干预研讨会在四川省绵阳市召开，来自15个国家和地区的30多位专家、学者受邀参加会议，其中包括经过筛选的来自亚太地区11个国家的22位心理学工作者。

国内主要学术会议　2014年，中国心理学会及所属分支机构举办国内学术会议13次，其中学术年会1次，参加人数2091人次，交流论文1440篇。

10月10—12日，第十七届全国心理学学术会议在北京市召开。1月5—7日，罪犯风险评估研讨会在北京召开。3月20—21日，心理学服务信息产业发展研讨会暨第一届全国工程心理学学术年会在北京召开。5月21—22日，灾后心理援助研讨会暨中国心理学会心理危机干预工作委员会工作会议在四川省雅安市召开。6月5—6日，2014中国EAP行业峰会在北京召开。6月18—20日，第二届竞技体育心理咨询研讨会在北京召开。7月6日，心理学普及工作委员会2014年度学术年会在陕西省延安市召开。8月19—21日，社会心理学专业委员会2014年学术论坛暨理事工作会议在湖北省武汉市召开。10月22—25日，第十二届中国生理心理学学术研讨会暨委员工作会议在广东省汕头市召开。11月13—16日，第十届全国运动心理学学术会议在广东省深圳市召开。11月21—24日，学校心理学专业委员会2014年学术会议在广东省广州市召开。11月22—23日，教育心理学专业委员会2014年度工作及学术研讨会在福建省福州市召开。12月20—22日，军事心理学专业委员会2014年学术年会在浙江省杭州市召开。

国际组织任职　7月8—13日，由国际应用心理学协会主办的第28届国际应用心理学大会在法国巴黎召开。学会常务理事韩布新当选为该组织新一届秘书长，任期为2014—2018年。韩布新研究员自2006年当选国际应用心理协会执委后，积极投入相关服务工作，赢得了国际应用心理学界同行的好评。

国际交往　7月8—13日，由国际应用心理学协会主办的第28届国际应用心理学大会在法国巴黎召开。中国心理学会代表团组织143位中国心理应用学家参与大会的学术交流，积极创造国际合作机会，联络亚洲心理学家，为学会竞争承办2022年国际应用心理学大会做先期工作。

科普活动　学会心理学普及工作委员会在全国各地开展了多种形式的科普宣传活动，举办科普宣讲活动452次，其中举办专题展览4次、流动科技馆巡展1次、开展科技咨询71次；宣讲活动受众13.29万人次，其中流动科技馆巡展受众6000人次；参加活动科技人员3210人次，其中专家1100人次；各项科普活动共覆盖近100个社区；举办实用技术培训48次，培训人数2.4万人次；推广新技术、新品种18项；举办青少年科普宣讲活动85次，受众人数1.1万余人；编著科技图书4种，总印数8000册。

10月30日，第49期“科学家与媒体面对面”活动在北京中国科技会堂举办。本期活动由中国心理学会、中国科学院心理研究所、中国科普研究所和中国科技新闻学会联合承办，由中国心理学会心理学普及工作委员会具体组织实施。本期活动以“拨开抑郁的迷雾”为主题，由学会心理学普及工作委员会主任高文斌研究员作为专家主持人，特别邀请了中国心理学会医学心理学专业委员会副主任、北京大学医学部临床心理学研究中心主任洪炜，中国心理学会心理学普及工作委员会委员、北京回龙观医院临床心理科主任的王健和中国科学院心理研究所国家公务员心理与行为研究中心副主任祝卓宏3位科学家，围绕“抑郁”的症状识别、鉴别诊断、影响因素分析和自我心理健康防护等科学知识和理念，与现场的媒体记者进行了交流互动。

表彰举荐优秀科技工作者　经学会推荐，中国科学院心理研究所研究员杨玉芳、华东师范大学教授杨治良获得了中国科协“全国优秀科技工作者”称号。

党建强会　2014年，中国心理学会秘书处党支部继续深入开展“党建强会”活动，组织了以“加强党建服务改革，提升学会自我发展能力”为主题的学会分支机构工作研讨会，探讨学会分支机构管理的新办法，贯彻落实《中国心理学会分支机构管理办法》。

会员服务　3月19—21日，第六期中国心理学会青年学者研究能力建设培训班在北京市举办。24所高校的35名青年学者参加了本次培训。北京大学教授周晓林、国家自然科学基金委前流动项目主任常彦忠教授，中国科学院心理研究所研究员韩布新、天津师范大学教授白学军究分别作了题为《心理学研究与论文写作》《国家自然科学基金项目申请与撰写》《君子之交信达雅——漫谈国际交流与合作》《眼动技术在心理学研究中的应用》的报告。培训班邀请发展中国家科学院院士、中国科学院心理研究所研究员林文娟进行科研道德与伦理宣讲。

中国科协会员日 中国科协会员日期间，学会围绕活动主题"'家'的温馨节日的问候"，开展了一系列宣传活动。3位理事长分别慰问"全国优秀科技工作者"称号获得者杨治良教授、杨玉芳研究员，送去中国科协颁发的奖章和证书；学会领导及秘书处成员走访北京大学心理学系并慰问会员代表，深化学会与心理学专业一线科技工作者的联系和沟通。

【第17届全国心理学学术会议】 10月11—12日，第十七届全国心理学学术会议在北京召开，1100余位来自全国各高校、科研机构的专家、学者和青年学生参加了大会。本次会议由中国心理学会主办，中国心理学会秘书处承办，中国科学院心理研究所、北京心理学会、成功之道教育集团协办。本次大会以"心理学助推中国梦"为主题。大会共交流论文981篇，包括6个大会重点报告、6场博士／硕士研究生论坛交流论文77篇、60场分组口头报告交流论文343篇、2场展贴报告交流论文344篇、27场专题报告（含19场专委会专题报告和8场专题讨论会）交流论文194篇。此外，会议首次举办的心理学与中医学交叉论坛由6个主题报告组成，同期举办的中日韩心理学论坛进行了6个主题报告和5个展贴报告。

10月11日上午，大会开幕式在北京国际会议中心举行。开幕式由学会秘书长傅小兰主持，学会理事长乐国安致辞。*Psych Journal*（《心理》期刊）及《心理学报》的主编张侃宣读并颁发了两刊优秀论文奖。

大会期间，第四军医大学教授苗丹民、中国科学院心理研究所研究员蒋毅、北京师范大学教授毕彦超、清华大学玉泉医院教授刘破资、北京大学研究员纳家勇治、西南大学教授陈红分别作了题为《军事信息支援战在未来战争中的地位和发展》《生物运动的视知觉加工》《语义记忆的认知神经基础：来自先天性盲和脑损伤的证据》《基于多项认知任务近红外脑成像症状分类图谱研究》《灵长类动物内侧颞叶的语义及情景样记忆信号》《探秘进食心理：风险因素、理论、机制——为什么有的人能成功节食，有的人则不能？》的大会报告。除了口头报告和张贴报告以外，19个专业委员会分别组织了专题报告，来自上海师范大学、天津师范大学、中国科学院心理研究所的专家还组织了8场专题讨论会。

第十七届全国心理学学术会议开幕式

10月12日下午，大会闭幕式在北京国际会议中举行。学会理事长乐国安、沈模卫，副理事长张建新、周晓林分别为36位博士生和硕士生颁发第十七届全国心理学学术会议优秀研究生论文奖。

【"脑科学时代的心理学"研讨会】 10月13—14日，《2014—2015年心理学科进展研究报告》综合报告研讨会暨"脑科学时代的心理学"主题研讨会在中国科学院心理研究所举行，30余位认知神经科学领域的专家参加研讨。本次会议历时两天，对国内近两年在认知神经科学领域的最新研究进展进行了详尽的梳理，为《2014—2015年心理学科进展研究报告》综合报告的撰写奠定基础。

项目首席科学家杨玉芳研究员介绍了历年来心理学课发展综合报告的概况，并介绍本年度报告的框架。此次综合报告围绕脑科学时代的心理学展开，共分为认知过程、发展认知神经科学、社会认知神经科学以及技术与方法学进展等4个专题。

北京师范大学教授刘嘉组织了认知过程有关的神经机制研究方面的专题研讨，并作整体心理学的主题报告。专家们就报告涵盖的认知过程的脑科学研究是否完备进行了讨论。

中国科学院心理研究所研究员左西年组织了发展认知神经科学板块的研讨，并作人脑毕生发展轨线的报告。

华东师范大学郭秀艳教授组织了社会认知神经科学专题的报告。

北京师范大学教授贺永组织了技术与方法学进展的专题，并作多模态神经影像和人脑连接组学研究的主题报告。

（撰稿人：黄 端 张 蔓 葛 燕）

中国生态学学会

服务创新型国家和社会建设 2014 年，学会为中华人民共和国环境保护部《生态功能分区技术规范》《自然保护区分类管理技术导则》《生态环境状况评价技术规范》，提供了 19 条政策建议。参与了中国科协有关学会发展、有序承接政府转移职能、开展科学评估工作、院士候选人推荐、学术活动收费情况、推动国际会议在华召开等调研问卷工作。依托分支机构和理事、专家，针对国家和社会关注的热点问题，组织生态保护红线、全球变化背景下农业生物灾害的监测与预警、气候变化影响下的中国半干旱区森林动态及人工造林与管理、污染土壤修复基准与标准、生物入侵与生物多样性保护及生态文明建设 5 次热点问题学术沙龙，发挥科学共同体的智囊库作用，积极为政府决策提供科学依据，为国家经济建设和社会发展建言献策。在学术沙龙和综合性学术年会、专题研讨会基础上，总结提出了挖掘民族生态文化遗产，推进我国干旱区生态建设，加强农业生物灾害监测与预警，加强污染土壤修复基准研究等 7 个专报。

学会组织专家对辽宁省盘锦市大洼县创建全国生态文明示范县进行现场咨询和指导，指导完成了《大洼县生态文明建设规划》，为推动当地生态文明示范县建设起到了积极作用。与中国林学会等多家学会联合开展桉树科学发展与木材安全问题专题调研，为全面把握桉树人工林发展的重点问题，有针对性地提出促进桉树可持续发展的建议奠定了基础。全面完成生态住宅技术体系的制定研究工作，形成了“生态住宅评价标准”，并已向相关部门申报。与浙江省武义县签订了《共建生态旅游培训基地》协议、中国生态旅游示范县推动计划。尝试企会协作创新联盟计划，与北京嘉博文生物科技有限公司合作，协同创新攻关。

2014 年，学会开设了长期生态、民族生态、微生物生态、中药资源生态等新技术新方法培训和专业技术人员写作能力提升等继续教育活动和培训班 21 场，受训人数 1400 人次。

学会能力提升计划 2014 年是中国科协学会能力提升计划实施的最后一年，围绕“打造具有社会影响力的一流学会”的既定目标，中国生态学学会圆满完成了第一期“学会能力提升专项”优秀科技社团奖的全部考核指标。通过搭建时势咨询平台，深入开展生态学重点分支学科前沿和动态研究、组织热点和新型生态环境问题学术沙龙，使学会的社会影响力显著提升。通过搭建人才举荐和培养服务平台，一大批青年领军人才脱颖而出。通过组织高层专家论坛、生态前沿国际论坛等精品活动，使中国生态学的国际影响力得到提升。在中国科协第一期项目总结报告中，中国生态学学会开放办刊，与国外学术机构合作、数字化出版的办刊方式和效果；尝试建立企会创新联盟和生态农业示范基地，开展专家工作站建设和推广应用技术创新工作；与高校合作在学校建立培训基地每年进行技术培训等，得到了有关部门的肯定。

学会建设 学会及所属分支机构举办综合性会议、专题研讨会、高层论坛、专题培训等 50 次，累计参会 6800 多人次，交流论文 2500 多篇。

2014 年，学会召开了九届二次和九届三次常务理事会议，九届二次全体理事会议，召开了全国生态学会秘书长会议。学会制定和修订了《工作委员会工作条例》和《专业委员会管理条例》，进一步规范分支机构管理，彻底杜绝了非会员在分支机构任职的情况发生。全年发展新会员 480 名，个人会员总数 9049 名。

学术期刊 2014 年，由学会副理事长吕永龙担任主编的中美生态学会合办刊物 *Ecosystem Health and Sustainability*（《生态系统健康与人类可持续发展》）注重期刊队伍建设，国际顾问委员会由 25 位国际著名科学家担任，期刊编委会由来自欧洲、北美洲、亚洲、大洋洲、南美洲、非洲的 27 个国家的 56 位科学家组成，本年度在首刊约稿上下大工夫，确保首刊以高质量上线。2014 年，学会主办刊物的整体质量和影响力进一步提升，《生态学报》《应用生态学报》《生态学杂志》的总被引频次分列生态学学科第 1、2、3 名，影响因子分列生态学学科排名 2、1、4 名。《生态学报》《应用生态学报》继续获得中国科协精品科技期刊学术质量提升项目资助，并再次获得“中国最具国际影响力学术期刊（自然科学与工程技术）”荣誉称号。

国际交往 2014 年，学会积极搭建国际交流网络信息化平台，4 月，举办了第六次东亚生态学会联盟（EAFES）国际研讨会，学会理事长刘世荣当选新一届 EAFES 主席。为进一步推动东亚各国之间的联系与合作，学会启动了“EAFES 网站”建设项目，网站于 2014 年 8 月上线。9 月 7 日，学会邀请美国生态学会理事长、马里兰大学教授 David Inouye 一行赴京，就中美生态学会合作事宜进行会晤。同时，学会还积极加强和国际生态学会的联络与合作，多次召开网络会议，探讨商议有关2016年9月在江苏省常熟市举办的第十届国际湿地大会和2017年将在北京举办的第十二届国际生态学大会的事宜及其他有关合作事宜。

科普活动 2014年，学会及所属分支机构全年举办主题科普活动127次，科普讲座33次，举办各类科普展览50次，举办其他形式的科普宣传44次。参加主题科普活动的科技工作者246人次，主题科普活动受众人数61.96万人次。通过强化科普工作委员会和组建科学传播专家团队，提升科普队伍的专业素质和水平。继2012年创建生态科普校园行品牌活动以来，学会不断提升和拓宽活动的形式内容和范围，2014年，除在北京的40所中学开展活动外，在厦门、合肥、杭州等地开展了主题为“珍惜自然资源，保护生态环境”的系列活动。此外，结合社会热点和新型生态环境问题，针对海洋生态安全、湿地保护和水资源合理利用，开展了主题为“水——生命之源”的生态科普展。针对雾霾天气频繁，开展了“PM2.5与雾霾的中学校园科普展”等活动，活动紧扣社会热点，学会主导多方参与，使学会在科普服务创新、服务社会，学会自我发展等方面的能力有了较大提升。学会获评中国科协“2014年度全国学会科普工作优秀单位”，这是学会连续4年获此殊荣。

表彰举荐优秀科技工作者 2014年，学会进行了全国优秀科技工作者候选人、中国青年女科学家奖候选人等推荐工作，中国科学院东北地理与农业生态研究所何兴元研究员、中国科学院地理科学与资源研究所闵庆文研究员荣获中国科协“全国优秀科技工作者”称号。学会进行了第十三届中国生态学大会青年优秀报告奖、第六届东亚生态学会联盟国际研讨会优秀墙报奖、分支机构优秀报告奖、最佳墙报奖等评选，64名生态学工作者和青年学生获奖。

中国生态学会第十三届中国生态学大会

会员服务 2014年，编印了学会宣传手册，通过介绍学会的服务范围、工作职能、典型案例等，让更多的机关、学校、企事业单位了解学会，让更多的人们加入学会和更好地为会员提供服务。学会开启《电子通讯》服务功能，每半月发布一期，向会员传播学会工作信息和生态资讯等，在促进学会管理信息化的同时，服务更加周到，为会员提供更加贴心的服务。

中国科协会员日 2014年12月，中国科协会员日期间，学会加强和会员的交流和联系，开展了向会员赠书、发放科技馆、天文馆、自然博物馆、地质博物馆门票；组织参加中国科协会员日乒乓球赛等，了解需求，提升质量，进一步增强了广大生态学工作者对学会的向心力。

【民族文化保护与生态文明建设学术研讨会】 5月24—26日，学会及云南省生态学会、中央民族大学、中国科学院地理科学与资源研究所、云南大学、云南农业大学、云南师范大学等共同承办的第十六届中国科协年会第4分会场“民族文化保护与生态文明建设学术研讨会”在云南省昆明市举行。来自全国各地生态学、民族学、地理学等领域的80余名专家、学者和生态文明建设实践者参加了研讨会。与会代表围绕“民族文化保护与生态文明建设”的会议主题，从生态文明的内涵、传统文化传承与发展，民族文化与生态文明的关系，生态产业发展与生态文明建设实践等方面进行了深入广泛的讨论。

最后学会副理事长、研讨会主席闵庆文对会议进行了总结，他指出：文明建设涉及多个学科，不仅应当重视生态工程建设和环境保护，还应当重视生态文化建设和生态文明制度建设，传统文化和民族文化有着重要的借鉴和启示。应当通过多学科的交流，充分挖掘传统文化与民族文化的价值，保护、传承并弘扬传统文化与民族文化，促进生态文明建设，希望科技工作者、管理部门、企业继续关注民族文化的保护，建设生态文明。

【东亚生态学会联盟（EAFES）第六次国际研讨会】 4月9—11日，学会与海南大学、海南省生态学会在海南省海口市举办“东亚生态学会联盟第六次国际研讨会”，来自中国、日本、韩国、新加坡、印度尼西亚等国家的260名专家、学者出席了会议，其中境外代表80余人。会议围绕“全球变化背景下的生态系统动态”主题，邀请10位著名生态学家作了大会报告。会议组织了全球变化背景下的长期生态学

研究；陆地生态系统碳一氮一水耦合循环通量的观测与过程机制；土壤—植物系统中的微生物生态学机制；生态系统保护和可持续经营管理；生物多样性信息及保护；亚热带生态和生物多样性共6个专题研讨会，进行了92个口头报告，52个主题墙报，大会编印了论文摘要集，收录论文摘要244篇。大会组织和学术委员会根据展板的科学性、创新性、应用性、清晰性，评选出11名优秀墙报奖。会议同期，学会理事长刘世荣当选为新一届EAFES主席。为进一步提升中国科学家在东亚各国生态学会的话语权和主导地位，学会启动“EAFES网站”建设项目，并已于2014年8月上线。

（撰稿人：施　茜）

中国环境科学学会

服务创新型国家和社会建设　学会协助环境保护部编制并公布了《污染治理技术实验评价工作指南》，参与了ISO-ETV工作组和ETV国际标准草案工作；与“863”课题签订了技术评价服务合同，将第三方技术评价引入国家重点科研项目管理；参与水专项——《辽河等流域水污染减排技术验证评估（ETV）与应用示范》课题；联合清华大学、中国环境科学研究院、浙江大学等近20家单位成立环保技术评价联盟，搭建技术评价业务平台，为进一步扩大科技评价业务打好基础。

学会承担国家环境保护工程技术中心的日常管理工作，完成了对7个工程技术中心立项审查、4个工程技术中心验收；编制了《环境保护技术发展报告(2013)》；编制了《水专项产业技术创新联盟评估指南》，开展了联盟评审工作，8个技术创新联盟获批建设。在学术年会等业务活动中搭建环境科技成果推介展示平台，引入企业、环保科研单位专家、学者和全国各级环境保护部门三方的对话交流机制，进一步拉近了三方在技术、需求和管理之间的距离，促进最新科研成果、环保技术的产业化。

面向社会开展环境咨询服务，完成了《云南省曲靖市陆良县化工厂周围环境质量调查》《贵州省黔东南地区炉山镇环境污染损害鉴定评估》等两项环境污染损害鉴定评估咨询工作。

学会能力提升计划　学会结合国家环境保护事业发展对环保科技社团的需求，开展了包括7项服务创新、8项服务社会和政府、3项服务会员和2项自主发展等一系列项目，综合能力得到显著提升。

学会建设　学会按照社会团体职业化建设要求，系统修订了《中国环境科学学会管理制度》，发布实施了《关于加强会员发展与服务的意见》和《分支机构管理办法》修订稿，切实提高了学会自身制度建设能力和为会员及广大科技工作者服务水平。

8月21日，学会第七届理事会第三次会议在四川省成都市召开，大会审议通过了《工作报告》《学会业务范围变更的提议》《分支机构管理办法》修订稿，并研究批准成立气候变化分会、生态产业分会、环境审计专业委员会、绿色金融分会、环境与热能利用专业委员会等5个分支机构。会议同期召开了七届七次常务理事会。此前，6月以通讯方式召开了第七届第六次常务理事会会议，审议通过了优秀环境科技工作者等“三项奖”及全国优秀科技工作者推荐等事宜。

4月18日，2014年分支机构工作会议在北京市召开，各分会、专业委员会的负责人以及学会秘书处等共70余人参会。会议部署了2014年分支机构重点工作，传达了国家关于社团分支机构改革的相关精神，并对分支机构工作进行了研讨和交流。

10月28日，2014年全国环境科学学会秘书长工作交流会在辽宁省葫芦岛市召开，会上传达了国家关于社团改革、承接政府转移职能的精神，介绍了学会工作进展及全国学会系统共同开展的重点工作项目，并就新形势下学会参与社会管理创新、交流学会工作经验等议题展开讨论，研究部署相关工作。

为适应网络信息发展的趋势和学会工作需要，将网络管理员专职岗位编制增加到了2人，加强了网络管理与服务职能，制定了《网络管理办法》，并对学会网站进行了维护改造，增建了“环境监理师”、“环境信用评价师”等职业培训子网站。此外，一年来共发布各类新闻500多条，制作专题宣传11个，上传各类图片资料2000多份。增加了“环保互动百科”词条2000余条。

积极利用“学会微博”进行宣传和服务工作，目前粉丝达到2万人次，对学会14项活动进行了微博直播互动，累计播发文字1.1万字，图片200余张，受到了广大会员和网友好评。学会与国家开放大学、中国继续工程教育协会等多家教育机构分别合作建设“国家开放大学环境学院”等环境继续教育平台，针对我国环境从业环保人员进行相应的学历和职业培训。开展了“环境监理工程师岗位培训”、“场地环境评价专业技术培训”、“环境法医及损害鉴定评估岗位知识培训”等专业培训工作，目前已累计开班185期，培训8000余人次。

学术期刊 学会主办的《中国环境科学》2014年共发表高水平论文约450篇。根据中国科学技术信息研究所9月份发布的《2013年度科技期刊引证报告(核心版)》,《中国环境科学》核心影响因子1.458，学科排名继续位居第一，2014年被收录为EI源期刊，并被评为“2014中国最具国际影响力学术期刊”，有20篇论文入选“领跑者5000”最高水平论文。

学科发展研究 2014年度环境保护科学技术奖共申报211个项目，9月召开2014年度环保科技奖专家评审会，环境保护部副部长吴晓青担任本届评审委员会主任，共评选出72项环境保护科学技术奖获奖项目，其中一等奖7项、二等奖29项、三等奖36项。同时组织推荐了国家技术发明奖1项，国家科技进步奖2项。

2014年组织鉴定31项科技成果，涵盖了大气环境管理、新化学品风险评价、水体污染控制技术、固体废物处理处置、环境规划、环境监测、环境管理等领域，其中，基础研究2项，管理技术9项，应用技术20项。

推进环境类工程教育认证，修订了环境工程专业补充标准，编制完成了《环境类工程教育认证标准解读》，完成了10所学校的资格审查和报批，完成了9所高校的现场考查和报告反馈工作，并接受了华盛顿协议专家组的现场检查观摩。

决策咨询 学会针对提交全国人大常委会最终审议的《环境保护法修正案》四审稿，再次组织专家就环境与健康入法问题提出了书面修改建议，并呈请至全国人大常委多位同志，共同向全国人大常委会提出修改建议，前后3次建议有“环境与健康”等10条意见和建议被采纳或部分采纳，为我国环境立法工作做出了积极贡献，环境保护部政法司特发来感谢信。

国务院法制办发函征求对《大气污染防治法》(修订草案）的修改意见，学会组织相关专家对送审稿进行分析研究，并征求了学会环境监察分会、大气环境分会等的意见，整理提出20余条较系统的修改建议，提交至国务院法制办公室，部分建议已被采纳。

2014年，学会承担的5项技术政策、规范编制任务中,《火电厂烟气治理设施运行管理技术规范》等3项规范已正式发布实施。学会承担了“2014—2015年环境科学技术学科发展研究”项目及中国科协承接政府转移职能试点项目——“环境技术成果评价”、“团体标准制订”和“工程教育认证”等。

国际学术会议 10月18—20日，第五届传统文化与生态文明国际研讨会在山东省济南市举办，来自俄罗斯、瑞士、韩国、中国香港特别行政区、中国澳门特别行政区、台湾地区等国家和地区的500余名国内外专家、学者与会，近百人发言交流。

11月2—3日，2014土壤及地下水污染整治与管理国际研讨会在北京市召开，来自英国、美国、德国等国家和我国香港特别行政区、澳门特别行政区、台湾地区120余位专家、学者出席本届会议，围绕“面向清洁的土地”主题，从政策、制度及法律法规、修复技术、评价与管理、产业融投资等方面进行研讨和交流。

两岸交流 9月9—15日，2014两岸环保高层专家论坛在台湾地区台北市举办，来自两岸环保领域170余位专家、学者及企业界人士出席了会议。学会王玉庆理事长带队，中国工程院院士杜祥琬及环保科研、监测、规划、评估及部分院校的47位专家赴台湾出席会议。台湾地区环保主管部门张子敬，慈善基金会董事长钱复、前海峡交流基金会副董事长高孔廉、环境永续发展基金会董事长陈龙吉等，以及台湾有关大学、科研院所、环保企业界130余人出席会议。

论坛主要从大气、水、土壤及地下水、固废处理、环境教育、环境影响评价及环境服务业发展等方面进行了深入研讨交流。共设5个专题分会场，采用代表发言、同行评议和共同讨论形式，其中主旨报告12个，交流发言49个。会议共收到论文60余篇。会后，对台中环保科普基地以及污水处理厂进行了考察与交流。

国内主要学术会议 2014年，学会及分支机构共举办各类学术会议50多场，参加交流人数1万余人次，征集论文4000余篇，有力推动了环境学科发展和环境科技创新。

8月22—23日，以“环境科技创新·产业升级·新型城镇化”为主题的2014年学术年会在四川省成都市举办。环境保护部副部长吴晓青、学会理事长王玉庆、中国科协副主席秦大河等出席开幕式。中国科学院院士秦大河，中国工程院院士侯立安、刘文清，环境保护部科技标准司司长熊跃辉等做主旨报告。17个专题分会场约300名从事国家重大课题研究的专家、学者作了报告，集中介绍了相应领域的技术进展，近1700位专家、学者参加了本届年会。年会紧密围绕国家环境保护重点工作、重大环境问题和环境学科前沿热点问题开展研讨交流，为国家环境保护工作提供了有价值的政策建议。

9月25—26日，由学会、环境保护部南京环境科学研究所和宁夏回族自治区环境科学学会联合主办的第二届全国流域生态保护与水污染控制研讨会在宁夏回族自治区银川市举办。宁夏回族自治区科协副主席王斌，环境保护部华南督查中心主任岳建华等应邀参加本次会议并致辞。本次会议以“加快改善水环境质量，维护水生态系统健康”为主题，深入交流和探讨我国流域生态环境保护与水体污染控制的技术和方法，全面提升我国水环境质量改善的综合技术能力。中国科学院南京地理湖泊研究所研究员孔繁翔，中国科学院水生生物研究所研究员刘永定、上海交通大学教授孔海南、环境保护部南京环境科学研究所研究员张永春、中国科学院南京地理湖泊研究所研究员秦伯强、环境保护部南京环境科学研究所研究员张毅敏作大会主旨报告。来自国家和地方从事水体污染防治系统、大专院校、科研院所、企业和社会各界的专家、学者共计240余人参加本次会议。

10月11日，第三届中国环境院所长论坛在广东省广州市举办，郝吉明、孟伟、曲久辉院士及国家自然基金委何鸣鸿副主任等9位专家做大会报告，国内环保科研教学单位130余人出席，就我国环保科技发展预测、协同创新推动学科发展、“十三五”环境形势与科技需求等进行了深入研讨，提出了许多建设性的意见。论坛已逐步成为凝聚环境科技力量、推动科研改革和协同创新的重要平台。

科普活动 学会组建了“环境与健康科学传播专家团队”和“大气污染防治科学传播专家团队”两个专家团队，分别推荐郭新彪、郝吉明为学科首席传播专家。2月，协助环境保护部科技司组织召开了环境保护部全民科学素质工作联席会，明确围绕环保热点和公众需求开展环保科普工作，加强资源开发、整合和共享力度，创新科普形式，利用网络科普加大传播面。

8月，召开了环保科普工作交流研讨会，组织地方环保部门、地方环境科学学会和国家环保科普基地负责人，针对当前环境保护科普工作面临的形势和今后如何开展科普工作进行了讨论和交流。

2014年，环保科普创意大赛设立了沈阳、石家庄、南京、昆明、长沙和西宁六个赛区，以“我身边的环保知识和环保行为”为作品创作主题，重点围绕环境与健康素养、生活垃圾分类处理、PM2.5污染控制等主题，面向全社会关注环境保护、热衷科普创作的个人、工作室、团体和企事业单位征集作品，共收到各类参赛作品7057份，经过专家评审，共评选出89项获奖作品。8月，在四川省成都市举办了颁奖典礼，后期将持续开展巡展、展播等一系列宣传推广活动。

5月17日，在全国科技活动周开幕式现场，2014年大学生志愿者千乡万村环保科普行动正式启动。来自北京市、天津市、河北省、山东省、辽宁省、山西省、海南省等地的150名大学生志愿者在现场进行了宣誓，承诺“尽己所能，不计回报，帮助他人，服务农村，践行志愿精神，传播环保理念，普及科学知识，为建设美丽乡村奉献力量”。2014年，全国共有89所学校的660支小队、7000余名志愿者，走进全国1100个村庄开展科普活动，共发放环保科普和健康知识挂历10万份。其中5个案例被中国科协拍摄为教学片向全国推广。该行动作为品牌活动入选“中国科协优秀科技社团奖获奖学会典型案例”。

6月，组织科普传播专家团队著名环境问题专家、水资源保护专家白雪涛教授和大气环境治理专家戴自祝教授到北京市康乐园小学，为同学们进行环境保护科普知识讲座，并捐赠空气净化器10台，环保科普图书200本。

表彰举荐优秀科技工作者 组织开展了“三项奖”推荐评选工作，姜林等151名同志获“第十届优秀环境科技工作者奖”，王琪等105名同志获“第九届青年科技奖”，张金泉等41名同志获“第十届优秀学会工作者奖”。组织了“全国优秀科技工作者”推选工作，推荐的高翔等3名优秀会员获中国科协“全国优秀科技工作者”称号。

会员服务 通过分支机构等渠道和学会业务活动平台积极发展会员，共新增个人会员8300位，新发展单位会员122个，目前共有单位会员865家。

组织召开2014中国环博会暨第四届单位会员交流年会。国家发改委、环境保护部等有关负责人、国际国内组织机构代表等，与学会单位会员代表共计600余人，共同探讨建设“美丽中国”目标下的科技创新和环保产业发展。

学会加强网络建设，网站已增至31个频道、150个栏目、24个专题。在中国科协企业创新学会支持平台项目支持下，完成了国际环境科技专利信息遴选工作，数据库已公开向会员免费服务。同时建立了“学会微博”，目前粉丝达到2万人，全年累计发送信息28期300余条。

【中国环境科学学会2014年学术年会】 8月22—23日，2014年学会学术年会在四川省成都市召开。会议由学会副理事长兼秘书长任官平主持，环境保护部副部长吴晓青、四川省副省长陈文华、学会理事长王玉庆等出席开幕式并讲话。中国科学院院士、中国科协副主席秦大河，中国工程院院士侯立安、刘文清、分别作了题为《气候变化与环境保护》《新型城镇化视阈下饮用水安全保障对策》《环境污染与环境安全在线监测技术进展》的主旨报告。年会设立了17个专题研讨会，共有约300名从事国家重大课题研究的专家、学者作了报告，集中介绍了相应领域的技术进展。全国环保界专家、学者1700余人参加了本届年会。

本次年会的主题是“环境科技创新·产业升级·新型城镇化”。年会期间，召开了2014年学术年会特邀主旨报告会和专题研讨会，学会第七届理事会第三次全体会议，全国环境科学学会秘书长工作交流会，优秀环保技术推介展览展示，颁发了“中国环境科学学会学术年会（2014）优秀论文奖”、“《中国环境科学》优秀论文奖”等。

【首届国家环境与健康研讨会】 6月9日，由学会组织召开的首届国家环境与健康研讨会在北京市举行。本次研讨会是第七届中国环境与健康宣传周活动的一部分，旨在贯彻落实新修订的《环境保护法》，促进我国环境与健康工作的进一步开展，加强环境与健康相关科学技术研究、交流与合作。来自全国60余家单位的200多位专家、学者参加了研讨会。中国科学院院士陶澍、环境保护部环境规划院副院长王金南、环境保护部华南环境科学研究所所长于云江、中国疾控中心所长白雪涛等专家就“环境与健康的现状及问题”、“环境与健康相关立法及管理”、“环境与健康风险评估”、“环境与健康综合监测”四个议题进行了探讨和交流。

【首届中国绿色金融论坛】 12月22日，由学会主办的中国环境科学学会绿色金融分会成立大会暨首届中国绿色金融论坛在北京市召开。本届论坛主题是“中国绿色金融的未来”。论坛就中国生态经济的政策分析、绿色金融的发展及前景展开讨论交流，探讨在国家新政策下建立吸引社会资本投入生态环境保护的市场化机制和环境服务业投融资创新机制，发掘政府购买环境服务的政策红利及PPP投融资新商机，交流环境资源交易创新模式和互联网金融投资新机制，分析环境产业基金投资模式和碳金融市场发展趋势，力争开拓融资渠道，吸引长期融资和撬动社会资本，解决目前我国面临的巨大环保产业融资缺口。

本届论坛上，探讨了绿色金融的发展路径与前景，围绕当前绿色金融的热点问题，从绿色金融政策与规划的顶层设计到碳金融与排污权交易的普及；从政府推行市场化的环境权益交易制度到环境债券融资机制的探索；从绿色财政、环境审计、环境尽职调查、环境信用评价等的生态管理理念到利用科技金融、绿色信贷、绿色保险和绿色证券促进生态环境保护的实践经验；从环保产业基金的建设思路到中小企业融资规划的实践路径进行讨论，建言献策。

来自环境保护部、银监会的有关领导，国家重点研究机构、银行、大学、投资及基金公司、环境领域等国内外知名专家和金融投资机构专家共300多人出席了大会。

【2014年环境保护科学技术奖】 9月25—26日，根据《环境保护科学技术奖励办法》的规定，学会开展了2014年度环境保护科学技术奖的奖励评选工作，在项目征集、形式审查、项目初审等前期准备工作的基础上在北京市组织召开了专家评审会，环境保护部副部长评审委员会主任吴晓青主持了大会审议。

经过评审委专业组初评以及全体委员会议复审，并通过《中国环境报》及环境保护部门户网站公示，环境保护科学技术奖励委员会批准，68个项目获2014年度环境保护科学技术奖，其中一等奖7项、二等奖26项、三等奖35项。获奖项目包含了水污染防治技术、大气污染防治技术、环境监测技术与环境管理规划等热点环境领域。

同时还组织推荐了国家技术发明奖1项，国家科技进步奖2项。

（撰稿人：张宏亮）

中国自然资源学会

服务创新型国家和社会建设 受海南省旅游委和三沙市政府委托，学会专家承担《海南省三沙市旅游

发展战略规划》和《海南省三沙市邮轮旅游专项规划》的编写，为三沙市旅游发展提供战略依据，有利于维护南海主权，扩大我国在南海地区的经济与社会活动；有利于建设海上丝绸之路，服务于国家主权战略。

学会组织专家参加《西藏珠峰东坡—嘎玛沟高山生态旅游区发展规划（2014—2030年）》的编撰，在借鉴国际生态旅游开发的先进理念和经验的基础上，提出了嘎玛沟旅游发展的方向和目标，为珠穆朗玛国家公园的建立提供有力支持。

学会还组织专家参加我国首部省级旅游资源调查成果——《上海旅游资源图志》的编撰工作，这是我国目前唯一的一部省级旅游资源普查正式出版的成果，对加快旅游资源的保护和开发利用，加快上海建设世界著名旅游城市的进程起到积极的推动作用。

学会组织农业资源专家参与科技下乡、科技咨询与考察活动，总结野漆树、油茶、红豆杉等特种种植作物栽培技术和方法，推动特种种植作物育种、栽培以及综合利用产业化发展。组织专家赴甘肃、宁夏等地开展中药资源普查督导工作。

学会能力提升计划 作为学会能力提升计划的重点项目“自然资源学科信息平台”数据库开发工作基本完成，专家库、论文库、科学传播库等的数据在逐步增加、完善。会议报名系统2014年年会期间进行了测试运行，部分代表通过该系统实现2014年学术年会报名及论文提交。

学会建设 2014年10月，学会举行了换届选举，第七届理事会由146人组成，常务理事会由45人组成。成升魁当选为第七届理事长。学会现有个人会员5925人（2014年新增会员125人），团体会员37个，专业委员会18个，工作委员会3个。

河南省自然资源学会和内蒙古自然资源学会相继成立，理事长刘纪远、秘书长沈镭出席了内蒙古自然资源学会成立大会。10月9日，资源地理专业委员会召开成立大会，选举南京大学教授濮励杰为主任。10月10日，学会资源产业专业委员会召开成立大会，选举中国地质大学（北京）教授崔彬为主任。10—11月，学会资源经济研究专业委员会、资源信息专业委员会、水资源专业委员会先后召开换届会议暨工作会议。

学术期刊 学会现主办5种学术期刊：《自然资源学报》《应用基础与工程科学学报》《资源科学》*Journal of Resources and Ecology*（资源与生态学报）*Journal of Arid Land*（干旱区科学）。

据《2014年版中国科技期刊引证报告（核心版）》，《自然资源学报》的影响因子为1.379，总被引频次为3504，分别为环境科学技术及资源科学技术类期刊第2名和第5名；在全国1998种期刊的总排名中名列第62位和第104位。《自然资源学报》获得中国科协精品科技期刊工程学术质量提升项目资助。

《资源科学》2014年组织了“澜沧江流域资源与生态”、“南四湖生态环境演变”、“中国陆地边境旅游研究”三个专栏。其中《国内外乡村旅游研究热点——近20年文献回顾》一文发表以来，据CNKI统计下载量达到了1292次，引起非常大的反响。该刊被评为2013年度“中国国际影响力优秀学术期刊”。2014年度期刊核心总被引频次3307次，比上年度提高11.7%；核心影响因子达到1.270，比上年度提高7.0%。综合评价得分69.3分，比上年度提高9.0%；在全国1998种核心期刊中排名145位，比上年度提高79位。重新入围中国科学院科学出版基金科技期刊排行榜（三等）。

据SCI期刊引证报告，《干旱区科学》2013年期刊影响因子为0.793，与2012年度（0.453）相比，提高了75%，在国际环境领域中的排名也上升了20位。在2014年中国科学院科学出版基金科技期刊排行榜中位列科技期刊排行榜（一等、二等）第45位，已连续3年荣登科技期刊排行榜（一等、二等），排名持续提前。经中国学术文献国际评价研究中心定量评价，入选“2014中国国际影响力优秀学术期刊”（自然科学与工程技术），即在中国3489种自然科学与工程技术期刊中位于TOP 5%～10%的领先地位。

学科发展研究 学会承担了“中国资源科学学科史研究项目”。先后召开编写大纲研讨会、项目开题会，听取50余位专家意见。年底项目组向常务理事会汇报了项目研究进展。通过资源学科史的编写，提炼总结中国资源学科的思想，不仅会推动我国资源科学、资源思想的发展，还会为资源综合研究人才的培养做出重要的贡献。

决策咨询 年初学会确立决策咨询工作作为2014年学会重点工作。制定了《中国自然资源学会重点决策咨询建议报告格式规范要求》，向全体理事发出了《关于征集中国自然资源学会2014年重点决策咨询和调查研究计划的通知》。征集到17个调研题目，经过评审，确定了开展12个重点课题研究，4月向中国科协提交决策咨询建议报告共5份，即《关于华北山地冰雪旅游资源有效保护与合理开发的建议》《关于推进中国与东南亚周边国家资源环境领域科技合作的建议》《丹江口水源地生态保护与补偿问题的建议》《关于对我国湿地公园开发利用与湿地保护问题的建议》《关于探索城市化进程中的城市文化遗产保护方式的建议》。这是学会首次以学会名义征集重点决策咨询和调查研究计划，得到了专家的积极支持。其中《关于华北山地冰雪旅游资源有效保护与合理开发的建议》，从保护首都生态安全屏障和重要水源生命线的战略要求，服务于北京市与张家口市联合申办2022年冬季奥运会重大战略决策、破解环京津贫困带难题和促进首都经济圈一体化发展的战略选择的高度出发，提出有效保护和合理开发华北山地冰雪旅游资源的建议。该建议被刊发在中国科协《科技工作者建议》2014年第13期上，学会的决策咨询工作取得突破。

分支机构组织撰写的《丝绸之路经济带建设与科技支撑》的决策咨询报告，通过中国科协递交中央有关部门；《生态文明体制改革总体思路》研究报告，提交到了国家体制改革领导小组。

国内主要学术会议 2014年，学会及分支机构组织各类学术会议28场次，参加会议2100人次，交流论文1680篇。

10月31日至11月2日，第十二届中国水论坛在福建省福州市召开，论坛的主题是“变化环境下的水科学与防灾减灾”，近400名专家、学者参加会议。中国科学院院士刘昌明、中国工程院院士王浩、武汉大学教授夏军、奥斯陆大学教授许崇育、水利部水利信息中心教授刘春蓁分别作了题为《水科学若干理论与实践问题的探讨与商榷》《新形势下我国城市洪涝问题》《中国水安全问题与变化环境下水资源适应性管理与对策》《水文模型与气候模型耦合的可能性与挑战》《气候自然变率与人为强迫对流域暴雨洪水影响研究》大会特邀报告。设立了6个分会场，140位专家在分会场作报告。论坛结合全国各地的水灾害特点，从水循环机理出发，科学解释变化环境对水科学的影响；并从管理、现代技术出发，从多学科交叉、多学科视野探讨防灾减灾问题，为经济、社会、环境科学发展过程中的水支撑研究提供科学依据。

1月6～7日，2014’中国土地开发整治与建设用地上山学术研讨会在云南省昆明市召开，10余位专家、学者和研究生作了学术报告，40余人参加了会议。会议就“土地整治与土地整治规划基础研究”、“建设用地上山（或称城镇上山）与坝区耕地保护”、“土地资源调查与评价”和“土地利用规划与土地可持续利用”进行了研讨。研讨会对于进一步推进我国土地资源研究，提高土地资源开发、利用、保护与管理的科技水平，有着重要的意义。论文集《中国土地开发整治与建设用地上山研究》，由社会科学文献出版社正式出版。

12月16日，第一届景观可持续性科学与气候变化下生态过渡带土地系统设计研讨会在北京召开。重点关注世界干旱地及中国北方农牧交错带、城乡过渡带和海陆交错带等生态过渡带地区的土地、生态系统问题。研讨会安排了7个特邀报告，50位专家参加了研讨会。

科普活动 学会和分支机构组织专家走进新疆生产建设兵团学校，通过专家报告，向师生传播荒漠化防治的科普知识，共计1500名师生聆听科普报告。组织200名师生来到了位于风沙前沿的莫索湾研究站考察。活动中给发放《保护荒漠环境，建设美好家园》6个主题的系列宣传资料计2100份。

学会和分支机构牵头，组织专家、学者在新疆塔城地区塔城市、裕民县成功举办了“百会万人下基层”科技服务活动。组织了11场科普报告和技术培训，其内容涉及新疆生物多样性、生物资源、水资源、土地资源、沙产业、荒漠生态、遥感信息系统等科普知识。

分支机构先后组织专家参加全国科普日活动、组织科普进校园活动，在国际减灾日、国际山区日举办宣展活动。

表彰举荐优秀科技工作者 学会推荐沈镭、林振山获中国科协“全国优秀科技工作者”荣誉称号。学会副理事长夏军教授荣获2014年国际水文科学奖Volker奖章，这是中国学者首次获得“国际水文科学奖”和首个Volker奖章的殊荣。

学会授予王良信等12位科学家“中国中药及天然药物资源科学成就奖”，授予丁安伟等30位“学会工作贡献奖”，还表彰优秀论文奖获得者50名。

学会打造的“自然资源学科信息平台”设立了“学科人物”板块，收录资源学科代表人物180余人。

学会创新发展 学会鼓励分支机构创建学术品牌，支持建立学术年会制度，对在2013年度、2014年度出色地组织了年会的5个分支机构给予了一定奖励资助。

2014年学会在中国科学院千烟洲生态试验站建立志愿者工作站，在河南省地理研究所建立会员工作站。

会员服务 学会在第七次会员代表大会上新修订了会费标准，对学生会员免收会费。年会期间举办研究生联谊会，学会会员QQ群人数达525人。2014年新入会会员数125人。

党建强会 学会组织的“资源科学服务国家发展”党建系列论坛连续两年入选中国科协“党建强会”计划，为不同单位、不同机构的党组织提供学习交流的平台。2014年年会期间参加年会的中国科学院地理科学与资源研究所资源利用与环境修复重点实验室、学会联合党支部成员与河南省科学院地理研究所组织了党组织交流活动。

中国科协会员日 12月6—8日，学会副秘书长、办公室主任王捷，常务理事刘高焕一行到中国科学院·江西省千烟洲红壤丘陵开发试验站走访慰问，与工作在基层一线的科技工作者座谈，了解师生的科研进展和在基层的工作生活状况，为师生们送温暖，带去节日的祝福。学会在千烟洲站建立学会第六个“中国自然资源学会志愿者工作站”。

12月19日，在北京举办学会第五届会员日活动。来自北京师范大学、中国地质大学（北京）信息工程学院、中国地质大学（北京）资源环境经济研究所、中国农业大学、中国科学院地理资源所专家和青年学者30人参加了活动。学会理事长成升魁、副理事长沈镭等与会员代表一起座谈交流，畅谈献身资源科学事业的甘苦。为了筹备此次会员日活动，学会秘书处精心制作了反映学会重要历史活动的图像资料。

【中国自然资源学会第七次全国会员代表大会暨2014年学术年会】 10月10日，学会第七次全国会员代表大会暨2014年学术年会在河南省郑州市召开，学会名誉理事长、中国科学院原副院长孙鸿烈院士、全国人大常委、中国科协副主席冯长根教授出席开幕式并讲话。刘纪远理事长致开幕词，河南省科学院副院长朱宝贵，中国科学院地理科学与资源研究所副所长高星、河南省科学院地理研究所所长冯德显分别致辞，学会名誉理事长、中国工程院院士石玉林，中国工程院院士孙九林，河南省科协、河南省科学院有关领导、学会副理事长陈曦、郑凌志莅临大会，来自科研、教学一线的科技工作者及学生600余人出席大会。开幕式由学会常务副理事长成升魁主持。

中国自然资源学会学术年会

开幕式后召开了学会第七次全国会员代表大会，刘纪远理事长作第六届理事会工作报告，选举产生了新一届理事会，共146名理事。随后召开的七届一次理事会上选举产生了第七届常务理事会及理事长、副理事长、秘书长。成升魁当选为理事长，陈曦、郑凌志、王仰麟、王艳芬、江源、吴文良、沈镭、陈发虎、林家彬、封志明、夏军、高峻、濮励杰当选为副理事长，沈镭兼任秘书长，常务理事45名。

10日下午举行了大会特邀报告会，中国工程院院士石玉林、孙九林，中国科学院地理科学与资源研究所董锁成研究员、北京师范大学刘彦随教授、河南省科学院地理研究所冯德显研究员分别作了题为《中国生态环境安全态势分析与战略选择》《信息社会与大数据》《丝绸之路经济带资源环境格局与可持续发展模式》《土地资源综合研究及工程示范》《生态文明的哲学思考》的大会特邀报告。

本次年会由学会、河南省自然资源学会共同主办，河南省科学院地理研究所承办。年会主题是“深化资源科技创新，驱动中部绿色发展”。会议围绕11个专题进行了研讨。另外还设置了两个论坛，即“第七届资源科技期刊论坛：数字化时代的期刊发展”和“第九届资源科学研究生论坛”。在分会场（论坛）上共进行了193个报告发言，交流论文220篇。

【2014中药及天然药物资源国际学术研讨会暨CSNR天然药物资源专业委员会第十一届学术年会】 10月16—17日，2014中药及天然药物资源国际学术研讨会暨CSNR天然药物资源专业委员会第十一届学术年会在江苏省南京市召开。年会主题是“中药资源调查研究与资源产业化发展”。来自100所高校、科研院所、生产与经营企业380余人参加了会议，其中包括美国、英国、澳大利亚及我国香港特别行政区、

澳门特别行政区及台湾地区的代表。

江苏省科学技术协会主席欧阳平凯院士、国家药品监督管理局原副局长任德权、国家中医药管理局黄璐琦副司长、学会副秘书长闵庆文致辞祝贺。南京中医药大学校长胡刚教授致欢迎辞。

天然药物资源专业委员会主任委员、南京中医药大学副校长段金廒教授作报告。他围绕“繁荣学术、凝聚力量、引领学科”的办会宗旨，从“推动学术繁荣，提升学科建设水平”，服务于我国中药资源调查研究全过程及服务于我国中药资源生产和利用全过程等角度，报告了专业委员会取得的成果。

开幕式后，中国中医科学院院长、天津中医药大学校长张伯礼，学会副秘书长闵庆文研究员，南京中医药大学副校长段金廒教授，中国中医科学院副院长、中国中药资源中心主任黄璐琦教授，香港浸会大学中医药学院副院长赵中振教授，北京大学医学部、北京大学中医药现代研究中心副主任屠鹏飞教授，英国女王大学药学院 Chris Shaw 教授，香港科技大学中药研究中心主任詹华强教授，中国中医科学院中药研究所所长陈士林教授，台湾致英植物研究发展基金会董事长陈介甫教授，中国人民解放军 302 医院全军中药研究所所长肖小河教授等 24 位特邀专家、学者分别围绕中国中药资源发展战略，中药资源化学研究与资源产业化发展，道地药材及其特征基因，矿物药、民族药（藏药）、药用动物资源品种、标准现状及中药自然资源在英伦三岛等方面的科学问题做了主题报告。

会议还设置三个分会场，专家们分别以“中药资源调查研究与资源信息管理”、“中药材规范化生产（GAP）与基地建设”、“中药及天然药物资源产业化与循环利用”为主题与参会人员分享 67 个学术报告并进行交流、研讨。

会议还授予王良信等 12 位科学家“中国中药及天然药物资源科学成就奖”，授予丁安伟等 30 位“学会工作贡献奖”，表彰了 50 位“优秀论文奖”。

（撰稿人：刘丽娜）

中国感光学会

服务创新型国家和社会建设 2014 年，学会有关专业委员会组织了第十六届辐射固化技术高级研讨会、特种照相专业技术培训班、影像技术培训班等 3 次继续教育培训班，累计参加培训人员达 430 多人次。

学会继续推进辐射固化行业标准的申报工作，辐射固化用多官能度丙烯酸酯单体纯度（酯含量）的测定等 3 项辐射固化技术标准建议书经专家审核，正式上报国家标准化管理委员会和工业和信息化部，7 项有关涂料的国家标准和行业标准建议书上报国家涂料质量监督检验中心与全国涂料和颜料标准化技术委员会。

2014 年，学会牵线搭桥，促成了立体影像技术专委会、上海艺数码科技有限公司、中国科学院理化所、北京理工大学等单位专家与河南省永城县对于 3D 立体影像产业的调研与项目洽谈工作；促成了北京理工大学光电学院与中国科学院理化所特种感光材料研究中心的前期合作；学会组织单位会员——天津世纪天感影像科技发展有限公司与中国科学院院士佟振合、中国科学院理化技术研究所进行座谈，在天津建立了院士工作站；学会影像保护专委会组织科技人员对四川、内蒙古、陕西、山东、江苏等地的珍贵影像档案资料进行抢救修复。

学会建设 2014 年，学会新增个人会员 78 名，单位会员 2 个，个人会员总数累计为 3878 名，单位会员为 64 个。

2014 年，学会召开了第九次全国会员代表大会及 2 次理事会、3 次常务理事会议、2 次理事长办公会，完成了 12 个专业委员会和 2 个工作委员会的换届工作。第八届十三次常务理事会议审议通过了《中国感光学会青年科技奖条例》《中国感光学会科学技术创新奖条例》《中国感光学会青年优秀科技论文奖条例》《中国感光学会突出贡献奖评选办法》《中国感光学会荣誉理事推荐办法》。

学术期刊 《影像科学与光化学》和《影像技术》是学会的主要刊物，2014 年两种刊物按计划编辑出版了 12 期，刊登主要文章 200 余篇。《影像科学与光化学》完善独立网站和稿件远程系统，新增 html 功能，方便读者检索和阅读，发表论文的电子版实现了提前印刷版刊出，并提供全文免费下载。《影像技术》积极改进栏目设置，加大组稿约稿力度，努力提高办刊质量。

国际学术会议 5 月 24—26 日，学会光催化专业委员会在江苏省无锡市主办 2014 中日韩光催化国际会议暨国际标准研讨会。来自光催化领域的 50 多家单位的 80 余名国内外专家、学者参加了研讨会。大会以

“创新研究、拓展应用、标准国际化”为主题，分为学术和标准交流两部分，从光催化材料研究领域的创新研究，光催化技术产业化领域的拓展应用，光催化国际市场的现状分析和展望及光催化标准的国际化合作几个方面进行了交流。大会论坛共分4场进行，共27个专题报告进行了交流。

国内主要学术会议 2014年，学会及各专业委员会组织召开了2014年学术年会、第十五届中国辐射固化年会、2014光催化中青年学者论坛、第二届全国光电信息技术及应用学术研讨会等12次学术交流活动，参会专家、学者1420余人次，发表论文270余篇。

国际交往 5月11—16日，学会理事长蒲嘉陵一行21人，出席了在以色列特拉维夫举行的第32届国际影像科学大会（ICIS 2014）。ICIS秘书长蒲嘉陵教授在会议开幕式致辞。学会专家参加了5月12—14日大会的全部学术活动，提交大会论文12篇，其中口头报告3篇，交互式报告9篇，介绍了中国影像材料、数字印刷及影像科技领域的现状和最新研究成果。学会专家应邀参观了HP Indigo公司，听取了学术报告，并就数字印刷技术的发展和产业应用展开深入的讨论和交流。

科普活动 2014年，学会组织参加全国科普日北京主场活动，联合中国科学院理化所组织“理化技术、创新为民”公众科学日活动，组织中国科学院老科协专家参观全国科普教育基地——陈塘庄美术科技馆，在天津陈塘庄美术科技馆举办“美丽天津——杰奎琳·邓恩作品展”以及第二届“历代流失海外书画珍品展”，走访河北崇礼狮子沟小学，开展“手拉手科普教育行”活动，组建“辐射固化科学传播专家团队”、“光催化科学传播专家团队”、“立体影像技术科学传播专家团队”3支科学传播专家团队。

2014年，学会邀请了3位专家作科普报告，学会40余名专家、学者参与了科普活动，展出科普展板39块，赠送科普3D立体书签700余张，时事报告杂志社组织编写的《中国梦——人民梦、科技梦、青年梦》图书200册，累计参加活动人数达1000多人次。

学会被中国科协评为2014年全国科普日特殊贡献单位、2014年度科普工作优秀学会；以“光催化技术带您走进品质生活”为主题的科普日主场活动被评为2014年全国科普日活动优秀特色活动。

表彰举荐优秀科技工作者 2014年，学会在全国影像领域开展突出贡献奖的评选工作。学会对佟振合、施文芳、李玉虎、莫玉余等4位同志予以表彰，授予“中国感光学会突出贡献奖”。

经学会推荐，学会理事、北京师范大学邹应全教授获得中国科协第六届“全国优秀科技工作者”称号；学会专家杨建文、朱永法、顾金昌被中国科协聘为全国辐射固化、光催化、立体影像技术首席科学传播专家。

党建强会 2014年，学会开展了“共建产学研创新平台 影像科技企业行”党建强会特色活动。学会组织院士专家团队的党员20余人，与学会单位会员——天津世纪天感影像科技发展有限公司、中国科学院理化技术研究所建立院士专家工作站，搭建人才交流培养、科技成果转化、创新及技改平台。开展“影像科技企业行”系列活动，搭建学会专家与科技企业之间的交流平台。党建活动与学会2014年学术年会相结合，发挥党组织在活动中重要作用，增强党建工作生命力。学会被中国科协授予“党建强会计划”特色活动组织奖。

会员服务 学会及各专业委员会召开的学术会议，对会员都实行会议注册费减免制度，减免幅度一般为15%～20%。学会对会员实行期刊版面费优惠制度，同时还提供免费寄送刊物、免费发放CNKI论文数据库检索卡等服务。2014年，为会员免费寄送刊物《影像技术》3000余份，免费发放论文数据检索卡1000份。

【中国感光学会第九次全国会员代表大会】 10月21—24日，学会在北京召开了第九次全国会员代表大会。来自全国各地80多个单位的专家学者、科技人员200余名出席了大会。

大会开幕式由学会秘书长黄勇主持，学会常务副理事长张丽萍致开幕词。学会第八届理事会理事长蒲

中国感光学会第九次全国会员代表大会

嘉陵代表第八届理事会做了工作报告。报告围绕学术交流、国际科技合作交流、组织建设、科技奖励、服务会员、科学普及、产学研合作、科技评价等八个方面，对学会四年来开展的主要工作进行了回顾总结，并对学会下一步工作进行了展望。学会会计常清暖做了第八届理事会财务报告。

开幕式上，学会授予洪啸吟、刘新厚、岳德茂、周云彪、赵继成、李庆喜等6位同志为学会荣誉理事称号。

大会通过无记名投票方式选举产生了第九届理事会理事88人。第九届一次理事会选举产生了第九届常务理事会30人，选举北京印刷学院副校长蒲嘉陵为理事长，选举张丽萍为常务副理事长（法人），马礼谦、薛唯、邱勇、杨斌、魏杰、周秉锋为副理事长，选举黄勇为秘书长。

闭幕式上，大会审议通过了工作报告、财务报告、沿用原《章程》以及学会文件等决议。

【中国感光学会2014年学术年会】 10月21—24日，学会在北京召开了第九次全国会员代表大会暨2014年学术年会，来自全国各地80多个单位的专家学者、科技人员200余名出席了大会。学术年会出版了会议论文集（光盘版），论文集共收录论文96篇。会议期间有39篇论文进行了口头报告，其中大会特邀报告6篇，一般口头报告33篇，展报展示42篇。

中国科学院院士、北京大学遥感与地理信息系统研究所所长童庆禧、土耳其伊斯坦布尔科技大学Yusuf Yagci、北京北大方正电子有限公司副总裁、研发中心总经理王剑高级工程师、上海师范大学李和兴教授、清华大学黄玲玲博士、日本东京工业大学半那纯一教授等6位知名专家，分别就遥感、光聚合、移动图形应用、光催化、三维纳米全息和自组装分子半导体等主题进行了大会特邀报告。

大会设2个分会场进行了分组报告，报告内容涉及传统卤化银材料与技术、新型成像材料和相关功能材料、数字影像呈现和显示技术、紫外光固化材料与技术、光催化技术、喷墨打印、3D打印、遥感遥测等多个领域，共有33名专家学者进行了口头报告交流。会议期间，还进行了展报展示交流，42篇展报内容充分展示了影像领域的新进展和新成果。

此次学术年会还评选了10篇青年优秀科技论文，闭幕式上为论文作者颁发了获奖证书。

（撰稿人：周云霞）

中国优选法统筹法与经济数学研究会

服务创新型国家和社会建设 2014年，研究会开展国际项目经理资质认证（International Project Management Professional，IPMP），顺利完成五次常规认证，共有1727位项目管理界精英、在校本科学生和在读项目管理领域工程硕士获得了相应级别的IPMP认证，其中A级6人，B级77人，C级1323人，D级321人。IPMP是对项目管理人员知识、经验和能力水平的综合评估证明。IPMA依据国际项目管理专业资质标准，针对项目管理人员专业水平的不同将项目管理专业人员资质认证划分为四个等级，即A级、B级、C级、D级。

学会建设 2014年，研究会召开会员代表大会1次，理事工作会议2次，常务理事工作会议2次，秘书长工作扩大会议9次；新增团体会员14个，团体会员单位总数达到43个，新增个人会员2460人，个人会员累计达到4896人；完成网站改版升级工作以及会员数据库的更新与维护；开展了会员服务机构制度建设和会员服务系列活动。

10月18日，在山西省太原市召开研究会第九次会员代表大会，358名会员代表出席了会议，选举产生研究会第九届理事会，在随后召开的研究会第九届理事会第一次全体会议上，选举出57名常务理事，中国科学院科技政策与管理科学研究所学术委员会主任池宏研究员当选为研究会第九届理事会理事长；杨善林院士等9位教授当选为副理事长，李建平研究员当选为秘书长。

学术期刊 研究会出版期刊种类5种，其中：学术期刊3种（中文1种，英文2种），印数216130册；科普期刊2种，印发总数187250册。

主办的学术期刊《中国管理科学》入选“中国最具国际影响力学术期刊”；10篇论文入选“领跑5000——中国精品科技期刊顶尖学术论文项目”。

2014年，学术期刊《中国管理科学》，完成中国科协2012—2014年精品期刊学术质量提升项目。从2014年1月份起，将双月刊改为月刊，新增5名外籍编委，扩大了编委会队伍。审稿周期缩短50%，与中国知网签署了“优先数字出版”协议。

出版Grey System：Theory and Application国际期刊，成功组稿3期，发表学术论文30篇；出版

The Journal of Grey System（SCI 源刊）国际期刊，组稿 4 期，共发表论文 40 篇。

8 月 25 日，在北京举办《中国管理科学》创刊 30 周年纪念会暨中国管理科学期刊发展论坛。中国科学院科学传播局、中国科协、国家自然科学基金委员会、中国科学院科技政策与管理科学研究所、中国科学技术信息研究所、中国航天科技集团、《预测》《科研管理》等相关领导和来自全国 20 个管理科学界国内外期刊负责人和《中国管理科学》的新老编委近 60 人出席了本次会议。

国际学术会议 2014 年，举办国际学术会议 4 次（含国际组织系列学术会议和双边学术会议），参加会议人数 900 人次，其中外国专家、学者 100 位，交流论文 110 篇。

11 月 29—30 日，由研究会项目管理分会与国际项目管理协会（IPMA）、亚太项目管理联盟（APFPM）联合主办的"亚太项目管理国际会议暨第十三届中国项目管理大会"在北京市召开，来自 21 个国家和国内的专家、学者 300 余人出席了会议。

8 月 8—10 日，第七届商务智能与金融工程国际学术研讨会在陕西省西安市召开。本次会议旨在为各国的商业分析师、金融工程师以及不同学科与领域的专家学者提供一个交流思想与展示最新成果的平台，以促进商业智能与金融工程的发展，100 多位国内外专家、学者参会。

11 月 8—9 日，第九届国际应急管理论坛暨中国双法研究会应急管理专业委员会第十届年会在哈尔滨工业大学深圳研究生院召开。会议围绕 2013 年黄岛石化爆炸事故、2014 年马航客机失联事件和韩国"岁月号"沉船事故等重大安全事故的应急管理问题，以情景分析为中心、以脆弱性分析为基础的预案编制、修订、演练、评估，灾害与事故应急处置中基于信息获取过程的决策问题，信息化领域安全事件和应急管理，城镇化建设、区域一体化应急管理与应急资源规划等问题，邀请国内外知名专家、学者进行广泛而深入的讨论。

论坛安排主题报告 13 个，会议论文 28 篇。国内外知名专家、学者 80 余人参加了会议。

国内主要学术会议 2014 年，举办学术交流会议 23 次，其中，前沿高端学术会议 13 次。参加会议人数 3806 人次，交流论文 1006 篇。

10 月 18—20 日，第十六届中国管理科学学术年会在山西大学召开，540 余名专家、学者出席会议。大会主题"经济转型与管理创新"，中国工程院院士杨善林等 7 名专家做大会报告；大会设 8 个分会场进行了学术交流，举办 3 个论坛。会议交流论文 381 篇，出版论文专辑一本。

4 月 22—24 日，在北京市举办第 25 届全国灰色系统学术会议。135 位专家、学者出席了会议，交流论文 77 篇，网络出版会议论文集 1 套。

7 月 25—28 日，由国家自然科学基金委员会管理科学部、研究会能源经济与管理分会主办的第五届中国能源经济与管理学术年会暨第八届中国能源资开发利用战略学术研讨会在北京市召开。中国工程院原副院长杜祥琬院士、北京理工大学副校长孙逢春教授、国家自然科学基金委管理科学部，中国科学技术协会及研究会等有关领导在开幕式上致辞。来自全国 100 多个高等院校和科研院所的 410 余位能源经济与管理的学者出席会议。

2014 年 6 月，由研究会应急管理专业委员会等单位主办的 2014 年安全与应急管理青年论坛在北京市召开，40 余名青年专家、学者参加了会议。

国际组织任职 研究会秘书长李建平研究员担任国际信息技术与数量化管理学会（International Academy of Information Technology and Quantitative Management，IAITQM）秘书长，常务理事寇纲教授当选为出版委员会主席。

常务理事刘思峰教授担任国际 IEEE 系统、人与控制学会（IEEE SMC society）主席。

常务理事欧立雄教授担任国际项目管理协会（International Project Management Association，IPMA）秘书长；分支机构项目管理研究委员会叶金福教授担任亚太项目管理联盟（Asia-Pacific Federation-Project Management，APFPM）副主席。

国际交往 2014 年 10 月，研究会组织成员前往美国 San Diego 参加 2014 IEEE International Conference on Systems, Man and Cybernetics 国际会议，并在该会议上组织灰色系统专题，与国外学者展开交流。

研究会原副理事长刘思峰教授入选欧盟委员会第七研究框架计划（FP7）中的"玛丽·居里国际智力引进行动计划"（Marie Curie International Incoming Fellowships-FP7-PEOPLE-2013-IIF），这是欧盟委员会专门针对其成员国之外的杰出研究人员设立的专项资助计划，目的是为了吸引欧洲以外的优秀学者到欧洲开展研究、传播、交流活动，以期发展双方互惠的科学研究合作关系。刘思峰教授2014年11月前往英国开展合作研究，并到法国、西班牙、波兰、罗马尼亚等欧盟成员国巡回讲授灰色系统理论。

2014年6月，研究会派代表参加在荷兰鹿特丹召开的第28届全球项目管理大会（IPMA World Congress）。

科普活动 11月26—30日，在北京市举办“世界数学团体锦标赛（WMTC）”，来自10个国家近百支代表队的500多名选手参加本项活动。

7月举办的全国第19届“华罗庚”少年数学邀请赛，22万人次参赛。

8月5—11日，举办第八届“希望杯”数学英语夏令营。来自5个城市的115名“希望杯”获奖选手参加了活动。

研究会主办的科普期刊《数理天地》（初中版、高中版）总印数187250册，发表文章753篇。

表彰举荐优秀科技工作者 2014年，研究会推荐的原副理事长刘思峰教授获得中国科协“全国优秀科技工作者”称号。

由研究会项目管理研究委员会（PMRC）设立的一年一度的“第九届中国IPMP国际项目经理大奖”评选出“第九届中国十佳杰出和十名优秀国际项目经理”。

在做好推荐先进集体和个人候选工作的同时，研究会积极做好院士的推选和中国科技奖、中国青年科技奖候选人、中国青年女科学家奖候选人的推荐等方面的工作。

学会创新发展 6月13日，研究会项目管理研究委员会（PMRC）副主任兼秘书长欧立雄教授与国际项目管理协会（IPMA）副主席Jesus Martinez-Almela先生在丹麦哥本哈根召开的“IPMA国际认定体系年度研究会”期间正式签署了《关于授权在中国运行IPMA国际项目管理认定体系的协议》，该协议的正式签署意味着由国际项目管理协会（IPMA）在全球推行的“国际项目管理认定体系”即将在中国运行，该体系将依据IPMA的相关国际标准对项目管理专业教育计划、项目管理培训课程和项目管理著作进行认定，为项目管理专业人士选择能够更有效地提升自己的专业能力的专业教育或专业培训服务以及专业书籍提供参考。

会员服务 定期为会员寄送《中国管理科学》学术期刊，努力做好科技工作者之家，为科技人才提供服务，搭建高端前沿学术交流平台。

学会还在组织和搭建高质量和高水平的学术交流平台、优秀论文奖励、发掘优秀的青年科技人才等方面做了大量工作。

【中国优选法统筹法与经济数学研究会第九次会员代表大会】 10月18日，研究会第九次会员代表大会在山西大学举行，358位代表出席了会议。与会代表听取了蔡晨理事长做的《中国优选法统筹法与经济数学研究会第八届理事会工作报告》以及《中国优选法统筹法与经济数学研究会第八届理事会财务工作报告》《会费标准及管理办法》《关于修改学会章程的说明报告》。表决通过了《关于中国优选法统筹法与经济数学研究会第八届理事会工作报告的决议》《关于中国优选法统筹法与经济数学研究会第八届理事会财务工作报告的决议》《会费标准及管理办法》和《关于修改学会章程的说明报告的决议》。大会投票选举出174名理事，组成第九届理事会。

在当日召开的研究会第九届理事会第一次全体会议上，投票选举出57名常务理事；池宏研究员当选为研究会第九届理事长；杨善林、马超群、范英、周勇、高自友、徐玖平、梁樑、黄海军、魏一鸣当选为副理事长，李建平当选为秘书长。

【第十六届中国管理科学学术年会】 10月18—20日，由研究会、山西大学、中国科学院科技政策与管理科学研究所、《中国管理科学》编辑部联合主办，山西大学经济与管理学院承办的第十六届中国管理科学学术年会在山西大学召开。来自中国科学院和全国高校的500多名专家、学者出席了会议。

18日上午，大会开幕式在山西大学会议中心报告厅举行，会议由研究会副理事长兼秘书长、中国科学院科技政策与管理科学研究所学术委员会主任池宏研究员主持。国家自然科学基金委员会管理学部高自友副主任、全国人大常委、中国科学院科技政策与管理科学研究所王毅所长、山西大学校长贾锁堂、副校长刘维奇、研究会理事长蔡晨分别在开幕式上致辞。

本届学术年会以“资源经济转型与创新管理”为主题，特邀中国科学院院士杨善林教授、国家自然科学基金委员会管理学部刘作义处长、研究会顾问计雷研究员、英国诺丁堡大学刘为民教授、上海财经大学统计与管理学院院长周勇教授、研究会副理事长、浙

江大学数学系刘祥官教授、大连理工大学管理与经济学部胡祥培教授等7位知名专家、学者做了大会学术报告，与会的专家、学者针对当前管理科学领域研究的热点问题和我国经济社会发展中所面临的新问题进行交流研讨。

19日上午，围绕主题设立优选学与优化管理、统筹学与项目管理、经济数学与金融风险管理、供应链与运作管理、决策优化与企业经营管理、能源与复杂系统管理等八个专题分会场，分别进行专题学术交流。同时举办了"院长论坛"、"期刊编辑、学者论坛"、"灰色系统"三个论坛。期刊编辑、学者论坛由《中国管理科学》副主编李建平研究员主持，《管理科学学报》《系统科学与数学》《系统工程》的主编、副主编对所办期刊进行了简单介绍，并与参会的专家、学者进行了交流。在灰色系统论坛上南京航空航天大学刘思峰教授与参加会议的专家、学者就灰色系统领域前沿高端问题进行了学术交流。

本次会议共收到论文300余篇，经过会议研讨交流、专家组评审，其中26篇论文获得优秀论文报告奖。获奖论文将在2015年《中国管理科学》期刊上发表。

【第五届中国能源经济与管理学术年会暨第八届中国能源资源开发利用战略学术研讨会】 7月25—28日，由国家自然科学基金委员会管理科学部、研究会能源经济与管理分会主办，北京理工大学管理与经济学院、北京理工大学能源与环境政策研究中心承办，第五届能源经济与管理学术年会暨第八届中国能源资源开发利用战略学术研讨会在北京市举行。中国工程院原副院长杜祥琬院士，北京理工大学副校长孙逢春教授，国家自然科学基金委管理科学部副主任高自友教授，中国科学技术协会办公厅巡视员、副主任王康友，研究会理事长蔡晨教授等与会领导在开幕式上致辞。来自全国100多个高等院校和科研院所的410余位能源经济与管理的学者出席了会议。

会议以"绿色发展与气候经济：管理与政策研究"为主题，设特邀报告、主题报告、分会场报告等3个部分。中国工程院原副院长、现国家气候变化专家委员会主任杜祥琬院士为与会人员作了题为《能源革命：为了可持续发展的未来》的特邀报告。美国纽约州立大学宾汉顿分校经济学教授、北京理工大学兼职教授杨自力，西安科技大学副校长张金锁教授、中科院沈阳应用生态研究所污染生态与环境工程研究中心副主任耿涌教授，Applied Energy主编、瑞典皇家工学院严晋跃教授，国家自然科学基金委管理科学部项目主任吴刚博士，华东理工大学的范体军教授、国家优秀青年基金获得者，北京理工大学梁巧梅副教授，以及南京航空航天大学的周鹏教授等8位国内外知名学者为大会做了主题报告。130余位专家学者在11个分会场围绕"能源与环境战略"、"能源环境与经济社会发展"、"能源供应与能源安全"、"能源需求与能源效率"、"能源贫困与健康"、"能源市场与碳市场"、"碳排放与气候变化"、"能源产业技术政策"、"能源环境建模与方法"、"低碳供应链与企业管理"等10个领域分组进行报告。本届年会上还颁发了"中国能源经济与管理忠慧优秀研究生论文奖"。期间还召开了研究会能源经济与管理研究分会，在北京理工大学举行了常务理事会扩大会议。全国优秀大学生能源经济与气候政策学术夏令营活动也在年会期间举行，来自全国22所"985"及"211"高校的37名优秀大学生参加了活动。

（撰稿人：张　玲）

中国岩石力学与工程学会

服务创新型国家和社会建设　2014年，学会进一步加强科技成果鉴定工作，加强为相关单位、企业的服务。本年度主持鉴定的科研成果有："水电高陡边坡稳定性数值仿真与微震监测方法研究""沈阳红阳三矿冲击防治对策及关键技术研究""工程区地应力场确定、分析与评价方法研究""山区输电杆掏挖基础稳定性分析理论与应用技术""堆积层滑坡多物理层实时监测技术及状态判定方法""锦屏一级极低强度应力比条件地下厂房围岩大变形控制关键技术""边坡稳定理论新进展和灾变监测与安全保障新技术""大型地下石洞油库水封系统施工关键技术研究及应用""重大工程选址及地质适宜性"等9项。

学会能力提升计划　根据中国科协的部署，学会对能力提升专项第一期进行了总结。内容包括工作总结、典型案例、创新点、统计表格及附件（规章制度、学术会议纪要、年鉴、动态及有关图片）共四部分。按合同规定的各专项任务，开展率为100%。学会典型案例10个，分别是：开拓创新，在国际上展现学术主导地位——学术工作交流；高层次、高水平的学术会议精彩纷呈——精品学术会议品牌；探讨地球演化与全球变暖新观点新学说——学术沙龙新成果；创新突破、利用信息化手段全方位提升服务能力——数字学会网络平台建设；打造岩土工程科技领域科技奖励经典品牌——学会科技奖励工作；打造期刊精品，引导学科进步——《岩石力学与工程学报》精品期刊建设；涵盖领域广泛，专业辞藻大成——《岩石力学与岩石工程大辞典》编纂工作；引领深部矿山科技进步、促进安全生产——建立企会合作的一些探索；强化体制构建，实现学会可持续发展——学会自身能力建设；主动承接政府职能，开创科技成果鉴定新局面——科技成果鉴定工作。第一期的创新点有 74 点。

学会建设 固定会议制度，坚持民主办会。学会强化组织建设，2014 年定期召开理事长办公会议、秘书长联席会议、常务理事会、理事会议等，充分发挥了理事长办公会议作用，明确副理事长的分管工作，改变以往注重挂名而不做实事的现象，推动了学会各项工作开展。在出席欧洲岩石力学大会期间发挥积极作用，使我国的软岩研究成就纳入国际软岩视野。学会还利用网络召开通讯会议，广泛征求学会会员意见和建议。此外，在学会能力提升专项工作中，及时收集并消化广大会员反馈信息，做出积极调整，如在构建学会数字平台过程中，根据部分会员在报送或网评中出现的具体问题进行及时调整，使学会数字平台建设进一步配合会员需求，极大增强学会凝聚力，增强学会自身能力建设。

规范学会管理，修订、完善、增补学会规章制度。编辑完成了《中国岩石力学与工程学会规章制度汇编》。为规范两院院士增选工作的组织实施，根据《中国科学院院士章程》《中国工程院章程》和中国科协相关文件，学会制定了《中国岩石力学与工程学会关于院士推选工作的实施方案》以及《中国岩石力学与工程学会推荐两院院士候选人工作实施细则（试行）》并提交学会常务理事会议审议通过。

加强办事机构的职业化建设。在此过程中，把提高办事机构的职业化水平作为重要目标，根据发展需要，招聘具有本专业背景的博士后进入秘书处信息传播部，加强数字服务平台建设工作。

积极筹办新的专业委员会。为进一步推动拓展岩石力学与工程界的国际民间交流活动，扩大学会国际影响力，学会成立中国岩石力学与工程学会国际交流工作委员会。此外，还成立中国岩石力学与工程学会地壳应力与地震专业委员会。积极开展党建强会活动。发挥党员专家的引领作用，在工程一线开展科普活动，在中小学进行课外辅导；开展义务植树公益活动；对云南鲁甸震后灾区通过中国红十字会进行捐款，用实际行动支持抗震救灾工作。

学术期刊 学会主办的学术刊物有 3 个：《岩石力学与工程学报》（中文版）、《岩石力学与岩土工程学报》（英文版）、《地下空间与工程学报》（中文版）。

《岩石力学与工程学报》（中文版）是全国中文核心期刊，中国科协优秀期刊、湖北省优秀期刊及 EI 核心收录期刊，现被 EI《英国剑桥文摘》（CSA）、《日本科学技术社数据库》和 CSCD 等国内外权威数据库收录。《学报》的影响因子和总被引频次数均排本学科前列，已成为中国岩土工程领域权威期刊。2013 年、2014 年连续获得中国科学院科学出版基金（科技期刊）三等资助，排名分列一、三，入选由国家新闻出版广电总局评出的岩土工程领域唯一的“百强科技期刊”，获得由清华大学、中国学术（光盘版）电子杂志社等单位颁发的“中国最具国际影响力学术期刊”奖牌。

2014 年，《岩石力学与岩土工程学报》（英文版）完成第一届编委换届工作，第二届编委减少至 59 人（原 75 人），其中海外编委增至 32 人，占 54.2%，国内编委减至 27 人，占 45.8%。已于 2014 年 7 月 8 日申请 Scopus 数据库收录，并对近年发文的国际影响力进行深入分析，率先按国际数据库办刊标准进行评估，为创办国际知名期刊而努力。截至 2014 年 9 月，所发表的 85 篇论文被 SCI 杂志引用，占全部发文的 37.44%，引次为 172 次，引证论文有 129 篇，其中，海外作者引用论文 58 篇，占 45%；国内作者引用论文 71 篇，占 55%。两者比例接近 1 : 1。

国际学术会议 6 月 5—7 日，国际岩石力学学会软岩专委会和中国岩石力学与工程学会软岩工程与深部灾害控制分会联合主办的国际软岩理论与技术研讨会在北京市召开。会议收到来自美国、巴西、印度、比利时、葡萄牙、澳大利亚、克罗地亚、俄罗斯、日本等多个国家学者的 85 篇论文，其中 59 篇文章入选 ISSR2014 论文集 CD。大会分一个主会场和三个分会场，20 位领域内的知名专家作特邀报告，18 位专家做专题报告，参会代表 139 人。会议研讨成果反映了国内外关于软岩技术的最新成果，介绍了软岩工程问题的宝贵实践经验，以及这些经验与新技术成果的广泛整合与应用。

7 月 28—31 日，第四届中俄矿山学术开采岩石

力学高层论坛暨中俄深部岩石力学与工程科技联合常设论坛在俄罗斯召开。中俄双方人员围绕大会主题进行深入讨论。本次论坛是中俄深部岩石力学与工程科技联合常设论坛的第四届论坛，经几届论坛的学术研讨，双方深感论坛设置的必要性。

5月14—15日，第四次国家地下空间学术大会在江苏省南京市举行，来自中国、美国、芬兰、荷兰、日本等专家、学者围绕“地下空间与城市交通”主题交流了开发利用地下空间的经验和做法。会议由学会地下空间分会主办，特邀12位国内外知名专家做主题报告。会议论文集收录论文68篇。本次会议针对现代城市和交通发展的各种问题展开学术交流和研讨。

10月14日，第八届亚洲岩石力学大会在日本召开。会议主题是“岩石工程的全球问题——自然灾害、环境与能源”。55个国家和地区的590位专家、学者参会，其中，中国学者近50位。会议安排6个分会场，39个专题。300余人展示了研究成果。我国30位专家、学者在分会场作了报告，9位中国专家、学者分别主持了分会场报告会。

国际交往 积极发挥学会在国际交往中的重要作用。国际会员由2013年872人员增至2014年1054人；团体会员数由2013年18个增至2014年20个。学会理事长冯夏庭教授担任国际岩石力学学会主席（2011—2015）是该学会第一次由中国学者担任主席，也是我学会在国际组织中关键领导职务的重要突破。冯夏庭教授在担任国际岩石力学学会主席期间，主持4次ISRM主席团工作会议，3次国际学术大会，开展系列卓有成效的改革和创新，国家小组由48个发展到54个，专业委员会由原13个发展到18个。会员人数由6514人发展到7557人，并组织评选代表最高荣誉的ISRM会士，共12名。

另外，国际岩石力学学会18个专业委员会，其中5个专委会由中国学者担任主席，分别是岩石工程设计方法委员会、古遗址保护专业委员会、教育委员会、废物地下处置专业委员会与地壳应力与地震工程委员会。

国内主要学术会议 9月21—25日，学会召开第十三次全国岩石力学与工程学术大会。此次会议是两年一次的规模最大、规格最高、学术交流面最广的学术会议。本次会议由学会主办，会议录入论文164篇。全国部分高校、科研院所等580位专家、学者参会。6位院士和17位专家做了大会特邀报告和专题报告。

学会及二级机构还召开了系列化专题学术会议：

8月28—30日，重大岩体工程灾害模拟、监测及预警工程前沿技术学术论坛在大连召开。会议由中国工程管理学部主办，学会与大连理工大学承办。与会专家、代表对岩体工程重大灾害的模拟、监测、预警等关键前沿技术与学术问题进行了讨论。

8月10—11日，第四届全国工程安全与防护学术会议在河南省洛阳市召开。会议交流的研究成果的质量及对实际工程问题的解决程度都有一定提升。

8月21—22日，第十二届全国岩石破碎工程学术大会在辽宁省沈阳市召开，150名专家、学者参会。会议围绕“岩石破裂与破碎理论及工程应用”进行学术系统讨论。

8月24—28日，第五届废物地下处置学术研讨会在四川省召开，来自有关国家的190名专家、学者参加会议。

8月16—17日，第十三届海峡两岸隧道与地下工程学术及技术研讨会在广西壮族自治区南宁市召开。会议围绕“隧道及地下工程的新理论、新方法与新技术”主题开展学术交流。

11月13—15日，学会软岩与深部灾害控制分会、中国矿业大学（北京）深部岩土力学与地下工程国家重点实验室等相关部门在河南省洛阳市主办了第十二次全国软岩工程与深部灾害控制学术大会。来自相关行业的287人参加了会议。大会邀请了3位院士和4位国内知名专家做特邀报告。本次大会交流了我国软岩工程与深部灾害研究的前沿研究成果。

科普活动 学会科普工作显著提升。学会积极组建科普专家团队，先后向中国科协推荐了7个科学传播专家团队和7位首席传播专家。组织专家科普讲座，5月26日，在北京市海淀区学院路小学开展了“史前生物的奥秘”科普讲座；6月5日，在北京交通大学附小开展科普报告《震撼的大地》；8月23日，与北京交通大学附小合作，组织了“实践少年进社区的科普活动——探地雷达勘查实践”活动。

学会还发挥新媒体作用，开展多种形式的科普活动，并做了与网络媒体协商联合活动，得到了中国科协的肯定。学会被中国科协评为2014年度科普工作先进单位。

表彰举荐优秀科技工作者 2014年，学会进行了第五届“科学技术奖”评审。经评审，评出一等奖10项、二等奖9项、三等奖12项。

完成了第八届“青年科技奖”评审，评选出金奖5人，银奖10人。

完成“优秀博士学位论文奖”评审工作，评选出优秀博士论文10篇，另外有提名奖4篇。

完成学会先进集体、优秀个人评审。评选出先进学会奖15个，优秀个人奖18人。

（撰稿人：周　岩）

中国野生动物保护协会

学会建设　2014年，协会紧紧围绕现代林业、生态文明和促进协会事业全面发展为目标，扎实抓好科普宣传工作，精心组织全国“爱鸟周”系列宣传活动。规范管理，壮大队伍，提升组织建设水平。截至2014年年底，全国会员总数为347931人，团体会员为4119个，全国各级协会达到813个。全国已有北京、山西、辽宁、吉林、黑龙江、福建、江西、山东、河南、湖北、广西、四川、陕西、宁夏和新疆15个省（自治区、直辖市）会员数量都超过了万人。同时，发展了10名资深会员，资深会员总数达221名。

1月7日，协会保护区委员会成立大会在湖南省岳阳市召开。国家林业局野生动植物保护与自然保护区管理司巡视员孟沙、协会副秘书长赵胜利、湖南省林业厅副厅长李益荣、岳阳市副市长熊炜等领导以及来自全国27个省56家自然保护区及志愿者150余人出席了此次会议，参会的56家自然保护区成为首批保护区委员会的成员单位。会议审议通过了保护区委员会章程草案、常务委员会建议名单、保护区委员会工作规则和保护区委员会2014年工作计划，大会选举孟沙担任第一届保护区委员会主任委员。

12月26日，协会2014年理事会在北京市召开。国家林业局有关负责人、在京理事、常务理事、各省级协会秘书长、资深会员、特邀代表以及媒体记者等130余人出席了会议。国家林业局副局长刘东生做了重要讲话。协会会长赵学敏作了题为《为野生动物保护事业做出更大贡献》的工作报告，从六个方面对协会2014年工作进行了全面总结，并部署了2015年重点工作。

会议宣读了《中国科协关于表彰2014年度全国优秀科技工作者的决定》和《中国野生动物保护协会关于表彰2014年度协会先进工作者的决定》，并为4名由协会上报的“2014年度全国优秀科技工作者”和32名“2014年度协会先进工作者”颁奖。国家森林防火指挥部专职副总指挥杜永胜，中国作家协会副主席张抗抗，协会副会长王玉庆、卓榕生等为受表彰同志颁奖。协会副会长、中国作家协会原副主席陈建功主持会议。

国内主要学术会议　11月13—16日，由协会科技委员会、中国动物学会兽类学分会、中国生态学会动物生态专业委员会共同主办，广西师范大学生命科学学院和广西动物学会承办的第十届全国野生动物生态与资源保护学术研讨会在广西壮族自治区桂林市召开。来自全国116个单位的410人参加会议。本次大会收到论文摘要279篇。中国科学院动物研究所王德华研究员、李明研究员，复旦大学马志军教授，中国科学院西北高原生物研究所边疆晖研究员，广西师范大学周岐海教授等分别作了题为《长爪沙鼠适应环境的生理学策略》《金丝猴植食性适应机制及进化历史》《鸻鹬类在黄渤海滨海湿地的迁徙停歇生态学研究》《母体密度应激对根田鼠繁殖及免疫力的效应及其在种群波动中的调节作用》和《喀斯特石山灵长类的行为适应策略》的大会报告。

国际交往　2月23日，大熊猫“星徽”、“好好”顺利抵达比利时，比利时首相迪吕波及两位副首相和中国驻比利时大使廖力强等亲临机场迎接。3月20日，中国和比利时两国领导人在比利时天堂公园共同为大熊猫园揭幕，这在中外大熊猫合作史上首次高规格的活动，将大熊猫对外合作提升到了前所未有的新高度。5月21日，两只大熊猫“福娃”和“凤仪”成功抵达马来西亚吉隆坡。6月25日，马来西亚政府在其国家动物园举行大熊猫馆的官方开馆仪式，马来西亚总理纳吉布偕夫人出席并致辞。国家林业局副局长刘东生出席仪式并致辞。

截至2014年年底，协会共与美国、日本、奥地利、泰国、澳大利亚、英国、新加坡、比利时、马来西亚等9个国家的11个机构开展了大熊猫合作。通过合作项目的开展，加强了中外在大熊猫科研领域的广泛交流和合作，在大熊猫繁育、生理、疾病等方面取得了重要科研成果，相关培训与交流也提升了我国相关从业人员的业务水平。

科普活动　2014年全国“爱鸟周”活动重点是突出社会参与，形式多样。启动仪式于3月30日在北京房山区十渡镇举办。据统计全国共有30个省、941个县（区、市）、288个自然保护区和1047所基层学校举办了不同层次的“爱鸟周”活动，直接参与人数达

126万人。在活动中，共摆放科普展板18801块，举办科普讲座395次，举办科普展览428次，举办演讲比赛103场，组织观鸟活动125次，举办主题征文活动121次，先后有40多家国内主流媒体参与报道。

5月26日，由协会、中国科学院动物研究所、飞羽视界文化传媒（北京）有限公司共同主办的“2014中外自然生态摄影师作品联展”在国家动物博物馆开幕。展出时间为5月26日至7月15日。影展共展出作品108幅，包括54幅中国自然生态摄影师的“奇野中国”主题作品和54幅外国著名自然摄影师的“奇境欧洲”主题作品。参展作品不仅展示了中国与欧洲的自然生态之美，也体现了中外摄影师关注自然生态的共同理念和对自然生态摄影艺术的不同追求。

9月19—26日，由协会、国家林业局宣传中心和中央电视台《绿野寻踪》节目组联合开展了《绿野寻踪》进校园互动活动。期间分别走进西藏拉鲁湿地国家级自然保护区、西藏自治区拉萨市海城小学、西藏自治区日喀则市定日县协戈尔镇白坝完小，以及西藏自治区林芝县八一镇小学，组织同学们观看了《绿野寻踪》节目视频，开展了野生动物保护知识互动。协会向学校赠送了野生动物系列图书、学习用品和野生动物光盘。西藏自治区拉萨机关幼儿园的授课教师阿旺次仁还被评选成为协会西藏自治区首位“自然体验培训师”。

【举办首个“世界野生动植物日”公益宣传活动】 3月2日，由国家林业局、中国野生动物保护协会共同举办的首个“世界野生动植物日”公益宣传活动在北京动物园象馆广场举行。活动引来众多游客踊跃参与，或观看人偶野生动物表演，或驻足观看野生动植物保护图片展览，或在以“保护野生动植物就是保护我们人类自己”为主题的倡议横幅上签字，以积极态度表示对野生动植物保护事业的关心和支持。3月3日是首个“世界野生动植物日”，协会积极响应联合国的决议，进一步展现中国政府和公众野生动植物保护成就和行动，提高全社会意识，动员全社会以实际行动参与野生动植物保护和生态建设。美国、英国、肯尼亚、南非等国驻华使馆代表，联合国环境规划署(UNEP)、世界自然保护联盟（IUCN）等国际组织官员参加了此次活动。

【全国“爱鸟周”活动】 3月30日，由协会举办的全国“爱鸟周”活动启动仪式在北京市房山区举行。协会会长赵学敏、国家林业局野生动植物保护与自然保护区管理司总工程师严旬、北京市园林绿化局副局长高士武、中国生态书画院院长张虎等领导分别在启动仪式上致辞。协会会长赵学敏向北京市房山区授予“中国黑鹳之乡”牌匾；当地农民代表宣读了保护野生动物倡议书；全国“爱鸟周”生态书画展、野生动植物保护图片展同时举办，来自房山区各乡镇、各村村民、游客以及可爱的小朋友们等近千人参加了活动仪式。中国木偶剧院的演员们奉献了一台《功夫熊猫》的精彩人偶演出。5月到6月，协会与搜狐网共同开展“网络爱鸟周”，吸引着732万名网友踊跃参加网上观鸟和鸟类知识大闯关活动。6月5日“世界环境日”，协会在《中国绿色时报》上全版专题开展“爱鸟周”宣传。在协会的积极发动和指导下，据统计，全国共有30个省（自治区、直辖市)、941个县（区、市)、288个自然保护区和1047所基层学校举办了不同层次的“爱鸟周”活动，直接参与人数达126万人次。在活动中，共摆放科普展板18801块，举办科普讲座395次，举办科普展览428次，举办演讲比赛103场，组织观鸟活动125次，举办主题征文活动121次，先后有40多家国内主流媒体参与报道。

【金丝猴保护繁育技术培训班】 4月22—25日，由协会主办、陕西省野生动植物保护协会承办、中国三星总部协办的“金丝猴保护繁育技术培训活动”在陕西“秦岭四大国宝动物”集中救护饲养展示地——陕西楼观台举行了开班仪式，中国三星在陕保护项目挂牌仪式、价值15万元三星电子产品捐赠仪式同时举行。协会副秘书长李青文，陕西省林业厅副厅长唐周怀、野生动植物保护协会会长高永民，中国三星总部副总裁王幼燕等参加了开幕式并致辞。来自全国的专家学者，陕西、四川、贵州等金丝猴主要分布地的省野生动物保护协会代表，国家级自然保护区代表，金丝猴人工种群较大的养殖单位代表以及韩国三星爱宝乐园代表约50人参加此次培训活动。本次培训以理论和经验技术培训交流与栖息地实地考察相结合的方式，重点围绕金丝猴、朱鹮、大熊猫、羚牛、小熊猫等濒危野生动物就地保护和迁地保护理论、技术和实践进行培训，并在陕西楼观台野生动物抢救饲养中心、宁陕平河梁国家级保护区、寨沟朱鹮野化放归基地分别进行了室内培训和野外监测、现场交流等活动，对于提高我国金丝猴等濒危野生动物的保护管理水平将起到积极作用。

（撰稿人：王晓婷　曹丽萍）

中国系统工程学会

学会建设 截至2014年年底，学会个人会员4230人，单位会员126个。

2014年，学会向中国科协申报了民主机制建设试点项目、科普项目和2014—2015年系统科学与系统工程学科发展研究项目，并获得了资助。在项目的推动下，学会完成了一系列制度建设和科普工作，并编撰学科发展书籍。

2014年，学会新增金融系统工程专业委员会。学会共设有专业委员会17个、工作委员会6个。

学会获得中国科协调研报告“优秀组织单位”奖。

3月5日，学会八届八次常务理事会扩大会议在中国科学院数学与系统科学研究院召开。会议由学会八届理事会秘书长薛新伟主持。会议讨论了第九届学会理事会换届选举事宜，确定了领导小组人员；落实了学会第18届学术年会的时间、大会报告题目、报告人及分会场报告；讨论了2014年学会第二届系统科学与系统工程科学技术奖申报事宜，确定具体负责人和领导小组；讨论了《交通运输系统工程与信息学报》申请成立独立的杂志社有限责任公司事宜。

4月10日，学会2014年第一次理事长工作会议举行。会议讨论了关于理事会、核心领导规模及提交第九次会员代表大会的理事会候选人与当选人的差额比例问题，理事候选人名额分配问题，进行了关于开展第二届“系统科学与系统工程科学技术奖”推荐工作的讨论。

10月25日，中国系统工程学会第九届一次常务理事会议在安徽省合肥市举行。会议由学会九届理事会秘书长杨晓光主持。学会理事长汪寿阳对新一届理事会的工作计划作了说明。学会17个分支机构负责人从组织建设、学术交流、社会服务等方面和参与总会的年会工作等方面依次报告了2014年度工作总结和2015年度工作计划。杨晓光就2014年承担中国科协2014—2015年系统科学与系统工程学科发展研究项目情况作了阶段性进展汇报。

为了进一步加强学会对主办期刊的管理，第六届编辑出版工作委员会一次会议组织委员研讨关于整合期刊有效资源及期刊发展问题。会议原则通过了《中国系统工程学会系列期刊（暂行）管理办法》。

学术期刊 学会主办期刊有9种：系统工程理论与实践、系统工程学报、交通运输系统工程与信息（中英文）、模糊系统与数学、系统工程与电子技术（中英文）、*Journal of Systems Science and Systems Engineering*，*Journal of Systems Science and Information*。学会2014年新创办期刊*Journal of Systems Science and Information*（《系统科学与信息学报（英文版）》）。

2014年，学会主办的《系统工程理论与实践》年度核心总被引频次3344，比2013年增长7.77%，在信息科学与系统科学类期刊中排名第一名；核心影响因子0.688，比2013年增长1.62%，排名第三名，综合排名第二名，入选“第三届中国精品科技期刊”获得第三届中国出版政府奖期刊奖提名奖。该刊发表的论文《无偏灰色Verhulst模型及其应用》，作者王正新，被引次数达到20次，荣获2014年度“中国百篇最具影响优秀国内学术论文奖”。《系统工程理论与实践》在中国科学院科学出版基金科技期刊排行榜（三等）中名次大幅提升，2014年继续获得中国科协精品科技期刊示范项目和科技期刊出版人才国际培训项目资助。

学科发展研究 2014年学会向中国科协申请《2014—2015年学科发展研究项目》并获得资助，学会组织专家学者，开展关于系统工程学科在各专业领域发展的研究。

国际学术会议 8月1—2日，由学会和北京交通大学等单位联合主办的第九届交通运输研究国际会议在浙江省绍兴市召开。会议论文集包含89篇论文，由Elsevier出版公司作为《社会科学和行为科学》的专刊出版。

8月2日，第十九届国际大数据与信息质量会议在西安交通大学管理学院举行，本届会议主题为：大数据、数据管理和数据质量，来自10多个国家近100名大数据领域方面的专家、学者参会。本次会议结合大数据和数据科学领域的前沿和发展趋势，聚焦大数据时代信息质量的新问题和新发展，为各国学者和企业家提供知识交流的平台，促进我国学者在该领域的交流与合作，推进国内在此新兴学科领域的研究水平和影响力，实现产、学、研、用的有效结合。

国内主要学术会议 6月7日，由学会社会经济系统工程专业委员会主办、上海海关学院承办的中国系统工程学会社会经济系统工程专业委员会第11届学术年会在上海市召开。这次会议的主题是“经济社会转型与经济系统分析学科发展”。

8月29—31日，2014全国农业系统工程学术研讨会在东北农业大学召开。会议由中国农业工程学会农业系统工程专业委员会和中国系统工程学会农业系统工程专业委员会共同主办，东北农业大学承办，黑龙江省农业工程学会协办。来自15个省、自治区、直辖市的28所学校及相关科研院所、政府及企业的专家、学者和研究生共80余人出席会议。

10月24—27日，中国系统工程学会第九次全国会员代表大会暨第18届学术年会在安徽省合肥市举行。此次大会由中国科学技术大学承办。来自30个省、自治区、直辖市的会员代表及专家、学者600多人参会。本届年会征文以论文摘要形式征集，收到论文396篇，并推荐到《系统工程理论与实践》《系统工程学报》《交通运输系统工程与信息》期刊发表100多篇。本次学术年会以“协同创新与系统工程”为主题。两天的会议中，先后进行了8个大会报告，同时举办了3个分会场、7个专题论坛和3个分组报告，共计190余场报告。

国际交往　7月下旬，学会系统动力学专业委员会主任徐波、副秘书长钱颖等6位中国系统动力学者参加了在荷兰代尔夫特举办的第32届国际系统动力学会年会。会议期间，徐波主持了中国分会会议。

表彰举荐优秀科技工作者　2014年，学会成立了奖励工作领导小组，完善了推荐奖项的遴选制度。

经学会推荐，学会理事长汪寿阳获得中国科协“全国优秀科技工作者”称号。

根据学会《系统科学与系统工程科学技术奖奖励条例实施细则》规定的原则，经评审专家评审，5位候选人获得2014年度中国系统工程学会第二届科学技术奖。

会员服务　学会编印《情况简报》按期向会员发送免费电子版；建立网上会员管理系统，实现信息化服务；与北京万方数据股份有限公司、北京万方数据电子出版社合作共建“中国学术会议速递联盟”服务平台，并完成与学会网站会员平台的链接，会员可直接访问免费获得中国学术会议速递联盟提供的全部信息内容。

【中国系统工程学会第九次全国会员代表大会暨第18届学术年会】　10月24—26日，中国系统工程学会第九次全国会员代表大会暨第18届学术年会在安徽省合肥市召开。本次大会会员代表及参会专家总数达650余人。大会审议通过了学会理事长汪寿阳所作的《八届理事会工作报告》。学会副理事长朱桂龙对《章程》（修改草案）和《监事会条例》作了起草说明，会议以无记名投票方式表决通过了《章程》（修改草案）、《监事会条例》。选举产生学会九届理事会理事190人，常务理事63人。会议以无记名投票方式表决选举产生了学会监事会主席、监事，第九届理事会理事。选举汪寿阳研究员为理事长，张纪峰、李一军、黄海军、高自友、杨新民、朱桂龙、王红卫、陈国青、狄增如、凌文为副理事长，杨晓光研究员为秘书长，孙宏才为监事长。

10月26日，学会系统动力学专业委员会副主任贾仁安在中国系统工程学会年会上主持了社会经济系统工程中的系统动力学理论应用创新论坛。学会系统动力学专业委员会秘书长、复旦大学教授李旭，南昌大学教授涂国平、陈华，青岛大学教授钟永光、上海大学副教授钱颖、北京邮电大学教授齐佳音、江西财经大学副教授王翠霞、南昌航空大学教授贾伟强、学会系统动力学专业委员会副主任贾建国、南昌大学博士后祝琴、北京学而管理咨询有限公司高级经济师邱昭良等在论坛上作了报告。

（撰稿人：南晋华）

中国实验动物学会

学会建设　根据学会章程要求，按计划召开常务理事会、理事会等工作会议，民主议事，集体决策。

4月24日，学会第六届理事会常务理事会第二次会议在北京召开，学会领导及常务理事共31人出席了会议。会议审议了年会、科技奖等重要事宜。

12月19日，第六届理事会常务理事会第三次会议在北京市召开，学会领导及常务理事共30人出席了会议。会议审议了年度工作报告等议项。

12月底，学会以通讯方式召开了第六届理事会第二次会议，审议了理事／常务理事变更、下年度工作重点等重要事项。

根据学会《专业委员会管理办法》，学会下属两个专业委员会在2014年进行了换届选举工作。

6月27日，学会农业实验动物专业委员会换届会议暨第三届委员会第一次会议在重庆市召开。新一届委员会由33名委员组成，会议选举产生了11位常务委员。

12月22日，学会灵长类实验动物专业委员会换届会议暨第三届委员会第一次会议在云南省昆明市召开。新一届委员会由24名委员组成，并通过民主选举产生常委、主任委员、副主任委员等。

根据国家人才发展战略的要求，结合实验动物科学技术人才岗位需求的特点和队伍现状，学会逐步筹划开展专业技术人员等级培训和资格认定工作，以促进实验动物人才评估专业化、社会化。7月9—12日，在清华大学首次开展了实验动物专业技术人员中级培训（试点）。培训内容包括理论培训和操作实习两个部分。理论培训包括前期自学答题学习和现场集中培训两部分。现场集中培训以实验室技术操作为主，课程主要包括大小鼠、兔、犬等常用实验动物的抓取与保定、给药、采血、无菌技术、麻醉、安乐死、解剖、组织取材等技术。来自清华大学生命科学学院、中国医学科学院医学实验动物研究所等机构的老师对上述技术做了细致认真的讲解，并对学员操作给予了悉心指导。34名学员参加了现场培训。

6月24—25日，学会与英国防止虐待动物协会（RSPCA）在重庆市联合举办实验动物福利操作技术规范培训班。本次培训邀请了国内外知名专家和具有丰富操作经验的人员进行授课。30余名学员参加了培训。

6月24—26日，学会和中国医科院医学实验动物研究所在重庆联合举办动物实验中的生物安全保障培训班，50余名学员参加了培训。本次培训重点对全国各省市从事实验室生物安全、实验动物工作和生命科学研究、检测的相关单位加强动物实验的生物安全保障能力建设，结合实验动物研究、检测特点，进行病原生物安全实验室知识、管理体系培训，特别是对不同等级生物安全实验室出现的问题进行分析研讨，使动物实验得到安全保证。

9月11—12日，学会和中国医科院医学实验动物研究所在北京举办了埃博拉病毒与生物安全培训班。本次培训旨在普及埃博拉病毒的基本知识，提高应对埃博拉出血热疫情的防控意识与技能，做好针对埃博拉出血热知识储备，加强动物感染性实验中生物安全管理。来自全国各地57名有关人员参加了此次培训。

2014年，学会在北京市共举办了4期实验动物从业人员上岗证培训班，400余人参加了培训。

学会期刊 学会主办两份科技期刊，《中国实验动物学报》双月刊，《中国比较医学杂志》月刊，出色完成两刊出版任务。

为引导学科发展，根据学科研究热点，编委们相继在两刊组织了“流感病毒研究专题”，“基因工程动物模型专题”，“糖尿病模型专题”，“新资源、新技术专题”。

在2014年学会年会上，开展了编者、读者、作者互动活动，广泛听取意见，为提高期刊质量积累了素材。

学会与全军第十三届实验动物学术会议组委会合作，出版会议专辑，全文刊登优秀论文。

同时，在编辑出版工作过程中，不断完善稿件采编系统，加快信息传播，加强期刊数字化建设。

2013年《中国实验动物学报》成功获得培育国内领衔期刊B类项目资助，在2014年进行的项目中期验收中获得了好评。

学科发展研究 8月29日，由学会组织的“2014—2015实验动物学学科发展研究”工作会议在北京市召开，项目首席科学家、项目组专家、秘书组成员等共33人出席了会议。会议对学科发展报告编写工作的指导思想、重点要求等做了详细的解读，同时对报告编写框架规范、进度安排等做了通报，并对报告的编写大纲进行了讨论。

学会创新发展 鉴于移动互联网产生的巨大影响，为使学会工作向着全面智能化的方向发展，5月，学会建立了学会微信公众平台账号，此平台用于向订阅者推送信息，主要包括：业内动态、科普信息、通知通告等。微信平台关注人数近600人。

国际学术会议 3月25—27日，由学会实验动物福利伦理专业委员会和英国内政部共同主办的中英首届实验动物福利伦理国际论坛在北京市举行。论坛由英国全球合作基金项目资助。

本次论坛特邀了10余名国际知名专家和多位国内专家进行专题报告，以“提升实验动物福利伦理管理规范和科技水平”为宗旨，从实验动物福利伦理管理法规与技术标准、人员培训和技术资质认定、善待实验动物、动物保护和3R理念实践等相关的国际合作议题进行广泛而深入的探讨，通过借鉴国际公认的管理经验和先进的科技成果，以期推动我国实验动物福利伦理管理和科技水平的快速提升。

国内主要学术会议 6月25—28日，由学会主办的第十一届中国实验动物科学年会在重庆市召开。

6月27日，在学会年会期间举办了新发再发传染病动物模型论坛，特邀专家——来自军事医学科学院微生物流行病研究所的杨瑞馥教授讲述传染病

研究与转化医学，并倡导一种新的应对传染病疫情的资源共享机制，为传染病疫情控制提供新思路，新理念。来自中国医学科学院医学实验动物研究所的魏强教授介绍了传染病动物模型平台建立。

6 月 27 日，由学会与中国药理学会、中国毒理学会联合举办了主题为“药理、毒理研究对实验动物的需求”的学术沙龙。

8 月 16—17 日，在吉林省长春市召开了第七届中医药实验动物科技交流会。会议由学会中医药实验动物专业委员会主办，148 名专家、学者参加了会议，收集论文 65 篇。学会其他专业委员会也开展了形式多样的学术交流活动。

国际组织任职 在 11 月 11 日召开的亚洲实验动物学会联合会（AFLAS）会议上，对下届 AFLAS 理事会进行了选举，学会理事长秦川教授再次当选 AFLAS 副主席 / 执行委员会成员。

国际交往 5 月 14—18 日，学会组织了国内本行业科技工作者 7 人赴日本参加了第 61 届日本实验动物学会年会，同期参观考察了实验动物相关单位。来自中国科学院动物研究所的李伟博士获得了日本实验动物学会颁发的国际奖，并在会上做了学术报告。

11 月 11 日，学会的代表出席了在马来西亚吉隆坡召开的亚洲实验动物学会联合会（AFLAS）理事会会议。

11 月 11—12 日在马来西亚吉隆坡市召开了第六届亚洲实验动物学会联合会（AFLAS）大会，学会组织了国内本行业科技工作者 4 人参加了会议，会议主题是“实验动物的人文关怀和合理化使用”。

科普活动 5 月 17 日，学会参加了由东城区科学技术协会举办的“2014 东城科技周——科学生活 创新圆梦”宣传活动。学会向公众展示了“实验动物与人类健康”、“实验动物福利伦理知识”、传染病防治知识等。发放宣传单和宣传册，互动展示实验大小鼠，观察动物寄生虫，并有专家现场解答有关实验动物、人畜共患病等方面的问题。

9 月 20 日，学会组织参加了全国科普日“创新发展，全民行动”主场科普活动。年初爆发的埃博拉病毒病成为举世瞩目的突发公共卫生事件，与传染病相关的话题是当下群众最为关心的问题，而控制新发再发传染病的重要手段之一就是做好科普宣传工作。为此，学会将传染病作为重点，让群众在关注疾病与健康的同时，了解实验动物为人类健康和疾病研究做出的贡献，宣传、普及实验动物科学，营造崇尚科学、学习科学的社会氛围。

表彰举荐优秀科技工作者 经过全国范围的发布、推荐和评选，向中国科协推荐了“全国优秀科技工作者”1 人。

中国科协会员日 学会利用中国科协会员日活动期间，走访慰问了学会原理事长卢耀增教授，学会原副理事长、秘书长方喜业教授，学会原副理事长孙靖教授，学会原副理事长刘瑞三教授等老一辈实验动物科技专家。

会员日期间，学会还走访慰问了在京的团体会员单位——首都医科大学实验动物学部。学会秘书长带队，走访慰问工作在实验动物科研教学第一线的科技工作者，并召开座谈会，送去慰问品，带去学会对广大科技工作者的关怀。首都医科大学实验动物学部的 20 余名科技人员参加了座谈会。

【第十一届中国实验动物科学年会】 6 月 25—28 日，由学会主办，重庆医科大学实验动物中心、第三军医大学实验动物中心、重庆市中药研究院实验动物所共同承办的第十一届中国实验动物科学年会在重庆市召开。

本次会议参会人员 500 余名，包括从事实验动物和动物实验以及相关学科的科研人员、教学人员、管理人员、科技产品研发人员等。交流论文 157 篇，评选优秀论文 30 篇。

本次大会包括特邀报告、科普讲堂、专题研讨、热点论坛、学术沙龙、等学术内容，同时穿插有专业委员会换届、国际标准专家咨询等工作会议，以及福利技术、生物安全、标准宣传等培训活动，并进行了实验动物相关设备及产品展示，为同行提供了交流、学习、成果展示和参与学会管理的综合平台。

中国实验动物学会第十一届中国实验动物科学年会

大会开幕式于26日上午举行，中国工程院院士、中国疾控中心传染病所所长徐建国，学会理事长、中国医学科学院实验动物所所长秦川教授，北京大学教授、北大未名生物工程集团有限公司董事长潘爱华教授，军事医学科学院科技部副部长孙岩松，以及重庆市科委等部门和单位的领导出席了开幕式。开幕式上颁发了中国实验动物学会科学技术奖、国际青年科学家奖、优秀论文奖等。

本次会议特邀徐建国院士作题为《研究动物源性病原体　应对未来新发传染病》的大会报告，强调应该重视发现动物源病原体，提出可能传播的新发传染病的病原体名录，分析其自然感染的时空分布特征，研究其对人类的感染性、致病性，评估其传播和流行风险，可以为我国应对未来新发动物源性传染病，提供前瞻性的科学依据、理论和策略。

特邀报告人潘爱华教授以《实验动物在生物经济中的特殊地位与作用》为题，讲述了生物医药研究对实验动物专业的迫切需求，以及创建新药高效研发体系，整合世界医药资源，解决人类健康问题的思路和理念。

其他大会报告包括：云南中科灵长类生物医学动物重点实验室季维智研究员的报告《非人灵长类定向基因修饰》，英国实验动物兽医协会主席Dr. Helmut Ehall的报告*Creating a culture of care in your facility — The benefits for your research, the animals and your team*，中国药理学会理事长、中国医学科学院药物所副所长杜冠华研究员的报告《新药研发中的实验动物与动物模型研究进展》，以及学会理事长秦川教授的报告《中国实验动物科学技术发展现状》。

学会各专业委员会在大会期间均组织了本分支学科的专题学术交流。

会议期间的实验动物相关设备及产品展示会，来自全球36家企业将他们最先进的设备、最前沿的技术、最规范的理念带给参会人员，既扩大了企业的品牌宣传，也使参会代表获得了信息，开阔了眼界。

【中国实验动物科学技术奖】 本年度“中国实验动物科学技术奖”经过全国范围内的征集和推荐，共收到26个单位推荐了24个科研项目和7位优秀青年人才候选人。4月24—25日，学会组织专家在北京市进行了初审。经评审，有15个推荐项目和5位优秀青年人才候选人获得通过。并在项目中选出2个一等奖候选项目。同时在中国实验动物信息网站和中国实验动物学会网站上向社会公示。5月26日，评审委员会在北京对15个科研项目和5位优秀青年人才候选人进行了终审。一等奖候选项目的第一完成人到会进行陈述和答辩。经小组评议和全体会议合议，通过无记名投票评出一等奖获奖项目1项，二等奖获奖项目6项，三等奖获奖项目7项，淘汰1项，优秀青年人才候选人4人当选，淘汰1位候选人。

6月26日，在第十一届中国实验动物科学年会开幕式上举行了颁奖活动。学会领导出席颁奖仪式，宣读了《2014年中国实验动物学会科技奖励决定》，并为获奖者颁发了证书和奖杯。授予“树鼩实验动物化种群建立及应用”项目为2014年中国实验动物学会科学技术奖一等奖；授予“长爪沙鼠微卫星DNA和生化位点遗传标记的筛选及遗传控制体系的建立”等6个项目为2014年中国实验动物学会科学技术奖二等奖；授予“肿瘤模型的构建及在PET/SPECT评价新药中的应用”等7个项目为2014年中国实验动物学会科学技术奖三等奖。西安交通大学赵四海等4人荣获优秀青年人才奖。

（撰稿人：童桂兰）

中国青藏高原研究会

学会建设　2014年，研究会召开了第六次会员代表大会，完成理事会换届改选工作。姚檀栋当选为理事长，邓本太、岗青、侯增谦、洛桑·灵智多杰、于贵瑞、张人禾、朱立平当选为副理事长，欧阳华当选为秘书长。研究会理事109人，常务理事35人，资深理事24人，研究会个人会员1419人。

学科发展研究　4月2日，研究会和中国地理学会承办了“地理学与青藏高原研究”专场学科进展发布会，发布了《2012—2013地理学学科发展报告（地图学与地理信息系统）》和《2012—2013青藏高原研究学科发展报告》，并就相关学术问题进行了报告和宣讲。50多位参与学科发展项目编写的专家学者、青年科技人员和新闻记者参加会议。青藏高原研究学科发展报告编写组负责人朱立平研究员做了关于“青藏高原研究的进展、影响与展望”的综合报告。报告阐述了青藏高原圈层相互作用的特点及其在地球系统科学研究中的重要意义，概括介绍了近年来取得的10项重大进展，通过文献计量分析手段表明我国青藏高原研究已经在国际上具有引领作用，并指出了青藏高原研究发展的方向。段安民研究员以《青藏高原气候动力学研究进展》为主题作了专题学术报告，阐述了青藏高原气候效应和青藏高原热力作用对亚洲气候多尺度变率的影响。

决策咨询 由中国科学院学部支持，研究会组织开展的“气候变化对青藏高原环境与生态安全屏障功能影响及适应对策”院士咨询项目于2014年1月完成咨询报告，经中国科学院（科发学部字[2014]21号）呈送给国务院。中共中央政治局常委、国务院副总理张高丽做出重要批示。国家发改委，科技部分别对本部门做出指示，要求深入研究，提出具体措施。

国内主要学术会议 2014年，研究会主、承办三次国内学术会议，参加人数约500人次。8月7日，“西藏环境评估工作汇报暨高寒网2014年工作与学术交流会”在西藏拉萨市召开；11月28日“青藏高原资料匮乏区考察成果交流会”在北京市召开；12月29日“中国青藏高原研究会第六次会员代表大会暨2014年学术年会”在北京市召开。

科普活动 2014年，研究会共开展三次科普宣传活动，约400人次参加活动。5月18日，研究会与中国科学院青藏高原所联合举办的以“走进青藏高原”为主题的科技周活动在北京市和西藏自治区拉萨市举行。两个现场通过视频连线方式，同步展示专家的科普报告和科普视频，并与野外考察站科研活动现场连线，介绍科学考察与观测内容。研究会秘书长、中国科学院青藏高原研究所副所长朱立平研究员、青藏高原研究所副所长马耀明研究员分别在西藏自治区拉萨市和北京市作了题为《神奇的青藏高原》和《走近地球之巅（最高点）》的报告。田立德研究员在拉萨市介绍了双湖地区羌塘1号冰川的冰芯钻取工作，以及开展这些工作的科学意义，展示了科学家在艰苦自然环境中追求科学理想和不畏困难的精神。研究会副秘书长丁林研究员领导制作的《青藏高原的形成与隆升》科普视频，以生动直观的影像描述了青藏高原从海洋到陆地，再到高山的演化历史，以及对我国自然环境的重要影响。活动得到现场师生和家长的热烈欢迎，通过现场和视频向在两地参加活动的科学家们提出了有关科学问题。

6月5日，中国科学院院士、研究会理事长姚檀栋作为“中国国家地理大讲堂”特邀嘉宾作了题为《青藏高原的冰川》的科普报告。报告从第三极环境的科学视角出发讲述了青藏高原冰川研究的重要意义，介绍了气候变化背景下青藏高原冰川的变化情况，以及冰川变化对湖泊、河流、冰湖溃决洪水、冰川补给湖扩张洪水、社会经济等方面的重要影响，最后提出了应对气候变化的具体措施。

7月28日至8月6日，研究会协助中国科学院青藏高原研究所举办了为期10天的“第三极”大学生夏令营活动。此次活动在西藏自治区拉萨市、林芝地区等地举行，共有来自全国15所大学的15名大学生参加。夏令营邀请青藏高原研究不同学科方向的专家就青藏高原冰川、水文、生态、大气等科学问题进行了学术报告，组织参观了中国科学院环境变化与地表过程重点实验室和大陆碰撞与高原隆升重点实验室、藏东南高山环境综合观测研究站等。

表彰举荐优秀科技工作者 2014年研究会推荐的中国科学院地理科学与资源研究所张镱锂研究员荣获中国科协“全国优秀科技工作者”称号。

【西藏环境评估工作汇报暨高寒网2014年工作会议】 8月7日，西藏环境评估工作汇报暨高寒网2014年工作会议在中国科学院青藏高原研究所拉萨部召开。来自中国科学院研究青藏高原问题的有关专家、野外台站的科学工作者，中央媒体的记者参加了会议。

中国科学院院士、研究会理事长，中国科学院西藏区域协同创新集群项目首席科学家、高寒网科学委员会主任姚檀栋介绍了中国科学院“西藏区域协同创新集群”的立项过程以及中国科学院野外观测研究平台起到的核心作用，从西藏高原的气候、生态系统、陆表环境、人类活动以及风险灾害等几个大的方向，阐述了“西藏高原环境变化科学评估报告”的核心内容。研究会秘书长、高寒网综合中心主任朱立平研究员介绍了高寒网开展的各项工作以及在项目争取、成果产出、人才培养等方面取得的进展，显示了野外观测平台在支撑青藏高原研究领域国家重大科研项目、服务区域和地方生态建设等方面发挥的重要作用。

【青藏高原资料匮乏区考察成果交流会】 11月28日，由研究会推动的青藏高原资料匮乏区考察项目举办成果交流会。该项目执行3年来，完成羌塘高原20个湖泊约5200平方千米的等深线测量，获得了大量现场水质参数数据，对青藏高原的湖泊发育特点有了新的认识。通过野外调查，获得了寒旱环境条件下羌塘高原土壤发育、植被分布的新资料，确认气候变暖对树线的海拔和内部格局产生显著影响，植被群落的物种丰富度与纬度关系不大，但与海拔高度呈显著正相关，地上和地下生物量随海拔高度的增加而显著增加。

对青藏高原资料匮乏区调查的实测数据大都超过文献记录或早期简单调查获得的结果，说明占青藏高原 1/4 面积的羌塘高原地表环境条件远远超过目前的认识，特别是其巨大的水体和多样的地表植被具有的巨大的热容量对地—气水热交换产生重要影响，并影响到中国东部的气候变化格局。

【中国青藏高原研究会第六次全国会员代表大会暨2014 年学术论坛】 12 月 29—30 日，研究会第六次全国会员代表大会暨 2014 年学术论坛在北京市举行，116 位会员专家、学者参会。傅伯杰院士作了题为《新时期地理学的特征与任务》、王会军院士作了题为《我国气候的年代际变化》、邓涛研究员作了题为《走出西藏——第四纪冰期动物在青藏高原的起源》、郑洪波教授作了题为《青藏高原隆升的地貌响应——长江东流水系诞生》、朴世龙教授作了题为《青藏高原植被生长对气候变化的响应及其反馈》等学术报告。

大会审议了研究会工作报告，听取了第五届理事会秘书长朱立平研究员作的财务情况汇报和《关于研究会章程修改草案》的说明。会议审议通过了第六届理事会换届选举办法。大会选举产生了由 109 名理事组成的第六届理事会，通过了第五届理事会工作报告、财务报告、研究会章程修改草案和《中国青藏高原研究会会费收取的决定》。

大会期间，召开了中国青藏高原研究会第六届理事会第一次全体会议，选举产生了第六届理事会常务理事和负责人。姚檀栋院士当选为第六届理事会理事长，洛桑 · 灵智多杰（藏）、邓本太（藏）、岗青（藏）、侯增谦、张人禾、于贵瑞、朱立平当选为第六届理事会副理事长，欧阳华当选为第六届理事会秘书长，35 位理事当选为第六届理事会常务理事。

（撰稿人：朱立平）

中国环境诱变剂学会

学会建设 7 月 5 日和 11 月 7 日学会在北京市、江苏省南京市分别召开了第六届第四、第五次常务理事会，第三次理事会。对学会的各项工作进行了研究部署，确定了 2015 年学会学术年会的方案及学会今后的经营发展方向，增补两位理事。

7 月 8 日，中国环境诱变剂致突变专委会、中国环境诱变剂致畸专委会在山东省海阳市换届改选。

11 月 6 日，常务理事会、理事会通过学会毒性测试与替代方法专业委员会成立。

2014 年，学会推荐的柯扬、浦跃朴教授获得中国科协“全国优秀科技工作者”称号。

学会期刊 学会《癌变 · 畸变 · 突变》杂志为“中国科技论文统计源”期刊（中国科技核心期刊），每年发行 6000 册，收录本刊的数据库有 14 种。根据中国科学技术信息研究所的《2013 年版中国科技期刊引证报告》，期刊总被引频次 427 次，影响因子 0.398，他引率 0.99，基金论文比 0.742。可发表英文稿件，为进入国际著名数据库、检索系统奠定了基础。网络版实现全文上网，并开启“稿件远程办公系统”。

国内主要学术会议 2014 年，学会共举办重点学术会议 5 次，前沿高端会议 3 次，综合交叉会议 2 次。参会人员 658 人次，交流论文 476 篇。

11 月 6—9 日，学会第十六届学术年会“社会转型期对环境与健康的挑战——环境因素与慢性疾病”在江苏省南京市举办，参会 216 人，交流论文 159 篇。

10 月 18 日，学会活性氧生物学效应专委会在陕西省西安市举办氧化损伤与光气肺水肿机制研究学术论坛 2，参会 102 人，交流论文 88 篇。

7 月 8—10 日，学会致畸、致突变两专委会在山东省海阳市联合举办未来化学物（药物）遗传毒性、致癌性和发育毒性监测和评价方法研讨会，参会 1148 人，交流论文 79 篇。

6 月 9—12 日，学会风险评价专委会在宁夏回族自治区银川市举办环境风险与健康防护创新学术论坛，参会 103 人，交流论文 95 篇。

5 月 10—12 日，学会膳食与疾病专委会在北京市举办营养与疾病研讨会，参会 89 人，交流论文 55 篇。

国际组织任职 2014 年，学会曹佳、郝卫东、杨军当选为国际环境诱变剂联合会、亚洲环境诱变剂联合会执委。

国际交往 学会 10 位专家参加了 12 月 10—12 日在印度举行的第四届亚洲环境诱变剂大会（4st AAEMS）。

科普活动 2014 年，学会充分发挥各专业委员会的专业特点，开展科普活动、举办论坛、科普讲座、专家咨询、发放科普挂图、宣传册等活动。

9 月，学会抗诱变剂和抗癌剂专委会在黑龙江省哈尔滨市举办《膳食与癌症》专题讲座；6 月，学会致癌专委会在河南省郑州市举办《肿瘤预防》科普讲座，开发《如何通过改善饮食和生活习惯预防肿瘤》

科普挂图；10 月，学会风险评价专委会在北京市举办《环境、辐射与健康防护》科普讲座；10 月，出生缺陷防治专委会在北京市举办《药物与生殖健康》科普周。

【中国环境诱变剂学会第十六次学术年会】 11 月 6—9 日，由学会主办，东南大学公共卫生学院和江苏省环境诱变剂学会承办的中国环境诱变剂学会第十六次学术年会在东南大学举行。本次大会的主题为“社会转型期对环境与健康的挑战——环境因素与慢性疾病”，共有来自全国公共卫生学界的专家、学者 230 余人参加大会。大会名誉主席、中国工程院院士、中国环境诱变剂学会名誉理事长程书钧，大会主席、中国环境诱变剂学会理事长、北京大学常务副校长、医学部常务副主任柯杨，大会学术委员会主席、中国环境诱变剂学会理事长、第三军医大学曹佳，大会组委会主席、中国环境诱变剂学会副理事长、东南大学副校长浦跃朴以及江苏省科协学会部的有关人员出席了开幕式。

年会期间，程书钧院士等专家、学者做了 10 场大会学术报告，此外，大会还设立了青年学术论文分会场。与会代表围绕大会主题，展开了热烈的探讨交流。东南大学公共卫生学院教授陈瑞作了题为《肿瘤微环境参与致癌机制的探讨》的学术报告。

（撰稿人：高苏堤）

中国运筹学会

学术期刊 学会的两个学术期刊《运筹学学报》和《运筹与管理》完成了编委会改选工作。新的编委会从制度和技术手段上采取全新的运作方式，《运筹与管理》杂志目前已采用电子方式投稿、审稿和编辑管理，建立学报网站，采用网上稿件处理系统等。《运筹学学报》2014 年获首届上海市高校特色科技期刊奖。学会与德国斯普林格（Springer）出版集团和上海大学期刊社合作出版的 *Journal of the Operations Research Society of China* 获首届上海市高校最佳进步科技期刊奖。

《运筹与管理科学丛书》2014 年新出版了两本专著，《网络最优化》和《网上拍卖下的库存管理》。

国际学术会议 12 月 14—17 日，第十届国际互联网经济学术年会（The 10th Conference on Web and Internet Economic，WINE 2014）在北京市召开。学会理事长胡晓东和陈剑教授共同担任组委会主席，美国斯坦福大学教授叶荫宇、微软研究院研究员刘铁岩和香港科技大学教授祁琦共同担任程序委员会主席。来自 20 多个国家和地区的 150 余位专家、学者和研究生参加了会议。

国内主要学术会议 5 月 23—27 日，第八届中国智能计算大会暨国际电子商务联合会中国分会第三届年会在河北省秦皇岛市召开。来自全国近 20 个省、自治区、直辖市的数十所高等院校、科研单位以及企业的 100 多位专家、学者参加了本次大会。会议期间，17 位学者做了大会邀请报告，24 位学者做了小组报告。本次大会进行了“优秀论文奖”评选。对外经济贸易大学陈怿的论文《模糊环境下的定向问题》、东北大学秦皇岛分校张艳艳的论文《一种快速概念节点信息引入方法》、对外经济贸易大学王树西的论文《一类真值表与统计相结合的研究方法》荣获“优秀论文奖”。

会议期间召开了中国运筹学会智能计算分会理事工作会议，经过投票，决定 2016 年第十届中国智能计算大会由北京交通大学承办，并于 2016 年 5 月在北京召开。

5 月 9—12 日，由中国运筹学会数学规划分会主办，河南科技大学承办的第十届全国数学规划学术会议暨数学规划分会代表大会在河南省洛阳市召开。本次学术会议主题是交流最优化理论、算法及其应用的最新成果。中国科学院、清华大学、北京大学、复旦大学、浙江大学等全国 197 所高校和研究机构的 600 多名专家、学者参加了大会。河南科技大学校长孙金锋教授，中国科学院院士袁亚湘教授，中国运筹学会理事长胡晓东，数学规划分会第一任理事长越民义教授，第二任理事长韩继业教授，中国运筹学会数学规划分会理事长修乃华教授出席了开幕式。开幕式由河南科技大学数学与统计学院院长尚有林教授主持。

此次大会特别邀请了美国斯坦福大学的叶荫宇教授、中国科学院院士袁亚湘、香港理工大学陈小君教授、微软亚洲研究院陈卫教授、中国科技大学陈发来教授、云南大学郑喜印教授在大会上作主题报告；邀请了香港中文大学李端教授、重庆师范大学副校长杨新民教授、中国科学院戴彧虹教授等一大批国内知名学者专家作学科发展报告。

8 月 8—10 日，第十二届金融系统工程与风险管理国际年会（FSERM'2014）在山西大学召开。本次年会由中国运筹学会金融工程与风险管理分会、中国系统工程学会金融系统工程专业委员会、国家自然科学基金委员会管理学部主办，山西大学管理与决策研究所、经济与管理学院承办，本届大会的主题是“全面深化改革环境下的金融系统工程与风险管理”。来自美国、英国、日本、中国80余所高校和科研院所的188名注册代表（参会代表239人）参会。大会安排了2个主题报告、12个邀请报告和90个分会场报告，重点围绕金融工程、金融风险管理、资产定价、计算实验金融、宏观金融、行为金融与公司治理等学科前沿问题，做了充分交流，完成了金融系统工程与风险管理研究新进展——第十二届金融系统工程与风险管理国际会议综述。

国际组织任职 学会名誉理事长袁亚湘院士出任国际运筹学会联合会（International Federation of Operational Research Societies，IFORS）副主席，任期2013—2015年。

国际交往 10月26日，发展中国家科学院第25届院士大会在阿曼首都马斯喀特举行，中国科学院院士、学会名誉理事长袁亚湘荣获发展中国家科学院奖（原第三世界科学院奖），此次共有11位科学家获得9个类别的奖项，袁亚湘院士是数学奖的唯一获奖者。

12月3日，巴西科学院公布2014年巴西科学院院士增选结果，学会前任理事长袁亚湘院士当选巴西科学院通讯院士，成为我国大陆数学领域的第一位巴西科学院通讯院士。

科普活动 5月18日，全国科技活动周中国运筹学会科普日活动在中国科学院数学与系统科学研究院举行。学会理事长胡旭东研究员、北京青少年科技俱乐部周琳秘书长和中国科学院人事局原局长张志林出席了活动，来自北京八中、35中等十余所中学的师生以及学生家长共计200余人参加了科普日活动。学会理事长胡旭东致欢迎词。

中国科普作家协会原副理事长王直华、学会理事长胡旭东分别作了题为《科学不仅美丽而且美妙——共赏400年科学名画》《运筹学让生活更美好》的科普报告。

中国科协会员日 12月16日，中国科协会员日中国运筹学会活动—诺贝尔经济学奖获得者奥曼教授公众报告“Why Consciousness?（意识背后的为什么?）”在清华大学经管学院伟伦楼报告厅举行。奥曼教授的公众报告吸引了近200位清华大学及周边高校对运筹学和管理科学及相关感兴趣的领域师生和科技工作者。在报告中，罗伯特·奥曼教授首先分析了生命科学是什么、为什么的问题，然后界定了意识的概念，并指出今天的演讲关注的是意识存在的目的，即为什么，意识有何进化优势的问题。

【参加国际运筹学会联合会第20届国际学术交流】 7月13—18日，国际运筹学会联合会（IFORS）第20届学术大会在西班牙巴塞罗那国际会展中心举办。IFORS每3年举办一届全球性的学术大会，2014年第20届国际大会的主题是运筹学建模艺术（The art of modeling），吸引了来自世界各地的3000多人参加。会议的主要议程包括大会报告、分组学术交流、IFORS理事会、各区域组织理事会、评选运筹学国际联合会“运筹学国际进展奖”等。本届大会程序委员会收到了170个专题的2000多篇论文摘要，并安排了分组报告会。每天中午安排一个大会报告，邀请国际著名运筹学专家报告学科最近进展和观点

本届会议有近100位专家、学者来自中国。作为IFORS副主席的袁亚湘院士、学会理事长胡晓东、ORSC学会代表刘德刚，以及作为IFORS评奖委员会成员的学会秘书长刘克研究员都参加了会议，学会组织了22名会员同行参加会议，与国际同行开展学术交流，加强与国际组织的联系与合作。

本届运筹学国际联合会“运筹学国际进展奖评选出8个应用项目进入最后的角逐，这8个项目都作为在会议期间进行展示答辩，由评委现场提问打分，最终根据分数和评委会决议，评出1个一等奖、1个二等奖。本届评选中，有4个项目来自中国。

会议期间，亚太运筹学会联合会还召开了成员学会代表会议，袁亚湘作为IFORS主席、学会理事长胡晓东、学会国际代表刘德刚副秘书长出席了会议。本次会议的主要议题是讨论将于2015年在马来西亚古晋召开的第10届亚太运筹学会联合会学术会议的筹备情况。

会议期间，胡晓东理事长和刘德刚常务副秘书长专门与欧洲运筹学会联合会（EURO）主席Gerhard Wascher的两次会谈，共同商讨并决定于2015年5月初在上海召开首次中国运筹学会—欧洲运筹学联合会—连续优化学术研讨会。

【第十届国际互联网经济学术年会】 12月14—17日，第十届国际互联网经济学术年会（The 10th Conference on Web and Internet Economic，WINE 2014）在北京市召开。此次会议由学会、中国科学院数学与系统科学研究院和清华大学经济管理学

院共同承办，学会理事长胡晓东和陈剑教授共同担任组委会主席，美国斯坦福大学叶荫宇教授、微软研究院刘铁岩研究员和香港科技大学祁琦教授共同担任程序委员会主席。来自 20 多个国家和地区的 150 余位专家、学者和研究生参加了会议。会议的论文集由斯普林格出版社作为计算科学系列丛书 *Lecture Notes in Computer Science* 中的一卷出版。WINE 2014 的大会报告人包括诺贝尔经济学奖获得者 Robert Aumann 教授，图灵奖获得者姚期智教授，哥德尔奖获得者 Chris Papadimitriou 教授和 Roam Nisan 教授。诺贝尔经济学奖获得者 Robert Aumann 教授。

【2014 年学术年会】 10 月 18—20 日，学会 2014 年学术年会在江苏省徐州市召开，国际运筹学会联合会副主席、中国科学院院士、学会前任理事长袁亚，美国管理科学与运筹学协会主席 Robinson 教授，国际运筹学会联合会前任副主席、学会前任理事长章祥荪研究员和学会理事长胡晓东研究员出席了会议，来自国内外 100 余所高校、科研院所和企业的 400 多名专家、学者和师生参加了会议。

此次年会邀请了 6 位来自海内外的运筹学与管理科学的知名学者作大会报告，36 位专家针对 12 个研究方向做了专题报告，同时还安排了 30 个小组报告。会议期间还发布了《中国运筹学 2012—2013 年学科发展报告》。本次学术年会评选出中国运筹学会科学技术奖的 4 个奖项。中国科学院数学与系统科学研究院的韩继业研究员荣获终身成就奖，南京大学何炳生教授和香港城市大学洪流教授获得运筹研究奖，华中科技大学的沈吟东教授团队荣获运筹应用奖，上海财经大学何斯迈教授、中国科学院数学与系统科学研究院的吴凌云副研究员和浙江大学杨翼教授荣获青年科技奖。

袁亚湘院士和闫桂英研究员为江苏师范大学的学生做了科普报告。

（撰稿人：胡　洁）

中国菌物学会

服务创新型国家和社会建设　2014 年，学会菌物产业工作委员会筹划和举办了系列菌物产业专题论坛 3 个，近 1500 人参会，在菌物产业领域引起广泛关注和影响。

学会秉承传统，积极举办各类菌物学研究领域技术培训班，通过讲座、实验演示、学员实践以及野外采集等，使学员了解掌握国际先进研究进展和最新技术，全面提高科技人员技术水平，2014 年共举办真菌组学生物信息分析培训班、真菌基因组学培训班暨学术讨论会、现代真菌分类系统及命名培训班，受益人数约 600 人。

学会建设　7 月 27 日，学会召开了第六届全国会员代表大会，进行了理事会、常务理事会的改选。第六届理事会有 86 名理事，常务理事 27 名。截至 2014 年 12 月 31 日，学会个人会员 2976 名，会员人数比 2013 年增加 56 名。新增菌物产业分会、真菌毒素专业委员会、野生菌保护专业委员会。

学术期刊　学会主办期刊有 3 种，共发行 1.24 万册。其中，英文学术期刊 *Mycology*，为季刊，在本年度全面在线开放下载；中文期刊《菌物学报》为双月刊，本年度发行 6000 册；《菌物研究》为双月刊，本年度发行 6000 册。由中国高校科技期刊研究会主办的 2014 年中国高校农业期刊“编辑创新奖”评选活动在北京市举行，经中国高校农业期刊专委会相关专家组成的评审委员会评审，共评出编辑创新奖 25 家期刊。《菌物研究》在期刊数字出版与网站建设方面的突出表现获得中国农业期刊“编辑创新奖”。

国际学术会议　2014 年，学会共举办国际会议 3 次，分别为第十一届中韩菌物学学术研讨会、第十三届国际木霉菌和粘帚霉学术研讨会、第八届黏菌分类学及生态学国际会议，共有 615 人次参加会议，其中来自国外代表 239 名，交流学术报告 172 个，收录论文摘要 248 篇。

国内主要学术会议　2014 年，学会共举办国内学术会议 3 次，分别是第十届全国食用菌学术研讨会、2014 年学术年会暨贵州省食用菌产业发展高峰论坛、第十二届全国菌根学术研讨会，共有 1060 人次参加会议，交流学术报告 258 个，收录论文摘要 354 篇。

国际组织任职　学会是国际真菌协会（IMA）国家成员、亚洲菌物协会（AMA）国家成员。学会原常务副理事长庄文颖院士担任国际真菌协会（IMA）执委（2011—2014），学会理事长刘杏忠研究员担任亚洲菌物协会（AMA）主席（2011—2015），学会副秘书长蔡磊研究员担任亚洲菌物协会（AMA）秘书长（2011—2015）。

科普活动　2014 年，学会科普活动主要是依托挂靠单位中国科学院微生物研究所举行，举办的科普展览“菌物世界”长期对外开放。“菌物世界”中的“真菌与人类”部分，受众人数约800人次。

表彰举荐优秀科技工作者 根据《国家科学技术奖励条例》和国家科技部发布的《社会力量设立科学技术奖管理办法》，经过中国菌物学会第六届理事会第二次理事会议审议通过，中国菌物学会2014年设立戴芳澜科学技术奖，以鼓励菌物科技工作者积极开展系统性、原创性的科学研究、技术实践和技术创新。戴芳澜奖共设下列奖项：戴芳澜杰出成就奖、戴芳澜优秀青年奖、戴芳澜国际合作奖、戴芳澜优秀研究生奖。戴芳澜科学技术奖的评选工作于2015年正式启动。

学会推荐的车永胜研究员获中国科协“全国优秀科技工作者”称号；推荐的黄广华研究员获得国际真菌协会的杰出青年菌物学家奖；推荐的蔡磊研究员为“中国青年科技工作者协会”成员。

2014年学术年会上，表彰优秀学生奖6人，其中女性3人，年龄均在40岁以下。学会利用自己的官方网站宣传本年度科技工作者5人次。

【中国菌物学会第六届会员代表大会暨贵州省食用菌产业发展高峰论坛】 7月14—16日，由学会主办，贵州省农业科学院、贵州大学、贵州省微生物学会共同承办的中国菌物学会第六届会员代表大会（2014年学术年会）暨贵州省食用菌产业发展高峰论坛在贵州省贵阳市召开。大会历时3天，共有来自全国26个省、自治区、直辖市的近500名菌物学工作者、企事业单位人员及研究生代表参加。大会分为7个分会场，共安排117个口头报告，收集论文摘要192篇。

中国工程院院士李玉教授、中国工程院院士廖万清教授莅临开幕式，贵州省科技厅副厅长雷文蓉、贵州省科协副主席钱斌、贵州省农业科学院和贵州大学等支持单位与承办单位领导到会并致欢迎词。贵州省农科院院长刘作易教授作为承办单位代表讲话。在本届会员代表大会上，来自全国各地的学会会员代表履行权利，听取并审议了第五届理事会秘书长的工作报告及财务报告，选举产生了第六届理事会，通过新一届理事会的选举表决，产生了新一届理事会的领导及工作机构，顺利完成了换届选举工作，中国科学院上海植物生理、生态研究所研究员王成树当选新一届理事会理事长。

中国科学院“百人计划”入选者，国家杰出青年基金获得者、中国科学院上海植生所研究员王成树，上海巴斯德研究所研究员陈昌斌，中国科学院“百人计划”入选者，中国科学院微生物研究所研究员尹文兵，国家青年千人计划学者、浙江大学生命科学学院教授方卫国分别作了题为《真菌基因组研究进展》《白色念珠菌铁应答调控回路中关键因子的转录后蛋白修饰机制》《从转录调控到真菌天然产物的发现》《罗伯茨绿僵菌致病机理和毒力进化机制》的大会报告。

学术年会延续学会惯例，在会议注册当天举行专题论坛，分别为毒蘑菇和创新平台在真菌学研究中的作用。另外，会议安排专业领域分会场7个，涵盖了菌物多样性及系统学、植物病原真菌、菌物遗传及分子生物学、医学真菌、食用菌、药用真菌及次生代谢产物、菌根及内生真菌、虫生真菌、工业真菌等多个菌物学研究领域，共有来自全国高校、研究院以及企事业单位的101位专家、学者做了交流报告。在研究生组报告中，各位研究生同学使用英文进行口头报告，并有19位同学参加了“菌物杯青年学子科技创新奖”的评选，经过6位评委的评分统计，最终有6名同学获奖。

大会闭幕式由学会第六届理事会秘书长白逢彦研究员主持。新一届理事长王成树研究员在闭幕式致辞。学会主办期刊之一《菌物学报》在本次会议上产生了新一届编委会成员。

会议同期还召开了贵州省食用菌产业发展高峰论坛，邀请了中国工程院院士、吉林农业大学李玉教授等20余位国内知名学者，先后对贵州省铜仁市印江县，遵义市遵义县，贵阳市白云区等食用菌基地进行实地考察，分别听取了相关部门及企业负责人对各县、市食药用菌产业发展情况的汇报，并与企业负责人和从业人员进行深入交流，详细地了解食用菌种植基地和企业的建设发展情况及食用菌产业生产、加工、销售等情况，并对贵州省食药用菌的产业发展给予了评价。

【真菌组学生物信息分析培训班】 4月20—25日，由学会与中国科学院微生物所真菌学国家重点实验室创新性研究平台中心联合举办“真菌组学生物信息分析”培训班。来自全国科研院所、高僧院校的60余人参加了本次培训，同时培训课程也作为中国科学院微生物所博士专业课程对博士生开放选修，40名来自各院所的博士生同学选修了本课程。培训班邀请了中国科学院上海植物生理生态研究所研究员王成树，

中国科学院微生物研究所研究员刘杏忠、中国科学院微生物研究所研究员白逢彦作为主题报告人，从真菌基因组的比较与研究，真菌组学研究的策略和经验，真菌群体基因组学研究等方面，对真菌基因组学近年来的热点方向和关键科学问题进行了讲解与介绍。在之后的4天半的时间里，创新性研究平台中心团队的各位老师，在专题讲授的基础上以计算机实际操作为主，通过实例为基础向学员们讲授了拟测基因组真菌选择，基因组测序策略制定、基因组组装、共性分析、个性化分析等流程以及生物学与组学数据融合和论文设计等内容。在课程最后，邀请了通过创新性研究平台分析过真菌基因组和转录组数据，并发表了高质量论文的青年研究人员分享自己在真菌组学方面成绩、问题和设想，与参加学员互动交流。

（撰稿人：蒋　娜）

中国晶体学会

学科发展　2014年，由学会和各专业委员会共同撰写的《2012—2013晶体学学科发展报告》出版。7月7日，学会秘书处参加了中国科协举行的学科史项目开题会，王哲明教授向与会专家汇报了《中国晶体学学科史研究大纲（讨论稿）》。2014国际晶体学年，值得一提的是以下两项研究工作被两院院士评为2014年中国十大科技进展新闻，以及爱明诺夫奖首次颁给中国人。

清华大学医学院颜宁教授研究组在世界上首次解析了人源葡萄糖转运蛋白GLUT1的晶体结构，初步揭示了其工作机制及相关疾病的致病机理。该成果在《自然》杂志发表后，诺贝尔化学奖得主布莱恩·克比尔卡评价，针对人类疾病开发药物，获得人源转运蛋白结构至关重要。

清华大学生命科学院施一公院士研究组在世界上首次揭示了与阿尔茨海默病发病直接相关的人源γ分泌酶复合物（γ-secretase）精细三维结构，为阿尔茨海默病的发病机理提供了重要线索。相关成果以长文形式在线发表于《自然》杂志。

3月31日晚，在斯德哥尔摩音乐厅举办的瑞典皇家科学院的颁奖典礼上，清华大学的施一公教授荣获了2014年的爱明诺夫奖。此奖项的颁发，也是为了奖励施一公过去15年运用X-射线晶体学在细胞凋亡研究领域做出的杰出贡献。

国际学术会议　12月7—11日，由印度科学研究所（Indian Institute of Science）承办的第三届中印新晶体工程研讨会在印度班加罗尔印度科学研究所举行，学会组团参加。会议学术报告与讨论主要围绕有机（包括药物）晶体工程和配位聚合物／金属有机框架材料展开。总体上，印度方面的科研较多集中于有机分子晶体工程，而中方侧重于配位聚合物研究方面。不过，双方关注的研究领域有融合扩大的趋势，中印双方均有学者开始涉足共价-有机框架（COFs）材料、基于MOFs和COFs的纳米、凝胶和能源材料等等。

国内主要学术会议　9月1—5日，由学会与北京大学化学与分子工程学院共同主办的“粉末X射线衍射结构解析”2014年高级讲习班在北京大学举行。本次讲习班邀请了德国的Hermann Gies教授和瑞士的Lynne McCusker教授以及北京大学王颖霞、孙俊良2位教授授课，共有来自全国各地的博士生、青年教师等80余人参加，最后经测试合格的学员，由学会发给结业证书。

国际交往　8月5—12日，学会组团出席2014年国际晶体学联合会第23届学术大会与代表大会。

10月21日，瑞典皇家科学院院士Anders Liljas教授到中国访问期间，应学会邀请作题为*From a grain of salt to the ribosome*科普报告。

科普活动　2月24日，何梁何利基金高峰论坛——2014国际晶体学年专题报告会在北京大学举行，论坛由北京大学化学学院来鲁华副院长主持，学会原理事长饶子和、学会理事长高松分别演讲。来自中国科学院化学所、中科院生物物理所、北京大学化学学院和生命学院等院系的师生百余人参加了报告会。

8月4—7日，中国化学会第29届学术年会在北京大学举行期间，学会秘书处制作了“晶体学——科学与艺术的结晶”宣传大海报，并配发了联合国教科文组织和国际晶体学联合会的宣传资料。10月，《现代物理知识》科普杂志发行纪念2014国际晶体学年专刊。国内多名晶体学领域知名专家应邀供稿。

【学会理事长应邀参加国际晶体学年活动并作报告】　1月20—21日，约1200名代表汇聚在法国巴黎的联合国教科文组织（UNESCO）总部，参加由UNESCO和国际晶体学联合会（IUCr）启动的国际晶体学年活动。学会理事长、北京大学副校长高松院士应邀参加典礼，并作为中国代表，作了题为《中国（大陆）晶体学的过去、现在和未来》的演讲。联合国秘书长潘基文作了视频致辞，联合国教科文组织总干事Irina Bokova、IUCr主席Gautam R. Desiraju等先后致辞。来自印度、巴西、南非、俄罗斯和中国的专家、学者介绍了各自国家的晶体学的发展与研究现状。

高松院士回顾了我国晶体学学者在20世纪60—70年代的艰难环境下，在解析出高分辨率的胰岛素晶体结构所取得的成就，介绍了80年代以来、特别是进入21世纪，我国晶体学研究者和科学家在非线性光学晶体、准晶、超晶格、晶体结构分析、蛋白质的结构和功能或相关人类疾病的蛋白质复合物、分子功能材料及其晶体工程、新超导体材料、北京和上海同步辐射装置的建设和应用等方面所获得的成就。

开幕式后，为期一天半报告会的主题包括：晶体学的过去、现在和未来；晶体学对人类社会的贡献；晶体学、对称性和艺术；晶体学与国际合作；晶体学在不同方面的应用（从日常用品到火星土壤分析和研究古代艺术使用的晶体颜料）；衍射技术的发展等。2012年诺贝尔化学奖获得者Brian K. Kobilka发表题为《G蛋白偶联受体信号传输的结构基础》的演讲。

【高压新型量子材料国际研讨会暨国际晶体学年论坛】 8月19—21日，高压新型量子材料国际研讨会暨国际晶体学年论坛在北京市召开，学会王哲明教授代表中国科学院院士、中国晶体学会理事长高松致开幕词。本会议共有国内外注册代表100余人，分别来自美国、欧洲、日本等5个国家和地区，会议共有邀请报告36个，由学会资助了6名最佳墙报奖。

（撰稿人：陈　冲）

中国神经科学学会

服务创新型国家和社会建设 2014年，学会继续探索承接政府转移职能，再次申请到民政部承接社会服务试点项目——中国神经科学学会癌症疼痛的社会服务示范项目。学会以学会理事单位、国家卫生计划生育委员会“常见肿瘤规范化诊治试点单位”——上海交通大学医学院附属新华医院崇明分院为依托开展工作。

学会建设 11月1—2日，学会在上海市崇明县召开五届七次常务理事会，会议重点讨论了2015年学会年会事宜。

学会共申请到中国科协5个项目经费，学术交流项目1项，“党建强会”项目1项，管理制度改革基础培育工程项目1项，新观点新学说学术沙龙项目1项和神经外科发展研究项目1项。

学会和所属分支机构举办学术研讨会、论坛等国内外学术交流活动共8次，在华举办的国际会议共3次，共1753人次参加，境外专家学者235人次，交流学术论文588篇。

2014年学会个人会员总数达6592人，比2013年增长了14%，团体会员5个。

学会期刊 中国科学院上海生命科学研究院和学会主办的Neuroscience Bulletin在2014年发表了六期专辑，并且公开到学会网站上供会员免费下载。2014年期刊影响因子为1.832。

学科发展研究 由学会常务理事赵继宗院士担任首席科学家，组织编写《2014—2015神经外科学学科发展报告》。8月31日，组织召开学科发展报告开题会。

国际学术会议 6月24—27日，由学会主办，苏州大学承办的第八届海内外华人神经科学家研讨会在江苏省苏州市举办，会议规模300人。本次会议立足于神经科学的最新进展，并突出基础与临床的结合，在神经发育、学习记忆及突触可塑性、神经性疾病、神经再生和干细胞、感觉系统、离子通道、神经计算、药物成瘾及精神疾病等多个领域展开了深入探讨。

国内主要学术会议 8月22—23日，中国科协第87期新观点新学说学术沙龙——2014中国阿尔茨海默病诊治新靶标高峰论坛在上海市召开。沙龙围绕“阿尔茨海默病病理损害机制研究进展及当前诊治靶标的价值和不足之处”、“脑糖脂代谢异常在阿尔茨海默病发生发展中的作用及其相关特征作为诊治新靶标的潜在价值”、“阿尔茨海默病的早期识别和防治”三个主题展开了讨论。

国际组织任职 中国科学院院士、学会理事长段树民和秘书长何士刚教授分别担任亚太神经科学联合会主席和秘书长。学会理事陈应城教授担任国际脑研究组织亚太区主席。

国际交往 1月，与日本神经科学学会（JNS）合作，学会承担了推荐日本神经科学学会年会差旅资助项目。学会组织9位评委对49份申请材料进行了评审选拔，最终向JNS推荐了6名优秀青年学生。

7月，学会参加了欧洲神经科学联盟组织的论坛，首次以学会名义参加国际系列学术会议，在国际舞台上宣传学会及2015年会。

科普活动 5月，学会联合挂靠单位组织了“转基因科普的困境和对策”的公众科普活动。

学会创新发展 2014年学会工作重心转移，开始探索承接政府转移职能的社会服务工作。该项目研发出远程疼痛自我管理软件，通过该移动管理终端，构建医患沟通与癌痛管理的桥梁，培养癌痛患者自我管理的习惯。

党建强会 学会与挂靠单位中国科学院上海生命科学研究院的多个学会（包括中国生物化学与分子生物学学会，中国植物生理与植物分子生物学学会）建立了联合党支部，申请到中国科协“党建强会”计划“十百千”特色活动项目。

4月25日，联合党支部倡议发起“向四川大凉山儿童捐衣物”活动，伸出热情的援手，把闲置的衣服捐赠出来，带给大凉山的孩子们一片温暖。

10月14日，学会党支部在复旦大学上海医学院举行“科研伦理学和神经科学前沿学习班”，邀请美国匹兹堡大学的Zigmond教授、Fischer教授进行授课。

会员服务 学会开始向会员发布学会简报，反映学会年度工作的综合信息，形成服务会员的一种新方式。

6月24—28日，学会承办国际脑研究组织培训班，对会员进行培训。学习国际上神经科学的最新进展。

中国科协会员日 11月28日，中国植物生理与植物分子生物学学会、中国生物化学与分子生物学会、中国神经科学学会、上海市植物生理学会、上海市生物化学与分子生物学学会、上海市神经科学学会、上海市生物工程学会共7家学会联合组织了2014年中国科协会员日活动。

【农村地区晚期癌痛的社会服务示范项目】 学会组织建立了农村地区晚期癌痛的社会服务示范项目专家评审团，对活动预案、申报、实施计划、中期汇报，终期汇报进行评估审核，严格把握此活动的进展。该项目分五步开展：

①完善地区癌痛防治网络建设，逐步实现本项目覆盖地区癌症疼痛的合理、有序、规范的分诊救助；以癌痛规范化诊疗示范病房为抓手，针对崇明地区各级医疗机构的医护人员进行癌痛诊治的规范化培训，并且为基层医疗单位医务人员提供癌痛知识在线学习条件，推进规范化的癌痛诊治。组织癌痛规范化诊疗系列讲座8场次，培训人员近300人次；

②深入崇明地区疾控中心、二级医院、社区卫生服务中心和临终病房11次。在医院门诊、病房及社区卫生服务中心，开展舒缓疗护、健康体检、大型义诊等活动，通过多种形式为崇明地区癌痛患者提供综合性姑息宁养服务；

③定期组织新华医院崇明分院及邀请上海市区的肿瘤专家开展医疗下乡（进社区）活动，为部分癌痛患者提供长期医学救助服务，为经济条件较差的终末期患者适当提供抗痛、升血等药品，减轻患者经济负担；

④深入病房、癌症康复协会、社区卫生服务中心等基层医疗单位，举办癌痛患者及家属健康宣教活动12次，受益1300余人次；印制并发放《癌痛患者教育读本》2000余册，健康宣教单页4000余页。提高癌痛患者、患者家属及基层医护人员对癌痛的认识，推广积极、科学的治疗理念；

⑤升级癌痛的智能化自我管理系统，进一步提升及维护患者远程诊疗系统后台数据库的建设，建立医患全天候24小时动态监护，减少患者就医次数，大力推行癌痛病人远程医疗服务建设，缓解患者疼痛，提高生活质量，也为癌痛患者分级救助夯实基础。

【第八届海内外华人神经科学家研讨会】 6月24—27日，由学会主办，苏州大学承办的第八届海内外华人神经科学家研讨会在江苏省苏州市举办。会议邀请到中国科学院院士、复旦大学神经生物学研究所教授杨雄里，苏州大学副校长蒋星红教授，学会秘书长何士刚教授。来自美国、加拿大及中国的52位海内外的优秀青年科学家做精彩的大会报告。本次会议立足于神经科学的最新进展，并突出基础与临床的结合，在神经发育、学习记忆及突触可塑性、神经性疾病、神经再生和干细胞、感觉系统、离子通道、神经计算、药物成瘾及精神疾病等多个领域展开了深入探讨。会议凝聚了来自海内外的华人神经科学家约300人，共收录墙报54篇。

会议期间还组织了两组评委（共6人），对本次参会的学生墙报进行了现场评选。来自中国科学院神经科学研究所、中国科学院心理研究所、中国科学技术大学、东南大学、浙江大学和苏州大学的6名研究生获得了本次会议的优秀墙报奖。2016年的年会将在安徽举行，2018年会议将在山东省青岛市举行。会议选出下届会议的四位主席，分别是中国科技大学的毕国强教授为国内主席，青岛大学的谢俊霞教授为国内副主席，海外主席分别是约翰霍普金斯大学教授 Hongjun Song 和德雷塞尔大学医学院教授 Wenjun Gao。

（撰稿人：傅　璐　韩　雪）

中国机械工程学会

服务创新型国家和社会建设　2014 年，学会作为中国工程院重大战略咨询项目“制造强国战略研究”子课题“机械制造业强国战略研究”的依托单位，组织专家深入企业、研究单位调研，召开研讨会，完成研究报告。作为中国工程院重大战略咨询项目“创新设计发展战略研究”的主要依托单位之一，组织专家深入企业、园区调研，召开座谈会、研讨会，开展项目研究；组织编撰《中国好设计案例集》；发起成立中国创新设计产业战略联盟，该联盟 10 月 11 日在浙江省杭州市成立。承担中国工程院战略咨询项目“工业强基战略研究”之子课题“机械制造业强基战略研究”。继续承担中国工程科技知识中心制造业分中心的建设工作。

受科技部委托，承担国家中长期科学和技术发展规划纲要（2006—2020 年)》制造业领域实施情况评估工作，并提交了评估报告；受国家发展和改革委员会委托，分别对北京航空航天大学提出的增材制造技术国家工程实验室方案和湖南华曙高科技有限责任公司提出的复杂构件精密增材制造国家工程实验室方案进行了论证，并提交了论证报告。

组织本会专业分会和相关行业组织，开展机械工程分领域技术路线图的研究工作，继续开展机械制造、物流工程、创新设计、塑性工程、设备工程等 5 个领域的研究工作，并完成了报告初稿。在此基础上又启动了特种加工技术、食品与包装机械技术、焊接技术 3 个分技术领域路线图的研究。

学会和山东机械工程学会在山东省泰安市联合主办“数控一代”机械产品创新应用示范工程推进会。中国机械工程学会理事长、中国工程院院长周济作题为《以数字化网络化智能化为主线　创新驱动　转型升级》的主旨报告。他指出，制造业数字化网络化智能化是新一轮工业革命的核心技术，而“数控一代”和“智能一代”机械产品均是信息化与工业化深度融合的产物，机械产品的数控化和智能化创新具有鲜明的特征，具有本质的规律，可以普遍运用于各种机械产品创新，引起机械产品的升级换代。

开展机械行业人才状况调研，形成中国机械行业人才报告和中国机械行业人才总结报告。

承办两期高级研修班，分别为中国科协委托的“节能减排与企业能源管理高级研修班”和人社部委托的“工业机器人主要技术、装备及其应用高级研修班”。

2014 年，学会组织编写的《中国机械史 · 图志卷（中文版)》由中国科学技术出版社出版。学会焊接分会组织专业图书的编写工作，编写完成了《焊接手册（第 2 卷）· 材料的焊接》(第 3 版修订本)、焊接科学基础丛书之《材料焊接科学基础》和《焊接方法与过程控制基础》、《焊接机器人实用手册》等专业图书，由机械工业出版社出版。

中国工程教育专业认证协会（筹）机械类专业认证分委员会秘书处挂靠在中国机械工程学会，作为机械类专业认证分委员会日常办事机构。2014 年，秘书处在分委会领导下，组织完成了对杭州电子科技大学、贵州大学、长沙理工大学、南京工业大学、沈阳工业大学、北京理工大学、武汉理工大学、山东大学、安徽理工大学、哈尔滨工业大学、太原科技大学、上海交通大学等 12 所学校 14 个机械类专业点认证考查工作。

2014 年，学会通过认证的各级各类机械工程师 3971 人。组织 2014 年机械工程师资格全国统一考试。11 月 15 日，2014 年机械工程师资格全国统一考试在全国 20 个省、自治区、直辖市举行。全国共有 803 人报名参加考试。

为摸索科学有效的工程师能力评价办法，2014 年 4 月，在山西省太原市组织了首次机械工程师面试试点，共有 16 人参加本次面试，13 人最终取得机械工程师资格。

学会建设　2014 年，学会召开理事会议 1 次，常务理事会议 2 次，全国总干事秘书长工作会议 1 次。

3 月 6—7 日，学会 2014 年总干事秘书长工作会议在北京召开。学会各专业分会总干事、各省区市机械工程学会秘书长以及工作总部相关工作人员共 120 余人出席了会议。学会监事长宋天虎出席会议。会议部署了 2014 年学会工作，要求把做好承接政府转移职能工作作为重中之重。会议对学会系统 2013 年度最具影响力学术会议、最具影响力综合活动平台、2013年度先进分会和先进省区市学会进行了表彰。会上4个分会和4个省机械工程学会作了工作经验交流。

7月3日，学会十届六次常务理事（扩大）会议在辽宁省大连市召开。学会理事长周济，8名副理事长等常务理事，1名监事，部分理事、部分专业分会总干事、省区市学会秘书长以及工作总部工作人员等共50余人参加会议。会议由副理事长包起帆主持。会议原则通过“关于开展科技成果鉴定工作的议案”和《中国机械工程学会分支机构管理办法》。

11月10日，学会十届七次常务理事（扩大）会议在陕西省西安市举行，学会理事长周济和6名副理事长等共40名常务理事出席会议，监事长宋天虎和2名监事，学会副秘书长列席会议。会议由学会理事长周济主持。会议审议通过十届四次理事（扩大）会议议程、部分专业分会换届方案和部分分会委员调整方案。

11月10日，学会十届四次理事（扩大）会议在陕西省西安市举行，学会理事长周济和6名副理事长等共140名理事或理事代表出席会议，监事长宋天虎和两名监事，学会副秘书长、部分专业分会总干事、省区市学会秘书长以及工作总部工作人员列席会议。会议由学会副理事长李新亚主持。学会副理事长兼秘书长张彦敏汇报了学会2014年工作情况及2015年重点工作建议，学会副秘书长左晓卫做了关于理事增补说明。会议原则通过上述文件，决定增补王振林、杨华勇、杨善林为第十届理事会理事。

2014年，所属4个专业分会完成换届，9个分会委员会做了调整。

2014年，学会编辑出版《中国机械工程学会年鉴》(2014)和《中国机械工程学会服务指南(2014)》等内部刊物和资料。

2014年3月，学会开通微信公众号，截至2014年年底，关注用户达到6700余个。

2014年，中国机械工程学会编辑出版《机械工程导报》《学会动态》《机械工程师资格认证工作通讯》。

科技期刊国际影响力提升计划 《中国机械工程学报》获得中国科技期刊国际影响力提升计划C类资助。

《机械工程学报》入选“2014中国最具国际影响力学术期刊”;《中国机械工程》和*Chinese Journal of Mechanical Engineering*入选“2014中国国际影响力优秀学术期刊”。

学术期刊 2014年，学会主办科技期刊36种，刊登论文11145篇，总印数191万册。《机械工程学报》继2013年之后继续获得中国科协精品科技期刊培育计划——学术质量提升项目资助,《中国机械工程》《塑性工程学报》《中国表面工程》3种期刊获得学术质量提升项目资助,《机械工程学报》获得科技期刊出版人才国际培训项目资助。

学科发展研究 继2013年完成《机械工程学科发展研究（微纳制造和特种加工)》(2014年4月出版）之后，2014年继续承担中国科协学科发展研究项目，成立了以国际摩擦学理事会副主席、中国机械工程学会摩擦学分会前主任委员雒建斌院士为首席科学家的项目组，启动《机械工程学科发展研究（摩擦学)》工作。

国际学术会议 2014年，学会组织召开的较有影响的国际会议有：2014智能制造国际会议、2014年绿色制造国际论坛、中美工程技术研讨会——新工业革命与智能制造论坛、第2届未来热处理及表面工程与能源国际会议、第七届中国国际摩擦学会议、2014国际机器人焊接、智能化与自动化会议等。

5月7日，以“创新驱动‘智’造未来”为主题的2014智能制造国际会议在北京召开。中国科学院院士、中国工程院院士、学会荣誉理事长路甬祥，工业和信息化部部长苗圩，学会理事长、中国工程院院长周济院士，德国机械设备制造业联合会电子自动化分会主任、德国工业4.0实施平台首席专家Rainer Glatz、通用电气（GE）中国发电及水处理集团亚洲全球供应链副总裁Olivier Fontan、德国威步信息系统有限公司总裁Oliver Winzenried从不同角度阐述了智能制造的深刻内涵及未来发展，奉献了6场精彩的主题报告，吸引了500多名海内外业界专家参会。

5月28—30日，由学会发起，联合绿色制造技术产业创新战略联盟、英国机械工程师学会、美国机械工程师学会、香港安乐工程集团等共同主办的2014年绿色制造国际论坛，以“绿色制造·全球共识”为主题，邀请来自中国、英国、美国、乌克兰的10位专家围绕主题做大会报告，48位专家在专题论坛上作报告，吸引了来自全国各地企业、科研院所、大专院校的400余位科技工作者参加。

5月29日，学会联合中国工程院、国家外国专家局、美国机械工程师学会，在北京举办“中美工程技术研讨会——新工业革命与智能制造论坛”，学会理事长、中国工程院院长周济，人力资源与社会保障部副部长、国家外国专家局局长张建国，美国机械工程师学会理事长 Madiha Kotb 到会致辞，邀请来自中美工业界、学术界和政府部门的6位专家作了精彩报告，吸引了70余家单位的近200名代表与会交流。

国内主要学术会议 2014年，学会共组织各类学术会议102次，15234人次出席，交流论文4003篇。2014年，学会举办的国内学术会议主要有：2014年中国机械工程学会年会、2014中国铸造活动周、第八届全国流体传动与控制学术会议、第十届全国表面工程大会暨第六届全国青年表面工程论坛、2014年全国高分子材料科学与工程研讨会、2014年全国机械行业可靠性技术学术交流会、2014年全国设备监测诊断与维护学术会议等。

两岸交流 3月21—26日，应中国台湾地区上银科技股份有限公司邀请，学会派副秘书长左晓卫赴台，就继续合作开展“第四届上银优秀机械博士论文奖”的评选、修订评选条例等进行了商谈，签署双方合作的补充协议，考察了“第十届上银机械硕士论文奖”颁奖程序运行模式。在台期间，还拜访了台湾大学、成功大学等高校的机械学院，与台湾同行进行了广泛交流。

9月3日，由海峡两岸机械工程学会共同主办的第十七届海峡两岸机械工程技术交流会在福建省厦门市召开，包括20多名台湾地区代表在内的130名海峡两岸机械工程专业人士参加。会议以“创新设计”为主题，来自大陆与台湾地区的10位专家学者作了报告，就机械加工与检测、企业管理、交互体验、平台建设等多个领域的创新设计进行交流研讨。

国际交往 10月21日，学会副理事长兼秘书长张彦敏在北京会见了美国焊接学会国际事务主任 Jeff Kamentz，双方进行了会谈，达成了在会员服务、出版物、研讨会、教育培训领域开展合作的意向。

10月28日至11月1日，应日本设计振兴会的邀请，学会副理事长兼秘书长张彦敏率领中国创新设计产业战略联盟代表团一行11人赴日本访问，参加中日好设计交流会，参观学习2014年度日本好设计展及2014东京设计周，同时参加日本设计大师深泽直人关于无印良品的新创想演讲会等活动。

科普活动 7月12—20日，学会联合陕西恒通科技有限公司，以“3D打印”为主题，参加了由中国科协举办的首届夏季科学展。活动现场不仅展示了多台3D打印机和激光雕刻机，还现场打印和雕刻了多件工艺品，结合3D打印图书、视频、图片展板等方式全方位展现3D打印技术的魅力。

学会组织编写的科普图书《3D打印 打印未来》获得“2014年度全国优秀科普作品奖”。此奖项由科技部设立，2014年全国共有50部作品入选。2014年，该书还获得“第三届中国科普作家协会优秀科普作品奖”银奖。

表彰举荐优秀科技工作者 中国机械工业科学技术奖2014年共受理申报项目728项，经评审，共有373个项目获奖，其中，特等奖4项、一等奖30项、二等奖146项、三等奖193项。

2014年，通过中国机械工业科学技术奖项目向国家科学技术奖推荐候选项目14项，最终获得国家科学技术奖3项，其中技术发明二等奖1项，科技进步奖二等奖2项。另有一个联合申报项目获得国家科学技术进步奖一等奖。

2014年进行了第四届上银优秀机械博士论文奖评选，共有29篇论文获奖，其中银奖论文2篇、铜奖论文4篇、优秀奖论文8篇、佳作奖论文15篇，金奖论文空缺。11月9日，在陕西省西安市举行了颁奖仪式。

2014年度“绿色制造科学技术进步奖”共授予11个项目，其中，一等奖2项、二等奖2项、三等奖2项，优秀奖5项，在11月10日召开的2014年中国机械工程学会年会开幕式上颁奖。

2014年，经学会推荐3人荣获中国科协第六届“全国优秀科技工作者”称号，他们均为中国机械工程学会理事，另有5名理事通过其他渠道推荐也获此殊荣。

【2014年中国机械工程学会年会】 11月8—11日，由学会、西安市人民政府主办，陕西省机械工程学会、西安交通大学、西北工业大学、陕西鼓风机（集团）有限公司、中国重型机械研究院、陕西秦川机床工具集团有限公司联合承办的2014年中国机械工程学会年会在安交通大学召开。本届年会以“中国制造2025”为主题，吸引了来自全国各地500余名机械科技工作者参加。

11月10日，年会举行开幕式和颁奖仪式，颁发了“第4届绿色制造科学技术进步奖”和“第4届上银优秀机械博士论文奖”。

大会主旨报告会由学会副理事长林忠钦主持。学会理事长周济作了题为《中国制造2025》的主旨报告。他在报告中提到，中国已经成为全球制造业大国，但还不是制造业强国，实现由制造业大国向制造业强国的转变，是新时期中国经济发展面临的重大课题。建设制造业强国，要实施“中国制造2025”，以“创新驱动、质量为先、绿色发展、结构优化”为发展方针，实施八大战略对策。智能制造——制造业数字化智能化是新的工业革命的核心技术，是通过两化融合带动产业转型升级的共性使能技术，贯穿在产品创新、制造技术创新和产业模式创新的各个方面，是推进“中国制造2025”、推进创新驱动、转型升级的主线。要打造中国制造升级版，促进制造业实现由要素驱动向创新驱动转变、由低成本竞争优势向质量效益竞争优势转变、由资源消耗大和污染物排放多的粗放制造向绿色制造转变、由生产型制造向服务型制造转变，以制造业的繁荣和强大，托起中华民族伟大复兴的中国梦。

美国辛辛那提大学讲座教授、美国国家科学基金会（NSF）智能维护系统产学合作中心主任李杰在《智能机器和工业4.0制造系统的智能分析与战略》的报告中介绍了德国提出的工业4.0、CPS与美国工业大数据计划的概念、发展及推动产业创新的方法和案例，分享了各工业大数据领域的工作，探讨了大数据、物联网及云计算技术与工业产业相结合的机会及发展方向，以及如何形成协同创新机制与建立工业大数据创新合作平台等问题。

学会常务理事、国家自然科学基金委员会工程与材料科学部副主任王国彪以《中国机械工程学科基础研究进展》为题作报告。报告首先对2014年度机械工程学科的科学基金资助情况进行了汇报，并从不同角度和分类对资助情况进行了说明。其次，根据中国机械工程学会五年事业发展规划要求及政府职能转移工作部署，学会从2014年起决定发布中国机械工程科技进展，旨在推动该学科科技进步，引导和鼓励行业科技新发展。

本次年会发布了10项代表机械工程学科重要进展的项目，分别是：飞机大型整体结构件测量／加工一体化关键技术及应用；盾构装备自主设计制造关键技术及产业化；数控七轴五联动螺旋桨加工重型车铣复合机床；大型高效柔性全自动冲压生产线；极端条件下重大承压设备的设计、制造与维护；关联面形约束的大型复杂曲面加工技术与装备；空间折展与锁解机构关键技术；数字化无模铸造精密成形技术及装备；螺旋锥齿轮数控加工关键技术与成套装备；纳米精度多自由度运动系统关键技术及其应用。

陕西鼓风机（集团）有限公司（简称“陕鼓”）董事长印建安的报告题为《制造转型商业模式的研究与实践》。报告从市场经济本质的认识、市场变化发展趋势分析和中国制造业的转型实践三个方面，结合陕鼓的实际，介绍了陕鼓转型的发展战略、实践经验和阶段成效。报告认为，陕鼓的转型，探索开辟了制造业转型升级的新路，形成了独具特色的制造服务商业模式，为客户创造了更大的价值，同时实现了自我的快速发展。

2014年年会还举办了丰富多彩的专题活动，包括2014年绿色制造科技成果交流会、2014年全国电火花成形加工技术研讨会、机床制造技术与制造业信息化学术研讨会、先进制造技术与制造业信息化报告会、机械加工与制造业信息化工作进展交流、2014液压技术基础研究论坛和机械工程学科发展（摩擦学）研讨会等。

年会期间，与会代表还参观了陕西鼓风机（集团）有限公司的远程故障诊断系统、西安交通大学机械制造国家重点实验室以及中国重型机械研究院股份公司国家重点实验室。

【中国创新论坛之走进辽宁主题报告会】 7月3日，中国创新论坛之走进辽宁主题报告会在辽宁省大连市举行。本次活动由学会主办，辽宁省机械工程学会、大连市科协、大连理工大学承办。学会理事长、中国工程院院长周济出席并致开幕词。近400人参加了此次活动。

学会副理事长、西安交通大学卢秉恒院士作题为《高端数控制造装备与创新》的特邀报告。报告重点介绍了制造业对数控制造装备的需求，我国数控制造装备近年来的发展，高端机床向智能装备发展的趋势以及创新驱动战略等内容。

大连理工大学工业装备结构分析国家重点实验室学术委员会副主任程耿东作了题为《数值模拟和优化设计助力制造信息化》的报告。他提出，当代信息技术的发展使得信息的采集、传输、贮存、处理和解释，在速度、容量和可靠度上都有大幅提升，制造技术的各个环节，包括产品设计与优化、加工制造、设备控制和智能化、产品的智能化和自动化、在线监测等，都应加快实现信息化。通过获取、传输、贮存，处理和解释这些过程中需要的信息，形成新的信息，再利用这些信息实现操作，则是实现信息化的关键；而认识这些环节中的规律，将其表达为计算机可处理的知识和软件，获取关键的数据形成数据库，更是将这些环节信息化和数字化的根本。信息化和数字化驱动我们必须加强对各个环节的科学研究。

中国机械工业联合会顾问隋永滨作了题为《新能源形势下装备制造业的任务》的报告。报告着重介绍了我国在核电、石油天然气集输、天然气液化、煤炭深加工等能源工业领域装备制造的现状、发展趋势和新的需求方向。

活动期间，部分代表还参观了大连理工大学精密与特种加工教育部重点实验室和大连机床集团有限责任公司。

【2014 智能制造国际会议】 5 月 7 日，由工信部、科技部、中国科学院、中国工程院共同主办，中国电子信息产业发展研究院、学会承办的 2014 智能制造国际会议（2014 International Intelligent Manufacturing Conference）在北京召开。以“创新驱动‘智’造未来”为主题的智能制造国际会议吸引了 500 多名海内外业界专家参会。

会议由学会副理事长、机械科学研究总院院长李新亚主持。中国科学院院士、中国工程院院士、学会荣誉理事长路甬祥，工业和信息化部部长苗圩，中国工程院院长、学会理事长周济，德国机械设备制造业联合会电子自动化分会主任、德国工业 4.0 实施平台首席专家 Rainer Glatz、通用电气（GE）中国发电及水处理集团亚洲全球供应链副总裁 Olivier Fontan、德国威步信息系统有限公司总裁 Oliver Winzenried 从不同角度阐述了智能制造的深刻内涵及未来发展，作了 6 场主题报告。

路甬祥在深入分析制造文明进化过程和互联网时代制造技术发展的基础上，明确指出了中国制造的未来发展方向——网络智能制造。苗圩作了题为《推进工业化和信息化深入融合，打造制造业升级版》的报告，从深刻认识和把握制造业发展新趋势、深入实施创新驱动发展战略、大力推进信息化和工业化深度融合三个方面，谈到了自己的体会和认识。周济作了题为《制造业数字化、网络化、智能化与“中国制造 2025”》的报告，介绍了开展“制造强国战略研究”和实施“中国制造 2025”建议的主要内容。Rainer Glatz 向中国的听众深入浅出地介绍了德国工业 4.0 的深刻内涵。Oivier Fontan 介绍了通用电气（GE）在先进制造方面取得经验和成果。Oliver Winzenried 就互联网时代的信息安全问题阐述了自己的观点。

会议同期还举办了多场专题交流活动，包括第三届物流装备绿色与智能技术研讨会、2014 先进智能制造技术发展研讨会和中国智能工厂建设发展大会等。

会议同期举办了 2014 北京国际工业智能及自动化展览会，吸引了来自德国、日本、美国、意大利、瑞士、印度、丹麦等国家和地区的 203 家企业参展，展出面积 2 万平方米，共吸引专业观众和买家 1.5 万余人。

【中美工程技术研讨会——新工业革命与智能制造论坛】 5 月 29 日，中美工程技术研讨会——新工业革命与智能制造论坛在北京召开。本次论坛由中国工程院、国家外国专家局、中国机械工程学会、美国机械工程师学会主办，吸引了 70 余家单位的近 200 人参会。

论坛开幕式由学会副理事长兼秘书长张彦敏主持。中国工程院院长、学会理事长周济，人力资源与社会保障部副部长、国家外国专家局局长张建国，美国机械工程师学会理事长 Madiha Kotb 分别代表主办单位致词。

来自中美工业界、学术界和政府部门的 6 位代表作了精彩报告。中国工程院院士、清华大学教授柳百成作了题为《中国制造业的现状及展望》的报告，美国佐治亚理工学院教授、2012—2013 年度美国总统办公室科技政策部先进制造助理主任 Thomas Kurfess 作了题为《美国制造业的政策与技术发展目标》的报告，沈阳新松机器人自动化股份有限公司总裁曲道奎博士作了题为《机器人驱动中国制造模式变革》的报告，美国圣母大学教授、2012—2013 美国商务部先进制造国家项目办公室副主任 Steven Schmidt 作了题为《物联网及制造业的未来》的报告，中航工业北京航空制造工程研究所副总工程师巩水利作了题为《中国增材制造技术及其对制造业的影响》的报告，美国国家国防制造与加工中心总裁兼总经理、美国国家增材制造创新研究所创始人 Ralph Resnick 作了题为《美国国家增材制造创新研究所——助力增材制造创新》的报告。报告人围绕“新工业革命与智能制造”主题，探讨新兴技术与商业模式，分享产品创新理念与心得，预测智能制造业发展趋势，并与参会者积极互动。

【2014 年绿色制造国际论坛】 5 月 28—30 日，

2014 年绿色制造国际论坛在江苏省张家港市举办。本届论坛由学会发起，并联合绿色制造技术产业创新战略联盟（以下简称“绿色联盟”）、英国机械工程师学会、美国机械工程师学会、香港安乐工程集团等共同主办，以“绿色制造 · 全球共识”为主题，由大会特邀报告会和绿色设计与评价、绿色制造工艺、能量效率评价与提升、装备与部件再制造、废旧电子电器产品资源化利用、绿色制造技术标准 6 个专题分论坛组成。

中国机械工业联合会副秘书长、“绿色联盟”秘书长李冬茹作了题为《中国绿色制造技术发展与展望》的报告中，重点介绍了我国绿色制造领域的研究进展状况，并介绍了“绿色联盟”所开展的工作、取得的成果以及国家政策支持等。

英国剑桥大学教授 Steve Evans 作题为《在可持续性世界中，什么是工业的未来》的报告，并指出制造业的未来充满机遇和挑战，面对全球资源、环境的约束，制造企业需要提高能源效率、增强国际化意识、积极参与全球合作，从根本上改变产业生产系统，最终实现具有生态效益的可持续制造目标。

英国考文垂大学教授李卫东作题为《数字化与可持续化制造发展研究》的报告，并指出未来制造需要从产品全生命周期的绿色化入手，通过协同设计、加工过程优化、自适应快速成型、选择性拆卸等技术，在数字化智能化制造的同时，有效地监控并优化能源／碳的使用与排放，进一步推动可持续制造的创新发展。

北京神雾集团董事长吴道洪作题为《发展先进燃烧技术 推进绿色工业发展》的报告，着重介绍了公司自主研发的第三代燃烧技术——蓄热式高温空气燃烧技术，该技术以蓄热式高温空气燃烧技术及直接还原炼铁技术为核心，重点研发了八项节能减排技术及其成功的推广。

乌克兰工程院院士 Volodymyr Kovalenko 作题为《激光绿色制造技术研究与应用进展》的报告，报告重点介绍了在激光加工领域的最新研究成果和应用案例，其中自主开发的激光专用粉体材料、超音速激光沉积（SLD）以及电磁协同激光加工、激光组合增材制造（LCAM）等复合强化技术，克服了激光单一热源作用下的不足，解决了“硬而薄”以及“变形”等难题，同时，研发了成套设备并且投入市场应用，实现了产业化。

美国密歇根大学 Steven Skerlos 教授作题为《推进系统优化和工艺技术的可持续制造》的报告，该报告指出，制造业可持续发展需要满足四个重要因素，即经济、环境、社会、功能，由此提出了两个观点，一是归因生命周期评估。该方法综合了市场信息，以新设计和新政策为表现形式，对创新设计做出预测，并对产品的环境、社会等影响进行评价；二是生产系统的优化，并提出了几种系统优化的方法。

中国地质大学程寒松教授作题为《氢技术实现绿色制造》的报告，报告大胆预测：氢技术的应用将对全球能源结构产生根本性的变革，实现了常温常压液态下高效安全地储存和运送的氢气，有着降低材料和设备的成本、安全性高、不产生废弃物等诸多优势，应用前景异常广阔。

英国利物浦大学教授韩国强作题为《英国可持续制造概览》的报告，该报告给出了一个广义的制造业能源框架，从制造层次、产品层次和车间层次，分析了与机床有关的能源消耗及其影响。并列举英国优秀的绿色制造实例，例如多条生产链协同，实现能源、资源的高效利用，阐述了英国目前在可持续制造领域的发展状况和先进技术。

机械科学研究总院副院长单忠德作题为《机械工业绿色制造成形工艺与装备现状及未来发展》的报告，以丰富的内容介绍了绿色成形工艺及设备现状及未来成形制造技术的发展趋势，即：向无模化、快速化方向发展，向精密化、复合化方向发展，向数控化、智能化方向发展。

英国 IP Group plc 集团公司清洁技术主管 Robert Trezona 博士作题为《绿色技术创新的资助与市场开发》的报告，概括了创新企业在产品开发、聚焦投资、股权融资等环节将会遇到的挑战。并结合集团目前的案例，分享了他们的经验和体会，为进一步拓展绿色制造市场带来可资借鉴的经验。

宋天虎以《绿色关系你我，科技引领未来》为题作总结性报告，报告指出，构建完整的体系结构是推进绿色制造的有效保障；紧扣机械工程绿色化的五个环节是推进绿色制造的有效支撑；实施能源管理体系标准与认证是推进绿色制造的有效举措。

本次论坛由张家港富瑞特种装备股份有限公司承办。

【2014 中国铸造活动周】 10 月 25—28 日，由学会主办，学会铸造分会和铸造行业生产力促进中心承办的“2014 中国铸造活动周”在河南省郑州市举办，来自国内外铸造界的 400 余名专家、学者参加了本次

活动，论文集收录论文157篇。

开幕式上举行了颁奖仪式，分别向“‘福士科’杯第十六届（2013年度）中国机械工程学会铸造专业优秀论文”、“‘永冠杯’第五届中国大学生铸造工艺设计大赛”获奖者、“中国铸造终身成就奖”和“中国铸造杰出贡献奖”获得者颁奖。73篇论文获得“‘福士科’杯第十六届（2013年度）中国机械工程学会铸造专业优秀论文”，其中金奖论文2篇，银奖论文10篇，优秀论文61篇。269份作品在“‘永冠杯’第五届中国大学生铸造工艺设计大赛”中胜出，其中本科生组一等奖8个、二等奖12个、三等奖76个、优秀奖107个，研究生组一等奖2个、二等奖4个、三等奖27个、优秀奖33个。王文清教授、唐玉林研究员、贾均教授获得第四届“中国铸造终身成就奖”，曾大本、万仁芳、唐一林获得第四届“中国铸造杰出贡献奖”。

开幕式后举行大会报告及分会场技术交流，安排了8篇大会报告、9篇论坛报告和50余篇分会场报告。大会报告包括：学会副理事长、铸造分会前主任委员、机械科学研究总院院长李新亚研究员的《创新驱动发展，建设机械工业强国——机械工业制造强国战略介绍》，日本室兰工业大学清水一道教授的《水黏结剂冷冻铸型的生产应用及铸造车间的环境保护》，哈尔滨工业大学陈玉勇教授的《TiAl合金熔模精密铸造及精密热成形技术》，清华大学曾大本教授的《近年铸铁冶金技术的发展动向》，上海大学翟启杰教授的《脉冲电流及脉冲磁致振荡凝固细晶技术及其应用》，中国疾病预防控制中心职业卫生与中毒控制所张敏研究员的《加强铸造作业职业危害防护指南的推广应用》，济南圣泉集团股份有限公司副总裁祝建勋的《原生态植物材料改性树脂的开发及对铸造车间有害气体含量降低的实测案例》，清华大学李言祥教授的《定向凝固多孔金属研究》。这些报告对未来工业的实际应用具有重要的指导意义。

国际铸造技术论坛共有来自中国、美国和日本的5位报告人作专题报告。企业创新发展论坛邀请一汽铸造公司等4家企业的负责人，就企业技术改造中新技术、新设备应用，企业管理，人才培养，企业运营模式等方面进行了经验交流与分享。

活动周期间，与会代表还针对有色合金及特种铸造工艺、铁基合金生产工艺及检测技术，铸造材料与装备、旧砂循环再生等主题，进行了专题交流。

活动周期间，还召开了学会铸造分会第九届委员会第四次会议暨第二十六次秘书长工作会议、《铸造》杂志和*CHINA FOUNDRY*杂志编委会会议、铸造产品和技术展示会等活动。

【2014年全国高分子材料科学与工程研讨会】 10月12—16日，由中国化学会、中国机械工程学会、中国材料研究学会共同主办的2014年全国高分子材料科学与工程研讨会在四川省成都市举行。此次会议共有来自全国151所大学、科研院所和产业部门的617名专家、学者参加。中国科学院院士、北京大学教授周其凤，中国工程院院士、华南理工大学教授瞿金平，大连理工大学教授蹇锡高等学者出席会议。

大会共征集了论文453篇，交流了论文252篇，其中大会报告和分会邀请报告有67篇，另外还有169篇墙报。会议共设8个大类主题，交流内容包括：高分子材料合成、高分子材料结构和性能、高分子材料加工与成型、高性能高分子材料、功能高分子材料、环境友好高分子材料、高分子材料新仪器新装备和高分子材料产业化等。瞿金平教授作题为《高分子材料加工成型技术创新与发展》的报告；蹇锡高教授作题为《杂萘联苯高性能树脂及其应用研究进展》的报告；四川大学王琪教授作题为《高分子力化学及高分子材料高性能化》的报告；国家基金委员会化学部董建华研究员作题为《从CJPS高引用论文看高分子学科前沿》的报告。本次大会新设优秀墙报奖，有10位同学获奖。

本次会议由高分子材料工程国家重点实验室（四川大学）、四川大学高分子研究所、四川大学高分子科学与工程学院和清华大学化学工程系联合承办。经过大会组委会委员投票，2016年全国高分子材料科学与工程研讨会将由桂林理工大学承办。

（撰稿人：陈超志）

中国汽车工程学会

服务创新型国家和社会建设 学会参与新能源汽车免征购置税、新能源汽车企业准入管理办法、新能源汽车推广城市综合奖励办法等政策的研究制定。参与工业和信息化部装备司新能源汽车购置税减免企业及车型核查工作。参与中国工程院“四基”项目和“中国制造2025战略规划纲要”的研究工作。

在完成电动汽车消防安全技术规范体系研究基础

上，学会推动电动汽车消防安全标准研究、电动汽车自动灭火系统研制等消防安全技术研究成功列入2015年国家科技支撑计划。

学会组织召开新能源汽车产品市场供需对接活动。30余家示范城市的主管部门及运营企业，以及近50家汽车整车及零部件企业参加会议，参展车辆及零部件产品共21款，实现供需双方在技术、产品、市场等方面的充分对接交流。

2014年，按照中国科协的统一部署，由学会牵头并联合中国仪器仪表学会、中国生物医学工程学会两家学会共同开展了“部分领域‘863’计划和科技支撑计划推荐试点”工作。

技术创新战略联盟 2014年，学会充分发挥科技社团的“催化剂”和“变压器”作用，有效推动技术创新联盟各项工作的开展。

由汽车轻量化技术创新战略联盟承担组织工作的“十二五”科技支撑计划项目顺利通过验收。该项目全面提升了行业和企业实现汽车轻量化的能力和水平，创建了“联合攻关＋知识转移＋成果共享”的工作模式，探索建立了跨产业协同创新、产学研用合作创新和自主品牌抱团发展的有效运行机制，为加快产业自主创新发展提供了可借鉴思路和经验。突破了9项汽车轻量化关键核心技术，分别在2～4款目标车型上得到产业化应用，填补了我国汽车轻量化领域的多项技术空白和能力空白，打破跨国企业在相关领域的垄断，其中三维辊压技术的突破使我国成为世界第三个掌握这一技术的国家。开发减重幅度达5%～8%的整车新产品5款，其中3款传统汽车上市后市场销售表现良好；开发零部件新产品29种；新材料3种；新工艺3种；计算机软件2种。完成战略研究报告1份；轻量化数据库第一期建设；技术规范体系1个；技术规范编制17项；初步建成了轻量化共性技术平台，建立了服务于行业的专家队伍和服务于企业的轻量化工作团队。申请专利64项（已授权37项），其中发明专利27项（已授权3项）。联盟组织建设取得新进展，发展了新的成员。2014年4月，完成了对2012年之前加入联盟单位的评估。

电动汽车产业技术创新战略联盟在合作研发、机制创新、组织建设、宣传交流方面取得新进展。组织完成联盟第一阶段（2011—2013年）共性技术课题的内部验收和下一阶段（2014—2017年）共性技术研究课题工作方案（第一期）的研究编制，并组织召开联盟技术委员会会议讨论通过。组织完成2015年国家科技支撑计划“下一代低能耗纯电动轿车平台及整车技术开发”项目申报工作，进一步完善联盟“共同投入、成果共享”的联合开发机制，探索建立联盟“反哺”可持续发展机制。组织召开联盟理事会，审议通过联盟章程修改、联盟前期工作总结及下一阶段工作计划、联盟财务报告、联盟理事会和技术委员会等机构人员变更、联盟新成员加入等议案，完善联盟的组织机构，确立未来3年的工作目标和工作重点。建立了联盟工作简报制度。

2014年，车联网产业技术创新战略联盟理事单位发展为15家整车企业、2家电信运营商、7家高校和研究机构、6家软硬件单位，目前正积极建立车联网标准体系框架，其中2项标准已进入征求意见阶段，其他4项正在讨论中。

学会能力提升计划 2014年，学会在服务创新能力、服务社会和政府能力、服务科技工作者能力、自我发展能力四个方面开展工作，进一步提升学会能力。

服务创新能力方面。9月11—12日，由学会和汽车轻量化技术创新战略联盟共同主办，中国汽车工程研究院股份有限公司承办的2014（第八届）中国汽车轻量化技术国际研讨会在重庆市举办，来自国内外从事汽车轻量化相关工作的近300名代表参加了会议。本届会议包含全体大会、会场交流、技术展览以及论文征集四部分内容，重点围绕汽车轻量化发展趋势、轻量化设计、先进高强度钢、铝合金、非金属材料应用等方面的最新研究成果进行了交流。研讨会以一汽集团介绍的“我国乘用车轻量化技术路线研究”成果为契机，首次将轻量化技术路线问题引入研讨会。

服务社会和政府能力方面。2014年，学会参与科技部“十三五”电动汽车科技发展战略规划研究，为电动汽车重大项目管理办公室提供日常技术支持；参与电动汽车示范车型统计、核查、年中总结等相关工作。受科技部委托，学会针对政协委员提案、人大代表建议中涉及的部分新能源汽车内容，进行回复。

服务科技工作者能力。2014年，学会针对各层次科技工作者需求开展新知识新技术培训。2014年举办6个师资培训班，学员共192人（含部分社会人员）。全年通过5个校企合作项目累计培训核心教师约200人次。同时，积极开展人才举荐工作。学会

2014年度共有53个项目获“中国汽车工业科学技术奖”，2人获得“中国汽车工业优秀科技人才奖”，2人获得“中国汽车工业优秀青年科技人才奖”，2人获得“中国汽车工业优秀归国人才奖”。

自我发展能力。学会现有团体会员单位999家，个人会员4836人；下设30个专业分会、1个代表机构、5个工作委员会。2014年荣获中国科协“2014年度全国学会党建强会特色活动组织奖”。截至2014年年底，秘书处有专职工作人员59人，其中具有本科以上学历53人，汽车及相关专业40人，具有高级以上职称14人，40岁以下的占比一半以上。2008年中汽学会成立党总支，现有党员38人，占全体职工总数的53.5%。

学术期刊 2014年，《汽车工程》共收到投稿1446篇，送审652篇，录用177篇。投稿数量较2013年增加153篇，送审增加34篇，录用减少60篇。全年共刊出论文286篇，较2013年增加70篇，篇数增加幅度为32.4%；全年总页数为1550页，较2013年增加402页，页数增加幅度为35%。

据中国科学技术信息研究所2014年统计，2013年《汽车工程》的综合评价总分为72.1（2012年71.4），在1989种核心期刊中列127名（2012年142名），在11种公路运输类期刊中列第2名（2012年第2名）；影响因子为0.473（2012年0.428）；总被引频次为1287（2012年1154）。经中国精品科技期刊遴选指标体系综合评价，2014年《汽车工程》入选“第3届中国精品科技期刊”，已经连续三届入选。

学科发展研究 完成第一期《中国汽车技术发展报告》的组织编写和出版工作。《中国汽车技术发展报告》与《中国汽车产业发展报告》《世界汽车技术发展跟踪》等现有技术报告提升相结合，共同形成较为完善的中汽学会行业技术发展报告制度。

决策咨询 学会组织完成工业和信息化部委托的“关于推广应用超级电容纯电动公交车的意见及建议”、“发展混合动力汽车政策建议”，以及“2015年后新能源汽车总体扶持政策框架建议”等一批政策研究任务。

学会参与科技部GEF燃料电池项目建议书的研究编制工作，主要从政策跟踪、调研活动、围绕GEF项目计划实施的相关活动等几方面编写GEF燃料电池项目建议书框架，为GEF燃料电池项目建议书的编写工作做准备；通过召开燃料电池会逻辑框架会议，准备燃料电池项目建议书。

受科技部高技术中心委托，学会联合中国汽车技术研究中心，对国内外新能源汽车实际发展情况进行研究，并最终提交了《国内外新能源汽车发展情况报告》。

牵头组织电动汽车百人会“低速车发展规范管理研究”课题，形成并提交了关于发展低速纯电动四轮车的政策建议。

启动汽车行业科技资源共享平台的前期调研和可行性研究工作，初步提出了平台建设运行的工作方案。

7月30日，由学会与国务院发展研究中心产业经济研究部和大众汽车（中国）联合编著的《中国汽车产业发展报告（2014)》在北京举行了新书发布会。本年度报告由总报告、发展综述、国际竞争力分析、主题研究、专题研究及资料附录等六部分组成。2014年报告的主题为“第三次工业革命对中国汽车产业的影响及对策研究”，专题为“车联网技术与产业”，做出了“第三次工业革命将为我国汽车产业发展格局带来革命性变化”及“车联网将是汽车产业革命的重要推动力”等重要结论。

国际学术会议 4月22—23日，由学会主办、中汽翰思管理咨询公司协办的第六届国际汽车变速器和电驱动技术研讨会（TMC 2014），在北京召开。TMC 2014作为2014北京车展的同期活动之一，共奉献了43场报告、50多家公司的产品与服务展示，以及一场以“混合动力变速器及驱动技术发展趋势及方案选择”为主题的高层互动论坛。内容涵盖了市场趋势、发展战略、研发技术、创新产品和技术及具有创新思路的研究成果，近600名专家、学者参加此次活动。

7月13—14日，由学会、吉林大学、中国第一汽车集团公司和长春市人民政府共同主办的2014中国（长春）国际汽车技术高层论坛在吉林省长春市举办。本届论坛以“智能汽车与人车互动”为主题，围绕智能汽车与系统、汽车人因工程、汽车人机界面与互动、汽车先进环境传感与感知技术、车内总线与车联网、汽车动力学与驾驶员建模等内容展开交流讨论，分为主旨演讲、高层互动讨论、技术报告三个部分。本届论坛围绕智能汽车发展面临的机遇与挑战进行了互动访谈。互动嘉宾涵盖了政府、国内外企业和高校，分别从产业化、科研、政府管理、标准等方面进行深度剖析，为智能汽车的发展献计献策。

10月22—24日，2014中国汽车工程学会年会暨展览会（2014 SAECCE）在上海市举办，吸引了17个国家和地区的1641位专家、学者参会。3天的会议共设立2场高层访谈、20场专题分会、13场技术分会、3场并行分会，以及试乘试驾、技术展览、技术参观等多场同期活动。其中，两场全体大会，分别以“低碳汽车”和“自动驾驶还有多远”为主题，邀请来自整车、零部件的技术领军人物，分别为与会者勾画出了实现低碳和自动驾驶的技术路线图。本届年会共收到论文685篇，录取423篇，宣读111篇。77篇优秀论文分别被推荐至核心期刊或英文精选论文集出版，并成功入选EI检索。

国内主要学术会议 4月22—23日，由学会主办，北汽福田汽车股份有限公司协办、中国腐蚀与防护学会及中国表面工程协会支持的2014第二届中国汽车防腐蚀与老化技术论坛（VCP论坛）在北京举办，来自整车、汽车零部件、材料等相关企业、检测机构和科研院所的70多家单位近200位专家、学者出席论坛。20位专家围绕着汽车防腐蚀与老化相关法规与技术趋势、新材料新技术应用、检测与评价、质量控制与产品设计这四大主题，广泛研讨了汽车防腐蚀与老化的相关政策、标准、环境影响、产品设计与质量控制、技术分析与试验、材料研发与应用以及行业发展趋势等方面。

9月11—12日，中国汽车轻量化技术国际研讨会在重庆市举办。会议由汽车轻量化技术创新战略联盟和中国汽车工程学会共同主办，中国汽车工程研究院股份有限公司承办。来自联盟内外从事汽车轻量化相关工作的近300人参加此次会议。本次会议分为全体大会、分会场交流、技术展览以及技术参观四部分。全体大会重点围绕先进高强度钢、铝合金、非金属材料应用技术以及轻量化技术集成应用等最新进展进行研讨；分会场围绕高强钢的开发和应用、铝镁合金的开发和应用、非金属材料的开发和应用三个议题开展了研讨。研讨会共征集到论文50篇，其中42篇编入论文集精选，有27篇被推荐发表于学术核心期刊《汽车工艺与材料》。

10月22日，学会主办的汽车技术首脑闭门峰会在上海市召开。本次峰会围绕“汽车行业迎接互联网的冲击”这一主题展开探讨。会议探讨了互联时代汽车行业面临的机遇与挑战，以及如何运用互联网思维进一步推动汽车行业的技术发展。一汽集团副总工程师兼技术中心主任李骏，百度研究院副院长、中组部“千人计划”专家余凯，清华大学汽车产业与技术战略研究院院长赵福全分别作主旨演讲，从整车企业、互联网公司和行业组织的角度，分别阐释了各自在信息技术浪潮中的立场、战略及规划。包括一汽、上汽、长安、北汽、广汽、吉利、奇瑞、比亚迪、重汽、长城、江淮、华晨、陕汽在内的13家国内主要整车企业技术中心主任，以及来自清华大学、上海交通大学、同济大学、吉林大学、北京理工大学、华南理工大学在内的重点高校汽车学院专家、学者出席峰会，并达成关于中国汽车产业技术发展的共识，即《2014中国汽车工程学会年会CTO技术首脑宣言》。该宣言进一步明确汽车产业技术发展的未来愿景，是针对互联网的机遇与挑战的一份具有纲领性指导意义的文件。

11月6日，由中国国际工业博览会组委会和电动汽车产业技术创新战略联盟联合主办，由学会和上海东浩兰生集团两家单位联合承办的2014年节能与新能源汽车产业发展高峰论坛在上海市举办。论坛主题为“以创新的思维和行动，推动新能源汽车实现商业化运行”。来自10余个示范城市的主管部门及运营企业代表、30多家汽车整车及零部件企业代表、科研机构和高等院校等相关单位的代表共150多人参加了本届论坛。

11月18日，由学会主办的第九届中国（花都）汽车论坛在广东省广州市开幕。本届论坛主题为“开辟新能源汽车市场化快速通道”，探讨在当前不断完善的新能源汽车政策引导下，如何加速新能源汽车市场化发展步伐。300多位专家、学者参加论坛。此次论坛对新能源汽车“市场化”进行了较为全面的解读，邀请到的演讲及互动嘉宾，包括行业专家、政府部门代表、基础设施建设主体、企业代表等，直击新能源汽车市场化难题，探寻突破市场化困境的出口，旨在开辟出新能源汽车市场化的快速通道。

11月21日，由能源基金会中国主办、德国国际合作机构协办、中国汽车工程学会承办的“第三届交通节能减排技术和政策研讨会——推动电动汽车发展，我们还需做什么”在北京召开，百余人参加了本次研讨会。研讨会就电动汽车技术进展、电力能源供给情景、电池技术发展状况、财税激励政策、全生命周期环境影响分析、基础设施布局和发展等方面展开研讨。

国际组织任职 2014年，学会副秘书长公维洁全票当选国际汽车工程学会联合会（FISITA）常务理事会副主席兼内部关系委员会主席，成为第一位担任此国际组织的中国女性领导人。至此，中国在FISITA常务理事会这一决策机构中占有三个席位，首次超过日本，成为该组织最有发言权的亚洲国家。

国际交往 8月，学会派员赴美国就国外电动汽车车辆和电池技术及示范、基础设施建设及评估等内容进行技术交流活动，学习和交流国外电动汽车和电池技术、电动汽车发展现状和未来发展趋势、充电基础设施建设和示范效果评估的研究进展等内容。

科普活动 10月14—18日，学会主办的中国大学生方程式汽车大赛在湖北省襄阳市举办，共有来自国内外的80支油、电车队参赛。经过四天的激烈角逐，最终油车组总冠军由湖南大学摘得，北京理工大学和厦门理工学院分别获得油车组第二、三名，电车组冠军为来自德国的斯图加特大学，北京理工大学和广西科技大学鹿山学院分别获得电车组第二、三名。

学会科普文化中心于2014年下半年推出“科普大讲堂”系列讲座。讲座以北京市汽车博物馆为平台，以产、学、研、媒为资源支撑，甄选与人、车、社会密切相关的话题，组建行业专家团队，搭建公众科普传播的平台。

表彰举荐优秀科技工作者 2014年，吉林大学雷雨龙、东风汽车公司李峥获得“中国汽车工业优秀科技人才奖”，吉林大学庄晔、中国第一汽车股份有限公司朱宏志、上海汽车集团股份有限公司邵景峰获得“中国汽车工业优秀青年科技人才奖”，广州汽车集团股份有限公司黄少堂、重庆长安汽车股份有限公司赵会获得“中国汽车工业优秀归国人才奖”。同济大学教授李理光获得中国科协“全国优秀科技工作者”称号。

学会创新发展 11月18日，学会宣布成立“中国汽车零部件技术创新组织”，简称G20。该组织是学会响应党的十八大提出的实施创新驱动发展战略和国家实施“工业强基战略”的号召，基于“我国汽车零部件工业的整体技术水平与汽车大国地位极不相称，‘四基’全面落后，散、乱、差现象一直存在，高压共轨、变速器、汽车电子等一系列关键技术均被外资企业垄断，以及行业存在发展路径不清、政策引导和支持力度不足等问题，零部件严重滞后于整车发展”等现实情况，联合无锡油泵油嘴研究所、浙江亚太电机股份有限公司、深圳市航盛电子有限公司等近20家零部件龙头企业发起成立的。该组织是学会助力汽车零部件企业提升技术创新能力的重要举措，也是学会更好地服务于零部件企业的重要抓手。通过凝聚全行业的力量，整合产、学、研、用各种优势资源，在汽车产业链上，建立一个“横向关联化、纵向一体化”的零部件产业技术创新机制，为成员企业快速、有效破解行业及产品技术创新难题服务，推动汽车零部件技术进步。G20目标培育10～20家汽车零部件“小型巨人”。

党建强会 2014年，学会以中国大学生方程式汽车大赛“校园行”为抓手，打造“梦想走进校园”项目，获得2014年度全国学会“党建强会”特色活动组织奖。

【2014年学会社会团体标准研制试点工作】 2014年，学会在社会团体标准研制试点工作中，在总目标指引下，在试点推进并认真总结学会技术规范和联盟技术规范工作基础上，完成如下独立任务和协同任务。独立任务共6项：研究制定学会试点工作方案，并建立与其他相关试点单位就试点工作任务协调机制；系统研究、学习国外社团标准管理体系、工作模式、推广应用等方面的经验；系统研究我国汽车标准法规、政策及相关规定；建立健全学会技术规范工作和轻量化联盟技术规范工作体系和体制、机制；选择4～5项有典型意义的技术规范项目，按照新的工作模式予以推进，用以验证、总结完善后的工作体系的完整性和工作模式的有效性；形成对试点工作的全面总结，并对我国社团标准的运行机制、约束机制、公开机制和服务机制提出建议。协同任务共6项：《培育发展社会组织标准指导意见》草案的起草；《社会组织标准化良好行为规范》草案的起草；试点探索适合我国实际情况的社团标准工作机制模式，供相关组织参考；研究社会组织开展标准研制工作应具备的能力和条件，并试点、总结，供国内相关组织进行相关能力建设参考；探索构建跨组织间的标准工作协作机制平台，提高工作自律水平，接受外部监督，扩大工作影响；完成《我国社会团体标准研制试点工作报告》。

【2014中国汽车工程学会年会暨展览会】 10月22—24日，由学会主办、中国汽车人才研究会和上海国际汽车城为特殊合作伙伴单位、纽伦堡会展（上海）有限公司为展览协办单位的2014中国汽车工程学

会年会暨展览会在上海市举办。吸引超过 1600 人报名参会，100 家展商参展，1 万余名专业观众到现场参观展览。

本届年会主题为“面向未来的汽车与交通”。与 2013 年相比，本届年会征文由 596 篇增加至 685 篇，专题分会和技术分会分别在 2013 年 11 场和 12 场的基础上有所增加，并首次引入“并行分会”机制。总体共包含 2 场全体大会，20 场专题分会，13 场技术分会，3 场并行会议，5 场颁奖典礼，2 条技术参观路线，2 家试乘试驾，1 场汽车人才应届生招聘会，12000 平方米技术展览以及若干场次的展览现场同期活动。

本届年会全体大会的议题分别为“低碳汽车”和“自动驾驶”，包括上汽、长安、大众、一汽、沃尔沃、博世、电装、大陆、德尔福等公司代表，现场解读未来低碳环保汽车技术方案，畅谈智能汽车技术路线，分享企业战略。由院士、专家、行业组织、企业发起的 20 场专题分会，涵盖了低碳增压内燃机技术、下一阶段排放技术、电池技术、电机技术、车联网技术、ADAS 技术、NVH、变速器与整车匹配、电子电气架构、制造技术、车身设计、未来低碳交通解决方案等全球汽车热点话题。

2014 年年会共收到来自国内主要整车和零部件企业、研究机构和高等院校的投稿共计 685 篇。经过评审，录取论文 483 篇，最终出版 471 篇。其中收录在《2014 中国汽车工程学会年会论文集》（由机械工业出版社出版）中的有 393 篇，将被纳入中国知网（CNKY）数据库；收录在英文《论文精选集》中的有 53 篇，将由德国 Springer 出版社全球发行并推荐至 EI 检索。此外还成功推荐 25 篇优秀技术论文发表在核心期刊《汽车工程》和《汽车技术》。

【2014 中国轻量化车身会议】 10 月 23 日，2014（第二届）中国轻量化车身会议在上海市召开。本届会议由学会和汽车轻量化技术创新战略联盟共同主办、中信金属有限公司协办，与 2014 中国汽车工程学会年会暨展览会并行举行。来自汽车整车及零部件企业、相关行业企业、科研机构、高等院校的专家、学者和管理者近 200 人参加了会议。

参加会议的车型包括东风风神 AX7、上汽荣威 E50、奇瑞瑞虎 5、长安逸动 Hybrid、北汽绅宝 D50、江淮瑞风 S5 和长城哈弗 H6，涵盖了汽油车、纯电动车和混合动力车三类车型。每款车型报告的内容涉及整车关键数据、轻量化及重量数据、车身设计数据、用材数据、工艺数据和整车碰撞安全性数据等。参与解读 7 款车的演讲团队总人数达到 22 人，多个车型由 4 位工程师一起解读，包括设计工程师、工艺工程师和材料工程师。

在 2014 中国汽车工程学会年会暨展览会的轻量化联盟展区，长安逸动混合动力轿车进行了白车身展示，奇瑞瑞虎 5 进行了整车展示。

参会代表评选出优秀车型奖和优秀演讲者，88 名来自科研和生产一线工程师参与了投票。长安汽车荣获“优秀车型奖”和“最佳演讲奖”2 项大奖。

【中国汽车工程学会牵头组建水平评价学会群】 为了更好推动全国学会的能力提升，合作有序承接政府相关职能转移，由中国汽车工程学会牵头共 15 家全国学会共同组建了“全国学会专业技术人员专业水平评价工作群”（简称水平评价学会群），并于 2014 年 12 月 24 日召开成立大会和第一届管理委员会第一次会议。

水平评价学会群旨在打造有特色的专业技术人员专业水平评价工作平台，凝聚力量，合力创建全国学会共同的专业技术人员专业水平评价品牌，提升学会评价的社会影响力。15 家参与学会互联互通，互惠互利，合力共赢；发挥示范引领作用；发挥水平评价学会群的辐射作用，带动其他全国学会和地方学会组织发展。

水平评价学会群的工作目标是：积极贯彻落实党和政府相关部署，团结协作，建立与我国国情相适应的全国学会专业技术人员专业水平评价体系，形成能负责能问责的运行机制、约束机制、服务机制和公开制度，满足专业技术人员成长需要，为企事业单位选人用人提供有利依据，为有序承接政府部门水平评价类职业资格认定职能转移奠定基础，进一步提升全国学会服务社会、服务科技工作者和服务自身发展的能力。

【2014 国际汽车变速器及驱动技术研讨会（2014 TMC）】 4 月 22—23 日，由学会主办、中汽翰思管理咨询公司协办的 2014 国际汽车变速器及驱动技术研讨会（2014 TMC）在北京召开，来自中国、欧洲、美国、日本等国家和地区的 561 名专家、学者参加会议。

研讨会包含 1 场全体大会，1 场高层访谈，2 场技术分会，57 个技术展位，优秀论文颁奖等环节。大会邀请到长安汽车、吉孚动力、格特拉克、采埃孚、舍弗勒等技术领军企业作主旨报告，会议从宏观和技术的领域分别诠释了未来汽车变速器技术的发展趋势和特点。

高层访谈环节由清华大学教授赵福全主持，与来自吉利、福特、奇瑞、采埃孚、吉孚动力和格特拉克的技术专家就“混合动力变速器及驱动技术发展趋势及方案选择”作深入讨论。嘉宾们认为混合动力对于达到2020年5升的油耗标准将发挥重要作用；变速器及其与电机的耦合是混合动力的核心技术；选择什么样的混合动力变速器和驱动方案，要综合考虑市场需求、节油率、价格、驾驶性、自身资源和能力等因素，还应避免集成度过高的产品。

技术分会场则从传统动力、混合动力、变速器控制技术、润滑油及添加剂、零部件技术等角度探讨变速器专题技术。包括丰田、日产、加特可、格特拉克、博世、博格华纳、FEV等在内的30余家国际整车、变速器及其零部件企业参与了演讲和讨论，包括上汽、长安、北汽、长城、比亚迪、华晨等在内的主要国内领头整车企业介绍了实际研发成果和经验。

研讨会征集到40余篇技术论文，最终录取15篇，其中，来自北汽集团、清华大学、吉林大学、同济大学和装甲兵工程学院的五篇论文获得优秀论文表彰。

（撰稿人：张　静）

中国农业机械学会

学会建设　9月15日，学会召开第十次全国会员代表大会，进行了理事会、常务理事会的换届改选，第十届理事会共有理事176名，常务理事59名。新增机械化养猪工程分会。开展了表彰学会先进工作，对学会15个先进集体、36位先进工作者和52篇学会优秀论文等进行表彰。

学术期刊　2014年，《农业机械学报》影响因子1.137，比上年度提高3%；总被引频次4569，比上年度提高17%，被引频次和影响因子均居学科排名第二。据中国学术期刊（光盘版）电子杂志社发布的《2014中国学术期刊影响因子年报》数据显示：《农业机械学报》复合总被引10671，复合影响因子1.669；期刊综合总被引5722，期刊综合影响因子1.26；技术研究影响因子1.251。在农业工程类17种期刊中排名居第2位，学报再次被中国学术期刊（光盘版）电子杂志社评为2014中国国际影响力优秀期刊。

《农业机械学报》获中国科协精品期刊工程项目支持后，2013年与2014年两年平均被引频次为4239，两年平均影响因子1.122，比获支持前的2011年与2012年两年平均被引频次增加54%，两年平均影响因子增加36%。

国际期刊《国际农业与生物系统工程学会期刊》（*CIGR Journal*），2014年出版5期，发表学术论文135篇；国际期刊《国际农业工程》（IAEJ），2014年出版4期，发表论文35篇。

国内主要学术会议　2014年，学会及分支机构共举办年会、研讨会、报告会等学术活动12次，提交学术交流论文512篇，参会人数近3000人。

11月7—9日，第五届全国现代物理农业工程技术发展研讨会在浙江省杭州市举办。研讨会由学会主办，农业工程杂志社、天津市农业机械与农业工程学会、中国农业机械学会青年工作委员会和浙江大学生物系统工程与食品科学学院联合承办，浙江省农业工程学会、中国农业工程学会青年科技工作委员会和杭州朗拓生物科技有限公司共同协办。近100人参会，共商现代物理农业工程技术发展大计。本次研讨会的主题是现代物理农业工程技术应用与技术进步。

“朗拓杯”第一届全国现代物理农业工程技术创新示范奖是本次研讨会的一大亮点。为展示现代物理农业工程技术近几年的创新与发展成就，记录行业技术进步的足迹，推动技术进步和产业发展，农业工程杂志社组织并主办了该评选活动。经过专家的认真评审，“温室连作土壤病虫害微波防治技术与设备”等10项技术获奖。

国际组织任职　在国际农业与生物系统工程学会第十八届世界大会上，学会常务副理事长李树君研究员高票当选国际农业与生物系统工程学会继任主席（2017—2018），成为该国际组织自1930年成立以来的首位中国籍主席。

国际交往　7月13—16日，学会副理事长方宪法研究员一行赴加拿大蒙特利尔出席由美国农业与生物工程师学会和加拿大农业与生物工程师学会（ASABE/CSBE）共同主办的国际学术年会。方宪法宣讲了学会的主要业务与发展，详细介绍了国际农业与生物系统工程学会第十八届世界大会上的筹备情况。

10月29—30日，受韩国农机学会主席邀请，学

会常务副理事长李树君一行到韩国参加该学会主办的国际农业机械适用技术研讨会。大会期间，李树君介绍了我国农业机械进程及未来农机技术发展趋势，学会代表团参加了大会组织的专业展览会，考察了韩国农业机械领域近年取得的进展，就农产品加工机械及技术与国际同行进行了交流。

科普活动 2014年，学会普及工作委员会开展农机科技培训、农机科技下乡、现场咨询以及现场演示观摩等科普活动6518次，参与农民人数达240.66万人次，编写教材和宣传资料3262.72万字，发放宣传资料206.99万份，推广和新增农机具43.79万台（套），推广新机具新技术作业面积11713万亩，培训师资30524人次，培训机手和机工15.17万人次，培训农民81.07万人次。

表彰举荐优秀科技工作者 2014年，学会推荐的佟金、杨学军、赵剡水获得中国科协第六届“全国优秀科技工作者”称号。

学会开展了中国农业机械发展贡献奖的评选表彰工作，方言、王桂民、刘宪、何勇、胡伟、骆琳、郭志强、高焕文等荣获“中国农业机械发展贡献奖(2010 ~ 2014)”。

学会开展了“奥凯杯”中国农业机械学会第四届青年科技奖的评选表彰工作，刘希锋、刘雪美、吴宗江、张志辉、陈龙健、周艳、孟志军、泮进明、贺刚、徐立章等青年科技工作者荣获该奖项。

中国科协会员日 中国科协会员日期间，学会在北京举办了2014中国科协会员日暨2014中国农业机械学会工作研讨会，来自学会分科学会和地方学会30位代表参加了会议。针对2014年学会重点工作和今后工作重点，与会人员进行了讨论。

【中国农业机械学会第十次全国会员代表大会】 9月15日，学会第十次全国会员代表大会在北京举行。来自学会各分支机构和全国各省级农机学会及农机行业各类单位的237位代表出席大会。

学会副理事长张咸胜作了第九届理事会工作报告。报告围绕学术交流、国际科技合作交流、人才培养举荐、科技期刊、科学普及和社会化服务等六个方面，对学会四年来开展的主要工作进行了回顾总结，分析了存在的问题，并对第十届理事会的工作，提出了加强学会自身建设、全力推进学术交流两大精品工程、进一步完善国际化交流平台、做好人才工作、拓展服务功能等五个方面的建议。学会副秘书长刘瑞雯作了九届理事会秘书处财务工作报告，学会副秘书长张振新就《中国农业机械学会章程》修改进行了说明。大会选举产生了刁学锋等176人组成的第十届理事会。

中国农业机械学会第十次全国会员代表大会上颁发“中国农业机械发展贡献奖”(2010–2014)

9月15日，学会十届一次理事会议在京举行。选举产生了由刁学锋等59人组成的第十届常务理事会，会议选举罗锡文为理事长，李树君为常务副理事长(法人)，方宪法、王金富、王桂民、刘宪、刘敏、朱明、佟金、应义斌、陈学庚、姜卫东、胡乐鸣、赵春江、赵剡水、袁寿其、韩鲁佳（按姓氏笔画排序）等为副理事长，张咸胜为秘书长。

【国际农业与生物系统工程学会第十八届世界大会】 9月16—19日，由国际农业与生物系统工程学会、中国农业机械学会和中国农业工程学会联合主办，中国农业机械化科学研究院、农业部规划设计研究院和中国农业大学联合承办的国际农业与生物系统工程学会第十八届世界大会在北京召开。近2000人参会，其中，中方人员1500余人，外方近500人。

本届大会主题是农业与生物系统工程——提升人类生活品质，大会主要议题涵盖国际农业与生物系统工程学会七大技术分会领域，并增设农机标准和亚洲论坛两个分会。大会还举办了亚洲农业工程学会25周年庆典等。大会共征集论文摘要1912篇，其中1195篇编入大会CD摘要集。征集并向五个国际、国内学术期刊推荐了学术论文全文718篇。会议期间共安排口头发言789人次，海报张贴682篇。

【中国农业机械化发展论坛】 11月29日，学会农业机械化分会与农机360网在海南省联合举办中国农业机械化发展论坛，主题为“农业机械化与粮食安全”“‘十三五’我国农业机械化发展战略分析”。农业部原常务副部长刘成果，中国工程院院士汪懋华、陈温福等750余名专家、学者出席活动。

农业部农贸促进中心主任倪洪兴等6位专业人士围绕“农业机械化与粮食安全”展开了讨论。此次交流主要研究探讨了我国以及全球粮食安全的形势背景、影响我国粮食安全的多重因素、农业机械化发展的多功能性、如何发展农业机械化促进我国的粮食安全等问题。国务院发展研究中心农村部部长叶兴庆、国家发改委农经司副司长方言、中国农业机械工业协会名誉会长高元恩等6位行业专家围绕“‘十三五’我国农业机械化发展战略分析”进行了深入探讨。此次交流就我国农业机械化面临的深层次矛盾和问题剖析、“十三五”我国农业机械化发展趋势与总体目标分析、“十三五”我国农业机械化应着重解决的关键性问题、力促我国“十三五”农业机械化战略目标实现的配套支持政策等方面进行了探讨与交流。

【第一届全国节水灌溉装备与技术战略研讨会】 11月21—22日，学会排灌机械分会联合挂靠单位在江苏大学召开了“第一届全国节水灌溉装备与技术战略研讨会”，会议主题是：节水灌溉装备行业现状与存在问题，探讨行业今后发展趋势，提出“十三五”重点领域发展建议；来自全国48个单位的专家、学者80多人参加会议。

江苏大学校长袁寿其作了题为《我国节水灌溉装备现状与发展思考》，西北农林大学副校长吴普特作了题为《我国节水农业“十三五”发展战略思考》，中国水利水电科学研究院研究员李久生作了题为《集约化农田灌溉现代化中的水肥管理问题》等14个专题报告。会议总结出“十三五”节水灌溉装备与技术重点发展战略思路和建议，并提交有关部门。

（撰稿人：袁爱洁）

中国农业工程学会

服务创新型国家和社会建设 2014年，学会积极承接政府转移职能，继续推进工程教育专业认证工作，召开研讨会1次，并到中国机械工程学会，以及天津大学、山东大学、天津科技大学等3所农业工程类相关院校调研，为农业工程类专业补充标准制定积累工作基础。

参加中国科协创新驱动助力工程，与河北省保定市果品蔬菜贮藏技术协会签订《学会服务工作站协议》，召开前期调研座谈会1次。

完成了吉林省白城市农业科学院等单位合作研究的“燕麦高效育种体系创建、系列新品种选育及产业化应用”项目科技成果评价工作。

4月19—21日，第五届中国国际现代农业博览会在北京召开，展示规模达1.5万平方米，参展企业400余家，参观人数21480人次，估算意向交易金额2亿多元。

5月7日，农业工程建设标准编制研讨会在北京召开，会议着重研讨了农业工程建设标准编制的关键事项及编写规范。

2014年，学会分别在石河子大学、河南农业大学、中国地质大学、沈阳农业大学举办了4场7次“院士专家校园行”活动，受众学子400余人。中国工程院院士罗锡文等专家、学者担任报告嘉宾，围绕治学之道，结合自身经历和科研实例，以“怎样做研究”“科学实践中培养良好的科学道德和学风”“科学研究需耐得住寂寞”“脚踏实地解决科学问题”及“农业工程学科前沿技术研究”等为题，走进青年学子，畅谈学科发展及科学研究素养。

学会能力提升计划 2014年，学会根据中国科协《学会能力提升专项资金管理办法（试行）》和工作进度安排，提升学会服务创新能力、服务社会和政府能力、服务科技工作者能力及自我发展能力。

在提升服务创新能力方面，据不完全统计，2014年学会累计召开学术会议19场次，其中国际会议6场次，参会人数达4500余人次，提交论文3381篇。出版论文集3本（含光盘），初步形成了“夯实基础 关注前沿”的学术交流机制。2014年《农业工程学报》继续本学科排名第一，《国际农业与生物系统工程学报》（IJABE）被SCI收录，在Scopus收录的同类期刊中位于Q2方阵。

在提升学会服务政府和社会的能力方面，学会关注青年学子，举办第二届全国大学生农业建筑环境与能源工程相关专业创新设计竞赛1次，院士专家校园行活动7场次。促进产学研融合，举办第五届中国国际现代农业博览会。出版《农业工程技术》科普杂志36期，内容涉及新能源产业、农产品加工、温室园艺等，并实现了扫描二维码手机客户端阅读。

在提升学会服务科技工作者能力方面，启动建设

会员数字化管理平台，拓展服务会员的手段和能力。

在提升学会自我发展能力方面，学会启动信息化管理平台建设，改版网站，开通手机报，创建微信公众号，打造三位一体交叉网络化平台。规范分支机构管理，新出台《中国农业工程学会分支机构管理办法》1 项，受理 8 个分支机构更名事宜，新批准成立分支机构 1 个。

在学会能力提升专项的支持下，2014 年学会继续实施专业学术会议资助制度，经过申报、评审、公示等程序，共有农业工程标准化专业委员会、农业系统工程专业委员会、农村能源工程专业委员会、电子与计算机技术（农业电气化与信息化）专业委员会、农产品加工及贮藏工程专业委员会、农业工程情报信息专业委员会、蓖麻经济技术分会、畜牧工程专业委员会、设施园艺工程专委会、农业水土工程专业委员会等 10 个分支机构获得资助。累计参会人数 1500 余人次，邀请国外专家 50 余人次，形成科学家建议 10 个。

学会建设 截至 2014 年 12 月 31 日，学会个人会员 9715 名，其中女性会员 3215 名，高级会员 819 名，学生会员 550 名，党员会员 3680 名，会员人数比 2013 年增加 55 名。新增农业航空分会，学会下属分支机构增至 25 个。

全年召开理事会 1 次、常务理事会 2 次，全国学会理事长秘书长工作会 1 次。出版会讯 4 期。

启动学会网站改版工作，新版网站更加注重平台的可操作性、互动性，会员服务便利性及办公流程便捷化。

学术期刊 《农业工程学报》位列 Google 学术搜索高被引中文期刊第 10 名：h5 指数和 h5 中位数分别为 37 和 43；入选 TOP5% 2014 中国最具国际影响力学术期刊，发布总被引频次达到 SCI 中等期刊水平。再次入选“中国精品科技期刊”及“百种中国杰出学术期刊”，3 篇论文入选“中国百篇最具影响优秀国内学术论文”。2014 年，学报核心总被引频次、影响因子分别为 12043 和 1.583，在 20 种农业工程类期刊中继续排名第一，在全部 1989 种中国科技核心期刊中分别排名第 5 和第 39。

《国际农业与生物系统工程学报》（IJABE）2014 年实现季刊向双月刊的转变。2014 年被 SCI 收录，在 Scopus 收录的同类期刊中位于 Q2 方阵，截至 2014 年年底，已收录 10 期共 321 篇论文及消息。

学科发展研究 启动 2014—2015 年度农业工程学科发展研究项目，组建了由学会秘书处和所属分支机构组成的编制委员会，确定了“首席专家指导学会领导挂帅秘书处为核心分支机构为基础理事全面参与”的研究模式，由汪懋华、蒋亦元和李佩成等院士担任课题组顾问，学会理事长朱明担任首席科学家、专家组组长，学会常务副理事长罗锡文担任专家组副组长，学会副理事长赵春江担任专家组副组长及综合组组长，各分支学科领域带头人担任专题组组长，学会秘书长管小冬，副理事长赵春江担任项目负责人。报告将从农业机械化工程、农业水土工程、农业生物环境工程、农村能源工程、农业信息化工程、农产品加工工程、土地利用工程和农业工程系统与集成等八个分支领域入手，全面概括近 5 年本学科在学科建设、队伍建设、科技创新、人才培养、平台建设、学术交流、学术出版等方面的进展，并通过与国外相关学科发展的比对，提出未来学科发展的战略方向及具体措施。

国际学术会议 学会及下属专业委员会全年共举办国际会议 6 个：国际农业与生物系统工程学会第 18 届世界大会、第八届国际计算机及计算技术在农业中的应用研讨会、第四届畜禽健康环境和福利化养殖国际研讨会、应对雾霾天气与生物质成型燃料颗粒排放研讨会、90 亿人食物生产的可持续农业信息技术国际学术研讨会、第四届水产工业化养殖技术暨封闭循环水养殖技术国际研讨会。共计参会人数 2710 人次，其中外宾 600 余人次，交流论文 2200 余篇，出版论文集 1 本（含光盘）。

国内主要学术会议 2014 年，学会及分支机构共举办国内学术会议 13 场次，参会人数 1800 余人次，提交论文 1000 余篇，出版论文集 2 本。

7 月 23—24 日，由国务院学位委员会农业工程学科评议组、中国农业工程学会、全国高等院校农业工程相关学科（校长）联谊会主办，新疆石河子大学承办的第十一届全国高等院校农业工程及相关学科建设与教学改革学术研讨会（以下简称“教改会”）在新疆维吾尔自治区石河子市召开。来自全国近 40 所高等院校和科研单位的约 300 名专家、学者，围绕“为我国新型农业组织提供技术支撑，促进农业现代化发展”主题，针对农业机械化工程、农业水土工程、农业电气化与自动化、农业信息化及农业工程领域工程硕士教育等方面的发展现状和趋势以及关键技术问题展开探讨。

国际组织任职 在国际农业与生物系统工程学会第18届世界大会上，学会副理事长李树君当选2017—2018年国际农业和生物系统工程委员会主席。学会理事长朱明、副理事长应义斌分别连任国际农业和生物系统工程委员会第四、七分会理事，副理事长李树君当选第六分会荣誉主席，常务理事黄冠华当选国际农业和生物系统工程委员会第一分会荣誉主席，高级会员杜太生当选国际农业和生物系统工程委员会第一分会理事，王朝元当选国际农业和生物系统工程委员会第二分会理事。

科普活动 学会分别在石河子大学、河南农业大学、中国地质大学、沈阳农业大学举办了4场7次科普宣讲活动，其中院士科普报告会3次，受众学子400余人次。

借助第五届中国国际现代农业博览会平台，设立科普互动展区，通过播放科普动漫片、展板展示、有奖问答等环节，将实物展示与画面展示结合在一起，面向公众普及农业工程相关领域知识。

创新科普形式，与北京农业信息技术研究中心合作制作完成《农业物联网》科普动漫片1部。

出版《农业工程技术》科普杂志36期，内容涉及新能源产业、农产品加工、温室园艺等，实现了扫描二维码手机客户端阅读。

表彰举荐优秀科技工作者 经学会推荐，农业部规划设计研究院赵立欣研究员、中国农业大学教授李道亮获中国科协第六届“全国优秀科技工作者”称号。

党建强会 学会党支部开展了“三个窗口 三个平台 线上线下联动”的党建强会活动，并获得2014年度全国学会“党建强会计划”特色活动组织奖。“三个窗口 三个平台”是指党员民主生活会——学会党支部党员交流平台，网站及手机报专栏——学会高层次专家沟通平台，学术及科普活动平台——联系民生服务平台。

会员服务 2014年编辑出版《中国农业工程学会会讯》4期，反映学会年度工作综合信息，供会员参考。

2014年启动会员数字化管理平台建设，优化原有会员申请、审批、发布平台，新增单位会员展示平台、会员数据分析平台等，运用信息技术辅助实现会员精细化管理。引入微信和手机报等新兴技术手段，拓展学会服务会员的能力，实现点对点实时服务。

【国际农业与生物系统工程学会第18届世界大会】 2014年9月16—19日，由国际农业与生物系统工程学会（CIGR）、中国农业机械学会与中国农业工程学会主办，中国农业机械化科学研究院、农业部规划设计研究院、中国农业大学承办，18个国家及地区的农业工程组织协办的国际农业与生物系统工程学会第18届世界大会在北京国家会议中心召开。

CIGR现任主席、爱尔兰皇家科学院院士、爱尔兰国立都柏林大学终身教授孙大文，中方组委会主席，中国工程院院士罗锡文出席开幕式。本届大会是其创办近80年来首次在中国举办。

来自51个国家和地区的近2000人，包括500余名外宾与会。大会收到论文摘要1912篇，收录入集1195篇，向国内外5个学术期刊推荐论文全文718篇。会议期间召开78场平行会议，口头发言789人次，海报张贴682篇。邀请了英国皇家工程院院士Richard John Godwin，美国工程院院士Norman R. Scott，德国机械设备制造业联合会农机分会主席Hermann Garbers，中国农业机械化科学研究院院长李树君等4位专家作大会主旨报告。

同期还举行了国际农业与生物系统工程学会主席团会议、国际农业与生物系统工程学会常务理事会议等17个工作会议。经过投票选举，中方组委会主席、学会副理事长李树君当选2017—2018年国际农业与生物系统工程学会主席。

【第二届全国大学生农业建筑环境与能源工程相关专业创新设计竞赛】 8月10—12日，第二届全国大学生农业建筑环境与能源工程相关专业创新设计竞赛在河南农业大学举行。本次竞赛主题是“美丽乡村与现代农业工程”，共有来自全国25所高校的53组本科生队伍和22组研究生队伍，共300余人参加了此次竞赛。

此次竞赛紧密结合生产实际，内容涉及生产工艺与环境、建筑设施与设备、清洁能源工程以及乡村人居环境等领域，要求全部作品必须有设计图纸和模型展示，开发学生的动手操作能力。经过作品网上公示互评、专家现场模型及展板考察、听取答辩、现场提问等环节，最终评选出本科生组特等奖5名、一等奖10名、二等奖23名和优秀奖15名，研究生组特等奖2名、一等奖4名、二等奖7名和优秀奖9名。

（撰稿人：武 耘 管小冬 秦京光）

中国电机工程学会

服务创新型国家和社会建设 2014 年，学会完成国家能源局委托的《防止电力生产重大事故二十五项重点要求》修编工作，并正式发布。承担中国工程院《三峡工程电力系统评估》课题，对三峡工程电力系统规划、建设、运行及经济社会效益提出科学评估意见。承担中国科协以及国家电网公司、神华集团等企业委托开展的专项课题研究。

2014 年，学会完成无线输电前沿技术领域研究项目。完成“国内引进型 F 级燃气蒸汽联合循环机组现状、发展趋势及对策研究”项目。

学会开展规范行业科技查新管理，共确认涵盖 24 个省（自治区、直辖市）级区域 36 家信息服务机构的电力科技查新资质。举办了第二期电力科技查新员培训班。

2014 年，学会翻译完成《国际大电网委员会（国际大电网委员会会议）专委会年度报告》《世界高压直流输电系统（HVDC）概览》《国际大电网委员会会议配电系统和分布式发电专委会特别报告》《高效低排放燃煤发电技术路线图 -IEA》《太阳能光伏路线图 -IEA》等 10 余份国际前沿学术文献资料，传播最新科技成果。

学会做好电子信息与电气工程教育专业认证委员会秘书处的相关工作，开展认证专家推荐、高校自评报告评审、入校考核、专家培训、机构组建、管理文件制定、专家库建立等相关工作。拓展工程教育认证新渠道，筹备申请承担能源动力类试点工作组秘书处工作，完成管理文件、学科调研等工作。

学会开展专业技术人员水平评价工作，2014 年受理申请 210 人，共有 177 人符合条件并参加考试。经审核、公示、审定、签发等流程，117 人取得了资格证书。

学会建设 5 月，学会召开第十次会员代表大会，选举产生了第十届理事会和常务理事会，郑宝森任理事长。

学会推进理论创新和制度创新，以中国科协“学会组织体制研究”项目为契机，探索建立有利于自身发展的体制机制。开展全员教育培训，提升员工队伍素质，修订完善绩效考核办法。

学会加强信息化建设，建立会员信息管理和沟通交流信息系统，完成中英文门户网站改版和后台信息管理系统升级改造，建成包含 10 万条信息的中国电力科技成果数据库、电力科技专家数据库及国外电力专利数据库，组织编制一体化信息平台建设规划。

学术期刊 《中国电机工程学报》连续 12 年学科各项指标总排名第一位，总被引频次在全国 6000 多种科技期刊中排名第二，并再次荣获“百种中国杰出学术期刊”称号，入选“第 3 届中国精品科技期刊工程”。

学科发展研究 编撰完成《2013—2014 年动力与电气工程学科发展报告》，把握学科发展趋势，推动学科可持续发展。建立科技成果评价系统平台，严格遴选评审专家，不断提高科技成果评价质量。2014 年完成科技成果评价（鉴定）项目 160 项。

完成了《中国电力百科全书》第三版的修编工作，并正式出版发行。

国际学术会议 2014 年学会组织国际学术交流活动 5 次。

10 月 20—22 日，由学会和电气电子工程师学会电力与能源分会共同主办的 2014 年电力系统技术国际会议（POWERCON2014）在四川省成都市举办。会议主题为“走向绿色、高效、智能的电力系统”，安排了 5 个大会主旨报告、4 个专题研讨会、12 组论文交流、6 组论文张贴，及技术讲座、女工程师论坛、学生活动、技术参观等。

国内主要学术会议 2014 年，学会共举办重点学术会议 78 个，其中高端前沿学术会议 21 个，共计 9900 人次参加，征集论文 2360 余篇。

7 月 25 日，由学会和中国电工技术学会主办，长沙理工大学承办，以校企联合共促创新人才培养为主题的 2014 电气工程学院院长论坛在湖南省长沙市召开。

7 月 31 日至 8 月 1 日，由学会和中国华电集团公司联合主办的清洁高效发电技术协作网 2014 年会在宁夏回族自治区银川市举办。会议主题为“科学发展，奉献低碳清洁电力”，围绕清洁能源发展探讨技术、交流经验。年会共收到论文 438 篇，录取 315 篇，经专家评审，共有 27 篇论文被评为本次会议的优秀论文，其中：一等奖 3 篇，二等奖 10 篇，三等奖 14 篇。40 位来自电力企业、高校、科研院所的论文作者围绕“火电厂节能技术和环保技术”和“火电厂减排技术和发电新技术”专题进行了论文宣讲或张贴。

10 月 16—17 日，由学会和重庆市科协主办的第十三届青年学术会议在重庆市召开。会议以“科技创新，推动电力发展”为主题。来自国内电机工程领域的企业、研究院所和大专院校的青年科技工作者共260余人参加了会议。会议邀请国家能源局原局长、国务院参事徐锭明，中国工程院院士顾国彪，重庆大学教授、加拿大工程院／工程研究院院士李文沅分别作题为《能源革命与互联网时代》《电气与电子信息装备蒸发冷却技术》《基于可靠性的电力系统概率规划》的特邀学术报告。会议还组织了论文张贴和论文宣讲交流环节。40余名论文作者参与了张贴交流，24名论文作者进行了宣讲。会议共评选出20篇优秀论文，在会议期间举行了优秀论文颁奖仪式。

11月18—20日，学会在安徽省合肥市举办2014年学术年会。会议以“能源、电力与环境”为主题，研究探讨我国能源和电力发展有关重大问题。

国际组织任职 2014年，学会向国际大电网委员会各工作组推荐60多位中国专家，推动成立国际大电网委员会中国国家委员会旋转电机专委会、变压器专委会、绝缘电缆专委会、架空线路专委会、HVDC和电力电子专委会、保护和自动控制专委会、配电系统和分布式发电专委会、材料和新测试技术专委会等8个中国专委会，中国国家委员会等值会员数达到1025人。

国际交往 2014年学会组织参加国际学术会议5次。

3月18—20日，学会参加日本电气工程师学会2014年年会，并作了题为《中国分布式能源发展》的主旨报告。

5月27—29日，学会参加在日本东京举办的国际大电网委员会会议亚太区域理事会（AORC-CIGRE）会议及技术研讨会。

6月10—13日，学会参加在意大利召开的国际供电会议组织2014年技术研讨会。

6月16—19日，学会参加在韩国召开的2014年电机工程国际会议（ICEE2014）。

8月24—29日，学会组团参加在法国巴黎召开的2014年国际大电网委员会会议（CIGRE2014），国际大电网委员会会议中国国家委员会推荐了1个专题报告，组织21篇论文参与了会议交流。

2014年，学会参加了4次国际大电网委员会会议指导委员会会议。

科普活动 2014年，学会共组织科普活动23次，科普讲座7次，科普展览8次，科技咨询8次，受众1.2万人次。2011—2014年连续4年荣获中国科协科普部和学会学术部联合授予的“中国科协科普工作优秀学会”；在9月全国科普日北京主场活动中，学会组织的“电的旅程”主题展示被中国科协评为“2014年全国科普日活动优秀特色活动”。

2月25日，学会组织了以“电从远方来、解读特高压”为主题的科学家与媒体面对面活动，邀请5位专家对特高压输电技术进行了介绍，来自中央电视台、《中国电力报》《人民日报》《科技日报》等近30家媒体与专家进行了一场面对面互动交流。5位专家还围绕记者们关心的特高压输电对电价的影响、对雾霾的缓解程度等问题与大家进行了互动交流。

5月26—28日，学会组织赴四川省凉山彝族自治州，面向中小学生和当地群众开展2014年电力科普凉山行活动。活动内容包括科普讲座、科普大篷车展示、科普挂图展示、触电急救演示等，并为学校师生捐赠价值逾21万元的学习用品、科普图书等。

9月20—26日，学会组织参加了2014年全国科普日北京主场活动。举办了以“电的旅程”为主题的展览活动，展示了电网大范围冰冻灾害预防与治理技术项目、“让您满意每一度”客户体验活动、温差发电技术模型和湿式电除尘（雾）设备模型等，宣传推广电力行业节能减排工作。

5月出版优秀电力科普图书《风吹电来》（蒙汉双语），并于7月2—4日组织了“《风吹电来》科普送书进草原”活动，为内蒙古自治区东乌珠穆沁旗小学师生捐赠了科普读物。

加强科普基础建设工作，首次对优秀科普作品进行项目资助，制作电力科普网站，组建14个科普专家团队，开展“电力科普教育基地”命名活动。

表彰举荐优秀科技工作者 学会组织2014年度中国电力科学技术奖评选工作，受理推荐项目332项，评出授奖项目94项，其中，一等奖12项、二等奖21项、三等奖61项。

学会推荐的陈维江获得中国科协第六届“全国十佳优秀科技提名奖”，汤广福、郑玉平、金小明获得中国科协第六届“全国优秀科技工作者”称号。学会推荐的康重庆、王东入选科技部“中青年科技创新领军人才”，王成山、赵曼勇、宗敦峰、陆佳政、王月明荣获2014年“中国电力科学技术杰出贡献奖”，查鲲鹏、黄莹、肖勇、文继锋荣获“中国电机工程杰出青年工程师奖”。

党建强会 2014年1月成立了学会党组，加强党的领导。按照挂靠单位国家电网公司的部署，参加第二批党的群众路线教育活动，按照活动方案和步骤的要求，学会坚持正面教育为主，认真扎实推进学习教育与听取意见、查摆问题与开展批评、整改落实与建章立制等各环节工作，完成了教育实践活动各项工作任务。同时，学会还积极参加中国科协开展的“党建强会”活动，将学会的活动与党建工作紧密结合，充分发挥党组织的作用。

【中国电机工程学会第十次会员代表大会】 5月20日，学会第十次会员代表大会在北京召开。会议选举产生了学会新一届理事会。中国科协党组成员、书记处书记沈爱民在会上致辞。学会第九届理事会代理理事长舒印彪在会上作工作报告。新当选的第十届理事会理事长郑宝森在闭幕式上讲话。

大会审议并通过了《中国电机工程学会第十次会员代表大会关于第九届理事会工作报告的决议》《关于〈中国电机工程学会章程〉的决议》《关于〈中国电机工程学会会费管理办法〉的决议》和《中国电机工程学会第十次会员代表大会关于第九届理事会财务报告的决议》，根据选举办法，选举产生了学会第十届理事会理事。

中国电机工程学会第十次会员代表大会在京召开，会议选举产生了学会第十届理事会

在学会第十届理事会第一次会议上，选举郑宝森为理事长，副理事长15人；谢明亮当选副理事长兼秘书长。

会议期间还举办了学会第九届理事会工作回顾展。

【2014年中国电机工程学会年会】 11月18日，2014年中国电机工程学会年会在安徽省合肥市召开。学会理事长郑宝森致开幕词。中国科协党组书记、书记处第一书记尚勇出席开幕式并讲话。国家电网公司党组书记、董事长刘振亚在会上发表了题为《构建全球能源互联网，推动能源与环境协调发展》的主旨报告。国家核电技术公司党组书记、董事长王炳华在会上作了题为《第三代核电技术在中国的实践与创新》的主旨报告。开幕式由学会副理事长兼秘书长谢明亮主持。

本届年会以“能源电力与环境”为主题，交流最新成果，搭建合作平台，凝聚学术合力，研究探讨我国能源和电力发展有关重大问题。来自我国电力系统领域的专家、学者和工程技术人员、论文作者，以及韩国、日本电力组织和企业代表共550余人参会。

19日上午举办了新能源技术发展高峰论坛，6位报告人围绕国家新能源规划、能源革命与气候变化、构建全球能源互联网关键技术展望、欧亚风电、光伏电力开发与输送方案构想、太阳能热发电技术和市场进展和碳减排与全球能源互联网等主题进行了深入探讨。

会议期间还举办了4场专题研讨会，邀请23位国内外业界知名专家、学者和工程师围绕能源和电力企业能效提升、清洁发电技术、智能电网发展技术和超导电力应用技术的现状及未来发展等议题进行交流和互动。在为期3天的会议中，会议设立了4组论文宣讲、4组论文张贴并组织技术参观等活动。

会议同期举办了学会成立80周年回顾展览和新技术新产品科技成果展览展示。

【2014年电力系统技术国际会议】 10月20日，由学会和美国电气和电子工程师协会（IEEE）电力及能源协会（PES）共同主办的2014年电力系统技术国际会议在四川省成都市开幕。大会主席、学会理事长郑宝森致开幕词。

大会以“走向绿色、高效、智能的电力系统”为主题，来自美国、加拿大、丹麦、日本、英国、南非等17个国家和地区的460余名电力系统领域的专家、学者，围绕面向未来的电力系统前沿技术和热点问题进行交流和探讨。会议录用文章550余篇。

IEEE PES主席Miroslav Begovic，国家电网公司总经理助理兼国际部主任杜至刚，南方电网公司副总工程师、科技部主任余建国，国际大电网委员会会议B4专委会前主席Bjarne Andersen和加拿大动力技术实验室软件技术总监Wang Lei分别作了题为

《IEEE PES为实现新能源的未来所做的努力》《坚强智能电网支撑绿色、高效社会》《南方电网运行面临的挑战及应对措施》《高压直流电网现状及2014年高压直流电网介绍》《在线动态安全评估技术在实现更智能的电网运营中的运用》的主旨报告。报告会由学会副理事长、浙江大学常务副校长宋永华主持。

会议期间举办了4场专题研讨会，邀请23位国内外业界知名专家、学者和工程师围绕接入可再生能源电网的运行与控制、智能电网信息通信技术、灾害预防与应急反应、直流电网技术等主题进行交流和互动。在为期3天的会议中，还设立了12组论文交流、6组论文张贴、技术讲座和女工程师论坛以及学生活动、技术参观等丰富的活动。

【《中国电力百科全书》第三版出版发行】 5月20日，由学会牵头组织修编的《中国电力百科全书》第三版首发式在学会第十次会员代表大会开幕式上举行。《中国电力百科全书》（第三版）编委会副主任委员、学会代理理事长、国家电网公司总经理舒印彪为新书首发式揭幕。编委会副主任委员张晓鲁代表编委会致辞。新书首发式由学会第九届理事会常务副理事长陈峰主持。

《中国电力百科全书》（第三版）由中国电力出版社出版发行，是全面介绍电力科学技术和管理知识的大型专业性百科全书，共设9卷，6300余条目，1300余万字。该书系统集成了电力科技发展成果，反映了21世纪初中国电力科技事业蓬勃发展的概貌，展示了中国乃至世界电力工业技术发展的基本趋势。修编工作自2011年1月启动以来，汇聚了17位院士、5位全国工程勘察设计大师、4位长江学者、1500多位电力领域专家，历时3年多完成。

（撰稿人：闫文丽）

中国电工技术学会

服务创新型国家和社会建设 2014年，学会承担中国科协授权的电气工程师资格认证试点工作，共收到专业委员会、地方学会、会员单位推荐的65份电气工程师资格认证申请，经过评审委员会严格评审，21位申请人取得相应资格证书。

经中国工程教育认证协会批复，2014年学会工程教育认证工作受理了22个专业点，比2013年度增加10个，新增专家36人，并组织对受理的22个专业点相关人员进行了两次培训、对入校专家和考察小组组长进行了多次培训。根据中国工程教育认证协会安排，学会对16个专业点实施入校考查工作，遴选、派出专家64人次。

2014年，继续与欧姆龙自动化（中国）有限公司共同努力，合作开展“机电一体化”培训项目。截至2014年年底，项目合作单位已发展至36个，2014年共计1293人次参加培训。

5月30日至6月1日，学会联合机械工业教育发展中心和常州机电职业技术学院，在江苏省常州市举办了工业机器人应用技术高级研修班。研修班结合工业机器人产业技术发展现状、应用型人才培养特点以及企业成功的人才培训经验，量身定做培训内容和研修方式，即采取“讲授+示教+研讨+实操+技术参观”相结合的方式，分四个层次设计安排培训内容，从产业宏观发展状况、专业和课程设置以及实验室建设、实验室软硬件实操、技术参观等逐步展开并具体化。来自38所院校的56位教师参加了高研班的学习。

学会建设 2014年，学会分别召开了七届五次常务理事会议、2014年度团体会员工作会议。组织召开了全系统秘书长工作会议。

2014年学会成立了4个专业委员会，审核批复2个专委会的换届，年度审核批复部分专委会委员的调整。组织协调了5个专业委员会的换届工作。共对2200多名会员的信息作了更新。

学术期刊 2014年《电气技术学报》全年刊登论文461篇，同比增长6.7%，全年页码总数为3692页，同比增长7.5%，荣获中国知网颁发的“2014年中国影响力优秀学术期刊”的称号。

《电气技术》期刊2014年共编辑、排版、印刷出版了12期正刊和1期增刊。在线处理稿件850篇（包含部分优秀电气解决方案增刊投稿），录用400篇，录用率45%。2014年增加了审稿老师数量，外审专家达到了36位，审稿速度由原来的30天缩短到一周。2014年，《电气技术》在新媒体建设方面继续进行探索，初步形成了微博、微信等新媒体方阵。

国际学术会议 8月31日至9月3日，2014美国电气与电子工程师协会亚太交通电气化会议（ITEC-Asia 2014）在北京召开。会议组织了11个大会主旨报告，设置了10个学术分会场、7个专家论坛、5个专题技术讲座。国内外著名专家学者、知名企业负责人等共计1000余人次参与本次会议。会议共收到学术论文800余篇，正式录用近700篇。会议主要就纯电动、混合动力和插电式混合动力汽车，智能电网、V2G和电气化铁路，商用车的动力系统电气化，交通电气化的电化学能源基础与应用等当前热点技术和话题进行交流和探讨。

9月13—14日，2014分布式电源与主动配电网国际学术会议在云南省昆明市召开。会议邀请11位专家作学术报告，收录了39篇论文。会议围绕主动配电网大数据、分布式电源及接入技术、主动配电网规划和运行控制技术、主动配电网市场运营模式、电力电子技术及其应用等关键问题进行了交流。

10月23—25日，由学会主办，浙江大学承办的第17届国际电机与系统会议（ICEMS2014）在浙江省杭州市召开，本届会议共收到摘要论文1129篇，最终入选687篇论文。ICEMS 2014吸引了来自中国、日本、韩国、美国、英国、泰国、德国、法国等24个国家和地区逾700名专家、学者参会交流，同时也吸引了国内外高等院校、科研机构的积极参与。

11月15—16日，无线电能传输技术与应用国际学术会议在江苏省南京市举办。来自密歇根大学、奥克兰大学、东京大学、哈尔滨工业大学、重庆大学、天津工业大学、清华大学等国内外高校及企业界的近200位专家参会。本次会议邀请了4位国内外知名专家作大会特邀报告，并安排了40篇宣读论文展开讨论、60余篇张贴论文进行交流，内容涵盖了大功率无线电能传输技术、中距离磁共振式无线电能传输技术、电磁环境与电磁环境兼容问题、用于无线电能传输的电力电子技术、无线电能传输应用技术、电动汽车无线充放电技术等热点、难点问题。

12月12日，2014首届轨道交通供电系统技术与设备研讨会在北京召开。参会人员170多人，会议吸引了地铁行业及设计院所的专家和设计人员90多人，以最新轨道交通供电系统技术与设备存在的问题展开讨论。

国内主要学术会议　2014年，学会围绕电工学科建设和行业发展实际，共组织开展学术交流及主题研讨会68次，参会人数3102人次，发表论文4919篇。

6月，学会组织召开了2014第九届中国电工装备创新与发展论坛，主题为“分布式发电、储能与微电网技术和装备”，同期推出第五届年度“十大电气企业及十大电气创新产品”发布活动。200多位业内专家参加本届论坛。

7月25日，第六届电气工程学院院（校）长论坛在湖南省长沙市召开。来自全国电气工程学科的60多位高校院（校）长以及11家电力企业负责人共100余人参加了此次论坛。论坛邀请4位国内外知名专家作特邀报告。论坛同期召开了校企合作创新人才座谈会、工程专业认证与教学改革座谈会，各位院（校）长与企业代表共同就校方、企方在校企合作培养创新人才中的角色定位、企业用人环境改变背景下的电气工程专业大学生就业能力提升、适应企业需求的电气工程专业人才培养模式、工程教育专业认证及教学改革等议题进行了交流、研讨，并提出了具体的建议。

两岸交流　11月1日，第十四届海峡两岸电力电子论坛在福建省福州市开幕，来自海峡两岸以及国外电力电子领域的专家学者、企业界代表共400余人参会。本届论坛共征集300余篇论文，收录240余篇论文进入年会论文集，集中展现了我国近年来电力电子技术的应用研究成果。作为对年会学术交流程序的重要补充，学术委员会还邀请了9位海内外知名专家、学者做大会特邀报告。大陆与台湾地区电力电子业界人士同期进行了座谈交流。

科普活动　9月20—26日，2014全国科普日北京主场活动期间，学会组织推荐的基于无线电能传输技术开发的系列展品，即高速列车无线供电模型、电动汽车无线供电公路模型、无线供电超级电容小车、无线供电磁悬浮平台和无线供电技术装置体验模型等，入选全国科普日北京主场活动之创新改变生活板块。此次活动被中国科协评为“2014年全国科普日活动优秀特色活动”。

7月12—18日，2014中国科协夏季科学展在中

中国电工技术学会第17届国际电机与系统会议

国科技馆正式启动。学会推荐的两个项目：天津工业大学工程电磁场与磁技术研究团队的高速列车无线供电项目与中国科学院电工研究所IT设备蒸发冷却技术研究与应用开发团队的蒸发冷却技术项目参加展出。

表彰举荐优秀科技工作者 12月8日，2014年度学会科学技术奖评审会议在北京召开，选出拟奖项目30项，其中，一等奖5项，二等奖10项，三等奖15项。评审委员会根据《电工行业—正泰科技奖评选奖励办法》的有关规定，对候选人进行了评审，评选出“科技成就奖”5人、“科技创新奖”10人。

【2014中国国际节能环保汽车展暨节能与新能源汽车产业发展规划成果展览会】 10月17—21日，学会联合中国国际贸易促进委员会机械行业分会等单位主办的以“选择·行动——未来从现在开始”为主题的中国国际纯电动车、混合动力和燃料电池车及关键零部件技术交流展览会、2014中国国际节能环保汽车展暨节能与新能源汽车产业发展规划成果展览会在北京举办。

一汽集团、东风集团、长安集团、北汽集团、丰田汽车、上海通用、吉利汽车、沃尔沃汽车、安凯客车、宇通客车等企业参展。

合肥市、哈尔滨市、深圳市、北京市、上海市、青岛市等一批新能源汽车示范推广应用城市相关负责人，以及30多家城市政府采购相关负责人参展并与相关企业进行了合作交流和洽谈。

会议同期举办还举办了中国国际纯电动车、混合动力和燃料电池车及关键零部件技术交流研讨会、“未来你我同行”——2014高校节能环保汽车知识大赛等活动。

（撰稿人：董向红）

中国水力发电工程学会

服务创新型国家和社会建设 2014年1月，学会出版发行了《水力发电实用手册》。手册以国内外水力发电有关资料和统计数据为主，对1949年以来我国水电的有关资源调查和开发情况、建设成就、科技进步、水电经济、移民和环保、设备制造、科研机构和高等院校等，以大量的资料和统计数据进行汇编，为广大水电科技工作者和管理人员提供一本实用性工具书。

4月22日，学会在北京组织召开大湄公河次区域水电开发座谈会，就促进该区域各大流域水电有序开发和科学发展进行探讨。中国水力发电学会国际河流工作委员会秘书长周世春、中国电力投资集团公司云南国际电力投资公司总经理李光华、学会副秘书长张博庭分别作题为《上下游加强交流合作，促进GMS地区水电可持续发展》《伊江上游水电项目情况介绍》《湄公河次区域水电开发的风险与应对》的主题发言。与会企业结合各自在大湄公河次区域业务情况展开讨论，就如何做好该区域水电科普宣传、促进水电有序发展建言献策。

7月22—30日，由学会和潘家铮水电科技基金共同组织的2014大学生暑期水电社会实践活动在青海省西宁市完成，来自清华大学、浙江大学等全国15所高等学府的22名“潘家铮水电奖学金”获奖学生和其他优秀学生参加了本次活动。在历时10天的活动中，同学们到黄河流域大坝最高、装机容量最大、发电量最多的拉西瓦水电站，目前世界上最大规模的水光互补光伏电站——龙羊峡水光互补320兆瓦并网光伏电站等电站，以及水电施工企业水电四局技术学院进行了现场实践和学习。

11月18日，学会在湖南省长沙市召开了水电工程设计理念创新研讨会，旨在探讨水电工程可持续发展背景下的设计理念不断创新，以适应国家经济发展和社会进步提出的新要求。本次会议主要围绕“水电工程设计理念创新”主题，邀请钮新强院士、张宗亮设计大师分别做了题为《大型水电工程技术创新与实践》《水电工程规划设计、工程建设、运行管理一体化HydroBIM综合平台》的报告。另外6位专家分别就流域梯级水库群风险防控设计研究、水电工程地质风险与地质灾害防控、抽水蓄能电站设计创新探讨、智能水电厂系统设计和应用、水库工程建设新特点与设计理念创新、创新环保设计理念促进水电可持续发展等作了专题报告，会议还邀请院士、设计大师等8位专家作了专题报告。

11月19—22日，由学会和学会风险管理专业委员会主办，国家行政学院培训中心承办的2014年全国大中型水电站风险管理年会暨企业安全管理与应急处置研修班在北京举办，来自全国20多家水电投资开发和建设单位的63名有关安全管理工作的主管领导和项目主要负责人参加了会议。为期4天的年会和研修班，通过主题报告、专题讲授、经验分享、案例教学、情景演练、论坛交流等形式，使学员进一步认清了国家

电力安全与应急管理的形势与任务，了解了水电行业最新应急技术的应用情况，分享了行业安全与应急处置方面取得的先进经验，提高了水电企业安全管理与应急处置的能力。

由学会组织行业单位专家编制的《大中型水电工程建设风险管理规范》于2014年6月1日正式实施，为做好《大中型水电工程建设风险管理规范》的应用推广工作，7月和11月学会分别在四川行政学院、国家行政学院举办水电企业安全与应急管理培训班，来自水电行业有关单位、企业的管理和技术人员共120余人参加了培训。学会加强《大中型水电工程建设风险管理规范》的培训和推广应用，并依托在建水电工程开展风险示范项目，组织开展了“嘉陵江亭子口水利枢纽电站运行风险综合评估研究”课题；就乌东德水电站地质灾害防控课题与项目业主和建设单位进行了多次洽商，并联合其他单位共同承担了相应的风险技术咨询研究课题。组织开展了《澜沧江上游（西藏段）梯级水电开发经济性研究》课题，提出相关措施和建议，为澜沧江上游（西藏段）水力资源的科学、合理、有效开发，为政府有关部门制定能源发展政策提供决策参考。

组织专家开展了《中国电建股份公司中长期科技发展纲要》（水电建设等专题研究）编写工作，助推企业产、学、研、用一体化协调发展。完成了《金沙江中游梯级水电站流域电价研究》《金沙江中游梯级水电站统一调度、统一运行模式研究》《瀑布沟及以下梯级水电站群智能调度技术研究》《黄河上游流域梯级水电站优化调度研究——梯级水电站群发电量预测及评价系统研究》等课题的结题工作。

2014年，学会修改完善水电科学技术成果评价办法和评审专家抽选办法，开展了扩充完善水力发电科技专家库工作，截至2014年年底，专家库已有涵盖水电水利各专业领域的专家1500余名。

2014年，学会共受理承担了14个单位的23项成果的鉴定评价工作，参与了由行业内大的企业集团组织的30多个项目鉴定。

学会建设 学会现有团体会员单位206个（包括下设的31个专委会和1个工作委员会），联系指导22个省级学会，有2个专委会完成了换届工作。

完成了由中国科协委托、学会承担的“老科学家学术成长资料采集工程”任务。潘家铮是中国科学院、中国工程院院士，生前参与设计、决策、审查、咨询等的水电工程上百项，要采集资料涉及单位多、项目广、内容丰富。在理事长和秘书长高度重视下，学会成立了采集小组，多次进行现场采集、人物专访、召开座谈会等，采集到的资料十分丰富，按期于2014年11月完成移交，中国科协将潘家铮院士资料设为特藏，所采集资料被评价为优秀。

学术期刊 《水力发电学报》2014年共收到投稿论文近700篇，刊登239篇，发行3600册。年内完成了《学报》编委会换届工作，充实了编委会中外委员名单。为鼓励投稿、提高稿件质量，从2014年起每年评选学报优秀论文奖，出台了《〈水力发电学报〉优秀论文奖评选表彰办法》。经评选，共有10篇论文获“2014年度《水力发电学报》优秀论文奖”（一等奖2篇，二等奖3篇，三等奖5篇）。完成了《中国水力发电年鉴》（2013年卷）编纂工作，编撰完成了《中国水电信息年报（2014年度）》。

决策咨询 4月，学会组织召开了大渭公河次区域水电开发座谈会，就促进该区域各大流域水电有序开发进行探讨。来自有关政府部门，电网经营企业、投资、设计、科研、行业学会协会、电力传媒等30余家单位近70位专家、学者参加了会议。会后，形成了纪要发送各参会单位，向国家能源局报送了有关建议的报告。

国内主要学术会议 据不完全统计，2014年学会所属31个专业委员会和1个工作委员会共举办各种学术年会或专题学术交流活动36场次，参加人数2880人次，交流论文1067篇，编辑出版论文集16种，印发4100余册，发表论文890多篇，印制论文光盘630余张。

11月，学会在北京召开了全国大中型水电站风险管理年会暨企业安全与应急处置论坛。会议邀请政府部门有关专家和行业单位领导专家，通过专题讲授、案例教学、情景演练、论坛交流等形式组织学习与交流。来自各大电力企业、流域公司、设计单位等60余人参加会议。

两岸交流 10月27日，学会联合中国电机工程学会、中国三峡集团在湖北省宜昌市召开2014海峡两岸电力产业论坛。来自海峡两岸电机工程界的40余名专家和技术人员出席会议。

学会继续与台湾中兴工程科技基金会和中兴工程顾问有限公司保持良好和密切的往来合作关系，共同探讨学术问题和加强合作事宜。

国际交往 2014年，国际水电协会（IHA）高层人员3次访问学会，双方主要就筹办2015年世界水电大会等事项进行了沟通交流，有序推进了本次大会的筹备工作。

12月，美国大自然保护协会（TNC）前董事长一行访问学会，双方就可持续水电评估规范的培训与推广、TNC成立可持续水电中心的构想等方面进行了探讨，对下一步促进合作事宜达成了共识。

科普活动 第22届“世界水日”期间，学会在北京召开了水与能源科普论坛，邀请5位行业知名专家，就水电在我国能源发展中的重要作用、水电对生态文明的积极贡献、水电开发的巨大综合价值、如何促进水电可持续发展和做好水电科普舆论宣传等方面进行了专题报告。

6月，针对社会上出现的“上海是三峡工程的最大受害者”的说法，学会及时组织科普传播团队和中国工程院院士郑守仁一起，接受了新华社的专访。新华社以《九问三峡——权威专家解答三峡热点问题》组织发稿，国内多家纸媒网媒转载，取得了较好的宣传效果。

9月，学会组织参与了2014年全国科普日活动，期间联合中国大坝协会共同主办了一场题为“水库大坝与生态环境保护”的水利水电科普论坛。会议邀请了几位水电科普传播专家到会演讲，并就三峡工程对上海的影响等近期热点问题与现场十余家媒体记者进行交流。

表彰举荐优秀科技工作者 12月12日，由学会和潘家铮水电科技基金管理委员会主办、华北水利水电大学承办的第六届潘家铮水电奖学金颁奖典礼在河南省郑州市举行。截至2014年年底，已有280多名学子获“潘家铮水电奖学金”、9位水电专家获“潘家铮奖”和241个水电科研项目获“水力发电科学技术奖”。

完成“水力发电科学技术奖”评审。2014年申报成果135项，涵盖水电的设计、制造、施工、运行、管理和科研教育等方面。最终评选出获奖项目成果45项，其中特等奖4项、一等奖6项、二等奖11项、三等奖24项。编印了《水力发电科学技术奖获奖项目成果汇编（2014年度）》，以便更好地宣传、推广获奖科技成果。

组织进行了“光华工程科技奖”推荐工作并有1人获奖。

学会推选的中国电力建设股份有限公司总工程师周建平，南京水利科学研究院副院长蔡跃波，华能澜沧江水电股份有限公司总工程师艾永平获中国科协“全国优秀科技工作者”称号。

组织开展了第三届“潘家铮奖”评奖活动并有3人获奖。

受张光斗科教基金会委托，组织评审专家开展了“张光斗优秀青年科技奖”（水电行业）代评工作，共评出3名候选人和1名备选候选人，最终3人当选获奖。

【2014’中国水电新春联谊会暨水电科技奖颁奖典礼】 1月19日，“2014中国水电新春联谊会暨水力发电科学技术奖颁奖典礼”在北京举行，大会由学会和中国三峡集团联合主办。

国家发展和改革委原副主任、国家能源局原局长张国宝，国务院南水北调办原主任、学会理事长张基尧等，以及国家有关部门、大型企业集团和有关业主、流域企业、规划设计、建设施工、设备制造、金融机构、高校、科研院所、社团组织、新闻媒体等近80家单位的负责人及专家、学者300多人出席大会。

张基尧表示，2013年水电投产创新高，达2993万千瓦，总装机已达2.8亿千瓦。“积极开发水电，促进能源绿色发展”是新一年水电发展的主基调，但目前水电项目储备已显不足，电源建设与电网建设衔接不够；水电建设成本增加，上网电价过低；市场因素、社会因素、技术因素等方面的挑战越来越多的摆在我们面前；转变设计理念，提高设计和施工质量，完善招投标机制，规范招投标行为，认真应对并着力化解极端气候和地震、泥石流等自然灾害给水电站建设运行带来的风险等艰巨任务，已历史性地落到水电建设者肩上。要完成到2020年水电总装机4.2亿千瓦的目标责任重大，任重道远。

会上，举行了2013年水力发电科学技术奖颁奖典礼，共有54个项目获奖，其中特等奖2项、一等奖7项、二等奖11项、三等奖34项。由中国三峡集团等承担的“水电工程移民管理信息系统研发与应用”项目，河海大学等承担的“水利水电工程大型堆积体特性及失稳防控研究”项目获得特等奖。

【中国水力发电工程学会七届三次理事会议】 3月28日，学会七届三次理事会议在四川省成都市召开。学会理事长张基尧作题为《改革创新 积极进取 强化服务 激发活力 为实现水电“中国梦”而努力奋斗》的工作报告，全体代表审议并通过大会决议；会议报

中国水力发电工程学会七届三次理事会议在四川省成都市召开

告了学会2013年度财务收支情况；通过七届理事会成员变更和增补事项。学会副理事长以及常务理事、理事和代表180余人出席会议。

报告指出，2013年我国水电新增投产装机2993万千瓦，创造了历史新高；锦屏一级、鲁地拉、龙开口、沙沱、亭子口等一批大型水电站投产发电；世界第三大水电站溪洛渡水电站一年投产12台机组、装机924万千瓦；拥有世界最高拱坝称号的锦屏一级水电站305米高混凝土双曲拱坝全线浇筑到顶；绩溪、丰宁、敦化等一批大型抽水蓄能电站开工建设，使用我国自行设计制造的高水头抽水蓄能机组在福建仙游抽水蓄能电站投产；“金中直流”送出工程正式核准。到2013年年底，我国小水电装机已达6800多万千瓦，年发电量2000多亿千瓦时，为全面推进农村经济社会发展和新农村建设发挥了重要作用。目前，我国水电装机容量已达2.8亿千瓦，占全国电力总装机的22.5%；2013年水电发电量8963亿千瓦时，占全国总发电量的17%，可以替代2.96亿吨标准煤，减少CO_2排放近9亿吨和碳粉尘排放2.43亿吨，生态环境效益十分巨大。水电作为我国当前规模最大和技术最成熟的可再生清洁能源，正在并持续为我国经济社会发展、能源结构调整、减少温室气体排放和改善大气环境，做出重大贡献。

大会分析了水电发展面临的形势和任务，提出新时期水电项目建设的技术难度、生态环保、移民安置、运行风险、电力送出和调度消纳等问题。

（撰稿人：雷定演）

中国水利学会

服务创新型国家和社会建设 2014年10月，学会配合水利部人事司、职称改革领导小组办公室，组织完成了2014年度水利部专业技术人员晋升职称考试工作。考试设有计算机知识和专业理论两个部分，其中专业理论包括水利工程、政工、经济、会计、出版、卫生、新闻、图书档案等8个科目，共计5135人次报考。学会负责考试报名受理、组织试卷命题、试卷印刷、考务组织、阅卷登分、成绩统计以及合格证制作与发放等考务工作。

2014年，学会完成《水利技术标准体系表》的修订工作，为行业标准化工作管理和规划计划编制提供了依据；完善标准编制项目督办机制，提高标准化工作管理水平；完成两项中文标准编制和一项标准翻译工作，承担的两项公益性行业科研专项项目进展顺利；完成有关政府职能转移和标准化体制改革研究；初步探索专家考评体系，标准化专家队伍和基础能力建设进一步加强。

2014年，学会组织开展建设项目水资源论证培训8期，培训水资源论证从业人员近3000人。

12月1—2日，由学会、法兰克福展览（上海）有限公司主办，中华全国工商业联合会环境服务业商会、上海市排水协会等单位协办的2014年中国水博览会在北京举行，吸引了来自25个国家和地区近400家参展商的参与，展会面积达20000平方米。此外，2014大禹水利科学技术奖部分获奖成果也在此次水博会上展出，共计32个项目。“水润神州美丽中国”第二届全国水利风景区摄影大赛获奖作品展示及颁奖活动也在水博会同期举行。展会期间，还举办了第九届中国（国际）水务高峰论坛。

2014年，学会水利工程教育专业认证工作进展顺利，认证专家已有55名，并对20所高校的28个专业点进行了认证，占19.2%，在全国工科认证专业中处于较高水平。

学会能力提升计划 2014年，学会认真开展了各项工作：一是针对比较薄弱的科普工作，学会以本次能力提升为契机，完成《小水滴漫游记》系列动画片之城市中的水动画内容，并完成相关剧本的编写。二是立足内部挖潜，提升学会品牌项目的影响力。大禹奖和水博会是学会的品牌项目。通过把中国水博览会的展示平台和大禹水利科技奖进行有机结合，促进科技成果向生产力转化。在2014年10月底举办的中国水博览会上，设立2014年度大禹奖获奖展区，对获奖成果进行展示与推介。

学会建设 2014年，学会加强对单位会员的走访和调研，实际了解单位会员的需求，开展更具有针对性的会员服务。通过收集资料，编写“单位会员风采录”，帮助单位会员进行宣传，扩大其知名度。学会还为7万余名个人会员制作了会员证，增强了学会的凝聚力。

为提高会员管理服务的信息化水平，6月10日，学会在北京举办个人会员管理系统应用培训班。来自全国24个省（直辖市、自治区）水利学会的会员管理人员参加培训。

以通讯会议形式召开九届九次常务理事会议，审议有关院士推荐工作方案和推选机构。在10月28—30日学会2014学术年会期间召开了九届七次理事会议，向理事会报告工作和决定审议事项。

2014年编印12期《中国水利学会通讯》，每月一期。

科技期刊国际影响力提升计划 学会主办的科技期刊共6种，分别是《水利学报》《水科学进展》《岩土工程学报》《泥沙研究》《灌溉排水学报》以及《中国防汛抗旱》。2013年《水利学报》荣获中国科协“精品科技期刊工程学术质量提升项目”资助。学报继续保持水利工程21种统计源期刊中排名第一。《水利学报》连续13次荣获“中国百种杰出学术期刊”的称号，并入选“2014中国最具国际影响力学术期刊”。

国际学术会议 5月25—27日，由国家外国专家局、水利部和加拿大土木工程学会联合举办、学会承办的第十届中美工程技术研讨会水生态建设组研讨会在江苏省苏州市举行。此次研讨会主题为“气候变化条件下的水生态文明建设”，旨在对苏州水问题进行解析和研讨，通过中外专家研讨交流，凝聚中外专家的智慧和经验，对苏州市水生态文明建设把脉问诊，同时也为类似条件的地区水生态建设提供借鉴参考，有针对性地提出一些富有创新性和建设性的建议，并形成专家建议书上报国家外专局。来自中国、美国、加拿大、新加坡等国家的30余名知名专家和学者参与了研讨。

12月1—2日，2014第九届中国（国际）水务高峰论坛在北京开幕。论坛由学会发起，联合国际生态安全合作组织、全国工商联环境服务业商会、中国疏浚协会共同举办，以“深化改革—推进水生态文明建设”为主题，设1个主题峰会和水生态文明建设及水利景区发展专题、饮水安全及水处理技术专题两个专题论坛。600多名专家、学者出席此次论坛。

国内主要学术会议 4月3—4日，由学会减灾专委会主办的第四届防汛抗旱信息化论坛在重庆市召开。论坛以交流、研讨、探索、展示为宗旨，组织防汛抗旱信息化建设及应急抢险技术专题讲座，开展信息化建设技术成果展示与交流，并增加应急抢险物资装备及相关新技术、新设备、新材料推介展示，咨询与探讨信息化建设及防灾减灾技术等。来自全国各级防汛抗旱系统和企业界的代表100余人参加论坛活动。

8月22—23日，第一届西藏水资源利用暨水利水电技术学术会议在西藏自治区林芝市举办。会议由学会主办，西藏大学农牧学院、河海大学、中国水利水电科学研究院等承办。来自国内与水利水电相关的高等院校、科研院所，从事水利水电工程的勘测设计及施工单位共约170人参加此次会议。主题为“水利科技促进西藏社会经济可持续发展”，以破解西藏地区水利水电建设发展中的技术难题，加强科研合作，加速西藏地区水利科学技术事业的发展。

9月19—21日，第十五届全国水利量测技术综合学术研讨会在黑龙江省哈尔滨市召开。此次会议由学会水利量测技术专业委员会主办，黑龙江大学承办。参加此次会议的有水利部及各流域机构、河海大学、清华大学等共90余名专家、学者。本次会议共收录40余篇论文，并由黄河水利出版社正式出版了论文集《水利量测技术论文选集》（第九集）。

9月24—26日，第九届全国泥沙基本理论研究学术讨论会在浙江省杭州市召开。会议由中国水利学会泥沙专业委员会主办，浙江省水利河口研究院、浙江省海洋规划设计研究院、浙江省河口海岸重点实验室承办。会议围绕流域水沙输移与河口海岸演变的主题，探讨泥沙前沿理论和技术。来自全国水利、水电、港口航道、海洋、水土保持等行业的50余家单位260余名泥沙科技工作者参加本届大会。本次会议共收到学术论文200余篇，其中180篇论文收录于《第九届全国泥沙基本理论研究学术讨论会论文集》，43篇论文推荐至《泥沙研究》《浙江大学学报（工学版）》和《浙江省水利科技》发表。

两岸交流　6月16—17日，学会农村水利专业委员会在福建省漳州市漳浦县举办了第六届海峡论坛·两岸乡村农田水利建设交流会。中国大陆与台湾地区共计200余人应邀参加本次会议和活动，围绕农业灌溉水利生态化与水污染治理两大主题，开展了现代农业水利设施交流与现场观摩。漳州市水利水电学会与中华农业暨水利事业发展协会签订了农田水利交流合作协议书。

国际交往　5月14—18日，应韩国水文水资源学会邀请，学会派出3人代表团赴韩国参加韩国水资源协会2014年会，3位代表的2篇论文在会议上进行了交流并被大会论文集收录。会议期间，学会就流域产汇流模型、水文循环过程及定量预报、水生态治理、城市洪涝防治、节水管理技术、水土保持技术与韩国、日本和新西兰科学家进行了研讨。

9月24—28日，应日本水文水资源学会邀请，学会派出3人代表团赴日本宫崎参加日本水文水资源学会2014年会，3位代表的2篇论文在会上进行了交流并被大会论文集收录。会后还对当地防洪减灾工程与设施进行了调研，在了解国际先进水利科研动态的同时，也介绍了我国实施最严格水资源管理制度等新进展。

科普活动　学会申请了2014年国家财政项目《水利科普工作保障能力建设》，项目提出水利科普工作保障能力建设方案和相关建议。

2014年，完成《小水滴漫游记》系列动画片之城市中的水的动画内容，包括10分钟城市中的水的动画和5分钟片花（包含小水滴人物简介以及正片内容剪辑），并完成相关剧本的编写。完成了动画片配音、版权注册等后期加工工作。《小水滴漫游记》已完成部分在北京等四个省（市）进行宣传推广，进行公众满意度调查。2014年7月，《小水滴漫游记》（DVD）入选国家新闻出版广电总局第二届向全国青少年推荐的50种优秀音像电子出版物目录。

2014年，学会及各分支机构结合世界水日、中国水周、全国科普日等主题活动开展形式多样的科普活动。3月22日，城市专委会在北京紫竹院公园组织了第22届世界水日纪念活动。通过现场大型显示屏，播放了南水北调宣传片和“一个人的雨水情”的专题片。并向市民发放3万张卡通节水小贴士，造型生动、内容繁多的节水小贴士把节水爱水的理念传播到千家万户。中国水周期间，城市专委会组织了科普巡回报告团，在北京小学、北京第14中学、北京第63中学演示了水特性的大型科普实践课。

11月21—22日，“关爱母亲河——睡堤唤醒”走入校园全国大型公益活动在贵州省贵阳市启动。活动由学会、水利部水情教育中心、贵阳市人民政府联合主办。活动中，贵阳市学生代表向全国中小学生发出了“唤醒沉睡堤，关爱母亲河”的倡议，呼吁大家行动起来，保护母亲河，呵护人居环境，关爱呵护健康。专家以讲座方式对学生进行了深入浅出的水情教育，将节水、爱水、惜水的环保意识植根于青少年学生心中。向贵阳市教育局赠送1200册《地球的孩子生态馆》丛书。

表彰举荐优秀科技工作者　2014年，学会按照中国科学院、中国工程院和中国科协的各项要求，认真细致做好两院院士的推荐工作。

完成2014年度大禹水利科学技术奖的评审任务，最终有37项成果获奖，约有370人次获得表彰。

完成中国科协组织的第六届全国优秀科技工作者推荐工作。中国水利学会推荐的江恩慧（黄河水利科学研究院）、周怀东（中国水利水电科学研究院）、蔡正银（南京水利科学研究院）荣获“全国优秀科技工作者”称号，其中江恩慧获“十佳全国优秀科技工作者”称号，成为水利行业获此殊荣的首位科技工作者。

根据《张光斗科技教育基金优秀青年科技奖管理办法》，中国水利学会推荐的米占宽、周述达、傅旭东荣获第三届张光斗优秀青年科技奖荣誉。

根据《刘光文水文科技教育基金管理办法》及《刘光文科技奖奖励办法实施细则》的规定，经过刘光文水文科技教育基金管理委员会组织专家评审，评选出“刘光文科技成就奖”获奖者1名，“刘光文工程技术奖”获奖者2名，“刘光文青年科技奖”获奖者3名，“刘光文奖学金”获奖研究生13名和“刘光文奖学金”获奖本科生20名。

【中国水利学会2014学术年会】　10月28—30日，学会2014学术年会在天津市举办，主题为“科技创新与水利改革”。水利部副部长胡四一作了题为《大力推进水生态文明建设》的主旨报告。大会邀请了水利部水资源司、水利部财务司、南京水利科学研究院、水利部发展研究中心、环保部规划院、水利部海河水利委员会、天津市水务局以及“大禹奖”特等奖获奖单位的7位专家、学者作特邀报告。大会颁发了2014

年度大禹水利科技奖和年会优秀论文奖。

学会九届理事，各分支机构、省级学会、单位会员代表，有关高校、科研院所、设计、施工和管理等单位技术骨干，以及加拿大、澳大利亚、英国、韩国、日本等国外友好学会代表共500余人参加年会。

年会设置六个分会场，包括一个国际分会场，分别围绕水资源、农村水利、岩土力学、疏浚与泥处理利用、城市供水安全及水权等内容展开研讨。年会共收到来自政府有关部门、科研院所、大专院校、水利设计、施工、管理等单位科技工作者的论文共500余篇，其中国际分会场20篇。经专家评审，除国际分会场外，有220篇与主题相符、水平较高的论文入选论文集，其中45篇被评为优秀论文。国际分会场收到来自美国、英国、澳大利亚、韩国、日本等国以及国内有关专家、学者的论文20篇，通过专家初审，全部推荐给有关国际期刊发表。

（撰稿人：王　琼）

中国内燃机学会

学会建设　2014年，学会共召开2次常务理事会议和1次理事会议以及1次秘书长工作会议。发展个人会员109名。

学术期刊　2014年，学会编辑出版的《内燃机学报》（双月刊）共刊出学术论文86篇。《内燃机学报》2013年总被引频次为2224次，影响因子为1.078，基金论文比为0.97，在能源与动力工程类42种期刊中位居第4名。《内燃机工程》（双月刊）共刊出学术论文125篇。《内燃机工程》2013年总被引频次为1740次，影响因子为1.030，基金论文比为0.88，在能源与动力工程类42种期刊中位居第6名。《内燃机》（双月刊）共刊出科普性文章106篇。

国内主要学术会议　2014年，学会和各分会共举办学术会议15次，其中国际学术会议2次，国内学术会议13次。参加学术活动的学者1908人次，交流学术论文881篇。

国际交往　3月13—14日，学会委派6名会员出席了在英国伦敦召开的国际内燃机委员会（CIMAC）第四届青年工程师学术交流会。本次会议共有来自11个国家的70余位研究人员出席，会议围绕“燃料效率——是否还有提升空间？”的主题，特邀10位专家作专题学术报告，并进行了互动式学术交流。

5月20—25日，学会2名CIMAC常设委员会委员：常务副理事长兼秘书长阳树毅和副理事长金东寒，出席了在德国腓特烈港召开的CIMAC2014年春季常设委员会会议。会议通报了关于中国内燃机学会承办CIMAC第五届远东会议筹备情况，商讨中国内燃机学会代表升任董事会事宜。

11月25—30日，学会委派CIMAC常设委员会委员、副理事长金东寒和副秘书长陶陆根，出席在德国法兰克福召开的CIMAC2014年秋季常设委员会会议。会上，金东寒介绍了学会一年来开展的各项学术活动，以及承办2015年在浙江省杭州市召开CIMAC第六届青年工程师学术交流研讨会的筹备情况等。

科普活动　学会及下属各分会在全国各地开展了形式各异的科普活动8次，科普报告7场，受众人数1240人次。

5月8日，学会在河南省郑州市河南农业大学组织召开了中国内燃机学会科普报告会，与会青年学生、老师及学会部分常务理事共计300人出席。清华大学汽车安全与节能国家重点实验室副主任王建昕作了题为《能源的有效利用及清洁替代能源的发展前景》的主旨报告。

表彰举荐优秀科技工作者　2014年，经学会推荐广西玉柴机器股份有限公司沈捷、中石油济柴动力总厂李树生和中国石油润滑油公司杨俊杰荣获中国科协“全国优秀科技工作者”称号。

经评选，吴术、刘瑞林、张纪元、平银生、陈海娥和倪计民6名科技人员荣获2014年昆仑“突出贡献奖”，郑新前、胡二江、殷勇3名青年科技人员荣获“史绍熙人才奖”。

【2014年学术年会暨材料与工艺分会和昆明内燃机学会联合学术年会】　10月9—20日，学会主办的2014年学术年会暨材料与工艺分会和昆明内燃机学会联合学术年会在云南省昆明市召开。来自全国近100家企业、高校和科研院所的284名从事发动机及油品燃料领域的专家、学者参加了会议。

本次年会由学会副理事长、西安交通大学教授黄佐华和学会副理事长、中国北方发动机研究所副所长张树勇共同主持。大会围绕“内燃机节能减排与先进制造技术”的年会主题，特邀了国内外著名专家、学者作了8篇主题报告和6篇特邀专题报告。

昆明理工大学教授申立中、同济大学教授李理光、中国石油润滑油公司教授级高级工程师汤仲平、

浙江大学教授俞小莉、云内动力股份有限公司高级工程师宋国富、中机中联有限公司高级工程师毛泽永、哈尔滨工程大学教授马修真、中国一汽无锡油泵油嘴研究所教授级高级工程师缪雪龙等专家，分别以《数字化电控发动机虚拟标定技术》《高效零排放氩气循环内燃机》《燃气发动机油及其应用》《内燃机热管理技术相关基础研究工作进展》《云南——汽车‘三高’标定立体试验场》《内燃机工厂设计现状及展望》《船用柴油机脱硫及余热利用技术发展》《适应节能减排要求的自主共轨系统研发》等为题作大会特邀报告。

年会设立了5个分会场，对156篇学术论文进行了宣读交流。天津大学教授卫海桥、吉林大学汽车学院教授韩永强分别以《小型强化SI发动机压力波诱导末端气体自燃的数值模拟研究》《内燃机燃烧过程几点认识及讨论》为燃烧与排放分会场作专题学术报告。清华大学教授帅石金、中国汽车工程研究院有限公司总经理李开国分别以《汽油类燃料在内燃机中的高效清洁利用》《我国车用燃气动力研究进展与未来发展趋势》为油品与替代燃料分会场做专题学术报告。山东大学教授程勇、哈尔滨工程大学副教授刘友分别以《内燃机表面振动信号的应用》《船舶柴油机活塞瞬态温度测分析技术》为测试与技术分会场作专题报告。北京市劳保所科技发展有限责任公司高级工程师暴辰生、中机中联工程有限公司高级工程师朱志兵分别以《高效治理内燃机尾气污染的工艺方法探索》、《内燃机铸造车间熔炼设备选用》为材料与工艺分会场作专题学术报告。北京理工大学教授刘福水、昆明理工大学教授雷基林分别以《基于动态信息的内燃机状态诊断》《内燃机机油消耗及其对排放的影响》为整机与性能分会场作专题学术报告。对宣读交流的学术论文，经论文评审小组认真评选，评出优秀论文20篇，其中一等奖5篇，二等奖15篇。还出版了《内燃机科技——中国内燃机学会2014年学术年会暨材料与工艺分会和昆明内燃机学会联合学术年会论文集》。

（撰稿人：祝维瑾）

中国工程热物理学会

决策咨询 2014年，学会承担国家自然科学基金委员会－中国科学院学部合署学科发展战略研究项目《工程热物理与能源利用学科发展战略研究》，截至2014年年底进展顺利。

学会完成2014年“973”计划专家顾问组能源领域战略研究项目《分布式能源系统和节能减排、科学用能》的调研报告。

承担中国科协（全国学会）代表调研课题《碳捕集封存技术在中国的早期机会分析》项目，截至2014年年底进展顺利。

国际交往 8月3—9日，第35届国际燃烧会议（35th International Symposium on Combustion）在美国旧金山召开，学会理事齐飞代表中方参加会议。会上共宣读论文434篇，其中46篇来自中国。

【中国工程热物理学会第七次全国会员代表大会】 11月1日，中国工程热物理学会第七次全国会员代表大会在陕西省西安市召开，会议通过了学会工作报告、财务报告。会议选举产生了由100名理事组成的学会第七届理事会，学会第七届理事会第一次会议选举产生了由31名常务理事组成的学会第七届常务理事会，选举产生了新一届学会负责人。中国科学院院士金红光任理事长，陈勇、李应红、朱俊强、郭烈锦、杨勇平、姚春德、张兴任副理事长，杜建一任秘书长。

【中国工程热物理学会2014年学术年会】 11月31日至12月2日，中国工程热物理学会2014年学术年会在陕西省西安市举行，会议由中国工程热物理学会主办，西安交通大学能源与动力工程学院承办。来自国内外高校、研究机构的多位院士与2500余名专家、学者参加会议。

本届学术年会由开幕式暨大会特邀报告会、分会场邀请报告会和专题研讨会三大部分组成。中国科学院院士徐建中、美国宾夕法尼亚大学机械工程与应用力学系教授Noam Lior、美国普林斯顿大学教授C.K.Law、国家发展改革委能源研究所研究员王仲颖，分别作了题为《航空发动机与工程热物理》、

中国工程热物理学会2014年学术年会在西安举行

Sustainable Energy Development: The Present (*2014*) *Situation and Needed Heat Transfer and Thermodynamic Foundations*（《能源可持续发展2014：现状与需要的传热与热力学基础》）、*Advancing Combustion as a Transdisciplinary Thermal Science*（《跨学科热科学——先进燃烧》）和《中国能源革命要走跨越油气时代的可再生能源发展之路》的特邀报告。

大会共设6个分会，106个专题研讨会，收录论文2208篇。与会代表围绕工程热物理与能源利用学科的基础、前沿、热点问题，以及与国民经济建设密切相关的应用问题进行了深入研讨和交流。

【蔡睿贤院士逝世】 杰出的能源动力科学家、中国科学院院士，中国人民政治协商会议第八届全国委员会委员，第九、第十届全国委员会常务委员，中国民主促进会中央委员会第九届、第十届、第十一届委员、常委，第十届、十一届副主席蔡睿贤先生，因病医治无效，于2014年10月4日1时30分在北京逝世，享年80岁。

蔡睿贤院士曾任中国科学院工程热物理研究所所长、国家自然科学基金委员会工程与材料科学学部主任、中国工程热物理学会理事长。

（撰稿人：柯红缨）

中国空气动力学会

学术期刊 2014年，学会主办的《空气动力学学报》刊登论文总数129篇，计算空气动力学占95%，实验空气动力学占5%，基金资助论文占全年论文比为63%，全年印刷发行共计6000册。《实验流体力学》编辑出版6期，刊登论文103篇，其中基金和资助论文比例达到52%，共印刷发行5400册。

国内主要学术会议 8月14—17日，第十一届全国风能应用技术年会暨“十二五”风能973专题研讨会在西藏自治区林芝地区召开。会议由学会风能空气动力学专委会主办，成都阜特科技股份有限公司承办，空气动力学国家重点实验室协办。来自国内从事风工程研究的高等院校、科研院所等23家单位的68位专家、学者参会。会议共收到论文38篇，出版了论文集。会议围绕“十二五”风能“973”的关键科学问题、高寒高海拔地区风能开发与利用问题、小型风力机空气动力问题、海上风电开发与利用的问题、分布式风能利用、极端环境条件下风力机设计开发与应用中的关键技术问题等方面进行了交流研讨。

7月20—22日，第十届全国流动显示学术会议在贵州省贵阳市召开。会议由学会流动显示专委会主办，中国空气动力研究与发展中心低速空气动力研究所承办。来自国内外高等院校、科研院所等18家单位的50余名专家、学者出席了会议。会议共征集录用论文45篇，大会邀请报告4篇。会议总结当前流动显示领域最新技术成果，重点围绕经典流动显示技术及其应用、粒子图像测速技术及其应用、激光诱发荧光流动显示技术及其应用、光学干涉流动显示技术及其应用、流动显示结果的处理技术及其应用、数值流动显示技术及其应用等多种技术的应用和发展进行分组交流研讨。

7月31日至8月1日，第九届全国风工程和工业空气动力学学术会议在吉林省长春市召开。会议由学会风工程专委会主办，空气动力学国家重点实验室和吉林大学汽车工程学院联合承办，中国空气动力研究与发展中心低速空气动力研究所和中国土木工程学会结构风工程专委会协办。来自国内从事风工程研究的高等院校、科研院所等31家单位85位专家、学者参加会议。会议共收到论文71篇，出版了论文集。

8月15—17日，学会低跨超声速专业委员会六届五次工作会议在山东省烟台市举办，国内低跨超声速专业及相关领域28位专家、学者参加会议。南京航空航天大学、航空气动院、航天气动院、上海飞机设计研究院、气动中心低速所等单位就型号研制、风洞设备建设和试验技术研究、连续式高速风洞建设、调试及在基础研究中的作用等展开交流。

8月21—23日，学会测控专委会六届四次学术交流会在内蒙古自治区阿尔山市召开。来自中国空气动力研究与发展中心、中国航空工业空气动力研究院、国防科技大学、西北工业大学等37个单位的125名专家、学者参加会议。大会共收到论文138篇，会议宣读论文60余篇，出版了论文集。论文涉及测量控制系统及软件设计、传感器技术、天平及其校准技术、计量技术、特种风洞实验与非接触测量技术等领域。

11月7日，学会计算空气动力学专委会在贵州省凯里市组织召开了2014年度工作暨学术交流会，共有来自航空、航天、高等院校、研究所以及中国空气动力研究与发展中心等35家单位的62名专家、学者参加会议。来自航天科技／科工集团、清华大学、复旦

大学、计算空气动力研究所的 16 篇论文围绕会议主题“湍流、热流、摩阻高精度计算方法及网格技术研究与应用”进行了交流。

【第八届国际计算流体力学会议】 7 月 14—18 日，由学会主办，中国空气动力研究与发展中心承办的第八届国际计算流体力学会议在四川省成都市召开。230 名专家、学者参加会议。会议共录用论文 157 篇（国外 80 篇，国内 77 篇），宣读报告 155 篇（含大会邀请报告和 CFD History 报告），安排 5 个大会邀请报告，9 个分会场 Keynote 报告。

【第十五届分离流、旋涡和流动控制会议】 10 月 24—26 日，学会在北京召开第十五届分离流、旋涡和流动控制会议。会议由中国航天空气动力技术研究院承办，内容涵盖分离流、旋涡与流动控制的理论、实验与数值模拟，非定常分离流与旋涡流动及其控制，边界层流动、剪切层流动和尾迹流动的演化、发展与控制，飞行器高机动飞行中的分离流与非定常旋涡运动，飞行器低 Re 数条件下的复杂分离流动与演化，高超声速边界层流动分离及其控制，发动机内流中的流动分离、旋涡及其控制，工业空气动力学中的分离流、旋涡运动及其控制等。中国空气动力研究与发展中心、北京航空航天大学、北京大学等 10 余家单位的 45 位专家、学者参加会议。

【钱学森讲座】 12 月 20 日，学会主办，清华大学承办的“钱学森讲座”在清华大学举行。来自清华大学、北京大学、天津大学、北京理工大学、装备指挥技术学院、北京航空航天大学、航天一院、航天三院、中国科学院力学研究所、中国科学院工程热物理研究所、中国航空研究院、航空气动院、中国空气动力研究与发展中心的 75 位专家、学者参加会议。

堪萨斯大学航空工程系主任王志坚作了题为《开发高阶计算流体力学设计方法的最新进展》的报告，清华大学燃烧能源中心博士徐海涛作了题为《流体湍流的拉格朗日粒子跟踪测量》的报告。

（撰稿人：刘金合　孟　琳）

中国制冷学会

服务创新型国家和社会建设 2014 年，学会申请承担中国科协《学会承担社会化服务职能的工作模式研究》课题，积极探索承接政府转移职能，配合国家安全生产监督管理总局有序的开展氨系统安全及制冷技能等方面的培训和标准制定。

学会组织完成多项冷链国家标准、行业标准的起草制订工作。完成国家标准《二氧化碳制冷系统技术要求》《商用制冷陈列柜试验包》（送审稿），组织完成行业标准《冷链物流配送中心技术要求》（征求意见稿），合作组织完成《制冷系统节能运行规程》国家标准（征求意见稿）、《商用制冷器具能耗系数限定值和能效等级第 2 部分：自携式冷凝机组商用冷柜》国家标准（送审稿），组织起草安全行业标准《制冷生产企业安全技术规程》立项初稿并申报立项。学会配合中国科学院理化技术研究所开展《中国食品冷链技术发展现状及对策》等课题。学会联系各省（区）市学会与国家安全生产监督管理总局开展安全培训工作，并选派专家在江苏省、重庆市、广东省等地进行宣讲。

2014 年，49 人通过学会专业技术资格认证考试、考核，获得学会工程师资格，12 人获得学会高级工程师资格。

学会建设 2014 年，学会秘书处招聘 3 名硕士研究生，完成了学会网站全面改版、《制冷学报》杂志社注册手续、科普信息化等工作，申请成立了全国制冷标准化技术委员会冷藏链分技术委员会和商用制冷应用设备分技术委员会。2014 年，学会发展个人会员 2969 人，发展单位会员 50 家。

学术期刊 《制冷学报》2014 年出版 6 期，总页数 720 页，比上一年年增长 15.4%，全年发行量 2.49 万册。编辑部通过期刊在线采编系统，收取稿件 382 篇，录用 70 篇，录用率 18.32%，审稿周期 36 天。

国际学术会议 8 月 31 日至 9 月 2 日，第 11 届国际天然工质大会在浙江省杭州市召开。会议由国际制冷学会主办，中国制冷学会承办。来自 25 个国家和地区的 286 名专家、学者出席会议。会议共收到论文 120 篇，其中国外论文 84 篇。报告涉及 R290、空气、水、CO_2 系统、CO_2 热泵系统、氨、制冷剂安全和风险评估、传热和换热器、未来制冷剂、吸收式和吸附式系统、减少制冷剂充注量等天然制冷剂方面的研究热点。

国内主要学术会议 2014 年，学会主办国内综合交叉学术会议 2 次，接待港澳台专家、学者 10 人次。7 月 31 日至 8 月 1 日，第八届全国制冷空调新技术研讨会在四川省成都市召开，来自全国的制冷空调学科的专家、学者 300 余人参加会议。大会特邀 14 位专家对各自的最新技术进行报告。会议共收到205篇论文，其中新技术研讨会145篇，教学研讨会60篇。

11月28—29日，第九届全国食品冷藏链大会暨第六届全国冷冻冷藏产业创新发展年会在广东省广州市召开。会议由学会和国内贸易工程设计研究院联合主办、学会冷链工作委员会和中国制冷学会冷藏冻结专业委员会承办。来自全国冷链各行业的设备制造企业、高校、研究机构、终端用户以及政府、行业的专家、学者共315人参加会议。会议的主题为“食品冷链安全与可持续发展”。

国际组织任职 2014年，学会秘书长金嘉玮继续担任国际制冷学会（IIR）执委会委员。

国际交往 2014年，学会组织参加国外学术交流考察活动135人次，接待国外专家、学者32人次。

1月，学会参加了在美国召开的采暖制冷空调工程师学会冬季年会；3月，参加了在美国召开的国际氨制冷学会年会；5月，参加了在韩国举办的第七届亚洲制冷大会。学会以中国制冷展组委会名义组团参加了美国、印度、意大利、土耳其、德国制冷展，并在中国制冷展期间，与美国、德国、印度、韩国、土耳其、日本、英国、巴西、巴林的相关行业组织进行了沟通和交流，商讨进一步合作事宜。

科普活动 2014年学会举办或联合主办进社区、制冷常识走进科技馆等大型科普宣讲活动47次，其中，全国科普日期间科技进村1次、科教进社区44次，全国科技周期间科教进社区1次。活动期间，受众人数达9735人次，参加科技人员总数达到450人次。活动覆盖村1个，社区45个。

学会编辑完成了科普宣传资料《制冷在你身边》，面向全国各省（区）市学会发放11865册。学会还积极推进科普信息化工作，科普工作被中国科协评为先进单位和全国优秀特色活动。

学会与全国高等学校建筑环境与设备能源应用专业教学指导委员会和美国采暖制冷空调工程师学会联合主办了第七届中国制冷学会—美国采暖制冷空调工程师学会学生设计竞赛，2014年报名参赛院校达到74所。学会与北京恩布拉科雪花压缩机有限公司联合主办的恩布拉科创新大赛，收到参赛作品61份。

表彰举荐优秀科技工作者 2014年，学会向中国科协推荐的清华大学李先庭、上海交通大学丁国良、合肥通用机械研究院史敏获2014年度“全国优秀科技工作者”称号。学会全年评选本学会科技进步奖特等奖1项、一等奖2项、二等奖4项，技术发明奖一等奖2项，评出青年奖3人、贡献奖2人，获奖人员共计105人。

【第九届全国食品冷藏链大会暨第六届全国冷冻冷藏产业创新发展年会】 11月28—29日，第九届全国食品冷藏链大会暨第六届全国冷冻冷藏产业创新发展年会在广东省广州市举办。会议由学会和国内贸易工程设计研究院联合主办，学会冷藏冻结专业委员会承办。年会的主题是“食品冷链安全与可持续发展”。来自全国冷链各行业的设备制造企业、高校、研究机构、终端用户以及政府、行业组织的专家、学者315人参加会议。中国科学院院士周远在年会上作主题报告。

学会副理事长孟庆国作了《我国食品冷链现状及可持续发展》的报告，报告阐述了我国食品冷链的现状及发展的重点和注意的问题。中国肉类协会常务副会长陈伟详细介绍了中国肉类产业冷链的发展概况，广州大学教授谢如鹤就国外冷藏运输现状与发展向与会代表作了详细介绍，并分析国外冷藏运输对中国冷链发展的启示。

年会上，来自设备制造企业、研究机构、终端用户的专家、学者就移动互联网时代下的食品冷链物流模式与冷链宅配、冷冻冷藏行业制冷系统安全技术方向、低温室效应制冷剂发展趋势及在冷链行业潜在的替代应用等方面作了报告。

全国食品冷藏链大会设置冷冻冷藏、冷藏运输和冷链标准三个分会场，专家分别针对太阳能用于果蔬预冷技术研究、互联网时代铁路冷链物流发展策略、我国冷链标准化现状及发展建议等方面进行了交流研讨。

【第二十五届国际制冷、空调、供暖、通风及食品冷冻加工展览会】 4月9—11日，由学会、中国制冷空调工业协会、中国国际贸易促进委员会北京市分会共同主办，北京国际展览中心承办的第二十五届国际制冷、空调、供暖、通风及食品冷冻加工展览会在北京举行。

展览会展出面积首次突破10万平方米，达到106,800平方米。来自33个国家和地区的1209家企业参展，其中美国、德国、韩国、印度以国家展团参展，产品汇聚了全球供热、通风、空调和制冷行业的知名品牌。来自全球109个国家和地区的53269名专业观众和用户参加展会。

展会主题是“创新绿色发展 激发市场活力”。展会还举办了主题论坛和8场专题研讨会，对社会关注的房地产、食品安全等热点领域的国家政策导向、行业技术创新进展和发展方向进行解读。展会还与联合国环境规划署联合举办了臭氧气候技术路演及圆桌会议，来自全球制冷空调行业的30多个专业组织机构进行了交流合作。展会还为参展企业举办了38场技术交流会。

（撰稿人：杨一凡）

中国真空学会

服务创新型国家和社会建设 2014年，学会质谱专委会对国防无损检测人员进行泄漏检测一级、二级认证，100余人获资格认证。

学会促成了辽宁省委、省政府，沈阳市委、市政府及相关部门对真空行业及大半导体产业的多次调研，将真空行业及大半导体产业升级为辽沈地区核心产业。学会配合地方共同完成辽宁省、沈阳市集成电路产业发展中长期规划的编制工作。

2014年，中国真空网组织举办了2次真空技术培训班，60余人次参加了培训。

5月17—25日，学会咨询委员会、冶金专业委员会、真空工程专业委员会在东北大学联合举办了第十一期“真空技术”培训班。培训班设置了28个应用专题，内容涵盖了真空技术的各主要领域。培训学员60余人。

7月1日，学会表面与纳米科学专业委员会举办了2014年纳米材料与器件国际暑期学校。22位在纳米科技领域的国际顶尖专家、学者受邀作报告。中国科学院大学和武汉大学的200余名学生参加了暑期学校的学习。

学会建设 2014年，学会发展团体会员8家、个人会员220人，团体会员总数达345家。

学术期刊 2014年，《真空科学与技术学报》共收到论文稿件400多篇，录用170多篇，全年出刊12期，发表257篇，学报全部数据上网。

2014年，《真空科学与技术学报》EI收录率达到100%，据中国科学技术信息研究所2014年公布的检索报告，学报核心总被引频次在工程与技术科学基础学科类21种期刊中列第7位，在全部1989种期刊中列第915位。核心影响因子在同类21种期刊中列第1位，在全部1989种期刊中列第264位。核心他引率为0.44，基金论文比为0.61，平均引文数为16.05。2014年《真空科学与技术学报》被收录为“中国科技核心期刊”（中国科技论文统计源期刊），6篇文章入选中国科学技术信息研究所“领跑者5000——中国精品科技期刊顶尖论文”。

《真空科学与技术学报》与同方知网签署了国际DOI码（数字对象唯一标识符）授权书，同时获得中国科协精品科技期刊项目资助。

国际学术会议 6月12—15日，由学会、西安交通大学、陕西省科协和陕西省真空学会联合主办的单晶金刚石及其电子器件国际研讨会暨2014第四届中国真空高层论坛（SCDE&2014CVF）在陕西省西安市召开。150余位国内外专家、学者参加了研讨会。会议发起并成立了单晶金刚石及其电子器件泛太平洋国际研发与产业联盟。

国内主要学术会议 2014年，学会及各专业委员会举办各类学术会议，参会专家、学者逾千人，编辑出版多本论文集。

1月19日，学会薄膜专委会召开了薄膜专家座谈会，33名专家参加会议。会议重点就新工艺、新技术宣传和技术业务进行了交流。

6月24日，学会组织召开了有机发光二极管OLED高峰论坛，主要探讨OLED发展面临的主要问题和中国发展OLED产业的策略和路径，国内相关产业80名专家参加了会议。

10月9日，学会质谱专委会和中国计量测试学会真空计量专业委员会联合举办全国质谱年会，120多名专家、学者参加了会议，大会交流论文68篇。

学会显示技术专委会分别于7月、9月、11月在广东省深圳市、江苏省苏州市、广东省广州市召开了3次显示技术研讨会，研讨印刷显示材料、印刷显示工艺技术等关键内容。显示技术专委会还多次组织参与和举办了中国平板显示标准工作组会议，包括中国平板显示标准化会议、全国平板显示行业标准协会成立大会、海峡两岸标准及行业交流会、IEC/TC110国际电工委员会电子显示器件技术委员会工作组会议等。

国际交往 8月23日，学会质谱专委会组织参加了在瑞士日内瓦举行的第20届国际质谱学大会，向大会提交论文3篇，就质谱计的校准、空间质谱计、质谱的检漏应用与国际同行进行了交流。

9月11日，学会质谱专委会参加了在捷克布拉格举行的第11届欧洲无损检测国际会议，并向大会提交泄漏检测论文2篇。

11月9日，学会纳米与表面专委会参加了在美国举行的第61届美国真空学会国际年会（AVS-61），并向大会提交论文4篇，受邀作报告1篇。

科普活动 2014年，学会科普专委会完成了《真空装置》《真空泵》《真空输送和真空包装》《真空材料》4本科普图书的编辑工作，同时，完成了《载人航天与太空旅游》科普图书的编制，面向中小学生介绍载人航天器和太空旅游方面的知识和进展。

3月，学会科普专委会建立科普基地，组织航天技术专家到城镇小学开展真空、航天知识科普讲座，300多名小学生和40余名教师参加了讲座。

7月，学会科普专委会组织举办了北京大学、清华大学学生暑期实践团活动，为学生现场参与中国航天产品的研制生产提供实践机会。

表彰举荐优秀科技工作者 11月，在学会第八次全国会员代表大会上，学会特授予中国人民解放军航天员大队航天员王亚平“中国真空科技特别贡献奖”。大会同时还颁发了中国真空科技成就奖（欧瑞康莱宝奖）和中国真空科技青年创新奖（浙真奖）。每个奖项2人获奖。学会还对评选出的34家优秀团体会员单位进行表彰并颁发奖牌。

学会推荐的清华大学教授潘峰获得中国科协“全国优秀科技工作者”称号。

2014年，学会颁发了“中国真空学会真空科学硕士、博士优秀论文奖学金”及“中国真空学会真空科学与技术硕士生奖学金”。通过专家评审、网上公示，5人获得“中国真空学会真空科学硕士、博士优秀论文奖学金”，5人获得“中国真空学会真空科学与技术硕士生奖学金”。

中国科协会员日 1月10日，学会在北京举办了会员日活动，80余位会员参加活动。活动期间，会员围绕着学会建设、会员发展、服务会员、加强合作等议题进行了了讨论。

【中国真空学会第八次全国会员代表大会】 11月7—9日，学会在广东省广州市召开了第八次全国会员代表大会暨2014学术年会，350余位专家、学者出席会议，其中会员代表170人。会议开幕式由学会第七届理事会秘书长、清华大学党委书记陈旭主持，学会第七届理事会理事长、中国科学技术大学校长、中国科学院院士侯建国致开幕词。

大会审议并通过了侯建国所作的《第七届理事会工作报告》，陈旭所作的《第七届理事会财务报告》和《中国真空学会章程的修改说明》。

大会根据《中国真空学会第八届理事会理事候选人入选原则和条件》，经过投票选举，150名会员当选为第八届理事会理事。学会第八届一次理事会议通过了《中国真空学会第八届理事会常务理事选举办法》，投票选举了新一届常务理事。48人当选为第八届理事会常务理事。

大会投票选举了新一届理事会理事长、副理事长（10人）和秘书长。中国科学院院士、复旦大学校长许宁生当选为中国真空学会第八届理事会理事长。

【2014中国真空学会学术年会】 11月8日，学会学术年会在广东省广州市召开。北京大学教授俞大鹏、中国科技大学教授董振超、中国科学院物理所研究员顾长志、北京中科科仪股份有限公司副总经理李奇志分别作了题为《弹性应变梯度对半导体激子动力学调制作用的超高时空分辨光谱研究》《基于低温超高真空STM系统的亚纳米分辨单分子拉曼成像》《功能纳米结构的加工及在纳米物理与器件研究中的应用》《中国分子泵发展趋势及现状》的大会特邀报告。

学术会议按照真空科技与工程、薄膜科学与技术、电子材料与器件以及等离子体、表面与纳米（I）、表面与纳米（II）等内容进行分会场口头报告与墙报交流。

大会共开设6个分会场，收到论文235篇，其中：特邀报告4篇、邀请报告72篇、口头报告45篇、114篇张贴报告。会议还评选出了16位最佳张贴报告作者并颁发了证书和奖金。

（撰稿人：刘　锋）

中国自动化学会

服务创新型国家和社会建设 2014年，学会完成了华能国际电力股份有限公司玉环电厂的“基于凝结水节流的汽轮机调门自适应控制技术的研究与应用”等5项科技成果的评价工作。学会协助中国石油信息部组织召开了2014年石化领域智能工厂研讨会。

学会开展继续教育和专门培训工作，构建不同层次的自动化科技人才培训体系，共计举办各类培训班13次，累计培训学员500余人次。

9月23—24日，应江苏省宿迁市科协邀请，学会到宿迁市企业进行调研，并邀请学会高级会员、中国科学院自动化所研究员林红权作科技报告，为企业在寻求转型升级、实现绿色发展、智能发展上提出建议。

9月和12月，学会到浙江省宁波市的民营企业考察和调研，通过设立“学会服务站”等平台，为地方民营企业提供咨询。

在中国科协实施“创新驱动助力工程”的指导下，学会先后与河北省保定市、内蒙古自治区鄂尔多斯市等10余个城市的科协搭建起沟通渠道，签订学会服务站框架协议2个，意向性合作协议1个。

面向大学生，学会组织了中国机器人大赛暨RobotCup公开赛、第八届“三菱电机自动化杯”大学生自动化创新大赛、第一届“台达杯”两岸高校自动化设计大赛、“I Love Control”中国自动化大奖赛，鼓励大学生的创新思想，提高大学在校生的动手实践能力。

学会建设 2014年，学会新增学生会员300余人，在库会员数量增长2000余人，15名自动化领域内的学者被学会授予中国自动化学会会士称号。

2014年，学会及分支机构、省级自动化学会共举办境内学术会议36次，其中国际学术会议6次，参加人数共计9358人次，其中境外参会者1432人次，交流论文共计4154篇。

学会严格执行每两个月召开一次学会正副秘书长工作会议和每季度召开一次学会正副理事长工作会议的会议制度。参照国际惯例，学会建立了《中国自动化学会工作会议议事规则》，从重大事项决策到日常工作，保证了学会工作的民主化和制度化，自上而下坚持推行民主决策。

2014年，学会共召开正副理事长工作会议5次，正副秘书长工作会议6次，全国秘书长工作会议1次，常务理事会通讯表决数次。会上共形成决议51项，审议修改《中国自动化学会分支机构工作条例》、《中国自动化学会分支机构评估办法》、《中国自动化学会刊物管理条例》和《中国自动化学会刊物实施细则》等相关规定，启动学术期刊和会议分类、CAA优秀博士论文评审、会企合作、科技竞赛等创新性工作10余项。

2014年，学会共承担中国科协学术交流项目、学会能力改革基础工程项目、党建强会专项、精品期刊项目和学会改革发展项目等5项任务。

学会副理事长、中国工程院院士柴天佑和学会理事、东北大学教授丁进良撰写的论文《竖炉焙烧过程优化运行的混合智能控制》获2011—2013国际自动控制联合会（IFAC）自动化控制（CEP）最佳论文奖，这是作者单位为国内单位、论文作者全部是国内学者的论文首次入选。同时，由柴天佑院士团队撰写的论文《混合选别浓密过程区间串级智能切换控制方法》获得2014 IFAC最佳应用论文奖。

学术期刊 2014年，《自动化学报》完成了中国科协精品科技期刊工程项目和中国科技期刊国际影响力提升计划两个项目的最后一期，开发了基于安卓系统的手机应用，并开通公众微信号，促进期刊的数字化出版。据中国科学技术信息研究所最新发布的《2014年版中国科技期刊引证报告（核心版）》，《自动化学报》2013年影响因子为1.39，总被引频次上升为2451篇次。《自动化学报》入选“第三届中国精品科技期刊”，并获得2013“百种中国杰出学术期刊”称号。

《自动化学报（英文版）》于2014年正式出版，并入选中国科协期刊国际影响力提升计划。该刊实行责任编委制，将10个国家的30名国内外专家、学者纳入编委会，国际编委比例达到67%。《自动化学报（英文版）》与自动化与国际电气与电子工程师协会（IEEE）合作办刊，所有论文均在IEEE Xplore上传，双方共同组成编委会，借助已有平台，协助新刊快速成长。《中国自动化学会通讯》2014年共出版4期，主题分别是多智能体、无人机、能源互联系统与脑科学。

国际学术会议 2014年，学会及分支机构组织共召开境内国际学术会议6次。

10月9—11日，学会与中国科学院自动化所、山东省青岛市相关部门联合承办的第17届国际电气与电子工程师协会（IEEE）智能交通系统国际会议在山东省青岛市召开。大会共收到来自37个国家和地区的834篇论文，经过严格的评审，共收录会议论文503篇，论文摘要38篇。大会共安排3场主题报告、9个研讨会、2个论坛、9个专题报告、晚宴颁奖、智能车演示和展览等环节。

国内主要学术会议 5月15—17日，学会控制理论专业委员会主办的第六届控制科学与工程前沿论坛在河北省承德市召开。会议围绕大数据处理、智能系统理论、不连续控制系统、惯性技术、热连轧生产控制系统等主题，探讨了控制科学与工程领域的最新研究动态。控制理论专业委员会顾问委员、中国科学院院士陈翰馥等60余位委员以及各高校从事控制理论与应用研究的学者110余人参加论坛。

5月31日至6月1日，学会技术过程故障诊断与安全性专业委员会主办的第三届全国技术过程故障诊断与安全性战略研讨会在广东石油化工学院召开，专委会部分委员、承办单位有关负责人共计40余人参加了研讨会，部分未能参会的委员也发来了建议。与会专家就一些本领域内需要关注的研究背景或重要问题进行了介绍与交流，包括知识自动化，检测、诊断与维护自动化，城市管网的安全监测与智能维护，桥梁、楼宇等大型构件的缺陷监测，深海潜水器的故障诊断，航天器在轨故障诊断和维护，航天器发射平台可靠性，现场总线及自动化，大数据及基于数据驱动的方法面临的问题，故障诊断与智能维护的关系，沿海大型石化设备的腐蚀在线监测，从系统设计、安装、应用和实施的角度来研究最优维护策略等。

国际组织任职　8月23—30日，在第19届国际自动控制联合会（IFAC）世界大会上，学会推荐的中国科学院自动化研究所研究员刘德荣当选为国际自动控制联合会执委（2014—2017）。推荐62人参选IFAC2014—2017年度技术委员会委员和IFAC新成立的工业委员会委员。

科普活动　学会成立了6个科学传播专家团队，推选出6位首席科学传播专家，分别是上海交通大学教授李少远（控制理论与控制工程科普团队）、中国科学院自动化所研究员田捷（多模态分子影像科普团队）、广东电网公司电力科学研究院陈世和（发电过程自动化科普团队）、西安交通大学教授辛景民（模式识别与智能系统科普团队）、清华大学教授朱纪洪（导航制导与控制科普团队）和中国科学院自动化所研究员王飞跃（智能自动化科普团队），首席专家聘期为3年。

学会联合中国科学院自动化研究所共同组织了“自动化之光”科学公众日，举办20余项科普展览和3场科普报告，涵盖了信息技术和自动控制研究领域的诸多科技前沿。学会通过分支机构开展了智能建筑与楼宇科普活动，并走进北京市南磨房小区开展科普宣讲。应湖南电视台邀请，学会举办了小学生进实验室采访活动。学会推荐的仿真机器鱼项目参加“2014年度中国科协夏季科学展”，向公众介绍了仿真鱼游的水下机器人系统及高效、高机动推进的控制方法。

2014年，学会累计赠阅科普书刊《中国自动化学会通讯》《自动化博览》和《自动化信息》8万余册。

学会获得了中国科协2014年度全国学会科普工作优秀单位称号。

表彰举荐优秀科技工作者　经学会推荐，中国科学院院士、北京控制工程研究所研究员吴宏鑫，同济大学教授吴启迪和清华大学教授周东华获得中国科协“全国优秀科技工作者”称号。中国科学院自动化所研究员侯增广、北京航空航天大学教授房建成带领的团队分获科技部“中青年科技创新领军人才”称号和“重点领域创新团队”称号。

学会完成了中国自动化学会科学技术奖的改革，由每两年审一次改为每年评审一次。2014年表彰奖励了5项科技成果。学会正式启动首届“中国自动化学会优秀博士论文奖”的评审工作，评选出中国自动化学会优秀博士学位论文奖10篇，中国自动化学会优秀博士学位论文提名奖5篇。

北京控制工程研究所研究员何英姿等6人荣获“2014年中国自动化领域年度人物”称号，“嫦娥三号”着陆器GNC分系统研制团队等3支队伍荣获“2014年中国自动化领域年度团队”称号，和利时集团等10个企业荣获“2014年中国自动化领域十大年度企业”称号，北京安控科技股份有限公司等10个企业入选“2014年度中国自动化领域十大年度新锐企业”称号。

学会创新发展　学会引入自动化技术标准工作，协办第十三届“工业自动化与标准化”2014——回归：用户的量化需求及实现研讨会，并组织会员参会。

党建强会　学会荣获了2014年度全国学会“党建强会”特色活动组织奖。

会员服务　学会正式开通“中国自动化学会官方微信”公众号，通过官方微信和官方微博，向学会会员、自动化科技工作者和公众发布国内外科研技术动态、会员成就、学会活动信息、自动化及智能科学领域的相关科普知识等。学会官方微信公众号的关注人数增长到2000余人。学会新版网站实现《中国自动化学会通讯》的电子发布。

【IEEE智能交通系统国际会议】　10月9—11日，由学会与中国科学院自动化所、山东省青岛市相关部门联合承办的第17届国际电气与电子工程师协会（IEEE）智能交通系统国际会议在山东省青岛市召开。

本届大会共安排了3场主题报告、9个研讨会、

2 个论坛、9 个专题报告、晚宴颁奖、智能车演示和展览等环节。

10 月 9 日，国际电气与电子工程师协会智能交通系统国际会议开幕式举行，开幕式由学会副理事长、中国科学院自动化所复杂系统管理与控制国家重点实验室主任王飞跃主持，国际电气与电子工程师协会智能交通系统学会（ITSS）主席 Matthew J. Barth，国家交通运输部党组成员、运输司司长刘小明，青岛市副市长徐振溪等出席开幕式。

10 月 8—10 日，9 个研讨会和 2 个论坛同期进行。9 日晚，颁奖晚宴举行，会上共颁发了国际电气与电子工程师协会服务运筹、物流与信息化国际会议最佳应用论文奖、最佳学生论文奖和最佳会议论文奖各 1 项，国际电气与电子工程师协会智能交通系统国际会议最佳博士论文奖 3 项、优秀会议论文奖 1 项。大会主席还为国际电气与电子工程师协会智能交通系统协会 2014 年度新当选的 3 位 IEEE 会士——加利福尼亚大学教授 Matt Barth、帕尔马大学教授 Alberto Broggi、北京交通大学教授宁滨颁发了证书。

大会期间，西安交通大学、清华大学、北京理工大学联合组织的无人驾驶智能车演示环节充分展示了全方位自动泊车等先进技术。

本届大会共收到来自 37 个国家和地区的 834 篇论文，经过严格的评审，共收录会议论文 503 篇，论文摘要 38 篇。论文内容主要涵盖智能交通系统建模与分析，旅行、交通与运输管理，应急管理和运输安全等方向。

（撰稿人：王　坛）

中国仪器仪表学会

服务创新型国家和社会建设　2014 年，学会工程师职业资格认证完成认证 57 人。5 月 22 日，学会在北京市举办了 2014 年工程教育认证仪器类专业培训会，2014 年下半年待认证的 8 所高校以及之前参加过认证的高校专业负责人、教师等共计 60 余人参加了会议。天津大学教授曾周末作了题目为《仪器类专业认证介绍》和《如何准备自评报告》两场报告，重庆大学教授王代华作了题目为《仪器类专业认证标准解读》的报告。

6 月 24 日，学会组织有关专家调研北京广利核系统工程公司，参观核安全级数字化仪控系统产品专用生产线，针对企业、行业发展，对企业合作学术会议、国际化等问题进行了交流。

7 月 23 日，学会八届三次常务理事会议在内蒙古自治区鄂尔多斯市召开。期间，鄂尔多斯市空港物流园区与学会签订了合作交流框架协议。双方将在学术交流、科学普及、展览展示、人才技术、招商引资等方面深化合作交流，争取在鄂尔多斯市建设仪器仪表园区和仪器仪表商城，并引入和举办相关会展活动，打造会展品牌，推动会展经济的发展。

鄂尔多斯市委副书记、组织部长刘玉华，市委常委、副市长王挺会见了与会院士、专家。刘玉华介绍了鄂尔多斯市近年来实施“人才鄂尔多斯”战略、推动创业就业的情况，希望各位院士、专家积极参与到鄂尔多斯市落实自治区“8337”发展思路、建设国家清洁能源输出基地和现代装备制造业基地的实践当中。与会的院士、专家及企业负责人对鄂尔多斯市现代制造业发展的基础、方向、举措给予充分肯定，建议鄂尔多斯市立足产业优势，大力发展煤机、化工、电力仪器制造业，加强与清华大学新能源研究中心等国家级研发中心、著名大学的对接合作，将鄂尔多斯市建设西部装备制造基地纳入到国家正在制定的制造强国、工业强基战略规划中，加快创新驱动步伐。参会的中国自动化集团、上海自动化仪表公司等企业的负责人希望加强与鄂尔多斯市的交流合作，为推进鄂尔多斯市相关园区建设与转型发展出力，互惠共赢。

7 月，学会赴辽宁省丹东市，相继调研了丹东奥龙射线仪器集团有限公司、丹东百特仪器有限公司、丹东市无损检测设备有限公司、丹东通达科技有限公司及丹东浩元仪器有限公司。了解企业在研发、生产等过程中遇到的实际问题，通过分析对市场推广、可靠性、电子电路设计、研发方向的选择、产品设计等方面的问题或困惑提出了解决办法。

8 月 20 日，学会常务副理事长吴幼华一行到北京博瑞特自动计量系统股份有限公司调研座谈，了解企业现状以及需求，发挥学会平台，针对企业需要进行资源对接，帮助企业升级转型与发展。

学会建设　学会修订实施了新的《中国仪器仪表学会分支机构管理办法》和《分支机构评估指标体系》，评估内容包括组织建设、学术交流、会员服务、完成任务情况、经济状况和其他工作，对分支机构进行动态管理。

4 月 23—25 日，学会在上海市举办了中国仪器仪表学会分支机构财务培训班，宣传《中国仪器仪表学会分支机构财务管理暂行规定》，加强对分支机构的财务管理和监管，24家学会所属分支机构和3家地方仪器仪表学会的负责人及财务人员40人参加了培训。民政部全国性社会组织评估委员会委员／中正天通会计师事务所副主任会计师李征、项目经理周媛在培训班上讲述了民间非营利组织会计制度、准确填报民间非营利会计报表、分支机构的财务管理等相关内容。

国际学术会议 9月23日，美国国际自动化学会自动化周“中国行”系列活动之工业自动化创新发展与应用国际论坛在北京国际展览中心召开。论坛由清华大学教授王雪主持，学会常务副理事长吴幼华出席大会并致辞。论坛围绕过程自动化与工厂自动化的最新发展与应用开展专题报告。ISA 2013年主席Terrence G. Ives作了题为《智能生产和智能化工厂》的报告，中国工程院院士、浙江大学教授谭建荣作了题为《从数字制造到智能制造》的报告；军事科学院研究员孙柏林作题为《控制科学与工程学科发展概况》的报告；默生过程控制有限公司副总裁马跃作了题为《普适测量与综合控制——开创自动化的新篇章》的报告。

9月22日，由学会与国际过程分析与控制论坛组委会（IFPAC）合作举办的首届国际过程分析与控制中国区论坛在北京市举行，国内外专家、学者在会上对过程分析及控制中的最新研究进展进行了研讨。美国食品药品监督管理局药品评价和研究中心的Sharmista Chatterjee、美国药典委员会的BeiMa、美国IFPAC主席团高级成员Walter Henslee分别在论坛上作了题为《QbD/PAT在监管中的预期和展望》《美国药典委员会在打击食品和保健品掺假中的解决方案》《应用于质量分析与质量保证中的新技术》的大会特邀报告。

国内主要学术会议 2014年，学会开展学术交流活动150余项，参加人数达2万余人次。

4月18日，学会参与主办的2014中国科学仪器发展年会（ACCSI 2014）在北京市召开。300余位专家、学者，300余位仪器企业负责人、40家媒体及200余位其他有关机构人员参加了会议。

8月26—28日，2014中国功能材料科技与产业高层论坛在陕西省西安市举行，会议的主题是“加速功能材料自主创新，促进西部战略性新兴产业发展”。300余位专家、学者参加了会议。会议同期举办了2014功能材料科学仪器、设备、成果展览会。

9月23日，科学仪器服务民生学术大会在北京市举办，大会由学会主办，着眼于科学仪器与民生相关的诸多领域（环境、农产品、食品、药品）的应用和发展，以不断推动科学仪器在现代生物医学、生态环境保护、现代农业等行业发挥重要作用为目标。大会同期举办了科学仪器服务民生学术大会、国际过程分析技术和控制论坛、全国第五届近红外光谱学术会议、首届“空间仪器”与卫星导航技术国际学术会议等20多场学术活动。参会及参观人数达3000人次。

10月11日，学会第十六届青年学术会议在北京信息科技大学召开。中国工程院院士、中国科学院院士21人，全国仪器仪表学科及行业专家、学者206人参加了会议。中国科协副主席、中国工程院院士、中星微电子有限公司董事长、全国青联副主席邓中翰到会并致辞。中国工程院院士、学会理事长、中国计量科学研究院首席研究员李天初致辞。中国工程院院士、清华大学教授尤政，英国曼切斯特大学董事会董事、东北大学千人计划特聘教授王宏，教育部仪器仪表专业教学指导委员会主任委员、天津大学教授曾周末，长江学者、国家杰出青年基金获得者、北京航空航天大学教授郭雷，长江学者、国家杰出青年基金获得者、西安交通大学教授赵玉龙，长江学者、北京理工大学教授赵维谦，国家杰出青年基金获得者、中北大学教授刘俊，国家杰出青年基金获得者、天津大学教授[illegible]继贵作大会主题报告。

科普活动 9月21—23日，学会主办的第二届中国（国际）传感器创新大赛决赛在北京市举行。来自全国119所高校、8家科研院所、26家企业以及来自英国曼彻斯特大学、肯特大学等4所国外大学的473支队伍，1000多名师生、科研人员和工程技术人员参赛。

大赛分别按照“创新设想”“创新设计”“创新应用”三个类别进行了决赛的答辩评审。经过评审，分别评选出获得一、二、三等奖的参赛作品。大赛期间，组委会还分别邀请了清华大学教授王雪、北京航空航天大学教授徐立军和Endress+Hauser公司总经理王卓军作了报告。

表彰举荐优秀科技工作者 “中国仪器仪表学会科学技术奖”评出科学技术奖一等奖1项，二等奖3项及其他专项奖。“仪器仪表奖学金”对67名高校优秀学子颁发了总计约 16 万元的奖学金。

会员服务 学会建立了广东省广州市、浙江省杭州市、重庆市会员服务中心，重新修订《会员手册》，制订会员服务标准和监督制度，更新会员信息，采用会员服务网络平台，实现了会员服务、会费收缴网络化。

【2014 中国科学仪器发展年会】 4 月 18 日，2014 中国科学仪器发展年会（ACCSI 2014）在北京召开。来自科学仪器行业的有关专家、学者、企业负责人、有关机构、新闻媒体等 800 余人参会。

年会由中国仪器仪表行业协会、中国仪器仪表学会、中国仪器仪表学会分析仪器分会、仪器信息网联合主办。“雾霾”“重金属污染”“自来水苯超标”等环境污染问题成为大会的热点。

中国科学仪器发展年会旨在促进中国科学仪器行业“政、产、学、研、用、资”等各方的有效交流，对中国科学仪器的最新发展进行全面总结，将最新的政策、最前沿的行业市场信息及技术发展趋势呈现给参会代表。

中国仪器仪表行业协会秘书长闫增序、学会秘书长朱险峰、中国科学院安徽光学精密机械研究所所长刘文清、仪器信息网市场研究中心主任刘向东出席年会并做大会发言，就 2013 年科学仪器技术进展、市场需求进行总结分析，同时预测了 2014 年科学仪器行业的发展趋势。

赛默飞、沃特世、耶拿、天美、莱伯泰科、博纳艾杰尔等 6 家国内外知名科学仪器企业的高层人士分别就“科学仪器行业是否将进入到‘微利’时代？”“‘政府检测机构市场化’将给中国科学仪器行业带来更多机会还是挑战？”“2014 年哪些领域将是中国科学仪器行业的热点市场？”等议题进行探讨。

大会还颁布了包括“2013 年度科学仪器优秀新产品”“2013 年度绿色仪器”“2013 最受关注仪器”“2013 最具影响力厂商”“2013 最佳网络营销厂商”“2013 科学仪器行业新锐企业”及“2013 科学仪器行业企业年度人物”、第一届“科学仪器研发特别贡献奖”等 13 项大奖。

【2014 中国功能材料科技与产业高层论坛】 8 月 26—28 日，2014 中国功能材料科技与产业高层论坛在陕西省西安市举行，会议的主题是“加速功能材料自主创新，促进西部战略性新兴产业发展”。300 余位专家、学者参加了会议。会议同期举办了 2014 功能材料科学仪器、设备、成果展览会。

大会开幕式由重庆材料研究院副院长赵光明主持。大会开幕式报告由中国科学院院士姚熹和严纯华主持。严纯华作了题为《稀土纳米材料的可控合成及性质》的报告，中国科学院院士曹春晓作了题为《钛与航空》的报告，中国工程院院士卢秉恒作了题为《3D 打印中的材料问题》的报告，哈尔滨工业大学教授朱嘉琦作了题为《抗极端环境的多光谱薄膜技术》的报告，清华大学教授周济作了题为《基于 matamaterials 思想的常规材料设计》的报告，西安交通大学教授杨森作了题为《磁性相变中晶体对称性的变化》的报告。

大会分 8 个专题论坛（“金属、磁性功能材料”“薄膜与表界面技术”“新能源材料”“电介质功能材料”“功能陶瓷材料”“纳米及功能复合材料”“光电信息功能材料”和“生物医用、生态环境功能材料”）共交流高水平的邀请报告 160 个。此次会议还专门开设了“功能材料学科建设与人才培养”论坛，并举办了 2014 功能材料科学仪器、设备、成果展览会。会议还收到学术论文 300 多篇。会议依据学术委员会及专题论坛主席意见评选了优秀青年报告。

（撰稿人：李　靖）

中国计量测试学会

服务创新型国家和社会建设 学会加强对计量服务行业、企业发展的调查研究。针对能源计量、产业计量等领域开展调研工作，了解计量测试技术及管理需求，探索建立企业、行业与计量技术机构之间技术交流、科研合作、人才培养的协作平台。

受国家质量监督检验检疫总局计量司委托做好全国计量技术法规的审定工作。2014 年，学会共接收各种计量技术法规草案 139 种，审查完毕并上报国家质量监督检验检疫总局计量司 103 种。学会开展标准物质授理、审核、复查换证、上报、批准发证工作，进一步完善对标准物质的管理。截至 2013 年 11 月，学会组织安排一级标准物质初审会 2 次，一级标准物质终审会 2 次，二级标准物质评审会和工作研讨会 15 次。学会新批准标准物质，一级 68 种、二级 330 种；换发标准物质许可证，一级 122 种、二级 481 种。

学会编写了《2014 年食品标准物质质量核查实施方案》，部署落实对食品标准物质的质量核查抽检工作，编写了《食品及相关标准物质发展规划》，草拟了《标准物质制造计量器具生产许可证》。

2014 年，中启计量体系认证中心结合我国国情，配合国家节能减排政策，在对重点耗能企业认证时，增加了能源计量方面的审核。对年耗能 5000 吨标准煤以上的企业，按照国家质检总局第 132 号令《能源计量监督管理办法》的要求，把 JJF1356—2012《重点用能单位能源计量审查规范》及国家标准 GB17167—2006《用能单位能源计量器具配备和管理通则》纳入审核准则。组织人员编写新的测量管理体系教材。开展优秀审核员奖励工作，起草《中启计量体系认证中心测量管理体系审核员奖励办法》。

学会组织举办了一期考评人员培训考核班和一期督导人员培训考核班，共培训考评人员 153 名（其中，考评员 134 名，高级考评员 19 名），督导人员 52 名。举办测量管理体系外审员培训班 3 期，培训审核员 208 人，各分支机构培训内审员共计 4587 人。

6 月，学会在全国鉴定站和实训基地开展了停业整顿工作，2014 年共鉴定计量、检验职业人员 47322 人，其中初级 3639 人，中级 6679 人，高级 36472 人，技师 364 人，高级技师 241 人。

2014 年，学会加强计量人才建设。重新修订完成《质量技术监督行业职业技能鉴定实训基地管理办法》，并逐步开展本行业实训基地的评估和重新认定工作。完善职业资格人员数据库。参加国家职业分类大典质检行业职业的审定、汇总分析等工作，提出质量技术监督行业的需求和发展分析。完成注册计量师资格考试全国统一命题工作和《计量案例分析专业》科目的评卷工作。完成注册计量师人员注册工作，截至 2014 年 11 月，取得国家一级注册计量师资格证书人员 5352 人。

学术期刊 2014 年，《计量学报》出版 6 期，发表论文 128 篇，增加 3.5 个印张。其中国家自然科学基金或 863 等国家级基金资助的科研项目论文有 83 篇，约占刊登总数的 65%。《计量学报》的平均发行量为 2500 册 / 期，全部免费赠送学会会员单位。

《计量学报》所刊登的论文 2014 年被美国 ELSEVIER *Scopus*、中国核心期刊（遴选）数据库、中国期刊全文数据库等国内外 10 多种知名数据库或检索性期刊收录。

2014 年 5 月，《计量测试讯息》创刊号正式出版，6 月向学会会员发行 900 册。

国际学术会议 8 月 8—10 日，第九届精密工程测量与仪器国际学术会议在湖南省长沙市举办。会议由国际测量与仪器委员会、国家自然科学基金委员会、中国计量测试学会和中国仪器仪表学会联合主办。哈尔滨工业大学精密仪器工程研究院院长谭久彬教授担任大会主席并主持会议。来自 13 个国家和地区的 260 余名专家、学者参加会议。

会议研讨内容涉及仪器理论与方法学、新原理仪器与系统、超精密传感技术、先进光学加工与测量技术、微 / 纳制造与测量技术、激光测量与仪器技术和光电仪器技术等前沿方向和仪器学科领域热点问题。

会议共组织了 16 个分会场，口头报告 97 篇，专题邀请报告 27 篇，张贴报告 129 篇。本次会议收到论文 380 余篇，收录论文 225 篇。国际光学工程学会（SPIE）作为本系列会议的协办单位，论文全部收入 SPIE 出版的论文集，并由 EI 全部收录。优秀论文推荐到 SCI 期刊 *Journal of MicroScopy*、*Surface Topography*：*Metrology & Properties*。

学会组织相关专家、学者赴葡萄牙参加了由国际测量联合会举办的安全背后的测量科学学术会议，赴意大利参加了由国际测量联合会举办的电磁测量科学学术会议。作为国际测量联合会总理事会理事单位，学会组团参加了在意大利召开的 57 届国际测量联合会总理事会会，会上，学会向国际测量联合会推荐的中国 2 位专家，获得批准参与到相关的技术委员会。

国内主要学术会议 “5 · 20 世界计量日”活动期间，学会举办了一系列庆祝活动。5 月 19 日，学会在北京举行了 2014 年计量测试科技成果推介会开幕式，40 家参展单位参加，内容涉及能源、环保、海洋、医疗、民生、电力等 10 多个领域。期间还举办了主题为“计量测试与产业升级发展”的学术报告会。5 月 20 日“世界计量日”当天举行了《新中国计量史》首发仪式和 2013 年中国计量测试学会科学技术进步奖表彰大会。

7 月 16—17 日，学会医学计量分会和中国医学装备协会医学装备计量测试专委会联合举办的医学计量学术年会在宁夏回族自治区石嘴山市召开。来自全国质监、药监、卫生系统的 318 名专家、学者参加了会议。

7 月 31 日至 8 月 2 日，学会协办的第二届国际检验检测技术与装备博览会在北京举办。本届博览会以“高端技术、服务民生”为主题，以“质检、科技、国际”为特色，以“搭建国际平台，服务检测市场”

为宗旨，设有检测仪器设备、检测技术服务和检验检测与民生展区。

8月12—14日，学会温度计量专业委员会举办的温度计量与检测应用技术学术交流会在黑龙江省哈尔滨市召开。来自全国各计量机构、高等院校、科研院所和仪表制造等行业和部门的专家、学者130多人参加了会议。

两岸交流 6月4—5日，由学会和台湾计量工程学会联合主办、中国计量科学研究院承办的第十届海峡两岸计量学术研讨会在北京市召开，来自海峡两岸的计量专家、学者100余人参加了会议。会议由学会秘书长马爱文主持。会议期间，学会和台湾工程学会进行了磋商，确定2015年5月，在台湾地区举办2015年海峡两岸测量与检测科技学术研讨会。

科普活动 7月12—18日，学会科普部参与中国科协主办的“2014年夏季科学展”活动，主办了《时间是什么：原子秒和原子钟》的科学讲坛，中国工程院院士、中国计量科学研究院首席研究员李天初讲述了时间计量的科学知识，300余名爱好者参加了此次科学讲坛。

9月1日，以“推动三个转变，建设质量强国”为主题的2014年全国“质量月”活动在北京启动，为配合国家质检总局做好全国“质量月”活动，学会和中国标准化研究院、中国合格评定国家认可中心联合主办了题为“国家质量基础——标准、计量、合格评定创新发展与提质增效”的专题交流会。专题会由国家质检总局党组成员、国家标准委主任田世宏主持，中国工程院原常务副院长朱高峰、国务院参事张纲、中国计量科学研究院院长方向等9位专家围绕会议主题作了报告。300名专家、学者参加了专题交流会。

表彰举荐优秀科技工作者 2013年中国计量测试学会科技奖评出优秀项目43项。学会推荐的中国计量科学研究院张金涛、江苏省计量科学研究院毛朔南荣获中国科协“全国优秀科技工作者”称号，北京航空航天大学魏振忠进入科技部2014年创新人才推进工作预答辩阶段。

【“5·20世界计量日”系列纪念活动】 “5·20世界计量日”活动期间，学会举办了一系列庆祝活动。

5月19日，学会在北京举行了2014年计量测试科技成果推介会开幕式，40家参展单位通过展板、文字资料、音频视频、实物展示和现场讲解等形式，展示了各自的科研成果和创新项目。130多个计量测试科技成果项目参加推介，项目涉及能源、环保、海洋、医疗、民生、电力等10多个领域。活动期间举办了主题为“计量测试与产业升级发展”的学术报告会，中国科学院院士、大连理工大学教授王立鼎和中国工程院院士张钟华分别作了题为《渐开线齿轮精度传递实体基准及制造与测试技术》和《计量测试与仪器仪表产业发展》的专题学术报告。

5月20日“世界计量日”当天，《新中国计量史》在北京正式首发。该书总编撰以及来自国务院有关部委、国家质量监督检验检疫总局有关司局、全国各大专院校、科研机构以及计量技术机构的有关专家、学者共计200余人参加了首发式。《新中国计量史》的编撰工作于2009年9月24日正式启动，全书由计量事业管理篇、计量科学进步篇和地方计量工作大事记3个篇章组成，阐述了我国国家计量体系的发展历程，计量管理的基本框架，从多个层面展现了我国计量科技进步的历史脉络，内容包括国家层面的大事要闻记载，以大事记的方式第一次系统、全面地记录了各地计量工作的发展历程。

（撰稿人：刘　健）

中国图学学会

服务创新型国家和社会建设 2014年，学会联合国际几何与图学学会在全国范围内共同开展“CAD技能等级”培训与考评工作，6月和12月举办了第十二、十三期“CAD技能等级”考试，共有3.4万余名学员报名参加考试。

学会组织专家编写《全国CAD技能等级考试指导丛书》，2014年已完成了《工业产品类CAD技能等级考试试题集》的编辑工作，该书由清华大学出版社出版，首次印刷3000册。

为加快高技能人才队伍建设，人力资源社会保障部教育培训中心与学会共同商定开展“全国BIM技能等级考试”考评工作，6月和12月举办了第四期、第五期“BIM技能等级”考试，共有3000余名学员报名参加考试。

学会在上海市、山东省济南市、云南省昆明市、北京市、四川省成都市分别举办了5期全国BIM技能等级考试师资培训班，来自全国高校的教师近200人参加培训。

学会建设 2014年，学会发展个人会员257人，其中高级会员39人，普通会员15人，学生会员203人；发展团体会员5个。

学术期刊 学会主办的《图学学报》建立了网站，提高了投稿、审稿、编辑排版的效率，全年6期发表论文158篇，其中国家级基金项目支持的57篇，省、部级基金项目支持的43篇，校级基金项目支持的12篇。学会2014年优秀论文评选活动中，10篇论文获得《图学学报》优秀论文奖。

《计算机辅助绘图设计与制造》(英文版)积极与英国工程技术学会(IET)洽谈合作，争取被国际数据库收录，全年4期共发表论文50余篇。

《土木建筑工程信息技术》(双月刊)出版6期，收录文章近100篇。

国内主要学术会议 5月，学会在云南省昆明市承办了第十六届中国科协年会分会场，分会场题目为“绿色设计与制造信息技术创新论坛”，100位专家、学者参加了会议。

8月，第十九届全国图学教育研讨会在山东省烟台市举行。近200位来自全国高校的图学教师出席了会议。本次会议收到论文40篇，优秀论文发表在《图学学报》及《图学学报增刊》上。

11月4—5日，学会土木工程图学分会主办的第三届BIM技术在设计、施工及房地产企业协同工作中的应用国际技术交流会在北京市召开。来自全国的行业协会负责人、业主、勘察设计院、施工企业、房地产企业信息化工作专家领导、各高等院校师生等600余人出席会议。会议共收录论文63篇，编撰制作论文集，优秀论文刊登在《土木建筑工程信息技术》上。

12月3日，学会在北京组织召开了“移动CAD研讨会——应用趋势及与云服务的融合”。中国航天科技集团公司总工程师、北京神舟航天软件技术有限公司董事长杨海成及来自国内企业、研究机构的8位专家在会上作了专题报告，60余位科技工作者出席了会议。

国际组织任职 学会国际联络工作委员会主任韩宝玲连任国际几何与图学学会常务理事。

国际交往 8月4—8日，第16届国际几何与图学学术会议在奥地利因斯布鲁特召开。会议主题为“几何与图学理论与应用研究”。37个国家和地区的200余位专家、学者参加了会议。学会国际联络工作委员会主任、北京理工大学韩宝玲代表学会向大会正式提出申请申办ICGG 2016会议(17th International Conference on Geometry and Graphics)，经12位国际几何与图学学会常务理事和200余位国际几何与图学学会会员的投票，中国获得ICGG 2016会议承办权，会议将于2016年8月在中国北京举办。

科普活动 5月10日，学会在北京举办了2014第三届“龙图杯”全国BIM(建筑信息模型)大赛。大赛共收到设计、施工、综合、院校4个组别的200项成果，其内容涵盖BIM应用的各个阶段，参赛单位来自全国各地。通过初评、复评、入围审核、终评答辩、评审结果公示等环节，评选出一等奖8名，二等奖14名，三等奖28名，优秀奖20名，

会员服务 学会主办的三个刊物《图学学报》《土木建筑工程信息技术》和*CADDM*优先发表会员理论和实践论文，免费发给高级会员阅读。学会网站链接中国科协所属学会会员管理系统信息平台，认真做好会员发展和管理服务工作。

【第十九届全国图学教育研讨会】 8月，第十九届全国图学教育研讨会在山东省烟台市举行。近200位来自全国高校的图学教师出席了会议。本次会议收到论文40篇，优秀论文发表在《图学学报》及《图学学报增刊》上。研讨会分会场主题分别为图学教育内容体系改革和精品课程及图学素质、基本要求、教材建设。与会专家就当前图学教育、教学过程中的热点问题进行了研讨，内容涉及工程图学教学中教师自身素质的提高、学生创新能力的培养、课程体系的改革，以及利用现代技术优化教学手段的改革等方面。

(撰稿人：杨　洁)

中国电子学会

服务创新型国家和社会建设 2014年，学会完成了清华大学“面向社区共享的高可用云存储系统”、“层次化、并行化、智能化网流监控关键算法与技术”，北京百度网讯科技有限公司“基于大数据的互联网机器翻译核心技术研究及产业化”等23项科技成果的评价工作。

学会所属14个分会参与标准研究和制定方面的工作，洁净技术分会完成了中国洁净技术主体标准体系建立工作，使中国洁净技术的标准体系已与国际标

准相接轨。

2014年，学会总部承接了工业和信息化部重大专项的第三方评估、信息产业重大技术发明评选、云计算服务测评与认证等项目，完成工业和信息化部、中国科协、地方政府购买服务的项目共44项。

学会开展节能减排工作，与天津市排放权交易所签署战略合作协议。与江苏省南京市经济和信息化委员会、栖霞区人民政府联合主办了“生态智慧区域中国行系列活动之南京市栖霞区创建国家低碳工业园启动仪式”。与四川省天府新区管理委员会签署了合作备忘录。

学会开展电子信息专业技术资格认证工作，举办继续教育培训班37个，培训结业人数39198人。

学会能力提升计划 2014年，学会获得中国科协学会能力提升专项资金，提升了学会能力。

学会增设了公共服务信箱和会员微信号，建设科技评价体系，搭建科技成果评价与转化服务平台，完成了《全球机器人技术与产业发展态势研究》报告并上报中国科协。2014年，学会在广东省深圳市、浙江省杭州市两地合作建设新一代信息技术研究院。

学会建设“电子行业节能减排专项服务平台”，作为中国科协10个试点学会中的10个试点项目之一，为政府决策提供行业基础数据，开展绿色数据中心能效评价、技术推广等节能服务。

学会建立人才评价体系，开展电子信息专业技术资格认证工作。7月16日，学会承办了主题为“学会服务政府与社会品牌活动的创建”第十六期中国科协所属全国学会秘书长沙龙。

“学会OA管理系统”“会员管理与服务系统”“组织机构管理系统”“学术会议论文管理系统”“科技奖申报系统”“科技奖评审系统”等一系列管理系统陆续上线。

学会建设 2014年，学会新发展个人会员1928名，其中女性会员813人，高级会员188名，学生会员274名，新增单位会员99个，会员总数达125531人，单位会员总数272个。

经学会九届七次常务理事会议审议通过，学会成立了嵌入式系统与机器人分会，学会所属的专业分会达到45个。

学会总部建立了分会管理工作体系，通过“六个一”工作，对分会提出了量化工作要求。通过规范分会活动计划的制订及实施、年度综合统计和工作总结的上报等工作，建立了管理分会的工作运行模式。通过签订《共建协议书》、举办分会秘书长沙龙、开展分会调研活动、通报分会“六个一”工作情况、约谈分会秘书长、开展分会评估考核、评选先进集体和先进工作者的七项工作，形成了管理分会的主要工作措施。

学会加强与省（区）市电子学会合作，落实合作发展协议的相关内容。规范和完善中层（处级）干部选拔任用工作，2014年硕士和博士占学会总部全体工作人员的37.8%，学会总部工作人员的平均年龄从2012年的43岁下降到2014年的36岁。

科技期刊国际影响力提升计划 学会主办科技期刊《电子学报（英文版）》（*Chinese Journal of Electronics* 简称 *CJE*），被检索系统（SCI、EI、CA、SA等）主动收录，2014年11月得到国内CN号。2014年3月，学会与英国工程和技术学会（IET）签署期刊合作协议。2014年底*CJE*编委会换届，增加20%的国际编委，邀请美国、法国等国家的专家来访。邀请知名专家为稿件的质量把关，完善稿件审批制度。2013年*CJE* SCI的影响因子为0.325，比2013年的0.265增长22.64%。学会主办科技期刊《半导体学报》，（英文名称 *Journal of Semiconductors*），与英国物理学会签署了战略合作协议，由英国物理学会负责《半导体学报》的海外发行和推广工作。

学术期刊 学会主办的期刊《电子学报》获得中国科协2014年精品科技期刊工程项目资助。2014年，学会主办的全部期刊刊登论文篇数增长5%；总被引频次增长4%。根据中国科技信息中心2014年发布的中国科技期刊引证报告，学会主办期刊在各自的学科分组中的加权综合评分如下：《电子学报》获得76.2分，排名第一；《电子测量与仪器学报》获得63.6分，排名第三；《信号处理学报》获得53.7分，排名第四；《电波科学学报》获得46.8分，排名第五；《数据采集与处理》获得45.8分，排名第七；《微波学报》35.9分，排名第九。

学科发展研究 2014年，学会完成《学科发展报告》23份，提交专家建议12篇，编写《电子测量仪器产业发展研究报告》《电子机械工程学科发展报告》《加强学科交流的建议》《装备技术基础项目申报指南修改建议》等。

决策咨询 2014年，学会举办决策咨询活动27次，提供决策咨询报告30篇，其中22篇获得上级领导批示，《促进社会组织承接政府职能转移研究》《加快走新型工业化道路政策措施研究》《我国机器人技术与产业发展战略研究》《创新驱动促进装备制造业结构调整研究》等报告以学会名义提交给中国科协和工业和信息化部。

国际学术会议 2014 年，学会举办国际会议 10 项。国际会议参加人数 8694 人，交流论文 5379 篇。学会举办了第十五届电子封装技术和高密度封装国际会议，第十二届国际信号处理会议，第十九届国际广播电视技术研讨会等。

8 月 17 日，学会成功申办的国际无线电科学联盟（URSI）的第三十一届国际无线电科学大会在北京召开。来自全球 43 个国家，1200 余名学者、专家出席大会，共录用 1414 篇论文，有 142 名青年学者荣获“青年科学家”荣誉称号。

11 月 10 日，由国际信息处理联合会（IFIP）主办第二届全球信息技术主管大会在陕西省西安市召开。来自知名企业的高管及 100 名全国百佳首席信息官、500 名全国优秀首席信息官、全球 20 多个国家的专家、学者以及国内信息技术相关领域共 1000 多人出席了大会。

12 月 3—5 日，由中国电子学会主办的 2014 智能交通国际会议在四川省成都市召开。来自国内外专业机构、科研院所、知名企业等专家、学者共计 600 余人参会。会议分为会议、展览和技术考察三大版块，设立四个主题论坛。

国内主要学术会议 2014 年，学会举办国内学术会议 160 项。参加人数 29747 人次，交流论文 4495 篇。

4 月 1—2 日，第五届中国物联网大会在北京举行，大会设有五大专题论坛，分别在物联网政策、技术应用、商业模式、人才培养、投融资等方面为业内人士搭建了交流与合作的平台。

5 月 20—23 日，第六届中国云计算大会在北京举行，200 多位国内外专家、学者，100 多家主流媒体出席了大会，参会人数超过 1.2 万人次，大会设 160 场专题论坛。

两岸交流 2014 年，学会与台湾云端运算产业协会深入合作，4 月 24 日，中国云计算大数据专家委员会在北京宣布成立。第五届海峡两岸云计算合作论坛上，与会人员在专题论坛分享了台湾在金融行业和医疗行业所取得的进展。期间，台湾云端运算产业协会与湖南省长沙市高新区管委会签署台湾云端智慧应用落地长沙市合作备忘录。台湾云端运算产业协会首次参与中国云计算大会展览展示；6 支台湾云计算大数据创新团队携创新项目参与由学会主办的全国云计算大数据创新项目评选，两支台湾团队获得了大赛的优胜奖。

国际组织任职 学会副秘书长林润华担任国际信息处理联合会执委会委员，射电天文分会主任委员颜毅华担任国际无线电科学联盟理事会成员，洁净技术分会副秘书长王大千担任国际污染控制学会联盟国际洁净室教育委员会执委、国际标准化组织洁净室及相关受控环境第十三工作组联合负责人。

国际交往 学会代表中国参加了国际无线电科学联盟（URSI）、国际信息处理联合会（IFIP）、国际医药信息学会联合会（IMIA）和国际污染控制学会联合会（ICCCS）四个学术组织，成为会员单位，并与美国电气电子工程师学会（IEEE）、英国工程技术学会（IET）等十几个国际学术组织建立了学术联系。

科普活动 2014年，学会举办科普宣讲活动30次，院士科普报告会 4 次，宣讲活动的受众 5160 人次。举办青少年科普宣讲活动 13 次，受众 2195 人次。举办青少年科技竞赛 3 次，参加 5900 人次。修订了全国青少年电子信息等级考试标准，制定《青少年电子信息科普创新教育基地管理办法》，进行全国青少年等级考试。开展科普校园行活动，举办中国研究生电子设计竞赛、全国青少年电子信息创新大赛等活动，建立了全国青少年电子信息科普创新教育基地（北京童喜教育科技有限公司），实施科普传播之道在线平台建设。学会获得中国科协 2014 年度全国学会科普工作优秀单位。

表彰举荐优秀科技工作者 2014 年，中国电子学会科学技术奖评出一等奖 11 项、二等奖 13 项、三等奖 29 项，共 53 个获奖项目。学会完善了两院院士推选工作程序；开展了电子信息领域全国优秀科技工作者、中国女科学家奖候选人、“中青年科技创新领军人才”等推选工作，制定了“中国电子学会优秀科技工作者”评选表彰办法。

学会向中国科协推荐的清华大学杨知行、重庆邮电大学林金朝、中国电子科技集团公司第二十八研究所蓝羽石、国家计算机网络与信息安全管理中心刘欣然荣获中国科协“全国优秀科技工作者”称号，清华大学杨知行荣获“十佳全国优秀科技工作者”称号。

学会推荐的清华大学教授杨知行荣获第十届光华工程科技奖“工程奖”。

学会创新发展 学会与国际组织在节能减排方面加强合作，与意大利国际非盈利组织 CDP、意大利企业 Ausonia 签署了战略合作备忘录，与俄罗斯在电子信息领域的合作与交流进行研讨，与美国贸发署签署了中国绿色数据中心节能技术可行性研究项目合作协议。学会和中美能源合作项目（ECP）、美国劳伦斯伯克利国家实验室（LBNL）共同举办了上海站和杭州站的中美绿色数据中心研讨会。

党建强会 学会获得了中国科协“党建强会”计划“十百千”特色活动的项目资助。学会总部党委制定了《落实党风廉政建设责任制规定》，积极推进党风廉政制度建设。制定《教育实践活动整改落实方案》，组织进行整改落实情况回头看活动。2014 年，工业和信息化部党组对学会总部党委主要领导进行了调整，学会总部党委和纪委完成了增补两委委员的工作。

会员服务 2014 年，学会建立了会员信息管理平台，会员的注册、办证和收费工作实现了信息化管理。学会加强了会员管理，实现了统一审核批准、统一注册登记、统一会员编号、统一发证发卡、统一信息管理、统一收取会费的“六个统一”。搭建了会员服务链，编写了《会员服务手册》，网站开设“会员频道”专栏，设立学生会员工作站 28 个、会员学术技术交流基地 20 个。

中国科协会员日 学会被中国科协评为“2013 年中国科协会员日组织工作先进单位”。学会总部和 39 个分会共举行了 40 多项会员日活动，共有 1500 余名会员参加活动。开展包括走访慰问一线科技工作者，组织召开部分分会和地方学会秘书长座谈会，广泛听取分会的意见和建议，了解科技工作者的意见和诉求。组织会员参加第五届中国科协乒乓球比赛，获“优秀组织奖”。

【第六届中国云计算大会】 5 月 20—23 日，由国家发展和改革委员会、工业和信息化部、科学技术部、北京市人民政府、中国科协指导，学会主办，中国云计算技术与产业联盟、学会云计算专家委员会、中国大数据专家委员会承办，CSDN、ZDNet 至顶网以及 ITValue 协办的第六届中国云计算大会在北京举行。约 1.2 万人次参会。

第六届中国云计算大会以“云计算大数据推动智慧中国”为主题，邀请了众多来自全球的云计算业界学者、企业领军人物、行业资深专家进行深度分享与交流。8 位院士进行了主题演讲，大会举办了 6 场专题论坛，6 场行业创新论坛，2 场企业专场，2 场合作论坛，1 场行业 CIO 沙龙，开展 1 项全国创新项目评选活动，开设 6000 平方米展览展示，与 70 余家企业合作。

大会首次加入了培训环节，开办了 OpenStack 企业应用之路、Hadoop 应用实战技术培训两场培训课程，融入了云计算实战的要素。大会特别开设了海峡两岸云计算合作、全国云计算大数据创新项目评选颁奖暨风险投资等论坛。

【2014 全球信息技术主管大会】 2014 年 11 月 10—11 日，2014 全球信息技术主管大会在陕西省西安市召开。大会由工业和信息化部、中国科协、陕西省人民政府指导，国际信息处理联合会（IFIP）主办，学会与中国首席信息官联盟等单位联合承办。

大会以“全球信息技术变革的新机遇”和“创新发展与信息技术主管使命”为主题，从智能制造与新型工业化、物联网与智慧城市、互联网与工业融合创新、云计算与移动互联、大数据、信息安全等热点话题展开深入探讨分析。共有来自全球 20 多个国家信息技术相关领域的 1000 多位专家、学者参与了会议。

工业和信息化部副部长杨学山，全国人大常委、中国科协副主席冯长根分别致辞，陕西省人民政府秘书长陈国强致欢迎辞。中国工程院院士、中国电子学会副理事长邬贺铨，中国科学院院士、北京航空航天大学校长怀进鹏，中国工程院院士、中国联通科技委主任刘韵洁，全国政协委员、中国电子学会秘书长、中国首席信息官联盟理事长徐晓兰分别作了主题发言。

在大会首日的国际 CIO 领导力高峰论坛上，举行了中国首席信息官联盟同 CIONET 的战略合作签约仪式以及 CIO 人才培养平台上线发布仪式。

大会举行了 2014 全国百佳首席信息官评选表彰仪式，杨学山、冯长根等对来自各行业的 100 名百佳首席信息官进行了表彰。

【第三十一届国际无线电科学联盟大会】 8 月 17 日，第三十一届国际无线电科学联盟大会在北京召开。大会由工业和信息化部、中国科协、北京市人民政府指导，国际无线电科学联盟主办，学会承办，中国电子科技集团公司等协办。这是无线电科学联盟大会首次在中国召开。来自全球43个国家的1200余名专家、学者出席大会。

学会理事长、陕西省人民政府省长娄勤俭致欢迎词并主持大会的开幕式。工业和信息化部部长苗圩，中国科协党组书记尚勇出席，国际无线电科学联盟主席Phil Wilkinson，国际科学理事会执委OrhanAltan，国际无线电科学联盟秘书长Paul Lagasse出席会议并致辞。

会议为期7天，针对电磁计量、场与波、无线电通信系统与信号处理、电子学和光子学、电磁噪声与干扰、波传播与遥感、电离层无线电与传播、等离子体波、射电天文学、生物医学电磁学等10个专业领域进行广泛深入地交流和探讨。

大会共录用1414篇论文，反映了当今国际无线电领域的最新进展，代表了当今无线电科技的最高学术水平。会上，有142名青年学者荣获“青年科学家”荣誉称号，其中52人来自中国。

学会在大会期间还举办了中国无线电科学技术成就展览会，旨在推动中国无线电领域相关科技进步，带动无线电产业快速发展。

【2014智能交通国际会议】 12月3—5日，由学会主办的2014智能交通国际会议在四川省成都市召开。中国工程院院士钱清泉、工业和信息化部政策法规司原司长郭福华、中国交通运输协会秘书长杨洪义、学会副秘书长刘明亮等出席了会议，来自国内外专业机构、科研院所、企业的专家、学者共计600余人参会。会议由学会节能减排工作推进委员会副秘书长宗芳主持。

会议期间，学会和四川省天府新区成都片区管理委员会签署了合作备忘录，旨在坚持以信息与通信技术（ICT）促进区域经济绿色低碳发展，开展学术交流、技术应用推广、科技成果转化、金融服务等工作，共同构建生态智慧区域。主题论坛主要围绕车辆无人驾驶与交互控制、智能交通助力智慧城市快速发展、智能汽车与系统：从理想迈进现实和打造新一代智能交通系统，构建生态智慧城市四个主题展开。

（撰稿人：李小鹏）

中国计算机学会

学会建设 2014年，学会新增会员6200余人，新成立女计算机工作者委员会和公共政策委员会2个工作委员会。

学会召开常务理事会议2次，理事大会1次，选举产生2014年常务理事会执行委员会的成员，审议通过对2014—2016年度副秘书长和各工作委员会主任的提名，审议通过设立学会杰出女计算机工作者奖，审议通过对奖励条例、会员活动中心条例、会士条例的修改，审议通过2013年度专委会评估结果，审议通过2013年度财务决算和2014年度财务预算，审议通过计算机职业资格认证商业化运作方案等。

监事会监督（常务）理事会对理事履职情况进行统计和报告，对1名未能履职的理事做出处理意见。

学科发展研究 10月，学会主编的《2013—2014中国计算机科学技术发展报告》出版，报告包含系统软件研究新进展、SDN技术发展、未来互联网体系结构、深度学习、软件工程、计算机辅助设计与图形学、移动学习、社会媒体搜索技术、健康感知、视觉处理、穿戴式计算研究进展与趋势等内容。

大数据专家委员会发布了《中国大数据技术与产业发展白皮书（2014)》。

决策咨询 学会成立了公共政策委员会，对教育、人才评价、科技项目（立项、申报、经费使用、成果评价）、技术标准、产业政策等提供咨询服务。公共政策委员会通过论坛的形式，分别就微软停止对Windows XP系统的支持、如何展开科技评价、如何改革中国的科研和创新体制进行探讨，并撰写调研报告。10月，公共政策委员会撰写《中国计算机学会关于政府退出国家科技奖励评审的建议》，递交国务院。

国际学术会议 11月17日，学会主办的第6届亚太网构软件会议在香港特别行政区召开，40余位专家、学者参加了会议。

11月27—29日，第9届国际普适计算及其应用会议在柬埔寨金边召开，国内外50余名专家、学者参会。

12月5—9日，第三届自然语言处理与中文计算会议在广东省深圳市召开，大会安排了ADL (Tutorials)、中文语义处理技术评测Workshop、Poster/Demo和技术成果展示等活动，国内外380余名专家、学者参会。

国内主要学术会议 2014年，学会及下属专业委员会共组织学术会议54个，参加人数约1.2万人次。学会青年计算机科技论坛总部和分论坛全年共开展活

动160场，其中报告会85场，论坛64场，特别论坛5场，其他类活动6次，参与人数逾万人次。

科普活动 9月10日和11月9日，学会吕梁教育扶贫团两次奔赴山西省吕梁市岚县进行调研和支教活动。吕梁教育扶贫团走访了9所中小学，为中小学生上了励志课与计算机科普课，向学校和学生们捐赠了挂钟和爱心文具，向贫困家庭的留守儿童捐赠了助学金和文具。

6月24—30日，第四批吕梁优秀教师观摩学习与交流活动在北京举行。活动为期7天，教师来自吕梁市石楼县、兴县、岚县、方山县共21人。学会还同期举办了中国计算机学会北京·吕梁中小学校长论坛，40余人出席论坛，共同探讨农村教育现状和发展。

学会全年还组织了信息学奥林匹克冬令营、中国队选拔赛、亚太信息学奥林匹克中国赛区比赛、全国青少年信息学奥林匹克竞赛、夏令营以及信息学奥林匹克联赛等活动，参与的中学生逾7万人次。在国际信息学奥林匹克竞赛中，中国队四名选手获4枚金牌，并获得金牌榜并列第一名。

表彰举荐优秀科技工作者 学会首届杰出女计算机工作者奖授予江南计算技术研究所研究员黄永勤。

2014年度中国计算机学会终身成就奖授予中国科学院数学与系统科学研究院数学研究所陆汝钤和清华大学张钹，中国计算机学会王选奖授予北京航空航天大学赵沁平和小米科技公司雷军，中国计算机学会海外杰出贡献奖授予美国爱荷华州立大学张可昭，中国计算机学会杰出教育奖授予北京大学李晓明和国防科技大学齐治昌。

中国科学院计算所研究员陈云霁、清华大学副教授李国良、微软亚洲研究院陆品燕获得中国计算机学会青年科学家奖；中国科学院计算所研究员唐卫清和清华大学副教授王宏获得中国计算机学会卓越服务奖；清华大学教授胡事民和百度公司获中国计算机学会杰出贡献奖；浪潮集团总裁孙丕恕获中国计算机学会计算机企业家奖。

南京大学高尉、国防科技大学马胜、清华大学王智、中国科学院计算所阚美娜、大连理工大学玄跻峰、中国科学院自动化所张煦尧、国防科技大学管乃洋、合肥工业大学俞奎、清华大学张娇、东北大学许嘉获中国计算机学会优秀博士学位论文奖。

武汉大学、金蝶软件（中国）有限公司的项目“云计算中软件服务化的关键技术、国际标准、平台及应用”获2014中国计算机学会科技进步奖一等奖；北京大学、复旦大学的项目“海量图结构数据存储和查询优化理论研究”获得2014中国计算机学会自然科学奖二等奖；电子科技大学、杭州师范大学、上海理工大学的项目“网络信息萃取的基础理论和关键算法研究”获2014中国计算机学会自然科学奖二等奖；华北科技学院、青海省生态环境遥感监测中心、青海师范大学的项目“基于无线传感器网络的三江源生态监测信息的可靠性保障基础理论研究”获2014中国计算机学会科技进步奖二等奖。

会员服务 学会新增了10个会员活动中心，会员活动中心共组织本地学术会议、专题论坛等活动170次，活动结合当地的社会、经济发展需求，派遣专家支持地方活动。

学会利用网站改版、会议系统建设、手机客户端等信息化手段加强对会员的服务。学会开发了新的会员系统，方便会员注册、缴费、参加学会活动。

【工程教育认证】 学会完成了哈尔滨工业大学、杭州电子科技大学、国防科技大学、西北工业大学、中山大学、南京理工大学、南京航空航天大学、浙江工业大学、福州大学九所高校计算机类专业工程教育认证工作。根据我国加入华盛顿协议组织后新的形势和要求，学会参与了中国工程教育认证协会的工作流程、认证案例修订、编写和培训工作，组织了4次认证专家工作研讨会，新遴选18名认证师。

学会设立了计算机软件能力认证委员会，中国工程院院士赵沁平任委员会主席，学会秘书长杜子德任执行主席。11月26日，学会在北京市召开了计算机类专业工程教育认证计算机软件能力认证（CSP）发布会，推出CCF软件能力认证标准并与企业和高校现场签约。参与签约的企业和高校表示，计算机软件能力认证高水准者，可获得企业优先聘用或高校计算机专业考研机考免试的待遇，清华大学等高校全部采用中国计算机学会的认证标准和结果，研究生录取机考将不再自行命题。

2014年，学会举办3次软件能力认证考试，规模涉及20余个城市的30余个考点，累计逾6000人次参加考试。

【2014中国计算机大会】 10月23—25日，2014中国计算机大会在河南省郑州市举行，大会由学会主办，信息工程大学承办，参会人数超过3000人。大会

中国计算机学会 2014 中国计算机大会

主题是“信息安全，数据为先”，由主题报告、主题论坛、专题论坛、论文交流、颁奖晚宴和科技展览组成。会议共收到论文投稿 822 篇，录用 201 篇。

ACM 图灵奖获得者、计算机图形学之父 Ivan Sutherland，中国工程院院士、北京航空航天大学教授赵沁平，小米科技创始人、董事长兼 CEO 雷军等应邀作了大会主题报告。中国工程院院士、北京邮电大学教授方滨兴作了题为《从网络主权角度谈自主根域名体系》的报告。

会议期间，还举办了多智能系统及其应用、戈登贝尔奖离我们还有多远、数字远程医疗养老和大数据、大数据高峰论坛、群体化软件开发方法、数学工程与先进计算、从眼镜到手表穿戴与交互、互联网金融、数据开放与隐私管理、网络安全新思维与新技术、系统软件与云计算 11 个专题论坛。来自各个相关领域的 60 多位专家、学者就目前的热点话题和技术趋势进行了讨论和交流。

大会同期还举办了技术成果展览和颁奖晚宴，颁发了 2014 年度中国计算机学会王选奖、中国计算机学会海外杰出贡献奖、中国计算机学会科学技术奖，并向“CCF-Intel 青年学者提升计划”和“CCF-腾讯犀牛鸟科研基金项目”获奖者颁发证书。

会议期间还举办了中国计算机学会优秀大学生奖颁奖仪式，百名优秀本科生接受表彰，学会全额资助这些获奖学生赴河南省郑州市参会。学会同时还资助了近百名缺乏经费及偏远地区的教师和研究生参加会议。大会期间还举办了大学生创业大赛暨第四届中国计算机学会青年互联网创业大赛成果评比和展示活动，2013 年度 CCF-腾讯犀牛鸟科研基金项目在会议期间举办了结题答辩会。

（撰稿人：宋　欢）

中国通信学会

服务创新型国家和社会建设　2014 年，学会承担工业和信息化部“宽带工程实施情况调研评估”“互联网治理模式对互联网资源管理政策影响研究”“基于互联网的热点业务管理研究”等 3 项软科学研究项目并完成项目终审。签署了“我国大数据产业面临的问题和挑战研究”等 4 项软科学研究项目。完成了《我国大数据技术与应用面临的问题及政策建议》专报。

学会通信设备技术委员会承担工业和信息化部立项的“工业强基战略发展研究”3 项咨询课题，中国工程院立项的“中国制造强国战略研究”“智能终端基础软件发展战略研究”等课题。无线电应用与管理专业委员会开展了“公共应急信息无线电发布系统”“宽带集群系统射频标准规范”等课题研究。

学会建设　2014 年，学会审批通过团体会员 4 家、高级会员 102 人，发展学生会员 68 人。核准地方学会发展高级会员 118 人，备案普通会员 137 人。学会晋升王志勤等 21 位高级会员为中国通信学会会士。完成增补副理事长曹淑敏的备案手续。截至 2014 年底，学会现有个人会员 67726 人，团体会员 61 家，其中会士 337 人，高级会员 7747 人，学生会员 1870 人。理事会下设 4 个工作委员会，并按照学科设置 19 个专业委员会，31 个省、自治区、直辖市设有地方通信学会。

2014 年，学会进行了卫星通信委员会、通信线路委员会、通信建设工程技术委员会等 4 个分支机构换届。开展了会士遴选委员会换届工作。完成第八届学术工作委员会换届工作。组建物联网技术专业委员会、信息通信测试技术专业委员会，成立可信移动计算技术专家委员会。

2014 年，学会改造了官网，加强了人事、干部等综合管理工作，加强《中国通信》杂志社财务监管工作。建立每月一次的职工活动制度，每月召开一次党员大会，每季度上一次警示教育课，组织处以上领导干部参加贯彻中央八项规定精神相关知识竞赛答题活动。发布了《关于进一步完善学术交流活动管理工作的通知》。

召开学会七届二次、三次、四次常务理事会。9 月在辽宁省沈阳市召开了学会地方工作座谈会，来自全国各省级通信学会的理事长、秘书长、副秘书长等约

60 人出席会议，会议通报了 2014 年上半年中国通信学会的工作情况。11 月，召开普及与教育工作委员会八届二次会议，审议通过了年度工作报告。

学术期刊 2014 年,《通信学报》《中国通信》（英文刊）《电信科学》《现代通信》《中国电信业》共印刷 24.48 万余册。其中，中文学术期刊 7.3 万册，技术期刊 13.8 万册，英文学术期刊 1.2 万册。科技期刊发表论文数 1423 篇，其中，英文期刊发表论文 175 篇。

2014 年，学会加强《现代通信》科普内容，编撰《电磁辐射是与非》《信息通信百科全书》，完成《科普中国百科科学词条》信息通信部分的词条编写。开通微信订阅号，通过杂志的官方网站、新浪微博等与公众互动交流。

重新组建《中国通信》英文版编辑部，完成了期刊编辑出版发行工作。10 月 15 日，召开期刊理事会会议，通报《中国通信》2014 年工作情况，讨论和通过 2015 年工作计划，增补编委计划、国际合作计划、专题选题计划等。

完成《中国通信年鉴》2014 卷编辑出版工作。

决策咨询 2014 年，学会受企业委托开展了项目咨询工作，包括搜集和研究分析国内外铁塔公司发展情况和信息跟踪项目，驻地网市场发展情况分析项目。

国际学术会议 5 月 15—17 日，由学会、英国工程技术学会主办的 2014 信息与通信技术国际会议在江苏省南京市召开。来自芬兰、英国、德国、俄罗斯、爱尔兰、韩国、新加坡和中国台湾地区的 80 余名专家、学者参会。会议收到来自 15 个国家和地区的 331 篇论文，收录 107 篇。

10 月 12—14 日，第三届中国国际通信大会（ICCC）在上海市召开，14 个国家和地区的 400 余位专家、学者参加。大会收到论文 405 篇，录用 161 篇。大会特邀学术报告 13 篇，4 位学者发表主题报告。

11 月 14—16 日，由学会和英国工程技术学会主办的 2014 年信息与网络安全国际会议在北京邮电大学召开。来自新加坡、马来西亚、巴基斯坦等国的专家、学者参会。

国内主要学术会议 2014 年，学会共举办国际、国内学术交流活动 26 次，参加人数 7950 人次，交流论文 1925 篇。境内国际学术会议 5 次，参加人数 900 人次，境外参会专家学者 300 人次，交流论文 300 篇，出版论文集 6 册。

1 月 18 日，学会和中国银行法学研究会在北京召开了互联网金融创新政策环境专家座谈会，40 余位专家、学者参加了座谈。座谈会举行了题为《互联网金融发展形势》《互联网金融业务的风险分析及防范》《P2P 相关法律问题研究》的专题报告，与会专家围绕互联网金融的发展现状、给传统金融带来的影响和机遇、行业创新和安全管理、法律法规、监管体系构建、企业开拓互联网金融业务的思路和经验等进行了交流。

2 月 27 日，第十届卫星通信学术年会在北京召开，200 余位专家、学者出席。会议征集论文 65 篇，评出优秀论文 5 篇。会议邀请了 13 位专家到会演讲，介绍了各界广泛关注的 Ka 宽带通信卫星和下一代卫星移动通信系统的研制、应用与发展，卫星通信在远程教育、远程医疗和航空机载领域的技术发展及应用，以及激光卫星通信、量子卫星通信和中继卫星通信等新技术和新业务的最新技术发展动态。

4 月 2—3 日，第四届中国移动医疗产业大会暨第二届智慧医疗健康中国论坛在北京召开。60 余位专家作主题报告，600 余位专家、学者出席会议。本届会议主题为“开放协作一体化、融合创新智能化”。

4 月 10 日，纪念中国第一颗通信卫星成功发射 30 年学术报告会在北京召开，会议对 30 年来我国通信卫星、运载火箭事业的发展进行了回顾，并提出了相关建议。来自有关卫星通信技术研发、生产制造、运营服务、应用开发的专家学者和管理者 100 余人参会。

4 月 17—18 日，学会信息通信网络技术委员会主办了 2014 全球 IPv6 下一代互联网高峰会议。会议主题为“全球 IPv6 商用加速，助力新兴技术发展”。会议围绕全球 IPv6 发展进程、中国下一代互联网示范城市建设、新兴技术在下一代互联网中的应用等议题进行了交流。

4 月 18—20 日，第三届全国通信原理教学研讨会在浙江理工大学召开，来自全国近 40 所高校的 70 余名学者参加了本次会议。会议围绕通信原理教学法探讨、NI 院校计划助力信息通信类创新型工程人才的培养、通信原理教学与实践、通信原理的课程教学等内容进行了交流。

4 月 22 日，虚拟运营政策与发展专家座谈会在北京召开，会议主题为“协同融合，创新共赢”。会议专家认为，建立健康、完善的产业生态体系，促进移动互联网产业创新，优化提升用户体验是虚拟运营成功的关键所在。会议围绕移动转售对电信业的价值与意义、市场现状与趋势、面临问题、构建产业生态体系、差异化创新、业务安全与隐私防护等关注热点话题进行了交流和探讨。

4月22—23日，第六届中国移动支付产业论坛在北京召开，主题为“互联网时代的移动支付”，600余位专家、学者出席会议。

4月23—24日，2014中国SDN/NFV大会在北京召开，中国工程院院士邬贺铨等在大会作主题报告，800余专家、学者参会。

4月24日，2014国际数据产业峰会在北京举行，主题为“跨界沟通、融合服务、共享信息”。会议通过主旨报告、主题演讲、技术讲座、高端对话、展览展示、媒体访谈等形式探讨数据产业的发展，中国工程院院士刘韵洁到会并发表主旨报告。

5月16日，2014年世界电信和信息社会日大会在北京召开。社会各界500余名来宾出席。中央电视台、中央人民广播电台、新华社等主流媒体和网络媒体记者到会并进行报道。

5月27—29日，全国通信安全学术会议在广东省汕头市召开，会议主题为“携手防护·安全未来”，中国工程院院士邬贺铨、倪光南分别作题为《大智移动时代网络安全新挑战》和《智能终端操作系统与信息安全》的报告。会议设置4G时代下的移动互联网安全、个人信息防护与APT攻击防御、关键基础设施安全、CNCERT-CIE网络安全学术论坛等专题分论坛。100余专家、学者出席会议。

6月5日，由学会卫星通信委员会主办的2014民航卫星应用研讨会在北京召开。160余专家、学者参会。会议主题为“卫星应用助推民航飞行安全与信息互通”，会议围绕民航在飞行安全和信息互通中卫星应用的市场需求、技术体制、运营模式、监管政策及产业发展方向等内容进行了探讨和交流。

6月11日，ICT助推新型城镇化峰会在上海市召开，100余位专家、学者出席。会上，中国移动、华为、中兴、IBM等运营商和方案提供商介绍了各自的城市信息系统解决方案。本次会议是2014亚洲移动通信博览会的组成部分，也是学会与全球移动通信系统联盟这一世界最大电信运营商组织首次合作。

6月12—13日，2014移动虚拟运营商峰会在上海市召开，300余位专家、学者参会。会议围绕虚拟运营商市场发展和商业模式，以及多国漫游流量和多屏定向流量的创新发展等议题进行了交流。

7月15日，2014中国LTE产业发展峰会在北京举行，主题为“推动融合发展，实现成功商用”，400余位专家、学者出席会议。会议围绕4G网络融合发展思路、LTE多频段组网分析、构建领先的FDD-TDD融合移动宽带网络等议题展开讨论。

7月24—25日，第一届中国信息通信测试技术大会在上海市举行，来自科研机构、大专院校和相关企业的专家、学者近200人参会。会议围绕信息通信设备验证测试技术、信息通信测试技术演进、无线频谱管理与信息测试技术应用、信道测试与建模技术等信息通信测试领域的热点问题进行了讨论。

8月15—16日，中国智慧家庭产业论坛在北京召开，350余位专家、学者出席会议。论坛以“创新、融合、发展”为主题，围绕行业监管、标准等政策环境，产业商业模式、前景与战略、趋势等内容进行交流。

8月19—20日，2014中国国际大数据大会在北京召开，700余位专家、学者出席会议。学会副理事长、中国工程院院士邬贺铨、方滨兴分别作大会主旨报告。

8月21—22日，2014中国通信集成电路技术与应用研讨会在天津市召开。来自通信网络与信息化安全、激光显示等领域的260余位专家、学者参会。会议以“网络与信息安全”为主题，围绕物联网、大数据、云计算等热点进行研讨和交流。与会专家认为，通信芯片将迎来前所未有的发展机遇，4G移动通信、大数据、云计算、物联网和可穿戴设备将成为推动通信集成电路产业增长的主要驱动力。

8月，2014信息通信网络技术委员会学术年会在湖南省长沙市举行。来自15个单位的90余位委员、专家参会。会议围绕宽带业务的发展、移动互联网带来的挑战、拟态安全防御技术以及SDN/NFV发展趋势等新型网络架构进行了交流。

9月5日，第十届中国通信学会学术年会在辽宁省沈阳市召开，主题为“移动互联网改变社会”，350余位专家、学者参会。学会副理事长、中国工程院邬贺铨、方滨兴，学会副理事长曹淑敏在会上发表主旨学术报告。

9月15—17日，第33届光缆电缆学术年会在四川省成都市召开，主题为“移动互联网中光、电线缆的应用”。来自60个单位的110余名专家、学者参会。会议围绕移动互联网中我国光纤通信技术和产业的最新发展趋势，光纤光缆的最新技术进展及成果进行了交流。16位专家作学术报告。年会收到学术论文70余篇，评选6篇优秀论文。编辑印制了《2014年光缆电缆学术年会论文集》。

9月26日，全国无线及移动通信学术会议在辽宁省沈阳市召开，100余位专家、学者出席会议。大会的主题为“加速4G发展 · 创新移动互联”。与会专家分别作了题为《4G网络技术演进及规模部署》《物联网技术革命与大数据无线通信》《5G无线网络—创造无线未来》的主题演讲。会议分论坛以LTE研究与发展、平台与技术创新等为主题进行了学术交流与分组讨论。会议收到论文700余篇，138篇入选，15篇评为优秀论文。

9月26日，第二十届电信新技术新业务高级报告会在北京召开，150余人出席。报告会围绕“创新行业云 助推信息社会”的主题邀请7位专家作主题报告。邀请专家作了题为《电信运营商的云服务战略及“沃云”业务》《云计算标准最新动态 可信 政采 数据中心》《TD-LTE 4G助推行业云应用发展》《云优先助推信息社会》的专题报告。

10月17—19日，第五届中国云计算学术大会在重庆市召开。来自美国、英国等国内外专家、学者200余人出席会议。会议围绕云计算、大数据、网络与软件等前沿主题进行了探讨和交流。

10月21—22日，2014第三届运营商终端与应用创新合作大会在北京召开。会议从终端发展趋势、战略转型、行业应用等角度分享了4G浪潮下的终端企业发展。会议认为，移动转售业务的推出对于我国通信产业有极大的推动作用，可为基础运营商提升新的用户来源和收入增长点，有利于推动整个信息通信行业的创新。

10月24—26日，第二届全国电子信息类课程建设及人才培养研讨会在东北大学召开。会议邀请专家分别作了《信息科学技术导论》《Do-Engineering 图形化系统设计平台助理卓越工程师培养》《图形化系统助力创新教学案例分享》《电子信息类专业教学质量国家标准研究》《电子信息科学核心知识体系的梳理和核心课建设进展情况》等主题报告。

10月28—30日，第十六届中国卫星应用大会在北京召开，主题为“中国卫星通信应用产业的未来之路——移动宽带”。8位专家、学者分别就外联网、电推进技术、阵列天线技术等卫星应用领域的最新技术发展进行了演讲。会议还安排了3场圆桌讨论会。600余位专家、学者出席大会。会议同期举办了展览。

11月21—23日，第二届无线通信技术研讨会在北京邮电大学召开。来自国内外近20所高校与研究所的60余名专家、学者、师生参会。北京交通大学教授艾渤、上海科技大学研究员袁晓军、山东大学教授张海霞、中国科学院研究员周一青分别作题为《高速铁路无线通信关键技术》《多天线蜂窝双向中继网络的渐进信道容量》《指数随机变量之和的对数期望及其在无线通信性能评估中的应用》《全球5G研发及标准化展望》的报告。

12月10—11日，第五届中国移动支付产业年会在北京召开，400余位专家、学者出席会议。会议期间举办了互联网金融与移动支付创新论坛。

12月21日，全国无线电应用与管理学术会议在海南大学召开，1000余位专家、学者、师生参加会议。会议征集论文140余篇，收录89篇，评出优秀论文7篇。会议期间举办了无线电技术应用展示会。

12月22日，中国移动医疗产业年会在北京召开。600余位来自医疗机构、运营商、可穿戴设备、智能终端企业的专家、学者参加会议。会议主题为“健康大数据 全民大健康”。会议主要内容包括健康大数据政策与环境、标准，全民大健康发展趋势、健康大数据机遇，人口健康大数据平台建设与发展，大数据信息安全挑战，健康大数据商业模式创新，健康云、大数据应用与服务创新，可穿戴设备与健康大数据等。会议对未来医疗健康大数据的意义与发展方向进行了探讨。

12月22—23日，第六届中国手机产业发展大会暨智能终端与移动互联网高层峰会在北京召开，大会主题为“Smart+”，400余位专家、学者出席会议。本次会议包括高层峰会、技术与产品创新峰会、智能硬件峰会和行业发展报告会等环节。会议解析行业发展政策与环境、探讨“Smart+”新形态下的行业发展趋势，分享与挖掘创新产品、技术、应用。专家表示，LTE等移动宽带网络和业务的发展将成为智能终端产业新的增长点，要重视LTE、4G终端的换代机遇，加强协同创新、拓展发展空间。

12月23日，第二届信息通信技术总工程师论坛在北京召开，180余位专家、学者出席会议。论坛主题为“智能网络——转型与变革新机遇”。会议围绕智能管道、流量经营、运营商与OTT等议题进行了交流。

科普活动 2014年，学会结合自身优势，面向重点人群开展主题特色科普活动20多项。全国“科技活动周”和“全国科普日”期间，制作科技光盘2种共100张。开展重点技术推广普及活动14项，参加活动的科技人员4920人次。举办专题展览1次，播放科技广播、影视节目120分钟，举办通信科技大讲堂2次，举办实用技术培训7次，实用技术培训人数2850人次，举办继续教育培训班2次，培训人数250人，推广新技术、新品种4项，举办科普宣传活动2次，宣传活动受众人数650人次。

2014年，信息通信科学传播专家团队参与了“2014全国科技活动周”“全国科普日”、信息通信技术总工程师论坛、第36期科学家与媒体面对面等活动。

7月8日和11月21日，学会先后组织共计80余位学生会员参观中国通信学会科普教育基地——中国电信集团新业务体验厅。

2014年，学会被评为“2014年度全国学会科普工作优秀单位”和“2014年全国科普日活动优秀特色活动”。

表彰举荐优秀科技工作者 学会推荐的王晓云、齐向东、马卫国3人获中国科协“全国优秀科技工作者”称号。

2014年，中国通信学会科学技术奖共受理申报项目102项，其中自然科学类7项、技术发明类17项、科技进步类（含软科学、科普类）78项，53个候选项目中，经评审选出一等奖10项、二等奖11项、三等奖30项。

会员服务 2014年，学会组织团体会员、个人会员参加学会举办的学术、科普活动30场，共计4000人次。向团体会员单位、高级会员、会士寄送刊物1万余册。

中国科协会员日 学会举办了信息通信技术总工程师论坛、中国手机产业发展大会、移动医疗年会等2014会员日系列活动。

【第三届中国国际通信大会】 10月12—14日，由学会与电气电子工程师协会（IEEE）及其通信分会联合举办，上海交通大学承办的第三届中国国际通信大会在上海市举行，会议主题为“计算通信引领网络化社会”。来自中国、美国、英国、德国、法国、日本、韩国、澳大利亚、新加坡、希腊、马来西亚、波兰以及等14个国家和中国香港特别行政区、中国台湾地区的400余位专家、学者参会，其中全程注册参会者180余人。

本届大会收到来自30多个国家和地区的论文共405篇，较上届大会增长19%，经过3轮评议和筛选，录用161篇论文，录取率39.7%，4篇论文获优秀论文奖。

本届大会根据不同的学科和主题，设置了2场全体大会、8场专题学术报告会、5场技术讲座、1场专题研讨会和4场产业－学术论坛。会议邀请了美国艺术与科学院院士、美国国家工程院院士、普林斯顿大学教授Vincent Poor，美国斯坦福大学教授David Tse，韩国浦项科学技术大学教授James Won-Ki Hong，北京邮电大学教授张平等4位专家在全体大会上作主题报告。

【全国无线电应用与管理学术会议】 12月21日，2014年全国无线电应用与管理学术会议在海南大学召开。会议由学会主办，工业和信息化部无线电管理局、海南省工业和信息化厅、海南省通信管理局指导，无线电应用与管理专业委员会和海南大学、南京邮电大学联合承办。会议邀请了中国科学院院士尹浩、全军电磁频谱管理专家咨询委员会主任沈树章将军、北京邮电大学教授张平、南京邮电大学教授朱洪波、东南大学教授洪伟、海南大学教授杜文才等专家、学者作大会主题报告，国家有关部委、行业、研究教学单位、生产制造企业、高校部分师生1000多人参加会议。

会议邀请专家、学者分别作《无线电频率规划热点问题介绍》《我国卫星通信发展面临的轨道、频率资源问题》等10场主题演讲。举办了无线电频谱资源应用与管理、海洋无线通信与卫星通信、无线电技术与应用3场主题分论坛。与会专家、学者围绕如何充分有效地利用和管理无线电频谱资源、推动我国无线电应用和技术产业进步进行了探讨。

会议共收到学术论文投稿140余篇，收录89篇到《2014年全国无线电应用与管理学术会议论文集》，评选出优秀论文7篇。

【第四届中国移动医疗产业大会暨第二届智慧医疗健康中国论坛】 4月2—3日，第四届中国移动

医疗产业大会暨第二届智慧医疗健康中国论坛在北京召开，会议主题为“开放协作一体化、融合创新智能化”。

学会副理事长兼秘书长张新生表示，智慧医疗、移动医疗作为国家战略规划促进信息消费重要内容之一，一体化与智能化已成为产业发展的趋势。面临互联网、物联网、云计算、大数据融合发展的大好时机，以宽带化、智能化为特征的新一代互联网，特别是与各行业的融合，为各行各业的发展带来了新的发展机遇。国家卫生计生委统计信息中心副主任王才有表示，移动医疗应该为解决当前卫生事业发展与改革当中的主要矛盾做出贡献，移动医疗是改善缓解目前医患关系的重要手段。要完善政策环境，加强技术知识建设，实现移动医疗信息化，依靠创新产业发展，通过市场、政府以及多业务领域的合作实现共赢。工业和信息化部信息化推进司郭顺义对移动医疗的发展提出三点建议：一是抓住信息变革的机遇；二是保护个人医疗的数据安全；三是制定完善相关的标准和规范，保障移动医疗、智慧医疗的产业健康发展。

华为、惠普、富士通等200余家企业代表，北京及外地医疗机构代表，科研机构专家、学者600余人参加了两天的大会。中央电视台“朝闻天下”和“新闻直播间”对会议进行了报道。

【第六届移动支付产业论坛】 4月22—23日，由学会主办，中国互联网协会支持，中国电信、中国移动、中国联通、中国银联协办的2014第六届中国移动支付产业论坛在北京召开，主题为“互联网时代的移动支付”。来自政府机构、行业协会、电信运营商、金融单位、移动支付行业知名企业、认证检测机构的专家、学者及媒体等600余人参会。

专家表示，我国移动支付产业发展迅速，但存在着产业发展较为缓慢、标准有待统一、有效商业模式尚未形成等问题，同时还应加强移动支付安全保障，建立信任体系。我国移动支付发展目标方向应该是促进移动金融服务与金融IC卡融合，商业银行、通信运营商、中国银联的NFC移动支付电子化路线为主导，第三方支付机构、地方区域性移动支付电子化路线为补充，实现优势互补、多方共赢。在国家政策的引导下，我国移动支付产业环境、政策环境已经初步形成，移动支付作为新型融合性业务，将为企业发展创新带来新的业务增长点，具有广泛的市场前景。

在行业高峰论坛上，有专家表示，移动银行将成为客户金融交易的主渠道，线上线下一体化应用的实现将使移动线上支付全面爆发。NGC移动支付即将成为生活的一部分，中国移动针对NFC定制终端推出额外补贴，并将开放更多NFC SIM空间给第三方应用。参会人员从多个角度分析了移动支付的安全问题，并介绍了不同类别的移动支付安全保障解决方案。

在23日召开的互联网金融与移动支付发展主题论坛上，中国人民银行科技司原司长陈静、中国互联网协会秘书长卢卫、中国建设银行信息技术部王申科、中国银行网络金融部助理总经理孙中东、易宝支付CEO唐彬、华夏银行总行研究员资深银行家曲延伟等出席论坛并发言。文鼎创、梆梆安全、爱投资、嘀嘀打车、友宝、赛迪、易观、艾瑞等企业有关人员作主题演讲。论坛围绕移动支付与互联网金融创新、移动支付与P2P发展等话题进行讨论。

虚拟运营商政策与发展专家座谈会同期召开，工业与信息化部电信研究院规划所所长胡坚波、埃森哲大中华区通信媒体与高科技事业部总裁黄国斌、北京邮电大学经管学院院长吕廷杰分别就移动转售业务前景及发展建议、共建和谐中国虚拟运营商生态体系、互联网思维与虚拟运营成功之路作主题报告。学会秘书长张新生、中国工程院院士邬贺铨等出席座谈。

论坛全程同期举办了移动支付创新应用展区，来自中国电信等20多家企业单位展示了创新支付终端、支付安全方案、iBeacon体验、移动支付自助购物等互动体验，受到欢迎。

【2014中国智慧家庭产业论坛】 8月15—16日，由学会主办的2014中国智慧家庭产业论坛在北京召开，来自相关终端厂商、家电商、运营商、相关软件与应用解决方案的160多家企业、40多家媒体的记者共计350余人参会。

学会副秘书长秘建虎表示，以互联网为核心的新一代信息通信技术与产业创新，已经成为引领全球新一轮技术创新、产业变革、促进经济社会可持续发展的重要力量。智慧家庭业务是跨界、融合业务的代表，成为跨网络、跨行业、跨终端的综合技术应用，代表着新一代信息技术集成应用的重要方向。国家新闻出版广电总局有关人员表示，未来要实现网络间的互联互通，加快网络有线终端创新与推进智能化与标准化的相关工作，真正实现全业务全平台。工业与信息化部有关人员表示，国务院在促进信息消费等多个战略中，都把智慧家庭作为大的发展方向。从全球的角度来说，智能家庭的终端设备比较多，技术发展日渐丰富，产业链比较完善，但根本是要互联互通。目前产业还面临底层核心技术不足、缺乏龙头产业、没有真正吸引消费者的产品和服务、多部门的联动机制没有建立。参会专家、学者围绕智慧家庭、智能家居等行业标准、技术的应用进行了分析和探讨。

来自海尔 U+、乐视 TV、英特尔、小米科技等30多位企业高层和专家参与了会议的主题演讲和讨论等活动，分享了物联网、智能路由、家庭安防、人工智能、智能家居、智能盒子及核心技术、平台等相关产品与方案在智慧家庭中的应用与创新，分析智慧家庭的发展趋势、机遇与挑战等热点话题。

与会专家认为，智慧家庭是传统家电产业二次腾飞的机遇，产业开放共赢成为与会嘉宾的共识，产业前景与市场规模存在很大的空间，但产业标准、产业生态链建设、用户培育等仍然需要产业链各方共同努力、协同推进。

【2014 中国国际大数据大会】 8 月 19—20 日，由学会主办、中国电信、中国移动、中国联通协办的2014 中国国际大数据大会在北京召开，700 余位专家、学者参会。会议包括高峰论坛、智慧城市、互联网创新、技术创新、行业应用、产业趋势六大主题论坛和通信大讲堂。

学会副理事长兼秘书长张新生表示，我国大数据发展呈现五大趋势，一是随着大数据在我国的发展不断深入，大数据已从炒作期进入了积极探索和应用发展的初期，并已经构成了以技术为支撑，数据中心、数据应用的产业生态。二是大数据技术研究不断深入，创新能力不断提升，技术不再是大数据发展的瓶颈。三是信息化的发展进入了利用新一代信息技术的时期，从 IT 进入了 DT。四是大数据市场竞争格局已经形成，国内相关企业在应用和服务方面，已经具有一定的优势。五是大数据的开放、共享、交易机制的建立，大数据的保护和安全等是当前要突破的瓶颈。全国政协常委、九三学社中央副主席赖明表示，以大数据等现代技术提升政府治理能力的潜力意义十分巨大，将有助于增强政府决策的科学性，提高政府监管能力，增强公共管理和服务能力和提升社会管理水平。他建议选择医疗卫生、金融、食品安全、交通物流、公共安全、社会保障、环境保护等重点领域，以点带面发展大数据等技术的应用示范。工业和信息化部有关人员表示，我国目前已具备加快大数据产业发展的基础和规模，大数据产业链正在加速形成，发展大数据需要从顶层到应用全面规划设计。学会副理事长、中国工程院院士邬贺铨以“大数据与产业变革”为主题，针对大数据国内外案例趋势进行了分析，就大数据发展中的机遇和挑战，产业发展变革进行了介绍，并通过对各相关行业著名事件、企业的案例进行举例分析。

在高峰论坛环节，希捷科技全球副总裁孙丹以《大数据与云存储》为题阐述了大数据的特点、应用变革，以及大数据时代的云存储发展之道。与会专家、学者、企业有关人员分别作了题为《价值运营——大数据助力运营转型》《华为大数据的实践与探索》《大数据，大数据价值和实现之道》《让大数据为每个人服务》《大数据的开放式创新》的主题演讲。

中国工程院院士、学会副理事长方滨兴在大会主旨报告中表示，应从应用层、数据层、系统层、设备层 4 个不同层面展开探讨大数据的安全保障，他针对大数据对信息安全的支持、大数据分析支撑技术、大数据属性引发的安全隐私等新问题进行了分析和解读。

在大数据与智慧城市发展论坛上，专家、学者及企业相关人员围绕如何加速大数据与智慧城市应用、如何通过大数据帮助各省市驱动智慧城市的可持续发展等进行了交流。部分企业单位代表通过对话的形式针对大数据时代的数据化决策、智慧城市的大数据技术支撑与应用推广等话题展开探讨。大数据应用发展论坛上，与会人员分别从大数据与政府统计、大数据挖掘、跨行业探索与合作、电信运营、商业价值挖掘以及技术支撑等多角度进行了交流。在大数据与互联网创新高峰论坛上，京东、阿里、百度、腾讯等企业高层围绕互联网时代的大数据创新变革与应用实践等内容进行了交流。大数据技术与发展论坛则更专注于关键技术的问题解决与趋势探讨，与会企业代表针对大数据相关技术与发展进行了交流。大数据技术产品创新展上，希捷科技、爱立信等众多行业领军企业带来了最新技术产品和数据解决方案。

会议期间，学会科学传播专家团队首席科学家张新生，工业和信息化部电信研究院高级工程师魏凯分别作了题为《信息化、大数据发展及与电信运营企业

的机遇》和《大数据技术与产业发展》的专题讲座。

【2014 第五届中国移动支付产业年会】 12月10—11日，由学会主办的2014第五届中国移动支付产业年会在北京召开，400余位专家、学者参会。

在高峰论坛环节，台湾红阳科技总经理陈谷枫、新开普电子股份有限公司副总裁卢娜、万事达卡大中华区创新支付副总裁麦民伟、腾讯移动安全实验室安全专家陆兆华、雷霆利芯技术运营总监王立峰分别作题为《从行动支付跨越至多媒体支付》《以应用创新驱动行业发展》《数字融合环境下的支付》《移动神偷——手机安全威胁与防御》《可穿过电池的移动支付射频通道芯片》的主题演讲。

在城卡通与智能卡创新论坛上，来自监管机构、芯片商、方案解决商以及北京、郑州、山东各省一卡通公司代表，针对行业合作，以及构建良好生态进行了讨论。专家、学者对公共交通技术规范进行了解读。参会嘉宾分别从安全、技术与模式创新、支付发展趋势等角度发表了主题演讲。

在互联网金融与移动支付创新论坛上，众多移动支付、互联网金融领域的专家从围绕互联网金融风险与法制、移动支付与社区O2O生态的融合、互联网金融特点行业盘点与预测、贷款搜索引擎模式的创新实践等议题进行交流。

会议同期举办了产品方案创新展，众多企业带来了最新技术产品和支付解决方案。

（撰稿人：董　义）

中国中文信息学会

国内主要学术会议 4月18—19日，中文信息学会2014战略研讨会在贵州省贵阳市举办。40多位来自全国各地的中文信息处理领域的专家、学者围绕我国中文信息处理事业当前发展状况和今后发展的战略机遇进行研讨。会议主要围绕以下几点进行讨论：中文信息处理的未来10年主要着眼点和着力点、国际上自然语言处理领域前瞻成果、中文信息处理领域的重要原始创新及相关产业发展的重要方向、如何有效推动中文信息处理进入国家重大科研计划。

5月15—16日，由学会主办，乐山师范学院承办的第十一届全国自然语言处理青年学者研讨会在四川省乐山市召开，来自国内各高校、研究机构以及企业的近百名青年学者参加本次会议。此次研讨会主题为“加强产学研交流合作”。会议安排了2个特邀报告、14个学术报告、2个专题讨论，展示了23个技术海报。大会邀请微软亚洲研究院主任研究员林钦佑博士、中国科学院计算所研究员刘群博士分别作大会特邀报告。此次会议设定“深度学习”和“众包”两个独立的专题讨论。

8月8—10日，第二十届全国信息检索学术会议在云南省昆明市召开。会议由学会和中国计算机学会联合主办，昆明理工大学承办，来自全国从事信息检索理论研究与应用的各研究机构和高校专家、学者近400人参加会议。本届会议包括特邀报告、青年学者论坛以及热点研究问题教程。大会邀请美国伊利诺大学香槟分校教授翟成祥、美国加州大学圣克鲁兹分校教授张奕、香港科技大学教授杨强和微软亚洲研究院研究员刘铁岩作大会特邀报告。微软亚洲研究院窦志成博士等6人作青年学者报告。清华大学朱军博士和IBM苏中博士分别作关于《贝叶斯方法的学习》和《从大数据到认知计算》的教程辅导。会议共收到论文315篇，录用论文181篇。会议评出5篇优秀学生论文，并颁发优秀学生论文奖证书。会议同期举办了第六届中文倾向性分析评测。会议委员会决定第二十一届全国信息检索学术会议将在河南省洛阳市召开。

8月15—17日，由学会主办、微软亚洲研究院赞助的第九届语言技术暑期学校在天津大学举办。本届暑期学校邀请了微软亚洲研究院首席研究员周明博士、研究员韦福如博士、中国科学院信息工程研究所研究员王斌、北京大学计算语言学研究所所长王厚峰教授、百度自然语言处理技术负责人吴华博士和百度深度学习研究院副院长余凯博士6位自然语言处理领域的专家前来授课。讲座内容包括社会媒体内容分析、信息检索、语篇分析、机器学习和机器翻译等。来自51个高校、研究所和企业的近200名研究生、教师和研究人员参加本次学习。

9月20—21日，第五届全国少数民族青年自然语言处理研究论坛在河南省洛阳市召开。本次由学会主办，解放军外国语学院和内蒙古大学联合承办。学会理事长李生教授、北京语言大学副校长曹志耘教授、西北民族大学教授于洪志、中国电子技术标准化研究院研究员陈壮、内蒙古大学教授那顺乌日图、北大青鸟华光照排有限公司研究员吕建春作特约报告。来自内蒙古大学、内蒙古师范大学、新疆师范大学、西北民族大学、中央民族大学、贵州大学等10余所高校和科研院所的近百名专家、学者参加会议。

10月17日，由学会主办、华中师范大学承办的第二届中文知识图谱研讨会在华中师范大学召开。本次研讨会着重探讨了中文知识图谱的构建的资源、技术、方案、策略以及待研究问题和挑战。来自清华大学、百度、科大讯飞、搜狗、东南大学、华东理工大学等从事知识图谱研究和实践的专家、学者发表了主题演讲，来自全国各地的100多位专家、学者参与本次研讨会。研讨会组织了Panel环节，就知识图谱目前的研究现状和将来的发展趋势进行了探讨。

10月18—19日，第十三届全国计算语言学学术会议在华中师范大学召开。会议由学会主办，华中师范大学承办。会议共收到论文投稿233篇，录用109篇，其中录用中文论文82篇，英文论文27篇，会议评选出最佳中、英文论文各1篇。加拿大滑铁卢大学教授李明、南京大学教授周志华、北京大学教授周晓林、微软亚洲研究院教授Junichi Tsujii作特邀报告，4位专家介绍了相关领域的国际前沿动态。会议安排了20个口头报告分会场、1个海报张贴分会场和1个系统展示分会场，来自中国大陆、香港特别行政区、中国台湾地区以及海外的近400名与会专家、学者围绕计算语言学相关领域的前沿问题展开了交流和探讨。会议期间，计算语言学专业委员会召开了专委会会议。本次会议设置的系统展示环节吸引了10余家科研院所和知名企业参展，展出的系统涵盖机器翻译、舆情分析、辅助教学、语音交互等热门前沿应用。

10月27—28日，由学会汉字信息处理系统专业委员会、汉字字形信息专业委员会、汉字编码信息专业委员会联合举办的第八届全国汉字信息处理技术研讨会在北京召开。来自全国从事汉字信息、汉字字形和汉字编码研究与应用的研究所、高校、企业专家、学者近60人参加会议。微软亚洲研究院研究员周明作了题为《推动中文信息处理的创新》的特邀报告，解放军第二炮兵装备研究院研究员慈林林作了《云计算与大数据时代中文信息处理系统面临的挑战》的学术报告。会议分别针对特大字符集、各种汉字输入法和汉字信息处理技术今后的发展进行了讨论。会议共收到论文60篇，录用36篇。

11月1—2日，第三届全国社会媒体处理大会在北京召开，大会由学会主办，北京理工大学承办。来自全国近千名专家、学者参会。会议以“社会媒体改变世界”为主题进行讨论，热点覆盖社会网络分析、社会媒体处理与社会科学、社会媒体挖掘预测、社会多媒体分析与可视化、舆情分析与精准营销、隐私保护等议题。会议以社交网络的形式改变传统的学术会议交流体验，现场活动包括特邀报告、学术专场、广场式墙报和系统展示等。大会收到学术投稿101篇，录用英文稿件14篇、中文稿件17篇。

11月4—6日，第十届全国机器翻译研讨会在澳门特别行政区召开。会议由学会主办，澳门大学承办。近百名来自全国从事机器翻译理论与应用的研究机构和高校的专家、学者参加会议。会议安排了1个主题报告，3个培训报告，5个特邀报告，1个专题研讨会，11个口头报告，1个最佳论文报告，9个墙报展示以及4个系统展示。会议录用中文论文10篇、英文论文11篇。大会邀请了来自卡耐基梅隆大学的Chris Dyer博士、清华大学的刘洋博士、徐佳博士以及奈良先端科学技术大学院大学的Kevin Duh博士分别作了培训报告。

国际学术会议 10月12—14日，由学会主办，中国科学院自动化研究所和四川省计算机研究院联合承办的第十四届中日自然语言处理联合推进会议在四川省成都市举办。来自中国和日本从事自然语言处理研究与应用的研究机构、高校和企业的50余位专家、学者参会。学会理事长李生教授、日本学者长尾真教授和四川省计算机研究院院长刘营博士分别致辞。会场交流形式包括口头报告、墙报和系统展示，其中口头报告18个，墙报22个，系统展示6个。

10月20—21日，第三届中文处理资源与评测国际会议在华中师范大学召开。会议由学会和国际计算语言学协会中文处理特别兴趣组联合主办。会议邀请苏州大学教授周国栋和北京大学教授穗志芳作特邀报告。会议展示了中文处理领域最新研究成果、探索研究新方向。会议期间举办了国际评测竞赛，包括中文分词、中文拼写检查、简体中文句法分析、中文人物属性抽取四项评测任务，来自全国各地的多家机构参与此次评测任务。会议录用的论文推荐发表在*Special Issue of ACM Transactions on Asian Language Information Processing*（TALIP）上，并且所有的录用论文将在ACL Anthology保存和检索。

表彰举荐优秀科技工作者 2014年，学会评选产生了“钱伟长中文信息处理科学技术奖”一等奖2项、二等奖1项。一等奖分别授予中国科学院计算技术研

究所程学旗、沈华伟等完成的“社会化媒体数据的分析与检索”，中国科学院自动化研究所宗成庆等完成的“多语种信息采集处理与分析系统”。二等奖授予西北民族大学于洪志等完成的“云环境的藏语远程教育系统”。

2014 年度“汉王青年创新奖”，分别授予清华大学计算机系副研究员刘洋和中国科学院自动化研究所模式识别国家重点实验室副研究员刘康。

2014 年，学会首次颁发优秀博士学位论文“拓尔思优秀博士论文奖”，该奖项专项基金由北京拓尔思信息技术股份有限公司捐资设立。清华大学计算机系布凡获得首届优秀博士论文奖，论文题目是《文本信息度量研究》。优秀博士论文提名奖分别由北京大学计算机学院的王泉和东北大学计算机学院的肖桐获得，论文题目分别为《正则化潜在语义索引：一种新型大规模话题建模方法》和《树到树统计机器翻译优化学习及解码方法研究》。

【中国中文信息学会 2014 年学术年会暨理事会】 12 月 20—21 日，学会 2014 年学术年会暨理事会在北京召开，来自全国的 400 多名中文信息领域的专家、学者参会。中国科协副主席、书记处书记张勤，民政部民间组织管理局局长廖鸿，教育部语言文字信息管理司司长张浩明，国家自然基金委刘克参会并讲话。廖鸿向学会颁发了学会在民政部 2014 年评估中获得的 4A 等级证书。

会议期间颁发了“钱伟长中文信息处理科学技术奖”“汉王青年创新奖”，以及中国中文信息学会优秀博士学位论文“拓尔思优秀博士学位论文奖”。

会议邀请了 6 位专家进行了学术报告。上海交通大学副校长梅宏院士报告的题目是《大数据能否给软件自动化带来新机遇？》、中国社会科学院语言研究所沈家煊报告的题目是《语言类型学：词法，词序，词类》、中国科学院计算技术研究所倪光南院士报告的题目是《增强网络安全，发展中国智能终端操作系统》、北京大学教授金芝报告的题目是《语言、知识、知件》、中山大学教授张军报告的题目是《大数据的理解及分布式进化计算》、百度公司沈抖博士报告的题目是《前进中的搜索引擎》，报告从不同角度阐述了中文信息处理领域的前沿动态及未来趋势，分析了计算机、语言、认知等学科的充分交叉与融合，促进了中文信息处理领域的理论创新、技术交流与产学研合作。

学术年会后，在学会第 7 届理事会第 4 次全体会议上，全体理事讨论了 2014 年度工作报告，研讨了学会工委会和专委会建设，授予余正涛教授 2014 年度“学会工作优秀奖”，增选了周明和李茹为学会常务理事。

（撰稿人：肖千慧）

中国测绘地理信息学会

服务创新型国家和社会建设 2014 年，学会组织完成对河南理工大学等 5 所大学测绘工程专业的认证工作。启动了《遥感科学与技术专业补充标准》起草和《测绘工程专业补充标准（英文版）》修订工作。经国家测绘地理信息局批准，完成了向教育部申请工作委员会的请示，为实现国际测绘地理信息类教育专业间的实质性互认奠定了良好基础。

2014 年，学会受国家测绘地理信息局委托，组织完成“国家 1：5 万基础地理信息数据库更新工程”和“国家西部 1：5 万地形图空白区测图工程”检查和评估工作。完成了基于要素空间转换的快速地图制图方法与技术、基于多源时空信息的农情定量遥感监测关键技术与应用、多源数据融合的精细三维重建技术研究与应用、遥感影像控制点数据库关键技术研究及系统建设项目、测绘成果档案空间数据管理系统、测量数据处理病态模型的估计理论、方法及应用等项目鉴定工作。

学会建设 2014 年，学会完成换届备案工作。学会坚持民主办会制度，重大事项都通过常务理事会、理事会讨论决定，共召开了 3 次理事长会议、2 次常务理事会议、1 次学会工作会议和 1 次团体会员会议，审议通过学会人事变更、工作部署等重要事项。规范组织机构管理，组建完成新一届理事会的分会和专业（工作）委员会，印发了《中国测绘地理信息学会分支机构管理办法》和《中国测绘地理信息学会团体会员管理办法》，健全了分支机构及团体会员的管理制度和程序。加强学会秘书处自身建设，学会办公场所迁到国家测绘地理信息局新址，办事机构办公条件得到明显改善，学会办公的现代化、信息化和网络化进一步加强。建立了完整的学会工作规章和工作流程。

学术期刊 2014 年起，《测绘学报》由双月刊变更为单月刊，全面启用了中文 DOI（数字对象唯一标识符）系统，进一步与国际接轨。对通过审稿并已完成编辑加工和排版校对、等待发表的稿件全部进行优先数字出版。在中国科技期刊引证报告（CJCR）和中国学术期刊影响因子年报中,《测绘学报》影响因子继续保持在测绘地理信息类期刊中位列第一。

学科发展研究 2014年启动了《中国测绘地理信息学科发展报告（白皮书)》编写工作，重点调查学科队伍建设状况、学科的科学研究状况、学科的人才培养状况、学科的社会服务状况、学科的对外交流状况、学科的社会声誉等内容。

国内主要学术会议 10月8—10日，在山东省青岛市举办首届中国地图文化节暨地图文化论坛，以“地图·文化·生活”为主题，通过主题报告、专题报告、技术交流、高峰论坛、展览展示等形式，第一次系统交流了近年来我国各地在地图文化领域的经验，探讨了地图文化与创意在多领域的广泛应用。

12月17—18日，学会2014年学术年会在湖北省武汉市举行。会议期间举办了特邀报告会、专题论坛、学术分会场，以及测绘地理信息自主创新产品与应用成果展览展示活动。中国工程院、中国科学院8位院士出席开幕式并作报告，来自相关行业的专家、学者共计1200余人出席会议。

2014年，学会新一届分支机构积极举办学术会议、论坛、研讨会等形式多样的学术活动。工程测量分会和矿山测量专业委员会联合举办变形与安全监测学术研讨会。测绘科技信息网分会召开中南分网第二十八次学术交流会，吸引不同层次、不同年龄、不同部门、不同领域的科技工作者广泛参与，实现跨学科、跨行业、跨地区研讨交流，促进学科交叉发展。

国际交往 10月22日，学会理事长李维森，韩国测量协会会长李明植分别代表中国测绘地理信息学会与韩国测量协会在中国测绘创新基地签署《地理空间信息管理与制图领域技术合作协议》。根据协议，双方将加强在测量、制图、摄影测量与遥感等领域技术的合作，在地理信息系统与数据库、地理空间信息质量管理与标准化、地理空间信息与制图等领域开展经验交流，并将通过专家交换、举办培训和研讨会等形式，推动两国合作深入开展。

10月26日，学会协同江西省测绘地理信息局和东南亚测绘协会联合主办沧海论坛，来自中国、新加坡和马来西亚的专家作学术交流，东南亚测绘协会各成员单位派专家、学者参会。

2014年，学会组织测绘地理信息企业和科技工作者组团参加国际测绘地理信息会展和交流访问活动。组团出访了德国、波兰、匈牙利等，并达成合作交流意向。

科普活动 5—9月，学会协助国家测绘地理信息局开展“美丽中国”第二届全国国家版图知识竞赛和少儿手绘地图大赛，组织和动员测绘地理信息企业参与活动。竞赛每两年举办一次。本届竞赛在原有国家版图知识竞赛个人赛、少儿手绘地图大赛的基础上增加了国家版图知识竞赛团体赛。个人赛与团体赛竞赛内容均为与国家版图有关的地图、地理、历史、风景名胜以及法律法规等知识。少儿手绘地图大赛以“美丽中国”为主题，以地图为载体，通过绘画的形式表达对美丽中国、美好家乡的赞美和热爱。

5月12日，在我国第六个防灾减灾日期间，以“城镇化与减灾”为主题，利用发放资料、互联网宣传等多种形式和手段，向社会公众普及防灾减灾知识和自救互救基本技能。

7月19日，学会与中国大学生体育协会联合主办的“中国四维杯”第十届全国测绘地理信息职工定向越野赛在贵州省安顺市镇宁布依族苗族自治县举行，来自全国92所高校、53所中学及41家测绘单位90余支测绘队伍近2100人参赛。定向越野赛事已成为学会品牌科普活动。

2014年，学会积极推进测绘地理信息科普教育基地建设，制定了《中国测绘地理信息学会科普基地创建与管理办法（试行)》，遴选企业参加全国科普教育基地认定。

表彰举荐优秀科技工作者 2014年，学会积极推荐优秀测绘地理信息科技工作者参加全国优秀科技工作者候选人、中国青年科技奖候选人、光华工程科技奖候选人、中国青年女科学家奖候选人等推荐工作。学会评选推荐的国家测绘地理信息局卫星测绘应用中心唐新明研究员、中山大学地理科学与规划学院张新长教授、海军海洋测绘研究所翟国君高级工程师荣获中国科协“全国优秀科技工作者”称号。

2014年，学会评选出测绘科技进步奖项目115项、全国优秀测绘工程奖318项、优秀地图作品裴秀奖77项，青年优秀论文21篇。“2014年度全国优秀测绘工程奖”项目中,“长江中游荆江河段航道整治工程工可阶段原型观测”等9个项目获得2014年全国优秀测绘工程奖白金奖,“数字沈阳地理空间框架项目”等29个项目获得2014年全国优秀测绘工程奖金奖,“淳化县农村集体土地所有权登记发证项目”等98个项

目获得 2014 年全国优秀测绘工程奖银奖，“长兴城区 1 ： 500 数字地形测绘工程（ I 标）”等 182 个项目获得 2014 年全国优秀测绘工程奖铜奖。

学会创新发展 2014 年，学会围绕职能转变和学会改革发展需求，积极参与中国科协推进学会有序承接政府转移职能试点项目。申请了中国科协学会改革发展基础工程项目——学会承担甲级资质单位测绘地理信息市场信用评价的工作模式研究，学术交流活动项目——2014 开放数据与智慧城市发展论坛，2014—2015 年学科发展研究项目——测绘科学技术学科发展研究，试点培育项目——学会承担全国甲级资质单位测绘地理信息市场信用评价工作，中国科协党建强会——“党建强会”计划“十百千”特色活动资助，教育认证等项目。

会员服务 2014 年，学会加强与会员沟通服务，建立会员建议呈报制度等，完善会员联系、沟通和交流机制，听取会员意见和建议，建立健全会员对经济社会发展和重大科技问题的建言献策制度，反映会员意见和建议。根据当前测绘地理信息发展形势，学会每年组织召开一次团体会员工作会议，就学会在搭建学术平台、促进科技进步、做好会员服务等方面与会员们进行交流与讨论。

【中国测绘地理信息学会 2014 年学术年会】 12 月 17—18 日，中国测绘地理信息学会 2014 年学术年会在湖北省武汉市举行。国土资源部党组成员、副部长、国家测绘地理信息局党组书记、局长库热西 · 买合苏提，湖北省副省长许克振，国家测绘地理信息局副局长、中国测绘地理信息学会理事长李维森在开幕式上讲话。来自中国工程院、中国科学院 8 位院士，湖北省政府、湖北省科协有关领导出席开幕式。学会十一届理事、分支机构和省级测绘地理信息学会有关负责同志，学会团体会员单位代表及获奖代表，国内科研、教育、生产等企事业单位及军队的有关专家、行业代表共计 1200 余人参会。

库热西对学会提出三点要求：一要围绕大局，找准定位。根据《国务院机构改革和职能转变方案》，在国家深化改革方面，要逐渐把部分政府职能向学会转移。学会要做好测绘地理信息政府职能转移的承接工作，保障和服务国家测绘地理信息事业改革发展大局。二要发挥优势，打造品牌。打造学术年会、测绘科技进步奖、定向越野赛、技术装备展览会等一系列工作品牌，集中力量把科技评估测试、信用信息体系建设、科技成果评价、院士候选人推荐和人才评价等新职能落到实处。三要深化改革，提升能力。要以自身组织体制改革和完善为切入点，以增强行业凝聚、优化发展环境为着力点，以提高学术交流质量、打造工作品牌为重点，建立具有学术权威性、会员凝聚力、社会公信力和自我发展能力的现代科技团体，增强依法办会、协同共赢、引领创新的能力。

大会颁发了 2014 年测绘科技进步奖、全国优秀测绘工程奖、优秀地图作品裴秀奖、夏坚白院士测绘事业创业奖，评选出数字城市优秀展示片，省级测绘地理信息学会能力提升建设、承接政府转移职能突出工作典型，2013 年度测绘地理信息创新产品，“吉威时代杯”青年优秀学术论文，“Esri 中国杯”《测绘学报》2014 年度优秀论文等奖项。

会议期间还举办了特邀报告会、专题论坛、学术分会场，召开了十一届二次理事会，审议理事、常务理事、副理事长增补及变更事项，审定学会会徽。

【2014 首届中国地图文化节暨地图文化论坛】 10 月 9—10 日，2014 首届中国地图文化节暨地图文化论坛在山东省青岛市召开。论坛主题为“地图 · 文化 · 生活”。中国工程院院士王家耀、郭仁忠，中国科学院院士周成虎，国家测绘地理信息局副局长李朋德，青岛市副市长黄龙华出席活动。来自国内测绘界、地理信息领域的专家、学者及全国 26 个省市的 100 余家测绘地理信息单位技术人员、高等院校师生等 400 余人参会。

活动包括主题报告、专题报告、技术交流、高峰论坛、展览展示等内容，受邀专家、学者分别作了《地图文化的内涵和作用》《地图与人类文明》《地图文化与创意》《地图与历史》《地图与军事》《新编世界地图：历史与科学的交融》《海派文化与上海地图》《文化意义上的地图及其收藏》《新媒体时代的地图》等学术报告。论坛首次系统交流近年来我国各地在地图文化领域的先进经验，探讨地图文化与创意在历史、军事、科学、新媒体等领域的广泛应用，展示我国地图文化的最新成就。

论坛期间召开了主题为“地图文化创意与产业发展”的地图文化高峰论坛。青岛市勘察测绘研究院与青岛市版权保护协会签署了版权战略合作框架协议。举办了地图文化创意设计作品征集活动，对来自全国的 300 余件参赛作品进行筛选，共有 50 件作品进入决赛，评选出“中国智图奖”金奖 2 名、银奖 5 名、铜奖8名、优秀奖10名。会场中展出儿童绘画作品150余幅、地图文化成果作品400余件。

活动举办期间召开了中国地图文化创意产业联盟研讨会，33家地图编制相关单位加入联盟，该联盟旨在整合地图文化创意产业资源、促进地图文化创意产业研究与交流、推动中国各城市间的地图文化创意产业资源的交流和合作。

【2014第四届全国测绘地理信息技术装备展览会】 10月25—27日，2014第四届全国测绘地理信息技术装备展览会在江西省南昌市国际展览中心举办。展会以“转型升级，振兴产业”为主题，展示和交流传统测绘仪器向现代化地理信息装备发展在理论、技术、产品，以及企业转型和产业升级过程中在工艺、管理、服务等方面取得的成果和经验。

展览会占地面积2.2万平方米，近300家企业参展。展会期间举办了测绘仪器发展高端论坛和测绘仪器新产品发布会，展示国内外最新测绘仪器产品和技术，国内外测绘仪器硬件及软件产品、测绘配件、测绘用品，国内外地理信息、卫星导航定位和遥感新技术、新产品，地理信息数据采集、生产、管理和服务相关的新技术、新成果，以及各种硬件和软件、系统集成和解决方案。

全国测绘地理信息技术装备展览会是在已举办了十几年的原全国测绘仪器信息交流会基础上，为适应测绘地理信息市场变化发展起来的，展会每年举办一届。经过多年的培育和发展，展会形式和内容已日臻丰富和完善，除展览规模逐年扩大，参展商和专业观众逐年增长外，展会还增加了论坛、技术研讨会和分会场等活动。为扩大社会影响力，展会进一步改革和创新模式，与国际测绘组织联合举办论坛，由企业牵头举办专题论坛和技术研讨，组织专业观众参观等形式加强宣传力度。目前，全国测绘地理信息技术装备展览会已经成为国内外测绘地理信息行业生产商、经销商、服务商和用户共同参与，集硬件、软件、系统集成和解决方案于一体的交流平台，是中国测绘地理信息界规模大、水平高、有影响力的展会。

（撰稿人：谢大尉）

中国造船工程学会

服务创新型国家和社会建设 2014年，学会以承接政府转移职能为抓手，积极承担政府部门委托，以第三方身份开展科技评价工作。承担了2014年国家发展改革委高技术司海洋工程装备产业化专项指南编制及项目初评工作，学会组织业内专家通过多次调研，提出2014年专项支持的重点，并于5月22日发布了《关于组织实施2014年海洋工程装备研发及产业化专项的通知》，共收到申报项目58项，邀请14位专家分成两组进行评审，形成了初评报告。组织专家对工业和信息化部高技术船舶科研专项——“精品船型共性设计技术研究”项目各子专题进行了验收。

学会参与了由中华医学会牵头的《国家科技奖励推荐》有序承接政府转移职能试点项目。研究内容包括调研我国现有的国家科技奖励推荐渠道，研究提出科协所属学会开展国家科技奖励推荐工作的运行机制，实现推荐资格的动态管理，促进科协所属学会自身相关能力建设与人才培养。

1月19日，船舶与海洋工程专业技术职务任职资格评审会议在上海市召开，这是学会第一次开展专业技术职务任职资格评审工作，主要面向船舶与海洋工程及相关专业工程技术系列专业技术职务任职资格的评审。本次评审会议对5个单位12位申请者进行了评审，评审专家组经过审阅材料、评议、打分、投票等程序，评审出正高职称5人、副高职称1人、中级职称3人。

3月21日，由学会参与主办，振威展览公司承办的第十四届中国国际石油石化技术装备展览会暨中国国际海事技术与装备展览会在北京举行，来自62个国家和地区的1500家企业参展，展出面积达9万平方米。

10月21—24日，第十一届中国大连国际海事展览会在辽宁省大连市举行。16个国家和地区的400余家企业应邀参展，展览面积2.3万平方米，参观人数2万余人。

12月10日，由学会主办的第六届中国广州国际海事贸易展览会在广东省广州市举办，本届展会展览面积2.3万平方米，20多个国家和地区的800余家企业联合参展，其中国外企业占45%。活动展示了近年来航运、海洋石油、海洋工程、造船、修船、港口、海洋渔业、深海开发等领域的最新产品和技术，观众达到1.5万人次。

学会建设 学会以办事机构建设为抓手，完善岗位责任要求，建立了员工季度工作检查制度。为与中国科协相关业务部门工作对接，学会秘书处设立学术

与编辑出版工作部、科普与继续教育工作部、咨询与科技评价工作部、办公室等。

为加强学会保密工作，根据《中华人民共和国保守国家秘密法》《中华人民共和国保守国家秘密法实施办法》及上级机关有关保密工作规定，结合学会实际，制订了《中国造船工程学会保密工作实施细则》。

学术期刊 学会所属16种科技期刊全部按时完成编辑出版计划，部分刊物出版了增刊。据2015年1月8日《工程索引》（EI）发布的收录统计，《中国造船》2013年1～4期发表的99篇论文、2014年1～2期发表的49篇论文，6期共148篇论文全部被EI收录。

《船舶工程》编辑部使用在线稿件处理系统，稿件处理周期控制在1个月左右，同时，使用科技期刊学术不端检测系统检测稿件内容，仅受理重合度在20%以下的稿件，进而杜绝抄袭、重复发表等学术不端现象，保证了学术期刊的质量。

决策咨询 2014年，学会受福建省福州市仓山区政府委托，组织专家对8个拆迁船厂的“拆迁补偿评估报告”进行审核，根据拟拆迁船厂在建船舶和手持订单的实际情况，结合拆迁工作要求提出过渡性生产方案或赔偿方案的书面意见和建议。

8月6日，受大连船舶重工集团有限公司委托，学会组织召开了船舶与海洋结构物关键制造技术中的工艺力学问题研究与应用成果评价会。这是学会发挥专家资源优势，拓展科技咨询服务范围的有益尝试。

8月19日，浙江省舟山市定海区科协通过中国科协委托学会，邀请有关专家为当地船舶与海洋工程业发展献计献策。学会与当地党政部门共同举办了船舶与海工发展科技创新论坛，当地企业等科技人员百余人参会。会议围绕《造船产业搭建海洋兴国的大桥梁舟山优势营造海洋经济的新格局》《迈向世界造船强国的科技之路》《中国深海油气发展的思考》《低碳环保经济性船舶市场竞争力的最终衡量尺度》等议题进行交流。会后，与会专家、学者赴浙江增洲造船有限公司、舟山长宏国际船舶修造有限公司、太平洋海洋工程（舟山）有限公司进行实地考察座谈，与船企负责人面对面交流，提供科技咨询和技术指导。

国际学术会议 4月11日，第十九届中国国际高性能船学术报告会在上海市召开，本次活动由英国皇家造船师学会、上海船舶工业行业协会、中国造船工程学会、中国船舶工业行业协会船艇分会主办，共150人参加。报告会以高性能船的研究、设计、建造和应用为主要内容，以地效翼船、小水线面船、多体船的最新进展为主题，专题介绍以液化天然气（LNG）为燃料的新型沿海内河直达船设计等内容。会议期间召开了中国国际游艇设计建造技术论坛，休闲船艇业界的专家、学者围绕高性能技术在国内游艇、游船等休闲船舶上的应用，国内游艇设计等内容进行了研讨。

国内主要学术会议 5月24日，第十六届中国科协年会在云南省昆明市召开，学会承办了第八分会场——绿色造船与安全航运论坛，来自船舶设计等领域的10名专家作了演讲，内容涵盖绿色造船和安全航运的相关领域，87名专家、学者参会。会后，学会向中国科协提交了《发展绿色造船，实现造船强国》的成果提炼报告。

10月21日，学会主办的海洋与船舶科学技术论坛在辽宁省大连市召开，论坛主题为“以船舶产业为桥梁，发展海洋经济建设海洋强国”。包括院士在内的6位专家分别就海洋经济、“蛟龙号”深潜器及应用、远洋渔船关键技术、波浪能综合开发利用、海上风电设备发展等议题作了演讲。会议期间，学会与中国船舶信息中心联合举办了中国船舶及海洋工程材料发展专题论坛。

12月11日，第二届中国绿色船舶技术高峰论坛在广东省广州市举行，论坛以绿色、低碳、节能环保为主题，围绕中国绿色船舶技术现状及其发展方向、绿色能源解决方案、节能装置概况、主机节能减排技术项目改造、LNG动力船应用发展等议题进行研讨。

2014年，学会船舶力学学术委员会在辽宁省大连市召开第八届会议，吴有生院士作了题为《船舶与深海装备产业及技术的发展方向》的专题报告。船舶轮机学术委员会在上海市召开了第三届中国船电技术峰会暨电力推进船舶设计与建造研讨会，就电力推进的优势进行了研讨。电子技术学术委员会举办了光子科技发展论坛、舰船软件可靠性学术交流、电磁兼容性学术交流等学术会议。计算机应用学术委员会召开2014年信息管理与系统自动化学术交流会，探讨了信息化引领造船技术发展创新等问题。造船工艺学术委员会举办了中国船舶与海洋工程焊接技术论坛、涂装技术学术会议、无损检测学组会议等。水中兵器学术委员会召开了UUV技术学术研讨会、水中目标特性研讨会、鱼雷自导与引信学术交流会、水雷兵器技术与发展学术研讨会。水面兵器学术委员会召开了舰炮武器系统、舰炮及弹药、导弹武器、舰载导弹发射技术、电子对抗等学术会议。近海工程学术委员会以“南海深水工程技术与环境工程研究”为主题召开2014年第三届中国海洋工程技术年会。修船技术学术委员会举办了4次中国修船企业“斯佩克”会议，召开了修船技术学术委员会年会。军船学术委员会召开了主题为“基于信息系统的体系作战能力与军船发展”的学术年会。船史研究学术委员会举办了主题为“中国船型发展”的学术交流年会。游艇设计制造委员会举办了第五届中国帆船游艇设计大赛及游艇设计建造技术论坛。

两岸交流 8月18日，第三届全国海洋航行器设计与制作大赛在浙江省舟山市浙江海洋学院举行，本次竞赛作品分为新概念创意设计、海洋航行器设计、舰船模型智能航行、外观模型仿真制作类和竞速比赛等5大类型，来自全国27所高校及科研院所的254件作品参赛。中国台湾地区国立高雄海洋科技大学海洋工程学院科技与社会研究中心主任洪文玲、王治平一行受邀参加活动。双方介绍了各自举办的航行器大赛情况，并就合作开展活动的有关事项进行了交流和磋商。

科普活动 5月，学会参展了北京科技周“军事故事”展项，展出面积500平方米。学会采用了高科技模拟航母舰载机起飞登舰系统，现场观众踊跃互动。

7月11日，学会主办了2014年全国舰船及航海知识竞赛活动，竞赛内容围绕舰船及航海知识展开，竞赛形式采用网上注册答题方式进行，有60人获奖。

7月12日，2014中国科协夏季科学展在中国科技馆举行，学会承办了本届夏季科学展的布展工作，同时，学会设计制作了1∶5“蛟龙”号载人深水探测器模型，邀请专家现场讲解。“蛟龙号”载人深潜器副总设计师胡震研究员作了《“蛟龙号”相关情况介绍》的报告，从“蛟龙号”的研制背景、技术跨度和标志性成果、技术创新、海上试验情况、“蛟龙号”的应用等五个方面向公众系统介绍了“蛟龙号”的相关情况。

7月28日至8月3日，2014年中国青少年舰船夏令营在山东省青岛市举行，来自7个省市的51名营员参观了海军博物馆、海产博物馆、中国海权教育馆、海昌极地海洋世界，参加了青少年舰船模型竞速邀请赛。

8月16—18日，由中国造船工程学会、中国船舶重工集团公司和中国船舶工业集团公司主办，浙江海洋学院和浙江省舟山市经济和信息化委员会承办的第三届全国海洋航行器设计与制作大赛在浙江海洋学院举行。来自全国27所高校及科研院所的254件作品参赛，作品总数、参赛人员为历届最多。经各项目评审专家组评议，大赛组委会批准，武汉理工大学的新型“撬冰式”破冰船设计等21件作品获得特等奖，华中科技大学的“人船合一”体感操控型太阳能智能艇等40件作品获得一等奖，广东海洋大学的M型超跑快艇（便携式摩托艇）等68件作品获得二等奖。

9月20日，全国科普日活动启动，学会参与了中国科技馆的主场活动，学会展出了“蛟龙号”深潜器模型，各种军舰航模模型等，两台模拟机让公众参与互动，展示面积100多平方米。

表彰举荐优秀科技工作者 11月25日，2014年中国造船工程学会船舶设计大师评审会在北京召开。根据学会《船舶设计大师评选办法》，授予李小平、楼丹平、伍朝晖、彭戈、刘文民、严俊6人船舶设计大师荣誉称号。

11月26日，中国造船工程学会科学技术奖评审会议在北京召开。会议按照学会科学技术奖励办法，评审出获奖项目32项。其中，特等奖1项，一等奖4项，二等奖11项，三等奖16项。

2014年，各省市造船工程学会，各专业学术委员会，《中国造船》《船舶工程》编辑部，企事业单位共推荐优秀学术论文52篇，根据《中国造船工程学会优秀学术论文评选办法》，经公示和常务理事会议批准，评选《现代舰船计划修理技术管理方法》等37篇论文为学会2014年优秀学术论文。

经学会推荐，中国船舶工业集团公司第708研究所研究员虞赉、中国船舶重工集团公司第722研究所研究员孙景芳、海洋石油工程股份有限公司教授级高工朱晓环等3人获中国科协“全国优秀科技工作者”称号。

为了进一步做好科技奖励工作，学会根据《国家科学技术奖励条例实施细则》，对《中国造船工程学会科技奖励办法（试行）》进行了修订，在奖项设置上增加了特等奖的相关表述。根据中国科协《中国科协推荐（提名）院士候选人工作实施办法（试行）》的规定和要求，学会重新修订了《中国造船工程学会推选院士候选人实施细则》。为了规范科技成果评价

活动，学会组织制定了《中国造船工程学会科技成果评价暂行办法》。

【第六届中国广州国际海事贸易展览会】 12月10—12日，由学会主办的亚洲地区二年一届的海事业盛会——第六届中国广州国际海事贸易展览会在广东省广州市举办，本届展会展览面积2.3万平方米，来自美国、德国、挪威、韩国、荷兰、芬兰、意大利、英国、丹麦、新加坡、日本、法国、中国等20多个国家和地区的800余家企业联合参展，其中国外企业占45%。活动展示了近年来航运、海洋石油、海洋工程、造船、修船、港口、海洋渔业、深海开发等领域的最新产品和技术，观众达到1.5万人次，从现场调查统计，85%的专业观众具有采购权或是采购影响力的专业人士。

展览期间举行了多项学术活动。国际航运广州论坛围绕如何建设"海上丝绸之路"、推动国家海洋战略发展等议题进行了交流。海洋工程高强度钢焊接技术发展论坛围绕如何促进我国造船业焊接技术的发展，满足我国船舶及海洋工程装备产业发展的需求，提高生产效率、缩短制造周期、降低成本等议题进行了交流。豪华邮轮经济和产业（广州）论坛讨论了我国豪华邮轮经济和产业在华南地区的发展前景、问题挑战、潜力、国际合作和未来趋势。第二届中国绿色船舶技术高峰论坛围绕中国绿色船舶技术现状及其发展方向、绿色能源解决方案、节能装置概况、主机节能减排技术项目改造、北江LNG动力船应用发展等议题进行了交流。2014船舶和海工金融（广州）国际论坛就航运市场和新技术对新造船的影响、船舶和海工融资在中国的发展实务、船舶项目风险管理和融资方案、中国造船和海工产业发展预测分析等方面进行了交流。2014中国船舶及海洋工程装备配套国产化论坛围绕如何加快我国船舶海工配套业发展，促进船舶动力推进系统国产化研究，提升北斗导航系统在船舶及海工领域的应用进行了交流。

【第十一届中国大连国际海事展览会】 10月21—24日，由中国船舶工业行业协会、中国船东协会、中国造船工程学会、大连市人民政府联合主办的第十一届中国大连国际海事展览会在大连市世界博览广场举行。16个国家和地区的400余家企业应邀参展，展览面积2.3万平方米，参观人数2万余人次。

活动分为四大主题论坛。中国大连国际海事技术论坛主要包括船舶与海洋工程发展规划措施、当前造船市场分析、应对国际新标准挑战、船舶行业新技术、新能源装备等内容。中国大连国际海洋工程大会主要围绕我国海洋工程装备发展规划及中国能源工业中的海洋油气的发展与规划、市场趋势、发展前景等内容进行交流。国际船级社（大连）大会邀请参加展会的国际船级社协会成员及参会的其他船舶认证检验机构，就目前船舶市场形势及各船级社的新举措向船厂、船东及船舶配套企业进行发布，同时举办沙龙酒会广泛交流。中国大连国际航运论坛邀请船东、船厂、配套企业、金融机构、研发机构全面参与，讨论航运市场发展、航运金融、航运市场政策与法制等相关内容。

本届活动突出市场拓展、技术交流、技术合作三大功能，展品范围包括船舶制造、船舶修理、船舶工艺装备及配套、港口物流、海事技术等。展品划分了船舶及海工装备区、船舶及海工配套区、国际展区、航运／船舶融资区、海事科技与人才展区、海事投资合作与信息服务展区、海事文化展区、工作船（艇）／渔船展区等8个展区。

（撰稿人：金向军）

中国航海学会

服务创新型国家和社会建设 2014年，学会组织完成交通运输部委托的《公路水路建设市场及工程质量信息服务系统工程》等16个项目竣工验收报告，围绕上述成果举办决策咨询活动16次，参加活动专家、学者108人次。组织完成《中国海运发展战略研究》等32个项目科技成果鉴定。

学会推荐的《岸船空基海上油膜探测传感识别技术及应用》项目荣获国家技术发明二等奖，《粉沙质海岸泥沙运动规律研究及工程应用》项目荣获2014年度国家科技进步二等奖。

10月17—20日，受交通运输部委托，学会先后在云南省昆明市召开全国海洋、内河船舶高级专业技术职务任职资格评审委员会会议，125人取得海船高级职务相应任职资格，其中高级船长35人、高级引航员52人、高级轮机长38人。24人取得河船高级职务相应任职资格，其中高级船长10人、高级引航员5人、高级轮机长9人。

2014年，学会举办航标管理与信息技术、磁罗经校正员等9个继续教育培训班，培训结业人数736人。

2014年，学会为19所航海院校上船专业的99名优秀学生发放2012—2013学年航海奖学金15.7万元。为20所航海院校上船专业的143名贫困学生发放助学金50万元。

学会建设 2014年，学会召开理事长办公会议3次、常务理事会议2次、理事会议1次。8月成立航海遥感专业委员会，分支机构增加到20个。办理1个分支机构变更挂靠单位，下发确认8个分支机构换届人员组成及负责人的通知。办理副理事长变更单位5个、常务理事变更单位4个、理事变更单位5个，1名理事因政策原因请辞理事职务，理事会理事为211人，比2013年减少1人，其中常务理事77人、女性理事6人。新增团体会员14个，团体会员达到227个，新增个人会员28人，个人会员达到4101人，台湾地区中华海洋事业协会秘书长田文国成为首个港澳台会员。

4月1日，学会举办成立35周年纪念仪式。制订发布了《中国航海学会青年科技奖励办法》《中国航海学会会员联络办法（试行）》和《中国航海学会档案管理办法（试行）》，进一步完善学会工作制度体系。加强了财务管理，连续7年获中国科协“年度财务决算先进单位”表彰。

2014年，学会印发了《关于加强和改进分支机构工作的通知》，规范分支机构运行管理，加强委员会籍和分支机构活动经费管理。对分支机构实行量化考核。完善档案管理。

学会网站发布动态信息260条，编发工作《简讯（双月）》6期、《月度工作动态》12期，《中国交通报》、《中国水运报》等报道学会工作情况15篇、专版3个。

学术期刊 学会期刊《中国航海》和《航海技术》为中文核心期刊。《中国学术期刊（光盘版）》2014年出版的中国学术期刊影响因子年报中，《中国航海》复合总被引1024，复合影响因子0.650。《航海技术》复合总被引770，复合影响因子0.255。

期刊全年发表论文314篇，其中《中国航海》发表论文120篇，《航海技术》发表论文194篇。

学科发展研究 2014年，学会组织各专业委员会编写了《船舶通信导航专业发展情况报告》《船舶机电分支学科发展情况报告》等9篇航海科技分支学科发展情况报告。

决策咨询 2014年，学会提供决策咨询报告23篇，比2013年增加18篇。举办决策咨询活动21次，比2013年增加15次。组织完成了《中海油粤西LNG项目通航专题研究报告》《长江航运发展规划纲要》等重大项目研究，主编的《船闸检修技术规程》被交通运输部颁布为行业标准。配合全国人大做好《航道法》（草案）立法调研。

国际学术会议 2014年，学会举办境内国际学术会议6次，参加人数1072人次，交流论文128篇。

9月18—19日，学会在上海市举办第八届中国国际救捞论坛暨国际海上人命救助联盟第二届亚太区域发展会议。会议主题为“强化合作，应对挑战”，来自15个国家和地区的260多位专家、学者参加了论坛。

11月6—8日，学会在集美大学举办2014年中日韩航海学会学术年会，来自中国、日本、韩国、泰国的110位专家、学者出席会议。会议的主题是“绿色与智能技术在航海领域的应用”，共收到论文及摘要115篇。

国内主要学术会议 2014年，学会共举办国内学术会议28次，交流论文368篇，参加交流人数1739人次。

7月11—12日，2014中国航海日论坛在山东省日照市举行，活动主题为“促进21世纪海上丝绸之路与海员服务发展”。会议期间分别举行了21世纪海上丝绸之路、海员服务与发展、中国引航发展等三个专题论坛，400余名专家、学者参加论坛。

11月20—21日，学会在大连海事大学举办2014年中国航海学会学术年会，主题为“航海技术进步与绿色航海”。135名专家、学者出席了会议。会议安排了《我国300米饱和潜水技术创新与应用》主旨报告和有关航海通讯导航、安全环保、运输管理等方面的学术论文在大会交流。

两岸交流 2014年，学会参加香港特别行政区、澳门特别行政区及台湾地区科技活动15人次，接待专家、学者29人次。

6月8日，学会应邀出席在集美大学召开的海峡两岸海事风险评估与管理研讨会。

8月8日，台湾地区中华海洋事业协会理事长徐国裕一行应邀访问中国航海学会，双方围绕学术活动、团体发展、合作共赢以及通航安全、航标航路规划、教育科技、商船人力资源、海事保险等话题进行了交流。双方商定加强信息沟通和情况交流，通过建立理事长、秘书长会议定期交流，深化合作。访问期

间，徐国裕一行考察了中国航海博物馆、上海海事大学等中国航海学会会员单位。

9 月 18 日，学会理事长徐祖远在上海市出席第八届中国国际救捞论坛期间，与台湾地区中华搜救事业协会副理事长姚忠义、秘书长银柳生等进行了交流会谈。

国际交往 2014 年，学会参加国外科技活动 4 人次，接待国外专家学者 110 人次。

9 月 18 日，学会理事长徐祖远在上海市出席第八届中国国际救捞论坛期间，分别会见了国际救捞联合会（ISU）主席穆勒先生（Leendert Muller）和国际海上人命救助联盟（IMRF）秘书长布鲁斯 · 里德先生（Bruce Reid），就中国与国际救捞联合会在救捞科技进步和成果共享等方面加强合作，以及中国在国际人命救助领域发挥更大作用等问题进行了会谈。

科普活动 7 月 11—12 日，2014 中国航海日论坛在山东省日照市举行，主题为“促进 21 世纪海上丝绸之路与海员服务发展”。交通运输部、外交部、国家海洋局、中央外宣办、国家体育总局等部门以及有关港航企业事业单位、院校和科研机构、海员服务和引航机构等 400 余名专家、学者参加论坛。

8 月 1—8 日，学会与厦门市航海学会、集美大学、泉州海外交通史博物馆联合举办 2014 年全国青少年航海夏令营活动，主题为“蓝色情怀”，活动期间，分别在福建泉州、厦门和台湾地区金门、澎湖 4 地组织了青少年航海科普活动、海上丝绸之路知识问答等活动。

2014 年，学会命名第二批全国航海科普教育基地 8 个，总数达到 34 个，全年接待参观人数 315000 人次。举办科普宣讲活动 40 次，宣讲活动受众 24532 人次。举办青少年科普宣讲活动 11 次，受众人数 1748 人次。举办实用技术培训 49 次，培训 2457 人次。编著科技图书 8 种，印数 6300 册。组织参与科普日活动 2 万人次，其中 2014 年水上交通安全知识进校园活动被中国科协评为“2014 全国科普日活动优秀特色活动”。与中国船级社联合举办第二届全国青少年航海优秀作品评选活动，评选各组别奖项 49 个。

2014 年，学会被中国科协评为“2014 年度全国学会科普工作优秀单位”。学会向中国科协报送科学传播专家团队，常务副理事长刘功臣为航海学科首席科学传播专家。

表彰举荐优秀科技工作者 2014 年，学会宣传科技工作者 69 人次，表彰奖励科技工作者 692 人次。对 2013 年度学会工作先进集体和个人以及 2012—2013 年度磁罗经技术服务优秀单位和先进个人进行了表彰。

经学会推荐，航海科技工作者胡亚安获得中国科协“全国优秀科技工作者”称号，中国船舶重工集团 707 研究所专家张崇猛荣获“2013 中国科学年度新闻人物”称号。

10 月 29—31 日，学会在北京召开 2014 年度中国航海学会科学技术奖、第一届中国航海学会青年科技奖评审会，评选中国航海科技奖获奖项目 43 项，其中《VTS 系统的研究与开发》等 2 个项目获特等奖，《长江干线航道水位感知与预报技术研究及应用》等 9 个项目获一等奖。李海波、马殿光、刘克中、王星星、王宁、范志宏、秦亮、尹晓楠、刘月胜、夏启兵等 10 人获第一届中国航海学会青年科技奖。

会员服务 2014 年，学会完善会员信息系统。召开单位会员联络员（通讯）会议。重视发展民营会员，规范分支机构委员入会程序，吸收民营企业会员 7 个，3 个分支机构启动委员入会程序，扩大了会员队伍的覆盖面。加强与上海海事大学、上海中国航海博物馆的战略合作关系，加大与会员单位的联系和支持力度。

中国科协会员日 11 月 26 日，学会印发开展会员日活动通知，要求各单位以“蓝色家园的温馨，航海人节日的问候”为主题，围绕 6 个方面、14 项系列活动安排，结合本单位实际开展慰问、服务会员活动。

会员日期间，学会理事长、副理事长和秘书长结合相关工作，走访慰问了大连海事大学、集美大学、福建海事局、辽宁海事局、中国船级社大连和武汉分社、中国水运报社、厦门市航海学会等会员单位，征求意见建议，了解会员需求。活动参与人数达 3611 人次。走访慰问和听取意见 380 人次，邀请科技工作者参观科技文化场馆 1780 人次，开展特色活动 624 人次。

12 月 15 日，《中国交通报》《中国水运报》及学会网站全文发布徐祖远理事长致全国会员的慰问信，并通报了学会 2014 年工作业绩。同时发布了《关于公布中国航海学会 2014 年奖励工作情况的通报》，在学会网站公布“2014 年中国航海学会荣誉榜”，表彰、宣传优秀航海科技工作者。共有 108 个（次）单位、

769名个人（次）、43个项目、88篇论文、49幅作品受到中国航海学会表彰。其中3个单位、67名个人受到中国航海学会荣誉称号表彰。11个单位、17名个人受到中国航海学会年度工作表彰。5个单位、32名个人受到中国航海学会磁罗经技术服务表彰。88篇论文、89名作者受到中国航海学会学术表彰。43个项目、89个单位、416名个人受到中国航海学会科技表彰。99名学生荣获中国航海奖学金。49幅作品、49名学生获全国青少年优秀航海作品评选表彰。

学会被中国科协评为2013年中国科协会员日组织工作先进单位。

【2014年中国航海日论坛】 7月11—12日，由学会与交通运输部水运科学研究院和山东省日照市人民政府共同主办的“2014中国航海日论坛”在山东省日照市举行，交通运输部、外交部、国家海洋局、中央对外宣传办公室、国家体育总局等部门以及有关港航企业事业单位、院校和科研机构、海员服务和引航机构等400余名专家、学者参加论坛。国际海事组织秘书长关水康司为本次论坛发来贺信。

论坛聚焦“大航海、新丝路”，以“促进21世纪海上丝绸之路与海员服务发展”为主题。主论坛由徐祖远理事长主持，中国航海日组委会常务副主任、交通运输部副部长何建中等7位有关负责人、嘉宾围绕主题分别发表了主题演讲。

何建中表示，建设海上丝绸之路，要在加强互联互通设施建设、提升海运便利化水平、加强海上安全合作和推进国际物流体系建设等4个方面加大力度。当前在我国海员服务发展中还存在一些问题，行业主管部门要进一步改进服务，创新模式，提升水平。一是着力完善海员政策和法规体系，营造有利于海员服务与发展的法制、政策、社会环境。二是要深入推进海员管理模式改革，打破船员发证的管辖限制，实行异地办证，改革船员考试培训管理模式，推进船员监管模式改革。三是要整顿规范海员劳务市场秩序，清理不规范的船员培训机构，规范海员外派服务机构，加强劳务市场监管，完善船员服务体系。四是要切实维护海员合法权益，严格履行《国际海事劳工公约》，重视发挥海员劳务关系三方机制作用，促进提高海员待遇，保障海员体面劳动。

交通运输部水运科学研究院院长张宝晨发表题为《构筑21世纪海上丝绸之路积极推动区域和平发展》的主题演讲，他指出，要把交通运输领域放在重要位置，加快建设交通基础设施、构建国际物流体系、提升通关便利水平、完善运输安全保障机制。

论坛期间举行了21世纪海上丝绸之路、海员服务与发展、中国引航发展等3个专题论坛，邀请了交通运输部、外交部、商务部、国家发展改革委等有关部门及地方政府、马达加斯加驻华使馆、港航企业、船员及引航机构、大学院校的专家、学者在各专题论坛分享各自的观点，互动交流。

论坛期间同时举办海员展览洽谈会和21世纪海上丝绸之路、中国引航文化品牌建设巡礼等展览。

【中国航海学会成立35周年纪念活动】 4月1日，学会在北京中国科技会堂举行中国航海学会成立35周年纪念仪式。为体现贯彻落实中央有关规定、从简仪式庆典，本次活动与同日召开的第七届理事会第五次常务理事会议合并举行。纪念仪式由学会常务副理事长刘功臣主持。中国科协党组成员、书记处书记沈爱民，学会理事长徐祖远，获得学会荣誉称号的老领导、老同志代表，以及学会分支机构和地方航海学会特邀代表近百人出席了纪念仪式。会议期间，50名为学会筹建和发展作出突出贡献的老同志被授予“中国航海学会终身成就荣誉称号”，上海海事大学等单位和丁毓玲等人被授予“2012—2013年度中国航海学会特殊贡献荣誉称号”。

沈爱民代表中国科协对中国航海学会成立35年来对中国航海科技事业发展所作出的贡献给予了高度的评价。他强调，中国航海学会多年来注重加强理事会规范化建设，坚持民主办会，建立和完善治理结构，加强能力建设，积极应对建设现代社会组织对学会发展的挑战，形成了一套比较成熟的工作机制，是促进我国航海科技进步事业的重要力量。

中国航海学会在北京以简朴仪式纪念本团体成立35周年

徐祖远表示，学会要抓住全面深化改革机遇，以为海洋强国战略提供强大科技保障为目标，以改革创新为动力，以能力建设、机制建设、队伍建设为重点，构建和做实学术交流、会员服务、科学普及、科技评价、人才培养、决策咨询、技术服务和交流合作等平台，团结一心，带领全国航海科技工作者，为实现海洋强国梦而努力奋斗。

为办好纪念活动，学会对获得“中国航海学会终身成就荣誉称号”的老同志进行了声像资料现场采集，获得了44名70岁以上学会老领导、老同志的录像、录音、图片等资料，并由交通电视声像中心编辑了专题纪录片《蓝色的记忆》。学会还梳理并出版了记录学会35年航海学术路径和成果的《学术交流之路回望》，对学会成立以来开展的学术交流活动进行了系统总结，记录了35年来航海科技研究的状况和成果，本书由人民交通出版社在全国出版发行。编辑制作了《中国航海学会成立35周年纪念画册》，并在《中国水运报》《中国交通报》等媒体系统宣传了学会光辉历史和老航海科技工作者的事迹。

【2014年中日韩航海学会学术年会】 11月6—8日，由中、日、韩三国的航海学会共同主办，中国航海学会与集美大学联合承办的2014年中日韩航海学会学术年会在集美大学举办。本次年会的主题是“绿色与智能技术在航海领域的应用”。学会理事长徐祖远、常务副理事长刘功臣、日本航海学会理事长Shinya Nakamura、韩国航海与港口研究学会理事长Park Jinsoo，以及来自中国、日本、韩国、泰国和中国台湾地区航海界的专家、学者110人参会。

徐祖远在开幕式致辞中说，中国航海学会将围绕构建“21世纪海上丝绸之路”的战略目标，从历史经验、当前技术和文化传承等多个角度组织专家进行学习和探讨，为亚洲各国经济的共同发展献计献策。本次年会交流平台得到了中日韩三国乃至亚洲其他国家的航海科技工作者和学术界的积极响应和广泛参与，交流和探讨的领域日益扩大，涉及的话题与全球经济及地区或本国航运科技进步的关联度越来越高。他希望参加会议的专家、学者共同为促进亚洲航海科技水平的提高和地区间的和谐发展而努力。

中国交通通信信息中心的专家应邀就“北斗”技术在航海领域的应用情况作大会主旨报告。会议围绕当今世界航运安全与管理、环境保护、现代航海技术、航海教育等议题展开交流和研讨。

会议共收到论文及摘要115篇，内容涉及船舶驾驶、航运安全、轮机管理、海事监控等。64篇论文应邀参加会议交流，并被收入论文集。其中，韩国航海学会收录17篇、日本航海学会收录17篇、中国航海学会收录23篇，泰国收录1篇论文。通过评选产生了3个年度优秀论文奖，集美大学陈金海博士的论文获得本次年会最佳论文。

【2014年中国航海学会学术年会】 11月20—21日，学会在大连海事大学举办2014年中国航海学会学术年会。来自全国航海领域的专家、学者及有关组织、机构的专家、学者135人出席了会议。会议主题为“航海技术进步与绿色航海”。

学会理事长徐祖远在讲话中表示，2014年论文征集数、优秀论文评选数均创下学会成立以来历届年会之最。学会历来把学术活动视为主业和立命之本，努力搭建学术年会、专题论坛、主题沙龙三个平台，不断完善机制，规范学术活动管理，提升了学术活动的质量和影响，得到了航海业界的欢迎和认同。他强调，面对新的历史机遇，要站在国家发展战略的高度，重新定位航海学术活动，拓展学术研究领域的范围和空间，明确新的目标和任务。要继续提高和改进学术活动的质量，创新航海学术的方法和成果，把关注点和目光更多地聚焦到航海业界的发展与需求，以学术研究新成果为我国航运业的健康发展提供科学支撑。要适应法治社会的要求，不断增强法治观念，依法治理学术道德风气，努力营造良好、干净的学术环境。要鼓励和支持分支机构和地方航海学会努力开展学术活动，共同营造浓郁的航海学术氛围，扩大航海科技影响力。

本届年会安排了《我国300米饱和潜水技术创新与应用》主旨报告，展示了航海最新研究与实践成果。

会议征集522篇论文，其中，79篇优秀论文参加了书面交流，38位论文作者到会交流。海军大连舰艇学院等单位有关航海通讯导航、安全环保、运输管理等方面的学术论文得到了与会各方和专家评委的好评。在大会和分会场交流的基础上，有8篇论文获评年度一、二、三等奖。

【第八届中国国际救捞论坛】 9月18—19日，由学会救助打捞专业委员会主办、东海救助局承办的第八届中国国际救捞论坛暨国际海上人命救助联盟第二届亚太区域发展会议在上海市举办。会议主题为

“强化合作，应对挑战”。来自15个国家和地区的政府部门、救援机构、院校、企业的260多名专家、学者参加了论坛，共商深化救捞技术合作交流、强化海上应急处置能力的对策和措施。

学会理事长徐祖远在讲话中指出，救捞系统要把握好“交通运输系统一支重要直属队伍”“中国海上人命救助一支重要专业力量”“国防建设中一支重要应急救援保障力量”三个职能定位，加强与国家治理能力相协调的应急保障能力建设，在应急准备、化解风险、处理危机等方面掌握应对和处置的主动权。

学会救助打捞专业委员会主任委员、交通运输部救助打捞局局长王振亮在主旨发言中提出，海洋经济的快速发展和严峻复杂的海上安全形势，对救捞能力建设提出了速度、深度和宽度的新要求。中国救捞组织愿推进国际救捞合作交流，加强区域搜救合作和装备技术交流，建立健全国际海上救助打捞应急联动机制，提升业界专业应急技术和危机管理能力，携手应对海上、特别是远洋深海重特大突发事件的挑战。

国际海上人命救助联盟秘书长Bruce Reid从促进人命救助事业发展、提高搜救能力和水平、开展大规模人命救助等三方面介绍了国际海上人命救助联盟的宗旨和目标，并对亚太中心作为加强亚太地区区域合作交流和提高亚太地区整体海上搜救能力的平台作了推广介绍。

论坛期间，与会专家、学者就重大海难事故应急救援、救助打捞新技术研发、相关设备应用和海洋工程服务等问题展开了交流和研讨。与论坛同期举办的还有国际海上人命救助联盟第二届亚太区域发展会议、中国航海学会救助打捞专业委员会2014年年会，期间还举办了救捞装备展示。

（撰稿人：胡　云）

中国铁道学会

服务创新型国家和社会建设　2014年完成国家“十二五”大型项目蒙（内蒙古西部）吉（江西省吉安）铁路管理模式论证。受太中银铁路有限责任公司委托，对太（原）中（卫）银（川）铁路完全委托运输管理模式研究论证后，对“朔黄铁路重载检测车科技成果评审”项目进行技术咨询。

根据中国科协关于组织实施2014年中国科协“企会协作创新计划”试点工作要求，学会选出株洲电力机车有限公司、南车戚墅堰机车有限公司作为“企会协作”单位进行申报，推动企会协作创新。承担中国科协改革发展基础工程项目，联合中国铁道科学研究院、西南交通大学和中国铁路总公司相关部门研究项目实施方案，目前项目进展顺利。

学会建设　截至2014年年底，单位会员数量达128个。

2014年，经中国科协和民政部批准，学会设立文化和博物馆工作委员会，加强铁路工业遗存保护及利用，进行科学普及和爱国主义教育。

2014年，学会在云南省昆明市召开部分西南、西北省级学会和专业委员会秘书长座谈会。学会工程分会、文化和博物馆工作委员会，甘肃、青海、宁夏、陕西、四川、贵州、云南等省区铁道学会秘书长20多人出席会议。会议围绕新形势下如何深化学会改革，加强学会自身建设，提高服务创新、服务社会、企业和科技工作者能力进行座谈。会议研讨了学会发展方向，认为要从提升服务技能入手，组织深入调研，在承接政府职能转移工作中有所作为。

学术期刊　《铁道学报》出版12期，刊载论文200余篇，260万字。《铁道知识》（双月刊）共刊登稿件100余篇，图片800余张，每期发行约3.8万册。

完成“领跑者5000中国精品科技期刊顶尖学术论文”工作，入选优秀论文11篇。

国际学术会议　6月，学会组团赴奥地利参加国际重载协会2014理事会会议。中国、美国、加拿大、南非、澳大利亚、俄罗斯、巴西7个国家理事及相关人员共18人出席会议，会议共讨论了23项议题，初步确定2016年国际重载理事会会议在中国举行。

国内主要学术会议　11月29—30日，学会与山西省铁道学会在山西省太原市召开了铁路重载运输技术交流会，会议主题为“提高轴重所面临的机遇和挑战”。会议介绍了我国重载运输技术发展历程和创新成果，我国铁路重载货车技术体系，大秦铁路集疏运系统，朔黄铁路30吨轴重重载运输关键技术创新，以及我国重载铁路设计规范编制情况。260余位专家、学者参加会议。会议共征集论文160多篇。

12月24—25日，学会与中国中铁股份有限公司在四川省成都市组织召开轨道交通工程建设与城市化协同发展学术交流会。23位专家、学者围绕会议主题作专题报告。会议介绍了我国轨道交通发展所涉及的规划、标准、融资、互联互通、设计施工、管理等

工作，同时也分析了国外轨道交通发展的历程和经验，针对我国轨道交通发展提出了建议。会议征集论文 147 篇。来自轨道交通建设、设计、施工、管理单位，相关大专院校和研究单位 240 多位专家、学者参加会议。

科普活动 5 月，学会参与 2014 年铁路科技周、科普日活动，全国铁路系统 18 个铁路局和 31 个省级铁道学会制定了活动方案，参加活动的科技工作者和科普志愿者计 2.7 万多名，受众人数多达 1300 多万人次。学会利用现代网络传媒扩大公众受益面，首次联合中国铁路总公司宣传部，运用“铁路微博”对活动全程进行报道，点击量达 92 万多人次。活动期间，学会组织北京动车段和安康巴山工务指导区开展基层科普活动。

5 月 10—16 日“防灾减灾宣传周”期间，围绕“城镇化与减灾”主题，学会把落实“节约能源资源，保护生态环境，保障安全健康，促进创新创造”作为防灾减灾科普宣传的重要内容，在社会人群比较集中的北京世纪坛医院，以食品安全事件、高致病性禽流感、危险化学品事件和地震为专题，组织开展“防灾减灾日”卫生应急管理科普教育活动，将专题内容做成展板进行宣传，并印制宣传单 5000 份，分发给就诊看病人员。据统计，各省级铁道学会和铁路局（集团公司）在铁路科技周、科普日期间，85% 以上的科普活动都在一线举办，数千名铁路科技人员和科普工作者深入铁路沿线，直接面向职工群众开展科普宣传。《人民铁道报》《铁道知识》杂志对活动开展情况作了报道。

2014 年，学会向中国科协推荐的中国铁道博物馆被评为“2013 年度优秀全国科普教育基地”。

表彰举荐优秀科技工作者 2014 年，学会组织完成 2013 年度铁道科技奖评审工作，共评奖项 316 项，其中特等奖 5 项，一等奖 39 项、二等奖 118 项、三等奖 154 项。评选出铁道环保奖 27 人。完成 2013 年度茅以升奖评审工作，70 名会员入选。

会员服务 2014 年，学会到中国铁建股份有限公司等会员单位开展调研，听取会员意见，壮大会员队伍。学会对单位会员按专业进行分类，制定会员服务实施细则，强化会员服务能力。邀请会员参加各类学术会议、科普活动，增强学会会员凝聚能力。

组织对 2013 年度会员学术活动论文进行评比，评选出一等论文 5 篇，二等论文 152 篇。

中国科协会员日 12 月下旬，学会对优秀科技工作者和优秀论文进行了表彰，组织召开了中国铁道学会科学技术奖评审委员会会议。开展了 2014 年度优秀科技论文评选活动。

【铁路重载运输技术交流会】 11 月 29—30 日，学会与山西省铁道学会在山西省太原市召开了铁路重载运输技术交流会。会议主题为“提高轴重所面临的机遇和挑战”。260 余位专家、学者参加会议。

铁路总公司副总工程师赵国堂出席并主持会议开幕式和专题报告会。学会副理事长耿志修、铁路总公司运输局副局长陈伯施、神华集团公司副总经理薛继连、太原铁路局总工程师王启铭、铁道第三勘察设计院副总工程师赵斗 5 位专家在会上作专题报告。报告介绍了我国重载运输技术发展历程和创新成果、我国铁路重载货车技术体系、大秦铁路集疏运系统、朔黄铁路 30t 轴重重载运输关键技术创新，以及我国重载铁路设计规范编制情况。16 位论文作者进行了交流发言。会议共征集 160 多篇论文，经专家评审，选定 82 篇论文收录到会议论文集中。同时，从会议论文集中挑选了近 20 篇论文推荐给 2015 澳大利亚国际重载运输专题研讨会。

【轨道交通工程建设与城市化协同发展学术交流会】 12 月 24—25 日，学会与中国中铁股份有限公司在四川省成都市组织召开轨道交通工程建设与城市化协同发展学术交流会。来自轨道交通建设、设计、施工、管理单位，相关大专院校和研究单位 240 多位专家、学者参加会议。

23 位专家、学者围绕会议主题作专题报告。报告介绍了我国轨道交通发展所涉及的规划、标准、融资、互联互通、设计施工、管理等工作，同时也分析

中国铁道学会北京铁路局北京动车段铁路科普日活动启动仪式

了国外轨道交通发展的历程和经验，针对我国轨道交通发展提出了建议。专家认为：在我国人口多、土地等资源紧缺的情况下，发展轨道交通是解决大型城市交通和发展问题的正确途径和最佳选择。但是，我国轨道交通发展不平衡，普遍存在重视干线铁路和城市间轨道交通，忽略市域（郊）铁路发展和建设的问题。因此，急需加快市域铁路发展的步伐。首先要及早做好规划，包括合适的市域（郊）铁路总规模和合适的市域（郊）铁路和城市轨道交通线网结构和平面布局；二是实行多元化的投融资模式，保持恰当的建设标准和投资；三是尽快研究制定我国市域（郊）铁路的技术标准，使之与城市轨道交通和城际铁路标准相统一。为加快市域铁路发展，可借鉴国外成熟TOD模式，利用市郊铁路网促进城市科学合理布局，引导大城市形成主城区与卫星城／城市组团协调发展的形态。同时，以轨道交通为导向的城市发展模式，符合可持续发展理念，有利于构建低成本、高效率的城市形态，提高城市土地的利用效率，鼓励利用公共交通方式出行。

会议征集论文147篇，形成800多页的会议论文集。

（撰稿人：李　旭）

中国公路学会

服务创新型国家和社会建设　2014年，学会承担交通运输部《长大桥梁建设技术系统集成研究》重大课题，《中国公路史》续编等工作正在积极推进，目前已经初步完成相关工作，将于2015年全部完成。受交通运输部公路局委托，联合行业有关单位参与《交通运输部关于进一步提升高速公路服务区服务质量的意见》《全国高速公路服务区文明服务创建工作实施方案》的组织和起草工作，目前正在起草《高速公路示范服务区标准》和《高速公路示范服务区评选办法》。另外，学会和有关分会还承担并完成了《江苏省临海高等级公路文明和谐大通道建设研究》《高速公路广告全媒体研究》《客车内饰材料助燃性能及评价方法研究》《模式在我国收费公路领域的运用研究》《高速公路代建与监理合并管理模式研究》等多个课题研究。

2014年，学会联合长沙理工大学共同组建中国公路学会高速公路管理学院，作为科技社团开展高端继续教育的尝试，得到中国科协高度评价。11月举办了第一期高速公路高层管理（综合管理）研究班，定向招收72名学员。中国公路学会高速公路管理学院的成立，是学会创新发展模式，提升科技品牌的重要成果。

由学会、美国国家高速公路和交通运输协会（AASHTO）2013年共同成立的中美公路技术交流中心各项工作开始启动，加强了与美国在技术标准、指南等方面的沟通联系。举办了中美最新桥梁检测评定维护及安全管理方法与技术培训、高性能耐堠桥梁用钢及应用技术交流会，协办了世界道路协会公路桥梁委员会上海年会暨长大桥梁学术研讨会。

学会2013年成立的专业咨询实体机构——北京中路汇技术咨询有限公司，以“为行业科技进步服务，为学会事业发展服务，促进科技成果推广”为宗旨开展技术咨询，起步良好。

学会能力提升计划　按照中国科协的有关要求，完成了《学会能力提升专项实施》任务，通过了中国科协的项目审查。学会在承接政府转移职能方面做了大量基础性工作。组织召开了全国公路学会承接政府转移职能经验交流会，为全国公路学会系统承接政府转移职能工作的开展奠定基础。学会还承办和协办了中国科协全国学会能力提升专项经验交流会、全国学会改革发展论坛、中国科协第17期全国学会秘书长沙龙和第三届山地城镇可持续发展专家论坛等会议。

学会建设　2014年，学会新发展会员1098人，其中高级会员58人。新增会员单位14家，会员总数达71952人，单位会员总数2442个。

2014年，学会（包括各分会）共开展国内学术交流活动106项，国际和地区间学术交流活动14项。

2014年，学会依托交通运输部西部科技项目和学会科技奖项目，开展建设成果推广和技术交流活动，成立科技成果推广中心，成为学会秘书处第十个内设部门。贯彻中央八项规定精神，按照主管部门的要求，学会对各项管理制度进行了梳理、修改、补充和完善，强化学会内部管控，促进学会管理规范化。

学会开展了中国公路学会2014年度先进工作者评选活动，对获得先进工作者称号的同志给予表彰。

2014年，学会党支部被交通运输部直属机关党委评为“优秀基层党组织”。

12月18—19日，全国公路学会秘书长工作研讨会暨第六届会员日活动在海南省海口市举办，90余人

参加了会议和活动。各省级公路学会、各分会秘书长就学会在发展进程中面临的深层次难点和问题进行了探讨和研究，分享各自在工作中，特别是会员管理和服务方面的经验和体会，并对2015年的工作重点做了展望。会员代表认为，各级公路学会在会员管理，特别是会员服务方面做了大量工作，学会组织的服务能力、影响力和凝聚力得到了很大提升。会议表彰了“2014年度中国公路学会十佳秘书长”“2014年度中国公路学会优秀秘书长”和“2014年度中国公路学会会员之星”，同时授予了曾经在秘书长岗位上工作的离任秘书长为“秘书长突出贡献奖”，并颁发了证书和奖牌。

学术期刊 学会主办的《中国公路学报》再次被评为“百种中国杰出学术期刊”，这是《中国公路学报》第十次荣获这一称号。《中国公路学报》2014年经初审遴选后收稿量达1182篇，全年12期共发表论文190篇，发表率为16%。

学会创办的《国际公路时讯》刊物，通过专题、环球路网、它山之石、企业连线、异域传真、学会动态等栏目，编辑刊登有价值的信息和文章，加强国内外公路科技信息交流，成为国际交流合作的重要信息平台。

学科发展研究 由学会承担的涵盖9个学科的《2012—2013道路工程学科发展报告》按时完成，并由中国科协在2014年4月向社会发布，中国科学技术出版社公开出版发行。报告指出，我国公路建设在历经了热潮以及热潮引发的反思之后，道路工程学科针对多方内容开展了深入研究与探索，近年来的研究进展主要集中在可持续发展、灾害控制与安全以及智能化三个大方向。我国道路工程学科与国外研究的差距日益减小，目前，国外道路工程学科更倾向于开展设计理论与方法方面的研究，构建了具备前瞻性的宏观学科建设框架，国内在该领域内的研究还处于起步阶段。与国外先进技术相比，我国道路工程学科在某些方面依然存在进步的空间和必要，在今后的研究过程中，需深化面向需求的道路工程基础研究，加强集约绿色的建设和营运技术研发，加快设施安全及长寿命保障技术发展，优化趋向集成智能的设计技术研究，进一步促进道路工程学科的飞越发展。

决策咨询 学会开展的《公路建设期全过程环境管理对策研究》《绿色低碳型高速公路服务区建设技术研究》《海西高速公路网南平联络线和公路工程建设与养护新技术产业化研究开发服务》《绿色服务区建设与评价指标体系研究》等项目的科研咨询进展顺利。

道路工程分会以长安大学为依托，针对青海在公路建设中的技术问题开展了技术咨询活动。桥梁分会联合多个省份开展桥梁产品和桥梁安全建设咨询活动。隧道分会积极组织专家开展交通运输部山区农村公路及隧道工程调研咨询和港珠澳大桥隧道现场技术咨询。计算机分会为湖北省公路学会提供有关咨询服务。养护与管理分会建立公路养护技术咨询平台。

国际学术会议 6月18日，学会联合国家山区公路工程技术研究中心、重庆市科协在重庆市举办了首届公路基础设施防灾减灾技术国际研讨会，300余位中外专家、学者参会。中国工程院院士郑颖人、国家山区公路工程技术研究中心主任王福敏、阿贡国家实验室技术顾问韦斯顿（Mr. Jeffrey L. Western）等数十位国内外公路、桥梁专家们分别从交通基础设施建设、山区高速公路灾害预防技术研发与实践、灾害对基础设施的影响、灾害预防性交通恢复计划、路基病害检测技术，公路隧道灾害形态及技术对策、路线设计与交通安全、路网运行安全与应急管理现状与分析、创新型CFST桁架式墩身的抗震性能等内容进行了交流和研讨。

8月20—21日，由学会和加拿大土木工程学会（CSCE）、美国交通运输研究会冬季养护委员会（TRB）主办的第二届中加冬季道路养护国际研讨会在黑龙江省哈尔滨市召开。会议邀请了加拿大、美国、瑞典、挪威、英国等国近20位中外专家、学者参会。会议围绕国际经验、技术方法、环保与可持续化、材料设备等4大专题进行了30多场专题报告。

国内主要学术会议 3月19—20日，学会在山东省青岛市召开了第十六届中国高速公路信息化研讨会暨技术产品展示会。本次会议的主题是“大数据背景下的高速公路信息化”。会议开设了9个分论坛，共有56场管理和技术报告，内容包括高速公路信息化形势分析、信息化管理、设计创新、综合技术、联网收费、联网监控、专用通信、新技术（智慧交通、大数据、云计算、物联网）、信息化平台等。技术产品展示会上，来自业界的170余家厂商展示了他们的新技术、新产品，展览面积2.5万平方米，参会人数2000余人次。

3月27日，由学会主办，云南省公路开发投资公司、云南云岭高速公路交通科技有限公司联合主办的云南昆龙高速公路节能科技示范工程技术交流会在云南省保山市召开。云南昆龙高速公路运营节能科技示范工程在建设过程中将节能减排理念贯穿于设计、施工和运营管理的全过程，在新型能源应用、供配电系统节能、节能照明设备应用和节能控制等领域开展科技成果应用和集成创新，提高了高速公路运营节能水平和能源利用效能，降低高速公路运营成本。

5月13—15日，学会与交通运输部科学研究院、北京市贸促会共同承办了2014北京国际道路建设养护技术与机械设备展览会，展会致力打造行业产品展示、技术交流、成果推广平台，为行业用户及设备和技术服务商建立便捷的信息交流渠道。展出规模近1万平方米，参观人数达1.2万人次。本届展览会展品大类包括路面机械、道路养护机械、桥梁机械、压实机械、混凝土机械、挖掘机械、土方机械、桩工机械及各类零配件等。展会期间，学会联合北京公路学会组织了座谈会，邀请相关部委及行业内外知名专家、学者，就当前国内筑机如何走出国门的问题进行了探讨，重点议题包括预防性养护新技术、节能技术、资源再生利用技术、新型材料推广应用和养护管理理念创新等。

9月12日，由学会主办、《中国交通信息化》杂志社承办的2014全国高速公路高清视频监控技术研讨会在浙江省杭州市召开，来自全国各地近200名专家、学者参会。会议邀请江苏、浙江、福建、河北、湖北、山西、广东7个省的专家、学者介绍了经验做法，会议围绕高清视频监控技术现状与有关技术问题进行了交流和讨论。

11月3—5日，学会与香港公路学会、台湾中华道路协会、澳门工程师学会在中国香港特别行政区联合举办了第三届两岸四地公路交通发展论坛。来自内地、香港特别行政区、澳门特别行政区和台湾地区的260多位专家、学者出席会议。本届论坛主题为“交通及基建的规划、实施和新发展”。论坛围绕两岸四地面临的发展环境和共性问题进行交流探讨。论坛期间，两岸四地公路科技学（协）会签署了交流合作协定，就进一步扩大合作广度和深度，信息互通互联，并形成固定的交流合作机制达成一致意见。会议商议第四届两岸四地公路交通发展论坛2015年10月在澳门特别行政区举行。

国际交往 2014年，学会接待了11批次、共计60多位来自9个国家和地区的同行和科技工作者。邀请了18位国外专家来我国进行技术交流。学会和各分会组织了十几个代表团到国（境）外参加专题学术会议，特别是有针对性地为会员单位拓展海外业务，提供技术支持和信息服务。

科普活动 2014年，学会积极推进公路交通的科普教育工作，继续开展了多个重点专题培训。策划开展的以“增强公民爱路护路意识，服务公众安全便捷出行”为目的的“平安出行，幸福人生”公路知识普及宣传活动持续推进。目前，活动范围扩大到了16个省、自治区、直辖市。

2014年，学会组织开展全国公路科普教育基地认定工作，制定了《全国公路科普教育基地认定办法》。

学会创新发展 学会注重学术会议参会体验，创新学术会议形式，针对不同专业群体需求，采用“学术交流＋技术展示”模式。在举办学术交流的同时，举办北京国际道路建设养护技术与机械设备展览会，200家企业、近3000名企业人员参会。

表彰举荐优秀科技工作者 2014年度，学会开展科学技术奖评审工作，共受理申报项目466项，170个项目获奖。

学会向交通运输部等部门推荐学会科技奖获奖项目，其中“国家高速公路网运行监管与服务关键技术及应用”等三个项目荣获2014年度国家科学技术奖二等奖。

学会推荐的韩道均、陈济丁、姜振亭、俞文生4人获得中国科协“全国优秀科技工作者”称号，韩道均获得“十佳全国优秀科技工作者”提名奖。

2014年，学会首次设立“全国公路优秀科技工作者”评选活动，评选表彰50名“全国公路优秀科技工作者”及“十佳优秀科技工作者”。完成第九届“中国公路青年科技奖”评审工作，10名科技工作者受表彰。

会员服务 2014年，学会加大宣传和会员发展力度，申请入会的单位和个人持续增加，学会会员队伍不断壮大。学会创新为会员服务的方式，开展了会员及科技工作者状况调查，为会员提供多方面服务。

【中国公路学会高速公路管理学院成立】 4月11日，学会中国高速公路管理学院工作委员会一届一次工作会议暨中国高速公路管理学院揭牌仪式在长沙理工大学举行，这标志着面向全国高速公路行业的高层教育机构正式诞生。会议由学会教育培训中心与长沙理工大学继续教育学院共同承办。来自全国28个省、自治区、直辖市高速公路管理机构的委员和专家、学

者参加了本次会议。会议决定学会副理事长、交通运输部公路科学研究院院长周伟担任管理学院第一届工作委员会主任委员。湖南省政协副主席、长沙理工大学校长赖明勇，中国公路学会秘书长刘文杰，中国公路学会高速公路运营管理分会理事长、招商局华建公路投资有限公司总经理罗慧来担任副主任委员。会议讨论了《中国高速公路管理学院工作委员会管理办法（讨论稿）》、《中国高速公路管理学院工作方案（讨论稿）》《管理学院机构设置（讨论稿）》等相关方案。

学院由中国公路学会和长沙理工大学共同组建，旨在提升高速公路高层管理人员的专业素质和管理能力，推广先进管理理念，分享管理创新经验，打造继续教育培训平台。学院将借鉴EMBA教学方式，立足中国管理实践，拓展国际视野，采用专题教学、案例分析、管理分享、互动讨论和体验等方式开展教学。同时，通过“走出去、请进来”的方式，使学员能够了解各国高速公路收费技术和运营管理的创新做法。

11月21日，中国公路学会高速公路管理学院第一期高速公路高层管理研究班在湖南长沙理工大学开班，这是高速公路管理学院面向行业高层管理者举办的第一期专业、系统培训活动，本次研究班共有来自全国16个省区市的72位学员参加学习。

【桥梁工程技术创新与发展论坛】 8月23日，由学会、中交公路规划设计院有限公司、中国公路学会桥梁和结构工程分会、公路长大桥建设国家工程研究中心主办的桥梁工程技术创新与发展论坛在北京召开。学会名誉理事长黄镇东，中国公路学会理事长胡希捷，交通运输部总工程师周海涛，中交公路规划设计院院长、公路长大桥建设国家工程研究中心主任张喜刚，中国工程院院士郑皆连、周绪红、缪昌文，美国工程院院士、中国工程院外籍院士邓文中，国际桥梁抗震委员会主席颜文晖等参加会议。

本次论坛上，郑皆连、周绪红、缪昌文、张喜刚、颜文晖分别作了题为《劲性骨架混凝土拱桥的关键技术》《波纹钢腹板预应力混凝土组合箱梁受力性能理论与应用研究》《混凝土微结构的调控》《桥梁工程技术创新与产业发展》《美国桥梁技术研究方向和发展预测》的学术报告。论坛还听取了公路长大桥梁建设国家工程研究中心工作情况汇报，并举行了公路长大桥建设国家工程研究中心技术委员会成立仪式。

（撰稿人：康　茜）

中国航空学会

服务创新型国家和社会建设　2014年12月12—13日，学会主办了首届航空及相关产业高技术项目银企对接会。来自通用航空领域的专家、学者，与航空产业相关的科技企业以及投资机构的70余人参加会议，会议就搭建航空孵化器交流与合作平台、促进中小企业融入航空产业链、实现由龙头企业先导到市场企业跟进的重要对接等产业发展方向与方式进行了交流与接洽。

9月15—18日，由学会主办的2014（第五届）中国无人机大会暨展览在北京举行，大会主题为“无人机的军民融合式发展”。300余位专家、学者出席会议。本次展会展览区面积逾4300平方米，国内62家无人机企业参展，2万余人次参观。

2014年，学会在中国科协第二批承接政府转移职能工作中，获得国家自然科学基金会青少年科普专项支持。

学会与8所大学联合建立青少年航空创新人才数据库，作为高校高考招录航空特长生的依据之一。

学会能力提升计划　2014年，学会以引领航空科技重点前沿领域创新与产业进步、青少年航空科普教育计划、会员服务创新体系建设三个方面为抓手，实施项目申报方案，着力提升“四个能力”，完成了学会能力提升专项——优秀科技社团奖的总目标和主要任务。

在引领航空科技重点前沿领域创新与产业进步方面，以学会青年科技论坛等综合性品牌学术会议、中国无人机大会等专业品牌学术会议为代表的国内学术交流品牌群，以亚太航空航天学术会议、商用飞机复合材料国际论坛等为代表的国际学术交流品牌群为重点，成为我国航空科技领域学术交流的主渠道。

在青少年航空科普教育方面，以中航工业杯－国际无人飞行器创新大奖赛、国际机器人大赛（亚洲赛区）、中国航空百年展和全国航空特色学校建设等为代表的航空科普活动受到社会关注，学会结合热点航空事件与各大媒体合作进行解读，提高公众航空科技素养。

在会员服务创新体系建设方面，建立了以院士推荐、冯如航空科技精英、中国青年科技奖等为代表的人才举荐体系，助推会员成长。

学会建设 2014年，学会完成了第九届理事会单位会员确认工作，新发展单位会员7家，个人会员1520名，现有单位会员150家、个人会员3万余名。

2月，学会组织了庆祝学会成立50周年系列活动，编辑出版了首部《中国航空学会史》、50周年纪念宣传片和纪念邮册，评选表彰了学会工作纪念奖，召开了学会成立50周年座谈会，举办了成立50周年纪念大会。

10月19日，学会第九次全国会员代表大会在北京举行。选举产生了以林左鸣为理事长、由67名常务理事组成的第九届理事会常务理事会。

2014年，学会完成了八届理事会第二次分支机构考核，奖励先进分会、对考核不合格的分会进行了整改，召开了第九届理事会分支机构设置座谈会，基本完成了第九届理事会的专业分会换届，新设立了人才工作委员会。完成了临近空间飞行器分会和航空产业政策法规研究分会的组建，重新启动了航空声学分会的筹建工作。成立了创业孵化咨询委员会，搭建研究机构和企业科技成果与资本对接的服务平台。

学术期刊 2014年，学会主办的7种期刊采取一系列改进措施，提高期刊知名度和影响力。《航空学报》通过在网站中升级完善论文显示系统，增加文章的检索概率和提升文章显示度，邀请专家组织出版相关专业专刊，展示本专业最新研究成果。依据相关部门2014年发布的数据，其综合评价总分、影响因子和总被引频次均位居航空航天类核心期刊第1名，连续13年荣获“百种中国杰出学术期刊”奖并入选第3届中国精品科技期刊称号。学会相继与美国航空航天学会等航空发达国家学术团体建立了合作关系，英文版学报CJA通过加强对外合作、引进投审稿系统、扩大审稿专家队伍等措施，SCI影响因子持续上升，2014年上升到第10位，亚洲排名第一，进入Q2行列。

《航空动力学报》提高论文的编辑质量和水平，主要指标均名列航空航天类期刊前茅。8月，经学会八届十二次常务理事会同意，增加北京航空航天大学作为《航空动力学报》的第二主办单位。《航空材料学报》优化编辑队伍，人员整体素质得到较大提高，充实编委会专家，利用委员的学术影响力，进一步提升期刊在材料领域的地位，9月荣获“中国精品科技期刊”荣誉称号。《航空工程进展》通过参加学术活动与航空工程技术人员建立联系，进一步扩展稿源，2014年入选《中国学术期刊影响因子年报》统计源期刊。《航空知识》在做好全年出版工作的前提下，以图书策划编辑作为突破口，策划制作多本科普图书，通过建立网站和官方微信扩大期刊知名度。2014年，《航空知识》获得中国出版领域最高奖项——第三届中国出版政府奖。《航空模型》保持了稳定的发行量，组织发表了大量专题文章，受到航模爱好者欢迎。

国际学术会议 2014年，学会各级组织利用各种渠道开展对外交流活动，共组织国际会议12次，1969人次参加，其中境外783人次。交流论文1438篇，其中境外756篇。出版编辑论文集3本，光盘4套。

4月22日，由学会与中国航空研究院联合主办的2014民用飞机航电国际论坛在上海市召开，共计370余名专家、学者参会，其中海外专家、学者120余名。论坛通过主题演讲、分论坛、互动讨论、展览展示、一对一商务洽谈等形式探讨航电产品发展趋势、适航安全性和产品经济性等相关议题。

5月13—14日，第一届国际高速流体力学研讨会在北京召开，会议填补了我国在高速流体力学方面缺乏主导型国际会议的空白。会议由中国、俄罗斯等国家的10余个国内外科研单位联合主办。会议参会专家、学者90余人，论文报告近50篇。会议就国际航天高速飞行器发展所涉及的高速空气动力和气动加热热点问题进行了研讨，对空天运输、返回飞船、火星探测等飞行器发展相关的气动布局设计、吸气式动力、材料热防护、流动控制等技术进行了学术交流。

9月11—12日，2014年（第八届）商用飞机复合材料应用国际论坛在上海市召开。本届论坛大会报告共20篇，其中来自国外的报告5篇，报告内容涵盖先进复合材料设计软件、原材料、制造工艺、检测试验、工程应用、维护管理等领域，本届论坛增加了复合材料在直升机领域和无人机领域设计与应用技术等热点内容。论坛吸引了来自中国、美国、德国、意大利、以色列、瑞典、日本等国家近150名专家、学者参会。

9月24日，2014亚太航空航天技术学术会议在上海市举办。会议围绕空气动力学与设计、力学控制航空电子、结构与材料、燃烧与推进技术等进行交流和讨论。共有来自近10个国家的300余名专家、学者出席大会，其中境外代表120余人。

国内主要学术会议 2014年，学会及分支机构共组织各类学术活动40次，参会人数6350人次，交流

论文4237篇，其中优秀论文385篇，出版编辑论文集20本，光盘12套。

6月24—27日，第六届中国航空学会青年科技论坛在沈阳航空航天大学召开。论坛的主题是“探索、交流、创新”。中国工程院院士王浚、中国科学院院士李应红等9位专家、学者从不同领域和角度介绍了航空科技的最新进展。来自航空工业、民航、航空院校、部队、航天等系统的600余位专家、学者参加会议。会议分为3个分会场，70余位专家、学者作学术报告。

9月18—19日，学会第八届动力年会在辽宁省沈阳市召开，来自航空动力界的专家、学者及科技工作者共计300余人出席会议。会议邀请专家围绕我国航空动力及相关领域的现状和发展趋势，我国航空动力领域在发动机研制、使用发展、应用研究和基础研究方面取得的成果与进展，我国航空动力所面临的形势、存在的问题和差距等内容作学术报告。会议征集学术论文305篇，与会专家、学者围绕航空发动机各相关专业领域多个方面进行探讨和交流。

9月18—20日，2014年中国浮空器大会在黑龙江省哈尔滨市召开。会议主题为“军民结合跨越发展”。会议由学会和空军装备研究院共同主办，来自部队、研究所、企业、高校等30多家单位的近百名专家、学者参会。会议共收录论文76篇，评选出优秀论文12篇。

2014年，学会各分支机构积极开展活动，针对本专业举办各类学术会议。维修分会在广西召开航空安全与装备维修技术研讨会，直升机分会举办第三十届全国直升机年会，失效分析分会承办首届非金属材料/构件失效分析学术研讨会，通用航空分会举办中国（成都）国际通用航空发展高峰论坛等。

国际交往 5月，学会在北京承办了国际航空科学理事会（ICAS）2014年度执委会会议，这是该会首次在美欧以外的地区召开。

6月，学会组织专家参加美国航空航天学会学术年会，在会上作技术报告并应邀参与以“中国与巴西的航空所面临的机遇与挑战”为主题的专家讨论会。

9月7—12日，学会作为国际航空科学理事会（ICAS）的国家会员，组织16位专家、学者参加了在俄罗斯圣彼得堡市举行的第29届国际航空科学大会。会议期间召开了理事会会议和各专门委员会会议，学会副理事长张彦仲作为中国代表出席了理事会。

11月，学会和韩国航空宇航学会组织了中韩航空企业管理论坛。

科普活动 2014年，学会获得中国科协年度全国学会科普工作优秀单位、2014年全国科普日活动优秀特色活动优秀组织单位等奖励。

2月，第六届“创新杯－全国未来飞行器设计大赛”活动启动，大赛主题为创新作战飞行器，活动以参赛人员的专业背景和年龄为标准，分为专业组、业余组和青少组3个组分别进行评审，共有2000余人参赛。活动评出95幅获奖作品，7个“优秀组织单位”，本届大赛增设了网络最佳人气奖，经过大赛官网作品公示及投票环节，评出网络最佳人气奖1名。

6月30日，学会联合国防科工局、总参陆航部、中航工业等共15个单位在北京共同主办首届中国航空科普教育大会，主题为“中国梦·航空梦——青少年航空科普教育”，共有近200名来自航空各界、航空特色学校、青少年校外机构、教育部门和科普基地等单位的有关人员参加会议。

7月22—24日，蓝天飞梦—2014全国青少年模拟飞行大赛在北京举办，来自全国14个省市的50支队伍共400余人参赛。比赛现场设置了模拟飞行体验、模拟飞行特技表演、纸飞机制作与比赛、航空专家与学生互动交流、航空纪念品展示等航空科普活动。

8月4—6日，2014国际空中机器人大赛（亚太赛区）在山东省烟台市举办，来自中国、西班牙、新加坡、印度、伊朗及中国香港特别行政区的13支队伍参赛。比赛包括室内研讨、技术答辩、静态评判、现场比赛等环节，通过完成任务的方式对各参赛队伍的理论技术与实际操作进行全方位考核。本次任务要求实现空中机器人自动管理和控制地面机器人，涉及视觉导航及高动态高精度自动控制和智能决策等自主控制技术。

10月，第六届国际超轻复合材料桥梁/机翼制造学生竞赛在北京举办，来自西北工业大学、哈尔滨工程大学、沈阳航空航天大学、北京航空航天大学、上海交通大学、同济大学、美国华盛顿大学等24所院校的100支队伍报名。成都航空职业技术学院刘鑫队获得机翼设计竞赛第一名，哈尔滨工程大学获天然纤维桥梁竞赛一等奖，碳纤维桥梁竞赛的前三名由成都职业技术学院包揽。

11月8日，学会联合空军青少年航空教育领导小组等单位，在山东省滨州市举办了首届中国国际青少年航空教育论坛，主题是“中国梦·航空梦·报国情——中国青少年航空教育”。

2014年，学会还指导支持爱飞客首届轻型运动飞机创意设计大赛、广东第十届深南电路杯——全国航空模型公开赛、2014珠海航空科技文化节活动等大型科普活动。举办了广东等省市青少年模拟飞行选拔赛、第十七届“飞向北京 飞向太空”全国青少年航空航天模型教育竞赛绘画比赛、第十三届上海市“航宇杯”静态比例模型比赛等活动。参加了全国科普日北京主场及线上活动，国际（北京）青少年科学节，承办了2014年青少年高校科学营——沈阳航空专题营活动。

2014年，新增全国和地方航空特色学校70余所，评选全国示范校6所，新增科普教育定点单位3个，科普教育基地3个。分别在4所城市开展了5次科技教师培训，举办了1次裁判培训。学会舰载机分会在广东省深圳市开展科普活动并建立了舰载机科普基地。

学会名誉理事长刘高倬、副理事长甘晓华成为全国首席学科科普传播专家并建立科普专家团队。

表彰举荐优秀科技工作者 根据中国科协有关部署，学会研究制定了《中国航空学会关于〈中国科协推荐（提名）院士候选人工作实施办法（试行）〉实施细则》和2015年院士推选工作方案，成立了指导工作委员会、评审工作委员会和工作小组。

经学会推荐，高正红、吴光辉、齐贤德3位航空科技专家获中国科协“全国优秀科技工作者”称号。

完成2014年度“中国航空学会科学技术奖”评选工作，共收到108个项目申报材料，形式审查合格率93.5%。通过组织形式审查、专业初评、综合评审，共评出33个获奖项目，其中一等奖3项、二等奖9项、三等奖21项。

学会创新发展 2014年，学会适应新媒体的发展，采取创新服务手段，开通官方微信平台，利用短信方式发布消息，通过会员提供的电子邮箱，为会员发送《学会通讯》电子版，开通网上培训等服务。

党建强会 2014年，学会党建强会特色活动继续受到中国科协资助，并获中国科协2014年党建强会活动优秀组织奖。

学会组织40多位专家分别前往江西省赣州市上犹县和景德镇市浮梁县开展了6场党建强会科普行活动，受众中小学生超过5200人次。

学会党支部加强理论研究，承担了全国学会党建研究会的重点调研课题，《科研机构党组织服务科技创新研究——以航空科技系统为例》获评优秀调研报告。

会员服务 2014年，学会共开展“科技论文撰写与投稿”“科技成果申报与凝练”“运用企业架构思想，构建现代化航空企业蓝图”“失效分析与培训”“航空科技发展前沿”“飞行事故调查与飞行安全”等科技培训20余场，直接受众累计超过4500人。

学会完成了第一次会员工作站考核工作，四个会员工作站均考核达标。召开了2014年会员工作站工作研讨会，会议围绕会员工作站的工作定位及职责、运作方式、活动开展及长效机制等展开了讨论。学会的会员工作站建设已成为学会组织建设和会员服务的一大创新点，受到了中国科协的肯定。

学会进一步加强与地方航空学会的联系与合作，在会员发展与服务、学术交流、科技培训、科学普及等多方面开展合作，推动各地方航空学会之间、地方航空学会与总会各专业分会之间的联系与合作。

中国科协会员日 2014年会员日活动主题为“会员的健康与成长”，共有21个学会各级组织参与活动的实施。活动期间，共举办网上会员日、科技培训、组织会员参观、口腔义诊、优秀科技工作者宣传等活动28场，累计直接受众9200余人次，参与人数再创新高。

【中国航空学会成立50周年纪念大会】 2月26日，中国航空学会成立50周年纪念大会在北京举行。大会展示了学会50年来的工作成绩和其在推动航空事业发展过程中做出过的贡献。学会理事长刘高倬、中国科协党组织成员、书记处书记沈爱民、中国航空工业集团公司副总经理张新国出席会议并讲话。中国航空学会名誉理事长朱育理在《中国航空学会史》的首发仪式上致辞。共有来自航空工业、民航、院校、部队、航天等系统的近400名专家、学者参会。会议举行了中国航空学会成立50周年、学会工作20年、30年纪念奖的颁发活动。

大会由学会秘书长吴松主持。原航空航天部部长林宗棠，学会原副理事长、空军原副司令王良旺，学会原副理事长、陕西省委原副书记范肖梅，学会原副理事长、原民航总局副局长徐柏龄，中国航空工业集团公司科技委主任张洪飚等航空界领导、院士和专家出席大会。

纪念大会召开前还举行了纪念中国航空学会成立50周年座谈会，学会老领导、专家，在学会工作过的老同志及获得学会工作纪念奖的科技工作者共50余人回忆了自己在从事学会工作时的收获和感受，并回顾了学会50年的发展历程。

【中国航空学会第九次全国会员代表大会】 10月19日，中国航空学会第九次全国会员代表大会在北京举行。经学会各级组织的会员民主选举或推荐产生的学会正式代表共406名，363名代表出席大会。中国科协党组成员、书记处书记沈爱民到会祝贺并致辞。

大会听取并审议通过了刘高倬理事长代表第八届理事会所做的工作报告，确定了今后五年学会工作的总体目标、工作思路以及工作重点，对学会现行章程进行了修改，审议通过了学会第八届理事会财务工作报告及第九届理事会会费标准意见，大会经无记名投票方式差额选举出218人组成的第九届理事会。

中国航空学会第九次全国会员代表大会在北京召开

大会同期召开了九届一次理事会和九届一次常务理事会。九届一次理事会选举产生了以林左鸣为理事长、由67名常务理事组成的第九届理事会常务理事会，聘请刘高倬担任学会名誉理事长、马福安等35人担任学会名誉理事职务，决定了第九届理事会的分支机构设置和专业分会挂靠单位。九届一次常务理事会讨论通过了第九届理事会各工作委员会及专门委员会主任人选、第九届理事会副秘书长聘任、第九届理事会各专业分会及编委会聘任名单和第九届理事会各会员工作站站长人选进行了讨论。

会议举行了2014年度“中国航空学会科学技术奖”颁奖仪式。会议表彰奖励了先进集体和个人。魏钢、杨国庆、姜澄宇、顾诵芬等13人获中国航空学会杰出贡献奖，6个专业分会、6家地方航空学会、21家单位会员以及153位学会优秀工作者获表彰。

【2014亚太航空航天技术学术会议召开】 9月24—26日，2014亚太航空航天技术学术会议（APISAT2014）在上海市召开。会议由中国航空学会，英国皇家航空学会澳大利亚分会，韩国航空宇航学会（KSAS）与日本航空宇航学会（JSASS）联合主办，300余位专家、学者参会，其中120余人来自澳大利亚、韩国、日本、新加坡、越南、印度以及蒙古等国家。

会议期间，中航工业北京航空材料研究院科技委主任益小苏作了题为《航空多功能高性能结构复合材料技术的研究与发展》的大会报告，澳大利亚新南威尔士大学副教授John Vincent作了题为《未来二十年亚太地区的空中交通》的大会报告。韩国科学技术院（KAIST）Min Jea Tahk作题为《自主无人飞行器的多机合作运输》的报告，日本电子导航研究所（ENRI）的Yutaka Fukuda作题为《日本空管体系远期规划》的大会报告，中航工业无线电电子研究所所长王国庆作题为《下一代飞机的任务系统》的大会报告。

会议安排7个并行会议室进行67组专业交流，270余名专家、学者进行论文交流。

本届会议共征集论文摘要450余篇，其中境外投稿150余篇，收取论文全文近330篇，其中230篇于会后由荷兰出版商Elsevier出版在*Engineering Procedia*期刊上。会议商定下一届会议将于2015年11月在澳大利亚凯恩斯由英国皇家航空学会澳大利亚分会承办。

（撰稿人：聂　荣）

中国宇航学会

服务创新型国家和社会建设　9月至12月，学会承担了《国家卫星遥感应用产业发展研究项目》，在组织完成《国家卫星遥感应用产业发展研究报告》撰写工作的同时，探索建立了以承接政府转移职能项目专家库、承接政府转移职能专家库管理办法、承接政府转移职能项目管理办法、管理流程、资金管理制度等为基础的一整套适用于科技社团承接政府转移职能的运行、约束、公开、服务工作机制，为学会进一步有序承接政府转移职能、提升学会为政府和社会服务的能力积累了经验。

受中国科协委托，学会承担了第一期能力提升专项案例集的编辑出版工作。案例集展示了45家获奖学会在3年能力提升工作中所取得的建设成果和积累的经验。

学会配合中国科协和教育部持续推进工程教育认证工作。联合中国航空学会完成了认证专业的界定、专业认证委员会的组建与调整等工作，并已提交了分委员会成立的申请材料，待批准后进行下一步的工程教育认证试点工作、认证专家库的完善工作以及航空航天类专业认证补充标准的制订工作。

2014年，学会组织材料学、结构强度等领域专家到河北省保定市乐凯新材料股份有限公司、英利集团公司、长城汽车股份有限公司等企业进行技术指导和咨询，助力企业转型和产业升级换代。

学会加大对所属会员单位的技术支持和帮扶力度，联合中国运载火箭技术研究院首都航天机械公司获得了中国科协“企会协作创新计划”试点项目资助。

学会能力提升计划 2014年，学会以“重点强化国际交流与合作，狠抓自身能力建设，着力提升创新、服务和发展的能力，不断扩大中国航天、中国科协和学会影响力”为建设目标，在服务中心工作，提升四个能力，提升学会影响力、公信力方面取得了进步。

学会开展以提升中国航天和中国宇航学会国际影响力为核心的多层次、多领域国际交流与合作，通过参与国际宇航联合会及其下属机构的工作开展和活动组织，推荐专家和优秀人才到国际航天组织中任职，举办高层次国际会议，办好国际航天组织分支机构，强化与多家国际知名组织的战略合作关系等活动，支撑中国航天国际化发展战略，增强中国航天、中国科协和学会的国际影响力和话语权。

学会开展以提升学会自我发展能力为核心的信息化建设和科技奖项设立评选工作。学会通过内部局域网建设，品牌会议网站和专题网页建设，实现了学会资源共享和办公自动化。学会申请设立了“钱学森科技奖”、评选了“杨嘉墀科技奖”，为航天科技人才培养搭建平台。

学会建设 2014年，学会新增单位会员3个，单位会员总数达到182个。

2014年，学会推进信息化建设，深化局域网自动化办公系统的应用，提高办公效率。搭建了第14届环太平洋国际航天会议和2014年中国宇航学会·中国空间法学会学术年会两个专题网站，实现了在线注册、论文收集、专家评审等功能。学会建立了中国宇航学会微信公众平台，定期发布学会的最新动态、通知公告等信息。

6月16—22日，学会在北京举办第三期航天科技期刊编辑业务培训班。经过系统培训和业务考核，63名学员获得了由国家新闻出版广电总局和中国宇航学会共同签章颁发的《结业证书》。这是自航天科技期刊联盟成立以来，学会连续3年举办航天科技期刊编辑业务培训班。

学术期刊 2014年，《宇航学报》按期出版12期，载文量达192篇，退稿率82.5%，两篇论文入选“领跑者5000中国精品科技期刊顶尖学术论文”。同时，编辑部采取多项措施，提升期刊质量和影响力，获中国科协《精品科技期刊工程项目（期刊学术质量提升)》资助，核心影响因子提升为0.645，高出学科平均值（0.387）66.7%，被评为“2013年百种中国杰出学术期刊”。学报编辑部加大宣传力度，先后走访了北京航空航天大学、北京理工大学、西北工业大学、航天科工六院等高校和航天科研院所了解航天科研热点问题及最新进展，宣讲科技论文写作规范与技巧，吸引优质稿源，提升稿件质量。

决策咨询 2014年，学会首次出资开展课题研究工作，同时支持各专业委员会申请中国科协的相关课题。卫星应用专业委员会承担了“我国卫星遥感应用产业发展对策”，召开了主题为“我国卫星遥感应用产业发展对策”的第一期中国科协全国学会决策咨询高端沙龙。空间遥感专业委员会承担了“我国减速着陆技术未来发展方向研究”，返回与载人专业委员会承担了“光学遥感载荷未来发展及技术路线研究”等课题。

学会与中国航天科技集团第五研究院共同承担了中国科协“2049年的中国：科技与社会愿景展望”项目，并召开了题目为“航天科技与中国梦”的专家开题会。

国际学术会议 5月13—14日，学会和中国航空学会共同主办的第一届国际高速流体力学研讨会在北京召开，会议由中国、俄罗斯等国家的10余个国内外科研单位联合主办，参会专家、学者90余人，论文报告近50篇。会议就国际航天高速飞行器发展所涉及

的高速空气动力和气动加热热点问题进行了研讨，对空天运输、返回飞船、火星探测等飞行器发展相关的气动布局设计、吸气式动力、材料热防护、流动控制等技术进行了学术交流。

5 月 27—30 日，学会与美国宇航学会、日本火箭学会在陕西省西安市联合主办了第十四届环太平洋地区国际航天会议，260 多名航天科技领域的专家、学者出席会议。会议内容涵盖空间应用与操作、空间技术、空间基础设施、空间科学与探测、空间与社会等领域。

8 月 6—8 日，中国电子学会、中国机械工程学会、中国仪器仪表学会、中国兵工学会、中国航空学会、中国宇航学会、中国现场统计学会等在广东省广州市共同主办了第十届国际可靠性、维修性、安全性会议，来自中国、美国、英国、法国、加拿大等国的专家、学者、科研和工程技术人员共计 500 余人参加本届会议。美国波音公司、欧洲航天局等机构的专家做主题报告。会议征集论文 800 余篇，大会交流论文 265 篇，被 IEEE 收录出版，内容涉及电子、机械、航空、航天、装备、通讯、网络、仪器仪表等领域。

国内主要学术会议 2014 年，学会及分支机构共举办年会、研讨会、交流会等学术活动 35 次，提交学术论文 3200 余篇，与往年相比，参会人数、学术影响力均有所提高。空间遥感、液体火箭推进、空间控制、飞行器测控、固体火箭推进、特种装备、发射工程与地面设备、计算机应用、空气动力学与飞行力学、质量与可靠性、光电技术、深空探测技术等 22 个专业委员会分别召开了学术会议。

8 月 18 日，由学会主办、中国航天科技集团公司钱学森空间技术实验室承办的首届空间科学与技术发展及应用学术大会在北京召开，近 400 名专家、学者参会。大会的主题是“空间信息系统及有效载荷技术”，中国科学院院士包为民担任大会主席。会议主要围绕未来空间科学基础研究和空间技术应用基础研究，探索新系统、新概念、新体制、新方法和新技术以及前沿技术在空间领域的应用，推动空间技术的未来发展。大会从“未来空间信息系统应用需求、发展趋势及体系结构研究”等 9 个方面征集论文 190 余篇，录用 150 篇，评选出优秀青年论文 20 篇。

9 月 21—23 日，学会联合中国遥感委员会在陕西省西安市共同主办第 19 届中国遥感大会，来自全国 24 家企事业单位、54 所高校及 44 所科研院所的近千名专家、学者出席会议。会议总结了近两年中国遥感在理论、技术与应用方面的最新进展。

10 月 13—14 日，由学会主办，航天材料及工艺研究所、厦门大学承办的第十八届全国复合材料学术会议在福建省厦门市召开。会议主题为“复合材料：更高、更强、更可靠”。会议安排了 7 篇主旨报告，设 4 个分会场，近 300 名来自国内 50 多家单位的复合材料相关领域的专家、学者参加会议。会议围绕我国复合材料及其制造技术、支撑技术领域中的基础理念、应用基础等方面的研究成果，以及新材料、新工艺、新方法、新应用等创新性的理论和实践成果进行了交流。

11 月 27—28 日，学会与中国空间法学会在北京共同举办 2014 年学术年会。来自航天科研院所、企事业单位、院校、部队等有关单位的 200 多位专家、学者及工程技术人员围绕当前航天及空间法领域发展的热点、难点及关键技术等议题进行了交流与研讨。

国际组织任职 在第 65 届国际宇航大会上，学会理事、中国航天科技集团公司科技委副主任、探月工程副总设计师于登云当选新一届国际宇航联合会（简称 IAF）副主席。

国际交往 5 月 20—24 日，学会组织 14 名专家和科技工作者赴德国柏林参加了第二届中德航天企业对接会和 2014 年柏林航展。期间，学会与德国航天工业协会（BDLI）签署了合作备忘录，双方加强对话、探讨交流与合作。

9 月 1—4 日，学会组织航天企业专家、学者赴荷兰海牙参加第二届中荷航天企业对接会。会议由学会和荷兰航天企业联盟（SpaceNed）共同主办。中国、荷兰航天企业通过主旨报告、产品推介等多种形式进行沟通和交流，并签署了合作协议。

9 月 29 日至 10 月 3 日，学会组团参加了在加拿大多伦多召开的第 65 届国际宇航大会。

学会组团参加了在法国巴黎召开的 IAF/CSA 第 64 届国际宇航大会双边总结会及未来合作研讨会和国际宇航联合会春季会议。

科普活动 2014 年，学会举办科普宣讲活动 403 次，受众 13 万人次，发放科普宣传材料 1200 份。学会被中国科协评为 2014 年度全国学会科普工作优秀单位。

7 月 12—18 日，学会依托中国航天科技集团公司 521 所参加了中国科协夏季科学展参展工作，组织了“中国北斗卫星定位导航系统”的展出，并邀请中国科协航天科普专家团首席专家戚发轫院士在中国科技馆做了“航天科技和中国航天”为主题的科普报告。

7月20—26日，由中国航天科技集团公司主办、何鸿燊航天科技人才培训基金会支持、学会承办的第21期“梦想航天·情系中华——航天科技夏令营”活动在北京举办，来自中国台湾地区、香港特别行政区、澳门特别行政区，以及新加坡、马来西亚华裔学校等70所学校的200余名师生参加了为期5天的夏令营活动。

7月22—24日，学会承办了由中国科协、教育部主办的“2014年高校科学营——航天专题营”活动。活动期间组织250名师生参观了中华航天博物馆、中国空间技术研究院会展中心、中国资源卫星应用中心、中国航天员科研训练中心、遥感与数字地球研究所，进行了航天训练体验，参与了神舟飞船模拟发射演示和模型火箭制作发射等活动。

8月4—14日，学会组织了首届中美青少年航天交流活动，20余位中美学生来到航天科研院所、生产单位和高校等进行参观体验，并参观、游览了北京、西安、成都、上海等城市，感受中华文化的魅力和中国现代文明的发展，增进彼此友谊。

10月4—10日，“世界空间周”期间，学会围绕主题“航天技术 为您指路”，以航天科技在线、科普报告会和发放“世界空间周”宣传海报的形式开展科普宣传活动，与搜狐网合作开设“世界空间周”活动专题网页，结合当前世界航天发展现状进行活动宣传，设置了历年世界空间周活动回顾、火星探测、人类月球探测、卫星导航等14个版块，及探月工程电视新闻集锦等9个视频宣传片。活动期间，专题网页点击量达86632次，日最高点击量达到11745次。10月10日，学会举办庆祝2014年“世界空间周”科普报告会，邀请中国探月工程副总设计师于登云和“嫦娥三号”副总设计师贾阳作科普报告。来自北京学校学生近500人参加报告会。活动期间印制1200份活动宣传海报，寄发到180多家航天单位、研究院所，以及30多家学校，扩大活动宣传影响。

2014年，学会和中国科协青少年科技中心组织20余名航天专家、3名院士，先后奔赴广西、浙江、内蒙古、宁夏、湖南、重庆、山西等7个省、自治区、直辖市的130余所中小学校，开展了“航天科技连着你和我——院士专家校园行”活动，5万余名师生参加，同期面向公务员群体作了10余场科普报告，活动期间报告场次达140余场。

表彰举荐优秀科技工作者 2014年，学会推荐中国空间技术研究院李睿作为中国航天青年科技工作者，荣获“IAF青年航天精英奖”，推荐陈筠力、胡万海、王忠贵荣获中国科协“全国优秀科技工作者”称号。

5月，学会开展《中国宇航学会推选院士候选人实施细则》编制工作，经过与航天两大集团公司、分支机构等的反复研讨和修订，完成了细则初稿的制定工作。

【第十四届环太平洋地区国际航天会议】 5月27—30日，学会与美国宇航学会、日本火箭学会在陕西省西安市联合主办了第十四届环太平洋地区国际航天会议。本届会议的主题是“航天技术造福人类社会”。来自环太平洋地区的260多名航天科技人员、企业家、学生出席了会议。

中国探月工程办公室主任、总设计师吴伟仁作题为《中国嫦娥三号》的报告，日本艾普斯龙运载火箭项目经理、日本宇宙科学研究所宇宙飞翔工学研究系教授吉川真作题为《小行星的挑战——“隼鸟，隼鸟2号及其未来”》的报告，美国宇航学会代表、加拿大麦吉尔大学工程力学系主任阿伦米．斯拉作题为《美国太空探索路线图》的报告，陕西省微小卫星工程试验室主任周军作了题为《QB50国际合作项目及中国高校参与情况介绍》的报告，中国航天科技集团公司五院西安分院总工程师、研究员于洪喜，中国航天科技集团公司四院41所主任王健儒作题为《中国的固体动力技术在航天领域的应用》的报告，西安航天动力研究所所长李斌作题为《液氧煤油发动机技术在中国的发展》的报告，北京航天飞行控制中心航天飞行动力学重点实验室主任唐歌实作题为《利用“嫦娥三号”开展无线电测月的科学前景》的报告。

会议包括主题报告、技术分组、学生竞赛等环节，内容涵盖空间应用与操作、空间技术、空间基础设施、空间科学与探测、空间与社会等领域。会议共收到353篇论文摘要，其中来自美国、日本、荷兰的论文摘要共22篇，录用227篇。会议期间安排了24场技术分组，宣讲论文132篇。围绕航天领域热点、难点问题进行了交流。

来自中国、日本、荷兰的26名青年学生参加了

会议期间举行的学生竞赛。

【中国宇航学会·中国空间法学会 2014 年学术年会】 11 月 27—28 日，学会与中国空间法学会在北京共同举办 2014 年学术年会。学会名誉理事长、航天科技集团公司高级技术顾问王礼恒院士和航天科技集团公司高级技术顾问杜善义院士主持大会报告会。会议以大会报告和专题研讨相结合的形式召开，内容涵盖空间技术、空间科学和空间应用、空间法政策等相关领域。

中国空间技术研究院副院长、研究员李明，清华大学机械学院院长、中国工程院院士尤政，外交部条法司司长徐宏，北京航空航天大学材料学院教授王华明，中国航天空气动力技术研究院院长、研究员李锋，中国航天科工集团公司四院总工程师梁纪秋，中国运载火箭技术研究院一部运载总体室主任、研究员陈风雨分别作了题为《空间太阳能发电前景及展望》《微系统技术与微纳卫星》《当前的国际形势与我国外交条法工作》《大型金属构件 3D 打印技术研究进展》《临近空间超长航时飞行器研究》《空间快速响应技术发展研究》《国际化小火箭运载模式及方案研究》等 7 个大会报告。

大会共收到论文摘要 307 篇，含空间法律政策领域 26 篇。来自航天科研院所、企事业单位、院校、部队等有关单位 200 多位专家、学者及工程技术人员围绕当前航天及空间法领域发展的热点、难点及关键技术等议题进行了交流与研讨。

中国宇航学会与中国空间法学会在北京共同举办 2014 年学术年会

【第 19 届中国遥感大会】 9 月 21—23 日，学会联合中国遥感委员会在陕西省西安市共同主办第 19 届中国遥感大会，来自全国 24 家企事业单位、54 所高校及 44 所科研院所的近千名专家、学者出席会议。大会以“精确感知、服务社会、和谐发展”为主题，共邀请了 11 位院士、专家作特邀报告，安排了 149 位专家、学者分 14 个专题进行了交流。

会议组织召开了学术交流会议、遥感主题论坛、第八届中国青年遥感辩论会——中科遥感杯、遥感科技创新展、中国遥感影像艺术展、遥感西安科普文化周等活动。会议期间，与会专家、学者围绕国家遥感发展战略、遥感基础研究、技术发展、遥感应用等方面进行了讨论和交流，介绍了遥感科技发展的热点和重点，规划了遥感信息科学学科的发展方向。总结了近两年中国遥感在理论、技术与应用方面的最新进展，展示了遥感、全球导航卫星系统、地理信息系统等方面的最新成果。

大会收到论文 400 多篇，摘要投稿近 200 篇，经组委会和特邀专家评审和审核，最终录用 284 篇。

（撰稿人：王续伯）

中国兵工学会

服务创新型国家和社会建设 继续开展和承接中国工程院重大咨询项目，2013 年承接的《我国科技评价体系和科技奖励若干问题研究》取得阶段性成果，目前进入到中期梳理调研结果阶段。承担 2015—2016 年中国工程院重点咨询专项《军民融合深度发展战略研究》。承接国防科技工业局“兵器工业军民融合深度发展的若干问题研究”项目。

2014 年，根据中国兵器工业集团及中国兵器科学院的咨询研究课题要求，学会承担《陆军装备技术发展路线图》《外军陆军城市战及无人化作战武器装备现状及发展趋势研究》《“十三五”装甲装备建设和关键技术发展研究报告》和《数字化设计、制造及管理培训》等 4 个项目的研究报告和培训任务，并组织联合相关企业撰写《二代北斗产业化合作》调研报告。

学会现有 11 家企业和研究所申报建立院士专家工作站，经过申报书初审 11 家企业均基本符合建站条件。

2014 年，学会与宁波市科协联合开展了“学会分支机构走地方，开展社企对接”活动。学会组织部分专业委员会走访了宁波大学、宁波市重强电器、宁波市北仑机械电器有限公司、宁波市明科机电有限公司。对接专家从专业角度针对民营企业在生产经营过程中遇到的技术问题和市场开拓瓶颈提供了技术解决建议和市场运营咨询意见，双方建立了长期交流合作的平台。随后，学会组团参加“2014中国浙江·宁波人才科技周”活动，并开展“全国学会宁波行”活动。活动中，学会与宁波重强电器签署了学会服务站共建协议。

2014年，学会开展企业技术咨询推广工作，重点推进晋西集团利民公司“大口径焊接弹筒技术鉴定及推广”的咨询服务，并申请中国科协“企会协作创新计划”试点工作。

2014年，学会完成《兵器类专业工程教育认证筹备组工作职责》《兵器类专业工程教育认证筹备组组成建议名单》《兵器类专业教学质量国家标准框架（初稿)》《兵器类专业教学质量国家标准研制工作方案（初稿)》等撰写工作，对兵器类专业工程教育认证筹备工作现状进行了梳理，对兵器类专业分布情况进行了调研。

完成中国科协承接政府职能相关调查报告，撰写完成《学会承接政府职能转移、社会管理创新工作的有关建议》报告，并开始筹建相关章程制度及人员设置。学会承接科技部国家科技报告上线系统开展第三方评估项目，相关推进工作正在进行中。

学会承担的《北斗导航定位系统设计》一书已完成初稿，该书是主要介绍全球导航卫星系统的简况，重点介绍北斗卫星系统的设计情况。

2014年，学会成为中国科协工程教育认证的28家参与单位之一。

学会建设 2014年，学会新增会员258人，更新会员信息1800余条。目前学会共有普通会员32245人、高级会员738人、会士49人。

10月27日，学会召开第八次全国会员代表大会，中国兵器工业集团公司董事长、党组书记尹家绪当选为理事长。

学术期刊 2014年，根据中国科学技术信息研究所召开的2014中国科技论文统计结果表示，在兵器科学与技术学科所属19种核心期刊中，《兵工学报》的核心影响因子学科排名第1位，总被引频次学科排名第1，全国1989种核心期刊排名从去年的第94名上升到第8名，获得2013年百种中国杰出学术期刊和第3届中国精品科技期刊称号。

英文科技期刊 *Defence Technology*（《防务技术》）通过更改刊名，重组国际化编委会，与Elsevier国际出版商合作进行国际化推广，初步打造成为国际化程度较高、基本走入良性运行轨道并被国际同行认可的国际化期刊。刊物为第28届国际弹道大会出版了特刊，得到一致好评，经过弹道大会董事会决定，继续为第29界国际弹道大会出版特刊。

《兵器知识》编辑出版了12期杂志、2期增刊和1本画册。完成杂志改半月刊的申请报批、稿件准备工作。

学科发展研究 2014年，学会申请到中国科协委托类项目，即《装甲兵器技术学科发展报告（2014—2015)》的撰写工作。5月下旬召开了经验交流会，听取专家建议。7月9日召开项目开题会，研讨研究大纲，制定工作进度，确定课题组名单。目前已完成报告的初稿。

8月8日，学会在吉林省长春市召开了兵器科学技术学科体系建设专题研讨会，王哲荣、王兴治、苏哲子、朵英贤、臧克茂、杨凤田等6位院士出席会议，27家单位的57名专家学者参加了研讨会。

国际学术会议 7月22—25日，2014年质量、可靠性、风险、维修性及安全性工程国际学术会议暨第五届维修工程国际学术会议（QR2MSE2014 & ICME2014）在辽宁省大连市召开。会议设置了24个分会场，吸引了22个国家和地区的近300名专家、学者参加，其中国外参会专家、学者60余人。

国内主要学术会议 2014年，学会分支机构开展学术活动共计27次，参会人数3237人次，专家586人。大会特约专题报告275篇，论文投稿数2277篇，收录论文2213篇，优秀论文227篇。

9月28日，学会与中国指挥与控制学会、中国人工智能学会以及陆军武器装备体系研究国防科技重点实验室在北京联合举办首届地面无人平台装备与技术发展论坛，论坛的主题为“地面无人平台发展军事需求与技术创新”。5位院士以及来自全国各地军队、军队院校、科研院所的200余位专家、学者出席论坛。大会邀请李德毅院士等9位专家、学者围绕论坛主题作了报告。论坛期间，参会代表还参观了无人平台展览，并与参展公司进行了交流探讨。论坛共收录了54篇科研论文，出版了《首届地面无人平台装备与技术发展论坛》论文集，其中16篇被评为优秀论文。

11月5—6日，由学会、中国兵器科学研究院主办、中国兵工学会火炮专业委员会承办的“兵器科技发展论坛——末端防空技术发展”在陕西省咸阳市举办。11位中国工程院院士参会。来自部队、高校、科

研单位、企业的专家、学者参加论坛。俞一鸣、李魁武等8位专家、学者作主题报告，分析和探讨了末端防空装备和技术体系发展思路、发展方向和实现途径。会议围绕末端防空技术领域“十三五”发展规划进行了讨论，提出了意见和建议。

国际交往 5月3—30日，根据中国兵器工业集团公司实施创新驱动发展战略的需要，学会相继邀请了3位国际防务技术专家来华讲学。在为期一个月的讲学交流活动中，3位专家总计授课78学时。来自兵器工业集团、国防高等院校和军队、武警、公安系统的科研人员近1000人次参加了讲学和互动交流。

科普活动 2014年，学会组建了6个科普传播专家团队，分别为反恐装备学科、坦克装甲车辆学科、轻武器学科、弹药武器系统学科、军事装备学科和军事战略学科，并通过常务理事会审议通过，上报中国科协备案。申报的6位首席专家分别为：朵英贤、杨绍卿、杜志岐、杜文龙、李杰、陈波。

2014年，学会主办了主题为“探索军事奥秘，体验科技魅力”的国防科普校园行系列活动。活动改变传统的“灌输式”模式，采用选择式、体验式互动模式，专家讲座同时举办展览、学生辩论赛、战场竞技赛、夏令营等多种活动，普及国防知识，提高科学素养和创新意识。3月20日，活动第一站在北京建华实验学校中学站举办。

8月，国防科普委员会与学会共同开展第八次“强我国防、兴我中华”全国国防教育系列活动筹备会，主要内容为“维护海洋权益、共建强大国防”征文活动、“中国海洋国土和防卫政策”知识竞赛、组织国防科普和国防教育报告团活动。

表彰举荐优秀科技工作者 6月，由学会推荐的李春明、邹汝平、苏航获得中国科协“全国优秀科技工作者”称号。8月，完成了第六届中国兵工学会科技奖推荐评审工作，共选出特等奖1名、一等奖2名、二等奖8名和三等奖12名。

撰写《进一步加强和完善兵器科学技术奖励工作的报告》，提出了学会科技奖提升的三个方向。编写学会推荐院士候选人工作办法、工作总结与建议。

党建强会 学会党委结合学会重点工作开展了“贴近一线服务基层，提升创新会员服务能力”的“党员创新工程”。活动成功申报中国科协“党建强会计划”十百千特色活动，并获得2014年度中国科协“党建强会”项目优秀组织奖。

2014年，学会党委完成了中国科协党建研究会的委托调研项目“科技工作者的中国梦，我的自身奋斗梦”工作，并获得优秀论文奖。

会员服务 2014年，学会着重建设会员之家，完善会员管理制度，提升会员服务能力。全年发放《兵器知识》3492本、《兵工学报》8592本、《会讯》1102本。

2014年，学会在会员集中的北京理工大学、南京理工大学等高校开展“国防梦、科技梦，奋力实现中国梦”主题报告会系列活动，宣传科学家风采，让在校学生会员能够热爱国防事业，投身国防事业，奋力实现中国梦。报告会邀请了中国工程院院士、空间技术专家戚发轫，中国科学院院士、核物理学家王乃彦，第八届中国青年女科学家奖获得者、舰炮武器系统工程学科带头人崔东华作了报告，参会人数600余人，多个主流媒体对活动做了报道。

中国科协会员日 2014年，学会会员日主题为“家”的温馨 节日的问候——提升会员服务能力、完善会员之家建设，学会围绕主题开展了10项活动，其中以反恐为内容的国防主题教育日活动是这次会员日的主活动。12月19日，中国科协会员日——中国兵工学会“国防主题教育日”活动在全国科普教育基地——北方国际射击场举行。此次活动分为三项内容：《民众如何应对突发性恐怖事件和反恐装备发展趋势》科普报告会、参观轻武器博物馆、第二届“吴运铎杯”射击比赛。120多人参加了本次活动。

【中国兵工学会第八次全国会员代表大会】 10月27日，学会第八次全国会员代表大会在北京召开。由学会分支机构、地方学会和团体会员单位推荐的232位会员代表参加了本次大会。

大会听取了学会七届理事长马之庚代表七届理事会所作的《转变作风、提升能力、服务大局，努力开创学会工作新局面》的工作报告。报告回顾了学会五年来取得的成绩，指出了在社团改革新的历史机遇下学会存在的不足，对新一届理事会提出了工作建议。会议审议通过了第八届理事会选举办法，以无记名投票方式选举产生了由179名理事组成的第八届理事会，通过了七届理事会工作报告、《中国兵工学会第七届理事会财务工作报告》《中国兵工学会章程》和《中国兵工学会会费收取与管理办法》。

随后召开的八届一次理事会上，以无记名投票的方式选举产生了第八届理事会常务理事和负责人。中国兵器工业集团公司董事长、党组书记尹家绪当选为

中国兵工学会第八次全国会员代表大会

理事长，胡海岩、刘仓理、曾毅、聂晓夫、邓智尤、王晓锋、于小虎当选为副理事长，于小虎兼任秘书长，47位理事当选为第八届常务理事。投票通过了中国兵工学会法人的议案及确定第八届理事会设立6个工作委员会及聘任主任委员的议案。

尹家绪在闭幕式上表示，未来5年，学会要将承接政府转移职能摆在学会工作的优先地位，不断提升学会自身能力，力争在承接人才评价、科技评估、专业技术资格认证、技术标准和规范制定、科技奖励等社会化服务职能中有突破。

【兵器科学技术学科体系建设专题研讨会】 8月8日，学会在吉林省长春市召开了兵器科学技术学科体系建设专题研讨会。王哲荣、王兴治、苏哲子、朵英贤、臧克茂、杨凤田等6位院士出席会议，27家单位的57名专家、学者参加了研讨会。中国兵工学会常务副秘书长、《兵工学报》主编许毅达作题为《关于兵器科学技术学科体系建设的意见》的主题报告，报告从学科建设的重要意义、兵工学会在学科建设中取得的进展以及新颁布的国家标准中对兵器学科的表述等几个方面进行了阐述，并提出了拟向国家标准制定部门提交的方案设置建议、具体操作程序和今后工作设想。中国标准研究院研究员李小林简要介绍了国家标准产生和修订的程序，他认为，兵器科学技术要升级为一级学科必须注重从科学内涵、体系结构和二、三级学科之间的关联等方面开展深入的研究，特别强调要突出学科相对独立完整的知识体系和不可替代性。

与会专家、学者围绕兵器学科体系建设对兵器行业发展的重要意义、目前学科发展的现状以及兵器学科体系设置方案进行了讨论。会议认为，兵器学科的发展不仅关系着我国兵器工业的创新发展，甚至对由兵器工业扩展形成的我国整个军工科研体系、教育体系和人才培养有着重要的影响。目前，国家《学科分类与代码》标准中所建立的学科分类体系是直接为科技政策和科技发展规划以及科研项目、科研成果统计和管理服务的，“兵器科学技术”被列为“产品应用相关工程与技术”之下的二级学科极为不妥，由此导致的兵工科技体系混乱，创新乏力，已经在科研生产、人才培养等方面逐渐显露，这种状况更加凸显出加强兵器学科体系建设的必要性和紧迫性。

【含能材料及绿色民爆产业发展论坛】 5月24—25日，第16届中国科协年会在云南省昆明市召开，学会承办了第9分会场——含能材料及绿色民爆产业发展论坛。来自中国工程院、中国科学院的6位院士，2位国际含能材料专家以及国内相关科研院所、高等院校的200余名专家、学者出席论坛。分会场特邀学术报告15个，围绕新型含能材料的研究和发展以及民爆产业如何绿色发展进行讨论，其中火炸药使用的安全性以及含能材料的回收利用受到普遍关注。

中国工程院院士丁文江就《高容量镁基储氢材料在火炸药中的应用》做了分析和讲解。中国工程院院士王泽山介绍了《退役火炸药的民用技术》的相关研究成果。瑞典SECRAB安全研究机构首席执行官、国际弹道学会董事Bo Janzon，国际弹道学会董事、美国R3科技责任有限公司主席Jack Riegel分别分享了瑞典含能材料的研究和爆炸工程研究的相关进展。兵器204所研究员赵凤起、213所副所长诸恩义、中北大学副校长肖忠良等分别作了题为《绿色固体推进剂技术》《微纳结构含能材料》《火炸药安全性》的学术报。论坛共征集论文近200篇，141篇编入《含能材料及绿色民爆产业发展论坛》论文集。

（撰稿人：陈雪蕾）

中国金属学会

服务创新型国家和社会建设 2014年，学会完成了北京科技大学“电弧炉炼钢复合吹炼技术”、邯郸钢铁集团“高品质重轨钢开发与应用”等6项科技成果的评价工作。

学会协助工业和信息化部组织了“十二五”国家科技发展支撑计划项目“高炉炼铁CO_2减排与利用关键技术开发”的实施。9月3日，学会与工业和信息化部节能司、科技部社会发展科技司在北京联合召开

项目执行进展检查会，项目取得阶段性成果。

学会建立朝阳金属新材料院士专家工作站，与辽宁省朝阳市政府、保定巨力索具股份有限公司等签署战略合作协议，助力地方经济发展。学会顾问洪及鄙参加中国科协专家组赴河北省津西钢铁公司调研，针对节能环保、绿色钢铁基地建设等问题，提出意见和建议。

学会组织专家前往18家企业进行关键共性技术的调研，通过了解企业真实的技术需求，重点推介大倒角结晶器技术、高炉煤气除氯工艺及其装备技术等17项关键共性技术。

学会举办专业技术人才培训班和技术讲座18次，培训人数3000余人次。

学会申请并承担人力资源与社会保障部专业技术人才知识更新工程2014年高级研修项目，于11月举办了钢铁产品生命周期评价方法高级培训班；学会申请获得中国科协创新方法工作专项项目——钢铁行业群众性创新方法活动的组织与实施，在行业内继续开展创新方法推广培训工作。

7月，学会启动冶金青年创新创意大赛。比赛共收到参赛作品327份，评审产生一等奖14个、二等奖33个、三等奖47个。12月14日，一等奖获得者20余人参加了决赛答辩活动。首钢代表队郭之明、鞍钢代表队金百刚、李立勋，东北大学刘超、张莹分别获得了企业组和高校组特等奖。

11月28—30日，学会与中国有色金属学会、中国涂料工业协会在四川省攀枝花市共同举办中国（攀枝花）钒钛产业博览会。博览会主题为“创新驱动发展、钒钛改变未来”，来自国内外1000多家企业的2000余人参加了展览展示和交流洽谈活动，展区面积达1万平方米。

学会能力提升计划 学会完成了“学会能力提升专项——优秀科技社团奖”第一期项目组织及总结工作，共计完成48项任务指标，实现学会能力提升的预期目标。在“冶金科技精品会议工程”“精品期刊”计划，建设产学研用协同创新服务平台，开展面向企业、行业和地方需求的决策咨询工作，创新科普活动，开展重点专业科技人才培养，建立完善会员管理系统、专业分会管理考评制度，加强网站建设等方面取得了成效。

学会建设 学会对个人会员资料重新整理、统计，将7.8万名个人会员信息录入学会会员库，6.6万名会员资料上传至中国科协会员管理系统。2014年，学会会员总数87679人，单位会员总数135个。

2014年，学会变更副理事长2人，增补常务理事2人、理事1人，变更常务理事6人、理事8人。金属材料深度加工分会、冶金反应工程分会2个专业分会召开成立大会，3个专业分会变更主任委员。

学会第九届第七次理事会暨第六次常务理事会议同意徐匡迪请辞九届理事会理事长职务，拟由干勇接替担任。

学会和各专业（工作）委员会共组织各类学术、技术交流活动89次，学术论坛3个，参加人员10349人次，发表论文5026篇。

8月，学会举办地方金属（冶金）学会秘书长及企业科协主席联席会，就学会能力建设、社团组织改革、人才培养等方面开展培训学习。

科技期刊国际影响力提升计划 学会主办的期刊《金属学报（英文版）》和《材料科学技术（英文版）》继续获得中国科协中国科技期刊国际影响力提升计划项目资助。

《金属学报（英文版）》2014年组建新编委会，国际编委比例达到50%。组织出版《先进钢铁材料》和《金属基复合材料》两期专刊。采用ScholarOne稿件处理系统，与德国斯普林格（Springer）出版社开展网络出版合作，利用Springer的出版平台向全球发行电子版论文。

《材料科学技术（英文版）》通过启用Science Direct Full Service出版平台，实现了在线抢先阅读（online first）功能以及网页版全文和PDF全文同时在线出版。期刊设立“突出贡献奖”和“优秀论文奖”，奖励具有突出贡献的编委、专家及高引用论文作者。2014年影响因子达到1.61，国际同学科排名进入Q1区（前25%）。

学术期刊 2014年，学会主办的期刊《钢铁》、《金属学报（中文版）》继续获得中国科协学术期刊质量提升项目的资助，《金属学报（英文版）》连续第二年得到中国科学院出版基金资助。《材料科学技术》继续获得中国科协优秀国际科技期刊奖三等奖项目资助，获得中国科学院出版基金一等奖资助。《金属学报（中文版）》、《钢铁》分别获得《中国学术期刊（光盘版）》电子杂志社颁发的“2014中国最具国际影响力期刊”称号和“中国国际影响力优秀学术期刊”称号。

学科发展研究 学会承担了中国科协《2012—2013冶金工程技术学科发展报告》编撰工作。4月2日在中国科协学术建设发布会上发布。

学会专家委员会成员对《2011—2020年中国钢铁工业科学与技术发展指南》关键技术说明的初稿进行了修改、补充和完善。

决策咨询 1月，工业和信息化部委托中国工程院开展工业强基战略研究，学会参加了钢铁工业强基战略研究，草拟了先进基础工艺和关键基础材料等内容。

2月，国家发展改革委产业协调司发函，就“是否保留6～14mm HRB335小直径带肋钢筋”咨询学会意见，2月21日，学会召开专家论证会，根据专家意见向国家发展改革委复函。

学会秘书长赵沛参加中央“京津冀协同发展”领导小组下设的专家咨询委员会的工作。学会参与工业和信息化部《中国制造“2025”规划纲要》编制工作，提出冶金领域的重大工程建议。

国际学术会议 10月8—10日，学会和韩国金属与材料学会（KIMM）在江苏省南京市联合举办第六届中韩先进钢铁材料学术会议，110余名专家、学者参会，规模超过历届。交流论文24篇，内容涵盖冶金物理化学研究、炼铁技术、炼钢技术、资源二次回收利用与环保技术等。

11月4—6日，学会和美国矿物、金属和材料学会（TMS）在陕西省西安市联合举办第一届能源材料国际会议（Energy Materials 2014），21个国家和地区的300余名专家、学者参加会议。会议内容包括先进能源用材发展、应用经验及最新研究成果等，113篇英文论文全文发表在TMS出版的会议文集中。

国内主要学术会议 5月14—16日，学会和炼铁分会联合在河南省郑州市召开2014年全国炼铁生产技术会暨炼铁学术年会，150多家单位的433名技术人员参会。会议围绕高炉炼铁生产技术、炼铁原燃料制备、高炉长寿、节能环保等方面进行了交流探讨。会议文集收录253篇论文。

5月25—27日，学会和金属材料深度加工分会联合主办的2014年全国钢材深加工研讨会在天津市召开。会议安排了10个特邀报告。中国工程院院士王一德对钢材深加工提出了五点思考：一是钢铁企业搞深加工从何入手，要以钢为基，必须根据地区的特点和钢厂自身的技术条件，认真分析市场的需求来发展深加工，否则会增加转型风险，容易导致失败；二是选准目标之后，要制定中长期的发展规划，加大资金投入，加大人才的培养和引进，建立深加工的基地或者工业园区，这是一个逐步成长发展的过程，一般要经过8～10年的持续努力，才能形成有竞争力的产业；三是走特色化和专业化道路，坚持差异化发展的战略，避免同质化竞争；四是要加强产学研用的合作，特别是应用技术研究，比如成型性、焊接性、表面处理等，要围绕产业链布局创新链，要围绕创新链配置资金链，产业链建设是一个系统的工程；五是对深加工产业而言，要不断推进从前端简单半成品、零件加工向后端复杂的部件发展，要加快升级改造整合重组，组建国际化的大型企业集团，并促进信息化、智能化融合发展。

6月10—11日，学会和中国水利企业协会脱盐分会联合主办的2014年全国冶金节水与废水利用技术研讨会在山东省青岛市召开。140余人参会，交流论文40余篇。20余个大会发言内容涉及最新废水回用、超纯水和工艺水制备、海水淡化技术及大型工程应用案例等。

7月8—11日，学会在河北省唐山市召开2014年全国炼钢－连铸生产技术会，70多家单位的200余名技术人员参加了会议。会议围绕高效低成本洁净钢生产、高效恒拉速连铸、炼轧一体化、冶金质量的精细化控制、炼钢节能减排等方面进行了讨论。会议文集收录文章112篇。

9月12—13日，学会与冶金技术经济分会共同主办的2014（第三届）中国钢铁技术经济高端论坛在北京市召开。论坛以“推动改革创新提升发展效率”为主题，对钢铁行业转型发展的难点问题进行了剖析。学会理事长徐匡迪出席并作题为《当前钢铁工业发展的主要技术经济分析》的报告，提出在亏损和低利的情况下，企业应该通过工艺创新，降本增效，从追求产量和设备利用系数，转向低成本生产和经营。论坛特设高端对话和专题演讲两部分内容。

9月16—19日，学会在江苏省无锡市举办2014年全国轧钢生产技术会议。105家单位的230人出席了会议，会议文集收录233篇论文。与会专家围绕“优化产品质量控制技术、延伸产业链技术衔接、发展绿色化轧制技术”的主题进行了大会交流和分组讨论，涉及热轧板带、冷轧板带及表面涂镀、长材、管材等方面内容。

11月27日，学会和中国有色金属学会主办的2014全国钒钛学术交流会在四川省攀枝花市召开。学会理事长徐匡迪、副理事长干勇及曹春晓、张懿、殷国茂共5名院士出席会议，近400名专家、学者、企业家代表参加了会议。徐匡迪作了题为《关于攀枝花钒钛资源综合利用的若干战略思考》的主题报告。院士、专家分别就钛合金的应用、钒钛磁铁矿的最新技术进展、钛的粉末冶金及成型技术等问题作了专题报告，并对攀西资源综合利用及稀缺资源的保护提出相关建议。

12月13—14日，第七届中国金属学会青年学术年会在北京市举办。大会围绕“创新创意，青年先行”的主题开展了形式多样的学术活动，内容包括：第六届中国金属学会冶金青年科技奖颁奖典礼、大会特邀报告、学生会员活动站启动仪式、往届冶金青年科技奖获奖者代表与青年对话、冶金青年创新创意大赛决赛、青年学术分论坛、网络模拟炼钢体验活动、青年联谊活动等。

国际交往 学会有关负责人先后赴美国参加在圣地亚哥市举行的第143届美国矿物、金属和材料学会（TMS）年会，赴美国和墨西哥参观了CASTRIP、MIDREX等5家钢铁公司，与当地冶金企业进行技术交流。

10月19—25日，学会名誉理事长殷瑞钰院士率领学会代表团参加了在德国杜塞尔多夫举行的中国金属学会-德国钢铁学会冶金技术研讨会（CSM-VDEh Metallurgical Seminar），中方发表报告13篇。代表团参观了德国盖奥格马林钢厂、瑞士钢铁公司等企业，并与达涅利冶金技术公司进行了技术座谈。

科普活动 2014年，学会举办科普展览5次，受众21506人，发放科普宣传材料1200份，组织科普工作志愿者580余人次参与活动。被中国科协评为2014年度全国学会科普工作优秀单位。

5月，学会在天津冶金集团公司举办“全国冶金科技周”活动，开展了主题报告会、工厂参观交流、冶金科技成果展览、网上科普展览、发放科普资料等活动。

6月，学会组建了“金属材料学科”“轧制学科”“炼铁学科”3个科学传播专家团队，学会顾问洪及鄙、金属涂镀层技术分会主任委员李海平、科普工作委员会副主任委员傅连春分别被中国科协聘为3个团队的首席科学传播专家。

11月，学会与中国有色金属学会在河北联合大学共同举办“环境、冲突与合作”（ECC）巡展。展览展示了环境恶化和资源短缺对世界带来的影响，同期还举办了相关科普讲座。

经学会组织和推荐，武钢博物馆荣获“2014年度优秀全国科普教育基地”称号，武钢全国科普日及武钢博物馆科普教育基地开放活动获得“2014年全国科普日活动优秀特色活动”奖项。

表彰举荐优秀科技工作者 学会与中国钢铁工业协会共同开展了“冶金科学技术奖”评选工作。79个项目获奖，其中特等奖2项、一等奖8项、二等奖26项，三等奖43项。

学会评选出第六届“中国金属学会冶金青年科技奖”获奖者11名和“中国金属学会冶金先进青年科技工作者”称号获得者19名。

经学会推荐，王利、白晨光、谢建新3人荣获中国科协“全国优秀科技工作者”称号，王利获得“十佳全国优秀科技工作者提名奖”。

党建强会 学会加强党建活动，结合业务工作，组织专家走访中小企业进行一线咨询。学会党组织有计划地邀请行业著名专家为学会专职工作人员作行业报告，提高党员干部素质。2014年，学会获得中国科协“党建强会”计划“十百千”特色活动的项目资助，学会党总支被上级党委授予“先进基层党组织”称号。

会员服务 学会编纂2014年年报，反映学会年度工作的综合信息；聘请专家编纂《国际钢铁技术内参》，每月出版一期，供会员参考。

学会依托院士专家工作站、院士专家企业行活动为单位会员提供咨询服务，探索为会员服务的新模式。

学会建立冶金与新材料产学研协同创新服务平台，整合科技资源，提供面向企业和会员的公共服务。

学会建立微信平台，向会员发布会议通知，介绍学会工作动态，传播学会工作信息。

中国科协会员日 12月15—21日，学会举办2014年中国金属学会会员日活动。开展活动包括：举行第六届中国金属学会冶金青年科技奖颁奖典礼；走访慰问一线科技工作者，组织召开专家委员会工作会议，听取专家意见和建议，了解科技工作者的诉求；举行学生会员活动站授牌启动仪式；组织“冶金青年创新创意大赛”决赛答辩、网络模拟炼钢体验活动；举办“网络会员日”活动。

【第七届中国金属学会青年学术年会】 12月13—

14 日，第七届中国金属学会青年学术年会在北京市召开，大会的主题是“创新创意，青年先行”。学会常务副理事长王天义致开幕词，学会理事长、中国工程院院士干勇出席会议并作主题报告。中国金属学会青年工作委员会主任施设和秘书长张波分别主持了会议。学会负责人和专家以及来自全国钢铁企业、研究院所和高校的冶金青年奖获得者、冶金青年创新创意大赛决赛选手、青年工作委员会委员、投稿作者以及其他冶金青年科技工作者和青年师生等 200 人参加了会议，107 篇论文在《中国冶金》杂志以增刊形式出版。

本届青年会开展了形式多样的学术活动，主要内容有：第六届中国金属学会冶金青年科技奖颁奖典礼、大会特邀报告、学生会员活动站启动仪式、往届冶金青年科技奖获奖者代表与青年对话、冶金青年创新创意大赛决赛、网络模拟炼钢体验活动和比赛、青年联谊活动等。

干勇在题为《制造业数字化网络化智能化是新工业革命的核心技术》的大会报告中介绍了工程科学发展的新特点、三次工业革命的内涵等，对比了主要国家的制造强国指标，总结了我国重大工程和科技的成绩和差距，通过 3D 打印、动力机车等实例，重点介绍了制造业的数字化、网络化和智能化，简要介绍了特种材料现代制造业的应用及实例。

冶金工业规划研究院院长李新创通过统计数据分析了年度钢铁形势，指出我国钢铁工业在相当长的时间里仍将面临产能过剩、产业集中度低，价格低迷等困境，建议通过淘汰落后、节能环保、合理的产品结构、改进创新机制、建立公平的财税竞争环境等手段转型发展。

宝钢研究院院长张丕军简要介绍了钢铁新流程和新工艺，对宝钢的 COREX3000 和薄带连铸进行了重点介绍，提出了智能化、绿色化和产业链一体化是将来的发展方向。

本届青年学术年会首次进入高校，提升了学会的公众影响力，为企业与高校联合推动冶金后备人才的培养搭建了平台。

（撰稿人：曹莉霞）

中国有色金属学会

服务创新型国家和社会建设 学会参加地方科协活动，根据当地有色金属工业发展情况，组织专家协助解决企业的技术难题，促进地方有色金属工业发展。

5 月，学会受辽宁省科协邀请，组织中国科学院院士张懿等 5 位专家对辽宁省朝阳地区有色金属企业进行了技术考察，组织了座谈，提出了发展朝阳地区钒钛工业的意见和建议。9 月 4—6 日，学会与辽宁省科协共同组织召开了主题为“汇聚高端智力，创新驱动转型”的辽宁省第八届学术年会。

7 月 20 日，学会应湖南省长沙市望城经济开发区要求，派专家调研开发区相关企业，与企业就存在的技术难题和今后的发展方向进行了座谈，并签订《望城经济开发区与中国有色金属学会战略合作框架协议》。

10 月 13 日，应河北省保定市科协邀请，学会组织专家与当地企业座谈，就帮助企业解决技术难题达成协议。

2014 年，学会组织举办了隐伏与深部固体矿产物探新技术培训班、全国矿山测量新技术专题研讨班等 4 期培训班，200 余名生产第一线的技术人员参加培训。学会安全学术委员会组织举办企业安全生产上岗、国家标准宣贯及继续教育共计 29 期，培训人员达 1910 人次。学会地质学术委员会组织举办固体矿产资源储量估算及三维建模技术培训班，培训技术人员 50 余人次。

8 月 22—28 日，学会在湖南省长沙市举行资源高效回收前沿理论与新技术高级研修班，75 人参加研修。研修班邀请了中国工程院院士邱定蕃、邱冠周、刘炯天等 9 位我国资源高效回收领域的专家向学员传授学科专业的科技发展前沿和最新研究进展。学员就自身研究情况作了相关学术报告。会议还组织全体学员赴平顶山考察鲁山冠华实业有限公司，对企业的技术创新以及存在问题进行探讨。学员修完规定的课程，经考核合格后，由人力资源和社会保障部专业技术人员管理司颁发《专业技术人才知识更新工程高级研修项目证书》。

8 月 25—30 日，学会在河南省郑州市举办生物冶金前沿技术高级研修班。9 位院士、专家、教授授课，来自高校、研究院所和企业事业单位的会员 60 人参加培训。

2014 年，学会举办的继续教育培训班和研修班共培训技术人员 2260 人次。

2014 年，学会评出中国有色金属出版物奖（期刊奖）一等奖 13 种，二等奖 12 种，优秀奖 13 种；中国有色金属出版物奖（内部出版物奖）一等奖 6 种，二

等奖5种；中国有色金属出版物奖（图书奖）一等奖12种，二等奖13种。

学会建设 2014年，学会计划增设两个新的学术委员会：电气自动化学术委员会和宽禁带半导体学术委员会，各项筹备工作已基本完成。学会通过了《关于批准河北联合大学等单位成为中国有色学会团体会员单位的决定》，发展团体会员单位7家。

学术期刊 2014年，学会主办的《中国有色金属学报（英文版）》《稀有金属（英文版）》《稀有金属材料与工程（英文版）》获得中国科协中国科技期刊国际影响力提升专项资助。《中国有色金属学报（中文版）》《稀有金属材料与工程（中文版）》获得中国科协精品科技期刊工程专项资助。

国际学术会议 2014年学会共组织举办和参加国际学术会议5次，参会人员350余人次。

10月16—18日，学会主办的第六届国际湿法冶金会议在北京市举办，会议主题为"资源、环境、可持续发展"。来自中国、美国、加拿大等12个国家的300余名专家、学者参会。

国内主要学术会议 2014年学会共组织召开各种国内学术交流会议29个，参会人数4469人次，发表论文1700余篇。出版论文集23部，发表论文1802篇。

3月27—30日，学会冶金设备学术委员会在云南省大理市召开第二届全国湿法冶金工程技术交流会，177家单位的350名代表出席会议。中国工程院院士张懿作大会特邀报告，介绍了湿法冶金基础过程强化与应用。11位专家作大会报告，介绍了目前我国湿法冶金压力基础工程化技术发展现状、铅锌二次资源综合回收工艺、湿法冶金过程中的微流体技术、硫化锌精矿加压浸出工艺等新技术、新工艺。会议分重有色金属冶金、稀贵金属冶金两个专题进行分组讨论，与会人员介绍了在实际工作中的创新以及遇到的技术问题。

5月6—9日，学会在江苏省扬州市举行第十三届全国金属有机化学气相淀积（MOCVD）学术会议，中国科学院院士甘子钊、郑有炓、褚君浩、郝跃、王立军，美国科学院院士李爱珍，来自我国大陆和香港特别行政区、台湾地区的584名学者、工程师、企业家参加会议，企业参会人数占36%。会议设立4个会场、12个主题分会，邀请11位专家人作大会邀请报告，安排了48个分会邀请报告和48个口头报告及144个张贴报告。为鼓励年青年科研人员，评选出5个优秀学生论文奖。与会人员在MOCVD生长技术、MOCVD设备研发、材料结构与物性以及光电子和电子器件研发等领域进行了交流。

5月9—13日，学会采矿学术委员会在贵州省贵阳市组织举办第五届中国高效采矿技术与装备论坛，中国工程院院士古德生出席会议，171个矿业企业、研究设计单位、院校、设备制造商的342名代表出席了会议。古德生作了题为《创新驱动　大幅提高采矿效率》的特邀报告，36位专家作了大会报告，并进行了技术研讨与答疑。来自山特维克、河北宏远、中联重科、海安橡胶等装备和配套企业代表介绍了各自企业为矿山提高采矿效率、有效降低运营成本方面所开展的研究工作与实践成就。会议出版了论文集。

5月24—25日，学会主办的全国重有色金属冶金技术学术交流会作为第十六届中国科协年会交流板块第10分会场在云南省昆明市召开。学会理事长、第10分会场主席康义和中国工程院院士何季麟、邱定蕃、张国成、古德生出席会议并参加分会场的学术交流活动，100余名专家、学者和技术人员出席会议。大会共征集论文100余篇，选取了33篇具有代表性的论文制作成光盘。13位专家作专题报告并进行了现场技术交流。康义的报告综述了我国有色金属工业发展的历程和取得的科技成果，提出了产业未来健康快速发展的方向性意见建议；邱定蕃的报告分析了重冶产业发展与生态环保的关系，紧密契合产业发展与建设美丽中国的最新趋势；云南冶金研究院院长谢刚和云南驰宏锌锗股份有限公司总工程师贾著红介绍了铅锌冶炼中加压湿法冶金技术、富氧顶吹熔炼侧吹炉热渣还原粗铅工艺；中国恩菲工程技术有限公司总设计师李兵、东北大学材料与冶金学院教授谢峰、云南铜业股份有限公司冶炼加工总厂总工程师代红坤分别介绍了铜冶炼生产中的氧气底吹连续炼铜技术、铜湿法冶金理论与工艺、复杂铜原料电解精炼及综合回收关键技术的最新研究成果和应用动态。13个专题报告基本覆盖了当前重冶工业领域的最新学术观点、学术成果、学术动态。

9月18—20日，学会在湖南省长沙市举办2014有色金属技术与设备发展论坛，300多名技术人员参加论坛。会议就如何让装备制造企业更好的服务生产企业，以及提高装备制造的科技水平进行了交流和探讨。中国工程院院士古德生、桂卫华等12位专家作大会特邀报告。大会还邀请了不同领域的企业代表就各自的产品作介绍，并针对目前有色设备技术研究方向进行了探讨和交流。

11月11—13日，学会与中国工程院化工、冶金与材料工程学部共同举办的全国有色金属冶金第一届学术会议在湖南省长沙市召开。来自大专院校、科研院所和企业的282位技术人员参加会议。会议以“有色冶金节能减排技术及产业发展”为主题。中国工程院副院长徐德龙院士、中国工程院院士邱定蕃等7位院士出席会议并作大会特邀报告，31位有色金属冶金行业专家作了大会报告。与会专家围绕主题介绍了近年来在有色金属冶金领域取得的科技创新理论和取得的新技术、新成果。

11月27日，学会主办的全国钒钛学术交流会在四川省攀枝花市举办，300余名专家参会，围绕钒钛产业发展，就国家相关政策和技术发展现状、新技术、新装备研发成果进行交流。

国际组织任职　学会推荐的北京矿冶研究总院教授蒋开喜担任2015世界铅锌大会组委会委员。

科普活动　学会与中国可持续发展研究会合作，在甘肃师范大学和河北工业大学联合举办了“中德环境、冲突与合作”主题展览，每届展期为一个月，5000余名师生参观了展览。

表彰举荐优秀科技工作者　经学会推荐，北京矿冶研究总院蒋开喜、中国有色金属建设公司朱景和、北京有色金属研究总院教授黄小卫获得中国科协“全国优秀科技工作者”称号。

自2014年开始，学会举办全国有色金属优秀青年科技工作者评选活动。由7位行业内专家组成的评选小组对参选人员进行评选，评出18位在工作中做出杰出贡献的青年科技人员为2014年全国有色金属优秀青年科技工作者，并在中国有色金属学会第九届青年学术论坛上颁发了荣誉证书。

学会开展“2014年中国有色金属优秀论文奖”的评选工作，评选出中国有色金属科技论文奖一等奖54篇，二等奖65篇，优秀奖58篇。

党建强会　2014年，学会开展了以学会党支部为主体，为企业一线科技工作者搭建继续教育平台，活跃学术思想的活动。每个党员按不同专业与学会理事和我国有色金属行业高层次专家、学者建立长期、稳定的联系，了解他们近年来取得的科研新成果。学会组织党员干部到企业一线，了解一线科技工作者在工作中遇到的技术难题和诉求。有目的、有方向地组织各类教育活动，及时推广专家、学者新的科研成果，解决企业存在的技术难题和发展瓶颈。该项目获得了中国科协“党建强会”计划“十百千”特色活动的项目资助。

【第六届国际湿法冶金会议】　10月16—18日，由学会主办、中国科学院过程工程研究所承办、清华大学协办的第六届国际湿法冶金会议在北京市举办。学会理事长康义与中国科学院院士张懿担任大会名誉主席，中国科学院过程工程所研究员刘会洲与中南大学教授陈启元担任大会主席。

本届会议的主题为“资源、环境、可持续发展”。来自中国、美国、加拿大等12个国家的300余名专家、学者参会交流。会议邀请了*Hydrometallurgy*杂志前主编、美国工程院院士、美国宾夕法尼亚州立大学教授Kwadwo Osseo-Asare，澳大利亚墨尔本大学教授Geoff W. Stevens，加拿大工程院院士、加拿大阿尔伯达大学教授Zhenghe Xu，中国科学院过程所研究员齐涛，中国科学院院士、北京大学教授严纯华，中国工程院院士、中国科学院生态环境中心研究员曲久辉，中南大学教授陈启元等作大会报告，11位专家、学者作主题报告演讲。

大会按会议议题分5个分会场，共进行了108个口头报告，录用论文293篇，发行了论文摘要集和论文全文光盘。90篇文章作墙报展示，并首次评选了5篇优秀壁报奖。参会专家、学者就湿法冶金过程物理化学与研究方法，矿物预处理、浸出、分离与提纯，新材料和产品的湿法制备，共伴生难处理资源湿法冶金清洁新工艺，二次资源综合利用，湿法冶金的环境污染控制技术，湿法冶金过程仿真模拟与工程放大方法，湿法冶金新技术和设备及工业应用等议题展开了讨论和交流。

【全国钒钛学术交流会】　11月27日，由学会和中国金属学会联合主办的全国钒钛学术交流会在四川省攀枝花市举行，近400名专家和企业代表围绕钒钛产业发展，就国家相关政策和技术发展现状、新技术、新装备研发成果提出意见建议。中国工程院主席团名誉主席徐匡迪院士，中国工程院院士干勇，中国科学院院士张懿、曹春晓，学会理事长康义，中国金属学会常务副理事长王天义等出席会议。

徐匡迪以《关于攀枝花钒钛资源综合利用的若干战略思考》为题，围绕攀枝花钒钛磁铁矿是中国的资源大宝库、钒钛磁铁矿资源综合利用的现有流程分

布、钒钛产业的应用与发展方向、提高钒钛资源综合利用率的途径等内容作了报告。曹春晓作了题为《钛合金在航空工业中的应用》的专题报告，对应用前沿、繁花遍开的常规钛合金、含苞欲放的钛铝金属化合物、初露春色的钛基复合材料等内容作了讲解交流。中国科学院过程工程研究所研究员齐涛代表以张懿院士为首的中国科学院过程工程研究所科研团队作了题为《钒钛磁铁矿高效清洁利用新技术进展》的学术报告。来自全国各地的9位钒钛专家、学者作了大会报告。专家、学者们的报告对下一步钒钛资源综合利用的发展方向进行了阐述，提出了建议。

（撰稿人：杨焕文）

中国稀土学会

服务创新型国家和社会建设 学会完成中国工程院重点项目——稀土资源可持续开发利用战略研究院士咨询项目。该项目经过由12名院士组成的专家组的评审通过验收。专家评审组认为，项目报告真实反映目前我国稀土行业现状及发展趋势，为我国稀土行业的宏观管理和政策制定提供了有力的决策依据。

学会完成工业和信息化部稀土应用研究项目——稀土行业发展趋势和技术路线研究。项目主要就我国稀土资源状况、我国稀土产业及发展趋势、稀土采选、稀土冶炼分离、稀土金属及中间合金、稀土结构材料、稀土功能材料等内容进行研究，并对我国稀土采选冶及重点应用领域的技术现状及发展趋势作了分析。

学会承担了工业和信息化部稀土开发应用专项软课题项目——“十三五”稀土专项资金重点支持领域研究。8月14日，学会在北京召开了“十三五”稀土专项资金重点支持领域分析课题研讨会，工业和信息化部原材料司和财政部企业司负责人出席会议，与会人员分析了稀土行业现状、存在的问题及发展趋势，讨论研究了“十三五”稀土专项资金重点支持领域和方向等。

学会承担了环境保护部公益性行业科研专项——稀土资源开发生态环境成本核算技术与环境损失评估项目。课题组先后前往江西、广东、广西等地进行调研，重点了解因稀土资源开发造成的生态环境问题、生态环境管理、生态环境保护投入及治理需求等情况，并与相关地区环境保护局、国土资源局、矿业管理局、商务局、发展改革委、统计局、水利局等有关管理部门座谈交流。

学会与环境保护部环境规划院合作申报的环境保护部国家环境保护标准项目——“稀土工业废气治理工程技术规范”完成答辩。课题主要目标是对稀土工业废气治理工程工艺设计、工程建设、过程控制等作出规范，帮助企业选择合理的废气治理技术，推荐清洁生产，为进一步完善稀土行业的环境技术管理体系提供技术保障。

4月，学会与福建省三明市稀土开发区签订协议，承担福建省三明市稀土产业中长期发展规划编制工作，该规划于2014年底编制完成。

学会在北京召开了《稀土科学与技术》系列丛书编写筹备会议。来自12家单位的20余位专家，以及学会全体工作人员参加会议。会议讨论并初步确定了丛书各分册的书目、各分册的负责人、参加编写人员、编写内容、进度安排等，确定《稀土科学与技术》丛书定位为稀土领域内高质量的专业书籍。

学会建设 2014年，学会召开了五届七次理事会议和五届十二次至十六次常务理事会议。

学会和各专业（工作）委员会共举办学术会议15个、学术论坛1个，共有1450人次参加了学术交流，收到论文140篇。

学会着手整理个人会员资料，2014年新增团体会员1个，团体会员总数为79个。

8月29日，学会专业委员会工作会议在北京召开，各专业委员会主任和秘书长共12人出席了会议，会议通报了学会2014年上半年工作。

学会组织编纂了《中国稀土学会年鉴（2013版)》。根据近几年国内外稀土资源、技术、应用和市场的变化，对年鉴的内容进行调整，着重记载稀土学术研究新方向，技术进步、专利、标准方面的新成果、新进展。本期年鉴在《稀土开发应用及技术进步综述》栏目中，首次择优刊登了湿法冶金、发光和永磁三个专业委员会撰写的年度综述报告。报告重点介绍了本学科国内外的学科技术及相关产业发展趋势、最新技术进展和发展策略及政策建议。

学术期刊 2014年,《中国稀土学报》增补了8名来自美国、荷兰、波兰、芬兰、葡萄牙的科学家担任刊物的编委，国际编委的数量达到21名。在最新发布的2013年度中国科技期刊引证报告中,《中国稀土学报》中文版2013年的影响因子为0.943，在28种材料类期刊中排名第一名,《中国稀土学报》英文版的影响因子为0.777，排名第5名。

2014年,《中国稀土学报》中文版6期发表文章94篇，英文版12期发表文章179篇。中文版和英文版分别发表特约综述文章6篇和2篇，共出版会议专辑3期。

2014年,《稀土》杂志在组稿方面注重学术性与应用性并重的原则。2014年《稀土》杂志共收到来稿360篇，发表论文129篇，共计144余万字，2014年页码增至120页，6期共发行杂志7200本。

国内主要学术会议 8月7—9日，学会同内蒙古自治区政府、中国稀土行业协会、中国工程院共同主办第六届中国包头·稀土产业论坛。论坛的主题为“稀土元素均衡应用与战略性新兴产业的和谐发展”。

3月21—22日，学会稀土钢专业委员会在内蒙古自治区包头市召开第十一届全国稀土在钢中应用技术研讨会。会议就稀土在特殊钢中的应用、我国稀土在钢中应用的现状和发展前景等内容进行研讨。会议特邀了12个主题报告，内容涉及稀土钢与内耗谱技术、稀土合金化工艺研究、稀土在洁净钢和在高强韧性钢板中应用研究开发现状，以及基于白云鄂博矿钢材生产过程中稀土的遗传与继承性研究等。

5月27—29日，学会环保专业委员会在江苏省宜兴市召开了2014全国稀土环保及劳动卫生学术与技术交流会。来自全国80多家单位的120余人出席会议。大会交流报告15篇，其中特邀报告4篇，技术报告11篇，另有9篇技术论文参加了交流。会议内容涉及稀土生产过程的污染物控制技术、稀土“三废”治理、放射性废物防护、稀土废物的综合回收利用以及稀土环保装备和工艺技术最新进展。会议决定依托学会环境保护专业委员会成立“稀土环保技术与装备联盟”，推动环保技术与装备的产业化。会议期间举办了高层座谈会，与会专家约40人就稀土生产中的环保现状、存在问题、技术标准和政策措施提出意见和建议。

8月4日，学会玻璃陶瓷专业委员会在内蒙古自治区包头市召开2014中国稀土学会玻璃陶瓷专业委员会学术研讨会。来自20多家学校、研究所和企业单位的52位专家、学者参加会议。9位专家作学术报告，报告涵盖白光LED用荧光粉的制备及发光性能、稀土光学玻璃的现状与未来发展趋势等方面内容。

9月10—13日，学会地采选专业委员会在内蒙古自治区赤峰市召开了中国稀土学会地质矿山选矿专业委员会2014年学术会议。会议主题为“中国稀有稀土资源综合利用”，会议的宗旨是推进稀土地质、矿山、选矿等领域的学术交流与合作，提高创新能力，促进科技进步和相关产业持续健康发展。

9月24—25日，学会稀土化学与湿法冶金专业委员会、稀土火法冶金专业委员会、先进稀土材料产业技术创新战略联盟共同主办的全国稀土化学与冶金学术研讨会暨中国稀土学会稀土化学与湿法冶金、稀土火法冶金专业委员会工作会议在江西省赣州市召开。80多家科研院所、大学、稀土企业的200余位专家、学者参加会议。

10月15—18日，学会固体科学与新材料专业委员会和中国稀土行业协会储氢材料分会、中国金属学会功能材料分会联合举办的2014中国功能新材料学术论坛在江西省南昌市召开。来自储氢行业相关企业、科研单位、高校的80余位专家、学者参加会议，会议交流26篇论文。

表彰举荐优秀科技工作者 学会制定了《全国稀土优秀科技工作者推选表彰条例》。经学会推荐，包头钢铁（集团）有限责任公司李春龙获得中国科协“全国优秀科技工作者”称号。

科普活动 学会在网站上设立稀土科普专栏，登载有关稀土科普知识，内容包括稀土元素特征、稀土发展史、稀土元素的应用、稀土与新兴产业的关联度、稀土典型产品等。

学会通过《中国化工报》《东方周刊》《中国环境报》《稀土信息》等报刊，发表关于稀土应用、稀土与WTO关系、稀土与环境、稀土资源环境等有关文章，介绍和普及稀土相关知识。

10月24日，学会应邀到广东广晟有色金属公司作科普报告，报告题目为《稀土——21世纪新材料宝库》，着重介绍了稀土基础知识、稀土发展史、国内外稀土资源、各稀土元素应用、稀土与新兴产业关系、稀土应用发展趋势及问题等。

党建工作 学会申请了中国科协学会服务中心党委组织的2014年“党建强会”计划“十百千”特色活动项目。学会党支部以党建工作促进稀土技术交流，组织了三场有影响力的技术交流活动：第六届中国包头稀土产业论坛、全国稀土化学与冶金学术研讨会、2014年中国功能新材料学术论坛。

会员服务 9月4日，学会秘书长林东鲁、副秘书长张安文及综合部主任张莉一行3人前往吉林省长春市看望了革命老人、学会荣誉会员李光先生，并代表全国稀土科技工作者祝贺他百年寿诞。

【第六届中国包头·稀土产业论坛】 8月7—9日，学会同内蒙古自治区政府、中国稀土行业协会、中国工程院共同主办的第六届中国包头·稀土产业论坛在内蒙古自治区包头市召开。论坛的主题为“稀土元素均衡应用与战略性新兴产业的和谐发展”，700余位专家、企业家及政府部门负责人共同为中国稀土产业健康发展建言献策。

开幕式上，中国工程院原副院长、中国工程院院士干勇，全国政协常委、经济委员会副主任陈清泰等专家、学者先后作主题发言。论坛分5个分会场进行交流探讨，主题分别为“稀土储氢材料与新能源汽车”“稀土市场发展新趋势”“科技创新引领稀土产业发展”“稀土永磁材料发展新机遇及项目签约会”“中国科学院产业化项目对接与技术交流”，30余名专家、学者围绕各分会场主题进行了演讲。

8月8日，第六届中国包头·稀土产业论坛举行项目签约仪式，共有13家稀土企业与包头稀土高新区签订合作协议，签约金额约52.5亿元。项目内容涉及稀土产业战略合作、稀土新材料、新能源汽车、汽车零部件、稀土深加工应用和稀土陶瓷工具等领域。

（撰稿人：王　勇）

中国腐蚀与防护学会

服务创新型国家和社会建设 2014年，学会举办防腐蚀工程师技术资格认证培训班4次。培训人数共77人次。

学会对172人进行了专业技术资格认证。其中11人通过了研究员级高级防腐蚀工程师（正高级）认证，17人通过了高级防腐蚀工程师（副高级）认证，125人通过了防腐蚀工程师（中级）认证，4人通过防腐蚀助理工程师（初级）认证，12人通过了阴极保护工程师（中级）认证，3人通过阴极保护助理工程师（初级）认证。

5月，学会与美国防腐工程师协会（NACE）共同举办NACE国际阴极保护技术CP1和CP2两个培训班，10月举办NACE国际阴极保护技术CP3和CP4两个培训班。来自石油、石化、管道等行业从事金属腐蚀与防护技术人员共74人次参加NACE国际阴极保护技术培训课程。

学会建设 2014年，学会发展个人会员135人、团体会员单位6个。截至2014年年底，学会共有会员6000余名、团体会员单位178个。学会参加的国际组织有：国际腐蚀理事会（International Corrosion Council）、亚太地区材料和腐蚀协会（Asian-Pacific Material & Corrosion Association）和世界腐蚀组织（World Corrosion Organization）。

5月22日，中国腐蚀与防护学会著作出版基金成立，并在北京与化学工业出版社进行了签约仪式。

8月23日，学会在广西壮族自治区桂林市召开了中国腐蚀与防护学会第九次全国会员代表大会。王福会当选为第九届理事会理事长，李晓刚当选秘书长。

科技期刊 《中国腐蚀与防护学报》2014年来稿约300篇，年发表论文85篇，退稿率70%，与国内高水平期刊接近，符合核心期刊的要求。文章发表周期逐步缩短，发表量保持稳定，学术影响力不断提升。

《材料保护》2014年出版正刊12期，发表文章265篇，出版增刊1期，发表文章49篇。《材料保护》获得湖北十大名刊成就奖，全年的收稿量数量和质量均比2013年有所增加。截至2014年11月30日，收稿572篇，其中国家级基金项目112篇，占比20%；省部级基金项目135篇，占比22%；中国科学院项目4篇，占比0.8%；国际级基金项目67篇，占比12%。2014年应用类文章比2013年增多，提高约3%。

国内主要学术会议 学会及专业委员会共组织国内学术会议12个。参会人数共计1421人次。

两岸交流 10月10—13日，学会主办的第九届海峡两岸材料腐蚀与防护研讨会在湖北省武汉市召开，与会学者310名。同期召开了大会的卫星会议“风帆杯”青年腐蚀与防护科技论文讲评会暨海峡两岸青年腐蚀与防护论坛、高温专业委员会学术交流会、中部地区腐蚀论坛。

国际交往 3月17日，学会秘书长李晓刚一行访问了位于美国休斯敦的美国防腐工程师协会（NACE）总部，与NACE相关负责人会谈。双方就加强技术合作，人员及学术交流，资源共享，信息沟通，行业标准的建立及实际腐蚀与防护工作中遇到的具体问题等交换了意见，达成多项共识。

5月22日，学会理事长陈光章、秘书长李晓刚等与前来北京参加2014中国国际腐蚀年会的NACE主席Harvey Hack等NACE的高层管理人员会谈。

3月9—13日，美国防腐工程师协会（NACE）国际年度会议在美国得克萨斯州圣安东尼奥市举行，学会秘书长兼材料环境腐蚀平台主任李晓刚等出席。

11月2日—11月6日，第19届国际腐蚀大会在韩国济州岛举行，学会组织72名中国大陆学者参加，交流论文91篇。来自38个国家的专家和学者出席大会，会议录用论文365篇。

科普活动 学会在2014年的“世界腐蚀日”及“科技活动周”期间组织的科普宣传活动，除了采用报刊、杂志、主题展等传统的宣传方式外，还在中国腐蚀与防护网上开辟活动的专题专栏，引导公众了解生活中的腐蚀问题和预防腐蚀产生的必要性及方法。活动主题是“关注民生 关注防腐 让科技改变世界”。活动期间该专题访问人数约1万人次。学会利用微信平台，设立中国腐蚀与防护网公众号，除配合纪念日的宣传活动外还定期发布科普知识，为关注的“微友”们随时解答相关的腐蚀问题，搭建微信的互动交流平台。该微信公众号关注人数已近千人。

学会举办了主题为“悄悄进行的破坏”的2014年材料腐蚀科普作品创作大赛。

学会与中国钢研科技集团有限公司、中航工业北京航空材料研究院、化学工业出版社合作组织编写的《材料延寿与可持续发展》系列高级科普丛书正式出版。2014年出版的19本分册，是2013年申请并获得国家出版基金资助批准的国家重点出版物。在组织编写系列丛书的同时，学会开办了“材料延寿与可持续发展”网站，截至2014年10月23日访问人数达196421人次。

学会缓蚀剂专业委员会在湖北省武汉市华中科技大学举办了世界腐蚀日科普展，受众为在校本科生、研究生、博士生、教师以及职工，共发放调查问卷和宣传册400份，回收问卷246份。学会表面工程专业委员会围绕“世界腐蚀日”开展宣传活动，张贴海报并举办科普讲座，听讲人数50人。学会承压设备专业委员会参加了“2014全国特种设备安全与节能科技活动周”科普宣传活动，并举办了两期标准学会宣贯会。非金属材料专业委员会在北京化工大学昌平分院面向2014年入学的新生举办了“腐蚀科学前沿与社会的关系”的宣讲活动。

表彰举荐优秀科技工作者 学会科学技术奖下设技术发明奖、科技进步奖、优秀论文奖和国际科学技术合作奖等4个奖项。2014年首次受理技术发明奖的申报和评审工作。经专家委员会评审，同意对申报2014年度科学技术奖的22个项目授奖，其中技术发明奖一等奖3项，科技进步奖一等奖4项，科技进步奖二等奖12项，科技进步奖三等奖3项。

经学会推荐，左禹、李晓刚获中国科协“全国优秀科技工作者”称号。

【中国腐蚀与防护学会第九次全国会员代表大会】 8月23日，中国腐蚀与防护学会第九次全国会员代表大会在广西壮族自治区桂林市召开，291名代表出席会议。会议由学会秘书长李晓刚主持。

学会理事长陈光章代表第八届理事会作题为《提升学会能力建设，努力为腐蚀学科发展做贡献》的工作报告。大会投票选举产生了154名第九届理事会理事、68名常务理事、15名副理事长、5名监事会监事，王福会当选为第九届理事会理事长，李晓刚当选秘书长。乔利杰当选为监事长。会议讨论并举手表决通过了第八届理事会工作报告、监事会报告、章程和章程修改报告、财务报告。

大会为第九届荣誉理事长陈光章、侯保荣、张统一、左禹颁发了证书。公布企业理事长为陈光章，并宣读了企业副理事长名单。

中国腐蚀与防护学会第九次全国会员代表大会

【第九届海峡两岸材料腐蚀与防护研讨会】 10月10—13日，学会主办的第九届海峡两岸材料腐蚀与防护研讨会在湖北省武汉市召开。会议收到论文200多篇，安排大会报告4个，分会口头报告160个，墙报交流40多个。中国工程院院士张金麟、侯保荣，国家自然科学基金委员会、中国科协、武汉大学有关负责人等310位专家、学者参加会议。台湾地区参会代表53人。

10月10日，大会开幕式在武汉大学召开，学会名誉理事长陈光章和台湾地区防蚀工程学会名誉理事长陈玉松到会讲话。大会特邀报告会由学会秘书长李晓刚和台湾成功大学教授蔡文达主持，中国工程院院士侯保荣、台湾中央大学教授林景琦、武汉科技大学教授刘静、台湾大学教授林招松分别作了题为《结构钢异型部件的氧化聚合防腐技术》《奈、微米材料之电化学研究》《微观组织和夹杂物对高强管线氢致开裂和氢渗透效率的影响》《镁合金之环保化成处理》的大会报告。

大会首次举办了海峡两岸青年论文讲评会的交流会和中部地区腐蚀论坛。

（撰稿人：张小红）

中国化工学会

服务创新型国家和社会建设 2014年年初，根据中国科协与最高人民法院签署的合作备忘录要求，学会向最高人民法院推荐中国工程院院士曹湘洪，中国科学院院士何鸣元、段雪作为第二批特聘科技咨询专家。经最高人民法院研究决定，曹湘洪为本次特聘专家，何鸣元、段雪进入最高人民法院专家库。

10月，学会与河北晨阳工贸集团公司进行合作对接，签署了《中国科协创新驱动助力工程学会服务站合作协议》。

学会继续派出专家参与中国科协和中国工程教育专业认证协会组织的大学本科工程教育认证工作。10月，学会专家洪定一博士作为石化企业界专家参与了《华盛顿协议》总部对大连理工大学化学工程与技术专业进行的现场考查。此次现场考察。学会专家还参加了对常州大学、西安科技大学、四川大学和华东理工大学的认证工作。

《化工名词》（第二版）审定工作中，学会审定了1971个“化学工程基础”名词和1783个“石油炼制，煤及生物质制油”名词，合计3754个名词，于8月下旬上报国家名词委进入复审阶段。海峡两岸化工名词审定工作正式启动。

学会联合中国石化北京化工研究院、化学工业出版社共同组织编译、出版（再版）《国际化学品安全卡》(ICSC)，对该书进行了审校和更新，于9月正式出版。

8月17—20日，第八届全国大学生化工设计竞赛全国总决赛在江苏省常州市举行，大赛由浙江大学等高校发起，中国化工学会、中国化工教育协会、教育部高等学校化工类专业教学指导委员会共同主办。本届竞赛共有217所高校的1546支队伍、7700多学生报名，其中，847支队伍提交作品，大连理工大学等48支队伍入围全国总决赛。本届竞赛的命题是“为某一大型综合化工企业设计一座采用清洁生产工艺制取对二甲苯（PX）的分厂”，参加全国总决赛的同学和老师约430人（包括观摩学校），8支代表队获得了特等奖（含金奖、银奖、铜奖），5支代表队获得专项奖。

学会建设 截至2014年年底，学会有971名个人会员，135个团体会员，22个专业委员会。经常务理事会审议通过，正式批复成立储能工程专业委员会、新能源化工专业委员会2个分支机构。学会网站进行了改版并更换了服务器。

2014年，学会及各专业委员会举办国内各类学术会议61次，国际学术会议5次，与会人数11005人次，其中外方人数315人次，共收录会议论文2430篇。学会网站浏览人数122890人次。

学会对原《中国化工学会分支机构管理暂行办法（试行)》进行了修订，8月印发给各分支机构。对原有《中国化工学会科技成果鉴定暂行办法》作了修订和完善，重点扩充了科技成果鉴定（评估）的范围，包括科技成果（工业化阶段、中试阶段）、行业创新群体新技术推广应用成果、教学成果、科普成果、科技图书成果、战略研究与专项软课题研究成果。

学会着手开展中国化工学会化工科技专家库调整和充实工作，各分支机构、地方学会、学会理事及有关单位推荐化工科技专家近300人。

9月23日，学会第39届理事会第三次全体会议在北京召开，审议通过《中国化工学会2014年上半年工作情况报告》和《关于2013年度会费收支情况报告》。调整和增补了常务理事5名、理事13名。颁发了第六届“侯德榜化工科学技术奖”。

科技期刊国际影响力提升计划 《中国化学工程学报（英文版)》截至11月19日共收稿604篇，其中海外论文185篇，占投稿总量的30.6%，与前两年持平。2014年共刊登文章200篇，其中海外论文15篇，占刊登文章总量的7.5%；退稿428篇，占投稿总量的70.8%。2014年被中国科学技术信息研究所按期刊指标综合评价遴选为第3届中国国际化精品科技期刊。

为扩大刊物国际影响，《中国化学工程学报（英文版）》编辑部开始使用Elsevier出版社的优先发布平台，并计划采用Elsevier出版社的EES稿件处理系统替代现有审稿系统。

学术期刊 学会主办各类科技期刊15种，共发表论文4177篇，年总发行量达479200册。

2014年《化工学报》出版正刊12期，发表文章668篇，比2013年增加50篇；出版增刊2期，发表文章117篇。截至11月19日收稿1727篇，退稿率70%左右，文章发表周期6.9个月。入选"中国百种杰出学术期刊"、"2014中国最具国际影响力学术期刊"，继续入选中国科协精品科技期刊工程项目。

《化工进展》2014年收稿同比增长17%，刊出页码同比增长12%。刊出文章的平均出版周期保持在6～7个月。

国际学术会议 5月15日，学会主办、中国国际商会山东轮胎商会和学会化工新材料专业委员会承办的2014中国（广饶）国际轮胎及橡胶新材料产业大会在山东省广饶县举办，大会是配合中国（广饶）国际轮胎制品展览会的重要活动。大会剖析轮胎产业的转型升级、投资现象、绿色技术等问题，组织中外专业人士探索轮胎良性发展的途径，帮助企业进一步明晰方向，转变方式，促进广饶橡胶轮胎工业的可持续发展。会上发布了《2013中国轮胎产业市场报告》，举办了中国国际轮胎圆桌会议、国际轮胎资源循环利用论坛、国际绿色轮胎技术研讨会，来自中国、美国、英国、印度、泰国、新加坡、南非等国家的行业管理人员、专家、学者、商协会负责人、企业管理人员近300人参会。

6月11—12日，学会与中国化工信息中心、美国蒸馏公司（FRI）、德国德西玛化工与生物技术协会共同主办，《现代化工》杂志、《中国化工信息》周刊承办的2014国际化工分离技术交流大会在北京举办。国内外专家、学者围绕近年来化工分离过程出现的新问题、新进展和新需求、全球各大分离技术发展的趋势以及环保倒逼下，国内技术的最新开发应用等方面展开了研讨，分享了最新的行业应用实践案例。

3月25—28日，学会煤化工利用专业委员会、世界煤炭转化技术协会和诺本集团合作，在北京举办了2014世界煤炭转化技术大会，300余位政府机构负责人、行业专家、企业高管围绕煤炭转化的主题，从煤气化技术、煤炭液化技术、煤制烯烃、天然气以及醇醚燃料技术、煤化工产业宏观政策以及经济性、示范项目运行情况案例分析及煤化工节水与CO_2捕获封存技术六个方面，就当今世界煤化工行业的发展，分析了各煤炭大国在发展煤制油、煤制气的政策走向，探讨世界煤炭转化产业发展的机遇与挑战。

9月16—18日，学会橡胶专业委员会在北京举办2014国际橡胶会议（IRC2014），会议主题为"绿色·创新·发展"，进行了全球范围内的高水平技术研讨和科研成果和工业技术交流。大会由国际橡胶会议组织（IRCO）20个成员国中的10个国家轮值主办，每年一次。中国曾举办了IRC1992和IRC2004两届国际橡胶会议。

国内主要学术会议 4月10日，学会与中国科协科学技术普及部、中国化工信息中心在北京联合主办中国PX（对二甲苯）发展论坛——责任·战略·创新，300余位专家、学者参加论坛。中国科协党组成员、书记处书记徐延豪，中国石油和化学工业联合会会长李勇武出席并讲话。中国工程院院士曹湘洪等专家、学者作大会报告。

9月17—19日，由学会和江苏省科协主办，江苏省化工行业协会、江苏省化学化工学会、江苏省环境保护产业协会等单位协办的2014全国化工行业污水综合治理报告会暨展览会及2014中国国际现代分离技术展览会在江苏省南京市举办，近240位专家、学者参会。学会副理事长兼秘书长杨元一主持报告会开幕式，江苏省科协主席、中国工程院院士欧阳平凯，江苏省化学化工学会副理事长兼秘书长赵伟建等参加大会开幕式并参观了展览会。本次展览会吸引了100多家企业参展，展览面积达5000多平方米。展品为膜分离、阀门、风机、水处理药剂等方面的机械设备。

中国化工学会2014全国化工行业污水综合治理报告会

国际交往 3月3日，学会副理事长兼秘书长杨元一和高级顾问洪定一等在北京会见了德国化工与生物技术协会会长瓦格曼一行，就改进阿赫玛亚洲展（AchemAsia）的组织工作和合作方式进行了探讨。签订了《中国化工学会与德国化工与生物技术协会关于AchemAsia会议的合作协议》和《中国化工学会与德国DECHEMA展览有限公司关于AchemAsia展览的合作协议》。

科普活动 2014年，学会举办科普宣讲活动5次，宣讲活动受众人数850次；举办青少年科技竞赛1项，参加人数7700人次，获奖人数240人次。

中国PX发展论坛召开后，学会配合中央电视台、新华网、凤凰视频等媒体邀请专家对相关知识进行宣传。学会在PX科普专题报道的基础上，继续与《中国化工信息周刊》合作，刊出了《科学认知页岩气》和《雾霾科普解读》2篇科普报道。学会还开展了化工科普图书的组编工作。

7月，学会参与中国科协“科普中国百科科学词条编写与应用服务资格入围采购”项目的投标并入围，负责百度百科科学词条编辑认证及补充、科普基地二维码系统建设、建立科普视频专栏等相关服务工作。

表彰举荐优秀科技工作者 2014年，学会表彰奖励科技工作者30人次。

经推荐学会，中国石油化工集团公司教授级高级工程师谢在库、清华大学教授魏飞、北京化工大学教授张立群3人荣获中国科协“全国优秀科技工作者”称号。

学会开展了第六届“侯德榜化工科学技术奖”评选工作，于建国等3人被授予第六届“侯德榜化工科技成就奖”，陈明良等11人被授予第六届“侯德榜化工科技创新奖”，白晨曦等9人被授予第六届“侯德榜化工科技青年奖”。

党建强会 2014年学会申请了中国科协学会服务中心党委“党建强会计划”十百千特色活动项目，获得2014年度全国学会“党建强会”特色活动组织奖。

会员服务 学会采用中国科协个人会员管理系统，重新登记了会员信息。目前已完成971名个人会员和135个团体会员的信息录入工作。学会通过科协系统个人会员管理系统和《中国化工学会通讯》（电子版月刊）主动将学会重要工作动态、活动消息及科技信息等发给会员，以便会员及时了解学会的工作内容和最新动态。

【中国PX（对二甲苯）发展论坛】 2014年4月10日，学会与中国科协科学技术普及部和中国化工信息中心联合主办，《中国化工信息》周刊承办，CB&I LUMMUS、AXENS、UOP等化工公司赞助协办的中国PX发展论坛——责任·战略·创新在北京召开。中国科协、中国石化联合会、中国工程院、环境保护部、中国化学纤维工业协会、中国石化、中国石油、清华大学、IHS国际咨询公司等几十家单位的领导，中央电视台、《人民日报》《经济日报》《工人日报》等几十家主流媒体的300余人参加了论坛。中国科协党组成员、书记处书记徐延豪，中国石油和化学工业联合会会长李勇武出席论坛并讲话。中国工程院院士曹湘洪等专家、学者作大会报告。

论坛以“责任·战略·创新”为主题，从科普、产业、技术三个角度分别设立了PX公众认知及社会责任科普、PX战略规划及产业市场、PX技术创新与应用发展3个分论坛，邀请专家就PX产业所涉及的科学、产业及技术知识，进行解析和探讨。

本次论坛恰逢广东茂名PX群体事件发生不久，受到媒体的高度关注。为此，论坛同期特别安排了“科学认知、合理规划、稳步推进PX项目发展”的嘉宾访谈和“科普问答和访谈”等系列活动，针对PX的科普、环保、公众认知、政策、战略技术等各项议题展开讨论。会后，中央电视台针对PX的公众认知制作了“对话”节目，凤凰卫视制作了“一虎一席谈”专题节目。

【启动海峡两岸化工名词审定工作】 4月21日，海峡两岸化工名词审定座谈会在北京召开，全国科学技术名词审定委员会副主任刘青、学会副理事长杨元一、化工名词审定委员会秘书长洪定一，以及台湾清华大学化工系教授、李国鼎科技发展基金会秘书长万其超出席会议。会议交流了两岸名词审定工作开展情况，并就下一步开展两岸化工名词对照修订工作的内容和方法进行了讨论和沟通并达成一致意见。

学会组建了7人两岸化工名词审定工作大陆专家组，于9月3日召开了海峡两岸化学工程名词审定启动会暨第一次审定工作会议，对台湾地区提交的首批1600条进行了审定修订。经过多次交流，截至2014年年底已收到台湾地区已修订的近4000条名词。

【组织编译国际化学品安全卡】 20世纪90年代（1995—1999）在原国家环境保护局、原国家经贸委安全生产局等单位支持下,《国际化学品安全卡手册》曾经出版过。《国际化学品安全卡》是一个动态化学品数据库，每年更新二次，所录化学品数量在逐年增加。鉴于公众对化工项目、化工产品高度关注，同时借助中国PX发展论坛成功举办的契机，学会联中国石化北京化工研究院、化学工业出版社共同组织编译、出版（再版）《国际化学品安全卡》（ICSC）。

新版《国际化学品安全卡》对我国从事化学品生产、科研、教学、安全环境管理、医疗卫生和劳动保护等领域的专业人员具有重要参考价值，能够方便查到有关化学品的科学性质，增强社会各界和公众对化学品安全问题的理性认识。

【中国化工学会2014年石油化工学术年会】 9月18—19日，由学会石油化工专业委员会主办、中国石化南化集团研究院承办的中国化工学会2014年石油化工学术年会在江苏省南京市召开，70多家单位的180余位专家、学者参加。年会以“创新发展、安全环保、多元融合”为主题，共收录会议论文200篇，展示论文墙报56篇，评选出《从催化柴油直接生产BTX芳烃技术研究》等10篇大会优秀论文。会议论文集以《石油化工》增刊的形式出版。

会上，中国工程院院士曹湘洪作题为《坚持创新驱动 加快结构调整 建设石化工业强国》的报告，中国工程院院士袁晴棠作题为《绿色低碳引领我国石化产业可持续发展》的报告，中国工程院院士欧阳平凯作题为《生物能源与生物化工新进展》的报告，中国科学院院士陈俊武作题为《煤制油工艺物料转化探讨——碳氢元素转化分析》的报告，中国科学院院士费维扬作题为《加强分离工程研究推进节能减排增效》的报告，中国科学院院士李静海作题为《当前化学工程的挑战：三个“瓶颈”、两个“关联”》的报告。

【储能工程专业委员会成立大会暨第一届全国储能科学与技术大会】 10月24日，学会储能工程专业委员会成立大会暨第一届全国储能科学与技术大会在上海市召开。来自百余所高校、科研院所及储能领域相关企业的科技或管理工作者300余人参会。学会副理事长兼秘书长杨元一出席会议并为第一届储能工程专业委员会顾问委员、中国工程院院士杨裕生和中国科学院院士周孝信，以及主任委员马紫峰和朱庆山颁发聘书。

杨裕生作了题为《电池与超级电容器的融合发展》的大会报告，周孝信作题为《我国未来电网的发展模式和关键技术》的大会报告，英国诺丁汉大学教授Seamus Garvey作题为 *Integrated Energy Storage* 的大会报告，中国科学院物理研究所研究员李泓作题为《化学储能技术发展趋势的考虑》的大会报告。会议同期还召开了第4届中聚电池技术创新论坛和中英储热研究论坛。会议共收到论文摘要投稿180余篇，设置主题报告41个，口头报告25个，墙报107篇，内容涵盖化学储能、物理储能、储热领域的基础研究及应用技术等。

（撰稿人：王 燕）

中国核学会

服务创新型国家和社会建设 2014年，学会受国家能源局委托，完成《核燃料技术发展战略总体规划》之新技术预研究项目。

4月15—18日，学会参与主办的第十三届中国国际核工业展览会在北京举办。展会以“清洁核能科技，助力美丽中国”为主题，展出总面积约1.4万平方米，共有来自40多个国家的1.4万余名观众参观，创历届之最。

7—9月，学会先后拜访哈尔滨工程大学核科学与技术学院、清华大学工程物理系、西南科技大学国防学院并作调研，征求意见，3所大学表示支持和配合学会开展工程教育认证的后续标准撰写和专家进校认证工作。11月28—29日，2014年教育部高等学校核工程类专业教学指导委员会暨全国高校核工程类专业院长／系主任联席会议在江苏省苏州市召开，宣传核工程教育认证工作和研讨《核工程类专业工程教育认证补充标准（讨论稿）》。12月，学会完成了《核工程类专业认证补充标准》制定工作，核工程类专业认证委员会（筹）第一次工作会议在清华大学召开，重点研讨审定了《核工程类专业认证补充标准》，会议邀请工程教育认证专家余寿文就我国工程教育认证的背景、现状、理念及其发展作培训报告，学会副秘书长申立新介绍了核工程专业认证委员会（筹）工作进展情况。

8月16日，学会在北京举办“企会合作，推进辐射加工产业发展研讨会”，邀请中国工程院院士胡思得、中国科学院院士王乃彦等专家、行业政府主管、企业代表参会。围绕如何推动我国辐射加工产业发展，院士、专家们提出，希望政府部门进行顶层设

计，积极推动我国辐照产业发展列入国家“十三五”规划；相关企业还要转变观念，增强市场开发意识，以产业需求为导向，加强资本整合，主动引导适应产业升级；学会作为服务平台，要加强辐射加工的科普宣传，充分发挥横向联系其他全国学会资源优势，解决企业面临的诸多难题。

12月24日，在朱光亚先生诞辰90周年之际，学会承办了由中国科协、总装备部、中国工程院主办的“朱光亚学术思想座谈会”系列活动。

学会建设 2014年，学会批准成立核测试与分析专业分会、核安全专业分会，是学会成立的第23个和第24个专业分会。

学会组织召开了第八届理事会第三、第四、第五次常务理事会议，其中第三、第五次会议采用通讯方式召开。

为适应民政部、中国科协对分会管理从“事前审批”到“事后考核”的转变，学会起草了《分会管理办法》，在八届四次常务理事会议上讨论，经八届二次理事会议审议通过。

5月14日，学会第八届理事会妇女工作委员会第二次会议在北京召开，委员会主任、中国工程院院士邱爱慈等19人出席会议。会议听取了关于学会近期工作和2014年工作设想的汇报；增补吴爱红、荣芳为委员，荣芳为执行秘书；研讨策划开展“中国核科技妇女工作者状况调查”工作；讨论了第22届世界妇女核能大会参会事宜，并重点研讨了申办2018年世界妇女核能大会方案。

学术期刊 学会主办的《核科学与工程》继续入编北京大学《中文核心期刊要目总揽》和《中国科技期刊引证报告》2014年版之原子能技术类核心期刊。2014年，收到稿件289篇，刊登论文90篇，退稿率为41.2%。全年共出版正刊4期，页码由96页增至144页。近3年，期刊专家库人员已达317人，作者人数957人。

学科发展研究 学会申报了中国科协“2014—2015年核科学技术学科发展研究”项目。该项目由学会理事长李冠兴担任首席科学家，有关专家20余人参与编写，2015年10月结题。

6月，《中国核科学技术进展报告（第三卷）》出版。报告分10册，按二级学科分设22分卷，从学会2013年学术年会的论文1206篇中评选出746篇论文收录。

决策咨询 学会为环境保护部《核与辐射安全科普宣传方案》提出建议，将核科普基地建设、核科普人才培养、大型互动媒体平台等内容列入方案，有利于提高行业整体科普力量。

国际学术会议 6月12—13日，学会与法国核学会联合举办中法核能公众沟通研讨会，来自中法两国核科技界的160余人参会。本次研讨会是我国核能领域首次举办的公众沟通国际专题研讨会，共安排18篇专业报告。

12月10—11日，学会与法国阿海珐集团在北京共同举办了中法核燃料循环后端研讨会。法国驻华大使顾山、国防科工局系统工程二司副司长任宏军、学会理事长李冠兴院士、中国核工业集团公司总工程师雷增光、阿海珐集团亚太区高级执行副总裁欧道博出席。来自环境保护部、中核集团、阿海珐集团、法国原子能委员会等30多家单位的150多名专家参会。期间，中法两国的技术人员交流了17篇报告。

国内主要学术会议 10月22日，第11届“三核”论坛在河南省郑州市召开，学会理事长李冠兴、中国科学院院士王乃彦，以及全国相关单位负责人、专家、学者130余人参加大会，论坛共征集论文160篇，经评审128篇论文入编《核技术创新与实践》一书。

两岸交流 12月1—3日，学会和台湾地区核能科技协进会共同主办，福清核电有限公司承办的第十四届海峡两岸核能学术交流研讨会在福建省福清市召开。学会理事长李冠兴、台湾核能科技协进会董事长欧阳敏盛、环境保护部核与辐射安全中心总工程师柴国旱、中国核工业集团总工程师雷增光等来自海峡两岸30多个机构的100余位专家、学者参加了会议。

国际组织任职 学会会员姜宏连任美国核学会国际委员会委员，学会会员宋代勇连任国际核青年理事会中国国家代表，学会副秘书长申立新担任太平洋地区核理事会公众沟通专题组成员。

国际交往 2014年，学会与国际原子能机构、世界核协会、美国核学会、欧洲核学会、西班牙核学会、美国机械工程师学会、日本机械工程师学会等近10个国际核能组织会面。与美国机械工程师学会、捷克核学会、加拿大核工业组织签订合作备忘录。

学会秘书处先后拜访了美国西屋电气、法国阿海珐集团、法国电力集团等驻中国代表处负责人，增进了解，探讨合作。与美国机械工程师学会、西班牙核企业联盟、捷克驻华大使馆、法中电力协会、法国核工业协会、加拿大核工业联合会、韩国斗山重工集团等相关负责人会面。

2014年，学会作为主办或协办方组织的国际会议有：7月在捷克举行的第22届国际核工程大会，7月在西班牙举行的2014年国际青年核能大会，8月在加拿大举行的第19届太平洋地区核能大会，9月在日本举行的2014年国际水堆燃料性能会议和首届亚洲核燃料会议等。

科普活动 2014年，学会共举办科普活动16场次，直接参加人数16万余人次，荣获中国科协“2014年度全国学会科普工作优秀单位”称号。

学会推荐中国工程院院士李冠兴、叶奇蓁、胡思得、徐銤、潘自强，中国科学院院士王乃彦等担任中国科协“首席科学传播专家”。

学会完成《走进核科学技术》的改版，2015年1月出版。借助《知识就是力量》杂志，制作《核科学技术展纪念特刊》，随主刊全国发行6万册，单印5000册用于展会宣传。承担中国科协“科普中国百科科学词条编写与应用工作项目”，将编写核能发电、核辐射与防护、核农学、核医学等领域1400条词条，上传到百度百科。

开通“中国核学会”微信公众号，设立了“志同道‘核’”学会群。

7月，学会举办第二届“魅力之光”杯中学生核电科普知识竞赛和夏令营。全国31个省、自治区、直辖市，以及香港、澳门特别行政区和台湾地区的77302名学生、30305名成人共计107607人参加，其中一等奖30名学生参加了在江苏南京及田湾地区举办的夏令营活动。

4月，学会利用国际核工展平台，搭建“‘核’我探秘”科普展区，吸引1万余名观众参观。7月，学会组织参加中国科协首届“夏季科学展”，安排“中国实验快堆”参展，快堆首席专家、中国工程院院士徐銤作讲解并作报告。12月，学会承办中国科协“中国梦 科技梦”——核科学技术展，展示了核科技的诞生、发展、取得的成就。

学会承办中国科协第39期和第48期“科学家与媒体面对面”活动，主题分别为“联‘核’驱散雾霾，共享蓝天白云”和“追寻‘核’你我的关系”，8名院士和专家与记者面对面沟通。据不完全统计，1—10月，以学会活动为标题的报道文章约100篇。《人民日报》、人民网、新华社、《科技日报》、《光明日报》等40多家媒体进行报道。

9月，在全国科普日期间，学会开展“核能有意思”活动，组织北京实验中学物理老师参观中国原子能科学研究院。邀请中国能源研究会副理事长周大地作能源科普报告，200多名教师和公务员聆听报告。

学会创新发展 3月8日，在学会第八届理事会科普咨询教育工作委员会第一次会议上，委员研究提出科普工作重点做好八个方面的工作，简称“八个一工程”，即：打造一套“核科普教育基地”建设体系，培育一支核科普宣传队伍，组织创作一批核科普作品，建设一个数字核科普平台，组织开展一次“全国公众开放日”活动，办好一个核工业展览会，打造一个竞赛和夏令营，举办“院士行”等一系列科普宣传活动。

表彰举荐优秀科技工作者 12月，学会推荐的学会妇女工作委员会委员、中国科学院高能物理研究所沈肖雁获中国科协“十佳全国优秀科技工作者”提名，核工业理化工程研究院姜宏民被授予中国科协“全国优秀科技工作者”称号。

党建强会 7月4日，学会党支部联合天津市核学会邀请中国工程院院士胡思得，为天津市核科技工作者和南开大学的200余名师生作题为《核科学家的中国梦》的专题报告。

8月3日，学会党支部邀请胡思得院士赴中国核工业集团北方核燃料元件有限公司（202厂），为100多名一线核科技工作者作了题为《为实现中国梦的核科学家》的专题报告。

学会承担了中国科协党建研究会2014年调研课题，撰写了《关于进一步推动培养我国优秀人才和政府官员到国际组织任职问题的调研报告》。该报告共计2.3万余字，获得“2014年度调研课题优秀成果奖三等奖”。

中国科协会员日 12月15日，学会副秘书长申立新到中国原子能科学研究院拜访了张焕乔院士和王方定院士，向他们表达了科协会员日的问候，并汇报了学会近年来开展的学术交流、科普宣传、对外合作、人才举荐等方面的工作。

12月18—19日，学会组织中国工程院院士胡思得、叶奇蓁为首都师范大学初等教育学院的260名本科生作题为《核武器工程与两弹精神》、《核科技造福人类》的报告。

12月27日，在学会八届二次理事会议上，发放参观券，邀请参会的150名理事或理事代表到中国科技馆参观“中国梦·科技梦：核科学技术展”。

【首次举办中法核能公众沟通研讨会】 6月12日，由学会和法国核学会组织的中法核能公众沟通研讨会在深圳市大亚湾核电基地举行，来自中国科协、国家能源局、国家核安全局、广东省发展改革委、中国核工业集团、中国广东核电集团、中国电力投资集团、大唐集团、华能集团以及法国驻华大使馆、阿海珐集团和法国电力集团等单位的160余人参加会议。

国家能源局核电司司长刘宝华在致辞中向核电行业提出三点意见：一是树立透明意识、责任意识、公益意识，积极开展公众沟通；二是加强协作，共享经验，营造良好的环境；三是统筹兼顾，系统开展沟通活动。

法国驻华使馆核工业参赞科尔迪耶在致辞中说，本次研讨会是中法两国首次大规模、长时间就公众沟通话题进行讨论，相信通过此次研讨会，双方能够互相促进，共同发现和创造与公众进行有效沟通的新方法与新途径。

学会副秘书长申立新作了题为《发挥学术团体优势营造核电发展良好环境》的报告。他分析了我国核能公众沟通面临的形势，科技社团公众沟通方面的主要作用和学会的主要探索，并介绍了学会开展的原子核科学技术应用展览会、中国国际核工业展览会等展览展示活动、“院士行”活动、“魅力之光”杯核能知识竞赛活动、“科学家与媒体面对面”活动等一系列科普宣传工作。

本次研讨会是我国核能领域首次举办的公众沟通国际专题研讨会，围绕核能公众沟通的现状和发展趋势、全国性核能公众沟通经验、核电站周边地区公众沟通经验、新媒体应用以及科普人才与社团作用等4个主题现场宣讲了20余篇交流报告。

【中法核燃料循环后端研讨会】 12月10日，学会和法国阿海珐集团共同主办的中法核燃料循环后端研讨会在北京开幕。法国驻华大使顾山，国防科工局系统工程二司副司长任宏军，学会理事长、中国工程院院士李冠兴，中国核工业集团公司总工程师雷增光，阿海珐集团亚太区高级执行副总裁欧道博等出席开幕式并发表讲话。学会副秘书长申立新主持开幕式。

来自环境保护部、中国核工业集团、阿海珐集团、法国原子能委员会、法国电力集团、中国广东核电集团、中国原子能科学研究院等30多家单位的150多名专家、学者和工程技术人员参加会议。

李冠兴说，中法两国在核能领域业已取得了非常好的合作成绩，今后当继续开拓更广和更深的合作空间。任宏军表示中国的核燃料循环产业要继续加强顶层设计和战略研究、加强后处理科研攻关和基础能力建设、加强乏燃料管理、推动快堆和MOX燃料制造技术取得重要突破、加强推进放射性废物治理。

会议交流了来自中法两国有关单位的17篇报告，内容主要围绕核燃料循环后端的发展策略与安全法规、价值与经济效益、研发及可选择的技术、公众接受经验分析等。

【纪念第一颗原子弹爆炸成功50周年座谈会】 9月18日，在我国第一颗原子弹爆炸成功50周年纪念日之际，也是“两弹一星功勋奖章”颁发15周年之时，中国两弹一星历史研究会、中国核学会在北京举行第二届中国两弹一星历史研究高层论坛暨纪念第一颗原子弹爆炸成功50周年座谈会。

中央军委原副主席迟浩田上将，中国科协副主席、党组副书记、书记处书记张勤，学会理事长、中国工程院院士李冠兴，中国两弹一星历史研究会理事长张翔，中国核工业集团公司、中国工程物理研究院负责人吕敏、胡仁宇、陈佳洱、戚发轫等20余名院士以及为我国“两弹一星”事业做出贡献的400余人参加座谈，回顾历史，颂扬伟业，传承“两弹一星”精神。胡思得、王乃彦、李殿仁等12位院士、专家和部队领导在会议上作主旨报告。

张勤在座谈会致辞时说，中国科协作为科技工作

第二届中国两弹一星历史研究高层论坛暨纪念我国第一颗原子弹爆炸成功五十周年座谈会

者之家，一直以来都高度重视“两弹一星”的宝贵经验。要继续弘扬伟大的“两弹一星”精神，感召和激励广大科技工作者和青年学子铭记历史、继承文化、牢记使命、勇挑重担，投身“中国梦”的伟大实践，为实现中华民族的伟大复兴贡献智慧和力量。

李冠兴说，中国核学会聚集了钱三强、王淦昌、彭桓武、于敏等一大批“两弹一星”元勋和知名专家院士们，他们为我国全面突破原子弹技术的难关作出了重大贡献，同时也是“两弹一星”精神的倡导者和传播者。弘扬和传承“两弹一星”精神是核学会的光荣使命和神圣职责，对整个核领域的社会主义核心价值观建设有着极其重要的意义。“两弹一星”精神是国防科技工作者的核心价值，并成为20世纪以来中国人民自强不息、奋起战斗的可贵民族精神。

【第二届“魅力之光”杯全国中学生核电科普知识竞赛夏令营活动】 7月14日，由学会、中国核能电力股份有限公司（简称“中国核电”）联合主办，江苏核电有限公司承办，果壳网、新浪网、中国核工业报社协办的第二届“魅力之光”杯全国中学生核电科普知识竞赛夏令营启动仪式在江苏省南京市举办。

学会理事长、中国工程院院士李冠兴，学会高级顾问、中国工程院院士胡思得，学会高级顾问、中国科学院院士王乃彦等相关单位负责人、学者以及来自全国11个省市的30名一等奖获得者代表和特邀营员、观察员约100人参加。活动仪式由学会副秘书长申立新主持。

来自贵州的侗族女孩吴倩香作为获奖营员代表发言，讲述了她通过知识竞赛对核科学认识的转变，希望核电知识能在更多的地方得以推广，让更多的人认识核电，支持核电的建设。

开营仪式上，李冠兴对营员们提出希望，并向营员代表授营旗。院士们为获得一等奖的同学签字留念。

开营仪式结束后，王乃彦、胡思得分别为参加夏令营的学生作了题为《如何成为一名优秀的科普工作者》和《核科学家的中国梦》的讲座，并现场回答营员和媒体记者的提问。

自4月17日竞赛活动在北京启动之后，共吸引了来自全国31个省、自治区、直辖市，以及香港、澳门特别行政区和台湾地区的107607名参赛者（学生77302名，成人30305名）。

（撰稿人：王义伟）

中国石油学会

服务创新型国家和社会建设 2014年，学会专门组织召开“承接政府、企业转移职能工作研讨会”，明确承接工作目标，制定工作措施和计划。与中国石油集团石油管工程技术研究院联合举办2期全国螺纹检测人员资格鉴定与认证培训，获准颁发“国家专业技术人才知识更新工程”培训证书。石油炼制分会组织院士、专家为环境保护部制定国家环境保护标准《石油炼制废水治理工程技术规范》提出3点修改建议，石油储量工作委员会为国土资源部《页岩气资源／储量计算与评价技术规范》的制定提出意见建议，石油腐蚀与防护专业委员会参与编制完成《火筒炉防腐保温通用技术要求》及标准化图纸“标腐—1213”。

学会完成了中国石油冀东油田公司《南堡油田古生界潜山沉积环境研究与有利储层分布预测》和塔里木油田公司“东河油田隔夹层成因和空间展布及其对注气渗流机理的影响研究项目”等油田勘探开发技术服务科技攻关项目的研究工作，为油田的勘探生产提供技术支持。石油腐蚀与防护专业委员会参与“新型聚乙烯改性沥青管道外防腐层”等4种新产品的合作研发，并与大庆油田联合建立“材料环境腐蚀数据库”。石油科技装备专业委员会组织专家团为中国石化催化剂公司奥达分公司进行技术服务。

学会推荐国家技术发明奖项目1项，国家科技进步奖科普类项目1项，推荐北京市科委重大科技成果转化落地培育专项项目1项。石油科技装备专业委员会与中国设备管理协会、山东省东营市政府联合举办中国石油石化科技成果展示暨转化对接大会，集中展示了18项新成果、新技术，涉及油气开采、炼化、产品深加工以及高端石油装备制造等领域，达成合作意向10个，签订合作协议4个。

学会首次与中国石油大学合作举办复杂气藏高效开发技术培训班。石油物资管理工程专业委员会组织举办2期招标师职业资格考试培训班。

学会建设 2014年，学会制定会员发展工作方案，发展233名个人会员，吸收陕西延长石油集团有限责任公司作为团体会员。成立非常规油气专业委员会、石油通信专业委员会和石油储量工作委员会3个分支机构，学会下属分支机构增至20个。

学会组织召开理事会议1次、常务理事会议3次、

理事长办公会议1次、秘书长办公会议3次、秘书处办公会议12次和年度工作会议1次，收集工作会议代表意见建议14条，完成改进11条。研究制定《分支机构管理暂行办法》、《通讯员工作制度》、《关于首问首办负责、限时办结、服务承诺及责任追究有关事项的规定》等工作制度和管理办法8个。

石油经济专业委员会完成换届选举。石油科技装备专业委员会增补委员41名，新成立石油钻采装备学组。石油通信专业委员会完成网站建设并与学会网站实现链接，使学会网站链接数量达到13个。

学会再次荣获中国科协统计工作二等奖和“2014年度全国学会财务决算先进单位”称号。学会评选表彰年度优秀秘书长15名、优秀学会领导18名、先进集体18个。

学术期刊 《石油学报》制定实施“影响力提升战略计划”，扩充编委会至101人，其中院士24人、外籍专家19人（分别来自美国、英国、加拿大、澳大利亚、俄罗斯、荷兰）。增加外审专家200名，外审专家库人数达到551人。

《石油学报》首次申报并荣获国家新闻出版广电总局第三届中国出版政府奖期刊奖，连续3年（2012—2014）获得TOP5%“中国最具国际影响力学术期刊”称号，继2008年和2011年后连续第三次获得“中国精品科技期刊”称号，并继续成为“中国精品科技期刊顶尖学术论文（F5000）”项目来源期刊（有效期从2014年9月至2017年12月）。2013年度共有21篇论文入选F5000。《石油学报》被评为2013年度“百种中国杰出学术期刊”，自2002年开始连续第12次获得此奖项。在中国科学技术信息研究所根据论文的创新性、论文发表的期刊水平、论文他引率等文献学计量指标，评选公布的2013年度“中国百篇最具影响优秀国内学术论文”名单中，《石油学报》2013年第1期发表的杨华、李士祥、刘显阳撰写的《鄂尔多斯盆地致密油、页岩油特征及资源潜力》论文入选。根据《2014年版中国科技期刊引证报告》（核心版）统计，在1989种中国科技核心期刊中，《石油学报》核心影响因子为2.155，排名第7位（2013年排名第16位）；核心总被引频次4173，排名第67位（在石油天然气工程类期刊中继续排名第一）。两项核心指标较2013年有明显提高。《石油学报》综合指标排名第78位，在石油天然气工程类期刊中继续名列前茅。

《石油学报（石油加工）》发表稿件168篇。其中，获国家自然科学基金等基金项目资助的研究论文145篇（2013年为140篇），占发表论文总篇数的86.3%（2013年为83.8%）。根据清华同方CNKI出版的《中国学术期刊影响因子年报》数据显示，《石油学报（石油加工）》复合影响因子由2013年的0.748提高到0.912，复合总被引频次由2013年的1791次提高到2014次，在石油天然气工业上下游领域共85种期刊中排名由2013年的第30名提高到第27名，在石油下游（石油加工和石油化工）领域期刊中排名继续保持第3名。

学科发展研究 学会承担中国科协“2014—2015年深层油气地质学发展研究”项目，组织中国工程院院士赵文智、胡见义，中国科学院院士戴金星、金之钧等22名专家组成研究小组，对近年来我国深层油气地质学学科的发展进行总结、分析和研究，比较国内外学科发展状况，预测学科未来发展趋势，指明学科发展方向，提出学科发展对策，特别是提出我国深层油气地质学核心理论与技术体系。2014年完成有关资料的采集、整理、研究和分析工作，开始编写初稿。

国际学术会议 4月21—24日，学会与国际勘探地球物理学家学会（SEG）联合主办的2014年（第八次）北京国际地球物理会议暨展览在北京举办。会展主题为“推动地球物理创新”，内容涉及石油天然气勘探与开发地球物理资料采集处理及综合解释、地震模拟和反演、井中地球物理、4D/时移地震、油藏监测、微地震和无源地震、裂缝油藏勘探、近地表地球物理、电磁勘探技术、多波多分量地震勘探等相关29个专题。来自美国、加拿大、英国、法国、俄罗斯、沙特阿拉伯、澳大利亚等14个国家和我国香港特别行政区、台湾地区的约1200位专家、学者参加了会议，其中外方专家、学者约150名。会议共收到中方投稿341篇、外方投稿89篇，会议宣讲和张贴交流中方论文264篇、外方论文73篇，会议论文集共收录中外论文337篇。

11月9—11日，学会石油测井专业委员会与俄罗斯欧亚地球物理学会联合主办的第八届中俄测井国际学术交流会在北京召开。120位中国学者和来自俄罗斯、哈萨克斯坦、白俄罗斯、乌克兰等4国的54名专家、学者参加会议。会议交流论文38篇，其中中方21篇，外方17篇，内容涉及核磁共振测井、地层测

第八届中俄测井国际学术交流会

试、智能井监测、储气库监测、过套管电阻率测井、地层元素测井、随钻测井、复杂储层测井评价、非常规资源测井评价、测井仪器刻度装置与标准化体系建设等方面，集中展示了中俄等国近2年来在测井技术研发领域取得的最新进展。中俄双方分别从对方论文中评选出5篇优秀论文，并向获奖作者颁发了证书和奖品。会议期间，中国石油集团测井有限公司和俄罗斯天然气地质资源有限责任公司就双方发挥各自技术优势、在多领域开展深层次交流合作签订了战略合作框架协议。

国内主要学术会议 2014年，学会及分支机构共组织召开各类学术会议92次，参加人数33064人次，交流学术论文3782篇，出版论文集27部，评选表彰2012—2013年度优秀会议论文100篇。

7月29日至8月1日，学会在山东省烟台市召开中国石油石化安全生产与应急管理技术交流会。国家安全生产应急救援指挥中心、石油企业、相关高等院校、科研院所的有关负责人和专家，以及从事石油石化安全生产工作的管理和技术人员、技术服务商等400多人参加会议。会议共收集投稿论文695篇，从中优选出314篇论文收录到论文集作书面交流，选取36篇进行会议报告交流。会议围绕贯彻落实国家安全生产工作部署，强化"红线"意识、树立底线思维，切实提高全员、全过程的安全风险管控能力与应对突发事件的处置能力，在应急预案、组织机构、制度标准、救援保障和技术支持等五个方面进行交流研讨。

9月27—29日，学会主办的以"持续科技创新、助推天然气产业发展"为主题的全国天然气学术年会在贵州省贵阳市举办，来自国内三大石油公司、中国科学院、中国地质科学院、各石油高校等61个单位的260余名专家、学者出席会议。年会共征集投稿276篇，论文集收录论文110篇。年会交流了我国超高压、低渗透、火山岩、高含硫等常规气藏和页岩气、煤层气等非常规气藏的地质勘探、钻完井工程、储气层改造、开采技术、地面集输工艺、安全环保等领域研究成果，提出了一些推进天然气勘探、开发、加工利用的新技术、新方法、新探索，展示了天然气工作者取得的新成绩、新业绩。

国际交往 10月27—31日，以中国工程院院士、学会副理事长曹湘洪为团长的学会代表团11人赴日本东京参加主题为"改善油品质量，应对治理大气污染的挑战"的第七届中日韩炼油技术研讨会。中、日、韩三方参会专家、学者共69名，会议交流技术报告19篇，其中：中方7篇、日方7篇、韩方5篇。中方主要介绍了我国清洁汽油的生产及市场情况、中国石油主要炼油及清洁生产技术进展、清洁汽油生产技术RSDS、S−Zorb、M−DOS的研发及工业应用情况、炼厂恶臭气体处理以及离子液烷基化技术；日方主要介绍了日本能源和环保政策、污染物排放对环境影响的研究与措施以及燃料电池汽车发展计划等内容；韩方主要介绍了韩国石油工业政策、汽车对空气质量的影响、润滑油对发动机性能和经济性的影响等内容。

通过学习交流认识到，我国炼油企业在生产国Ⅳ汽油特别是今后生产国Ⅴ汽油时，采用现有技术，辛烷值损失较大，而且目前汽油池中除催化汽油外，其他高辛烷值组分少。烷基化技术应该是今后生产高辛烷值组分的有效技术。离子液烷基化技术避免了硫酸法烷基化的废酸处理难题，产品辛烷值高，馏程分布好。国家应从法律层面严格控制乘用车尺寸及发动机排量，减少油品和其他材料的消耗；应大力发展公共交通和新能源汽车；应减少材料及燃油消耗，降低对能源的需求，可减少排放、保护环境。

会议期间，中、韩两国代表还参观了日本出光公司千叶炼油厂汽油装车栈桥及加油站油气回收设施。三方共同协商确定第八届中日韩炼油技术研讨会于2015年第四季度在中国举办。

科普活动 2014年，学会制定《中国石油学会科普教育基地管理办法》，建立首批6个具有学会特色的科普教育基地，推行基层科普设施共建共享模式。发挥13个科学传播专家团队作用，以全国"科技周"、"科普日"为工作载体，深入学校、社区和企业开展科普活动。学会分别在中海石油天津分公司、陕西延

长石油公司和北京中国石油大学举办大型院士专家科普报告会，在湖南中国石化长岭炼化公司科技馆举行以“创新发展，全民行动”为主题的全国科普活动日启动仪式。石油地质专业委员会成立石油地质学科科普学组，在石油附小和北京八中为中小学生普及《石油、天然气勘探与开发》知识；石油工程专业委员会在网站中开设“科普知识”专栏；石油测井专业委员会组织专家在《光明日报》发表《地震能不能预测、预报：虽然遥远，但非无期》等科普文章；石油经济专业委员会组织油气科普纪录片观摩活动等。

学会在中国石油天然气集团公司网站电子书屋中开设专栏，提供主办的科普杂志《石油知识》电子版供读者免费阅读。

学会及分支机构共组织院士专家科普报告会5次，专题讲座30次，大型科普展览9次，科普活动受众人数48793人次。组建第二批科学传播专家团队7个，专家人数65名，推选首席专家7名被中国科协聘任。命名挂牌“中国石油学会科普教育基地”6个。“科技创新小制作”被中国科协评为“2014年全国科普日活动优秀特色活动”，学会首次获得中国科协“全国学会科普工作优秀单位”称号。

表彰举荐优秀科技工作者 学会组织开展“首届全国石油石化优秀科技工作者”评选表彰活动，评选表彰优秀科技人才20名。评选推荐“中青年科技创新领军人才”、“重点领域创新团队”和中国青年女科学家候选人各1人（个）。

学会推荐的聂红、刘玉章、罗东红获得中国科协“全国优秀科技工作者”称号。

学会创新发展 学会研究提出“一大会、两大奖、三双活动”规划方案，“一大会”指中国石油石化科技大会，“两大奖”指中国石油石化青年科技奖和中国石油石化科技成果奖，“三双活动”指每两年举办的中国石油学会优秀（会议）论文奖、全国石油石化优秀科技工作者、中国石油石化十大科技创新进展评选活动。

学会评选树立“中国石油地质年会”等12个品牌学术活动，在活动组织和经费上给予支持。开发建设学会邮件系统、办公系统和会员管理服务系统，实现与13个分支机构、地方学会网站链接，推动学会网络化信息化建设。

《石油学报》取得广告许可证并从2014年第4期起正式开展广告业务，为10家单位14种技术进行广告宣传，为扩大相关先进技术、设备、软件等的宣传工作、实现学会社会效益与经济效益双丰收奠定基础。

党建强会 学会党支部开展读书活动，组织实施中国科协“党建强会”计划“十百千”特色活动项目，开展党的群众路线教育实践活动回头看、阶段自查自评活动，活动收集31条意见建议全部整改落实，学会员工的工作态度和工作作风得到改变。学会员工被中国石油天然气集团公司表彰为优秀共产党员1人，被中国科协表彰的优秀党建通讯员1人，学会培养发展新党员1名。学会举办的“石油院士走基层、科技传播进厂矿”院士专家科普报告会荣获中国科协“党建强会特色活动组织奖”。

会员服务 2014年，学会组织会员专业培训和继续教育33场次，培训会员2943人次。开发建设学会会员管理服务系统，重新采集录入会员个人信息37733条，利用网站、电子邮件、短信等手段，发布通知公告、工作动态等综合信息，提升服务会员能力和水平。

中国科协会员日 12月15—17日，学会举办会员日活动，开展包括走访慰问石油石化科研生产一线会员，组织召开在京分支机构学会工作者座谈会，了解分支机构及学会工作者的意见和诉求。学会组织会员开展乒乓球赛，选拔5名会员组队参加2014年（第五届）中国科协会员日乒乓球赛，获得中国科协颁发的团体组织奖。

【中国油气论坛——油气管道技术专题研讨会】 9月16—17日，由学会和世界石油理事会中国国家委员会、科技部社会发展科技司联合主办的2014中国油气论坛——油气管道技术专题研讨会在河北省廊坊市召开。大会主席、世界石油理事会中国国家委员会主任、原石油工业部部长王涛致开幕词，学会副理事长周抚生出席开幕式。来自国内外相关领域的500多位专家、学者参加会议。大会征集论文521篇，精选205篇出版了论文集。

中国科学院院士、中国石油股份公司副总裁黄维和，中国石油管道公司总经理姚伟、党委书记汤亚利，中国石油天然气管道局党委书记丁建林，中国石油西气东输管道公司总经理凌霄，北京油气调控中心主任黄泽俊，中国石油大学（北京）校长张来斌，中国石油大学（华东）校长山红红，东北石油大学校长刘扬，西南石油大学校长赵金洲，解放军总后油料局局长侯志平，以及中国工程院院士侯宝荣、闻雪友、高金吉等主持专题会议或作学术报告。

15位国外油气管道专家和23位国内油气管道行业主管、院士、专家，围绕管道完整性挑战、快速发展的中国油气管道技术、深水海底油气管线建设的安全保障对策、管道高级设计技术、管道关键设备国产化技术、高强度管道钢在世界范围的应用、高强度钢制造技术、压缩机相关技术、超声波内检测技术、阴极保护相关技术、管道技术与施工装备研制、油气管道集中调控技术等内容进行学术报告。

大会期间，与会代表着重就3个方面进行深入研讨：一是油气管道关键设备材料的可靠性和使用性能，包括新型压缩机组、大功率燃气轮机，以及X90、X100高钢级管材等；二是油气管道安全优化运行和节能减排技术，包括改善原油流动性、油品及天然气管道减阻等技术；三是破解管网规划、建设和运行中的技术瓶颈，如管道应变设计、管道完整性管理和管材断裂控制等。

【“石油院士走基层，科技传播进厂矿”院士专家科普报告会】 5月20日，学会在天津市塘沽区举行院士专家科普报告会，学会副理事长周抚生参加会议并致辞，200余位企业主管和科技工作者听取了报告。中国工程院院士曹湘洪、中国科学院院士高德利、中国工程院院士周守为分别作了题为《坚持绿色低碳发展，改造与提升我国炼油产业》《复杂井工程理论与关键技术》和《海洋石油工业二次跨越及我国深水开发的初步实践》的报告。会议邀请中国石油大学教授李相方、环境保护部环境评估中心石化部主任周学双作了题为《油气田开发中的几个理论与实践问题》和《环境风险与产业布局》的报告。

10月20日，以“石油院士走基层、科技传播进厂矿”为主题的第二次大型院士专家科普报告会在陕西延长石油集团有限责任公司（下称延长石油）举行。活动包括专家技术报告会、院士专家与科技工作者座谈会和院士专家科普报告会等内容。

专家技术报告会针对延长石油研究院科技工作者较多、知识需求较为专业的情况，以非常规油气的勘探开发为报告会主要内容，中国石油大学教授李相方、中国石油勘探开发研究院地质所副所长陶士振分别作了题为《非常规油气藏开发技术及发展方向》和《非常规油气的发展》的专题报告。

院士专家与科技工作者座谈会上，学会副理事长周抚生，中国工程院院士曹耀峰、周守为，中国科学院院士高德利，延长石油集团有限公司董事长沈浩、总经理贺久长、副总经理王香增等与延长石油的40余名科技工作者座谈交流，针对当前国内外油气勘探开发现状和延长石油的实际情况，探讨延长石油今后的科研重点与发展方向。针对延长石油的生产实际，高德利、周守为为延长石油提出意见和建议。

院士专家科普报告会上，曹耀峰、周守为、高德利院士分别作了题为《地热资源的开发利用现状与展望》《海洋石油工业“二次跨越”及我国深水开发初步报告》《低品位油气高效开发井工技术》的报告。除主会场400余名科技工作者聆听报告外，延长石油还在省内外的榆林、延安、北京等地43个所属单位设立分会场，同时进行视频直播，主会场和分会场近3000人参加报告会。

学会开展的“石油院士走基层、科技传播进厂矿”院士专家科普报告会受到中国科协的表彰，获得“党建强会”特色活动组织奖。

（撰稿人：邹　刚）

中国煤炭学会

服务创新型国家和社会建设　学会与中国煤炭工业协会共同组织中国煤炭工业科学技术奖评审工作，接受申报807项，共评选出特等奖2项、一等奖25项、二等奖133项，三等奖169项。修订完善《中国煤炭学会科技成果鉴定办法》，组织完成“3D-VR煤矿事故仿真和安全培训演练系统”等6项科技成果的鉴定。

学会开采损害技术鉴定工作委员会的工作成为中国科协2014年推进学会有序承接政府转移职能试点培育项目之一。学会注重建立健全开采损害鉴定工作体制机制、完善运行模式和监管机制、加强专业团队业务能力建设、制定业务规程和技术标准、总结有效经验并交流推广。2014年，接受贵州省盘县乐民镇政府等机构委托，完成开采损害技术鉴定项目9项。

2014年，学会举办专业培训和技术讲座7项，共50期，受众4439人次。培训、讲座针对煤炭行业热点和难点问题，涉及煤层气勘探开发、煤矿治水、钻探技术、水力采煤新技术、煤化工基础知识等内容。

学会完成了中国煤炭工业协会煤炭科学开采支撑技术体系与政策研究和煤炭企业生态文明建设评价指标体系研究2项课题。

学会新承担了中国煤炭工业协会委托的“洁净煤技术体系”和中国科协委托的“煤矿开采损害技术鉴

定体系建设”研究课题。开展了煤炭行业学会承担社会化服务职能可行性与保障机制研究，进行煤炭行业管理体制改革和行政职能转移过程的研究，梳理与煤相关的政府行政审批目录，总结提出煤炭行业学术组织承接政府转移职能的经验和优势，梳理适合各级学会参与承接的政府行政审批项目。

学会建设 10月16日，学会召开了七届理事会第二次会议，165位到会理事审议通过了《关于设立煤炭行业学术期刊工作委员会等3个分支机构的决议》、《关于中国煤炭学会七届理事会第二次会议工作报告的决议》，通过了学会财务报告和变更、增补常务理事、理事的议案。梳理总结了《煤炭学报》创刊50周年的工作和今后发展思路。

2014年，学会和各专业（工作）委员会共组织国内学术会议26次，国际学术会议2次，科技成果推广展会1次。出席人数5115人次，交流学术论文1433篇，正式出版中英文论文集10本，编印论文集、纪念册3本。评选并发布了50年最有影响力的煤炭行业百篇学术论文。

2014年，学会新发展个人会员1513人，已有17525名会员登录到中国科协会员管理系统，会员数比上年增加9.5%。

学会指导瓦斯地质、露天开采、水力采煤等10个专业（工作）委员会按规定程序换届。按照学会改革方案，对学会分支机构委员实施动态管理，调整分支机构秘书长1人、委员3人，增补分支机构委员6人。

学会对管理制度进行修订完善，累计修订完善制度34项，其中增补《中国煤炭学会分支机构管理条例》等制度10项。学会秘书处软件和硬件建设都得到提升。

2014年，学会动员行业科技力量，多次研究《中国煤炭工业科学技术志》的编撰工作思路和方案，制定、修改编写大纲。8月28日，学会组织召开了志书编写大纲评审会。9月19日，学会正式启动了该志书的编纂工作。

科技期刊国际影响力提升计划 《煤炭学报（英文版）》正式更名为 *International Journal of Coal Science & Technology*（《国际煤炭科学技术学报》），获得中国科协“学会能力提升专项优秀国际科技期刊奖”三等奖资助。

编辑部组建了新的编委会，由26位专家组成，其中13人来自国内，13人来自国外，以美国、澳大利亚等世界重要产煤国家为主。

编辑部在期刊运作方面改变了传统的编辑部办刊方法，推行“专家办刊”模式，即稿件的审查和组织工作全部由主编、副主编和编委组成的专家团队完成。主编负责对期刊进行整体把握和协调管理，副主编与相关专业编委负责对本专业的稿件进行处理，拥有对本专业稿件录用、退稿等权利，也要负责本专业的专题策划、稿件组织等。2014年，“专家办刊”模式得以充分运用，策划了多期精品专题，加强了国际宣传推广。

学术期刊 根据中国科学技术信息研究所发布的2014年中国科技期刊论文统计结果，学会主办的《煤炭学报》核心总被引频次达到了5060次，核心影响因子达到1.553，较2013年发布的数据分别提高了33%和25%。《煤炭学报》刊登的2篇论文入选“2013年中国百篇最具影响国内学术论文”。

2014年，《煤炭学报》获得“百种中国杰出学术期刊”“中国最具国际影响力学术期刊”“中国精品科技期刊”3个奖项。

学科发展研究 为深入分析行业科技发展现状，掌握世界先进煤炭科技发展趋势，制定学科发展目标，学会编制了《中国煤炭学会学科（学术）十年发展规划》（2011—2020年），同时启动了各专业委员会的学科评价工作。全年共提出13个学科发展报告及学科新进展，涵盖了煤炭地质、井巷工程、露天开采、地下开采、矿山安全、洁净煤技术、矿山机电一体化、矿山测量、土地复垦、选煤、岩石力学与支护等煤炭主要专业。

国际学术会议 10月17—19日，学会主办的2014北京国际土地复垦与生态修复研讨会在北京市召开。研讨会以“矿山土地复垦的政策、技术与实践”为主题，国内主管煤炭的有关政府部门、科研院所和矿产企业、投融资机构等领域的300位专家、学者，以及15个国家的近60位外国专家、学者到会。会议就矿山土地复垦与生态修复进行了交流探讨。会议收录论文114篇，其中100篇论文由Taylor and Francis出版社出版了 *Legislation, Technology and Practice of Mine Land Reclamation*（《矿山复垦的法规、技术与应用》）论文集，14篇论文刊登于《煤炭学报》国际版。

10月24—25日，由中国矿业大学（北京）和美国西弗吉尼亚大学主办，学会参与协办的33届国际采矿岩层控制会议（中国）在北京市召开。研讨会以“煤矿岩层控制理论与技术进展”为主题，来自国内高等学校、科研院所、矿山企业、技术咨询机构的300多位专家、学者，以及来自10个国家的30余位外国专家、学者参加了会议，共同就采矿岩层控制问题进行了交流。中国工程院院士钱鸣高、彭苏萍、袁亮、蔡美峰出席会议，学会秘书长刘峰致辞。大会组织了24个主题报告和27个一般性学术报告。会议共收到来自中国、美国、加拿大、澳大利亚、德国、巴西、印度、英国等国的论文125篇，通过筛选，收录80篇论文（其中国外论文18篇）正式出版。

国内主要学术会议 4月10日，学会在四川省成都市召开煤炭行业低碳技术创新学术交流会，学会理事长王显政，副理事长田会、吴吟、王金华出席会议。中煤能源集团公司等9家单位在会上作了学术报告，从促进煤炭工业科学发展的不同侧面，展示了煤炭行业发展低碳经济的基础理论和技术研发成果。学会理事、常务理事及部分煤炭企事业单位专业人员约150人到会交流。

7月29—30日，学会在河北省承德市召开了2014年全国瓦斯地质学术年会。12位专家、教授和青年学者作了学术报告，对煤层井下水力压裂技术、高压空气致裂增透技术、瓦斯突出预测构造地球化学理论与方法等瓦斯治理新技术和新理论进行了交流。

8月22—23日，学会开采专业委员会主办的全国煤矿科学采矿新理论与新技术学术研讨会在贵州省贵阳市召开。中国矿业大学教授窦林名等4位专家分别就厚煤层高效开采采场围岩控制、单一突出煤层煤气共采技术、煤矿区域采动应力场监测技术、以及煤炭工业运行态势作了专题报告。天地科技股份有限公司研究员毛德兵等12人分别就开采沉陷灾害及其控制方法、基于支架工况监测的工作面压架事故防治、深部工程软岩巷道“双壳”支护方案优选、煤炭科学采矿与科学产能的思考、困难条件下巷道围岩控制与技术、小直径钻孔群在急倾斜煤层群煤与瓦斯共采中的应用等关键技术问题提出了新观点和研究成果。

10月18日，中国煤炭学会2014全国矿山建设学术会议在北京市举行，60多个单位的212名专家、学者参加了会议。会议特邀中国工程院院士蔡美峰作了题为《矿山建设中的岩石力学研究》的报告。会议进行了优秀学术论文交流，会议共收到论文172篇，正式出版论文集，内容涉及建井理论，井壁安全，立井井筒施工，斜井、巷道与硐室施工、地面建筑及一般岩土工程等方面。

中国煤炭学会2014年全国矿山建设学术会议

科普活动 5月15日，学会科普工作年会在江苏省扬州市召开。会议总结了一年来煤炭行业的科普工作，表彰了中国煤炭博物馆等10个科普先进单位。开滦集团公司科协等3个单位在会上作科普工作经验介绍。

7月2日，学会在山西省太原市召开了2014年煤炭行业全国科普教育基地联席会议。中国煤炭博物馆、中国矿业大学科技馆、河南理工大学地球科学馆、唐山市开滦国家矿山公园、兖州矿业集团济三矿、大同煤业集团晋华宫矿的代表参加了会议。会议传达了全国科普教育基地科普能力建设研讨会精神，交流了煤炭行业科普教育基地能力建设的经验。

7月3日，学会科普工作委员会与山西省西山煤电集团公司科协共同举办了“健康知识讲座”，约280名西山煤电集团员工、家属和医护人员参加了讲座。

学会主办的《当代矿工》杂志是以普及煤炭科学知识为主要内容的综合性期刊。为加速全媒体建设，《当代矿工》杂志于1月开通了“当代矿工微信公众平台”和“当代矿工微博平台”，更便捷更迅速地把科学知识和信息传播出去。杂志设立了“当代矿工QQ群”，推出了“Q言Q语大家说”栏目，每期在QQ群里遴选热点、焦点话题展开讨论，还就具体话题开设“MM百科”进行相关知识的链接，提升了作者、读者与编辑部的互动效果。编辑部利用“二维码”升

级技术，在杂志上开设“你知道吗？”科普窗口，连载煤炭科普和煤矿安全知识。

学会被中国科协评为“2014年度全国学会优秀科普工作单位”。经学会考核申报，中国煤炭博物馆被中国科协评为“2014年度优秀全国科普教育基地”。

表彰举荐优秀科技工作者 学会推荐的王金华、田宏亮、朱真才、贺天才被评为中国科协“全国优秀科技工作者”，王金华同时获得“十佳全国优秀科技工作者提名奖”。

学会向中国科协推荐的周福宝荣获“光华工程科技奖青年奖”，聂百胜获得科技部“中青年科技领军人才”称号。

根据中华国际科学交流基金会要求，学会评选推荐煤炭行业杰出工程师15人，1人获得了中华国际科学交流基金会“杰出工程师奖”（全国30人），4人获得“杰出工程师鼓励奖”（全国69人）。

学会评选了2014年全国煤炭青年科技奖，在59名有效候选人中，评选出获奖优秀青年科技工作者20人，并进行了表彰，宣传他们的先进事迹。

党建强会 2014年，学会承担了中国科协党建强会项目——党支部硬件设施建设，按照要求，以中国煤炭学会党组织为主体，创建了“党员之家”、“会员之家”，为党员和会员建立实用性和功能性的学习、交流的活动场所。

建家的一个亮点是：精心设计了宣传墙，突出“尊重知识、尊重人才”的理念，悬挂历届理事长、煤炭行业两院院士的照片和简介，并张贴“煤炭行业科技脊梁”的标题，体现煤炭学会的专业技术优势和人才优势，彰显学会推动煤炭科技进步的重要作用。另一面墙悬挂党徽和“党员之家、会员之家”的标识，张贴“三服务，一加强”的学会工作定位，体现党的元素和党支部服务学会发展的内涵。

中国科协会员日 12月19—20日，学会在北京举办了中国煤炭学会会员日活动，举办了煤炭行业青年科学家论坛，慰问了煤炭科技工作者。活动邀请煤炭行业德高望重的专家、学者和全国煤炭系统100余名40岁以下的青年科技工作者参加，煤炭行业青年科学家论坛重点就与煤相关的基础学科、新兴学科、交叉学科、高新技术等领域的前沿、热点问题进行了交流。学会向到会的院士、专家和青年科技人员致以节日的问候，赠送了书籍，组织参观了中国科技馆新馆。

【2014北京国际土地复垦与生态修复研讨会】 10月17—19日，学会主办的2014北京国际土地复垦与生态修复研讨会在北京市召开。来自国内外的300多位专家、学者（其中美国、加拿大、澳大利亚等15个国家的代表60余人）到会。国际土地复垦家联合会主席W. Lee Daniel、美国采矿与复垦学会执行主席Robert G. Darmody、加拿大土地复垦协会前主席Peter J. Beckett，中国工程院院士、煤炭资源与安全开采国家重点实验室主任彭苏萍，中国工程院院士、煤矿生态环境保护国家工程实验室主任袁亮，国土资源部土地整治中心总工程师罗明出席会议并作大会学术报告。学会副理事长田会、秘书长刘峰出席会议。

在两天半的会期中，围绕“矿山土地复垦的政策、技术与实践”主题举行了13场大会学术报告、71场分会场学术报告。其中国外学者作了9场大会报告、37场分会场报告，介绍了各国矿山土地复垦与生态修复的历史、经验及新进展，增进了各国土地复垦技术的学术交流。本次会议得到国内外专家的好评。

10月19—20日，约50名与会专家、学者赴河北省唐山市开滦国家矿山地质公园和南湖矿区修复示范区进行考察交流。10月21—25日，学会邀请4位国际土地复垦组织的外籍专家赴安徽省淮南矿业集团、山东省兖州矿业集团进行实地考察，进行技术交流。

会议期间，W. Lee Daniel召集国际土地复垦家联合会协调委员会的委员进行了国际学术组织建设的讨论，学会土地复垦与生态修复专业委员会秘书长胡振琪代表亚洲地区参加了会议。

【第九届全国煤炭工业生产一线青年技术创新交流活动】 11月，学会举办了第九届全国煤炭工业生产一线青年技术创新交流活动，主要面对煤炭基层厂矿35岁以下的青年技术人员。本届活动有183家煤炭企业、科研院校参加。根据评选办法和程序，在77名候选人中评选出了20名优秀青年科技工作者，在选送的291篇论文中精选出100篇优秀论文，出版了论文集。

11月7日，学会在湖南省长沙市组织了煤炭工业生产一线青年创新交流会，中国工程院院士张铁岗、中国矿业大学教授王家臣为基层青年科技工作者作了题为《煤矿矸石山自燃爆炸灾害防范与资源化综合利用》、《煤炭科学开采的内涵与进展》的学术报告，并对青年人的成长提出了建议。12位来自煤炭生产、科研一线的青年代表在大会上进行了论文交流。会议期间，与会代表调研考察了湖南煤业集团有限公司、正忠科技有限责任公司。

（撰稿人：岳燕京）

中国可再生能源学会

服务创新型国家和社会建设 2014年，学会及各专业委员会开展专题研究与咨询近20项。其中，学会承担了国家能源局“中国太阳能发展路线图（2050）”研究课题。学会组织30余位专家，经过一年多的研究，征求相关方面的意见，形成的研究报告经能源局组织专家验收，得到好评，为国家制定太阳能发展规划提供了智力支撑。学会联合德国能源署、国家电网能源研究院共同组织完成的《中德大比例光伏发电并网技术经济研究》，从战略高度对大比例光伏并网问题开展前瞻性研究，对于推动我国光伏发电科学发展、部署适应大比例光伏发展的电网发展战略规划、实现光伏发电与电网协调发展提供决策依据。

风能专委会受国家能源局委托，组织开展了2014全国风电设备运行质量调研。出版《中国风能产业地图2014》，以数据、图表描绘出2014年我国风电发展情况，竞争格局以及风电场建设的明细，为政府和企业决策提供参考。

光伏建筑专委会承担国家“863”计划先进能源技术领域重大项目：大型光伏（并网、微网）系统设计集成技术研究示范及装备研制课题六“双模式建筑光伏系统集成技术研究及关键设备研制”、课题七“建材型光伏构件制造与测试关键技术及装备”。

产业工作委员会完成了《中国光伏产业清洁生产研究报告》、《中国风电发展报告2014》的研究工作。

11月19—21日，第14届中国光伏大会（CPVC14）暨2014中国国际光伏展览会（CPVExpo）在北京市举办。大会由学会、国家可再生能源中心、联合国开发计划署联合主办，大会主题为“开拓市场，质量先行；振兴光伏，创新引领”。大会共设8个分会场，收到论文200余篇，参会人员近400人。

学会地热专业组与国家发展改革委培训中心合作开展了2014地热能政策走势、投资机遇与技术动态及地热能发电前景分析专题培训，从高温地热利用和常温地热利用两个方面为30余名学员开展了技术培训与交流。

学会氢能专委会在中国科学院、清华大学分别开展了氢能技术讲座，约180人听取报告。

学会建设 2014年学会各专委会完成换届改选工作。

学会生物质能专委会开通了信息网站www.bec.newenergy.org.cn，旨在提高生物质能的社会认知度，扩大生物质能的推广和应用，凝聚生物质领域的优秀资源，整合生物质领域的最新资讯，发挥领域专家的引领作用，打造一个为政府、研究机构、企业及相关国际机构提供各类服务的行业平台。

学会组织编写《2014中国可再生能源学会年鉴》，全面反映我国新能源和可再生能源技术和产业的发展现状、最新政策信息、发展规划及投资热点等，重点分析、预测未来我国新能源产业的发展趋势，介绍国内外在新能源领域的最新产品和技术，包括太阳能、风能、生物质能、地源热泵、太阳能建筑一体化、氢能、海洋能、天然气水合物、新能源汽车、核能等。

学术期刊 2014年《太阳能学报》发表文章410篇，共计2500页，约合246万字。编辑部进一步加强期刊优秀选题组稿，听取编委、作者、读者对期刊工作的意见和建议；提高期刊学术引证指标；提升高影响力论文比率；加强审稿专家队伍建设。严格履行同行评议，保障和提升论文质量。

《太阳能》杂志2014年发表文章约250篇。《风能》杂志每期发行1万册，全年出版12期。目前已入编万方数据－数字化期刊群、中国核心期刊（遴选）数据库、中国学术期刊网络出版总库及CNKI系列数据库。从2011年至今，《风能》杂志每年增加一期英文专刊，向国外读者介绍中国风能的发展成就及相关知识。

国际学术会议 5月20—22日，学会参与主办的SNEC第八届（2014）国际太阳能产业及光伏工程（上海）展览会暨论坛（SNEC2014）在上海市举行。

每年由学会主办的太阳能热发电技术三亚国际论坛与2014国际太阳能热发电和热化学大会合并，于9月16—19日在北京市举行。来自全球34个国家的近600人参加论坛。论坛期间，专家、学者围绕太阳能热发电产业发展及商业化进程、太阳能热发电技术商业化面临的重大问题、太阳能热发电技术基础研究（973项目专题）、太阳能热发电系统及评价评估技术、太阳能热发电吸热技术等主题，针对太阳能光热利用

产业链上各个环节取得的重点突破及存在的问题、重大装备设计制造能力、国内外光热产业政策、光热产业发展现状以及发展趋势等问题进行讨论和交流。

10月17—19日，第四届生物质能源技术国际会议暨第八届国际生物能源会议在湖南省长沙市举办。会议由学会和联合国开发计划署北京代表处、欧洲生物能产业协会、美国化学工程师学会联合主办，学会生物质能专委会、生物质能源产业技术创新战略联盟等承办。会议围绕着生物质能源技术的进展及产业发展中的焦点问题进行探讨，对现有技术和科研成果进行多角度、全方位的展示。来自美国、德国、意大利、瑞典、古巴、加拿大、英国等国家和地区的400余人参会，大会共收到论文200余篇，形成了电子版论文集。

10月22—24日，由学会风能专委会、中国循环经济协会可再生能源专委会、全球风能理事会和国家可再生能源中心共同主办的2014北京国际风能大会暨展览会在北京市举行。大会以“和谐共赢——构筑稳健的风电市场”为主题，主要分企业家论坛及技术论坛两大板块，举办20多场主题会议，收录论文近百篇，与会人员达3000多人次。同期举办的风能展会展出面积达4万平方米，共有国内外500多家企业参展。国内外领先的整机制造企业，零部件企业及行业服务企业同台亮相，各自展示出其先进技术与设备。

国内主要学术会议 由学会及专委会主办或联合主办的国内研讨会和展览会40余次，参与学术交流人数近10万人次，发表各类论文1800余篇。

5月24—25日，由学会光化学专委会组织的第一届新型太阳能电池暨钙钛矿太阳能电池学术研讨会在北京市举行。会议收到论文摘要180余篇，来自全国24个省、自治区、直辖市及香港特别行政区、台湾地区和日本的500余位专家、学者参加会议。

6月6日，由学会光伏专委会、工业和信息化部信息中心、中国质量认证中心（CQC）联合举办的2014中国分布式光伏发电投资与电站建设（杭州）研讨会在浙江省杭州市举行。研讨会着眼于落实既有光伏产业政策，探讨分布式光伏发电发展中的热点与难点问题，为国家制订行业政策提供建设性意见。近40位专家对我国太阳能光伏发电行业的市场发展现状、市场前景进行了展望，并解读了未来分布式光伏发电行业发展的整体环境及发展趋势以及一些前沿策略。

6月10日，学会风能专委会与鉴衡认证中心在北京举办了风电机组选型和风电场运行管理技术研讨会。来自中国广核、三峡新能源、中国华电、龙源电力、华润等风电场开发运维企业的110余人参加会议。

8月21—22日，学会太阳能建筑专委会与国际铜业协会主办的全国太阳能建筑政策与技术交流会在河南省郑州市召开。来自全国各地的专家、学者及太阳能相关企业代表100余人出席了会议。

10月17—19日，学会生物质能专业委员会参与主办的第八届全国研究生生物质能研讨会在湖南省长沙市召开。会议分为生物质转化技术、热化学技术及发电技术、生物质材料及化学品、其他新能源与可再生能源4个分会，200余位高校和科研院所的师生参会并作交流发言。会议接收论文161篇，刻录了会议论文光盘，并评选出优秀论文一、二、三等奖。

11月14—16日，学会氢能专委会主办的第15届全国氢能学术会议暨第7届两岸三地氢能研讨会（CHEC2014）在上海市举行。会议就氢能的制备、储存、运输、利用、经济发展战略等专业领域的新理论、新技术、新方法、新应用等成果进行学术交流。约220名专家、学者参加会议，会议共收到200篇论文摘要，进行100多篇口头报告、近120篇墙报展示。

11月22—23日，学会海洋能专委会在北京召开了第五届全国海洋能学术讨论会，大会的主题为“智者乐海　能者有为”。大会进行了优秀青年论文评奖评审。

国际交往 2014年，学会接待国际机构、组织来访100余人次，包括国际可再生能源机构（IRENA）、国际能源机构（IEA）、德国能源署、瑞典可持续增长研究署、瑞典皇家工程学院、德国Fraunhofer协会、德国电气工程师协会（VDE）、法国电力集团、挪威AF集团等。学会与挪威创新署正式签署了战略合作协议，共同推进两国可再生能源产业间的合作与交流。

科普活动 2014年，学会及专委会开展科普活动10余项，参加人数3000余人次。

基于学会承担的环保公益项目“太阳能电池高纯多晶硅产业产排污系数研究”和中国科学院电工研究所承担的“大型光伏电站的气候环境效应研究”项目课题成果，2014年2月至5月，学会组织编写《光伏发电　环境友好》科普读本，主要针对当前公众仍然存在着光伏“高污染、高能耗、高成本”的疑虑，围绕“全生命周期”理念，从光伏发电全产业链条中的“生产制造”、“发电应用”以及“废弃回收与再利用”三个环节，基于近年科研成果，综合分析、阐述光伏发电对于环境的清洁友好性。

学会光伏专委会组织行业内专家对原有《中国分布式光伏发电100问答》进行内容扩充和修订，形成《中国分布式光伏发电》手册，手册对原“100问答”进行了更新和必要修订，并结合分布式光伏发电推广近一年来的工程实践，对分布式光伏典型工程技术问题进行了系统梳理和权威解答，将原“100问答”扩充为“130”问答，内容更加翔实也更加贴近工程实践。编写组还收集整理了有关部委的相关政策汇编。5月20—22日在第八届（2014）国际太阳能产业及光伏工程（上海）展览会暨论坛上进行了现场首发。

学会天然气水合物专委会对广州市新能源和可再生能源科普基地进行了为期半年的智能升级改造，于2014年“全国科普日”活动期间正式对公众开放，提升全民对天然气水合物的认知水平。

【2014国际太阳能产业及光伏工程（上海）展览会暨论坛】 5月20—22日，学会参与主办的第八届（2014）国际太阳能产业及光伏工程（上海）展览会暨论坛（SNEC2014）在上海市举行。来自90个国家、地区的1526家企业参展，展览面积15万平方米，逾8万名专业观众参观，展览规模再次创造全球光伏展会的纪录。

展览会期间召开了光伏科学家大会、全球光伏金融峰会、全球光伏市场展望与发展策略论坛，以及多边的光伏产业前沿技术论坛、光伏系统与智能并网技术论坛、分布式光伏发电与储能系统在太阳能领域应用的现状与展望研讨会，单边、双边的英国光伏市场投资信息交流会、中国太阳能发展路线图暨光伏发展路线图征求意见研讨会、中德太阳能光伏产业合作研讨会等。“全球光伏领袖对话”中的主题“贸易保护已成常态的环境下如何生存发展”“光伏行业的整合、转型之路”“新技术、新模式带来的新机遇”，吸引了众多专业人士的关注。

（撰稿人：梁　媛）

中国能源研究会

服务创新型国家和社会建设 2月，国家能源局发布《国家能源局关于确定第一批研究咨询基地的通知》（国能规划〔2014〕63号），研究会作为第一批研究咨询基地位列其中，主要任务是受国家能源局的委托，开展能源战略、规划、政策、法规、体制改革等方面的研究，提出研究报告和建议。在中国科协推进学会有序承接政府职能转移扩大试点项目中，研究会承担了可再生能源产业标准、可再生能源产业的信息统计、反映可再生能源产业诉求3个试点项目。

2014年，研究会受国家能源局委托，承担了国家能源“十三五”规划课题——“‘十三五’能源需求总量及结构变化趋势分析”的研究工作，该课题已通过国家能源局验收。

北京举办“煤炭峰值预测与应对”2014高层论坛

3月，研究会在北京组织召开了“煤炭峰值预测与应对”2014高层论坛，来自政府部门、行业协会、煤炭科研单位、相关煤炭企业的专家、学者出席论坛，在对煤炭行业峰值预测研究的基础上，给出了中国煤炭峰值到来的时间和峰值水平，针对煤炭峰值到来可能带来的影响，向相关政府部门和企业提出应对建议。

为贯彻党的十八大关于“推动能源生产和消费革命，支持节能低碳产业和新能源、可再生能源发展、确保国家能源安全”的精神，促进能源领域产融互动，2014年，研究会和中国开发性金融促进会共同发起能源金融俱乐部。致力于打造能源金融领域政、产、研、融一体化的高端合作平台，密切能源领域的政府主管部门、行业专家、龙头企业、金融机构间联系，聚集顶级能源专家和重点能源企业，传导国家能源发展战略和政策，交流产业发展和创新前沿信息，创新金融支持国家能源战略的方式，推动能源产业与金融资本有效对接，实现能源企业、金融机构和相关

产业广泛深入合作。4月24日，能源金融俱乐部组织召开“十三五”及中长期我国能源发展与政策走势研讨会。

5月，研究会的核心产品和标志性报告《中国能源发展报告（2014）》发布。研究会逐步完善中国能源基础信息平台，截至2014年年底，该平台中的数据库积累了2000多万个能源数据。数据内容涵盖经济社会、能源消费、能源投资、能源生产、能源贸易、能源库存、能源价格、能源效率、能源与环境等方面，数据品种包括综合能源、煤炭、石油、天然气、电力和可再生能源，数据统计范围涉及31个省、自治区、直辖市，并且有日度数据、周度数据、月度数据、季度数据和年度数据等详细归类。为国家有关部门能源部署和能源决策提供参考依据。

研究会编辑发布《中国天然气行业发展报告(2014)》。阐述分析了世界天然气勘探开发状况和趋势、国际天然气贸易状况和世界天然气市场消费特点及发展趋势，就中国社会经济能源环境发展状况，论证了国内各省区天然气行业发展现状和需求预测。

历时两年，研究会完成了基于动态数据仓库的煤炭市场预测技术研究。该课题搭建了基于煤炭市场监测预警指标体系的动态数据仓库，以及基于数据平台的预测模型系统，为神华销售集团及煤炭行业提供了市场决策支持。

9月，中国大唐集团与中国能源研究会签署战略合作协议，研究会理事长柴松岳，副理事长翟若愚、吴吟，秘书长于新阳出席仪式。大唐集团成立专门的创新技术推广公司。在研究会节能减排中心的推动下，神华集团和申能（集团）签订技术合作框架协议，在神华集团的电力企业全面展开上海外高桥第三电厂冯伟忠的创新技术经验推广工作。柴松岳表示，希望借此次协议签署时机，推动大唐集团在节能减排等能源科技领域不断向前迈进，为我国经济、能源、环境的持续协调发展做出应有贡献。

6月11日，在一年一度的中美能效论坛上，研究会节能减排中心向来自中美两国节能领域的相关政府部门、行业协会、企业研究机构介绍《工业锅炉提效减排系统解决方案》。

8月3—5日，研究会地热专业委员会在福建省漳州市召开干热岩考察及开发论证会。研究会地热专业委员会主任田廷山、研究会地热专业委员会专家委员会主任郑克棪、中国地质调查局地热资源调查研究中心主任王贵玲等出席。

受科技部委托，研究会承办了中意高技术科技园区可持续发展能源建设、中意企业与绿色技术创新可持续发展能力建设、中意工业能源效率可持续发展能力建设3期培训班。共组织中央和地方干部、科技管理干部、专家75人出国培训。

2014年，受国家能源局委托，研究会分别在广东省珠海市、上海市、陕西省西安市和北京市举办了4期电力安全培训机构（发电类）师资培训，共计1200余名相关技术人员参加培训。

学会建设 2014年，研究会发展会员32人，增补副秘书长2人，成立了能源监管专业委员会。

研究会及所属专委会组织举办国内外学术交流活动18次，其中国际学术会议6次，国内学术会议12次。承接政府和相关部门委托课题研究和咨询项目18项。

研究会召开理事会议1次，常务理事会议2次，召开省市能源研究会秘书长联席会议1次。

研究会升级改版学会网站，改版后的网站包括能源要闻、政策法规、数据快递、专家观点、能源企业、学会动态和研究报告等内容。

研究会农村能源专业委员会编撰出版了《农村能源行业标准汇编》(上、下篇)、《中国农村能源年鉴(2009—2013)》。

学术期刊 2014年，研究会编辑出版科技期刊3种，共印发2万余册，汇编学术会议论文集3部，出版科技图书5种共计1.5万余册。

《中外能源》杂志2014年出刊12期，发表论文334篇。杂志发表创新性文章增多，策划、发表了《中国天然气分布式能源发展制约因素及对策研究》《天然气分布式能源在浙江的发展前景分析》《世界页岩气资源现状研究》等重要选题文章。

在中国科学文献计量评价研究中心发布的《中国学术期刊影响因子年报（自然科学与工程技术 · 2014版）》统计报告中，《中外能源》杂志各项统计指标均较2013年增长，复合影响因子达到1.137，五年影响因子（2008年至2013年）达到1.144，总被引频次为1577次，在被统计的全国42种能源与动力工程类学术期刊中排名第2名，在被统计的176种化学工程类学术期刊中排名第10名，在被统计的85种石油天然气工业类学术期刊中排名第17名。

国际学术会议 3月27日，研究会在北京组织召开“德国能源转型2.0”专题报告与研讨会，邀请德国能源署总裁科勒先生与中方专家、学者分享了德国能源转型的经验。

3月31日至4月1日，研究会在北京举办2014中国国际地热能与热泵技术设备展览会暨高峰论坛。论坛以“加快推动地热开发利用助力我国能源结构调整”为主题，来自中国大陆和香港特别行政区、台湾地区，美国、法国、德国、英国、俄罗斯等13个国家和地区的100余家机构和单位参加。

4月16日，研究会主办的意大利ITEA（意大利索菲特集团下公司）清洁燃烧技术研讨会在北京召开。意方专家介绍意大利增压无焰富氧燃烧技术，参会的中意双方专家讨论交流清洁燃烧，节能减排技术，探讨消除雾霾保护环境之路。

8月27—29日，研究会参与主办的2014(第十届)中国分布式能源国际论坛在上海市召开。论坛主题为“跨界时代的能源创新”。与会专家重点围绕“中国分布式能源发展现状及中长期发展问题探讨”“风光气储多能互补的智慧能源系统”“建言分布式能源‘十三五’规划”等议题展开讨论。

9月17—18日，研究会组织的中意地热能技术交流研讨会在北京召开。中国和意大利两国的专家、学者交流了当前最新研究进展，并就中意两国在地热田勘查、热储工程、地热发电、地源热泵等领域可能开展的合作进行探讨。

国内主要学术会议 3月17—18日，研究会在北京召开第三届中深层地热资源高效开发与利用国际研讨会。国务院参事王秉忱、中国科学院院士贾承造等近100位国内外专家、学者、政府机构有关人员、电力能源企业管理和技术人员参加。

9月11日，研究会地热专业委员会和国际地源热泵协会中国区委员会主办的第六届中国地源热泵行业高层论坛在浙江省杭州市召开。大会围绕地源热泵集中供暖、区域能源、合同能源管理、浅层地热能勘查、南方冬季供暖、地热井清洗、热物性测试等多个专业领域，探讨目前中国地源热泵行业发展的现状及前景，为我国地源热泵行业的发展建言献策。

9月23—24日，研究会天然气研究中心发起的中国天然气系列论坛——今冬明春天然气供需形势及2015年分析主题研讨会在北京召开。与会学者解读了我国天然气调峰应急运行管理政策，分析近两年国际及国内天然气发展战略动态及趋势，共同探讨2014年、2015年两年天然气供需形势。

10月，研究会农村能源专业委员会与中国沼气学会在陕西省咸阳市组织召开2014年中国沼气学会学术年会暨中德沼气技术论坛。来自全国科研教学和企业相关的机构以及欧盟代表420人参加。大会收集和汇编论文100余篇，评选出优秀论文一等奖7篇、二等奖13篇。

国际交往 研究会地热专业委员会副主任朱家玲、委员余岳峰等参加了9月28日至10月1日在美国俄勒冈州波特兰市召开的国际地热资源协会年会。

10月17—21日，研究会地热专业委员会专家委员会主任郑克棪、委员陈梓慧参加了东南亚国家联盟经济研究院合作研究项目：东亚常规和新型地热资源利用的可持续性评价研究。

表彰举荐优秀科技工作者 经研究会推荐，研究会副秘书长、农村能源专业委员会主任李景明获得中国科协“全国优秀科技工作者”称号。

【火电厂节能减排创新技术交流会】 为研究交流火电厂节能减排创新技术与火电厂创新冷却技术及应用，4月23日，中国能源研究会和大唐集团联合召开火电厂节能减排技术交流会。

研究会常务副理事长周大地、副理事长翟若愚、秘书长于新阳、研究会原副理事长、顾问秦中一出席会议。上海外高桥第三发电厂总经理冯伟忠介绍了电厂节能减排经验和做法，研究会节能减排中心李俊峰介绍了火电厂空冷、湿冷机组冷却系统优势互补节能节水创新技术。在技术交流会上，研究会节能减排中心组织研发的、具有自主知识产权的火电厂冷却系统节能节水创新技术，得到了中国工程院院士黄其励、倪维斗的高度评价。

（撰稿人：刘淑琴）

中国硅酸盐学会

服务创新型国家和社会建设 2014年，学会举办专业培训12期、技术讲座17场，受众890人次，承担或参与国家标准、行业标准编写和修订工作9项。

学会混凝土与水泥制品分会申报了工业和信息化部JC/T 412.1—2006《纤维水泥平板第1部分：无石棉纤维水泥平板》、JC/T 412.2—2006《纤维水泥平板第2部分：温石棉纤维水泥平板》、JC/T564.1—2008《纤维增强硅酸钙板第1部分：无石

棉硅酸钙板》、JC/T564.2—2008《纤维增强硅酸钙板第2部分：温石棉硅酸钙板》等行业标准的修订工作。该4项标准已列入2014年第三季度行业标准修订计划。

学会建设 2014年，学会发展个人会员174人，个人会员总数达20255人，团体会员总数达50个。

学会环境保护分会在安徽省合肥市召开了六届三次理事长扩大会议。学会玻璃钢分会在湖北省武汉市举办了玻璃钢分会第十届理事会成立大会。学会玻璃钢分会组织了第十届理事会换届工作。

2014年，学会和各分支机构共举办学术会议31次、学术论坛5个，参加学术交流人数3665人次。各类学术会议共收到论文1397篇。

学术期刊 2014年，学会主办的《硅酸盐学报》入选2014年“中国科协精品科技期刊工程”——期刊学术质量提升项目、科技期刊出版人才国际培训项目。《硅酸盐学报》刊发的12篇论文入选精品期刊顶尖论文平台——领跑者5000项目。《硅酸盐学报》刊发的6篇论文获第8届中国硅酸盐学会《硅酸盐学报》优秀论文奖。

《硅酸盐学报（英文版）》创刊并出版2期，刊发论文19篇，获得中国科协学会能力提升专项——优秀国际科技期刊奖项资助。

国际学术会议 4月12日，学会与芬兰格拉司通集团公司在上海市举办主题为“探讨智能玻璃与能源管理的未来前景”的第12届中国玻璃深加工研讨会，包括90名外国学者在内的270名专家、学者和工程技术人员参会。

8月17—21日，第五届国际陶瓷大会在北京举行。本次大会由中国硅酸盐学会代表国际陶瓷联盟主办，学会陶瓷分会承办了第五届国际陶瓷大会传统陶瓷分会。大会围绕结构陶瓷、功能陶瓷、先进陶瓷制造技术、陶瓷在能源、环境、健康等新技术领域的前沿应用等主题进行交流。

9月15—18日，学会混凝土与水泥制品分会高性能混凝土专业委员会、国际结构混凝土协会、北京交通大学、国际材料与结构研究实验联合会在北京联合主办了第10届高性能混凝土国际学术研讨会。来自20多个国家和地区的150多位专家、学者出席大会。会议共收到论文127篇，经过专家审稿，收录论文分别由《硅酸盐学报（英文版）》和*Key Engineering Materials*期刊发表。

10月18—20日，由学会溶胶凝胶分会主办，昆明理工大学、浙江加州国际纳米技术研究院承办的2014中国溶胶－凝胶学术研讨会暨国际论坛在云南省昆明市举行。国内外高等院校、科研院所、企业的专家、学者252人参加学术研讨，交流论文175篇，其中分会场交流邀请报告36篇、研究生专场交流报告34篇、墙报展示78篇、其他论文27篇。

10月24—26日，学会晶体生长与材料分会在上海市举办了2014年中韩铁电材料研讨会，中国和韩国的学者就铁电压电材料的制备、性能、结构及相变，压电集能器的应用研究等方面进行了研讨交流。会议期间所作的9个口头报告重点阐述了高性能压电材料制备、结构、性能与应用技术方面近年来的发展水平与重要进展，并为未来进一步研究提供了方向指引。

国内主要学术会议 4月18—20日，由学会和中国工程院化工、冶金与材料工程学部，上海大学共同主办的第六届无机材料专题——材料基因组工程研究进展研讨会在上海市召开。200余名中外学者共同研讨材料基因组工程在材料设计、制备、表征和应用方面的研究进展。学会理事长徐永模和《硅酸盐学报》主编南策文为获得第9届“中国硅酸盐学会《硅酸盐学报》优秀论文奖”的6名作者颁奖。学会溶胶凝胶分会代表用墙报的形式展示了研究近况。

11月21—22日，由学会和上海硅酸盐研究所共同主办的第一届无机材料领域国家重点实验室论坛在上海市举行。来自高校、中国科学院所属研究所及相关行业的11个无机材料类国家重点实验室主任及有关人员参加研讨。

国际交往 2月17日，学会水泥分会邀请外国学者在中国建筑材料科学研究总院绿色建筑材料国家重点实验室讲学，聘请挪威工业科学研究院首席科学家Harald Justnes、丹麦阿尔博波特兰公司首席科学家Duncan Herfort、日本岩手大学教授Shunsuke Hanehara、日本东京工业大学教授Etsuo Sakai、冰岛创新研究中心主任Olafur Wallevik等5位外国学者为中国建筑材料科学研究总院客座教授，并颁发了聘书。

5月26日，由中国硅酸盐学会与中国建筑材料科学研究总院主办、济南大学承办、中国硅酸盐学会水泥分会协办的第十四届国际水泥化学大会第一次国内筹备会议在山东省济南市召开，30位有关单位负责人和专家出席了会议。

8月31日至9月3日，学会晶体生长与材料分会在日本东京主办了第四届中日双边晶体生长与晶体技术研讨会，中方学者16人、日方学者30余人参加会议。

科普活动 2014年，学会和分支机构共举办科普展览、科普论坛、科普讲座、专家报告会等科普活动10场次，受众2775人次，组织专家、学者和志愿者430余人次参与各项科普活动。

表彰举荐优秀科技工作者 经学会推荐，李青、张幸红、罗豪甦3人获得中国科协“全国优秀科技工作者”称号。

学会与中国建筑材料联合会共同开展2014年度中国建筑材料联合会·中国硅酸盐学会建筑材料科学技术奖评奖工作，23个项目获奖。

3月13日，由学会混凝土与水泥制品分会主办的2014年科隆杯混凝土外加剂研究和应用新进展征文评审会在北京召开，评选出优秀论文15篇，择优在2014年4月召开的学会混凝土与水泥制品分会第十四次会员代表大会上作专题报告，并正式出版纤维水泥制品行业纤维增强水泥及其制品文集。

学会特种玻璃分会在第十八届全国高技术陶瓷学术年会上，为冯楚德和欧阳世翕两名专家颁发“中国特种陶瓷事业杰出贡献奖”。

中国科协会员日 中国科协会员日期间，学会及其玻璃、混凝土与水泥制品、环境保护、溶胶凝胶、测试技术等5个分会以不同主题开展会员日活动，100余名会员参加活动。

【第五届国际陶瓷大会】 8月17—21日，第五届国际陶瓷大会在北京举行。本次大会由中国硅酸盐学会代表国际陶瓷联盟主办，清华大学、中国科学院上海硅酸盐所、哈尔滨工业大学承办。中国工程院院士、清华大学教授李龙土担任大会主席，中国科学院院士、中国科学院上海硅酸盐所研究员江东亮，中国工程院院士、哈尔滨工业大学校长周玉，学会理事长徐永模，海南大学校长李建保担任大会共同主席。大会邀请美国工程院院士、哈佛大学教授David R. Clarke等国内外陶瓷学界的学者作主旨报告，围绕结构陶瓷、功能陶瓷、先进陶瓷制造技术、陶瓷在能源、环境、健康等新技术领域的前沿应用等主题进行交流。来自46个国家和地区的650多位专家、学者参加大会。大会收到论文摘要800篇，口头报告341篇，其中国外180篇，国内161篇，459篇展讲。

【第一届无机材料领域国家重点实验室论坛】 11月21—22日，由中国硅酸盐学会和上海硅酸盐研究所共同主办，高性能陶瓷和超微结构国家重点实验室承办的第一届无机材料领域国家重点实验室论坛在上海市举行。学会理事长徐永模、上海硅酸盐研究所党委书记刘岩、学会副理事长姚燕、学会秘书长晋占平，来自高校、中国科学院所属研究所及相关行业的11个无机材料类国家重点实验室主任及有关人员近30人出席了论坛。论坛由晋占平和高性能陶瓷和超微结构国家重点实验室主任陈立东分别主持。

与会人员围绕论坛主题“交流、创新、合作、共赢”，在重点实验室运作与管理经验、重点实验室各自优势与资源共享、重点实验室的技术创新与产业发展、重点实验室与新材料研究进展、重点实验室队伍建设与人才培养等方面进行了交流，介绍了各自实验室的基本情况、优势资源、取得的成果、管理运行模式以及发展的困惑和存在的问题等。

【第25届中国国际玻璃工业技术展览会】 4月14—17日，学会在上海市举办第25届中国国际玻璃工业技术展览会，展出面积达8万多平方米，来自27个国家的821个厂商参展，来自72个国家的2.3万名专业观众（其中外国观众近3000名）前来进行经贸洽谈和技术交流。展览会展出的新技术、新产品涵盖玻璃生产的各个领域，除传统的玻璃生产加工技术、设备和玻璃制品外，还包括多种特种玻璃制品和加工技术设备，特别是低碳经济、节能减排、新能源技术和与绿色建材相关的新技术、新产品、新设备成为用户的关注点。

（撰稿人：孙睿哲）

中国建筑学会

服务创新型国家和社会建设 2014年，学会作为牵头单位，与中华口腔医学会、中国纺织工程学会等共同承接中国科协社会科技奖励课题研究，并于12月结题。

学会完成中国科协“有序承接政府转移职能试点阶段工作总结”等课题，学会作为中国科协政府职能转移试点单位，承接了梁思成奖的管理、评审及其基金会等职能，并按照中国科协的要求完成了相关总结工作。2014年，“梁思成建筑奖评选”作为政府职能转移试点工作移交学会后首次进行评选，经过提名与评选，确定孟建民获得第七届梁思成建筑奖。

学会组织修改了《中国建筑设计奖申报及评选条例》，增加了项目申报范围，在原来8个专业方向基础上，增加建筑防火、地基基础、工业建筑、施工组织设计、建筑材料等5个专业方向；规范了评审程序，将奖项评选分为两个层次：第一层次为专业分会奖，由学会相关专业分会组织申报及评审工作。第二层次为中国建筑设计奖，由相关专业分会将评选的优秀项目推荐至中国建筑设计奖评审委员会，参评中国建筑设计奖。

学会启动了2014年学术研究课题征集。学术研究课题以建筑各学科领域改革发展中的重大理论问题和实践问题作为主要方向，重视学科交叉与渗透，鼓励跨学科、跨学校、跨单位和跨地区的联合攻关。学术研究课题每年发布一次。

5月24日，受住房和城乡建设部人事司委托，学会承办2014年全国高等学校建筑学专业教育评估委员会全体会议。会议审议了广东工业大学、四川大学等16所学校的视察报告并对视察结论进行了投票表决。会议决定拟由学会负责各校评估有效期内的督察工作。学会将逐步承担建筑学专业教育评估工作。

2014年，学会针对不同层面的技术人员的需求举办了各专业相关新规范、新标准的培训。举办培训班16个，参加培训人员500多人次。

学会建设 经报中国科协和住房与城乡建设部批准，并经理事会投票表决，学会秘书长届中变更为周畅。

2014年，学会新增个人会员295名，新增团体会员19家，认定52人成为资深会员。

学会网站发表或转载近16万篇文章，40个专题，600多位资深会员内容全部上线，通过微博做了《中国当代著名建筑师》微刊。2014年末网站全球排名127563名，2013年末排名138579名，比2013年排名上升11016名，继2013年之后，网站SEO继续进入百度新闻源。网站搜索情况，其中百度收录学会网站条目199000条（2013年为34000条），谷歌收录学会网站条目502000条，搜狗收录1244751条。

2014年，学会继续作为国际建协和亚洲建协会员出席相关会议，并增加了国际建协的投票比重。

学术期刊 学会及直属分会公开出版和内部发行的刊物18种，全年累计发行60余万册。

《建筑结构学报》获得中国科学技术信息研究所“第十三届中国百种杰出学术期刊”称号，获得中国学术文献国际评价研究中心、清华大学图书馆等单位评比的“2014中国最具国际影响力学术期刊”称号。根据中国科学技术信息研究所发布《2014年版中国科技期刊引证报告（核心版）》，《建筑结构学报》在2013年建筑科学与技术类期刊主要指标中，影响因子、综合评价总分均位居第一。获得了“国际DOI中国注册与服务中心（学术期刊）”的会员认证，从2014年的第9期开始，《建筑结构学报》的每篇论文都有唯一标示的DOI编码，可全球索引、查询。

学科发展研究 2014年，学会及各专业分会开展学科发展研究工作，形成《2015—2020建筑学科发展研究报告》并出版发行。

国际学术会议 10月14—17日，由中国建筑学会、韩国建筑学会、日本建筑学会共同主办的第十届亚洲建筑国际交流会在浙江省杭州市举行。会议由浙江省土木建筑学会、浙江省建筑设计研究院、浙江大学建筑工程学院等单位承办。会议主题是“文化促进建筑进步”。大会印制了论文集两册，每册约800页，并组织了主题报告、专题报告和分题报告，提交论文346篇，其中中国161篇，日本106篇，韩国73篇，其他国家和地区6篇。

国内主要学术会议 学会及所属分会2014年共开展国内学术交流活动76次，参加人数1万余人次。包括学会2014年年会、新型城市化论坛暨《建筑学报》创刊60周年纪念活动、2014年度院士推荐工作会、学会2013年学术课题启动会、学会工业分会学术年会、学会建筑电气分会学术年会、学会工程管理分会学术年会等。出版论文集12册，收录学术论文1295篇。

11月25—28日，学会在广东省深圳市举办以“当代建筑的多学科融合与创新”为主题的学术年会，何镜堂、王小东、崔愷、孟建民等院士、专家参加会议并作主题报告，600余名专家、学者参加。

10月31日至11月1日，学会委托上海建筑学会在上海举办新型城市化论坛暨《建筑学报》创刊60周年纪念活动，学会理事长车书剑、名誉理事长宋春华、中国科学院院士郑时龄、中国工程院院士程泰宁等参加会议并作主题报告，500余名专家、学者参加会议。

两岸交流 5月12日，学会理事长车书剑在北京会见了台湾地区台北中华全球建筑学人交流协会理事长陆金雄、台湾建筑师李祖原、黄声远和淡江大学建筑系主任黄瑞茂一行4人。中国工程院院士、中国建筑设计研究院副院长崔愷，学会常务副秘书长张百平等一同参加会见。

12月4—10日，车书剑率团赴台湾地区台北市参加第16届海峡两岸建筑学术交流活动，并出席第三次海峡两岸建筑院校学术交流工作坊开幕式。该工作坊的主题是“一起迈向自由”，由李祖原担任工作坊召集人，崔愷和黄声远担任工作坊策划人。工作坊以台湾淡江大学校园为基地进行环境改造方案设计，共有来自长江以南的8所大陆建筑院校和8所台湾地区院校师生共90余人报名参加工作坊。

国际组织任职 清华大学建筑学院院长、学会资深会员庄惟敏连任国际建筑师协会理事、国际建筑师协会职业实践委员会联席主任；学会常务副秘书长张百平连任国际建筑师协会副理事；学会资深会员刘克成当选为国际建筑师协会遗产委员会联席主任。

国际交往 2014年，学会共接待来访团组3个，组织出境团组5个。

3月12日，韩国三友综合建筑师事务所中国区负责人姜泰安、海外事务部室长金明花、建筑师金炯冀拜访学会，学会常务副秘书长张百平、国际部副主任王晓京参加会见。主要就与中国建筑设计单位加强合作及与学会交换优秀学生作业展等事宜进行沟通。

6月23—28日，学会代表团一行6人赴马来西亚吉隆坡出席亚洲建筑师协会第十六届亚洲建筑师大会。会议期间，代表团成员分别出席了亚洲建协理事会、教育委员会、职业实践委员会、可持续设计委员会会议、亚洲建协奖颁奖仪式等活动，参加了学术报告会和亚洲建协友谊之夜活动。经学会组织申报，学会会员共获得12个亚洲建协奖项，占全部奖项的1/3。

8月3—10日，以学会常务副秘书长张百平为团长的学会代表团一行9人出席在南非德班举行的国际建筑师协会第25届世界建筑师大会。学会代表团出席国际建协理事会议、会员代表大会、学术报告会、展览、颁奖仪式等活动。本次展览共征集国内20余家设计院的100余项作品参展，展场面积达到300余平方米，是所有参展国家馆中面积最大的一个。

APEC建筑师中央理事会第六次会议于2014年10月5—8日在加拿大温哥华举行，学会派代表出席。

10月21—25日，学会副理事长朱文一赴韩国参加了亚洲建协C区会议。

科普活动 4月1日，学会科普工作委员会在上海举办“中国建筑梦·寻找中国好建筑”上海主题论坛活动，200余名师生参加论坛。中国科学院院士、东南大学建筑研究所所长齐康，中国科学院院士，同济大学学术委员会主任郑时龄作主题演讲。

6月5日，学会科普工作委员会联合四川省土木建筑学会、成都市土木建筑学会、成都市城市公共环境艺术协会在四川省成都市举办“中国建筑梦·新型城镇化”高峰论坛，来自政府机构、城市建设部门多家设计院校及建筑装饰企业的100余人参会，多家媒体进行了深度报道。

为贯彻《中华人民共和国科学技术普及法》，学会制定《中国建筑学会科技普及教育基地认定办法》，开展学会科技普及教育基地认定工作。

表彰举荐优秀科技工作者 学会评审中国建筑设计奖104项，中国建筑学会科技进步奖24项。

学会推荐的中国建筑科学研究院王俊获中国科协“全国优秀科技工作者”称号。

学会组织开展2014年创新人才推进计划推荐工作，确定宫剑飞带领的研究团队为“重点领域创新团队”。

为奖励在建筑科研活动中做出突出贡献的组织和个人，根据科技部《社会力量设立科学技术奖管理办法》，学会2014年开始设立“中国建筑学会科技进步奖”。奖项由申报单位或个人申报，推荐单位初评并择优推荐至中国建筑学会，由总会最终评定。

3月，学会启动了青年建筑师评选工作，全国22个省、自治区、直辖市76所设计单位的150名青年建筑师参与申报本届青年建筑师奖。本届评审委员会由13位建筑学界专家组成，学会理事长车书剑担任评审委员会主任。通过无记名投票的方式，确定王亦知等62位青年建筑师获奖。

学会组织完成“第六届中国建筑学会建筑教育奖”的申报及评审工作，本届建筑教育奖有11个省、自治区、直辖市16所建筑院校的18名教授参与申报，通过无记名投票确定丁沃沃等11人获得“第六届中国建筑学会建筑教育奖”。

党建强会 5月，学会秘书处组织全体党员赴北京市怀柔区参加党建强会植树活动，学会理事长车书剑、秘书长周畅，以及学会秘书处、学会三刊的30余人参加。

会员服务　11月27日，学会在广东省深圳市举行了资深会员授牌仪式，认定52人成为资深会员。

学会全年出版会讯20期，累计发行6000册，共30万字。学会开展的会员之家微信平台发布各类专业信息近300条，浏览量达11000多人，主要是会员和业内人士。

学会举办“绿色节能·打造建筑质感外衣”活动、上海建筑外围护专题技术交流活动周、上海建筑外围护专题技术交流会——同济分会场、上海2014年度新立方——“城市建设的协同发展”之“多元共生，中国式颐养地产”论坛、深圳2014年度新立方——“虚拟时代　设计现实”活动、成都2014年度新立方——“乐活乐居，创作创新”活动等会员之家活动。

中国科协会员日　中国科协会员日期间，学会在北京举办2014年度新立方——“城市综合开发的创新模式”活动，约300人参加。

【中国建筑学会2014年学术年会】　11月25—28日，2014中国建筑学会学术年会在广东省深圳市举行，会议由学会秘书长周畅主持，学会理事长车书剑、广东省住房与城乡建设厅厅长王芃出席会议并致辞，中国工程院院士何镜堂、王小东，崔愷出席会议并作学术报告，600余名专家、学者参加会议。

本届年会的主题是“当代建筑的多学科融合与创新”，旨在从多学科融合的角度探索建筑的自主创新问题。何镜堂、王小东、崔愷、孟建民、庄惟敏以及朱小地、邵韦平等专家作了近40场学术报告，探讨当代建筑创作的跨学科融合与创新。

会议颁发了“第七届梁思成建筑奖”，获奖者孟建民结合多年创作实践提出“本原设计”理论，以全方位人文关怀为核心理念，实现建筑服务于人的设计思想。会议还颁发了“中国建筑学会科普基地”证书、学会资深会员证书。

会议同期举行了中国建筑学会十二届理事会第四次理事会议，确定中国建筑学会2015年学术年会在湖北省武汉市举行。

【第七届梁思成建筑奖】　梁思成建筑奖自2000年设立以来，已先后评选了六届，已有18位建筑界知名专家获得梁思成建筑奖，10人获得梁思成建筑提名奖。2013年年底，住房和城乡建设部根据国发〔2013〕34号文件精神，将“梁思成建筑奖”正式转交中国建筑学会主办。

2014年，学会在保证奖项水平和评选工作总体框架不变的情况下，对条例相关内容作了局部修改和补充，同时，对《梁思成基金管理办法》作了修订。

5月，学会启动了“第七届梁思成建筑奖”的评选工作；9月，举行了“第七届梁思成建筑奖”专家提名工作会议，确定梅洪元等6人为本届梁思成建筑奖被提名人；11月，举行梁思成奖认定评选工作，孟建民荣获“第七届梁思成建筑奖”。

【新型城市化论坛暨《建筑学报》创刊60周年纪念活动】　10月31日，学会主办的2014年中国新型城镇化发展论坛暨《建筑学报》创刊60周年纪念活动在上海举办。学会理事长车书剑，住房和城乡建设部原副部长、学会名誉理事长宋春华，上海市宝山区区委书记汪泓，中国科学院院士、学会原副理事长郑时龄，学会副理事长兼秘书长周畅，学会副理事长、江苏省住房城乡建设厅厅长周岚，以及中国工程院士戴复东、魏敦山、程泰宁，全国建筑设计大师黄星元、孟建民、庄惟敏等《建筑学报》编委等出席论坛。

《建筑学报》的3部新书在揭幕仪式上亮相，车书剑与宋春华一同为新书揭幕。

车书剑、郑时龄、宋春华、王建国、周岚、庄惟敏，及普利兹克奖首位中国籍得主王澍等作了演讲。

车书剑提出，我国城镇化的发展，要摒弃高能耗、高排放、高扩张的模式。新型城镇化就是要坚持经济、社会和自然的和谐，坚持资源和环境可持续发展的原则。通过技术创新和管理创新，建立一个资源节约，环境友好，生态文明，绿色高效的发展模式。

郑时龄围绕“建筑与城市共生”议题展开讨论。他认为，城市必须珍视建筑的品质和环境。地标建筑应该代表一个城市对文化的追求，而不是恣意攀比。

宋春华在演讲中重点提到了“空城”“鬼城”现象。他说，每一个城市在城镇化中，应根据历史文化和自然条件，确定自己独有的、多元化的文化主题，最终才不会趋同。同时遵循正确的设计方案，坚持规划设计创新，辩证地处理好功能、技术和形式的关系，力求做到实用、经济美观的统一。

东南大学建筑学院院长王建国浅析了新型城镇化背景下的中国建筑设计发展道路，并由此提出了提倡关注本土地域和文化集体意识诉求的自下而上的适宜性、重拾合情合理的“平凡建筑”的价值观、关注城乡地域发展的均衡等路径。

周岚就城镇化的国际趋势和中国的问题进行了简

要分析，并对“如何推进新型城镇化”提出了几点建议。她说，中国在城镇化推进的过程中，存在着经济社会体制机制方面的问题，城乡规划建设相关的硬件支撑问题也同等重要。

庄惟敏重点提出了“建筑策划”程序。他认为，在整个建筑项目的全过程，建筑师和策划师的关注必须从开始就介入，策划师在前期占主要工作，他们和建筑师紧密地结合在一起。

王澍以《一种聚集丰富差异性的建筑之道》为题作了演讲，他表示，文化是存在于日常生活中的，只有真实所见的、具体的文化才有其真正的意义。

会上，为栗德祥、鲍家声、戴复东、王建国、李秉奇、庄惟敏、孟建民、周文连、郑时龄、黄星元、曹嘉明、曾坚等历届编委颁发了“《建筑学报》特别贡献奖”，并对金晶杯·2014首届玻璃建筑设计大赛的获奖者们颁奖。

本次论坛也是“世界城市日”的六大分论坛活动之一。

（撰稿人：魏　巍）

中国土木工程学会

服务创新型国家和社会建设　学会围绕桥梁与隧道工程学科、工程安全与防灾减灾技术、“公交优先”战略等开展学术交流活动。

学会燃气分会、招投标研究分会、混凝土及预应力混凝土分会、工程风险与保险研究分会等结合各自的工作特点开展了盾构隧道施工风险网络培训、“工商用户用燃气流量计的选型与运营”培训、混凝土标准宣贯培训、压力管道设计审批人员培训、“先进适用技术对保证工程质量作用的研究”课题成果培训、全国注册岩土工程师全国师资培训、城市轨道交通工程监测技术培训、《市政地下工程施工质量验收规范》宣贯培训《气体消防设施选型配置设计技术规程》宣贯讲座等有针对性的技术培训。

学会建设　2014年，学会发展单位会员94个，个人会员近300人。学会召开了九届二次常务理事会议，学会专业分会及专业委员会、地方学会工作会议，学会九届二次理事、九届三次常务理事通讯会议。

学会城市公共交通分会成立了专家委员会、BRT专业委员会，工程质量分会成立了工程质量检测鉴定专业委员会，水工业分会成立了水分会机械设备专业委员会。港口工程分会、防震减灾技术推广委员会、桥梁及结构工程分会、工程风险与保险研究分会、隧道及地下工程分会等完成了换届改选。

学术期刊　学会编辑出版《土木工程学报》《现代隧道技术》《防护工程》《建筑市场与招标投标》《煤气与热力》《城市公共交通》《公交信息快递》《城市公交》以及文摘报《预应力技术与工程应用》《空间结构简讯》《土木工程师》《城市道桥与防洪》等学术期刊。

国际学术会议　学会举办了中国国际轨道交通技术展览会及系列会议，中国国际隧道与地下工程技术展览会暨中国上海隧道与地下工程技术研讨会、首届中美土木工程行业交流报告会（北京会区）、首届地下空间与现代城市中心国际研讨会、第一届地铁健康监测与检测国际研讨会、2014第七届中国（上海）国际隧道与地下工程技术研讨会与2014年国际隧道与地下工程技术展览会等国际学术会议。

学会与美国土木工程师学会首次联合主办了重大基础设施可持续发展国际会议，会议得到了世界工程组织联合会、亚洲及太平洋地区工程组织联合会、国际桥梁及结构工程学会、中国工程院等单位的支持。

国内主要学术会议　学会共举办国内学术会议140余次，参会人数达2.2万人次，出版论文集60余部，提交论文5000余篇。

学会组织召开了运营安全与节能环保的隧道及空间建设第四、第五届学术研讨会，全国桥梁建设技术创新暨港珠澳大桥主体工程施工技术介绍与现场观摩会，中国土木工程学会第十六届年会暨第二十一届全国桥梁学术会议等学术会议，推进桥梁与隧道工程技术交流，促进桥隧新技术、新成果的推广应用。

学会单独或与有关单位联合举办了第三届土木工程安全与防灾学术论坛、第七届全国防震减灾工程学术研讨会暨纪念汶川地震五周年学术研讨会、第一届全国细水雾灭火系统学术会议、全国第一届超高层建筑消防学术会议等专题研讨会，围绕防灾减灾的经验、技术和发展方向、风险管理，提高工程质量等防灾核心问题进行研讨交流。

学会举办了2014年中国（青岛）城市轨道交通管理和技术创新研讨会、2014年“智慧勘测，智慧地铁”技术交流会、2014中国城市公共交通高峰论坛等学术交流活动，推进城市轨道交通技术进步，推广城市公共交通节能与新能源技术，展示我国城市公共交通建设领域的最新研究与创新成果。

6月27—28日，学会在北京组织召开全国第一届超高层建筑消防学术会议，首次通过学术报告论文交流和座谈会等多种形式，系统、全面地对超高层建筑防火技术进行交流，290多名专家、学者参加会议。会议总结提炼出了超高层建筑防火设计关键技术：①分管限断堵；②合理建设和利用建筑防火分区；③超高层建筑的耐火极限应在现有规范的基础上适当提高；④消防给水采用可靠性计算确定系统的合理性；⑤超高层建筑合理进行防排烟设计。

11月13—14日，第十七届全国工程建设计算机应用大会在北京举办。本届会议是工程建设计算机应用领域的重要学术交流活动，共有来自全国各地的300余位专家、学者参会。会议邀请12位专家作主题报告，安排了7位学者作学术交流。大会组委会编制了《第十七届全国工程建设计算机应用大会论文集》，收入论文99篇，由人民交通出版社出版，内容涉及建筑信息模型（BIM）技术研究与应用、工程建设中计算机技术的创新应用、平台与应用软件的研发、工程建设行业及企业的信息化、国内外计算机技术的最新发展与产品等工程设计各领域的前沿成果，基本反映了近两年来我国工程设计计算机应用的新进展。大会主题报告和学术交流报告主要围绕复杂结构的分析技术、BIM技术研究与标准、绿色建筑的发展，信息技术支撑的协同设计等4个方面，特别是上述领域的应用创新。

国际交往 学会组织在国际桥梁协会任职的专家参加了在西班牙马德里举行的2014年国际桥梁协会年会，组织在国际煤气联盟任职的专家参加了第17届世界液化天然气大会及展览。学会组织专家赴瑞士和巴西参加了世界隧道大会暨国际隧道协会年会。学会专家赴德国、西班牙、韩国、新加坡、日本、美国、比利时、加拿大、荷兰、墨西哥、巴西等国家和地区就岩土工程研究、快速公交系统、工程建设材料、风工程研究进展、隧道建设技术、工程风险预防、工程防水技术、桥梁建设技术等方面进行学术交流。

科普活动 学会围绕土木工程领域新技术、新规范以及超大型在建工程难点技术等方面的问题，通过指导课题策划、课题报批、协助教师聘请、网络招收学员等措施，保证科普培训质量，共举办培训讲座50余次，培训人数3000余人次。

学会组织进行全国科普教育基地年度考核，推荐苏通大桥展览馆参加全国优秀科普教育基地评选。

表彰举荐优秀科技工作者 2014年，学会开展了第十一届、第十二届詹天佑奖评选表彰活动。其中，2013年有32项工程、2014年有28项工程获得詹天佑奖。在第十二届詹天佑奖的评选过程中，学会首次设立了“国防工程”组。

受科技部委托，学会开展2014年国家科技奖的推评工作，经从詹天佑奖历届获奖工程中遴选推荐，由深圳大学教授邢锋等主持完成的“大掺量工业废渣混凝土高性能化活性激发与协同调制关键技术及应用”项目获得国家技术发明奖二等奖。

2014年，詹天佑奖优秀住宅小区金奖突出了保障房项目的评选。在申报的28个项目中，有7个为保障房项目。经过规划、建筑、环境、科技、工程质量等方面专家的评审，确定了21个项目获金奖，其中有5个保障房项目获得金奖；6个表彰项目中有2个保障房项目。

学会向中国科协推荐第十届光华工程奖和青年奖候选人各1人，向中国科协推荐国家奖励高层咨询专家2位，向住房城乡建设部推荐“住房城乡建设部建设工程企业资质审查专家库”专家24名。学会完成了科技部“2014中青年科技创新领军人才”候选人推评等工作。

【中国土木工程学会第十六届年会暨第二十一届全国桥梁学术会议】 5月27—29日，学会在辽宁省大连市举办了中国土木工程学会第十六届年会暨第二十一届全国桥梁学术会议。本届年会由中国工程院土木水利与建筑工程学部、中国土木工程学会、中国土木工程学会桥梁及结构工程分会与大连星海湾开发建设管理中心共同主办，来自全国各地桥梁界专家、学者500多人参加了会议。

本届年会的主题是桥梁建设的“经济、耐久、创新”，大会录用论文175篇，由人民交通出版社出版论文集。会议论文交流分为大会报告、分会场论坛的演讲两种形式。邓文中院士、项海帆院士等7位专家以《拱的艺术》《21世纪中国桥梁的发展之路——中国距离桥梁强国还有多远》为题作了学术报告。分会场论坛分为设计与分析、施工与控制、科研（“抗震、抗风与动力分析”及“检测、加固及其他”）三大类主题同时进行，共安排了60多位论文作者发言，交流了近两年来国内桥梁建设和科研中的新进展、新成果、新观点、新经验。

【第十二届中国土木工程詹天佑奖颁奖大会】 12月4日，第十二届中国土木工程詹天佑奖颁奖大会在

中国土木工程学会第十二届中国土木工程詹天佑奖颁奖大会

北京举行。来自科技部、住房城乡建设部、交通运输部、水利部、中国铁路总公司、中国科协、国家科技奖励工作办公室、北京市民政局、北京市科协等单位有关负责人，中国建筑工程总公司等央企有关负责人，中国土木工程学会和詹天佑基金会理事，各专业分会和各省市土建学会代表，以及233个获奖单位代表和来自全国各省市的土木建筑科技工作者近500人参加了颁奖大会。

第十二届詹天佑奖评选，继续坚持“高标准、严要求、优中选优”和“公开、公正、公平”的原则及严格的评选程序，并首次设立了“国防工程”组，从83个申报的优秀项目中，评选出昆明新机场工程、京沪高速铁路、北京地铁十号线国贸站工程等28个获奖项目。这些项目在工程设计、绿色环保技术、生态环保技术、历史文化保护、工程全寿命安全监测等方面都有创新。如，昆明新机场工程是全球最大规模采用减隔震技术的大型枢纽机场工程，其抗震设防综合技术带动了减隔震技术国产化创新。深圳湾体育中心项目的设计首次提出了考虑扭转和翘曲影响的弯扭构件强度设计方法；南京大胜关长江大桥首次采用了三片主桁架承重的双连拱多跨连续钢桁梁创新桥型；京沪高速铁路完善了我国高速铁路建设标准体系；北京地铁十号线国贸站工程首先提出在桥桩密集区域采用分离岛式车站的设计理念。

截至2014年，詹天佑奖先后有336项具有较高科技含量和代表性的土木工程建设项目获奖，香港、澳门特别行政区先后有9项工程获奖。评选范围涵盖了建筑、桥梁、铁道、隧道、公路、水利、水运、市政、轨道交通、住宅小区等土木工程建设领域。

（撰稿人：张　君）

中国生物工程学会

服务创新型国家和社会建设　2014年，学会承接了政府转移职能试点培育项目——《中国生物产业发展报告2013》编撰工作，组织专家撰写报告的相关内容，利用4个月的时间完成了该项目的预定目标，并通过该项目建立健全了学会承接政府转移职能机制，探索了承接政府转移职能的工作流程和方法，为学会有序承接政府转移职能的工作奠定了基础。

2014年，学会承担了中国工程院“十三五”战略性新兴产业发展规划咨询项目，主要是跟踪研究“十二五”生物产业领域的发展，分析其机遇与挑战，提出未来我国生物产业的发展思路、发展目标、重点任务、关键技术路线图。该课题选择生物医药、生物医学工程、生物农业和生物制造4个领域为重点研究对象，研究国内外生物产业发展总体情况，产业规模和发展趋势。定量的描述医药卫生、生物制造对我国经济的贡献，借鉴国外生物制造产业发展模式与政策，分析我国发展的规律和障碍。7月19—21日，学会组织相关专家赴河南省焦作市调研，召开专家研讨会，布置相关课题的撰写任务，与会专家约50人。

学会受国家名词审定委员会的委托，承接了生物工程技术名词的审定工作，已初步搭建了生物技术名词的目录和大纲，预计该项目3年内完成。

学会利用自身的专家优势，推荐2位本领域的专家参与《世界前沿生物技术》一书的有关章节的审稿工作。

学会建设　2014年，学会有个人会员1990人，团体会员单位117个。新成立了生物资源专业委员会和生物技术与生物产业信息工作委员会，分支机构数量达到11个。

学会有理事会成员122人，其中常务理事47人，女性理事13人。2014年新增补副理事长1名。

2014年，学会医药生物技术专业委员会完成了主任变更事项。学会筹建计算生物学与生物信息学专业委员会、转化医学专业委员会。

学术期刊　学会会刊《中国生物工程杂志》每月出版一期，每期印刷数为2800册，2014年共印33600册，在该期刊上发表论文264篇。

学会与中国化工学会共同主办了《生物产业技术杂志》，该杂志为双月刊，2014年印制了7500册，

160 篇论文。

国际学术会议 8 月 25—28 日，学会参与承办的第十届中日国际病毒学研讨会在吉林省长春市召开。来自中国和日本的专家、学者针对本领域的发展趋势、研究热点与难点，特别是针对埃博拉病毒、禽流感病毒相关理论和方法进行交流，其中日本学者 20 人。

国内主要学术会议 2014 年，学会举办国内学术会议 8 次，参会人数 3640 人次，其中，企业科技工作者约 1240 人次，交流论文 339 篇。

2 月 14 日，学会在北京举办了农作物生物育种产业化高峰论坛，约 70 位专家、学者参加会议。会议就转基因安全、食品安全及在农作物产业化方面所遇到的政策性和前瞻性问题进行了探讨，为农作物的尽快产业化提出建议。

5 月 9—10 日，学会生物资源专业委员会成立大会暨第一次学术研讨会在江苏省邳州市召开，150 余位生物资源方面的专家参会，探讨在国家生物资源开发、利用及保护等诸多方面所面临的困难与挑战，为合理开发和利用探索出新的生长点。

6 月 18—20 日，由学会牵头，联合 20 家学会／协会共同主办的第八届中国生物产业大会在天津市举行，2400 余人参会，同时有 1.5 万平方米的展览，集中展示我国生物产业在工、农、医药等行业所取得的成果。大会包括高层论坛、专业论坛等多项活动。

7 月 15—16 日，学会和化学工业出版社联合举办的第八届生物产业技术研讨会在黑龙江省哈尔滨市举办，会议邀请了来自高校和科研院所的专家、学者，以及来自企业界的管理者和科技工作者作战略和学术报告，近 80 位专家、学者参加研讨会。

10 月 21 日，学会与中国农业生物技术学会、中国作物学会、中国植物生理与分子生物学学会、中国植物保护学会共同主办的农业生物技术科学传播研讨会在北京召开，约 80 位专家、学者参加会议。会议旨在向社会和公众传播科学知识，创造良好的舆论宣传阵地，为科技工作者和大众搭建农业生物技术的宣传平台。

11 月 7—10 日，学会 2014 年学术年会暨全国生物技术大会在浙江省温州市举办，年会包括高层论坛和 6 个专业论坛以及 1 个培训班，参会代表约 540 人，会议提交 177 篇论文，颁发了中国生物工程优秀论文奖。

科普活动 2014 年，学会举办科普宣讲活动 3 次，举办专题展览 1 次，宣讲活动受众约 740 人次。学会被评为 2014 年度全国学会科普工作先进单位。

6 月 18 日，学会在天津举办中国生物产业大会期间，举办了“转基因安全与公众意识”论坛，向公众介绍了农业转基因方面的政策、进展和目前存在的问题等，解答观众关心的转基因食品安全存在的困惑。约 150 位专家、学者参加论坛。

9 月 13 日，学会科普专业工作委员会在山西省吕梁市举办了转基因技术的科学报告会，向公众介绍转基因技术及其应用、现状等，受众约 260 人。

10 月 16 日，学会在湖南省长沙市举办了转基因技术的科学报告会，向大众介绍了转基因的基础知识和现实生活中接触到的转基因技术，受众约 330 人。

表彰举荐优秀科技工作者 学会推荐的温州医科大学副校长李校堃获得中国科协“全国优秀科技工作者”称号。

【编制《中国生物产业发展报告 2013》】 9 月，学会承接了中国科协政府转移职能的试点项目——编制《中国生物产业发展报告（2013）》一书。学会初步建立了拥有生物产业各领域相关专家资料的撰稿人专家库，制定了项目规范的工作流程，为今后可以承接其他项目的政府职能转移打下基础。

《中国生物产业发展报告（2013）》为中国生物工程的年度报告，为政府、企业、大专院校等从事生物技术的专业人士提供年度总结。该报告涉及技术、专利、投融资、产业基地等几个板块，文章有 48 篇，印数为 1500 册。

该项目由学会副理事长兼产业促进工作委员会主任马延和领导，工作小组从 2014 年年初开始组织调研，经多次讨论、协调，并听取国家有关部门和专家的意见，形成报告框架内容，完成顶层设计。

《中国生物产业发展报告（2013）》主要针对 2013 年中国生物产业的政策、现状等进行分析和思考，同时提出我国生物产业未来的发展方向。该书从我国生物产业发展战略与政策、生物技术发展前沿与热点、生物产业发展现状与趋势、生物技术专利分析、生物产业投资情况等多角度对中国生物产业各领域发展状况进行清楚的透视和真实的分析，对 20 多个国家生物产业基地发展状况进行全面总结，对 2013 年度生物产业发展热点进行重点分析和探讨，对中国生物产业发展战略进行思考和讨论。是我国从事生物产业相关行业的政策制定者、科技人员、行业管理者、金融投资人和企业人士的工具和参考书籍。

【2014 年学术年会暨全国生物技术大会】 11 月 7—10 日，学会 2014 年学术年会暨全国生物技术大会在浙江省温州市举办。大会以“生物技术与健康生活”为主题，围绕生物医药、生物农业、生物制造、生物信息学等领域，中国工程院院士、学会理事长欧阳平凯，中国科学院院士陈润生，中国工程院院士、解放军总医院生命科学院院长付小兵，中国生物技术发展中心主任黄晶，温州医科大学副校长、国家基因工程药物工程研究中心首席科学家李校堃，亚洲生物技术联合会理事长、韩国科学技术学院教授 Ho Nam Chang，北京大学长江特聘教授邓兴旺，台湾新竹清华大学，美国莱斯大学教授朱一民等院士、专家作特邀报告。来自全国生命科学与生物技术领域的科研院所、高等院校、生物技术企业的一线科研人员 540 人参加年会。

年会同时开办了 7 个分会场，分别为：医学生物技术研讨会暨全军生物技术学术研讨会、生物技术药物与转化医学研讨会、农业生物技术研讨会、工业生物技术研讨会、生物资源研讨会、计算生物学与生物信息学研讨会、生物医药前沿技术培训班。

中国生物工程学会 2014 年学术年会暨全国生物技术大会

会上，颁发了学会青年优秀论文奖证书，其中一等奖 4 篇，二等奖 7 篇。

（撰稿人：蒋玉清）

中国纺织工程学会

服务创新型国家和社会建设 2014 年，学会开展的高等学校本科工程教育专业认证工作正式入选中国科协承接政府职能转移首批项目试点，纺织类专业认证委员会（筹）的筹备工作已基本就绪。

学会承担中国纺织工业联合会《纺织强国纲要》修订和“十三五”规划前期研究的部分工作。

学会参与环境保护部《纺织染整行业污染防治可行技术指南》（试行，征求意见稿）的修改工作，提出部分修改意见和建议，内容包括在纺织染整行业污染防治技术中，增加无盐染色关键技术、涂料印染技术、新型纤维及多种纤维混纺纺织材料的高效环保染料助剂、非 PVA 浆料开发等关键技术。

学会组织专家参加福建省科技厅“福建省科技重大专项专题项目”《双面冷染直印机及其染化料研发与产业化》的评审。

学会组织专家为河北省清河县羊绒产业发展进行项目规划论证。组织召开了《2014—2020 年河北清河县羊绒产业发展规划》专家论证会，经过质询和讨论，形成论证意见，修改完善了清河县羊绒产业发展规划。

截至 2014 年 6 月，学会积累了 20 多项专利。6 月，与江苏苏美达轻纺科技产业有限公司合作，进行了专利技术成果转让的初次试点工作。

学会完善国家开放大学纺织学院管理体制和基础性工作，组建学院领导班子，成立学院综合管理办公室（含助力计划办公室）。组建纺织学院专业教学指导委员会、服装专业教学指导委员会、印染专业教学指导委员会、实验实训教学指导委员会等 4 个专业教学指导委员会。完成了教育部责成国家开放大学“学分银行”项目三、项目四（服装专业）课题。承接国家开放大学产业工人助力计划工作。制定完成《纺织行业人才培养助力规划》。制定了《国家开放大学纺织学院学习中心建设和管理办法》《国家开放大学纺织学院印章使用管理办法》等相关制度。

学会能力提升计划 完成了中国科协“学会能力提升专项”优秀科技社团奖项目的第一期（2012—2014 年）工作并作总结报告。第一期工作中，学会创建了产学研用协同创新平台、校企政联动人才服务平台、高端人才举荐培养平台、纺织行业学术交流平台。

“学会能力提升专项”第二阶段工作已完成纺织行业人才公共服务平台二期建设，完善了门户网站建设，数据库、信息管理登记系统等项目，实现了会员自主登记并开展线上服务；继续开展“科技人才服务

高校行”活动和行业人力资源调查报告，征集高校大学生创业、创新项目，表彰科技人才，组织学术沙龙；开展行业技术培训和企业专场技术咨询，组织专家帮助企业解决技术难题；完善孵化器项目的各项服务系统，完成了孵化器落地试点场地的配置建设，并引入创新技术人才等；积极开展与国际组织机构间的交流合作，搭建国际流动课堂平台，并引进海外纺织高新技术等工作。

学会建设 2014年，学会共举办学术会议、论坛、沙龙、年会和培训班等23项，3540人次参加，出版论文集11本，发表论文670篇，刻录论文光盘1张。

学会召开了2次常务理事会议、1次理事会议。在第24届理事会第五次扩大会议上，增补江建明、彭燕丽为副理事长，发展高级会员82名、团体会员单位10家。接收、招聘了6名工作人员。在宁波一家企业设立了第一个学会工作站。

学术期刊 《纺织学报》出版12期，刊登论文256篇，约300多万字。自第5期起，所有文章均匹配了DOI文献标识码。引进数字优先出版，第一批文章已进入中国知网和万方数据库检索。利用微博、微信等新媒体，拓展《纺织学报》的覆盖面。

《毛纺科技》出版12期，刊登论文180篇，行业资讯39条、行业简讯98条、专利摘要34条、论文摘要42条，编辑出版约143万字。

国内主要学术会议 3月29—30日，学会在山东省青岛市召开第九届全国染整后整理学术研讨会，150余人参加，会上交流论文64篇。重点研讨和交流了近年后整理发展的有关新技术：免烫及风格整理技术、卫生整理技术、手感整理及风格整理新发展，舒适整理、防护类整理技术、涂层与复合加工技术、服装后加工技术，以及特殊用途的面料和服装整理、纺织面料多功能整理剂新技术、非织造布用功能性新纤维及功能性后整理加工新技术、功能性产业用新纤维原料产品的后整理技术，智能型产品的开发与应用等。

5月19—20日，学会在广东省广州市召开全国服装服饰图案设计与印制技术研讨会，50余位专家、学者参加会议，会议收到论文50余篇。会议交流了纺织服装印花的信息表达、T恤图案设计充要条件、服装特种印花技术与未来发展趋势、适应国内外印染市场需求的涂料色浆、辐射法黏合剂的特点与应用、定制未来商业——把握C2B创新机会等方面的技术。

7月3—4日，全国棉纺印染家纺技术对接交流会在江苏省南通市召开。会议以“整合资源，跨界融合，技术创新”为主题，120余位专家、学者参加交流会，会议收集44篇论文。本次对接交流会是学会首次举办的集棉纺、印染与家纺三个环节为一体的技术交流会，会议将上游资源、技术有效整合，并与家纺终端产品对接，为家纺新产品开发与提高家纺企业竞争力提供支持。

7月7—9日，学会在江苏省苏州市召开第二届全国毛纺行业技术改造研讨会，100余位专家、学者参加研讨，收到论文52篇。会议主要讨论以功能性纤维在毛纺产品中的应用、毛纺产品染整技术中存在的问题、毛纺产品面料组织结构的设计与表现等方面的内容。

8月15—16日，学会在浙江省绍兴市召开全国纺织染料助剂新型原材料工艺、新型产品成果技术研讨会，200余位专家、学者参加会议，发表论文50余篇。会议交流研讨了染料助剂的新型原料、新型生产技术、新型生产工艺、新型产品、新型成果、染料助剂的环保保证、检测标准与技术以及染料助剂的最佳应用、染料助剂的发展方向等内容。

8月19—21日，由学会针织专业委员会主办、江南大学承办，以“针织生产数字化与智能化”为主题的2014年全国针织技术交流会在江苏省常州市召开。会议以行业服务为宗旨，为国内经编、圆纬编和毛衫企业搭建技术交流平台，近500位专家、学者参会。中国纺织工业联合会副会长、学会理事长孙瑞哲，中国工程院院士孙晋良、俞建勇等专家针对行业和针织技术发展的热点和难点问题进行交流和探讨。

10月22—24日，以“跨界融合，智能纺织”为主题的2014中国纺织学术年会在上海市召开。

两岸交流 9月10—11日，由中国科协主办、学会承办的2014海峡两岸超仿棉加工技术应用研究青年科学家研讨会在江苏省太仓市召开。本次活动作为中国科协2014海峡两岸青年科学家学术活动月系列活动的首场研讨会和活动月的启动仪式，为期2天，活动内容包括主旨报告、专题演讲、高端访谈与参观企业4个部分，共有145位专家、学者出席，其中大陆124人，台湾地区21人。研讨会共收录论文43篇。中国科协党组成员、书记处书记沈爱民，中国纺织工业联合会副会长高勇出席会议并致辞。学会执行副理事长江建明，中国工程院院士周国泰、蒋士成等出席会议。研讨会的专家报告分为超仿棉纤维生产的关键技术探讨、超仿棉纤维的标准及相关评价体系的建立两部分。研讨会选择有共性的超仿棉项目进行了学术交流与技术讨论，增进两岸学者的了解与合作。

科普活动 学会利用学会网站和《纺织动态信息》传播科普知识。编印《纺织常识手册》等小册子，借助学术会议、展览展示等平台发放。学会开通了科普微信平台服务号，将纺织服装类科普知识、日常纺织产品维护与选用技巧、高科技纺织产品、新型纺织材料、交叉学科纺织品应用等信息发送给普通用户。

学会定期举办科学技术普及班，如纺织品检测技术普及班、节能减排技术普及班等，内容涵盖国内外行业热点，包括环境保护、节能减排、国内外标准等方面，普及范围不仅局限于纺织行业，还包含国家和地方质检机构、高校及科研院所等部门。学会还将学术研讨会与科普活动相结合，如利用举办海峡两岸超仿棉加工技术应用研究青年科学家研讨会之机，对近年提出的“超仿棉”概念进行普及。

学会从纺织领域科技工作者中，遴选出具有较高学术造诣和科普能力的专家，组成纺织科学传播专家团队，以科普展览、讲座、咨询等多种形式，开展全国性、创新性、示范性科普活动，推动形成学科科普品牌。学会科学传播专家团针对学科或行业相关社会热点焦点和突发公共事件，及时牵头或参与开展应急科普服务，为公众解读热点、焦点及公共事件背后的科学知识，传播本学科或行业科技工作者的共识，正确引导社会舆论。

向中国科协推荐卞向阳、蒋高明、毛志平、施楣梧、肖长发等5人分别担任服装技术、针织技术、染整技术、纺织技术、纤维制造技术学科的首席科学传播专家。

表彰举荐优秀科技工作者 学会推荐的刘琳、孙玉山、程博闻获得中国科协“全国优秀科技工作者”称号。学会推荐丁彩玲为“第十一届中国青年女科学家奖”候选人，推荐周国泰、孙晋良、蒋士成为“中国现代科学家宣传人选”，推荐周华堂获“全国杰出工程师”奖，丁彩玲、刘延武、孙玉山、张国良、蒲宗耀5人获得“全国杰出工程师”鼓励奖。

学会协助香港桑麻基金会完成2014年桑麻纺织科技奖评选工作，评选出2014年香港桑麻纺织科技奖16名，其中一等奖6名、二等奖10名。

在2014中国纺织学术年会上，表彰了2014中国纺织学术大奖、2014中国纺织学术带头人与2014中国纺织技术带头人。肖长发获得2014中国纺织学术大奖；陈国强、陈莉、程隆棣、毛志平、郝新敏获得2014中国纺织学术带头人称号；曹秀明、刘子斌、马廷方和王占洪获得2014中国纺织技术带头人称号；15篇论文获得第十五届陈维稷优秀论文奖。

10月20—22日，学会毛纺专业委员会参与主办的第34届全国毛纺年会暨“唯尔佳”优秀新产品评比活动在上海市进行。会议征集论文65篇，评审出优秀论文一等奖9篇、二等奖28篇、三等奖27篇，编辑出版《第34届全国毛纺年会论文集》。“唯尔佳”优秀面料评比共征集21家参评企业的113款面料，评选出优秀设计奖3款、一等奖9款、二等奖29款、三等奖18款。

学会创新发展 学会将研发中心建设作为重点工作，起草了《中国纺织工程学会技术研发中心服务规范条例》，重新梳理了研发中心评审流程，修改完善了《中国纺织工程学会技术研发中心申报单位现场评估意见表》等文件。按照规定对已到复审年限的江阴福达染整联合机械有限公司等16家研发中心企业进行复审。组织专家到四川意龙印染有限公司等20家申请成立研发中心的企业进行实地考察。2014年新发展研发中心10家。

为促进学会研发中心与院校的结合，促进资源优势互补，探讨校企产学研用结合的新模式，学会促成宜兴乐祺纺织集团（研发中心企业）与常州纺织职业技术学院共同成立了多功能纺织印染牛仔面料工程技术中心。

全国医疗卫生用纺织品科技推广中心是由学会与中国产业用纺织品行业协会、全国卫生产业企业管理协会共同开展的跨行业联合的项目，2014年，学会走访了10家科研院所、医院、院校、质检机构进行调研，确立了首批推广的科技成果，召开针对中心首批推广科技进行征求意见讨论会，开展首批科技成果医院试用工作。

9月20日，学会在宁波广源纺织有限公司建立了学会工作站，支持企业开展技术创新，提高资源利用效率，探讨企会联合协同创新的新模式，建立产学研用新平台。

党建强会 6月26日，为开展纪念中国共产党

成立93周年活动，学会党支部组织党员参观西山无名英雄纪念广场，重温入党誓词、向无名英雄敬献花篮、聆听讲解员介绍英雄事迹，进行了爱党、爱国的教育。

按照中国科协党组“党建强会”和“建设服务型学会党组织奋力实现中国梦”的计划要求和活动主题，学会确定“携手行业党员专家实现创新发展新模式”作为特色活动的主题，开展了系列以党员专家为核心，发挥党员队伍团体优势的特色交流活动。发挥党员专家们技术经验丰富的优势，解决企业在生产过程中遇到的技术问题。学会党支部激励党员专家与技术带头人紧密联系，摒弃以往只注重理论而疏于实践的活动模式，在党员专家和企业之间搭建起沟通的桥梁。

会员服务 为了更好地发挥《纺织动态信息》对学会活动宣传和为会员服务的作用，对《纺织动态信息》进行了改版，增加了“会员资讯”栏目。为加快纺织动态信息化建设，筹办了《纺织动态信息网络月刊》。

中国科协会员日 12月15—21日，学会围绕“家的温馨，节日的问候”活动主题，在学会官网主页设置2014年中国科协会员日专题，在《纺织动态信息》中设置“中国科协会员日”专题，宣传“全国优秀科技工作者”的事迹。组织专家走访慰问5家团体会员单位，与工作在基层一线的科技工作者进行座谈，了解企业发展情况，以及科技工作者的科研、工作和生活情况，听取他们的意见和建议。组织在北京的科技工作者参观科技文化场馆。在中原工学院举办“科技人才服务高校行”活动期间，举办了大学生见面会活动，参与活动的师生共计260多人。

【2014中国纺织学术年会】 10月22—24日，2014中国纺织学术年会在上海市召开，中国工程院院士郁铭芳、蒋士成、周翔、姚穆、俞建勇出席会议。中国科协党组成员、书记处书记沈爱民，中国纺织工业联合会会长王天凯出席大会并致辞，中国纺织工业联合会副会长、学会理事长孙瑞哲出席大会并作主旨报告。学会执行副理事长江建明主持会议。来自科研院所、高等院校、行业管理以及企业的领导、专家、学者、工程技术人员近600人出席了会议。会议表彰了年度学术大奖获得者、学术带头人和技术带头人，并表彰了获得陈维稷优秀论文奖的作者。

本届年会以“跨界融合，智能纺织”为主题，围绕高新技术纤维材料、先进纺织工艺和产品开发技术、高性能产业用纺织品、节能减排和资源循环利用技术、智能纺织等热点进行跨领域、跨学科的学术交流。除主会场以外，还设置了纤维材料、技术纺织品、生物基纤维的开发及利用和第6期纺织科技新见解学术沙龙等5个分会场。

2014中国纺织学术年会

【纺织科技新见解学术沙龙】 3月22日，由学会主办，《纺织学报》编辑委员会承办的第5期纺织科技新见解学术沙龙在上海市举办。本次沙龙的主题为“生物质合成纤维环保加工技术及其应用”，主要针对当前生物质合成纤维制备中的热点、难点问题，如原料制备中的基础科学问题、高效环保加工方法及关键技术、应用领域和发展趋势等进行了讨论。中国工程院院士蒋士成、姚穆出席了沙龙并发言。本期沙龙的一大特色是跨界融合，来自不同领域的专家、学者围绕生物质合成纤维：PTT、聚乳酸（PLA）、细菌纤维（PHA）、聚丁二酸丁二醇酯（PBS）、聚酯多元醇等分享了研究成果和研发中的问题。清华大学教授陈国强介绍了聚羟基脂肪酸酯PHA国内外新发展——高值化应用，同济大学教授任杰谈了聚乳酸纤维及其应用，东华大学教授朱美芳介绍了静电纺丝制备PHBV基纳米纤维的研究进展。来自高校、企业的专家、学者近70人参加沙龙。

10月23日，由学会主办，《纺织学报》编辑委员会承办的第6期纺织科技新见解学术沙龙在上海市召开。沙龙的主题为“数码印花技术研究与应用”。围绕转移印花、印花墨水、数码印花工艺和数码印花设备4个方面展开讨论。中国工程院院士周翔、姚穆，浙江理工大学教授邵建中，青岛大学教授房宽峻和上海纺织科学研究院教授级高级工程师沈安京共同担任本期沙龙的领衔科学家，杭州万事利丝绸科技有限公司教授级高级工程师郭文登、杭州宏华数码科技股份有限公司教授级高级工程师金小团和长胜纺织科技发展（上海）有限公司工程师钟博文担任特邀专家。来自高校、企业的专家、学者近60人参加沙龙。

（撰稿人：郭建伟）

中国造纸学会

服务创新型国家和社会建设　学会组织翻译和出版了中国和芬兰合著的《造纸及其装备科学技术丛书（中文版）》的第三卷《化学制浆Ⅱ化学品和能量回收》及第四卷《环境管理和控制》。

学会特种纸委员会完成了《2013年中国特种纸市场概况》的专业报告。

9月，学会在上海召开七届二次常务理事会议，提出了推进我国造纸行业科技创新和产业转型发展的建议。

学会建设　截至2014年年底，学会有团体会员203家，个人会员17000余人。学会召开了2次学会理事会议和3次常务理事会议。5月，学会在北京召开了第七次全国会员代表大会，完成换届选举工作，陈学忠连任第七届理事会理事长，成立了由103位个人理事和23个团体理事组成的理事会。学会办事机构撰写了学会发展"十三五"规划。学会网站设立个人会员管理系统，开展了对全国的学会个人会员进行重新登记工作。

9月4日，学会在上海举办了个人会员管理系统应用培训班。地方学会、学会专业委员会和有关大型企业负责会员工作的同志20人参加了培训。

5月，学会在北京举办了庆祝学会成立50周年大会，回顾了学会自1964年成立至今50年所走过的历程，表彰了为中国造纸工业发展做出贡献的专家、学者和科技工作者，组织编写了《中国造纸学会50年（1964—2014）》纪念册。

学会编纂出版了《中国造纸年鉴》2014卷，是我国造纸行业唯一的资料工具书。《中国造纸年鉴》2013卷继续获得综合评价二等奖。

10月，学会特种纸专业委员会在上海市召开第九次会员大会。

学术期刊　学会主办的学术性刊物《中国造纸学报》、技术期刊《中国造纸》、科普期刊《纸和造纸》，以及介绍国际新理论新技术为主的科技期刊《国际造纸》和介绍信息为主的《造纸信息》期刊等，刊载学术论文500多篇。

国际学术会议　2014年，学会组织大型国际会议1次，小型会议1次。

9月3—5日，由学会、芬兰造纸工程师协会、中国制浆造纸研究院联合主办，上海市造纸学会协办，中国造纸杂志社承办的2014国际造纸技术报告会在上海市召开。来自国内外造纸及相关企业、高等院校、研究院所的近260名代表参加了会议。

国内主要学术活动　5月22—23日，学会在北京召开了第十六届学术年会。150多位专家、学者参加年会，征集论文93篇，其中86篇收录到以《中国造纸学报》增刊形式出版的论文集中。

2014年，学会分支机构举办国内学术会议7次，征集论文188篇，出版论文集3册，922人次参加学术会议。

9月2—4日，学会涂布加工纸专业委员会在上海举办了涂布加工纸专业委员会第十七届学术年会，98位专家、学者参加会议，学会理事长陈学忠、秘书长曹春昱出席会议。会议围绕造纸行业近两年来涂布纸技术和生产建设的发展进行了学术和技术交流。会议发表论文43篇，并出版论文集，遴选出其中的17篇论文在会上作了交流。

10月22—25日，学会特种纸专业委员会在上海召开了2014年中国国际特种纸技术交流会暨特种纸专业委员会第九届学术年会。会议邀请国内外20余位专家、学者、企业家围绕特种纸行业的宏观形势、前沿技术以及产品开发和功能材料等方面进行了探讨和交流。来自中国、美国、日本、韩国、奥地利等多个国家和地区的190多家企业320余位专家、学者参加会议，会议发表论文56篇并出版论文集。

10月22日，学会特种纸专业委员会召开第九次会员大会，学会常务副理事长曹振雷作题为《中国造纸工业的现状与展望》的主题报告，他认为，中国企业应当加快转型升级，积极装备自己的国际竞争力。美国纸浆与造纸工业技术协会纸浆部经理Scott Springmier作了题为《全球造纸产业发展趋势》的报告。与会专家从不同角度探讨了国内外特种纸行业发展状况，介绍了我国特种纸的市场概况、特种纸的技术装备以及未来特种纸市场所面临的机遇和风险。会议分别从特种纸的前沿技术、产品开发和功能材料这3个专题进行了18场学术讲座，重点探讨了与特种纸

相关的原材料、湿部化学以及涂布技术等领域的特种纸前沿技术。

国际交往 6月2—5日，学会理事长陈学忠等代表学会应邀参加了芬兰造纸工程师协会成立100周年活动。访问了芬欧汇川集团总部、芬兰KCL试验服务中心（原芬兰制浆造纸研究所）和芬兰国立技术研究中心（VTT），参观了芬兰国际纸浆造纸展览会(PulPaper 2014)。陈学忠一行与芬兰造纸工程师协会有关负责人共同探讨了今后合作交流的意向，并达成共识。

科普活动 5月16—18日，在“2014年全国科技周”活动中，学会参与了由北京市朝阳区科协主办的“2014朝阳科技创新汇”宣传活动，学会制作“制浆造纸和废水综合治理”模型，向公众展示制浆造纸过程是怎样做到从原料到产品实现循环经济和污染治理。该活动获得了朝阳科技创新组委会颁发的“2014朝阳科技创新奖”。

表彰举荐优秀科技工作者 5月，在学会成立50周年庆祝活动上，向余贻骥、钟香驹、陈嘉翔3位教授颁发了“中国造纸蔡伦奖终身成就奖”。向姜丰伟、杨旭、万金泉颁发了“中国造纸蔡伦科技奖”，向曹石林、高焱仁、朱平颁发了“中国造纸蔡伦青年科技奖”。对向行业发展做出贡献的优秀科技人才，对做出突出贡献的科技工作者给予奖励。在随后召开的第十六届学术年会上向评选出的优秀论文一等奖3篇、二等奖10篇、优秀奖12篇的作者颁发了奖状。

学会推荐的杨旭、房桂干、姜丰伟获得中国科协“全国优秀科技工作者”称号。

中国科协会员日 12月15日，结合2014年中国科协会员日活动安排，学会理事长陈学忠带领会员部有关人员一起，先后走访看望了余贻骥、潘锡五、胡宗渊、杨懋暹、顾民达、邝仕均6位我国造纸界资深专家顾问，向他们介绍了学会今年换届以来的人员调整和换届后工作开展的情况，并听取了他们对学会工作的意见和建议。

12月16—17日，学会分别在北京与中国中轻国际工程有限公司、中国制浆造纸研究院两家会员单位组织开展了交流座谈会，60余人参加活动。学会对优秀科技工作者先进事迹、中国造纸蔡伦奖的推荐评选、学会会员信息管理系统的应用作了介绍，听取了会员对学会开展活动的意见和建议。

【中国造纸学会成立50周年庆祝大会】 5月21日，学会在北京召开了中国造纸学会成立五十周年庆祝大会。中国轻工业联合会会长步正发，中国科协党组成员、书记处书记沈爱民，学会名誉理事长王文哲、潘蓓蕾、陈思亮等出席大会。学会第六届理事会理事、学会第七次代表大会代表，23个团体理事单位代表，学会1～5届理事会常务理事代表，第六届理事会各工作委员会主任和副主任，全国各省、自治区、直辖市造纸学会理事长、秘书长，首届中国造纸蔡伦奖获得者等共计200余人参加大会。大会由学会第六届理事会秘书长曹振雷主持。

中国造纸学会第七次全国会员代表大会暨庆祝中国造纸学会成立50周年大会

步正发代表中国轻工业联合会对中国造纸学会成立50周年表示祝贺，对新形势下中国造纸学会的工作提出了希望。

沈爱民代表中国科协对学会成立50周年表示祝贺，并对学会在开展各项活动中所发挥的作用给予高度评价。他阐述了科技社团在社会建设中和在推动创新驱动发展战略中发挥的积极作用，并代表中国科协向获得首届中国造纸蔡伦奖的单位和个人表示祝贺。

行业代表山东太阳纸业股份有限公司董事长李洪信和国际友人芬欧汇川亚洲纸业执行副总裁金宝森分别代表国内企业和外资企业对中国造纸学会50周年华诞表示祝贺并在大会上致辞。

【中国造纸学会第七次全国会员代表大会】 5月21日，学会在北京召开了中国造纸学会第七次全国会员代表大会。会议总结了学会过去6年的工作，明确今后5年的主要任务，选举产生了中国造纸学会第七届理事会和领导机构。

会议选举出第七届理事会的103名理事，并经团体会员通讯选举了23个团体理事单位。在七届理事会一次会议上，审议通过了《第六届理事会工作报告》《第六届理事会财务报告》《中国造纸学会章程修订说明》《中国造纸学会会费管理办法》等文件，通过了聘任第七届理事会名誉理事长、顾问、常务理事单位、副理事长单位，以及向第六届理事会70岁以上理事颁发荣誉证书等事项的决定。

会议选举产生了由31位常务理事组成的新一届常务理事会及领导成员，陈学忠再次当选中国造纸学会理事长，刘忠等13人当选副理事长，曹春昱当选秘书长。

新任秘书长曹春昱主持了闭幕式。理事长陈学忠在闭幕式上代表新一届理事会发表讲话。他表示，中国造纸学会要认真学习贯彻党的十八大精神，在我国造纸工业调整转型的新阶段，积极发挥学会作用，团结组织造纸科技工作者，依靠科技创新推进造纸工业节能、减排、降耗。

【中国造纸学会第十六届学术年会】 5月22—23日，学会在北京召开了两年一届的学会第十六届学术年会，来自全国制浆造纸及相关行业的学会、协会、科研院所、大专院校、生产企业、设计咨询等单位的150多位专家、学者参加会议。年会征集论文93篇，收录86篇，以《中国造纸学报》2014年增刊形式出版。论文内容涵盖应用基础研究、实用技术开发、纸史研究等各个方面。

会议主报告人、首届蔡伦科技奖获得者、河南省江河纸业股份有限公司教授级高级工程师姜丰伟作题为《国产大纸机的研制与运行实践》的报告，着重介绍了国家支持的行业重点项目，我国自行研制的带夹网、靴压的高速宽幅国产文化纸机的运行情况，现达到设计要求，并通过国家有关部门的验收。该纸机通过创新，以低成本投资，提高效率、提高质量、降低消耗、减少污染，为造纸行业创出了一条低投入、高产出的发展道路。杭州机电设计研究院总工程师杨旭作题为《新型气流计量膜转移施胶机的开发和应用》的报告，介绍了新型气流计量膜转移施胶机的原理及主要结构，他认为该施胶机在国内某汽车滤纸厂应用后达到了预期的应用效果。华南理工大学教授万金泉作题为《再生植物纤维的微观结构与其造纸性能》的报告。其项目从植物纤维微观结构回用过程品质衰败的机理出发，研发了多项抑制纤维衰变、提升再生植物纤维品质的技术，部分技术成果已经在造纸企业推广应用。另有26位专家、学者在大会上宣读了论文。

本届年会邀请了国内外造纸与造纸相关的机械制造、造纸化学品、废水治理等企业进行了行业内的技术交流。

闭幕式上，对第十六届学术年会优秀论文获奖论文进行了表彰，其中评选出优秀论文一等奖3篇、二等奖10篇、优秀奖12篇。

【2014国际造纸技术报告会】 9月3—5日，由学会、芬兰造纸工程师协会、中国制浆造纸研究院联合主办，上海市造纸学会协办，中国造纸杂志社承办的2014国际造纸技术报告会在上海市召开。来自国内外造纸及相关企业、高等院校、研究院所的近260位专家、学者参加会议。学会理事长陈学忠和芬兰造纸工程师协会会长Pirkko Molkentin-Matilainen分别致辞。会议发表论文10篇并出版论文集。

学会常务理事、中国造纸协会顾问曹朴芳以《“十二五”期间中国造纸工业发展概况》为题，回顾了我国《造纸工业发展“十二五”规划》执行3年多来的基本情况，并对规划执行过程中存在的主要问题进行了分析和阐述。她认为该《规划》实施的前3年，我国造纸工业原料结构不断改善，产品结构得到一定调整优化，产业集中度有所提高，装备自主化有了新的起色，资源利用水平明显提高，节能减排效果突出，淘汰落后产能成绩斐然，有力促进了造纸工业健康、稳定发展，但仍存在原料供求矛盾突出、节能减排压力大、造纸行业利润率和利税率增幅下降等主要问题。

芬兰Pöyry公司介绍了欧洲制浆造纸工业可持续发展的基准和主要的改进潜力，芬兰VTT技术研究中心首席科学家Harri Kiiskinen作了题为《欧洲制浆造纸工业可能的突破性技术》的报告，芬兰GloCell公司以《纸料优化——纸和纸板生产中节约原料和能源的关键》为题，强调了纸料优化过程中适宜的数学分析方法、纤维形态表征对纸料和纸张质量的贡献，提出纸料优化可以改善生产运行，节省原材料和能源。

南京林业大学轻工科学与工程学院院长张辉作了题为《国产制浆造纸装备的最新进展》的报告。

芬兰维美德公司介绍了涂布纸板的生产方法和技术。芬兰安德里茨公司作了题为《用生物质气化或木粉燃烧取代石灰窑中的化石燃料》的报告，提出气化或木粉燃烧是替代石灰窑化石燃料非常具有竞争力的解决方案。

德国福伊特造纸有限公司作了题为《当今世界最新造纸技术实例介绍》。

（撰稿人：齐晓东）

中国文物保护技术协会

服务创新型国家和社会建设 2014年，协会承接了国家文物局可移动文物保护修复方案的审批工作。

学会建设 2014年，协会发展会员115人，个人会员数达到1193名。

协会就分支机构的设立、变更等事项制定和完善自身分支机构的管理办法，通过新设、合并、拆分，完善分支机构的总体布局。在保证分支机构质量与活动能力的基础上，调动其积极性，创造以分支机构为主体的协会学术活动格局。

国内主要学术会议 2014年，协会和各专业（工作）委员会共举办学术会议2次，编辑论文集2部并正式出版。

【中国文物保护技术协会第八次学术年会】 10月15日，中国文物保护技术协会第八次学术年会在湖北省宜昌市举行。会议由协会主办，湖北省博物馆、宜昌市文化局承办，宜昌博物馆协办。来自全国各地博物馆、高校及文物保护机构的150多名专家、学者参会，交流、探讨文物保护与研究工作。国家文物局博物馆与社会文物司副司长罗静、协会理事长李化元、湖北省文物局副局长王风竹、宜昌市政府副秘书长覃照等出席会议并致辞。

本次年会以“文物科技事业现状与展望”为主题，在成果展示和学术交流的基础上，总结文物科技事业的现状得失，展望未来发展方向与趋势。年会共收到学术论文或论文提要130余篇，内容涉及古建筑、土遗址、摩崖石刻等不可移动文物和纸张、陶瓷、漆木器、丝织品等可移动文物的科技保护，以及保护材料、检测技术、预防性保护等方面。其中有高等院校、科研院所的前沿研究，也有来自文物保护实践第一线的科研探索。

罗静在讲话中表示，文物科技事业正面临新的挑战，建立并完善多学科交叉融合研究的方法和技术体系，并推广适应文物保护工作需求的行业创新体制建设，是文物科技工作者面临的重要课题及任务。

在3天的会期中，33位专家、学者作了大会主题发言，包括纺织品文物保护国家文物局重点科研基地（中国丝绸博物馆）周旸所作的《丝绸之路出土纺织品研究与保护》、浙江大学文物保护材料实验室教授张秉坚所作《关于石质文物表面污染物破坏或保护作用的探索性研究》、湖北省博物馆李玲所作《考古整理中的文物保护与文物修复——以叶家山西周墓地出土青铜文物保护修复为例》、中国社会科学院考古研究所杜金鹏所作《实验室考古探索》、浙江省博物馆卢衡所作《茅山遗址出土独木舟的清理加固新技术探索》、陶质彩绘文物保护国家文物局重点科研基地秦始皇帝陵博物院的容波所作《彩绘陶器加固保护效果评估初步研究》、四川省文物考古研究院赵凡所作《四川屏山万寿寺壁塑保护修复技术研究》、山西博物院胡文英所作《山西博物院藏墓葬壁画保护与展存概况》等。与会专家、学者围绕年会主题，集中展示了各自在文物保护科技领域最新研究成果及思路。

（撰稿人：曲 亮）

中国印刷技术协会

服务创新型国家和社会建设 2014年，协会及各分会会同各省、自治区、直辖市相关部门，通过“绿色印刷全国行”活动，在6个省、自治区、直辖市开展绿色印刷宣传贯彻和认证技术培训，2014年秋季中小学教科书已全部实施绿色印刷。

按照国家新闻出版广电总局、环境保护部、工业和信息化部、国家认证认可监督管理委员会《关于票据票证实施绿色印刷的通知》部署，协会协助中环联合认证公司完成全部22家商业票据验证企业的验收工作，会同环保部环境发展中心编制完成了国家环保标准《环境标志产品技术要求 凹版印刷》并于9月28日正式发布，11月，对凹版印刷企业进行了绿色印刷宣传贯彻和认证培训。

协会配合国家新闻出版广电总局开展绿色印刷自我声明模式的研究和相关文件的起草工作，并与国家新闻出版广电总局质检中心、工业和信息化部电子五所合作开发绿色印刷自我声明网络平台。推进82家国家印刷示范企业绿色印刷自我声明试点工作。

协会配合国家新闻出版广电总局协助已获证绿色印刷企业做好2014年度文化产业发展专项资金补助的申报工作，有31家企业环保项目获得2014中央文化产业发展专项资金支持2.12亿元。

2014年，协会申报了中国科协4个学术交流与学会改革发展项目和1个国际民间科技组织事务专项项目并获得批准立项。截至2014年年底已完成3项，包括学术交流活动项目数字出版与数字印刷新业态发展国际学术研讨会、国际民间科技组织事务专项出席ISO/TC130春季会议项目和改革发展项目——学会承担社会化服务职能（工作）的评估机制研究。

9月，协会承担了2014年国家印刷示范企业评审的筹备和会务等工作，有30家企业获评国家印刷示范企业。形成《国家印刷示范企业可持续发展指数调查报告（蓝皮书）》，该指数反映示范企业可持续发展潜力的综合指数。

10月28日，协会在北京召开2014年度中国印刷行业企业信用等级评价终审会，评出9家AAA等级企业、6家AA等级企业和5家A等级企业。

11月3日，在国家新闻出版广电总局印刷发行司召开的绿色印刷推进会上，协会发布了2014年《中国绿色印刷企业生态发展年度调查报告》，为行业和政府有关部门推动企业绿色印刷提供参考数据。

受国家新闻出版广电总局印刷发行司、人事司委托，5月，协会承担了2014年新闻出版单位印刷工程等系列高级专业技术职务（职称）评定的组织、筹备工作。

协会组织编写了《中国印刷业发展情况（2014年）》，对《国家职业分类大典（印刷工业）》作了修订。

学会建设 2014年，协会新发展个人会员94人、会员单位30家，个人会员总数为488人，会员单位总数为352家。协会被民政部评为4A级全国性社会组织。

协会秘书处对协会章程、监事会条例、分支机构管理条例、会费标准、行业公约、职业道德规范等规章制度作了修订。

2014年，协会成立创意设计专业委员会，特种印刷专业委员会、信息分会、柔性版印刷分会、数字分会进行了换届。

国际学术会议 11月13日，2014年中国印刷论坛暨第十四届亚太印刷论坛在上海市举办。此次论坛以“创新·机遇·未来”为主题，邀请中国印刷行业的政府部门负责人和来自美国、欧盟及亚太等国家和地区的印刷行业组织负责人发表演讲，介绍、分析当前各国印刷行业现状，邀请有关企业负责人分享企业发展经验。业界260位专家、学者、企业家参加论坛。

11月19—20日，由协会联合中国网印及制像协会、欧洲网印协会联合会共同主办的纺织品印花、工业网版印刷技术论坛在广东省广州市举行。8位专家、学者以“成功转型、唯有创新”为主题与200位业界专家、学者、企业家分享、探讨丝网印刷在纺织品印花、玻璃、陶瓷、电子产品等工业印刷与装潢应用领域的新挑战与新机遇。

国内主要学术会议 9月18—19日，协会联合中国印刷科学技术研究院主办，《印刷经理人》杂志承办的第十二届全国印刷经理人年会在江苏省南京市举行。会议的主题是“产业再造，印刷力量”。350位专家、学者、政府有关部门负责人、企业家参加会议。

11月15日，协会数字印刷分会与中国印刷科学技术研究院联合主办的以“创新驱动多元增值”为主题的2014“数码印刷在中国”技术高峰论坛在上海市举行。200余名数码印刷专家、学者、企业家参加论坛，探讨国内数码印刷业的现状与未来。

两岸交流 10月2—9日，协会参观了台湾地区第15届台北国际印刷机材展，拜访了3所大学和5家企业，就台湾地区印刷教育及印刷现状作了考察交流。11月12日，协会主办了第十二届两岸四地印刷业交流联谊会，30位专家、学者、企业家围绕“‘趋势、机遇、合作’，促进两岸四地印刷业的发展”的主题，介绍了各自地区印刷业的现状，并讨论了如何加强大陆和香港、澳门特别行政区，以及台湾地区两岸四地印刷业的交流与合作。

国际交往 2014年，协会接待了日本印刷行业协会、柯达公司、凸版公司、杜邦公司、惠普公司等的来访，探讨了开展合作有关事宜并达成共识。

2014年，协会继续承担国际印刷标准化组织ISO/TC 130秘书处工作，由全国印刷标准化技术委员会（SAC/TC 170）具体承担工作，国内标准申报立项15项，新获批标准立项8项，新启动标准20项，获批颁布实施标准9项，正在制定中的标准69项，完成了行业急需的重点项目“双打”（打击假冒伪劣、打击侵犯知识产权）项目中纸质印刷品印制质量检验规范7项国家标准的报批稿，完成了绿色印刷5项行业标准的征求意见稿，组织了52次标准制定专家会议。

书刊印刷分技术委员会（SAC/TC 170/SC1）、网版印刷分技术委员会（SAC/TC 170/SC2）、包装印刷分技术委员会（SAC/TC 170/SC3）三个分技术委员会建立、健全了组织管理机制，承担起在分管领域推动标准化工作的职责。新增印刷标准化基地4个，基地总数达到17个。

2014年，协会代表中国进行了29项国际标准投票。11月13—20日，ISO/TC 130第28届秋季会议在北京举行，是协会承担ISO/TC 130秘书处工作后第一次在我国召开的大型国际印刷标准化专家会议，13个工作组专家出席会议。会上通过决议，协会常务理事蒲嘉陵2015年就任国际印刷标准化技术委员会ISO/TC 130主席。

科普活动 协会申报的《绿色印刷与美好生活同行科普动漫作品创作》项目被中国科协科普部列为择优资助的科学传播专家团队科普项目。

5月，协会发挥印刷包装工程学科科学传播专家团队的作用，举办了以“科学生活 创新圆梦”为主题，涵盖第四届中国绿色印刷展等多个科普项目的“2014年科技活动周”，与第十届中国（深圳）文博会力嘉创意文化产业园分会场暨“第三届创印节”在广东省深圳市同期举行。7月3—6日，在2014上海国际印刷周举办期间，协会承办了绿色印刷产品专区展。

表彰举荐优秀科技工作者 2014年，协会推荐的中国科学院化学研究所研究员宋延林获得中国科协“全国优秀科技工作者”称号。

2014年年初，协会召开第二届全国印刷行业科技创新成果评审会议，从本届评选活动初评入围的64项科技创新成果中，分别评出6个子项共18项重点成果，在7月2日召开的协会七届五次理事会议上举行了第二届全国印刷行业科技创新成果颁奖活动。

11月26日，国家知识产权局发布《关于第十六届中国专利奖授奖的决定》，协会推荐的中国印刷科学技术研究院“印刷色彩稳定性的控制方法及装置”项目获得了第十六届中国专利优秀奖项目。

会员服务 协会继续完善中国印协专家库建设和高级会员资料整理的工作。截至12月底，个人高级会员由254名增加到348名，专家数据库由751人增加到898人。

协会在手机客户端上设立新闻热点、广告信息、行业资讯，最新资讯、商机、展会信息等栏目，发送协会活动信息。向缴费的会员单位提供企业登录端口，方便会员单位自主刊发本企业相关信息。

协助会员单位申请、申报各种奖项、项目、职称评定、企业信用等级评价评审、向国家工商行政管理总局商标评审委推荐建议认定中国驰名商标等。

协会促成会员企业之间的战略合作，为国家示范企业的精细化管理再提升提供支持帮助。9月，山东鸿杰印务有限公司与协会、富士胶片公司三方签订关于进一步提升国家示范企业精细化管理合作意向，并于11月签署了正式合作协议。

【第四届全国印刷行业职业技能大赛暨第43届世界技能大赛全国选拔赛】 经过半年时间的准备和各省、自治区、直辖市印刷行业职业技能大赛初赛选拔，5月下旬、7月初至8月中旬，2014年第四届全国印刷行业职业技能大赛在上海出版印刷高等专科学校、广东省江门雅图仕职业技术学校、上海烟草印刷包装有限公司、天津长荣印刷设备股份有限公司、北京印刷学院分别举行了平版制版工、平版印刷工、印品整饰工的决赛。本届大赛有80万人参加初赛和复赛，27个省、自治区、直辖市的815名选手参加各工种组别的全国决赛，职工组有15人获得一等奖，45人获得二等奖，48人获得三等奖，62人获得优秀奖；学生组有15人获得一等奖，45人获得二等奖，24人获得三等奖，89人获得优秀奖。人力资源和社会保障部对获得职工组一等奖的15人授予“全国技术能手”称号。

配合开展竞赛，2014年，协会继续抓好国家职业标准制修订和标准培训教材编写工作，开办了职业技能大赛教练员、裁判员培训班。4月21日，协会协助人力资源和社会保障部举办了全国印刷行业职业技能大赛国家级裁判培训班，有204名培训人员通过了印刷业国家级裁判员的考试。协会2014年与院校、企业合作举办了各种技能培训班15个。

2014年，世界技能大赛中国组委会将第43届世界技能大赛“印刷媒体技术”项目选拔、集训、参赛交协会负责。协会组织专家、教练，进一步完善、调整竞赛选拔技术文件，合理安排集训计划，推选上海出版印刷高等专科学校作为项目集训基地。5月，在上海出版印刷高等专科学校完成了第43届世界技能大赛“印刷媒体技术”项目全国选拔。来自11个省、自治区、直辖市25所院校的44名选手参赛，11名选手入围项目集训。

【绿色印刷宣传贯彻和技术交流，绿色印刷认证工作】 2014年，协会会同各省、自治区、直辖市相关部门，在行业企业中积极推进绿色印刷，开展绿色印刷宣传贯彻、认证技术培训和技术交流，2014年秋季中小学教科书已全部实施绿色印刷。至11月底，全国有731家印刷企业获得绿色印刷认证，其中票据票证企业73家，实现了我国各省、自治区、直辖市绿色印刷能力建设无空白。

11 月 3 日，在第四个“绿色印刷宣传周”期间，协会发布了《2014 中国绿色印刷企业生态发展年度调查报告》，该报告针对绿色原辅材料的应用情况、企业对绿色原辅材料的认知度、消费态度、采购行为习惯、企业对绿色原辅材料供应商的需求等对 326 家获得绿色印刷认证企业进行问卷调查并形成调查报告，调查结果集中反映了企业的真实诉求，有助于各方合力推进绿色印刷工作水平的全面提升。

11 月，在上海举办中国国际印刷技术及设备器材展期间，召开了第四届绿色印刷技术交流会。国家新闻出版广电总局印刷发行司有关负责人作了主题为“加强合作、共同推动绿色印刷深入实施”的主旨报告。会上首次发布了《绿色原辅材料产品目录(2014)》，并对“绿色印刷数据库”建设情况作了介绍。来自印刷及设备器材制造企业的科技工作者就科技创新与绿色印刷未来之路以及企业实施绿色印刷过程中的相关技术等内容进行了探讨。

【第五届中国国际印刷技术及设备器材展和国际印刷论坛】 11 月 14—17 日，协会、中国印刷科学技术研究院、杜塞尔多夫展览（上海）有限公司主办的第五届中国国际印刷技术及设备器材展（全印展）在上海市举行。本届展会被商务部列入 2014 年重点引导支持展会名单，经过两年多的宣传和 8 个月的招展，展会以“新技术、新应用、新商机”为主题，全面展示国际国内印刷新技术、新工艺、新设备、新材料发展趋势与成果。展会面积 8.2 万平方米，比第四届 7 万平方米增长 17%，4000 多个标准展位，有 680 家海内外知名厂商参展，比第四届 628 家增长 8%，观众超过 10 万人次，比第四届 9 万人次增长 11%。

第五届“全印展”期间，国际印刷论坛以及专项技术交流会、信息发布会、用户见面会等相继举行。11 月 12 日，协会主办了第十四届亚太印刷技术论坛成员国会议和第十二届两岸四地印刷业交流联谊会。11 月 13 日，举办了中国国际印刷论坛暨第十四届亚太印刷技术论坛，业界专家、学者、企业家 260 人就国际和亚太地区国家印刷业发展情况和趋势、绿色环保印刷等各国共同关心的问题进行研讨和交流。协会还与中国印刷科学技术研究院等单位共同举办了中国国际印刷创新高峰论坛、全球标签技术高峰论坛、“数码印刷在中国”技术高峰论坛等活动。

（撰稿人：张　宣）

中国材料研究学会

服务创新型国家和社会建设　2014 年，学会承接中国科协的学会承接政府职能试点培育项目——编制《新材料产业发展报告》。《新材料产业发展报告》围绕新能源、生物医用、电子信息、污染治理、3D 打印等重点领域，全书预计 20 ～ 30 篇专题报告，共计 40 万字，是一份有关新材料产业的权威性咨询文献。

7 月，中国工程院院士、学会理事长黄伯云，副理事长兼秘书长韩雅芳、副理事长韩高荣、副秘书长张增志，以及李树索等 7 位材料科学家调研了成都新津工业园的新筑股份有限公司和成都硅宝科技有限公司，与公司负责人交流，对该公司的生产建设提出指导建议。

学会建设　2014 年，学会会员总数达 4987 人，团体会员单位总数 163 个。

2014 年，学会先后召开了六届四次理事会议及六届五次常务理事会议。

学会青年工作委员会和热电材料及应用分会完成换届工作。光伏材料分会变更名称为太阳能材料分会，并变更主任委员。

开展了学会 2014 年度突出贡献奖和优秀组织奖的评选活动，对 2014 年度为学会做出较大贡献的副理事长进行表彰，并对在 2014 年学术交流活动中组织工作表现优秀的分会场进行表彰，共表彰突出贡献奖 1 人，优秀组织奖 7 个（16 人）。

学会对 2014 年度工作表现优异的二级分支机构进行了评选，热电材料及应用分会荣获优秀二级分会荣誉称号并获得表彰。

科技期刊国际影响力提升计划　《自然科学进展 · 国际材料》（*Progress in Natural Science：Materials International*）是由学会和国际材料研究学会联合会（以下简称国际材联）联合主办的英文期刊，入围“中国科技期刊国际影响力提升计划 · C 类”并得到“中国科技期刊国际影响力提升计划 2014”的 3 年资助。期刊全年发表文章 94 篇，影响因子由 2013 年的 0.989 提升到 1.143。被中国知网、中国学术文献国际评价研究中心等评为“2014 中国最具国际影响力学术期刊”。期刊论文被 SCI 全部检索，检索率 100%。

学术期刊　2014 年，学会及二级分会主办的科技期刊共 11 种，其中中文学术期刊 7 种，科普期刊 1 种，英文学术期刊 3 种。期刊年度总印数 93600 册，年度

发表论文共1715篇，其中英文期刊发表论文351篇。

学科发展研究 3月，学会与中国铁道出版社共同组织编撰《中国战略性新兴产业——新材料》丛书，该丛书是“十二五”国家重点图书，按照国务院《关于加快培育和发展战略性新兴产业的决定》的指导要求，丛书从发展战略性新兴产业的高度，着重论述该类新材料在国民经济和国防建设重大工程和项目中的地位和作用、技术基础、最新研究成果、应用领域及发展前景。其最大特点在于体现一个“新”字，论述了当代新材料的最先进工艺和最重要性能。

决策咨询 2014年，学会承接了中国科协学会决策咨询资助计划课题——“材料科技与未来材料”。项目主要研究新材料与高技术、新材料与可持续发展、新材料带来美好生活、新材料发展愿景等内容，在组织专家研究交流与分析基础上，形成的专题研究报告将作为《科技与社会——2049展望》之专题报告出版发行。

国际学术会议 9月25—28日，学会、新加坡材料研究学会和印度材料研究学会共同发起的第五届中国—新加坡—印度3国先进纳米材料：能源、水和健康研讨会在辽宁省沈阳市召开。该系列会议每年一次，轮流在3国召开，本次会议由学会主办，中国科学院金属研究所承办，100余位专家、学者参加会议。来自3个国家的40多位从事能源、水和健康先进纳米材料研究的科学家在会上作了邀请报告和口头报告。

10月24—27日，学会受国际材联委托举办的第二届国际材联青年学者先进材料大会（IUMRS-ICYRAM）在海南省海口市召开。30多个国家和地区的20余名院士和近1000名青年材料科学家参加大会。

10月28—31日，学会和国际磁学联盟共同主办的第三届亚洲磁学联盟大会（IcAUMS2014）在海南省海口市召开。来自15个国家和地区的450余位专家、学者参加了会议，会议收到论文摘要440篇，口头报告350余篇，墙报交流72篇，评出优秀墙报7个。同期举办磁性材料产业论坛，近100人参加。

国内主要学术会议 7月4—7日，学会主办的中国材料大会2014在四川省成都市召开。大会共设19个分会和材料教育论坛，涉及能源与环境材料、生物材料、功能与电子材料，高性能结构材料，材料加工、材料计算与模拟、试验和评价等领域。

国际组织任职 学会副理事长兼秘书长韩雅芳连任国际材联第二副主席，并担任出版委员会主任。

国际交往 6月10—14日，2014年国际材联电子材料大会（IUMRS-ICEM 2014）和国际材联全体成员会议（IUMRS GA meeting）在中国台湾地区台北市召开。学会副理事长兼秘书长韩雅芳和常务理事刘兴军代表学会参加。韩雅芳汇报了《自然科学进展·国际材料》（*Progress in Natural Science: Materials International*）期刊的工作进展。会议决定，第16届国际材联亚洲材料大会（IUMRS-ICA2016）和第五届世界材料峰会（IUMRS-WMS）由中国材料研究学会承办并在中国召开。

8月24—30日，第15届国际材联亚洲材料大会（IUMRS-ICA2014）在日本福冈市召开，2000余人参会，其中包括100余位中国专家、学者。大会设立50个分会，1400多个口头报告分28个分会场进行了交流，同时举行了材料教育和材料前沿论坛。会议期间召开了国际材联亚洲地区成员代表会议，学会副理事长兼秘书长韩雅芳和学会理事、上海交通大学教授邓涛参加。

科普活动 学会设计印制了8种科普宣传页《生活中的超导》《超硬材料与生活》《粉末冶金技术为什么能永葆青春》《环境材料与生活》《生态设计与资源循环》《镁与生活》《热电材料——让世界多一点绿色》《CIGS薄膜太阳能电池的介绍》，在中国材料大会2014、第二届国际材联青年学者先进材料大会、第三届亚洲磁学联盟大会上分发。

学会在中国材料大会2014期间组织了以镁合金为题材的“科普展”。

表彰举荐优秀科技工作者 学会推荐学会副秘书长、中国矿业大学（北京）教授张增志获中国科协“全国优秀科技工作者”称号。

学会组织2014年中国材料研究学会科学技术奖

中国材料研究会第三届亚洲磁学联盟大会（IcAUMS 2014）

评选活动，评出一等奖1项，表彰奖励科技工作者6名。

会员服务 2014年，学会与麦肯息讯公司合作，将材料刊物电子版发布在科协会员网站以及学会网站，共16期，供学会会员下载和浏览。

学会秘书处不定期地给会员发放学会重要活动信息、会议通知、学会主办的期刊等。

【中国材料大会2014】 7月4—7日，中国材料大会2014在四川省成都市召开。大会由学会主办，四川大学承办，中国科协、国家自然科学基金委员会、科技部、中国科学院、中国工程院等单位支持。大会共设19个分会和材料教育论坛，涉及能源与环境材料、生物材料、功能与电子材料，高性能结构材料，材料加工、材料计算与模拟、试验和评价等领域。

7月5日，大会举行开幕式和学术报告会，学会理事长黄伯云和四川大学党委书记杨泉明致开幕词。中国科学院院士、清华大学材料研究院院长南策文作题为《多铁性材料－铁电与铁磁的和谐共存》的报告，西安交通大学材料学院院长孙军作题为《纳米结构钼合金微观组织设计与性能优化》的报告，美国加州大学洛杉矶分校教授卢云峰作题为 *Life is Good—A Journey from Energy Storage to Protein Therapeutics*（生命美好——能量存储到蛋白疗法之旅）的报告，四川大学教授王玉忠作了高分子阻燃材料方面的报告。

7月5—7日，19个分会的1070篇论文分21个分会场进行了口头报告交流。

会议共收到论文摘要1817篇，注册报到人数1773人，实际参会人数超过2500人，是历年来参会人数最多的一次。620篇论文参加了墙报交流，评选出39篇优秀墙报。会议同期还举办了“材料与艺术”图片展活动，展出68幅图片，评选出一等奖2名，二等奖5名，优秀奖8名。

大会期间，还举办了科普展、科普宣传等活动，举办了“新材料、新工艺、材料测试技术和仪器展览会”，参展单位近60家，为参会专家、学者提供了与相关企业交流的平台。

【第二届国际材联青年学者先进材料大会】 10月24—27日，学会受国际材联委托举办的第二届国际材联青年学者先进材料大会（IUMRS-ICYRAM）在海南省海口市召开。来自美国、英国、德国、法国、俄罗斯、澳大利亚、墨西哥、印度、日本、韩国，以及中国大陆、香港特别行政区、台湾地区等30多个国家和地区的20余名院士和近1000名青年材料科学家参加大会并进行了学术交流和研讨。

大会是国际材联专门为全世界青年科学家创办的每两年举办一次新系列会议，旨在为全球40岁以下的青年材料科学家提供一个良好的交流平台。

大会邀请中国科学院院士成会明，美国西北太平洋国家实验室首席科学家Jim de Yoreo，德国斯图加特大学教授、美国西北大学教授Peter Voorhees，欧洲材料研究学会前任主席、葡萄牙里斯本大学教授Rodrigo Ferrão de Paiva Martins，国际材联秘书长、美国西北大学教授张邦衡等专家、学者作报告，分享了其研究领域的最新进展。400多位专家、学者在15个分会场作了邀请报告，作口头报告近700个，内容涵盖能源与环境材料、电子材料、纳米材料及设备、先进陶瓷材料、先进金属材料、生物材料、材料表征与评价、材料计算模拟等八大领域。大会收集论文共计898篇，200余篇论文在大会现场作墙报展示，14篇论文被评为优秀墙报奖。

本次大会颁发了两年一度的“国际材联青年科学家奖”，国际材联主席Osamu Takai、新加坡材料研究学会主席B. V. R. Chowdari为获奖者、来自美国的科学家Ali Khademhosseini颁发了奖杯和证书。清华大学教授王训等6位分别来自中国、美国、意大利、澳大利亚、新加坡的科学家获得提名奖。

大会期间，举办了“新材料、新工艺和材料测试技术展览会”、新材料产业论坛、青年科学家与海南部分新材料企业家对接会等活动，提供了专家、学者与相关企业交流的平台。

（撰稿人：张艳红）

中国食品科学技术学会

服务创新型国家和社会建设 2014年，学会开展食品安全风险解析工作，组织业界57名权威专家完成38期食品安全热点问题的科学解读。据统计，在38个热点中，大陆地区的热点为28个，占比73.7%；确认为食品安全事件的热点问题占23.7%，其中，发生在中国大陆地区的热点问题占到38个热点问题的10.5%。微生物污染、重金属超标及原料污染等这些常态食品安全事件成为2014年主要的食品安全问题，并且这一类问题将是未来我国食品工业面临的主要问题。

专家表示，食品安全应下工夫从产业链前端发力，从优质原料入手。与此同时，食品造假是食品工业的毒瘤，是对消费者的欺骗，必须引起相关部门的高度重视。中国工程院院士陈君石认为，食品掺假，国际上亦称为食品欺诈，不论是否会影响消费者健康，只要是影响消费者信心的，都属于食品安全问题。学会理事长孟素荷表示，中国食品安全的最大危机仍是信任危机。要想重铸信任之路，既要认真夯实工作基础，又需由政府出面，推进大规模、公益性的公众科普，以聚集各方优势，释放食品安全的正能量。

学会牵头完成工业和信息化部消费品工业司组织出版的《食品工业发展报告》（2013 年度），该报告由综合篇、行业篇、境外篇、企业篇和附录等五部分组成，全书 33.2 万字，全面反映食品工业发展的整体情况。

受国家食品药品监督管理总局委托，学会组织完成《食品安全科技发展状况》报告，对“病原微生物的检测及新型灭菌技术、食品安全追溯技术”等 5 项技术进行了综述。

学会承接中国科协项目，开展科普中国百科科学词条编写工作，编写食品科学、食品工程、食品安全和食品营养等 4 个领域的 1000 个词条。

学会承接中国科学院科学技术名词审定项目。学会与全国科技名词委员会共同组织成立食品科学技术名词审定委员会，该委员会由 40 人组成，计划用两年半的时间完成 4000 个左右的食品科学技术名词的收录、审定。

学会举办了“食品安全国家标准”“食品微生物过程控制培训班——采样方案与检验”“产品创新与感官评定”3 个继续教育培训班，邀请 20 余位国内外专家授课，300 余名食品界科技工作者参加培训。

学会组织业界百余名专家完成对“益生菌泡菜标准化制作技术研究与示范”等 16 项科技成果的技术鉴定／鉴评。

学会参与《冲调谷物制品》《食品工业用植物蛋白》《胶原蛋白》3 项食品安全国家标准的制修订。

学会联手杜邦公司营养与健康部、李锦记（中国）销售有限公司、福建盼盼食品集团、康师傅控股有限公司推进 4 项学生创新竞赛。竞赛分别以“营养与健康”“咸味休闲小吃”“烘焙食品”“传统风味小吃”为主题进行创新产品的研制，全国 40 多所食品专业院校的近万名师生参与竞赛，并首次将参赛高校扩展到了香港特别行政区和台湾地区。

2014 年，共有 66 名一线科技工作者获得学会食品专业技术职务资格认证，其中 2 人取得食品专业高级工程师（教授级）资格，32 人取得食品专业高级工程师资格，29 人取得食品专业工程师资格，3 人取得食品专业助理工程师资格。

2014 年，学会承接了来自国务院国有资产监督管理委员会、国家食品药品监督管理总局、中国科协、中国科学院等部委的项目总计 19 项。

承接政府转移职能 2014 年，学会成为中国科协承接政府转移职能工作试点单位之一，主要开展了食品工业与科技战略研究和推进食品类的工程教育认证工作。

食品工业与科技战略研究由工业和信息化部消费品工业司组织、由学会牵头，其他 17 家全国性行业机构共同参与，项目于 2 月下旬启动，历时半年，其研究成果《食品工业发展报告（2013 年度）》是一本全面反映我国食品工业发展整体状况的年度报告，已于 9 月正式出版、公开发布。该报告由综合篇、行业篇、境外篇、企业篇和附录等五部分组成，全书 33.2 万字。综合篇对我国 2013 年食品工业发展的总体状况、基本特征等进行分析；行业篇对我国 2013 年食品工业的 13 个重点行业进行分析；境外篇重点对美国、日本和中国台湾地区的行业现状进行分析；企业篇主要选取部分行业的部分龙头企业重点反映在科技创新、技术进步、企业管理、人员培训等方面的特点与经验；附录汇总了 2013 年我国有关食品行业重大法律法规、管理文件和标准技术规范等。项目研究成果通过各省工业和信息化部门、各参加单位、新闻媒体等渠道得以传播。

6 月，学会被确定为中国科协所属学会有序承接政府转移职能——高等学校本科工程教育专业认证试点单位，学会召开了食品类工程教育专业认证工作研讨会，明确秘书处设在学会，并配备专职工作人员。学会系统梳理了开展工程教育专业认证工作的总体情况，在国际建立与国际食品科技界关于食品工程类专业认证的通畅渠道。学会建立了专家库，为下一步扩大专家队伍奠定基础。

通过承接政府转移职能工作，学会形成规范有效的运行机制、约束机制和服务机制，建立健全学会体制机制，探索建立一套可复制可推广的承接政府转移职能的工作流程和方法，为有序承接政府转移职能试点扩大工作奠定基础。

学会能力提升计划 学会于2012年获得中国科协学会能力提升专项“优秀科技社团”三等奖，截至2014年12月31日，学会如期完成一期项目。项目共形成40余个工作创新点，并归纳出“以科学积累与理论实践服务政府决策”、“以科技界共识维护食品安全的国家形象”“布局未来的战略人才队伍培养”3个典型案例。

学会建设 2014年，学会发展高级会员30人，团体会员8个，高级会员总数达538人，团体会员总数达134个。

学会召开了1次组织工作会议，完成了黄酒分会、儿童食品分会和运动营养食品分会的换届工作，注销了甘蔗糖分会、甜菜糖分会、饮料分会。

学术期刊 根据2014版《中国科技期刊引证报告》(CJCR),《中国食品学报》在22种国内食品科学技术类期刊中学科综合评价总分位列第二。《中国食品学报》获“第三届中国精品科技期刊”称号。《中国食品学报》被评为“中国农业核心期刊”。2014年,《中国食品学报》共刊文433篇，比2013年（421篇）提高了2.85%；总页码3185页，比2013年（2951页）提高了7.93%。

学科发展研究 2014年，学会组织业内40多位专家编纂完成《2012—2013食品科学技术学科发展报告》，报告包括综合报告和食品安全等12个分报告。

国际学术会议 4月17—18日，学会与国际食品科技联盟、国家食品安全风险评估中心在北京共同主办2014年国际食品安全大会，来自国内外政府部门、科技界、工业界和媒体界的500余人参会。大会包括10个大会报告、68个专题报告。

学会首次与国际婴儿食品制造商协会（IFM）合作，分别于7月在福建省厦门市和9月在北京举办了两次针对婴幼儿配方乳粉检测方法的国际研讨会。政府主管部门负责人、国际权威机构专家、国内相关技术专家200余人出席会议。

11月5日，学会在浙江省杭州市主办第二届东方食品国际会议。中国工程院院士孙宝国、印度食品科学研究所原所长Vish Prakash、日本京都大学大学院农学研究科教授佐藤健司、台湾海洋大学食品科学系教授孙宝年、韩国高丽大学生命科学与生物技术研究生院教授Hyun Jin Park等来自亚洲不同国家和地区的专家分别就中华传统食品现代化等主题作报告。

国内主要学术会议 2014年，学会主办了5次国内学术研讨会，总计2400余人次参会，征集论文650余篇。

5月21—23日，学会主办的第九届乳酸菌与健康国际研讨会在天津市召开。会议包括13个大会主论坛报告和26个分论坛报告，内容涉及乳酸菌研究、应用、政策、市场、消费多个维度。

9月2—3日，学会主办的第十四届中国方便食品大会暨方便食品展在北京召开。来自科技界与产业界的500余位专家、学者出席会议，共同探讨方便食品行业的困局与发展。

11月26—28日，学会在江苏省无锡市主办第二届中国食品科学青年论坛，450余位专家、学者参加。论坛以“汇聚食品青年才俊，领略食品学术前沿”为主题，邀请食品及相关领域院士、国家杰出青年科学基金和优秀青年科学基金获得者、自然科学基金管理专家，围绕如何凝练重大科学问题、开展高水平研究及基金申请等进行6个主题报告。围绕国家自然基金委员会食品方向的7个专题，设置9个分会场，包括75个国家自然科学基金青年基金项目获得者及其他青年学者进行学术报告。

两岸交流 7月29日，学会与台湾食品工业发展研究所主办的第六届两岸食品产业合作及交流会在福建省厦门市召开，与会的150位中国大陆和台湾地区的专家、学者针对两岸食品产业的现状、食品安全风险交流、基于中华传统饮食文化产品的创新与市场开发及人才培养等方面进行了交流和研讨。

国际组织任职 2014年，学会副理事长饶平凡新任第五届国际科联工作协调委员会（ICSU-CHINA）副主席。

国际交往 5月6—10日，学会组织9家全国食品科普教育基地的代表及新华社、中央电视台等部分媒体代表赴日本进行科普实践调研与交流。访问了日本即席食品协会，体验了日清合味道博物馆、味之素博物馆，并拜访了日清、养乐多等日本知名企业。

5月19日，应美国食品科技学会（IFT）邀请，学会理事长孟素荷、副理事长饶平凡在美国芝加哥与IFT前主席Herbert Stone和IFT执行副主席Christie Tarantino，针对中、美两食品学会未来的合作事宜进行了沟通，并达成共识。

6月21—24日，学会派员参加了在美国新奥尔

良市召开的 2014 年 IFT 年会。

8 月 16—23 日，学会组团赴加拿大参加第十七届世界食品科技大会。参会中国学者人数仅次于美国，论文数量最多。由学会推荐的四川玖玖爱杂粮方便面荣获“全球食品工业奖”。

9 月 26 日，学会与荷兰乳业协会共同主办的中荷乳品产业链食品安全研讨会在荷兰瓦赫宁根市召开。此次研讨会旨在推动中荷乳业的交流和合作，促进中国乳业的整体发展。

11 月 23—25 日，学会组团参加了在新加坡召开的世界方便面协会（WINA）食品安全大会，中国方便面企业参会探讨行业未来的发展模式。

科普活动 2014 年，重点围绕食品安全开展科普活动，学会组织召开了 4 次媒体沟通会，包括 1 月 9 日举办的以“关注食品安全与公众科普”为主题的 2013 年食品安全热点科学解读媒体沟通会；4 月 17 日举办的以“食品安全——透明产生信任”为主题的科学家与媒体面对面活动；6 月 14 日举办的以“关注食品安全、科普服务百姓”为主题的科学家与媒体面对面活动；11 月 6 日举办的以“食用油营养与安全”为主题的媒体沟通会。

4 月 18 日，学会与中央电视台合作，邀请欧洲食品安全局原主席帕特里克 · 沃尔、美国农业部原副部长任筑山、中国工程院院士陈君石等专家作为主讲嘉宾，共同录制了央视经济频道的“对话”节目——《食品安全的真相与误区》，针对“什么是食品安全的头号杀手”“食品添加剂与非法添加的本质区别”“假冒伪劣是否属于食品安全问题”“转基因食品是否安全”等公众关注的热点话题，进行了揭秘传言与真相的解读。节目于 6 月 1 日播出，受到广泛关注和好评。

6 月 14 日，在 2014 年全国食品安全宣传周期间，学会继续承办中国科协主题日活动，与京东、百度、腾讯等网络媒体合作，创新“线上线下”相结合的科普传播形式，内容包括：科学家与媒体面对面、科普教育基地在线展示、百科词条互动、科普展板展示、科普展车互动、在线微博 / 微信互动等。

7 月 12—18 日，学会参加了中国科协主办的 2014 年中国科协夏季科学展——感触前沿科技魅力，学会推出食品安全快速检测成果展。7 月 13 日，中国工程院院士、学会副理事长孙宝国在“科学讲坛”中为近 200 名观众作了以《食品添加剂的真相和误区》为题目的报告。

学会正式开通了腾讯官方微博（http：//url.cn/Qr7kLQ）、微信公众号（cifst1980），进行在线科普宣传。

9 月 2 日，学会开展了美食达人最喜爱的方便美食评选活动。由网络人气美食博主、媒体和专家组成的百人团，对方便食品行业的 38 种产品进行了现场评选。有关该活动报道，网上累积阅读量超过 62 万人。

2014 年，学会开展了两项科普创新大赛——与中国数字科技馆共同主办首届全国食品安全科普作品创作大赛，与北京工商大学共同举办 2014 大学生食品安全科普动画、Flash 游戏创作竞赛。

学会针对国内外食品安全事件，建立和完善了食品安全案例库和科普素材库，建立了食品安全专家库。

学会继续组织编写食品安全系列科普书，完成《食品安全　餐桌上的科学》《食品安全　调味品的科学》等科普书籍，向消费者解读常见的食品科学知识。

学会认证了 4 个全国食品安全科普教育基地，包括统一企业中国控股有限公司、加多宝（中国）饮料有限公司、汇源集团、杭州味全食品有限公司等。

学会获得 2014 年中国科协“全国科普工作优秀单位”称号。

表彰举荐优秀科技工作者 2014 年，中国食品科学技术创新奖共评选出技术发明奖 2 项、技术进步奖 17 项、产品创新奖 15 项。

4 月，在 2014 年国际食品安全大会上，学会向任筑山、胡小松、玛丽 · 施密德尔 3 位科学家授予“科学精神奖”；向食品伙伴网的李远钊及新华通讯社高级记者殷丽娟授予“科学传播奖”。

由学会提名的两位常务理事——中国工程院院士、国家食品安全风险评估中心研究院陈君石和北京大学工学院食品与生物资源工程研究所所长陈峰，被增选为国际食品科技联盟食品科学院院士，使中国食品科技界拥有此项荣誉的科学家增加到 8 位。

学会推荐的国家食品安全风险评估中心研究员李宁、江南大学教授陈卫、浙江大学教授刘东红获中国科协“全国优秀科技工作者”称号。

【中国食品科学技术学会第十一届年会】 11 月 5—6 日，学会主办的以“科技释放威力”为主题的学会第十一届年会在浙江省杭州市召开，会议包括

4个大会报告、6个分论坛、4个技术专题会，来自食品界的1100名专家、学者出席会议，提交学术论文480余篇。

学会理事长孟素荷说，对于中国食品科技界未来的发展需要面对并解决三个问题。第一，中国食品工业及科研“少战略多战术”，“多纵比少横比”，以部门需求为主导，缺乏站在国家立场俯视行业发展战略的深入研究。科技界应尽早以国际视野，凝聚起前瞻性的战略思维的科技界共识，为行业发展，为国家发展战略提供科学发展的思想之源。第二，面对消费者对工业食品的质疑，对中国食品安全的信任危机，食品科研总体上“不接地气”，源于生产一线的科研课题有待增多。第三，食品行业亟需科技界在学科交叉中予以破解多项难题。

【2013年食品安全热点科学解读媒体沟通会】 1月9日，在国务院食品安全委员会办公室和中国科协的支持下，学会在北京组织召开了2013年食品安全热点科学解读媒体沟通会。会议邀请中国农业大学教授罗云波、国家食品安全风险中心研究员刘秀梅、北京市食品科学研究院院长王守伟、中国农业科学院教授魏益民等12位专家，从科学的视角对2013年国内食品安全热点进行了解读和分析。中央电视台、中央人民广播电台、《人民日报》、人民网、《中国食品报》、新浪网、腾讯网、搜狐网等数十家媒体的记者参加会议并与专家进行了讨论。

会议首次将2013年国际主要食品安全热点进行了系统深入归纳，由中国工程院院士陈君石和国际食品科技联盟食品安全专家委员会共同主席任筑山分别对国内外热点进行归纳点评。

本次会议解读的12个热点中，有4个热点被专家评定为食品安全事件，而其中的2个热点并不会对消费者健康造成影响。国内对食品安全的关注点正逐渐深入到食品安全的本源——原料污染与恶意造假。

2013年国际食品安全的总体特征和趋势主要表现为：一是微生物污染导致的食源性疾病依然占食品安全事件的主体。二是原料、水源和加工等过程中的化学性污染是全球面临的难题。三是诚信缺失的恶意造假也在横扫发达国家。

与会专家认为，食品安全问题已经突破国界，无论是在发展中国家，还是发达国家都广泛存在，不仅损害人类健康，更有损行业和国家的形象。由此，强化从农场到餐桌的食品安全控制体系，不仅需要政府加强法制化监督管理，企业加强诚信意识，科技界加强对食品安全的基础科学研究，更需要媒体传递科学的信息。正视食品安全带给人类的挑战，需要政府、产业、科技、媒体各方的共同努力。

【2014年国际食品安全大会】 4月17—18日，学会与国际食品科技联盟、国家食品安全风险评估中心在北京共同主办2014年国际食品安全大会。大会得到国家食品药品监督管理总局、科技部、工业和信息化部、卫生和计划生育委员会、中国科协、中国轻工业联合会等相关部委的支持。

大会以“强化食品安全科学基础，实现社会共治”为主题，470余位来自政府部门、科技界、工业界和媒体界的中外专家、学者参会，参会人数较上届会议增长17%。本届大会设有两轮大会报告，并针对当前食品安全的热点和难点分别设置了8个专题研讨会，包括食品安全与微生物控制、乳制品产业链安全、传统食品的创新与安全、食品掺假鉴别与管理、转基因食品的安全性评价、果蔬制品的营养安全、餐饮行业的标准化和工业化之路等。

通过68位国内外专家、学者的发言及8个专题研讨会的充分交流，会议形成对中国食品安全问题的八个基本共识，即：①中国属于全球“食品安全良好”之列。②“信任危机”犹存，中国食品安全信息发布失控造成的不良影响，不亚于食品安全事件本身。③生态与环境污染是中国食品安全的最大风险，且短期内难以化解。④食源性疾病是食品的头号安全问题。⑤食品链的安全系数由“短板”决定。⑥经济利益驱使的食品造假和欺诈行为是包括中国在内的世界性“顽疾”。⑦传统食品虽然具有很悠久的历史，但并非意味着就一定安全。⑧食品安全问题的解决需要凝聚全社会的力量，目前最薄弱的领域当属消费者教育。

大会提出有效应对中国食品安全挑战的五大建议，包括：①保障我国食品安全从解决原料污染入手。②风险交流是解决和纠正食品安全负面舆情占主导地位的唯一手段，对媒体与媒体人的培训是当务之急。③预防、透明、信任是国际治理食品安全的三大法宝。④食品企业需要选择基于行为的食品安全管理，形成独特的食品安全文化，重视食品安全教育。⑤食品安全控制体系需要在符合监管者要求的基础上不断进行创新。

【第十四届中国方便食品大会暨方便食品展】 9月2—3日，学会主办的第十四届中国方便食品大会

暨方便食品展在北京召开。会议得到了国家发展改革委产业协调司、工业和信息化部、科技部、卫生和计划生育委员会、中国轻工业联合会等相关主管部门的支持。会议包括10个大会报告、4个专题研讨会以及1个行业论坛。中国方便食品行业中最具影响力的优秀企业家、科学家等500余人出席，共同探讨了方便食品行业的困局与发展。

与会专家表示，安全、环保、认知、科研与人才是行业面临的四大挑战。而当社会从温饱进入健康安全的需求阶段，当市场提出健康、安全、回归自然的需求时，“转型与价值提升”将是带给全行业生存与发展的新命题。

中国工程院院士、学会副理事长孙宝国在分析2014年方便食品创新趋势时表示，适应人们对健康生活方式的需求，大企业由价格向价值的提升与创新，显示了对行业向上引领的作用。企业创新也正成为中国食品工业转型升级的主体，为行业增容创造了价值空间。科技界应予以有效对接。

（撰稿人：莫英杰）

中国粮油学会

服务创新型国家和社会建设　2014年，学会重点打造以科技奖励为重心、上引科技评价、下推科技成果产业化的粮油科技创新工作链，初见成效。

科技奖励方面：中国粮油学会科学技术奖2014年评选出获奖项目42项，其中一等奖6项，二等奖12项，三等奖24项。编辑印制了《2013年度中国粮油学会科学技术奖获奖项目汇编》，便于公众了解粮油科技成果的具体内容。国家奖励办公室同意将2013年中国粮油学会科学技术奖一等奖项目“氮气气调储粮技术应用工程”作为直推国家奖的推荐名额，有望实现学会直推国家奖的“零突破”。建立评审信息化平台，基本实现网络推荐、网络公示、专家网络初评、评审结果查询等功能，提高奖励工作的信息化管理水平和服务水平。

科技评价方面：国家粮食局委托给学会组织重大项目论证评估的任务，由学会承担全国粮油流通产业科技成果评价工作。为加大科技评价宣传力度，在4月召开的学会年度工作会议上，学会奖励办公室详细就粮油科技评价鉴定的重要意义、必要性、工作程序、管理办法等作了宣讲和动员，会后，学会各分会在专业年会上进行了广泛宣传，2014年学会开展成果鉴定15次，较2013年增加3次，进行科技评价10项。

科技成果产业化方面：2014年，学会和各分会共召开27次各类研讨会，推广交流获奖项目和新技术61项。分别比2013年增加8%和9%。学会组织实施“企会协作创新计划”试点工作，建立“企会协作创新联盟”的长效机制，开展技术创新和成果推广项目。学会向国家粮食局申报粮油科技成果转移产业化专项，确定了宣传发布、专家服务的项目运行机制。学会饲料分会推广荣获2013年中国粮油学会科学技术奖一等奖项目“高效低耗饲料粉碎技术与装备的研究开发与应用”1100多套，培训2000人次以上。

学会举办了180多场培训班，培训4000多人次。

学会组织各分会针对不同需求改革创新举办各种形式的继续教育专业技术培训班。学会发酵面食分会设立了应用技术人才培训基地和筹备第四届“安琪酵母杯”中华发酵面食大赛，2014年在北京市、江西省宜昌市、上海市等地共举办105场专业面点加工技术培训班，培训人数达2311人次。

学会油脂分会组织专家到中粮集团、益海嘉里集团有限公司、山东鲁花集团有限公司、山东渤海实业有限公司等企业，帮助解决生产技术问题，提出咨询意见。

2014年，学会共回应社会热点问题8次。其中，5月14日，一篇《地沟油去哪儿了——起底京畿地沟油黑色产业链》的报道引起了社会各界的关注，学会组织专家研讨，提出意见，消除了消费者的疑虑，维护了企业的权益。

学会能力提升专项　2014年3月，学会对“学会能力提升专项”2013年8月至2014年3月的项目内容进行总结，通过中国科协的验收，与中国科协签订了2014年3月—2015年6月的项目合同，包括组织实施搭建国际学术交流与科技合作平台，加强《学报》建设，推动科技创新与成果转化，等6大类26项具体工作。

8月，学会系统总结梳理了学会能力提升专项第一期项目实施2年多来的工作情况。《总结报告》从提升服务创新能力等四个方面，总结了18个大类、47种形式、52项活动的具体情况，概括了11个特点、19个内容、16种形式的项目绩效，汇报了项目领导和资金管理的办法，提出了问题与建议和下一步的工作考虑。《典型案例》梳理了6个案例，详细描述了每个案例的实施过程、效益与经验和今后打算。《创新点》归纳了68条在实施项目中创新的工作亮点。《数据统计表》详细统计了77组具体活动的数据。汇集了53件总结材料附件和66张活动照片。在不到半个月的时间撰写总结材料共计7.8万多字。

学会建设 学会在工作会议上以发展会员为专题进行了研究和部署，学会2014年新发展个人会员100人，截至2014年底，学会有个人会员8360人，团体会员1320个，所属分科学会12个，专门工作委员会3个。学会理事会理事共243人，其中常务理事88人，

学会储藏分会与成都储藏所更新和维护中国粮食储藏科技网站，2014年1—10月共发布信息2700余条。学会发酵面食分会"中华面点网"网络平台注册会员32691名，管理员30名，主题17398个，帖子31467个，访问共计4023176人次。

学术期刊 2014年，《中国粮油学报》继续被美国EI（《工程索引》）收录。6月，《中国粮油学报》首次对2013年刊发的稿件开展优秀论文、优秀审稿专家评选活动，共评选出30篇优秀论文和20位优秀审稿专家，向获奖作者和专家颁发奖金和证书。

《中国粮油学报》的平均审稿周期由2013年4月前的5个月缩短到2个半月，调动了作者的投稿热情，使学报的出版效率明显提升。

学会和中粮营养健康研究院等科研单位商讨合办《中国粮油学报》的英文版，该英文期刊不是中文版的对照翻译，而是由作者新撰写的英文稿件。

学会招聘了2名博士研究生充实《中国粮油学报》的编辑队伍，使编辑队伍的专业分布更加广泛，专业结构更趋于合理，提高期刊学术质量。

2014年，学报继续开展和完善优先数字出版，凡是被学报录用的稿件，经作者授权后，均可不受纸质版的限制，在录用的当月即可在网络上发表，并可以作为正式发表的文章被其他论文引用，有效缩短了稿件发表周期。

除《中国粮油学报》，学会与分会及有关单位合办了5种粮油科技期刊。2014年，6种期刊共发表1100篇论文，发行总量250400册，EI收录论文300篇，分别比2013年增加18%、1%、12%。

学科发展研究 学会申报了中国科协2014—2015年粮油科学技术学科发展研究项目，成立了撰写领导小组和分会专家组，明确了撰写内容要求，印发了《编写大纲（征求意见稿）》，各分会按进度组织专家进行调研和起草工作。

决策咨询 2014年，学会共提出政策建议25项，被采纳23项，编制法规文件和制度6种。

学会组织专家为国务院办公厅、国家粮食局等部门制定有关文件提供了16份意见和建议报告。3月，对《国务院关于加快木本油料产业发展的意见（征求意见稿）》提出建议。4月，对国家粮食局组织制定《深化粮食科技体制机制改革工作方案》进行研究咨询。

学会物流分会参加国家粮食局《全国粮食物流设施建设项目建议书》的编制工作以及全国粮食仓储物流设施"十三五"规划前期课题研究。学会物流分会对东北地区和南方地区粮食物流状况进行了调研，编制了《厦门象屿股份有限公司粮食产业发展规划》《江苏省粮食仓储物流设施建设规划》《苏州市"粮安工程"建设规划》等。学会质检分会针对河南小麦、东北玉米生霉和色变粒等质量异常情况，及时开展专项研究，提出收购验质执行国家标准的政策建议。

国际学术会议 7月，学会和国际谷物科技协会（ICC）在湖北省武汉市共同召开全谷物食品与健康国际研讨会。

11月19—20日，学会和美国油脂化学家协会（AOCS）在上海市共同举办功能性油脂与食用油安全国际研讨会。国内外油脂产业专家、学者与会交流探讨油脂产品的污染问题、油脂产品的质量与品质改善、粮油中高附加值微量组分的利用、新油料资源及其安全等内容。会前举办了食用油精炼新技术培训班。

5月，学会储藏分会在四川省成都市与中国储备粮管理总公司成都所共同举办了第四届中加生态储粮研究中心暨粮食储运国家工程实验室工作研讨会。5月，学会油脂分会在湖北省武汉市举办了首届国际稻米油科学技术大会，在广东省广州市举办了第八届中国（广州）国际食用油及橄榄油产业博览会。11月，学会食品分会举办了第五届IGPE中国国际粮食产业博览会暨现代粮油机械装备展示会等。

国内主要学术会议 2014年，学会及分会共召开国内学术交流会议19次，参会6043人次，提交论文517篇，产生学术新观点61项，分别较2013年增加8%、18%、14%、9%。品牌学术会议由2013年的5个增加至8个，包括学会储藏分会主办的第八次会员代表大会暨第八届全国粮油储藏学术交流大会和第二届

绿色储粮与节能减排研讨会，学会油脂分会主办的第23届学术年会暨产品展示会和2014年田径投资贸易展览洽谈会，学会食品分会主办的2014中国粮食加工产业升级企业家和专家学者峰会暨粮食机械与粮食深加工新产品展示会，学会信息自动化分会组织协办的2014中国计算机大会等。

两岸交流 3月，发酵面食分会应台湾地区谷物研究所邀请，派员赴台湾地区台北市举行了面点交流会，促进发酵面食的文化、人才和技术交流，合力提升中华发酵面食在全球的影响力。

国际交往 4月，学会组织参加在奥地利维也纳举办的欧盟健康谷物论坛及谷物生物活性物质学术会议。6月，学会赴奥地利维也纳参加国际谷物科技协会（ICC）执委会议。10月，学会赴美国出席ICC会员大会。11月学会赴台湾地区参加ICC国际稻米大会。

3月，学会和加拿大杂豆协会正式签署了中加杂豆利用项目合同，并组团参加了中加杂豆项目技术交流会，项目总经费为44.5257万加元，由加方投资。截至2014年底，第一批项目经费22万加元已到位，400千克杂豆原料已投入使用，并成功开发出实验室产品，准备投入产品中试（杂豆馒头、杂豆饼干、杂豆面条）。同时，筹划启动杂豆制粉项目。

科普活动 2014年，学会重点围绕“爱粮节粮”主题共开展各类科普活动80余次，400多名专家进行了现场讲解。学会配合国家粮食局有关司室完成了“粮食科技周”宣传材料编写工作、优秀科普作品征集活动文件起草工作，组织撰写《粮油食品营养与健康知识问答》。

10月16日，学会质检分会配合国家粮食局开展“世界粮食日”和2014年“全国爱粮节粮宣传周”活动。组织专家参与编印了“节约一粒粮，企业在行动——标准进企业贯标活动”宣传材料。学会质检分会到东北玉米收购现场指导农户科学储粮，编辑了电视宣传片和宣传手册，下发到东北3省和内蒙古，宣传质检政策、标准和科学储粮技术，减少农民的产后损失，提高农民卖粮收入。5月20日，学会信息自动化分会配合河南省粮食局等部门，开展了河南省“爱粮节粮安全食粮进校园进社区进家庭暨2014粮食科技周”宣传活动。学会发酵面食分会组织成立科普宣讲团，在湖北、安徽、河南等13个省的32个县开展了发酵面食科普宣传系列专题活动，1万余名面点师参加专题活动，逾20万人次农民现场观摩。

表彰举荐优秀科技工作者 学会推荐的中国储备粮管理总公司成都科研所所长郭道林、河南工业大学教授郑学玲获得中国科协“全国优秀科技工作者”称号。

学会储藏分会评审第二届“终身成就奖”和“敬业奉献奖”，授予路茜玉等6人“第二届终身成就奖”，授予白玉兴等4人“第二届敬业奉献奖”。学会储藏分会继续在河南工业大学、南京财经大学和武汉轻工大学评审和颁发“新苗奖”和“铸才奖”奖学金，委托3所大学进行评定工作。

党建强会 2014年，学会组织员工开展党的群众路线教育实践等活动。学会向中国科协申报了“弘扬我的中国梦，倡导粮食人爱粮节粮从我做起”的资助项目。将主题系列活动推广到粮油加工环节，推广到一线粮油加工企业、粮油科研院所、粮油大专院校。做到从粮油的消费环节到流通环节再到生产环节，行业全覆盖，服务受众6800余人次。动员会员参加由中国科协学会党建研究会发起的科技工作者的“中国梦”“我的自身奋斗梦”调查问卷。在学会党员中开展“党的纪律学习教育月”活动。7月，学会党支部组织全体党员到北京延庆县平北抗日战争纪念馆开展党日活动，缅怀革命先驱，进行爱国主义教育。

会员服务 学会质检分会组织编写《粮食真菌毒素标准、法规与检验》，已由湖南科技出版社正式出版，并免费下发给分会会员，该书系统介绍了国内外粮食真菌毒素法律法规、限量标准和最新检验技术。

【全谷物食品与健康国际会议】 6月30日至7月2日，学会和加拿大国际谷物研究院在湖北省武汉市共同召开了全谷物食品与健康国际研讨会。大会主题为“大力发展全谷物食品产业，打造粮食经济升级

全谷物食品与健康国际研讨会

版，引导谷物科学健康消费”。来自国内外全谷物领域的专家、学者、政府相关部门负责人、企业家共同交流全球全谷物产业发展的现状与趋势，研讨全谷物研究领域的热点、难点问题，探讨我国全谷物食品发展的重点方向与思路，展示各国全谷物产品。会议搭建了产学研交流合作平台，促进加快全谷物食品的研究开发和推广，引导谷物科学健康消费。

（撰稿人：魏　然　张　勇）

中国职业安全健康协会

服务创新型国家和社会建设　2014年，协会完成了煤矿作业场所粉尘浓度管理限值调研、延长石油职业安全健康发展规划、煤矿工人劳动防护用品安全性调查3项延续课题任务。其中，煤矿作业场所粉尘浓度管理限值调研已提交神华集团等待验收，延长石油职业安全健康发展规划、煤矿工人劳动防护用品安全性调查已通过验收并结题。

2014年，协会组织开展建设项目职业病防护设施竣工验收评审16项，组织建设项目职业病危害预评价报告评审20项，累计组织专家100余人次。协会组织7家评审单位的100余名专家开展石油行业安全生产标准化评审，对200余家企业提交的申请资料进行了审核，对评审单位提交的第一批90项评审报告进行了形式审核，为企业颁发了证书。协会承担防尘防毒标委会秘书处职责，完成了26项待发布标准的修改工作，其中7项标准已正式发布。

受国家煤监局委托，协会组织包括30多名专家的课题组，开展全国煤矿尘肺病危害及防治措施现状调研项目。调研由书面抽样调查和现场实地调查两部分组成。通过建立网上填报系统，基本完成26个产煤省的1000余份书面调查问卷。由协会副理事长带队的5个调研小组，分赴辽宁、河南等7个省、自治区、直辖市，完成了35个煤矿的实地调研工作。

协会组织开展了“智慧矿山”产业技术创新战略联盟的筹建工作。完成了煤矿井下瓦斯事故个体逃生装置技术鉴定。组织完成了《矿井粉尘综合治理新技术措施的研究与应用》国家科技专项计划建议项目的研讨、上报。与北京东辉盛源科贸有限公司签订合作协议书，共同推广煤矿井下粉尘捕捉剂产品和技术。

2014年，协会共举办培训班10期，培训人员1610人次。其中职业卫生监管执法业务培训班3期，煤矿主要负责人培训班2期，全国安全社区建设标准和方法培训班4期，吉林市职业卫生技术服务机构检测和评价人员资质培训班1期。协会继续与首都经贸大学合作，联合举办国内首届安全工程专业硕士研究生班，完成了前期合作办学实施计划的论证工作。依托首都经贸大学，成立了安全科学与工程专业师资培训班的培训教程体系编写组，并制定培训教材大纲实施方案。完成中小学安全健康读本的大纲编写工作和市场调研工作。

协会承担安全类专业认证分委会秘书处职责，依照程序，组织完成对中国矿业大学（北京）、南京理工大学等6所学校的安全工程专业认证申请受理、自评报告评审、现场考察及认证报告编写等一系列认证相关工作。

学会建设　截至2014年年底，协会会员总数达到4928个（名），同比增加9%。其中个人会员1930名，同比增加2%，单位会员1744个，同比增加28%，网站注册会员1254名，与2013年持平。协会理事会成员为292名（个）（个人理事164名，理事单位128个）。

协会现有分支机构26个，包括3个工作委员会、13个专业委员会、10个分会。2014年新成立行为安全专业委员会、户外教育安全分会、校园安全健康专业委员会3个分支机构，科普与教育工作委员会、科学技术工作委员会、个体防护专业委员会、高空服务业分会、职业卫生专业委员会5个分支机构进行了换届选举。协会安全社区工作委员会与北京城市系统研究中心合作，开发了中国安全社区在线管理平台，并于4月21日开始试运行。

2014年启动建设安全社区271个，超额完成132个安全社区的年度建设计划。截至2014年12月底，在协会备案、已经启动和建设全国安全社区的单位达2606个，其中已经建成的安全社区达到552个，分布在26个省、自治区、直辖市，覆盖人口超过1.5亿人。全国共有78个社区成为国际安全社区网络成员，占全球346个的22.5%，占亚洲143个的54.6%。

12月2日，协会在四川省成都市召开全国安全社区建设工作会议，国家安全监管总局副局长杨元元及相关司局负责人，来自全国的安全社区建设单位代表等300多人参加会议。

学术期刊　2014年，《中国安全科学学报》出版12期，收稿刊出率12.7%。

国内主要学术会议　4月，协会地质勘探安全分

会、中国地质调查局水文地质环境地质调查中心在河北省保定市召开《地质勘查单位安全生产标准化基本规范》研讨会。5月17日，协会行为安全专业委员会在北京举行了首次学术会议。5月23日，协会个体防护专业委员会2014年年会在江苏省无锡市召开。6月，协会高空服务业分会在西藏自治区拉萨市召开会议，讨论颁证标准、工商保险等相关事宜。10月15—16日，协会防火防爆专业委员会在北京召开油气储运安全消防技术研讨会。10月16—17日，协会校园安全健康专业委员会在浙江省杭州市组织召开成立大会暨第一届中国校园安全健康学术研讨会。11月22日，协会水射流技术专业委员会在山东省青岛市组织召开第十五届全国水射流技术与应用研讨会。12月3—5日，协会工业防尘专业委员会在上海市主办第十三届上海国际袋式除尘技术与设备展览会暨研讨会。12月15日，协会职业卫生专业委员会在广东省深圳市召开2014年度学术年会。

两岸交流 10月22—24日，由澳门劳工事务局主办，协会参与合办的第二十二届两岸及香港澳门地区职业安全健康学术研讨会在澳门特别行政区召开。会议旨在加深海峡两岸、香港和澳门特别行政区在职业安全健康方面的职业交流，共同提升职业安全健康水平，并推动安全文化的发展。协会副理事长伊烈受理事长张宝明委托代表协会出席。会议围绕职业安全健康范畴的各个主题进行主题演讲及专题研讨。国家安全生产监督管理总局新闻发言人黄毅作了题为《大力实施安全发展战略，加快实现安全生形势根本好转》的主题演讲。伊烈作了题为《共同护佑广大劳动者的职业安全与健康》的主题演讲，并主持了主题演讲第二分会场。会议举行了澳门特别行政区职业安全健康约章签署仪式、合办机构周年会议。

国际交往 5月12—15日，协会安全社区办公室副主任陈文涛赴韩国釜山市出席第七届亚洲安全社区会议。6月7—11日，华北科技学院张驎代表协会率团赴美国新奥尔良市出席美国安全工程师年会暨展览会。7月2—9日，协会副理事长吴宗之带队赴泰国参加第29届APOSHO会议。

表彰举荐优秀科技工作者 协会组织开展2014年度“中煤能源杯”中国职业安全健康协会科学技术奖评奖，224个项目参评，初评设管理与技术（31项）、信息与监控（30项）、机电设备（27项）、职业卫生（20项）、石油化工（29项）、煤矿1（32项）、煤矿2（29项）、煤矿3（26项）等项目，共设8个专业评审组。

经协会推荐，神华集团公司科技发展部副总经理徐会军获得中国科协“全国优秀科技工作者”称号。

【全国安全社区建设工作会议】 12月2日，全国安全社区建设工作会议在四川省成都市举办，国家安全监管总局副局长杨元元及相关司局负责人，来自全国各地安全社区建设单位的300余人参加会议。协会理事长张宝明作工作报告，杨元元讲话。

张宝明说，安全社区模式既能够实现事事有人管、有人抓，又能够将安全社区建设与街道、乡镇各条块工作有机对接，把乡镇（街道）推向安全生产的“前沿阵地”和“第一防线”。通过建设，实现“党政同责、一岗双责、齐抓共管，使安全生产责任体系向各类安全领域延伸”。2014年安全社区建设工作稳步推进，企业主导型安全社区建设不断拓展新领域。2015年要在2014年的基础上加大安全社区建设力度，要继续坚持“贴近群众、贴近生活、贴近实际”的原则，规范安全社区建设。计划在2015年建成全国首个以全市为整体的安全社区。要进一步加大宣传推广力度，争取在2015年实现全国省级行政区域全覆盖。计划在2015年颁布新修订的安全社区建设标准，启动标准系列配套文件的制修订工作，以适应安全社区发展形势的要求。

大会向新获得命名的安全社区进行了授牌。截至2014年年底，全国安全社区共552个，其中整区县建设单位17个。全国启动安全社区建设的街道和乡镇2606个，覆盖人口超过1.5亿。在2014年命名的94家全国安全社区中，28个属于农村乡镇型或涉农社区，9个为企业主导型社区。

会议期间，来自广东省佛山市北滘镇、重庆市黑山镇等9个单位的代表就中小企业现场安全管理、旅游安全管理、农村安全社区建设等作了经验介绍并进行交流。

会议期间，举行了第一届第五次安全社区工作委员会会议。

（撰稿人：李亚南）

中国烟草学会

学会建设 5月，学会召开中国烟草学会第七次会员代表大会，选举产生了第七届理事会理事、常务理事及负责人，完成换届改选工作。

学术期刊 2014年，《中国烟草学报》坚持标准化办刊，注重论文原创，行业战略性课题和重大专项类论文占刊发论文总数的80%以上。《中国烟草学报》影响因子继续保持1.0以上，在全国轻工纺织类科技期刊中排名第一，连续第二年被美国《工程索引》（EI）收录。9月26日，在浙江省杭州市召开2014年《中国烟草学报》编委会会议，总结编辑部工作，讨论如何围绕行业中心工作，服务改革发展大局，进一步提高办刊水平。《中国烟草学报》编委及论文作者代表40余人参加了交流研讨。

国内主要学术会议 2014年，学会支持专卖管理、经济、信息化、教育培训等专业委员会围绕本部门中心工作开展不同形式的学术活动。在北京召开中国烟草学会2014学术年会，100余名行业科技工作者参加了大会交流。

国际组织任职 学会副理事长、中国烟草总公司郑州烟草研究院副院长谢剑平连任烟草科学研究合作中心（CORESTA）理事会理事。学会推荐青州烟草研究所郭永峰当选CORESTA科学委员会委员。

国际交往 2014年，学会组织行业优秀科技工作者30人次参加烟草科学研究合作中心（CORESTA）等国际组织的学术交流活动，10月12—16日，在加拿大召开的CORESTA2014年大会和分学组会议上，中国学者的12篇论文入选大会宣读论文，5篇入选CORESTA大会墙报论文。

科普活动 学会联合云南省烟草学会，共同制作《烟草病虫害生物防治》科普宣传片，宣传绿色农业理念，推动现代烟草农业建设。学会发挥《中国烟草学报》、学会网站科普宣传窗口作用，发挥烟草农业科学传播专家团队作用，征集专家对科普工作的意见。

表彰举荐优秀科技工作者 经学会推荐，杨硕媛获得中国科协“全国优秀科技工作者”称号。

学会开展优秀论文评选工作，从各省学会、专业委员会推荐的近3000篇论文中评选出年度优秀论文22篇。

学会专卖管理专业委员会组织论文评审活动，31家单位报送了129项学术成果，其中学术论文107篇，课题成果22项，经过初审、复审与专家评定，评选出优秀论文一等奖5篇，二等奖10篇，三等奖20篇，优秀课题奖6名。

党建强会 学会办事机构召开党员大会，选举产生了新一届支委会，并报请国家烟草专卖局机关党委批准（国烟机党〔2014〕12号），完成党支部改选工作。

会员服务 6—9月，学会向各省级烟草学会、专业委员会下发了《中国烟草学会关于开展会员管理及服务情况问卷调查工作的通知》，对各单位所属会员数量、构成及会员服务做法、经验和建议等内容进行了问卷调查，各省级烟草学会和专业委员会及时反馈了调查结果。

中国科协会员日 12月16日，学会在北京召开会员代表座谈会。在京会员代表36人参加座谈，对学会的会员服务、学术交流、科普教育等方面工作提出了意见和建议。各专业委员会根据年度工作任务和实际需要，在会员日活动期间通过吸收新会员、走访慰问、表彰奖励、座谈交流、向会员赠送科技图书等形式组织开展会员日活动。

【中国烟草学会第七次会员代表大会】 5月20日，中国烟草学会第七次会员代表大会在北京召开。国家烟草专卖局局长凌成兴，国家烟草专卖局副局长赵洪顺出席会议并讲话，中国烟草学会第六届理事会理事长张辉作工作报告。

会议审议通过了中国烟草学会第六届理事会工作报告、财务报告和中国烟草学会章程修改说明，选举产生了中国烟草学会第七届理事会，选举产生了理事长、副理事长、常务理事及秘书长，聘任了副秘书长和各专业委员会主任委员。赵洪顺当选为第七届理事会理事长。

赵洪顺代表新一届理事会对今后的学会工作作出部署：一要进一步强化服务大局观念，着力提升服务行业改革发展的能力。二要进一步突出学会工作重点，把促进行业科技进步作为主要任务突出抓好。三

中国烟草学会第七次会员代表大会

要进一步提升科普宣传能力，做好规划、突出重点、丰富形式。四要进一步加强学会组织建设，提高学会凝聚力、亲和力。

中国烟草学会第七次会员代表大会代表、各省级烟草学会秘书长、中国烟草学会各专业委员会秘书、各中烟工业有限责任公司技术中心负责人及中国烟草学会办事机构工作人员170余人参加了会议。

【中国烟草学会2014年学术年会】 12月23日，中国烟草学会2014年学术年会在北京举行，会议总结2014年学术交流工作，安排部署2015年学术交流活动。学会理事长赵洪顺出席会议并讲话，赵洪顺肯定了2014年中国烟草学会的工作。他强调，要更加注重科技人员在学术交流中的主力军作用。要在发挥行业各级科技人员主力军作用的基础上，最大限度借助外脑外力，让更多力量参与到学术交流中来。要高度重视基层单位和一线人员在实践中的创新、科研活动，充分发挥他们开展学术交流的积极性、主动性、创造性。学术交流要更加聚焦事关行业发展的现实问题，事关行业影响的重大问题，事关行业未来的苗头性或前瞻性问题，充分发挥学术成果对行业发展和科技进步的积极推动作用。

会议对评选出的22篇中国烟草学会2014年度优秀论文作者进行了表彰。9位专家、学者和学科带头人作学术报告，与会代表围绕“服务行业科技创新”主题开展了学术交流。中国烟草学会各专业委员会秘书长、各省级烟草学会秘书长、学术年会优秀论文作者及年度优秀论文作者约150人参加了会议。

（撰稿人：刘新华）

中国系统仿真学会

学会建设 2014年，学会召开了5次理事长办公会议、3次常务理事会议和2次理事会议。10月，学会在陕西省西安市召开第七届全国会员代表大会，通过了《第六届理事会工作报告》《章程修改报告》《学会财务工作报告》《会费交纳办法和使用管理规定》。

学术期刊 《系统仿真学报》荣获2014中国最具国际影响力学术期刊，已经连续两年被列入中国最具国际影响力学术期刊。

国际杂志《建模、仿真与科学计算》杂志年收稿量近200篇。2014年，该杂志在出版4个正刊的基础上，组织了2个专刊——第5届国际物理科学数学建模大会、2013会议专刊、亚洲仿真会议专刊。

国际组织任职 2014年，学会副理事长、北京航空航天大学教授张霖当选国际建模仿真学会主席，成为该学会历史上第一位来自亚洲地区的主席。

国际交往 2014年，学会组织国内学者先后参加2014国际建模仿真学会春季仿真会议、2014国际建模仿真学会夏季仿真会议、2014欧洲仿真会议、2014年亚洲仿真会议等国际会议。

7月13—21日，美国蒙莫斯大学教授穆罕默德·顾拜旦（Mohammad S. Obaida）及夫人来华进行学术交流，期间围绕绿色信息技术为北京航空航天大学师生做了两场学术报告。访问期间，Obaidat教授与北京航空航天大学、北京科技大学、清华大学、北京信息科技大学等高校的师生进行了多次座谈交流。

穆罕默德·顾拜旦教授是国际仿真领域最具影响力的学者之一，国际建模仿真学会前主席，国际电气电子工程师协会会士，《未来技术研究组织下的集合》杂志主编，10余个国际杂志的副主编或编委。发表450余篇学术论文，出版10余部专著，因其突出而富有创新性的贡献，荣获美国计算机协会杰出演讲者，国际建模仿真协会杰出演讲者，美国电子电气工程学会杰出演讲者等荣誉。

10月12—26日，德国联邦国防军大学教授埃克森·莱曼（Axel Lehmann）应邀来华进行为期2周的访问。埃克森·莱曼教授长期致力于建模与仿真研究工作，在相关领域开展了一系列独创性研究，是建模仿真领域国际最著名学者之一是国际仿真界在校核、验证与确认领域最著名的专家之一，在多个国际学术会议做大会特邀报告，应邀在世界多所大学或研究所开办讲座，近年来致力于仿真建模理论及VV&A的教育与传播，国际学术界具有极高的威望。

在两周访问过程中，一共进行了2次公开学术论坛讲座，来自北京高校及科研院所从事仿真研究与应用的100多名学生、教师及工程技术人员聆听了讲座。与教师和学生开展了4次主题讨论会。埃克森·莱曼教授与教师们进行了合作交流与未来发展的讨论，初步制定了未来3～5年的合作计划。

科普活动 截至2014年年底，学会已组建了以王精业教授为首席科学传播专家的军事装备学专家团队，以吴建平教授为首席科学传播专家的交通运输工程学科专家团队，以张贝克教授为首席科学传播专家的仿真与先进制造学科专家团队，以邱晓刚教授为首席科学传播专家的作战仿真学科专家团队。

2014年，由学会参与主办的2014西门子杯全国大学生工业自动化挑战赛将赛项扩展为四个赛项：工程应用型赛项、设计开发型赛项、工程创新型赛项以及新加入的MC控制赛项，并将设计开发型赛项、工程应用赛项细分为高校组和高职组，面向不同的培养对象设计更有针对性的赛题、赛制，针对不同层次的工程人才培养探索更加贴近的比赛模式。

本届竞赛报名参赛的队伍共计746支，比上年度增加近50%，涵盖24个省、自治区、直辖市的近150所高校。最终，中国石油大学（华东）、华中科技大学、苏州市职业大学等11所学校获得设计开发型赛项特等奖；东北大学秦皇岛分校、北京建筑大学、厦门大学等8所学校获得工程应用型赛项特等奖；福建工程学院、烟台大学、唐山学院共3所学校获得工程创新赛项特等奖；2014年首次设置的运动控制赛项的特等奖由常熟理工学院、青岛科技大学、上海大学等4所学校获得。

中国科协会员日 12月22日，中国科协会员日学会活动在北京航空航天大学举行，学会创始人文传源先生应邀参加。来自高校、科研院所，企事业单位，学会各分支机构及《系统仿真学报》的会员共计40余位参加了活动。开展了拜访学会老领导、老会员，举办会员代表座谈会，开放重点实验室，组织会员参观北京航空航天大学航空馆、复杂产品先进制造系统教育部工程研究中心，会员日学术报告等一系列活动。

2014年中国科协会员日期间，学会分支机构也组织各种形式的会员日活动。学会将会员日活动名称统一为“中国科协会员日＋中国系统仿真学会＋活动”。

【中国系统仿真学会第七次全国会员代表大会】 10月9—10日，中国系统仿真学会第七次全国会员代表大会在陕西省西安市召开，来自全国158个会员单位及17个专业委员会、4个工作委员会、2个办事机构的会员代表共计312人参加大会。

大会主席、学会理事长、中国工程院院士赵沁平致开幕词并作工作报告。学会副理事长张霖教授作了修改学会章程报告；学会秘书长吴云洁教授作了学会财务工作报告，并宣读《会费交纳办法和使用管理规定》；学会副理事长胡晓峰阐述了将学会更名为“中国仿真学会”的缘由；学会副理事长刘藻珍教授向与会代表介绍了本次换届的选举办法，理事候选人推选情况。

大会通过《第六届理事会工作报告》《章程修改报告》《学会财务工作报告》《会费交纳办法和使用管理规定》及学会更名事项；一致通过在民政部正式批准更名之前执行《中国系统仿真学会章程》，民政部批准更名后执行《中国仿真学会章程》。

大会选举产生第七届理事会理事人选，理事158名。中国工程院院士赵沁平当选学会第七届理事会理事长。

本次会议还举办了表彰先进颁奖活动，系统仿真技术应用专业委员会等6个单位被评为学会先进集体，李妮等13名同志被评为学会先进工作者，柴旭东等33名同志被评为学会优秀仿真科技工作者，蔡继红等9名同志获学会年度优秀论文奖，侯飞等2名同志获2013年度优秀博士学位论文奖。

【信息时代仿真与建模技术论坛暨2014年中国仿真大会】 10月12日，信息时代仿真与建模技术论坛暨2014年中国仿真大会在陕西省西安市召开。中国工程院副院长、中国工程院院士陈左宁，学会理事长、中国工程院院士赵沁平，西北工业大学副校长、中国科学院院士魏炳波分别致词。来自高校、科研院所、企事业单位的300余位仿真专家、学者参加了会议。会议由学会原理事长、中国工程院院士李伯虎主持。

中国工程院院士、清华大学教授吴澄作了题为《城市承载力及运行优化决策的建模与场景仿真》的大会报告，中国工程院院士李德毅作了题为《大数据时代的跨界创新》的大会报告，中国工程院院士马远良作了题为《水下观测的挑战——“动态海洋声学”的理论框架》的大会报告，中国工程院院士段宝岩作了题为《大型天线分析与设计的仿真研究》的大会报告，中国工程院院士李伯虎作了题为《复杂系统高性能建模与仿真技术研究》的大会报告，国防大学教授胡晓峰作了题为《兵棋推演与复杂系统管理》的大会报告，清华大学教授范文慧作了题为《中国仿真产业发展战略》的大会报告，国防科技大学教授姚益平作了题为《面向军事分析仿真的三级并行技术及其挑战》的大会报告。

会议围绕信息时代的仿真技术主题，深入分析我国在大数据时代下实施的“两化融合”发展战略对仿真科学与工程的需求，探讨我国仿真科学与工程的发展战略、关键技术与应用，并提出了具有前瞻性的新

观点、新策略。

大会设置4个分会场，59位科技工作者做了论文交流，会议共评出12篇优秀论文，在大会闭幕式上给予了表彰。大会还组织与会代表参观了西北工业大学水下信息与控制国家级实验室、特种无人机国家级实验室。本次大会共征集论文427篇，录用237篇，其中154篇推荐到优秀期刊。

（撰稿人：赵　罡）

中国电影电视技术学会

服务创新型国家和社会建设　2014年，学会承接了原广电总局的电视节目技术质量奖（金帆奖）和广播节目技术质量奖（金鹿奖）。学会对全国广播电台推荐报送的324个节目进行评定，共评出获广播节目技术质量奖（金鹿奖）一、二、三等奖222个，广播电台获综合大奖6个。对全国各电视台推荐报送的521个节目进行评定，共评出电视节目技术质量奖（金帆奖）一、二、三等奖共367个，电视台获综合大奖6个。

9月4日，国家新闻出版广电总局人事司批复同意中国电影电视技术学会科学技术奖列入职称评审认可的获奖项目。

2014年，学会组织评选第七届中国电影电视技术学会科学技术奖，全国参评项目85个。经过视频、网络和传输三个专业组初评入围项目51个。

学会对61个节目作品进行评选，评出第11届“电视美术灯光设计工程奖”一等奖6名，二等奖12名，三等奖19名；最佳创新、最佳灯光、最佳美术各1名。奖励单位40个次，个人160人次。学会主办的第三届立体（3D）影视优秀作品奖，共评选出电视专题类、电视综艺类、电视动画片类、电视体育类、电影故事片类、电影动画片类、电影短片类的最佳奖3名，优秀奖9名。

学会结合广播电视工程技术行业特点，与中国电子学会共同制定了《广播电视行业电子信息专业工程师资格双学会认证资格认证办法》，5月28日签订了《中国电影电视技术学会与中国电子学会关于开展工程师资格双学会认证合作协议》。

6月4日，学会成立标准与测试专业委员会，并制定《中国电影电视技术学会标准研究管理办法》。完成国家新闻出版广电总局《电影电视用LED灯具技术要求和测量方法》行业标准研究。完成国家科技部3D电视制作工艺研究项目中《电视2D/3D制作工艺建议书》研究。完成《高清晰度电视节目录制规范》审议稿编写。推进《演播室LED显示屏技术要求和测量方法》标准研究。美术专业委员会制定了《演播室舞美安全规范》研究大纲，正在申请学会标准立项。

学会制定了《科学技术项目评价管理办法》，规定了科技项目评价的基本程序、评价专家遴选和评价监督等要求。经七届五次常务理事会议审核批准，在学会内部试行。

学会建设　经民政部批准，将学会章程中的“学会性质”描述改为“中国电影电视技术学会是由中国电影、电视、广播及网络视听媒体行业的科技工作者和相关单位自愿组成的全国性、学术性、非营利性的社会组织，是中国科学技术协会的组成单位，是发展我国电影、电视、广播和网络视听科学事业的社会力量”。中央人民广播电台、中国国际广播电台等18家广播电台、电视台加入学会，团体会员单位达到130家。

经学会七届五次常务理事会议审议，恢复或重新成立了科技评价、学术、组织、教育科普、监督、国际合作委员会。

为积极承接政府转移职能，学会制定和修订了《理事会工作条例》《学会所属分支机构管理办法》《学会财务管理条例》《岗位技能认证管理条例》《团体会员管理条例》《科技项目评估管理办法》《资格认证管理办法》等一系列制度条例。

学会修订了《学会所属分支机构管理办法》，制定了分支机构工作条例、分支机构负责人和委员工作职责、印章和财务管理实施细则，重申分支机构年度考核的相关规定等一系列规章条例，并纳入学会监督工作委员会监督工作范围。学会批准设立了城市电视台技术分会、广播技术专委会、网络视频专委会、标准与测试专委会。截至2014年底，网上申请入会会员1250人，通过复审630人，其中香港地区会员50人；在中国科协个人会员管理系统中进行会员注册登记2950人。

制定《秘书处工作程序》，规范秘书处办事流程，定期召开秘书处办公例会，加强工作计划性、克服随意性，提高秘书处工作会议效率和执行力，对工作有落实、有督促、有检查。推进理事会领导和监督下的预算管理，财务工作实现了电算化管理。

学会起草了《广播电影电视行业岗位技能培训认证管理办法》，逐步建立岗位资格认证管理体系，进行影视技术行业岗位资格认证的工作。

会员服务 2014年，学会对接中国科协的个人会员管理系统，给新增个人会员发放会员证；制定按章程收取个人会费的实施细则，协调与各专业委员会对个人会员管理的责任。

积极筹备试办网上电子通讯期刊，内容包括学会活动、行业动态、科技热点、专题研究、会员反馈等栏目，为开办学会学术期刊作准备。

国际学术会议 12月9日，学会举办北京国际影视制作论坛，围绕先进影像、3D影视制作、影视后期视效等专题进行交流，邀请美国国际3D协会主席Jim一行参加。同时，举行中国区3D影视技术与艺术创意奖颁奖典礼。

国内主要学术会议 6月5日，学会举办北京国际电视技术研讨会（ITTC2014），会议围绕影视科技发展前沿课题，以广播电视科技发展创新、电视媒体的新技术融合为主题，举办峰会、专题报告、业务调研。

8月24日，学会在北京举办第五届中国视觉效果高峰论坛，着重探讨电视节目中的计算机图形技术和虚拟化制作等议题。

11月，为交流和促进各电视台节目包装制作水平，学会在重庆市举办了影视包装创意与实施研修班。

2014年，学会分别与中央电视台、北京电视台、上海电视台、江苏电视台等电视台及团体会员单位合作举办了网络电视台建设与运营、云计算和大数据在广电传媒行业的应用、全媒体融合生产平台技术架构与系统实现、IT服务管理、网络安全和标准、电视安全播出管理等研修活动。研讨主题涉及利用大数据和云计算技术推进新闻生产，提升数据处理能力，优化媒体内容制作、存储、分发流程，为内容生产和传播提供强大支撑；利用移动互联技术实现在移动终端的覆盖面和影响力；利用微博微信技术拓宽社会化传播渠道。

表彰举荐优秀科技工作者 9月，学会在北京举行2014年度全国影视青年科技奖评审，从全国广电机构初审推荐的35名候选人中评选出全国影视青年科技奖28名。

【2014年北京国际电视技术研讨会】 6月5—6日，学会在北京举办2014年北京国际电视技术研讨会（ITTC2014）。来自全国各广播电视系统、科研机构、国内外系统提供商的专家、学者500余人出席。

本次研讨会结合国内外广电传媒技术发展的新形势，采用主题演讲、专业研讨和业务调研的形式，就广电行业与互联网全媒体的技术融合与业务创新进行了集中研讨和多向交流。

在主题演讲中，国家新闻出版广电总局有关部门负责人就广电行业数字化全媒体技术的发展现状、面临挑战以及未来广电全媒体发展趋势、重点工作部署等方面作了报告；中央电视台有关部门负责人全面总结了电视台网络化制播的发展历程，就未来网络制播的新模式、新体验以及所面临的新问题进行了详细剖析，并首次提出电视台网络制播系统V2.0的设计理念，在优化网络制播工作流程，变革体系架构，探索云制作模式等方面提出相关思路建议；研发机构和生产企业负责人紧密结合加强科技创新、推进媒体融合的形势要求，以构建和发展技术先进、传输快捷、覆盖广泛的现代传播体系为主要目标，就媒体核心技术、大数据、云计算、移动互联、4G等最新技术进行集中研讨和多向交流，对新技术、新产品、新业务、新项目进行了分析和介绍。

研讨会就“新型电视制作技术研究及其应用”“媒体大数据及广电云服务”两个热点话题进行了专业研讨。同时还邀请小米科技、爱奇艺等新兴互联网媒体单位阐述广电行业面对新型媒体形态所面临的机遇与挑战，为广电技术更好地支撑电视传统业务及多种新业务运营提供思路。

（撰稿人：陈　默　李慧芳）

中国振动工程学会

服务创新型国家和社会建设 2014年，由学会振动与噪声控制专业委员会组织，在北京分别举办4次关于土木桥梁、机械振动、噪声控制和模态试验技术培训及学术研讨会，共安排了26个专题培训，总计180余人参加会议。

学会建设 11月8日，学会在上海市召开七届四次常务理事扩大会议，原则通过学会第八次全国会员代表大会和理事会换届工作方案，会议决定第十一次全国振动理论与应用学术会议与学会第八次全国会员代表大会同期召开；会议对2014年度学会青年科技奖进行了评审。会议讨论了国际学术会议筹备、学会期

刊等工作。会议批准高级会员15人，并对注册的普通会员全部予以批准。根据对应国际组织名称和专业需求，会议同意结构抗振控制专业委员会更名为“结构抗振控制与健康监测”专业委员会。会议同意土动力学专业委员会换届预案。

2014年，根据学会章程和《中国振动工程学会分支机构／编委会管理办法》，机械动力学专业委员会、结构抗振控制专业委员会、土动力学专业委员会完成了换届。

学术期刊 2014年，《振动工程学报》出版6期，年收稿量656篇，发表论文126篇，录用率基本控制在20%以下。《振动工程学报》2013年复合影响因子为0.968，在力学类13种期刊中排名第2，在工程技术类50种期刊中排名第8，基金论文比为0.86。

2014年，《振动与冲击》出版24期，年收稿量3020篇，发表论文864篇，19篇论文人选“2014年中国精品科技期刊顶尖学术论文（F5000）”。自2012年以来，《振动与冲击》共有49篇论文被评为F5000论文。《振动与冲击》2013年总被引频次为2658篇，复合影响因子1.100，影响因子为0.633，在机械工程类64种期刊中位居第3位。

国际学术会议 7月13—17日，学会协办的第21届国际声与振动学术会议（ICSV21）在北京召开。来自50个国家和地区的840余人参会。学术报告分26个分会场进行，交流580篇，另有6篇大会报告。学会理事饶柱石代表学会全程参加了会议，并负责了结构动力学与模态分析专题的组稿及分会场的主持工作，该专题共收到国内外投稿19篇，会上实际交流11篇。

10月16—18日，第二届包装技术与科学国际会议暨第十五届全国包装工程学术会议在江苏省无锡市召开。本次会议由学会包装动力学专业委员会和《包装技术与科学》杂志联合主办。来自美国、德国、英国、日本、西班牙、韩国、泰国的近20位国际包装领域著名专家学者，和来自国内70多个包装专业高校、科研机构、企业的代表共计250余人参加了会议。会议共收到论文230余篇，其中国外代表论文110余篇。

12月4—5日，学会结构抗振控制与健康监测专业委员会协办了第五届亚太结构健康监测学术会议。来自中国、美国、英国、日本、澳大利亚、韩国的110余名专家、学者参加了本次会议，会议安排了12个特邀报告和80余个分组口头报告。

国内主要学术会议 10月8—10日，由学会主办的第九届全国随机振动理论与应用学术会议在甘肃省兰州市召开。会议由学会随机振动专业委员会与兰州理工大学承办，同济大学等单位协办。会议共安排大会主题报告10篇，“地震工程学中的概率方法”国际专题报告5篇，分组报告89篇，设主会场1个，分会场11个（分会场邀请报告11篇）。会议注册人数160人，参会并聆听报告的专家学者近200人。闭幕式上，为优秀青年教师论文获奖者和优秀研究生论文获奖者颁奖。会议出版论文摘要集1本、论文全文电子版1套。会议从参会宣读论文中遴选出40%的优秀论文，推荐到核心期刊发表。

7月31日至8月3日，由学会机械动力学专业委员会主办的学术讨论会在四川省成都市召开，参会人员86名。

8月16—17日，由学会转子动力学专业委员会主办的第11届全国转子动力学学术讨论会（ROTDYN2014）在辽宁省大连市举行，与会专家、学者200人。大会安排了1个主题报告，5个大会报告，会议宣读学术论文100余篇。会议编辑《第11届全国转子动力学学术讨论会论文集》，收录论文142篇。

11月14—16日，学会土动力学专业委员会主办的第九届全国土动力学学术会议在天津市召开，来自全国高校、科研院所、勘察设计和企事业单位的390多名专家、学者参加会议。大会收到论文281篇，安排了7个大会报告，9个专题报告，分别在16个会场进行了交流。大会对“第二届汪闻韶青年优秀论文”（1篇）和“第九届全国会议青年优秀论文”（6篇）的获奖者进行了表彰。

12月6日，学会结构抗振控制与健康监测专业委员会在广东省深圳市召开第五届全国结构抗振控制与健康监测专业委员会学术交流会，有4位院士和7位国内相关领域的知名专家作了大会特邀报告，60余人参加了本次会议。

表彰举荐优秀科技工作者 2014年，学会推荐的同济大学教授陈建兵和西南交通大学教授林建辉荣获中国科协“全国优秀科技工作者”称号。开展中国振动工程学会2014年度青年科技奖候选人推荐与评选工作，大连理工大学李钢、西安交通大学温广瑞、河海大学陈育民、上海交通大学黄修长4人荣获2014年度中国振动工程学会青年科技奖。

（撰稿人：刘　红）

中国颗粒学会

服务创新型国家和社会建设 10月15日，学会主办的2014年颗粒测试与表征技术培训班在上海市举办，共有130余人参加培训班。

10月15—17日，由学会、纽伦堡会展服务（上海）有限公司、上海环球展览有限公司主办的第十二届中国（上海）国际粉体工业／散装技术展览会暨会议在上海市举行。此次展会展出面积4000多平方米，展商165家，其中国内商家101家，国际商家64家。7000人次参观了本次展览。

学会建设 5月18日，学会第六次全国会员代表大会及理事会会议在北京召开。与会代表认真听取了学会理事长陈运法所作的《中国颗粒学会第五届理事会工作报告》，学会副理事长张仁健所作《中国颗粒学会第五届理事会财务报告》，以及第六届理事会理事候选人推选情况说明，选举产生了学会第六届理事会理事177名，第六届常务理事会常务理事42名，选举产生了第六届理事会学会负责人10名。

学术期刊 2014年，《颗粒学报》编辑部在已有工作的基础上，从努力约请高质量稿件、尽可能缩短编审周期等多个方面入手，学报建设工作取得了进展。增设了地区编辑，缩减了编审时间，并组织了学报2014年编委会会议。《颗粒学报》2014年的影响因子是1.648。

国内主要学术会议 5月14—17日，由中国科学院过程工程所和学会流态化专委会承办的11届国际循环流化床会议在北京召开。来自23个国家和地区共250人参会，会上交流了报告137篇，投稿150篇。

两岸交流 10月26—27日，第三届海峡两岸纳米材料技术研讨会在台湾地区台北市举行，会议主要讨论了纳米粉体及相关材料的制备技术，一维纳米材料，纳米颗粒的特性，纳米粉体在能源、医学、环境、电子等材料工程中的应用，旨在促进两岸学术交流，提升两岸在纳米粉体研究领域中的国际地位。会议由台湾大同大学、台湾粉体与粉末冶金协会、中国颗粒学会超微颗粒专业委员会主办，会议发表论文29篇，参会人数为大陆11人，台湾26人。

【出版科普专著《PM2.5与环境》】 2014年，在中国科协继续教育试点项目资助下，学会气溶胶专业委员会组织专家编著出版了气溶胶科普教材《PM2.5与环境》。这本书结合国内外PM2.5研究进展，从PM2.5的基本概念、研究意义与历史入手，梳理了PM2.5样品采集、化学组分分析与遥感反演方法，对比总结了全国不同城市PM2.5的特征和来源，介绍了来源解析技术的原理及其应用、排放源源谱和排放清单等，探讨了重污染雾霾事件发生机理，通过案例剖析了PM2.5对能见度、文物腐蚀、生态系统、酸雨形成等环境影响，以及其健康与气候效应，梳理了美欧等国PM2.5管理与控制经验，提出我国PM2.5管理对策框架，并归纳总结了PM2.5主要污染来源的控制技术。

【第七届世界颗粒学大会】 5月18—22日，由学会与中国科学院过程工程研究所共同承办的第七届世界颗粒学大会2014年在北京举办。本次会议注册代表超过1200人，其中国外代表400余人，港澳台代表60余人，分别来自40多个国家和地区。

本次大会共安排大会报告7个，分会主题报告51个、邀请报告106个、口头报告708个，墙报153个。报告内容涉及颗粒粉体制备的各种物理、化学、机械方法；超微及纳米颗粒的制备工艺、应用技术及其有关的物理、化学问题；流态化现象和流态化技术；粉体处理各单元操作；气溶胶技术及其对环境、天气、气候的影响；颗粒和气溶胶的性能测试和表征；以及3D打印、生物颗粒材料、能源颗粒材料等热点研究领域。

会议期间先后颁发了第八届中国颗粒学会青年颗粒学奖、第二届赢创颗粒学创新奖、第二届麦克仪器优秀论文奖，以及本次会议的学生最佳墙报奖等多个奖项。

（撰稿人：韩秀芝）

中国照明学会

服务创新型国家和社会建设 4月14日，学会主办的“2014中国（北京）国际照明展览会暨中国（北京）国际半导体照明产业博览会”在北京举行。为期3天的展会吸引了来自中外300多家参展商，整体展示面积达到30000平方米，近28000名专业观众到场参观。

11月21日，“中照奖——城市照明建设奖”在湖北省武汉市举行颁奖仪式，天津市获一等奖，浙江省杭州市、广东省广州市获二等奖，浙江省淳安县、青

海省西宁市获三等奖，江苏省徐州市、苏州市分别获得优秀奖。

2014年，由“中国逐步淘汰白炽灯、加快发展节能灯”项目办公室、中国照明学会共同主办的“中国绿色照明工程设计奖”共评选出金奖1个，银奖6个，铜奖8个，优秀奖5个。

2014年，由国家人力资源和社会保障部批准、学会承担的“照明设计师职业资格培训”在北京、上海市、广州市、南京市、中山市、厦门市共举办初、中、高级培训班11期，培训学员489人。

2014年学会主动承接政府转移职能的工作，根据行业发展的需求和自身能力，有针对性地开展工作。先后制定、发布了《照明工程设计收费标准》（试行）《地下车库智能照明指导意见》《照明设计师注册管理办法》、并应企业要求开展了照明科技成果鉴定工作。

学会建设 2014年，学会召开2次常务理事会议和1次理事会议，增补理事13人，常务理事1人，理事会员数达到172人。发展团体会员86家，发展高级会员36人，截至2014年年底，学会有团体会员847个，高级个人会员576人。

4月25日，学会在全国性社会组织评估委员会全体会议终评后获得2013年度4A级全国性学术类社团。

学术期刊 2014年中国科技论文统计结果显示，《照明工程学报》影响因子为0.694，继续排在电工类期刊的前列，并再次入选中国科技核心期刊。

学科发展研究 2014年，学会完成《2012—2013照明科学与技术学科发展报告》。该报告由中国科学技术出版社正式出版发行，是“2012—2013年度学科进展研究成果”中30个学科发展报告之一。

国际学术会议 6月19日，学会交通运输照明和光信号专业委员会、复旦大学电光源研究所共同主办的第二届中国国际汽车照明论坛在上海市召开，国内外专家、学者320余人出席了会议，共收录了60篇高质量论文。

8月22—23日，由学会、日本照明学会、韩国照明与电气设备学会共同主办、天津大学承办的第七届中日韩照明科技大会在天津市召开，会议主题是“迈向未来照明”。中日韩三国的学者、专家及学生进行了学术交流。会议共征集论文111篇，与会者200人，其中学生70多人。

国内主要学术会议 2014年，学会及所属分支机构共举办国内照明学术会议13次，参加人数共计3700人次，共交流论文258篇。

两岸交流 11月20—22日，学会与台湾地区照明灯具输出业同业公会在湖北省武汉市共同举办了海峡两岸第二十一届照明科技与营销研讨会。本次会议以“照明科技与营销”为主题。海峡两岸照明界的专家、企业代表140余人参会，会议共征集论文77篇。

国际交往 4月23—26日，国际照明委员会（CIE）2014照明质量与能效大会在马来西亚吉隆坡举行。本次会议共有9篇特邀报告、66篇大会报告、87篇张贴论文，设立15个分会场、6个专题讨论会。学会组团参加了会议，并提供了12篇大会报告和11篇张贴论文。

科普活动 2014年，学会常务理事戴德慈教授获得中国科协颁发的首席科学传播专家证书。

9月20—28日，学会参加了全国科普日的活动，并获得全国科普日“特殊贡献单位”。

12月，配合中国绿色照明的深入开展，围绕《全国科学素质行动计划纲要》，学会和北京照明学会共同编辑出版了《绿色照明200问》（第2版）。

表彰举荐优秀科技工作者 12月15日，学会推荐的华树明荣获中国科协“全国优秀科技工作者”称号。

党建强会 5月21日，学会党支部开展主题为“美丽中国——中国重点城市照明调研评价”活动，完成了西安夜景照明的调研与评价，此活动由学会全体党员及西安市照明设计公司党员共30余名党员参加。

会员服务 2014年，学会开展了“高级照明设计师（舞台影视方向）”职业资格考核认定，有17位长期从事舞台影视照明工作的专业技术人员获得职业资格证书。

6月21日，学会在北京举办《建筑照明设计标准》宣传活动，来自会员单位80余名技术人员参加培训。

【2014年中国照明论坛】 9月12—13日，由学会主办的2014年中国照明论坛——LED照明产品设计、应用与创新论坛在浙江省杭州市举行，论坛的主题是“探讨LED照明产业发展态势”。为期两天的论坛，共吸引了近400名业内学者、企业、媒体代表出席参与。

主论坛围绕“探讨LED照明产业发展”的主题进行研讨，同济大学教授郝洛西作了题为《国际照明委

中国照明学会在浙江省杭州市召开 2014 中国照明论坛

员会（CIE）学术动态及照明领域科技发展趋势》的报告，分享了 CIE 的学术动态以及在 CIE 框架下的组织架构出版情况；飞利浦（中国）投资有限公司技术总监姚梦明作了题为《LED 智能互联照明》的报告，介绍了智能互联照明的先行理念，预测了未来照明数字化、智能化的趋势；清华同衡规划设计研究院有限公司副总规划师荣浩磊、中国质量认证中心新能源产品认证部副处长陈松、木林森股份有限公司总经理林纪良、中国建筑科学研究院建筑与环境节能研究院副院长赵建平，分别作了题为《改变的力量》《新版照明电器产品强制性认证实施规则与细则解析》《LED 置换式光源之规格趋势与脉动》《绿色建筑发展现状及趋势》的报告。

论坛同期举办了学会六届三次常务理事会议、理事会，以及学会第九届“中照照明奖”颁奖典礼，共评出照明工程设计奖 39 项，其中：一等奖 6 项，二等奖 13 项，三等奖 20 项。

（撰稿人：王海霞）

中国动力工程学会

服务创新型国家和社会建设　2014 年，学会受中国机械设备工程股份有限公司（CMEC）的委托，组织专家对 300 ~ 350MW 等级褐煤机组设备选型技术方案开展研究，并提出了研究报告，约 15 万字。

2014 年，学会发挥人才优势，开展科技成果与研发项目的评审工作，先后完成了北京国电智深控制技术有限公司的“超（超）临界汽轮机控制与保护系统的自主研发及其工程应用”，内蒙古国华呼伦贝尔发电有限公司的“加装低温省煤器研究与应用可研评审项目”，上海电站辅机厂有限公司等单位的“百万核电凝汽器弹簧支座高产化”，上海望特能源科技有限公司等单位的“锅炉水冷壁、过热器壁温在线监测及专家诊断系统的研究与应用”评审工作。

7 月 29—31 日，学会与中国电工技术学会等共同承办了在北京举办的 2014 中国国际核电装备展览会和 2014 中国国际燃气轮机装备与技术展览会；同期举办了 2014 核电可持续发展高峰论坛和 2014 中国国际燃气轮机技术装备高峰论坛。系列活动全面展示了核电装备制造及核电技术应用和燃气轮机技术装备等方面的最新技术和设备，为世界核电、燃气轮机行业提供一个信息沟通及交流的国际平台。

学会建设　2014 年，学会召开了第六次会员代表大会，选举产生了第十届理事会。

按照学会统一部署，各专委会和工作委员会完成了换届。学会分别召开年度秘书长工作会议、京沪两地迎春团拜会和新春工作会议，召开了第十三次团体会员工作会议，专题研究和讨论团体会员的发展和管理，接纳同济大学机械与能源工程学院、江苏永瀚特种合金技术有限公司、武汉大学动力与机械学院为团体会员单位。

6 月 19—20 日，学会在广东省广州市召开了九届九次常务理事会议，常务理事或代表 39 人出席会议。会议讨论和审议了提交“六大”的学会第九届理事会工作报告，讨论和审议了学会章程的修订稿，审议了第十届理事会换届方案。会议审议并决定：将热力专委会改名为热力与燃气专委会、取消学会工业煤气专委会，将透平专委会辅机分专委会变动为学会辅机专委会，将透平专委会叶片分专委会变动为学会叶片制造专委会。

学术期刊　截至 2014 年年底，《动力工程学报》总计收到稿件 592 篇，全年发表 164 篇，录用率为 27.7%。其中，由国家自然科学基金及国家重点项目等资助的论文 77 篇，由国家其他基金项目和省、市级重要基金项目资助的论文总数为 38 篇，占发表论文总数的 70%。

根据中国学术期刊（光盘版）电子杂志社有限公司和中国科学文献计量评价中心的《中国学术期刊影响因子年报（《自然科学与工程技术 · 2014 版》报告统计：2014 年《动力工程学报》在能源与动力工程类

42种期刊中排名第一，影响因子为1.250，他引影响因子为0.997，5年影响因子为1.560，基金论文比为0.59，一直被列为中文工程类核心期刊。

国内主要学术会议 2014年，学会及所属各分支机构举办国内学术会议10余次，近700人次参加了学术会议，入选论文约300篇，出版《2014火电厂污染物净化与节能技术研讨会论文集》《2014锅炉学术研讨会论文集》《2014透平学术年会论文集》《2014电站辅机学术年会论文集》等5册论文集。

表彰举荐优秀科技工作者 12月17日，学会推荐的胡修奎获得了中国科协“全国优秀科技工作者”称号。

【中国动力工程学会第六次会员代表大会】 11月26日，学会第六次会员代表大会在上海市举行，出席会议的代表157人。

会议听取和审议了学会第九届理事会工作报告、《中国动力工程学会章程》修订说明报告、第九届理事会财务情况报告、第十届理事会理事候选人推荐工作报告，并采取无记名等额选举的方式选举丁常富等121人为第十届理事会理事，通过了相关决议。

大会期间，举办了学术论坛。中国工程院院士岳光溪作了题为《循环流化床燃烧发电技术的现状及未来前景》的报告，西安交通大学教授赵钦新作了题为《我国雾霾防治对策》的报告。

学会十届一次理事会议选举黄迪南为第十届理事会理事长，刘吉臻、朱元巢、严宏强、苗立杰、胡寿根、胡建民、倪明江、黄瓯为副理事长，张树林为秘书长。选举丰镇平等41人为常务理事，决定了学会有关机构设置和负责人等。

（撰稿人：朱月祥）

中国惯性技术学会

服务创新型国家和社会建设 2014年初，由学会主办，来自10多个会员单位的170余位科技工作者和专家组成的编写委员会，经过3年多时间，编成新版《惯性技术手册》，并于2014年出版。《惯性技术手册》近1100页，为从事惯性技术研究的科技工作者提供了便捷可查阅的应用工具、资料和数据，对从事惯性技术研究、设计、生产、测试、试验、使用、管理、保障、教学等各方面人员提供帮助，并为他们之间的沟通与配合提供共同认知。

2014年5月，学会惯性仪表与元件专业委员会结合行业发展需求，联系并邀请到美中绿色能源促进会会长Robert Larson、美国能源部顾问／智能电网、微电网专家Jim Reilly、国网智能电网研究院普瑞工程总工程师曹均正、国网许继集团智能电网首席专家薄志谦等近20位从事智能电网领域的专家和企业代表到会交流。相关企业单位的项目团队分别与不同专业领域专家进行了8场次的短期技术交流及项目对接，立足国内现有及潜在市场需求，达成了10个项目合作意向。

学会建设 2014年，学会发展会员114名，审议批准了17名资深会员，接纳团体会员单位1个，会员总人数达到3743人，团体会员单位达到146个。学会召开了3次常务理事会议，对学会各项工作计划及重要事宜进行了讨论和审议。召开了1次秘书长与联络员工作会议，共商学会工作。表彰了2013年京津地区优秀联络员，召开工作机构办公会议6次。

2014年，学会组织各类学术活动8次，会上交流论文150余篇，参加人数达850人次。并于2014年9月16—17日组团参加了德国陀螺会议。征集论文10余篇，筛选后报送了8篇，并在会上作了2篇学术报告。

学术期刊 2014年，学会学术期刊《中国惯性技术学报》入选并完成了中国科协精品科技期刊工程第三期学术质量提升项目。全年出刊6期，每期140页，全年刊登论文158篇，有12篇论文入选“精品期刊工程顶尖论文平台——领跑者5000”。

国际学术会议 5月14—15日，学会惯性仪表与元件专业委员会联合中国宇航学会光电专业委员会，在北京召开了第三届光纤陀螺与光纤传感技术研讨会。来自美国内布拉斯加林肯大学、英国南安普敦大学、澳大利亚新南威尔大学、加拿大威士敦大学以及香港理工大学等国内外的10余位专家、学者作了精彩的大会报告，来自国内外光纤传感的国防单位、研究单位、龙头企业的300余人参加了会议。

国内主要学术会议 9月24日，学会在重庆市召开了2014年重力测量技术研讨会。国内从事重力测量技术研究和应用的35个单位的78名科技人员参加了研讨。此次研讨会征集论文19篇，会议交流10篇，还邀请了7位专家、学者对国内外重力测量技术研究和应用情况作了专题报告。会议评选出优秀论文4篇。此次研讨会的特点是重力测量技术研究人员和重力测量技术应用人员同台交流，增强了技术研究与应用的结合。

7月18日，学会材料与工艺专业委员会组织召开了材料与工艺技术应用与发展学术交流会。征集论文22篇，会上交流7篇，评选出优秀论文6篇。

7月24—26日，学会系统与测量专业委员会联合西安市惯性技术学会、哈尔滨市惯性技术学会在黑龙江省哈尔滨市召开了2014年导航与控制学术交流会。12家单位的51位专家、学者参加了会议。会议征集到论文33篇，其中22篇参加了会议交流，评选出优秀论文11篇。

10月30—31日，学会光电技术专业委员会在湖北省武汉市召开了第11次学术交流会，征集论文36篇，会上交流17篇，评选出5篇优秀论文，编辑出版了论文集。来自50余家单位的96名专家、学者参加了交流会。

10月30日至11月1日，由上海市惯性技术学会和南京市惯性技术学会联合召开的2014惯性技术与先进导航学术交流会在江苏省苏州市召开。21家单位的80位专家、学者参加了会议。会议征集到论文42篇，其中28篇参加了会议交流，本次会议交流的论文内容有惯性传感器方面，还特别涉及了惯性元件工艺、组合导航系统、惯性元件的误差补偿技术等，从科研和生产等不同的角度，充分阐述了惯性技术在理论和实际工程中的新进展。

科普活动 2014年，学会联合北京理工大学组合导航与智能导航实验室，结合科研平台搭建青少年科技创新实践平台，逐步开展了中国惯性技术学会科普夏令营、陆海空天惯性技术科普展、大手拉小手——青少年科技实践活动等一系列活动。在2014全国科普日期间，学会联合北京理工大学组合导航与智能导航团队的两栖蛙板机器人、自主球形轮机器人在机器人展区亮相，参加了2014全国科普日的北京主场活动。

结合全国科普日活动，学会陆海空天惯性技术科普展厅面向社会开放。活动期间，共接待200余人次参观。

学会在国家自然科学基金科普专项支持下，撰写科普专著《陀螺知道你在哪儿》。在汪顺亭院士等专家的指导和帮助下，在2014年上半年完成了书稿的整理、校对等工作，并请丁衡高、汪顺亭、冯培德、包为民、王巍等领域专家对书稿进行了审定，并提出了宝贵的指导和修改意见。

在中国科协的统一部署下，学会组建了陆海空天惯性技术科普专家传播团队，科普传播首席专家付梦印教授积极参加科协组织的首席科学传播专家2014年研讨交流班，通过专家授课和与同行交流的方式，重点围绕信息化现代化条件下科学传播创新开展学习和交流，并落实在传播团队建设和服务能力建设上。

2014年，学会组织开展了3次惯性技术领域科普讲座。180余人次参加了讲座。

表彰举荐优秀科技工作者 学会举荐的张崇猛同志获得中国科协“全国优秀科技工作者”称号。

【2014年精密光机电国际学术研讨会】 11月19—20日，由学会、中国航天科技集团公司科技委、北京航天控制仪器研究所联合主办的2014年精密光机电国际学术研讨会（Symposium on Precision Opto-Mechatronics Technology 2014，SPOMT2014）在北京举行。

会议以大会报告的形式进行，共邀请到国内外相关专业领域内的近30位专家进行了专题报告。大会分为惯性导航及重力测量技术和光电传感及其应用技术两个专题进行。

惯性技术及重力测量分专题的报告内容涉及卫星子系统的12～270 GHz频段内组件融合技术及卫星通信、导航、主被动无线电探测技术，航空重力测量系统及其应用技术，采用磁悬浮扭矩系统的重力梯度测量地震检波器研究，采用磁电动量传感器补偿的MEMS加速度计和陀螺仪技术，（TNR）在海洋重力信息测量领域中的技术进展，采用惯性传感器、里程计及地标的管道检测机器人导航技术等方面。

光电传感技术及其应用分专题的报告内容涉及光学传感器在生理监测方面的应用，惯性传感器在绘图与导航应用中的现状及发展趋势，微型无人机三维绘图：处理流程及框架体系，空心光纤传感器及其设备，河流水污染监测用的可重构光波导多种分析物传感系统，集成微电网技术，微型集成多功能光纤器件及其应用，自适应光学在光纤激光器中的应用等方面。

来自中国、美国、英国、加拿大、俄罗斯、乌克兰等国家和地区的180名专家、学者参加此次研讨会。

（撰稿人：励小妹）

中国风景园林学会

服务创新型国家和社会建设 2014年，学会着力推进风景园林师执业制度筹建工作，酝酿调整了风景

园林师执业制度指导委员会名单，组建了技术工作小组。初步确定了考试课程，编制完成了考试大纲（草案）。学会继续配合住房和城乡建设部进行了《国家职业分类大典》修订工作，组织专家对《职业分类体系表（征求意见稿）》进行了讨论，并回复了意见。

2014 年，学会承接了全国科学技术名词审定委员会风景园林学名词审定工作，组建成立了全国科学技术名词审定委员会风景园林学名词审定委员会。截至 2014 年年底，名词初稿已基本完成。

2014 年，学会首次与中国园林博物馆合作，举办了中国优秀风景园林规划设计获奖作品展，展出了 2011 年与 2013 年两届“中国风景园林学会优秀规划设计奖”评选中获得一等奖、二等奖的 55 个规划设计作品，包含风景名胜区规划和生态资源保护、湿地规划和保护旅游、城市绿地系统规划、城市公园、广场、开放绿地、住宅区园林景观、滨水园林景观设计等风景园林的主要领域，全面展示我国风景园林事业近十多年来的发展水平和成果。

学会建设 2 月，学会在北京召开五届二次常务理事会议。9 月，学会在辽宁省沈阳市召开第五届第二次理事会议暨五届三次常务理事会议，就理事和副理事长人员增补进行了讨论。

2014 年，按照章程和《分支机构管理办法》的要求，学会指导 7 个分支机构按要求完成换届，其中更名规划设计和菊花研究两个专业委员会，更名为分会。新设立分支机构 4 个：园林生态保护专业委员会、风景园林教育工作委员会、女风景园林师分会和园林企业工作委员会。

10 月，学会在辽宁省沈阳市召开了全国部分省级风景园林学（协）会理事长联谊会，就加强学会工作和地方的联系进行了交流。

2014 年，学会吸收单位会员 133 家，个人会员 1380 人。截至 2014 年底，累计完成中国科协统一换证登记的单位会员达 796 个，个人会员 6489 人。12 月，在珠海市举办了学会第六届会员日活动。

学术期刊 《中国园林》入选 2014 版《中文核心期刊要目总览》（中文核心期刊），是“中国科技论文统计源期刊”（中国科技核心期刊）。期刊影响因子为 1.045，较上一年度上升 13%。《中国园林》编委会进行了换届改选，王绍增继续担任新一届编委会主编。

国际学术会议 10 月 17—19 日，学会与日本造园学会、韩国造景学会共同主办，在四川省成都市召开第十四届中日韩风景园林学术研讨会，来自中、日、韩等国家的风景园林师、学者及相关从业人员 300 多人参加会议。会议主题为“风景园林与美丽城乡”，共设地域性风景园林、田园风光与文化传承、连接城市和乡村的绿道三个专题进行了研讨，来自中国、日本、韩国的 12 名专家作了专题报告。会议征集论文并出版了《第十四届中日韩风景园林学术研讨会论文集（英文）》。会议同期组织了中日韩大学生风景园林设计竞赛，竞赛题目为“宜宾现代竹产业园概念规划”。

国内主要学术会议 4 月 27 日，由学会主办，《中国园林》杂志社、湖北省风景园林学会、武汉市风景园林学会、华中科技大学建筑与城市规划学院景观学系承办，在华中科技大学召开了中国风景园林知名专家余树勋先生缅思会，50 余位代表共同追溯、总结了余树勋先生在教书育人、规划设计、学术思想、日常生活等各个方面的事迹与内容，详细总结了余树勋对风景园林行业的杰出贡献和学术思想。

6 月 7 日，由学会主办，北京林业大学园林学院和深圳市北林苑景观和建筑规划设计院承办，在广东省深圳市召开“中国风景园林传承与创新之路暨孟兆祯院士学术思想论坛”，来自中国大陆和香港特别行政区、澳门特别行政区的风景园林学者 100 余人围绕“中国园林传承与创新之路”、“孟兆祯院士学术思想与研究对中国风景园林行业发展的意义”等议题进行了研讨。

7 月 25 日，学会作为支持单位，参与举办并派员出席了由香港园境师学会主办，深圳市北林苑景观及建筑规划设计院、香港高等科技教育学院及《风景园林》杂志社合办，香港特别行政区政府资助的“无边界景观（Landscape without Boundary）”研讨会，主要围绕跨界规划、风景园林专业发展、风景园林教育的新发展等三个方面进行研讨。

11 月 14 日，学会和云南省住房和城乡建设厅主办，《中国园林》杂志社承办，在云南省昆明市举办了“当代风景园林与人居环境建设”学术报告会，孟兆祯、王绍增和刘滨谊等专家进行了专题学术报告，与会者围绕当今的风景园林和人居环境建设中的问题和趋势等进行了研讨。

2014 年，学会分支机构共举办各类专业论坛 10 个。9 月，园林生态保护专业委员会 2014 学术年会暨第三十二届全国园林科技信息网网会在重庆市举办。

10月，植物保护专业委员会第二十三次学术研讨会在福建省福州市举办。11月，学会教育工作委员会在北京举办“2014中国风景园林教育大会暨中国风景园林学会教育工作委员会成立大会”。12月，信息专委会在广东省珠海市举办“智慧园林建设与发展”研讨会。

国际交往 6月，学会组团参加了在阿根廷布宜诺斯艾利斯召开的第51届国际风景园林师联合会（IFLA）世界大会，并对阿根廷的风景园林进行了考察。会上，IFLA授予北京林业大学教授孙筱祥国际风景园林界最高荣誉——杰弗利杰里科奖，成为我国获此奖的第一人。2014年度IFLA大学生设计竞赛，共评选出一、二、三、四等奖各1名及3项佳作奖，前4名均由中国学生获得。

4月，学会副理事长王向荣出席了在马来西亚古晋市举办的主题为“绿色明天”的IFLA亚太区2014年会。

2014年，同济大学教授韩峰还当选IFLA-ICOMOS（国际古迹遗址理事会）国际文化景观科学委员会副主席。学会还向IFLA-ICOMOS推荐清华大学杨锐、北京大学陈耀华为其代表。

科普活动 学会继续举办主题为“风景园林守护青山绿水”的“风景园林月”系列学术科普活动，先后在北京农学院、中国园林博物馆、河南农业大学举办的3场主题学术报告会；在中国园林博物馆、清华大学、北林地景园林规划设计院举办的“设计师谈园林”、“我眼中的国家公园”、“大学生走进企业”等3场沙龙活动和包括“中国风景园林学会终身成就奖获得者事迹展”“海外的中国园林展”“优秀风景园林规划设计展”“优秀园林工程展”等4大版块的中国风景园林展。“我眼中的国家公园”沙龙活动，采用现场与在线互动方式，受众1000余人次。作为“风景园林月”活动的一项内容，继续举办了主题为“美丽的风景园林——境由心生”中国风景园林主题摄影作品比赛，面向全国风景园林工作者和社会公众征集优秀的风景园林摄影作品，并进行优秀作品评选。

表彰举荐优秀科技工作者 经学会推荐，上海园林设计院教授朱祥明、浙江农林大学教授包志毅、北京市花木公司于学斌教授3位科技工作人员，获中国科协“全国优秀科技工作者”称号。

2014年，学会继续开展了“中国风景园林奖”相关奖项评选，评出科技进步成果15项、优秀园林工程214项。获科技进步奖一等奖的科技成果为“月季新优品种培育”和“城市园林绿化评价标准”。获得优秀园林工程大金奖的为“宿迁市古黄河雄壮河湾南岸景区改造项目园林景观、市政、桥梁工程”等8个项目。

【中国风景园林学会2014年会】 9月11—13日，学会2014年会在辽宁省沈阳市举办，会议被中国科协评定为2014年度“前沿高端学术会议活动”之一。

会议主题为“城镇化与风景园林”，900余位国内外专家、学者、在校学生参会。全国政协原副主席王志珍、中国科协副主席程东红等出席并讲话。学会理事长陈晓丽主持开幕式。

会议进行了7个主旨报告。中国工程院院士、北京林业大学教授孟兆祯以《凝聚风景园林，共筑中华美梦》为题，阐述了中国古典园林的精髓与内涵，指出必须彰显中国文化底蕴，营造“道法自然”“文以载道”“以书成文”和“景面文心”的中国风景园林。城市建设研究院副院长、教授级高级工程师王磐岩以《风景园林技术研究热点与发展预测》为题，以翔实的资料报告了国内外风景园林科技研究的主要领域和重要成果，并对未来的科技研究进行了预测。中国城市规划设计研究院总规划师张兵以《城镇化与人居环境营造》为题，分析了快速城镇化过程中人居环境面临的矛盾与冲突，并提出了用科学、多层次的规划设计解决相关问题的思路和案例。美国德克萨斯大学风景园林与城市规划学院教授福斯特·恩杜比斯以《有弹性的城镇化：可持续城市的维持之路》为题，阐述了弹性城镇化景观对城市可持续发展的巨大作用，提出了若干弹性城镇化景观设计的原则与措施。四川省住房和城乡建设厅副厅长、高级工程师杨光以《科学搞好园林绿化，提升城镇化发展质量》为题，从行政管理和政策角度，指出了园林绿化的重要性及必要性，目前城镇园林绿化方面存在的问题，并提出了若干建议。美国德克萨斯大学建筑学院教授、院长弗雷德里克·斯坦纳以《为脆弱星球而设计：城镇化与风景园林》为题，提出风景园林规划要可支撑城市的可持续发展，要以尊重自然为先决条件，以缜密分析为实施手段，以可持续发展为目的，进行园林绿地营造。沈阳农业大学教授周广柱以《寒地滨河新城园林景观营造与思考》为题，详细报告了寒冷地带的特点及文化特色，并提出寒地滨河新城园林景观营造的一系列原则及方法。报告从不同的角度，阐述了风景园林和城镇化的关系，对城镇化背景下，风景园林学科研究、行业发展和行业管理等提出了见解，引起了与

会者广泛的讨论。

会议设6个分会场，交流了97个学术报告，涉及城镇化与自然文化遗产保护、城镇化与风景园林规划设计、城镇化与风景园林植物应用、城镇化与风景园林科技创新、城镇化与风景园林管理创新、城镇化与寒冷地区风景园林等风景园林学科的多个领域，顺应当前国家城镇化建设的大形势，并对东北寒冷地区风景园林的营建理论和实践经验等进行总结和交流。会议期间，还举办了女风景园林师论坛。

在年会闭幕式上，颁发了中国风景园林学会2014年会优秀论文奖、2014中国风景园林学会大学生设计竞赛奖和2014年度中国风景园林学会奖等奖项。

本届年会收到投稿论文256篇，收录197篇，出版《中国风景园林学会2014年会论文集》，并评出优秀论文21篇，包括一等奖1篇，二等奖2篇，三等奖3篇，佳作奖15篇。

年会同期举办大学生设计竞赛，设本科生和研究生两个组。竞赛收到参赛作品共计151份。其中，本科生组83份、研究生组68份。评出获奖作品27份，其中，本科组一等奖1名，二等奖2名，三等奖3名，鼓励奖9名；研究生组一等奖1名，二等奖1名，三等奖2名，鼓励奖8名。

（撰稿人：付彦荣）

中国电源学会

服务创新性国家和社会建设 8月28日，学会在天津市召开了中国电源学会“863”计划“十三五”项目建议研讨会，科技部有关部门负责人，“863”计划主题专家，国内知名高校和企业代表40余人参加会议。会议就“863”计划“十三五”规划进行了探讨，会后学会面向高校、科研院所和相关企业进行了项目建议征集，经过汇总整理形成了中国电源学会863计划先进能源技术领域“十三五”规划项目建议书，并正式提交科技部。

2014年，学会共组织培训3期，参训人员近200人。7月5—7日，功率变换器磁技术分析测试与应用高级研修班在福建省福州市举办，43人参加培训。8月22—24日，光伏电源的设计与应用专题研修班在安徽省合肥市举办，51人参加培训。10月27—31日，高功率密度电源技术：器件、保护与应用高级研修班在上海市举办，96人参加培训。

2014年《中国电源行业年鉴》增加了会员企业30强名单，扩充了行业要闻和企业新闻的数量和质量，在原有会员企业介绍按照地区分类索引的基础上增加了按照产品进行索引，增加了《年鉴》的可读性。

学会建设 为进一步完善会员服务，促进会员发展，学会提出了《中国电源学会个人会员发展计划》，并在学会七届三次常务理事会议中进行了专门讨论。方案明确了会员发展工作在学会工作的核心地位，对工作现状进行了分析，从完善会员权益、加强学会会员工作力量、完善发展渠道等方面提出改进措施，方案已由学会全体理事会议审议通过，于2015年实施。

为适应学会的发展和服务社会的需要，经常务理事会议决定，学会原交流电源专业委员会变更为信息系统供电技术专业委员会，于11月29日在福建省厦门市召开了成立大会。为进一步团结青年科技工作者，加强青年科技人才培养，促进青年科技人员的成长，新成立青年工作委员会，于12月12—14日在广东省东莞市召开了成立大会。

为进一步加强分支机构管理，根据《中国电源学会章程》《中国电源学会分支机构和代表机构管理办法》，学会补充制定了《中国电源学会分支机构业绩考核及财务管理办法》，对分支机构设置、工作开展及财务管理等相关内容做出了详细的规定，进一步促进了分支机构规范化发展。学会原有17个分支机构，2014年全部顺利完成换届工作。对于专业委员会，学会统一规定了换届程序和换届内容，并有学会领导亲临指导。所有专业委员会都召开了换届大会，并根据学会要求以民主选举的方式产生新一届专委会。

2014年，学会出版《中国电源学会通讯》，每月1日、15日以电子刊的形式，面向学会会员发行《中国电源学会通讯》，每期发送8000份。内容以行业最新动态、新技术成果、学会活动、会员企业介绍等为主，突出内容的时效性。部分分支机构也出版通讯，如《新能源电能变换技术信息简报》《电磁兼容简报》，内容包括专委会新闻，最新技术和产业动态等。

为整理和保存学会历史、指导未来学会发展，学会于2014年正式启动《中国电源学会发展史》撰写工作，成立了学会发展史领导小组、编写组和顾问组，并于9月17日在天津市召开了学会发展史编写顾问组座谈会。

2014年，学会召开了七届二次、七届三次常务理事会议和七届二次全体理事会议。

学术期刊 2014年《电源学报》共出版6期，刊登论文109篇，共计发行12000册。学报通过出版专辑进一步提升稿件水平，2014年组织了可再生能源发电系统、控制与能量管理专辑；通过外聘责任编审和专业编辑进一步提升学报编辑质量和印刷质量；通过提高发行量、完善发行渠道提升学报覆盖面和影响力。

国内主要学术会议 2014年，学会共召开国内学术和技术交流会议11个，其中综合性会议2个，专题性会议9个，组织报告150余场，参会人数超过1700人次。

3月18—19日，学会和德国慕尼黑国际博览集团在上海市共同举办了2014国际电力电子创新论坛。本次论坛包括电源技术、可再生能源与智能电网、变频技术及电机驱动控制三个主题分会场。2天会议共计演讲18场，到会总人数450余人次。

5月29日，2014现代数据中心基础设施建造技术年会在北京举行，共有300多位行业人员和用户参加。会议共设置8场专题报告，就数据中心行业发展、关键技术及解决方案等内容进行了交流和研讨。

7月12—14日，第六届中国功率变换器磁元件联合学术年会在山东省青岛市举行，共收录36篇论文，近200人参加本次会议。会议围绕近两年来功率变换器高频磁元件最新学术和技术成果、新产品、应用方向、未来发展趋势等展开深入广泛的讨论。

10月24—25日，2014国际LED驱动控制及应用技术研讨会在浙江省杭州市举行，近300人参加会议。会议围绕LED驱动、标准、芯片、智能控制等方面的技术和发展为主题，安排了14场专题报告。

11月16日，2014元器件新发展技术研讨会在江苏省常州市举行，150余人参加会议。会议围绕元器件、尤其是功率器件最新发展及应用为主题，邀请国内外7位专家进行专题报告。

11月20—23日，第五届全国特种电源学术交流会在安徽省合肥市召开，150人参加会议，特邀中国工程院院士彭先觉参加会议并报告。会议设置大会报告和分组研讨两个环节，共计组织报告43场。

12月13—14日，第一届电源技术青年创新与发展论坛在广东省东莞市召开，150余位青年电源科技人员参加会议。会议设置专家论坛、专题研讨、企业参观等活动，共安排9场专题报告。

国际交往 3月15—24日，学会理事长徐德鸿率领学会12人代表团出访美国，参加了APEC2014国际会议，参观了GE能源公司并座谈，分别与IEEE-电力电子学会（PELS）和美国电源制造商协会（PSMA）进行了正式会谈，就今后合作进行了充分的沟通，并达成初步合作意向。

学会与IEEE-电力电子学会（PELS），分别于3月18日在美国沃斯堡、11月7日在中国上海两次进行合作会谈，达成了包括合作举办PEAC国际会议、期刊媒体合作、会员互认合作等在内的全面合作意向。

3月16日，学会与美国电源制造商协会（PSMA）在美国沃斯堡进行了初步会谈，并于7月19日正式签订备忘录，两会将在国际会议、技术路线图、网络媒体等方面展开合作。

【2014国际电力电子技术及应用会议及展览会】 11月5—8日，由学会发起，联合IEEE-电力电子学会（PELS）共同主办的2014国际电力电子技术及应用会议及展览会（IEEE PEAC’2014）在上海市召开。会议共收到投稿论文455篇，录用论文284篇，来自14个国家和地区的电力电子学术界和产业界的450余位专家、学者参加本次会议。会议围绕电力电子最新技术及应用尤其是电源技术的发展为主题，共设置9场特邀大会报告、8场专题讲座、35个主题技术分会场、2个工业报告会场、2个特邀主题会场以及8个主题的墙报交流。本次会议是学会首次举办的国际性电力电子专题会议。

大会特邀美国工程院院士李泽元、台达电子董事长海英俊、富士电机首席技术官Tatsuhiko Fujihira博士、美国麻省理工学院教授David J. Perreault、瑞士联邦理工学院教授Johann W. Kolar、三菱电机专家Gourab Majumdar博士、IEEE-电力电子学会主席Don Tan博士、英国牛津大学教授Malcolm D. McCulloch，加拿大工程院院士、瑞尔森大学教授Bin Wu等9位国际知名专家进行专题报告。

会议评选出8篇优秀论文，9家企业获得会议特别贡献奖。

（撰稿人：李占师）

中国复合材料学会

服务创新型国家和社会建设 承接中国科协学会能力提升专项评估考核机制研究项目，从理论、方法、考核机制建立、案例分析等方面对该课题进行研究，并于12月底顺利通过中国科协对该项目的验收。

2014 年，学会与云南省科协、云南省德宏州政府等组织、单位沟通，就盈江地震后重建、加固工作进行深入交流，在地震灾区开展震损结构 FRP 加固技术集成与示范活动。

学会建设 2014 年，学会发展个人会员 426 人，理事单位 3 家，会员单位 1 家。截至 2014 年年底，个人会员总人数 3527 人，团体会员单位 52 家。

2014 年学会召开了两次常务理事会会议及一次理事长工作会。

2014 年，承接中国科协会员需求为导向的学会会员服务项目，并于 4 月正式实施《中国复合材料学会会员管理制度》，积极落实会员积分制度、会员晋级制度、学会专家库制度。

2014 年，学会陆续颁布《中国复合材料学会工作会议规范》《中国复合材料学会分支机构管理办法》（2014 年修订）《中国复合材料学会秘书处管理制度》《中国复合材料学会开展活动管理办法》。

国际学术会议 2014 年，学会共举办国际学术会议 4 场次，共计 485 人次参加，邀请 124 名境外专家学者与国内学者进行深度探讨，交流论文 426 篇。

10 月 15—17 日，由学会主办的第九届亚澳复合材料会议在江苏省苏州市举行。来自中国、韩国、日本、澳大利亚，以及中国台湾地区等 16 个国家和地区的近 250 名复合材料领域的专家、学者以及学生代表参会。会议共设立分会场 28 个，组织分会场报告 140 余个。

10 月 18—23 日，学会主办的第十一届中日复合材料学术会议在重庆市举行。约 100 人参加会议，会议报告 50 余次，共征集近百篇论文。

国内主要学术会议 2014 年，学会举办国内学术交流会议 16 场次，共计 1130 人次参会，交流论文 324 篇。为建立小规模、高端的、国际前沿、专项领域的学术研讨活动，学会共举办复合材料学术沙龙 5 场次，主题涵盖先进能源材料、复合材料制造基础研究、青年教师学术交流、大气防治技术与新型复合材料等。

科普活动 2014 年，学会组织专家走进校园，推广复合材料及其应用的知识，共举办 5 场次科普宣讲活动，其中包含专题展览 2 场，受众人数达 764 人次。

学会自主编写了《先进树脂基复合材料力学性能测试标准详解》及《高性能复合材料成型操作手册》，两本教材均以图解的形式，形象化、图像化地展示了复合材料力学性能及制备工艺知识，使读者能够清晰地、简明易懂地进行实验操作。

7 月 9 日，学会秘书长张博明做客北京人民广播电台《照亮新闻深处》节目，就网络热点“纸片井盖”的问题向听众进行科学知识的普及，阐明了复合材料的发展给人们带来的巨大益处。

表彰举荐优秀科技工作者 推举学会会员及团体成为“创新人才推进计划”“科技创新群体”“全国优秀科技工作者”候选人，开展“中国青年女科学家奖”候选人推举工作。

设立并开展“全国复合材料行业优秀科技工作者”“中国复合材料青年科学家奖”“中国复合材料青年工程师奖”评选活动。学会设定“中国复合材料青年科学家奖”“中国复合材料青年工程师奖”评选办法，细化评选细则，11 月底完成该奖项的申报工作。

7 月，学会完成“全国复合材料行业优秀科技工作者”评选工作，授予行业内 13 名优秀人才荣誉称号。

学会创新发展 学会安排专职人员维护学会网站及微信，使其成为学会信息及复合材料咨询的重要窗口。学会微信目前设置了 3 个栏目，分别是：知识汇——复合材料科普知识；学术摘要——《复合材料学报》精选摘要；行业前沿——国内外复合材料行业最新消息、最新研究及学科前沿报告。截至 2014 年年底，学会官方微信的订阅人数已达 5000 人，平均每天约 30 个新观众订阅学会官方微信。学会定期对微信阅读点击率、文章内容性质进行分析，发现并总结大众关注的热点。

党建强会 12 月 25 日，学会与挂靠在北京航空航天大学的中国图学学会、中国系统仿真学会组成的北航全国学会联合党支部，举办了北航全国学会联合党支部第一次全体党员大会暨党员活动日。

会员服务 学会积极落实会员积分制度、会员晋级制度、学会专家库制度，2014 年累计为参加继续教育培训活动、研究生学术交流活动、学术沙龙、学术会议、科技奖励的各位会员积分 528 人次，累计积分 81795 分；其中 31 位会员的积分到达晋级要求，79 位专家加入学会专家库。此外，学会还建立了会员服务 VI 系统这一管理工具，以提升学会的会员服务效率，实现立足会员需求，提升会员服务水平。

开展了三次专业技术人才知识更新活动，包括两次专业技术培训班和一次前沿高端研修班，内容涉及复合材料力学性能标准化测试、纳米复合材料前沿、复合材料制备工艺。3期培训共有145名学员顺利结业。

学会加入了材料类专业认证分委会，并于4月24日参与了在教育部高教司举行的该委员会组建工作的协调会议，以促进复合材料工程教育认证与工程师注册制度的衔接。

建立了集培训、考试、认证一体化的具有特色的终身职业人才评价体系——多层次聚合式交叉模式继续教育体系，即学会建立一个包含多方面、多等级、多样化服务内容的教育体系，根据体系中学员的具体情况，为其提供相应等级的培训、考试、职业认证服务，并根据其发展路径进行追踪式服务。

【复合材料在交通运输领域技术咨询研讨会】 8月21—22日，复合材料在交通运输领域技术咨询研讨会在北京召开。此次会议由学会主办，中银国际证券有限责任公司、中国汽车工程学会、北京经济技术开发区企业协会、学会科技发展与咨询工作委员会、学会民用产品结构与应用专业委员会协办。来自东华大学、北京航空航天大学、北京化工大学、湖南大学、烟台泰和新材料股份有限公司、奇瑞汽车股份有限公司、帝斯曼（中国）有限公司、株洲时代新材料科技股份有限公司、金发科技股份有限公司等80余家科研院所及企业的100余名专家和代表参加了会议。

学会理事长杜善义为大会开幕式致辞，阐述了复合材料在交通运输领域应用的现状，分析其发展趋势，总结了复合材料在交通运输领域的重要性。与会专家分别就汽车轻量化、复合材料在轨道交通的应用及复合材料轻量化结构设计等内容作了专题报告。汽车轻量化技术创新战略联盟顾问陈一龙作题为《汽车轻量化与复合材料的应用》的特邀报告，东华大学教授余木火作题为《高性能纤维与汽车轻量化技术》的特邀报告，湖南大学教授杨旭静作题为《复合材料车身结构件开发研究及应用》的特邀报告。

报告期间，与会专家、学者从复合材料在交通运输领域的生产、学术、科研、应用等几个方提出了疑问并进行讨论。

本次大会是学会首次举办产学研用相结合系列会议，并吸引了科研院所、高等院校的专家及复合材料、汽车制造、金融投资等企业人士参加。

【第十一届中日复合材料学术会议】 10月19—23日，第十一届中日复合材料学术会议在重庆市举行。会议由学会主办，微纳米复合材料专业委员会、重庆大学联合承办，来自日本的东京大学、早稻田大学、筑波大学、山口大学、信州大学、秋田大学等，中国的中国科学院理化技术研究所、中国科学院金属研究所、浙江大学、哈尔滨工业大学、中山大学、西北工业大学、天津大学等数十余家科研机构与高校的专家、学者共计80余人出席会议，共收录论文108篇。

会议总结交流了近年来复合材料的研究成果，分析了目前复合材料在应用和发展中所遇到的挑战，研讨了复合材料今后的发展方向。中山大学教授章明秋、重庆大学教授胡宁、浙江大学教授彭华新和日本筑波大学教授Masamichi KAWAI、山口大学教授Kouichi GODA、信州大学教授Qing-Qing Ni等中日双方人员围绕复合材料的制备、功能特性、电及力学性能研究分别作了大会邀请报告。

会议共组织5场大会报告、20场特邀报告、26场会议报告以及墙报展示等学术交流活动，学会还组织与会代表参观重庆大学机械传动国家重点实验室、重庆市轻金属科学与技术实验室、国家镁合金材料工程技术研究中心，就学术研究与合作等问题进行了探讨与交流。

（撰稿人：叶金蕊　彭佳逸）

中国消防协会

服务创新型国家和社会建设 2014年，协会开展了第四次消防行业信用等级评价工作，共有99家企业申报参评，其中生产型企业74家，安装施工型企业25家。经第三方评审机构评审，共评审出92家A级以上获信企业。其中，生产经营型企业3A级48家，2A级15家，1A级4家；安装施工型企业3A级17家，2A级7家，1A级1家。2014年8月进行社会公示，在北京举行的2014中国消防协会科学技术年会上颁发了证书和牌匾。

协会森林消防专业委员会依据《中国消防协会信用等级评价管理办法》，2014年面向森林消防设备生产企业开展了企业信用评价工作。第一批A级以上森林消防设备企业经第三方评价机构测评、初评结果公示、协会信用等级评价委员会终审和商务部、国资委备案等程序，最终评出获信企业6家，其中3A级2家，2A级2家，1A级2家，于2014年11月26日向社会发布。

截至2014年年底，全国报名参加建（构）筑物

消防员和灭火救援员职业技能鉴定人数已突破45万人，取得初级、中级建（构）筑物消防员国家职业资格证书的人数已达30万人，取得高级建（构）筑物消防员国家职业资格证书的人数已有78人，取得初级灭火救援员国家职业资格证书的已有2000人；建成了29个消防行业特有工种职业技能鉴定站和32个鉴定点；初、中级建（构）筑物消防员和初级灭火救援员职业技能鉴定工作深入展开，高级建（构）筑物消防员职业技能鉴定试点工种也正式启动。

学会建设 协会2014年度共发展单位会员73家，个人会员66名。协会所属火因调查、电气防火专业委员会完成了换届工作。

制定了《中国消防协会公务招待制度》《中国消防协会差旅费管理制度》，修改完善《中国消防协会经费支出审批办法》。依据国务院发布的《社会信用体系建设规划纲要》和中国科协《学会科学道德规范》（试行），协会为规范所属各办事机构、分支机构、实体机构、消防职业技能鉴定机构、协会签约机构以及所有参与协会活动、发表作品的机构和人士的行为，8月19日制定下发了《中国消防协会道德规范》（试行）。

11月，协会被中国科协科普部评为“2014年度全国学会科普工作优秀单位”。认真落实“学会能力提升专项”合同，完成了合同规定的第三阶段工作任务。

协会首次组团参加了中国科协举办的2014中国科协会员日乒乓球赛（第五届）。

学术期刊 2014年《中国消防》编辑部完成了24期杂志的编辑、出版任务，发行173万册，编辑刊发各类文章1100篇、约165万字，图片2000幅。《消防技术与产品信息》编辑部完成了12期正刊、1期增刊的编辑出版工作，刊登论文608篇，印刷发行7万册。《消防科学与技术》出版正刊12期、增刊2期，刊发论文800篇、380万字，印刷发行8.4万册。2014年《消防科学与技术》杂志再次被评为“天津市一级期刊”及“天津市第十一届优秀期刊”。

国内主要学术会议 2014年，协会所属分支机构火因调查专业委员会、电气防火专业委员会、灭火救援技术专业委员会、石油化工防火专业委员会、建筑防火专业委员会和防火材料分会、固定灭火系统分会等分别召开了年会和学术研讨会，学术会议共征集论文665篇，入选论文集466篇，出版《论文集》5本。

两岸交流 9月23—27日，中国台湾地区“中华消防协会”理事长赵钢率参访团一行23人来大陆访问。期间，双方共同举办了两岸消防产品市场准入制度研讨会，约100人参加会议。有5位专家就两岸的消防产品市场准入制度作专题报告。

国际组织任职 5月20—24日，协会派员出席了在丹麦举行的国际消防协会联盟会议。协会第五届理事会理事张少禹研究员被选为新一届联盟执行委员，任期为2014年至2017年。会议期间，协会参加了同期举行的国际消防协会联盟亚洲分会会议，选举张少禹研究员担任分会副主席兼联盟欧洲分会的联络员。

国际交往 7月16日，协会主办的中日韩三国消防协会第六次协商会议在北京举行。三方交流了各自开展的工作，研究了下一阶段工作计划，并就在2015年10月协会举办的第十六届国际消防设备技术交流展览会期间，共同举办消防安全教育宣传展示活动达成共识。

11月18—25日，协会在北京主办中日两国消防协会第30次定期协议会。会议决定：2015年，协会派团前往日本出席第31次协议会；2015年，日本消防协会将组织第29次友好访华团访华；2015年，协会继续派遣5名短期进修生赴日研修。以会长秋本敏文为团长的日本消防协会代表团一行10人出席会议，并到北京、贵州省、海南省和上海市进行友好访问。

科普活动 2014年，协会组建了消防科学传播专家团队。经各地消防协会、各分支机构、各单位会员推荐、协会审核研究，决定聘任协会副会长范维澄为全国消防科学传播首席专家，协会常务理事、中国建筑科学院研究员李引擎等70名同志为全国消防科学传播专家，聘期3年。

5月16日至7月30日，协会在中国消防博物馆举办了首届全国消防科普成果展。展出的作品包括图像类、音像类、图书类和实物类四大类，展品共计800余件，参观人数达到15000余人次。公安部、中国科协、中国消防协会、中国消防博物馆、北京市公安消防总队等单位相关负责人，以及获得展览会优秀组织奖单位的负责人，北京市职工、市民代表等共100余人参加开幕式。协会秘书长高伟主持开幕式。开幕式上，协会副会长冯凯文宣读了中国消防协会《关于表彰消防科普成果展优秀组织单位的决定》。与会领导向北京消防协会等10个获奖单位颁发了奖牌。

协会与公安部消防局共同举办了首届消防科普作

品大赛暨第九届“火凤凰杯”优秀消防科普工作者及评选活动。共收到参赛作品256部，其中影视类158部、图书类98部。经评选确定，首届消防科普作品大赛获奖作品20部（图书类、影视类各10部）、第九届“火凤凰杯”全国优秀消防科普工作者50名。在协会2014年科技年会上进行了表彰奖励。

表彰举荐优秀科技工作者 经协会评选推荐的北京市公安消防总队高级工程师李建林、公安部上海消防研究所所长闵永林、江苏省公安消防总队高级工程师周广连等被中国科协授予“全国优秀科技工作者”荣誉称号。

2014年，协会开展了第五批中国消防协会科学技术创新奖评审奖励工作。经协会科技创新奖评审委员会评审，有15项成果获得本次中国消防协会科学技术创新奖奖励，并于10月21日协会举办的2014中国消防协会科学技术年会上颁奖。

【2014中国消防协会科学技术年会】 10月21—23日，协会在北京召开了2014中国消防协会科学技术年会。会上颁发了年会优秀论文奖、第五届中国消防协会科技创新奖和首届消防科普作品大赛奖，表彰了第九届“火凤凰杯”全国优秀消防科普工作者，颁发了第四批消防行业信用评价证书。来自全国各地消防机构、论文作者以及消防专家学者300人参加年会。大会请国内知名专家学者作特邀报告，并设分会场举办青年消防学术论坛、灭火救援员职业技能鉴定专题研讨会、消防管理与防火技术研讨会、灭火救援技术研讨会、第四批消防行业信用等级评价A级以上信用企业发布会等一系列学术交流和业务推进活动。

年会出版了《2014中国消防协会科学技术年会论文集》。年会共征集论文803篇，经评审有204篇论文获2014中国消防协会科学技术年会优秀论文奖，其中，一等奖23篇，二等奖65篇，三等奖116篇。

中国消防协会常务副会长王铁民宣布了2014中国消防协会科学技术年会优秀论文奖和优秀组织奖；中国消防协会副会长李向华宣布了第五届中国消防协会科学技术创新奖；公安部消防局宣传处处长周久经宣布了首届消防科普作品大赛奖和第九届“火凤凰杯”全国优秀消防科普工作者奖。与会领导为获奖者分别颁发了证书和奖杯。

在第五届中国消防协会科学技术创新奖评定工作中，有15项科技成果分别获得一、二、三等奖。在首届消防科普作品大赛奖中，共有20个图书和影视类作品分别获得一、二、三等奖。第九届“火凤凰杯”全国优秀消防科普工作者奖共评出50名。

中国工程院院士、清华大学公共安全研究院院长、中国消防协会副会长范维澄教授作了《公共安全科技进展》的特邀报告；中国消防协会森林防火专业委员会主任朴东赫作了《森林消防装备业的现状及发展趋势分析》的特邀报告。

本次年会围绕消防安全领域基础和前沿技术研究和消防工作中的热点问题，分别设立了青年消防学者论坛、灭火救援员职业技能鉴定专题研讨会、第四批消防行业信用等级评价A级以上信用企业发布会、消防管理与防火技术研究、灭火技术救援研究等五个分会场。

【全国消防行业特有工种职业技能鉴定工作】 2014年，协会组织了5次全国消防行业特有工种职业技能鉴定统考工作，共有北京等29个省、自治区、直辖市的200100名社会消防从业人员报名参加了初、中级建（构）筑物消防员和初级灭火救援员职业技能鉴定。

组织对新建技能鉴定站和鉴定点的资格条件进行了审查验收。对上海和福建鉴定站进行了审查验收，对内蒙古站内蒙古工业大学鉴定点，山东站青岛、烟台鉴定点，黑龙江站的牡丹江、双鸭山、大庆鉴定点，安徽站的阜阳、芜湖鉴定点，新疆鉴定站的阿克苏、库尔勒点，广西鉴定站的桂林、玉林鉴定点，云南鉴定站的大理鉴定点等进行了验收。

开展了职业技能鉴定考评员资格培训工作。协会与人力资源和社会保障部职业技能鉴定中心共同在浙江省消防总队培训基地，举办了第八期、第九期建（构）筑物消防员职业技能鉴定考评员资格培训班和第三期灭火救援员职业技能鉴定考评员资格培训班，共有来自各省、自治区、直辖市的314名消防专业技术人员参加了培训。目前，全国消防行业特有工种职业技能鉴定考评员已达到1229人。

开展了2014年消防行业特有工种职业技能鉴定站的年检工作。6—9月派出5个工作组，对北京、安徽、吉林、山西等17个鉴定站进行年检，并向公安部消防局提交了年检工作报告。

10月21日，在北京举办灭火救援员职业技能鉴定专题研讨会，就灭火救援员职业技能鉴定标准教材体系建设，灭火救援员技能鉴定试点经验，民航、森林、中石油、中石化、交通等系统开展灭火救援员技能鉴定的可行性等进行研讨。共有来自部分省、自治

区、直辖市消防协会、消防行业特有工种职业技能鉴定机构、培训机构以及民航、森林、中石油、中石化、交通等系统的相关领导、专业技术人员40余人参加研讨会。

组织编写并委托中国科技出版社出版了《灭火救援员职业技能培训与鉴定系列统编教材（基础知识）、（初级技能）、（考试指导手册）》。全年共增印初、中级建（构）筑物消防员配套教材及考试指导手册11万册。

（撰稿人：贺德华）

中国图象图形学学会

服务创新型国家和社会建设 3月18—20日，由学会和德国慕尼黑国际博览集团（MMI）主办的中国（上海）机器视觉展览会暨机器视觉技术及工业应用研讨会在上海市开幕。本届展会吸引了100多家国际知名厂商，观众人数达到5万人次。

6月20日，由中国图象图形学学会机器视觉专业委员会主办的第九届中国（深圳）机器视觉展览会暨机器视觉技术及工业应用研讨会在广东省深圳市举办。展会以机器视觉企业品牌形象展示、机械产品现场推介等，为机器视觉企业提供一个形象展示、树立品牌的机会，也为消费者提供更宽更广的选择范围。

学会建设 2014年，学会发展会员190多人，新增团体会员6个，会员总数达2000人。

学会增补常务理事1人，变更理事2名，成立了学会图象通信、图象获取两个专业委员会。

国内主要学术会议 4月16—18日，由学会虚拟现实专业技术委员会参与主办的第十届全国数字博物馆与文化遗产数字化及保护研讨会在云南省昆明市召开。本次会议在连续举办了九届“数字博物馆与文化遗产数字化及保护”研讨会的基础上，为领域内专家提供了交流文化遗产数字化及保护的研究成果和经验，探讨该领域内所面临的关键性问题和研究方向的平台。

4月25—27日，学会数码影像专业委员会2014年学术会议在江苏省扬州市举行。会议就深海图像处理、图像重建、图像篡改检测技术、图像分类等方面的前沿课题分别作了学术报告，来自全国的专家、学者和扬州大学师生近100人参加会议。

5月23—24日，中国动画与数字媒体教学研讨会在北京举行。与会专家和企业代表围绕主题，从战略发展高度和行业发展视角，交流国内动画与数字媒体教育领域的前沿动态，探讨该专业国家质量标准与国内各高校相关专业教学计划的关联情况；分享了在数字动画与数字媒体教学、生产和制作方面的新原理、新技术、新设备及新应用。

7月6—9日，学会第9届青年CSIG青年科学家论坛在内蒙古呼伦贝尔市召开，青年委员等40多人参加会议，与会代表对图形、图像、多媒体的研究发展趋势、前沿和热点问题展开了讨论。

8月22日，由学会和中国高科技产业化研究会、中关村虚拟现实产业协会共同主办的2014年中国虚拟现实产业峰会在北京举行。本次峰会以“占据科技前沿，打造虚拟世界”为主题，邀请了多位国内在虚拟现实产业方面的知名学者、领军人物和企业家代表，作主题报告，共同探讨虚拟现实产业的可持续竞争优势及未来应用。

9月12—14日，由学会多媒体专业委员会参与主办的第十届和谐人机环境联合学术会议（HHME2014）在北京召开。国内著名高校、研究所和企业的专家、学者300余人参加了会议。

9月19—21日，由学会计算机动画与数字娱乐专业委员会参与主办的第九届全国数字娱乐与艺术研讨会（DEA 2014）暨第十一届全国智能CAD与数字娱乐会议在浙江省杭州市举行。会议旨在讨论智能CAD与数字娱乐等领域的最新研究成果和发展趋势，为智能CAD与数字娱乐及相关领域的学者和业内人士提供一个交流最新研究成果、进行广泛学术讨论的平台。

10月26日，由学会主办的图象图形技术军事应用前沿峰会在江苏省南京市召开。会议主要围绕图象图形前沿技术军事应用进行研讨，会议特邀11位院士和专家作主旨报告。

11月14—16日，学会在广东省珠海市举行第十七届全国图象图形学学术会议，300余位专家、学者参会。

科普活动 2014年，学会为大学生、中学生举办图象图形科普讲座8次；开展虚拟现实技术、动画仿真技术等图象图形研讨会和培训班2次；积极筹办“unity游戏交互设计师”，共开课8期，受众3000人次。

表彰举荐优秀科技工作者 学会推荐的南方医科大学教授陈武凡荣获中国科协“全国优秀科技工作者”

称号。

党建强会 2014年，学会以党组织为主题，构建由学会秘书处和广大会员广泛参与的立体式党建工作模式，获得了中国科协“党建强会”计划“十百千”特色活动和党建研究会调研项目的资助。

2014年发展党员1名，突破了专职工作人员无党员的历史。临时联合党支部获得2014年度全国学会“党建强会计划”特色活动组织奖。

中国科协会员日 12月15—25日，学会以“‘家’的温馨 节日的问候”为主题，开展包括走访慰问一线科技工作者，组织学会领导和企业员工进行座谈会，了解科技工作者的意见和诉求；关心慰问老会员，并征求对学会建设的宝贵意见；宣传全国优秀科技工作者；开展健步走比赛，加深学会与会员联系；组织新党员入党宣誓，老党员重温誓词强党性观念；组织摄影比赛展形象，记录科技工作者，利用“图像”手段，反映科技工作者工作、生活的场景，展示科技工作者在各个学术领域刻苦攻关、奋勇拼搏的光辉形象，记录技术进步和科学发展的变化历程。

【第十七届全国图象图形学学术会议】 11月14—16日，由学会主办的第十七届全国图象图形学学术会议（NCIG 2014）在广东省珠海市举行。来自全国各地的专家、学者300余人出席本届大会。

大会邀请澳门科技大学教授唐泽圣、香港中文大学教授林珲，澳门大学教授吴恩华分别作了题为《嫦娥探月卫星数据处理中的图形和图像问题》、《地理信息科技的大数据时代》、《基于复杂图形场景的水墨画风格动画的实时生成》的专题学术报告。本届会议共收到论文289篇，录用178篇。大会分图像特征与识别、图像处理、机器学习、计算机图形与虚拟现实四个分会场分别进行论文交流。

（撰稿人：骆岩峰）

中国人工智能学会

学会建设 2014年，学会完善组织建设，学会职能部门拓展为秘书处、学术交流与信息化部、综合办公室、奖励与科普部、会员服务与宣传部、吴文俊人工智能科学技术奖办公室、财务部、《学会通讯》编辑部、《智能系统学报》编辑部、《智能技术学报》编辑部等部门。

学会开通微信公众订阅号，每周3天发布业界最新动态；调研建设学会会员中心平台，整合相应功能，更好地为会员服务。

国际学术会议 2014年，学会共举办国际学术会议12次，参会人数2636人次，交流论文977篇。科普活动23次，受众人数达14580人次。

国内主要学术会议 2014年，学会共举办国内学术会议40次，其中学术年会16次，参会人数5449人次；高端前沿学术会议14次，参会人数2411人次。

8月16日，由学会青年工作委员会主办、学会第四届全国青年精英论坛华东分论坛承办的《机器智能技术与产业》特别研讨会在江西省南昌市举行。20余名青年代表参加会议。研讨会邀请了四位来自学术界和产业界的专家、学者，从多个角度介绍机器智能技术与产业的最新发展。

11月8—9日，学会不确定性人工智能专业委员会在北京举办了主题为“基于大数据和专家知识的人工智能前沿基础理论”学术沙龙。中国科协党组副书记张勤教授、中国工程院院士李德毅、中国科学院院士李衍达、中国工程院院士倪光南、中国科学院院士徐冠华、中国工程院院士赵沁平等专家和学者参加。张勤介绍了其原创的动态不确定因果图的联合概率分布及其他方面的应用，李德毅介绍了其原创的智能驾驶中的不确定性问题，其他专家介绍了各自在贝叶斯网络等理论和算法方面的理论创新和实际应用。

10月7日，学会全国青年论坛西北论坛暨《大数据智能感知、学习与计算研讨会》在陕西省西安市举行。此次活动由学会青年工作委员会主办，西安电子科技大学智能感知与图像理解教育部重点实验室承办。研讨会由中国人工智能学会青年工作委员会副主任、西安电子科技大学公茂果教授担任执行主席。本次研讨会报告内容涉及家用服务机器人关键技术及产业化、面向领域的数据驱动的数据挖掘（Domain-oriented Data-driven Data Mining）、图像质量评估的别样思考（Thinking differently for image quality assessment）、飞机编队协同信息处理关键问题研究、北斗产业与智能信息技术的融合、基于噪声建模的理论及应用、符号网络上的社团检测、基于计算智能的学习与优化、概率图模型及其视觉应用等多个前沿研究领域。

科普活动 2014年，学会共举办科普活动23次，受众人数达14580人次。

10月13日，学会组织开展的以提升抗灾能力就

是拯救生命——老年人与减灾为主题的第25个国际减灾日宣传活动中，开展了人工智能与减灾、防灾减灾中的人工智能技术（包括智能火灾报警系统、消防机器人、搜救机器人、助老助残机器人）等特色宣传活动，并荣获2014年度中国科协全国学会科普工作优秀单位。

中国科协会员日 12月5日，学会与中国地质学会联合中国营养学会在北京共同开展了2014年中国科协会员日活动。活动邀请了中国人工智能专家黄永祯、北京电视台养生专家范志红、北京电视台珠宝玉石理财专家郭颖等知名科普专家，分别作题为《看懂标签选对食品》《大千世界的目标自动识别》《中国玉文化》的讲座，并现场答疑解惑。

表彰举荐优秀科技工作者 2014年，学会评选出2014年度第四届吴文俊人工智能科学技术奖21个成果及个人获奖（其中成就奖1项，创新奖7项，进步奖13项）。根据《中国人工智能学会优秀博士学位论文评选条例》，2014年学会评选出优秀博士学位论文2篇，优秀博士学位论文提名2篇。

【中国人工智能学会第七次全国会员代表大会】 8月16日，中国人工智能学会第七次全国会员代表大会在江西省南昌市举行。中国科协副主席、中国工程院院士卢锡城出席大会并讲话，来自学会各专业委员会和工作委员会的412名会员代表参加会议。大会开幕式由学会副理事长杨放春主持，学会理事长李德毅向会员代表作了第六届理事会工作报告，学会秘书长王万森汇报了第六届理事会财务报告情况，学会副理事长韩力群对《学会章程》的相关事宜作了修订说明。

会员代表大会审议通过了工作报告、财务报告及《学会章程》的修订草案，并向近年来为学会做出重大贡献的会员颁发了“学会重大贡献奖”。

大会选举产生了学会第七届理事会，中国工程院院士李德毅当选为理事长，杨放春为常务副理事长，谭铁牛、黄河燕、马少平、焦李成、蒋昌俊、刘宏、王国胤为副理事长，王卫宁为秘书长。

【第四届中国智能产业高峰论坛】 8月15日，由学会、南昌市人民政府、江西省工业和信息化委员会和中航航空装备有限责任公司联合主办的第四届中国智能产业高峰论坛在江西省南昌市召开。论坛围绕智能引领、跨界融合的主题，探讨了当前智能产业的多元化发展与革新。中国工程院院士、学会理事长李德毅，中国科学院院士、中国科学院副秘书长谭铁牛，中国工程院院士、中南大学桂卫华，江西洪都航空工业集团有限责任公司副总工程师宋利康，中国车联网产业技术创新战略联盟理事长、北京邮电大学副校长杨放春，中国联通云数据有限公司总经理焦刚，百度深度学习研究院常务副院长余凯，搜狗公司副总裁茹立云以及中兴通讯终端产品战略发展部总经理吕钱浩等9位嘉宾，分别针对机器人革命、智能识别、工业节能、智能航空、车联网、云计算产业发展、智能搜索以及智能终端等发表了前沿学术研究报告，并在互动讨论环节与现场观众直面交流。

同期举办了2014中国（南昌）智能博览会。博览会以“智能体验，智慧生活”为主题，在南昌市国际展览中心展出面积12800平方米，260余家单位参展，3.5万余名观众参观。展品涉及智慧城市、智能制造装备、智能家居和智能航空四大部分，另有无人飞行器、智能机器人表演及互动体验项目，展品涉及电子、电力、交通、环保、水力、教育、食品、卫生、医疗、建筑、机械、军工等行业，覆盖包括研发、生产等智能产业的各个领域和环节。智能仿生机器鱼、生物CAD/CAM/3D打印机、全球首款智能互联网机器人等一大批国际国内领先智能技术走进普通百姓的视野。

【2014年第三届IEEE云计算与智能系统国际会议】 11月27—29日，由学会主办的2014年第三届IEEE云计算与智能系统国际会议在广东省深圳市和香港特别行政区两地召开。会议旨在对云计算、人工智能的前沿技术和热点问题进行深入研究和探讨，以促进相关技术和产业的发展。本次会议的主题是云计算与智能系统，并在人工智能、智能计算、移动智能服务、物联网、云计算架构、云管理和云监控、云存储、云计算中的数据安全、云计算定价与经济学、基于代理的云计算等方面进行研讨。

会议共收到作者投稿327篇，录用文章139篇。来自中国、美国、法国、加拿大、泰国、土耳其、日本、印度等国家和地区的专家、学者共计200余人参加会议。

（撰稿人：王卫宁　邹亚茹）

中国体视学学会

学会建设 2014年，学会发展个人会员50人。截至2014年年底，个人会员总人数1410人，团体会员8个。

7月27日，学会生物医学分会在内蒙古呼和浩特市举行了换届大会，选举产生了第六届委员会和领导机构。

8月29日，学会在黑龙江省哈尔滨市召开了六届二次理事会会议，理事会一致通过了《中国体视学学会专业分会管理办法》。

国内主要学术会议 2014年，学会举办学术会议22次，交流论文685篇，参加人数1380人次。

5月29—31日，2014年全国射线数字成像与CT新技术研讨会在福建省厦门市召开。来自国内外CT领域专家、学者、企业代表、青年学子110多人参加了研讨，会议研讨了数字成像、CT技术发展方向以及相关成果转化。研讨会交流论文37篇。

7月27—30日，第九届全国生物医学体视学、第八届全军定量病理学暨第十二届全军军事病理学学术会议在内蒙古自治区呼和浩特市召开。来自国内生物医学体视学、军事病理学、定量病理学领域的科研机构及医学院校的100余名专家、学者出席会议，会议围绕定量病理学、军事病理学、临床病理学和实验病理学的基础研究、新技术方法和临床应用等内容进行交流，会议论文集收录论文102篇。

8月15—17日，第九届全国材料科学与图像科技学术会议在山东省青岛市召开。来自高校、科研机构的专家、学者和企业代表90多人参加了学术会议，45位专家、学者在会上进行了交流。

12月7—8日，学会图像分析学术会议在广西壮族自治区桂林市召开，90多名专家、学者参会。会议就无人机视觉发展趋势、大规模三维场景的建模与体感漫游、图像识别与医学辅助诊断等内容进行了交流。

12月13—14日，第十四届全国金相与显微分析学术年会在福建省厦门市召开。会议交流涉及材料分析与检测、新材料研发、材料改性、材料加工成型、材料失效分析、材料教学与学生培养等内容，来自国内科研院所和相关企业的130多名专家、学者出席了会议，会议录用论文94篇，并出版了论文集。

科普活动 2014年，学会组建了14支科学传播专家团队，14名专家受聘中国科协首席科学传播专家。2014年，学会开展社区科普活动6次，受众人数2400人次；开展校园科普活动8次，受众4600人次。学会被中国科协科普部评为“2014年度全国学会科普工作优秀单位”。

2014年，学会组织专家积极参加“校园大手拉小手”科普行活动，先后到北京市中关村三小、北京市丰台五小、北京市赵登禹学校举办了恐怖袭击应急救援讲座。

8月，学会专家带领西安部分小学学生参观西北工业大学陕西省语音与图像处理重点实验室，并为学生们重点讲解了视频图像处理和视频动画特效处理知识。

表彰举荐优秀科技工作者 2014年，学会组织开展了第二届中国体视学学会科学技术奖评审工作。由19位专家组成的评审专家组，经过初审、函评、会评，最终评选出一等奖2项、二等奖2项。获奖项目涉及材料科学、图像分析、CT理论与应用等领域。

经学会推荐，清华大学教授康克军获得中国科协“全国优秀科技工作者”称号。

党建强会 10月，学会在重庆市举办体视学科普高校行党建强会活动，并被中国科协评为党建强会特色活动组织奖。活动通过老一辈科技工作者的《执着、追求——献身祖国科研事业》报告，传播献身精神，激励大学生脚踏实地，奋发向上；通过“体视学概况、重要性与应用前景”报告，传播体视学科普知识，引导青年学子注重学科间的交叉融合，拓展创造性思维。学会还向重庆医科大学和第三军医大学赠送了《生物组织形态定量研究基本工具——使用体视学方法》和《2012—2013年体视学学科发展报告》。

【第二届“蔡司·金相学会杯”高校大学生金相大赛】 10月18—19日，学会在重庆市举办了第二届“蔡司·金相学会杯”高校大学生金相大赛。来自全国各地54所高校的166名学生和150多位指导老师参加了比赛。大赛分为理论比赛和实践比赛。经过两天比赛，共评出一等奖25名、二等奖51名、三等奖90名。大赛期间还举办了第二届材料实验室建设及实验教学改革论坛，以推进我国高校材料专业的教学改革和创新。

（撰稿人：刘克音）

中国工程机械学会

学会建设 2014年，学会新成立3个分会。6月5—6日，学会环卫与环保机械分会正式成立，并在上海市召开了第一届会员代表大会；7月16—18日，

学会桩工机械分会正式成立，在山东省泰安市召开了第一次会员代表大会。12 月 17—18 日，学会特大型工程运输车辆分会正式成立，并在河北省秦皇岛市召开了第一次代表大会。

12 月 27 日，学会在上海同济大学召开了常务理事会会议，出席会议的常务理事 37 名，会议由郑惠强理事长主持。

12 月 27—28 日，学会在上海市召开了 2014 年学会理事会会议，出席理事 71 人，会议由秘书长刘钊教授主持。

学术期刊 根据中国知网《中国工程机械学报》发行与传播统计报告，2013 年国内外用户机构为 4443 家，比 2012 年 4232 家增加了 211 家，增加 5%。其中，我国港澳台和国际用户机构由 2012 年的 153 家增加到 201 家。增加了 48 家，增加了近 1/4。

2014 年，学会开展了《汉韩、韩汉双向工程机械辞典》的编写工作。

国内主要学术会议 4 月 12—14 日，学会港口机械分会在湖南省长沙市召开了第 16 届全国大型起重设备安全技术学术研讨会。来自全国起重机行业的高校、研究设计院所、主机制造厂、配套件厂和港口企业的 100 余人出席会议。

8 月 14—16 日，学会工程起重机械分会在辽宁省大连市举办起重机结构高等分析研讨会。会议就目前起重机结构存在的问题及需要深入研究的领域进行了讨论。35 名专家、学者参加本次研讨会。

9 月 12—14 日，学会液压技术分会在陕西省西安市召开了 2014 年理事会年会和第一届道路筑养装备与施工技术学术研讨会。中国科学院院士、西南交通大学首席教授翟婉明，长安大学原校长孙祖望教授，中国公路学会副理事长刘家镇，中国工程机械学会名誉理事长石来德分别作了学术专题报告。

9 月 12—14 日，学会路面与压实机械分会在西安长安大学学术报告厅召开了 2014 年理事会年会和第一届道路筑养装备与施工技术学术研讨会。45 位理事参加了会议。

11 月 4—6 日，学会挖掘机械分会在江苏省徐州市举办 2014 年理事会年会和中国挖掘机械行业面临的结构调整和产品技术创新升级学术交流会。以“创新 液压 排放”为主题：针对“创新”主题，学会副理事长兼分会理事长冯培恩在《中国创新设计发展和产业联盟》主题发言中就工程机械创新发展项目在 2012 年中国工程院重大科学项目中的涉及范围进行了阐述。分会秘书长陈正利作了题为《挖掘机目前行业市场和技术发展特点及建议》主题发言。针对“液压”主题，国家液压传动重点实验室副主任徐兵以《数字液压在工程机械领域的应用前景》为题客观地分析了数字液压广义、狭义的概念以及技术发展现状及趋势。针对“排放”主题，国家工程机械质量监督检验中心邸鹏远依据挖掘机检测中发现的问题，就我国排放标准与欧盟排放标准在功率范围、实施时间、测量方法、有效寿命、污染物排放限值方面的差异进行了细致解答。学会监事长石来德教授作大会总结。理事及会员代表、行业专家等 120 余人出席了本次年会及学术研讨会。

11 月 12—14 日，学会港口机械分会在广西壮族自治区南宁市召开第三届理事会第二次会议暨 2014 · 中国港口机械论坛。分会秘书长郑楼先主持会议，学会副理事长兼分会理事长陶德馨教授向与会人员介绍了 2014 年港口机械分会的主要工作，向会员单位及港口机械行业的代表阐述了分会的服务宗旨。武汉理工大学、交通运输部水运科学研究院、杭州华新机电工程有限公司、杭州华新机电工程有限公司、武汉港迪电气有限公司等单位的专家、学者分别作了主题报告。理事单位及相关企事业单位的近 80 人出席会议。

11 月 21—24 日，学会桩工机械分会在浙江省宁波市召开了 2014 桩工学（协）会年会。分会秘书长郭传新对 2014 年桩工机械分会工作及行业活动进行了汇报，在分析桩工行业现状的基础上，提出了行业未来发展的方向和思路，从不同角度分析了中国桩工机械行业发展的形势和市场状况。分会理事长刘元洪等 15 位专家作了专题报告。理事单位及相关企事业单位的 120 人出席会议。

11 月 25—26 日，学会路面与压实机械分会在上海市召开了 2014 理事年会和路面与压实机械产业发展动向学术研讨会。分会秘书长吴仁智教授主持会议，学会副理事长兼分会理事长王安麟教授汇报了 2012 年及 2013 年分会的主要工作情况等。分会名誉理事长孙祖望教授作题为《现代施工新工艺与未来路面机械发展的展望》的专题报告，来自徐工集团、西安达刚、华通动力等 7 位专家、学者会上进行了学术交流。理事单位及相关企事业单位的 50 人出席会议。

12 月 6—8 日，学会工程起重机械分会在江苏省常熟市召开了理事会第16届年会和学术交流会。围绕“创新驱动、转型升级”主题进行研讨，共收录了业内专家、学者的研究论文44篇，展示了行业技术发展趋势、产品设计与研发、计算分析技术、测试与试验技术、液压与电控技术等的研究成果，为工程起重机械行业的创新发展提供借鉴。来自徐州工程机械集团有限公司、中联重科股份有限公司、北京京城重工机械有限责任公司、国家工程机械质量监督检验中心等有关负责人，同济大学、哈尔滨工业大学、大连理工大学等单位的专家、学者，以及工程起重机械行业配套件厂商、行业用户等企业负责人分别作专题报告。理事单位及相关企事业单位的116人出席会议。

12月14—16日，学会矿山机械分会在江苏省徐州市召开了超深矿井提升系统关键技术研讨会。会议邀请了中南大学教授谭建平、重庆大学教授龚宪生、中国矿业大学教授朱真才、河南科技大学教授李济顺等作了专题报告。理事单位及相关企事业单位的70人出席会议。

党建强会 2014年，学会党支部承担中国科协“党建强会”特色活动和中国科协党建研究会调研课题的两个项目的资助。学会党支部获得了全国学会“党建强会”特色活动组织奖。

6月26—30日，学会党支部在北京装甲兵工程学院维修工程分会召开了党建座谈会。学会副理事长兼维修工程分会理事长马世宁教授发言。作为一名老科技工作者，讲述了自己满怀强国强军的梦想，数十年兢兢业业的历程。装甲兵工程学院原院长刘世参教授对青年科技工作者的培养提出建议。学会党支部书记周小珍、党支部成员学会监事长石来德教授、同济大学副教授李安虎参与了此次活动，会议期间看望和慰问了老科技工作者。

9月28日，学会党支部开展以“爱国、敬业、诚信、友善”为主题的党建教育实践活动，以座谈、实地考察、学习和专题报告等形式，在江苏省昆山市三一重机有限公司召开全国机械工程博士生党建座谈会。来自浙江大学、华侨大学、上海交通大学、同济大学、中国矿业大学等全国25所高校和工程机械企业的52名博士生参加了会议。

11月12日，学会港口机械分会党支部正式成立。

11月26日，学会党支部在上海市召开了党建交流会。会议由学会路面与压实机械分会承办，40多人参会。分会秘书长吴仁智教授主持会议。总会监事长石来德教授、分会理事长王安麟教授、分会名誉理事长孙祖望教授等出席。

【第六届全国工程机械博士论坛】 9月27—29日，学会在江苏省三一重机有限公司（昆山）举办第六届全国机械工程博士论坛，选取了52篇论文在会上宣讲交流，分三个会场宣读、演讲，并评出一等奖3名、二等奖6名、三等奖9名。

开幕式由学会监事长石来德教授主持。会议特邀中国科学院院士赵淳生作了题为《超声电机的研究和应用》的学术报告，邀请了中国工程院院士郭重庆作了题为《网络时代下的现代制造业》的学术报告。

学会副理事长马世宁教授、秘书长刘钊教授、副秘书长朱真才教授等参加了会议。

（撰稿人：周小珍）

中国农学会

服务创新型国家和社会建设 2014年，学会举办了人力资源和社会保障部下达的农业科研创新团队能力建设高级研修班和农作物育种专业技术人员高级研修班，完成了农业部下达的全国农产品质量安全监管项目和农业技术推广项目相关培训任务。学会举办各类专业技术人员教育培训班20多期，培训学员3000多人次。

学会完成了农业部系统专业技术职务任职资格评审工作，共有319人获得专业技术职务晋升资格；完成了第十一届全国农业技术推广研究员评审工作，共有1427人获得全国农技推广研究员任职资格；完成了创新人才推进计划候选人、享受政府特殊津贴候选人、青年拔尖人才支持计划候选人、国家百千万人才工程人选、全国优秀科技工作者候选人等9项人才举荐工作，共推荐候选人90多名；完成了留学人员科技活动项目择优资助推荐工作，向人力资源和社会保障部推荐留学人员科技活动项目15个，高层次留学人才回国资助1人。

学会完成了包含71个职业和260个工种的农业职业分类大典架构修订任务，编制了6项国家职业技能标准、3套培训教材和6个职业试题库；组织或指导举办了26期鉴定工作人员培训班，共培训质量督导员430名，培训考评人员3500余人次；组织了割胶工、沼气生产工、动物疫病防治员等多个职业的技能竞赛；推进涉农企业技能人才评价试点，对有代表性

的大中型农业企业开展专题调研，并指导企业开展技师、高级技师鉴定考评工作。2014 年，全年通过鉴定人数 44.4 万人次。

学会组织院士、专家 1000 多人次对农业部部属三院（中国农业科学院、中国水产科学研究院、中国热带农业科学院）、省级农科院、农业大学、涉农企业的 120 多项成果进行了科技评价，实现了评价规模的重大突破；受国家奖励办委托，组织 84 名专家对 23 项国家奖初评通过项目进行了行业咨询评议，提出了评议意见。

学会进一步做好全国农业科技成果转化交易平台建设工作，增加了成果浏览统计、成果转化交易备忘、短信服务等服务功能，完善补充了入库成果、专家、机构的相关数据。2014 年，平台访问量超过 5 万人次，完成转化交易成果 55 项，交易额 2500 多万元。

学会承担完成了农业部和中国科协下达的当代中国农学家学术谱系研究、农村实用人才典型模式研究、农业外交官队伍建设研究、中国蓝色粮仓构建问题研究、兽医职业准入制度比较研究等 7 项课题研究任务，提交了 30 余万字的研究报告；组织专家赴江苏省丹阳市开展调研，完成了《丹阳现代农业示范区规划》和《丹阳市动物无害化收集处理体系工程项目可行性研究报告》的编制工作。2014 年，学会对首批院士专家农业企业工作站进行了考核验收，并多次组织院士专家深入建站企业开展科研攻关、技术咨询和人才培养等活动。

2014 年，学会组织实施了国家外国专家局下达农业部的引进国外技术、管理人才项目和示范推广项目 38 项，全年共引进国外高端专家 82 人次，引进关键技术 15 项，引进各类种质资源 10 余项，累计培训专业技术人员 6000 多人次，示范推广面积达 9000 多万亩。按照中央和国家外国专家局规定要求，对出国（境）培训团组工作加强了业务指导，严格审核把关，强化跟踪服务，2014 年派出 19 个出国（境）培训团组，培训学员 105 人次。

根据中国科协、全国妇联、农业部、卫生和计划生育委员会联合印发的《2014 年农村妇女科学素质提升行动工作实施方案》，7 月 27 日至 8 月 22 日，由中国科协科普部、全国妇联妇女发展部、中国农学会、中国农业大学专家团队组成的调研组一行 20 人次，先后深入湖北省恩施州利川县、四川省宜宾市翠屏区、云南省红河州金平县和元阳县等 4 个县 10 个村，通过问卷调查、村干部座谈、农村留守妇女小组访谈、女能人个案访谈等多种形式，全面了解留守妇女的生产生活情况、面临的最大困难、科学素质现状以及提高科学素质的意愿与需求。完成 300 余份问卷调查，10 次村干部座谈，8 次小组访谈，26 位农村女能人专访，并形成内容翔实的调研报告。

学会能力提升计划 学会紧紧围绕能力提升专项确定的工作思路、发展重点和资金使用方向，完成了 2014 年度能力提升专项各项任务。学会对专项实施 3 年来开展的主要工作和取得的重要成果进行了全面梳理，向中国科协提交了项目总结报告和 4 个典型案例、86 条创新点。

学会建设 2014 年，学会组织召开了十届三次常务理事会，会议审议通过了学会 2013 年工作总结和 2014 年工作思路，同意成立中国农学会农业文化遗产分会。

学会制、修订了《工作规则》《财务管理办法》《固定资产管理办法》《劳务费管理办法》《会议费管理实施细则》《出国（境）证件管理办法》等 12 项制度，进一步完善学会工作制度体系。

学术期刊 2014 年，学会主办的《中国农业科学》第三次入选中国最具国际影响力学术期刊，《中国农业科学》《中国农学通报》《农学学报》入选中国科技核心期刊，《中国农业科学》《中国农学通报》入选中国精品科技期刊，《中国农业科学》蝉联“中国百种杰出学术期刊”称号。

《中国农业科学》总被引频次和影响因子分别为 8366 和 1.146，在本学科 33 种核心期刊中分别排名第一、二名；《中国农学通报》总被引频次 7579 次，列第 2 位，影响因子 0.520，列第 15 位。综合评价总分，在全国 1989 种核心期刊中《中国农业科学》排名第 6 名，《中国农学通报》排名第 133 名。

学科发展研究 2014 年，学会对 2012—2013 年度基础农学学科发展研究成果进行发布，并开展了相关宣传工作；继续承担 2014—2015 年基础农学学科发展研究项目，由中国工程院副院长刘旭院士担任首席科学家，中国农业科学院农业信息研究所研究员许世卫等 6 位专家组成专家组，制定了 2014—2015 年度基础农学学科发展研究方案，围绕农业信息、生物技术等分支学科进行重点研究。

国内主要学术会议 2014 年，学会组织召开了现代农业、生态农业、休闲农业、农业园区、农业气象、耕作制度、农业产业化、葡萄科技创新、农产品加工等60多次学术研讨活动，参加人数6000多人次。

4月14—15日，学会联合农业部生态与资源保护总站、全国水产技术推广总站在广东省珠海市举办了现代生态农业学术研讨会，探讨农业生态环境保护和资源高效利用的前沿问题。

4月27—29日，学会在云南省腾冲县召开了2014都市与休闲农业创新研讨会，来自全国休闲农业、乡村旅游、规划设计、文化创意、产品开发、市场营销等领域的专家、学者，以及示范县、示范点的负责人200余人参加了会议。

8月5—8日，学会在甘肃省兰州市召开了2014中国农业产业化暨中国农业企业家高研班，近150名代表围绕“兼并重组与企业做大做强”主题进行了研讨交流，并到甘肃清吉洋芋集团进行了现场交流和对接座谈。

10月21—22日，学会在湖南省长沙市举办了第十四届中国农业园区研讨会，园区专家结合“园区发展与城乡统筹、园区建设与新型城镇化”主题讲授了理论研究与实践探索，优秀园区代表作了专题报告，200多名专家、学者参加了会议。

11月15—16日，学会在云南省昆明市召开了中国现代农业发展论坛。该论坛是经农业部批准设立的唯一综合性全国农业科技界学术交流平台。首届论坛设有5个分会场，安排70多个学术报告，600余名专家、学者参加了研讨交流。

科普活动 2014年，学会编制印发了《妇幼保健100问》《美丽家园100问》《幸福生活100问》《农村法律100问》《健康养殖100问》等科普丛书和《农村致富新技术》科普刊物，遴选并发布了全国《2014年农业主导品种和主推技术》，印发了《技术指导员手册》和《科技示范户手册》。

组织了农村妇女科学素质网络知识竞赛、科普服务西藏农牧民、“新农民”微视频展播、转基因科普进社区等多次科普活动，参加了科技文化卫生“三下乡”、科技活动周、全国科普日等活动。

7月1日至9月30日，学会举办的农村妇女科学素质网络知识竞赛活动，共有658万人次的农村妇女参加了竞赛活动。

3—10月，学会和清华同方知网承办的“新农民”微视频征集展播活动，共收到了171个视频短片，主要围绕推广良种夺丰收、普及技术增收益、依靠科技奔小康与提升素质育农民等4个主题进行展播。

5月19日，学会与中国热带农业科学院承办的科技服务“三农”和科普服务公众活动在海南热带植物园举行，共吸引500多名中小学生、300多名大学生、70多名农户参加活动。

5月13—14日，学会在北京举办了全国青少年农业科普示范基地培训，来自28个省、自治区、直辖市的141位代表参加了培训，并到小汤山国家精准农业示范基地等进行现场观摩学习。

6月上中旬，学会参加了全国农业科技服务送科技、送文化下乡暨美丽乡村快乐行活动，向当地农民赠送科普图书资料、挂图3000多册（套）、节能环保资料袋3000个，并积极与农民互动，受到了农民的热烈欢迎。

在2014年全国科普日北京主场活动暨第四届北京科学嘉年华中，学会精准农业技术科学传播专家团带来了“葡萄的生命旅程”互动展品，利用三维可视互动技术结合互动终端开发的数字化互动展品，方式新颖多样，包括葡萄的生命旅程3D动画片、葡萄味道的背后3D立体影片、葡萄的“音乐乐园”游戏、葡萄的“魔法王国”游戏、葡萄虚拟驾驶游戏，展示了无公害葡萄的生长发育、生产管理的过程，吸引了近万名公众特别是青少年的亲身体验及互动参与。此外，学会还注意调动农业高等院校、科研院所的学者、科研人员、离退休教师和大学生志愿者的工作热情和主动性，积极投身服务“三农”、提高公民科学素质的科普工作和活动之中。

表彰举荐优秀科技工作者 2014年下半年，学会组织了2014—2015年度中华农业科技奖申报推荐工作，共收到科研类成果507项、科普类成果52项、优秀创新团队52个，完成了申报成果的资格审查和评审分组等工作。经过专家评审把关，2014年学会向国家奖励办推荐了4项成果参加国家奖评审，有1项成果获得了国家科技进步奖。

党建强会 学会完成了办事机构党委、纪委换届方案制定、候选人推荐、手续报批等筹备工作，强化“一岗双责”的落实，形成了党委书记带头抓、分管领导具体抓、职能部门抓落实的工作格局，确保了党建工作得到落实。

学会抓好教育实践活动整改落实工作，按要求制定了《整改落实方案》和《专项整治方案》，切实加强组织领导，细化任务分工，层层落实责任，强化监

督检查。全面完成了《教育实践活动整改落实方案》中明确的20项整改任务，完成了8项专项整治行动，达到了预期的整治目标。

会员服务 2014年，学会开发完成了中国农学会会员管理信息系统并上线试运行；对学会信息网的栏目结构进行优化，丰富了为会员服务的信息内容和功能；在中国农业科学院、中国农业大学等会员相对集中的单位建立了"中国农学会会员之家"，为会员就近提供服务；编制发送了10余期《中国农学会会讯》，向会员宣传农业相关政策，通报学会工作情况。

【2014都市与休闲农业创新研讨会】 4月27—29日，学会主办的2014都市与休闲农业创新研讨会暨休闲农庄管理培训班在云南省腾冲市举办。来自全国休闲农业、乡村旅游、规划设计、文化创意、产品开发、市场营销等领域的专家、学者，以及全国休闲农业与乡村旅游示范县、示范点的负责人200余人参加。

大会以"休闲农业创新发展"为主题，10余位专家作了报告，内容涵盖了新时期农业政策解读、休闲投资问题、发展模式、创意理念、园区体验项目设计与产品开发、移动互联网营销、休闲农业实操经验、休闲农庄盈利能力建设等各个方面。通过研讨交流、培训沙龙、主题互动、现场观摩、经验共享等多种方式，为行业从业者搭建了交流的平台。

【2014中国现代农业发展论坛】 11月15—16日，2014中国现代农业发展论坛在云南省昆明市召开。该论坛是经农业部批准的、唯一的综合性全国农业科技界学术交流平台，论坛以农业生态文明建设为主题，设有大会报告和5个分会场学术交流，安排了70多个学术报告。学会会长张桃林，中国工程院副院长刘旭院士，李文华、程顺和、陈温福、喻树迅、朱有勇等6位院士出席。张桃林作了题为《加强资源环境保护 促进农业可持续发展》的大会报告，刘旭、朱有勇、周东美等专家应邀作了大会学术报告，来自农业清洁生产、耕作制度、耕地质量安全、农业文化遗产保护、有机及生态农业等领域的国内专家、学者、企业家500余人围绕论坛主题展开研讨交流。论坛共收到论文近百篇，选择58篇纳入论文集正式出版。

中国农学会2014中国现代农业发展论坛

【开展农民科学素质行动发展研究】 2014年，受全民科学素质行动计划纲要实施办公室委托，在中国科协的领导下，学会组织有关方面专家，开展了"十三五"全民科学素质行动发展规划研究专题——农民科学素质行动发展研究。通过3个多月的调研、讨论、撰写，基本完成共计5部分2万余字的《农民科学素质行动发展研究报告》。提出了一个目标、两个重点、三个原则、四个改善、五项任务。一个目标：提高农民科学素质，是当务之急、迫在眉睫的战略任务。两个重点：从人群角度讲，主要是新型职业农民、农村留守妇女；从普及的重点内容讲，也有两个重点，即强农惠农政策和围绕当地主导产业的农牧民急需的生产生活生态科学理念。三个原则：一是以人为本原则，二是因地制宜原则，三是因势利导原则。四个提升：一是提升科普观念；二是提升科普手段方法；三是提升科普工作机制；四是提升农村科普的投入水平。五个任务：一是制订农民科学素质建设的国家战略；二是全面深入推进农民科学素质行动；三是创建网络农业农村科普大超市；四是优化整合现有资源；五是施行农村妇女科学素质提升行动，为每个村培养一名农村妇女科普骨干。

（撰稿人：李兆双　顾玉红）

中国林学会

服务创新型国家和社会建设 2014年，学会承担中国科协全国科技工作者状况调查站点信息报送工作。学会每季度定期向中国科协提交一份科技工作者调查信息。

组织开展桉树科学发展与木材安全调研。学会联合中国生态学学会、中国水土保持学会、中国环境科学学会等多家单位、多学科专家赴广西壮族自治区进行了实地调研，了解桉树发展现状、存在问题，提出促进桉树科学发展的对策建议。

组织开展了生态文化遗产资源（林业类）调查活

动，对布朗族、傣族等少数民族森林生态文化遗产进行了整理挖掘，形成了初步调研报告。

2014年，学会召开了第二届林学名词审定委员会第六次全体扩大会议，各学科组召集人和主要编写人员共计30多人参加了会议。会议集中讨论了《林学名词（第二版）》样稿，对样稿提出了意见和建议。

学会建设 1月16日，召开了中国林学会第十一次全国会员代表大会和第十一届理事会第一次全体理事会议。会议全面总结了第十届理事会的工作，选举产生了新一届理事会。4月28日，召开了第十一届一次全体常务理事会议。会议审议通过了学会2014年工作要点，讨论决定了各工作委员会组成人员名单，审议通过了成立古树名木分会、杉木专业委员会、珍贵树种分会、林下经济分会4个新设分会（专业委员会）。召开了全国林学会秘书长会议，总结了2013年学会工作，部署今后五年和2014年学会工作的重点任务，通报了中国林学会关于2013年专项（学术、科普、组织）先进单位评选结果，表彰了专项工作先进单位等。为强化与会员及科技工作者的联系与服务，适应学会新的工作需要，经报请国家林业局人事司批准，学会调整了内设机构，增设了组织联络部，办公室更名为综合部，咨询服务部更名为研究咨询部。

学术期刊 学会主办期刊《林业科学》全年收稿1076篇，发稿300篇。完成了中国科协精品科技期刊第三期项目的各项任务。期刊影响因子等主要指标稳步上升。期刊再次被评为“百种中国杰出学术期刊”“中国国际影响力优秀学术期刊”。完成了学会与福建农林大学合办期刊相关事宜。组建了新一届编委会。

决策咨询 学会2014年全年提供决策咨询报告14篇，举办决策咨询活动9次，参加活动专家人数约450人。反映科技工作者建议6条，其中获得上级领导批示3条。于2014年4月创办了《林业专家建议》专刊（内部发行），重点围绕国家林业局中心工作和政府关心、社会关注的林业重点、热点和难点问题，提出专家建议。2014年全年编印了《关于开展国家林业治理体系研究的建议》和《加强古树名木保护刻不容缓》《发展生态林业民生林业 急需加强林业科技服务》《突破林业生态建设瓶颈，灌木的作用不可忽视——关于充分发挥灌木在我国旱区造林中重要作用的建议》和《关于加快完善集体林区有害生物防治基层服务体系的建议》共5期。

完成了中国科协决策咨询研究课题——预防与控制生物灾害咨询报告林业部分，编报了《2013年林业生物灾害状况和2014年预防与控制林业生物灾害的报告》。

国际学术会议 举办了第三届森林科学论坛暨第十二届泛太平洋地区生物基复合材料国际学术研讨会。来自中国、加拿大、美国、智利、德国等11个国家的200多名专家、学者出席会议。会议期间，国内外专家作了5个主题报告，分6个专题作了37个专题报告。《人民日报》、新华社、《光明日报》《经济日报》等10余家媒体与会采访报道。

国内主要学术会议 2014年，学会及各分会共举办综合性和专题性国内学术会议39次，与会人数达5600余人次，交流论文约4000篇。

利用2014年1月举办全国会员代表大会的契机，学会举办了第三届中国林业学术大会的主会场活动，邀请中国科学院院士傅伯杰等专家作大会特邀报告。会议设主会场和8个分会场，参会代表600余人，交流学术论文近1000篇。

召开了中国林业青年科学家成长与创新研讨会，中国工程院院士尹伟伦做了《人生历程和学术发展》的主题报告，中国科学院研究员储成才等青年专家作了专题报告。

举办了第十届中国竹业学术大会。会议共收到涉及竹子分子育种、生理、生态、栽培、加工以及竹文化、竹业生产与管理等领域学术论文79篇。

召开了首届古树名木保护学术研讨会、林下经济发展学术研讨会、森林生态分会学术年会、经济林分会学术年会、全国银杏研讨会、灌木学术研讨会等专题学术交流活动。

5月24—25日，森林培育技术创新与特色资源产业发展学术研讨会在云南省昆明市召开。本次研讨会是第十六届中国科协年会第11分会场。北京林业大学原校长、中国工程院院士沈国舫出席大会并作特邀报告。会议以森林培育技术创新与特色资源产业发展为主题，全面总结探讨了森林培育技术的发展状况及创新模式、林业特色资源产业发展的成功经验、经营模式、综合效益及未来前景等，分析了存在的主要问题，研究探讨了下一步云南省林下经济发展、生态旅游产业发展的创新思路、对策和建议，为国家有关部门决策提供科学依据。会议共征集到论文120余篇，18个省、自治区、直辖市相关领域的近150位专家、学者参加会议。

8 月 26—27 日，2014 年全国桉树研讨会在贵州省贵阳市召开。研讨会由中国林学会、贵州省林业厅主办，中国林学会桉树专业委员会、贵州省林学会、广东达一农林生态科技股份有限公司承办，国内外 260 余位专家、学者参会。研讨会的主题为“提高林分质量，保障木材安全”。专题研讨会上，30 多位专家、学者围绕桉树引种、良种繁育，栽培技术、营养及施肥管理、病虫害防治、可持续经营及产品、市场开发等议题进行了探讨，特别对桉树的生态、生产、管理、经营及市场开发、木材安全等多方面的问题展开了较为深入的讨论。

10 月 27—29 日，第十届中国竹业学术大会在浙江省丽水市召开。会议由中国林学会、浙江省林业厅、丽水学院共同主办，中国林学会竹子分会、中国林业科学院亚热带林业研究所、丽水学院生态学院、浙江省竹产业科技创新服务平台联合承办。会议共收到涉及竹子分子育种、生理、生态、栽培、加工以及竹文化、竹业生产与管理等领域的学术论文 79 篇。9 位专家在大会做报告，24 篇论文在大会上进行了交流。会议期间召开了竹子分会五届三次全委会，总结回顾了分会过去一年的工作，增补了 8 名委员、4 名常务委员和 1 名副主任委员。来自中国科学院、中国林业科学院、国际竹藤中心、台湾地区中央研究院等有关科研机构、大专院校和全国 14 个省、自治区、直辖市的专家学者共计 250 余人以及丽水学院生态学院 200 余名学生参加了会议。

9 月 3—5 日，第十一届中国林业青年学术年会在陕西省杨凌农业高新技术产业示范区召开。大会由中国林学会、西北农林科技大学主办，学会青年工作委员会、西北农林科技大学林学院、陕西省林学会承办。年会举办了特邀学术报告会，中国工程院院士、西北农林科技大学教授山仑，北京林业大学校长助理、教授马履一，中国林业科学院副院长储富祥，南京林业大学副校长薛建辉等专家、学者作大会特邀学术报告。年会共设 8 个专题分会场。各分会场分别围绕美丽中国与森林培育、全球气候变化背景下的林木遗传育种、野生动植物与湿地景观设计、智慧林业与森林经营管理、林业生物质高效综合利用、森林灾害的发生规律与治理新技术、和谐林业发展、竹子科技创新与产业升级等内容组织学术报告，开展专题研讨并提出对策建议。

国际交往 密切与国际林联的联系和磋商，在国际林联主席尼尔森 · 科克出席第三届森林科学论坛期间，学会理事长、国家林业局局长赵树丛与其会谈。学会派员参加赴欧洲林业考察，赴瑞典、丹麦参加了城市森林多样性国际会议与现代社会福祉的城市森林国际会议。学会与世界自然保护联盟共同举办了生态系统帮助降低自然灾害风险培训研讨会。中国、美国、加拿大等国专家分别就水土保持防御水灾害作用分析、森林的水土调节功能与管理、生态减灾及 IUCN“生态系统保护基础设施和社区”项目、土壤及坡面稳定性及退耕环境项目点研究成果、土壤生物工程技术在陡坡和河岸稳定中的应用等专题作了学术报告。会议分享国内外采用生态系统修复、应对气候变化及降低自然风险等方面的经验和成果，对我国提升防灾减灾意识和降低自然灾害损失能力及研究方向具有重要参考和借鉴作用。

科普活动 2014 年，学会主办科普宣讲活动 78 次，活动受众人数达 14900 人次，参加活动科技人员 325 人次。组织开展了主题为“共建绿色美好家园，同享一片蓝天”的林业知识宣讲，以及花木栽植、森林经营、知识竞赛和森林体验等系列科普活动，北京市上地实验小学的 91 名学生及其家长参加了活动。组织北京市 6 所小学的 200 余名青少年走进八达岭国家森林公园，开展手工创作与绘画、户外森林生态系统认知、森林植物识别、寻找身边的自然物等林业科普活动。2014 年全国科普日活动期间，组织北京海淀区培星小学、上地实验小学的 200 余名青少年，实地参观了野鸭湖湿地博物馆，并在林业科普专家的指导下，开展了湿地基础知识普及、湿地植物认知、池塘生态系统观测等活动。与国家林业局退耕办、中央电视台、中国绿色时报社、果壳网等相关单位合作，组织北京二中、西北五省（区）的 50 名学生在陕西省秦岭长青保护区举办青少年科学营活动，推动青少年生态文明教育工作。

组织召开了林业科普工作会议。会议总结、交流了林业科普工作经验，颁发了中国科协优秀全国科普教育基地证书。启动了全国林业科普基地专家调研考察工作，推动林业科普基地信息管理平台的建设，推进全国林业科普基地标准化、规范化和社会化发展。开展科普理论研究，开展了大数据时代林业科普信息化发展和媒体科普宣传的策划与节目制作等方面的研究。

表彰举荐优秀科技工作者 经学会推荐，张齐生等4名林业科技工作者荣获中国科协“全国优秀科技工作者”称号，其中张齐生获“全国十佳优秀工作者”提名。组织开展了第四届梁希优秀学子奖的评选，评选活动共收到来自全国26所林业高等院校和设有林学院的农业大学、综合性大学上报的候选人70名，经形式审查、专家初审和评审委员会审定等程序，共评选出卢芸等39名获奖者。组织开展了第五届梁希青年论文奖的评选，共收到申报论文508篇，评选出获奖论文236篇，其中12篇论文荣获一等奖，52篇论文荣获二等奖，172篇论文荣获三等奖。

【中国林学会第十一次全国会员代表大会暨第三届中国林业学术大会】 2014年1月16—17日，中国林学会第十一次全国会员代表大会暨第三届中国林业学术大会在北京召开。236名会员代表出席会议。各省、自治区、直辖市和各分会、专业委员会非会员代表的秘书长列席会议。

国家林业局局长、党组书记赵树丛，中国科协副主席、书记处书记、党组副书记程东红，全国政协人口资源环境委员会副主任、中国林学会第十届理事长江泽慧，国家林业局副局长、局党组副书记张建龙，国家林业局副局长、局党组成员孙扎根等出席会议开幕式。江泽慧致开幕词。赵树丛、程东红分别代表国家林业局、中国科协致辞。开幕式上颁发了第十二届林业青年科技奖、第五届梁希林业科学技术奖、第四届梁希科普奖以及中国林学会“先进学会工作者”“先进学会”和“先进挂靠单位”等奖项。

会议听取了江泽慧代表第十届理事会所做的工作报告、《中国林学会章程》（修改草案）的说明、第十届理事会财务报告等。与会代表分组讨论并审议通过了《第十届理事会工作报告》《中国林学会章程》（修改草案）《第十届理事会财务报告》《中国林学会会费标准》等。

中国林学会第十一次全国会员代表大会暨第三届中国林业学术大会

会议采取等额选举的方式，通过无记名投票，选举产生了第十一届理事会理事170人。召开了第十一届理事会第一次全体理事会议，采取等额选举的方式，通过无记名投票，选举产生了第十一届理事会理事长、副理事长、秘书长、常务理事。赵树丛当选为中国林学会第十一届理事会理事长，张建龙、陈章良、尹伟伦、彭有冬、谭光明、张守攻、吴斌、杨传平、曹福亮、陈幸良、费本华当选为副理事长，陈幸良兼任秘书长。第十一届理事会第一次全体理事会议还审议通过了《关于授予江泽慧同志为学会名誉理事长的决定》。

会议期间，举办了第三届中国林业学术大会，邀请了中国科学院院士傅伯杰、国家林业局林改司司长张蕾、吉林森工集团董事长柏广新分别作了题为《中国生态系统管理战略》《不失时机加快推进与深化林权改革——关于深化集体林权制度改革的几点思考》《吉林森工转型发展战略与“采育林”经营模式》的学术报告。

赵树丛在会议闭幕式上讲话指出，中国林学会要按照“继承、创新、改革、服务”的要求，努力做好各项工作。努力把中国林学会建设成为国内外一流的科技社团组织，为发展生态林业民生林业，为建设生态文明和美丽中国做出新的更大的贡献。

【第三届森林科学论坛暨第十二届泛太平洋地区生物基复合材料学术研讨会】 6月5日，第三届森林科学论坛暨第十二届泛太平洋地区生物基复合材料学术研讨会在北京开幕。本次会议由中国林学会与国际林联（IUFRO）共同发起，中国林学会主办，中国林学会木材工业分会、中国林业科学研究院木材工业研究所、中国林学会竹藤资源利用分会共同承办。

会议以“绿色材料 美好生活”为主题，集中展示世界各地生物基复合材料的新工艺、新技术和新方法，促进环境保护、推动绿色发展。国际林联主席、丹麦哥本哈根大学教授尼尔森·科克出席大会并致辞，学会副理事长兼秘书长陈幸良致开幕词，学会副理事长、国际竹藤中心常务副主任费本华主持开幕式。

会议认为，当今世界人类正面临着气候变化、环境污染、物种消失、自然灾害频发等生态危机的挑战，环境问题已成为人类必须面对的严峻课题。节约

资源、保护环境，着力推进绿色发展、循环发展、低碳发展，形成节约资源和保护环境的空间格局、产业结构、生产方式、生活方式，从源头上扭转生态环境恶化趋势，已经成为全球的共同选择。

中国工程院院士、南京林业大学教授张齐生，加拿大林产品创新研究院首席研究员戴春平、美国康奈尔大学教授阿尼尔、德国不来梅应用科技大学教授乔格·莫西格，中国林学会木材工业分会理事长、中国林科院木材工业研究所所长叶克林分别作题为《农林生物质材料气化燃料、生物碳和醋液的集成与应用》《北美木质复合材料研究现状和展望》《绿色复合材料：从体育设施到弹道应用》《欧洲生物基复合材料研究回顾》《中国木材科学与技术研究近期回顾与展望》主题报告。中国林学会副秘书长沈贵主持主题报告大会。

会议分为竹藤和秸秆复合材料、木材改性和材性、复合材料与胶粘剂、功能材料与纳米材料、木塑复合材料、定向刨花板／胶合板／交叉层积材 6 个专题，邀请相关专家作了 37 个专题报告。

来自中国、加拿大、美国、智利、德国、丹麦、葡萄牙、马来西亚、日本、韩国、印度尼西亚等 11 个国家的 200 多名专家、学者出席会议。

【中国林业青年科学家成长与创新研讨会】 10 月 25—26 日，中国林业青年科学家成长与创新研讨会在浙江省富阳市举办。会议由中国林学会和中国林业科学研究院联合主办，中国林科院亚热带林业研究所和中国林学会青年工作委员会共同承办。会议主题是：林业青年科学家成长与创新。原林业部副部长刘于鹤，国家林业局党组成员、科技司司长彭有冬，中国林学会副理事长兼秘书长陈幸良，北京林业大学原校长、中国工程院院士尹伟伦，浙江省林业厅副厅长吴鸿等出席会议并讲话。

会议举行了主题报告会和 6 个特邀专家报告，中国工程院院士尹伟伦作了题为《人生历程和学术发展》的主题报告。中国科学院遗传与发育生物学研究所研究员储成才，林木遗传育种国家重点实验室主任、中国林科院林业研究所研究员卢孟柱，中国科学院天津工业生物技术所研究员田朝光，南京林业大学教授尹佟明，中国林业科学院亚热带林业研究所研究员栾启福、副研究员袁志林等分别作了交流报告。

会议期间，召开了青年专家座谈会和中国林学会青年工作委员会常委扩大会，参会代表针对影响青年科学家成长与创新中的问题开展研讨并提出对策建议；通过并宣读了林业青年科学家倡议。来自科研机构、大专院校、林业基层单位的科技人员、管理人员和研究生近 200 人参加会议。

【第五届中国森林保护学术大会暨林业有害生物绿色防控国际研讨会】 10 月 28—30 日，第五届中国森林保护学术大会暨林业有害生物绿色防控国际研讨会在浙江农林大学召开。全国从事森林保护科研、教学、管理和生产的专家学者 300 余人参加了大会。大会由中国林学会主办，大会主题为“森林健康——林业有害生物绿色防控”。

学会副秘书长尹发权，浙江农林大学党委书记宣勇，国家林业局造林司原总工程师吴坚，学会森林病理分会主任委员张星耀，学会森林昆虫分会主任委员、北京林业大学副校长骆有庆，大会学术委员会主席、中国科学院动物研究所研究员孙江华，南京林业大学副校长叶建仁，国家林业局森林病虫害防治总站站长宋玉双，国家林业局森林病虫害防治总站原常务副站长潘宏阳，浙江省林业厅副厅长杨幼平，浙江农林大学副校长张立钦等参加了开幕式并致辞。

大会围绕会议主题，对我国森林健康所面临的挑战和绿色防控等对策措施等进行了讨论与交流。大会设立了国际研讨会、四个分段大会和青年学术沙龙。学术报告包括 3 个大会主题报告、5 个国际报告、34 个专题报告，38 个青年学术沙龙学术报告。学术报告聚焦林业有害生物流行与生态控制，林业有害生物监测、预警及检疫，生物农药与绿色防控，林业有害生物基础理论等研究，全面反映了近年来我国森林保护学科研究的最新成果。

【中国林学会古树名木分会成立大会暨首届中国古树名木学术研讨会】 11 月 7—9 日，中国林学会古树名木分会成立大会暨首届中国古树名木学术研讨会在云南省昆明市召开，会议由中国林学会、西南林业大学主办，中国林学会古树名木分会、西南林业大学园林学院承办。全国绿化委员会办公室常务副秘书长赵良平、学会副秘书长尹发权、西南林业大学党委书记陈宝昆、西南林业大学校长刘惠民等出席会议并讲话。

大会全票通过了中国林学会古树名木分会候选委员名单，选举产生了古树名木分会第一届委员会。西南林业大学校长刘惠民当选分会第一届主任委员。

全国绿化委员会常务副秘书长、国家林业局造林司副司长赵良平，西南林业大学教授邓莉兰，北华大学副校长戚继忠作大会报告。会议特邀8位专家分别从古树病虫害、古茶树资源、古树断裂风险性评估与防护等方面作了发言。

与会人员一致认为，我国古树名木保护工作取得了一定的成效，但古树名木保护工作仍然存在家底不清、资源不明，现有古树名木管护不严、保护措施不力、自然死亡严重等突出问题。导致这些问题的主要原因是：认识不到位、普查不彻底、有关的法律法规缺失、缺少必要的专项工作经费、责任主体不落实、保护措施不得力、科技支撑水平不高、专门人才队伍匮乏等。与会专家一致呼吁，应建立健全法规，积极探索科学有效的保护措施，做好古树名木保护各项工作，为后代留下珍贵资源。

来自全国25所高校、科研院所、林业管理部门等单位的75名专家、学者出席会议。

【中国林学会林下经济分会成立大会暨2014林下经济发展学术研讨会】 12月19—21日，中国林学会林下经济分会成立大会暨2014林下经济发展学术研讨会在广西壮族自治区北海市召开。大会由中国林学会、广西壮族自治区林业厅共同主办。

中国工程院李文华院士在大会作了题为《农林复合经营与林下经济》的特邀报告。报告剖析了农林复合经营与林下经济的概念与内涵，详细介绍了林下经济在提高森林生态系统服务、促进农民增收和生活改善等方面发挥的重要作用以及取得的可喜进展，深入讲解了农林复合经营六大特点，古今实践、典型模式，相关研究进展以及当前存在的问题。李文华院士建议，农林复合经营与林下经济工作应以科学发展观和生态文明为指导思想，加快技术集成和模式创新，树立发展典型，促进产业融合，推动林下经济科学研究和产业发展不断向前发展。

国家林业局、中国林学院中国林业科学院的有关专家分别作了《大力发展林下经济 实现生态林业民生林业的有机统一》《发展林下经济的前景分析》《林下经济的一个特例——昆虫资源及产业化》的特邀报告。13位专家在会上作专题报告。

全体与会代表就林下经济与生态民生改善、集体林权制度进一步深化改革、林下经济发展理论研究、林下经济发展规划与示范基地建设研究、发展林下经济的政策支持与科技支撑、林下经济社会化服务与市场流通体系建设研究、林下经济发展模式及推广应用、种植业、养殖业、森林游憩与林下经济、林下经济发展的典型经验等开展交流。

会议期间召开了中国林学会林下经济分会成立大会，选举产生了中国林学会林下经济分会第一届委员会。李文华院士任分会第一届委员会主任委员。

来自国家林业局、中国科学院地理信息研究所、农业部农村社会事业发展中心、中国林业科学院、东北林业大学、南京林业大学等单位从事林下经济管理、科研、教学和生产实践的专家、科技人员近200人参加会议。

（撰稿人：郭丽萍）

中国土壤学会

服务创新型国家和社会建设 学会土壤质量标准化工作委员会于2014年6月22日组织了标准审查会，对2011年立项的《田间土壤描述》等11项国家标准送审稿进行了审查。通过向社会广泛征集土壤质量标准项目建议，经学会土壤质量标准化工作委员会讨论，2014年共向国家标准委申请了11项土壤质量国家标准。

11月3—6日，学会与中国微生物学会环境微生物专业委员会、江苏省土壤学会土壤微生物专业委员会主办的MG-RAST生物信息平台与高精度宏基因组培训在江苏省南京市举行。5名国内外著名专家作了理论培训讲座，来自国内26个相关单位的142位青年科研人员参加了理论讲座，其中82人参加了MG-RAST操作培训。

学会建设 学会增补常务理事1人，减少理事1人。常务理事会同意增设中国土壤学会土壤修复专业委员会。

学术期刊 学会主办或合办《土壤通报》、《土壤学报》、《土壤圈》（英文版）、《水土保持学报》和《干旱区研究》5种期刊，2014年刊出文章共计1002篇，发行量共计29700册。

为了加快学术论文传播速度和范围，缩短出版周期，《土壤学报》自2014年第4期起实行“在线优先出版”计划，所有经同行评议通过采用的稿件，经编辑加工处理之后即在《土壤学报》网站和中国知网（CNKI）实行电子版在线优先出版。2014年，《土壤学报》编辑部推动并基本完成期刊英文网站建设；开展了2013年度优秀论文评选活动，共评出优秀论文奖

10篇。

《土壤圈》（英文版）2014年9月1日起，正式启用在线投审稿系统ScholarOne Manuscripts。2013年度的SCI影响因子上升到1.379，在全球土壤学科33种SCI期刊中排名第20名，Q3区，在中国163种SCI期刊中排名第40名，在亚洲土壤学科、我国农业学科和江苏省SCI期刊中排名第一。

2014年，《土壤圈》（英文版）被评为“中国最具国际影响力学术期刊”。《土壤学报》和《水土保持学报》被评为“中国最具国际影响力优秀学术期刊”。

国际学术会议　4月19—24日，学会土壤环境专业委员会第十七次会议暨土壤环境保护与生态文明建设国际研讨会在湖南省长沙市召开。参加会议的有科研、生产、教学、企业等单位的国内外专家360余人，其中包括“973项目”首席科学家、国家“千人计划”、“国家杰出青年基金”获得者、境外特邀专家等14位国内外知名学者。13名国内外知名专家作了大会主题报告，16名学者作专题主题报告，38名学者作专题报告。

11月11—14日，第六届全球数字土壤制图大会在江苏省南京市召开。来自16个国家的120余位专家出席了会议。大会围绕9个分主题共安排了56个学术报告，其他研究成果以墙报形式在会议期间进行了展示。会议针对不同主题邀请了中国科学院院士周成虎等6位国内外特约嘉宾作了大会主题报告。

国内主要学术会议　2014年，学会共举办12次国内学术活动，参会人数2830多人次，报告600多场，收录论文（摘要）910多篇。

7月16—18日，学会主办的土壤科学与现代农业学术研讨会在云南省昆明市召开。来自科研、教学、管理或生产单位的专家、学者约330人参加了会议。会前印刷了会议论文集，收录论文（摘要）70篇。11位专家作了大会报告，27名专家、学者在“现代农业中的土肥问题与地力提升”和“现代农业中的环境问题与生态安全”专题会议上作分组报告。

4月16—17日，学会土壤生物与生物化学专业委员会和土壤生态专业委员会联合主办的第七次全国土壤生物与生物化学学术研讨会暨第二次全国土壤健康学术研讨会在湖北省武汉市召开。近50家科研、教学、管理或生产单位的160余名专家、学者参加了会议，大会共收到论文（摘要）57篇并汇编了论文（摘要）集。会议以“土壤生物与土壤健康：发展与挑战”为主题，重点交流近年来我国在土壤生物与生态领域的基础理论和应用技术研究成果。8位专家应邀作了大会报告，23位学者围绕土壤生物与生物化学、土壤生态与土壤健康两个主题作了专题报告，22名青年代表在青年学者论坛上作了交流报告。

7月27—29日，学会土壤发生、分类与土壤地理专业委员会和土壤遥感与信息专业委员会2014年联合学术研讨会在辽宁省沈阳市举行。共有50多所高校、科研院所的近300名专家、学者参加会议，大会共收到论文和摘要80多篇。会议特邀中国科学院南京土壤研究所研究员张甘霖、南京师范大学（美国威斯康星大学）教授朱阿兴等8名专家作大会报告，59名与会人员作分组报告。

8月8—10日，全国土壤物理学进展与生态安全学术研讨会在广西壮族自治区桂林市召开。国内65家单位以及海外3所高校的243位专家、学者参加了会议。会议安排了9个大会报告和109个专题学术报告。

10月28—30日，第十四届中国青年土壤科学工作者暨第九届中国青年植物营养与肥料科学工作者学术讨论会在重庆市召开。主题为“生态文明：青年工作者的创新与使命”“农业资源与环境学科面临的机遇与挑战”。来自高等院校、科研院所等73个单位的326名专家、学者参加了会议。会议收到论文242篇，安排特邀报告4个，大会报告7个，分组报告80个，墙报展示36个。264位研究生分别展示了自己的相关科研成果。会议评出优秀报告20个、优秀墙报10个。

11月9—11日，第十二届全国土壤微生物学术讨论会暨第五届全国微生物肥料生产技术研讨会在湖北省武汉市举行。会议以“创新驱动学科与产业发展”为主题，围绕微生物与植物及土壤间互作关系、微生物在土壤修复与健康维护、微生物生态及其调控等研究新进展，以及微生物肥料技术产品创新、微生物肥料产业发展和政策支持、微生物肥料与农产品质量安全等热点议题进行了研讨。来自全国微生物学（农业）科研院所与高等院校的专家、学者以及微生物肥料生产企业的代表，共计500余人出席了会议。

12月5—9日，学会土壤化学专业委员会学术研讨会在广东省广州市召开。会议的主题为“土壤化学与生态文明”。来自大学和研究机构的320多名专家、学者参加了会议。会议包括12个主题报告、16个口头学术报告、21个研究生学术论坛报告。会前编印了论文集，收录论文摘要74篇。

两岸交流 10月14—20日，第十届海峡两岸土壤肥料学术交流研讨会在台湾地区召开。200多名来自海峡两岸的土壤肥料界专家、学者、生产技术人员及研究生参加了会议。由学会秘书长蒋新任团长的中国土壤学会代表团共计32人出席了会议。在主题为“肥料管理与肥效增进及肥料应用技术”的交流研讨会上，共安排62个口头报告，其中中国土壤学会代表团30个。会议期间，安排了57份壁报展示，编印了论文集，收录论文摘要62篇、壁报论文57篇，其中中国土壤学会代表团论文摘要30篇。

国际组织任职 2014年，国际土壤科学联合会（International Union of Soil Sciences，IUSS）现有我国科学家8人担任相关职位，其中张甘霖、张福锁连任国际土壤科学联合会（IUSS）执委，张斌担任国际土壤科学联合会（IUSS）所属专业委员会主席，杨琳、黄巧云、李占斌、张旭东、杨劲松分别担任国际土壤科学联合会（IUSS）所属专业委员会副主席，张甘霖连任国际土壤科学联合会（IUSS）所属工作组副主席。

国际交往 学会组队参加了6月5—7日在韩国济州岛举办的首届国际土壤知识与技能大赛。学会派出的两支队伍均获得优秀团队称号，其中，中国科学院南京土壤研究所博士生杨飞在个人赛中取得了第三名的好成绩。

学会组织科学家参加了6月8—13日在韩国济州岛召开的第二十届世界土壤学大会。共有来自112个国家和地区的2000多名土壤学及相关学科的科学家出席会议。会议主题是土壤拥抱生命万物（Soil embrace life and universe），与会专家围绕这一主题分四大领域（土壤时空变化、土壤性质与过程、土壤利用与管理、土壤在社会和环境可持续发展中的作用）展开了交流与讨论。我国有近200名土壤学及相关领域的科学家出席了会议，36人进行了口头报告，展出墙报320多份。内容涵盖土壤学各分支学科，多是各领域的最新成果或研究进展。

8月18—20日，日本土壤肥料学会理事长、新一届国际土壤学联合会DIVISION 3主席、日本东京首都大学教授Takashi Kosaki访问中国土壤学会，与学会理事长沈仁芳、秘书长蒋新、常务理事张甘霖等进行了会谈。双方就加强两会之间的合作进行了交流，并就共同关注的相关问题进行了讨论。

科普活动 中国科学院南京土壤研究所土壤标本馆、中国水稻田和水稻土起源陈列馆、中国农业博物馆土壤标本陈列馆等科普基地向公众开放，共接待观众1.5万人次。

学会面向南京市大中小学生举办了十余场以“万物土中生”“土壤与人类健康”“走近土壤，认知生命”为主题的科普讲座。

科普周期间，学会科普工作委员会协助中国科学院南京土壤研究所制作了活动海报、50块科普展板及一些展品，内容包括：我国丰富的土壤资源介绍，土壤与农业生产、食品安全的关系，土壤与生物，温室效应与土壤，土壤污染与生物修复等。这次活动使公众了解土壤的基础知识，土壤污染对人类健康的影响，土壤与人类健康的紧密关系以及土壤污染后进行修复的最新成果等，受到大众好评。

7月16—18日，2014年全国青少年高校科学营——土壤专题营在中国科学院南京土壤研究所举行。夏令营以“土壤拥抱生命，放飞青春梦想”为主题，让处于高中阶段的同学们对土壤科学有更加全面、科学的认识。来自湖南省、湖北省、福建省、江苏省、香港特别行政区的100位学生参加了土壤科学专题营。通过院士和专家的报告、野外实地考察，以及参观、亲自动手制作科学装置等相关活动，营员们对土壤科学有了崭新的认识，同时也培养了对自然科学的兴趣。

2014年12月5日是联合国认定的第一个“世界土壤日”。在学会号召下，有关专业委员会及省、市、自治区土壤（肥料）学会开展了丰富多彩的土壤科学科普宣传活动。在宣传“世界土壤日”的同时，让公众了解到土壤污染现状，认识到土壤的重要性，从而提高保护土壤环境的意识。

表彰举荐优秀科技工作者 通过学会推荐，邓良基、蒋新、张旭东3人荣获中国科协“全国优秀科技工作者”称号。

2014年，学会开展了第九届中国土壤学会科技奖和第四届中国土壤学会优秀青年学者奖的表彰奖励活动，评选出学会科技奖一等奖1个、二等奖2个和10名学会优秀青年学者奖，共表彰奖励29人次、11家单位。

【土壤科学与现代农业学术研讨会】 7月16—18日，土壤科学与现代农业学术研讨会在云南省昆明市召开。来自全国科研、教学、管理或生产单位的专家、学者约330人参加了会议。

开幕式由学会副理事长、中国科学院沈阳应用生态研究所研究员张旭东主持，学会副理事长、四川农业大学教授邓良基致开幕词，云南省土壤肥料学会理事长、西南林业大学教授郑毅致欢迎词。

会议围绕“土壤科学与现代农业”主题，重点研讨现代农业发展过程中遇到的困难和面临的难题。11位专家作了题为《土壤氮素高效管理的科学问题》、《我国农田土壤有机质演变规律与提升技术》《肥料养分真实利用率计算与施肥策略》《土壤肥料与云南粮食生产》等大会报告，27名专家、学者在“现代农业中的土肥问题与地力提升”和“现代农业中的环境问题与生态安全”专题会议上作分组报告。这次会议的学术报告展示了现代农业中土壤科学多方面的研究进展和最新成果，其中包含领先世界水平的研究成果。会议征集到会议论文（摘要）70篇并汇编了论文（摘要）集。

（撰稿人：蒋宇霞）

中国水产学会

服务创新型国家和社会建设 2014年，学会渔业统计工作以“建设现代服务型统计”为指导，通过严格规范统计行为，认真实施统计调查，精心组织统计培训，深入开展统计分析，努力扩大统计宣传等一系列重要举措，渔业统计取得了显著成效。

统计数据质量取得了新保障。在圆满完成2014年度月报、半年报及2013年度年报数据采集、汇总工作基础上，通过建立和实施统计数据定期专家会商制度、渔业统计数据质量岗位责任制和联审制度等一系列质量控制方法，极大地提高了统计数据质量。根据《渔业统计工作规定》，第一时间向农业部渔业渔政管理局和国家统计局等单位提供月度、年度渔业生产统计情况报告。

统计队伍素质取得了新提升。为培养和造就一支坚持原则、精通业务、作风扎实的统计队伍，9月在湖北省武汉市举办了渔业重点县渔业统计工作人员第16期培训班，26个省（区、市）渔业重点县渔业统计工作人员109人参加了培训。总计培训基层渔业统计工作人员1850人次。

统计调查能力取得了新提高。为建立一套适合我国国情的渔业统计调查体系，2014年开展了新一轮全国渔民家庭收支调查。通过组织开展样本县调查员培训、指导组织样本户进行家庭收支调查数据采集、利用专家队伍进行调查数据分析评估，圆满完成了2014年度全国渔民人均纯收入水平的统计与发布使用。改变了统计数据只依靠各级渔业行政主管部门层层报送状况，做到了数出有源、数变有据。

统计标准规范取得了新突破。为进一步保障渔业统计数据的准确性、及时性，提高渔业统计资料的可比性、适用性与共享性，2014年启动了《渔业统计技术规范》标准研究工作，目前完成了起草、征求意见工作，处于审批阶段。与国家统计局合作开展了渔业主要统计指标数据质量控制办法研究。

统计服务水平取得了新进展。为满足不断提高的统计数据使用需求，除正式出版《2014年中国渔业统计年鉴》外，开发了《2013年度全国渔业统计手册》《2013年各省、自治区、直辖市主要渔业统计指标情况手册》《2013年度全国主要统计数据卡片》等系列渔业统计产品，此外，学会还组织编撰了《中国渔业统计》工具书，供广大渔业统计工作者参考使用。

学会认真完成水产品市场信息采集工作，数据采集质量稳步提升。每天对信息员上报的数据进行检查和纠正，每月完成水产品市场信息简报和水产品批发市场月度数据报表，每季度完成一篇水产品季度分析报告。

组织信息员培训会议。为保证信息采集报送质量，5月在湖北省武汉市召开了全国水产品批发市场信息员培训班。来自全国各地水产品信息采集定点批发市场的信息员和部分水产品市场信息分析专家组成员近90人参加。

召开市场形势分析会商会。为研讨全国水产市场运行态势，预测下半年国内水产品市场走势，8月在黑龙江省哈尔滨市召开上半年全国水产品市场形势分析会。各省（区、市）水产市场分析专家共计30人出席会议。

学会开展渔业对外贸易跟踪研究。3月与国际贸易专家组成员讨论2014年度渔业国际贸易重点研究内容和研究计划。设立“水产品贸易出口市场国政策及本国产业政策监测研究”等共9个课题供专家研究。

学会先后撰写了《2013—2022中国水产品供给、需求与贸易预测研究报告》《中国—拉美渔业研究报告》《2014年上半年水产品对外贸易形势分析报告》等研究报告和《中国农产品贸易发展报告（2014）》水产品分报告。

9月，学会在辽宁省丹东市召开2014年上半年水产品对外贸易形势分析座谈会，渔业国际贸易跟踪研究专家以及地方各有关渔业主管部门专家一起分析上半年我国水产品进出口贸易波动原因，预测下半年水产品贸易走势，提出进一步促进水产品贸易发展的有效建议。

为促进产业节能减排稳步推进，让渔业企业树立节能减排理念，了解节能减排新技术，2014年8月，学会面向企业和广大科技人员，在山东省烟台市举办了渔业节能减排科技创新研修班。120多名科技人员参加了研修。

5月初，学会与海关、国际交流中心有关专家赴山东省烟台市开展调研，分别参观了山东永康食品有限公司和东方海洋股份有限公司。2014年，学会组织专家完成了3个进出口水产品单消耗指标研究项目：冻鲽鱼块单耗标准（修订）项目、海水蟹制品加工贸易单耗标准、制作或保藏罗非鱼加工贸易单耗标准研究与探索。还完成了《农产品加工贸易单耗标准制定指导手册》的编写工作和两个关于南美白对虾的研究课题，即《我国与拉美国家对虾产业贸易格局与合作潜力研究》和《南美白对虾养殖国际合作研究与合作项目建议报告》。

2014年，学会承担了中国科协“学会创新与创建5A级科技社团探索项目”，开展调研，研究全国学会在申报社团评估中存在的共性和特性问题，完成《科技类社团参与社会组织评估情况研究报告》并编写了《科技类社团评估实用指南》，指导尚未参评或需要晋级的科技社团如何做好准备参与社团评估，为今后参与评估或准备晋级的学会提供参考。

学会承担了“学会科技成果评价工作模式研究”，从社会力量设奖的起因和脉络入手，分析学会开展科技奖励与其他组织开展科技奖励的不同及优势和劣势，同时比较其他社会科技奖励设奖单位科技奖励情况，借鉴国际科技奖励和国外学会科技奖励，形成报告初稿。为学会开展科技成果评价工作提供指导和参考。

水产品市场信息采集数据库建设项目是中国科协所属学会有序承接政府转移职能试点培育工作的一部分。2014年，学会迅速成立项目工作组，推动项目有序开展，解决项目执行过程中遇到的一些问题。顺利完成项目各项工作任务，为今后有序承接政府转移职能工作积累了经验。

学会建设 截至2014年年底，学会共有淡水渔业专业委员会等17个分支机构。个人会员19942人，其中资深会员1936人。团体会员223个。

学术期刊 2014年，《水产学报》正值创刊50周年，编辑部多渠道提高刊物影响力，加快学术论文传播速度和范围，缩短出版周期。在中国知网实现优先出版，开展信息推送、优秀论文推介、开通微信平台、过刊溯源、建立英文网站、增加英文可阅读信息等工作。《水产学报》总被引频次、影响因子进一步提高，综合排名在水产类期刊中排名第一名，在全国1995种核心期刊中排名第36名，较2013年上升了9位。《水产学报》2014年荣获第三届“中国精品期刊”“中国百种杰出学术期刊”“中国国际影响力优秀学术期刊”RCCSE中国权威学术期刊、上海市高校精品科技期刊奖等5个奖项。

学会与中国水产科学研究院共同主办的《中国水产科学》严格执行审稿编辑出版的核心工作流程，确保编校质量，通过网站升级和数字优先出版等工作，打造期刊新形象。《中国水产科学》荣获第三届“中国精品科技期刊”暨“中国精品科技期刊顶尖学术论文（F5000）”项目来源期刊。

《科学养鱼》积极组织参加学术会议及业务培训，提高编辑队伍水平，被江苏省科技期刊学会评为金马奖优秀期刊、金马奖创意策划奖。

2014年，学会主办的《海洋渔业》《淡水渔业》《渔业科学进展》等期刊的学术质量也有提升。《海洋渔业》提高了发表论文的时效性，建立和完善了期刊网站的英文版页面。《渔业科学进展》更换了全新的期刊投稿系统和网站，搭建并启用新的投稿平台，加入“中文DOI”服务，获得出版机构会员资格。

决策咨询 学会鱼病专业委员会的专家积极参与中国科协组织的决策咨询工作。与其他相关学会的专家一起完成了《中国科协生物灾害防治报告》。

学会水产动物营养与饲料专业委员会组织专家完成了中国工程院委托的“中国海洋工程与科技发展战略研究”重大咨询项目第四课题“海洋生物资源工程发展战略研究”的研究报告，具体负责海水养殖工程技术与装备研究报告的编写。

学会积极参与“十三五”科技发展计划决策咨询工作。2014年很多地方科技主管部门、行业主管单位都启动了“十三五”渔业科技发展计划编写工作，学会各分支机构的专家积极为当地产业科技事业发展建言献策，参与地方“十三五”计划和科技发展计划的

制定工作，受到当地行业主管部门的好评。

国际学术会议 学会与中国优质农产品开发服务协会联合主办了2014品牌农业发展国际研讨会。农业部副部长陈晓华、联合国粮食与农业组织助理总干事王韧等出席会议并致辞。研讨会围绕“品牌红利：信任创造价值”的主题，探讨国际品牌农业发展理念及趋势，学习借鉴国际先进经验，开阔中国农业品牌发展的国际视野，探索品牌建设可能释放的红利空间以及实现中国农业现代化的途径及策略。来自7个国家驻华大使馆的农业参赞和外交官参加了会议和研讨，17个国家和地区以及国际组织的代表，农业部有关司局和单位负责人，有关地方政府部门领导、农业品牌方面的专家、企业界代表等共200多人参加。

5月13—14日，学会与中国海洋大学共同主办，亚洲水产学会支持的中日韩及东南亚“2014 水产品加工与质量安全”国际研讨会暨中国水产学会水产品加工与综合利用分会年会在山东省青岛市召开。来自日本、韩国、美国、西班牙和东南亚等国家的30多名学者，来自台湾海洋大学、香港中文大学、中国农业大学等30个单位的240多位学者参加了本次大会。会议报告50多个，集中展示了当今亚洲水产加工领域的最新科研成果。会间，学会理事长贾晓平、亚洲水产学会理事长黄硕琳、学会副理事长兼秘书长司徒建通与日本水产学会国际交流委员会佐藤秀一就加强中日水产学术交流举行了会谈。

国内主要学术会议 学会水产动物营养与饲料专业委员会主办的第四届华东地区水产动物营养与饲料科技论坛，共有400多位来自全国各地院校和企业的专家、学者参加。学会海水养殖分会年会共有340多名专家、学者参加，交流论文40多篇。学会水产生物技术专业委员会年会暨基因组时代的水产种业学术研讨会有200多名专家、学者参加，发表口头报告84个。学会渔业资源与环境分会年会有150多名专家、学者参加，交流论文40余篇；学会捕捞分会学术年会共有80余名专家、学者参加，交流学术报告36个。

两岸交流 9月15—17日，由中国科协主办，中国水产学会承办，台湾水产学会、福建省水产学会共同协办的海峡两岸海水养殖科技创新发展青年科学家研讨会在福建省厦门市举行。会议以“创新驱动两岸海水养殖科技共同发展”为主题，共同探讨两岸海水养殖的技术创新、海水养殖品的质量安全。来自台湾海洋大学等5所台湾地区高校的14位青年科学家，以及来自大陆20多个水产高校和水产科研院所、渔业管理和科技推广单位的150余位青年科学家和科技工作者参加了研讨，会上共交流了60篇学术报告。

国际组织任职 学会常务理事、上海海洋大学副校长黄硕琳任亚洲水产学会主席，学会理事、浙江大学教授吴信忠任亚洲渔业学会常务理事。

国际交往 学会积极与俄罗斯、匈牙利和波兰三国水产科研单位建立联系，与俄罗斯水产基因与选育中心签署了学术交流协议书。

8月，学会举办渔业节能减排高层研修班，邀请西澳驻华办首席代表介绍西澳渔业节能减排先进经验。9月初，学会接待了西澳渔业代表团，就人工鱼礁项目的进一步合作进行了协商。

经学会推荐，学会资深会员刘家寿成为英国水产学会的国际专家。

学会与有关单位合作，着重收集了美、英、澳、加、日等国的休闲渔业相关管理法律、法规，并翻译成中文。完成了国际休闲渔业相关管理规范的收集、翻译与汇编工作。

学会邀请美洲水产学会会长多娜女士参加学会学术年会，并在会上作了题为《美国支持渔业管理的科学研究》的主题报告。会议期间，多娜与学会副理事长司徒建通进行了会谈，双方就加强学术与科普交流合作，特别是在渔业管理和科技相结合的问题上进行合作研究，达成了一致的意见。多娜表示，将在向美洲水产学会理事会的报告中提出关于加强两会合作的建议，并提出具体的合作项目。

科普活动 2014年，学会组织专家深入6个省（市）渔村企业进行水产养殖生态修复调研，特别是对养殖生态进行调研；对山东海水工厂化养殖、山西黄河滩养殖和江苏盐碱地规模化养殖和贵州少数民族稻田养鱼进行了调研，帮助当地谋划相关产业发展计策。与淡水渔业研究中心合作整理、编辑印刷了水产养殖生态修复技术指导手册和水产养殖产品质量安全指导手册，宣传生态养殖知识，推广健康安全的养殖技术。在江苏省溧阳市举办水产养殖生态修复培训，共200多名基层技术人员参加。

学会开展关注食品安全重点宣传活动。4月，由学会上海海洋大学学生会员工作站承办，以“推广水产知识，关注食品安全”为主题的活动在上海市芦云路社区开展。通过宣传新鲜水产品具有的特征等知识，让市民能够买到新鲜、健康、安全的食品，保障健康的生活质量。

学会重视科普队伍建设，2014 年学会先后成立了两批科学传播专家队伍，共有 7 个团队，并推举了王武、戈贤平、庄平、刘雅丹、徐跑、李家乐、柳学周等 7 位专家为全国科学传播首席专家。2014 年，学会第一批 4 个全国水产学科科学传播专家队伍开展了丰富多彩的科普活动：水产学科科普宣讲团队开展水产生态养殖与水产品质量安全等系列宣讲活动，开展生态修复水环境技术培训、河蟹生态养殖新技术等系列培训，累计培训人数 1420 人次；开展科学放生宣传活动，参加人数 120 人。水产学科养殖实用技术传播团队开展水产新品种养殖技术、水产病害防控和健康养殖技术等系列培训，累计参加人数近 300 人次。水产学科社会热点应急科普团队开展了“山东文登海水生态健康养殖宣传日”，“生命长江自然生态影像展”等活动，接受“长江口水域生态环境保护”专题采访报道。水产学科科普策划与创作团队创作了《国内外渔业节能减排案例与分析》《渔业节能减排知识宣传手册》《水产品质量安全生活知识宣传手册》以及 6 本水产实用技术丛书。

2014 年，为了适合信息化的发展，学会科普工作开拓了两项科普新方式。一是通过修订和增补百度百科渔业词条的方式，向公众传播渔业科技知识，修正不科学的网上渔业词条。2014 年学会认领 1500 条百科词条编写以及审核上传任务。二是建立了渔业信息服务社会平台。平台的主要内容包括两个方面九大板块，主要是信息服务和渔业科学知识传播。

学会举办 2014 水产科技周。在科技周的启动仪式上特别邀请了联合国教科文组织卡林伽科普奖获奖者李象益教授前来授课，来自全国各地的中国水产学会科普工作委员会委员、水产科学传播专家、上海海洋大学师生代表等共计 350 多人参加活动。同时举办主题为“水产科技梦与中国梦”的水产科技创新展览和“海洋科技梦 · 中国少年梦”为主题的科普活动。

表彰举荐优秀科技工作者 经学会推荐，中国海洋大学教授包振民、新疆维吾尔自治区水产科学研究所研究员郭焱、大连汇新钛设备开发有限公司教授级高级工程师孙建明获得中国科协“全国优秀科技工作者”称号。12 月 20 日，学会在中国海洋大学举办 2014 会员日主会场，表彰和宣传全国优秀科技工作者事迹，鼓励青年学者学习先进。

会员服务 2014 年，学会创新会员服务方式。一是深入调研、了解会员需求。就会员服务工作走访了厦门水产学会、浙江省水产学会、重庆市水产学会、贵州省水产学会、山西省水产学会和云南省水产学会，以及西南大学、中国海洋大学、上海海洋大学等学生会员工作站，征求了提高会员服务质量的意见和建议。二是创新了支持基层会员服务工作的方式，如帮助浙江省水产学会争取项目，与上海海洋大学、中国海洋大学学生会员工作站联合开展活动，通过活动，提高了学会调动人才资源的能力。三是成立了中国海洋大学学生会员工作站，四是以赠书刊等形式支持省级学会和学生会员工作站开展工作。

【中国水产学会学术年会】 2014 年中国水产学会学术年会于 10 月 29—30 日在湖南省长沙市召开，来自全国各地的 500 多名水产科技工作者参加了会议。年会以“科技创新与产业升级”为主题，邀请中国科学院院士、中国科学院水生生物研究所研究员桂建芳，黄海水产研究所研究员陈松林，美国水产学会主席 Donna Parrish 和湖南文理学院教授杨品红作大会主题学术报告。会议设水产生物技术等 6 个专题分会场，交流论文 445 篇。会上颁发了 2013 年中国水产学会学术年会优秀论文奖，20 篇优秀论文受到表彰。会议期间举办了《水产学报》创刊 50 周年暨科技期刊创新与发展研讨会。

2014 年中国水产学会学术年会

（撰稿人：李利冬）

中国园艺学会

学会建设 2014 年，学会和专业委员会举办的国内学术交流活动 30 余次，召开国际学术会议 1 次。编辑出版会议论文和汇编 21 册，收集论文 1419 篇。国

内参会学者累计 5970 人次，外籍专家 120 人次。

4 月 2 日，在北京召开了学会第十二届一次京津冀常务理事扩大会议。与会理事对学会、专业委员会和分会上报的 2014 年活动计划进行了讨论和补充，学会副理事长孙日飞汇报了关于申办“2022 年第 31 届国际园艺大会”的筹备情况。会议讨论了关于调整“华耐园艺科技奖”评审管理办法的意见，并对原“华耐园艺科技奖”评审管理办法有关内容进行调整。

2014 年，学会组织专家评审“2014 年华耐园艺科技奖”。根据华耐园艺科技奖管理办法的有关规定，经过评审委员会认真评审，共评选出 7 项获奖成果：果树 2 项、蔬菜 3 项、西甜瓜和观赏园艺各 1 项。

国际学术会议 9 月 18 日，由国际园艺学会、成都市人民政府、四川省农业厅主办，中国园艺学会猕猴桃分会、成都市农业委员会等承办的第八届国际猕猴桃研讨会在四川省都江堰市召开，来自国内外的 400 余位专家、学者和业内人士参会。来自中国、新西兰、意大利、智利等猕猴桃主产国和希腊、土耳其、西班牙、葡萄牙、日本、韩国、美国、伊朗、阿根廷、乌拉圭等猕猴桃产区的专家、学者出席会议，其中外宾 120 余位。10 位全球猕猴桃界的著名专家在会上作主题报告，全面梳理了当前全球各猕猴桃主产区的科研、产业现状，分享最新的科研成果，并就一些前沿、热门的问题进行了探讨。专题报告则从生产、种质资源、遗传育种、生理、病虫害、采后、软枣猕猴桃等 7 个具体方面展开。

国内主要学术会议 5 月 31 日，学会果树专业委员会在南京农业大学召开 2014 年中国沿海果树产业发展学术研讨会。农业部种植司经作处处长王戈就我国果树产业的发展动态讲话，介绍了农业部实施的园艺产品“三品”提升工程的战略目标。150 多位来自我国沿海农业及果树领域的院校和企业界人士参加了会议。有 17 位专家作了学术报告。报告内容包括了沿海地带果树栽培和育种的新技术、新成果、发展模式、产业概况以及面临的主要问题与解决策略等。

7 月 28—30 日，学会西甜瓜专业委员会在陕西省榆林市召开了全国西瓜甜瓜学术研讨会，来自全国 75 家科研院所、高等院校、企事业单位的 143 位学者参加了会议。会议就近年来我国西瓜甜瓜科学研究与产业等方面进展安排了学术交流，其中 13 位专家作大会报告。中国工程院院士吴明珠出席会议并对我国甜瓜产业现状与精品甜瓜育种的进展作了全面分析与介绍。学会副理事长、专业委员会主任、中国农业科学院郑州果树研究所所长刘君璞作了专题报告。

7 月 16—18 日，学会观赏园艺专业委员会 2014 年学术年会在山东省青岛市召开。年会的主题是“观赏园艺创新与生态文明建设”，来自全国 158 家高校、科研院所、企业单位的 620 余名专家参加会议。会议安排了 50 名专家、学者作报告，其中包括 5 个特邀报告和 45 个学术报告，制作墙报 30 个。报告内容覆盖观赏园艺资源收集、育种、栽培应用、生理、分子和生态等多个领域，反映了目前我国观赏园艺研究和产业发展的现状。大会组委会编辑出版了《中国观赏园艺研究进展（2014）》学术论文集，共收录论文 91 篇。

学术期刊 学会主办的科技期刊《园艺学报》，全年编辑出版 6 期，发表文章 364 篇，全年发行 1.8 万册。

【中国园艺学会 2014 年学术年会】 10 月 23—24 日，由学会主办，江西省农业厅和江西省园艺学会共同承办的中国园艺学会 2014 年学术年会在江西省南昌市召开。中国工程院副院长、中国工程院院士刘旭，江西省人民政府副省长李炳军，宁夏回族自治区人民政府副主席屈冬玉，农业部科教司副司长刘艳，学会名誉理事长、中国工程院院士方智远，华中农业大学校长、中国工程院院士邓秀新，学会理事长杜永臣等出席开幕式。共有来自全国园艺产业、科研、教学等单位的 800 余名专家、学者参会，交流园艺作物生产新成果、新技术，携手共促园艺产业经济发展。本届年会规模创历届之最。在开幕式上，向经评选获得华耐最新园艺科技奖的研究团队颁发了“2014 年度华耐园艺科技奖”。

（撰稿人：张　彦）

中国园艺学会 2014 年学术年会

中国畜牧兽医学会

学会建设 2014年，学会5月在江苏省苏州市召开了十三届四次理事会和2014年全国秘书长会议，12月在北京召开了十三届七次常务理事（扩大）会议，研究讨论增补理事、发展团体会员、审批年度活动计划以及审批新申请成立学科分会等有关事宜，交流了学会（分会）创新发展经验。

学会增补副理事长1人，增补常务理事2人，增补理事6人，新增1个团体会员单位，新成立马学分会，批准了成立动物福利与健康养殖分会、养兔学分会的申请。学会还调整了学科分会的组织机构，兽医影像技术学分会、生物技术学分会、小动物医学分会、中兽医学分会、动物生理生化学分会、禽病学分会、动物微生态学分会等7个学科分会完成了理事会换届改选工作。

科技期刊国际影响力提升计划 学会主办的英文期刊 *Journal of Animal Science and Biotechnology*（JASB，《畜牧与生物技术杂志》）获得中国科技期刊国际影响力提升计划项目支持，2014年JASB正式被SCI（科学引文索引）收录，提升了国际知名度。截至2014年11月，JASB还被CABI（国际农业与生物科学研究中心）、ProQuest（探索）、CAS（化学文摘）、PubMed（生物医学信息检索）、DOAJ（全球开放阅读期刊数据库）、EBSCO（EB斯蒂芬斯国际检索数据库）、Scopus（同行评议学术论文索引摘要数据库）、Google Scholar（谷歌学术）、CNKI（中国知网）、万方数据等检索数据库收录。

JASB来稿量从2012年的135篇上升到截至2014年11月24日的293篇，稿件来源从原来集中于中国、美国、印度、伊朗，扩展到全球40多个国家。

学术期刊 学会共主办期刊5种，合作主办期刊2种。2014年，《畜牧兽医学报》《动物营养学报》获得了中国科协精品科技期刊的经费资助，其中《畜牧兽医学报》已经连续9次获得此项资助，《动物营养学报》荣获科技部“百种中国杰出学术期刊奖”，并已经启动创办英文刊 *Animal Nutrition* 的各项筹备和报批工作。

学科发展研究 2014年，学会申请承担中国科协组织的2014—2015年畜牧兽医学科发展项目。7月，学会召开了项目开题会，明确了牵头分会、负责人和工作任务，讨论了编写大纲。确定动物遗传育种学分会、动物繁殖学分会、动物营养学分会、家畜环境卫生学分会、家畜生态学分会参与专题的研究和撰写。

决策咨询 1月，学会继续与中国植物保护学会等4个学会合作，组织专家调研撰写一年一度的《预防与控制生物灾害咨询报告》。2014年，学会为农业部生猪等畜禽产品信息统计监测预警系统提供信息决策服务，为农业部生鲜乳质量安全监管提供信息决策服务，为全国饲料工作办公室提供专项的饲料原料的市场研究及风险评估研究。

国内主要学术会议 2014年，学会及所属各分支机构举办各类学术年会、研讨会、交流会、报告会和学术论坛等共34次，征集交流论文3417篇，有10926人次参加了交流活动。5月，学会联合中华预防医学会、中国微生物学会等单位在吉林省长春市举办了第四届全国人畜共患病学术研讨会、2014年中国狂犬病年会。11月，在广东省广州市召开了中国畜牧兽医学会2014年学术年会。学会还举办了2014中国氨基酸与饲料原料应用研讨会、第三届动物早期营养与健康应用技术研讨会、2014中国猪业展望研讨会、生物兽药产业发展与抗菌肽科研高峰论坛、2014中国饲料创新论坛、2014中国维生素产业发展高层论坛等技术交流活动。

国际组织任职 2014年6月，学会派出5人代表团赴墨西哥坎昆参加第23届国际猪兽医学会（International Pig Veterinary Society，IPVS）大会（或称国际猪病大会）。会议上，IPVS委托中国畜牧兽医学会承办第25届国际猪病大会。该会议将于2018年在中国重庆市举行，学会秘书长杨汉春代表中国组委会成为IPVS执委会委员。

国际交往 学会于1月、5月、7月和10月分别派员参加了美国世界家禽、饲料与肉类加工展览会（IPPE）、荷兰VIV Europe 2014（2014欧洲国际集约化畜牧展览会）、欧洲家禽科学大会和亚洲家禽科学大会，在这些会议上宣传计划于2016年在北京召开的第25届世界家禽大会。

10月，学会养猪学分会理事长王立贤和秘书长王楚端赴日本参加了日本养猪学会第101届全国大会，作学术报告并进行了座谈。同月，学会家禽学分会组织会员参加了在韩国济州岛召开的第十届亚太家禽大会。

科普活动 2014年，学会组织专家参与了全国科技周、全国科普日、中国科协会员日和科技下乡、科技服务等活动，举办畜牧兽医使用技术培训15次，受训人员3800余人次。举办青少年科普宣讲活动4次，受众2600多人次。9月5日，学会动物药品学分会在黑龙江省大庆市杜尔伯特蒙古族自治县开展了以“合理使用兽药，保障乳品安全”为主题的科技下乡活动。学会科普部继续开展“健康养猪增效行动中国行大讲堂”公益培训活动，2014年累计开展了5期，受训规模猪场场长和技术人员1900余人次。

表彰举荐优秀科技工作者 11月10日，在中国畜牧兽医学会2014年学术年会上经专家评审，评选出了中国畜牧兽医学会奖（优秀论文奖）10个、优秀论文提名奖23个，并进行了颁奖。经学会推荐，中国农业大学教授杨汉春、河南动物卫生监督所研究员白跃宇、北京大北农科技集团副研究员宋维平荣获中国科协“全国优秀科技工作者”称号。华南农业大学教授廖明荣获光华工程科技奖（青年奖）。

【中国畜牧兽医学会2014年学术年会】 2014年11月8—10日，学会2014年学术年会在广东省广州市举行。来自全国的畜牧兽医科技工作者、青年学者、企业管理者等1400余人参加会议。

11月8日上午，大会开幕式举行。学会理事长、中国工程院院士陈焕春致开幕词。大会开幕式由学会秘书长、中国农业大学动物医学院副院长杨汉春主持。

本次学术年会共收到来自30个省、自治区、直辖市的550篇论文。除了挑选优秀论文作专题报告外，还有139篇论文作壁报交流，会议论文交流率超过了53%。年会期间，学会组织专家评选优秀论文，颁发了中国畜牧兽医学会奖——优秀论文奖10名，优秀论文提名奖23名。大会资助近200名在读硕（博）士研究生免费参会交流。

中国畜牧兽医学会2014年学术年会

本次学术年会以“预防控制疫病，保障畜禽生产”为主题，邀请157名国内外知名专家、学者、青年科技工作者，围绕“猪病”“禽病”及“其他动物病”防控作学术报告，其中有13位院士、知名专家作了大会报告。

会议期间，举办了“成长、成才、成功——‘后学生’时代的发展之路”互动论坛。200多名青年学者和企业界的科技工作者讨论“什么是成长”“如何能成材”“怎样才成功”等问题。学会理事长陈焕春、常务副理事长阎汉平参会，给青年学者以鼓励和支持。

闭幕式由学会秘书长杨汉春主持，学会副理事长廖明为优秀论文奖获奖者颁发了证书。闭幕式上，还进行了2014年度猪蓝耳病研究进步奖颁奖仪式，由勃林格殷格翰大中华区动物保健副总裁郎世峰颁奖。猪蓝耳病研究进步奖是中国畜牧兽医学会联合勃林格殷格翰公司为鼓励对猪繁殖与呼吸综合征（蓝耳病）的创新研究而设立的，从2013年开始，每年资助3名国内科研人员的相关科研方案。

【第四届全国人畜共患病学术研讨会】 5月27—30日，由中国畜牧兽医学会、中华预防医学会和中国微生物学会联合举办，中国畜牧兽医学会兽医公共卫生学分会和军事医学科学院军事兽医研究所承办的第四届全国人畜共患病学术研讨会、2014年中国狂犬病年会、中国畜牧兽医学会兽医公共卫生学分会第四次学术研讨会在吉林省长春市举行。来自医疗卫生、畜牧兽医、水产养殖、野生动物领域的国内外专家、科技工作者近600人参加了会议。

会议以“‘同一健康’理念下的人畜共患病防控”为主题进行学术和技术交流，大会共征集学术论文213篇，经专家评审，最终收录到会议论文集的有195篇，涵盖病毒性、细菌性和寄生虫性人畜共患病的流行病学调查、传播机制、致病机理、检验监测、治疗防控等多个专业技术领域，充分展示了我国近年来人畜共患病防控的最新进展和取得的成绩，同时也阐述了我国人畜共患病防控中存在的问题和风险危机。

本次大会设1个主会场和5个专题分会场。中国工程院院士夏咸柱、徐建国，中国动物疫病预防控制中心兽医公共卫生处处长马世春、军事医学科学院军事兽医研究所研究员涂长春作大会报告。在中国工程院人畜共患病防控战略研究论坛上，7位专家分别就野生动物、媒介昆虫、外来病、水生动物以及宠物的人畜共患病的防控问题进行了学术交流和讨论。狂犬病、寄生虫病、布病和结核病、动物流感及其他人畜共患病、虫媒病毒病等5个专题分会场有85名专家、学者进行了学术报告交流。

本次学术研讨会是我国卫生、畜牧兽医、微生物科研人员进行跨行业、跨部门、跨学科交流与合作的重要学术盛会。本次会议联合了第四届全国人畜共患病学术研讨会、2014年中国狂犬病年会、中国畜牧兽医学会兽医公共卫生学分会第四次学术研讨会、中国工程院咨询重点项目“人畜共患病防控战略研究”论坛及启动会、中国动物疫病预防控制中心全国人畜共患狂犬病培训班、中国疾病预防控制中心狂犬病培训班，医学、兽医和微生物专业领域的众多国内知名专家学者聚集一堂，与广大同行交流人畜共患病的最新研究进展，共同探讨我国人畜共患病的防治策略和对策。

【《畜牧与生物技术杂志》被SCI收录】 2014年6月，*Journal of Animal Science and Biotechnology*（《畜牧与生物技术杂志》，以下简称JASB）被美国SCI（《科学引文索引》收录，成为国内畜牧兽医领域第一本SCI收录期刊。

JASB是由中国科学技术协会主管、中国畜牧兽医学会主办的中国第一本畜牧类英文期刊，由中国工程院院士、中国农业大学动物科技学院教授李德发担任主编。编委会成员覆盖中国、北美、南美、欧洲、南非、日本、韩国等国家和地区，均由国际知名专家担任。

JASB自2012年起与国际知名出版公司Springer（斯普林格）合作，在其旗下的BioMed Central（BMC，生物医学中心）平台以Open Access模式（开放获取）出版发行。开放式出版动物科学及生物技术领域，包括动物遗传育种、动物繁殖和生理学、动物营养与饲料学、动物生理生化、动物生物技术、饲料加工技术、肉品科学和动物生产等学科的原创性研究论文和综述文章。创刊4年以来，国际知名度及认可度快速提升。

【2014’中国维生素产业发展高层论坛】 12月18—19日，由学会主办，浙江医药股份有限公司和北京博亚和讯农牧技术有限公司承办的“2014’中国维生素产业发展高层论坛（第九届）”在浙江省杭州市召开。来自政府机构、行业协会、维生素单体生产企业、复合维生素制造商、饲料企业、养殖一条龙企业、维生素贸易商等部门、机构约500余人就维生素产业发展热点及关键问题进行探讨。

论坛上，农业部畜牧业司副司长王俊勋对畜牧及饲料业发展形势进行深入分析时认为，当前畜牧业新常态呈现“增产难度加大、消费主导生产的特征更加明显、非传统挑战和风险日益增多”三大特点，饲料行业加快转型，创新成主驱动力。政策和市场“两只手”推动饲料行业转型。

泰高营养科技（北京）有限公司技术总监张若寒、辽宁禾丰牧业股份有限公司董事长金卫东、中国农业大学动物科技学院副教授马秋刚、中牧实业股份有限公司技术中心主任刘向阳、浙江医药股份有限公司总经理助理朱金林、帝斯曼动物营养与保健部中国区市场经理潘辰、布勒（常州）机械有限公司国外项目设计部经理何飞、北京博亚和讯农牧技术有限公司研究员周刚宏、绵阳巍尼达化工有限公司技术总监张伟、凡特鲁斯特种产品公司亚太区总经理吕军等，围绕维生素产品变化及流行趋势、饲料企业风险点识别与控制、维生素市场机遇与挑战、维生素添加标准、复合维生素载体的基本素质、维生素生产工艺关键控制点、中国维生素A生产技术的演变与现状，以及烟酸与烟酰胺的价值判断、烟酰胺产业链一体化的优势进行主题演讲。

学会从2010年起，通过对维生素行业持续长期跟踪与研究，在广泛听取业内资深专家、企业家、职业经理人意见的基础上，开始推出《中国维生素产业发展报告》，已经持续发表5年。

（撰稿人：石　娟）

中国植物病理学会

学会建设 2014年9月，经学会批准，成立了中国植物病理学会产后病理学专业委员会，分为包括病原菌的致病性及其调控机制、病原菌与寄主植物的互作机制、农产品产后的生理病害及调控、农产品产后的品质安全与检测及农产品产后病害的控制技术5个专业组。

国际学术会议 10月5—7日，学会植物病毒专业委员会和生物技术专业委员会等共同举办的福州国际植物病理学论坛IV：病原物分子遗传学与生态学在福建省福州市召开。论坛旨在提升我国植物病理学研究水平、促进植物病毒学的发展。来自海内外的300余位专家、学者就病原物分子遗传学与生态学、植物病理学、植物病毒学、植物与微生物学相互作用等学术热点问题开展学术研讨。会议特邀澳大利亚科工组织的Peter Thrall和Ming-Bo Wang博士，英国邓地大学的Paul Birch博士，比利时更特大学的Wim Bert博士，美国德克萨斯农工大学的Daniel Ebbole博士，新加坡大学的Naweed Naviq博士，荷兰瓦各宁根大学的Richard Kormelink，中国科学院院士谢联辉、方荣祥，中国工程院院士陈剑平，北京大学教授李毅，中国农业科学院教授周雪平，云南农业大学教授李成云等专家作报告。

国内主要学术会议 7月17日，学会种子病理学专业委员会在北京召开全国第八届种子病理学学术研讨会。参加研讨会的有国内外相关专家及科研工作者80余人，会议收录学术论文及摘要共25篇。共有13位专家作大会报告，其中5位外国专家分别就种传真菌及细菌的检测、Real-time PCR在种传病原物中的检测、葫芦科作物细菌性果斑病防控中的关键问题和枯萎病菌在全球的基因型分化及长喙壳属真菌等相关问题作了报告。本次研讨会遴选并颁发了优秀报告及论文奖。

10月24—26日，学会化学防治专业委员会在河南省郑州市召开了第九届中国植物病害化学防治学术研讨会，149名学者参加了研讨会。19名学者作了学术报告，在杀菌剂创制、毒理、抗药性、应用技术以及杀菌剂与作物、环境、病原物的互作研究方面进行了学术交流。会前对66篇论文进行了评选，评选出优秀论文一等奖2篇、二等奖5篇、三等奖25篇。

11月7—9日，由学会植物病原线虫专业委员会举办的第12届全国植物线虫学术研讨会在海南省海口市召开。参会人员246名（国外线虫专家2名），70位专家在会上作了报告和交流。云南大学教授张克勤、中国农业大学教授彭友良、华南农业大学教授廖金铃、中国农业科学院植物保护研究所研究员刘世名、海南省农业科学院农业环境与植物保护研究所研究员陈绵才作了特邀大会报告。本届学术交流会首次设立线虫学研究生专场和青年线虫学者论坛交流专场，会议评选出青年优秀论文奖、青年优秀报告奖、研究生优秀报告奖。本届会议还正式出版了《中国线虫学研究》(第5卷)，收录109篇论文、综述和摘要。

科普活动 2014年，学会共举办科普宣传活动15次，参加活动科技人员有232人次，受众人数达5928人次，活动覆盖1116个村镇。

会员服务 学会对所有按时交纳会费的会员，为其以优惠价格加入美国植物病理学会（APS）和订阅美国植物病理学会期刊提供服务，为加入美国植物病理学会的会员在美国植物病理学会期刊上发表文章提供版面费减免推荐，在植物病理学刊物上发表文章提供优惠。2014年是学会与美国职务病理学会执行交叉入会合作的第8年，有170位中国植物病理学会会员加入美国植物病理学会。

【中国植物病理学会第十届全国会员代表大会暨2014年学术年会】 7月29日至8月1日，中国植物病理学会第十届全国会员代表大会暨2014年学术年会在辽宁省沈阳市召开。大会主题为“现代植物病理学与粮食安全”。来自中国、美国、新加坡等国家的1300名专家、学者参会。大会开幕式由学会副理事长王慧敏主持。会前，正式编辑出版了《中国植物病理学会2014学术年会论文集》，共收入504篇论文及论文摘要。会议特邀了中国工程院院士朱有勇、中国农业大学教授彭友良、中国农业科学院植物保护研究所教授周雪平、新加坡国立大学教授王锡民、沈阳农业大学教授段玉玺、中国农业大学教授刘西莉、美国加州大学河边分校教授丁守伟、中国科学院上海植物逆境生物研究中心研究员郑志民、中国农业科学院植物保护研究所副研究员刘文德作大会特邀报告。邀请美国加利福尼亚大学河边分校教授马文博、美国康奈尔大学教授王小红、美国普渡大学教授许金荣、西北农林科技大学教授康振生、南京农业大学教授王源超、浙江大学教授马忠华进行了中美专题报告。

7月30日下午，中国植物病理学会学会第十届全国会员代表大会举行。大会通过无记名投票方式选举

中国植物保护学会2014年学术年会

产生了中国植物病理学会第十届理事会，新一届理事会共有理事118人。随后召开了学会第十届理事会第一次会议，选举产生了本届常务理事会和理事会负责人，常务理事39人，理事长1人，副理事长12人，秘书长1人（兼），彭友良当选新一届理事会理事长，王慧敏、王锡锋、王宗华、朱有勇、李宝笃、陈保善、陈剑平、吴元华、郑小波、姜道宏、康振生、韩成贵当选为副理事长，秘书长由韩成贵兼任。理事会聘任邹菊华为专职常务副秘书长，李晖为专职副秘书长，聘任杨普云、彭德良、孙文献、范军、赵文生、燕继晔为兼职副秘书长。

学会新任理事长彭友良主持会议，审定了学会聘任副秘书长名单和颁发荣誉证的决定，讨论了学会分支机构管理办法，研究了2015年学术年会承办单位。

【国际植物病原细菌学大会】 四年一次的国际植物病原细菌学大会6月8—13日首次在我国召开。本次大会由国际植物病理学会植物病原细菌学委员会和中国植物病理学会植物细菌病害专业委员会组织，上海交通大学农业与生物学院、上海交通大学微生物代谢国家重点实验室和中国农业科学研究院植物保护研究所植物病虫害生物学国家重点实验室共同承办。来自国内外的316名植物病原细菌学科技工作者出席了本次大会，其中国外学者113人，国内学者203人。大会设置4个学术主题：组学和进化、致病性和调控、植物抗病性和效应蛋白、细菌病害分类流行与控制。大会开幕式由国际植物病理学会植物病原细菌委员会主席、上海交通大学农业与生物学院教授陈功友主持。学会植物细菌病害专业委员会主任、中国农业科学院植物保护所研究员冯洁，*Molecular Plant Pathology* 副主编、英国 James Hutton 研究所 Ian Toth 教授等分别代表中国植物病理学会、国际植物病理学会等致辞。大会邀请了包括美国科学院院士、加州大学伯克利分校教授 Steven E. Lindow 在内的大会特邀报告20人次。会议期间，先后共有136位学者就各自的研究工作分别在组学和进化、致病性和调控、植物抗病性和效应蛋白以及细菌病害分类流行与控制等方面进行了学术交流。在本次会议前，还举办了第三届国际 Erwinia 工作组会议，共有40名国内外学者参会，19名著名学者就 Erwinia 所引起的植物病害发生、分类以及细菌－植物互作等内容进行了研讨。会议期间召开了国际植物病理学会植物病原细菌学委员会会议，进行了换届选举，肯尼亚国际热带作物研究中心研究员 Leena Tripathi 博士当选为新一届国际植物病原细菌学委员会主席。本届主席陈功友继续留任为第十四届国际植物病原细菌学委员会委员，帮助下届主席 Leena Tripathi 博士开展工作。本次大会与中国植物病理学会第六届植物细菌病害学术研讨会对接，为我国植物病原细菌学工作者广泛和深入地与国际同行交流提供了强大的平台支持，增进了国际植物病原细菌学工作者对我国科技水平的了解，促进了科技合作。

【2014国际植物病害生物防治研讨会暨纪念陈延熙教授百年诞辰】 10月18—20日，由学会植病生防专业委员会主办的2014国际植物病害生物防治研讨会暨纪念陈延熙教授百年诞辰纪念活动在北京举办。来自全国50多家高校、研究单位和韩国、美国、加拿大、意大利、澳大利亚等国家的共170多名专家、学者参加了研讨会。中国农业大学副校长李召虎、学会理事长彭友良、北京植物病理学会理事长王慧敏出席了研讨会开幕式并致辞。研讨会以“发展绿色农业，保护生态环境，保障人类健康”为主题，设置特邀报告、分组讨论和墙报展示环节。特邀 Dilantha Fernando、Davide Spadaro、George Lazarovits、Barry J. Jacobsen、Paul Harvey、Yunrong Chai、Choong-Min Rye、沈其荣、张守安、袁善奎、王琦做主题报告。特邀报告汇报了采后病害和土传病害生物防治、生防酵母菌和芽孢杆菌作用机制、生物农药发展和使用等内容。分组讨论分别围绕“生防微生物分离、筛选、主要作用机制研究”和“生防资源和生防技术的应用”两个主题展开。研讨会展示学术墙报12幅，征集汇编了论文摘要集。

10月20日上午，举办了陈延熙教授百年诞辰专题纪念活动，中国农业大学校领导、植物病理学老一辈专家、2014国际植物病害生物防治研讨会参会学者、中国农业大学植物病理系老师和学生共同参加了纪念会。李世东、吴家志、王琦分别作题为《传承生态病理学思想，服务现代农业生产》《益微增产菌的研究开发》《纪念陈延熙教授百年诞辰——开辟果树病理学新天地》主题报告，阐述陈延熙教授开创的微生态学理论和增产菌推广应用对农业生产做出的巨大贡献以及陈延熙教授在果树病害防治上所做的突出工作。纪念会高度评价了陈延熙教授开创的微生态学理论和他在果树病理学及增产菌在促进农业上产上所做的贡献，鼓励青年教师和科研工作者教书育人、认真工作，在陈延熙教授开创的理论和事业上继续开拓创新，努力攻坚。纪念陈延熙教授百年诞辰由学会理事长、中国农业大学农学院院长彭友良担任组委会主任。组委会汇编整理了《纪念陈延熙教授百年诞辰》论文集及纪念光盘，全面收录展示纪念陈延熙教授百年诞辰资料和文章。

（撰稿人：邹菊华）

中国植物保护学会

服务创新型国家和社会建设 学会组织500名植保专家开展《中国农作物病虫害》（第三卷）编著工作，3月21—22日在北京召开了第三次编委会会议。本专著已被国家新闻出版广电总局列入国家"十二五"重点图书，获得2014年度国家出版基金资助。

7月15—16日，学会病虫测报委员会联合有关单位在内蒙古自治区通辽市召开2014年下半年病虫害发生趋势会商会，与会专家120人。会议总结了上半年重大病虫害的发生情况，会商提出了下半年重大病虫害的发生趋势。

12月9—14日，学会参加了农业部科技教育司在北京举办的现代农业产业技术体系"十三五"组织框架方案论证会，就植保领域的现代化农业产业体系专家的组成及"十三五"组织框架提出了意见和建议。

学会建设 2014年，学会完成了第十一次全国会员代表大会换届材料的报备以及法人证书、组织机构代码证等学会证件的变更工作。按照章程组织召开了理事会1次，常务理事会2次。召开全国理事长、秘书长会议1次。新成立葡萄病虫害防治专业委员会、热带作物病虫害防治专业委员会2个分支机构，将园林病虫害防治专业委员会更名为园艺作物病虫害防治专业委员会。

2014年学会新发展个人会员500人，会员总数增至2.2万人。

学术期刊 学会主办的《植物保护学报》和《植物保护》期刊，2014年度总印数19359册，与2013年持平。《植物保护学报》继续获得中国科协精品期刊工程项目资助。通过实施优秀论文免费刊登的奖励政策、主动向国外知名专家约稿、扩大审稿人队伍、开通期刊英文网站及采编系统、开通数字优先出版、开通国际期刊DOI号、开通学术不端文献检测系统等措施，提升了期刊学术质量。根据CJCR 2014年度引证报告，《植物保护学报》2013年的影响因子为0.853，比2012年提高了15%。《植物保护》为适应网络化、数字化的快速发展，申请了二维码，通过扫描二维码可直接登录网站，同时实施了数字优先出版的政策，提高了论文出版的时效性，方便了作者投稿、查稿及专家在线审稿。总被引频次1762，影响因子0.536，保持了较高的学术质量。

学科发展研究 学会组织20多位专家编著的《2012—2013植物保护学学科发展报告》于2014年4月由中国科学技术出版社出版。报告重点介绍了2012年以来我国植物病毒学科等7个专题的重大研究进展、国内外研究水平比较、发展趋势与对策等内容。

决策咨询 2014年，学会继续承担《中国科协2014年预防与控制生物灾害咨询报告》的编写工作。1月13—14日，学会与中国畜牧兽医学会等5个学会合作，组织农业、林业、水产、畜牧、气象行业的院士、专家45人，在北京召开了2014年中国科协预防与控制生物灾害分析研讨会，会后形成的《2013年生物灾害状况和2014年预防与控制生物灾害的报告》，经中国科协上报国家有关部门。

学会承担了科协系统学术活动收费情况及相关政策调研项目。通过调查问卷、文献查阅、召开座谈会等方式，调研了有关国内外科技社团组织召开学术会议收费和支出情况、企业等单位资助参与学术会议情况以及各级部门对学术会议的相关政策等内容。完成了近2万字的调研报告提交中国科协。

国际学术会议 2014年，学会共举办国际学术会议3次，参会学者共520人次，其中境外专家、学者74人次，交流论文97篇。4月6—8日、9月19—21日和10月19—23日，学会分别与有关单位联合主办了杂草科学与农业可持续发展国际学术研讨会暨李扬汉教授诞辰100周年纪念会、第三届植保机械与施药技术国际研讨会和第十三届国际木霉菌和粘帚霉学术研讨会。

国内主要学术会议 学会及分支机构共举办学术年会、高端前沿学术研讨会、青年植保科技创新学术研讨会等学术交流活动19次，4295人次参会，交流论文575篇。出版《生态文明建设与绿色植保》学术会议论文集1部，编印会议交流论文摘要集3部。

3月15—16日，学会植保产品推广工作委员会与中国农业科学院植物保护研究所等单位联合主办的杀虫剂发展与推广应用交流会在江苏省南京市召开。与会专家、学者200余人，来自科研、教学和管理部门的16位专家分别作了“杀虫剂发展趋势及登记新政策”“我国主要农作物虫害发生及杀虫剂应用概况”等内容的大会报告，会上评选了“2013年植保产品贡献奖”和“植保产品推广奖”，并予以表彰。有47家企业的61个产品获2013年“植保产品贡献奖”，27位长期工作在植保一线的农技推广人员获得“植保产品推广奖”。

4月16—17日，学会青年工作委员会、植物病虫害生物学国家重点实验室共同主办，南京农业大学承办的第九届全国青年植保科技创新学术研讨会在江苏省南京市召开。与会专家、学者110人。大会主题为“研讨植保热点，促进合作交流”。

7月9—10日，由学会主办，学会植保产品推广工作委员会承办，中国农业科学院植物保护研究所、植物病虫害生物学国家重点实验室、国家玉米产业技术体系病虫害防控研究室联合协办的玉米生长中后期病虫害防控技术学术交流会在吉林省四平市召开。与会专家、学者120人。会议主题为“玉米生长中后期病虫害防控前移技术与施药机械”。会前编印了论文摘要集。会议期间进行了田间玉米病虫害绿色防控技术指导和示范活动。

10月10—11日，学会园艺作物病虫害防治专业委员会主办、山东农业大学承办的面向“十三五”计划园艺病虫害研究与防控高层论坛在山东省泰安市举行，与会专家100余人。会议交流内容主要包括各地园艺病虫害发生的种类和危害程度、研讨“十三五”园艺作物病虫害领域优先研究方向和合作研究项目等。

11月5—7日，学会在福建省厦门市召开2014年学术年会暨植保科技奖颁奖典礼，会议包括大会报告、分会场专题报告、科技成果颁奖仪式、科技成果墙报展览等内容，来自全国各地的植保科技专家、学者900余人参会，本次年会的主题为“生态文明建设与绿色植保”。

11月21—23日，由学会植物抗病虫专业委员会、植保系统工程专业委员会和中国植物病理学会病害流行专业委员会联合举办，中国农业大学开封实验站承办的第三次全国植物抗病虫和病害流行与控制学术研讨会在河南省开封市召开。与会专家91人。会议主题为“植物病虫发生流行与生物安全”。大会报告13个，报告内容涉及苹果、玉米、小麦、橡胶等植物的抗病虫新品种选育、抗性评价、病害流行、病原菌群体动态及遥感监测预警等内容。

12月13—14日，学会生物入侵分会与4个单位联合主办，广西农业科学院植物保护研究所等3个单位承办的第四届全国生物入侵大会暨青年创新论坛在广西壮族自治区南宁市召开，280名专家、学者参会。会议主题为“青年科技创新与入侵生物学发展”。会议交流论文70余篇，评选并表彰了10个“青年优秀学术报告奖”和10个“青年优秀学术墙报奖”。

国际交往 第18届国际植物保护大会（The XVIII International Plant Protection Congress）计划于2015年8月24—27日在德国柏林举行。应国际植物保护协会的要求，在学会网站和有关期刊上宣传发布第18届国际植物保护大会有关信息。

科普活动 学会举办科学成果专题展览1次，科技下乡2次，培训班14个，编著科普图书4种。组建植物保护学科学传播专家团队1个。

7月12—18日，学会参加了中国科协主办的2014中国科协夏季科学展，学会报送的参展科技成果为“锈色少餐，口粮保卫战——小麦条锈病综合治理”，通过以科普宣传片、麦田模型、知识介绍与感病实物相结合的方式，生动形象地展示出了植保科技领域的重大成果。该科技成果曾于2012年获得国家科技进步奖一等奖。该成果的第一完成人陈万权研究员在展览期间现场解答了观众提出的问题。中央电视台、中央人民广播电台、《人民日报》《科技日报》等媒体进行了现场采访。

2月13—14日，学会鼠害防治专业委员会联合全国农业技术推广服务中心在海南省主办农区鼠害防控现场观摩会，受众300人次。4—5月，学会病虫害测报专业委员会组织专家20人赴河南、陕西、甘肃、四川、湖北、新疆等地开展小麦病害考察和咨询活动，受众30个村、2000人次。4月21—23日，学会杂草学分会在江苏、湖北等地主办了麦田抗药性杂草及难治杂草综合治理技术展示推广会，受众2000人次。

学会病虫害测报专业委员会、鼠害防治专业委员会、园林病虫害防治专业委员会、植保机械与施药技术专业委员会、病虫害测报专业委员会、科学普及工作委员会等分支机构为了开展有关病虫害防控的科学

知识普及工作，举办了春季葡萄病虫害防治及科学施肥知识培训、全国现代病虫测报技术培训班、全国茶叶病虫害绿色防控技术培训班等14个培训班，培训学员13985人次，覆盖了543个村。与挂靠单位联合编印《中国农业鼠害防控技术培训指南》等4种科普图书，总计印刷2.8万册。免费发放给广大基层科技人员和农民。

学会组建了以学会理事长陈万权为首席专家的植物保护学科学传播专家团队1个，由30位专家、学者组成，专业涉及植病、虫害、农药、杂草和鼠害等不同植保分支学科领域。12月16—18日，学会参加了中国科协首席科学传播专家、全国学会科普工作负责人高级研修班。

表彰举荐优秀科技工作者 2014年开展了第五届中国植物保护学会科学技术奖的推荐、评审和表彰工作。评出一等奖5项、二等奖8项、三等奖16项、优秀科普奖2项，并在11月6日2014年学术年会暨植保科技奖颁奖典礼上进行了表彰奖励，颁发了奖励证书。其中1项科普成果《现代蔬菜病虫鉴别与防治手册》(全彩版）通过学会向中国科协推荐申报为2015年度国家科学技术奖科普奖候选项目。

经学会推荐，中国农业科学院麻类研究所研究员陈万权、湖北省农业科学院研究员喻大昭、湖南省农业科学院研究员柏连阳荣获中国科协“全国优秀科技工作者”称号。经学会评选，有9位中青年专家获得2014年学术年会青年优秀学术报告奖。有10位青年获得第四届全国生物入侵大会暨青年创新论坛会优秀学术报告奖，10位青年获得青年优秀学术墙报奖。

学会创新发展 学会开展了面向市场服务社会构建适应农业现代化发展的植保科技成果评价转化体系的创新研究。其研究的创新点主要包括：①组建了植保科技成果推荐评审网络系统，加快了学会的信息化办公的进程，提高了评审工作的工作效率。发挥了信息网络传播功能，分级分类向公众开放、共享科技成果的推荐、申报渠道，方便社会各界及时获取和查询植保科技成果信息。②完善和修订了植保科技成果评价体系。按照科学研究类、技术推广类和科普类三种成果类型分别制定了评价指标体系，使其更加符合科技成果的实际情况，使评审专家易掌握易操作易评审打分。同时，修订《中国植物保护学会科学技术奖奖励办法》，重新组建评审专家支持系统、科技成果发布和转化平台以及科技奖励评审专家委员会机构，更加完善和规范了评审奖励程序，提升了科技奖励的公平、公正和权威性。

会员服务 2014年，学会加强对省级学会会员管理和服务工作，对部分省级学会会员进行了重新登记、颁发会员证工作。完成了浙江省8个市和新疆维吾尔自治区4个市的近500名植保会员的重新登记、颁证工作。与浙江省植物保护学会合作，开展了对会员的短信咨讯和农业政策咨询热线，方便会员及时接收农业咨询信息。

中国科协会员日 12月25—26日，学会以召开优秀科技工作者先进事迹宣传座谈会、走访慰问老科技工作者等形式在北京举行了中国植物保护学会2014年会员活动日活动。

【2014年学术年会暨植保科技奖颁奖典礼】 11月5—7日，由学会主办，植物病虫害生物学国家重点实验室、中国农业科学院植物保护研究所、福建省植物保护学会协办的2014年学术年会暨植保科技奖颁奖典礼在福建省厦门市召开，参会专家、学者900余人，交流论文255篇，正式出版论文集1部。大会主题为“生态文明建设与绿色植保”。

大会开幕式由学会名誉副理事长、中国工程院院士陈剑平主持，学会理事长陈万权致开幕词。中国科协学会学术部、农业部科教司、学会挂靠单位有关负责人分别在开幕式上致辞。

开幕式后，举行了2014年度中国植物保护学会科学技术奖颁奖典礼，宣读了2014年度中国植物保护学会科学技术奖奖励决定，并向31项获奖成果颁发了获奖证书。为广泛宣传本年度中国植物保护学会科协技术奖的获奖成果，年会期间举办了获奖成果简介墙报展示。

大会分别邀请中国科学院院士谢联辉、农业部种植业管理司副司长陈友权、国家自 然科学基金委生命科学部处长罗晶、西南大学副校长周常勇、浙江大学农业与生物技术学院院长陈学新、西北农林科技大学国家重点实验室主任康振生、南开大学国家工程中心主任席真、河北省农林科学院研究员董志平、福建农科院院长刘波，分别作了《绿色植保，路在何方》《我国植物保护事业发展成就与前景展望》《NSFC植物保护学科“十二五”资助概况与“十三五”展望》《柑橘黄龙病的发生防控形势与研究进展》《植物介导的害虫天敌支持系统》《小麦条锈菌致病性及其变异机理》《生物分子相互作用的定量构效关系》《玉米重大新害虫二点委夜蛾暴发机制及治理技术研究与应用》《青枯病植物疫苗的研发与应用》9个大会学术报告。

有86位中青年代表分别在植物病理学、农业昆虫学和化学防治与生物防治技术分会场作了专题报告。经现场专家评选打分，9位青年获得“青年优秀学术报告奖”。

年会期间，还召开了学会第十一届理事会第二次全体会议，会议由学会理事长陈万权主持，90多名理事到会。会议总结了2014年学会工作，研讨了2015年学会工作计划、“十三五”事业发展规划、改革设想和承接政府职能等方面的议题。

【海峡两岸生物防治学术研讨会】 9月17—20日，由中国科协主办，中国植物保护学会承办，学会生物防治专业委员会、国家植物病虫害生物学重点实验室、云南省植物保护学会、云南农业大学、云南省植保植检站、云南省农科院农业环境资源研究所协办的“中国科协2014海峡两岸青年科学家学术活动月——海峡两岸生物防治学术研讨会”在云南省昆明市召开。与会专家、学者260余人，其中台湾地区专家学者22人。会前收录论文84篇，编印了《病虫草害生物防治与食品安全》论文集。大会主题为“病虫草害生物防治与食品安全”。开幕式由学会秘书长王振营主持，全国人大常委、中国科协副主席冯长根，学会理事长陈万权，台湾地区“中华植物保护学会”理事会长黄德昌出席会议并致辞，有10位海峡两岸的专家作了特邀大会报告。

共有58位大陆和台湾地区生物防治专家在天敌昆虫的保护与利用、生物农药的研制与应用、植物病害的生物防治技术、植物虫害的生物防治技术、农作物病虫草害综合防治技术集成和生物防治高新技术6个分会场作了专题报告。

会议期间，两岸植物保护学会就今后两岸植物保护学界的交流与合作进行了座谈，初步商定下届生物防治学术研讨会于2016年在台湾地区召开。

【第十届全国葡萄病虫害防治技术与经验研讨会】 第十届全国葡萄病虫害防治技术与经验研讨会于11月1～2日在河南省新密市举行。

本次会议由学会园艺病虫害防治专业委员会联合中国农业科学院植物保护研究所等九家单位主办、中国农业科学院郑州果树研究所等四家单位联合承办。国家葡萄产业技术体系9位岗位和15位试验站站长及23个综合试验站团队的植保人员，来自全国29个省、自治区、直辖市的98个科研、教学、推广等单位及207个葡萄种植者，共800多名专家、学者参会。会议以“葡萄保健栽培与病虫害防控”为主题，以特约报告、专题报告、技术报告与经验交流等形式进行。

会议邀请了中国农业科学院农业环境与持续发展所所长林而达等4位专家分别以《气候变化与葡萄生产的关系》《我国土壤肥料领域面临的问题和挑战》《南方葡萄栽培技术动向与管理要点》《我国葡萄与葡萄酒需求特征及启示》为题作了特邀报告。中国农业科学院植物保护研究所研究员王忠跃等4位国家葡萄产业技术体系岗位专家根据国家葡萄产业技术体系病虫害防控研究进展和动态，就葡萄树体保健与病虫害防控、葡萄根系病害、新发现的病毒病等议题，进行了交流和研讨，给与会代表提供了翔实的有关葡萄病虫害发生危害的最新动态资料和防控建议。

（撰稿人：文丽萍　倪汉祥）

中国作物学会

服务创新型国家和社会建设　学会大麦专业委员会为政府决策开展咨询服务，并组织生产调查与技术服务。大麦专业委员会于2014年初向农业部提交《2014大麦青稞产业发展趋势与政策建议》，并为农业部科教司编写《大麦青稞产业技术“十三五”研究重点》，提交《大麦青稞产业发展战略研究》报告。编写制定了2014年春播啤酒大麦生产技术指导意见，上报农业部并在杂粮网上公布。此外，大麦专委会组织开展了第一轮国家大麦品种区域试验，并赴四川凉山州、内蒙古海拉尔地区开展生产调查与技术指导。

学会麻类专业委员会紧紧围绕服务农业的主题，针对麻类生产发展的问题，适时召开了专题讨论会，向政府提出了发展麻类生产的建议。

学会油料作物专业委员会先后向农业部、科技部、地方政府和有关油料企业提供决策咨询报告30余份。

学会建设　2014年，学会（含专业委员会）共组织召开学术会议33次，其中国际学术会议5次，国内学术会议28次，参加人数8833人次，交流论文821篇，分别比2013年度的学术会议次数减少13.2%，参会人数减少3.7%，会议交流论文数减少28.2%。

学会马铃薯专业委员会于7月20日前进行了老委员的重新登记和新委员申请后的遴选工作，换届工作如期完成。

8月26—28日，学会甘蔗专业委员会第八次全国会员代表大会在海南省海口市召开，来自云南、广西、广东、海南、福建、四川等省、自治区的甘蔗学会和有关单位代表共计300余人参会。会议选举产生了第八届甘蔗专业委员会，邓光联当选第八届理事会主任委员。

11月8—9日，学会麻类专业委员会第五届委员会第三次会员代表大会在湖北省宜昌市召开。来自21个省、自治区、直辖市的62家科研、企业和生产单位160余名代表参加了会议。会议提出，专业委员会下一步工作，一是要加强年轻人学术交流与培养；二是做好咨询与政府参谋，同时培养一批战略科学家，在国家层面影响战略科学问题；三是与中国麻纺协会苎麻专业委员会成立联合会，解决产业发展的重大问题。

学术期刊 2014年《作物学报》共出版12期，刊出文章246篇，稿件录用率为30%。全年共出版2210页，与2013年基本持平。在实行严格同行评议的前提下，2014年《作物学报》印刷版本出版周期为7.89个月，平均审稿周期为4.33个月，网上出版周期为5.61个月，比印刷版本提前2.28个月。

2014年，《作物学报》编委会完成了换届改组工作，经广泛推荐、组织部分学科专家遴选和中国作物学会常务理事会审定，最终确定152人为《作物学报》新一届编委。10月29日，在江苏省南京市召开了《作物学报》编委会换届大会，72人参会。

据2014年9月26日中国科学技术信息研究所发布的2014年版《中国科技期刊引证报告·核心版》登载，《作物学报》的总被引频次为5783，影响因子为1.460，均排名农艺学类期刊的第一名。《作物学报》"综合评价总分"99.2分，排名1989种中国科技核心期刊的第一名。

2014年，《作物学报》第十三次被评为"百种中国杰出学术期刊"，第三次蝉联"第三届中国精品科技期刊"、第三次被CNKI评为"中国最具国际影响力学术期刊"。

The Crop Journal（《作物学报》英文版）2014年编委会的人数增加至92人，有国际编委48人（占比52%）。2014年，*The Crop Journal* 出版5期，总页数425页，刊登文章46篇，并完成了7篇文章的在线预出版（Online First）。平均审稿周期为4.55个月、平均单篇在线出版周期为5.04个月、平均出版周期为7.55个月。

经编辑部努力，*The Crop Journal* 在国际推广方面取得进展。截至2014年年底，已加入的国内外数据库有：Chemical Abstracts（美国化学文摘）、CABI（英国国际农业与生物科学研究中心文摘）、Food Science and Technology Abstracts（英国食品科学与技术文摘）、Ulrich's Periodicals Directory（乌利希国际期刊指南）、中国知网、中国科技论文在线、中国科技期刊开放获取平台（COAJ）。

《作物杂志》2014年全年出版6期，总页数1028页，共刊出文章239篇，录用率为23.6%。中国知网发布的复合影响因子为0.827（上一年0.730），比上一年增长13.28%。万方数据发布的影响因子为0.788（上一年0.688），比上一年增长14.5%。中国知网发布的被引频次1850（上一年1651），增长12.05%，万方数据为1537（上一年1289），增长19.23%。

《作物杂志》完成编委会换届工作。新一届编委由62位各学科专家组成，其中有三分之一是新聘任的编委。10月29日，在江苏省南京市召开了《作物杂志》第六届编委会第一次会议。

在《作物杂志》创刊30周年之际，为了让更多读者了解《作物杂志》创刊以来对社会做出的贡献，弘扬几代人的办刊精神，刊出文章《回顾〈作物杂志〉创刊30周年》。并组织创刊以来的第一次优秀论文评选，共选出22篇优秀论文，进行了表彰。

国际学术会议 3月10—12日，首届国际谷子遗传学会议在北京召开。来自中国、美国、英国、巴西等9个国家和地区的200余位专家、学者，围绕"推动谷子成为禾本科功能基因组研究的模式植物"这一主题，对国际谷子遗传学研究领域的最新研究成果进行了交流。本次大会展示了国际谷子遗传学研究领域的最新研究成果。大会由中国农业科学院作物科学研究所主办、学会粟类作物专业委员会和国家谷子糜子产业技术研发中心承办。

9月3—5日，学会粟类作物专业委员会与中国科学院考古研究所、内蒙古敖汉旗政府共同主办的世界小米起源与发展国际会议在内蒙古自治区敖汉旗召开，来自中国、英国、美国等国家科研生产单位的300多名专家、学者参加，会议围绕谷子起源、谷子与旱作农业起源关系，考古学研究、粟文化与产业发展等进行了交流。与会者加深了对敖汉地区作为世界小米之乡的认识，推动了对中国早期旱作农业起源的研究。

11月27—30日，学会甘薯专业委员会组织51位专家，参加在日本鹿儿岛召开的第六届中日韩甘薯研讨会（东亚甘薯研究新时代）。研讨会上，来自中、日、韩三国的25位科学家作了大会报告，涉及育种和遗传资源、栽培生理、生物技术、病虫害防控、农作物品质与加工等内容。与会专家对中国、日本和韩国的甘薯科研活动，以及甘薯研究的现状和未来前景进行了讨论。

3月30日至4月2日，学会油料作物专业委员会协助举办了第十九届十字花科遗传学研讨会暨2014年年会，会议的主题是“基因组时代的十字花科植物遗传改良”。来自中国大陆和香港特别行政区，美国、俄罗斯、英国、德国、法国、意大利、加拿大、荷兰、西班牙、澳大利亚、瑞典、捷克、日本、韩国等国家的250余名专家参会。

国内主要学术会议 8月17—19日，第五届全国小麦基因组学及分子育种大会在安徽省合肥市召开。会议由学会主办，农作物基因资源与基因改良国家重大科学工程等9个国家与部门重点实验室协办，安徽农业大学与安徽省粮食作物协同创新中心承办。来自50多个单位的320名代表围绕小麦基因组学和分子育种两个主要领域的研究进行研讨。29位与会专家作了主题报告，会议就小麦基因组测序、基因克隆与功能基因研究、小麦分子标记育种、标记开发等方面内容进行了交流。大会共收录论文摘要136篇。会议还专门组织了从事小麦传统育种与基因组学研究人员参加的专题分会。与会代表一致认为，要提高我国小麦育种水平，必须实现常规育种与基因组学的有机结合，力争在基因组学时代为世界小麦科学的发展与生产做出我国小麦科学工作者应有的贡献。

8月20—22日，全国青年作物栽培与生理学术研讨会在江苏省扬州市召开。会议由学会主办，农业部作物生理生态与耕作学科群、学会栽培专业委员会协办，扬州大学和中国农业科学院作物科学研究所共同承办。来自21个省、自治区、直辖市的有关专家、学者和研究生，共199人出席会议。大会就“作物可持续生产与现代农业”主题进行学术交流活动。中国工程院院士官春云、扬州大学教授杨建昌、中国农业科学院农业资源与农业区划研究所研究员何萍、山东农业大学教授张吉旺等分别作了会议特邀报告，23位青年科技工作者作了大会报告，8位博士生、硕士生作了学术报告。会议共收到论文摘要113篇，并汇编成册；收到墙报27张，在会场集中展示。在大会闭幕式上，大会组委会对优秀青年学术报告奖、优秀墙报奖与优秀研究生报告奖获得者进行了颁奖。

9月12日，由学会和中国植物学会、中国细胞生物学会、中国遗传学会、中国植物生理与分子生物学会联合主办，河南大学和中国植物学会植物生理及分子生物学专业委员会联合承办的2014全国植物生物学大会在河南省开封市举行。会议主题是“植物科学与可持续发展”。此次会议邀请了9位院士和近百名中青年学者作报告。

国际交往 学会甘薯专业委员会邀请国际园艺学会根茎分会主席、西印度大学教授Noureddine Benkeblia、美国盖茨基金会Jim Lorenzen和Yao Z.Y.博士以及美国德州农工大学张洪斌教授来华访问考察，并进行了学术交流。学会甘蔗专业委员会积极组织会员参与国际甘蔗技师协会（ISSCT）举办的学术交流活动，并与美国、澳大利亚、印度、巴西、泰国等甘蔗生产大国多家高校、科研究所建立了稳定的学术交流机制和科研合作平台。学会小麦产业委员会组织国内15个单位的234名专家参加了在墨西哥举办的布劳格诞辰100周年学术研讨会，60多个国家的700多名小麦研发人员参会。学会种子专业委员会组织会员参加了在北京举办的2014年世界种子大会、在湖南省长沙市举行的第十一届国际种子科学大会，并有数名会员在大会发言，部分则以墙报形式进行了交流。

4月17—18日，中国农业科学院作物科学研究所教授张卫建代表中国作物学会，应邀出席韩国作物学会2014年学术年会，在大会上作了题为《中国冬小麦生产应对气候变化》的报告，是该会三个国际学者代表的报告之一。报告基本反映了我国作物生产应对气候变化研究领域的试验研究成果和水平，得到了与会专家的好评。在大会期间，张卫建还与韩国庆北国立大学、忠北国立大学，日本大阪府立大学，韩国作物学会、韩国环境部、日本农业科学院九州农业研究中心，就加强合作研究和学术交流等事宜，进行了商谈，初步达成了建立亚太气候智慧型稻作协作网的设想。在大会上，张卫建代表中国作物学会，邀请与会专家参加2016年拟在北京举办的国际作物科学大会。

科普活动 9月20日，学会组织专家赴辽宁省盘锦市开展“送农业科技下乡，服务稻农”活动。学会秘书长、中国农业科学院作物科学研究所党委书记张保明，学会栽培专业委员会副主任兼稻作组副组长、辽宁省作物学会副理事长、沈阳农业大学教授王伯伦，学会副秘书长杜娟，以及当地基层农技员、稻农共100余人参加了本次活动。王伯伦为现场的农民作了《水稻优质高产机械化栽培技术》专题讲座，学会向到场的农民朋友们赠送了《北方水稻病虫害综合防治》《优质水稻生产关键技术百问百答》《北方水稻生产技术问答》等科技图书300多本，水稻强化栽培技术、水稻节水高效栽培技术光盘200余张，并展出了学会精心制作的水稻机插秧栽培技术及水稻病虫害综合防治技术展板。本次活动被中国科协评为“2014年全国科普日活动优秀特色活动”。

7月17日，学会组织专家赴河北省沽源县二道渠乡开展“服务三农”科技下乡活动，将作物栽培技术及知识送进农家。学会秘书长、中国农业科学院作物科学研究所党委书记张保明，学会副秘书长、中国农业科学院作物科学研究所研究员赵明，中国农业科学院蔬菜花卉研究所研究员庞万福，中国农业科学院作物科学研究所研究员任贵兴，学会副秘书长杜娟及当地农民50余人参加了本次活动。学会向到场的农民赠送了科技图书《马铃薯高产栽培技术》《马铃薯脱毒种薯生产技术》《马铃薯技术100问》《马铃薯生产技术百问百答》等500余本，《马铃薯病虫防治技术彩色挂图》科教光盘《张家口坝上马铃薯栽培技术》《蔬菜营养与平衡施肥技术》以及马铃薯品种宣传页等400余张。同时，展出了学会精心制作的展板、挂图等。本次活动针对沽源县农业经济特色和农民急需的马铃薯栽培及病虫害防控技术，学会聘请了马铃薯研究专家庞万福为农民作了马铃薯专题讲座，并当场解答在生产中遇到的实际问题。

学会甘薯专业委员会开展科技扶贫、现场观摩和技术培训活动。通过召开全国丘陵山区甘薯产业发展与扶贫推进会，将产业发展与扶贫推进相互融合；通过在北京大兴区、新疆额敏县举办现场观摩活动以及举办甘薯主要病虫害识别检测与防控技术培训班，促进了甘薯体系与生产加工企业、种薯种苗专业合作社之间的交流；通过组织对甘薯生产技术示范和加工企业的实地考察，使农技推广专家、科学家和企业家之间进行互动，对促进甘薯产业发展起到了良好的推动作用。

学会大豆专业委员会开展大豆技术培训、技术示范及推广。大豆专业委员会组织专家就大豆生产关键技术问题，积极开展培训工作，在关键农时、关键季节、关键环节以现场参观、集中培训、田间指导、科技咨询和接受来人进修等多种方式开展技术指导服务，平时利用短信、电子邮件、发布网上技术信息等手段与基层农技人员和农户联系，随时进行技术咨询和指导。

学会粟类作物专业委员会围绕提升产业发展水平，积极组织科普活动。结合承担各类计划和推广项目，组织全国粟类作物科技力量，重点在西北、东北、华北谷子主产区开展技术普及、示范推广、科技扶贫等，取得了显著成效。初步统计，粟类作物委员会科技人员举办培训会152场次，培训基层农技推广骨干1652人次，种植大户1129人次，农民2.4万人次，生产关键季节技术田间指导768场次，举办现场观摩会49场次。通过技术培训、田间现场指导，示范基地增产增收效果显著，起到了示范带头与辐射推广的作用，对谷子、糜子产业化水平提高起到了有力的推动作用。此外，依托中国粟类作物网，搭建粟类作物科技工作、技术推广者、产业合作组织以及农民学术交流、知识传播的平台，对粟类作物委员会开展学术和科普活动、提升形象起到了促进作用。

学会甘蔗专业委员会发挥学会人才优势，积极开展科技服务。各省区甘蔗学会和国家甘蔗产业技术体系充分发挥学会专家优势，全年共举办了约30场有关甘蔗育种、栽培、虫害防控、机械收获等方面的培训和科普活动，为蔗糖产业发展提供技术服务和咨询。

学会荞麦燕麦分会积极推广燕麦荞麦栽培技术，组织专家前往四川凉山指导燕麦荞麦生产，推广小农户利用燕麦荞麦品种多样性应对气候变化技术，对凉山地区的燕麦荞麦产业发展、燕麦荞麦种质资源的有效利用以及生态环境保护起到了积极的作用。此外，还与国家燕麦荞麦产业体系一起，组织有关专家前往宁夏指导燕麦和荞麦生产，为农民提供生产和栽培技术培训，受到了当地燕麦种植户的欢迎。

学会麻类专业委员会注重开展技术培训及示范推广。以现场观摩和示范展示的形式，宣传和推广了苎麻饲料化和育秧膜机插育秧技术等成果，培训农技人员近700人次，培训农民超过2500人次。

学会甜菜专业委员会积极开展科技咨询服务活

动，科技人员经常深入到黑龙江、内蒙古、新疆等省区推广新育成的甜菜优良品种和甜菜专用肥，向农民传授甜菜种植技术。

学会油料作物专业委员会积极开展科技咨询、科普宣传，2014年开展各种培训、下乡现场指导、召开现场会及电视讲座、电台答疑等各种形式技术指导1000余次，共培训岗位人员1000余人，农技人员上万人，农民3万余人，发放各种技术资料约30万份。

表彰举荐优秀科技工作者 根据《社会力量科学技术奖励管理办法》有关规定，经过学会科学技术成就奖评审委员会的评审，由学会第九届理事会常务理事会决定，授予郭天财、胡培松"第五届中国作物学会科学技术成就奖"，并在学会第十次全国会员代表大会开幕式上向获奖者颁发了获奖证书、奖杯和奖金。学会号召全国作物科学技术工作者，学习他们勇于科学创新的精神，坚忍不拔的科学意志，实事求是的科学态度，为繁荣作物科学技术事业，为我国农业和农村经济的发展，为建设创新型国家做出更大贡献。

由学会推荐、作物科学全国首席科普专家团队、中国农业科学院作物科学研究所研究员李少昆牵头创作的"北方春玉米田间种植挂图与手册（第二版）"获得第三届"中国科普作家协会优秀科普作品奖"银奖。

经学会推荐，韩天富、肖世和、程须珍、张京、刁现民5位专家分别被中国科协聘为5个"作物科学传播专家团队"（大豆科学知识传播专家团队、小麦科学知识传播专家团队、食用豆产业知识科学传播专家团队、大麦青稞产业知识传播团队、杂粮作物科学传播专家团队）首席科学传播专家。

经学会推荐，中国农业科学院研究员王天宇获中国科协"全国优秀科技工作者"称号。

根据《关于开展2014—2015年度中华农业科技奖申报推荐工作的通知》要求，学会组织专家进行了评审，择优遴选出科研类成果2项，即"绿豆优异基因资源挖掘与创新利用"、"中国小麦种植生态区划研究与应用"，科普类成果1项，即"玉米田间种植手册与挂图"，并向中华农业科技奖奖励委员会办公室推荐了上述三项成果。

学会通过中国科协推荐项目"玉米田间种植手册与挂图"申报2015年度国家科技进步奖的科普类项目。

【中国作物学会第十次全国会员代表大会】 10月30日，中国作物学会第十次全国会员代表大会在江苏省南京市召开。会议听取并审议了学会理事长、中国农业科学院原院长翟虎渠作的中国作物学会第九届理事会工作报告。翟虎渠从提升协调和创新能力、办好学术年会和各类专题学术活动、扩大学会期刊影响力、加强科普宣传工作、提升管理服务水平等方面对学会今后的工作提出了建议。会议审议通过了关于修改《中国作物学会章程》的报告、中国作物学会第九届理事会财务工作报告及制定会费的标准。会议以无记名投票方式选举产生了中国作物学会第十届理事会，理事成员181名。大会同时召开了第十届第一次理事会，选举产生了由51名理事组成的中国作物学会第十届常务理事会，翟虎渠当选为理事长，万建民当选为第十届理事会常务副理事长兼秘书长、刘旭、李召虎、潘文博、张爱民、陈刚、李绍明当选为副理事长。在第十届第一次理事会上，通过了聘任名誉理事长、荣誉理事及副秘书长的决定，讨论了学会工作报告、章程修改报告、财务报告、会费标准，并研究了学会未来五年发展规划。

【2014年中国作物学会学术年会】 10月29—31日，由学会主办，南京农业大学承办的2014年中国作物学会学术年会在江苏省南京市召开，来自美国、日本、韩国及全国各地的作物专家、学者及会员代表共1500余人参加了大会。年会以"粮食安全与科技创新"为主题。在为期两天的学术年会中，翟虎渠、盖钧镒、赵振东、曹卫星、彭少兵、刘春明、Suk Ha Lee、薺藤邦行、Allen McHugh、Jerry Nelson等专家作了大会特邀报告。在大会举行的生物技术、种质资源与遗传育种、作物栽培与耕作等3个分会场中，70余位作物科学领域的专家从宏观与微观、国内与国外、品种与作物、基础与前沿、生态与安全、高产与优质等不同层面做了学术报告，并进行了交流。此外，29位研究生通过研究生论坛进行了学术交流，89位青年科技工作者通过墙报展示了研究进展与成果。在会议闭幕式上进行了优秀青年学术报告奖和优秀青年墙报奖评选活动，与会领导为10名获奖者颁发了奖状。

（撰稿人：杜　娟）

中国热带作物学会

服务创新型国家和社会建设 2014年，为应对超强台风"威马逊"和"海鸥"对海南、广东、广西三地农业的重创，学会割胶与生理专业委员会、棕榈作物专业委员会、剑麻专业委员会、热带香料饮料专业委员会等在挂靠单位的组织下，第一时间派专家赶赴灾区指导橡胶、椰子、剑麻、香蕉、瓜菜等作物灾后恢复生产工作。

学会各分支机构全年开展橡胶栽培与割胶技术、木薯高产栽培技术、剑麻新菠萝灰粉蚧防控技术、槟榔黄化病防控技术、椰子丰产栽培技术、甘蔗高效节水技术培训、香蕉标准化生产示范园技术等科技培训90多期，近2万人次参加培训。

学会省级分会广东热带作物学会全年组织举办继续教育公需课培训班5期，778人次参加培训；组织举办全国基层农技推广补助项目农技指导员继续教育培训班6期，261人次参加培训。

2014年，学会香料饮料专业委员会依托挂靠单位制定行业标准“咖啡种子种苗”1项，制定《中粒种咖啡栽培技术规程》《香草兰初加工技术规程》《咖啡黑（枝）小蠹防治技术规程》《香草兰栽培技术规程》《中粒种咖啡初加工技术规程》《兴隆咖啡·种子》《兴隆咖啡·种苗》《兴隆咖啡·种苗繁育技术规程》《兴隆咖啡·栽培技术规程》和《兴隆咖啡·病虫害防治技术规范》10项地方标准。各类标准的实施，有助于提高香料饮料产业标准化生产水平，改变生产不规范、产品质量参差不齐的现状。

学会建设 2014年，学会新成立南药专业委员会、生态环境专业委员会、咖啡专业委员会3个专业委员会并报中国科协备案。截至2014年年底，学会专业委员会增加至16个。

学会秘书处细化和明确了学会财务工作制度，学会被评为2013年度全国学会财务决算先进单位。学会精简会议次数和规模，两次采用通讯形式召开常务理事会议。组织召开了中国热带作物学会2014年秘书长会议，对学会2014年工作和新形势下学会如何有效开展工作进行了研讨。

学会割胶与生理专业委员会、云南省热带作物学会完成换届工作。

学术期刊 2014年，学会主办的《热带作物学报》最新影响因子为0.825，总被引频次2299次。全年共出版12期，发表论文418篇，总页数2526页。《热带作物学报》荣获海南省第二届出版物政府奖二等奖。

学科发展研究 2014年，在中国热带农业科学院的牵头组织下，学会参与编写完成并由科学出版社出版了《中国热带作物学科发展研究》。这是国内第一次较为全面系统地阐述我国热带作物学科的形成、现状和发展前景。

决策咨询 学会天然橡胶生产者工作委员会联合中国天然橡胶协会向国家发展改革委、财政部、国家物资储备局和农业部报送了《关于请求尽快支付交储天然橡胶货款的报告》，得到有关部门的重视，促进有关方面陆续支付了主要会员单位部分或大部分货款。在听取主要植胶区意见基础上，向国家报送了《关于请求拯救我国天然橡胶产业的紧急呼吁》的报告。遵照农业部领导同志的指示，配合并参与撰写农业部农垦局、农业部发展计划司组织向国务院报送的《明确定位、加强扶持，促进天然橡胶产业持续健康发展》报告。

云南省热带作物学会组织专家参与了云南农垦产业结构调整调研，撰写了《云南农垦产业结构调整调研报告》，供云南省农垦局决策参考。福建省热带作物学会组织专家开展了热带作物产业调研，向福建省科协提交《福建省南亚热带产业发展对策建议》，为政府有关部门的科学决策提供参考。

国内主要学术会议 2014年，学会及分支机构共举办年会、研讨会等学术活动18次，提交学术交流论文300多篇，评选表彰优秀论文82篇。

1月10—12日，为促进热带薯类学科的发展，探讨薯类作物育种、栽培、病虫害防控、生物技术、功能基因组学及加工的最新成果，促进全国热区科研院所的科技合作与交流，在海南省海口市召开了中国热带作物学会第二届热带薯类专业委员会学术交流会暨第七期木薯生物技术与功能基因组学研讨会。会议由学会热带薯类专业委员会主办，学会理事长吕飞杰、副理事长郭安平等出席会议，来自学会热带薯类专业委员会成员及相关科研院所、高等院校的科研人员90余人参加了会议。

9月23—25日，学会割胶与生理专业委员会在云南省芒市召开了新形势下高效割胶技术学术研讨会，90余名专家参加了会议。此次会议在交流、总结全国各植胶区、各单位高效割胶技术的经验和存在问题的基础上，深入剖析提高割胶劳动生产率对中国天然橡胶产业的生存和发展的紧迫性，提出各地区、各单位在新形势下如何进一步提高割胶劳动生产率、提高胶工劳动报酬、改善胶工工作条件的思路和做法，为我国天然橡胶的可持续发展出谋献策。会上展示了新设计的电动胶刀雏形，受到与会者的关注。

10 月 16—18 日，学会遗传育种专业委员会与学会热带香料饮料作物专业委员会在海南省万宁市联合召开了 2014 年度中国热带作物学会遗传育种专业委员会／热带香料饮料作物专业委员会年会暨学术研讨会，来自云南省农业科学院、云南省德宏热带农业科学研究所、广西农业科学院等国内科研院所、高校、企业的专家、学者共 160 多人参会。

10 月 30 日，为应对天然橡胶价格持续下跌，探讨其解决途径和产业未来发展道路，国家天然橡胶产业技术体系暨中国热带作物学会农经专委会专题研讨会在海南省万宁市召开。天然橡胶产业技术体系首席科学家、中国热带农业科学院橡胶研究所所长黄华孙，产业经济岗位专家、海南大学副校长傅国华，生态环境岗位专家、海南省农垦科学院院长蒋菊生，初加工技术岗位专家黄茂芳，万宁、文昌试验站站长，海南大学、中国热带农业科学院等单位 50 余名专家、学者参加了会议。会议就天然橡胶价格持续低迷的应对策略和胶工短缺和老龄化专题进行了研讨，并形成了《中国天然橡胶目标价格补贴政策建议》初稿。

12 月 2—4 日，学会科技推广咨询工作委员会在海南省海口市举办了 2014 年中国热带作物学会科技推广咨询工作委员会／热区农业推广联盟年会。来自我国热区的 50 多名专家参加了会议。会议交流了农业科技推广经验，并就创新农业科技推广模式和提升农业科技推广服务能力等专题进行了研讨。

12 月 6 日，在广东省广州市召开了以“天然橡胶产业的可持续发展和价格持续低迷对产业的影响”为主题的 2014 年中国天然橡胶产业经济研讨会暨中国热带作物学会农业经济专业委员会年会。学会农业经济专业委员会、国家天然橡胶产业技术体系各岗站、农业部农垦经济发展中心、海南大学、广东省农垦局、海南农垦局、云南农垦局、华南农业大学、暨南大学、浙江财经大学等单位的 80 余名专家出席了会议。

国际交往 10 月 14—26 日，为推动我国木薯产业技术对外合作的顺利开展，学会热带薯类专委会特邀 Agri-TT 项目专家、英国格林威治大学（University of Greenwich）自然资源研究所教授 Graffham Andrew 和 Kleih Ulrich Karl 来华开展考察交流活动。

3 月 25—30 日，应缅甸掸邦省娃达农业开发有限公司邀请，学会剑麻专委会副主任委员陈永光一行 7 人赴娃达公司考察剑麻种植、加工、生产管理等情况，洽谈合作加工纤维等事宜，并帮助缅甸方面取土样分析，指导破解剑麻早开花和脚叶干枯等技术难题。

6 月，剑麻专委会接待了来自印度尼西亚宋巴哇农业有限公司及印度尼西亚剑麻科研单位专家一行 5 人来访，重点就剑麻产业技术和科研合作等进行了交流。

科普活动 2014 年，学会各专业委员会和省级分会全年开展各类科技培训 90 多期，近 2 万人次参加培训；结合当地科技活动月开展大型科技咨询活动 3 场，电话及上门咨询近 200 次；举办青少年科技竞赛 1 项，割胶技术竞赛 4 场次；举办科普专题展览 1 次，受众达 2600 人次；赠送科普小册子 2 万多册，赠送种苗 2 万多株，木薯种茎近 3 万公斤。

表彰举荐优秀科技工作者 经学会推荐，学会理事李开绵研究员和黄华孙研究员荣获中国科协“全国优秀科技工作者”称号。

（撰稿人：唐　弼　杜中军）

中国蚕学会

服务创新型国家和社会建设 2014 年，学会组织开展科技成果评价工作，完成了“颗粒饲料养蚕技术的研究与示范”“高产、广适性桑树新品种强桑 1 号的选育与应用”两项科技成果的评价。

8 月，学会野蚕专业委员会召开工作会议，总结汇报野蚕、柞蚕研究近年取得的科研成果，生产经验及存在的问题，交流了野蚕产业发展的基本情况，确定了“十三五”野蚕业发展方向与目标。

学会建设 3 月 29 日，在广东省广州市召开九届四次常务理事会议。学会理事长鲁成在会上作学会 2013 年年度工作报告，报告总结了学会 2013 年在组织建设、学术交流、服务产业、期刊编辑、科普等方面所做的工作，指出学会在自身建设和开展工作中存在的问题，提出学会 2014 年工作的指导思想、工作要点和重点工作。学会秘书长李龙传达了国家及相关部门关于社会组织建设的有关会议和文件精神以及中国科协全国学会工作会议精神。各专业委员会主任分别介绍了 2013 年的主要工作和 2014 年的活动计划情况。

学术期刊 学会主办的学术期刊《蚕业科学》2014 年出版 6 期，刊发文章及信息总量与 2013 年持

平。发表获国家、省部级重点科研计划项目资助并代表学科前沿的论文达到期刊载文总数的70%以上。

国内主要学术会议 2014年，学会举办5次国内学术会议，参会人数545人次，提交会议论文229篇，编印论文集3部。

6月24日，由学会主办的蚕业信息传播研讨会在广西壮族自治区北海市召开。来自国内10多家蚕业期刊和蚕业（农业）信息网站的编辑、管理和技术人员40人参加了会议。会议针对蚕业媒体当前存在的问题，提出了建立蚕业期刊联盟或蚕业信息化传播联盟、加强平面媒体与网络媒体的融合、建立全国蚕业数据信息管理平台、强化产业服务能力、推动电子商务等建议和措施。

7月18—19日，学会主办的第十一届家（柞）蚕遗传育种学术研讨会在福建省福州市召开。30多家从事蚕业教学、科研、生产及管理单位的80位专家、学者参加了会议。会议就家蚕转基因技术、家蚕抗病、抗逆等新品种选育、适于人工饲料新品种、家蚕品种审定标准、种质资保护以及柞蚕遗传育种、新品种选育、柞蚕产业的发展等方面进行了研讨。

8月14—15日，中国蚕学会第八届青年学术研讨会在云南省昆明市召开。28家蚕业科研教育和生产管理单位的专家和在校研究生125人参加了会议，会议收到论文124篇，制作了论文集。会议特邀3位知名专家作了3场学术报告，大会分组交流50人次。

11月18—20日，由学会、国家蚕桑产业技术体系主办，中国农业科学院蚕业研究所承办的全国桑树病虫防控学术研讨会在江苏省镇江市召开。全国各蚕桑科研机构、基层蚕桑站的120余名专家、学者参加了会议。会议收到交流论文45篇，制作了会议论文集。农业部种植业司调研员封槐松，商务部国家茧丝办调研员刘斌，江苏科技大学党委副书记、纪委书记、蚕业所党委书记郭锡杰出席会议并讲话。研讨会总结交流了近年来桑树病虫害防治工作经验，研讨了桑树主要病害新型防控技术，强化“公共植保、绿色防控”理念。

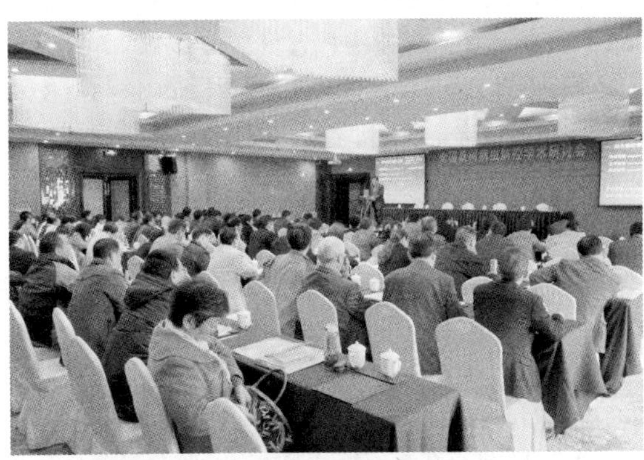

中国蚕学会主办的全国桑树病虫防控学术研讨会2014年11月18—20日在江苏省镇江市召开

12月4—5日，由学会、国家蚕桑产业技术体系主办的全国蚕桑资源多元化利用学术研讨会在浙江省湖州市召开。从事蚕桑资源多元化利用研究与生产管理相关人员180人参加了会议，会议收到交流论文60篇，制作了会议论文集。会议展示和交流了蚕桑资源利用研究与开发的新技术、新成果。学会名誉理事长舒惠国，农业部种植业管理司调研员封怀松，广东省农业科学院党委书记廖森泰，浙江省湖州市农业局局长杨建明出席会议，22位专家学者围绕蚕桑资源创新利用主题交流了桑叶的畜禽饲料用途、桑树在治理水土流失及重金属污染的生态利用、景观及休闲农业用途、蚕桑药用食用、桑枝条板材加工、蚕蛹加工与利用、蚕丝生物资源利用、柞蚕资源利用等方向的研究和开发进展，重点省区在蚕桑资源利用方面的开展概况以及存在的问题。

科普活动 2014年，学会与挂靠单位中国农业科学院蚕业研究所在江苏省扬州市广陵区和镇江市面向中小学生、幼儿园师生开展蚕桑主题科普活动“蚕桑科普进校园”，参加科普活动的专家20多人次，受众师生4000人次。

表彰举荐优秀科技工作者 经学会推荐，辽宁省蚕业科学研究所李喜生、浙江大学动物科学学院时连根荣获中国科协“全国优秀科技工作者”称号。

【中国蚕学会第八届青年学术研讨会】 8月12—16日，学会第八届青年学术研讨会在云南省昆明市召开，来自江苏、浙江、湖南等16个省、区、市的26个科研和教学单位的125人参加了研讨会。

会议由学会常务副理事长、中国农业科学院蚕业研究所所长张国政主持，学会理事长鲁成、学会副理事长廖森泰、云南省农业科学院蚕蜂研究所所长黄平等出席会议并讲话。鲁成在大会致辞中总结了我国科技工作者近年来在蚕丝业基础研究、应用基础研究和实用技术开发方面所取得的主要成果，提出了学会发展必须面对的产业趋势，勉励青年科技工作者要勇于担当，在前人的基础上做出更大的成绩。清华大学副教授赵红平、西南大学教授代方银、广东省农业科学院研究员廖森泰分别作了题为《基于蚕丝的生物医学研究》《基于家蚕突变体资源的功能基因发掘和研究》《蚕桑资源多元化利用研究与开发》的报告，分别介绍了蚕丝应用于生物医学领域的研究进展、家蚕突变体资源的功能基因发掘研究进展和我国在蚕桑资源多元化利用研究与开发情况。会议收到论文124篇，制作了会议论文集。

（撰稿人：刘　挺）

中国水土保持学会

服务创新型国家和社会建设　2014年，学会受理完成119家乙级、134家丙级水土保持方案编制资格证书持证单位的资质延续申请工作，完成201家单位名称、编制机构、法定代表人等信息的变更手续。

受水利部委托，学会完成2014年度水土保持设施验收技术评估单位推荐工作。87家单位申报，经评审向水利部推荐52家单位。

学会申报中国科协承担社会化服务职能开展第三方科技评价项目并获资助，项目内容为“加强生产建设项目水土保持方案编制资质管理，完善资格证书的认证评价体系”。

学会承接水利部生产建设项目水土保持监测单位水平评价管理工作，制定了《生产建设项目水土保持监测单位水平评价管理办法（试行）》。

学会指导、审核各省级水土保持学会对本省乙丙级资质单位水土保持方案编制技术人员培训，包括教材组织、课程设置和考试要求等。2014年，20个省级水土保持学会完成了乙丙级资质单位水土保持方案编制技术人员培训工作。

学会启动水土保持从业人员培训系列丛书的编撰工作。培训丛书拟面向广大水土保持从业人员和基层农民，内容包括水土保持基础理论与法规标准、调查与规划、治理与开发、预防与监督、监测与评价、施工与监理、信息管理、廉政与风险防控等八个方面共27种。

学会水土保持规划设计专业委员会启动《水土保持设计手册》编撰工作，分专业基础、综合治理、生产建设项目3卷。

8月、11月，学会分别在浙江省杭州市和陕西省西安市举办生产建设项目水土保持方案编制甲级资质单位技术人员培训班，培训学员680余人。

10月28—30日和11月25—27日，学会分别在四川省成都市和陕西省西安市举办生产建设项目水土保持方案编制甲级资质单位技术人员继续教育培训班，培训学员700余人。

9月25—28日和10月20—23日，学会分别在云南省昆明市和福建省厦门市举办水土保持规划与设计培训班，为各省（自治区）培养水土保持规划设计技术人员，培训学员200余人。

7月10—12日，学会与水利水电勘测设计协会在北京市朝阳区共同举办2014年注册土木工程师（水利水电工程—水土保持专业）执业资格考试考前培训班，培训学员80余人。

8月14—17日，受水利部水土保持司委托，学会在浙江省杭州市举办国家水土保持重点工程建设管理信息系统培训班，培训学员300余人。

4月10—13日，学会黄河专业委员会在甘肃省庆阳市举办黄土高原水土保持典型小流域原型观测技术培训班，培训学员50余人。

4月24—28日，学会泥石流滑坡防治专业委员会在四川省成都市举办，地震区地震次生灾害预警及防治技术高级研修班，培训学员130余人。

学会能力提升计划　2014年是学会承担中国科协“学会能力提升专项”的最后一年。学会举办国内外学术会议37次，加入世界水土保持学会，签订《海峡两岸水土保持学术交流框架协议》，会刊《中国水土保持科学》进入中国科学院CSCD核心库，编辑出版的《水土保持读本（小学版）》，入选国家新闻出版广电总局向全国青少年推荐的百种优秀图书目录、农家书屋重点图书推荐目录，完成北京市新闻出版局2013年“北京市出版工程”（电子类）项目——制作面向小学生的水土保持科普动漫视频作品（汉语版、蒙语版），开展《水土保持法》宣贯活动3次、防灾减灾日主题科普活动3次，参与主办科技场馆展品与技术设施国际展览会1次，举办培训27期，培训学员超过4000人次，评选各类奖项108项。

学会建设　2014年，学会个人会员增加1300余人，召开学会四届五次理事会议，四届八次、四届九次常务理事会议。

截至2014年12月31日，学会网站（www.sbxh.org）点击量36万余人。

4月11日，在安徽省合肥市召开学会秘书长工作会，14个专委会、29个省级学会的秘书长，尚未成立

省级学会的3个省份主管水土保持工作的领导和学会秘书处人员74人参加了会议。5月22日，新疆生产建设兵团水土保持学会成立。

12月11—12日，学会水土保持监测专业委员会选举产生了新一届委员会，水利部水土保持监测中心主任郭索彦当选主任委员。

学术期刊 2014年，学会会刊《中国水土保持科学》出版正刊6期，总印数6000册，收到来稿300多篇，刊出文章近120篇。

两岸交流 5月14—18日，学会5名专家、学者应邀参加在台湾地区中兴大学水土保持系土石流防灾中心举办的2014海峡两岸水土保持策略讲习会，并作专题讲座。

8月29日，与"中华台湾水土保持学会"在湖北省武汉市正式签订了《海峡两岸水土保持学术交流框架协议》，促进两岸水土保持人员在人员交流、学术研讨、合作研究和信息交流四个领域开展更加深入和广泛的交流合作。

8月30日，与"中华台湾水土保持学会"在湖北省武汉市联合主办2014年海峡两岸水土保持学术研讨会，会议主题是"水土保持与生态文明建设"，来自大陆和台湾地区的100余名专家、学者参加了会议，20名专家、学者作学术报告。

10月18—22日，与"中华台湾水土保持学会"在台湾中兴大学联合主办海峡两岸水土保持及坡地防灾策略研讨会。会议主题是"水土保持及坡地防灾策略"，来自大陆和台湾地区的100余人参加了会议，10名专家、学者作学术报告。

国际学术会议 9月25—26日，学会与世界水土保持学会、北京水土保持学会联合主办生态清洁小流域与美丽乡村建设国际研讨会。会议主题是"生态清洁小流域与美丽乡村建设"，来自德国、澳大利亚、荷兰等国家以及国内14个省、区、市的130余人参加了会议，2名院士和9名国内外水土保持专家作专题学术报告，会议收到论文30篇。

国内主要学术会议 8月7—9日，学会在贵州省贵阳市举办喀斯特地区边坡生态防护技术研讨会，会议主题是"喀斯特地区边坡生态防护技术"。来自全国27家单位近100余名专家、学者参加了会议，交流论文14篇。

8月7—8日，学会生态修复专业委员会在四川省成都市召开第六届全国水土保持生态修复学术研讨会。6名专家分别以《对当代中国生态文明建设的思考》《岷江上游干旱河谷植被恢复研究进展》《水土保持生态修复》《防侵蚀纤维在护坡中的应用》《生态工程的新功能新用途》为题作学术报告。130余人参加了会议。

中国水土保持学会与台湾地区"中华水土保持学会"签订《海峡两岸水土保持学术交流框架协议》

8月21—23日，学会水土保持规划设计专业委员会在河南省郑州市召开中国水土保持学会规划设计专委会2014年年会暨学术研讨会。主题为"新时期水土保持发展与规划设计"。收到论文71篇，交流论文27篇，评选出12篇优秀论文。

9月19—20日，学会崩岗专业委员会在贵州省铜仁市举办水土保持与水生态文明学术研讨会，大会围绕水土保持基础理论研究、技术应用研发以及人才培养等方面展开讨论。69个单位的130余人参加了会议，交流论文65篇。

10月11日，学会科技协作工作委员会在江西省南昌市召开中国水土保持学会科技协作工作委员会2014年年会。会议介绍了全国水土保持信息化发展思路及近期主要任务、信息化与流域泥沙研究、大数据时代水土保持信息化等成果，交流了国家科技支撑计划、水利部公益性行业专项、水利部"948"项目、国家自然科学基金等国家级重大科研项目的研究进展与成果，系统总结了2014年我国水土保持科技进展，全面分析了当前我国水土保持科技工作面临的新形势。来自80多个委员单位的100人参加了会议。

10月26日，学会泥石流滑坡防治专业委员会在四川省成都市召开小流域水文地质灾害学术研讨会，会议在小流域水文地质灾害的暴雨分析、遥感监测、工程防治、历时灾害调查等方面进行了交流和展示。参会代表40人，交流论文13篇。

12月，学会水土保持监测专业委员会在广东省广州市举办中国水土保持学会水土保持监测专业委员会2014年年会暨学术研讨会，96人参会，其中13位专家学者进行大会交流，29篇论文入选《第六届水土保持监测学术研讨会论文集》，6篇论文被评选为优秀论文。

科普活动 学会主编的《水土保持读本（小学版）》暨科普宣传动漫视频作品完成，主要内容涵盖了水土流失与水土保持的基本知识。通过三维动漫形式，以深受小学生喜爱的土精灵和水精灵两个小人物为主要角色，向小学生呈现水土流失和水土保持的基本内容，并教会小学生遇到地震、滑坡、泥石流、沙尘暴、洪水等自然灾害时如何自救避难。

学会组织编写《水土保持科普读本（中学版）》、《生产建设项目水土保持》、《水土保持农业技术手册》等科普读本，召开专家咨询会。

5月12日，学会在北京市海淀区学院路街心广场举办了“防灾减灾日”主题宣传活动，活动的主题是“节约能源资源，保护生态环境，保障安全健康，促进创新创造”。

10月19日，在河北省固安县举办了2014新《水土保持法》进工地宣贯活动。

党建强会 经学会党支部申报，获得中国科协学会服务中心2014年“十百千”特色活动项目资助，4月27—28日，在广西壮族自治区南宁市开展特色党支部活动。主题为“党建强会——林水专家传播科技至基层 共筑绿色中国梦”，为广西林业、水利一线科技工作者进行专业知识培训和现场技术推广，参加活动的党员专家6人，一线林业、水利科技工作者130人。

表彰举荐优秀科技工作者 经学会推荐，学会四届理事会常务理事、中国水利水电科学研究院院长曹文洪获中国科协“全国优秀科技工作者”称号。

学会评选第六届中国水土保持学会科学技术奖8项，其中二等奖3项、三等奖5项；评选第九届中国水土保持学会青年科技奖5人。

（撰稿人：郑 慧）

中国茶叶学会

服务创新型国家和社会建设 2014年，学会以“学企合作”的方式，与吴裕泰茶叶股份有限公司、祥源茶业股份有限公司、江苏鑫品茶业有限公司、广东省紫金县黄花茶业有限公司、浙江省乐清市雁荡山茶场、安徽茶叶进出口有限公司、浙江省茶叶集团股份有限公司、峨眉山竹叶青茶业有限公司等8家企业签订技术成果推广协议，开展各层次的技术交流与合作。2014年，命名中国茶叶学会科技示范基地8家，签订技术推广协议，以示范的方式传播茶叶科技信息以及先进管理方法。

8月，学会举办第三届“国饮杯”全国茶叶评比，活动收到19个产茶省市、地区选送的茶叶样品451个，其中绿茶200个，红茶142个，乌龙茶37个，黄茶2个，白茶22个，黑茶32个，特种茶12个，花茶4个。评出特等奖59个、一等奖205个。

2014年学会举办了4期专业技术人才研修班，龙井茶品质评鉴研修班、管理创新与茶产业转型升级高级研修班、茶业经营管理研修班、闽台乌龙茶研修班，参加培训的学员218人次。

4月8—11日，由学会、中国农业科学院茶叶研究所、浙江省龙井茶证明商标管理委员会办公室联合举办的第三届龙井茶品质评鉴研修班在浙江省杭州市举办。来自浙江、江苏、广东、广西、山东、山西、河南、河北、湖南、吉林、上海、天津等省市的55名学员参加了培训。浙江省农业厅茶叶首席专家毛祖法作了题为《龙井茶公共品牌的构建与管理》专题报告。

6月19—23日，学会、中国农业科学院茶叶研究所联合举办了管理创新与茶产业转型升级高级研修班。研修班是浙江省人力资源和社会保障厅批准立项，由学会理事长、中国农业科学院茶叶研究所副所长江用文主持的“省151人才”高研班项目。中国农业科学院茶叶研究所党委书记姜仁华出席开班仪式并讲话，来自浙江、湖北、陕西等地的58名学员参加了研修，研修内容主要有我国现代农业建设经济形势与政策、茶叶质量安全与茶产业发展、领导力培养与管理创新、团队建设与管理、最新科技成果及科技前沿动态等。

经学会九届常务理事会第四次会议讨论通过，在全国19个省、自治区、直辖市的茶叶（业）学（协）会、高校、科研院所、茶叶企事业单位推荐的168名茶叶科普专家候选人和140名茶叶科普志愿者候选人中，确定由138位茶叶科普专家、108名茶叶科普志愿者构成的团队。由中国工程院院士、学会名誉理事长陈宗懋担任茶学学科首席科学传播专家，并向中国科协报送首批茶学学科科学传播专家团队名单。

学会能力提升计划 2014年是学会承担中国科协

能力提升专项实施的最后一年，学会完成了项目合同内容，通过了总结验收。开启了中国茶产业远程教育平台的建设。学员报名、缴费、视频学习都能在平台上实现。改版学会门户网站，提升学会为产业的服务能力，网站增加了网络办公模块，组建了科普专家和科普志愿队伍，建立了学会微信公众号。

学术期刊 2014 年,《茶叶科学》收稿 320 篇，录用 77 篇，编辑出版期刊 6 期，约 86 万字。完成 6 期网络版合作任务。向中国知网、科学引文数据库等提供排版电子文档和样刊，向万方数据提供《茶叶科学》各期文摘。6 月,《茶叶科学》获浙江省科技期刊编辑委员会评选的“浙江省优秀科技期刊一等奖”，进入中国农业科学院核心期刊行列。

学会建设 2014 年，学会组织开展一系列学术交流活动。录用论文 321 篇，930 人次参加会议。

2014 年，学会被中国科协评为“全国学会财务决算先进单位”及“全国学会科普工作优秀单位”。学会召开九届四次、五次常务理事会议、九届三次理事会议。2014 年，发展单位会员 44 个，个人会员 199 人。

4 月 22 日，中国茶叶学会成立 50 周年诗书画创作会在浙江省杭州市举行。编印《中国茶叶学会大事记》《中国茶叶学会五十周年纪念画册》。

10 月，开展第二批学会茶叶科普教育基地申报工作。经评审公示，江苏茶博园等 11 家单位被命名为“中国茶叶学会科普教育基地”。

段文华等 49 位学会工作者被评为“全国优秀学会工作者”。

国际学术会议 11 月 11—13 日，学会与中国农业科学院茶叶研究所在浙江省杭州市共同举办 2014 国际茶业学术研讨会。研讨会由中国工程院院士陈宗懋任大会主席，联合国世界粮农组织政府间茶叶工作协调组秘书，中国大陆和台湾地区，德国、英国、意大利、肯尼亚、坦桑尼亚、中非、马拉维、美国等 20 多个国家研究机构的负责人及专家约 80 人参会，350 人参加大会。会议主题为“创新与发展”。会议收到论文及摘要 112 篇。

国内主要学术会议 2014 年，学会及所属分支机构组织举办 4 项学术活动，分别是：承办第十六届中国科协年会第 12 分会场，第七届茶学青年科学家论坛，2014 有机茶生产者贸易者合作会议，第二届茶叶感官审评研究学术沙龙，全国茶叶机械标准化专题研讨会。收录论文 88 篇，410 人次参加了交流。

6 月 29—30 日，由学会主办，学会感官审评与检验专业委员会、广东省农业科学院饮用植物研究所、华南农业大学联合承办的第二届茶叶感官审评研究学术沙龙，在广东省潮州市举办。来自全国 10 个省、自治区、直辖市的主管部门、专业研究所、高校及企业 60 余名专家、学者参加了沙龙。沙龙内容聚焦红茶和广东凤凰单丛茶。沙龙延用审评实践交流的模式，分批审评了海外主要红茶生产国代表性茶样；不同茶区、不同品种、不同工艺工夫红茶，不同香型的凤凰单丛茶样品。

10 月 9—11 日，由学会主办，福建省安溪县人民政府和中国茶叶学会茶叶机械专业委员会联合承办，安溪县农业与茶果局和福建农林大学安溪茶学院协办的全国茶叶机械标准化专题研讨会，在福建省安溪县举行。学会理事长江用文，学会副理事长、茶叶机械专业委员会主任毛祖法出席会议，学会茶机专业委员会的委员及来自浙江、四川、江西、安徽、湖南、广西、福建的茶叶企业、茶叶机械企业专家、学者 80 余人参加了研讨会。研讨会由毛祖法主持。研讨会围绕茶叶机械标准化主题，针对茶叶机械研发、茶叶生产线设计、加工参数研究、标准化应用、设备卫生安全标准、茶机发展趋势等领域进行研讨。

两岸交流 8 月 25—29 日，由学会与台湾地区茶协会联合主办，台湾地区元培医事科技大学承办的第八届海峡两岸茶业学术研讨会在台湾地区新竹市召开。来自大陆和台湾地区的 170 余位专家、学者参加了研讨会。研讨会的主题为：永续茶业，合作成长。会议录用论文 121 篇。

科普活动 4 月 20 日，学会组织开展 2014 第六届全民饮茶日活动，来自杭州、上海、北京、广州、福州等 60 多个城市、500 余家企业、100 余万人次参与了本次全民饮茶日活动。各地的参与单位向民众赠茶、赠茶券计 10 万余份，发放茶叶科普宣传资料 10 万余份，媒体报道 400 余次。4 月 27 日，中国农业科学院茶叶研究所副所长鲁成银作题为《茶与品质生活》的科普讲座，录制成科普视频在杭州电视台“市民大讲堂”栏目中播出。

4 月 8 日,“2014 中国茶叶专家走进西乡”科技下乡活动在陕西省西乡县举行。学会理事长、中国农业科学院茶叶研究所副所长江用文带领的专家团队，为西乡县各级领导、主管部门技术人员、茶企负责人 300 余人，作了专题报告和交流咨询服务。

4月9—11日，学会与柳州市人力资源和社会保障局、柳州市农业局等部门举办2014年“中国茶叶专家走进柳州”科技下乡活动。来自高校、研究所的14位专家，分别在柳城、融水、柳江等县区举办培训班，面对面地指导农民和基层农技人员。

表彰举荐优秀科技工作者 经学会推荐的刘仲华、江用文获得中国科协“全国优秀科技工作者”称号。

经学会九届三次常务理事会议讨论，对茶叶行业的优秀人才进行表彰。经各省（直辖市、自治区）茶叶（业）学（协）会和有关单位组织推荐，陈宗懋、张天福获“中国茶叶学会终身成就奖”，王云等31位科技工作者被评为“全国优秀茶叶科技工作者”，邓增永等51位企业家获“全国优秀茶叶科技创新企业家”称号。

【第七届茶学青年科学家论坛】 5月24—25日，由学会承办、云南农业大学龙润普洱茶学院和中国茶叶学会青年工作委员会共同协办的第十六届中国科协年会第12分会场茶学青年科学家论坛在云南省昆明市举行。论坛收到论文103篇，年会论文集录用88篇，内容涵盖茶学各研究领域。来自全国16个省、直辖市、自治区的专业科研院所、高校、龙头企业等单位140位青年学者参加了论坛。历届茶学青年科技奖获得者作会议报告。24位学者分两个单元，分别就各自研究的成果作交流发言，20位学者通过墙报介绍进行交流。

【2014国际茶业学术研讨会】 11月11—13日，学会与中国农业科学院茶叶研究所在浙江省杭州市共同举办2014国际茶业学术研讨会。研讨会由中国工程院院士陈宗懋任大会主席，联合国世界粮农组织政府间茶叶工作协调组秘书，中国大陆和台湾地区，德国、英国、意大利、肯尼亚、坦桑尼亚、中非、马拉维、美国等20多个国家研究机构的负责人及专家约80位专家学者参会，350人参加了大会。会议的主题“创新与发展”。会议收到论文及摘要112篇。研讨会由主题报告、国家报告、专题报告、全球所长论坛以及Poster报告等组成。内容包括茶树资源与育种、茶树栽培、茶树病虫害防控、茶叶加工、茶叶生物化学、茶业经济和茶与健康等7个方面，既有基础研究成果，也有辐射整个产业链的应用新技术，68位学者在研讨会上作报告和交流发言。

【2014中国茶叶学会团体会员会议】 11月25—27日，由学会、陕西省农业厅主办，咸阳市人民政府承办的2014中国茶叶学会团体会员会议在陕西省咸阳市举行。会议以“科技创新·产业发展”为主题，来自全国23个省、直辖市以及香港特别行政区、台湾地区的科研院所、高等院校、茶业管理部门、茶叶企业、茶叶社团、1000余人参加了会议。中国科协副主席冯长根，中国工程院副院长刘旭，陕西省人民政府副省长祝列克，中国工程院院士、学会名誉理事长陈宗懋，咸阳市市委书记姜锋，中国农科院茶叶研究所所长杨亚军，学会理事长江用文等出席了开幕式，开幕式由学会秘书长阮建云主持。开幕式上，学会颁发了学会终身成就奖、“全国优秀茶叶科技工作者”“全国优秀茶叶科技创新企业家”等奖项，为“国饮杯”全国茶叶评比金、银奖，“中国名茶之乡”和中国茶叶学会茶叶科技示范基地获奖代表授奖。中国工程院院士、中国工程院副院长刘旭、中国工程院院士陈宗懋，分别以《中国农业发展与科技前沿》《世界茶叶科技进展与茶产业发展》为题作特邀报告。在“茶叶加工”与“茶叶经济”两个分会场，专家们就茶叶加工技术与发展趋势、消费需求与营销通路等主题展开专题报告。

（撰稿人：司智敏）

中国草学会

服务创新型国家和社会建设 2月18—22日，由学会草地植保专业委员会主办的全国草地植物病虫害防控技术培训会在海南省文昌县举行。来自全国畜牧总站、科研院校，以及各级草原站和科研院校的150余人参加了培训会。培训会主要内容包括：草原主要虫害发生与防治现状与相关政策分析、草原虫害生物防治技术及应用现状、草原虫害发生趋势分析及预测预报技术、牧草虫害调查技术规程与防治技术要点、草原虫害种类识别及害虫标本制作技术、牧草病害种类识别及防治技术等六个方面。

7月4—12日，学会组织专家和学生19人深入甘肃省环县和华池县，对甘肃庆阳地区草原生态补奖的实施效果进行实地调查。调查采用入户访谈和问卷调查相结合的方式进行。

11月24日，学会参加农业部畜牧业司草原处召开的原生态补奖机制政策实施效果报告会，提交调查报告1份。

12月10日，全国名词审定委员会草学名词审定工作启动会在北京召开。30余位专家、学者出席会议。会议向新成立的草学名词审定委员会的各位委员颁发

了聘书。

学会建设 2014年，学会修订《中国草学会分支机构管理办法》，规范分支机构管理制度。

9月29—31日，学会能源草类专业委员会在广西壮族自治区南宁市成立。会议选举产生中国草学会能源草类专业委员会第一届组织机构。中国农业大学王涛教授当选为主任委员，会议探讨了国内外能源草科技创新与产业发展现状与趋势、能源草种质资源收集与新品种培育、能源草高产栽培技术与收贮运体系建立、能源草高效转化（固、液、气）技术、能源草生态环境效益评估等方面的内容。

10月15—18日，学会青年工作委员会在贵州省贵阳市召开了2014年大会暨青年科学家论坛，150余人参会。8名草业领域知名年轻专家作了草业英才成长成才事迹交流的大会报告。会议期间，中国草学会青年工作委员会完成了换届选举，产生新一届理事会，由杨富裕担任主任委员。

国际学术会议 6月9—12日，学会草业生物技术专业委员会主任委员刘公社一行10余人参加在土耳其伊斯坦布尔举行的第八届国际牧草与草坪草分子育种学术研讨会。

8月20—24日，第五届中—日—韩国际草地会议在吉林省长春市召开。会议由中国草学会、日本草地学会和韩国草地与牧草学会主办，中国草学会和东北师范大学承办。来自中国、日本、韩国、美国、加拿大、澳大利亚和蒙古的223位草地生态学研究领域专家、学者围绕“草学知识创新与草地农业可持续发展”的主题进行了探讨。34位专家、学者和青年科技工作者围绕“草地可持续性利用”“草地生态系统多功能性与全球气候变化”“牧草种质创制及育种”和“草地畜牧业经济与社会文化”等专题作学术报告。

国内主要学术会议 5月8—9日，由学会种子科学与技术专业委员会主办，青岛海源草坪有限公司承办的结缕草产业发展论坛在山东省胶州市召开，来自科研单位、企事业单位40余人参加论坛。会议探讨了我国结缕草种质资源收集与开发以及育种现状和将来重点方向、我国乡土草种产业发展现状与瓶颈、如何优化企业与科研单位合作模式以推动草种产业化的发展等三方面内容。

5月10日，《中国草业百科全书》第二次编务会在江苏省南京市举行。学会理事长马启智，中国工程院院士、学会名誉理事长南志标，中国工程院院士罗锡文，农业部全国草原监理中心副主任刘加文，南京农业大学校长周光宏，中国农业科学院草原研究所所长候向阳，内蒙古农业大学教授云锦凤，学会秘书长王堃以及草业相关学科的近70名专家、学者参加会议。

8月25—26日，学会教育专业委员会第十三次草学专业教育与教学研讨会在西藏自治区林芝县召开，来自31所高校和科研单位的110余人参加会议。会议围绕“我国草学教育发展的现状与对策”主题，针对当前草学教育的现状、草学学科建设、草业科学本科专业课程设置与教学体系建设、研究生教育、国际合作办学、少数民族草学高等教育、实践教学改革、学生成长成才教育等议题进行了交流和研讨。

10月23—24日，中国草学会草业生物技术专业委员会第二届全国草业生物技术大会在广东省深圳市召开。来自60多所大专院校、科研院所、企事业单位和香港特别行政区的专家、学者175人参加会议。5位专家和21位青年学者作大会学术报告。

科普活动 5月12日，草原火管理专业委员会和吉林省减灾中心在吉林省长春市举办了草原火灾等防灾减灾宣传活动，进行了草原防灾减灾基本知识和技能讲座，提供草原防灾减灾知识展板，宣传草原防灾减灾知识。参加科普活动的科技工作者约20人次，受众人数约100人次。

表彰举荐优秀科技工作者 5月11日，由学会主办，南京农业大学草业学院承办的2014年度“王栋奖学金”颁奖典礼暨草业科学研究生学术论坛在江苏省南京市举行。会议由南京农业大学草业学院院长张英俊主持。10人获2014年度“王栋奖学金”。

（撰稿人：陈力玉　邓　波）

中国植物营养与肥料学会

学会建设 2014年，学会召开两次常务理事会议和1次理事扩大会议。截至2014年12月31日，个人会员1万余名，企业团体会员单位67个，2014年新增团体会员单位17个。学会组织会议14次，与会人数达2180人次，交流论文237篇。

4月24—25日，学会八届三次常务理事会议在广东省深圳市召开，36名常务理事出席了会议。

8月13—15日，学会第八届三次理事扩大会暨2014年学术年会在黑龙江省哈尔滨市召开。

学术期刊 2014年《植物营养与肥料学报》建立

了英文投稿系统，影响因子达到1.707，在农业基础科学中排名第1名。

2014年《中国土壤与肥料》出版6期，刊出论文122篇，约129万字。被列入《中国农业核心期刊概览2014》。

国际学术会议 9月21—24日，学会养分循环与环境专业委员会、西北农林科技大学、中国农业科学院主办，西北农林科技大学资源与环境学院、农业部西北植物营养与农业环境重点实验室及中英可持续农业创新协作网联合承办的第四届农业土壤固碳与气候变化国际学术研讨会在陕西省咸阳市杨凌区召开。来自中国、美国、英国、澳大利亚、德国、巴基斯坦的120余名专家、学者参加了研讨会。

会议围绕土壤生态系统温室效应气体释放与减排、长期定位试验与土壤碳库转化、人为土及固碳作用、养分管理与土壤固碳、新仪器及方法在土壤碳氮转化中的应用5个方面作了30多场报告，会议展示35篇论文墙报，反映了农业土壤固碳与气候变化领域近年来的最新进展与成果。

国内主要学术会议 5月22—23日，由学会新型肥料专业委员会主办，中航化肥有限公司承办的第五届全国新型肥料学术研讨会在广东省深圳市召开。来自全国各地科研院所、大专院校、新型肥料生产和销售企业、农技推广部门以及媒体记者等200余人参加研讨会。会议围绕我国新型肥料技术创新、新产品研发、产业化技术开发、施用技术与应用效果评价等方面展开研讨。会议交流内容涵盖新型肥料材料、缓控释肥料、稳定性肥料、有机无机复合（混）肥料/有机肥技术创新和发展，生物肥料与功能肥料新产品开发与产业发展，水溶肥料产品创新与水肥一体化技术发展，肥料增值技术与肥料利用率提高，新型肥料科学施用技术与应用效果评价、标准制定的相关技术与政府支持政策解读等方面。

10月28—30日，学会青年工作委员会参与主办的第十四届中国青年土壤科学工作者暨第九届中国青年植物营养与肥料科学工作者学术讨论会重庆市举行。来自高等院校、科研院所等73个单位的近400人参加了会议。大会交流学术报告96个、特邀报告4个、大会报告7个，5个分会场进行85个学术报告，墙报展示36个，收到论文242篇。264位研究生（其中博士研究生153人，硕士研究生111人）进行相关科研成果的展示，55位研究生做了分会场报告。内容涵盖土壤学、生态环境、植物营养与肥料、植物营养机理及其分子机制、土壤－微生物－植物综合体等方面，会议评出优秀报告20个，优秀墙报10个。

表彰举荐优秀科技工作者 2014年，学会启动“中国植物营养与肥料学会杰出人才（突出贡献）奖”的组织评审工作，授予学会1982年成立后的前三届学会理事、顾问“学会重大贡献奖”，学会向中国科协推荐2014年创新人才推进计划－重点领域创新团队和中国科协“全国优秀科技工作者”人选。经学会推荐，魏丹获中国科协“全国优秀科技工作者”称号。

【中国植物营养与肥料学会八届三次理事扩大会暨2014年学术交流会】 8月13—15日，由学会主办，黑龙江省农业科学院、东北农业大学、黑龙江省土肥管理站承办，黑龙江省土壤肥料学会协办的中国植物营养与肥料学会第八届三次理事扩大会暨2014年学术年会在黑龙江省哈尔滨市召开。各省、自治区、直辖市及台湾地区从事植物营养与肥料教学、科研、管理和生产单位的专家、学者近600人参加会议。

会议围绕现代大农业中的植物营养与肥料的主题，研讨现代农业发展中我国植物营养与肥料研究与应用的最新成果和进展。8位专家分别作了题为《我国中微量元素肥料发展前景分析》《中国肥料发展与施用若干问题探讨》《东北黑土区农田大豆土壤地力评价与养分管理》《植物响应铵供应信号传导途径及作用》等大会报告。在养分循环与环境、植物营养生物学、高效施肥技术、肥料创新与产业发展4个分会场学术会议上，60多名专家、学者和研究生作了报告。会议征集论文63篇并汇编了论文集。

会议还举行了中国植物营养与肥料学会“重大贡献奖”颁奖仪式，对《植物营养与肥料学报》办刊20年来，被引频次前100名的论文进行表彰。

（撰稿人：张景丽　宋楠楠）

中华医学会

服务创新型国家和社会建设 2014年，学会利用智力密集、学科齐全优势，为政府决策咨询提供服务。受国家卫生和计划生育委员会委托，学会承担了“国家临床重点专科建设项目审核验收和中期评估工作”，包括对民营医院在内的17个专科进行了审核验收，对11个专科进行了中期评估。此次审核验收和中期评估为期10天，主要通过网络形式进行，共有600

多名专家、学者参与，学会各相关专科分会全体常委参加了评估工作。

2月，埃博拉出血热在几内亚境内爆发。随着疫情的肆虐，8月8日，国家卫生和计划生育委员科技教育司将埃博拉出血热防控培训课件的制作工作紧急委托给中华医学会。接到任务后，学会依靠专家快速完成了培训课件摄像、录像、编辑工作，根据国家卫生和计划生育委员会的审核意见修改后，完成了培训课件光盘的批量制作。

国家卫生和计划生育委员会下属的全国继续医学教育委员会成立学术工作委员会和工作协调督导工作委员会，指导全国继续医学教育办公室开展工作，全国继续医学教育办公室设在学会。为开展工作，学会制定了两个工作委员会的工作方案、工作职责、工作流程和工作制度。

2014年，受中国科协委托，学会完成了《全科医学学科进展研究发展报告》的编制工作。所属全科医学分会全科教育培训学组利用学术年会，推进全科医学知识、技能、科研培训，开展全科医学师资的培训工作，编写相关教程，规范继续教育与培训内容，深入基层，积极参与并加强继续教育培训工作，推进完成了《全科医学科学发展研究项目》；农村全科医学学组参与组织调查并撰写了《农村基层医疗发展研究》；全科医学信息学组建设维护中国全科医生网，制作全科医生学术沙龙专题及专业频道，并在新浪微博等多家媒体传播，成立地区全科医学信息中心，推进当地全科医生医学技术服务体系建设，完成《全科医学信息化发展研究报告》。

学会接受国家卫生和计划生育委员会委托，邀请16个临床专业的专家为医政医管局工作人员授课。

学会还举办了专家基层行活动、贵州习水医疗帮扶活动、四川凉山对口支援活动、卫生适宜技术推广武陵山区行活动。上百名知名专家赴基层地区开展了技术培训、学术讲座、查房会诊、手术示范等专题活动。通过这些公益活动，体现了学会服务社会、服务基层的社会责任。

2014年，学会共收到各地高级人民法院和省卫生计生行政部门商请委托的医疗事故技术鉴定案例138例，经专家论证后不予受理114例，对经论证后属于学会受理范围的19例案件进行了鉴定，其中14例被鉴定为医疗事故。全年组织医疗事故技术预审会、抽签会、鉴定会等各项会议131次，组织国内权威医学专家400余人次参加鉴定活动。鉴定程序规范、事实清楚、定性准确、责任明确，得到委托单位和社会各界的认可。

学会能力提升计划 2014年，按照中国科协统一部署，学会能力提升专项建设项目完成结题。学会从2012年9月起围绕提升“四个能力”，结合学会发展战略和实际工作，依据科学性、引领性的项目要求，着力支持提高学术质量、学术期刊建设、学会信息化建设和其他专项建设。

通过专项建设提升学会学术策划能力，使学科引领作用凸显，促进了学科发展，凝聚了专家队伍。学会所属87个专科分会中，已有70个专科分会按照要求制定了自身学术活动规划，实现了每年召开一次学术年会，辅以数量不等的专题会议的模式，对热点、难点问题进行深入探讨。项目执行期间，学会新加入2个国际医学组织，举办了国际医学会议26个，双边交流学术活动9次，学会各类学术年会论文交流数量逐年上升10%。

通过专项建设提升期刊管理能力，实现了期刊管理模式及服务模式的全面转换，增强了医学期刊的核心竞争力，促进了系列杂志的集团化、集约化发展。学会开发网上审读系统平台，学会系列期刊中有80种期刊的基金资助情况高于学科平均值，占学会系列期刊总数的65.0%。利用项目支持，自主研发了集群化期刊的稿件远程管理系统，共有105个编辑部已经正式进行网上稿件处理，投稿作者108562人，文章作者1215707人次，稿件239601篇，全面提升期刊的运作效率。

通过专项建设提升学会公信力，为政府提供科技咨询建议，承接政府职能转移，拓宽了学会的发展空间。作为国家奖直接推荐单位，3年中，学会从往年“中华医学科技奖”一、二等奖获奖项目中择优推荐国家科技进步奖中奖率分别为25%、33%和57%。项目执行期间内，学会承担上级部门委托任务数量逐年增加20%。

学会建设 2014年，学会以“提高学会服务会员和自我发展的能力”作为加强组织建设的主要目标。5月，在江苏省泰州市召开了中华医学会2014年地方医学会秘书长工作会，各地方医学会秘书长就“加强专科分会建设，激发专科分会活力”和“会员数据库建设的探索与实践”等专题进行了交流，就会员信息系统建设，夯实学会发展基础，构建学会发展和谐环境形成了统一认识。

1月7日，学会召开了年度专科分会主任委员、秘书长工作会议。学会23个专科分会完成了换届工作，31个专科分会完成了青年委员会的组建或换届工作，25个专科分会完成了178个专业学组的换届或组建工作。为了进一步增进新当选专科分会主任委员对学会各项工作的了解和认识，学会举办了3期新任主任委员就职仪式，保证了本年换届的23位专科分会主委按时履职，为分会各项工作的衔接提供了保障。

6月25日，国家审计署发布《国务院关于2013年度中央预算执行和其他财政收支的审计工作报告》。学会按照国家卫生和计划生育委员会的统一部署，把国家审计署针对学会提出的审计问题进行专项整改。截至8月18日，审计报告中涉及的所有审计问题已全部整改完毕。

科技期刊国际影响力提升计划 《中华医学杂志》（英文版）荣获中国科协2012—2014年度优秀国际科技期刊二等奖。2014年成立了以中国工程院院士王辰为总编的第八届编委会。杂志作为国际医学期刊编辑委员会唯一的亚洲成员，承办了在北京召开的国际医学期刊编辑委员会会议，会议探讨了医学期刊的标准化和规范化问题。

2014年，学会英文版杂志着手与全球最大的医学开放获取期刊出版商PubMed Central合作，提供文献题录。同时，期刊顺应传统媒体数字化改革趋势，加速新媒体渠道的应用，建立了微博公众号、微信公众号，及时发布动态和相关信息。根据2014年汤森路透统计报告，2013年《中华医学杂志》（英文版）SCI影响因子1.016，高于2012年的0.901，增长12.8%；5年影响因子1.077，高于2012年的1.017，增长5.9%。总被引频次6003，高于2012年的5269，增长13.9%。2014年获得第三届中国国际化精品科技期刊，百种杰出科技期刊及2014中国最具国际影响力学术期刊称号。

学术期刊 学会现有杂志131种，音像出版物79种，电子版系列杂志39种，图书26种。9月，中国科技论文统计结果显示，中华医学会系列杂志有19种入围“中国百种杰出学术期刊”，比2013年增加3种。有32种期刊入围第三届中国精品科技期刊和国际化精品科技期刊，比第二届增加8种。《中国科技期刊引证报告》（2014年）显示，有24种期刊综合评价总分位列本学科第一，比2013年增加5种。

《中华医学杂志》社有限责任公司组建了面向整个期刊群的出版部和市场营销部，经过2014年市场化运营，杂志的出版、发行和各项经营工作均以公司作为主体开展，全年出版超过1400期。

中华医学电子音像出版社按照“重质量、出精品”的发展目标，进行策划、编辑，出版物总发行量3万余盘/套，出版电子杂志220期，图书发行量达6万余册。

学科发展研究 1月，受中国科协委托，由学会编著的《2012—2013全科医学学科发展报告》由中国科学技术出版社出版发行。报告介绍了全科医学学科发展情况，对本学科的进展进行了全面总结。报告分为“综合报告”与“专题报告”两个部分，综合报告包括了全科医学的历史与现状、全科医学的国际比较、全科医学的学科前景等3个部分的内容，专题报告包括了全科医学教育与培训发展研究、全科医学发展政策研究、城市社区卫生服务发展研究、农村基层医疗发展研究、全科医学下的家庭医生服务、慢性病管理、全科医学信息化发展研究等内容。

决策咨询 受国家卫生和计划生育委员会医政医管局委托，承接了审核《按病种收（付）费规范》的工作，推荐了15家医疗机构承担麦格司他胶囊IV期药物临床试验工作。组织专家完成了修订《医疗机构手术分级目录》的工作，完成了《医学科研诚信行为规范（修订稿）》征求意见稿，完成了《国家级区域医疗中心（综合医院）设置标准》临床服务能力章节的征求意见稿，召开了“肿瘤缓释库疗法”技术评估专家论证会。受中国科协委托，学会牵头联合15家全国学会，承担了“推进学会有序承接政府转移职能试点项目——国家科技奖励推荐”的实施工作。

国际学术会议 2014年，学会承办中华医学会第十六届骨科学术会议暨第九届COA国际学术大会、第十届国际妇产科超声医学研讨会、国际骨质疏松大会、国际美容皮肤科大会等5个国际学术会议。

国内主要学术会议 1月8日，中华医学会2014年学术年会在北京召开，600人出席。年会围绕医学与社会经济的协调发展、医学发展与医学人文和中国重大慢性非传染性疾病的联防联治，设置了主会场和分会场的交流内容。

5月29日至6月1日，中华医学会第二十次全国皮肤性病学术年会在浙江省杭州市召开。在为期3天的学术交流活动中，共开展了大会特邀讲演、专题讲

演、专题讨论、热点专题、跨学科交流、学组交流、疑难病例展示等91个场次657个讲座，举办卫星会19场，电子壁报交流435篇。

学会70个专科分会全年为全国医学科技工作者提供了约20万人次的学术交流服务，交流论文超过11万篇，出版论文集53个。80%的国内会议对于举办地及西部地区的医生给予了注册费的减免。会议期间赠送人文期刊1万册。

两岸交流　12月11—14日，第四届亚洲角膜学会学术研讨会（ACS）、台湾眼科医学会第55次年会联合会议在台湾地区举行。中国工程院院士谢立信、学会所属眼科学分会史伟云教授率领由分会角膜病学组30人组成的团队参会，谢立信、史伟云在会上作报告。学会眼科学分会角膜病学组首次与台湾眼科界在此次会议上联合举办海峡两岸高峰论坛，谢立信院士受邀作大会特别演讲。

10月31日，学会所属核医学分会在台湾地区举办了第五届海峡两岸核医学交流会，两岸学者就热点和未来合作的前景进行了交流。

国际组织任职　6月5日，在墨西哥坎昆举行的第八届国际物理医学与康复医学（ISPRM）世界大会上，学会所属物理医学与康复医学主任委员励建安正式担任第八届ISPRM主席，任期两年。他是自ISPRM成立以来第一位担任此职位的中国人（包括华裔）。

学会所属热带病与寄生虫学分会主任委员成军担任国际感染病学会（ISID）执行委员会委员、*Infection International*（*electronic version*）总编辑。热带病与寄生虫学分会常委兼秘书长王焕玲成为美国感染病协会会员。

学会所属眼科学分会主任委员王宁利2014年当选世界眼科学科学院（AOI）院士，担任世界青光眼联合会理事、世界卫生组织中国合作中心主任、亚太眼科学会理事，亚非眼科学会理事。

国际交往　2014年，学会积极鼓励和推动专科分会加入对口国际组织。学会组派的专家代表团分别参加了世界医学会理事会大会、世界眼科大会、2014年国际内分泌大会、欧洲糖尿病学会年会、第26届欧洲病理大会及亚洲泌尿外科年会等国际多边会议，出席了英国医学会年会、泰国医学会年会等双边会议。

学会共接待境外代表团4批33人次。继续实施中法医学日、武田奖学金进修生项目，开展了欧盟第七框架特殊国际间协作计划（SICA）支持的国际合作项目——“将人工流产后计划生育服务与中国现有的医院内人工流产医疗服务相结合”。协助学会检验医学分会完成了加入世界病理和检验医学联合会的申报工作，皮肤性病学分会加入国际皮肤科学会联盟和亚洲皮肤科学会的申报工作。

科普活动　学会结合公众需求，面向基层和社区，围绕学会百年纪念开展了形式多样的科普公益活动。全年围绕中国科协、国家卫生和计划生育委员会等上级主管部门的科普主题，联合社会其他科普力量，共开展科普公益活动80余次。其中，举办知名专家科普报告会20场，覆盖20多个省份，活动受众达到5万人次。

组织开展学会专家基层行活动、贵州习水医疗帮扶活动、四川凉山对口支援活动、卫生适宜技术推广武陵山区行及上百名知名专家赴基层地区开展技术培训、学术讲座、查房会诊、手术示范等专题活动。

表彰举荐优秀科技工作者　1月8日，由学会主办的“中华医学科技奖”颁奖大会举行。会上揭晓2013年度的中华医学科技奖获奖项目，共有86项医学科研成果获奖。

学会借助科技评审服务平台，不断提升举荐人才、激励科技创新的能力。作为国家奖直接推荐单位，2014年，学会择优推荐国家科技进步奖共7项，有4项获得2014年国家科技进步奖。王宁利、杨慧霞、邱海波3人荣获中国科协“全国优秀科技工作者”称号。

党建强会　8月22—24日，学会赴湖北省大悟县开展了“走基层、助医改、结对子”活动。本次活动是中国科协“党建强会计划”的一项重要内容。中国科协学会服务中心、湖北省科协、大悟县卫计局、大悟县人民医院的有关负责人参加活动。

学会邀请北京阜外医院心血管疾病专家杨进刚教授、北京协和医院心内科专家程中伟教授等到大悟县人民医院为老区人民义诊。中华医学会杂志社党支部书记、副社长魏均民，副总编辑石朝云在活动中围绕中华医学会系列杂志的稿件撰写和相关要求等，为当地医务工作者进行了讲解，并结合实例进行了讨论。学会杂志社还邀请中国卫生法学会常务理事、中国医师协会法律顾问邓利强律师为当地医务人员作了《加强知情告知，构建和谐医患关系》的专题讲座。学会杂志社党支部与大悟县人民医院党支部进行了交流。

会员服务 学会针对会员在各地分别登记的现实情况，围绕以会员为核心的发展模式，从会员信息整合、会员服务与管理框架、会员发展模式等三个方面入手，建立了会员管理的组织框架，完成了会员基础库架构。

通过对各业务平台专家信息资源查重、整理和数据分析，形成基础信息的基础数据库，落实专人对有效数据信息进行维护，相应查询检索权限已正式开通。通过对专家数据信息的动态管理，实现了学会内外部信息系统数据的整合利用。

【中华医学会2014年学术年会】 1月8日，学会2014年学术年会在北京召开。全国人大常委会副委员长、学会会长陈竺，中国科协副主席程东红出席会议并讲话。学会第24届理事会全体理事，学会所属各专科分会主任委员、秘书长，学会系列杂志主编、副主编，在京编辑部主任，各地方医学会代表，2013年“中华医学科技奖”获奖代表，部分国际和地区医学组织代表共计600人出席了本次年会。

会议期间举行了2013年“中华医学科技奖”颁奖大会，共有86项医学科研成果分获中国医药卫生行业最高奖，其中，一等奖8项，二等奖25项，三等奖47项，卫生管理奖2项、医学科普奖2项，另有2人获卫生政策奖。

年会以为科技工作者服务、为提高公众科学素质服务和为经济社会发展服务为出发点，围绕医学与社会经济的协调发展、医学发展与医学人文和中国重大慢性非传染性疾病的联防联治，设置了主会场和分会场的交流内容。

清华大学国情研究院院长胡鞍钢以“医学与发展”为题作大会报告，以国民经济发展大局为出发点，宏观地回顾、展望了我国医药卫生事业的历程。中国工程院院士樊代明作了《医药互为师》的演讲。大会特邀嘉宾、世界医学会现任会长Margaret Mungherera博士以“21世纪医生角色的变化”为题发表演讲。针对医学界对医患矛盾等热点问题的关注，大会邀请上海交通大学医学院顾问、中华医学会生分会主任委员王一飞教授就医患矛盾由来、演变及对策作了演讲。

为促进学科交流，年会分会场的内容还设立了“医务人员心理健康”“重大慢性非传染性疾病的联防联治”及“国家科普能力建设研讨”等分会场，并举办了专题研讨。

【2014年联合国糖尿病日“蓝光行动”大型公益活动】 每年的11月14日为世界糖尿病日，学会从2010—2014年已连续5年在全国各主要城市开展“蓝光行动”大型系列科普公益活动，宣传糖尿病的防治知识，提高全社会对糖尿病防治的重视。2014年11月，学会“蓝光行动”大型公益活动围绕2014年世界糖尿病日主题“健康饮食与糖尿病”，在糖尿病日前后举办了各种形式的宣传教育活动，包括“糖尿病日主题活动”“点亮地标建筑”“大巴车糖尿病筛查”“青少年糖尿病大讲堂”等多项科普公益活动，并于11月13日晚用蓝色灯光点亮了全国70多个城市的标志性建筑物，如北京的安定门、上海的东方明珠、广州新电视塔、四川华西钟楼、新疆乌鲁木齐红山塔等，以唤起全社会对糖尿病的重视。同时，在全国100多所城市举办公众和患者健康教育、糖尿病筛查、知名专家健康大讲座、义诊咨询等公益活动，张贴糖尿病教育海报12万张，发放糖尿病教育手册22万册，发放糖尿病蓝环标志7万个。

【中华医学会第20次全国皮肤性病学术年会】 由学会和学会皮肤性病学分会联合主办的学会第20次全国皮肤性病学术年会于5月29日至6月1日在浙江省杭州市召开。

年会以“皮肤科学，追求卓越”为主题，并与2014国际感染－免疫－肿瘤研究论坛、2014国际皮肤病遗传学论坛、2014国际特应性皮炎论坛和2014国际银屑病研究论坛同期召开。

会议共收到投稿1296篇，特约组稿406篇，共有1702篇学术论文在大会上进行交流。在为期3天的学术交流活动中，共开展了大会特邀讲演、专题讲演、专题讨论、热点专题、跨学科交流、学组交流、疑难病例展示等91个场次657个讲座，举办卫星会19场，电子壁报交流435篇。

本次年会邀请了美国实验皮肤病学会（SID）主席Paul R.Bergstresser教授，德国皮肤科学会前任主席Enno Christophers教授，国际皮肤科学会联盟（ILDS）常务理事Harvey Lui教授，德国科隆大学Ingo Haase教授、美国杰斐逊医学院Jouni Uitto教授等40多名海外专家、学者，中国工程院院士樊代明、侯云德、郎景和、郝希山、林东昕、李兰娟、陈洪铎院士等国内著名专家、学者出席。

年会组织了12个专业学组，举办了数字化诊断、移动互联网、循证医学、大数据分析、皮肤电子镜、

皮肤干细胞、动物模型、黑素细胞生物学、白癜风、红皮病、药疹、皮肤中医、民族医药、皮肤外科等医学科技前沿专场及临床热点专题等专场活动。

年会还举办了SCI论文专场、优秀研究生评选、青年教师讲课比赛等系列活动。年会以“电子壁报，精彩日程回顾”模式，同步采集会场视频或音频，以及演讲者的幻灯片，供与会者在会后或茶歇期间再次观看或聆听，不会错过感兴趣的学组或专场会议的精彩内容。

（撰稿人：杨　凯）

中华中医药学会

服务创新型国家和社会建设　2014年，中央部门预算中医医院项目预算专家论证评审项目被中国科协确定为政府转移职能首批10个试点项目之一。学会根据国家中医药管理局、财政部的有关规定和要求，组织专家对中医事业费（医院经费）的新增项目预算编制的必要性、可行性、合理性、规范性以及项目实施内容与目标的一致性、实施能力与支撑条件、项目的风险和不确定性等进行科学分析论证，确保财政资金分配更加合理、公正，让有限的财政资源发挥更大的作用。此外，科技部和国家标准化管理委员会也分别推荐学会作为国家科技奖励推荐以及研制社会团体标准试点单位。

受国家中医药管理局人事教育司委托，学会完成了全国名老中医药专家传承工作室建设项目评估验收及第五批师承经验检查督导工作。

学会完成了《中医药多媒体信息资源分类与标注规范》等7项标准的立项工作。审查通过了《中医药行业标准编制通则》《中医临床诊疗指南编制通则》。完成《中医药标准立项管理细则》《中医药行业标准和行业组织标准通告实施细则》《中医病症分类和代码》的意见征求工作，整理后上报国家中医药管理局政策法规与监督司。学会组织各专科分会申报国家中医药管理局中医药标准化制修订项目，成立了中医诊疗指南专家指导组。在国家标准化管理委员会的支持下，参与了社会团体标准编制及管理示范项目的试点工作。

学会参与中国科协“实施创新驱动发展战略，建设创新型河北”——助力保定经济创新发展工程，与河北金木药业集团签署了《中国科协创新驱动助力工程学会服务站合作协议》。

学会开展了构建和谐医患关系的中医模式探讨与研究、中药大品种培育策略与路径研究、中药上市后重点品种遴选原则与监测规范研究等多项研究，为企业发展提供技术支持，为政府决策提供智力支撑。由学会上报的中医营养医师、中医康复医师、中医全科医师、中医护士等4个职业，经国家职业分类大典修订工作专家委员会批准，列入《中华人民共和国国家职业分类大典名录》。组织专家对1999年版大典中已有的职业和新增4个职业的《职业描述信息建议表》进行了修订。

学会与亚宝药业集团股份有限公司共同举办了“春播行动”系列培训班，覆盖全国20多个省、自治区、直辖市，培训场次120期，近3万名基层医生熟练掌握了中药透皮技术的临床应用。学会举办了3600余人参加的“春播行动”研讨会，成立了“春播行动”技术培训专家组和临床研究专家组，撰写了“春播行动”培训教材。8月17日，在北京人民大会堂举办了“基层中医梦　春播在行动”——“春播行动”论坛，3600多人出席。

完成了国家级继续教育项目66项，完成率为98%，培训人员26000余人次。建立继续教育网络平台及证书查询系统，该系统于12月5日正式上线，已上传20000多条学员信息。

学会能力提升计划　学会从打造精品会议、推动成果转化、开展政策研究、深化国际交流、拓宽服务渠道、创新协同机制、完善内部管理、提升队伍素质等方面推进工作，注重机制与平台建设，通过长效机制切实提升学会自身能力，显著提高政府认可度和社会公信力，为服务好社会管理创新，承接好政府转移职能夯实基础，并取得进展。

一是打造学术品牌，发挥学术引领，切实提升学会服务创新能力。学会打造并形成了以岐黄论坛、学术年会、诺贝尔奖获得者医学峰会为主的系列品牌会议，实现了“一会一品牌”的目标，结束了学会总会没有自身品牌会议的局面，完成了从会议组织到学术策划完全由总会直接负责的转变。学会加强对学会主办期刊的管理，建立“期刊平台管理系统”，制定《中医药期刊编辑规范》，探索建立中医药评价标准体系。《中医杂志》（英文版）被评为首届“中国最具国际影响力学术期刊”，同时还荣获了“中国科技期刊国际影响力提升计划”C类项目支持；《中华中医药学刊》《西部中医药》等多本期刊获国家级、部委级及省级期刊奖；《中华养生保健》《中医杂志》《糖尿病天地》近3年每期平均发行量分别为7万册、60667册、3万册。

二是紧抓行业热点，关注产业发展，切实提升服务政府和社会能力。学会组织开展了行业热点问题研究，其中，“中药大品种培育策略与路径研究”以“惠民生、促产业、驱动创新”为宗旨，以“集聚产学研精英，搭建协同创新平台”为核心，发挥了学会的组织优势、专家优势和资源优势，实践了以学会为枢纽，专家为依托，企业为实体的协同创新新模式；医保目录（中成药部分）遴选重点问题研究，在充分调研，掌握事实依据的基础上，整理、分析、凝练新医保目录（中成药部分）遴选的关键问题，组织学术机构及行业的相关专家就中药遴选原则、标准等方面问题进行了研讨，探索医保目录遴选（中药部分）关键问题的解决思路。此外，第一次真正发挥第三方作用，完成了“治咳川贝枇杷露和蜜炼川贝枇杷膏两种中成药预防和治疗大气PM2.5所致肺损伤的作用研究”和“巴布剂凝胶中药贴专家论证”；同时，学会在行业内首次开展了地道中药材示范种植基地建设，能够让中药材追根溯源，提高了中药材种植、加工、流通等环节的责任意识。首次开展了中医药科技成果转化现状调研，基本理清了在成果转化中存在的问题，为促进学会科技创新和政府决策提供了依据。在此基础上，制定了《中华中医药学会促进科技成果转化办法》，建立了中医药重点科技成果转化项目制度，建立了中医药重点科技成果转化项目评审、评估专家库，并通过建立中医药科技成果评价与转化平台，召开了第三次中华中医药科技成果论坛，对加快中医药科技成果转化步伐，提高中医药科技成果转化率起到了积极作用。

三是重视人才培育，推进产学研结合，切实提升服务科技工作者能力。完善了科技奖励办法与评价指标体系，健全了科技奖励机制，进一步提升评审的科学性、准确性和奖项的权威性，提高了学会科技奖励的质量。由学会直接推荐的中国人民解放军军事医学科学院放射与辐射医学研究所高月研究员等完成的“中药安全性关键技术研究与应用”项目荣获2013年度国家科学技术进步奖一等奖。学会首次设立了“中医药政策研究奖”、中青年创新人才与优秀管理人才奖励基金。继续教育工作成效显著，举办国医大师学术传承高层论坛，尝试将传统师带徒和现代人才培养模式有机结合，为培养优秀中医药人才探索了新模式、建立新机制；由学会开展的“春播行动”培训工作，截至目前共开展培训489期，总计培训各层次医生34624人次。

四是建章立制，改革创新，切实提升自我发展能力。制定了系列规章制度。系列规章制度的制定和实施，推动分会的规范化、制度化、科学化管理。落实员工培训和年度考核制度，加强了分会评估管理。学会首次启动了对分会考核评估工作，增强学会对分会的科学管理能力，也调动了分会的积极性和主动性，促进了分会的健康发展。创新模式提升服务会员能力。学会通过在网站设置会员服务专栏，开展基层中医院人才培养与适宜技术推广，为广大会员提供更加便捷、高效的服务。

学会建设 2014年，学会共发展个人会员1638名，团体会员18个。

学会召开了第六次会员代表大会，选举产生了第六届理事会，王国强当选第六届理事会会长，马建中、王阶、王辰、王新陆、刘维忠、闫希军、李俊德、李清杰、杨殿兴、吴以岭、吴勉华、张伯礼、陈达灿、陈凯先、徐安龙、萧伟、曹正逵、屠志涛当选第六届理事会副会长，曹正逵兼任第六届理事会秘书长。审议通过了《中华中医药学会章程》修改草案、《中华中医药学会调整会费收缴标准的决定》等文件。

学会对64个分支机构进行了评估，制定并下发了《关于进一步加强分会评比达标表彰工作管理的通知》《关于加强分会财务管理有关事项的通知》。

学会完成了疼痛学分会、针刀医学分会等11个分会的换届选举工作。成立了血液病分会、生殖医学分会、中药毒理与安全性研究分会等3个分会。审议通过并同意组建学会中药制药工程分会、学会健康促进工作委员会。

学术期刊 学会增设了期刊管理办公室，制定《中医药期刊编排规范（试行稿）》，在学会主办、主管的34种期刊中试行。受国家中医药管理局委托开展了对局主管期刊的年度集中审读、局主管出版物2014年质量专项检查等工作。学会主办的系列期刊发表的40余篇学术论文入选“领跑者5000——中国精品科技期刊顶尖学术论文”，《中医杂志》英文版入选“2014中国最具国际影响力学术期刊”，《中华中医药杂志》《中医杂志》等荣获“百种中国杰出学术期刊”

称号。

学科发展研究 为充分发挥学会在引导学科发展研究中的作用，推动学科发展、完善学术建制设立研究和发布平台，学会编写了《2012—2013年度中医药学科发展报告》，回顾、总结和评述了近两年来中医药学科在临床、教学、科研、学术交流等方面的概况，展示了学科在新理论、新原理、新观点、新方法、新成果、新技术等方面的国内外发展状态，分析了学科未来发展趋势、发展目标，预测发展前景，并提出研究方向。报告及时总结了中医药学科的最新研究进展，有利于广大中医药科技工作者追踪、了解、把握学科的发展动态，推进学科交叉、融合与渗透，推动多学科协调发展；促进新兴学科、边缘学科、交叉学科、分支学科的产生与发展；促进原始创新能力的提升，对树立学会在学科发展研究中的导向性和权威性，发挥学会的学术引领作用具有重要意义。同时为国家制定中医药发展规划与科研思路提供了可靠的决策依据，对促进中医药的自主创新和健康协调发展发挥了积极的作用。

决策咨询 1月25日，学会召开了“贯彻十八届三中全会精神，推动中医药事业发展”专家座谈会，与会专家针对把发展中医药提升为国家战略，成立国家中医药事业发展领导小组，将发展中医药作为西部大开发重要方略纳入扶贫开发战略规划，加强以临床、科研、企业为主体的协同创新体系的构建，确立名医培养与遴选的常态化机制，建立合理的中医药专业人才评价体系，确立中医药独立学术评价体系，成立中医保健专家库等内容，提出了意见和建议，部分建议已被国家中医药管理局采纳并实施。

2月27日，医保目录遴选（中成药部分）重点问题专家研讨会在北京召开，会议就提高中成药在医保目录中的比重、中成药部分目录按功效分类、客观理性对待中药注射剂、药材资源濒危或安全性风险大的品种不予遴选、中西复方制剂慎重遴选、规范新医保支付管理制度等内容达成共识，有关建议报送国家中医药管理局、人力资源和社会保障部等相关部委参阅。

国际学术会议 2014年，学会举办了络病、经络、五运六气、中医养生技术、易水学派、经方、扁鹊象思维、地道药材、大健康、中西医学汇通、扶阳与易经、仲景学说、中医影响世界、国医大师与铁杆中医等为主要内容的国际学术研讨会15个。

2月22日，第十届国际络病学大会在北京召开，大会设立了冠心病与介入、脑血管病、心律失常、心力衰竭、呼吸疾病、糖尿病、肿瘤等9个分论坛。本次会议的创新点是在讨论络病学术的同时，增加了中医药创新发展分论坛，更加关注中医药政策、国际传播、中医药现代化等宏观问题，为中医药新时代的发展进行了前瞻性的探讨。10月21—23日，第二届医圣仲景南阳国际论坛暨“修正杯”优秀论文评选活动在河南省南阳市举办。论坛以“大中医、大生态、大产业”为主题，围绕仲景学说及其临床研究、经方临床应用等议题进行了研讨。论坛共评选出22篇优秀论文。

国内主要学术会议 学会和各专科分会共举办学术会议75个，参会人员17391人次，交流论文3297篇。

6月19日，学会在广东省广州市召开资本与中医健康产业发展论坛。本次论坛以“新形势、新机遇、新模式”为主题，围绕中医健康产业发展、利用社会资本促进医疗体系改革及中医医疗体系产学研一体化为主题展开研讨与交流。围绕“如何按照十八届三中全会精神，构建中医公立医院和民营医院利用社会资本促进健康发展的新机制、新模式”等3个议题进行深入交流和讨论，对如何进一步促进中医药知识资本与社会资本的结合提出建议。

7月26日，第二届岐黄论坛在北京举行。论坛的主题为“彰显特色优势，促进全民健康”，除学术交流与学术引领外，还设立了中医药学术期刊展示专区。

9月26日，2014中国长白山健康养生文化论坛在吉林省长春市举行。论坛就养生文化传承、国际国内养生行业现状、中国健康养生产业的合作发展，立足健康养生的理念、技术、产业、文化等“四位一体”的科学发展思路，结合健康产业各领域的现状，分析了制约健康产业发展的因素，探讨了中国养生健康产业的发展。

10月25—26日，学会与上海中医药大学主办的纪念我国现代著名中医学家、伤科临床家、高等中医教育家石筱山先生诞辰110周年大会暨2014年中医骨伤流派与非物质文化遗产传承高层论坛在上海召开。

两岸交流 8月21—30日，“海峡两岸地道药材临床应用研讨会暨地道中药材寻根之旅活动”在云南省昆明市举办，本次会议旨在加强两岸纯正中药材临床应用的交流与合作。整个活动围绕云南省昆明市、文山壮族苗族自治州、普洱市和楚雄彝族自治州进行医疗机构、药用植物、药材市场和药企考察，与当地研究机构进行座谈。来自台湾地区中医药领域的专家、学者，台湾地区中部县市的中医药医师公会负责人共30余人参加活动。

国际交往 学会组织中医药团组赴意大利、加拿大、马来西亚、西班牙、韩国等国进行6次学术交流。出访团组6次，学会参会专家142人次。

9月8—15日，学会有关负责人率代表团赴意大利出席了国际传统医药防治疑难病学术研讨会，来自中国、意大利的近80位中医及中西医结合专家参加了会议。会议以“中意中西医结合防治疑难病学术交流”为主题，交流了中西医结合治疗疑难病的研究现状、问题、对策以及未来发展方向，探讨了现代疑难病的诊断标准及临床疗效评价标准化研究进展。

学会与意大利中华医药学会签署了友好合作协议。

科普活动 学会联合北京中医药大学、步长制药集团等10多家单位，制作了10款中成药合理使用宣传海报，与科学出版社共同完成了15册《科普骨干培训教材》的选题工作。分别在北京、青岛、天津、浙江等地开展了8场科普骨干培训活动，培训4000余人次。

表彰举荐优秀科技工作者 学会完成2014年度中华中医药学会科学技术奖（73项）、李时珍医药创新奖（4项）推荐、评审及表彰工作，并对8项中华中医药学会科学技术奖一等奖、24项二等奖、41项三等奖以及4项李时珍医药创新奖进行了表彰。

学会首次设立“中医药政策研究奖”，评选出研究成果2项、中青年创新人才6位、优秀管理人才5位。

经学会推荐，中国中医科学院西苑医院刘建勋教授等完成的“源于中医临床的中药药效学评价体系的构建与应用”和广东药学院郭姣教授等完成的“调肝启枢化浊法防治糖脂代谢紊乱性疾病基础与应用研究”均荣获国家科学技术进步奖二等奖。

北京中医药大学张冰教授等4人荣获中国科协“全国优秀科技工作者”称号。

党建强会 学会完成了中国科协学会党建研究会资助的基层中医药工作者“中国梦”调查研究课题，通过对来自全国29个省、自治区、直辖市2338份问卷的分析，形成了调研报告。调查报告主要从个人基本信息、“中国梦”调研情况、“自身奋斗梦”调研情况和中医科技工作者“中医梦”调研情况等四个部分，13个问题，收集了基层中医药科技工作者的地域分布、性别、年龄、学历、专业技术职务以及所属学科，了解了基层中医药科技工作者对“中国梦”的认知情况，得出了在实现“中国梦”中应该坚持和解决、自身期盼的问题，同时分析了在实现“中医梦”，助力“中国梦”中应该解决的关键问题，为今后工作的开展提供了数据支持。

会员服务 学会设立了会员服务部，强化会员主体地位与分类管理。依托分支机构、地方学会、会员单位设立了20个会员联络站，探索以点带面，联动促进会员发展与服务工作的新模式。

12月，学会与各会员联络站一起，共同组织了2014年会员日活动。活动以服务会员，开展节日问候为主题，主要包括慰问在京国医大师代表，按照学会新的会员分类标准进行会员入会宣传，组织开展相关会员活动并向会员发放各类科技文化展馆参观券等务实有效的工作。

【中华中医药学会第六次会员代表大会】 11月21—22日，学会第六次全国会员代表大会在北京举行。各省、自治区、直辖市及副省级城市中医药学会，解放军中医药学会，各专科分会，学会主办系列期刊以及各有关单位代表600余人参加了大会。

根据《中华中医药学会章程》，按照《中华中医药学会第六届理事会选举办法》，会议选举产生了学会第六届理事会。选举产生了139名第六届理事会常务理事，选举王国强为第六届理事会会长，选举马建中、王阶、王辰、王新陆、刘维忠、闫希军、李俊德、李清杰、杨殿兴、吴以岭、吴勉华、张伯礼、陈达灿、陈凯先、徐安龙、萧伟、曹正逵、屠志涛为第

中华中医药学会第六次全国会员代表大会在北京会议中心召开

六届理事会副会长，选举曹正逵为第六届理事会秘书长（兼）。

会议同时审议并通过了《中华中医药学会第五届理事会工作报告》《中华中医药学会章程（修改草案）》等系列文件。

【诺贝尔奖获得者医学峰会暨院士医学论坛】 3月23日，由中华中医药学会、中国医师协会、中国针灸学会共同主办的2014·诺贝尔奖获得者医学峰会暨院士医学论坛在北京举行，1000余名中医、西医、中西医结合科技工作者参加论坛。

阿龙·切哈诺沃、理查·罗伯茨、杰克·绍斯塔克、埃里克·马斯金、罗伯特·默顿等5位诺贝尔奖获得者，以及中国、美国的9位院士围绕国际生物医学技术的前沿、生物医学技术经济学展望、中医药学现代生物医学技术的应用与中医药学的传承创新、中医药发展的理论创新与产业发展等问题作主题演讲。2004年诺贝尔化学奖获得者龙·切哈诺沃作了题为《个性化医学的革命：我们将能治愈所有疾病吗？将以何代价？》的演讲；2007年诺贝尔经济学奖得主埃里克·马斯金作了题为“药品应该申请专利吗？”的演讲；2009年诺贝尔医学和生理学奖得主杰克·绍斯塔克作了题为《生物技术的成与败》的演讲；1997年诺贝尔经济学奖得主罗伯特·C·默顿作了题为《金融工程如何提高生物科技产业经济学》的演讲；1993年诺贝尔医学与生理学奖得主理查·罗伯茨作了题为《小型公司如何帮助驱动技术创新》的演讲。理查·罗伯茨代表5位诺贝尔奖获得者发言，他表示，中医药不仅是中国的瑰宝，更是全人类的财富，希望能加强与中医药科技工作者的交流和合作，共同为推动医学事业的发展、为提高人类的健康水平而努力。

（撰稿人：康　宁　余珍珍）

中国中西医结合学会

服务创新型国家和社会建设　2014年，学会计划举办的继续教育项目38项，其中8项经国家中医药管理局批准列入局继续教育项目。按计划举办37项，参加学习和培训8200余人次。培训内容涉及心脑血管疾病、呼吸、肿瘤、肾病、急救、皮肤病、骨科、眼科、烧伤、围术期、消化、肝病、风湿病、影像学、妇产科、血液病、周围血管病、循证医学等。

学会建设　按照民政部于2013年年底发布的关于全国学会分支机构由各学会自行审批，不再到民政部注册登记的通知精神，学会积极开展分支机构建设，严把质量关。经过常务理事会议研究，先后成立了检验医学、生殖医学、神经外科、麻醉、营养等专业委员会，使学会的分支机构达到54个。

消化系统疾病、心血管疾病、医学影像、肝病、骨伤科、骨科微创、基础理论、信息等8个学会专业委员会完成换届改选工作，通过民主选举组建了新一届专业委员会。

大肠肛门病、耳鼻咽喉科、急救、精神疾病、医学美容、男科、脑心同治、虚证与老年医学、肿瘤、重症医学等10个专业委员会增补了40余名专家、学者进入专业委员会。

学术期刊　根据7月30日汤森路透（Thomson Reuters）发布的2013年SCI影响因子，学会主办的英文版*Chinese Journal of Integrative Medicine*最新SCI影响因子为1.401，较2012年的1.059提高32.3%，在22本结合医学领域期刊中排名第11名，标志着该刊的国际影响力提升一个新台阶。

该刊作为第一本被SCI收录的中国的结合医学杂志，已经于2012—2014年连续3年荣获“中国最具国际影响力学术期刊”称号。

10月，由学会编辑工作委员会主办，《中国中西医结合影像学杂志》编辑部承办的第七届编辑工作委员会第六次工作会议在山东省济南市召开。会议邀请专家作医学统计学和期刊审读评价的专题报告，探讨了新形势下中西医结合系列期刊品牌塑造及办刊经验，研究确定中西医结合系列期刊年度工作，并对编辑加工稿件中统计学应用的实例进行了分析。

国际学术会议　学会召开国际会议2个。10月，首届国际抑郁共病暨第十届中国中西医结合基础理论学术研讨会在福建省厦门市召开。同月，第三届民族传统医学与现代医学国际学术大会暨第十三次全国中西医结合防治呼吸系统疾病学术研讨会在青海省西宁市召开。

国内主要学术会议　2014年计划举办学术会议59个，实际举办56个。参加会议的代表共计2万余人次，编印会议论文集46种，交流学术论文8000余篇。这些学术活动充分展示了中西医结合各学科的成就与进展，交流了学术信息，增进了联络和协作。在学术民主、平等与宽松的氛围中，通过深入的探讨和切磋，推动了学科发展与进步。

表彰举荐优秀科技工作者 4月，学会在山东省青岛市召开了2013年度科技奖励大会，向36个学会科学技术奖获奖项目颁奖。

2014年度学会科学技术奖共收到申报项目81个。经形式审查，77个项目进入初审。经初审，8月评选出推荐获奖项目43个，经公示，终审评选出获奖项目36个，其中一等奖6个，二等奖10个，三等奖19个，科普奖1项。

学会推荐了4位专家作为中国科协“全国优秀科技工作者”候选人及1位“全国十佳优秀科技工作者”候选人，齐清会、梁晓春和王学美等3位专家被评为中国科协“全国优秀科技工作者”。

【第十届全国中西医结合灾害医学大会】 9月，第十届全国中西医结合灾害医学大会在江苏省常州市召开，会议主题是“面对灾害频发的世界，我们灾害急救重症医学工作者如何加以科学应对”。由学会灾害医学专业委员会、江苏省中西医结合学会主办。会议旨在加快建立与国际接轨的现代灾害医学救援体系(EMS)，进行迅速、科学的灾害医学急救，减少伤员死亡率和伤残率，提高我国灾害医学救援及危重病救治的整体水平。

来自全国各地的灾害、急诊、公共卫生、创伤、重症医学等领域近600名专家、学者参加会议，对我国灾害医学的最新观点和最前沿的研究成果进行学术交流。

会议共举办46个专题报告，国家卫生和计划生育委员会卫生应急办公室（突发公共卫生事件应急指挥中心）主任张宗久的《中国卫生应急实践》、中国工程院院士邱贵兴的《胸腰椎骨折与脊髓损伤》、中国工程院院士陈冀胜的《灾害医学》、法国 Arnal Jean-Michel 教授的《成人呼吸窘迫综合征患者控制性肺膨胀复张方法的最佳时机》、学会灾害医学专业委员会主任委员岳茂兴教授的《灾害现场急救新理念新模式新装备新疗法》等专题报告引起了与会专家、学者们的关注。

第十届全国中西医结合灾害医学大会

本届大会共收到论文583篇，会议总结交流了“大地震”医学救援、“暴力恐怖事件”“大爆炸事件”“冰雪、洪涝及泥石流灾害”突发性群体性中毒事件、“奥运”“亚运”“青奥运”“南极科考”“载人航天员”等的卫生勤务保障经验体会，对与灾害相关的西医、中医和中西医结合等临床学科的新诊治经验与基础研究进行了探讨。大会还进行了第八届“华森杯”灾害医学优秀论文评审活动，评选出优秀论文二等奖5篇，三等奖8篇。

【首届国际抑郁共病暨第十届中国中西医结合基础理论学术研讨会】 10月，由学会基础理论专业委员会主办的首届国际抑郁共病暨第十届中国中西医结合基础理论学术研讨会在福建省厦门市召开。来自国内外医学院校、各大医院、研究所、中西医结合学会的近150名专家、学者参加会议。参会人员围绕“抑郁共病”和“中西医结合基础理论”两大主题，就最新研究进展进行了专题研讨，举办了青年优秀论文的奖励和青年学者的表彰活动。其中，来自美国的 Jeffrey M.Zigman 教授作了《脑肠肽调控食欲和情绪》的学术报告，中国学者黄熙教授作了《抑郁症与功能性消化不良的重叠部分》的学术报告、陈刚教授作了《越鞠丸可快速持久调节神经可塑性而呈现出下一代抗抑郁药物特征》的学术报告。

【第三届民族传统医学与现代医学国际学术大会暨第十三次全国中西医结合防治呼吸系统疾病学术研讨会】 10月，学会呼吸病专业委员会主办的第三届民族传统医学与现代医学国际学术大会暨第十三次全国中西医结合防治呼吸系统疾病学术研讨会在青海省西宁市召开。来自美国、德国等国家及我国青海、新疆等省、自治区的300余位专家、学者参会，共收录论文200余篇，择优遴选出160余篇编入大会论文集。大会宗旨是“不同医学的交流、比较、认识和融合”。中国工程院院士吴天一、中国科学院院士苏国辉，复旦大学中西医结合研究所所长、复旦大学附属华山医院中西医结合科主任董竞成、新疆医科大学校长哈木拉提 · 吾甫尔、新疆医科大学附属中医医院副院长李风森等专家作主题报告和大会发言。董竞成教授的报告题目是“中国传统医学的哲学基础与结构”，中国

民族医学会回医药分会会员理事刁红涛提交的《“红涛烧伤膏”药膏特点与临床运用》等论文和刁红涛、刁晓露主编的《回医学——理论探究与临症心验》一书受到大会好评。

【第12次全国中西医结合心血管病学术会议暨冠心病中医临床研究联盟第四届学术研讨会】 学会心血管疾病专业委员会主办的第十二次全国中西医结合心血管病学术会议暨冠心病中医临床研究联盟第四届学术研讨会在天津市召开。来自全国各地的1600余位专家、学者参加了会议。本次会议设置了院士论坛和冠心病、高血压与心力衰竭、心律失常、继续教育等分论坛，邀请中国科学院院士陈可冀、中国工程院院士张伯礼、陈香美，第二届国医大师、天津中医药大学第一附属医院心血管学科的奠基人、97岁高龄的阮士怡教授，以及来自全国各地的近30位知名专家进行了学术报告。本届大会执行主席、天津中医药大学第一附属医院副院长毛静远教授介绍，随着社会发展和人民生活水平的不断提高，心血管疾病的发病率呈明显增高趋势。充分发挥中、西医学的特色和优势，采用中西医结合方法防治心血管疾病，具有广阔的应用空间和发展前景。然而，由于目前中医辨治方式尚不统一，相关中医诊疗规范尚未在业界达成共识，限制了中医药在心血管疾病治疗中的应用及推广。基于此，本次会议确定了“研究、规范、转化、推广”的大会主题，旨在鼓励学术研究，建立辨治规范，促进成果转化，加强技术推广，围绕冠心病、心力衰竭、高血压、心律失常等心血管疾病的中西医结合诊治进展、新思路、新成果和相关规范共识，进一步提高我国心血管疾病中西医结合防治的整体水平。

（撰稿人：孔令青）

中国药学会

服务创新型国家和社会建设 2014年1月，国家食品药品监督管理总局法制司公开征求《药品管理法》修订意见，学会及所属24个专业委员会，反馈修改意见和建议8条。针对《最高人民法院关于审理侵犯专利权纠纷案件应用法律若干问题的解释》征求修改意见，学会反馈修改意见和建议6条。在第十二届全国人民代表大会第二次会议和全国政协第十二届委员会第二次会议的医药领域代表座谈会上，学会向大会提交2件涉及医药领域提案。受国家食品药品监督管理总局委托，学会承担了食品药品科技成果登记相关调研工作。

2014年，学会稳步实施年度继续教育项目，完成国家级继续医学教育项目13项，学会继续教育项目40项。

2014年，全国医药经济信息网规模逐渐扩大，截至2014年年底，新增入网医院94家，网员总数达1144家。按照辅助政府决策的需求，学会进一步增加了县级医院、基层医疗卫生机构入网，二级医院及基层医疗卫生机构数量达到93家，数据报送率不断提高。学会举办网员培训班55期，受训人员5400余人次。编发《信息网快讯》24期，共计87.4万字。

学会能力提升计划 2014年，学会继续实施中国科协学会能力提升专项研究项目。在专项实施过程中，积极探索和创新学会发展模式，将课题研究纳入学会能力提升和发展规划之中。承担课题研究分别为：科技部“十二五”国家科技支撑计划“安全合理用药评价和干预技术研究与应用”“新药专项支撑医改情况调研分析研究”项目；工业和信息化产业部“我国医药产业政策研究”项目；国家卫生和计划生育委员会“基本药物制度实施效果评价监测研究”“药品供应保障信息化建设研究”项目；国家食品药品监督管理总局“食品药品安全应急平台建设研究”项目；北京市食品药品监督管理局“北京市医药物资专项储备规模研究”项目。

学会建设 学会修订完善各项制度共13项，新制订学会制度6项。对办公自动化系统进行了升级改造，提高了办公效率。

定期召开理事会、常务理事会、理事长办公会议、秘书长办公会议等，研究、商议和决策学会重要事项，解决学会发展中存在的问题，加强了分支机构建设和管理。

2014年年初制定并实施了《中国药学会秘书处2014—2015年岗位聘用方案》。方案全面优化了组织架构，合理配置资源，明确了各部室的职能和权责，建立了科学的组织结构管理体系。

科技期刊国际影响力提升计划 《中国药学》（英文版）从2014年1月改为月刊，发表周期显著缩短，载文量大幅增加，在药学领域的影响力进一步扩大，影响因子0.538，总被引频次270次，5年影响因子0.512。被中国学术文献国际评价研究中心评为“2014中国国际影响力优秀学术期刊”（科技期刊TOP

5%～10%)。

学术期刊 2014年,《药学学报》网络英文版期刊 *Acta Pharmaceutica Sinica B* 被美国化学文摘(CA)收录。《中国天然药物》是学会主办期刊中唯一被美国《科学引文索引》(SCI)收录的英文期刊。目前SCI影响因子1.06,国际学科排名第7位,被SCI引用2301次。该刊已经成为引领世界天然药、传统药学术研究领域的最优秀代表性期刊。

《药学学报》《药物分析杂志》继续获得中国科协精品期刊工程期刊出版人才培育项目和精品科技期刊培育计划项目资助。9月,学会主办的7本期刊,《国际药学研究杂志》《药学学报》《中草药》《中国天然药物》《中国新药杂志》《中国药学杂志》和《中国中药杂志》入围"第三届中国精品科技期刊",即"中国精品科技期刊顶尖学术论文项目来源期刊"。《药学学报》入选全国百强科技期刊。《药学学报》《中国中药杂志》《中草药》《中国天然药物》等4本期刊获得"2013中国最具国际影响力学术期刊",《中国药学杂志》获得"2013中国国际影响力优秀学术期刊"。

学科发展研究 学会密切跟踪药学学科发展前沿,依托所属24个专业委员会,连续完成3部中国科协《药学学科发展报告》。通过8年编写《药学学科发展报告》,深刻体会到《报告》对于开展药学学科发展研究,总结学科新进展,研究学科发展趋势,促进药学学科交叉融合和多学科协调发展,有力带动我国药学科技创新能力的提升和药学科技队伍建设的重大作用。

2014年,学会编撰的《中国药学学科史》完成了书稿框架,总计40万字。

决策咨询 学会参与决策咨询与意见修改3项。其中,学会承担的中国科协"科技与社会——2049展望"系列研究——生物医药技术发展与人类健康,形成了近20万字的《生物医药技术发展与人类健康课题研究报告》。

为解决基本药物短缺问题,2014年,学会启动了5个短缺品种的国家招标。为保证基本药物供应提供了决策基础,其研究成果获得了中国科协决策咨询成果二等奖。

国际学术会议 应国际药学联合会(FIP)邀请,4月13—16日,学会理事长桑国卫院士率代表团赴澳大利亚墨尔本,出席国际药学联合会(FIP)第五届药学科学世界大会。除受邀作大会报告外,桑国卫院士主持了"中国专场(China Show)",由多位资深专家全面介绍我国新药研发和监管科学领域里所取得的成就。

8月17—20日,学会在辽宁省沈阳市举办了第九届世界华人药物化学研讨会,共700人参加会议。会议研讨了创新药物研究及相关技术的世界发展趋势和前沿动向,探讨了药物化学学科领域所面临的机遇与挑战。学会及专业委员会还先后举办了亚洲阿登制药技术研讨会、中美药物临床研究与转化医学新进展国际交流会、第74届FIP卫星会,以及美国临床药学学会(ACCP)临床药学培训会等。

国内主要学术会议 2014年,学会组织召开计划内一类会8个、二类会26个,征集论文5140篇,入选论文5000篇,参会人数15000人次。学术交流活动在内容上突出了专业特点和学术特点,在形式上重视将特邀报告与互动交流相结合。综合品牌学术活动质量不断提升,2014年中国药学大会暨第十四届中国药师周的主题是"服务创新驱动战略 推进健康产业发展",10位院士、专家围绕大会主题及前沿、热点问题和最新进展作大会报告,在13个专业会场及卫星会场作200个专题报告交流。各专业委员会举办了大健康文化与产业发展高峰论坛、第十二届全国青年药学工作者最新科研成果交流会、2014年生物技术药物理化特性分析与质量研究技术研讨会、2014年中国医药创新与发展高层论坛、中国药学会药物检测质量管理专业委员会成立大会暨药物检测质量管理学术研讨会、中国药物制剂大会等会议。

两岸交流 8月27日,台湾药学专家代表团访问学会。双方就大陆医药产业发展、中药自然资源基地建设现状、制药产业发展等进行了讨论和交流。双方表示,今后将深化合作及学术交流,不断增强共识,深化药学学术交流范围及领域。

国际组织任职 学会副理事长王晓良当选国际药学联合会(FIP)药学科学专业委员会(BPS)委员,成为进入国际药学联合会管理层的第一位中国专家。

国际交往 2014年,学会组织专家出席了2014年世界药学大会暨国际药学联合会(FIP)第74届年会、第17届世界基础与临床药理学大会、第5届世界药学科学大会、第20届微粒体和药物氧化国际研讨会、美国临床药学学院年会、第14届亚洲临床药学大会、第49届美国卫生系统药师协会年中临床会议等国际会议。

与国际基础与临床药理学联合会（IUPHAR）、美国药学科学家协会（AAPS）、美国生物协会、美国化学会、美国健康协会（ASHP）、英国化学会、英国皇家制药协会等团体、机构开展了交流活动，达成了多项合作意向。

科普活动 2014年，学会开展安全合理用药科普活动10项，大型网络科普活动3次，药学科普研究1项，科普讲座4场，覆盖全国31个省、自治区、直辖市，香港特别行政区、澳门特别行政区和台湾地区，以及部分海外地区，活动参与人数超过1亿人次。

9—10月，学会在“全国安全用药月”期间开展了“药品安全网络知识竞赛”和“安全用药专家咨询热线（400-030-0606）”两项主题活动。其中，“安全用药专家咨询热线”在每年开通一个月的基础上，2014年扩展到全年开展，并由各省轮流承办。

2014年，学会官方微博“药葫芦娃”首次尝试采用信息图的方式开展科普宣传。“幼儿园病毒灵事件”发生后，策划儿童用药知识解读微博，单条微博阅读量达19.3万。策划了“安眠三字经”宣传世界睡眠日，向公众传达安眠药安全合理使用的知识。单条微博阅读量达32.6万。2014年全国科技活动周期间，学会官方微博@药葫芦娃开展了“随手拍家庭小药箱”微博活动。公众阅读总量达86万人次。覆盖总人数达350万人次。

学会还开展“老年人合理用药”、“抗肿瘤药物合理使用”等科普讲座，共有500多人次参加。

表彰举荐优秀科技工作者 2014年，经国际药学联合会理事会审议，学会理事长桑国卫荣获国际药学联合会（FIP）药学科学终身成就奖，这是我国重返FIP以来，我国药学科学家获得的FIP重要奖项。解放军总后勤部卫生部陈征宇荣获了FIP杰出会员奖。

2014年，推评中国药学会科学技术奖一等奖2项、二等奖5项、三等奖6项；推荐第17届中国药学会－施维雅青年药物化学奖20名，获奖5名；推荐2014年中国药学会－施维雅青年医院药学奖17名，获奖8名；推荐2014年中国药学会－中恒青年药剂学奖18名，获奖6名；推荐2014年中国药学会－赛诺菲青年生物药物奖22名，获奖8名；推荐第15届“吴阶平医学研究奖－保罗·杨森药学研究奖”药学专业候选人2名；推荐中国科协“全国优秀科技工作者”评选1名；推荐第十一届中国青年女科学家奖候选人2名；推荐中国现代科学家宣传人选3名；推荐第十六届中国专利奖5项；推荐最高人民法院特邀科技咨询专家3名。

9月，经中国科协推荐，学会分管编辑出版工作的副秘书长陈兵被国家新闻出版广电总局评为全国新闻出版行业第四批领军人才。

学会创新发展 2014年，学会主办期刊与中国学术期刊（光盘版）电子杂志社的独家合作已经进入到第6年，此项合作为进一步加强刊群的团结、提升数字出版收益、促进主办期刊集群化发展发挥了良好的作用，在科技期刊界产生了广泛而深刻的影响。在此基础上，学会正与中国知网（CNKI）探讨在内容资源的数字化出版、学术期刊与文献的计量评价、共建“中国药学知网”等方面深化合作，开创科技期刊与信息服务商和谐共赢、发展的新局面。

党建强会 以实施中国科协学会能力提升专项为契机，切实加强学会秘书处党的建设及自身建设，建设现代化科技社团。1月，由学会党支部牵头，学会办公室、工会、团支部协助组织的“中国药学会秘书处学习培训活动”正式启动，每周利用半天时间进行员工学习培训，全年共组织学习培训37场，基本形成了命题培训与自选培训相结合，季度计划备案等相关制度，有效提高了学会干部职工综合素质，真正实现了学会党的建设、群团建设共建共赢的良好局面。

学会党支部获得了中国科协“党建强会”计划“十百千”特色活动项目的经费支持，承担了中国科协学会党建研究会2014年度调研课题“新形势下社会组织中党组织发挥作用研究”子课题项目。学会职工系列学习培训及党建促群团建设工作还被列为中国科协学会能力提升专项中的“特色工作”。

【2014年中国药学大会暨第十四届中国药师周】 10月24—26日，2014年中国药学大会暨第十四届中国药师周在河北省石家庄市召开，大会主题是“服务创新驱动战略 推进健康产业发展”。国家卫生和计划生育委员会、解放军总后勤部卫生部、国家食品药品监督管理总局、国家中医药管理局、中国科协、河北省政府及有关部门领导，各省市药学会负责人，中国科学院和中国工程院院士，以及来自医药科研院所、大专院校、医疗机构、医药企业等专家、学者共2000人参会。开幕式上，颁发了2014年中国药学会科学技术奖、2014年中国药学会优秀药师奖等奖项。

国际药学联合会秘书长Luc先生向学会理事长桑国卫颁发了国际药联药学科学终身成就奖。

10位专家、企业家围绕大会主题作大会学术报告。大会设立13个分会场及卫星会场，论文报告达200个。大会评选出大会优秀论文59篇，其中一等奖5篇，二等奖17篇，三等奖37篇。

会议期间，召开了学会23届理事会第四次会议、2014年全国医药经济信息网工作会议，举办了2014年“科海扬帆 梦想启航”中国药学会科普公益活动，河北医科大学的众多在校大学生响应倡议，成为了学会科普志愿者。

（撰稿人：梁 毅 李亚娟）

中华护理学会

服务创新型国家和社会建设 2014年，学会受国家卫生和计划生育委员会委托，启动了搭建“我国临床护理规范化培训体系”的工作。4月15日，学会在北京召开了制定《临床护士规范化培训总则及实施细则（草案）》第二次研讨会。6月，有关文件提交国家卫生和计划生育委员会审阅。

受国家卫生和计划生育委员会医政医管局委托，学会承担了《专科护士管理办法》等文件的起草、修订工作，通过对全国部分省市的调研和下发调查问卷等形式，了解并掌握了我国专科护士在使用、培养及事业发展规划方面的情况。7月，经多次会议研讨，完成了《专科护士管理办法》《专科护士培训大纲（2007版）》、《国家级专科护士培训基地标准》的起草、论证及修订工作。

受国家卫生和计划生育委员会委托，学会完成了2010—2012年护理专业国家临床重点专科建设项目审核验收及中期评估工作。8月31日，由15位医院管理、护理管理方面专家组成的评审组在北京召开了学会“国家临床重点专科建设项目审核验收启动会议”，10月10日，完成了40家项目医院的审核验收。

学会继续教育工作委员会召开了中华护理学会2014年申报学会级继续医学教育项目评审会议、中华护理学会2015年申报国家级继续医学教育项目评审会议。审议通过了2014年学会级继续医学教育项目8项，2014年国家级继续教育项目46项。完成继续教育培训项目12项，专科护士及专业技术培训人数达2144人，专科护士1446人。其中，危重症专科437人，肿瘤专科168人，血液净化专科204人，助产专业121人，手术室专科229人，急诊专科189人，精神卫生专科98人。规范化专题及技术培训698人，其中，精神卫生护理管理培训班72人，儿科（新生儿）136人，康复护理培训班90人，PICC专业技术299人，癌痛示范病房规范化建设培训101人。

根据各专业委员会的特殊需求，实行个性化服务，从而能够科学、严谨地分析、总结数据。针对护士队伍的发展现状和要求，积极开展调查研究，及时向政府提交研究报告，为政府制定护士队伍管理和护理服务管理的政策、法律或法规提供科学依据。

学会能力提升计划 8月下旬，学会完成了近10万字的《中华护理学会科协学会能力提升专项优秀科技社团奖项目第一期总结报告》。其中有4方面获得了中国科协的高度认可：①服务产学研协同创新的新兴力量。学会着力开展包括发明专利等研究成果的检验和推广，其中课题的研究成果在玉树、芦山抗震救灾、医院船“和谐使命系列任务”和临床护理工作中均有所运用并取得了较好效果。体现科技为实践应用服务的原则，搭建科学研究和实践应用的重要桥梁。②开展第三方科技评价的重要承担者。学会针对科技成果评价机制建设问题，于2012年根据《国家临床重点专科评估试点工作方案》的有关要求，以《国家临床重点专科评估试点评分标准》和《临床护理专业项目评分标准（试行）》为标准，在北京协和医院，北京大学第一、第三医院等三甲医院开展临床护理项目评价的试点工作，完善国家重点临床护理专科的申报条件、评价程序、评价办法和评价标准，为在全国实施评价工作积累经验并提供实践依据，建立符合我国国情的国家临床重点专科管理制度。③普遍开展的标准和技术规范制定为服务产业和市场形成了正确导向。学会接受相关部委的委托，组织上百名业内专家，参与行业标准的制定，培养和锻炼了一支专家队伍，提升了学会在相关行业中的地位和影响力。④召开了第三届世界灾害护理大会。学会服务创新能力、服务社会和政府的能力、服务科技工作者的能力、自我发展能力均有了显著提升。

此外，鉴于学会自2012年起承担了《国家临床重点专科评估试点工作》护理部分的评估工作，而且取得了突出成绩，中国科协2014年9月决定将《国家临床重点专科建设项目（护理）评估工作》作为“中国科协所属学会有序承接政府转移职能试点培育项目”，在国家卫生和计划生育委员会、中国科协的领导下，推动“护理专业国家临床重点专科建设项目”

可持续发展，带动我国整体护理水平和护士管理水平的提高。

2月21日在河北省石家庄市举办了“中华护理学会——学会能力提升会员业务培训”，围绕护理管理、危重症护理、静脉治疗进展等相关内容，邀请相关专家授课。

根据中国科协“学会能力提升项目”计划要求，2月26日在北京举办了以“创新、发展与领导力”为主题的第二期全国百名护理管理者培训班。来自全国31个省、自治区、直辖市及部队系统的三甲医院护理管理者骨干及学会组织工作委员会青年工作组成员共计130余人参会。

学会建设 学会2014年新增会员18371人，现有全国会员101303人，其中资深会员2895人，专业委员会26个，工作委员会13个。

本年度，学会有12个专业委员会成立专家库，内科护理专业委员会专家库201人，老年护理专业委员会专家库13人，骨科护理专业委员会30人，血液净化护理专业委员会57人，妇产护理专业委员会16人，传染病护理专业委员会31人，急诊护理专业委员会35人，口腔护理专业委员会29人，护理教育工作委员会90人，儿科护理专业委员会30人，糖尿病护理专业委员会29人，眼耳鼻喉护理专业委员会22人。

3月23—25日，学会组织工作委员会在浙江省杭州市举办了中华护理学会会员管理培训暨优秀省级会员培训基地授牌仪式。

2014年，学会成为中国科协所属学会个人会员管理系统试点单位之一，学会会员管理进入信息化管理阶段。

2014年，学会初步完成了继续教育培训管理网络系统的搭建工作并投入使用。系统对报名培训的护士身份信息进行合法性验证，并自动完成对护士基本信息的提取。

“学术会议网上管理系统”已正式开通使用。实现了学术会议举办，投稿、审稿、通知发放，参会人员注册等工作的网上操作及电子打印功能。短信平台的开通为学术会议的筹备和举办提供了服务。

学术期刊 2014年，学会系列期刊在页数、版式、纸张、印刷等方面进行了大幅调整。《中华护理杂志》页面增加至128面／期，月刊。《中华护理教育》增加至80面／期，月刊。*International Journal of Nursing Sciences* 创刊，150面／期，季刊。成立了中华护理杂志社通讯联络站，选聘118名中华护理杂志社通讯联络站通讯员。5月12日，《中华护理杂志》重新获得期刊广告经营许可证。

学会系列期刊重点加强了研究型论文报道与专题栏目的策划。在湖南省长沙市举办了2014年中国护理科研论坛暨《中华护理杂志》创刊60周年庆祝活动。

学会分别在福建省厦门市、江苏省苏州市举办了两期护理科研设计与期刊审稿培训班，近1200名编委、审稿专家和科研人员参加了会议。

International Journal of Nursing Sciences 尝试向国内外护理领域公开征集审稿专家。学会各专业委员会推荐和自荐审稿专家98人，54人已开始为期刊进行审稿工作。期刊共招聘中文编辑2人、英文编辑1人。

学科发展研究 积极开展学术调研，充分发挥学术引领作用。专业委员会积极开展学术调研，儿科专业委员会开展了“儿科护理岗位设置”调研，老年专业委员会完成了《老年专科护士培训需求及现状调查》，糖尿病专业委员会完成了《全国糖尿病临床护士核心能力调研》，精神科专业委员会完成了《护士焦虑抑郁认知的调查》，静疗专业委员会完成了《心电图（EKG）辅助PICC导管尖端定位研究设计》(Peripherally Inserted Central Venous Catheters，经外周静脉置入的中心静脉导管，简写PICC)；急诊专委会对国内28个省、自治区、直辖市132家开展了《三甲医院的预检分诊现状进行调查》。

为落实国务院办公厅下发的《社会养老服务体系建设规划（2011—2015年）》要求，加快养老护理人才培养，提升服务质量，加强养老服务专业培训教材开发，强化师资队伍建设，学会老年专业委员会针对临床工作制定了老年专科护理人员规范化培训体系，初步构建了2个专题框架——“慢性病专科护理人员规范培训课程框架”及“临终关怀专科护理人员规范培训课程框架”，内容包括：慢性病发展形势及防治、策略，我国健康管理研究现状与展望，科学生活预防疾病，我国健康管理研究现状与展望等系统课程等。

学会手术室专业委员会制定了《手术室护理实践指南》（手术体位的摆放、电外科技术安全、无瘤技术操作），造口专业委员会制定了《中国造口护理实践指南》《中国压疮护理指导意见》，糖尿病专业委员会制定了《临床护士糖尿病护理手册》，重症专业委员会完成了澳大利亚护理学会《关于危重症护理书》

的翻译工作。

借2014年第三届世界灾害护理大会在北京举办之际，还召开了世界灾害护理学会第三届理事会议，理事长李秀华作为世界灾害护理学会的理事出席了会议。此次会议为推动国内灾害护理的快速发展起到了积极作用。

决策咨询 在2014年全国人大、全国政协会议上，学会理事长李秀华联合多名全国人大代表和全国政协委员，提交了《亟待制定并出台〈中华人民共和国护士法〉》的提案。在中国科协学会能力提升项目第一阶段第三年度的计划中，首次设立了“做好各项调研工作，提出政策建议，促进《中华人民共和国护士法》出台”子项目。在2014年度第一次“中华护理学会年度立项科研课题”中，设立了“中国护理立法工作发展进程的探索性研究”子课题，由北京大学护理学院负责课题的实施。

国内主要学术会议 本年度完成学术会议共计30项，会议投稿数总计16574篇，参会人数总计13710人，较2013年增长13.48%。

12月4—6日，学会在北京举办了第一届两岸四地护理高峰论坛暨学术研讨会和第4届中华护理学会学术年会。来自祖国大陆、香港特别行政区、澳门特别行政区、台湾地区的2474名护理工作者出席会议。国际护士会主席 Judith Shamian、中国科协副主席程东红等出席会议。香港护理学院会长顾慧贤、澳门护士学会理事长谢少英、台湾护理学会副理事长廖美南进行了演讲。

国际交往 3月24—28日，学会理事长李秀华、副理事长姜小鹰等一行3人赴加拿大护士会访问。双方在护理领导力的提升、护士职业发展及核心能力、护理教育及护理实践标准等相关资源的研究、老年护理服务体系及护士角色功能、初级卫生保健的建立及社区护理服务、卫生和护理政策及护理立法等6个领域达成合作意向。

4月16日，学会理事长李秀华与加拿大护士会首席执行官 Anne Sutherland Boal 在北京正式签署了《中华护理学会与加拿大护士会合作备忘录》，国家卫生和计划生育委员会主任李斌、加拿大卫生部部长罗娜·安布罗斯等出席签字仪式。这是在“第四届中加两国卫生政策对话”的背景下签署的一项重要护理合作项目，也是中华护理学会重返国际护士会（ICN）后签署的第一个重要国际合作协议。

5月14—17日，国际护士会国家会员代表大会及三方会议在瑞士日内瓦举行。学会理事长李秀华代表中华护理学会出席了大会，在5月16日的会议上，李秀华就中国全民卫生覆盖及护理领导力发表了专题演讲。

11月17—19日，亚太劳工会议和亚太护理联盟会议在日本东京召开，学会理事长李秀华代表中华护理学会出席会议。

科普活动 学会科普委员会委员在陕西省、宁夏回族自治区等地区开展了科普宣传活动，向当地群众宣传卫生保健知识。在北京方庄社区、北航社区，江苏省南京市鼓楼医院社区，辽宁省沈阳市马路湾社区，宁夏回族自治区银川市碧水蓝天社区和银川中学等地区，进行了社区服务平台调研和实地考察。

【第二期百名护理管理者培训班项目】 2月26日，学会在北京举办了以“创新、发展与领导力”为主题的第二期全国百名护理管理者培训班。来自全国31个省、自治区、直辖市及部队系统的三级甲等医院护理管理者，以及学会组织工作委员会青年工作组成员共计130余人参会。培训围绕当前护理工作面临的形势与政策，讨论与探索热点与难点问题，邀请专家就新形势下护理工作发展思路、学会重返国际舞台、领导艺术与领导力提升、打造护理团队创新文化和运用循证理念创新临床护理与管理等作了报告。

【出席国际护士会（ICN）国家会员代表大会及三方会议】 5月14—17日，国际护士会（ICN）国家会员代表大会及三方会议在瑞士日内瓦举行。学会理事长李秀华代表学会出席了此次大会。有来自全球50个国家和地区护士会的91名代表在国家会员代表大会上就如何加强各国及地区护士会的能力、政策影响力，以及针对全民卫生覆盖主题、护士所面临的挑战等议题进行了讨论。5月16—17日，国际护士会、世界卫生组织及国际助产士联盟（ICM）联合举办了第五届三方会议。会议旨在关注护理安全、护理质量及助产护理、护士及助产士职业发展及其相关条例的制定，重点关注了如何加强护士及助产士护士队伍建设，从而支持全民卫生覆盖，实现卫生服务目标。

【2014年第三届世界灾害护理大会】 6月20—22日，2014年第三届世界灾害护理大会在北京举行，这是中华护理学会加入国际护士会（ICN）后首次承办国际护理组织的学术会议。

会议期间，学会理事长李秀华分别与国际护士会卫生政策主任 Lesley Bell 女士和 Marlene Smadu

女士，日本灾害护理学会会长南裕子女士，世界灾害护理学会会长山本爱子女士，泰国护理学会会长JintanaYunibhand女士，荣获第44届南丁格尔奖的美国约翰霍普金斯大学护理学院教授Tener Veenema进行了会谈，商议合作事宜。会议期间还召开了世界灾害护理学会第三届理事会议。

【2014年“5·12”国际护士节座谈会】 为庆祝2014年5.12国际护士节，进一步传承和弘扬南丁格尔精神，鼓励广大护理工作者继续立足岗位，履行职责，为深入推进医药卫生体制改革，维护人民群众健康权益做出更大贡献，5月12日，学会与国家卫生和计划生育委员会、国家中医药管理局、解放军总后勤部卫生部共同在北京召开了2014年“5·12”国际护士节座谈会。学会名誉理事长张梅颖、国家卫生和计划生育委员会副主任马晓伟、国家中医药管理局副局长马建中、解放军总后勤部卫生部副部长李清杰出席座谈会并讲话。

南丁格尔获奖者代表、四川大学华西医院原护理部主任成翼娟，临床一线护士代表、北京协和医院重症医学科夏莹分别发言。座谈会为部分南丁格尔获奖者代表颁发了中华护理学会终身荣誉会员徽章。

马晓伟在讲话中说，多年来，广大护理工作者在维护人民群众健康权益，推进卫生计生事业健康发展中发挥的重大不可替代的作用。特别是在推进优质护理服务、保障医疗安全及和谐医患关系中做出了突出贡献。优质护理服务作为一项重要的惠民便民措施已经深入人心，取得很好的社会反响，广大护理工作者以实际行动获得了政府肯定、社会赞誉、患者好评。同时，也涌现出了一大批优秀护士和先进典型，展现了广大护理工作者的魅力与风采。

（撰稿人：董　兵）

中国生理学会

服务创新型国家和社会建设 2014年，学会向国家自然科学基金委员会、科技部、国家卫生和计划生育委员会、中国科协等部门提交生理学发展方面的研究报告。学会定期编写生理学发展规划。出版了《生理科学进展》；承担了《生理学名词》（第二版）生理学名词的审定工作和《中华医学百科全书·人体生理学分册》的编写工作。

2014年，学会举办各类培训班5次。在陕西省西安市举办了学会新型生理学实验技术平台培训班。培训内容包括动物行为学实验方法与技术，不同类型心律失常模型的复制等。培训采用了依据学习、研究与实践有机结合的研究型新教学模式，通过实验方法、技术和教学法进行了多项实验教学和演示。

学会能力提升计划 2014年，学会获得中国科协学会能力提升专项“优秀科技社团”三等奖。

学会邀请国际生理科学联合会（IUPS）及亚大生理学会联盟（FAOPS）领导人参加学会会员代表大会及学术会议，让国际组织了解学会发展。学会积极主动参与国际组织的各项活动和决策，提升了学会在国际组织中的话语权。

为提升学会在国际组织中的决策地位，推动国际组织后备梯队建设，学会成立了外事工作委员会，负责对外联络和交流，同时培养和锻炼国际组织后备梯队人选。

学会建立了荣誉会员聘请制度，推动学会国际化进程。2014年，学会聘请了英国皇家科学院院士、英国牛津大学心血管生理学教授、国际生理科学联合会（IUPS）主席Denis Noble博士，瑞典卡罗琳斯卡研究院神经科学教授、瑞典皇家科学院院士、意大利国家林琴科学院院士、丹麦皇家科学与文学院院士、欧洲科学院院士、美国科学院外籍院士、中国科学院外籍院士Tomas Hokfelt博士，美国杜克大学医学中心生物化学教授、2012年诺贝尔化学奖获得者Robert J. Lefkowitz博士，瑞士洛桑大学神经科学教授、瑞士医学科学院院士、欧洲科学院院士P. Magistretti博士，担任学会的荣誉会员。

学会建设 10月22—23日，学会第24届全国会员代表大会在上海市召开，来自全国30个省、自治区、直辖市的228名会员代表出席了会议。与会代表听取并审议通过了第23届理事会工作报告、《中国生理学会章程》修改报告、第23届理事会财务报告、会费管理等各项决议。大会投票选举产生了学会第24届理事会理事110人，通过投票选举第24届理事长，王晓民连任学会理事长。

学会根据民政部和中国科协关于社团管理的有关要求，重新修订了《中国生理学会专业委员会管理办法》。

学会全年共召开3次常务理事会议，讨论了学会第24届会员代表大会的特邀报告人、专题报告人和会议日程，2014年度学会工作计划的制定和落实，学会发展方向、开辟新的工作领域、为会员和会员单位服务等内容。

2014年，学会在网站建设中，完善了会议投稿和缴费系统等，增强了学会服务会员的能力，提升了学会工作的执行力。

学术期刊 2014年，学会主办的《生理科学进展》入选《美国医学索引》(IM)《美国化学文摘》(CA)、中国生物医学核心期刊等。

《生理学报》《中国应用生理学杂志》和《生理科学进展》等3本期刊的编委会和编辑部加大稿件筛选力度，除接受自由投稿外，还主动向国内外生理学界知名专家约稿，发展国际编委，在保证期刊学术水平和质量不断提高的同时，提高刊物的英文编校水平，加速了刊物的国际化进程。

国内主要学术会议 学会主办或联合主办的各类学术会议17个，共收到交流论文1137篇，参会总人数2143人次。

4月11—13日，学会消化内分泌生殖代谢生理学术会在广东省珠海市召开。来自23所大学、医学科学院，协和医院、中国科学院等单位的60余位专家、学者出席会议。大会举办了7个专题报告和8个论文报告，内容涉及消化生理、神经内分泌、免疫、生殖发育及心脏内分泌等研究领域。

6月20—22日，学会应激专业委员会（筹）学科发展战略学术研讨会在上海举办。会议认为，现代医学模式正在向“环境—社会—心理—工程—生物”综合医学模式转变。应激作为人类与环境相互作用中一种关键的生理反应机制，不仅对于健康维护具有重要的生物学作用，而且对于机体生理功能完善和生命进化具有显著促进意义；但是高强度应激负荷所致应激损伤则成为人类多种重大致死性疾病的重要原因和诱因。因此，近年来应激反应的生物学基础受到高度关注，以控制疾病为重要目标的应激医学研究不断获得新的重要突破，为人类疾病防治战略提供了重大科学启示。应激生理学学科的发展为维护健康、防治疾病，促进康复进程的医学策略和措施提供了重要的科学依据和科学启示。

10月25日，学会消化生理专题学术会议在上海市召开，来自全国各地的消化生理学专家和学者，分享了我国消化生理学领域研究的最新成果。

10月26日，学会血液学专业委员会筹备暨学术研讨会在上海市举行，100余名生理学会会员参加了会议。会议特邀报告人分别就各自的研究方向，对血液研究领域的众多前沿科学问题，如造血干细胞的发育、衰老与代谢调控，白血病干细胞的干性维持、微环境调控及靶向干预，造血干细胞移植及相关并发症，红系发育及红细胞生理学，血液肿瘤免疫细胞治疗，组学／转录组学研究在白血病研究中的应用等作学术报告。

11月27—30日，关于“缺氧”与“呼吸”的高峰论坛在广州医科大学召开，会议围绕“呼吸重大疾病转化医学”进行了的研讨，从不同角度探索了缺氧与呼吸生理学领域的研究。

两岸交流 10月1—4日，学会率代表团出席了在台湾地区台北市召开的第九届比较生理学海峡两岸学术会议，共有100余位专家学者参会。大会报告35人次，分别就比较生理学的热点问题和双方的特色领域研究进行了交流和讨论。分会场分为神经与细胞通讯转导，心血管与鱼类生理，蝙蝠、感觉和运动生理学，以及适应医学和中草药等。

国际组织任职 经国际生理科学联合会（IUPS）主席提名，学会理事长王晓民当选IUPS执委（2013—2017）及当选亚大地区生理科学联合会（FAOPS）执委（2011—2015）。

科普活动 5月18日，学会在北京龙潭湖公园举办了主题为“科学生活　创新圆梦”——倡导健康生活科普宣传活动。活动内容包括健康咨询、保护生态环境、参与低碳生活、科学营养膳食、保障安全健康、安全合理用药、健康睡眠、饮食卫生、运动与健康、关注老年疾病的防治等，制作展板30块，挂图60余幅。

学会在江西省南昌市举办了全国科普宣传周系列科普活动，进行了“世界急救日”以及“大手牵小手，一起学急救”等科普活动，活动持续6周，800余名小学生们参加活动。

2014年，学会在北京、山西等地的会员开展了医学实验科普活动、卫生健康知识科普活动、走进科研开放实验室等系列科普活动。根据不完全统计，学会2014年科普活动受众人数约2000人次，发放宣传材料约4000份，发出科普知识问答1800多份。

表彰举荐优秀科技工作者 经学会推荐，北京大学副教务长、北京大学医学部副主任王宪教授，第四军医大学裴建明教授，河北医科大学武宇明教授，荣获中国科协“全国优秀科技工作者”称号。

党建强会 2014年，学会联合党支部在河南省南阳市正昌福利儿童学校举办了“为百姓谋福 为党旗添彩——党员走基层 为社会服务”公益活动，看望和慰问正昌儿童福利学校198名孤残儿童。学会全体党员上台亲手将电脑和200个双肩背书包等学习用具送到孩子们的手中。

会员服务 在中国科协有关加强学会科学化、规范化管理的精神指导下，本届理事会加强和落实了会员服务机构和会员基层组织的建设，以及会员服务制度的完善等各项工作。积极发展会员，努力壮大和稳定会员队伍。

学会开展了会员重新登记工作，对会员的个人信息进行核对，了解会员职务职称、工作单位、电子信箱、联系电话等信息的变化，整理并补充了学会会员数据库信息，为会员颁发了新的会员证。按期免费给每位会员寄送电子版《生理通讯》。

为了保障学会内部的交流，在建立网络版《生理通讯》（双月刊）的同时，为满足不同会员读者的需求，继续坚持印刷纸版，每期免费寄给每个会员，此项工作自1982年创刊始，已坚持了32年，从未间断过。

【中国生理学会第24届全国会员代表大会暨生理学学术大会】 10月24—27日，学会第24届全国会员代表大会暨生理学学术大会在上海市召开。来自全国各地会员代表，以及高等院校、科研院所专家、学者1200多人参加了本次大会。

10月25日，学会第20届理事长、中国科学院院士杨雄里，学会第22届理事长、军事医学科学院研究员范明，国际生理科学联合会（IUPS）主席、英国皇家医学院院士、牛津大学Denis Noble教授，瑞典皇家科学院等6国院士、瑞典卡罗琳斯卡研究院Tomas Hokfelt教授，国际脑研究组织（IBRO）主席、瑞士和欧洲科学院院士Pierre Magistretti教授，英国皇家医学院院士、意大利高等研究院John Nicholls教授，美国乔治亚健康科学大学梅林教授，挪威科技大学医学院陈端教授等专家、学者出席大会开幕式。大会开幕式由学会秘书长王韵主持。

中国生理学会第24届全国会员代表大会暨生理学学术大会

开幕式上举行了“名誉会员的受聘仪式”。杨雄里院士介绍了国际生理科学领域著名科学家Shu Chien，Tomas Hokfelt，Robert J. Lefkowitz，Pierre J. Magistretti，John Nicholls，Denis Noble等5位名誉会员的学术成就，学会理事长王晓民向他们颁发了名誉会员证书。

学会第24届全国会员代表大会审议并通过了学会理事长王晓民、学会副理事长王宪、学会秘书长王韵所作的学会《第23届理事会工作报告》《学会章程修改说明》《第24届理事会理事候选人产生说明》和《财务报告》。经无记名投票，选举产生了学会第24届理事会理事、常务理事，理事长、副理事长和秘书长。王晓民连任学会理事长。

本次学术大会涵盖了细胞生理学、神经生理学、感觉生理学、血液和循环生理学、呼吸生理学、代谢和体温、稳态和泌尿、内分泌和生殖生理学、比较生理学与应用生理学等15个方面的内容，阐述了生理学领域的众多研究热点和中国生理学界近年来所取得的最新研究成果。大会共收到会议摘要704份。中国科学院院士程和平、复旦大学马兰教授在本届生理学学术大会上作大会报告。Denis Noble教授、Tomas Hokfelt教授和Pierre J. Magistrettti教授作名誉会员报告。John Nicholls教授在冯德培纪念讲座上作报告，梅林在蔡翘纪念讲座上作报告，陈端在王志均纪念讲座上作报告。共有131位报告人在23场小型专题分会场上进行了学术交流，75位报告人在7个专场进行了口头报告，展示墙报490份。大会还同时举办了生理科学和医学科学仪器展览、观摩及技术交流。

本届会议的创新及特色表现在以下几个方面：邀请名誉会员参会，举行名誉会员的授证仪式，让学会全体会员了解名誉会员制度，也使新聘请的名誉会员了解学会，增强对学会的认同感，更好地推动学会的国际化进程。增设名誉会员报告，学会名誉会员均是国际生理科学领域的知名科学家，他们的报告提升了学术会议的质量。小型专题报告由各专业委员会负责，为各专业委员会提供了展示其专业特色的机会。从会议投稿中遴选出各专业领域的优秀论文进行口头报告，提升了会员投稿及参会的积极性。意大利高等研究院的John Nicholls教授、杨雄里院士出席了《神经生物学——从神经元到脑》中译本的签售活动，受到了与会者的欢迎。

（撰稿人：肖　玲）

中国解剖学会

服务创新型国家和社会建设　2014年，由学会名词工作委员会承担的《人体解剖学名词》和《组织学与胚胎学名词》由全国科技名词审定委员会公布，科学出版社出版发行。名词审定工作的完成，对规范人体解剖学和组织胚胎学专业名词，促进学科的发展、教学科研水平以及相关学科的利用和提高具有重大意义。

由学会科技开发和咨询工作委员会承担的“中国人体解剖学模型技术标准的制定”项目，2014年制定了9个中国人体解剖学教学模型的教育行业标准，已被列入全国教学仪器标准化技术委员会生物学仪器分技术委员会的工作计划中，进入审批的程序。

学会在中国科协组织实施的“老科学家学术成长资料采集工程项目”中，第二次承担了老科学家——中国科学院院士吴新智的采集工作。学会成立了由席焕久教授领导的“吴新智采集工作小组”，已采集到实物资料：口述文字资料48件，传记8件，证书83件，手稿129件，著作书17件，论文183件，照片658件，报道10篇，学术评价1篇，信件441件，视频62件，音频57件，图纸9副，档案42件，其他物品资料57件。为撰写调研报告，采集小组至今已进行直接访谈6次，时长650分钟；间接访谈48次，时长1176分钟；搜集资料529件，搜集实物924件。

11月21—24日，由学会干细胞转化医学分会举办的第二届“间充质干细胞系统”高级研修班在北京举行。来自22个省、自治区、直辖市的70余位临床血液科负责人和干细胞研究工作者参加了学习。研修班由学会副理事长兼干细胞转化医学分会主任委员、中国医学科学院基础医学研究所赵春华教授主持，美国乔治亚大学分子医学中心的主任Stephen dalton教授、浙江大学附属第一医院黄河教授，南开大学孔德领、杨荣存教授，中国协和医科大学刘星霞、韩钦副教授担任主讲。

学会建设　2014年，学会发展全国会员41名，会员总数达3572人。

经学会常务理事会讨论决定，同意成立学会干细胞转化医学分会，7月18日，干细胞转化医学分会成立大会在北京召开。

学会制定了《中国解剖学会分支机构管理规章》，以邮件方式征求了全体常务理事的意见，在学会网站上发布，要求各分支机构落实和执行。

学术期刊　学会所属的7种科技期刊，2014年共发表论文1225篇，发行量为34650册。

国际学术会议　8月8—10日，第18届国际解剖学工作者协会联合会（IFAA）大会在北京召开。来自55个国家和地区的900余名专家、学者出席会议，其中国外学者300多人。大会主题是“解剖，从宏观到分子和数字”。与会专家、学者围绕人体解剖学、组织胚胎学、细胞生物学、人类学、形态学、神经解剖学、教育学和干细胞等领域的热点问题进行了讨论和交流。

国内主要学术会议　2014年，学会组织学术会议4次，共有1200多人次出席，提供论文摘要总数1200余篇，均为近年来参会人数和提供论文摘要最多的一年。

8月8—10日，学会第30届学术会议（2014年年会）在北京召开，近600位专家、学者出席会议。

12月20—22日，神经发育及衰老的基础与临床前沿高端论坛在上海市举行。50余位专家、学者出席论坛。论坛拟定了未来5～10年国内主要相关学科之间的协作发展计划，为未来形成我国神经研究领域的优势互补的跨单位跨学科科研创新群体奠定基础。

两岸交流　12月12—13日，由学会和“台湾解剖学会”共同主办的2014海峡两岸解剖学教学研讨会在台湾地区花莲慈济大学举行。学会理事长张绍祥率学会代表团一行15人出席了研讨会。

国际组织任职　8月9日，第18届国际解剖学工作者协会联合会（IFAA）大会期间，IFAA召开了国际解剖学工作者协会联合会代表大会，学会的李云庆教授、周长满教授作为中华人民共和国的会员国代表参加了会议的各项活动及投票选举。李云庆教授当选为第十九届国际解剖学工作者协会联盟副主席。

国际交往　9月27日至10月1日，第11届中日组织化学与细胞化学研讨会在日本松本召开。学会组

织学与胚胎学分会主任李和、副主任周德山率中国24所医药院校的40余名组织化学与细胞化学领域的专家、学者参加了研讨会。学会副理事长李云庆、高福禄和丁文龙教授出席会议。

免疫组织化学专家、酶标免疫组织化学技术创始人中根一穗（Paul K. Nakane）教授作了题为《大鼠垂体前叶腺细胞功能分化的组织化学研究》的特邀报告。我国学者提交了论文摘要62篇，12位学者作大会报告，24人展示墙报，6人参与会议主持。会议确定，第12届中日组织化学与细胞化学研讨会在河北省召开。

科普活动 经学会推荐，中国科协同意学会成立5支科学传播专家团队，聘请张绍祥、李云庆、席焕久、刘树伟、隋鸿锦担任首席科学传播专家，任期3年。

9月29日至10月1日，学会科普工作委员会举办的2014科普高峰论坛在江苏省苏州市举办。会议主题为“新媒体时代的解剖学科普工作”。会议期间，学会在苏州市生命奥秘博物馆·周庄馆举行了科普教育基地的授牌仪式。

表彰举荐优秀科技工作者 经学会推荐，学会名誉理事长、再生医学分会主任委员顾晓松教授荣获中国科协“全国优秀科技工作者”称号。

经中国科协推荐，学会科普工作委员会主任隋鸿锦获国家科技进步二等奖（科普类）。

【中国解剖学会第13届全国会员代表大会】 8月9—10日，学会第13届全国会员代表大会在北京举行。来自各省、自治区、直辖市解剖学会，以及香港特别行政区120位会员代表出席大会。

学会副理事长顾晓松向大会作《中国解剖学会第十四届理事会工作报告》，副理事长周国民作了《中国解剖学会章程的修改说明》，副理事长兼司库席焕久向大会作《财务报告》。与会代表审议并通过了上述报告。

中国解剖学会第13届全国会员代表大会

大会以无记名投票的方式选举产生了83人组成的学会第十五届理事会，其中新任理事为40人，更换率近1/2。理事中年龄最大的68岁，年龄最小的39岁，平均年龄为51.76岁，较上届理事年轻0.3岁。理事中有少数民族4人，女性19人。

学会召开的第十五届理事会第一次会议以无记名投票方式选出了由25人组成的常务理事会，张绍祥当选学会新一届理事会理事长，李云庆、赵春华、高福禄、刘树伟、丁文龙、刘厚奇当选学会副理事长，周长满任秘书长。

学会第十五届理事会第一次常务理事会议形成以下决议：授予席焕久教授、顾晓松教授为第十五届理事会名誉理事长，授予郭顺根教授为名誉秘书长，并颁发证书。按照学会章程确定理事长张绍祥教授为学会法人代表，确定丁文龙教授为司库。聘请房桂珍、周德山、肖岚、马超为第十五届理事会副秘书长。学会现有的10个专业委员会统一改称为分会，确定9个工作委员会、10个分会主任委员和副主任委员的人选，确定学会主管的7种期刊的主编、副主编的人选。

新一届理事会对学会今后的工作提出了4个理念：学术是生命、服务是基础、团结是保证、效率是要求。

【第18届国际解剖学工作者协会联合会大会】 8月8—10日，第18届国际解剖学工作者协会联合大会（IFAA）大会在北京召开，来自55个国家和地区的900余名专家、学者出席大会，其中国外代表300多名。

大会开幕式由组委会主席、学会秘书长周长满教授主持，IFAA大会主席Bernard Moxham教授和学会理事长李云庆教授致开幕辞。

IFAA大会主席、英国卡迪夫大学Bernard Moxham教授，学会理事长李云庆教授，美国解剖学会理事长、德克萨斯大学Lynne Opperman教授和新西兰奥特兰大学Gareth Jones作主旨报告。

大会主题是“解剖，从宏观到分子和数字”。与会代表围绕人体解剖学、组织胚胎学、细胞生物学、人类学、形态学、神经解剖学、教育学和干细胞等领域的热门问题进行了讨论。

会议举办了近50场的分组报告，分别举办了欧洲、美洲、非洲和亚太地区解剖学教育研讨会，400余篇论文进行了墙报展示。

在讨论遗体捐献等热点话题的专题报告会和圆桌讨论会上，大连医科大学隋鸿锦教授介绍了中国遗体捐献的现状。

【2014 海峡两岸解剖学教学研讨会】 12 月 12—13 日，2014 海峡两岸解剖学教学研讨会在台湾地区花莲慈济大学举行。学会理事长张绍祥教授率学会代表团一行 15 人出席了研讨会。

研讨会由张绍祥教授和台湾解剖学会理事长马国兴教授共同主持。

首都医科大学徐群渊教授、第四军医大学李云庆教授、北京协和医学院马超教授，台湾大学医学院吕俊宏教授、台湾国防医学院徐佳福教授、台北医学大学冯宗涵教授先后介绍了解剖学科的核心课程，各自的教学特点和经验。

本次研讨会达成三项共识：①双方每两年举办一次海峡两岸解剖学学术交流会，交替在大陆和台湾地区举办。台湾解剖学会组团参加 2015 年在青海省西宁市举办的中国解剖学会第 31 届学术年会，学术年会期间举办第一届海峡两岸解剖学学术交流会。②学术年会期间召开“解剖学汉语名词统一会”，统一规范世界各地使用的汉语人体解剖学（包括组织胚胎学）名词。③在双方汉语期刊的基础上，共同主办一本两岸三地的英文解剖学专业学术期刊 *International Journal of Anatom*。

会议期间，由北京大学医学部张卫光副教授领队的教学团队参加了慈济大学举办的遗体捐献与临床模拟解剖学操作学习班。

（撰稿人：房桂珍）

中国生物医学工程学会

服务创新型国家和社会建设 2014 年，学会以国家食品药品监督管理总局发布的《创新医疗器械特别审批程序（试行）》（食药监械管〔2014〕13 号）为契机，发挥学会在创新医疗器械认定方面所具有的学术和专家资源优势以及业已建立的社会公信力的作用，为国家这一政策的实施提供了全面的专家咨询服务，针对创新医疗器械专家评估工作制订了专家工作制度、专家遴选与退出机制以及专家咨询工作程序，得到国家食品药品监督管理总局的认可。

为奖励在我国生物医学工程领域做出重要贡献的组织和个人，2014 年，学会决定设立“黄家驷生物医学工程奖”，制订了《黄家驷生物医学工程奖奖励章程》和奖励评审办法，并经学会理事长办公会、常务理事会和理事会讨论并审议通过，2015 年正式开展。

学会全年累计举办各种学习班、培训班共计 29 期，参加培训 1310 人次。

学会能力提升计划 2014 年，学会完成了《学会能力提升专项优秀科技社团三等奖项目》第一期总结工作，规定的各项任务实现了相应的预期考核指标。

重点推动学会创新发展，围绕加快转变经济发展方式，把学术交流与产业优化升级紧密结合起来。学会从为科技创新服务，以人类健康角度出发，以新的学术思想引领学科发展，实现原始创新，引领学科前沿领域。积极动员产、学、研、管、用各界人士参与，重点搭建规模小、高端、前沿的学术交流平台。

学会举办了生物医学工程联合学术年会、中国心律学大会、全国介入医学工程大会、生物材料学术大会、全国体外循环学术等品牌学术会议。

重点围绕推动国家生物医疗战略产业发展的需求，在为我国生物医疗战略产业形成与发展服务、为政府科技决策咨询服务、为企业发展创新服务方面，共承接政府职能转移项目 10 项，比 2013 年增加了 30%。学会利用学术与人才优势，承担了创新医疗器械特别审批的评审工作，国家食品药品监督管理总局共收到创新医疗器械特别审批申请 125 项（其中进口创新医疗器械申请 3 项），学会完成审查 101 项。

截至 2014 年 8 月，学会已拥有交费注册个人会员 6218 人，单位会员 18 个，比项目实施增加 1832 人。学会开通了微博和微信互动平台，实现了在线交流，专家在线或回复，以解决会员提出的相关问题，密切了与本领域科技工作者的联系，拓展了为科技工作者提供优质高效服务的渠道。

学会建设 2014 年，学会召开常务理事会 2 次，理事会 1 次，组织工作会议 2 次。

4 月 25 日，学会八届四次常务理事会通过了修订后的《分支机构管理办法》，通过了《黄家驷生物医学工程奖章程》。根据《中国生物医学工程学会分支机构管理办法》，同意成立健康工程分会（筹）、血液代用品分会（筹）。

8 月 20 日，中国生物医学工程大会青年工作委员会成立大会暨青年学术会议在安徽省黄山市召开。学会青年工作委员会由55名委员组成，中国科学院深圳先进院郑海荣研究员担任青年委员会主任委员，牛海军、明东、陈新建、梁栋、郑玉峰、张鹏飞、郑元义、杨旗等8人任副主任委员。

11月21—22日，学会组织工作委员会暨分支机构评估培训会议在北京航空航天大学召开。

12月5日，学会在北京航空航天大学召开八届五次常务理事会，会议对南方医科大学申报的技术发明奖进行了审议，同意报中国科协并申报“国家技术发明奖”，建议申报单位重新审定有关题目，并突出核心技术。同意学会于2015年召开会员代表大会并完成换届选举。根据《中国生物医学工程学会分支机构管理办法》，同意医学物理分会、临床医学工程分会、心律分会、医学神经工程分会、数字医疗及医疗信息化分会等5个分会在2015年5月前完成换届，其他分支机构在2015年7月前完成换届。同意成立体外反搏分会。同意筹建医用机器人工程与临床应用分会、医学光子学分会。

学术期刊 2014年，学会建立集成化稿件在线处理系统，在《中国生物医学工程学报》中文版和英文版两刊试点，各期刊在拥有独立页面的同时，在投稿和审稿环节使用统一的登录界面，用户使用统一的用户名。

学科发展研究 8月8日，学会在北京航空航天大学召开了《2014—2015生物医学工程学科发展报告》开题会，学会理事长、北京航空航天大学生物与医学工程学院院长樊瑜波教授等近40位专家参加会议。会议就各项专题内容进行了讨论，启动了《2014—2015生物医学工程学科发展报告》的撰写工作。

决策咨询 学会为多个部委科技政策制定提供了科技咨询服务，完成多项国家科技计划项目的评估工作。组织专家参与了科技部《国家中长期科学和技术发展规划纲要（2006—2020年）》人口与健康部分的中期评估、实施情况检查和政策建议工作，参与国家发展和改革委员会《高端医疗器械发展专项规划》的制订工作。3月，受国家发展和改革委员会委托，学会组织了医疗器械相关产业政策的科技咨询与论证工作。10月，参与完成了国家食品药品监督管理总局《纳米银医疗器械及相关产品》调研报告。12月，同北京食品药品监督局不良反应监测中心签订协议，完成了北京市心脏起搏器不良事件监测调研工作。

国际学术会议 学会及所属分支机构主办或联合主办国际学术交流活动2次，参会1000人次，交流论文300篇。

国内主要学术会议 学会及所属分支机构主办或联合主办各类学术交流活动25次，参会8224人次，交流论文1649篇。召开的会议包括：第六届生物医学工程与医疗器械论坛、两岸四地生物医学工程论坛、生物医学工程联合年会。学会及所属分支机构结合国家中长期发展规划、我国医疗卫生现状，生物医学工程学科发展的热点、亮点、前沿问题，积极认真地组织了各种形式的学术交流活动。具有广泛影响力的会议有：生物医学工程与医疗器械论坛、中国生物医学工程学术会议、全国介入医学工程大会、生物材料学术大会、全国体外循环学术会议等学术会议。

3月21日，第六届生物医学工程与医疗器械论坛在北京召开，论坛由学会与第26届国际医疗仪器设备展览会共同主办，主题为“健康物联网技术及其产业”。论坛针对健康工程、健身物联网、健康物联网、生物医学工程学科发展等进行了讨论，展览会上参展产品展示健康物联网技术在生活中的实际应用。

第六届生物医学工程与医疗器械论坛

4月24日，学会主办的个性化医疗器械注册研讨会在北京航空航天大学召开，会议就利用高新技术有针对性地为患者定制符合个体形态和功能的内植物，以及这类医疗器械注册研发、创新、注册与监管相关内容进行了研讨。

9月3—4日，流程管理中国企业创新能力突破研讨会在江苏省苏州市召开。会议就如何围绕提升我国生物医学工程企业创新能力，充分发挥企业创新主体的作用，推动生物医学工程创新成果的产业化，促进我国生物医学工程产业的快速发展等内容进行了讨论。

两岸交流 8月17—20日，2014两岸四地生物医学工程论坛在安徽省黄山市召开，论坛主题为“生物医学工程教育、科技与产业发展”。与会专家、学者对我国生物医学工程教育人才培养与产业需求结合不紧密的现状、工程教育认证教学工作等方面存在的疑问，如何搭建产业界与教育界交流的平台，加强与台湾地区、香港特别行政区在生物医学工程类工程教育认证领域内的合作与交流，推动大陆高校开展工程教育认证教学工作等内容进行了交流和讨论。

国际交往 10月，学会常务理事胡逸民教授参加国际医学物理与医学工程联合会（IUPESM）执委会会议。学会理事长樊瑜波教授出席国际医学生物工程联合（IFMBE）执委会会议，并主持亚太工作组会议。

10月，由50多位专家、学者组成的学会代表团赴台湾地区台南市，出席了国际医学生物工程联合（IFMBE）亚太地区学术年会。

科普活动 2014年，学会举办科普报告2场，听众达千余人次。举办创新成果科普展2次，制作科普视频3个、展板50块。科普展现场互动累计近万人次。

学会依托分会及地方学会以推荐方式遴选科学传播专家，已建立科学传播专家团队20个，首席科学传播专家20名。

7月12—18日，由学会推荐的“空间基地生命保障闭合人工生态系统（月宫一号）”展项在2014中国科协夏季科学展上展出。展出一周的观众近万人次。7月15日，空间基地生命保障科学首席科学传播专家刘红教授在展览会上作了《月宫的生活》主题报告。

9月20—26日，学会参加了2014全国科普日——“创新发展，全民行动”主场活动。学会联合中国科学院深圳先进技术研究院作为技术支持单位，通过“人体通信技术”和“非接触式束缚床边监护系统”两个展项，以展板展示、现场解说、实物展示、观众互动等形式向公众宣传了人体传感技术的最新成果。

表彰举荐优秀科技工作者 经学会推荐，副理事长姜宗来教授、干细胞技术分会前任主任委员韩忠朝教授荣获中国科协“全国优秀科技工作者”称号。

学会理事长樊瑜波教授当选为美国医学与生物工程院会士（AIMBE Fellow）。

党建强会 11月3日，学会党支部完成换届工作，与中国免疫学会成立联合党支部，选举王金新为党支部书记。

会员服务 截至2014年年底，新增会员400余人，学会注册登记并缴纳会费的会员人数为6097人，单位会员18个。

3月，学会对网站进行了升级改造，新增了工程教育认证、资料下载，视频学习等栏目和专题，并开通了英文版网页。

学会开通的微博和微信互动平台，专家在线回复问题，2000余位生物医学工程科技工作者通过平台交流实现互动交流。

【个性化医疗器械注册研讨会】 4月24日，学会主办的个性化医疗器械注册研讨会在北京召开。

目前，利用高新技术有针对性的为患者定制符合个体形态和功能的内植物已成为可能，会议针对与这类医疗器械注册研发、创新、注册与监管相关内容进行了讨论和交流，探讨了我国个性化医疗器械发展的现状与趋势，市场机会与创新发展趋势，以及个性化、定制化医疗器械注册的发展机遇与挑战。

中国工程院院士、上海交通大学医学院附属第九人民医院戴尅戎，上海交通大学王成焘教授，北京大学前沿交叉学科研究院奚廷斐教授，北京航空航天大学国际植介入医疗器械转化研究中心郑诚功教授，北京大学第三医院骨科主任刘忠军，安贞医院心内科主任马长生等专家、学者，以及企业界人士，针对个性化医疗器械的应用、国内外现状及注册审批等内容作报告。

专家们认为，政府有关部门要加快步伐尽快出台政策，制定个性化医疗器械产品注册的审批程序及评审方法。

【两岸四地生物医学工程论坛】 8月17—20日，2014两岸四地生物医学工程论坛在安徽省黄山市召开，论坛主题为“生物医学工程教育、科技与产业发展”。论坛的举办旨在让大专院校关注生物医学工程领域工程教育认证，了解国际化视角的教育理念，推进该领域内的工程教育认证工作，提高我国生物医学工程的教育质量。

与会专家、学者针对我国生物医学工程教育人才培养与产业需求结合不紧密的现状，及工程教育认

证教学工作等方面存在的疑问，就如何搭建产业界与教育界交流的平台，加强与台湾地区、香港特别行政区在生物医学工程类工程教育认证领域内的合作与交流，推动大陆高校开展工程教育认证教学工作等内容进行了交流和讨论。

论坛设立了14个主题报告，8场专题讨论会，其内容涵盖了生物医学工程领域内的工程教育认证，香港特别行政区、澳门特别行政区和台湾地区开展生物医学工程教育认证的经验，解读用人单位（产业界、医院）对本领域内工程教育需求等。

来自大陆70余家机构的近200名专家、学者，以及香港特别行政区、澳门特别行政区、台湾地区生物医学工程领域的25位专家出席论坛。

【承接国家食品药品监督管理总局工作创新医疗器械特别审批工作】 自2014年2月7日起，国家食品药品监督管理总局发布《创新医疗器械特别审批程序（试行）》正式施行。该程序明确指出，在确保上市产品安全、有效的前提下，设置创新医疗器械特别的审批通道以便全方位加快创新医疗器械的上市与评审速度。此审批程序一出台，立即引起了国内外以医疗器械为典型产品的生物医学工程研发创新者、市场人士及企业的广泛关注。业内人士普遍认为，该程序是国家食品药品监督管理总局为促进医疗器械创新发展而推出的重要措施，将对鼓励和促进医疗器械的研究与创新，促进医疗器械新技术的推广和应用，推动我国医疗器械行业、快速发展起到积极作用。

但如何认定国内外申请人申报创新医疗器械符合“创新”的要求，成为特别审批审评工作的核心问题。不同于一般医疗器械的审评，创新医疗器械涉及的是国际上的医疗器械的新原理、新技术，因而学术性更强，其审评工作特别需要长期从事相关领域科学研究、掌握国际学术前沿与技术发展趋势的专家及权威临床专家参与，有利于审评工作科学、公正地完成。学会利用学术与人才优势，主动申请承担创新医疗器械特别审批的评审工作，以进一步提高学会为政府服务的能力和水平。

4月，学会正式开展创新医疗器械特别审批审评以来，国家食品药品监督管理总局共收到创新医疗器械特别审批申请125项（其中进口创新医疗器械申请3项），学会已完成审查101项。

学会累计召开32次专家审查会，6次预审查会议，10次审查工作会议。自开展该项工作以来，国家食品药品监督管理局对学会公平、公正、科学地进行评审给予高度肯定。该项工作的开展，标志着我国创新医疗器械的审评工作进入实质操作阶段，在我国医疗器械发展历史上具有重要意义。

（撰稿人：康亚文）

中国病理生理学会

学会建设 2014年，学会新增会员141人，总人数为4816人，其中终身会员121人。10月，为筹备2015年举办的学会会员代表大会，启动了会员重新登记和缴费工作。

经学会常务理事会批准，学会机能实验教学工作委员会宣布成立。

8月16日，由学会心血管专业委员会和国际心脏研究会（ISHR）中国分会共同成立的国际心脏研究会中国转化医学工作委员会（ISHR-CCTM）在黑龙江省哈尔滨市召开成立大会。中国医学科学院阜外心血管病医院高血压中心顾问专家、国际心脏研究会中国分会主席惠汝太教授任转化医学工作委员会第一届主任委员。

11月，学会免疫专业委员会、肿瘤专业委员会完成换届工作。大连医科大学刘强教授当选免疫专业委员会第八届主任委员。北京大学临床肿瘤学院寿成超教授当选第七届肿瘤专业委员会主任委员。

学术期刊 学会主办的3种科技期刊全年共出版81600册，发表论文1453篇。

《中国病理生理杂志》全年发行12期，年发行总数48000册，刊发文章约500篇。第6次获得“百种中国杰出学术期刊”奖，并连续3次荣获“中国精品科技期刊”称号，连续5年人选中国科协精品科技期刊工程期刊学术质量提升项目。《中国病理生理杂志》免费提供现刊及过刊全文，2000—2014年发表的文章已在本刊网站刊登，并开放全文。

根据2013年《中国知网》提供的统计报告，《中国实验血液学杂志》电子版国内外用户总计3232个，分布在世界13个国家和地区，个人读者用户分布在15个国家和地区。2014年刊物“2年影响因子”为0.5～0.6。刊出所有文章的英文摘要均通过MEDLINE/Index Medicus（PubMed）传播到世界各地，而其全文均通过美国EBSCO大型文献库以PDF格式发行到全世界。经中国科学技术信息研究所定量分析、遴选和同行评议推荐，杂志有12篇论著在2014年被评为中国精品科技期刊顶尖学术论文。

《中国动脉硬化杂志》2014年当选第六届湖南省“双十佳期刊”。

国际学术会议 学会召开国际学术会议2次，约300人次参会，交流论文约120篇。

10月30日至11月2日，2014中加动脉粥样硬化和心血管疾病研讨会在江苏省南京市召开，本次会议由学会动脉粥样硬化专业委员会暨国际动脉粥样硬化学会中国分会与加拿大动脉硬化、血栓、血管医学联合会共同主办。

7月5—9日，血液肿瘤靶向治疗中法交流会在上海召开。

国内主要学术会议 学会共举办国内学术交流活动11次，约4200人次参会，交流论文1200余篇。

学会主办了国际心脏研究会（ISHR）中国分会（第十二届）暨中国病理生理学会心血管专业委员会（第十五届）学术会议、第十六届南方会心血管基础与转化医学国际论坛会议、中国危重病医学大会、全国机能实验教学研讨会暨机能实验教学工作委员会第一次会议、中国畜牧兽医学会兽医病理学分会第二十次暨中国病理生理学会动物病理学专业委员会第十九次学术研讨会、第八届中国病理生理学会炎症发热感染低温专业委员会和中医专业委员会的联合中西医结合学术交流会——明湖论坛、第九次全国缺氧和呼吸病理生理学术会议暨第七次全国高原医学学术会议、学会第十四届肿瘤专业委员会、第十五届免疫专业委员会学术会议、学会炎症发热感染低温专业委员会、中医专业委员会第14次联合学术交流会、学会第十二届受体专业委员会学术会议。

国际交往 9月4—7日，学会组织46名会员参加了在摩洛哥首都拉巴特举行的第七届国际病理生理学会（ISP）世界大会。

科普活动 学会常务理事李萍教授率领的中医知识普及团队开展的“《校园草本》绘本创作及中小学中医药系列科普活动”入选2014年中国科协科普部首席专家资助项目。学会副理事长高钰琪教授率领的全国高原医学科普团队获得了“2015年度科学传播专家团队重点项目”。

学会副理事长王建枝教授参加2014年湖北省科协开展的科技援藏活动中的赴藏科普讲座活动，在西藏作了题为《人老了一定会得痴呆症吗？》的科普讲座。

表彰举荐优秀科技工作者 学会副理事长、第三军医大学高钰琪教授荣获中国科协“全国优秀科技工作者”称号。

【2014中加动脉粥样硬化和心血管疾病研讨会】 10月30日至11月2日，由学会动脉粥样硬化专业委员会暨国际动脉粥样硬化学会中国分会与加拿大动脉硬化、血栓、血管医学联合会联合主办的2014中加动脉粥样硬化和心血管疾病研讨会（China-Canada Symposium in Atherosclerosis and Cardiovascular Disease）在江苏省南京市召开，中国工程院院士刘德培、张运，以及国内外150余位从事心血管疾病基础和临床研究的科研人员、临床医生和研究生出席会议。

刘德培院士、张运院士，多伦多大学Khosrow Adeli教授、渥太华大学Teik Ooi教授等23位国内外专家应邀作大会专题报告。与会专家、学者就动脉粥样硬化、高血压、肥胖、糖尿病、动脉粥样硬化血栓形成等问题，从心血管疾病的基础、临床及流行病学角度报告了最新的研究成果和进展，并进行了交流和讨论。

会议举行了青年优秀论文和优秀壁报竞赛，共有来自中国、加拿大的15位青年学者获得青年优秀论文奖，8名青年学者获得优秀壁报奖。

【第二届中法血液高峰论坛】 7月5—9日，第二届中法血液高峰论坛在上海市召开。会议由学会实验血液专业委员会、中国医师协会血液分会、欧洲血液和骨髓移植学会共同主办。

本次论坛是庆祝中法正式建交50周年的重要活动之一。全国人大常委会副委员长、上海血液学研究所名誉所长陈竺出席论坛并作了题为*Health Science for ALL*（急性淋巴细胞白血病的保健科学）的报告。中国科协副主席、中国工程院院士、上海血液学研究所所长陈赛娟，法国巴黎圣安东尼医院Norbert-Claude GORIN教授，中国医师协会血液学分会会长刘开彦教授，上海交通大学医学院附属瑞金医院院长朱正纲教授等出席大会开幕式并致辞。来自中法两国的150余位专家、学者围绕血液肿瘤靶向治疗和细胞生物治疗等前沿问题进行了讨论。

论坛颁发了圣安东尼-EBMT成就奖。这是一项由法国设立的国际性医疗奖项，旨在表彰中国、法国及欧洲血液学领域中做出科学创新及卓越成就并为推动中法、中欧血液学学术交流与科技合作作出重要贡献的个人、团体或机构。上海血液学研究所和法国Luc DOUAY教授的研究团队获颁圣安东尼－EBMT成就奖。中国工程院院士王振义、阮长耿荣获中法血液学交流卓越贡献奖。

【第七届国际病理生理学会（ISP）世界大会】 9月4—7日，第七届国际病理生理学会（ISP）世界大会在摩洛哥首都拉巴特举行。来自中国、匈牙利、加拿大、俄罗斯、英国、法国、南非、芬兰、尼日利亚、土耳其、摩洛哥、美国、埃及、日本、克罗地亚、斯洛伐克、阿根廷、德国、挪威等26个国家的专家、学者参加会议。大会共进行了4个特邀报告，10个专题报告，4个分会学术报告和壁报展示，交流论文摘要230篇，内容涵盖了病理生理学等学科的最新研究成果。

学会协助46位中国专家参加了本届大会，进行了心血管、神经和中国传统医学等3个分会场的专题报告会。学会理事长吴立玲教授主持了特邀报告会，杨黄恬教授、王建枝教授、余细勇教授、张幼怡教授应邀主持了专题报告会，15位中国学者分别作报告。21位中国学者进行了壁报展示。内容涉及心血管、神经和中国传统医学等多个方面。

大会期间召开了国际病理生理学会第六届理事会，选举产生了第七届理事会。摩洛哥的W. Benjelloun教授当选国际病理生理学会第七届理事会理事长，中国病理生理学会王建枝教授当选副理事长，张幼怡教授、徐明教授当选新一届理事会理事。第七届理事会工作会议决定，第八届国际病理生理学会（ISP）世界大会将于2018年9月在斯洛伐克举行。

【国际心脏研究会（ISHR）中国分会（第十二届）暨中国病理生理学会心血管专业委员会（第十五届）学术会议】 8月14—17日，国际心脏研究会（ISHR）中国分会（第十二届）暨中国病理生理学会心血管专业委员会（第十五届）学术会议在黑龙江省哈尔滨市召开。会议由学会心血管专业委员会、国际心脏研究会（ISHR）中国分会共同主办，主题为“学科交叉，促进转化”。来自美国、加拿大、澳大利亚、日本、韩国等国家的1000多位心血管领域专家、学者参加会议，会议共收到论文摘要231篇。

会议举办了11个特邀报告、42场专题报告会，其中2场为全英文报告，9场卫星会议、4场工作会议、1场学术沙龙，共进行学术报告245个，内容涵盖了近年来心血管基础医学与临床医学等多方面的最新研究成果。

全国政协副主席、中国科协主席、中国病理生理学会名誉理事长、国际心脏研究会（ISHR）中国分会荣誉主席韩启德院士委托北京大学第三医院张幼怡教授在开幕式上致辞，致辞指出，病理生理学应该与临床紧密结合，否则就缺乏存在的合理性和活力，这次会议着力于转化医学，并请大批优秀临床医生参加，是很好的措施。希望充分结合临床，以问题为研究导向，由临床实际提出科学问题，并努力应用到临床。

大会还举办了1场青年英文优秀论文评比和为期2天的壁报展示比赛，共18人获得优秀论文奖，25人获得优秀壁报奖。

大会学术沙龙专场邀请专家作了基金申请和科研工作者成长等方面的特邀报告，颁发了“心血管研究青年学者导师奖”。大会同期举办的继续教育培训班，对200多位黑龙江省心血管医师进行了集中临床培训。

会议同期召开了学会心血管专业委员会第八届（ISHR中国分会第六届）工作会议。会议特别邀请365心血管网对会议进行了全程报道，出版了以“学科交叉，促进转化”为主题的特刊，分设了基因组学研究篇、人群研究篇、临床研究篇等5个专题，对中国工程院院士杨宝峰就“注重学术交流、促进转化医学”进行了采访。

【中国危重病医学大会】 9月18—21日，由学会危重病医学专业委员会、中国医师协会重症医学医师分会共同主办的中国危重病医学大会在四川省成都市召开。约2300人出席会议，交流论文200余篇。大会举办全体会议2场，专题讲座58场，专题报告240余个，病例讨论2场，卫星会14场，内容涉及重症医学领域内危重病情监测、评估，危重症救治、重症护理以及基础研究等方面的热点与争议问题。

会议还举办了海峡两岸危重病医学论坛和动物实验远程教育专场。200位专家、学者交流了研究成果。会议评选出优秀壁报60篇，优秀论文报告10篇。

【第九次全国缺氧和呼吸病理生理学术会议暨第七次全国高原医学学术会议】 11月27—30日，第九次全国缺氧和呼吸病理生理学术会议暨第七次全国高原医学学术会议在广东省广州市举行，300余位专家、学者出席会议。会议由学会缺氧和呼吸专业委员会、中华医学会高原医学分会主办。会议围绕缺氧和呼吸的生理和病理生理、高原医学基础与临床研究进展、高原病分型与诊断、高原或缺氧相关疾病、呼吸系统疾病的发病机制与防治等内容进行了学术交流。会议收到学术论文282篇，评选出青年优秀论文12篇。

【第十六届南方会心血管基础与转化医学国际论坛会议】 4月11—12日，第十六届南方会心血管基础与转化医学国际论坛会议在广东省广州市召开。国内外从事心血管研究的专家和青年学者共200多人参加了会议。学会心血管专业委员会是本届论坛的主办单位之一。37位来自美国、加拿大、日本等国家以及内地和香港特别行政区的著名心血管疾病专家进行了学术报告，主题涵盖心血管转化医学、蛋白质组学与心血管临床医学、心脏血管移植后免疫机制、心脏病的线粒体调控、基因组学进展带来的临床转化、干细胞治疗心血管病等方面的最新研究成果等。会议同期举办了一期国家级医学继续教育培训班。会议受到参会者和培训班学员的一致好评。

【全国机能实验教学研讨会暨机能实验教学工作委员会第一次会议】 7月20—24日，全国机能实验教学研讨会暨机能实验教学工作委员会第一次会议在内蒙古自治区呼和浩特市召开，会议由学会机能实验教学工作委员会主办。来自全国24个省、自治区、直辖市的140余人参加了会议。本次会议是机能实验教学工作委员会正式成立后的第一次大会。

大会就机能实验室建设的“五要素”——教学观念的更新、课程体系的建立、实验基地的建设、师资队伍的强壮、运行机制的完善进行了交流，对机能实验课程建设、虚拟仿真在机能实验教学中的作用与地位等问题进行讨论和交流。

大会提出并讨论了《关于高等院校机能实验教学中心（实验室）建设标准的建议（草案）》。草案的主要内容是：建设标准的宗旨、目的与其具体内容，建设标准是核心内容，主要包括：实验室体制与管理、实验室环境与安全、实验设备与器材、实验内容、实验教学方法和学生评价方法、实验教学队伍与实验管理、实验条件保障等。

与会专家、学者认为该建议的提出十分必要，将对全国机能实验教学建设产生影响。

【中国病理生理学会第十二届受体专业委员会学术会议】 12月11—13日，学会第十二届受体专业委员会学术会议在广东省深圳市召开。会议由学会受体与信号转导专业委员会主办，117人参加会议。

会议邀请国内外受体与信号转导领域的专家、学者作特邀学术报告。科技部纳米重大科学研究计划项目首席科学家、中国科学院化学研究所方晓红研究员作了《应用生物单分子成像技术方法检测细胞生长因子受体动态变化》的报告，介绍了生物体系中的单分子研究，尤其是活细胞中单个生物分子动态行为的原位实时探测的前沿进展和研究成果。香港中文大学黄聿教授作了《在糖尿病及肥胖小鼠模型中PPARs激动剂对于血管的有益作用》的报告，介绍了过氧化物酶体增殖物启动受体（PPAR）激动剂在改善胰岛素敏感性方面的研究进展和成果。

大会还举办了17个学术报告，评选出青年优秀论文6篇，优秀壁报奖10篇。

（撰稿人：吴立玲）

中国营养学会

服务创新型国家和社会建设 2014年，学会继续承担“十二五”国家科技支撑计划“公众健康知识及技术筛选与评价研究”项目第五课题“平衡膳食体育健身预防慢性病技术研究与应用”的管理实施。学会与中国体育科学学会联合实施的“平衡膳食与体育健身联合干预慢性病理论模式与实用技术研究”已基本完成，全年发表学术论文4篇，编写《膳食指导图谱》2册，开发新型减盐控油工具2种，启动了综合干预效果评价的相关研究。围绕课题开展科普活动，组织编写《全民健康十万个为什么（平衡膳食篇）》，通过官方微信平台发布营养科学前沿新知和科普信息100余篇，举办营养健康培训20余场。

10月10日，由学会负责实施的国家食品药品监督管理总局政策研究课题——“保健食品备案纳入标准和相关原料要求研究”开题会在北京召开。该课题旨在提出我国保健食品的备案原则、纳入标准和技术要求，为政府及时做出备案管理提供技术管理思路和措施。

11月15日，学会召开研讨会对《营养改善条例》草案的框架结构和内容进行了讨论，提出了推动立法程序意见和建议。该条例草案已于12月底报上级主管部门审核。

学会与汤臣倍健股份有限公司、全球儿童营养基金会联合发起的中国贫困地区学龄儿童营养改善项目完成了一期工作，3月在北京召开了项目一期结果发布会。一期结果报告显示，通过长达10个月的营养干预，学生营养健康状况改善明显，证明了“营养包”配合相应的营养知识教育所开展的营养干预模式切实可行。7月，项目二期在湖北省鹤峰和郧县实施完成。9月，项目三期工作在河北省实施。

学会与石家庄君乐宝乳业有限公司共同建立了中国营养学会 & 君乐宝婴幼儿营养合研发中心，学会将在新品研发等方面为企业提供技术咨询和指导。

根据《婴幼儿配方乳粉生产许可审查细则（2013版）》，学会组织相关领域专家，对石家庄君乐宝乳业有限公司、达能集团、杭州味全生技食品有限公司等企业生产的婴幼儿配方乳粉进行了专家评估，为企业产品顺利注册提供技术帮助。

10月，《中国居民膳食营养素参考摄入量（2013版）》（DRIs）出版，此书是制定国家食物与营养政策、膳食指南的理论基础，是对各类人群进行膳食调查、营养评价、营养干预的指导准则，也是研发和生产营养强化食品、配方食品、营养素补充剂的科学依据。

学会组织数十位国内著名专家制定了《中国居民膳食营养素参考摄入量卫生标准》，该标准应用了《中国居民膳食营养素参考摄入量（2013版）》的数值，提出了一套完整的科学数据。《中国居民膳食营养素参考摄入量卫生标准》已通过国家标准化管理委员会审查。根据会审意见修改后在网上公开征求意见。

2014年，中国营养学会营养科研基金——DSM专项科研基金，优选资助老年人群营养研究（不含产品开发性研究）。经专家评审，13个项目获资助。

2014年，中国营养学会营养科研基金——伊利营养与健康研究基金，资助乳糖研究，共有4个项目获得资助。

学会举办继续教育培训班7个，培训人数1300多人次，编辑教材6种。

学会能力提升计划 2014年是中国科协学会能力提升专项实施的第3年，学会继续以“提升四个能力，建设一流科技社团”为目标，保质保量完成项目工作。完成修订并发布了2013版《中国居民膳食营养素参考摄入量（DRIs）》、启动《中国居民膳食指南》的编写和修订工作、举办一系列社会影响大、水平高的学术交流活动。大力开展科技服务，积极探索科技社团服务企业创新的新途径，建立产学研相结合的新体系。主动承担政策性研究课题，将科研成果转化为决策咨询资源，为政府工作献言献策。通过持续开展继续教育与培训、举荐优秀青年学者等工作，切实加强服务科技工作者能力。同时学会还努力健全自身组织建设，完善工作机制，促进学会办事机构专业化、职业化、信息化的改革。

学会建设 2014年，学会发展个人会员1526名，会员总数17908名；单位会员新增8家，总数为35家。

学会第八届理事会全年共召开6次理事长办公会，3次常务理事会，1次理事会。举办全国营养学会理事长工作联席会2次。

学会中英文网站进行了重新改版，12月完成了网站的内测和公测工作。建设了“中国居民膳食指南”网站，建立了“中国营养界”、“中国好营养”两个微信公众平台，以及微博、博客、搜狐自媒体平台、联合优酷播放科普在线视频等，各平台均已拥有万余名用户。

学术期刊 《营养学报》全年收稿418篇，退稿252篇，稿件采用率39.7%。全年共发稿138篇，期均载文量23篇；国内总发行量1.2万册，国外发行和交换80余册。

学科发展研究 学会启动了“2014—2015年《中国营养学研究发展报告》项目”。7月，学会在北京召开项目开题会，确立了报告的编写框架、专家队伍组成和任务进度。

国际学术会议 4月18—19日，“亚洲营养领导人高层论坛——聚焦膳食指南”在上海市举办。世界卫生组织、欧洲食品安全局、联合国儿童基金会等国际组织代表，美国、澳大利亚等10个国家营养学会的负责人受邀出席会议。会议的召开旨在解决各国在膳食指南方面存在的营养学问题，讨论和交流各国膳食指南在发展、修订中面临的问题、修订方法及改善措施，为已经启动的中国膳食指南修订工作提供可资借鉴的依据。

4月，学会与北美华人营养学会共同主办了美国实验生物学年会中国分会场。学会理事长杨月欣代表学会作了题为《中国营养研究现状及未来3—5年的发展状况》的演讲。

国内主要学术会议 全年召开国内学术会议28次，参加人数3165人次，其中企业科技工作者703人次，交流论文265篇。

6月，中国老龄化与健康高峰论坛在上海市召开，论坛举办学术报告近60次，500余位国内外营养科学工作者交流了国内外老年人营养、疾病状态营养支持、康复及营养新经济等方面的最新研究成果。

公共营养分会召开第十四次学术会议，微量元素营养分会召开第十二次学术会议，临床营养分会召开第14届全国临床营养学术会议，基础营养学分会召开2014营养代谢与健康科学国际研讨会等。

两岸交流 8月21—23日，第四届两岸四地营养改善学术会议在台湾地区举行，学会理事长杨月欣、台湾中华膳食营养学会理事长章乐绮、香港营养学会理事长丁浩恩、澳门营养学会理事长尤淑瑞共同签署了《台北宣言》。宣言内容包括共同努力推进营养立法、促进本科学生营养教育、建立营养师资质认证、建立长期合作交流机制等7大共识。

国际交往 5月8日，学会与韩国营养学会在韩国首尔签署了《中国营养学会与韩国营养学会合作协议》。协议约定，就双方共同关注的问题，在平等和互惠的基础上，开展营养与食品科学的交流与合作。

3月，受马来西亚棕榈油局委托，学会承担了“棕榈油和橄榄油对人类血清血脂的影响——随机、双盲、交叉试验研究”项目，对中国居民膳食结构的适用性进行研究。

9月，项目结束现场干预，进入数据统计和报告撰写阶段。

9月，“中国甘肃省农村地区学龄儿童维生素A干预项目”在甘肃省陇西和河口地区开始实施。此项目由学会与马来西亚棕榈油局共同合作开展，旨在帮助贫困地区家庭的学龄儿童改善维生素A摄入不足状况。项目计划选取甘肃省6所农村学校的2000名7～13岁学龄儿童通过膳食给予维生素A强化干预，预防维生素A缺乏病，改善营养状况。

承担Choices International Foundation（选择国际基金会）委托项目，召开“食品前包装的营养标签与营养素分析度量（FOP）”研讨会，来自中国、美国、荷兰、新加坡、泰国和马来西亚等6个国家的政府官员、专家学者和业界人士参加会议。

科普活动 学会在全国科技活动周和全国科普日活动中，根据受众人群特点，准备了《中国居民平衡膳食指南小学生读本》《中国居民平衡膳食宝塔》磁贴、“营养标签读本”，采用游戏的方式，让孩子们既动脑又动手，寓教于乐。

2014年2月，学会正式成立了科普专家团队，专家团队通过编写科普文章，媒体采访和不定期现场讲座等形式开展工作。对热点问题建立快速反应机制，利用专家优势提高营养相关舆论的引导力。

2014年初，国务院办公厅印发《中国食物与营养发展纲要（2014—2020年）》（简称《纲要》），引起了社会各界的热烈讨论。2月21日，学会与中国疾病预防控制中心营养与食品安全所共同举办了《中国食物与营养发展纲要（2014—2020年）》解读研讨会，就其内容进行了深入的探讨和交流。

6月，学会发布了《中国居民膳食营养素参考摄入量（2013版）》。10月15—19日，在上海市举办了新版《中国居民膳食营养素参考摄入量》培训，在12家媒体上设立《中国居民膳食营养素参考摄入量》专栏，为公众科学解读有关知识内容。完成了《中国居民膳食营养素推荐摄入量—消费者解读》初稿的编写。

8—12月，学会联合《生命时报》共同发起“中国好食物”遴选活动，与公众一起重新认识我国的食物，挖掘好食物，为好食物扬名，通过高营养价值的“一滴油”、“一粒米”、“一种味”等方式全方位地展示各种好食物及产地，让公众了解最正确的食物烹饪和食用方法。

9月，学会作为协办单位参加了第十届中国食品博览会，在会展期间举行了行业发布会和专题论坛。

表彰举荐优秀科技工作者 由学会推荐的马冠生教授和糜漫天教授获得中国科协“全国优秀科技工作者”称号。

10月，学会启动“中国营养学会优秀团队和个人奖项”评审工作，截至12月底，完成了各奖项奖励条件、奖项评审工作实施细则的制订工作，开展了奖项的征集工作。

2014年，学会开展了第五届科学技术奖评审工作，1月在学会网站进行征集，经过对申请资料的初筛及函审，专家委员会会审，评选出二等奖2个，三等奖5个。11月，召开颁奖会议。

学会创新发展 由于我国居民盐摄入量连年高出世界卫生组织（WHO）和中国营养学会的建议量，学会联合企业开发了新型的科普资源。用户可使用“每天钠盐摄入知多少”小软件，通过网络计算机免费测试每天钠盐的摄入量。学会设计制作的“CNS Dynamo”和“营养师在线”APP，为公众提供了食物营养和临床营养方面的科普知识。依托“CNS Dynamo”设计出的运动手环还可以对公众的运动和健康状况进行监测，督促公众进行适量运动。而“营养师在线”通过互动方式对大众热点的科普问题进行答疑。

会员服务 2014年，学会秘书处对注册会员信息

进行了重新整理、分类。对学会网站进行了改版，初步建成了会员管理系统，实现了会员的在线申请、注册及缴纳会费功能。全年共编辑制作学会内部期刊《会员通讯》3期，期刊分电子版和纸质版，面向会员之家、个人会员和单位会员发放。

【《中国居民膳食指南》修订工作】 2月11日，学会召开了《中国居民膳食指南》（以下简称《指南》）修订工作启动会，设立了指导委员会、修订专家委员会、秘书组和6个工作组，由100余名来自不同学科的专家组成。修订工作得到了国家卫生和计划生育委员会、中国疾病预防控制中心、中国科协等多个部门的指导和支持。

本次《指南》的修订引入了循证学的研究方法和结论，以求进一步保证《指南》推荐的科学性和适用性。在以杨月欣理事长为核心的工作团队的积极参与和共同努力下，修订工作按既定日程稳步推进，并已取得显著的成绩。

截至12月，学会已组织召开5次主任委员（扩大）会议，2次专家全体委员会，19次工作组工作会议，1次膳食指南写作会议，以及多次秘书组会议。各工作组完成了对2007版《指南》使用情况的调研和评估，基本定位了国家优先考虑的膳食相关问题，明晰了营养素和公共健康的重要性，基本确定了基于食物的膳食指南关键推荐条目，对消费者以“理想膳食模式”的指导为主、兼顾我国营养突出问题的导向等原则进行了明确。

修订工作确定了膳食指南的写作框架、体例和内容，膳食指南网站建设进入了测试和优化阶段。

【中国老龄化与健康高峰论坛】 6月12—13日，由学会主办，中国疾病预防控制中心营养与健康所协办的中国老龄化与健康高峰论坛在上海市召开。来自美国、荷兰、澳大利亚、新西兰、美国、瑞士等国家以及国内营养、临床、疾病预防控制领域的专家、学者，大专院校学生共500余人参加了会议。与会专家交流了国内外老年人营养、疾病状态营养支持、康复及营养新经济等方面的学术成果。

截至2013年，我国老年人口数量已达到2亿，老龄化水平达到14.8%，社会老龄化形势严峻。2011年，国务院发布了《中国老龄事业发展“十二五”规划》。2013年再次发布《关于加快发展养老服务业的若干意见》，确定了深化改革，加快发展养老服务业的战略任务。

在全球范围内，第一次世界老龄大会提出“健康老龄化”，第二次世界老龄大会提出“积极老龄化”。“积极老龄化”包括健康、保障和参与，其中参与最具积极意义。我国专家提出了21世纪“成功老龄化”战略思考，而要实现成功老龄化，健康是保障，营养是基础。

会议认为，中国人口老龄化程度不断加重，慢性病高发并存在年轻化态势，营养健康产业需求非常庞大。中国的营养工作者应该承担起推进营养产业发展的重任，勇于抓住机遇、迎接挑战。

除主论坛外，大会还举办了《中国居民膳食营养素参考摄入量（2013版）》结果报告会、老年少肌症专题论坛、营养新经济论坛、营养与慢性病预防控制专题论坛、营养风险筛查与干预技术研讨会、青年学者论坛等6个分论坛，交流了近60个学术报告。学会还特设展区供营养及相关企业进行交流，10余家企业和单位参展。

（撰稿人：李耕华）

中国药理学会

服务创新型国家和社会建设 2014年3月，中国药师师资卓越培训班开学典礼及第一轮培训在清华大学继续教育学院正式启动，该项目由学会药源性疾病学专业委员会牵头，清华大学资深专家教授提供教学资源，康德乐医药有限公司搭建支持平台，面向来自全国的30家著名三级甲等综合医院的副主任药师以上职称并有教学经验的医院药师师资展开。培训的主要内容为引导式培训教学教法在医院药师规范化培训中的应用。

5月，学会18位常务理事应邀参加了科技部生物发展中心组织的菏泽高新技术产业区发展咨询会，就如何依托当地特色、发挥地区优势、发展地区高科技产业，为地方发展建言献策。

学会能力提升计划 2014年，学会继续严格管理、有力执行中国科协学会能力提升专项计划，进一步提升学会各项能力。主要体现在以下四个方面：提升服务创新能力。《中国医学科技发展报告2014》于3月出版，学会理事长杜冠华教授担任了药学部分的编委工作。在国内主办或联合主办20余次国内学术会议，2次国际学术会议；在境外主办或协办2次国际学术会议。

提升服务社会和政府能力。接受科技部、国家卫生和计划生育委员会、国家食品药品监督管理总局、中组部等部门委托，承担了创新药物研究和战略决策咨询20余项，开展了项目评价及人才选拔工作。通过专著、电视和网络等各类媒介，积极进行合理用药、安全用药宣传和知识普及。9月，抗衰老与老年痴呆专业委员会依托“世界老年痴呆日”举办了科普义诊活动。

提升服务科技工作者能力。学会积极发展新会员，会员人数已达7644人。召开老专家座谈会，听取学会老专家对学会发展方向、专业委员会设置及管理等方面的意见和建议。学会英文网站正式上线。

提升学会自主发展能力。学会启动了《中国药理学会分支机构管理办法》修订工作。根据学科发展需要，学会新成立3个专业委员会，改组了1个专业委员会。

学会建设 2014年，学会举办常务理事会2次。新发展个人会员276人，会员总数达到7644人，全部纳入中国科协所属学会个人会员管理系统。学会新成立了3个专业委员会，分别为药源性疾病学专业委员会、安全药理学专业委员会、网络药理学专业委员会，学会专业委员会已达25个。原“中国药理学会中药药理专业委员会”改组为“中国药理学会中药与天然药物药理专业委员会”。

2014年，学会对网站进行了升级，英文网站上线，为学会深入推进国际交流提供一个新的渠道。《中国药理通讯》实现了会员刊物全面电子化，取消纸质刊物寄送，达到了查阅便捷、节约成本的目的。

科技期刊国际影响力提升计划 《中国药理学报》(*Acta Pharmacologica Sinica*)论文学术水平大幅提高，国际影响力也不断扩大。根据汤森路透发布的期刊引证报告，《中国药理学报》影响因子由2012年的2.354提升至2013年的2.496。

学术期刊 9月，中国科学技术信息研究所中国科技期刊引证指标数据显示，《中国药理学通报》4项主要指标名列中国科技核心期刊统计源期刊中的药理学学科第1名，再次被中国科学技术信息研究所评为“百种中国杰出学术期刊。”

国际学术会议 由学会与美国药理学会(ASPET)共同主办的第一届中－美药理学双边学术会议于4月27日在美国加利福尼亚州圣地亚哥市召开。学会理事长杜冠华教授，副理事长李学军教授、杨宝峰院士、魏伟教授，副秘书长张永鹤教授、周文霞教授等学会负责人，近50名学会会员参加了本次会议。本次会议的主题为“中美药物发现(Drug Discovery in China and the United States)”，来自中国的4位报告人受邀作大会学术报告。

受国际药代学会(ISSX)委托，学会药物代谢专业委员会(CSSX)于5月9—12日在天津市承办了第五届亚太药物代谢学术大会。来自亚太地区的552位专业人士及本专业的学生参加了会议。来自美国、加拿大、英国、日本、韩国、印度、新加坡、泰国、澳大利亚等国家，中国大陆、香港特别行政区、澳门特别行政区和台湾地区的40位专家学者在15个学术领域作了演讲。中国工程院院士、中南大学临床药理研究所周宏灏教授和中国科学院上海药物所钟大放教授受邀作了主旨演讲。

7月3日，由学会与中国医学科学院药物研究所共同主办的金砖五国药品可及性论坛在黑龙江省哈尔滨市召开，来自中国、俄罗斯、印度等国家的专家、学者参加了会议。本次论坛旨在促进创新高质量可负担的药品、疫苗、医疗技术的可及性，研讨了目前药品可及性存在的问题，探索提高可负担的，高质、有效、安全的药物可及性的策略和方法。

国内主要学术会议 2014年，学会及所属分支机构共举办国内学术会议22次，参会人数4700人次，交流论文2037篇。国内会议参会人数、交流论文数均与2013年持平。

7月，第十一届全国心血管药理学术会议暨2014医学前沿论坛在黑龙江省哈尔滨市举行。来自全国各地的大专院校、研究院所、海外知名大学著名学者以及研究生共计300余人参加。会议期间还召开了中国药理学会心血管药理学专业委员会工作会议，选举产生了新一届委员会。

8月，由学会生化与分子药理学专业委员会主办，《药学学报》编辑部协办的专业委员会2014年研讨会在甘肃省张掖市召开。本次学术研讨会的主题是“生物标志物与药物靶点”，共收到参会稿件109篇，来自国内外生化及分子药理学相关领域专家和科研人员近170人参加了会议。

10月，中国工程院2014年医学科学前沿论坛、第十四次全国临床药理学术会议暨第六届国际药物警戒与药物安全学术会议在湖南省长沙市召开。来自全国从事临床药理学及相关专业的专家学者600余人参加了会议。本次学术大会主题为“合理用药与药物

安全”。此次会议内容涉及临床药理学研究与应用的多个方面，包括合理用药、个体化治疗、药物临床研究、新药研究的转化、药物安全性评价、药物相互作用、新方法新技术的应用、药品审评等。

国际组织任职　2014 年，在第十七届世界药理学大会期间举行的国际药理学联合会（IUPHAR）会员国代表大会上，学会副理事长兼秘书长张永祥教授再次当选新一届 IUPHAR 执委（2014—2018），获得连任，并继续兼任天然产物药理学分会主席。中国药理学会林志彬教授当选 IUPHAR 提名委员会委员。

国际交往　5 月 15 日，泰国药理学会前理事长、泰国东方大学 Mayuree Tantisira 教授一行 5 人到学会和中国医学科学院药物研究所访问。

5 月 29 日，俄罗斯基础研究基金会（RFBR）主席 VladislavYa．Panchenko 院士率代表团，访问中国医学科学院药物研究所与学会，与学会理事长杜冠华教授就新药研发成果、出版刊物等方面进行了深入交流。

7 月 13—18 日，第十七届世界药理学大会在南非开普敦市召开。学会近 200 位会员参会，18 位中国学者作了学术报告。大会期间，学会与各国药理学会、国际组织进行了沟通和交流，各国药理学会、国际组织均表达了加强与中国合作交流、同心合力促进世界药理学发展的愿望。

表彰举荐优秀科技工作者　经学会提名，李学军教授、周文霞教授荣获中国科协“全国优秀科技工作者”称号。

学会与法国施维雅（SERVIER）研究院联合设立的“中国药理学会 -SERVIER 青年药理学工作者奖”和“中国药理学会青年药理学工作者奖”，2014 年，共评出 8 名“中国药理学会 -Servier 青年药理工作者奖”获得者和 8 名“中国药理学会优秀青年药理学工作者奖”获得者。10 月，学会中药与天然药物药理专业委员会全国委员代表大会在北京召开，大会向评选出的 16 名国内优秀的青年药理学工作者颁奖。

【第一届中－美药理学双边学术会议】　4 月 27 日，由学会与美国药理学会（ASPET）共同主办的第一届中－美药理学双边学术会议在美国加利福尼亚州圣地亚哥市召开。学会理事长杜冠华教授，副理事长李学军教授、杨宝峰院士、魏伟教授、副秘书长张永鹤教授、周文霞教授等学会负责人，以及近 50 位会员参加了本次会议。

本次会议的主题为“中美药物发现”，学会理事长杜冠华首先代表中方作了题为《通过高通量筛选／高内涵量筛选发现基于靶点网络的帕金森病治疗药物》的理事长专题报告，详细介绍了发现新型药物的策略和进程。与会学者围绕该药物进行了讨论和探讨。来自中方和美方的各 3 位报告人作了大会学术报告，学会副秘书长张永鹤教授与美国药理学会 John Glowa 教授共同主持了本次会议。代表中国药理学会作学术报告的 3 位报告人为学会副理事长杨宝峰院士、副理事长魏伟教授和理事杨宝学教授。中国专家们的学术报告展示了我国新药研究的最新成果。

【第十七届世界药理学大会】　第十七届世界药理学大会于 2014 年 7 月 13—18 日在南非开普敦市召开，这是世界药理学大会首次在非洲大陆举办。近 2000 名来自世界各地的药理学工作者参加了会议。中国药理学会会员参会人数近 200 人，约占总参会总人数的 10%。

中国学者在本次大会上组织并主持了的 4 个专题（Symposium），分别是：中国药理学会副理事长兼秘书长张永祥教授代表国际药理学联合会（IUPHAR）天然药物药理学分会主持了“IUPHAR 天然产物药理学分委专题”，学会抗衰老及老年痴呆专业委员会主任委员李林教授主持了“阿尔茨海默病的新药研发专题”，学会生殖药理专业委员会主任委员朱焰教授主持了“生殖药理学进展专题”，香港药理学会执委黄聿和 Helen Wise 教授主持了“天然产物：神经－代谢－血管作用机理”。来自中国大陆、香港特别行政区、澳门特别行政区和台湾地区的 18 位中国学者分别在各专题会上作了学术报告，160 余名中国学者参加了墙报展示交流。

在 7 月 15 日召开的国际药理学联合会（IUPHAR）代表大会上，学会获得了 11 个投票席位，是历史上席位最多的一次。经过两轮投票，美国堪萨斯大学的S．J．Enna教授当选新一届IUPHAR主席，学会副理事长兼秘书长张永祥教授连任 IUPHAR 执委兼天然药物分会主席，中国药理学会名誉理事长林志彬教授当选 IUPHAR 提名委员会委员。

在本次世界药理学大会期间，IUPHAR 主席以及澳大利亚、英国、美国、日本、南非等国药理学会理事长、主席先后邀请中国药理学会，就世界药理学研究、教育、学术交流，以及今后几届世界药理学大会的组织等相关问题进行友好磋商。

【中国药理学会中药与天然药物药理专业委员会全国委员代表大会】 10月18日，学会中药与天然药物药理专业委员会全国委员代表大会在北京召开，130余名会员代表出席大会。选举第七届中药与天然药物药理专业委员会，共商专业委员会发展大计。

4月，经学会常务理事会讨论通过，将“中国药理学会中药药理专业委员会”更名为“中国药理学会中药与天然药物药理专业委员会”，将我国天然药物研究的内容纳入中药药理专业委员会。专业委员会的重组符合中药药理学发展需求，符合天然药物药理学发展需求，更有利于开展学科的融合和学术交流。张永祥教授当选为第七届中药与天然药物药理专业委员会主任委员。

中国工程院院士张伯礼在专题报告《中药现代化研究进展》中，系统介绍了中医药学发展的机遇与任务，回顾了近年来的中药研究思路和研究成果。他特别指出：“将中医药原创思维与现代科技结合，将产生原创性成果，将开拓新的研究领域，将引领世界生命科学的发展。为中国式办法解决世界医改难题做出贡献！”学会理事长杜冠华教授就“中药现代研究发展模式”为与会者作了报告，从中药发展历程、中药现代研究、中药现代研究模式及中药现代研究思考等方面对中药现代研究发展模式进行了探讨。

会议期间还举行了第十八届“SERVIER-中国药理学会优秀青年药理学学者奖”颁奖仪式。中国工程院院士张伯礼、法国施维雅研究院Pierre Renard先生、IUPHAR前主席Paul M. Vanhoutte教授和学会领导分批向分获两个奖项的16位获奖人员颁发了获奖证书和奖金。

（撰稿人：赵　颖）

中国针灸学会

服务创新型国家和社会建设 2014年11月16日，学会学术流派研究与传承专业委员会在江苏省南京市成立，专委会的成立将促进中医针灸这一世界文化遗产更好的传承与保护。世界针灸周（11月16—22日）期间，学会会长、世界针灸学会主席刘保延，学会秘书长、文化部非物质文化遗产“中医针灸”保护项目课题组负责人杨金生在《中国中医药报》上发表了专题文章《擦亮针灸这块中医金字招牌》《针灸流派传承有五个关键》。

2014年，学会承担中国科协下达的继续教育与培训、科学普及、分支机构管理、科研管理、标准化、企会协作等各类项目共8项。

组织开展各类培训班和国家级继续教育培训班共31期，培训人员1147人次。

学会网站全年发布各类新闻、继续教育和学术交流信息200余条。学会利用中国科协的学术会议网络注册管理系统，完成了2014中美国际研讨会参会人员注册工作。

受国家中医药管理局委托，由学会提出，学会标准化工作委员会组织，全国10余家临床、科研及教学单位共同参与研制的《循证针灸临床实践指南》，包括了带状疱疹、贝尔面瘫、抑郁症、中风后假性球麻痹、偏头痛、颈椎病、慢性便秘、腰痛、原发性痛经、坐骨神经痛、失眠、成人支气管哮喘、肩周炎、膝关节炎、急慢性胃炎、过敏性鼻炎、突发性耳聋、三叉神经痛、糖尿病周围神经病变、单纯性肥胖病等20种病症。目前，该20种病症的指南已陆续通过审定，其中13项已由学会以行业组织标准正式发布。

学会与全国针灸标准化技术委员会召开了针灸标准新闻发布会，对已经正式发布的《腧穴主治》等6项国家标准和《循证针灸临床实践指南·带状疱疹》《针刀基本技术操作规范》《针灸临床研究管理规范》等12项行业组织标准进行了介绍和宣传。开展了《针灸标准化工作手册》与《针灸标准项目工作实践指南》两部针灸标准化培训教材的编撰工作。

学会建设 2014年，学会新发展个人会员2872人，比2013年度提高了70%，会员总人数达9829人。召开了理事会1次，常务理事会3次，全国秘书长工作会1次。修订并印发了《中国针灸学会分支机构管理办法》。按照程序批准成立了针灸医学影像专业委员会、学术流派研究与传承专业委员会。循证针灸学专业委员会、刺络与拔罐专业委员会、耳穴诊治专业委员会、微创针刀专业委员会、针灸教育专业委员会完成了换届工作。

学术期刊 根据中国科学技术信息研究所于2014年9月发布的2014中国科技期刊引证报告（核心版），《中国针灸》影响因子为0.917，学科排名第二；综合评价总分78.8分，学科排名第一，在1989种中英文核心期刊中排名67位。2014年，《中国针灸》再次被评为“中国精品科技期刊”。《针刺研究》影响因子0.978，学科排名第一；综合评价总分53.6分，学科

排名第二，在 1989 中核心期刊中排名 430 名。

国际学术会议 11 月 1—4 日，2014 世界针灸学会联合会针灸及结合医学大会在美国休斯敦举办。本次会议由世界针灸学会联合会、中国中医科学院共同主办，美国华美中医学院承办，美国休斯敦市政府、中国针灸学会、中国中药协会和中国保健协会协办。本届大会联合主席、中国工程院院士、中国中医科学院院长张伯礼，世界针灸学会联合会主席刘保延、中国国家中医药管理局国际合作司司长王笑频出席大会开幕式并致辞。来自 40 多个国家和地区的 900 多名专家、学者参加了会议，会议共收到 260 多篇学术论文。

国内主要学术会议 学会及所属分支机构共组织召开全国性学术交流活动 12 项，参会总人数 1921 人次，境外参会学者 191 人次。共编印论文集 6 册，会议学术交流论文 1214 篇。

3 月 23 日，中华中医药学会、中国医师协会、中国针灸学会联合主办的 2014 诺贝尔奖获得者医学峰会暨院士医学论坛在北京召开。全国人大常委会副委员长陈竺，国家卫生和计划生育委员会副主任、国家中医药管理局局长王国强，阿龙 · 切哈诺沃等 5 位诺贝尔奖获得者，9 位中美两国医学领域的院士，千余名专家、学者出席会议。

5 月 30 日，学会和美国针刺研究会在北京召开了 2014 国际针灸研讨会。中国科学院院士韩济生，中国工程院院士石学敏出席会议。来自美国、澳大利亚、意大利、瑞典、挪威、巴西等国家，以及国内的专家、学者共 331 人参加了会议，会议收到来稿 325 篇。本次大会特授予韩济生院士美国针刺研究学会终身成就奖，这是美国针刺研究学会（SAR）历史上首个终身成就奖。

8 月 9 日，学会针灸临床服务模式经验研讨暨第十一届全国中青年针灸推拿学术交流会在天津市召开，160 人参加会议。会议围绕“服务医疗体制改革，创新针灸服务模式”这一主题，分析了针灸临床服务的现状和问题，提出了尽快启动由主管部门主导的大规模调研、组织各相关领域专家开展深层次的研讨的建议。

两岸交流 7 月 13 日，由国家中医药管理局对台港澳中医药交流合作中心、中华中医药学会、中国针灸学会联合台湾中药商业同业公会全联会、高雄市中药商业同业公会、高雄县中药商业同业公会、高雄市中医师公会等机构共同主办的“中医中药台湾行”暨两岸中医药文化与养生保健交流大会在台湾地区高雄市举办。国家卫生和计划生育委员会副主任、国家中医药管理局局长、中华中医药学会会长王国强出席大会并讲话。

科普活动 学会及所属分支机构共开展科普活动 112 次，其中科普报告会 84 次，科普义诊 50 次，直接受众人群达万余人次。与广播电台、电视台、出版社合作，制作节目 19 项，播出时长约 600 分钟。与出版社合作，主编出版科普书籍 11 册，参与编写工作 2 册。与音像出版社合作，编制针灸技术操作光盘 2 种。

表彰举荐优秀科技工作者 根据《人力资源和社会保障部、国家卫生和计划生育委员会、国家中医药局关于评选第二届国医大师的通知》的要求，由学会推荐的石学敏、郭诚杰荣获“国医大师”称号。

根据中国科协《关于开展第六届全国优秀科技工作者推荐评选工作的通知》要求，由学会推荐的王华、方剑乔、杨金生荣获“全国优秀科技工作者”称号。

【中国针灸学会针灸临床服务模式经验研讨暨第十一届全国中青年针灸推拿学术交流会】 8 月 9 日，学会针灸临床服务模式经验研讨暨第十一届全国中青年针灸推拿学术交流会在天津市召开。本次会议由学会主办，天津中医药大学第一附属医院和天津市针灸学会共同承办。中国工程院院士石学敏，学会会长刘保延、秘书长杨金生，学会副会长、常务理事，以及来自全国北京市、上海市、黑龙江省、吉林省、湖北省、江苏省、甘肃省、陕西省、四川省、辽宁省、山东省、安徽省、河南省、云南省、广东省等省、市医疗卫生系统医政管理人员，医疗机构院长、针灸科主任、临床专业人员等共 160 人出席会议。会议的主题为“服务医疗体制改革，创新针灸服务模式”。

石学敏院士在《针灸品牌的多学科引领作用》的报告中，介绍了天津中医药大学第一附属医院创立针灸部服务模式，引领多学科发展，推动针灸学科从小到大、从弱到强的发展模式。该院吕建明医生以“针灸涉外临床服务模式的建立”为题，介绍了以患者为中心多学科协作的多元文化医疗模式，以及该院特需针灸病房涉外医疗服务体系的特色。北京中医医院针灸科主任王麟鹏在《现代医学模式下的针灸应用》中提出，要以重点学科专科为引领，形成重点病种的特色诊疗方案，突出综合治疗的学术特色的思路和做法。陕西省中医医院针灸科苏同生主任以“全院有针灸，针灸在全院”为题，介绍了该院大针灸服务模式是以建立规模大、效益高、能力强，内涵横向全科扩展的针灸科室为目的的主动服务模式。南京市中医院全国中医肛肠医疗中心主任丁义江教授以“针灸推动盆底中心新模式的发展”为题，介绍了以患者为中心，建立多学科一体化服务模式，根据盆底疾病患者症状多样、病因复杂，建立一个多专业、多学科，如肛肠、针灸、医学心理、神经内科、内分泌、泌尿、妇科等专业人才共同协作的合作诊治平台。四川省第二中医院皮肤科黄蜀主任以“拓展针灸服务领域，创新针灸诊疗流程”为题，介绍了该院皮肤科在为广大患者提供医疗服务的过程中，大胆创新，打破以中西药物为主防治皮肤病的常规，摸索、总结出一系列以针灸为主的方法防治皮肤病，优化临床诊疗服务流程，提升了针灸临床服务能力。

甘肃中医学院附属医院医务部部长易华以“针灸治疗科的创立及实践”为题，介绍了该院以针灸推拿医学临床中心为核心，依据亚专业、专科、专病三级体系划分病区，成立了针灸优势病种科、针灸脑卒中康复科、推拿康复科、风湿骨病科、针灸减肥美容专科、针灸治疗科、针灸门诊部及门诊中医综合治疗区。湖北省中医院推拿科、康复医学科、治未病中心主任赵焰以“新整合模式下针灸治未病的实践与探索”为题，介绍了该院形成以针灸疗法、推拿疗法、现代康复疗法和疼痛疗法相结合的综合性诊疗中心，具有鲜明特色的集未病先防、既病防变和瘥后防复为一体的新型治未病模式。同时，与会代表分析了针灸临床服务模式的现状和发展趋势，研讨了针灸学科临床服务在不同类型医院中存在的困难，提出了针灸医师和针灸技师的准入门槛等问题。

【2014’皇甫谧杯全国中医药院校针灸推拿临床技能大赛】 9月20—21日，由学会、全国中医药高等教育学会联合主办的2014’年皇甫谧杯全国中医药院校针灸推拿临床技能大赛在甘肃省兰州市举办。来自内地和香港特别行政区中医药院校的30支代表队219名选手参加了比赛。

本次大赛分为学生组、临床教师组、留学生组个人单项比赛和个人全能比赛，竞赛包括刺法、温针灸、推拿手法、腧穴定位及经典背诵等内容。经过半决赛和决赛，共产生个人单项奖120个、全能奖27个、优秀奖115个。

辽宁中医药大学王志丹荣获学生组的个人全能一等奖。山东中医药大学薛琨荣获临床教师组的个人全能一等奖。山东中医药大学李征雁荣获留学生组的个人全能一等奖。

广州中医药大学、上海中医药大学、山东中医药大学、辽宁中医药大学、成都中医药大学5所大学荣获大赛团体一等奖，湖南中医药大学、云南中医学院等10所大学荣获团体二等奖，内蒙古医科大学、安徽中医药大学等15所大学荣获团体三等奖。甘肃中医学院附属第一医院（甘肃省中医院）、甘肃中医学院针灸推拿学院获得特别贡献奖。北京中医药大学、长春中医药大学、湖北中医药大学等11所大学荣获优秀组织奖。

大赛结束后，部分参赛单位的获奖代表和专家学者，赴甘肃省平凉市灵台县拜谒针灸医学先祖皇甫谧，并举办了中医适宜技术培训和科普宣传、义诊等活动。

（撰稿人：董晓佳）

中国防痨协会

服务创新型国家和社会建设 2014年11月，中国防痨协会首次承担国家卫生和计划生育委员会疾病预防控制局正式委托的工作。协会理事长王撷秀、副理事长兼秘书长万利亚、副理事长刘剑君、刘志敏分别率领由结核病控制、临床、监测、实验室等领域5名专家组成的专家组，赴山西省、陕西省、内蒙古自治区和天津市对结核病防治规划实施情况进行了现场调研，了解规划实施进展及相关指标完成情况，了解结核病防治保障政策和防治体系进展情况，了解病人发现、治疗管理、实验室和耐多药工作开展情况，查找防治工作中的薄弱环节，提出改进意见。12月2日，协会向国家卫生和计划生育委员会疾病预防控制局提交了调研报告。

5月12—17日，协会在北京举办了第17期现代结核病控制知识培训研讨班。本期培训班加强了结核病临床专业知识和技能培训，并更名为“现代结核病控制理论与实践——临床诊治提高研讨班”。

协会于6月、10月承担《结核分枝杆菌IgG/IgM抗体检测试剂盒（胶体金法）在结核病防治和诊疗机构的现场应用的评估》《结核分枝杆菌双向罗氏培养基（培养法）在结核病防治和定点医疗机构现场应用的评估》《VersaTREK分枝杆菌检测系统及Sensititre Mycotbi药敏试剂的应用评估》等3项科

技服务工作。

6 月，《耐多药结核病治疗指南》（2014 年版）由人民卫生出版社出版。

同月，由人民卫生出版社出版《结核病临床诊治进展年度报告（2013）》，集中反映了本年度国内外结核病临床诊治最新进展。为了提高我国结核病实验室检测水平，协会在 4 月出版了《结核病实验室诊断技术教程》，10 月出版了《结核病实验室检验规程》，12 月出版了《结核病实验室检验规范》。11 月，协会出版《施鸿生研究员结核病防治文集》。

作为我国控烟行动的倡导者和积极参与者之一，继 2013 年 10 月参与致函国家领导人“关于领导干部带头在公共场所禁烟的建议”的起草和修改，积极促成中共中央办公厅、国务院办公厅于 2013 年 12 月印发了《关于领导干部带头在公共场所禁烟有关事项的通知》，2014 年 1 月，协会参与了《致全国人大及全国政协“关于响应〈关于领导干部带头在公共场所禁烟有关事项的通知〉的要求，把‘两会’开成‘无烟两会’”》的呼吁信，获得全国人大、全国政协的积极回应。8 月，协会与 8 个学会、协会、研究会联合致函科技部，建议重新审议卷烟研究的两项国家科技进步二等奖。

学会建设 协会有单位会员 58 个，个人会员 6465 人。单位会员与 2013 年相比增加 6 个，个人会员增加了 4099 人，增加幅度大。协会继续向会员赠送全年 12 期《中国防痨杂志》和科普材料。

协会分别于 4 月和 6 月召开十届七次、八次常务理事会议，讨论了换届选举的有关事项，启动了协会规章制度的修订工作。

2014 年，协会对网站系统进行了更新，重新设计了网站页面，栏目设置更加科学、合理，内容翔实丰富。

学术期刊 8 月 26 日，协会与《中国防痨杂志》期刊社在贵州省贵阳市联合举办《中国防痨杂志》创刊 80 周年纪念活动，表彰了为《中国防痨杂志》的发展作出重要贡献的编委和编辑。《中国防痨杂志》年载文 193 篇。据 2014 年 9 月 26 日中国科技信息研究所公布的期刊引证报告，2013 年《中国防痨杂志》核心影响因子为 1.035，较 2012 年的 0.911 有了提高，在结核病与呼吸病学类 6 种期刊中排名第 2 位，在 1989 种核心版期刊中排名第 146 位；核心总被引频次为 1476，在同类期刊中排名第 3 位，在 1989 种核心版期刊中排名第 464 位。

中国防痨协会《中国防痨杂志》创刊 80 周年纪念，表彰突出贡献人员

2013 年《中国防痨杂志》入选“中国科协精品科技期刊工程项目”。本年度，杂志充分发挥编委会中著名专家的作用，组织优秀稿件，提高了引证指标；增加了新的审稿专家，对优秀审稿专家（编委）进行了表彰；开展了优秀论文评选活动，评选出优秀论文 14 篇、近 10 年高被引论文 10 篇、近 10 年本刊 10 大刊出论文机构。读者可从《中国防痨杂志》网站上免费下载全部文章。

《结核病与肺部健康杂志》2014 年共出版 4 期，按时完成了编辑出版任务。

国内主要学术会议 3 月 27—30 日，协会临床专业委员会在云南省腾冲市举办了结核病及肺部相关疾病影像学诊断与介入治疗高峰论坛；6 月 12—15 日，在辽宁省大连市举办了第二届骨关节结核临床诊断与治疗进展及其规范化专题研讨会；7 月 18—21 日，在辽宁省沈阳市举办结核病诊治新进展学术研讨会。

6 月 27 日至 7 月 2 日，协会基础细菌免疫专业委员会在陕西省延安市举办科学研究与结核病防治高峰论坛，同时举办了“结核病新诊断技术培训班”。11 月 4—7 日，协会科普工作委员会、学术工作委员会在云南省腾冲市联合举办科普和学术 2014 年度学术会议。11 月 28—30 日，控制专业委员会在北京举办结核病控制学术会议。11 月 7—10 日，协会与解放军 309 医院全军结核病研究所联合举办结核病诊治与防控新技术、新方法研讨会。

科普活动 1 月，协会完成“结核病学科科学传播专家团队”的组建工作，端木宏谨担任首席专家，钟球任团长，首批团员 12 人。1 月 22 日，协会在北京召开了协会结核病学科科学传播专家团队成立会议，为首批科学传播专家颁发了聘书。

3月24日，在第19个“世界防治结核病日”期间，协会与中国医学科学院“中国公众健康网”联合举办了网上结核病防治知识竞赛活动。协会科普工作委员会、结核病学科科学传播专家团队承担了竞赛试题的编制和判卷工作，3000余人次参加了活动。

6月，协会的“结核病防治手机游戏开发及传播”项目入选中国科协科普部“择优资助科学传播专家团队开展科普工作项目”。项目组制定了“健康大赢家”结核病防治知识手机游戏推广项目实施方案，召开了3次研讨会，不断完善技术方案和游戏规则，并将活动题目变更为“挑战结核君（菌）”，以了解正确答案、传播结核病科学知识为目的，和用户生活行为相贴近，增加了趣味性。腾讯网、人人网和新浪网作为网络合作伙伴提供了推广服务。12月底已完成游戏制作和其他全部准备工作。

【首届结核病及肺部相关疾病影像学诊断与介入治疗高峰论坛】 3月27—30日，由协会临床专业委员会影像学组、《中国防痨杂志》和《结核病与肺部健康杂志》两刊编委会联合主办的首届结核病与肺部相关疾病影像学诊断与介入治疗高峰论坛在云南省腾冲市召开。来自24个省、自治区、直辖市，以及澳门特别行政区的专家、学者共140余人出席了会议。

此次论坛是协会临床专业委员会影像学组自2012年8月成立以来首次主办的学术会议，也是《中国防痨杂志》和《结核病与肺部健康杂志》两刊“走出去策略”的一项具体实施步骤。

《结核病与肺部相关疾病影像学诊断与介入治疗高峰论坛资料汇编》共收录论文50余篇，涵盖肺结核及肺外结核的CT及MR影像诊断与鉴别、肺结核及相关疾病的介入治疗及动物实验研究、肺癌与肺部炎症（包括禽流感等）相关疾病的CT诊断与鉴别、结核病变的CT与MRI检查技术与方法和肺结核的控制与管理等内容。

论坛还就以下10个方面举行了专题讲座：颅内及脊髓结核的MR影像特点与诊断，肺结核不典型影像表现及重症肺结核合并呼吸衰竭的CT表现分析，腹腔及盆腔结核的CT及MRI表现分析，脊柱与骨关节结核影像学诊断、鉴别诊断与误诊分析，超选择支气管动脉栓塞治疗肺结核大咯血的技术与技巧，非结核分枝杆菌肺病和肺部炎症性病变的CT诊断与鉴别，CT肺灌注成像技术在诊断肺结核中的应用研究，早期肺癌的CT诊断、肺癌病理分型特点和肺癌不典型表现的CT影像分析，PET-CT在结核病诊断与治疗中的应用，放射学科的建设与管理。

本次论坛还就放射学科的建设和科学管理进行了讨论，提出了人才储备和合理的人才梯队建设，以及先进设备的配置（如高端CT和高场强MR等）是保证学科发展的重要环节。

【科学研究与结核病防治高峰论坛】 6月27—29日，由协会基础细菌免疫专业委员会主办，陕西省防痨协会协办的“科学研究与结核病防治高峰论坛”在延安市举办。来自内地，香港特别行政区、澳门特别行政区结核病防治相关领域的专家、学者，企业界人士共430余人参加大会。

论坛邀请中国科学院院士赵国屏作了《H37Rv/H37Ra比较基因组：结核杆菌基因组微进化&结核杆菌持续性感染》的报告。中国疾病预防控制中心结核病预防控制中心副主任成诗明作了《中国结核病防治现状与控制策略》的报告，重点介绍了中国结核病疫情现状和控制策略。北京市结核病胸部肿瘤研究所马玙教授作了《结核病的临床诊疗现状及面临的挑战》的报告。中国医学科学院金奇教授在《结核分枝杆菌与肺结核病研究》中报告了结核分枝杆菌的潜伏感染。解放军309医院全军结核病研究所副所长吴雪琼教授的《结核病新疫苗研究进展及展望》总结了目前结核病新疫苗的研究方法。太原市第四人民医院主任医师罗宏的《酶联免疫斑点技术诊断结核感染的临床应用价值与进展》的报告揭示了T-SPOT.TB在临床中有重要的应用价值。中国科学院微生物研究所副研究员谭曙光在《结核Rv3615c抗原的T细胞免疫原性及临床诊断应用研究》中指出Rv3615c抗原的临床诊断价值。

有关专家还分别报告了《结核病病理学诊断》《儿童结核病现状》《儿童结核病耐药及诊断方法研究》《下呼吸道感染细菌培养操作规范》等内容。

（撰稿人：朱桂林）

中国麻风防治协会

服务创新型国家和社会建设 2014年，协会向有关部门提交了决策咨询报告《加强对基层医护人员的专业培训》和《关于在全国开展新发麻风病人“氨苯砜综合征”防治项目工作的建议》。

承接了中央财政支付麻风专项经费专家技术督导

项目和中央财政支持社会组织开展社会救济——麻风受累者综合康复救助示范项目（B027）。组派专家为麻风受累者建立健康档案等技术督导和服务，900余名麻风受累者受益。

“国内外麻风皮肤病新进展”培训班得中国科协学会会员知识更新工程项目立项，该班亦为国家级继续医学教育项目（项目编号2014-04-12-084），授予1级学分8分，培训学员404名。

协会与西安迪赛生物药业有限责任公司本着“优势互补、互惠互利、友好合作、共同发展”的原则，进行了协同创新攻关项目——康体多（复方甘草酸铵注射液）辅助激素治疗麻风反应的研究。

协会医疗队2014年在广东省、江西省、云南省、四川省和贵州省的27个康复村开展了牙科和眼科的诊治工作，行程5万公里，工作150余天。完成眼科诊治300余人，其中外眼手术7例，白内障手术14例；牙科诊治400余人，安装义齿2700颗。

学会建设 2014年，协会共召开4次常务理事会议，1次理事会会议。增补杨松标、操秋阳、李银才、林青松为协会理事会理事。

协会再次开展了会员的重新登记工作，使用中国科协会员号重新登记的个人会员共6126人。

国内主要学术会议 2014年，协会共召开国内学术会议3次，480人次参会，征集论文120篇，65篇论文进行了交流，其中15篇论文获优秀论文奖。

科普活动 1月26日是第61届世界防治麻风日暨第27届中国麻风节。协会围绕“加速行动，消除麻风危害”主题，开展了系列科普宣传活动。1月，协会与中国科协科普部、飞华健康网联合印制了宣传年画5万张，分发至全国各省、自治区、直辖市的基层麻风防治单位。与飞华健康网联合开展了麻风防治的网上科普宣传工作。

1月18日，国家卫生和计划生育委员会宣传司、中国疾病预防控制中心麻风控制中心、中国麻风防治协会、马海德基金会及安徽省卫生、民政、残联等部门的有关领导前往安徽省淮南市马山传染病医院，看望和慰问了生活在那里的麻风休养员和工作人员。麻风学科学传播专家团队首席专家、协会会长张国成教授率科学传播专家团队王强、申鹏章等在安徽省淮南市马山传染病医院坐诊，为疑似麻风患者检查诊治。同时，向公众宣传不要歧视麻风病人的科学思想，呼吁全社会共同关注麻风患者及畸残者这一特殊群体，支持麻风防治工作，努力实现消除麻风危害。

1月26日，协会与北京市热带医学研究所、北京市西城区疾病预防控制中心共同在北京友谊医院门诊开展了麻风防治知识科普宣传活动，进行了麻风防治知识知晓率调查。

1月26日，新华网北京健康频道刊登了《李桓英：早发现早治疗降低麻风致残》《潘春枝：山区“消灭麻风”在行动》。同日，山东电视台齐鲁频道健康早知道栏目中播出了协会副会长张福仁谈麻风防治科普节目。

5月17日，协会参加了由北京市东城区科协在龙潭湖公园举办的“2014年东城科技周主场活动”。94岁高龄的世界麻风防治专家李桓英教授、北京热带医学研究所尤元钢等专家开展了麻风科普知识知晓率现场调研，据统计，千余人在现场填写了《麻风知晓率调查问卷》。协会在活动中共发放宣传品、宣传画共计2000余张。

9月20日，协会参加了在龙潭湖公园举办的2014年东城区全国科普日主场活动。

3月9日，协会社会心理康复学科学传播团队与其他公益机构在广东省广州市举办了“我们都一样”公益倡导主题活动。协会社会心理康复学科学传播团队在云南省大理白族自治州祥云罗贤观疗养院和黄草坝康复村开展了以“携手同行，助听新声”为主题的公益徒步活动，159人参与。团队利用筹集的49000元人民币购买助听器100台，为100位康复村麻风受累老人解决了听力障碍问题。

5月25日是我国第8个“全国护肤日”，协会皮肤病学首席专家张福仁、皮肤美容学首席专家熊俊浩、银屑病学首席专家宋顺鹏及性病学科学首席专家杨斌分别率科学传播团队在山东省济南市、广东省广州市、四川省成都市、辽宁省大连市开展了系列公益活动。活动内容包括大型专题讲座、专家义诊、皮肤疑难病例大会诊、护肤科普活动等。

5月23—25日，协会麻风学科、性病学科、银屑病学科、皮肤病学科及美容学科的首席专家及专家团队成员到云南省文山壮族苗族自治州开展了义诊活动。

8月，协会与北京科技大学冶金与生态工程学院贝壳微尘实践团合作，制作了“消除麻风歧视麻风防治知识”微电影——“关爱麻风 你我同行”，发至优酷、土豆网等多种网络视频进行传播。

10月29日，是全球第7个“世界银屑病日”，协会银屑病学科学传播团队将10月份定为关爱银屑病月，从10月1日开始以世界银屑病日的主题“走出‘银’影，共享美好生活”，在辽宁省大连市皮肤病医院开展了义诊、公益讲座和免费咨询活动。

【中国麻风防治协会麻风受累者综合康复救助示范项目】 中央财政支持社会组织开展社会服务——中国麻风防治协会麻风受累者综合康复救助示范项目（B027）获得中央财政资金100万元，获得其他财政资金20.5万元，社会募集资金29.5万元。

3月11—13日，协会麻风受累者综合康复救助示范项目（于都）启动仪式在江西省于都县安背麻风村举行。项目计划将安背麻风村的山坡地建成农业生态园，为全县现存麻风残老者209人建立健康档案，将他们纳入新型农村合作医疗或城镇职工医疗保险，改善他们的就医条件。同时资助60名麻风病人未成年子女上学。协会会长张国成，秘书长潘春枝，马海德基金会副秘书长申鹏章等，与麻风村村民共同种植脐橙、放养鱼苗。为麻风病人开展了体检、咨询等活动，并与麻风病人共进午餐，以实际行动向公众宣传“消除麻风歧视，共享和谐社会”。3月18日晚，中央电视台军事农业频道的“聚焦三农”栏目播出了麻风受累者综合康复救助项目启动仪式的新闻。

4月18日，协会会长张国成、秘书长潘春枝，马海德基金会副秘书长申鹏章、北京市天主教爱国会副主席兼秘书长石洪喜等一行到安徽庐江县矾宝山麻风住院部，举行了协会麻风受累者综合康复救助示范项目启动仪式。

5月26日，协会和云南省麻风防治协会共同在云南石林彝族自治县文笔山康复村举行了示范项目启动仪式。

【张国成荣获2013年度“国际甘地”奖，印度总统向张国成教授颁奖】 2月15日，印度总统普拉纳布 · 慕克吉在新德里向协会会长张国成教授、印度孟买的 Vijaykumar Vinayak Dongre 医生颁发了2013年度国际甘地奖，表彰他们在麻风治疗、培训和科研等方面做出的杰出贡献。

张国成教授在颁奖仪式上说，健康是人类生存和发展的先决条件，也是人类的基本目标。中国的麻风防治工作者将与全世界的所有伙伴们一起，为早日实现消除麻风危害的目标，创造更美好的生活环境，促进人类文明进步而继续努力！这个奖项，属于印度、中国和全世界的所有麻风防治工作者，也属于全世界所有像圣雄甘地一样追求真理、仁爱与和平的人们。

“国际甘地奖”1986年由纪念甘地麻风基金会设立，专门奖励全世界在麻风领域作出卓越贡献的个人和机构，该奖每2年评选1次，每次评选1～2人，至今仅有20多人获奖。张国成是继1987年马海德之后我国第二个获此殊荣的中国专家。

向纪念甘地麻风基金会评奖委员会推荐张国成的是马海德基金会名誉理事长、马海德的夫人苏菲女士，她在推荐信中说，张国成从事麻风防治工作40多年，在麻风残疾预防、麻风防治人才培养、麻风防治政策倡导等诸多领域均作出突出贡献，是中国麻风防治的领军人物，他在麻风整复外科领域有较高的造诣，在麻风兔眼、睑外翻、垂足、爪形指、麻风溃疡等矫正手术上有丰富的经验。40多年来，他带领的协会国家级医疗队走遍了中国500多所麻风村，为麻风畸残者开展康复手术35800余例，赢得了广大患者的好评。

【浙江省皮防所上柏住院部先进事迹报告会在京举行】 5月13日，由国家卫生和计划生育委员会和浙江省委联合举办的省皮肤病防治所上柏住院部医疗队先进事迹报告会在北京人民大会堂举行。

上柏住院部的前身是浙江省麻风院。1951年，新生的人民政权接管了英国人在杭州开办的麻风诊所，在德清上柏创建了省麻风院。“半个多世纪的薪火相传，在麻风村培育了坚韧不拔的团队文化和默默奉献的团队精神，如今，年轻一代已经挑起了大梁！”上柏住院部护士长、南丁格尔奖获得者潘美儿和上柏住院部护士、“全国青年文明号”号长归婵娟十余年如一日，用青春和汗水呵护着麻风休养员。

今年61岁的徐小童在上柏住院部生活了41年，这里已经成为他难以忘怀的第二个家。当徐小童在会场高歌起自己谱写的歌曲《麻风天使颂》时，每一位听众都主动地打起拍子，向他致以最为崇高的敬意。

这是一支平凡的团队，因为他们和全国众多奋战在卫生计生一线的医务工作者一样，为患者播撒着白衣天使的光辉；这又是一支特殊的团队，因为这些70后、80后的医护人员，十余年如一日在德清偏僻山坳中，照顾着一个特殊的群体——麻风休养员，用自己的实际行动，为这个时代增添了“最美”的底色。就像一位现场听众所评价的：“他们做的事看似平凡，但十多年的坚持很少有人能做到，他们真的很美。”

（撰稿人：潘春枝）

中国心理卫生协会

服务创新型国家和社会建设 协会于2013年承担了科技部“十二五”国家科技支撑计划项目“公众健康知识及技术筛选与评价研究”子课题：社区慢性非传染性疾病患者的健康管理及科普教育技术规范研究与应用。2014年课题的主要工作是科普宣传以及科普图书的编辑出版。协会出版了《抑郁障碍相关知识问答》《儿童与青少年心理障碍》《人格障碍的防治》《老年人常见心理问题的防治》和《心理压力与情绪调节》等5本书籍。《重性精神疾病患者社区健康教育教案》《重性精神疾病患者100问》《重性精神疾病患者中医食疗药膳》《重性精神疾病患者中医药调摄》《应激相关障碍的防治》《神经症与癔症的防治》《情感障碍的防治》等12本书籍已定稿。

学会建设 2014年，协会召开了六届四次、六届五次、六届六次理事长秘书长工作会，六届六次、六届七次、六届八次常务理事会及六届四次全国理事会，传达了中国科协八届五次全委会精神，对第七届全国心理卫生学术大会进行了部署和安排。

协会六届四次全国理事会会议审议通过了《中国心理卫生协会成立、变更、注销分支机构管理条例（草案）》和《中国心理卫生协会对分支机构（专业委员会、分会）管理的规定（修订案）》，规范了协会对分支机构的服务和管理。

科普活动 协会开展的“心理卫生科普宣传全国名校行”活动，分别在北京市第四中学、中国传媒大学、中国地质大学（北京）、中国人民武装警察部队警种学院，海南省海口市第一中学、海南华侨中学、海口市美兰区演丰镇中学、琼中思源实验学校、琼中民族思源学校，天津财经大学珠江学院等院校开展了科普宣传活动，活动总计200余场，受众合计5万余人次。

协会还在福建省福州市、河南省郑州市、广东省深圳市、北京市、江苏省南京市，浙江省杭州市和温州市、云南省昆明市等城市举行了13场“医患沟通技巧”专题报告会，培训了2500余名医院管理及医疗服务人员。

表彰举荐优秀科技工作者 经协会推荐，北京大学第六医院党委书记王向群、首都医科大学杨凤池教授、南通大学心理科学研究所戴家隽研究员荣获中国科协“全国优秀科技工作者”称号。

【第七届全国心理卫生学术大会】 8月14—17日，第七届全国心理卫生学术大会在北京召开，本次大会由协会主办。来自国内外的近200名心理学领域的专家、学者出席了会议并作演讲，近1500人参加了会议。

大会共举办特邀报告2个、主题报告3个、论文报告4个、会前工作坊4个、会中工作坊10个、主题论坛2个、分会场交流18个。

会议期间，儿童心理卫生、博雅教育、老年心理卫生、生活体验疗法、压力管理、交通心理学等与公众日常生活相关的讲座引起了与会人员的广泛关注。大会除了安排传统的心理学话题外，还引入了催眠、音乐治疗、医患沟通等新兴概念和社会热点问题，力求将心理学研究的最新进展第一时间呈现给与会者，普及心理卫生知识，从整体上提升社会对心理卫生的重视度，维护和促进全民心理健康。

结合自身特点和优势，协会在此次会议上进行了一系列尝试。“医学和心理治疗的联合会诊”主题论坛，在实践中实现了精神科与心理治疗的融会贯通，为精神科医生、心理治疗师和患者提供了更多思路、选择和尝试的机会。“精神卫生法后心理学机构的机遇与发展”主题论坛，结合近年来心理咨询师队伍不断发展壮大的现状，探讨了如何整合市场资源，促进信息共享等方面的内容。

中央电视台、北京电视台、新华社等19家媒体对大会进行了报道，协会网站对此次会议进行了实时报道。

（撰稿人：姜婧怡）

第七届全国心理卫生学术大会

中国抗癌协会

服务创新型国家和社会建设 2014年，协会继续承担“民政部贫困地区癌症患者救助”项目。两次组织专家组赴江西省瑞金市、靖安县和贵州省毕节市威宁县、大方县，进行了宫颈癌、乳腺癌的免费筛查、会诊、手术救助和科普讲座，深入贫困患者家中慰问，同时以带教查房、病例讨论等方式对当地医护人员进行了培训。

协会肿瘤病理专业委员会参与了HER2检测培训国际合作计划，胃癌专业委员会参与了“腹腔镜辅助手术治疗低位直肠癌”全国多中心研究工作；肿瘤标志专业委员会向有关部门提交了《国家分子医学转化中心建议书》《“十三五”重大新药创制科技重大专项战略规划建议书》《“十三五”“863”计划生物和医药技术抗体工程项目建议书》。

学会能力提升计划 2014年是协会实施中国科协“提升学会能力专项”的第三年，继举办第22届亚太抗癌大会之后，在加快学术期刊发展、提升科技奖的评审质量和学术影响力的同时，做了3项工作：

一是编写出版《中国常见癌症诊治系列丛书》（专业版和大众版）。自2012年9月以来，丛书历经策划、论证、组稿、编写、编校、出版等阶段，已出版发行。该丛书共21分册，1700多万字，由数百名专家学者集体编写。专业版包括《腹部肿瘤学》《头颈肿瘤学》《软组织肿瘤学》《肿瘤营养学》等9部专著。大众版包括《消除误区，科学防癌》《肝癌》《肺癌》《胃癌》《乳腺癌》《肿瘤护理》《老年肿瘤》等12本书籍。9月12日，在第八届中国肿瘤学术大会上举行了新书发布会。

二是开展“中国女性乳腺癌筛查优化方案多中心研究”。该项研究针对2008—2010年，在北京市、天津市、辽宁省沈阳市、江西省南昌市、山东省肥城市曾参加过协会“中国妇女乳腺癌筛查项目”中的筛查对象进行复查，综合比较不同筛查方案的成本效果比，评价各筛查方法的准确性，建立适合我国人群特点和经济社会条件的乳腺癌筛查模式。

三是开展“中国肿瘤防控资源现状”调研。通过查阅资料、填写调查表，赴江西省瑞金市、靖安县等地调研和咨询研讨，形成了《中国癌症防控策略研究报告》。报告分析了世界与我国癌症流行趋势及防治现状，提出了我国癌症防控的指导原则、主要目标、重点任务、主要措施和组织管理，为我国卫生部门制定肿瘤防治政策提供咨询。

学会建设 2014年，协会个人会员管理系统数据库的会员人数为36606人。协会共召开全体理事会1次、常务理事会2次、理事长办公会3次和专业委员会新任主任委员培训会1次。增补和调整了6名理事，制定和修改了《专业委员会组织管理规定》《专业委员会财务管理规定》。成立了肿瘤内镜学专业委员会、甲状腺癌专业委员会，4个青年委员会，协会专业委员会已达42个。完成了食管癌、肿瘤影像、肿瘤病理、抗癌药物、肿瘤传统医学、肿瘤康复与姑息治疗、泌尿男性生殖系肿瘤等7个专业委员会的换届工作。安徽省肿瘤医院、江西省妇幼保健院、南方医科大学中西医结合医院肿瘤中心成为团体会员单位，省市抗癌协会有30个，协会团体会员单位47个。

协会网站全年共发布信息410篇，其中被中国科协转发23篇，访问量达100万次。

协会乳腺癌、肺癌、大肠癌、肿瘤病理、血液肿瘤、淋巴瘤、胃癌和肿瘤转移专业委员会被评为2013年“先进专业委员会”，广东省、上海市、陕西省、河北省、山东省和福建省抗癌协会被评为2013年“先进省市抗癌协会”。

学术期刊 协会主办和合办的7种期刊共出版68期17.75万册，刊登论文1060篇。32种加盟的系列期刊中，《中国肿瘤临床》《中国癌症研究》《癌症》继续实施中国科协“精品科技期刊工程项目”和中国科技期刊国际影响力提升计划。继《中国癌症研究》被SCI收录后，《癌症》再次被SCI收录。

9月，医学论文撰写与投稿培训班在山东省济南市举办，邀请出版专家讲解了国内外期刊发展趋势、大数据环境下学术模式变化及投稿相关知识，150余名期刊编辑和相关人员参加了培训。

国际学术会议 协会及所属各专业委员会举办国际学术会议23次，参会国外专家6520人次。6月20—21日，协会肿瘤营养与支持治疗专业委员会在吉林省长春市举办了2014中国国际肿瘤营养学论坛。大会邀请到了来自美国、日本、意大利和全国有关省、自治区、直辖市500余名专家、学者进行了交流。

国内主要学术会议 9月12—13日，第八届中国肿瘤学术大会在山东省济南市举办。大会主题为“科学抗癌，防治并重，共赢健康中国梦”。来自大陆和

台湾地区的4000多位专家、学者出席会议。中国科学院院士赫捷，中国工程院院士郑树森、曹雪涛、于金明、王红阳，国际抗癌联盟首席执行官Cary Adems、英国圣乔治医院肿瘤内科顾问Tim Benepa教授作大会报告。中国工程院院士程书钧、丁健、詹启敏等33位专家、学者作专题报告，300多位专家、学者作分会场报告。会议收到论文1825篇，评选出优秀论文60篇。

8月29日，中国癌症防控战略研讨会暨中国抗癌协会成立30周年座谈会在天津市召开。百余名肿瘤界前辈、知名专家出席座谈会。大会表彰了34位为协会发展和抗癌事业做出突出贡献的科技专家，观看了《大道同行——中国抗癌协会三十年》电视片，参观了《中国抗癌协会三十年图片展》。会议还向与会者赠送了《中国抗癌协会三十年》画册。

6月28—29日，由协会胃癌专业委员会主办的第九届全国胃癌学术会议在北京召开。大会涵盖了胃癌的基础和转化研究，病理诊断、影像诊断、内科、外科、放射及中西医结合治疗，以及胃癌的围术期管理和护理等近10个专业学科，设置了中青年医师胃癌手术大赛、胃癌多学科个体化治疗、胃癌放射治疗、医患沟通工作坊、北大肿瘤医院——英国卡迪夫大学联合会场等16个专业分会场，共有1500余位来自全国各地，以及英国、日本、巴西等国家从事肿瘤防治工作的专业人士参会。

7月2—6日，第八届中国肿瘤内科大会在北京举办。大会由协会肿瘤临床化疗专业委员会主办，主题为“遵循诊疗规范、鼓励临床试验”。近2000人参会。会议收到征文455篇，专家约稿107篇。

两岸交流 为了促进海峡两岸学者的交流，9月12日，在第八届中国肿瘤学术大会上同期举办了第13届海峡两岸肿瘤学术会议。会议由协会与台湾临床肿瘤医学会共同举办。

6月14日，由协会鼻咽癌专业委员会和福建省抗癌协会主办，福建省肿瘤医院和福建省抗癌协会鼻咽癌专业委员会承办，台湾放射肿瘤学会协办的第三届海峡两岸鼻咽癌高峰论坛在福建省厦门市举行。来自祖国大陆，香港特别行政区和台湾地区的鼻咽癌基础与临床研究领域专家共200多人参加了本次学术论坛。

国际组织任职 12月2日，在澳大利亚墨尔本举办的国际抗癌联盟会员代表大会上（UICC General Assembly Meeting），经现场投票选举，协会理事长、中国工程院院士、天津市肿瘤研究所所长、天津市肿瘤医院名誉院长郝希山当选为国际抗癌联盟常务理事，成为14名理事会成员中唯一当选的中国代表。

国际交往 12月3—6日，协会率百人代表团参加了在澳大利亚墨尔本举办的第23届世界抗癌大会，并承办了大会的中国专场，专题的主题是“中国癌症治疗与转化研究”。协会理事长郝希山与日本、韩国专家共同主持了亚洲专场，协会秘书长王瑛作了《中国癌症负担》的报告，12位中国专家在专场发言，38篇论文做壁报交流。上海复旦大学肿瘤医院秦晓健医师被评为“全球青年抗癌领袖”。会议期间，协会分别与国际抗癌联盟、世界卫生组织癌症研究所、美国癌症研究会、澳大利亚癌症研究会等就加强双方合作进行了交流，访问了澳大利亚维多利亚州卫生部、彼得马克卡伦癌症中心等癌症研究机构。

科普活动 1月10日，协会在天津市举办了2014年世界癌症日（每年2月4日）启动仪式。本次世界癌症日的主题是“消除癌症误区”。肿瘤医护人员，癌症患者和家属，社会热心人士，以及中央电视台、新华社、《健康报》等40余家媒体共300余人参加了启动仪式。全国参与活动的单位近百家，举办各种宣传活动100余场。

4月15日，第20届全国肿瘤防治宣传周启动仪式在湖南省长沙市举办，活动主题为“科学抗癌，关爱生命”，副主题“走出癌症误区，实现早诊早治”。通过一系列科普宣传活动，倡导全社会公众消除癌症误区，提高防癌抗癌的科学理念。启动仪式发布了《常见癌症十大误区及专家指导意见》，以真实案例指导公众走出癌症误区。全国参与活动的单位300多家，直接受益群众20余万人。搜狐网新闻客户端直播了宣传周启动仪式，专家与患者网上互动，在线观看40余万人次。中央电视台、中新网、凤凰网、《健康报》《光明日报》香港《大公报》等媒体报道300余次。

协会还创办了协会官方微博和微信公共服务终端。官方微信设立学会动态、学术交流和抗癌园地等3个模块，包括专家观点、科普活动、抗癌故事、学术聚焦、前沿资讯、专题会议、资源分享、临床速查、协会动态、通知公告、联系我们等栏目。扩大了科普宣传的覆盖面、发挥了手机实时性强和碎片化阅读优势。

12月，协会荣获中国科协“全国学会科普工作优秀单位”称号。

表彰举荐优秀科技工作者 协会评审表彰了第三届中国抗癌协会科技奖，共有30个项目、42个完成单位、195位完成人获奖。其中一等奖5项，二等奖10项，三等奖15项。颁奖仪式在9月12日第八届中国肿瘤学术大会开幕式上举行。

由协会推荐的申宝忠教授等完成的《多功能分子成像肿瘤诊疗关键技术及应用》项目，被评为2014年度国家科技进步二等奖。

经协会推荐，程书钧、姜文奇、石汉平等3位教授获得中国科协“全国优秀科技工作者”称号。

会员服务 协会实施国家继续教育项目24项，培训学员5600余人次，累计授予教育学分158分。食管癌、鼻咽癌等专业委员会开展了规范化诊疗培训，乳腺癌、胃癌、微创、妇科肿瘤、肿瘤麻醉与镇痛等专业委员会举办了新技术培训班，肿瘤内镜学专业委员会8次到基层开展了“内镜下微创”技术帮扶，肿瘤营养与支持治疗专业委员会举办了47次“规范化肿瘤营养”巡讲。

协会每季度出版一期《中国抗癌协会通讯》，实施了中国科协综合信息服务平台项目，协会内有507人在平台注册。

中国抗癌协会2013年度中国抗癌协会科技奖颁奖仪式

【第八届中国肿瘤学术大会】 9月12日，第八届中国肿瘤学术大会暨第十三届海峡两岸肿瘤学术会议在山东省济南市召开。本届大会由协会、中华医学会肿瘤学分会主办，国际抗癌联盟协办。大会的主题是“科学抗癌、防治并重、共赢健康中国梦”。

中国科协党组成员、书记处书记沈爱民，大会主席、中国抗癌协会理事长郝希山院士，大会执行主席、协会副理事长、山东省肿瘤医院院长于金明院士，国际抗癌联盟首席执行官Cary Adams等出席会议并致辞。

中国工程院院士孙燕、程书钧、郑树森、曹雪涛、王红阳、丁健、詹启敏、王威琪、陈亚珠，韩德民，中国科学院院士赫捷、中国抗癌协会副理事长唐步坚、蒋国梁、高国兰、张岂凡、季加孚，协会秘书长王瑛，以及来自美国、英国、加拿大等国家，台湾地区，大陆各省、自治区、直辖市的4000余名专家、学者出席会议。

大会设立了1个主会场、5个主题会场和34个分会场。郑树森院士分享了与国外专家共同进行肝癌外科治疗的经验和体会；曹雪涛院士就肿瘤免疫治疗的新进展作了大会报告；于金明院士结合国内外最新的研究进展对个体化放射进行了系统的介绍；王红阳院士介绍了她独创的MXR7血清检测试剂；赫捷院士将报告重点放在了食管癌的外科进展上；英国圣乔治医院的Tim Benepa教授在报告中详细讲解了非小细胞肺癌化疗受益最大化的相关内容，介绍了美国临床肿瘤学会（ASCO）对于该病的关注点。Cary Adams从民间组织的概念、规模、作用，国际抗癌联盟作为社会团体所起的作用以及癌症防控的全球倡议等方面阐释了社会团体在全球癌症防控中应发挥的作用。

程书钧、丁健、詹启敏等3位院士和33位专家作专题报告，300多位专家作分会场报告，介绍当前国内外肿瘤防治的前沿技术、最有价值的学术研究，肿瘤防治的新观念、新进展和新资讯，围绕肿瘤的基础研究、预防、诊断、治疗等进行交流和讨论。

会议期间，国际抗癌联盟、中国抗癌协会联合举办了行政管理人员培训班。中国抗癌协会常见癌症诊疗系列丛书新书发布会、医学论文撰写与投稿培训班，召开了协会七届三次理事会。大会闭幕式上颁发了中国抗癌协会太极抗癌科学基金优秀论文奖，举行了下届大会承办交旗仪式。第九届中国肿瘤学术大会将于2016年在湖北省武汉市举行。

【2014年世界抗癌大会】 12月3—6日，由国际抗癌联盟（UICC）主办的2014年世界抗癌大会在澳大利亚墨尔本市召开。来自世界115个国家的2700余位专家、学者参加了大会，其中中国学者250余人。

会议主题“凝心聚力，加快防控进程”，通过主题发言、专题报告、壁报交流、圆桌讨论、现场辩论等形式，对癌症的预防和筛查、诊断和治疗、康复和姑息治疗、癌症防控系统等4方面议题进行了交流和讨论。大会设立了120个专场，350个学术报告，共收录学术论文摘要600篇。

协会理事长郝希山率代表团出席大会。12位中国专家的论文被大会遴选为发言篇目，38人论文被遴选为壁报交流篇目。上海复旦大学附属肿瘤医院泌尿外科主治医师秦晓健荣获由国际抗癌联盟（UICC）、世界卫生组织（WHO）、国际癌症研究机构（IARC）和国际原子能机构（IAEA）联合评选的八大“全球青年抗癌领袖”称号。

协会理事长郝希山院士，协会秘书长王瑛教授，天津医科大学附属肿瘤医院院长王平教授与秦晓健受邀参加了12月3日举行的世界癌症领导人峰会

12月4日，大会举办了中国专场，专场以“中国的癌症治疗和转化研究”为主题，从100余篇中青年专业技术人员投稿中遴选出5篇作为中国专场发言报告。

12月5日，协会理事长郝希山参加了以“全球健康保险”为议题的圆桌会议。在圆桌会议上，中国、日本、韩国的肿瘤专家和机构负责人共同探讨了全球癌症保险计划的可行性和必要性。

12月6日，郝希山受邀出席并主持了大会的亚洲专场，专场主题为“亚洲国家如何面对当前癌症经济负担的形势”，来自中国、日本、韩国的肿瘤专家分别就当前各国的癌症成本和经济负担作报告。中国抗癌协会秘书长王瑛教授作了题为《中国癌症负担》的报告，详细地介绍了当前亚洲地区及我国的癌症发病率和死亡率，致病因素，以及行之有效的癌症预防措施。

大会期间，中国抗癌协会还先后与国际抗癌联盟、世界卫生组织癌症研究所、美国癌症研究学会、美国国家肿瘤研究所、澳大利亚癌症协会、墨尔本大学、法国癌症协会就今后双方建立国际合作项目进行了交流。

【民政部中国抗癌协会贫困地区癌症救助项目】 2014年，协会继续获得民政部支持，在江西省和贵州省贫困地区开展贫困地区癌症救助项目。5月19—23日，协会理事长郝希山、秘书长王瑛带领肿瘤学专家团队赴江西省赣州市、瑞金市和靖安市等革命老区开展了贫困地区癌症救助试点项目，为当地群众进行免费筛查、会诊、手术救助和科普讲座，深入贫困患者家中开展慰问活动，通过带教查房、病例讨论等方式对当地医师进行培训，并实地考察了当地肿瘤防控现状。

8月12—14日，协会秘书长王瑛带领肿瘤专家团队到贵州省毕节市所辖的大方县，开展了乳腺癌和宫颈癌的医师技能培训和科普宣传教育讲座，安排当地医师进修。应大方县人民医院的请求，协会与大方县人民医院签署了进修培训协议，决定资助当地医生到技术力量雄厚的大型肿瘤专科医院进行专业培训，培养技术骨干，帮扶当地医院建立肿瘤专业科室，以解决贫困地区肿瘤医疗资源不足的现状，探索我国贫困地区癌症救助的长效模式，为提升我国癌症防控事业贡献力量。

【中国抗癌协会成立30周年纪念活动】 8月29日，中国癌症防控战略研讨会暨中国抗癌协会成立30周年座谈会在天津市肿瘤医院举行。来自全国120余名早期参加协会的肿瘤专家及历届常务理事、专业委员会主任委员出席纪念活动，缅怀中国抗癌协会的创建者们，传承良师贤学优良风范，探讨我国癌症防控战略。

中国科协党组成员、书记处书记沈爱民，中国工程院院士、协会理事长、天津市肿瘤研究所所长郝希山，中国工程院院士、原中国医学科学院院长、协和医科大学校长巴德年，中国工程院院士、中国抗癌协会副理事长、中国医学科学院副院长詹启敏，天津市科协党组书记、常务副主席杨鑫传等出席会议。

巴德年院士、詹启敏院士对中国癌症防控战略发表了见解。18位老专家在发言中回忆了协会30年中的感人瞬间，追寻协会发展之魂，缅怀创建者们的卓越功绩和道德风范，对协会的发展和中国癌症防控战略提出了建议。

大会表彰了吴孟超、汤钊猷、孙燕等34位为协会发展和抗癌事业做出突出贡献的科技专家，向代表赠送了《中国抗癌协会三十年纪念画册》，共同观看了《大道同行——中国抗癌协会三十年》纪录片，参观了《中国抗癌协会三十年图片展》。

（撰稿人：刘　齐）

中国体育科学学会

服务创新型国家和社会建设　2014年，学会承担国家体育总局转移职能，举办了2次国家体育总局国家队集中采购运动营养食品入围采购目录公开招标大会，确定了41项国内产品和22项国外产品。学会严

格执行国家体育总局反兴奋剂工作的有关规定，共为48个国家队采购了价值1500余万元安全有效的运动营养食品，为备战在韩国仁川举行的第十七届亚运会的中国运动员提供了支持。

学会同中国体育用品联合会联合举办2014年中国国际体育用品博览会，1036家企业参与展会，展示面积达12万平方米，国内外观众共11万人次。

学会建设 学会新发展个人会员914人，单位会员10个。学会个人会员为4307人，单位会员为117个。学会召开了2014年中国体育科学学会分会和地方学会秘书长会议、学会七届四次理事会和七届六次常务理事会。

学术期刊 《体育科学》在国家社科基金资助期刊2014年度考核中被评为良好，并继续被中国知网（CNKI）评选为“中国最具国际影响力学术期刊”。

在中国知网发布的《中国学术期刊影响因子年报（人文社会科学2014）》上，《体育科学》的复合影响因子为1.682。被中国社会科学院《中国人文社会科学期刊评价报告（2014）》评为体育类唯一一本权威期刊。《体育科学》2014年发行12期，共46800册，发表论文150篇。

《中国运动医学杂志》在中国知网发布的《中国学术期刊影响因子年报（自然科学与工程技术2014）》上的复合影响因子为0.649，在国内军事医学与特种医学同类学术期刊中排名居第7。《中国运动医学杂志》2014年发行12期共20000册，发表论文数近180篇。

国际学术会议 学会及分会举办了国际学术会议7次，参加人数2000余人。

7月9—12日，学会体育社会科学分会在北京举办了国际体育社会学2014年世界大会，会议的主题为“体育社会学与社会变革中的挑战”。来自世界各地的297名中外学者参加了此次学术盛会。大会设有主论坛和分论坛，在为期3天的会议中，共举办了99场英文专题报告、86场中文专题报告，并进行了墙报交流。

10月20—23日，学会运动医学分会在北京举办了2014亚洲运动医学大会。来自亚洲运动医学联合会（AFSM）执委会和理事代表，以及中华医学会运动医疗分会和中国体育科学学会运动医学分会成员共800余人参加了大会。大会设有8个分会场，共举办了30多场学术报告，交流形式包括了主题报告、专题讲座、口头发言、电子墙报、病例讨论、队医培训等。

国内主要学术会议 学会及总会举办了国内学术会议29次，参加人数4300余人次，交流论文3281篇。

10月16—18日，学会在广东省深圳市举办了第三届全民健身科学大会，论坛主题是“全民健身：服务与管理、质量与效益”。来自卫生界、教育界、体育界的专家、学者等近400人参加了本次大会。大会邀请了学会副理事长兼秘书长、国家体育总局体育科学研究所所长田野，中国工程院院士、国家食品安全风险评估中心总顾问陈君石，国家体育总局群体司司长刘国永作大会报告。大会设置了3个专题沙龙会场、10个专题报告会场和墙报交流会场，举办了群众体育新器材、新项目、新方法展示活动。

9月24—26日，第五届中国体育博士高层论坛在四川省成都市召开。论坛主题是“聚焦：体育改革与创新”。来自全国各体育院校科研处处长、各高校和体育科研单位的博士生导师和博士研究生共140余人参加了本次论坛。会议设置了6个专题报告会场。

7月20—23日，学会在上海市举办第七届全国青年体育学术会议。会议主题是“体育科技前沿探索”。来自全国各高校和体育科学研究机构的90余名青年体育学者参加了本次会议。会议设置了3个专题报告会场，还安排了科技图书展览。

5月8—13日，学会在湖北省武汉市举办了2014中国体育产业与体育用品业发展论坛。来自全国各地的130余位专家、学者参加了论坛。

国际组织任职 6月，学会副理事长兼运动医学分会主任委员李国平、分会秘书长詹晖参加了在加拿大魁北克省召开的第33届世界运动医学大会及国际运动医学联合会（FIMS）执委会会议，李国平连任FIMS副主席，詹晖被任命为FIMS下设教育委员会委员。

8月7—10日，学会运动心理学分会副主任委员张力为、分会秘书长黄志剑出席了在日本东京举办的第七届亚洲－南太平洋地区运动心理学会（ASPASP）国际运动心理学大会。张力为当选亚洲及南太平洋地区国际运动心理学会主席，成为担任该职务的第一位中国学者。黄志剑连任该学会管理委员会委员。

国际交往 1月23日，学会副理事长祝莉会见了英国利兹市市长托马斯·穆雷先生一行6人，双方就加强与利兹大学和利兹都市大学在体育学术交流等方面的合作进行了会谈。

6月23—28日，学会代表团访问了丹麦和瑞典，分别与南丹麦大学体育运动科学系与临床生物力学研究所和瑞典体育与健康科学学院进行了双边学术交流。

8月21日，学会代表团赴韩国仁川，与韩国健康、体育、娱乐及舞蹈联合会进行了会谈，续签了双边交流协议。

10月9日，学会副理事长、国家体育总局科研所副所长祝莉会见了来访的南丹麦大学体育科学和临床生物力学学院院长乔金·波夫尔森（Jørgen Povlsen）教授，双方围绕学术交流、科研合作等问题进行了交流，签署了双边交流协议。

科普活动 在2014年全国科普日北京主场活动中，学会推荐的4项展品是健身器材科技创新成果，向公众展示了新型健身器材在健身生活中的应用。活动期间，学会展台共接待各部委、机构的团体100多次，接待观众5000人次，免费开展体质检测和体质状况查询500人次，为中小学生提供科普咨询讲座30多次。

学会依托河北省、黑龙江省、安徽省、江西省、湖北省、广东省、四川省、西藏自治区、陕西省和新疆维吾尔自治区等省、自治区的体育科学学会，在全国科技周、全民健身日和全国科普日期间开展了以科学健身讲座和国民体质检测及咨询为主要形式的“科学健身志愿服务神州行”活动，在26个城市共组织开展活动68次，惠及群众约4万人次。

7月15日至9月30日，学会与中国知网联合举办了科学健身网络知识竞赛。活动期间，来自全国30个省、自治区、直辖市的1万余人参加了知识竞赛活动，活动组织单位达400余家。

表彰举荐优秀科技工作者 2014年度学会科学技术奖共有65个项目参加评选，24个项目获奖，其中，一等奖2项，二等奖10项，三等奖12项。

学会创新发展 学会将继续教育与体育事业需求紧密结合，针对群众科学健身需求的日益增长和科学健身指导专业人才的紧缺，在国家体育总局群体司的支持下，创办了新培训项目“科学健身指导志愿者培训”。依托地方学会在全国各省、自治区、直辖市选拔科学健身指导志愿者，通过系统讲授科学健身理论与方法，旨在把学员培养成为各地开展科学健身指导工作的骨干力量。为保证培训质量，学会组织专家编写培训教材，研讨授课内容，制定了严格的学员管理制度。学会分别在8月、11月举办两期培训班，培训了来自22个省、自治区、直辖市的志愿者共255人，学员与学会签订了志愿服务承诺书，成为学会全民健身科技服务志愿者库的一员。

【第三届全民健身科学大会】 10月16—18日，由国家体育总局、中国体育科学学会主办，深圳大学、深圳市体育科学学会承办的第三届全民健身科学大会在广东省深圳市的深圳大学召开。大会以“全民健身：服务与管理、质量与效益”为主题，通过大会报告、专题研讨和墙报交流等形式，探讨科学规划全民健身发展的方法，如何科学指导全民健身运动。来自卫生、教育、体育部门的专家、学者等近400人参加了大会。

国家体育总局副局长冯建中出席大会开幕式并致开幕词。学会副理事长兼秘书长、国家体育总局体育科学研究所所长田野，中国工程院院士、国家食品安全风险评估中心总顾问陈君石，国家体育总局群体司司长刘国永围绕“经济社会转型期的体育活动与健康”“体育活动与慢病预防”“贯彻落实十八届三中全会精神，全面深化群众体育事业改革”等3个主题作大会报告。

大会共设置3个专题沙龙会场、10个专题报告会场和墙报交流会场，还同期举办了群众体育新器材、新项目、新方法展示活动。

【第五届全国体育博士高层论坛】 9月24—26日，由学会主办、成都体育学院承办的第五届中国体育博士高层论坛在四川省成都市举行，论坛的主题是“聚焦：体育改革与创新”。学会名誉副理事长史康成，学会副理事长兼秘书长、国家体育总局体育科学研究所所长田野，学会常务理事、成都体育学院院长陈伟，学会运动训练学分会副主任委员、国家体育总局体操运动管理中心主任罗超毅，学会常务理事、上海体育学院前院长章建成等出席论坛。来自全国各体育院校科研处处长、各高校和体育科研单位的博士生导师和博士研究生共140余人参加了本次论坛。

史康成、罗超毅和学会体育新闻传播分会副主任委员兼秘书长、成都体育学院体育新闻系主任郝勤分别围绕“我国体育人才队伍的现状与分析”“我国竞技体育改革的若干问题与思考”两个主题作大会报告。根据征文选题范围和投稿情况，会议设置了6个专题报告会场。

【第七届全国青年体育学术会议】 7月20—23日，由学会主办，华东师范大学体育学院承办的第七届全国青年体育学术会议在上海市举办，大会的主题是“体育科技前沿探索”。学会副理事长兼秘书长、国家体育总局体育科学研究所所长田野，学会常务理事、国家体育总局体操运动管理中心主任罗超毅，学会副理事长、国家体育总局体育科学研究所副所长祝莉，华东师范大学副校长范军，北京体育大学教授张力为，美国印第安纳大学公共卫生学院流行病学教授宋一青，新华社体育部高级记者徐济成，以及来自全国各高校和体育科学研究机构的90余名青年体育学者参加了会议。

罗超毅、宋一青和张力为分别围绕“我国竞技体育成功的经验和面临的挑战”“身体活动和健康(Physical Activity and Fitness for Wellness and Health)”和“如何做好研究－体育科学研究方法的十个提示”等3个主题作大会报告。根据征文选题范围和投稿情况，会议设置了3个专题报告会场，还安排有科技图书展览。

（撰稿人：高利君）

中国毒理学会

服务创新型国家和社会建设 2014年，学会向中国科协上报了承接政府职能的意愿和计划。中国科协把“中国毒理学家资格认证”列入了“承接职能意愿名单”，并报人力资源和社会保障部。

4月，学会就承接“农药良好实验室资质认可”进行了调研，走访了农业部农药注册职能部门，与有关领导就对接和承担这一职能进行了数次酝酿和讨论，达成了共识。

8月，按照政府购买第三方服务的模式，学会承接了农业部现场调查和毒理学实验两个项目，签署了合同和协议。项目已于12月底完成，并按照协议约定提交了报告。

学会与环境保护部协商，承担新化学物质风险评估中疑难和争议问题（化学物致癌性）的第三方科学评价，为环境保护部有关决策提供评价咨询报告和专家建议。学会拟定了规章、流程和技术文件。

6月29日至7月3日，学会在北京举办了第六期“现代毒理学基础与进展”继续教育高级研修班。由于影响力提升，吸引了其他学会的会员以团体方式参加培训，来自全国各地的86位毒理学工作者参加培训。南京医科大学周建伟教授、广州医科大学蒋义国教授、山西医科大学牛侨教授担任主讲教师，中国工程院院士、国家食品安全风险评估中心研究员陈君石、国家食品药品监督管理局新药审评中心部长王庆利等专家作了专题讲座。

3月9日，中国毒理学会第二届毒理学资格认证工作委员会第三次会议在北京召开，确定2013年毒理学资格认证考试通过率及通过人员名单，有35人通过考试。会议讨论并通过了毒理学资格再认证相关文件，确定了首批资格再认证人员名单。

11月15日，学会在北京开展了第六次毒理学资格认证考试。来自全国17个省、自治区、直辖市32个单位的39名考生参加了由中国毒理学会资格认证委员会组织的考试。

为了进一步完善毒理学资格认证工作，2014年，学会毒理学家资格再认证工作启动。基本程序是资格审查和书面考试。27位学者获得了再认证资格。

学会建设 2014年，学会新发展会员916人，会员总数达9894人，新增单位会员13个，单位会员总数132个。学会增补副理事长3人。

分析毒理学专业委员会、中毒与救治专业委员会、神经毒理学专业委员会、军事毒理学专业委员会年度内完成了换届改选工作。

为了加强和规范学会对所属专业委员会学术活动的监督和管理，学会制定了《中国毒理学会学术会议管理制度》。为规范学会专业委员会的工作，促进专业委员会的发展，学会根据《中国毒理学会章程》及《专业委员会管理条例》制定了《中国毒理学会专业委员会评估办法》。

8月15日，在宁夏回族自治区召开的学会第四届中青年论坛上，召开了学会第一届青年委员会成立大会。第一届中国毒理学会青年委员会由52名委员组成。

经学会第六届三次常务理事会审议通过，10月12—14日，学会毒理学替代法与转化毒理学专业委员会在北京召开了成立大会。

学会网站开辟了内部期刊《中国毒理学通讯》电子版窗口。建立了微信公众平台，用于交流经验、发布最新科研动态和信息、新会员入会注册、通知活动等。

学术期刊 学会与英国皇家化学会（RSC）合作创办的 *Toxicology Research* 2014年共出版6期，中

国毒理学工作者在期刊上发表6篇文章。7月30日，汤森路透JCR（Journal Citation Reports）公布了2013年度Science Citation Index期刊的影响因子，该刊首度影响因子（IF）为3.27。

决策咨询 《完善儿童行为问题的干预机制迫在眉睫》《合成毒品滥用防治》以学会名义提交中国科协。《合成毒品滥用防治》获得了公安部领导的批示。3月6日，在北京大学医学部举办了“合成毒品滥用防治”决策咨询论坛。

国际学术会议 学会及下属专业委员会全年共举办国际会议3个：第二届全球华人辐射研究大会，第十届亚洲太平洋地区植物、动物与微生物毒素学术大会，2014放射生物学与组学国际研讨会。参会531人次，交流论文308篇。

6月14—17日，第十届亚洲太平洋地区植物、动物与微生物毒素学术大会在湖南省长沙市召开。会议规模190人，其中国外参会的专家、学者120人，中国学者70人。会议按照毒素药物、结构与功能、方法学等主题进行了学术报告。

国内主要学术会议 学会及所属专业委员会共开展学术活动14次，参加人数为3435人次，收到论文858篇。

10月28—31日，由学会药物毒理与安全性评价专业委员会、生殖毒理专业委员会、遗传毒理专业委员会、毒理研究质量保证专业委员会等7家专业委员会共同主办的第四届药物毒理学年会在云南省昆明市举行。会议以“提高安评质量，识别管控风险，服务人类健康”为主题，来自全国安全评价中心、药物毒理学相关研究机构、大学及企业的专家、学者共620余人出席会议。

8月27—29日，由学会放射毒理专业委员会和全军辐射医学专业委员会主办的第十次中国毒理学会放射毒理专业委员会全国学术会议暨第九届全军辐射医学专业委员会第二次学术大会在山东省青岛市召开。会议以“创新与突破，推进放射毒理研究与医学应急转化”为主题，来自部队、地方医学院校、研究所以及疾病预防控制中心的专家、学者140余人出席。会议交流了辐射临床应用和药物研究、放射毒理与放射生物学和辐射医学应急等三个研究领域的进展。

国际交往 3月23—27日，学会组织会员，赴美国参加了美国毒理学年会（SOT）暨美国毒理学会53届年会。会议期间，学会与美国毒理学会进行了会谈，就双方未来的合作交换了意见，就继续教育培训、专家学术交流访问等达成合作意向。

4月23—26日，学会纳米毒理学专业委员会主任委员赵宇亮研究员等，赴土耳其参加了第七届纳米毒理学国际大会。赵宇亮应邀作大会报告，他是唯一一位亚洲学者在大会上作大会报告，彰显了我国科学家在纳米毒理学国际舞台上的雄厚实力。

10月9日，学会聘请海外顾问及聘书颁发仪式在北京举行。学会理事长周平坤致辞并向罗氏制药公司全球执行副总裁Thomas Singer博士颁发聘书。Singer博士在学术报告中详细介绍了新药研发中的致癌性研究的新趋势和热点问题，同与会人员交流和讨论。

科普活动 学会共举办科普活动17场次，受众10300人次，编著科技图书种数3种，科技图书总印数1万册。

学会采用“个人自荐、组织推荐、同行评议”相结合的方式遴选科学传播专家，在2014年成立了第二批科普专家团队，由临床毒理专业委员主任委员曹立亚担任首席科学家，团队由12名专家组成。

8月，学会与宁夏回族自治区科协科普部合作，利用学会专家到宁夏参加学会第四届中青年学者科技论坛的机会，结合当地急需的科学知识，邀请有关专家举办讲座。这是学会首次与地方科协共同合作举办科普活动，也是学会首次在开展学术会议的同时，在会议举办地特别是在西部地区开展科普进社区、园区活动。

表彰举荐优秀科技工作者 经学会推荐，彭双清和孙祖越荣获中国科协“全国优秀科技工作者”称号。

学会推荐的国家纳米科学中心陈春英研究员荣获“中国青年女科学家奖”。

经学会第六届三次常务理事会讨论，决定设立中国毒理学会优秀青年科技奖。10位青年学者获“中国毒理学会优秀青年科技奖”。

党建强会 2014年，学会以“建设服务型学会党组织 奋力实现中国梦”为活动主题，获得了中国科协“党建强会”计划“十百千”特色活动的项目资助。

围绕本年度学会重点工作，组织党员认真学习十八届三中全会精神，提升为会员服务的能力。通过在宁夏回族自治区银川市、云南省昆明市和山东省青岛市举办学术活动的时机，学会理事长周平坤宣讲先进科技工作者事迹，宣传党的路线、方针、政策；重温老一辈科技工作者在戈壁滩上艰苦奋斗、无私奉献的战斗岁月，激励科技工作者为实现中华民族的科技梦、中国梦贡献力量。学会还通过调查问卷的方式征求会员的意见和建议，倾听科技工作者的声音，反映科技工作者需求，更好的服务于科技工作者。

会员服务 2月，学会理事长周平坤、秘书长付立杰代表学会，分别走访了单位会员军事医学科学院毒物药物研究所、微生物流行病研究所、军事医学科学院附属医院、中国科学院环境生态研究中心，听取了单位会员对学会工作的意见和建议。

3月，学会以“完善会员服务，拓宽服务渠道”为主题开展会员满意度调查，向全体会员发出调查问卷邮件，收到70余封回复，27条建议。学会据此拟定了6条整改措施。

在“现代毒理学基础与进展”继续教育高级研修班上，学会就培训方式、培训时间、对授课老师评分进行了问卷调查，得到了第一手的资料，为将来继续开展继续教育提供了很好的借鉴。

中国科协会员日 中国科协会员日期间，学会邀请学会常务理事和办公室全体工作人员，以及毒理学领域的科技工作者共140余人，在北京开展了会员日活动。整个活动的内容分为4个部分，即“科学家获奖感言”“国际毒性病理研究进展”“专访老科学家活动”以及“全国优秀科技工作者表彰大会”。学会专门邀请国家纳米科学中心教授、纳米毒理学专业委员会副主任委员兼秘书长陈春英发表获奖感言。学会副理事长廖明阳介绍了《OECD良好实验室规范原则系列第16号文件—组织病理学同行评议的GLP要求导则》，提出建立我国的毒性病理学同行评议体系的思路和计划。12月21日，学会副理事长廖明阳、药物毒理与安全性评价专业委员会副主任兼秘书长吕秋军教授和学会办公室工作人员看望了第一届中国毒理学会副理事长、我国著名药物毒理学家宋书元教授。12月26日，学会召开了中国毒理学会会员日暨全国优秀科技工作者表彰大会。

【中国毒理学会第四届中青年科技论坛】 8月13—15日，学会第四届中青年科技论坛在宁夏回族自治区银川市召开。来自全国各地的300余位专家、学者参加了会议，会议共收到论文135篇。

学会理事长周平坤、中国疾病预防控制中心职业卫生与中毒控制所副所长郑玉新，瑞典卡罗林斯卡医学院叶为民教授作大会特邀报告。他们从分子损伤机制、分子流行病学研究手段、环境暴露监测和人群健康效应评价等方面展示了毒理学的最新研究进展和前沿动态。

为表彰在毒理学科学技术领域中有突出贡献的青年科技工作者，加速中国毒理学人才工程建设，学会第四届中青年科技论坛评选出10位“优秀青年科技奖”获得者。此次大会还展示了59份壁报，5位青年毒理学工作者获得了优秀论文奖。

会议期间，学会还召开了第六届四次全体理事会议。同时召开了学会第一届青年委员会成立大会。

应宁夏回族自治区科协邀请，学会常务理事李宁研究员，理事张立实教授、马宁副研究员在会议期间分别参加了3场自治区科协举办的大众科学讲堂，就“我国食品安全现状及相关风险及热点事件解读”“食品添加剂问题”“饮食与健康”等专题作报告，400余人参加了讲座。这是学会首次在举办学术会议的同时，在会议举办地开展的科普活动。

【设立“中国毒理学杰出贡献奖”和“中国毒理学会优秀青年科技奖”】 2014年，为了奖励在毒理学科学技术领域中做出突出贡献的个人和集体，充分调动广大毒理学科学工作者的积极性和创造性，加速中国毒理学人才工程建设，推动学科发展，保障公众健康和社会经济可持续发展，学会在充分调研和协商的基础上拟定了3份文件，分别是《中国毒理学会科技奖励章程》《中国毒理学杰出贡献奖实施细则》《中国毒理学会优秀青年科技奖实施细则》，分别成立了中国毒理学会科技奖励委员会，中国毒理学会科技奖评审委员会和中国毒理学会科技奖励办公室等3个评审机构。学会最终决定设立“中国毒理学杰出贡献奖”和“中国毒理学会优秀青年科技奖”，并提交国家科学技术奖励办公室备案。

在8月召开的学会第四届中青年学者科技论坛上，10位青年学者荣获“中国毒理学会优秀青年科技奖”。10月8日，学会正式启动了“中国毒理学杰出贡献奖”的推荐评选工作。

（撰稿人：王　琪）

中国康复医学会

服务创新型国家和社会建设 2014年，学会承办了国家卫生和计划生育委员会主办的康复医学发展座

谈会。会议讨论了临床早期康复介入，康复医学能力建设，康复医师培训和准入，康复医院管理及医疗质控，康复服务体系建设等学科发展中的热点问题，提出了2014年康复医学的重点和工作思路，为政府主管部门调整康复医学工作的顶层设计思路提供了决策依据。

为加快康复医院和综合医院康复医学科的规范建设和发展，受国家卫生和计划生育委员会委托，3月，学会在广东省广州市召开了康复医疗管理专家研讨会，会议讨论、修订了《康复医院建设与管理指南》《康复治疗师培训大纲》《部分常见伤病临床早期康复介入指南》等3个文件。

根据国家卫生和计划生育委员会专科医师准入工作会议部署，规范康复医疗服务行为，加快专科医师准入试点工作进程，学会在广泛调研的基础上，于6月底完成了《康复专科医师执业范围》，对康复医师的资质和能力要求以及康复医疗服务行为提出了专业标准和技术规范。

8月3日，云南省昭通市鲁甸县发生里氏6.5级地震，造成部分人员伤亡。学会积极协助国家卫生和计划生育委员会选派专家组赶赴灾区执行地震伤员早期康复任务，组织地震伤员康复技术培训、参与地震伤员康复中心的建立和业务指导，并在筛查评估的基础上对全部重伤员制定了个性化康复治疗方案。

学会建设 截至2014年年底，学会个人会员总数为16304名，团体会员6个。全年新增个人会员219人。

为规范康复治疗师队伍建设，实现我国康复治疗师规范化培训和资质认证标准与国际接轨，3月，学会在广东省广州市召开了中国康复医学会物理治疗师资质认证考核专家委员会／督导专家委员会成立大会暨首次工作会议。会议讨论了物理治疗师培训和资质认证标准及实施办法，为即将启动的康复治疗师规范化培训和行业认证奠定了基础。

4月10日，学会召开了五届十五次常务理事会议，修订了《中国康复医学会分支机构管理条例》以及《分支机构举办学术会议的暂行规定》，讨论并通过了《分支机构财务管理办法》，并结合少数分支机构工作中存在的问题，提出了警示和限期整改的要求。

国内主要学术会议 学会全年共举办全国学术交流活动15次，参加会议总人数为5569人次，其中境外学者有106人次，交流论文3924篇。

10月22—24日，学会第十一届康复治疗学术会议在江西省南昌市举办，1000多位康复治疗师参加。会议根据专业特征和与国际接轨的需要，首次分别设立物理治疗、作业治疗、言语治疗、康复辅具等4个分论坛，为不同专业方向的青年治疗师搭建了展示平台，邀请境外专家、学者开展圆桌式互动交流，融权威性、前瞻性和创新性于一体。

4月11—13日，中国康复医学会第六届儿童康复学术会议在河南省郑州市召开，1200余人参会。为尽快提高脑瘫患儿的康复治疗水平，规范脑瘫康复治疗技术，会议讨论并原则通过了《中国儿童脑瘫康复治疗指南》。

9月18—20日，第19次全国修复重建外科学术交流大会在广东省广州市召开，会议注册的专家、学者达600人。会议邀请中国工程院院士、解放军总医院生命科学院院长付小兵，中国工程院院士、南方医科大学临床解剖学研究所所长钟世镇，中华医学会整形外科分会主任委员祁佐良教授、第二军医大学附属长征医院侯春林教授、中国医学科学院北京协和医学院整形外科医院曹谊林教授、中山大学附属第一医院刘小林教授、北京大学人民医院姜保国教授、第四军医大学西京医院裴国献教授以及境外著名专家作专题讲座。

国际组织任职 6月5日，在墨西哥坎昆（Cancun）举行的第八届国际物理医学与康复医学（ISPRM）世界大会上，学会常务副会长兼秘书长励建安教授正式担任第八届ISPRM主席，任期两年。这是自ISPRM成立半个世纪以来第一位中国人（包括华裔）担任此职务。此前励建安教授曾任ISPRM副主席、候任主席各两年。此次当选是对励建安教授在国内国际康复医学领域辛勤耕耘数十载执著努力和奉献的认可，也是对中国康复医学事业发展成就的认可。

国际交往 10月10日，学会常务副会长兼秘书长励建安教授代表学会应邀出席了在德国柏林举办的第七届中德经济技术合作论坛，作为康复医疗工作小组组长促成了3家国内企业与德国企业的对口合作，并签署了合作协议，开辟了学会对外交流与合作的新渠道。

科普活动 3月，学会成立了以常务副会长兼秘书长励建安教授为首的康复医学首席专家科学传播团队，团队成员包括神经康复、心脏康复、中医康复、骨科康复、老年康复及儿童康复等领域的9位专家。首席科学传播专家励建安教授参加了湖北卫视《饮食养生汇》3 期节目的录制，分别就夏季饮食，糖尿病的康复与饮食，以及糖尿病并发症的康复进行了讲解。

学会听力康复专业委员会与四川大学听力协会联合四川大学华西医院、天津听力障碍康复培训中心等单位，先后举办了以“聆听世界，爱耳有你”“健康养生与听力保护”“爱耳护耳，健康听力”“健康养生与听力保护”为主题的科普宣传活动 4 次，吸引了 1300 余人次患者及家属参加。通过专家演讲、听力测评、助听器适配与选择、现场互动、免费发放科普资料等方式，向社会普及听力障碍的预防及康复知识。

会员服务 随着近年来学科的迅速发展和专业队伍的日益壮大，学会会员数量逐步增加，但由于专业构成和隶属关系的多元化，在会员会籍管理特别是服务方面出现了不同程度的脱节现象。学会在年初对会员数据库进行了升级，安排专人负责会员的动态管理，进一步改善了学会与会员的信息沟通和联系。

【国际物理医学与康复医学学会首届发展中国家峰会】 8 月 28—31 日，由 ISPRM 主办、中国康复医学会协办的国际物理医学与康复医学学会发展中国家峰会在江苏省苏州市召开。这是中国康复医学会常务副会长兼秘书长励建安教授正式担任第八届 ISPRM 主席后主办的第一次 ISPRM 发展中国家峰会，来自 14 个国家和地区的 798 位专家、学者注册参会。

本次大会主题是“寰球康复——让生命闪亮 (World Rehabilitation，Life Brilliance)”。大会积极响应世界卫生组织残疾人行动纲领，提出了“促进发展中国家的残疾人重获健康”的口号。

在为期 3 天的会议中，共安排专题报告 4 场，主题报告 22 场，聚焦了脑卒中康复、肉毒毒素临床应用、疼痛康复、儿童康复、肌肉骨骼超声等领域的最新临床数据、前沿技术和最佳实践等内容。来自美国、瑞士、德国、日本、韩国、马来西亚等国家的康复专家从临床、科研、实践及管理角度，对专业知识进行系统分析和回顾，并对康复医学政策进行解读，让与会的康复医学工作者了解到国际康复发展的前沿动态。

国家卫生和计划生育委员会、世界卫生组织和国际红十字会项目官员应邀出席峰会。学会还与相关国际学术组织就深入开展国际康复医学领域的交流与合作交换了意见。

（撰稿人：王跃进）

中国免疫学会

服务创新型国家和社会建设 7 月 11—20 日，学会联合北京协和医学院护理学院举办了以“免疫应答的识别与调控”为主题的博士研究生暑期学校。授课的 16 位教授均为中国免疫学基础和临床相关领域的一线专家，他们结合各自的研究工作介绍了相关领域的研究进展以及我国免疫学相关领域的工作。

学会能力提升计划在专项奖励的有力支持和推动下，学会围绕打造高水平国际学术会议、编制学科发展报告、开展独具特色的科普、继续教育活动，学会的服务创新能力、服务社会和政府能力、服务免疫学工作者能力以及自我发展能力都有了较大提升。

10 月 18—21 日，第九届全国免疫学学术大会在山东省济南市召开。本次会议新设“力学免疫学”分会场，此举大力推动这一新兴交叉领域的发展，有助于更好地认识和理解免疫学，解决当今包括肿瘤在内的重大疾病。

学会临床免疫分会撰写的《自身抗体检测在自身免疫病中的临床应用专家建议》7 月在《中华风湿病学杂志》发表。《专家建议》包括 13 个条目，从检测项目的选择、试验方法的评价到报告的书写方式、结果的临床判读都提出了适用性很强的参考意见，可为广大临床医师和检验医师在日常诊疗实践中拟定检测项目及检测流程时提供明确的指南。该《建议》将由临床免疫分会组织相关专家在 2014 年及 2015 年进行全国范围的推广及宣讲，为临床免疫相关疾病的进一步规范诊治及我国风湿学界的发展起到重要作用。

为提升中国免疫学的国际影响力，第九届全国免疫学学术大会特设青年学者奖，为国外青年免疫学工作者提供 10 名差旅补助，每位补贴额度为 1500 美元。

为了向会员提供更为便捷的缴费、续费手段，学会在 2014 年 5 月开通了支付宝账号，配合《中国科协所属学会个人会员管理系统》的使用，完成了会员网上注册、登记、更新个人信息、缴费一条龙服务。

为了提升学会管理的国际化水平，增强学会的组织活力，更好地促进国内外学术交流、繁荣免疫学学科发展，从第七届理事会（2014—2018）开始，将理事长任期可连任两届改为只任一届。

为了进一步增强与会员的沟通，学会于 2014 年 6 月与中国移动公司签订短信服务平台合同，正式开

通会员短信平台服务。

学会建设 2014年，学会新发展会员1761人，其中高级会员843人，普通会员866人，学生会员52人。会员总人数达7905人，团体会员15个。目前，全国已经有27个省、自治区、直辖市建立免疫学会。

10月18日，学会在山东省济南市召开第七届全国会员代表大会，全国各省市免疫学会推荐的231名会员参加了大会。选举产生了学会第七届理事会。

学会成立了女科学家工作委员会，专业分会及工作委员会总数达17个。科学普及教育工作委员会、国际交流工作委员会、科技开发工作委员会等3个分支机构完成换届工作。

科技期刊国际影响力提升计划 *Cellular & Molecular Immunology*（以下简称CMI），是由中国科协主管，学会和中国科学技术大学共同主办的全英文免疫学科技期刊。近几年在中国科协的大力支持下，围绕项目目标，通过召开编委会议、国际免疫学学术研讨会，策划组织出版学术专集，扩大同行专家审稿等措施，促进期刊实现稿源国际化、审稿和出版发行的国际化，明显地提高了CMI期刊的学术质量。CMI期刊的2014年SCI影响因子为4.112，进入国际免疫学期刊Q1区；在我国所办的173种SCI期刊中排名第6位，在医学期刊中排名第1位。

2014年，编辑部通过门户网站宣传，电子推送广告宣传，文章浏览量有明显增长；同时，CMI所发表的每篇文章都附有PubMed、ISI、ChemPort超级链接，读者可以很方便地连接到CMI网站。通过一年的努力，使CMI期刊网站每月浏览量接近1.8万次，超过年初计划的1.4万次目标。额外开发了期刊订阅电子推送业务，2014年订阅CMI期刊电子推送的读者数量稳步增长，现在已经接近1万名读者订阅此项业务。

编辑部完善了网络在线投稿、远程审稿系统（MTS）审稿，此系统是国际通用的主流投审稿系统，可节约审稿专家时间，有利于编辑部监督每篇文章的进度，防止漏审、误审现象发生，又方便了对各项数据的统计分析。在AOP和MTS系统的支持下，2013年初至今CMI稿件处理周期逐步下降，从收稿到反馈初审意见平均为15天，从收稿到接收平均为28天，有效提高了科研的新颖性和论文的时效性。

CMI着力发掘了本刊编委、国际知名人士的潜力；在第四届CMI国际免疫学研讨会上，通过全体编委的努力，CMI组织了6个学术专辑，内容涉及HBV、CMV等病毒免疫，T细胞治疗，感染免疫等热门话题。

学科发展研究 由中国工程院院士曹雪涛教授担任首席科学家，组织编写《2014—2015年免疫学科发展报告》，对近年来免疫学发展进行了全面阐述，具体包含：综合报告、模式识别受体与固有免疫研究进展及发展趋势、T细胞及其亚群研究进展及发展趋势、B细胞及其亚群研究进展及发展趋势、NK细胞及其亚群研究进展及发展趋势、免疫耐受与免疫调节研究进展及发展趋势、自身免疫性疾病研究进展及发展趋势、黏膜免疫研究进展及发展趋势、肿瘤免疫研究进展及发展趋势、移植免疫研究进展及发展趋势、疫苗研究进展及发展趋势、抗体及其抗体工程研究进展及发展趋势、免疫与表观遗传研究进展及发展趋势、结构免疫学研究进展及发展趋势、免疫学新技术进展及发展趋势、感染免疫研究进展及发展趋势、比较免疫学研究进展及发展趋势、兽医免疫研究进展及发展趋势，报告计划于2015年年底完成编纂工作。

国际学术会议 在美国免疫学年会期间设立中国免疫学会分会场是理事会促进学科发展，加速提升学会国际影响力的重要举措之一。2014年分会场题目为“针对慢性炎症和免疫抑制的肿瘤免疫治疗”。中国免疫学会分会场通过学会多年的努力，已经成为一个具有号召力的学术活动，有400多位专家、学者出席了2014年中国免疫学会分会场的活动。

国内主要学术会议 学会和各专业分会、工作委员会共组织学术会议及相关论坛48次，共有12000余人次参加会议，收到论文6000余篇。

5月24—26日，学会承办了第十六届中国科协年会的学术交流分会场（第13分会场），分会场题目为“感染、免疫和疫苗论坛”。学会秘书长曹雪涛院士担任分会场主席。74名免疫学领域的专家、学者和研究生参加了分会场活动，分会场共交流学术报告13个。

10月18—21日，第九届中国免疫学会全国免疫学学术大会在山东省济南市召开，2575人参会，收到论文摘要1536篇。15位国际免疫学家和11位中国免疫学专家作大会报告，会议设立21个分会场，交流论文291篇。会议新增生物力免疫学分会场和国际青年免疫学者论坛。

两岸交流 4月28—29日，第四届海峡两岸四地免疫学研讨会在台湾地区阳明大学召开。台湾阳明大学谢世良教授担任大会主席，学会理事长田志刚教授担任共同主席。大会共邀请了10位大陆免疫学专家、15位台湾免疫学专家及3位香港特别行政区免疫学专家参加会议。会议围绕：1.宿主与病原体的相互作用；2.免疫生物学；3.无菌性炎症与肿瘤等三大议题进行了28个学术报告和交流。200多位临床免疫学、基础免疫学的专家、学者和研究生等参加了会议。

国际组织任职 学会秘书长曹雪涛院士当选为全球慢性疾病合作联盟（GACD）主席，任期3年，任期由2014—2016年。

国际交往 3月10—14日，德国免疫学会（DGFI）在德国埃特尔举办了第10届免疫学春季学校学习班。中国免疫学会选派了两位青年学者——中国医学科学院基础医学研究所的唐科及浙江大学免疫学系的赵德志参加了此届学习班。

科普活动 10月20—21日，学会组织专家在山东大学和山东省疾控中心作科普报告，宣传免疫学知识，400多名大学生和工作人员参加报告会。

5月25日，在第十六届中国科协年会期间，学会邀请专家在云南省昆明市桃园社区和西山区政府报告厅分别作了《关注我们的精神卫生健康》和《肠道细菌：人类的敌人或者朋友——从“不干不净吃了没病”说开去》的科普报告。

表彰举荐优秀科技工作者 第九届全国免疫学学术大会召开期间，颁发了第四届中国免疫学会学术奖。中国医学科学院肿瘤研究所张友会研究员获得“第四届中国免疫学会终身成就奖”，中国医学科学院基础医学研究所郑德先教授和北京大学医学部基础医学院的马大龙教授获得“第四届中国免疫学会杰出学者奖”，胡凡磊等18名年轻的免疫学工作者获得了“第四届中国免疫学会青年学者奖”。

党建强会 11月3日，学会与中国生物医学工程学会成立联合党支部，选举产生了联合党支部书记、副书记。

会员服务 为了加强与会员的沟通和联系，更好、更便捷地为会员提供服务，学会秘书处采取两项措施：一是在已有的会员管理方式的基础上，启用中国科协个人会员管理系统。通过联合使用科协会员管理系统和网上支付平台，实现了会员网上注册、网上支付会费、修改补充个人信息等。二是学会开通了短信平台，对信息传递方式形成了有益补充，及时向会员发布各类学术交流的信息。通过会员管理系统、支付系统、邮件发送以及短信平台的构建，学会初步构建了在线网络会员服务系统。

【中国免疫学会第七次全国会员代表大会】 10月18日，学会第七次全国会员代表大会在山东省济南市召开。全国各省、自治区、直辖市免疫学会推荐231名会员，代表中国免疫学会7296名会员参加大会。

10月18日，学会第七次全国会员代表大会第一次会议召开。会议听取了学会第六届理事会工作报告、财务工作报告，修改、通过《中国免疫学会章程》，修改、通过《中国免疫学会会员管理办法》，选举产生了学会第七届理事会。

根据学会第七届理事会的选举办法，在大会代表中推荐产生了5名计票、监票人，并获得全体代表通过。193名代表对107名理事候选人进行无记名投票，选举产生学会第七届理事会理事。经计票、监票人统计结果，107名理事候选人当选为学会第七届理事会理事。

学会第七届一次全体理事会议选举产生了学会第七届常务理事会理事、学会第七届理事长、副理事长和秘书长。田志刚当选学会第七届理事会理事长，何维、马大龙、高福、王小宁、孙兵、吴玉章当选副理事长，曹雪涛任秘书长。

【中国免疫学会第九届全国免疫学学术大会】 10月18—21日，第九届中国免疫学会全国免疫学学术大会在山东省济南市召开。

本届大会有2267人正式注册，参会总人数达2575人，收到论文摘要1536篇。会议邀请美国科学院院士、霍华德休斯医学研究所的Wayne M. Yokoyama教授，美国科学院院士、加州大学圣地亚哥分校的Michael Karin教授，英国皇家学会院士、牛津大学的Matthew Freeman教授，德国科学院院士、汉诺威医学院的Reinhold E. Schmidt教授，法国科学院院士、马赛吕米尼免疫学研究中心的Bernard Malissen教授等15位国际著名免疫学家，以及中国工程院院士、中国免疫学会秘书长曹雪涛院士等11位中国免疫学研究学者，分别就NK细胞分化发育机制、免疫与炎症的分子调控机制、TLR信号活化的正反馈机制、T细胞亚群、调节性T细胞的体内形成机制、生发中心B细胞活化调控机制、慢性炎症与肿瘤形成联系以及靶向炎症的肿瘤免疫治疗、细胞内细胞结构、自身免疫性疾病的发病机制、间充质干细胞与免疫调节、糖免疫学等免疫学相关领域研究

热点和发展趋势作大会报告。

大会设立了免疫应答的分子机制与免疫细胞的分化发育、天然免疫应答的识别和调控、移植免疫、自身免疫病与免疫缺陷病、肿瘤免疫与治疗、疫苗、新型疫苗与佐剂研究、血液免疫、免疫学新技术、中医中药与免疫调节、精神－神经－内分泌－免疫调节等 21 个分会场，交流论文 291 篇。

本次大会新设立了生物力免疫学分会场、国际青年免疫学者论坛两个分会场。为 10 位国际青年学者参加会议提供了资助。

大会在泰安市泰山医学院设立了主题为“免疫学前沿专题”的“泰山卫星会”，曹雪涛院士等 17 位国内外免疫学家就免疫学最新进展进行了报告研讨，带动地方专业学术水平的提升。

（撰稿人：魏　薇）

中华预防医学会

服务创新型国家和社会建设　2014 年，学会承担了中国科协“2049 的中国：科技与社会愿景展望”课题项目。学会承担了中国红十字总会“加快推动中国控烟立法”项目，在学会会长王陇德的带领下，组织专家在上海市、浙江省杭州市、甘肃省兰州市、黑龙江省哈尔滨市，广东省广州市和深圳市等完成了控烟立法的调研工作。

学会承担了“十二五”国家科技支撑重点项目“公众健康知识及技术筛选与评价研究”项目子课题“常见传染病预防普及技术研究和应用”的课题阶段目标，包括常见传染病病种的确定、传染病防治素养概念的界定、传染病防治素养三级评价指标的建立以及 12 种常见传染病核心信息的撰写，启动了《全民健康十万个为什么》图书撰写。

学会承担了北京市政府购买社会组织服务“朝阳区社区健康骨干——健康指导员队伍建设与实践项目”，在北京市朝阳区开展了 16 场（次）培训，培训社区工作者、医务工作者 1500 人，社区健康指导员 360 人次。承担了中央财政支持社会组织参与社会服务“因病致贫返乡农民工医疗救助和干预试点项目”，积极探索政府资金支持、社会组织牵头、基层社区卫生工作者和志愿者共同参与的疾病防控模式和机制。

学会筹集社会资金，设立创新科研支持项目。设立“盆底功能障碍防治专项资金”，支持项目 49 项，资助经费总额 289 万元。设立“消毒领域科研创新专项资金”，支持项目 14 项，资助经费 34.5 万元。经专家评审，各中标项目承担单位已全面启动项目研究工作。

学会开展国家级继续医学教育项目 40 项、学会级继续医学教育项目 47 项，参加培训人员 22539 人次，内容涉及慢性病、传染性疾病、营养与卫生等多个学科。针对临床医生缺乏慢病危险因素控制知识这一现状，2014 年，学会与企业合作开展了“营养与疾病预防”全国医生继续教育项目。组织专家编写教材 28 万字。

学会承担国家卫生和计划生育委员会“突发事件卫生应急专家咨询委员会”秘书处工作，召开了主任委员、副主任委员、各专业组组长工作会及 5 个专业组工作会，为卫生应急专家做好服务。

学会能力提升计划　年度内，学会提出并完成了整合学会信息网络系统，包括办公自动化、会员管理、分支机构管理、学术论坛、在线学习、会议管理、科学技术奖管理、公共卫生与预防医学发展贡献奖管理、科研资金支持项目管理、继续医学教育项目管理、学会系列杂志管理等系统。完成了“中华预防医学会业务信息管理系统”平台的顶层设计。学会成立了由秘书长牵头的网络建设工作领导小组，完成学会内部信息化建设的基础性工作，进入网络系统的建设阶段。

为把握机遇、应对转型期卫生外事所面临的挑战，学会有针对性地开展了一系列活动，举办了参与国际事务能力培训班，建立了公共卫生领域相关国际机构信息库、全球华人公共卫生人才库，协助学会专业委员会加入相关国际组织，举办序列国际会议等活动。

学会邀请国家卫生和计划生育委员会、中国科协及有关学会的相关专家，共同商讨并制定了《在华召开国际会议管理办法》《建立国际品牌序列会议机制》。

学会派有关人员参加了世界公共卫生联盟和澳大利亚公共卫生学会共同举办的为期 6 周的“工作经验分享培训项目”，了解澳大利亚公共卫生政策制定、项目管理，促进双边合作。

学会建设　9 月 22 日，学会第五次全国会员代表大会在北京召开。通过推荐、选举，产生了第五届理事会理事、常务理事、秘书长及正副会长。学会修订、制定了《中华预防医学会章程》《中华预防医学会会员管理办法》《中华预防医学会关于会费标准的说明》《中华预防医学会分支机构管理办法》和《中华预防医学会分支机构财务管理办法》等一系列规章制度，进一步规范了民主决策和办事程序。

学会针对开展的各项业务工作的特点，根据国家卫生和计划生育委员会、中国科协和审计部门的要求和建议，专门制定了《中华预防医学会社会支持合作项目管理办法（试行）》《中华预防医学会收费类会议和培训项目管理办法（试行）》，建立了项目审批和立项程序，对各类项目的合作内容、合作协议、资金流向、使用范围和标准等做出了具体规定。

学会征求了部分专家对中华预防医学会科学技术奖评审的意见和建议，草拟了《中华预防医学会科学技术奖管理办法》和《中华预防医学会科学技术奖实施细则》的修改草案。

实行了学会与专家签订服务协议的制度。学会增设了一名内审人员，聘请了常年法律顾问和财务部负责人。

这些举措使学会做到管理有制度，监管有人员；外有法律顾问咨询，内有审计、纪检把关，加强了廉政建设，规避了风险。

修订、完善了学会《继续医学教育管理办法》《学分证书管理规定》等规章制度。学会自行开发的继续医学教育项目网络管理系统于10月正式上线，为广大预防医学与公共卫生科技工作者提供了更便捷、更专业、更具交互性的继续教育平台，提高了项目管理效率和水平。

学会新成立肿瘤预防控制分会、心血管病分会、糖尿病预防与控制专业委员会等3个分支机构。完成了劳动卫生与职业病分会、卫生统计专业委员会、伤害预防与控制分会、健康风险评估与控制专业委员会、公共卫生教育分会、流行病分会、卫生毒理分会、医院感染控制分会、卫生统计专业委员会、健康风险评估与控制专业委员会、卫生毒理分会等8个分支机构的换届工作。

在慢性病防治与控制分会的建立过程中，学会注重吸纳临床医生参与，加强防治结合，壮大了学会力量。

为密切联系各地各级预防医学会，加强沟通，学会坚持执行全国预防医学会联席会议制度。2014年联席会议于9月23日在北京召开。

学术期刊 学会制定并实施《中华预防医学会系列杂志编辑委员会换届方案与程序》《中华预防医学会系列杂志编辑委员会通则》。制定了增刊和申请加入系列杂志的审稿程序及征求对学会编排规范的意见，形成了较为健全的管理制度。召开了系列杂志工作会议暨编辑专业委员会学术交流会议。

学会系列杂志已达到69种，有47种杂志入选“中国科技论文统计源期刊”，24种杂志被“北大中文核心期刊”收录。根据中国科学技术信息研究所2014年发布的《中国科技期刊引证报告（核心版）》，创刊4年的《中国病毒病杂志》核心影响因子达0.800，在微生物、病毒学类期刊中排第2位。

学科发展研究 学会完成了《2014—2015公共卫生与预防医学学科发展报告》大纲的编写工作，制订了撰写计划。其综合报告内容为我国公共卫生与预防医学学科最新进展、公共卫生与预防医学学科国内外研究进展比较、公共卫生与预防医学学科发展趋势及展望。专题报告涉及12个领域，分别为公共卫生管理发展研究、流行病学、环境卫生学、营养与食品卫生学、职业卫生与职业病学、传染病学、媒介生物学、社会医学、卫生工程学、卫生法学、慢性病预防与控制、出生缺陷预防与控制。

国际学术会议 11月2—6日，由学会和中国疾病预防控制中心联合主办的第五届媒介生物可持续控制国际论坛在山东省青岛市召开。世界卫生组织、亚洲媒介生态和蚊虫控制协会，美国、澳大利亚、奥地利、瑞士、瑞典等国的近20位专家、学者，29个省、自治区、直辖市，香港特别行政区和台湾地区的300余位专家、学者参加了论坛。

国内主要学术会议 学会及分支机构共举办学术会议72次，14800人次参会，交流学术论文9800篇。

5月28—29日，由学会、中国畜牧兽医学会和中国微生物学会联合举办的第四届全国人畜共患病学术研讨会暨2014年中国狂犬病年会在吉林省长春市召开。来自医疗卫生、畜牧兽医、水产养殖、野生动物领域的专家、科技工作者近600人参加了会议。

11月28—29日，学会联合中华医学会、中国疾病预防控制中心、国家心血管病中心和国家癌症中心在北京联合召开了2014年中国慢性病大会。12位专家、学者作大会报告，9个分会场进行了专题学术交流，参会人数约800人次。

两岸交流 5月25—29日，应台湾防疫学会邀请，学会秘书长杨维中一行13人赴台湾地区参加了2014海峡两岸H7N9流感防治研讨会。会议主要内容包括：大陆H7N9禽流感疫情及防控状况，大陆活禽市场管理现状，台湾H7N9禽流感疫苗研发现状，台湾传统市场活禽宰杀政策及执行情况等。

11月10—15日，学会秘书长杨维中一行6人应台湾欧巴尼纪念基金会邀请，赴台湾地区参加了2014海峡两岸传染病防治研讨会及2014年海峡两岸卫生产业会议。会议内容包括：大陆埃博拉出血热疫情及防控状况，大陆H7N9疫情概况与防控策略，大陆艾滋病抗病毒治疗的进展和挑战；大陆广东登革热疫情与防控策略，台湾埃博拉出血热疫情应对措施，台湾登革热疫情及防控策略，台湾艾滋病疫情现状等。

2014年海峡两岸卫生产业会议是学会与台湾欧巴尼基金会在拓宽海峡两岸卫生交流的首次会议，会议内容包括：大陆生物制剂现状，大陆在医疗与养老方面的探索。台湾在高龄护理政策、设施管理方面的现状。台湾生物制剂现状等。杨维中一行还参观了台湾地区的生物安全实验室设计及建构、居家护理及长照系统软硬件系统和居家护理及长照多媒体服务系统规划。会议决定，2015海峡两岸卫生产业技术交流展示会在福建省厦门市举办。

国际组织任职 5月，第48届世界公共卫生联盟年会在日内瓦召开。学会秘书长杨维中完成了接替学会前任秘书长蔡纪明担任世界公共卫生联盟执行局成员、执委及亚太区联络办公室主任的工作交接。学会代表世界公共卫生联盟亚太地区联络办公室在会上报告了年度活动情况及下一步工作重点。

国际交往 学会2014年共办理了6批次8人次的出国（境）及赴港澳参会交流任务，分赴韩国、瑞士、美国、澳大利亚等国家，以及香港特别行政区和澳门特别行政区。接待世界卫生组织西太区联络办事处、世界公共卫生联盟、悉尼科技大学等国际机构近10人来访。

作为世界公共卫生联盟亚太区联络办公室，学会与韩国公共卫生学会密切合作，于5月4—9日在韩国首尔举办了主题为“健康亚洲——综合应对新挑战”的第五届世界公共卫生联盟亚太区公共卫生大会。来自34个国家共932位专家、学者参会。会议期间，召开了世界公共卫生联盟亚太区会员学会第五次协调委员会工作会议，来自中国、日本、韩国、印度、越南、尼泊尔、澳大利亚、菲律宾、印度尼西亚、泰国、斯里兰卡、蒙古国等12个国家的公共卫生学会（预防医学会）代表参加了会议。会议通过了《首尔宣言》，号召政府机构、非政府组织、研究机构、民间社会、专业组织、社区及个人积极行动，广泛参与公共卫生相关活动。

科普活动 为进一步普及公众的免疫规划知识，增强预防接种意识，4月25日，学会在全国预防接种宣传日开展了在中国公众健康网举办预防接种网络知识竞赛。活动期间点击率达1万多人次，参与答题人数2000余人。

5月至10月，学会开展了“情系中华儿童，微笑健齿行”口腔健康教育科普宣传活动。在山东省开设了针对学龄前儿童、小学生及学校卫生保健教师的“口腔保健知识课堂”。组织口腔专家编撰了《小学生口腔保健知识师资培训教材》，联合山东预防医学会、山东省学校卫生协会下发到小学校。在山东卫视录制、播放3期寓教于乐的儿童口腔保健节目。编印了口腔保健知识宣传手册（1万份）、张贴海报（2000张），分发至济南市及周边各所小学。

7月，面对日益严重的非洲埃博拉病毒出血热疫情，为了普及相关预防知识，配合我国疾病防控工作，学会邀请专家撰写埃博拉病毒出血热疾病科普文章，在《科技日报》、北京电台等媒体刊出和播出，制作埃博拉病毒出血热疾病手机科普短信，协助中国科协制作网络科普微视频在新华网播放，普及了埃博拉病毒出血热疾病的预防知识。

9月至10月，在流行病学专家的支持下，学会拍摄了“2014年季节性流感预防知识电视公益广告”，在广东省、四川省、重庆市等3省市10余个地方电视台播放1个月。在河南省郑州市、四川省成都市、湖北省武汉市、重庆市、山东省青岛市等5个城市的部分楼宇电梯间设置平面广告，向公众宣传接种疫苗预防流感的知识。

【中华预防医学会第五次全国会员代表大会】 9月22日，学会第五次全国会员代表大会在北京召开。

来自各省、自治区、直辖市、新疆生产建设兵团预防医学会，黑龙江农垦预防医学会，各分会（专业委员会），各系列杂志编辑部，医学院校、部队、相关部门及单位推荐的423名会员代表出席大会。国家卫生和计划生育委员会、中国科协、国家新闻出版广电总局，世界卫生组织、联合国艾滋病规划署、全球华人公共卫生协会，各相关学会（协会）、公共卫生与预防

中华预防医学会第五次全国会员代表大会

医学领域的著名专家及有关单位领导应邀出席了会议。

中国科协副主席、书记处书记张勤在开幕式上宣读了全国政协副主席、中国科协主席韩启德的书面讲话。

世界卫生组织驻华办事处 Mr. Martin Taylor、联合国艾滋病规划署驻华办主任 Dr. Catherine Sozi 出席会议并致辞。中华医学会副会长祁国明代表兄弟学会（协会）致贺词。大会宣布了表彰先进集体和优秀学会工作者的决定，到会领导为获奖者颁发了奖牌和证书。

学会会长王陇德代表第四届理事会向大会作了《建设服务型科技社团、在新的改革环境中加速成长》的工作报告和财务报告。

按照大会议程，代表们审议并通过了《中华预防医学会第四届理事会工作报告和财务报告》《中华预防医学会章程（修改草案）》《中华预防医学会会员管理办法》《第五次全国会员代表大会提案及审理工作报告》和《第五届理事会名誉理事名单》等。根据《中华预防医学会章程》，按照《第五届理事会理事选举办法》和《第五届理事会常务理事、会长、副会长和秘书长选举办法》规定的民主程序，代表们经过无记名投票方式选举产生了 230 名第五届理事会理事。在随后召开的第五届理事会第一次会议上，当选的第五届理事会理事投票选举产生了 60 名常务理事，会长、副会长和秘书长。王陇德连任会长，杨维中、王宇、王撷秀、孔灵芝、李兰娟、肖东楼、张伯礼、胡大一、柯杨、蔡纪明等 10 人当选为副会长，杨维中兼任秘书长。国家卫生和计划生育委员会、中国科协相关部门的同志监督见证了整个选举过程。

（撰稿人：刘　静　王国芳）

中国法医学会

服务创新型国家和社会建设　2014 年，学会受公安部刑事侦查局委托，先后举办了 8 期全国疑难命案侦办能力提高培训班，培训学员 3900 多人。培训班共安排 30 多位专家讲课，内容包括：新形势下公安机关提升打击犯罪能力与水平的途径，大数据背景下的刑侦工作，透视侦查破案成败的关键问题，命案侦查的组织与指挥，刑侦实战应用基础，命案侦查的突破口，命案成为难案、悬案及系列案件的成因与对策，大要案侦查指挥的几点体会，信息应用技战法，信息化背景下侦破有广泛社会影响案件的几点体会，贵州凯里“1·13”爆炸抢劫案的启示，吉、辽两省 1995—2000 年系列杀人残害妇女案侦破工作得与失，重大伤亡事件的现场处置，命案现场重建，碎尸案件的现场分析，涉枪、涉爆凶杀案件的现场勘查与分析，火案的现场勘查与分析，命案现场血迹勘查与分析，杀人案件犯罪嫌疑人的刻画，杀人行为侧写技术，特殊人群（老人、未成年人、女性）杀人案件特点分析，非他杀命案法医学检验鉴定的技术关键点，DNA 技术的种类、检验条件及在命案侦查中的应用策略，命案侦查中如何正确认识和运用法医学意见，凶杀案件侦破中疑难技术问题的发现与解决，命案侦破中的侦技结合，声像、电子物证技术在刑事侦查中的应用，微量物证在命案侦破中的应用，犯罪嫌疑人的心理及其讯问对策，刑诉法修改的主要内容及应用，强化命案管理进一步提高执法规范及证据可信度，命案诉讼活动中证据规则有关问题探讨——对几起错案、败诉案件的反思，军队刑事侦查工作等。

学会建设　学会新增会员 124 人，个人会员总数达到 6665 名，团体会员 1 个。

12 月 19 日，学会会长刘耀主持召开学会第五届第三次理事会会议。决定将“中国法医学会法医损伤学专业委员会”更名为“中国法医学会法医现场学专业委员会”。经审议，同意增选赵丽娜为学会理事、常务理事，任命赵丽娜为学会副秘书长并兼任《中国法医学杂志》社社长（法人）。

学术期刊　《中国法医学杂志》由 90 页增加到 100 页，全年收到稿件 631 篇，编辑出版 6 期，刊发稿件 265 篇。

经过编审人员的努力，目前《中国法医学杂志》

已是武汉大学中国科学评价研究中心（RCCSE）中国核心学术期刊，中国科技论文统计源期刊（中国科技核心期刊），荷兰国际科学文献数据库（ELSEVIER）收录期刊，荷兰医学文摘（EMBASE）收录期刊，《中国学术期刊综合评价数据库》（CAJCED）统计源期刊，《中国期刊网》《中国学术期刊（光盘版）》收录期刊，《中国期刊全文数据库》（CJFD）全文收录期刊，《中文科技期刊数据库》收录期刊，《CAJ-CD规范》执行优秀期刊。2014年公布的《中国学术期刊影响因子年报》统计显示，《中国法医学杂志》期刊综合JIF为0.022，被引频次92，他引频次84。所有期刊被综合统计源期刊引用的次数为457万次。

国内主要学术会议 4月15—17日，全国第三届命案现场重现与侦破学术交流会在浙江省绍兴市召开。会议由学会法医损伤学专业委员会主办，以“创新思维，促进学术交流，为刑侦破案提供有力理论支撑和技术保障”为目标，围绕侦查破案和法医学检验鉴定进行了交流讨论。会议出版了《命案现场重现》第三卷。8月19—22日，学会法医临床学专业委员会和法医医疗损害鉴定专业委员会，联合在黑龙江省哈尔滨市召开了中国法医学会第十七届全国法医临床学学术交流会暨第二届全国法医医疗损害鉴定学术研讨会。会议共收到论文500余篇，经专家审核录用450余篇。来自公安、司法、检察、法院系统、医科大学法医院（系）及社会鉴定机构的专家、学者共150余人，就当前法医学检验鉴定中的热点、难点问题进行了研讨与交流。

11月3—6日，学会应西安交通大学法医学院请求，联合在北京举办了香山科学会议——“法医科学与国家安全”学术讨论会，这是一个高层次的论坛，以探讨科学前沿与未来为己任，会议围绕着“法医科学与国家安全技术、毒品成瘾机制与防治和刑事科学技术”等内容进行了深入研讨并达成共识。

11月14—16日，学会法医学教育工作委员会联合中山大学中山医学院法医学系在广东省广州市召开了全国首届法医学教育与实践高峰论坛，与会专家、学者就新形势下法医学教育与实践问题进行了交流与研讨。

表彰举荐优秀科技工作者 经学会推荐，西安交通大学法医学院院长李生斌教授荣获中国科协“全国优秀科技工作者”称号。

党建强会 学会建设了党建图书阅览室，其功能包括：作为法医党员会员活动室，方便学会秘书处和各省、自治区、直辖市法医党员会员来京活动；用于召开学会党支部会议和党员会议，座谈研究党务工作的场所；提供会员中的党员学习、检索、查阅业务及党建书籍。图书室制作了图板，图板内容包括：党旗、入党誓词、入党程序、党的宗旨、理想信念、纪律规定和社会主义核心价值观内容等。图书室藏书包括：党建理论与实践书籍和报刊，学会和学会党支部建设发展史，法医专业书籍和刊物。

2014年，学会网站开辟了“党建工作”专栏。在服务会员的基础上，增加服务党员会员，同时对党员会员提出更高要求，通过各种方式收集会员建议、意见，提高学会“四个服务”质量，促进中国法医事业的发展

会员服务 2014年，学会编写简报《中国法医》10期，按时向会员通报学会工作、法医学现状、会议信息、表彰推荐公告、党的建设等方面和情况。

通过问卷调查、通讯、座谈等多种渠道了解会员需求、意见和建议，制定了下一步服务会员的工作要点和服务形式。

考虑到法医业务书籍由专业出版社出版、发行，学会秘书处应会员和法医科技人员要求，开展了代查、代购、代邮服务。

【第17届全国法医临床学学术交流会暨第二届全国法医医疗损害鉴定学术研讨会】 8月19—22日，学会法医临床学专业委员会和法医医疗损害鉴定专业委员会，联合在黑龙江省哈尔滨市召开了学会第17届全国法医临床学学术交流会暨第二届全国法医医疗损害鉴定学术研讨会。

会议共收到论文500余篇，经专家审核录用450余篇。来自公安、司法、检察、法院系统、医科大学法医院（系）及社会鉴定机构的专家、学者150余人，就当前法医学检验鉴定中的热点、难点问题进行了研讨与交流。

法医医疗损害鉴定委员会副主任、中国医科大学临床法医学主任刘技辉教授主持了法医医疗损害鉴定的学术研讨会。来自西安医科大学、同济医科大学、华西医科大学、汕头大学法医系的专家、学者对错误生产（婚前检查后出生了残疾婴儿）、医疗纠纷的司法鉴定、伤残鉴定等问题进行了讨论。

学会的专家、医科大学的专家及社会第三方鉴定机构的专家对有关医疗鉴定风险的问题进行了讨论。

与会专家一致认为，学会应组织专家对如何规范法医鉴定，如何评估法医鉴定的结论，如何建立一个独立的、得到社会认可的法医鉴定结果仲裁系统进行更深入的探讨。

2014人体损伤程度鉴定标准——理论与实践、争议与对策，是本次学术交流会的热点问题。除进行论文交流外，有关专家针对新颁布的人体损伤鉴定标准的有关问题举办了专题讲座，就疑难案例进行了讨论。来自基层的法医鉴定人员，对自《人体损伤鉴定标准》颁布实施一年来，在法医临床学鉴定中遇到的有关问题与参加会议的专家进行了讨论。与会人员提出，学会应组织专家编写有关问题的操作指导，达成专家共识，解决全国的临床法医检验人员在实践中遇到的问题。

【香山科学会议第S22次学术讨论会】 11月3—6日，学会应西安交通大学法医学院请求，联合在北京举办了主题为“法医科学与国家安全”的香山科学会议第S22次学术讨论会，学会会长、中国工程院院士刘耀，中国科学院院士杨焕明，西安交通大学医学院法医学系主任李生斌教授，学会秘书长翟恒利担任会议执行主席，来自国内外法医科学、医学、基因组学、管理学、机械制造、社会学、法学等领域的44位专家、学者应邀参加了会议。国际法医科学家李昌钰教授和中国现代国际关系研究院李伟研究员分别作了会议主题评述报告，14位专家作了专题报告。与会专家围绕法医科学与国家安全技术、毒品成瘾机制与防治、刑事科学技术的新进展等3个中心议题进行了研讨。

专家们认为，对于法医科学而言，如何有效运用多学科的分析理论与方法，推动法医科学的创新研究，从而为相关的国家安全决策和管理提供重要支撑和依据，是法医科学面临的重大机遇与挑战。未来5—10年以及更长的时间，必须通过持续增加科研投入，提高我国法医学研究水平。同时，建议切实做好刑事技术队伍建设工作，警衔待遇挂钩，落实专业技术公务员待遇。调整津贴补助，建设法医以及刑事侦查人员形象宣传工程，提升法医及刑事侦查人员社会地位。同时全力推行“一长四必”（县区级公安局长对刑事案件现场勘查工作负总责，现场勘查工作要做到“必勘、必采、必录、必比”）现场勘查新机制，加强新技术、新方法的研发和应用，加快推进刑事科学技术工作信息化进程，加强刑事技术规范化、标准化建设。针对大型灾害事故处理，建议国家有关部门设立国家层面的DVI（事故死难者识别）协调组，制定快速应急方案，在灾害发生时统一指挥协调各部门工作。

【全国首届法医学教育与实践高峰论坛】 11月15—16日，学会与中山大学中山医学院法医学系在广东省广州市联合举办了全国首届法医学教育与实践高峰论坛。

学会会长、中国工程院院士刘耀，中山大学副校长黎孟枫、司法部司法鉴定科学技术研究所副所长陈忆九，教育部法医学教学指导委员会、中国法医学会教育工作委员会、四川大学华西基础医学与法医学院院长侯一平等出席了会议。来自全国17所高等院校共120余位专家参加了会议。

刘耀院士作了题为《中国法医学发展趋势和前沿发展方向》的主旨发言。6位来自高等院校、司法部科研所、公安刑侦及司法鉴定行政管理部门的专家作大会发言。

参会专家围绕“当今我国法医学教育与实践”这一主题，对目前法医学教育中存在的问题进行了反思与分析，主要内容包括：中国法医学教育与实践若干问题，我国法医学人才的培养与历练，加强实践教学、提高检案能力，中国法医学教育与专业执业能力的有机对接，司法鉴定事业在转型升级中的新期待等。

侯一平教授代表教育部法医学教学指导委员会、中国法医学会教育工作委员会对我国法医学教育发展状况进行了分析，认为我国在以下几个方面取得了巨大的进步：目前已有30余所医学和政法警察类院校开设了法医学本科专业，培养规模在扩大，以本科为核心的法医学教育体系逐步呈现多元化趋势；设置法医学专业的院校在本科层次基础上，发展了研究生教育，近年来法医学博士和硕士学位授权点的数量快速增多，我国法医学博士、硕士、学士学位的培养教育体系稳步发展；建立了法医学博士后流动站和高校法医学师资访问学者制度；建立了法医类司法鉴定人培训与继续教育制度；我国的法医学专业教育状况逐渐与世界先进水平接轨，协同创新已实现国际化；建立了包含10余个分支学科在内的法医学科体系，规划建设的法医学教材日渐丰富且不断更新，涌现出一批国家精品课程、资源共享课、视频公开课；拥有完整的师资队伍和不断壮大的科学研究队伍。经过30余年的建设，我国已形成了良好的法医学专业发展态势，以

医学为主体教育背景成为各校的共识，“注重特色、强调应用”的培养思路深入人心，强调知识、能力、素质的综合协调发展，新兴学科方向的发展势头良好，法医学学科建设和科学研究进入快速发展阶段。

（撰稿人：赵丽娜）

中华口腔医学会

服务创新型国家和社会建设 2014年1月，学会受国家卫生和计划生育委员会委托，组织专家203人次，制定了7个专业（口腔全科、口腔内科、口腔颌面外科、口腔修复科、口腔正畸科、口腔病理科和口腔颌面影像科）的《住院医师培训细则》和《住院医师培训基地细则》，对住院医师培训和专科医师培养进行重大调整。

5月，受国家卫生和计划生育委员会委托，学会起草了13个口腔专科的专科医师执业范围。组织165名专家修订了《国家临床重点专科验收评估标准》共8份文件（牙体牙髓病专业、牙周病专业、口腔颌面外科专业、口腔修复专业、口腔种植专业、口腔黏膜病专业、儿童口腔专业和口腔正畸专业）；9月，受国家卫生和计划生育委员会的再次委托，进行了进一步的修订。

学会医疗事业部整理完成了《口腔医学行业规范及指南汇编》，汇编分为《部委委托制定的规范及指南》和《学会组织制定的规范及指南》两部分。

9月，学会第三类医疗技术审核工作成为中国科协“学会有序承接政府转移职能试点培育项目”之一。项目在9月至12月开展，学会制定了工作方案，探索第三类医疗技术网络监管模式建立的可行性。建立网络平台，实现第三类医疗技术获准开展项目的基本框架数据收集、整理。

学会能力提升计划 2014年，学会按照中国科协《学会能力提升专项实施方案》所规定的内容，引领中国口腔医学学科发展进步，提高学会服务能力和会员凝聚力，实施全民科普工作，促进口腔健康水平提高。学会完成《中华口腔医学会“学会能力提升计划”第一期总结报告》并上报中国科协。

6月9—12日，学会与国家卫生和计划生育委员会国际交流与合作中心、北京大学口腔医学院联合举办第十九届中国国际口腔设备材料展览会，观众超过3万人次。

学会建设 学会2014年新发展会员9811人，截至2014年底，会员总人数达30289人。

学会召开全体理事会议1次，常务理事会议4次，审议并通过议题78项，通报学会工作32项。

5月8日，学会在山东省聊城市召开第六次专业委员会（分会）工作会议。6月6日，学会在福建省福州市召开第四届理事会第3次会长工作会议。10月31日，学会在四川省绵阳市召开第四次省级口腔医学会秘书长联席工作会议。

学会被评为中国科协“2014年度全国学会科普工作优秀单位”。

科技期刊国际影响力提升计划 2014年，入选中国科协优秀国际科技期刊三等奖的《中国牙科研究杂志》正式开始发行，全年发表15篇文章，出版2期，发行量5000册。

学术期刊 学会主办专业学术期刊共5种。《中华口腔医学杂志》2014年发表204篇文章，全年出版12期，发行量7万册。《中华口腔正畸学杂志》，2014年发表60篇文章，全年出版4期，发行量1.8万册。《中国口腔颌面外科杂志》2014年发表98篇文章，全年出版6期，发行量1.8万册。《中国口腔医学继续教育杂志》2014年发表58篇文章，全年出版6期，发行量10.2万册，作为学会会员待遇免费赠阅给所有会员。

学科发展研究 学会开展学科发展研究，编写学科发展报告，指出我国口腔医学事业未来发展方向主要有3项：以学会引领学术发展，促进新兴分支学科起跑，以交叉融合推动学科纵深发展。

决策咨询 2014年，国家卫生和计划生育委员会就《关于加强医疗责任保险工作的意见（征求意见稿）》《医疗纠纷预防与处理条例（草案）》《国家级区域医疗中心设置标准》（口腔医院）《县医院综合能力建设基本标准（征求意见稿）》《县医院综合能力建设推荐标准（征求意见稿）》等5份文件向学会征求意见，学会组织相关专家287人次进行研讨，提交决策咨询报告5份。

国际学术会议 学会举办国际学术会议2次，参会人数1600余人次，交流论文520篇。

8月22—25日，第11届亚洲暨第11次中国口腔颌面外科会议在陕西省西安市举办，共有来自29个国家和地区的1100位专家、学者参加会议，大会特邀世界各国口腔颌面外科领域专家84人作专题报告。会议共收到稿件520篇，其中78篇作专题发言。举办分会报告1113场，壁报交流242份。

12月12日，由学会与哈佛大学医学院糖尿病研究中心（Joslin Diabetes Center）联合主办的口腔健康与糖尿病关系国际学术研讨会在北京召开，500多人参会。

国内主要学术会议 学会举办口腔专业学术会议51次，其中高端前沿学术会议（论坛）29次，参加者6.2万人次，交流论文3483篇。

9月25—28日，学会第16次全国口腔医学学术会议暨2014（上海）国际口腔设备器材博览会在上海市召开。

两岸交流 5月16日，台湾中华牙医学会许明伦理事长一行8人访问学会。9月25—28日，台湾中华牙医学会代表团参加了在上海市召开的学会第16次全国口腔医学学术会议。

国际组织任职 9月，在世界牙科联盟（FDI）大会上，学会科普部部长荣文笙教授当选为FDI公共健康委员会委员。

国际交往 2月，学会受邀派代表团赴美国出席了美国牙医学会（ADA）年会。

4月，学会派专家出访韩国首尔齿科学会，并在首尔齿科学会年会（SIDEX）上作特邀学术报告。

4月，国际牙科研究会（IADR）主席Helen Whelton、执行主席Christopher H. Fox以及美国科学院院士王存玉一行3人访问学会。

6月，学会代表团出席了在南非开普敦举办的国际牙科研究会（IADR）年会，学会副会长、IADR中国分部主席张志愿出席了IADR理事会。张志愿与学会国际交流部部长刘怡出席了IADR亚太分部理事会。学会副会长徐韬参加了IADR全球口腔科研发展促进交流会。

6月，学会受邀参加了第三十六届亚太牙科联盟大会（APDC）并作特邀发言。

7月7日，世界牙科联盟（FDI）主席黄殿春（T. C. Wong）访问学会。9月，黄殿春受邀出席了在上海市召开的学会第16次全国口腔医学学术会议。

科普活动 2014年学会科普部共举办主题科普活动11次，科普讲座75场，义诊91场，科普展览1场，科普比赛1场，开展科普项目3项，参与科普活动的口腔工作者900余人次，受众近2万人次。

4个首席科学传播专家团队项目获得中国科协科普部科普项目立项及资助。

学会设立的“中华口腔医学会会员日”与“‘9·20’爱牙日”为同一天。学会号召会员单位举办口腔健康科普活动，并为全国29个省、自治区、直辖市的100个申请点提供50万元资助，将活动情况汇总成册。

学会举办了第二届“高露洁杯”口腔健康科普作品创作大赛，共征集来自40所口腔大专院校作品102项，形式包括海报、折页、动画、视频等，共有16所院校、35项作品获奖。

表彰举荐优秀科技工作者 经学会推荐，北京大学口腔医学院俞光岩教授、第四军医大学口腔医学院徐礼鲜教授和四川大学华西口腔医学院胡静教授荣获中国科协“全国优秀科技工作者”称号。

2014年，颁发中华口腔医学会科技奖9项，其中一等奖2项，二等奖3项，三等奖4项。

党建强会 学会申报中国科协学会党建研究会“2014年度重点调研课题——新形势下社会组织中党组织发挥作用研究”获得批准，结题报告获2014年度学会党建调研课题优秀作者（团队）。

学会申报的中国科协“党建强会”重点项目，获得2014年度全国学会“党建强会计划”特色活动组织奖。8月9日，学会党支部在内蒙古鄂尔多斯市举办了“科普义诊到西部，健康口腔中国梦”党建强会西部行送健康活动，兴办科普义诊活动，为200余名当地群众解决口腔疾病问题。学会派出6名党员专家为300余名西部基层口腔医生免费举办了临床口腔医疗技术培训讲座。

会员服务 2014年，学会加强会员部专职工作人员队伍建设，制定《会员条例》《专科会员管理办法》《单位会员管理办法》等管理文件，建立会员数据月报制度，修改完善数据库和会员管理网上平台。全年投入200多万元用于会员服务，向所有会员免费赠阅《中国口腔医学继续教育杂志》全年6期，《中华口腔医学会通讯》全年4期。学会给予会员参加学会学术年会免费注册、参加继续教育项目费用减免等优惠政策。

【中华口腔医学会第16次全国口腔医学学术会议】 9月25—28日，学会第16次全国口腔医学学术会议（2014年会）在上海市召开。本次会议涵盖了口腔学科领域各专业国内乃至世界范围最新的临床和基础学科方面的研究成果。会议结合当前种植、正畸、修复的最新研究进展，针对最新热点、难点进行了专

题学术交流。

年会以学术会议、多学科交叉论坛、现场操作演示和培训、微博达人学术争鸣、继续教育培训等形式共举办学术活动 322 场，来自 22 个国家和地区的口腔医学界人士参加了此次年会，参会 4.4 万人次。

2012 年，学会将 2012—2014 年的学术年会主题确定为“中国口腔种植年”，本届年会为第 3 年。2014 年会主会场连续 4 天举办了国际种植学术大会：“组织再生在口腔种植中的应用——2014 骨再生基金会中国区大会 · 上海”、美学种植的复杂病例处理——宇井种植高峰论坛、从种植设计到最终修复、过度吸收的美学区无牙颌间隙的修复治疗方案选择等学术交流活动。

“微博达人学术争鸣”专场论坛上，12 位全国知名口腔医学微博达人专家率 240 人粉丝团亲临现场，开通微博网络直播平台，针对热点争议学术话题展开互动讨论，现场大屏幕直播，当日微博阅读量达 30 万次。系统化口腔临床技术操作演示采用高清视频、现场多画面直播，知名专家一步一步演示临床操作技术，现场参与的学员配有同样的操作台，使用真实设备和器械跟随学习实践。

学会将会议评价和反馈落到实处，创建会议评价反馈系统，利用微信平台实现即时评价、即时统计，2014 年会期间共有 1600 余名参会专家、学者通过微信提交了会议评价。

2014 年会上举办的新星讲坛口腔新锐专场、新秀专场，共奖励优秀硕士、博士及青年口腔医师 24 名。年会期间举办了中国口腔跨学科病例大赛、第五届根管治疗技术竞赛和第四届中国口腔行业摄影大赛，共 80 人获奖。有 5 人获得了“邱蔚六口腔颌面外科医学奖”。

【2014 中华口腔医学会科技奖评审及颁奖大会】 学会科技奖于 2013 年 4 月 10 日获科学技术部批准设立。学会成立了评审奖励领导小组，设立了奖励办公室，制定了符合学会实情的科技奖推荐评审工作流程和实施方案。相关文件汇集成《2014 年度中华口腔医学会科技奖推荐评审工作手册》。

4 月 19 日，学会科技奖初评会议在北京召开。根据《中华口腔医学会科技奖奖励条例》和《中华口腔医学会科技奖奖励条例实施细则》的规定，初评通过的 12 个项目在《健康报》（2014 年 5 月 4 日第三版）和中华口腔医学会网站进行 1 个月公示。12 个项目公示期满后进入终评阶段。

7 月，学会科技奖进入终评阶段。评审专家以无记名投票方式评选出一等奖 2 名，二等奖 3 名，三等奖 4 名，在 9 月 25 日召开的学会科技奖颁奖大会上进行表彰。中山大学附属口腔医院凌均棨团队“牙体牙髓疾病防御调控机制与拟生态修复体系的研究及临床干预”和北京大学口腔医学院林野团队“复杂解剖条件的种植临床技术研究”获得一等奖。

【“口腔健康促进与口腔医学发展西部行”公益活动 2014 年度工作】 “口腔健康促进与口腔医学发展西部行”公益活动自 2007 年 9 月启动以来，已先后在内蒙古、广西、陕西、宁夏、云南、贵州、青海、甘肃、新疆等 9 个省、自治区开展。

经过前期调研，11 月，重庆市成为“口腔健康促进与口腔医学发展西部行”公益活动举办地。学会在中山大学光华口腔医学院和第四军医大学口腔医学院，以及有关企业的支持下，向重庆市潼南县人民医院、梁平县人民医院等 6 家目标地区医院捐赠了口腔医疗设备，举办了 1 期牙周规范化治疗技术培训班。

2014 年，学会在已设立的 22 家“西部行”继续

中华口腔医学会第 16 次全国口腔医学学术会议

教育基地共举办临床技术培训班21期。来自北京大学口腔医学院、武汉大学口腔医院等8家国家临床重点专科建设单位16个专科及相关单位的94名专家赴西部地区授课，近5000名基层口腔医生接受免费培训。

2014年，学会安排13名西部医生免费进修学习，组织46名志愿者医生赴7个省份基层医院进行为期1～3个月的免费帮扶。具有高级职称的志愿者由2013年的15.6%增长至52%。同济医科大学口腔医学院与鄂尔多斯市口腔医院结成对口支援单位。

作为“西部行”公益活动的组成部分，“口福行动”连续3年获民政部中央财政支持社会组织参与社会服务项目立项。2014年立项资金100万元，学会配套34万元，在西部地区12个省份为牙列缺损及无牙颌贫困老人免费镶装义齿。

为提高西部临床科研水平，学会设立“中国西部地区口腔医学临床科研基金”。2014年会期间举办结题答辩会，2012年立项的课题有8项结题，2项延期结题。中期审查2013立项课题10项。2014新立项12项，总资助金额达16万元。

8月22—24日，学会出资支持西部地区基层口腔医生代表11人赴香港特别行政区参加了国际牙科研讨会。学会秘书长王渤受邀作了《让西部贫困老人拥有口福——中华口腔医学会西部行公益活动》的报告。学会与香港牙医学会签署协议，设立“香港牙医学会·中华口腔医学会学术交流基金”，香港特别行政区行政长官梁振英出席签字仪式。香港牙医学会3年出资30万港币，中华口腔医学会等额出资，用以资助中国西部地区口腔医师参加双方学术年会。

9月，学会资助76名西部地区口腔医生参加了学会第16次全国口腔医学学术会议（2014年会），出席了年会举办的“走进西部——西部口腔医学发展论坛”。

（撰稿人：王　曈）

中国医学救援协会

服务创新型国家和社会建设　2014年，协会先后就“马航失联事件”“‘8·3’鲁甸地震”、台风、水灾等几次重大灾害事件的紧急医学救援工作提供各种业务咨询和支持，配合国家相关部门，尽一切可能挽救人民的生命、减轻伤残。

“‘8·3’鲁甸地震”期间，协会完成了政府交付的各项任务。协会常务副会长、首席急救专家李宗浩教授应邀在中央电视台1频道、4频道、13频道地震救援现场直播救援行动指导和点评工作的同时，李教授二次亲赴昭通抗震救灾第一线，会同有关专家一起组织开展重症伤员会诊，并协助当地医疗机构对现场急救、组织医疗设备、器械的需求情况进行评估。先后深入昭通市第一人民医院及设在灾区的重庆市国家紧急医学救援队车载移动医院，即“方舱医院”巡回指导伤员个体化科学救治。在会诊中，根据伤员康复需求，指导各伤员收治医院制定伤员后期康复治疗方案，以有效降低伤员致残率。针对灾区的卫生防疫工作，与鲁甸地震指挥部医疗救治防疫组（云南疾控中心）一起，深入震中区龙头山镇结合灾区消化道和呼吸道传染病流行风险较高的情况，协助当地卫生计生部门制定了《灾区生活饮用水卫生应急监测方案》，以及驻村防疫队工作要点，指导灾区全面落实饮用水安全、症状监测、灾后应急接种等卫生防疫措施。

学会能力提升计划　协会组织、协调国家卫生和计划生育委员会“灾害紧急医学救援组织关键抢救技术、流程规范研究项目”工作的开展。项目组先后组织、协调了12家大型医疗救援单位在项目运作过程中各自的工作定位、工作目标及工作进展与衔接，现项目正按照国家卫生和计划生育委员会的相关计划和要求顺利进行。

学会建设　5月12日，是汶川地震六周年纪念日，在这个特殊的日子里，协会儿科意外伤害分会、协会护理分会正式成立。

10月28日，协会矿山灾害救援分会成立大会在湖北省宜昌市召开。

10月26日，第三届“中国科普作家协会优秀科普作品奖”颁奖大会在中国电影资料馆举行。协会常务副会长李宗浩教授所著作品《首席专家李宗浩谈急救》获得金奖。

11月6日，国家卫生和计划生育委员会办公厅发布《国家卫生计生委办公厅关于表扬云南鲁甸6.5级地震卫生应急工作中表现突出单位和个人的通知》，协会被授予“云南鲁甸6.5级地震卫生应急工作中表现突出的单位”，常务副会长李宗浩教授被授予“云南鲁甸6.5级地震卫生应急工作中表现突出的个人”。

学术期刊　协会主办期刊《中国急救复苏与灾害医学杂志》，2013年影响因子为0.454，2014年影响

因子是0.458。

国内主要学术会议 7月26日，协会承办了中国科协第87期“保护城市社区公众生命健康的医学救援的‘第三支力量’与志愿者队伍”新观点新学说学术沙龙。来自医学院校、医院、急救中心、军队武警、机场铁路、社区厂矿、红十字会等22家单位，全国救援医学行业各个领域的专家40余人，对我国现行急救医疗服务体系常态下和灾害事件的救援开展创新型研究，以及对“第一目击者”即“志愿者”进行规范、权威的普及培训等问题，展开学术讨论，总结了当今医学救援发展的新理念、新观点并初步规范我国“志愿者”队伍的组织与运作。

国际交往 7月17日，为加强中意双方学术合作关系，协会常务副会长兼秘书长李宗浩教授、应急管理分会会长（筹）陈冉与欧中卫生联盟主席Prof. Franco Naccarella在协会会长办公室进行了友好会谈。双方在回顾历史、互相尊重的基础上，对未来的合作达成了一致意见。

11月25—27日，由亚太地区灾难与急救护理联盟主办、武汉大学HOPE护理学院承办、世界卫生组织和菲律宾马尼拉大学协办的第八届亚太地区灾难与急救护理联盟大会在湖北省武汉市召开。

本次大会的主题是亚太地区灾后响应能力的建设。大会目标是在灾后运用最佳实例和标准提供有效的、高质量的医疗服务；确定网络体系角色的定义，提升灾后响应工作体系的能力；确定网络体系中国家和区域运行机制的定义，用以加强应急系统下国内和国际医疗团队的工作能力。协会常务副会长、急救专家李宗浩教授作了主题演讲。

科普活动 为提高公众急救意识和自救互救能力，协会在中国科协的指导下，成立“急救、复苏、灾害医学救援传播专家团”，开展“心肺复苏与自动除颤科普传播系列活动”。

协会先后制作完成了“心肺复苏与自动除颤公众宣传手册”及“心肺复苏与自动除颤公众宣传视频”等文字和影音资料，并按照中国科协的要求，成立了“急救、复苏、灾害医学救援传播专家团”。

9月18日，协会在北京市丰台区举办了心肺复苏大讲堂活动。重点选择了社区保安、社区工作者、物业工作人员等作为培训对象，进行了以心肺复苏基本知识及操作技能为主要内容的培训，培训注重操作的练习，老师们手把手地教，学员们不厌其烦地练。全天70余人参加了大讲堂活动，通过理论与实践相结合的教学方法，让更多的人掌握了心肺复苏技术，深受社区居民的欢迎。通过大力普及急救知识、技能的科学传播工作，有效地提高民众急救意识及自救互救能力，当遇到突发心血管事件时，能正确使用“第一救命技术”最大限度地挽救生命、减轻伤残。

9月21日，协会常务副会长兼秘书长李宗浩教授接受中央电视台邀请，做客“焦点访谈”节目，就急救立法的意义及急救公众培训等内容接受了采访。

12月4日，由中国科协“全国急救灾害医学首席传播专家”、协会常务副会长李宗浩教授带队的“中国医学救援协会急救、复苏、灾害医学救援传播专家团”举办的“心肺复苏与自动除颤系列科普传播活动——首都国际机场公众自救互救知识与技能科普演示活动”，在首都国际机场T3航站楼展开。

表彰举荐优秀科技工作者 12月17日，根据《全国优秀科技工作者评选表彰办法》规定，经推荐单位评选推荐，郑静晨副会长获中国科协“全国优秀科技工作者”称号。

【中国医学救援协会志愿者总队成立】 5月12日，经过严格的挑选和审核，协会志愿者总队正式成立。从组织管理、准入途径入手，经过一段时间专业化的培训、整合，现协会志愿者总队已经形成40余人的规模。志愿者具备山地、水上、城市搜救，医疗处置、通勤、灾情评估、勘测等能力。8月3日下午，云南省鲁甸县发生6.5级地震。协会志愿者总队于当晚迅速集结了22人的紧急医学救援队伍，携带生命探测仪、破拆设备等救援器械及药品，分别由北京市取道昆明市、重庆市，在第一时间到达地震灾区现场，按照鲁甸地震指挥部要求，以搜索、伤员现场处置、灾情评估、地质勘探和药品运送为主展开救援行动。先后完成了搜救任务，发现并处理了甘家寨小尾组近百人被埋的灾情，顺利地完成了此次救援行动。

【2014年中国·国际第12届现代救援医学论坛】 5月10—13日，协会联合了国际SOS总部、湖南省卫生厅、湖南省人民医院、中南大学湘雅第二医院以及美国心脏病协会（AHA）、世界灾害急救医学协会（WADEM）等机构和部门在湖南省长沙市举办了2014年中国·国际第12届现代救援医学论坛。来自全国500余名医学救援领域的专家、学者以及美国、芬兰、新加坡、德国、日本、瑞士等国家的专家、学者集聚一堂，在关注医学救援现场救援实践和理论提

升的同时，重点探讨医学救援的全球化、立体化建设以及灾后救援的评估和科研体系工作。结合最近全球灾害的发展趋势，努力还原医学救援的最本质的发展脉络。从社会文明进步与灾害图谱的更新、传播之间的矛盾以及对医学救援难度的影响等各个方面出发，确定了未来医学救援全球一体化和救援体系建设立体化的发展必然。并结合我国国情，呼吁我们应以国家利益为最高原则，以严峻的灾害形势为驱动。从政府层面，将110、119、120、122、999等呼救号码尽快统一。统一呼号，在方便公众的同时，深层次地整合救援资源，以确保救援行动的统一、协调、高效、科学。

（撰稿人：吴　慧）

中国女医师协会

学会建设　2014年，协会新成立糖尿病、疼痛、心理、医学信息、药学5个专业委员会，主任委员分别由郭晓蕙、卢振和、马辛、高燕婕、刘丽宏担任。截至2014年12月31日发展个人会员137名，团体会员1个。协会召开了四届六次、七次常务理事会议。

协会2014年9月11日修订颁发《中国女医师协会专业委员会管理办法》。11月26日，在北京召开首届中国女医师协会专业委员会会议，协会原专家委员会更名为专业委员会，向专业委员会主任、副主任委员颁发聘书。

经协会推荐，北京协和医院乳腺外科、天津市北辰医院服务中心、广州医科大学附属第二医院疼痛科、北京大学第一医院妇产科、北京大学人民医院心脏中心、北京大学肿瘤医院肿瘤内科6个单位获全国妇联“全国巾帼文明岗单位”称号，耿道颖、吴明、王黎霞获“全国巾帼标兵”称号。

国内主要学术会议　2014年，协会及专业委员会共组织各类学术交流活动29次，参加人数2180人次，交流论文253篇。与2013年相比，增加学术活动11次，增加交流论文225篇。

1月18日，协会神经内科专业委员会在浙江省杭州市举行首次神经病学学术活动。张微微作了题为《脑血管病抗氧化的治疗》主题演讲，郎森阳作了题为《癫痫的治疗进展》的演讲，罗本燕做了题为《卒中的2级预防》的演讲，180人参加会议。

国际学术会议　3月28日，2014亚洲医院建设新格局高峰论坛（中国站）暨第四届中国医院建设新格局高峰论坛在北京召开。来自世界各地的40余位建筑专家，来自全国各地的300余位医院院长及建筑专家出席了会议。会议主题为“怎样把以人为本的实践与医院设计的原则相结合，实现提升健康社会的愿景”。国家卫计委规划与信息司司长侯岩介绍中国卫生信息化的模式与发展方向。国际健康设计研究协会阿兰·迪兰尼就如何通过本源设计创造健康社会作报告。浙江省台州恩泽医疗中心主任陈海啸从一个院长的角度对医院建设中如何实现“以人为本”的理念提出自己的看法。美国建筑师大卫·达夫对中美医疗的设计及可持续发展进行分析与对比。Architecture建筑事务所副总裁Michael Street介绍如何通过循证设计，仿真模拟打造高效医院，优化诊疗成效。北京大学第一医院基建处处长董建华，建筑工程亚洲区AECOM医疗健康负责人安德鲁·马克思，CCDI上海医疗健康事业部的设计总监谢昱，甘肃省妇幼保健院的院长仇杰等20位专家作专题发言。会上对如何建立医院建设管理程序，如何以规划、设计、建造三个阶段打造高品质医院，医院管理与医疗服务与建筑设计的有效衔接，以及养成对传统医疗机构和社会资本的意义等进行研讨。

5月9日，协会神经内科专家委员会与心脏与血管专家委员会在广东省深圳市联合主办血管性疾病中的防治问题跨专业研讨会。100多位心脏内科和神经内科的女医师参会。协会副会长、北京大学副校长柯杨就从医师的角度看待医疗改革提出建议。广东省人民医院周颖玲解读2014年4月10日公布的美国胆固醇指南，并对比中国和美国在心血管疾病防治工作中的差距。昆明医学院第二附属医院朱榆红从神经科角度介绍了他汀类药物不仅能抗炎、保护血管内皮，还具有脑神经的保护作用，完全适合脑血管疾病的预防。第四军医大学西京医院郭文怡从指南角度并结合自身的临床实践，评估他汀类药物的有效性、安全性、依从性等，介绍选用原则和临床实践。协会副会长李一石主持论坛。

7月18—20日，第三届中国女医师大会在广东省广州市召开，600余人参会。国际女医师协会会长朴京雅致辞。

8月9日，在北京举办的2014中国心脏大会上，协会心脏与血管专业委员会与卫生部心血管药物临床研究重点实验室联合举办以“女性心血管与老年疾病”为主题的分论坛，邀请李小鹰作了题为《年龄、绝经与女性心血管风险》的报告，陈燕燕作了题为《高血糖对女性心血管风险的影响及糖尿病指南更新》的报告，陶建瓴作了题为《糖尿病肾病》的报告，关竞红作了题为《乳腺疾病的筛查和预防》的报告，司天梅作了题为《女性抑郁与心理健康》的报告，王华丽作了题为《痴呆早期识别与预防策略》的报告。200余人参会。

10月11—12日，协会在北京举办中医整体量化指标的现代研究研讨会。中医专家、西医专家、物理学家、生物物理学家、数学家等57人出席会议，世界针灸联合会原主席邓良月出席会议。

11月7日，协会卫生发展与管理专业委员会在上海市举办研讨会，主题是“转型 创新 发展 持续”。20多名专委会委员围绕卫生事业改革的热点和难点，解读了公立医院改革的难题。130多人参加会议。

国际交往 7月17日，在协会副会长王捍峰、副秘书长韩晓明的陪同下，国际女医师协会会长朴京雅拜会了国家卫计委国际合作司副司长王立基。朴京雅表示，充分理解中国政府的立场，并愿为中国女医师协会的入会做出自己的努力。

科普活动 2014年协会开展科技咨询22次，参加活动科技人员总数148人次，宣讲受众13703人次。协会组织专家进行了“妇女两癌防治”宣传，现场发放手册1000册。

9月20—26日，协会健康教育专业委员会李小鹰、胡爱国、任在晋、程又琴、韩萍、李淑贤、王岩赴云南省开展“智慧母亲 健康家庭”工程的“女性健康30条”边区推广试点工作。“女性健康30条”是按照女性未成年、成年、中老年三个不同阶段的生理特点，分别提出应该引以注意的10条健康理念。任在晋作了题为《未成年女性10条》的报告，李淑贤作了题为《成年女性10条》的报告，程又琴作了题为《中老年女性健康10条与老年病》的报告，韩萍作了题为《饮食与运动》的报告，李晓鹰作了题为《我国老年医学学科的发展与瞻望》的报告。300余人听取了报告。发放《受众情况调查表》，反馈听众的意见。

9月22日、24日，胡爱国在昆明市西山区梁源社区、宁波社区作了两场“女性健康教育30条”宣讲。9月29日，韩萍在云南大学滇池学院作了题为《生活方式与生活方式疾病》的讲座。受众约3000人次。

协会眼科科学传播团队设立了周三下午的《黄斑变性基础知识》专题讲座。每次参加人数50～100人，约1000人次参加了专题讲座。

协会皮肤科专家委员会赴内蒙古自治区边关哨所、武警部队天津总队举办3次“护肤、爱肤进军营”宣传义诊活动。行程2个月，受众4000余人次，义诊2000余人次。

协会康复专业委员会印制发放脑卒中患者的康复宣教系列手册，在微信平台上开设《欲晓康复》栏目。设置了“康复晓讲台”“康复小花招”“康复有良方”“康复洗脑术”“心理彩平台”“康复新视野”“适能健体屋”等栏目。

会员服务 上海女医师协会建立了女医师协会基地，为会员提供健康服务，与《上海新闻晨报》合作，每月刊登女医师协会的优秀会员风采信息，16位会员讲述自己的生活和工作故事。上海市女医师协会启动高级女医师与社区全科医生结对在职培养项目，挑选市级医院15名优秀临床高级女医生与浦东新区15名优秀的社区全科医生结成对子，制定《实施方案》及《管理手册》，通过两年的技术水平培训和思想作风的传帮带，为基层培养安心社区工作高级人才。

【第三届中国女医师大会】 7月18—20日，第三届中国女医师大会在广东省广州市召开，600余人参会。大会收到论文113篇。国际女医师协会会长朴京雅讲话。主会场主题是“环境、健康与女性”。国家疾病控制中心环境所副所长白雪涛作了题为《环境与健康相关产品安全所认识环境污染》的报告，首都医科大学教授顾湲作了题为《发挥女性沟通优势，营造健康和谐环境》的报告，北京大学肿瘤医院教授沈琳作了题为《肿瘤来袭，我们如何应对》的报告，北京朝阳医院药事部主任刘丽宏作了题为《医药发展新时期与健康促进》的报告，北京朝阳生命科学研究所黄又彭作题为《肿瘤与健康》的报告，广东省中医院传统疗法中心主任陈秀华作了题为《中医治未病与女医师自我保健》的报告，广东女医师协会会长朱凤珍做了题为《医疗安全与危机应对》的报告。

13个分会场围绕本专业的主题展开交流和研讨。肿瘤专业委员会的主题是“遵循规范诊疗，护卫生命续航”，肾脏病及血液净化专业委员会的主题是“女性尿路感染”，病理专业委员会的主题是“乳腺肿瘤分类与治疗进展”，全科医学专业委员会的主题是“全科医学理念推进与社区服务”，心脏与血管专业委员会的主题是“女性心血管疾病的防治”，公共卫生专业委员会的主题是“危害控制与女性健康促进”，整形美容专业委员会的主题是“健康肌肤、完美体态、靓丽人生”，临床呼吸专业委员会的主题是“感染与慢性呼吸系统感染”，康复专业委员会的主题是“康复的发展与新技术应用”，神经内科专业委员会的主题是“女性卒中防治策略的研究”，眼科专业委员会的主题是“眼科数字信息化建设与抗 VEGF 治疗进展”，健康教育专业委员会的主题是“女性健康教育 30 条”，疼痛专业委员会的主题是“疼痛防治新动向”。

（撰稿人：任在晋）

中国自然辩证法研究会

服务创新性国家和社会建设 研究会地学哲学专业委员会完成了《阶梯式发展是中国经济发展态势的基本特征》研究报告。报告认为，新中国成立以来，通过十二个以“五年计划”、“五年规划”为标志的小台阶来推进我国经济发展的历程表明，阶梯式发展是中国经济发展态势的基本特征。中国经济实现了历史性的腾飞，与坚持遵循阶梯式发展规律指导经济建设是分不开的。

4 月，研究报告分别获得国务院总理李克强、全国人大常委会委员长张德江的批示。研究会地学哲学专业委员会于 7 月召开阶梯式发展理论研讨会，在会上传达了批示精神，并就阶梯式发展是中国经济发展态势的基本特征进一步作出理论与实践的阐述。与会专家、学者 20 余人。会后对会议研讨论文进行了整理提炼。

7 月 3 日，研究会赴辽宁省自然辩证法研究会，就当前基层学会服务地方经济社会发展和自然辩证法学科教育教学等问题进行调研。研究会一行到中国工业博物馆、东北大学等单位就振兴东北老工业基地背景下如何发挥自然辩证法的作用开展交流调研。在专题座谈会上，就自然辩证法学科的教育教学问题与辽宁省有关高校教师进行了交流和探讨。会后，调研报告及沈阳药科大学教授赵迎欢撰写的《在着力建设特色学科实践中发展“自然辩证法”——沈阳药科大学“自然辩证法”特色课程群建设点滴》刊登在研究会《工作通讯》上。

9 月 20 日，研究会教育与普及工作委员会、技术哲学专业委员会、科技与社会专业委员会与教育部研究生思政课分教学指导委员会联合举办《自然辩证法概论》教学研讨会。教育部高校思想政治理论课教学指导委员会主任顾海良，教育部社会科学司副司长徐艳国，全国工程专业学位研究生教育指导委员会副主任陈子辰，以及教育部研究生思政课分教学指导委员会委员、教育部马克思主义理论研究和建设工程重点教材编委、硕士研究生思想政治理论课教学大纲编写组成员、来自全国高校从事研究生思想政治课《自然辩证法概论》教学的专家、学者近 100 人出席会议。会议围绕高校自然辩证法课程的教学重点和难点、教学方法、师资培养等方面展开研讨。顾海良从自然辩证法的学科归属、教师培养和课时安排三个方面，对《自然辩证法概论》课程的发展提出了指导意见。

9 月 26 日，研究会走进国防科技大学开展科学道德宣讲活动。研究会副理事长兼秘书长尚智丛为国防科技大学研究生作了题为《弘扬科学精神，坚守科学道德规范》的学术报告，国防科技大学 200 余名研究生参加报告会。

学会建设 2014 年，研究会及下属工作委员会、专业委员会共举办包括学术研讨会、主题座谈会、学术年会、研究生论坛、演讲比赛、暑期学术培训班等国际、国内学术活动 60 余次，出版多部会议论文集。

全年共召开 4 次理事长会议、2 次常务理事会议、1 次理事会议、1 次全国工作会议。在研究会七届三次理事会上，增选 6 名常务理事、14 名理事。全年发展个人会员 82 人。吉林、浙江、山西、云南、江苏 5 个省级研究会完成换届工作。

加强对分支机构的服务、监督和管理，研究会制定了《分支机构管理办法》，每年定期对下属工作委员会、专业委员会进行考评。

学术期刊 研究会主办的《自然辩证法研究》、《医学与哲学》及委托主办的《科学技术哲学研究》杂志，均按期出刊，其中，《自然辩证法研究》杂志更换了封面，封面第二页每期刊登全国高校自然辩证法学科点简介。内部刊物《工作通讯》出版 12 期，汇聚了 2014 年省级研究会、工作委员会、专业委员会，以及各博士点、硕士点的基本情况，并对国内外学术动态、重点研究成果、代表性著作的出版、重大课题研究等方面内容进行了综述。

决策咨询 4 月 16 日，研究会常务理事、山东大

学教授马来平受中共中央办公厅调研室邀请，赴中南海参加了协商民主建设专家座谈会，并作了题为《关于协商民主的若干认识问题》的发言。5月底，参加了由中共中央办公厅和国务院办公厅联合召开的协商民主建设专家学者座谈会，并作了题为《协商民主应当成为政府决策的制度化程序》的发言。发言稿分别在《人民日报》和《贵州社会科学》发表。

研究会承担了中国科协《完善学会组织建设，提升学会服务能力》课题研究项目。

研究会作为中国科协科技工作者状况调查站点之一，全年共提交调研报告4篇。其中，《关于开设科技伦理课程的建议》在《中国科协科技工作者状况调查站点信息》2014年第16期刊登。

研究会常务理事、全国人大代表范冬萍在全国两会上提出了基本公共服务均等化、通识教育与素质教育等有关建议。

国际学术会议 4月25—26日，研究会未来哲学与发展战略专业委员会与美国中美后现代发展研究院等单位在美国克莱蒙市举办第八届生态文明国际论坛。来自中美两国高校、政府、公益组织等相关机构和单位的200余名专家、学者，围绕“为了生态文明的教育”的会议主题，探讨了建设性后现代的教育理念、生态文明与现行教育理念和教育体制的变革、中国生态文明建设与生态文明教育、中国传统的生态智慧、马克思主义的生态思想等议题。与会专家一致认为，生态文明呼唤教育转型，后现代生态文明亟需新型人才，时代呼唤一种与生态文明相匹配的新型教育。

国内主要学术会议 1月10—12日，研究会与黑龙江大学在黑龙江省哈尔滨市联合举办大数据时代的哲学问题学术研讨会。来自20余所高校的40多位专家、学者、研究生参加会议。参加会议的有来自科技哲学界的学者，还有外国哲学、马克思主义哲学、中国哲学、文化哲学等学科的学者，以及中国原子能研究院、黑龙江大学电子工程学院、哈尔滨理工大学计算中心的大数据研究方面的专家，体现了会议努力建立科技哲学学科与哲学和科学联盟的宗旨。

3月5日，研究会在北京举办培育和践行社会主义核心价值观研讨会。会议特邀北京师范大学哲学与社会学学院副院长吴向东作了主题报告。来自北京大学、清华大学、中国人民大学、北京师范大学、中国科学院大学、中国社会科学院、北京化工大学、北京航空航天大学、中国科普研究所等单位的专家、学者10余人参加研讨会。

8月16—17日，研究会复杂性与系统科学哲学专业委员会在内蒙古呼和浩特市召开第八届全国复杂性与系统科学哲学学术研讨会。来自30余所高校的50余位专家、学者围绕会议主题进行了研讨。

9月13—14日，研究会与山东省自然辩证法研究会在山东省泰安市联合举办传统文化与科技创新学术研讨会。会议特邀台湾清华大学通识教育中心教授、长期致力于科学与儒学的关系研究的学者徐光台参加会议。来自山东自然辩证法界、哲学界以及相关领域的50多位专家、学者参加会议。会议收到论文28篇。

10月18—19日，研究会与清华大学深圳研究生院社会科学与管理学部在广东省深圳市联合主办了创新驱动战略与中国梦主题研讨会。来自20余所高校的30余名专家、学者，围绕创新的哲学内涵、创新机制建设、产业创新、中国梦与和谐之城、生态文明建设、创新文化与深圳的创新发展等问题进行研讨交流。会议收到论文20余篇。

11月7—9日，研究会技术哲学专业委员会与安徽省自然辩证法研究会等单位在安徽省合肥市举办第15届全国技术哲学学术年会。年会的主题是“当代技术发展与区域经济生态社会和谐发展研究”。100余位从事技术哲学研究的专家、学者、研究生参加会议。会议共收到学术论文60余篇。

12月5—7日，研究会与福建省自然辩证法研究会在福建省福州市举办了社会主义核心价值观与生态文明建设主题研讨会。来自研究会、中国科学院大学、北京师范大学、北京化工大学及福建省自然辩证法研究会、福建师范大学、福州大学、福建医科大学、福建中医药大学、福建行政学院、漳州市自然辩证法研究会等单位的专家、学者，以及福建师范大学研究生等60余人参加会议。7位专家、学者分别从不同的角度作了专题报告。会议主要研讨了社会主义核心价值观和生态文明建设的相互关系，大力推进生态文明建设、提升环境执政能力的战略措施，如何培育和践行社会主义核心价值观、推进生态文明建设，以及其他相关热点问题。

国际组织任职 在世界青年地球科学家联盟执委换届选举会议上，研究会地学哲学专业委员会青年分会会长、青年地质工作者王猛连任该联盟主席。

国际交往 7月7—9日，研究会常务理事、化学化工专业委员会主任委员任定成和研究会常务理事、科技方法论专业委员会主任委员张增一，应美国佛罗里达州立大学科学史与科学哲学项目主任迈克尔·鲁斯教授和肯塔基大学分子模拟与生物医药中心主任兼药学研究及创新中心化学信息学核心部主任湛昌国教授的邀请，对这两所大学进行了访问。

8月11—14日，研究会派地学哲学专业委员会青年分会会长、青年地质工作者王猛参加了在坦桑尼亚达累斯萨拉姆国际会议中心举行的第三届世界青年地球科学家（YES）大会。本届会议主题是“引领新一代，促进全球地球科学集成发展”，来自46个国家的500余名专家、学者出席大会。王猛作为世界青年地球科学家联盟主席、本届大会国际组委会主席在大会上致辞，并受到了坦桑尼亚副总统Mohamed Gharib Bilal、前总统Benjamin W. Mkapa的接见。

科普活动 10月14日，研究会党支部走进河北省廊坊市第六小学，举行“献爱心·助成长”科普进校园、捐赠图书活动，为该校学生捐赠1000余册科普读物。捐赠仪式结束后，与该校领导和骨干教师进行了座谈。10月23日，研究会党支部向廊坊市安次区码头镇甄庄小学捐赠了篮球、排球、足球等文体用品。

4月22日，地学哲学专业委员会参加了中国地质学会第45届“世界地球日”科普宣传活动，共发放宣传资料1000份，地学哲学相关书籍200余册。

表彰举荐优秀科技工作者 经研究会推荐，研究会副理事长、中国人民大学教授刘大椿获中国科协“全国优秀科技工作者”称号。

中国科协会员日 12月18日，在中国科协会员日活动期间，研究会组织部分在京理事、会员，在北京举办了科学精神与践行社会主义核心价值观主题研讨会，并向会员发放了杂志、书籍、宣传册等。

【中国自然辩证法研究会2014年学术年会暨七届三次理事会议】 3月29—30日，中国自然辩证法研究会2014年学术年会暨七届三次理事会议在北京召开。研究会理事及参加学术年会的专家、学者和研究生共200余人出席会议。参加年会的既有全国各地高校科学技术哲学专业的教师和研究生，也有其他行业的自然辩证法爱好者。

研究会七届三次理事会议传达了中国科协八届五次会议精神和2014年工作要点，听取和审议了吴启迪理事长所作的工作报告，按照章程增选了14名理事、6名常务理事。

中国自然辩证法研究会2014年学术年会暨七届三次理事会

学术年会分大会主题报告和分会场交流两部分进行。研究会副理事长、中国工程院院士王基铭主持大会主题报告单元。中国人民大学教授刘大椿、清华大学教授吴彤、东北大学教授陈凡、北京师范大学教授刘孝廷分别作了题为《科学史的结构与问题》、《科学实践哲学研究状况回顾与展望》、《〈自然辩证法概论〉教学大纲与课程改革》和《过程哲学及其当代影响》的报告。

按照研究领域，年会设置了自然哲学与科学哲学、技术与工程哲学、科学技术与社会、科技思想史等4个分会场。会议共收到论文120篇，经学术委员会审查后，录用112篇，现场交流55篇。

（撰稿人：赵月刚）

中国管理现代化研究会

学会建设 2014年4月，研究会分支机构负责人年度会议在北京召开，就全年的工作做了计划和部署。

7月，研究会市场营销管理专业委员会完成了换届工作，上海交通大学教授刘益当选为专委会主任委员。

7月，研究会在黑龙江省哈尔滨市举行了青年工作委员会主任会议。

11月13日，在广东省广州市召开的研究会2014年度理事会会议审议通过了设立风险投资研究专业委员会和政府战略与公共政策研究专业委员会的申请报告。会议审议增补重庆交通大学管理学院为研究会理事单位，增补北京航空航天大学教授任建明和合肥工业大学管理学院教授刘业政为研究会常务理事。

为做好2015年研究会换届工作，研究会秘书处于4月至7月，先后调研了华东、东北、华中等地的

会员单位及理事，就研究会发展建设和换届工作听取意见和建议，并将意见和建议整理成册，为研究会的未来发展提供参考。

国际学术会议 6月2—5日，研究会商务智能专业委员会参与协办的第二届信息技术与量化管理国际会议（ITQM2014）在俄罗斯莫斯科市召开。本次会议的主题是“信息技术、大数据与量化管理”。来自俄罗斯、中国、美国、巴西等28个国家与地区的专家、学者160余人参加会议。第九、第十届全国人大常委会副委员长、研究会名誉理事长、中国科学院大学管理学院院长成思危和莫斯科国立高等经济大学副校长Sergey Erofeev出席开幕式并致辞。大会开幕式由研究会副理事长兼秘书长、中国科学院大学管理学院副院长、国际信息技术与量化管理学会主席石勇主持。

开幕式上，国际信息技术与量化管理学会向美国工程院院士Daniel Berg颁发了“成思危量化管理贡献奖”，这是第一个以成思危命名的国际学术奖。同时向研究会副理事长、中国科学院大学管理学院教授汪寿阳颁发了以美国著名信息技术企业家Walter Scott命名的“Scott信息技术贡献奖”。

会议安排4个主题演讲、3场专题演讲和26场分会场报告会。莫斯科国立高等经济大学数学系主任Fuad Aleskerov以《大数据分析中的选择程序》为题，详细介绍了大数据分析过程中，尤其是搜索过程中的选择程序问题。美国德克萨斯州农工大学教授Sergiy Butenko作了题为《基于网络的大数据分析》的主题报告，从网络是视角阐述如何抓取系统的全局动态结构并预测其趋势。汪寿阳作了题为《经济分析与预测中的TEI@I方法论及应用》的主题报告，介绍了他提出的一种新的经济分析与预测方法论，就TEI@I的基本理论与具体应用进行了阐述。美国佛罗里达大学教授Panos M. Pardalos以《一种高纬数据集嵌入式特征选择方法》为题作主题报告，重点针对Proximal SVM分析高纬数据进行了探讨与分析。分会场上，专家、学者就各自的研究领域进行了报告和交流，涵盖了经济、金融、管理、最优化模型与决策、计算机技术与商务智能、风险管理、供应链管理、数据挖掘、社会计算等方面的内容。

会议收到340余篇论文，其中136篇论文被录用并出版。

研究会公司治理专业委员会支持多个中美交流论坛和会议的举办，包括首届纽约中国论坛、世界侨民论坛：中美全球创业和创新发展年会等。

7月6—11日，研究会平行管理专业委员会与中国科学院自动化研究所在北京共同举办2014年电气和电子工程师协会（IEEE）世界计算智能大会（2014 IEEE World Congress on Computational Intelligence）。1400余位国内外专家、学者参加会议。大会共收到了50多个国家和地区的2381篇论文，其中1427篇优秀论文被录用。

8月，研究会金融管理专业委员会在山西省太原市召开第十二届金融系统工程与风险管理国际年会。6月在天津市召开异质交互主体经济学国际研讨会（WEHIA 2014）。

国内主要学术会议 1月4—5日，研究会公共管理专业委员会在清华大学举办清华三农论坛2014。本届论坛以“深化农村改革，推进农业现代化”为主题，并设置了“农村改革”和“农业现代化”2个专场。

4月至9月，研究会管理案例研究专业委员会举办了2014第二届全国管理案例精英赛，参与人数近4000人，全国共有68所院校的352支队伍报名参赛、最终评选出冠军队1支、亚军队1支、季军队2支、6支队伍获得卓越表现奖、6支队伍获得卓越风采奖。

4月至6月，研究会廉政建设与治理研究专业委员会组织开展了第3批“廉洁大使”评选工作。本次评选除了专家评审外，首次进行了网上大众海选。最终，来自23所大学的24名大学生当选“廉洁大使”。

5月27—28日，研究会中小企业管理专业委员会与中国技术管理研究会在清华大学共同主办了2014年中国技术管理国际年会，会议共设8个大会报告、5个分会场。

6月9—10日，研究会组织行为与人力资源管理专业委员会主办，南京大学管理学院、华中科技大学管理学院承办的第三届中国人力资源管理论坛在江苏省南京市召开。230余位专家、学者参加会议。会议共设5个大会报告、14个分会场。

6月21—22日，研究会信息管理专业委员会在四川省成都市举办第八届中国信息管理夏季研讨会（CSWIM2014）。6月24—28日，信息管理专业委员会在四川省成都市举办第18届亚太信息系统年会（PACIS），会议围绕云计算、商务智能与大数据、互联网金融、移动商务、人机交互与神经信息系统、信息系统安全与隐私保护等29个主题展开研讨，包括

1个博士生论坛和104个学术分会场。

8月19—20日，研究会运作管理专业委员会在广西壮族自治区桂林市召开第十六届全国MBA《生产运作管理》教学和学术研讨会，会议共设4个大会报告、4个分会场，会议还安排参观了两家当地企业并与企业管理层进行了交流。

9月28日，研究会技术与创新管理专业委员会和上海交通大学安泰经济与管理学院在上海交通大学安泰经管学院联合主办了2014自由贸易背景下的创新、创业与创投高峰论坛。

10月18—19日，研究会组织与战略管理专业委员会年会（2014）暨“管理学在中国”2014年会（第七届）会议在云南省昆明市召开，会议共设15个大会报告，安排了政府治理、市场营销与创新管理，组织理论，管理研究与战略管理3个分会场以及1个论坛，40余篇论文参与会议交流。

表彰举荐优秀科技工作者 2014中国管理学青年奖组委会共收到10个专业委员会提名推荐16位学者参与评奖，经过初审有8人进入第二轮评审程序。7月12日，2014中国管理学青年奖学术委员会评审会议在北京举行。经评审主席团最终评议，肖勇波、朱旭峰、张珣荣获2014中国管理学青年奖。颁奖典礼在第九届（2014）中国管理学年会期间举行。

党建强会 研究会与中国图象图形学学会临时联合党支部因活动组织出色，被中国科协授予“党建强会计划”特色活动组织奖荣誉称号。

【第九届（2014）中国管理学年会】 11月14—16日，第九届（2014）中国管理学年会在广东省广州市举行。年会由研究会和复旦管理学奖励基金会联合主办，由中山大学管理学院承办。共有800余位来自高等院校、研究机构的专家、学者，以及各行业关注中国管理研究与实践的企业家及经理人参加年会。

本届年会的主题是“中国全面深化改革进程中的管理创新”。年会围绕中国在全面深化改革的历史新阶段如何把握机遇实施创新等问题进行了研讨。在大会主旨演讲中，美国迈阿密大学管理学终身教授、中山大学特聘教授陆亚东，2013年复旦管理学杰出贡献奖获得者、国务院政府特殊津贴专家李新春，1号店董事长、联合创始人于刚，慕思寝室用品有限公司总裁姚吉庆，分别以《中国管理学理论研究的窘境与未来》《家族企业的现代转型》《电子商务的大数据应用》《全球化时代的整合创新》等为题作了演讲。

本次年会共设组织与战略、会计与财务、金融管理、组织行为与人力资源管理、运作管理、市场营销、管理与决策科学、信息管理、公共管理、创业与中小企业管理、技术与创新管理、城市与区域管理、平行管理、商务智能、公司治理、管理案例研究、决策模拟、国际商务谈判、廉政建设与治理研究、中国经济与社会安全研究、风险投资等21个议题。

年会期间，举行了“中国管理学青年奖”颁奖典礼。本届年会继续举办了院长论坛、中国管理学青年学者论坛、女管理学家论坛、中国管理学期刊论坛、高层次人才招聘会等。大会增设了企业家论坛，与会的企业家们围绕“互联网思维与互联网营销”主题展开了交流与讨论。

第三届院长论坛由中山大学管理学院执行院长李仲飞主持。来自上海交通大学安泰经济与管理学院、南京大学工程管理学院、南开大学商学院、华南理工大学工商管理学院等管理学院（商学院）的院长们围绕管理人才培养体制机制创新和管理学院面临的新挑战2个议题展开了讨论。

（撰稿人：石谷山）

中国技术经济学会

服务创新型国家和社会建设 2014年，学会承担的中国科协调研课题“中国科技发展的国际地位评估研究”结题。研究报告对国际上典型的创新型国家与中国的科技创新绩效、学术影响力、技术发展水平、科技创新的环境等因素进行了测度与比较。研究报告认为，中国的科技研发活动规模居于世界前列，但是规模效率在世界上主要科技国家中排名处于很低位置，中国科技研发活动的效率、特别是知识商业化过程的效率还亟待提高；中国的科技研发活动存在严重的资源冗余现象，这是中国科技系统相别于其他创新型国家的最显著特征；中国在原始创新、特别是在核心科学、重大技术突破方面仍然任重道远。课题研究成果已由中国科学技术出版社正式出版。

学会建设 新发展个人会员60名，团体会员4个，个人会员总数达到7217人，团体会员单位总数达到208个。

全年召开常务理事会议2次，理事会议1次，并创新沟通形式，以通讯的形式听取常务理事对学会专家库建设、学科史研究、年会主题等工作的意见和建议。

建立“中国技术经济学会专家库”，首批入库专家为中国技术经济学会第五届理事会常务理事。

完善学会制度体系建设，新制定了《印鉴使用管理规定》、《分支机构管理办法》《理事会、常务理事会和理事长办公会会议制度》《秘书处办公会制度》、《学术道德行为规范及管理办法》等制度，为学会发展提供制度保障。

学术期刊 学会主办的期刊《科学技术与工程》、《技术经济》获得2014年中国科协精品科技期刊项目资助。《技术经济》被《中国学术期刊文摘》（2014—2015年）收录，被收录为CSSCI（2014—2015）扩展版来源期刊，且在“经济学扩展版来源期刊”中排名第4。《科技和产业》入选“武汉大学中国科学评价研究中心（RCCSE）中国核心学术期刊（扩展板）”并申报科技核心期刊。

国际学术会议 10月25—26日，由学会与多伦多大学中国风险管理研究中心等单位共同主办的第五届复杂科学管理国际研讨会在浙江省杭州市召开。美国伍斯特理工学院教授鲁道夫、华北电力大学教授牛东晓、华中科技大学教授王宗军等近100位国内外专家、学者和研究生出席会议。

澳大利亚维多利亚大学教授石碰、浙江大学教授马庆国、加拿大多伦多大学教授吴德胜、武汉大学教授徐绪松分别就大数据中的不确定性、神经管理与大数据、高水平论文撰写、复杂科学管理的理论构架等作了主题演讲。

会议颁发了“徐绪松复杂科学管理奖”，6篇论文获奖。与会专家、学者分别就复杂科学管理的理论与方法、复杂经济金融系统、复杂管理系统、复杂社会系统等议题进行了分组讨论。

国内主要学术会议 全年共举办年会、研讨会、论坛等学术活动20余次，收录学术交流论文750余篇，表彰优秀论文63篇。

4月19—20日，第十一届中国技术管理（MOT）学术年会在湖南省湘潭市召开，200余名专家、学者出席会议。会议聚焦十八届三中全会提出的加快推动创新驱动战略问题，重点讨论了技术创新、服务创新和商业模式创新的前沿理论与实践问题。

7月11日，由北京工业大学与学会共同主办的第五届中国技术未来分析论坛——跨领域研究预测与科技服务规则在北京举行。论坛围绕跨领域研究概念界定与理论框架研究、技术预测与跨领域研究规划、科技服务业质量规则等内容展开研讨。论坛提出了进一步的研究方向，包括跨领域的新兴技术演变路径与规律的揭示与分析、跨领域新兴技术预测的宏观／中观／微观层面问题的解决、为技术发展决策部门提供学科跨领域研究蓝图等主题。

12月6—7日，2014中国技术经济论坛在北京召开，论坛主题是“创新驱动与技术经济学发展”。来自全国的80余位专家、学者出席论坛。收录论文41篇。会议设置了创新驱动发展、项目评价等方法研究、大数据与技术经济研究新趋势3个分会场进行探讨。中国社会科学院数量经济与技术经济研究所副所长齐建国在总结发言中提出了技术经济学科未来研究重要领域和方向：第一，技术经济学科自身建设研究；第二，学术研究如何与实践更加结合；第三，经济改革对项目评价的影响，企业发展的技术经济范式变革等；第四，我国创新驱动发展战略的顶层设计问题。

11月15日，中国价值工程会议：价值工程／价值管理应用与实践高峰论坛在浙江省杭州市召开，40余位专家、学者和企业家出席会议。会议采用圆桌论坛的方式，讨论领域涉及发动机、电机制造、电力仪表、高速公路、机场建设等。会议传达学习了国资发综合〔2014〕8号《关于以经济增加值为核心加强中央企业价值管理的指导意见》文件精神。针对当前我国经济面临转型升级的新常态，会议认为，价值工程和价值管理其宗旨和方法均与当前经济重大问题的需求相吻合，应该将价值工程纳入到经济重大决策流程中去，进一步整理和总结价值工程的应用经验，将其与科学管理、科学决策结合起来，加大价值工程和价值管理的普及工作，尤其是对政府的普及工作。价值工程国家标准从20世纪80年代制定以来，一直没有特别大的改变，会议建议组织专家对现有价值工程国家标准进行改进，例如，增加价值管理、价值方法创新方面的内容。

会议期间召开了专题研讨会，对于我国目前价值工程的现状，以及对于未来如何推进价值工程、充分发挥价值工程对国家经济建设和企业管理的重要作用建言献策。

表彰举荐优秀科技工作者 学会推荐的蔡莉、李平荣获中国科协“全国优秀科技工作者”称号。

学会五届十次常务理事会议审议通过“首届中国技术经济学会技术经济奖评选方案”，根据评选方案，首届技术经济奖将于2015年8月在学术年会上颁奖。

中国科协会员日 围绕“家的温馨，节日的问候”活动主题开展了期刊展示、展板挂图、宣传册发放、赠送科技馆联票、专题研讨会等系列会员日活动。

12月18日，召开学会能力建设研讨会听取会员的意见和建议。学会理事长、副理事长、在京常务理事及会员代表30人出席会议。会议围绕学会能力建设讨论了学会设奖、专家库建设、制度建设、财务公开、民主办会等事项。

【中国技术经济学会第22届学术年会】 8月5—6日，学会第22届学术年会在山东省烟台市召开，220余位专家、学者和企业家出席会议。年会主题是“创新驱动发展战略理论与实践”。

会议通过大会报告和分会场报告两个单元，交流探讨了技术经济在推动实施创新驱动发展战略中的最新理论研究和实践应用。按照研究领域，年会设置了创新驱动发展战略、可行性研究与项目评价、技术经济理论与方法、科技政策与知识产权、生态经济与环境5个分会场，共有68篇论文入选。

全国人大常委、国务院发展研究中心技术经济研究部部长吕薇以《深化改革，实施创新驱动发展战略》为题作主旨报告，她在报告中提出，我国已进入创新相对活跃期，创新方式多样化，开始出现由量变向质变的转化。实施创新驱动发展战略关键是要营造有利于创新的体制机制和政策环境，调动全社会的创新积极性。她从深化科技体制改革的目标和任务、提高企业创新的内在动力、促进科技与经济的结合、提高创新政策的综合性四个方面对实施创新驱动发展战略作了深入解读。

学会副理事长、年会学术主任、中国社会科学院数量经济与技术经济研究所所长李平在《创新驱动与创新发展》的报告中，全面回顾了改革开放以来中国创新发展的历程。他认为与典型的创新型国家相比，我国经济水平差距大，创新投入的差距逐渐缩小，创新产出和效率的差距依然很大，创新潜能具有优势，社会基础差距较小。最后他从实施创新驱动发展战略的主要任务、模式、路径等方面阐述了对中国创新驱动发展战略顶层设计的构想。

中国技术经济学会第22届学术年会

中国国际工程咨询公司研究员李开孟、河北经贸大学研究员武义青、浙江大学教授马庆国、北京航空航天大学教授吴季松、武汉大学教授徐绪松、江苏大学教授梅强、北京工业大学教授黄鲁成分别作了题为《高等教育211工程实施效果后评价》《京津冀协同发展有关问题及思考》《生产作业和军事作业的一个新的生长方向》《创新驱动水环境治理工程与技术，走出理论与实践误区》《复杂科学管理与大数据》《中小企业与专利投机者间转让策略之构想》《跨领域研究现状与展望》的大会报告。

学会常务副理事长吴贵生在总结时说，技术经济学科的研究，一是面向学术，二是面向应用。经过几十年的发展，技术经济学科取得了一定的成绩，但是原创性的发现和结论还不多，与实践结合仍是薄弱环节。树立前瞻性的意识，让学术研究回归社会需求是技术经济领域专家学者的努力方向。

【2014中国服务创新论坛】 10月31日，由清华大学技术创新研究中心、中国技术经济学会主办，《清华管理评论》和法海风控网联合主办的第四届中国服务创新论坛在北京召开。会议以“互联经济时代的服务创新”为主题，邀请政府部门、高等院校以及产业界的19名专家、学者就相关议题作报告，140位专家、学者出席论坛。

全国人大财政经济委员会副主任委员辜胜阻作了题为《创新驱动战略与金融服务创新》的报告，探讨了创新驱动背景下大力开展技术创新和服务创新的双轮驱动战略和路径。西安交通大学教授孙海鹰以《创业创新企业、科技服务业与产业创新生态系统》为题，阐述了创新生态系统背景下创业型创新企业的发展模式以及科技服务业的作用机理。中国电子科技集团总裁助理巨建国专门从科技服务评价标准的角度，阐释了“科技标准化评价和科技大数据”的关系。中山大学中国第三产业发展研究中心主任李江帆分析了中国生产服务业的发展特征，总结了中国生产服务业的发展经验，指出了问题并提出相应对策。北京健康

服务产业技术创新战略联盟主任王伟就我国健康服务业的现状和对策进行了分析。百度研究院沈志勇博士介绍了百度大数据引擎及基于百度大数据的智能分析技术，同时结合产业案例分析介绍大数据相关技术应用的经验。

经过研讨，与会专家一致认为：第一，新一轮科技革命和产业变革正在加速推进，特别是以移动互联、大数据、云计算为特征的新一代信息网络技术飞速发展，成为催生产业变革、驱动服务创新的重要引擎，一个有别于以往传统工业的新型文明形态正在日益形成。第二，作为全球最大的新兴经济体，中国将迎来互联经济时代服务创新的巨大“机会窗口”，创新驱动发展战略的实施以及移动互联网技术的广泛应用正深刻改变我国服务创新的规则与格局。第三，包括制造业、农业和传统服务业在内的各行业都越来越重视通过服务创新实现转型升级、打造新的竞争优势；基于互联网和大数据的各种新兴服务业态不断涌现，正在成为新的经济增长点。第四，基于中国本土实践的与互联网相关的服务创新实践日益丰富，迫切需要从理论上加以总结提炼、系统解释和前瞻引导。

【第二届运输与时空经济论坛暨中国交通发展综合报告发布会】 10月18日，以“城市形态与综合交通体系”为主题的第二届运输与时空经济论坛在北京召开。来自日本岐阜大学、香港中文大学、香港大学、Lappeenranta University of Technology以及国务院研究室、交通运输部、北京交通大学等科研院所的专家、学者120余人出席论坛。本届论坛由北京交通大学经济管理学院和学会共同主办。

论坛发布了《中国交通发展综合报告（2014)》，报告主编欧国立从年度概览、运行分析政策解读、热点研究、重点企业等方面对报告作了系统介绍。

北京交通大学教授荣朝和在题为《从时空分析视角看城市化区域的主体形态》的报告中提出，大都市区正在成为各国资本累积、经济竞争和社会生活的主要空间尺度，大都市区化已成为不可避免的趋势。必须尽快研究我国大都市区的官方定义，填补城市化战略的重要缺环，把各百万人口以上蔓延式的传统特大城市转型为现代大都市通勤区，并将政府的行政组织与权力结构进行相应尺度重组，避免由于行政碎片化的延误而付出过大代价。

香港大学教授王缉宪在题为《关于交通运输地理两个理论基石的初探》的报告中提出了交通运输设施双重身份理论框架，认为交通运输设施双重身份各自的收益用最短的途径回到交通运输系统内，同时让享受／消费该系统的人得益，从而构成交通运输系统与土地使用系统的正反馈型互动。

香港中文大学教授徐江作了题为《地理学中的尺度、尺度政治与珠江三角洲的城际铁路规划》的报告，以珠三角城际铁路为例对尺度重组、尺度政治进行了探讨。

世界银行专家Gerald Ollivier作了题为《基于开发的土地价值捕获》的报告，介绍了世界范围内TOD的实践，以丰富的案例说明了土地价值捕获的原则、方式和具体实践。

芬兰Pekka教授作了题为《交通部门放松管制的股东价值创造》的报告，报告运用系统动力学的方法对交通部门放松管制后对世界范围内交通类上市公司股东价值的变动进行了研究。

北京交通大学教授林晓言在主题报告总结中说，大都市区是我国城市化发展中不可跨越的重要阶段，大都市区的发展需要具象空间利益结构的优化，需要培育足够多、足够强的市场主体。

论坛进行了优秀论文评选，评出一等奖论文2篇，二等奖论文5篇，三等奖论文10篇。

（撰稿人：张小珍）

中国未来研究会

服务创新型国家和社会建设 2014年，研究会教育培训中心与清华大学以合作、推广形式开展了2期“工商管理学研究生进修项目”培训，1期“领导演讲口才与管理沟通高级研修班”。90余名来自企业的管理层和核心骨干人员参加了3—6个月的培训学习。

10月25—26日，研究会旅游分会在浙江省临安市举办了2014年“浙江生态养生养老项目开发”高级研修班。

学会建设 研究会召开理事会议1次，常务理事会议2次。研究会六届八次常务理事会议决定成立研究会科幻艺术分会。六届四次理事会议决定于2015年底召开研究会第七次全国会员代表大会。

研究会全年发展会员15人，其中学生会员9人。推荐并获得中国科协“全国优秀科技工作者”称号1人。

研究会全年举办重要学术活动6次，共2000余人次专家、学者参加会议。

学术期刊 研究会出版《未来与发展》杂志10期，收到稿件821篇，发表学术论文218篇，用稿率26.5%，其中，基金项目238项，基金文章占发表文章的65%。文章《从信息管理到知识管理——企业核心竞争力的嬗变》被香港中文大学2014年"高级信息系统及电子商业策略"课程教材采用。共有3篇文章被《新华文摘》转载。杂志论文全部纳入"中国期刊全文数据库"和"中国核心期刊遴选数据库"，入网"万方数据——数字化期刊群"。杂志被评为RCCSE中国核心学术期刊（扩展版），中国人民大学书报资料中心"复印报刊资料"重要转载来源期刊。

研究会与北京国际交流协会联合主办的《发现》杂志，出版12期，全年发行24万本。编辑出版《影响中国的学者》一书。

科普活动 2月17日，由研究会医学委员会举办的"在一起"中医养生讲座在广西壮族自治区南宁市启动，截至11月底，共举办公益讲座40场，近2000人次听取讲座。

研究会医学委员会还在广西壮族自治区南宁市举办了"拒绝埃博拉和登革热从我做起"公益活动。围绕什么是埃博拉和登革热，埃博拉和登革热病媒是什么、传播途径是什么、典型的病征是什么、易感人群以及如何预防埃博拉和防登革热等内容进行宣讲，让人们了解到如何做好日常中医养生，加强锻炼，讲究卫生，减少疾病的发生。

党建强会 研究会党支部围绕"建设服务型党组织 奋力实现中国梦"的主题，立足为研究会分支机构和会员服务的宗旨开展工作。5月24—25日，利用教育分会企业家大会的契机举办"诚信中国展"活动，向与会人员赠送了《中国城市商业信用环境指数》蓝皮书等材料，从经济、社会等方面对各区域进行了专业的诚信分析，从招商引资到企业生存等情况分析反映了城市信用建设各个方面的水平。

会员服务 12月18日，研究会参加了由中国科协学会服务中心联合15家直属全国学会举办的以"'家'的温馨 节日的问候"为主题的2014年中国科协会员日活动。研究会副理事长顾朝林出席活动，并代表研究会参加理事长座谈会。

会员日期间，举办了专题报告会，研究会顾问、中国社会科学院世界经济与政治研究所研究员高恒作了题为《当前我国海上面临的挑战与对策思考》的报告。对研究会获得"全国优秀科技工作者"称号的同志进行表彰。研究会副理事长、常务理事，理事和部分北京的会员代表共计30人参加活动。

【第十一届中国科学家论坛】 9月28日，由中国未来研究会、中国高科技产业化研究会和《发现》杂志社共同主办的第十一届中国科学家论坛在北京开幕。论坛的主题是"创新、创新、再创新——让科技创新成果更多的转化为现实生产力"。第十一届全国政协副主席厉无畏出席开幕式，中国工程院院士傅志寰、栾恩杰、朱高峰、刘德培、杜祥琬、倪维斗、俞梦孙、倪光南、李天初、王礼恒、韦钰、侯立安，中国科学院院士秦大河，中国科学院原副院长杨柏龄，全国政协人口资源环境委员会副主任、中国科协决策咨询专委会主任齐让和近1000名科技界、企业界专家参加论坛。

中国未来研究会理事长张文范，中国高科技产业化研究会副理事长、中国工程院院士王礼恒分别在开幕式上致辞。秦大河、韦钰、齐让在特邀报告会上分别作了题为《气候变化科学与可持续发展《迎接智能信息时代的到来》《关于创新驱动发展战略的几点思考》的特邀报告。

与会院士、专家、企业家分别在创新驱动顶层设计与重点领域、战略产业跨越发展论坛，深化科技体制改革与加快科技成果转化论坛，中小企业科技创新策略圆桌会议上发表主题演讲，并展开对话交流。

来自全国各行业的500余项高新技术、优秀科技成果在大会上展演，2000余项科技成果、发明专利参加对接洽谈。

【中国未来研究会2014年学术年会】 11月29日，研究会2014年学术年会在北京召开。年会主题为"生

中国未来研究会2014年学术年会

态智慧城市与未来发展”。来自全国各地的近80名专家、学者出席会议。

研究会理事长张文范在致开幕词时提出，未来的城市，尤其是大中小城市的发展，要注重城市的生态发展，要重视城市的文化发展，更要注重智慧发展，这三个方面缺一不可，它们既是三大趋势，也是未来城市发展的一个战略性选择。

研究会副理事长、清华大学教授顾朝林作了题为《生态文明与生态城市规划》的报告，通过从中国生态文明研究、十八大生态文明建设主要任务、绿色转型发展进入“新常态”、科学突破城市生态系统的极限、基于生态网络的非建设用地评价方法研究、城市增长边界划定研究、清洁能源产业、R3产业与静脉产业园、日本北九州环境未来都市实践、低碳城市、弹性城市等方面对我国未来城市发展的研究作了分析和解读。

中国科学院自然科学史研究所研究员刘益东作了题为《人才评鉴法的新突破与智慧城市建设的新思路——以人才高地建设为中心打造生态智慧城市》的报告。从智库人才匮乏是我国发展的首要制约因素、人才评鉴法的新突破释放人才红利、智库产业城：智慧城市建设的优先之选、以智库人才高地建设为中心打造智库产业城方面作了解读。

研究会学术研究工作委员会主任、国务院发展研究中心研究员邓寿鹏作了题为《第二代智慧城市：智慧生态城市》的报告，从智慧生态城市特质，文明与生态文明的意义与区别，国家对生态文明建设高度重视，生态智慧城市建设，智慧城市2.0的特征、含义、目标、架构以及相关主体目标等方面讲解了建设智慧生态城市的各个要素。

主题报告后进行了学术交流讨论，与会专家、学者就未来学与宏观规划、未来学研究的方法、仿真模拟、生态智慧城市的盲点、城市污染与节能减排、智慧城市的未来学、生态智慧城市的硬件与软件、文化软实力等方面展开了讨论。与会专家一致认为，未来的城市发展既要注重物的生态建设，也要重视人本身的生态行为和生态意识。智慧城市的提出是应对全球城市发展面临的人口膨胀，交通拥挤，环境污染，资源紧缺，诚信失衡等社会问题寻求解决之道。

【第十一届中国教育家大会】 12月5—6日，由研究会教育分会、中国管理科学研究院教育科学研究所、《教育家》杂志社共同主办的第十一届中国教育家大会在北京开幕。第十一届全国人大常委会副委员长陈至立、第十届全国人大常委会副委员长何鲁丽出席开幕式。研究会理事长张文范出席会议并致开幕词。有关部委领导、高校校长、教育家、教育工作者共计400余人出席大会，以“深化教育体制改革 推进未来创新人才培养”为主题进行了研讨。

北京师范大学原副校长顾明远，中国教育科学研究院原院长、中国教育学会副会长袁振国，CCTV“百家讲坛”栏目主讲人、中央民族大学历史文化学院副教授蒙曼，分别作了题为《教育领域综合改革需要全社会参与》《职业教育在跨越中等收入陷阱国家过程中的重大作用》《我们需要怎样的传统文化教育》的特邀报告。

与会专家、学者就教育创新、职业教育与民办教育、深化教育体制改革、工学结合与产教融合等内容发表主题演讲，展开交流研讨。教育部基础教育司原司长、国家副总督学王文湛作了题为《学习三个重大文件——深化改革 提高质量 办人民满意教育》的报告，教育部教育发展研究中心主任、全国教育科学规划教育战略学科组组长张力作了题为《贯彻十八届三中、四中全会精神，推进教育治理体系和治理能力现代化》的报告，中华职业教育社研究部部长刘志芳作了题为《现代职业教育变革与转型的思考》的报告，北京大学教育文化战略研究所所长、中国教育文化研究中心首席教授王继华作了题为《学校文化战略建构与校长文化使者修炼》的报告，国家副总督学、中国教育学会原常务副会长郭振有作了题为《今天我们怎么办教育》的报告，清华大学教育研究院副院长、教育政策与管理研究所所长袁本涛作了题为《宏观质量：研究生教育结构问题探讨》的报告，北京教育科学研究院副院长、教育部小学校长培训中心原主任褚宏启作了题为《教育治理：以民主求善治》的报告。

同期举办了2014中国教育成果展览展演活动、“建百言 助民教”民办教育圆桌会议、产教融合推介对接会、教育成果推介发布会等活动。法国驻华大使馆高等教育合作项目官员Arnaud Debauge出席了产教融合推介对接会，并在会上与来自全国各地的教育机构负责人进行了互动交流。联合国教科文组织顾问、中国未来研究会首席顾问、中国现代教育研究院院长秦麟征在成果与论文交流会上对本届大会评选出的优秀交流论文作了点评并颁发了荣誉证书。

（撰稿人：夏　震）

中国科学技术史学会

服务创新型国家和社会建设 学会承担了中国科协“老科学家学术成长资料采集工程”项目咨询管理工作，新增14个采集小组项目。学会参与“中国近现代科学家学术谱系研究项目”部分学术咨询服务工作。学会副理事长、医学史专业委员会主任张大庆承担了中国科协调研宣传部《当代中国医学家学术谱系研究成果数据库建设》项目，学会理事、科学文化专业委员会主任委员袁江洋承担了《当代中国化学家学术谱系研究成果数据库建设》项目。

6—12月，学会承担中国科协调研宣传部遴选中国现代科学家宣传名单推荐工作，经过各专业委员会推荐、专家讨论、常务理事会议投票等程序，遴选出36名拟推荐宣传科学家名单。

7—12月，学会承担中国科协学会学术部《国外科技组织综合性学术会议研究》项目，总结国外重要科技组织举行大中型会议的经验，旨在推动国内学者在国际组织任职、加强我国在国际组织中的影响力和话语权。

12月，学会理事、科学文化专业委员会主任委员袁江洋承担了中国科协学会学术部《学科资源共享和学科群集成创新论证和方案设计》咨询服务工作，就全国学会学科资源共享和学科群集成创新的审核指标和方案设计进行了研究。

学会建设 4月15日，学会常务理事会议讨论通过成立科学文化专业委员会、力学史专业委员会、工业遗产专业委员会、科技与经济社会史专业委员会、工程史专业委员会。

12月26日，学会召开第八届理事会第十次通讯会议，根据中央关于改进和完善院士制度的工作部署和要求，参照《中国科协推荐（提名）院士候选人工作实施办法（试行）》，制定了《中国科学技术史学会推选院士候选人工作实施办法（试行）》和《中国科学技术史学会2015年度推选院士候选人工作方案（试行）》。

12月，河北省科学技术史学会理事长吕变庭、秘书长李涛，河南省沁阳市政协主席张沁山、市委宣传部部长张玉红等一行6人到访学会，双方就以团体会员方式加入学会、开展与学会参与地方经济发展主战场相关的合作研究和科普工作进行了初步交流。

学术期刊 学会与中国科学院自然科学史研究所联合主办的《中国科技史》杂志通过提高国际同行评议比例、提升期刊国际论文比率、加强期刊英文摘要、修订完善本刊英文网站等方式，进一步提升了期刊的国际影响力。

决策咨询 1月至5月，学会承担《中国科协所属全国学会女性人才发展及高层次人才后备力量调查研究》，通过专家咨询和综合研究，在推动全国学会女性人才发展、特别对提升学会理事会女性代表比例等问题提出了政策建议。

国际学术会议 11月10—14日，由学会和中国科学院自然科学史研究所联合主办的“16—18世纪的天文大地测量：中国与法国”国际学术研讨会在北京召开。会议的主要议题包括：16—18世纪中国天文大地测量的技术研究，中国与法国16—18世纪天文大地测量比较研究，中法近代航海学、地理学、地图学等相关学科的历史研究等。国际科学技术史学会主席Efthymios Nicholaidis、秘书长Catherine Jami、英国剑桥大学李约瑟研究所原所长Christopher Cullen、法国巴黎天文台研究员Suzanne Débarbat等14位外国专家、学者与16位来自香港大学、上海交通大学、中国科学技术大学、中国科学院自然科学史研究所、中国科学院国家天文台、北京天文馆的学者进行了19场学术报告。

9月21日，第三届近现代数学史与数学教育暨浙江近现代数学史国际会议在浙江省杭州市召开。会议由学会数学史专业委员会、浙江科技学院、西北大学共同主办，加拿大西蒙·佛雷泽大学、法国巴黎第七大学等单位协办。浙江科技学院院长叶高翔，浙江省数学学会理事长林正炎，中国数学史学会理事长、西北大学数学学院院长、会议主席曲安京，会议联合主席、加拿大西蒙·佛雷泽大学教授Tom Archibald等出席开幕式并致辞，浙江科技学院副院长赵东福主持开幕式。来自加拿大、法国、丹麦、意大利、巴西、墨西哥、印度、乌克兰、日本、韩国、荷兰，以及中国大陆和台湾地区的78位专家、学者参加会议。大会共收到报告120余篇，经大会学术委员会研究决定，安排了20个大会报告，54个会议交流报告。

国内主要学术会议 7月12—13日，学会科技史教育专业委员会与哈尔滨工业大学科技史与发展研究战略中心联合主办的科技史与通识教育学术会议暨第五届全国科技史教学研讨会在黑龙江省哈尔滨市举行。来自加拿大阿尔伯塔大学、澳门科技大学、中国

科学院自然科学史研究所、北京大学、清华大学、哈尔滨工业大学、浙江大学、内蒙古师范大学、西北大学、上海交通大学、华南农业大学等40多所高校和科研机构的专家、学者介绍了各自学校或研究机构中通识课与科技史教学的情况与特色，围绕科学史与通识教育、大学本科生科学史教学、科学通史与专业学科的结合、科技史专业研究生教学等议题展开了研讨和交流。全国科技史教学研讨会每两年举行一次，下一届将在广西民族大学举行。

10月18—19日，由学会建筑史专业委员会承办的2014年中国建筑史学会年会暨学术研讨会在福建省福州市举行。本次年会的主题是“地域建筑与城乡特色”。会议对中国建筑史学研究的现状与发展方向等问题进行研讨，并就传统聚落与历史街区的特色与保护、地域建筑的当代适应性等议题进行了专题研讨。建筑史专业委员会主任委员柳肃作为主席团成员主持讨论会，并作了题为《楚文化与南方建筑的艺术气质》的学术报告。建筑史专业委员会副主任委员、福州大学建筑学院教授朱永春作了题为《徽州建筑大木结构的地域特征》的学术报告。

两岸交流 10月14—24日，学会理事、台湾清华大学历史研究所教授徐光台赴北京访学。期间，在中国科学院自然科学史研究所和中国农业大学分别举办了题为“利玛窦时期西方天圆地圆与中国天圆地方的遭遇与折中”“科学与儒学——中西文化与文明比较的科学史视角”专场学术交流活动。

国际组织任职 10月14—15日，国际哲学与人文科学理事会（CIPSH）第31届代表大会在法国巴黎联合国教科文组织（UNESCO）总部召开。学会常务理事、中国科学院自然科学史研究所副所长孙小淳连任国际哲学与人文科学理事会（CIPSH）执委，任期3年。孙小淳由国际科学史与科学哲学联合会科学技术史分会（IUHPS/DHST）提名参选。中国社会科学院民族文学研究所所长、中国民俗学会会长朝戈金当选为国际哲学与人文科学理事会（CIPSH）主席，这是中国学者首次当选该国际组织主席。CIPSH新一届执委会共11人，由理事会主席朝戈金（中国）、副主席 Rosalind Hacket（美国）、副主席 François Djindjian（法国）、司库 Franco Montanari（意大利）、秘书长 Luiz Oosterbeek（葡萄牙）以及6位执委组成。

本届国际哲学与人文科学理事会代表大会积极倡导推进理事会改革，使之更好地面对全球化时代的社会和文化新问题和新挑战。在10月13日召开的上一届理事会会议上，孙小淳和其他3位学者被推举为改革方案起草小组成员。经过两天的会议讨论，本届代表大会在充分发挥成员组织积极性的基础上形成如下决议：在一年的时间内再次召开代表大会以修改CIPSH的章程，落实和推进一系列的改革措施；CIPSH和UNESCO联合举办世界人文大会（World Conference on Humanities），第一届会议将于2017年在比利时列日召开。

国际交往 12月5—9日，学会常务理事、中国科学院自然科学史研究所副所长孙小淳以国际科学技术史学会执行理事会执委身份出席了在法国里昂召开的国际科学技术史学会执行局会议。会议讨论了第25届国际科学技术史大会（2017年7月23—29日，巴西里约热内卢）筹备工作，以及开展与国际逻辑学、方法论、科学哲学学会（DLMPS）的合作，加强与国际科学理事会（ICSU）以及国际科学史研究院（IAHS）的联系等问题。

科普活动 4—11月，学会参与组织了“科技梦 · 中国梦——中国现代科学家主题展”。

3—12月，学会常务理事、中国科学院自然科学史研究所副所长孙小淳承担了四川省阆中市文化和旅游局“春节之源，风水之都”暨阆中天文文化考古研究项目，对阆中古天文历史活动进行天文考古调查并进行实地模拟观测，开展与落下闳天文活动及“太初改历”活动相关的古天文研究，建立中国古代“天文与人文”科学传播基地，开展有关天文文化、时令文化和风水文化的科普讲座。

表彰举荐优秀科技工作者 经学会第八届理事会理事提名、选举和学会推荐，学会副理事长、中国科学技术大学人文学院教授胡化凯获得中国科协“全国优秀科技工作者”称号。

【中法康雍乾天文大地测量国际学术研讨会暨纪念“海判南天”300周年活动】 11月14—18日，由学会和中国科学院国家天文台、中国科学院自然科学史研究所、巴黎天文台、三亚市人民政府联合主办，三亚市科协、三亚市社会科学界联合会协办、三亚市天涯海角旅游发展有限公司承办的中法建交50周年庆祝活动——中法康雍乾天文大地测量国际学术研讨会暨纪念“海判南天”300周年活动在海南省三亚市举行。三亚市副市长许振凌，法国驻广州总领事馆科教参赞彭德恺（Christopher Bonté），学会常务理事、中国科学院自然科学史研究所副所长孙小淳，国际科学技术史学会主席 Efthymios Nicholaidis，国家天文台党委书记赵刚出席会议并致辞。来自中国、法国、美国、印度、比利时、荷兰、英国、希腊、意大利、乌兹别克斯坦等10余个国家的50余名专家、学者参加会议。

会议围绕“海判南天”石刻的科学与文化意义考证、康雍乾天文大地测量、18世纪中西天文大地测量的比较与交流3个议题展开研讨，共作了5个大会报告，7个科学分会共作了24个分会报告。

作为庆祝中法建交50周年系列活动之一，由中国科学院国家天文台、中国科学院自然科学史研究所、中国科学技术史学会共同树立，三亚市天涯海角旅游发展有限公司承建的纪念“海判南天”石刻300周年雕塑墙揭幕仪式举行。纪念墙上的浮雕记录的是清初皇帝与西方传教士讨论天文测量的情景。300年前，康熙皇帝派遣官员和传教士科学家进行天文大地测量，历时十多年，完成清朝全国地图《皇舆全览图》。当时在海南崖州（今三亚）下马岭剖立“海判南天”石刻。“海判南天”石刻是全国641个测量控制点中现存唯一可考的遗迹，也是18世纪初中法科技交流的历史见证。

【第11届中国少数民族科技史学术研讨会暨第4届传统工艺论坛】 7月25—30日，第11届中国少数民族科技史学术研讨会暨第4届传统工艺论坛在内蒙古自治区赤峰市召开。会议由学会少数民族科技史专业委员会、传统工艺研究分会（中国传统工艺研究会）、技术史专业委员会联合主办，内蒙古师范大学、赤峰学院、内蒙古博物院承办。来自德国、中国大陆和台湾地区的50余家单位的115位专家、学者参加会议。

会议共举行了7场大会报告，12场主题报告，70余名专家、学者在会上交流发言。与会专家、学者围绕中国少数民族科技与文明研究、各民族传统工艺与技术的保护与传承研究及相关实践、各民族传统工艺的发展与振兴研究、各民族之间科技文化交流研究等议题进行了研讨。

会议期间，举行了中华文化促进会手工艺振兴中心揭牌仪式。中华文化促进会副主席金坚范、中国轻工联合会珠宝中心主任张淑荣为中华文化促进会手工艺振兴中心揭牌。《中国少数民族科技与文明丛书》编撰委员会召开了第二次编委会议，中国科学技术出版社为各位主编颁发了聘书。

大会决定，第12届中国少数民族科技史研讨会暨第5届传统工艺论坛将由云南农业大学承办。

【现代科学与科学文化研讨会暨中国科学技术史学会科学文化专业委员会成立大会】 11月29日，现代科学与科学文化研讨会暨中国科学技术史学会科学文化专业委员会成立大会在北京召开。中国科协党组成员、书记处书记王春法，中国科学院科学传播局局长周德进，国际科学技术史学会原主席刘钝出席会议并讲话。来自北京大学、清华大学、中山大学、中国科学院大学、北京化工大学、北京师范大学、首都师范大学、中国科学院自然科学史研究所、中国科普研究所等单位的专家、学者参加会议。

中山大学教授鞠实儿，学会理事、中国科学院自然科学史研究所研究员袁江洋，北京化工大学教授张明国分别作了题为《逻辑学的文化转向及其实现途径》《科学文化的四象限》和《技术转移与文化摩擦》的学术报告。

与会专家、学者就未来应该如何推进科学文化研究及相关的社会实践、中国科学文化建设未来发展的方向和任务、科学文化专业委员会未来工作设想等问题进行了讨论。与会专家一致认为，科学文化研究不仅是一项综合性的学术研究，而且这种研究本身也是一项重要的社会实践。科学文化专业委员会应沿此方向付出努力。

会议选举学会理事袁江洋为科学文化专业委员会主任委员，中国科普研究所所长罗晖、清华大学教授刘兵、中国科学院大学教授张增一、上海交通大学教授钮卫星、北京师范大学教授刘孝廷为副主任委员。

会议研究拟定于2015年在北京举办科学与启蒙学术研讨会，以此纪念新文化运动100周年。

（撰稿人：韩天琪）

中国科学技术情报学会

服务创新型国家和社会建设 5月22—23日，学会竞争情报分会在吉林省长春市举办了2014企业最佳竞争情报实践现场交流活动。来自企业、科研院所、咨询公司的专家、学者和竞争情报人员近50人出席交流活动。活动中，6位专家从不同行业和不同层面介绍和交流了企业竞争情报工作的实践经验，分享了真实的案例。期间，参观考察了中国一汽大众生产线和红旗轿车展陈室，进行了现场讨论交流。

6月，由学会竞争情报分会和北京市科学技术情报学会、湖南省科学技术情报学会、云南省科学技术情报学会、四川省科学技术情报学会联合主办的全国竞争情报工程经验交流与供需对接研讨会在湖南省长沙市举行。研讨会包括竞争情报工程经验介绍、企业代表谈工作现状与需求、湖南竞争情报工作现场交流等三部分组成。来自全国科技情报机构、企业、院校、咨询机构等行业的专家、学者100余人参加会议。

学会建设 10月16—17日，学会声像专业委员会在云南省昆明市召开了2013—2014年度中国科技情报学会声像专业委员会工作研讨会。来自全国科技信息系统的18个会员单位从事科技声像工作的负责人共计40人参加会议。科技声像专业委员会主任郝强作了主题报告，从科技声像工作肩负着落实创新驱动发展战略的责任与任务，加强科技声像干部队伍建设，改进科技声像工作作风，适应新形势新任务的要求等方面，提出了科技声像工作的思路与要求。与会人员结合自身工作特点与工作内容，探讨了落实创新驱动发展战略，服务科技主体工作的认识、感受和体会，交流了具体做法和经验。观摩了部分会员单位近年拍摄的科技专题片，并围绕专题片的选题、立意、拍摄手法、表现形式以及给人的感受等进行了讨论。

11月26—28日，学会科技查新专业委员会在云南省昆明市召开2014年全国科技查新工作交流会。会议就科技查新专业委员会建设与发展、科技查新业务拓展与实践、科技查新技术标准宣传贯彻执行、科技报告制度与科技查新、科技查新信息共享与人才队伍建设、科技查新管理规范与行为准则、大数据时代科技查新业务深化等议题进行了交流与研讨。来自全国各科技查新机构的负责人、从事科技查新工作的业务骨干以及科技查新专业委员会委员共约200人参加会议。会议征集论文40篇。

6月，学会科技查新专业委员会完成了《科技查新技术规范》送审稿，并组织召开了《科技查新技术规范》国家标准（送审稿）专家审查会。根据专家评审意见，对送审稿进行修改，最终完成报批稿并上报国家标准化管理委员会。完成全国科技查新事实型数据库建设工作，与26家省级科技查新机构签约共建，数据库记录总数超过41万条。

12月19—20日，学会知识组织专业委员会学术交流暨工作会议在北京召开。会议的主题是“知识组织企业需求研讨会”。会议邀请中国电子科技集团公司电子科学研究院处长拜丽萍，海尔集团高级情报经理成博，神华集团神华研究院主任迟东训，中国兵器工业集团戴侣红，中央电视台信息技术部主任韩强，中国铝业股份有限公司广西分公司高级工程师农国武，中国文联文艺资源中心副主任冉茂金，中粮营养健康研究院有限公司首席知识官吴庆海，中国科学院文献情报中心初景利等9位企业情报专家，分别就各自企业在知识组织方面的工作、困难进行了报告，提出了企业的需求与展望。由知识组织专业委员会委员组成的专家组针对各个企业的情况分别进行了指导。

学术期刊 2014年，《情报学报》网络投稿系统正式启动，并进一步优化了编辑部内部工作流程。通过重点方向遴选，专家推荐等不同形式，先后向武汉大学、北京大学、南京大学、南开大学等情报学领域的重点高校的研究团队发出了专题约稿，通过专题形式对情报学领域的国家级项目阶段性成果以及最终研究成果进行系统报道。

国际学术会议 11月10—11日，学会知识组织专业委员和中国科学技术信息研究所在陕西省西安市举办了中日韩三国科技信息机构联席研讨会。除了中国科学技术信息研究所（ISTIC）、日本科学技术振兴机构（JST）、韩国科学技术信息研究院（KISTI）的专家外，还邀请了万方数据、哈尔滨工业大学、北京交通大学、中国科学院等合作机构的专家参加会议。大会围绕科技创新政策与创新平台，科学评价与开放获取，大数据、多资源智能信息分析、信息分析方法，数字对象唯一标识符（DOI）与科技信息共享，多语言信息组织与服务等5个议题展开讨论。中日韩三方就科技政策、多语言信息组织与服务、F5000等合作进行了专题讨论，三方达成的新的合作意向，主要有：中韩机器翻译领域的合作、中日之间基于F5000的合作、基于DOI的极地科学数据共享等。

国内主要学术会议 4月9日，学会竞争情报分会在北京举办了以“新形势下中国情报工作发展道路”为主题的2014“春之声”会员沙龙活动。沙龙由中国科学技术信息研究所协办。来自咨询公司、企业和高校的近50名会员，围绕新形势下中国情报工作的定位和发展方向、科技经济社会发展对情报的需求、情报机构业务的创新发展，以及怎样培养壮大情报人才队伍共6个议题展开讨论。沙龙邀请竞争情报分会顾问、中国兵器工业集团第210研究所研究员包昌火，竞争情报分会副秘书长、上海图书馆上海科技情报研究所竞争情报部主任张左之，竞争情报分会常务理事、北京理德斯普企业管理咨询有限责任公司总经理李红，中国人民大学信息资源管理学院图书情报教研室主任周晓瑛，竞争情报分会青年工作部主任、中国科学技术信息研究所情报方法研究中心副主任赵筱媛，竞争情报分会常务理事兼产业工作部主任、北京万方数据股份有限公司副总经理张秀梅围绕活动主题作了主旨发言。

8月，学会竞争情报分会与中国科学技术信息研究所联合举办2014产业竞争情报理论与实践研讨会。共有11位专家作了专题报告。中国航空工业发展研究中心常务副主任兼总工程师殷云浩的《面向全体系竞争的行业级竞争情报架构》和中国科学院科技政策与管理科学研究所研究员余江的《创新驱动新兴产业发展：战略思维的视角》的报告强调了在新兴产业发展时期，需要从战略思维的视角实施战略情报研究及架构，探讨了面临大数据的产业竞争情报。中国科学技术发展战略研究院产业科技发展研究所所长刘峰的《技术创新与战略性新兴产业发展》和清华大学公共管理学院副教授黄萃的《产业政策情报分析与技术方法前沿》的报告重点说明了在产业政策分析中竞争情报的支撑作用及其先进的技术方法应用。中国科学技术信息研究所情报方法研究中心副主任赵筱媛的《大数据环境下对产业竞争情报发展的思考与中信所的实践探索》、湖南省科学技术信息研究所宣传推广与教育培训中心主任曾德超的《湖南省产业竞争情报服务的实践与思考》、中国广东核电集团苏州热工研究院科技情报研究所所长郭娟彦的《大型核能企业竞争情报工作的做法》的报告，分别阐述了中国科学技术信息研究所、湖南省科学技术信息研究所在产业竞争情报发展中的做法和体会，以及核能企业的竞争情报工作。

9月25日，学会情报研究与咨询专业委员会、中国人民大学信息资源管理学院、《中国学术期刊（光盘版）》电子杂志社、天津泰达图书馆档案馆联合主办的2014年中国信息资源管理论坛在天津市召开。论坛的主题为“工业4.0时代的技术信息服务和利用新思维”。来自国内信息资源管理、情报研究、知识管理、情报学领域的专家、学者以及各省情报所负责人参加论坛。

12月5日，学会信息资源专业委员会与中国科学技术信息研究所、国家科技图书文献中心（NSTL）联合主办了第五届全国知识组织与知识链接学术交流会。来自北京大学、中国人民大学、武汉大学、天津大学、南京大学等120余家高等院校、科研院所的230余名专家、学者参加会议。13位专家作了报告，报告涉及语义知识资源建设、知识组织、引文推荐、知识技术、语义网、科研共享数据挖掘、关联数据等内容。

12月19—21日，学会理论方法专业委员会与全国图书情报专业学位研究生教育指导委员会、华东师范大学在上海市联合举办了图书情报专业教育研讨会。40余位专家、学者参加会议。会议研讨了图书情报专业教育、职业素养、案例库建设、师资培训等问题。

国际交往 12月1—9日，学会合作与交流工作委员会赴法国、比利时、意大利开展环保产业技术转移考察，访问了法国工商会、法国中央大区DREAM竞争力集群及相关企业，与法国工商会签署了技术转移战略合作协议。

科普活动 学会科普工作委员会与上海市科学技术情报学会合作，以开放协作机制开展科普工作，用专利情报研究和情报思维支撑科普工作，推动情报特色科普品牌创建。在全国科技活动周和上海科技活动周期间，围绕“科技情报与百姓生活”策划开展了“如何认识转基因”科普活动。“科技情报服务宣传周”聚焦“科技情报与前沿科技”，在开展新兴产业和前沿科技情报研究的基础上，开展了具有公益性和科技情报双重特色的健康物联网主题展览活动。

【第二十届中国竞争情报年会】 10月28—29日，由学会竞争情报分会和北方科技信息研究所（NISTI）共同主办的第二十届中国竞争情报年会在北京举行。来自全国信息界、咨询界、企业界，以及高等院校的230余位专家、学者出席年会。年会以“超越梦想 共创未来”为主题，通过主题报告、专题报告、成果工具展示、互动论坛等形式进行了交流。年会的主要内容包括：竞争情报事业的回顾与展望，展现竞争情报业在我国经济和社会建设中发挥的重要作用，竞争情报助力经济转型、产业提升和科技创新的优势发挥，从“科技情报”到“科技信息”22年回顾、探讨与展望，全球竞争情报（商业情报）发展态势，竞争情报学科建设与理论研究，国家、产业、区域经济竞争情报及其作用探讨，技术竞争情报理论与实践，竞争情报方法探讨与创新，企业竞争情报实践与案例分析，竞争情报价值评价研究，舆情监测与情报工作，专利情报挖掘、分析方法、工具开发及其应用，竞争情报应用与服务探讨，竞争情报教育与人才培养，竞争情

报体系建设，商业秘密保护、反竞争情报与竞争情报职业道德，新媒体、云环境、大数据下的情报工作的机遇与挑战，信息技术与情报处理技术（资源、搜集、分析、整合），图书馆、高校、企业情报咨询协同服务体系建设问题探讨，以及其他有关科技情报、商业情报、竞争情报的研究等。竞争情报分会顾问包昌火、张典耀、缪其浩等3位专家作了主题报告，回顾了20年来我国竞争情报事业的发展，并展望了竞争情报事业的未来。11位国内外专家、学者针对竞争情报服务的最新发展状况作了专题报告。会议安排设立了理论方法、企业实践、学术论坛等3个互动分论坛，与会专家、学者围绕相关议题进行了交流探讨。开幕式上颁发了“优秀竞争情报工作者”“最佳竞争情报实践团队”“学术研究贡献奖”“热心参与奖”等奖项。

（撰稿人：赵珍谊）

中国图书馆学会

服务创新型国家和社会建设 学会承担了文化部全国公共文化巡讲、公共文化机构法人治理结构研究、书香城市指标研究及推广、中国图书馆榜样人物和最美基层图书馆评选、县以上公共图书馆评估定级筹备5项文化部政府转移职能工作。

学会在重庆市、河南省和宁夏回族自治区组织开展了“网络书香·数字图书馆建设与服务宣传推广项目”系列活动，主要包括启动仪式、高级研讨班、数字阅读体验、展览、视频播放、问卷调查和摄影展等内容。活动由文化部公共文化司指导，中国图书馆学会、国家图书馆和各省（自治区、直辖市）文化厅（局）主办，各省图书馆和省图书馆学会承办。期间，各级公共图书馆、部分高校图书馆馆长及业务骨干760余人参加活动，数字图书馆体验区和展览接待参观5000余人次，收集各类调查问卷及留言册600余份。

学会和国家图书馆在安徽省、四川省和广东省联合主办了民国时期文献保护计划宣传推广活动。图书馆界的专家、学者，以及民国时期文献保护工作培训班学员360余人参加活动。推广活动采用讲座、展览、培训班等形式开展，并以省份为单位进行面向全省图书馆的巡展和巡讲，将推广活动深入基层。

国家古籍保护中心和学会联合各省、自治区、直辖市文化厅（局）开展了中华古籍保护计划成果宣传推广活动。6月12日，推广活动启动仪式在安徽省合肥市举行。200余人出席启动仪式。活动期间，安徽省、江苏省、北京市、广东省、重庆市、河北省、福建省、陕西省、山西省、广西壮族自治区等10个省、自治区、直辖市的100余家图书馆举办了展览、讲座、读者互动和体验活动，共约69.5万人次参加活动。

12月11—13日，以“全民阅读推广的转型与升级”为主题的2014年全民阅读推广峰会暨“阅读推广人”培育行动启动仪式在江苏省常熟市举办。活动由阅读推广委员会、江苏省图书馆学会、常熟市文化广电新闻出版局主办。学会将以图书馆界、教育界、新闻出版界相关专家为基础，组建指导委员会，根据培训课程单元，开展“阅读推广人”培训。阅读推广人培训课程分为阅读推广人基础级、阅读推广人提高级、阅读推广人研究级三个级别。其中提高级分四个方向，即儿童阅读推广、经典阅读推广、时尚阅读推广、数字阅读推广。学员需要逐级培训，逐步从基础实践向理论研究晋升。

学会和国家图书馆联合举办“网络书香·掠美瞬间”数字图书馆推广工程摄影大赛。1月27日至3月17日，面向学会会员、图书馆工作者、关心数字图书馆推广工程建设和发展的各界人士共征集摄影作品2838张，其中大众组别作品2625张，专业组别作品269张。最后评选出专业组与大众组奖项138名。“世界读书日”期间，在北京举行了颁奖仪式，并举行优秀摄影作品首站展览。之后，在重庆市、安徽省、河南省、广西壮族自治区、内蒙古自治区、宁夏回族自治区、福建省、广东省等地进行了优秀摄影作品巡展，共约46万人次参观展览。

围绕《中国图书馆分类法（未成年人图书馆版）》（第四版）、“移动数字图书馆建设与服务”“全国图书馆员绘本讲读”“新型城镇化与图书馆服务体系建设”和“图书馆阅读（数字阅读）推广”等主题，举办6期专题研讨班，各级各类图书馆馆长和业务骨干1300余人参加研讨培训。7月21日至8月1日，学会与北京大学信息管理系联合主办图书馆员进修型培训班，72名图书馆工作人员参加培训。

8月7日，学会组织的全国数字图书馆建设与服务联席会议第十五次会议在宁夏回族自治区银川市召开。会议由国家图书馆承办，宁夏回族自治区图书馆协办。联席会议各成员单位有关负责人、学会秘书长霍瑞娟等21人出席会议。会议的主题是“数字环境下图书馆信息安全”，探讨了数字环境下图书馆信息安全工作面临的问题和挑战，以及图书馆信息安全基础设施建设、标准规范与规章制度建设、技术手段、人员培训等。国家图书馆副馆长魏大威以《构建图书馆信息安全堡垒》为题、上海图书馆副馆长刘炜以《上图数字图书馆近期进展与打算》为题、中国科学院国家科学图书馆馆长助理张智雄以《如何保障数字信息真实可信——挑战、要求和实践》为题、北京大学图书馆馆长朱强以《CALIS信息安全对策研究》为题、浙江大学图书馆副馆长黄晨以《CADAL项目信息安全策略》为题、文化部全国公共文化发展中心副主任李建军以《共享工程知识产权管理实践》为题、中央党校图书馆系统与技术保障中心主任刘燕飞以《党校图书馆信息安全问题的思考》为题、国防大学图书馆副馆长李抒以《国防大学数字图书馆信息安全情况介绍》为题分别进行专题发言。

学会建设 2014年，学会召开2次理事会议、12次常务理事会议。举办了学会2014年秘书长联席会议。编辑、出版《中国图书馆年鉴》（2014卷）和《中国图书馆学会年会论文集》（2014卷），策划编辑《全国公共图书馆评估上等级图书馆全集（第五次）》。

学科发展研究 学会承担了中国科协“2014—2015年图书馆学学科发展研究项目”，这是继2011年和2012年分别承担中国科协学科发展研究项目和学科史研究项目之后，又一次获批承担学科发展研究项目。

国内主要学术会议 举办2014图书馆未成年人服务工作研讨会、第十三次全国民族地区图书馆学术研讨会等系列品牌学术活动30次，共计6293人次参加会议，征集论文2902篇。

5月28—30日，由学会高等学校图书馆分会主办，西安交通大学图书馆、《中国现代教育装备》杂志社承办的2014年中国高校图书馆发展论坛在陕西省西安市召开。高等院校和科研院所图书馆界、企业界以及德国图书馆界的专家、学者400余人参加论坛。论坛开幕式由学会副秘书长、北京师范大学图书馆副馆长王琼主持，西安交通大学副校长宋晓平致欢迎辞。论坛设置2个主论坛、6个分论坛，围绕“数字资源——用数据量体，为学科裁衣”的主题作了43场专题报告。德国科隆应用技术大学教授Hermann Rosch、西安交通大学图书馆馆长王元、中山大学图书馆馆长程焕文分别作了主题报告，通过不同的视角，阐述了图书馆转型过程中数字资源利用的新趋势和新发展。学会副理事长、高等学校图书馆分会主任委员、北京大学图书馆馆长朱强在闭幕式上作了题为《作为数字资源的电子书及相关问题》的报告。

6月4—6日，由学会主办，青岛市图书馆承办的第26届全国15个城市公共图书馆工作研讨会在山东省青岛市举行。由文化部公共文化司、山东省文化厅、青岛市人民政府主办，青岛市文化广电新闻出版局承办的华东地区国家公共文化服务体系示范区创建城市公共图书馆馆长高级研讨班同期举行。15个副省级城市公共图书馆、华东地区国家公共文化服务体系示范区创建城市公共图书馆、山东省各地市图书馆的馆长、业务骨干约100人参加会议。研讨会的主题为“公共图书馆服务体系建设与体制机制创新”。国家图书馆数字资源部副主任李春明、南开大学信息管理系主任柯平、北京大学信息管理系教授李国新等分别以《万物互联背景下图书馆新业态发展思考》、《公共文化服务体系建设与公共图书馆发展》、《数字化和全球化环境下的世界图书馆发展趋势》为主题作了专题报告。与会人员围绕公共文化服务体系建设与公共图书馆发展和公共图书馆体制机制创新展开了工作研讨。青岛市文化广电新闻出版局副局长李文革、苏州市图书馆副馆长宋萌和广州市图书馆馆长方家忠分别以《青岛市创建国家公共文化服务体系示范区工作概况》《示范区后续建设中苏州图书馆的新实践》《广州图书馆法人治理结构试点概况》为题作了主旨发言。

6月18—21日，学会数字图书馆研究与建设专业委员会、专业图书馆分会和《现代图书情报技术》杂志社联合举办的2014图书馆信息技术的应用、服务和创新学术研讨会暨第四届数字图书馆与开放源码软件学术研讨会在湖南省长沙市召开。会议以“科学数据与开放知识服务，开放环境下的数字图书馆开源软件”为主题，分析和探讨了开放环境下专业图书情报机构如何深入应用开源工具和开放技术构建开放的数字图书馆系统、提供开放的知识服务平台。来自66个单位的123名专家、学者参加会议。

中国科学院文献情报中心主任张晓林作了题为《Generation Open：挑战与机遇》的主旨报告。报告认为，数字图书馆已经从知识的超市向知识的厨房转变，图书馆应该思考作为社会创造能力支持平台的作用，在开放环境下数字图书馆应当变成用户在教育科研中的创新工具、创新平台，支持开放创新、协同创

新。北京大学信息管理系教授李广建作了题为《大数据视角下的数字图书馆建设》的主旨报告，分析了大数据环境下数字图书馆的本质和特征、新型数字图书馆模型、新的数字图书馆技术体系，他认为数字图书馆应该承担从知识的解构到建构的功能。

专家报告阶段，中国科学技术信息研究所副研究员王莉作了题为《NSTL 数字服务平台：开源工具和知识组织技术的应用》的报告，中国国防科技信息中心总工程师助理陈豫作了题为《科技信息工作中大数据应用的几点思考》的报告，中南大学图书馆副馆长张建中作了题为《中南大学数字图书馆建设》的报告，中国科学院兰州文献情报中心信息系统部研究员祝忠明作了题为《我国数字图书馆软件开源实践的策略和模式：以 CSpace 为例》的报告。

围绕着“知识组织和知识服务”和“开放和开源”两个主题，28 位图书馆信息技术人员及部分获奖论文作者作了专题发言。

12 月 18—20 日，学会社区与乡镇图书馆专业委员会主办的第十三届中国社区乡镇图书馆发展战略研讨会在海南省海口市召开。90 余名专家、学者参加会议。西北大学公共管理学院教授杨玉麟作了《春风劲吹，任重道远——公共图书馆事业发展问题研究》的主旨报告，分析了乡镇（社区）图书馆发展现状和存在的主要问题，并就我国先进公共图书馆的发展模式及经验进行了介绍。来自基层图书馆的 6 位论文作者代表进行了大会学术交流发言，就乡镇社区书屋的建设与发展、乡镇社区图书馆服务标准化的实践与研究、图书馆利用微信公众平台进行信息服务、社区图书馆阅读推广策略、社区分馆的示范化服务、社区图书馆老年读者数字化阅读等问题进行了分析和阐述。

5 月 10 日，学会阅读推广委员会第八届“全民阅读论坛”在山东省临沂市举行。来自全国图书馆界的 200 余名专家、学者参加论坛。论坛以“弘扬沂蒙精神 传承阅读文化”为主题。山东大学教授马瑞芳作了题为《从〈聊斋志异〉到〈红楼梦〉》的主题报告，通过对《聊斋志异》和《红楼梦》两部经典著作解读，阐述了中国小说的历史沿革、发展变化、作者阅历、人物形象等。临沂市委党校副校长柴鸥林作了题为《弘扬沂蒙精神》的主题报告，讲述了沂蒙精神的由来、内涵以及弘扬沂蒙精神的现实意义，提出弘扬沂蒙精神也是推进全民阅读的一种重要方式。阅读推广委员会副主任徐雁以《最是书香能致远——“全民分众阅读”与分类读物推广》为题作了主题报告，就全民阅读推广工作的转型升级等问题作了解读。

11 月 12 日，由学会阅读推广委员会与中国出版集团公司、韬奋基金会、中国新华书店协会联合主办的出版界图书馆界全民阅读年会（2014）在湖南省长沙市举行。来自全国图书馆界和出版界的 300 多名专家、学者出席会议。年会以“全媒体时代下的各界合作共促阅读”为主题，围绕阅读推广、馆社合作、少儿阅读等议题进行了探讨。开幕式上，韬奋基金会向湖南省 47 家公共图书馆捐赠图书 504 万码洋。为优秀论文、阅读推广优秀案例、首届全国优秀绘本馆和图书馆获奖者代表进行了颁奖，发布了 2013 年度全国图书馆推荐书目和 2013 年度全民阅读年会 50 种重点推荐图书，表彰了好书推选的出版单位。年会共收到 361 家图书馆、14 家出版社和书店提交的论文 402 篇，案例 89 篇。最终评选出优秀论文一等奖 21 名，二等奖 45 名，三等奖 65 名；优秀案例一等奖 6 个，二等奖 14 个，三等奖 10 个。

国际交往 学会接待了美国、德国、新加坡和韩国等图书馆界同行 26 人次来访。

学会组织我国图书馆界的专家、学者参加了第 80 届世界图书馆暨信息大会（国际图联大会）、2014 年美国图书馆协会年会、多分馆网络体系中的图书馆服务专题研讨会，并提供了信息咨询服务。

科普活动 4 月 28—29 日，学会主办的“2014 全国少年儿童阅读年”活动启动仪式暨全国图书馆员绘本讲读高级研修班举办，来自图书馆界、出版界、教育界的专家、学者及少年儿童共 200 余人参加活动。系列活动包括由全国各地少年儿童图书馆、公共图书馆、中小学图书馆、绘本馆策划和组织的适合少年儿童参与的讲座、展览、故事会、演讲、朗诵、绘画、表演等 17 项阅读推广活动。

学会协调、指导和支持各级各类图书馆举办了“中华经典诵读大赛”“阅读启迪童心 书香润泽童年”、“感受阅读乐趣，分享悦读体会”“阅读，请到图书馆来”等主题科普活动。

科技周期间，与国家图书馆少年儿童馆共同举办了“阅读新媒体，圆梦新生活”活动，通过“防雾霾”主题展览、新媒体阅读现场互动活动、宣传册发放等形式向小读者们普及科学知识。

会员服务 完成会员数据库和“会员论坛”的更新与维护。开展了“会员论坛”征稿及“会员论坛之星”评选活动，全年共评出“会员论坛之星”17人。

完成学会第三届青年人才奖评选工作，共计23个单位推荐的23名候选人获奖。组织2014年度韦棣华助学金的评审工作，评出24名学生获得韦棣华助学金。授予29个单位“全民阅读示范基地”称号，10个单位“全民阅读优秀组织奖”，79个单位“全民阅读先进单位奖”。

【2014年中国图书馆年会——中国图书馆学会年会·中国图书馆展览会】 10月10—12日，2014年中国图书馆年会——中国图书馆学会年会·中国图书馆展览会在北京举办。本届年会由文化部主办，北京市文化局、北京市东城区人民政府、中国图书馆学会、国家图书馆、文化部全国公共文化发展中心共同承办。年会以“馆员的力量：改革 发展 进步”为主题，围绕工作会议、学术会议、展览会3个板块展开交流。

第九届、十届全国人大常委会副委员长许嘉璐在开幕式上作了题为《图书馆面临的挑战》的主题演讲。学会理事长、国家图书馆馆长、党委书记韩永进，学会副理事长吴建中、张晓林、陈力、倪晓建、朱强、王余光、杨沛超、陈传夫出席会议。来自全国各级各类图书馆工作者近2000人参加会议。

文化部部长蔡武出席年会开幕式，并与北京市委常委、宣传部部长李伟等向获得“2014年中国图书馆榜样人物”的8位图书馆工作者、获得“2014最美基层图书馆”称号的10家基层图书馆代表颁奖。

学会组织的学术会议采取“主题论坛＋学术分会场”组织模式，共举办了4场主题论坛和23个学术分会场。

国家古籍保护中心和学术研究委员会古籍整理与文献保护专业委员会联合举办了中华优秀传统文化名家论坛，共议中华优秀传统文化在现代社会的传承、转化和创新，以及图书馆（古籍保护中心）在传承中华优秀传统文化中的作用。

学会学术研究委员会图书馆史研究专业委员会、中国国家图书馆中国记忆项目中心、中山大学图书馆联合举办了“韦棣华女士与中美图书馆事业”主题论坛，介绍和回顾了韦棣华女士生平及及其对中国现代图书馆及教育发展的卓越历史贡献。

专业图书馆分会和高等学校图书馆分会联合举办开放获取：图书馆的挑战与机遇主题论坛，介绍了面对开放获取的战略与措施，讨论和探索图书馆面对开放获取的战略选择与实践策略。

首都图书馆联盟主办的图书馆公共服务体系的实践与探索主题论坛，从政府、馆员、志愿者及理事会制度等多个方面，就图书馆公共服务体系建设的实践经验进行了交流和分享，共同探索新形势下公共服务体系建设的良方。

23个分会场研讨的内容包括：图书馆公共服务体系建设、公共图书馆法人治理、图书馆未成人服务、图书馆绩效与价值评价、馆员继续教育、少数民族图书馆事业发展、图书馆区域联盟的创新、图书馆家庭阅读服务、图书馆视障文化志愿服务、电视图书馆建设、资源的采访、地方文献工作、图书馆读书会、馆社合作、图书馆决策咨询服务、文献影像事业发展、图书馆新体验缔造、知识组织揭示、开放获取、机构知识库的构建、高校阅读推广活动、美国大学图书馆实践等。

年会征集论文1611篇。经过评委会评审，评出一等奖论文112篇，二等奖论文191篇，三等奖论文293篇，合计596篇，占征集论文总数的37%。一等奖论文结集出版并向参会人员发放。通过对年会征文活动的宣传、发动、组织情况及应征论文的数量、质量等因素进行综合评定，共评出征文活动组织奖16个。

【中国图书馆学会第六届青年学术论坛】 11月10—12日，学会第六届青年学术论坛在福建省厦门市召开。来自各省、自治区、直辖市的300余名专家、学者参加论坛。

论坛以“未来的图书馆和未来的图书馆员”为主题，安排了主报告会、主题沙龙、专题报告、晚间活动及展览论坛等。论坛特邀德国科隆图书馆馆长汉娜萝蕾·沃格特作了题为《数字时代的图书馆服务——以德国科隆图书馆为例》的主题报告。

在“夯实基础、深化服务”“社会责任、职业担当”“技术进步、业态创新”3场主题沙龙上发言的35名青年学者，是历时半年从151名优秀青年学者中评选出来的。根据他们的现场表现，以专家点评和现场投票相结合的方式评选出“青年学术之星”和“青年管理之星”15名。同时表彰了“中国图书馆学会第三届青年人才奖”获得者。

会议期间，厦门市图书馆安排了3场“文化品读主题沙龙”晚间活动。厦门大学图书馆馆长萧德洪、厦门大学教授郑启五、华东师范大学教授范并思等与

青年学者进行了交流，148 人参加活动。

“馆员的力量”专题图片展和“网络书香 · 掠美瞬间”数字图书馆推广工程摄影大赛优秀作品展同时举办。

【2014“全国图书馆未成年人服务提升计划”】 7月3—4日，国家图书馆和学会主办，广西壮族自治区图书馆、广西图书馆学会承办的2014“全国图书馆未成年人服务提升计划（广西站）”巡讲活动在广西壮族自治区南宁市举办。来自广西壮族自治区各市（州）、县（市、区）图书馆的160余名馆长、业务骨干和图书馆员参加巡讲活动。学会副理事长、国家图书馆副馆长陈力，华东师范大学信息学系教授范并思，武汉大学信息管理学院副院长黄如花，德国汉堡市立图书馆下属儿童图书馆采编部主任布瑞特 · 易卜生等分别以《当代儿童的阅读问题——由识字说起》《图书馆未成年人服务和阅读推广》《美国图书馆的未成年人服务》《德国公共图书馆儿童服务的创新道路》为题作了专题报告。

7月31日至8月1日，由国家图书馆、中国图书馆学会、安徽省文化厅主办，未成年人图书馆服务专业委员会、国家图书馆少年儿童馆、安徽省图书馆学会、休宁县文化广电新闻出版局、休宁县图书馆共同承办的全国绘本阅读推广高峰论坛暨全国未成年人服务提升计划（安徽站）在安徽省休宁县举办。来自全国图书馆界和相关业界的专家、学者240余人参加论坛。全国政协常委、副秘书长、民进中央副主席朱永新在题为《读写绘——童年最美的礼物》的报告中介绍了新阅读研究所的教育理念、教育实践和绘本阅读在新阅读教育实验活动中的应用。上海师范大学教授梅子涵在题为《图画书是讲不完的》的报告中用图画书故事讲述了绘本的无限丰富性。台东大学荣誉教授兼儿童文学学院教授林文宝在题为《绘本与绘本馆——在独立书店与时尚、流行中》的报告中提出图书馆和绘本馆要开展符合时代需求的阅读推广活动，就必须了解儿童，并用儿童乐意接纳的方式“诱导”其进入阅读的世界。南京师范大学教育研究院儿童图画书研究中心研究员孙莉莉基于其实验活动，揭示了什么是符合儿童身心发展特征和需求的绘本阅读延伸活动。中国海洋大学儿童文学研究所所长、中国作家协会儿童文学委员会委员朱自强讲授了绘本的文学性。童书插画家姬　华分享了绘本的艺术特点。日本福音馆书店童话编辑部编辑长唐亚明分享了日本福音馆在绘本编辑和出版的相关经验。耕林童书馆、接力出版社、蒲蒲兰绘本馆和禹田文化等4家出版机构通过分论坛的形式精读了《黑与白》《幸运的内德》《黛西的球》《小淘气阿黛拉》等优秀绘本。

（撰稿人：马　骏）

中国城市科学研究会

服务创新型国家和社会建设　2014年，研究会承担了10余个规划设计咨询与研究类项目，涵盖城市发展规划建设与评价指标体系、生态城市规划及实践等。项目主要包括：《广东省深圳市低碳生态示范市建设评级指引》《广东省东莞市生态产业园区创建国家绿色生态城区咨询》《广东省珠海市建设国际宜居城市指标体系》《广东省珠海市西部生态新城发展战略内涵与指标体系研究》《陕西省榆林市空港生态区生态规划》《湖南省株洲市云龙生态新城环卫专项规划研究》《山东省阳谷县产业与城镇化专题研究》《北京中关村国家自主创新示范区重大项目并联审议审批工作机制研究》《山东省青岛市高新区生态城指标体系与规划实施研究》《陕西省西咸新区沣西新城生态规划》《浙江省宁波杭州湾新区水景观和水生态系统优化及非常规水源优化利用研究》等。

开展北京市总体规划修改生态城市指标体系专题、江苏省太仓市现代田园城市规划、太仓市湿地资源保护与利用规划等市域总体规划层面的生态专项项目；完善湖北省钟祥市莫愁湖绿色生态城区规划及控制性详细规划、镜月湖片区控制性详细规划及城市设计等控规层面项目；开展湖南省长沙市洋湖新区、湖北省钟祥市莫愁湖新区、山东省淄博市新区、山东省威海市双岛湾科技新城、威海东部滨海新城、北京市雁栖湖绿色生态示范区等生态规划项目；合作开展北京中关村软件园、河南省南阳科技园、辽宁省东戴河科技产业园及河南省洛阳生态城市规划项目。

完成《宏观空间规划对比研究》《中国风景名胜区资金机制研究》《基于低影响开发的雨水控制利用措施技术经济评价研究》等工作，参与《海绵城市建设技术指南》的修改工作。积极开展模块化排水及户内中水集成系统的技术推广和技术完善项目。完成《绿色建筑评价技术细则》修改，组织编写《模块化排水及户内中水集成系统技术手册》和《家庭厨卫健康小常识》，组织开展建筑小区水系统整体解决方案研究。

开展建筑工业化研究，在调研的基础上，收集了16个成功案例资料，编辑出版了《建筑工业化工程案例集》；完成《绿色建筑效果后评估与调研》、完成绿色建筑行业发展、业务状况调研报告。

完成优秀农房范例评选与推广研究、小城镇宜居小区示范、保护型村庄规划编制技术指南、中国小城镇和村庄建设发展报告（2014）、传统村落保护项目核实和技术指导、全国重点镇建设发展指导意见研究、广东省珠海市村镇垃圾处理实施方案等课题的研究工作。

研究会学术一部承担了中国科协《中国科学城市指数研究》和《中国科协智库能力建设前期研究》两项课题。

研究会数字城市研究专业委员会、数字工程研究中心承担了国家级重大科技项目攻关、科技支撑项目研究课题：组织开展高分专项研究课题《保障房建设过程监管和违章建筑判别子系统等研究与示范》，组织开展水专项研究课题《基于遥感数据的水体水质评估研究》《地表空间特征识别和数字解析技术研究》《城市内涝预警与雨水径流综合管控平台研究与示范——镇江示范》《饮用水流域的管理体制运行机制与保障体系研究》完成科技支撑计划项目课题《智慧城市管理公共信息平台研究开发及规模应用示范》《绿色建筑基础数据库的建设》《面向城镇区域发展模拟预测的数据库建设及综合示范应用》。

研究会绿色建筑专业委员会继续开展国家“十二五”科技支撑项目《绿色建筑标准体系与不同气候区不同类型建筑标准规范研究》和《绿色建筑评价指标体系与综合评价方法研究》的课题研究工作。同时，开展了建筑碳排放计算研究及案例分析。

学会建设 加强对分支机构的管理，出台分支机构管理细则。

召开研究会五届七次理事工作会议，研究会部分理事、常务理事、分支机构负责人以及地方城市科学研究会秘书长、会员单位代表共100余人参加会议。研究会理事长仇保兴在讲话中说，研究会未来发展的目标要定位在三个层面：一是研究型智库，二是规划设计工作，三是示范推广。他希望研究会未来几年的重点工作要从六个方面进行拓展：从配合住房城乡建设部的单一工作，逐步转向除了做好现有的工作外，全力攻关国家级的重点咨询项目；从一般性的示范研究项目转向培育国家级的工程中心基地；从国内合作为主走向国外合作并举；从单项研究的优势，转向集成研究和落实优势；从一般性的横向项目争取过渡到要与地方整体合作转变；从狭义的专业机构转向广义的专业委员会拓展。同时，研究会内部管理上要建立制度化的经济激励政策，人才的培育引进、流转机制，财务的公开透明、全成本的核算制度，实现学会工作的转型发展与制度创新。

学术期刊 《城市发展研究》出刊12期，刊载文章226篇。彩页文章同样被列入北京大学核心和南京大学CSSCI 的统计中，共出版74篇。2014年，在选稿上对城市文化、历史遗产等能够彰显城市理念、保持民族自信和文化传承的文章进行了特别的栏目组织，对传统栏目城镇化、城乡统筹、城市规划、城市经济、土地利用、区域研究等继续保持高度关注的同时，抓住城市科学研究的重点和热点问题，特别关注新型城镇化、城镇化与现代化问题、城镇与区域协调发展、城乡统筹、转变城市发展模式、老龄化、智慧城市、低碳生态、城市文化、住房保障、理论研究等。

根据期刊发行与传播统计报告，机构用户大陆地区比上两年增加246个，海外（包括港澳台）比上两年增加20个，分布在22个国家和地区。据中国学术期刊光盘版电子杂志社与清华大学图书馆联合发布的2014年中国学术期刊国际影响力引证报告，《城市发展研究》被评为“2014中国最具国际影响力学术期刊(人文社会科学)”。

学科发展研究 编写完成6本学科年度报告。

《绿色建筑2014》总结了我国绿色建筑的研究成果与实践经验，指导我国绿色建筑的规划、设计、建设、评价、使用及维护，在更大范围内推动绿色建筑发展与实践。

《中国城市规划发展报告（2013—2014)》总结归纳了2013—2014年度城市规划的发展以及所面临的问题，概括介绍了年度城乡规划编制和住房保障规划建设，城乡规划评估等工作的进展情况，反映了城乡规划行业的年度工作信息。

《中国低碳生态城市发展报告（2014)》以新型城镇化为主题，突出了新型城镇化背景下的新模式、创新和特色，剖析中国在实践新型城镇化“以人为本”核心中所做的不懈努力，梳理低碳生态城市建设的困

境与创新点，客观展示各类生态城建设实景，为各类城市的规划建设管理提供参考。

编辑出版《中国智慧城市年鉴（2014）》、完成《中国智慧城市发展研究报告 2014》编写工作，阐述了智慧城市与新型城镇化的理论、各地方城市建设智慧城市的经验总结、智慧城市专项学组的年度经验、智慧城市发展方向分析以及智慧城市信息安全等。

组织编写《中国城市交通规划发展报告（2012）》，对城市交通规划在理念、技术和政策三个方面进行了探索，重点关注了新型城镇化与城市交通的发展、城市交通与空间布局、城际与区域交通以及公共交通规划、多模式交通的转换与交通枢纽、城市非机动化交通、停车规划与管理、交通需求与管理等议题。

《中国小城镇和村庄建设发展报告》总结了 2013 年我国小城镇和村庄的发展情况和存在的问题。以小城镇和村庄发展的相关政策、年度数据、文件汇编、专题简介、地方经验、典型案例等为基础，重点对农村危房改造和农房建设、村庄规划试点与村镇规划编制指导、村庄整治、村镇建设管理体制建设以及扶贫开发与抗灾重建等方面进行了政策的梳理和汇编，对全国小城镇和村庄建设进行了分析。

国际学术会议 研究会主办了第十届国际绿色建筑与建筑节能大会暨新技术与产品博览会、2014（第九届）城市发展与规划大会、第九届中国城镇水务发展国际研讨会与新技术设备博览会等主要国际学术会议，三次会议与会人数共计 4000 余人次，会议交流论文约 400 篇，参与演讲的嘉宾及学者约 400 人次。

10 月 28 日，研究会生态城市研究专业委员会和法国驻华大使馆共同主办的中法低碳城市发展研讨会在北京举办。中法两国的专家、学者 80 人出席会议。研究会秘书长、中国城市规划设计研究院副院长李迅，法国驻华公使 Jacques Pellet 出席会议并致辞。

研讨会是中法建交 50 周年系列活动之一。研讨会由城市代表会议、专家会议和城市合作会议组成，采用分阶段、分专题、主旨报告与自由讨论相结合的形式进行，探讨了提升城市能源结构与发展低碳经济、气候变化下的低碳城市能源规划与绿色建筑、促进低碳生活与新型城镇化三方面的议题。

研究会理事长仇保兴作了题为《低碳生态城的 ABC 模式》的专题报告，对低碳生态城市建设目前的 3 种模式进行了分析，认为融合传统智慧和适用性新技术的 C 模式是低碳城市发展的最佳“组合器”，是将中国传统农耕文明的智慧和工业文明的先进技术结合起来的天人合一之路；提出“以人为本”是低碳生态城的灵魂，人的行为只有与低碳、可持续性相结合，才能造就出低碳／投入效率高、自身可持续、可复制推广、内生自我改进升级的模式。

法国开发署 Emmanuel Debroise 对法国开发署与中国的合作现状进行了介绍，对目前在中国合作实施的 22 个项目所涉及的领域进行了梳理。Emmanuel Debroise 先生的报告认为，地方政府部门既是城市的管理者，也是能源的直接消耗者，在发展新能源经济和二氧化碳减排方面应发挥更大作用。未来，法国开发署将继续通过提供贷款、经验分享基金等方式支持中国的生态城市发展，并举办一系列的研讨会，分享中法低碳城建设方面的经验。

研究会生态城市研究专业委员会举办了中欧低碳生态指标体系研讨会，就广东深圳国际低碳城项目，与 EC2（中欧清洁能源中心）的欧方专家 Robert Pagani、Chiel 等 7 人，共同探讨了低碳生态城市建设的经验与路径，为碳减排承诺的落地提供引领和支撑。会议交流了相关研究成果，提出电力清洁度水平、固体废弃物资源化率、土壤环境质量达标率、碳评估企业占比、碳排放监测系统覆盖率 5 项创新性指标，形成低碳城市发展指标体系，并以碳减排速率国际横向对比的方法科学定量化验证了指标落地的可行性，确保其可直接用于指导深圳国际低碳城未来发展。

9 月 5 日，城市适应气候变化国际研讨会在北京召开。研讨会设有 1 个综合论坛和 3 个分论坛。研究会承担了适应气候与城市建设环境分论坛组织工作，论坛交流了城市适应气候变化的新理念、重点任务、发展趋势、技术成果和成功案例，分享了国际国内推进城市适应气候变化工作新经验，会议提出要针对气候变化影响最突出的城市生命线工程，地下综合管网、城市水资源保障，排水和内涝防治等方面，研究制定更科学，适应性更强的技术标准，完善相关的管理制度，全面提升对极端天气的应对保障能力，加强统筹规划，包括城市的人口密度和功能布局等，使城市规划真正成为适应气候变化的手段。

两岸交流 8 月 28 日至 9 月 4 日，应台湾地区都市计划学会的邀请，学会组团赴台湾地区参加了第二十一届海峡两岸城市发展研讨会暨学术考察活动。本届研讨会由台湾都市计划学会和中国城市科学研究会联合主办。围绕研讨会主题“绿色乐活 & 智慧城乡”，针对区域计划、气候变迁、智慧城乡规划等 3 项重点议题，组织了开幕式、4 个环节的研讨议程以及综合座谈等 6 个板块的研讨内容，共有 14 个报告参与了重点研讨和交流。研讨内容涵盖了国土整治、生态保育、都市计划、慢行交通、生态城市、灾害管理、智慧城市等方面，既有发达地区的案例研究，也有边远地区、农业地区和民族区域的创新探索。

国际交往 研究会参与政府间合作项目的研究工作，中欧、中德、中美、中英、中加、中芬等合作项目均取得了进展。

申请全球环境基金（GEF）六期可持续城市旗舰项目，承担全球环境基金项目《中国低碳宜居城市形态研究》工作，开展《德国国际合作公司（GIZ）建筑节能关键决策能力建设》项目交流工作，完成北京市全球环境基金（GEF）课题——绿色建筑评价标识认证信息化平台的研究工作，与德国国际合作公司（GIZ）合作，开展中德绿色建筑专家培训教材编写工作。

由英孚（EF）资助，完成年度可持续研究项目，开展了“十三五”规划编制理念方法研究。

组织国内企业参加世界绿色建筑协会（WGBC）亚太地区绿色建筑先锋奖评选活动。绿色建筑专业委员会组织专家对申报的 15 家企业和 24 个绿色建筑项目进行了评审，向世界绿色建筑协会（WGBC）推荐了 10 家企业和 10 个项目。

党建强会 研究会得到中国科协学会服务中心党委党建特色活动项目资助，项目申报的主题是“以新型城镇化为行动指南，以党员为主体，推进我国科学城市的建设”，结合国家新型城镇化发展和学会的业务实际与特点，学会党支部选定以体现综合性和创新性特点、以推进我国城市科学建设为主要内容的项目框架，具体落实到各个科研项目中。利用“科学城市”课题开展座谈调研，进行理论梳理。为山东省青岛市红岛经济区（高新区）提供绿色生态发展服务，从生态景观、土地利用、绿色交通、水资源综合利用、可再生能源综合利用、绿色建筑和固废资源化等 7 个专题展开，指标体系的构建遵循因地制宜和适度超前的规划理念，形成特色、领先等不同的指标指导不同区域尺度的开发。结合广东省珠海市宜居城市建设实施策略研究项目，为珠海市新型城镇化发展要求下高质量推进宜居城市建设提供理论基础。城市规划、建设和管理领域的 10 余位专家、从事城市科学研究和实践的科技工作者 100 余人参与活动。

会员服务 对团体会员进行分级管理，在普通团体会员的基础上，设副理事团体会员和特别团体会员。这两类团体会员在享有普通团体会员各项权益的基础上，将得到研究会提供的增值服务，包括在研究会组织的各项国际、国内学术交流、合作、产学研平台搭建等活动中享有相应优先待遇。

【第十届国际绿色建筑与建筑节能大会暨新技术与产品博览会】 3 月 28—30 日，研究会等单位联合主办的第十届国际绿色建筑与建筑节能大会暨新技术与产品博览会在北京举办。研究会理事长、住房城乡建设部副部长仇保兴主持开幕式。来自国内外的专家、学者、企业家共 3000 余人出席会议。

本届大会以“普及绿色建筑，促进节能减排”为主题，包括研讨会、博览会两部分。研讨会设有 1 个综合论坛和 31 个分论坛。

在综合论坛上，仇保兴以《普及绿色建筑的捷径——装配式住宅》为题作了报告。中国工程院院士、清华大学教授江亿等 5 位专家发表了主题演讲。

在 31 个分论坛上，国内外专家重点交流了绿色建筑与建筑节能的最新科技成果、发展趋势、成功案例，研讨绿色建筑与建筑节能技术标准、政策措施、评价体系、检测标识，分享国际国内发展绿色建筑与建筑节能工作新经验。

大会同期举办的国际绿色建筑与建筑节能新技术与产品博览会，展示了国内外在建筑节能、绿色建筑等方面的最新技术成果与产品应用实例。

第十届国际绿色建筑与建筑节能大会

【2014（第九届）城市发展与规划大会】 9 月 23—24 日，研究会与天津市滨海新区人民政府联合主办的 2014（第九届）城市发展与规划大会在天津

市召开。第九、第十届全国人大常委会副委员长何鲁丽，第十届全国政协副主席、中国工程院院士徐匡迪，国家住房城乡建设部副部长陈大卫、研究会理事长仇保兴，天津市委常委、滨海新区区委书记袁桐利，天津市副市长、滨海新区区委副书记、区长宗国英等出席大会主论坛并致辞。2000余名专家、学者出席大会。

大会以“生态城市，引领有机疏散”为主题，设置了1个主论坛、18个平行分论坛和20场配套活动，围绕国内外城市规划与可持续发展、城镇化与城市发展模式转型、智慧城市、数字化城市管理、生态城市、绿色交通、生态环境建设、绿色建筑社区、低碳生态城市的规划与设计、碳减排技术、清洁能源与生态城市建设实践、城市总体规划先进案例与控制性详规编制办法、历史文化名城保护与更新、生态城市的水系统规划与水生态修复、城市地下管线规划建设管理等议题进行专题学术研讨。

大会出版了《城市发展研究——2014（第九届）城市发展与规划大会论文集》。

第五届中国（天津滨海）国际生态城市论坛暨博览会同期举办。

【第九届中国城镇水务发展国际研讨会与新技术设备博览会】 11月27日，第九届中国城镇水务发展国际研讨会与新技术设备博览会在广西壮族自治区南宁市开幕。大会以“提高用水效率，治理水体污染，确保用水安全”为主题，由中国城市科学研究会、中国城镇供水排水协会、广西壮族自治区住房和城乡建设厅及南宁市人民政府联合举办。国内外水行业专家、学者、工程技术人员、企业家等共2000余人出席大会。研究会理事长仇保兴出席大会开幕式并作了题为《海绵城市（LID）内涵、途径与展望》的主题报告。国际水协（IWA）高级副主席Tom Mollenkopf，中国工程院院士、哈尔滨工业大学教授张杰出席开幕式并发表演讲。

研讨会设置城镇水务发展综合论坛和20个分论坛，围绕城镇水务改革与发展战略、城市供水规范化管理、净水工艺与水质达标、供水设施改造与建设及运行管理、污水处理和污泥处理处置、排水防涝和排水管网改造、综合节水与漏损控制、智慧水务建设与运行管理、水系统规划与水景观设计、水源保护与水生态修复、非传统水资源利用以及与城镇水务相关议题展开研讨和交流，回顾和总结了我国水污染治理和水安全保障、城镇水务监管的工作进展和经验，分析了当前存在的问题及面临的新挑战，研讨了城镇供排水发展方向、目标和重点任务及相关领域的理论、技术和方法等。

大会同期举办了第九届中国城镇水务发展新技术设备博览会。博览会汇集国内外水处理技术设备、给排水管网系统技术设备、膜与膜分离技术设备、污泥处理新技术和新设备，以及与水务相关的科研院所和企业，集中展示国内外先进适用的供水、节水和污水处理技术、设备、典型工艺及工程实例。本届博览会展览面积达到1万余平方米，参展单位200余家，3万人次参观展览。

（撰稿人：周兰兰）

中国科学与科技政策研究会

学会建设 8月23日，研究会第六届理事会第五次会议在吉林省长春市召开。研究会理事长方新主持会议。70余名理事参加会议。会议增选理事9人。12个专业委员会汇报了2014年度的主要工作以及2015年度的工作计划。会议决定，研究会第七届会员代表大会和第十一届中国科技政策与管理学术年会将于2015年同期在北京举行。

学术期刊 研究会主办的《科学学研究》《科研管理》《科学学与科学技术管理》，被评为“2014中国最具国际影响力学术期刊（人文社会科学）”。

国内主要学术会议 10月25—26日，第六届全国科学学理论与学科建设暨科学技术学两委联合年会在福州大学怡山大厦举行。本届年会主题是“科学技术与产业发展”。会议由科学学理论与学科建设专业委员会和中国自然辩证法研究会科学技术学专业委员会主办，福州大学经济与管理学院、软科学研究所、马克思主义学院、科技与社会研究所承办。来自清华大学、浙江大学、中国科技大学、大连理工大学、上海交通大学、武汉大学、东北大学等30多所高校及科研院所的100余名教研人员、研究生参加会议。14名专家、学者结合当前科技发展现状和未来发展趋势作了主题报告。

11月5—7日，研究会技术预见专业委员会、中国科学技术发展战略研究院、中国科学院科技政策与管理科学研究所等单位主办，重庆市科学技术研究院承办的第九届全国技术预见学术研讨会在重庆市召开。会议的主题为"'十三五'科技发展规划与技术预见"。来自24个省、自治区、直辖市的73家科研机构、企业和科技管理部门的230余名专家、学者参加会议。会议征集论文340余篇。

11月8—9日，第十四届全国科技评价学术研讨会在四川省成都市召开。研讨会由中国科学学与科技政策研究会、《科研管理》杂志社主办，西南财经大学科研处、西南财经大学工商管理学院和中国科学院管理创新与评估研究中心承办。会议的主题为"科技评价与创新管理"。国家自然科学基金委员会政策局局长郑永和、科技部科技评估中心原副主任方衍、中国科学院管理创新与评估研究中心主任李晓轩、华中科技大学管理学院院长王宗军、中关村科技评价研究院副院长何小敏分别作了题为《科学基金同行评议质量控制》《科技评估：新变化与新挑战》《中科院科研所一三五诊断评估的实践与启示》《科学评价研究的发展与思考》《项目标准化评价与科技大数据》的特邀报告。会议采取特邀报告、热点对话和小组报告的互动交流模式。来自100多家高等院校、科研机构以及企业的科技评价相关领域的300余名研究人员与管理人员参加会议。会议共收到全文投稿407篇，是历届研讨会中最多的一次。会议评选出11篇优秀论文，被《科研管理》期刊收录；100余篇论文被《科研管理》专刊收录。

5月23日，研究会与中国科协国际联络部共同承办的第十六届中国科协年会第十五分会场基于实证的创新政策论坛在云南省昆明市召开。中国科协副主席、党组副书记、书记处书记张勤，研究会理事长、中国科学院党组副书记方新等出席论坛。来自美国科学促进会、巴西科学促进会、英国皇家学会、日本科学技术振兴机构、捷克科学技术联合会等机构的专家，匈牙利、以色列、日本等国家驻华使馆代表，国内相关研究领域的专家、学者共40余人参加论坛。

8月23日，第三届中国科技政策论坛在吉林省长春市召开。论坛由中国科协常委会决策咨询专门委员会主办，研究会和中国科协调研宣传部承办，吉林大学协办。论坛以"市场·政府·创新"为主题，研讨了科技资源配置、科技人才政策、市场与政府、创新驱动发展等问题。科技政策制定者、专业政策研究人员等270余人参加会议。会议征集论文100余篇。

11月30日，由中国科协学会学术部主办，研究会承办的中国科协学会改革发展论坛（第六期）在北京召开。论坛以"新形势下中小型学会的能力提升"为主题，围绕中小型学会的特色、优势和存在的主要问题，新形势下中小型学会能力提升的机遇和挑战，促进中小型学会能力提升的途径和方法，中外中小型学会在管理制度、运行机制、功能特点等方面的比较研究等4个议题展开研讨。

两岸交流 11月23日，由研究会主办、清华大学技术创新研究中心、中国科学院大学科技管理学院共同承办的第二届海峡两岸科技管理与政策博士生论坛在北京举行。会议的主题为"创新驱动的转型与发展"。来自海峡两岸高校、科研院所及相关科研管理机构的专家、学者、研究生等120余人参加论坛。研究会理事长、中国科学院党组副书记方新出席会议并致辞。方新介绍了海峡两岸科技管理创新的现状，并提出中国要通过科技管理创新推进由人口大国向人力资源大国转变，用创新推进发展，创新是经济、制度和社会的全面创新，科技管理创新对两岸经济社会可持续发展有至关重要的意义。会议收集论文60余篇。

12月16—17日，第五届海峡两岸区域发展论坛在台湾地区台中市举行。本届论坛由研究会主办、台湾东海大学承办，福州大学协办，并得到中国科协的大力支持。论坛以"协同创新与可持续发展"为主题，围绕绿色社会研究、绿色可持续产业创新、绿色供应链创新与管理、绿色创意生活与可持续环境治理、区域协同创新等议题展开研讨。

【第十届中国科技政策与管理学术年会】 8月24日，第十届中国科技政策与管理学术年会在吉林省长春市召开。年会由研究会主办、吉林大学管理学院、中国科技政策与科技管理研究中心承办，《科学学研究》《科研管理》《科学学与科学技术管理》编辑部、创新与治理协同创新中心协办。来自中国科协、科技部、中国科学院、清华大学、北京大学、浙江大学等机构的250余名专家、学者出席大会。

大会的主题是"创新与创业"。研究会理事长、中国科学院党组副书记方新担任大会主席，副理事长穆荣平、李建民主持主旨报告会。来自清华大学、吉林大学、浙江大学、西安交通大学等单位的专家、学者围绕科技政策、创新创业、创新政策、科技管理以及深化体制机制改革等问题作主旨报告。与会专家、

学者围绕科技和创新体制改革、科研和创新绩效管理、创新与创业、区域创新与绿色发展、科学学与政策科学理论方法、知识产权政策与管理等问题进行了分组研讨，100余名专家、学者报告了研究成果。在大会闭幕式上，穆荣平代表研究会向年会10位优秀论文作者颁发了优秀论文证书。

（撰稿人：韩海波）

中国农村专业技术协会

服务创新型国家和社会建设 2014年8月14日，协会组织召开新形势下做好农村专业技术协会工作专题研讨会，邀请科技部、民政部、国务院发展研究中心、中国农业大学、中国社会科学院、中国农业科学院、北京市科协、河北省科协、河北省宁晋县科协等单位的专家、学者及有关人员，探讨在新形势下如何做好农村专业技术协会工作。会后撰写形成《关于在新形势下发挥全国农村专业技术协会优势、更好地服务“三农”的报告》。

11月21日，协会组织召开座谈会，邀请农业部、中国科协、中国科普研究所，以及山西省、黑龙江省、辽宁省、江苏省、四川省、云南省、新疆维吾尔自治区等7家省级科协相关人员参加会议，就起草《关于支持农村专业技术协会开展农技社会化服务的意见》沟通情况，进一步征求意见。12月16日，协会完成文件起草工作，并报中国科协、农业部会签。12月24日，中国科协、农业部联合签发《关于支持农村专业技术协会开展农技社会化服务的意见》。

协会探索金融推动农村专业技术协会发展的途径和模式，与中国邮政储蓄银行接洽合作事宜，就双方签订战略合作协议达成共识。

2月27—28日，协会在甘肃省景泰县举办基层农村专业技术协会领办人培训班。培训农业技术人员，专业技术协会、基地负责人，科技示范户代表共300余人，印制发放技术资料333份。

学会建设 2014年，协会新增团体会员7个。个人会员总数达到1001名，团体会员达到125个。新成立技术交流中心3个，总数达到36个。

4月1—2日，协会在海南省海口市举办新型农业社会化服务体系发展论坛。来自28个省、自治区、直辖市和新疆生产建设兵团农村专业技术协会的理事长、秘书长和科协科普部负责人，以及部分技术交流中心负责人近100人出席论坛。中国科协科普部副部长刘亚东作了题为《对农村科普工作的几点认识》的专题报告。来自新疆维吾尔自治区、四川省、安徽省等地的7位代表作交流发言。与会人员实地调研了海口市琼山区云龙荔枝协会。

协会大力开展信息宣传工作，为会员提供信息服务。协会网站全年累计发布工作动态、各地典型实例、调研成果等200余篇（条），年点击率超过4万次。编辑《工作简报》12期。

两岸交流 6月15日，协会副理事长、福建省农村专业技术协会理事长、中国科学院院士谢华安带队参加了第六届海峡论坛活动。福建省农村专业技术协会与台湾农村专业技术协会就两岸农村专业技术协会在现代农业、现代设施农业、特色和休闲农业、农产品加工、科技培训和开展学术交流及合作等方面进行了沟通交流。双方就进一步加大沟通交流力度，建立对接机制等达成一致意见，并签订了《学术交流协议》。

10月31日，中国科协、中国农村专业技术协会和湖北省科协联合举办的第二届海峡两岸新农村建设研讨会在湖北省武汉市举行。来自海峡两岸的110名专家、学者和农民代表出席会议。会议围绕“科技支撑美丽新农村建设”的主题，进行了大会发言，书面交流论文60篇。协会副理事长王有年出席活动，并以《农村专业技术协会在新农村建设中的突出贡献》为题作主题发言。

中国科协会员日 协会积极参加中国科协会员日活动。12月18日，协会以“打造升级版农村专业技术协会”为主题，采用科普宣传、专家咨询、展示品尝等相结合的方式展示协会自身特色和亮点，并重点介绍河北宁晋垄上行土地托管协会和四川浦江县鹤山果品协会两个协会典型。

【中国农村专业技术协会2014年理事年会】 12月27—28日，协会2014年理事年会在贵州省贵阳市召开。来自30个省、自治区、直辖市和新疆生产建设兵团的理事，专业委员会、技术交流中心的工作人员共180余人参加会议。会议主题是“学习贯彻中央农村工作会议精神，打造升级版农村专业技术协会，开展农技社会化服务工作”。

会议传达了中央农村工作会议精神，分析了我国当前“三农”新常态，并就如何贯彻中国科协党组、书记处关于农村专业技术协会转型升级工作的指示提出要求。贵州省、河北省、安徽省的与会人员代表分别作大会交流发言。与会人员围绕如何贯彻落实中央农村工作会议精神和中国科协党组、书记处关于农村专业技术协会发展工作的指示，推动农村专业技术协会转型升级进行了讨论。

会议审议通过2014年工作报告和财务报告，增补、变更理事、常务理事，增设技术交流中心等事宜。

协会理事长吕飞杰作大会总结发言。他强调，要注重加强协会规范化建设和党组织建设，加快成立地、县两级农村专业技术协会联合会，关注土地托管协会、家庭农场协会、生产服务协会、贫困乡村农村专业技术协会、职业农民的培训与资质认证工作，合力推动农村专业技术协会在农村践行社会主义核心价值观中发挥更大作用。

【西藏林芝地区科协主席及科普带头人培训班】 10月16—23日，协会与福建省科协、西藏自治区科协在福建省福州市、厦门市联合举办西藏林芝地区科协主席及科普带头人培训班。来自西藏林芝地区科协以及察隅县、米林县、朗县、工布江达县、墨脱县和林芝县等7个县的18名学员参加培训。

培训共安排了3场专题讲座，考察了7个科普基地和1个企业。福建省委党校教授查英青作了题为《学习习总书记有关科技与发展战略等系列讲话精神》专题讲座，福建省农业科学院院长刘波作了题为《现代农业发展中科技推广与应用（食用菌、中药材、大棚蔬菜等）》的讲座，福建省行政学院公共管理研究所所长肖文涛作了题为《突发事件应急管理》的讲座。培训班组织西藏林芝地区科协主席及科普带头人与福建省部分县级科协主席之间进行了工作交流研讨。

（撰稿人：王兴华）

中国工业设计协会

服务创新型国家和社会建设 受国家发改委、工业和信息化部委托，协会参与了国务院发布的《关于促进文化创意和设计服务与相关产业融合发展若干意见》的草案研讨、政策解读。

协会完成了工业和信息化部委托的“中国优秀工业设计奖效能评估及相关政策研究”“国家级工业设计中心创建及发展情况调研”“中国工业设计年度发展报告”课题，完成了中国科协委托的“工业设计职业资格评定办法研究”课题。

受工业和信息化部委托，协会召开了“十三五”规划工业设计发展研讨会，研讨成果将作为国家“十三五”规划工业设计发展基本思路相关建议的内容。

协会和上海市经济和信息化委员会联合发起的中国工业设计研究院在上海市正式揭牌成立，工业和信息化部部长苗圩，工业和信息化部党组成员、总工程师朱宏任，上海市市长杨雄，协会会长朱焘等出席成立仪式。朱焘任首任院长。

协会承办了工业和信息化部企业经营管理领军人才工业设计高研班2014年培训项目。受浙江省宁波市经济和信息化委员会委托，协会承办了企业设计创新能力提升总裁研修班。受人力资源和社会保障部、中国轻工业联合会委托，协会承办了国家人力资源和社会保障部专业技术人才知识更新工程工业设计创新能力提升高级研修班。

协会与辽宁省沈阳市经济和信息化委员会、沈阳市皇姑区人民政府共建中国装备制造业工业设计中心，协会与江苏省经济和信息化委员会、南京市栖霞区人民政府共建中国工业设计服务中心。

协会与工业和信息化部中小企业中心、广东省深圳市设计联合会联合承办了工业和信息化部主办的第八届APEC中小企业技术交流暨展览会工业设计专区活动。

协会与中国对外贸易中心联合承办了中国工业设计十佳设计公司与广交会参展企业专场对接会。协会与福建省经济和信息化委员会、香港贸易发展局共同组织的中国工业设计十佳设计公司与福建省制造业融合发展考察调研活动在福建省泉州市举办。

协会以联合主办、协办、支持等形式，举办了“长江杯”“太湖奖”“金勾奖”“合丰奖”“醒狮杯”“市长杯”“芙蓉杯”“东莞杯”“鄞州杯”等工作设计大赛，卡萨帝创艺大赛、国际体验设计大会、设计教育再设计国际论坛、大连设计节、海尔3D打印大赛、华帝工业设计大赛、2014年全国大学生工业设计大赛等活动。

协会陶瓷设计专业委员会主办了为期50天的上海2014中国茶器专题迎春联展。

协会出版了《中国工业设计年鉴2006—2013》，首次以我国特有的工业设计产业结构为内容框架展现

工业设计产业全貌，从政府推动、制造企业、设计企业、设计园区、设计院校、行业组织、促进活动、国际交流、精英人物、获奖产品等方面展现了工业设计产业化发展的脉络和成果。

协会与浙江聚宝盆电子商务公司共同打造的“中国工业设计云服务平台”上线，网站平台为高校学生、设计机构和制造业企业搭建人才交流的桥梁，线下平台为设计机构和企业提供一系列符合需求的定制人才服务。

协会与苏宁云商集团共同筹建的“苏宁众包及中国设计创新产品包销平台”成立。该平台是国内第一个工业设计产业与商业渠道直接对接的平台。

协会与浙江大学国际设计研究院、浙江杭州宜拓投资有限公司合作共建中国工业设计协会设计知识产权交易平台，着力推进研发设计交易市场建设，为设计知识产权与制造业对接提供信息通路。

协会与《消费日报》共同主办了《设计与生活》专刊，引导和促进消费升级，分享设计创富成果、经验和探索，倡导绿色消费理念，推介原创设计。

协会组织了“中国设计红星奖”评选，来自全球1561家企业的6037件作品参加评选。为进一步提升设计服务经济社会的价值，协会对“红星奖”评审标准进行了修订。

协会组织了2014年度“中国工业设计十佳大奖”评选。该奖项自2011年创办以来，共吸引了1000余家机构和700余人参加评选。

协会评定了首批“中国工业设计示范基地”，飞亚达（集团）股份有限公司、广州汽车集团股份有限公司、中山华帝燃具股份有限公司、宁波欧琳厨具有限公司、路达（厦门）工业有限公司、深圳市浪尖设计有限公司、深圳市嘉兰图设计有限公司、杭州飞鱼工业设计有限公司、厦门市拙雅科技有限公司、广东工业设计城、北京DRC工业设计创意产业基地、深圳设计产业园、宁波和丰创意广场、江南大学设计学院、南京艺术学院工业设计学院等15家单位被评为中国工业设计示范基地。

学会建设 开展了分支机构评估优化工作。根据基本条件、业务开展、行业影响、绩效成果等四个方面进行评估，对评估结果整理分析，根据评估结果开展相应的整改工作，促进分支机构规范运营和科学化、专业化、规范化发展。

提升协会秘书处工作水平。建立健全工作制度，加强内部培训及新员工轮岗锻炼，组织了主题为“协会组织架构”“组织使命下的个人愿景”“设计认知”3期培训，实现内部培训常态化。

由协会官方网站、微信和微博组成的协会互联网服务平台，以服务协会会员为工作核心，增加了包括会员注册、支付、互动、资讯等功能。协会网站改版，实现了政策研究、评估认定、人才培训、合作共建、园区联盟、国际交流等工作板块的功能升级，会员可在协会网站上完成会员注册、登录、信息查询、缴费等。协会官方微信平均每日新增关注人数50余人，关注总人数达到2.8万人。协会官方微信发布的活动赛事、展览展会、专业思考、观点论述、设计资讯及分享等资讯日均被阅读4000次，开通了互动、参与、阅读为核心的功能板块，可以快速注册、支付会费成为协会会员。协会官方微博承载对外宣传、引导设计观点、分享设计理念的任务，成为协会推送行业信息，与会员和公众互动、分享、交流的窗口。

会刊《设计通讯》增设了“智库观察 · 中国工业设计协会专家工作委员会专栏”，深度报道了江苏省、广东省、深圳市、北京市的设计创新整体发展。

协会与德稻教育投资集团共建的中国工业设计协会德稻创新学院成立。协会会长朱焘任院长。学院以国际设计大师和顶尖的国内设计资源为依托，计划开展“领军企业家”“首席设计官”“精英设计师”等培训及设计师专业能力水平认定工作，开展管理咨询、模式研究、创新推进等工作。

协会出版了《设计创造美好生活》文集，文集收集了朱焘自2000年担任协会会长以来的有关工业设计的观点、文章和文献等，展现了近十年来我国工业设计发展的轨迹。人民网、央视网、中国工业报等媒体为此采访了朱焘会长。

学术期刊 协会主办的《设计》杂志在继续保持充分报道国际、国内设计成果及探索的前沿和趋势基础上，强化杂志在设计理论、专家论点上的广泛性和权威性。

国内主要学术会议 协会专家工作委员会在江苏省南京市、辽宁省大连市、河南省郑州市等地高校举办了年度性、主题性系列活动2014设计教育现场交流与专家论坛。来自全国30多所高校的专家就设计专业设置、培养目标、教学模式、教学质量保证以及学科的未来发展走向进行了探讨。

5月17日，由中国工业设计协会、广东省深圳市经济贸易和信息化委员会、深圳市南山区人民政府共同主办的2014全国青年设计师工作会议在广东省深圳市召开。协会会长朱焘，来自全国的青年设计师300余人参加会议。来自制造企业、设计企业、设计媒体、设计园区的5位青年设计师，分享了他们的设计创富经验及观点。来自政产学研商等方面的10余位专家与青年设计师进行了互动交流，共同探讨了设计创新的突破之路。协会与深圳市设计联合会联合推出了“设计创新加速器”构想，与会专家对首批“设计创新加速器”试点项目进行了现场评估，同时举行了3个试点项目的授牌和启动仪式。

4月27日，协会发起并任会长单位的中国工业设计园区联盟2014年会在浙江省义乌市举行。会上发布了2013年中国工业设计园区数据统计与发展指数。会议就实现资源整合与共享基础上的“创新发展、特色发展、联动发展”议题展开讨论。园区联盟单位增至39家。

国际交往 11月4日，由中国工业设计协会和韩国设计振兴院共同主办的中韩设计商业论坛在韩国日山市举行。论坛是“2014韩国设计周”的重要活动之一。协会执行副会长黄武秀和10余位中国设计领域专家出席活动并发表演讲。

作为国际工业设计联合会会员，协会积极拓展中国与国际工业设计的交流，多次组织与韩国、德国、意大利、美国等国的学术讨论、互访交流等，以及与中国香港、澳门和台湾地区工业设计界的交流。

【第九届中国工业设计周】 10月24—27日，第九届中国工业设计周与首届江苏工业设计周在江苏省南京市、常州市、无锡市、太仓市同时举行。协会会长朱焘出席活动。

设计周期间，举办了2014年度中国工业设计十佳大奖颁奖典礼、第三届中国设计创新大会暨首届中韩设计创新论坛、2014年中国电动自行车产业创新论坛、中德工业设计周、中德工业设计创新论坛、中德设计创新主题展览等一系列活动。

在2014年度中国工业设计十佳大奖颁奖典礼上，颁发了十佳创新型企业、十佳设计公司、十佳杰出设计师、十佳推广杰出人物、十佳教育工作者5个奖项。

（撰稿人：田文苗）

中国工艺美术学会

服务创新型国家和社会建设 2014年，学会在第八届中国（莆田）海峡工艺品博览会期间，与中国轻工业联合会、中国轻工珠宝首饰中心联合主办了2014年中国工艺美术“百花奖”评选。

3月6—12日，学会与清华大学、中国美术家协会主办，清华大学美术学院、广州美术学院美术馆承办的“漆墨春秋——乔十光漆画艺术50年全国巡展”广州站活动举行。展览展出漆画艺术家、清华大学美术学院教授乔十光50年来的艺术作品，包括漆画作品80余幅，水墨、速写作品20余幅。展览对应乔十光的四个创作阶段分为“求索探新”、“拓展厚积”、“多元交融”、“混沌回归”四部分。“漆墨春秋——乔十光漆画艺术50年全国巡展”还计划在河北省石家庄市、上海市、福建省福州市、湖北省武汉市、重庆市、山东省济南市、陕西省西安市、江苏省南京市、山西省太原市、台湾地区台北市等地举行。

3月13—17日，由辽宁省大连市人民政府、中国工艺美术学会主办的第十二届全国工艺品、旅游品、礼品暨国际珠宝、古玩、书画艺术品博览会在辽宁省大连市举行。博览会共设国际标准展位695个，展览面积达1.6万平方米。来自中国大陆、香港特别行政区和台湾地区，以及国外的厂商共400余家参加博览会。

学会建设 10月10日，学会召开了第四次全国会员代表大会。2014年学会注册会员数量增长，个人会员达到4480人，团体会员5个。

国际学术会议 8月，学会织锦专业委员会主办的中国挪威手工艺交流会在江苏省南京市举行。25位专家、学者参加会议，其中境外专家、学者16人，交流论文2篇。

10月，学会鼻烟壶专业委员会在山东省淄博市与来自美国和新加坡的科技工作者进行了文化艺术交流，就传统琉璃艺术如何与世界接轨，鲁派内画艺术进行了探讨。

国内主要学术会议 学会及所属分支机构全年举办国内学术会议16次，参会人数1425人次，其中企业科技工作者389人次，交流论文85篇。举办的主要会议有中国内画艺术的发展与传承研讨会、玉文化进校园六年制教材（修订版）学术研讨会、竹木器鉴赏及明式家具艺术研讨会、塑造的路径——2014全国高

校毕业生优秀雕塑作品展研讨会等。

科普活动 6月，学会织锦专业委员会主任委员、江苏南京云锦研究所所长王宝林在南京师范大学开展了云锦专题讲座。

【中国工艺美术学会第四次全国会员代表大会】 10月10日，中国工艺美术学会第四次全国会员代表大会在辽宁省大连市召开。中国轻工业联合会会长步正发、副会长陶小年，中国科协学会学术部有关负责人，中国工艺美术学会第三届理事会理事长杨自鹏，以及来自全国各省、自治区、直辖市工艺美术行业组织负责人、专家、学者、工艺美术工作者等210余人出席大会。会议由学会第三届理事会副理事长兼秘书长赵之硕主持。

中国工艺美术学会第四次全国会员代表大会

大会审议通过了学会第三届理事会工作报告、财务工作报告、《中国工艺美术学会章程（草案）》、中国工艺美术学会会费使用情况报告和会费标准。

大会选举产生了学会第四届理事会理事132名、常务理事41名。陶小年当选为学会第四届理事会理事长，赵之硕、马佩、岳芙蓉、王建中、何炳钦、张玉彘、张春雷、李节、李幼梅、杨明贤、沈国臣、邹本柱、黄宝庆当选为副理事长，孙金瑞任秘书长。

学会四届一次常务理事会议研究探讨了新形势下学会工作的整体思路，安排部署了2015年的工作。

【工艺美术产业发展战略的思考学术论坛】 12月16日，学会主办的工艺美术产业发展战略的思考学术论坛在北京举办。来自全国各地的工艺美术专家、学者、企业家等近30人参加论坛。学会理事长陶小年出席论坛并就研讨主题进行了论述发言。论坛由学会常务副理事长赵之硕主持。

陶小年说，如何促进工艺美术产业持续发展，是工艺美术界专家、学者、企业家们研讨和思考的重要课题。进入“新常态”，工艺美术产业要进行相应调整，要融入新的文化理念，考虑新的消费需求。

学会副理事长、上海工艺美术行业协会会长沈国臣以《在保护中发展、以创新求发展》为题，阐述了中国工艺美术产业转型发展的思考。学会副理事长、清华大学美术学院教授王建中发言的题目是《人才培养是工艺美术事业发展的战略选项》，阐述了工艺美术产业人才培养的问题。学会副理事长、广东省政府文史研究馆馆员张春雷以《广东传统工艺美术的现状与产业发展思考》为题，提出了中国工艺美术产业整体发展的新思路。学会副理事长黄宝庆从《对工艺美术文化特性再认识》的角度，讲述了当代工艺美术文化产业发展的问题。学会常务理事、中国艺术研究院研究生院原副院长孙建君以《非物质文化遗产保护与文化产业发展——以手工技艺例》为题，讲述了工艺美术产业中非物质文化遗产保护的问题。学会常务理事、中央美术学院雕塑研究所所长孙伟以《协同创新是工艺美术产业发展战略的关键环节》为题进行发言。学会常务理事、中国工艺美术馆副馆长王辉在以《当代工艺美术发展需要思考的问题》为题的发言中讲述了工艺美术的地域性与文化的多样性。学会常务理事、《雕塑》杂志主编宋伟光在《对中国当代工艺美术文化发展的几点思考》中分析了阻碍中国工艺美术文化发展的症结。学会常务理事、南京云锦研究所股份有限公司王宝林，学会旅游工艺品专业委员会主任委员刘子龙，学会工艺设计分会主任委员韩国荣等结合当代工艺美术产业发展战略的思考论题发表了观点。

赵之硕在总结发言中提出四点意见：一是加强政府主管部门支持和监管力度，引导工艺美术产业持续、健康发展。二是加强工艺美术人才队伍培养工作，调整培养人才结构。三是加强对科技成果的应用，鼓励工艺美术从业人员在继承传统技艺、传统文化的基础上，对新理念，新工艺、新品类的应用。四是在设计创作中提倡个性化、多样化，鼓励跨界融合、创新求变。

（撰稿人：张　赫）

中国科普作家协会

学会建设 10月26日，协会在北京召开了全国科普作家协会工作座谈会暨六届三次理事会议。来自全国各省、自治区、直辖市的近100名理事出席会议。北京市、上海市、四川省、广东省科普作家协会介绍了当地的科普工作经验。会议决定增补李文祺为荣誉理事、罗晖为副理事长，批准成立了数字科普教育专业委员会、新媒体科普创作专业委员会、科幻电影专业委员会、科普文化交流专业委员会、食品科普教育专业委员会和海洋科普专业委员会、中国少儿科普作家基地、中国青少年科普培训基地。

协会拟定、修订或完善了《王麦林科学文艺创作基金管理办法》《王麦林科学文艺创作奖评奖办法》《中国科普作家协会优秀科普作品奖评奖条例》《中国科普作家协会分支机构管理办法》《中国科普作家协会分支机构登记证书、印章管理及使用规定》等工作文件。

协会赴江西省、上海市、江苏省、安徽省、青海省、浙江省等地，调研当地科普作家协会的组织建设情况和工作开展情况。

协会委托中国科普期刊研究会开展了老科普作家史料采集工作，追忆他们的创作活动，记录他们与协会共同发展的历史，为我国科普创作留下宝贵的历史资料。

《科普创作通讯》全年出刊4期，发表文章200多篇、动态图片和消息150多条（幅）。

学术期刊 《科技与企业》和《生物技术世界》均与中国知网合作，进行期刊出版数字化准备工作。《科技与企业》全年出刊24期，发表文章5000余篇，总字数约2000万字；《生物技术世界》全年出刊12期，发表文章1000余篇，总字数约300万字。

国内主要学术会议 10月25日，协会科普摄影专业委员会主办的2014中国科学摄影高端论坛在北京召开。会议由科普摄影专业委员会副主任委员、秘书长李博文主持。协会副理事长、科普摄影专业委员会顾问居云峰致辞。30余位来自专业摄影机构和媒体，以及研究单位的摄影家和科学摄影爱好者，40余位大学生，共计80余人参加会议。会议梳理了我国科学摄影的发展现状，探讨了科学与摄影的关系，以及科学摄影艺术的内涵与表达，揭示了科学摄影在科学普及中的意义。

论坛面向全社会进行征文，经论文评审组专家的初审、终审，最终评选出11位作者的11篇论文作为会议交流论文，其中8名论文作者围绕科学摄影作了交流报告。协会理事长、中国科学院院士刘嘉麒为获奖论文作者颁发了荣誉证书。论坛组委会编印了《中国科学摄影高端论坛文集》，拍摄了《中国科学摄影高端论坛专题片》。

两岸交流 9月12日，第七届海峡两岸科普论坛在江苏省南京市举办。论坛由江苏省科协、福建省科协、上海市科协、中国科普作家协会与台湾地区《科学月刊》杂志社、元智大学、海峡两岸学术文化交流协会等单位共同主办。论坛的主题是“新媒体时代的科普实践与创作”。有来自海峡两岸科普界、科普创作界、科技传媒界的专家、学者和科普爱好者共计200余人参加论坛。论坛征集论文139篇，其中大陆学者论文103篇，台湾地区学者论文36篇。

科普活动 2014年，中国科普作家演讲团到山东省、云南省、内蒙古自治区、甘肃省等地的学校和社区进行了科普演讲，作了300余场报告，受众10余万人次。

中国科普作家演讲团与北京市海淀区教委签订了合同，联合举办了“科普知识进百校”活动。协会理事长、中国科学院院士刘嘉麒带头深入学校进行演讲，共举办科普报告100余场，为海淀区教师培训班举办了10余场科普报告。

中国科普作家演讲团与新媒体“车语传媒”（手机电台）开展合作，在“车语传媒”开设以APP为基础的“中国科普广播”频道，制作节目100多期。

8月18—22日，中国科普作家演讲团与北京科普创作协会在北京举办了第一期科普演讲培训班，37人参加了培训。

协会编印出版了《中国科普名优作品集锦》。该书由江西人民出版社出版，收录了1980—2012年第一至第五届全国优秀科普作品奖荣誉奖、一等奖作品介绍，第一、第二届中国科普作家协会优秀科普作品奖优秀奖作品介绍，以及历届科普作品获奖名单，共收录95部（260余册）获奖作品。

6月，第三届全国大学生“科联奖”科幻征文活动启动。本届征文活动新增了对科普类作品的征集。活动共收到科普作品34篇，科幻作品138篇，其中短篇作品96篇，中长篇作品42篇。评选出科普作品类一等奖1名、二等奖1名、三等奖2名；科幻作品类长篇、短篇一等奖各1名、二等奖各2名、三等奖各3名。

8月27日，协会国防科普委员会与中国发展战略研究会国防战略委员会、中国兵工学会联合部分省国

防教育办公室举办的“强我国防，兴我中华”金海杯第八次全国国防教育系列活动启动仪式在北京举行。该系列活动作为2014年“关心国家安全，维护海洋权益”主题宣传教育活动的内容之一，包括“维护海洋权益，共建强大国防”主题征文、“中国海洋国土和防卫政策”知识竞赛、“国防科普和国防教育报告团”巡回宣讲等活动。40余家国防教育部门和媒体的有关人员参加启动仪式。

协会与北京市紫光教育培训中心联合举办了首届全国中学生科普作文大赛。大赛于5月启动，8月结束。参赛对象为全国高一、高二年级学生。共有1000余名学生参加大赛，从中选拔出101位优秀选手入围决赛。大赛最终评选出一等奖12名、二等奖15名、三等奖18名及优秀奖若干名。

协会与北京市科普创作协会联合开展了第二届北京优秀科普作品征文活动，活动的主题是“科学梦写出来”。通过海选、初评、复评和终评等程序，评选出一、二、三等奖。活动期间印制了海报，举办了培训班。

协会美术专业委员会编印了《全国优秀科普挂图书目选集》和《全国少年儿童科学幻想绘画大赛优秀作品选》。制作航天科普展板100块，并在河北省怀来县展出，8000余名青少年参观展览。协会为科学普及出版社编写了《建国65周年国家科技成果发展大型画册》。协会从全国青少年科幻画大赛中遴选出300幅获奖作品，于12月在台湾地区进行展出，展览由协会科普美术专业委员会和中国高科技产业研究会展览部承办。

5月17日，协会科学文艺委员会与中国科技新闻学会科普工作委员会、北京理工大学团委等联合举办了“四号线地铁诗歌坊科学诗”专题活动并发布新书《走进珊瑚筑成的宫殿——地铁4号诗歌坊精粹》。在“四号诗歌坊”开设了科学诗专题。

中国科协会员日 12月18日，协会组织会员参加了中国科协直属全国学会会员日活动。协会理事长、中国科学院院士刘嘉麒参加了直属全国学会理事长座谈会并在开幕式上致辞。

协会通过展板介绍2014年开展的重点工作，内容包括中共中央政治局委员、国家副主席李源潮与科普作家进行座谈以及协会35周年系列活动。展示了协会精品书系以及第一、二、三届中国科普作家协会优秀科普作品奖获奖作品100余种。现场播放了协会35年历程视频、优秀科普影视作品以及优秀科普图书介绍视频。免费发放了《全国少年儿童科学幻想绘画大赛优秀作品选》《2013年公众喜爱的科普图书推介书目》《中国科普作家演讲团简介》《第三届“中国科普作家协会优秀科普作品奖”获奖名单》等材料。

协会科普摄影专业委员会举办了科学摄影专题讲座，协会理事李秋弟作了题为《关于科普摄影的三个问题》的专题讲座，从相机的选择及附件的功用、科普摄影创作实例赏鉴等方面讲述了自己多年从事科学摄影的心得体会。

【科普与中国梦主题论坛】 2014年是中国科普作家协会成立35周年。为了纪念协会走过的35年历程，协会举办了系列学术与科普活动。10月24—26日，中国科普作家协会、中国电影制片人协会和中国科普研究所共同举办的科普与中国梦主题论坛在北京召开。主题论坛分为学术论坛、中国首届科普电影文化周、工作论坛3个板块。

学术论坛包括高层科普论坛和科普创作学术年会。高层科普论坛邀请中国人民解放军航天员大队二级航天员王亚平，协会副理事长、科普作家卞毓麟，《知识就是力量》杂志社社长郭晶，哈尔滨工业大学教授李垚等作了专题报告。科普创作学术年会共征集论文100余篇，分为科普创作理论、科学与文艺、科普作品赏析、新媒体与创作体会、科学摄影专题论坛5个分论坛进行交流研讨。

中国首届科普电影文化周包括科普电影、图书、摄影、美术作品展和科普微电影大赛。整个活动展映科普电影100余部、优秀科普图书及美术摄影作品数百件。

工作论坛包括中国科普作家协会六届三次理事会议和全国科普作家协会工作座谈会。举行了优秀科普作品奖颁奖大会，颁发了第三届中国科普作家协会优秀科普作品奖和王麦林科学文艺创作奖，表彰了优秀科普作家，并向中国首届科普微电影大赛获奖作品颁奖。

【第三届中国科普作家协会优秀科普作品奖评奖活动】 第三届中国科普作家协会优秀科普作品奖评奖活动，共征集到参评图书288种（套），参评影视作品143种。依照评审条例，评奖办公室组织专家对参评作品进行了初评。4月，召开第一次评奖工作组织委员会会议。经组织委员会审定同意，5月和7月分别组织专家对科普影视作品和科普图书作品进行了终评。最终评出14种科普图书为金奖，31种科普图书为银奖；10种影视作品为金奖（影视类7种，动画类3种），12种作品为银奖（影视类8种，动画类4种）。

【金涛获首届王麦林科学文艺创作奖】 10月26日，首届王麦林科学文艺创作奖颁奖典礼在北京举行。74岁的科普作家、科学普及出版社原社长金涛获得首届王麦林科学文艺创作奖。

金涛在半个多世纪的科学文艺创作生涯中，贯穿始终的对科学的基本认识、对人类的深切关怀、对未来的深刻思考使他的作品独树一帜。早在20世纪50至60年代，金涛就开始在《中国少年报》发表科学童话作品，从此走上科学文艺创作之路。70年代后，他以《光明日报》记者的身份，创作了数百万字的科学报道、专访、游记、随笔、报告文学和人物传记，作品曾多次获得国家级奖励，其科幻小说代表作《月光岛》、《魔鞋》产生了广泛的社会影响。

王麦林是中国科协原党组成员、中国科普作家协会创建人之一，为我国科普创作事业的繁荣发展做了大量的开拓性工作。2013年6月18日，协会接受了王麦林的100万元捐款，设立了“王麦林科学文艺创作奖励基金”，这是中国科普界唯一的科学文艺创作奖励基金。

（撰稿人：孟　雄　谢丹杨）

中国自然科学博物馆协会

服务创新型国家和社会建设　协会自然史专业委员会牵头起草制定《自然类博物馆展览评估标准》。利用展览开展国际及国内馆际交流，策划中国恐龙和古生物展览。组织开展全国重点保护野生动物标本调查与建档工作，对重点保护野生动物标本数据进行统计汇总。

协会承接了科协系统内科技馆免费开放相关工作。整理免费开放科技馆名单，制定科技馆免费开放宣传方案等。

协会组织召开科技馆组建理事会试点工作调研座谈会，就科技馆组建理事会工作方案的制订，调研报告的编写等进行探讨，并部署了在部分科技馆组建理事会的试点工作。

协会承担中国科协“十三五”科普基础设施发展规划前期研究专题项目“全国自然科学类博物馆人才结构现状和需求调研报告”“专业科技博物馆发展研究”和“科技馆发展研究”，为“十三五”期间科普基础设施发展提出了思路和措施建议。

协会与中国科协科学技术普及部、清华大学科学传播中心联合主办了第一届地市级科技馆建设（合肥）培训班，130人参加培训。

协会湿地专业委员会协助江西省鄱阳湖湿地公园建立“科学大课堂”，建立科普实验室和活动室，开展科学实验活动，并培训相关科技辅导员。

学会建设　12月8日，协会六届二次常务理事会议在广西壮族自治区南宁市召开。39位常务理事出席会议。会议总结了协会2014年工作，就2015年工作要点进行讨论，审议通过了部分理事、常务理事变更决定以及2014年度协会表彰人员名单。会议决定变更理事14名，变更常务理事6名，增补常务理事1名。

4月11日，协会在北京召开了2014年度联络员工作会议。来自协会各单位会员的联络员及协会有关负责人和工作人员共110人参加会议。会议对2013年联络员工作进行总结，通报了2014年开展的与单位会员密切相关的协会年鉴等重点工作情况，表彰了优秀联络员，并开展了工作经验交流等活动。

10月13日，协会展项研发与环境设计工作委员会工作会议在安徽省合肥市召开。会议选举产生了展项研发与环境设计工作委员会新一届领导班子。

中国自然科学博物馆协会是全国范围内的科技类博物馆行业组织。在协会的引领和示范作用下，国内10余个省级行政区相继成立和即将成立科技类博物馆协会组织。这一行业发展形势要求协会在工作中发挥领头羊作用，为省级协会的成长发展提供支持和帮助。协会顺应行业发展新形势，在总结以往工作经验的基础上，10月22日在四川省成都市组织召开省级自然科学博物馆协会联合会工作会议。

协会开展了新一届理事会各委员会机构及其人员的组建工作。共设9个专业委员会，7个工作委员会。

截至2014年年底，协会共有在册单位会员539个。2014年收缴会费34万元。

协会网站完成了改版，增设互动功能和用户服务入口。新版网站已开始试运行。以协会新版网站为平台，设立会员管理系统，实现会员入会、登记、管理工作的全程信息化操作，并计划在此基础上建立会员数据库。

受协会委托，专业委员会对全国专业科技博物馆的基本情况进行了调查，计划建立我国专业（行业）科技博物馆基础信息资料数据库。结合《"十三五"科普基础设施发展规划》研究、编制工作方案的要求，梳理了"十二五"期间我国专业（行业）科技博物馆发展概况，撰写完成相关研究报告。

根据《中国自然科学博物馆协会优秀集体及优秀个人评选表彰办法》，由各专业委员会提名推荐优秀集体，各单位会员推荐优秀工作者，经过评选和协会六届二次常务理事会议批准，共评选表彰优秀集体45家、优秀工作者135名。

学术期刊 2014年，协会启动了学术期刊创办工作，与中国科技馆、上海科技馆合作，分别开始创办《中国自然科学博物馆》以及《科学教育与博物馆》两个学术期刊。

国内主要学术会议 5月24日，由中国自然科学博物馆协会和中国青少年科技辅导员协会共同承办的第十六届中国科协年会第16分会场——以科学发展的新视野，努力创新科技教育内容论坛在云南省昆明市召开。中国科协副主席、中国自然科学博物馆协会理事长程东红，中国科协党组成员、中国科技馆馆长、中国自然科学博物馆协会常务副理事长束为出席会议并讲话。120余人参加会议。分会场共征集论文300余篇，向年会论文集推荐优秀论文91篇。

11月7—8日，协会科技馆专业委员会在安徽省芜湖市举办2014年全国科技馆发展论坛。会后出版了论文集。

协会湿地博物馆专业委员会开展论文征集评审活动，出版《湿地科普宣传教育》论文集，收录优秀论文近100篇。8月8日，专业委员会在甘肃省张掖市召开学术研讨会，80余位湿地科普场馆工作者以"湿地科普宣传教育"为主题进行学术交流活动。

5月，在国际矿物宝石博览会举办期间，协会国土资源博物馆专业委员会在湖南省长沙市召开了博物馆论坛，来自国内外的专家、学者，以及国土资源博物馆专业委员会专家，共计100余人参加论坛。

两岸交流 协会自然保护区专业委员会于8月和11月分别在江西省南昌市和台湾地区举办了海峡两岸自然保护区业务交流研讨会。组织大陆保护区和台湾地区相关行业开展交流活动。

国际交往 协会外事工作委员会与美国科技中心协会（ASTC）合作，将其代表性刊物《维度》引进中国，翻译发行了《维度》中文版，并通过协会向单位会员免费发放。

表彰举荐优秀科技工作者 协会推荐的王士莉获得了中国科协"全国优秀科技工作者"称号。

会员服务 7月21—22日，协会科技馆专业委员会在山西省太原市组织召开第四届全国科技馆馆长培训班，全国62家科技馆的馆长参加培训。

5月12—14日，协会水族馆专业委员会动物训练员培训班在天津市举办，国内20多家场馆的60余名学员参加培训。

协会秘书处按期编印协会《通讯》，内容涵盖近100家单位会员的发展状况、活动信息等，全年共发行6期，近8000份。

中国科协会员日 协会参加了中国科协学会服务中心组织的中国科协直属学会会员日现场活动。协会副理事长贾跃明出席了中国科协直属全国学会理事长座谈会。会员日期间，协会利用自身科普场馆资源，承担了中国科协印刷四馆联票，并向在北京的中国科协会员寄送的任务，共发放参观券3000余份。

【《中国科普场馆年鉴（2014卷）》】 2014年，协会以行业基础调研为抓手，编辑出版了《中国科普场馆年鉴》。

协会成立了年鉴工作委员会，协会理事长程东红担任主任委员，各副理事长担任委员。2013年10月，协会开始对年鉴工作进行前期研究，2014年年初，年鉴工作作为科普专项工作，向中国科协提交项目申请，4月获得批准立项，并给予专项经费支持。12月编辑完成并出版。

《中国科普场馆年鉴（2014卷）》共收录协会180余家会员场馆的资料，基本摸清了我国科普基础设施、特别是自然科学类博物馆的底数，为我国自然科学类博物馆提升展教能力、共享优质展教资源打下了基础。年鉴介绍和汇集了协会单位会员的情况，为业界相互学习借鉴提供了资料。

（撰稿人：王　青）

中国可持续发展研究会

服务创新型国家和社会建设 2014年，研究会组建专家智库，按研究领域划分为14个服务团队，服务团队专家共89人。研究会组织服务团队深入基层一线，为10个地区提供专项咨询服务。

研究会承担了中国科协前沿高端学术活动项目——跨区域横向生态补偿制度建设研讨会、中国科协综合交叉学术交流项目——中国防灾减灾之路学术研讨会，出版了《跨区域横向生态补偿制度建设研讨会论文集》《中国防灾减灾之路》，并将专家观点提炼出3份建议报告，提交有关部门。

研究会组织长期从事可持续发展领域国际谈判、战略研究以及生产实践的专家、学者、企业家等，对一系列可持续发展领域亟待研究和探讨的命题进行研讨交流，编辑出版了《绿色发展：全球视野与中国抉择》文集。文集包括上、中、下三篇以及附录，共收录24篇文章、2份决策建议报告。

研究会结合联合国正在大力推动制定全球可持续发展目标（SDGs）的工作，以“中国可持续发展目标与实现路径”为主题，向社会公开征文，其中41篇被联合国选入2015年《全球可持续发展报告》。

研究会承担了中国科协关于“提升学会国际学术影响力的策略研究”课题，通过对学术团体的国际学术影响力的研究，找出学会国际学术影响力的影响因素、作用机制及提升策略等。

学术期刊 研究会会刊《中国人口·资源与环境》（中文刊）共受理稿件5216篇，出版12期，全年总印数31200册，刊发文章285篇；《中国人口·资源与环境》（英文刊）共受理稿件146篇，出版4期（季刊），全年总印数1200册，刊发文章50篇。《中国人口·资源与环境》被中国学术期刊电子杂志社、中国科学文献计量评价研究中心、清华大学图书馆评为“2014中国国际影响力优秀学术期刊”，被中国社会科学院中国社会科学评价中心评为“中国人文社会科学权威期刊”，获得山东省委宣传部、省人力资源和社会保障厅、省财政厅和省新闻出版广电局共同颁发的“山东省新闻出版奖报纸期刊奖”。

根据中国科技信息研究所发布的《2014年版中国科技期刊引证报告（核心版）》，2013年度，《中国人口·资源与环境》的核心影响因子为0.924，在1989种核心刊中排名第207名；综合评价总分52.9，在1989种核心刊中排名第455名，比2012年的519名有较大提升。《中国人口·资源与环境》（英文刊）进入中国信息情报研究所统计源期刊库，复合影响因子为0.174，在“经济计划与管理”38种期刊中排名第34名。

决策咨询 举办决策咨询活动11次，参加活动专家48人次，服务地区10个。为贵州省贵阳市、北京市房山区长阳镇、山西省长治市等地的区域发展提供宏观战略咨询服务。研究会可持续农业专业委员会分别为贵州省遵义市凤冈县现代烟草农业示范园区核心区建设规划、宁夏内陆开放型经济试验区现代农业发展规划、四川省南充市国家农业科技园区总体规划、贵州省贵阳市国家农业科技园总体规划提供科技咨询服务。研究会为会员企业自主研发的“油污染防治及资源回用关键技术”召开专家咨询座谈会，对技术水平进行鉴定，对市场推广提出建议。组织国外专家赴会员单位安徽省黄山市多维生物集团实地调研，为多维生物集团的发展思路、产业链构建情况、产品生产经营、人才培养及资本运作等提出咨询建议。为单位会员陆易斯通集团开展的项目提出咨询建议，并促成其与国际机构的战略合作等。

国际学术会议 研究会召开高端前沿学术会议国际学术会议3次，赴境外组织学术会议1次，参加人数303人次，其中企业科技工作者52人次，境外专家、学者31人次，交流论文约300篇。

6月28日，研究会人居环境专业委员会与国家住宅与居住环境工程技术研究中心共同主办的中国－瑞典保障性住房研讨会（2014北京研讨会）在北京召开。会议由瑞典隆德大学住房发展和管理系协办。瑞典隆德大学教授Johnny Åstrand出席会议并发言。

8月11—14日，研究会可持续农业专业委员会在北京召开第三届农业地理信息科学与工程国际会议。约200位专家、学者参加会议，其中境外专家15人。会议征集论文300篇。

9月16日，研究会可持续农业专业委员会在北京召开亚太经济合作组织（APEC）农业技术合作工作组（ATCWG）第18届年会，来自中国、美国、日本、澳大利亚等15个成员体和APEC秘书处的专家、学者共81人参加会议，其中境外专家15人。

8月14—20日，由研究会与欧洲华人华侨社团、北欧可持续发展协会联合举办的2014北欧中国绿色经济与企业可持续发展论坛在瑞典斯德哥尔摩召开。论坛的主题是“加强交流，寻求互补，促进合作，共同发展”。来自北欧和中国高校、科研院所的专家、学者、企业家共150人参加论坛。论坛由可持续发展的战略和管理、北欧－中国可持续发展项目演示、可持续发展项目投资促进三部分组成，21位专家发表了演讲。会后，中方代表团考察了瑞典、芬兰两国可持续发展示范点，并与相关机构座谈交流。

国内主要学术会议 研究会举办国内学术会议共4次，参加人数约400人次，其中，企业科技工作者50人次，交流论文240篇。

9月23日，研究会在北京举办跨区域横向生态补偿制度建设研讨会。会议涉及生态补偿与生态服务付费的理论、GDP与GEP双核算机制、生态服务空间流动、生态补偿中的企业参与，三江源地区、东江湖流域、密云水库流域的生态服务价值评估与生态补偿机制构建等内容。

10月21—22日，研究会在北京组织召开中国防灾减灾之路学术研讨会。会议分为防洪篇、城市防灾规划篇、防灾宣传教育篇、防灾保险篇、中国特色防灾篇、防地灾篇、防震篇等七部分，旨在探索人与自然、人与人之间和谐发展的道路。

10月30日至11月2日，研究会可持续农业专业委员会在福建省福州市召开2014年度中国农业资源与区划学会第六届会员代表大会暨2014年学术年会。155人参加会议，收录论文47篇。

11月，研究会减灾专业委员会与中国灾害防御协会灾害史专业委员会、中国水利学会水利史研究会等机构，在北京联合主办第十一届中国灾害史年会暨灾害史的理论与方法国际学术研讨会。

两岸交流 12月14—20日，研究会可持续农业专业委员会组团赴台湾地区，开展海峡两岸可持续农业交流活动。先后访问了新竹县农会、关西金勇休闲农场、彰化永靖乡农会、台盛有机农场、嘉义农业精品示范园、高雄中崎有机农业专区、禾大农业科技股份有限公司、屏东农业生物科技园区等，海峡两岸农业领域的专家、学者就多元化现代化农业，先进的农业产销技术以及运行管理机制进行了座谈交流。

国际交往 研究会理事何建清参加了“国际能源机构太阳能空调制冷项目”，参与研究第51号项目“太阳能在城市规划中的应用”。研究会理事隋同波与澳大利亚MONASH大学合作开展石墨烯在水泥中的应用及机理方面的项目。

研究会与北欧可持续发展协会在瑞典斯德哥尔摩达成合作意向，双方就共同推进可持续发展产业的国际交流与合作建立战略合作。研究会水问题专业委员会与清华大学、环境保护部环境规划院等单位共同参与美国自然资源保护委员会（NRDC）组织开展的“煤炭消费总量控制方案和政策研究”项目。研究会人居环境专业委员会参与在浙江省宁波市实施的“全球环境基金赠款项目”，研究中国城市建筑节能和可再生能源利用项目；参与在四川省眉山市实施的“联合国人居署－巴斯夫基金会赠款援建项目”，开展牧马学校灾后评估与修复工程；参与在四川省彭山县实施的“联合国人居署－巴斯夫基金会赠款援建项目”，开展涌泉村抗震小学灾后评估。

研究会参加国外科技活动人数56人次，接待瑞典、芬兰、日本、蒙古、印度、澳大利亚、美国、俄罗斯、柬埔寨、韩国、南非、智利等国外专家来访86人次。

科普活动 研究会举办科普宣传活动4次，受众人数约38000人次。举办青少年科技竞赛活动2项。

研究会与德国阿德尔菲研究院继续合作，开展2014年度中德环境、冲突与合作巡展3次。5月23日至6月24日，首场巡展在北京市航天中学启动，200余名学生参加活动。研究会邀请中国地震局地质研究所研究员高建国为学生们作了防震减灾科普宣传讲座，并向学生赠送了科普读物。9月13日至10月12日，第二场巡展在西北师范大学举行。甘肃省兰州市的企业工作人员和学校师生共150余人参加活动。德国阿德尔菲研究院院长亚历山大出席启动仪式并作科普讲座。11月23日至12月22日，第三场巡展在河北联合大学举办，300余名师生参加活动。学会邀请专家以“应对气候变化”为主题作科普报告。

6月5日，围绕“清洁空气、为美丽北京加油”主题，研究会在北京市玉渊潭公园组织开展了“六·五”环境日青年志愿者宣传活动。整个活动由“低碳、节能、环保”视频宣传教育活动、“治理雾霾、清洁空气”建议征集活动、“我为节能减排做贡献”测试活动、“徒步1小时·让我们同呼吸”环湖健身走活动等四部分组成。研究会为参与者发放了明

中国可持续发展研究会第四届设计再造创意展颁奖典礼

信片以及《全民节能减排实用手册》和《节能减排36计》等书籍。

研究会与北京青少年科技文化交流服务中心共同主办了第十四届北京青少年科普短剧汇演，近200所中小学校的近万余名青少年参与优秀科普短剧征集活动。

4月，由研究会和中国建筑学会共同主办、中国建筑学会室内设计分会承办的第四届中国设计再造创意展活动启动。活动分为预热、作品申报、百幅作品入围、综合评选四个阶段。活动共征集到高等院校、设计公司的参赛作品416件。最终评选出二等奖4名、三等奖8名、入围奖83名，一等奖空缺。最佳导师奖3名，优秀导师奖2名，导师奖3名，最佳组织奖6名。获奖作品在中国建筑学会室内设计分会第二十四届（厦门）年会期间展出。

表彰举荐优秀科技工作者 研究会推荐的北京高能时代环境技术股份有限公司总工程师刘勇获得中国科协“全国优秀科技工作者”称号。

会员服务 5月16—17日，研究会在北京召开2014年加强会员管理与服务工作座谈会。会议围绕科技社团改革、社团总体发展方向以及如何加强会员管理与服务等议题进行讨论，了解会员的实际需求和问题，为会员提出解决问题的办法和建议，增进研究会与会员之间的沟通和交流。

研究会为全体理事和会员订阅了6种学习资料，其中《部委政策动态报告》49期、《财经分析预测》49期、《能源产业发展报告》48期、《内参消息》12期，共500余万字，发送《中国可持续发展会讯》24期，建立“会员之家”微信平台，每天发布可持续发展领域的最新资讯，保持与会员之间的沟通。

中国科协会员日 12月21日，学会开展了“牵手自然，健康相伴”会员日活动。组织38位会员走进北京高能时代环境技术股份有限公司，体验一线科技工作者的工作和生活，参观了公司环境展厅，并与2014年全国优秀科技工作者、北京高能时代环境技术股份有限公司总工程师刘勇进行座谈。

（撰稿人：姜　艺）

中国青少年科技辅导员协会

服务创新型国家和社会建设 协会根据基层实际需求，先后组织培训基层师资力量23人。为广西壮族自治区桂平市、陕西省志丹县、河南省汝阳县、新疆维吾尔自治区石河子市等地科技辅导员举办培训班，科技辅导员、科学教师552人参加培训。

举办了2期全国科普剧（科学秀）创作与表演培训班。24个省、自治区、直辖市的224名科技辅导员和科技教师参加培训。

协会派出30位培训教师，开展“送培训到基层”活动，深入甘肃省兰州市，内蒙古自治区鄂尔多斯市、呼伦贝尔市、巴彦淖尔市，海南省陵水县、保亭县，浙江省宁波市，贵州省贵阳市等基层会员单位开展培训，为当地培训科技辅导员2726人。

协会承担了中国科协科学传播专家团队数据库建设管理、活动简报搜集与日常联络等工作。组织3期科学传播专家培训研讨交流班，共计120余位全国首席科学传播专家和350位学科科学传播专家参加培训交流。中国科学院院士杨焕明、北京协和医院临床营养科教授于康等首席科学传播专家作了大会交流，中国工程院院士郑静晨等科普专家，分别就科普创作、科普报告、新媒体科普传播、科普教育创新等主题作了讲座交流。

组织召开2次全国学会科学传播专家团队建设座谈会，宣讲科学团队建设工作的意义、背景和工作方案。组织全国学会科学传播专家研讨交流班2期，组织“科普影视策划与制作”为主题的沙龙活动，邀请专家讲解科普影视策划和创作的方法、技巧、经验及注意事项。

协会开展“创新科学教育内容的实践探索”论文征集活动。共收到科技辅导员的科教论文近700篇，论文总结了科技教育典型案例和科技活动中的宝贵经验。

开展“协同高校青少年科学实践工作站开发科技教师培训资源”研究。对上海市高校青少年科技实践工作站开展科技教师培训的模式、课程设置等进行分析论证，形成研究成果。

学会建设 协会全年发展个人会员173人、单位会员13个，注册个人会员总数达到6709人，单位会员总数达到473个。

协会召开理事会议1次、常务理事会议1次、常务理事会通讯会议1次。

学术期刊 协会主办的《中国科技教育》杂志全年发行量7.8万份。

国内主要学术会议 5月24—25日，中国青少

年科技辅导员协会与中国自然科学博物馆协会在云南省昆明市共同承办了2014年中国科协年会第16分会场——以科学发展的新视野，努力创新科技教育内容论坛。中国科协副主席、中国自然科学博物馆协会理事长程东红，中国自然科学博物馆协会名誉理事长、“卡林加奖”获得者李象益，美国洛杉矶加州大学教育与信息科学研究生院教授威廉·桑多瓦尔（William A. Sandoval）等专家、学者，以及青少年科技辅导员、青少年科技教育工作者等80余人参加会议。分会场学术交流活动共收到300余篇论文。

8月24日，协会与英特尔公司共同举办了以“科教创新”为主题的科技教育论坛，对“大型开放式网络课程（MOOC）”进行了介绍和培训。

科普活动 协会组织开展了“大手拉小手——科普报告希望行”活动。组织中国科学院老科学家科普演讲团、中国老教授协会老教授科普报告团、中国科普作家演讲团的老科技工作者、科普专家81人次，分别赴湖北省、宁夏回族自治区、云南省、内蒙古自治区、青海省、甘肃省、辽宁省、河南省等8个省、自治区的机关、社区、企业、军营、高等院校和中小学校开展了392场科普报告，内容涉及生态环保、地震防灾、航空航天、卫生防病、新能源等方面的科普知识，听众达10.3万余人次。

7月12—18日，协会承担了中国科协夏季科学展科学讲坛的组织工作，邀请中国工程院院士戚发轫、李天初、孙宝国、徐銤，以及一些年轻的学科带头人，为公众作了8场科普报告，报告内容既包括航天知识、食品安全、蛟龙号等公众普遍关注的热点内容，也包括体细胞再生、月宫一号、子午工程、核快堆技术、原子钟等我国前沿科学技术成果。听众1200余人次。

中国科协大手拉小手科普报告希望行走进青海

协会组织孙万儒、李皓、傅前哨、潘厚任、徐文耀等5位“中国科学院老科学家科普演讲团”的老科学家，录制了5场时长为10分钟的微型科普报告，报告制作完成后上传至网络对公众播放。

协会资助重庆市、新疆维吾尔自治区、四川省、河南省、吉林省、山东省、陕西省等地建设青少年科学工作室22个。对四川省雅安市和重庆市等地的青少年科学工作室资助项目执行情况进行了调研，分别就两地科学工作室提出的发展思路设想、青少年实际需求、科技辅导员现状、科学工作室开放与运行、示范与辐射作用等与实施单位进行了座谈，并依据青少年科学工作室实施办法提出了意见。协会启动了青少年科学工作室现状问卷调查，了解各级青少年科学工作室的运行、经费、科技辅导员队伍等情况。

协会承担了第29届全国青少年科技创新大赛科技辅导员活动板块的组织实施工作。协会对大赛申报的660项科技辅导员创新作品进行审查，并邀请专家通过网上评审、分别评分的方式，对通过资格审查的科技辅导员创新项目进行了初评，最终评选出207项科技辅导员创新项目入围终评。共有196项入围终评的科技辅导员创新项目参加了终评评审。本届大赛共评出科技辅导员科技创新项目一等奖29项，二等奖74项，三等奖93项以及“十佳科技辅导员”。

表彰举荐优秀科技工作者 经协会推荐，贵州省黔西南布依族苗族自治州兴义第一中学科技辅导员刘婷婷、中国科协“做中学”科学教育改革实验项目教学中心（东南大学）副主任周建中获得中国科协“全国优秀科技工作者”称号。

会员服务 协会向新入会会员赠阅《青少年科技辅导员实用工作指南》，向全国会员发送协会电子版会讯和《青少年科技教育工作简讯》电子版。会员可以登录《中国科技教育》杂志网站阅读杂志电子版，优先在《中国科技教育》杂志、协会网站等发表文章，优先参与协会相关活动等。协会向会员赠阅《科技活动案例一百例》《中国科技教育》杂志共计3461册。

协会开展针对会员单位的培训，进行科学工作室建设、基本科技活动策划、动手实践活动设计等方面的培训，促进协会会员队伍建设。

中国科协会员日 12月15—21日，协会举办了2014年中国青少年科技辅导员协会会员日活动。通过协会网站、电子邮件将协会推选一线科技辅导员参加第六届全国优秀科技工作者评选情况发送给会员。组织会员参加了中国科协直属全国学会会员日活动。协会组织召开了利用高校资源开展青少年科技教育研讨会，会议就依托高校设立的“青少年科技实践工作站”对科技教师进行培训所取得的实效进行了介绍，就科技教师在教学中如何创新、科技教师培训需求、科技教师培训的协同机制完善和培训内容和考核的方式多样化发展等进行了研讨。

【第二届全国科学表演秀大赛】 9月17—19日，第二届全国科学表演秀大赛决赛在北京举行。来自12个省、自治区、直辖市的9个科技馆和9所中小学的14个科普剧、6个科学秀进入决赛。评选出科普剧本一等奖2名、二等奖4名、三等奖8名、优秀奖30名，科普剧一等奖3名、二等奖5名、三等奖6名、优秀奖16名，科学秀一等奖1名、二等奖2名、三等奖3名、优秀奖5名。9月20日，14个获奖的优秀科普剧和6个科学秀节目，在全国科普日北京主场进行了演出。

大赛自4月启动，共收到22个省、自治区、直辖市125个机构的257份作品，其中科普剧本138个，科普剧表演视频100个，科学秀表演视频19个，内容涉及物理、化学、生物、环境保护、健康、人与自然等方面。此次大赛由协会和中国自然科学博物馆协会共同主办、科学同盟网和《中国科技教育》杂志社共同承办。

（撰稿人：董　操）

中国科教电影电视协会

服务创新型国家和社会建设　协会承接了中国科协学会管理制度改革基础培育工程项目——自主服务社会基础能力建设类和中国科协学会能力提升专项评估项目，以及中国科协学会服务中心中国科协年会声像资料搜集整理、“全国学会能力提升加强‘中国龙奖’品牌建设”项目。

协会承接了国家新闻出版广电总局电影局2部在全国公映的科教影片的制作任务。

完成了1部微视频科普影视节目制作，提供给国家电影院线放映和中国科技馆体系影院播放使用。

学会建设　2014年，协会发展个人会员32人，个人会员总数达到559人，团体会员总数达到44个。

科普活动　协会从2013年“科蕾奖”获奖影片中挑选出符合2014年全国科技周主题的科普作品17部，与制作单位协商版权后，复制100套光盘，发放到电视台、学校、社区、乡镇、流动放映车、车载移动电视、网站等进行展播，范围遍及北京市、安徽省、福建省、甘肃省、广西壮族自治区、广东省、贵州省、海南省、浙江省、河北省、河南省、吉林省、江苏省、宁夏回族自治区、青海省、山东省、上海市、天津市、重庆市。受众超过1000万人次。

协会将“中国龙奖”“科蕾奖”优秀影片与全国科普日公益展播相结合，全国科普日期间，在广东省深圳市举办了“粤纪录　悦精彩”2014中国国际科教影视展评暨制作人年会科教纪录片公益展映活动，安排11部总时长640分钟的影片，在深圳科学馆、少年宫、学校、社区等展播68场，展播影片有人文、科学、环境、社会、动画等类型。

表彰举荐优秀科技工作者　经协会推荐，协会副理事长、北京科学教育电影制片厂谢九如获中国科协“全国优秀科技工作者”称号。

【2014中国国际科教影视展评暨制作人年会】 9月19—22日，由中国科协、国家新闻出版广电总局支持，中国科教电影电视协会和广东省深圳市科协共同主办，深圳市航都文化产业投资有限公司、深圳市建筑科学研究院股份有限公司承办的2014中国国际科教影视展评暨制作人年会在广东省深圳市举办。中国科协副主席程东红出席颁奖典礼。来自20多个国家和地区的科教影视机构的决策人、制片商、发行商、投资商等约500人参加活动。

大会的主题是“全媒体时代的科教节目创作”。会议主要内容包括颁发“中国龙奖”、优秀作品展播、节目预售和市场推介、专业高峰论坛。大会设置6个论坛，围绕“以科教的名义求真求善求美”“努力推动中国纪录片的发展”“迎接全媒体时代的挑战”“全媒体时代的传媒业与社会蓝图”“全媒体时代科教节目发展的趋势”“科教节目创作的娱乐化因素探讨”“发展科教节目之路（中国单元）（欧美单元）（亚洲单元）”等17个议题进行专题探讨。

中央电视台、中国教育电视台、各省市电视台、电影厂、各科教节目专业创作机构，澳大利亚广播公司（ABC）、英国广播公司（BBC）、加拿大广播公司（CBC）、探索频道（Discovery Channel）等20多个国家和地区的电影电视传播媒体和制作机构选送作品

和派员参加活动。《人民日报》、新华社、中央电视台等120余家媒体对活动进行了报道。

【中国科教电影电视协会“中国龙奖”评选】 2014年，协会组织开展了“中国龙奖”评选活动。2014年“中国龙奖”分为科教长片类（30分钟以上）、科教短片类（30分钟及以下）、科教栏目类、科教实验类、科教动画类、自然与环境类6类。共征集到20多个国家和地区的169部作品，初评选出71部作品入围提名奖，终评选出38部作品分获各类奖项。其中评委会大奖2名，金奖6名，银奖12名，铜奖18名。中国农业电影电视中心和华风气象传媒集团有限责任公司选送的《气候变化与粮食安全》、奥地利广播公司选送的《大黄蜂的秘密》获得评委会大奖。探索频道选送的《史蒂芬·霍金干细胞大探索》、韩国广播公司选送的《雨中求存》、中央电视台纪录频道选送的《杰克卡特的生命》、北方影业选送的《卡卡杜国家公园》、北京科学教育电影制片厂选送的《瓷路》、日本NHK电视台选送的《日本海底神秘怪圈》获得金奖。

（撰稿人：刘　畅）

中国科学技术期刊编辑学会

服务创新型国家和社会建设　2014年，学会共举办各类培训班6期，其中3期编辑业务培训班、1期英文编辑培训班、1期数字出版业务培训班、1期主编岗位培训班，共培训学员824人次。参加培训学员考试合格后获得了由国家新闻出版广电总局印制的《结业证书》或《主编岗位培训合格证书》。

学会继续承担中国科协主管科技期刊的审读工作。

学会建设　2014年，学会组织开展了换届准备工作，召开了3次学会理事长办公会议和1次换届领导组扩大会议。10月31日，召开学会五届二十四次常务理事会议，会议由学会理事长、中国科学院院士朱邦芬主持。会议研究讨论了学会换届工作，选举产生了学会第六届理事会理事长、副理事长和秘书长候选人，对学会章程提出了修改意见，并通过了学会工作报告、章程修改报告、财务工作报告的报告人选。

学会通过组织各种活动加强与会员的联系，吸引更多的编辑部加入学会，学会团体会员数达到1073个，个人会员达到7511人。

国内主要学术会议　2014年，学会召开第14届中国科技期刊青年编辑学术研讨会暨第7届中国科技期刊青年编辑奖颁奖大会，第12届全国核心期刊与期刊国际化、网络化研讨会，第6届科技期刊发展创新研讨会与全国科技期刊数字培训班等3次学术会议，参会人数900人次，交流论文180余篇，出版论文集1部、《编辑学报》增刊2期。

9月12—15日，学会与中国科学技术信息研究所、北京万方数据股份有限公司、万方数据电子出版社联合主办的以“弘扬践行核心价值观　推动精品期刊繁荣发展”为主题的第12届全国核心期刊与期刊国际化、网络化研讨会在江西省南昌市召开。来自全国的443位期刊出版业专家、学者出席研讨会。会议共征集论文90篇，评选出优秀论文一等奖15篇，二等奖25篇，三等奖33篇，并出版了会议论文集。

10月17—25日，第6届科技期刊发展创新研讨会与全国科技期刊数字培训班在广西壮族自治区北海市举行。来自国内外出版单位的330名专家、学者出席会议。会议共收到论文40余篇，评选出优秀论文一等奖4篇，二等奖6篇，会议论文以《编辑学报》增刊形式出版。

会员服务　学会向国际重要检索系统推荐国内科技期刊，利用网络建立国际交流信息传播平台等。

完成了第7届中国科技期刊青年编辑奖评选，中国科技期刊青年编辑奖每4年评选一次，本届共有103名青年编辑获奖。

【第14届中国科技期刊青年编辑学术研讨会暨第7届中国科技期刊青年编辑奖颁奖】　7月3—5日，第14届中国科技期刊青年编辑学术研讨会暨第7届中国科技期刊青年编辑奖颁奖大会在北京召开。会议以“全媒体时代科技期刊的发展”为主题，来自全国的140余位青年编辑参加会议。会议收到论文50余篇，评选出优秀论文一等奖5篇，二等奖10篇，论文以《编辑学报》增刊形式出版。大会对103位获得第7届中国科技期刊“青年编辑骏马奖”的青年编辑和4位获得“青年工作突出贡献奖”长期热心于青年工作委员会工作并作出积极贡献的青年工作委员会委员进行了颁奖。

（撰稿人：姚希彤）

中国流行色协会

服务创新型国家和社会建设　协会开展色彩搭配师国家职业四级和三级培训和考评工作。编写并出版色彩搭配师基础知识职业教材，修订完成《色彩搭配师四级》教材，完善四级理论知识及专业能力题库和考核方法。完成《色彩搭配师三级》教材初稿、培训与考评体系配套练习、题库等。完成了色彩搭配师国家职业培训与考评制度建设，通过建立15项制度，形成完整的制度体系。

3月27—28日，在北京举办了第二期国家职业色彩搭配师考评员培训。

7月24—25日，在北京举办了第一期国家职业技能鉴定质量督导员培训班。

全年共举办27期色彩搭配师国家职业四级培训与考评，共计培训、考评来自工业、服装、建筑环境、汽车、室内装饰、形象设计、平面设计等领域人员及高校师生500余人。举办2期色彩搭配师国家职业三级培训与考评，共计培训、考评39人。举办5期企业内训色彩搭配师技能培训，共计培训1000余人。

与天津市、辽宁省、江苏省、山东省、广东省、上海市、陕西省、湖南省、河南省等地的15家职业院校合作建立色彩搭配师国家新职业中国流行色协会培训基地，并开展了色彩搭配师国家职业四级和三级培训与考评工作。

举办“色彩与品位的联动体系理论及实践”高端课程1期。举办室内陈设软装色彩艺术设计高级研修班1期。

协会研发了服装陈列色彩课程、室内设计及软装行业色彩搭配课程、设计师色彩搭配强化课程及个人形象顾问等课程。

初步完成“色彩搭配师人才数据库”建设。初步搭建了“色彩搭配师就业网”。

9月23—26日，协会与浙江省绍兴市柯桥区人民政府共同主办2014柯桥科技时尚创意周暨第五届中国（柯桥）纺织花样设计展览会。活动以“科技·助推转型，设计·智造品牌”为主题，旨在助推柯桥纺织全产业链的提升发展。

10月24—27日，协会与浙江省绍兴市柯桥区人民政府共同主办2014中国（柯桥）国际拼布艺术节。拼布爱好者、企业设计师及相关人员约2万余人参加活动。艺术节以“拼布之路”为主题。国内外的100余幅（件）作品进行展示，举办了拼布材料及工具展销、拼布主题论坛和4场国际拼布名师培训等活动。来自中国大陆和台湾地区，美国、韩国、加拿大的专家出席拼布主题论坛，分享拼布经验和感受，并进行制作培训。

5月，协会与河北省清河县政府共同开展了2014/2015秋冬流行趋势发布，并建立了中国第一家羊绒时尚馆。

11月，协会在广东省东莞市大朗镇举行2015—2016秋冬中国（大朗）毛织服装品牌流行趋势发布。

协会与色彩研发基地澜点羊绒合作研发新一季羊绒色彩趋势并发布羊绒色彩库，为海尔集团提供2015—2016年大家电色彩流行趋势预测，为北京爱慕内衣有限公司发布2015秋冬内衣色彩流行趋势，提供2014—2015年内衣竞品品牌色彩分析等。

协会与中国林产工业协会在上海市联合发布《2014—2015国际流行色·中国家居装饰流行趋势报告（简称CIDT）》。

学会能力提升计划 协会完成了中国科协学会能力提升专项优秀科技社团奖第三期项目工作，提交了3年整体工作总结和报告。

结合中国科协学会能力提升专项“信息化建设”子项目建设工作，在协会网站“会员板块”增设“会员服务专区”，实现各类会员登录“会员服务专区”在线下载阅览《流行色》杂志电子版图文资讯，实现各类会员信息变更的在线提交，展示会员相关活动、新品展示、学术成果、产品研发等。“会员空间”板块专设“会员服务在线试读”栏目，供色彩科技工作者了解协会为各类会员提供的专业报告以及协会举办的专业论坛、学术交流等活动。协会网站增设咨询窗口，搭建协会与会员互动交流平台，了解会员以及色彩科技工作者的专业服务需求。

国内主要学术会议 全年共举办国内学术会议4次，录用论文44篇，参会总人数达900人次。

3月7日，中国流行色协会主办、英国环球色彩研究机构（Global Color Research ）和CNCSCOLOR®（中国应用色彩体系）时尚色卡承办的2016春夏多领域色彩趋势研讨会在上海市召开。来自中国流行色协会、上海交通大学、立邦汽车涂料、PPG工业涂料、伊莱克斯小家电集团、中兴通讯的14名专家出席会议。来自不同工业领域的企业设计研发人员报告了各自针对国际和国内市场上涂料、汽车、工业设计等行业的趋势分析和流行色彩，用市场数据和最新的开发实样提出他们对未来市场的判断。

国际交往 协会两次派人员参加国际流行色委员会会议，提交了2016年春夏季中国色彩提案和主题、

2016/2017年秋冬季中国色彩提案和主题，并带回了日本、韩国、泰国、英国、法国、美国、意大利、德国、瑞士、芬兰、西班牙、匈牙利、土耳其、葡萄牙等14个成员国的色彩提案和国际定案，并向协会会员分享了时尚信息。

协会接待了日本、韩国、泰国、法国、芬兰等国家色彩公司和机构的专家、学者的来访，就色彩应用、设计等相关专业领域的内容开展交流和会谈，并与部分机构和公司达成了合作意向。

表彰举荐优秀科技工作者 经协会推荐，清华大学美术学院教授李莉婷获得中国科协“全国优秀科技工作者”称号。

科普活动 协会在13个省的26所高等院校开展了27场“色彩搭配技术科普校园行”活动，讲授色彩的影响力、色彩心理、服饰色彩搭配（国际大牌案例）、流行趋势、影响配色效果的因素、色彩搭配技巧、色彩定位、色彩管理和色彩规划色彩基础知识，受众达6000人次。

7月18日至8月3日，协会参加了北京首届城市科学节，通过服装设计及色彩搭配等活动，向参观的中小学生进行基础色彩知识的普及。

协会制作了60块色彩科普知识展板，内容涉及色彩心理学中的色彩性格、色彩功效、色彩控制、色彩能力、色彩测试、色彩嗜好、色彩感觉、色彩印象、色彩沟通等方面内容，在北京市、广东省广州市、陕西省西安市、湖北省武汉市、辽宁省大连市、黑龙江省哈尔滨市、重庆市的13所艺术类高等院校开展了“色彩科普进校园”主题科普展览，1.5万余名师生参观展览。

制作了网页浏览方式的色彩科普光盘，包括“科学·技术”“人文·社科”“生活·百科”“心理·健康”“视频·动漫”“人物·图片”“窍门·互动”等内容，向公众进行色彩科普。

出版青少年儿童色彩科普读物《玩转色彩》。该书共3册，分为5～8岁幼儿版、8～12岁小学版、12～15岁初中版，内容涉及服装色彩、家居色彩、生活用品色彩等，引导孩子注意身边常见的生活现象，萌发对色彩和学习的兴趣。

党建强会 协会党支部开展了党建强会实现美丽中国梦·企业产品色彩与风格定位指导活动。党支部编写了《党建问答知识手册》，组织支部党员赴国家博物馆参观“复兴之路”主题展，为协会党员发放了《指导新时期宣传思想文化工作的纲领性文献：学习习近平总书记在全国宣传思想工作会议上的重要讲话文选》书籍，组织支部党员学习观看《腐败案警示录》和《严守党的纪律》等影像资料。

会员服务 协会修订了《中国流行色协会会员服务条例》。将协会会刊《流行色》杂志（160页）替代原会员通讯《色彩中国》（48页）发放给会员，增加了为会员提供的色彩专业资讯的信息量。

协会通过官方网站、官方微博、色彩搭配师官方微博、微信等方式面发布包括色彩科学常识、色彩设计理念、色彩时尚、色彩趋势、色彩营销、色彩培训、流行资讯、产业资讯等方面的专业资讯。

为会员提供《2015秋冬国际色彩报告》《2016春夏国际色彩报告》和《国际纺织品流行趋势》等专业报告。完成“中国城市居民时尚生活方式及色彩取向”2014年调研工作，根据大众的价值观、生活方式与生活态度、品牌选择态度、产品消费态度和影响因素等指标，通过分析数据，细分人群，找出时尚的确切定义，为会员企业服务。

协会面向会员举办色彩搭配设计师三级专业能力培训与考评6期，二级专业能力培训与考评2期，一级专业能力培训与考评2期，共计培训、考评130余人。

【中国流行色协会第九次全国会员代表大会】 12月5日，中国流行色协会第九次全国会员代表大会在山东省青岛市召开。来自全国各地的180余名代表参加大会。中国纺织工业联合会副会长孙瑞哲，中国流行色协会会长梁勇，以及中国色彩事业建设、时尚产品设计和生产相关领域的专家、学者、企业家出席大会。

大会审议并通过了协会第八届理事会工作报告、财务工作报告、修改后的协会章程、修改会费准的提案，表彰了为协会作出突出贡献的企业和优秀科技工作者，选举产生了协会第九届理事会理事、常务理事和协会领导班子。梁勇当选为协会会长，朱莎当选为执行副会长，贺显伟当选为秘书长。朱莎任协会法人。

【第八届亚洲色彩论坛】 12月5—7日，第八届亚洲色彩论坛在山东省青岛市召开。来自中国、法国、日本、韩国、泰国等国的专家、学者和企业家300余人参加论坛。中国纺织工业联合会副会长孙瑞哲，中国流行色协会会长梁勇，青岛市委常委、副市长王广正，中国流行色协会执行副会长朱莎，日本流行色协会事务局长大内田一晶，韩国设计研究基金会主席李秀哲，泰国流行趋势研究员苏丝妮·塔南格斯娜库尔等出席论坛。

论坛的主题是“色彩源动力”，与会专家、学者围绕色彩行业在亚洲的应用与发展、色彩管理和控制、色彩灵感、色彩视觉与传达、民族色彩文化与时尚等议题进行了交流。

中国美术学院副院长宋建明在开幕式上对本届论坛主题“色彩源动力”进行了文化解读。法国色彩委员会主席奥利维·奎莱曼通过梳理一百多年以来法国乃至世界范围内时尚界色彩的历史演变以及其中蕴含的文化内涵，提出了未来国际上两种既互补又对立的色彩趋势。丰田汽车株式会社设计开发部色彩设计室技术专家八木清演讲的主题是《汽车的色彩设计》，对颜色设计的信息传递，颜色设计和商品竞争力进行了分析，并分享了亚洲范围内色彩调研的数据和色彩设计的实例。

【第八届“色彩中国”颁奖典礼】 12月5日，以“美丽中国梦”为主题的第八届“色彩中国”颁奖典礼在山东省青岛市举行。中国大陆和台湾地区，法国、芬兰、日本、韩国、泰国的专家、学者300余人出席颁奖典礼。

本届“色彩中国”评选6月启动，受到国内企业、专业机构、高等学府、色彩科技工作者的广泛关注和参与。经过第八届“色彩中国”年度大奖组委会专家三轮评审，中华孚色纺股份有限公司、劲霸男装（上海）有限公司、深圳歌力思服饰股份有限公司、李宁（中国）体育用品有限公司、海尔集团创新设计中心、爱玛科技股份有限公司、湖南湘江关西涂料有限公司、郭红雨城市色彩研究室、广州虹雨建筑设计有限公司等28家企业和4名个人分获色彩应用、色彩科技、色彩教育、色彩文化等4类共计21个奖项。获奖机构和个人涉及纺织品、汽车、服装、家电、城市设计等领域，涵盖出版、教育、传统文化传承等多个体系，展现了各领域专家、学者、企业研发人员、技术人员在色彩领域探索、研发、创新、应用等层面的最新成果。

中国流行色协会第八届色彩中国颁奖典礼

【2014中国色彩学术年会】 12月7日，主题为“色彩科技与产品创新”的2014中国色彩学术年会在山东省青岛市举行。协会会员、企业家、设计人员等300余人出席年会。年会就色彩设计、色彩应用、色彩研发、品牌驱动等议题展开了研讨。

年会特邀法国CYAL色彩协会主席、欧洲色彩学会AEC荣誉主席伊夫·沙赫内，广州大学教授郭红雨，香港理工大学教授骆梅，韩国汉阳大学教授李恩京，清华大学教授邱松等作了专题演讲。

会议出版了《2014年流行色协会学术年会论文集》，收录论文44篇，47万字，内容涉及色彩研究、色彩科技、色彩教育、产品色彩设计应用、建筑与环境色彩等领域。

（撰稿人：秦爱梅）

中国档案学会

服务创新型国家和社会建设 2014年，学会共举办16期档案干部职业教育培训班，培训学员2000余人次。学会与中国人民大学档案学院联合招生，举办两年制的档案在职研究生课程进修班，近40人参加进修。

学会与中国人民大学信息资源管理学院、紫光软件系统有限公司联合完成了中国科协调研课题“我国科技档案管理体制机制及存在问题研究”。课题调查了当前我国科技档案工作的现状与问题、需求与差距，针对我国科技档案管理体制、机制和制度提出了政策建议。

学会完成“档案数字化质量控制”课题研究，编写教材并组织“档案数字化质量控制”专题培训。学会组织专家组成“档案数字化质量控制”课题组，依据档案数字化的基本原理，针对不同模式与方法、数字化的工作流程、数字化工作相关标准与规范解读、数字化质量控制体系建设、控制质量要求等问题进行专题研究，并组织相关档案人员进行培训。

学会建设 2014年，学会发展个人会员14人，

团体会员 13 个，个人会员总数达 7966 人，团体会员总数达 153 个。

召开 3 次常务理事会议和 3 次分支机构负责人会议。7 月 11 日召开的学会七届十次常务理事会议研究决定成立中国档案学会老专家委员会。

3 月 29—31 日，学会在浙江省杭州市召开以“促进档案学会能力提升”为主题的 2014 年全国档案学会秘书长会议。全国各省、自治区、直辖市和副省级城市档案学会秘书长和分管学会工作的负责人，中央各专业系统档案学会秘书长，以及中国档案学会各分会会长、各专业委员会主任等 80 余人出席会议。会议邀请中国人民大学公共管理学院教授杨健以《运筹学的原理与应用》为题作学术报告。

学术期刊 会刊《档案学研究》全年出版 6 期，刊登 110 余篇论文。利用在线编辑系统实施杂志的编辑工作，坚持一稿多审，坚持主编约稿和自然来稿相结合、学术界和实际部门相结合、理论研究和规律总结相结合的原则，提高期刊的质量。

决策咨询 学会与中国人民大学信息资源管理学院、中山大学大数据研究院、国家档案局共同承担了国家档案局“档案强国评价指标体系构建研究”课题。该课题以国家档案局提出的“建设与文化强国地位相匹配的档案强国”的战略目标为研究主题，明确“档案强国”的概念内涵和内容构成，搭建出多层次、多维度的档案事业发展的综合性评价指标体系模型，为国家档案局提供了科学分析和决策的建议书。

国内主要学术会议 全年共举办大型学术研讨会、交流会议 14 次，征集学术论文 2310 篇。举办系列学术讲座 30 场，参加人数 5400 余人次。出版论文集 5 种。学会围绕“档案与文化建设”的主题，分别召开了 2014 年全国档案工作者年会、海峡两岸档案学术交流会、专题讲座等。

8 月 7 日，《档案学研究》编辑部、《档案学通讯》杂志社、《中国档案》杂志社在云南省昆明市联合举办了第三届中国档案职业发展论坛。各省、自治区、直辖市档案局，国务院各部委、各直属机构档案管理部门，各高等院校档案管理部门，各级企事业单位档案管理部门的 200 余名档案工作者参加论坛。论坛的主题为“社会变革时代的档案职业”。中国人民大学教授、《档案学通讯》总编辑胡鸿杰，《中国档案》总编辑邓小军，中国档案学会秘书长、《档案学研究》总编辑方鸣分别作了题为《中国档案职业状况分析》《〈中国档案〉见证新中国档案事业》、《新时期对档案职业的要求与挑战》的主题演讲。论坛分为法制与标准、职业状况、职业责任与风采、数字化生存、资源建设等 5 个板块。来自高校、军队、企业、事业单位的 20 余位专家、学者围绕“档案职业状况与社会认知”“社会变革中档案工作者使命与责任”“新时期对档案职业的要求与挑战”“档案工作职业风采”“档案职业资格认证”等主题汇报了自己的研究成果。

12 月 12 日，中国档案学会老专家委员会在北京召开中国档案事业发展学术论坛暨纪念国家档案局成立 60 周年座谈会。老专家委员会 20 多名在京委员参加座谈会。会议由老专家委员会主任王德俊主持。国家档案局原局长冯子直，第九、第十届全国政协委员、国家档案局原副局长、中央档案馆原副馆长刘国能，国家档案局综合科教司原司长王景高，中国档案出版社原社长邹步英分别以《国家档案局成立前后暨党和国家社会主义档案事业的全面建设和发展——纪念国家档案局成立 60 周年》《国家档案局与档案理论建设》《国家档案局的成立与中国档案特色》《国家档案局成立 60 周年回顾》为题作专题发言。

9 月 19 日，在 2014 年全国档案工作者年会期间，学会 7 个专业学术（技术）委员会分别召开了学术研讨会。

国际交往 12 月 16—17 日，学会参加了在北京举办的国际档案理事会东亚地区分会 2014 研讨会。研讨会的主题是“档案专业的挑战——是危机还是机会”。国际档案理事会东亚地区分会的成员，以及近 100 位中外档案领域的专家、学者从法律、技术和具体操作等角度展开了研讨。中国国家档案局局长杨冬权在会上致辞。来自英国、加拿大、韩国，中国大陆和香港特别行政区的 6 位专家作了主题报告。日本、韩国、蒙古，中国大陆和澳门特别行政区的专家在会上发言。

科普活动 6 月 5 日，国家档案局和中国档案学会在北京联合举办了“祖国建设与档案”专题讲座。中央机关和国家机关、人民团体、中央企业、部队和中央档案馆、国家档案局的近 600 名档案工作者听取讲座。

6 月 5 日，为纪念“国际档案日”，学会邀请国防大学教授王宝付、北京史研究会会长李建平以《档案与新时期国防建设》《档案中的北京变迁》为题作了报告。

学会与北京市档案局举办了“档案见证北京”文化系列讲座。邀请档案专家讲述了明清时期的诰命与敕命、大内档案解析：清宫八大疑案、从《北京人物志》的编纂解读北京人物、中华人民共和国国家标志的诞生、周令钊：共和国形象的设计者、北平市首任市长何其巩其人其事、邵飘萍夫妇的新闻救国梦等。邀请城市规划专家解读了北京城市规划与城市建设，邀请北京史文化学者作了《文化名人与北京西山》《文化沃土琉璃厂》等讲座。全年共举办28场讲座，听众达3000余人次。

【2014年全国档案工作者年会】 9月18—19日，学会在福建省厦门市召开以“创新——档案与文化强国建设”为主题的2014年全国档案工作者年会。国家档案局局长、中央档案馆馆长杨冬权，厦门市副市长倪超出席开幕式并致词，大会由学会理事长李和平主持。学会常务理事，以及来自基层单位的档案工作者1300余人参加会议。

年会共征集论文2248篇，其中314篇被评为优秀论文，67篇优秀论文编入论文集。年会前，学会出版了《创新：档案与文化强国建设——2014年档案事业发展研究报告集》《创新：档案与文化强国建设——2014年档案事业发展论文集》《建设与文化强国相匹配的“档案强国”论文集》。

会上，对北京市、天津市、辽宁省、江苏省等25家档案学会进行表彰，并颁发了优秀组织奖证书。为314位获得优秀论文的作者颁发了优秀论文奖获奖证书。

河南大学教授王立群以《档案与历史》为题进行大会演讲。中山大学资讯管理学院教授陈永生以《坚持才能创新——也谈档案与文化建设》为题、中国人民大学信息资源管理学院长张斌以《基于知识管理的档案档案信息资源开发利用》为题、中国第一历史档案馆副馆长李国荣以《档案文化建设的时代特色与发展趋势》为题、中国第二历史档案馆副馆长马振犊以《论数字档案化前整理工作》为题、陕西师范大学历史文化遗产保护教育部工程中心主任李玉虎以《档案保护科学研究新突破实例》为题、国家档案局档案科学技术研究所所长马淑桂以《创新与发展——数字模拟影像技术服务档案工作》为题、中国科学院档案馆研究员屠跃明以《关于档案数字化质量控制体系的研究》为题、航空工业档案馆馆长高大岭以《大数据时代的企业档案工作》为题作大会专题报告。

大会期间举办了档案设备用品展示、展览会，部分档案装具生产公司、软件开发公司参加展览。

【2014年海峡两岸档案暨缩微学术交流会】 5月24—31日，中国档案学会、中国文献影像技术协会组成以中国档案学会名誉理事长、国家档案局局长、中央档案馆馆长杨冬权为团长的29人代表团，赴台湾地区参加了2014年海峡两岸档案暨微缩学术交流会。海峡两岸档案、缩微及文献影像界的专家、学者120余人出席会议。

本次学术交流会以“档案文献的信息化经验、发展与趋势”为主题，21位专家、学者围绕档案文献信息化的主要经验、档案文献信息化中存在的问题、档案文献信息化建设的发展趋势等议题在大会上演讲了自己的论文（台湾地区作者12篇，大陆作者9篇），6位专家对交流论文进行了点评。会议编印了论文集，收录大陆作者论文16篇，台湾地区作者论文12篇。

会议期间，代表团参观了台湾地区文献馆等图书档案部门并进行座谈。

【第三届中国档案学博士论坛】 10月18—19日，中国档案学会与中国人民大学信息资源管理学院、《档案学通讯》杂志社共同举办的第三届中国档案学博士论坛在北京召开。国家档案局局长杨冬权等出席论坛并致辞。论坛吸引了来自中国大陆和台湾地区，美国、印度的160余名专家、博士生导师、博士参加。

本届论坛的主题为“回望经典：中外档案学的比较与借鉴”，论坛包括开幕式、主题论坛和学术报告三个部分，分为经典回望、中外比较、当代成就、自由发言4个板块。来自上海师范学院、台湾政治大学等15所高校的博士（生）围绕中外档案学的发展环境与理论贡献、欧美档案学对我国档案学基础理论研究的影响、中国近代档案学的历史与文本、中外档案学经典著作的当代价值、中国当代档案学的功能定位与发展趋势等专题展开讨论。

中国人民大学信息资源管理学院教授冯惠玲、美国威斯康星州历史学会教授瑞克（Richard L. Pifer）、台湾政治大学图书资讯与档案学研究所副教授林巧敏分别以《档案认知的螺旋之趣》、《档案实践的重新定义——对美国及加拿大档案学文献进行选择性调查的报告》、《档案使用研究与调查法》为题作专题学术报告。

（撰稿人：霍力华）

中国国土经济学会

服务创新型国家和社会建设 2014年，学会利用6个服务平台，主动地为全国低碳国土实验区、全国中小城市生态环境建设实验区，以及实验区党委、政府、企业和基层单位，提供发展战略、政策咨询、经验交流、政策解答、宣传推动等服务40多项，举办实验区工作会议、现场考察与经验交流、咨询论证等。

学会组织实验区指导委员会、专家委员会成员90余人次，赴20个实验区进行调研回访，与当地党委、政府进行沟通交流，了解情况，解决实际问题。甘肃省临洮县、靖远县、张掖市甘州区，江苏省南通市滨海园区，河南省洛阳师范学院，相继加入实验区共建工程。

经学会专家团队综合考评，将河南省鹤壁市发展为首个全国国土空间优化发展实验区。

学会以推动全国低碳国土实验区、全国中小城市生态环境建设实验区建设为目的，以课题合作研究和技术合作研发为纽带，独立或合作开展课题、项目10余项，主要包括“全国绿色国土行百项低碳技术绿皮书”“中国避暑小镇评价指标体系”“中国深呼吸小城指标体系”等。

学会建设 学会召开1次理事会议、2次常务理事会议、4次秘书长办公会议，发展会员单位12个，新增个人会员500多人。新成立国土规划、古树名木、国土与文化资源3个专业委员会。

学术期刊 学会会刊《今日国土》以宣传科技人物、介绍实验区的工作经验以及学术研究成果作为主要内容，增加了“实验区动态”栏目。全年编发宣传科技人物文章12篇，实验区先进工作经验文章20余篇，学术研究成果20余篇。

决策咨询 学会积极参与中国科协组织的决策咨询工作，提交了4份决策咨询报告，其中《县级土地规划实施面临突出问题，应强化规划的科学性、权威性》在《调研动态》上发表。

国内主要学术会议 学会围绕优化国土空间开发格局，主办和协办了系列学术会议。2月15日，在北京举办了以“望得见山水、记得住乡愁”为主题的第七届首都经济学家新春论坛。6月30日，举办以“优化国土空间开发格局，集约、绿色、低碳”为主题的第二届中国国土经济论坛。8月16日，承办了第32次中国科技论坛——京津冀一体化发展论坛。10月19日，在河南省鹤壁市举办了中国国土空间优化发展鹤壁论坛。参与协办第三届山地城镇可持续发展专家论坛、第四届中国湖泊论坛等学术活动。

6月7日，学会主办的第二届中国国土经济论坛在北京举行。论坛以“优化国土空间开发格局 集约绿色 低碳”为主题。学会常务理事、全国政协委员、环境保护部副部长周建主持论坛。国务院参事、科技部原副部长刘燕华作主题发言，学会副秘书长、国家发展改革委国土开发与地区经济研究所所长肖金成等6位专家、学者作了演讲，学会副理事长兼秘书长柳忠勤以及首都有关科研教学单位的专家、学者及出席第十次全国实验区工作会议的41个中小城市党政领导共150余人出席论坛。

与会专家就优化我国国土空间开发格局中的雾霾治理、低碳发展、生态红线、新型城镇化、国土整治、地区协调发展等相关问题展开了交流和探讨。

科普活动 学会创建科学传播专家团队，以中小城市为服务对象，组织专家团队深入基层，面向农民、学生、公务员等人群，开展科普工作。

开办“国土知识大讲堂”，普及国土知识。继续推进“全国绿色国土行”公益科普活动。6月25日，学会与河南省科协、河南省国土资源厅、洛阳师范学院共同举办了“2014全国绿色国土行——走进河南”活动。

党建强会 学会秘书处党支部开展了党的群众路线教育实践活动，加强内部建设，服务基层、开展党建特色活动。9月5日，组织学会理事、《果农之友》编委、河南省草莓课题组组长周厚成，赴学会党支部共建单位河南省商丘市梁园区丁楼村和代庄村调研草莓种植情况，教授农民草莓种植技术。10月2日，学会派出人员参加了学会共建党支部山西省长治市振兴新区举办的第三届重阳文化旅游节，并为该村村史馆规划和建设出谋划策。

6月30日，在中国科协学会服务中心党委举行的先进党支部、优秀共产党员表彰大会上，学会秘书处党支部被授予先进党支部、学会秘书处党支部书记柳忠勤被评为优秀共产党员。

【第七届中国国土区域城市经济学家新春论坛】 2月15日，以“望得见山水，记得住乡愁”为主题的第七届中国国土区域城市经济学家新春论坛在北京召开。论坛由中国国土经济学会、中国区域经济学会、中国城市经济学会、中国区域科学协会和全国经济地理研究会联合主办。国务院参事、科技部原副部长、中国国土经济学会副理事长刘燕华，中国人民大学区域与经济研究所所长、全国经济地理研究会会长孙久文等专家、学者60余人出席会议。

在2013年中央城镇化工作会议上，“要依托现有山水脉络等独特风光，让城市融入大自然，让居民望得见山、看得见水、记得住乡愁”被写入会议文件。学会组织专家、学者以此为议题研讨，为我国实现“望得见山水，记得住乡愁”提出了建议。

与会专家认为，城乡一体化是“望得见山水、记得住乡愁”暗含的政策取向所在。城乡一体化是新型城镇化进程中的一个重要环节，如何稳妥、科学、有序推进城乡一体化，是关系城镇化质量全面提升的关键，也是扩大内需的主要突破口。但城乡一体化不等于“城乡一样化”。城乡在产业发展、地域文化、风俗习惯、组织结构等方面存在诸多的差异，如果不加以保留，许多原本稀缺而有价值的东西可能就流失了。当前阶段之所以要强调“城乡一体化”，本质上就是要消除城乡差距，更确切地讲，就是消除由于制度差别带来的各种水平差距，而同时应该保留城乡景观的差别、文化的差别和观念的差别。要做好城乡统筹，在城乡一体化的过程中实现城乡共赢，同时不能用建设城市的思路去搞新农村建设。

我国的大城市正遭受交通拥堵、雾霾不断、水资源严重短缺等“城市病”。对于如何治理“城市病”，与会专家建议：一是要从调控经济入手严格遏制大城市人口过快增长，适当调低经济增长速度，用低速、高质的经济增长换取人口集聚速度减缓。二是推进空间优化调整，疏堵结合，引导重心外移，城市副中心开发要有优先次序，不宜过多，分阶段建设，同时注意与城市主城保持适度距离。三是加强轨道交通体系建设，“加密”地铁网络，补上城际轨道交通的“短板”。

与会专家就如何实现“望得见山水、记得住乡愁”提出了建议：第一，城市建设要生态化，要讲究天人合一，有山有水，规划建设更多的绿地、公园等生态空间，确保生态空间的底线。第二，防范城市无序蔓延，不能一味吞噬或消灭乡村。在城乡一体化过程中要尊重城乡发展差异、特色，要设立城市边界，让乡村保持青山绿水的田园风光。第三，要建立长效机制，特别是生态补偿机制、资源补偿机制、耕地补偿机制等，切实保护生态、保护耕地、保护农业和保护农村。

与会专家呼吁，国家要重视绿色国土战略，尽早谋划中国区域发展格局，尽快启动编制《全国国土开发整治规划》，并相应修编《全国城镇体系规划》，在提高人口和产业活动承载能力的同时，有效减少“三废”排放，为子孙后代留下一批绿色的净土。

【第十次全国实验区工作会议】 6月7日，中国国土经济学会第十次全国实验区工作会议在北京召开。第十届全国政协副主席、学会理事长张怀西，全国政协委员、环境保护部副部长、学会常务理事周建，国务院参事、科技部原副部长、学会特邀副理事长刘燕华，学会特邀副理事长刘恕，学会副理事长兼秘书长柳忠勤等出席会议。来自21个省、自治区、直辖市的170余位实验区代表参加会议。会议由学会副理事长、原地矿部副部长陈洲其主持。

柳忠勤就2013年3月第九次实验区工作会议以来有关工作作了工作报告。柳忠勤从学会活动、实验区共建工程、学术研究与学术交流、努力扩大实验区品牌效应和分支机构活动5方面报告了学会和实验区的工作。

会议宣布，从学会理事中推选部分学术造诣、业务水平较高，长期支持并热情参与学会工作的专家，以及部分大学的院长为学会专家委员会副主任。

会议颁发了第四届全国绿色国土奖。10人获得“全国绿色国土奖”、100人获得“全国绿色国土先进工作者”。

张怀西在总结讲话中要求：一是要继续加强实验区共建理论研究，要做到理论与实际有机结合，通过实践总结，把实验区工作提升到新的水平；二是要加快推进建立实验区评价指标体系，保证实验区建设的科学性、可持续性和推广性，并应用于实验区共建单位的绩效评估，以助力地方经济社会发展；三是要积极稳妥地推动国土空间优化发展实验区创建工作，制定《全国国土空间优化发展实验区实施纲要》。

【“2014全国绿色国土行”走进河南】 6月25日，第24个全国土地日期间，学会与河南省科协、河南省国土资源厅、洛阳师范学院共同主办的“2014全国绿色国土行”走进河南活动在洛阳市举行。第十届全国政协副主席、学会理事长张怀西，中国科协原副主席、学会特邀副理事长刘恕，学会副理事长兼秘书长柳忠勤，以及3000余名师生参加活动。

本次“全国绿色国土行”走进河南活动以“低碳、绿色、发展”为主题，通过宣传、倡导低碳、绿色、发展，广泛宣传节能、环保、安全、健康、节约、集约、利用国土资源，优化国土空间开发格局等方面的观念、知识和方法，倡导建设资源节约型和环境友好型社会，将低碳发展的理念落实在工作、生活中。

张怀西为“绿色国土网”揭牌，为洛阳师范学院国土与旅游学院揭牌，为全国低碳国土实验区洛阳师范学院授牌。

【承接创新驱动助力工程 加快国土空间优化发展座谈会】 12月18日，中国科协直属全国学会会员日期间，学会在北京召开承接创新驱动助力工程，加快国土空间优化发展座谈会。学会副理事长兼秘书长柳忠勤，学会常务理事卫宏、武士国、王宏广、殷卫平，以及来自中国科学院、环境保护部、国家海洋局、北京大学、中国人民大学、中国农业大学、中国地质大学、首都经济贸易大学、中国国土资源经济研究院等单位的学会理事、会员、媒体代表30余人参加座谈。

与会专家认为，创新驱动助力的核心是人才、是技术，首先要进一步整合人才资源。有了人才资源，才能真正做到“企业出题、专家解题”。其次，需要进一步调整工作机制。创新驱动助力工程目标远大，定位高、要求高，决策机制、用人机制、服务机制、管理机制都要根据实际需要相应进行调整，讲大局、讲规矩、讲问题、讲效率。第三，要认真搞好调查研究。既要征求地方党委、政府的意见，也要研究所属企业的需求，更要倾听当地百姓的呼声。第四，协调联合有关兄弟学会，在友好互助、坦诚合作、资源共享、优势互补的原则下组合力量。争取创新驱动助力工程在示范带动和服务地方加速经济转型升级等方面取得最佳效果。

（撰稿人：杨巧英）

中国土地学会

服务创新型国家和社会建设 2014年，学会组织完成第二批土地规划甲级机构推荐工作，全国共有67家单位符合申报条件，进入土地规划甲级机构推荐评选目录。截至2014年年底，纳入学会土地规划甲级资质机构名录的单位共有292家。

6月和11月，学会在福建省厦门市举办两期土地整治专业技术人员培训班。培训内容涉及高标准基本农田建设、土地整治项目可行性研究与设计、土地整治项目质量评定和验收等。从事土地整治规划、设计、施工和监理等中介服务的专业技术人员400余人参加培训。培训结束后颁发了《继续教育证书》。

12月19—23日，学会在海南省海口市举办推进国土资源管理政策与法律制度改革研讨班。邀请最高人民法院、国土资源部有关专家授课，讲授内容涉及不动产登记制度改革、土地矿产资源管理新法规、国土资源行政复议与诉讼、国土资源依法行政等。国土资源管理部门相关负责人及工作人员190余人参加培训。培训结束后颁发了《继续教育证书》。

2月16—18日，学会派人员参加了中国科协调研组，赴河北省邢台市、衡水市调研农村土地流转问题，并负责起草了调研报告提纲和调研报告。报告认为，河北省宁晋县的土地托管盘活了农村土地资产，扩大了经营规模，促进了农业新技术的推广，取得了良好的生态效益，增加了农民收入，并得出了启示：土地流转为新技术的推广提供了平台和动力，欠发达的地区也应该促进土地流转，土地流转可以作为基层人民团体工作的抓手，用制度保证土地流转后农地农用，应按现代企业的标准改造宁晋的土地托管协会。

学会建设 4月17日，学会在北京召开六届七次常务理事会议，学会理事长、国土资源部副部长王世元出席会议并讲话。王世元在讲话中肯定了2013年学会工作，并就做好2014年工作提出要求：一是要认真学习领会习近平总书记、李克强总理等中央领导同志关于国土资源管理工作提出的新要求，按照国土资源部、中国科协工作部署，认清全局工作对学会具体工作的新任务新要求，进一步找准学会工作在大局中的位置，明确学会主业要干什么、能干什么、干成什么。二是要围绕国土资源部“尽职尽责保护国土资源、节约集约利用国土资源、尽心尽力维护群众权益”的工作定位和中国科协“服务创新驱动发展战略”的工作主线，进一步明确2014年学会工作的重点，搭建平台，夯实基础，规范管理，以实际行动为中心工作提供有效服务。三是要抓住社团组织改革机遇，创新拓展学会社会化服务职能，积极争取和承接在科技评价、行业资质管理、科技人才评价和科技社会奖励等方面政府转移的职能，为学会长远发展奠定基础。学会副理事长、常务理事出席会议，学会各分支机构秘书长列席会议。

会议审议并通过了学会2013年工作总结和财务工作总结，审议并同意了城市分会调整部分副主任委员的建议，部署了2014年工作。

7月30日，学会在北京召开2014年全国土地学会秘书长会议。会议总结了学会一年来的工作，重庆市、黑龙江省、湖北省等省级学会的代表在会上作典型发言。会议通报了学会期刊发行情况，对在学会期刊发行中表现优秀的单位和个人进行了表彰。

学术期刊 《中国土地科学》结合国土资源管理重点热点工作和土地学科建设任务，全年出刊12期，并刊发了《城乡建设用地市场与农牧区土地流转——2014年中国土地科学论坛论文集》和专刊。《中国土地科学》全年收到论文700余篇，发稿151篇。《土地科学动态》全年出刊6期，共编辑选稿400篇，刊发了105篇。《中国土地科学》和《土地科学动态》组织开展并完成了“农村集体建设用地流转制度创新”、“全面深化改革背景下政府在土地调控管理中的作用研究”两个重大选题，重点打造“本期关注”、“调控监测”等栏目。《中国土地科学》被评为“2014中国国际影响力优秀学术期刊”，已连续三年跻身“中国国际影响力优秀学术期刊”行列。

学科发展研究 学会与中国土地勘测规划院等单位合作，继续开展年度土地科学学科发展专题研究，对土地科学在2013年的最新进展情况，进行系统总结，完成了年度《土地科学学科发展蓝皮书》的编写工作。

学会完成了《国土资源年鉴》“土地科学研究”词条撰写工作，2013年度词条共3.6万多字，对2013年土地科学研究取得的成果进行了系统的梳理和总结。

学会完成了《2013年土地科学研究重点进展评述及2014年展望》等5篇专题研究报告。

10月，受学会土地科学专项基金资助，由谢俊奇等编著的《土地生态学》由科学出版社出版。该书为学会五届常务理事会确定的《土地科学》丛书中出版的最后一部。

12月9日，学会学术工作委员会在湖北省武汉市召开扩大会议，讨论了《土地科学学科发展蓝皮书》的编写问题，通报了学术工作委员会《中国土地学会优秀博士论文评选条例》报批工作进展情况。

国际学术会议 11月17日，学会与中国土地勘测规划院、中国人民大学公共管理学院、国际土地联盟（ILC）联合主办的新兴和发展中国家土地治理国际研讨会在北京召开。学会副理事长兼秘书长郑凌志出席会议并致辞。来自中国、俄罗斯、巴西、印度等18个国家的50余位专家、学者参加会议。会后，郑凌志就中国土地学会加入国际土地联盟及开展深入合作等问题，与国际土地联盟秘书长交换了意见。

国内主要学术会议 学会在湖北省武汉市主办了2014年中国土地学会学术年会，在北京召开了农村集体经营性建设用地入市研讨会，联合四川大学法学院在四川省成都市召开了农村集体经营性建设用地确权研讨会等学术会议。

6月24日，学会在北京主办了全国土地日专家座谈会。座谈会由学会土地规划分会和中国土地勘测规划院承办。6个省、自治区、直辖市国土资源管理部门的负责人和6位业界专家参加座谈会。国土资源部规划司司长董祚继作主题发言。董祚继认为，当前节约集约用地正酝酿着重大突破：一是各地的丰富实践推动节约集约用地制度机制加快创新，二是节约集约用地的理念和方式出现了不少积极的变化，三是各种节地模式、节地技术大量涌现，四是节约集约用地制度化、法制化建设取得重要进展。国务院发展研究中心农村部副部长刘守英在发言中提出，随着土地制度改革推进，土地用途和规划管制制度必须跟进：一是要处理好土地用途管制、城市规划管制和所有制管制的关系，二是解决好集体经营性建设用地入市与土地规划的关系，三是要处理好征地改革与规划的关系。刘守英认为，城乡结合部将成为推进改革、促进土地节约集约利用的主战场。

9月26—28日，2014年西部地区土地学会学术交流会在广西壮族自治区崇左市举行。会议的主题为“国土资源信访与执法机制探索”。

两岸交流 9月1—8日，2014年海峡两岸土地学术研讨会在台湾地区召开，主题为“土地规划与经济社会永续发展”。海峡两岸40多位专家、学者出席会议。学会副理事长、国家土地督察上海局局长高向军率16人组成的代表团参加研讨会。会议举行了1场大会报告和8场专题交流，就土地规划与区域经济一体化发展、土地规划与土地供需调控、土地规划与土地资源保护和土地规划与城镇集约化发展等四个议题展开了研讨。

10月，学会配合陕西省国土资源厅和陕西省土地

学会，在陕西省西安市召开了2014年海峡两岸不动产登记管理研讨会。海峡两岸30余位专家、学者出席会议。

国际交往 9月23日，学会理事长、国土资源部副部长王世元在北京会见英国皇家特许测量师学会（RICS）亚太区总裁维尔麦尔斯一行。

2月27日，学会副理事长兼秘书长郑凌志出席英国皇家特许测量师学会在北京举办的中国城镇化之未来国际论坛。学会副理事长黄小虎主持分会场“城镇化趋势下的房地产金融及土地”，学会推荐的中国人民大学教授吕萍、陶然，中国科学院地理科学与资源研究所研究员刘彦随，中国土地勘测规划院研究员唐健等4位专家在学会主持的分会场上作主题发言。

6月16—21日，学会组团出席了在马来西亚吉隆坡举行的主题为“迎接挑战，加强关联”的国际测量师协会（FIG）2014年大会。

科普活动 学会参与国土资源部统一组织的世界地球日科普宣传活动，在学会门户网站上制作并发布了宣传专题。

6月25日，为纪念第24个全国土地日，配合国土资源部有关宣传活动，学会联合中国土地勘测规划院等单位在中国土地学会网、国土资源网、中国土地规划网等网站同时举办第13期“6·25”土地日网上论坛，主题为“节约集约利用土地，转变土地利用方式”。19篇书面发言主要包括三方面内容：一是深化土地制度改革，二是加强城镇土地管理，三是加强农村土地管理。

【王世元会见英国皇家特许测量师学会亚太区总裁维尔麦尔斯一行】 9月23日，学会理事长、国土资源部副部长王世元在北京会见了英国皇家特许测量师学会亚太区总裁维尔麦尔斯一行。王世元向维尔麦尔斯一行介绍了国土资源部、中国土地学会的主要职能和工作，回顾了双方合作的情况。2013年6月，中国土地学会曾与英国皇家特许测量师学会签署了合作谅解备忘录，确定在会员推荐、学术交流、科技合作、人才培养、信息交流等方面开展合作。王世元表示，中方愿意在合作谅解备忘录框架下，深化与英国皇家特许测量师学会的合作，并提出四点建议：一是加强高层交流与互访。邀请对方的高层管理者进行交流与互访，促进双方的相互理解，加深合作。二是相互推荐会员。双方挑选专业技术能力优秀的人员，推荐申请对方的会员资格，使其拥有双重会员资格。三是加强合作研究，共同举办各类活动。双方就共同感兴趣的问题开展合作研究，联合举办学术研讨会，定期交换合作出版物，联合举办继续教育培训等。四是加强信息交流与共享。利用双方的会刊和网站等平台，发布双方有关学术活动的信息，科研论文或调研报告。王世元还建议，将会谈达成的共识作为补充条款加入双方的合作谅解备忘录。

维尔麦尔斯介绍了英国皇家特许测量师学会的基本情况，以及正在开展的主要工作，包括正在制定全球范围适用的不动产测量标准及土地、房地产和建造业的国际标准等。他赞同王世元提出的几点意见，表示愿意与国土资源部、中国土地学会进一步加强相关方面的交流与合作。

学会副理事长兼秘书长郑凌志、国土资源部有关司局负责人及学会规划分会、地籍分会、外事工作委员会有关负责人参加会见。

【2014年中国土地学会学术年会】 12月8—9日，2014年中国土地学会学术年会在湖北省武汉市举行。年会的主题为“深化土地制度改革，促进城乡统筹发展”。学会理事长、国土资源部副部长王世元出席会议并讲话，湖北省副省长甘荣坤出席会议并致辞，学会副理事长兼秘书长郑凌志主持会议。300余人参加会议。

学会副理事长、江苏省淮安市市长曲福田、湖北省土地学会名誉理事长、湖北省国土资源厅厅长孙亚、中国工程院院士郭仁忠、美国规划协会首席执行官詹姆斯·德里南（James Drinan）、美国规划协会国际项目主任杰弗瑞·苏尔（Jeffrey Soule）等应邀作大会主题报告。年会设置4个分会场、3个专题会场，40余人参与会上交流。

2014年中国土地学会学术年会

与会专家认为，深化土地制度改革、促进城乡统筹发展，是破解新时期我国经济社会发展一系列重大问题的迫切需要，是全社会共享改革成果的根本要求，也是加快建设法治国土的客观要求。应凝聚共识，按照党中央、国务院要求，坚持底线、试点先行、审慎稳妥推进土地制度改革。

会议强调，深化土地制度改革、促进城乡统筹发展，应当贯彻落实党中央、国务院的决策部署，围绕健全城乡发展一体化体制机制目标，在不断深化国有土地使用制度改革的同时，审慎稳妥推进农村土地征收、集体经营性建设用地入市和宅基地制度的改革，推动建立城乡统一的建设用地市场，正确处理好政府和市场的关系，保障土地所有者和使用者的土地权益，让国家、集体和个人公平分享土地增值收益，为推进新型城镇化和农业现代化提供支撑。一是以夯实土地权能为前提，建立起产权体系完整、权能明确、收益合理、权利保障的土地产权制度。二是以建立健全城乡统一建设用地市场的基本规则、标准和制度为方向。核心是破除城乡体制障碍，将国有建设用地和农村集体建设用地纳入统一市场体系，统一规划，统一规则和标准，统一平台和监管，建立健全利益平衡机制。三是以妥善合理地分配土地增值收益为关键点。坚持以人为本、地利共享的基本原则，建立兼顾国家、集体、个人的土地增值收益分配机制。四是发挥好市场配置资源的决定性作用和更好地发挥政府作用。全面落实土地用途管制要求，强化对城乡建设用地市场的宏观调控，加快制度创新和法制建设。

会议共收到论文180多篇，其中102篇入选年会论文集，14篇荣获“2014年中国土地学会学术年会优秀论文奖”。

会议期间，王世元会见了詹姆斯·德里南和杰弗瑞·苏尔。

（撰稿人：许　坚）

中国科技新闻学会

服务创新型国家和社会建设　2014年，学会组织有关专家，策划研究课题，向会员广泛征求“十三五”研究课题。“学会能力提升专项宣传策略研究”、“加大科学家与媒体面对面品牌科普活动支持力度研究”、“中国科协所属全国学会品牌及传播评价研究”等3项课题获中国科协的立项批准。

学会科技报分会组织开展“科技报刊转企改制调研”，在《科技类报纸转型情况调查报告》中，统计各科技报社运行数据，研究不同条件下转企改制的路径，分析归纳了科技报转企改制的发展模式，提出了应对困难和问题的措施及思路。

5月24—25日，学会与中国记协国内部在北京举办提高媒体科学素养、增强突发事件应对能力培训班，来自全国和地方报刊及新媒体的编辑、记者70余人参加了培训。培训班邀请中国记协党组书记翟惠生、中国科协科普部部长杨文志、中国国际问题研究所副所长阮宗泽、国家互联网信息办公室互联网新闻研究中心副主任李建华等授课。

10月26—31日，学会受中国科协调宣部委托，与中国传媒大学合作承办了中国科协宣传干部培训班，来自全国学会、地方科协的近50名宣传干部参加了培训。

学会对2014年中国科协的重大活动进行宣传策划并组织实施。学会参与了环首都农业园区建设座谈会、女科学家进校园活动、2014中国科协学术建设发布会、女科学家走基层——走进燕山石化、第十六届中国科协年会新闻发布会、全国“讲理想、比贡献，奋力实现中国梦”活动宣讲报告会暨启动仪式、中国科协新闻发布会、中国科协2014夏季科学展启动仪式、中国科协学习宣传杨衍忠同志宣传策划会、2014年首都高校科学道德和学风建设宣讲教育报告会等重大活动的宣传。

在“讲理想、比贡献”活动中，学会理事长宋南平多次与记者一起研究“讲理想、比贡献”活动宣传报道工作。2月16—21日，学会副理事长徐九武、副秘书长李时夫带队，组织了《人民日报》《经济日报》《科技日报》《工人日报》《中国科学报》、新华网、中国广播网、《科学导报》的8位记者，深入基层一线，到中国南车株机公司、株洲所、戚墅堰公司、戚墅堰所、青岛四方机车车辆股份有限公司，就企业科协开展“讲理想、比贡献”活动进行采访，报道企业科技人员通过“讲理想、比贡献”活动激发的创新热情，展现的精神面貌和取得的创新成果。

学会建设　根据学会的发展和工作要求，学会新成立了科技新闻摄影摄像专业委员会、科普文化产业专业委员会，建立了会员资料库。2014年新增个人会员40余人、单位会员2个。

4月25—27日，由学会科技报分会主办的第

二十七届（2013年度）科技报系统优秀作品评选在浙江省温州市洞头县举办。学会名誉理事长、科技报分会理事长焦洪波主持会议。来自全国27家科技报（刊）社的社长、总编等30余人参加会议，从各报刊社推荐的236篇（幅）作品中评选出一、二、三等奖。共评选出获奖作品93篇（幅）。

5月17日，学会科普工作委员会与中国科普作家协会科学文艺委员会等单位联合举办了《地铁4号诗歌坊精粹》新书首发暨京港地铁4号诗歌坊四周年庆典活动，学会常务理事、科普工作委员会主任苏青到会致辞。

学术期刊 学会主办的期刊《科技传播》《电子竞技》杂志分别获得龙源期刊网阅读TOP100第88和45名，《电子竞技》杂志在行业媒体评比中获第一名。

国内主要学术会议 9月20日，在学会的支持下，《科幻世界》杂志社与初创未来科技有限公司在上海市联合主办2014未来科技大会暨第25届中国科幻银河奖颁奖典礼。大会邀请来自全国各地的科技与科幻领域专家、学者20人进行演讲，分享对未来科技与科幻前景的新观察、新思考。揭晓“2014中国科幻银河奖”。

11月1日，2014年中国科技传播论坛暨中国科技新闻学会第十二次学术年会在北京市召开，论坛以“科技传播与互联网社会”为主题。

两岸交流 4月22日，由中国科协和李国鼎科技发展基金会共同主办的第四届海峡两岸科学传播论坛在北京举办。学会网络媒体专委会承办了第三分论坛——公众获取信息方式的改变与融媒体科学传播。来自人民网、风行网、果壳网、中国联通、海云科技、中国数字科技馆、中国传媒大学的专家、学者与台湾地区科学传播界的专家、学者进行了交流，分享各自的研究、实践和成果。

科普活动 2014年，“科学家与媒体面对面”举办了13期活动，学会承担了宣传工作。活动围绕热点话题开展科学传播，主题分别有：电从远方来，解读特高压、突围“十面霾伏”、联“核”驱散雾霾，共享蓝天白云、科技视野下的马航事件、关注食品安全科普服务百姓等。学会与人民网、光明网等中央重点新闻网站合作，开展相关热点内容的网络传播。由光明网搭建的网络科普传播平台专门开设了“i科学”专栏，针对网民关注的社会热点、科技问题，组织有关专家给予回应，积极引导正确的舆论导向。“i科学”自6月份开办以来，共办8期。主题分别是：国人为何抗拒PX项目？科学能否降服邪教之魔？“水”里乾坤知多少？“丧尸病毒”埃博拉来袭等。与人民网合作举办了2期网络科普活动。微访谈“MH17事件和台湾客机重摔背后的科学”，从当天活动预告发布至8月4日（10天），活动的微访谈页面浏览量达42.8万次。

学会创新发展 在路甬祥、潘云鹤等多位院士倡议下，学会与中国机械工程学会、浙江大学等多家单位及社会团体共同发起组建“中国创新设计产业战略联盟”，并于10月11日在浙江省杭州市召开成立大会。学会组织了《人民日报》、中央电视台、《经济日报》《工人日报》《科技日报》等媒体参会报道。学会组建了“中国创新设计产业战略联盟——媒体联盟”。

2014年，学会设立“科技传播奖”，旨在表彰奖励在我国科技传播工作中做出突出贡献的科技新闻和科技传播者，激励广大科技新闻和科技传播者为全面建成小康社会、实现中国梦贡献力量，鼓励引导更多的科技新闻工作者和社会人士从事科技传播，推动我国科技传播事业的发展。学会积极筹措奖励资金，组织有关专家制定奖励办法等。

会员服务 2014年，学会编辑3期《学会工作通讯》，反映学会的主要活动和综合工作信息，向全体会员和理事发送。学会推荐《健康时报》全媒体中心记者寇晓雯参加“金砖四国”关于妇女和儿童健康报道的奖学金培训项目的申请。

【2014年中国科技传播论坛暨中国科技新闻学会第十二次学术年会】 11月1日，2014年中国科技传播论坛暨中国科技新闻学会第十二次学术年会在北京市召开，论坛以“科技传播与互联网社会”为主题。

全国人大常委会原副委员长、中国科学院院士、中国工程院院士路甬祥出席会议并作了题为《创新设计与传媒》的报告。中国科协党组成员、书记处书记徐延豪出席会议并致辞。国家信息办网络新闻信息传播局副局长汪祥荣作了题为《网络时代的科技传播前瞻性展望》报告，中央电视台副总编辑、中国科技新闻学会副理事长李挺作了题为《移动互联时代的电视媒体与科学传播》的报告。

论坛设置了互联网思维与科技传播创新、全媒体时代的科技传播实践、科技传播市场化运作探索、新媒体与农村科普4个分论坛进行专题研讨。

（撰稿人：杜　梦）

中国老科学技术工作者协会

服务创新型国家和社会建设　2014年，协会组织完成《褐煤提质高效利用建议》《发挥驻疆央企在新疆跨越发展中作用的建议》《关于联防联控PM2.5的对策调研课题》等7个课题的调研。完成《异地医疗报销难是老科技人员反映最为强烈的问题》等3个三线地区老科技工作者状况调查专报，报送中国科协。编印《老科技工作者建议》8篇，上报中国科协和国家有关部委。

10月17—22日，协会组织北京5位著名专家赴河南省兰考县及开封市开展医疗义诊活动，为900余名患者诊治，开办讲座培训当地医务人员。

学会建设　2014年召开理事会议一次、常务理事会议两次，定期召开会长办公会议及秘书长工作会议，每两周召开一次秘书处全体工作会议。筹备协会第六次全国会员代表大会，完成《中国老科学技术工作者协会章程》（修改草案）。

组织评委会对全国范围内征集的68幅中国老科协会徽作品进行函审，评选出会徽优秀作品3件，其中中标作品1件。

学会期刊　2014年协会《今日科苑》公开发行量达14500册。内部刊物《中国老科协通讯》订阅量较2013年增加，2014年出版12期。

科普工作　中国老科协科学报告团多次受邀走进全国各地的企事业单位、社区学校。截至12月31日，举办科普报告95场，涉及全国15个省、自治区、直辖市，听众达57000余人次。协会对2013年度“万名科技专家讲科普”活动进行总结表彰，评选出全国老科协优秀科普报告团27个。

10月26—28日，召开中国老科协科普工作经验交流会，112人参加会议，中国科协科普部、计财部及学会服务中心有关负责人出席会议。

学会党建　中国老科协党支部获评中国科协学会服务中心党委2012—2014年度先进党支部。在“纪念建党93周年”知识竞答中荣获三等奖及最佳表现团队奖。认真执行“三会一课”制度，组织党员、入党积极分子认真学习十八届中纪委第三次全体会精神、学习习近平总书记系列重要讲话精神。更新党建宣传园地4期，宣传老科协党建工作动态。

（联系人：胡　末）

中国科学探险协会

服务创新性国家和社会建设　3月，协会受邀派人参加了螺髻山旅游景区管理局组织召开的景区开发建设专家研讨会，为常规旅游项目与科学考察和生态旅游目的地融合发展提出了建设性意见，并与螺髻山旅游景区管理局达成在螺髻山景区建设中国科学探险协会螺髻山基地的合作意向。

12月15日，协会香格里拉基地与中国企业资本联盟丽江论坛、广州市工程管理学会联合组织举办直通粤港澳台美食品安全绿色平台工程启动高峰论坛。论坛认为，食品源的污染已成为万恶之源，加工养殖、种植过程农药、化肥的过度使用、不法使用，加剧了食品工业源头污染，从源头给食品安全带来巨大的隐患。

学会建设　5月，为召开中国科学探险协会第五次会员代表大会，协会成立换届筹备组，换届筹备组根据协会章程和《中国科协全国学会组织通则》的规定，讨论拟定了协会拟任负责人的推荐办法和拟任负责人名单和换届方案，讨论拟定了协会章程修改草案。

6月8日，协会召开第四届理事会第八次常务理事会议，会议审议通过了换届筹备组提出和拟定的关于召开第五届会员代表大会的有关事项和换届方案。

科普活动　2014年，协会组织理事在全国各地做科普报告60余场次和科普项目说明会10次，主要普及地球三极气候环境变化与可持续发展关系的知识，地球南极与北极的不同特点，人类如何认识与适应全球气候变化的问题等。提出在气候预测不确定的前提下人类如何确定地生活的问题。

协会组织会员分别在巴丹吉林沙漠、额济纳旗胡杨林、锡林郭勒草原、三江并流地区开展科普活动，130余名会员参加活动。

协会组织会员和中学生举办6次南北极科普活动，举办了巴西、纳米比亚科普活动，组织1次中学生到美国夏威夷、洛杉矶等地科普教育考察交流活动。参与活动人数220余人次。

协会参与拍摄《中国探险》电视系列片拍摄制作，摄制组于5—6月分别赴库姆塔格沙漠、九寨沟、

黄龙、四姑娘山、达古冰川等地进行了拍摄工作。截至2014年12月31日已完成了30集的制作。

（撰稿人：霍翠萍）

中国城市规划学会

服务创新型国家和社会建设 2014年，学会开展技术咨询16项，组织宁波杭州湾新区总体规划中期评估、云南新型城镇化问题研究、低碳生态城市详细规划实施指引研究、中国城乡规划学科史研究、城市工业遗产保护名录研究、澳门总体规划编制技术指引、云南新型城镇化问题研究、湖南省新型城镇化研究，召开京津冀空间协同发展论坛并发起倡议，对山西科技创新主体区概念性规划进行专家评审，为福建省泉州市等城市及有关部门提供决策咨询和政策建议。

学会参与注册规划师继续教育选修课教材编写、注册城市规划师考试命题，协助地方开展注册规划师考前培训。学会作为2014年"李光耀世界城市奖"在中国唯一的合作伙伴，推荐苏州市入选。

出版《三规合一：转型期规划编制与管理改革》论文集，传播三规合一知识，推动三规合一研究与实践。

学会能力提升计划 经过3年建设，完成学会能力提升专项的各项任务，设立了中国城市规划青年科技奖，开发建设学会知识传播平台，组织实施"西部之光"、青年规划师国际工作坊等一系列重点项目。

学会建设 学会2014年新增单位会员4个，普通会员340人。学会组织召开理事会议、常务理事会议、筹备第五届理事会换届，学会批准成立城市总体规划、城市规划实施、山地城乡规划、乡村规划与建设等学术委员会，筹备成立城乡治理与政策研究学术委员会。

改版学会官方网站，维护学会和杂志官方微博和微信平台，开发学会会员服务系统、年会投审稿系统、年会报名专用系统，建立学会专用数据库等信息化建设。

学术期刊 《城市规划》、*China City Planning Review*、《凤凰城市》、《城市交通》2014年总发行量5.22万册。

学会会刊《城市规划》杂志复合影响因子2.169、综合影响因子0.974，2011年至2014年12月31日总被引用频次一直位居学科排名第一名，被评为中国最具国际影响力学术期刊（2014）。

学科发展研究 学会与中国城市规划设计研究院等单位联合出版《中国城市规划发展报告（2014—2015）》，对一年来城市规划领域的学术动态和职业实践进行系统梳理。

学会与联合国人居署联合编写《中国城市状况报告》（2014/2015），中、英文两个版本，向全球公开发行。

决策咨询 2014年，学会建立建言献策机制，提供咨询报告35篇。

受中国科协委托，学会会同有关单位组织起草了《我国山地城镇生态安全的若干问题与对策建议》。

1月13日，学会专门组织吴良镛、邹德慈等院士、专家召开新型城镇化座谈会，形成《应加强我国城镇化进程中的城乡规划建设》的专家建议。

1月20日，学会针对"1·11"香格里拉独克宗古城火灾召开专门会议，形成《应改善民生，提升历史文化名城名镇名村综合防灾能力》建议，提出要从基础设施改善等7个方面抓紧落实古城古镇消防防灾的研究和措施。

3月下旬，学会组织专家团队专程对云南省进行了调研，形成《云南特色新型城镇化》专题建议。

11月20—21日，学会专家针对当前我国的城市设计体制机制、理论和实践，形成《新形势下进一步加强城市设计工作》的共识，报送相关部门。

12月5—7日，学会在浙江省宁波市慈城镇组织专家、学者通过现场调研、专题报告、讨论交流，形成《历史小城市的规划变迁与复兴》专家建议，得到慈城规划部门认可和采纳。

2014中国城市规划年会提炼29篇政策建言，通过年会官网、学会官方微信以及学会微博、年会微博、城市规划杂志微博等传播，部分政策建言陆续在《城市规划》杂志刊登，并提交住房和城乡建设部决策参考。

国际学术会议 2014年，学会举办国际学术会议3次，提交会议论文69篇。

7月10—12日，生态文明贵阳国际论坛2014年年会在贵州省贵阳市召开。在学会和贵州省住建厅组织的绿色城镇化论坛上，学会理事长仇保兴等发表主题演讲。会议认为，城镇化推进应确立整体长远的战略目标，坚持以人为本的思想，尊重自然生态、历史文化和普通居民的利益，布局紧凑、混合的城市空间与宽敞的田园空间等，实现城镇化低碳、高效、可持续发展。

11月1—2日，学会和东南大学共同主办的工业遗产、文化产业与创新型城市发展国际研讨会在江苏省南京市召开。来自德国、英国、卢森堡等国的知名学者，国内100多名专家、学者就工业遗产的价值评判标准、保护利用方式、与城市产业发展的融合、文化产业和创新型城市发展等问题展开了讨论和交流。会议设置大会报告和5个专题分会场，交流论文31篇。

11月29日，学会国外城市规划学术委员会年度学术会议在江苏省南京市召开。年会主题是“新型城镇化视角下的县域发展与规划”，年会设置全体大会和6个分会场，来自欧洲的13位规划学者及全国各地的200余名专家、学者参会，交流论文38篇。

国内主要学术会议 学会及分支机构2014年举办国内学术会议31次（95场），总参加人数11837人次，发表会议论文2360篇，编辑论文集6部，印刷综述9600册。

1月26日，学会城市设计学术委员会在北京召开新形势下的城市设计战略研讨会。会议针对我国目前城镇建设过程中的自然和生态环境、设计和建设质量、城市文化和历史文脉、城市空间尺度和组织等方面展开讨论。

4月11—12日，学会城市交通规划学术委员会在北京举办中国城市交通规划2013年年会暨第27次学术研讨会，会议围绕“新型城镇化与交通发展”的主题展开交流与研讨。

4月23—25日，由学会主办的第三届轨道交通综合开发国际研讨会在广东省深圳市召开，400余人参会。主题为“轨道交通综合体的规划管理和资源整合”，会议围绕轨道交通综合开发中“城乡规划的全过程管理”和“土地和资源的分配与管理”两个议题进行了交流与讨论。

5月10—11日，由学会与东南大学建筑学院主办，学会城市规划历史与理论学术委员会、福建省城市规划学会和泉州市城乡规划局承办的第六届城市规划历史与理论高级学术研讨会在福建省泉州市举行，会议主题为“文化交流视野下的城市变迁”。会议收到论文87篇，举行4场、7个环节的学术研讨会，来自国内外的200多人参加了研讨会。

5月17日，以“新型城镇化与城乡规划编制创新”为主题的第三届金经昌中国青年规划师创新论坛在天津市举行，论坛由同济大学、中国城市规划学会、金经昌城市规划教育基金联合主办。

6月7日，由学会主办的城市规划·长安论坛在陕西省西安市举办。西部地区20多家规划管理部门、规划设计单位和高等院校的200多人参与交流。

11月9—11日，学会历史文化名城规划学术委员会2014年年会在浙江省临海市召开，250余人参会。会议围绕“文化传承与规划变革”主题进行学术交流。

11月15—16日，由学会和同济大学等联合主办的2014城市与社会学术论坛——老龄社会与城市应对在天津市举办，来自政府、高校、企业、设计单位的250余人与会。

12月6日，由学会主办的第二届城乡规划实施学术研讨会在广东省广州市举办，会议主题为“城乡规划发展转型与规划实施”。

国际组织任职 9月，在国际城市与区域规划师学会（ISOCARP）换届选举中，学会副理事长兼秘书长石楠连任副主席，任期为2014—2017年，分管出版工作，是我国唯一在该组织主席团任职的专家。

国际交往 2014年，学会派往国外的团组5个25人次，接待了墨西哥规划管理人员来访。

4月5—11日，学会组团赴哥伦比亚麦德林市参加了第七届世界城市论坛，学会副理事长兼秘书长石楠参加了联合国人居署《国际城市与区域规划准则》起草第二次工作会议。

4月11日，学会接待墨西哥国立自治大学社会研究院院长马努埃尔·佩尔罗·科恩博士一行来访。

5月21—23日，学会组织代表团参加在维也纳召开的第19届信息社会下的城市规划和区域发展国际会议。

6月19—20日，学会副理事长、ISOCARP副主席石楠参加在荷兰海牙召开的夏季主席团会议。

6月23—27日，由学会与国际城市和区域规划师学会主办的ISOCARP国际青年规划师工作坊在广东省深圳市举行。来自国内外的20名青年规划师分为4个小组，以城市复兴为主题，在空间优化、水环境改造、社会结构调整、文化文脉传承等方面对香蜜湖地区规划提出了相应对策。清华大学梁思思和中国城市规划设计研究院龚志渊被选为代表前往波兰，在ISOCARP年会上介绍本次工作坊的成果。

9月23—26日，学会组织代表团参加在波兰召

开的国际城市与区域规划师学会第50届世界规划大会，并在分会场作学术报告。

10月14日，学会接待墨西哥工人住房基金会会长欣诺乔萨率领的墨西哥住房领域高级官员代表团一行16人来访，向代表团介绍了中国的城镇化研究和近现代城市住房问题。

11月10—13日，学会专家参加联合国人居署在日本福冈召开的《国际城市与区域规划准则（IG-UTP)》专家组第三次会议，参与准则的起草工作。

科普活动 ISOCARP国际青年规划师工作坊成果及第二届西部之光大学生暑期规划设计竞赛获奖成果在2014中国城市规划年会展出，受众6000余人次。

2014年，由同济大学、清华大学、重庆大学、东南大学、天津大学、西安建筑科技大学城市规划专业组成的本科生“六校联合毕业设计”终期交流成果在南京规划展览馆展出。学会主办主题为“南京城墙内外：生活·网络·体验”的展览。

表彰举荐优秀科技工作者 经学会推荐，学会小城镇规划学术委员会副主任委员、同济大学教授彭震伟荣获中国科协“全国优秀科技工作者”称号。

学会表彰第六届求是论文奖获奖者4人，王富海、阳建强、邹兵、金忠民、周庆华、徐苏宁、彭瑶玲、彭震伟8人获“全国优秀城市规划科技工作者”称号。

会员服务 学会改版官方网站、开发在线会议投审稿平台，专门制定会员参加活动、获取资料享有优先、优惠的权利，为会员参加各种活动、获取知识提供便利。建设开通年会专用网站，“2014年开门办年会”活动为会员提供展示平台。

中国科协会员日 宣传“全国优秀科技工作者”获得者和“全国优秀城市规划科技工作者”先进事迹，号召全行业向他们学习。

向有关单位分发会员日宣传海报，学会城市影像学术委员会、江苏省城市规划学会、宁波市城市规划学会等开展了不同形式的展览、科技论坛、宣传表彰等活动。

【2014中国城市规划年会】 9月13—15日，2014中国城市规划年会在海南省海口市召开，来自全国各地城乡规划研究和实践以及相关领域的6000余名专家、学者，围绕“城乡治理与规划改革”的主题进行研讨。

会议邀请住房和城乡建设部规划司司长孙安军，北京大学国家发展研究院院长、中国经济研究中心主任姚洋，上海交通大学国际与公共事务学院教授陈映芳，中国人民大学公共管理学院教授毛寿龙，中国乡村治理研究中心主任、华中科技大学教授贺雪峰，南京大学建筑与城市规划学院教授张京祥，同济大学建筑与城市规划学院教授唐子来，中国城市规划设计研究院院长李晓江等专家作大会报告。专家从经济、社会、公共管理、城乡规划等领域多角度对大会主题进行解读，内容涵盖城乡规划研究和实践的各个领域，涉及城乡规划界关注的热点和难点问题。

2014中国城市规划年会在海南省海口市召开

中国工程院院士、学会名誉理事长吴良镛在北京以视频会议的方式主持年会“区域协同规划”分论坛。围绕主题设置38个平行会议，包括18个专题会议、12个自由论坛、1个主题论坛、3个高端论坛、2个特别论坛和2个工作会议，从2447篇征稿中，评选1179篇论文人选年会论文集。163篇论文的作者在会议期间与邀请的40余名专家分别在18个专题会议上作了宣讲和特约报告，就规划作用与规划改革、区域规划与城市经济、规划管理体制、市民化与老龄化、棚户区改造、生态治理、城市文化传承、规划历史与理论等方面展开学术交流讨论，会后各平行会议针对问题形成了政策建议29篇。大会开幕式上还对学会组织的一系列学术、公益活动的获奖者以及支持单位和个人进行了表彰。

【中国城市规划学会“规划西部行”】 9月，学会和江苏省城市规划设计研究院组织苏州规划局相秉军、东南大学建筑遗产保护规划设计所胡石、江苏省城市规划研究院的唐历敏、姜劲松、游涛、刘志超、程炜、姚迪8位专家、学者，赴贵州开展为期6天、以历史文化遗产保护为主题的“规划西部行”公益性咨询活动。专家组一行先后深入国家历史文化名城遵义市、贵州省级历史文化名镇湄潭县永兴镇、国家历史文化名城镇远县、贵州省级历史文化名城黔西南布依族苗族自治州安龙县现场考察，听取地方汇报名城（镇）保护工作情况，结合江苏省的历史文化遗产保护经验，为贵州历史文化遗产的保护献计献策。

6月9—11日，第二届“西部之光”大学生暑期规划设计竞赛在西安建筑科技大学建筑学院启动。竞赛主题为：守望城墙——西安顺城巷更新改造。启动仪式上学会向承办单位西安建筑科技大学建筑学院授予“规划西部行”旗帜。本次活动有来自西部的34所高校、140多支代表队，合计750余名师生报名参加。350余名师生到西安参与现场培训与调研。

【六校联合毕业设计】 3月4—8日，由学会学术支持的2014年度城市规划专业六校联合毕业设计第一次现场调研活动在江苏省南京市举办。来自天津大学、东南大学、西安建筑科技大学、同济大学、重庆大学、清华大学的54名学生、18位教师参加了本次教学活动。教学活动以“南京城墙内外：生活·网络·体验”作为主题，以南京历史和当代特色的城墙和秦淮河为核心，选择老城南部周边约21平方公里的范围作为研究地区。该项活动鼓励学生主动认识城市空间，发现城市问题与潜力，体验城市生活，根据自身的愿景自主选择研究地区内部的设计地段，并提出具体的空间设想和发展策略。

4月20日，在东南大学举办了六校城市规划专业联合毕业设计中期交流活动，各校参加活动的学生汇报了前一阶段的工作成果，学会的4位专家与6所院校的老师对方案进行了点评、指导。6月8日，在西安建筑科技大学举办了六校城市规划专业联合毕业设计终期交流暨成果展览活动，学生们汇报了毕业设计成果，学会的5位特约专家与6所院校的老师对这些方案进行了点评与指导。9月，2014年六校联合毕业设计作品集由中国建筑工业出版社出版。

（撰稿人：曲长虹　刘静静）

中国产学研合作促进会

服务创新型国家和社会建设 2014年，促进会与北京理工大学共同完成了中国科协“关于高校科技成果转化与促进地方经济建设发展”的研究课题，与产学研创新示范企业合作共同承担了关于协助企业吸收转化先进技术信息的中国科协企会协作创新计划，完成了《何梁何利基金2013年度获奖科学技术工作者科技成就与创新业绩评价报告》。

促进会支持构建产学研协同创新联盟，如健康管理、产学研标准与质量认证、可见光通讯技术、新材料产业、教育信息化、疼痛康复诊疗、可穿戴计算产业、循环农业、校企协同、农业科技园、土特产业、现代藏医药产业、药用辅料与制剂产业、光电网产业、移动智能教育、甲醇燃料产业、干细胞转换医学、美藤果产业、脑血管病诊疗、木本油料产业技术创新、反侵权假冒等不同领域和跨学科的产业技术创新战略联盟。截至2014年12月31日，促进会支持构建联盟65家。对60余家联盟进行了梳理、整顿，制定了一系列规章制度。

4月16日，全国人大常委会原副委员长、中国科学院、中国工程院院士、促进会会长路甬祥一行赴海南调研。为了解产学研合作和成果转化的实际情况，促进会组织调研组分赴上海、重庆、深圳、广州、南京、乌鲁木齐、福州、石家庄、昆明、哈尔滨、杭州、宁波、烟台、徐州、惠州、济宁、佳木斯、张家港等地进行调研。

10月13日，促进会组织专家、学者赴河北省保定市进行调研，针对保定经济社会发展和企业科技创新需求，现场指导，为地方创新驱动发展和经济建设服务。

学会能力提升计划 促进会对已认定的68家产学研合作创新示范基地进行了重新梳理和指导，建立区域、园区和产业集群等不同特色产学研示范园区。2014年，湖北省宜昌市、广东省四会市、中关村科技园区海淀园、乌鲁木齐国家高新区、济宁国家高新区、广东茂名高新区、白银高新区等申报产学研合作创新示范基地试点。

促进会选编中国建筑材料集团有限公司、三诺集团、国家半导体照明工程研发及产业联盟、上海化工研究院等中国产学研合作好案例。

6月，促进会官网进行改版，建立网站通讯员制度。

促进会编辑出版《2014年度中国产学研合作态势分析报告》，按行业进行产学研合作态势分析，提出政策建议。

促进会搜集1万个国外创新成果和技术，建成集国际互动的技术转移，成果推广应用，产学研、商贸用于一体的国际资源协同创新互动平台。

促进会与人力资源和社会保障部教育培训中心合

作，先后举办了6期高级科技（研）经费管理师岗位能力和科技项目管理师岗位培训，1000余名学员获得岗位证书。

学会建设 促进会加强制度建设，完善促进会岗位职责和各项规章制度。

2014年，促进会增补理事单位33个、常务理事单位13个，新增认定产学研合作创新示范基地11个、产学研合作创新示范企业25个、产业技术创新战略联盟21个。

发挥会刊《中国科技产业》杂志、中国产学研合作促进网、中国科技产业网、中国协同创新网“一刊三网”的媒体平台作用，及时对2014年全国两会、中国科协及21个产学研部级支持单位的重要信息、国家重大科技奖励、产学研合作最新动态和科技创新取得的经验成果做好宣传报道。

11月14日，促进会第二届二次理事会在广东省深圳市举行。来自政产学研金媒介和各理事单位400余人出席了会议。促进会执行副会长、秘书长王建华主持会议。会议审议通过了促进会2014年工作总结和2015年工作计划报告，2014年会费收支情况报告，2014年中国产学研合作创新奖、促进奖、成果奖、突出贡献奖评审情况报告，2014年中国产学研合作示范基地、示范企业认定情况报告，2014年中国产学研技术创新战略联盟建设情况报告，关于2014年促进会增补理事、常务理事、副会长的报告。

国际学术会议 9月1—3日，由促进会石墨烯产业技术创新战略联盟、欧洲Phantoms Foundation、浙江省宁波市人民政府共同主办的2014中国国际石墨烯创新大会在浙江省宁波市举行。国内外专家、学者，企业家1000余人参加了会议，会议就石墨烯应用的诸多领域的商业化进程进行交流研讨。

国内主要学术会议 4月11—13日，由促进会肛肠诊疗技术创新战略联盟、首都医科大学附属北京世纪坛医院等单位共同主办的第二届中国肛肠创新论坛在北京举行，300余位国内外嘉宾就我国和国际肛肠外科领域的临床、科研和产业发展进行交流。

8月28日，由促进会支持的中国可见光通信产业技术创新战略联盟成立大会暨可见光通信技术及产业发展论坛在广东省广州市举行。大会以“绿色通信融合发展”为主题。

9月19—21日，在促进会支持下，第一届中国疼痛诊疗康复产学研用论坛暨第八届全国临床疼痛学术会议在北京召开。会议探索建立产业上下游信息知识等资源共享机制，提升疼痛康复产业的竞争力，共同促进我国疼痛康复学科的发展。

9月27日，促进会第二届一次会长会暨协同创新工作座谈会在北京召开。中国科学院、中国工程院院士、促进会会长路甬祥出席座谈会并讲话。全国政协教科文卫体委员会副主任、促进会常务副会长陈小娅主持会议。解放军总装备部科技委主任李安东，农业部副部长、中国农业科学院院长李家洋，国家知识产权局党组书记田力普，中国建材集团董事长宋志平以及教育部、工业和信息化部、国务院国资委、中国科协、深圳市人民政府、国家开发银行、部分大学党委书记等出席了会议。会议就产学研协同创新、军民融合、促进会的工作发展等展开探讨。

10月18日，由促进会主办、济宁捷必胜电子科技有限公司承办的产学研用结合：JBC智能家电创新成果研讨会在北京召开。会议以“协同创新智能家居智慧生活”为主题，探讨JBC智能绿色平台在智能家庭里的应用、JBC智能绿色平台在工业、农业、渔业领域的运用以及绿能的发展趋势与策略运用，推进技术创新和产业发展。

11月1日，促进会支持广东省惠州市主办了第三届中国惠州物联网·云计算技术应用博览会高端技术人才对接会。促进会执行副会长王建华到会作了题为《我国产学研合作发展态势与高端技术人才现状分析》的报告。

12月16日，由促进会与中国企业家协会、平潭综合实验区管委会、福建省企业与企业家联合会、福建日报报业集团联合发起主办的首届中国平潭·企业家科学家创新论坛在福建省平潭市举行。促进会会长路甬祥到会作了题为《加强产学研合作，促进创新驱动发展》的主旨报告。来自海内外的400多名企业家、专家、学者参会，探索实施创新驱动国家战略的新路径。

两岸交流 5月25—26日，促进会与台湾玉山科技协会、香港科技协进会、澳门科技协进会、曲靖市人民政府共同承办的第十六届中国科协年会专项活动——两岸四地科技论坛在云南省昆明市举行。来自内地、香港、澳门和台湾地区的200余位科技界、工商界、金融界、教育界专家、学者围绕“创新投资与产业升级”主题进行交流。

5月25—26日，由促进会与云南省曲靖市人民政府共同主办的云南曲靖产学研协同创新交流会在云南省曲靖市举行。交流会是第十六届中国科协年会两岸四地科技论坛专项活动。会议以“生物医药科技交流、创新投资与产业升级”为主题，结合“创新型曲靖行动计划”，就如何搭建两岸四地创新平台、推进生物医药协同创新发展等问题进行交流与探讨。

表彰举荐优秀科技工作者 组织实施2014年度中国产学研合作创新与促进奖评选工作，评出中国产学研合作突出贡献奖10人、中国产学研合作创新奖95项、中国产学研合作促进奖97项、中国产学研合作创新成果奖105项。

5月，促进会推荐环境增值产业联盟、低碳高端智慧园区产业联盟的两位青年科技工作者申报科技部中青年科技创新领军人才。10月，促进会推荐的哈尔滨工程大学副校长杨德森，荣获何梁何利基金2014年度科学与技术进步奖。12月，经促进会推荐，中国建筑材料科学研究总院水泥新材院副院长、教授级高工文寨军，荣获中国科协“全国优秀科技工作者”称号。

促进会召开中广核工程有限公司国家科技进步奖推荐项目评审会，专家对中广核工程有限公司“大型先进压水堆核岛主设备安装调试关键技术及装备研发与应用”项目进行评估审核，推荐申报2015年国家科技进步奖。

会员服务 10月18日，在国家标准化管理委员会的支持下，促进会与会员单位中国标准化研究院在北京签署合作谅解备忘录，在标准化领域探索评估合作途径，通过促进会产学研标准与质量认证战略联盟，帮助解决产学研联盟和企业发展中的标准化问题。

【第八届中国产学研合作创新大会】 11月15日，由促进会与广东省深圳市人民政府共同主办的第八届中国产学研合作创新大会在广东省深圳市举行。来自全国产学研各界专家、学者1000余人参加了大会，会议围绕“协同创新：制造到创造、速度到质量、产品到品牌”的主题，交流研讨建设以企业为主体、市场为导向、产学研相结合的技术创新体系的新思路、新模式、新途径、新经验。

第十二届全国政协副主席、科技部部长万钢在讲话中充分肯定了促进会的工作。他说，中国产学研合作促进会在过去的8年工作中，始终把促进科技经济紧密结合放在首位，积极推进产业技术创新战略联盟和创新基地建设，积极开展企业技术创新评优奖励工作，为企业、政府和社会提供良好服务，为建设以企业为主体、市场为导向、产学研紧密合作的技术创新体系作出了重要贡献。

促进会会长路甬祥指出，促进会要认识经济发展新常态，承载创新驱动新职责；抓住转型发展新机遇，创造合作创新新业绩；研究合作创新规律，完善合作创新机制，坚持以人为本，建设宏大合作创新队伍。

国家科技奖励办副主任陈志敏宣读了中国产学研合作创新与促进奖颁奖决定。大会还为2014年新认定的21家产学研协同创新战略联盟、11个产学研合作创新示范基地和25家产学研合作创新示范企业进行授牌。

会议通过政产学研界学习贯彻党的十八届三中全会、四中全会精神的《深圳宣言》，达成共识：深入实施国家创新驱动发展战略，搭建政产学研金媒介协同创新平台，落实国家知识产权战略，为产学研合作创新提供法律保障，创新科技服务业模式与机制，提升服务质量和能力，创新设计体制机制与人才培育，提高产学研合作的水平和实效，加强军民协同创新，促进军产学研用紧密结合，创新金产学研合作模式，为成果转化提供动力支持，加强国际合作与交流，促进两岸四地协同创新。

【中国产学研合作促进会产学研协同创新战略联盟工作会】 9月27日，促进会产学研协同创新战略联盟工作座谈会在北京举行。促进会联盟专家委员会主任干勇，科技部创新体系建设办公室主任徐建国，促进会特邀常务副会长石定环等领导到会讲话。促进会执行副会长、秘书长王建华主持会议。

徐建国就我国创新驱动发展战略的顶层设计和科技部对产业联盟进行试点工作的情况作了专题报告。他指出，联盟是市场经济条件下一个新兴的创新合作组织，推动联盟建设也是深化改革的重要方式。会议明确了新形势下产学研协同创新联盟的新目标、新任务，完善了联盟建设的规范标准。

（撰稿人：蒋向利）

中国知识产权研究会

服务创新型国家和社会建设 2014年，研究会继续承担“各行业专利技术发展趋势”、“重点技术领域专利分析”等课题，组织完成了19项宏观政策性课题的更新工作，召开国外知识产权环境研究报告发布会，与有关单位联合开展河北省重点企业专利战略研究工作。

2014 年，研究会举办知识产权实务培训 19 期，参加培训超过 3600 人次。出刊《知识产权竞争动态》、《中国知识产权研究会通讯》20 余期，借助网站和微信公众平台，及时发布最新知识产权信息，加强知识产权宣传。

11 月，研究会组织的各行业专利技术现状及其发展趋势报告、重点领域专利技术分析、国际知识产权热点问题课题，经专家评审结题。

学会建设 2014 年，研究会新发展团体会员 197 个，发展个人会员 21 人。截至 2014 年 12 月 31 日，研究会团体会员 460 个，个人会员 390 人。

12 月 11 日，研究会第六届理事大会在北京举行。研究会理事长田力普，国家知识产权局副局长、常务副理事长甘绍宁，中国科协副主席、研究会副理事长张勤出席会议，第六届理事会 230 多名理事参加了会议。田力普在会上做了工作报告。会议部署第六届理事会今后两年的工作。

审议通过第六届理事会部分成员调整的事宜，通过成立分支机构——中国知识产权研究会网络知识产权委员会的决议。

学术期刊 2014 年，《知识产权》杂志在中文社会科学引文索引（CSSCI）来源期刊、中国中文法律类核心期刊、中国人文社会科学核心期刊继续居于核心地位。在《中国学术期刊影响因子年报》精选的 89 种法学类期刊中排名列第 18 位。所刊登的多篇文章被中国人民大学书报资料中心发布的《复印报刊资料》全文转载。该杂志有理事单位 66 家。9 月，《知识产权》杂志理事会 2014 年年会暨学术研讨会召开，以知识产权热点问题——反不正当竞争法为主题进行学术研讨。

国内主要学术会议 6 月 12 日，由英国《知识产权管理》杂志主办，研究会协办的 2014 中国国际知识产权论坛在北京市举行。研究会理事长田力普出席论坛并作了题为《我国企业“走出去”面临的知识产权挑战、风险及其应对》的主题演讲。研究会团体会员代表以及来自企业、代理机构的知识产权管理人员 300 余人参加了论坛。论坛以“为什么中国企业需要在海外施行知识产权保护”为主题，探讨企业在海外经营时需要注意的知识产权问题以及我国知识产权权利人在拓展海外业务时所应采取的最佳策略。

9 月 3—4 日，由英国《知识产权管理》杂志主办、研究会协办的全球知识产权创新峰会在上海市举行。会议围绕全球范围内知识产权诉讼、择地诉讼、许可授权、专利申请、商标保护和知识产权货币化的最新进展，分析新欧洲专利法院以及其对企业的影响，帮助企业了解如何在海外保护高科技、电子产品、软件等专利，介绍商标法的更新，如何提前做出应对决策等议题进行了探讨。研究会团体会员单位 60 人参加了会议。

9 月 23 日，研究会召开《知识产权》杂志理事会年会暨学术研讨会。来自杂志理事单位的 30 多人参加了会议。与会学者围绕“未阐明的规则与权利的证成——也谈不正当竞争纠纷中一般条款的运用”“违法行为与不正当竞争——德国近年来的司法判例及借鉴”“网络拦截软件引发的法学思考”“互联网环境下的不正当竞争”等专题展开研讨。

12 月 11 日，网络知识产权研讨会在北京召开。研究会理事长、网络知识产权委员会主任委员田力普出席会议并讲话，中国科协副主席、研究会学术顾问委员会主任委员张勤，小米科技有限公司董事长雷军，中国移动通信集团公司法律部副总经理于莽，阿里巴巴集团高级法务专家陈文煊，中国互联网协会副理事长高卢麟在会上发言。研究会秘书长张云才主持会议。230 余名知识产权各领域专家、学者参加研讨会。

国际交往 5 月 14—15 日，研究会选派副理事长吴汉东，常务理事余刚，理事王活涛作为中方专家，参加由韩国产业财产权法学会和财经新闻社联合在韩国首尔举办的国际知识财产权及产业安全会议，并在会上发表主题演讲。会议围绕中韩日三国知识产权的现况和知识产权战略、东北亚（中韩日）时代的企业知识产权、中韩日营业秘密的保护战略及改善、中韩日时代的技术流出和产业安全等议题展开交流。吴汉东作为中国代表团团长在开幕式上致辞，并作了题为《中国知识产权事业的发展道路与战略目标》的主题演讲，余刚和王活涛分别作了题为《中国商业秘密的立法和保护介绍》《腾讯专利授权后的管理》的演讲。

6 月 10 日，中国国家知识产权局副局长、研究会常务副理事长甘绍宁在北京会见 AIPLA 代表团一行，双方就共同关心的知识产权问题进行了交流。代表团在北京、天津、西安三地访问 13 家知识产权部门和单位。

2014年，研究会深化与英国《知识产权管理》（MIP）杂志的合作，与英国《知识产权管理》（MIP）杂志在北京、上海联合举办国际知识产权研讨会。10月27—31日，应英国《知识产权管理》杂志邀请，研究会副秘书长马秀山率领的研究会代表团一行3人赴英国访问了英国《知识产权管理》总部，就深化今后的合作进行探讨。

6月9—13日，由主席索邦率领的美国知识产权法律协会（AIPLA）代表团访华，研究会秘书长张云才与索邦一行，就双方关心的问题进行交流。

11月14日，研究会秘书长张云才、副秘书长马秀山会见了来访的日本知财协会会长渡部一行，就举办2015年中日韩国际知识产权研讨会有关事宜进行商讨。

表彰举荐优秀科技工作者 2014年，研究会向英国《知识产权管理》推荐全球知识产权界50位最具影响力人物候选人，国家知识产权局副局长贺化入选。

研究会从理事会成员、团体会员单位、杂志理事单位中推荐人选，参加全国知识产权领军人才和百名高层次人才评选。研究会推荐人选中有25人入选。

学会创新发展 研究会理事长田力普带队到阿里巴巴集团、小米公司和大唐电信集团进行调研，了解互联网行业知识产权发展的现状、特点以及遇到的问题，成立研究会分支机构——网络知识产权委员会，搭建网络知识产权平台，探讨网络知识产权的实务、规则、执法、保护等问题。

会员服务 2014年，研究会举办知识产权实务培训19期，培训超过3600人次，得到会员一致好评。

向会员赠送《知识产权》杂志12期，《知识产权竞争动态》《中国知识产权研究会通讯》20余期。

2014年，研究会完善会员服务项目和内容，组织企业会员单位参加2014中国国际知识产权论坛、全球知识产权及创新峰会、国外知识产权环境研究报告发布会等学术活动。

【中国专利法颁布30周年座谈会】 3月25日，中国专利法颁布30周年座谈会在北京举行。全国人大常委会副委员长陈竺出席会议并讲话。陈竺指出，要充分认识专利法在服务国家经济社会发展中的重要作用，必须将专利法的贯彻实施融合到国家创新体系建设当中，进一步发挥专利制度优势，让专利工作切实服务于建设创新型国家的内在需要，提高我国的国际竞争力。

国家知识产权局局长申长雨出席会议并发言。全国人大教科文卫委员会副主任任茂东，全国人大常委会法工委副主任郎胜，最高人民法院副院长陶凯元等出席会议。

座谈会由研究会主办。研究会理事长田力普致辞。国家知识产权局副局长、研究会常务副理事长甘绍宁主持座谈会。

会上，中南财经政法大学教授吴汉东，大唐电信科技产业集团董事长、总裁真才基等发言。专利法起草小组的部分成员，知识产权学术理论界的代表，企业、高校、科研院所以及专利代理机构代表近100人参加座谈会。

【国外知识产权环境研究报告发布会】 7月18日，由国家知识产权局主办、研究会承办、中国国际贸易促进委员会专利商标事务所协办的国外知识产权环境研究报告发布会在北京召开，国家知识产权局副局长甘绍宁出席会议并致辞。来自国家知识产权局有关部门、地方知识产权局以及全国各地的企业、科研单位、高校、知识产权代理机构的240余人参加会议。会议由国家知识产权局规划司司长龚亚麟、研究会秘书长张云才主持。

发布会发布了最新国外知识产权环境研究成果，内容涉及主要国家（美国、日本、韩国）海关知识产权保护研究报告，海外知识产权纠纷替代性解决机制研究报告及企业上市、重组或并购知识产权服务规范与程式研究报告。发布会上，海关总署政策法规司知识产权处处长李群英、泰和泰律师事务所知识产权经理魏常巍、美国飞翰律师事务所合伙人Patrick J. Coyne、国家知识产权局专利局生物医药审查部原部长张清奎、深圳大学法学院教授朱谢群分别围绕国际海关知识产权保护，知识产权纠纷替代性争议解决机制，国外主要国家和地区生物医药知识产权保护政策，企业上市、重组中的知识产权问题等主题，进行分析和解读。

【2014年中国国际知识产权论坛】 6月12日，由英国《知识产权管理》杂志主办、中国知识产权研究会协办的2014中国国际知识产权论坛在北京举行。研究会理事长田力普出席论坛并作主题演讲，研究会团体会员代表以及来自企业、代理机构的知识产权管理人员共300余人参加了论坛。研究会秘书长张云才等参加论坛。

田力普在论坛上作了题为《我国企业“走出去”

面临的知识产权挑战、风险及其应对》的主题演讲。他说，自2008年《国家知识产权战略纲要》颁布实施以来，我国企业走出去参与全球竞争过程日益活跃。一些有代表性的企业“摸着石头过河”，已经建立了比较完善的知识产权体系；但更多的企业并不具备抵御知识产权风险的能力，国际化运营的努力往往因此受阻甚至半途而废。我们应站在国家战略的高度，以政府为主导、企业为主体，多层次、全方位、系统化的建立知识产权风险防范机制，运用知识产权保驾护航，帮助企业在国际竞争舞台上站稳脚跟，做大做强。

论坛以“为什么中国企业需要在海外施行知识产权保护”为主题，探讨企业在海外经营时需要注意的知识产权问题以及我国知识产权权利人在拓展海外业务时所应采取的最佳策略。来自国内外知识产权领域的专家学者、律师以及企业知识产权的管理者围绕“跨境专利与商业秘密诉讼对中国企业的影响”、“标准核心专利诉讼”、“知识产权评估”以及“商标事务”等议题发表演讲。

（撰稿人：杨　丹）

中国发明协会

服务创新型国家和社会建设　2014年，协会在南京、北京、连云港、上海、泉州、宁波、芜湖举办8期创新与知识产权培训班，838人次参加培训。协会在北京举办了发明方法（TRIZ）研修班、企业新产品研发高级专业人才能力提升高级研修班，184人次参加培训。

国内主要学术会议　4月，协会在北京市举办第八届发明家论坛。论坛设立6个分论坛，邀请专家就创新创业、国家政策解读、科技与金融结合、创新方法教育、创客以及创新与知识产权保护等方面进行研讨。论坛期间，举办了项目对接洽谈会，258人参加论坛，收集与会人员92篇材料形成会刊。

国际交往　2014年，协会组织7次出国参展，组织了113项发明成果参加了第113届巴黎国际发明展、第66届纽伦堡国际发明展、伊朗第4届“发明者、启动者和创新者国际发明展览”、第7届韩国国际女子发明展、2014泰国“发明者日”展览、2014澳门国际创新发明展、2014克罗地亚国际发明创新展。参展成果总计获得46块金牌、26块银牌、18块铜牌。

协会扩大与国际组织的合作，增加了与联合国亚太经社会（ESCAP）的合作。11月，在江苏省昆山市，协会承办亚太技术转让中心（APCTT）技术委员会会议，来自亚太技术转让中心（APCTT）的10个会员国的16人参加了会议。会议期间，协会举办中国发明协会（CAI）与亚太技术转移中心（APCTT）磋商会，协会有关理事、地方发明协会成员等50余人参加会议。

协会与瑞典、泰国、尼日利亚等近40个国家的发明组织建立了合作关系。2014年，协会与德国议会建立了联系。协会与瑞典斯德哥尔摩发明协会合作举办了中瑞技术转移洽谈会，瑞典、丹麦、冰岛及国内地方发明协会、国有企业人员50余人参加洽谈会。来自不同行业的10个中瑞优秀项目在洽谈会进行交流。

科普活动　2014年，协会在山东省济南市，江苏省南京市、昆山市及山西省开展了4项青少年“创新与知识产权知识”的专项科普宣讲活动，近400名青少年参加活动。

11月，协会在江苏省昆山市举办了第八届国际发明展览会，近40个国家和地区184人参加展览会，近3000个发明项目参展，近3万人参观展览。

表彰举荐优秀科技工作者　2014年4月，协会举办了第八届“发明创业奖·人物奖”颁奖典礼，表彰宣传95位“第八届发明创业奖·人物奖”获奖者的优秀事迹。协会推荐3个项目参加国家科技奖励中工人农民技术创新推荐、技术发明奖评选。所推荐项目在国家奖励办网上公示。

协会受国家知识产权局国际司委托组织拥有欧洲专利的我国发明人申报“欧洲发明奖”。协会征集15个优秀发明项目报送欧洲专利局欧洲发明奖主办小组。

【第八届国际发明展览会】　11月19—22日，由协会主办，江苏省发明协会、昆山市科学技术局、昆山市知识产权局承办的第八届国际发明展览会在江苏省昆山市举行。来自韩国、瑞典、俄罗斯、匈牙利、菲律宾、波兰、泰国、中国等近40个国家和地区184人，近3000个发明项目参加了展览。展览内容涉及工业、农业、节能环保、新能源、现代服务业等领域。展会展览规模2万平方米，设标准展位553个、特装展位11个。其中，国际展位63个标准展位，青少年展位64个标准展位，创客展位48个标准展位。展会首次设立了创客展区，来自美国、德国、法国、巴西、中国等国家的创客展示了他们的作品，3 万人次参观展会。

展会还举办了“发明创业奖 · 项目奖”评选活动及世界知识产权组织和其他国内外有关机构设立的专项奖评选。展会评出“发明创业奖 · 项目奖”金奖 453 个、银奖 581 个、铜奖 702 个，评出 8 个类别的 51 个专项奖、29 个优秀展团奖。其中，外国项目颁发金奖 37 个、银奖 59 个、铜奖 68 个，优秀展团奖 10 个。

【中国发明协会（CAI）与亚太技术转移中心（APCTT）磋商会】 亚太技术转移中心（APCTT）由中国、孟加拉、印度、马来西亚等 15 个会员国组成。其技术委员会委员由各会员国科技部门的官员组成。11 月，在江苏省昆山市举办了协会与亚太技术转移中心磋商会。参加磋商会的除 APCTT 的 16 名委员外，还有协会有关理事、地方发明协会成员等 50 余人。协会秘书长鹿大汉在会上致辞。亚太经社会贸易投资司司长拉维博士作了题为《技术促进亚太地区可持续发展——亚太经社会的作用》的演讲，亚太技术转移中心负责人威廉姆森作了题为《加强各国科技创新能力，技术促进以推动发明的商业化和中小企业发展的关键领域——亚太经社会的计划与活动》的发言。

在磋商会上，湖南发明协会副会长、长沙发明协会理事长谭迪敷、北京发明协会副秘书长钟之绚、大连发明协会秘书长车路平、协会发明创业促进中心主任王景东、泉州职工技术协会副会长、泉州节能技术研究院院长黄尔南结合各自的工作分别发言。

（撰稿人：曾　洁）

中国认知科学学会

服务创新型国家和社会建设 11 月 5—12 日，学会主办的 2014-ERP 高级讲习班广东省在深圳市举行，讲习班邀请国内外脑成像研究领域知名专家，系统讲解 ERP 理论和技术及当前认知神经科学和脑成像国际前沿研究动态。

学会建设 2014 年，学会新发展会员 482 人，会员总数 516 人，单位会员总数 25 个。

学会举办学术会议 1 次、学术论坛 1 次、组织培训和公益活动各 1 次，1420 人次参加学术交流。

学会修改完善分支机构成立办法。截至 2014 年 12 月 31 日，5 个专业委员会、4 个工作委员会在筹备建设中。学会作为发起单位之一，加入中国机器人联盟。

国内主要学术会议 7 月 4—6 日，中国认知科学学会第一届学术大会总结会在北京召开。大会从适合描述认知功能的“变量”、适合研究认知功能的“实验范式”和表达认知功能的“脑成像”（brain mapping）三方面，探讨各类脑疾病的科学定义和“脑成像”的认知科学模型，探讨各类脑疾病的认知科学检测和诊断方法

9 月，学会组织科学与人文跨界论坛－脑计划 2015 的系列论坛，邀请学会顾问朱滢作了题为《走近意识》的首场沙龙。与会者包括认知科学、神经科学、心理学、宗教研究、哲学、社会学、人类学、美学、经济学、数学、计算机科学、网络媒体、人工智能等领域的专家，就认知科学的前沿研究和商业实践进行主题跨界交流。

国际交往 应美国认知科学学会邀请，7 月 22 日，学会理事长陈霖参加了在加拿大举行的国际认知科学学会 2014 年会。

科普活动 7 月，学会与中国生物物理学会承办了中国科协 2014 夏季科学展展项——探索大脑奥秘。学会以视频、多媒体互动游戏、教学模型等形式，设计和展出了 4 项主要展品。组织了由院士、资深研究人员、博士生近 40 人的志愿者队伍，为公众进行为期一周的科普讲解。

【中国认知科学学会第一届学术大会】 7 月 4—6 日，中国认知科学学会第一届学术大会的总结会在北京举行。本届学术大会的主题是：认知科学和脑疾病转化医学。学术大会包括专题研讨会和总结会两个阶段。在总结会之前，各专题研讨会已开展了历时半年的学术研讨活动和科研合作。来自中国科学院、高校、军队等 51 个单位的认知科学基础研究学者，来自 58 所有关医院的脑系科临床专家，组织 30 个认知科学和脑疾病的专题研讨会。

（撰稿人：周　馨）

中国指挥与控制学会

服务创新型国家和社会建设 1 月 11 日，学会在北京组织召开了学会智库专家智慧城市建设研讨会。国务院参事室、中国科技法学会、国防大学、总参某所、海军某所、航天科工集团、兵器工业集团等

部门的28位院士、专家参会，中国工程院院士、学会理事长戴浩主持会议。会议针对我国智慧城市建设管理与治理成熟度评价存在的问题进行研讨，系统分析了当前我国智慧城市建设和推进中亟待解决的问题，对现阶段加强智慧城市管理与评价提出可行性建议。研讨会形成了《关于加强智慧城市管理与治理成熟度研究、建立智慧城市管理与治理评价中心的建议》报告，以《科技工作者建议》形式提交中国科协和国家有关部委。

8月25—29日，受国家人力资源和社会保障部委托，学会在四川省成都市承办赛博空间网络与信息安全高级研修班，参加研修的70名学员是来自军队、院校、军工集团和高科技企业的网络与信息安全高级工程技术人员，学会秘书长秦继荣出席开班仪式并致辞。研修班以网络时代信息安全的理论、技术创新为主要内容，以集中授课、开放研讨、实地考察为主要形式，强化网络信息安全知识的更新与实践能力的提升。

10月30—31日，学会与山西省国防科学工业办公室共同发起的山西省军民融合成果展览暨推进会在山西省太原市举行，山西省委常委、副省长付建华、国家国防科工局总工程师周武胜出席开幕式并讲话。成果展览以"开放、融合、创新、引领"为主题，围绕军民融合的新技术、新产品、新项目，开展成果展览、对接交流、高新技术发展论坛3个专题活动。

12月29日，学会报送的"无人车辆总体技术、整车技术研究"项目，入选2014年中国科协"企会协作创新计划"A类试点项目。学会与北方车辆研究所共同组建"企会协作创新联盟"。

学会能力提升计划 学会组织所属的专业委员会和会员单位开展2014中国科协学术交流、课题调研和改革发展基础工程重点项目申报工作，完成学会能力提升专项评估机制研究、学会党组织发挥作用研究两个课题项目。

11月6日，国家自然科学基金委员会印发《关于批准注册为国家自然科学基金依托单位（B类）的通知》，批准学会成为国家自然科学基金依托单位，自2015年起可独立申请国家自然科学基金项目。

学会建设 2014年，学会组织召开一次理事会议、两次常务理事会议。8月3日，学会一届三次理事会在北京召开。中国工程院院士、学会理事长戴浩，副理事长宋跃进、李定主、李恒劭、丁全心，秘书长秦继荣及70名理事参加了会议，会议由理事长戴浩主持。

会议听取秦继荣关于2014年上半年工作情况及2014第二届中国指挥控制大会筹备情况的报告。会议通过了学会一届理事会增补理事的报告，理事会依据章程完成了9名理事的增补工作，审议批准设立学会组织、青年、教育培训和军民融合4个工作委员会，审议通过了火力与指挥控制、C4ISR理论与技术、无人系统、海上指挥控制、建模与仿真、数据处理与集成、射击学、地面机动平台指挥与控制、灾害防护与应急救援、公共安全与智慧城市、电磁频谱安全与控制、后勤指挥与物联网、空天安全平行系统、富媒体指挥等14个专业委员会的筹备申请，6个专业委员会完成筹备成立工作，开展多种形式的学术活动。学会秘书处对专职工作人员进行补充，招收应届硕士研究生、本科毕业生4人。

学会完成门户网站的第二次改版。规范《学会通讯》编发程序，扩大发送范围，及时反映学会动态，创建学会微信服务平台，集中推送学会消息、专家观点、行业动态。

学术期刊 7月28日，召开《指挥与控制学报》编委会筹备第一次会议，学报主编王飞跃主持会议。会议布置学报创刊前的工作安排。12月26日，国家新闻出版广电总局批准《指挥与控制学报》创刊（新广出审〔2014〕第1692号），按照学报季刊出版计划，创刊号计划于2015年3月正式出版。

学科发展研究 9月3日，学会在北京召开《2014—2015指挥与控制学科发展报告》研究课题启动会，会议由学会秘书长秦继荣主持，中国工程院院士、学会理事长戴浩及课题组成员15人参加会议。《指挥与控制学科发展报告》计划于2015年11月完成。

决策咨询 学会组织科技、金融、投资、管理等领域专家召开了3次专题研讨会，就兵器工业集团参与设立中以技术创新基金的战略意义、政策风险和操作方案进行专题研究，提交了《中以技术创新基金研究报告》。探索"技术＋资本＋金融"创新要素跨界融合新模式，结合兵器工业科技转型升级的现实需要，建议构建开放式科技创新体系，为兵器科技创新和转型升级提供决策参考。

受装甲兵军事代表局委托，学会组织专家学者，紧紧围绕机械化、信息化、智能化的装备和技术发展脉络，以及无人化发展的路径演化规律，提出三个优势学科群的分类，编制《装甲装备优势学科群建设报告》。

学会组织行业专家、学者对无人化、智能化、信息化武器系统装备发展现状及趋势进行了研究论证，分析了兵器工业并购国外公司加速发展无人艇产业的可行性，提出了《兵器工业走向海洋跨域发展的研究报告》，报告为兵器工业实现“弯道超车”、跨域快速发展提供决策参考。

国际交往 学会组织专家、学者参加美国第19届国际指挥与控制研究技术交流大会，提交10篇学术论文，国防大学副教授秦永刚撰写的《指挥控制子系统本质结构及交互逻辑对敏感性的影响》等7篇论文被大会录用。6月16—19日，学会委派无人系统专委会总干事、北京理工大学副教授邓宏彬出席大会并作报告交流。

国内主要学术会议 4月2—4日，应中法建交50周年“中国（香港）国际新能源汽车展”组委会的邀请，学会与中国自动化学会在香港联合主办中国（香港）国际新能源汽车展——世界新能源汽车发展高峰论坛。

6月17—19日，学会联合兵器工业集团科技部、兵器科学研究院，在北京举办2014中国信息化装备电磁环境效应测控技术大会，2000余人参加会议。会议以“聚焦前沿，需求牵引，军民融合，创新驱动——引领我国信息化装备复杂电磁环境效应测控技术加速发展”为主题，就当今网络时代信息化装备发展面临的复杂电磁环境的现实问题进行交流。

7月12日，学会青年工作委员会在北京举办反恐维稳装备与技术研讨会，20余位专家、学者参加了研讨会。

8月4—5日，由学会主办的2014第二届中国指挥控制大会在北京举行。80余位国内指挥控制领域的专家、学者，近1500人参加大会。大会举办高端对话、专题研讨80场，征集学术论文272篇，录用219篇，推选一等奖10篇，优秀奖30篇。67家国内高科技企业参加了科技成果展示。

9月28日，学会与中国兵工学会、中国人工智能学会、陆军武器装备体系研究国防科技重点实验室联合举办的首届地面无人平台装备与技术发展论坛 在北京举行。论坛配合“跨越险阻2014”地面无人平台挑战赛，围绕地面无人平台装备与技术发展的军事需求，研究各领域使用需求，探讨关键技术领域重难点问题。

10月31日至11月2日，学会无人系统专业委员会、青年工作委员会与北京理工大学机电学院、中国无人系统院士工作站联合主办，机电动态控制重点实验室、中国兵器地面无人研发中心、光电控制技术重点实验室共同协办的2014全国兵器科学与技术博士生论坛 在北京举行。论坛以“无人系统发展与展望”为主题，开展了主题报告和专题沙龙活动。

11月1日，第二届中国指挥与控制学会青年科学家论坛在北京举行。100余位专家、学者围绕“智能网络与指挥控制”的主题展开专题交流。

12月18—20日，学会与中国人民解放军装备学院共同主办的中国航天指挥与控制论坛在北京举行。论坛以“走向太空的指挥与控制”为主题，国内航天指挥控制领域顶级专家和科研院所、高等院校、大型集团、高新技术企业及民营高科技公司等300余位专家、学者参加交流。

学会创新发展 6月16日，由学会发起，联合中国自动化学会与中国人工智能学会，与中国北方车辆研究所联合组建“中国无人系统院士专家工作站”。

【2014第二届中国指挥控制大会】 8月4—5日，2014第二届中国指挥控制大会在北京举行。来自国内指挥控制领域的科研院所、高等院校、大型国有企业、高新技术企业以及民营高科技公司近1500人参加大会。中国科协党组成员、书记处书记沈爱民，中国人民解放军总装备部陆装科订部姬建民少将，中国兵器工业集团公司副总经理杨卓出席大会开幕式并致辞。中国工程院院士、学会理事长戴浩主持开幕式，80余位专家、院士出席大会开幕式。会议以“指挥控制、公共安全、应急救援、军民融合”为主题，讨论发展中的指挥控制、网络时代的公共安全、大数据时代的应急救援等热点问题。

中国指挥与控制学会“2014第二届中国指挥控制大会”现场

大会围绕发展中的指挥控制、网络时代的公共安全、大数据时代的应急救援3个议题设立6个分论坛：C4ISR理论与技术高峰论坛、信息系统建模与仿真论坛、赛博网络与信息安全论坛、火力与指挥控制高层论坛、公共安全与智慧城市论坛、大数据高峰论坛。

（撰稿人：段劲峰）

中国创造学会

国内主要学术会议 8月22—23日，由学会主办的全国推动协调创新建设创新性国家研讨会在上海市召开，来自19个省市的116名专家、学者出席了研讨会，研讨会收到论文35篇。

8月16—18日，学会创造教育专业委员会与江西上进文化传播有限公司在上海市联合主办全国第一届创造教育与名校创新管理高峰论坛，来自全国各地的约120位校长参加论坛。

12月23日，由学会创造教育专业委员会主办的创造教育研讨会在上海市召开，来自学会创造教育实验基地和教育界、研究机构的近150名专家、学者参加了会议。教育专家和基地代表就创造教育理论研究和实践探索进行交流研讨。

表彰举荐优秀科技工作者 第九届中国创造学会创造成果奖评出一等奖4个，二等奖9个（其中团体1个），三等奖21个（其中团体10个）。

学会建设 截至2014年12月31日，学会有个人会员1953人、团体会员352个。8月21—22日，中国创造学会第五次全国会员代表大会在上海市召开，来自全国19个省市的206名会员出席会议。

【中国创造学会第五次全国会员代表大会】 8月21—22日，中国创造学会第五次全国会员代表大会在上海市召开，来自全国19个省市的206名会员出席了会议。代表大会通过《中国创造学会第四届理事会工作报告》《中国创造学会第四届理事会财务工作报告》《中国创造学会章程修订说明》《中国创造学会会费收取标准和管理办法》，选举产生第五届理事会理事117名。学会召开了五届一次理事会，选举产生了39名常务理事、理事长、副理事长、秘书长。中国科学院院士、同济大学校长裴刚当选学会理事长。

【全国推动协同创新建设创新型国家研讨会】 8月22—23日，由学会主办的全国推动协调创新建设创新性国家研讨会在上海市召开，来自19个省市的116名专家、学者出席了研讨会，研讨会收到论文35篇。

同济大学副校长蒋昌俊作了题为《推进协同创新，建设创新型国家》的主题报告。他认为，世界正处在新科技革命的前夜，一些重要科技领域，比如物质科学、能源资源、信息、材料、生命科学与生物科技、生态环保、海洋与空天等，都酝酿着重大突破。世界主要国家纷纷把科技作为国家发展战略的核心，出台一系列创新战略和行动计划，对本国科技和产业发展进行新的部署，抢占未来发展制高点。中国正处于深化改革开放、加快转变经济发展方式攻坚时期，经济发展结构性矛盾突出，能源资源环境约束日益突出，要实现可持续发展，必须转入创新驱动的轨道，实施创新驱动发展战略。他以同济大学为例，认为高校应全面建设协同性、开放式、立体化卓越人才培养体系，并围绕“国家急需、世界一流”开展协同创新研究与攻关，为社会经济发展提供重要支撑和服务。

来自全国各地创造学会的专家、学者围绕创造学理论与实践的发展趋势、创新型创业人才培养模式、创新方法推广、思维定式对协同创新的影响等主题开展交流与研讨。

（撰稿人：张　琼）

中国密码学会

服务创新型国家和社会建设 2014年，学会承接政府部门科技评价项目2项，开展“征集前沿密码理论或密码关键技术研究项目建议”活动1次．面向社会开展教育培训活动2次，参加人数520余人次。

7月24—25日，学会在北京市举办密码行业标准培训班，来自国内221家商密企业的管理、技术研发人员，以及北京市等14个省（直辖市）商密管理人员约340人参加培训。

8月14日至9月22日，学会开展“征集前沿密码理论或密码关键技术研究项目建议”活动，收集项目建议书25份，经评审遴选出3份项目建议。学会在北京市召开前沿密码理论和密码关键技术专题研讨会，20余名专家、学者参加会议。

11月28日至12月2日，学会在北京市举办密码学高端系列培训之三——序列密码设计与分析培训，来自国内高校、研究院所、企业及军队等单位180余名密码科技工作者和在校研究生参加培训。培训邀请业内知名专家、学者授课，课程围绕序列密码的理论、设计、分析和硬件实现技术与攻击等专题进行讲解。

学会建设 2014年，学会召开4次常务理事会议、1次理事会议、1次理事长会议。增补于艳萍为理事、常务理事，变更为学会秘书长。成立安全协议专委会、青年工作委员会及混沌保密通信专委会筹备工作组。

制定完善《密码创新奖评奖细则》《中国密码学会财务管理规定》《中国密码学会分支机构报备指南》及电子认证、安全协议专委会工作条例等7项制度，制作了《中国密码学会制度汇编》。

2014年，学会遴选会士2名。发展个人会员193人，单位会员17个，学会会员总数2021人，单位会员104个。

在学会网站下增设二级网站：《密码学报》网站和审稿管理系统、中国密码学会年会网站和注册管理系统。

制定发布《中国密码学会推荐学术刊物和国际会议目录》。

学会期刊 2月，学会主办《密码学报》（双月刊）正式创刊出版发行，建成《密码学报》网站和审稿管理系统。2014年《密码学报》发刊6期，发表论文55篇。

国际学术会议 9月28—30日，由学会安全协议专委会主办，中国科学院信息安全国家重点实验室承办的第一届安全协议进展国际会议（2014 International Conference of Progress on Security Protocols）在北京召开。来自国内外30余个研究机构的100余名专家、学者和在校学生参加了会议。会议邀请3位专家作特邀报告，8位专家、学者作专题报告。会议征集稿件15篇，录用11篇。

12月13—15日，学会和信息安全国家重点实验室在北京联合主办第十届信息安全与密码学国际会议（INSCRYPT 2014），来自13个国家和地区100余名专家、学者参加会议。会议邀请6位信息安全领域国际知名专家做特邀报告，日本NTT实验室教授Tatsuaki Okamoto做了题为《有效内积加密及其应用》报告，综述了内积加密的发展。清华大学教授王小云作了题为《λi间隙对基于格的密码体制的影响》的报告，报告总结了在Gap密码格的几个数学问题研究方面的最新进展。俄罗斯莫斯科国立大学教授Vladimir Anashin作了题为《代数动力系统的密码学应用：过去、现在与未来》的报告，报告对代数动力系统的密码学应用做了解读。新加坡信息通信研究所教授Jianying Zhou作了题为《iOS安全的演化》的报告，报告介绍了iOS系统安全的演化历程。美国哥伦比亚大学教授Moti Yung作了题为《匿名通信的醉驾协议》的特邀报告，报告介绍了匿名通信协议最新进展。新加坡南洋理工大学教授Jian Guo作了题为《HMAC分析的最新进展》的报告，报告介绍了对HMAC分析的最新进展。

会议还安排30场专题报告，重点围绕隐私与匿名、格与公钥密码、分组密码与哈希函数、多方安全计算与外包计算、签名与安全协议、密码组件等多个领域进行学术交流。会议收到世界各地投稿论文93篇，经过程序委员会挑选，录用29篇论文，出版了论文集。

国内主要学术会议 2014年，学会主办国内学术会议24次，交流学术论文301篇，累计2960余人次参加，出版《2013密码学科发展报告》等论文集3部。

5月20日，由学会电子认证专委会和全国信息安全标准化技术委员会鉴别与授权工作组（WG4）主办、国民技术股份有限公司承办的电子认证国际互操作研讨会在广东省深圳市召开，来自高等院校、科研院所、知名企业的专家、学者110余人参加会议，13位专家围绕电子认证国际互操作中的热点、难点问题及解决方案等作专题报告。

6月3—4日，由学会密码算法专委会和青年工作委员会联合主办，中国科学院软件研究所可信计算与信息保障实验室、重庆大学信息物理社会可信服务计算教育部重点实验室承办的全同态加密前沿学术论坛在北京召开。来自高等院校、科研院所、企业的专家、学者和在校学生等220余人参加论坛。论坛邀请3位全同态领域的国际知名专家、学者做特邀报告，论坛重点对本领域前沿进展情况进行了系统的介绍。

6月21—22日，由学会密码算法专委会主办、中国科学院软件研究所可信计算与信息保障实验室承办的2014年密码算法前沿论坛在北京召开。来自国内密码学领域的专家、学者和在校学生约150人参加论坛。11位专家、学者围绕认证加密、格密码、密码分析、密码函数等主题作特邀学术报告。

7月11日，由学会密码芯片专委会主办的2014年产学研技术沙龙在北京市举办，来自国内有关高等院校、科研院所、企业的专家、学者等50多人参加沙龙。沙龙安排7个专题报告，围绕安全攻击与防护实现、随机数实现、密码算法高效实现等技术的芯片实现方案、存在的问题等进行研讨交流。

7月18—20日，由学会量子密码专委会主办、清华信息科学技术国家实验室（筹）、清华大学物理系和赤峰学院物理与电子信息工程学院共同承办的2014年中国密码学会量子密码专业委员会学术年会在内蒙古自治区赤峰市召开。来自国内30多个高等校院、科研院所130余位专家、学者和在校研究生参加了会议。大会安排了3个特邀报告、6个专题报告和16个口头报告，内容涉及量子密码安全性分析、后处理技术、量子密码关键技术和量子密码新协议等4个方面。

8月27—30日，由学会主办、解放军信息工程大学承办的中国密码学会2014年会在河南省郑州市召开。来自100多家高等院校、科研院所及企业的专家、学者和在校学生等约700人参加会议。开幕式上，学会举行了中国密码学会会士颁证仪式和“2014年密码创新奖”颁奖仪式。会议邀请国内外6名密码专家作特邀学术报告，安排了22个主题报告和13个自由发言。报告内容编撰成《密码学进展——中国密码学会2014年会论文集》。学会进行优秀论文评选，闭幕式上向2位优秀论文获奖者颁发证书。

9月19—20日，由学会密码算法专委会主办、西安电子科技大学承办的中国密码学会2014年密码算法学术会议在陕西省西安市召开，来自国内高等院校、科研院所及企业的专家、学者和在校学生150余人参加了会议。会议邀请国际知名专家作特邀报告。斯洛文尼亚普利莫斯卡大学教授Enes Pasalic作了题为《Bent函数及其相关组合结构》的报告，报告梳理了Bent函数的密码特性、构造方法以及和图论的关系等，介绍他们基于Bent函数构造的密码特性优良的两类S盒。上海交通大学教授来学嘉作了题为《基于DNA Tile模型的多项式时间离散对数算法》的报告，报告探讨了DNA密码的研究进展以及应用。除特邀报告外，会议还安排11个大会报告，内容涉及伪随机生成器、分组密码、流密码、全同态密码、泄露容忍密码、细胞密码等多个领域。

9月21—22日，由学会密码芯片专委会主办、清华大学微电子研究所承办的中国密码学会2014年密码芯片学术会议在北京市举办。来自国内外高等院校、科研院所及企业的专家、学者和工程技术人员、在校学生220余人参加了会议。会议邀请5位境外知名专家和7位国内知名专家作特邀学术报告，安排了13位会议论文作者作专题报告，内容涉及随机数电路设计，智能IC卡芯片的攻击、防御和检测，硬件木马，SM2算法、SM4算法等。

9月27日，由密码数学理论专委会主办、中国科学院信息工程研究所承办的中国密码学会密码数学理论专委会2014年学术研讨会在北京召开。来自国内高等院校、科研院所的专家、学者和在校学生等100余人参加了会议。会议邀请国内外8位著名专家作特邀学术报告，会议重点围绕格、数论、代数动力系统、离散对数等密码的数学基础理论最新进展进行研讨和交流。

10月16—17日，由电子认证专委会和全国信息安全标准化技术委员会鉴别与授权工作组（WG4）主办，中国科学院大学和中国科学院信息工程研究所承办的全国电子认证技术交流大会暨电子认证专业委员会2014年年会在北京举办，来自国内高等院校、科研院所和企业的专家、学者等140余人参加了会议。会议安排2个主题发言、10个特邀报告、14篇论文报告和5个产品技术介绍，内容涉及云认证领域需要解决的主要问题、身份保护技术及其应用场景实例，电子政务安全现状与需求及可信体系架构、认证技术及其应用、服务模式等。会议讨论了本领域最新研究成果，分享了电子认证管理与政策建议，电子认证的创新商业模式。

科普活动 2014年，学会举办密码科普讲座5次，900余人次参加。学会制作“量子密码与量子通信科普资源包”和“密码学发展与应用”科普光盘1400份，为“2014首届网络安全宣传周”活动提供科普光盘。

学会组织翻译的科普图书《密码的奥秘》完成初稿，于12月中旬获得北京科普创作出版专项资金支持。

表彰举荐优秀科技工作者 2014年学会首次开展“密码创新奖”评奖工作。经评审，王小云获特等奖，邓燚获一等奖，张振峰、翁健、王美琴、孙晓明、阚海斌获二等奖。

会员服务 2014年，学会开展会员日活动2次，约330人次参加。编辑制作《中国密码学会通讯》6期，免费赠送会员单位、个人会员。学会网站向会员提供《密码学报》《中国密码学会通讯》电子版免费下载。

3月22日，学会江苏省工作站主办、南京大学国家保密学院承办的中国密码学会江苏省工作站春季会员日暨学术交流会在江苏省南京市举办。来自江苏省高等院校的密码专家、学者和在校学生等60余人参加会议。会议邀请3位知名专家作特邀报告。

10月11日，由学会主办，桂林电子科技大学广西密码学与信息安全重点实验室承办的2014年中国密码学会广西会员活动日暨学术交流会在广西壮族自治区桂林市举办，来自桂林电子科技大学、广西师范大学等5所高校的师生、当地企业的技术人员等300余人参加了会议。会议邀请国内密码领域4位知名专家作特邀报告。会议向与会人员发送《古今密码学趣谈》《实用安全技术》《中国密码学发展报告(2011)》《中国密码学发展报告（2012)》等书籍和学会宣传材料600余份。

【中国密码学会2014年会】 8月27—30日，由学会主办、解放军信息工程大学承办的中国密码学会2014年会在河南省郑州市召开。来自国内100余家高等院校、科研院所及企业的专家、学者和在校学生等约700人参加了会议。河南省密码管理局局长范苗云、解放军信息工程大学政委王义出席开幕式并致辞。

开幕式上，向新当选的中国密码学会会士吴文玲、陈克非颁发了会士证书，向“密码创新奖”特等奖获得者王小云，一等奖获得者邓燚，二等奖获得者张振峰、翁健、王美琴、孙晓明、阚海斌颁发了获奖证书。

会议安排6个特邀报告和22个主题报告，报告内容编撰成《密码学进展——中国密码学会2014年会论文集》。特邀比利时鲁汶大学教授Bart Preneel作了题为《后斯诺登时代的密码学》的报告，韩国首尔大学教授Jung HeeCheon作了题为《全同态加密的最新发展》的报告，山东大学教授王美琴作了题为《零相关与相关密钥线性分析研究进展》的报告，解放军信息工程大学副教授田甜作了题为《非线性反馈移位寄存器的研究进展》的报告，深圳市纽创信安科技开发有限公司樊俊锋作了题为《芯片物理攻击新方向：组合攻击》的报告，上海交通大学教授刘胜利作了题为《公钥加密系统的可证明安全——新挑战新方法》的报告。

（撰稿人：陈　灏）

中国睡眠研究会

服务创新型国家和社会建设 2014年，研究会承接了中国科协管理制度改革培育工程资助项目——自主服务社会基础能力建设类项目。9月4—5日，学会在湖北省罗田县组织部分（床垫）企业会员参与国家（行业）标准制定工作，会议讨论了认证引导消费的人类工效设计与国际比较，床垫产品人类工效学标准开发与应用介绍，睡眠产品的标准制定及其过程，国家标准制定过程中的要点、难点等。

6月12日，研究会企业会员单位浙江竺梅集团开办的浙江首家民营枕文化博物馆——竺梅枕文化博物馆正式开馆。展厅面积500平方米，收藏了自春秋战国时期以来的古枕100多件。

9月4—5日，由研究会、中国标准化研究院共同主办，方圆标志认证集团承办的睡眠产品人类工效学设计与标准培训在湖北省罗田县举办。会议讨论了认证引导消费的人类工效设计与国际比较，床垫产品人类工效学标准开发与应用介绍，睡眠产品的标准制定及其过程，国家标准制定过程中的要点、难点，以人类工效学为基础的睡眠健康理念介绍等。研究会副理事长汪卫东作了题为《睡眠环境学与睡眠用具的人类功效学—我们需要什么样的健康床垫》的报告，中国标准化研究院专家及方圆标志认证集团领导介绍软床垫产品人类功效学认证标准、技术要求及认证程序和人类工效学研究的最新进展及应用。

10月25日，“中国睡眠生态环境示范县”授牌仪式在湖北省罗田县举行。研究会副理事长黄志力授牌，研究会秘书长晋小虎宣读对罗田县人民政府《关于申报中国睡眠生态环境示范县的请示》的批复。

学会能力提升计划 2014年，研究会开展了全国睡眠中心现状调查。6月至10月，收集到13个省、直辖市269家睡眠中心（实验室）的调查数据。

8月25日，研究会制定睡眠实验室建设规范。在北京宣武医院组织召开《睡眠实验室建设标准》起草小组成立暨第一次工作会议，确定了标准的写作原则及内容。10月25日，《睡眠实验室建设标准》初稿提交学会研究常务理事会讨论、修改。

学会建设 2014年，研究会增加12个企业会员单位，新增个人会员140人。截至2014年12月31日，研究会有团体会员57个，个人会员2227人。研究学会变更秘书长1人。研究会召开常务理事会议3次，召开理事会议1次。

6月15日，研究会睡眠生物节律专业委员会在北京成立，来自全国相关专业的68人参加了成立大会。根据《中国睡眠研究会分支机构管理和指导办法》，选举研究会常务理事张熙为第一届委员会主任委员，副主任委员分别由空军总医院原副院长高和、海军总医院副院长李鸣皋、空军航空医学研究所詹皓、中国航天员科研训练中心副主任白延强、南京大学教授徐瓔担任，选举空军总医院王莞尔为秘书长，选举常务委员14人。

12月，研究会创建开通认证微信公共平台。

学科发展研究 研究会开展前沿研究，建立全国主要睡眠疾病研究网。常务理事会决定睡眠运动障碍疾病（RBD）为首个支持项目。

国内主要学术会议 3月15日，研究会睡眠障碍专业委员会在北京举办睡眠疾病诊断及规范化治疗学术研讨会，围绕失眠患者相关脑区活动功能的影像研究，睡眠呼吸暂停的心脑血管损害，失眠的神经心理与认知行为病理研究，5-羟色胺与睡眠的关系，RTMS在失眠中的应用等问题进行了学术交流与探讨，来自北京、天津、河北地区的300余人参加研讨会。

6月13—15日，中国睡眠研究会第八届学术年会暨20周年庆典在北京举办。庆典上颁发了“中国睡眠医学与研究最高荣誉奖”，为4名外国专家颁发奖牌，制作20周年专题片和纪念画册。学术活动包括两场亚洲睡眠会议、一场亚洲发作性睡病论坛、两场大会主题报告，睡眠障碍、睡眠呼吸障碍、基础医学、中医睡眠医学、睡眠与心理卫生、生物节律紊乱与睡眠障碍、口腔临床睡眠新知论坛等7个分论坛。年会组织了新发布的国际睡眠疾病分类ICSD解读专场、瑞思迈杯青年知识辩论赛、临床经典病例讨论等4个工作坊。会议期间，中国睡眠研究会睡眠生物节律专业委员会成立，来自15个国家的36位外国专家和国内院士到会作专题报告。会议收到论文182篇，600余人参加了会议。

9月26—28日，由研究会中医睡眠医学专业委员会、上海中医药大学附属市中医医院、国家中医药管理局中医药优势学科继续教育基地、全国名老中医王翘楚传承工作室联合主办的中国科协资助项目——睡眠疾病临床与相关基础研究学术研讨会暨培训在上海市举办。会议收到论文34篇，80余人参加会议。

11月6—8日，由研究会睡眠呼吸障碍专委会主办，浙江大学承办的2014全国呼吸睡眠学术年会在浙江省杭州市召开，年会以睡眠呼吸疾病为主题，200余人参加会议。

12月5—6日，由研究会主办的第一届中国西部睡眠医学大会暨四川省第三届睡眠医学学术会议在四川省成都市举行，会议收到20篇论文，参会人数300人。

两岸交流 11月21—23日，研究会睡眠与心理卫生专业委员会联合中国心理卫生协会心身医学专业委员会、广东精神卫生中心等单位共同主办的第四届全国临床心理科建设与发展高峰论坛暨两岸四地睡眠医学高峰论坛在广东省深圳市举办，300余人参加高峰论坛，研究会秘书长晋小虎出席会议并致辞，论坛特邀中国前驻德国大使卢秋田作了题为《一位大使眼中的医患关系》的报告。

国际交往 4月20—22日，研究会理事长韩芳应邀参加印度睡眠医学年会并作大会主题报告。8月25—27日韩芳应邀在北欧生理学会年会期间作为联合主持组织睡眠医学专题，并做有关发作性睡病的学术报告。

亚洲睡眠医学会（The Asian Society of Sleep Medicine，ASSM）成立大会6月13—15日在北京举办。来自韩国、日本、泰国、新加坡、印度、以色列、土耳其、菲律宾、中国大陆及中国台湾地区、香港特别行政区的专家、学者60多人参会，讨论确立了亚洲睡眠医学会章程，并进行学术交流。

科普活动 2014年，研究会被中国科协评为2014年度全国学会科普工作优秀单位。

3月8日，研究会在北京召开睡眠日主题新闻发布会。发布会由研究会副理事长、中医睡眠医学专家汪卫东主持，理事长韩芳向社会发布2014年世界睡眠日中国主题为“健康睡眠，平安出行”。研究会副理事长、中国睡眠医学科学传播首席专家陈贵海代表研究会作主题发言，国内知名睡眠医学专家、睡眠科普专家80余人参加会议，启动健康睡眠大型科普活动。研究会各理事、会员单位，各省市睡眠研究组织围绕主题开展义诊、宣传、发放科普资料，深入到大专院校、机关、居民社区开展科普活动。

举办科普讲座66次，参加科普讲座的科技工作者536人，直接受众8520人次，举办科普展览10次，展览受众9159人次，开展科技咨询、义诊51次，举办睡眠专业技术培训11次，培训人数942人次，举办科技下乡、科教进社区11次，151位专家参加了活动，发放科普宣传资料17468份，调查问卷1701张。研究会制作科普广播、视频播放节目385分钟，网络、网站播放科普节目92分钟。科普活动中举办其他形式科普宣传（健康大讲堂）18次，各地电视台采访32次，开发科普挂图31种、照片资料377张，报刊宣传235次。

5月17日，围绕2014年全国科技周“科学生活 创新圆梦”主题，研究会在北京龙潭湖公园参加了北京市东城区科协组织的大型科普活动。播放了科普宣传视频，制作展板和易拉宝8块，开展睡眠状况调查450余人，发放睡眠科普宣传资料1200余份，参与活动的专家、工作人员11人。

9月20日，研究会参加北京市东城区科普日活动，3位专家到场开展义诊咨询，发放科普宣传资料500余份，制作易拉宝6个，开展睡眠状况调查150余人，播放了宣传视频，演示治疗睡眠呼吸暂停的呼吸机的使用方法，直接受众1000余人次。

10月12日，研究会协同北京宣武医院及北陆药业在北京开展了以“心理健康 社会和谐”为主题的科普活动，为300多名社区居民举办了公益讲座，发放宣传资料1500余份。

2014年，学会获得中国科协科普部择优资助科学传播专家团队科普项目的支持，进行教学大纲、科普教材的编撰工作。

学会创新发展 研究会设立睡眠医学青年科研基金。来自复旦大学、上海交通大学、北京大学、黑龙江中医药大学、四川大学华西医院、首都宣武医院的6位青年学者获得2014年度首批青年基金。

党建强会 研究会临时党支部联合青年委员会组织了“瑞思迈杯”第一届睡眠新知青年辩论赛。由与睡眠相关青年学者组成辩论队，70余人到现场观看辩论赛。

【中国睡眠研究会第八届学术年会暨20周年庆典】 6月13—15日，中国睡眠研究会第八届学术年会暨20周年庆典在北京举办。会议围绕近年来睡眠疾病的诊断、治疗和睡眠医学研究的新进展，开展学术交流和研讨。来自美欧及亚洲地区15个国家的36位外国专家和我国相关院士专家到会作专题报告。会议举办两场大会报告，设立睡眠障碍、睡眠呼吸障碍、基础医学、中医睡眠医学、睡眠与心理卫生、生物节律紊乱与睡眠障碍、口腔临床睡眠新知论坛等7个分论坛。会议组织了ICSD解读专场、“瑞思迈杯青年知识辩论赛”、创建全国主要睡眠疾病研究网、临床经典病例讨论等4个工作坊，以及两个卫星会议。会议期间，举办了两场亚洲睡眠会议、一场亚洲发作性睡病论坛。会议收到论文182篇，编印论文集，600余人参加了会议。

中国科协书记处书记沈爱民在“中国睡眠研究会第八届学术年会暨20周年庆典”为老一辈睡眠医学专家颁发奖牌

年会期间，举办研究会成立20周年庆典活动，中国科协党组成员、书记处书记沈爱民到会并讲话，会议向对中国睡眠医学的发展和人才培养做出杰出贡献的4名外国专家颁发了奖牌。会议还制作播放了纪念研究会成立20周年专题片，印制纪念画册。

【亚洲睡眠医学会成立大会】 6月13—15日，亚洲睡眠医学会（The Asian Society of Sleep Medicine, ASSM）成立大会在北京举办。来自韩国、日本、泰国、新加坡、印度、以色列、土耳其、菲律宾等国及中国大陆和台湾地区、香港特别行政区的专家、学者60余人参加。与会者讨论和确立亚洲睡眠医学会章程，并进行了学术交流。

亚洲睡眠医学会的宗旨：重在促进亚洲睡眠医学与基础研究的发展，包括普及睡眠医学知识、提升睡眠医学教育和培训水平，帮助转化医学的发展。通过建立在睡眠医生、心理学家、护士、睡眠技师及基础研究人员间的国际交流与合作，实现亚洲睡眠医学水平的全面提升。亚洲睡眠医学学术会议每两年举行一次。

【第四届全国临床心理科建设与发展高峰论坛暨两岸四地睡眠医学高峰论坛】 11月21—23日，研究会睡眠与心理卫生专业委员会联合中国心理卫生协会心身医学专业委员会、广东精神卫生中心等单位共同主办的第四届全国临床心理科建设与发展高峰论坛暨两岸四地睡眠医学高峰论坛在广东省深圳市举办。

论坛邀请来自美国的Ronald R. O’Donnell教

授、Daniel Pacheco 博士，来自印度国家医学科学院的精神病学教授 Shridhar Sharma 作了专题报告。论坛特邀中国前驻德国大使卢秋田作了题为《一位大使眼中的医患关系》的报告。来自精神心理科专家、睡眠医学专家围绕临床心理科建设与发展、整合医学、睡眠医学和心理治疗、社区卫生等作学术报告，300 余人参加了高峰论坛，研究会秘书长晋小虎出席会议并致辞。

（撰稿人：潘继红）

中国高科技产业化研究会

服务创新型国家和社会建设 2014 年，研究会召开了两次常务理事会议及 2014 年度理事会议。举办学术交流 19 次、国际学术会议 4 次，参会人数 1322 人次，交流论文 292 篇。研究会加大技术交流及成果转化工作，开展了创新科技的论证会、项目对接、技术咨询等工作，举办技术创新方便培训班 32 次，参加活动专家约 40 人次，受众人数约 570 人次。

研究会受国家科技奖励办公室委托成为第二批科技成果评价试点单位，截至 2014 年 12 月 31 日，研究会为 110 项成果做了科技成果评价。

科普活动 开展以展示航天新成就，进行爱国主义教育为主要内容的科普活动。举办 5 场航天科普展，参观人数 20.5 万人次，参加活动科技工作者 32 人次。

研究会制作航天新展板 200 多块，增加神舟十号对接模型。由运载火箭总设计师、中国工程院院士龙乐豪作了题为《中国航天 中国火箭》的报告。

【基因科学与人类健康产业发展论坛】 6 月 19 日，研究会主办的基因科学与人类健康产业发展论坛在天津市召开。来自美国、荷兰、泰国，中国大陆和香港特别行政区、澳门特别行政区、台湾地区的业内专家、企业家 200 余人参加论坛。论坛主题为“发展基因健康产业 惠及中华百姓健康”。论坛主席为研究会副理事长、中国科学院院士强伯勤，论坛执行主席为中国科学院院士赵国屏。

本论坛执行主席赵国屏、上海交通大学 Bio-X 研究院院长、中国科学院院士贺林，美国加州太平洋生物科学公司首席技术官 Steve Turner 博士，美国纽约大学医学院研究员曹志敏等专家分别作了题为《基因组医学产业发展的机遇与挑战》《基因细胞与健康》、《基因检测技术现状及发展趋势》《基于全生命周期的基因健康产业业态分析》等主题的报告。

【与联合国国际贸易中心签署合作备忘录】 5 月 29 日，研究会与联合国国际贸易中心在北京签署合作备忘录。

国际贸易中心（International Trade Center，ITC）成立于 1964 年，是联合国和世贸组织联合设立的唯一从事服务业能力建设和国际贸易促进的专门机构，主要围绕联合国贸易援助条款和多国发展计划开展工作并提供相应的技术支持。

按照合作备忘录的内容，研究会与国际贸易中心共同组织中国卫星全球服务国际合作，推动中国中小企业拓展国际市场，协助中小企业转变经济发展模式，提高国际贸易竞争力。

【2014 亚洲创新产业投资峰会】 9 月 25 日，2014 亚洲创新产业投资峰会在新加坡举行。会议主题：共商创新产业合作，共建金融投资未来，促进科技与金融结合，打通科技成果向现实生产力转化的通道。会议由研究会、香港悟破习集团有限公司、新加坡 All Events Group 有限公司联合主办。亚洲及太平洋地区的 19 个国家的 500 多人参加会议。出席会议的有德国、奥地利等国家驻新加坡大使、外交官，多家外国银行、金融机构、商会代表。

研究会组织以农业和新农村建设，航天育种技术，儿童食品安全，人类基因变异组计划，新能源汽车及动力电池技术等方面的专家出席会议并作大会发言。

美国著名投资家罗杰斯先生作大会主题发言。他分析了国际投资发展趋势，提出参与投融资建议，介绍了他的投资理念、方法以及他自己的投资生涯和经验。

18 人在会议上作报告。其中，中国学者 14 人。

（撰稿人：凌 芸）

中国基本建设优化研究会

服务创新型国家和社会建设 5 月 9—16 日，研究会与比亚迪汽车有限公司联合在广东省深圳市举办了新能源汽车展。来自全国各地的 8 家汽车制造厂商及 15 家相关配件制造厂商，各自展出了其最新产品，参观人数达 2.8 万人次，达成购销或合作合同 213 份。

5 月 12 日，就湖南省宜章县一六镇水北岸村如何缓解经济林产业发展与用地之间的矛盾，发展套种模式，研究会邀请相关专家进行研讨。

6月10日，研究会邀请平安银行、华龙证券与黑龙江省宁安市政府有关负责人就县域经济发展进行研讨。

9月16日，研究会在江苏省南京市举办题为《建筑企业转型升级呼唤着高素质的复合应用型人才》的专题讲座，200余人参加讲座。

9月17日，研究会与江西省农业科学院共同探索实施现代农业—芦笋产业化集成项目，举办研讨会。

9月20日，研究会与中国政策科学研究会、中国财政学会公司合作研究专业委员会、国家开发银行规划设计院、国家信息中心等部门联合发起成立中国公私合作（PPP）研究院。

学会建设 截至2014年12月31日，研究会个人会员总数为2312人，单位会员总数为185个。2014年，研究会举行了第七次全国会员代表大会暨换届大会，召开了一次理事会议，两次常务理事会议。

国内主要学术会议 4月25日，研究会与清华大学污染控制与新能源课题组、北京低碳清洁能源研究所、中国地质大学材料科学与工程学院联合举办了碳捕集、利用和封存技术研讨会。23个单位的35名专家、学者参加了会议，提交论文6篇。清华大学教授、中国工程院院士倪维斗和俄罗斯自然科学院院士李国玉出席会议。

9月9—15日，研究会在湖南省长沙市举办了新能源产业优化研讨会，46人与会，3位专家和5家科研单位、21家企业的科技工作者在会上发言，提交有关新能源产业优化发展的论文12篇。

9月17日，研究会与中华环保联合会在北京联合举办第十届环境与发展论坛绿色农资专题研讨会。中国科学院院士、农业部微生物肥料检测中心副主任李元芳参加会议。

10月18日，研究会在北京召开协同推进三农和新型城镇化建设综合学术会议。国家发展改革委、农业部、国土资源部、国务院发展研究中心、中国农业科学院、北京工商大学等部门有关领导、专家参加会议。

12月27日，研究会在北京市举行第七届全国房地产总工年会。

科普活动 3月22日，研究会在北京就中国当前“三农”和城镇化面临的矛盾和问题，邀请《人民日报》《经济日报》《农民日报》《中国改革报》《中国经济导报》《中国县域经济报》《西部大开发杂志》等媒体，举办学术研讨会。

5月18日，研究会在江苏省南通市举办题为《我国近几年重大工程事故教训及其对策研究》的专题讲座。包括建筑企业技术人员及学院师生等400余人参加。

5月24日，在北京市举行“民间组织参与社会评估重要性”科普活动。活动内容是以科技咨询的形式介绍我国民间组织的发展状况。活动中举办关于“什么是民间组织评估”的科普讲座，浙江天涯法律服务公司总经理陈云峰主持并做讲座。

党建强会 3月，研究会秘书处党支部向中国科协学会党建研究会申报了重点调研课题并获批准。党支部成立了课题组。

课题组以《中国科协学会党建领导和管理体制研究》为主题，研究目前党和国家政策框架中的学会党建领导和管理体制，分析当前中国科协学会党建领导和管理体制的特点及成效，提出中国科协学会党建领导和管理体制存在的主要问题。在此基础上就如何完善中国科协学会党建领导和管理体制提出具体对策和建议。在课题实施过程中，承办3次课题研究沟通协调会议，形成6000余字的课题研究报告。在11月4日举行的调研课题结题会上进行汇报。

【中国基本建设优化研究会第七次全国会员代表大会暨换届大会】 11月15日，研究会在北京举行第七次全国会员代表大会暨换届大会。研究会各级组织的会员通过民主选举或推荐，产生正式代表196名。第十二届全国人大常委会副委员长万鄂湘向会议发来贺信。中国科协副主席冯长根到会祝贺并致辞。

会议听取并审议通过研究会第六届理事会工作报告、财务报告和章程修改草案。通过无记名投票方式选举出由68名理事组成的第七届理事会。在七届一次理事会议上，第七届理事会理事通过无记名投票的方式，选举出第七届常务理事会，会议选举十一届全国政协副主席厉无畏为研究会第七届理事会会长，选举付文军为研究会第七届理事会副会长兼秘书长。

（撰稿人：佟艳杰）

中国科技馆发展基金会

学会建设 2014年，基金会完善了25项管理办法，编制完成《管理办法汇编》。2月，召开基金会第四届理事会第9次会议。会议审议了2013年度基金会工作报告、财务收支情况及说明，2014年度工作要点及2014年度财务预算，对农村中学科技馆、科技馆发展奖、合展励学金项目实施方案等议题进行了审议和表决。

11月，召开基金会第四届理事会第10次会议。会议审议了2014年度奖励工作情况报告、农村中学科技馆情况报告，会议讨论通过“贡献奖”“创意奖”候选人名单，通过了颁奖活动方案．会议通过2014年“卡林加奖”获得者李象益捐赠25万元设立的“展教奖”，该奖用于奖励在科普场馆的展览设计、策划创意、实验教育等创新方面做出突出贡献的个人或团体，该奖从2015年起颁发。

5月，基金会通过了财政部、国家税务总局、民政部关于公益性捐赠税前扣除验证资格。

7月，基金会秘书处特邀联合国教科文组织颁发的“卡林加”奖获得者李象益，为基金会员工做了题为《由信息时代到创意时代的科普教育创新》的科普讲座。

8月，基金会秘书处开展业务培训，邀请中正天通会计师事务所两位专家就基金会财务资产管理、重大项目管理及绩效评估指标等专题进行授课。

两岸交流　9月，基金会“基于科技馆平台的创新方法培训研究与实践”项目组派出代表团前往台湾地区参加第七届海峡两岸TRIZ学术研讨会。

表彰举荐优秀科技工作者　12月15日，中国科协在北京举行中国科协会员日暨表彰大会，中国科技馆发展基金会“科技馆发展奖”的贡献奖、创意奖与中国科协第六届全国优秀科技工作者、“讲理想、比贡献”获奖人员共同颁奖。基金会理事长谢克昌在会上宣读了《中国科技馆发展基金会2014年度科技馆发展奖获奖决定》。

【农村中学科技馆公益项目】　2月20日，中国科技馆发展基金会第四届理事会第9次会议审议通过农村中学科技馆项目实施方案。

4月—9月，基金会组织专家评审委员会委员对已实施农村中学科技馆项目的试点进行实地调研。委员们到云南、贵州、山东等地走访调研，听取意见建议。

2014年，基金会组织试点学校参加教育部、中国科协、团中央等7家单位主办的“童眼观生态——全国青少年生态文明教育体验活动”，向16所农村中学科技馆每校赠送一台微型照相机。

7月，农村中学科技馆展品深化设计方案审查会在中国科技馆召开。会议要求，2014年度农村中学科技馆展品及设备应在总结前期经验的基础上，提高标准，精益求精。同时，强调要加强对学校老师先培训后辅导。9月，基金会组织专家组赴杭州市、蚌埠市、合肥市对2014年农村中学科技馆展品制作情况进行验收。10月27日至11月20日，2014年度农村中学科技馆3家企业制作展品（三套共54件）在中国科技馆进行为期3周的展示，接受公众点评。

8月，基金会与科普出版社签约100万码洋图书捐赠，截至12月31日，50多万码洋的图书已经捐到50所中学。

2014年，基金会完成24所中学科技馆的建设，带动地方和社会参与建设的有31所。2014年，基金会完成55所农村中学科技馆的建设。2012—2014年已建农村馆108所，涉及29个省份的70个县，累计受益公众达50余万人次。

2014年，基金会举办3期农村中学科技馆辅导老师培训班。涉及22个省、自治区，150人参加了培训，贵州、西藏独立办班。培训内容包括农村中学科技馆基本构成、功能定位，展品科学原理的展示、拓展及展品设备的维护维修，如何引导青少年的科学实验和创新活动等。

【合展励学金项目】　5月，中国科协年会办公室和中国科技馆发展基金会联合举办的捐赠仪式暨科普报告会在云南省昆明市举行。基金会设立的“合展励学金”向云南农业大学和昆明理工大学捐赠400万元，用于资助两校的贫困学生。基金会已先后向天津、河北、贵州、云南的8所大学捐赠1600万元，截至2014年12月31日，资助贫困学生1575名。捐赠仪式上基金会还向云南捐赠两所农村中学科技馆。

2014年，基金会加大对天津、河北、贵州、云南8所院校的捐赠执行情况进行追踪问效。严格按照基金会对励学金申报、发放《工作流程》及《上报材料名录》的监督，并要求各受助院校相关总结材料按时上报基金会。

（撰稿人：田　英　吴冬梅）

中国生物多样性保护与绿色发展基金会

服务创新型国家和社会建设　6月，基金会与中国战略与管理研究会在北京召开“生态警示片”新闻发布会，基金会执行理事长胡昭广出席并主持新闻发布会。配合基金会的科普宣传活动，促进沙产业专项基金管委会制作了生态警示片100套，在上海交通大学召开钱学森专题研讨会，表彰为沙产业做出贡献的人员。

基金会开展“抢救五小叶槭”系列活动。为保护五小叶槭免受四川雅砻江两河口水电站工程项目带来的灾害，基金会成立“五小叶槭工作组”。基金会举办中国生物多样性保护与绿色发展基金会赴雅江拯救五小叶槭授旗仪式。基金会理事长、基金会抢救五小叶槭工作组组长胡德平，基金会绿色运动大使郝海东等参加授旗仪式并发言。

2014年，基金会成立新疆野苹果工作组，制定工作计划，召开工作发布会，协调、组织各方力量投入到保护新疆野苹果工作中。

12月15日，基金会在北京师范大学举办“中国绿发会请您关注青头潜鸭”活动的新闻发布会，介绍了基金会对青头潜鸭已经开展和将要开展的各项工作。基金会副理事长张佐双，中国鸟类学会副理事长、北京林业大学教授、博士生导师丁长青，基金会观鸟专业委员会顾问、北京师范大学教授赵欣如，基金会观鸟专业委员会会长付建平、基金会副秘书长胡京仁等出席发布会。

12月，经云南省科技厅批准，基金会与云南省经济管理学院建立的金鉴明院士工作站在云南省昆明市启动。

学会建设 2014年，基金会有理事25名，常务理事3名，监事4名，示范基地35个，专项基金6个，内设专家委员会、植物园工作委员会、绿色企业工作委员会、法律工作委员会和观鸟专业委员会。

8月20日，基金会召开专家委员会示范基地评审会。北京师范大学教授刘定震、北京林业大学教授李景文、专家委员会秘书长张佐双、高级工程师方运河、博士周晋峰等专家参加评审。会议审议批准了安徽黄山区人民政府、福建长汀水土保持局、北京奥林匹克中心区水系研究中心3个单位为基金会示范基地。

12月10日，基金会发出《中国生物多样性保护与绿色发展基金会推动各示范基地工作的通知》，对所辖各示范基地近年开展的工作进行评估、考核，完善对各示范基地监督工作。

2014年，基金会开通官方微博、微信平台，新版官方网站上线。

国内主要学术会议 9月26日，由基金会与国家林业局、中国林业经济学会、环保部中国环境科学学会和文化部中国华夏文化遗产基金会等共同举办的第六届中国绿色发展高层论坛在甘肃省兰州市召开。来自海内外的300多位专家、学者出席会议。论坛以“生态文明、绿色转型”为主题。基金会理事长胡德平在开幕式上作主旨发言。经基金会推荐，丸山敏秋入选“中国十佳绿色新闻人物”，海南开维集团有限公司、上海浦东发展银行入选“中国十佳绿色责任企业”，福建省长汀县和安徽省黄山区入选“中国十佳绿色城市”。

10月22—26日，基金会和中国植物学会植物园分会及多家国内外植物园组织共同主办的2014年中国植物园学术年会在上海市召开。年会以“植物园的社会责任”为主题，来自中国、加拿大、荷兰、法国等国家和地区的66个植物园（树木园），41所大学和科研院所、出版社、杂志社、景观园艺公司，以及16个国际国内学术组织和国家委办局的350余名专家、学者参加了会议。

学术年会围绕珍稀濒危植物迁地保育的新技术、资源植物开发与可持续利用、科普教育和科学传播、园艺技术与都市美丽生活、植物园的挑战与机遇5个专题展开讨论。年会举行14场大会报告和72个专题报告，大会收录论文47篇。

科普活动 5月22日，世界生物多样性日期间，基金会举办了系列活动。基金会征集来自全国科研院所、大学、自然保护区，以及社会各界投稿的数码摄影作品1300余件。

5月22日，基金会与国家环境保护部生态司生物安全办公室、生物多样性保护办公室指导，中国科技馆发展基金会、中国科学技术馆联合主办，中国生态修复网、北京科技信息情报研究所、北京生物多样性研究中心、北京生物多样性调查所协办的生物多样性保护专题展览在北京举行，6000人次参观展览。基金会征集制作的100多幅第七届中国生物多样性保护与利用数码摄影大赛优秀摄影作品，在北京动物园科普馆、北京麋鹿生态实验中心科普馆举办专题展览。

2014年，基金会开展保护生态推广中国樱花大讲堂活动，先后对公众进行3场科普讲座，近2000人次参加。

9月20日，由基金会和安徽省黄山市黄山区人民政府共同主办的生物多样性保护与绿色发展讲座在

安徽省黄山市举办。讲座结合全国科普日活动，新华社高级记者张继民，北京麋鹿生态实验中心副主任郭耕，环境科普撰稿人、中国环境科学院生态环境研究所所长李俊生，分别作了题为《求真祖国山河》《生态文明与绿色行动》《让城市和乡村告别垃圾污染》《建设生态文明，促进可持续发展》的讲座，来自黄山区的师生及公务员1200人参加讲座。

10月21—22日，由基金会、宁夏回族自治区中卫市委宣传部、宁夏回族自治区科技局、宁夏回族自治区教育局共同主办的生物多样性保护与绿色发展科普讲座在宁夏回族自治区中卫市举办。来自中国科学院老专家科普演讲团、中国环境科学院的4位专家，以《节能减排、低碳经济》《生态文明与绿色行动》、《建设生态文明促进可持续发展》《美丽中国的设计要素》为题进行了演讲，2200人参加讲座。

11月30日，第六届金桂论坛在浙江省杭州市召开。基金会理事长胡德平、秘书长周晋峰受邀围绕“国际合作发展创新”主题，分别作了题为《依法治国保障中国经济稳定健康发展》《绿色发展——农业、生态、环境、宜居的核心》的报告。

（撰稿人：陆吉瑞）

中国反邪教协会

服务创新型国家和社会建设 “5·28”山东招远“全能神”邪教成员故意杀人事件发生后，协会开展了有针对性的宣传揭批活动。协会有关领导第一时间接受中央电视台《新闻1+1》、新浪网、凯风网等媒体的专访，对“全能神”邪教进行揭露批判。协会及时通过各大网站发布《中国反邪教协会关于严厉谴责“全能神”邪教成员故意杀人事件的声明》，公布了20种邪教组织名单，介绍当前在国内较为活跃的各种邪教组织。各大门户网站和主流媒体大量转载和报道协会发布的有关内容。

协会编制了3.5万套《揭批“全能神”宣传教育资源包》，发放给各地协会。各地反邪教协会利用新闻媒体，开展宣传揭批，发挥好群众身边的“一墙一窗”宣传阵地作用，举办科普活动、普法活动、讲座近千场，使群众深刻认识到“全能神”邪教组织的危害。

6月10日，协会在江苏省南京市举办加强社会治理，引导回归社会专题交流和学术研讨会。来自10个省、自治区、直辖市协会的代表作了大会交流发言。会议收到论文263篇，评出一等奖20名，二等奖30名，三等奖40名。

协会支持专家、学者和各地协会开展课题研究工作。2014年择优支持课题研究12项，这些课题围绕反邪教斗争的重点和难点问题进行理论和实践研究。

协会向各地协会印发《关于推荐反邪教理论研究专家的通知》，地方协会推荐73名理论研究专家。

学会建设 10月15日，协会在北京召开中国反邪教协会第二次会员代表大会。会议审议通过《中国反邪教协会第二次会员代表大会工作报告》和《中国反邪教协会章程（修订草案）》，选举产生协会二届理事会。欧阳自远当选为二届理事会理事长，王渝生、王慧梅等27位当选为二届理事会常务理事。聘请何祚庥等11人为中国反邪教协会二届理事会荣誉理事。

学术期刊 2014年《中国反邪教通讯》编印12期，刊发文章611篇，100余万字。向地方协会等单位发放37200册。与《科学与无神论》《科学世界》杂志和《科技文摘报》等报刊联合开办反邪教栏目，2014年发表文章30余篇。

科普活动 协会建设的反邪教警示教育资源库于12月5日通过项目验收，计划于2015年1月16日正式上线运行。首批上线14种1752个警示教育资源，反邪教警示教育资源库旨在搭建全国反邪教警示教育资源的共建共享的平台。

7月，协会向各地协会印发了《关于积极参加优秀反邪教文艺节目评选活动的通知》，发动各地协会报送优秀反邪教文艺节目。

2014年，协会制作的《天象奇观日全食》《自然之谜——地震》两部科普片，被中国科协评为十大“公众喜爱的科普影视作品”。

11月24日，协会向各地协会印发了《关于积极参加反邪教法治宣传周活动的通知》。在12月1—7日的宣传期间，地市协会利用有线电视、广播、报纸、社区（村）“一墙一窗”等载体营造宣传氛围，开展法制教育主题宣讲，利用手机报和微信平台推送反邪教法律知识，开展反邪教法治文艺汇演、广场活动，组织参观反邪教教育基地等多种形式的宣传教育活动。

调整中国反邪教网原有栏目6个，设立3个新专栏，分别是：揭批“全能神”邪教专栏、社会主义核心价值观宣传专栏、反邪教法制宣传周普法专栏。2014年发布原创稿件958篇，转载稿件1345篇，通过网站共享图书、视频等宣传资料1973件。协会加强与凯风网及各地协会网站的互联互动，形成反邪教网站群效应。

中国科协会员日 12月18日，协会参加2014年办事机构挂靠在中国科协的全国学会会员日活动，在活动中发放印有“崇尚科学，反对邪教”字样的简易手提袋、《揭批“全能神”宣传教育资源包》等宣传品共800多份。

【中国反邪教协会第二次会员代表大会】 10月15日，协会在北京召开中国反邪教协会第二次会员代表大会。会议审议通过了《中国反邪教协会第二次会员代表大会工作报告》和《中国反邪教协会章程（修订草案)》，选举产生了协会第二届理事会。欧阳自远当选为第二届理事会理事长，王渝生、王慧梅、尹宝虎、圣辉、李申、胡月明、高莎薇、楼志浪当选为第二届理事会副理事长，王慧梅兼任第二届理事会秘书长。于宁等27位当选为第二届理事会常务理事。聘请何祚庥等11人为中国反邪教协会第二届理事会荣誉理事。

（撰稿人：李　静）

国际粉体检测与控制联合会

学会建设 2014年，联合会秘书处开展与各国理事的联系，通过网络会议，联合会于6月10日和10月15日召开了两次常务理事会会议，

6月10日，联合会在辽宁省沈阳市召开了第一次常务理事会会议，会议由秘书处常务副秘书长金智贤主持，联合会理事长谢植、秘书长李新光、副理事长S. Radand（德国)、副理事长Mark Jones（澳大利亚)、副理事长Shuji Matsusaka（日本）参加会议，会议确定第十届国际粉体检测与控制学术会议于2014年11月7—9日在厦门大学举行。会议希望各位副理事长积极开展与各国学者的联系，发展理事会成员，扩大联合会在国际上的影响。副理事长Shuji Matsusaka希望建设好联合会的网站，充实网站内容，便于联合会与会员的联系，便于组织学术交流。

10月15日，联合会在辽宁省沈阳市召开第二次常务理事会会议。会议由秘书处常务副秘书长金智贤主持，联合会理事长谢植、秘书长李新光参加了会议，副理事长S. Radand教授（德国)、副理事长Mark Jones（澳大利亚)、副理事长Shuji Matsusaka（日本）参加了网络视频会议。会议公布了第四届国际粉体检测与控制联合会理事会换届选举的候选人和新会员名单，确定2014年11月15日举行第四届国际粉体检测与控制联合会会员代表大会和理事会换届选举，会议通报了2014年中国分支机构“工业应用委员会”开展工作情况。

11月5日，联合会秘书处组织召开了第四届国际粉体检测与控制联合会会员代表大会，讨论通过了联合会章程的修订意见和会费标准，选举了新一届理事会理事。会员代表大会结束后，举行了2014年会员日活动。

2014年1月，联合会分支机构“工业应用委员会”迁址到北京清华大学开展工作。清华大学粉体研究中心主任盖国胜任该分支机构负责人。2014年，联合会分支机构在国内组织相关的学术研讨会和技术培训活动，制定我国粉体技术标准、技术术语规范化。12月，联合会根据中国科协下发的《民政部、财政部、人民银行关于加强社会团体分支（代表）机构财务管理的通知》精神，对分支机构进行了检查，建立了监督和检查制度。

国际学术会议 11月23—25日，第十届国际粉体检测与控制学术会议在福建省福州市举办。50名专家、学者参加会议，会议以学术交流和产业发展情况介绍结合，有部分企业技术人员参会，进行产业技术交流。

11月4—5日，联合会2014粉体检测与控制高端学术研讨会在辽宁省沈阳市举办，联合会部分理事、工业应用委员会成员、东北大学有关专业的教授、博士研究生、硕士研究生和联合会会员代表120余人参加了会议。

【2014粉体检测与控制高端学术研讨会】 11月4—5日，联合会2014粉体检测与控制高端学术研讨会在辽宁省沈阳市举办，会议同期举办了国际粉体检测与控制联合会第四届会员代表大会。欧洲标准化委员会TC114机械安全分会主席、TC305爆炸性气氛危险区爆炸预防与防护标准技术委员会主席、联合会副理事长S. Radand，联合会理事Albrecht Vogl、Jianye Shi、东北大学安全技术中心副主任李刚分别作专题学术报告。研讨会的报告的内容结合2014年8月2日早上7时37分在我国江苏昆山开发区在生产过程中发生粉尘爆炸，造成重大人员伤亡事件，分析粉尘爆炸的发生、防范和原因。与会专家认为，搞好相

关的学术活动，提醒我国专家和会员们重视对粉体技术研究，预测和防范生产领域发生粉尘爆炸事故的重要性。联合会部分理事、工业应用委员会成员、东北大学有关专业的教授、博士研究生、硕士研究生和联合会会员代表120余人参加了会议。

（撰稿人：金智贤）

国际数字地球学会

学会建设 2014年，学会发展会员22人、终身会员2名，会员总数397人，单位会员总数58个。学会举办学术会议5个，600人次参加了学术交流，收到论文200余篇。增补常务理事1人，变更常务理事2人、理事8人。

学术期刊 在科技期刊国际影响力提升计划实施过程中，《国际数字地球学报》（以下简称《学报》）主打质量牌、国际牌，加强期刊学术质量控制。2014年度汤森路透发布的期刊引用报告（JCR）显示，《学报》两年期影响因子为2.212，5年期影响因子为2.318。《学报》在JCR报告中划归为遥感和自然地理学两个学科领域，在全球27种遥感类期刊中影响因子排名第8位，在全球46种自然地理学类期刊中排名第22位，在被SCI收录的162个中国期刊中排名第15位，位居前10%，在中国地球科学类、信息科学类期刊中，均排名第1位。

学科发展研究 学会组织专家、学者重点研究新一代数字地球的理论框架、前沿技术和应用模型。研究在“空间大数据”背景下，内容更新变化快与价值密度低、模型计算与动态同步呈现、宽带网络数传、数据共享与安全、数据密集型地学发现等核心关键技术，研究在数字地球空间框架下集成各种地球系统观测数据，模型预测与实时呈现圈层要素之间的物理、化学、生物、人文影响过程，提升认知全球变化和“未来地球”科学水平。在全面系统分析数字地球发展现状基础上，结合社会科技变革的驱动力和趋势，利用国际和我国地球观测的重要资源，开拓发展海量空间数据转化为科学信息的方法论，提出面向2030的数字地球理念，引领数字地球在全球的发展。

国际学术会议 11月9—11日，由学会主办，日本中部大学（Chubu University）承办的第五届数字地球高峰会议在日本名古屋市召开。来自22个国家和地区的100余位数字地球领域专家、学者出席了峰会。

会议以“服务于可持续发展的数字地球教育（Digital Earth for ESD）”为主题，会议设：数字地球教育的可持续发展、数字地球与环境监测与保护、数字地球基础设施、数字城市与城市规划、数字地球与灾害、数字地球与农业、可视化与科学交流、公众科学与志愿型地理信息8个分会，以及两个专题分会：无人机和JAXA最新卫星。

开幕式上，中国科学院院士、学会秘书长郭华东主持大会特邀报告。日本人类与自然研究所教授Tetsuzo Yasunari作了题为《Future Earth的含义及其在亚太地区的影响》的报告，报告介绍了Future Earth的主要任务与目标及其在推动全球环境变化与可持续发展的全球合作方面的成果，认为数字地球科学技术在解决人类面临的全球问题中具有重要作用。美国俄亥俄州立大学Daniel Sui教授作了题为《公众参与的地理信息（VGI）对于社会的改变》的报告。他认为，10年来众包与VGI技术对社会发展产生了深刻影响，同时也对GIScience带来了挑战，VGI技术与大数据的融合将目光从数字地球转向Global Brain，将对社会生活的各个方面产生重要影响。来自美国NASA的Jonathan Trent博士以《OMEGA：可持续发展的系统方法》为题介绍了名为“OMEGA”的近海滤膜藻类生长生态环境可持续发展项目，并强调它在全球环境可持续发展中的作用与意义。来自ESRI（日本）的Micheal Gould博士以《GIS——基于问题的学习和创新平台》为题，报告了ESRI开展的基于GIS平台的青年教育创新项目。

会议进行了37个分会报告。参会者就数字地球教育的可持续发展理念与技术、数字地球基础设施建设、数字地球在促进环境监测与保护及城市规划中的作用，以及数字地球在全球灾害与农情监测中的作用进行了交流。在闭幕式上，郭华东向Hiromichi Fukui教授颁发了纪念奖牌。

9月10—12日，第二届干旱半干旱环境对地观测国际研讨会（ISEO2014）在吉尔吉斯斯坦召开。来自中国、吉尔吉斯斯坦、塔吉克斯坦、哈萨克斯坦、乌兹别克斯坦、俄罗斯、白俄罗斯等14个国家的100余位专家、学者围绕“空间观中亚”主题进行了交流研讨。会议开幕式由吉尔吉斯斯坦科学院院士、大会联合主席K．Zhumaliev主持。中国科学院院士、大会联合主席、学会秘书长郭华东致开幕词，吉尔吉斯斯坦科学院院长Abdygany Erkebaev、吉尔吉斯斯坦农业与粮食部部长T. A. Aidaraliev、吉尔吉斯斯坦教育与科技部部长K. J. Sydykov、吉尔吉斯斯坦地质与矿产资源局局长D. T. Zilaliev、俄罗斯空间局局长Sergei Saveliev、白俄罗斯国家科学院院长Peter Vityaz、哈萨克斯坦国家科学院院士Halel Bespaev等相继致辞，会议举行了5场19个大会报告以及10场50余个分会报告。会议围绕对地观测理论与技术、水资源、矿产与能源、减灾防灾、生态环境监测与评价、全球气候变化等议题进行了广泛的学术交流。各国学者专家还就丝绸之路经济带对地观测科学计划举行了多次双边和多边会谈。

6月8—9日，大数据与科学发现国际研讨会（CODATA Workshop on Big Data for International Scientific Programmes）在北京召开，研讨会由国际科技数据委员会（CODATA）主办，世界数据系统（WDS）、未来地球计划（Future Earth）、灾害风险综合研究计划（IRDR）、研究数据联盟（RDA）、地球观测组织（GEO）、国际数字地球学会（ISDE）、中国科学院遥感与数字地球研究所（RADI）协办。来自相关国际组织的中外专家、学者近百人参加了开幕式。

国际科技数据委员会秘书长Sara Graves主持开幕式。国际科技数据委员会主席郭华东，国家自然科学基金委员会副主任高文，印度原国家科学院院长Krishan Lal，地球观测组织秘书长Barbara Ryan，Future Earth科学委员会主席Mark Stafford Smith，国际数字地球学会副主席Milan Konecny，灾害风险综合研究计划科学委员会主席David Johnston，WDS IPO执行主任Mustapha Mokrane，中国科学院院士、原科技部部长徐冠华出席开幕式。郭华东介绍了国际科技数据委员会的主旨及其2013—2018发展规划中关于数据科学的政策框架、数据科技前沿、服务于国际科学的数据战略等。他指出，作为大数据的重要组成部分，科学大数据正在使科学世界发生变化，驱动着科学研究进入数据密集型科学发现范式这一全新阶段。他提出“科学大数据”概念，指出在大数据概念与应用实践中，互联网大数据与商业大数据均已得到了广泛重视和快速发展，与之相比，科学大数据的理论研究与实践相对较少。而如何挖掘科学大数据的能量与潜力、如何更好利用科学大数据为科学发现服务，如何使大数据、大科学、大发现融会贯通，都是本次会议要探讨的主题。大会包括5个分会场的21个报告，涉及空间信息、计算机科学、基因学等多学科，以及数据政策、管理、同化、共享等多方面。报告人结合自身实践，对大数据时代在科学研究、国际合作及商业发展等方面的经验与挑战进行了交流。

国内主要学术会议 11月19—21日，由学会中国国家委员会主办的第二届成像雷达（SAR）对地观测高级学术研讨会在北京召开。来自全国各地和海外的60余家单位的300多位成像雷达领域的专家、学者、研究生和企业代表参加了会议。本届研讨会以“前沿SAR：护航‘未来地球’”为主题，围绕雷达对地观测理论与模型、成像雷达系统、雷达成像及图像处理技术、雷达对地观测应用等议题进行交流。会议期间，举行了9个大会特邀报告、3个企业主题报告、112场口头报告，42个张贴报告。经过专家和大会的评选，5篇论文获得优秀论文奖，5位报告人获得大会优秀口头报告奖。

国际交往 2014年，学会秘书处接待包括联合国副秘书长、美国国家航空航天局局长、泰国外交部副部长、欧盟科技代表团、秘鲁科学院院长在内的30余个团组约150人次访问。

学会与国际科技数据委员会（CODATA）等国际组织建立了合作伙伴关系。

会员服务 学会定期为会员提供学会快讯（ISDE Newsletter），推送最新学科发展报道和业界相关资讯，为终身会员免费订阅《国际数字地球学报》。根据会员专业领域，为其推送《国际数字地球学报》文章目录，组织会员参加学会相关活动，帮助会员联系相关专家、学者，推动合作交流。

【国际数字地球学会中国国家委员会2014年度工作会议】 1月13日，国际数字地球学会中国国家委员会（以下简称“中委会”）2014年度工作会议在北京市召开。会议总结了中委会换届以来的工作，审议通过了关于增设新的专业委员会和增补调整中委会委员等事项，研究制定了2014年度工作计划。会议开展了5个专委会的学术交流活动，研讨了当前数字地球及相关领域的基础理论、技术和应用前景。

来自全国各地的60余位专家、学者参加了会议。全国政协副主席王钦敏，中国科学院院士、中委会主席郭华东出席会议并讲话。

郭华东从数字地球的发展机遇、学科体系及定量化研究等方面进行了阐述，认为“数字地球”事业的发展方兴未艾。

王钦敏强调国家对空间信息方面的高度重视，并以卫星应用为例，提出了目前亟待解决的若干问题。他建议吸取相关教训，学习成功经验，从规划层面、信息应用基础设施层面以及技术层面做好卫星应用的设计，推动卫星应用的发展。

中委会秘书长刘勇卫作中委会工作报告。报告围绕中委会业务范围、学术活动、发展战略及科学普及等方面进行了总结和阐述。

在会议的学术交流阶段，郭华东作了题为《科学大数据与数字地球》的学术报告。报告从数字地球的发展、大数据时代的到来、数字地球：地球大数据、地球大数据研究的方法论等4个方面深入阐释了数字地球的发展历程，并对当前中国大数据现状以及如何通过新的科学研究计划推动数字地球的发展进行了分析。各专委会分别推荐专家进行学术交流，主要包括：中国国土资源航空物探遥感中心甘甫平作了题为《高光谱遥感地质矿产调查》的学术报告，武汉大学教授杨杰作了题为《极化SAR影像地物解译》的学术报告，北京建筑工程学院教授王晏民作了题为《站载激光雷达及其数据处理软件进展》的学术报告，中国农业科学院研究员孙忠富作了题为《物联网与大数据在农业防灾减灾中的应用与展望》的学术报告，中国科学院遥感与数字地球研究所研究员聂跃平作了题为《中华文明探源遥感研究进展》的学术报告。

（撰稿人：王长林　刘婧娜）

国际动物学会

服务创新型国家和社会建设　2014年，学会承担的全球变化生物学效应（BCGC）科学研究国际计划项目，重点开展了扩大学术影响和支持相关学术活动等方面。

8月，学会在河南省郑州市组织了全球变化生物学效应研讨会，会议主题为：全球变化条件下的啮齿动物生物学与管理。来自加拿大、以色列、新西兰、赞比亚、南非、中国等国家的13位科学家作学术报告。

11月，全球变化生物学效应科学研究国际计划项目在北京组织了专题研讨会，并与国际生物科学联合会（IUBS）“整合气候变化生物学（iCCB）”项目参与人、挪威奥斯陆大学教授Nils Chr. Stenseth组织了在全球变化生物学效应（BCGC）框架下动物疫病，特别是鼠疫方面的学术研讨。项目重点资助了由项目科学家、法国国家农业研究所森林动物研究主任Alain Roques主持的蛾与气候变化国际会议以及由其主编的科学专著《气候变化与飞蛾行为》。

11月22日至12月1日，学会组织举办第四届整合动物学国际培训班暨第二期动物生态学与保护生物学前沿培训班在北京市举办。培训班由国际动物学会、国际保护生物学学会中国委员会、中国科学院动物研究所动物生态与保护生物学重点实验室主办，中国科学院国际合作局资助。来自俄罗斯、墨西哥、南非等国的27名外籍学员和来自全国各地的80多名中国学员参加了本次培训。培训班以整合动物学为主线，英国卡迪夫大学教授Mike Bruford、加拿大哥伦比亚大学教授Charles J. Krebs系统介绍了动物生态与保护生物学的基本概念、研究前沿、目前进展与未来发展方向。

学会建设　截至2014年12月31日，学会有团体会员119个，覆盖各类科技人员3万多人，个人会员1174人，会员数量分别比2013年同期增加4.4%和8.0%。团体会员分布在36个国家和地区，个人会员分布在73个国家和地区。

2014年，学会对会员资料进行了重新统计和整理，对会员基础数据库进行了补充与更新，编制和规范了学会相关管理制度，进行了学会文件管理的规范和标准化建设。

学术期刊　2014年，学会编辑出版的学术期刊*Integrative Zoology*（《整合动物学》），通过了由中国科协、财政部、教育部、国家新闻出版广电总局、中国科学院、中国工程院等6部门联合实施的“中国科技期刊国际影响力提升计划”的中期评估，获资助。

2014年，*Integrative Zoology*（《整合动物学》）影响因子被国际知名数据库ISI在其《2010年期刊引证报告》中发布为1.419，位居世界动物学期刊前30.9%行列。

国际学术会议　8月25—29日，第五届啮齿动物生物学与管理国际会议在河南省郑州市召开。会议由国际动物学会主办，中国科学院动物研究所、国际生物科学联合会中国全国委员会（CCIUBS）、郑州大学承办，国际生物科学联合会、中国科学院国际合作局、中国科协、国家自然科学基金委资助支持。

来自世界28个国家的180多位科研人员参加了大会，包括国际知名科学家Charley Krebs(加拿大)、

Lyn Hinds（澳大利亚）、Grant Singleton（菲律宾）等。中国科学院动物研究所研究员张知彬主持开幕式。Grant Singleton在闭幕式上作大会总结。会议主题为：全球变化条件下的啮齿动物生物学与管理。会议围绕主题举办了一系列学术讨论会，内容涉及全球变化与啮齿动物、城镇化与啮齿动物、以生物学为基础的啮齿动物管理、啮齿动物与疾病、啮齿动物与粮食生产、啮齿动物与植物、啮齿动物生理学、分类与演化、生殖发育、化学信息沟通、松鼠、地下鼠等啮齿动物生物学与管理领域。会议组织大会报告7个、专题研讨会13次、学术报告126场，海报41张。

11月24—25日，第六届整合动物学国际研讨会暨国际动物学大会创始125周年和国际动物学会成立10周年纪念会在北京召开。会议由国际动物学会、国际生物科学联合会中国全国委员会和中国科学院动物研究所联合主办。中国科学院国际合作局、中国科协、国家林业局、国家基金委、国际生物科学联合会（IUBS）等为会议提供赞助支持。来自29个国家的近200多位科学家及学生出席会议。会议上举行了《庆祝国际动物学大会创始125周年、国际动物学会成立10周年画册》揭幕仪式。颁发了“国际动物学会突出贡献奖”团体优秀单位、个人奖。

11月26日，由学会主办的亚太森林入侵物种网络2014工作会议在北京召开。来自美国、越南、缅甸、马来西亚、印度尼西亚、菲律宾、印度、中国和联合国粮食与农业组织（FAO）的10多位科学家出席会议。各国专家分别介绍了各国外来物种入侵的状况与应对需求，并就网络成员未来合作与办公室作用进行了讨论与研究。

【第六届整合动物学国际研讨会暨国际动物学大会创始125周年、国际动物学会成立10周年纪念会】 11月24—25日，第6届整合动物学国际研讨会暨国际动物学大会创始125周年和国际动物学会成立10周年纪念会在北京召开。

会议由国际动物学会、国际生物科学联合会中国全国委员会和中国科学院动物研究所联合主办。中国科学院国际合作局、中国科协、国家林业局、国家基金委、国际生物科学联合会（IUBS）等为会议提供赞助支持。

国际动物学会第六届整合动物学国际研讨会开幕式

来自29个国家的200多名科学家和学生出席了会议。中国科学院院士、中国科学院副院长张亚平，国际生物科学联合会（IUBS）主席Nils Stenseth，国际科学联合会（ICSU）执委John Bukeridge，中国科学院、中国科协、国家林业局有关负责人出席会议开幕式并讲话和致辞。开幕式由国际动物学会主席、中国科学院动物研究所研究员张知彬主持。

Nils Stenseth说，国际动物学会的成立及其作用对我们人类认识生态系统，特别是在如何响应全球与环境变化等方面，不仅起着十分重要的推动作用，同时也扮演者重要的沟通与组织者角色。John Bukeridge说，没有中国科学院、中国科协等有关单位的支持，就没有国际动物学大会和国际动物学会的今天及其在国际上如此大的影响力，这同时又证明和体现了中国科学发展的成就及中国对世界科学的巨大贡献与未来发展潜力。

会议上举行了《庆祝国际动物学大会创始125周年、国际动物学会成立10周年画册》揭幕仪式。颁发了“国际动物学会突出贡献奖”团体优秀单位、个人奖。获“国际动物学会突出贡献奖”的个人科学家为：中国科学院院士陈宜瑜，澳大利亚RMIT大学教授John Bukeridge，法国巴黎第一大学教授Jean-Marc Jallon，以色列耶路撒冷大学教授Francis Dov Por。获“国际动物学会突出贡献奖”的团体优秀会员单位为：希腊动物学会、中国动物学会、俄罗斯科学院生态与进化研究所、中国科学院动物研究所、以色列海法大学。

（撰稿人：熊文华　韩春绪）

天津市科协第八次代表大会

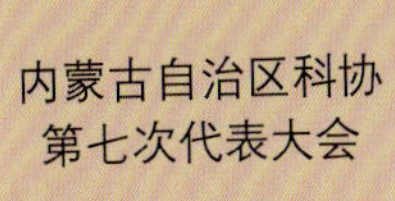

内蒙古自治区科协第七次代表大会

江西省科协第七次代表大会

山东省科协第八次代表大会

海南省科协第五次代表大会

陕西省科协第八次代表大会

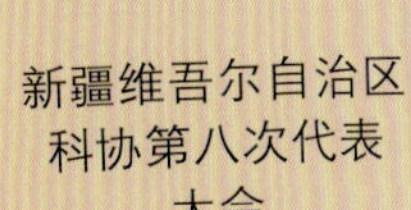
新疆维吾尔自治区科协第八次代表大会

京津冀协同创新战略研究（北京）座谈会

河北省科协年会暨沧州渤海新区人才项目洽谈对接会

2014 年度山西农科 110、健康 365 专家工作座谈会

江苏省科协所属学会有序承接政府转移职能试点工作座谈会

浙江省科协所属学会有序承接政府转移职能服务创新发展座谈会

2014年山东省"百名专家企业行"活动启动仪式

"聚焦中原"第四期院士专家智库沙龙——经济新常态下粮食生产核心区建设

四川省科协与中国邮政储蓄银行四川省分行"银会合作"推进会

云南省科协主席、中国工程院院士朱有勇在第四届云南省科协学术年会上作报告

第十二届广东省科协学术活动周开幕式

2014 湖南科技论坛
节能减排 绿色发展

福建省海洋发展战略咨询会

2014 年百名海外博士重庆行活动启动仪式及推介会

第五届中国－东盟工程项目合作与发展论坛

第四届皖台科技论坛

第五届海峡两岸（青海）特色农业产业化论坛

2014 海峡两岸森林保育经营学术研讨会

第三届兵团青年科技论坛

第十届泛珠三角区域科协和科技团体合作联席会议

上海科协大讲坛对话诺奖大师——科技创新人才培养从青少年做起

辽宁省科技馆试运行

黑龙江省 2014 年中国科协会员日暨优秀科技工作者表彰大会

宁夏科协会员日座谈会

省、自治区、直辖市科协，新疆生产建设兵团科协简况

北京市科学技术协会

服务经济社会发展 以科技思想库建设为核心，进一步完善决策咨询服务体系。思想库技术平台经过内部试运行，数据库信息由2013年的81万条增加到3500万条。围绕交通与环境污染、创意设计产业、水安全等主题，举办决策咨询沙龙11期。加强重点课题调研，完成“京津冀科技协同创新战略研究”等24项课题，以专家视角建言献策。开展科技工作者建议工作，征集各类建议180余项。其中《本市大气污染现状、治理工作中存在的问题及相关建议》得到北京市市长王安顺批示，《北京率先实行网络身份证制度建议》、《关于北京建设生态良好的宜居城市的建议》得到了北京市副市长张延昆的批示。2014年编发《科技工作者建议》6期、《科技人力资源专报》10期、《科技参考》9期。

组织实施2014年“基层科普行动计划”。两个农村专业技术协会、两个农村科普示范基地获“全国科普惠农兴村先进单位”称号，8名农村科普带头人获“全国科普惠农兴村带头人”称号，16个社区获“全国科普示范社区”称号。开展2015年北京市科普惠农益民计划评审工作。经过申报、评审和公示等环节，表彰奖励优秀科普社区108个、优秀基层科普场馆18个、科普宣传员100名，限价房、经济适用房、廉租房社区8个，农村专业技术协会21个、农村科普示范基地25个、农村科普致富带头人10名、农业科技服务专家8名、专业技术指导员15名。

2014年，339个企业开展“讲理想、比贡献”活动，53775名科技工作者参与，被采纳的合理化建议292条。会同市委组织部、市财政局、中关村管委会等十部门联合印发《关于加强北京市院士专家工作站建设的意见》，从人才引进、税收减免、资金支持、表彰奖励等方面进行政策引导，推进院士专家工作站可持续发展。2014年，新成立院士专家工作站20个，院士专家服务中心4个。截至2014年12月31日，累计成立工作站80个，服务中心10个。各工作站新申请专利472项，获专利授权162项。开展科技信息推广应用“一站式”服务，促进国外专利引进吸收和再创新。举办7场专利信息推介会、6场知识产权工程师培训活动，培育企业高管、科技工作者500名。支持企业技术革新，为411个企业的科技成果转化及专利布局提供帮助。编印《创新理论TRIZ培训教材》2000册，面向企业技术人员、高校学生，举办了18场创新方法培训，80余次创新方法研讨。

完善科技研发创新与应用服务平台建设，调整金桥工程的工作定位和服务对象，重点向青年科技工作者科技研发和科技成果转化提供启动资金。改进资助方式，提高资助力度，资助资金由60万元增长到180万元，为50个种子资金项目提供支持，带动科研、项目经费2000万元。

发挥海外智力成果转化平台作用，举办中美创新链接——大数据研讨会、大数据开启智能生活分论坛等海智活动，汇集海外专家资源开展咨询建议，推动北京大数据产业发展。举办海智项目洽谈活动、视频会议等36次，引进海智项目119个。

联合市教委、市知识产权局、中关村管委会等7个单位，共同主办首都大学生科技创新作品与专利成果展示推介会。京津冀三地55所高校参加，展出科技创新作品和专利成果536件，3个项目申请专利，6个项目与企业签订合作合同，11个项目获创新金奖。

《科学素质纲要》实施及科普工作 组织召开北京市全民科学素质纲要实施工作会。副市长戴均良主持会议。市科协汇报了“十二五”以来北京市全民科学素质纲要实施工作情况，对2014年全民科学素质纲要实施工作进行部署，代表市政府分别与全市的16区县政府签订《落实全民科学素质行动计划纲要共建协议》。明确区县政府的责任，确保北京市“十二五”公民科学素质目标的完成。

2014年，开展科普活动13211次，举办实用技术培训2112次，培训人数168137人次。推广新技术、新品种516项。参加活动的科技人员总数68750人次，受众人数6863911人次。承办中国科协“科技梦·中

北京市院士专家工作站工作会议

国梦——中国现代科学家主题展”，在全国15个城市巡展，参观人数达到21万余人次。在西城区、昌平区组织6场诺贝尔奖获得者北京论坛主题展活动，9万人次参加了现场活动。

2014年，编写出版科技图书69种，总印数达63.4万多册。制作科普挂图227种，总印数达99.5万张。北京科普创作出版专项资金资助选题17个，包括3项重点选题。其中《全民健康十万个为什么》、《从农田到餐桌：食品安全的真相与误区》被评为科技部“全国优秀科普作品”。《全民健康十万个为什么》丛书、《我们爱科学 科学故事会丛书之生命系列》丛书获得第三届“中国科普作家协会优秀科普作品奖”优秀奖，《林下书香》获提名奖。

加强科普资源集成，发挥北京科普资源联盟作用，积极探索市场条件下科普资源开发、生产、推广和使用，整合科普资源14余万件。2014年北京市科协系统科普画廊建筑面积（宣传栏、科技宣传橱窗）39172平方米，科普画廊展示面积145,775平方米。现有全国科普教育基地79个，省级科普教育基地293个，农村科普示范基地244个。

重视培养青少年科技后备人才。2014年，组织青少年科普宣讲活动2004次，受众人数746,561人次。以科学家进校园、高校科学营为重点，面向中小学生开展科学普及。科学家进校园经过半年的试点探索，向全市中小学推广，组织各类活动3000多场，超过30万人次中小学生参加。高校科学营北京营的两岸四地2739名师生，通过名师讲座、走进国家重点实验室、参与主题科技实践活动，感受科学魅力，激发科学热情。实施“青少年科技后备人才早期培养计划”，选拔500名优秀学生，在160名教授指导下，走进150个国家和北京市重点实验室，参与科学研究。实施中学生“英才计划”，100名中学生接受院士、长江学者等导师的重点培养。

组织开展了青少年科技创新大赛、青少年机器人大赛、明天小小科学家等青少年科技竞赛274项，参加人数1304371人次，获奖人数29266人次。青少年参加国际及港澳台科技交流活动12次，参赛人数166人次。北京市青少年科技创新大赛，30多万名中小学生参加，1885项作品参加决赛，12个国家和澳门特别行政区的36个项目全程参与，第29届全国青少年科技创新大赛，北京队获13项一等奖。

学术交流 2014年，市科协举办国内学术会议1124次，参加人数324720人次，交流论文20077篇。举办境内国际学术会议87次，参加会议10317人次，其中：境外专家学者参加会议494人次，交流学术论文2295篇。举办香港特别行政区、澳门特别行政区和台湾地区学术会议10次，参加人数1131人次，交流论文336篇。

2014年的北京科技交流学术月以“开放·合作——建设科技创新中心”为主题，举办各类学术活动133项。立项资助248项专业学术活动，支持学会发挥专业优势开展学术交流活动。举办青年学术演讲比赛800名青年科技工作者针对雾霾、节水等社会热点，及纳米材料应用等前沿学科，交流学术成果。资助开展青年学术活动87项，资助青年学者出版学术专著17本，资助青年科技工作者参加39个国际学术会议。举办京台青年科学家论坛，两地400多名青年科学家围绕雾霾治理、节能减排等热点问题开展研讨，形成专家意见。

2月27日，市科协会同市政府办公厅组织召开北京大气雾霾治理对策专家研讨会。

3月5日，北京、天津、河北三地科协联合召开专题工作会，研究如何推动实施京津冀科技协同创新战略。

8月27—28日，2014冷链物流科技创新和食品安全高层论坛暨北京制冷学会第九届冷藏链高级研讨会在北京召开。来自国内从事农产品冷链物流研究、生产、经营的人员近150人出席了会议。

服务科技工作者 组织开展“中国青年女科学家奖”、“全国优秀科技工作者”“北京优秀青年工程师”评比等推荐和评选，252名科技工作者分别获“十佳全国优秀科技工作者”“全国优秀科技工作者”“北京优秀青年工程师标兵”“北京优秀青年工程师”等称号。

由北京市科协推荐的吴汉明等32名北京地区的优秀科技工作者获中国科协“全国优秀科技工作者”称号。中芯国际集成电路制造（北京）有限责任公司技术研发副总裁吴汉明获中国科协“十佳全国优秀科技工作者”称号。

了解科技工作者需求。建立驻会领导联系点制度和联络员走访制度，2014年驻会领导开展调研100多次，联络员走访学会80多家。会员日期间，市委领导会见慰问全国优秀科技工作者北京地区的代表，并召开座谈会，听取科技工作者对建设科技创新中心的意见和建议。

完成了科技工作者状况调查全国站点和省级站点调整工作。截至 2014 年 12 月 31 日，北京市科协直接管理的站点有 48 个，其中全国站点 22 个，省级站点 26 个，各站点报送信息 100 余篇，编发《科协站点信息》11 期。

自身建设 开展科学道德和学风建设宣讲教育活动，承办全国科学道德和学风建设宣讲活动，举办北京市宣讲教育报告会，带动首都高校、科研院所开展宣讲教育活动，6 万名本科高年级学生和研究生新生参加。编印《著名科学家科研诚信和学术风范故事集》《科学道德和学风建设简明读本》。

加强科技社团党建工作。2014 年，新批准建立党建工作小组 36 个，截至 2014 年 12 月 31 日，累计成立 128 个，与 4 个独立党支部、1 个联合党支部共同构成市科协社会组织党建工作体系，资助 27 个党建项目，支持学会党组织开展工作。

加强学会能力建设。实施“百强社团”计划，遴选第一批 20 家学会，给予重点指导和资金支持，明确学会的功能定位，承接政府购买社会组织服务，统一申报政府购买社会组织服务项目 20 个。帮助学会申请政府购买社会组织管理岗位 22 个，指导学会落实清理规范离退休领导干部学会任职的规定，保证学会工作平稳过渡。加强科技期刊管理，组织专家对学会主办的 20 种科技期刊进行审读。

针对整顿会风文风、开展调查研究等 29 项整改任务，制定《关于改进领导班子调查研究工作的规定》等 5 项制度。落实《党政领导干部选拔任用工作条例》，加强科协领导班子和干部队伍建设。

区县科协基层组织 截至 2014 年 12 月 31 日，北京有区科协 14 个，县科协 2 个，街道（社区）科协 133 个，乡镇科协 155 个，农技协 304 个。2014 年区县科协举办科普宣传活动 7387 次，开展实用技术培训 1431 次，推广新技术新产品种 200 项，参加活动的科技人员数量达 2.7196 万人次，受众人数超过 319 万多人次。开展科普惠农、社区科普益民、促进企业科技创新等科技服务活动。

怀柔区、通州区科协完成换届工作。东城区科协组织了科普游园，昌平区科协举办了“健康昌平人”，通州区科协举办党建强会论坛，探索党建新机制、新思路、新方法。东城区科协编印《科普导航》，西城区科协专项资金支持建设金融街“智慧科学馆”等街道和社区科普场所，朝阳区科协投入 1000 多万元，建设数字科普视窗，房山区科协实施“云科普”项目，建立科普移动终端，大兴区科协创建网络数字科普馆，推进科普资源的数字化。

省级学会、企业科协、高校科协 2014 年，北京市有市级学会 170 个，会员 240299 人，比 2013 年增加了 11160 人，企事业科协 321 个，会员 13500 人，有 13 所高校成立了科协组织。

北京环境科学学会开展“资源环境约束下的区域一体化发展战略”研讨，北京林学会、减灾学会等 33 家学会开展 33 项社会化服务项目，地质学会、食品学会等 6 个学会开展职称评审工作。北京生产力学会于 10 月 12 日在北京市举办了第十三届北京迈向国际化大都市论坛暨学会年会，来自中石化北京化工研究院、中国化工信息中心等单位的会员 120 余人就“北京城变迁与水资源”“京津冀农业功能定位与一体化发展”“京津冀一体化下城镇化建设的战略定位”“建筑产业化的研发与实践”“高校在加强大学生科技道德教育方面的作用”等主题作了研讨交流。

推进企业科协组织建设，新成立中冶建筑研究总院有限公司等 7 个行政事业及企业单位科协组织。

【大气雾霾治理对策专家研讨会】 2 月 27 日，市科协会同市政府办公厅组织召开了北京大气雾霾治理对策专家研讨会。来自中央及市属的科研院所、高等院校从事大气物理研究、环境监测、生态保护、减灾防灾、疾病防控等方面的专家，科学分析了 2 月下旬雾霾形成的原因，并从法制建设、科技创新、治理重点领域、城市未来规划、舆论宣传引导、专业人才培养等方面提出了措施意见。

与会专家对 2 月下旬北京地区出现的持续性强、大范围的雾霾天气的特点、形成原因进行了分析，针对政府部门实施的一系列举措以及成效评估等方面内容进行了研讨。专家们认为，治理雾霾要从源头着手，在地理、气象条件不利的条件下要重点做好减排工作，切实减少污染物排放的总量。根治雾霾是一项长期的艰巨任务，社会各界要理性对待，市政府及有关部门要及时、准确发布相关信息，把握舆论导向，强化社会的认知基础。进一步落实《北京市大气污染防治条例》，加强与周边地区的联防联控。

【京津冀科协联合开展科技协同创新战略研究】 3 月 5 日，北京、天津、河北三地科协联合召开专题工作会，研究如何推动实施京津冀科技协同创新战略。

会议确定了开展合作研究的三项具体任务：明确研究的切入点和目标，明确研究的重点内容，明确研究的承担单位、进度安排以及联络机制等。研究由中国科学技术发展战略研究院具体承担，北京、天津、河北有关科技工作者参加，研究时间为8个月，三地科协指定专人负责研究的组织协调、沟通联络等，合作完成《推进京津冀科技协同创新战略》咨询报告。

【北京市科协与16个区县人民政府签订《落实全民科学素质行动计划纲要共建协议》】 3月24日，市科协党组书记夏强和各区县分管全民科学素质纲要工作的副区（县）长，分别代表市纲要实施办、区县人民政府签订了《落实全民科学素质行动计划纲要共建协议》（以下简称《共建协议》）。《共建协议》中确定了到2015年各区县公民具备基本科学素质比例应达到的指标，明确了各区县政府和市全民科学素质纲要实施工作办公室的责任。

【2014年中美创新链接——大数据专题研讨会】 由北京市科协、中美创新协会联合主办的第二届中美创新链接——大数据专题研讨会于6月6日在北京国际会议中心举办。中国工程院院士、中国互联网协会理事长邬贺铨，中美创新协会会长、谷歌公司数据科学家彭晨及来自中美双方的大数据专家近600人出席了会议，来自海外的专家30余人。

会议围绕大数据在移动互联网、智能商务、金融支付、公共事业、可穿戴技术等领域的应用，通过主旨报告、专题研讨、项目展示等方式，为海内外专家学者和技术人才搭建了有效的交流平台。

【2014冷链物流科技创新和食品安全高层论坛】 8月27—28日，冷链食品物流产业技术创新战略联盟、北京制冷学会、北京市农林科学院等在北京共同举办了主题为“冷链物流科技创新、食品安全”的2014冷链物流科技创新和食品安全高层论坛暨北京制冷学会第九届冷藏链高级研讨会。来自国内从事农产品冷链物流研究、生产、经营的人员近150人出席了大会。中国科学院院士、中国科学院理化所研究员、中国制冷学会副理事长、北京制冷学会常务副理事长周远，作了引领性的主题报告。报告中列举了我国农产品产地预冷、冷库设施、冷藏运输、冷链信息化等方面与发达国家存在的差距，就我国冷链物流的现状和对策提出了自己的观点，即发展农产品冷链物流：有利于降低食品资源损失和能源消耗，增加个人和国家的财政收入，有利于人民的身体健康，民生的改善，有利于新兴产业增长点，解决部分就业困难，增加外汇收入，有利于人才的培养，丰富和拓展制冷、低温学科及食品学科的内涵。

国内大专院校、科研院所和企事业单位的20位专家、教授、高管根据自己的研究课题、技术成果与参会人员进行了交流。

大会还介绍了由北京市科协资助完成的《2012—2013北京市冷链物流报告》情况，提出北京市应加快冷链物流标准的修订，及时补充短缺的重要标准。

【加快京津冀科技协同创新专题座谈会】 10月14日，市政协科技委与市科协联合召开了加快京津冀科技协同创新专题座谈会，部分市政协委员和民主党派市委负责人，市发展改革委、市科委、市经济信息化委、市知识产权局、中关村管委会等单位负责人50余人参加了会议。市委常委苟仲文、市政协副主席傅惠民出席会议并讲话。市政协副主席闫仲秋主持会议，市科协党组书记、常务副主席夏强出席会议。市政协科技委主任申建军介绍了2014年市政协科技委专题调研京津冀科技协同创新的情况。中国工程院院士、市科协副主席许健民、中国科学院地理所区域发展室主任方创琳、人民大学区域研究所所长孙久文、南开大学经济和社会发展研究院院长刘秉镰、科技部科技战略研究院常务副院长王元、中关村科技企业家协会执行会长朱希铎以及部分市政协委员围绕北京城市功能疏解、推进科技成果区域转化、制定协同创新行动路线图、建设城市群等问题分别发表了意见，对京津冀科技协同创新出谋划策，提出了针对性的意见和建议。

【北京市科协认真部署对口援藏工作】 10月14日，市科协召开驻会主席办公会，传达学习全国科协系统对口援藏工作会议精神，研究部署落实工作。会议由夏强主持。

坚持统筹兼顾原则。一方面对口援藏工作既要符合中国科协要求，另一方面要纳入地方对口支援总体框架与项目安排中。坚持平等合作原则。支援方与受援方不是给予与被给予的关系，而是双方共同的责任，体现相互学习、相互尊重、相互支持，平等开展合作。积极沟通，争取支持。面向特定人群开展培训。探索建立拉萨科普工作者到京挂职模式。重视农业科技普及，发展民生经济。调动科普资源，开展科普活动。推动科普设施建设。

【都市型现代农业示范基站助力北京现代农业科技

推广体系建设】 2014年，重点加强10个科技套餐工程都市型现代农业示范基站建设，强化“基站”“都市型现代农业综合展示中心、农业技术推广中心、乡土专家培训中心、新型农民培训中心、技术咨询中心和籽种研发中心”六大功能，形成以“基站”为龙头的区域科技服务“三农”综合体系。各“基站”2014年开展科技下乡活动900多次，受益农民32万人次，试验示范科技成果191项，示范辐射面积52万亩。培养林果、花卉等产业的乡土专家830名，组建150支乡土专家技术服务队，为146名新型农民颁发职业技能证书。

（撰稿人：石　军）

天津市科协

服务经济社会发展　抢抓京津冀协同发展机遇，多渠道引入首都科技和人才资源。以中国·天津投资贸易洽谈会暨PECC国际贸易投资博览会（简称“津洽会”）为平台，天津市首次邀请中国科协为2014年津洽会主办单位。在中国科协支持下，9家全国学会携技术项目参会，达成了47项高水平的科技合作项目。中国电子学会与天津排放权交易所联合开展节能减排金融服务等一批合作项目，成为本届津洽会的新亮点。京津科协密切协同，引进北京人才、项目资源。与北京市科协、中关村管委会合作，共同举办创新创业研讨活动，在京津两地院士专家工作站协同发展、两地大学生科技创新成果推介等七个方面开展合作，促成中关村159个实验室向天津科技工作者开放。建立京津创业导师联盟，共吸纳346名高端人才、众多创业导师、400余项技术成果，为服务创新创业提供了人才和项目支撑。

为企业引入创新资源。开展“会企合作”行动和“百名专家进百企”活动。组织市级学会、高校和科研院所与企业对接，提供技术、项目和人才服务。市技术市场协会和经纬电材有限公司建立“共建高端绕组导线研发中心”，获得中国科协“企会协作创新计划”专项支持。深入开展“讲理想、比贡献”活动。全年实施50万元以上项目450项，产生了一批技术创新成果，为企业创造经济效益8.5亿元。积极推动院士专家工作站建设，争取市有关部门支持，将“院士专家工作站”纳入全市“千企万人特别支持计划”项目等重大人才、科技工程，新建院士专家工作站20个。市委常委、市委教育工委书记朱丽萍对做好院士专家工作站工作做出批示。开展科技信息服务，挖掘实用专利信息1300多万条，为天津市109家企业和单位安装专利信息检索系统，开展专利应用工程师培训，培育企业典型案例，产生直接经济效益3882万元，间接经济效益2.1亿元。推动区县企业创新服务工作。开展了“院士专家区县行”活动，中国科学院院士、市科协主席饶子和率领专家团队赴西青区为科技型企业开展咨询服务。

发挥科技思想库作用，与京冀科协共同启动了京津冀协同创新研究，相关建议在《天津日报》《中国改革报》发表，研讨成果编入市政府《参阅资料》，为领导决策提供了重要参考。发挥科协组织人才智力优势，围绕“一带一路”战略、生物农业发展、天津市重点产业链现状及发展等事关天津发展的重大问题开展调查研究，调研成果受到了市领导和有关部门的高度重视。推动市、院深度合作，推动“天津滨海新区建设循环经济示范区发展战略咨询研究”成为中国工程院院地合作重点决策咨询项目，中国工程院副院长徐德龙与原副院长干勇、谢克昌等十几位两院院士参与课题研究。组织开展区县产业布局及产业集群发展研究，联合社科联、社科院开展天津新型城镇化建设调研。参与（重复）“环首都区域生态建设调研”“天津市‘十三五’规划等产业升级前期研究”等工作。编印《2014年天津市决策咨询与发展战略研究成果提炼汇编》，为市政府有关部门提供决策参考。

《科学素质纲要》实施及科普工作　根据天津市全民科学素质工作领导机制的调整，积极承担市全民科学素质纲要实施工作办公室职能。为实现“十二五”末期天津市公民具备基本科学素质的比例达到10%的目标，建立市科协与区（县）全民科学素质提升共建机制，先后与津南区、南开区、西青区、宁河县人民政府签署合作协议，全面推进区县全民科学素质工作。推动“基层科普行动计划”实施，全市多个农技协、农村科普示范基地、农村科普带头人和科普示范社区获国家级奖补。

开展重点人群科学素质提升工作。开展“百名专家进社区”活动，组织科普讲座、科技咨询活动1000余场；举办科技文化卫生“三下乡”集中服务、农村妇女科学素质网络竞赛等特色惠农活动800多项，发放宣传材料10万余份，引导广大农民养成科学、文明、健康的生产生活方式。组织青少年高校科学营活动，青少年科技中心获2014年全国优秀组织单位第一名。开展青少年科技创新大赛、青少年科学调查体验活动等科技、科普和学科竞赛活动，参与人数达到70万人次。举办全国首个青少年创意设计竞赛。天津科技馆发挥科普阵地作用，举办各类科普活动和科学表演181场，累计接待观众65.34万人次，创历史新高，编印了《玩转科技馆》等科普图书，在馆内外推出大学生天文节、青春期教育主题展览等活动百余场，共吸引中小学生和市民10余万人次参加。进一步完善反邪教工作的服务、宣传、推动与配合机制，营造浓厚的弘扬科学、抵制邪教的社会氛围。

创新科普活动理念与内容。提出“月月有科技周，天天是科普日”的活动理念，确立科普宣传、高科技产品展示、科研机构开放、科普志愿者行动等内容并行的活动思路，丰富科普活动内涵。利用网站、微博、微信等平台全方位推广活动信息，组织在线互动。创新开展第28届科技周、2014年科普日等重点活动，带动全市5000余项基层活动开展，近百万人次参与各类科普活动。

提升科普信息化水平。建成天津市科协“一网一平台”科普信息化传播体系。提升改造“天津公众科技网”，提高访问速度和浏览量，新版网站累计访问量达12万次；启动“天津科普说”微信平台，即时推送科学生活方式等科普资讯，阅读量达4万余次；承接中国科协“十三五”规划前期研究课题“科协组织利用新媒体进行科学传播的实践与思考”，为科普信息化建设提供了理论支撑。

学术交流 搭建高端学术交流平台，举办高水平学术交流活动。以天津青年科技论坛、天津科技交流学术月等集中性学术活动为平台，围绕科技创新，举办国际性、全国性重大学术活动近百场，国内外30余位院士、200多位专家参加活动。各市级学会以创新驱动、转型升级为中心，以服务科技型中小企业发展、万企转型升级为重点，组织开展区域性和全市性学术交流、科技培训活动800余场，10万余人次科技工作者参加。

拓展民间对外科技交流与合作。市科协组团访问美国、加拿大、俄罗斯、波兰、捷克，促进美、加与天津市在医学大数据领域的合作，深化中俄激光物理学术交流与合作，与波兰、捷克科协就联合举办科技论坛、展览达成协议。举办“2014年海外高层次人才津门行”活动，搭建起海外人才引进、项目对接渠道。

服务科技工作者 多渠道举荐科技人才。开展第六届“天津市优秀科技工作者”推荐评选表彰工作，评选马玉河等50名天津市“优秀科技工作者”，推荐的马广礼等16名同志荣获中国科协“全国优秀科技工作者”称号，天津市一中心医院肝移植专家沈中阳荣获中国科协“十佳全国优秀科技工作者”称号，实现了天津市中国科协“十佳全国优秀科技工作者”零的突破。

举办青年科技奖表彰会，广泛宣传青年科技才俊。开展“合展励学金”评审表彰，实施自然科学学术著作资助项目、中青年科技工作者赴境外参加国际学术会议资助项目，实施继续教育引导工程等多种形式，促进优秀科技人才脱颖而出。

根据院士制度改革要求，积极承接院士候选人推选工作。协调落实了经费和机构编制。按照中国科学院、中国工程院和中国科协要求，经市领导批准，印发《2015年天津市院士候选人推选工作方案》，建立联席会议制度，规范推选工作程序，部署开展院士候选人推选工作，畅通推荐渠道，建立院士后备人选培养体系。

大力宣传优秀科技人才。先后在知名媒体宣传创新创业典型、优秀科技工作者、种养状元等先进人物。邀请院士作科学道德和学风建设专题宣讲报告，推动科学道德和学风建设工作，全市各研究生培养单位共开展科学道德和学风建设宣讲教育活动503场，15万余人参与活动。组织“科技梦·中国梦——中国现代科学家主题巡展”天津展览活动，展出了700余位老科学家的学术成长经历，全市5000余人次参观展览。推动“共和国的脊梁——科学大师名校宣传工程”，启动侯德榜、杨石先剧目的排演工作。

自身建设 举办中国科协“八大”代表和市科协所属团体学习习近平总书记系列重要讲话读书班，邀请中国科协领导和专家作专题辅导。坚持市科协党组理论中心组学习制度，认真组织学习党的十八大、十八届三中、四中全会精神和市委十届三次、四次、五次、六次全会精神，印发文件，提出贯彻落实措施。

扎实开展党的群众路线教育实践活动。认真完成了“四风”突出问题专项整治和制度建设任务。为巩固和拓展教育实践活动成果，市科协深入基层科协和科技团体，广泛开展调查研究活动282次，掌握了一手资料。坚持问题导向，制定了整改任务书，105项

整改任务全部完成，完成率100%。抓好建章立制，全年累计修订或新出台制度24项，进一步织密制度的“笼子”。干部群众测评总体评价“好”和“较好”达到96.2%，比教育实践活动之初提高了8个百分点，市委督导组给予充分肯定。

科协自身发展水平进一步提升。天津海运职业学院等直属单位事业进一步发展。全力推进“科技工作者之家”项目建设，落实了开业筹备资金，理顺了工作体制，拟定开业准备工作方案，完成“科学家风采馆”设计工作和美术饰品制作，各项开业前准备工作正在紧张进行之中。

区、县及基层科协组织 2014年，天津市各区、县及基层科协紧紧围绕地方党委政府中心工作，以提升公民科学素质、服务科技工作者创新创业为重点，不断提升科普基础设施建设水平，制定各项政策措施，不断提高科协工作的覆盖面和受益面。

各区、县政府启动与市科协签约工作，目前已有津南区、南开区、西青区、宁河县政府与市科协签署了协议。合作双方将发挥各自优势，在启动全民科学素质监测、举办主题科技节、建设社区科普体验馆、实施社区科普益民计划、促进科普基础设施建设、促进企业科协组织建设、促进学术交流活动、服务科技工作者创新创业、开展决策咨询服务等方面展开合作。

各区县大力加强科普基础设施建设。武清区大力实施乡镇科普“站栏员”工程和社区科普“两室一廊”工程，2014年共发展社区科普宣传员460人，新建科普图书室3个，新增图书近18000册，新建科普活动站3个，购置课桌椅135套。津南区在小站镇中山路社区、咸水沽镇金石里社区、辛庄镇三鑫社区创建了科技含量较高、适合不同人群寓教于乐的科普活动馆。

河东区、河北区、滨海新区、东丽区、西青区和北辰区相继开展了区级“社区科普益民计划”项目。红桥区委办、区政府办转发了区科协制定的《红桥区加强社区科普工作的指导意见》，明确今后5年内，将新建20个区级、5个市级、3个国家级科普示范社区，示范社区比例达到20%以上。武清区为各个社区印发了《社区科普工作手册》，指导社区组织开展科普工作。2014年，新创武清科普示范社区4个，带动镇街创建科普示范社区7个。

各区县科协启动创新创业培训工程。武清区结合自身五大支柱产业和重点项目的用工需求，突出技能抓好培训。投入专兼职教师76名，共组织各类培训8650人，其中农村富余劳动力转移5120人，再就业1670人，职工技能提升1860人，实现就业和转岗再就业5300人。津南区紧紧围绕“万人创业、十万人就业”工作，开展各项培训347期，培训15868人次。北辰区以强化职业技能培训为抓手，促进实现素质就业、体面就业、稳定就业。截至9月底，共组织开展各类职业技能培训197个班次，培训人数8703人次。

市级学会、企业科协、高校科协 实施学会能力提升专项，推动有序承接政府职能，形成了以服务经济转型发展和科技工作者创新创业为核心的学会提升能力工作模式。申报并入选中国科协引领地方学会能力提升项目，获得专项资助。邀请中国科协相关领导作专题辅导，帮助学会梳理工作思路，明确发展新路径。推动学会拓宽公共服务领域，市造船学会等22个学会承担31项政府转移职能，展现了科技团体特有能力。

2014年，共有天津市作物学会、天津市植物生理与分子生物学会、天津市设计学会完成成立登记工作，天津市科协主管和所属学会已增至151个。各市级学会配合市委组织部清理规范天津市领导干部在社会团体兼职取酬情况，对天津市科协所属8大类105个学会中5704名理事的兼任职务情况进行了调研。

各市级学会围绕市委、市政府需求，开展多种形式的决策咨询和建言献策活动，服务天津科学发展。市输血协会提出的天津市无偿献血工作改进建议，以及建设京津冀一体化采供血信息平台的构想引起了市卫生主管部门重视；围绕环境保护与防治，市技术市场协会、市灾协、市环境学会、市生态学会分别从秸秆综合利用与大气污染防治，地下水污染防治、土壤污染治理策略等方面，为天津市环保工作提出了新的思路；市护理学会围绕天津市社区居家养老护理和急性冠脉综合征延续护理等护理工作模式的改进完善等开展调研分析，为相关主管部门提出了专业性建议。

高校科协、企业科协组织建设进一步推进。2014年3月，天津大学科协正式成立。9月，中国海洋石油渤海石油管理局科协成立，下设5个基层科协以及49个二级基层科协。11月，天津市高校科协调研座谈会在南开大学召开，会议归纳出高校科协组织的10项职能。

【天津市科协第八次代表大会】 2月27—28日，

天津市科协第八次代表大会召开。市委、市人大、市政府、市政协领导与800名代表出席大会。中央政治局委员、时任市委书记孙春兰出席开幕会并讲话。市委、市政府、市人大领导同志出席开幕式。中国科学院院士、市科协副主席葛墨林致开幕词，市总工会负责同志代表人民团体致贺词。

孙春兰对全市科协组织和科技工作者提出希望。一要为推进转型调整做出新贡献。二要为深化科技体制改革做出新贡献。三要为加快建设人才强市做出新贡献。四要为构建社会主义核心价值体系做出新贡献。孙春兰强调，全市各级科协组织要深入学习贯彻习近平总书记系列重要讲话特别是关于科技和科协工作的重要指示精神，认真落实市委、市政府部署，把推动创新发展作为重要目标，把提高全民科学素质作为重要任务，把竭诚为科技工作者服务作为重要职责，把加强自身建设作为重要保障，建好科技工作者之家，当好科技工作者之友，当好科技成果转化的桥梁纽带，当好党委和政府科学决策、民主决策的思想库。各级党委和政府要切实加强和改进对科协工作的领导，积极引导和支持科协组织承接政府转移的社会化服务职能，把更多党委政府所急、科技工作者所需、科协组织所能的事情交给科协组织去办，为他们开展工作、发挥作用创造更好条件。

大会通过了关于第七届委员会工作报告、市科协实施中国科协章程细则、代表任期制实施办法等决议，选举产生了以中国科学院院士饶子和为主席的市科协第八届委员会和常务委员会，对市科协今后5年工作提出意见和建议。市科协八届一次常委会议对学习贯彻市科协“八大”精神作出部署，确定了2014年工作要点，并对大会提出的科协今后五年工作任务进行了分解，逐年落实。

【2014中俄激光物理及应用光子学研讨会】 4月30日，由俄罗斯莫斯科大学、俄罗斯科学院西伯利亚分院激光物理研究所、天津市科协、南开大学、天津市物理学会联合举办的2014中俄激光物理及应用光子学研讨会在南开大学开幕。俄罗斯科学院院士、俄罗斯物理学会副理事长、俄罗斯科学院西伯利亚分院激光物理所所长Sergey Bagayev和俄罗斯通讯院士Dmitry Khokhlov在内的11位俄罗斯专家以及中国科学院院士、天津大学教授姚建铨，中国科学院院士、南京工业大学校长黄维等30余位国内专家出席会议。市科协党组书记、常务副主席杨鑫传会见并与Sergey Bagayev院士和Dmitry Khokhlov院士进行友好会谈。市科协副主席白景美、南开大学副校长关乃佳出席开幕式并致辞，百余名青年学者和相关专业的大学生参加了开幕仪式。在为期3天的会议期间，中俄双方专家就固体激光技术、激光材料、激光应用等内容进行了深入探讨，挂牌成立了中俄光子学联合研发中心和俄中光子学联合研发中心，签订了长期双边合作协议。本次会议期间，两个联合研发中心的成立标志着五年的研讨活动开始取得实质效果。长期合作协议将联合举办研讨会暨青年暑期学校，互换交流青年学者和学生作为固定内容，同时，确定了共同开展太空碎片迁移、生物医疗器件应用及纳米技术等九个科技项目，推动中俄科技合作向纵深领域发展。

【国际药物代谢学会药物创新发展论坛】 5月12日，以“药物代谢研究的挑战和策略”为主题的药物创新发展论坛在天津市滨海新区举办。市科协副主席白景美、滨海新区科协主席张耀洲出席并致辞。中国工程院院士刘昌孝，复旦大学药学院教授胡卓汉，中国食品药品监督管理局新药评审中心王庆利博士，与来自美国、英国、日本等国家以及中国台湾地区的药物评审专家，创新团队和技术专家，天津市医药企业代表近100人出席活动。活动由天津市科协主办，滨海新区科协和市药学会承办。此次活动也是国际药物代谢学会第五届亚太地区会议活动之一。论坛上，滨海新区科委和食品药品监督管理局介绍了滨海新区科技政策及GMP认证审查等工作内容，台湾地区药审中心萧嘉玲博士等6位专家学者就药物代谢研究的挑战和策略作学术报告，天津红日健达康医药科技有限公司等5家企业做典型发言。与会专家还与新区医药企业进行了技术需求交流，为新区医药产业的创新发展出谋划策。

【第十四届天津市青少年机器人竞赛】 5月10—11日，第十四届天津市青少年机器人竞赛在河西区举行。市科协党组书记、常务副主席杨鑫传，副主席段志强，河西区副区长王亚令，市妇联巡视员刘丽红，市教委相关部门负责人出席活动。以“放飞梦想，与机器人一起快乐成长”为主题的比赛历时两天，吸引了来自全市11个区县53所中小学校的399支队伍、700多名青少年机器人爱好者报名参赛。比赛分为小学、初中、高中三个组别，设置了机器人综合技能项目、机器人足球项目、机器人创意项目、机器人挑战赛、机器人工程赛和虚拟机器人六个项目。比赛中，

同学们把自己的日常学习、观察、演练和积累的知识，与计算机编程、工程设计、动手制作与技术构建等方式结合起来，在比赛中获得知识、在实战中磨炼意志、在学习中品尝快乐，实现了青少年课外科技活动的目的，也促进了青少年动手能力和创新精神的提高。通过比赛，决出的一、二、三等奖分别由116支、132支、151支参赛队获得。大赛组委会还特别为非参赛学生和家长及更多爱好者设立了机器人科普展示区。丹麦乐高集团、德国慧鱼集团等公司以探索科学奥秘、开拓思维空间为主题，展示了各种复杂机械模型和用电模型的制作过程。各类感应机器人，会跳舞的机器人、洗车机器人的精彩演示以及观众与机器人的互动，成为本届大赛的场外亮点。

【全国冶金科技活动周】 5月27日，2014年全国冶金科技活动周暨全国冶金科技成果展览在天津冶金集团中兴盛达钢业有限公司开幕。中国金属学会常务副理事长王天义、中国工程院院士王一德、天津市科协副主席白景美出席并致辞。来自全国冶金行业的专家学者和天津市冶金企业的科技工作者共200余人参加了活动。活动由中国金属学会主办，天津市金属学会协办，天津冶金集团有限公司承办。活动期间，中国金属学会组织系列技术咨询、培训、讲座，邀请院士、行业知名专家深入天津市钢铁企业普及前沿、先进的冶金科学技术知识，服务企业创新发展需求；召开全国钢材深加工研讨会，把先进的深加工技术和国家级专家团队引入天津、带到企业，推动产业和产品结构的优化升级，促进天津冶金行业在冶金环保、清洁生产及资源综合利用等方面新技术、新工艺的推广应用。中国工程院院士王一德、高效轧制国家工程研究中心唐获等与会专家深入天津冶金集团中兴盛达钢业有限公司等相关企业，为企业创新发展出谋划策。同时举办的全国冶金科技成果展集中展示了来自全国20余家重点钢铁企业、高等院校、设计与研究院的冶金技术创新成果。

【天津市反邪教协会第二次会员代表大会】 6月26日，天津市反邪教协会第二次会员代表大会在天津市召开。会议通过了中国科学院院士刘广均代表第一届理事会作的工作报告和新修改的协会章程，选举产生了天津市反邪教协会第二届理事会，刘广均连任第二届理事会理事长。刘广均在工作报告中，总结了天津市反邪教协会“一大”以来的主要工作和成绩。一是大力营造社会反邪教氛围，二是主动服务配合基层，三是积极参与教育转化攻坚，四是加强理论研究与学术交流。会议指出，协会要立足“服务反邪教斗争第一线，服务全市稳定发展、开发开放大局”的工作定位，完善对全市反邪教工作的服务、宣传、推动与配合机制，进一步实施“1239”的工作思路，为维护全市社会稳定作出新的、更大的贡献。天津市自然科学、社会科学、宗教、法律、新闻、文化、体育、妇女8个界别，部委办局，高等院校，区县反邪教协会和基层联系点等方面的代表90余人参加了大会。

【天津市科技工作者创新创业服务中心启动】 6月27日，天津市科技工作者创新创业服务中心挂牌成立，并举办了创业辅导首场报告活动。中国科学院院士、北京市科协主席顾秉林，中国科学院院士、天津市科协主席饶子和共同为天津市科技工作者创新创业服务中心揭牌。市科协党组书记、常务副主席杨鑫传主持活动。市级学会、区县科协、高校科协和功能区科协代表，科技小巨人企业代表、院士专家工作站代表、孵化器代表、京津创业导师代表、媒体代表、天津各类创业平台及服务机构代表约150人参会。

启动会上，滨海高新区、市金属学会、河北工业大学、天津市创业投资协会和江苏商会等单位分别与天津市科技工作者创新创业服务中心签署合作协议，共同服务科技工作者创新创业。天津市科技工作者创新创业服务中心是市科协开展科技工作者创新创业服务工作的窗口单位，也是面向天津科技型企业、大学生创业者和科技工作者提供分类指导和专项服务的综合型平台，旨在充分发挥科协组织智力密集、人才荟萃、学科齐全、联系广泛的优势，为推动科技型中小企业规模扩大、快速成长及科技工作者创办领办企业提供服务支撑，通过创新能力提升实现企业发展壮大。

【居里夫人纪念展览】 9月20日，由市科协、波兰驻华大使馆主办，天津市物理学会、天津市科技馆承办的居里夫人纪念展览暨科普日主题活动在天津市科技馆开幕。市科协副主席白景美、波兰驻华大使馆文化官依沃娜女士、市物理学会副理事长、天津理工大学教授钟鼎出席活动并讲话。百余名中学生和现场观众参与了活动。开幕式结束后，依沃娜女士做了居里夫人生平轶事的报告，介绍了居里夫人发现化学元素“钋”和“镭”的艰辛过程，以及为人类和科学事业的发展不懈奋斗的献身精神。南开大学物理学院教授蔡崇海做了题为《辐射预防基础》的科普报告，介绍了在生活中预防辐射的科学方法。

居里夫人纪念展览是首次在中国举办，展览通过大量珍贵的照片和资料，展示居里夫人辉煌的一生，有助于青少年以及科技工作者全面了解这位世界著名的科学家对待生活和工作态度，树立学科学爱科学用科学的理念、激发爱国和追求真理的热情。

【第七届渤海湾油气田勘探开发技术座谈会】 10月20日，第七届渤海湾油气田勘探开发技术座谈会在天津市滨海新区召开。会议由市科协、天津市石油学会、中国海洋石油渤海石油管理局主办，滨海新区科协、中海油有限公司天津分公司承办。市科协副主席白景美、中海油渤海石油管理局副局长夏庆龙、滨海新区科协副主席张玉民出席大会并致辞。来自环渤海七大油田公司的151名专家学者参加了会议。会议期间，中国石油大学教授林畅松、中国地质大学教授岳湘安以及来自辽河油田公司、大港油田公司、华北油田公司、冀东油田公司、胜利油田分公司、中原油田分公司等7个公司的专家、学者分别做了专题报告，有42篇论文在大会上进行交流并荣获优秀论文奖。与会专家认为，渤海湾盆地已经经过多年勘探和开发，针对这一实际情况，在渤海湾盆地挖掘更多的石油储量，进一步维持石油的产能和供应，需要大力推动勘探开发技术的创新。我国的油气田开发和研究应该与国际前沿研究紧密结合，寻找出更多的新思路、新方法和新技术，为油气田的勘探开发提供重要的理论支撑。加强产学研合作，充分发挥各自优势，通力合作，是促进行业进一步发展的根本途径。

【2014年天津市科学道德和学风建设宣讲报告会】 11月11日，天津市科学道德和学风建设宣讲报告会在天津师范大学举行。中国工程院院士、清华大学化工科技研究院院长金涌，中国工程院院士、天津大学教授苏万华作专题报告。全市各有关高校师生、科研院所科技工作者代表约700人参会。报告会上，金涌、苏万华两位院士分别围绕“高素质研究型人才养成”“学风的根本在于为何而学”的主题，结合自身多年教育实践及科研经历，立足学术领域的现实情况和突出问题，从不同角度深刻阐述了科学道德与学风建设的重要意义，揭示了严谨求实、开拓创新科研精神的真谛，勉励青年师生及科技人员以老一辈科学家为镜，努力成为优良学风的楷模、社会风尚的典范。报告内容丰富精彩，发人深省，赢得了现场师生和科技工作者代表的广泛共鸣。

（撰稿人：傅　彧）

河北省科学技术协会

服务经济社会发展　发挥科协优势，推进京津冀协同发展。由省科协具体组织筹备，河北省政府、中国科协和北京市政府联合召开了环首都现代农业园区建设专家座谈会，12位院士、专家和首都11家大型涉农企业集团负责人出席会议。座谈会洽谈引进农业园区建设项目56个，建园面积达28万亩，引进良种畜禽180多万头（只），项目资金总额约86亿元。促进中国科学院、天津大学等9家高校院所、科研机构同渤海新区的30多家企业进行了对接，达成合作意向18项。启动了中国科协与省政府实施创新驱动发展战略合作，协助省政府与中国科协完成了签订《关于实施创新驱动发展战略建设创新型河北合作协议》的相关准备工作。京津冀三省市科协联合开展了京津冀科技协同创新战略研究，并提出了《关于推进京津冀科技协同创新的建议》。

开展决策咨询。围绕加强科技创新环境建设，提高科技创新能力问题，组织专家开展调研，对制约河北科技创新的各要素进行分析评价，形成了专题报告和建议，并在省政协十一届三次全委会上发言，为省委省政府和有关部门科学决策提供参考。会同中国科协举办了环首都区域生态建设研讨会，组织有关院士、专家围绕华北地区，特别是环首都地区土壤污染综合治理问题进行了研讨，提出意见和建议。省老科协撰写的《沧州沿海地带水土资源增持潜力与开发调研的综合报告》、省硅酸盐学会提出的《水泥产业节能减排技术路线图》、省临床医学工程学会撰写的《GPA谈判中次级中央实体政府采购药品和医疗器材部分出价研究报告》、省自然辩证法研究会提交的《河北科技人文协同创新科技建议》等，得到了省领导的重视，形成了一批重要决策咨询成果。

继续实施基层科普行动计划。对河北省42个农技协、12个科普基地、13名农村科普带头人和18个科普示范社区以及1个少数民族科普工作队进行了奖补；省级财政安排资金对38个农村科普先进集体、10名农村科普带头人和20个科普示范社区进行了奖补。

为促进企业科技创新服务。在企业开展了“讲理想、比贡献”“创新方法进百企”“院士专家进园区”“企业科协科技信息服务”等科技服务活动。全年举办创新方法培训班30多期，培训科技人员近万名；开展院士专家服务企业活动50多次；为600余家企业提供科技信息服务，培训专利应用工程师500名。积极推进院士专家服务中心、院士工作站、科技专家企业工作站建设。截至2014年底，全省共建立院士工作站138家，进站服务院士400多人；院士专家服务中心13个，科技专家企业工作站109家，700余名科技专家进站工作。继续推进河北与东欧新能源产业合作力度，推动保定正大公司与罗马尼亚完成路灯合同，洽谈室内光源、户外路灯和LED模组合作项目。河北朝日光电科技有限公司与罗马尼亚签订了150万元的LED灯具贸易合同，参与到罗马尼亚国家绿色能源计划之中，并与国内三家公司合作，在匈牙利共同投资建厂。

《科学素质纲要》实施及科普工作 省科协首次实现了领导干部和公务员科学素质提升行动的立项管理，以购买服务社会招标方式，在全省举办10场领导干部科技（科普）报告会。与省委党校签订了领导干部和公务员科学素质教育合作协议，同时带动了张家口、唐山、沧州、邯郸等市成为全省首批领导干部和公务员科学素质教育进党校试点。

积极推进科普工作信息化，具有数字科技馆功能的云科普平台在秦皇岛市上线运行。组织开展全国科普日活动，参加全国科技卫生文化“三下乡”、科技活动周、防灾减灾日、食品安全宣传周等系列科普活动。增印《设施蔬菜栽培技术》《优质苹果核桃种植技术》《农区畜牧养殖技术》和《农村常见病防治》12万册，免费发放到全省3000个农村面貌改造提升村。

与省政协办公厅联合举办“大气污染治理科普知识暨落实1号提案成果”巡展活动，在省政协机关、全省7个设区市、2个直管县（市）和省会有关高校进行巡展。加强河北省科技馆体系建设，配备了流动科技馆，首站在邢台市南和县展出。省科技馆全年接待观众25万人次，开展科普教育活动100余场。

举办了第29届河北省青少年科技创新大赛。组织开展了“燕赵少儿科普行动”和全国青少年高校科学营河北分营活动。

学术交流 实施学会能力提升计划，搭建学术交流平台。全年开展学术交流活动3000余项，3.5万人次参加，交流论文3.7万余篇；举办学术报告会2600余场，受益人数36万人次；出版科技期刊586期，刊登论文4.6万余篇；举办培训班8930期，培训180万人次。

9月11日，以“创新驱动，打造河北沿海率先发展增长极”为主题的首届河北省科协年会在沧州市渤海新区举办，院士、专家围绕渤海新区产业规划、发展思路、园区和企业需求等建言献策。

服务科技工作者 召开了河北省科技界培育和践行社会主义核心价值观座谈会，在《河北日报》发表了《河北省科技界培育和践行社会主义核心价值观倡议书》，引导科技工作者努力做爱国的公民、敬业的学者、诚信的同行、友善的专家。做好第六届“全国优秀科技工作者”和第八届河北省“优秀科技工作者”的推荐评选表彰工作，全省获得“全国优秀科技工作者”称号22人，获得河北省“优秀科技工作者”称号91人。组织参加中国科协举办的“乡村情．科技梦——优秀农村科技工作者推选宣传活动”，全省共有3人入围。与省教育厅联合组织开展了科学道德和学风建设宣讲教育活动，推进科学道德和学风建设工作。开展了机关干部直接联系科技工作者的“六个一”活动。组织开展了中国科协会员日河北系列活动，省科协党组成员分别带队到一线走访慰问科技工作者，召开座谈会听取科技工作者的意见和建议。会同《河北日报》的《科技先锋》专栏，宣传全省科协系统科技人物500人。做好对中国科协在冀“八大”代表的服务工作。组织开展了专家联谊休养活动。

河北省科技界培育和践行社会主义核心价值观座谈会

自身建设 加强科协基层组织建设，争取省委办公厅、省政府办公厅出台了《关于加强园区科协工作的意见》，并召开了贯彻落实《意见》工作会议，总结推广秦皇岛经济开发区的经验和做法，对落实文件要求进行了安排部署。联合省委督查室、省政府督查室对廊坊、保定、邯郸、石家庄等市落实《意见》情况进行了督查，已有10个国家级园区建立了科协组织。

赴兄弟省区市对科技馆及科普设施建设情况进行专题调研，以省政协名义向省委、省政府提出了《关于加强河北省科技馆建设的建议》报告，获得省委省政府领导批示。

开展了“走在前、做表率”主题实践活动和“党支部规范化建设年”活动。推进农村面貌改造提升行动实施，省科协驻村工作组为帮扶村完成规划设计、厕所改造、街道路面硬化、南河修缮改造、村庄绿化美化、建设村民服务中心等20项工程，帮扶的衷果庄村被确定为全省11个省级精品示范村之一。筹措资金支持西藏阿里地区科协基础平台改善及办公条件，并制定了省科协对口援藏框架协议。

地市县及基层科协组织 2014年，河北省各设区市、县市区基层科协围绕地方党委政府中心工作，以提升公民科学素质为重点，创新活动形式，扩大活动范围，广泛开展各项科普宣传、实用技术培训等活动，不断提高科普工作的覆盖面和受益面。

石家庄市科协与河北电视台都市频道、石家庄市人民广播电台联合，分别举办了科普生活大调查活动和省会科普伴您行活动。

张家口市科协编写了《领导干部和公务员科学素质读本》；研究制定了《关于进一步加强科普工作的实施意见》和《关于加强服务科技工作者工作的意见》，共涉及8个方面28项重点工作；制定出台《市科协科普作品支付报酬标准》，激发广大科普爱好者和团体的创作热情；编制出台了《张家口市科技馆2014—2020年规划》和《科普墙建设五年规划》。

秦皇岛市科协在《秦皇岛日报》开办《创意改变生活科普栏目》；举办“京津冀协同发展与空间布局”主题报告会，在全市引起强烈反响；秦皇岛云科普社区服务平台开通上线，得到了中国科协和省科协的重视，《人民日报》刊登文章《“科普云”飘进秦皇岛社区》，秦皇岛电视台在《秦皇岛新闻》作为头条播出，市、区（县）科协先后与东北大学合作开展了多期“云科普”社区服务平台应用暨基层建站培训班。

廊坊市科协组织开展了百万农民大培训活动；承德、张家口、唐山、沧州、衡水、定州等市科协举办了领导干部和公务员科普报告会；邢台市科协举办了首届青年创新创业大赛，实施了“无线广播科普村村通”工程试点工作；邯郸市科协开展了千场科技电影进农村活动；唐山市科协开展了“百场报告进社区、百名专家下基层”活动；沧州市科协开展了科普便民“双百行动”和大气污染综合防治科普宣传月活动。

石家庄、承德、唐山等市科协实施了学会能力提升行动。

省级学会、企业科协、高校科协 2014年，全省各级学会开展学术交流活动3000余项，其中举办首届河北省科协年会等大型学术交流活动12期，3.5万人次参加活动，交流论文3.7万余篇；邀请专家、学者作学术报告2600多场，受益群众36万人次；出版科技期刊586册，刊登学术论文46000余篇；提出科技建议2600项，被省、市领导采纳638项；举办培训班8930期，培训180万人次；开展科普活动7938次，受益群众428万人次。

省畜牧兽医学会举办的首届河北省畜牧兽医科技发展大会、“节能减排，发展河北现代畜牧业建言献策座谈会”等大型学术活动，为畜牧兽医科技工作者及企业管理者搭建了交流、互动、创新、共进的平台。省计算机学会举办了自主可控的网络与信息安全研讨会；省果树学会举办了河北省果品产业强省建设院士专家高层科技论坛——果品科技支撑体系建设；省农业系统学学会举办了农业转型中的资源环境问题学术研讨会；省地质学会举办了京津冀地质生态环境协同发展高层论坛；省生理科学会举办了首届燕赵危重病基础与临床高峰论坛等。

承担2014年学会能力提升项目的省学会开展了442个项目评估，650个科技成果评价和技术鉴定项目，举办继续教育活动89场，回应社会热点问题40次。省环境科学学会承担《河北省钢铁工业大气污染物排放标准》等5项河北省环境保护地方标准项目；受环保厅委托，完成“清洁生产审核评估验收”和“清洁生产污染防治对标评估验收”400余家，承担了环保部、省科技厅、省环境执法监察局等单位委托的课题研究。省机械工程学会受省政府委托，组织“河北省政府质量奖”、“河北省名牌产品”、“河北省优质产品”、“河北省质量效益型先进企业”的推荐评价工作。省医学会承担全国医用设备使用人员业务能力考评河北考取新生考评工作，共考评了18个专业1565人；组织河北省医疗事故技术鉴定50例，受理62例；完成预防接种异常反应技术鉴定3例。

【首届河北省科协年会】 9月11日，以“创新驱动，打造河北沿海率先发展增长极”为主题的首届河北省年会在沧州市渤海新区举办，年会由河北省科协、沧州市委主办，渤海新区管委会、沧州市科协承办。

中国科协党组成员、中国科技馆馆长束为出席开幕式并讲话，省委副书记赵勇，省政协副主席、省科协主席段惠军，中国工程院院士、军械工程学院静电与电磁防护研究所所长刘尚合，中国工程院院士、流域水循环模拟与调控国家重点实验室主任、中国水科院水资源所名誉所长王浩等200余人出席开幕式。

年会期间举办了多场专家报告会、高校院所与新区企业人才项目洽谈对接会、沧州渤海新区发展战略院士专家座谈会等。与会院士、专家分别就“京津冀协同发展与沿海新的增长极”“河北沿海率先发展海水淡化利用保障的思考”等课题作了报告。中国科学院和天津大学等高校院所与渤海新区部分企业进行了人才项目洽谈对接，对接会上共有9家高校院所同渤海新区的30多家企业进行了28个项目的对接，涉及石油化工、新能源、装备制造等多个行业，形成合作意向18余项。与会领导、专家和企业代表召开了渤海新区发展战略院士专家座谈会，专家、学者围绕渤海新区产业规划、发展思路、园区和企业需求等，在作了充分调研准备工作的基础上，提出了适应渤海新区发展的意见和建议。专家提出渤海新区要以京津冀协同发展为契机，发挥后发优势，克服后发劣势，努力实现渤海新区跨越式发展；尽快建立渤海新区产业技术研究院；注重数字化网络化智能化装备制造业的发展；发展生态农业、发展专用汽车、以炼油企业作为园区龙头企业等建议。

【落实《关于实施创新驱动发展战略建设创新型河北合作协议》】 10月14日，中国科协、河北省政府《关于实施创新驱动发展战略建设创新型河北合作协议》签约仪式在河北省保定市举行。中国科协党组书记、书记处第一书记尚勇，河北省委副书记、河北省省长张庆伟分别代表双方签署协议。河北省委副书记赵勇主持签约仪式。

根据合作协议，双方将实施创新驱动发展战略，发挥中国科协组织独特优势，推进京津冀协同发展，促进河北经济结构调整、产业转型升级，实现绿色崛起，以保定市作为试点，重点在建立创新驱动发展示范市、建设环首都现代农业示范带、服务创新型河北建设决策、加强河北公民科学素质建设等方面加强合作。

在省科协的推动下，保定市科协围绕创新驱动发展示范市建设目标，积极与北京方面对接，穿针引线，帮助保定市企业与全国学会达成26项合作协议；促成全国学会在保定市建立学会工作站23家；促成4家国家级企业技术联盟落户保定，分别为：中国科协创新驱动助力工程保定产业创新发展联盟、中国光电网产业创新联盟、中国国际新能源应急产业创新联盟和吊索具用钢产业协同创新联盟；促使6个项目落户在保定，分别为：“河北中医药养生研究院”项目、“中医养老康复基地”项目、清华大学“大数据处理中文核心摘要技术”项目、清华大学“企业舆情分析”技术项目、“产业化研发中试基地”项目和东华软件“软件研发中心、软件外包中心和区域市场中心”项目。

（撰稿人：郭晓勇　姚　琳）

山西省科学技术协会

服务经济社会发展　加强决策咨询工作。山西省科协是中国科协确定的国家级科技思想库首批试点单位，试点三年来，着力加强决策咨询条件、队伍、平台等基础建设，创新建言手段，丰富咨询形式，先后组织开展了中国创新论坛走进山西系列活动、科技工作者状况调查、院士专家山西行等大量决策咨询活动，众多研究成果得到有关决策部门的采纳或重点关注，顺利完成试点任务，取得中国科协首批试点单位验收排名第五的成绩。

引申科普惠农计划。建成山西省科普示范体系综合服务系统，具备申报、查询、项目储备等功能，实现了全省科普示范体系动态管理。实施科普惠农兴村计划，有55个农技协、15个农村科普示范基地、12名农村科普带头人受到中国科协、财政部的表彰，奖补资金1460万元；有12个农技协、6个农村科普示范基地、2名农村科普带头人受到省科协、省财政厅表彰，奖补资金186万元。加强科普惠农中心服务站试点建设，累计建成12个试点站，新建省级优秀农技协和农村科普示范基地各50个。推进科普惠农绿色通道工程，完成建设100个科普惠农服务站、扶持100个科普惠农骨干企业、建设100个优质农产品示范基地、主推100项科普惠农先进适用技术的“四个一百”任务；通过实施“放心农资下乡、优质农产品返城”模式，实现了双向服务县县全覆盖，信息技术服务体系惠农站点全覆盖的目标。实施农超对接，组织科普惠农优质农产品进超市，在西安、天津等地开展山西品牌中华行活动，组织60个企业600余种农产品参展，吸引了30余万人次参观。在方山县郝家庄村持续推进下乡住村和包村增收工作，马铃薯项目连续3年大丰收，平均亩产7000斤，带动全县推广上万亩；建设牛棚2个，西门达尔牛存栏数达到100头，并引导农民成立合作社，全村农民人均纯收入由2011年的1880元增长到6000元。建立山西首个农村科技服务微信平台——“农村微课堂”，开设专家讲堂、惠农服务等功能，访问量69万人次。建立科技扶贫示范基地2个、合作基地78个，组建96人参加的科技扶贫专家组，开展全程技术指导和跟踪服务。启动科普进庄园行动，为60多家庄园提供专家咨询、农资供应、信息化管理等服务。组织农村实用技术培训938场，受众6.3万人次；为全省1.3万名大学生村官编制并赠送科技手机报156期；中科云媒培训农民32万人次；96110、96365、96580热线全年服务群众3.6万人次。

提升企业自主创新能力。推进科普强企计划，组织企业科技工作者深入开展技术创新、技术革新和技术攻关活动，努力把创新要素引向企业。开展“讲理想、比贡献”活动，全省共计470多家企业、13.9万人次科技人员参加，采纳合理化建议3.06万条。在太原市、晋城市建立培训基地，确定太原重工股份有限公司、太原汾机机械厂、山西晋机集团3个试点企业，组建创新小组30个，初步建成四级创新方法培训网络体系，培训企业技术骨干640人。实施专利信息应用项目，加强联合协作，培训专利技术人员430人。“金桥工程”重点倾向“综改区”建设和中小企业，已完成42项，创利税2.03亿元。在全国“讲理想、比贡献，奋力实现中国梦”活动评选中，山西有8个先进集体、5个创新团队、9名创新标兵、6名优秀组织者受到表彰。

《科学素质纲要》实施及科普工作 履行“纲要办”职责。组织召开全省纲要实施工作会议，落实全民科学素质建设目标责任制，启用“山西省科学素质工作考核系统”。发挥领导小组成员单位作用，组织开展了一系列全民科学素质特色活动。在山西新闻网教育频道开设“全民科学素质工作宣传专区”，开通“山西省全民科学素质微信公众号”。

开展群众性主题科普活动。围绕“创新发展、全民行动”主题，组织开展了山西省2014年“全国科普日”暨第11届“科普三晋”系列活动，重点策划组织了省城主场活动、第三届中国科普摄影大赛、科普教育基地联动等活动。全省各级科协共举办科普报告、科普剧展演、科普培训、科普展览、科技咨询、网络活动等890多项，受众人数100余万人次。山西省科协和14个基层科协及5项特色活动受到中国科协表彰。“山西科学讲坛”特邀知名专家授课和面向学校、社区、企业、机关送“课”上门，共举办45场，受众两万余人次，荣获“省直机关十大学习品牌”。围绕公众关注的雾霾、低碳节能、科技人才开发、食品安全、饮食与糖尿病等热点话题，通过媒体点题、专家解读、互动访谈，举办10场“专家与媒体面对面”活动。

构建现代科技馆体系。山西省科技馆新馆自2013年国庆节建成并免费开放以来，累计接待观众100多万人次。市级科技馆建设稳步推进，已有忻州、朔州、晋中3个市级馆开工，运城、阳泉等4个市级馆审批立项。流动科技馆和科普大篷车坚持深入基层，全年巡展300余天，总行程1.6万公里，受众70余万人次。

实施科普益民计划。开展科普益民计划推荐评选工作，大同市城区柳园社区等9个社区受到中国科协和财政部的表彰，奖补资金180万元；运城市新绛县东天池社区等10个社区被评定为“山西省科普益民优秀科普示范社区”，太原市杏花岭区锦绣苑社区等5个社区受到省级科普益民重点建设专项资助，奖补资金100万元；实施公交楼宇“科普每一天”工程，覆盖太原3600多辆公交车和1500多个公共场所，全年编播科普宣传片52期。

实施科普助教计划。组织举办了全省青少年科技创新大赛、青少年机器人竞赛、宋庆龄少年儿童发明奖等赛事，深入开展了青少年高校科学营、农村青少年“科技彩虹桥”“助力科学梦”家庭科学教育、青少年科学影像节等众多活动，共有1000多所学校、43万人次中小学生参加。

科普资源建设成效显著。山西科普资源库拥有原创挂图600余套，数据存储量突破1000G；编印配发农村、社区科普挂图1万套，张贴在全省近万个科普惠农信息栏和215个社区科普报栏；编发手机报1231期，在太原市50个社区安装“科普屏媒”，三农网络电视上线，与山西电视台合办“农科110”电视节

目，与省电台合办“农科110”广播节目，在全省41个县市开播《科普大篷车》电视节目；作为中国移动“农信通”业务主要的内容提供商，累计提供涉农信息500多万条；中科云媒在全省农村建成试点303个，被财政部列为全国农村公共文化服务体系扶持项目。

学术交流 9月，承办第五届中国（太原）国际能博会青少年低碳论坛，特邀中国科学院院士李洪钟、英国利兹大学教授靳忠民、台湾地区成功大学教授李旺龙等4位专家作报告并与省城中小学生互动交流，举办“新科技·新生活”低碳专题展、青少年低碳发明和创意设计展、低碳科普资源作品展等展览，引导人们改变生活观念，积极投入到绿色低碳生活的行列中来。

组织省级学会围绕学科发展的难点和经济发展的热点开展高层次学术活动，全年共组织学术活动35项，涉及40多家学会，其中精品学术活动21项。开展院士专家山西行，邀请工程院院士方智远带领中国农科院专家赴晋中、长治等地，就蔬菜产业发展出谋划策。开展了第十七届山西省优秀学术论文评选，促进人才成长，繁荣学术交流。组织了第二届海峡两岸新农村建设研讨会、第五届海峡两岸青年学子科技交流和赴以色列培训等活动，积极推进海外引智工作。全年，全省科协系统共举办各类学术会议280多场，参会科技人员3.6万人次。

服务科技工作者 完成山西省首次科技工作者状况调查。山西省科协历时两年开展了山西省首次科技工作者状况调查，全面了解科技工作者队伍总体状况，形成了《山西省首次科技工作者状况调查报告》。调查报告受到省委、省政府的高度肯定。按照省委要求，召集9个有关厅局就报告中反映的科技工作者群体存在的问题进行了专题研究。

表彰优秀科技工作者。开展第六届山西省“十佳中青年优秀科技工作者”评选表彰，评选出长期奋战在科技一线、取得突出成绩的“十佳中青年优秀科技工作者”10名；开展第二届山西省“科技传播奖”评选表彰，评选出先进集体10个和先进个人50名，并受到省劳动竞赛委员会记功表彰；积极向中国科协遴选举荐优秀人才，18名同志荣获“全国优秀科技工作者”称号，有1名同志荣获“十佳全国优秀科技工作者”提名奖。

组织召开科技工作者座谈会，学习传达中央和省委重要精神，听取科技工作者的意见和建议，编印《科技工作者建议》和《调研动态》。组织中国科协会员日活动，深入一线看望慰问科技工作者，让广大科技工作者感受到“科技工作者之家”的温暖。利用各种社会传媒和科协系统传媒资源，积极宣传在科技创新和科学普及方面作出突出贡献的优秀科技工作者和创新团队。举办科学道德和学风建设宣讲报告会5场，邀请院士专家言传身教，倡导学术诚信，在科技界和社会上产生积极反响。

自身建设 9月下旬，面向省科协、市级科协和省级学会，组织了180多人参加的学习习近平总书记系列重要讲话读书班，邀请科技部、中央党校等部门的专家授课，并就科协系统的学习贯彻工作进行了深化部署。

在全系统组织实施“双化建设”。针对新形势下科协干部在业务水平、服务能力、创新意识、工作干劲等与改革发展不相适应的问题，省科协组织实施了“优化自身素质、强化服务能力”建设（简称“双化建设”），重点加强科协干部应具备的八项基本素质、九项基本能力。每月至少举办一次全系统学习报告会；分批安排干部外出参加培训；组织干部每人每年至少两次深入基层调研，每人至少撰写1篇有深度的工作研究文章；组织了全系统公文写作、计算机应用、主题演讲等比赛，并选派人员参加了省直机关五项全能大赛，取得优异成绩，省科协荣获优秀组织奖等。

在全省范围开展市县科协基本情况调研。为全面、系统、准确地了解全省各市、县科协组织现状，查找薄弱环节和存在问题，探索进一步加强科协工作的有效方法和途径，省科协设计调查问卷，分组分批深入到全省11个市科协、119个县（市、区）科协进行调研。

市、县（市、区）及基层科协组织 全省现有市级科协11个、县（市、区）科协119个。

太原市科协创建了南海二社区等13个“太原市科普示范社区”，创建了并南西一社区等5个社区科普大学；组织开展了第二届美丽汾河科普摄影大赛活动；在滨河公园等公共场所推进科普画廊建设，在全市14个公园和1条街道，共建有橱窗197个、版面411个，总面积1726平方米，总长度563米。

忻州市科协召开第二次代表大会，来自全市各县（市、区）146名代表和16名特邀代表出席会议，大会选举韩玲梅为主席，明确了今后五年的目标任务。

实施科普进农村、进社区、进校园、进企业、进机关“五进”行动，受众1.3万人次，编印《图说科普》等资料1.2万份，开展群众义诊1592人次，科技咨询服务2010人次。

晋城市科协组织开展了第三届晋城市优秀工程技术人员和“十佳工程师”评选活动，对20名优秀工程技术人员、10名“十佳工程师”给予表彰，并利用电视、广播、网络、报刊等多种媒体，宣传优秀科技工作者的先进事迹。

阳泉市科协建立自然灾害和突发事件科普应急响应机制，针对昆山爆炸案、埃博拉疫情等，在第一时间利用多种载体从科普的角度对事件的性质、发生的原因、如何科学应对等给予积极回应。

大同市科协建成开通门户网站——“大同科协网”，设置科协新闻、县区动态、企事业动态、学会动态、青少年创新、大同科普等9个专区，电子公务工作水平迈上一个新台阶。

朔州市科协推进市科技馆建设，基本建设工程进展顺利，展品展项概念设计已完成，在全省市级科技馆建设中走在前列。

吕梁市科协联合市委组织部、市人社局开展第二届吕梁市“十佳科技工作者”和“优秀科技工作者”评选活动，表彰“十佳科技工作者”10名、“优秀科技工作者”46名。

省级学会、企业科协、高校科协 省科协举办学会工作创新发展学习班，围绕实施创新驱动助力工程、强化学会学术交流、服务科技人才成长提高、承接政府转移职能等开展培训，各省级学会理事长、秘书长和各市科协分管学会工作的负责人100多人参加了会议。

省科协根据省纪委、省委组织部、省监察厅和省民政厅的要求，组织开展了省级学会清理规范工作，坚持“三快一严”，审查率占到省级学会总数（138家）的96%，提升了社团公信力和透明度。

大同市科协组织召开市级学会协会迎春座谈会，来自全市170余家学会组织的代表欢聚一堂，叙情谊，谋发展；集中整顿清理学会组织，取消了27个不符合规定和要求的学会。

运城市科协采取选派专人进驻的办法，对6家学会实施了特色化业务指导，促使5家学会按时进行了换届改选，促使2家协会成立了基层分会。全年新发展学会3家，注销常年不活动学会2家。

全省新增企业科协123个，其中新增非国有企业科协85个，为加强企业科协工作注入了新力量。全省共有企业科协365个，会员28万多人，覆盖科技人员35万人。

太原市科协依托众多企业科协新建院士工作站12个，引进两院院士12名，引进院士成果、签订新产品新技术开发、技术公关、企业发展规划、人才培养等合作项目38项，累计建立院士工作站27个、引进院士33名。

【山西省首届科技·人才·创新论坛暨优秀科技工作者表彰大会】 12月22日，山西省首届科技·人才·创新论坛暨优秀科技工作者表彰大会在太原市召开。山西省科协、山西省委人才办、山西省科技厅和有关高校负责人，各市科协负责人，科研院所的科技人员，省级学会、企业科协的代表，优秀科技工作者代表等共200余人出席论坛。论坛由省科协主办，中国科学学与科技政策研究会、山西省委人才办、山西省科技厅支持。

本届论坛主席、省科协党组书记杨伟民发布了山西省首次科技工作者状况调查成果，介绍了首次科技工作者状况调查的基本情况。论坛邀请中国科学院创新发展研究中心主任穆荣平、科技部评估中心科技评估学术委员会主任方衍分别做了题为《创新驱动发展与人才政策思考》和《从321引进计划看人才政策》的主旨演讲。太原理工大学校长吕明，山西省科技厅副厅长秦作栋，太重集团公司副总工程师郑建国，山西大学教授张培富等专家从人才管理、使用、培养、研究等诸多方面进行了沙龙对话。

会上，表彰了第六届“山西省十佳中青年优秀科技工作者”和第六届“全国优秀科技工作者”山西省获奖人员。

山西省科技·人才·创新论坛

【第六届山西省十佳中青年优秀科技工作者评选表彰】 山西省十佳中青年优秀科技工作者每两年评选表彰一次，从理科、工科、农科、医科及交叉学科中的省级优秀科技工作者中择优遴选。下半年，省科协开展了第六届山西省十佳中青年优秀科技工作者评选表彰活动工作，在2013年表彰的99名第七届山西省优秀科技工作者的基础上，经过初审、初评、终评和公示等环节，最后评选出第六届山西省十佳中青年优秀科技工作者10人。他们分别是：吕梁市水土保持技术推广服务站副站长、高级工程师卫三平，中国科学院山西煤炭化学研究所副所长、研究员吕春祥，晋西工业集团公司技术中心主任、研究员级高级工程师刘生海，空军驻山西地区军事代表室总军事代表、高级工程师邢联大，山西医科大学第二医院风湿科主任、教授李小峰，山西省水土保持科学研究所副所长、高级工程师李有华，山西大学生物技术研究所所长、教授李卓玉，潞安矿业集团公司王庄煤矿总工程师、高级工程师杨建立，山西省地震局预报中心副主任、高级工程师宋美琴，山西省地质调查院基础地质调查中心副主任、高级工程师魏荣珠。中国科协会员日期间，山西省科协对获奖人员进行了表彰。

【山西省首次科技工作者状况调查】 为全面客观地掌握山西省科技工作者的基本情况，从2013年上半年始，省科协牵头省委人才办、省人社厅、省统计局等，开展了新中国成立以来第一次全省科技工作者状况调查。调查确定了“三横五纵”抽样体系的设计方案和113个调查站点；结合省情，有针对性地设计了调查问卷和抽样体系表；围绕中心工作，以问题为导向设计了研究专题。调查发放问卷7010份，回收有效问卷6994份，2014年第四季度完成了《山西省首次科技工作者状况调研报告》。报告分为概述、总体、群体、专题、数据篇及附录等六个章节，约84万字，客观地反映了山西省科技工作者在工作、学习、生活、思想、社会参与等方面的真实状况，对全省科技工作者群体现状及变化趋势作了较为准确的判断，并进行了21项专题研究。

（撰稿人：王继龙）

内蒙古自治区科学技术协会

服务经济社会发展 参加中国科协组织的环首都区域生态建设调研活动，组织专家对自治区土壤污染及综合防治进行调查研究。联合省委组织部、科技厅对自治区院士专家工作站建设情况开展调研指导，择优支持专家工作站。启动内蒙古院士专家服务总站建设工作，与呼和浩特市新城区合作建立总站人才库、项目库、网站等。截至2014年12月31日，已成立的院士专家工作站达49家。启动内蒙古呼吸疾病院士专家工作基地的建设。10月在上海举办自治区科技人才服务县域经济发展研修班，盟市、旗县区的科技人员80余人参加了培训。针对自治区省级干部联系的38个国贫、区贫旗县，组织专家团赴兴安盟等8个盟市近20个旗县开展前期调研。

根据基层的科技人才需求，组织理工农医方面专家10余人对四子王旗等10个旗县区开展了定向科技服务，与当地达成技术咨询服务、不定期技术指导、委托培养本土人才和科技项目咨询立项等多种服务意向。资助老科协开展“小农户科技园”示范建设活动。全区各盟市（包括满洲里、二连浩特市）已全部建立了科普志愿者队伍，发展科普志愿者3000余人。科普志愿者的发展按照每年每人科协补助2000元，当地补助2000元的标准给予扶持。

《科学素质纲要》实施及科普工作 完成《全民科学素质行动2014年工作总结和2015年工作安排》《全民科学素质行动概览（2014年）》等文件起草上报工作。深化全民科学素质共建机制，5月28日，中国科协与自治区人民政府签订《关于落实〈纲要〉加强公民科学素质的共建协议》，6月在呼和浩特市新城区等11个旗县（区）启动实施“全区科普示范旗县（区）公民科学素质建设能力提升试点”项目。10月，自治区科协参与了内蒙古政协科协界对全区《纲要》落实情况的专题调研，一行9人的界别活动调研组赴呼伦贝尔等5盟市，采取听汇报、组织座谈、查阅资料和实地考察等方式，重点调研了《纲要》实施工作机制、开展主题工作、实施“五大素质行动”和“五项基础工程”以及存在的困难和问题等内容。

开展科普主题宣传活动。5月开展了以“科学生活，创新圆梦”为主题的内蒙古科技活动周暨全区第十九届科普宣传周活动，内蒙古科普联席会成员单位，部分高校、企事业、科研院所等共60余家单位参与了活动，自治区开展16项标志性活动。组织了“科普小分队通辽行”活动，盟市旗县组织安排了120余场大型科普宣传。9月开展了以“创新发展，全民行动”为主题的“2014内蒙古全国科普日”活动，进行了科普大篷车及展品展示、科技咨询服务、科普在线互动等，1000余人参加了启动仪式。活动期间全区举办大型科普宣传展览190多次，举办各类培训班100多期，科普报告会60余场，深入乡镇苏木300多次，社区学校50个，参与单位38个，组织科技志愿者2.6万多人次，制作展板3000多块，发放宣传资料1.2万份(册)，科普挂图3000余份，受众约50余万人次。12月，自治区2015年文化科技卫生“三下乡”集中示范活动在和盛乐镇举办，主题为“法治惠百姓，民生总关情”。活动由自治区党委宣传部主办，科协等20多个成员单位参加，开展法治讲堂、医疗义诊、文艺演出等系列活动，受众达3万余人次。

深入实施“基层科普行动计划”和“基层科学行动计划”。完成2014年申报评审工作，全区有55个单位和34名个人被分别评为“全国科普惠农兴村先进单位”“全国社区科普益民先进单位”和“农村科普带头人”。2014年自治区投入“基层科普行动计划”专项资金220万元，表彰奖励全区22个基层科普先进单位和7名个人。2014年向中国科协申报科普大篷车6辆，截至2014年12月31日，全区已配发科普大篷车39辆，2014年累计开展活动398次，行驶里程达16万公里，受众累计达40余万人次。9月在鄂尔多斯市举办了自治区西部五盟市基层科普服务能力提升培训班，110余人参加了培训。

加强科普信息化建设。2014年自治区科协、呼市科协、新城区政府联合在呼市新华社区、海东路社区启动实施“社区科普信息化”建设试点项目。报刊、广播、网络立体化综合宣传平台作用凸显。数字科技报刊、《身边科学》“特别关注”、《科技报》“科普北疆”等社会反响强烈。科协门户网站、官方微博、博客、微信平台关注人数不断提高，门户网站2014年发布信息1600余篇，科普知识近1.4万条。

加强科普阵地建设。内蒙古科技馆新馆土建工程于2013年12月31日正式通过验收，2014年4月，科技馆工作人员完成整体搬迁。现已完成“儿童乐园”“探索与发现”“创造与体验”“宇宙与航天”和“前沿与未来”五个主题展区展品展项及环境布展的招标工作，“魅力海洋”“地球与家园”和“生命与健康”主题展区正在进行展品展项及环境布展的招投标的准备工作。4月12日部分向公众开放并试运行。2014年新馆进行专题展览3次，包括“眼睛的故事”“身边的水资源”及“中国流动科技馆”等内容，展期分别为4～6个月，累计接待观众3万余人次。三座影院于4月起开始试映，在每个周末及小长假节日期间安排试映活动，播放电影近480场，累计接待公众34000余人次。流动科技馆2014年巡展26次，分别走进通辽市、呼伦贝尔市、锡林郭勒盟、阿拉善盟等旗县市区，受众80多万人次。

1月18日，第29届全区青少年科技创新大赛在呼和浩特市召开，180余名学生和科技辅导员参赛。组织青少年参加了第14届中国青少年机器人竞赛、五学科奥林匹克竞赛。开展“大手拉小手——科普报告草原希望行”活动，在8所学校开展了专题科普报告。7—8月，自治区280名高中生和30名带队教师参加了辽宁、黑龙江、上海、北京和陕西的12所高校的分营活动。内蒙古青少中心获2014年全国优秀组织单位。7月，在满洲里第六学校举行了“创新在我身边—青少年科学调查体验活动”。10月，在鄂尔多斯市启动“航天科技连着你和我——院士专家内蒙古校园行”活动，邀请5位院士专家，在20所中小学校开展了科技讲座。实施联合国儿基会非正规教育项目，承办“童梦圆”青年营内蒙古分营活动。实施“英特尔求知计划”项目，完成3000余人培训任务。在内蒙古科技馆新馆开展青少年科学体验活动，受众近11万人次。

学术交流 自治区科协实施了对全区学会50余项学术交流重点资助项目，开展了“十月金秋系列学术交流”活动，2014年全区学会累计开展各类学术交流、报告会、讲座500余场次，受众5万人次。8月在呼和浩特市举办了以“创新与产业升级”为主题的第九届内蒙古自然科学学术年会。

深入开展国际民间科技交流。与内蒙古农业大学、内蒙古生物工程学会共同申报了国家外专局引进国外技术管理人才项目，围绕项目主题，邀请了6位美国、加拿大专家，开展了4个主题的12场报告，相关专家学者、师生1000余人次参加了会议交流。7月邀请台湾农业投资专家来呼和浩特考察食用菌产业项目，探讨自治区食用菌产业发展思路。8月举行了2014内蒙古植物生理学术论坛暨海峡两岸学术交流会及科学考察活动，开展专题报告，进行学术研讨、企业和野生植被考察，拓宽两岸生态建设合作空间。9月会同自治区住房建设厅邀请香港工程师学会、建筑师学会的27名业内资深专业人士举行了科技交流座谈会。举办了中蒙两国青少年科技体验交流活动，32名中蒙两国

青少年参观了博物院和伊利集团，进行了交流互动活动。10月举办内蒙古首届农技协秘书长培训班，邀请中国海智专家作专题报告并与民丰薯业等企业达成合作的初步意向。在满洲里市举办中俄蒙科技展暨高新技术产品交易会，引进推广新型复合微生物肥料“艾米乐”菌剂和骨科环型外固定架项目。

与自治区教育厅联合下发《关于做好2014年科学道德和学风建设宣讲教育活动的通知》，配合中国科协和自治区党委举办“弘扬科学道德、践行‘三个倡导’奋力实习中国梦”巡回报告会，1000余人听取了报告。

服务科技工作者 自治区有科技工作者65万人，有科普专职人员近1万名，兼职科普人员近6万名，注册科普志愿者近5万名。96个全区专业协会，6.3万从事科研活动人员。有33个国家级科普教育基地，和一批面向公众的科普场所、博物馆和公共科技活动站（室）。截至2014年12月31日，已建成49个院士工作站。2014年，邀请10位院士来自治区开展相关领域专题报告。引进海智专家、海外专家、港澳台专家30余人来自治区开展植物生理、智慧农业、航天与健康等相关领域讲座、研讨及合作。

落实科技工作者调查站点区域管理制度。表彰2013年度优秀站点、优秀个人及优秀稿件。表彰奖励30名青年科技奖和60名科技标兵奖获得者。完成全区“优秀科技工作者”评选和中国科协“全国优秀科技工作者”推荐工作，40名同志获全区“优秀科技工作者”荣誉，其中12人获“全国优秀科技工作者”称号。组织中国青年女科学家奖推荐工作。

自身建设 继续实施学会能力提升专项，争取中国科协项目资金100万元。审核确定自治区电机工程学会等14个学会为年度学会能力提升项目承担单位。支持资助9个全区学会完成换届工作，支持成立民间艺术产业促进会等6个全区学会。组织全区学会秘书长50余人进行学会创新发展培训。组织学会会员100余人开展会员日活动。开展“提升学会能力，承接政府职能转移”情况调研。主动协调政府职能部门，扶持部分学会主动与市场接轨，2014年推动全区96个学会承接50多项政府转移职能。

2014年内蒙古电视台报道科协工作18次，其中新闻联播15次，内蒙古电台直播3次，人物专访2次，新闻报道40次，《内蒙古日报》报道45次，其中《内蒙古日报》开辟“聚焦内蒙古科协”专栏，刊登报道34篇。《北方新报》、内蒙古新闻网、《呼和浩特日报》、新华网、人民网等媒体也有大量宣传报道，多数稿件被《内蒙古日报》所属网站（内蒙古新闻网、正北方网）采用，并被人民网、凤凰网、网易、中国日报网等多家媒体转载。

推进科技中介机构建设，通过科技中介承接国家和自治区项目工作。科技咨询中心巩固和发展科发信息咨询有限公司等5家科技中介机构，拓展科技市场服务项目。承担中国科协“为企业推广国际先进专利数据库”项目工作。协调自治区人事社会保障厅争取到科技咨询师的培训认证资格，招募学员300余人。自治区科协经过严格申报筛选，对全区29家科技中介机构、科技类社团、科技行业类协会进行了扶持并表彰。

经内蒙古人力资源和社会保障厅职业鉴定中心批准，内蒙古科协所属事业单位——内蒙古科技咨询服务中心成为“科技咨询师”自治区唯一考试认证鉴定机构和培训机构。在全区范围内开展初、中、高科技咨询师国家职业资格考试培训、认证鉴定工作。11月15—18日，自治区首期国家职业资格“科技咨询师”认证培训在呼和浩特市进行，来自全区科技服务行业约150名学员参加了培训。

5月，由中国科普作家协会、内蒙古科技报刊社、内蒙古青少年科技中心联合举办，内蒙古科技报刊社承办的全国青少年科学美术作品大奖赛作品征集期间收到科普绘画作品800多幅。12月，画赛组委会评选出3个组的6个金牌、21个银牌、33个铜牌和86个优秀奖，若干优秀辅导员奖和优秀组织奖。

12月，自治区科协组织中国科协八大（内蒙古）代表及部分自治区科协兼职副主席赴广东省广州市进行调研学习。邀请中国工程院院士刘人怀等专家作了题为《关注世界科技创新态势 促进“政产学研金”合作创新》的前沿科技知识讲座。

盟市科协和基层科协组织 巴彦淖尔市科协加强科技人才培养，在科技人员中实施“飞翔计划”，对科技人员参加学术交流会议、出版论著、攻读学位等进行了资助，受到了广大科技人员的关注和欢迎。组织开展了中青年科技人才突出贡献奖评选和学术技术带头人认定工作，以市委、政府名义表彰奖励15名有突出贡献的中青年科技人才，确定32名第三批学术技术带头人培养对象。

鄂尔多斯市成立科技顾问团和科普志愿者协会。

鄂尔多斯市科协与市组织部、人力资源社会保障局、科技局联合组建“鄂尔多斯市科技顾问团”，聘请66名高端科技人才为首批顾问团成员。经民政局批准成立鄂尔多斯市科普志愿者协会，召开会员代表大会选举产生鄂尔多斯市科普志愿者协会第一届理事会。制定《科普志愿者管理办法》，举办中国科协送培训到基层——鄂尔多斯市第一期科普志愿者暨大学生志愿者培训班，对所招募的全市300名科普志愿者进行了系统的科普业务培训。

乌兰察布市委组织部与市科协联合主办的党员干部群众教育电视栏目——“聚焦党旗下”，6月24日在乌兰察布市广播电视台开播。乌兰察布市纲要办与电视台编录播放了专题科普片《跨越式发展的乌兰察布市全民科学素质行动》。

呼和浩特市科协建设“大青山沿线科普景观大道”科普教育基地，包头市科协与中国科学院老科学家科普演讲团签订共建科普教育基地协议书，中国科学院老科学家演讲团在包头市的科普活动实现常态化。赤峰市科协全面启动校园科技馆项目，投资100余万元建设4所校园科技馆，实现科技活动与小学科学课程有机结合。二连浩特市科协主办的中蒙两国青少年科技体验交流活动在内蒙古科技馆新馆开幕，中国、蒙古两国青少年32人参加活动。

自治区级学会、企业科协、高校科协 自治区级学会2014年开展各类学术活动、报告会、讲座500余场，参会人员5万人次。内蒙古骆驼保护学会举办了中蒙俄三国骆驼论坛，内蒙古植物生理学会承办了第十一届全国植物结构与生殖生物学学术研讨会，内蒙古电机工程学会举办了京津冀晋蒙鲁电机工程学会第二十四届学术交流大会。内蒙古预防医学会2014年上半年举办培训班累计199期，培训卫生和医疗人员近万人次。全区各学会积极承办内蒙古自然科学学术年会分会场、金秋学术交流系列活动。

2014年新成立7个学会，9个学会完成换届。经全区各学会推荐，全区23个创新团队和个人荣获全国“讲理想、比贡献”活动的表彰奖励，全区43个集体和50名科技工作者分别荣获内蒙古“讲理想、比贡献”创新团队和创新标兵荣誉称号。

启动内蒙古自治区呼吸疾病院士专家工作基地的建设。坚持大联合大协作的工作方式，创新“讲理想、比贡献”活动内容，探索企业与高校、科研单位、科协联合共建，推动科技成果转化。发挥企业科协作用，引导和支持创新要素向企业和基层集聚，增强企业自主创新能力，强化企业与高校、科研单位联合共建。2013—2014年度开展企业技术比武、革新奖励、金点子工程等多种技术创新活动，全区“讲理想、比贡献”活动参加人员达3000余人，实现经济效益约6000万元。与内蒙古科技厅共同开展创新方法培训工作，2014年培训企业人员300余人。

【签订《关于落实内蒙古“8337”发展思路合作协议》和《关于落实〈纲要〉加强公民科学素质的共建协议》】 5月28日，中国科协和内蒙古自治区人民政府签署《关于落实内蒙古“8337”发展思路合作协议》和《关于落实〈纲要〉加强公民科学素质的共建协议》，自治区政协副主席、科协主席牛广明，中国科协、自治区政府、自治区科协相关部门领导出席签约仪式。

【内蒙古科协第七次代表大会召开】 5月29—30日，内蒙古自治区科协第七次代表大会在呼和浩特市召开。内蒙古自治区党委书记王君，自治区政协主席任亚平，自治区党委常委、组织部长李鹏新，自治区党委常委、秘书长符太增，自治区人大常委会副主任呼尔查，自治区副主席白向群出席大会开幕式并为第九届内蒙古自治区青年科技奖获奖者、首届内蒙古科技标兵颁奖。内蒙古自治区政协副主席、科协主席牛广明代表内蒙古科协第六届委员会作了题为《弘扬科学精神 培育创新文化 团结带领广大科技工作者为打造祖国北疆亮丽风景线贡献力量》的工作报告。内蒙古自治区总工会党组书记、副主席崔明龙代表自治区各人民团体致贺词。大会正式代表500名，特邀代表50名。会议主要议题是审议自治区科协第六届委员会工作报告，表彰奖励全区优秀科技工作者和先进集体，选举产生内蒙古科协第七届委员会。

【十百千万工程】 作为贯彻中国科协“五位一体”发展战略的内蒙古“十百千万”工程实施以来，得到全区各盟市科协、学会组织积极响应。“十百千万”创新工程被纳入自治区党委、政府《关于加强新时期科协工作的意见》加以贯彻落实，同时被自治区组织部门纳入对地市级党委政府的考核内容。自治区科协召开全区“十百千万”工程推进会，制定完善对地市级党委政府的考核指标。成立

第九届内蒙古自治区自然科学学术年会

“十百千万”工程课题组，对“十百千万”四个课题进行研讨和标准制定。开展“十百千万”工程专题调研，对全区“十百千万”情况进行摸底和指导。通过项目化运作的方式，对“十百千万”工程进行科学管理和推进。向全区下拨专项奖补资金，表彰奖励科普示范基地7家，科技中介机构29家，对接支持19家贫困旗县，发展补贴科普志愿者3000余人。

【第九届内蒙古自然科学学术年会】 8月，在呼和浩特市举办了以“创新与产业升级”为主题的第九届内蒙古自然科学学术年会。自治区政府副主席白向群出席开幕式并讲话。中国工程院院士、北京化工大学校长谭天伟，中国科学院院士、中国科学院植物研究所张新时，浙江大学教授张泽出席开幕式并分别作专题报告，2000余名科技工作者参与了年会的系列活动。年会征集论文500余篇，编辑出版《创新与产业升级优秀论文集》。

（撰稿人：吴欣倩）

辽宁省科学技术协会

服务经济社会发展 2014年，省科协加强与辽宁省决策咨询委员会等部门的密切合作，开展《辽宁省高新技术产业开发区发展战略研究》等4个专题调研。与中国科学院沈阳分院联合开展《辽宁科技成果转化的现状与对策》调研，形成建议并在省政协十一届六次常委会上交流。选取9个市的不同类型企业开展了《辽宁地区企业科技工作者职称状况调查报告》专题调研。围绕实施辽宁沿海经济带开发开放战略，开展《构建海洋产业技术创新战略联盟的对策》等专题研究。支持省级学会完成行业科技发展报告和软科学研究项目32个，整理上报《科技专家建议》10篇。完成省政协十一届一次会议主办提案1份，会办2份。较好完成国家级科技思想库建设3年试点工作，顺利通过验收。

开展5期知识产权应用工程师培训工作，累计完成436人次，6学时的培训任务。推送专利推广应用平台100余家。

实施“科普惠农兴村计划”。制定《科普惠农项目申报推荐办法》和《评审办法》，17个农村专业技术协会、13个农村科普示范基地、19个农村科普带头人和1个少数民族工作队共计50个项目获得国家表彰，17个农村专业技术协会和1个农村科普示范基地共计18个项目获省级表彰，两级奖补资金共计925万元。

在本溪市举办2014年辽宁省农技协规范化创建培训班，120余名基层农技协领办人参加了培训。继续推进农村科普信息化建设，全年新建科普视频服务总站21个，分站点314个，新增服务农户9万户。建立县域科普监测考评体系，制定《辽宁省县域科普监测考评管理暂行办法》，对44个县（市）进行年度监测考评，发布“监测年报”。

举办第27届辽宁省暨盘锦市“科普之冬”——2014年科普惠农、农超对接启动仪式，103个农技协和科普示范基地参加展销，与兴隆商业集团旗下超市签订92项采购合同，签约金额达到5300万元。首次引入“电商”参加，拓宽了农民销售渠道。制作“科技致富”节目52期，实施项目对接10余次。

深化“讲、比”三级联创工作。2014年，参加“讲、比”竞赛活动的企业有225家，立项4437项，提出合理化建议15002条，被采纳10934条，采纳合理化建议实现经济效益27392万元，参与活动科技人员达19.85万人次。获中国科协“讲、比”活动先进集体14个，创新团队6个，创新标兵12个，优秀组织者8个。全省新建院士专家工作站14个，累计建站128个，柔性引进中国科学院院士和中国工程院院士480人次，承担400个重大专项和重点科研项目，培养带动一线科技人才近2000人。3月31日，辽宁省创新方法国际报告会在沈阳市举办，国际TRIZ（发明问题的解决理论）协会主席谢尔盖·伊科万科博士主讲，省内TRIZ理论研究及推广应用的专家，科技界、企业界人士等200余人出席报告会。

《科学素质纲要》实施及科普工作 3月7日，中国科协与辽宁省政府在北京签署《落实全民科学素质行动计划纲要共建协议》，明确辽宁省到2015年实现本辖区公民具备基本科学素质比例超过5%。加强《科学素质纲要》考核约束机制建设，推动省委办公厅、省政府办公厅联合下发《关于做好辽宁省全民科学素质行动计划纲要共建项目建设工作的通知》，明确24个《科学素质纲要》领导小组成员单位的28个共建项目，首次以部门项目建设推进《科学素质纲要》深入实施。全年编印《辽宁省全民科学素质工作简报》10期。

举办第29届辽宁省青少年科技创新大赛和第11届辽宁省青少年机器人大赛，共有1100余名师生参赛，获得全国青少年科技创新大赛获一等奖11项、二等奖19项、三等奖8项。举办“全国高校科学营——辽宁分营”活动，来自河南省、内蒙古自治区等7个省、自治区，香港特别行政区，以及省内的700名高中生参加活动。“大手拉小手——科普报告进校园”系列活动，全年举办科普报告122场，听众达34000余人次。

全年举办5场“名家讲科普”报告会，近2000人次参加。开发印制科普挂图6套共24万张，建立了辽宁省科普画廊运行管理平台，对科普挂图张贴和更新情况进行监测管理。举办全国科普日暨第三届辽宁省科普日活动。主场制作科普展板200块，全省各地科普活动丰富多彩，辽宁省科协被评为全国科普日活动“优秀组织单位”。

全年制作“科普与生活”节目52期，采访人物208人次，在辽宁电视台播出。制作《身边有科学》电视节目24期，在沈阳市2500多辆公交车上滚动播出，受众超过120万人次。

如期完成省科技馆主题展厅布展、特效影院和信息化工程的验收工作。儿童科学乐园等5大展厅的710件展品进场安装，其中93%展品完成了调试。巨幕影院、4D影院完成了设备安装调试，试映200余场，成功率达100%。省科技馆基建工程获得鲁班奖，实现了部分展厅和影院的试运行。流动科技馆和科普大篷车在全省7个城市进行巡展，共开展科普活动47场次，展出展品展具940台次，总行程近1万公里，接待参观群众达20万余人次。

实施“社区科普益民计划”，23个项目获国家级表彰，奖补资金460万元。18个项目获省级表彰，奖补资金180万元。以“社区科普大学”为载体，推进科普益民服务站、科普设施、科普资源和科普队伍建设，全年新建社区科普大学310所，累积创办社区科普大学1723所，新建“科普益民服务站”428个，累积创建“科普益民服务站”1584个，社区覆盖率为40.2%。

学术交流 举办第八届学术年会暨2014年辽宁（朝阳）铁精粉及钒钛产业发展论坛，来自全国粉末冶金和有色金属领域的专家、学者和企业家400余人参加会议。

5月29日，省科协联合阜新市委、市政府围绕“农业科技助推沈阜200万亩现代农业示范带产业发展”的主题，在阜新市举办第五届辽宁现代农业发展论坛，中国工程院院士陈温福、省内农林领域专家、学者以及来自省内的科技工作者、涉农企业、农技协和农村合作社代表共600余人参会，提出可行性建议9条。论坛首次探索与举办地党政联合，为当地农业发展服务的新模式。

启动实施《辽宁省科协实施中青年科技工作者国（境）外交流提升计划资助办法（试行）》，资助34位青年科技工作者出国参加国际交流活动。组织省内青年学者参加第五届海峡两岸青年学子科技交流团。继续开展辽宁省自然科学学术成果奖评审工作，征集论文4346项，1680项获奖，其中特等奖4项、一等奖190项、二等奖431项、三等奖1055项，本届评选增加网上复评、一等奖逐一点评、匿名评审特等奖等环节。

全年举办3场“科学道德和学风建设宣讲教育报告会”，邀请中国工程院院士王国栋、朱蓓薇，中国科学院院士苏国辉，哈佛大学MGH生物力学研究室主任李国安教授，东北大学娄成武等4位专家学者做专题报告，来自省内高校、科研院所5000余名教师和研究生参加了集中宣讲教育活动。

服务科技工作者 第九届辽宁省“优秀科技工作者”评选工作，突出向基层一线倾斜，评选出140名省优秀科技工作者。经省科协推荐，中国科学院沈阳自动化研究所于海滨研究员等26人获中国科协“全国优秀科技工作者”称号，其中，中国科学院院士、中国科学院大连化学物理研究所包信和荣获“十佳全国优秀科技工作者”称号。

资助出版优秀自然科学著作22部，累计资助出版116部。加强科技工作者状况调查站点建设与管理，全年报送信息125篇，被采用6篇。

拓展辽宁省科协科技文献检索服务平台功能，增

设医药卫生科技、经济与管理、行业标准、专利、最新科技成果、工程类工具书等文献的检索功能，服务全省科技型企业近1000家。

开展中国科协会员日活动，12月17日，邀请省内1781名科技工作者参观省科技馆。全省举办各类会员日活动265场次，参与科技工作者达2万余人次。宣传表彰优秀科技工作者3441人次，走访慰问科技工作者2566人次。

协调省科技厅，推动将院士专家工作站作为省自然科学基金和博士启动基金重点支持方向，对院士专家工作站上报的基础研究和应用基础研究项目给予重点支持，9个应用基础研究项目获得基金资助。

开展“乡村情·科技梦”——优秀农村基层科技工作者推选宣传活动，辽宁省姜大光、李茂生和曹学春等3人入选中国科协宣传名单并在人民网进行专题宣传。组织实施“老科学家学术成长资料采集工程”，完成了中国工程院院士安静娴的资料收集、整理工作。

自身建设 1月13日，省科协在沈阳市召开八届二次全委会。在省委党校举办中国科协八大代表学习习近平总书记系列重要讲话读书班，130余人参加了读书班。

认真开展教育实践活动“回头看”，3月21日，召开党的群众路线教育实践活动总结大会，完成第一批教育实践活动确定的各项任务。按照“三严三实”和“讲诚信、懂规矩、守纪律”要求，深入开展“三型”党支部创建活动。组织在职党员进社区赠送万部科普图书活动。

推动学会规范化建设，制定《辽宁省科协主管省级学会组织通则》和《辽宁省科协业务主管省级学会组织管理报备工作办理指南》，明确省级学会成立、接纳、变更、退出的组织流程及省级学会领导机构、办事机构、分支机构的组织管理等规则。8月29日，在沈阳市召开省级学会能力提升研讨会，全省100余家省级学会秘书长参加会议。省民政厅民间组织管理局副局长谷正贤、省社会组织发展促进会副秘书长张雅娴分别就新形势下科技类社团发展与政策支持、科技类社团组织评估指标体系及学会评估主要环节关键问题与操作程序进行了专门的解读、指导。中国科协学会部相关负责人对社会团体承接政府转移职能的相关文件进行了解读。做好高层次专家库建设，收录省内专家2043人。

全面加强省科协机关建设，制定《辽宁省科协因公临时出国（境）工作实施细则》等制度。2014年，省科协再次荣获“辽宁省定点扶贫工作先进单位”，首次荣获“辽宁省文明单位”称号，省科技馆荣获省直机关“五一劳动奖状”。

4月10日，全国科协系统对口援藏工作座谈会在沈阳市召开，省科协承办并做援藏工作经验交流。12月6—13日，举办第二期西藏自治区那曲地区科协干部培训班，14名科协专职干部参加培训。

制定并下发《关于联合开展协同服务行动促进农民合作组织发展的意见》，推动基层农村专业技术协会与农民合作社深度融合、一体化发展，累积发展农村专业技术协会4777个。

9月30日，在全国首个烈士纪念日，受中国科协委托，省科协党组书记、副主席康捷，党组副书记、副主席金太元，省科协副主席、中航工业沈阳飞机集团公司总经理袁立等，与省科协机关部分干部代表及企业科技工作者代表到罗阳墓前举行祭奠仪式，表达对烈士的深切缅怀，追思烈士的光辉事迹。

地市县及基层科协组织 辽宁共有省辖市（地）科协14个，县（市、区）科协100个，乡镇、街道（社区）科协1812个。地市县科协全年组织举办科普宣讲活动16452次，举办实用技术培训23229场次，推广新技术、新品种3196项，参加活动科技人员总数达6.8万人次，受众人数超过430万人次。组织国内学术会议214场次，境内国际学术会议14场次，参加学术会议的科技工作者超过5万人次。

沈阳市科协与中国医科大学附属第一医院、中国医科大学附属第二医院、辽宁省人民医院合作，开通院士就医绿色通道，为居住在沈阳的院士、专家提供有效、便捷、优质服务。大连市科协以“经济社会发展与城市智慧化”为主题，举办2014年年会，并在10月召开的智慧城市建设国际会议上作为国内唯一城市介绍了城市智慧化建设经验。鞍山市科协注重发挥电视科普栏目作用，实现市县两级电视台科普栏目全覆盖，并创建了科普微信平台。抚顺市科协开创电子科普画廊宣传平台，编发《抚顺手机科普报》，全年编发手机报64期，发送彩信10万余条。丹东市科协推动市委、市政府办公室联合印发《关于做好丹东市全民科学素质行动计划纲要共建项目建设工作的通知》。营口、铁岭市科协推行年会跟踪服务工作，推动年会成果的转化应用。绥中县科协开展“科普电影进乡村进社区”活动，共放映科普电影289场次，实现乡镇村、社区全覆盖。

省级学会、企业科协、高校科协 全省共有省级学会126个，全年新加入个人会员10795人，团体会员减少1750个，个人会员总数达327792人，团体会员总数达4472个。全年新成立企业科协10个，累计成立企业科协295个。全省共有高校科协60个。省级学会全年举办国内学术会议319场次，主办科技期刊43种，发表论文12468篇，印制期刊88万余册。2014年，在全省社会组织评估中，省地球物理学会等9家省级学会获3A以上等级。

省级学会学术交流、科普活动等各类活动日益活跃。省航空宇航学会在沈阳市承办2014年中国国际航空制造高峰论坛，来自国内外200位专家、学者出席活动，其中，国外学者70人。省细胞生物学学会承办第四届国际神经再生高峰论坛之脊髓损伤修复前沿理论与临床研究主题分论坛。省林学会与台湾地区森林休憩保育协会在沈阳市联合举办辽宁台湾两地森林保育经营学术交流研讨会。省通信学会、省气象学会等13个学会分别承办了国家级科技论坛。省有色金属学会、省金属学会、省机械工程学会围绕地方产业发展开展科技服务、科技交流等品牌学术活动。

【签订《落实全民科学素质行动计划纲要共建协议》】 3月7日，中国科协与辽宁省人民政府在北京签署《落实全民科学素质行动计划纲要的共建协议》(以下简称《纲要共建协议》)。仪式由中国科协党组成员、书记处书记徐延豪主持。副省长刘强，省政府副秘书长于朋、王润俊，中国科协党组成员、办公厅主任吴海鹰，中国科协党组成员、中国科技馆馆长束为，省科协党组书记、副主席康捷等出席签约仪式。

《纲要共建协议》进一步明确辽宁省政府和中国科协等国家实施《科学素质纲要》有关部门的责任。辽宁省政府与中国科协将通过开展公民科学素质建设共建工作，落实公民科学素质建设的目标责任，建立完善监测评估和支持制度，充分调动各地各部门实现公民科学素质建设目标的积极性、主动性和责任感。按照协议，到2015年，辽宁省公民具备基本科学素质比例超过5%，省政府将《科学素质纲要》工作纳入政府重要议事日程，加大经费投入，以实施项目化管理来推进任务落实。

【辽宁省第八届学术年会】 9月4日，省科协、中国金属学会、中国有色金属学会和中共朝阳市委、朝阳市人民政府共同主办的辽宁省第八届学术年会暨2014年辽宁（朝阳）铁精粉及钒钛产业发展论坛在朝阳市召开。会议主题为“汇聚高端智力，创新驱动转型，共促辽宁（朝阳）铁精粉及钒钛产业发展”。

省科协主席、中国工程院院士王天然致开幕词。中国工程院院士张懿，中国科学院院士葛昌纯，中国有色金属学会理事长康义，中国金属学会常务副理事长王天义，省科协党组书记、副主席康捷，副主席王元立，朝阳市委、市政府主要领导，以及来自全国金属、有色金属领域的专家、企业家，朝阳市政府有关部门工作人员、企业管理人员和技术人员共400余人参加了会议。

葛昌纯、张懿分别作了题为《关于辽宁铁精矿粉的开发利用》《钒钛铁矿高效清洁利用基础与应用》专题报告。北京科技大学教授、博士生导师、中国金属学会粉末冶金分会副主任委员兼秘书长贾成厂等5位专家作铁精粉精深加工和利用专题报告。中国科学院过程工程所副所长、湿法冶金清洁生产技术国家工程实验室主任齐涛等5位专家作钒钛资源开发和产业发展专题报告。院士、专家围绕朝阳市铁精粉及钒钛产业发展需求，分别在宏观和微观上对朝阳产业结构升级调整、企业生产技术难题进行了深入讲解和指导，并从铁精粉和钒钛2个产业的产业链延伸、产品开发与应用前景等多个视角进行了学术交流，针对朝阳产业发展实际提出建议和意见。

朝阳市政府与中国金属学会、中国有色金属学会分别达成了战略合作协议，开展了协同创新对话会，建立了更加广泛深入的合作关系，为朝阳市领导高端决策提供了科学参考，同时为今后朝阳工业发展开拓更加广阔的合作交流领域。葛昌纯院士和张懿院士团

辽宁省第八届学术年会

队分别建立了朝阳金属新材料院士专家工作站和朝阳有色金属产业园区院士专家工作站。葛昌纯院士团队与朝阳金麟铁精粉公司签署了合作协议，与企业合作建设气雾化超纯铁粉生产线、开发铁基高温粉末冶金新材料等。北京有色金属研究总院生物冶金国家工程实验室常务副主任温建康与朝阳金达钛业公司达成协议，在选矿药剂、生产装备技术、产品工艺技术攻关等方面开展合作。

年会开幕式上表彰了2014年度辽宁省自然科学学术成果奖特等奖获奖代表和第九届辽宁省优秀科技工作者代表。

【辽宁省第三届科普日活动】 9月21日，2014年全国科普日暨辽宁省第三届科普日——辽宁·沈阳主场暨在职党员进社区科普益民活动启动仪式在沈阳市举行。主场活动与在职党员进社区活动紧密结合，以“在职党员进社区，科普进基层，为民办实事”为宗旨，组织在职党员专家走进社区，开展科普讲座、科普咨询、健康义诊等系列活动。省人大常委会副主任李文科出席启动仪式并宣布活动启动，省科协党组书记、副主席康捷主持启动仪式。省委组织部、省委宣传部、省科技厅、省社科联等有关领导参加活动。主场活动分为5大板块区：辽宁省“十二五”科技创新成果展览区、青少年科普互动区、“科普大篷车”展品互动体验区、科普图书阅读区、科普文艺演出区。主场启动仪式上还为获得全国科普示范社区的代表颁发了奖牌，向社区赠送科普图书，为社区党员科普志愿者颁发了聘书。

9月19日，《辽宁日报》用一个整版，以“加快创新发展，全面振兴辽宁”为主题，对全省科普日活动安排和活动内容进行了全面展示和宣传。全国科普日期间，全省集中开展了丰富多彩的科普活动，全省各地共举办科普报告、讲座、展览、文艺汇演等520余场次，参与群众达600多万人次。

【辽宁省科技馆试运行】 2014年，省科技馆依托已建成的儿童科学乐园、创造实践展厅、IMAX影院、4D影院及公共空间等区域，在“六一”儿童节和“十一”国庆节期间，举办“开启梦立方·欢乐科学日”及“开启梦立方·欢度国庆节”主题活动，共接待省内外公众20000余人次。50余家新闻媒体对活动进行了报道。

截至2014年年底，省科技馆共接待科协、科技馆业界考察调研62次，1000余人次；接待其他社会各界考察调研68次，5000余人次。

【制定并实施《辽宁省科协实施中青年科技工作者国（境）外交流提升计划资助办法（试行）》】

为深入贯彻落实人才强省战略，支持科技工作者走向国际科技舞台，参与国（境）外科技合作与交流，促进成长成才，省科协决定实施中青年科技工作者国（境）外交流提升计划。5月5日，省科协主席办公会议研究同意印发《辽宁省科协实施中青年科技工作者国（境）外交流提升计划资助办法（试行）》（辽科协发〔2014〕9号）。

2014年共资助东北大学等12个单位的34个科技工作者赴美国、加拿大、德国、意大利、葡萄牙、俄罗斯、日本、韩国等18个国家和香港特别行政区、台湾地区进行学术交流活动。受资助者平均年龄38岁。

项目评审严格按照《辽宁省科协实施中青年科技工作者国（境）外交流提升计划资助办法》的范围、条件和资助标准进行评审。

【第九届辽宁省优秀科技工作者评选】 辽宁省“优秀科技工作者”评选工作由省科协和省人力资源和社会保障厅联合主办。经各市和省级学会推荐，共上报候选人220人，其中由各市推荐109人，省级学会推荐111人。上报人数较往届有大幅提高，增长了24.3%。6月13日，在沈阳市召开评审会，经专家评审组初评，评委会复评，评选出第九届辽宁省优秀科技工作者140人，其中，女性科技工作者37名，40岁以下青年科技工作者24名。评选工作严格按照评选办法进行，客观公正，坚持标准，确保了权威性和公信力。评选工作较好地坚持了向基层一线倾斜的原则，进一步营造了尊重人才的良好社会氛围。

（撰稿人：周生金）

吉林省科学技术协会

服务经济社会发展 2014年，省科协开展决策咨询和科技思想库建设工作。组织省科技咨询委员会委员、科技专家，围绕省委、省政府中心工作和科技经济社会发展热点问题开展决策咨询课题研究。面向全省科技工作者征集2014年决策咨询立项课题27项，承担省政府办公厅调研课题3项。《关于在吉林省组建高性能CMOS图像传感器芯片晶圆制造企业的建议》，时任省长巴音朝鲁作出了批示。《国有企业专业技术人员状况调查》等调研课题，在中国科协国家级科技思想库考核中获得好评。省科技咨询委员会委员6名委员被评为2013年度优秀决策咨询委员，省科技咨询委员会委员秘书处被评为先进秘书处。

认真组织2014年省级“科普惠农兴村计划”“社区科普益民计划”先进典型创建工作，112个省级创建典型共获以奖代补专项资金100万元。完成国家级“基层科普行动计划”先进典型评选推荐工作，向中国科协、财政部推荐典型73个，59个先进典型受到表彰，获奖补资金730万元。

开展服务企业技术创新工作。联合省委组织部开展2014年吉林省高级专家服务地方经济发展活动，邀请中国科学院院士汪尔康，中国工程院院士郭孔辉、夏咸柱等院士、专家深入需求企业和单位开展技术服务和实地对接，解决问题需求51个。建立吉林省创新方法基地及师资团队，举办创新方法培训班和专利信息推介会，培训1000余人。举办“科技专家边疆行、西部行”“新型农民科技培训乡下行”等活动。

联合省人力资源和社会保障厅印发《关于进一步加强和推进吉林省引进海外智力工作的意见》，在全省确定10个“引智示范区”。深入珲春开发区调研，探索建立引进海外人才机制。推动日本帆布制品贩卖协会与吉林省华信经济技术合作有限公司项目合作。举办了长白山特产资源综合开发龙兴科技论坛。

《科学素质纲要》实施及科普工作 推动省政府与中国科协签署《落实全民科学素质行动计划纲要共建协议》，确定吉林省到2015年实现本辖区公民具备基本科学素质比例超过5%的目标，时任省长巴音朝鲁、副省长陈伟根出席签约仪式。开展2014年度省全民科学素质建设重点项目资助扶持工作，评选出全民科学素质建设重点项目19项，予以奖补支持。组织参加全国农村妇女科学素质网络竞赛，参赛人数列全国第二名。

提升科普信息化水平。安装联网电子科普画廊450台，制作播放节目48期。与吉林手机传媒有限公司合作开设“e点科普”专栏，开办“吉林科普微窗”公众微信，全年发布科普信息近千条。“科普大篷车”栏目在全省县市播出实现全覆盖。与长春公交集团合作，联合打造66路“主题科普专线”。完成吉林科技网扩容改版等工作。

推进科普基础设施和示范体系建设。全省新建科普画廊2095平方米、科普宣传墙8899平方米，集中配送科普挂图4.5万张，投入68万元专项资金对2014年新建科普画廊予以奖补。开展普查及重新联网调试工作。实施吉林省农村科技富民科普超市宽带终端进村工程，省、县两级财政投资750万元，为2150个行政村配发科普终端机。开发制作“节日话科普”动画片42部、“农技协大讲堂”系列动画片3部，与高校联合开发科普挂图41套，征集“当代热点科技词条及释义”500条，编辑印制《热点科技词条系列科普挂图集萃》300册。开展农业专项产业产区科普示范区建设，评选出农业专项产业产区150个。创建第四批省级科普教育基地，完成全省国家级科普教育基地考核。为基层科协配发IV型科普大篷车5辆。

广泛组织群众性科普活动。举办以“创新发展，全民行动”为主题的吉林省暨长春市2014年全国科普日活动，省委副书记竺延风出席活动。吉林省被中国科协等四部委授予“全国科普日活动优秀组织单位”称号。举办以科普大讲堂、科普展览、科普成果展示等为主要内容的冬夏两季农博会科普大集。科普大篷车走基层、吉林中医药科普惠民走基层、千场科普报告会等活动。深入通化、白城开展流动科技馆巡展活动，接待公众38万人次。开展社区“无邪教创建活动”和省老科协专家讲科普活动。实施农业科普报刊进村入户工程，免费发放《吉林科技报》《农村科学实验》10万份。

积极组织开展夏令营、冬令营、科学营活动，组织开展年吉林省青少年高校科学营——吉林大学分营及汽车科技专题营活动和首届吉林省青少年海外科学营——新加坡文化体验科学营活动。第二十九届吉林省青少年科技创新大赛、第二十二届吉林省青少年科技艺术大赛、第十四届中国青少年机器人竞赛吉林赛区竞赛、第十届吉林省青少年航模竞赛决赛等活动，累计参与人数近万人次、参赛作品近2万项。

学术交流 以“发挥科技支撑作用，深入推进创新发展”为主题，举办吉林省第八届科学技术学术年会，增设研究生论坛、科技社团与创新成果展览，多角度展示学术交流新成果。举办吉林省科协第八届青年科学家论坛18期，举办首届吉林省科技论坛4期。组织开展第六届健康生活方式系列活动、第五届吉林省照明科技奖颁奖大会暨北方城市（长春）绿色照明论坛。举办首届“通化高新杯”全省大学生生物与医药创业计划大赛、第四届“南方杯”全省大学生测量技能竞赛等活动。

积极开展国际科技交流，承办2014中国（长春）

国际汽车技术高层论坛、第八届黏菌分类学及生态学国际会议、2014年海峡两岸森林保育经营学术研讨会。与国际科技转移网合作，筛选科技人才信息1800条，组团赴俄罗斯洽谈引智引才合作项目。

吉林省入选中国科协引领地方学会能力提升项目，承担中国科协“学会承担社会化服务职能（工作）的评估机制研究”课题，共获专项经费115万元。省计算机行业商会、省信息技术应用协会承接省人力资源和社会保障厅授权的评审中高级计算机电子硬件工程师资质，汽车电子协会组建汽车电子电器工程专业技术资格评审委员会评审中高级汽车电子电器工程师。开展2013年度学会评价，对30个先进省级学会给予经费支持。共有93家省级学会顺利通过“一站式”年检服务。

服务科技工作者 组织开展2014年创新人才推进计划中青年科技创新领军人才和重点领域创新团队、第十一届中国青年女科学家奖候选人、“全国优秀科技工作者”吉林省候选人等人才选拔推荐工作。

联合省委组织部、省人力资源和社会保障厅、省财政厅开展2014年吉林省青年科技奖评选工作。省级学会、市州科协上报创新团队11个、特别奖16人、科技奖81人，经专家委员会评审、省青年科技奖评选工作领导小组审定，评选出创新团队奖1个、特别奖3人、科技奖30人。

开展了首届吉林省优秀海外归国人才评选。完成了2014年全省工程类专业技术人员职称评审，评出电子、机械、轻工、化工、纺织、医药中高级职称484人。

在2014年吉林省自然科学学术成果奖评选中，升级改版网上申报评审管理系统，实现网络申报、单位推荐、资格审核和评审专家推荐功能。建立由324名涵盖相关领域高层次专家组成的评委库。2014年，受理69个单位申报的自然科学学术成果共858项，评出获奖成果388项。

开展科学道德和学风建设宣讲教育活动。中国科协、中共吉林省委共同主办“弘扬科学道德、践行三个倡导、奋力实现中国梦吉林报告会”活动，邀请上海交通大学钱永刚教授、中国科学院院士欧阳自远、中国工程院院士王陇德作宣讲报告，中国科协副主席程东红出席报告会并致辞，省委副书记竺延风主持报告会，近千名学生代表聆听报告。

拓宽服务科技工作者渠道。加强与科技工作者联系，履行定期看望院士专家制度，春节前夕看望吉林省在长春院士。鼓励引导学会通过组织学术沙龙等活动加强为会员服务。以“家的温馨、节日的问候”为主题，举办中国科协会员日活动。首届吉林省科技工作者书画摄影展览效果良好。以党的群众路线教育实践活动为契机，开展科协干部与广大科技工作者结对帮扶活动，定期联系科技工作者，反映他们的意见诉求。

自身建设 加强科协组织建设。指导辽源市科协成功召开第五次代表大会，指导14个省级学会完成换届，新建省级学会3个，目前省级学会数量已达到125个。指导市州科协在高新技术开发区、经济开发区管委会建立科协组织。加强省级学会党建工作，部署召开省级学会党建工作会议。取消对省级学会分支机构、代表机构设立、变更、注销登记的审批。

加强宣传工作。围绕科协重点工作、重大活动进行宣传，在吉林电视台、《吉林日报》等媒体刊发报道140篇。与吉林电视台合作录制《农技协大讲堂》专题节目20期；打造“乡村四季12316”科普宣传专版，累计播出700多次。在中国科协网刊发信息152篇，在吉林科技网刊发信息3845条。

地市县及基层科协组织 长春市科协“博士专家百乡行”、延边州科协的“科普大篷车进校园”、通化市科协的实用技术培训等活动效果突出，受到欢迎。吉林市科协通过《吉林科技智库简报》报送一批高质量建议。松原、梅河口、公主岭等科协联合市委组织部开展企业与专家对接，四平市通过“讲、比”活动为企业提合理化建议740条，各地都采取有效方式为企业发展献计献策。白城市科协围绕特色农业和绿色农业开展了科普示范基地建设。辽源市科协成立科技工作者法律服务中心，免费为广大科技工作者提供法律咨询，维护科技团体和广大科技工作者的合法权益。白山市科协开展“走基层、转作风、干实事”党组织服务日活动，树立科协清正廉洁形象。

省级学会、企业科协、高校科协 目前，现有省级学会、协会、研究会125个，会员总数1.3万人。全省共有规模以上企业科协152个，企业科协主要以“促进企业科技进步，提高企业经济效益”为目标，以“讲、比”活动、学术交流、科普活动、科技咨询和建设科技工作者之家为中心开展工作并初见成效。全省现有高校科协24个，占全省高校总数的40%。

【吉林省科协工程系列专业技术职称评审】 省人

力资源和社会保障厅授权省科协组建工程系列专业技术资格（职务）评委会，评审权限是高级工程师和工程师，评审专业是轻工、化工、纺织、机械、电子、医药。2014年共有699人参加省科协工程系列专业技术资格评审，其中副高级319人，中级380人。经过专家评委会评审，有484人通过评审，其中副高级225人，中级259人。

【吉林省自然科学学术成果奖评选】 2014年省自然科学学术成果奖评选工作历时5个月，得到省内各单位和广大科技工作者的积极支持和参与，截至5月31日，共收到各省级学会、协会、研究会，市（州）科协及有关科研院所、大专院校、企事业单位推荐上报的学术成果858项。评委会办公室按照相关要求，对推荐成果进行网上资格审核和书面材料审查，并对拟参评成果名单在吉林科技网进行公示，最终选出参评学术成果815项，包含著作42部，论文2846篇。评委会召开学科组评审会议，理科、工科、农科、医科、交叉边缘学科各组分别对参评学术成果进行严格的评审、终评、提名、公示，最终评选出一等奖28项、二等奖140项、三等奖220项。省自然科学学术成果奖是面向全省的科技奖励，为省内自然科学领域基础性、理论性研究成果的权威评价搭建了平台，评奖范围在自然科学领域内进行，每年评审1次，在规定时限内发表的学术成果均可参评。

（撰稿人：隋成海）

黑龙江省科学技术协会

服务经济社会发展 发挥智力优势，积极建言献策。全年共组织召开决策咨询类论坛7次，形成《专家建议》6篇报省委、省政府。

推进科技思想库向基层延伸。将各市（地）科协纳入全省科技思想库建设范围，通过围绕各地重点特色产业征集课题、专家委员会确定课题的方式，与各地、市科协签订课题项目任务书。围绕课题组织专家开展“服务地方经济，院士专家龙江行”活动，召开5次产业发展论坛，全年共完成课题14项。

深入实施“基层科普行动计划”。组织国家级“基层科普行动计划”推荐申报工作，全省有12个先进农村专业技术协会、5个先进农村科普示范基地、16个科普示范社区、27个先进农村科普示范带头人被评为2014年国家级“基层科普行动计划”奖补单位和个人，获国家奖补资金765万元。与省财政厅联合开展了全省“科普惠农兴村计划”评审工作，16个农村专业技术协会，6个农村科普示范基地被评选为省级“科普惠农兴村”先进单位，共获省级奖补资金220万元。

组织开展全国“讲理想、比贡献，奋力实现中国梦”活动评选推荐表彰工作。黑龙江省企业科协获先进集体7个、创新团队3个、创新标兵8名和优秀组织工作者4名，有效提升了企业科协工作。

开展“服务科技创新，院士专家企乡行”活动。组织专家走进齐齐哈尔齐重数控装备股份有限公司、齐齐哈尔市龙江县、七台河矿务局、齐齐哈尔龙江县广厚乡开展科技培训，以基层企业、乡村为主体，依托学会、专家，发挥科协组织优势、人才优势、信息优势，促进产学研结合，将科技创新要素向企业集聚。

《科学素质纲要》实施及科普工作 省科协认真履行省全民科学素质纲要实施工作办公室职责，召开2014年科学素质纲要实施工作会议。制定并印发了《2014年科学素质纲要工作要点》，提出2015年实现黑龙江省公民具备基本科学素质比例超过5%的目标。编辑全省27个成员单位《科学素质纲要工作汇编》。与省委党校联合在省科技馆建立领导干部和公务员现场教学基地。

科普信息化建设稳步推进。搭建龙江科普微信平台，在全国科普日期间推出金秋龙江科普月微信平台，通过“热点”“关注”这两个栏目推送龙江科普月各地的热点活动信息，介绍黑龙江省的重点科普教育基地及基地活动信息及发布全省及各地重点科普工作、学术交流、活动等动态信息。开展“龙江科普天天答”活动，7天阅读量为1013次，参加竞答板块答题5282人次。搭建龙广乡村台“龙江科普”微信专栏，设置微信平台“科普惠农行”活动专区，用户在公众号首页面即可直观点击进入专区，了解及获取“科普惠农行”往期动态和重要信息以及省科协其他活动详情。

举办“第26届科普之冬”活动。活动期间举办科普流动课堂和培训班5万班次，培训农民、乡村干部512.3万人次，开展送科技下乡活动1390余次，受益群众达420万人次，推广实用技术52项，发放科普图书、资料2200万份，举办各类科普展览600多次，参观人数达180万人次，举办科普大集70次，受益群

众达30多万人次。

举办以“科普与现代农业同行”为主题的2014年黑龙江省科普大集活动周活动。设立主会场和13个分会场，组织开展了百场农民科技致富交流培训活动、百种农民工职业技能培训活动、百个农业科技专家小分队下基层活动、百个农技协与邮政储蓄银行签约活动、百米科普宣传栏建设活动、百个科普惠农先进集体生产成果展示活动、百种备春耕农资产品宣传展示活动、百万农民群众热线咨询答疑活动、百名农技协领办人经济发展论坛活动、百场科普大篷车走基层巡展活动。活动期间，主会场共展出展板200块，现场参观近1000人次，开展科技咨询400余人次，解答农民生产生活中的实际问题224个，发放了1000个科普资料包，发放宣传单1万份，义诊、咨询人次超过800人次。活动分别在安达镇、先源乡、万宝山等乡镇开展科技致富交流培训活动，受益农民达2000余人，热线咨询答疑324个，培训农民工达800人次，科普大篷车深入6个乡镇，5个社区，10所中小学。

组织全省开展2014年农村妇女科学素质网络竞赛。全省参赛人数231万人，名列全国第一名，北安市、鸡东县、爱辉区、海伦市进入全国县级参赛人数前10名。省科协评选10个优秀组织单位，共给予15万元资金奖励。

举办8期全省农技协领办人交流培训班。分别为五常市水稻种植技术培训班，阿城区生猪养殖技术培训班，林甸县玉米种植技术培训班，东宁县食用菌栽培技术培训班，林口县玉米、大豆种植技术培训班，安达市奶牛饲养技术培训班，哈尔滨市水稻种植技术培训班，尚志市中药材、食用菌、浆果农技协领办人林下经济交流培训班。

开展以“创新发展，全民行动”为主题的2014年全国科普日暨金秋科普月活动，全省设1个主会场、13个分会场，共开展196项特色活动，发放5000张科普知识宣传单，接受现场咨询100余次。省科协被评为全国科普日优秀组织单位。

开展青少年科普工作。组织开展了全省青少年科技创新大赛、全省青少年机器人竞赛、全国中学生生物学联赛（黑龙江赛区）选拔考试、全国中学生化学联赛（黑龙江赛区）选拔考试、全国中学生物理学联赛（黑龙江赛区）选拔考试、全国中学生数学学联赛（黑龙江赛区）选拔考试、全省青少年科学调查体验活动、明天小小科学家奖励活动、求知计划教育项目、雅培家庭科学教育项目。组织开展“院士专家校园行”活动，开展2014年青少年高校科学营黑龙江分营活动，举办首届全省大学生科普作品创作大赛，开展中学生英才计划教育试点工作及“馆校结合”系列活动。

科普基础设施建设稳步推进。2014年，省科协共资助建设4个市级科技馆、10个县级科技馆、在18个边境县、100个乡镇、600个行政村建设890个科普宣传栏，投入建设专项资金近2000万元。截至2014年，黑龙江省共有国家级科普教育基地33个，省级科普教育基地174个，县（市）级科普场馆127个，乡、村级科普宣传栏1660个，总长度16000米，县（市）级青少年科学工作室52个，乡、村级科普惠农工作站400个。

省科技馆全年累计开放310余天，共接待公众65万人次，其中接待未成年人43万人次，团体230余个，完成11站中国流动科技馆巡展，受益公众50万人次，“影子世界”巡展走进全国四家科普场馆，接待观众10万余人次。

科普大篷车总共行程近8000公里，围绕“四大重点人群”共开展科普宣传活动42次，受教育人数近5万人次。2014年共购置科普展品8套，编印科普图书12种，共印刷1.2万册，编辑科普挂图9大类，制作9000幅。在全省10所中小学建立了“科普大篷车校园活动站”。

2014年编写了《中央一号文件解读》《农民防骗手册》《舌尖上的安全》《农民科普知识系列读本》《食品安全知识》折页等近10种科普图书资料，自主编制科普挂图7种，提高了科普资源的创作和服务能力。

学术交流 省科协承办了由中国科协、俄罗斯科工联、黑龙江省政府主办的中俄高层工程技术合作会议，对前苏联援建中国53个机电类项目对口单位进行查清，建立了专家项目库。邀请了110名航空、船舶、智能装备方面的科学家、专家参会，其中俄罗斯专家30人，中方专家80人，促进了中俄两国在航空、船舶、智能装备等领域的合作，为中俄两国的工程技术专家搭建协作交流平台。

组织召开第七届省科协学术年会暨太阳岛科技论坛、黑龙江省信息服务业发展专题策略报告会、2014中俄烹饪高等教育高峰论坛等大型学术研讨会。承办了第88期中国科协新观点新学说学术沙龙，进一步提升了学术交流水平。

服务科技工作者 组织开展黑龙江省“优秀科技工作者”评选表彰工作，共评选出71名黑龙江省优秀科技工作者获奖，开展中国科协“求是奖”“女科学家”“求是成果转化奖”“青年科技创新领军人才和重点领域创新团队”的评选推荐工作。

开展基层优秀科技工作者事迹展播。与中华网共同策划的大型新媒体系列视频访谈节目《梦在心中，路在当下》顺利开播。与中国科协合作，在全省组织优秀科技工作者参与申报“乡村情 · 科技梦”优秀科技工作者评选活动，黑龙江省有3名基层科技工作者获奖，在人民网进行展播。组织开展了优秀县级科协主席评选和宣传工作，对推选出的优秀县科协主席，在《科协工作》中进行宣传。

自身建设 黑龙江省已有农村专业技术协会6356个，会员613000人。建立完善了黑龙江省科普惠农专家库，367名农村乡土科普人才被纳入专家库，建立了黑龙江省社区科普益民计划项目库。

筹备建立了省科协系统专家库。吸纳省内各学科领域知名专家近700名进入省科协专家库，目前第一批和第二批入库专家信息已审核汇总录入，在黑龙江省2014年中国科协会员日暨优秀科技工作者表彰大会上为入库专家颁发了荣誉证书。

市（地）、县（区）科协组织 截至2014年年底，黑龙江省共有市（地）科协13个，省直管县科协2个，县级科协125个，各市地积极开展科普惠农、社区科普益民，企业科技创新等科技服务活动。

哈尔滨市科协召开第七次代表大会，选举产生了新一届领导机构。哈尔滨工业大学党委副书记、校长，中国工程院院士周玉当选为哈尔滨市科协第七届委员会主席。

绥化市科协召开第三次代表大会，选举产生了新一届领导机构，王辉当选为绥化市科学技术协会第三届委员会主席。

牡丹江市科协开通“牡丹江市科协”微信公众平台，建成科普短信平台，实现了由专业影院、科协网站、科普微信、LED室外广告屏、楼宇电视、手机短信“六位一体”的数字化新模式科普宣传网络平台。

鸡西市组织召开第二十六届“科普之冬”、科普惠农、科技入户交流对接会，推介了鸡西市宏福农业科普观光服务中心的寒地桑蚕项目，推介了宫廷生态鸡、兴凯湖小银鱼罐头、怪味米及特色蔬菜种子等新品种20余个，发放科普书籍及农业、环保、计生等宣传资料3000余份。

伊春市以关注“留守儿童”为重点开展科普大篷车巡展活动。先后深入到铁力市第四小学、桃山镇中心校、桃山林业局小学，铁力市特殊教育学校，年丰乡小学、双丰镇小学，活动受益学生达4100余人次。

省级学会、企业科协、高校科协 截至2014年年底，全省共有省级学会191个，会员191180人，2014年共吸引815人加入学会，企业科协203家，会员83242人。

2014年，东北林业大学、东北农业大学、哈尔滨医科大学、牡丹江大学成立了高校科协。截至2014年，黑龙江省共有10家高校科协在省科协完成了登记备案工作。

省动物学会举办第八届国际鹿类生物学大会暨国际野生动物管理研讨会，此次会议是首次在亚洲国家举办。中国工程院院士马建章教授、国际野生动物学会主席（理事长）Jonathan Haufler博士、野生动物研究的顶级期刊*Journal of Wildlife Management*主编Evelyn Merrill教授，以及来自15个国家和地区的400多位专家、学者参加会议。

省技术创新方法研究会举办第三届全国“TRIZ”杯大学生创新方法大赛。14个省、自治区、直辖市的47所高校598个代表队报名参赛，成功提交作品434件。本届大赛特等奖评审采取了公开答辩方式，调动了大学生的创新热情和创造性。

省药学会举办第三届“赛诺菲杯”医院青年药师技能竞赛。哈尔滨、齐齐哈尔、牡丹江等7个城市，哈尔滨大学附属第一医院、哈尔滨大学附属第二医院、哈尔滨大学附属第三医院、哈尔滨大学附属第四医院，省医院、省中医科学院等20家医院选派代表队140人参加竞赛，有效提升了青年药师业务能力和水平。

省数量与技术经济学会开展决策建议活动。成立了“黑龙江省融资租赁业发展”课题组，形成了《关于做强我省融资租赁业、促进经济稳增长的建议》，发表在省政府内参《决策建议》2014年第19期上，得到副省长孙尧的批示。

省超声学会开展省级学会女性科技工作者乳腺超声检查，详细记录相关信息、超声所见、阳性病例存图备查，共为500余名科技工作者进行了检查，对预防乳腺疾病在女性科技工作者中的发生做到了早发现、早诊断、早治疗。

【黑龙江省第七届学术年会暨太阳岛科技论坛】 9月13日，第七届黑龙江省科协学术年会暨太阳岛科技论坛主会场在哈尔滨市和平邨宾馆开幕，省科协主席马淑洁出席开幕式并致辞。中国科学院大学管理学院柳卸林教授作了题为《创新驱动发展战略的思考》的主题报告。报告围绕创新驱动发展战略，从"什么是创新驱动、为什么要提出创新驱动发展、为什么科技投入没有换来创新、如何实施创新驱动战略、对黑龙江省创新驱动的建议"等5个方面做了阐述和剖析。

年会以"科技创新驱动发展与我省'五大规划'实施"为主题，设立了主会场和8个分会场，黑龙江省植物保护学会等7个省级学会和绥化市科协分别承办了年会分会场，分别就黑龙江省绿色食品产业发展、黑龙江省生物灾害绿色防控及植保服务建设、黑龙江省野生动物资源保护管理、两大平原现代农业综合配套改革、两大平原粮食产能提高、绥化市土地流转等相关问题进行了交流和讨论，提出了意见和建议。

【黑龙江省2014年中国科协会员日暨优秀科技工作者表彰大会】 12月16日，黑龙江省2014年中国科协会员日暨优秀科技工作者表彰大会在哈尔滨市召开，副省长孙尧出席会议并讲话。优秀科技工作者获奖者代表，"讲、比"活动先进代表，学会代表等共200余人参加会议。省科技创新协会会长郑志成作了题为《科技改变世界，科技创新未来》的专题报告。会议向获得全国和省级优秀科技工作者代表颁发了奖章、奖牌、证书，表彰了在全国"讲理想、比贡献"竞赛活动中获奖团体和个人，颁发了省科协专家库专家聘书。

【黑龙江省暨哈尔滨市区大气污染防治决策咨询研讨会】 11月7日，由省科协和省环保厅联合主办，哈尔滨市科协承办的黑龙江省暨哈尔滨市区大气污染防治决策咨询研讨会召开。省科协主席马淑洁，中国工程院院士、哈工大能源与工程学院教授秦裕琨等相关领域专家共计50余人参加了研讨会。环境监测、能源研究、市政环境、节能环保、交通污染等领域的专家从专业角度分析了黑龙江省及哈尔滨市区大气污染尤其是雾霾天气的成因，用科学数据阐明了各自观点，围绕如何治理大气污染提出了建议，为进一步治理黑龙江省大气污染提供了充分的参考依据。会议形成了《关于治理大气雾霾污染的建议——大气污染防治决策咨询研讨会建议之一》《关于采取综合措施治理大气雾霾污染的建议——大气污染防治决策咨询研讨会建议之二》《关于完善哈尔滨市城市整体规划布局治理大气雾霾污染的建议——大气污染防治决策咨询研讨会建议之三》等系列大气污染治理建议。

黑龙江省暨哈尔滨市区大气污染防治决策咨询研讨会

【2014年度黑龙江省农业防灾减灾专家对策建议研讨会】 3月10日，由省科协、省气象局主办，省农业防灾减灾研究会承办的"2014年度黑龙江省农业防灾减灾专家对策建议研讨会"在哈尔滨市召开。来自省农委、省农科院等单位的30多位农业防灾减灾专家参加了研讨会。与会专家结合本部门的科技优势，对2014年度可能发生的农业自然灾害进行了科学的分析、预测，并从结合气候预测合理搭配早、中、晚熟作物品种，提前对黑龙江上游开江形势作出预警及动态分析预测，加强森林防火组织工作等方面提出了科学的对策和建议。

【黑龙江省绿色食品产业发展论坛】 7月10日，由省科协与绥化市委、市政府联合主办，绥化市科协承办的绿色食品产业发展论坛在绥化市举办。省科协主席马淑洁，省科协党组成员、副主席陶福胜，省科协副主席苏凤仙等领导出席论坛。论坛邀请黑龙江省贸促会会长鄂忠齐，黑龙江省农科院食品研究所所长、研究员卢淑雯等省内及当地绿色食品产业研究方面的8位专家、学者，以及绥化市直相关单位，各县（市、区）科协主席、副主席、农技协领办人，绿色食品生产加工企业代表等60余人参加了论坛。与会专家就绿色食品产业发展，从生态环境保护、绿色食品生产、产品营销、产业发展等几个方面作了主旨报告，结合绥化市的地域绿色食品产业发展特点，针对如何加强绿色食品基地建设和园区建设、加大绿色食品市场推广营销力度、推进绿色食品产业健康发展、加强绿色食品质量安全监管等方面提出了建设性建议。

【黑土地保护与推进绿色食品产业发展论坛】 9月

22日，由省科协与齐齐哈尔市政府联合主办，齐齐哈尔市科协承办的“服务地域经济，院士专家龙江行”齐齐哈尔站暨黑土地保护与推进绿色食品产业发展论坛在齐齐哈尔市举办。省科协党组书记、副主席杨铭铎等出席了论坛。

论坛邀请了黑龙江省农科院食品研究所所长、研究员卢淑雯，黑龙江大学经济与工商管理学院教授栾博等4位专家学者，齐齐哈尔市直相关单位、绿色食品生产加工企业、新闻媒体等50余人参加了论坛。与会专家就黑土地综合治理以及绿色食品产业发展，从生态环境保护、绿色食品生产、产品营销等几个方面作了主旨报告，从经济、自然、社会的关系出发，结合齐齐哈尔市的地域绿色食品产业发展特点提出了建设性建议。

（撰稿人：谢　婷）

上海市科学技术协会

服务经济社会发展　做好决策咨询工作。围绕上海经济社会发展的重大问题，组织科技工作者深入调查研究、积极建言献策。《上海土壤污染问题堪忧，亟待重视》《关于院士制度改革及对地方科协的影响》《院士专家关于上海建设具有全球影响力的科技创新中心的若干建议》《新型研发组织培育“四新”企业的潜在作用不可忽视》《建设上海科技创新中心：科技工作者的潜能与作用亟待发掘》等11篇建言专报，分别得到中共中央政治局委员、上海市委书记韩正，市委副书记、市长杨雄等领导的18次批示。在科技工作者状况调查的基础上，编撰、发布《迈向全球科技创新中心的上海科技工作者》蓝皮书。全年市科协系统提供决策咨询报告345篇，反映科技工作者建议353项。在中国科协第二批科技思想库建设试点单位评估中，上海市科协位列第一。

推进院士专家工作站建设。市科协以“企业为主体，智力为基础，需求为核心，实效为根本”为原则，聚焦“四新”企业创新发展，促进产学研紧密结合，扎实推进院士专家工作站建设。全市共建成工作站（服务中心）114个，覆盖本地企业1万余家，累计投入研发经费已超过20亿元，申请专利2800余项，获得国家级、省部级科技奖65个。80%的建站科技型企业经济效益呈两位数增长。市科协与社会资本共同发起成立科益达股权投资基金，为推进中小微企业科技创新项目产业化提供可复制可推广经验。

《科学素质纲要》实施及科普工作　为贯彻落实上海市政府和中国科协签订的《落实全民科学素质行动计划纲要共建协议》，市科协编制了任务分解表。“落实全民科学素质行动计划纲要”被列入上海市政府工作报告。在上海市文明城区创建指标中，增加了落实《科学素质纲要》的量化指标。

开展了“推进公民科学素质百家示范单位及百个示范项目”创建活动。21家社区被评为全国科普示范社区，2家单位和1位个人被评为全国科普惠农兴村计划先进单位和先进个人。上海交大附中姚悦在第29届上海市青少年科技创新大赛上取得优异成绩，5月，姚悦携其项目《用光色叠加实现三进制运算的新方法及其数学证明》获得第65届英特尔国际科学与工程大奖赛一等奖、计算机学科特等奖、欧盟青年科学家奖，这是中国相隔十年后重摘世界最重量级这一赛事金牌的学生。

市科协与市建交党委、市交通委、申通地铁，联合实施“科普进地铁三年行动计划”，开通“科普号”地铁列车。会同市文化广播影视管理局、市经济和信息化委员会、上海科技馆，围绕“智慧城市——让生活更完美”的主题，举办了首届上海国际科普产品博览会，参观人数8万人次，展会现场及意向交易金额超2亿元，推动了科技成果科普化、民生化。

做好科学诠释者系列培训及专题项目，该项目获得世界大都市协会“第五届世界大都市奖”。

全国科普日活动期间，市科协共组织近700个科普项目。

推进市科协新媒体平台建设。“上海科协”微信公众订阅号粉丝数超过3万，推送信息1500余条，开设微网站平台，入选2014上海微信公众号政务及公共服务类十强。“上海科协MOOC（慕课）”上线试运行，分别设置移动和电脑客户端，整合优质科普教育资源，收录实用科普文摘数10万篇。加强全市科普新媒体阵地建设，通过覆盖全市主要商圈的200多块户外大屏幕、800多个社区和楼宇电子屏、2万多个地铁公交移动终端以及微博、微信等传播渠道，播放科普公益广告和宣传片。

学术交流　全年市科协系统举办国内学术会议2644次，29.5万人次参加；其中举办境内国际学术会议171次，港澳台地区学术会议17次，5万多人次参加。

市科协会同麦克米伦集团、中国科学院上海分院举办2014科研评估体系国际研讨会，邀请诺贝尔奖获得者与院士专家研讨，规范引导科研评估工作。以上海科协大讲坛为载体，以院士专家、科技精英为主体，以厄温·内尔、库尔特·维特里希和维·苏·奈保尔等诺贝尔奖获得者为邀请对象，市科协组织了50多场高端学术讲座，听众1万余人次。举办第16届工博会科技论坛及院士圆桌会议、市科协第12届学术年会、第11届长三角科技论坛。

抓好学会能力建设。修订实施星级学会评估办法和标准，把承接政府转移的社会化服务职能作为新增四星级、五星级学会评估的重要内容，开展星级学会评估。目前上海市星级学会共有108个，其中，五星级学会7个，四星级学会11个。

上海市医学会等54个学会全年承接社会化职能99项。开展市级科技类社会组织规范化建设评估工作，编写了《上海市科协学会发展报告（2014年）》《学会科技评价典型案例集》。上海市化学化工学会等44个科技评价机构共完成科技成果和工程项目评价502项，其中政府部门委托项目252项。

服务科技工作者　服务科技人才。加大对优秀科技人才的举荐表彰力度。修订青年科技英才评选办法，分类评选第7届青年科技英才基础研究类、成果转化类和企业创新类共30名。做好第六届全国优秀科技工作者、第17届中国科协求是杰出青年成果转化奖、第11届中国青年女科学家奖的上海地区候选人以及上海市科学技术奖等推荐工作。褚君浩院士获中国科协“十佳全国优秀科技工作者”称号，林忠钦院士等24人获“全国优秀科技工作者”称号。修订飞翔计划、晨光计划管理办法，拓宽推荐渠道和资助范围。充分发挥中国科协“海智计划”上海杨浦工作基地作用，联络和引进海外高层次人才为国服务。做好上海市“讲理想、比贡献”活动评选表彰工作，评选出304个先进个人和集体。做好科技人员职称申报受理及培训服务工作。在张江高科技园区等18个单位设立了市科协职称申报受理点，受理点总数增至33个，实现了工程系列职称申报服务专业全覆盖。印发《工程系列职称申报政策解析》等材料近万份，举办职称申报实务培训等近百场，近3万人次受益。全年市科协系统举办继续教育和技术创新方法培训1191场，培训人次超过30万。

协同运用好各类宣传平台。会同《文汇报》组织题为“如何重建创新的文化自信”的大讨论，激发和活跃全社会的创新思维。加强与《解放日报》《文汇报》《新民晚报》以及上海电视台、东方网等主流媒体合作，对科技人才、学会能力、院士专家工作站等工作进行重点报道，在《新民晚报》设立“科普十日谈”专栏，讲述普通百姓的科普故事。全年各类纸质媒体报道150多篇，网络报道200多篇，电视、广播报道80多条。会同上海教育电视台举办大型季播科普节目《十万个为什么》，通过家庭真人秀形式营造爱科学、讲科学的良好氛围。完成《科普新说》系列电视节目20个系列212集，与国内80多家科协和电视台签订协议，作为常态栏目播放。在本市高校举办上海市科学道德和学风建设宣讲报告会。举办8场“讲理想、比贡献，奋力实现中国梦”宣教活动。继续实施老科学家学术成长资料采集工程。在上海科技馆举办“中国现代科学家主题展”全国巡展上海站活动，吸引3.5万人次参观。

自身建设　加强“科技工作者之家”建设。与市委组织部联合共建“院士风采馆”，集中展示在上海工作过的230名院士的精神风范和科技成就。设立“科学艺术栏杆”和“时尚科技之窗”，宣传著名中外科学家和世界科技前沿成果。成立市科协法律咨询顾问委员会，维护科技工作者的合法权益。配合市委组织部等有关部门，在上海市科学会堂设立“千人计划”专家联谊会办公室，定期举办高层次人才科学文化活动等。试行“科技工作者之家活动证”，为院士、“千人计划”专家、科技精英等科技工作者以及所属学会提供更加温馨的服务。

加强自身建设。加强基层党组织建设，市级学会中党的工作小组覆盖率达98%。完善反腐倡廉工作机制，成立市科协会计服务中心，直属事业单位财务规范运行，有效防控财务风险。针对重点项目的实施，形成事前专家评审、事中控制监督、事后绩效评价的流程管理体系。积极推进文化建设，倡导干部职工开展“三比”活动，即比谁服务科技工作者意识最强，比谁服务科技工作者能力最强，比谁服务科技工作者业绩最突出，积极打造“忠诚、一流、开拓、严谨、友爱”的市科协机关及直属单位文化。

区县及基层科协组织　截至2014年年底，上海共有区县科协17个，区级学会452个，街道、社区科协85个，乡镇科协113个，农技协24个。区县科协全年共举办科普宣讲活动8580次，受众305万人次；

开展实用技术培训1400多场，培训科技人员11.8万人次；播放科技广播、影视节目3000多小时。

浦东新区科协设立民生科技专项资金，每年投入300万元，引导街镇应用科技成果或产品，提高小区居民生活水平和社会管理能力。崇明县科协组织开展“走百村、讲百课”科普宣讲活动166场，近万人次受益，组织科技人员到集镇开展以科技咨询服务为主的科普早市184场，组织农技人员到田间为近千名农民传授农业科学技术，为175个家庭农场主进行入户指导。静安区科协积极打造“都市科普故事会”市区联动品牌活动，通过故事载体，创新科学普及形式，培育一支科普艺术“轻骑兵”队伍，让公众在口耳相传中获得科学知识。黄浦区科协举办首届“商业科普节”，进一步依托南京路、淮海路、豫园、新天地等商业街区的企业，开展各类科普咨询活动，同时充分利用商圈电子屏资源，在南京路步行街人流量较集中时段，滚动播放科普宣传片等。

市级学会、企业科协、高校科协　截至2014年年底，市科协所属学会共191个，个人会员242347人、团体会员15911个，年内共吸引1.4万余人、400余个单位加入学会；企业科协130个，会员32300人；园区科协29个；高校科协1个。

2014年，市医学会、市交通工程学会开展标准与规划研究，并将成果报送国家卫生和计划生育委员会、交通部等国家政府机构，为卫生管理标准、国家交通发展规划提供重要依据。市农机学会、市粮油学会承接制定的标准与规范，经市质量技术监督局批准向社会发布，提高了学会在学科和行业内的权威性和影响力；市老科协开展的食品安全督查等项目等得到市安全生产监督管理局、市食品药品监督管理局的认可，扩大了学会服务社会治理的范畴；市建筑学会、市太阳能学会、市咨询业行业协会等开展的专业资质认证在行业管理方面发挥出积极作用；市海洋湖沼学会设立的“上海海洋科学技术奖”进一步建设完善评审体系，参选范围不仅覆盖上海，还扩大到了涵盖“六省一市”（江苏省、浙江省、安徽省、福建省、江西省、山东省、上海市）在内的华东地区；市化学化工学会设置的“庄长恭、吴蕴初化学化工科技进步奖”注重持续跟踪和培育人才成长，获奖者中已有3人当选中国科学院院士和中国工程院院士，4人荣获上海市科技精英和上海青年科技英才称号，7人成为企业领军人才，31人成为上海市学科带头人。

2014年，市科协加大了企业科协组织建设力度，重点推动在科技型中小企业、民营企业和高新技术园区中的科协组织建设。广泛调研，通过邮寄调查问卷、补充电话访问等形式开展了“上海市基层科协组织建设与管理”调查，详细掌握了各区县、企业科协的编制、人员、建制及日常工作开展情况。加强宣传，制作了《上海市企业科协建设工作手册》，向企业、园区一线发放，让企业、园区业主加强对科协组织的了解，进一步扩大科协组织影响面。联合联动，加强与各区县科协和有关市级行业学会的合作，推进重点企业的科协组织建设。加强指导，制作科协组织建设工作实施范本，帮助企业了解申报成立科协组织的程序，帮助申报单位进行材料预审、纠错，确保申报材料的规范完善。全年共成立19家企业科协、2家园区科协。

【上海市科协蓝皮书发布】　2014年，围绕上海建设具有全球影响力的科技创新中心这一主题，市科协组织上海社科院、上海产业技术研究院、上海人力资源与公共行政研究所等有关单位的专家、学者，聚焦以科技人才为主体的上海科技工作者在建设科技创新中心中的重要作用，在上海科技工作者状况调查基础上，编写完成了市科协首部蓝皮书《迈向全球科技创新中心的上海科技工作者》。

该蓝皮书具有三个显著特点：一是体现需求导向，突出实践性。上海科协蓝皮书，无论是在总报告的设计和编写，还是四个分报告的整理提炼，每一个观点的提出，以及各项数据的分析，都是基于2013年3000份调研问卷基础上形成的，都是依据科技工作者的当前现状和实际需要进行的理性归纳。二是体现问题导向，突出针对性。上海科协蓝皮书所提出的“三个不适应”，即上海科技工作者还存在科技工作者规模、结构和行业分布与科技创新中心建设的基本条件不适应；科技工作者的效能和使用效率与科技创新中心的战略目标不适应；科技工作者创新创业环境与科技创新中心的基本特点不适应，虽然有点尖锐，但却是针对当前上海科技创新和科技工作者的实际情况提出的，是在运用大量翔实数据和国际比较分析基础上形成的，应该说，对当前和今后的上海科技创新中心建设，具有一定的借鉴作用。三是体现操作导向，突出引领性。调查报告不仅反映了当前上海科技工作者的工作生活等方方面面的生存状态，还运用大量的调研数据和丰富的分析材料，向我们展示上海科技工作

者的总体现状、创新能力和角色作用，力图从一个侧面展现上海科技舆情和发展趋势，从一定程度反映上海科技工作者面向国际一流标准的诉求和意愿。

【院士风采多媒体展示墙落成启动】 1月28日，在素有“科学圣殿”之称的上海科学会堂内，由市委组织部和市科协联合共建的“院士风采”多媒体展示墙正式与公众见面，让观众近距离感受230位上海两院院士持之以恒的毅力和执着探索的敬业精神。市委常委、市委组织部部长应勇和市科协主席、中国科学院院士陈凯先启动展示墙并点播视屏。市委组织部副部长于明黎，市委统战部副部长吴捷，市科技党委书记吴信宝，中国科学院院士沈文庆、李大潜、褚君浩，中国工程院院士汤钊猷、孙晋良、金东寒、丁文江等出席活动。市科协党组书记杨建荣主持启动仪式并介绍院士风采墙有关情况。

应勇在讲话中充分肯定了各位院士为促进上海经济发展、社会繁荣、民生幸福所作的贡献。他指出，人才是第一生产力，院士是人才的杰出代表，为院士创造良好的生活、工作环境是人才工作的重中之重。他强调，科协是党和政府联系科学技术工作者的桥梁和纽带，要切实承担好联系、服务和宣传院士的重要职责。各级党委和组织部门要进一步强化为院士服务意识，开阔思路、创新机制，做到在联系专家时有制度保障，在关心专家时有政策保障，在发挥专家作用时有条件保障，努力以专家示范效应，促进人才工作全面发展。

院士风采墙位于上海科学会堂内，由12块拼接大屏幕、9块标准屏幕和109块灯箱组成。它集传统实物展示与多媒体互动查询为一体，先期选取了230位院士在成长过程中的风采成就，在勇攀高峰时的精神风貌，在攻坚克难中的爱国情怀，凸显了以院士为代表的优秀科技工作者在上海经济社会发展中发挥的作用。院士们的专业背景涵盖了科学领域的方方面面，在中国科学院的数学物理、化学、地学等6个学部和中国工程院的机械、信息、化工等9个学部中达到了全覆盖。该项目通过图文影像资料，选取了曾任市科协主席的数位院士的书信、手稿、著作，以及学术成长过程中珍贵的研究资料等作为实物展示。

【“科普进地铁”项目启动】 9月20日，“科普号”地铁列车启动仪式在上海地铁人民广场站举行。仪式现场与全国科普日活动北京主场视频连线，工作人员在地铁站厅内介绍了“科普号”地铁列车的主要内容。上海市副市长周波和市民一起乘坐“科普号”地铁首发列车，亲身体验地铁车厢内的科普。

“科普号”地铁列车车厢内，车厢拉手环化身“十万个为什么”，张贴了许多与生活相关的问题。10多部科普短片和科普公益平面广告集中投放；地铁人民广场站中央换乘大厅360度环形屏循环播放“上海院士风采”短片，追求卓越、开明睿智的城市精神得到了完美体现。市科协和申通地铁集团联合推出的第一份《地铁科普便民信息》与市民见面。印着彩色科普脚印的第一张科普宣传主题“地铁一日票”被市民抢购一空。

“科普号”地铁列车的亮相，标志着由市科协会同市建交党委、市交通委、申通地铁集团联合组织实施的“科普进地铁”项目正式进入深入实施阶段。该项目首次将科普阵地延伸至人流量大、传播快、受众广的地铁中，使公众在地铁中“看得到科普作品、学得到科学知识、悟得到科学精神、感受得到科学氛围”，整体营造热爱祖国、追求理想、尊重人才、尊重科技创新的良好社会氛围。

【2014科研评估国际学术研讨会】 10月22日，由市科协、中国科学院上海分院和麦克米伦科学与教育集团联合主办的2014科研评估体系国际学术研讨会举行。市科协党组书记、副主席杨建荣，《自然》总编辑菲力浦·坎贝尔博士，中国科学院上海分院副院长张旭出席开幕式并致辞。本次研讨会为市科协2014年学术年会及科协大讲坛系列活动之一，围绕“科研评估与国家创新竞争力”这一主题，探讨了中国及全世界范围的科研评估体系、方法、经验和所面临的挑战。

英格兰高等教育拨款委员会（HEFCE）研究、创新与技能处主任David Sweeney先生作主题报告，介绍了研究卓越性框架计划REF（Research Excellence Framework,）这一用于评估英国高校科研质量的体系，探讨了该体系可能对中国所带来的启示。中国科学院科技政策与管理科学研究所研究员李晓轩在主题报告中以中国科学院的科研评估为例，回顾了中国科研评估实践过程并对其未来发展进行了展望。

2002年诺贝尔化学奖获得者Kurt Wüthrich先生，英国皇家学会副主席Anthony Cheetham先生，日本理化学研究所执行主任Maki Kawai女士，中国科学院、中国工程院及国外等20多位院士、专家分别就“国际科研评估方法的框架与评析”“正确评价、引领及支持年轻科研工作者”“科学研究的社会影响”和“将科研转化为创新和经济发展的动力”4个专题进行了讨论。

【第11届长三角科技论坛】 10月23日，由上海市科协、江苏省科协、浙江省科协和上海市宝山区人民政府共同主办的第11届长三角科技论坛开幕式在上海举办。市科协主席、中国科学院院士陈凯先，市科协党组书记、副主席杨建荣，浙江省科协党组书记、副主席李德忠等出席开幕式。开幕式上进行了长三角科技论坛会旗交接仪式。

在报告会上，中国工程院院士、同济大学教授郭重庆，上海市宝山区区委书记汪泓围绕长三角地区产业和经济发展趋势，分别作了题为《互联网将重新定义制造业》《长三角与游轮经济》的主题报告。

同日召开的长三角科技论坛院士圆桌会议，聚焦长三角地区集成电路产业的协同创新，为江浙沪地区科技协同创新与产业经济发展出谋划策。

由江浙沪三地学会合作组织的23个分论坛，内容涉及了长三角地区产业技术、生命科学、城市建设、能源环境等多个领域，覆盖了从基础研究到转化应用，以及管理科学等方面，代表了长三角地区最高层次的学术水平。分论坛活动呈现出符合国家战略需求，关注城市生命线，追求卓越与协同发展的特点。

【第16届中国国际工业博览会院士圆桌会议】 11月28日，由市科协主办的第16届中国国际工业博览会院士圆桌会议在上海科学会堂召开。会议由市科协主席、中国科学院院士陈凯先主持。来自中国科学院的院士丁奎岭、干福熹、汪品先、沈文庆、张统一、褚君浩，中国工程院的院士吴澄、林元培、郭重庆，以及吕薇、吴建中等专家，围绕“上海建设具有全球影响力的科技创新中心”这一主题展开讨论，提升上海科技创新“软实力”成为多位院士和专家的共识。

陈凯先谈到，上海在建设具有全球影响力的科技创新中心方面具有多种优势，但同时也面临着日趋激烈的外部竞争和诸多的内部短板。面对这样一个涉及多方面的系统工程，必须要有一个长远观点——既要面向产业发展，解决重大经济问题；同时应该有引领未来的信念，用原创性科技实现从追随者到领跑者的转变，营造包容、创新的文化和环境。

“要建立一个具有国际影响力的科技创新中心，首先需要一个具有国际影响力的大科学中心。”沈文庆认为，“中国目前尚缺乏一个真正意义上的大科学中心。”在沈文庆看来，这个大科学中心拥有高水平的大科学装置和一流的科研人才，能适应当今学科交叉的需求，其科研成果与产业紧密结合，同时能吸引来自全球的科学家来此做科学研究。沈文庆说：“在上海张江，这样的大科学中心已经有了一定的雏形。如果能够将上海光源、蛋白质研究中心，中科院高研院、上海科技大学等研究机构有机的组织起来，就能形成一个具有国际影响力的科研中心的发展态势。”

褚君浩谈了产学研协同创新研究中心的创建。“打造若干以战略性新兴产业为研究内容，拥有世界级的研究设备，吸引全球的人才的产学研协同创新研究中心，”他说，“只有这样才能发挥产业引领作用，真正推动战略性新兴产业可持续发展。”

吴澄说：“要运用互联网思维带来的创新，有了互联网思维，原来认为是不可克服的困难都可能被克服，并具备了充满想象的无限未来。”他认为，上海建设具有国际影响力的科技创新中心，需要有互联网思维。

郭重庆建议上海要牢牢把握互联网促进产业变革的机会，遵循互联网时代无边界、平台式、开放性的创新规律，选好切入点——如人工智能、新药研发，依靠价值驱动，让企业家和市场催生新兴产业。

汪品先倡议打造汉语科学中心。他希望：“上海能打造一个国际科学交流的汉语平台，成为以汉语进行国际学术交流的中心。”他表示，汉语科学中心有利于跨学科交流，增强上海引进新学科的能力；有利于对基础研究进行孵化；有利于让科学直通普通百姓。

【首届上海国际科普产品博览会】 12月5—8日，市科协、市文化广播影视管理局、市经济和信息化委员会和上海科技馆在上海展览中心联合举办了首届上海国际科普产品博览会。博览会展览面积达13000平方米，以“智慧城市——让生活更完美”为主题，以智能娱乐、智能教育、智能医疗、智能家居、智能社区、智能交通、智慧科普等为主要内容，以科技和文化融合为主要展示手段，汇集了美国、日本、韩国、法国、丹麦等国家，大陆以及香港特别行政区、台湾地区的150余家单位3100余件展品。

参展单位以国内外的科技企业、园区和高校为主，展品囊括从前沿科技到民用科技的诸多种类。珠海格力集团有限公司带来旗下最新智能化家电产品，其中包括刚刚研制成功并首次投放市场的大型光伏离心机商用空调。清末“海上画派”代表人物任伯年的

代表作《群仙祝寿图》由中国美术学院首次利用裸眼3D技术和1∶1动态复制进行了现场展示。本届博览会还与上海传统本地品牌“海鸥”照相机开展合作，共同举办了“海鸥杯”——科博精彩一瞬间摄影大赛。曾为欧美使领馆设计室内空气净化系统的新祁科技公司在现场打造了一间体验馆，让观众通过对比感受全上海最干净屋子里的健康新鲜空气，了解PM2.5的危害。上海幻维数码创意科技有限公司推出了国内首部以生物进化史为主题的科普3D灯光秀。

来自多个国家和地区的民用机器人进行了集中展示，世界领先的“达芬奇手术机器人”由专家在展会现场亲自演绎、解答智能医疗知识。一家完全由机器人提供送餐服务的餐厅首次亮相上海，让市民体验智能技术的魅力。

展览期间还举办了“上海国际科普产品博览会开幕论坛暨上海市智慧城市大讲坛”和“科普产业投融资论坛”。上海市智慧城市大讲坛邀请了国脉互联智慧城市研究中心副主任郑爱军、华东师范大学教授祝智庭、智慧城市国家标准起草人蔡立志等专家学者、企业精英，围绕智慧城市建设的各个方面展开讨论。科普产业投融资论坛旨在“立足科普、连接资本、转化成果、助力产业”，通过零点研究咨询集团董事长袁岳、美国国际数据集团资本高级投资经理奚玉湘等投资人导师的介入，为优质科普项目、科技成果拓展更好的投融资渠道，推动科普、科技成果向科普产品的转化。

据不完全统计，本届科博会现场及意向交易金额超2亿元，4天内吸引了10多个省市近8万人次前来参观。博览会的举办，探索了公益与市场互补的科普工作新模式，促进了“科普事业培育科普产业、科普产业反哺科普事业”，实现了“公益性科普事业”与“经营性科普产业”协同发展。

（撰稿人：金哲亮）

江苏省科学技术协会

服务经济社会发展 2014年，省科协深入实施提升学会服务科技创新能力计划。据不完全统计，在2013年建成的210个平台基础上实现技术成果转让131项、科技攻关177项、产品研发179项、人才引进311人、技术引进29项、标准制定98项、人才培训6547人次。新认定30家综合示范学会、10个协同创新服务示范基地、各100个科技服务站和首席专家（工程师）、53个学术创新项目、10个科普创新项目、4个精品科技期刊项目、5个优秀学会网站项目。苏州市、南京市等11个市科协及江阴县、大丰县等县级科协设立学会能力提升专项。

组织省级学会服务地方转型发展，举办省科协·淮安创新发展对接活动，征集学会科技创新信息260条，对接服务淮安141家企业，5位院士领衔对接180个项目，签约162个，省科协与淮安市政府、省化学化工等学会与淮安盐化工产业等园区签订合作协议。

在梳理38个省级学会承接99项职能的基础上，主动协调对接，促成8个厅、委部门与16家学会达成人才、项目、机构评价等22项转移职能，推动召开学会有序承接政府转移职能试点工作座谈会，省委、省政府分管领导出席会议，对试点工作提出明确要求，辐射带动面上学会开展试点。

申报国家级科技思想库试点单位并获批准。制定《关于加强科技思想库建设的实施意见》，资助课题11项。《对我国未来科技和教育发展的建议》获得了国务院副总理刘延东的批示。《有效利用低劣生物质资源的对策建议》由中国科协转报国务院有关部门。8份科技工作者建议得到省委、省政府主要领导批示，转至相关部门落实。全省科协系统形成决策咨询建议102项，党委政府采纳55项。

制定《江苏省海智基地建设的服务意见》，新建国家级海智基地3家，累计13家，新建省级海智基地15家，累计30家，重点培育海智园区24个、海智企业45家。举办海门、盐城海智大会，邀请312名海外人才参会，达成合作意向60项，其中24个项目成功落地。带动全省举办海智活动406场，接待3747人次，引进海智人才297人、落地项目360个。新增欧美、港台地区10个海外人才工作站，首次聘请20位海智专家。组团参加欧洲商业与创新中心联盟（EBN）第23届年会，签署战略合作协议，与7个国家10个园区共建中欧科技合作示范园。

深入开展科技信息推送，专利信息库扩容升级至1000多万条。新注册企业达513家，培训企业专利应用工程师510名，形成典型应用案例85个，新增发明专利36项，节约研发费用1800万元以上。司法鉴定首批进入江苏省高级人民法院信息平台，增至环境保护等4个类别，接到正式委托鉴定项目26个。

启动新一轮国家级和省级科普示范县（市、区）创建工作，命名80个省级科普示范乡镇（街道）、200个省级科普示范村（社区）。深入实施“科普惠农兴村计划”和“社区科普益民计划”，31个农技协、25个农村科普示范基地、42名农村科普带头人和58个社区获国家和省级表彰。命名100家省科普惠农服务站和20家省优秀科普惠农服务站。

积极推动“讲理想、比贡献”活动，在全省范围表彰了“讲理想、比贡献，奋力实现中国梦”活动中取得突出成绩的99家先进集体、80个创新团队（含20个院士专家工作站）、100名创新标兵、60名优秀组织者。

《科学素质纲要》实施及科普工作　推动落实江苏省“十二五”科学素质纲要目标，争取新批全民科学素质工作办公室内设机构，增补省民政厅等5部门为成员单位。8个省辖市开展了2014年公民科学素质调查工作，全省居民具备基本科学素质比例达7.1%。

围绕“全民行动、创新发展”主题举办全国科普日江苏主场活动，开展“四大展示、三百行动、两大竞赛”特色科普活动，现场展示学会能力提升计划、科普惠农、科普产品研发等成果500多项，组织63名省首席科技传播专家到102所学校，67个省科技传播专家服务团队深入82个县区，101个科普志愿者服务团进村（社区）。举办首届科普知识网络竞赛，全省参赛人数达13.2万人。围绕“科学生活、创新圆梦”主题举办第26届科普宣传周，邀请李象益、叶永烈等科普专家作高端报告，举办1400余项科普活动。组织第25届省青少年科技创新大赛，5位同学获省政府青少年科技创新“培源奖”。

打造“科学会客厅”、“科学生活”电视栏目和“科学梦想谷”网络平台。开通“江苏省科协”微博和“江苏科普”微信等新媒体平台。开发3套流动科技馆，实现苏北5市流动科技馆全覆盖。命名10家省级科普产品研发基地。推出30条省级科普旅游线路。

加快推进科普人才队伍建设，全省科普志愿者注册人数达43万人。组建118个“江苏省科技传播专家服务团”，聘任199名“江苏省首席科技传播专家”。

学术交流　举办第五届省青年科学家年会、第五届江苏省自然科学学术活动月等学术交流活动。举办国际学术交流活动196项，形成《关于成立江苏－北欧新能源联合研究中心的建议》等62项服务地方党委政府的学术交流成果。

服务科技工作者　组织推荐中国科协“全国优秀科技工作者”34人。评选“江苏省优秀科技工作者”100人。评选“江苏省青年科技奖”20人，其中10人获“江苏省十大青年科技之星”称号。

拍摄宣传“青年科技奖”获奖者专题片“青春绽放五彩梦”，通过专题访谈、编印《科技英才风采录》等形式，宣传科技人才。

承办全国科技工作者状况调查站点培训班，举办江苏省科技工作者状况调查站点工作会议。

承办了“弘扬科学道德、践行‘三个倡导’、奋力实现中国梦”江苏报告会和“科技梦·中国梦——中国现代科学家主题展”全国巡展（南京站）活动，3.6万余人次参观。

自身建设　举办市县科协主席培训班，组织培训学会秘书长、市县科普部长，培训城镇社区科普员2691人，培训科技辅导员2088人。召开全省科协系统“三服务一加强”连云港现场会。

地市县及基层科协组织　全省共有13个省辖市科协，99个县级科协。启动实施县级科协服务能力提升计划，评选产生20家县级示范科协、50个创新案例。以此为抓手推动基层组织建设，截至10月20日，全省共有乡镇（街道）科协1324个，其中2014年新成立20个；村（社区）科协18729个，其中新成立181个；市级以上开发区（园区）科协148个，其中新成立22个。

省级学会、企业科协、高校科协　成立省农技协、省工程师学会，共有省级学会（协会、研究会）137个。新成立高校科协4个，高校科协总数达到87个。新成立企业科协353个，企业科协总数达到2339个。新成立农村专业技术协会113个，农村专业技术协会总数达到2916个。

【拉萨江苏青少年科技馆开馆】　10月10日，拉萨江苏青少年科技馆开馆暨科普大篷车捐赠仪式举行。西藏自治区政府副主席曾万明，江苏省科协党组书记、副主席陈惠娟，拉萨市委副书记、常务副市长、江苏省对口支援西藏拉萨市前方指挥部总指挥陈勇等出席活动。

拉萨江苏青少年科技馆及青少年机器人工作室建筑面积约200平方米，投资规模120余万元，填补了西藏自治区青少年公共科普场所的空白。拉萨江苏青少年科技馆以“源于教学内容、结合科学实际，启迪思维、拓展视野”为宗旨，整个科技馆由一个序厅和

声波万象、数学探秘、力学传奇、电磁魔幻、光影互动、素质教育以及青少年机器人工作室等7个主题展区组成，共有44件展品。青少年机器人工作室配备有世界教育机器人大赛、综合技能、FLL（乐高机器人大赛）等国内一流比赛项目的全套设施。拉萨市江苏实验中学的教师和学生，经江苏省科协青少年机器人竞赛项目培训教师的辅导后，现场为大家演示了机器人竞赛项目的实务操作。

【江苏省科协所属学会有序承接政府转移职能试点工作座谈会】 9月3日，江苏省委、省政府在南京市召开省科协所属学会有序承接政府转移职能试点工作座谈会。江苏省委常委、宣传部长王燕文，省政协副主席、省政府党组成员徐南平出席座谈会并讲话，省委副秘书长水家跃传达了中央领导同志关于学会有序承接政府转移职能讲话精神，省政府副秘书长陈少军主持会议。省科协党组书记、副主席陈惠娟汇报了省科协所属学会有序承接政府转移职能试点工作情况。

王燕文在讲话中说，推进政府职能转移是一项系统工程，必须强化组织协调，形成工作合力。江苏省各相关部门和学会要从全面深化改革、加快建设创新型省份的大局出发，充分认识做好这项工作的重要性，高水平做好试点工作。学会要接得住、服务好，以更高的效率、更低的成本提供更加优质的服务，让政府放心，让社会信服，让科技工作者满意。政府相关部门要主动推、转移好，敢于转、乐于转，实现职能转移平稳过渡、顺利交接。江苏省科协作为这项工作的牵头单位，要进一步完善组织体系，要善协调、指导好，加强与各方面联系，做好合作的有效衔接，推动并抓好各项试点任务的落实，确保取得预期效果。

徐南平在讲话中要求，江苏省科协要深入实施好学会能力提升计划，切实提高学会的研判能力、管理能力、服务能力和自律能力，承接政府转移职能试点工作应按照“稳妥有序推进”、“先行试点，条件成熟后再逐步推进”的要求，做一个成一个，积小胜为大胜，逐步扩大成果。

江苏省环保厅、民政厅作为转移职能试点厅局代表，江苏省预防医学会、省通信学会作为承接政府转移职能试点学会作了大会交流。江苏省有关部门和单位负责人，省科协所属部分学（协）会、机关各部门及直属事业单位等负责同志160余人参加会议。

【江苏省全民科学素质工作推进会】 3月19日，江苏省政府召开全民科学素质工作推进会。省政府党组成员、省政协副主席、省全民科学素质工作领导小组组长徐南平出席会议并讲话。省政府副秘书长、省全民科学素质工作领导小组副组长朱步楼主持会议。省科协党组书记、副主席、省全民科学素质工作领导小组副组长陈惠娟就2013年以来全省实施《科学素质纲要》进展情况和2014年重点工作建议作了汇报。省教育厅、省农委负责人及无锡、淮安、泰州市政府分管副秘书长先后发言，交流了各地各部门发挥地方特色、结合部门职能开展科学素质工作的做法、成效和2014年的工作举措。省政府办公厅副主任陈少军，省全民科学素质工作领导小组31家成员单位的分管领导及联络员，各市政府分管副秘书长及科协主席出席会议。

徐南平分析了中央对全民科学素质工作的指示和要求，以及江苏经济社会发展对全民科学素质建设的新要求、新任务。他强调，各地各有关部门要充分认识加强全民科学素质建设的重要性，要围绕工作主题，借助科普宣传周、科普日、送科技下乡、食品安全宣传周、防灾减灾日、世界水日、气象日、消防日、环境日等活动载体，广泛开展科学素质主题宣传活动；要突出重点人群，特别要加大面向青少年、农民、新居民和妇女群体的科普传播，大力推动全民科学素质整体提升；要加快平台建设，切实增强科普公共服务能力，尤其要在科普设施建设、科普经费等方面加大投入，大力推动科普信息化；要创新方式方法，进一步提升全民科学素质工作实效；要完善保障机制，落实推进全民科学素质建设目标责任制要求，努力为全民科学素质工作营造良好条件。会上，省全民科学素质领导小组下发文件，分解落实全民科学素质工作各成员单位重点目标任务和13个省辖市的目标责任制重点内容。

【江苏省科协·淮安市创新发展对接活动】 6月3日，江苏省科协·淮安市创新发展对接活动在淮安市开幕。江苏省科协与淮安市人民政府签署战略合作协议，对接项目进行了集中签约。省政府党组成员、省政协副主席徐南平宣布活动开幕，中国工程院院士、省科协主席欧阳平凯，中国工程院院士赍德、缪昌文、王广基，中国科学院院士黄维出席会议。

徐南平在讲话中强调，在新的发展阶段，淮安市要当好深化科技体制改革的排头兵，以此次对接活动为契机，进一步集聚创新资源和高层次人才，进一步促进协同创新和科技成果转化，进一步加快发展高新技术产业和战略性新兴产业。省科协要强化服务意识，主动为人才搭建科技创新、绩效评价、表彰奖励等平台，推动科技社团及人才更好地在淮安创新创业；要强化宣传和舆论引导，大力宣传科技教育工作者及广大创新创业人才，形成有利于创新发展对接活动开展的浓厚氛围。

开幕式上，淮安市政府为院士专家颁发了顾问聘书，并进行了人才需求及人才政策、环境推介，院士、学会理事长、高校科协代表进行了交流发言，广发银行南京分行与淮安市政府签订金融合作协议。

活动征集学会科技创新信息 260 条，对接服务淮安 141 家企业，5 位院士领衔对接 180 个项目，签约 162 个，省科协与淮安市政府、省化学化工等学会与淮安盐化工产业等园区签订合作协议。

【第五届江苏省青年科学家年会】 11 月 29 日，以“生态文明建设与青年科学家的使命”为主题的第五届江苏省青年科学家年会在南京市开幕。省委常委、宣传部长王燕文出席开幕式并为获奖青年科技工作者颁奖，省政府党组成员、省政协副主席徐南平在开幕式上讲话。年会邀请中国科学院院士秦大河，国家环境保护部总工程师万本太分别作了题为《气候变化科学与可持续发展》和《全面加强环境保护工作，大力推进生态文明建设》的主题报告。

徐南平指出，科技工作者是增强自主创新能力的中坚力量，青年时代是科技工作者思想最敏锐、创造力最旺盛的时期，希望青年科技工作者自觉肩负起实施驱动发展战略的历史使命，把个人专长转化为推进科技发展的实际行动，攻坚克难，做自主创新的先锋；深入基层，做服务企业的典范；面向市场，做科技创业的骨干；积极作为，做创新文化的表率，在加快建设创新型省份中大显身手、建功立业，在又好又快推进“两个率先”的征程中实现自己的人生理想和价值。

在开幕式上，对第十四届江苏省青年科技奖获得者、2013—2014 年度“江苏省十大青年科技之星”、第十一届江苏省优秀科技工作者进行了表彰。获奖青年科技人才代表、东南大学教授郭彤作了发言。南京大学教授王欣然宣读了对全省青年科技工作者的倡议书《推进科技创新建设生态文明》。

【第五届江苏省自然科学学术活动月启动】 10 月

第五届江苏省青年科学家年会

29 日，第五届江苏省自然科学学术活动月启动仪式在南京市举行。诺贝尔化学奖获得者达尼埃尔·谢赫特曼教授作了题为《科技创业——通往世界和平与繁荣的钥匙》的主题报告。省科协党组书记、副主席陈惠娟出席并致辞。

学术活动月以“繁荣学术，服务创新”为主题，举办了 200 多场各类学术活动，活动分成学术创新与学科发展、科技创新与产业进步、产学研结合互动平台、高校专家论坛、省辖市科协学术研讨系列活动、全国学术研讨、国际学术交流等 7 个板块。

活动月期间，全省各级科协组织、广大会员和科技人员开展了科技项目咨询论证、科技成果评价、专业人才培训和为企业及基层一线答疑解难等科技服务活动。集中专家智慧，凝练专家观点和意见，积极为全省科技创新、经济转型升级和党委政府科学决策建言献策。

江苏省级学会、高校科协秘书长、会员代表，南京市科协所属市级学会代表，省科协机关全体工作人员和直属单位主要负责人等近 300 人出席启动仪式。

（撰稿人：沈　禁）

浙江省科学技术协会

服务经济社会发展 2014 年，浙江省科协在服务全省“五水共治”（“五水共治”是浙江省委十三届四次全会提出的，并明确提出要以治水为突破口推进转型升级，是推进浙江新一轮改革发展的关键之策。“五水共治”是指治污水、防洪水、排涝水、保供水、抓节水这五项。）中，组建学科群，成立专家组，支持 7 个市开展“五水共治”院士专家咨询对接活动，邀请 50 多人次院士专家赴浙江省各地把脉“治水”，

提交了《关于科技助推浙江“五水共治”的对策建议》的院士建言。重点对浙江海洋经济发展示范区、舟山群岛新区、义乌国际贸易综合改革试点建设等给予支持，首批32家省级学会签约开展科技中介服务。

引导学会服务区域协同创新。省科协引导并推动学会搭建学会服务站平台，开展多种形式的产学研用协同创新试点工作。由省农机学会牵头、10余个省级学会参与的永康现代农机装备产业协同创新基地，邀请美国华盛顿州立大学张勤教授专家团、浙江大学何勇教授博士团，开展技术对接。已有9个合作项目取得突破，5个产品研发成功并实现产业化。省政府委派的联系服务舟山船舶装备工业设计基地建设工作进展顺利，23家企业进驻基地。

推动院士专家工作站提质升级。全年新建市级以上工作站68家，新签约建站院士33名，完成第五批22家省级站评定。全省市级以上建站424家（其中省级站93家），签约建站院士275名，其中柔性引进在省外工作的院士254名。工作站建设进一步向园区、重点扶持产业和重点企业研究院延伸，全省共有10个园区、33家省级重点企业研究院建立了工作站，在省委省政府确定的七大重点扶持产业中建站235家。宁波江丰电子等6家院士专家工作站与合作高校联合开展工程硕士培养工作，浙江省成为全国首个工作站联合培养工程硕士试点省。健全工作站退出和培育制度，11家市级工作站年度考核评为不合格，其中5家被摘牌。在93家省级站中择优选出8家典型培育对象，以典型案例方式向全省宣传推广。

推进海智基地建设集聚高端智力。2014年，中国科协新批准成立台州（椒江）和嘉兴·长三角两个“海智计划”工作基地，浙江省“海智计划”基地增加到5个。承办“中国科协2014年海外智力为国服务联席会议”、首届“中国科协海智计划创新创业论坛”、“2014中国·台州国际人才合作洽谈大会暨首届海智项目接洽会”和“第九届海外英才杭州项目对接会”等一系列活动，在宁波、台州等地开展了“海智浙江行”活动。全年共有近300人次海外高层次科技人才到浙江洽谈合作、交流考察，推荐近200项高科技项目，签约20项。

《科学素质纲要》实施及科普工作 浙江省突出五大重点人群扎实开展《科学素质纲要》实施。省委省政府连续两年召开《科学素质纲要》实施工作专题电视电话会议，省“两办”连续6年印发《科学素质纲要》工作实施方案，省政府修订实施《浙江省科学技术奖励办法》，将公开出版3年以上的科普图书（音像制品）首次纳入授奖范围。五类重点人群科学素质行动扎实推进：面向未成年人，开展了青少年科技创新大赛、青少年高校科学营、中学生英才计划等27项活动，覆盖全省超过4000所学校的近21万名师生。与浙江大学合作开展中学生科技创新后备人才培养计划试点活动。面向广大农民，以浙江农民大学农函大分校和农村文化礼堂建设为契机，提升浙江省农函大办学水平，推动科普活动进文化礼堂。开展“送科技下乡”、博士生科技服务等活动，实施“基层科普行动计划”。面向企业和城镇劳动者，开展“讲理想、比贡献、奋力实现中国梦”活动，13个先进集体、10个创新团队、15名创新标兵和9名优秀组织者，受到了国家“讲比”活动领导小组办公室的表彰。面向领导干部和公务员，持续推进“科普进党校”，省科协及金华等部分市县科协在党校开设科普专题课，干部网络学院增添科学素质课件，定期为领导干部发送科普短信，继续推进公务员心理健康素质工程。面向社区居民，实施“社区科普益民”计划，获得国家支持项目23个、奖补资金460万元；与省民政厅签署《共同推进防灾减灾工作合作备忘录》，联合开展科普宣传、共享基层平台等合作。

围绕中心工作开展重点主题科普活动。认真开展“五水共治、现代工业设计、智慧浙江、清洁能源、电磁辐射”等重大专项科普宣传活动。“两美浙江”系列高端访谈邀请了中国科学院院士刘嘉麒、中国科学院院士王浩围绕生态建设、水资源管理，为浙江的环境治理、产业升级提供科技服务。首届清洁核能科普知识竞赛吸引了17个省市、5万人次参与。青少年科学嘉年华被列入全省未成年人思想道德建设十件实

浙江省2014年全民科学素质行动计划实施工作会议

事之一。与《浙江日报》合作启动2014新创意分享周活动，推出专题海报作品展关注雾霾等公益主题。认真组织开展全国科普日、全国科技（科普）周等大型科普活动，科普日期间开展活动880余项，发放科普资料100余万份（册），播出科普宣传视频4900余分钟。

积极探索科学传播新途径新方式。“科学+”品牌活动围绕重大专项、科技前沿、民生热点、浙江话题、科学日历等专题成立五个策划小组，推动“科学+”活动提质升级。全年共开展“科学+”活动35期，邀请诺贝尔奖得主阿龙·切哈诺沃、托马斯·聚德霍夫、联合国“卡林加奖”获得者李象益等30余位国内外著名科学家来浙开展科普活动，间接受众上千万人次。注重运用新媒体传播科学，已初步形成微博、微信、微报、微视频齐头并进的工作布局，与腾讯合作推出“科普新闻课”，还委托开发科普挂图二维码互动体验与评估监测系统，以手机端为载体实现科普资源数据统计。

不断加强科普公共服务能力建设。组织学会积极参与大型主题科普活动，加强世界性专题日系列科普，通过科技文化卫生“三下乡”、博士生服务团等活动载体，支持学会专家服务基层。推动省级学会主动开展科普宣传，省地质学会开展3D全景网络科普教育基地建设，省营养学会开展“合理营养”科普千里行活动，省植物学会开通浙江植物查询系统和在线图库，省气象学会组建校园气象网，省预防医学会开办“西湖营养”公众科普微信，省心理卫生协会为杭州“七五”公交车纵火事件中的伤员提供心理危机干预。省科技馆年接待观众53万人次，成立了集“公众开放实验室”“科技馆研究”“科普外联中枢”三位一体的科技馆科学院，举办第三届“菠萝科学奖”。省流动科技馆全年巡展3个市县。

学术交流 坚持学术为先和为举办地服务的原则，省科协资助“跨区域、跨学科、综合性”重点学术活动30项、立项开展软课题研究32个。学术成果的转化工作进一步强化，形成了“船舶产业结构调整升级”和“推进浙江汽车强省建设”等院士专题建言提交省领导决策参阅，《科技工作者建议》得到省领导8人次批示。第22届海峡两岸都市交通学术研讨会、中国工程院第180场中国工程科技论坛等一批高端学术会议在浙江举办。“东部科技沙龙”全年共举办10期，整合多学科交流，着力发挥学术创新的支撑引领作用。据统计，2014年浙江省科协直属学会开展学术交流活动1400余项，其中省级学会开展的学术活动900余项。

实施学会能力提升工程。申报中国科协引领地方学会能力提升项目，出台《学会能力提升三年行动计划（2014—2016)》，继续实施学会服务科技创新专项，立项资助100个项目。开展“引领市级学会能力提升项目”，立项支持杭州、温州、嘉兴、湖州4地市开展学会能力提升试点工作。召开学会管理服务现场交流会和学会能力提升工作研讨会，总结推广台州市“五有”学会管理经验。开展学会建设“科技工作者之家”试点工作。建立学会联动机制，省市县三级学会互动不断增强，省科协组织学会赴京举行学会服务基层恳谈会，与12个全国学会对接交流，为浙江省地方产业与企业科技创新提供服务。

服务科技工作者 履行好省委人才办成员单位职责，做好全国优秀科技工作者、全国杰出专业技术人才、中国青年女科学家奖、求是杰出青年成果转化奖、省特级专家、省“151人才”等候选人的推荐工作。贝达药业股份有限公司的丁列明研究员获中国科协2014年“十佳全国优秀科技工作者”提名奖，另有32名科技工作者获中国科协“全国优秀科技工作者”称号。“育才工程”全年资助52名青年科技工作者出版专著或出国参加学术活动。

自身建设 坚持省科协驻会领导及工作机构联系基层制度，组织相关人员参加中国科协举办的全国县级科协主席培训班，开展市县科协组织建设情况专题统计调研。杭州、丽水两市科协和部分县（市、区）科协顺利实行换届，中国美术学院科协正式挂牌，并专门成立了艺术与科学专业委员会。

扎实推进科协系统从严治党工作。制定《关于深入学习贯彻习近平总书记重要讲话精神、全面推进科协系统从严治党工作的意见》《建立健全惩治和预防腐败体系2013–2017年实施意见》《进一步强化党风廉政建设主体责任的意见》等文件，积极做好省委巡视整改工作，制定申报制项目、专项扶持资金、财务及资产、基建工程等系列管理办法，推进财务管理和项目管理制度化、规范化。

市、县、区科协及基层科协组织 截至2014年年底，浙江省共有市级科协11个，县级科协92个，街道（社区）科协483个，乡镇科协894个。市县级科协共举办科普活动599次，开展实用技术培训

125场次，参加科技人员1.9万人次，受众6万人次；组织学会学术活动472场次，参与科技工作者达4.7万人次。

杭州市科协积极配合市人大常委会法工委、教科文卫委、市政府法制办推进《杭州市科学技术普及条例》立法工作。中国杭州低碳科技馆全年接待观众逾50万人次。2014年，宁波市科协组织了20期院士行活动，邀请了38位国内外院士及其团队开展对接活动和学术交流，合计引进90个院士创新团队、470多名高层次专家。温州市10多家社区科普体验馆向社区居民开放，接待群众达4万多人次。湖州市科协打造“市域学会能力提升机制建设暨创新协同工作平台”和以开展“四季学术茶座”为平台，将学会传统活动方式与平台结合。嘉兴市科协以“一月一主题”活动为抓手，开展了“中医健康素养促进行动”等6项重点主题活动100多项。绍兴市科协承担的2014年绍兴市十大民生实事工程之一的绍兴科技中心新馆的地球与生命展厅建成开馆，新馆的建成体现了绍兴市人民政府与中国科学院中国科学院古脊椎动物与古人类研究所院地合作协议项目顺利实施。金华市科协组织部分学会科技人员代表，应用“数字金华”地理信息系统和“智慧金华”建设成果，利用现有物联网、大数据、云计算为技术核心，将全市所有水域、污染源整合到地理信息系统，实时管理污水治理工作。衢州市科协成立“产学研协同创新促进会”，搭建企业和院校（研究所）增进互信以及跨区域吸纳创新人才的平台。舟山市科协扎实推进中国科协、省科协联系舟山定海区科协服务点建设，在学会能力建设、院士工作站建设、定海海洋电子信息产业园区建设等方面开展近20项服务，承办船舶与海工发展科技创新论坛。台州市科协举办了海智生物医药项目专题对接会和台州（椒江）生物医药及生物技术产业发展高层研讨会，吸引13个国家和地区49位海内外专家、海外华人科技社团负责人与会，4位海智计划专家入选台州“500精英计划”。丽水市科协在“五水共治”科普活动中共开展主题宣传55次，30多个乡镇社区发放资料5万多份，受众约16万人次。

为充分发挥院士专家工作站的效应，玉环县尝试拓展院士专家工作站建站院士的行业辐射职能，联合张齐生院士、南京林业大学家具与工业设计学院，依托玉环家具行业协会，建立玉环家具行业院士专家工作站，以点对面方式开展共性技术的行业共享，服务产业集群的转型提升。

省级学会、企业科协、高校科协 全省共有省级学会169个，会员21.9万人，2014年共吸引2.1万人加入学会；企业科协1520家，会员15.6万人；全省共有41所高校成立科协组织。

浙江省科协省级科普项目对省级学会、高校科协申报的18家20个项目予以资助。13个省级学会在企业建立“创新驿站”，组织动员专家、博士进驿站，为企业提供技术服务。省电力学会、省农业机械学会、省现代设计法研究会、省智慧城市促进会、省通信学会、省体育科学学会等，在“科技活动周”“全国科普日”“科普节”等大型主题性科普活动期间，开展两美浙江、清洁能源、农业机械、智慧城市、健康卫生等方面宣传，促进社会经济转变增长方式和公众形成科学文明生活方式。省水利学会、抗癌协会、省中医药学会、省护理学会、省生物医药工程学会、省能源研究会、省航海学会、省创意设计学会等利用专业优势，举办一系列世界性专题日科普活动。省数学会、省物理学会、省化学会、省植物学会、省动物学会积极开展五项学科竞赛，取得良好成绩。

积极推进企业科协建设，2013—2014年度全国“讲理想、比贡献、奋力实现中国梦”活动，浙江省有13个先进集体、10个创新团队、15名创新标兵、9名优秀组织者受到全国“讲、比”活动领导小组办公室表彰。

进一步推进高校建立科协组织，经中国美术学院申请，省科协批复同意中国美术学院成立科协组织，于10月22日召开了成立大会，选举产生了第一届中国美院科协领导班子。

【学会承接政府转移职能服务创新发展】 2014年，浙江省科协推动学会有序承接政府转移职能。与省经信委、省科技厅、省人力社保厅和省编办等10余家单位沟通协商，梳理形成省级学会已承接、拟承接和部门拟转移职能“三个清单”。印发了《浙江省科协开展有序承接政府转移职能试点工作实施方案》，确定省医学会等5家学会作为试点单位。鼓励支持省环境科学学会加强与省环保厅沟通，重点选择学会有能力承接的7项职能先行转移。

10月9日，浙江省委、省政府在杭州召开省科协所属学会有序承接政府转移职能、服务创新发展座谈会。25个省级学会的负责人和省科协有关人员参加会议。会上，省科协党组书记、副主席李德忠汇报了浙江省学会有序承接政府转移职能、服务创新发展的有关情况，省编办、省科技厅、省卫计委、永康市委、省农机学会、省环境科学学会和省林学会等7个单位负责人作了重点发言。

据统计，省科协所属169家省级学会中共有40家学会承担了84项社会服务职能，11个设区市科协所属的114家学会承接了188项社会服务职能。

【浙江公布2013年公民科学素质调查结果】 浙江省重视公民科学素质的监测评估，从2002年开始，每隔2～3年开展一次公民科学素质调查。2013年，组织开展了浙江省第五次公民科学素质调查。根据《浙江省全民科学素质行动计划实施方案》，到2015年，浙江省公民具备基本科学素质的比例达到8%，继续居各省区前列。调查结果显示，2013年浙江省公民具备基本科学素质的比例为6.98%，比2010年全国公民具备基本科学素质的比例3.27%、浙江省公民具备基本科学素质的比例5.61%的水平分别提高了3.71和1.37个百分点。调查表明，全省《科学素质纲要》实施工作卓有成效，公民科学素质水平持续提升，实现了“十二五”时期公民科学素质建设中期目标。

此次调查方案科学合理，样本量大，比较全面地反映了浙江省公民科学素质的状况，体现了公民科学素质的基本特点。一是公民提高科学素质的途径多样化。浙江省公民通过媒体、参观科普场馆设施、参加科普活动等方式接受科普教育。电视、报纸和手机成为我省公民获取科技信息最主要的渠道。二是公民对科学技术的态度比较理性。三是公民科学素质水平发展不平衡。具备基本科学素质的公民在性别、年龄、城乡、文化程度和职业的分布上均存在较大差异。

4月30日上午，省科协、省纲要办召开新闻发布会，发布浙江省第五次公民科学素质调查结果。省科协党组副书记、副主席陈世权通报了公民科学素质调查结果，省统计局社科处副处长王兆雄、浙江大学统计研究所张奕教授应邀出席。省科协党组成员、秘书长董克军主持发布会。新华社浙江分社等中央驻浙媒体、《浙江日报》等省内主要媒体、腾讯大浙网等网络新媒体，共16家新闻单位的记者参加新闻发布会。

【科普工作取得的重大成果被列入浙江省科学技术奖授予范围】 9月1日，《浙江省科学技术奖励办法》正式施行，首次明确科普工作取得的重大成果被列入浙江省科学技术奖授予范围。

为鼓励自主创新，推动科学技术进步，加快创新型省份建设，促进经济社会持续健康发展，浙江省政府制定了《浙江省科学技术奖励办法》（省政府令325号），设立了科学技术重大贡献奖、自然科学奖、技术发明奖、科学技术进步奖。把科学技术普及取得的重大成果列入省科学技术奖授予范围，将更加有力地促进全省科普事业发展，调动广大科技工作者、科普工作者的积极性，培养和壮大科普人才队伍，促进公民科学素质提高。

【中国工程院环境轻纺学部与嘉兴市签订紧密合作协议】 5月16日，中国工程院环境轻纺学部与嘉兴市人民政府在嘉兴举行建立紧密型科技合作协议签约仪式，工程院主席团成员、学部主任郝吉明院士与嘉兴市人民政府副市长柴永强签订了《协议书》，孟伟、周翔、蒋士成、郁铭芳、姚穆、孙晋良、段宁、俞建勇等院士以及中国工程院三局副巡视员高占军、学部办公室副主任张健，省科协副主席隗斌贤，嘉兴市委常委、秘书长孙贤龙、市政协副主席马玉华、市级有关部门负责人、科研院所、高校业务负责人，省科协学会部“五水共治”专家组成员共计50余人出席签约仪式。

《协议书》按照“优势互补、互惠互利、互相促进、共同发展”的原则，对学部、嘉兴双方的责任、义务作了明确，并在战略决策咨询、创新人才培养、科研与产业化、共建载体平台、学术交流等五个方面构建合作常态机制。这是浙江省科协牵头，中国工程院学部第一次与市地签订合作协议，是部地协同创新的一种新的尝试。这是自去年学部常委会在嘉兴召开后部地多次沟通、交流和合作的结果，学部将把与嘉兴的合作作为学部支持地方发展的实验区、示范点和协同创新平台，共同撬动双方互利共赢的支点。

嘉兴市、东华大学与中国工程院联合举办了第180场中国工程科技论坛，全国及省市纺织学会、高校、研究院所及企业的150余人参加论坛，中国工程院秘书长白玉良到会指导。部分院士专家还深入到相关企业、清华长三角研究院、嘉兴学院等院所和企业进行考察、咨询和交流。

【中国科协海智计划示范项目落户浙江】 3月28日，第二个中国科协海智计划示范项目——浙江中科领航汽车电子有限公司正式启动，启动仪式在杭州市萧山临江高新区举行。中国科协副主席程东红，省科协党组书记、副主席李德忠，中国科学院上海分院党组书记、副院长王建宇，杭州市政府党组成员、大江东产业集聚区管委会主任杨军等在启动仪式上分别致辞，浙江大学张泽院士与中科领航签署《院士工作站协议》，中国科协向浙江中科领航科技有限公司授予“中国科协海智计划示范项目”称号，杭州市科协向萧山临江高新区授予“中国科协海智计划浙江（杭州）工作基地临江工作站”称号。

中科领航经中国科协海智办大力支持和浙江省科协前期牵线最终设立于中国科协海智计划浙江（杭州）工作基地。该公司是由浙江省杭州市萧山临江高新区、中国科学院、海智专家金星博士团队等三家单位共同投资创建，是集研发、生产、销售、售后服务于一体，为汽车整车企业开发生产车身智能控制系统及相关芯片、车用传感器等产品的科技创新企业，填补了我国自主研发生产汽车芯片的空白。

【学会能力提升3年行动计划】 2014年，省科协印发《浙江省科协学会能力提升三年行动计划(2014—2016)》。《行动计划》提出，推进学会能力提升必须坚持“因会制宜、多元发展，突出重点、稳步提升，搭建平台、协同创新，联合互动、互促共进”四项原则。同时，按照在发挥作用的过程中提升能力的指导思想，明确了学会组织未来三年需要重点推进“服务学术交流创新、服务区域协同创新、服务企业科技创新、服务社会管理创新、服务会员创新创业、服务学会自主发展”等六个方面的工作任务。

《行动计划》实施过程中，立足科协工作实际，以建设“能负责、能问责”的学会组织为目标，以增强学会的学术影响力、会员凝聚力、社会公信力和自主发展能力为主线，以引导支持学会开展科技服务为重点，以融合学会组织创新服务资源为手段，推动学会在发挥作用的过程中提升能力，在提升能力的同时积极发挥作用。

【核能流动科技馆巡展】 为增强公众对清洁核能的认识和了解，营造加快清洁能源发展的良好社会环境，积极助推省重点工程项目的实施，省科协、省能源局、省环保厅联合开展了以“清洁核能助力两富浙江”为主题的系列科普宣传活动，并将核能专题科普纳入了《科学素质纲要》实施整体框架。围绕核能专题科普宣传，组织实施了万人走进核电基地计划，核能科普进学校、进村庄、进社区，核能流动科技馆巡展，核电科普夏令营，核能科普知识竞赛等系列大型科普宣传活动，充分利用省科协“科学+”平台，邀请了李冠兴院士、周大地研究员等专家，做客“科学会客厅”，为公众讲述我国能源的现状与未来，阐述核电发展的必要性和紧迫性，推进公众理性对待核电事业发展。

4月3日，以“清洁核能助力两富浙江”为主题的核能流动科技馆温州巡展启动暨浙江省首届清洁核能科普知识竞赛颁奖仪式在温州市科技馆举行，省科协原党组领导、省能源局副局长陈海涛、省环保厅科技与合作处副处长项立武、温州市政府副市长胡纲高等领导，温州市相关部门和所属县（市、区）相关部门领导；中广核集团、中核集团、秦山核电企业代表以及社会公众参加。此次核能科普宣传活动历时3个月。

【俄罗斯科学与工业协会联合会专家团赴舟山开展技术对接】 2014年7月3—5日，俄罗斯科学与工业协会联合会26人专家团应省科协邀请赴舟山开展海洋工程及智能装备技术对接活动。此次俄罗斯科工联专家团由俄罗斯克雷洛夫造船业科技协会主席、圣彼得堡国立技术大学海洋工程学院主任、俄罗斯联邦英雄、国家奖获得者亚历山德罗夫·弗拉基米尔·列昂尼德维奇教授为团长，团员包括了海洋技术、船舶设计、通讯技术、可再生能源、复合材料、航空设备等多个工程技术领域的专家。

专家团在舟山期间，参观考察了浙江省最大的造船集团和船舶工业出口企业之一的扬帆集团股份有限公司和省重点企业研究院浙江欣海船舶设计研究院，并与省造船工程学会、浙江海洋学院、舟山市经信委及10余家船舶设计单位，重点就船舶制造和设计开展了深入的专业交流。

【第22届海峡两岸都市交通学术研讨会】 2014年6月28—29日，由省科协、上海市科协、台北市交通安全促进会联合主办，以“创建宜行宜游、低碳绿色的都市交通”为主题的第22届海峡两岸都市交通学术研讨会在杭州市举行。省政协副主席、省科协主席姚克出席会议并致词。省人民政府咨询委员会副主任王国平给本次会议发来贺信。来自北京、上海、天津等市及台湾地区交通领域的200多位专家学者、嘉宾参加了研讨会。

研讨会特邀中国工程院院士钱清泉、上海市交通工程学会理事长许培星、杭州市城市规划设计研究院总工程师汤海孺、台北市政府交通局局长王声威、分别就城市轨道交通发展现状及制式选择、水上旅游、杭州城市交通现状及规划设想、台北市 YouBike 推动等作了大会主题报告。

三个分会场的主题为:“建设和谐畅达的都市立体公交体系构建”“品质生活愿景中的城市环境”“可持续发展的城市交通及其规划与管理”。杭州市港航管理局局长杨挺理等55位工作在高校、科研院所、交警、公交、铁路等一线的专家学者作了专题发言。

【中美急救急诊学术交流会、灾难与创伤急救西湖国际论坛】 2014年4月18—20日，中美急救急诊学术交流会以及灾难与创伤急救西湖国际论坛暨第四届全国创伤与危重病感染学术会议在杭州召开。省科协专程邀请了国际医学项目的专家参加会议并作大会报告和专题培训，参会外过专家包括美国纽约州立大学上州医科大学附属医院院长 McCabe 教授、急诊创伤主任 Gregory 教授、比利时布鲁日 AZ St. Jan 医院麻醉科 Mueller 医生，创伤科 Steen 医生、德国运动伤害及院前急救专家 Goeller 医生和 Wegner 医生。大会内容涉及创伤、急救和灾难医学的新进展和热门话题，共设立34个专题报告。

（撰稿人：王　科）

安徽省科学技术协会

服务经济社会发展 实施“科技创新助力计划”，促进科技与经济紧密结合。

开展决策咨询。省科协组织科技专家对安徽省主要湖泊和长三角地区生态建设开展调研，形成《加强湖泊生态保护和流域综合治理的建议》。开展《科技人力资源与产业发展匹配度研究》等课题研究。开展农民职称评定工作调研和《科协核心职能》课题研究。

实施全国基层科普行动计划。全省共26个农村专业技术协会、11个农村科普示范基地、17名农村科普带头人、19个科普示范社区受表彰，获中央财政奖补资金1205万元。实施安徽省基层科普行动计划，命名57个省级科普示范单位，推广应用28项农业先进实用技术。

开展“讲理想、比贡献”活动。全省9个先进集体、4个创新团队、9名创新标兵、6名优秀组织者获中国科协表彰。组织省级学会开展“企业知识产权工程师培训及专利资源推介系列活动”，200多家企业的260余位科技工作者参加培训活动。实施“企业专利信息应用”项目，组织7场专利信息推介活动，服务120家企业，培训520多名企业科技工作者。实施海智计划。省科协本级引进15个海智项目和12名海外高层次人才，开展海智项目对接活动31场，与14个海外科技社团建立了联系渠道，新入库海智专家103名。举办第四届皖台科技论坛暨科技创新项目对接会，签约8个项目。省海智专家科技创新协会组织近20位海归科技专家与合肥、芜湖、蚌埠、马鞍山、滁州五市的90多家企业开展技术对接，达成31项合作意向。各有关单位依托“海智计划”平台，引进高科技项目100余项。

省科协会同芜湖市政府承办第六届中国（芜湖）科普产品博览交易会，吸引海内外251家单位参展参会，观众达13.5万人次，展会交易及协议交易额4.2亿元。省科协加强科普产品研发与科普创作示范团队建设，命名第二批15个示范团队。积极推动全国唯一的科普产品国家地方联合工程研究中心建设。

《科学素质纲要》实施及科普工作 实施“公众科学素质提升计划”，提高科普服务能力。

推动安徽省政府与各市及省直管县政府签订《全民科学素质建设目标责任书》。推动省政府办公厅印发《2014年全民科学素质工作任务分工方案》，完善共同推进公民科学素质工作的体制机制。

举办2014年全国科普日活动。开展各类科普活动500多场次，受众200余万人次。组织20个县开展中国流动科技馆安徽巡展活动，受众100余万人次。全省累计开展“科普大篷车进校园、进社区、进乡村”活动300场次，受众300余万人次。继续与省九三学社联合开展“百名专家乡村学堂讲科普”活动，组织100多位专家到乡村中小学讲科普，受益中小学生3万余人次。开展青少年科学调查体验、高校科学营等活动，近10万人次青少年参加。举办各类青少年科技竞赛活动，参加人数47万人次，获得各类国家级奖项87个。5月12日，省科协、省教育厅、团省委联合举办第五届安徽省百所高校百万大学生科普创意创新大赛，作为大赛亮点之一的互动终端“高校科普联播平台”也同期亮相，大赛吸引1.5万余名在校大学生参赛，参赛作品6951件。

全省创建全国科普示范县（市、区）40个，总数位居全国第6位、中部第2位。启动2016—2020年度全国及省科普示范县（市、区）创建工作。开展全国及省级科普教育基地总结评估工作，启动新一轮全

国科普教育基地评选推荐活动。

推动50余个市、县在当地电视台开播“科普大篷车”栏目。省科技馆新馆（含省青少年科技活动中心）已开工建设。安庆等6个市、县科技馆已建成使用或正在建设之中。全省新建50个社区科普活动室。争取中国科协为3个县配发科普大篷车。

学术交流 实施“提能力强学会行动计划”，夯实学会发展基础。

与合肥市政府联合承办第四届中国湖泊论坛。加强对外学术交流，与有关单位联合举办第五届欧亚环境技术与知识转化国际会议。资助53个省级学会举办重点学术会议，近万人次科技工作者参加，交流学术论文约3000篇。

举办2期学会能力建设培训班，260人次参训。开展省级学会涉企收费情况调研摸底活动和省级学会依法规范管理集中推进行动。

服务科技工作者 实施“科技人才成长服务计划”，促进科技工作者成长成才。

开展第二届安徽优秀科技工作者评选活动，表彰50名优秀科技工作者，其中，22人被中国科协授予“全国优秀科技工作者”称号。省科协推荐的中国科技大学谢毅院士获中国科协“十佳全国优秀科技工作者”称号，是安徽省科技工作者首次当选该奖项。

安徽省科协学习十八届四中全会精神报告会暨安徽优秀科技工作者表彰会

开展“乡村情·科技梦”——优秀农村基层科技工作者推选宣传活动，3名基层科技工作者事迹在人民网展播。全省科协系统累计宣传科技工作者2300人次。

拓宽人才培养渠道。与中国科技大学合作培养科技传播方向在职硕士研究生。全省市、县农技协培训乡土科技人才3000多人次。省本级培训各类科技馆辅导员、科普志愿者500余人次。

依托中国科协科技工作者状况调查站点，上报46条科技工作者的意见建议。继续联合省委组织部组织40多名高层次人才开展联谊休假活动。召开中国科协在皖八大代表座谈会，加强与代表的联系。

自身建设 实施“抓组织建家园工作计划”，密切与科技工作者的联系。

为贯彻落实省科协第九次代表大会精神，省科协启动实施了“五项行动计划”。该计划以组织实施“科技创新助力计划”“公众科学素质提升计划”“科技人才成长服务计划”“提能力强学会行动计划”和“抓组织建家园工作计划”五项计划为主要内容，明确了到2018年省科协工作的目标任务。

修改完善省科协常委联系点制度，在61个县（市、区）建立联系点，2014年23名常委深入基层。建立省科协党员干部直接联系群众制度，省科协处级以上党员领导干部全年累计深入基层274次、359天。

开展机关效能建设，修订、制定机关各类规章制度33项，省科协机关被评为省直机关效能建设先进单位。围绕建设“知大局、懂本行、干实事”的科协干部队伍，组织200多人次省科协工作人员参加各类培训，进一步提高服务科技工作者的能力。

2月8日，省科协召开党的群众路线教育实践活动总结大会。省委第四督导组组长周本银出席会议对省科协教育实践活动取得的成绩给予肯定。

地市县及科协基层组织 截至2014年年底，安徽共有省辖市科协16个，县级科协106个，街道（社区）科协455个，乡镇科协1248个，农技协3815个。地市县级科协2014年共举办科普宣讲活动5310次，开展实用技术培训6051场次，推广新技术新品种1873项，参加活动的科技人员数量达11.3万人次，受众人数逾600万人次。

合肥市基层科普活动场所覆盖96%的乡镇、街道。淮北市科技馆建成并对外开放。亳州市科协积极探索依法维护科技工作者合法权益的合作机制。宿州市科技馆开工建设。蚌埠市科协开展“百名专家进百企”活动。滁州市科协探索“五位一体”的科普信息化宣传模式。六安市政府出台《关于加强青少年科普教育工作的意见》，针对领导干部和公务员开展公民科学素质问卷调查。马鞍山市科协联合市委宣传部、市总工会开展“马鞍山市科技工作者‘讲理想、比贡献，为实现中国梦而奋斗’演讲竞赛活动”。宣城市科协开展“百高联百企、科普进万家”活动，组织市级学会和科技工作者为企业技术创新服务。铜陵市科协开展首届市优秀科技工作者评选表彰活动。安庆市科协组织有关专家对市公用事业建设进行调研，形成对策建议，市委、市政府给予肯定并采纳。黄山市政府与所属县区政府、县区政府与所属乡镇（街道）签订《全民科学素质目标责任书》，推进《纲要实施方案》各项目标任务的层层落实。

肥西、濉溪、繁昌等县财政奖补科普惠农计划先进单位和先进个人。全椒县开展科普暨全民科学素质先进集体和先进个人评选工作。利辛、临泉、含山、南陵、泾县、太湖等20个县开展中国流动科技馆安徽巡展活动，五河县科协建设乡村户外型科普屏媒。太和、定远、宿松、当涂等县科协举办2014年科普惠农兴村“百万工程”培训班。合肥市包河区、天长市、歙县设立“青少年科技创新奖”。来安、金寨、枞阳等县科技馆开馆。长丰县委组织部印发《长丰县乡镇、双凤开发区科协组织建设实施方案》。休宁县科协联合县委组织部出台《关于加强全县基层科协组织建设工作的实施意见》。合肥市庐阳区印发《关于进一步加强科普志愿者队伍建设的通知》。

省级学会、企业科协、高校科协 截至2014年年底，安徽省共有省级学会158个，会员208648人。2014年新成立省级学会2个，25个省级学会依法按章完成换届工作，45个省级学会调整充实理事会。企业科协262家，会员72822人。全省共有9所高校成立了科协组织，个人会员6499人。

省循环经济研究会的“多功能大循环农业前途无量”研究成果得到李克强总理批示。省计算机学会、省园艺学会分别举办“大数据分析与应用”“园艺科技发展”博士科技论坛，省抗癌学会举办国际肿瘤防治博士科技论坛，促进对外合作交流。省医学会、地质学会、水利学会、护理学会等省级学会开展科技奖励、科技工作者表彰，累计表彰奖励科技工作者978人次。

40余家省级学会承接了60余项政府转移职能，省测绘学会因承接政府转移职能成绩突出，得到全国学会的表彰。省公路学会、机械工程协会、消防学会、药学会、科学家企业家协会等10个省级学会荣获省“百优社团”称号。

六安、马鞍山等市科协联合有关部门，印发了进一步加强企业科协组织建设的意见。永新股份有限公司、滁州热电厂、安徽振扬农林生态开发有限公司、安徽天康（集团）股份有限公司等新成立企业科协组织。马鞍山钢铁集团公司科协召开第六次代表大会，选举产生新一届领导集体，开展“讲比”活动，公司800余名科技工作者参与。

安徽工程大学科协开展海智工作，邀请9名海外专家来马鞍山交流洽谈。合肥工业大学科协吸引在籍学生参与科技研究创新活动。黄山职业技术学院等高校新成立科协组织。

【安徽省科协九届四次全委会议】 12月18日，安徽省科协九届四次全委会议在合肥市召开，省政协副主席、九三学社省主委、省科协副主席、合肥工业大学副校长赵韩当选安徽省科协第九届委员会主席。省科协党组书记、常务副主席王洵主持会议。

赵韩表示，将恪尽职守、脚踏实地、尽职尽责，虚心学习，不断提高履职能力；真抓实干，推动科协事业创新发展；加强作风建设，保持清正廉洁。他希望全省各级科协组织进一步增强大局意识、责任意识、争先意识，以更大的工作热情、更加饱满的精神状态投入到科协事业发展中，不断开创科协工作新局面。

【第六届中国（芜湖）科普产品博览交易会】 11月7—9日，第六届中国（芜湖）科普产品博览交易会在安徽省芜湖市举办。中国科协党组成员、书记处书记徐延豪，省委副书记李锦斌，省委常委、副省长陈树隆，中国科协原副主席徐善衍，总装备部科技委顾问唐贤民少将，解放军装备学院副政委孙南京少将，航天员大队特级航天员张晓光，省人大常委会副主任沈卫国，省政协副主席赵韩，中国科学院院士胡文瑞，中国工程院院士刘文清，中国科协党组成员、中国科技馆馆长束为等出席开幕式。李锦斌宣布科博会开幕。徐延豪、陈树隆致辞。

第六届科博会以“共建创新平台、发展科普产业”为主题，以“专业化、精品化、国际化”为目标，展示了我国近年来科技发展和科普产业发展成就。来自中国科学院、国防科工局、中国科技大学、上海科技馆等著名高等院校、一流科研院所、知名科技馆及众多科普产品研发、生产单位携最新科技成果和科普产品参展。美国、英国、法国、德国、俄罗斯、澳大利亚等国家和台湾地区的25家展商参展科博会，成为展会一大亮点。本届科博会展品丰富，“玉

兔号”探月车模型、商用大飞机 C919 模型，契合安徽省新兴产业发展的智能机器人、新能源汽车、3D 打印、光伏发电，以及与群众生活密切相关的智能手机展品、智能安防展品等纷纷亮相，为公众上演一场精彩的“科普盛宴”。科博会期间还举办了全国高层次科普人才培养研讨会、2014 科学传播论坛、院士报告会、航天科普知识报告会、探月工程科普报告会、海峡两岸“玩转牛顿仿生机器人邀请赛”等活动。展会期间，观众达 13.5 万人次，交易及协议交易额 4.2 亿元。

【2014 年全国科普日安徽主场活动】 9 月 20 日，由省科协、省教育厅、省科技厅、中国科学院合肥物质科学研究院、合肥市政府共同主办的 2014 年全国科普日安徽主场活动在合肥市包河区滨湖世纪社区举行，省委副书记李锦斌，省委常委、副省长陈树隆和社区居民一起参加主场活动。全国科普日以“创新发展、全民行动”为主题，通过围绕创新引领未来、创新改变生活、创新在我身边、创新圆我梦想等方面开展科普宣传活动，激发公众创新创造热情。李锦斌、陈树隆一行观看了“创新发展、全民行动”大型科普展览和青少年科技创新大赛成果展以及大学生科普创意创新大赛成果展等，参观了社区科普活动室，并同参加广场科普服务活动的学会工作者、科技专家交谈，询问开展科普咨询服务的情况，向积极参与创新实践活动的青少年学生提出了殷切期望。9 月 20—26 日科普日期间，省科协通过“安徽科普”微博平台，动态发布科普日活动相关信息，组织公众参与中国科协“公众创新擂台”活动。各市、县科协也通过官方微博、微信进行宣传报道，广泛发动公众通过网络参与全国科普日活动。全省各地围绕活动主题，举办主场联合行动、科普开放日、社区科普益民行动、农村科普惠农行动、青少年科普联合行动，组织开展科普咨询、科普展教、科普报告等 300 余场科普活动，在全社会广泛普及科学知识、倡导科学方法、传播科学思想、弘扬科学精神，形成“讲科学、爱科学、学科学、用科学”的良好社会风尚，促进公众科学文化素质提高。

【第四届皖台科技论坛暨科技创新项目对接会】 9 月 24—30 日，省科协联合省皖台交流协会、台湾科技产业协会等举办的第四届皖台科技论坛暨科技创新项目对接会在台湾地区昆山科技大学开幕。

论坛以“区域科技经济合作与发展”为主题，开设了青少年科学教育、气象科技、低碳交通三个分论坛，在前三届论坛的基础上，交流领域进一步扩大。本着促进皖台两地科技经济合作与发展的宗旨，论坛共洽谈对接了近 20 个项目，内容涉及新能源、新材料方面的投资意向，两地高科技园区间、高校间的长期合作，两地青少年之间的科技交流活动以及两地科技团体的交流合作等。其中，安徽工程大学与台湾昆山科技大学缔结姐妹学校、芜湖高新区与台湾科技产业协会科技项目引进、安徽省青少年科技教育协会与台湾文士科普研发中心青少年科技教育项目等 8 个合作项目成功签约。

安徽省代表团着重向台湾有关协会、企业、科技园区介绍安徽投资政策，推介中国（芜湖）科普产品博览交易会、马鞍山电子信息博览会，并在青少年科学教育创新发展、科普场馆规划设计、休闲观光农业管理等方面与台湾有关单位达成了合作意向。

（撰稿人：席　蕾）

福建省科学技术协会

服务经济社会发展　2014 年，福建省科协提交福建省政协提案 23 项，发布 21 个福建省自然学科研究报告。举办学术沙龙 7 场，组织专家、学者、企业家建言献策，形成专题报告 7 个，其中《实施创新驱动推动福建发展》和《加强生态文明示范区建设》2 个专题报告报送省委、省政府后被批转有关部门。组织有关省级学会、高校科协、设区市科协开展 31 个重点课题和 31 个一般课题研究。与省政协科协界联合开展“科技社团承接政府转移职能”专题调研，形成《科技社团承接政府转移职能调研报告》等 2 个专题报告。省委《八闽快讯》、省政府《今日要讯》刊载科协信息 29 篇，其中省科协举办海洋战略咨询会形成的《省科协组织我省企业与院士对接取得良好成效》被作为《八闽快讯》专报件。省老科协关于农业特色优势产业调研报告得到省领导的批示。省级学会共提交决策咨询报告 194 篇，获领导批示和部门采纳 47 篇，反映科技工作者建议 393 条。省科协立项资助《福建生态文明建设与发展问题研究》重大专项 1 项，重点项目 27 项，一般项目 30 项；资助省级学会等单位开展重点学术活动 125 项。

2014 年，福建省 41 个农技协、10 个农村科普示范基地、14 个社区和 15 名农村科普带头人获中国科协、财政部2014年基层科普行动计划先进单位和个人联合表彰。省科协联合省财政厅表彰了30个农技协、24个农村科普示范基地、25名农村科普带头人和36个社区。

省科协邀请院士211人次、专家664人次来福建，对接院士专家项目43项。承办中国科学院科学论坛、中国工程院工程论坛各2场，开展人才项目与资本对接会、院士八闽行、院士农业行、院士核电行、院士能源行、院士海洋行等活动6场，举办现代农业、海洋发展等决策咨询会4场，院士专家科普讲座、学术报告146场，项目合作148项，提发展建议26条，解决技术难题45个，促进《泉州制造2025发展纲要》及《2020行动计划》编制工作，推动省政府出台《关于支持泉州加快推进“数控一代”促进智能装备产业发展的若干措施》。截至2014年年底，新建院士专家工作站34家，省级院士专家工作站达129家，进站院士117名、院士团队专家757名，开展合作项目442项，总投资260多亿元。

6月18日，省科协邀请42位院士、126位专家参加省委、省政府组织的第十二届中国海峡项目成果交易会，现场签订15个院士专家项目合作协议，总投资额38.40亿元。

开展“讲理想、比贡献”活动。1724个企业参加“讲理想、比贡献”活动，4.1万名科技工作者参与活动，立项3441项，提出合理化建议5654条，被采纳4134条。节能降耗、减排增效项目获立项617个，节约资金1.2亿元。

全省新建企业科协44个，引进院士、专家169名，其中院士30人，专家139人，开展技术专利培训3次，302人参加。开展技术咨询、技术转让、技术开发、技术服务活动2900项。组织院士专家扶持8个扶贫开发工作重点县，并为每县支持5万元资金，作为扶贫款项。

福建“海智”基地与中国科协合作建立福建“海智”基地三明市、龙岩市工作站，在永泰市建立中国科协海智专家服务站。促成国家“千人计划”特聘专家陈忠苏与福州维胜信息技术有限公司签订“共建云计算平台系统”合作协议；日本专家徐会连与福建江山美人茶业有限公司达成生产有机茶叶合作协议；瑞士瑞中经济科技文化交流中心与三棵树涂料股份有限公司签订“纳米涂料技术”合作意向；引进美国项目“近海海马养殖”、日本项目“多功能电子黑板”，产值达1000多万元。邀请新西兰科学家高益槐到三明市调研生物医药产业和现代农业，分别与泰宁、建宁、明溪县政府签订战略合作框架协议。

省农函大积极开展农业五新技术培训。举办培训班1568次，发放教材3.1万册，培训农民4.8万人次，大学生村官107人次，基层农技协领班人128人次。面向全省22个水土保持重点县开设培训班50个。

《科学素质纲要》实施及科普工作 省科协与福州、莆田、厦门、漳州、泉州、三明、龙岩、南平、宁德9个设区市政府签订了《落实全民科学素质行动计划纲要共建协议》。

全省各地、各省级学会及企事业单位全年组织开展2186多项科普活动，参与群众419万人次。省科协参与组织了科技文化卫生“三下乡”、科技·人才周、防灾减灾日、食品安全日等活动，捐资30万元支持闽清县云龙乡开展科普建设。持续开展“万名科技人员服务百万公众”活动，面向青少年、社区居民等群体，举办海西科普大讲坛52场，受益公众近万人次；科技馆进校园活动受益公众1782人次；举办海西少年科学家俱乐部7期、科普夏令营（冬令营）18个，507人参与；举办第八届福建省国际英语科普夏令营，140余人参与。围绕“创新在我身边”开展青少年科学调查体验活动，近2万名学生提交数据。组织编印并出版发行农村和城市科普挂图40万张。省科协在全省54个市、县（区）电视台开播《科普新说》，在福建导视频道开辟“科普之窗”栏目，播出时长达18000分钟。拍摄制作并在福建电视台黄金时段播放科普公益广告。

全省新启动或在建的科技馆、科普专业馆10个；新建社区青少年科学工作室31个。截至2014年年底，全省已建设163个、新命名23家省级科普教育基地，共有全国和省级科普教育基地193个。福建科技馆老馆全年接待参观和活动人数40多万人次。福建省科技馆新馆建设已进入三层结构施工阶段和内部装修阶段，预计2015年6月结构封顶，总面积91127平方米。福建数字科技馆年浏览量160多万人次，连续第三次被中国科技馆评为年度中国数字科技馆优秀二级子站点。完成福建数字科普教育基地网站一期建设，42个省级科普教育基地的数字化科普内容上线共享，网站总点击数超过100万次。开通“福建科普”微信平台，公众总阅读数近6万次。举办首届福建省新媒体科普创作大赛、福建省青少年科学素养网络竞赛和农村妇

女科学素质网络知识竞赛，近30万人次参与网络竞答。

省科协、省财政厅投入专项资金327.75万，扶持6个设区市科协、23个县市区科协的农村科普资源共享服务体系和流动科普展教体系建设。新增科普大篷车2辆，在龙岩、莆田、南平和宁德等设区市48个老区、山区县开展流动科技馆巡展，受益公众91万余人次。

在三明市举办第29届福建省青少年科技创新大赛、在晋江市举办第12届福建省青少年机器人竞赛、在厦门大学开展中学生英才计划等活动，参与青少年120万人次。省科协牵头海峡两岸有关单位在福州举办第十三届海峡两岸大学生辩论赛，两岸各8支高校代表队参赛。

学术交流 9月1日至10月30日，第十四届福建省科协年会在全省各地举行，设置了分会场51个和子活动9项，交流学术论文4500多篇，期间举办了福建省实施创新驱动发展战略座谈会。

福建省实施创新驱动发展战略座谈会

承办主题为“两岸科技惠民与两岸互动发展”的第六届海峡论坛·2014年海峡科技专家论坛主会场及7个分会场活动，10余个省、自治区、直辖市的950多名代表和台湾地区59个科技社团、60余个经济组织和社会组织的350名代表参加，提交论文300多篇，签约合作项目30多项。组织两岸的200余名专家、学者，在江苏省南京市参加第七届海峡两岸科普论坛，交流论文139篇。牵头举办两岸科技社团对接交流会，59家台湾地区科技社团与福建对口省级学会进行“一对一”对接交流，签订互动交流协议。

服务科技工作者 联合省科技厅、省教育厅开展第十一届福建省自然科学优秀学术论文评选，评出一等奖34篇，二等奖110篇、三等奖202篇。评选表彰第四届福建省优秀科技工作者30名、第二十一届福建运盛青年科技奖获得者10名、第六届紫金科技创新奖获得者10名，表彰第十二届福建青年科技奖获得者30名，推荐第六届全国优秀科技工作者候选人18名。在省科协设立《中国科学报》福建记者站，在《福建日报》开辟“科技工作者之家”专栏，大力宣传福建省优秀科技工作者先进事迹。争取到“吴孟超青年医学科技奖”在福建设立。

配合中国科协对福建省科技工作者科研伦理意识和状况进行调查，发放、回收问卷共650多份。组织福建省科技工作者状况调查、福建科技人力资源调查，完成福建科技工作者数量统计和《2013年福建省科技工作者状况调查报告》并出版发行。开展福建省科技工作者职称状况和继续教育调查工作，下发问卷1700份。省科协被中国科协授予2014年度全国科技工作者状况调查优秀调查区域责任部门。

与省直有关部门联合，组织中国科学院院士赵鹏大、吴新智、焦念志等5位院士、专家进高校、科研院所，开展科学道德与学风建设院士巡讲活动，受众3000人次。

自身建设 省科协做好群众路线教育实践活动整改工作，落实整改任务26项，专项整治22项，制度建设16项。省科协举办学习习近平总书记系列重要讲话精神读书班等中心组学习会19次，学习交流研讨会12场，主题报告会7场。召开纪念中国共产党成立93周年大会，大会进行了党史传承和党的先进性教育，表彰先进基层党总支（支部）8个、优秀共产党员21人、优秀党务工作者15人、先进工作者9人。全省建立了省、市、县（区）级学会2361个，企业科协1779个，农村专业技术协会2190个。规划将省科技馆老馆改建成“福建省科技工作者之家”。全年组织走访慰问院士213人次、专家47人次，组织科协“委员之家”活动2次。

省科协机关党建工作在省直部门党组（党委）书记机关党建工作汇报会上作专题汇报。组队参加“祖国在心中·梦想伴我行”省直机关第二届业务技能比赛，荣获一等奖。承办西藏林芝地区科协主席及科普带头人培训班，开展对口援助西藏林芝地区工作。省科协通过了第十二届省级文明单位考评。

地市县及基层科协组织 各地科协配置科普大篷

车达12辆，年受益公众18万人次。成立乡镇农技协136个，基层专业农技协397个，全省88个涉农市、县（区），已成立80个县（区）农技协，占全省的89.8%。

厦门市科协促成中国生物化学与分子生物学会与厦门生物医药港签订全省首个全国学会产业科技创新战略合作协议。

福州市科协推动签订《福州市与复旦大学签订全面合作协议》《福州市与北京师范大学签订全面合作协议》。

莆田市科协邀请中国工程院院士、中国水产科学研究院黄海水产研究所研究员雷霁霖等13位院士，就海洋碳汇、水产养殖等方面提出建议，协助省科协举办“综合开发海洋资源，推进海洋经济可持续发展学术沙龙”。

漳州市科协促成省花卉协会与漳州市政府共同举办第十六届海峡两岸花卉博览会。博览会期间，共签约外资、民企、央企“三维”项目88个，总投资409亿元，项目涉及工业、农业、商贸流通、城市建设、社会事业等多个领域。

泉州市科协组织开展全市院士专家工作站建设专题调研，形成《泉州市院士专家工作站建设三年行动情况》专题报告，获市委书记黄少萍等批示表扬；争取市委、市政府首次发文加强科协工作，出台《关于进一步加强和改进新时期科协工作的实施意见》；争取市委组织部将企业科协工作纳入非公企业党建工作体系，首次编入《非公有制党的建设》工作内容；与泉州沃商联合会、泉州电视台合作，共建“创新科普工作室”，打造《科学家园》科普电视专栏；搭建全省科协系统首个“海外智力”科技服务平台。与瑞士瑞中经济科技文化交流中心签订“共建瑞泉科技合作交流服务平台”协议，促成与本益、泰好康、福建高科日化等公司签订合作项目协议，与申鹭达公司达成共建“海智项目展示馆”的合作意向。

宁德市科协建立“微科普”信息化平台，实现网站、官方微博、微信平台三位一体的宁德科普宣传新模式。科普日期间，组织宁德市首届网络科普作品创作大赛，通过在线征集形式，向全社会征集“节约能源资源，保护生态环境，保障安全健康，促进创新创造”等方面的影视（含动画）、广播、平面以及创意脚本类科普作品107件，入围作品32件。活动被评为“2014年全国科普日活动优秀网络在线活动”。

省级学会、企业科协 福建共有省级学会152个，2014年新成立企业科协44家，企业科协发展至1724个，全年新增企业科协会员958人。出台《关于加强新时期企业科协工作的意见》。

全年省级学会共召开各类学术会议688场，交流论文20454篇，其中参与的企业科技人员为2万人次。为提升学会服务能力，承接政府转移职能，省级学会配合省科协与省政协科协界联合开展“科技社团承接政府转移职能”专题调研，省医学会受省经济和信息化委员会委托，承接调整《福建省级医药储备目录》工作等3项职能；省电机工程学会承接福建省电力公司“科技项目后评估”等多个技术咨询项目；省土木建筑学会参与8项国家与地方行业标准编写工作。据统计，全省有1/3省级科技社团不同程度承接了政府转移职能。省级学会创新学术工作模式，开展联合办分会，促进各学会跨学科间的行业科技交流和学术借鉴与融合。省环境科学学会等多家省级学会联办学会分会场；省农学会加大了对台农业科技合作，与多家台湾地区协会签订合作协议，促进两岸农业科技事业发展。

全年组织企业科协科技信息服务项目推广培训会2场，共培训197家企业的101名科技主管和302名专利应用工程师，培育企业应用典型案例18个，创造经济效益2.81亿元，项目实施成效被中国科技咨询服务中心评为优秀。

启动开展中国科协“企会协作创新联盟”建设，福州高意光学有限公司与福建省光学学会合作的“光栅的研发与产业化”项目、福建禾丰种业有限公司和福建省种子协会合作的“选育优质高产杂交水稻新品种及配套高产制种技术等示范推广”项目获得B类项目15万元资助。

福建华电漳平火电公司科协开展2014年“三比三促”技术比武活动，计划用三年时间，开展40多项包括技术、技能、管理、服务等在内的岗位技术、技能大比武活动。通过比技术、比能力、比业绩，全面促进职工岗位练兵、促进职工素质提升，促进职工成长成才，实现该公司“新一轮创业、创一流企业”目标。福建春驰集团新丰水泥有限公司科协召开第二届代表大会，选举产生第二届代表大会委员12名。

【第十四届福建省科协年会】 9月1日至10月30日，省科协主办的第十四届福建省科协年会在全省各地举行。设置了农村饮用水源地保护学术沙龙、造

纸产业发展学术沙龙、国际高层学术讲坛、生态环境与资源循环讲坛、海峡两岸专家报告会等年会分会场51个，科学道德大讲堂、学术进校园等子活动9项，交流学术论文4500多篇。年会期间，促成会企合作、校企合作对接成功项目80多项，总投资约26亿元，产生直接经济效益40多亿元。期间举办了福建省实施创新驱动发展战略座谈会，组织省内外50多名院士、专家，围绕实施创新驱动推动福建发展和加强生态文明示范区建设提出意见建议。举办了主题为“现代农业和生态文明”的第十届青年学术年会，800多名青年科技工作者参加。

9月16日，第十四届省科协年会主会场在福建农林大学举行，会议由省政协副主席、省科协主席、中国科学院院士郑兰荪主持，大会邀请中国工程院原副院长沈国舫，国家“千人计划”专家陈忠苏，台湾清华大学原校长、院士陈力俊作专题报告，省政府副省长洪捷序出席会议并讲话。解放军总装备部科技委委员曹保榆，省人大常委会副主任刘群英，省政协副主席陈少军，两院院士谢联辉、谢华安、付贤志、焦念志，九届省政协副主席陈家骅等出席了会议和活动。

会上颁发了第四届福建省优秀科技工作者奖、第十一届福建省自然科学优秀学术论文奖、第二十一届福建运盛青年科技奖、第六届紫金科技创新奖等奖项，举行了10项高校、省级学会与企业科技合作项目签约仪式。会后，与会人员参观了在福建农大拓荒广场展示的各类科技作品。6位两院院士和省人大、省政府、省政协领导，省级学会及本省高校师生代表1000多人出席主会场活动。

【十二届中国海峡项目成果交易会院士项目签约授牌】 6月18日，省科协邀请了42位院士、126位专家参加省委、省政府组织的第十二届中国海峡项目成果交易会（简称“6·18”）院士项目签约授牌仪式。中国工程院院长周济院士，中国工程院副院长樊代明院士，福建省副省长洪捷序，以及省直有关部门领导出席签约授牌仪式。省委组织部副部长杨国豪在会上致辞，省科协党组书记、副主席梁晋阳主持仪式。与会领导为福建省肝病科学院研究中心等10家示范院士专家工作站和新成立的34家省级院士专家工作站授牌。“6·18”组委会办公室和省科协签订了《院士专家工作站入驻“6·18”虚拟研究院框架合作协议》，会上共现场签订15个院士专家项目合作协议，包括中国工程院院士李德发与福建新正阳饲料科技有限公司签订的饲料配方的优化研究与产品开发项目协议，中国科学院院士张钹与祥兴（福建）箱包集团有限公司签订的大数据环境下的智能信息管理项目协议，中国科学院院士黄路生与福清市永诚畜牧有限公司签订抗腹泻、多肋种猪新品系培育及美系猪多产仔数基因研究项目协议，中国工程院院士侯立安与泉州市天龙环境工程有限公司签订的用于废气中有机溶剂回收的干法氮气脱附技术研发及产业化项目协议等，总投资额38.40亿元。

【全国科普日福建省主场活动】 9月20日，以“创新发展，全民行动”为主题的全国科普日福建省主场活动在福州市举行。省委常委、省教育工委书记陈桦，省政协副主席薛卫民等领导出席，省全民科学素质工作领导小组成员单位的领导和代表、各界专家、科技工作者、社区居民等1000多人参加了主场活动。

主场活动由科普展示区、科普互动区、科普咨询区、湿地科普区、亲子种植区和科普文艺表演六个活动版块组成。科学表演、青少年科学体验、古典益智游戏、机器人竞赛、科普大篷车、3D打印展示、学会咨询服务等集知识性和趣味性于一体的内容吸引了大量观众驻足。

2014年全国科普日福建省活动围绕“创新引领未来，创新改变生活，创新在我身边，创新圆我梦想”活动主线，面向全省公众开展形式多样、丰富多彩的科普活动。科普日期间，福建省各级全民科学素质工作领导小组、学会及企事业单位组织开展了300多项重点活动，全省各类科普教育基地在科普日期间免费向公众开放。

2014年福建省全国科普日活动除了各类丰富的科普展示互动外，还突出了网络科普特色。运用互联网、手机、移动终端等新媒体手段，广泛发动公众通过网络参与全国科普日活动，科普公益广告、福建科普微信平台完成制作并投入使用，福建省科协联合省直相关单位举办首届福建省新媒体科普创作大赛、首届福建省青少年科普网络竞赛，并组织参与2014年农村妇女科学素质网络知识竞赛等。

【福建省海洋发展战略咨询会】 12月17日，中国工程院海洋工程项目组与福建省科协、省发展改革委、省海洋渔业厅等省直有关部门，联合召开福建省海洋发展战略咨询会。中国工程院原副院长潘云鹤院士，中国工程院院士唐启升、吴有生、周守为、曾恒

一、麦康森，30 名国家科研院所、高校专家，以及省科协、省发展改革委、省海洋渔业厅等省有关部门及职能处室负责人出席会议。

省科协党组书记、副主席梁晋阳主持会议。省发展改革委副主任余军在会上介绍了福建建省海洋经济发展总体情况。中国工程院海洋工程项目组的院士、专家针对福建海洋产业发展的宏观性、战略性问题，提出有针对性、前瞻性的对策建议。

潘云鹤院士建议，福建要加强海洋媒体观测系统建设，发展海洋电子信息产业，开展网上丝绸之路建设。唐启升院士建议，发挥福建海洋渔业优势，积极开展远洋捕捞。曾恒一院士建议，走差异化发展道路，构建海洋渔业、海洋生物、海洋养殖、海洋产品加工、海洋药品等产业链。希望福建加强渔船配套设备、游艇制造、船舶修理、海水淡化、潮汐利用等方面研发，形成福建海洋特色产业。周守为院士建议，福建要发挥石化产业优势，建设全国乃至世界领先的 LNG 高新产业体系；发挥台海优势，谋划通往台湾地区的 LNG 的海底管线；抓住国家实施海洋强国的机遇，研发制造有助于南海海上维权、三沙建设的船型。麦康森院士建议，福建海洋养殖要走可持续发展的道路，发展离岸养殖、深海养殖、远海养殖。

中国海洋大学教授杨作升建议，福建要建立海洋三维灾害监测系统，如运用空中无人机、水下无人机等手段开展全天候监测，建立可覆盖台湾海峡的地波雷电达站，运用市场手段解决海洋灾害监测经费来源问题。华东理工大学教授张元兴建议，福建要注重发展高端正海洋产品加工业，合理布局海洋医药制造业。中国科学院海洋研究所研究员张国范建议，政府部门要加强积极提供对渔民的服务，解决海洋灾害环境预警预报问题，提供海洋灾害监测基础数据服务，解决渔民灾后保险服务问题，增强渔民受灾后的再生产能力。中国船舶重工集团公司 702 所研究员赵峰建议，在我国经济发展新常态下，福建船舶制造应高度关注和因应市场机制。中国环境科研所研究员雷坤建议，福建港口发展要与海洋环境保护有机结合起来。

（撰稿人：邱雪如）

江西省科学技术协会

服务经济社会发展　2014 年，省科协组织申报并完成中国科协国家级科技思想库课题任务 2 个，开展决策咨询课题 11 项。6 篇专报获得 7 位省领导 10 次重要批示，其中，省委书记 1 次，省长 2 次，省委副书记 2 次，省委常委、赣州市委书记 2 次，3 位副省长 3 次。

2014 年，全省共有 21 个农村专业技术协会、14 个农村科普示范基地、13 位农村科普带头人和 18 个科普示范社区获奖补表彰，奖补金额 1125 万元；9 个农村专业技术协会、11 个农村科普示范基地和 20 个科普示范社区获省级基层科普行动计划奖补表彰，资助金额 520 万元。

开展“讲理想、比贡献”活动。6 月份召开“讲、比”领导小组会议，调整了“讲、比”领导小组及其办公室人员组成，讨论通过了“讲、比”活动《表彰奖励办法》、《表彰奖励工作实施方案》、《表彰奖励通知》等。全年参加“讲、比”活动的企业（园区）108 家、科技工作者约 15000 人次，“讲、比”活动立项约 2000 项，提合理化建议约 3000 条，被采纳建议约 2000 条。全年新建企业科协 5 个、省级园区科协 29 个；全年新增省级院士工作站 28 家，柔性引进院士 31 人、院士团队专家 200 余人，签订合作项目 66 项。目前，全省共建立院士工作站 50 家，柔性引进院士 82 人、院士团队专家 600 余人；建站及项目经费投入约 4 亿元，产生直接经济效益 20 多亿元。“海智计划”引进外国专家 7 人。举办技术创新方法培训 1 次，参与的企业科技工作者 100 余人；完成技术合同认定登记项目 87 项，合同总额 535 万元。

《科学素质纲要》实施及科普工作　2014 年，江西省政府与中国科协正式签订《落实全民科学素质行动计划纲要共建协议》。动员组织科技专家、学者等各类科普志愿者 5200 多名，在全省 100 个县（市、区），开展社区科普活动 200 多场、农村科普活动 150 多场、学校科普活动 120 多场，直接参加活动的社区居民约 94730 人次、农村人员约 76300 人次、学生约 78900 人次。举办青少年科技竞赛 17 次，参赛人数 365230 人，获奖人数 1500 余人。在 11 个设区市、93 个县（市、区）的社区面向公众组织开展了 122 场科普报告，其中院士科普报告会 1 次。举办科技培训 4410 次，参与科技工作者 4161 人次，受众 361200 人次。编写科普期刊 2 种，共 9 万册，科普挂图 3 万册，共计 30 万张；编印科普专著 1 本；编写系列科普读物 8 本。举办科普展览 26 次，展出科普展板 240 余块，科教展品 20 余件，免费发放各种科普资料 30000 余

份，义务就诊500人次。创建科普示范县30个，命名了13个创建村为省级“党员科普致富示范村”。命名49个精品农技协、81个优秀科普示范基地和63个优秀科普示范社区。命名14个单位为江西省科普教育基地。科普大篷车行程5000多千米，开展科普宣传活动20余次，受益公众8万人次。在吉安、赣州、宜春的17个县（市、区）组织中国流动科技馆巡展活动，受益公众达80万人次。全省各级农函大共举办各类实用技术培训班4410余班次，累计培训农民36万余人次。新建科普活动站24个，参加培训人数2000人，培养科普志愿者11300名。

学术交流 2014年，省科协共举办学术会议44次，参加人数6350人次，其中国际学术会议4次，参加的国外专家学者50余人，交流学术论文500余篇。举办各类学术活动近600次，参加人数5万余人次。举办直接服务县域经济发展的“江西科协学术沙龙”18期，为县域经济和产业发展把脉问诊、献计献策。以“科技创新推动发展升级”为主题，举办第三届江西省科协学术年会，共设1个主会场和41个分会场，7500多名科技工作者踊跃参会，提交学术论文1500篇。与省委组织部共同实施资助优秀青年科技人才赴国外开展学术交流和业务进修的“远航工程”，2014年评选出92位优秀中青年科技人才获得项目资助，资助人数比2013年44人翻了一番，资助金额620.2万元（含申报单位配套260.2万元），比2013年的300万元翻了一番。

服务科技工作者 2014年，省科协推荐的王海宁等14名同志获中国科协“全国优秀科技工作者”称号，邓晓华同志获“十佳全国优秀科技工作者”提名。建立了13个全国和13个省级科技工作者状况调查站点，全年共报送115条信息，其中有效信息90条，有4条被中国科协选用。开展了以“乡村情·科技梦”为主题的优秀农村基层科技工作者推选宣传活动。全年出版12期《江西科协》，宣传优秀科技人才20余名。开展向杨衍忠同志学习活动，面向全省科协系统及红角洲高校片区、江西财经大学、东华理工大学、赣州校区省属高校举办杨衍忠同志先进事迹宣讲报告会。经省科协举荐，中国科协追授杨衍忠同志“全国优秀科技工作者”称号，并成为“老科学家学术成长资料采集工程”江西第一人。

自身建设 4月9日，召开江西省科协第七次代表大会。大会总结了以往五年的工作，提出了今后五年工作的指导思想和目标任务，选举产生新一届科协领导班子。

地市县及基层科协组织 截至2014年年底，全省科协系统有11个设区市科协，100个县（市、区、局）科协，农村、企业、院校、街道社区科协等2300余个，全省农技协数量达到2682个，会员总人数达到46.12万人。

南昌市科协启动“农业科技110热线电话”，坚持专家电话值班制度，回答农民提出的关于农业生产中遇到的各种问题，完成专家进村入户上门服务50户，为农民排忧解难。

截至2014年年底，九江市科协共建立院士工作站11家（其中3家被批准为省级院士工作站）。柔性引进“两院”院士12人、专家60多人。

景德镇市科协开通了江西省首个地市级科协官方微信平台——“景德镇科协微科普”，平台设置了科学视点、科技人物、农村科普、社区科普、科普基地、陶瓷科普、科协工作等主题栏目，每天推送1期。自开通以来已上传各类动态、知识信息1500余条。

萍乡市科协重视科普志愿者队伍建设，不断发展科普志愿者队伍。2014年全市新登记注册科普志愿者1072人。

鹰潭市科协坚持“乐活鹰潭，优雅科普”的理念，将科普文化园建设纳入鹰潭城市建设总体规划当中，努力打造连接滨江老码头广场、火车头广场、东湖公园、冬泳场、月牙湖公园、枫山植物科普园及信江北岸的十里滨江科普主题园，展示科普知识。

赣州市科协积极探索新形势下科普宣传方式，着力拓展现代科普信息化渠道，在全省率先实施科普电子画廊，投入资金100万元，建立了覆盖全市18个县（市、区），重点分布在中心城区（章贡区）、赣县、南康区、瑞金市的第一批电子科普画廊项目300个终端播放点，已建成科普电子视频网络总控制中心、电子科普影像节目制作中心和科普视频信息传输网络。

宜春市科协以艺术的形式展现科普知识，实现科普宣传与文化艺术的融合，在全市开展了“新农村、新社区、新生活”行动计划之“科普惠民·送戏下乡”活动100多场次，在袁州、丰城、樟树的40多个乡镇、社区，免费为群众下乡演出40多场，发放科普宣传资料8万余份，免费赠送价值20余万元的皮肤病药品和节能手电筒，参与科普志愿者达1000余人，惠及市民逾8万人次。

上饶市科协的“科普短信”服务在每周的星期六、日或节假日期间，向市直机关科级以上领导干部发送1～2条科普短信，内容包含科学养生、饮食误区、生活技巧、传统文化、历史故事及社会时政等科普知识，累计发送科普短信50000多条。

吉安市科协的科普作品创作率先设计推出了以“3D打印”为主题的科普动漫作品。

省级学会、企业科协、高校科协 截至2014年年底，全省共有省级学会（协会、研究会）125个，会员39万余人。省级学会开展学术交流活动近600次，先后邀请数十位院士和国内外知名专家来赣进行学术、技术指导和讲学，参加人数50000多人次。

现有企业科协58个，国家级园区科协10个，省级园区科协40个，会员38000人。2014年新建企业科协5个，省级园区科协29个。高校科协11个，会员3000余人。

2014年，新成立景德镇陶瓷学院、江西工程学院、赣南师范学院科协等3个高校科协。

【江西省科学技术协会第七次代表大会】 2014年4月9—10日，江西省科学技术协会第七次代表大会在江西省南昌市召开。江西省委书记强卫出席大会开幕式并讲话。500多名来自全省各战线的科技工作者代表出席会议。江西省政协副主席、省科协主席李华栋主持开幕式并代表省科协六届委员会作工作报告。江西省社联党组书记、主席祝黄河代表人民团体致祝词。

强卫强调，在新的历史起点上，全省各级科协组织要深入学习贯彻党的十八大，十八届二中、三中全会和习近平总书记系列重要讲话精神，按照省委十三届七次、八次全会决策部署，围绕中心、服务大局，充分发挥组织网络优势、科学技术优势、人才智力优势，注重发挥学术先导作用，加强青年科技人才队伍建设，建立健全党委政府与科技工作者之间通畅稳定的双向沟通渠道，着力加强自身建设，不断提高服务科技工作者的能力和水平，努力开创科协工作新局面。

大会审议了《江西省科学技术协会第六届委员会工作报告》和《江西省科学技术协会实施〈中国科学技术协会章程〉细则》，选举产生了江西省科协第七届领导机构。李华栋当选为江西省科学技术协会第七届委员会主席。

时任江西省委副书记尚勇出席省科协七届委员会第一次全体会议并讲话。

【江西省科协系统杨衍忠同志先进事迹报告会】 11月17日，江西省科协在南昌市举行科协系统杨衍忠同志先进事迹报告会。

江西省科协系统杨衍忠同志先进事迹报告会

报告会上，杨衍忠同志生前所在单位江西省地矿局赣南地质调查大队党委书记陈武，杨衍忠日记主要整理者、江西地矿局环境总站党委副书记吴珍，杨衍忠生前同事、退休高级工程师唐峻，杨衍忠生前徒弟、赣南队副总工程师邓茂春，杨衍忠的幼子、赣南队职工杨卫民等报告团成员，从不同侧面深情讲述了杨衍忠同志一生执着追求、无私奉献的感人事迹，生动诠释了一名老科技工作者献身科技、献身地矿事业的高尚品德。

【华东区首届核地矿同舟论坛】 11月7日，由省科协、中国矿业联合会核地矿专业委员会联合主办的华东区首届核地矿同舟论坛在江西省南昌市举行。

本次论坛以协同推进铀矿大基地建设为主题，邀请国内著名学者来赣共商铀矿大基地建设和核电产业发展大计，从科学技术的层面上，探讨铀矿资源开发面临的新问题，提出集约化、规模化开发的新举措。

本届论坛以院士专家主旨报告和大会交流的形式举行。中国工程院院士潘自强，中国科学院院士、国际欧亚科学院院士汪集旸，中核集团地矿事业部副主任兼总工程师张金带分别作了题为《中国裂变核能矿产资源可持续发展战略研究——工程院咨询报告简介》《地热能开发利用与节能减排》《加快大型特大型铀矿床开发 协同推进铀矿大基地建设》的主旨报告。论坛共征集论文121篇，经专家委员会评审，评选出36篇优秀论文，入选论文83篇，并对优秀论文进行了表彰。论坛由江西省核学会、核工业江西矿冶局、江西省核工业地质局联合承办，江西省核应急办、东

华理工大学、中核江西核电公司筹建处、中矿联核地矿专业委员会华东区六省16家理事单位联合协办。来自华东六省和北京、天津、辽宁、甘肃等地专家、学者和江西省级学会秘书长200多人参加论坛。

【“清江论坛”同步辐射及其应用国际学术活动周】 6月3—6日，由省科协、江西理工大学主办，江西理工大学科协、国家863计划“稀土资源绿色提取与环境保护技术与集成”项目组承办的“清江论坛”同步辐射及其应用国际学术活动周在江西理工大学举行。来自省内各有关高校的专家和江西理工大学的师生共180余人参加了开幕式。

活动周期间，中国科学院上海应用物理研究所研究员、上海光源材料与能源科学部主任黄宇营作了学术报告，概要介绍了上海同步辐射光源以及同步辐射X射线荧光（XRF）分析方法基本原理和实验技术，并展示了利用该装置在材料科学、环境科学、地质学和能源催化等众多领域的应用成果；加拿大萨斯喀彻温大学化学和生物工程系副教授、阿尔伯塔大学王辉博士作了全英文报告，简要介绍了其研究领域，并详细介绍了同步X吸光谱在甲烷催化二氧化碳重整中的应用研究；加拿大光源资深科学家胡永峰博士作了学术报告，分别介绍了加拿大光源中心及其装置，以及同步辐射技术在环境科学、材料科学以及生物科学方面的应用。

【“百会千名专家下基层活动”和“百户家庭农场科技帮扶活动”】 8月9日，省科协在上饶市万年县举行“百会千名专家下基层活动”和“百户家庭农场科技帮扶活动”启动仪式，省科协党组书记、常务副主席龚绍林出席启动仪式并讲话。省医学会、省中医药学会、省抗癌协会、省微量元素与健康研究会等学会专家和江西省农函大的首席专家以及中国林科院亚热带林业实验中心的专家，上饶市科协、万年县委组织部、县科协、县卫生局、县农业局、县林业局、县水产局、县人民医院、各乡镇及工业园区科协、县级学会、江西云河实业有限公司的领导和科技人员代表、万年县家庭农场主代表等共130余人参加启动仪式。启动仪式后省医学会、中医药学会、抗癌学会、微量元素与健康研究会、食品科学技术学会等学会专家开展了义诊、乳腺癌筛查、学术沙龙、技术指导等科技服务活动。

“百会千名专家下基层活动”已成为省科协的品牌科技服务活动，先后有50余个省级学会和30余个设区市科协、县市区科协申报了137个项目。内容涉及农村、企业、学校、医院等一线基层单位。各省级学会陆续开展了“农业专家乐平行”、省心电协会心血管内科心律失常诊治团队分宜巡讲、省公路学会博士下基层等活动。

全年“百名家庭农场主科技帮扶活动”中，全省农函大共帮扶家庭农场100户。10月12—15日，省农函大在有机柑橘实训基地举办了“百户家庭农场经营者科技培训示范班”，邀请了江西农业大教授朱述斌，全国劳模、全国优秀共产党员、广东省八一生态农场经营者贾东亮等省内外专家教授和全国优秀家庭农场经营者前来授课，为这100名受帮扶的家庭农场经营者传授现代农业、农产品品牌建设与营销、家庭农场创建与发展、现代家庭农场运作与功能等知识，为期一周的培训，提高了家庭农场经营者的综合素质和经营理念。

（撰稿人：刘　平　刘海平）

山东省科学技术协会

服务经济社会发展 继续推进科技思想库建设。从山东省科协常委、政策研究机构、高等院校中遴选13位专家，组建了科技思想库建设顾问委员会。重点培育了山东省软实力与区域发展研究基地、省科技发展战略研究所、省农科学会群等6个国家级科技思想库研究基地。健全了覆盖科技思想库建设全过程的制度规范，初步建成了以选题库、成果库、专家库、数据库为基本框架的科技思想库。搭建了调研课题研究、科技工作者状况调查、智慧沙龙、院士专家访谈、学术成果决策建议提炼、优秀科技工作者建议征集评选等决策咨询平台，形成了《呈阅件》《院士直通车》《科技工作者建议》等3个建议上报渠道。探索开展了多形式的决策咨询活动，启动了“省会城市群经济圈水资源可持续发展战略研究”等16个调研课题。组织了“3D打印技术与产业及其在山东的发展”等15个“智慧沙龙”项目，开展了首次全省科技工作者流动状况调查和2014年优秀科技工作者建议征集评选活动。形成了一批优秀决策建议成果，编报《科技工作者建议》15期，其中发展排污权交易市场、加快建设人工鱼礁发展海洋牧场等6篇建议获省领导批示，批示率达40%。开展了第二批省级科技思想库试点工作，省级试点单位达到14个。

推进学会有序承接政府转移职能的前期工作。一方面向省委作专项汇报，到省农业、卫生、科技、水利、经信委、编办、人社厅等部门对接调研，争取支持；另一方面通过问卷调查、重点走访、资料分析等手段，对省级学会承接政府转移职能情况进行调研。截至2014年年底，有63个学会承担了科技奖励、科技评价、科技人员评价以及教育服务等领域的152项职能。省级学会积极参加首批社会组织评估，有2家获5A资格，6家获4A资格，11家获3A资格。继续实施“学会能力提升专项”，对山东省农学会等10个“优秀科技社团”、《山东畜牧兽医》等5种“优秀科技期刊”分别给予了资金奖补，发挥其示范带动作用。继续探索学会组织体制和运行机制改革，新组建医药卫生和工程2个学会群，学科群、学会群总数达到6个。

进一步推进院士专家与企业的联系与合作，全省的院士专家工作站达到54个，与省九三学社在滨州开展的“百名专家企业行”活动，推动30多家企业与院士专家建立了联系。继续实施“海智强鲁计划”，建立省级海智基地5个，工作站4个，聘请海智专家32名，签约海外创新团队1个，支持引智和科技交流活动8项。

《科学素质纲要》实施及科普工作 “提升全民科学素质”列入全省17个市科学发展综合考核体系，科普工作成为文明城市创建的量化指标。省科技馆新馆建设取得新进展，完成了立项前的准备工作。推进基层科普资源建设，启动了社区科普大学、校园科技馆建设工作。继续实施“科普基础设施拓展工程”，三星级以上科普基地总数达到102个。持续推进“基层科普行动”，全年表彰先进个人和单位159个，提高了基层科普服务能力。继续打造“县域流动科技馆巡展项目”，完成了为16个市配备流动科技馆展品的任务。大力实施“数字科普工程”，2014年投入1900万元，在社区、农村建成3800台科普资源数字传播终端，终端总数达到7800台，储备各类科普节目18万分钟，初步实现了省市对接、协同管理的目标，构建起了全省数字科普总框架。开展社会化科普宣传，发挥学会科普工作主力军作用，与有关部门联合举办了“科普日”“地球日”“防震减灾日”“食品安全周”等主题活动，开展了第三届“山东科协星”科普微电影大赛、大学生全民科学素质公益广告设计竞赛。开展“科学·关爱·和谐示范乡镇（街道）、社区”创建等工作。开展了青少年科技创新大赛、青少年五项学科奥赛、明天小小科学家等系列竞赛活动，组织了中学生科技后备人才培养计划和青少年科学营项目。

学术交流 搭建学术交流平台，组织省级学会分别主办了5期泰山学术沙龙。以“产业竞争力与创新驱动”为主题，联合淄博市政府举办了2014年山东省科协学术年会。组织开展了第六届山东省大学生科技节、科技外语大赛。开展特色科技服务活动，筹建“山东省科协数字化科技交流平台”，探索利用信息技术开展学术交流与科技服务，推动科技成果与企业需求相结合。据统计，2014年共举办各种规模和层次的学术活动726次，参会人员7.8万人，交流论文2.8万篇；其中召开国际会议39次，参会人员7282人，交流论文1986篇。

服务科技工作者 开展了山东省优秀科技工作者、青年科技奖和自然科学学术创新奖的评选表彰工作，择优推荐了“全国优秀科技工作者”、中国青年女科学家奖候选人。开展了老科学家学术成长资料采集工程，指导高校举办多种形式的科学道德和学风建设宣讲教育活动，积极弘扬科学精神和优良学风。启动国际科技交流扬帆行动，资助开展了7项国际学术交流项目。

自身建设 加强顶层设计，山东省科协“八大”确立了以“五大计划”为主体的工作布局。会后，制订了实施方案，进一步明确了科学发展助力计划、自主创新推动计划、科学素质提升计划、科技人才服务计划、建家强会促进计划等五个方面的工作目标，提出了包含19个方面50项重点工作项目的《“五大计划”工作框架》，确定了未来五年的工作方向。

在省科协系统深入学习党的十八届三中、四中全会精神，承办并组织科协干部参加了中国科协“八大”代表学习习近平总书记系列重要讲话读书班。认真落实中央八项规定，不断巩固扩大党的群众路线教育实践活动成果，建立健全了改进工作作风、密切联系科技工作者的规章制度。建立了山东省科协领导联系县级科协工作机制，选取7个县科协作为联系点，深入开展调研，指导和帮助发展。加强信息化建设，经山东省机构编制委员会办公室批准，新成立公益一类事业单位山东省科协信息中心，适应信息化发展新形势，对山东省科协门户网站进行全新改造，完善信息发布、信息安全等网站工作规范，推动信息工作的制度化、规范化。设立了科普信息化建设项目，对省

级学会开展信息化科普工作进行支持。举办了科协宣传信息干部培训班，调整充实了信息员队伍。联合省教育厅等部门成功举办了中国现代科学家主题展，近万名公众参观。

市、县（市、区）及基层科协组织 各市科协注重搭建学术交流平台，济南市科协以“加强协作、助力发展”为主题举办了省会城市群经济圈科学发展报告会。济南、淄博、泰安、莱芜、德州、聊城、滨州等市科协成立了省会城市群经济圈科技创新联盟。烟台市生物工程学会承办了第一届国际海岸带生物学大会。临沂市科协评选表彰了438项优秀学术成果。日照市科协举办了科技创新创业与成果转化论坛。青岛市科协承办了第9届国际脱盐大会，支持13个市级学会开展国际民间学术交流，以提升学会能力为工作主线，推动科协更好地服务全市经济科学发展，承办了南澳海洋人才项目对接峰会、9+X城市海智工作会议，建立海智工作站12家；以“开放、创新与产业升级”为主题的学术年会设分会场25个，出版论文集等6部，交流论文近500篇，参与科技工作者4000余人。济南市科协开展决策咨询和建言献策、成立省会城市群经济圈科技创新联盟、编报《科技思想库专报》等，《加快科学发展、建设美丽泉城》课题报告，得到中央领导批示。围绕引进人才服务企业发展，济南市科协举办了“海智专家泉城行”活动，建立海智工作站10家；济南市科协建设民生科普服务站、科普体验中心、实施民生科普工程、探索科普信息化建设新路径、开通微信平台、科普手机报等工作，在全省乃至全国都有很好的示范作用。临沂市科协实施的海外智力服务沂蒙行动、菏泽市科协举办的牡丹产业论坛等活动，受到企业欢迎。枣庄市科协加大了基层科普行动专项资金投入，东营市科协实施了科普助推乡村文明建设行动，潍坊市科协联合市委组织部等部门就建立健全农村科普工作长效机制出台了意见，济宁市科协持续推进“科普惠农典型影响力提升工程”，德州市科协打造德强农场科普示范基地等。

据统计，2014年度各地共开展科普活动6480次，参加人数79万人次，发放宣传材料524万份，受益人数1275万人次；开展各种形式的培训、讲座1826余次，受众达8.2万人。济南市科协组织专家到群团系统、市委党校、市气象局等为机关干部作科普报告；聊城市科协共举办科普展览、科技报告、现场咨询等科普活动20余次，参加科技人员200余人次，近1万人受益。

省级学会、企业科协、高校科协 山东省科协所属的省级学会、协会、研究会140个（省科协作为业务主管部门的103个），会员19.6万人。省级学会围绕本学科、行业、产业以及区域发展开展各类学术活动，山东农学会利用“舜耕科技论坛”，举办各种学术交流活动31次，接待国外专家来华进行学术交流、访问50余人次；山东省物联网协会组织召开的2014首届山东物联网大会，是省内规模最大、层次最高的物联网行业盛会；山东自然辩证法研究会、山东石油学会、山东护理学会、山东省图书馆学会立足行业发展前沿，分别主办了主题学术研讨会和论坛。山东照明学会、山东工程图学会、山东省抗癌协会、山东医学会、山东植物生理学会分别举办了行业全国性学术会议。山东省航空航天学会、山东自动化学会、山东省医学影像学研究会举办的各类国际性学术论坛、研讨会，吸引了众多海内外高层次专家学者参加。山东省医学影像学研究会、山东省医学会放射学会、中华放射学杂志编辑委员会共同举办的第11届医学影像山东国际论坛，有来自国内外的放射学专家53人出席，参会人员达550人。

积极建言献策 全年编写《科技工作者建议》15篇，其中有6篇得到省领导的高度重视。山东海岸工程学会提交的《关于启动崂山申报国家地质公园的建议》，获2014年度《科技工作者建议》一等奖。

开展科普活动 山东石油学会积极举办各类学术讲座、科普展览92次，参加1.7万人次，编印科技出版物3种、印发8万册。山东声学学会联合中国声学学会共同制作“招鹤回鸣”和“水鸣天梯”声学科普视频。山东省微量元素科学研究会组织专家讲授科普知识20余场次。山东省抗癌协会组织开展了第二十届全国肿瘤防治宣传周诊疗咨询服务，接受咨询服务500余人次；山东计量测试学会编制的《计量在我身边》宣传画册，受到国家质检总局认可；山东农技协组织专家深入各地举办培训班11期，有效提高了基层农技协和会员的种养技能。

发挥人才和技术资源优势，建立产学研联合创新平台，为地方区域经济发展提供咨询建议，为政府企业解决重大技术难题10多项。山东硅酸盐学会为山东医药玻璃股份有限公司解决了中性硼硅药用玻璃管技术难题。山东照明学会为烟台市政府重大项目部解决了雾天LED照明产品的色温选择问题。山东岩石力学与工程学会为山东蓝海领航电子商务产业园煤矿采空区（一期125亩）解决地层注浆加固技术难题。山东微生物学会为在转型探索中的食用菌企业、专业合作社提供有益的科技支持，取得显著成效。济南市科协举办省会城市群经济圈科学发展报告会，成立了省会城市群经济圈科技创新联盟。菏泽市科协多次组织有关专家深入牡丹产业龙头企业了解技术需求，并积极与中国科学院、中国化工学会、中国园艺学会联系，帮助企业引进人才和技术。日照市科协以院士专家工作站和海智计划为依托，引进6位高层次专家进入有关企业院士专家工作站工作；莱芜市科协深入企业指导服务，与6家企业达成了技术合作、人才交流、科技培训等合作意向10项。

2014年，各省级学会共举办各类大型科技会展10余个。山东制冷学会与济南信展展览有限公司联合举办制冷空调展，山东机器人研究会举办2014山东国际机器人会展。山东汽车工程学会承办了第十三届青岛国际汽车工业展览会、第十届中国（梁山）专用车博览会、2014山东国际节能与新能源汽车展览会、2014年第七届山东汽车工业博览会、2014青岛秋季国际车展。山东省内燃机学会在第9届中国（山东）国际装备制造业博览会期间进行了科普宣传与展览，参观人数逾4000人次。山东省医学会主办了第三十一届、第三十二届中国国际医疗器械（山东）博览会，医博会展示面积达4万平方米，吸引了西门子、飞利浦等国内外知名企业参会。医博会同期举办了医院管理系列论坛，参与人数达5万余人次。由山东省科协、山东省教育厅主办的2014年大学生科技节开展了20项专题活动，覆盖了全省所有高校，直接参赛学生11.1万人，获奖团体和选手9800余人，参与企业300余家，近2300名获奖学生被企业优先录用。

积极举荐科技人才　山东纺织工程学会推荐的泰安康平纳机械有限公司高级工程师罗俊发明的“多功能缩绒柔软整理机”获得2014年香港桑麻纺织科技奖一等奖。山东机械工程学会推荐的山东宏康机械制造有限公司的“GB26485—2011开卷矫平剪切生产线安全要求”和山东开泰工业科技有限公司的“海上石油钻井平台抛喷丸关键技术与应用”获得“中国机械工业科学技术奖”二等奖。山东内燃机学会向中国内燃机学会推荐的潍柴动力张纪元总设计师获得2014年度“突出贡献奖”。山东电子学会组织“2014山东省电子信息行业优秀企业家”评选活动，共评选出62名优秀企业家，并择优推荐了34名企业家参与全国评选。山东土木建筑学会评选出2014年山东省建筑业技术创新奖365项。山东软科学研究会开展优秀成果奖评审活动，共评出授奖成果674项。山东省老科协开展高级职称评定2014年评审通过98人。山东中医药学会组织开展2014年山东中医药科学技术奖评审工作，共评出一等奖7项、二等奖17项、三等奖59项。

全省已建立企事业科协1800余家，其中高校科协29家。联合省直相关单位推动国企科协组织结构的优化，鼓励园区和高新技术企业建立科协组织；联合省教育厅等单位开展专题活动推进高校科协组织建设。根据企业需求，联合相关学会、高校、科研院所，组织成果展示和专题论坛等活动；配合中国科协，与省直相关部门及高校联合，组织3次创新方法和知识产权战略培训，帮助企业员工掌握最新的科技信息和发展动态，培育创新意识；组织全省企事业科协工作研讨，推动企业科协开展政策市场、发展战略、高企认证以及人才培训、技术项目引进等服务。

加强跟踪服务，发挥科协组织的人才智力优势，把更多创新要素和科技资源引进企业，在高新技术密集产业建立12个院士专家工作站，协助企业联系院士专家，帮助企业攻克亟待解决的关键技术，培养创新人才，加快院士专家科研创新成果的转化。联合省咨询中心组织政策市场、发展战略、高企认证以及人才培训、技术项目引进等服务。发挥中国科协专利信息库资源优势，支持企业申请专利，增加自主知识产权数量，同时在知识产权保护方面提供法律援助，维护企业利益。组织2014年山东省“百名专家企业行”活动，30多家企业与院士专家建立联系，山东绿都生物科技有限公司等8家企业同高校、科研单位达成正式合作协议。全省科协组织共建立院士专家工作站45个，助力创新要素向企业集聚。其中以高技术企业和科技工作者比较集中的高新区为重点，新建立院士专家工作站6个。

【山东省科协第八次代表大会】　1月13日，山东省科学技术协会第八次代表大会在济南市召开。大会主题为“团结带领全省科技工作者，为全面深化改革，实施创新驱动发展战略，加快推进经济文化强省建设而努力奋斗”。山东省委书记、省人大常委会主任姜异康，中国科协副主席、书记处书记程东红出席开幕式并讲话。山东省委副书记、省长郭树清，省老领导、省科协名誉主席陆懋曾，省委常委、组织部部长高晓兵，省委常委、秘书长雷建国，省人大副主任宋远方，副省长张超超，省政协副主席王新陆出席大会开幕式。中国科协副主席、山东省科协主席唐启升主持大会开幕式，代表省科协七届委员会作工作报告。626名优秀科技工作者代表出席会议。大会全面回顾总结了过去5年来的工作成绩和经验，审议通过了省科协七届委员会工作报告，明确了今后5年工作的指导思想、实现目标和重点任务，大会选举产生山东省科协第八届委员会委员170名、常务委员62名、副主席15名、主席1名。中国工程院院士、中国科协副主席唐启升再次当选为山东省科协第八届委员会主席。

【第八届山东省优秀科技工作者评选】 5月12日，省科协与省人力资源社会保障厅联合下发了《关于评选表彰第八届山东省优秀科技工作者的通知》。各有关单位按照通知要求，开展了候选人推荐工作。经推荐，共有94个推荐单位推荐候选人135名。经审查，符合推荐要求和评选条件的人选共112名。成立了第八届山东省优秀科技工作者评审委员会，由专家和省科协、省人力资源社会保障厅及相关部门负责人组成。6月24日召开了评审委员会会议，对112名候选人进行了评审。经过专业组评审和集中酝酿讨论，投票确定了69名人选。9月17日，省人力资源社会保障厅、省科协、省公务员局联合印发表彰决定，授予马胜等69名同志“山东省优秀科技工作者”称号，给予记二等功奖励。

【提升全民科学素质列入全省17市科学发展综合考核】 4月初，山东省委省政府印发《关于改进完善17市科学发展综合考核工作的意见（试行）》、省委组织部印发《2014年度17市科学发展综合考核工作实施细则》，将“提升全民科学素质”列入2014年全省17市科学发展综合考核。《意见》要求考核工作坚持科学导向，强化目标引领，以提高发展质量和效益为中心，既考核全面工作，又突出重点，考核解决薄弱环节和突出矛盾的实际成效。坚持综合评价，定量与定性相结合，加大省直部门考核责任，激发各市发展活力动力，形成互动共进的工作机制。《实施细则》明确了2014年度考核要点、计分办法、考核程序等。考核指标由定量指标和定性评价项目组成，“提升全民科学素质”列为定性考核中精神文明的考核要点。通过平时考核与调研评估相结合的方式，对各市2014年度未成年人、农民、城镇劳动者、领导干部公务员、社区居民五大重点人群科学素质提升的成效和大众传媒科技传播、科普基础设施等基础工程的工作成效进行考核评估，按考评情况确定“好”“较好”“一般”“较差”4个等次，提出差异化评价意见，分析存在的问题及原因，提出改进工作的对策措施等，形成《2014年度提升全民科学素质考核指标总结报告》，列为对各市科学发展综合考核定性评价项目中“提升全民科学素质”的考核结果。按照考核工作部署要求，省科协形成了2014年度提升全民科学素质考核工作实施方案。省全民科学素质领导小组办公室和省科协负责全省提升全民科学素质科学发展综合考核具体工作，省科协各责任部室对各市工作进展情况及时跟踪了解，适时记录，掌握全年任务进度。根据平时考核掌握的情况，对照工作台账，采取年中评估、年末综合评价等步骤，组织对各市考核指标进行年度总结，按得分确定为“好”（不超过30%，按得分高低依次确定）、“较好”（70分及以上）、“一般”（60～69分）、“较差”（59分以下）4个等次的考核评价意见。

【2014年山东省科协学术年会】 10月22日，2014年山东省科协学术年会召开，主题为“产业竞争力与创新驱动”，年会由山东省科协和淄博市人民政府联合主办，淄博市科协及相关省级学会承办。年会设主会场1个，分会场21个。年会主会场开幕式于10月22日在淄博市举行，省科协党组书记、副主席王春秋，淄博市委副书记、市长徐景颜致辞。中国工程院院士段宝岩、中国科学院创新发展研究中心主任穆荣平、中国机械工业联合会特别顾问蔡惟慈，分别作了题为《电子信息技术与产业的发展展望》《创新驱动发展与能力建设若干问题思考》《机械工业产业竞争力与创新驱动》的高端学术报告。年会系列活动承担单位、省级学会、各市科协代表、全省各大研究机构以及淄博市市直有关部门和企事业单位负责人、科技工作者共计400余人参加开幕式。开幕式上对年会评选出的优秀论文进行了表彰，本届年会共评选出优秀论文122篇，已由中国科学技术出版社结集出版，书名为《产业竞争力与创新驱动》。围绕年会主题和全省工作大局，年会专门设立了“新型工业化与科技支撑”等21个分会场，由省科协相关省级学会、学科群和市科协承担，截至2014年11月，各项活动全部完成。本届年会规模大，总参与人数达到5200余人。

【泰山学术沙龙】 2014年，省科协首次设立泰山学术沙龙项目，按照高端、前沿、激荡、和谐的总要求，发挥学会作为创新体系组成部分的重要作用和学术交流对自主创新的先导作用。年初下发了关于申报沙龙项目的通知，各单位共申报38个项目。经过审查和评审，综合衡量选题、专家层次、实施条件，并兼顾各学科和地市平衡，最终有5期沙龙入选，主题分别为“食品安全的隐忧与解忧”“山东省的生态产品及其供给机制”“传统文化与中国科技的命运”“数学与中医”和“通用航空发展问题与思考”。入选5期沙龙项目均已在9—11月完成，沙龙文集进入出版发行阶段。所申报项目选题视角新颖，既有侧重自然科学领域开展的基础研究，又有侧重经济社会发展中的重点、难点、热点问题开展的应用研究，较好地体现了创新精神和应用价值，对促进学科和经济社会发展发挥了积极作用。沙龙领衔科学家专家层次较高，号召力强，5个项目领衔科学家中有院士7人，其余专家也均为具有高级职称、有较高号召力的学科带头人，汇集和吸引了相关研究领域各学科人才。每一期沙龙的到场人员，都来自于与该主题相关的诸多学科领域，是多学科、多领域之间的一次思想碰撞与交锋，对学科进步和科技发展起到了一定的推动作用。

【实施“海智强鲁计划”】 省科协在实施中国科协“海智计划”的基础上，制订了“海智强鲁计划”。成立了国际部与学会服务中心、科技咨询中心、市科协和省级学会等不同资源渠道合作分工、共同推进的工作体系。加强与海外科技团体和专家的合作，构建山东省的海外智力库。先后聘请了香港工程师学会、德国于利希研究中心、日本汽车学院、澳门科技大学、加拿大曼尼托巴大学等32位专家加入山东省科协海智专家库。着眼于海智资源供需有效对接，面向市科协、省级学会和企业科协开展了海内外高层次人才及技术项目供需信息征集活动，入库了青岛、日照、菏泽等市需求项目100余项。加强基地建设，6月，印发了《山东省科学技术协会省级海智计划工作基地申报和管理办法（试行）》，在市科协和省级学会推荐的基础上，根据务实有效、典型示范的原则，批准设立了青岛黄岛新区海智基地、烟台高新区海智基地、日照高新区海智基地、临沂高新区海智基地4个单位作为首批省级海智基地。构建综合性开放式的网上服务平台，开展线上与线下互动相结合的服务模式。5月上旬，特邀德国专家张懿教授在济南高新区主办了“低温超导技术研究与应用”海智论坛；5月中旬，特邀日本汽车回收利用协会（JARA）、日本汽车回收利用协同组织（NGP）等专家，主办了“2014中国（青岛）汽车回收利用再制造国际论坛”。10月下旬，山东省科协聘请的海智专家、加拿大曼尼托巴大学艾什伯商学院崔鸿教授与山东省科技发展战略研究所签约，被聘为科技政策与企业创新研究方向的学术带头人，首期两年。10月，建成了服务海智工作的数字化国际科技交流平台——山东省国际技术转移中心，由山东省科技咨询中心运营；同时购置了视频连线专用设备，借助信息化手段，为海智人才、用人单位和基层提供最新的科技资源转移服务，搭建直接与国外企业科技交流与项目对接的平台。9月16日，首次联合欧洲创新联盟（EBN）、无锡中欧国际技术转移中心、山东汽车工程学会等举办了“中欧电动汽车技术项目国际视频连线推介会”，山东省17家电动汽车企业参会，与北欧的企业家直接视频互动，寻求电动汽车核心技术项目合作意向。12月19日举办了第二期视频连线推介会，主题为“英国威尔士科技与投资推介会”，英国驻上海总领馆科技领事、英国威尔士政府驻上海代表等分别介绍威尔士科技政策和合作情况，英国九大产业集群的23个具体科技项目推介对接。

“低温超导技术研究与应用”海智论坛

【国际科技交流扬帆行动】 “国际科技交流扬帆行动”（以下简称“扬帆行动”）是山东省科协为落实“五大计划”，提升山东省科技社团和科技工作者的国际地位和影响力，推动中青年科技工作者成长进步，提高学术交流水平，推动全省科技经济社会发展而增设的行动计划。包括两个部分：一是按照《山东省科协资助对外学术交流会议试行办法》，资助山东省科技团体举办对外学术交流活动，每年资助3～5

项；二是按照《山东省科协资助中青年科技工作者出国参加国际学术会议试行办法》，资助山东省中青年科技工作者参加国际学术会议，每年资助 5 ～ 10 人。“扬帆行动”面向省级学会、市级科协、高校科协和企业科协 4 个群体开展，涵盖了重要学术活动、人才培养、海智工作等方面，重在充分发挥项目资金的引导、放大作用，提升活动的影响力。活动于 4 月份启动，共收到申报项目 52 个，其中，省级学会 12 个，市科协 10 个，高校科协 2 个，科研院所等其他单位 10 个，所涉专业覆盖理工农医及综合交叉五大类。通过项目初审、专家评审、网上公示和主席办公会研究，共有 10 个出国（境）参加学术会议的项目和 7 个举办对外学术交流活动项目获得资助资格。济南市科协举办的“城市发展与智慧交通国际研讨会”聚焦交通难题，谋求解决之道，紧贴了社会民生需求；青岛科协举办的“国际脱盐大会”关注山东省蓝色产业发展，放眼长远。日照市科协举办的“国际脑血管病论坛”紧跟公众医疗需求，倡导健康生活观念。山东汽车工程学会举办的“汽车产品回收利用再制造论坛”定位循环经济，引导行业绿色发展。出国（境）参会学者通过国际交流，了解行业科技进展，获取国际同行认可，从而推动学科建设，培养学科带头人，引领未来发展。活动为海智强鲁计划提供智力支撑，山东省科协海智专家库 2014 年新入选专家 32 位，其中约一半来自扬帆行动项目；活动还带动了企业科协组织的发展，推动了科协事业的新发展。

【山东省青少年科普报告百校行、希望行活动】 2014 年 4 月，聘请中国科学院宋振骐院士出任荣誉团长，现有团员 40 人。经过两年的发展，专家团不断完善机制、规范管理、与时俱进、强化志愿服务意识，逐渐成为山东省青少年科普报告百校行、希望行活动的主力军，累计报告 1275 场，累计受益学生、教师达 60 余万人次。“山东省青少年科普报告百校行、希望行”活动逐步成为全省青少年科技教育工作中一个新的品牌项目。随着活动的深入开展，此项工作越来越受到社会、政府、学校及各界的认可和支持。2014 年，省科协邀请省财政厅、省教育厅、团省委共同主办此项活动，利用各方优势资源，促进活动创新发展。科普报告“百校行”、“希望行”活动已成为山东省除青少年科技创新大赛外，参与面最广、效益最为显著的活动之一。2014 年“百校行”“希望行”成功走进全省 15 市，100 余县市区，开展科普报告 658 场，较去年计划场次增幅超过 20%，规模效益明显提高。其中，“百校行”活动全省农村学校覆盖率达 50%，“希望行”活动全省希望小学覆盖率达 100%。通过“百校行”“希望行”活动，各市对青少年科技教育工作的认知度和积极性普遍提升，教育、科技部门及学校、师生反响强烈，报告需求不断增加。

（撰稿人：王国晖）

河南省科学技术协会

服务经济社会发展 2014 年，省科协积极组织科技决策咨询。开展了河南省科技智库建设课题研究，举办了科技智库建设报告会。主办了“聚焦中原”院士专家智库沙龙活动，联合举办中原城市群城市环境发展研讨会，并形成了决策咨询建议提交给省委、省政府。联合开展了郑州航空港对中原经济区腾飞的引领作用、产学研协同创新机制、河南粮食主产区土壤污染和土壤修复等课题调研，向省委、省政府或相关部门呈报了决策建议。遴选确定了 12 项重点决策研究项目，组织全省有关学会及科技工作者进行深入研究。省老科协联合完成中国社会科学院国情调研基地项目《中部地区转型升级研究——郑州航空港与中原经济区的发展》。

深入实施“科普惠农兴村计划”。全省 120 个先进农村专业技术协会、67 个先进农村科普示范基地、66 名个人受到国家和省级表彰，获中央和省级财政奖补资金共 2550 万元。全省市级财政奖补资金 305 万元，县级财政奖补资金 110 多万元。

推进“讲理想、比贡献”活动。31 个先进集体（团队）和个人获得中国科协等五部门联合表彰，全省 1506 家企业、6.6 万名科技工作者参加活动，9000 多条合理化建议获采纳，建立院士专家工作站和专家服务基地 60 个，进站服务和参加服务团队的院士专家 3650 多人次。实施“企会协作创新计划”，推动建设协同创新基地和协同创新工作站，引导支持学会和企业、产业集聚区协同创新。商城县野生茶油低产林技术改造项目入选中国科协首批“企会协作创新联盟”A 类试点项目。科技信息服务项目与专利应用工程师培训新增服务企业 130 家，被科技部和中国科协确定为创新方法培训试点省份，获得科技部中小企业技术创新基金专项奖励。择优资助河南省汽车工程学会与焦作市经济技术产业集聚区联合共建的“河南省汽车工程协同创新基地”、河南省核学会与河南金苑种业有限公司联合共建的“河南省辐射诱变育种协同创新工作站”等10个优秀创新驱动助力工程项目。

《科学素质纲要》实施及科普工作 召开推进《全民科学素质纲要》实施工作会议，各省辖市政府向省政府递交了目标责任书，公民科学素质建设逐步纳入了政府考核体系。举办了“科技梦·中国梦——中国现代科学家主题展”巡展活动。首次实施了“基层科普服务能力提升计划”。出台加强城镇社区科普工作意见，实施社区科普益民计划，21个社区获中央财政奖补。加强基层农技协组织建设。成立了科普教育基地协作联盟，命名了155个科普示范乡（镇）、132个河南省科普示范社区。

组织实施河南省科技馆新馆建设前期调研论证工作。省科技馆新馆建设前期调研论证工作列入2014年省政府工作报告。省委副书记邓凯主持召开了专题会议，省委、省政府批准设立了新馆建设协调推进联席会议。省委、省政府领导先后20多次作出批示。成立了新馆建设工作协调领导小组，申请设立专项经费，遴选清华大学科技传播与普及研究中心、北京航空航天大学等单位承担开展“河南省科普场馆建设现状及全省科技馆体系建设”“河南省科技馆新馆功能定位与内容建设”“中原科技文明与省科技馆新馆建设”等课题研究，为新馆展陈奠定基础。先后赴中国科技馆和20多个省市科技馆调研考察，研究提出并向省委、省政府呈报了新馆建设方案。与河南省财政厅、郑州市政府、郑东新区管委会多次沟通协商，就项目选址和建设投入方式初步达成共识。推进省科技馆老馆改造提升，积极筹建“河南院士风采馆”。积极建设“科学微电影”“青稞沙龙”科普互动活动、科技类博客征集等内容在内的中国数字科技馆二级子站。利用科普报刊开设“科学讲堂”栏目和专版。组织71万余人次参加了全国农村妇女科学素质网络竞赛活动。

全国科普日河南省主场活动围绕“创新发展，全民行动，建设富强、文明、平安、美丽河南”的主题，内外协同、上下联动，开展了800多项重点科普活动。利用现有5套流动科技馆展品在16个县进行了巡展，接待观众超过百万人次。

举办24场“院士专家巡回科普报告会”，机关干部和大中专学生2万人次听取报告。开展主题为“反对邪教、健康生活、建设美丽家园”的反邪教警示教育宣传月活动，共举办科普展览100余场、科普报告会100余场，发放宣传资料10万余份、倡议书150余万份、警示信息数百万条。承办食品安全宣传周系列科普活动，组织各种科普宣传活动100多次，参观和受益人数超过50万人次。

举办第28届河南省青少年科技创新大赛、首届河南省大学生机器人竞赛、第十四届河南省青少年机器人竞赛、中学生学科奥林匹克竞赛等，选拔学生参加第25届国际生物学奥林匹克竞赛、第65届英特尔国际科学与工程大奖赛，参与人数超过百万人次。组织实施了第五届全国青少年科学影像节活动，开展青少年科学素质网上知识竞赛。

学术交流 全省共举办学术会议1095场次，13.9万人次科技工作者参加活动，交流论文3万多篇。启动实施了创建优秀学术交流基地专项，举办了河南省第七届学术年会。组织开展河南省第十五届学术活动月活动，确定“河南省电工行业信息化改造学术研讨会”等25项学术交流项目。组织实施重点学术活动项目，确定“河南省第21届高等学校数学教学与科研研讨会”等26项学术活动为重点项目。联合承办2014年非开挖技术创新与地下工程安全国际高层论坛。

服务科技工作者 完成第十二届河南省青年科技奖评选工作，组织实施了河南省自然科学学术奖和河南省科普成果奖的评选表彰，表彰奖励科技工作者2779人次，其中女性科技工作者1045人次，40岁以下青年科技工作者1305人次。推荐河南省26人获评“全国优秀科技工作者”，推荐人员参加了中国科协青年科技领军人才国情研修班。召开了中国科协“八大”代表（河南）座谈会，开展了科协会员日科技工作者座谈会和走访科技工作者活动，积极筹建“河南院士风采馆”。深化科学道德和学风建设宣讲教育活动，4万余人次参加活动，举办“弘扬科学道德 践行‘三个倡导’奋力实现中国梦”河南报告会。全省25个科技工作者状况调查站点全年共上报112条科技工作者信息，其中5个站点被评为全国优秀调查站点。开展了“科技工作者科研伦理意识”调查和“科技工作者思想状况”问卷调查。

自身建设 6月25—27日，举办了中国科协八

大代表学习习近平总书记系列重要讲话（河南）读书班。强化建章立制，巩固教育实践活动成果，持续推进整改落实工作，召开了“回头看”专题民主生活会，修订完善了省科协工作规则、党组议事规则、公文处理办法、财务管理办法等12项基础性制度。积极推进组织架构改革和所属事业单位改革，设立调研宣传部，省科协科普研究室更名为省科普中心，省科普活动中心更名为省科协信息中心，省科技咨询服务中心加挂省科技专家服务中心牌子，推进农家参谋杂志社市场化企业化改革。举办了全省科技类学术团体培训班、全省科协系统财务管理培训班、全省社区科普员和农村科普带头人培训班。河南省科协会刊改版更名为《中原科坛》。全年民政部门注册农技协增加229个，新发展会员3.9万人。

联合开展“创建五星学会提升服务能力计划”，评审出首批10个五星学会并给予连续三年奖补。开展了科技社团党建工作调研，向省委呈报了科技社团党建工作实施方案。报请省人力资源社会保障厅同意，由省科协组织所属全省学会统一申报专业技术人才知识更新工程项目。制定通过了《河南省科协团体会员管理办法》。

建成并上线运行了“河南科协”微信、河南科技报社微信、《河南农业手机报》、省青少年科技中心网站和青少年科技教育网站，开设省科技馆微博。

地市县及基层科协组织 截至2014年年底，河南共有省辖市科协18个，县级科协158个，街道（社区）科协605个，乡镇科协1962个。年内，地市县级科协共举办科普宣讲活动11941次，开展实用技术培训5400余场次，推广新技术新品种2800项，参加活动的科技人员数量达9万多人次，受众人数超过600多万人次。组织学会学术活动600多场次，参与科技工作者达10万人次。

郑州市全年共有111个社区科普大学分校完成系统科普知识培训3007个课时（次），培训社区居民102952人次，培训社区科普大学骨干840名。洛阳市举行“走进县区、科技合作”活动，组织中国空空导弹研究院等9家科研院所赴汝阳县开展产学研项目洽谈及对接活动。安阳市组织编写《安阳数字科普信息平台建设项目可行性研究报告》，推动该项目列入全市年度重大科技攻关项目。鹤壁市积极推动农业循环经济发展战略项目。新乡市积极推进科普专家团、科普宣传员、社区科普志愿者等组织建设，全市登记在册的社区科普志愿者超过1000人。焦作市拓宽服务未成年人科学素质平台，建设健康科学年、小小科技辅导员、科普志愿者服务站、科学表演秀、科普大篷车进综合教育实践活动基地、馆校合作6个载体。濮阳市开通8800110科技服务热线，开办“科普大篷车”电视科普栏目。许昌市完成科技馆布展设计、施工及相关服务项目一体化招标工作。漯河市组织了学术金秋活动，推动学会服务能力提升专项经费纳入2015年市财政预算。三门峡市开展科技专家服务“三农”、“百技百村百人”科技帮扶、“科技联村”等活动。南阳市建设完善了企业专家人才数据库、科技人才库、在外知名科技人才库等，对各行业科技人才进行摸底调查。商丘市开办了《科普热线》电台专栏、“科普大篷车”电视科普栏目等。驻马店市全年新建“农村科普书屋”35个，2014年末累计达到235个。济源市推动在农业局、环保局、豫光集团、中原特钢等8家单位、企业建立科协组织。

郑州市推动全市55个社区做到有科普组织，有阵地、有科普设施、有专兼职人员，有科普经费。巩义市开办“科普大篷车”电视栏目。固始县积极开展科普进校园活动。汝州市着力完善科普惠农服务站体系，新建示范性科普惠农服务站2个。永城市发展了670人的中、小学科学教育教师队伍和420人的科技辅导员队伍。

省级学会、企业科协、高校科协 截至2014年年底，河南共有省级学会141个，企业科协736个，高校科协8个。全省学会个人会员达25.7万人，团体会员6400多个。全年组织学术会议390场次，5万余人次科技工作者参与学术交流活动。举办决策咨询活动50余场次，提供决策咨询报告220余篇，其中87篇获上级领导批示。主办科技期刊28种，发表论文5876篇，总印数达48.4万册。开展科普活动3790多场次，举办实用技术培训1900多场次，受众人数57多万人次。接待国外专家、学者54人次，接待港澳台专家、学者10人次，参加国外科技活动63人次。反映科技工作者建议18条，举办继续教育培训班127场次，培训结业1万多人，表彰奖励科技工作者近700人次。河南省植物保护学会落实100～350亩成方连片芝麻主要病虫害综合防控技术示范田共650亩，建立了500亩水稻黑条矮缩病防控试验与示范基地。河南省畜牧兽医学会承办了第七届中国饲料营养学术研讨会，完成了省政府《关于加快肉牛肉羊产业发展的实施意见》和《河南省沿黄区域绿色奶业发展专项规划（2014—2020年）》等规划意见的起草工作。河南省地震学会组织了“防震减灾知识进校园、进图书馆”活动，受邀在郑州、商丘、济源等地开展了培训。河南省农学会承担了通许县花生新品种繁育基地建设等10个省级扶贫项目，向农业部申报2015年主导品种31个、主推技术7个。河南省水利学会着力开展水利科技普及，编辑出版《河南水利300问》，筹建了河南省防洪教育基地。河南省作物学会组织召开了7次不同规模的报告会或学术交流会，参会人员累计超过420余人次。

【基层科普服务能力提升计划】 9月，河南省科协与河南省财政厅联合启动实施基层科普服务能力提升计划。经自评申报、整理上报、复核下达等程序，评选36个科普工作具有区域代表性和特色、对周边地区有示范和带动作用的县（市、区）为“河南省优秀科普示范暨公民科学素质建设先进县（市、区）”（其中省直管县市4个）。对评选出的先进县（市、区）科协，省财政按照20万元的标准予以奖补支持。基层科普服务能力提升计划作为河南省基层科普行动计划三个子计划之一，尚属首次开展，创新了基层科普行动计划实施方式，将推荐权与主要决定权授予市县科协，实现了评选推荐工作权力与责任相统一，调动了市县科协积极性。

【创建五星学会提升服务能力计划】 10月，创建五星学会提升服务能力活动启动。经过申报备案、形式审查、实地考察和评审委员会综合评审等程序，12月22日，河南省科协、省财政厅联合发文公布了“创建五星学会提升服务能力计划”2014年度五星学会名单，河南省医学会、省农学会、省气象学会、省土木建筑学会等10家学会入选。

“创建五星学会提升服务能力计划”面向全省学会，以评选服务科技创新之星、服务社会和政府之星、服务科技工作者之星、学会自我发展之星、学会党建之星为标准，着力培育打造一批有效服务社会管理创新、能负责能问责的现代科技社团，是河南省科协创新学会管理服务工作，提升全省学会综合能力，推动形成学会事业发展长效机制的举措。

【河南省推进《全民科学素质纲要》实施工作会议】 6月4日，河南省推进《全民科学素质纲要》实施工作会议在河南省郑州市召开。河南省委副书记邓凯出席会议并讲话，强调要深化思想认识，突出重点任务，推进工作创新，切实加强领导，推动河南省公民科学素质建设不断迈上新台阶。河南副省长徐济超主持会议。全省18个省辖市政府向省政府递交了《落实全民科学素质行动计划纲要工作目标责任书》。24个省直部门分管领导，各省辖市分管副市长、省直管县（市）副县（市）长，省全民科学素质工作领导小组办公室成员，各省辖市、省直管县（市）科协主席、素质办主任，河南省科协机关和直属事业单位负责人参加会议。

【“聚焦中原”院士专家智库沙龙系列活动】 2月26日、8月28日、10月10—11日、11月20日，河南省科协分别以“‘丝绸之路经济带’建设河南战略”、“郑州航空港经济综合实验区科学建设与创新发展”、“黄河金三角区域协调合作发展河南（三门峡）战略”、“经济新常态下粮食生产核心区建设”等为主题举办了四期“聚焦中原”院士专家智库沙龙活动。中国工程院院士、郑州大学校长刘炯天，中国工程院院士喻树迅，中国工程院院士、解放军信息工程大学教授王家耀，中国工程院院士杜祥琬，中国科学院院士陆大道，中国工程院院士、中国农业大学教授戴景瑞，中国工程院院士、河南农业大学校长张改平，国务院参事牛文元等分别出席活动，并围绕活动主题，结合各自专业提出了建议。院士专家在活动中发表的观点均以专报的形式，呈报省委、省政府或相关部门作决策参考。

【河南省第七届学术年会】 10月27—29日，河南省第七届学术年会在洛阳市召开，年会的主题为“创新成就梦想”。中国工程院院士、中国医学科学研究院副院长、中国协和医科大学副校长詹启敏教授出

河南省第七届学术年会

席年会开幕式和相关学术交流活动。

北京科技大学教授梅绍祖作了题为《电子商务、物流与互联网金融》的特邀报告。报告从我国电子商务发展现状和趋势，电子商务和物流，互联网金融等三方面展开论述，分析了在电子商务发展的规模和应用的广度、深度方面，我国和美国及其他发达国家之间的差距，探讨了进一步完善电子商务市场环境，加强ICT（信息和通信技术）基础设施建设，不断扩大电子商务应用领域和市场规模的途径。

年会由河南省科协和洛阳师范学院联合主办，洛阳市科协和河南有关省级学会协办，在主会场两位特邀报告之外，另设19个分会场进行多学科学术交流，来自河南省内的1500余名科技工作者参加年会。

（撰稿人：马玉宝　朱振超）

湖北省科学技术协会

服务社会经济发展　2014年，省科协发挥全省科教资源优势，深入开展科技思想库建设，组织广大科技工作者围绕经济社会发展的热点难点广泛开展课题研究、建言献策活动，取得了一批决策咨询成果，信息专报有2篇由党和国家领导人批转落实，13篇得到中国科协、湖北省领导批示和省委、省政府刊用。《建议进一步解决南水北调中线工程对汉江中下游生态环境的影响问题》专家建议书由省委办公厅上报国务院，得到中央政治局常委、国务院副总理张高丽的重要批示，国家5部委召开专题会议，研究南水北调工程相关工作，并邀请提出建议的专家参加。《研究生科研状况调查》专家建议书得到了全国政协副主席、中国科协主席韩启德的重要批示。湖北省科技思想库建设工作成效显著，再度荣获全国科协系统年度考核第一名。组织编撰湖北省减轻自然灾害《白皮书》、投资环境《蓝皮书》发给人大代表和政协委员，深受好评。充分发挥各级科技项目对经济社会发展的支撑服务作用，积极实施中国科协、财政部“基层科普行动计划”，全省共有55个农村专业技术协会、14个农村科普示范基地、13个农村科普带头人、22个科普示范社区获国家表彰；深入实施省科协、省财政厅“基层科普服务行动计划”，全省共有60个农业科普示范基地、100个科普示范社区、50个科普示范企业获得表彰。组织全省1748家企业的106.2万名科技工作者开展“讲理想、比贡献”活动，实施“金桥工程”重点项目159项，继续在襄阳、黄石、宜昌等高新园区面向208家企业搭建“企业科技信息服务推广应用平台”，进行科技成果转化，为企业新增利润6亿元。全年新建149家院士专家工作站，总数达293家，覆盖所有县市和一大批传统产业、战略性新兴产业，共有省内外82位院士、211位专家与湖北省293家企事业单位进行了技术对接，签订合作项目300多项。

《科学素质纲要》实施及科普工作　为实现湖北省政府提出的“到2015年实现我省公民具备基本科学素质的比例达到5.7%”的目标，全省各市州政府与辖区各县（市、区）政府签订了公民科学素质目标责任书，实现了工作目标责任制的全覆盖。成功举办全国科普日湖北活动。联合湖北省委宣传部开展“科技、文化、卫生”三下乡集中示范活动，现场组织科普大篷车展示、农业专家科技咨询、免费赠送科普资料等活动。在湖北科协网、湖北科普网上开通“科普游楚天”栏目，对实体科普资源进行信息化开发、网络化传播，受到广泛关注。编印《重点人群基本科学素养500问》，广泛开展社区科普大学创建和湖北省科普示范县（市、区）创建，有力推动了群众性科普活动的深入开展。联合省旅游局开展灵秀湖北“快乐科普游”主题系列活动，联合省新闻出版广电局开展“农家书屋科普示范行动”，推进了科普资源、旅游资源、文化资源的深度融合。与高校合作承担了国家科技支撑重大科研项目，圆满完成了高层次科普人才培养试点工作。深入推进“一大十中百小多专”全省科技场馆体系建设，按照省委、省政府提出建设“国内一流、中部领先”核心大馆的要求，省科技馆新馆（“一大”）基建已完成项目审批立项、代建单位招投标工作，展陈内容建设正在稳步推进；市（州）一批中型科技馆（“十中”）已建成开馆或正在加紧建设，其中武汉、黄石市等科技馆常年面向公众开放，襄阳、天门市科技馆已完成主体工程，咸宁、孝感市科技新馆已开工兴建；一批县级科技馆（“百小”）已投入使用，并以产业化推进的方式同步进行升级改造；一批高校科技馆（“多专”）已经开始投入运营并面向社会开放。全省科技馆已覆盖10个市（州）、52个县，常年为近3000万名社会公众提供科普展教服务。

学术交流 一年来，省科协组织所属138家学会（协会、研究会）重点围绕新技术开发和新兴产业发展，开展了300多场学术交流活动，3万多人次参加，交流学术论文1万多篇。举办国际学术交流活动10多场次，组团出访8批，接待来访团组3批。继续实施“晨光计划”，50名优秀青年学者获资助出国进修。实施中国科协学会能力提升专项和湖北省“科技创新源泉工程”，评选表彰了3个高校科协、38个创新示范学会、5个优秀科技期刊、20名优秀科技期刊编辑、50名创新创业人才。鼓励和支持所属学会拓展职能范围，15个学会承接了科技立项、科技奖励、资格认证、科技培训、成果鉴定、职称评审等6个类别的29项政府转移职能，47个学会与省直有关部门确定了转移职能的承接意向。

服务科技工作者 组织广大科技工作者积极参与民主政治建设，在“两会”期间有数千名人大代表、政协科协界委员围绕群众普遍关心的科技问题，提交了一批有价值的议案和提案。深入实施中国科协“海外智力为国服务行动计划”，组织20多个海外科技团体带着技术研发成果和技术合作项目与湖北省高新区企业洽谈，达成了40多项合作意向。积极探索维护科技工作者权益的新机制，全年受理科技工作者来信、来电、来访98人次，全都得到妥善解决。建立健全院士专家联系服务机制，走访慰问了一大批院士专家。编印《科技工作者状况调查站点信息要报》20期，3篇信息获中国科协领导批示，15篇被中国科协、省委内刊转载刊用。承办由国家五部委联合主办的2014年“共和国的脊梁——科学大师名校宣传工程”汇演活动。成功举办2014年湖北省科学道德和学风建设宣讲报告会，中国工程院副院长樊代明院士应邀为1100名在鄂高校的新入学研究生和青年教师、科技工作者代表作主题报告。全面推进湖北省老科学家学术成长资料采集工程，编辑出版《楚天科技新星》，在省政府网和省电视台开辟专栏，集中宣传报道优秀科技工作者的先进事迹。

自身建设 一年来，省科协不断深化党的群众路线教育实践活动成果，加强作风建设，推动了科协自身建设深入发展。通过各种培训、学习，进一步增强服务意识和服务能力。积极改变机关化、行政化、衙门化作风，深入基层，主动与科技工作者交朋友。执行院士专家经常性的联系服务制度，机关每位领导牵头联系三位院士专家，及时了解他们的工作和生活状况，为他们排忧解难。努力践行《湖北省科协服务科技工作者八项承诺》，牢固树立宗旨意识，全心全意为广大科技工作者服务，科协组织对科技工作者的凝聚力吸引力不断增强。建立健全工作调研制度，深入基层调查研究，帮助解决实际困难和问题。深入贯彻落实《湖北省科学技术协会条例》和省政府《实施意见》，不断改善基层科协工作环境和条件。深入开展“三抓一促、争做好干部”、“四创建一考评”等活动，省科协被省委、省政府评为全省“万名干部进万村洁万家”活动先进单位，并连续多年保持省级文明单位、全省社会管理综合治理优胜单位、档案目标管理省特级单位、全省党建工作先进单位等荣誉称号。

市、县（市、区）及基层科协组织 全省市州科协认真贯彻落实省科协八届三次全委会议精神，认真履行“三服务、一加强”工作职责。武汉市科协加强国家级科技思想库试点建设，全年形成14篇课题研究报告和32篇决策咨询建议，其中7个课题研究报告、12篇决策咨询建议获得市领导批示。

恩施州科协积极开展“全国科普日·恩施科普月”活动，州县乡三级联动，州直各学会、学校及机关互动，成功组织开展了“中国流动科技馆”巡展、“安全科普知识”中秋广场科普纳凉活动、“生态恩施州·美丽清江源”水清科普知识进校园活动、社区健康科普讲座、科技小分队和科普大篷车开进咸丰县白水坝工业园区等各类科普活动58场次。

宜昌市科协成功举办以“科技梦，环保梦，大城梦”为主题的第十三届青少年科技节活动，开展了5个竞赛活动、5个评审类活动、5类科普活动，来自100多所学校的10万余名青少年参加系列活动，7000多名学生、60余所学校获得表彰。

鄂州市科协顺应科普信息传播方式新潮流，大力开展科普宣传活动。坚持每天分三个时段，通过市人民广播电台《科技之光》栏目向听众播放科普知识，坚持每月面向公务员和领导干部、社区居民等重点人群发送安全教育、卫生保健、环保保护等方面的科普知识短信，积极传播科普知识，努力提高公民科学素质。

县市区科协以科普工作为重点，全面履行工作职责。武汉市武昌区科协与湖北楚天发行总公司联合开展“楚天传媒之夜——公益（科普）电影进社区”活动，覆盖了全区14条街道、177个社区，共放映公益

(科普) 电影 400 多场，推动了应急安全、个人健康等科学知识在全区的普及和推广。

钟祥市科协启动了“创新圆我梦想”科普志愿者行动，展示科普展板 168 块、科普挂图 80 多幅，发放科普书籍 4300 册、科普知识宣传资料 15000 多份。

竹山县科协不断加强科技创新服务平台建设，全年新建院士专家工作站 2 家，组织中小企业与省内知名高校共建各类科技创新载体 10 余个，加强对科技特派员的知识技能培训，努力推动科技与经济的紧密结合。

乡镇科协组织和农技协遍布全省农村，积极开展农业科普和农技服务活动。目前，全省共有乡镇科协（科普）组织 660 个、村级科协（科普）组织 20056 个，分别占乡镇、村总数的 70%。全省共有各级各类农村专业技术协会 4917 个，会员总人数达 69.63 万人，已形成了以省农技协为龙头，市州农技协为骨干，县、乡、村农技协为主力的五级组织架构，服务涵盖蔬菜标准化栽培、畜禽综合养殖、特种水产和茶叶果树科技等多个产业。

宜城市小河镇积极构建镇有科普活动中心，村有“科普活动站”，组有科普宣传员的立体式服务模式，推动了科普宣传与“三农”服务有机融合。全年共开展科学种养殖技术普及活动 40 余场次，种养殖技术、网络技术进村服务 7 场。

省级学会、企业科协、高校科协　湖北省科协共有所属学会 139 个，个人会员达 15.26 万人，团体会员 4806 个，学会从业人员 699 人，其中专职学会工作人员为 121 人。2014 年，学会紧紧围绕实施创新驱动发展战略和人才强省战略，共开展了 280 多场学术交流活动，3 万余人参加活动，交流学术论文 1 万多篇。湖北省农学会针对鄂中（北）丘陵岗地连续 4 年干旱对农业生产造成的负面影响，与省水利厅、武汉区域气候中心合作，组织团体会员单位的 25 名专业科技人员，深入到全省 10 多个县（市、区）开展调查研究，形成了题为《突出重点区域挖潜力，依靠科技抗灾夺丰收》的调研报告。报告被省政府《咨询与决策》刊用。

湖北省生物工程学会积极搭建企业孵化平台，策划并组织了相关领域的学会学术骨干带着先进科学技术和科研成果，参与武汉光谷生物城建设。目前有 20 余家学会会员单位、一大批学会会员入驻武汉光谷生物城，有的已开展规模化生产。

湖北省测绘学会抢抓政府行政体制改革的机遇，大力提升学会能力，不断扩大学会影响力，积极承接政府转移职能。全年承接省测绘地理信息市场信用信息评价工作、测绘项目成果鉴定、湖北省测绘科技进步奖评奖、注册测绘师培训等工作。

全省现有各级企业科协组织 1099 个，占企业总数近 20%，比上年增加 218 个，企业科协个人会员达 13.98 万人，增加 3.55 万人。一年来，组织 12 万多名企业科技工作者参与“讲理想、比贡献”活动，实现经济效益 13.5 亿元。实施“金桥工程”重点项目 200 多项，组织企业科技人员开展技术咨询、技术服务、技术改造和技术开发，新增利税近 20 亿元，节约资金 6 亿元。面向企业普通员工普及科技知识，提高职工的科技水平。及时反映企业科技工作者的建议、意见和诉求，维护企业科技工作者的合法权益，加强自律，促进职业道德建设，努力为科技工作者提供优质高效的服务。

全省现有 21 所高校建立科协，有个人会员 1.03 万人，专兼职工作人员 44 名，其中专职人员 22 名，常年为近 4 万名高校科技工作者提供服务。武汉大学、华中农业大学、中国地质大学（武汉）、湖北大学等 4 所高校科协发挥场地优势，具体承办由国家五部委联合主办的 2014 年“共和国的脊梁——科学大师名校宣传工程”汇演活动，演出以 8 位著名科学家感人事迹为主题的舞台剧 24 场，先后有 10 多位中国科协和湖北省领导、10 多位在鄂“两院”院士、90 多位省直厅局和在鄂高校负责人、来自省内 70 多家单位的近 3 万名观众现场观看演出，省内外近百家新闻媒体参与报道汇演盛况。

华中科技大学科协搭建产学研合作平台，促进科技成果转化推广。积极组织相关院士专家与孝感市、襄阳市、天门市等有关企业合作，有力推进了院士专家工作站建设。积极推进校地、校企科技合作，组织学校机械学院、化学与化工学院和环境学院的专家到襄阳市参加校企科技对接活动，承办了襄阳市与在鄂重点高校产学研合作研讨会，组织机械学院 4 位专家到武桥重工集团公司参加产学研合作洽谈会，开展科技合作。

华中师范大学科协积极组织开展学术交流活动，活跃学术思想，促进学科建设和科研发展。主办和承办了“微分方程与变分方法国际会议”等 6 个国际会议和“两岸三地动力系统及相关课题研讨会”“遗传调控与整合生物学湖北省重点实验室2014学术年会”等8个全国性和地方性学术会议，来自8个国家和地区，以及国内知名高校、科研院所的院士专家应邀作学术报告、学术讲座达110多场，听众达12000多人次。

华中农业大学科协于9月19日承办召开2014年湖北省科学道德和学风建设宣讲教育报告会，中国工程院副院长、中国工程院和美国医学科学院院士、第四军医大学原校长、肿瘤生物学国家重点实验室主任、国家药物临床试验机构主任樊代明教授应邀作题为《三千年医学的进与退》的主题报告，省科协党组书记、常务副主席夏航出席会议并作重要讲话，省教育厅副厅长黄俭主持报告会，华中农业大学校长、省科协副主席、中国工程院院士邓秀新出席报告会。来自在汉28所高校、科研机构的1100余名研究生代表聆听了报告。

【第89届世界纺织大会】 11月2—6日，由省科协与武汉纺织大学共同承办的第89届世界纺织大会召开。中国纺织工业联合会副会长孙瑞哲、湖北省政府副省长、省科协主席郭生练出席会议并讲话。围绕“从纤维到服装的纺织创新”的主题，中国工程院院士俞建勇等6位专家作大会报告，来自美国、英国、德国、意大利等近30个国家和地区的300多名纺织业界的专家学者，交流研讨了全球纺织行业前沿科技成果及技术运用，形成了一批学术交流、咨询建议成果。

【第二届中国粒子加速器会议】 10月22—25日，省科协主办了第二届中国粒子加速器会议，来自20多所高校和科研院所的8位院士、近300名专家、学者全面交流了国内粒子加速器领域的研究现状及进展，形成学术成果194篇。

【全国科普日湖北省活动】 围绕“创新发展 全民行动”的主题，省科协联合省教育厅、科技厅、中科院武汉分院举办2014年全国科普日湖北省活动，省委常委张岱梨出席启动式并宣布全省活动启动。科普日期间，全省各级科协共组织开展了百场院士专家科技创新报告会、百万青少年科技创新实践活动、百项科技创新成果推介活动、百项创新成果进企业的宣传推介活动、百组“共圆中国梦同行创新路”主题科普挂图印发、百个科普场馆科普日联合展教大行动，全省参与科普活动的群众达660万人次。

（撰稿人：彭居毅）

湖南省科学技术协会

服务经济社会发展 决策咨询深入开展。实施了湖南省科协2014年决策咨询研究计划，开展了重大课题研究，认真学习、收集、整理了关于桃江核电站建设、湖南地方支线机场发展与管控战略、长株潭国家自主创新示范区、长株潭人才洼地、洞庭湖生态经济区、国家级湘江新区、湖南炼化一体化等7个项目的相关信息资料，经过认真分析研究，正式提交了《湖南地方支线机场发展与管控战略研究》《稳步推进长株潭国家自主创新示范区创建工作研究》《湖南核电科普环境建设研究》和《长株潭人才洼地研究》4个决策咨询研究选题建议，为地方党政领导科学决策提供科技支撑。

扎实推进“基层科普行动计划”。积极引导和推动科技、科普资源向农村和社区倾斜，全年共获得国家奖补资金1480万元，省级奖补资金850万元。积极加强科技和金融的战略合作，与省农村信用社联合社签订融资合作协议，由省信用联社授信20亿元的贷款额度，支持湖南省农村专业技术协会和农村科普示范基地的发展，2014年贷款额度达4亿元。加强科普信息化，推进“三农”网络书屋建设，2014年，为7个县市新建了“三农”网络书屋。

“讲理想、比贡献”活动深入开展。深入开展“讲理想、比贡献，奋力实现中国梦”活动，在中国科协会员日暨第六届“讲理想、比贡献”活动表彰大会上，湖南省中国航空动力机械研究所等11家单位、中国石化长炼科协等4个单位科研技术团队、丁炳湘等15名同志获中国科协表彰；中国石化长炼科协还在会上作了典型发言。

《科学素质纲要》实施及科普工作 贯彻实施《科学素质纲要》，推动科普工作深入开展。大力推动《科学素质纲要》实施，争取省政府支持，新成立了湖南省全民科学素质纲要实施工作办公室，召开了湖南省全民科学素质纲要实施工作座谈会，建立健全了《科学素质纲要》实施工作的部门协调机制。实施科学传播专项计划，制定了“科学传播计划”项目指南，授予何继善、卢光琇、柴立元、邹学校、龚学余为首批“湖南省科普传播大师”，并成立了湖南省科普志愿者服务队。加强“四位一体”科技馆体系建设，发挥省科技馆科普主阵地作用，

以常设展览、实验教育、展览教育为主要教育方式，辅之以流动科技馆、科普大篷车，深入怀化麻阳、娄底双峰、益阳沅江、衡阳科技馆、湘西保靖等地开展了巡展活动。开展青少年科技传播行动，增强了青少年创新和实践能力。在第29届全国青少年科技创新大赛上，湖南选手再创佳绩，夺得学生项目6金5银2铜、辅导员项目2金5银6铜，总成绩位居全国第二，这是自2006年以来，湖南省第6次取得全国第二的好成绩。积极组织“科技下乡”和农村妇女网络知识竞赛等活动，继续加强了农村科普教育基地、示范基地的建设和“科普惠农兴村计划”的实施，提高了农民科学素质和劳动技能，促进了农民增产增收。在2014年中国科协等部门组织的全国农村妇女科学素质网络竞赛中，湖南省科协被评为省级优秀组织单位，岳阳市云溪区科协等6个县市区科协被评为县级优秀组织单位。将科学素质内容与技能型人才教育培训、就业能力培训相结合，加强社区“四个一”建设，加快推动城镇科学素质工作新体系、新平台的建立健全，提高了城镇劳动者和社区居民的科学文化素质。将科学素质教育纳入了领导干部和公务员教育培训内容，通过举办各种不同主题的报告会，进一步提升了领导干部的科技意识和科学决策能力。

大力开展主题科普活动，主动回应社会关切。紧扣核电安全、防灾减灾、食品药品等社会热点，在全省广泛开展主题科普活动，及时普及科学知识，提升公众科学素养。2014年共开展科普活动35场，比2013年增长9.4%；活动受众47万余人次，比2013年增长42.4%。9月，与益阳市人民政府联合，在桃江县举办了以“科学认识核电、建设美丽湖南”为主题的2014年全国科普日湖南主场活动。在2014年“防灾减灾日”科普宣传活动中，紧扣“城镇化与减灾”主题，组织科普志愿者参与活动，发放科普书籍50余万册、防灾减灾知识读本30余万册、农村实用技术18万册，受益群众100余万人，增强了全社会灾害风险防范意识和突发事件中自我保护能力。联合省药监局主办了2014年“全国安全用药月”湖南启动仪式暨药品安全论坛，活动期间组织全省食品药品安全科普教育基地单位、医药企业、医疗机构，以及广大医药工作者和科普志愿者，走进299个国家级、省级科普示范社区，深入各地乡镇集市、中小学校，面向群众普及安全用药知识。

学术交流 组织开展了湖南省第十五届自然科学优秀学术论文评审，评选表彰了一批优秀学术论文。精心策划并成功举办了“科技创新、绿色发展”2014湖南科技论坛系列活动，围绕绿色建筑、建筑能耗、生物质能、环保产业等方面的问题，组织多视角、多层次的深入交流和探讨。指导所属学会举办了“航空制造领域国家千人计划专家学术交流会”“物理学前沿研讨会”“量子能源材料与器件国际学术会议”“全国第十二届嵌入式系统学术年会暨技术论坛”“中南地区MTS材料试验学术会议”“第三届国际自密实混凝土设计、性能及应用学术会议”等高水平学术活动50多场次，为促进湖南学术繁荣、人才成长和科技进步做出了积极贡献。

服务科技工作者 弘扬社会主义核心价值观，正确引导科技工作者价值取向。承办了由中国科协和中共湖南省委共同主办的“弘扬科学道德 践行‘三个倡导’奋力实现中国梦”湖南报告会，800余名听众现场听取了周建平、孙宝国、钱永刚等院士和专家的深情讲述，弘扬了科学精神，激励了科技工作者胸怀远大理想、勇攀科技高峰的豪情壮志。深入推进科学道德和学风建设，与省教育厅联合主办了宣讲教育报告会，俞汝勤、邱冠周等院士专家作了精彩报告。

广泛走访慰问科技工作者。新一届党组高度重视与科技工作者的联系，从4月中旬开始，党组主要领导及有关部门先后登门拜访了袁隆平、何继善、卢光琇、龙国键等20多位院士专家，以及省科协兼职领导和常委，并赴益阳、株洲、郴州、长沙、湘潭、岳阳等市走访看望了在基层一线工作的省科协委员和科协工作者，听取意见建议。

深入推进“科技工作者之家”建设。将抓好“建家”工作摆上重要日程，推进“建家”工作逐项落地。5月28日召开了九届三次常委会议和九届三次全委会议，对全年科协工作作出了全面部署。首次召开省科协主席会议，拟定了《省科协常委工作联系制度（草案）》，通过更紧密的工作联系，发挥常委对科协的指导支持作用，进一步增强科协组织作为“科技工作者之家”的凝聚力和向心力。围绕省科协“家”和“芯”的定位，结合实际开展调研。在湖南省郴州市召开了2014年中国科协八大代表（湖南）暨部分科技工作者调研座谈会，对科协组织建设创新发展问题进行了深入讨论。组织召开了2014年全国科技工作者状况调查站点工作座谈会，表彰了先进，交流了经验，推进了工作。切实加强了科协组织建设，全省新建和恢复科协组织6家，其中湘潭市科协在湘潭市高新区、九华经济开发区成立了园区科协，恢复成立了湖南华菱线缆有限公司科协和湖南江滨机械有限公司科协。常德市科协开展了“常德市科技人才库”建设，收录了该市副高以上科技人才1090名，建成了“常德市副高以上科技人才库”。

大力举荐宣传优秀科技工作者。2014年，宣传科技工作者65人，比2013年增长54.8%，表彰奖励科技工作者138人次，比2013年增长3.8%。开展了中国科协“全国优秀科技工作者”推荐工作，所推荐的22名湖南候选人全部当选，其中中南大学湘雅二医院周智广教授获“十佳全国优秀科技工作者”提名奖。制定并实施了湖南省科协新闻发布会制度，尝试以新闻发布的形式举荐与宣传优秀科技工作者。举办了周智广教授教育部创新团队糖尿病研究成果新闻发布会，首次尝试以新闻发布形式，向《人民日报》、新华社、《健康报》《湖南日报》等20多家中央和省市媒体，发布了周智广及其科研团队的研究成果。组织举办了2014年“激情五月·青春飞扬——青年科学家进校园”巡回演讲活动，邀请5位湖南青年科技奖获得者分别到沅江、临武和江永等县市进行巡回演讲，既宣传了青年科学家，更激励了广大青少年学生。开展了“乡村情·科技梦”——优秀农村基层科技工作者宣传对象推选活动，对优秀农村基层科技工作者宣传对象进行了宣传资料的拍摄、收集整理，并上报了中国科协。开展了科普惠农优秀科技人物宣传工作，以“中国梦、农业梦、农村梦”为主题，《湖南科技报》对2006年以来受到中国科协或省科协“科普惠农兴村计划”表彰的17名农村优秀科技人物进行了系列专题报道。编撰第二部《潇湘之子》精品图书，全面系统地宣传介绍了2007—2013年期间，湖南省获得“全国青年科技奖”和“湖南青年科技奖”称号的76位优秀青年科技工作者。《潇湘之子》成为宣传湖南省科技工作者的又一经典之作。组织开展了2014年“湖南十大科技新闻”评选，长株潭国家自主创新示范区获国务院批复、国防科大研制的“天河二号”获世界超级计算机“双料冠军”、袁隆平院士领衔攻关的“两系法杂交水稻研究与应用”荣获国家科技进步奖特等奖等，获评2014年“湖南十大科技新闻”。《湖南科协》杂志以封面人物宣传在湘院士，每年4位，至今已达20位。《第二课堂》杂志组织小记者专访了“杂交水稻之父”袁隆平院士、人类遗传学专家卢光琇教授和山河科技股份有限公司轻型飞机研发团队。

自身建设 全力落实两大整改，解决自身突出问题。2014年，省科协党组高度重视教育实践活动整改和巡视反馈意见的整改落实，将整改工作列为重中之重。对教育实践活动中查摆出来的问题，重点进行了6大方面、36项整改，并以文件形式公布，主动接受干部职工监督，先后3次通报了整改落实情况。通过教育实践活动和巡视反馈意见的“双重整改”，党员干部精神面貌明显改变，工作作风明显改善，一些“老大难”问题得以解决。

提升学会能力，激发社会组织创新活力。以服务创新驱动发展战略为目标，大力提升学会参与社会公共事务管理的能力，切实发挥学会在推动社会管理创新中的作用。2014年，在省财政厅支持下，投入资金100万元，启动实施了“学会服务能力提升计划”专项，组织实施学会能力提升项目34个。扎实推进学会党建工作，所属129个省级学会中已有85个学会成立了党支部。积极引导学会承接政府转移职能，发挥学会专业优势参与科技成果评价，省农学会、省林学会、省公路学会等3个学会，成为全国开展科技成果评价第二期试点机构。至此，湖南省共有12家国家科技成果评价试点机构，数量居全国前列。

强力推进文明创建，带动机关作风转变。省科协把文明单位创建作为重要抓手，推动各项工作的提质增效。大力加强了党建工作，试点党建工作述职；制定了文明创建系列规章制度；建立了督查机制，定期开展环境卫生、劳动纪律、工作作风、绩效工作集中检查。2014年年底，省科协机关顺利通过了省直机关创建文明单位检查组的检查验收，并首次荣获省直机关文明单位称号。

开展工作研讨，理清思路找准定位。为促进科协工作进一步融入中心、服务大局，更好地找准定位，理清思路，新一届党组进行了广泛调研。形成了“整合资源、重塑品牌、建家交友、建言献策”的基本工作思路，明确了“自信、实干、协同、创新”的工作理念。10月，为进一步明确2015年全省科协工作思路和工作重点，又分长株潭、大湘西、湘南和环洞庭湖4个片区，分别在株洲、湘西自治州、永州和常德

召开了市州科协主席会议。12月，分别召开了省科协常委会下设的5个专门委员会会议，专题研讨了各专门委员会的工作。通过专题研讨，科协工作的定位更加准确，思路更加清晰。

狠抓党风廉政建设，营造风清气正氛围。2014年，省科协新一届党组切实按照“三严三实”要求，以“正能量、树形象、提质量”为目标，下大力气加强党风廉政建设。一是强化党风廉政建设主体责任和监督责任。二是建立健全各项规章制度。三是创新廉政建设机制，首次启动了省、市州科协党风廉政建设联动机制。2014年，省科协党风廉政建设工作顺利通过了省直工委组织的检查验收，并得到了省委、省政府领导及有关部门的充分肯定。

推进部门预算公开，强化财务监督管理。2014年，省科协首次对财务预算进行了网上公开，自觉接受群众监督。党组几次召开会议，认真研究并决定了2014年预算执行、2015年的预算编制等财务管理重大事项，实现了财务管理的公开透明。按照省政府的要求，制定了省科协预算绩效管理考核指标体系，并下发了相关工作的规范性文件，加强了省科协预算和资金调度管理。认真进行了机关财务报账、记账及各项会计核算工作。邀请审计专家，举办了省科协干部能力培训班“第一讲”——财务管理和审计知识讲座。通过这一系列财务制度的改革，进一步规范了资金的使用，严控了“三公经费”开支。省科协荣获全国科协地方科协财务决算工作先进单位。

加强干部交流培训，全面提升队伍素质。制定了关于加强培养选拔年轻干部的方案，拓宽了干部培养锻炼渠道。以“补短板、拓视野、强素质”为目标，先后举办了省科协系统干部培训班、科普信息化培训讲座等系列培训活动，首次分两批组织省、市、县三级科协干部到中南大学、湖南大学集中进行学习教育，大幅提升了全省科协干部队伍素质和业务能力。

地市县及基层科协组织 2014年，湖南省各市州科协及基层科协立足“三服务一加强”，突出特色，创新方法，积极开展各项工作，为各市州科技发展转型作出了积极贡献。

长沙市科协围绕服务创新驱动和产业升级，举办了以“开放、创新与产业升级”为主题的2014年长沙科学技术学术年会，促进了学术繁荣；组织科技工作者建言献策，围绕市委、市政府中心工作和热点民生问题，开展决策咨询课题研究；拓宽青少年科技教育普及面，精心组织各类青少年科技竞赛和科技活动，各项成绩位列全省前茅和全国省会城市前列。

株洲市科协持续深入开展企业“讲创新、比贡献”竞赛活动。株洲硬质合金集团有限公司科协组织开展比合理化建议、比科技攻关、比技术创新，看谁的金点子多、解决难题多、开发新产品多等“七比七看”活动，科技工作者参与率达85%。

郴州市农经学会搭建了“智慧农经”手机科技咨询平台，农民从手机上能够随时随地查阅农村财务、惠农补贴、行政事业性收费标准、办事程序等政务服务方面的内容，并可以从该平台直接联系农业专家进行咨询指导。

慈利县科协联合县委组织部开展了“把致富能手培养成党员、把党员培养成致富能手、把党员致富能手培养成党支部书记、把优秀党支部书记培养成标杆，引导党员带头致富、带领群众共同致富、带头维护社会秩序、带头保护生态环境”的党员干部“四培四带”活动。

省级学会、企业科协、高校科协 2014年，省科协以学会服务能力提升计划为重点，加大了学会工作力度。各省级学会开展和参加学术交流活动400余场，参加人数4万余人，交流论文8000余篇。

3月，省科协召开2013年学会工作会议，对2013年学会工作进行了总结，并对2013年度学会和高校科协工作先进集体与个人进行了表彰，印发了湖南省科协2014年学会工作要点，部署了2014年学会服务能力提升计划、湖南省第十五届自然科学优秀学术论文评选和学会党组织建设等重要工作。

10月，省科协在长沙市举办了学会工作业务知识培训班。中国科协学会学术部副部长宋军，湖北省通信学会副理事长李国淼应邀作了培训辅导报告。

2014年，省科协召开了高校科协工作会议，交流探讨做好高校科协工作的经验和方法。

3月15日，由湖南省仪器仪表学会、湖南省机械故障诊断与失效分析学会、湖南科技大学先进矿山装备教育部工程研究中心及机械设备健康维护湖南省重点实验室共同举办的“航空制造领域国家千人计划专家学术交流会”在湖南科技大学举行。上海交通大学王安正教授、华中科技大学李振翰教授、中国商用飞机有限责任公司屠晓伟教授等3位航空领域国家千人计划专家分别作学术报告。

12月21日，湖南省农学会召开以“农产品重金属污染治理”为主题的学术论坛。论坛邀请7位重金属污染防治领域的专家作相关主题报告，通过大会学术交流，形成了加快湖南省农产品重金属污染治理科技支撑的建议。

2014年，中石化长炼科协致力于做好科技人员服务工作，为企业科技创新提供发展平台，并取得了实质性的效果。长炼科协创新‘讲、比’活动形式，每天都有新课题出现，每周都有新成果产生，每季度都有新成果发布，为长炼的科技人员搭建了参加创新活动的平台，提供了平等交流的机会。2014年，长炼科协成为湖南省科协首批2个创新方法培训基地之一。

【2014年湖南科技论坛】 11月19—20日，2014湖南科技论坛主会场活动和以“绿色·低碳·发展”为主题的“节能减排财政政策综合示范论坛暨2014中国节能减排产业博览会”在长沙市举行。全国人大常委、中国科协副主席、湖南省科协主席、中国工程院院士黄伯云，中国工程院院士、中建技术中心顾问总工肖绪文，中国工程院院士、南京林业大学教授张齐生，中国工程院院士、省科协副主席周宏灏，国家信息中心、财政部财科所、国家发展改革委能源研究所、住建部科技发展促进中心、交通部科研院、中国民促会、清华大学、天津大学等单位的领导和专家，省级学会、高校科协、省内部分高等院校以及省内外相关企业的代表1300余人参加了开幕式和主场活动。总计参加论坛系列学术活动的人数达3000多人次。

本次论坛由主场的“节能减排财政政策综合示范论坛”“节能减排·绿色发展论坛”“建筑节能与新能源论坛”“环境监测技术论坛”“工业余热回收深度利用论坛”5个论坛活动和“节能减排产业博览会”，以及“大数据与超级计算研讨会”“湖南工程管理论坛”“农产品重金属污染治理研讨会”“节能环保科技创新与产业发展论坛”“有色产业绿色发展论坛”5个专题分论坛组成。

论坛着重围绕绿色建筑、建筑能耗、生物质能、环保产业等方面的问题，组织开展多视角、多层次的深入交流和探讨。此次论坛被誉为国内首个聚焦节能减排领域“六化”（产业低碳化、交通清洁化、建筑绿色化、服务业集约化、主要污染物减量化、可再生能源与新能源利用规模化）的一次学术盛会。

本次论坛共征集论文305篇，经评审共录用218篇，并评选出一批优秀论文。精选辑录了39篇汇编成集，由湖南人民出版社公开出版发行。

会后，省科协整理编印了《2014年湖南科技论坛主会场活动学术报告摘要》。

【湖南省第十五届自然科学优秀学术论文评审】 根据省科协、省人社厅、省科技厅联合制定的《湖南省自然科学优秀学术论文评选办法》和《关于开展湖南省第十五届自然科学优秀学术论文评选工作的通知》要求，经各省级学会、高校科协和市州科协认真推荐，共收到论文630篇，其中，省级学会推荐论文389篇，高校科协推荐论文135篇，市州科协推荐论文106篇。评选出湖南省第十五届自然科学优秀学术论文594篇，其中一等优秀论文62篇，二等优秀论文186篇，三等优秀论文346篇。

【第35届湖南省青少年科技创新大赛】 4月18—20日，以“创新·体验·成长”为主题的第35届湖南省青少年科技创新大赛在湖南省益阳市箴言中学举行，124名参赛代表和800多名观摩人员参加了大赛。益阳市市委常委、市人民政府常务副市长杨跃涛致欢迎辞；中国科协青少年科技中心主任李晓亮出席开幕式并讲话；中国工程院院士、中国科协副主席、湖南省科协主席黄伯云出席开幕式并宣布大赛开幕。省科协党组成员、副主席廖任强主持开幕式。评选优秀创新项目一等奖45项、二等奖106项、三等奖119项；优秀科技实践活动一等奖33项、二等奖36项、三等奖39项；优秀科幻绘画一等奖30幅、二等奖50幅、三等奖60幅；优秀组织奖35个；十佳科技教师10名。以省赛为基础，组织参加了8月21—25日在北京举行的第29届全国青少年科技创新大赛决赛。湖南省17名学生的13个创新参赛项目全部获奖，金牌6枚、银牌5枚、铜牌2枚，不同类别的专项奖7项；13名参赛的科技辅导员也全部获奖，金牌2枚、银牌5枚、铜牌6枚，十佳科技辅导员1人，总成绩居全国第二名。湖南省科协青少年科技中心获得“优秀组织单位奖”，长沙市科协、益阳市科协、衡阳市科协、怀化市科协、湘西自治州科协获得基层赛事优秀组织奖。

【第七届湖南省青少年机器人竞赛】 5月16—18日，第七届湖南省青少年机器人竞赛在长沙市岳麓区实验小学举行，350多支参赛队、1200多名中小学生、教师、评委裁判员及观摩代表参加了竞赛。通过展示、专家问辩、现场竞赛等程序，决出机器人竞赛项目一等奖73个、二等奖94个、三等奖108个，评选出优秀指导教师奖9名，优秀组织奖14个。以省赛

为基础，湖南组织了 11 支队伍、共 32 名队员参加了 7 月 15—19 日在新疆乌鲁木齐举行的第十四届中国青少年机器人竞赛，湖南省青少年获得 3 金 6 银 2 铜，综合成绩名列全国前五，湖南省科协青少年科技中心获得“优秀组织单位奖”。

【学会服务能力提升计划】 在省财政厅的支持下，省科协正式启动实施了“学会服务能力提升计划”专项，全年共投入资金 100 万元。为科学合理地做好能力提升计划实施的顶层设计工作，学会部在深入调查研究和广泛借鉴兄弟省科协成功经验的基础上，结合实际，先后研究制定了《省科协学会服务能力提升计划实施方案（试行）》《省科协学会服务能力提升计划专项资金管理办法（试行）》，编制了《2014 年度学会服务能力提升计划项目申报指南》，成立了省科协学会服务能力提升计划领导小组和评审委员会，制订了评审标准。经组织申报、资格审查、专家评审和网上公示等程序，共有 34 个单位获得 2014 年度学会能力提升项目，其中，省级学会 31 个，高校科协 1 个，市州科协 2 个；综合示范项目 6 个，重点学术活动项目 14 个，学会自身建设项目 6 个，社会化服务职能项目 8 个。为确保能力提升计划实施质量，学会部与项目实施单位逐一进行约谈，就项目实施的目标及要求进行指导，签订了项目合同书，实行了跟踪指导，研究制定了《省科协综合示范学会绩效评估指标体系》，明确了绩效考核的目标与要求，有效地促进了学会的能力建设和作用发挥。

【2014 年全国科普日湖南主场活动】 2014 年全国科普日湖南主场活动，以“科学认识核电，建设美丽湖南”为主题，切合百姓关注的热点问题，精心组织安排了科普小品剧、文艺表演、核电科普讲坛，我所认知的核电征文、科普进校园，科普大篷车联合行动和专家与村民面对面聊核电等系列科普活动；以及建设科普健身休闲广场、核电科普图书室、三农网络科普书屋、省市医疗专家义诊等惠民行动。3000 余名师生、社区居民和科普志愿者参与。活动共展出科普展板 300 多块，发放核电及生活科普知识宣传资料 1.8 万册，开展咨询服务 1000 多人次。在全国科普日活动期间，全省科协系统围绕“创新发展，全民行动”主题，深入农村、社区、学校等，开展欢乐科学节、创新擂台赛、科普知识讲座、科普文艺巡演、科技创新展览和农村实用技术、城镇职业技能培训等 136 项丰富多彩的科普宣传教育活动，营造全社会崇尚创新的良好氛围。

【举办湖南省科协系统领导干部培训班】 8 月和 12 月，省科协在中南大学和湖南大学分别组织了为期一周的湖南省科协系统领导干部培训班一期、二期培训，全省 14 个市州科协的党组书记、专职主席及班子成员，省科协机关全体干部和直属企事业单位副处级以上干部，部分县市区科协主席代表共 110 余人参加了培训。培训班上，中国科协副主席程东红为第一期培训班学员和省级学会负责人作了《新形势下科协事业创新发展与积极应对》专题报告；中国科普研究所所长罗晖为第二期培训班学员和省级学会秘书长、省科协机关干部及直属单位负责人作了《公民科学素质建设与创新驱动发展》专题报告，中南大学、湖南大学、国防科大、省委讲师团等高校的多位教授讲授了政治、经济、文化、科技、军事、新闻等公共课知识。

【2014 年中国科协会员日湖南主场活动】 12 月 19 日，由湖南省科协主办的 2014 年中国科协会员日（湖南）主场活动暨第六届全国优秀科技工作者奖颁奖大会在长沙市举行。中国科学院院士、省科协副主席姚守拙，省委组织部副部长胡奇等出席大会。湖南省科协党组成员、副主席刘秋惠主持颁奖会。省委组织部人才处、省人社厅专技处、省科协机关和直属单位的相关同志，历届中国青年科技奖、湖南省青年科技奖获奖者代表及其家属，部分省级学会、高校科协、企业科协的代表近 200 人参加了会议。

姚守拙院士在大会上致辞。胡奇代表省人才工作领导小组在会上宣读了《中国科协关于表彰第六届全国优秀科技工作者的决定》，龙兴武、刘幼硕、刘建勋、刘朝晖、李学军、李晓东、李高阳、杨年慈、杨远柱、肖海波、余志武、张大庆、陈曦、周智广、周新华、赵正洪、胡辽平、袁海斌、彭英林、韩旭、喻

2014 年中国科协会员日湖南主会场

乐康、樊运新等22人受到大会隆重表彰。姚守拙等为获奖者颁发了奖章和证书。

会上还举行了《潇湘之子》第二卷画册的发行仪式。

（撰稿人：莫　鼎）

广东省科学技术协会

服务经济社会发展　启动实施“千会万企金桥工程”。制定了《广东省科协实施“千会万企金桥工程”工作方案》。2014年，全省建立“院士专家企业工作站”118家，比2013年增加24家。建立“学会科技服务站”171个，比2013年增加44个。

推进实施广东版“海智计划”。向省委、省政府有关部门提交《关于全面推进省科协“海智计划”工作的报告》，制定了《广东省科协实施中国科协“海外智力为国服务行动计划”五年工作规划（2014—2018年）》。推进海外合作计划的实施，在芬兰、丹麦、香港建立了3个海智工作站。

实施“科普惠农兴村计划”和开展“千会服务千村”行动。会同各级财政部门深入实施“科普惠农兴村计划”，2014年，全省有33个先进集体、21名先进个人获国家和省级表彰。积极开展“千会服务千村”行动，200多个学会、500多名科技人员到农村开展650项科普惠农服务，推广先进实用技术700多项。

开展科技扶贫工作。协助推进河源市东源县鹤塘村农田水利规划和建设，加大贫困户危房改造的力度，开展蜜蜂养殖、灵芝栽培、水晶梨种植等技术培训，一对一帮扶贫困户解决发展生产、小孩读书等问题。2014年，投入帮扶资金61.5万元，创建2个种养合作社、建设4个培训（学习）场室，实现村集体经济年收入达3.6万元目标。

《科学素质纲要》实施及科普工作　建立健全公民科学素质共建机制。健全各级纲要实施工作机制，加强与成员单位的协调联系，强化督促检查工作，落实目标责任。组织召开《全民科学素质纲要》实施工作会议。

开展主题科普活动。紧扣“节约能源资源、保护生态环境、保障安全健康、促进创新创造”的工作主题，组织开展“全国防灾减灾日”“全国食品安全周”“全国科普日”“全省科技进步活动月”“全省文化科技卫生三下乡”等活动，推动科普宣传进农村、进企业、进校园、进社区，促进全社会树立尚德守法意识，提升食品安全治理和应急避险能力。2014年，举办主题科普活动3100场次、科普展览1000多场次、科普讲座4000多场次，参与人员和受益群众2600多万人次。省科协等单位被中国科协、教育部、环保部评为主题科普活动先进单位。

推进重点人群科学素质行动。联合有关部门举办第29届广东省青少年科技创新大赛、第十四届广东省青少年机器人竞赛、全国青少年高校科学营广东营活动和中学生英才计划，新创建50所省级科学教育特色学校。联合有关部门深入开展农村党员干部科学素质培训、农村劳动力技能培训，组织17所高校、65支大学生科普志愿者队伍开展“千乡万村科普惠农行动”。会同有关部门深入实施“社区科普益民计划”，对第一批省级科普示范社区进行全面评估，新创建省级科普示范社区82个。2014年，获全国表彰的科普示范社区33个、奖补资金660万元，数量居全国第一。

加大科普资源开发与共享力度。会同有关部门举办第二届全省科普剧表演暨剧本创作大赛，40支代表队、500名演员参赛，征集剧本99部，利用微信、微博等新兴媒体传播科学知识，组织开展全省科普知识微漫画（微童话）创作大赛。组织编写科学素质读物——《漫说新科技丛书》10本、6万册。编印《倡导勤俭节约，建设和谐社会》等18部、4种不同规格的科普挂图（海报）70多万张，《食品安全》等科普手册、口袋书、科普扑克牌、科普折页等20多万份并免费下发基层和全省6700多座科普画廊张贴宣传。开展“流动科技馆”和“科普大篷车”科普服务巡展活动，受益群众100万人次。加强科普信息化建设，对省科协网站进行改版，探索开发科普图书漂流APP工作，通过移动互联网推进科普漂流书屋工程实施。

加强科普基础设施建设。加强科普教育基地建设，组织国家（省）级科普教育基地开展数字化建设，新命名省级科普教育基地15家，组织申报国家级科普教育基地43家。

学术交流　积极搭建高水平学术交流平台。承办第十届中国科技期刊发展论坛。举办7期广东科协论坛和7场广东院士论坛。举办第十二届广东省科协学术活动周。联合主办第七届粤港澳可持续发展研讨会和第10届泛珠三角区域科协和科技团体合作联席会议。

服务科技工作者 做好联络维权服务工作。组织院士专家参加省委举办的座谈会，慰问走访了35位在粤工作院士，与省委保健委员会办公室多次沟通协商，建立了在粤工作院士就医绿色通道。组织广东省青年科学家到清远市学习考察，组织部分在粤工作院士赴湛江休养考察，为当地经济社会发展建言献策。开展科技工作者状况调查，完成广东省科技领军人才群体状况调查研究课题和科技工作者科研伦理意识调查任务。聘请常年法律顾问，开通法律服务热线，维护科技工作者合法权益。

宣传表彰优秀科技工作者。开展第六届全国科协系统先进集体和先进工作者、第十一届中国青年女科学家奖和2013—2014年度全国“讲理想、比贡献”活动评选表彰推荐工作。表彰奖励了第十二届广东省丁颖科技奖获奖者。开展第四届南粤科技创新优秀学术论文评选活动。在广东科技报开设《科学素质专刊——南粤科普》和《南粤科技精英风采》专版，开展新时期广东省杰出女科技工作者宣传人选推荐工作。加强学风道德建设，联合有关部门做好2014年广东高校科研院所科学道德与学风建设宣讲教育工作。

打造干事创业平台。协助做好广东省综合评标专家库第二轮评标专家征集工作，推荐入选12名专家。做好在粤工作院士专家意见“直通车”有关工作，把院士专家的意见建议通过“直通车制度”呈报给省领导并批转有关职能部门处理。开展2014年广东省科技思想库研究课题申报评审工作。

自身建设 加强制度和干部队伍建设。认真执行《中共广东省科协党组会议制度》《广东省科协机关行政办公会议制度》。建立健全机关各项内控制度，出台《广东省科协关于厉行节约暂行管理办法》《省科协机关会议费管理规定》等7项制度。省科协获中国科协2013年财务决算工作先进单位。完善《广东省科协党风廉政建设责任制实施办法》，建立健全省科协直属机关反腐倡廉的惩防体系。认真贯彻执行中央新修订的《党政领导干部选拔任用条例》，加强对科协干部队伍的培养、使用和管理，调整充实了部分处室干部，优化干部队伍结构。

加强信息化建设。完成保密和安保设备的改造更新工作，添置和更新机关办公设备，提升机关办公自动化和信息化水平。加强广东科协网等网络媒体的建设，完善全省各级科协组织协同办公的网络平台，推进全省科协系统的办公自动化。

地、市、县及基层科协组织 珠海、韶关、湛江、惠州、东莞、河源、潮州、揭阳等市党委和政府分别出台了《加强新时期科协工作的意见》。

广州市科协发挥中国科协（广州）科技园作为国家级科技孵化器的作用，引进海外各类创业人员，园区在孵企业91家，已毕业企业9家。

广州市科协深入推进“千师万苗”工程，建立1200名的科技导师团，有13000名青少年在导师指导下开展科技创新活动。

深圳市科协启动人才服务、创业服务和海外引智相结合的工作模式，开展了“孔雀开讲”、高层次人才项目对接和国际合作交流活动，承办了以色列、澳大利亚项目洽谈会。

深圳市科协赴美国举办深圳－硅谷科技社团创新合作座谈会、创新创业团队见面会、华美信息存储协会年会暨深圳引智推介会，吸引了来自硅谷的300多名专业人士和15个意向回国创业团队。

东莞市科协组织实施“科技东莞”工程资助项目评审。完成了“东莞市科学技术奖项目”“东莞市产业技术进步专项资金”“东莞市建筑节能专项资金资助项目”“软通动力在莞建设跨境电商商务服务平台项目”等30余个项目的评审组织工作。启动“百会千企”金桥工程。制订东莞科技社团开展“百会千企”金桥工程活动方案，认定市级学会科技服务站28家，新建省级学会服务站1个，指导市计算机学会、电子信息协会等学会实施“厂会协作”项目10余项。

潮州、汕头、揭阳三市科协联合开展的“潮汕星河国瑞科技奖”评选工作，已形成良好的区域影响力。

省级学会、企业科协、高校科协 组织召开广东省企业科协组织建设工作会议。在科技工作者密集的科技型企业、高新技术开发区、大学科技园等建立科协基层组织，截至2014年12月31日，全省已建立企业科协1380个。

切实履行学会业务指导单位的职责，指导省级学会开展专业技术人员继续教育培训工作。指导120多个学会年检、30多个学会换届、30多个学会变更登记。广东健康产业促进会、广东省玩具协会、广东省管理创新和发展研究会和广东省毒理学会等被接纳为省科协团体会员。

实施“学会能力提升计划”，促进学会能力提升、承接政府转移职能和学会工作全面深化改革。组织学会积极承接政府转移或委托的科技服务项目，省科协所属学会中有81个学会入选广东省具备承接政府职能转移和购买服务的社会组织目录，承接了56项政府转移职能、政府购买服务事项139项。

推荐申报学会改革发展基础工程项目，省护理学会和省消防协会2个项目获得中国科协资助。开展省级学会重大学术交流项目资助工作和实施省级学会国际学术活动专项资助计划。

【千会万企金桥工程】 2014年，制定了《广东省科协实施“千会万企金桥工程”工作方案》，在佛山市启动实施的为期4年的“千会万企金桥工程”，举行“省市金桥工程签约仪式”，15对省市合作项目签订了合作协议。推动“广东省院士专家企业工作站”和“学会科技服务站”建设，建立广东企业技术创新联盟等创新平台，深入开展“企会协作”“院士专家企业行”“讲理想、比贡献，奋力实现中国梦”等活动，开展创新方法培训、知识产权巡讲活动和科技创新与质量管理小组成果发表活动，实施“科技信息服务企业创新推广应用“一站式”服务项目。

截至2014年12月31日，全省建立“院士专家企业工作站”118家，提前完成省科协“十二五”规划的任务，引进了一批院士和1150名专家，帮助企业解决技术难题1600多项，118家建站单位2013年实现产值7500亿元，建立“学会科技服务站”171个，为当地政府、企业、医院、农民提供科技服务5700多次，提供技术攻关和帮助新产品开发520项，帮助企业、专业镇和农民新增经济效益18.6亿元。广州、深圳、珠海、佛山、东莞、中山等地市党委政府支持当地科协组织实施“千会万企金桥工程”，推动各级学会与企业和产业的融合发展。

【广东版“海智计划”】 2014年，组织人员赴江苏、浙江、安徽三省进行海智工作专题学习考察，到广州、深圳、东莞、中山、佛山、顺德等地市开展调研，总结和推广深圳市科协在招才引智和推动民办体制、国际化形态新型科研机构的做法和经验。向省委、省政府有关部门提交了《关于全面推进省科协“海智计划”工作的报告》，制定了《广东省科协实施中国科协“海外智力为国服务行动计划”五年工作规划（2014—2018年）》。

推进海外合作计划的实施，在芬兰、丹麦、香港建立了3个海智工作站。支持地方政府开展海外招才引智工作，联合湛江市政府、省粤港澳合作促进会共同主办“2014年湛江——香港招才引智洽谈会”，签约了一批合作项目。支持和指导广州、湛江、中山等地申报建立中国科协海智基地。省科协实施“海智计划”工作得到中国科协的肯定，在2014年中国科协海智工作会议上作经验交流发言。

【中国科协与深圳市人民政府在北京签署战略合作框架协议】 12月23日，中国科协与深圳市人民政府在北京签署战略合作框架协议，深圳市成为中国科协创新驱动助力工程示范市。在签约仪式上，中国科协党组书记、书记处第一书记尚勇，深圳市委副书记、市长许勤签署了《中国科学技术协会深圳市人民政府战略合作框架协议》。中国科协党组成员、书记处书记沈爱民，深圳市人大常委会副主任、市科协主席蒋宇扬等出席签约仪式。签约仪式由中国科协党组成员、办公厅主任吴海鹰主持。

中国科协与深圳市政府的战略合作主要包括以下几方面内容：一是组织技术服务，共同建立国家级学会服务深圳创新驱动发展的平台，实现学会智力资源与深圳产业的有机结合。二是开展引智工作，共同设立首个“中国科协海外人才离岸创业基地”，为在海外的人才团队开展技术转移、技术融资及离岸创业等提供服务，更好地吸引海外科技人才智力资源。三是助力科学决策，围绕深圳现代化国际化城市建设、新型科研机构发展等重大问题，为深圳实施创新驱动发展战略提供决策支持。同时，双方还将在促进专业社团发展、加强公民科学素质建设等方面加强合作。

【第四届南粤科技创新优秀学术论文评选】 2014年，根据《省委办公厅、省人民政府办公厅关于撤并和规范省级考核检查评比表彰活动的意见》精神，“南粤科技创新优秀学术论文评选”作为省级评比表彰活动之

一予以保留。

2014 年 8 月，广东省科协开展第四届南粤科技创新优秀学术论文评选。各省级学会和各地级以上市科协共推荐论文约 150 篇，经评审委员会评审，评选出南粤科技创新优秀学术论文一等奖 5 篇、二等奖 20 篇、三等奖 55 篇。

【广东省中学生英才计划】 2014 年 3 月，广东省科协联合中山大学、华南师范大学附属中学、广东实验中学和广州市教育局，完成了面向中学师生、家长和面向高校导师的两阶段调研，举行 4 场座谈会，收回问卷 70 多份。7 月，经选拔广东省 3 名学生入选中国代表团参加今年暑假举办的两项高端国际科技交流活动。广东广雅中学的王子凡同学和广州市番禺区仲元中学的林感同学参加了日本科学技术振兴机构举办的中日青少年科技交流计划——“与诺贝尔奖科学家交流”活动，广州市第一中学的赵瑞婷同学入选参加在以色列希伯来大学举办的世界科学大会，与全球优秀青少年一起同 20 多名诺贝尔奖得主以及来自全世界著名科学家进行对话和讨论。

（撰稿人：刘泽周）

广西壮族自治区科学技术协会

服务经济社会发展 2014 年，自治区科协深化科技思想库试点建设，为经济社会发展提供智力支撑。加强思想库人才队伍建设，征集遴选 167 位专家录入“广西科协专家数据库 · 决策咨询专家库”。加强考核机制，研究出台广西地级市科协决策咨询工作考评办法、参考指标。开通使用集项目库、成果库、专家库、公共信息服务平台、调查站点工作平台等“三库两平台”为一体的“广西科技思想库网络平台”，提高思想库建设的信息化水平。加强建言献策和课题研究，立项 12 项课题开展专题研究。开展 2010—2013 年度优秀决策咨询成果评选活动，评选出优秀成果 20 份（篇）。开展科技工作者建议征集活动，征集到各类建议 50 篇。加强决策咨询成果提炼与报送，创办并向中国科协和自治区党委、政府报送 9 期《科技思想库成果专报》，其中《加强我区战略性新兴产业科技创新的建议》和《加强西江生态和渔业资源保护的建议》获得自治区领导批示，相关建议被自治区党委办公厅、科技厅、西江黄金水道办公室、《广西日报 · 内部参考》等采纳。向自治区党委、政府提交《关于促进我区光伏产业发展的建议》《关于推进广西数据产业发展的建议》等 5 篇“科技工作者建议”；向自治区政协提交《关于加强对流通环节的监管，降低蔬菜价格的建议》等 7 件提案，其中 2 件被列为自治区政协集中督办提案；出版《广西科技工作者职称评定及继续教育调查研究报告》《政策建议研究类课题调研报告集》《2014 年广西减轻自然灾害白皮书》等 3 套科技思想库试点建设丛书。

积极落实中国科协“群众性创新小组组织与实施”项目，被确定为全国首批 5 个试点省区之一。组织开展自治区级学会承接政府职能转移情况调查，全自治区共有 28 个学会承接政府转移职能 89 项，有 56 个学会申请或能够承接政府职能 310 项。

128 个单位和个人获全国“基层科普行动计划”表彰奖励，奖补资金 2200 万元。自治区财政安排专项 500 万元，对 71 个单位和个人给予广西“科普惠农兴村计划”表彰奖励。

召开“科普富民兴边”工作现场会，统一部署科普富民兴边“五个一”行动。通过示范引领和项目推动，在 8 个边境市、县（市、区）实现了建好一个“清洁乡村”科普示范村、新办一个农技协、抓好一个青少年科技工作示范校、建立一支科协专家团队伍、建立一个科普示范社区的“五个一”建设目标。实施“五个一”农村适用技术培训工程，培训基层农技人员、致富带头人和农民群众 15 万人次。

深入高校、企业举办知识产权及专利信息应用培训，提供科技创新咨询服务，指导企业科技创新。新成立 2 家院士专家工作站，支持帮助 1 个学会和 2 家公司开展中国科协“企会协作创新计划”试点，搭建学会与企业合作平台。举办创新方法进企业巡讲活动 12 期和萃智理论（TRIZ）师资培训班 8 期，培训企业科技人员 2500 人次，进一步提高企业科技人员科研攻关能力和创新水平。广泛开展“讲理想、比贡献”活动，全年有 288 个企业参与，参加活动科技人员总数达到 22.87 万人次，完成“讲、比”活动立项 3000 多项，提出合理化建议 1.3 万条，企业采纳合理化建议 6000 多条。有 26 名先进集体和个人获全国“讲理想、比贡献”奖。

联合广西食品药品监督管理局、柳州市人民政府等单位分别举办第 25、26 届广西科技大集。联合广西财政厅举办“科普惠农兴村计划”特色农产品展销会，拓展优质农产品购销渠道。

《科学素质纲要》实施及科普工作 贯彻落实中国科协与广西壮族自治区人民政府签订的《落实全民科学素质行动计划纲要共建协议》，推动各部门重视科普工作。

2014年新创建10个自治区级科普示范县（市、区）、24个国家级和自治区级科普示范社区，截至2014年底，广西有全国科普示范县（市、区）34个，广西科普示范县（市、区）25个，占广西科普示范县（市、区）总数的54%。新建基层农技协140个，新建广西科普教育基地32个，省级科普教育基地总数突破100个。

组织区、市、县三级科协联动开展“美丽广西·清洁乡村”主题科普进千村活动500多场次，组织1000多名科协专家团专家开展科技种养、生态环保、医疗养生、节能减排、食品安全等“科普为民”活动。组织和联合各级科协开展科普大篷车“月月行”“乡村农寨万里行”活动300多场次，联合广西地震局、地质博物馆等单位深入边境地区开展富民兴边科普大篷车千里边关行活动，总行程超过10万千米。

与贵州省科协开展省际科普联合行动，推动少数民族地区科普活动深入开展。联合广西党委组织部、宣传部、文明办和广西科技厅共同举办“十月科普大行动”，开展主题活动350多项，受益群众数百万人次。向扶贫点融安县直接投入帮扶资金53万元，协调引进争取各方面资金304万元，支持扶贫点的建设和发展。向中国科协争取救灾款，应对第9号超强台风“威马逊”对基层科协组织和科普设施造成的严重损失，帮助恢复生产。

深入15个市县组织开展中国流动科技馆广西巡展活动，行程7000多公里。年内新增科普大篷车3辆，全自治区科普大篷车保有量达到31辆。继续推进“科普信息数字传递工程”建设，建成启用LED科普宣传屏200多块，滚动播放各类科普信息。

继续推动自治区内13所高校50个优质科普资源面向公众开放。加强对现有科普教育基地的工作考核，表彰一批优秀科普教育基地。编辑出版《农家实用技术全书》《医博士答疑》《美丽广西·清洁乡村科普口袋书》《青少年科普金童谣》等科普丛书。编写出版“美丽广西·清洁乡村”科普口袋书和科普挂图，向基层发放累计超过12万册。

推进农村科普人才、企业科普人才、专门科普人才队伍培训与建设。调整充实各级科协专家团队伍达5000多人。建立以大中专院校学生和社区工作者为主要力量的科普志愿者队伍，提高科普志愿者队伍的整体水平。

举办第二届广西青少年科学节，全自治区联动开展科技活动218场次，颁发5项广西青少年科技创新奖。评选出20个第二批广西青少年中小学生发明创造示范单位，全自治区示范单位增至41个，已获专利25项。培训各级科技辅导员4000人次。举办广西青少年科技创新大赛、广西青少年机器人竞赛、广西青少年科普剧竞赛、“快乐科普校园行”活动等一系列品牌活动。广西科技馆年内参观人数超过128万人次，青少年科学节活动参与人数超过106万人次，流动科技馆巡展活动惠及群众超过135万人次，青少年科技创新活动年参加人数超过100万人次。

学术交流 举办第五届中国—东盟工程项目合作与发展论坛、第四届广西防灾减灾与可持续发展专家论坛、广西现代特色农业发展暨第五届广西农业新亮点论坛、学术活动月活动等。支持广西老科协、广西畜牧兽医学会等40多个学会召开联合学术会议或学术论坛。

服务科技工作者 深入基层走访慰问中国科协八大代表，积极举荐优秀科技人才，推荐14名科技工作者参评中国科协“全国优秀科技工作者”并当选，其中1人获得“十佳全国优秀科技工作者提名奖”，推荐2名优秀女青年科技工作者参评第十一届中国青年女科学家奖。

11月，自治区科协联合自治区党委组织部、文明办及自治区政府人社厅、科技厅等部门，启动八桂科技英才风采展活动，有关单位推荐100多名科技英才参与，收集到文字、图片、视频、实物资料共1000多篇（件、幅）。配合中国科协开展“乡村情·科技梦”优秀农村基层科技工作者推选宣传活动，3位优秀基层科技工作者入选全国100人名单，并在人民网上宣传。全自治区科协系统宣传各级科技工作者达到1200余人次。

加强科技工作者状况调查站点工作，调整优化站点布局，全区站点总数达97个，其中省级站点81个。全年收集调查站点信息312篇，编发《站点信息摘报》48期，完成广西科技工作者科学道德与学风建设状况、科学意识状况等课题的调查及研究工作。

承办了“弘扬科学道德 践行‘三个倡导’奋力实现中国梦”广西报告会。

自身建设 举办学习习近平总书记系列重要讲话（广西）读书班暨广西科协系统干部培训班，全自治区科协系统干部代表及中国科协八大广西代表共110多人参加，中国科协副主席程东红出席读书班并应邀作辅导报告。

选派一批党员干部到广西行政学院、区直机关党校学习，举办市、县级科协主席培训班。针对学会、科普、企业科协、调查站点、财务、信息等工作，举办了一系列业务知识培训讲座。

广西科技馆（广西青少年科技中心）加强运营管理，做好展品改造，在全国科普教育基地工作考核中获评优秀，被中国自然科学博物馆协会评为2014年度先进集体。《南方科技报》成为2014年广西唯一进入国家新闻出版广电总局“农家书屋”目录重点推荐的报纸，《小博士报》获得中国报业融合发展奖。家庭医药杂志社被广西新闻出版广电局评为数字出版转型示范单位。

坚持分类指导、扶优扶强原则，打造学会品牌，培育5个示范性学会和15个5A级学会。新成立广西自然科学博物馆协会、蛇类研究会以及柳州师范高等专科学校科协。在梧州市召开企业科协工作现场会，研究出台《关于进一步加强企业科协工作的意见》，指导推动各市新发展企业（园区）科协组织28个。

市、州、县及基层科协组织 截至2014年底，广西有14个地级市科协，109个县（市、区）科协，3600余个农技协。

贺州、河池等市县明确将全民科学素质工作纳入政府工作部署和目标责任考核体系，桂林、玉林、钦州、百色等市召开全民科学素质工作领导小组会议，推动全民科学素质工作开展。防城港市科技馆建成开馆。柳州市科协微科普上线，贺州市科协制作科普微课件在远程教育网络终端播放。

贵港市科协被列入中国科协第三批国家思想库建设试点单位，南宁、柳州、梧州、河池等市科协结合当地实际，开展课题研究工作。崇左、柳州、桂林、梧州、玉林等市科协组织评审自然科学优秀论文奖。

南宁市科协在推进“海智计划”基地建设中，承办的“海外高层次人才与项目对接会”纳入市委、市政府人才工作重点专项支持，促成市政府与2家海外科技社团签署人才交流合作协议，并设立南宁（美国）海外引智工作站，2名海外人才与企业开展合作。

梧州市科协大力加强园区（企业）科协建设，实现了园区科技与经济的相互融合和促进，承办了2014年广西科协园区（企业）科协工作现场会。

钦州市科协大力开展科普培训，举办各种实用技术培训班156期，印发科技资料11万多份，培训技术骨干7600人次，推广应用技术项目26项。

桂平市科协充分利用中国科协帮扶的契机，带动和辐射淮山药种植面积由2012年的2.3万亩增加到2014年的3.1万亩，总产值由2.08亿元增加到3.11亿元；黄沙鳖养殖面积由2012年的9915亩增加到2014年的12400亩，产值由2012年的9.37亿元增加到2014年的10.39亿元。浦北县科协新成立4个行业科技协会。靖西县科协围绕“一村一品”产业发展重点，大力做好农村科普工作，该县共有各类农技协8个，农民专业技术协合作社37个，39个高产科普示范基地。钟山县科协推动全民科学素质工作纳入全县年度绩效考评体系，对全县12个乡镇和26个县直成员单位进行目标化管理，实现全民科学素质工作绩效管理全覆盖。岑溪市科协完善青少年科技创新教育工作体系，注重科技创新型教师的培育，大力开展青少年科普培训活动，创新成立岑溪三中科技创新协会，2014年组织观看科普影视250场，参加人数10万余人次，科普实践操作活动300次，参加人数达9万余人次。

梧州、北海、防城港等市科协召开换届大会，调整充实了队伍力量，基层组织建设得到进一步加强。各市、县级科协通过派出干部挂职、党校培训、轮岗等形式，加大干部培训力度，提高干部队伍整体素质。

自治区级学会、企业科协、高校科协 截至2014年年底，全自治区拥有自治区级学会115个。

广西医学会、图书馆学会、气象学会、林学会、环境科学学会等积极推荐行业优秀科技人才在国际及全国性学术组织担任相关职务和参与相关活动。

广西土地学会进一步修改完善内部管理制度，制定了激励机制和奖励办法，协助会员发表论文、参加学术论坛和科普活动，新发展个人会员20名，个人会员总数增加至550余人。广西医学会新成立显微外科学分会等6个专科分会，目前共有专科分会65个、工作委员会5个、专业学组27个，积极承接医学鉴定、医用设备试用人员培训、医疗美容主诊医师考核等职能。广西地质学会积极开展社会调研活动，全年递交建言献策建议书16份，其中14份被《科技工作建言献策》采用，4份获自治区领导批示，1份列入自治区政协提案，承接地质灾害评估等10余项政府转移职能。

截至2014年年底，全自治区拥有高校科协32个。广西民族大学、广西中医药大学、广西科技大学、桂林航天工业学院等高校科协对科研工作给予奖励，提高科技工作者参与科研的积极性。广西大学科协成立了学术风气建设工作委员会和广西大学科学道德与学风建设教育宣讲团，把新入学研究生、新入职教师、新上岗的硕博研究生导师和四年级本科生纳入宣讲对象，提高人才培养质量。

梧州制药（集团）股份有限公司科协建立了院士专家工作站，使公司拥有广西唯一的“广西药物提纯工程技术研究中心”。公司被评为2014年度全国“讲理想、比贡献”活动先进集体。

柳州欧维姆机械股份有限公司科协举办了第三届欧维姆技术论坛，邀请了包括中国工程院院士范立础等237名国内外预应力专家出席，探讨解决预应力行业的热点和技术难点，出版论文集1部，收录论文34篇，10位专家作主题报告。公司1项成果获国家科技进步一等奖。

广西博世科环保科技股份有限公司科协通过院士专家团队与企业科协的协同创新，在引进创新要素、促进产学研用相结合，提升技术创新能力、解决关键技术难题等方面取得实效，承担科研项目13项，其中国家级项目3项；新增专利申报16项，获得专利授权13项。

【第五届中国－东盟工程项目合作与发展论坛】 9月17日，第五届中国－东盟工程项目合作与发展论坛在南宁市举办。来自中国、马来西亚、柬埔寨、泰国、新加坡、缅甸以及中国香港特别行政区、澳门特别行政区、台湾地区等国家和地区工程界的专家、学者、企业家，以及部分自治区级学会、地市科协负责人等90余人出席论坛。

论坛以“绿色交通、低碳经济”为主题，由广西科协、中国－东盟博览会秘书处、东盟工程科技院、香港科技协进会、澳门工程师学会、广西科技大学联合主办。香港工程界社促会主席、香港特别行政区立法会原议员何钟泰，广西科协主席、中国工程院院士郑皆连，中国环境科学学会秘书长任官平，澳门工程师学会理事长胡祖杰，香港工程师学会控制自动化及仪器仪表分部原主席李兆林等，分别就绿色指挥交通体系、新能源交通工具、桥梁建设、智慧城市与绿色出行、绿色物流与智能城市、油电混合环保力、绿色纯电公交系统等议题作了讲演报告。

【第二届广西青少年科学节】 9月20—21日，由自治区科协、文明办、教育厅、科技厅、团区委共同主办的第二届广西青少年科学节在广西科技馆启动并开展主场活动。自治区副主席黄日波出席启动仪式，并为第二届广西青少年科技创新奖5个获奖项目颁奖，观摩了广西青少年科技创新奖项目作品展示、广西中小学生发明创造示范单位宣传展示等活动。

广西青少年科学实验活动

第二届广西青少年科学节主题为“启迪科学智慧·成就科学梦想”，全自治区联动开展各类科技活动218场次，青少年参与人数超过106万人次。科学节期间，组织举办了百所青少年学生校外活动中心百名骨干教师培训、百所乡村学校少年宫素质教育技能比赛等。组织广西未成年人科普演讲团专家、教师志愿者和科技辅导员在自治区中小学校（重点在农村）、未成年人校外活动中心等开展巡回科普报告和科学实践活动，组织中国流动科技馆全自治区巡展，举办广西青少年“科普金童谣”有奖征文大赛等。

【2014年广西青少年科技创新大赛】 3月28—30日，由自治区科协、教育厅共同举办的2014年广西青少年科技创新大赛在广西科技馆举行。本次大赛经过学校、县（区）、市各级比赛遴选，共有843项优秀科技创新作品参加大赛，与2013年相比增长了约12%，涵盖了生物化学、物理、计算机科学、数学、工程学、社会科学等领域。其中，中学生科技创新成果竞赛项目增长13%，科技辅导员科技创新成果竞赛项目增长26%，青少年科普剧竞赛项目增长22%。

（撰稿人：盘健斌　陈启浩）

海南省科学技术协会

服务经济社会发展　围绕省委省政府中心工作，面向全省征集《海南省危险废物回收处置情况调查及

相关环境保护监督管理策略研究》等30个课题。经专家评审，评出“海南省香蕉茎秆资源利用现状调研”等8个课题作为2014年省科协调研课题。

实施“基层科普行动计划”。省科协与省财政厅共同组织2014年“海南省基层科普行动计划”和“全国基层科普行动计划”项目申报评选工作，评出省级农村科普示范基地7个，农村专业技术协会3个，科普示范社区12个，农村科普带头人5名，获奖补资金240万元。6个社区获全国科普示范社区称号，5个农村专业技术协会、2个科普示范基地、3名个人获全国科普惠农先进单位和个人称号，获中国科协奖补资金275万元。

组织专家在海南矿业股份有限公司、海南金盘电器有限公司、一汽海马汽车有限公司等3家企业，举办3期创新方法（TRIZ理论）培训班，180多名科技人员参加培训班。

《科学素质纲要》实施及科普工作 认真履行省全民科学素质纲要工作联席会议办公室工作职责，积极开展“社区科普益民行动”，提升城市社区科普工作水平，评选了12个社区为省级科普示范社区。联合市县及有关职能部门对白沙等10个市县的农村党员、妇女、基层干部、农民及农村青年开展农村实用技术培训，举办培训班80多期、培训30000多人次，其中妇女10000多人次。指导省农技协开展实用技术培训16期，培训1440人次。举办农技协领办人培训班3期，培训160多人次。

整合科普资源，组织人员深入全省各乡镇、学校、企业、社区开展培训、讲座、科普展示和体验等科普活动15项，展出科普展板800多块，发放科普资料10多万份，受众310多万人次。9月，联合有关单位开展2014年全国“科普日”活动，有100多名专家和科普志愿者参加活动，展出科普展板100多块，发放科普资料1万多份（册）。

加强科普基地和科普基础设施建设。围绕科普教育资源开发与共享、科普教育人才队伍建设、科普教育基地发展，开展全省科普教育基地建设活动，成立了三亚市数据地面接收站和海南橡胶博物馆等省级科普教育基地。截至2014年12月31日，共有省级科普教育基地9个，国家级8个。制作《创新发展 全民行动》为主题的科普展板165块、科普挂图25套，购买《老百姓身边科学》《防治雾霾 关注健康》科普挂图600张，印刷了科普宣传册10多万册，建成科普长廊100米。

科普宣传形式多样。利用多渠道、全方位地开展科普宣传。5月，联合省委宣传部、省教育厅、省国土环境资源厅组织开展海南省首届“绿色核电 魅力海南”科普知识校园行活动。全省有1500多名学生参加核电科普知识讲座及第二届“魅力之光”杯全国中学生核电科普知识竞赛网络答题。开展“科普大篷车”和“中国流动科技馆”巡展活动2次，组织40多所学校9万多名学生参观体验，在海南电视台开设“科普100秒”栏目，2014年累计播出144部科普短片，在南国都市报、海南视窗网站、海南日报开设“科普小知识”、《新知 · 探索》等科普专栏，2014年刊出112期。

9月20日，2014年海南省“全国科普日”在海口市美兰区群上村开幕，以“创新发展 全民行动”为主题，开展了内容丰富、形式多样的科普活动。

第26届海南省青少年科技创新大赛

提高青少年科学素质。与省教育厅联合举办了第26届海南省青少年科技创新大赛，大赛以“中国梦 · 科学梦 · 青春梦”为主题，全省各市县、省属学校23支代表队参赛，评出一等奖76项，二等奖126项，三等奖125项，科协主席奖6个，海南核电励志奖20个，优秀科技辅导员12名，优秀组织奖21个。举办第六届海南省“七巧科技”竞赛活动、第一届省青少年航空模型竞赛等青少年科技竞赛活动，提高青少年科技素质、培养创新精神和实践能力。开展青少年科学调查体验、大手拉小手科普报告、求知计划、雅培家庭科普教育和高校科学营活动等主题科普活动。

学术交流 发挥重点学术交流项目的带动作用，围绕“海南国际旅游岛六大战略及其重大目标任务”方向的选题为重点，举办国际性、区域性、综合交叉性的学术会议 19 场，参会 1200 多人次，交流论文 1980 篇。省级学会立足各学科专业的特色和优势，开展多种形式不同层次的学术交流活动 64 项，参会人员 5126 人次，交流论文 2257 篇。

11 月 21 日，海南省第七届科技论坛在海口市召开，论坛主题为“创新驱动 转型发展”，省内外相关领域的著名专家学者和政府有关部门约 400 人参加论坛。

加强国际间的交流与合作 引进美国、英国等发达国家和台湾地区海外高层次专家 11 批次 25 人，在医疗卫生、食品安全风险评估、生物医药、农业等领域开展学术交流和研讨会 21 场次。3 月，邀请英国皇家医学院妇产科院士、布鲁斯托大学妇产科教授皮特·苏西尔于来海南开展学术交流活动。全省从事妇产科、遗传学等相关学科的临床和科研人员 150 多人参加了报告会。6 月，美国华人全国委员会执行会长韩清源、副会长、霍普金斯医药研究院院长赵柏松一行访问海南，洽谈海外高层次人才交流和科技创新平台建设。

服务科技工作者 组织开展中国科协第六届全国优秀科技工作者推荐评选工作，评选 30 名海南省优秀科技工作者候选人、8 名全国优秀科技工作者推荐人选、1 名十佳全国优秀科技工作者人选。加强对全省 5 个科技工作者状况调查站点的指导，组织站点负责人参加培训，建立固定畅通的反映全省科技工作者状况的渠道及工作机制。做好 2014 年度全省自然科学研究系列专业技术资格评审申报工作。11 名申报人员获得助理研究员资格认定，14 人获研究实习员资格认定。职称评审 51 人申报，其中申报高级资格的 43 人，申报中级的 5 人，初级 3 人。

9 月，根据中国科协部署，在全省开展“乡村情·科技梦”优秀农村基层科技工作者普选工作，全省上报 24 名。确定了屯昌大学生陈君夫妇、琼海农技师王燕、文昌蔡亲吉等 10 人作为海南省的“乡村情·科技梦”优秀农村基层科技工作者上报中国科协。屯昌大学生陈君夫妇作为全国 4 位优秀农村基层科技工作者代表之一，参加人民网“乡村情·科技梦”——优秀农村基层科技工作者特别节目录制。

12 月 25 日，2014 年海南省科学道德和学风建设宣讲报告会在海南医学院召开。省科协常委、海南医学院院长吕传柱主持报告会，省人大常委会副主任、省科协主席康耀红出席报告会并致辞。全省科技工作者、高校师生 800 人听取了报告会。中国工程院副院长、中国工程院院士攀代明作了题为《3000 年医学进与退》的专题讲座。

自身建设 结合群众路线教育实践活动和科协工作实际，出台了《海南省科协干部职工请假及考勤制度》和《海南省科协机关工作人员考勤管理暂行规定》，印发《海南省科学技术协会制度汇编》。执行严格的上下班考勤签到制度，切实改变机关作风，指定专人负责协调车辆的派遣与使用，规范公务用车手续，杜绝公车私用现象。

干部培训教育工作。制定省科协系统干部教育培训计划，利用中心组理论学习、上党课、举办干部系列讲座等多种形式对干部进行教育培训，提高干部的综合素质和履职能力。

2 月 24 日，海南省科学技术协会第五次代表大会在海口市开幕，220 多人参加开幕式。大会选举康耀红为海南省科协第五届委员会主席。

5 月 13 日，省科协在省委党校举办学习贯彻习近平总书记系列讲话精神培训班，中国科协党组成员、书记处书记沈爱民出席并为培训班做《全面深化改革与科技社团》的辅导报告。培训班邀请了省委党校哲学教研部主任、教授王建国，海南大学社科部教授、硕士生导师李俊等专家教授辅导授课。中国科协八大（海南）代表，部分省级学会理事长、秘书长，海南省各市县（区）科协主要负责人，省科协机关和直属事业单位全体干部职工共 120 多人参加培训班。

市县及基层科协组织 截至 2014 年 12 月 31 日，海南有市县（区）科协 22 个，街道（社区）科协 49 个，乡镇科协 170 个。市县科协 2014 年举办科普宣讲活动 830 次，开展实用技术培训 892 多场次，推广新技术新品种 122 项，参加活动的科技人员数量达 8709 人次，受众人数超过 44 万多人次。积极发挥各科普示范基地、农技协的作用，开展科普惠农、社区科普等科技服务活动。

海口市科协联合琼山区、龙华区等 4 个区科协举办农村科普大集市 4 次，发放种植、养殖科技书籍 8000 多本，法制、健康系类宣传手册 7000 多册，展出以“垃圾回收分类”为主题的科普展板 60 多块，邀请医生为群众量血压、看病等义诊，受众 2 万多人次。

澄迈县科协加大科普基础设施建设力度，全县各镇村建有科普宣传栏 66 个，村级科普图书室 176 间，存书 20 多万册，科普服务站 11 个，宣传员 66 人。

保亭县科协与县电影公司合作，以流动电影放映车为载体，专场放映科普电影120多场，贴片宣传80场次，遍及40多个村委会，观众人数6万多人次。

琼中县科协在全县10个乡镇创建养蜂科技示范村42个，饲养农户3500户，养蜂5.23万箱，产量78多万斤，产值达3100多万元。2014年举办养蜂技术培训班62期，培训2860多人次。

乐东黎族自治县科协开展田间地头瓜菜栽培技术培训150多次，培训种植户3200多人次，走访种植户7300多户。

7月2日，三亚市科协第四次代表大会召开。三亚市委副书记、市长王勇，省科协党组书记、副主席胡月明出席会议并讲话。三亚市人大常委会副主任邢孔祥，副市长邓忠，市政协副主席黄志强出席代表大会。

会议选举三亚市科协第四届委员会委员，33名来自各行各业的优秀代表当选新一届委员。李海凤当选三亚市科协第四届委员会主席。

省级学会、企业科协 全省有省级学会70个，会员28418人，2014年共吸引3600多人加入学会。有企业科协8个，会员2874人。

2014年，全省省级学会举办47次学术会议，参加会议4800多人次，交流论文780多篇，参与科普活动210多次，发放宣传材料76500多份，受众9万多人次，参与科技人员980多人次，举办各类培训班120场，培训11400多人次，反映科技工作者建议7项，表彰奖励科技工作者240人次，承担政府和企业委托项目22项。

2014年世界气象日期间，省气象学会在屯昌中学播放气象日专题片和暴雨、雷电、高温、台风等气象防灾避险指南，发放如何应对台风、暴雨、雷电、高温等气象灾害和气象科普宣传的“气象科普知识大礼包”。

4月3日，省农学会在三亚市南繁科学技术研究院举办南繁育种核心区建设专家论坛。论坛的主题为“做好南繁育种核心区建设，为国家提供优质种子，保障国家粮食安全”。国家南繁办副主任周裕国，国家杂交水稻工程中心副主任邓华凤以及在南繁进行水稻、玉米、大豆、棉花、哈密瓜等育种的81位专家参加论坛。

【海南省科协第五次代表大会】 2月24日，海南省科学技术协会第五次代表大会在海口市开幕。省委书记、省人大常委会主任罗保铭，中国科协副主席、书记处书记张勤出席开幕式并讲话，海南省委副书记李宪生，省委常委、省委群工部部长肖若海，省委常委、省委宣传部部长许俊，省委常委、海口市委书记陈辞，省委常委、省纪委书记马勇霞，省委常委、省政法委书记毛超峰，省委常委、省委秘书长孙新阳，省政府副省长王路等省委省政府领导出席开幕式。来自全省的科技界前辈、中青年科技骨干和各级科协组织及所属团体的专（兼）职干部，基层和科普一线科技工作者、志愿者220多人参加了开幕式。海南省人大常委会副主任、省科协第四届委员会主席康耀红主持开幕式。

康耀红作了《求真务实、开拓进取，为谱写美丽中国海南篇章而努力奋斗》（以下简称《报告》），《报告》回顾了海南省科协第四次代表大会以来的工作情况，研究部署了以后5年的工作。大会审议通过了《报告》。

大会选举康耀红为海南省科协第五届委员会主席。

【中国科协会员日暨第六届海南省优秀科技工作者表彰会】 12月18日，省科协在海口市召开中国科协会员日暨第六届“海南省优秀科技工作者”表彰会，来自全省工农医等领域的科技工作者和科普带头人代表、省科协机关和所属事业单位干部职工、基层科协负责人100多人参加了会议。省人大常委会副主任、省科协主席康耀红，省科协副主席林峰、史海涛出席会议。省科协副主席陈民主持会议。

会上，为省人民医院院长李灼日、琼海塔洋镇农业服务中心王燕等8名中国科协“全国优秀科技工作者”称号获得者颁奖，并授予王为服等30名同志第六届“海南省优秀科技工作者”荣誉称号。来自中国热带农业科学院橡胶研究所副所长田维敏、海南石油富岛有限公司高级工程师曲均峰、海口农商银行行长吴敏、海南医学院基础医学院副院长李孟森、华能海南发电股份有限公司东方电厂副主任秦建柱等5名优秀科技工作者做先进事迹报告。

【第七届科技论坛】 11月21日，海南省第七届科技论坛在海口市召开，论坛主题为“创新驱动 转型发展”，主要围绕南海资源与环境、海南粮食安全、低碳产业技术发展等3个领域的关键技术问题与产业发展战略，搭建产学研政相结合的高层次交流平台，组织跨学科、跨部门的学术研讨活动，促进科技工作者就海南省相关领域关键技术问题的解决和产业发展建言献策。省内外相关领域的著名专家学者和政府有关部门约400人参加了论坛，共同交流各自领域最新科研成果，并探讨科技创新如何促进海南产业结构升级、转型。

著名农业科学家、国家杂交水稻工程技术研究中心主任、中国工程院院士袁隆平，著名海底科学家、中国工程院院士金翔龙、清华大学教授费维扬，华南理工大学教授、俄罗斯工程院外籍院士刘焕彬出席论坛，并应邀作了专题报告。省政协副主席陈莉出席论坛并讲话。

袁隆平应邀作了题为《发展杂交水稻保证粮食安全》的专题报告。论坛收到论文158篇，评出优秀论文30篇。论坛将形成总建议书，并递交省委、省政府以及相关部门作为决策咨询和参考。

【2014年全国科普日海南省活动】 9月20日，2014年全国科普日海南省活动在海口市美兰区举行。活动以“创新发展 全民行动”为主题，展出了100块主题科普展板，展示了中国重大科技创新成果，介绍了人类智慧与科技创新带给我们生活的变化和我国60余年科技创新产业蓬勃发展以及创新的基本知识。在活动现场，海口市120急救中心工作人员向公众讲解几项家庭常用的急救知识和技能，科普志愿者向现场群众发放《知识守护生命》等科普宣传资料1万多份。

活动期间，省科协、各省级学会和省科普教育基地，开展“航天或核电科普知识讲座”“科协科技下乡”“海南省青少年高校营科学DV活动”“太空种子种植体验”等形式多样的群众性、社会性的省级科普活动。全省各市县区科协联合当地教育、科技部门，结合活动主题举办45项内容丰富的科普活动，全省科普日活动人数20多万人次。

【首届海南省青少年航模总决赛】 7月17日，第一届海南省青少年航模总决赛在海南中学举办。来自全省各市县的20支队伍、507名选手，参加“天驰II”橡筋动力模型竞时赛、“猛虎”橡筋动力直升机竞时赛、“天戈”遥控直升机障碍赛、模拟遥控固定翼刺气球挑战赛等8个大项的比赛。评出一等奖90名，二等奖153名，三等奖238名。

比赛由省科协、省教育厅联合主办，省科技活动中心、海口市陆海空模型运动协会承办。

（撰稿人：刘红军）

重庆市科学技术协会

服务经济社会发展 2014年，市科协参与重庆市科教体制改革，开展科技体制改革专题调研，形成《科技体制改革专题调研工作报告》，完善科技人才激励、成果转化激励、政产学研协同创新等方面的建议被《重庆市深化科技体制改革实施方案》采纳。

开展科技信息推送服务工作，服务企业技术创新。主动对接企业需求，帮助企业追踪前沿科技，2014年在万州区、江北区、渝北区、大渡口区、涪陵区、沙坪坝区、万盛经开区、江津区等区县和园区开展16次专题培训，对200余家内资企业的560余名科技人员进行了专利信息系统的操作辅导培训，2014年新增165家企业注册使用科技信息数据库，累计超过500家。企业利用数据库信息实现研发新产品20项，技术创新100项，经济效益超过5.2亿元。出台《重庆市企事业科协科技创新活动项目资助暂行办法》，资助全市企事业科协科技创新重点活动10项。指导企业开展“讲理想、比贡献”活动，实施“讲理想、比贡献”活动项目3700余项，吸引4.3万名科技人员参与，提出合理化建议1.4万余条，其中企业采用合理化建议7100条。

开展“专家企业面对面、把脉问诊促发展”系列技术咨询活动，引导科技人员把科研成果、先进技术向基层一线推广。组织11个学会40余名专家赴潼南县、彭水县、永川区等地开展三次集中技术咨询活动，解决中小企业运营、生产等方面的技术难题156个。

2014年，新建院士专家工作站5家，累计达到27家，引进院士69名，专家100余名。新修订《重庆市院士专家工作站建设管理暂行办法》。注重发挥院士专家工作站培育企业技术领军人才和技术团队的作用，12月，召开2014年重庆市院士专家工作站座谈会，5家单位被评为2014年度重庆市优秀院士专家工作站。各建站单位依托院士专家工作站培养人才、

重庆市2014年科学道德与学风建设集中宣讲报告会

实施重大专项课题、专利发明和技术改造，2014 年培养高层次人才超过 300 人、开展合作项目 283 项、决策咨询 356 次，实现经济效益达 5 亿元。

发挥农技协推广农业科技、培育农业科技人才、联结农户与市场等方面的作用，积极推广江津、云阳等区县农技协促进农业科技与市场、金融有效对接的做法，提高农技协的科技含量和经济效益，推广新品种 80 余项，会员农户普遍增收 30% 以上。成立“农科专家急诊室”，免费解决农业科技问题。

开展市级学会创新发展试点，提升学会在服务科技创新、服务政府和社会等方面的能力。在涪陵区设立医科学会联盟技能提升中心，开展医学科学继续教育活动。支持市工程师协会等 46 个市级学会承接政府转移职能 74 项，开展科技评价、职称评定等服务，发挥学会参与社会治理的积极作用。

12 月，市科协整合市级医科类学会人才、智力、技术、信息等优势，搭建市级学会合作交流平台，设立“重庆市医科学会联盟技能提升中心”。该中心的主要任务是通过开展专题培训、专家会诊、基层医院学科建设咨询、基层群众健康宣教活动等形式，组织动员广大医学科技工作者深入基层开展医学专业继续教育活动，促进基层医院学科发展，提高基层医务工作者技术和服务能力，促进医疗服务均衡化发展，为基层群众提供更好的医疗服务。市科协积极指导该中心做好 2015 年工作计划。

举办“2014 年百名海外博士重庆行”活动，结合产业发展和单位需求遴选海外博士来渝求职创业、开展项目合作，引进海外博士 36 名，该活动已连续举办四届，累计引进人才 128 名。建成重庆海智工作站 5 家，与欧洲华人学者联合会等 60 余家海外团体建立了合作关系。

《科学素质纲要》实施及科普工作 3 月，市委常委会专题听取科协工作汇报并作指示。4 月，市政府召开全民科学素质专题工作会，39 家成员单位参加，印发了《2014 年重庆市全民科学素质工作要点》，安排部署全市的纲要实施工作。市科协联合各成员单位开展科普活动 170 余场次，28 个区县召开了科学素质工作专题会，印发了工作要点。2014 年区县科协科普经费达到 4086 万元，同比增长 8.9%。

举办重庆市 2014 年全国科普日活动。9 月 19—26 日，2014 年重庆市全国科普日活动在重庆悦来国博中心举行。市委副书记张国清、市政府副市长吴刚出席现场活动。重庆医科大学、重庆师范大学、重庆城市管理职业学院、重庆医药高等专科学校、沙坪坝区部分街道的学生和社区群众 1000 余人参加现场活动。活动期间，在重庆医科大学举办了 2014 年全国科普日全民健康科普体验活动。38 个区县和万盛经开区科协、长安汽车等 132 个企事业科协、市中医药学会等 36 个市级学会同步开展“全国科普日”系列活动，重庆科技馆等 27 个科普教育基地、高校实验室在全国科普日期间面向市民免费开放，受益群众超过 157 万人次。开展以“识别灾害风险，掌握减灾技能”为主题的防灾减灾活动，社区科普大学 300 余个教学点同时开设专题课，举办科普展览 130 余场次、科普活动 1200 余场次。

扎实推进基层科普行动计划。落实 835 万元实施科普惠农兴村计划，29 个先进集体和 49 名个人获国家、市级表彰，带动更多农民提高科学文化素养、致富增收。落实 400 万元实施社区科普益民计划，新发展科普示范社区 50 个，开通重庆市社区科普大学网络管理服务平台，全市 347 个社区科普大学教学点，讲授科普课程近 7000 节，培训学员 31.5 万人次，提升社区居民科学文化素质。

积极拓展科普工作方式和渠道。12 月，重庆数字科技馆正式上线运行。市科协联合中国知网在全市开设网络科普书屋 3330 个，访问读者超过 33.4 万人次，覆盖 95% 以上街镇和所有科普示范社区。联合大渝网开展“2014 防灾减灾网络知识竞赛”、“网络科普游戏闯关”等网上科普活动 6 次，专题点击量超过 100 万人次。34 个区县利用 LED 显示屏开展科普宣传，其中秀山 156 块显示屏开展科普宣传 2.8 万小时。联合重庆轨道交通（集团）开展“科普伴我行”活动，每天在轨道交通线上滚动播放科普短片 24 个、视频 12 个，时长超过 6000 分钟。重庆科协政务微博、官方微信和重庆 Q 博士科普微博关注粉丝超过 10 万人，发布科技、科普信息 3000 余条。重庆科协网站发布科普信息 5762 条，天极公司承担中国科协网络科普云平台建设与运营服务，建立了科普资源整理、分类、规划等综合性服务云平台。

抓科普品牌塑造，形成以“走近科技”为主线的科普品牌。“缤纷节日”系列科普活动吸引 15.6 万群众参与，“流动科技馆”重庆巡展在 8 个区县开放 303 天，受众达 52 万人次；“科普大篷车渝州行”深入 435 所学校，受益师生 55 万余名，“院士专家校园行”活动邀请6名院士专家为全市30所中小学作航天科普报告，"青少年科技创新大赛""模型大赛"吸引37个区县、9所直属学校的13万余名中小学生参加竞赛。

学术交流 举办以"科技创新与持续发展"为主题的学术活动月活动，整合重庆地区理、工、农、医及综合等学科优势资源，吸引国内外相关领域专家学者参与，开展跨学科、跨部门、跨行业的学术交流活动，举办学术交流活动18场，参与活动的科技工作者超过3000人次，交流论文700余篇，编辑论文集11册。

市科协举办重庆科技沙龙三期，资助市级学会重点学术活动32项，支持市兵工学会等6个市级学会开展决策咨询、技术咨询等活动。资助中英节能技术企业对接会等9个国际学术会议。与中国青爱工程办公室联合举办第五届大学生成长论坛。与市硅酸盐学会联合举办第三届全国大学生混凝土材料设计大赛。

服务科技工作者 畅通科技工作者建言献策渠道，上报科技思想库调研成果25篇，形成科协界政协委员提案8个，其中《关于加强重庆市职业教育校企合作的建议》被市政协列为2014年重点提案。

开展科技工作者状况调查。沙坪坝工业园区获准成为全国科技工作者状况调查站点，重庆市的全国站点累计达到13个。增设重庆材料研究院等3家单位为市级调查站点，市级站点累计达到30个。开展中国科协会员日系列活动，开展一线科技工作者走访慰问等活动。

开展科学道德和学风建设宣讲教育。全市重点高校举办科学道德和学风建设宣讲报告会370场次，参与的科技工作者、师生达13万余人次。10月22日，由市科协、市教委和重庆社科院共同主办的2014年科学道德和学风建设宣讲教育报告会在西南大学举行。市人大常委会副主任沈金强出席会议并讲话。中国工程院院士、国际著名结构工程专家杨永斌，中国科学院院士、四川大学化学学院教授冯小明分别作了题为《人生六十自述：半为学子，半为人师》和《成长之路》的宣讲报告。市科学道德和学风建设领导小组办公室成员，宣讲团全体成员，主城区部分高校分管领导及相关处室人员，主城区部分高校研究生、高年级本科生、新上岗研究生导师、新入职教师和青年科技工作者800余人现场听取了报告。

举荐和宣传优秀科技人才。推荐20名科技人才和2个创新团队参评第六届全国优秀科技工作者、2014年创新人才推进计划等奖项，14人获中国科协"全国优秀科技工作者"称号，其中1人获十佳全国优秀科技工作者提名奖。15个单位和19名个人获得全国"讲、比"活动表彰。在《科技日报》、重庆电视台、《重庆日报》等主流媒体宣传在科技创新和普及方面做出突出贡献的科技人才和创新团队。

自身建设 举办中国科协八大代表学习习近平总书记系列讲话（重庆）读书班、"弘扬科学道德、践行'三个倡导'、奋力实现中国梦"重庆报告会、"科技梦·中国梦——中国现代科学家主题展"全国巡展重庆站活动、重庆科协系统领导力建设培训班、市科协系统法治专题讲座等大型宣传教育活动，中国科协在渝八大代表、科技工作者、大中小学生、科协系统干部职工2万余人次参加活动。

启动助推学会能力提升工程。完成2014年度全市性自然科学类及交叉边缘学科学术性社团组织评估工作，市工业设计协会与市工程师协会分别被评为5A及4A级学（协）会。开展市级学会承接政府转移职能调查，配合市政局开展"社会组织法"立法调研工作，启动社团组织清理整顿工作。

加强基层科协组织建设。区县党委、政府更加重视科协工作，21个区县主要领导参加有关活动或作出批示，在干部使用、经费保障、机构设置等方面给予支持。参与中国科协《科技工作者之家建家标准》课题调研，形成专题调研报告。

指导涪陵、潼南、武隆3个区县科协，市针灸学会等19个市级学会依照章程按期召开代表大会，完成换届工作。在园区、企业新建科协组织，全市企事业科协超过700家。新成立农技协206个，累计达到2074个。

按照市委和中国科协援藏工作的总体部署，与昌都地区进行对接，制定援藏工作实施方案，落实援助经费60万元。举办首批蔬菜种植培训班，邀请市农科院、璧山区国家农业科技园区的专家现场辅导授课，15名来自西藏昌都地区类乌齐县、芒康县的农技干部参加培训。

加快直属企事业单位发展。重庆科技馆累计接待观众突破600万人次，2014年举办各类主题科普活动500余场次。筹建科技服务中心，加快推进电脑报、21世纪人才报等转企改制。课堂内外形成青少年科普期刊、电子商务等产业集群，期刊发行范围遍及全国2800多个县市，近5000万青少年直接受益。

区、县及基层科协组织 2014年，各区、县（自治县）基层科协围绕党委政府工作大局，在夯实全社会科普工作基础、提升基层组织工作能力上开展了系列工作。

渝中区科协实施“社区科普益民计划”，建设规范化社区科普大学和特色社区科普活动室工作。在全区12个街道的27个社区，建立教学点31个，开设教学班57个，开设环境保护、生活常识、食品健康等科普课程，招收学员1700人，实现街道覆盖率100%，社区覆盖率35%。新建成特色社区科普活动室8个，实现了全区各街道社区科普活动室全覆盖。

永川区科协做好科普信息化建设和科普资源开发开放，编发了《新视野》杂志33期，发放《健康度夏小贴士》等系列科普资料5.6万册，组织社区科普大学教学点编创《大家都来反邪教》快板、《快乐分娩》小品等科普文艺作品参加全国科普日演出，录制全国科普日科普活动宣传视频，利用社区、企业单位LED显示屏开展科普宣传，利用“永川区科技工作者之家”网站、“永川区科协官方微博”、科普网络书屋、“科普大篷车”电视科普栏目、《永川日报》《重庆晨报》《永川读本报纸》、政务易系统短信平台、QQ群等传播渠道，广泛开展科普传播工作。

涪陵区科协围绕“科技兴企”开展企业技术创新活动，搭建企业科技信息服务、科技需求、科技资助三大平台，为企业科技创新发展提供强有力的科技支撑，促进科技成果转化5项。建立技术创新信息服务站点10个，开展专利数据库培训和推广运用培训。组织科研院所和科技工作者对“涪陵青菜头（茎瘤芥）生物保鲜技术的研究与应用”项目、“榨菜原料作物病毒病安全防控关键技术研究与示范普及”等课题开展攻关。组织科技工作者开展“讲理想、比贡献”活动，重庆市涪陵辣妹子集团、太极集团、重庆烟草工业有限责任公司的团队和个人4人次荣获国家级“先进集体”和“先进个人”称号。开展“金桥工程”评选活动，在“科协会员日”期间对15个典型项目进行了表彰奖励。

云阳县科协实施“科普惠农兴村计划”，组织农坝镇富农山羊协会等惠农先进单位和个人举办“科技赶场”系列活动，面向农民传授系统的科学种养殖知识，2014年开展活动867场次，发放科普宣传资料4.3万册，赠送价值5.36万元的化肥、农药、种子等生产资料。开展实用技术培训，先后在巴阳枇杷种植协会、云阳镇兴达山羊养殖协会、平湖渔公水产养殖协会等农村产业聚集中心举办技术培训，参训人员800多人次。全县各级科协组织共举办种植、养殖实用技术培训50场（次），印发培训资料6万多份，受益群众达3万多人次。

璧山区科协组织开展了为期三个月的“百计进百村”系列科普活动，围绕提升全县蔬菜、花卉苗木、优质水果三大农业主导产业科技水平，提高农村居民科学素质和增收致富能力，3月1日至5月30日，全县15个街镇科协共组织开展“百计进百村”系列科普活动77场、101项，16个农技协、科普基地，186名农村科普带头人和社区科普志愿者参加活动，1.2万余农民参与并受益。

市级学会、企业科协、高校科协 2014年，市科协在市级学会承接政府转移职能工作调查、“社会组织法”立法调研、“学会开展继续教育 服务科技创新”调研、科技社团服务科技工作者调研等基础上，有针对性地加强了市级学会的指导管理力度。

1月，召开全市学会工作会，安排部署市科协2014年学会学术工作的主要任务，为2013年社团组织评估中获评“5A”的市煤炭学会授牌，市科协科技社团党委为新成立的7个学会党支部授牌，市化学会、市风景园林学会分别就“以会养会”及“学会承接政府转移职能”等主题作经验介绍。

11月、12月，市科协分别在市级学会集中的重庆大学、西南大学召开学会能力提升座谈会，动员、部署学会能力提升相关工作，31个市级学会负责同志参加座谈。

2014年，先后有重庆市水产学会、药学会、气象学会、昆虫学会等19个市级学会召开会员代表大会进行了换届。市科技青年联合会健全组织机构，新成立10个专委会。

市工程师协会举办企业管理论坛走进重庆，200多会员和企业负责人参加论坛。市工业设计协会联合举办2014年中国·重庆荣昌陶国际学术研讨会，对荣昌陶的发展提出建议。市公路学会举办学术年会，全市交通行业管理部门、设计单位、科研院所、大专院校、区县交通委（局）90余人参加会议。市营养学会与甘肃省营养学会联合举办第十一次西部营养论坛，168人参会，会议交流论文84篇。市科技青年联合会举办学术交流活动20余场，邀请中国工程院院士鲜学福、中国科学院外籍院士钱煦、中国工程院院士聂建国等院士专家作学术报告。

承接政府转移职能。市工程师协会在全国率先为非公企业科技人才评定工程技术类专业职称，累计评定职称3708名。沙坪坝园区科协促成区职改办、市工程师协会双渠道评定职称，为14家企业的科技工作者服务。全市共有46个市级学会承接政府转移职能74项。

重庆川东减震制造有限公司科协协调公司注册使用专利数据库，通过对数据库信息进行消化吸收再创新，在乘用车减震、降噪及润滑方面实现3项工艺改进，并获4项新技术专利。

【重庆市农科专家急诊室】 2014年10月，市科协以农科学会联盟为支撑，设立了“重庆市农科专家急诊室”，由一个市级工作总部及10个区县站点构成，总部及站点各设联络员一名，通过热线电话、QQ信息、微信等远程通讯手段，直接受理群众农业科技相关咨询，分别安排区县级学会专家或市级学会专家予以答复，必要时派专家到现场指导。“农科专家急诊室”服务不收取任何费用，总站工作经费由市科协承担，各区县分站由区县科协负责，市科协予以一定经费资助。“农科专家急诊室”专家团队分为区县级和市级两类，各区县科协牵头组织区县级农科学会专家成立区县级专家团队，市科协牵头组织市级学会专家成立市级专家团队。市级专家团队由市作物学会、市农学会、市林学会、市畜牧兽医学会、市柑橘学会等14个市级农口类学会的专家组成，建立了246名专家的“农科专家信息库”。自10月正式运行以来，农科专家急诊室接到咨询电话37个，QQ108条，先后有9名专家分别到璧山、合川等地田间地头解惑答疑。

【2014百名海外博士重庆行活动】 12月11—13日，由重庆市委组织部、市人力社保局、市国资委、市科协联合举办的“2014百名海外博士重庆行活动”活动举行。市政府副市长刘伟出席启动仪式并讲话。来自英国、美国、法国、德国、澳大利亚、新西兰、意大利、日本、韩国以及中国香港等15个国家和地区的101位海外著名大学博士齐聚重庆，其中30多位博士带来了37项自主研发高新科研成果项目，在电子信息、装备制造、工程技术、医疗卫生、现代农业、能源、材料、化工、制药等领域开展合作。来渝博士分别与重庆40家单位进行了人才引进、项目合作洽谈和学术交流、技术咨询活动，签订人才引进协议36人、意向性人才引进协议45人，项目合作协议13项，举办专题学术报告会14场。

【重庆数字科技馆上线】 12月30日，市科协举行重庆数字科技馆上线体验活动，市政府副市长吴刚出席体验活动罗马帝国机械与科技展。重庆数字科技馆是依托重庆科技馆实体场馆建设的服务市内各个科普机构并辐射全市大众的科普资源中心和在线服务中心。建成了实体馆的数字化平台、科普资源的聚合平台、在线学习交流的互动平台、线上线下活动的联动平台等“四个平台”，有效延长公众科学体验时间，增加公众的科学体验深度和力度，为公众更好的体验实体场馆创造条件。重庆数字科技馆上线体验活动当天，以“古罗马科技与发明”为主题的世界巡回展览——罗马帝国机械与科技展登陆中国内地，首站在重庆科技馆开展。

（撰稿人：穆　涛）

四川省科学技术协会

服务经济社会发展 2014年，省科协大力推进创新驱动助力工程试点工作。按照中国科协工作意见和省委、省政府安排部署，推动中国科协将德阳市列为创新驱动助力工程试点城市。协助德阳市梳理出涉及5大类别、12大专业领域的科技需求128项。

积极开展决策咨询。参加四川省委组织部牵头的《全省人才工作专题调研》工作，配合省科技厅等部门完成《全省科技人才队伍分析报告》等课题研究。推动市州科协、省级学会加强决策咨询工作，成都市科协撰写的《贯彻创新国策建设智慧城市》等课题受到成都市委、政府领导肯定。省中医药学会专家为巴中恩阳中药材种植产业协会解决技术难题。

组织开展构建新型农技推广服务体系调查研究，形成《关于构建新型农技推广服务体系的建议意见》报告，为中国科协、农业部出台《关于支持农村专业技术协会开展农技社会化服务的意见》提供决策依据。组织实施“科普惠农兴村计划”，全省共有88个农技协、37个农村科普示范基地、19名农村科普带头人获得国家表彰。开启金融资金支农助农新渠道，创新“银行＋协会”合作模式，邮政储蓄银行对全省农技协发放贷款7.33亿元。遂宁市科协开展“专家进果（菜）园”活动，乐山市科协探索出“远程＋协

会＋基地＋种养专业户”模式。全省农技协达到1.12万个，会员306万户，带动农户890万户，实现销售收入602亿元，销售收入达亿元以上的农技协158个、2亿元以上的50个。

在全省完成46家院士（专家）工作站建设，引进院士专家145人次，评选出东方汽轮机有限公司等10个建站单位为第三批省级院士（专家）工作站。指导德阳市科协建立“四川省科协创新方法培训基地”，广元市科协创新开展“九三院士广元行”等增强企业自主创新能力的活动。广泛开展科技专利信息资源的推送和服务，先后为745家企业培训科技人员800余人次。大力开展面向企业科技工作者的“讲理想、比贡献，奋力实现中国梦”宣传教育活动，开展“讲理想、比贡献”活动企业725家、参与科技工作者达1.02万人次、采纳合理化建议1.19万条，全省13家企业、8个团队、18名个人分别荣获全国“讲理想、比贡献”活动先进表彰。建设四川省科协创新方法服务基地，“科技信息资源（专利）服务企业创新”项目推广成效显著。

《科学素质纲要》实施及科普工作 组织召开四川省全民科学素质纲要工作联席会议。18个县（市、区）通过第五批全省科普示范县（市、区）检查验收，启动2016—2020年度全国科普示范县（市、区）创建及全民科学素质纲要“十二五”中期监测评估工作。

举办2014年四川省全国科普日活动，组织“科技梦·中国梦——中国现代科学家主题展”、“百场科普报告会”、“科普进寺庙”等专项科普活动，全省21家单位被中国科协表彰为2014年全国科普日活动优秀组织单位。深入实施科普“六进”（科普进机关、进学校、进乡村、进社区、进军营、进企业），组织开展天府科普大讲堂、反邪教警示教育等40余项科普活动，其中，“天府科普大讲堂”举办46期。开展科普大篷车和流动科技馆巡展活动，流动科技馆巡展40个县（市）、服务公众335万人次。四川科技馆与四川电视台妇女儿童频道开展馆媒合作，录播科普互动剧《玩转科技馆》24期，举办《九天揽月——中国探月工程展》等科普临展22场，“航天航空科普沙龙”等科普活动17项、科普讲座52场，接待观众9129人次。

第二十九届四川省青少年科技创新大赛闭幕式

做好群团组织社会服务中心工作，购买6家社会组织的8个科普教育培训公益项目，推荐、筛选211个项目入选社会服务需求公益项目库，协调13家社会组织、2家企业参与“协力公益伙伴计划”项目。安排资金400万元支持甘孜州建立10个藏区社会服务站，广元市、巴中市、达州市各建立10个基层社会服务中心。推进“社区科普益民行动计划”，武侯区玉林东路社区等60个社区获得国家、省级表彰。持续开展“厂会协作”“村会协作”“会会协作”和携手未来行动。

举办第二十九届四川省青少年科技创新大赛和第12届四川省青少年机器人竞赛活动。在第二十九届全国青少年科技创新大赛上，四川省金牌数居全国第5名。在第14届全国机器人竞赛中，四川省奖牌数居全国第2名。做好四川省中学生英才计划试点和四川省大学生创新创业大赛作品评审工作，省青少年科学工作室与成都七中、石室联中、四川科教频道联合开展科学实践活动，培训学员近2000人次。

启动四川科技馆展厅展品改造工程，投入1.2亿元。新建三农科技网络书屋300个，全省共有科普惠农“站、栏、员”2万个。“科普大篷车”电视栏目开播数达195家，年播出2.03万次。手机多媒体科普阅读刊物——《赛先生的背影》发布科普信息2.9万条。联合成都市科协推动“科普数字地图”平台建设，组建了全国“科普微博联盟”。编印《血液科普知识》等科普挂图3万份、《日常饮食安全》等科普折页24万份、拍摄《都江堰水利工程》等科普片31部。

服务科技工作者 全年共推荐中青年科技创新人才领军计划候选人4名和创新团队候选人1个、“全国优秀科技工作者”候选人26名和“十佳全国优秀科技工作者提名”候选人1名、第十一批省学术和技术带头人候选人56名，推荐“瀑布沟高土石坝建坝关键技术研究与应用”等6个项目参加省科技进步奖科技类评审。

深入开展科技工作者状况调查，全省21个调查站点共向中国科协提供信息102条。加强企事业科协组织建设“科技工作者之家”工作，东方汽轮机有限公司科协组织“硕士博士学术沙龙”等活动，为企事业科技工作者提供服务。举办中国科协八大（四川）代表读书班，邀请高校、科研院所及企业获奖代表参加四川青年科技奖获奖代表座谈会，认真开展“中国科协会员日”活动。

举办中国科协“科技梦·中国梦——中国现代科学家主题展全国巡展活动”成都站、绵阳站巡展。主办2014年科学道德和学风建设集中宣讲教育报告会，邀请中国科学院院士刘宝珺、电子科技大学教授彭启琮作专题报告。深入实施老科学家学术成长资料采集工程，大力宣传老一辈科学家、优秀科技工作者和团队。

自身建设 继续深入实施学会能力提升计划，资助项目分为学术交流、决策咨询、建言献策、科技创新服务、科普活动、学会特色活动、学会承接政府转移职能和学会自身能力建设等7个方面。共收到全省具备承担项目条件的省级学会项目申请139项，经过审查、审核，共60个省级学会的98个项目获得专项资助。其中，学术交流类21项，科技创新服务活动类13项，科普活动类21项，决策咨询与建言献策类14项，学会特色活动10项，承接政府职能类11项，学会自身能力建设类8项。省科协对各类项目给予资金支持，项目资金合计235万元。通过项目资助，省级学会开展了学术交流、科学普及、建言献策、科技服务、厂会协作等形式的服务经济社会发展、提升服务创新、服务政府和社会的工作。完成《四川省科技类社团承接政府转移职能调研报告》，为省级学会承接政府职能转移、购买政府服务创造条件。76个省级学会承接政府社会化科技服务职能，省机械工程学会开展“机械类科技评奖及机械工程师资格认证”、省林学会实施“省营造林施工单位资质管理”、省土木建筑学会设立“李冰奖”、省中医药学会建立省中医药学会评审专家库、省食品科学技术学会完成的《“塑化剂”对四川白酒产业影响及应对措施研究》等项目获得政府相关部门认可。开展了学会重点项目中期评估。

启动了省科协全面深化改革推进科协转型发展的工作，成立领导小组，制订实施方案，明确分工。加强科协基层组织建设，着力扩大企业、高校、科研院所和工业园区科协组织覆盖面，指导四川文理学院等单位建立科协组织，企业、高校、科研院所和工业园区科协达到100余家。联系服务科技工作者约16万人，科协会员约9万人。开展学会年度考评，省地质学会等10个省级学会获年度“十佳学会”。

加强和改进科协系统干部教育培训工作，提高科协系统干部政治思想水平和业务工作能力。继续巩固党的群众路线教育实践活动成果，开展好党组中心组学习、“挂包帮”和“双报到”志愿服务等活动，做好干部下基层、扶贫帮困、讲党课等系列活动，推进机关精神文明建设。

市、州、县及基层科协组织 各市、州、县科协紧紧围绕《科学素质纲要》实施，以服务经济社会发展、关注民生为主要内容，广泛开展各类科普活动，加强科普阵地建设，推进全民科学素质提升。

成都市科协与中国科普网于9月20日联合发起建立了全国科普微博联盟，联合全国各地的科协、科技厅局、科学类媒体的官方微博，打造全国性的科普传播阵地。联盟在新浪、腾讯两大微博平台上通过集中发布、紧密互动、话题讨论等形式普及科学知识。28个单位的微博已经加入全国科普微博联盟。

泸州市科协推出以服务创新、服务发展、服务民生为宗旨的科普工作信息化品牌“科普小松鼠”。

阿坝州科协开展藏传佛教寺庙科普工作，开展寺庙科普工作调研，编印藏汉双语科普读本，充实寺庙书屋科普书籍。开展以“科学在身边”为主题的寺庙科普宣传，举办“科普进寺庙”知识讲座。为全州11个县45名藏传佛教寺庙民管会骨干进行了文物保护、消防知识和应急技能等专题培训。

由中国科协和四川省科协援建的全省首家县级科技馆——雅安市芦山科技馆建成开馆。雅安市汉源县科协分批建设“阳光汉源”科普阅览屏27台。

省级学会、企业科协、高校科协 全年各省级学会共举办学术交流会议943场次，参加人数87209人次，其中参加国际学术交流5148人次，征集学术论文14981篇，编印论文集149册。市州科协及其所属学会共开展各种学术交流活动1248场次，交流论文

5180篇，参与人数达到36900余人次。共开展科技下乡11081人次，开展科普活动787场次，举办科技报告1788场次，听众778991人次，印发科普图书、手册185种，共计20余万册。

省科协印发了《四川省科协2014年推进企事业科协组织建设工作实施方案》，对各市州建设企事业科协的目标任务进行分解细化，全年全省各地共新建企事业科协组织100余家。全省企事业科协组织联系服务科技工作者约15万人，科协会员约8万人。开展了科普示范企业创建工作，6家企业被确定为省级科普示范企业。

四川省地震学会与四川省地震局联合召开了芦山7.0级强烈地震科考成果应用研讨会，与会专家对芦山地震科考成果在四川地区地震活动危险性判定中的推广应用进行了研讨。

四川省青年创新与社会实践促进会与成都信息工程学院学生社团通过"携手未来"行动结对，学会专家在学校举办有针对性的讲座培训。省电力电子学会与西南交通大学、西华大学通过"携手未来"行动加强交流互动，组织大学生到中航成飞集团公司参观"成飞航空展"。

【四川省科协与中国邮政储蓄银行四川省分行签订"银会合作"协议书】 1月7日，四川省科协与中国邮政储蓄银行四川省分行召开了"银会合作"（银行＋协会）联席会议，并签订了合作协议书。四川省科协、眉山市科协和中国邮政储蓄银行四川省分行、眉山市邮政储蓄银行的有关人员参加会议。会议由四川省科协党组书记、副主席吴凯主持。

【第七届四川省博士专家论坛】 9月19日，四川省科协和德阳市人民政府联合主办的第七届四川省博士专家论坛在德阳市举行。四川省委常委、省总工会主席李登菊，省人大常委会副主任、德阳市委书记李向志，省科协党组书记、副主席吴凯等出席论坛开幕式。

会上，中国科学院院士翟婉明、欧阳钟灿，中国航天科技集团公司研究员王至尧，西南交通大学教授孙林夫等4位专家，分别以《中国高速铁路发展进程》《近三年"工程诺贝尔奖"漫谈：液晶显示、手机与锂离子电池》《增材制造——3D打印未来》《创新驱动，变革模式，发展现代制造业》为题作了报告。

来自中国航天科技集团公司、西南交通大学、全省各市州科协、各级学会的400余名科技工作者围绕创新驱动发展、促进转型升级，先进清洁能源环保装备的创新与发展，创新驱动机电装备发展，创新驱动与智能制造等议题，从交通运输装备、清洁能源、机电装备发展、智能制造、知识产权创造、绿色产业、技术创新方法、金融合作、企业合作等方面展开交流研讨。

论坛共收到论文231篇，内容涵盖航空航天装备制造业、交通运输装备制造业、能源环保装备制造业、机械电子装备制造业、现代制造业等领域。经专家评审，共评出一等奖论文10篇、二等奖论文20篇、三等奖论文40篇、优秀论文65篇，并结集出版。

（撰稿人：关豪杰）

贵州省科学技术协会

服务经济社会发展 2014年，省科协组织院士专家调研形成的《采取抢救性措施保护草海生态系统的建议》获李克强总理批示。国家发展改革委等9部委专门到贵州开展了调研并提出工作建议，现后续工作正在推进中。借助国家级科技思想库建设试点省份的契机，创办了《贵州省科协国家级科技思想库决策咨询专报》，重点围绕省委、省政府中心工作，邀请知名院士专家赴贵州开展考察调研、提出决策建议，包括《齐让、程书钧等院士专家对贵州新医药与健康养生产业发展的观点摘编》《张瑞贤、温长路等中医药专家对黔东南民族医药和健康养生产业发展的观点摘编》等。围绕大数据、大健康等重点产业发展及人才队伍状况，设立了8个选题，面向省级学会、高校、科研院所及有关单位组织了课题申报工作。

省科协引进院士专家到黔开展技术咨询、技术指导、项目合作，举办了2014院士专家援黔行动——遵义革命老区行活动、第三届中法药学交流会暨产业化推进会等。借助院士、专家出席生态文明贵阳国际论坛之机，邀请中国科学院曹春晓、周孝信、吴国雄等院士，分别在贵州科技馆、贵州理工学院、黔西南州兴义市等开展"科学与中国"院士报告会。邀请吴国雄等5名院士赴黔西南州进行调研并与黔西南州党政领导进行座谈等。通过学会举办学术交流活动，邀请了近20名院士专家赴贵州省各地开展考察调研活动，为贵州各地经济社会发展建言献策。

2014年，省科协在威宁县和余庆县分别开展“服务创新驱动，助力同步小康”试点工作，在引进智力的同时引进各种资源，支持同步小康建设，受到当地党委政府和群众的好评。

1月8日，“中国科协‘海智计划’贵州工作基地贵阳国家经济技术开发区海智工作站”在贵阳国家经济技术开发区揭牌。

《科学素质纲要》实施及科普工作 2月，省科协以省全民科学素质领导小组的名义，在全省启动了公民科学素质先进县（市、区）创建工作，并对省全民科学素质工作领导小组中省直各成员单位全民科学素质工作进行年度职能绩效专项考核，截至2014年年底，各县（市、区）均已启动了创建工作。省科协协调省人大开展了《科普法》执法检查，并对2015年修改省《普及科学技术条例》开展了调研。

2014年，“贵州科技馆科普大讲堂”举办了7期，“中国流动科技馆”巡展12个县区，“科普大篷车”开展各项活动27次，各种科普活动共接待观众104万余人次。开展“农村中学科技馆”辅导员培训70余人次。

省科协继续开展“百万公众网学习工程”活动，联合多彩贵州网、贵州日报报业集团、贵州电视台、贵州交通旅游广播电台等进行立体式宣传推广，扩大活动知晓率和参与面，通过在线成效测试平台参加测试人员达800多万人次，11月12日，在贵州电视台举办了贵州省全民科学素质知识大赛总决赛。

9月20日，省科协在贵阳市启动“全国科普日”活动，上百家单位和部门开展了276项重点科普活动。9月24—27日，省科协与广西壮族自治区科协开展全国科普日黔桂跨省联合行动。与贵州广播电视台联合创办了电视栏目《智汇贵州》，与《贵州日报》联合创办了《服务创新驱动、助力同步小康》专栏，截至2014年底，《贵州日报》对省科协开展的中法药学交流会、院士专家援遵活动、百万公众网络学习工程、中国科协休假院士与党政领导座谈活动、威宁试点工作等重点工作进行了深度报道，全年共刊载科协相关专题报道35篇。

开展青少年科普教育活动。举办了贵州省第29届青少年科技创新大赛、青少年科学DV辅导员培训、首届贵州省青少年科学影像征集活动、农村青少年科技夏令营活动和防邪知识进校园活动等。

向中国科协、财政部申报“基层科普行动计划”项目，注重在贫困地区开展科技扶贫，培育农村专业技术协会和培训农村致富带头人、种养业大户，2014年，贵州省36个农村专业技术协会、18个农村科普示范基地、9个科普示范社区和17名农村科普带头人获得奖补，资金1345万元。

学术交流 举办了学术讲坛5期、学术沙龙5期，在项目选择上更加突出为经济社会发展服务，与贵州经济社会发展中的难点热点问题紧密关联。省级学会开展较有规模的学术活动210个，参加人员5万人次，其中外籍专家150人次。开展第五届贵州自然科学优秀学术论文评选活动，征集到各大专院校、科研院所、企、事业单位、省级学会、市州科协等90余家机构报送的论文285篇。

接待朝鲜科技总联盟组织的酒类生产技术交流代表团一行6人赴贵州遵义、安顺及黔西南等地区开展酒类生产技术交流考察。接待台湾地区“经贸关系发展促进会”来访，并就组团出访台湾地区进行农业科技、科普教育培训及电力技术交流等事宜的交流探讨。组织省电力工程学会有关技术管理人员赴台湾地区进行电力建设学习、交流与技术合作。

8月15—17日，由省科协、省药学会、贵阳中医学院第一附属医院共同举办的第二届中药新药临床试验高峰论坛在贵阳市举行。来自全国的76家中医药物临床试验机构及其他医院、企业和CRO单位代表400余人参会。本次论坛以“实践创新、交流推动”为主题，与会专家围绕中药新药审评要点、中药新药临床试验质量问题、中药新药临床试验常见设计缺陷、国际多中心新药临床试验管理流程等问题展开交流和研讨。会议共收集论文28篇，涵盖了临床试验设计和评价、药物临床试验机构管理、质量控制等。

服务科技工作者 省科协牵头，与省教育厅、贵州科学院、省社会科学院、省农业科学院联合开展2014年科学道德和学风建设宣讲教育工作，聘请12位专家在全省18所本科高等院校和6个重点科研院所巡回宣讲，15000多名高校师生和科技工作者参加了报告会。宣讲教育工作做到全省高校全覆盖并拓展到工程技术领域。

组织第六届“贵州省优秀科技工作者”评选表彰工作、“全国优秀科技工作者”推荐评审工作，开展第四届贵州省科普工作先进集体和先进个人评选工作，

共评选出60个科普工作先进集体、100名科普工作先进个人。开展第五届贵州自然科学优秀学术论文评选活动。从285篇论文中评选出理、工、农、医和交叉五个学科各学科一等奖1名、二等奖2名、三等奖4名。

自身建设 执行以民主集中制为核心的党内组织生活制度，每半年专题研究一次党建工作。举办中国科协八大代表学习习近平总书记系列重要讲话（贵州）读书班暨贵州省地方科协新任负责人培训班，举办4期省科协党组中心组学习。组织机关干部职工赴赫章县海雀村、威宁县小海镇松山村、响水村、余庆县小腮镇迎春村、湄潭县核桃坝村等地，开展“远学焦裕禄、近学文朝荣”精神学习活动。

省科协党组按照《干部选拔任用工作条例》，在机关和直属事业单位进行了2002年以来的第一次干部轮岗交流，选拔任用处级干部11名，轮岗交流处级、科级干部18名。

2014年度省科协同步小康驻村工作队由党组书记苗宏任队长，2名处级干部和1名工作人员为成员，吃住农户家中，集成科协人力、人才、人脉三大优势，以“服务创新驱动、助力同步小康”为总抓手，以“立足三大优势、突出三个围绕、着力四个创新、实现四个提升”为帮扶计划，助推精准扶贫、同步小康。

制定下发《贵州省科协2014年学会能力提升工作实施方案》《贵州省科协省级学会能力提升工作创新奖励申报评选办法》，进一步提升学会能力建设。评选能力提升工作创新奖一、二、三等奖共33家学会，评选年度优秀省级学会20个、优秀学会工作者20名，支持和帮助学会主办科技期刊40种，刊发论文6000余篇，编辑出版学术论文70余本，收录学术论文4000余篇。

省科协在承接政府职能转移上加快推进，编撰完成了《贵州省科协所属省级学会承接政府转移职能调研报告》和《关于推动贵州省科技社团有序承接政府转移职能的建议》，截至2014年年底，支持和协调38个学会承接政府转移职能（工作），涉及职能（工作）140项。

市、州、县及基层科协组织 贵阳市科协依托所属学会智力优势，成立了贵阳市科普大学校委会，组建了贵阳市科普大学专家团。在各区（市、县）的乡（镇、社区）、学校、企业组织成立科普大学分校，采取“两级办学、三级管理、四个固定”的办学模式，力争将“贵阳市科普大学”打造为科协组织参与社会组织治理的特色工作品牌。遵义市科协建立科普惠农服务站33个，54个项目按照新标准进入省、市“基层科普行动计划”项目储备库，12个项目获奖补资金195万元，组织开展系列科普项目资金管理使用情况抽查，规范项目资金的管理使用。黔东南州科协组织科技专家举办各类农业技术培训，共举办农业技术培训489场（次），培训人员1万余人次。

省级学会、企业科协、高校科协 截至2014年年底，省科协所属的学会、协会、研究会（以下简称学会）126个，其中理科学会28个，工科学会37个，农科学会11个，医科学会22个，综合交叉学会31个。现有学会会员97219人，团体会员2799个。遵义医学院、贵州理工学院、黔南民族师范学院等8所高校和西南能矿集团等3家企业建立了科协组织。

据统计，全年省级学会开展较有规模的学术活动210个，参加人员5万人次，其中外籍专家150人次；主办科技期刊40种，刊发论文6000余篇，共印发50余万册；编辑出版学术论文70余本，收录学术论文近4000余篇。各省级学会共开展科普活动167次，提供咨询服务5000余人次，发放科普资料70余万份，举办科普讲座、科普报告160场，听众达40余万人次。

省医学会开展“科普基层行 健康进万家”行动，邀请北京大学第一医院以及贵州省专家，赴习水县开展了大型义诊讲学、科普讲座等活动，免费发放常用药品；省康复医学会承担2014年中央财政支持社会组织参与社会服务项目——贫困家庭肢体功能障碍救助性康复示范项目，投入资金为六盘水市40名贫困家庭患者免费进行为期6周的肢体功能康复治疗。

【“服务创新驱动，助推同步小康”试点工作】 2014年，贵州省科协在威宁县和余庆县分别开展“服务创新驱动，助力同步小康”试点工作，在引进智力的同时还引进各种资源，支持同步小康建设，受到当地党委政府和群众的好评。2014年度省科协同步小康驻村工作队由省科协党组书记、副主席苗宏担任队长，挂任余庆县委副书记，3名业务骨干任驻村队员。工作队成立以来，省科协领导班子6位成员均亲自带领或组织调研队深入余庆，切实把调研摸底和顶层设计作为驻村帮扶基础工作来抓。全年自筹资金546万元，协调项目资金584万元，撬动社会资金950万元，为当地群众带来直接经济效益916万元，重点办理了39件事关民生、助推产业的具体事项，帮扶余庆全县9镇1乡。

在中国科协的支持下，省科协邀请孙鸿烈等院士、专家赴威宁县调研，撰写形成《关于采取抢救性措施保护草海生态系统的建议》，经中国科协上报国务院，获得李克强总理的批示。一年来，省科协帮助威宁县引进农业信息化项目——建设农业智能综合信息服务平台；投资建设了小海镇科普活动室、石门乡科普活动室、迤那镇青少年科技活动室等科普阵地，筹措资金近300万元；邀请医学、畜牧、农业等方面的专家30余人赴威宁开展“常委下基层活动”；开展果树种植、蔬菜种植、农村中学科技馆辅导员和牛、羊、猪等牲畜疫病防治培训和义诊活动，培训种养殖人员260余人次。

省科协与《贵州日报》联合打造了《服务创新驱动 助力同步小康》专栏，在《贵州日报》上刊载报道省科协助推威宁、余庆试点工作开展情况，展示科协工作成效，扩大科协宣传面和影响力。10月30日，《贵州日报》以《让高原明珠熠熠生辉——省科协“服务创新驱动·助力同步小康”推动威宁发展》为题，报道了省科协助推威宁试点情况。

【与贵州广播电视台联合打造《智汇贵州》开播】 8月31日，《智汇贵州》栏目在贵州电视台第6频道正式开播。该栏目是由贵州省科协与贵州广播电视台首次联合打造的科技服务类节目。

省科协与贵州广播电视台科教健康频道签署了联合创办《智汇贵州》栏目的合作协议，进一步拓展科普宣传工作渠道。栏目的选题方向为科技明星、科研院所、高校、科技发明人凭借科学技术兴业、利用前沿科技产业升级换代、发明创造的典型事例。栏目通过电视媒体向观众传递百折不挠的科学探索精神，体现用科学知识提升贵州科技实力，依靠创新思维建设家乡、带动一方百姓脱贫致富的美好情怀。节目播出一年，每周一期，共计52期，每期28分钟，在每周日固定时段播出，已播出6期，观众反响良好。

节目设《智汇贵州》和《智在求真》两个版块，通过电视媒体向公众普及科学知识、倡导科学方法、传播科学思想、弘扬科学精神。《智汇贵州》版块以百姓视角，记录我们身边依靠科技手段和创新思维取得辉煌成果、凭借科学技术创业致富、利用前沿科技产业升级换代、活跃于城乡不断提升价值壮大实力的科技明星的动人故事，凸显科技改变生活的主题。《智在求真》以百姓生活中具体的事物为切入点，通过权威的科学实验，揭示事实真相，纠正在大众中传播的一些错误观念和认识，普及和推广科学知识。

【“院士专家援黔行动——遵义革命老区行”活动】 8月27—30日，省科协、省委组织部、遵义市委市政府联合举办的2014院士专家援黔行动——遵义革命老区行活动在遵义市举行。

此次活动是继2012年8月省科协与遵义市委市政府举办第一届“院士专家援黔行动——遵义革命老区行”活动的延续。出席活动的全国医疗、食品、农业等专业的院士、专家根据自身专业分为20个工作组，分赴遵义、余庆、赤水、湄潭、凤冈等市县区的高校、医院、产业园区和企业开展调研、技术咨询、交流座谈等活动。活动取得有效成果：8月27日，赤水新锦竹木公司院士工作站挂牌，使赤水在竹业加工产学研合作方面取得突破性进展；8月28日，中国科学院院士、南京工业大学校长黄维和中国工程院院士、湖南农业大学教授官春云分别与遵义师范学院签订合作协议，未来三年内，他们将定期到遵义师范学院开展学术交流、科研指导等工作，并逐步与遵义师范学院开展联合培养硕士研究生工作。

【第三届中法药学交流会暨产业化推进会】 8月21—22日，第三届中法药学交流会暨产业化推进会在贵州省清镇市举行。会议围绕“务实合作，共赢发展”的主题，就药学领域的新进展、新成果展开交流，探索贵州药物的开发和产业化路径，助推贵州新药学健康产业的发展。

会议由贵州省科协、全法中国科技工作协会、贵州省食品药品监督管理局、贵州产业科技发展研究院共同主办，来自中法两国的院士，法国高等院校和科研机构的专家、知名医药企业的科学家，中国长江学者、国家杰出青年基金获得者、千人计划人才，省内外高校和科研机构药学专家、学者、企业负责人等约200人参加了大会开幕式。18位专家作主题报告，就创新药物产业发展、科研合作、学术交流、项目技术合作、高层次人才引进等议题进行交流和探讨。

会议达成双边、多边协议20个，其中战略合作框架协议8个、技术合作开发协议7个、项目落地协议5个，合同金额近2亿元。其中有12个合作协议现场签约，包括贵州省科协、贵州产业技术发展研究院、清镇市政府共同签订战略合作框架协议，贵州省

人民医院与法国医科院1165实验室建立贵州省人民医院中法肿瘤耐药转化实验室合作协议，贵州省中科院天然产物化学重点实验室、香港大学、贵州百灵企业集团制药股份有限公司关于抗肝癌化药的研究开发协议等。

贵州大学、贵州理工学院、贵州省中国科学院天然产物化学研究所、贵阳医学院、遵义医学院等单位聘请法国的院士、专家为其客座教授，并现场颁发了聘书。

【百万公众网络学习工程活动】 8月12日，由贵州省全民科学素质工作领导小组主办，贵州省科协、贵州日报报业集团、贵州省图书馆、多彩贵州网承办的2014年度“百万公众网络学习工程活动”正式启动。本次活动在延续往年的在线成效测试和有奖征文的基础上做了一些改变，使得整个活动趣味性更强、互动性更好、参与面更广、吸引力更大。

贵州日报报业集团作为承办单位参与本次活动，并与以《贵州商报》为主的，《贵州日报》、《贵州都市报》、多彩贵州网、贵州电视台《百姓关注》栏目、贵州电视台科教频道和贵州交通旅游广播电台等媒体进行联动宣传。在多彩贵州网、《贵州商报》上选登优秀征文及通过手机短信对活动进行推广。

本次活动主要分为线上、线下两个部分。线上：在多彩贵州网、省图书馆共同开设网络学习平台，公众通过在线平台进行学习和参加在线模拟竞赛答题。线下：包括微信闯关答题、报纸答题、广播竞猜、有奖征文等活动。同时，在9个市（州）和两个省直管县组织开展全民科学素质大赛，在各地组织开展全民科学素质大赛的基础上选拔优秀选手组队参加11月中旬在贵州电视台举办的全民科学素质电视大赛。

活动把《公民科学素质知识200》作为推荐书目在贵州数字图书馆推荐学习，并登载在《贵州商报》开设的科普专栏上。在网上和《贵州商报》上进行测试答题。

2014年“百万公众网络学习工程”活动官网在线学习平台访问人次达831万，比2013年净增359万人次，增长率达到76.06%；参加在线成效测试平台答题达501万人次，报纸答题达3.4万人，微信闯关答题31.8万人次，广播电台竞猜答题2.7万人次。公众参与度大幅提升，对促进贵州省公民科学素质的提高发挥了重要作用。

（撰稿人：穆艳敏）

云南省科学技术协会

服务经济社会发展 省科协充分发挥学会专家的智力优势，支持省级学会围绕云南省经济社会发展中的重大课题、产业发展和转型升级中的难点问题开展决策咨询活动。省级学会中畜牧兽医、物流、专家、水产、热带作物、竹藤产业等学会关于边境动物疫病防控、农产品冷链物流、食用玫瑰产业、云南土著鱼类资源保护、天然橡胶产业、竹藤产业发展的决策咨询报告，获得农业部和省委、省政府领导的批示。其中，根据省物流学会提出的决策咨询报告，省委办公厅、省政府办公厅制定出台了《关于加快发展农产品冷链物流的意见》。

围绕“建设孟中印缅经济走廊、推进我国印度洋开放战略”和“云南省建设国家西部地区生态文明试验示范区”开展了专题战略研究，并向党中央、国务院上报了院士专家咨询报告。其中，《关于云南省建立国家西部地区生态文明试验示范区的建议》得到国务院总理李克强的重要批示。《建设孟中印缅经济走廊、推进我国印度洋开放战略》的专家咨询报告通过中国科协上报党中央、国务院。

2014年，共实施全国“科普惠农兴村计划项目”160个，获中央财政奖补资金2450万元，创历史新高；联合省财政厅，在200个行政村实施省级“科普惠农兴村计划”项目，安排省级财政经费1000万元。开展省级科普示范社区创建工作，评选命名省级科普示范社区44个。在原有基础上组织实施新一轮科普富民兴边计划，新增5个省级试点县。全面启动2016—2020年全国和省级科普示范县（市、区）创建工作。结合云南产业结构调整，有针对性地开展农函大培训工作。2014年共培训农民16.5万人次，办学规模连续12年居全国前列。继续做大做强农村专业技术协会，针对农民专业合作组织发展新形势，将分散的、规模较小的农技协整合起来，建立农技协联合体，推动农民专业合作组织创新发展。截至2014年，全省共发展农技协6536个，会员75万人。

着力加强企业科协工作。截至2014年，共有企业科协124个，其中，2014年新增14个。2014年全省新建院士工作站4家，专家工作站11家；院士工作站总数达11家，专家工作站达18家。广泛开展“讲比”活动，全省有3个先进集体、2个创新团队、1个院士工作站、4名创新标兵和4名优秀组织者获得全国表彰。积极开展科技信息推广应用一站式服务项目，面向企业推广专利信息应用服务，完成300家企业推送任务。继续推进云南中小企业创新平台建设，共收录全国专家2000人，中小企业用户近400家。

《科学素质纲要》实施及科普工作 切实发挥省全民科学素质工作联席会议办公室作用，加强统筹协调，推动任务落实。继续推动将公民科学素质建设工作纳入省委、省政府2014年度综合考评指标体系，并牵头制定了考评办法和评分标准。与各州（市）、县（市、区）签订了全民科学素质建设目标责任书，并完成摸底测评工作。全力推进省科技馆新馆建设，累计完成新馆建设投资2.65亿元，其中2014年完成投资6000万元，新馆建设取得阶段性成绩。目前，全省有州（市）科技馆5个，县（市、区）科技馆（科普活动中心）20个。

加快推进科普信息化工作。启动“彩云科普网络传播行动”，着力建设科普资源、科普微信、科普网络书屋、科技服务等平台。制作发布了科普手游《万万没猜到》和科普视频《世界杯的基因战争》，取得游戏装机突破10万、视频点击过300万的佳绩，科普信息化、产业化先行先试工作取得初步成效。

以寺院僧侣和信教群众为重点，在迪庆藏区探索开展“科普进寺院”、科普进藏区活动和“阳光科普乡乡通”行，云南省藏区的科普工作得到省委、省政府和中国科协充分肯定。切实加强科普服务体系建设，加大边疆民族地区流动科技馆、科普大篷车配置力度，积极开展双语和多语科普工作。

广泛开展全国科普日、科技周、“三下乡”等重点科普活动，共举办科普报告、专题培训等各类科普活动410场次，发放宣传资料120多万份，展出各类科普展板3600多块，开展科技、卫生、计生咨询和义诊88000多人次，参加活动的各类专家和科普人员共3600多名。

学术交流 省科协围绕云南经济社会发展中的前沿性、基础性、共性问题，举办了以“发展生物种业，助推高原特色农业”为主题的第四届省科协学术年会暨生物种业发展论坛，并形成专家咨询报告上报省委、省政府。以项目资助形式，支持省级学会围绕学科发展中的高端前沿问题、产业升级中的关键共性问题，举办各种层次和形式的学术交流。省遗传、电机工程、机械工程、数学等学会，分别举办了生物医药论坛、电力技术论坛、发展战略性新兴产业论坛等学术活动。

组团赴瑞典、法国、西班牙、泰国、柬埔寨、缅甸等国家，开展多层次、宽领域的国际民间学术交流活动，着力打造跨境农业、测绘技术、民族医药、气候科学、泛亚青少年科技等国际民间科技交流平台。

服务科技工作者 以高层次、高技能人才为重点，以优秀青年后备科技人才为基础，继续推进国家级和省级科技工作者状况调查站点建设，完成38个站点建设，为云南省委、省政府制定科技、人才政策提供了决策参考。加大对优秀科技人才的宣传举荐力度。2014年，经云南省科协推荐，李文昌荣获中国科协“十佳全国优秀科技工作者”称号，成为云南省首位获此荣誉的科技工作者。王华、王昆华、李文昌、李华春、李成云、李学智、李高峰、李唯、杨继刚、陈淑云、赵卫东、魏杰等12人荣获中国科协“全国优秀科技工作者”称号。王继华荣获第17届中国科协求是杰出青年成果转化奖。

自身建设 继续推进学会能力提升行动，以立项资助形式，择优支持省级学会实施了37个学术交流类、调研类、科普类、创新发展类、科技期刊类项目，增强了学会服务社会管理和承接政府转移职能的能力。积极支持省级学会主动承接政府转移职能，指导相关省级学会承接编制行业规范、制定行业标准等工作。

地（州市）县及基层科协组织 全省16个州（市）中，有13个州（市）科协独立建制。129个县（市、区）中，有102个县（市、区）科协独立建制。省级科普经费达到年人均1元，有11个州（市）年人均科普经费达0.5元以上，占全省69%。101个县（市、区）年人均科普经费达0.3元以上，占全省78%。

省级学会、企业科协、高校科协 截至2014年，省科协所属学会共129个，会员18.2万人，新增9700人。全省共有高校科协4个。

【第十六届中国科协年会助力云南发展】 5月24—26日，由中国科协和云南省政府共同主办的第十六届中国科协年会在云南省昆明市举行。本届年会以“开放、创新与产业升级”为主题，组织实施了五大板块共397项活动。

本届年会亮点主要体现在：一是首次针对举办地在国家层面的发展战略布局，专门组织决策咨询报告。二是首次通过“海智”计划专门组织来自欧美等13个

发达国家的14个海外专家团队为云南推介了120个项目，并在年会期间举办25个分场交流活动，实现了云南发展需求与海外智力资源的对接。三是692名优秀博士生参加系列学术活动，与云南省高校交流。四是首次对国际科学大师论坛进行网络视频直播，并上传至在昆明8所高校的大型电子屏幕和教室，5000余名师生收看了直播。五是首次实现年会科普活动的网络共享。举办了彩云科普网络传播行动，在网上可以同步获取年会科普讲座、图书、影视、视频等方面的最新信息，并参与年会科普互动。六是紧扣云南需求。邀请学科前沿领域的国内外院士专家，紧扣支柱产业培育、产业转型升级、重大科技研发等开展建言献策、把脉问诊、解决难题，推动项目、人才、技术合作，具有较强的针对性和实效性。

（撰稿人：武绍华　黄剑平）

西藏自治区科学技术协会

服务经济社会发展　2014年，自治区科协持续推进创先争优强基惠民活动，进一步加大工作力度，全力支持驻村工作，主要领导多次到驻村点指导工作、慰问工作队员。驻村工作队按照“五大任务”扎实开展工作，2014年投入资金270.6万元，实施庭院温室建设、植树造林、科普活动、农牧民技能培训、中低产田治理、村两委工作条件改善、村集体经济组织培育等14个项目。

启动实施西藏自治区级“基层科普行动计划”，联合区财政厅出台《西藏自治区级“基层科普行动计划”实施办法（试行）》，从2014年起每年投入96万元实施自治区级“基层科普行动计划”专项，助推西藏城乡基层科普事业发展。

深入实施“科普利民惠民十项工程”，配合自治区人大常委会开展《中华人民共和国科普法》和《西藏自治区实施〈科普法〉办法》的执法检查活动，推动“一法一办法”贯彻落实。开展2014年全国“基层科普行动计划”申报工作，自治区4个农村专业技术协会、8个农村科普示范基地、30名科普带头人、2个科普示范社区通过评审，获奖补资金480万元。

《科学素质纲要》实施及科普工作　加强西藏《全民科学素质纲要》工作，完成“十二五”全民科学素质中期评估工作，林芝地区朗县作为优秀典型入围。5月9日，自治区《全民科学素质行动计划纲要》实施工作领导小组成员单位联席会议在拉萨市召开。自治区副主席、自治区《纲要》实施工作领导小组组长孟德利出席会议并讲话。自治区科学素质实施工作领导小组成员单位负责人、联络员和自治区科协班子全体成员参加会议。会议对今后全民科学素质纲要实施工作做安排部署，明确各成员单位任务分解。向中国科协争取“西藏特色科普资源开发和基层电子科普画廊”项目经费200万元。联合团区委开展西藏大学生创业竞赛，23个作品获得自治区级奖项，9个作品在全国入围。

开展“雪域科普大讲堂”系列活动，在拉萨市外语学校、江苏中学、当雄县中学、山南地区浪卡子县桑顶寺、日喀则地区萨迦县萨迦寺、拉孜县扎西岗乡苏村等地开展以地震科普、环境保护、健康保健、食品安全、中国梦、和谐社会为主要内容的20余场系列科普讲座，受益人数达6000余人次。自治区科协和教育厅组织拉萨、日喀则、山南三地80名高中学生参加高校科学营体验活动。

联合自治区科技厅、自治区党委宣传部在那曲地区举办以“科技生活、创新圆梦”为主题的“科技活动周”活动。配合中国科协青少中心在拉萨市实验小学、江苏中学、拉萨市一中、八中、山南地区一小、地区实验小学开展科普进校园活动。开展了“五下乡”“科技周”“防灾减灾”“食品安全”“科普日”等科普宣传活动。赠送关于农业生产、种植技术、养殖技术、文化、卫生、教育等方面的图书计7670本、科普展板244张，受益农牧民群众达到4500余人次。中国科协赠送的流动科技馆在拉萨市首期展出两个月。

加强西藏科技报社管理和报纸出版工作，2014年《西藏科技报》藏文版和汉文版各发行104期，翻译农牧区所需的实用技术和科普知识稿件9000余篇，《西藏科技报》免费向全区所有乡村和寺庙赠送。

争取中国科协科学普及出版社30万元的科普图书和科普挂图、中国科技馆科普大篷车5辆、一套流动科技馆展教设施、29所农村中学科技馆设施设备。改善基层科普设施，安排那曲地区电子画廊建设项目，实现了七地（市）电子科普画廊全覆盖。实施创建“乡（镇）科普活动站”项目，投入457.5万元建立了302个乡镇科普活动站。

学术交流　指导各学会开展学术活动，提升学术交流质量。2月11日，自治区科协组织召开2014年第一季度全区学会、协会、研究会秘书长联席会，41名自治区级学会、协会、研究会秘书长参加会议。会议就进一步推进学会建设、学术繁荣等方面进行充分交流。指导西藏物理学会、气象学会、图书馆学会、金融学会等开展学术活动和科普活动。加大对学会支持力度，鼓励全区学会加强自身建设和活跃学术活动，启动学会学术活动资助项目，确定全区学会学术活动项目7项，调研咨询项目14个，资助35万元。

5月23日，西藏物理学会第四届会员代表大会暨第一届“新星杯”学术研讨会在自治区科协举行，西藏大学、西藏民族学院、西藏大学农牧学院、拉萨师范高等专科学校、自治区教育部门及各地、市、县中学的物理学工作者共88位代表出席。会议选举了新一届理事53名、常务理事17名，选举产生了理事长、副理事长、秘书长和副秘书长。大会交流最新科研成果和教改、教研论文11篇，评选出一等奖1篇、二等奖2篇、三等奖4篇及优秀奖6篇。

服务科技工作者 举办表彰科技工作者和培训工作。荣获2013—2014年度全国“讲理想、比贡献”活动先进集体、创新团队各1个，创新标兵和优秀组织者各1名。开展第六至第十一期科技工作者知识更新系列培训，落实培训经费140多万元，培训全区12所中职学校30名骨干教师、全区粮食主产县基层一线农业科技人员60名。邀请中国科协国际科技组织任职6位科学家赴藏举办公开讲座，讲座涉及农业、地质、临床医学、健康医学等学科领域，受众达到700余人。通过区科协搭桥，北京煤炭总医院屈正爱心基金与林芝地区人民医院、山南地区浪卡子县人民医院达成捐赠云服务远程心脏病诊断设备及入网协议。

开展第六届全国优秀科技工作者推荐评选工作。根据《西藏自治区优秀科技工作者评选表彰办法》及《实施细则》，开展评选表彰工作，授予扎西次仁等22名同志“西藏自治区优秀科技工作者”称号。

自身建设 加强班子建设，对中央、自治区做出的重大决策和部署，坚决拥护和服从，不折不扣地落实，对科协重要工作及时汇报，积极争取党委、政府对科协工作的关注和支持。以建设学习型、服务型、创新型党组织为抓手，大力推进机关作风工作，认真贯彻落实中央八项规定、自治区党委《约法十章》和9项要求，加强党性党风党纪和廉政教育，把责任落实到部门和人头。加强作风建设，深入基层，密切联系群众，党组班子成员分赴各地市及部分县乡深入开展调研活动。认真学习贯彻《党政领导干部选拔任用工作条例》，提拔中层干部5名。认真落实区党委对维护社会稳定、安全生产、保密等项工作的重大部署，加强对干部职工日常维稳管理和教育，强化值班制度，全力做好维护稳定工作。加强条件建设，科协新办公楼房1月投入使用，极大改善了办公条件。

建立健全全区县级科协及基层组织。2013年协调自治区编办解决了全区74个县（市、区）科协组织机构与人员编制，2014年督促74个县（市、区）全部挂牌成立科协，指导县级科协按照《章程》进行换届。为每个县级科协解决1万元启动资金，帮助加强设施条件建设。向中国科协申请县级科协主席培训项目，11月17日，由自治区科协主办，委托自治区信息学会承办的西藏科协2014年全区县级科协主席培训班在拉萨市举行。全区74个县级科协及地市科协，共83人参加了开班仪式和相关专题培训。

指导支持西藏月王生物技术有限公司、西藏金哈达羊绒制品有限公司两家企业和西藏职业技术学院成立科协。

【西藏科协五届五次全委（扩大）会议电视电话会议】 2月26日，自治区科协五届五次全委（扩大）会议电视电话会议在拉萨市召开，各地区设分会场。会议的主要任务是贯彻落实党的十八大、十八届三中全会、自治区党委八届五次全会和中国科协八届五次全委会精神，回顾总结2013年工作，研究部署2014年工作；表彰我区荣获全国2013年“基层科普行动计划”先进集体与个人。自治区党委常委、区直机关工委书记多托参加会议并讲话，自治区科协党组副书记、主席仓珍作了《为“凝聚广大科技工作者的智慧和力量，努力为西藏经济社会发展贡献力量》的工作报告，自治区科协副主席普布主持会议。

自治区科协五届常委会常务委员，自治区全民科学素质领导小组成员，自治区级学会、协会、研究会秘书长，各高校、企业科协主席，拉萨市分管领导及各地市科协负责人参加了主会场会议。各地市分管领导、地市科协及所属团体的有关负责人，部分县科协、西藏大学农牧学院科协负责人就近参加各地市分会场会议。

【全国科协系统对口援藏工作会议】 10月9—10日，中国科协组织17个省市在拉萨市召开全国科协系统对口援藏工作会议，建立全国科协系统对口援藏工作机制，17个省市科协与西藏7地市科协建立了固

定的对口支援关系，对口援藏工作进入常态化。中国科协支持西藏科协能力建设100万元、科技馆100万元的展陈设备，召开《知识就是力量》藏文刊新闻通气会，藏文刊将正式出版免费分发到全区，支持搭建藏文刊科普信息化平台，援助流动科技馆1座、农村中学科技馆7座、科普大篷车7辆。各省市科协与西藏各地市进行对接，明确了科普资源开发、科技场馆建设、科协基础设施和条件建设、学术交流、人才培训等方面的援助项目。北京市科协与拉萨市科协签订《对口支援拉萨市科协战略框架协议》，确定2014—2015年对口支援拉萨市科协任务；辽宁省科协支援那曲地区科协和县科协办公条件建设，举办两期那曲科协专兼职干部培训班；浙江省科协制定《浙江省科协系统对口支援西藏那曲地区工作方案》，向那曲地区提供科普图书、挂图、展板、视频等科普资源，并以后逐年分批支持；江苏省科协援建拉萨市青少年科技馆和两辆科普大篷车，总投资200万元；广东省科协和林芝地区科协签订《合作协议》，在促进林芝科协人才队伍建设、科普能力提升、科协组织和业务建设等给予支持。重庆市科协与昌都科协签订《对口援助西藏昌都地区工作任务协议书》，确定科技人员培训、科普书籍、办公设备等方面的援助内容，已到位资金60万元。福建省科协将在食用菌、人工虫草培育等方面对林芝地区科协给予支持，在福建省福州举办了林芝科协干部培训班。

（撰稿人：李月桂）

陕西省科学技术协会

服务经济社会发展　组织动员科技工作者为加快转变经济发展方式建言献策。承办2014年中国机械工程学会年会，陕西省委书记赵正永、省长娄勤俭等领导会见了中国工程院院长周济一行。与会专家共同探讨中国装备制造业2025发展战略，并为推动陕西制造业转型升级建言献策。组织专家学者开展调查研究，举办“科技支撑新型城镇化建设学术研讨会”，凝聚院士专家学者智慧，形成专家建议上报省委省政府有关领导。

调动广大科技工作者的积极性、主动性和创造性，以“科技梦”助推中国梦。承办“科技梦·中国梦——中国现代科学家主题展”全国巡展首展活动，万余名科技工作者和高校师生参观了展览，《人民日报》、《光明日报》、《陕西日报》、陕西广播电视台等媒体报道活动30余篇（次），活动得到中国科协、省领导充分肯定和社会各界的广泛关注。在全省318个企业中组织开展“奋力实现中国梦”宣传教育活动，5.4万余人参与活动。

以科普惠民生，实施“基层科普行动计划”和“科普惠农富民计划”“社区科普益民计划”。全省共有70个农村专业技术协会、21个农村科普示范基地、18名农村科普带头人和12个科普示范社区受到中国科协、财政部“基层科普行动计划”项目表彰，争取资金2150万元。投入800万元实施陕西省“科普惠农富民计划”和“社区科普益民计划”，表彰35个农村专业技术协会、20个农村科普示范基地、20名农村科普带头人、50个先进社区。组团参加杨凌农高会，荣获优秀组织奖和优秀展示奖。

深入开展科技咨询活动，推动企业技术创新。组织215个企业开展“讲理想、比贡献”技术创新活动，完成“讲、比”活动项目2591项，提出合理化建议1.7万条。联合有关部门开展先进评选工作，表彰先进集体22个，先进个人29名，其中，8个集体和10名个人受到中国科协等五部委表彰。深入118个企业组织2万余人次科技人员开展科技服务，解决技术难题1200余项，全年“四技”服务合同管理和认定合同总额950余万元。

《科学素质纲要》实施及科普工作　认真履行纲要实施办公室职责。完善领导机构，成立“陕西省全民科学素质纲要实施工作办公室”。联合有关部门组织实施“2014年陕西省农村妇女科学素质提升行动”，组织开展全省农村妇女科学素质网络竞赛。研究制定《“十三五”全民科学素质行动发展规划方案》，为编制《陕西省全民科学素质行动计划纲要实施方案（2016—2020年）》打好基础。

加强科普资源共建共享，创新开展科普宣传。全年共完成6期（种），合计3万套18万张科普挂图的编印、配发任务。开展现代科技馆体系建设，科技馆常设展厅和“科技馆活动进校园”“中国流动科技馆”陕西巡展活动，累计接待观众92.3万人次；数字科技馆建设荣获“2013年度中国数字科技馆优秀二级子站”奖。

加强基础科普设施建设，不断提升科普服务能力。投资360万元建立少年科普馆12个。投资100万元开展电子科普画廊建设项目。对28个国家、11个省级科普示范县进行检查调研，为基层争取配备5辆科普大篷车和5套流动科技馆。认定命名37个陕西省科普教育基地，向中国科协推荐22个全国科普教育基地候选单位。联合陕西省发改委赴中国科技馆及9个省市开展陕西科技馆新馆建设调研工作。

开展青少年科技创新实践系列活动。举办陕西省第29届青少年科技创新大赛、第14届青少年机器人竞赛并组织参加全国竞赛，获金牌5枚、银牌6枚、铜牌13枚，专项奖6个。举办“大手拉小手，专家进校园”科普报告会14场次，举办“全国青少年高校科学营”陕西分营活动，参加全国“青少年科学影像节”“青少年科学调查体验活动”，均获优秀组织奖。

学术交流 全年各级科协组织学术交流活动741次，同比增加7%，其中在境内举办的国际学术会议79次，与去年持平，举办港澳台学术会议20次。参加学术会议人数达8.78万人次，其中企业科技工作者1.57万人次，境外专家学者452人次，交流论文1.86万篇。

开展“学术金秋”系列活动，打造综合性高端学术交流平台。投入300万元实施“学会服务能力提升计划”，通过以奖促建方式，提升学会服务科技创新、服务社会建设、服务科技工作者的能力和水平，评选出55个星级学会，12个优秀科技期刊。对122个学会进行年检，指导18个学会完成换届。组织开发“学会管理与服务系统”，对学会和专家库实行动态管理。编印学会年鉴和学会动态。

开展民间国际科技交流与合作，加强海峡两岸民间科技交往。承办“2014年韩国科技型企业高管技术合作研讨班”，举办中韩企业项目对接洽谈会并促成合作意向。邀请日本青少年科技创新教育专家开展

陕西省科协2014年度“学会服务能力提升计划”星级学会和优秀科技期刊评审会

青少年科技创新教育活动。组织承办“第五届海峡两岸青年学子科技交流团”到陕西开展科技文化交流活动。组织参加第五届海峡两岸特色产业化论坛和第二届海峡两岸新农村建设研讨会，增进两岸科技交流。

服务科技工作者 举荐表彰优秀科技工作者。推荐20人荣获中国科协“全国优秀科技工作者”称号，1人荣获“中国青年女科学家奖”。评选出70名第十届陕西青年科技奖获得者、10名“陕西青年科技标兵”和28个全省科协系统先进集体、57名全省科协系统先进工作者。

做好建家交友活动。开展科技工作者状况调查工作，向中国科协报送信息140条，完成《科技工作者科研伦理意识》等调查问卷1200份，荣获全国科技工作者状况调查站点优秀区域责任部门。围绕“家的温馨、节日的问候”主题，开展“中国科协会员日”系列活动，荣获优秀组织奖。开展2014年陕西省科学道德和学风建设宣讲教育系列活动，共举办各类报告会、座谈会300余场（次），其中1000多名研究生和科技工作者参加了主场报告会。举办继续教育活动33期，培训学员4683人次。

自身建设 2014年，全省科协系统新增个人会员59.78万人，总数达140.16万人。新增农村专业技术协会272个，总数达4572个。

承接政府转移职能。陕西省科协向省委、省政府有关领导和部门提交了《关于推进科技社团承接政府职能转移的思考和建议》，积极探索新形势下科技社团承接政府转移职能的策略和路径。陕西省政协常委，省科协党组书记、常务副主席呼燕向省政协提交《关于政府部门将与科技相关的职能 有序转移给科技社团的建议》的提案，并争取在省政协全会上发言，得到政府职能部门和社会各界的回应和支持。目前省科协所属的26家省级学会承接了70多项政府转移职能。

科协文化建设不断增强。巩固和深化党的群众路线教育实践活动成果，加强调查研究，建立联系科技工作者、县级科协联系点制度和科普项目回访制度，深入基层开展定点调研，开展调研课题28项。邀请中国科协领导和科普专家来陕作专题报告，组织参观《红星照耀中国》纪念展，前往航天六院等科技企业考察学习。省科协荣获省直机关“先进职工之家”、省直第七届职工运动会优秀组织奖。陕西科技馆被省委、省政府命名为“省级文明单位”，省科普宣传教

育中心荣获“省直机关文明单位”荣誉称号。

市县科协及基层科协 陕西省科协目前共有市级科协11个；县级科协107个；乡镇科协1225个，街道（社区）科协348个，企业科协326个，高校科协23个，农村专业技术协会4572个，基层科普员2.96万人。

市县科协事业不断发展。全年开展科普宣传活动7498次，举办实用技术培训8369次，推广新品种1297项，主办的45个科技网站浏览量达124.66万次。科普画廊展示面积13.06万平方米。4.67万人次获得各级青少年科技竞赛奖项，其中0.56余万人次参加了国际及港澳台地区青少年科技竞赛。

市区科协特色活动成效明显。西安等市区科协推动实施了地方学会承接同行认定、技术鉴定等政府转移职能；宝鸡、咸阳科协围绕地方重大发展战略深入调研，报送的专家建议得到了市委领导批示；铜川市科协企业（园区）科协建设推动有力；渭南市科协实施纲要目标责任管理制度受到国家纲要办肯定；延安市科协、榆林市科协市级科技馆建设初步完成；汉中市科协围绕“美丽乡村”建设，举办“天汉讲坛”等报告会，安康市科协举办“汉江水资源保护与开发利用”学术研讨会等学术活动，引起了市委、市政府领导高度关注；商洛等市科协和地方主流媒体合作广泛开展大众科技传播；杨凌示范区科协农业科技专家服务队日益活跃。

基层组织建设不断发展。制定下发陕西省科协《关于进一步加强企业科协工作的意见》《关于加强城镇社区科普工作的意见》《关于深入推进社区科普大学建设工作的实施方案》等文件，切实加强企业科协、社区科协等基层组织建设。

省级学会、企业科协、高校科协 2014年，陕西省共有省级学会134个，拥有团体会员4054个，个人会员增加了242%，达到79.08万人。

举办决策咨询活动79次，提供决策咨询报告436篇，其中365篇获上级领导批示。答复人大、政协代表（委员）提案6件。反映科技工作者建议375条，其中107条获上级领导批示。开展239项科技评价。

18个学会加入国际民间科技组织，任职专家达35人。参加国际科学计划21项，促成21个科技合作项目，其中引进优质科技资源7项。464人次参加国外科技活动，307人次参加港澳台科技活动。接待国外专家学者789人次，港澳台专家学者150人次。

省级学会全年开展学术交流活动655次，其中境内国际学术会议75次，港澳台地区学术会议17次；参加人数8.14万人次；交流论文1.76万篇。主办科技期刊51期。举办科普宣讲活动3782场次，其中院士科普报告会38场次，青少年科普宣讲活动202场次；参加科普活动的学会达到2806批次。编著科技图书58种12.24万册，主办科技报7种8.30万份，制作科普挂图157种36.94万张，制作科技广播、影视节目462套2.40万分钟、光盘74种2.05万张、科普动漫作品4套1210分钟，主办科技网站38个，浏览人数大幅增加到7944.97万人次。

适应创新驱动发展要求，省科协指导西北农林科技大学、长安大学等5个高校建立科协组织，在此基础上推进成立陕西省高校科协联合会，得到中国科协党组书记、常务副主席、书记处第一书记尚勇的充分肯定。

【陕西省科协第八次代表大会】 7月24—25日，陕西省科协第八次代表大会在西安市召开，陕西省委书记赵正永和中国科协党组书记、书记处第一书记尚勇出席会议并发表重要讲话。陕西省省长娄勤俭等领导出席开幕式，陕西省委常委、组织部长毛万春出席闭幕式并讲话，陕西省副省长张道宏主持开幕式并作经济形势报告。会议审议通过了《陕西省科协实施〈中国科协章程〉细则》，总结了过去五年的工作，对今后五年工作作出了部署。大会选举产生了新一届领导机构，全国人大常委、中国工程院院士蒋庄德当选第八届委员会主席。

【陕西省“学术金秋”活动】 打造综合性高端学术交流平台，2014年“学术金秋”活动共组织125项高水平学术活动，其中陕西省农产品质量安全研讨会、第十八届海峡两岸水利科技交流研讨会、2014橘色技术国际会议ICOT2014、中国天文学会2014年学术研讨会、陕西省中医学会2014年老年学术年会等7项省级重点活动取得较大反响，活动中一批院士专家参与研讨，为陕西科技工作者扩大对外交流与合作、提高学术水平提供了难得的机会。

【陕西省第22届“科技之春”宣传月活动】 围绕“提高全民科学素质，助推‘三个陕西’建设”主题，本着“对象化、接地气、暖民心，重心下移、服务基层”的原则，先后组织了万名科技工作者进学校、进农村、进企业、进社区、进机关，开展了“万名千场百示范”活动。联合省直32个部门单位，开展重点活动194项，带动全省开展活动967项，参与科技人员达23万人次。

【陕西省科普信息平台】 省科协创新科普宣传方式方法，建立声像采编工作室，开展科普信息研发、管理和传播，科普活动和创新人才科普微视频摄制、编辑制作等。建立“陕西科普”微信、微博平台，针对热点话题、进行科普知识传播，“陕西科普”微信订阅号年点击量约50万人次，微博年阅读量达1600万人次。省科协网站发稿1400余篇、图片2000余幅。《陕西科技报》发行392.64万份，其中《陕西科技报全国科普日特刊》受到省委宣传部专报表扬。

【陕西省科协大众传媒科技传播计划】 2014年，省科协投入300多万元，实施“大众传媒科技传播计划”，组织电视、广播、报刊、网络等省级媒体报道重点活动216次，刊登“学点科学”50期，播放“全民实验室”90期，播出“科普惠生活”140期，刊登“三秦科普”23期，宣传优秀科技工作者47人次，其中“三秦科普”栏目受到省委常委、宣传部部长景俊海点名表扬，“全民实验室”栏目收视率进入省台前3名。

【陕西省高校科协联合会】 9月4日，省科协组织西安交通大学、西北工业大学、西北农林科技大学、西安电子科技大学等10家高校发起成立高校科协联合会，搭建高校协同创新的组织机构。陕西省高校联合会积极做好跨学科、跨院系的学术交流工作，鼓励青年科技工作者成立各类科技社团、参加各类学术论坛。协同创新，集成科技资源，加强校内、跨校际、跨学科的科研合作协同，并申报中国科协高校科协组织建设和能力建设试点单位。

【陕西省全面实施少年科普馆】 为了让尚未建设科技馆地区的未成年人同样享受到科普公共服务，省科协积极拓展现代科技馆体系，主动联合省教育厅，在全省中小学校组织实施少年科普馆项目。该项目2012年启动2013年实施，主要针对县级及以下初级中学和小学建立科普活动场所。连续两年来省科协投入720万元，在全省建立少年科普馆24个。少年科普馆以“体验科学”为主题，省科协统一组织设计配置科普展品、数字科技馆、科普图书、多媒体投影设备、科技创意作品等科普内容，为促进科普教育资源的均衡化和社会化，建立覆盖基层的科技馆公共服务体系作出了有益探索。

（撰稿人：王晓利）

甘肃省科学技术协会

服务经济社会发展 2014年，省科协共争取到中国科协、财政部“基层科普行动计划”项目77个，获奖补资金1285万元；省级“基层科普行动计划”资金增加到200万元，资助项目40个，共涉及会员农户15000余户，户均年增收2400元。联合甘肃农业大学和甘南畜研所，在夏河县科才乡组织实施牦牛藏羊产业化技术推广和示范项目，帮助合作社和畜牧户修建标准养殖暖棚44座，动员3个合作社投入基础母羊600只，开展“两年三产”和“羔羊早期断奶及错峰育肥”技术示范，为传统畜牧业向现代畜牧业转型起到了示范带动作用。

持续推进院士专家工作站建设，在甘肃大禹节水股份有限公司、敦煌西域特种材料有限公司、碧泊产业敦煌飞天科技园等企业成立院士专家工作站5个，10名院士及其科研团队与企业签订合作协议。6月24—29日，2014甘肃（国际）环境友好发展暨高分子特种新材料技术研讨会——院士专家敦煌行活动在敦煌市举办，沈岩、徐德龙、薛群基、蹇锡高等16名院士、专家参加学术研讨。研讨会期间，中国科学院兰州化学物理研究所与敦煌西域特种新材股份有限公司签订了战略合作协议。省科技厅、省科协分别为敦煌西域特种新材股份有限公司“甘肃省特种工程塑料工程技术研究中心”和“院士专家工作站”挂牌。

组织开展了企业技术需求征集活动，征集到技术难题45项，并组织科技工作者与企业对接，18家企业与科技工作者达成技术服务合作协议。组织开展院士专家企业行活动，引导高端创新人才深入企业开展咨询服务。举办知识产权战略巡讲企业行活动，帮助企业和科技工作者提高知识产权保护意识。深入开展“讲、比”活动，推动企业群众性技术创新活动蓬勃开展，甘肃省10家企业荣获全国先进集体和创新团队称号，11名企业科技工作者荣获全国创新标兵和优秀组织者称号。

举办科技创新成果展示推介会。以45岁以下创新人才和青年科技工作者为重点对象征集创新成果，举办了科技创新成果展示推介会，向企业推介创新成果190余项，并对与企业达成正式对接协议的6项优秀成果给予资助。组织实施了中国科协“企业科技信

息推广应用”项目，帮助106家企业建成“国外专利技术查询检索”服务平台。

《科学素质纲要》实施及科普工作 以贯彻落实中国科协与甘肃省政府《合作协议》为契机，推动省政府与市州政府、市州政府与县区政府签订《全民科学素质目标责任书》，分解目标任务，层层传导压力，推动建立贯彻落实《科学素质纲要》的组织领导机制、责任传导机制和考核评价机制。同时，将科协工作的主要内容和重点任务纳入目标责任体系，对经费投入、组织机构设置、人员编制、场馆建设作出明确规定，与全民科学素质工作同安排、同部署、同考核，努力形成科协与政府联动、科协系统上下联动的工作格局。从2014年底的集中督促检查来看，各地对全民科学素质建设的重视程度进一步加强，普遍列入政府重要议事日程，科普经费投入也明显增加。目前，已有9个市州完成与所辖县区的目标责任书签署工作，其余市州将在近期完成。有10个市州的人均科普经费达到或超过0.3元的标准，最高的达到人均1元。

举办主题科普活动。根据不同主题和领域，联合教育、环保、科技、食品安全等相关部门共同举办全国科普日活动，邀请党政领导和院士、专家参与，动员高校、科研院所及其所属实验室面向公众开放，广泛举办科普大篷车互动体验、科普展览展示、科普报告会（讲座）、机器人表演、咨询义诊、文艺演出等活动。7月15日，省科协联合甘肃农业大学、甘肃中医学院、河西学院、兰州资源环境职业技术学院、天水师范学院、陇东学院6所高校，向全省14个市州派出大学生暑期社会实践活动小分队178支，开展了2014年全省大学生暑期科普扶贫活动。活动共有12484名在校大学生参与，围绕“美丽甘肃科普行”主题，在农村开展为期一个月的公益性科普宣讲活动。活动内容包括开展种养殖技术培训、农业实用技术推广、农业产业状况调查及节水节能、保护母亲河、食品安全、湿地保护、禁烟禁毒、垃圾分类等。

2014年全国科普日期间，全省共举办各类科普活动800多场次，参与科技工作者2万余人次，受益群众50多万人次。

完善青少年科技创新大赛省市县三级赛制，规范动员参与、作品评选推荐、作品展示和选手选拔等机制，共获得各类全国奖项115项，大赛的社会影响力进一步提升。

加强科技场馆建设。甘肃科技馆土建工程于2014年8月封顶，进入内外装修阶段，预计2015年9月底竣工。完成《内容建设总体设计初步方案》，完成球幕影院和4D巨幕影院的招标。推进甘肃科技馆智能化建设，完成设计方案，争取到省工业和信息化委员会40万元的资金支持，与省食品药品监管局联合制作食品安全科普动漫宣传片；与省地震局和企业联合投入90万元，拍摄了地震科普视频宣传片。嘉峪关市、阿克塞县整合了原有场馆作为科普展馆，天祝县、高台县科技馆即将完工，酒泉市科技馆已经立项，临夏州科技馆列入政府基本建设规划。利用中国科协岷县漳县地震灾后重建资金和中国科技馆基金会捐建的4所“农村中学科技馆”已经或即将投入运行。中国科协配发科普大篷车6辆，流动科技馆3套150多件展教品。

组织实施“科普富民行动”。采取理论教学与现场观摩结合、集中办班与进村入户结合的方式，分三个层次组织开展培训。第一个层次是面向基层农技推广人员的培训。省科协依托兰州军区所属高水平农业科普示范基地，举办4期培训班，每期一周，培训县乡农技推广骨干680名。第二个层次是面向农村致富带头人的培训。省科协选择4个乡镇，依托省级学会，分别开展了为期一周的产业农民技术培训，共培训2600人次。47个县区科协按照“开眼界、活思路，授技术，促带动”的要求，举办“种、养、加”技术培训222场次，培养技术型致富带头人33300人。第三个层次是举办普惠式科普报告会。全省科协系统围绕当地农业特色优势产业技术需求，共举办科普报告会近千场次，受益农民超过86万人次。

省科协把大学生作为开展科普活动的生力军，联合省内6所高校，组织开展大学生暑期科普扶贫社会实践活动，动员13792名在校大学生组成170支团队，深入8个市州的860多个社区、村镇、企业开展了为期一个月的公益性科普宣传活动。组织开展“中国流动科技馆巡展”活动，利用7套390余件展教具先后到34个县区展出，每期展出2个月，参观人数达160多万人次，其中巡展地区中小学生基本实现全覆盖。

学术交流 围绕“生态安全屏障建设”“环境友好型城市建设”“科技、科普创新发展”等主题，举办4次高层次论坛、10次学术沙龙。组织了2014甘肃（国际）环境友好发展暨高分子特种新材料技术研讨会，邀请5位院士参加研讨交流；联合兰州大学、中国科学院寒旱所等举办了第三届兰州生命科学论坛，省内外150多名相关领域专家、学者参加，为省委省政府决策提供参考。

服务科技工作者 举办“中国梦、科技梦——中国现代科学家主题展（兰州）巡展”，16个大专院校、科研院所的8000余名师生代表和科技工作者参观展览；举办科学道德和学风建设宣讲教育报告会，邀请中国科学院院士杨乐和中国工程院院士刘人怀为在兰州的2014届研究生新生作报告。

举办会员日活动。把会员日作为体现党委政府关怀的重要载体和密切联系服务科技工作者的重要平台，到10个市州集中慰问了基层和生产科研一线科技工作者；通过新闻媒体集中宣传了甘肃省获得全国奖项的一批优秀科技工作者；举办科技工作者创新成果展示推介会，组织学会、企业和科技工作者对接，签订科研合作协议，将会员日打造成科技工作者自己的节日。

省科协组织推荐甘肃省优秀科技工作者12人获得中国科协“全国优秀科技工作者”称号，其中庄浪县农技推广中心主任吴永斌被评为“十佳全国优秀科技工作者”。坚持人文关怀，持续开展面向科技工作者的节日慰问、生日祝贺、生病探视等。

自身建设 围绕学习贯彻十八届三中全会精神和习近平总书记系列重要讲话，举办全省科协主席培训班，对市县两级科协主席进行了培训。下发了指导市县科协开展群众路线教育实践活动的意见，班子成员两次深入市县联系点指导开展教育实践活动，推动科协系统持续加强作风建设。

以夯实工作基础、完善组织网络为目标，采取“分类指导、分级负责、上下联动、共建共享”的方法，切实推进科协基层组织建设。协调推动10个县区科协实现独立建制，使全省独立建制的县级科协达到70个；积极推进乡镇（街道）科协和村（社区）科普小组的恢复重建，使全省乡镇建立科协组织的达到1034个，占总数的93.4%；街道建立科协组织的达110个，占85.2%；行政村成立科普小组的达6551个，占41.2%；社区成立科普小组的达748个，占67.5%。

推动在科技工作者相对密集的企业和高校成立科协组织5个，协调组建新兴学科、交叉学科的省级学会3个，推动成立市州反邪教协会1个、县区反邪教协会6个，企业反邪教协会2个。截至2014年年底，全省14个市州全部成立反邪教协会，县区反邪教协会组织达到60个。

争取到中国科协“学会能力提升计划”项目资金，开展学会改革发展理论研究项目2个。继续推行省级学会等级管理制度，评定A级学会32个，B级学会31个，C级学会30个。支持学会积极承接政府转移职能，省心理咨询师学会、省老科协土木分会、省科技教育促进会、省腐蚀与防护学会等分别在承接政府职能方面进行了探索和尝试。

【举办全省科协主席培训班】 1月19—20日，为深入学习贯彻十八届三中全会和习近平总书记系列重要讲话精神，进一步提升市州、县区科协主席政治理论素养和履职能力，省科协在兰州市举办了全省科协主席培训班。副省长、省科协主席张广智出席开班仪式并讲话，中国科协书记处书记沈爱民作首场辅导报告。沈爱民在辅导报告中分析了全面深化改革为科协事业发展、特别是学会发展带来的历史机遇。全省14个市州、86个县区科协主席及省科协科级以上干部参加培训。

【甘肃省科协七届二次全委会】 2月3日，省科协第七届委员会第二次会议在兰州市召开。省委常委、省委宣传部部长连辑出席会议并讲话，副省长夏红民当选省科协主席并作总结讲话，中国工程院院士夏佳文出席会议。省科协党组书记、常务副主席杨新科主持会议并代表常委会作工作报告。

会议传达了中央书记处关于科协工作的重要指示和中国科协八届七次全委会精神，表彰了甘肃省“全国优秀科技工作者”和全国“讲、比”活动先进集体和先进个人获得者，审议通过了常委会工作报告，增补夏红民、刘维民、赖远明、夏佳文、刘仲奎、张富仓为省科协第七届委员会常务委员会委员，补选夏红民为省科协第七届委员会主席。

2月4日，全省市州科协党组书记年度工作研讨会在兰州召开，省科协党组书记、常务副主席杨新科主持会议并讲话，省科协党组成员、副主席陈富荣、陈炳东、李克平、张炯及副巡视员苗世新出席会议。14个市州科协党组书记在会上作了交流发言。省科协机关各部门、各市属事业单位主要负责人参加会议。

杨新科在讲话中对2014年各市州科协的工作作了总结，肯定了取得的成绩，点评了工作亮点和好的经验做法，指出了存在的问题和不足，并在深刻分析当前面临的形势和任务的基础上，对2015年的重点工作进行了安排部署。

【甘肃省2014科技活动周】 5月17日，由省委宣传部、省科技厅、省科协共同组织实施的甘肃省2014科技活动周在兰州市启动。副省长郝远宣布科技活动周启动。省委宣传部、省科技厅、省科协及中国科学院兰州分院有关领导一同出席仪式。启动仪式由兰州市副市长戈银生主持。

围绕“科学生活·创新圆梦”的活动主题，全省各地同时启动为期一周的群众性科技宣传及活动。与往年相比，2014年的科技活动周采取现场与网络科普活动同步、展览与流动展示活动互补、科技资源开放与科技人员服务结合、政府组织与社会参与并举的方式，进一步突出了活动的新颖性、直观性、互动性和实效性。在活动内容上，针对与百姓生活密切相关的科技需求，突出展示科技创新的重大成果，同时加强了贴近生活的科普宣传，并组织高端资源向社会开放，动员科技人员进村入户进社区开展科技服务。其中，兰州市了开展民生科技创新展示、青少年科技教育、社区科技宣传、农业科技特派员下农村等系列科普活动。

【2014年“中国科协会员日”甘肃启动仪式暨科技成果展示推介会】 12月15日，由省科协主办，省科普学会、兰州城市学院和兰州市科协协办的2014年“中国科协会员日”甘肃启动仪式暨科技成果展示推介会在兰州城市学院举行。中国科学院院士、兰州化物所研究员刘维民，甘肃省科协党组书记、常务副主席杨新科等出席启动仪式。来自西北师范大学、兰州理工大学、兰州交通大学、甘肃农业大学、兰州城市学院、中国科学院兰州分院、省农科院等高校、科研院所的专家、学者、一线科研工作者和科技企业家200余人参加，庆祝节日并对接交流成果。

本次活动对省内190余项优秀新科技成果进行了展示交流，内容涉及化工、电力、生物医药、节能环保、新能源、新材料等领域。推介会上，为首届甘肃省中青年人才科技创新成果转化扶持项目举行了集体签约仪式。

（撰稿人：李晓伟）

青海省科学技术协会

服务经济社会发展 2014年，省科协紧紧围绕全省经济社会发展的重点和难点问题，开展凸显前瞻性、全局性和战略性的研讨活动，为青海“三区”（建设国家循环经济发展先行区、全国生态文明建设先行区和民族团结进步示范区）建设提供智力支撑。按照“小型、高端、有用”的原则，先后主办或承办了“推进科技创新 加快青海现代农牧业发展”人大代表论坛、第五届海峡两岸特色农业产业化论坛、为推动青海省融入“丝绸之路经济带”建设提供科技支撑研讨会等系列研讨会，为政府和有关部门科学决策提供依据和科技支撑。

继续深化国家级科技思想库建设试点工作，动员组织科技工作者为青海发展积极建言献策。2014年共资助实施了《青藏铁路运营期建立旅客及员工的健康安全保障体系》等11个决策咨询调研课题，完成了《调研报告》的提炼上报等工作。全年共编发《青海省科技工作者建言》12期，其中第2期《依靠科技创新，促进青海省生态文明先行区建设》、第6期《西宁经济技术开发区企业科技工作者状况调查调研报告》、第8期《青海省民族地区防灾减灾管理机制的研究》先后得到了副省长匡湧的批示。11月20日，在中国科协召开的首批15个省区“2014年度国家级科技思想库建设试点单位工作考核评审会”上，青海省科协国家级科技思想库建设试点工作在考核验收中取得第四名的成绩。

积极申报科普项目，多渠道筹措资金，不断夯实发展基础。2014年，省科协积极争取中国科协的支持，全年申报“基层科普行动计划”、中国流动科技馆项目等7大类30余项科普项目，共争取项目资金2000余万元，对全省基础科普工作发展发挥了积极作用。按照中国科协的要求，省科协严把项目申报关，规范申报程序，不断提升项目申报和实施质量。在前期赴西宁市、海东市、海西州、海南藏族自治州、海北藏族自治州和黄南州的23个县、市、区进行“基层科普行动计划”项目实地专项检查的基础上，经材料审查、专家评审、主席办公会讨论研究、公示等评审程序，推荐上报中国科协、财政部最终审定。2014年，青海省25个“基层科普行动计划”项目获得中国科协和财政部的奖补，其中农村专业技术协会13个，农村科普示范基地5个，农村科普带头人4个，科普示范社区3个，奖补资金共计440万元。组织申报了中国科协2014年度“科普大篷车”项目，为省海南藏族自治州同德县、兴海县，海东市循化县、民和县4县争取到4辆科普大篷车。截至2014年年底，青海省拥有中国科协配发的科普大篷车28辆，其中青海省科技馆1辆，省少数民族科普工作队2辆，市、自治州级科协8辆，县、市、区级科协17辆。

精心组织开展了“讲理想、比贡献”活动，全省各企业科协按照“讲理想、比贡献，奋力实现中国梦”活动的总体要求，动员和组织广大企业科技工作者，紧紧围绕企业发展大局，将“讲、比”活动贯穿于企业生产经营活动的各个领域，积极开展技术开发、节能降耗、提合理化建议等活动，努力提高企业的技术进步和科技创新能力。据不完全统计，一年来全省参加“讲、比”活动的企业科技工作者约4000人次。在中国科协、国家发展和改革委员会、科技部、国务院国有资产监督管理委员会和全国总工会联合举办的2014年度“讲理想、比贡献”评比活动中，青海省的1个先进集体、2个创新团队、2个创新标兵和2名优秀组织者获得表彰。2014年，省科协开展扶贫工作共投入资金23万元，在海东市循化县查汉都斯乡新建村开展了玉米种植、玉米秸秆袋装饲料青贮加工技术培训、建设玉米秸秆袋装饲料青贮加工科普示范基地等一系列科技扶贫工作。

《科学素质纲要》实施及科普工作 强化工作措施，稳步推进《全民科学素质行动计划纲要》实施工作。2014年是青海省实施《全民科学素质行动计划纲要》，落实中国科协与青海省人民政府签订的《共建协议》的关键之年。4月，制订并印发了《青海省2014年全民科学素质工作要点》，组织召开了2014年青海省全民科学素质纲要实施工作会议，对2014年全民科学素质行动计划纲要实施工作做出了安排部署。

2014年青海省“全国科普日”活动启动仪式

组织开展了“科普与青海三区建设同行”系列科普宣传教育活动。省科协先后在全省6州2市的26个县、市、区组织开展了大范围的科普宣传活动，如“科普与青海三区建设同行”系列科普活动、省、州科普大篷车联合行动、“科普之冬（春）”、“全国科普日”等活动。据不完全统计，全年共举办活动180场次，举办培训班、科普讲座720场次，展出科普展板、科普挂图35000余块（幅），播放科普电影、电视栏目460余次，发放科普资料300万份（册），18500人次科技工作者、科普志愿者参与活动，受益群众达210万人次。

针对特殊群体，开展了“科普寺院行 服务到藏区”科普宣传活动。省科协先后在祁连县的阿柔大寺、同德县尕巴松多镇的香池寺、海东市乐都区的瞿昙寺、海东市互助县的甘禅寺、果洛州玛沁县的拉加寺、海东市循化县的文都寺等6所寺院开展了活动。活动为广大僧侣提供了了解和学习现代新知识和先进文化的机会，让他们感知和体验到了科技的魅力，逐步形成“爱科学、学科学、用科学”的良好风尚，受到了广大僧侣的一致好评。同时，争取中国科协的支持资金，在塔尔寺建立了一座LED科普宣传大屏，用来加强寺院日常科普宣传教育工作。

不断提升省科技馆展教和运营水平，努力为提高公众科学素质服务。青海省科技馆在保证参观人数稳中有增的同时，下大力气抓好安全运营、展品展项维护和精神文明建设等工作，不断提升服务能力和水平。2014年共接待观众70万余人次。同时，形成完善的维修制度，加强对展厅展品的巡查和维护，展品完好率达到95%以上。省科技馆荣获西宁市“文明单位”和全省“三八红旗集体”荣誉称号。

圆满完成2014年中国流动科技馆青海省巡展活动。省科协继续以“流动科技馆工作常态化”为基本思路，整合现有资源，创新科普形式，以流动科技馆展品为基础，以科普大篷车为补充，集流动特效影院、流动科学工作室、科学表演、科普剧等多种科普形式为一体，在玛多等15个市、县开展了巡展活动，行程近2万千米，累计受众数量达到15万余人次，受到基层群众的一致好评。截至2014年底，流动科技馆巡展活动实现了在全省47个县级行政区域的全覆盖，这在全国是首例。

不断加强青少年科普教育工作，努力为青少年提供内容新颖、科技含量高的科普活动。全省青少年科普教育活动蓬勃开展，先后成功举办了2014年青海省中小学科技辅导员培训班、青海省第29届青少年科技创新大赛、青海省第13届机器人竞赛、航天科技连着你和我——院士专家校园行活动、大手拉小手——科普报告青海行科普讲座等活动，受到了广大青少年和家长的欢迎和喜爱。

学术交流 务求工作实效，学会建设和学术交流活动蓬勃发展。3月10日，召开了全省学会工作会议。联合相关省级学会先后开展了高海拔地区睡眠医学研究研讨会、2014年国际华人地理信息系统科学学会专家团赴青海讲学活动、青海省妇产科手术副损伤规范化处理会员继续教育项目等活动。

加快实施学会能力提升计划，建设充满活力的现代科技社团。2014年，省科协以项目资助的方式支持省级学会能力提升工作，鼓励学会发挥自身的学科优势与特色，着力提升学会服务创新能力、服务社会和政府能力、服务科技工作者能力及自主发展能力。在上半年和下半年分两次实施了10个学会项目，共资助经费25万元。积极申报实施中国科协项目，全年申报并实施了三江源地区生态文明建设新思维学术研讨会、学会继续教育工作者知识更新汉藏双语教材、学会能力提升专项宣传策略研究、面向三江源智慧城市的信息安全公共服务体系构建与运行模式研究等4个中国科协资助项目。

服务科技工作者 积极举荐科技工作者参加评奖活动。2014年，经省科协推荐，王东方等8人荣获中国科协“全国优秀科技工作者”称号，吴世政荣获“十佳全国优秀科技工作者提名奖”。经省科协推荐，省优秀基层科技工作者的代表、省农学会研究员蔡有华荣获了青海省“五一劳动奖章”。省湟源县中藏药材种植营销协会魏振杰、共和县黑马河乡畜牧兽医站仁增、玉树州农业技术推广站尕玛旺扎等3人入选中国科协“乡村情·科技梦”——优秀农村基层科技者推选宣传活动。

圆满完成了全国科技工作者状况调查站点工作，海南藏族自治州科协、循化县科协、祁连县科协、中国科学院西北高原生物研究所和青海藏医院5个全国调查站点圆满完成了中国科协下达的科技工作者伦理状况调查、科技工作者思想状况调查等工作。全年报送站点信息59篇，其中有效信息39篇，超额完成了信息报送任务。中国科学院西北高原生物研究所站点被评为全国科技工作者状况调查AA级优秀调查站点。

自身建设 加强协调，推动省科协自身建设迈上新台阶。认真做好贯彻落实省委《关于进一步加强科协工作的意见》督察的相关工作，加强组织建设。以强化制度建设和作风建设为突破口，抓好党的群众路线教育实践活动整改落实，不断巩固和扩大教育实践活动成果。从提高干部党性修养和履职能力入手，不断加强干部培训工作力度。从4月28日开始至5月14日，省科协分2批组织省级学会、基层科协、机关干部职工及直属事业单位79人，赴中国井冈山干部学院及浙江大学开展了2014年青海省科协系统干部党性修养及能力提升专题培训班。7月29–31日，省科协举办了中国科协八大代表学习习近平总书记系列重要讲话（青海）读书班，青海省中国科协八大代表，省科协机关各部室及直属事业单位处级以上干部，企业科协、省级学会负责人，各市、自治州科协及部分县（区）科协主席等参加了读书班活动。省科协选派了两名机关年轻干部到上海市科协挂职锻炼、选派两名正处级干部参加了全省民族团结进步培训班、全省处级干部任职培训班的学习。据不完全统计，省科协全年共举办各类培训9次，参训干部160余人次。加强科协文化建设，8月19日，举办了“中国梦·我的梦”第六届省科协精神文明建设运动会。

为进一步营造全社会学科学、爱科学、用科学的良好氛围，鼓励和动员全社会科协组织和科技工作者参与科普工作，推动青海省全民科学素质工作取得新成效，省科协在全省范围内开展了五个“十佳”评选活动，即十佳科普（示范、教育）基地、十佳学（协）会、十佳科协工作者、十佳科普传播之星和十佳科技辅导员。

市、州、县及基层科协组织 2014年，全省各级基层科协组织建设不断得到加强。12月10日，海东市科协召开了撤地建市后的第一届代表大会，选举产生委员37人，选举产生了新一届领导机构，钟惠琴当选市科协主席，鄂小琴任秘书长。12月17日，玉树州科协召开了第六届代表大会，张建周当选州科协主席。

西宁市科协发挥自身优势和学术交流源头活水的作用，积极为基层组织牵线搭桥，服务西宁经济社会发展。市科协与上海浦东新区科协开展了学会、企业千里“缔缘”活动，促成了上海和西宁成功对接科技合作项目和交流培训工作，西宁市科协与市外事侨务办公室联合举办了世界凉爽城市专家研讨会。

海东市科协在全市范围内开展了以“善行海东—科学生活，共建美丽新家园”为主题的践行社会主义核心价值观主题科普活动。编印了《全民科学素质纲要系列科普宣传图册》《科普宣传系列丛书》等2套11本科普系列丛书，在科普宣传活动中发放了3万余册。

海南藏族自治州科协积极拓展“三特”科普工作，大力推进全州特色科普活动、特色科普基地和特色科技培训的发展，促进科普工作向基层第一线延伸，扩大科普活动的覆盖面，制定下发了《海南州科普经费管理办法》，并从州本级科普经费中支出26.4万元，资助支持了贵南县青少年科普教育活动项目等19个基层科普项目。

海北藏族自治州科协不断加大农牧民科技培训工作力度，努力增强农牧民依靠科技发展经济的能力，联合相关部门先后组织近300人（次）专家、科技人员深入农牧区，举办蔬菜种植、良种引进培育和农牧民劳动技能培训班58期，培训农牧民3012人（次）。

海西蒙古族藏族自治州科协不断加强青少年科普教育工作，提高青少年科技创新意识。举办了首届海西州青少年科技创意大赛活动。

省级学会、企业科协、高校科协 2014年，省科协不断强化对学会的管理和指导，自2012年起启动实施的“学会凝聚行动”，在重构省级学会组织网络方面取得明显成效。一是召开学会工作会议和学会秘书长会议已形成定期化、制度化；二是对先进学会和先进学会工作者进行表彰已成为调动学会工作积极性的有力措施；三是充分发挥学会跨学科、跨行业、跨部门的特点，不定期举办学会秘书长沙龙，组织相关学会的秘书长或专职工作人员进行工作交流，已成为一项深受学会工作者欢迎的活动；四是编辑学会动态、开通省级学会即时信息交互平台，促使各学会之间信息通畅、相互了解并参考兄弟学会的工作经验，共同推动学会工作进步；五是根据深化学会改革的要求，采取多种措施强化学会管理和指导工作。包括通过正式发函督促学会及时换届，因工作原因需延期换届的须履行相应的规定程序；同时按照“有进有出”的原则，清理已注销学会，吸纳新成立的学会。

继续实施了“学会能力提升计划”，以项目资助的方式支持学会能力提升工作，2014年与2013年相比，省科协与学会签订的项目合同数由5个增长到10个，项目资助总金额由12万元增长到25万元。通过项目的实施，学会服务创新能力、服务社会和政府能力、服务科技工作者能力及自主发展能力得到了不断提升。

学会组织建设工作逐步加强。省消防协会、省数学学会等召开了会员代表大会，选举产生了新一届理事会。省医学会、省质量管理协会、省公路学会等召开了常务理事会议。

学会学术交流日益活跃。8月15—17日，2014年高海拔地区睡眠医学研究研讨会在青海红十字医院召开。中国睡眠研究会理事长韩芳教授、副理事长张希龙教授等专家、学者出席会议并作了睡眠医学发展及学科研究的学术报告。8月16日，青海省医学会睡眠分会宣布成立。省藏医药学会举办了青海省首届藏医药文化学术研讨会等。

不断加强企业科协工作，积极推进青海院士专家服务中心工作，为企业做好服务工作。2014年，在青海红十字医院建立了院士专家工作站。加强高校科协组织建设，成立了青海师范大学科协。

【“推进科技创新 加快青海现代农牧业发展”人大代表论坛】 4月4日，由省人大常委会教科文卫委员会与省科协联合举办的“推进科技创新 加快青海现代农牧业发展”人大代表论坛召开。省人大常委会党组副书记、常委会副主任邓本太，省人大常委会副秘书长张永德、省科协党组书记、主席石昆明等出席论坛。论坛由三个环节组成，第一环节阐明论坛主题、主旨阐述；第二环节专家讲解；第三环节为互动交流。

省畜牧兽医科学院副院长刘书杰研究员、省农林科学院科研处处长缪翔辉研究员、中科院西北高原生物研究所索有瑞研究员、省科技厅副厅长邢小方和省科协副主席徐东向作为特邀嘉宾出席论坛并发言。专家们围绕论坛主题，通过大量图片、数据和实例分别作了专题讲解，让与会代表了解了科技创新对于现代农牧业发展的重要意义及青海省现代农牧业发展的现状；在互动交流环节，各位特邀嘉宾就代表提出的相关问题作了回答，并就青海省贯彻实施《青海省科学技术进步条例》、推进农牧业科技创新方面提出了建议。

省人大各专门委员会、常委会办公厅、各工委（室）、常委会《科技进步条例》执法检查组成员、省农牧厅、省科技厅、省科协及相关科研院所专家学者60余人参加了论坛。

【第五届海峡两岸特色农业产业化论坛】 7月13—14日，由省科协和台湾神农科技发展协会共同主办的第五届海峡两岸特色农业产业化论坛在西宁市召开，论坛的主题为“高原特色农牧业及产业化”。副省长匡湧出席论坛并致辞。来自宁夏回族自治区、陕西省、甘肃省和青海省等省区，以及台湾地区的15位农林牧业专家在论坛上发言。

论坛期间，与会专家、学者实地考察了青海绿草源食品有限公司、青海神农油桃开发有限公司、青海清华博众有限公司和青海藏羊集团等4家企业。11家青海特色农牧业企业与出席论坛的台湾地区企业进行了对接洽谈。

为使论坛成果让广大科技工作者共享和受益，论坛向西部7省区和台湾农牧业领域征集论文并编印发放了论文集，对青海乃至西部地区加快农牧业科技向现实生产力转化起到了积极的促进作用。

【青海省融入“丝绸之路经济带”建设提供科技支撑研讨会】 12月25日，省科协在青海会议中心召开了青海省融入“丝绸之路经济带”建设提供科技支撑研讨会。副省长匡湧出席并讲话，省政府副秘书长巨伟、省科协党组书记、主席石昆明，以及青海省盐湖化工、生态环保等领域的30多位专家参加了研讨会。

青海经济研究院院长李勇、中国科学院青海盐湖研究所副所长吴志坚等7位专家作了《“丝绸之路经济带”建设相关情况介绍》《青海盐湖与生态环境研究基础》《充分发挥人才培养的优势，积极融入“丝绸之路经济带”建设》等专题报告。

研讨会围绕贯彻中央“一带一路”战略构想，依托青海省盐湖化工开发利用的技术领先优势，发挥科技支撑作用，推动青海如何融入“丝绸之路经济带”、生态环境保护以及相关领域的技术支撑，特别是盐湖化工企业怎么走进中亚五国进行了研讨。

【2014年省科协“科普与青海三区建设同行”系列科普活动启动】 5月17日，2014年青海省“科技活动周”暨省科协“科普与三区建设同行”系列科普活动在果洛州班玛县正式启动。省科协、省科技厅、果洛州有关领导出席启动仪式。主场活动中，省科技馆、省少数民族科普工作队、青海藏文科技报社、省科技咨询服务中心和省健康教育所等相关单位，为当地公众带去了科普展览及体验活动、科技咨询、科普知识有奖问答、专家义诊等内容丰富、形式多样的科普活动。中国流动科技馆、流动科学工作室、流动特效影院、III型科普大篷车以及科普实验、科学表演等丰富多彩的科普活动，吸引了公众的热情参与。

“科普与青海三区建设同行”系列科普活动在班玛启动后，以果洛、黄南、玉树三个藏族自治州为重点，在16个县、市开展中国流动科技馆巡展活动，24辆省、州（市）、县级科普大篷车联合巡展，行程达7万千米，深入县、乡、镇及学校、社区开展重点人群的科学普及，实现了中国流动科技馆巡展活动在青海省县域地区的全覆盖。

【“航天科技连着你和我——院士专家校园行”活动】 5月27日，由中国科协青少年科技中心主办、青海省科技馆和青海省青少年科技中心共同承办的“航天科技连着你和我——院士专家校园行”活动在青海省举行。中国工程院院士、运载火箭系列总设计师龙乐豪，以及田如森、石磊、金声、焦维新等4位专家分别走进西宁市、海东市、海南藏族自治州部分高等院校和中、小学，针对青少年及公务员等重点人群作了《中国的火箭与航天》《飞向太空》《神奇的载人航天》《航天梦　强国梦》等15场航天科普报告，介绍了我国的火箭与航天事业，6000余人次出席报告会。

“航天科技连着你和我——院士专家校园行”活动是由中国科协青少年科技中心结合“天宫一号”“神舟”系列飞船发射等我国重大载人航天科技成就，组织开展的全国青少年载人航天科普系列活动之一。此次活动在青海省举办，旨在面向广大公众尤其是青少年，普及航天科技知识，宣传我国航天科技成就，激发青少年对航天科技的学习兴趣，提升民族自豪感。

【青海省农村专业技术协会成立】 6月20日，青海省农村专业技术协会成立暨第一届会员代表大会在省科技馆召开。省科协及省农牧厅、省民间组织管理局、省农科院的领导和全省各级科协、部分农村专业技术协会负责人共96名代表参加了会议。省科协副主席刘青代表省科协致辞，省科协副主席徐东向作了省农技协筹备工作报告。

会议审议通过了《青海省农村专业技术协会章程（草案）》《青海省农村专业技术协会选举办法》和《青海省农村专业技术协会会费管理暂行办法》。选举产生了青海省农村专业技术协会第一届理事会、常务理事。省农牧厅副厅长刘青元当选第一届理事会理事长，省科协副主席徐东向当选常务副理事长，马睿麟、孙家强、钟惠琴、缪祥辉、霍青等5人当选副理事长，张晓蕾任秘书长。会议聘请省科协党组书记、主席石昆明为青海省农村专业技术协会名誉理事长。协会共有团体会员单位47家，个人会员566人。

【青海师范大学科协成立】 10月30日，青海师范大学科学技术协会成立大会召开。青海师范大学校长何波，青海省科协党组成员、副主席陈永祥出席大会并讲话，青海师范大学副校长崔巍、赵海兴，以及各院系负责人和科技工作者共130余人参加了大会。

大会选举产生了青海师大科协第一届委员会委员92人，常务委员25人，选举何波为校科协主席，崔巍，赵海兴为副主席，科技处处长李美华为秘书长。

青海师大科协的成立，进一步推动了青海省高校科协组织建设，对于深入整合科协的组织网络优势和高校的人才智力优势，更好地服务学术繁荣、推动科学普及、强化人才培养、促进产学研用结合，具有十分重要的意义。

（撰稿人：潘永胜）

宁夏回族自治区科学技术协会

服务经济社会发展 开展决策咨询。2014年，宁夏科协通过项目化方式，引导和组织广大科技工作者围绕宁夏重点战略、特色产业发展中的科技问题开展调查研究，编发《科技决策咨询》10期，向自治区党委、政府及有关厅局提交建议80余项，部分建议得到了自治区领导的批示和肯定。组织自治区专家参加中国科协举办的丝绸之路经济带建设与科技支撑研讨会，成立专门的课题组，围绕“能源资源通道建设”进行交流研讨。

组织“院士专家宁夏行”活动，邀请院士和知名专家120余人深入企业、园区、基地开展科技服务活动，帮助解决技术难题40余项，解答生产疑难问题80多个。开展“讲理想，比贡献”活动，自治区2个先进集体、2个创新团队、4个创新标兵、3个优秀组织者获得全国讲比活动领导小组的表彰奖励。以帮助企业实现创新驱动发展为目标，组织开展了企业专利信息应用、企会协作创新计划等活动，为140家企业提供科技创新服务，宁夏机械工程学会与维尔铸造等5家企业的合作项目被列为全国30个“企会协作创新计划”项目之一。

学术交流 举办了第十届宁夏青年科学家论坛和第九届宁夏资深专家论坛，交流学术论文300余篇，编发论文集3册。发挥学会在学术交流中的主体作用，鼓励支持区级学会承办全国性的高端学术交流活动120余场次，邀请50余名院士、200多位知名专家到宁夏讲学和交流。鼓励支持区级学会面向基层开展学术交流、业务培训、技术服务、科学普及等活动1200余场次。银川市科协通过举办不同主题的“科技沙龙”活动，为科技工作者提供了互动交流平台。

5月19日，宁夏科协召开“丝绸之路经济带建设”专题研讨会，邀请自治区能源、经济、地质、矿产、政策研究、物流管理等领域的19名专家、学者围绕“能源资源通道建设”主题交流研讨。与会专家、学者结合各自研究领域，就宁夏在“丝绸之路经济带建设”中的地位和作用、面临的机遇和挑战及宁夏在“丝绸之路经济带建设”中的优势等内容进行交流，并形成研讨成果。

《科学素质纲要》实施及科普工作 2014年，宁夏科协以全面落实《全民科学素质纲要》为目标，发挥工作机制作用，明确任务，落实责任，提请自治区政府召开实施《全民科学素质纲要》专题汇报会，重点针对存在的薄弱环节，提出解决措施，部署下一阶段工作。将重点工作任务和目标进行量化分解，强化督促检查。着眼科普工作常态化、长效化，对2014年82个各类科技周（日）主题科普活动进行统筹谋划、总体部署，按照活动主题和行业特点，开展科普宣传联展联动活动，营造社会化大科普工作格局。

针对宁夏中南部地区地处偏远、科普资源薄弱及每个县区单独开展大篷车活动存在的规模小、展品单一等问题，宁夏科协颁布了《全区科普大篷车联合行动管理办法》，建立了项目需求库，实行区、市、县三级联动，先后举办了宁夏科技活动周、宁夏科普日、科普“七进”、反邪教警示教育等主题科普活动。

第14届中国青少年机器人（宁夏赛区）竞赛

发挥科普大篷车、流动科技馆“科普传播轻骑兵”作用，开展科普大篷车联合行动和流动科技馆巡展活动，累计开展科普宣传活动220余场次，受益群众近47万人次，实现了流动科技馆县（区）巡展全覆盖。

举办第29届宁夏青少年科技创新大赛暨第14届中国青少年机器人（宁夏赛区）竞赛、全区中小学校科普剧竞赛活动，近13万名师生参与。组织200余名中学生到京津沪知名高校参加科学营活动。

组织实施“基层科普行动计划”，争取科普大篷车2辆，新建科普惠农服务站17个、社区科普益民服务站3个。推动山区学校科普教育发展，在6所山区学校建设科技活动室，支持石嘴山市在10所农村中学建立科技馆。对宁夏科技馆三楼展厅进行改造，常设展厅于2014年5月正式对社会公众免费开放，全年接待观众超过50万人次，较上年增长70%。与宁夏电视台、《宁夏日报》等媒体合作开办科普栏目，通过对宁夏大众科技网改版升级，开设宁夏微科普、科协手机报，推进科普信息化。

组建了科学传播专家团队，确定自治区级首席科普专家21人，新增各类科普志愿者6000余人，累计达到1.6万人。

2014年，“提升公民科学素质”首次被列入自治区民生计划为民办实事之一。宁夏科协制订实施方案，加强督查落实，提前并超额完成各项工作任务。

服务科技工作者 经与宁夏人力资源和社会保障厅、自治区党委组织部协商，将宁夏青年科技奖与自治区“313人才工程”评选捆绑进行，提升了宁夏青年科技奖的层次。2014年评选出第十四届宁夏青年科技奖15人，其中8人被评为自治区“313人才”。经向中国科协推荐，自治区8人被授予“全国优秀科技工作者”称号。向中国科协推荐中国女科学家奖候选人2人。组织相关学会、单位向自治区推荐“塞上英才”候选人25名，其中6人被评为自治区第二批“塞上英才”。

开展科技工作者状况调查，加强全国科技工作者状况调查站点建设，研究不同领域、不同层次、不同类型科技工作者的状况，反映他们的诉求。结合“科协会员日”等活动，广泛开展了以“家的温馨 节日的问候”为主题的系列活动，通过表彰奖励全区学会优秀会员、与科技工作者交流座谈、举办科技工作者书画展等多种形式，努力营造关心、支持科技工作者的良好氛围。

开展对外及民间科技交流活动，不断拓宽人才服务的渠道和方式。邀请全国政协原副主席王志珍及院士、专家20余人到宁夏开展“女科学家走基层——宁夏行”活动，分别在银川市、固原市开展了报告会、专题讲座、座谈会、实地考察等一系列活动，与宁夏科技工作者进行交流，对宁夏产业发展和生态移民等提出意见。先后组织多批科技工作者赴台湾地区学习考察休闲农业、特色农业和观光农业，促成宁夏企业与台湾方面签订枸杞生产和销售合作协议，取得了实质性成果。

自身建设 2014年新成立乡镇（街道）科协20个、基层农技协30个、企业科协12家，总数分别达到297个、796个和90家。新建院士专家工作站4个，总数达到22个。

围绕“抓学习、强素质、提能力、讲勤廉、转作风、树形象”六个方面做好党建工作。贯彻落实《中国共产党和国家机关基层组织工作条例》，做好党建服务品牌创建工作，开展“比思想看境界、比素质看能力、比作风看形象、比服务看成效”“四比四看”活动，转变机关和党员干部作风。结合科协实际制定下发了《自治区科协主体责任和监督责任的实施办法》，明确“一岗双责”责任，加强党员干部勤政廉政宣传教育，搞好机关文化建设和精神文明建设。

以中心组学习、专题学习、专家辅导、党组成员讲党课等形式，通过举办“学习习近平总书记系列重要讲话精神”读书班、“奋力实现中国梦”报告会、科学道德和学风建设宣讲、发出倡议书等活动，及时把中央和自治区的精神传达到广大科技工作者当中。

针对宁夏老科协组织发展中存在的突出问题，经过多次调研论证，向自治区党委政府提交了专题报告，自治区党委办公厅、政府办公厅联合印发了《关于进一步发挥离退休专业技术人员作用及加强老科技工作者协会工作的意见》，为加强老科技工作者协会建设提供了政策保障，实现了老科协工作的制度化和规范化。制定了《学会能力建设工作实施方案》，采取项目支持方式，对筛选出的29个学会能力提升项目予以重点支持。按照全面深化改革总体要求，选择4家区级学会开展了脱钩试点工作，并通过项目引导的方式，鼓励有能力的区级学会承接政府转移职能。

市、县（区）及基层科协组织 银川市科协创新科技服务方式，引入投资24亿元，建设200兆瓦光伏农业科技大棚并网发电项目及农产品深加工项目，得到市委、市政府的重视；邀请中国工程院、清华大学、台湾大学19名院士、专家助力新丝路·新驱动银川市人才发展高峰论坛活动，并与本地企业对接，实地解决技术难题，收到良好效果。银川市所辖西夏区科协成立了“360阳光科普宣传队”，联合杭州萝卜圈网络公司在银川八中成立了萝卜圈“智慧未来”创新教育基地，为农村学生提供学习前沿科技的平台。

石嘴山市科协制定下发了石嘴山市《科普示范乡镇（街道）、村（社区）建设标准》，在全市10所农村中学建成科技馆，在全区率先实现农村中学科技馆全覆盖。

吴忠市科协挂牌成立了科技工作者维权中心，帮助维护科技工作者合法权益，接待科技工作者来信来访，帮助科技工作者解决赔偿纠纷等问题。

固原市科协邀请中国科协老教授科普报告团一行8人，开展“科普报告——希望行”活动，分别在12所学校举行了16场科普报告会，16000多名师生参与活动。

中卫市科协举办现代农业科技创新与发展学术论坛，征集论文69篇，对评出的38篇进行了表彰奖励。

区级学会、企业科协、高校科协 宁夏医学会举办第五届宁夏国际心血管病论坛，600余人参加，来自澳大利亚、新加坡、德国、美国、丹麦等国的30余位专家，以及40余位国内专家出席活动；宁夏品牌研究会主办第五届中国全面品牌管理论坛，邀请中国策划学创始人陈放、中国网中国品牌频道主编吴仕鹏、中国经济网舆情总监唐冬梅，以及各省市70余家品牌社团组织的会长、副会长、秘书长等品牌界精英出席；宁夏药学会和宁夏医院管理协会联合召开的2014年宁夏医院管理协会药事管理专业委员会学术年会，邀请日本东邦大学药学院博士李巍、新疆医科大学第一附属医院药学部主任王建华、河北医科大学第二医院药学部主任张志清、宁夏医科大学药学院副院长余建强作药学专题讲座。

全区各学会发挥自身优势，承担多项政府转移职能，初见成效。据统计，共有27个学会承接或接受委托的政府转移职能58项，涉及科技评价、人才评价、科技奖励三个方面。宁夏机械工程学会先后成立了宁夏机械工程学会国家职业技能鉴定所、自治区中小企业服务平台、机械工程师资格认证中心宁夏分中心、宁夏无损检测和理化检测人员培训认证中心、宁夏机械工程系列职称评审委员会等，承担多项政府委托转移职能，2014年承担的全区机械工程系列职称评审，申报174人，通过162人，通过率93%。宁夏水利学会承担水利工程系列职称评审、水利科技进步奖评审、地方水利标准制定、水利专业技术人员培训、水利专业技术刊物编辑出版等职能。宁夏医院管理协会承担宁夏医用高压氧舱准入技术评审、医疗机构新增诊疗科目准入评审、民营医院诚信医院评审、医疗机构新技术准入评审等。

2014年，各区级学会结合各自领域的重大节日、特殊纪念日，就本行业的热点、难点、焦点问题，开展了一系列科普活动。宁夏水利学会利用第二十二届“世界水日”和第二十七届“中国水周”在银川市光明广场举办了集中宣传活动；宁夏反邪教协会在“反邪教知识宣传周”用微信等新媒体编发了反邪教知识宣传沙画；宁夏抗癌协会在“全国肿瘤防治宣传周”发放肿瘤知识的宣传页、宣传册，分类介绍肿瘤成因及有效预防措施；宁夏林学会编制了《欧美杨1-107号苗木繁育及造林技术推广示范项目技术培训简易教材》、《林业实用技术手册》等25种书籍，并开展现场技术培训。

【“提升公民科学素质”被列为自治区民生计划】 为促进宁夏公民科学素质提升，2014年，宁夏科协多方争取，提请自治区政府将“提升公民科学素质”列为自治区民生计划，由宁夏科协牵头落实，完成四项任务：一是在10个生态移民村建立科普活动站和宣传栏；二是培育15个农村专业技术协会、基层科普示范点；三是培育15所科普示范学校；四是在城乡举办大众科学讲堂50场。

宁夏科协牵头，联合自治区财政厅、科技厅、教育厅、农牧厅、扶贫办（移民局）等部门协助落实。全年在17个生态移民村建立科普活动站和宣传栏，完成计划的170%；组织实施“基层科普行动计划”，培育了12个农村专业技术协会、5个农村科普示范基地和3个科普示范社区，完成计划的133%；区科协、教育厅联合评选命名自治区科普示范学校15所，完成计划，累计达到30所，并在山区6所学校建设青少年科学工作室，为广大青少年开展科普活动创造条件；举办大众科学讲堂73场，完成计划的146%。

【推动学会能力建设】 2014年，宁夏科协积极推动学会能力建设工作。经过多次调研、论证和协调，提请自治区党委办公厅、政府办公厅联合印发了《关于进一步发挥离退休专业技术人员作用及加强老科技工作者协会工作的意见》，确定了工作方向、明确了

保障措施，为进一步加强全区老科技工作者协会建设提供了平台和保障。

组织制定了《学会能力建设工作实施方案》，并通过项目支持的方式，筛选出全区学会、科研院所申报的29个项目予以重点支持，以此起到引导、示范和提升能力水平的效果。

组织开展所属部分行业协会脱钩试点工作，根据自治区有关要求，选择4家学会开展了脱钩试点工作，探索了学会发展的新路子，为今后工作积累了经验。

组织开展了学会承接政府转移职能调研，通过发放调查问卷、座谈交流、现场调研等方式，对学会承接政府转移职能的现状、条件和问题进行深入了解，并形成专题调研报告供自治区党委和政府参考。

【院士专家宁夏行活动】 宁夏科协组织的院士专家宁夏行活动重点围绕宁夏产业关键技术、企业技术难题、学科建设的咨询指导以及人才培养的传帮带等问题，通过报告会、座谈交流、现场指导等方式，进一步拓宽宁夏科技专家、技术人员的视野，加强区内外交流与合作，帮助解决宁夏相关企业及地方特色农业在技术创新、管理发展中的难点问题。

2014年，活动确定了14个有实质内容、符合产业发展政策的项目需求，邀请相关院士和知名专家20余人深入到企业、园区、基地开展科技服务活动，帮助基层解决技术难题，助推自治区企业的技术创新。

院士、专家先后与宁夏索特科新型器件公司、宁夏红枸杞产业集团、驻石嘴山国家级高新区园区的中色东方、维尔铸造、天地西北煤机等十几家企业进行对接开展活动，为企业的转型升级提供智力支撑。

活动聚焦各地农业产业发展特点和实用技术需求，在贺兰县、盐池县、隆德县、中宁县、灵武市、吴忠市利通区、中卫市等地围绕特色农业开展实用技术大讲堂活动50多场次，深入田间地头技术指导60多次，培训、服务农民群众近2万人次。

【宁夏科协开通科普官方微信平台】 2014年，宁夏科协开通了科普官方微信平台——“宁夏微科普”，利用手机微信平台普及科学知识、传播科学思想，内容涵盖重大科技成果推荐、科技人物介绍、科学理念分享等。宁夏科协以互联网站、移动短信、手机平台为载体，实现了宁夏大众科技网、宁夏科协手机报、宁夏科协官方微信平台“三位一体”的宁夏科普宣传新模式，是宁夏科协推进科普信息化、提高公众科学素养的一种新途径，也是宁夏科协提升自身能力建设的一个新手段。

“宁夏微科普”自2月21日创刊，每周三定时发布，全年发布各类科普信息53期242条。结合“科技周”“科普日”等重大活动，开展了“宁夏微科普”关注、点赞、转发等一系列推广活动，“宁夏微科普”关注人数不断上升。

【开展科学道德与学风建设宣讲教育】 2014年，宁夏科协推进科学道德和学风建设，印发了《宁夏科协系统培育和践行社会主义核心价值观实施意见》、《宁夏科学道德和学风建设宣讲教育2014年工作要点》，指导、组织全区学会、市县科协，企业科协和高校院所，做好社会主义核心价值观宣传教育、科学道德和学风建设宣讲工作。

6月20日，“弘扬科学道德，践行三个倡导，奋力实现中国梦”宁夏报告会在银川市举行，宁夏区直部门、高校师生和全区科协系统、科研院所1400余人聆听报告。12月3日，2014年宁夏科学道德和学风建设宣讲教育（宁夏医科大学专场）报告会举行，300多名医科大学研究生聆听报告。12月24日，2014年宁夏科学道德和学风建设宣讲教育（宁夏大学专场）报告会举行，宁夏大学研究生院200余名师生聆听报告。同时，宁夏相关高校院所采取师生座谈研讨、研究生班级与科研团队联谊、学术沙龙与学术道德教育大讲堂等多种方式，深化宣讲活动效果。还建立了常态化宣讲制度，研究生导师、青年教师和新入学研究生普遍受到了科学道德和学风方面的教育，实现了科学道德和学风教育全覆盖。

【第十届宁夏青年科学家论坛】 7—10月，由宁夏科协主办，宁夏石油学会、宁夏环境科学学会、宁夏医科大学科协、宁夏林学会组织承办第十届宁夏青年科学家论坛在银川市举办，论坛邀请区内外专家、学者及一线科技工作者围绕“创新·质量·低碳·可持续发展”“美丽宁夏与环境科学技术创新”“‘砥砺思想，激荡心灵’——青年科技工作者论坛”“建设美丽宁夏 推动林业生态可持续发展”4个专题涉及的热点和前沿问题进行交流和研讨。53位专家、学者（其中区外专家18人），及来自全区科研院所、大学及区内外石油化工生产一线的代表近1000人参加论坛。论坛征集论文273篇，择优评选出253篇编辑出版论文集，表彰奖励优秀论文107篇。

（撰稿人：周艳梅）

新疆维吾尔自治区科学技术协会

服务经济社会发展 2014年，自治区科协设立36个研究课题，先后通过新华社内参和决策咨询专报等方式向中央和自治区党委、政府报送决策咨询建议13份，获得国务院领导同志以及自治区党政领导同志的22次批示。

按照“小规模、专题化、重实效”要求，深入开展“天山南北院士行”主题科技活动，形成了《丝绸之路新疆行咨询建议》《依托国家构建丝绸之路经济带的机遇，促进昌吉州对外开放和经济发展的实施意见》等咨询建议报告。

大力实施“基层科普行动计划”，101个集体和个人获全国表彰，113个集体和个人获得自治区表彰。将“科技之冬”活动延伸到全年，共举办各级各类培训班2.78万期，培训农牧民352万人次。深入开展“百会万人下基层”科技服务活动，组织200余名专家深入县乡开展科普宣传、咨询服务和培训活动，受益群众近7万人次。

认真开展中国科协“企会协作创新计划”试点工作，自治区2个协作项目获得资助。自治区企业科协提出合理化建议3081条，实现经济效益2.5亿元。积极推进企业科协信息平台建设，搭建了企业技术创新工作合作平台。

自治区科协赴和田地区民丰县安迪尔乡两个村开展为期三年的“访民情、惠民生、聚民心”活动。3月5日，选派的首批14名优秀干部全部到位，驻村干部充分发挥自身优势，创造性开展工作，进一步增强基层群众依靠科技增收致富的能力，维护了当地的社会稳定。

《科学素质纲要》实施及科普工作 自治区政府与中国科协正式签署《落实全民科学素质行动计划纲要共建协议》，并下发了《关于进一步加强全民科学素质工作的意见》。

全面实施了科普挂图工程，开发、印制、发放351套、334.5万张科普挂图，重点向基层乡镇、社区免费发放。出版维吾尔文科普杂志《知识－力量》12期共38.69万册，出版《科学与生活》6期共27.7万册，出版汉文科普期刊《科普进行时》6期共3万册。

提供、编译汉语、维吾尔语、哈萨克语三种语言的《科普大篷车》电视栏目各52期，在自治区80家地州、市、县市区电视台播放。启动了乡村大喇叭“科普进万家”双语广播工作。与自治区党委组织部联合开展了远程教育“每周科普园地”学用活动。改版升级官方网站，打造以科普视频为主的“新疆科技在线”，推出“新闻周报”栏目和“科学面对面”网络直播。

完善新疆科技馆展教功能，投资建设科技馆数字化平台，实现利用二维码进行手机查询和播放。新疆科技馆全年接待38.79万人次，“流动科技馆”巡展12个县市，受众28.56万人次。支持县市区配备科普大篷车，2014年共配备9辆，全自治区科普大篷车达到62辆。

与自治区党委宣传部、科技厅联合开展“科技活动周”活动，组织各级科协开展100余项活动。围绕“创新发展，全民行动”主题，开展了全国科普日新疆系列活动，自治区11个单位、7项活动在全国科普日活动考核中被评为优秀。与自治区党委宣传部等四部门联合举办了首届新疆科普微电影、动漫和舞台剧大赛，获奖作品选送参加中国科普作家协会主办的中国首届科普微电影大赛，有9部作品获奖。与广电部门联合开办“科学诗苑”栏目，通过广播、微信等途径展示科学诗歌经典之作，拓展和创新科学文艺传播方式。积极开展“回归社会工程”，对150余名劳教人员进行了实用技能培训。

开展了新疆第四届科学技术普及奖评选工作，资助科普资源开发与共享项目23个。

在克拉玛依市举办了以“创新·体验·成长——中国梦·科学梦·青春梦”为主题的第四届自治区青少年科技节，联合有关单位和学会开展了贯穿全年的27项青少年科技教育活动，评选表彰了100名青少年科技创新奖获得者。承办了第14届中国青少年机器人竞赛工作，共有来自全国27个省、自治区、直辖市和

第四届新疆维吾尔自治区青少年科技节

新疆生产建设兵团的221支参赛队参赛，区内外观摩大赛人员达5500余人次。开展了2014年新疆青少年科学调查体验活动，选拔组织110名高中生参加全国高校科学营活动。

学术交流 通过项目资助，支持重点学术交流、青年科学家论坛等69个。主办、联办、承办了2014年喀纳斯科学与艺术论坛、第三届信息化创新克拉玛依国际学术论坛等品牌学术交流活动以及青年科学家论坛、丝绸之路经济带建设与科技支撑研讨会、低碳经济技术新疆学术研讨会、丝绸之路经济带生物医药产业发展论坛、新疆水资源开发与经济社会可持续发展高端学术会议、新疆棉花竞争力与可持续发展论坛等学术活动。与中国科学院新疆生态与地理研究所联合筹备成立中亚科学研究会，组织自治区科技工作者参加第五届海峡两岸特色农业产业化论坛等。举办中亚干旱区生物资源保护与管理国际学术研讨会等。

服务科技工作者 承办了“科技梦·中国梦——中国现代科学家主题展”，开展了“乡村情·科技梦”——优秀农村基层科技工作者推选宣传活动。实施“星光工程”，编辑出版《我与新疆的科技事业》，为老科技工作者树碑立传，弘扬传播老一辈科技工作者献身边疆科学事业的崇高精神，2014年，共完成3辑100余名老科技工作者访谈实录出版发行工作。

开展了第七届新疆青年科技奖和第十三届自然科学优秀学术论文评选工作，20名优秀青年科技工作者及282篇优秀学术论文获奖。组织开展了中国科协“全国优秀科技工作者”、第11届中国青年女科学家奖、全国2014年创新人才推进计划候选人推荐工作，共推荐优秀科技工作者17名。顾政一获得“十佳全国优秀科技工作者提名奖”。起草了《自治区农牧民高级技师认定暂行办法》，为完善自治区农牧民技术职称评定提供依据。

研究制定了2014年新疆科学道德和学风建设宣讲教育工作要点及宣讲教育活动方案，组织开展了2014年新疆科学道德与学风建设集中宣讲报告会，承办了“弘扬科学道德 践行‘三个倡导’奋力实现中国梦”新疆报告会，中国工程院院士秦伯益、戚发轫、刘人怀等院士专家分别在会上作报告。

自身建设 召开自治区科协第八次代表大会。进一步推动党建带科协建设工作，与自治区党委组织部联合开展了大学生村官兼任科普宣传员工作。加强干部队伍培训，选派12名干部参加各级各类培训，举办科协机关干部专题培训班，开展了“内强素质、外树形象”全员培训活动。

2014年，先后推荐、提任厅级干部3名，科级干部15名。按照自治区党委统一部署，选派14名优秀干部赴和田地区民丰县安迪尔乡两个村驻村，积极开展“访民情、惠民生、聚民心”活动。选派2名优秀少数民族干部赴库车、策勒重点乡镇参加集中整治工作。

自治区科协对主管的54个科技社团组织开展了规范清理工作，为学会有序承接政府转移职能做准备。实施学会能力提升专项，安排90万元专项资金支持18个自治区学会开展活动，引导学会承接政府转移职能6项。自治区10个学会设立了15项科技奖项。

印发了《自治区科协开展党的民族宗教政策宣教活动安排意见》，深入学习宣传党的十八大精神和党的民族宗教理论政策，积极开展新疆“三史”宣传教育，以及爱国和民族团结进步创建活动，驳斥宗教极端化思想，引导干部职工以实际行动维护民族团结和社会稳定。

地州市、县（市、区）及基层科协组织 新疆各地州市、县（市、区）及基层科协，以提升公民科学素质为重点，创新活动形式，扩大活动范围，广泛开展各项科普宣传、实用技术培训等活动。

伊犁州科协将《伊犁科普》报纸改版为《伊犁科普》杂志（季刊），主要栏目有：科技工作者风采、致富经、种植养殖苑、机电维修、防灾减灾、生活百科等。全年发行、印制1.2万册，免费发放到基层农牧民手中。

乌鲁木齐市科技馆参与全国科普日中国科技馆“远程音视频互动”活动，开展“科普红包大拜年”活动，向全市群众发放“科普红包”2万份。

克拉玛依市科协承办了第三届信息化创新克拉玛依国际学术论坛和第四届自治区青少年科技节。开展“全国科普日”“科技活动周”“科技之冬”“科技下乡”等科普品牌活动，期间共出动“科普大篷车”20余次，举办主题科普展览20多场，科普报告33场，科普咨询20场，科普知识竞赛12次，赠送科普书籍5000多册，发放“转基因漫谈”等各类科普宣传手册和宣传单2万余册，发放35种各类科普挂图1.2万份。在《克拉玛依广播电视报》开设《科普天地》等栏目48期。

吐鲁番地区及各县市科协联合组织部下发了《关于做好大学生村官兼任农村科普宣传员工作的通知》，对各村科普宣传员现状和大学生村官情况进行了调查摸底、充实调整，截至2014年底，全地区共有188名大学生村官兼任所在村科普宣传员，其中吐鲁番市50名，鄯善县66名，托克逊县72名。

和田地区科协开展了“科技惠民（农）”服务基层系列活动，按照基层实际需求，地区科协将优势科技资源集成后配送到基层群众手中，为他们量身定制“科技服务套餐”，开展“一线科技惠民”活动。

自治区级学会、企业科协、高校科协 截至2014年年底，自治区科协共有117个自然科学学会（协会、研究会），拥有13万个人会员和6340个团体会员。

新疆旅游学会、测绘学会、土木建筑学会、节能减排科学研究会、植物保护学会、植物学会、营养学会等7个学会完成换届工作，新成立包虫病学会。

自治区各学会进一步繁荣学术交流，着力提升服务创新能力。新疆水利学会联合新疆德兰股份有限公司、乌鲁木齐市科协承办了新疆水资源开发与经济社会可持续发展高端学术会议。新疆气象学会举办了以“气候变化、气候监测预测和气候资源”为主题的2014年学术年会，邀请国内外专家50余人参加会议，共收到40余篇论文，其中20余篇进行了大会交流。新疆老年保健协会、乌鲁木齐医师协会联合主办了2014新疆全民健康促进论坛，论坛征集稿件50余篇，大会交流19篇，编辑印刷《2014“新疆全民健康促进论坛”论文集》1700册。新疆通信学会全年征集学术论文247篇，发表学术论文132篇，其中在《新疆通信》期刊上发表40篇，论文集发表92篇，举办大型学术论坛1次、高端学术研讨会3次，参与人数200余人次，开展境外学术交流参加人数40余人次。

新疆质量协会举办了“ISO22000食品安全管理体系”培训，邀请专家讲解ISO22000标准条款内容和要求、食品安全专业知识和体系审核的过程，提升企业员工食品安全管理能力和专业知识。新疆地质学会协助自治区三〇五项目办公室举办了第三届新疆地质矿产研究成果系列专题讲座，邀请14位国内外专家、学者，围绕中亚造山带大地构造格局研究进展、新疆层控多金属矿床勘查研究新进展、国外金属矿床勘查进展与趋势、新疆重要成矿带整装勘查最新成果等内容，作了专题报告。新疆草原学会生物防治组专家与哈萨克斯坦国专家开展中哈两国边境地区蝗虫联合调查工作，双方通过实地调研、工作座谈进一步完善了信息交流机制，并达成深化合作共识。

新疆科普作家协会入户采访老科技工作者60余名，出版发行4辑《我与新疆的科技事业》。

新疆农村专业技术协会在科技、文化、卫生“三下乡”科普宣传活动中，行程87天，15500余公里，发放各类科普资料3.5万余册，开展“科普大篷车进校园、进卫生院、进社区”活动26次，展出科普大篷车车载展品及展览科普展板40余件，放映“球幕影院”18场次，展示3D科普展板72块，发放科普挂图（实用技术类和公共知识类）6.1万张，提供科普宣传服务5.6万多人次。新疆营养学会、兵团疾控中心在奎屯农七师131团小学共同举办了主题为“树立食育理念，促进学生健康”的“全国学生营养日”科普知识宣讲活动。

新成立了宝钢集团新疆八一钢铁股份有限公司科协。

【新疆维吾尔自治区科协第八次代表大会】 10月28日，新疆维吾尔自治区科协第八次代表大会在乌鲁木齐市开幕。中共中央政治局委员、自治区党委书记张春贤，中国科协党组书记、书记处第一书记尚勇出席开幕式并讲话。自治区党委副书记、自治区主席努尔·白克力，自治区党委副书记、兵团政委车俊，自治区党委副书记韩勇，自治区党委常委、秘书长白志杰，自治区党委常委尔肯江·吐拉洪，自治区党委常委、宣传部部长李学军，自治区人大常委会副主任、党组副书记王永明，自治区人大常委会副主任、新疆科协七届委员会副主席约尔古丽·加帕尔，自治区副主席田文，自治区政协副主席巨艾提·伊明，自治区党委组织部部长马学军，中国科协党组成员、办公厅主任吴海鹰，自治区人民政府副秘书长刘华等出席开幕式。自治区第十届、十一届人大常委会副主任，自治区科协七届委员会主席张国梁代表新疆科协第七届委员会向大会作工作报告。1500余人参加大会。自治区科协党组书记李春阳主持大会。

张春贤在讲话中对新疆科协七大以来取得的成绩给予肯定，对各族科技工作者为新疆经济社会发展所作出的贡献给予高度评价。他希望广大科技工作者在加快创新型新疆建设，促进科技与经济紧密结合，推动“五化”同步发展方面；在抵制宗教极端思想，维护社会稳定方面；在发展科技教育、提升公民科学素质方面；在发展科技优势，服务群众，改善民生方面；在人才培育和学风建设方面作出新贡献。

张春贤要求，新疆科协组织要认真贯彻落实第二次中央新疆工作座谈会和习近平总书记系列重要讲话

精神，按照自治区党委八届七次全委（扩大）会议的工作部署和要求，继续着力促进自治区科技事业发展更好服务工作大局；继续着力促进科技知识普及和推广，提高全民科学素质；继续着力建设好科技工作者之家，当好科技工作者之友；继续加强自身建设，不断扩大科协组织覆盖面和影响力，努力增强科协组织对科技工作者的凝聚力和吸引力。新疆各级党委、政府要从落实科技兴新、人才强区战略高度，充分认识做好新时期科协工作的重要性，进一步加强对科协工作的领导和支持，研究解决科协工作中的困难与问题，关心科协干部成长，选好配强领导班子，为科协履职创造良好条件。

尚勇代表中国科协向大会的召开表示祝贺。他说，新疆科协自七大以来，围绕中心、服务大局、发挥优势、认真履职，服务经济社会发展扎实有效，全民科学素质工作务实高效，服务科技人才成长卓有成效，各项工作特色鲜明、成就显著。希望新疆各级科协组织继续团结带领广大科技工作者，坚持党的领导，深入学习贯彻习近平总书记系列重要讲话精神和中央的重要决策部署，用中央精神统一思想，凝聚共识；努力为创新型新疆建设提供更多的科技支撑；努力为新疆社会稳定和长治久安筑牢思想基础；努力为创新型新疆建设培养更多的创新性人才；努力做好建家交友工作，切实加强科协系统党的建设，以党建促协会建设，不断增强自身发展活力。

尚勇强调，中国科协将认真学习贯彻落实中央关于新疆工作的一系列重大部署，发挥科技和人才的优势，动员组织全国科技工作者以多种形式为新疆的经济社会发展服务，加强与新疆的协同创新，为新疆的创新驱动发展助力添油，为全国援疆工作增加科技和人才的支撑力度，为新疆繁荣稳定贡献智慧和力量。

张国梁代表自治区科协第七届委员会回顾了七大以来的主要工作，对未来五年工作提出四条建议：一是以夯实长治久安思想基础为重点，在大力普及科学知识、服务公众科学素质提升上更加有力；二是以促进民生科技为关键，在推动创新驱动发展、服务自治区经济社会发展方面更加有为；三是以促进科技人才成长为已任，在服务科技工作者、建设科技工作者之家方面更加积极；四是以提升服务能力为目标，在加强组织建设、优化发展环境方面更加有效。

大会听取并审议了自治区科协第七届委员会工作报告，选举产生了自治区科协新一届领导机构。自治区人大常委会副主任王永明当选为自治区科协第八届委员会主席。

（撰稿人：麻奋荣　吴　杰）

新疆生产建设兵团科学技术协会

服务经济社会发展　2014年，兵团科协联合兵团财务局组织实施了“科普惠农兴村计划”，共有3个农村专业技术协会、2个科普示范基地、18名农村科普带头人获得中国科协、财政部表彰。组织实施兵团科普惠农兴村计划，表彰奖励团场科普先进集体7个、科普带头人5名，培育了一批团场科普示范集体和科技示范户。在《兵团日报》等新闻媒体广泛宣传获奖科普组织和科普带头人。

制定了《兵团“讲理想、比贡献，奋力实现中国梦”活动实施方案》，组织企业开展了以群众性技术创新活动为主要内容的“讲理想、比贡献”活动。新疆伊力特实业股份有限公司等5家单位分别获得全国“讲理想、比贡献，奋力实现中国梦”活动先进集体和创新团队，刘中海等5人分别获得创新标兵和优秀组织者。兵团对“讲理想、比贡献”活动中作出突出贡献、有较强示范作用的8家单位和9名个人进行了表彰。

7月31日至8月1日，兵团科协在新疆农垦科学院举办了以“创新驱动推进农业现代化”为主题的第三届兵团青年科技论坛，邀请中国工程院院士陈学庚作了主旨报告，同时举办了3场分论坛，出版了《第三届兵团青年科技论坛论文集》。兵团二师科协围绕香梨产业举办了梨产业发展新技术学术交流会。兵团三师图木舒克市科协以“新一轮农业产业结构调整与农业可持续发展”为主题，举办首届现代农业科技论坛。兵团质量学会举办了兵团中小企业质量发展与品牌论坛。

《科学素质纲要》实施及科普工作　4月21日，兵团第七次全民科学素质工作领导小组会议召开，兵团党委常委、副政委、兵团全民科学素质工作领导小组组长卢晓峰出席会议并讲话，22家成员单位分管领导参加会议。各牵头单位作了贯彻实施《科学素质纲要》亮点工作介绍，会议总结了兵团2013年全民科学素质实施工作，研究部署了2014年全民科学素质工作。调整了4家兵团全民科学素质工作领导小组成员单位及分管领导。

大力推进“科普富民兴边”工作。为加大对边境师、团及基层科普服务能力建设，兵团“科普富民兴边”工作覆盖范围由2013年的3个师扩大到8个师。

兵团科协联合兵团财务局开展了“基层科普行动计划”，有8个集体和18名个人获得2014年全国“基层科普行动计划”奖补资助。组织开展第二批兵团科普示范社区评选工作，命名兵团科普示范社区20家。择优资助兵团科普示范社区建设社区科普活动室。10月27—31日，在江苏省苏州市举办了兵团社区科普工作培训班。

兵团科协在第三师图木舒克市召开了南疆科普工作座谈会，研究并探讨南疆科普工作新机制。资助南疆三师图木舒克市、十四师每个团场分别新建1个科普画廊，并购置了科普挂图，为南疆一、二、三、十四师的15个少数民族聚居团场订购了《农村科技》（维文月刊）和《科学与生活》（双月刊）科普图书4000余册。

组织开展了“中国流动科技馆”、科普大篷车巡展活动。在五师双河市、六师五家渠市、八师148团、九师和十师北屯市组织开展了“中国流动科技馆”巡展启动仪式和巡展活动，巡展累计行程1500余公里，覆盖82所中小学校，47个街道社区，参观学生、职工群众达17.5万人次。

五师90团获得配发科普大篷车1辆，兵团科普大篷车数量达到23辆，为八师石河子市更新Ⅱ型科普大篷车展品1套。兵团各级科协组织开展了科普大篷车巡展宣传活动，深入100多个团场、连队（社区）、学校和军营开展科普宣传活动，学生、干部和群众20万人次参与了活动。

5月19—24日，围绕“科学生活、创新圆梦”的主题，兵团科协联合兵团科技局、党委宣传部组织开展了兵团科技活动周系列主题科普活动。为兵团机关领导干部和公务员举办了“如何预防心脑血管疾病”科普报告会，发放《家庭常见食品营养与安全问题》科普书籍200余本。开展社区居民走进中国流动科技馆活动，组织500名社区居民参观中国流动科技馆，并发放科普书籍300余本。兵团各师团、院校开展重点科普活动30余项，全兵团共有20余万人次参加主题科普活动。

9月20—26日，在石河子市组织开展了以“创新发展，全民行动”为主题的2014年全国科普日兵团主场系列活动。兵团党委常委、副政委阿布力孜·尼牙孜出席开幕式并讲话。在兵团主场活动中，举办了大型主题科普展览，制作并展出反映科技创新创造以及科技给人们生活带来的便利等内容的展板200余块。邀请解放军总装备部的专家，以北斗导航系统相关知识为主题，为兵团机关干部职工举办了科普报告会。在石河子市有关街道、社区举办院士、专家科普报告会2场。组织开展了科普大篷车和中国流动科技馆巡展进校园活动。据不完全统计，科普日期间，兵团各级科协及所属学会独立或联合开展的主题科普活动60余项，发放各类科普宣传资料10万余册（份），展出科普展板2000余块，开展科技咨询服务40余场次。有50多万人次参与了主题科普活动，2000多名科技工作者为活动服务，25万余人次参加各类科普培训，培训次数达2000余场次。

组织参加第五届“熊博士”全国青少年影像节、第十六届“飞向北京、飞向太空”全国青少年航空航天模型教育竞赛、第十四届全国青少年机器人大赛等活动，共获全国一、二、三等奖77项。

兵团科协联合兵团教育局、科技局、团委举办了第12届兵团青少年科技创新大赛，组队参加了第29届全国青少年科技创新大赛，共获全国“十佳”奖2项，第一、二、三等奖58项，三师42团中学顾聪获全国“十佳优秀科技辅导员”，兵团科协荣获全国“省级优秀组织单位”。

7月11日和17日，兵团科协分别组织开展了2014年全国青少年高校科学营——兵团分营上海营和北京营启动仪式，从7个师、1个兵直学校选拔了77名优秀高中生和8名科技辅导员赴上海和北京各高校参加青少年高校科学营系列活动。

加强科普人才队伍素质建设。2014年，组织各类培训班5期，培训人员达500余人次。与中国科协、兵团教育局、兵团体育局等单位联合举办了青少年科技辅导员、青少年航空航天模型、青少年机器人培训班等。与兵团职改办联合举办了科研技术人员继续教育培训班。

服务科技工作者 组织开展了中国科协“全国优秀科技工作者”候选人评选推荐工作。吴彬获得“十佳全国优秀科技工作者提名奖”，邓福军等6人获得“全国优秀科技工作者”称号。加大对“第四届兵团青年科技奖”获奖者的奖励力度，奖励由原来的每人1万元，增加到每人1.5万元。

加大对优秀科技工作者宣传力度。充分利用《当代兵团》、《兵团科技信息网》、《中国科协网》等，大力宣传优秀科技工作者和创新团队。在《兵团日报》对第四届兵团青年科技奖10位获奖者进行宣传。组织

第十二届新疆生产建设兵团青少年科技创新大赛

开展“乡村情·科技梦”优秀农村基层科技工作者推荐宣传活动。四师、十师科协分别利用《伊垦科技》和《新疆北屯》，大力宣传本师优秀科技工作者。兵团公路学会依托兵团交通局网站，宣传兵团公路系统优秀科技工作者。

开展科学道德和学风建设宣讲教育。10月15日，在石河子大学举办了“弘扬科学道德 践行‘三个倡导’奋力实现中国梦”兵团报告会，有关师（市）、院（校）、学会、企业科协负责人和大学师生代表近1000人参加报告会。12月22日，在石河子大学举办了“科学与中国”——科学道德主题报告会。

12月15日，兵团科协围绕“‘家’的温馨、节日的问候”的主题，组织开展了中国科协会员日活动，走访了八师、石河子大学和新疆农垦科学院的3家兵团级学会和2家企业科协，分别召开了座谈会，了解一线科技工作者的工作和生活状况，表示节日的问候。

自身建设 组织兵团科协系统干部参加了中国科协在新疆举办的习近平总书记系列重要讲话读书班学习。按照中央“八项规定”要求，结合科协自身实际，制定了有关措施，推动学习型、服务型、廉洁型、和谐型科协机关建设，提高科协为科技工作者服务的能力和水平。定期为兵团机关和各师、院（校）编印、发放纸质和电子版《兵团科协信息》，共计14期2500份。

兵团质量协会印发了《关于继续吸收兵团优秀企业加入兵团质量协会团体会员的通知》，积极吸收兵团优秀企业为兵团质量协会团体会员。

【第三届兵团青年科技论坛】 7月31日至8月1日，由兵团科协主办、新疆农垦科学院承办、石河子大学与塔里木大学协办的第三届兵团青年科技论坛在新疆农垦科学院举办。本届论坛主题是“创新驱动推进兵团农业现代化”。兵团党委常委、副政委卢晓峰，中国工程院院士陈学庚，以及兵团科协、兵团科技局、塔里木大学、石河子大学及兵团各师科协的150多名青年科技工作者参加论坛。论坛征集论文147篇，并出版了论文集。

【第12届兵团青少年科技创新大赛】 4月11—14日，兵团科协与兵团教育局、科技局、团委联合举办了第12届兵团青少年科技创新大赛。14个师及3所兵团直属学校参加了大赛系列活动，观摩的学生、老师和社会各界人士达万余人次。大赛共收到报送的竞赛作品420项，展示作品685项。共评出学生创新项目一等奖30项，科幻画一等奖63项，优秀科技实践活动一等奖12项，辅导员创新项目一等奖25项。组织举办了一场青少年科技创新大赛论坛。

（撰稿人：罗昌欧）

大事记

1 月

1 月 2 日　中共中央政治局委员、国家副主席李源潮在北京主持召开网络科普和数字科技馆建设座谈会。百度、新浪、腾讯等互联网公司的专家出席座谈会。

第三届中国出版政府奖在北京揭晓。13 种中国科协科技期刊获得期刊奖或期刊奖提名奖，中国科协直属单位科技导报社获得先进出版单位奖。

“神舟十号”任务航天员太空授课活动总结交流会召开。

1 月 9 日　中国科协党组成员、书记处书记张勤在北京会见香港浸会大学副校长黄伟国率领的“国家科技奖”香港获奖科学家代表团。

中宣部、中国科协等 7 部门和河北省委、省政府联合主办的全国文化科技卫生“三下乡”活动在河北省行唐县举办。

1 月 13 日　山东省科协第八次代表大会在山东省济南市召开。山东省委书记、省人大常委会主任姜异康，中国科协党组副书记、副主席、书记处书记程东红出席开幕式并讲话。唐启升当选为山东省科协第八届委员会主席。

1 月 16 日　中国科协召开会议传达学习中国共产党第十八届中央纪律检查委员会第三次全体会议精神。

中国科协第八届常委会继续教育专门委员会第三次会议在北京召开。专委会主任冯长根主持会议，专委会副主任高德利出席会议。

1 月 16 ~ 17 日　中国林学会第十一次全国会员代表大会暨第三届中国林业学术大会在北京召开。赵树丛当选为中国林学会第十一届理事会理事长。

1 月 20 日　中国科协党组召开扩大会议，传达学习习近平总书记在党的群众路线教育实践活动第一批总结暨第二批部署会议上的讲话精神。

中国科协第八届常委会学术与学会专门委员会工作会议召开。专委会主任李静海主持会议，专委会副主任冯长根、谢克昌、沈岩、沈爱民出席会议。

1 月 21 日　中共中央政治局委员、国务院副总理刘延东主持召开会议，听取《全民科学素质行动计划纲要》实施情况汇报。中国科协、中央组织部、中央宣传部、发展改革委、教育部、科技部、财政部、人力资源和社会保障部、农业部有关负责人出席会议。

中国科协第八届常委会科学技术普及专门委员会第三次会议在北京召开。专委会主任秦大河主持会议，专委会副主任徐延豪、刘嘉麒、杨元喜出席会议。

1 月 22 日　中国科协召开党的群众路线教育实践活动总结大会。中央第 28 督导组组长王正福、副组长徐振寰及督导组全体同志出席大会。中国科协党组书记处同志出席会议。

中国科协第八届常委会促进农村和少数民族地区发展专门委员会第三次会议在北京召开。专委会主任赵沁平主持会议，专委会副主任吕飞杰、徐延豪出席会议。

中国科协国际科联工作协调委员会全体会议在北京举行。中国科协党组成员、书记处书记张勤出席会议，国际科联工作协调委员会主席、中国科学院院士吴国雄主持会议。

1 月 24 日　中国科协八届八次常委会议召开。会议表决通过，沈爱民任中国科协书记处书记，程东红不再担任中国科协书记处书记职务。

中国科协第八届常委会组织建设专门委员会第三次会议在北京召开。专委会顾问栾恩杰，专委会副主任姚建年出席会议。

中国科协第八届常委会女科技工作者专门委员会 2014 年第一次工作会议在北京召开。专委会主任程东红主持会议，专委会顾问王志珍、刘恕，专委会副主任陈赛娟、方新出席会议。

中国科协第八届常委会青年工作专门委员会第四次会议在北京召开。专委会副主任冯长根主持会议，专委会副主任王伟中、张勤、杨劼出席会议。

1月25日　中国科协第八届全国委员会第五次会议在北京召开。中共中央政治局委员、国家副主席李源潮出席开幕式并讲话，全国政协副主席、中国科协主席韩启德作工作报告。会议选举张勤为中国科协第八届全国委员会副主席，选举沈爱民为中国科协第八届全国委员会常委。

1月26日　中国科协召开地方科协党组书记年度工作研讨会。各省、自治区、直辖市、副省级城市科协和新疆生产建设兵团科协党组书记出席会议。

中国科协第八届常委会科技工作者道德与权益专门委员会第四次会议在北京召开。专委会主任黄伯云主持会议。专委会顾问王志珍、杨乐，专委会副主任李静海、杨卫、龚克、林蕙青出席会议。

1月27日　中国科协机关和直属单位2013年度考核总结表彰大会在北京召开。

中国科协党组扩大会宣布，张勤任中国科协党组副书记，程东红不再担任中国科协党组副书记，吴海鹰、束为任中国科协党组成员。

中国科协2014年全国学会秘书长工作会议在北京召开。中国科协党组成员、书记处书记沈爱民出席会议并讲话。

2月

2月10日　广西壮族自治区党委书记、自治区人大常委会主任彭清华，自治区党委副书记危朝安，自治区党委常委、秘书长范晓莉到广西科协进行工作调研。

2月12日　中国科协2014年服务企业技术创新工作协调会在北京召开。中国科协党组副书记、副主席、书记处书记张勤出席会议并讲话。

2月13日　中国科协2014年全国学会联谊会在北京召开。

2月13～19日　中国科协党组副书记、副主席、书记处书记张勤率代表团赴美国芝加哥出席美国科促会2014年年会，并赴纽约访问中国旅美科技协会、纽约城市大学和中国常驻联合国代表团等机构。

2月15日　中国麻风防治协会会长张国成荣获2013年度国际甘地奖。

2月16～18日　中国科协党组成员、书记处书记王春法率中国科协调研组赴河北省邢台市、衡水市就土地流转问题进行调研。河北省委副书记赵勇会见了王春法一行。

2月17日　中国科协党组成员、书记处书记徐延豪，中国科协党组成员、中国科技馆馆长束为赴果壳网调研网络科普工作。

2月21日　中国科协第八届常委会决策咨询专门委员会工作研讨会在北京召开。专委会主任齐让主持会议，专委会副主任王春法、刘燕华出席会议。

2月24日　海南省科协第五次代表大会在海南省海口市召开。海南省委书记、省人大常委会主任罗保铭，中国科协党组副书记、副主席、书记处书记张勤出席开幕式并讲话。康耀红当选为海南省科协第五届委员会主席。

全民科学素质纲要实施工作办公室2014年第一次全体会议在北京召开。

中国科协、河北省委省政府、北京市政府联合主办的环首都现代农业园区建设专家座谈会在北京举行。

2月25日　最高人民法院与中国科协联合召开加强知识产权司法保护促进科技发展创新座谈会，并举行最高人民法院特邀科学技术咨询专家聘任仪式。全国政协副主席、中国科协主席韩启德、最高人民法院院长周强出席会议并讲话。

2 月 26 日　中国科协与天津市政府签署《中国科协与天津市人民政府合作协议》。

2 月 27 日　天津市科协第八次代表大会在天津市召开。中共中央政治局委员、天津市委书记孙春兰出席开幕式并讲话。饶子和当选为天津市科协第八届委员会主席。

2014 年全国“讲理想、比贡献”活动领导小组办公室工作会议在北京召开。中国科协党组副书记、副主席、书记处书记、全国“讲理想、比贡献”活动领导小组副组长、办公室主任张勤主持会议。

中国科协党组成员、书记处书记徐延豪在北京会见日本科技振兴机构顾问冲村宪树一行。

2 月 28 日　中国科协党组在北京召开理论学习中心组学习扩大会，学习习近平总书记在省部级主要领导干部学习贯彻十八届三中全会精神全面深化改革专题研讨班上的重要讲话精神。党组书记处同志出席会议，机关各部门、各直属单位主要负责同志参加会议。

3 月

3 月 4 日　中国科协与吉林省人民政府签订《落实全民科学素质行动计划纲要共建协议》。

3 月 6 ~ 7 日　2014 年度科协系统青少年科技教育工作研讨会在山东省济南市召开。中国科协党组成员、书记处书记徐延豪出席会议并讲话。

3 月 7 日　全国政协副主席、中国科协主席韩启德看望出席全国政协十二届二次会议的政协科协界委员并参加科协界别会议。

中国科协与辽宁省人民政府签订《落实全民科学素质行动计划纲要共建协议》。

3 月 11 日　中共中央政治局委员、新疆维吾尔自治区党委书记张春贤与中国科协党组就全民科学素质共建工作进行座谈。

3 月 13 日　2014 年地方《科学素质纲要》实施工作会在浙江省杭州市召开。中国科协党组成员、书记处书记徐延豪，中国科协党组成员、中国科技馆馆长束为出席会议。

3 月 14 日　2014 年地方科协科普工作座谈会在浙江省杭州市召开。中国科协党组成员、书记处书记徐延豪，中国科协党组成员、中国科技馆馆长束为出席会议。

全国科学道德和学风建设宣讲教育领导小组 2014 年第一次工作会议在北京召开。中国科协党组副书记、副主席、书记处书记、宣讲教育领导小组组长张勤主持会议并讲话，领导小组副组长黄伯云、林蕙青出席会议。

3 月 17 ~ 20 日　应香港工程师学会、香港科技协进会和澳门科技协进会邀请，中国科协党组成员、书记处书记沈爱民率团赴港澳进行工作访问。

3 月 19 日　中国科协党组副书记、副主席、书记处书记张勤在北京会见日本科技振兴机构理事长中村道治一行。

3 月 21 日　由中国科协发起并组建的“未来地球计划”中国委员会在北京正式成立。中国科协党组副书记、副主席、书记处书记张勤出席会议。

3 月 24 日　中国科协学会党建研究会成立暨学会党建工作座谈会在北京召开。中国科协党组成员、书记处书记、机关党委书记王春法出席会议并致辞，中国科协党组成员、办公厅主任吴海鹰出席会议。

3 月 26 日　中国科协宣传工作座谈会在北京召开。中国科协党组成员、书记处书记王春法出席会议并讲话。

3 月 27 日　由北京交通大学排演的“共和国的脊梁——科学大师名校宣传工程”项目——话剧《茅以升》在北京上演。全国政协副主席、中国科协主席韩启德，十一届全国政协副主席王志珍观看演出。

3月28～30日　中国科协在全国各地举办八大代表学习习近平总书记系列重要讲话读书班。首期读书班在河北省廊坊市举办。中国科协党组书记处全体同志出席，中国社会科学院院长、党组书记王伟光出席并作报告，河北省委副书记赵勇出席并讲话。

3月31日　《中国科协事业发展“十二五”规划》实施中期评估咨询会召开。

四川省成都市科协第八次代表大会召开。中国科协党组副书记、副主席、书记处书记张勤，四川省委常委、成都市委书记黄新初出席大会并讲话。

在瑞典皇家科学院年会颁奖典礼上，中国晶体学会第四届理事会常务理事、清华大学教授施一公荣获2014年爱明诺夫奖。

4月

4月1日　中国航海学会成立35周年纪念仪式在北京举行。中国科协党组成员、书记处书记沈爱民，中国航海学会理事长徐祖远等参加活动。

4月2日　2014中国科协学术建设发布会在北京举行。中国科协副主席、学术与学会工作专委会主任、中国科学院院士李静海，中国科协荣誉委员、学术与学会工作专委会委员、中国科学院院士陈运泰出席发布会。中国科协书记处书记、学术与学会工作专委会副主任沈爱民主持发布会。

中国科协党组成员、书记处书记徐延豪，中国科协党组成员、中国科技馆馆长束为赴北京小米科技有限责任公司就如何利用互联网开展科学传播进行调研。

4月3日　第十七届中国科协求是杰出青年奖评审会议在北京召开。

4月8日　中国网络科普游戏协会筹备工作组第一次会议在北京召开。中国科协党组成员、书记处书记、筹备工作组组长徐延豪，中国科协党组成员、中国科技馆馆长、筹备工作组副组长束为出席会议。

4月9日　江西省科协第七次代表大会在江西省南昌市召开。江西省委书记强卫出席大会并讲话。李华栋当选为江西省科协第七届委员会主席。

中国科协与江西省人民政府签署《落实全民科学素质行动计划纲要共建协议》。

由中国科协、中国科学院、国际科联科学自由与责任委员会主办的科学评估与科研诚信国际研讨会在北京召开。

4月9～11日　中国科协党组成员、书记处书记沈爱民到复旦大学、上海交通大学就基于学术评价导向的我国科技期刊支持政策研究开展专题调研。

4月10日　“科技梦·中国梦——中国现代科学家主题展”全国巡展启动宣传活动在陕西省西安市举办。全国人大常委、中国科协副主席冯长根，陕西省政协副主席李晓东出席活动并致辞。

中国科协对口援藏工作座谈会在辽宁省沈阳市召开。

《“科技工作者之家”建设标准》起草工作协调会在北京召开。中国科协党组成员、书记处书记、机关党委书记王春法出席会议并讲话。

4月15日　由中国核学会等单位联合主办的第十三届中国国际核工业展览会在北京开幕。

政协科协界2014年专题调研协调会在北京召开。全国政协人口资源环境委员会副主任、中国科协决策咨询专委会主任、政协科协界召集人齐让出席会议并讲话。

第三届中国科普作家协会优秀科普作品奖组委会工作会议在北京召开。中国科协党组成员、书记处书记、评奖活动组委会名誉主任徐延豪出席会议并讲话。

4月18日　中国科协、财政部共同下发《关于组织实施2014年“基层科普行动计划”的通知》，正式启动实施2014年“基层科普行动计划”。

4月20日　中国科协党组成员、中国科技馆馆长束为赴四川省郫县调研中国流动科技馆巡展工作情况。

4月22～23日　第四届海峡两岸科学传播论坛在北京举办。中国科协副主席程东红，中国科协党组成员、书记处书记徐延豪出席论坛。

4月23～25日　全国科技工作者状况调查站点培训班在山东省济南市举办。中国科协党组成员、书记处书记王春法出席开幕式并讲话。

4月24日　在国际水文科学大会上，中国自然资源学会水资源专业委员会主任夏军荣获国际水文科学协会、联合国教科文组织、世界气象组织联合颁发的"2014年国际水文科学奖Volker奖章"。

4月25日　2014年度"共和国的脊梁——科学大师名校宣传工程"汇演活动在湖北省武汉市启动。全国政协副主席、中国科协主席韩启德出席启动仪式，观看首演剧目《大地之光》。启动仪式由中国科协党组成员、书记处书记王春法主持。

4月29日　中国科协党组召开理论学习中心组会议，专题学习研讨中共中央政治局常委、中央纪委书记王岐山同志在中央直属机关工委、中央国家机关工委调研时的重要讲话精神。中国科协党组副书记张勤主持会议，党组书记处同志出席会议，机关各部门主要负责同志参加会议。

5月

5月5日　中国科协常委会青年工作专门委员会、中国科协组织人事部在北京召开2014年中国科协中青年科学家座谈会。中国科协党组副书记、副主席、书记处书记、青年工作专门委员会副主任张勤出席座谈会。

"科技梦·中国梦——中国现代科学家主题展"全国巡展济南站活动开幕。中国科协党组成员、书记处书记王春法出席活动并讲话。

5月6日　由中国科协和青海省委共同主办的"弘扬科学道德 践行'三个倡导'奋力实现中国梦"青海报告会在青海省西宁市举行。青海省委常委、宣传部长吉狄马加主持报告会，中国科协党组成员、书记处书记徐延豪出席报告会并致辞。

5月7日　2014年度"共和国的脊梁——科学大师名校宣传工程"汇演剧目音乐剧《爱在天际》在湖北大学进行首演。中国科协党组成员、书记处书记王春法出席首演仪式并致辞。

中国科协党组成员、办公厅主任吴海鹰率队赴上海市，围绕中国科协八大代表服务创新试点工作、推动代表任期制的贯彻落实等进行调研。

5月7～9日　全国"讲理想、比贡献"活动评选表彰工作培训班在广东省广州市举办。中国科协党组副书记、副主席、书记处书记张勤出席开班式并作动员讲话。

5月8日　中国科协副主席程东红当选国际公众科学技术传播组织科学委员会委员。

5月9日　全国高层次科普专门人才指导委员会专题小组工作研讨会在北京召开。中国科协党组成员、书记处书记徐延豪，中国科协党组成员、中国科技馆馆长束为出席会议。

中国科协党组成员、办公厅主任吴海鹰在湖北省武汉市出席湖北省中国科协八大代表服务创新试点工作调研座谈会。

5月9～13日　2014中国·天津投资贸易洽谈会暨PECC国际贸易投资博览会在天津市召开，中国科协组织9家全国学会参加展览。

5月13日　中央纪委常委、中直工委副书记、纪工委书记周福启带队到中国科协调研党建工作。中国科协党组副书记、副主席、书记处书记张勤，中国科协党组成员、办公厅主任吴海鹰出席座谈会。座谈会由中国科协党组成员、书记处书记、机关党委书记王春法主持。

由中国科学院、中国科协和德国马普学会共同主办的“科学隧道 3.0”科普展览在中国科技馆开幕。中国科协党组成员、中国科技馆馆长束为出席开幕式并致辞。

5 月 13 ～ 15 日　中国科协第八届常委会继续教育专委会调研组赴重庆开展学会服务企业科技工作者继续教育工作调研。全国人大常委、中国科协副主席、专委会主任冯长根参加调研。

5 月 16 日　中国科协党组副书记、副主席、书记处书记张勤在北京会见澳门科学技术发展基金行政委员会主席唐志坚一行。

中国农技协专家大讲堂暨广东科协论坛第 59 期专题报告会在广东省广州市举行。

5 月 18 日　中国颗粒学会第六次全国会员代表大会在北京召开。陈运法当选为中国颗粒学会第六届理事会理事长。

5 月 19 日　中国科协党组在北京召开理论学习中心组会议，学习刘云山同志在党的群众路线教育实践活动领导小组视频会议上的重要讲话精神，传达学习中央关于意识形态领域工作有关文件精神。中国科协党组副书记张勤主持会议，党组书记处同志出席会议，机关各部门主要负责同志参加会议。

5 月 20 日　中国科协党组成员、书记处书记徐延豪赴吉林省，就青少年科技教育、科普惠农、科普信息化和社区科普工作进行调研。

中国电机工程学会第十次全国会员代表大会在北京召开。中国科协党组成员、书记处书记沈爱民出席会议并致辞。郑宝森当选为中国电机工程学会第十届理事会理事长。

中国烟草学会第七次全国会员代表大会在北京召开。赵洪顺当选为中国烟草学会第七届理事会理事长。

5 月 21 日　中国造纸学会第七次全国会员代表大会在北京举行。陈学忠当选为中国造纸学会第七届理事会理事长。

5 月 22 日　中国科协党组副书记、副主席、书记处书记张勤在云南省昆明市会见了美国科促会执行主任 Alan Leshner 一行。

5 月 23 日　第十六届中国科协年会科学道德建设论坛在云南省昆明市举行。中国科协党组副书记、副主席、书记处书记张勤，云南省政协副主席罗黎辉，以及 10 余位院士出席论坛。中国科协副主席、科技工作者道德与权益专门委员会主任、中国工程院院士黄伯云主持论坛开幕式。

第十二届全国博士生学术年会在云南省昆明市开幕。中国科协荣誉委员、中国科学院院士杨乐出席开幕式暨大会特邀报告会。

由中国科协和云南省委共同主办的“弘扬科学道德　践行‘三个倡导’奋力实现中国梦”云南报告会在云南省昆明市召开。中国科协党组副书记、副主席、书记处书记张勤出席报告会并致辞。云南省委常委、省委高校工委书记李培主持报告会。

女科学家高层论坛在云南省昆明市举行。十一届全国政协副主席、中国女科技工作者协会会长、中国科学院院士王志珍，中国科协副主席、中国科协常委会女科技工作者专门委员会主任、中国女科技工作者协会常务副会长程东红等出席论坛。

中国科协第八届全国委员会常务委员会第十次会议在云南省昆明市召开。会议由全国政协副主席、中国科协主席韩启德主持。

基于实证的创新政策论坛在云南省昆明市举行。中国科协党组副书记、副主席、书记处书记张勤出席论坛。

中国科协党组副书记、副主席、书记处书记张勤，云南省副省长丁绍祥在云南省昆明市会见出席第十六届中国科协年会的澳门特别行政区代表团。

5 月 24 日 第十六届中国科协年会在云南省昆明市开幕。中共中央政治局委员、中央组织部部长赵乐际出席开幕式并讲话，云南省委书记、省人大常委会主任秦光荣致欢迎词。全国政协副主席、中国科协主席韩启德，十一届全国政协副主席王志珍，中央和国务院有关部委领导同志，云南省领导，解放军有关领导同志，国内外专家、学者共 2000 余人出席大会开幕式。开幕式由中国科协党组副书记、副主席、书记处书记张勤主持。

第十六届中国科协年会专项活动——韩启德主席与云南大学生见面会在云南大学举行。

第十六届中国科协年会人才技术项目签约仪式在云南省昆明市举行。中国科协党组成员、书记处书记王春法、沈爱民，云南省副省长、省人才工作领导小组副组长和段琪出席签约仪式。

中国科协党组副书记、副主席、书记处书记张勤，中国科协党组成员、书记处书记沈爱民在云南省昆明市会见了出席第十六届中国科协年会的港澳代表。

科学大师与博士生面对面活动分三个场次在云南大学、昆明医科大学和昆明理工大学同时举行。中国科协党组副书记、副主席、书记处书记张勤，全国人大常委、中国科协副主席冯长根，中国科协党组成员、书记处书记徐延豪分别出席相关活动。

第十六届中国科协年会国际科学大师论坛在云南师范大学举办。

中国科协第八届常委会促进企业自主创新专门委员会第四次会议在云南省昆明市召开。专委会主任刘玠主持会议，专委会副主任张勤、石定环、宋南平出席会议。

中国科协求是杰出青年奖获奖者座谈会在云南省昆明市举行。中国科协党组副书记、副主席、书记处书记张勤出席座谈会并讲话。会议由中国科协党组成员、办公厅主任吴海鹰主持。

5 月 25 日 云南省党政领导与院士专家座谈会在云南省昆明市举行。全国政协副主席、中国科协主席韩启德，云南省委书记、省人大常委会主任秦光荣出席会议并讲话。云南省委副书记、省长李纪恒主持会议，中国科协党组副书记、副主席、书记处书记张勤，云南省政协主席罗正富出席会议。

中国科技馆发展基金会合展励学金暨农村中学科技馆公益项目捐赠仪式在云南农业大学举行。

第十六届中国科协年会专项活动——两岸四地科技论坛在云南省昆明市举行。中国科协党组副书记、副主席、书记处书记张勤出席活动。

技术创新 · 企业发展论坛在云南省昆明市举行。中国科协副主席、中国科协常委会促进企业自主创新专门委员会主任、中国工程院院士刘玠主持论坛开幕式。

中国科协党组副书记、副主席、书记处书记张勤在云南省昆明市会见了出席第十六届中国科协年会的台湾地区代表。

5 月 26 日 第十六届中国科协年会专项活动——2014 应用能源专家论坛在云南省昆明市举办。

“科技梦 · 中国梦——中国现代科学家主题展”全国巡展南京站活动开幕。中国科协党组成员、书记处书记王春法出席开幕式并讲话。

5 月 28 日 中国科协与内蒙古自治区人民政府签署《关于落实内蒙古“8337”发展思路合作协议》和《落实全民科学素质行动计划纲要共建协议》。

5 月 29 ~ 30 日 内蒙古自治区科协第七次代表大会在呼和浩特市召开。内蒙古自治区党委书记王君出席大会开幕式。牛广明当选为内蒙古科协第七届委员会主席。

5 月 30 日 由中国科协和浙江省委共同主办的“弘扬科学道德 践行‘三个倡导’奋力实现中国梦”浙江巡回报告会在浙江省杭州市举行。中国科协党组成员、书记处书记沈爱民出席报告会并致辞，浙江省政协副主席蔡秀军主持报告会。

6月

6月3日　国际“未来地球计划”与“未来地球计划”中国国家委员会联合研讨会在北京召开。中国科协副主席、中国科学院院士秦大河出席会议。

6月4日　中国科协党组在北京召开理论学习中心组会议，学习习近平总书记在与中办有关部门负责同志和部分家属代表座谈会上的重要讲话精神。中国科协党组副书记张勤主持会议，党组书记处同志出席会议，机关各部门主要负责同志参加会议。

6月4～5日　中国科协首席科学传播专家2014年第一期研讨交流班在北京召开。中国科协党组成员、书记处书记徐延豪出席会议并讲话。

6月5日　中国科协“建家交友”工作研讨会在上海市举行。中国科协党组成员、书记处书记、机关党委书记王春法出席会议并讲话。

6月6日　由中国科协和河南省委共同主办的“弘扬科学道德 践行‘三个倡导’奋力实现中国梦”河南报告会在河南省郑州市举行。中国科协副主席、中国工程院院士卢锡城出席报告会并致辞。河南省委常委、宣传部长赵素萍主持报告会。

6月7日　由中国科协科普部和共青团中央学校部共同主办的2014年全国青年科普创新实验暨作品大赛在北京启动。中国科协党组成员、中国科技馆馆长束为出席启动仪式。

6月7～9日　第二届灾害风险综合研究国际会议在北京举行。中国科协党组副书记、副主席、书记处书记张勤出席开幕式并致辞。

6月10日　青年科技领军人才国情研修班开班式在江西省井冈山干部学院举行。中国科协党组成员、书记处书记徐延豪出席开班式并讲话。

6月11日　中国科协召开学会有序承接政府转移职能试点工作座谈会，正式启动首批试点项目。中共中央政治局委员、国家副主席李源潮，中共中央书记处书记、国务委员兼国务院秘书长杨晶出席会议并讲话。

6月12日　中国科协党组副书记、副主席、书记处书记张勤会见了瑞士文理科学院院长库瓦济埃一行。

2014年“共和国的脊梁——科学大师名校宣传工程”汇演活动总结会在北京举行。中国科协党组副书记、副主席、书记处书记张勤，中国科协党组成员、书记处书记王春法，中国科协党组成员、办公厅主任吴海鹰出席会议。

6月13日　“科技梦·中国梦——中国现代科学家主题展”全国巡展重庆站活动开幕。中国科协党组成员、书记处书记王春法出席开幕式并致辞。

6月13～14日　中国科协党组成员、书记处书记王春法到重庆市调研并召开科技工作者代表座谈会。

6月14日　全国食品安全宣传周中国科协主题日活动在北京举行。中国科协党组成员、中国科技馆馆长束为和国家食品药品监督管理总局党组成员、药品安全总监孙咸泽出席活动启动仪式并致辞。

6月15日　第六届海峡论坛·2014年海峡科技专家论坛在福建省厦门市举行。

6月16日　首次海峡两岸科技社团对接交流会在福建省厦门市举办。

由中国科协和重庆市委共同主办的“弘扬科学道德 践行‘三个倡导’奋力实现中国梦”重庆报告会在重庆市举办。中国科协党组副书记、副主席、书记处书记张勤出席并致辞，重庆市委副书记张国清，市人大常委会副主任沈金强，市政协副主席姜平出席，重庆市副市长吴刚主持报告会。

6月17日　中国科协党组成员、书记处书记徐延豪赴天极传媒集团公司就网络科普工作进行调研。

6月18日　由中国科协和吉林省委共同主办的“弘扬科学道德 践行‘三个倡导’奋力实现中国梦”吉林报告会在吉林省长春市举办。中国科协副主席程东红出席并致辞，报告会由吉林省委副书记竺延风主持。

6月20日　全国“讲理想、比贡献，奋力实现中国梦”宣讲报告会暨启动仪式在北京举行。

由中国科协和宁夏回族自治区党委共同主办的“弘扬科学道德 践行‘三个倡导’奋力实现中国梦”宁夏报告会在宁夏回族自治区银川市举行。宁夏回族自治区党委副书记崔波主持报告会，中国科协党组成员、办公厅主任吴海鹰出席并致辞。

网络科普专题讨论会在北京召开。中国科协党组成员、书记处书记徐延豪，中国科协党组成员、中国科技馆馆长束为出席会议。

全国政协人口资源环境委员会副主任、中国科协决策咨询专委会主任齐让，中国科协党组成员、书记处书记王春法一行到湖北省襄阳市南漳县调研并召开科技工作者代表座谈会。

6月21日　第三届世界灾害护理大会在北京召开。十一届全国政协副主席、中华护理学会名誉理事长张梅颖为大会发来贺信。中国科协党组成员、书记处书记徐延豪出席开幕式并致辞。

6月23日　2014年全国科普创作与产品研发示范团队培训交流会在北京举办。中国科协党组成员、书记处书记徐延豪出席并讲话。

6月24日　由中国科协和甘肃省委共同主办的“弘扬科学道德 践行‘三个倡导’奋力实现中国梦”甘肃报告会在甘肃省兰州市举办。中国科协副主席、国家自然科学基金委员会副主任、中国科学院院士沈岩出席并致辞。

6月24～25日　2014年第二期首席科学传播专家研讨交流班暨第二批首席科学传播专家聘任大会在北京召开。中国科协党组成员、书记处书记徐延豪出席会议，并为首席科学传播专家颁发聘书。

6月25日　中国科协八大代表（河南）座谈会在郑州市举行。中国科协党组成员、书记处书记徐延豪出席会议并讲话。

6月27日　全民科学素质纲要实施工作办公室2014年第二次全体会议在北京召开。中国科协党组成员、书记处书记、全民科学素质纲要实施工作办公室主任徐延豪，中国科协党组成员、中国科技馆馆长束为出席会议。

6月30日　2014年老科学家学术成长资料采集工程领导小组专家委员会会议在北京召开。

7月

7月1日　由中国科协、黑龙江省政府和俄罗斯科工联等单位共同主办的2014中俄工程技术论坛在黑龙江省哈尔滨市开幕。全国人大常委、中国科协副主席冯长根，黑龙江省人民政府副省长孙永波、俄罗斯代表团团长亚历山德罗夫·弗拉基米尔·列昂尼德维奇等出席会议并致辞。

7月1～10日　中国科协代表团访问英国、法国和瑞典。中国科协与有关对口组织签署了合作谅解备忘录。

7月2日　中国科协召开机关、直属单位干部大会。全国政协副主席、中国科协主席韩启德，中央组织部副部长王尔乘出席会议并讲话。会议由中国科协党组副书记、副主席、书记处书记张勤主持。会议宣布了中共中央关于中国科协党组主要负责同志任职的决定，尚勇任中国科协党组书记。

中国科协党组成员、书记处书记徐延豪与新华网股份有限公司总裁田舒斌共同签订网络科普合作协议书。

7月7日　2014—2015年度学科史系列研究项目开题会在北京召开。中国科协党组成员、书记处书记沈爱民出席会议并讲话。

7月8日　中国科协党组书记尚勇在北京会见澳门科技协进会理事长崔世平。中国科协党组成员、书记处书记沈爱民参加会见。

7月10日　中国科协党组成员、书记处书记沈爱民在北京会见美国电气和电子工程师协会2014年当选主席Howard Michel、2012年主席Peter Staecker一行。

2014年苏州第六届国际精英创业周在江苏省苏州市开幕。中国科协副主席程东红出席开幕式，并为姑苏创新创业领军人才颁发奖牌。江苏省委副书记、苏州市委书记石泰峰，苏州市委副书记、市长周乃翔会见了程东红。

7月12日　“2014中国科协夏季科学展——感触前沿科技魅力”正式启动。中国科协党组书记尚勇，中国科协党组成员、书记处书记徐延豪，中国科协党组成员、办公厅主任吴海鹰出席启动仪式。中国科协党组成员、书记处书记沈爱民主持启动仪式。

7月13～14日　中国科协党组在北京召开理论学习中心组学习扩大会，传达学习习近平总书记在中央政治局第十六次集体学习时的重要讲话精神，学习贯彻习近平总书记十八大以来关于科技创新的系列重要讲话精神。中国科协党组书记尚勇主持会议，党组书记处同志出席会议，机关各部门、各直属单位主要负责人参加会议。

7月14～16日　中国菌物学会第六届会员代表大会（2014年学术年会）暨贵州省食用菌产业发展高峰论坛在贵州省贵阳市召开。王成树当选为中国菌物学会第六届理事会理事长。

7月15～19日　第十四届中国青少年机器人竞赛在新疆维吾尔自治区乌鲁木齐市举行。中国科协党组成员、书记处书记徐延豪，新疆维吾尔自治区党委常委尔肯江·吐拉洪，新疆维吾尔自治区副主席田文等出席闭幕式并为获奖者颁奖。

7月16～17日　中国科协党组成员、书记处书记徐延豪赴新疆调研全民科学素质工作。

7月21日　2014年青少年高校科学营北京航空航天大学分营开营式在北京举行。中国科协党组成员、书记处书记徐延豪出席开营式并宣布开营。

第四届全国科技馆馆长培训班在山西省太原市举办。中国科协党组成员、中国科技馆馆长束为出席并讲话。

北京市院士专家工作站工作会议在北京举行。全国人大常委、中国科协副主席冯长根出席会议。

7月22日　由全国政协人口资源环境委员会副主任、中国科协决策咨询专委会主任齐让带队，国务院参事、国家质检总局原副局长葛志荣，中国航天科技集团公司科技委顾问、中国科学院院士叶培建等院士、专家组成的全国政协科协界委员调研组在中国科普研究所，就公民科学素质监测工作开展专题调研。

7月23日　中国科协党组书记尚勇在北京与参加“梦想航天 情系中华——航天科技夏令营”的代表座谈，并看望了参加夏令营的全体营员。

7月23～25日　由全国政协常委、全国政协人口资源环境委员会副主任、中国科协副主席、中国科学院院士秦大河带队，全国政协人口资源环境委员会副主任、中国科协决策咨询专委会主任齐让等专家组成的全国政协科协界委员调研组赴辽宁省就全民科学素质工作进行专题调研。中国科协党组成员、书记处书记、全民科学素质纲要实施工作办公室主任徐延豪参加调研。

7月24日　陕西省科协第八次代表大会在陕西省西安市开幕。中国科协党组书记尚勇、陕西省委书记赵正永出席会议并讲话。蒋庄德当选为陕西省科协第八届委员会主席。

7月25日　中共中央政治局委员、国家副主席李源潮到《知识就是力量》杂志社调研。中国科协党组书记尚勇，中国科协党组成员、书记处书记徐延豪，中国科协党组成员、办公厅主任吴海鹰一同参加调研活动。

中国科协党组成员、中国科技馆馆长束为对黑龙江省科技场馆和流动科技馆等科技馆体系建设工作进行调研，并出席第五届中俄文化大集科技展览暨中国流动科技馆巡展黑河站启动仪式。

7月26日　由中华中医药学会主办的第二届岐黄论坛在北京举行。全国政协副主席、农工党中央常务副主席刘晓峰，国家卫生计生委副主任、国家中医药管理局局长、中华中医药学会会长王国强，中国科协党组成员、书记处书记沈爱民出席论坛并讲话。

由共青团中央、教育部、中国科协、全国学联、浙江省人民政府共同主办的 2014 年"挑战杯——彩虹人生"全国职业学校创新创效创业大赛决赛在浙江省杭州市开幕。

7月28日　中国科协党组在北京召开理论学习中心组学习扩大会，进一步深入学习习近平总书记关于科技创新的系列重要讲话精神，全面落实习近平总书记、中央书记处对科协工作的总要求。中国科协党组书记尚勇主持会议，党组书记处同志出席会议，机关各部门、各直属单位主要负责人参加会议。

7月30日　中国科协八大代表调研成果评审会召开。全国政协人口资源环境委员会副主任、中国科协决策咨询专委会主任齐让主持会议，中国科协党组成员、办公厅主任吴海鹰出席会议并介绍调研课题专项资助工作情况。

7月30日～8月1日　中国植物病理学会第十届全国会员代表大会暨2014年学术年会在辽宁省沈阳市召开。彭友良当选为中国植物病理学会第十届理事会理事长。

8月

8月1日　由中国科协主办、中国科普期刊研究会承办的2014年"公众喜爱的科普作品"推介活动正式启动。

8月1～7日　中国科协邀请27位院士、专家赴贵州省贵阳市开展科学家暑期考察休假活动。活动期间，中国科协和贵州省政府共同举办了主题为"新医药与健康养生产业"的院士专家与贵州省党政领导干部座谈会。

8月2日　第21届全国科普理论研讨会在黑龙江省哈尔滨市召开。中国科协党组成员、书记处书记徐延豪出席会议，并在黑龙江省大庆市、林甸县调研全民科学素质工作。

8月3～6日　由全国政协常委、国家自然科学基金委员会原副主任、中国科学院院士沈文庆带队，中国科学院理论物理研究所原所长、中国科学院院士欧阳钟灿等院士、专家组成的全国政协科协界委员专题调研组，赴广东省就如何更好地发挥学术团体作用开展调研。

8月4日　中国化学会第29届学术年会在北京开幕。中国科协党组书记尚勇，中国科学院院长、中国科协荣誉委员白春礼，中国化学会理事长、中国科协副主席姚建年，北京大学校长、中国科协常委王恩哥出席开幕式并致辞。

8月5～8日　中国植物生理与植物分子生物学学会第十一次全国会员代表大会暨学术年会在贵州省贵阳市召开。陈晓亚当选为中国植物生理与植物分子生物学学会第十一届理事会理事长。

8月6日　"科技梦·中国梦——中国现代科学家主题展"全国巡展乌鲁木齐站开幕。新疆维吾尔自治区党委常委尔肯江·吐拉洪，中国科协党组成员、书记处书记王春法等出席开幕式。

8月6～8日　中国科协党组成员、书记处书记沈爱民及第四届中国湖泊论坛调研组专家一行9人，实地调研考察了巢湖、太平湖、新安江流域湖泊治理与生态保护。

8月7日	由中国科协决策咨询专门委员会主办、新疆科协承办的丝绸之路经济带建设与科技支撑研讨会在新疆维吾尔自治区乌鲁木齐市召开。中国科协党组成员、书记处书记王春法出席会议并讲话。
8月9～10日	中国解剖学会第十三次全国会员代表大会在北京召开。张绍祥当选为中国解剖学会第十三届理事会理事长。
8月11日	中国科协党组在《人民日报》发表理论学习文章《新时期推动科技创新的行动指南——深入学习贯彻习近平同志关于科技创新的重要论述》。
8月16日	中国人工智能学会第七次全国会员代表大会在江西省南昌市举行。中国科协副主席卢锡城出席大会并讲话。李德毅当选为中国人工智能学会第七届理事会理事长。 中国科协海智计划示范项目、江西“海智计划”工作站授牌仪式在南昌市举行。中国科协副主席、中国工程院院士卢锡城为海智计划示范项目——洪都先进智能产业技术创新中心授牌。
8月17日	第三十一届国际无线电科学（联盟）大会在北京开幕。工业和信息化部部长苗圩、中国科协党组书记尚勇出席开幕式并致辞。开幕式由中国电子学会理事长、陕西省省长娄勤俭主持。 沙漠化恢复与土地利用国际研讨会暨第六届中日韩女科学家论坛在内蒙古自治区通辽市召开。第十一届全国政协副主席、中国女科技工作者协会会长王志珍致开幕词，论坛开幕式由中国科协副主席、女科技工作者专委会主任、中国女科技工作者协会常务副会长程东红主持。
8月17～20日	第80届国际图书馆联合会代表会议在法国里昂召开。中国科协科技期刊在图联大会附设展会成功展出。中国科协党组成员、书记处书记沈爱民率团参展。
8月18日	中国科协党组在北京召开理论学习中心组学习会，认真学习《新自由主义的经济成绩单》等有关文件精神。中国科协党组书记尚勇主持会议，党组书记处同志出席会议，机关各部门主要负责人参加会议。
8月19～20日	中国科协党组书记尚勇赴四川省成都市、雅安市、眉山市，就科协组织服务地方经济社会发展、农村专业技术协会服务现代农业发展等工作进行调研。四川省委副书记、省长魏宏会见尚勇一行。
8月19～21日	由全国政协人口资源环境委员会副主任、中国科协决策咨询专委会主任齐让带队，国务院参事、十一届全国政协委员、中国出入境检验检疫协会会长葛志荣等院士、专家组成的全国政协科协界委员调研组赴北京市、重庆市，围绕“实施创新驱动发展战略，结合科协工作为‘十三五’规划建言献策”进行调研。
8月21～23日	中国生物化学与分子生物学会第十一次全国会员代表大会暨2014年全国学术会议在福建省厦门市召开。中国科协党组成员、中国科技馆馆长束为出席会议并讲话。李林当选为中国生物化学与分子生物学会第十一届理事会理事长。会后，束为就流动科技馆、科普大篷车和科技馆工作进行专题调研。 中国创造学会第五次全国会员代表大会在上海市召开。裴刚当选为中国创造学会第五届理事会理事长。
8月21～25日	第29届全国青少年科技创新大赛在北京举行。中共中央政治局委员、国家副主席李源潮参观参赛作品，并出席总结会。
8月22日	中国青年科技工作者协会第五届会员代表大会在北京开幕。中共中央政治局委员、国家副主席李源潮出席并作重要讲话。团中央书记处第一书记秦宜智在开幕式上致辞，中国科协党组书记尚勇应邀出席会议并代表人民团体致辞。

8月22～24日　全国政协科协界委员调研组就如何更好发挥女科技工作者作用，赴上海市、浙江省杭州市、湖北省武汉市进行专题调研。调研组由全国政协人口资源环境委员会副主任、中国科协常委会决策咨询专门委员会主任齐让带队。

8月23日　中国科协常委会决策咨询专门委员会在吉林省长春市举办第三届中国科技政策论坛。全国政协人口资源环境委员会副主任、中国科协常委会决策咨询专门委员会主任齐让，中国科协党组成员、书记处书记、中国科协常委会决策咨询专门委员会副主任王春法出席论坛并作主旨报告。

中国腐蚀与防护学会第九次全国会员代表大会在广西壮族自治区桂林市召开。王福会当选中国腐蚀与防护学会第九届理事会理事长。

8月28日　中国科协2014年度引领地方学会能力提升项目评审会在北京召开。中国科协党组成员、书记处书记沈爱民担任评审专家委员会主任并主持会议。

8月28日～9月4日　中国科协促进农村和少数民族地区发展专门委员会、科学技术普及专门委员会的部分委员赴青海省开展科普能力建设调研。

8月29日　中国癌症防控战略研讨会暨中国抗癌协会成立30周年座谈会在天津市举行。中国科协党组成员、书记处书记沈爱民，中国工程院院士、中国抗癌协会理事长、天津市肿瘤研究所所长郝希山等出席会议。

8月31日～9月4日　国际科学理事会第三十一届全体大会在新西兰奥克兰召开。中国科协党组副书记、副主席、书记处书记张勤率中国科协代表团出席大会。经英国皇家学会、中国科协联合提名，中国科协副主席、中国科学院副院长李静海当选国际科学理事会副主席。

9月

9月1日　中国科协党组书记尚勇就实施京津冀协同发展和推进创新驱动发展战略到河北省保定市调研。

9月1～4日　中国科协党组副书记、副主席、书记处书记张勤赴新西兰参加国际科联第三十一届全体大会。

9月2日　中国科协在北京举行“科技界践行社会主义核心价值观”座谈会。中国科协党组书记尚勇出席座谈会并讲话。会议由中国科协党组成员、书记处书记王春法主持，中国科协党组成员、中国科技馆馆长束为出席座谈会。

由中国科协、中国国际光电博览会组委会主办的第16届中国国际光电博览会暨中国智慧城市创新产业大会在广东省深圳市开幕。中国科协副主席、中国工程院院士邓中翰出席开幕式并致辞。

9月2～5日　第九届联合国互联网治理论坛在土耳其伊斯坦布尔召开。中国科协党组成员、办公厅主任吴海鹰率领中国科协咨商代表团参加论坛。

9月3日　由中国科协、中国工程院、新疆维吾尔自治区人民政府共同主办的第三届信息化创新新疆克拉玛依国际学术论坛在新疆维吾尔自治区克拉玛依市开幕。中国科协党组成员、书记处书记沈爱民出席开幕式并致辞。

9月4日　中国科协在北京发布《科技工作者践行社会主义核心价值观倡议书》。

9月5日　由中国科学院院士、中国科学院物理研究所学术委员会副主任、磁学国家重点实验室主任沈保根带队，中国工程院院士、中国石油化工集团公司科学技术委员会顾问、总工程师曹湘洪等院士、专家组成的全国政协科协界委员调研组赴中国化学会，就如何更好地发挥学术团体作用进行专题调研。

9月9日　中国科协党组在北京召开理论学习中心组学习会，传达学习习近平总书记在中央财经领导小组第七次会议上的重要讲话和在庆祝全国人民代表大会成立60周年大会上的重要讲话精神。中国科协党组书记尚勇主持会议，党组书记处同志出席会议，机关各部门主要负责人参加会议。

9月10日　中国科协党组书记尚勇，中国科协党组成员、书记处书记徐延豪，中国科协党组成员、中国科技馆馆长束为与新华社副社长兼常务副总编辑、党组成员周树春，新华网董事长、总裁、党组书记田舒斌一行进行工作会谈，就进一步推动科普信息化建设进行了商讨。

9月11日　首届河北省科协年会在河北省沧州市召开。河北省委副书记赵勇出席开幕式并讲话。中国科协党组成员、中国科技馆馆长束为出席会议。

9月11～12日　中国科协2014海峡两岸青年科学家学术活动月系列活动首场研讨会——2014海峡两岸超仿棉加工技术应用研究青年科学家研讨会在江苏省太仓市召开。中国科协党组成员、书记处书记沈爱民出席开幕式并致辞。

中国科协发展理论研讨会在北京举办。中国科协党组成员、书记处书记王春法出席会议并作主旨报告。

9月12日　中国科协党组书记尚勇在北京会见世界科学中心峰会国际程序委员会主席、日本科学未来馆馆长毛利卫一行。中国科协副主席程东红，中国科协党组成员、中国科技馆馆长束为参加会见。

中国科协党组成员、书记处书记徐延豪在北京会见瑞士阳光动力公司首席执行官安德烈·博尔施博格一行。

第八届中国肿瘤学术大会暨第十三届海峡两岸肿瘤学术会议在山东省济南市召开。中国科协党组成员、书记处书记沈爱民，中国抗癌协会理事长、中国工程院院士郝希山等出席会议。

9月15日　中国科协第五次机关和直属单位团员代表大会在北京召开。中国科协党组成员、书记处书记王春法出席大会。

中国农业机械学会第十次全国会员代表大会在北京召开。罗锡文当选为中国农业机械学会第十届理事会理事长。

9月16日　由中国科协、教育部、中国科学院、中国社会科学院、中国工程院、北京市政府共同主办的2014年首都高校科学道德和学风建设宣讲教育报告会在北京人民大会堂举行。全国政协副主席、中国科协主席韩启德出席并致辞。中国科协党组书记尚勇和党组书记处同志参加报告会并会见了报告专家。报告会由教育部副部长、党组成员杜占元主持。

第一期中国科协全国学会决策咨询高端沙龙在北京举行。全国政协人口资源环境委员会副主任、中国科协决策咨询专委会主任齐让，中国科协党组成员、书记处书记王春法出席活动。

9月17日　由中国科协和安徽省委共同主办的“弘扬科学道德　践行‘三个倡导’奋力实现中国梦”安徽报告会在安徽省合肥市举行。

9月18日　第二届中国“两弹一星”历史研究高层论坛暨纪念第一颗原子弹爆炸成功50周年座谈会在北京举行。中央军委原副主席迟浩田，中国科协党组副书记、副主席、书记处书记张勤，中国核学会理事长李冠兴等出席会议。

中国科协决策咨询专门委员会主办的2014年环首都区域生态建设研讨会在河北省唐山市召开。中国科协党组成员、书记处书记王春法出席会议并讲话。

9月19日　由中国科协和黑龙江省委共同主办的“弘扬科学道德　践行‘三个倡导’奋力实现中国梦”黑龙江报告会在黑龙江省哈尔滨市举行。中国科协党组成员、书记处书记王春法出席报告会并致辞，黑龙江省委常委、宣传部长张效廉主持报告会。

9月20日 中共中央政治局常委、中央书记处书记刘云山等到中国科技馆出席全国科普日北京主场活动。

中国科协与百度公司在北京签署《科普信息化建设战略合作框架协议》。

9月21日 2014中国国际科教影视展评暨制作人年会“中国龙奖”颁奖典礼在广东省深圳市举办。中国科协副主席程东红出席颁奖典礼。

9月22日 中国科协八大代表服务创新试点工作总结会在北京举行。中国科协党组书记尚勇出席会议并讲话，中国科协党组成员、办公厅主任吴海鹰主持会议并作总结讲话。

由中国科协和西藏自治区党委共同主办的“弘扬科学道德 践行‘三个倡导’奋力实现中国梦”西藏报告会在西藏自治区拉萨市举行。报告会由西藏自治区党委书记陈全国主持，中国科协党组成员、书记处书记王春法出席报告会并致辞。

中华预防医学会第五次全国会员代表大会在北京召开。全国政协副主席、中国科协主席韩启德发来贺信。中国科协党组副书记、副主席、书记处书记张勤，国家卫生计生委副主任王国强等出席大会。王陇德当选为中华预防医学会第五届理事会会长。

9月22～23日 中国科协2014海峡两岸青年科学家学术活动月启动仪式暨海峡两岸实验力学青年科学家研讨会在台湾中兴大学召开。中国科协党组成员、书记处书记沈爱民出席开幕式并致辞。

9月24日 中国科协2014年海外智力为国服务计划联席会议在浙江省宁波市开幕。中国科协党组副书记、副主席、书记处书记张勤，中国科协荣誉委员、中国科学院院士赵忠贤出席开幕式。

9月26日 中国科协八届十一次常委会议在北京召开。会议由全国政协副主席、中国科协主席韩启德主持。会议表决通过，尚勇任中国科协第八届全国委员会常务委员会书记处第一书记。

中国科协第八届常委会促进企业自主创新专门委员会调研组赴北京小米科技有限责任公司开展自主创新情况调研。中国科协副主席、专委会主任刘玠，中国科协党组副书记、副主席、书记处书记、专委会副主任张勤，专委会副主任宋南平等参加调研。

9月30日 中国科协第八届常委会科技与人文专门委员会调研组赴“老科学家学术成长资料采集工程”馆藏基地，就进一步做好科技人物宣传和科学精神弘扬等工作开展专题调研。专委会主任方新、专委会副主任王春法等参加调研。

10月

10月9～10日 全国科协系统对口援藏工作会议在西藏自治区拉萨市召开。中国科协党组书记、书记处第一书记尚勇出席会议并讲话，西藏自治区党委副书记、自治区人大常委会主任白玛赤林致辞。

10月10日 中国科协印发《中国科协关于实施创新驱动助力工程的意见》。

中国自然资源学会第七次全国会员代表大会暨2014年学术年会在河南省郑州市召开。中国自然资源学会名誉理事长、中国科学院院士孙鸿烈，全国人大常委、中国科协副主席冯长根出席开幕式并讲话。成升魁当选为中国自然资源学会第七届理事会理事长。

中国工艺美术学会第四次全国会员代表大会在北京召开。陶小年当选为中国工艺美术学会第四届理事会理事长。

中国系统仿真学会第七次全国会员代表大会在陕西省西安市召开。赵沁平当选为中国系统仿真学会第七届理事会理事长。

第十七期中国科协所属全国学会秘书长沙龙在浙江省舟山市举办。中国科协党组成员、书记处书记沈爱民出席活动。

10月11日　中国气象学会成立90周年座谈会在山东省青岛市举行。全国人大常委、中国科协副主席冯长根，中国科协副主席、中国气象学会理事长秦大河，中国气象局局长、中国气象学会名誉理事郑国光等出席会议并致辞。

10月12～15日　中国科协2014年县级科协主席培训班在云南省昆明市举办。中国科协党组成员、书记处书记沈爱民出席开班式并讲话。

10月13日　中国科协党组在北京召开理论学习中心组学习会，深入学习习近平总书记在党的群众路线教育实践活动总结大会上的重要讲话精神，研究贯彻落实措施。中国科协党组书记、书记处第一书记尚勇主持会议，党组书记处同志出席会议，机关各部门主要负责人参加会议。

中国科协党组书记、书记处第一书记尚勇在北京会见了《华盛顿协议》考查小组一行。

10月14日　中国科协和河北省政府在河北省保定市签订了《关于实施创新驱动发展战略建设创新型河北合作协议》。中国科协党组书记、书记处第一书记尚勇，河北省委副书记、河北省省长张庆伟分别代表双方签署协议。

由中国科协和新疆维吾尔自治区党委共同主办的“弘扬科学道德 践行‘三个倡导’奋力实现中国梦”新疆报告会在新疆维吾尔自治区乌鲁木齐市举行。自治区党委常委、宣传部部长李学军主持报告会，中国科协党组成员、中国科技馆馆长束为出席并致辞。

10月15日　由中国科协和新疆生产建设兵团党委共同主办的“弘扬科学道德 践行‘三个倡导’奋力实现中国梦”兵团报告会在新疆生产建设兵团石河子市举行。兵团党委常委、副司令宋建业主持报告会，中国科协党组成员、中国科技馆馆长束为出席并致辞。

10月17～22日　由中国科协、中国科协农技中心、西藏自治区科协、福建省科协主办的2014年对口支援西藏林芝地区科协主席及科普带头人培训班在福建省福州市和厦门市举办。

10月18日　中国免疫学会第七次全国会员代表大会在山东省济南市召开。田志刚当选为中国免疫学会第七届理事会理事长。

10月18～20日　第十六届中国管理科学学术年会暨中国优选法统筹法与经济数学研究会第九次全国会员代表大会在山西省太原市召开。池宏当选为中国优选法统筹法与经济数学研究会第十六届理事会理事长。

10月19日　中国航空学会第九次全国会员代表大会在北京召开。中国科协党组成员、书记处书记沈爱民出席会议并致辞。林左鸣当选为中国航空学会第九届理事会理事长。

10月21～24日　中国感光学会第九次全国会员代表大会暨2014年学术年会在北京召开。蒲嘉陵当选为中国感光学会第九届理事会理事长。

10月22日　由中国科协和广西壮族自治区党委共同主办的“弘扬科学道德 践行‘三个倡导’奋力实现中国梦”广西报告会在广西壮族自治区南宁市举行。全国政协人口资源环境委员会副主任、中国科协决策咨询专委会主任齐让出席报告会并致辞，广西壮族自治区党委常委、宣传部部长沈北海主持报告会。

10月23～24日　第四届中国湖泊论坛在安徽省合肥市举行。中国科协党组成员、书记处书记沈爱民，安徽省政协副主席夏涛出席开幕式并致辞。

10月24日　由中国科协和江苏省委共同主办的“弘扬科学道德 践行‘三个倡导’奋力实现中国梦”江苏报告会在江苏省南京市举行。

10月24～26日　中国系统工程学会第九次全国会员代表大会暨第十八届学术年会在安徽省合肥市召

开。汪寿阳当选为中国系统工程学会第九届理事会理事长。

10月24～27日　　中国生理学会第24次全国会员代表大会暨生理学学术大会在上海市召开。王晓民当选为中国生理学会第24届理事会理事长。

10月25～26日　　首届中国大地测量和地球物理学学术大会在北京召开。国际大地测量和地球物理学联合会中国委员会主席、中国科学院院士吴国雄，国际大地测量和地球物理学联合会中国委员会副主席、中国科协副主席、中国科学院院士秦大河，中国科协副主席、中国工程院院士谢克昌出席大会。

10月27日　　中国科协党组在北京召开理论学习中心组学习扩大会，传达学习党的十八届四中全会精神和习近平总书记重要讲话精神。中国科协党组书记、书记处第一书记尚勇主持会议。中国科协党组书记处同志出席会议，机关各部门、各直属单位主要负责人参加会议。

中国天文学会2014年学术年会暨第十三次全国会员代表大会在陕西省西安市召开。武向平当选为中国天文学会第十三届理事会理事长。

中国兵工学会第八次全国会员代表大会在北京召开。尹家绪当选为中国兵工学会第八届理事会理事长。

10月28日　　新疆维吾尔自治区科协第八次代表大会在乌鲁木齐市开幕。中共中央政治局委员、自治区党委书记张春贤，中国科协党组书记、书记处第一书记尚勇出席开幕式并讲话。新疆维吾尔自治区人大常委会副主任王永明当选为新疆科协第八届委员会主席。

中国科协党组书记、书记处第一书记尚勇一行赴新疆生产建设兵团进行调研。中国科协党组成员、办公厅主任吴海鹰参加调研。兵团党委书记、政委车俊，兵团党委副书记、司令员刘新齐会见了尚勇一行。

10月28～30日　　国际科学院组织科学教育国际研讨会在北京召开。中国科协副主席、大会主席程东红出席并致辞。

10月29日　　第14届“明天小小科学家”奖励活动颁奖典礼在北京举行。中国科协党组书记、书记处第一书记尚勇，中国科学院副院长、中国科学院院士詹文龙，中国工程院副院长、中国工程院院士陈左宁，国家自然科学基金委员会副主任何鸣鸿，中国科协党组成员、书记处书记徐延豪，中国科协党组成员、办公厅主任吴海鹰，香港周凯旋基金会董事张培薇出席颁奖典礼并为获奖学生颁奖。

学会有序承接政府转移职能试点工作交流会在北京召开。中国科协党组成员、书记处书记沈爱民出席交流会并讲话。

10月29～31日　　中国作物学会第十次全国会员代表大会暨2014年学术年会在江苏省南京市召开。翟虎渠当选为中国作物学会第十届理事会理事长。

10月30日　　杨衍忠同志先进事迹报告会在北京举行。中国科协党组书记、书记处第一书记尚勇出席报告会并讲话。尚勇向杨衍忠同志亲属颁发了追授杨衍忠“全国优秀科技工作者”的证书和奖牌。

中国科协党组成员、书记处书记沈爱民会见国际科技和医学出版商协会首席执行官Michael A. Mabe一行。

10月31日～11月1日　　第七届海洋强国战略论坛暨2013年海洋科学技术奖颁奖仪式在江苏省南京市举行。中国科协党组成员、书记处书记沈爱民出席论坛并讲话。

11月

11月1日　　中国工程热物理学会第七次全国会员代表大会在陕西省西安市召开。金红光当选为中国工程热物理学会第七届理事会理事长。

2014 年中国科技传播论坛暨中国科技新闻学会第十二次学术年会在北京召开。中国科协党组成员、书记处书记徐延豪出席会议并致辞。

11 月 3 日　中共中央政治局委员、国家副主席李源潮在北京会见杨衍忠先进事迹报告团。中国科协党组书记、书记处第一书记尚勇，中国科协党组成员、办公厅主任吴海鹰陪同会见。

11 月 4 日　中共中央政治局委员、国家副主席李源潮在北京与科普创作工作者代表座谈。中国科协党组书记、书记处第一书记尚勇主持会议。中国科协党组成员、书记处书记徐延豪汇报了全国科普创作工作情况。

11 月 5 日　第六届全国优秀科技工作者评审会在北京召开。中国科协党组书记、书记处第一书记尚勇主持会议。

中国气象学会第 28 次全国会员代表大会在北京召开。中国科协党组书记、书记处第一书记尚勇，中国气象局党组书记、局长郑国光出席开幕式并讲话。中国科协副主席、中国气象学会第 27 届理事会理事长、中国科学院院士秦大河等出席会议。王会军当选为中国气象学会第 28 届理事会理事长。

11 月 5 ~ 7 日　由中国科协青少年科技中心、中国青少年科技辅导员协会和河南省科协共同主办的第五届“熊博士”全国青少年科学影像节展评活动在河南省郑州市举办。中国科协副主席、中国青少年科技辅导员协会理事长、中国工程院院士陈赛娟出席活动并讲话。

11 月 6 日　由中国科协和海南省委共同主办的“弘扬科学道德　践行‘三个倡导’奋力实现中国梦”海南报告会在海南省海口市举行。

全国高层次科普专门人才培养专题研讨会在安徽省芜湖市召开。中国科协党组成员、书记处书记、全国高层次科普专门人才培养指导委员会主任委员徐延豪出席会议并讲话。中国科协党组成员、中国科技馆馆长、全国高层次科普专门人才培养指导委员会副主任委员束为出席会议。

11 月 7 日　由中国科协和安徽省政府共同主办的第六届中国（芜湖）科普产品博览交易会在安徽省芜湖市开幕。中国科协党组成员、书记处书记徐延豪出席开幕式并致辞，中国科协党组成员、中国科技馆馆长束为出席开幕式。

11 月 7 ~ 9 日　中国真空学会第八次全国会员代表大会暨 2014 学术年会在广东省广州市召开。许宁生当选为中国真空学会第八届理事会理事长。

11 月 10 ~ 14 日　中国科协副主席程东红率中国科协代表团赴俄罗斯克拉斯诺亚尔斯克市出席 21 世纪宇航和信息技术国际科技大会，并与国际科学工程协会联合会就 2015 年合作事宜进行洽谈。

11 月 13 日　中共中央政治局委员、广东省委书记胡春华，省委副书记、省长朱小丹，省委常委林雄、林木声等会见了中国科协党组书记、书记处第一书记尚勇。

中国科协党组副书记、副主席、书记处书记张勤在北京会见匈牙利国家创新局主席 SPALLER Endre 一行。

11 月 13 ~ 14 日　第十届中国科技期刊发展论坛在广东省广州市举行。中国科协党组书记、书记处第一书记尚勇出席会议并讲话。中国科协副主席、中国科学院副院长、中国科学院院士李静海，广东省委常委、统战部部长林雄等出席会议。中国科协党组成员、书记处书记沈爱民主持开幕式。

11 月 15 日　中国力学学会第十次全国会员代表大会暨第九届、第十届理事会扩大会议在上海市召开。中国科协党组书记、书记处第一书记尚勇，国家自然科学基金委员会主任杨卫，上海市副市长赵雯，中国力学学会第九届理事会理事长胡海岩等出席大会并致辞。杨卫当选为中国力学学会第十届理事会理事长。

中国基本建设优化研究会第七次全国会员代表大会在北京召开。全国人大常委、中国科协副主席冯长根出席会议。厉无畏当选为中国基本建设优化研究会第七届理事会会长。

11 月 16 日　中国科协党组书记、书记处第一书记尚勇一行赴新华网调研科普信息化建设工作，并与新华社副社长、党组成员于绍良共同为“科普中国研发与传播基地”揭牌。中国科协党组成员、书记处书记徐延豪，新华网董事长、总裁田舒斌代表双方签订“科普中国研发与传播基地”共建协议。

11 月 17 ~ 20 日　中国动物学会第十七次全国会员代表大会暨学术讨论会、中国动物学会成立八十周年纪念会在广东省广州市举行。孟安明当选为中国动物学会第十七届理事会理事长。

11 月 18 日　中国科协党组书记、书记处第一书记尚勇在安徽省出席 2014 年中国电机工程学会年会开幕式，并就企业科协工作进行调研。安徽省委书记、省人大常委会主任张宝顺会见尚勇。

由中国科协和湖南省委共同主办的“弘扬科学道德 践行‘三个倡导’奋力实现中国梦”湖南报告会在湖南省长沙市举行。中国科协副主席、湖南省科协主席、中国工程院院士黄伯云出席报告会并致辞，湖南省政府副秘书长黄卫东主持报告会。

11 月 18 ~ 21 日　中国科协第八届常委会继续教育专委会赴浙江省开展科协系统施教机构继续教育工作开展情况及学会服务民营企业科技工作者继续教育工作调研。全国人大常委、中国科协副主席、专委会主任冯长根，中国科协党组成员、书记处书记、专委会副主任沈爱民等参加调研。

11 月 19 日　由中国发明协会主办的第八届国际发明展览会在江苏省昆山市开幕。中国科协党组副书记、副主席、书记处书记张勤，江苏省委副书记、苏州市委书记石泰峰出席开幕式并讲话。

11 月 19 ~ 20 日　中国科协党组书记、书记处第一书记尚勇在湖北省武汉市就科协服务经济建设工作进行调研。湖北省委书记、省人大常委会主任李鸿忠会见尚勇一行。

11 月 20 日　全国政协副主席、中国科协主席韩启德在中山大学召开座谈会，就中学生英才计划实施情况进行专题调研。

11 月 21 日　第三届世界低碳生态经济高峰论坛在江西省南昌市举行。全国政协副主席、中国科协主席韩启德，江西省委书记强卫出席论坛并致辞。中国科协党组书记、书记处第一书记尚勇出席论坛。江西省省长鹿心社主持论坛。

11 月 21 ~ 22 日　中华中医药学会第六次全国会员代表大会在北京举行。全国政协副主席罗富和，中国科协党组书记、书记处第一书记尚勇出席大会。王国强当选为中华中医药学会第六届理事会会长。

11 月 21 ~ 23 日　中国科协第八届常委会青年工作专委会调研组赴江苏省苏州市，就 35 岁以下青年科技人才状况进行专题调研。专委会副主任冯长根、张勤等参加调研。

11 月 25 日　2014 年中国科协三峡科技出版资助计划终评会在北京召开。中国科协党组成员、书记处书记沈爱民出席会议。

11 月 26 日　中央第十巡视组专项巡视中国科协工作动员会召开。全国政协副主席、中国科协主席韩启德出席会议并讲话。中国科协党组书记、书记处第一书记尚勇主持会议并作动员讲话，中央第十巡视组组长叶冬松就即将开展的专项巡视工作作了讲话。

全民科学素质纲要实施工作办公室 2014 年第三次全体会议在北京召开。中国科协党组书记、书记处第一书记尚勇，中国科协党组成员、书记处书记、全民科学素质纲要实施工作办公室主任徐延豪，中国科协党组成员、中国科技馆馆长束为出席会议。

中国动力工程学会第六次全国会员代表大会在上海市召开。黄迪南当选为中国动力工程学会第十届理事会理事长。

11月28日　2014全国政协科协界委员专题调研工作座谈会在北京召开。全国政协教科文卫体委员会副主任、中国科协原常务副主席、党组书记、书记处第一书记邓楠，全国政协人口资源环境委员会副主任、中国科协决策咨询专委会主任齐让，中国科协党组副书记、副主席、书记处书记张勤等在京全国政协科协界委员出席座谈会。

11月29日　中国声学学会第八次全国会员代表大会在江苏省南京市召开。王小民当选为中国声学学会第八届理事会理事长。

12月

12月2日　中国科协创新评估专家座谈会在北京举行。全国政协副主席、中国科协主席韩启德出席会议并讲话。中国科协党组书记、书记处第一书记尚勇主持座谈会。

12月2～4日　全国学会新任理事长、秘书长培训班在北京举办。中国科协党组成员、书记处书记沈爱民出席培训班并作专题报告。

12月4日　中国科协信息化工作领导小组第一次会议在北京召开。中国科协党组成员、办公厅主任、信息化工作领导小组组长吴海鹰主持会议。

12月5日　2014年中国科协海智计划基地工作会议在北京召开。中国科协党组书记、书记处第一书记尚勇，中国科协党组副书记、副主席、书记处书记张勤出席会议并讲话。

中国科协印发《中国科协关于实施学会创新和服务能力提升工程的意见》。

中国流行色协会第九次全国会员代表大会在山东省青岛市召开。梁勇当选为中国流行色协会第九届理事会会长。

12月5～8日　中国化学会第十次全国会员代表大会在云南省昆明市召开。全国人大常委、中国科协副主席冯长根出席会议并致辞。姚建年当选为中国化学会第29届理事会理事长。

12月6日　全国科学道德和学风建设宣讲教育工作座谈会在北京召开。中国科协党组副书记、副主席、书记处书记、宣讲教育领导小组组长张勤主持会议，中国科协副主席、领导小组副组长黄伯云出席会议。

12月6～8日　2014年科学道德和学风建设宣讲教育专题研究班在北京举办。中国科协党组副书记、副主席、书记处书记、宣讲教育领导小组组长张勤，领导小组副组长林蕙青、黄伯云、邓勇，中国工程院副秘书长吴国凯出席开班式。

12月8日　主题为“科学家的社会责任”的2014中国科协热点问题学术报告会在北京举办。中国科协党组成员、书记处书记、中国科协学术与学会工作专门委员会副主任沈爱民出席会议并讲话。

12月10日　中国科协印发《中国科协关于加强科普信息化建设的意见》的通知。

中国科协科普信息化建设领导小组第一次会议暨专家指导委员会第一次会议召开。中国科协党组书记、书记处第一书记尚勇出席会议并讲话。中国工程院院士、中国科协副主席赵沁平，中国科协党组成员、中国科技馆馆长束为参加会议。会议由中国科协党组成员、书记处书记徐延豪主持。

由全国政协教科文卫体委员会副主任，中国科协原常务副主席、党组书记，书记处第一书记邓楠率领的中国科协高层专家考察团赴山东省青岛市调研企业科协和院士工作站建设情况。

12月11日　中学生英才计划2013—2014年度工作总结会在北京召开。全国政协副主席、中国科协主席、中学生英才计划专家咨询委员会主任韩启德，中国科协党组书记、书记处第一书记尚勇，教育部部长助理、党组成员林蕙青出席会议并讲话。中国科协党组成员、办公厅主任吴海鹰出席会议。中国科协党组成员、书记处书记徐延豪主持会议。

12 月 11 ~ 12 日　第三届山地城镇可持续发展专家论坛在四川省攀枝花市召开。中国科协党组成员、书记处书记沈爱民出席大会并致辞。

12 月 12 日　中国科协党组学习贯彻党的十八届四中全会精神辅导报告会在北京举行。中国科协党组书记、书记处第一书记尚勇和党组书记处同志出席会议。

中国科协党组理论学习中心组学习扩大会在北京召开，深入学习习近平总书记在党的群众路线教育实践活动总结大会上的重要讲话精神。中国科协党组书记、书记处第一书记尚勇主持会议。中国科协党组书记处同志出席会议，机关各部门、各直属单位主要负责人参加会议。

12 月 15 日　中国科协会员日暨表彰大会在北京召开。全国政协副主席、中国科协主席韩启德出席大会并致辞，中国科协党组书记、书记处第一书记尚勇主持大会，全国政协教科文卫体委员会副主任、中国科技馆发展基金会名誉理事长邓楠，中央组织部副部长兼人力资源和社会保障部副部长潘立刚，中国科协副主席、中国科学院副院长李静海，中国工程院副院长刘旭，中国科协副主席冯长根、张勤、程东红、谢克昌等出席大会。

2013—2014 年度全国“讲理想、比贡献”活动获奖代表座谈会在北京召开。中国科协党组副书记、副主席、书记处书记、全国“讲、比”活动领导小组副组长兼办公室主任张勤出席会议并讲话。

12 月 15 ~ 26 日　中国科协党组书记处领导分别走访看望著名科学家。

12 月 16 日　学会创新和服务能力提升工作座谈会在北京召开。中国科协党组书记、书记处第一书记尚勇出席会议并作总结讲话。

由中国科协和内蒙古自治区党委共同主办的“弘扬科学道德 践行‘三个倡导’奋力实现中国梦”内蒙古报告会在内蒙古自治区呼和浩特市举行。中国科协副主席程东红出席报告会并致辞，内蒙古自治区党委副书记李佳主持报告会。

中国科协、中央统战部印发《关于组织实施“援藏科技增效工程”的意见》。

12 月 17 日　中国科协党组书记、书记处第一书记尚勇，全国人大常委、中国科协副主席冯长根赴“老科学家学术成长资料采集工程”馆藏基地进行调研。

12 月 18 日　中央书记处召开会议听取中国科协党组工作汇报。刘云山出席并作总结讲话。刘奇葆、赵乐际、栗战书、杜青林、杨晶出席并讲话。中共中央政治局委员、国家副主席李源潮列席会议。

12 月 19 日　中共中央政治局委员、国家副主席李源潮到中国科协调研，看望干部职工。中国科协党组书记处同志、中国科协机关和直属单位领导班子成员参加活动。

由中国科协和江西省委共同主办的“弘扬科学道德 践行‘三个倡导’奋力实现中国梦”江西报告会在江西省南昌市举行。全国政协人口资源环境委员会副主任、中国科协决策咨询专委会主任齐让出席报告会并致辞，报告会由江西省委副秘书长沈谦芳主持。

12 月 23 日　中国科协与广东省深圳市人民政府在北京签署战略合作框架协议，深圳市成为中国科协创新驱动助力工程示范市。中国科协党组书记、书记处第一书记尚勇，深圳市委副书记、市长许勤签署了《中国科学技术协会 深圳市人民政府战略合作框架协议》。

中国科协推荐（提名）院士候选人工作部署会议在北京召开。中国科协党组书记、书记处第一书记尚勇，中国科学院副院长、中国科协副主席李静海，中国工程院副院长刘旭出席会议并讲话。

中国科协国际科联工作协调委员会全体会议在北京举行。中国科协副主席、国际科联副主席李静海出席会议。

12 月 24 日　朱光亚学术思想座谈会在北京举行。中国科协党组书记、书记处第一书记尚勇，解放军总装备部科技委主任、中国科学院院士刘国治，中国工程院党组书记、院长、中国工程院院士周济，解放军总装备部科技委委员曾路生，中国核学会荣誉理事长、中国科学院院士王乃彦，中国科协党组成员、办公厅主任吴海鹰等出席座谈会。会议由中国科协党组成员、书记处书记王春法主持。

中国科协精品科技期刊工程第三期项目总结交流会在北京召开。中国科协党组书记、书记处第一书记尚勇出席会议并讲话，中国科协党组成员、书记处书记沈爱民作总结讲话。

中国科协、农业部印发《关于支持农村专业技术协会开展农技社会化服务的意见》。

12 月 27 ~ 28 日　中国地理学会第十一次全国代表大会在北京召开。中国科协党组成员、书记处书记沈爱民出席并讲话。傅伯杰当选为中国地理学会第十一届理事会理事长。

12 月 29 日　中国科协党组召开 2014 年度民主生活会。中央第 28 督导组组长王正福与督导组全体同志到会指导。中国科协党组书记、书记处第一书记尚勇主持会议。中国科协党组副书记张勤，党组成员徐延豪、王春法、沈爱民、吴海鹰、束为参加会议。

中国青藏高原研究会第六次会员代表大会在北京召开。姚檀栋当选为中国青藏高原研究会第六届理事会理事长。

附　录

中国科学技术协会组织体系框图

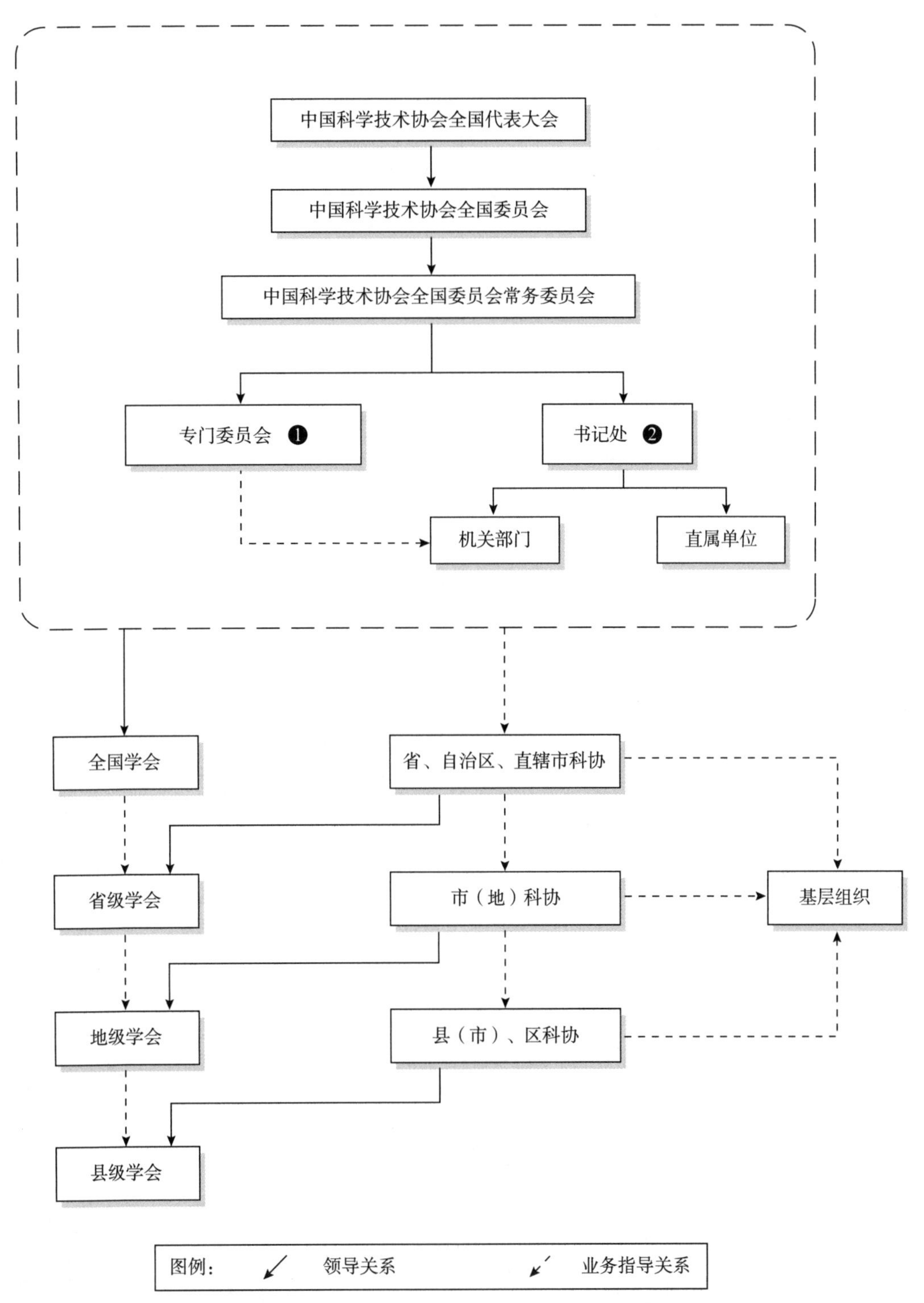

❶ 专门委员会

- 促进企业自主创新专门委员会
- 青年工作专门委员会
- 科技工作者道德与权益专门委员会
- 组织建设专门委员会
- 决策咨询专门委员会
- 科技与人文专门委员会
- 学术与学会工作专门委员会
- 继续教育专门委员会
- 科学技术普及专门委员会
- 促进农村和少数民族地区发展专门委员会
- 促进国际合作专门委员会
- 促进与港澳台交流专门委员会
- 女科技工作者专门委员会
- 青少年科学教育专门委员会

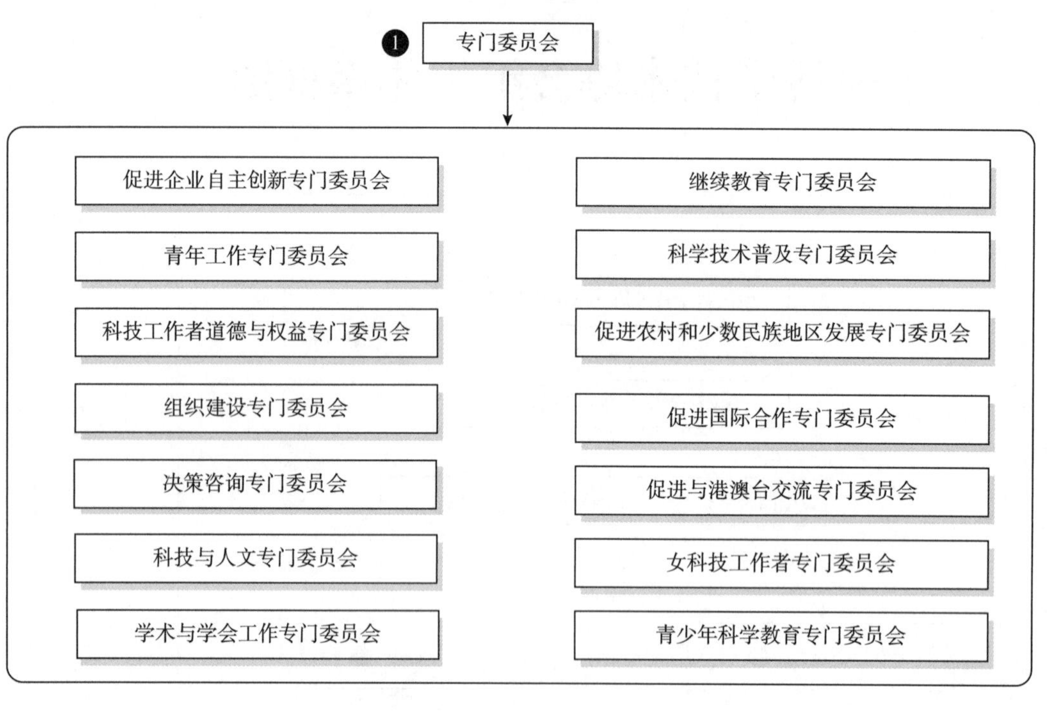

❷ 书记处

- 办公厅
- 计划财务部
- 组织人事部
- 调研宣传部
- 学会学术部
- 科学技术普及部
- 国际联络部
- 机关党委
- 机关离退休干部办公室

- 中国科协机关服务中心（中国科协机关服务局）
- 中国科协创新战略研究院
- 中国科普研究所
- 中国科技馆
- 中国科协企业创新服务中心（中国科协厂矿科协协作中心）
- 中国科技会堂
- 中国科学技术出版社（科学普及出版社）
- 中国科协信息中心
- 中国科协学会服务中心（中国科协继续教育中心、中国科协科技人才交流中心）
- 中国科协青少年科技中心（中国科协科普活动中心）
- 中国科协农村专业技术服务中心（中国农村致富技术函授大学）
- 中国国际科技交流中心（中国对外应用技术交流促进会）
- 科技导报社
- 中国科协新技术开发中心

中国科学技术协会名誉主席、荣誉委员

1986 年 6 月 27 日中国三届一次全委会议通过

名誉主席 周培源 严济慈 茅以升

荣誉委员 （以姓氏笔画为序）

王顺桐 王淦昌 许 杰 苏步青 汪德昭 沈 鸿 陈世骧 杨显东 金善宝 高士其 谈家桢 黄汲清 董纯才 裴丽生

1987 年 3 月中国科学技术协会三届二次全委会议通过

荣誉委员 袁翰青 沈其益

1991 年 5 月 27 日中国科学技术协会四届一次全委会议通过

名誉主席 钱学森 钱三强

荣誉委员（以姓氏笔画为序）

王大珩 卢嘉锡 刘东生 李国豪 吴仲华 沈 元 张 维 陆 达 唐敖庆 曹天钦 裘维蕃

1996 年 5 月 31 日中国科学技术协会五届一次全委会议通过

名誉主席 朱光亚 卢嘉锡 吴阶平

荣誉委员 何 康 林兰英（女） 强巴赤列（藏族） 胡亚美（女） 高景德

2001 年 6 月 24 日中国科学技术协会六届一次全委会议通过

荣誉委员 干福熹 王连铮 石元春 叶叔华（女） 母国光 朱高峰 庄逢甘 孙大涌 李振声 杨 乐 闵桂荣 张存浩 陈可冀 陈佳洱 施蕴邦 聂 力（女） 顾方舟 高 潮 龚育之

2006 年 5 月 25 日中国科学技术协会七届一次全委会议通过

名誉主席 周光召

荣誉委员 左铁镛 旭日干（蒙古族） 刘 恕（女） 江泽慧（女） 苏纪兰 李依依（女） 张玉台 国 林 胡启恒（女） 钱 易（女） 徐善衍 郭孔辉 曾庆存

2011年5月29日中国科学技术协会八届一次全委会议通过

荣誉委员 马国馨 王永炎 王震西 韦 钰（女，壮族） 邓 楠（女） 艾国祥 白春礼（满族） 齐 让 杜祥琬 杨福家 张开逊 张启发 陆延昌 陈运泰 赵忠贤 栾恩杰（满族） 高润霖 郭桂蓉 符淙斌 管华诗

已去世的名誉主席（8名）

卢嘉锡 朱光亚 吴阶平 周培源 严济慈 茅以升 钱三强 钱学森

已去世的荣誉委员（34名，以姓氏笔画为序）

王大珩 王顺桐 王淦昌 卢嘉锡 毋国光 庄逢甘 刘东生 苏步青 许 杰 李国豪 杨显东 汪德昭 吴仲华 沈 元 沈 鸿 沈其益 张 维 陆 达 陈世骧 林兰英 金善宝 施蕴邦 唐敖庆 谈家桢 袁翰青 高士其 高景德 龚育之 黄汲清 曹天钦 董纯才 强巴赤列 裘维蕃 裴丽生

中国科学技术协会顾问（41名）

1993年5月31日中国五届一次常委会议通过

王春正 李荣融 韦 钰 惠永正 陈达植 范宝俊 谢旭人 徐颂陶

2001年6月24日中国科学技术协会六届一次常委会议通过

王春正 王万宾 赵沁平 马颂德 张华祝 张佑才 舒惠国 陈宜瑜 江蓝生 朱高峰 陈佳洱

2006年5月25日中国科学技术协会七届一次常委会议通过

张晓强 赵沁平 刘燕华 孙来燕 张少春 王晓初 邵 宁 李静海 朱佳木 杜祥琬 陈宜瑜

2011年5月29日中国科学技术协会八届一次常委会议通过

张晓强 杜占元 王志刚 杨学山 张少春 王晓初 黄丹华 李家洋 朱佳木 潘云鹤 陈宜瑜

中国科学技术协会所属全国学会、协会、研究会及受委托管理的学会

序码	学会名称	理事长	秘书长
A-01	中国数学会	王诗宬	张立群
A-02	中国物理学会	詹文龙	王玉鹏
A-03	中国力学学会	杨　卫	杨亚政
A-04	中国光学学会	郭光灿	龚旗煌
A-05	中国声学学会	王小民	张春华
A-06	中国化学会	姚建年	杨国强
A-07	中国天文学会	武向平	杨　戟
A-08	中国气象学会	王会军	翟盘茂
A-09	中国空间科学学会	顾逸东	邱　理
A-10	中国地质学会	徐绍史	朱立新
A-11	中国地理学会	傅伯杰	刘　毅
A-12	中国地球物理学会	陈　颙	郭　建
A-13	中国矿物岩石地球化学学会	胡瑞忠	李世杰
A-14	中国古生物学会	杨　群	王永栋
A-15	中国海洋湖沼学会	孙　松	杨红生
A-16	中国海洋学会	王曙光	雷　波
A-17	中国地震学会	陈运泰	郝记川
A-18	中国动物学会	孟安明	王德华
A-19	中国植物学会	武维华	葛　颂
A-20	中国昆虫学会	康　乐	黄大卫
A-21	中国微生物学会	邓子新	东秀珠
A-22	中国生物化学与分子生物学会	李　林	刘小龙
A-23	中国细胞生物学学会	裴　钢	丁小燕
A-24	中国植物生理与植物分子生物学学会	陈晓亚	唐威华
A-25	中国生物物理学会	饶子和	阎锡蕴
A-26	中国遗传学会	张亚平	薛勇彪
A-27	中国心理学会	沈模卫	傅小兰
A-28	中国生态学学会	刘世荣	陈利顶
A-29	中国环境科学学会	王玉庆	任官平
A-30	中国自然资源学会	成升魁	沈　镭
A-31	中国感光学会	蒲嘉陵	黄　勇
A-32	中国优选法统筹法与经济数学研究会	池　宏	李建平
A-33	中国岩石力学与工程学会	冯夏庭　钱七虎	刘大安
A-34	中国野生动物保护协会	赵学敏	臧春林
A-35	中国系统工程学会	汪寿阳	杨晓光
A-36	中国实验动物学会	秦　川	赵宏旭
A-37	中国青藏高原研究会	姚檀栋	欧阳华

序码	学会名称	理事长	秘书长
A−38	中国环境诱变剂学会	柯　杨	郝卫东
A−39	中国运筹学会	胡旭东	刘　克
A−40	中国菌物学会	王成树	白逢彦
A−41	中国晶体学会	高　松	王哲明
A−42	中国神经科学学会	段树民	何士刚
B−01	中国机械工程学会	周　济	张彦敏
B−02	中国汽车工程学会	付于武	张进华
B−03	中国农业机械学会	罗锡文	张咸胜
B−04	中国农业工程学会	朱　明	管小冬
B−05	中国电机工程学会	郑宝森	谢明亮
B−06	中国电工技术学会	孙昌基	裴相精
B−07	中国水力发电工程学会	张基尧	李菊根
B−08	中国水利学会	敬正书	李赞堂
B−09	中国内燃机学会	张小虞	阳树毅
B−10	中国工程热物理学会	金红光	杜建一
B−11	中国空气动力学会	邓小刚	范召林
B−12	中国制冷学会	田元兰	金嘉玮
B−13	中国真空学会	许宁生	郭海明
B−14	中国自动化学会	郑南宁	王飞跃
B−15	中国仪器仪表学会	李天初	朱险峰
B−16	中国计量测试学会	王秦平	马爱文
B−17	中国标准化协会	纪正昆	高建忠
B−18	中国图学学会	孙家广	李　华
B−19	中国电子学会	娄勤俭	徐晓兰
B−20	中国计算机学会	郑纬民	杜子德
B−21	中国通信学会	尚　冰	张新生
B−22	中国中文信息学会	李　生	孙　乐
B−23	中国测绘地理信息学会	李维森	彭震中
B−24	中国造船工程学会	黄平涛	罗季燕
B−25	中国航海学会	徐祖远	赵东野
B−26	中国铁道学会	孙永福	瞿建明
B−27	中国公路学会	胡希捷	刘文杰
B−28	中国航空学会	林左鸣	吴　松
B−29	中国宇航学会	许达哲	杨俊华
B−30	中国兵工学会	尹家绪	于小虎
B−31	中国金属学会	徐匡迪	赵　沛
B−32	中国有色金属学会	康　义	张洪国
B−33	中国稀土学会	干　勇	林东鲁
B−34	中国腐蚀与防护学会	王福会	李晓刚
B−35	中国化工学会		杨元一
B−36	中国核学会	李冠兴	
B−37	中国石油学会	曾玉康	方朝亮

序码	学会名称	理事长	秘书长
B-38	中国煤炭学会	王显政	刘　峰
B-39	中国可再生能源学会	石定寰	李宝山
B-40	中国能源研究会	柴松岳	于新阳
B-41	中国硅酸盐学会	徐永模	晋占平
B-42	中国建筑学会	车书剑	周　畅
B-43	中国土木工程学会	郭允冲	张玉平
B-44	中国生物工程学会	欧阳平凯	马树恒
B-45	中国纺织工程学会	孙瑞哲	尹耐冬
B-46	中国造纸学会	陈学忠	曹春昱
B-47	中国文物保护技术协会	李化元	王时伟
B-48	中国印刷技术协会	于永湛	曲德森
B-49	中国材料研究学会	黄伯云	韩雅芳
B-50	中国食品科学技术学会	孟素荷	邵　薇
B-51	中国粮油学会	张桂凤	胡承淼
B-52	中国职业安全健康协会	张宝明	肖克源
B-53	中国烟草学会	赵洪顺	王建雪
B-54	中国系统仿真学会	赵沁平	吴云洁
B-55	中国电影电视技术学会	何宗就	黄平刚
B-56	中国振动工程学会	欧进萍	陈国平
B-57	中国颗粒学会	陈运法	白蕴如
B-58	中国照明学会	徐　淮	窦林平
B-59	中国动力工程学会	黄迪南	张树林
B-60	中国惯性技术学会	包为民	王　岩
B-61	中国风景园林学会	陈晓丽	陈　重
B-62	中国电源学会	徐德鸿	韩家新
B-63	中国复合材料学会	杜善义	张博明
B-64	中国消防协会	孙　伦	高　伟
B-65	中国图象图形学学会	徐冠华	刘凯龙
B-66	中国人工智能学会	李德毅	王卫宁
B-67	中国体视学学会	康克军	王　忠
B-68	中国工程机械学会	郑惠强	刘　钊
B-69	中国海洋工程咨询协会	孙志辉	屈　强
B-70	中国遥感应用协会	罗　格	徐　文
C-01	中国农学会	张桃林	赵方田
C-02	中国林学会	赵树丛	陈幸良
C-03	中国土壤学会	沈仁芳	蒋　新
C-04	中国水产学会	贾晓平	司徒建通
C-05	中国园艺学会	杜永臣	孙日飞
C-06	中国畜牧兽医学会	陈焕春	杨汉春
C-07	中国植物病理学会	彭友良	韩成贵
C-08	中国植物保护学会	陈万权	王振营
C-09	中国作物学会	翟虎渠	万建民

序码	学会名称	理事长	秘书长
C-10	中国热带作物学会	吕飞杰	吴金玉
C-11	中国蚕学会	鲁　成	李　龙
C-12	中国水土保持学会	刘　宁	吴　斌
C-13	中国茶叶学会	江用文	阮建云
C-14	中国草学会	马启智	王　堃
C-15	中国植物营养与肥料学会	白由路	赵秉强
D-01	中华医学会	陈　竺	刘雁飞
D-02	中华中医药学会	王国强	曹正逵
D-03	中国中西医结合学会	陈凯先	穆大伟
D-04	中国药学会	桑国卫	丁丽霞
D-05	中华护理学会	李秀华	应　岚
D-06	中国生理学会	王晓民	王　韵
D-07	中国解剖学会	张绍祥	周长满
D-08	中国生物医学工程学会	樊瑜波	李德玉
D-09	中国病理生理学会	吴立玲	张幼怡
D-10	中国营养学会	杨月欣	郭红卫
D-11	中国药理学会	杜冠华	张永祥
D-12	中国针灸学会	刘保延	杨金生
D-13	中国防痨协会	王撷秀	万利亚
D-14	中国麻风防治协会	张国成	潘春枝
D-15	中国心理卫生协会	马　辛	王　刚
D-16	中国抗癌协会	郝希山	王　瑛
D-17	中国体育科学学会	段世杰	田　野
D-18	中国毒理学会	周平坤	付立杰
D-19	中国康复医学会	马晓伟	励建安
D-20	中国免疫学会	田志刚	曹雪涛
D-21	中华预防医学会	王陇德	杨维中
D-22	中国法医学会	刘　耀	翟恒利
D-23	中华口腔医学会	王　兴	王　渤
D-24	中国医学救援协会	马晓伟	李宗浩
D-25	中国女医师协会	何界生	于　冬
D-26	中国研究型医院学会	王发强	刘希华
E-01	中国自然辩证法研究会	吴启迪	尚智丛
E-02	中国管理现代化研究会	赵纯均	石　勇
E-03	中国技术经济学会	孙晓郁	郑　琦
E-04	中国现场统计研究会	耿　直	程维虎
E-05	中国未来研究会	张文范	夏　震
E-06	中国科学技术史学会	廖育群	鲁大龙
E-07	中国科学技术情报学会	石定寰	郑彦宁
E-08	中国图书馆学会	韩永进	霍瑞娟
E-09	中国城市科学研究会	仇保兴	李　迅
E-10	中国科学学与科技政策研究会	方　新	吕敬华

序码	学会名称	理事长	秘书长
E-11	中国农村专业技术协会	吕飞杰	李彦捷
E-12	中国工业设计协会	朱　焘	刘　宁
E-13	中国工艺美术学会	陶小年	孙金瑞
E-14	中国科普作家协会	刘嘉麒	石顺科
E-15	中国自然科学博物馆协会	程东红	陈洪庆
E-16	中国可持续发展研究会	邓　楠	郭日生
E-17	中国青少年科技辅导员协会	陈赛娟	赵建龙
E-18	中国科教电影电视协会	高　峰	刘通海
E-19	中国科学技术期刊编辑学会	丁乃刚	姚希彤
E-20	中国流行色协会	梁　勇	贺显伟
E-21	中国档案学会	李和平	方　鸣
E-22	中国国土经济学会	张怀西	柳忠勤
E-23	中国土地学会	王世元	郑凌志
E-24	中国科技新闻学会	宋南平	许　英
E-25	中国老科技工作者协会	程连昌	陈秀保
E-26	中国科学探险协会	高登义	王　维
E-27	中国城市规划学会	仇保兴	石　楠
E-28	中国产学研合作促进会	路甬祥	王建华
E-29	中国知识产权研究会	田力普	张云才
E-30	中国发明协会	朱丽兰	鹿大汉
E-31	中国高新技术产业开发区协会	张景安	张序国
W-01	中国认知科学学会	陈　霖	马原野
W-02	中国农业历史学会	滕久明	胡泽学
W-03	中国生物材料学会	张兴栋	艾　华
W-04	中国指挥与控制学会	戴　浩	秦继荣
W-05	中国微循环学会	詹启敏	刘乃丰
W-06	中国创造学会	裴　钢	蒋昌俊
W-07	中国密码学会	裴定一	于艳萍
W-08	中国经济科技开发国际交流协会	李振声	周　杨
W-09	中国睡眠研究会	韩　芳	高雪梅
W-10	中国高科技产业化研究会	许达哲	巴　蕉
W-11	中国微量元素科学研究会	陈祥友	陈　岳
W-12	中国国际经济技术合作促进会	郑树山	田来福
W-13	中国基本建设优化研究会	厉无畏	付文军
W-14	中国科技馆发展基金会	谢克昌	田　英
W-15	中国生物多样性保护与绿色发展基金会	胡德平	方运河
W-16	中国反邪教协会	欧阳自远	王慧梅
W-17	中国卒中学会	赵继宗	张　茁
W-18	国际粉体检测与控制联合会	谢　植	李新光
W-20	国际数字地球协会	John Richards	郭华东
W-21	国际动物学会	张知彬	韩春绪

中国科学技术协会机关各部门及主要负责人

办公厅 **主　任** 任福君 **副主任** 顾　斌　张晓梅 **副巡视员** 孟　波
下设：综合处（信访办公室）、秘书处（督查室）、委员工作处、文档处（值班室）、信息处（代表联络处）

计划财务部 **部　长** 王延祜（兼） **副部长** 周文标　王江宏 **副巡视员** 袁秀东
下设：综合处、规划发展处、预算管理处、财务处、经费资产监督处

组织人事部 **部　长** 王守东 **副部长** 解　欣 **巡视员** 朱雪芬
下设：综合处（干部监督处）、干部处（干部教育培训处）、事业单位人事管理处、人才工作处、组织处

调研宣传部 **部　长** 郭　哲 **副部长** 章　丰
下设：综合处、宣传处、调查研究处、政策研究处

学会学术部 **副部长** 宋　军 **副部长** 刘兴平　苏小军 **副巡视员** 王晓彬
下设：综合处、学会管理处、改革发展处、学术交流处、期刊出版处、企业工作处

（企业工作办公室） **主　任** 宋　军 **副主任** 郑浩峻

科学技术普及部 **部　长** 杨文志 **副部长** 刘亚东　钱　岩　刘　阳（兼）
下设：综合处、资源办（联络处）、科普信息化处、基层处、传播处

国际联络部 **部　长** 张建生 **副部长** 陈　剑　王庆林
下设：综合处、国际组织处、双边合作处、港澳台交流处、“海智计划”办公室

机关党委 **常务副书记、机关纪委书记** 苏　青 **副书记、机关纪委副书记** 许向阳
副书记 刘红跃 **巡视员** 孙　铭　牛政斌
下设：党委办公室、纪委办公室、审计室

机关离退办 **主　任** 张小林 **副主任** 祝怀清 **副巡视员** 林　立

中国科学技术协会直属单位及主要负责人

单位	主要负责人
中国科协机关服务局	局长　王志舜　　副局长　白元平　张丽莎
中国科协信息中心	主任　高　勘　　副主任　杨秀萍　于小晗
中国科协创新战略研究院	院长　罗　晖　　副院长　周大亚　阮　草
中国科协学会服务中心	主任、党委副书记　李志刚　　党委书记、副主任　姚义贤 副主任　王玉平　　党委副书记　吴晓琦 副主任　徐　强　朱文辉
中国科普研究所	所长　王康友　　副所长　颜　实　赵立新
中国科协青少年科技中心 （中国科协科普活动中心）	主任　刘　阳 副主任　单长勇　楼　伟　刘会强
中国科学技术馆	馆长、党委副书记　束　为（兼）　党委书记、副馆长　殷　皓 副馆长　黄体茂　欧建成　隗京花　庞晓东
中国科协农村专业技术服务中心 （中国农村致富技术函授大学）	主任　公坤后　　常务副主任　师　铎 副主任　王　诚　李彦捷
中国科协企业创新服务中心 （中国科协厂矿科协协作中心）	主任　郑浩峻　　副主任　郭　昊　冯师斌
中国国际科技交流中心（中国对外应用技术交流促进会）	主任　纳　翔　　副主任　刘　莉　王　挺　秦久怡
中国科协培训和人才服务中心	常务副主任　范　唯　　副主任　邓　芳
中国科技会堂	总经理、党委书记　佘建坤 副总经理、党委副书记　杨　亮　杨绍丽　　副总经理　吴海洋
科技导报社	主编　陈章良（兼）　社长、副主编　秦德继　　副社长　史永超
中国科协科学技术传播中心	主任　王进展　　副主任　梁　华
中国科学技术出版社 （科学普及出版社）	社长、党委副书记　秦德继　　党委书记、副社长　辛　兵 副社长、党委副书记、纪委书记　吕建华　　副社长　郭　晶
中国科协新技术开发中心	主任　何秉政

中国科协主管科技期刊目录

截至2014年7月（共455种）

A－理科（85）

序号	期 刊 名 称	期刊社电话	主 办 单 位
1	数学进展	010－62751805	中国数学会
2	数学通报	010－58807753	中国数学会，北京师范大学
3	数学学报（英文版）	010－62551910	中国数学会
4	应用概率统计	021－54345267	中国数学会概率统计学会
5	中学生数学	010－68902486	中国数学会，北京数学会，首都师范大学
6	大学物理	010－58808024	中国物理学会
7	电子显微学报	010－82671519	中国物理学会
8	化学物理学报（英文版）	0551－63601122	中国物理学会
9	物理教学	021－62232813	中国物理学会
10	物理学进展	025－83592484	中国物理学会
11	工程力学	010－62788648	中国力学学会
12	固体力学学报	027－87543737	中国力学学会
13	固体力学学报（英文版）	027－87543737	中国力学学会
14	力学学报（英文版）	010－62536271	中国力学学会，中国科学院力学研究所
15	实验力学	0551－63601246	中国力学学会，中国科学技术大学
16	等离子体科学和技术（英文版）	0551－65591617	中国科学院合肥物质科学研究院，中国力学学会
17	光谱学与光谱分析	010－62181070	中国光学学会
18	光学学报	021－69918427	中国光学学会，中国科学院上海光学精密机械研究所
19	中国激光医学杂志	010－66937194	中国光学学会
20	噪声与振动控制	021－62932221	中国声学学会
21	电化学	0592－2181469	中国化学会
22	分子科学学报	0431－85099521	中国化学会，东北师范大学
23	高分子科学（英文版）	010－82625102	中国化学会，中国科学院化学研究所
24	高分子通报	010－62588926	中国化学会，中国科学院化学研究所
25	化学教育	010－58807875	中国化学会，北京师范大学
26	色谱	0411－84379021	中国化学会，中国科学院大连化学物理研究所
27	无机化学学报	025－83592307	中国化学会
28	物理化学学报	010－62751724	中国化学会，北京大学

续表

序号	期 刊 名 称	期刊社电话	主　办　单　位
29	中国化学（英文版）	021－54925243－13	中国化学会，中国科学院上海有机化学研究所
30	中国化学快报（英文版）	010－63165638	中国化学会，中国医学科学院药物研究所
31	天文爱好者	010－51583027	中国天文学会，北京天文馆
32	气象学报（英文版）	010－68407634	中国气象学会
33	地质论评	010－68999804	中国地质学会
34	地质学报	010－68999025	中国地质学会
35	地质学报（英文版）	010－68999023	中国地质学会
36	矿床地质	010－68327284	中国地质学会矿床地质专业委员会，中国地质科学院矿产资源研究所
37	岩矿测试	010－68999562	中国地质学会岩矿测试技术专业委员会，国家地质实验测试中心
38	岩石矿物学杂志	010－68328475	中国地质学会矿物学专业委员会，中国地质学会岩石学专业委员会，中国地质科学院矿产资源研究所，中国地质科学院地质研究所
39	地理学报（英文版）	010－64889293	中国地理学会，中国科学院地理科学与资源研究所
40	经济地理	0731－85584716	中国地理学会，湖南省经济地理研究所
41	世界地理研究	021－62233749	中国地理学会
42	应用地球物理（英文版）	010－64266649	中国地球物理学会
43	海洋与湖沼	0532－82898791	中国海洋湖沼学会
44	中国海洋湖沼学报（英文版）	0532－82898754	中国海洋湖沼学会
45	海洋工程	025－85829332	中国海洋学会，南京水利科学研究院
46	海洋世界	010－62100962	中国海洋学会
47	海洋学报	010－62179976	中国海洋学会
48	海洋学报（英文版）	010－62179976	中国海洋学会
49	中国海洋工程（英文版）	025－85829388	中国海洋学会
50	地震学报	010－68729330	中国地震学会，中国地震局地球物理研究所
51	地震学报（英文版）	010－68729344	中国地震学会，中国地震局地球物理研究所
52	国际地震动态	010－68729339	中国地震学会，中国地震局地球物理研究所
53	生物学通报	010－58807645	中国动物学会，中国植物学会，北京师范大学
54	兽类学报	0971－6143617	中国科学院西北高原生物研究所，中国动物学会兽类学分会
55	植物生态学报（英文版）	010－62836667	中国植物学会，中国科学院植物研究所，中国科技出版传媒股份有限公司
56	昆虫科学（英文版）	010－64807095	中国昆虫学会，中国科学院动物研究所

续表

序号	期 刊 名 称	期刊社电话	主 办 单 位
57	病毒学报	010-63536460	中国微生物学会
58	中国人兽共患病学报	0591-87552018	中国微生物学会
59	生命的化学	021-54921091	中国生物化学与分子生物学会
60	中国生物化学与分子生物学报	010-82801416	中国生物化学与分子生物学会，北京大学
61	植物生理学报	021-54922836	中国植物生理与植物分子生物学学会，中国科学院上海生命科学研究院植物生理生态研究所
62	生物物理学报	010-64888458	中国生物物理学会，中国科学院生物物理研究所
63	激光生物学报	0731-88872208	中国遗传学会
64	心理科学	021-62232236	中国心理学会
65	生态学报	010-62941099	中国生态学学会，中国科学院生态环境研究中心
66	生态学杂志	024-83970394	中国生态学学会，中国科学院沈阳应用生态研究所
67	环境与生活	010-67080443	中国环境科学学会
68	中国花卉盆景	010-64050797	中国环境科学学会
69	中国环境科学	010-62215145	中国环境科学学会
70	应用基础与工程科学学报	010-62753153	中国自然资源学会
71	自然资源学报	010-64889771	中国自然资源学会，中国科学院地理科学与资源研究所
72	数理天地（初中版）	010-69795937-1	中国优选法统筹法与经济数学研究会
73	数理天地（高中版）	010-69795937-1	中国优选法统筹法与经济数学研究会
74	岩石力学与工程学报	027-87199250	中国岩石力学与工程学会
75	交通运输系统工程与信息	010-51684836	中国系统工程学会
76	系统工程理论与实践	010-62541828	中国系统工程学会
77	系统工程学报	022-27403197	中国系统工程学会
78	系统科学与系统工程学报（英文版）	010-62789928	中国系统工程学会
79	系统科学与信息学报（英文）	010-62541828	中国系统工程学会，中国科技出版传媒股份有限公司
80	中国比较医学杂志	010-67779337	中国实验动物学会，中国医学科学院医学实验动物研究所
81	中国实验动物学报	010-67779337	中国实验动物学会，中国医学科学院医学实验动物研究所
82	癌变·畸变·突变	0754-88900267	中国环境诱变剂学会
83	运筹学学报	021-66137605	中国运筹学会
84	运筹与管理	0551-62901503	中国运筹学会
85	中国运筹学会会刊（英文版）	010-62541695	中国运筹学会，中国科技出版传媒股份有限公司

B—工科（149）

序号	期 刊 名 称	期刊社电话	主 办 单 位
86	材料热处理学报	010–62914115	中国机械工程学会
87	粉末冶金技术	010–67621317	中国机械工程学会，中国金属学会，中国有色金属学会，北京科技大学
88	焊接学报	0451–86323218	中国机械工程学会，中国机械工程学会焊接分会，机械科学研究院哈尔滨焊接研究所
89	机床与液压	020–32385312	中国机械工程学会，广州机械科学研究院有限公司
90	机械工程学报	010–88379907	中国机械工程学会
91	机械设计	022–27343427	中国机械工程学会，天津市机械工程学会、天津市机电工业科技信息研究所
92	流体机械	0551–65335505	中国机械工程学会
93	汽车知识	010–59476671	中国机械工程学会，中国汽车工业经济技术信息研究所
94	润滑与密封	020–32385313	中国机械工程学会，广州机械科学研究院有限公司
95	设备管理与维修	010–64014125	中国机械工程学会，北京卓众出版有限公司
96	塑性工程学报	010–62912592	中国机械工程学会
97	特种铸造及有色合金	027–85358206	中国机械工程学会铸造分会，武汉机械工艺研究所有限责任公司
98	无损检测	021–65556775–225	中国机械工程学会，上海材料研究所
99	压力容器	0551–65335515	中国机械工程学会压力容器分会
100	制造技术与机床	010–64739683	中国机械工程学会，北京机床研究所
101	中国表面工程	010–66719325	机械工程学会
102	中国机械工程	027–59750771	中国机械工程学会
103	中国机械工程学报（英文版）	010–88379907	中国机械工程学会
104	中国铸造装备与技术	0531–87979297	中国机械工程学会，济南铸造锻压机械研究所有限公司
105	组合机床与自动化加工技术	0411–86645290	中国机械工程学会生产工程分会，大连组合机床研究所
106	汽车工程	010–50950106	中国汽车工程学会
107	农业机械学报	010–64882610	中国农业机械学会，中国农业机械化科学研究院
108	农业工程学报	010–65929430	中国农业工程学会
109	农村电气化	010–63123088	中国电机工程学会
110	农电管理	010–63123088	中国电机工程学会
111	中国电机工程学报	010–82812535	中国电机工程学会
112	中国电机工程学会电力与能源系统学报（英文）	010–63416544	中国电机工程学会

续表

序号	期 刊 名 称	期刊社电话	主 办 单 位
113	电工技术学报	010-68595056	中国电工技术学会
114	电气技术	010-68595026	中国电工技术学会
115	水力发电学报	010-62783813	中国水力发电工程学会
116	泥沙研究	010-68786628	中国水利学会
117	水利学报	010-68786238	中国水利学会
118	岩土工程学报	025-85829534	中国水利学会，中国土木工程学会，中国力学学会，中国建筑学会，中国水力发电工程学会，中国振动工程学会
119	中国防汛抗旱	010-68532207	中国水利学会
120	内燃机工程	021-25079814	中国内燃机学会
121	内燃机学报	022-27406812	中国内燃机学会
122	实验流体力学	010-82317341	中国空气动力学会
123	制冷学报	010-68711412	中国制冷学会
124	真空科学与技术学报	010-58206280	中国真空学会
125	模式识别与人工智能	055-65591176	中国自动化学会，国家智能计算机研究开发中心，中国科学院合肥智能机械研究所
126	自动化博览	010-57116299	中国自动化学会
127	自动化学报（英文版）	010-82544495	中国自动化学会，中国科学院自动化研究所，中国科技出版传媒股份有限公司
128	办公自动化	010-65947653	中国仪器仪表学会
129	光学仪器	021-55270110	中国仪器仪表学会，上海光学仪器研究所，中国光学学会工程光学专业委员会
130	化学传感器	0523-88819706	中国仪器仪表学会
131	气象水文海洋仪器	0431-85515135	中国仪器仪表学会气象水文海洋仪器分会，长春气象仪器研究所
132	仪器仪表学报	010-64007711-886	中国仪器仪表学会
133	仪器仪表学报（英文版）	010-64007711-813	中国仪器仪表学会，科学普及出版社
134	自动化仪表	021-64368984	中国仪器仪表学会，上海工业自动化仪表研究院
135	计算机辅助绘图设计与制造（英文版）	010-82317091	中国图学学会
136	图学学报	010-82317091	中国图学学会
137	土木建筑工程信息技术	010-64517910	中国图学学会
138	电波科学学报	0373-3712411	中国电子学会
139	电子测量与仪器学报	010-64007711-868	中国电子学会
140	电子技术与软件工程	010-68278572	中国电子学会

续表

序号	期刊名称	期刊社电话	主办单位
141	电子商务	010-83221751	中国电子学会，中国信息产业商会，北京思得易咨询中心
142	电子世界	010-68278572	中国电子学会
143	电子学报	010-68285082	中国电子学会
144	软件	022-23352257	中国电子学会，天津电子学会
145	数据采集与处理	025-84892742	中国电子学会，信号处理学会，中国仪器仪表学会，中国物理学会，微弱信号检测学会，南京航空航天大学
146	网友世界	010-68278572	中国电子学会
147	微波学报	025-51821076	中国电子学会
148	信号处理	010-64010656	中国电子学会
149	计算机辅助设计与图形学学报	010-62562491	中国计算机学会，北京中科期刊出版有限公司
150	电信科学	010-81055476	中国通信学会，人民邮电出版社
151	通信学报	010-81055478	中国通信学会
152	现代通信	010-81055333	中国通信学会，人民邮电出版社
153	中国电信业	010-64812778	中国通信学会，人民邮电报社
154	中国通信（英文版）	010-64553845	中国通信学会
155	中文信息学报	010-62562916	中国中文信息学会，中国科学院软件研究所
156	测绘学报	010-68531192	中国测绘地理信息学会
157	航海技术	021-38284907	中国航海学会
158	中国航海	021-38284906	中国航海学会
159	铁道工程学报	010-51878339	中国铁道学会，中国铁路工程总公司，中国中铁股份有限公司
160	铁道学报	010-51892393	中国铁道学会
161	铁道知识	010-51845521	中国铁道学会
162	中国公路学报	029-82334387	中国公路学会
163	航空材料学报	010-62496277	中国航空学会
164	航空模型	010-82328057	中国航空学会，中国航空运动协会
165	航空学报	010-82314519	中国航空学会，北京航空航天大学
166	航空知识	010-82317823	中国航空学会
167	中国航空学报（英文版）	010-82317032	中国航空学会，北京航空航天大学
168	太空探索	010-68767130	中国宇航学会
169	宇航学报	010-68767751	中国宇航学会
170	爆破器材	025-84315530	中国兵工学会
171	兵工学报	010-68962718	中国兵工学会

续表

序号	期 刊 名 称	期刊社电话	主 办 单 位
172	兵器材料科学与工程	0574–87902254	中国兵工学会，中国兵器工业集团第五二研究所
173	兵器知识	010–68962716	中国兵工学会
174	车辆与动力技术	010–68911172	中国兵工学会
175	弹道学报	025–84315487	中国兵工学会
176	弹箭与制导学报	029–88293167	中国兵工学会
177	防务技术（英文版）	010–68964830	中国兵工学会
178	火炮发射与控制学报	029–33787828	中国兵工学会
179	火炸药学报	029–88291297	中国兵工学会，中国兵器第二〇四研究所
180	材料科学技术（英文版）	024–83978208	中国金属学会，中国材料研究学会，中国科学院国际材料物理中心
181	钢铁	010–62182345	中国金属学会，钢铁研究总院，北京钢研柏苑出版有限责任公司
182	金属世界	010–62332773	中国金属学会，中国有色金属学会，北京科技大学
183	金属学报	024–23971286	中国金属学会
184	金属学报（英文版）	024–83978879	中国金属学会
185	连铸	010–62183313	中国金属学会，北京钢研柏苑出版有限责任公司
186	中国冶金	010–62182341	中国金属学会，北京钢研柏苑出版有限责任公司
187	分析试验室	010–82013328	中国有色金属学会，北京有色金属研究总院
188	稀有金属	010–82241917	中国有色金属学会，北京有色金属研究总院
189	稀有金属（英文版）	010–62333436	中国有色金属学会，北京有色金属研究总院
190	稀有金属材料与工程	029–86231117–802	西北有色金属研究院，中国有色金属学会，中国材料研究学会
191	稀有金属材料与工程（英文版）	029–86269273	中国有色金属学会，西北有色金属研究院，中国科技出版传媒股份有限公司
192	中国有色金属学报	0731–88876765	中国有色金属学会
193	中国有色金属学报（英文版）	0731–88830949	中国有色金属学会
194	稀土学报（英文版）	010–82241916	中国稀土学会，北京有色金属研究总院
195	中国稀土学报	010–82241916	中国稀土学会，北京有色金属研究总院
196	中国腐蚀与防护学报	024–23971819	中国腐蚀与防护学会，中国科学院金属研究所
197	化工进展	010–64519466	中国化工学会，化学工业出版社
198	化工学报	010–64519451	中国化工学会，化学工业出版社
199	中国化学工程学报（英文版）	010–64519484	中国化工学会，化学工业出版社
200	核科学与工程	010–68462973	中国核学会
201	计算物理	010–59872547	中国核学会

续表

序号	期 刊 名 称	期刊社电话	主 办 单 位
202	石油学报	010–62067130	中国石油学会，北京陆海丰科技咨询服务中心
203	石油学报（石油加工）	010–62310752	中国石油学会
204	石油知识	010–62069406	中国石油学会
205	当代矿工	010–84657942	中国煤炭学会，煤炭信息研究院
206	国际煤炭科学技术学报（英文）	010–84262174	中国煤炭学会
207	煤炭学报	010–84262930	中国煤炭学会
208	太阳能	010–62001037	中国可再生能源学会
209	太阳能学报	010–62001037	中国可再生能源学会
210	中外能源	010–64294988	中国能源研究会
211	硅酸盐通报	010–65492963	中国硅酸盐学会，中材人工晶体研究院有限公司
212	硅酸盐学报	010–57811253	中国硅酸盐学会
213	硅酸盐学报（英文版）	010–57811253	中国硅酸盐学会
214	建筑结构学报	010–58933734	中国建筑学会
215	建筑热能通风空调	027–87822050	中国建筑学会
216	建筑学报	010–58933628	中国建筑学会
217	城市公共交通	010–68729968	中国土木工程学会，北京市公共交通控股（集团）有限公司
218	纺织学报	010–65917740	中国纺织工程学会
219	纸和造纸	010–64778756	中国造纸学会
220	中国造纸学报	010–64778756	中国造纸学会
221	自然科学进展·国际材料（英文）	010–68475052	中国材料研究学会
222	中国食品学报	010–65223596	中国食品科学技术学会
223	中国粮油学报	010–68357810	中国粮油学会
224	中国安全科学学报	010–64464782	中国职业安全健康协会
225	中国烟草学报	010–63605769	中国烟草学会
226	振动工程学报	025–84895885	中国振动工程学会
227	振动与冲击	010–62821366	中国振动工程学会
228	颗粒学报（英文版）	010–62647657	中国颗粒学会，中国科学院过程工程研究所
229	照明工程学报	010–65830997	中国照明学会
230	海陆空天惯性世界	010–68018962	中国惯性技术学会
231	中国惯性技术学报	022–26032791	中国惯性技术学会
232	中国园林	010–68348041	中国风景园林学会
233	中国体视学与图像分析	010–62776336	中国体视学学会
234	中国工程机械学报	021–65985015	中国工程机械学会

C—农科（32）

序号	期刊名称	期刊社电话	主办单位
235	棉花学报	0372–2525369	中国农学会
236	农学学报	010–59194480	中国农学会
237	农业科研经济管理	010–82109632	中国农学会
238	中国农学通报	010–59194480	中国农学会
239	林业科学	010–62889820	中国林学会
240	土壤通报	024–88487213	中国土壤学会
241	淡水渔业	027–81780185	中国水产学会，中国水产科学研究院长江水产研究所，中国水产科学研究院淡水渔业研究中心
242	海洋渔业	021–65680116	中国水产学会，中国水产科学研究院东海水产研究所，中国科技出版传媒股份有限公司
243	科学养鱼	0510–85550198	中国水产学会，中国水产科学研究院淡水渔业研究中心，全国水产技术推广总站
244	水产学报	021–61900228	中国水产学会
245	园艺学报	010–82109523	中国园艺学会，中国农业科学院蔬菜花卉研究所
246	园艺学报（英文版）	010–82109523	中国园艺学会，中国农业科学院蔬菜花卉研究所，中国农业科学技术出版社
247	中国葡萄酒	010–64455742	中国园艺学会，中国农业大学
248	动物营养学报	010–62817823	中国畜牧兽医学会
249	动物营养（英文版）		中国畜牧兽医学会
250	畜牧兽医学报	010–62815987	中国畜牧兽医学会
251	畜牧与生物技术杂志（英文版）	010–62734403	中国畜牧兽医学会
252	中国畜牧杂志	010–62732723	中国畜牧兽医学会
253	中国兽医杂志	010–62733040	中国畜牧兽医学会
254	植物病理学报	010–62732364	中国植物病理学会
255	植物保护	010–62819059	中国植物保护学会，中国农业科学院植物保护研究所
256	植物保护学报	010–62732528	中国植物保护学会，中国农业大学
257	作物学报	010–82108548	中国作物学会，中国农业科学院作物科学研究所，中国科技出版传媒股份有限公司
258	作物学报（英文版）	010–82108548	中国作物学会，中国农业科学院作物科学研究所，中国科技出版传媒股份有限公司
259	作物杂志	010–82108790	中国作物学会，中国农业科学院作物科学研究所
260	热带作物学报	0898–66988986	中国热带作物学会
261	蚕业科学	0511–85616835	中国蚕学会，中国农业科学院蚕业研究所
262	中国水土保持科学	010–62338031	中国水土保持学会
263	茶叶科学	0571–86651902	中国茶叶学会

续表

序号	期 刊 名 称	期刊社电话	主 办 单 位
264	草地学报	010-62733894	中国草学会
265	草业科学	0931-8912486	中国草学会，兰州大学草地农业科技学院
266	草业学报	0931-8913494	中国草学会，兰州大学

D—医科（151）

序号	期 刊 名 称	期刊社电话	主 办 单 位
267	健康世界	010-88324245	中华医学会
268	慢性疾病与转化医学（英文版）	010-85158176	中华医学会
269	世界耳鼻咽喉头颈外科杂志（英文版）	010-85158176	中华医学会
270	药物不良反应杂志	010-83198246	中华医学会
271	英国医学杂志（中文版）	010-85158315	中华医学会
272	中华病理学杂志	010-85158243	中华医学会
273	中华超声影像学杂志	0311-86266994	中华医学会
274	中华传染病杂志	021-62670744	中华医学会
275	中华创伤骨科杂志	020-61641748	中华医学会
276	中华创伤杂志	023-68757482	中华医学会
277	中华创伤杂志（英文版）	023-68757483	中华医学会
278	中华儿科杂志	010-85158220	中华医学会
279	中华耳鼻咽喉头颈外科杂志	010-85158191	中华医学会
280	中华放射学杂志	010-85158384	中华医学会
281	中华放射医学与防护杂志	010-62389620	中华医学会
282	中华放射肿瘤学杂志	010-67700737	中华医学会
283	中华风湿病学杂志	0351-7553295	中华医学会
284	中华妇产科杂志	010-85158215	中华医学会
285	中华肝胆外科杂志	010-66936223	中华医学会
286	中华肝脏病杂志	023-63727251	中华医学会
287	中华骨科杂志	022-28334734	中华医学会
288	中华航海医学与高气压医学杂志	021-81883312	中华医学会
289	中华航空航天医学杂志	010-52737182	中华医学会
290	中华核医学与分子影像杂志	0510-82731904	中华医学会
291	中华急诊医学杂志	0571-87783951	中华医学会

续表

序号	期刊名称	期刊社电话	主办单位
292	中华检验医学杂志	010-85158273	中华医学会
293	中华健康管理学杂志	010-85158217	中华医学会
294	中华结核和呼吸杂志	010-85158252	中华医学会
295	中华解剖与临床杂志	0552-3062505	中华医学会
296	中华精神科杂志	010-85158210	中华医学会
297	中华口腔医学杂志	010-85158254	中华医学会
298	中华口腔正畸学杂志	010-82195350	中华医学会
299	中华劳动卫生职业病杂志	022-24333581	中华医学会
300	中华老年医学杂志	010-64012981-8001	中华医学会
301	中华临床感染病杂志	010-85158174	中华医学会
302	中华临床营养杂志	010-65105895	中华医学会，中国医学科学院
303	中华流行病学杂志	010-58900730	中华医学会
304	中华麻醉学杂志	0311-85989620	中华医学会
305	中华泌尿外科杂志	010-65223499	中华医学会
306	中华内分泌代谢杂志	021-64315587	中华医学会
307	中华内分泌外科杂志	023-89012705	中华医学会
308	中华内科杂志	010-85158280	中华医学会
309	中华皮肤科杂志	025-85478124	中华医学会
310	中华普通外科杂志	010-66124704	中华医学会
311	中华器官移植杂志	027-82806143	中华医学会
312	中华全科医师杂志	010-85158309	中华医学会
313	中华烧伤杂志	023-65460278	中华医学会
314	中华神经科杂志	010-85158263	中华医学会
315	中华神经外科杂志	010-65113169	中华医学会
316	中华神经外科杂志（英文版）	010-67096523	中华医学会
317	中华神经医学杂志	020-61643273	中华医学会
318	中华肾脏病杂志	020-87331532	中华医学会
319	中华生物医学工程杂志	020-81340157	中华医学会，广州医科大学
320	中华实验和临床病毒学杂志	010-63540009	中华医学会
321	中华实验外科杂志	027-87893475	中华医学会
322	中华实验眼科杂志	0371-65580904	中华医学会
323	中华实用儿科临床杂志	0373-3831456	中华医学会
324	中华手外科杂志	021-52888215	中华医学会

续表

序号	期刊名称	期刊社电话	主办单位
325	中华糖尿病杂志	010-85158310	中华医学会
326	中华外科杂志	010-85158247	中华医学会
327	中华微生物学和免疫学杂志	010-52245168	中华医学会
328	中华围产医学杂志	010-66513519-802	中华医学会
329	中华胃肠外科杂志	020-38254094	中华医学会，中山大学
330	中华物理医学与康复杂志	027-83662874	中华医学会，华中科技大学同济医学院
331	中华显微外科杂志	020-87330683	中华医学会
332	中华现代护理杂志	010-83191170	中华医学会
333	中华消化内镜杂志	025-83472831	中华医学会
334	中华消化外科杂志	023-68754655	中华医学会
335	中华消化杂志	021-62531885	中华医学会
336	中华小儿外科杂志	027-82846835	中华医学会
337	中华心律失常学杂志	010-68330771	中华医学会
338	中华心血管病杂志	010-85158281	中华医学会
339	中华胸心血管外科杂志	010-64456425	中华医学会
340	中华血液学杂志	022-27304167	中华医学会
341	中华眼底病杂志	028-85422535	中华医学会
342	中华眼科杂志	010-85158241	中华医学会
343	中华眼视光学与视觉科学杂志	0577-86699366	中华医学会
344	中华眼外伤职业眼病杂志	0371-66993497	中华医学会
345	中华医史杂志	010-64014411-3217	中华医学会
346	中华医学教育探索杂志	023-68485014	中华医学会
347	中华医学教育杂志	010-82801578	中华医学会
348	中华医学科研管理杂志	010-82802696	中华医学会
349	中华医学美学美容杂志	010-66352462	中华医学会
350	中华医学信息导报	010-85158609	中华医学会
351	中华医学遗传学杂志	028-85501165	中华医学会
352	中华医学杂志	010-85158196	中华医学会
353	中华医学杂志（英文版）	010-85158264	中华医学会
354	中华医院管理杂志	010-65257767	中华医学会
355	中华胰腺病杂志	021-31161362	中华医学会
356	中华预防医学杂志	010-85158365	中华医学会
357	中华整形外科杂志	010-88772126	中华医学会
358	中华肿瘤杂志	010-67788231	中华医学会

续表

序号	期 刊 名 称	期刊社电话	主 办 单 位
359	风湿病与关节炎	010–64822337	中华中医药学会
360	世界中西医结合杂志	010–64822253	中华中医药学会
361	糖尿病天地	010–51260912	中华中医药学会
362	中国中医骨伤科杂志	027–87409653	中华中医药学会，湖北省中医院
363	中华中医药杂志	010–64216650	中华中医药学会
364	中医临床研究	010–59420369	中华中医药学会
365	中国中西医结合耳鼻咽喉科杂志	0556–5519852	中国中西医结合学会
366	中国中西医结合急救杂志	022–23306917	中国中西医结合学会，中国中医科学院，天津市第一中心医院，天津中医药大学
367	中国中西医结合皮肤性病学杂志	022–27283090	中国中西医结合学会，天津市中西医结合皮肤病研究所
368	中国中西医结合肾病杂志	0351–4639609	中国中西医结合学会
369	中国中西医结合外科杂志	022–27420471	中国中西医结合学会，天津市中西医结合急腹症研究所
370	中国中西医结合影像学杂志	0531–68616919	中国中西医结合学会，山东中医药大学附属医院
371	中国中西医结合杂志	010–62886827	中国中西医结合学会
372	药物分析杂志	010–67095201	中国药学会
373	药学学报	010–63035116	中国药学会，中国医学科学院药物研究所
374	药学学报（英文）	010–63035116	中国药学会，中国医学科学院药物研究所
375	中国海洋药物	0532–82031949	中国药学会
376	中国临床药理学杂志	010–82802540	中国药学会
377	中国临床药学杂志	021–54237256	中国药学会
378	中国现代应用药学	0571–87297398	中国药学会
379	中国新药与临床杂志	021–64511836	中国药学会，上海市食品药品监督管理局科技情报研究所
380	中国药学（英文版）	010–82801713	中国药学会
381	中国药学杂志	010–58691633	中国药学会
382	中国医院药学杂志	027–82809190	中国药学会
383	中国中药杂志	010–64087661	中国药学会
384	中华护理教育	010–53779541	中华护理学会
385	中华护理杂志	010–53779541	中华护理学会
386	生理科学进展	010–82802443	中国生理学会，北京大学
387	解剖科学进展	024–31939627	中国解剖学会
388	解剖学报	010–82802969	中国解剖学会

续表

序号	期 刊 名 称	期刊社电话	主 办 单 位
389	解剖学杂志	021−81870955	中国解剖学会
390	中国临床解剖学杂志	020−61648203	中国解剖学会
391	中国组织化学与细胞化学杂志	027−83692949	中国解剖学会，华中科技大学同济医学院
392	中国生物医学工程学报	010−65248786	中国生物医学工程学会
393	中国生物医学工程学报（英文版）	022−88326305	中国生物医学工程学会
394	中国心脏起搏与心电生理杂志	027−88075495	中国生物医学工程学会，武汉大学人民医院
395	中国血液流变学杂志	0512−67780961	苏州大学，中国生物医学工程学会
396	中国病理生理杂志	020−85220269	中国病理生理学会
397	中国动脉硬化杂志	0734−8160765	中国病理生理学会，南华大学
398	中国实验血液学杂志	010−66930873	中国病理生理学会
399	中国临床药理学与治疗学	0553−5738350	中国药理学会
400	中国药理学报（英文版）	021−54922822	中国药理学会，中国科学院上海药物研究所
401	中国药理学通报	0551−65161222	中国药理学会
402	中国针灸	010−84014607	中国针灸学会，中国中医科学院针灸研究所
403	结核病与肺部健康杂志	010−62257257	中国防痨协会
404	中国防痨杂志	010−62257257	中国防痨协会
405	中国麻风皮肤病杂志	0531−87298860	中国麻风防治协会，山东省皮肤病性病防治研究所
406	心理与健康	010−62389483	中国心理卫生协会
407	中国健康心理学杂志	0315−2245110	中国心理卫生协会
408	中国心理卫生杂志	010−62010890	中国心理卫生协会
409	癌症康复	010−88196152	中国抗癌协会，北京市肿瘤防治办公室，北京大学临床肿瘤学院
410	癌症生物学与医学（英文版）	022−23522919	中国抗癌协会
411	中国癌症研究（英文版）	010−88196612	中国抗癌协会
412	中国肺癌杂志	022−27219219	中国抗癌协会，中国防痨协会，天津医科大学总医院
413	中国肿瘤临床	022−23527053	中国抗癌协会
414	中国免疫学杂志	0431−88925027	中国免疫学会，吉林省医学期刊社
415	中国免疫学杂志（英文版）	0551−63600844	中国免疫学会，中国科学技术大学
416	中国肿瘤生物治疗杂志	021−81871002−22	中国免疫学会，中国抗癌协会
417	中国牙科研究杂志	010−82195785	中华口腔医学会

E—交叉学科（36）

序号	期刊名称	期刊社电话	主办单位
418	医学与哲学	0411–86110141	中国自然辩证法研究会
419	自然辩证法研究	010–68598471	中国自然辩证法研究会
420	管理现代化	010–64249510	中国管理现代化研究会
421	中外管理	010–88232780	中国管理现代化研究会，中国中小企业国际合作协会，北京中外企业管理培训中心
422	技术经济	010–62174221	中国技术经济学会
423	科技和产业	010–62174221	中国技术经济学会
424	科学技术与工程	010–62118920	中国技术经济学会
425	数理统计与管理	010–67392433	中国现场统计研究会
426	发现	010–84024966	中国未来研究会，北京国际交流协会
427	未来与发展	010–62103296	中国未来研究会
428	中国科技史杂志	010–57552528	中国科学技术史学会，中国科学院自然科学史研究所
429	情报工程	010–58882075	中国科学技术情报学会，中国科学技术信息研究所
430	情报学报	010–68598273	中国科学技术情报学会，中国科学技术信息研究所
431	城市发展研究	010–58933424	中国城市科学研究会
432	设计	010–65815864	中国工业设计协会
433	科技与企业	010–62103259	中国科普作家协会
434	生物技术世界	010–62103259	中国科普作家协会
435	大自然	010–67020595	中国自然科学博物馆协会，中国野生动物保护协会，北京自然博物馆
436	自然科学博物馆研究	010–59041303	中国自然科学博物馆协会，科学普及出版社，中国科学技术馆（《自然科学博物馆研究》杂志社
437	中国科技教育	010–62178764	中国青少年科技辅导员协会
438	科技尚品	010–64097589	中国科教电影电视协会，摄影与摄像杂志社
439	摄影与摄像	010–64097589	中国科教电影电视协会
440	编辑学报	010–63577685	中国科学技术期刊编辑学会
441	档案学研究	010–63018706	中国档案学会
442	今日国土	010–87557760	中国国土经济学会
443	中国土地科学	010–66562683	中国土地学会，中国土地勘测规划院
444	电子竞技	010–65681316	中国科技新闻学会
445	科幻画报	010–88568630	中国科技新闻学会
446	科技传播	010–65681316	中国科技新闻学会
447	科技创新与品牌	010–68457597	中国科技新闻学会

续表

序号	期 刊 名 称	期刊社电话	主 办 单 位
448	科学家	010−65681316	中国科技新闻学会
449	科学中国人	010−51601954	中国科技新闻学会
450	新媒体研究	010−65681316	中国科技新闻学会
451	中国科技信息	010−68003056	中国科技新闻学会
452	今日科苑	010−62170582	中国老科学技术工作者协会
453	中国科学探险	010−65545137	中国科学探险协会，电脑爱好者杂志社

其他主办单位（14）

序号	期 刊 名 称	期刊社电话	主 办 单 位
454	国际数字地球学报	010−82178196	国际数字地球学会，中国科学院对地观测与数字地球科学中心，中国科技出版传媒股份有限公司
455	环境	020−86199111	广东省环境保护宣传教育中心
456	科技创业家	010−85863937	大众科技报社
457	科技导报	010−62138113	中国科学技术协会
458	科普研究	010−62103285	中国科普研究所
459	科协论坛	027−87811722	中国科学技术协会普及部
460	科学大观园	010−62103350	科学普及出版社
461	数码影像时代	010−64823035	中国科学技术投资有限公司
462	知识就是力量	010−62103117	中国科学技术协会，共青团中央，中华全国总工会
463	中国动物保健	010−62819395	中国乡镇企业协会，北京中美欧畜牧科学研究院有限公司，中国动物保健品协会
464	中国学术期刊文摘	010−62172009	科技导报社
465	中国学术期刊文摘（英文版）	010−62172009	科技导报社
466	中国总会计师	010−63381767	中国总会计师协会
467	矿物岩石地球化学通报	0851−85893143	中国矿物岩石地球化学学会，中国科学院地球化学研究所

全国学会、协会、研究会简介

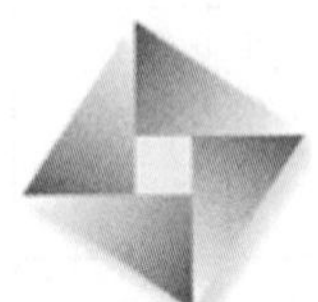

中国数学会
Chinese Mathematical Society (CMS)

地址：北京市海淀区中关村东路55号中国科学院数学与系统科学研究院内
邮政编码：100190
电子信箱：cms@math.ac.cn
主页网址：http://www.cms.org.cn
电话：010-62551022
传真：010-62618463
理事长：王诗宬
副理事长：席南华　陈　敏　高小山　陈大岳　陈永川　程　晋　罗懋康　杨新民　李　星
秘书长：张立群

中国物理学会
Chinese Physical Society (CPS)

地址：北京市海淀区中关村南三街8号中国科学院物理研究所内
邮政编码：100190
电子信箱：cps@iphy.ac.cn
主页网址：http://www.cps-net.org.cn
电话／传真　010-82649019
理事长：詹文龙
副理事长：王玉鹏　王恩哥　朱少平　朱邦芬　张　闯
秘书长：王玉鹏（兼）

中国力学学会
The Chinese Society of Theoretical and Applied Mechanics (CSTAM)

地址：北京市海淀区北四环西路15号
邮政编码：100190
电子信箱：office@cstam.org.cn
主页网址：http://www.cstam.org.cn
电话：010-62559588/62559209
传真：010-62559588
理事长：杨　卫
副理事长：戴兰宏　樊　菁　方岱宁　韩杰才　申长雨　袁　驷　翟婉明　郑晓静　周哲玮
秘书长：杨亚政

中国光学学会
The Chinese Optical Society (COS)

地址：北京市海淀区学院南路86号
邮政编码：100081
电子信箱：cos@cast.org.cn
主页网址：http//www.cncos.org
电话：010-62103292/62103275
传真：010-62103275
理事长：郭光灿
副理事长：刘　旭　李儒新　郁道银　倪国强　龚旗煌
秘书长：龚旗煌（兼）

中国声学学会
Acoustical Society of China (ASC)

地址：北京市海淀区北四环西路 21 号
邮政编码：100190
电子信箱：asc@mail.ioa.ac.cn
主页网址：http://www.aschina.org
电话：010-82547910
传真：010-82547909
理事长：王小民
副理事长：李　琪　毛东兴　邱小军　谢菠荪　张春华
秘书长：张春华（兼）

中国化学会
Chinese Chemical Society (CCS)

地址：北京市海淀区中关村北一街 2 号
邮政编码：100190
电子信箱：spzheng@iccas.ac.cn
主页网址：http://www.chemsoc.org.cn
电话：010-62568157
传真：010-62568157
理事长：姚建年
副理事长：包信和　戴厚良　丁奎岭　董孝利　洪茂椿
侯建国　黄　维　江桂斌　沈殿成　李　彬
万立骏　张　希　周其凤　周其林
秘书长：杨国强

中国天文学会
Chinese Astronomical Society (CAS)

地址：江苏省南京市鼓楼区北京西路 2 号
邮政编码：210008
电子信箱：cas.nj@pmo.ac.cn
主页网址：http://astronomy.pmo.cas.cn
电话：025-83332036
传真：025-83332036
理事长：武向平
副理事长：刘晓为　沈志强　郑晓年　戴子高
秘书长：杨　戟

中国气象学会
Chinese Meteorological Society (CMS)

地址：北京市海淀区中关村南大街 46 号
邮政编码：100081
电子信箱：cms@cms1924.org
主页网址：http://www.cms1924.org
电话：010-68409840
传真：010-68406821
理事长：王会军
副理事长：宇如聪　费建芳　钱泽宏　端义宏　杨修群
胡永云　李廉水
秘书长：翟盘茂

中国空间科学学会
Chinese Society of Space Research (CSSR)

地址：北京市海淀区中关村南二条一号
邮政编码：100190
电子信箱：cssr@nssc.ac.cn
主页网址：http://cssr.org.cn
电话：010-62559882
传真：010-62582961
理事长：顾逸东
副理事长：吴　季　叶培建　王家骐　廖小罕　陈善广
王建宇　李春来
秘书长：邱　理

中国地质学会
Geological Society of China (GSC)

地址：北京市西城区百万庄大街 26 号
邮政编码：100037
电子信箱：cgdzxh@cags.ac.cn
主页网址：http://www.geosociety.org.cn
电话：010-68999605
传真：010-68995305
理事长：徐绍史

副理事长：孟宪来（常务） 王京彬 马永生 邓 军
刘玉辰 朱伟林 李丕龙 李金发 杜金虎
邱建刚 范蔚茗 孙升林 琚宜太
秘书长：朱立新

中国地理学会
The Geographical Society of China (GSC)

地址：北京市朝阳区大屯路甲 11 号
邮政编码：100101
电子信箱：gsc@igsnrr.ac.cn
主页网址：http://www.gsc.org.cn
电话：010-64870663/64889598
传真：010-64889598
理事长：傅伯杰
副理事长：陶 澍 崔 鹏 陈发虎 葛全胜 宫辉力
冷疏影 刘 毅 刘宝元 薛德升 杨桂山
俞立中 张国友
秘书长：刘 毅（兼）

中国地球物理学会
Chinese Geophysical Society (CGS)

地址：北京市海淀区民族学院南路 5 号
邮政编码：100081
电子信箱：cgs@cgs.org.cn
主页网址：http://cgs.org.cn
电话：010-68729347/82998257
传真：010-82998257
理事长：陈 颙
副理事长：常 旭 陈晓非 曲寿利 王小牧 吴秋云
熊盛青
秘书长：郭 建

中国矿物岩石地球化学学会
Chinese Society for Mineralogy Petrology and Geochemistry (CSMPG)

地址：贵州省贵阳市观山湖区林城西路 99 号
邮政编码：550081
电子信箱：csmpg@vip.skleg.cn
主页网址：http://www.csmpg.org.cn
http://csmpg.gyig.cas.cn
电话：0851-5895823
传真：0851-5895823
理事长：胡瑞忠
副理事长：邓 军 高 山 倪师军 翟明国 周卫健
徐义刚 王世杰 朱立新 邹才能
秘书长：李世杰

中国古生物学会
Palaeontological Society of China (PSC)

地址：江苏省南京市玄武区北京东路 39 号
邮政编码：210008
电子信箱：psc@nigpas.ac.cn
主页网址：http://www.chinapsc.cn
电话：025-83282138
传真：025-83357026
理事长：杨 群
副理事长：童金南 孙 革 邓 涛 姚建新
秘书长：王永栋

中国海洋湖沼学会
Chinese Society for Oceanology and Limnology (CSOL)

地址：山东省青岛市市南区南海路 7 号
邮政编码：266071
电子信箱：csol@qdio.ac.cn
主页网址：http://csol.qdio.ac.cn
电话：0532-82898636
传真：0532-82868636
理事长：孙 松
副理事长：丁平兴 桂建芳 焦念志 马德毅 沈 吉
吴德星 杨红生 张海生
秘书长：杨红生（兼）

中国海洋学会

Chinaese Society for Oceanography (CSO)

地址：北京市西城区复兴门外大街 1 号
邮政编码：100860
电子信箱：377939902@qq.com
主页网址：http://www.cso.org.cn
电话：010－68047626
传真：010－68567980
理事长：王曙光
副理事长：雷　波（常务）　左其华　周守为　潘德炉
　　林龙福　孙　松　吴德星　张　颖
秘书长：雷　波（兼）

中国地震学会

Seismological Society of China (SSC)

地址：北京市海淀区民族大学南路 5 号
邮政编码：100081
电子信箱：zgdzxh@sina.com
主页网址：http://www.ssoc.org.cn
电话：010－68729352
传真：010－68417858
理事长：陈运泰
副理事长：陈　颙　张国民　张陪震　陈晓非
秘书长：郝记川

中国动物学会

China Zoological Society (CZS)

地址：北京市朝阳区北辰西路 1 号院 5 号
邮政编码：100101
电子信箱：czs@ioz.ac.cn
主页网址：http://www.czs.ioz.cas.cn
电话：010－64807051
传真：010－64807051
名誉理事长：陈宜瑜
理事长：孟安明
副理事长：张知彬（常务）　王德华　冯　江　孙青原
　　李保国　宋微波　张正旺　张希武　桂建芳
　　魏辅文
秘书长：王德华（兼）

中国植物学会

Botanical Society of China (BSC)

地址：北京市海淀区香山南路南辛村 20 号
邮政编码：100093
电子信箱：bsc@ibcas.ac.cn
主页网址：http://www.botany.org.cn/
电话：010－62836505
传真：010－82599636
理事长：武维华
副理事长：安黎哲　种　康　葛　颂　黄宏文　李德铢
　　朱玉贤
秘书长：葛　颂（兼）

中国昆虫学会

The Entomological Society of China (ESC)

地址：北京市朝阳区北辰西路 1 号院 5 号中国科学院
　　动物研究所内
邮政编码：100101
电子信箱：entsoc@ioz.ac.cn
主页网址：http://entsoc.ioz.ac.cn/
电话：010－64807135
传真：010－64807135
理事长：康　乐
副理事长：黄大卫　乔格侠　戈　峰　王　韧　陈生斗
　　张永安　高希武　吴孔明　黄勇平　张雅林
　　刘树生　洪晓月　郭明昉　金道超
秘书长：黄大卫（兼）

中国微生物学会

Chinese Society for Microbiology (CSM)

地址：北京市朝阳区北辰西路 1 号院 3 号
邮政编码：100101
电子信箱：csm@im.ac.cn

主页网址：http://csm.im.ac.cn
电话：010-64807200
传真：010-64807950
理事长：邓子新
副理事长：黄　力　曲音波　陈焕春　张先恩　盛　军
邵一鸣　徐志凯　杨瑞馥
秘书长：东秀珠

中国生物化学与分子生物学会
The Chinese Society of Biochemistry and Molecular Biology (CSBMB)

地址：上海市徐汇区岳阳路 320 号
邮政编码：200031
电子信箱：csbmb@sibs.ac.cn
主页网址：http://www.csbmb.org.cn
电话：021-54921088/54922818/54921090
传真：021-54922818
理事长：李　林
副理事长：昌增益　焦炳华　林圣彩　刘小龙　隋森芳
汤其群　许瑞明
秘书长：刘小龙（兼）

中国细胞生物学学会
Chinese Society for Cell Biology (CSCB)

地址：上海市徐汇区岳阳路 320 号
邮政编码：200031
电子信箱：cscb@sibs.ac.cn
主页网址：http://www.cscb.org.cn
电话：021-54922856
传真：021-54922891
理事长：裴　钢
副理事长：陈志南　陈晔光　高　翔　刘春明　舒红兵
曾益新　朱学良
秘书长：丁小燕

中国植物生理与植物分子生物学学会
Chinese Society for Plant Biology (CSPB)

地址：上海市徐汇区岳阳路 319 号 31 楼 A211
邮政编码：200031
电子信箱：cspb@sibs.ac.cn
主页网址：http://www.cspb.org.cn
电话：021-54922859/54920737
传真：021-54922859
理事长：陈晓亚
副理事长：韩　斌　何祖华　宋纯鹏　夏光敏　赵德刚
赵进东
秘书长：唐威华

中国生物物理学会
The Biophysical Society of China (BSC)

地址：北京市朝阳区大屯路 15 号
邮政编码：100101
电子信箱：wangyue@ibp.ac.cn
主页网址：http://www.bsc.org.cn
电话：010-64889894/　64887226
传真：010-64889892
理事长：饶子和
副理事长：程和平　丁建平　高　福　雷　鸣
哈木拉提·吾甫尔　隋森芳　徐　涛
许瑞明　阎锡蕴
秘书长：阎锡蕴（兼）

中国遗传学会
Genetics Society of China (GSC)

地址：北京市朝阳区北辰西路 1 号院 2 号中国遗传学会
邮政编码：100101
电子信箱：geneticssociety@163.com
主页网址：http://www.gsc.ac.cn
电话：010-64806635
传真：010-64806636

理事长：张亚平
副理事长：贺　林　薛勇彪　杨　晓　杨焕明　孟安明
　　　　　沈　岩　谭华荣　韩　斌　金　力　周天鸿
秘书长：薛勇彪（兼）

中国心理学会
Chinese Psychological Society (CPS)

地址：北京市朝阳区林萃路16号院中国科学院心理研究所内
邮政编码：100101
电子信箱：cps@psych.ac.cn
主页网址：http://www.cpsbeijing.org
电话：010-64888946
传真：010-64855830
理事长：沈模卫　游旭群（候任）
副理事长：白学军　金盛华　李　红　王登峰　张建新
　　　　　周晓林
秘书长：傅小兰

中国生态学学会
Ecological Society of China (ESC)

地址：北京市海淀区双清路18号
邮政编码：100085
电子信箱：esc@rcees.ac.cn
主页网址：http://www.esc.org.cn
电话：010-62849101
传真：010-62849113
理事长：刘世荣
副理事长：安黎哲　董　鸣　吕永龙　闵庆文
　　　　　欧阳志云　彭少麟　王克林　魏辅文
　　　　　吴文良　薛建辉
秘书长：陈利顶

中国环境科学学会
Chinese Society for Environmental Sciences (CSES)

地址：北京市海淀区红联南村54号
邮政编码：100082
电子信箱：hybcses@163.com
主页网址：http://www.chinacses.org
电话：010-62210708
传真：010-62210728
理事长：王玉庆
副理事长：丁仲礼　王灿发　宁吉喆　任官平　任南琪
　　　　　曲久辉　张远航　杨朝飞　陆新元　陈吉宁
　　　　　孟　伟　赵英民　郝吉明
秘书长：任官平（兼）

中国自然资源学会
China Society of Natural Resources (CSNR)

地址：北京市朝阳区大屯路甲11号
邮政编码：100101
电子信箱：csnr@igsnrr.ac.cn
主页网址：http://www.csnr.org
电话：010-64861455/010-64889806
传真：010-64861455
理事长：成升魁
副理事长：陈　曦　郑凌志　王仰麟　王艳芬　江　源
　　　　　吴文良　沈　镭　陈发虎　林家彬　封志明
　　　　　夏　军　高　峻　濮励杰
秘书长：沈　镭（兼）

中国感光学会
Chinese Society for Imaging Science and Technology (CSIST)

地址：北京市海淀区中关村东路29号
邮政编码：100190
电子信箱：xh@csist.org.cn
主页网址：http://www.csist.org.cn

电话：010－82543686/82543687
传真：010－82543687
理事长：蒲嘉陵
副理事长：张丽萍（常务） 马礼谦 薛 唯 邱 勇 杨 斌 魏 杰 周秉锋
秘书长：黄 勇

中国优选法统筹法与经济数学研究会

Chinese Society of Optimization, Overall Planning and Economic Mathematics (CSOOPEM)

地址：北京市海淀区中关村东路55号中国科学院思源楼1201室（北京8712信箱）
邮政编码：100190
电子信箱：shuangfa@casipm.ac.cn
主页网址：http://www.scope.org.cn
电话：010－62542629
传真：010－62542629
理事长：池 宏
副理事长：马超群 杨善林 范 英 周 勇 高自友 徐玖平 梁 樑 黄海军 魏一鸣
秘书长：李建平

中国岩石力学与工程学会

Chinese Society for Rock Mechanics and Engineering (CSRME)

地址：北京市朝阳区北土城西路19号（北京9825信箱）
邮政编码：100029
电子信箱：office@csrme.com
主页网址：http://www.csrme.com
电话：010－82998528/82998163/82998164
传真：010－62007351/82998163
理事长：冯夏庭 钱七虎
副理事长：蔡美峰 樊启祥 龚晓南 郭熙灵 何满潮 李 宁 李术才 潘一山 宋胜武 王明洋 王金华 朱合华 杨 强 袁 亮 郑炳旭
秘书长：刘大安

中国野生动物保护协会

China Wildlife Conservation Association (CWCA)

地址：北京市东城区和平里东街18号
邮政编码：100714
电子信箱：cwca@cwca.org.cn
主页网址：http://www.cwca.org.cn
电话：010－84239015/84239556
传真：010－64238030
理事长：赵学敏
副理事长：白景富 牛 盾 王玉庆 刘燕华 龚 正 李家洋 陈建功 孙冰川 卓榕生 姚昌恬 陈建伟 陈润生
秘书长：臧春林

中国系统工程学会

Systems Engineering Society of China' (SESC)

地址：北京市海淀区中关村东路55号
邮政编码：100190
电子信箱：sesc@iss.ac.cn
主页网址：http://www.sesc.org.cn
电话：010－62541827/62651415
传真：010－82626697
理事长：汪寿阳
副理事长：陈国青 狄增如 高自友 黄海军 李一军 凌 文 王红卫 杨新民 张纪峰 朱桂龙
秘书长：杨晓光

中国实验动物学会

Chinese Association for Laboratory Animal ciences (CALAS)

地址：北京市朝阳区潘家园南里5号
邮政编码：100021
电子信箱：calas@calas.org.cn
主页网址：http://www.calas.org.cn
电话：010－67781534

传真：010-67776816

理事长：秦　川

副理事长：曾　林　高　诚　黄　韧　李根平
　　　　　卢金星　曲连东　王佑春

秘书长：赵宏旭

中国青藏高原研究会

The China Society on Tibetan Plateau (CSTP)

地址：北京市朝阳区林萃路 16 号院 3 号楼

邮政编码：100101

电子信箱：qingzang@igsnrr.ac.cn

主页网址：http://www.cstp.org.cn

电话：010-64889819

传真：010-64889769

理事长：姚檀栋

副理事长：邓本太（藏）　岗　青（藏）　侯增谦
　　　　　洛桑 · 灵智多杰（藏）　于贵瑞　张人禾
　　　　　朱立平

秘书长：欧阳华

中国环境诱变剂学会

Chinese Environmental Mutagen Society (CEMS)

地址：北京市海淀区学院路 38 号北京大学医学部公共卫生学院 236 室

邮政编码：100191

电子信箱：iaems_cn@163.com

主页网址：http://www.cems.org.cn

电话：010-82335754

传真：010-82335754

理事长：柯　扬

副理事长：曹　佳　石刚刚　孙长颢　郝卫东　浦跃朴
　　　　　张天宝

秘书长：郝卫东（兼）

中国运筹学会

Operations Research Society of China (ORSC)

地址：北京市海淀区中关村东路 55 号

邮政编码：100190

电子信箱：orsc@amt.ac.cn

主页网址：http://www.orsc.org.cn

电话：010-62541695

传真：010-62620394

理事长：胡旭东

副理事长：杨新民　张汉勤　杨晓光　修乃华　孙小玲
　　　　　陈国庆　李　勇

秘书长：刘　克

中国菌物学会

Mycological Society of China (MSC)

地址：北京市朝阳区北辰西路 1 号院 3 号中国科学院微生物所 B410

邮政编码：100101

电子信箱：msc@im.ac.cn

主页网址：http://www.mscfungi.org.cn

电话：010-64807455

传真：010-64807455

理事长：王成树

副理事长：车永胜　陈双林　郭良栋　李泰辉　刘维达
　　　　　谭　琦　杨祝良　文华安　张修国

秘书长：白逢彦

中国晶体学会

Chinese Crystallographic Society (CCrS)

地址：北京市海淀区北京大学陈守仁国际研究中心伟利楼 207 室

邮政编码：100871

电子信箱：ccrs@pku.edu.cn

主页网址：http://www.ccrs.net.cn

电话：010-62757857

传真：010-62767969

荣誉理事长：林建华

理事长：高　松

副理事长：陈小明　吕　扬　牛立文　彭练矛　苏晓东　吴以成　郑伟涛

秘书长：王哲明

中国神经科学学会
The Chinese Society for Neuroscience (CSN)

地址：上海市徐汇区岳阳路 319 号 31A 楼 211 室

邮政编码：200031

电子信箱：cns@sibs.ac.cn

主页网址：http://www.cns.org.cn

电话：021-54922854/54922893

传真：021-54922857

理事长：段树民

副理事长：陈生弟　吉永华　王建军　饶　毅　徐如祥　张　旭　于常海

秘书长：何士刚

中国机械工程学会
Chinese Mechanical Engineering Society (CMES)

地址：北京市海淀区首体南路 9 号主语国际 4 号楼 11 层

邮政编码：100048

电子信箱：headquarters@cmes.org

主页网址：http://www.cmes.org
http://www.cmes.org.cn

电话：010-68799009

传真：010-68799050

理事长：周　济

副理事长：卢秉恒　包起帆　任洪斌　李培根　李新亚　杨海成　张彦敏　陈　钢　林忠钦　钟志华　郭东明　蔡惟慈　谭建荣

秘书长：张彦敏（兼）

中国汽车工程学会
Society of Automotive Engineering of China (SAM-China)

地址：北京市西城区莲花池东路 102 号天莲大厦 4 层、10 层

邮政编码：100055

电子信箱：office@sae-china.org

主页网址：http://www.sae-china.org

电话：010-50950000

传真：010-50950095

理事长：付于武

副理事长：张进华　丁宏祥　姚一鸣　任晓常　刘卫东　孙逢春　朱华荣　严　刚　余卓平　吴绍明　李书福　李立忠　李庆文　程惊雷　欧阳明高　范　仲　赵　航　钟志华　高卫民　董　扬　管　欣

秘书长：张进华（兼）

中国农业机械学会
Chinese Society for Agricultural Machinery (CSAM)

地址：北京市朝阳区德胜门外北沙滩 1 号

邮政编码：100083

电子信箱：csam@caams.org.cn

主页网址：http://www.agro-csam.org

电话：010-64882291/64882232

传真：010-64882291

理事长：罗锡文

副理事长：李树君（常务）　方宪法　王金富　王桂民　刘　宪　刘　敏　朱　明　佟　金　应义斌　陈学庚　姜卫东　胡乐鸣　赵春江　赵剡水　袁寿其　韩鲁佳

秘书长：张咸胜

中国农业工程学会
Chinese Society of Agricultural Engineering (CSAE)

地址：北京市朝阳区麦子店街 41 号 502 室
邮政编码：100125
电子信箱：hqcsae@agri.gov.cn
主页网址：http://www.csae.org.cn
电话：010－65910066 转 2502/3502
传真：010－65929450
理事长：朱 明
副理事长：罗锡文（常务） 王铁良 包 军 刘 旭 杜瑞成 李畅游 李树君 李瑞川 佟 金 应义斌 汪 春 张全国 陆华忠 赵春江 郧文聚 袁寿其 崔 明 康绍忠 韩鲁佳
秘书长：管小冬

中国电机工程学会
Chinese Society for Electrical Engineering (CSEE)

地址：北京市西城区白广路二条一号
邮政编码：100761
电子信箱：csee@csee.org.cn
主页网址：http://www.csee.org.cn
电话：010－63414320
传真：010－63414319
理事长：郑宝森
副理事长：帅军庆 谢明亮 王良友 刘国跃 金耀华 邓建玲 米树华 苏 力 张 诚 王树民 王 斌 赵 洁 刘吉臻 宋永华 陈 斌
秘书长：谢明亮（兼）

中国电工技术学会
China Electrotechnical Society (CES)

地址：北京市西城区三里河路 46 号
邮政编码：100823
电子信箱：esintl@public.bta.net.cn
主页网址：http://www.ces.org.cn
电话：010－68595357
传真：010－68511242
理事长：孙昌基
副理事长：王建华 朱元巢 杨庆新 杨 清 肖立业 沈小宇 陆仁琪 苗立杰 郝玉成 段瑞春 唐春潮 黄迪南 裴相精 裴振江
秘书长：裴相精（兼）

中国水力发电工程学会
China Society for Hydropower Engineering (CSHE)

地址：北京市海淀区车公庄西路 22 号院 A 座 11 层
邮政编码：100044
电子信箱：b07@cast.org.cn leidy5378@126.com
主页网址：http://www.hydropower.org.cn
电话：010－58381747/2515
传真：010－63547632
理事长：张基尧
副理事长：李菊根（常务） 丁焰章 王 琳 王光谦 匡尚富 孙玉才 朱跃龙 祁达才 刘国跃 吴贵辉 张建云 陈 飞 邱希亮 周创兵 岳 曦 郑宝森 施洪祥 贺建华 夏 忠 晏志勇 高 嵩 曹景山 程念高 樊海斌
秘书长：李菊根（兼）

中国水利学会
Chinese Hydraulic Engineering Society (CHEC)

地址：北京市西城区白广路二条 16 号
邮政编码：100053
电子信箱：ches@ches.org.cn
主页网址：http://www.ches.org.cn
电话：010－63202171
传真：010－63204551
理事长：敬正书

副理事长：顾　浩　匡尚富　张建云　沈凤生　曹广晶
马建华　薛松贵　王　乘　雷志栋　殷保合
晏志勇
秘书长：李赞堂

中国内燃机学会
Chinese Society for Internal Combustion Engines (CSICE)

地址：上海市杨浦区军工路 2500 号
邮政编码：200438
电子信箱：zhuweijin66@126.com
主页网址：http://www.csice.org.cn
电话：021-65745323/25079801
传真：021-65745323
理事长：张小虞
副理事长：阳树毅（常务）　马童立　孙少军　李　骏
李树生　张树勇　沈　捷　苏万华　金东寒
欧阳明高　黄　松　黄佐华
秘书长：阳树毅（兼）

中国工程热物理学会
Chinese Society of Engineering Thermophysics (CSET)

地址：北京市海淀区北四环西路 11 号
邮政编码：100190
电子信箱：cset@iet.cn
主页网址：http://www.cset.org.cn
电话：010-82543040/82543037
传真：010-82543037
理事长：金红光
副理事长：陈　勇　李应红　朱俊强　杨勇平　姚春德
郭烈锦　张　兴
秘书长：杜建一

中国空气动力学会
Chinese Aerodynamics Research Society (CARS)

地址：北京市海淀区学院路 37 号国家计算流体力学实验室
邮政编码：100191
电子信箱：carsqdxh@gmail.com
主页网址：http://www.cars.org.cn
电话：010-82317341
传真：010-82317341
理事长：邓小刚
副理事长：施岳定　任玉新　桂业伟　孙　茂　高正红
姜宗林　赵　宁　唐志共　赵　波
秘书长：范召林

中国制冷学会
Chinese Association of Refrigeration (CAR)

地址：北京市海淀区阜成路 67 号银都大厦 10 层
邮政编码：100142
电子信箱：car@car.org.cn
主页网址：http://www.car.org.cn
电话：010-68719985/68719984
传真：010-68434679
理事长：田元兰
副理事长：孟庆国　吴剑峰　陈学东　肖大海　王祥雨
徐　伟　刘　挺　穆传江　李增群　黄　辉
王如竹　李先庭
秘书长：金嘉玮（兼）

中国真空学会
Chinese Vacuum Society (CVS)

地址：北京市朝阳区建国路 93 号万达广场 9 号楼 6 层 612 室
邮政编码：100022
电子信箱：cvs@chinesevacuum.com
主页网址：http://www.chinesevacuum.com

电话：010－58208908/58208985
传真：010－58207735
理事长：许宁生
副理事长：高鸿钧 李言荣 巴德纯 雷震霖 彭练矛
王西龙 董振超 于天化 李得天 苏 原
秘书长：郭海明

中国自动化学会
Chinese Association of Automation (CAA)

地址：北京市海淀区中关村东路 95 号自动化大厦 509
邮政编码：100190
电子信箱：caa@ia.ac.cn
主页网址：http://www.caa.org.cn
电话：010－82544542
传真：010－62522248
理事长：郑南宁
副理事长：王飞跃 柴天佑 张剑武 张纪峰 陈 杰
杨孟飞 于海斌 李少远 周东华
秘书长：王飞跃（兼）

中国仪器仪表学会
China Instrument & Control Society (CIS)

地址：北京市海淀区知春路 6 号锦秋国际大厦 A 座 23 层
邮政编码：100088
电子信箱：info@cis.org.cn
主页网址：http://www.cis.org.cn
电话：010－82800755
传真：010－82800879
名誉理事长：包叙定 金国藩 庄松林
名誉副理事长：陆廷杰 孙优贤 龚惠兴 王雨生
周兆英 张开逊 张钟华 薛一平
向晓波 王 岩 范幼林
理事长：李天初
副理事长：尤 政 张广军 胡小唐 史红民 吴 朋
许大庆 高明璋 王 健 宣瑞国 吴幼华
秘书长：朱险峰

中国计量测试学会
Chinese Society for Measurement (CSM)

地址：北京市朝阳区育慧南路 3 号
邮政编码：100029
电子信箱：wangsa6@126.com
主页网址：http://www.china-csm.org
电话：010－84639822
传真：010－84639822
理事长：王秦平
副理事长：丁雪梅 于化东 马爱文 刘新民 张广军
张玉宽 张钟华 林建忠 胡小唐 曹英杰
谭和平 杜小平
秘书长：马爱文（兼）

中国标准化协会
China Association for Standardization (CAS)

地址：北京市海淀区增光路 33 号中国标协写字楼
邮政编码：100048
电子信箱：cas@china-cas.org
主页网址：http://www.china-cas.org
电话：010－68482988
传真：010－68486228
名誉理事长：袁宝华 李忠海
理事长：纪正昆
副理事长：孙晓康 马林聪 徐素华 陈 刚 王光辉
季 飞 胡南乾 杜 江 周 平 朱 恺
王 晔 陶宏芝 吴江徽 陈建明 王 敏
冯擎峰
秘书长：高建忠（兼）

中国图学学会
China Graphics Society (CGS)

地址：北京市海淀区知春路 1 号学院国际大厦 1006 室
邮政编码：100191
电子信箱：cgs@cgn.net.cn
主页网址：http://www.cgn.net.cn

电话：010－62165983
传真：010－62165987
理事长：孙家广
副理事长：李 华 谭建荣 魏小鹏
秘书长：李 华（兼）

中国电子学会
Chinese Institute of Electronics (CIE)

地址：北京市海淀区玉渊潭南路普惠南里13号楼（北京市165信箱）
邮政编码：100036
电子信箱：lixiaopeng@cie-info.org.cn
主页网址：http://www.cie-info.org.cn
电话：010－68277281
传真：010－68233917
理事长：娄勤俭
副理事长：刘汝林 郛贺铨 李 未 芮晓武 邱 勇 周子学 熊群力
秘书长：徐晓兰

中国计算机学会
China Computer Federation (CCF)

地址：北京市海淀区中关村科学院南路6号
邮政编码：100190
电子信箱：ccf@ccf.org.cn
主页网址：http://www.ccf.org.cn
电话：010－62562503
传真：010－62527485
理事长：郑纬民
副理事长：陈左宁 吕 建 王恩东
秘书长：杜子德

中国通信学会
China Institute of Communications (CIC)

地址：北京市西城区西长安街13号
邮政编码：100804
电子信箱：dongyi@china-cic.cn
主页网址：http://www.china-cic.org.cn/
电话：010－66051385/66051266
传真：010－66069587
理事长：尚 冰
副理事长：方滨兴 王效杰 邬贺铨 张钧安 张继平 张新生 李正茂 杨 震 谈振辉 黄国勇 魏茂洪 曹淑敏
秘书长：张新生（兼）

中国中文信息学会
Chinese Information Processing Society of China (CIPSC)

地址：北京市海淀区中关村南四街4号中国科学院软件园7号楼201房间
邮政编码：100190
电子信箱：cips@iscas.ac.cn
主页网址：http://www.cipsc.org.cn
电话：010－62562916
传真：010－62562916
理事长：李 生
副理事长：黄河燕 刘庆峰 刘迎建 施水才 孙 乐 孙茂松 吾守尔·斯拉木 徐 波 张桂平
秘书长：孙 乐（兼）

中国测绘地理信息学会
Chinese Society for Geodesy Photogrammetry and Cartography (CSGPC)

地址：北京市海淀区莲花池西路28号国家测绘地理信息局14层
邮政编码：100830
电子信箱：cc20069007@aliyun.com
主页网址：http://www.csgpc.org/
电话：010－63881401/63881402/63881406
传真：010－63881410
理事长：李维森

副理事长：彭震中　王　瑞　申慧群　孙和平　朱　光
李志刚　吴劲风　张继贤　张文若　张卫强
邹熹光　杨宝峰　周成虎　宫辉力　郭华东
高延利　倪庆华　龚健雅　翟跃欢　李建成
秘书长：彭震中（兼）

中国造船工程学会

The Chinese Society of Naval Architects and Marine Engineers (CSNAME)

地址：北京市西城区月坛北街 5 号
邮政编码：100861
电子信箱：msc@csname.org.cn
主页网址：http://www.csname.org.cn
电话：010-59517926
传真：010-59517928
理事长：黄平涛
副理事长：李国安　路小彦　金才宽　张相木　李长江
李科浚　李建红　林建清　周守为　刘海胜
何生厚　苏　明　刘志刚　方书甲　刘郑国
吴永杰
秘书长：罗季燕

中国航海学会

China Institute of Navigation (CIN)

地址：北京市东城区和平里东街 10 号院 1-401
邮政编码：100013
电子信箱：cinnet@163.com
主页网址：http://www.cinnet.cn
电话：010-65299839
传真：010-65299796
理事长：徐祖远
副理事长：刘功臣（常务）　王祖温　刘锡汉　孙立成
宋家慧　宋德星　张宏声　马泽华　郁　忠
李绍德　丁小岗　苏新刚　陈爱平　於世成
赵兴武
秘书长：赵东野

中国铁道学会

China Railway Society (CRS)

地址：北京市海淀区复兴路 10 号
邮政编码：100844
电子信箱：crstdxh@sohu.com
主页网址：http://www.crs.org.cn
电话：010-51842891/51842251
传真：010-51848021
理事长：孙永福
副理事长：瞿建明　徐啸明　余邦利　何华武　杨建兴
康维韬　吕长清　耿志修　赵占平
秘书长：瞿建明（兼）

中国公路学会

China highway and transportation Society (CHTS)

地址：北京市朝阳区和平街 11 区 37 号楼 2 层
邮政编码：100013
电子信箱：glxh@chinahighway.com
主页网址：http://www.chts.chinahighway.com
电话：010-64951487
传真：010-64951487
理事长：胡希捷
副理事长：周海涛　周纪昌　周　伟　李作敏　李兴华
王　玉　刘家镇　马　建　董学博
秘书长：刘文杰

中国航空学会

Chinese Society of Aeronautics and Astronautics (CSAA)

地址：北京市朝阳区安外北苑 2 号院
邮政编码：100012
电子信箱：csaazhb@126.com
主页网址：http://www.csaa.org.cn
电话：010-84924375
传真：010-84923942

理事长：林左鸣
副理事长：王　政　甘晓华　张新国　怀进鹏　李春宏
王劲松　罗荣怀　聂　宏　袁继昌　高建设
秘书长：吴　松

中国宇航学会
Chinese Society of Astronautics (CSA)

地址：北京市海淀区阜成路 8 号
邮政编码：100048
电子信箱：csaspacechina@126.com
主页网址：http://www.csaspace.org.cn
电话：010-68767281
传真：010-68768617
理事长：许达哲
副理事长：王兆耀　王树国　阴和俊　李　跃　怀进鹏
杨长风　杨俊华　吴燕生　胡海岩　胡亚枫
姜澄宇　袁　洁　袁家军　高红卫　曹建国
曹健林　谢良贵　雷凡培
秘书长：杨俊华（兼）

中国兵工学会
China Ordnance Society

地址：北京市海淀区车道沟 10 号院 2431 信箱
邮政编码：100089
电子信箱：suggest@cos.org.cn
主页网址：http://www.cos.org.cn
电话：010-68962717/68962962
传真：010-68962962
理事长：尹家绪
副理事长：胡海岩　刘仓理　曾　毅　聂晓夫　邓智尤
王晓锋　于小虎
秘书长：于小虎（兼）

中国金属学会
The Chinese Society for Metals (CSM)

地址：北京市东城区东四西大街 46 号
邮政编码：100711
电子信箱：csmoffice@csm.org.cn
主页网址：http://www.csm.org.cn
电话：010-65133322-1612/3612　010-65270210
传真：010-65124122
理事长：徐匡迪
副理事长：王天义（常务）　干　勇　徐乐江　张晓刚
邓崎琳　靳　伟　才　让　杨　锐　张欣欣
赵　继　于　勇　沈文荣　刘　玠
秘书长：赵　沛

中国有色金属学会
The Nonferrous Metals Society of China (NFsoc)

地址：北京市海淀区复兴路乙 12 号
邮政编码：100814
电子信箱：nfsoc@163.com
主页网址：http://www.nfsoc.org.cn
电话：010-63971451
传真：010-63965399
理事长：康　义
副理事长：李静海　屠海令　熊维平　周中枢　余德辉
罗　涛　杨志强　李贻煌　何季麟　孙兆学
周　荣　张洪国
秘书长：张洪国（兼）

中国稀土学会
The Chinese Society of Rare Earths (CSRE)

地址：北京市海淀区学院南路 76 号
邮政编码：100081
电子信箱：csre@cs-re.org.cn
主页网址：http://www.cs-re.org.cn
电话：010-62182748/62173501
传真：010-62173501

理事长：干　勇

副理事长：屠海令　张洪杰　丁海燕　张少明　任　福
李春龙　杨文浩　李　波　杨占峰　黄　康
魏　娜　龚　斌

秘书长：林东鲁

中国腐蚀与防护学会
Chinese society for Corrosion and Protection (CSCP)

地址：北京市海淀区学院路 30 号

邮政编码：100083

电子信箱：mail@cscp.org.cn

主页网址：http://www.cscp.org.cn

电话：010-62320080

传真：010-82372305

理事长：王福会

副理事长：刘建华　孙明先　李　劲　李晓刚　吴建华
张　盾　张三平　张启富　张政军　张鉴清
林　安　林昌健　宫声凯　郭兴蓬　路民旭

秘书长：李晓刚（兼）

中国化工学会
The Chemical Industry and Engineering Society of China (CIESC)

地址：北京市朝阳区安定路 33 号化信大厦 B 座

邮政编码：100029

电子信箱：yyangyh@ciesc.cn

主页网址：http://www.ciesc.cn

电话：010-64441885

传真：010-64411194

副理事长：李新华（常务）　戴厚良（常务）
李静海（常务）　杨元一（专职）
曲景平　刘良炎　李　彬　吴秀章
张　勇　张积耀　范小森　周伟斌
郑长波　钱旭红　徐大刚　谭天伟

秘书长：杨元一（兼）

中国核学会
Chinese Nuclear Society (CNS)

地址：北京市西城区三里河南三巷 1 号

邮政编码：100822

电子信箱：cns@ns.org.cn

主页网址：http://www.ns.org.cn

电话：010-68555584/68555559

传真：010-68527188

理事长：李冠兴

副理事长：王　森　刘永德　孙汉虹　余剑锋　张廷克
张维岩　相　斌　贺　禹　赵　军　康克军
詹文龙　雷增光

中国石油学会
Chinese Petroleum Society (CPS)

地址：北京市西城区六铺炕街 6 号

邮政编码：100724

电子信箱：syxhqn@126.com

主页网址：http://www.cps.org.cn/

电话：010-62067135

传真：010-62067135

理事长：曾玉康

副理事长：孙龙德　王道富　周抚生　王志纲　曹湘洪
周守为　朱伟林　李静海　彭齐鸣　柴育诚

秘书长：方朝亮

中国煤炭学会
China Coal Society (CCS)

地址：北京市朝阳区青年沟路 5 号

邮政编码：100013

电子信箱：b38tj@cast.org.cn

主页网址：http://www.chinacs.org.cn

电话：010-84262776/84262778

传真：010-84264526

理事长：王显政

副理事长：田　会　卜昌森　王　安　王金华　刘建功　吴　吟　张玉卓　张铁岗　武华太　袁　亮　谢和平　葛世荣
秘书长：刘　峰

中国可再生能源学会
Chinese Renewable Energy Society (CRES)

地址：北京市海淀区中关村北二条6号
邮政编码：100190
电子信箱：cres@mail.icc.ac.cn
主页网址：http://www.cres.org.cn/
电话：010−82547225
传真：010−82547220
理事长：石定寰
副理事长：孔　力　毛宗强　朱俊生　许洪华　李宝山　柳　地　李俊峰　仲继寿　吴创之　孟宪淦　武　钢　赵玉文　赵　颖　贺德馨　黄　鸣　喜文华　韩建功
秘书长：李宝山（兼）

中国能源研究会
China Energy Research Society (CERS)

地址：北京市西城区三里河路54号
邮政编码：100045
电子信箱：cers@mx.cei.gov.cn
主页网址：http://www.cers.org.cn
电话：010−56034651/52/53
传真：010−68513097
理事长：柴松岳
副理事长：王显政　冯　飞　何建坤　张玉卓　李静海　周大地　周小谦　郑　虎　郑健超　赵立欣　徐锭明　曹湘洪　翟若愚　毕亚雄　吴　吟
秘书长：于新阳

中国硅酸盐学会
The Chinese Ceramic Society (CCS)

地址：北京市海淀区三里河路11号
邮政编码：100831
电子信箱：cersoc@public3.bta.net.cn
主页网址：http://www.ceramsoc.com
电话：010−57811248
传真：010−57811249
理事长：徐永模
副理事长：张联盟　李建保　李新华　陈立泉　周　玉　罗宏杰　南策文　姚　燕　徐德龙　晋占平　彭　寿
秘书长：晋占平（兼）

中国建筑学会
Architectural Society of China (ASC)

地址：北京市海淀区三里河路9号
邮政编码：100835
电子信箱：zgjzxhzhb@126.com
主页网址：http://www.chinaasc.org
电话：010−88082227
传真：010−88082223
理事长：车书剑
副理事长：丁　建　李建飞　张　桦　杨焕彩　官　庆　欧进萍　林坚飞　周　岚　周　畅　修　龙　徐宗威　程志毅　王　俊　刘　军　朱小地　朱文一　单霁翔
秘书长：周　畅（兼）

中国土木工程学会
China Civil Engineering Society (CCES)

地址：北京市海淀区三里河路9号建设部内
邮政编码：100835
电子信箱：cceszhb@163.com
主页网址：http://www.cces.net.cn
电话：010−68311313
传真：010−58933953
理事长：郭允冲
副理事长：卢春房　冯正霖　刘士杰　袁　驷　李永盛　易　军　李长进　孟凤朝　刘起涛　王　俊
秘书长：张玉平

中国生物工程学会

Chinese Society of Biotechnology (CSBT)

地址：北京市朝阳区北辰西路 1 号院 3 号中国科学院微生物所 B 座 411 室
邮政编码：100101
电子信箱：csbt@im.ac.cn
主页网址：http://www.biotechchina.org
电话：010-64807678
传真：010-64807678
理事长：欧阳平凯
副理事长：高　福　陈惠鹏　林　敏　刘双江　金　城　马延和　麦康森　朱　祯　赵贵英　张宏翔　应汉杰　马树恒
秘书长：马树恒（兼）

中国纺织工程学会

China Textile Engineering Society (CTES)

地址：北京市朝阳区延静里中街 3 号
邮政编码：100025
电子信箱：ctes@public.bta.net.cn
主页网址：http://www.ctes.com.cn
电话：010-65016537
传真：010-65016538
理事长：孙瑞哲
副理事长：王竹林　王启明　江建明　伏广伟　刘元风　朱　勇　肖长发　陈建勇　周华堂　俞建勇　胡　克　赵　强　徐卫林　彭燕丽　潘跃进　潘雪平　龚进礼
秘书长：尹耐冬

中国造纸学会

China Technical Association of Paper Industry (CTAPI)

地址：北京市朝阳区望京启阳路 4 号院 B 座 10 层
邮政编码：100102
电子信箱：qxd@ctapi.org.cn
主页网址：http://www.ctapi.org.cn
电话：010-64778756/51//61/66
传真：010-64778757/59
理事长：陈学忠
副理事长：曹振雷（常务）　刘　忠　李　耀　李义民　李友生　何北海　张　辉　张美云　陈鄂生　陈嘉川　赵　伟　胡开堂　姜海斌
秘书长：曹春昱

中国文物保护技术协会

China Association for Conservation Technology of Cultural Heritage (CACTCH)

地址：北京市东城区景山前街 4 号故宫博物院内
邮政编码：100009
电子信箱：cactch@gmail.com
电话：010-85007412
传真：010-85007412
理事长：李化元
副理事长：付清远　龚　良　马清林　潘　路　王立平　王时伟　王旭东
秘书长：王时伟（兼）

中国印刷技术协会

The Printing Technology Association of China (PTAC)

地址：北京市西城区太平街 6 号富力摩根中心 E 座 818 室
邮政编码：100050
电子信箱：ptac_zhx@163.com
主页网址：http://www.chinaprint.org
电话：010-59361480
传真：010-59361489
理事长：于永湛
副理事长：万　捷　王岩镔　文宏武　李新立　冯广源　曲德森　任玉成　刘学智　杨　斌　肖建国　张双儒　张良晓　陈　均　罗　钧　郝振省　俞志康　郭　全　滕方迁
秘书长：曲德森（兼）

中国材料研究学会
Chinese Materials Research Society (C-MRS)

地址：北京市海淀区紫竹院路62号4102室
邮政编码：100048
电子信箱：chinese_mrs@163.com
主页网址：http://www.c-mrs.org.cn
电话：010-68475052
传真：010-68722033
理事长：黄伯云
副理事长：高瑞平　韩高荣　韩雅芳　李光宪　李元元　罗宏杰　邱　勇　屠海令　魏炳波　谢建新　徐　坚　杨　锐　姚　燕　周少雄　周　玉
秘书长：韩雅芳（兼）

中国食品科学技术学会
Chinese Institute of Food Science and Technology (CIFST)

地址：北京市海淀区阜成路北三街6号轻苑大厦三层
邮政编码：100048
电子信箱：cifst@126.com
主页网址：http://www.cifst.org.cn
电话：010-65265375
传真：010-65264731
理事长：孟素荷
副理事长：陈　坚　潘迎捷　曹小红　李　琳　罗云波　胡小松　饶平凡　贾志忍　王延才　蔡木易　刘秀梅　蔡永峰　孙宝国　周光宏
秘书长：邵　薇

中国粮油学会
Chinese Cereals and Oils Association (CCOA)

地址：北京市西城区百万庄大街11号粮科大厦
邮政编码：100037
电子信箱：weiran@ccoaonline.com
主页网址：http://www.ccoaonline.com
电话：010-68357523
传真：010-68357522
理事长：张桂凤
副理事长：胡承淼　杜　政　唐瑞明　唐民强　张　元　曾其林　鞠兴荣　金征宇　潘洪亮　栗　明　王　进　胡新民　丹志国　宫旭洲　俞学锋　谢松柏
秘书长：胡承淼（兼）

中国职业安全健康协会
China Occupational Safety and Health Association (COSHA)

地址：北京市东城区和平里北街21号
邮政编码：100713
电子信箱：cosha@cosha.org.cn
主页网址：http://www.cosha.org.cn/
电话：010-64463210/64464721
传真：010-64463210/64464723
理事长：张宝明
副理事长：闪淳昌　冯长根　鲍培德　纪明波　刘根元　伊　烈　周国泰　朱力平　吴宗之　丁　辉　王金华　赵　昆　李馥友　李　东　杨　中　阚　兴　陈必成　韩有波　吴永平　张文学　刘福祥　任树奎　白海金　沈　浩　张有喜　武华太　王社平
秘书长：肖克源

中国烟草学会
China Tobacco Society (CTS)

地址：北京市西城区月坛南街55号
邮政编码：100045
电子信箱：liuxinhua@tobacco.gov.cn
网址：www.tobacco.org.cn
电话：010-63605021
传真：010-63605760
理事长：赵洪顺
副理事长：王建雪　谢剑平　杨　俊　刘建福　王元英
秘书长：王建雪（兼）

中国系统仿真学会
Chinese Association for System Simulation (CASS)

地址：北京市海淀区学院路 37 号
邮政编码：100191
电子信箱：cassimul@vip.sina.com
主页网址：http://cass-sim.buaa.edu.cn
电话：010-82310612
传真：010-82317098
理事长：赵沁平
副理事长：戴　岳　范文慧　胡晓峰　纪志成　李国雄　刘　金　马世伟　邱晓刚　吴云洁　杨　明　张　霖　张志利　赵　民
秘书长：吴云洁

中国电影电视技术学会
China Society of Motion Picture and Television Enginnees (CSMPTE)

地址：北京市海淀区西三环中路莲花小区华宝大厦 326 室
邮政编码：100036
电子信箱：csmpte@163.com
主页网址：http://www.csmpte.com
电话：010-63983646
传真：010-63958027
理事长：何宗就
副理事长：丁文华　宋宜纯　田　方　王文堂　张建平　陈　飞　汪建强　王鸿海　姚　威　谢锦辉　高福安　姚　平　李金荣　高少君　林长海　周茂年　周　迈
秘书长：黄平刚

中国振动工程学会
Chinese Society for Vibration Engineering (CSVE)

地址：江苏省南京市御道街 29 号
邮政编码：210016
电子信箱：csve@nuaa.edu.cn
主页网址：http://www.csve.org.cn
电话：025-84892135
传真：025-84892135
名誉理事长：黄文虎　闻邦椿　刘人怀
理事长：欧进萍
副理事长：陈国平　何正嘉　孟　光　苏义脑　王永亮　邢誉峰　杨绍普
秘书长：陈国平（兼）

中国颗粒学会
Chinese Society of Particuology (CSP)

地址：北京市海淀区中关村北二条 1 号中国科学院过程工程研究所内
邮政编码：100190
电子信箱：klxh@home.ipe.ac.cn
主页网址：http://www.csp.org.cn
电话：010-62647657/47
传真：010-82629146
理事长：陈运法
副理事长：蔡小舒　曹军骥　陈建峰　马光辉　宋延林　魏　飞　张　忠　郑水林　朱庆山
秘书长：白蕴如

中国照明学会
China Illuminating Engineering Society (CIES)

地址：北京市朝阳区大北窑厂坡村甲 3 号南楼二层
邮政编码：100022
电子信箱：cies@lightingchina.com
主页网址：http://www.lightingchina.com.cn
电话：010-65815905/65836525
传真：010-65812194
理事长：徐　淮
副理事长：王立雄　刘世平　刘醒明　华树明　李志君　汪　猛　官　勇　赵建平　郝洛西　姚梦明　徐　华　梁　毅　梁荣庆　崔一平
秘书长：窦林平

中国动力工程学会
Chinese Society of Power Engineering (CSPE)

地址：上海市闵行区剑川路 1115 号
邮政编码：200240
电子信箱：cspe@speri.com.cn
主页网址：http://www.cpeweb.com.cn/dongli
电话：021-54705106
传真：021-54705106
理事长：黄迪南
副理事长：刘吉臻　朱元巢　严宏强　苗立杰　胡寿根　胡建民　倪明江　黄　瓯
秘书长：张树林

中国惯性技术学会
Chinese Society of Inertial Technology (CSIT)

地址：北京市西城区月坛北小街 2 号
邮政编码：100037
电子信箱：Postmaster70341@sina.com
主页网址：http://www.csit.org.cn
电话：010-68386627
传真：010-68386627
理事长：包为民
副理事长：谢良贵　王　巍　夏　刚　郑　辛　刘　飞　付梦印　万彦辉　宋科璞
秘书长：王　岩

中国风景园林学会
Chinese Society of Landscape Architecture (CHSLA)

地址：北京市海淀区三里河路 9 号
邮政编码：100835
电子信箱：chsla@vip.sina.com
主页网址：http://www.chsla.org.cn
电话：010-58933918/88082568
传真：010-58933918
理事长：陈晓丽
副理事长：方　岩　王　翔　王向荣　刘秀晨　吴桂昌　张　兵　张殿纯　陈　重　陈　敏　郑西平　郑淑玲　高　翅　董瑞龙　王磐岩　杜　挺　杨　锐
秘书长：陈　重（兼）

中国电源学会
China Power Supply Society (CPSS)

地址：天津市南开区黄河道 467 号大通大厦 16 层
邮政编码：300110
电子信箱：cpss@cpss.org.cn
主页网址：http://www.cpss.org.cn
电话：022-27680796
传真：022-27687886
理事长：徐德鸿
副理事长：刘进军　张　波　李占师　陈成辉　周雒维　徐殿国　曹仁贤　章进法
秘书长：韩家新

中国复合材料学会
Chinese Society for Composite Materials (CSCM)

地址：北京市海淀区学院路 37 号
邮政编码：100191
电子信箱：office@csfcm.org.cn
主页网址：http://www.csfcm.org.cn
电话：010-82317092/82338581
传真：010-82317092
理事长：杜善义
副理事长：成来飞　方岱宁　孙晋良　徐　坚　陈祥宝　徐惠彬　韩克岑　朱建勋　杨　旭　刘连元
秘书长：张博明

中国消防协会
China Fire Protection Association (CFPA)

地址：北京市朝阳区华威西里甲 19 号

邮政编码：100021
电子信箱：hedh@cfpa.cn
主页网址：http://www.cfpa.cn
电话：010-87789256/87792378
传真：010-87789252
会长：孙 伦
副会长：王铁民（常务） 李向华 李世雄 郑玉海
范维澄 冯凯文
秘书长：高 伟

中国图象图形学学会

China Society of Image & Graphics (CSIG)

地址：北京市海淀区中关村东路 95 号东楼 307 室
邮政编码：100190
电子信箱：lyf-ok@163.com
主页网址：http://www.csig.org.cn
电话：010-82544676
传真：010-82544676
理事长：徐冠华
副理事长：吴一戎 余 轮 陈武凡 庄越挺 周明全
丁国辉 杨红雨 潘志庚 高 文
秘书长：刘凯龙

中国人工智能学会

Chinese Association for Artificial Intelligence (CAAI)

地址：北京市海淀区西土城路 10 号北京邮电大学院内
邮政编码：100876
电子信箱：caai@bupt.edu.cn
主页网址：http://www.caai.cn
电话：010-62281360
传真：010-62282983
理事长：李德毅
副理事长：杨放春 谭铁牛 焦李成 黄河燕 马少平
刘 宏 王国胤 蒋昌俊
秘书长：王卫宁

中国体视学学会

Chinese Society for Stereology (CSS)

地址：北京市海淀区清华大学工物系刘卿楼 211 室
邮政编码：100084
电子信箱：tscss@mail.tsinghua.edu.cn
主页网址：http://www.tscss.org/
电话：010-62776336
传真：010-62784659
理事长：康克军
副理事长：赵忠明 唐 勇 张 跃 左 良 申 洪
秘书长：王 忠

中国工程机械学会

China Construction Machinery Society (CCMS)

地址：上海市杨浦区四平路 1239 号同济大学机械学院
机械南馆 303-305 室
邮政编码：200092
电子信箱：zxz@tongji.edu.cn
主页网址：http://ccms.tongji.edu.cn
电话：021-65985015
传真：021-65985015
理事长：郑惠强
副理事长：冯培恩 葛世荣 陶德馨 王安麟 马世宁
赵丁选 龙国键 焦生杰 高顺德 易小刚
陈 玲 何清华 李锁云
秘书长：刘 钊

中国海洋工程咨询协会

China Association of Oceanic Engineering (CAOE)

地址：北京市西城区西单大木仓胡同 33 号
邮政编码：100032
电子信箱：caoe001@163.com
主页网址：http://www.caoe.org.cn
电话：010-68046678
传真：010-68046678

名誉会长：周铁农　徐绍史　刘赐贵
会长：孙志辉
副会长：杜　鹰　杨学山　张少春　王　宏（常务）
　　周茂平　欧进萍　李春先　郭立峰　武广齐
秘书长：屈　强

中国遥感应用协会
China Association of Remote Sensing Application (CARSA)

地址：北京市海淀区永丰产业基地丰贤东路5号中国资源卫星应用中心A座三层
邮政编码：100094
电子信箱：ygxh@carsa.org.cn
主页网址：http://www.carsa.org.cn
电话：010-58937034
传真：010-57503347
理事长：罗　格
副理事长：王　桥　尹秋岩　左群声　田玉龙　刘石泉
　　李传荣　李国平　杨　军　杨宝峰　杨保华
　　吴一戎　范一大　金　松　胡宗杰　贺晓江
　　顾行发　徐振川　高　平　郭华东　龚健雅
　　蒋兴伟　童旭东　徐　文
秘书长：徐　文（兼）

中国农学会
China Association of Agricultural Science Societies (CAASS)

地址：北京市朝阳区麦子店街22号楼
邮政编码：100125
电子信箱：59194203@163.com
主页网址：http://www.caass.org.cn
电话：010-59194203/59194204
传真：010-59194204
会长：张桃林
副会长：邓秀新　旭日干　刘　旭　孙其信　李　宁
　　吴孔明　张亚平　周光宏　赵方田　柯炳生
　　唐启升　唐　珂　喻树迅　曾一春
秘书长：赵方田（兼）

中国林学会
Chinese Society of Forestry (CSF)

地址：北京市海淀区东小府2号
邮政编码：100091
电子信箱：glp8312@126.com
主页网址：http://www.csf.org.cn
电话：010-62889975
传真：010-62888312
理事长：赵树丛
副理事长：张建龙　陈章良　尹伟伦　彭有冬　谭光明
　　张守攻　吴　斌　杨传平　曹福亮　陈幸良
　　费本华
秘书长：陈幸良（兼）

中国土壤学会
Soil Science Society of China (SSSC)

地址：江苏省南京市玄武区北京东路71号
邮政编码：210008
电子信箱：sssc@issas.ac.cn
主页网址：http://www.csss.org.cn
电话：025-86881532
传真：025-86881538
理事长：沈仁芳
副理事长：邓良基　吴金水　张兴昌　张旭东　李保国
　　胡　锋　徐建明　徐明岗　谢建华
秘书长：蒋　新

中国水产学会
China Society of Fisheries (CSF)

地址：北京市朝阳区东三环南路96号农丰大厦
邮政编码：100122
电子信箱：csfish-gwjs@agri.gov.cn
主页网址：http://www.csfish.org.cn
电话：010-59199605
传真：010-59199604
理事长：贾晓平

副理事长：赵进东　麦康森　司徒建通　张显良
孙　松　潘迎捷　魏宝振　吴厚刚
秘书长：司徒建通（兼）

中国园艺学会
Chinese Society for Horticultural Science (CSHS)

地址：北京市海淀区中关村南大街12号
邮政编码：100081
电子信箱：cshs@caas.cn
主页网址：http://www.cshs.org.cn
电话：010－82109528
传真：010－82109528
理事长：杜永臣
副理事长：王有年　韩振海　孙日飞　邹学校　包满珠
张启翔　刘君璞　张　显
秘书长：孙日飞（兼）

中国畜牧兽医学会
Chinese Association of Animal Science and Veterinary Medicine (CAAV)

地址：北京市朝阳区农展馆南路9号博雅园1－106
邮政编码：100125
电子信箱：c06@cast.org.cn　caav001@163.com
主页网址：http://www.caav.org.cn
电话：010－85959009/85959010/85959006
传真：010－85959010
理事长：陈焕春
副理事长：阎汉平（常务）　于康震　张仲秋　陈伟生
才学鹏　冯忠武　孔宪刚　时建忠　张春新
邵根伙　秦贞奎　黄路生　李德发　汪　明
李　英　文心田　董常生　王金洛　秦贵信
王金宝　廖　明　李　明　焦新安
秘书长：杨汉春

中国植物病理学会
Chinese Society for Plant Pathology (CSPP)

地址：北京市海淀区圆明园西路二号
邮政编码：100094
电子信箱：office@cspp.org.cn
主页网址：http://www.cspp.org.cn
电话：010－62731025
传真：010－62813785
理事长：彭友良
副理事长：王宗华　王锡锋　王慧敏　朱有勇　吴元华
李宝笃　陈保善　陈剑平　郑小波　姜道宏
康振生　韩成贵
秘书长：韩成贵（兼）

中国植物保护学会
China Society of Plant Protection (CSPP)

地址：北京市海淀区圆明园西路2号中国农业科学院植物保护研究所院内
邮政编码：100193
电子信箱：cspp62@163.com
主页网址：http://www.ipmchina.net
电话：010－62815913/62811917
传真：010－62815913
理事长：陈万权
副理事长：万方浩　马　祁　马万杰　朱有勇　张青文
陈生斗　陈洪俊　周常勇　康　乐　顾宝根
喻大昭
秘书长：王振营

中国作物学会
The Crop Science Society of China (CSSC)

地址：北京市海淀区中关村南大街12号中国农业科学院作物科学研究所育种楼
邮政编码：100081
电子信箱：zwxh@caas.cn
主页网址：http://www.chinacrops.org/

电话：010－82108616
传真：010－82108785
理事长：翟虎渠
副理事长：万建民（常务） 刘 旭 李召虎 李绍明 陈 刚 张爱民 潘文博
秘书长：万建民（兼）

中国热带作物学会
China Society of Tropical Crops (CSTC)

地址：海南省海口市龙华区城西学院路4号
邮政编码：571101
电子信箱：cstcorg@126.com
主页网址：http://www.cstcs.org.cn
电话：0898－66962928
传真：0898－66962954
理事长：吕飞杰
副理事长：张凤桐 符月华 郭安平 龚菊芳 高咸周 郭奕秋 何天喜 刘康德 雷勇健 吴金玉 王文壮 杨伟林
秘书长：吴金玉（兼）

中国蚕学会
Chinese Sociecy of Sericulture Science (CSSS)

地址：江苏省镇江市四摆渡中国农业科学院蚕业研究所
邮政编码：212018
电子信箱：liuting68@163.com
主页网址：http://www.sricaas.com
电话：0511－85616595/85616661
传真：0511－85622507
理事长：鲁 成
副理事长：张国政（常务） 楼程富 陶文瑞 张道文 肖更生 宋国柱 刘文安 曾华明 祁广军 钱有清
秘书长：李 龙

中国水土保持学会
Chinese Society of Soil and Water Conservation (CSSWC)

地址：北京市海淀区清华东路35号北京林业大学197信箱
邮政编码：100083
电子信箱：zgsbxh@263.net
主页网址：http://www.sbxh.org
电话：010－62338045
传真：010－62338045
理事长：刘 宁
副理事长：刘 震 王祝雄 何才文 刘国彬 朱金兆
秘书长：吴 斌

中国茶叶学会
China Tea Science Society (CTSS)

地址：浙江省杭州市西湖区梅灵南路9号
邮政编码：310008
电子信箱：chinatss@mail.tricaas.com
主页网址：http://www.chinatss.cn
电话：0571－87310353/86653176
传真：0571－87310353
理事长：江用文
副理事长：王 云 毛祖法 刘仲华 张 定 夏 涛 黄 政 梁月荣
秘书长：阮建云

中国草学会
Chinese Grassland Society (CGS)

地址：北京市海淀区圆明园西路2号中国农业大学新动科楼0118室
邮政编码：100193
电子信箱：cgsoffice@163.com
主页网址：http://www.chinagrass.org.cn
电话：010－62732799/62731666
传真：010－62732799

理事长：马启智

副理事长：周　禾（常务）　刘永志　刘国道　朱进忠　侯向阳　王德利　高洪文　呼天明　王明玖　师尚礼　沈益新　李凌浩　马有祥　韩烈保　侯扶江　王宗礼　杨振海

秘书长：王　堃

中国植物营养与肥料学会

Chinese Society of Plant Nutrition and Fertilizer Science (CSPNF)

地址：北京市海淀区中关村南大街12号

邮政编码：100081

电子信箱：zwyyxh@caas.cn

主页网址：http://www.cspnf.org.cn

电话：010－82109093

传真：010－82109093

理事长：白由路

副理事长：栗铁申　周　卫　杨少海　刘宝存　王敬国　郑海春　孙　波

秘书长：赵秉强

中华医学会

Chinese Medical Association (CMA)

地址：北京市东城区东四西大街42号

邮政编码：100710

电子信箱：cma@cma.org.cn

主页网址：http://www.cma.org.cn

电话：010－85158114

传真：010－85158028

会长：陈　竺

副会长：刘雁飞　买买提·牙森　刘　俊　刘德培　祁国明　吴明江　张雁灵　李兰娟　杨宝峰　柯　杨　贺福初　赵玉沛　郝希山　顾玉东　戴建平　魏于全

秘书长：刘雁飞（兼）

中华中医药学会

China Association of Chinese Medicine (CACM)

地址：北京市朝阳区樱花园东街甲4号

邮政编码：100029

电子信箱：xinxibu102@126.com

主页网址：http://www.cacm.org.cn

电话：010－64218316

传真：010－64297983

会长：王国强

副会长：马建中　王　辰　王　阶　王新陆　刘维忠　闫希军　李俊德　李清杰　杨殿兴　吴以岭　吴勉华　张伯礼　陈达灿　陈凯先　徐安龙　萧　伟　曹正逵　屠志涛

秘书长：曹正逵（兼）

中国中西医结合学会

Chinese Association of Integrative Medicine (CAIM)

地址：北京市东城区东直门内南小街16号

邮政编码：100700

电子信箱：caim@caim.org.cn

主页网址：http://www.caim.org.cn

电话：010－64010688/64025672

传真：010－64010688/84035154

会长：陈凯先

副会长：陈香美（常务）　王　阶　王文健　吕爱平　许树强　吴　刚　吴以岭　吴伟康　张伯礼　李显筑　凌昌全　高思华　曹洪欣　黄光英

秘书长：穆大伟

中国药学会

Chinese Pharmaceutical Association (CPA)

地址：北京市朝阳区建外大街四号建外SOHO九号楼18层

邮政编码：100022

电子信箱：cpalyi@163.com
主页网址：http://www.cpa.org.cn
电话：010-58699270
传真：010-58699270
理事长：桑国卫
副理事长：陈凯先 陈志南 方国恩 王晓良 吴晓明 吴春福 黄璐琦 丁丽霞
秘书长：丁丽霞（兼）

中华护理学会
Chinese Nursing Association (CNA)

地址：北京市东城区东四西大街42号
邮政编码：100710
电子信箱：chnu@263.net
主页网址：http://www.cna-cast.org.cn
电话：010-65265331
传真：010-65265331
理事长：李秀华
副理事长：刘华平 吴欣娟 姜小鹰 孙 红 郑一宁 张利岩 皮红英 张洪君 成守珍 李继平
秘书长：应 岚

中国生理学会
Chinese Association for Physiological Sciences (CAPS)

地址：北京市东城区东四西大街42号
邮政编码：100710
电子信箱：xiaoling3535@126.com
主页网址：http://www.caps china.org
电话：010-65278802/85158602
传真：010-65278802
理事长：王晓民
副理事长：王 宪 王建军 李葆明 陈应城 夏 强 谢俊霞 马 兰
秘书长：王 韵

中国解剖学会
Chinese Society for Anatomical Sciences (CSAS)

地址：北京市东城区东单三条九号
邮政编码：100005
电子信箱：d07@cast.org.cn
主页网址：http://www.csas.org.cn
电话：010-65273712/65296459
传真：010-65273712/65296459
理事长：张绍祥
副理事长：李云庆 赵春华 高福禄 刘树伟 丁文龙 刘厚奇
秘书长：周长满

中国生物医学工程学会
Chinese Society of Biomedical Engineering (CSBME)

地址：北京市东城区东单三条5号
邮政编码：100005
电子信箱：swyxgch@126.com yxgch@sina.com
主页网址：http://www.csbme.org
电话：010-65136537/65296448
传真：010-65265035
名誉理事长：俞梦孙
理事长：樊瑜波
候任理事长：曹雪涛
副理事长：李兰娟 姜宗来 顾汉卿 奚廷斐 曹谊林 陈武凡 王智彪 赵大哲
秘书长：李德玉

中国病理生理学会
Chinese Association of Pathophysiology (CAP)

地址：北京市海淀区学院路38号北京大学医学部病理生理教研室
邮政编码：100191

电子信箱：pathophy@bjmu.edu.cn
主页网址：http://www.caop.ac.cn
电话：010-82802403
传真：010-82802403
理事长：吴立玲
副理事长：朱广瑾　王建枝　高钰琪　陈　琪　王华东
秘书长：张幼怡

中国营养学会

Chinese Nutrition Society (CNS)

地址：北京市西城区广安门内大街 6 号枫桦豪景 A 座 5 单元 1601、1602 室
邮政编码：100053
电子信箱：cns@cnsoc.org
主页网址：http://www.cnsoc.org
电话：010-83554781
传真：010-83554780
理事长：杨月欣
副理事长：翟凤英（常务）　严卫星　丁钢强　马爱国　马冠生　孙长颢　郭长江
秘书长：郭红卫

中国药理学会

Chinese Pharmacological Society (CNPHARS)

地址：北京市西城区先农坛街 1 号
邮政编码：100050
电子信箱：zhaoying@imm.ac.cn
主页网址：http://www.cnphars.org
电话：010-63165211
传真：010-63165211
理事长：杜冠华
副理事长：李学军　刘俊田　杨宝峰　张岫美　张永祥　陈建国　丁　健　魏　伟
秘书长：张永祥（兼）

中国针灸学会

China Association of Acupuncture and Moxibustion (CAAM)

地址：北京市东城区东直门内南小街 16 号
邮政编码：100700
电子信箱：zhenjiuwuda@sohu.com
主页网址：http://www.caam.cn
电话：010-64030959/64030611
010-64014411 转 2274/3065/3063/3062
传真：010-64030959
理事长：刘保延
副理事长：方剑乔　王　华　王麟鹏　王　舒　王之虹　刘智斌　朱　兵　许能贵　吴富东　张　仁　沈志祥　陈立典　梁繁荣
秘书长：杨金生

中国防痨协会

Chinese Anti-Tuberculosis Association (CATA)

地址：北京市东城区东四西大街 42 号 210 室
邮政编码：100710
电子信箱：zglnxyx@163.com
主页网址：http://www.cata1933.cn
电话：010-65257475
传真：010-65257475/65257409
理事长：王撷秀
副理事长：万利亚　刘剑君　刘志敏　许绍发　洪　峰　梅　建
秘书长：万利亚

中国麻风防治协会

China Leprosy Association (CLA)

地址：北京市丰台区角门北路甲 8 号 1 号楼 1107 室
邮政编码：100068
电子信箱：clabj@vip.163.com
主页网址：http://www.chinalep.org
电话：010-67522205

传真：010-67522206
会长：张国成
副会长：宋顺鹏　张福仁　汪　华　熊俊浩　尤卫平
　　　　杨　斌　胡守敬　徐伟民
秘书长：潘春枝

中国心理卫生协会
Chinese Association for Mental Health (CAMH)

地址：北京市西城区德外安康胡同 5 号
邮政编码：100088
电子信箱：camh2006@sina.com
主页网址：http://www.camh.org.cn
电话：010-58303238/58303239/58303248
传真：010-82029354
理事长：马　辛
副理事长：王　刚　王向群　赵国秋　张建新　张金钟
　　　　　武国城　谢　斌　杨甫德
秘书长：王　刚（兼）

中国抗癌协会
Chinese Anti-Cancer Association (CACA)

地址：天津市新技术产业园区兰苑路 5 号 A 座 10 楼
邮政编码：300384
电子信箱：bgs@caca.org.cn
主页网址：http://www.caca.org.cn
电话：022-23359958
传真：022-23526512
理事长：郝希山
副理事长：樊代明　曾益新　唐步坚　蒋国梁　高国兰
　　　　　詹启敏　于金明　张岂凡　季加孚
秘书长：王　瑛

中国体育科学学会
China Sport Science Society (CSSS)

地址：北京市东城区体育馆路 11 号
邮政编码：100061
电子信箱：csssbgs@126.com
主页网址：http://www.csss.cn
电话：010-87182586
传真：010-87183928
理事长：段世杰
副理事长：田　野　王　清　祝　莉　张　剑　蒋志学
　　　　　杨贵仁　李国平　吴侔天　杨　桦　赵　黎
　　　　　敖英芳　高　岱　李　强　李晓西
秘书长：田　野（兼）

中国毒理学会
Chinese Society of Toxicology (CST)

地址：北京市海淀区太平路 27 号
邮政编码：100850
电子信箱：cst@chntox.org
主页网址：http://www.chntox.org
电话：010-66932387
传真：010-68183899
理事长：周平坤
副理事长：付立杰　江桂斌　郑玉新　孙祖越　杨杏芬
　　　　　周建伟　廖明阳　彭双清　陈景元
秘书长：付立杰（兼）

中国康复医学会
Chinese Association of Rehabilitation Medicine (CARM)

地址：北京市朝阳区樱花园东街 2 号
邮政编码：100029
电子信箱：carm510@126.com
主页网址：http://www.carm.org.cn
电话：010-84205450/64222985
传真：010-64222985
会长：马晓伟
副会长：许树强（常务）　励建安　邓开叔　王茂斌
　　　　侯树勋　李建军
秘书长：励建安（兼）

中国免疫学会
Chinese Society for Immunology (CSI)

地址：北京市东城区东单三条5号
邮政编码：100005
电子信箱：65296451@163.com
主页网址：http://www.csi-cams.org.cn
电话：010-69156451
传真：010-69156451
理事长：田志刚
副理事长：何 维 马大龙 高 福 王小宁 孙 兵 吴玉章
秘书长：曹雪涛

中华预防医学会
Chinese Preventive Medicine Association (CPMA)

地址：北京市朝阳区劲松东口华泰宾馆8006房间
邮政编码：100021
电子信箱：cpma_zhxt@126.com
主页网址：http://www.cpma.org.cn
电话：010-84039879
传真：010-84039879
会长：王陇德
副会长：杨维中 王 宇 蔡纪明 王撷秀 孔灵芝 肖东楼 柯 杨 李兰娟 胡大一 张伯礼
秘书长：杨维中（兼）

中国法医学会
Chinese Forensic Medicine Association (CFMA)

地址：北京市西城区木樨地南里17号
邮政编码：100038
电子信箱：fyxh6626@sina.com
主页网址：http://www.fyxh.org
电话：010-63495531
传真：010-63495531
理事长：刘 耀
副理事长：王 羽 丛 斌 石鹏建 吴少军 胡占山 翟恒利
秘书长：翟恒利（兼）

中华口腔医学会
Chinese Stomatological Association (CSA)

地址：北京市海淀区中关村南大街甲18号北京国际大厦C座4层
邮政编码：100081
电子信箱：csa@cndent.com
主页网址：http://www.cndent.com/
电话：010-62116665
传真：010-62110880
会长：王 兴
副会长：边 专 刘洪臣 孙 正 张 斌 张志愿 周 诺 周学东 赵铱民 俞光岩 徐 韬 黄洪章 章锦才 路振富
秘书长：王 渤

中国医学救援协会
China Association for Disaster & Emergency Rescue Medicine (CADERM)

地址：北京市海淀区永定路69号武警总医院行政楼6层613室
邮政编码：100039
电子信箱：caderm@163.com
主页网址：http://www.caderm.org
电话：010-57976109
传真：010-57976104
理事长：马晓伟
副理事长：李宗浩（常务） 王发强 马胜荣 郑静晨 许树强 韦 波 王明晓 张 愈 夏祖昌
秘书长：李宗浩（兼）

中国女医师协会

China M dical Women's Association (CMWA)

地址：北京市朝阳区建国门外大街9号齐家园外交公寓11-1-15
邮政编码：100600
电子信箱：nysh120@126.com
主页网址：http://www.cmwa.org.cn/
电话：010-88129685
传真：010-88129685
会长：何界生
副会长：丁　洁　于　冬　王香平　王捍峰　孙　斌　朱凤珍　李一石　杜克琳　杨蓉娅　陈晓枫　周绍明　尚　红　柯　杨　郭明华　韩　陆　魏丽惠
秘书长：于　冬（兼）

中国研究型医院学会

Chinese Research Hospital Association (CRHA)

地址：北京市海淀区永定路69号
邮政编码：100039
电子信箱：yjxyyxh@163.com
主页网址：http://www.crha.cn
电话：010-57975280
传真：010-68220625
会长：王发强
副会长：郑静晨　刘玉村　王　辰　孙　虹　张抒扬　郭启勇　熊利泽　温　浩　李为民　王明晓　高长青　瞿介明　程晓曙　王深明
秘书长：刘希华

中国自然辩证法研究会

The Chinese Society for Dialetics of Nature, Philosophy of Nature, Science and Technology (CSDN, PNST)

地址：北京市西城区三里河路54号
邮政编码：100045
电子信箱：zrbzhf@vip.sina.com
主页网址：http://www.chinasdn.org.cn
电话：010-62149306
传真：010-68598476
理事长：吴启迪
副理事长：瞿振元　程天权　王基铭　邓　勇　冯　俊　张彦英　郭贵春　刘大椿　颜泽贤　张体勤　陈　凡　吴　彤　张大庆　刘孝廷　尚智丛
秘书长：尚智丛（兼）

中国管理现代化研究会

Chinese Society for Management Modernization (CSMM)

地址：北京市海淀区中关村东路80号青年公寓7号楼
邮政编码：100190
电子信箱：csmm2011@163.com
主页网址：http://www.csmm.org.cn
电话：010-82680396
传真：010-82680396
理事长：赵纯均
副理事长：石　勇　李维安　吴世农　汪寿阳　陈国青　陈晓红　张　维　张维迎　陆雄文　周子康　席酉民　赵曙明
秘书长：石　勇（兼）

中国技术经济学会

Chinese Society Technology Economics (CSTE)

地址：北京市海淀区学院南路86号
邮政编码：100081
电子信箱：jishujingjixuehui@vip.163.com
主页网址：http://www.cste.org.cn
电话：010-62128485
传真：010-62128485
理事长：孙晓郁
副理事长：罗冰生　吴贵生（常务）　蔡　莉　张宗益　王祥明　吴季松　李志军　李　平　郑　琦
秘书长：郑　琦（兼）

中国现场统计研究会
Chinese Association for Applied Statistics (CAAS)

地址：北京市朝阳区平乐园 100 号北京工业大学应用数理学院（数理楼 2417 室）
邮政编码：100124
电子信箱：e04@cast.org.cn
主页网址：http://www.caas.org.cn
电话：010－67392433
传真：010－67392433
理事长：耿　直
副理事长：郭建华　黄　权　何书元　潘　璠　濮晓龙　吴耀华　王兆军　于　丹　杨　虎　张忠占　张建方
秘书长：程维虎

中国未来研究会
China Society for Futures Studies (CSFS)

地址：北京市海淀区学院南路 86 号
邮政编码：100081
电子信箱：e05@cast.org.cn　csfs3636@sina.com
主页网址：http://www.csfs.org.cn
电话：010－62103295/62103296/62103216
传真：010－62103294
理事长：张文范
副理事长：侯立安　顾朝林　阎耀军
秘书长：夏　震

中国科学技术史学会
Chinese Society for the History of Science and Technology (CSHST)

地址：北京市海淀区中关村东路 55 号
邮政编码：100190
电子信箱：zgkjs_xuehui@163.com
主页网址：http://www.cshst.ihns.cas.cn/
电话：010－57552527
传真：010－57552567
理事长：廖育群
副理事长：吴国盛　关增建　胡化凯　梅建军　张大庆
秘书长：鲁大龙

中国科学技术情报学会
China Society for Scientific and Technical Information (CSSTI)

地址：北京市海淀区复兴路 15 号
邮政编码：100038
电子信箱：Zhaozy@istic.ac.cn
主页网址：http://www.cssti.org.cn
电话：010－58882540
传真：010－58882550
理事长：石定寰
副理事长：贺德方　马费城　王文斌　闫　巍　陈　超　袁海波　梁战平
秘书长：郑彦宁

中国图书馆学会
Library Society of China (LSC)

地址：北京市海淀区中关村南大街 33 号
邮政编码：100081
电子信箱：ztxhmsc@nlc.gov.cn
主页网址：http://www.lsc.org.cn
电话：010－88545677
传真：010－68417815
名誉理事长：周和平
理事长：韩永进
副理事长：陈　力　陈传夫　倪晓建　王余光　吴建中　杨沛超　张晓林　朱　强
秘书长：霍瑞娟

中国城市科学研究会
Chinese Society For Urban Studies (CSUS)

地址：北京市海淀区三里河路 9 号
邮政编码：100835
电子信箱：csus@263.net
主页网址：http://www.chinasus.org

电话：010-58933149/68317852
传真：010-68313149
理事长：仇保兴
副理事长：王玉庆　王德惠　史善新　江　亿　李　兵
李家洋　陈　刚　张鸿铭　武　寅　赵宝江
谭荣尧　潘云鹤　李兵弟
秘书长：李　迅

中国科学学与科技政策研究会
The Chinese Association of Science of Science and S&T Policy Res (CASSSP)

地址：北京市海淀区中关村东路55号思源楼1209
邮政编码：100190
电子信箱：Casssp@casipm.ac.cn
主页网址：http://www.casssp.org.cn
电话：010-62542615
传真：010-62542615
理事长：方　新
副理事长：李新男　穆荣平　李建民　李廉水　陈　劲
秘书长：吕敬华

中国农村专业技术协会
China Rural Special Technology Association (CRSTA)

地址：北京市朝阳区白家庄东里13号楼7层
邮政编码：100026
电子信箱：zgnjx1995@163.com
主页网址：www.nongjixie.com
电话：010-62016372/82031105
传真：010-82031105
理事长：吕飞杰
副理事长：苑郑民　杨雄年　王　喆　徐小青　吴孔明
傅泽田　翟晓斌　纳　翔　傅雪柳　王有年
王乐义　卢怀玉　丁志用　谢华安
秘书长：李彦捷

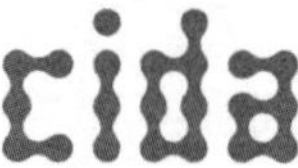

中国工业设计协会
China Industry Design Association (CIDA)

地址：北京市朝阳区工人体育场3看台3012室
邮政编码：100027
电子信箱：cida@vip.163.com
主页网址：http://www.chinadesign.cn
电话：010-64163104/64174928
传真：010-64177996
会长：朱　焘
副会长：赵卫国（常务）　刘　宁（执行）
黄武秀（执行）　任克雷　姚映佳　巫英坚
李　北　冼　燃　徐剑光　吴　剑　陈冬亮
鲁晓波　汤重熹　何人可　程建新　马春东
秘书长：刘　宁（兼）

中国工艺美术学会
China National Arts & Crafts Society (CNACS)

地址：北京市西城区阜外大街乙22号
邮政编码：100833
电子信箱：xuehuiwangzhan@126.com
主页网址：http://www.cnacs.org
电话：010-68396408
传真：010-68396408
理事长：陶小年
副理事长：赵之硕（常务）　马　佩　岳芙蓉　王建中
何炳钦　张玉蟲　张春雷　李　节　李幼梅
杨明贤　沈国臣　邹本柱　黄宝庆
秘书长：孙金瑞

中国科普作家协会
China Science Writers Association (CSWA)

地址：北京市海淀区学院南路86号
邮政编码：100081
电子信箱：mengxiong@vip.sina.com
ivydanyang@126.com
电话：010-62187884/62103258

传真：010-62103258
理事长：刘嘉麒
副理事长：卞毓麟　居云峰　李　欣　刘泽林　任福君
孙云晓　王树国　张常银　周立军　罗　晖
秘书长：石顺科

中国自然科学博物馆协会
Chinese Association of Natural Science Museums (CANSM)

地址：北京市朝阳区北辰东路 5 号
邮政编码：100012
电子信箱：cansm@vip.sina.com
主页网址：http://www.cansm.org
电话：010-59041302
传真：010-59041331
理事长：程东红
副理事长：王小明　朱　进　齐继光　束　为　沈镇昭
张希武　陈博君　孟庆金　赵有利　贾跃明
董玉琴
秘书长：陈洪庆

中国可持续发展研究会
Chinese Society for Sustainable Development (CSSD)

地址：北京市海淀区玉渊潭南路 8 号
邮政编码：100038
电子信箱：CSSD@acca21.org.cn
主页网址：http://www.kcxfz.org
电话：010-58884796/58884794
传真：010-58884795
理事长：邓　楠
副理事长：王伟中　王　浩　何建坤　曲久辉
秘书长：郭日生

中国青少年科技辅导员协会
China Association of Children's Science Instructors (CACSI)

地址：北京市海淀区复兴路 3 号中国科技会堂 C 座 302
邮政编码：100863
电子信箱：cacsi@cacsi.org.cn
主页网址：http://www.cacsi.org.cn
电话：010-68516005/68518719/68580512
传真：010-68518719
理事长：陈赛娟
副理事长：牛灵江（常务）　丁　鹏　王　路　王延祜
于长学　王海波　王渝生　邓　丽　赵有利
钱景林　李晓亮　任　林
秘书长：赵建龙

中国科教电影电视协会
China Science Film and Video Association (CSFVA)

地址：北京市海淀区学院南路 86 号西楼 414
邮政编码：100081
电子信箱：cicsep@cast.org.cn
主页网址：http://www.csfva.org.cn
电话：010-62113038
传真：010-62113038
理事长：高　峰
副理事长：石曙卫　刘天金　刘通海　齐建新　孙丽艳
何苏六　张　健　陈　宏　金　越　殷　皓
傅雪柳　谢九如
秘书长：刘通海

中国科学技术期刊编辑学会
China Editology Society of Science Periodicals (CESSP)

地址：北京市海淀区学院南路 86 号
邮政编码：100081
电子信箱：Kxcessp@tom.com
主页网址：http://www.cessp.org.cn

电话：010-62147743
传真：010-62147743
理事长：丁乃刚
副理事长：陈浩元　李　军　刘泽林　齐志英　苏　青
王亨君　游苏宁
秘书长：姚希彤

中国流行色协会
China Fashion & Color Association
(CFCA)

地址：北京市东城区东长安街12号522室
邮政编码：100742
电子信箱：fashioncolor@fashioncolor.org.cn
主页网址：http://www.fashioncolor.org.cn
电话：010-85229522/85229531
传真：010-85229531
会长：梁　勇
副会长：朱　莎　于西蔓　李小白　姚映佳　徐海松
吴　剑　张志峰
秘书长：贺显伟

中国档案学会
The Society of Chinese Archives (SCA)

地址：北京市西城区永安路106号
邮政编码：100050
电子信箱：daxsw@263.net
主页网址：http://www.idangan.com
电话：010-63020081
传真：010-63018703
理事长：李和平
副理事长：于　薇　付　华　朱纪华　陈乐人　邹爱莲
赵国俊
秘书长：方　鸣

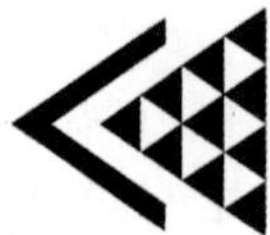

中国国土经济学会
China Society of Territorial Economists
(CSOTE)

地址：北京市丰台区紫芳园六区2号楼1单元213室
邮政编码：100078
电子信箱：bj_jrgt@126.com
主页网址：http://www.csote.org
电话：010-87692301
传真：010-87699631
理事长：张怀西
副理事长：江泽慧　柳忠勤
秘书长：柳忠勤（兼）

中国土地学会
China Land Science Society (CLSS)

地址：北京市西城区冠英园西区37号
邮政编码：100035
电子信箱：zgtdxh@vip.sina.com
主页网址：http://www.zgtdxh.org.cn
电话：010-66562607/66562609/66562613
010-66562671/66562610/66562651
传真：010-66562563
理事长：王世元
副理事长：王广华　曲福田　朱留华　安家盛　吴海洋
张凤荣　陈　军　郑凌志　胡存智　高向军
唐华俊　黄小虎　蒋亚平　韩海青　蔡运龙
秘书长：郑凌志（兼）

中国科技新闻学会
Chinese Society for Science and
Technology Journalism (CSSTJ)

地址：北京市西城区三里河路54号
邮政编码：100045
电子信箱：kjxw@sina.com
主页网址：http://www.csstj.org.cn
电话：010-68598030/68598032

传真：010-68598473
理事长：宋南平
副理事长：马 利 李 挺 赵忠颖 徐九武 陈 鹏
苏志武 周建强 郝建新 李立波 江巨源
秘书长：许 英

中国老科学技术工作者协会
China Association of Senior Scientists and Technicians (CASST)

地址：北京市海淀区学院南路 86 号
邮政编码：100081
电子信箱：e25@cast.org.cn
主页网址：http://www.casst.org.cn
电话：010-62170582
传真：010-62170582
理事长：程连昌
副理事长：张春园 叶文虎 白玉龙 刘于鹤 何永年
宋南平 宋树友 李天文 袁正中 蔡庆华
秘书长：陈秀保

中国科学探险协会
China Association for Scientific Expeditions (CASE)

地址：北京市海淀区西小关中国科学院大气物理所铁塔分部内
邮政编码：100083
电子信箱：E26@cast.org.cn
主页网址：http://www.case.org.cn
电话：010-62378038
传真：010-62379818
名誉主席：宋 健 刘东生
主席：高登义
副主席：秦大河 王会军 张树义 邹 捍 张 波
吕茅利 张江援
秘书长：王 维
副主席：秦大河 王会军 张树义 邹 捍 张 波
吕茅利 张江援
秘书长：王 维

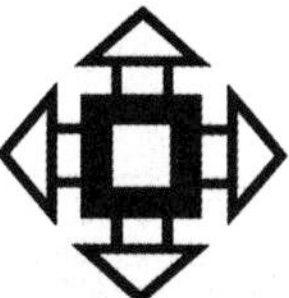

中国城市规划学会
Urban Planning Society of China (UPSC)

地址：北京市海淀区三里河路 9 号
邮政编码：100037
电子信箱：planning@planning.gov.cn
主页网址：http://www.planning.org.cn
电话：010-58323862/63/64/66
传真：010-58323850
理事长：仇保兴
副理事长：尹 稚 王静霞 石 楠 朱嘉广 吴志强
张 泉 李晓江 唐 凯 樊 杰
秘书长：石 楠（兼）

中国产学研合作促进会
China Industry-University-Research Institute Collaboration Association (CIUR)

地址：北京市海淀区阜成路北三街 6 号轻苑大厦 10 层 11 信箱
邮政编码：100048
电子信箱：zgcxy06@163.com
主页网址：http://www.360cxy.cn
电话：010-68987182
传真：010-68986913
会长：路甬祥
副会长：陈小娅 王建华
秘书长：王建华（兼）

中国知识产权研究会
China Intellectual Property Society (CIPS)

地址：北京市西城区北三环中路乙 6 号伦洋大厦 601-603
邮政编码：100120
电子信箱：cips1985@126.com
主页网址：http://www.cnips.org
电话：010-58515222
传真：010-58515188

名誉理事长：路甬祥　姜　颖　任建新
理事长：田力普
副理事长：甘绍宁（常务）　于慈珂　马　浩　孔祥俊
王　涛　王玉庆　王宏祥　刘春田　吕国强
许瑞表　何训班　吴汉东　宋晓明　张　平
张　辉　张　勤　张雪峰　李成钢　李明德
李顺德　单晓光　周渝波　孟庆丰　林　新
贺志辉　徐志武　真才基　郭庆存　高　峰
黄　峰　曾祥炎
秘书长：张云才

中国发明协会
China Association of Inventions (CAI)

地址：北京市西城区北三环中路乙6号伦洋大厦604
邮政编码：100120
电子信箱：fmxhzlb@163.com
主页网址：http://www.cainet.org.cn
电话：010-58515116
传真：010-58515116
理事长：朱丽兰
副理事长：邢胜才　鹿大汉　王子纯　王永民　王瑞生
包起帆　刘彭芝　张　泽　李维德　汪金德
沈福昌　邹远东　贺军科　徐士龙　曹凤国
蔡　镭
秘书长：鹿大汉（兼）

中国高新技术产业开发区协会
China Association of Science and Technology Industry Parks (CASTIP)

地址：北京市西城区三里河路54号
邮政编码：100045
电子信箱：gaoxqxh@ctp.gov.cn
主页网址：http://www.chinaastip.org/
电话：010-68511866/68511563
传真：010-68520204
理事长：张景安
副理事长：王　荣　刘传铁　朱克江　佘春明　张序国
张志宏　李兴华　郭　洪　梁　桂　董志敏
韩春林　蔡文沁　翟鲁宁
秘书长：张序国（兼）

中国认知科学学会
Chinese Society for Cognitive Science

地址：北京市朝阳区大屯路15号中国科学院生物物理所7300房间
邮政编码：100101
电子信箱：sec@cogsci.org.cn
主页网址：http://www.cogsci.org.cn
电话：010-64861049
传真：010-64861049
理事长：陈　霖
副理事长：韦　钰　郑南宁　段树民　郭爱克
秘书长：马原野

中国指挥与控制学会
Chinese Institute of Command and Control (CICC)

地址：北京市海淀区车道沟紫竹院路10号院1号科技楼10层
邮政编码：100089
电子邮箱：cicc_file@163.com
主页网址：www.c2.org.cn
电话：010-68964096/68964721
传真：010-68964756
名誉理事长：李德毅　曾　毅
理事长：戴　浩
副理事长：丁全心　李定主　李恒邵　宋跃进　张有建
杨树兴
秘书长：秦继荣

中国创造学会
China Creative Studies Institute (CCSI)

地址：上海市杨浦区四平路1239号同济大学255信箱
邮政编码：200092

电子信箱：ccsis@ccsis.org
主页网址：http://www.ccsis.org
电话：021－65983933
传真：021－65983933
理事长：裴 钢
副理事长：蒋昌俊 王书宁 谭 民 冯雪飞 周延波
魏 江 冷护基 张增常 樊建平
秘书长：蒋昌俊（兼）

中国密码学会

Chinese Association for Cryptologic Research (CACR)

地址：北京市丰台区靛厂路 7 号
邮政编码：100036
电子信箱：cacr@cacrnet.org.cn
主页网址：http://www.cacrnet.org.cn
电话：010－59703621
传真：010－59703621
理事长：裴定一
副理事长：冯登国 杨义先 徐茂智 王小云
秘书长：于艳萍

中国睡眠研究会

Chinese Sleep Research Society (CSRS)

地址：北京市海淀区高粱桥斜街 40 号 B 座 902 室
邮政编码：100044
电子信箱：sleepcn@163.com
主页网址：www.csrs.bj.cn
电话：010－65230156
传真：010－65230156
理事长：韩 芳
副理事长：王玉平 叶京英 张希龙 汪卫东 陈贵海
徐 建 贾福军 黄志力
秘书长：高雪梅

中国高科技产业化研究会

China High-Tech Industrialization Association (CHIA)

地址：北京市海淀区阜成路 8 号档案馆楼 315 室北京 849 信箱 62 分箱
邮政编码：100830
电子信箱：zghw10@163.com
主页网址：http://www.chia.org.cn
电话：010－68370413/68370784
传真：010－68370884
名誉理事长：王大珩 刘纪原
理事长：许达哲
副理事长：巴 蕉 方向明 王礼恒 吕新奎 季恒宽
邬贺铨 张新国 李国安 李临西 贺东风
真才基 强伯勤
秘书长：巴 蕉（兼）

中国国际经济技术合作促进会

China Association for International Economic and Technical Cooperation

地址：北京市海淀区学院南路 32 号
邮政编码：100082
电子信箱：Capc2008@yahoo.com.cn
主页网址：http://www.capc.com.cn
电话：010－62259379/62221917/62273260
传真：010－62259379
理事长：郑树山
副理事长：毛 武 李雨时 海 闻 陈凯慧 汪超涌
秘书长：田来福

中国基本建设优化研究会

China Optimization Society of Capital Construction (COSOCC)

地址：北京市海淀区阜成路 73 号裕惠大厦 A 座 8 层
邮政编码：100142
电子信箱：cosocc123@126.com

主页网址：http://www.cosocc.org.cn
电话：010-62809310
传真：010-62809310
理事长：厉无畏
副理事长：解思忠　宋　海　卢中原　巴曙松　孙祁祥
　　　　　石俊志　傅泽田　徐小青　付文军
秘书长：付文军（兼）

中国科技馆发展基金会

Foundation for the Development of Science and Technology Museums in China (FDSTMC)

地址：北京市朝阳区北辰东路 5 号
邮政编码：100012
电子信箱：fdstmc@cstm.org.cn
主页网址：http://www.fdstmc.org.cn
电话：010-59041575/77
传真：010-59041576
名誉理事长：韩启德　邓　楠
理事长：谢克昌
副理事长：屠海令
秘书长：田　英

中国生物多样性保护与绿色发展基金会

China Biodiversity Conservation and Green Development Foundation (CBCGDF)

地址：北京市海淀区西三环北路 27 号北科大厦 508 室
邮政编码：100089
电子信箱：v1@cbcgdf.org
主页网址：http://www.cbcgdf.org
电话：010-68484230
传真：010-68485952
理事长：胡德平
执行理事长：胡昭广
副理事长：王礼嫱　张佐双　吴稼祥　金亦石　刘海彬
秘书长：方运河

中国反邪教协会

China Anti-Cult Association (CACA)

地址：北京市海淀区复兴路乙 12 号
邮政编码：100814
电子信箱：fxjxh@vip.163.com
主页网址：http://www.cnfxj.org
电话：010-63950398
传真：010-63950398
理事长：欧阳自远
秘书长：王慧梅

中国卒中学会

Chinese Stroke Association (CSA)

地址：北京市朝阳区广渠路 66 号院 22 号楼百环大厦 808 室
邮政编码：100022
电子信箱：sec@cogsci.org.cn
主页网址：http://www.chinastroke.net
电话：010-57986000
传真：010-57986000
名誉会长：王陇德
会长：赵继宗
副会长：谢　植
副理事长：王拥军（执行）　葛均波　纪立农　董　强
　　　　　徐安定
秘书长：张　茁

国际粉体检测与控制联合会

International Federation of Measurement & Control of Granular Materials (IFMCGM)

地址：辽宁省沈阳市和平区文化路 3 号巷 11 号东北大学信息科学与工程学院科技楼 209 室
邮政编码：110004
电子信箱：mcgm2012@126.com
主页网址：http://www.ifmcgm.com
电话：024-83689395

传真：024−23891977

理事长：谢　植

副理事长：Mark Jones (Australia)

　　　　　Shuji Matsusaka (Japan)

　　　　　Siegfried Ranandt (Germany)

秘书长：李新光

国际数字地球学会

International Society for Digital Earth (ISDE)

地址：北京市海淀区邓庄南路 9 号

邮政编码：100094

电子信箱：isde@radi.ac.cn

主页网址：http://www.digitalearth-isde.org

电话：010−82178912

传真：010−82178916

主席：John　Richards

副主席：Mike Goodchild Milan Konecny

秘书长：郭华东

国际动物学会

International Society of Zoological Sciences (ISZS)

地址：北京市朝阳区北辰西路 1 号院 5 号中国科学院动物研究所 C506 室

邮政编码：100101

电子信箱：iszs@ioz.ac.cn

主页网址：http://www.globalzoology.org/

电话：010−64807295

传真：010−64807295

主席：张知彬

副主席：长滨嘉孝 (Japan) A. Haim (Israel)

秘书长：韩春绪

省、自治区、直辖市科协，新疆生产建设兵团科协简介

北京市科学技术协会

地址：北京市朝阳区育慧里4号
邮政编码：100101
电子信箱：bastbgsh@126.com
主页网址：http://www.bast.net.cn
电话：010-84635008
传真：010-84655007
主席：顾秉林
副主席：尹伟伦　王志珍　王恩哥　田　文　刘晓勘　任福君　刘德培　华　炜　许达哲　许健民　李彦宏　沈　岩　周立军　贺福初　夏　强　景晓东

天津市科学技术协会

地址：天津市和平区和平路287号
邮政编码：300041
电子信箱：tastbgs@163.com
主页网址：http://www.tast.org.cn/
电话：022-27120933
传真：022-27112792
主席：饶子和
副主席：杨鑫传（常务）　白景美　张丽珠　卢双盈　段志强　尚永丰　周其林　周春林　郑书忠　钟登华　贾　堤　韩振勇

河北省科学技术协会

地址：河北省石家庄市西大街73号
邮政编码：050011
电子信箱：skxbgs2015@163.com
主页网址：http://www.hbast.org.cn
电话：0311-86049311
传真：0311-86049311
主席：段惠军
副主席：李宗民　杨金深　许顺斗　郑丽萍

山西省科学技术协会

地址：山西省太原市迎泽大街366号
邮政编码：030001
电子信箱：sxskx@163.com
主页网址：http://www.sxast.cn/
电话：0351-4041018
传真：0351-4068848
主席：侯晋川
副主席：杨伟民（常务）　王德贵　崔　忠　郝建新　申瑞涛　刘四龙　刘惠民　张文栋　张卓玉　金智新　段志光　胡玉亭　赵世卫　高步文

内蒙古自治区科学技术协会

地址：内蒙古自治区呼和浩特市回民区新华大街 70 号
邮政编码：010020
电子信箱：nmgkxbgs@126.com
主页网址：http://www.nmgzkj.com
电话：0471-6290014
传真：0471-6939371
主席：牛广明
副主席：马　强　闫　伟　乌日吉图　耿晓旭　周纯烈

辽宁省科学技术协会

地址：辽宁省沈阳市浑南区智慧三街 159 号
邮政编码：110167
电子信箱：kx06@cast.org.cn
主页网址：http://www.lnast.net
电话：024-23221693/23947260
传真：024-23221693
主席：王天然
副主席：丁烈云　王元立　包信和　孙　丹　张晓芳
陈温福　金太元　胡永康　袁　立　郭东明
康　捷　黄其励　鲍振东　杨路平

吉林省科学技术协会

地址：吉林省长春市人民大街 6255 号
邮政编码：130021
电子信箱：jlskxbgs@163.com
主页网址：http://www.jlstnet.net
电话：0431-85682405
传真：0431-85685244
主席：冯守华
副主席：李景涛　刘东华　曹　军　韩宇鸿　于化东
王之虹　王利祥　王家骐　李　玉　李殿军
吴绍明　邹广田　张德江　秦贵信　夏咸柱
戴　昕

黑龙江省科学技术协会

地址：黑龙江省哈尔滨市南岗区中山路 204 号
邮政编码：150001
电子信箱：hljkx@sina.com
主页网址：http://www.hljkx.cn
电话：0451-82624293
传真：0451-82626403
主席：马淑洁
副主席：杨铭铎　陶福胜　苏凤仙　王树国　王德民
刘志刚　李已华　杨传平　杨宝峰　张政文
徐　梅　陶　然　韩贵清　潘　忠

上海市科学技术协会

地址：上海市南昌路 47 号
邮政编码：200020
电子信箱：nianbao@sast.gov.cn
主页网址：http://www.sast.gov.cn
电话：021-53838388
传真：021-53826013
主席：陈凯先
副主席：杨建荣　高小玫　王智勇　陆　樑　李虹鸣
蔡永莲

江苏省科学技术协会

地址：江苏省南京市北京西路 30 号宁海大厦 23、24 层
邮政编码：210024
电子信箱：jskx2412@163.com
主页网址：http://www.jskx.org.cn
电话：025-83323435
传真：025-83303700
主席：欧阳平凯
副主席：陈惠娟　施正荣　戎嘉余　刘志红　祝世宁
尤肖虎　严少华　陈　琪　宋永忠　肖云汉
杨　辉　孙飘扬　孙力斌　郁霞秋　任晋生
张铁恒　阮仁良　冯少东

浙江省科学技术协会

地址：浙江省杭州市武林广场 8 号省科协大楼
邮政编码：310003
电子信箱：info@zast.org.cn
主页网址：http://www.zast.org.cn
电话：0571-85106947

传真：0571－85106947
主席：姚　克
副主席：李德忠　陈世权　梁细弟　罗建红　高从堦
严晓浪　张立彬　陈剑平　邱飞章　周海梦
聂秋华　薛安克　张海生　朱　军

安徽省科学技术协会

地址：安徽省合肥市花园街4号科技大厦
邮政编码：230001
电子信箱：aast@mail.hf.ah.cn
主页网址：http://www.ahpst.net.cn
电话：0551－2661725
传真：0551－2655031
主席：赵　韩
副主席：王　洵　王英俭　王海彦　王群京　朱长飞
刘庆峰　苏世怀　汪莹纯　宋　扬　张学军
陆建辉　陈学东　宛晓春　袁　亮　彭　寿
戴茂方　蔡士祥

福建省科学技术协会

地址：福建省福州市鼓楼区东大路73号省直机关东湖大院二号楼4、5层
邮政编码：350001
电子信箱：kx3031@qq.com
主页网址：http://www.fjkx.org
电话：0591－87557137/87532651
传真：0591－87532632/87557137
主席：郑兰荪
副主席：梁晋阳　吴瑞建　游建胜　林学理　洪茂椿
谢华安　付贤智　田中群　焦念志　陈元仲
孙世刚　郑金贵　刘　波　徐西鹏　黄汉升
尤民生　陈立典　苏文金

江西省科学技术协会

地址：江西省南昌市省政府大院北一路14号
邮政编码：330046
电子信箱：634456872@qq.com
主页网址：http://www.jxkx.gov.cn
电话：0791－86224288
传真：0791－86224288
主席：李华栋
副主席：龚绍林（常务）　彭玲华　梁纯平　孙卫民

山东省科学技术协会

地址：山东省济南市杆南东街8号
邮政编码：250001
电子信箱：bgs@sdast.org.cn
主页网址：http://www.sdast.org.cn
电话：0531－82073209
传真：0531－82073209
主席：唐启升
副主席：王春秋　纪洪波　朱　明　秦维强　于洪文
万书波　王英龙　王金宝　张宏明　徐茂波
凌沛学　唐　波　韩圣浩　韩金祥　谢立信

河南省科学技术协会

地址：河南省郑州市花园路53号
邮政编码：450008
电子信箱：hnskxnba@163.com
主页网址：http://www.hast.net.cn
电话：0371－65707511
传真：0371－65707512
主席：霍金花
副主席：蔡永礼　李宝红　谈朗玉　冯　琦　童孟进
张占仓　张新友　刘炯天　张改平　陈祥恩
薛松贵

湖北省科学技术协会

地址：湖北省武汉市武昌区八一路9号
邮政编码：430071
电子信箱：hubeikexie@163.com
主页网址：http://www.hbkx.org.cn
电话：027－87823704
传真：027－87823704
主席：郭生练
副主席：夏　航（常务）　马伟明　王国斌　邓秀新
邓崎琳　田玉科　冯　芊　朱耀仲　刘经南
李晓红　李培根　秦顺全　徐菊明　曾宪计

湖南省科学技术协会

地址：湖南省长沙市东风路 17 号
邮政编码：410005
电子信箱：hnkxbgs@163.com
主页网址：http://www.hnast.org.cn
电话：0731-84884371
传真：0731-84884348
主席：黄伯云
副主席：于起峰　方先知　尹泽勇　龙国键　卢光琇
刘友梅　刘年喜　刘秋惠　毕　华　李　华
张　健　张尧学　易小刚　周宏灏　官春云
赵跃宇　荣　诚　姚守拙　彭国甫　廖任强

广东省科学技术协会

地址：广东省广州市连新路 171 号
邮政编码：510040
电子信箱：stainfo@sta.gd.cn
主页地址：http://www.sta.gd.cn
电话：020-83550424
传真：020-83549085
主席：黄达人
副主席：王迎军　冯日光　许宁生　吴焕泉　何　真
陈　新　陈晓阳　周克崧　黄小玲　黄宁生
蒋宗勇　秦　伟　瞿金平

广西壮族自治区科学技术协会

地址：广西壮族自治区南宁市古城路 31 号
邮政编码：530022
电子信箱：gxkx123@126.com
主页网址：http://www.gxast.org.cn
电话：0771-2617248
传真：0771-2617248
主席：郑皆连
副主席：叶宗波　方　芳　梁春花　何　求　陈大克
钟夏平　李杨瑞　白志繁

海南省科学技术协会

地址：海南省海口市国兴大道 69 号海南广场人大政协楼 7 层
邮政编码：570203
电子信箱：hnkxxcb@163.com
主页网址：http://www.hainanast.org.cn
电话：0898-65393360
传真：0898-65332244
主席：康耀红
副主席：胡月明　陈　民　林　峰　史海涛　刘　丹

重庆市科学技术协会

地址：重庆市渝中区双钢路 3 号科协大厦 16 楼
邮政编码：400013
电子信箱：cqkxbgs@yahoo.cn
主页网址：http://www.cqast.cn
电话：023-63003916
传真：023-63003916
主席：钟志华
副主席：王　勇　方振东　付子堂　朱华荣　仲建华
刘加才　李志高　李银国　李儒冠　张卫国
张基荣　陈卫东　罗长坤　周泽扬　袁家虎
唐伯明　唐洪军　黄明会　梅玉军　蒋　平
舒立春　雷　寒　雷晓风　熊　萍　潘复生

四川省科学技术协会

地址：四川省成都市武侯区人民南路 4 段 11 号
邮政编码：610041
电子信箱：bgs@sckx.org.cn
主页网址：http://www.sckx.org.cn
电话：028-85221933
传真：028-85222804
主席：谢和平
副主席：王为民　石　碧　刘　进　朱　颖　吴　凯
吴显奎　张维岩　李元峰　李安民　李言荣
侯水平　黄润秋　黄竞跃　赖　静　翟婉明

贵州省科学技术协会

地址：贵州省贵阳市南明区瑞金南路 2 号
邮政编码：550002
电子信箱：gzskxbgs@126.com

主页网址：http://www.gzast.org
电话：0851-85818506
传真：0851-85832225
主席：谢庆生
副主席：苗　宏　路　贵　钱　斌　马克俭　马建华
王凤友　伍鹏程　刘丛强　刘作易　何志旭
宋宝安　陈厚义　季　泳　胡瑞忠　高贵龙
潘继录

云南省科学技术协会

地址：云南省昆明市护国路 26 号
邮政编码：650021
电子信箱：ynast@163.com
主页网址：http://www.yunast.cn
电话：0871-3138614
传真：0871-3155032
主席：朱有勇
副主席：王　华　王建颖　叶燎原　许　云　孙　航
孙海清　刘　强　吴启明　郑　进　侯树谦
徐文波　唐　兵　赖永良　戴陆园

西藏自治区科学技术协会

地址：西藏自治区拉萨市江苏大道东三路
邮政编码：850000
电子信箱：xzkx-006@163.com
电话：0891-6890529
传真：0891-6828576
主席：仓　珍
副主席：卜　龙　普　布　林　立　杜恩社

陕西省科学技术协会

地址：陕西省西安市新城省政府大院内
邮政编码：710006
主页网址：http://www.snast.org.cn
电话：029-87291601/87291507
传真：029-87291496
主席：蒋庄德
副主席：呼　燕（常务）　方光华　王前进　王跃进
孙　科　孙振霖　李　跃　杨效宏　郑晓静
赵　卫　赵铱民　郝　跃　党广录　翁志黔
程光旭　韩开兴　熊中元　蔡钊利　谭永华

甘肃省科学技术协会

地址：甘肃省兰州市城关区东岗西路 486 号兰州饭店迎宾楼
邮政编码：730000
电子信箱：gsskxbgs@126.com
主页网址：http://www.gsast.org.cn
电话：0931-8821975
传真：0931-8881617
主席：夏红民
副主席：杨新科　陈富荣　陈炳东　李克平　张　炯

青海省科学技术协会

地址：青海省西宁市西川南路 53 号君庭国际 4 楼
邮政编码：810008
电子信箱：qhkxbjb@163.com
主页网址：http://www.qhkxw.com
电话：0971-6302839
传真：0971-6302839
主席：石昆明
副主席：陈永祥　徐东向　刘　青

宁夏回族自治区科学技术协会

地址：宁夏回族自治区银川市金凤区人民广场西路
邮政编码：750011
电子信箱：kx30@cast.org.cn
主页网址：http://www.nxdzkj.org.cn
电话：0951-5085100/5085150
传真：0951-5043588
主席：刘平和
副主席：王　冰　李晓波　何季麟　孙　涛　李　星
李　健　宿文军　彭　凡

新疆维吾尔自治区科学技术协会

地址：新疆维吾尔自治区乌鲁木齐市新医路 686 号
邮政编码：830054
电子信箱：xjqkxbgs@126.com
主页网址：http://www.xast.org.cn
电话：0991-6386068
传真：0991-6386012
主席：王永明
副主席：李春阳　阿布都艾尼·依干拜尔迪　陶　鹏　恰汗·合孜尔　谢国政　米　宁

新疆生产建设兵团科学技术协会

地址：新疆维吾尔自治区乌鲁木齐市光明路 196 号
邮政编码：830002
电子信箱：xjbtkx@126.com
电话：0991-2896193/2896127
传真：0991-2896163
主席：黄　斌
副主席：王红德　王晓严　周　霖　李保成　代　斌　张传辉

索　引

主题索引

编制说明

1. 本索引为主题索引，以年鉴内容述及的主题为索引对象，包括收入书名、机构名、会议名等专有名词。主题选取力求概括全面，突出重点，揭示特色内容，提供多方位检索。

2. 索引范围为全书正文及附录中的部分相关内容。

3. 索引排序按先汉语拼音音序，再阿拉伯数字、拉丁字母的次序排列。

4. 索引以“见”的形式，将非标引词指向标引词，例如：科技工作者表彰举荐见表彰举荐优秀科技工作者；以“参见”，揭示相关条目之间的联系，例如：干部队伍建设　参见　自身建设；再如，国际交流与合作参见各全国学会、省级科学技术协会。后一例指可参看年鉴中全国学会、省级科学技术协会条目下的相关内容。

5. 检索页码后的“a”为文献左栏，“b”为文献右栏。检索数字“d1.01”中“d”表示“大事记”，“1.01”表示为1月1日的记录。连续页码只记录起始页。二级标题在主标题下以缩格方式显示，以“—”表示主标题的区分；以“，”表示主标题的补充说明。文中表格，于页码前以“(表)”注明，以便识别。

A

B

C

E

F

H

J

L

M

R

S

T

W

X

Z

人名索引

本索引收入年鉴中的人名，先按汉语拼音音序排列中文人名，再按西文字母的次序排列其余人名。检索页码后的“a”为文献左栏，“b”为文献右栏。检索数字“d1.01”中“d”表示“大事记”，“1.01”表示为1月1日的记录。

D

E

F

G

K

L

P

Q

R

S

X

Y

Z

国际组织机构名称索引

本索引收入年鉴中出现的国际机构组织和名称，按中文译名的拼音排列。检索页码后的“a”为文献左栏，“b”为文献右栏。

国际组织机构名称索引

本索引收入年鉴中出现的国际机构组织和名称，按中文译名的拼音排列。检索页码后的“a”为文献左栏，“b”为文献右栏。

国际组织机构名称索引

本索引收入年鉴中出现的国际机构组织和名称，按中文译名的拼音排列。检索页码后的“a”为文献左栏，“b”为文献右栏。